ULLSTEIN LEXIKON

D1725488

ÜBER DAS BUCH:

Als 1946 erstmals der »Kleine Kulturfahrplan« erschien, ahnten weder Verleger noch Verfasser, daß dieses übersichtliche Nachschlagewerk so erfolgreich sein würde. Inzwischen hat das in intensiver Arbeit von Werner Stein immer wieder erweiterte und aktualisierte Lexikon eine Millionenauflage erreicht. Der Laie wie der Wissenschaftler schätzen dieses Standardwerk, in dem sämtliche Gebiete des Lebens – Politik, Dichtung, Schauspielkunst, Religion, Philosophie, Erziehung, bildende Kunst, Architektur, Musik, Oper, Tanz, Film, Wissenschaft und Technik, Wirtschaft, Sport und Alltag – chronologisch gegenübergestellt sind. Der Inhalt erschließt sich durch ein umfassendes Personen- und Sachregister.

DER AUTOR:

Professor Dr. Werner Stein, geboren am 14. Dezember 1913 in Berlin, studierte von 1933 bis 1939 dort, in München und Frankfurt/Main mit dem Abschluß Dr. phil. nat. Nach dem Krieg wurde er 1946 Assistent und Volkshochschuldozent in Berlin, habilitierte 1956 und bekam 1960 eine Professur für Physik und Biophysik. Von 1964 bis 1975 war er Senator für Wissenschaft und Kunst in Berlin.
Werner Stein starb am 31. März 1993. Er arbeitete bis zuletzt an der Neuauflage seines »Kulturfahrplans«, der nun in seinem Sinne weitergeführt wird.

WERNER STEIN

Kulturfahrplan des 20. Jahrhunderts

Die wichtigsten Daten der Weltgeschichte

ULLSTEIN LEXIKON

Ullstein Buch Nr. 35582
im Verlag Ullstein GmbH,
Frankfurt/M – Berlin

Neu eingerichtete und
aktualisierte Taschenbuchausgabe

Umschlaggestaltung:
Vera Bauer

Taschenbuchausgabe mit freundlicher Genehmigung der
F. A. Herbig Verlagsbuchhandlung GmbH, München

Printed in Germany 1995
Druck und Verarbeitung:
Ebner Ulm
ISBN 3 548 35582 X

Oktober 1995
Gedruckt auf alterungsbeständigem
Papier mit chlorfrei
gebleichtem Zellstoff

Die Deutsche Bibliothek – CIP-Einheitsaufnahme

Stein, Werner:
Kulturfahrplan des 20. Jahrhunderts :
die wichtigsten Daten der Weltgeschichte / Werner Stein. –
Neu eingerichtete und aktualisierte Taschenbuchausg. –
Frankfurt/M ; Berlin : Ullstein, 1995
(Ullstein-Buch ; Nr. 35582 : Ullstein-Lexikon)
ISBN 3-548-35582-X
NE: GT

Dieses Buch ist in Dankbarkeit gewidmet
meinem Vater *Erwin Stein* (* 1888, † 1966)
und
meinem väterlichen Freund und Verleger
Walter Kahnert (*1901, †1964),
der auch die Anregung zu diesem Buch gab.

ZEICHENERKLÄRUNG

POLITIK

DICHTUNG · SCHAUSPIELKUNST

RELIGION · PHILOSOPHIE · ERZIEHUNG
GEISTESWISSENSCHAFTEN · ALLGEMEINES
GEISTIGES LEBEN

BILDENDE KUNST · ARCHITEKTUR · FILM

MUSIK · OPER · TANZ

WISSENSCHAFT · TECHNIK

WIRTSCHAFT · TÄGLICHES LEBEN

~ UM · ETWA (für zeitliche Unbestimmtheiten bis zu etwa 10 Jahren)

≈ UM · ETWA (für zeitliche Unbestimmtheiten, die darüber hinausgehen, und für zeitlich sehr lange wirksame Ereignisse)

Kurzbezeichnungen der Spalten vgl. Registerüberschrift

Alle Jahresangaben vor unserer Zeitrechnung sind mit dem Minus-Zeichen (z. B. –1000) versehen.

1900

† *Wilhelm Liebknecht*, Vater *Karl Liebknechts*, Führer der dt. Sozialdemokratie (* 1826)

Fürst *Bernhard von Bülow* dt.Reichskanzler bis 1909

Zweites dt. Flottengesetz sieht starke Erweiterung der Seestreitkräfte bis 1917 vor

Vorstufe der Labour-Party (ab 1906) in Großbritannien gegründet

† *Humbert I.* (durch anarchist. Attentat), König von Italien seit 1878 (* 1844)

Viktor Emanuel III. König von Italien bis 1946 (Abdankung)

Europäische Großmächte werfen in China blutigen anti-europ. Aufstand des „Boxer"-Geheimbundes nieder; Kaiserin-Witwe *Tse-Hi* auf Seiten der „Boxer"

Europäische Großmächte, USA und Japan vereinbaren „Politik der offenen Tür" in China

Australien wird Bundesstaat

Größte Kolonialmächte: Großbrit., Frankr., Dtl. (ca. 25 % d. Erdbev. lebt in Kolonialgebieten)

Sieg der USA über Spanien (vgl. 1898) bestärkt ihre Stellung als 1. Industriemacht (vgl. 1955), die sie im 20. Jh. einnimmt

Für die wirtschaftliche und politische Macht des besitzenden Bürgertums ist der Kolonialismus eine wesentliche Stütze

Die Arbeiterklasse steht zwischen Klassenkampf und Parlamentarismus. Regierungsverantwortung fällt ihr erst nach dem 1. Weltkrieg zu

Wedekind: „Der Kammersänger" (Bühnenst.)

† *Oscar Wilde*, engl. Dichter (* 1856)

* *Thomas Wolfe*, nordamerik. Dichter († 1938)

Conrad: „Lord Jim" (engl. Roman)

Th. Dreiser: „Schwester Carrie" (nordamerikan. Roman)

A. France: „Geschichte der Gegenwart" (frz. Romanzyklus in 4 Bänden seit 1897)

Gorki: „Drei Menschen" (russ. Roman)

Otto Erich Hartleben (* 1864, † 1905): „Rosenmontag" (Trauersp.)

G. Hauptmann: „Michael Kramer" (Schauspiel) und „Schluck und Jau" (Rüpelspiel)

Jakob Christoph Heer (* 1859, † 1925): „Der König der Bernina" (Schweiz. Alpenroman)

Ibsen: „Wenn wir Toten erwachen" (norweg. Schauspiel)

Jerome: „Drei Männer auf dem Bummel" (engl. humorist. Roman)

J. London: „Wolfsblut" (nordamerikan. Roman)

H. Mann: „Im Schlaraffenland" (satir. Roman)

Rilke: „Geschichten vom lieben Gott"

* *Antoine de Saint-Exupéry*, frz. Dichter und Flieger († 1944, abgeschossen)

Schnitzler: „Reigen" (erotische Dialoge; ersch. als Privatdruck, Buchausg. 1903, entst. 1896/97)

* *Ignazio Silone* (eigentlich *Secondo Tranquilli*), ital. Dichter

Strindberg: „Gust. Adolf" (schwed. Schauspiel)

L. Tolstoi: „Der lebende Leichnam" u. „Das Licht leuchtet in der Finsternis" (russ. Dramen)

Jakob Wassermann: „Die Geschichte der jungen Renate Fuchs" (Roman)

Bergson: „Das Lachen" (frz.)

Paul Claudel (* 1868, † 1955): „Das Bewußtsein des Ostens" (frz. Essays zur fernöstlich. Kultur)

Freud: „Traumdeutung" (österr. psychoanalyt. Theorie)

Hans Groß: „Enzyklopädie der Kriminalistik"

Harnack: „Das Wesen des Christentums"

Ed. v. Hartmann: „Die Geschichte der Metaphysik"

Preußische Akademie d. Wissenschaften beginnt kritische Ausgabe der Werke *Immanuel Kants*

Ellen Key: „Das Jahrhundert des Kindes" (schwed. Studien)

Mach: „Analyse der Empfindungen und das Verhältnis des Physischen zum Psychischen" (österr.)

T. Marinetti: „Verbrennt die Musen" (ital. antikünstl. Manifest)

† *Friedrich Wilhelm Nietzsche*, dt. Philosoph (* 1844)

Erwin Preuschen (* 1867, † 1920): „Zeitschrift für die neutestamentliche Wissenschaft u. Kunde des Urchristentums" (ab 1921 von *Hans Lietzmann*, * 1875, † 1942)

Georg Simmel (* 1858, † 1918): „Philosophie des Geldes"

† *Wladimir Sergejewitsch Solowjew*, russ. Philosoph eines mystischen Rationalismus; schrieb 1874 „Die Krise der westlich. Philosophie", 1897 „Die Rechtfertigung des Guten" (* 1853)

Dt. Verein für Volkshygiene

Walter Crane(* 1845, † 1915): „Linie und Form“ (engl. Kunstgewerbe)

Degas: „Der Violinist“ (frz. impress. Doppelbildnis)

Gauguin: „Noa-Noa“ (Reisebericht von Tahiti)

A. von Hildebrand: „Pettenkofer“ (Bildnisbüste)

Hodler: „Rückzug der Schweizer bei Marignano“ (Schwz. Wandmalerei, Landesmuseum Zürich)

Adolf Hölzel (* 1853, † 1934): „Nacht“ (Landschaftsgemälde)

Carl Justi (* 1832, † 1912): „Michelangelo“ (Kunstgeschichte)

Kollwitz: „Mutterhände“ (Lithogr.)

† *Wilhelm Leibl*, süddt. Maler (* 1844)

Ed. Munch: „Fjordinsel“ (norweg. frühexpress. Gemälde)

E. Nolde: 1. Bilder

Sargent: „Lord Riblesdale“ (nordamerikan. Bildnis)

Paul Schultze-Naumburg(* 1869): „Häusliche Kunstpflege“ (Kunsterziehung)

Zorn: „Maja“ (schwed. Gemälde)

~ Die wachsende Werbung in vielen Bereichen fördert die Plakatkunst

---

„Jeanne d'Arc“ (frz. Film von *Georges Méliès*, *1861, †1938)

„Überfall auf eine Mission in China“ (engl. Film v. *James Williamson*, * 1855, † 1933)

Enrico Caruso (* 1873, † 1921) beg. Schallplattenaufnahmen (mit ca. 265 Aufn. b. 1920 fördert er entscheidend d. junge Technik)

Elgar: „Traum des Gerontius“ (engl. Oratorium)

* *Ernst Krenek*, dt. Komponist

Puccini: „Tosca“ (ital. Oper)

Sibelius: „Finlandia“ (finn. symph. Dichtung)

Beg. d. Briefwechsels zw. *R. Strauss* u. *H. v. Hofmannsthal*

† *Arthur Sullivan*, engl. Komponist (* 1842)

* *Kurt Weill*, dt. Komponist († 1950)

Wiederaufnahme des Cembalobaus zur stilechten Wiedergabe der Barockmusik

„Cake-walk“-Tanz kommt aus USA nach Europa

Erstes europ. Phonogrammarchiv i. Wien

94 Elektrizitätswerke mit 160 000 kW i. Dtl.

Osmium-Glühlampe durch *Auer von Welsbach*

Karl Brugmann (* 1849, † 1919) und *Berthold Delbrück* (* 1842, † 1922): „Grundriß der vergleichenden Grammatik der indogerman. Sprachen“ (5 Bde. seit 1886)

Karl Erich Correns (* 1864, † 1933), *Erich v. Tschermak* (*1871) u. *Hugo de Vries* erkennen die Bedeutung der Erbgesetze von *Mendel* (gef. 1865)

Edelmann: Galtonpfeife für Ultraschallerzeugung (einer der ersten Versuche für Ultraschall)

Adolf Engler (* 1844, † 1930): „Das Pflanzenreich“ (Leitung eines umfass. Werkes d. Preuß. Akademie)

Karl Escherich (* 1871, † 1951) erkennt die Lebensgemeinschaft (Symbiose) von Insekten mit Bakterien

Arthur Evans (* 1851, † 1941) beginnt Ausgrabung der minoischen Kultur auf Kreta

Karl von Hahn (* 1848, † 1925): „Bilder aus d. Kaukasus“ (Ergebn. intensiver Kaukasusforschung)

Knorr: Luftdruckbremse

Karl Landsteiner (* 1868) findet Zusammenballung der roten Blutkörperchen verschiedener Blutsorten (Vorbereitung zur Entdeckung der vier Blutgruppen)

Messung d. Strahlungsdruckes des Lichtes durch *P. N. Lebedew* (* 1866, † 1912)

M. Planck begründet mit der Formel für die Strahlung schwarzer Körper die Quantentheorie und damit einen entscheidenden Wandel in d. Physik und der allgem. Naturanschauung

Michael Pupin (* 1858, † 1935) findet geeignete Spulen zur Verbesserung der Kabeltelegraphie

Friedrich Ratzel (* 1844, † 1904): „Das Meer als Quelle der Völkergröße“

Ruhmer: Anf. der Tonphotographie

Wolfram-Stähle v. *F. W. Taylor* auf d. Paris. Weltausstellg. (darauf rasche Entwicklung der Werkzeugstähle)

W. Wien gelingt magnetische Ablenkung der Kanalstrahlen

Erste *Zeppelin*fahrt

Borsig-Dampfmasch. m. 100 000 PS

Eröffnung der Wetterstationen auf Schneekoppe und Zugspitze

Weltausstellung und Olympiade in Paris

Erste Rolltreppe (Paris. Weltausst.)

American Federation of Labor (AFL) vereinigt 216 Gewerkschaften und 550 000 Einzelmitglieder

Krisenjahr der dt. Wirtschaft

300 dt. Kartelle geschätzt (1890: 117; 1879: 14; 1865: 4)

Errichtung der Handwerkskammer in Berlin

Russ. Grundproduktion seit 1890 verdoppelt

Seit 1. 1. Bürgerliches Gesetzbuch (BGB) in Deutschland in Kraft

Dt. Reichsseuchengesetz

U-Bahn i. Paris

Erste Autodroschke in Berlin

Davis-Pokal für den Tennissport gestiftet

† *Ludwig Purtscheller*, österr. Alpinist; schrieb 1894 „Der Hochtourist in den Ostalpen“; bestieg rd. 1500 Bergspitzen, davon mehr als 40 über 4000 m (* 1849)

Frauenmode: Schwere, dunkelfarb. Stoffe; Quasten, Stickereien; Schleppen; Cul; Spitzen u. Perlen

Dt. Fußballb. gegr.

Elektr. Spielzeugeisenbahn i. Dtl.

1. dt. Kinderasyl (Bln.)

1901

Friedens*nobel*preis an *H. Dunant* (Schweiz) und *Frédéric Passy* (Frankr., * 1822, † 1912)

Dt.-brit. Bündnisverhandlungen scheitern

Zar *Nikolaus II.* bei dt. Flottenmanöver

† *Victoria*, Königin von Großbritannien seit 1837 (* 1819)

† *Viktoria*, seit 1858 mit dem späteren dt. Kaiser *Friedrich III.* vermählt, *bismarck*feindlich (* 1840, Tochter der Königin *Victoria* von Großbritannien)

Eduard VII. König von Großbritannien bis 1910 (†)

Ende der britischen „Splendid isolation"

Milner brit. Generalgouverneur für Südafrika (Transvaal) bis 1905

Durch Verschmelzung entsteht frz. „Radikale und Radikalsozialistische Partei" (liberal-sozial)

Frankreich erobert Araberreich um den Tschadsee

Kirchliches Koalitionsministerium in den Niederlanden bis 1905

Durch Wahlen setzt sich in Dänemark eine demokratisch-sozialreformerische Regierung durch

† *MacKinley*, Präsident der USA seit 1896 (ermordet von einem Anarchisten, * 1843)

Theodore Roosevelt (Republ.) Präsident der USA bis 1909

5. Zionistenkongreß gründet „Jüdischen Nationalfonds"

Nihilistische Terrorwelle i. Rußl. *Lenin* u. *Plechanow* grden. Zeitsch. „Iskra" („Der Funke") i. Exil

„Die Protokolle der Weisen von Zion" (antijüd. Fälschung der russ. Geheimpolizei, beeinflußt auch den Antisemitismus in Deutschland)

Ibn Saud (* ~ 1880, † 1953) beg. sein arab. Reich zu erobern

Jahreseinkommen i. Dtl. unter 3000 M 70 %, 3000–12000 25 %, über 12000 5 %

Literatur-*Nobel*preis an *R. A. Sully-Prudhomme* (Frkr.)

Hermann Bang (* 1858, † 1912): „Das graue Haus", „Das weiße Haus" (dänische Erzählungen)

Otto Julius Bierbaum (* 1865, † 1910): „Irrgarten der Liebe" (Gedichte)

Louis Couperus (* 1863, † 1923): „Babel" (niederländischer Roman)

Otto Ernst: „Flachsmann als Erzieher" (pädagogische Komödie)

Frenssen: „Jörn Uhl" (Bauernroman)

Benito Pérez Galdós (* 1843, † 1920): „Electra" (span. Schauspiel)

André Gide (* 1869, † 1951): „Der König von Kandaules" (frz. Drama)

† *Herman Grimm*, dt. Kunst- und Literaturforscher; schrieb „Leben Michel Angelos", „Goethe", „Homers Ilias" u. a. (* 1828)

Hans von Gumppenberg (*1866, † 1928): „Das teutsche Dichterroß" (Parodien aus dem literarischen Kabarett „Die elf Scharfrichter")

G. Hauptmann: „Der arme Heinrich" (historisches Schauspiel)

Hofmannsthal: Briefe (seit 1890)

Arno Holz: „Die Blechschmiede" (soziale und literarische Satire; erweitert 1924)

Ric. Huch: „Aus der Triumphgasse" (Lebensskizzen)

Francis Jammes (* 1868, † 1938): „Almaide" (französischer Roman)

Emile Coué (* 1857, † 1926) studiert bei *A. A. Liébeault* (* 1823, † 1904) in Nancy Hypnose und Suggestion („Alte Schule von Nancy")

Berthold Delbrück: „Grundfragen der Sprachforschung mit Rücksicht auf W. Wundts Sprachpsychologie erörtert"

R. Eucken: „Vom Wahrheitsgehalt der Religion" (idealist. Liberalismus)

Karl Fischer gründet „Wandervogel"-Jugendbewegung

Husserl: „Logische Untersuchungen" (antipsychologist. Logik)

Kerschensteiner: „Staatsbürgerliche Erziehung der deutschen Jugend"

Kries: „Über die materiellen Grundlagen der Bewußtseinserscheinungen"

Theodor Lipps (* 1851, † 1914): „Komik und Humor"

Enno Littmann: „Arabische Schattenspiele" (Völkerkunde)

M. Maeterlinck: „Das Leben der Bienen" (belg. biolog. Philosophie)

Wilh. Ostwald: „Vorlesungen über Naturphilosophie" (System der „Energetik")

Berthold Otto (* 1859, † 1933) gründet „Hauslehrerschule" (Reformversuchsschule) in Berlin-Lichterfelde

Menyhért Palagyi (* 1859, † 1924): „Neue Theorie des Raumes und der Zeit" (ungar. Naturphilosophie)

Scheler: „Die transzendentale und die psychologische Methode"

Begas: *Bismarck*-denkmal vor dem Reichstagsgebäude in Berlin

P. Behrens: Behrens-Schrift(Drucktypen)

† *Arnold Böcklin*, schweiz. Maler (* 1827)

Eugen Bracht (* 1842, † 1921): „Taunus u. Main" (impress. Gemälde)

Debio u. *v. Bezold:* „Die kirchliche Baukunst des Abendlandes" (7 Bände seit 1884)

Gaul: „Ruhende Schafe" (Plastik)

Hodler: „Der Frühling" (Gemälde)

Klimsch: „Der Kuß" (Plastik)

Kirchner: Erste Holzschnitte

M. Liebermann: „Selbstbildnis"

* *Marino Marini*, ital. Bildh. u. Graphiker

Henri Matisse: zeigt im „Salon des Indépendantes" in Paris neuen dekorativen Malstil

Oberländer: „Oberländer-Album" (12 Bände Zeichnungen aus „Fliegende Blätter" seit 1879)

Josef Olbrich (* 1867, † 1908, Mitbegründer d. Wiener Sezession und Mitglied der Darmstädter Künstlerkolonie): „Architektur" (3 Bände bis 1914)

Sogenannte „Blaue Periode" *Pablo Picassos* mit Szenen aus dem Pariser Leben und dem der Gaukler (bis 1905)

Slevogt: „Die Feierstunde" (Gemälde

Busoni: Violinsonate (Op. 36a)

Dvořak: „Russalka" (tschech. Op.)

* *Werner Egk*, dt. Komponist

Edmund Eysler (* 1874): „Bruder Straubinger" (Wiener Operette)

G. Mahler: 4. Symphonie G-Dur

Carl Muck (* 1859, † 1940) Dirigent der Bayreuther Festspiele bis 1930 (1892—1912 Kgl. Oper Berlin, 1912 Boston, 1922–1933 Hamburg)

Pfitzner: „Die Rose vom Liebesgarten" (Oper)

Ravel: „Wasserspiele" (frz. impress. Klavierkomposition)

Leo Slezak (* 1873, † 1946) Tenor an der Wiener Oper bis 1926, daneben ständiger Gast in New York und London

Stanford: „Viel Getue um Nichts" (irische Oper)

R. Strauß: „Feuersnot" (Oper)

† *Giuseppe Verdi*, ital. Opernkomponist (* 1813)

Europäische Musik findet in Japan immer stärkeren Anklang

~ „Ragtime" dominiert i. anfängl. Jazz

Physik-*Nobel*preis an *W. Röntgen* (Dt.) für Entdeckung der *Röntgen*strahlen („X-Strahlen")

Chemie-*Nobel*preis an *J. H. van't Hoff* (Niederl.) für Reaktionskinetik und osmotischen Druck

Medizin-*Nobel*preis an *E. von Behring* (Dt.) für Diphtherie-Serum

Arrhenius: „Lehrbuch der Elektrochemie" (Zusammenfass. u. Einordnung seiner 1887 aufgestellten elektrolytischen Dissoziationstheorie)

Berson und *R. Süring* erreichen im offenen Freiballon 10800 m Höhe (langlebiger Höhenrekord)

K. Birkeland: Theorie der Nordlichter: Elektronenstrahlen der Sonne werden im Magnetfeld der Erde abgelenkt

Verwendung des Kristalldetektors von *Karl Ferd. Braun* (* 1850, † 1918) i. d. Funktechnik

Capitan, Breuil u. *Peyrony* erforschen in Südfrankreich (Dordogne) die Les-Combarelles-Höhle und entdecken über 300 eiszeitliche Bilder des mittleren Magdaléniens (damit beginnt die eigentliche Forschung der Eiszeit-Kunst; bis 1953 werden 109 Höhlen mit Eiszeitmalerei bekannt)

Hans Driesch (* 1867, † 1941): „Die organischen Regulationen" (ausgehend von seinen Versuchen mit Seeigeleiern)

Dutton entdeckt Erreger der Schlafkrankheit

Eisen-Nickel-Akkumulator von *Jungner* wird von *Edison* verbessert

* *Enrico Fermi*, ital. Physiker, *Nobel*preis 1938 († 1954)

Flesch: „Der Tierversuch in der Medizin und seine Gegner"

François Alphonse Forel (* 1841, † 1912): „Handbuch der Seenkunde" (Begründ. der Limnologie)

Gillen und *Spencer* durchqueren Westaustralien v. Süden n. Norden

Grisson verbessert Elektrolytgleichrichter von *Pollack* und *Grätz* (1895/97)

Tobias Michael Carel Asser (* 1838, † 1913): „Die Kodifikation des internation. Privatrechts" (niederld.)

Adolph Wagner (* 1835, † 1917): „Finanzwissenschaften" (4 Bände seit 1877), „Allgemeine und theoret. Volkswirtschaftslehre"

Internationale Vereinigung für gesetzlichen Arbeitsschutz gründet Internationales Arbeitsamt (bis 1920)

„Internat. Gewerkschaftsbund" in Amsterdam

Gesamtverband d. christl. Gewerkschaften Deutschlands

J. P. Morgan gründet United States Steel Corp. (USA-Stahltrust; 1937: 1,7 Milliarden Dollar)

C. King Gilette beginnt Herstellung seiner Rasierapparate (Wochenproduktion 1950 ca. 100 Mill. Klingen)

Beginn der Erbohrung d. persischen Ölfelder

Stammhaus der *Rothschild*-Bank in Frankfurt/Main erlischt

König *Eduard VII.* von Großbrit. gilt als Vorbild in Sport und Mode

„Kraft und Schönheit. Monatsschrift für Körperkultur"

Außenhafen Emden

Skiclub Arlberg

(1901)

Kipling: „Kim" (engl. Roman aus Indien)

Löns: „Mein grünes Buch" (Jagd- u. Tiergeschichten), „Mein goldenes Buch" (Gedichte)

Th. Mann: „Buddenbrooks" (Roman einer Lübecker Familie)

Wilhelm Meyer-Förster (* 1862, † 1934): „Alt-Heidelberg" (Dramatisierung der Erzählung „Karl Heinrich" v. 1899)

George Moore (* 1853, † 1933): „Irdische und himmlische Liebe" (anglo-irischer Roman, 2 Teile seit 1898)

Frank Norris (* 1870, † 1902): „Octopus" (nordamerikan. natural. Romantrilogie)

Georg v. Ompteda (* 1863, † 1931): „Deutscher Adel um 1900" (Romantrilogie seit 1897)

Charles-Louis Philippe (* 1874, † 1909): „Bubu vom Montparnasse" (französischer Roman)

Schnitzler: „Der Schleier der Berenice" (Schauspiel), „Leutnant Gustl" (Novelle)

Shaw: „Cäsar und Cleopatra" (engl. Schauspiel)

† *Johanna Spyri*, schweiz. Jugendschriftstellerin (* 1827)

Tolstois Werke ins Dt. übers. (b. 1911)

Strindberg: „Ostern" (schwed. Passionsschauspiel), „Totentanz" (schwed. Ehedrama)

Tagore: „Schiffbruch" (ind. Roman)

Tschechow „Drei Schwestern" (russisch. Schauspiel; aufgeführt vom „Moskauer Künstlerischen Theater")

Viebig: „Das tägliche Brot" (Roman)

Wedekind: „Der Marquis von Keith" (Schauspiel)

Wells: „Der erste Mensch auf dem Mond" (engl. Zukunftsroman)

Gustav Wied (* 1858, † 1914): „Erotik", „Das schwache Geschlecht" (dän. Schauspiele)

Ernst Zahn (* 1867, † 1949): „Herrgottsfäden" (Schweiz. Roman)

St. Zweig: „Silberne Saiten" (Gedichte)

Kabarett „Überbrettl" von *Ernst von Wolzogen* (* 1855, † 1934) in Berlin; „Elf Scharfrichter" in München (u. a. mit *Frank Wedekind*)

„Internationale Gutenberg-Gesellschaft" in Mainz

*Gutenberg*museum in Mainz eröffnet (1900 gegründet)

Internationaler Verlegerkongreß in Leipzig (1896 in Paris, 1897 in Brüssel, 1899 in London, 1906 in Mailand, 1908 in Madrid, 1910 in Amsterdam, 1913 in Budapest)

A. Schweitzer: „Das Messianitäts- u. Leidensgeheimnis. Eine Skizze d. Lebens Jesu" (betont die enttäuschte messianische Erwartung Jesu)

R. Steiner tritt mit eigener Theosophie („Anthroposophie") hervor (bisher ihr Gegner; wird 1902 Generalsekretär d. dt. Theosophischen Gesellschaft)

Rabindranath Tagore gründet seine Schule Santiniketan in Bengalen, wohin er ausländische Gelehrte u. Künstler beruft

Leo N. Tolstoi wegen antikirchl. religiösen Sozialismus aus der russ. Kirche ausgeschlossen

Max Weber: „Die protestantische Ethik und der Geist des Kapitalismus" (Religionssoziologie)

W. Wundt: „Einleitung in die Philosophie"

„Concilium tridentinum" (Aktensammlung in 3 Bänden bis 1932)

„Zentralblatt für Volksbildungswesen"

Arbeiterfortbildungskurse der freistudentischen Bewegung in Berlin und Karlsruhe

Volkshochschule Wien (Volksheim)

Baden gestattet Schülerinnen den Besuch von höheren Knabenschulen

Frauenstudium in Baden zugelassen (1903/4 in Bayern, 1904/5 in Württemberg, 1906/7 in Sachsen u. Thüringen, 1908/9 in Preußen)

Kunsterziehungstag in Dresden (1903 in Weimar, 1905 in Hamburg)

Weltliche Schulen in Spanien

aus der Arbeiterwelt). Seine Übersiedlung nach Berlin führt ihn zum impress. Stil

† *Henri de Toulouse-Lautrec*, frz. Maler; gilt als Begründer der Plakatkunst, die sich jetzt von Frankreich aus verbreitet (* 1864)

Henry van de Velde: (* 1863, † 1957, Belg.) gründ. Kunstgewerbeschule in Weimar; schreibt: „Die Renaissance im Kunstgewerbe"

Siegesallee im Berliner Tiergarten mit 32 Marmorstandbildern brandenburgisch-preußischer Herrscher (seit 1898)

Prinzregententheater in München

„Die Kunst und das schöne Heim" (Zeitschrift)

„Moderne Bauformen" (Zeitschrift)

~ In den nächsten 10 Jahren verändern „Fauves", „Brükke", „Blauer Reiter", „Kubismus" und „Futurismus" grundlegend die Ausdrucksformen der Kunst

---

„Quo vadis" (franz. Film von *Ferdinand Zecca*, *1864, †1947)

„Der kleine Doktor" (engl. Film v. *George Albert Smith*)

Haeckel: „Briefe aus Insulinde" (Reisebericht. eines Naturforschers)

Julius Hann (* 1839, † 1921): „Lehrbuch der Meteorologie" (Standardwerk der Wetterkunde)

Hemser: Rohrrücklauf für Geschütze

Héroult: Elektrostahl-Gewinnung im Lichtbogenofen

O. Lummer und *E. Gehrcke:* Interferenz-Spektroskop (nach einer anderen Methode als *A. Pérot* und *Ch. Fabry* 1897)

Marconi überbrückt drahtlos den Atlantik

Wilhelm Maybach (* 1846, † 1929) konstruiert „Mercedes"-Wagen der *Daimler*-Werke

Menna: Autogenes Schneiden

Metschnikow: „Die Immunität bei den Infektionskrankheiten"

Erstes Handelsschiff mit Dampfturbine von *Charles A. Parsons*

I. Pawlow beginnt seine tierpsychologischen Experimente nach der Methode der bedingten Reflexe

† *Max Pettenkofer* (Selbstmord) dt. Mediziner; Begründer der experiment. Hygiene (* 1818)

Edward Charles Pickering (* 1846, † 1919) und Miss *Cannon* verfeinern die Einteilung der Sterne nach ihrem Spektrum: „Harvard-Klassifikation" (Anfänge von *Secchi* ~ 1864 und *H. K. Vogel* 1874)

O. Richardson: Formel für Glühelektronen-Emission

Rotch: Drachenaufstieg mit meteorologischen Registrierinstrumenten z. Erforschg. höherer Luftschichten

Abstimmspule von *Slaby* und *Arco* in der Funktechnik

H. Spemann: „Entwicklungsphysiologische Untersuchung. am Tritonei" (Teilungs- und Verpflanzungsexperimente)

Takamine isoliert aus 8000 Ochsennebennieren 4 Gramm des Hormons Adrenalin (chemische Formel und Synthese durch *Stolz* 1904)

Paul Uhlenhuth (* 1870, † 1957): Biol. Nachweismethode f. Menschenblut

Wildiers: Wachstumshormon Biotin der Hefe

Max Wolf (* 1863, † 1932): „Die Entdeckung und Katalogisierung von kleineren Nebelflecken durch Photogr." (astron. Nebelforschg.)

Gustav Zander (* 1835, † 1920): „Die Grundzüge der Zanderschen Gymnastikmethode und ihre Anwendung" (schwed. mechanische Heilgymnastik)

Astronomische Meßgenauigkeit: 0,27 Winkelsekunden (~ —150: 240 Winkelsekunden, ~ 1600: 25 Winkelsek., ~ 1750: 2 Winkelsek.)

Erstes europ. Fernheizwerk in Dresden

Indanthrenfarbstoffe (besonders lichtecht)

Okapi (aus der Giraffen-Familie) im afrik. Kongo-Urwald entdeckt

Dampfer „Deutschland" empfängt Telegramme aus 150 km Entfernung

Komplett-Rotationsdruckmaschine für „Berliner Illustrirte"

~ Nach dem „Jahrhundert des Dampfes" beginnt das „Jahrhundert der Elektrizität"

Zwickmaschine für mechanische Schuhherstellung

Im gefrorenen Boden Sibiriens wird d. erste vollständige Mammut gefunden (erste, nicht erhaltene Funde 1799)

≈ Energie in USA:
Ges. technische Leistung in PS
1850 8,6 Mill.
1901 67 Mill. (+4,2%/Jahr)
elektrische Energie in kWh
1902 6 Mrd.
1970 1640 Mrd. (d. h. +8,6%/Jahr)

1902

Friedens*nobel*preis an *Elie Ducommun* (Schweiz, * 1833, † 1906) und *Albert Gobat* (Schweiz, * 1843, † 1914)

Italien erneuert Dreibund, schließt aber mit Frankreich Rückversicherungsvertrag

Ministerium *Combes* (Radikalsoz.) in Frankreich bis 1905

J. Jaurès grdt. frz. sozialist. Ztg. „L'Humanité"

† *Cecil Rhodes*, brit. Kolonialpolitiker; gewann Betschuanaland und Rhodesien in Südafrika (*1853)

Oranjefreistaat (Südafrika) wird nach dem Burenkrieg brit. Kronkolonie (erhält 1907 volle Selbstregierung)

Brit.-japan. Bündnis gegen Rußland (wird 1905 und 1911 erneuert)

Russ.-persischer Handelsvertrag

Miguel Primo de Rivera unterdrückt Aufstand in Barcelona

Lenin: „Was tun?" (russ., revolutionäre Schrift)

***Leo Trotzki*, russ. Sozialist, flüchtet aus der ostsibir. Verbannung nach London (wird 1905 Führer der Sowjets in Petersburg, 1906 verbannt, 1907 Flucht ins Ausland)**

Ungar. Unabhängigkeitspartei opponiert im Parlament gegen dt. Kommandosprache im ungar. Heer (lähmt dadurch bis 1912 parlamentar. Arbeit)

Venezuelas Häfen durch ausländ. Kriegsschiffe blockiert, bis 1908

Kuba Freistaat unter USA-Protektorat (bis 1934)

Allg. Frauenwahlrecht i. Australien (i. Finnland 1906, Rußl. 1917, Dtl. 1918, USA 1920; 1952 stehen 60 Ländern mit FW noch 16 ohne gegenüber)

Literatur-*Nobel*preis an *Theodor Mommsen* (Dt.)

d'Annunzio: „Francesca da Rimini" (ital. Trag.)

Arnold Bennett (* 1867, †1931): „Anna of the five towns" (engl. Roman)

Max Eyth: „Der Kampf um die Cheopspyramide" (Roman, 2 Bände)

Gide: „Der Immoralist" (frz. Roman)

H. Hesse: Gedichte

Ric. Huch: „Ausbreitung und Verfall der Romantik" (1899: „Blütezeit der Romantik"), „Vita somnium breve" (Roman)

Ibsen: Ges. Werke

Paul Keller (* 1873, † 1932): „Waldwinter" (Roman)

Lagerlöf: „Jerusalem" (schwed. Roman, 2 Teile seit 1901)

Else Lasker-Schüler: „Styx" (Gedicht)

***John Masefield* (* 1875, † 1967): „Salzwasserballaden" (engl. Dichtung)**

M. Maeterlinck: „Monna Vanna" (belg. Drama)

Mereschkowskij: „Leonardo da Vinci" (russ. biogr. Roman)

Carolina Michaelis de Vasconcellos (* 1851, † 1925): „Randglossen zum altportugiesischen Liederbuch" (dt.-portg. Romanistik seit 1896; 1911 bis 1925 Prof. in Coimbra)

Ludvig Mylius-Erichsen (* 1872, † 1907) leitet dän. „Literarische Grönland-Expedition" zum Studium von Sprache, Sagen und Sitten der Eskimos (bis 1904)

Rilke: „Buch der Bilder" (Gedichte)

***Hermann Cohen* (* 1842, † 1918), Grd. d. Marburger Schule des Neukantianismus: „Logik d. reinen Erkenntnis" (Bd. 1 von „System der Philosophie", Bd. 2 „Ethik d. reinen Willens" 1904, Bd. 3 „Ästhetik d. reinen Gefühls" 1920)**

Benedetto Croce (* 1866, † 1952): „Philosophie des Geistes" (bis 1913 4 Teile: Ästhetik, Logik, Ökonomie und Ethik, Historiographie; stärker auf die Erfahrung gerichtete ital. Entwickl. des *Hegel*schen Systems)

Friedrich Delitzsch (* 1850, † 1922): „Babel und Bibel" (veröffentl. Vorträge, welche die Beziehungen zwischen dem Alten Testament u. dem altbabylonischen Sagengut aufdecken)

Albert Ehrhard (* 1862, † 1940): „Der Katholizismus u. das 20. Jahrhdt." (vom kathol. Standp.)

Paul Hoensbroech (* 1852, † 1923): „Das Papsttum in seiner sozial-kulturellen Wirksamkeit" (krit. Darstellg. i. 2 Bänden des ehemal. Jesuiten)

William James: „Die religiösen Erfahrungen in ihrer Mannigfaltigkeit" (nordam. Psychologie)

Gustave Le Bon: „Psychologie d. Erziehung" (frz.)

Ribot: „Die Schöpferkraft der Phantasie" (frz. Kunstpsychologie)

Rickert: „Die Grenzen der naturwissenschaftlichen Begriffsbildung" (seit 1896)

† *Auguste Schmidt*, Gründerin u. Vors. d. „Allg. Dt. Frauenvereins" 1865 (* 1833); Nachfolgerin *Helene Lange*

R. Seeberg: „Die Grundwahrheiten der christl. Relig." (protest.)

Ferdinand Avenarius (* 1856, † 1923) gründet *Dürer*bund zur Verbreitung guter Kunst

Cézanne: „Mädchen mit Puppe" (franz. nachimpr. Gemälde)

Theodor Fischer (* 1862): „Stadterweiterungsfragen" (Verfasser entwirft später Generalbaulinienplan für München und Stadtkernumgestaltung für Stuttgart)

Gauguin: „Aus Tahiti", „Contes Barbares", „Reiter am Strand" (express. Gemälde mit Südseemotiven)

Gulbransson wird Karikaturist bei der politisch-satir. Zeitschrift „Der Simplizissimus"

Hodler: „Die Wahrheit" (Schweiz. Gemälde)

Ebenezer Howard: „Gartenstädte von Morgen" (engl., begründetGartenstadtbewegung)

Rudolf Kautzsch: „Die neue Buchkunst" (bibliophiler Druck in *Behrens*-Schrift)

Heinrich Kayser (* 1842, † 1917) und *Karl von Großheim* (* 1841, † 1911): Hochschule für bildende Künste und Hochschule f. Musik (Berlin - Charlottenburg, Baubeginn 1898)

M. Klinger: „Beethoven" (Plastik aus mehrfarbigem Material, seit 1886)

d'Albert: „Der Improvisator" (Oper)

Leo Blech (* 1871): „Das war ich" (heitere Oper)

Debussy: „Pelleas u. Melisande" (frz. Oper, Text nach *Maeterlinck*)

Humperdinck: „Dornröschen" (Märchenoper)

* *Eugen Jochum*, dt. Dirigent

Bruno Kittel (* 1870) gründet und leitet *Bruno Kittel*schen Chor (Berlin)

Lehár: „Der Rastelbinder" (Operette)

Massenet: „Der Gaukler unserer lieben Frau" (frz. Oper)

Emil Nikolaus von Reznicek (* 1860, † 1945): „Till Eulenspiegel" (Oper)

M. von Schillings: „Das Hexenlied" (Melodrama nach *Wildenbruch*)

Sibelius: 2. Symphonie in D-dur (finn.)

Gesetz betr. das Urheberrecht an Werken der Literatur und der Tonkunst (von 1901) tritt in Kraft

Physik-*Nobel*preis an *H. A. Lorentz* (Niederl.) und *Pieter Zeeman* (Niederl., * 1865, † 1943) für Entdeckung und Erklärung der Aufspaltung von Spektrallinien im Magnetfeld („Zeeman-Effekt")

Chemie-*Nobel*preis an *Emil Fischer* (Dt.) f. Zucker- u. Eiweißforschung

Medizin-*Nobel*preis an *Ronald Ross* (Gr.-Brit., * 1857, † 1932) f. Malariaforschung

Bernt und *Cerwenka:* Gasglühlicht mit hängendem Strumpf

Hochspannungs-Magnetzündung f. Kraftfahrzeugmotoren von *Robert Bosch* (* 1861, † 1942)

Connstein, Hoyer und *Wartenberg:* Fettspaltung durch Fermente (Verdauungsstoffe)

Cooper und *Hewitt:* Quecksilberdampfgleichrichter

Cushing: Erste Nervennaht

Wilhelm Dörpfeld (* 1853, † 1940): „Troja und Ilion" (Bericht über eigene Ausgrabungen, 2 Bände)

E. v. Drygalski entdeckt auf der Antarktis-Expedition mit der „Gauß" (1901—1903) das Kaiser-*Wilhelm-II.*-Land

Preisfahrt des Brasilianers *Santos Dumont* mit einem Prall-Luftschiff um den Eiffelturm mit 26 km/st. Höchstgeschwindigkeit

Emil Fischer: Nachweis des Aufb. d. Eiweißstoffe aus Aminosäuren

Albert Grünwedel (* 1856, † 1935) reist nach Ostturkestan (2 Reisen bis 1907), begründet mit die Erforschung der ausgestorbenen indoeuropäischen tocharischen Sprache aus dortigen Handschriftenfunden

O. Heaviside nimmt leitende Luftschichten in großer Höhe an (entscheidend für Rundfunkwellen-Ausbreitung)

Guido Holzknecht (* 1872, † 1931 an *Röntgen*krebs) u. *Kienböck: Röntgen*dosismessung (schafft Voraussetzg. für wissenschaftl. Strahlentherapie)

Hugo Junkers (* 1859, † 1935) entwickelt Gasbadeofen (seit 1895)

Köpsel: Drehkondensator zur Abstimmung von elektrischen Schwingungskreisen

A. Scobel: „Handelsatlas zur Verkehrs- und Wirtschaftsgeographie"

2.—4. Haager Abkommen (regeln internat. Privatrecht bezüglich Eheschließung und -scheidung und Vormundschaft)

Neuer dt. Zolltarif (Schutzzölle für Landwirtschaft)

Erster allgem. dt. Bankiertag in Frankfurt/M.

Krupp kauft Germaniawerft in Kiel (1879 aus Norddt. Werft und Märkisch-Schlesischer Maschinenbau- und Hüttengesellschaft hervorgegangen)

Rhenania-Ossag Mineralölwerke AG in Hamburg (Ölraffinerien)

„Sohnreys Bauernkalender" von *Heinrich Sohnrey* (* 1859, † 1948; der Kalender erscheint bis 1932; für soziale Hebung des Dorfes)

Verband der Handelsschutz- und Rabattsparvereine Deutschlands (zur Regelung der Konkurrenz und zum Schutz gegen Warenhäuser und Konsumvereine)

Bund dt. Verkehrsvereine (erster in Dresden 1875)

Beginn dt. Heimat- und Denkmalschutz-Gesetz-

(1902)

Anstalt f. modern. Strafvollzug an Jugendl. i. Borstal (Gr.-Brit.) (gesetzl. anerk. 1908)

Hessisches Denkmalschutzgesetz (wirkt vorbildlich)

Rosegger: „Als ich noch ein Waldbauernbub war" (Erzählung)

Emil Rosenow (* 1871, † 1904): „Kater Lampe" (satir. Komödie), „Die Schatten leben" (sozial. Drama, veröffentl. 1912)

Schnitzler: „Lebendige Stunden" (Einakter-Zyklus)

Wilhelm von Scholz (* 1874, † 1969): „Der Spiegel" (Gedichte)

Emil Strauß (* 1866, † 1960): „Freund Hein" (Roman, Schülertrag.)

Stijn Streuvels (*Frank Lateur*, *1871): „Knecht Jan" (fläm. Roman)

Strindberg: „Karl XII." (schwed. Drama), „Die Kronbraut" (schwed. Bauerntragödie), „Ein Traumspiel" u. „Schwanenweiß" (schwedische Märchenspiele)

Eduard Stucken (* 1865, † 1936): „Gawan" (erstes Drama des neuromant. Zyklus „Der Gral", bis 1924)

Sudermann: „Verrohung in der Theaterkritik"

Maila Talvio (* 1871): „Das Ende von Pimeänpirtti" (finn. Roman)

L. Thoma: „Die Lokalbahn" (satir. Komödie)

Viebig: „Die Wacht am Rhein" (Roman)

Wedekind: „König Nicolo oder So ist das Leben" (Schauspiel)

† *Emile Zola*, frz. naturalist. Dichter (* 1840)

„Jahrbuch der dt. Bibliotheken" erscheint

„Shakespeare-Liga" in London gegründet

Carl Stange (* 1870): „Der Gedankengang d. Kritik d. rein. Vernunft"

Rudolf Stammler (* 1846, † 1940): „Lehre vom richtigen Recht" (neukantianisch)

Ludwig Sütterlin (* 1865, † 1917): „Das Wesen der sprachlichen Gebilde. Kritische Bemerkungen zu W. Wundts Sprachpsychologie"

E. Troeltsch: „Die Absolutheit des Christentums und die Religionsgeschichte" (evang.)

A. Warburg gründet Bibliothek zur Geschichte der europäischen Kultur (90000 Bände nebst Photoarchiv; 1933 Übersiedlung von Hamburg nach London)

Bruno Wille gründ. Freie Hochschule in Berlin (Volkshochschule)

Ägyptisches Museum kommt nach Kairo (1858 in Bulak gegründet)

Gleichberechtigung der Vollanstalten (realen u. gymnasialen) in Preußen

„Regeln für die deutsche Rechtschreibung nebst Wörterverzeichnis" (Ergebnis der 2. Berliner orthographischen Konferenz v. 1901; 1. Konferenz 1876)

Reifeprüfg. f. Veterinärstudium vorgeschrieben

Erneuerung d. Univers. Münster (gestiftet 1773)

„Dt. Burschenschaft"

Gesetzliche Schulspeisung in Dänemark (1906 in England)

Norwegen schafft Todesstrafe ab

In USA entstehen Kinderlesehallen

Gertr. Stein (USA) kommt n. Paris (vgl. 1925)

G. Kolbe: „Frauenbildnis“ (Plastik)

W. Kreis: Burschenschaftsdenkmal bei Eisenach

Kubin wird durch eine Ausstellung seiner Zeichnungen bei *P. Cassirer* (Berlin) bekannt

Larsson: „Larssons“ (schwed. Aquarellfolge)

Melchior Lechter (* 1865, † 1937): „Weihe am mystischen Quell“ (Altargemälde)

Fritz Mackensen (* 1866, Gründer d. Worpsweder Künstlerkolonie 1895): „Dämmerung“ (Gemälde)

Monet: „Waterloobrücke in London“ (frz. impress. Gem.)

Ed. Munch: „Kinder des Dr. Linde“ und „Bewachsenes Haus“ (norwegisch. frühexpress. Gemälde)

Nolde: „Mein Vater“ (Gemälde)

Fritz Overbeck (* 1869, † 1909): „Ein stürmischer Tag“ (Gemälde aus der Worpsweder Malerschule)

Albert Reimann gründet Schule für angewandte Kunst in Berlin

Slevogt: „Der Sänger d'Andrade als Don Juan“ (impress. Gemälde)

H. Thoma: „Christus auf dem Meere“, „Christus mit Magdalena“ (Wandgemälde in der Peterskirche Heidelberg)

Louis Tuaillon (* 1862, † 1919, Schüler von *R. Begas*): „Rosselenker“ (Bronzeplastik vor dem Stadttheater Bremen)

Zorn: „Die Mutter“ (schwed. Gemälde)

„Deutscher Künstlerbund“ (für unabhängiges modernes Kunstschaffen; Sezession der Allgem. deutschen Kunstgenossenschaft v. 1856)

Karl Ernst Osthaus (* 1874, † 1921) gründet in Hagen Folkwangmuseum mit besonders gepflegter Abteilung moderner Kunst (wird 1922 von der Stadt Essen übernommen) und führt um 1910 zum „Hagener Impuls“ in Architektur und Formgebung

Internationale Ausstellung des modernen Kunstgewerbes in Turin

„Zeitschrift f. Wohnungswesen“

„Das Leben eines amerikanisch. Feuerwehrmanns“ (nordamerikanisch. Dokumentarfilm v. *Edwin S. Porter*, * 1875, † 1945)

„Die Passion unseres Herrn Jesus Christus“ (französ. Film von *F. Zecca*)

„Die Reise zum Mond“, „Die Krönung Eduards VII.“ (frz. Filme v. *Méliès*)

„Salome“ (Film von *Oskar Messter*)

Ph. Lenard entd. d. Erscheinungen am lichtelektr. Effekt, d. *Einstein* (1905) durch Einführung der korpuskelähnl. Lichtquanten deutet

Eduard Meyer (* 1855, † 1930): „Geschichte des Altertums“ (5 Bände seit 1885)

Adolf Miethe (* 1862, † 1927): Panchromatische Platte

Normann: Fetthärtung (Überführung flüssiger in feste Fette)

Wilh. Ostwald: Salpetersäure-Gewinnung durch Ammoniakverbrenng. (verdrängt Luftverbrenng.)

Karl Pauli (* 1839, † 1901), *Danielsson, Gustav Herbig* (* 1868, † 1925): „Corpus inscriptionum etruscarum“ (Samml. etrusk. Inschriften seit 1893, wird fortgesetzt)

Pelton-Turbine für 472 m Gefälle und 7500 PS (5000 kW)

Valdemar Poulsen (* 1869) erfindet Lichtbogensender (bis 1903)

Charles Richet (* 1850, † 1935) entdeckt Anaphylaxie (Empfindlichkeit gegen artfremdes Eiweiß)

Augusto Righi (* 1850, † 1920, Lehrer von *Marconi*): „Drahtlose Telegraphie“

Ernst Rolffs: Rotations-Rastertiefdruck

Sparverfahren zur Holzkonservierung mit Teeröl (*Rüping*-Verfahren, Teerölkonservierung seit 1838)

Schenk: „Die Bedeutung der Neuronenlehre für die allgemeine Nervenphysiologie“ (Neuronen als Elemente der Nervensubstanz)

R. F. Scott entdeckt auf „Discovery“-Expedition 1900 bis 1904 König-*Eduard-VII.*-Land in der Antarktis

† *Rudolf Virchow*, dt. Mediziner; begrdte. Zellularpathologie; Grd. der liber. Fortschrittspartei (* 1821)

August Weismann (* 1834, † 1918): „Vorträge über Deszendenztheorie“ (Darwinismus)

Nordeuropäische Internationale Kommission für Meeresforschung

Institut für Meereskunde der Universität Berlin (gegr. 1900) beginnt seine „Veröffentlichungen“

Sonnenbestrahlung als Heilmethode in Davos

gebung. (Dt. Heimatschutzbewegung ab 1904)

„Photographische Industrie“ (Zeitschrift)

„Dt. Gesellschaft zur Bekämpfung der Geschlechtskrankheiten“

Jessen grdt. i. Straßburg 1. Schulzahnklinik

„Dt. Gartenstadt-Gesellschaft“ (erstrebt gemeinnützige und gesunde Siedlungsform)

Otto Hanisch (* 1854, † 1936) grdt. Mazdaznan-Lehre

Gebr. *Lindauer:* Büstenhalter (anstelle d. Korsetts, kommt ca. ab 1920 stärker in Gebrauch)

Erste Strecke der Berliner U-Bahn (Baubeginn 1896)

„Dt. Tennisbund“

Fünfmastvollschiff „Preußen“ (größtes Segelschiff, strandet 1911)

Helgoland-Leuchtturm (35 km Reichweite)

Ausbruch des Vulkans Montagne Pelée auf Martinique zerstört Saint-Pierre (26000 Tote)

1. dt. Schulzahnklinik (Straßburg)

R. Virchow stirbt an Verkehrsunfall (vgl. W)

1903	Friedens*nobel*preis an *William Randal Cremer* (Großbrit., * 1838, † 1908) Dt. Reichstag: Zentrum 100 Sitze, Sozialdemokraten 81, Konservative 52, Nationalliberale 50, Dt. freisinn. Volkspartei 21, Dt. Reichspartei 20, Polen 16, übrige 60 Parteitag der dt. Sozialdemokraten verurteilt den evolutionären „Revisionismus" von *Eduard Bernstein* (* 1850, † 1932) „National-soziale Partei" (von *Friedrich Naumann* 1896 gegründet) vereinigt sich mit der „Freisinnigen Vereinigung" Großbrit. hebt Verfassung für Malta von 1887 auf Vizekönig *George Curzon* (* 1859, † 1925) von Indien dehnt brit. Einfluß auf Tibet aus zur Begegnung des russ. Einflusses in Mittelasien Schwere Kämpfe der Engländer in Brit.-Somaliland gegen aufständische Derwische unter *Hadschi Mohammed ben-Abdullah* († 1910) Brit.-pers. Handelsvertrag *Giovanni Giolitti* (* 1842, † 1928) ital. liberaler Ministerpräsident bis 1905, dann 1906 bis 1909, 1911 bis 1914, 1920 bis 1921 (außerdem bereits von 1892 bis 1893) Niederländer unterwarfen(seit 1873) das Reich der Atschinesen auf Java Schweden verzichtet endgültig auf das Einlöserecht für das 1803 an Mecklenburg-Schwerin verpfändete Wismar Auf d. zweiten Parteitag i. Brüssel u. London spalten sich d. russ. Sozialisten wegen d. v. Lenin betrieb. zentralist. Organisation in „Bolschewiki" („Mehrheit") u. „Menschewiki" („Minderheit") Grdg. d. russ. Partei d. Sozialrevolutionäre (agrarsozialistisch) † *Alexander* (mit seiner Gattin ermordet), König von Serbien seit 1889 (letzter *Obrenowitsch*) (* 1876) *Peter I. Karageorgewitsch* König von Serbien bzw. Jugoslawien (ab 1918) bis 1921 (†, * 1844); russenfreundl. „MazedonischesKomitee" aufgelöst (erstrebte seit 1899 unter *Boris Sarafov* [† 1907, ermordet] bulgarische Herrschaft über Mazedonien)	Literatur-*Nobel*preis an *B. Björnson* (Norw.) *Franz Adam Beyerlein* (* 1871, † 1949): „Jena oder Sedan?" (Roman) *Albert Bielschowsky* (* 1847, † 1902): „Goethe" (2 Bände seit 1896; Bd. 2 posthum) *W. E. Burghardt Du Bois*: „Die Seelen des schwarz. Volkes" (nordamerikan. Negerroman) *Conrad*: „Taifun" (engl. Roman) *Dehmel*: „Zwei Menschen" (Roman in Romanzen) *Paul Ernst* (* 1866, † 1933): „Der schmale Weg z. Glück" (Roman) *St. George*: „Tage und Taten" (Essays) *Gorkis* „Nachtasyl" von *Reinhardt* in Berlin inszeniert (russ. Urauff. 1902 i. Moskauer Künstlertheater) *G. Hauptmann*: „Rose Bernd" (Schauspiel) *Sven Hedin* (* 1865, † 1952): „Im Herz. v. Asien" (schwed. populärer Reisebericht) *Theodor Herzl* „Altneuland" (zionist. Roman) *R. Herzog*: „Die vom Niederrhein" (Roman) *Elisabeth von Heyking* (*1861, †1925): „Briefe, die ihn nicht erreichten" (Roman aus Diplomatenkreisen, zunächst anonym) *Hofmannsthal*: „Ausgewählte Gedichte", „Das kleine Welttheater" und „Elektra" (Schauspiele) *Rudolf Huch* (* 1862, † 1943, Bruder von *Ricarda H.*): „Hans der Träumer" (Entwicklungsroman) *Fr. Jammes*: „DerHasenroman"(frz.symb.Rom.)	*Konrad Agahd* (* 1867, † 1928) veranlaßt dt. Kinderschutzgesetz betreffend Kinderarbeit *Albert I.* von Monaco gründet Internationales Friedensinstitut *Wilhelm Bölsche* (* 1861, † 1939): „Das Liebesleben in der Natur" (3 Bände seit 1898) *Johannes Haller* (* 1865, † 1947): „Papsttum und Kirchenreform" *Willy Hellpach* (* 1877): „Nervosität u. Kultur" *A. v. Harnack* Präsident d. evang. sozialen Kongresses (b. 1912) *Ernst Meumann*: „Die Sprache des Kindes" *Johannes Müller* (* 1864, † 1949) gründet auf Schloß Mainberg/Unterfranken eine „Freistatt persönlichen Lebens" für Suchende jeder Richtung und Herkunft (evang. Lebensphilosophie) *Natorp*: „Platos Ideenlehre" *Karl Kautsky* (* 1854, † 1938): „Karl Marx' ökonomische Lehren gemeinverständlich dargestellt" † *Leo XIII.*, Papst seit 1878; zahlreiche Enzykliken üb. soziale, kirchl. u. wissenschaftl. Fragen; verfaßt auch Dichtungen (* 1810); *Pius X.* Papst bis 1914 (†, * 1835; heiliggesprochen 1954) † *Theodor Mommsen*, dt. Historiker; *Nobel*preis für Literatur 1902 (* 1817) *G. E. Moore* (* 1873): „Ablehnung des Idealismus" (gilt als Begründung des engl. Neurealismus)

Berlage: Börse in Amsterdam (niederl. Bauwerk)

Corinth: „Selbstbildnis mit Modell" (Gemälde)

† *Paul Gauguin*, frz. Maler, zuletzt besonders von Südseemotiven in ausdrucksvollen Farben (* 1848)

Israels: „Judenhochzeit" (niederl. Gemälde)

Gustav Klimt (*1862, † 1918): „Philosophie, Medizin und Jurisprudenz" (Dekkengemälde in der Aula der Wiener Universität)

A. Kubin: 1. Mappe phantast. Zeichngn.

Leistikow: „Havelkähne in Mondbeleuchtung" (Gemälde)

Lenbach: „Selbstbildnis"

M. Liebermann: „Polospiel" (impress. Gemälde)

Matisse: „Die Lebensfreude" (Gem.)

Modersohn-Becker: „Selbstbildnis" (farbige Kreide), „Bauernmädchen auf einem Stuhl" und „Alte Bäuerin" (Gemälde)

Monet: Frz. impress. Studien über ein Motiv von der Themse in verschiedener Beleuchtung (seit 1901)

d'Albert: „Tiefland" (Oper)

* *Boris Blacher* (in China), baltisch-dt. Komp.; schreibt u. a. „Concertante Musik" (Kammeroper), „Der Großinquisitor" (Op.-Oratorium)

Leo Blech: „Alpenkönig u. Menschenfeind" (Oper)

Friedrich Klose (* 1862, † 1942, *Bruckner*schüler): „Ilsebill" (symph. Märchendrama)

Joan de Manén (* 1883): „Acté" (span. Oper)

Hugo Riemann (* 1849, † 1919): „System der musikalischen Rhythmik und Metrik"

A. Schönberg: „Gurrelieder" (nach *J. P. Jacobsen*, für Sprecher, 5 Solisten, 3 vierstimm. Männerchöre, achtstimm. gemischten Chor und gr. Orchester, seit 1902)

Sibelius: Violinkonzert in d-moll

† *Hugo Wolf*, dt. Komponist; besonders von Liedern (* 1860)

Wolf-Ferrari: „Die neugierigen Frauen" (Oper), „Das Neue Leben" (Chorw. n. *Dante*)

Päpstlicher Erlaß bevorzugt A-cappella-Chor vor Orchestermusik

„Intern. musikpädagogischer Verband" gegr., gibt „Musikpädagog. Blätter" heraus

Physik-*Nobel*preis an *H. Becquerel* (Frankr.), *M. Sklodowska-Curie* (Polen) und *P. Curie* (Frankr.) für Erforschung der Radioaktivität

Chemie-*Nobel*preis an *S. Arrhenius* (Schwed.) für Erforschung der elektrolytischen Dissoziation

Medizin-*Nobel*preis an *Niels Rybert Finsen* (Dänem., * 1860, † 1904) für Lichttherapie

Birkeland und *Eyde:* Herstellung von Salpetersäure durch Verbrennung von Luft im magnetisch beeinflußten Wechselstromlichtbogen

Th. Boveri verbind. Zellforschung u. Vererbungslehre

* *Adolf Friedrich Butenandt*, dt. Chemiker; *Nobel*preis 1939

Wilhelm Einthoven (* 1860, † 1927) ermöglicht durch das Saitengalvanometer die Registrierung der Aktionsströme des Herzmuskels: Elektrokardiographie

E. G. Hopkins entdeckt Tryptophan (Eiweißstoff)

Th. Koch-Grünberg erforscht Nebenflüsse des Amazonas (bis 1905)

Hans Meyer besteigt und erforscht den Vulkan Chimborasso u. a. in den Kordilleren von Ekuador (schreibt 1907: „In den Hochanden von Ekuador")

Gründung des „Dt. Museums von Meisterwerken der Naturwissenschaft und Technik" in München durch *Oskar von Miller* (Neubau 1925 eröffnet)

W. Ramsay u. *Frederik Soddy* (* 1877, † 1956): Aus dem radioaktiven Gas der Radium-Emanation entsteht das Edelgas Helium (deutliches Zeichen einer Elementumwandlung)

Fritz und *Paul S. Sarasin* erforschen als Zoologen und Völkerkundler Celebes (seit 1901 und 1893 bis 1896)

Schiffskreisel von *O. Schlick* zur Schlingerdämpfung

Seiner (bis 1912) und *L. Schultze* (bis 1905) erforschen Kalahari-Trockenbecken in Südafrika

Siedentopf und *Richard Zsigmondy* (* 1865, † 1929): Ultramikroskop (optische Dunkelfeldmethode)

Emil Wiechert (* 1861, † 1928) begr. Seismometrie

Sombart: „Die deutsche Volkswirtschaft im 19. Jahrhundert"

Kommission für Strafprozeßreform (bis 1905; bleibt ohne Erfolg)

Karl Legien (* 1861, † 1920) wird Vorsitzender d. Internationalen Vereinigung d. Gewerkschaften (bis 1919)

Adam Stegerwald (* 1874) wird Leiter d. Gesamtverbandes d. christl. Gewerkschaften in Deutschland

Gr. Streik der Krimmitschauer Textilarbeiter um den 10-Std.-Tag scheitert

Maschinenunfallversicherung in Deutschland

Henry Ford gründet mit 100 000 Dollar *Ford*-Automobil-Gesellschaft

J. P. Morgan gründet großen Schiffahrtstrust in den USA (International Mercantile Marine Company)

Siemens-Schuckert-Werke (Starkstromtechnik)

Gesellschaft für drahtlose Telegraphie Telefunken

Zentralverb. d. dt. Konsumgenossenschaften e. V. gegründet

Verband dt. Waren- und Kaufhäuser (in Kampfstellung gegen mittelständischen Einzelhandel)

(1903)	Panama erklärt sich von Kolumbien unabhängig, da dieses dem Kanalbau nicht zustimmt USA erhalten vom neugegründeten Freistaat Panama Kanalzone mit Hoheitsrechten (1901 Vertrag mit Großbrit. auf Alleinrecht, Kanal zu bauen, 1902 Erwerbung der frz. Rechte) Schwere Judenpogrome in Rußland (weitere 1906) 6. Zionistenkongreß beschließt praktische Palästinaarbeit (autonomes Siedlungsgebiet in Brit.-Ostafrika abgelehnt)	*Kolbenheyer:* „Giordano Bruno" (Versdrama) *Liliencron:* „Bunte Beute" (Gedichtsammlung) *J. London:* „Ruf der Wildnis" (nordamerikan. Roman) *H. Mann:* „Die Göttinnen oder die drei Romane der Herzogin von Assy" (Romantrilogie) *Th. Mann:* „Tristan" (Novelle) *Stanislaw Przybyszewski* (* 1868, † 1927): „Schnee" (poln. Drama) *Rilke:* „Worpswede" (Künstlermonographie) *Schnitzler:* „Reigen" (zehn erotische Dialoge) *Shaw:* „Mensch und Übermensch" (engl. Schauspiel) *Strindberg:* „Königin Christine" und „Die Nachtigall von Wittenberg" (schwed. Schauspiele) *André Theuriet* (* 1833, † 1907): „Galante und melancholische Geschichten" (frz.) *Georg Witkowski* (* 1863, † 1939): „Das deutsche Drama des 19. Jahrhunderts" (Literaturgesch.) *Zola:* „Die vier Evangelien" („Fruchtbarkeit", „Arbeit", „Wahrheit" seit 1899, unvoll. frz. Romanzyklus, posthum) *Tilla Durrieux* (* 1880, † 1971) spielt bei *Max Reinhardt* i. Berlin (beg. damit ihre eig. Theaterlaufbahn) Harzer Bergtheater (setzt Entwicklung des dt. Freilichttheaters fort: 1890 Naturtheater in Wunsiedel, 1909 Zoppoter Waldoper) *Victor-Hugo*-Museum in Paris *Schiller*-Nationalmuseum in Marbach	*Franz Oppenheimer* (* 1864, † 1943): „Das Grundgesetz der Marx'schen Gesellschaftslehre" *Henri Poincaré:* „Wissenschaft und Hypothese" (frz. Erkenntnistheorie des Konventionalismus) *Otto Schmeil* (* 1860, † 1944): „Lehrbuch der Botanik" (reformiert wie das „Lehrbuch der Zoologie" von 1899 den naturkundlichen Unterricht) † *Herbert Spencer*, engl. Philosoph einer allgemeinen Entwicklungslehre; schrieb 1862 bis 1893 „Ein System synthetischer Philosophie" (10 Bände) (* 1820) *Thorndike:* „Erziehungs-Psychologie" (engl. experimentelle Pädagogik) *Otto Weininger* (* 1880, † 1903, Selbstmord): „Geschlecht und Charakter" (behauptet Minderwertigkeit der Frau) *Carl Muth* grdt. „Hochland" (kathol. Monatsschrift) „Gesellschaft zur Förderung der Wissenschaft des Judentums" in Berlin Akademische Ferienkurse für sächs. Volksschullehrer Englische Arbeiterbildungs-Vereinigung (WEA) Verbot d. Kinderarbeit i. Dtl. (i. Preußen 1839)

Ed. Munch: „Kuß am Meer" (norweg. frühexpress. Gemälde aus dem *Linde*-Fries) und „Auf der Brücke" (norweg. express. Gemälde)

Martin Nyrop (*1849, † 1921): Neues Rathaus in Kopenhagen (Baubeginn 1892)

Emil Orlik (*1870, †1934): „Aus Japan" (Graphik-Mappe)

Picasso: „Die Büglerin" und „Guitarrist" (span.-frz. Gemälde)

† *Camille Pissaro*, frz. impress. Maler; malte auch pointillist. (* 1830)

Sargent: „Major H.L. Higginson" (nordamerikan. Bildnis)

† *Carl Schuch*, dt. Maler, bes. von Stillleben (* 1846)

Stephan Sinding (*1846, †1922): „Anbetung" (norweg. Plastik)

Slevogt: Illustrationen zu „Ali Baba und die 40 Räuber"

* *Graham Sutherland*, brit. Maler

† *James Whistler*, nordamerikan. Maler (* 1834)

Gründung des „Salon d'Automne" in Paris für Bilder, die von der offiziellen Jury zurückgewiesen wurden

Hans Poelzig wird Direktor d. Kunstschule Breslau (ab 1911 Kgl. Akad. f. Kunst und Kunsthandwerk)

Reklamekunst wird Unterrichtsfach an den Kunstgewerbeschulen

Porträt-Katalog (seit 1859, ursprünglich von *Drugulin*)

„Bund Dt. Architekten"

---

* *Greta Garbo (Gustafson)*, schwed. Filmschauspielerin

„Die Ermordung d. Herzogs von Guise" (frz. Film mit Schauspielern der Comédie Française)

„Großer Eisenbahnüberfall" (begründet erfolgreichen nordamerikan. Spielfilm; Dauer 12 Minuten)

O. Vogt, *Brodmann* und *Campbell:* Erste Hirnkarten (Lokalisierung der Hirnfunktionen)

de Vries: „Die Mutationstheorie" (über die spontane Entstehung neuer Pflanzenarten, 2 Bände seit 1901)

Erster Motorflug (12 Sek., 50 m weit) der Brüder *Orville* (* 1871, † 1948) und *Wilbur Wright* (* 1867, † 1912)

E. Zschimmer erfindet ultraviolettdurchlässiges Uviolglas

Unterscheidung der radioaktiven Alpha-, Beta- und Gammastrahlen

Fernrohr mit 800-mm-*Steinheil*-Objektiv für die Sternwarte Potsdam

„Zeitschrift für wissenschaftliche Photographie, Photophysik und Photochemie"

Elektrische Schnellbahn auf der Versuchsstrecke bei Zossen erreicht 210 km/st.

Schwebebahn zwischen Elberfeld und Barmen eröffnet (Baubeginn 1898)

Kraftwagen durchquert die USA in 65 Tagen

~ Rasche Entwicklung d. Genetik (Vererbungslehre) (vgl. 1903 *Boveri, de Vries,* 1900 *Correns* u. and. 1907 *Correns,* 1910 *Morgan*)

Irische Kleinpächter erhalten durch Gesetz die Stellung von freien Bauern

Einf. d. Daktyloskopie i. d. engl. u. dt. Kriminalistik

W. Fischer: „Die Prostitution und ihre Beziehungen zum Verbrechen"

Internationale Konvention über Maßregeln gegen Pest, Cholera und Gelbfieber

Zdarski: „Alpine (Lilienfelder) Skilauftechnik" (Erfahrungen der ersten alpinen Skischule von 1896)

Skibindung des Norwegers *Fritz Huitfeld*

„Dt. Tennisbund"

„Deutsche Skatordnung" (beruht auf den Regeln von 1886)

VfB Leipzig erstmals dt. Fußballmeister (wieder 1906, 1913)

„Teddy"-Bär als Spielzeug von *Margarethe Steiff* auf d. Leipz. Messe (erhält s. Namen angebl. von „*Teddy*" [*Theodore*] *Roosevelt* i. USA)

Erste „Tour de France" (Straßenradrennen)

1. dt. Krebsfürsorge (Bln)

1904	Friedens*nobel*preis an das Institut für internationales Recht in Gent *L. Quidde:* „Internationale Verständigung über Beschränkung der Rüstungen“ Herero-Aufstand in Dt.-SW-Afrika (Hereros kommen in der Wüste um) Hottentottenaufstand in Deutsch-Südwestafrika unter *Hendrik Witboi* (* ~ 1825, † 1905; erst 1908 niedergeschlagen) Frz.-brit. „Entente cordiale“. Großbritannien bestätigt frz. Schutzherrschaft über Marokko. Frankreich verzichtet auf Einfluß in Ägypten und anerkennt span. Machtbereich in Nordafrika Großbrit. anerkennt chin. Einfluß in Tibet Beginn des russ.-jap. Krieges um Mandschurei und Korea *Nikola Paschitsch* serb. Ministerpräsident bis 1926 mit kurzen Unterbrechungen; Anhänger eines großserb. Zentralismus Australische Arbeiterpartei gewinnt Einfluß auf Sozialpolitik Weltbund für Frauenstimmrecht in London *Lenin:* „Ein Schritt vorwärts, zwei Schritt zurück“ (russ. revolutionäre Schrift gegen Menschewiki) *Rosa Luxemburg* wendet sich gegen die von *Lenin* vertretene zentralistische Parteiorganisation Tagung der 2. (sozialdemokr.) Internationale in Amsterdam. Gründung einer interparlamentarischen sozialdemokratischen Kommission (weitere Tagungen 1907 in Stuttgart, 1910 in Kopenhagen, 1912 in Basel) General *von Liebert* gründet „Reichsverband gegen die Sozialdemokratie“ (löst sich 1914 auf)	Literatur-*Nobel*preis an *Fr. Mistral* (Frankr.) und *J. Echegaray* (Span.) *Bang:* „Michael“ (dän. Roman) *A. Bartels:* „Heimatkunst“ (antisemitische Literaturbetrachtung) *W. Busch:* „Zu guter Letzt“ (Gedichtsammlung) *Ganghofer:* „Der hohe Schein“ (Roman) *Max Halbe:* „Der Strom“ (Schauspiel) *Andreas Haukland* (* 1873, † 1933): „Ol Jörgen“ (norweg. Romantrilogie seit 1902) *H. Hesse:* „Peter Camenzind“ (Erziehungsroman) *Arno Holz:* „Daphnis“ („Freß- und Sauflieder“ im Stil der Barocklyrik), „Traumulus“ (Tragikomödie) *Ric. Huch:* „Von den Königen u. der Krone“ (Roman) *Lagerlöf:* „Christuslegenden“ (schwed. Erzählungen) *Liliencron:* „Poggfred“ (Erweiterung des „Kunterbunten Epos“ von 1896) *J. London:* „Der Seewolf“ (nordamerikan. Roman) *William Vaughan Moody* (* 1869, † 1910): „Der Feuerbringer“ (nordamerk. Prometheustrilogie als Versdrama) *Ada Negri* (* 1870, † 1945): „Muttertum“ (ital. Gedichte über die sozial Schwachen) *Kostis Palamas* (* 1859, † 1943): „Unwandelbares Leben“ (neugriech. Lyrik)	*Heinrich Seuse Denifle* (* 1844, † 1905): „Luther und Luthertum in der ersten Entwicklung“ (kathol. Kirchengeschichte) *Elisabeth Förster-Nietzsche* (* 1846, † 1935): „Das Leben Friedrich Nietzsches“ (2 Bände seit 1895) *Freud:* „Zur Psychopathologie des Alltagslebens“ (psychoanalytische Deutung von Fehlleistungen) *Frobenius* beginnt seine Forschungsreisen nach Afrika (bis 1935, begründen seine Kulturmorphologie u. Kulturkreislehre) *Hugo Gaudig* (* 1860, † 1923): „Didaktische Ketzereien“ (schulreformerisch) *Haeckel:* „Kunstformen der Natur“ (seit 1899) und „Die Lebenswunder“ (monistisch) *Harnack:* „Geschichte d. altchristlichen Literatur“ (2 Teile seit 1893) *Lafcadio Hearn* (* 1850, † 1904): „Japan. Versuch einer Deutung“ (engl. Japankunde) *L. T. Hobhouse* (* 1864, † 1929): „Demokratie und Reaktion“ (engl. liberale Gesellschaftsphilosophie) *Adolf Jülicher* (* 1857, † 1938): „Paulus und Jesus“ (evang. Theologie) *Albert Kalthoff* (* 1850, † 1906): „Die Entstehung des Christentums“ (radikale Darstellung des Urchristentums; Verfasser wird Vorstand des Dt. Monistenbundes ab 1905)

Frank Brangwyn (* 1867): Monumentalgemälde für das Zunfthaus der Londoner Kürschner (engl.)

Corinth: „Frauenraub" (Gemälde)

* *Salvador Dali*, span. Initiator d. Surrealismus; schreibt 1951 „Manifeste Mystique"

Max Dvorak (* 1874, † 1921): „Das Rätsel der Kunst der Brüder van Eyck" (kunstgeschichtliche Studie)

† *Henri Fantin-Latour*, frz. naturalist. Maler (* 1836)

Charles Wellington Furse (* 1868, † 1904): „Diana of the uplands" (engl. Bildnis)

Ernst v. Ihne (* 1848, † 1917): Kaiser-*Friedrich*-Museum, Berlin (Baubeginn 1897)

M. Klinger: „Nietzsche" (Bildnisbüste für *Nietzsche*-Archiv) und „Drama" (Marmorgruppe für das Albertinum, Dresden)

Eugène Laermans (* 1864, † 1918): „Der Tote" (belg. Gemälde)

Leistikow: „Griebnitzsee bei Erkner" (Landschaftsgemälde)

† *Franz von Lenbach*, süddt. Bildnismaler (* 1836)

M. Liebermann: „Wilhelm Bode" (Bildnis) und „Spitalgarten in Edam" (Gemälde)

Caruso geht i. d. USA

* *Luigi Dallapiccola*, ital. Kompon. d. Zwölftontechn.

A. Dvořak: „Armida" (tschech. Oper)

† *Anton Dvořak*, tschech. Komponist; schrieb Symphonien, Kammermusik, Opern, Lieder, Slawische Rhapsodien, Tänze u. a. (* 1841)

† *Eduard Hanslick*, maßgebender und gefürchteter Wiener Musikkritiker; Gegner *Wagners* (* 1825)

Leoš Janáček (* 1854, † 1928): „Jenufa" (tschech. Oper)

Lehár: „Der Göttergatte" (Operette)

Leoncavallo: „Der Roland von Berlin" (ital. Oper im Auftrag *Wilhelms II.*)

G. Mahler: 5. Symphonie cis-Moll (6. in a-Moll 1906, 7. in e-Moll 1908)

Fritzi Massary (* 1882, † 1969) kommt als Operettensängerin an das Metropoltheater Berlin

Puccini: „Madame Butterfly" (ital. Oper)

Hugo Riemann: „Handbuch der Musikgeschichte" (5 Bände)

M. von Schillings: „Kassandra" (Melodrama)

S. Wagner: „Der Kobold" (Oper)

Physik-*Nobel*preis an *J. W. Rayleigh* (Großbrit.) für Entdeckung des Edelgases Argon

Chemie-*Nobel*preis an *W. Ramsay* (Großbrit.) für Erforschung der Edelgase

Medizin-*Nobel*preis an *I. Pawlow* (Rußl.) für Erforschung der Nerven- und Hirntätigkeit

Anschütz-Kaempfe: Kreisel-Kompaß

Theodor Boveri (* 1862, † 1915) erkennt in den Chromosomen die stofflichen Träger der Erbanlagen

Marie Curie: „Forschungen über radioaktive Substanzen"

Elster und *Geitel:* Lichtelektrische Photozelle

J. A. Flemming: Elektronenröhre für drahtlosen Nachrichtenempfang

G. Th. August Gaffky (* 1850, † 1918) Leiter des Instituts für Infektionskrankheiten in Berlin

Joh. Hartmann (* 1865, † 1936) entdeckt „ruhende Kalziumlinien" als einen Hinweis, daß zw. den Sternen dunkle Materie vorhanden ist

Hedin: „Wissenschaftliche Ergebnisse einer Reise in Zentralasien" (Forschungsbericht, 6 Text-, 2 Atlas-Bände)

Arthur Korn (* 1870, † 1945): Bildtelegraphie München-Nürnberg

Richard Küch: Quarzlampe als Ultraviolett-Lichtquelle, z. B. Höhensonne, ab 1906 von *Heraeus* gebaut

Gebr. Lumière: Autochrom-Platten zur Farbenphotographie

G. Merzbacher erforscht den zentralen Teil des innerasiatischen Tienschan-Gebirges (seit 1902; 1907—1908 den östlichen Teil)

MacFarlane Moore: Beleuchtung durch Hochspannungs-Glimmentladung (Leuchtröhre)

Nieger: Karte der Sahara-Oasen (9 Blätter)

Hermann Oncken (* 1869, † 1946): „Lassalle" (histor. Biographie)

Ludwig Prandtl (* 1875, † 1953) gibt Theorie der Grenzschichten an den Begrenzungen strömender Flüssigkeiten und Gase (wird wichtig für Tragflächentheorie)

Weltausstellung und Olympiade in St. Louis/USA

„Berliner Zeitung" (seit 1877 erste Zeitung *Ullsteins*) wird zur „B. Z. am Mittag"

Josef Kohler (* 1849, † 1919): „Handbuch des deutschen Patentrechts" (in rechtsvergleichender Darstellung, seit 1900)

Gustav Schmoller: „Grundriß der allgemeinen Volkswirtschaftslehre" (2 Bände seit 1900; betont historische Einzeltatsachen vor generalisierender Theorie)

Kaufmannsgerichte in Deutschland (zus. mit Gewerbegericht 1927 durch Arbeitsgericht abgelöst)

Carl Duisberg (* 1861, † 1935) vereinigt die chemischen Werke *Bayer*, Agfa, Badische Anilin zu einer Interessengemeinschaft (Beginn des I. G. Farben-Konzerns)

Gründung des Stahlwerksverbandes in Düsseldorf (1905: 31 Werke der Kohlen-, Eisenerz- und Roheisengewinnung)

Daimler-Werk in Untertürkheim (1890 in Cannstatt gegründet)

Carl Lindström AG für Grammophone und Schallplatten, Berlin

(1904)		*Pirandello:* „Die Wandlungen des Matta Pascal“ (ital. Roman) *Rudolf Alex. Schröder* (* 1878, † 1962): „Sonette an eine Verstorbene“ *Strindberg:* „Die gotischen Zimmer“ (schwedischer Roman), „Till Damaskus III.“ (schwed. Schauspiel) *Tschechow:* „Der Kirschgarten“ (russ. Schauspiel) † *Anton Tschechow*, russ. Dichter (* 1860) *Rafael Verhulst* (* 1866, † 1941): „Jesus der Nazarener“ (fläm. Versdrama) *Wilhelm Vershofen* (* 1878), *Jakob Kneip* (* 1881) und *Josef Winckler* (* 1881): „Wir drei“ (symbol. Gedichte der neugebildeten Dichtergruppe „Werkleute auf Haus Nyland“) *Viebig:* „Das schlafende Heer“ (Roman) *Wedekind:* „Die Büchse der Pandora“, „Hidalla“ (Schauspiele) *St. Zweig:* „Die Liebe der Erika Ewald“ (Roman) *Otto Brahm* übernimmt Leitung des Lessing-Theaters in Berlin (leitete seit 1892 das Dt. Theater) *Louise Dumont* (* 1862, † 1932) gründet und leitet Düsseldorfer Schauspielhaus zusammen mit ihrem Gatten *Gustav Lindemann* (* 1872) *Henry Bradley* (* 1845, † 1923): „The Making of English“ (engl. Sprachgeschichte) Sprachlicher Atlas von Frankreich (frz. Mundartforschung, seit 1902)	Die taubblinde *Helen Keller* promoviert zum Doktor der Philosophie *Ellen Key:* „Über Liebe und Ehe“ (schwed.) *Kowalewski:* „Studien zur Psychologie des Pessimismus“ *Alexius Meinong* (* 1853, † 1920): „Untersuchungen zur Gegenstandstheorie u. Psychologie“ (Philosophie d. „reinen“ Gegenstandes) *G. E. Müller:* „Die Gesichtspunkte und Tatsachen der psychophysischen Methodik“ *Anton Sickinger* (* 1858, † 1930) schafft „Mannheimer System“ der Volksschule *Erich Wasmann* (* 1859, † 1931): „Menschen- und Tierseele“ (christl.-biologische Weltanschauung) *Windelband:* „Über Willensfreiheit“ *Ernst Friedrich Wyneken* (* 1840, † 1905): „Wie ist die fortgesetzte Demokratisierung der Gesellschaft vom christlichen Standpunkt zu beurteilen?“ (für soziale Aufgaben der Kirche) Frankreich bricht diplomatische Beziehungen zum Vatikan ab (1920 wieder aufgenommen) Jesuiten in Deutschland als Privatpersonen zugelassen (1917 auch der Orden) „Geistliche Übungen“ (dt. Übersetzung der „Exercitia spiritualia“ des *Ignatius von Loyola* von *Handmann*) „Verband d. dt. Juden“ „Vereinsverband akademisch gebildeter Lehrer in Deutschland“ (später „Dt. Philologenverband“)

Große *Matisse*-Sammelausstellung in Paris (weitere 1912, 1919)

Julius Meier-Graefe (* 1867, † 1935): „Entwicklungsgeschichte der modernen Kunst" (Kunsthistorik, betont frz. Impressionismus)

Alfred Messel (*1853 † 1909): Warenhaus *Wertheim*, Berlin, Leipziger Straße (Baubeginn 1896). Am Eingang Bärenbrunnen von *Gaul*

Julius Raschdorff (* 1823, † 1914): Berliner Dom (Baubeginn 1894, mit seinem Sohn *Otto R.*)

Henri Rousseau: „Die Hochzeit" (frz. Gemälde)

Slevogt: „Die Sängerin Marietta de Rigardo" (Gemälde)

Otto Wagner (* 1841, † 1918): Landesheilanstalt am Steinhof, Wien (bis 1907)

Das von *W. Bode* gegrdte. Kaiser-Friedrich-Museum i. Berlin eröffnet

Erste Ausstellung d. „Dt. Künstlerbundes" in Weimar

Armeemuseum in München (Baubeginn 1902)

„Die Verdammung Doktor Faust's", „Der Barbier von Sevilla", „Reise durch das Unmögliche" (frz. Filme von *Méliès*)

Isadora Duncan (USA, * 1887, † 1927) gründet *Duncan*schule in Berlin für Mädchenerziehung (reformiert den Kunsttanz im Sinn des altgriech. Chortanzes)

Gustav Roethe (* 1859, † 1926) beg. i. Rahmen der Preuß. Akademie d. Wissenschaften „Deutsche Texte des Mittelalters" herauszugeben (1953 ersch. 44. Bd.)

Rubel erfindet Offsetdruck vom Gummituch

E. Rutherford und *F. Soddy* deuten die Radioaktivität als Zerfall von Atomkernen

K. Schwarzschild: Zenit-Kamera für geographische Ortsbestimmungen

† *Henry Morton Stanley*, engl. Afrikaforscher (* 1841)

Stolz synthetisiert Adrenalin als erstes Hormon (war 1901 von *Takamine* rein dargestellt worden)

A. Wehnelt findet die Oxyd-Glühkathode (wird wichtige Stromquelle in Rundfunkröhren usw.)

Erster Kurven-Motorflug der Brüder *Wright*

„Archiv für Rassen- und Gesellschaftsbiologie, einschl. Rassen- und Gesellschaftshygiene"

Erste drahtlose Übertragung von Musik (in Graz)

Erste dt. Gasfernleitung: Lübeck—Travemünde

Urft-Talsperre (Eifel, 58 m hohe Sperrmauer)

Deutsche Truppen verwenden erstmals drahtlose Telegraphie im Herero-Aufstand in Dt.-SW-Afrika

Shantung-Bahn von Deutschland erbaut (seit 1899)

Transbaikalbahn Irkutsk-Ruchlowo (Baubeginn 1900)

In den USA vereinigen 318 Monopole 5300 Einzelgesellschaften

Wirtschaftskrise in den USA (weitere 1907, 1921, 1929)

Erste Gartenstadt in England (Letchworth)

B. Schidlof: „Der Mädchenhandel, seine Geschichte und sein Wesen"

J. Schrank: „Der Mädchenhandel und seine Bekämpfung"

„Internationale Vereinigung für gesetzlichen Arbeiterschutz" erreicht Verbot des Verhandelns ital. Kinder an frz. Glashütten

Prügelstrafe für Gewaltverbrecher in Dänemark

Erste Schützengräben, im russ.-japan. Krieg

Nach Verbot des Phosphors für Zündhölzer (1903) wird in Deutschland das Sicherheitszündholz („Schweden") als „Reichszündholz" eingeführt

Jörgen Peter Müller: „Mein System" (täglich 15 Min. Turnen: „Müllern")

Engl. Autofabrik Rolls-Royce gegr.

U-Bahn in New York

1905	Friedens*nobel*preis an *B. von Suttner* (Österr.) Kaiser *Wilhelm II.* landet in Tanger, um dt. Einfluß zu sichern (führt 1906 zur ersten „Marokkokrise") Gründung des „Deutschen Städtetages" anläßl. der Dt. Städteausstellung in Dresden (gilt als Beginn einer modernen Kommunalpolitik) Liberale Regierungen in Großbrit. bis 1922 (seit 1874 konservativ) *Edward Grey* (* 1862, † 1933) brit. Außenminister bis 1916 *Henry Campbell-Bannerman* brit. Premierminister bis 1908 (†, * 1836) Irische nationalist. „Sinn Fein" („Wir für uns")-Bewegung Die letzten brit. Truppen verlassen Kanada (darf ab 1907 selbständig Handelsverträge abschließen) Lord *Curzon* teilt Bengalen (Teilung stößt auf indischen Widerstand und wird später aufgehoben) Sieg Japans im Krieg mit Rußland (seit 1904). Japan erhält Port Arthur, Südsachalin, Vorherrschaft in Korea, Anteil an der Verwaltung der mandschurischen Bahn *Nikolaus II.* und *Wilhelm II.* treffen sich vor Finnland; versprechen sich notfalls Waffenhilfe Revolution in Rußland (Tote v. d. Winterpalast i. Petersburg); hat nur Teilerfolge: Zar erläßt „Manifest über die Freiheiten" und gibt Rußland konstitutionelle Verfassung *Sergej Witte* (* 1849, † 1915) russ. Ministerpräsident eines konstitutionellen Kabinetts bis 1906 Gemäßigt konserv. Oktobristenpartei in Rußland (für Verwirklich. der konstitutionellen Monarchie) *Lenin:* „Zwei Taktiken in der demokratischen Revolution" (Begründung der bolschewist. Taktik) Norwegen hebt Union mit Schweden auf (bestand seit 1814) Prinz *Karl* von Dänemark als *Haakon VII.* (* 1872) zum norweg. König gewählt (herrscht ab 1907) *Julius Pflugk-Harttung* (* 1848, † 1919): „Die Heere und Flotten der Gegenwart" (5 Bände seit 1896)	Literatur-*Nobel*preis an *H. Sienkiewicz* (Pol.) *Richard Beer-Hofmann* (* 1866, † nach 1938): „Der Graf von Charolais" (Trauerspiel) *Edward Gordon Craig* (* 1872, † 1966): „Die Kunst des Theaters" (engl. Darstellung eines antiillusionist. Theaters: „Craigism") Volks-*Schiller*preis an *C.* und *G. Hauptmann* und *R. Beer-Hofmann* (offizieller *Schiller*preis war *G. Hauptmann* 1896 von *Wilhelm II.* vorenthalten worden) *Hamsun:* „Kämpfende Kräfte" (norw. Roman) *Heer:* „Der Wetterwart" (Roman) *R. Herzog:* „Die Wiskottens" (Roman) *H. Hesse:* „Unterm Rad", „Peter Camenzind" (Romane) *Siegfried Jacobsohn* gründet linkspolitische theaterkritische Zeitschrift „Die Schaubühne" (ab 1919 „Die Weltbühne") *Anton Kippenberg* (* 1849, † 1950) übern. Insel-Verlag (1902 i. Lpz. gegrdt.) *H. Mann:* „Professor Unrat" (Roman), „Flöten und Dolche" (Novellen) *Mereschkowskij:* „Christ und Antichrist" (russ. Romantrilogie seit 1895: I. „Julian Apostata", II. „Leonardo da Vinci", III. „Peter d. Gr. u. s. Sohn Alexei") *Chr. Morgenstern:* „Galgenlieder" (1910 „Palmström", 1916 „Palma Kunkel") *Pontoppidan:* „Hans im Glück" (dän. krit. Romantrilogie seit 1898)	*Alfred Binet* (* 1875, † 1911) entwickelt eine Methode der Intelligenzprüfung *Kurt Breysig* (* 1866, † 1940): „Der Stufenbau und die Gesetze der Weltgeschichte" (Geschichtsphilosophie) *Jakob Burckhardt:* „Weltgeschichtliche Betrachtungen" (Schweiz. Kulturgeschichte, posthum) *Dilthey:* „Das Erlebnis und die Dichtung" *Hans Driesch:* „Geschichte des Vitalismus" *Paul Ehrenreich* (* 1855, † 1914): „Mythen und Legenden der südamerikanischen Urvölker" (ethnologische Mythologie) *Hans Groß:* „Kriminalpsychologie" *Konstantin Gutberlet* (* 1837, † 1928): „Vernunft und Wunder" (kathol.) *Haeckel:* „Der Kampf um den Entwicklungsgedanken" (Verteidigung der darwinistischen Entwicklungslehre) *Oswald Külpe* (* 1862, † 1915) entwickelt in der „Würzburger Schule" experimentelle Denkpsychologie (1899 bis 1909) *A. Lang:* „Das Geheimnis des Totem" (engl. Völkerkunde) *Mach:* „Erkenntnis und Irrtum. Skizzen zur Psychologie der Forschung" (österr. positivistische Erkenntnistheorie) *A. Pauly:* „Darwinismus und Lamarckismus" (Versuch einer Wiederbelebung des Lamarckismus)

W. Bode Generaldir. d. staatl. Kunstsammlungen i. Berlin

Corinth: „Im Schlächterladen" (impress. Gemälde)

Dehio: „Handbuch der dt. Kunstdenkmäler" (5 Bände bis 1912)

Jacob Epstein (*1880, † 1959) nordamer. Bildhauer poln. Abstammung, kommt von Paris n. London

Gulbransson: „Berühmte Zeitgenossen" (norweg. karikaturist. Bildnisse)

A. von Hildebrand: Bildnisgruppe seiner Töchter (Marmor)

Adolf Hölzel Professor an der Stuttgarter Akademie bis 1919; gewinnt bedeutenden Einfluß auf die abstrakte Malerei (u. a. auf *Kandinsky*)

Alfred Lichtwark: „Meister Bertram 1367—1415"

M. Liebermann: „Judengasse in Amsterdam" (Gemälde)

Matisse und *Derain* begrd. expressionist. Malerei des „Fauvismus"

† *Adolph von Menzel*, dt. realist. Maler und Graphiker (* 1815)

Meunier: Vier Steinreliefs zu einem Denkmal der Arbeit (belg. Plastik)

† *Constantin Meunier*, belg. Bildhauer (* 1831)

Ed. Munch: „Selbstbildnis" (norweg.)

Josef Olbrich: „Neue Gärten" (für neuen Gartenstil)

d'Albert: „Flauto solo" (Oper)

Wilhelm Backhaus (* 1884, † 1969) erhält den *Rubinstein*preis für Pianisten

Delius: „Messe des Lebens" (engl. Komposition nach *Nietzsche*)

Felix Draeseke (* 1835, † 1913): „Christus" (Oratorien-Trilogie)

de Falla: „Ein kurzes Leben" (span. Nationaloper)

Klingler-Streichquartett gegründet (bis 1935)

Lehár: „Die lustige Witwe" (Operette)

Pfitzner: Musik zu *Kleists* „Käthchen von Heilbronn" und „Kolumbus" (Chorwerk mit Orchester)

Sibelius: Schauspielmusik zu „Pelleas und Melisande"

A. Schweitzer: „J. S. Bach, der Musiker-Poet" (frz.)

R. Strauss: „Salome" (Oper)

* *Michael Tippett*, engl. Komponist; u. a. die Oratorien „Ein Kind unserer Zeit" und „Belsazar"

S. Wagner: „Bruder Lustig" (Oper)

Städt. Singschule Augsburg (wird richtunggebend f. Deutschland)

Physik-*Nobel*preis an *Ph. Lenard* (Dt.) für Erforschung des Durchganges von Kathodenstrahlen durch Materie (seit 1893)

Chemie-*Nobel*preis an *Adolf von Baeyer* (Dt., * 1835, † 1917) für Indigosynthese

Medizin-*Nobel*preis an *Robert Koch* (Dt.) für Tuberkuloseforschung

† *Ernst Abbe*, dt. Optiker und Sozialreformer, Leiter der *Zeiß*-Werke; verbesserte u. a. Mikroskop (* 1840)

Bruce und *Lavard* durchqueren Tibet und Wüste Gobi bis Peking

Gustav Dalén (* 1869, † 1937): Sonnenscheinventil (Gasselbstzünder für Leuchtfeuer)

Einstein: Theorie der *Brown*schen Molekularbewegung (vgl. 1827)

Einstein erweitert *Plancks* Entdeckung des Wirkungsquantums durch Einführung korpuskularer Lichtquanten und erklärt lichtelektrischen Effekt

Einstein: Spezielle Relativitätstheorie (Folgerungen aus dem Prinzip von der Konstanz der Lichtgeschwindigkeit)

Fichera stellt bei Tieren Wachstumshemmung durch Beseitigung der Hypophyse fest (Ausfall eines Hypophysen-Hormons)

W. Filchner und *A. Tafel* in Osttibet (seit 1903)

Autogenes Schweißen von *Fouché* und *E. Wiss*

Franck und *Latzko* führen den geburtshilflichen Kaiserschnitt unter Schonung des Bauchfells ein

Wolfgang Gaede (* 1878): Rotierende Quecksilberpumpe zur Erzeugung von Hochvakuum (vgl. 1915)

Holzwarth: Gasturbine (Explosions-Verbrennungs-Kraftmaschine; erbaut 1908)

Owens: Flaschenglasmaschine (60000 Bierflaschen pro Schicht)

Jean Perrin (* 1870, † 1942): Fermentwirkung beruht auf Kombination eines großen Träger-Eiweißmoleküls und einer spezifischen Wirkgruppe

Internat. Landwirtschafts-Institut in Rom

Georg Friedrich Knapp (* 1842, † 1926): „Staatliche Theorie des Geldes" (Hauptwerk der nominalistischen Geldtheorie)

Robert Liefmann (* 1874, † 1941): „Kartelle u. Trusts" (Volkswirtschaft)

Schweiz. Nationalbank (Zentralnotenbank in Bern)

Gesellschaft zur Förderung der inneren Kolonisation (fördert Kleinsiedlg. i. Deutschl.)

Bau des Mittellandkanal-Systems zwischen Rhein und Elbe begonnen (Endstrecke 1926—1938)

Mitteleuropäische Schlaf- und Speisewagen AG (Mitropa)

Öffentlicher Autobusverkehr in Berlin

„Petroleum" (Zeitschrift)

Ruhrbergarbeiterstreik führt zur Rekordzahl von 15 Millionen gestreikten Arbeitstagen in Deutschland (1899 bis 1918 jährlich durchschnittlich 4 Millionen Arbeitstage)

Kinder von Neger-Haussklaven in Deutsch-Ostafrika werden frei

Daktyloskopie in der brit. Kriminalistik

(1905)

Rudolf Presber (* 1868, † 1935): „Von Leutchen, die ich lieb gewann“

Rilke: „Stundenbuch“ (Gedichte)

Jakob Schaffner (* 1875, † 1944): „Irrfahrten“ (Roman)

R. A. Schroeder: „Elysium“ (Gedichte)

Shaw: „Major Barbara“ (engl. Schauspiel)

Feodor Sologub (Teternikow, * 1863, † 1927): „Der kleine Dämon“ (russ. pessimist. Roman)

Stehr: „Der begrabene Gott“ (Roman)

Strindberg: „Historische Miniaturen“ (schwed. Novellen)

Sudermann: „Stein unter Steinen“ (Schauspiel)

L. Thoma: „Lausbubengeschichten“ (humorist. Erzählung, Fortsetzung „Tante Frieda“ 1907)

† *Huang Tsun-Hien,* chines. Dichter (* 1848)

Emile Verhaeren (* 1855, † 1916): „Die Nachmittagsstunden“ (belg. Gedichte)

† *Jules Verne,* frz. Erzähler; schrieb bes. utopische Romane (* 1828)

† *Lewis Wallace,* nordamerikan. Schriftsteller (* 1827)

Wells: „Eine moderne Utopie“ (engl. Roman)

O. Wilde: „De profundis“ (apologet. Schrift, posthum)

Vikt. Barnowsky (* 1875) übernimmt Kleines Theater Unter den Linden, Berlin

Alexander Moissi kommt von Prag an das Dt. Theater, Berlin

Max Reinhardt übernimmt das Deutsche Theater, Berlin; eröffnet es mit *Kleists* „Käthchen von Heilbronn“ (leitet es bis 1920 und 1924 bis 1932) und inszeniert mit naturalist. Bühnenbildern den „Sommernachtstraum“

Oskar Sauer (* 1856, † 1918) a. Lessingtheater, Berlin, bis 1913, bedeutend als *Ibsen*darsteller

Paul Wegener (* 1874, † 1948) Schauspieler am Deutschen Theater, Berlin, bis 1921

Joseph Viktor Widmann (* 1842, † 1911): „Der Heilige und die Tiere“ (schweiz. pantheist. Dialogdichtung; *W.* gilt als kritischer „Literaturpapst“ der Schweiz)

Deutsche Zentralstelle zur Förderung der Volks- und Jugendlektüre in Hamburg

F. Brunot: „Geschichte d. französ. Sprache“ (frz., 10 Bände bis 1928)

Eduard Norden (* 1868, † 1941): „Die lateinische Literatur in ihrem Übergang vom Altertum zum Mittelalter“

„Dialect Dictionary“ (engl. Wörterbuch, seit 1898)

Henri Poincaré: „Der Wert der Wissenschaft“ (französ. Wissenschaftstheorie)

Johannes Reinke (* 1849, † 1931): „Philosophie der Botanik“ (Neovitalismus)

Rickert: „Die Probleme der Geschichtsphilosophie“

Hermann Schell (* 1850, † 1906): „Apologie des Christentums“ (2 Bände seit 1901, kathol. Standpunkt)

A. W. Small (* 1854, † 1926): „Allgemeine Soziologie“ (nordamerik., mit Interessengruppe als Einheit des „sozialen Prozesses“)

Söderblom: „Die Religionen der Erde“ (schwed. evangel. Religionsforschung)

L. Stein: „Der soziale Optimismus“

de Unamuno: „Leben Don Quijotes und Sancho Pansas“ (span. philosoph. Deutung)

Austauschprofessuren an dt. Universitäten zur Förderung des geistigen Kontaktes m. d. Ausland

„Bibliographie der Sozialwissenschaften“

„Museumskunde“ (Zeitschrift)

„Die Volksschule“ (Zeitschrift)

Gründung des ersten Volkshochschulheims in Tingleff/Schleswig

Bremer Lehrerschaft fordert weltliche Schule

Unterrichtsreform in China (erst ab 1912 stärker wirksam: Schulzwang, Schriftvereinfachung)

Medizinschule in Singapur

Picasso: „Die Gauklerfamilie mit dem Affen" (span.-frz. Gemälde); kommt n. Paris; „rosa Periode" b. 1906

August Schmarsow (* 1853, † 1936): „Grundbegriffe der Kunstwissenschaft"

Slevogt: „Senator O'Swald" (Bildnis)

Hugo von Tschudi (* 1851, † 1911): „Menzel" (Biographie)

Ausstellung im Salon d'Automne macht *Cézanne* und *Matisse* bekannt

Erich Heckel, Ernst Ludwig Kirchner u. *Karl Schmidt-Rottluff* grd. expressionist. Künstlervereinigung „Brücke" i. Dresden (dazu später *E. Nolde, M. Pechstein* u. *O. Müller;* aufgel. 1913)

Internationale Buchkunstausstellung in Leipzig

Armfragment der Laokoongruppe gefunden (führt 1960 zu einer Korrektur neuzeitl. Ergänzungen)

Revolutionär. Kunstjahr: „Brücke", „Fauvismus" (van-Gogh-Ausstellung i. Wien)

Erster (frz.) Film mit *Max Linder* (* 1883, † 1925)

„Potemkin", „Die Unruhen in St. Petersburg" (frz. Filme von *Nonguet)*

„Die wahre Seeschlange" (engl. Film von *J. Williamson)*

W. M. F. Petrie: „Geschichte Ägyptens" (3 Bände)

Puschmann-Pagel-Neuburger: „Handbuch der Geschichte der Medizin" (3 Bände seit 1901)

Wilh. Roux: „Die Entwicklungsmechanik, ein neuer Zweig der biologischen Wissenschaft"

Schaudinn entdeckt den Syphiliserreger (Spirochäta pallida)

Schönherr: Herstellung von Salpetersäure durch Luftverbrennung in langen Lichtbögen (I. G. Farben-Verfahren)

P. Uhlenhuth: „Das biologische Verfahren zur Erkennung und Unterscheidung von Menschen- und Tierblut" („Präzipitation")

Elektrische Glühlampe mit Wolframdraht (Osram-Lampen)

Erstes dt. Turbinen-Schiff

Erster internationaler *Röntgen*kongreß, Berlin (erster *Röntgen*kongreß 1900 in Paris)

Seit 1901 je eine engl., dt., schwed., schott. und frz. Südpolar-Expedition

Erdmagnetische Forschungen auf den Ozeanen durch USA-Spezialschiffe („Galilei" 1905—1908, „Carnegie" 1909—1918)

Unbemannter Registrierballon erreicht 25800 m Höhe

Steinerne Straßenbrücke über das Syratal bei Plauen (90 m Stützweite)

Novocain synthetisiert (gewinnt gr. Bedeutung f. Lokalanästhesie)

1. Hornhaut-Transplantation

Zehn-Stunden-Tag und gesetzliche Altersversorgung der Arbeiter in Frankreich

Neufassung des 1. Haager Abkommens von 1896 (betr. internationales Zivilprozeßrecht)

5. und 6. Haager Abkommen (betr. internationales Privatrecht bezgl. Wirkungen der Ehe und Entmündigung)

Reichsarzneitaxe eingeführt

H. Rost: „Der Selbstmord als sozialstatist. Erscheinung"

„Geschlecht u. Gesellschaft" (sexualreform. Zeitschrift)

Korsettlose Hemdkleider leiten allmählich schnürleibfreie Mode ein

Dunkle, überladene Wohnräume mit zahlreichen „Staubfängern"

1. Mütterberatungsstelle i. Berlin (1892 i. Paris)

H. A. L. Degener: „Wer ist's?" (Zeitgenossenlexikon; angelsächs. „Who is who?" seit 1849)

„Photographie für Alle" (Zeitschrift)

„Dt. Skiverband" (1928 90000 Mitglieder)

Boxweltmeister *James Jeffries* (USA) tritt ungeschlagen zurück (wird später vom Weltmeister *Jack Johnson* [Neger] geschlagen)

Pestseuche in Indien, viele hunderttausend Opfer

In Südafrika seit 1900 1694 Pestfälle mit 147 Todesfällen (1944 bis 1949: 210 Erkrankungen mit 124 Todesfällen; hochorganisierter Pestdienst mit Ratten- und Flohbekämpfung)

~ Chines. Wollhandkrabbe gelangt n. Deutschland u. entwickelt sich zur Plage

~ Cocktail kommt aus den USA nach Europa (allgemeinere Verbreitung nach 1918)

Dt. Freidenkerverband i. Berlin gegr. (tritt f. Feuerbestattung ein)

1906	Friedens*nobel*preis an *Th. Roosevelt* (USA) für Vermittlung des russ.-japan. Friedens 1905 Nach Festsetzung der dt. Dienstpflicht auf zwei Jahre (1905) beschleunigte Vermehrung d. Kriegsflotte und Steuererhöhung (Brau-, Frachturkunden-, Zigaretten-, Erbschafts-, Fahrkart.-, Autosteuer u.a.) Auflösung des Dt. Reichstages wegen der Opposition Zentrum-Sozialdemokratie (neuer Reichstag hat konservativ-liberale Mehrheit) Schuhmacher *Wilhelm Voigt* beschlagnahmt als „Hauptmann von Köpenick" die dortige Stadtkasse Beileg. d. 1. Marokko-Kr.: Deutschland erhält auf der Algeciras-Konferenz „Offene Tür" in Marokko, ohne frz. Einfluß zu vermindern Erwerbung der Gebiete Dt.-Neuguinea und Dt.-Samoa abgeschlossen (seit 1884; 1920 unter japan. und brit. Mandat) *Carl Peters:* „Die Gründung von Deutsch-Ostafrika" (Bericht über seine Erwerbungen 1884) *Maximilian Harden* greift den Freund Kaiser *Wilhelms II.*, Graf *Eulenburg* (* 1847, † 1921), und die „Hofkamarilla" scharf an (u. a. wegen Homosexualität; Graf *E.* muß 1907 den Hof verlassen; Meineidsverfahren gegen ihn 1908 ohne Urteil vertagt) † *Eugen Richter*, dt. linksliberaler Gegner *Bismarcks* (* 1838) SPD diskutiert Massenstreik als pol. Kampfmittel; gründet Parteischule in Berlin (1907 wird *Rosa Luxemburg* Lehrerin) Südafrika (Transvaal) erhält von Großbritannien Recht der Selbstverwaltung (Ministerpräsident zunächst 1907 bis 1910 *Louis Botha,* * 1864, † 1919) Die 1900 entstandene brit. Arbeiterpartei gibt sich den Namen „Labour Party" (trat 1904 der 2. Internationale bei) „Sinn Fein" („Wir für uns", nationalist.-republikan. irische Zeitung) *Clément Armand Fallières* (* 1841, † 1931) Präs. v. Frankreich bis 1913	Literatur-*Nobel*preis an *G. Carducci* (Ital.) *Endre Ady* (* 1877 † 1919): „Blut und Gold" (ungar. Gedichte) * *Samuel Beckett*, irischer Dramatiker d. absurden Theaters † *Paul Lawrence Dunbar*, nordamerikan. Negerdichter; erster Lyrikband 1896 (* 1872) *Ebner-Eschenbach:* „Meine Kinderjahre" *Frederik van Eeden* (*1860, † 1932): „Der kleine Johannes" (Romantrilogie seit 1886 eines niederl. Nervenarztes u. Sozialreform.) *Otto Ernst:* „Appelschnut" (humorvolle Erzählg. a. d. Kinderleben) *Paul Ernst:* „Der Weg zur Form" (neuklassizist. Bestrebung) *Ludwig Finckh* (* 1876, † 1964): „Der Rosendoktor" (schwäb. Heimatroman) *Frenssen:* „Hilligenlei" (Roman) *Karl Gjellerup* (* 1857, † 1919): „Der Pilger Kamanita" (dän. Roman) *Hamsun:* „Unter Herbststernen" (norw. Erz.) *G. Hauptmann:* „Und Pippa tanzt" (romant. Schauspiel) *Ric. Huch:* „Die Verteidigung Roms" (histor.) † *Henrik Ibsen*, norweg. Dichter (* 1828) *Else Lasker-Schüler* (* 1876, † 1945): „Das Peter-Hille-Buch" (Erinner. an den Lyriker *P. H.*, * 1854, † 1904) *Löns:* „Mein braunes Buch" („Haidbilder") *Giovanni Pascoli* (* 1855, † 1912): „Oden und Hymnen" (ital. Dicht.)	*James Mark Baldwin* (* 1861): „Genetic Logic" (nordamer. Philosophie des „ästhonomischen Idealismus") *M. Dessoir:* „Zeitschrift für Ästhetik und allgem. Kunstwissenschaft" *Karl Diehl* (* 1864, † 1943): „Üb. Sozialismus, Kommunismus u. Anarchismus" (pol. Ökonomie) *Arthur Drews* (* 1865, † 1935): „Die Religion als Selbstbewußtsein Gottes" (Philos. e. „konkreten Monismus") *Albert Görland* (* 1869, † 1952): „Rousseau als Klassik. d. Sozialpädag." „Dt. Monistenbund" in Jena unter *Haeckel* gegründet (freidenkerisch) † *Eduard von Hartmann*, dt. Philosoph (* 1842) *H. S. Jennings:* „Das Verhalten der niederen Organismen" *Wilhelm Kahl* (* 1849, † 1932): „Kirchenrecht" und „Die Religionsvergehen" *Hermann von Keyserling:* „Das Gefüge der Welt" (pragmat. Philosophie) *Helene Lange* u. *Gertrud Bäumer:* „Handbuch der Frauenbewegung" (5 Bände seit 1901) *Th. Lipps:* „Ästhetik, Psychologie des Schönen und der Kunst" (2 Bände seit 1903) *Mereschkowskij:* „D. Anmarsch d. Pöbels" (russ.) *Rudolf Pannwitz* (* 1881): „Kultur, Kraft, Kunst" (pädagogisches Werk) *George Santayana* (* 1863, † 1952): „Vernunft und menschlich. Fortschritt" (nordamer.-span. Rationalismus, 5 Bde. s. 1905)

Wilhelm v. Bode wird bis 1920 Generaldirektor d. Berlin. Museen; „Rembrandt" (8 Bde. seit 1897 mit *Hofstede de Groot*)

† *Paul Cézanne*, frz. Maler; leitete vom Im- zum Expressionismus über (* 1839)

Hugo Lederer: Bismarck-Denkmal, Hamburg (15,6 m hoch)

M.Liebermann: „Professorenkonvent" (Bildnisgruppe)

G. Minne: Brunnen mit drei Jünglingen (belg. Bildhauerarb.)

Ed. Munch: „Tauwetter" (norweg. express. Gemälde)

Hermann Muthesius (* 1861, † 1927): Eigenheim, Berlin-Nikolassee

Max Osborn (* 1870, † 1946): „Die Kunst der neuesten Zeit" (in *Springers* „Handbuch der Kunstgeschichte")

Picasso: „Les Demoiselles d'Avignon" (span.-frz., zum Kubismus neigendes Gemälde)

Karl Scheffler (* 1869, † 1951) übernimmt Redaktion der Zeitschrift „Kunst und Künstler" (bis 1933)

Slevogt: „Selbstbildnis" (Gemälde), „Schwarze Szenen" (6 Radierungen)

Walter Sickert (* 1860, † 1942: „Die Dame i. der Gondel" (engl. imp.Gemälde)

† *Alfred Stevens*, belg. Maler (* 1828)

Deutsche Kunstgewerbeausstellung in Dresden

Béla Bartók (* 1881, † 1945) an d. Budapester Hochschule für Musik; Sammlung ungar. Volkslieder

Busoni: Klavierkonzert m. Schlußchor

E. Eysler: „Künstlerblut" (Operette)

M. von Schillings: „Der Moloch" (Oper nach *Hebbel*)

Albert Schweitzer: „Deutsche und französische Orgelbaukunst und Orgelkunst" (maßgebend für moderne Orgelbewegung)

Wolf-Ferrari: „Die vier Grobiane" (dt.-ital. Oper)

Heinrich Schenker (*1868, † 1935): „Neue musikalische Theorien und Phantasien" (3 Bde. bis 1934, mit den Begriffen „Ursatz" und „Urlinie")

Physik-*Nobel*preis an *Joseph John Thomson* (Großbrit., * 1856, † 1940) für Untersuchung der elektrischen Leitung in Gasen

Chemie-*Nobel*preis an *H. Moissan* (Frankr.) für Fluor-Isolierung und elektrischen Ofen

Medizin-*Nobel*preis an *Camillo Golgi* (Ital., * 1844, † 1926) und *Santiago Roman y Cajal* (Span., * 1852, †) für Forschung über Struktur des Nervensystems

Amundsen gelingt Nordwestliche Durchfahrt (seit 1903, erste Durchfahrt mit einem Schiff; 1904 am magnetischen Pol)

Bayliss und *Starling* nennen die Wirkstoffe der innersekretorischen Drüsen „Hormone"

† *Ludwig Boltzmann*, österr. Physiker; entdeckte Beziehung zwischen zweitem Hauptsatz der Wärmelehre und der Wahrscheinlichkeit (* 1844)

Brauer führt die Lungenflügelstillegung durch Pneumothorax ein (angegeben 1882 von *Forlanini*)

Burnham: Doppelsternkatalog mit 13665 Paaren

† *Pierre Curie* (Unfall), frz. Physiker; entdeckte 1883 die Druckelektrizität von Kristallen, 1898 mit seiner Gattin *Marie C.* d. Radium u. Polonium; *Nobel*preis 1903 (* 1859)

Einstein: Gesetz der Gleichwertigkeit von Masse und Energie (wird z. Schlüssel der Atomkernforschg.)

Ellehammer unternimmt ersten Motorflug in Europa

Emil Fischer: „Untersuchungen über Aminosäuren, Polypeptide und Proteïne" (wegweisende Eiweißforschung)

Fourcault: Ziehmaschine für Flachglas

Arthur Harden (* 1865, † 1940) und *Young:* Hefezellen erzeugen mehrere Gärungs-Fermente, die den Zucker in Alkohol und Kohlensäure überführen

Pirani: Elektr. Luftdruckmesser i. Vakuumbereich auf Grundl. d. Wärmeleitung

Scharfenberg: Automatische Eisenbahnkupplung

Theodor Wolff (* 1868, † 1943 im KZ) wird Chefredakteur des „Berliner Tageblatts"

Mercedes-Büromaschinen-Werke, Berlin

Otavibahn zum Minengebiet in Dt.-Südwestafrika (Baubeginn 1903, 1910 verstaatlicht)

Belg. Katanga-Bergbau-Union (Kupfer-, Radium-Bergbau in Belg.-Kongo)

Erster internationaler Handelskongreß in Lüttich (weitere 1908, 1910, 1912, 1914)

Konferenz des Mitteleuropäischen Wirtschaftsvereins in Wien führt zur Verstärkung des international. Giroverkehrs

Internat. Funkentelegraphen-Vertrag

„Rheinisch-Westf. Wirtschaftsarchiv" in Köln

„Zeitschrift für handelswissenschaftliche Forschung"

Sammlung höchstrichterlicher Entscheidungen des Reichsgerichts wird angelegt (Präjustizienbuch für Mitglieder des Reichsgerichts)

Mannschaftsversorgungs- u. Offizierspensions-Gesetz in Deutschland

Internat. Nachtarbeitsverbot für Frauen

(1906)	*A. Briand* frz. Unterrichtsminister bis 1909; führt Trennung von Staat und Kirche durch. Einziehung des Vermögens der kathol. Kirche (400 Mill. Frs.) *Alfred Dreyfus* (* 1859, † 1935) freigesprochen (als frz. Offizier wegen angebl. Landesverrats 1894 auf die Teufelsinsel verschickt; die *Dreyfus*-Affäre war ein Erfolg der humanitären gegenüber den reaktionären Kräften) Nach der Einigung der frz. Sozialisten (1905) spalten sich die „Radikalsozialisten" (sozial, nicht sozialistisch) von der republikan. Radikalen Partei ab *Sidney Sonnino* (* 1847, † 1922) ital. Ministerpräsident (wieder 1909 bis 1910; 1914 bis 1919 ital. Außenmin.) *Friedrich VIII.* König von Dänemark bis 1912 (†) Verfassungsreform für Finnland, dadurch werden Sozialdemokraten stärkste Partei (in der Folgezeit weitere Auseinandersetzungen mit russ. Zentralismus) Erste Duma (russ. Parlament) zusammengetreten und wegen radikaler Forderungen aufgelöst *Peter A. Stolypin* russ. Ministerpräsident bis 1911 (†, durch Attentat, * 1862); versucht durch Agrarreform revolutionäre Bewegung zu bekämpfen Gründung der religiösen Partei der Volkssozialisten in Rußland Bombenattentat auf den Hochzeitswagen des Königs *Alfons* von Spanien und seiner Gattin *Ena* (Opfer unter der Begleitung) † *Carl Schurz*, dt.-amerikan. Staatsmann; 1877 bis 1881 Innenminister der USA (* 1829) Utah 45. Staat der USA *Upton Sinclair* gründet kommunist. Kolonie Helicon Hall (USA) Aufstände auf Kuba gegen USA-Protektorat Schah gibt Persien Verfassung	*Schnitzler:* „Zwischenspiel" (Schauspiel) *W. von Scholz:* „Meroë" (Schauspiel gegen Naturalismus) † *Heinrich Seidel*, dt. Dichter u. Ingen. (* 1842) *Shaw:* „Der Arzt am Scheideweg" (engl. Schauspiel) *Sinclair:* „Der Sumpf" (nordam. Rom. üb. Chicagos Schlachthäuser) *Spitteler:* „Imago" (Schweiz. Bekenntnisroman), „Olympischer Frühling" (Schweiz. philos.-mytholog. Epos, 4 Bände, seit 1900) *Verhaeren:* „La multiple splendeur" (belg. Ged.) „Die Ernte aus acht Jahrhund. dt. Lyrik" (herausgegeben von *Will Vesper*, * 1882) *Georg Sylvester Viereck:* „Niniveh und andere Gedichte" (dt.-amerik. Dichtung) *Wedekind:* „Totentanz" (Schauspiel) *André Antoine* (* 1858, † 1943) übernimmt Odéon-Theater, Paris (gründete dort 1897 Théâtre *Antoine* f. naturalist. Theater) *Max Reinhardt* gründet in Berlin erste Kammerspiele („Kleines Haus" des Dt. Theaters) *Ulrich von Wilamowitz-Moellendorff* (* 1848, † 1931): „Die griechische Literatur des Altertums" *Hans Ostwald* (* 1873): „Rinnsteinsprache, Lex. d. Gauner-, Dirnen- u. Landstreichersprache" „Jewish Encyclopedia" (jüdische Literaturenzyklopädie, seit 1901)	*Schweitzer:* „Von Reimarus bis Wrede" (Geschichte der Leben-*Jesu*-Forschung) *William Stern* (* 1871): „Person und Sache. System des kritischen Personalismus" (1. Bd. „Ableitung u. Grundlehre"; 2. Bd. 1918, 3. Bd. 1924) *Ferdinand Tönniës* (* 1855, † 1936): „Philosophische Terminologie in psychologisch-soziologischer Ansicht" *Max Weber:* „Kritische Studien auf dem Gebiete der kulturwissenschaftlichen Logik" *Franz Xaver Wernz* (* 1842, † 1914) Jesuitengeneral; schafft Neuregelung des Studienwesens im Orden (seit 1884 Rektor des Collegium Romanum) *A. Wünsche:* „Die Geschichte des Teufels" (zur Geschichte des Aberglaubens) *Gustav Wyneken* (* 1875) gründet „Freie Schulgemeinde Wickersdorf" „Die Kultur der Gegenwart" (umfass. Darst.) Erneuerung der Genfer Konvention von 1864 Volksschulgesetz in Preußen (konfessionelle Volksschule) Handelshochschule, Bln. Jüdisches Museum, Prag, gegründet „Anthropos" (kath. Zeitschrift für Völkerkunde) Verbände dt. Studentinnen Gesamtverband d. studentischen Sängerschaften (VAS) Schulunterricht f. Eingeborene in Niederl.-Ostindien

F. G. Hopkins erkennt, daß für die Ernährung geringe Mengen noch unbekannter Stoffe nötig sind (erster klarer Hinweis auf die Vitamine)

W. Kaufmann: Elektronen zeigen die von der Speziellen Relativitätstheorie geforderte Massenzunahme mit der Geschwindigkeit

A. v. Kerpely: Drehrostgenerator zur Erzeugung von Generatorgas (Heizgas)

Robert Koch erkennt auf einer Afrika-Expedition zur Bekämpfung der Schlafkrankheit die Wirksamkeit von Arsenpräparaten (Atoxyl, Strukturaufklärung von *Ehrlich* und *Bertheim* 1907)

Robert Lieben erfindet Elektronen-Verstärkerröhre

Friedrich Meinecke: „Das Zeitalter der deutschen Erhebung" (Geschichte der Befreiungskriege)

Aloys Meister (* 1866, † 1925): „Grundriß der Geschichtswissenschaft" beginnt in Lieferungen zu erscheinen

Der letzte Teil der (Ost-)Küste Grönlands durch Danmark-Expedition unter *Ludvig Mylius-Erichsen* erforscht

Fridtjof Nansen (* 1861, † 1930): „Norwegische Nordpolar-Expedition 1893—1896" (6 Bände seit 1900)

Walther Nernst stellt den Satz von der Unerreichbarkeit des absoluten Nullpunktes (—273,2° C) auf

Parseval: Prall-Luftschiff (45 km/st. mit 90 PS)

Prinzing: „Handbuch der medizinischen Statistik"

Schmidtmann: „Handbuch der gerichtlichen Medizin"

M. U. Schoop: Metallspritzverfahren

F. W. Taylor: Vanadium-Edelstahl (fand mit *White* 1900 Schnelldrehstahl)

J. J. Thomson findet Zahl der Elektronen im Verhältnis z. Atomgew.

M. Tswett: Chromatographische Adsorptionsanalyse (Methode zur Trennung organ. Substanzen)

August von Wassermann (* 1866, † 1925): Serumdiagnose d. Syphilis (*W*'sche Reaktion)

Auf dem 3. Internationalen Kongress für Pflanzenzüchtung i. London wird für die moderne Verbungsforschung der Name „Genetik" geprägt

Erste internationale Konferenz für Krebsforschung (in Heidelberg und Frankfurt/M.)

„Biochemische Zeitschrift"

„Zeitschrift für Sinnesphysiologie"

Ausgrabung hethitischer Keilschrifttafeln bei Boghasköi (östl. Türkei)

Knochenfunde von Riesen-Dinosauriern (Gigantosaurus) in Dt.-Ostafrika

Großfunkstelle Nauen

Simplon-Tunnel (19823 m, Baubeginn 1898)

Einführung d. Rohrrücklaufes bei Geschützen in Deutschland (in Frankreich 1897, Russl. 1900)

Dt. Marine verwendet Raumbild-Entfernungsmesser (erfunden 1899)

Mit dem brit. Linienschiff „Dreadnought" (22100 t) beginnt der Großkampfschiffbau

1. Schlaftabletten (Harnstoff u. Brom)

Hosenrock stößt in Paris auf heftige Ablehnung

Unfallversicherg. i. Großbritannien

Grubenunglück in Frankreich mit 1100 Toten

Hauptbahnhof Hamburg erbaut

Gründung der Gartenstädte Hellerau bei Dresden und Ratshof bei Königsberg/Pr.

Arbeiter-Athletenbund Deutschlands

Tsutsumi-Higashi: „Die Selbstverteidigung" (das japan. Jiu-Jitsu gewinnt in Europa Verbreitung)

Erster Skikurs in Zürs, Arlberg

Größerer Vesuvausbruch

Erdbeben und Großfeuer vernichten San Francisco

Erdbeben in Kolumbien ist das schwerste seit Gebrauch des Seismographen

1907	Friedens*nobel*preis an *Ernesto Teodoro Moneta* (Ital., * 1833, † 1918) und *Louis Renault* (Frankr., * 1843, † 1918) 2. Haager Friedenskonferenz (auf Veranlassung *Th. Roosevelts* und Einladung des Zaren; faßt Neutralitätsrecht zusammen) Sozialist. Internationale beschl., d. drohenden Krieg zum Sturz des Kapitalismus auszunutzen *Bülow*scher Block der Reichstagsrechtsparteien bis 1909, gegen Zentrum Niederwerfung des Herero-Aufstandes in Dt.-Südwestafrika (seit 1904) *A. Bebel*: „Militarismus u. Antimilitarismus“ *Hans Delbrück*: „Geschichte der Kriegskunst im Rahmen der politisch. Geschichte“ (3 Bd. seit 1901) *Carl Schurz*: „Lebenserinnerungen“ (2 Bände seit 1906 [†], „Briefe“ 1909; posthum) Christl.-soziale Partei wird durch Vereinigung mit den bäuerlichen Deutschklerikalen die stärkste österr. Partei Briten beginnen in Indien eine Politik der teilweisen Zugeständnisse Allgem. Wahlrecht in Österreich Soziale Unruhen in Frankreich Siam muß Battambang und Angkor an Frz.-Indochina abtreten † *Oskar II.*, König von Schweden seit 1872 (* 1829) *Gustav V.* König von Schweden bis 1950 (†) Zweite russ. Duma mit demokratischer Mehrheit zusammengetreten und aufgelöst. Dritte Duma, nach neuem Wahlgesetz gewählt, hat Mehrheit der nationalen Oktobristen-Partei *Lenin* flieht ins Ausland u. gründet mit *Gregorij Sinowjew* (* 1883, † 1936, erschossen) und *Kamenew* die sozialistische Zeitung „Der Proletarier“ *Stalin* überfällt zugunsten der bolschewist. Parteikasse einen Geldtransport der russ. Staatsbank in Tiflis	Literatur-*Nobel*preis an *R. Kipling* (Großbrit.) *Hans Bethge* (* 1876, † 1946): „Die chines. Flöte“ (Übers. chin. Lyrik) † *Giosué Carducci* (alias *Enotrio Romano*), ital. Dichter (* 1835) *Conrad*: „Der Geheimagent“ (engl. Roman) *Frenssen*: „Peter Moors Fahrt nach Südwest“ *St. George*: „Der siebente Ring“ (Gedichte) *Gorki*: „Die Mutter“ (russ. Roman) *C. Hauptmann*: „Einhart, der Lächler“ (Roman) *Streuwels*: „Der Flachsacker“ (fläm. Roman) *Wilhelmine Heimburg* (*Berta Behrens*, * 1850, † 1912): „Wie auch wir vergeben“ (Roman der „Erbin der Marlitt“) *Heyse*: „Gegen den Strom“ (Roman) *Johann Hinrich Fehrs* (* 1838, † 1916): „Maren“ (Begründung des niederdt. Dorfromans) *Ric. Huch*: „Geschichten von Garibaldi“ (Roman, 2 Bände seit 1906) *Oskar Kokoschka*: „Mörder, Hoffnung der Frauen“ (express. Drama, v. *Hindemith* 1921 vertont) *Lagerlöf*: „Wunderbare Reise des kleinen Nils Holgersson mit den Wildgänsen“ (schwed. Kinderb., 2 Bde. s. 1906) *J. London*: „Die eiserne Ferse“ (nordamerikan. sozialist. Zukunftsrom.) *H. Mann*: „Zwischen d. Rassen“ (sat. Roman) *Gustav Meyrink* (* 1868, † 1932): „Wachsfigurenkabinett“ (Erzählungen) *Agnes Miegel* (* 1879, † 1964): „Balladen und Lieder“	*Alfred Adler*: „Studien üb. d. Minderwertigkeit von Organen“ (österr. Individualpsychologie) *Bergson*: „Die Entwicklung des Lebens“ (frz. Entwicklungsphilosophie des Organischen) *K. Bühler*: „Tatsachen u. Probl. zur Psychologie der Denkvorgänge“ *M. Dessoir*: „Objektivismus in der Ästhetik“ (Kunstwissenschaft) *Hans Freimark* (* 1881): „Das Geschlecht als Mittler des Übersinnlichen“ (erotischer Okkultismus) *Willy Hellpach*: „Die geistigen Epidemien“ (Sozialpsychologie) *William James*: „Pragmatismus, ein neuer Name für alte Denkmethoden“ (nordamerikan. Erkenntnistheorie) *M. Maeterlinck*: „Die Intelligenz der Blumen“ (belg. philosoph. Naturbetrachtung) *Ernst Meumann* (* 1862, † 1915): „Vorlesungen zur Einführung in die experimentelle Pädagogik“ (begründet diesen Forschungszweig) *Maria Montessori* (* 1870, † 1952) (ital. Ärztin und Pädagogin) eröff. ihr erstes Kinderhaus (erstrebt frühe Selbständigkeit durch Spiel und Beschäftigung) *Elisabeth Förster-Nietzsche*: „Das Nietzsche-Archiv, seine Freunde und Feinde“ (Rechtfertigungsschrift der Schwester *N.*s) *Alwin Pabst* (* 1854, † 1918): „Die Knabenhandarbeit in der heutigen Erziehung“, „Der praktisch - technische Unterricht in amerikanischen Schulen“

Baluschek: „Der Bahnhof" (Gem.)

Chagall: „Die Bäuerin" (russ. Gemälde)

Arturo Dazzi: „Die Erbauer" (ital. Plastik)

Hodler: „Der Silvaplanersee" (Schweiz. expressionist. Gem.)

Ludwig Hoffmann (* 1852, † 1932): Märkisch. Museum, Berlin (im historisch. Stil, Baubeginn 1901)

Oskar Kaufmann (* 1873): Hebbel-Theater, Berlin

Michael Kurz (* 1876): Karmeliterinnenkloster Vilsbiburg (1905 begonn.) und Herz-Jesu-Kirche in Augsburg (1909 beend.)

Larsson: „Bei uns auf dem Lande" (schwed. Aquarelle)

Baukeramik von *Max Läuger* (* 1864, † 1952) auf der Mannheimer Gartenbauausstellung

Hugo Lederer: Bronzestandbild eines Ringers (Berlin)

Matisse: „Asphodelos-Stilleben", „Toilette" (frz. Gemälde); eröffnete 1905 seine Schule, genannt „Fauvismus" (d. h. Malerei der „Wilden")

Meier-Graefe: „Vincent van Gogh"

Mies van der Rohe (* 1886): Haus Riehl, Neubabelsberg

Modersohn-Becker: „Stilleben mit Porzellanhund" (Gem.)

† *Paula Modersohn-Becker*, dt. expressionistische Malerin (* 1876)

F. Busoni: „Neue Ästhetik" (begr. Neue Musik)

Delius: „Romeo und Julia auf dem Dorfe" (engl. Musikdrama)

Paul Dukas: „Ariadne und Blaubart" (frz. Oper)

Leo Fall: „Die Dollarprinzessin", „Der fidele Bauer" (Operetten)

* *Wolfgang Fortner*, dt. Komponist; schreibt: „An die Nachgeborenen" u. a.

† *E. Grieg*, norw. Komp. (* 1843)

† *J. Hellmesberger*, österr. Komp. (* 1885)

Georg Jarno (* 1868, † 1920): „Die Försterchristel" (Operette)

† *Joseph Joachim*, dt. Violin-Virtuose und Komponist; schrieb u. a. Kadenzen zu klassischen Konzerten (* 1831)

Mahler geht an die Metropolitan Opera in New York (kehrt 1911 nach Wien zurück)

Ravel: „Spanische Rhapsodie" (frz.)

Reger: „Hiller-Variationen" (für Orchester)

Rimskij-Korssakow „Der goldene Hahn" (russ. Op.)

Oscar Straus (* 1870, † 1954) „Ein Walzertraum" (Operette)

Physik-*Nobel*preis an *A. Michelson* (USA) für spektroskopische Präzisionsmessungen (Interferometer)

Chemie-*Nobel*preis an *Eduard Buchner* (Dt., * 1860, † 1917) für zellfreie Gärung durch Zymase

Medizin-*Nobel*preis an *Ch. Laveran* (Frankr.) für Arbeiten über Protozoen als Krankheitserreger

Backeland: Kunststoff

Bechhold: Ultrafilter aus Kollodiumhäuten (lassen nur Teilchen unter 1/10000 mm durch)

† *Ernst von Bergmann*, dt. Chirurg; Begründer der Asepsis und Hirnchirurgie (* 1836)

Luitzen E. J. Brouwer (* 1881, † 1966): „Über die Grundlagen der Mathematik" (niederl. Dissertation, begrdt. den Intuitionismus)

K. E. Correns: „Die Bestimmung und Vererbung des Geschlechts nach neuen Versuchen mit höheren Pflanzen"

Carl Dorno (* 1865, † 1942) grdt. physikal.-meteorolog. Station in Davos (begr. Strahlungs- und Bioklimatologie)

Edison: Betongußverfahren

R. Emde: „Gaskugeln" (wird später bedeutend für Vorstellungen über den inneren Zustand der Sterne)

Henri Farman gelingt Motorflug über 770 m in 52 Sekunden

Lee de Forest: Audion-Empfänger

Robert Garbe: „Die Dampflokomotive der Gegenwart" (schuf mit *Wilhelm Schmidt* [* 1858, † 1924] die Heißdampflokomotive)

Karl Hagenbeck (* 1844, † 1913) grdt. Tierpark Hamburg-Stellingen (wird vorbildlich in der Nachahmung natürlicher Umwelten der Tiere)

O. Hahn entdeckt die radioaktiven Elemente Radiothor, Radioactinium, Mesothor I und II (seit 1904)

Kurt Hassert (* 1868, † 1947): „Die Städte, geographisch betrachtet"

Haynes erfindet Hartmetall-Legierungen „Stellite" (ermöglichen bei der Metallbearbeitung über doppelt so hohe Schnittgeschwindigkeiten wie Schnellstähle)

Krisenjahr der deutschen Wirtschaft

Japanische Wirtschaftskrise als Folge der Nachkriegskonjunktur von 1906

Wilhelm Kahl: „Das neue Strafgesetzbuch" (zur beabsichtigten Strafrechtsreform)

J. P. Morgan organisiert während der schweren Wirtschaftskrise in den USA im Auftrage des Schatzamtes einen Fonds zur Unterstützg. notleidender Firmen

Henry Deterding schließt niederl.-brit. Erdölkonzern, die Royal-Dutch-Shell-Gruppe, zusammen (1938: 300 Erzeugungs- u. Handelsgesellschaften, 1 Milliarde holl. Gulden, 43 Mill. Pfund, 2,3 Mill. Reg.-T. Tankflotte)

Hugo Stinnes (* 1870, † 1924) wird Vorsitzender der Dt.-Luxemburgischen Bergwerks- und Hütten-AG

Mannesmann-Röhrenwerke verlegen Sitz nach Düsseldorf (1890 in Berlin gegrdt.)

„Edeka" (Einkaufsgenossensch. dt. Kolonialwarenhändler)

Schwed. Kugellagerfabrik, Gotenburg

Deutsches Reichsbeamtengesetz

(1907)

Rasputin, der „heilige Teufel", findet Zugang zum Zarenhof und gewinnt starken Einfluß (1917 von russ. Adligen getötet)

Bauernaufstand in Rumänien

Großbritannien und Rußland einigen sich über ihre Interessen in Persien, Afghanistan, Tibet. Dreiteilung Persiens in zwei Interessenzonen und eine neutrale (vollendet „Tripelentente" zw. Großbritannien, Frankreich u. Rußland)

† *Muzaffer ed Din*, Schah von Persien seit 1896 (* 1853); sein Sohn *Mohammed Ali* Schah bis 1909

Wirtschaftskrise verschärft soziale Spannungen in USA, Streikbewegung

Oklahoma 46. Bundesstaat der USA (nach Vereinigung mit Indianerterritorium)

USA geben dem Dominikanischen Freistaat Anleihen und überwachen seine Finanzen (ab 1916 auch militärische Aufsicht)

Sun Yat-sen verkündet sein Programm einer chines. demokratischen Republik mit sozialer Gesetzgebung

Ausgrabung v. Samarra/Irak (bis 1913), Riesenmoschee, Paläste

Rhein-Straßenbrücke bei Ruhrort (Baubeginn 1904, 203 m Stützweite)

Kunststoff Bakelit

R. Rolland: „Beethoven", „Michelangelo" (frz. Biographien)

Heidenstam: „Der Stamm der Folkunger" (schwed. Roman, seit 1905)

Strindberg: „Schwarze Fahnen" (schwed. Roman), „Gespenstersonate" (schwed. Drama)

† *René François Armand Sully-Prudhomme*, franz. Dichter; *Nobel*preis 1901 (* 1839)

John M. Synge (* 1871, † 1909): „The playboy of the Western world" (irische Komödie)

L. Thoma: „Kleinstadtgeschichten"

Jaroslav Vrchlicky (*Emil Frida*, * 1853, † 1912): „Epische Gedichte" (tschech., 3 Teile s. 1879)

Wedekind: „Musik" (Schauspiel)

Gustav Wied: „2×2=5" (dän. Schauspiel)

Wildenbruch: „Die Rabensteinerin" (Schauspiel)

E. Zahn: „Lukas Hochstrassers Haus" (Schweiz. Roman)

Schiller-Theater, Berlin, als gemeinnützig. Volkstheater von *R. Löwenfeld* gegründet (1951 unter *Boleslaw Barlog* neu eröffnet)

Ernst Possart (* 1841, † 1921, Intendant und Schauspieler in München): „Die Kunst des Sprechens"

August Leskien (* 1840, † 1916; Begründer der junggrammatischen Schule): „Kritik der künstl. Weltsprachen" (mit *Karl Brugmann*)

„Ido" als reformiertes „Esperanto" (dieses seit 1887)

Papst *Pius X.* wendet sich in der Enzyklika „Pascendi dominici gregis" gegen den „Modernismus" in der Kirche; verkündet allgemeine Geltung des tridentinischen Eheschließungsrechts, das die kirchliche Eheschließung vorschreibt

Ernst Schweninger (* 1850, † 1924): „Der Arzt" (für Naturheilkde. u. „künstlerhaftes" Arzttum)

Ferd. Tönniës: „Das Wesen der Soziologie"

„Kepler-Bund" (gegen den Monismus)

Mathilde - Zimmer - Stiftung (evangelische Töchterheime)

„Vereinigung für das liberale Judentum" (Sitz Berlin)

„Zentralblatt für Okkultismus"

Krise in der pietistenähnlichen ev. Gemeinschaftsbewegung durch Auftreten ekstatischer „Zungenredner"

„Archiv für Rechts- und Wirtschaftsphilosophie" (ab 1933 „A. f. Rechts- und Sozialphilosophie")

M. Arzybaschev (* 1878, † 1927): „Sanin" (russischer erotischer Roman)

Gleichberechtigung der beiden norweg. Sprachen: Riksmaal (Reichssprache) und Landsmaal (Landessprache)

Ed. Munch: „Walter Rathenau", „Amor und Psyche", „Hafen von Lübeck" u. „Haus mit rotem Dach" (Gemälde)

Muthesius: „Landhaus und Garten" und „Kunstgewerbe und Architektur"; gründet „Deutschen Werkbund"

Josef Olbrich: Ausstellungshaus und Hochzeitsturm der Stadt Darmstadt (Baubeginn 1906); Warenhaus *Tietz* in Düsseldorf (fertiggestellt 1908)

Bruno Paul (* 1874) Direktor der Unterrichtsanstalt des Kunstgewerbemuseums, Berlin, bis 1932; Innenarchitekt im Sinne der von ihm gegründeten „Dt. Werkstätten"

Picasso wendet sich dem Kubismus zu: „Kopf" (span.-frz., maskenhaft stilisiert) u. „Adam und Eva"

Ernst Pöschel (Drukker, * 1841, † 1927) und *Walter Tiemann* (* 1876, † 1951) geben als ersten Privatdruck ihrer Januspresse *Goethes* „Römische Elegien" in *Tiemann*-Mediäval heraus

Emil Preetorius (*1883, Bücherillustrator, Gebrauchsgraphiker, Bühnenbildner) illustr. *Chamissos* „Peter Schlemihl"

Henri Rousseau: „Frau mit Schlange" (frz. Gemälde)

Slevogt: Illustrationen zur „Ilias"

Thiersch: Kurhaus in Wiesbaden (Baubeginn 1902), Festhalle in Frankfurt a. M. (fertiggestellt 1909)

Utrillo ändert s. impress. i. mehr realist. Malstil

Henry van de Velde: „Vom modernen Stil" (üb. Architekt.)

Vlaminck: „Vorstadtlandschaft" (frz. fauvist. Gem.)

Wallot: Landtagsgebäude in Dresden (Baubeginn 1901)

Emil Rudolf Weiß (* 1875, † 1942) Professor a. d. Vereinigten Staatsschulen f. bild. Künste, Berlin, bis 1933

Zorn: „Mädchenbildnis" (schwed. impress. Gemälde)

Daniel Henry Kahnweiler (* 1884) eröffn. Galerie i. Paris (förd. Kubismus)

Gesetz betr. das Urheberrecht an Werken d. bild. Künste u. der Photographie

---

Meßter gründet erstes größeres Berliner Filmtheater

Pathé gründet in Paris Kultur- und Lehrfilm - Abteilung (erste mikroskopische Kulturfilme)

Filmzwischentitel lösen Erklärer ab

„Erste Versuche eines Schlittschuhläufers" (frz. Film v. *M. Linder*)

„Der Tunnel unter dem Kanal"; „Shakespeare ‚Julius Cäsar' dichtend" (frz. Filme von *Méliès*)

„Napoleon und die engl. Flotte" (engl. Film)

Holst und *Fröhlich* erzeugen durch künstliche Mangelnahrung bei Meerschweinchen Skorbut

Doppelkolbenmotor von *Junkers*

Julius Kollmann (* 1834, † 1918): „Handatlas der Entwicklungsgeschichte" (Entwicklungsbiologie)

Bildtelegraphie München–Berlin–Paris–London durch *Arthur Korn*

† *Dimitrij Iwanowitsch Mendelejew*, russ. Chemiker; fand 1869 d. Period. System der Elemente (* 1834)

† *Henri Moissan*, frz. Chemiker, *Nobel*preis 1906 (* 1852)

Zeitlupe von *August Musger*

Pickering: Katalog der Sternhelligkeiten (für über 9000 Sterne)

Cl. Pirquet: Tuberkulin für Tuberkulose-Diagnose

Erster brauchbarer Raupenschlepper von *Roberts* und *Hornsby* (daraus entwickelt sich der brit. Tank)

Heinrich Simroth (* 1851, † 1917): „Die Pendulationstheorie" (tiergeographische Hinweise auf Pendelungen der Erdachse)

Robert Stook u. *Karl Gleiche:* Erster Motorpflug (Anfang d. Motorisierung; vgl. z. B. 1951)

† *William Thomson* (Lord *Kelvin*), engl. Physiker; begründete u. a. absolute Temperaturskala (* 1824)

Alfred Wilm: Duralumin als erste hochfeste Aluminium-Legierung

„Potsdamer PhotometrischeDurchmusterung" mit Helligkeiten von 14200 Sternen

Essigsäure-Synthese aus Azetylen

Erste Untersuchungen von Wirkungen der radioaktiven und *Röntgen*-Strahlen auf biologische Objekte (begründen einen ausgedehnten Zweig der Biophysik)

Offsetdruck kommt aus USA nach Deutschland (wurde dort 1904 von *Rubel* erfunden)

Hochfrequenzmaschine für drahtlose Telegraphie

Fernleitungen für Ströme von 60000 Volt

„Lusitania" und „Mauretania" (brit Turbinen-Ozeandampfer mit je 44500 t Wasserverdrängung)

Planung eines Kanaltunnels n. England (scheitert an polit. Bedenken)

Hugo Conwentz (* 1855, † 1922) gibt „Beiträge zur Naturdenkmalpflege" heraus (schlug diese Pflege 1904 vor)

Preußisches Gesetz gegen Verunstaltung von Ortschaften und Landschaften

Schweiz. Zivilgesetzbuch vereinheitlicht kantonal. Privatrecht (1912 in Kraft)

Eröffnung des Berliner Teltowkanals (Baubeginn 1900)

Gesundheitsbetreuung in engl. Schulen

Zentralstelle für Balneologie (Bäderkunde) in Berlin

Deutscher Bund für Mutterschutz

Preuß. Frauenverdienstkreuz gestiftet

Kronprinzessin *Luise* von Sachsen (1903 wegen Ehebruchs geschieden) heiratet den Pianisten *Enrico Toselli* (1912 geschieden)

Internation. Union für Schießsport (Paris)

Nordamerikan. Presseagentur United Press (UP)

Im Autorennen Peking–Paris gewinnt ital. Prinz in 2 Monaten

1908	Friedens*nobel*preis an *Fredrik Bajer* (Dänem., * 1837, † 1922) und *Klas Pontus Arnoldson* (Schwed., * 1844, † 1916) Dt. Reichstag und Bundesrat tadeln den Kaiser wegen mangelhafter Zurückhaltung in außenpolitischen Fragen Dt. Flottengesetz von *Alfred von Tirpitz* (* 1849, † 1930). Deutschland wird nach Großbritannien zur stärksten Seemacht Die Anliegerstaaten von Nord- und Ostsee garantieren sich ihre an diese Meere grenzenden Territorien Preuß. Enteignungsgesetz für poln. Güter Reichsvereinsgesetz (hebt Einschränkungen politischer Vereine auf) „Verein für das Deutschtum im Ausland" (VDA) (aus dem „Deutschen Schulverein" von 1881) *Mannesmann* gewinnt Konzessionen auf Erzlager in Marokko (wird internationaler Streitfall) Trotz Dreiklassenwahlrecht 7 Sozialdemokraten im Preuß. Abgeordnetenhaus; Wahlrechtsreform scheitert Österreich-Ungarn annektiert Bosnien und Herzegowina (seit 1878 unter österr. Verwaltung); wird von Deutschland unterstützt; Protest von Großbrit., Serbien, Rußland (1909 anerkennt Türkei Annexion nach Entschädigung) *Herbert Asquith* (* 1852, † 1928) brit. liberaler Ministerpräsident bis 1916 *David Lloyd George* brit. liberaler Finanzminister bis 1915; führt Sozialreformen durch Die unter dem Eindruck des japan. Sieges 1905 entstandene indische englandfeindliche Partei unter *Bal Gangadhar Tilak* wird mit Gewalt unterdrückt und aufgelöst *Weddell*meer und Westantarktis brit. Besitz Staatsbesuche zwischen Großbritannien, Frankreich und Rußland Kongostaat (seit 1885 unter belg. König *Leopold II.*) wird belg. Kolonie	Literatur-*Nobel*preis an *Rudolf Eucken* (Dt.) * *Arthur Adamov*, russ.-frz. Dramatiker des absurden Theaters († 1970) *Leonid N. Andrejew* (* 1871, † 1919): „Das rote Lachen", „Die Geschichte von den sieben Gehenkten" (russ. Dichtungen) *Bierbaum:* „Prinz Kuckuck. Das Leben eines Wollüstlings" (Roman seit 1907) *Lily Braun* (* 1865, † 1916): „Im Schatten der Titanen" (Biographie ihrer Großmutter) *Laurids Bruun* (* 1864, † 1935): „Von Zantens glückliche Zeit" (dän. Südseeroman) *W. Busch* (†): „Hernach" (Gedichte) *Chesterton:* „Der Mann, der Donnerstag war" (engl. humorist. Roman) † *Holger Drachmann*, dän. Dichter; schrieb u. a. Gedichte und das Märchendrama „Es war einmal" (1886) (* 1846) *Fontane:* „Mathilde Möhring" (Erzähl., posthum) *Ganghofer:* „Waldrausch" (Roman) *Ernst Hardt* (* 1876, † 1947): „Tantris der Narr" (Schauspiel); erhält Volks-*Schiller*preis *Thomas Hardy* (* 1840, † 1928): „Die Dynastien" (engl. *Napoleon*-Schauspieltril. seit 1904) *Moritz Heimann* (* 1868, † 1925): „Joachim von Brandt" (Junkerkomöd.) *Georg Hermann* (* 1871, † 1943, im KZ vergast): „Jettchen Gebert" (Roman, 2 Bde. seit 1906) *Arno Holz:* „Sonnenfinsternis" (Zeitdrama)	*Max Adler:* „Marx als Denker" *Baden-Powell* gründet brit. „Boyscouts" (danach 1911 „Pfadfinder" in Deutschland) *Emile Boutroux* (* 1845, † 1921): „Wissenschaft und Religion in der zeitgenössischen Philosophie" (lehrt: Weltganzes beruht auf freier, schöpfer. geistiger Tat) *A. Deißmann:* „Licht aus dem Osten" (protestant. Theologie) *R. Eucken:* „Der Sinn und Wert des Lebens" (idealist. Lebensphilos.) *Freud:* „Charakter und Analerotik" (Beginn der tiefenpsychologischen Charakterlehre) *K. Kautsky:* „Der Ursprung des Christentums" (sozialdemokrat. Standpunkt) *Theodor Lessing* (* 1872, † 1933, in der Emigration ermordet): „Schopenhauer — Wagner — Nietzsche" *Heinrich Lhotzky* (* 1859, † 1930; bis 1901 Pfarrer in Südrußland): „Die Seele Deines Kindes") *Heinrich Maier* (* 1867, † 1933): „Philosophie d. emotionalen Denkens" (voluntaristische Logik) *Fr. Meinecke:* „Weltbürgertum und Nationalstaat" (geistesgeschichtliche Geschichtsschreibung) *Emile Meyerson* (* 1859, † 1933): „Identität und Realität" (frz. rationalist. Naturphilosophie) *Franz Müller-Lyer* (* 1857, † 1916): „Phasen der Kultur" (begründet empirische „Phaseologie")

Beckmann: „Unterhaltung" (Gemälde)

P. Behrens: Antiqua (Drucktypen)

† *Wilhelm Busch*, dt. humor. Zeichn. u. Dichter (* 1832)

Fritz Hellmuth Ehmcke (* 1878): Antiqua (Drucktyp.)

Aug. Endell (* 1871, † 1925): „Die Schönheit d. großen Stadt" (Architekt.)

Hodler: „Auszug der Jenenser Studenten 1813" (Schweiz. Wandmalerei in der Universität Jena)

Frances Hodgkins (* 1869, † 1947): „Auf dem Hügel" (engl. Gemälde)

Ludwig Justi (* 1876): „Giorgione" (Biogr.)

Kokoschka: „Trancespieler", „Dent du Midi", „Bildnis des Wiener Schneiders Ebenstein" (Gem.)

Kollwitz: „Bauernkrieg" (7 Radier.)

† *Walter Leistikow*, dt. Landschaftsmaler (* 1865)

Adolf Loos: „Ornament und Verbrechen"

Matisse prägt für ein Bild v. *Georges Braque* (* 1882, † 1963) das Wort „Kubismus"

Mondrian: „Der rote Baum" (expr. Gem.)

Monet: „Dogenpalast" (insges. 29 Venedigbilder)

Henri Rousseau: „Der Dicht. Apollinaire u. d. Muse" (frz. Gem.)

Slevogt: Illustrationen zu „Sindbad"

„Die letzten Tage von Pompeji" (ital. Film von *Arturo Ambrosio*)

Granville Bantock Prof. an der Univ. Birmingh. (komp. u. a. „Vanity of Vanities", „Sappho", „Hebriden-Symphonie")

Bartók: 1. Streichquartett, „Zwei Porträts" (ungar. Kompositionen)

Leo Blech: „Versiegelt" (Oper)

Marie von Bülow gibt s. 1895 „Briefe u. Schriften" ihres Gatt. *H. v. B.* heraus

* *Hugo Distler*, dt. Kompon. († 1942)

R. Heuberger: „Barfüßle" (Oper)

* *Herbert von Karajan*, österr. Dirig. in Berlin u. Wien

Korngold: „Der Schneemann" (Pantomimenmusik, Werk eines 11jähr.)

* *Olivier Messiaen*, frz. Komponist

Pfitzner Operndir. in Straßburg (bis 1918)

Ravel: „Ma Mère l'Oye" (frz. Klavierkomp.)

Hugo Riemann: „Grundriß d. Musikwissenschaft"

† *Nikolai Rimskij-Korssakow*, russ. Komp.; kompon. erste russ. Symphonie 1865 (* 1844)

† *Pablo Martin Sarasate*, span. Geiger u. Komp. (* 1844)

Gerhard Schjelderup (* 1859, † 1933): „Frühlingsnacht" (norweg. Oper)

Wolf-Ferrari: „Der Schmuck der Madonna" (Oper)

Physik-*Nobel*preis an *Gabriel Lippmann* (Lux., * 1845, † 1921) für Interferenz-Farbenphotographie

Chemie-*Nobel*preis an *E. Rutherford* (Großbrit.) für Forschung über Radioaktivität

Medizin-*Nobel*preis an *I. Metschnikow* (Rußl.) und *P. Ehrlich* (Dt.) für Immunitäts-Forschung

Adolf Friedrich Herzog zu Mecklenburg (* 1873, † 1969) durchquert Zentralafrika von Ost nach West (seit 1907; schreibt „Ins innerste Afrika")

† *Henri Becquerel*, frz. Physiker; Entdecker der Radioaktivität, *Nobel*preis 1903 (* 1852)

Albrecht Bethe (* 1872): „Allgemeine Anatomie und Physiologie des Nervensystems" (ein Ausgangspunkt der modernen Nervenphysiologie)

Weltrekorde im Höhenflug von *H. Farman* mit 25 m und *W. Wright* mit 110 m

Kapselluftpumpe von *Wolfgang Gaede* (wichtiger Schritt in der Vakuumtechnik)

Karl Eberhardt Göbel (* 1855): „Einleitung in die experimentelle Morphologie der Pflanzen" (pflanzliche Entwicklungsmechanik)

George Ellery Hale (* 1868, † 1938) entdeckt Magnetfelder der Sonnenflecken

Hedin erforscht Persien und Tibet (seit 1905), wobei er das Transhimalaja-Gebirge entdeckt

Hugo Ibscher: Papyrus-Ausstellung anläßl. des Internationalen Historiker-Kongresses in Berlin (entscheidende Förderung der Papyrus-Forschung durch wirkungsvolle Präpariermethoden)

Heike Kamerlingh Onnes (* 1853, † 1926) verflüssigt Edelgas Helium (err. 1909 — 271,8 °)

Gebrüder Ljungström entwickeln erste Turbolokomotive (technisch brauchbar ~ 1921)

Rudolf Marcks: Automatisch sich aufblasendes Rettungsfloß

Antoine Meillet (* 1866, † 1936): „Die indoeuropäischen Dialekte" (frz. Sprachwissensch.)

Joseph Schumpeter (* 1883, † 1950): „Wesen u. Hauptinhalt der theoretischen Nationalökonomie" (mathemat.-funktionalist. Richtung)

v. Wiese: „Die Lehre von der Produktion und von der Produktivität" (in „Die Entwicklung der dt. Volkswirtschaftslehre")

Internationaler Bund der christlichen Gewerkschaften (Sitz in Köln bis 1920, dann in Utrecht)

General Motors Company (USA, Detroit; geht 1916 in die General Motors Corporation auf; führender Autokonzern: Chevrolet, Buick, Cadillac u. a., später *Opel*)

Maschinenfabrik Augsburg - Nürnberg (MAN) AG. durch Zusammenschluß

Schütte - Lanz - Gesellschaft für Luftschiffbau von *Johann Schütte* (* 1873) und *Karl Lanz* (* 1873, † 1921) gegründet

Zeppelin - Unglück bei Echterdingen

Luftschiffbau *Zeppelin* G. m. b. H. aus „Volksspende" errichtet

„Die Betriebswirtschaft" und „Zeitschrift für Handelswissenschaft und Handelspraxis" (Zeitschriften, welche

(1908)	Frauenstimmrecht in Dänemark Ermordung König *Karls I.* von Portugal und des Kronprinzen *Ferdinand I.* erklärt Bulgarien zum unabhängigen Königreich (durch russ. Vermittlung 1909 von den übrigen Mächten anerkannt) Narodna Odbrana (Nationale Verteidigung; großserb. Organisation) Erster Neoslawistenkongreß in Prag (1909 in Sofia; scheitert am russ.-poln. Gegensatz) 73 russ. Zeitungen und Zeitschriften verboten Jungtürk. Revolution in der Türkei. *Said Pascha* Großwesir. Verfassung von 1876 wieder in Kraft. Türkei verliert Bosnien-Herzegowina an Österreich. Bulgarien erklärt sich selbständig Kreta beschließt Vereinigung mit Griechenland (erst 1913 vollzogen) Tel Aviv von Zionisten gegrdt. (1. zionist. Kolonie in Palästina 1878) *Schah* hebt pers. Verfassung auf (Aufstände und russ.-brit. Intervention erzwingen 1909 Wiedereinführung) In Venezuela erklärt *J. V. Gomez* den Diktator General *Castro* für abgesetzt (seit 1899); wird Präsident bis 1935 (†); verständigt sich mit dem Ausland Provinzialvertretungen in China (zentrales Zweikammersystem erst ab 1912)  Eröffnung des „Münchener Künstlertheaters" (Stilbühne; 1909 an *Reinhardt* verpachtet) *Edward Gordon Craig*, engl. Schauspieler, Regisseur, Bühnenbildner, Graphiker u. Schriftsteller (* 1872): „The Mask" (engl. Theaterzeitschrift, erschienen bis 1929)	*Ric. Huch:* „Menschen und Schicksale aus dem Risorgimento" (histor.) *Kolbenheyer:* „Amor Dei" (*Spinoza*roman) *Timm Kröger:* „Das Buch der guten Leute" und „Aus alter Truhe" (Erzählgn. a. Holstein) *Alfred Kubin:* „Die andere Seite" (Roman) *E. Lasker-Schüler:* „Die Wupper" (Schauspiel, Urauff. 1919) *Liliencron:* „Leben und Lüge" (autobiogr. Rom.) *Börries* Freiherr *von Münchhausen* (* 1874, † 1945): „Die Balladen u. Ritterlichen Lieder" (Zusammenfassung der Dichtg. v. 1900 u. 1904) *Rilke:* „Neue Gedichte" (2 Bände seit 1907) *Jules Romains* (eig. *Louis Farigoule*, * 1885): „La vie unanime" (frz. Gedichte; Ursprung des „Unanimismus") *Wilhelm Schmidtbonn* (* 1876): „Der Graf von Gleichen" (Schauspiel) *Schnitzler:* „Der Weg ins Freie" (Roman) *Karl Schönherr* (* 1867, † 1943): „Erde" (Drama); erhält *Schiller*preis *Shaw:* „Getting Married" („Heiraten", engl. Schauspiel mit Vorrede über Liebe und Ehe) *Strindberg:* „Ein Blaubuch" (schwed. Bekenntnis) *Sudermann:* „Das hohe Lied" (Roman) *Carmen Sylva* (Königin *Elisabeth* von Rumänien, Prinzessin *von Wied-Neuwied*, * 1843, † 1916): „Mein Penatenwinkel" (Lebenserinnerungen) *Viebig:* „Das Kreuz im Venn" (Eifelroman)	wachsendes Interesse für Betriebswirtschaftslehre kennzeichnen) Hamburgisches Weltwirtschafts-Archiv Dt. statistisches Zentralblatt Dt. Börsengesetz „Die Reklame" (Zeitschrift dt. Reklamefachleute) Anwendung der Funktechnik wird in Deutschland Hoheitsrecht des Reiches Dt. Veterinäroffizierskorps Olympiade in London (21 Sportarten) *Jack Johnson* (erster Neger-) Boxweltmeister Messina durch Erdbeben zerstört (84000 Tote bei 150000 Einwohnern) Fall eines Riesenmeteors in Sibirien (starke Waldverwüstung in 40 km Umkreis) Alterspensionsgesetz in Großbritannien Familien - Freibad Berlin-Wannsee eröffnet (erstes in Europa) Tiller-Girls aus USA in Europa (neuer exakter Gruppentanzstil)

Alfredo Oriani (* 1852, † 1909): „Die Empörung des Ideals" (ital. Sozialphilosophie, wirbt für den Imperialismus)

Berthold Otto: „Kindesmundart" (für pädagogische Verwendung der Altersmundart)

Moritz Schlick (* 1882, † 1936, ermordet): „Lebensweisheit, Versuch einer Glückseligkeitslehre" (hedonist. Ethik)

W. von Scholz: „Die deutschen Mystiker"

G. Simmel: „Soziologie, Untersuchung über die Formen der Vergesellschaftung" (leitet über von einer allgem. philosoph. Soziologie zu einer mehr konkreten Beziehungslehre)

Georges Sorel (* 1847, † 1922): „Über die Gewalt", „Die Auflösung des Marxismus", „Die Illusion d. Fortschritts" (frz. Syndikal.)

Lester F. Wards (* 1841, † 1913): „Angewandte Soziologie" (nordamerikan. Gesellschaftslehre unter Verwendung psychologischer Entwicklungsfaktoren)

Graham Wallas (* 1858, † 1932): „Die Natur des Menschen in der Politik" (engl. Soziologie aus dem Kreis der Fabians; betont Bedeutung der Psychologie für die Gesellschaftslehre)

Julius Wellhausen (* 1844, † 1918): „Das Evangelium Marci, Matthäi, Lucä, Johannis übersetzt und erklärt" (4 Bände seit 1903, evang.)

H. G. Wells: „Erste und letzte Dinge"

Hans von Wolzogen: „Aus Richard Wagners Geisteswelt" (starke Betonung des „Germanischen")

Zurbonsen: „Das zweite Gesicht" (Parapsychol.)

Kardinalskongregation des Heiligen Offiziums zur Reinerhaltung des kathol. Glaubens gebildet

„Kirchliches Handbuch für das katholische Deutschland"

Erster Internationaler Moralkongreß in London (2. im Haag 1912, 3. in Genf 1922)

„Zwickauer Thesen" der sächsischen Lehrerschaft verlangen Liberalisierung des Religionsunterrichtes

Handelshochschule Mannheim

Mädchenschulreform in Deutschland; zunächst in Preußen; Schulreform in Preußen gibt den Frauen das Recht zum akadem. Studium

Engl. „University Extension" (Vorlesungen außerhalb der Universität, seit 1879) hat 51500 Teilnehmer

„Sozialistische Arbeiterjugend Deutschlands" (SAJ)

„Mazdaznan" (Zeitschrift für *Zarathustrische* Philosophie, Körperpflege und Diätetik)

Studentische „Deutsche Landsmannschaften" (aus dem 1868 gegründeten Coburger und 1898 gegründeten Arnstädter L. C.)

Fuad-Univers. i. Kairo gegrdt. (ab 1925 staatl.)

Adolf Miethe: „Dreifarbenphotographie nach der Natur" (grundlegend)

Hermann Minkowski (* 1864, † 1909): „Raum und Zeit" (vierdimensionale Raum-Zeit-Welt als Grundbegriff der Relativitätstheorie)

H. Piper bestimmt die Geschwindigkeit der Nervenerregung bei Menschen zu 120 m/Sekunden

Moritz Ritter (* 1840, † 1923): „Deutsche Geschichte im Zeitalter der Gegenreformation und des Dreißigjährigen Krieges" (3 Bände seit 1889)

Max Rubner (* 1854, † 1932): „Das Problem der Lebensdauer und seine Beziehungen zu Wachstum und Ernährung"

Johann Schütte konstruiert sein erstes Starrluftschiff

Jean Tilho erforscht und vermißt Tschadsee-Gebiet

Vass: Betonspritz- oder Torkret-Verfahren (Wandputz, Reparaturen)

Richard von Wettstein (* 1863, † 1931): „Handbuch der systematischen Botanik" (2 Bände seit 1902); gründet ferner „Zeitschrift für induktive Abstammungs- und Vererbungslehre"

M. Wien (* 1866, † 1938): Löschfunken-Sender in der Funkentelegraphie

Fund des Unterkiefers von Heidelberg (ca. 500000 Jahre alt)

Roosevelt-Talsperre in Nordamerika (Arizona; 87 m hoch, 2020 Mill. cbm Inhalt, Baubeginn 1906)

Erstes dt. Fernsprech-Selbstanschlußamt für Ortsgespräche in Hildesheim (Drehwähler 1892 von *Strowger* erfunden)

Erster Kolbenfüllhalter (erstes Füllerpatent 1884 in USA)

Versenkbarer Sicherheitsfüllfederhalter wird allgemeiner

Zereisen-Feuersteine (ermöglichen moderne Feueranzünder)

E. Rumpler (* 1872, † 1940) gründet 1. dt. Flugzeugfabrik

1909	Friedens*nobel*preis an *Auguste Beernaert* (Belg., * 1829, † 1912) und *Paul H. B. Estournelles de Constant* (Frankr., * 1852, † 1924) *Estournelles de Constant:* „Die französisch-deutsche Annäherung“ (franz. Verständigungspolitik) *Theobald von Bethmann-Hollweg* (* 1856, † 1921) dt. Reichskanzler bis 1917 † *Friedrich von Holstein*, Vortragender Rat im Auswärtigen Amt von 1878 bis 1906; beeinflußte als „Graue Eminenz“ maßgebend dt. Außenpolitik (* 1837) Auseinandersetzungen in der Zentrumspartei u. a. um kathol. Arbeitervereine oder christliche Gewerkschaften (Berliner bzw. Kölner Richtung) Zentrum einigt sich mit Konservativen über Branntweinmonopol; Erbschaftssteuer wird abgelehnt (Opposition der Sozialdemokratie) Neue deutsche Verbrauchssteuern Oldenburg verwandelt das indirekte Wahlrecht für den Landtag in unmittelbares *J. Stammhammer:* „Bibliographie des Sozialismus und Kommunismus“ (3 Bände seit 1893) König *Eduard VII.* von Großbritannien in Berlin Staatsbesuche König *Eduards VII.* von Großbritannien und Zar *Nikolaus' II.* von Rußland in Italien Brit. Steuergesetz unter Finanzminister *Lloyd George* belastet Großgrundbesitz Entscheidende Stärkung der brit. Labour Party durch Beitritt der Bergarbeitergewerkschaft (1910: 41 Unterhaussitze; 1924: 151) Großbritannien erwirbt malaiische Vasallenstaaten von Siam Stärkung der antiliberalen Mehrheit in den Niederlanden * Prinzessin *Juliana*, Königin der Niederlande ab 1948 *Albert I.* König der Belgier bis 1934 (†, * 1875) Streikbewegung in Schweden Demokratische Wahlrechtsreform in Schweden (erweitert 1921)	Literatur-*Nobel*preis an *S. Lagerlöf* (Schwed.) *Bahr:* „Das Konzert“ (österr. Schauspiel) *Björnson:* „Wenn der junge Wein blüht“ (norweg. Schauspiel) *W. Busch:* „Schein und Sein“ (Gedichte, posthum) *Duse* verläßt Bühne *Ebner-Eschenbach:* „Altweibersommer“ (österr. Roman) *T. S. Eliot:* „Gedichte“ (engl.) *A. France:* „Die Insel der Pinguine“ (frz. Roman) *Gjellerup:* „Die Weltwanderer“ (dän. Roman mit indisch-buddhist. Philosophie) *Hamsun:* „Gedämpftes Saitenspiel“ (norweg. Erzählung) *G. Hauptmann:* „Griselda“ (Schauspiel) *Heyse:* „Die Geburt der Venus“ (Roman) *Friedrich Huch* (* 1873, † 1913, Vetter von *Ricarda Huch*): „Pitt und Fox, die Liebeswege der Brüder Sintrup“ (satirischer Roman) † *Detlev v. Liliencron*, dt. Dichter (* 1844) *Löns:* „Mümmelmann“ (Tiergeschichten), „Aus Wald und Heide“ (Naturbeobachtungen), „Mein blaues Buch“ (Gedichte) *M. Maeterlinck:* „Der blaue Vogel“ (belg. Schauspiel) *Th. Mann:* „Königliche Hoheit“ (Roman) *H. Mann:* „Die kleine Stadt“ (Roman) *Alfred Mombert* (* 1872, † 1942): „Der himmlische Zecher“ (Gedichte)	*Paul Deussen* (* 1845, † 1919): „Die Geheimlehre des Veda“ (Darstellung der altindischen Philosophie) *Hans Driesch:* „Philosophie des Organischen“ (vitalistische Philosophie) *Haeckel* gründet „Phyletisches Museum“ in Jena (zur Erläuterung der Darwinschen Abstammungslehre) *Ed. von Hartmann:* „System der Philosophie“ (8 Bde. s. 1906, posthum) *Nic. Hartmann:* „Platons Logik des Seins“ *E. R. Jaensch:* „Zur Analyse der Gesichtswahrnehmungen“ *William James:* „Ein pluralistisches Universum“ (nordamerikan. religionspsychologischer Pluralismus) *Karl Lamprecht* (* 1856, † 1915) gründet Institut für Kultur- und Universalgeschichte in Leipzig *Helene Lange:* „Die Frauenbewegung in ihren modernen Problemen“ *Lenin:* „Materialismus und Empiriokritizismus“ (Kritik des Positivismus vom Standpunkt des dialektischen Materialismus aus) *Sebastian Merkle* (* 1862, † 1945): „Die katholische Beurteilung des Aufklärungszeitalters“ (kathol. Kirchengesch.) *Natorp:* „Philosophie und Pädagogik“

Emilio Filippo Tommaso Marinetti (* 1876, † 1944): „Futuristisch. Manifest“ (ital., f. neuen Literatur- und Kunststil mit nationalistischer Tendenz)

Barlach: „Sorgende Frau" (Holzplastik)

P. Behrens: AEG-Turbinenfabrik(Bln.)

Albin Egger-Lienz (* 1868, † 1926): „Haspinger" (frühexpressionist. Gemälde unter dem Einfluß *Hodlers*)

Ludwig von Hofmann (* 1861): „Nach der Schwemme"(Pastell)

Ludwig Justi Direktor d. Berliner Nationalgalerie bis 1933

Kandinsky: „Landschaft mit Häusern" (russ. express. Gem.)

Paul Kersten (* 1865, † 1943): „Die Buchbinderei und das Zeichnen des Buchbinders" (Leitfaden für Buchbinder) und „Der exakte Bucheinband" (gilt als Bahnbrecher f. modernen dt. Bucheinband)

Kokoschka: „Princesse de Montesquieu-Rohan", „Baumeister Adolf Loos" (Bildnisse)

Kollwitz: „Arbeitslosigkeit" (Radierg.)

† *Peter Severin Krøyer*, dän. impress. Maler (* 1851)

Larsson: „Das Haus in der Sonne" (schwed. Aquarelle)

Melch. Lechter: Glasgemälde im LandesmuseumMünster/W.

M. Liebermann: „Selbstbildnis" (Gemälde)

Marc: „Rehe in der Dämmerung" (noch gemäßigte Farben)

Ed. Munch: „Dr. Jakobsen" und „Jappe Nilssen" (norweg. express. Bildnisse)

H. Breuer: „Der Zupfgeigenhansl" (Sammlung volksliedhafter Musik der Wandervogelbewegung)

Sergej Diaghilew (* 1872, † 1929) grdt. sein russ. Ballett in Paris

Sergej Kussewitzky (* 1874, † 1951, russ. Kontrabaßvirtuose und Dirigent) gründet den Russischen Musikverlag

Lehár: „Der Graf von Luxemburg" (Operette)

Reger: 100. Psalm (Chor mit Orchester)

Arnold Schering: (* 1877) veröffentlicht das von ihm entdeckte Weihnachtsoratorium v. *Heinrich Schütz*

A. Schönberg: Drei Klavierstücke, George-Lieder u. „Erwartung" (monodramat. Oper)

Sibelius: „Voces intimae" (finn. Streichquartett)

R. Strauss: „Elektra" (Oper, Text v. *Hofmannsthal*)

Wolf-Ferrari: „Susannens Geheimnis" (Oper)

Physik-*Nobel*preis an *G. Marconi* (Ital.) u. *K. F. Braun* (Dt.) für Entwicklung d. drahtlosen Telegraphie

Chemie-*Nobel*preis a. *Wilhelm Ostwald* (Dt.) für Erforschung chem. Reaktionsabläufe

Medizin-*Nobel*preis an *Th. Kocher* (Schweiz) für Schilddrüsenchirurgie

Baekeland: Bakelit (einer der ersten Kunststoffe, Edelkunstharz)

Blériot überfliegt den Ärmelkanal (27,5 Minuten)

Bollweg: Autogenes Schneiden unter Wasser

P. Ehrlich und *Hata:* Salvarsan als Syphilisheilmittel („Ehrlich-Hata-606")

Eichengrün: Zellon (zelluloidartiger, aber unbrennbarer Kunststoff, verwendet für Sicherheitsfilm, -glas usw.)

von Eötvös und *Landolt* (1908): Exakter Nachweis des Massenerhaltungssatzes (Genauigkeit 1 : 100 000 000)

H. Farman fliegt 234 km in 4½ Stunden

Fitting: Erster sicherer Nachweis eines Pflanzenhormons („Pollenhormon" der Orchideen)

Karl Hampe (* 1869, † 1936): „Deutsche Kaisergeschichte in der Zeit der Salier und Staufer"

v. Hovorka und *Kronfeld*: „Vergleichende Volksmedizin" (2 Bände seit 1908)

Felix Klein: „Elementarmathematik vom höheren Standpunkt aus" (beeinflußt mathemat. Unterricht)

Krupp entwickelt 42-cm-Geschütz

Karl Lamprecht: „Deutsche Geschichte" (19 Bände seit 1891)

Conwy Lloyd Morgan (* 1852): „Instinkt und Gewohnheit" (Tierpsychologie)

Charles Nicolle entdeckt Übertragung des Fleckfiebers durch Kleiderläuse

Wolfgang Ostwald (* 1883): „Grundriß der Kolloidchemie" (grundlegend für moderne Erforschung fein verteilter Stoffe)

R. E. Peary am Nordpol (vielleicht nur auf 3 km nahe gekommen)

Alfred Weber (* 1868): „Über den Standort der Industrien"

„Erhebungen von Wirtschaftsrechnungen minderbemittelter Familien im Deutschen Reich" (Sozialstatistik)

1. Streik i. New York

Ford spezialisiert sich auf das Serienmodell T mit einem Absatz von etwa 19000 (1920 rd. 1,25 Mill.)

Gustav Krupp von Bohlen und Halbach (* 1870) übernimmt Leitung der *Krupp*werke, Essen

Emil Kirdorf (* 1847, † 1938) erweitert seinen Montankonzern um *Adolph-Emil-*Hütte (Eisenerz) in Luxemburg

Maybach-Motorenbau GmbH gegründet von *Wilhelm Maybach* und Graf *Zeppelin*

Hansa-Bund gegen Schutzzollpolitik des Bundes der Landwirte (von 1892)

Reichsdeutscher Mittelstandsverband (Mittelstandstage 1911 in Dresden, 1912 in Braunschweig)

„Vergleichende Darstellung des dt. und ausländischen Strafrechts" (16 Bände seit 1905).

Vorentwurf für ein neues dt. Strafgesetzbuch

(1909)	Tschechen kämpfen inner- und außerhalb des Reichsrates von Österreich-Ungarn um den Vorrang ihrer Sprache in Böhmen Agramer Hochverratsprozeß gegen 53 Angehörige der Serbenpartei (nach Verkündung von Freiheitsstrafen 1911 niedergeschlagen) Anarchistischer Aufstand in Barcelona *Mohammed V.*, nach Abdankung seines Bruders durch Militärrevolte, türk. Sultan bis 1918 (†) Nach nationalist. Aufständen in Persien flieht der Schah in die russ. Gesandtschaft und geht in die Verbannung. Sein Sohn Sultan *Ahmed* Schah bis 1924 († 1925, Selbstmord) *William H. Taft* (Republik. * 1857, † 1930) Präsident der USA bis 1913 † *Hirobumi Ito*, japan. Staatsmann (von einem Koreaner ermordet), zwischen 1886 und 1901 viermal Ministerpräsident, schuf Verfassung von 1889 nach preußischem Vorbild (* 1841)	*Moody:* „The Faith-healer" (nordamerikanisch. naturalist. Schauspiel) *Ompteda:* „Exzelsior" (Bergroman) *Reymont:* „Die Bauern" (poln. Roman, 4 Bände seit 1904) *Felicitas Rose* (* 1862, † 1938): „Heideschulmeister Uwe Karsten" (Roman) *Rilke:* „Requiem" *Sinclair:* „Der Liebe Pilgerfahrt" (nordamerik. sozialist. Roman) *Strindberg:* „Der Sohn der Magd" (schwed. autobiograph. Roman seit 1886), „Die große Landstraße" (schwed. Drama) † *Algernon Charles Swinburne*, engl. Dichter; Anhänger der Präraffaeliten (* 1837) *Hans Thoma:* „Im Herbste des Lebens" *L. Thoma:* „Moral" (satir. Komödie) *Jakob Wassermann:* „Caspar Hauser" (Roman) † *Ernst von Wildenbruch*, dt. Dichter (* 1845) Zoppoter Waldoper eröffnet Ein Band *Virgil* kostet: ≈ 1400 (schlechte Handschr.) . 100,00 M ≈ 1500 (bester *Aldus*-druck) ..... 80,00 M ≈ 1525 ..... 40,00 M 1636 (*Elzevir*-Ausgabe) 12,00 M 1659 .... 8,50 M 1702 (Leipziger Druck) 3,60 M 1798 (*Didot* Stereotyp-Ausgabe) ..... 3,00 M 1909 (*Reclam*) . 0,40 M	*Wilh. Ostwald:* „Energetische Grundlagen der Kulturwissenschaft" *Friedrich Paulsen* (* 1846, † 1908): „Pädagogik" (fordert Entwicklung aller menschlichen Anlagen; posthum) *Söderblom:* „Vater, Sohn und Geist" (schwed. evang. Theologie) *Spranger:* „Wilhelm von Humboldt und die Humanitätsidee" *R. Steiner:* „Wie erlangt man Kenntnis der höheren Welten?" (Anthroposophie) † *Adolf Stoecker*, evang. Hofprediger und Politiker; gründete 1878 antisemit. „Christlich-soziale Partei" (* 1835) *E. B. Titchener:* „Lehrbuch der Psychologie" (nordamerikan. experimentelle Psychologie) „Bibelwissenschaft" (in Band 1 von „Die Religion in Geschichte und Gegenwart") Universität Bristol (England) „Oxford und die Arbeiterbildung" (engl. Hochschuldenkschrift) Handelshochschule Stockholm Gründung des deutschen Volksbildungsarchivs Bund für Freie Schulgemeinden (für demokratische Schulreform) Evangel.-lutherischer Schulverein zur Bekämpfung der Verweltlichung der Schule Dt. Zentralkomitee für Zahnpflege in der Schule Muttertag in USA

Nolde: „Abendmahl“ und „Pfingsten“ (religiös-express. Gemälde) *Hermann Joachim Pagels:* „Krüderbrunnen“ und „Klabautermann-Brunnen“, Bremerhaven *Picasso:* „Fabrik am Ebro“ und „Harlequin“ (span.-frz. Gemälde) *Henri Rousseau:* „Urwaldstimmung“ (frz. Gemälde) ~ *Gino Severini:* „Der Boulevard“ (ital.-frz. futurist. Gem.) *Slevogt:* Illustrationen zu „Lederstrumpf“ *Trübner:* „Am Starnberger See“ (Gemälde) *E. R. Weiß:* Fraktur (für den Druck d. Tempel-Klassiker) *Franz Xaver Zettler* (* 1841, † 1916): Marienfenster im Ulmer Münster (Wiederherstellung alter Glasmalerei) „Die Gewebesammlungen des königlichen Kunstgewerbemuseums zu Berlin“ (7 Bände seit 1900; größte Samml. von Reliquienhüllen) Debüt von *Mary Pickford* unter dem Regisseur *D. W. Griffith* (* 1875, † 1948) (Beginn des amerik. Starwesens) „Eine russ. Hochzeit im 14. Jhdt.“ (russ. Film) „Carmen“ (frz. Film) Erste eig. Wochenschau (frz.) Filmschauspielerin *Henny Porten* wird „Star“ genannt		*Albrecht Penck* (* 1858, † 1945): „Die Alpen im Eiszeitalter“ (mit *Ed. Brückner*, 3 Bde. seit 1901) *John Rockefeller* gründet Stiftung für wissenschaftliche Forschung (bis 1924 über 500 Mill. Dollar) *F. P. Rous* entd. Krebsvirus b. Huhn (vgl. 1966) Die Südpolar-Expedition unter *E. H. Shakleton* erreicht den magnetischen (Nord-)Pol und kommt dem geographischen Südpol auf 178 km nahe *S. P. L. Sörensen* (* 1868, † 1939): Messung der Wasserstoffionen-Konzentration (pH-Wert) *F. Soddy:* Atome eines Elementes (Blei) können verschiedene Massen haben (Isotope) *Stepp* erweist in Fütterungsversuchen an Mäusen, daß sich dem Brot durch Alkohol ein lebenswichtiger Stoff entziehen läßt (derartige Fütterungsversuche werden für die Vitaminforschung charakteristisch) *Eduard Sueß* (* 1831, † 1914): „Das Antlitz der Erde“ (3 Bände seit 1885, grundlegend für die Theorie der Gebirge) *Jakob von Üxküll* (* 1864, † 1944): „Umwelt und Innenwelt der Tiere“ (jedes Lebewesen hat seine artspezifische „Umwelt“) *Wilsing* und *Scheiner:* Zuverlässige Fixsterntemperaturen aus dem Spektrum und dem Strahlungsgesetz Heidelberger Akademie der Wissenschaften 1,52-m-Spiegel-Teleskop für Mt.-Wilson-Sternwarte (wird zum Mittelpunkt astronomischer Forschung) Pumpanlage mit direkter Ausnutzung der Sonnenwärme in Kalifornien (mit Mosaikspiegel von 11 m Durchmesser) Erste dt. Motorflüge „Mannus“, „Prähistorische Zeitschrift“ (vorgeschichtl. Zeitschriften) ~ Rasche Entwicklung der Biochemie (von Vitaminen, Hormonen, Enzymen)	Gesetz über Kraftfahrzeugverkehr in Deutschland Deutsches Gesetz gegen den unlauteren Wettbewerb Deutsches Reichsviehseuchengesetz Deutscher Postscheckverkehr Reichsbanknoten gesetzl. Zahlungsmittel Deutsche Zündholzsteuer 1. Internat. Luftfahrt-Ausstellung (ILA) in Frankfurt/Main Motorflug v. *Hans Grade* (1. dt. Motorflug) Erste Flugwoche in Berlin-Johannisthal Erste Dauerwelle (in London) 1. Berliner Sechstagerennen (in New York 1891) Erster Skilift im Schwarzwald (Triberg) Dtl. überholt Frankr. als Industriemacht (vgl. 1955)

1910	Friedens*nobel*preis an das Internationale Friedensbüro in Bern Zar *Nikolaus II.* in Potsdam; Abkommen zwischen Deutschland und Rußland; beide Mächte wollen sich feindlicher Bündnispolitik enthalten „Fortschrittliche Volkspartei" unter *Friedrich Naumann* gegründet (vereinigt freisinnige Gruppen) Reichsstädtebund der kleineren Städte im Gegensatz zum „Deutschen Städtetag" der größeren † *Eduard VII.*, König von Großbritannien seit 1901 (* 1841) *Georg V.* König von Großbritannien bis 1936 (†, * 1865) Konflikt zwischen brit. Unter- und Oberhaus führt zu zweimaliger Wahl und Stärkung der Liberalen und Labour-Party Südafrikanische Union als brit. Dominion gegründet; *Louis Botha*, erster Ministerpräsid. bis 1919 (†) *Briand* schreitet gegen frz. Eisenbahnerstreik ein Frz.-Äquatorial-Afrika aus mehreren Einzelkolonien gebildet *E. Venizelos* griech. Ministerpräsident bis 1915 (wieder 1917 bis 1920, 1928 bis 1932, 1933) Japan.-russ. Abkommen wehrt versuchten USA-Einfluß auf mandschurische Bahn ab Japan annektiert Korea (seit 1905 Fürst *Ito* japan. Vizeregent) Anarchistische und sozialistische Organisationen in Japan Portugal Republik nach Stürzung König *Emanuels II.* (*Karl I.* König seit 1889, 1908 von Republikanern ermordet) Türk. Versuch, mazedonische Freischärler zu entwaffnen, scheitert Pan-American-Union in Washington gegründet 13. Dalai Lama flieht vor d. Chinesen vorübergeh. n. Indien	Literatur-*Nobel*preis an *P. Heyse* (Dt.) *Martin Andersen-Nexö* (*1869, †1954): „Pelle d. Eroberer" (dän. sozial. Roman aus Bauern- u. Arbeitermilieu s. 1906) *Julius Bab* (* 1881): „Der Mensch auf der Bühne, eine Dramaturgie für Schauspieler" (3 Bände) *R. G. Binding:* „Legenden der Zeit" † *Björnstjerne Björnson*, norweg. Dichter; *Nobel*preis 1903 (* 1832) *Börner:* „Die Schundliteratur und ihre Bekämpfung" *Jakob Bosshart* (* 1862, † 1924): „Früh vollendet" (Schweiz. Erz.) *Bunin:* „Das Dorf" (russ. Bauernroman) *Claudel*: „Fünf große Oden" (frz. Dichtung) *Th. Däubler:* „Das Nordlicht" (express. Epos über die Weltentstehg.) *Herbert Eulenberg* (*1876, † 1950): „Schattenbilder" *Freud:* „Über Psychoanalyse" *Ganghofer:* „Lebenslauf eines Optimisten" (Autobiographie) *Hamsun:* „Vom Teufel geholt" (norw. Drama) *Enrica v. Handel-Mazzetti* (* 1871): „Die arme Margaret" (hist. Rom.) *G. Hauptmann:* „Der Narr in Christo Emanuel Quint" (Roman) *Hedin:* „Zu Land nach Indien" (schwed., 2 Bde.) *H. Hesse:* „Gertrud" (Roman) *Ric. Huch:* „Das Leben des Grafen Federigo Confalonieri" und „Der letzte Sommer" (Rom.)	*Gertrud Bäumer* Vorsitzende des Bundes dt. Frauenvereine bis 1919 † *Friedrich von Bodelschwingh*, dt. innerer Missionar (* 1831) *Carnegie* - Friedensstiftung errichtet *E. Cassirer:* „Substanzbegriff u. Funktionsbegriff" (neukant. Philos.) *Coué* wendet sein psychotherapeutisches Heilverfahren der Autosuggestion an und gründ. in Nancy „Neue Schule" der Autosuggestion *Dilthey:* „Der Aufbau der geschichtlichen Methode in den Geisteswissenschaften" (mit dem Grundbegriff des „Verstehens") † *Henri Dunant*, Schweiz. Philantrop; Friedens*nobel*preis gemeinsam mit *Passy* 1901 (* 1828) *James Frazer* (* 1854, †1941): „Totemismus u. Fremdheirat" (engl. Völkerkunde, 4 Bände) *William Reuben George:* „Die Kinderrepublik" (Bericht über sein 1890 gegründ. Kinderdorf) *Ludwig Ihmels* (* 1858, † 1933): „Zentralfragen der Dogmatik in der Gegenwart" (protest.) † *William James*, nordamerikan. Philosoph u. Psychologe; Begründer des Pragmat. (* 1842) *Hermann von Keyserling:* „Schopenhauer als Verbilder" *L. Klages:* „Prinzipien der Charakterologie" *Franz Mehring* (* 1846, † 1919): „Deutsche Geschichte v. Ausgange d. Mittelalters" (sozialist.) *Alexander Mell* (* 1850, † 1931): „Der Blindenunterricht" (österr.)

† *Andreas Achenbach*, dt. Maler; u. a. „Der Untergang d. Dampfers ‚Präsident'" (1842) (* 1815)

G. Braque „Sacre Coeur" (frz. kubist. Gemälde)

Guglielmo Calderini: Justizpalast in Rom (Baubeginn 1889)

Chagall kommt nach Paris (1914–23 in Rußland)

Corinth: „Die Gattin d. Künstlers", „Inntal" (impress. Gemälde)

R. Delaunay (* 1885, † 1941): „Eiffelturm" (orphist. Gem.)

Feininger beginnt mit seinem charakterist. kubist.-express. Stil hervorzutreten

Gaul: Löwendenkmal im Posener Zoo

Hermann Haller: „Schreitende Flora"

Jacoba van Heemskerk-van Beest: „Schiffe im Hafen" (niederl. kubist. Gemälde)

Hodler: „Der Holzfäller" (Schweiz. express. Gemälde)

† *Winslow Homer*, nordamerikan. Maler (* 1836)

† *William Holman Hunt*, engl. Maler (* 1827)

Kandinsky: 1. abstr. Gem.

Klimsch: *Virchow*-Denkmal. Berlin

† *L. Knaus*, dt. Maler (* 1829)

Rudolf Koch (* 1876, † 1934): Deutsche Schrift (Drucktyp.)

Kokoschka: „Frau Loos" (Bildnis)

Bartók: „Allegro barbaro" (ungar. Komposition für Klavier)

Alban Berg (* 1885, † 1935, *Schönberg*-Schüler): Quartett op. 3

Busoni: „Fantasia contrappuntistica" (Orchesterwerk)

Jean Gilbert (*M. Winterfeld*, * 1879, † 1942): „Die keusche Susanne" und „Polnische Wirtschaft" (Operetten)

Humperdinck: „Die Königskinder" (Oper)

G. Mahler: 8. Symphonie Es-Dur („Symphonie der Tausend")

Massenet: „Don Quichote" (franz. Oper)

Puccini: „Das Mädchen aus dem goldenen Westen" (it. Oper)

Strawinsky: „Der Feuervogel" (russ. Ballett)

* *Heinrich Sutermeister*, schweiz. Komponist

R. Vaughan Williams (* 1872): „Eine Symphonie vom Meer" (engl. Tondichtung für Sopran, Bariton, Chor und Orchester nach Worten von *Walt Whitman*)

Sportpalast als „Eispalast" in Berlin eröffnet (wird nach wechselhafter Geschichte 1973 abgerissen)

Physik-*Nobel*preis an *J. D. van der Waals* (Niederl.) f. Zustandsgleich. von realen Gasen und Flüssigkeiten

Chemie-*Nobel*preis an *Otto Wallach* (Dt., * 1847, † 1931) für Erforschung der ätherischen Öle

Medizin-*Nobel*preis an *Albrecht Kossel* (Dt., * 1853, † 1927) für Erforschung des Zell-Eiweißes

Fürst *Albert I.* von Monaco (* 1848, † 1922) fördert Tiefseeforsch. d. Gründ. ein. Instit. f. Ozeanographie

E. F. W. Alexandersen: Erster Maschinensender für Telegraphie

Boysen-Jensen: Wuchsstoff (Auxin) für die Pflanzenneigung zum Licht (Heliotropismus)

L. Boß: Katalog der 6188 hellsten Sterne (von *B. Boß* 1937 erweitert)

Bruno H. Bürgel (* 1875, † 1948): „Aus fernen Welten" (volkstümliche Astronomie)

Claude: Neon-Glimmlicht

F. G. Cortrell und *E. Möser:* Elektrisches Entstaubungsverfahren (seit 1907 verbessert)

Carl Cranz (* 1858): „Lehrbuch der Ballistik" (4 Bände bis 1926, Ergänzungsband 1936)

~ Wachsende Produktion von Viskose-Kunstseide nach d. Verfahren von *Croß, Bevan, Beadle* (1891)

Beg. d. Chemotherapie mit Salvarsan z. Syphilisbekämpf. (vgl. 1909)

H. Farman fliegt 463 km i. 8¼ Std.

Auguste Forel (* 1848, † 1931): „Das Sinnesleben der Insekten"

Frahm: Schlingertank

Harms und *Eugen Steinach* erforschen die innere Sekretion der Geschlechtsdrüsen (Hormon-Sekr., Vorversuch von *Berthold* 1849)

Harnack erster Präsident der anläßl. d. 100-Jahr-Feier d. Univers. Berlin gegründ. Kaiser-*Wilhelm*-Gesellsch. zur Förderung der Wissenschaften

Joh. Hartmann: Photometer für Helligkeitsmessungen an flächenhaften astronom. Objekten (baute 1899 astronom. Mikrophotometer)

Hemser: Flüssigkeits-Rohrbremse für Geschütze

P. Herre, A. Hofmeister, Rudolf Stübe: „Quellenkunde zur Weltgeschichte"

Weltausstellung in Brüssel

Rudolf Hilferding (* 1877, † 1941): „Das Finanzkapital" (marxist. Untersuch. des Monopolkapitalismus)

Eduard Kohlrausch (* 1874, † 1948): „Sollen und Können als Grundlage d. strafrechtlichen Zurechnung"

Gustav Radbruch (* 1878): „Einführung in die Rechtswissenschaft" (sozialist. Standpkt.)

Othmar Spann (* 1878): „Haupttheorien d. Volkswirtschaftslehre"

Adolf Weber (* 1876): „Der Kampf zwischen Kapital u. Arbeit"

Martin Wolff (* 1872): „Sachenrecht" (Zivilrecht)

† *Karl Röchling*, dt. Unternehmer; gründete *Röchling*sche Eisen- und Stahlwerke 1881 (* 1827)

„Weltwirtschaft" (Zeitschrift)

Höchstziffer von 13 Mill. ausgefallenen Arbeitstagen durch Aussperrungen (Durchschnitt 1899 bis 1922: 2 Mill. Arbeitstage jährlich)

In Deutschland beginnen Körperschaften des öffentlichen Rechts Lebensversicherungen zu betreiben (1911 Verband öffentl. Lebensversicherungs-Anstalten gegründet)

(1910)	*Friedrich Kayssler* (* 1874, † 1945): „Schauspielernotizen" *Kolbenheyer:* „Meister Joachim Pausewang" (Roman) *Heinrich Lilienfein* (* 1879): „Der Stier von Olivera" (Schauspiel; von *d'Albert* als Oper vertont) *J. London:* „Lockruf des Goldes" (nordamerikan. Roman) *Löns:* „Der Werwolf" (Sittenbild aus dem 30-jährigen Krieg) *H. Mann:* „Die kleine Stadt" (Roman) *Karl May:* „Winnetou" (4 Bände seit 1893) und „Mein Leben und Streben" (Autobiographie) *Karin Michaelis (-Stangeland,* * 1872, † 1950): „Das gefährliche Alter" (dän.-dt. Frauenroman) *Ferenc Molnar* (* 1878): „Liliom" (Vorstadtlegende, Schauspiel) † *Wilhelm Raabe*, dt. Dichter (* 1831) *Alexei M. Remisow* (* 1877): „Die Schwestern im Kreuz" (russ. Erzählung) *Rilke:* „Aufzeichnungen des Malte Laurids Brigge" (Roman) *Edmond Rostand* (* 1868, † 1918): „Chantecler" (frz. neuromant. Versdrama) *Schönherr:* „Glaube und Heimat" (Tragödie) *Jessie Willcox Smith:* „The Bed-Time-Book" („Das Schlafenszeitbuch", nordamerik. Kinderbuch)	*Tagore:* „Gintajali" (ind. Dichtung seit 1907; übersetzt sie 1912 ins Englische) *L. Thoma:* „Erster Klasse" (Komödie) † *Leo Nikolajewitsch Tolstoi*, russ. Dichter (* 1828) † *Mark Twain (Samuel Langhorne Clemens)*, nordamerik. humorist. Dichter (* 1835) *Viebig:* „Die vor den Toren" (Roman) *Herwarth Walden* (* 1878, verschollen nach 1930 in der UdSSR) grdt. Zeitschr. „Der Sturm" zur Förderung des Expressionismus (ersch. bis 1932) *Wasow:* „Legenden vom Zarewez" (bulg. Balladen und Epen) und „Borislaw" (bulg. Drama) *Wedekind:* „Schloß Wetterstein" (Schausp., Urauff. 1917) † *Josef Kainz*, dt. Schauspieler; ging 1899 vom Dt. Theater, Berlin, an das Burgtheater in Wien (* 1858) Theatermuseum in München *(Clara-Ziegler-*Stiftung) Lehrstuhl für niederdeutsche Sprache in Hamburg *H. Cohn:* „Tiernamen als Schimpfwörter" *Klenz:* „Schelten-Wörterbuch" *Karlheinz Martin* bringt i. neugegrdten. Frankfurt. Komödienhaus v. *Andrejew:* „Das Leben d. Menschen" (surrealist. Auff., Bühnenbilder *O. Starke*)	*Moeller van den Bruck:* „Die Deutschen. Unsere Menschengeschichte" (8 Bände seit 1904) *Natorp:* „Die logischen Grundlagen der exakten Wissenschaften" (neukantian. Erkenntnisth.) *Hans Ostwald:* „Kultur- u. Sittengesch. Berlins" *Charles Pierre Péguy* (* 1873, † 1914): „Das Mysterium der Jeanne d'Arc" (frz. Darstellung eines religiös. Sozialist.) *Johannes Rehmke* (* 1848, † 1930): „Philosophie als Grundwissenschaft" *Adolf Schlatter* (* 1852, † 1938): „Erläuterungen zum Neuen Testament" (3 Bde s. 1887; evang.) Borromäusenzyklika des Papstes mit Angriffen gegen Protestantismus Religionskongreß i. Berlin v. Vertretern d. verschied. Religion. (1893: Chicago, 1896: Stockh., 1900: Paris, 1904: Basel, 1908: Oxford, 1912: Leiden, 1928: Prag) Weltmissionskonferenz in Edinburg gründet International. Missionsrat „Männerapostolat" (lose Vereinig. zur Festigung kathol. Kirchentreue) Span. Konkordat. Vatikan bricht Beziehungen wegen Ordensbeschränkungen ab Techn. Hochsch. Breslau Einrichtung dt. Jugendherbergen 1. dän. Arbeit.-Hochsch. Lessinghochschule, Bln. Volksbund z. Bekämp. d. Schmutzes i. Wort u. Bild eröffnet Kinderlesehalle Dt. Tierärztl. Hochschulen verleihen eigenen Doktorgrad Dt. Bund f. Schulreform

Käthe Kollwitz Mitarbeiterin am „Simplicissimus"

Lehmbruck: „Weiblicher Torso" (neogot. Plastik)

Maillol: „Sitzende" (frz. Plastik)

Marc: „Akt mit Katze", „Kühe unter Bäumen", „Streitende Pferde" und „Der Mandrill" (express. Gemälde)

Matisse: „Tanz und Musik" (Monumentalfresken in einem Moskauer Privathaus) und „Collioure" (frz. Landschaftsgemälde)

Julius Meier-Gräfe: „Hans Marées, sein Leben u. sein Werk"

Ed. Munch: „Straße in Kragerö" und „Schneearbeiter" (norweg. express. Gemälde)

Pechstein: „Am Seeufer" (express. Gem.)

Wilhelm Pinder (* 1878, † 1947): „Deutsche Dome d. Mittelalters" (Kunstgeschichte)

Rodin: „Höllentor" (frz. Plastiken, unvollendet, seit 1880)

† *Henri Rousseau,* frz. Maler, Autodidakt (* 1844)

Sintenis: „Gazelle" (Plastik)

F. L. Wright wird durch seine Wohnhausbauten in Europa bekannt und einflußreich

† *Michail Wrubel,* russ. Maler (* 1856)

Erste nachimpressionist. Kunstausstellung in England (*Cézanne, van Gogh, Matisse*)

Ende des „Jugendstils" (seit 1896; nach der Münchener Zeitschrift „Jugend")

~ In der Möbelkunst wird der ornamentenreiche „Jugendstil" durch eine neue Sachlichkeit abgelöst

~ *Käthe Kruse* (* 1883, † 1968): Individualist. Puppen

Die ital. Maler *G. Balla* (*1871, †1958), *U. Boccioni* (* 1882, † 1916), *C. Carrà* (* 1888, † 1966), *L. R. Russolo* (* 1885, † 1947) u. *G. Severini* (* 1883, † 1966) unterz. futuristisches Manifest

---

„Die Christen vor die Löwen", „Faust", „Messalina", „Macbeth", „Héliogabal" (frz. Filme)

„Lukrezia Borgia" (ital. Film von *Guazzoni*)

„Robinson Crusoe", „Hamlet" (dän. Filme v. *Auguste Blom,* * 1869, † 1942)

„Ramona", „Ein Kind aus d. Ghetto", „Boy Nr. 5" (nordamer. Filme von *D. W. Griffith*)

„Meissner Porzellan" (Film von *Fr. Porten*)

„Peter der Große" (russ. Film von *Veskow*)

Wanderkino verliert stark an Bedeutung

Junkers: Nur-Flügel-Flugzeug

† *Robert Koch,* dt. Mediziner; entdeckte 1882 Tuberkelbazillus; *Nobel*preis 1905 (* 1843)

Bone Leeds und *R. Schnabel:* Oberflächenverbrennung (flammenlose Verbrennung eines Gasgemisches in poröser Masse)

Eduard Mertens (* 1860, † 1919) verwendet Tiefdruck-Reproduktion (erstmalig 1897 *Ernst Rolffs*)

Th. H. Morgan führt Taufliege (Drosophila melanogaster) als besonders geeignetes Objekt in die experimentelle Vererbungsforsch. ein

L. Moß unterscheidet die vier menschlichen Blutgruppen

Norweg.-nordatlant. Expedition auf der „Michael Sars" unter *J. Murray* und *J. Hjort* (gilt als erste moderne Tiefsee-Expedition)

Julius Pflugk-Harttung: „Weltgeschichte" (6 Bände seit 1907)

Pierantoni und *Šulc* entdecken Organe der Blattläuse, die als Symbiontenwohnung dienen (gilt als Begründung der Symbioseforschung)

Ricketts entdeckt Fleckfiebererreger, durch Kleiderlaus übertragen (unabhängig von ihm *Prowazek* 1913)

Edmund Rumpler (* 1872) baut Flugzeug „Rumpler-Taube"

J. Stumpf: Gleichstromdampfmaschine

J. J. Thomson: Bestimmung der Atommassen durch Ablenkung der elektr. und magnet. Kräfte (Beginn der „Massenspektroskopie")

Dt. Chemische Gesellschaft beginnt Literaturregister der organischen Chemie zu veröffentlichen

Erster *Diesel*motor für Kraftwagen

Höchste Normalbahn Europas über den Bernina-Paß (Baubeginn 1907)

Manhattan-Brücke über den East-River, New York (Kabelbrücke. 448 m Stützweite, Baubeg. 1901)

Minenwerfer (Steilfeuerwaffe)

Amerikan. Versuch eines Ozeanfluges mit Luftschiff scheitert

Ramapithecusfund (vgl. 1965 W)

Neue Antilopenart in Abess. entd.

Wiederkehr des *Halley*schen Kometen zur vorausberechneten Zeit

Reichsbanknoten gesetzl. Zahlungsmittel. Einlösung in Goldmünzen

Dt. Stellenvermittlungsgesetz gegen Ausnutzung von Arbeitsuchenden

Eingehende Regelung des Irrenrechts in Baden

Bodenfräse kommt in der Landwirtschaft zur Anwendung (erfunden ~ 1850 von *Hoskyns*)

Reemtsma-Zigarettenfabrik, Hamburg-Bahrenfeld

Kolonialinstitut in Amsterdam zur Erschließung der niederl. Kolonien

Brüsseler Abkommen über Hilfeleistung in Seenot

Internationales Pariser Abkommen zur Bekämpfung unzüchtiger Bilder und Schriften

China schafft Sklaverei ab

Frauenmode: Sehr große Hüte, fußfreie Röcke (verkürzend bis zur kniefr. Mode 1925)

Michels Briefmarkenkatalog (seit 1892 *Senfs* Briefmarkenkatalog)

~ In d. USA wird Wochenend-Aufenthalt außerhalb der Stadt üblich

Italien beschließt Schaffung einer Luftschiff-Flotte

Erste Kleinepidemien an Kinderlähmung in England (1—4 Erkrankungen pro 100 000 Einwohn.)

1911

Friedens*nobel*preis an *T.M.C.Asser* (Niederl., * 1838, † 1913) u. *Alfred Fried* (Österr., * 1864, † 1921)

Verfassung für Elsaß-Lothringen mit erster und zweiter Kammer (für letztere Reichstagswahlrecht), 3 Bundesratssitze. Mehrheit im Landtag elsäß.-lothr. Landespartei (Zentrum); weiterhin dt.-frz. Spannungen

Zweite „Marokkokrise" durch Entsendung des dt. Kanonenbootes „Panther" nach Agadir. Marokko-Kongo-Abkommen: Deutschland verzichtet auf Einfluß in Marokko und erhält einen Teil der frz. Kongokolonien

v. Tirpitz Großadmiral (muß 1916 wegen Konflikt mit Reichskanzler über uneingeschränkten U-Bootkrieg zurücktreten)

Gustav Landauer (* 1870, † 1919): „Aufruf zum Sozialismus"

Karl Liebknecht: „Militarismus und Antimilitarismus" (gegen dt. Imperialismus)

Die durch Konflikte mit den Minderheiten entstandene Arbeitsunfähigkeit des österr.-ung. Reichsrates führt zur Regierungskrise

Karl von Stürgkh österr. Ministerpräsident bis 1916 (†, * 1859)

Teuerungs-Unruhen in Wien werden blutig unterdrückt

Unter Finanzminister *Lloyd George* wird Einfluß des brit. Oberhauses auf nur aufschiebendes Veto eingeschränkt und Sozialversicherung eingeführt

Winston Churchill Erster Lord der Admiralität (Marineminister; tritt 1915 zurück)

James R. MacDonald wird Leiter der brit. Labour Party (trennt sich 1931 von dieser)

Kanada baut eigene Flotte. Konservative Regierung bis 1920 (liberale Regierung seit 1896)

Allgem. Wehrpflicht in Australien (es folgt der Bau einer eigenen Flotte)

Delhi wieder Hauptstadt von Ostindien (an Stelle von Kalkutta)

General *Joseph J. C. Joffre* (* 1852, † 1931) frz. Generalstabschef

Literatur-*Nobel*preis an *M. Maeterlinck* (Belg.)

J. Bab: „Neue Wege zum Drama" (kritische Abhandlungen, 2 Bände seit 1906)

R. G. Binding: „Die Geige" (Novellen)

W. Bloem: „Das eiserne Jahr" (Kriegsroman von 1870/71)

Dauthendey: „Spielereien einer Kaiserin" (Schauspiel), „Raubmenschen" (Roman), „Die acht Gesichter am Biwasee" (Liebes-Novellen)

Th. Dreiser: „Jennie Gerhardt" (nordamerikan. realist. Rom.)

Volks-*Schiller*preis für *H. Eulenberg*

Heinrich Federer (* 1866, † 1928): „Lachweiler Geschichten" (volkstümlich-humorvolle Züricher Erzählungen), „Berge und Menschen" (Schweizer Roman)

Gundolf: „Shakespeare und der deutsche Geist"

G. Hauptmann: „Die Ratten" (Berliner Tragikomödie, sozialkrit.)

G.Hermann: „Kubinke" (Roman)

W. Herzog: *Kleist*biographie

Georg Heym (* 1887, † 1912): „Der ewige Tag" (expr. Gedichte)

Hofmannsthal: „Der Rosenkavalier" (Operntext für *R. Strauss*), „Jedermann" (Mysterienspiel)

Löns: „Das zweite Gesicht" (Roman), „Der kleine Rosengarten" (Volkslieder)

A. Mombert: „Aeon" (lyrisch-dramat. Trilogie seit 1907)

Móricz: „Hinter Gottes Rücken" (ungar. Rom.)

Franz Boas: „Der Verstand des Urmenschen" (nordamerikan. Anthropologie)

Lily Braun: „Memoiren einer Sozialistin" (Autobiographie, seit 1909)

Franz Brentano (* 1838, † 1917, kathol. Philosoph): „Von der Klassifikation der psychischen Phänomene" (Teilung in Vorstellungen, Gemütsbewegungen, Urteile als Setzung von Existenz oder Nichtexistenz)

A. Deißmann: „Paulus" (protestant. Theologie)

Paul Deussen gründet *Schopenhauer*-Gesellschaft und beginnt Ausgabe *Sch.'s* Werke

† *Wilhelm Dilthey*, dt. Philosoph; betonte das „Verstehen" in den Geisteswissenschaften; gründ. eine Richtung d. geisteswissenschaftl. Psychologie (* 1833)

Arthur Drews: „Die Christusmythe" (2 Bde. seit 1909, leugnet Existenz *Jesu*)

R. Eucken: „Können wir noch Christen sein?" (fordert Trenn. v. Staat u. Kirche, trotz Anerkenn. d. Christentums als höchste Religionsform)

Frazer: „Tabu und die Gefahren der Seele" (engl. Völkerpsycholog.)

Frauenhochschule in Leipzig von *Henriette Goldschmidt* (ab 1921 städt. sozialpädagog. Frauenseminar)

A. Görland: „Die Hypothese" (Erkenntnistheorie d. Marb. Schule)

Fritz Graebner: „Methode der Ethnologie" (Kulturkreislehre)

Harnack: „Beiträge zur Einleitung in d. Neue Testament" (4 Teile s. 1906)

† *Reinhold Begas*, dt. Bildhauer (* 1831)

*P. Behrens: Mannesmann*haus, Düsseldorf (Baubeginn 1910)

Braque: „Die Geige", „Frauen" (französ. kubist. Gem.)

Chagall: „Der Soldat trinkt", „Ich und das Dorf" (russ. Gem.)

Corinth erleidet ein. Schlaganfall (beeinflußt seinen Malstil); malt „Beim Friseur" u. „Prof. Ed. Meyer" (impress. Gemälde)

† *Joseph Israels*, niederl. Maler (* 1824)

Kandinsky: „Komposition" (abstraktes Gemälde)

E. L. Kirchner: „Gutshof" (express. Gemälde)

Klee: „Selbstbildnis" (Federzeichnung)

Wilhelm Kuhnert (* 1865, † 1926): „Farbige Tierbilder" (100 Tafeln)

Otto Kümmel: „Das Kunstgewerbe in Japan"

Hugo Lederer: „Rich. Strauss" (Büste)

Lehmbruck: „Die Kniende" (Plastik im neogot. Stil)

M. Liebermann: „Oberbürgermeister Adickes" (Bildnis)

Marc: „Rote Pferde" „Affenfries" (express. Gemälde)

E. Munch: „Quelle", „Sonne" (norweg. expressionist. Gemälde) und allegorische Wandmalereien in der Universitätsaula Oslo (seit 1909)

Bartók: „Herzog Blaubarts Burg" (ung. Musikdrama)

Paul Bekker (* 1882, † 1937): „Beethoven" (Biographie); wird Musikreferent d. „Frankf. Zeitung" (bis 1922)

Leo Fall: „Der liebe Augustin" (Operette)

Wilh. Furtwängler beginnt seine Dirigentenlaufbahn an der Oper in Lübeck

Kienzl: „Der Kuhreigen" (Oper)

Mahler: „Das Lied von der Erde" (für Tenor, Alt u. Orch.)

† *Gustav Mahler*, dt. Komponist; 1897—1907 Direktor der Hofoper in Wien (* 1860)

Ravel: „Die span. Stunde" (frz. Oper)

Reznicek: „Schlemihl" (sinfon. Dichtung)

A. Schönberg: „Harmonielehre" (Musiktheorie)

R. Strauss: „Der Rosenkavalier" (neuromant. Oper) Urauff. i. Dresden, Bühnenbild v. *A. Roller* (* 1864, † 1935)

Strawinsky: „Petruschka" (russ. Ballett)

Carl Stumpf: „Anfänge der Musik" (Musik der Naturvölker)

R. Wagner: „Mein Leben" (Autobiographie, posthum)

Physik-*Nobel*preis an *W. Wien* (Dt.) für Erforschung der Wärmestrahlung

Chemie-*Nobel*preis a. *M. Sklodowska-Curie* (Polen) für Entdeckung des Radiums und Poloniums

Medizin-*Nobel*preis an *Allvar Gullstrand* (Schwed., * 1862, † 1930) für Förderung d. Augenheilkunde

Amundsen erreicht als erster den Südpol (15. 12.; am 18. 1. 1912 folgt *Scott*) und schreibt 1912 „Die Eroberung des Südpols"

v. Bronk: Hochfrequenzverstärker

G. Burstyn: Entwurf eines Kampfwagens (Tank)

F. Dahn: „Die Könige der Germanen" (20 Bände seit 1861)

C. Dorno: „Studie über Licht und Luft des Hochgebirges" (Bioklimatologie aus dem 1907 gegrdt. Institut in Davos)

Einstein: „Über den Einfluß der Schwerkraft auf die Ausbreitung des Lichtes" (leitet aus d. Relativitätsprinzip ablenkende Wirkung ab)

C. Funk findet mit *Teruuchi* das Anti-Beriberi-Vitamin (künstl. hergestellt 1936) und schlägt für derartige Wirkstoffe den Namen „Vitamin" vor

Fernflug München-Berlin durch *Hirth* und *Garros* erreicht Rekordflughöhe 3900 m

† *Jacobus Hendricus van't Hoff*, niederl. Physikochemiker; begründete Stereochemie und Lehre von den chemischen Umsetzungen; *Nobel*preis 1901 (* 1852)

Kamerlingh Onnes entdeckt Verschwinden des elektrischen Widerstandes bei tiefen Temperaturen: „Supraleitung"

G. Kraus: „Boden und Klima auf kleinstem Raum" (Anfänge einer Mikroklimatologie)

Stereoautograph von *Pulfrich* zur Geländevermessung durch photographisches Raumbild

Calbraith Rodgers gewinnt Luftrennen New York—Kalifornien: 6809 km i. 49 Tagen m. 69 Zwischenlandungen (reine Flugzeit 82 Stund.)

Standard Oil Trust d. Antitrustgesetz aufgelöst

Hausarbeitsgesetz in Deutschland (bisher Stundenlohn für Heimarbeiter teilw. unter 10 Pfennig)

Vereinigung künstlerischer Bühnenvorstände, Berlin (dt. Berufsverband)

Reichsversicherungsordnung (Zusammenfassg. von Krankheits- [1883], Unfall- [1884] und Invaliditäts-Versicherg. [1889] in 1805 Paragraphen)

Reichsversicherungsanstalt f. Angestellte (Pflichtversicherung geg. Invalidität)

Pflichtversicherung geg. Krankh. u. Arbeitslosigk. in Großbritannien

Frank William Taussig (* 1859, † 1940): „Principles of Economics"

Institut für Weltwirtschaft u. Seeverkehr an der Universität Kiel

Erwin Stein (* 1888, † 1966) grdt. Verein f. Kommunalwirtschaft u. Kommunalpolitik, Berlin (veröffentlicht „Zeitschrift für Kommunalwirtschaft", „Monographien deutscher Städte")

Zweckverband Groß-Berlin

Zusammenfassung d. deutschen Staatslotterien zur Preußisch-Süddeutsch.

(1911)

Island gibt den Frauen Wahlrecht und Zugang zu allen (auch geistlichen) Ämtern

Ital.-türk. Krieg bis 1912, wegen Annexion von Tripolis und Cyrenaika durch Italien

Russ. Ministerpräsident *Stolypin* in Gegenwart des Zaren ermordet. Nachfolger *Kokowzew* bis 1914

Venizelos erzwingt infolge einer Revolution der Offiziere (1909) griechische Verfassungsreform im Sinne einer Militärdiktatur

Jungtürk. Komitee verzichtet auf Beeinflussung der Regierung (1912 türk. Parlament aufgelöst)

Persien erhält schwed. militär. Berater und Finanzsachverständige aus USA. Letztere müssen aber auf brit.-russ. Protest Persien verlassen

Revolution in China unter Führung *Sun Yat-sens;* mehrere Provinz-Gouverneure schließen sich an. Abdankung der *Mandschu*-Dynastie (seit 1644)

Tschiang Kai-schek militär. Mitarbeiter *Sun Yat-sens*

Äußere Mongolei löst sich von China

Auflösung des Standard Oil Trusts durch Antitrustgesetz der USA (bildet sich im 1. Weltkrieg neu)

Sturz des mexikanischen Staatspräsidenten (seit 1884) *Porfirio Diaz* (* 1830, † 1915). (Unter ihm gewannen die USA starken Einfluß auf mexikanische Ölvorkommen; es folgt eine lange Zeit revolutionärer Unruhen bis ~ 1920)

Präsident *Estrada Cabrera* von Guatemala beginnt seine Politik im Sinne einer Annäherung an USA

Welthandelsvolumen 510 % gegenüber 1850 (Die Konkurrenz führt zu internationalen Spannungen)

Franz Pfempfert (* 1879) gibt die „Aktion" heraus („für die Idee der groß. dt. Linken")

Sigfrid Siwertz (* 1882): „Die Mälarpiraten" (schwedische Jungengeschichte)

Albert Soergel (* 1880): „Dichtung und Dichter der Zeit" (1. Band)

Carl Sternheim (* 1878, † 1942): „Die Hose" (satir. Komödie)

Streuvels: „Das Christkind" (fläm. Erzählung)

Fritz von Unruh (* 1885, † 1970): „Offiziere" (Drama)

Verhaeren: „Ganz Flandern" (belg. Gedichte; 5 Bände seit 1904)

Richard Voß (* 1851, † 1918): „Zwei Menschen" (Roman)

Wells: „Der neue Machiavelli" (engl. gesellschaftskrit. Roman)

Edith Wharton (* 1862, † 1937): „Die Schlittenfahrt" („Ethan Frome", nordamerikan. Roman)

Ernst von Wolzogen: „Der Erzketzer" (Roman um die moderne Erziehung)

St. Zweig: „Erstes Erlebnis" (Erzählung)

Goethes „Urmeister" gefunden

Kayser: „Vollständiges Bücherlexikon" (seit 1833, umfaßt die Jahre 1750 bis 1910)

„Dt. Bücherverzeichnis" vom Börsenverein dt. Buchhändler („Verzeichnis der im dt. Buchhandel erschienenen Bücher, Landkarten, Zeitschriften usw.")

Hebbel-Theater, Berlin, eröffnet

*Kleist*preis gestiftet

Willy Hellpach: „Die geopsychischen Erscheinungen" (Einfluß der Landschaft auf Charakter und Psyche)

Erich Mühsam: „Kain, Zeitschrift für Menschlichkeit" (bis 1914)

Papst *Pius X.* leitet Reform des Breviers ein

Johannes Reinke: „Die Kunst d. Weltanschauung" (christl., antimon.)

F. C. S. Schiller: „Humanismus" (nordamerikan. Pragmatismus)

Schweitzer: „Geschichte der paulinischen Forschung" (betont eschatolog. Kern d. Christent.)

W. Stern: „Die differentielle Psychologie in method. Grundlagen"

Vaihinger: „Die Philosophie des Als Ob" (betont praktischen Nutzen der Fiktion)

Karl Vorländer (* 1860, † 1928): „Kant u. Marx"

Sidney (* 1859, † 1947) u. *Beatrice Webb* (* 1858, † 1943): „Das Problem der Armut" (engl. Fabian-Sozialism.)

W. Wundt: „Einführung in die Psychologie"

Katholische Geistliche z. Ableg. d. Antimodernisteneides verpflichtet

Universität Lissabon

Preußen unterstützt finanz. Jugendpflege (weitere dt. Staaten folgen)

Staatliche Prüfung für Kindergärtnerinnen in Preußen (bedeutet staatl. Anerkennung u. Förderung des Kindergartens)

Schulpflicht für blinde und taubstumme Kinder in Preußen

56,4% der portug. Bevölker. über 6 Jahre Analphabet. (1924: 54,7%; 62,2% der Frauen)

Nash: „Pyramiden im Meer" (engl. surrealist. Federzeichn.)

† *Fritz von Uhde*, dt. Maler (* 1848)

Leonardo da Vincis „Mona Lisa" aus dem Pariser Louvre entwendet (1913 in Italien gefunden)

„Association of American Painters and Sculptors" (veranstaltet 1913 Armory-Ausstellung in New York, erstmalig m. Werk. v. *Cézanne, Gauguin, van Gogh)*

L. Wolde u. *W. Wiegand* gründen „Bremer Presse" f. künstlerisch hochwertige Privatdrucke

Wilhelm Worringer (* 1881): „Formprobleme der Gotik" (Kunsthistorik in „menschheitspsycholog. Betracht.")

Grdg. d. expressionist. Künstlervereinigung „Blauer Reiter" i. München (mit *Kandinsky, Klee, Macke, Marc* u. a.)

„Der Abgrund" (dän. Film von *Urban Gad*, * 1879, mit seiner Frau *Asta Nielsen*, * 1881)

„Zigomar", „Nick Carter" mit Forts. (franz. Filme mit *Victorin Jasset*, * 1862, † 1913)

„Das Leben wie es ist" (frz. Film von *Louis Feuillade*, * 1874, † 1925)

„Die Odyssee" (ital. Film von *Giuseppe de Liguro)*; „Spartakus", „Pinocchio" (ital. Filme von *Pasquali*)

Hermann Wolfgang von Waltershausen (* 1882): „Oberst Chabert" (Oper nach *Balzac*)

Emile Jacques-Dalcroze (* 1865) gründet bei Dresden „Schule Hellerau für Rhythmus, Musik und Körperbildung" (pflegt die „rhythm. Gymnastik")

„Der Telegraphist v. Lonedale" (nordamer. Film von *D. W. Griffith)*

„Anna Karenina" (russischer Film von *Tschardinine)*

W. Gropius und *A. Meyer:* Fagus-Werk in Alfeld (Industriebau)

Rutherford: Atommodell mit kleinem massereichem Kern und Elektronenhülle (von *H. Geiger* und *E. Marsden* 1913 in *R's* Labor experimentell bestätigt)

Schütte-Lanz: Erstes stromlinienförmiges Luftschiff

4. Internationaler Kongreß für Vererbungsforschung behandelt neben Pflanze und Tier auch den Menschen

Erste australische Expedition im Südpolargebiet (bis 1913; entdeckt *Georg-V.*-, *Adélie*- und *Queen-Mary*-Land in der Ostantarktis)

„Olympic" und „Titanic" (brit. Turbinen-Ozeandampfer mit je 60000 t Wasserverdrängung)

Regelmäßige Dampferfahrten zwischen Wladiwostok und Lena-Mündung

Bereits 100 Fernheizwerke in den USA

Elbtunnel in Hamburg (450 m lang, Sohle 21 m unter Elbspiegel)

Schiffshebewerk im Dortmund-Ems-Kanal

Durch neue Grabungen in Weimar angeblich echter *Schiller*-Schädel gefunden (1950 wird zahnmedizinisch nachgewiesen, daß der schon *Goethe* bekannte Schädel der richtige ist; vgl. 1950)

Fund des Schädels von Piltdown-Sussex (Südengland; erweist sich 1953 teilw. als Fälschung)

Auf der Solvay-Konferenz in Brüssel diskutieren Naturwissenschaftler die Krise der klassischen Physik durch Quanten- und Relativitätstheorie

Klassenlotterie vollendet (seit 1904)

Erstmalig Flugzeuge bei dt. Manövern

Erste deutsche Frau erlangt Flugpilotenzeugnis

Sehr enge Röcke („Humpelröcke")

Verband zur Klärung d. Wünschelrutenfrage (gibt bis 1930 13 Bände und Bibliographie heraus)

Erster dt. Leitfaden für Erste Hilfe

Alpines Museum in München

Internat. Ringverband, Berlin (Sportvereinigung)

Dt. Boxverband

Internationaler Boxverband, Paris

Sehr heißer Sommer in Mitteleuropa mit hoher Säuglingssterblichkeit (in Deutschl. 19,2 auf 100 Lebendgeborene; 1910: 16,2; 1912: 14,7)

Segelflüge i. d. Rhön beg.

Halleyscher Komet 1910/11 sichtbar. Sehr gutes Weinjahr („Kometenwein")

≈ Nach einem Jahrhundert kohlebetriebener Verkehrsmittel beginnt das des Benzinantriebes (Kfz u. Flugzeug)

1912	Friedens*nobel*preis an *Elihu Root* (USA, * 1845, † 1937) Erneuerung des Dreibundes zwischen Deutschland, Österreich und Italien (von 1882) Dt.-brit. Verhandlungen über Flottenpolitik scheitern. Neues erweitertes dt. Flottengesetz (bis 1920 41 Linienschiffe, 20 gr. und 40 kl. Kreuzer geplant) Dt. Sozialdemokraten werden mit 110 Sitzen stärkste Fraktion im Reichstag Zentrumspartei erlangt wieder entscheidende Stellung im Reichstag (seit 1907 vorübergehend verloren) *Heinrich Schnee* (* 1871, † 1949) Gouverneur von Deutsch-Ostafrika bis 1918 Dt. Kolonialbesitz 3 Mill. qkm mit 12 Mill. Einwohnern Dt. Ausfuhr nach den Kolonien 54,5 Mill. M; Einfuhr aus den Kolonien 58,6 Mill. M; Umsatz rund 0,2% des Volkseinkommens (1902: 22 bzw. 7,2 Mill. M) *Hermann Oncken*: „Deutschland und England" Internationaler Sozialisten-Kongreß in Basel erläßt Manifest gegen den Krieg Engl. liberale Unionisten (seit 1886 mit den Konservativen für Aufrechterhaltung der vollen Union Großbrit.-Irland) verschmelzen mit den Konservativen † *Friedrich VIII.*, König von Dänemark seit 1906 (* 1843) *Christian X.* von Dänemark wird König (* 1870, † 1947) *Raymond Poincaré* frz. Ministerpräsident und Außenminister bis 1913; besucht Petersburg; frz.-russ. Marineabkommen Durch Vertrag zwischen Frankreich und dem Sultan von Marokko wird frz. Protektorat auch formal begründet (große Erfolge bei der wirtschaftl. und kulturellen Erschließung des Landes) Tanger internationales Gebiet unter brit., frz., span. und (ab 1928) ital. Verwaltung (1940 von Spanien beseitigt)	Literatur-*Nobel*preis an *G. Hauptmann* (Dt.) *Alain-Fournier*: „Der große Kamerad" (frz. Roman) *Ernst Barlach*: „Der tote Tag" (Schauspiel) *R. G. Binding*: „Der Opfergang" (Novelle) *Waldemar Bonsels* (* 1881, † 1952): „Die Biene Maja" (Erz.) *Kleist*preis an *H. Burte* *Claudel*: „Verkündigung" (frz. Schauspiel) *Courths-Mahler*: „Ich laß dich nicht" (Roman) †*Felix Dahn*, dt. Dichter, Histor., Jurist (*1834) *Dauthendey*: „Der Geist meines Vaters" (Mem.) *Albert Ehrenstein* (* 1884, † 1950): „Der Selbstmord eines Katers" (grotesk. Erzählung; 1919 als „Bericht aus einem Tollhaus") *A. France*: „Die Götter dürsten" (frz. Roman) *Hamsun*: „Der Wanderer" (norweg. Romantrilogie seit 1906), „Die letzte Freude" (norweg. Roman) *C. Hauptmann*: „Die lange Jule ' (Schauspiel) u. „Ismael Friedmann" (Roman) *G. Hauptmann*: „Gabriel Schillings Flucht" (Schauspiel), „Atlantis" (Roman) *Hedin*: „Von Pol zu Pol" (schwed. Reiseerzählungen, 3 Bände) *Hofmannsthal*: „Ariadne auf Naxos" (Operntext für Richard Strauss) * *Eugène Ionesco*, rumän.-frz. Dramatiker des absurden Theaters *Johannes Vilhelm Jensen* (* 1873, † 1950): „Das Schiff" (dän. Roman) *Manfred Kyber* (* 1880, † 1933): „Unter Tieren"	*Alfred Adler*: „Über den nervösen Charakter" (österr. individualpsycholog. Psychotherapie) *Bramwell Booth* General der Heilsarmee bis 1929 (Sohn des Gründers) *Hans Driesch*: „Ordnungslehre" (solipsistische Denklehre) *Federigo Enriques* (* 1871, † 1946): „Wissenschaft u. Rationalismus" (ital. Philosophie vom mathemat. Standpunkt aus) *Eduard Fuchs*: „Ill. Sittengeschichte v. Mittelalter bis zur Gegenwart" (6 Bände seit 1909) *Giovanni Gentile* (* 1875, † 1944): „Der aktuale Idealismus" (ital., Wirklichkeit ist Bestimmung des freien tätig. Geistes) *Paul Häberlein* (* 1878): „Wissenschaft und Philosophie" (schweiz., 2 Bde. seit 1910) „Der neue Realismus" (nordam. Sammelw. v. *Holt*, *Montagne* u. a.) *C. G. Jung*: „Wandlungen und Symbole der Libido" (Schweiz. Psychoanalyse) *Kandinsky*: „Über das Geistige i. d. Kunst" *Kerschensteiner*: „Begriff der Arbeitsschule" u. „Charakterbegriff u. Charaktererziehung" *O. Külpe*: „Die Realisierung" (3 Bände bis 1923, Denkpsychologie d. „Würzburger Schule") *François Mauriac* (* 1885, † 1970), grdt. kathol. franz. Kulturzeitschrift „Les Cahiers" *F. Oppenheimer*: „Die soziale Frage und der Sozialismus" (liberaler Sozialismus) *Eugenio Pacelli* Sekretär der Kommission für Kodifizierung des kanonischen Rechts

Alex. Archipenko: „Der Tanz" (russ.-frz. kubist. Bronze)

Umberto Boccioni (*1882, †1916): "Elastizität" (ital. futurist. Gemälde)

Paul Bonatz: Hauptbahnhof Stuttgart (Wettbewerb, Ausf. 1914—1928)

Constantin Brancusi (* 1876, † 1957): „Der rumänische Traumvogel" (rum.-frz. Bronzeplastik)

Chagall: „Der Viehhändler", „Kalvarienberg" (russ. Gem.)

Corinth: „Florian Geyer" (Gemälde)

Dehio: „Handbuch d. deutschen Kunstdenkmäler" (5 Bände seit 1905)

Marcel Duchamp (* 1887): „Akt, eine Treppe herabschreitend" (frz. Gem. i. neuartig. Bewegungsstil)

F. H. Ehmcke: Fraktur (Drucktyp.)

Th. Fischer: Kunstgebäude, Stuttgart

Duncan Grant (* 1885): „Stilleben" (engl. nachimpress. Gemälde)

Kandinsky beg. seine abstrakt. „Improvisationen" zu malen

M. Klinger: „Franz Abbe" und „Wilhelm Wundt" (Bildnisbüsten)

G. Kolbe: „Tänzerin" (Bronzeplastik)

Fernand Léger (* 1881, † 1955): „Frau in Blau" (frz. kubist. Gemälde)

Macke: „Zoologischer Garten" (express. Gemälde)

Dr. *Becce* beginnt zahlreiche Filmmusiken zu schreiben (sammelt sie in einer 12bändigen „Kinothek")

* *Siegfried Borries*, dt. Geiger

Busoni: „Die Brautwahl" (Oper)

† *Samuel Coleridge-Taylor*, engl. Komponist (Mulatte) von Orchester- u. Chorwerken; u. a. „Afrikanische Suite f. Klavier" (* 1875)

Hermann Kretzschmar (* 1848, † 1924): „Geschichte des neueren deutschen Liedes"

G. Mahler: 9. Symphonie D-Dur (rein polyphon. Urauff. postum)

† *Jules Massenet*, frz. Opernkomponist; u. a. „Manon" 1884 (* 1842)

Ravel: „Daphnis und Chloe" (frz. Ballett)

A. Schönberg: „5 Orchesterstücke" (im express. Stil)

Franz Schreker (* 1878, † 1934): „Der ferne Klang" (erotisch-symbol. Oper)

Leopold Stokowski wird Leiter des Philadelphia Symphony Orchesters (bis 1936)

R. Strauss: „Ariadne auf Naxos" (erste Kammeroper, Text v. *Hofmannsthal:* Neubearbeitung 1916)

Städt. Oper Berlin-Charlottenburg eröffnet

Physik-*Nobel*preis an *G. Dalén* (Schwed.) für Sonnenscheinventil

Chemie-*Nobel*preis an *Victor Grignard* (Frankr., * 1871, † 1935) für metallorganische Reaktionen und *Paul Sabatier* (Frankr., * 1854, † 1941) f. katalysatorische Hydrierung

Medizin-*Nobel*preis an *Alexis Carrel* (USA, * 1873, † 1944) für Arbeiten über Organüberpflanzungen

Emil Abderhalden: „Schutzfermente des tierischen Organismus" (1922 als „Abderhaldensche Reaktion")

Othenio Abel (* 1875, † 1946): „Paläobiologie der Wirbeltiere" (grundlegend f. Vorzeitforschung)

Adolf Friedrich Herzog zu Mecklenburg: „Vom Kongo zum Niger und Nil" (Bericht über die Afrika-Expedition 1910 bis 1911)

P. Debye berechnet spezifische Wärme fester Körper mit Hilfe der Quantentheorie und bestimmt Verteilung elektrischer Ladungen in Molekülen (Dipolmomente)

Einstein: Jedes absorbierte Lichtquant löst einen physikochemischen Elementarvorgang aus (Begründung der modernen Photochemie)

Südpolar-Expedition unter *W. Filchner* ins *Weddell*meer (seit 1911, entd. Prinzregent-*Luitpold*-Land)

Hedin: „Transhimalaja" (3 Bände)

Victor F. Heß (* 1883, † 1964) entdeckt auf Ballonfahrten bis 5350 m die durchdringende kosmische Höhenstrahlung (1909 bis 1910 ähnliche Beobachtungen von *Wulf* und *Gockel*)

G. v. Hevesy und *F. Paneth:* Erste Anwendung der Methode radioaktiver Indikatoren (Löslichkeit von Bleisalzen)

Fritz Hofmann: Synthetischer Kautschuk (Versuche seit 1906)

Kaplan: Propeller-Turbine mit regelbaren Leit- und Laufschaufeln

Th. Koch-Grünberg erforscht das Quellgebiet des Orinoko

Nichtrostender *Krupp*stahl

William Küster: Strukturformel des Blutfarbstoffes Hämin (später v. *Hans Fischer* durch Synthese bestätigt)

Bernhard Harms (* 1876): „Volkswirtschaft u. Weltwirtschaft. Versuch der Begründung einer Weltwirtschaftslehre"

Heinrich Lammasch (* 1853, † 1920): Entwurf eines neuen österr. Strafgesetzes (seit 1906)

Louis Renault: „Neue Fortschritte im Völkerrecht" (frz.)

Adolph Wagner: „Die Strömungen in der Sozialpolitik und der Katheder- und Staatssozialismus" (sozialreformerisch)

Ca. 30000 Millionäre in Deutschland (als reichste *Wilhelm II.* und *Berta Krupp*)

F. W. Woolworth-Gesellschaft in New York (umfassendes Einzelhandelsunternehmen)

Erste dt. Luftpost (Frankfurt M. bis Worms)

Dt. Reichsversicherungsordng. (von 1911) tritt in Kraft

Frankreich zahlt für das 4. Kind der Mutter 500 Frs.

Erste seetüchtige Motorschiffe (Dänemark, Deutschland)

Passagierdampfer „Titanic" sinkt nach Zusammenstoß mit einem Eisberg. (Führt u. a. zu dem Vorschlag, Schiffahrtshinder-

(1912)

Italien gewinnt durch den Krieg gegen Türkei (seit 1911) Libyen. Allgemeines Wahlrecht in Italien

Russ. Flottengesetz mit Bauprogramm für Ostsee- und Schwarzmeerflotte

Rußland versucht in Persien zugunsten des Exschahs einzugreifen; Hinrichtungen in Täbris

Russ. Bolschewisten beteiligen sich nicht am Wiener internationalen Sozialisten-Kongreß, bilden eigene Parteileitung (endgült. Trennung von Menschewisten)

Lenin übernimmt Leitung der bolschewist. Zeitschrift „Prawda" („Wahrheit")

Erster engerer Kontakt *Lenins* mit *Stalin*

Beginn des Balkankrieges (bis 1913): Bulgarien, Serbien, Griechenland, Montenegro siegen gegen die Türkei (1913 wird Bulgarien von seinen bisherigen Verbündeten und Rumänien besiegt)

Neu-Mexiko 47. und Arizona 48. Bundesstaat der USA

Eduardo Schaerer Staatspräsident Paraguays bis 1916; stellt Zentralbahn Asuncion — Buenos Aires fertig

Jüan Schi-k'ai (* 1859, † 1916) chin. Staatspräsident (muß 1916 wegen monarchistischer Bestrebungen abdanken)

Sun Yat-sen gründet chin. Nationalpartei Kuomintang

Tibet trennt sich von China

† *Mutsuhito* (*Meiji Tenno*), japan. Kaiser seit 1867; stellte japan. Kaisergewalt wieder her (* 1852)

Yoshihito (* 1879) japan. Kaiser bis 1926 (ab 1921 ist sein Sohn *Hirohito* [* 1901] Regent)

Arnold Zweig (* 1887, † 1968): „Novellen um Claudia" (Erzählungen)

Die kleinen Bände der Inselbücherei beginnen zu erscheinen

Lagerlöf: „Der Fuhrmann des Todes" (schwed. Erzählung)

William Somerset Maugham (* 1874, † 1965): „Das Land der Versprechung" (engl. soziales Drama)

† *Karl May*, dt. Volksschriftsteller; schrieb ca. 65 Bände (* 1842)

Rolland: „Jean Christophe" (frz. Roman in 10 Bänden seit 1904)

Karl Röttger (* 1877): „Lieder von Gott und Tod" (relig. Dichtung)

Wilhelm Schäfer: „Karl Stauffers Lebensgang" (Roman)

Wilhelm Scharrelmann (* 1875): „Piddl Hundertmark" (Roman)

Schnitzler: „Professor Bernhardi" (Schauspiel)

Shaw: „Pygmalion" (engl. Komödie)

Heinrich Sohnrey: „Draußen im Grünen" (Dorfjugendgeschichten)

Reinhard Johannes Sorge (* 1892, † 1916): „Bettler" (Schweiz. express. Schauspiel, *Kleist*preis)

Sternheim: „Die Kassette" u. „Bürger Schippel" (satir. Komödien)

Sudermann: „Der Bettler von Syrakus" (Schausp.)

† *August Strindberg*, schwed. Dichter (* 1849)

L. Thoma: „Briefwechsel eines bayr. Landtagsabgeordneten" (polit. Sat., 2 Bde. seit 1909), „Magdalena" (Volksstück)

Tucholsky: „Rheinsberg. Ein Bilderbuch für Verliebte"

Albert Verwey (* 1865, † 1937): „Gesammelte Gedichte" (niederl.)

Wedekind: „Franziska" (Schauspiel)

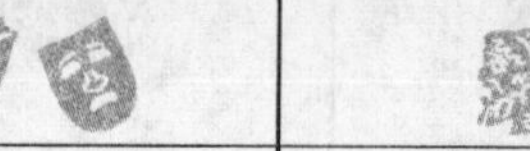

† *Henri Poincaré*, frz. Mathematiker und Naturphilosoph (* 1854)

W. Rathenau: „Zur Kritik der Zeit"

B. Russell: „Die Probleme der Philosophie" (engl. Rationalismus)

Carl Ludwig Schleich: „Es läuten die Glocken" (Phantasien über den Sinn des Lebens)

R. Steiner gründet „Anthroposoph. Gesellsch."

W. Stern: „Die Intelligenz der Kinder und Jugendlichen"

F. W. Taylor: „The Principles of Scientific Management" („Taylorismus": Zeit- und Bewegungsstudien zur besseren Ausnutzung d. Arbeitskraft seit ~1900)

E. Troeltsch: „Die Soziallehren der christl. Kirchen und Gruppen"

Alfred Weber: „Religion und Kultur"

W. Wundt: „Elemente der Völkerpsychologie"

„Institut J. J. Rousseau" in Genf (erziehungswissenschaftl. Institut)

Lyzeum als höhere Mädchenschule in Preußen

Krematorium in Berlin

Durch die Revolution verbreiten sich in China Bildungs- und Zeitungswesen

I. Dtl. 39 000 Kinder i. Hilfsschulklassen (1905: 15 000)

Sprachheilschule in Hamburg

Antonio Manzini (* 1852, † 1930): „Selbstbildnis“ (ital. impress. Gemälde)

„Blauer Reiter“ (Programmschrift d. Münchener Kreises von Expressionisten mit *Marc, Kandinsky, Feininger, Klee, Macke, Arnold Schönberg* als Komponist)

Matisse: „Der Tanz“ (frz. express. Gem.)

Piet Mondrian: „Blühender Apfelbaum“ (niederl. geometr. stilis. Gem.)

Ed. Munch: „Pferd in wildem Galopp“ (norw. expr. Gem.)

Nolde: „Maria Aigyptiaca“ (express. Triptychon)

Picasso: „Stilleben“ (span.-frz. abstraktes Gemälde)

Luigi Russolo (* 1885): „Erinnerungen einer Nacht“ (ital. futurist. Gemälde)

Gino Severini (* 1883): „Ruhelose Tänzerin“ (ital. fut. Gemälde)

Paul Signac (* 1863, † 1935): „Seine bei St. Cloud“ (frz. pointillist. Gem.)

Slevogt: „Francisco d'Andrade“ (Gem.)

† *Paul Wallot*, dt. Baumeister (* 1841)

Farbige Bildnisbüste der ägypt. Königin *Nofretete* aufgefunden wird in zahlreichen Nachbildungen verbreitet. Original in Berlin)

Futuristenausstellung in Paris

Sonderbund-Kunstausstellung i. Köln (gilt als erste umfassende Schau d. europ. Moderne; mit *van Gogh, Munch, Cézanne, Picasso, Signac, Kirchner, Heckel*) Mitgl. d. Neuen Sezession Berlin u. d. Verein. „Blauer Reiter“, München)

—

„Quo vadis“ (ital. Großfilm, begründet die Vormachtstellung des italien. Films)

„Max als Verlobter“, „Max als Ehemann“, „O diese Frauen“, „Zärtliche Liebe“ (frz. Filme von und mit *M. Linder*)

„Totentanz“ (dän. Film von *U. Gad*)

„Die Entstehung d. Menschen“, „Der Hut aus New York“ (nordamerik. Filme von *D. W. Griffith*)

„Königin Elisabeth“ (nordamerikan. Film von *Louis Mercanton* mit *Sarah Bernhardt*)

„Fanatismus“ (poln. Film von *Alexander Hertz*)

„Krieg u. Frieden“ „Kreutzer-Sonate“ (russ. Filme von *Tschardinine*)

„Von der Krippe zum Kreuz“ (nordam. Passionsfilm)

90% aller Filme sind frz. Ursprungs (1928 sind 90% aus den USA)

Film-Adreß-Kalender erscheint erstmalig

M. v Laue, W. Friedrich und *P. Knipping* beweisen Wellennatur der *Röntgen*strahlen u. Aufbau d. festen Körper in Form regelm. Atomgitter

Henrietta S. Leavitt: Beziehung zw. Helligkeit und Periodenlänge veränderlicher Sterne (als „δ-Cepheiden-Methode“ entscheid. f. astronom. Entfernungsbestimmungen)

Fritz Lenz (* 1887, † 1976): „Die krankhaften Erbanlagen des Mannes und die Bestimmung des Geschlechts beim Menschen“

Hugo Münsterberg (* 1863, † 1916): „Psychologie u. Wirtschaftsleben“ (gilt als Begründung der modernen Psychotechnik)

Raczinsky schickt rachit. Kinder zur Heilung i. d. Höhenklima d. Karpaten

Fritz u. *Paul S. Sarasin* erforsch. (seit 1910) Südseeinsel Neukaledonien

Hans Schomburgk fängt in Liberia Zwergflußpferde (1849 entdeckt)

† *Robert Falcon Scott*, engl. Polarforscher, mit 4 Begleitern auf dem Rückmarsch vom Südpol, bei dessen Entdeckung ihm *Amundsen* einen Monat zuvorkam (* 1868)

Verwendung des *Siemens*-Schnelltelegr. (1000 Zeichen in d. Minute)

Slipher: Erste Spiralnebel-Spektren mit deutlicher Rotverschiebung der Linien (führt später zur Vorstellung der „Nebelflucht“)

V. Stefansson erforscht mit *R. Anderson* (seit 1909) das arktische Kanada, wobei er Eskimos mit hellerer Hautfarbe entdeckt

Jean Tilho erforscht mit einer frz. Militär-Expedit. d. Gebiet zwisch. Tschadsee und Sahara (bis 1917)

C. T. Wilson macht m. Nebelkammer die Bahnen atomarer Teilchen sichtbar (förd. Atomkernphysik)

Palimpsest-Institut i. Kloster Beuron

„Die Naturwissenschaften“ (Zeitschrift der „Gesellschaft dt. Naturforscher und Ärzte“)

Nach der Internationalen Hygiene-Ausstellung (1911) Gründung des Dt. Hygiene-Museums in Dresden (eröffnet im Neubau 1930)

Dt. Versuchsanstalt für Luftfahrt in Berlin-Adlershof

Jungfraubahn (Baubeginn 1898)

Assuanstaudamm in Ägypten erweitert (seit 1907, 4,6 Mrd. cbm Inh.)

nisse mit Ultraschall festzustellen)

Karwendelbahn Innsbruck-Mittenwald

U-Bahn i. Hamburg

Olympiade i. Stockholm

Carl Diem (* 1882): „Die olympischen Spiele“

Erster Fallschirmabsprung v. Flugzeug

H. Gutermuth mit Gleitflugzeug auf der Wasserkuppe/Rhön 1 Minute 52 Sekunden in der Luft

Parlapanoff: „Joghurt, dessen Wesen und Wert als tägliches Nahrungs- und Heilmittel“ (bulgar. Ernährungsreform)

In China verschwindet der Zopf als männliche Haartracht

Muttertag wird in den USA anerkannter Feiertag

Riesen-Waran auf d. kl. Sundainsel Komodo entd.

1913	Friedens*nobel*preis an *Henri La Fontaine* (Belg., * 1854, † 1943) Engl. Königspaar und Zar in Berlin zur Vermählung von Prinzessin *Viktoria Luise* und Prinz *Ernst August von Cumberland* *Gottlieb von Jagow* (* 1863, † 1935) Staatssekretär im dt. Auswärtigen Amt bis 1916 (war seit 1909 Botschafter in Rom) Dt. Heeresvorlage vermehrt Landmacht um zwei Armeekorps *Alfred von Schlieffen* (* 1833, † 1913): „Gesammelte Werke" (mit der Studie „Cannä" als Vorbild der doppelseitigen Umfassung; von ihm „Schlieffenplan" für Zweifrontenkrieg mit Angriff auf Frankreich durch Belgien mit starkem rechtem Flügel) *Paul von Lettow-Vorbeck* (* 1870, † 1964) wird Kommandeur von Deutsch-Ostafrika † *August Bebel*, Mitbegründer und Leiter der dt. Sozialdemokratie; schrieb: „Aus meinem Leben" (3 Bände seit 1910) (* 1840) *Friedrich Ebert* Vorsitzender d. SPD *K. Kautsky*: „Das Kapital" von *Marx* als Volksausgabe *R. Luxemburg*: „Die Akkumulation des Kapitals. Ein Beitrag zur ökonomischen Erklärung des Imperialismus" Kaiserliche Landesverwaltungskommission in Böhmen unter Ausschaltung des Landtages *Stephan Tisza* (* 1861, † 1918, ermordet) ungar. Ministerpräsident bis 1917; befürwortet österr.-ung. Ausgleich, gegen demok. Wahlrecht Gesetz für parlamentarische Selbstregierung Irlands: Homerule (tritt wegen Bürgerkriegsgefahr und Weltkrieg nicht in Kraft) Die engl. Suffragette *Emily Davison* wirft sich beim Derby vor die Hufe eines Pferdes und erliegt den Verletzungen *Sylvia Pankhurst* ist Führerin der engl. Suffragetten und wird wiederholt festgenommen (1929 Denkmal) *S.* und *B. Webb* gründen „The New Statesman" (brit. sozialist. Wochenschrift)	Literatur-*Nobel*preis an *R. Tagore* (Indien) *Guillaume Apollinaire* (* 1880, † 1918): „Alcools" (franz. Gedichte) *R. G. Binding*: Gedichte *Wilhelm Bode* (* 1862, † 1922): „Goethes Liebesleben" * *A. Camus*, franz. Dichter († 1960) *Dehmel*: „Schöne wilde Welt" (Gedichte) *Deledda*: „Schilfrohr im Winde" (ital. Roman) *Hanns Heinz Ewers* (* 1871, † 1943): „Alraune" (erot. Roman) *F. Kafka*: „Der Heizer" und „Eine kleine Frau" (österr. Erzählungen) *Gorch Fock (Johann Kinau*, * 1880, † 1916 in der Skagerrak-Schlacht): „Seefahrt ist not" (Rom.) *Gorki*: „Meine Kindheit" (russ. Autobiogr.) *Agnes Günther* (* 1863, † 1911): „Die Heilige und ihr Narr" (Roman, posthum) *Hamsun*: „Kinder ihrer Zeit" (norweg. Roman) *Walter Hasenclever* (* 1890, † 1940): „Der Jüngling" (Lyrik) *Arno Holz*: „Ignorabimus" (Zeitdrama) *Bernhard Kellermann* (* 1879, † 1951: „Der Tunnel" (techn. Zukunftsroman) *Eduard von Keyserling* (* 1855, † 1918, 1907 erblindet): „Abendliche Häuser" (Roman) *Klabund*: „Morgenrot . . ." (Gedichte) *Annette Kolb* (* 1875): „Das Exemplar" (Rom.) *Else Lasker-Schüler*: „Hebräische Balladen" *David Herbert Lawrence* (* 1885, † 1930): „Söhne und Liebhaber" (engl. Roman)	*K. Bühler*: „Die Gestaltwahrnehmungen" (Gestaltpsychologie) *M. Dessoir* ruft ersten Kongreß für Ästhetik nach Berlin (ein zweiter 1924) *Dilthey*: „Weltanschauung und Analyse des Menschen seit Renaissance und Reformation" (histor. Aufeinanderfolge von Menschen und Weltanschauungstypen, posthum) *Freud*: „Totem und Tabu" (psychoanalyt. Völkerkunde) *Alfred Fried*: „Handbuch der Friedensbewegung" (österr., seit 1911) *Moritz Geiger* (* 1880, † 1938): „Beiträge zur Phänomenologie des ästhetischen Genusses" (Anw. der *Husserl*schen Phänomenologie) *Th. Haecker*: „S. Kierkegaard und die Philosophie der Sinnlichkeit" *Husserl*: „Ideen zu einer reinen Phänomenologie u. phänomenologischen Philosophie" (Begründung der Phänomenologie im Sinne einer „Wesensschau") *Jaspers*: „Allgemeine Psychopathologie" (systematisches Werk) *L. Klages*: „Ausdrucksbewegung und Gestaltungskraft" (Ausdruckslehre) *Wolfgang Köhler* (* 1887, † 1967): „Gestaltprobleme und Gestalttheorie" (Gestaltpsychologie) *M. Maeterlinck*: „Vom Tode" (belg. Philos.) *Ch. P. Péguy*: „Das Geld" (frz. Kritik der Parteien- und Geldwirtschaft)

Archipenko: „Frauenakt“ (russ. kubist. Plastik)

P. Behrens: Mediäval-Schrift (Drucktypen)

Heckel: „Genesende“ (Triptychon) u. „Das Gespräch“ (express. Gemälde)

Hodler: „Die Einmütigkeit“ (Schweiz. Fresko, Rathaus Hannover)

Karl Hofer (* 1878, † 1955): „Badende Inderin“ (express. Gemälde)

O. Kaufmann: Theater am Nollendorfplatz, Berlin (Baubeg. 1912)

E. L. Kirchner löst Künstlervereinigung „Brücke“ auf

Kokoschka: „Selbstbildnis“ (express.)

Lehmbruck: „Emporsteigender Jüngling“ (neogot. Plast.)

M. Liebermann: „Fürst Bülow“ (Bildnis), „Frühling am Wannsee“ (impress. Gemälde)

Macke: „Mädchen unter Bäumen“ (express. Gemälde)

Kasimir Malewitsch (*1878, † 1935): „Weißes Quadrat auf weißem Grund“ (russ. monochromat. Gem., Höhepunkt d. Suprematismus im Gegens. z. Futurismus)

Otto March: Dt. Stadion Berlin-Grunewald (Baubeg. 1912)

Albert Marquet (* 1875, † 1947): „Frachtdampfer im Hafen von Algier“ (frz. Gemälde)

Frans Masereel (* 1889): „Die Erschießung“ (belg. Holzschnitt)

* *Cesar Bresgen* (in Florenz), dt. Komponist, schreibt u. a. die Oper „Das Urteil des Paris“

* *B. Britten,* engl. Komp. († 1976)

Edward Joseph Dent (* 1876, † 1957): „Mozarts Opern“ (engl. maßgeb. Musikgeschichte)

Manuel de Falla: „Ein kurzes Leben“ (span. Oper)

Maria Ivogün (Ilse von Günther) als Koloratursopran an d. Oper München bis 1925

Walter Kollo: „Wie einst im Mai“ (Berliner Operette)

Lilli Lehmann (Sopranistin, * 1848, † 1929): „Mein Weg“ (Autobiographie)

Reger: „Böcklin-Suite“ (für Orchester, zu 4 *Böcklin*bildern)

Hugo Riemann: „Große Kompositionslehre“ (3 Bände seit 1902)

Curt Sachs (*1881): „Reallexikon der Musikinstrumente“

Alexander N. Skrjabin: „Prometheus“ (russ. symphon. Dichtung m. Farblichtklavier)

Bühnenbilder mit bewegtem Licht zu *Gluck* „Orpheus“ von *O. Starke*

Strawinsky: „Le sacre du printemps“ (russ. Ballett; führt infolge neuer Ausdrucksmittel zum Uraufführungs-Skandal in Paris)

Physik-*Nobel*preis an *H. Kamerlingh Onnes* (Niederl.): tiefste Temperat.

Chemie-*Nobel*preis an *Alfred Werner* (Schweiz) für Erforschung chemischer Bindungskräfte

Medizin-*Nobel*preis an *Ch. Richet* (Frankr.) für Entd. d. Anaphylaxie

Alex. Behm: Echolot

Fr. Bergius entwickelt Hochdruckverfahren zur Kohlehydrierung

Max Bodenstein: Begriff der chemischen Kettenreaktion

Niels Bohr nimmt ein planetensystemähnliches Atommodell an und berechnet mit Hilfe des *Planck*schen Wirkungsquant. die Spektralfrequenzen d. Wasserstoffatoms

William H. (*1862, † 1942 Vater) u. *William L. Bragg* (*1890, † 1971 Sohn) beg. Kristalle mit Röntgenstrahlen zu untersuchen (grundl. Methode)

Hans Bredow: Musikübertragung durch Lautsprecher in USA

C. B. Bridges: Geschlechtsvererb. durch Geschlechtschromosomen

W. D. Coolidge: Vakuum*röntgen*röhre

† *Rudolf Diesel* (ertrunken, Selbstmord?), dt. Ingenieur; erfand 1893 Schwerölmotor (* 1858)

Alfons Dopsch (* 1868): „Die Wirtschaftsentwicklung der Karolingerzeit“ (2 Bände)

Eugen Fischer (*1874, † 1967): „Die Rehobother Bastards und das Bastardisierungsproblem beim Menschen“ (s. 1908, erweist *Mendel*gesetze auch für menschliche Erbmerkmale)

K. v. Frisch: Fische haben Farbenunterscheidungsvermögen sowie Tages- und Nachtsehapparat

Kompressorloser Doppelkolbenzweitakt-*Diesel*motor von *Junkers*

Garros fliegt Tunis—Rom. Weiterer Flug 800 km über dem Mittelmeer

H. Geiger u. *E. Marsden* bestimm. Größe und Ladung der Atomkerne

Geiger: Zähler f. energier. Strahlen

Rich. Goldschmidt (*1878, † 1958): „Einführung in d. Vererbungswissenschaft“

Guthnick und *Rosenberg:* Einführung der objektiv. lichtelektr. Methode in die astronom. Lichtmessung

Internat. Gewerkschaftsbund in Amsterdam

O. Barnack (* 1879): 1. Leica-Modell (Prod. ab 1925)

A. Fischer: „Grundrisse der sozialen Hygiene“

Zentralblatt für Gewerbehygiene und Unfallverhütung

Otto Gierke (* 1841, † 1921): „Das deutsche Genossenschaftsrecht“ (4 Bände seit 1868, im Sinne eines spezifisch dt. Rechts)

K. Hassert: „Allgemeine Verkehrsgeographie“

W. C. Mitchell: „Business cycles“ (führendes Werk d. modernen Konjunkturlehre)

P. Tafel: „Die nordamerikanischen Trusts und ihre Wirkung auf den Fortschritt der Technik“

Krisenjahr der dt. Wirtschaft

Ullstein erwirbt „Vossische Zeitung“

Einführung des Montagebandes („Fließband“) bei *Ford* (in den Schlachthäusern Chicagos seit 1870)

† *John Pierpont Morgan,* nordam. Geschäftsmann; kontrollierte mit 341 Direktoren 112 Konzerne mit Kapital von 22 Milliarden Dollar (* 1837)

(1913)	Liberal-sozialist. Koalitionsregierung in den Niederlanden bis 1918 *Raymond Poincaré* frz. Staatspräsident bis 1920 Der frz. Ministerpräsident *Louis Barthou* setzt 3jährige Dienstzeit in Frankreich wieder durch (war 1905 aufgehoben worden) † *Georg I.* (ermordet), König von Griechenland seit 1863 aus dem dän. Königshaus (* 1845) *Konstantin I.* König von Griechenland bis 1917 und 1920 bis 1922 († 1923, * 1868) Über die Aufteilung der ehemals türk. Gebiete kommt es zwischen den Mitgliedern des Balkanbundes zum Zweiten Balkankrieg. Bulgarien verliert Mazedonien an Serbien und Griechenland, Kreta und Epirus an Griechenland, Türkei behält Adrianopel Freischärlerbewegung zugunsten Bulgariens in Mazedonien *Stalin:* „Marxismus u. d. nationale Frage" (ford. nationale Selbstbestimmung) *Woodrow Wilson* (Demokrat) Präsident der USA bis 1921; verkündet innenpolitisches Programm der „Neuen Freiheit" † *Menelik*, Kaiser von Abessinien seit 1889; besiegte Italiener bei Adua 1896 (* 1844) Tibet erklärt sich unter brit. Einfluß als von China unabhängig	*Mechtilde Lichnowsky* (* 1879, † 1958): „Ein Spiel vom Tod" (Drama) *J. London:* „John Barleycorn" (nordamerik. autobiograph. Roman) *Emil Ludwig:* „Wagner oder die Entzauberten" (Monographie) *H. Mann:* „Madame Legros" (Drama) *Th. Mann:* „Der Tod in Venedig" (Novelle) *Meyrink:* „Des deutschen Spießers Wunderhorn" (Erzählungen) *Schnitzler:* „Frau Beate und ihr Sohn" (Novelle) *Shaw:* „Androklus und der Löwe" (engl. Schauspiel mit Vorrede über das Christentum) *Sternheim:* „Der Snob" (satir. Komödie) *Unruh:* „Louis Ferdinand Prinz von Preußen" (Schauspiel) *Cyriel Verschaewe* (* 1874, † 1948): „Die Artevelden" (fläm. geschichtliches Drama) *Hugh Walpole* (* 1884, † 1941): „Der Reiter auf dem Löwen" (engl. Roman) *Ernst Weiß* (* 1884, † 1940, Selbstmord in Paris): „Die Galeere" (Roman) *Gustav Wied:* „Die leibhaftige Bosheit" (dän. satir. Roman seit 1908) *Wildgans:* „Sonette an Ead" *V. Barnowsky* leitet Lessing-Theater, Berlin *Friedrich Kluge* (* 1856, † 1926): „Abriß der deutschen Wortbildungslehre" *Karl Voßler* (* 1871, † 1949): „Frankreichs Kultur und Sprache" (Romanistik) „Dt. Bücherei" in Leipzig eröffnet	*B. Russel* und *A. N. Whitehead:* „Principia mathematica" (engl., mathem. Logik: Logistik, seit 1910) *Scheler:* „Zur Phänomenologie der Sympathiegefühle" *Albert Schweitzer* evang. Missionsarzt in Lambarene (Frz.-Kongo) *Söderblom:* „Natürliche Theologie u. allgemeine Religionsgeschichte" (schwed. evang.) *Sombart:* „Der Bourgeois" (volkswirtschaftl. Kritik) *Tagore:* „Sadhana. Der Weg zur Vollendung" (ind. Philosophie) *de Unamuno:* „Das tragische Lebensgefühl" (span. Philosophie) *Eduard Wechszler* (* 1869, † 1949): „Kulturprobleme des Minnesanges" (2 Bände seit 1909; Bd. 1: „Minnesang und Christentum") *Hans von Wolzogen:* „Zum deutschen Glauben" (für ein Deutschchristentum) *Theodor Ziehen* (* 1862, † 1950): „Erkenntnistheorie auf psychophysiologisch. u. physikalisch. Grundlage" (positivistisch) „Internationale Zeitschrift für Psychoanalyse" (1912 Gründung von „Imago" für Anwendung der Psychoanalyse auf Natur- und Geisteswissenschaften) Jugendfest auf dem Hohen Meißner: Zusammenschluß von 13 Jugendverbänden zur „Freideutschen Jugend" („Wandervogel"-Bewegung) Anthroposophisches „Goetheanum" in Dornach b. Basel gegründet

Ed. Munch: „Schlächter" und „Mädchen auf dem Sofa" (norweg. express. Gem.)

H. J. Pagels: „Hühnerdiebbrunnen", Aachen

Picasso: „Der Kamin" (span.-frz. kubist. Gemälde)

Renoir: „Südfranzösische Landschaft" (frz. Gemälde)

Slevogt: Illustrationen zu „B. Cellini"

† *Gabriel von Seidl*, dt. Baumeister; baute s. 1908 „Dt. Museum", Mchn. (vollendet 1925) (* 1848)

Heinrich Tessenow (* 1876, † 1950): „Festspielhaus der Bildungsanstalt für rhythm. Gymnastik in Hellerau" (klassizist., Baubeg. 1910)

Lesser Ury (* 1862, † 1931): „Amsterdamer Gracht", „Windmühlen bei Rotterdam" (Gem.)

Félix Valloton (* 1865, † 1925): „Strand bei Honfleur" (schweiz. Gem., *V.* gilt als Vorläufer d. Neuen Sachlichkeit)

J. P. Morgan (†) vermacht seine wertvollen Kunstsammlungen der Stadt New York

„Armory Show" in New York zeigt moderne europäische Kunst und löst Skandal aus (vgl. 1911)

Jahrhunderthalle in Breslau

Völkerschlachtdenkmal bei Leipzig (seit 1895)

Bruno Walter Dirigent a. d. Münchener Oper bis 1922

Hermann Zilcher (* 1881, † 1948): „Die Liebesmesse" (Chorwerk, Text von *W. Vesper*)

Erster Internationaler musikpädagogischer Kongreß (Berlin)

Orgel in der Jahrhunderthalle in Breslau (mit 15 133 Pfeifen die größte der Zeit)

Konzertskandale um *Schönberg* i. Wien u. *Strawinsky* i. Paris

1. Sinfonie auf Schallplatte („Fünfte" von *Beethoven*)

„Student von Prag" (Film von *Stellan Rye* mit *Paul Wegener* u. *Werner Krauss* (*1884, † 1959); gilt als Beginn des künstlerischen dt. Films)

Charlie Chaplin geht vom Varieté zum Film

„Der Vampir" (nordamerik. Film mit *Alice Hollister* als „erstem Vamp")

„The Squaw Man" (nordam. Film v. *Cecil B. de Mille*, * 1881; erste Anf. der Paramount Pictures)

K. M. Duchamp (* 1887, † 1968): „Fahrradfelge" (1. Ready made)

Fritz Haber und *Karl Bosch:* Hochdruck-Ammoniak-Synthese

Ordnung der Sterntypen im *Hertzsprung-Russell*-Diagramm nach Temperatur und Leuchtkraft

Irving Langmuir (* 1881, † 1957): Gasgefüllte elektrische Glühlampe

Lespinasse versucht Verjüng. d. Menschen durch Keimdrüsen-Einpflanz.

† *Robert Lieben*, österr. Phys. (* 1878)

Alex. Meißner (* 1883, † 1958) erfindet Rückkopplungsschaltung

Henry Moseley (* 1887, † 1915, gefallen): Beziehg. zw. Größe d. Atomkernladung u. *Röntgen*-Wellenlänge (wichtig z. Auffind. neuer Elemente)

Prowazek entdeckt Fleckfiebererreger (vgl. 1910)

Sikorskij baut erstes brauchbares Riesenflugzeug (28 m Spannweite, vier 100-PS-Motoren)

Johannes Stark (* 1874, † 1957) findet Aufspaltung der Spektrallinien im elektrischen Feld

Gustav Tammann (* 1861, † 1938): „Lehrb. d. Metallographie" (thermische Analyse v. Legierung., s. 1903)

J. J. Thomson entdeckt massenspektrograph. die beiden Neon-Isotope

Fluggeschwindigkeitsrekord von *Vedrines* und *Prevost* mit 200 km pro Std. (160-PS-Umlaufmotoren)

† *Alfred Russel Wallace*, engl. Tiergeograph und Begründer der Selektionslehre (* 1823)

A. Wegener und *I. P. Koch* durchqueren Grönland von Ost nach West (nach erstmaliger Überwinterung auf dem Inlandeis)

B. A. Wilkitzki entdeckt die arktische Inselgruppe Sewernaja Semlja

„Imperator" (dt. Turbinen-Ozeandampfer, 52 100 BRT)

Lötschbergbahn Spiez–Brig (Baubeginn 1907, mit 14,5 km langem Lötschbergtunnel)

Zeiß-Fernrohr f. Bln.-Babelsbg. (650 mm Durchm. und 10 m Brennweite)

Fabrikmäßige Herstellung von Hochvakuum-Radioröhren

Tierpark in München-Hellabrunn

Frühmenschl. Fund i. d. Oldoway-Schlucht (Afrika) (vgl. 1962)

Bundeseinkommensteuer in den USA

Bundesreservebanken in d. USA (Notenbanken des Bundes neben den Nationalbanken d. Einzelstaaten)

Ivar Kreuger (* 1880, † 1932) gründet schwed. Zündholzkonzern

„Weltwirtschaftliches Archiv" (Zeitschrift)

Titanic-Konferenz in London zur Sicherung der Schiffahrt

Dt. Lebensrettungsgesellschaft

Dt. Turn- u. Sportabzeichen eingeführt (1921 f. Frauen; später Reichssportabzeichen)

Pégouds Sturzflüge und Loopings leiten neue Flugtechnik ein

Freiballon-Rekord mit 87 Std. Flugdauer (vgl. 1914)

K. Malewitsch (* 1878, † 1935): „Schwarzes Quadrat" (russ. Suprematismus)

Berliner Aquarium eröffnet

Internationale Kommission z. Erforschung d. Mittelmeeres in Monaco

Probe-Flutkraftwerk bei Husum

1914

1914, 1915, 1916 keine Friedens*nobel*preise

Dt.-brit. Verständigung über Bagdad-Bahn. Brit. Flottenbesuch in Kiel

K. Kautsky: „Der politische Massenstreik" (zur marxistischen Taktik)

R. Luxemburg: „Militarismus, Krieg und Arbeiterklasse" (Verteidigungsrede vor der Frankfurter Strafkammer)

Höhepunkt der engl. Suffragetten-Bewegung (seit 1906 943 verhaftet); durch Weltkrieg beendet

Die Gattin des frz. Finanzministers *Caillaux* erschießt den Direktor *Calmette* des rechtsradikalen „Figaro" (*Caillaux* wird nach Rücktritt wiedergewählt)

R. Poincaré besucht den Zaren

Konflikt zwischen USA und Mexiko. USA-Truppen besetzen zeitweilig mexikan. Gebiet (auch 1916/17)

† *Franz Ferdinand*, Erzherzog von Österreich (* 1863), und seine morganatische Gattin *Sophie* durch Attentat des serbischen Nationalisten *Princip* beim Besuch in Serajewo

Österreich-Ungarn erklärt Serbien d. Krieg. Mobilmachung Rußlands. Deutschland erklärt Rußland und Frankreich den Krieg. Deutschland verletzt belg. Neutralität. Belgien und Großbrit. erklären Deutschld. den Krieg. Kriegserkl. Österreich-Ungarns an Rußland u. Frankreichs und Großbritanniens an Österreich-Ungarn. Beginn des ersten Weltkrieges (bis 1918)

Kriegserklärung Japans a. Deutschl.

Türkei schließt sich nach Kriegsausbruch den Mittelmächten (Österreich-Ungarn, Deutschland, später Bulgarien) an

Einstimmige Annahme der dt. Kriegskredite im Reichstag. Die sozialist. Internationale versagt in der geschlossenen Bekämpfung des Krieges

Vereinigung der Deutschsozialen und der Deutschen Reformpartei zur Deutschvölkischen Partei (nationalist. und antisemitisch)

Johannes Robert Becher (* 1891): „Verfall und Triumph" (Gedichte)

Conrad: „Spiel des Zufalls" (engl. Roman)

Th. Dreiser: „Der Titan" (nordamerikan. Roman)

Svend Fleuron (* 1874): „Die rote Koppel" (dän. Tierroman)

Leonhard Frank (*1882): „Die Räuberbande" (R.)

Alexander Moritz Frey (* 1881): „Solneman der Unsichtb." (satir. Rom.)

Gide: „Die Verliese des Vatikans" (frz. Roman)

Alexander von Gleichen-Rußwurm (*1865, †1947): „Schiller" (Biographie seines Urgroßvaters)

Gundolf: „Shakespeare in deutscher Sprache" (Übersetzung in 10 Bänden seit 1908)

Gunnar Gunnarsson (* 1889): „Die Leute auf Borg" (isländ. Bauernrom., 4 Teile s. 1912)

W. Hasenclever: „Der Sohn" (expr. Drama)

C. Hauptmann: „Krieg. Ein Tedeum" (vor d. Krieg vollend. Dichtg.)

Wilhelm Herzog (* 1884) gründet „Das Forum" (sozialkrit. Zschr.)

H. Hesse: „Roßhalde" (Roman)

† *Paul Heyse*, dt. Dichter, bes. Novellen; *Nobel*preis 1910 (* 1830)

Ric. Huch: „Der große Krieg in Deutschland" (Geschichte des 30jähr. Krieges, 3 Bde. s. 1912)

G. Kaiser: „Die Bürger v. Calais" (Schauspiel)

Lagerlöf: „Jans Heimweh" (schwed. Roman)

E. Lasker-Schüler: „Der Prinz v. Theben" (Prosa)

† *Hermann Löns* (gefall.) dt. Dichter (* 1866)

Alfred Adler gibt Internationale Zeitschrift für Individualpsychologie heraus (österr. Psychoanalyse)

Bernhard Bavink (* 1879, † 1947): „Ergebnisse u. Probleme der Naturwissenschaften" (zusammenfass. Darstellung u. philosoph. Diskussion)

Benedikt XV. Papst bis 1922 (versucht im Krieg zu vermitteln)

Elsa Brandström (* 1888, † 1948) wird Abgeordnete des schwed. Roten Kreuzes in Rußland und sorgt dort bis 1920 aufopfernd für die Kriegsgefangenen („Engel Sibiriens")

Hofprediger *Ernst von Dryander* (*1843, †1923): „Evangelische Reden in schwerer Zeit" (b. 1920)

Aloys Fischer (* 1880, † 1937): „Deskriptive Pädagogik" (Pädagogik als Erforschung wesentlicher Tatsachen)

A. Görland: „Ethik als Krit. d. Weltgeschichte"

Haeckel: „Gott-Natur" (monist. Naturphilosophie)

Magn. Hirschfeld (*1868, † 1935): „Die Homosexualität des Mannes u. d. Weibes" (für Toleranz)

Herbert Hoover (USA) leitet Kriegsernährungshilfswerk für Europa (bis 1919)

Ricarda Huch: „Natur und Geist als Wunder des Lebens und der Kunst"

Elisabeth Förster-Nietzsche: „Der einsame Nietzsche"

A. Liebert: „Das Problem der Geltung" (Neukantianismus)

Bonnard: „Feldblumen" (frz. express. Gemälde)

Braque: „Guitarrenspieler" (frz. kubist. Gemälde)

Chagall: „Der grüne Jude" (russ. express. Gemälde)

Chagall-Ausstellung b. *Herwarth Walden* i. Berlin (begr. *Ch.s* intern. Geltung)

Corinth: „Kalla-Stillleben" (naturalist. Gemälde) u. „Selbstbildnis"

Marcel Duchamp (*1887) stellt handelsübl. Gegenstände („ready mades") als Kunst aus (frz. Anti-Kunst)

Raymond Duchamp-Villon (*1876, †1918): „Pferd" (frz. abstrakte Plastik)

Walter Gropius (* 1883, † 1969): Faguswerk in Alfeld (moderner Fabrikbau)

Heckel: „Kniende am Stein", „Schneetreiben", „Hockende" (express. Holzschnitte)

† *Hubert von Herkomer*, Londoner Maler bayr. Herkunft; bes. Damenporträts (* 1849)

K. Hofer: „Am Meeresstrand" und „Die Fruchtschale" (express. Gemälde)

O. Kaufmann: Volksbühne a. Bülowplatz, Bln. (Baubeg. 1913)

Kokoschka: „Tre Croci", „Die Windsbraut" (express. Gemälde), Lithographien zur *Bach*-Kantate „O Ewigkeit, Du Donnerwort"

Busoni: „Nocturne symphonique" u. „Indianische Fantasie" (Orchesterwerke)

Der ital. Tenor *Benjamino Gigli* (* 1890) beginnt bekannt zu werden (später populärer Tonfilmsänger)

Graener: „Don Juans letztes Abenteuer" (Oper)

† *Richard Heuberger*, österr. Komponist; u. a. „Der Opernball" (Operette 1898) (* 1850)

John Meier (* 1864, † 1953) gründet „Deutsch. Volksliederarchiv" in Freiburg/Br.

A. Schönberg: „Pierrot lunaire" (Komposition für Sprechstimmen u. Kammermusik)

Albert Schweitzer: „Bachs Orgelwerke" (seit 1912, zusammen mit *Widor*)

Chr. Sinding: „Der heilige Berg" (norweg. Oper)

R. Strauss: „Josephslegende" (Ballett)

Strawinsky: „Die Nachtigall" (russ. Oper nach *Andersen*)

R. Vaughan Williams: „London Symphony" (engl. Tondichtung)

Karl Michael Ziehrer (* 1843 † 1922): „Das dumme Herz" (Wiener Operette)

Physik-*Nobel*preis an *M. v. Laue* (Dt.) für *Röntgen*strahlinterferenzen an Kristallen

Chemie-*Nobel*preis an *Th. W. Richards* (USA) für genaue Bestimmungen von Atomgewichten

Medizin-*Nobel*preis an *Robert Bárány* (Ung., * 1876, † 1936) für Arbeiten über den Bogengang-Apparat des Ohres

Emil Abderhalden gründet „Zeitschrift für Fermentforschung"

E. D. Adrian: „Das Alles- oder Nichtsprinzip im Nerven"

A. H. Blaauw: „Licht und Wachstum" (Begründung der kausalanalytischen Reizphysiologie der Pflanzen)

Dauerflug von 24¼ Stunden von *Böhm*

Mondkarte von *Debes* (nach photograph. Aufnahmen seit 1896)

Franz M. Feldhaus (* 1874): „Die Technik der Vorzeit, der geschichtlichen Zeit und der Naturvölker"

James Franck (* 1882) und *Gustav Hertz* (* 1887) beweisen durch Elektronenstoß diskontinuierl. Energiestufen der Atome

Edward C. Kendall (* 1886): Reindarstellung des Schilddrüsen-Hormons Thyroxin

R. Kögel: „Die Palimpsest-Photographie" (wichtiges Hilfsmittel zur Entzifferung alter, gelöschter und neu überschriebener Handschriften)

Kohlschütter und *Adams:* Entfernungsbestimmung von Fixsternen aus Merkmalen der Spektrallinien (Spektroskopische Parallaxen)

Nicholson entdeckt den rückläufigen 9. Jupitermond (1.—4. 1610, 5. 1892, 6. 1904, 7. 1905, 8. 1908, 10. und 11. 1938, 12. 1951)

Flughöhenrekord mit 8150 m von *Ölerich*

H. N. Russel: „Wahrscheinliche Entwicklung d. Sterne" (auf Grund s. Diagramms; vgl. 1913)

Schütte-Lanz-Luftschiff SL 2

John B. Watson: „Behavior" („Verhalten", empiristische Tierpsychologie)

W. Rathenau organisiert Rohstoffabteilung im Kriegsministerium

Weitgehende Aufhebung des Arbeiterschutzes in d. kriegführenden Staaten

Kapitalien der Deutschen, Darmstädter, Dresdner Bank und Disconto-Gesellschaft betragen 910 Mill. M (1872 ca. 90 Mill.)

Dt. Auslandskapital etwa 24 Milliarden M (1893 etwa 12 Milliarden M)

Ergänzung der Antimonopol-Gesetzgebung in den USA, seit 1890

Stiftungen des amerikan. „Stahlkönigs" *Andrew Carnegie* (* 1835, † 1919) betragen 157 Mill. Dollar (begann als Laufbursche)

Vergrößerter Kaiser-*Wilhelm*-Kanal zwischen Nord- und Ostsee wieder eröffnet

Schiffahrtsweg Berlin—Stettin

Dt. Postscheckgesetz

Welt-Reisernte ca. 190 Mill. t. Verbrauch in Deutschland ca. 4 kg pro Kopf

Erstmalig Sommerzeit in England (von 1916 bis 1918 auch in Deutschland)

Knötel: „Uniformkunde" (18 Bände seit 1890)

(1914)

Spionagegesetz in Deutschland

Großbritannien entsendet Expeditionskorps nach Frankreich

96000 Russen geraten durch die Schlacht bei Tannenberg in dt. Gefangenschaft

Vordringen dt. Truppen auf Paris durch Marneschlacht aufgehalten. Übergang zum Stellungskrieg in West und Ost

Ausgehend von *Karl Liebknecht* wachsender sozialist. Widerstand im Reichstag gegen Kriegskredite

Poln. Legionen unter *Pilsudski* kämpfen zunächst auf österr. Seite gegen Rußland

U 9 unter *Otto Weddigen* (* 1882, † 1915) versenkt drei brit. Kreuzer

Seeschlacht bei den Falklandinseln: Brit. Schlachtschiffe vernichten dt. Kreuzergeschwader. Ende des dt. Kreuzerkrieges auf den Weltmeeren

Japan erobert dt. Pachtgebiet Tsingtau. Dt. Kolonialbesitz in Afrika und Ozeanien geht verloren. (Längerer Widerstand nur in Dt.-Ostafrika unter *Paul von Lettow-Vorbeck*)

† *Jean Jaurès* (durch Attentat unmittelbar vor Kriegsbeginn), frz. Sozialist und Pazifist (* 1859) (Attentäter *Villain* 1919 freigesprochen)

Antonio Salandra (* 1853, † 1931) ital. Ministerpräsident bis 1916; betreibt Annäherung an die Entente als „heiligen Egoismus"

Italien bleibt zunächst neutral. *Mussolini* drängt zum Kriegseintritt auf seiten der Entente

Ferdinand I. König von Rumänien bis 1927 (†, * 1865); heiratete 1893 engl. Prinzessin *Maria*. Rumänien erklärt sich neutral

König *Peter I.* von Serbien übergibt krankheitshalber Regierung an Kronprinz *Alexander* (*I.*)

Regierung der austral. Arbeiterpartei in Queensland (teilw. Verstaatlichung der Betriebe)

Gandhi, seit 1893 in Südafrika, kehrt nach Indien zurück

Th. Mann: „Tonio Kröger" (Novelle)

† *Frédéric Mistral*, frz. Dichter; *Nobel*preis 1904 (* 1830)

Chr. Morgenstern: „Wir fanden einen Pfad" (lyrische Gedichte)

† *Christian Morgenstern*, dt. Dichter (* 1871)

Erich Mühsam: „Wüste, Krater, Wolken" (gesammelte Gedichte seit 1904)

Vincent Muselli (* 1879): „Les Travaux et les Jeux" (frz. Lyrik)

Franz Nabl (* 1883): „Ödhof" (Roman, 2 Bände seit 1911)

Julius Petersen (* 1878, † 1941): „Literaturgeschichte als Wissenschaft"

E. Stadler: „Der Aufbruch" (express. Lyrik)

† *Ernst Stadler*, dt. express. Dichter (* 1883)

August Stramm (* 1874, † 1915): „Du" (express. Liebesgedichte)

Sudermann: „Die Lobgesänge des Claudian" (Schauspiel)

*Kleist*preis f. *F. v. Unruh*

Wedekind: „Simson" (Schauspiel)

Wenz gibt die isländ. Fridthiofs-Saga heraus (aus dem 14. Jahrhdt.)

Wildgans: „Armut" (Schauspiel)

Fedor von Zobeltitz (* 1857, † 1934): „Das Geschlecht der Schelme" (Roman)

Jahrbuch der dt. *Goethe*-Gesellschaft (bis 1936, 1880 bis 1913 *Goethe*-Jahrbuch, ab 1936 Viermonatsschr. „Goethe")

Volksbühne Berlin eröffnet

F. Müller-Lyer: „Soziologie der Leiden"

Hugo Münsterberg: „Grundzüge d. Psychotechnik" (grundlegend f. angew. Psychologie)

C. Pratt: „Unterricht vom Kinde her"

Söderblom: „Das Werden des Gottesglaubens" (schwed. evang. Religionsgeschichte); wird ev. Erzbisch. v. Upsala

O. Spann: „Gesellschaftslehre" (ideal. Soziologie)

Spranger: „Lebensformen" (geisteswissenschaftl. Psychologie, mit den Typen des praktischen, wirtschaftlichen, theoretischen religiösen, ästhetischen, sozialen, politischen Menschen)

Carl Stange: „Christentum und moderne Weltanschauung" (evang. Theologie; seit 1911)

R. Steiner: „Die Rätsel der Philosophie" (als „Welt- und Lebensanschauungen im 19. Jahrhundert" 1901)

W. Stern: „Psychologie der frühen Kindheit"

† *Bertha von Suttner*, geb. Gräfin *Kinsky*, österr. Pazifistin; Friedens*nobel*preis 1905 (* 1843)

Johannes Volkelt (* 1848, † 1930): „System der Ästhetik" (seit 1905)

Friedrich von Wieser (* 1851, † 1926): „Theorie der gesellschaftlichen Wirtschaft" (systemat. Darstellung der Wirtschaftstheorie auf der Grundlage der Grenznutzenlehre mit soziologischem Einschlag)

J.-W.-Goethe-Universität in Frankfurt a. M.

Erste dt. Abendvolkshochschulen

Dt. Zentralstelle für volkstümliches Büchereiwesen in Leipzig

Hans Max Kühne (* 1874, † 1942): Schauspielhaus Dresden

Lehmbruck: „Große Sinnende" (neogot Plastik)

† *August Macke*, dt. expressionist. Maler (* 1887)

Marc: „Turm der blauen Pferde" (express. Gemälde)

Matisse: „Frauen am Meer" (frz. Gem.)

K. Moser: Universitätsgebäude Zürich (Baubeginn 1911)

Renoir: „Tilla Durieux" (frz. Gem.)

Paul Scheerbart (*1863, † 1915): „Glasarchitektur" (i. Sinne einer totalen „Glaskultur")

Schmidt-Rottluff: „Frau am Strand", „Katzen", „Die Tanne" (expr. Holzschn.)

Slevogt: 20 ägypt. Landschaften (Gem.)

† *Johann Sperl*, dt. Maler (* 1840)

Wilhelm Uhde (* 1874, † 1947): „Henri Rousseau" (Biographie, macht den Autodidakten *H. R.* bekannt)

Utrillo: „Vorstadtstraße" (frz. gegenständl.-impr. Gem.)

Staatsbibliothek Berlin (Baubeg. 1903)

Wiederherstellg. der Marienburg/Westpr. (seit 1882)

Internat. Ausstellg. für Buchgew. und Graphik in Leipzig

Kölner Werkbundausstellung

—

Durch d. Kriegentst. eine dt. Film-Wochenschau: „Eiko-Woche" (bish. vorwieg. frz. Wochenschauen)

In USA dringt der Jazz in die Tanzmusik ein (eine seiner Wurzeln ist Negerkapelle von *Bolden* in New Orleans 1886)

„Making a living" (erster von 35 weiteren Film. i. d. Jahr v. *Charlie Chaplin*)

„Die Zerstörung Karthagos" (ital. Film von *Mario Caserini*)

„Der kleine Engel" (dän. Film v. *U. Gad*)

„Max als Empfangschef", „Der 2. Aug. 1914" (frz. Filme von *M. Linder*)

„Das Haus ohne Türen und Fenster" (Film von *St. Rye*)

B. A. Wilkitzki gelingt die Nordöstliche Durchfahrt (Nordsibirischer Seeweg) erstmalig von Osten nach Westen (bis 1915, teilweise Eisdrift)

Richard Willstätter (* 1872, † 1942) synthetisiert Blütenfarbstoffe (Anthozyan)

Zahl der Veröffentlichungen über chemische Forschungen erreicht gegenüber 1889 255% (1938: 600% von 1889)

„Zeitschrift für angewandte Entomologie" (Insektenkunde)

Sechsrollen-Rotationsmaschine von *Koenig & Bauer* druckt stündlich 200000 8seitige Zeitungen

Eröffnung des Panamakanals (80 km lang, 6 Doppelschleusen, erbaut von den USA seit 1906, Kosten einschl. der Befestigungen 366 Mill. Dollar; erste Anfänge 1879—81 unter *F. de Lesseps*)

England entwickelt Panzerkampfwagen

Turmdrehkran (Hammerwippkran) für 250 t Tragkraft, 96 m hoch (gebaut von Demag für *Blohm & Voß*)

Demag-Schwimmkran für 250 t Tragkraft

Wassergekühlte Flugmotoren erreichen 250 PS (luftgekühlte 200 PS)

Erster Flug in der Arktis von *J. Nagurski* (Hilfe für die *Brussilow*-Expedition bei Nowa Semlja, seit 1912)

Reißverschl. verbreitet sich (1. Patent schon 1851)

Eisenbahntunnel bei Schlüchtern (3575 m, Baubeginn 1908)

1915

Helfferich Staatssekretär des Reichsschatzamtes; betreibt Anleihepolitik zur Deckung der Kriegskosten

Winterschlacht in Masuren: Russ. Armee vernichtet (100000 Gefang.)

Brit.-frz. Angriff auf Dardanellen mißlingt; *Churchill* tritt zurück

Deutschland unternimmt ersten großen Gasangriff durch Abblasen von Chlorgas an der Westfront

Mittelmächte erobern Westrußland (Polen, Litauen, Kurland)

Verschärfter dt. U-Boot-Krieg: USA-Ozeandampfer „Lusitania" wird versenkt (1400 Fahrgäste ertrinken; hatte Munition an Bord; scharfer USA-Protest)

Zunächst frz.-brit. Luftüberlegenheit an der Westfront

Dt. Luftschiffe greifen London an

Erster dt. Luftangriff auf Paris

A. Briand frz. Ministerpräsident und Außenminister bis 1917

Italien erklärt Österreich-Ungarn den Krieg (1916 gleichzeitig mit Rumänien auch Deutschland)

Beginn der Isonzoschlachten (die zwölfte im Oktober 1917)

Bulgarien tritt an der Seite der Mittelmächte in den Krieg ein; ganz Serbien wird erobert

Brit.-frz. Front b. Saloniki

Antikriegskonferenz europ. intern. Sozialisten in Zimmerwald/Schweiz (1916 i. Kienthal, 1917 i. Stockholm)

Linker Flügel d. SPD-Fraktion verweig. Kriegskredite

„Die Internationale" (einzige Nummer einer Antikriegszeitschrift von *R. Luxemburg, F. Mehring, K. Liebknecht*) wird beschlagnahmt

Gegen den ursprüngl. Widerstand der 2. Kammer (Landsting) neue demokrat. Verfassung und Wahlrechtsreform in Dänemark

USA-Schutzherrschaft über Haiti

Jüan Schi-k'ai versucht die chin. Republik durch eine autorit. Monarchie zu beseitigen

Japan erhält v. China Sonderrechte i. Shantung, Mandschurei u. Mongolei

China anerkennt Selbstverwalt. d. Äußeren Mongolei

Literatur-*Nobel*preis an *R. Rolland* (Frankr.)

Chesterton: „Gedichte" (engl. kathol. Lyrik)

Conrad: „Sieg" (engl. Roman)

Paul Ernst: „Preußengeist" (Schauspiel)

Bruno Frank (* 1887, † 1945): „Die Fürstin" (Roman)

Leonhard Frank: „Die Ursache" (Roman)

Hamsun: „Die Stadt Segelfoß" (norw. Rom.)

H. Hesse: „Musik des Einsamen" (Gedichte), „Knulp" (Roman)

Ric. Huch: „Wallenstein" (Charakterstudie)

Paul Keller: „Ferien vom Ich" (Roman)

Klabund: „Moreau" (Roman)

Meyrink: „Der Golem" (phant. Roman)

Wilhelm Schäfer (* 1868, † 1952): „Lebenstag eines Menschenfreundes" (*Pestalozzi*-Roman)

K. Schönherr: „Weibsteufel" (Drama)

Schnitzler: „Komödie der Worte" (3 Einakter)

Sudermann: „Die gut geschnittene Ecke" (Gesellschaftssatire)

Tagore: „Das Heim und die Welt" (ind. Roman)

Georg Trakl (* 1887, † 1914, Selbstmord): „Aufbruch" (österr. Gedichte, posthum)

Jakob Wassermann: „Das Gänsemännchen" (Roman)

Werfel: „Nicht der Mörder, der Ermordete ist schuldig" (Roman)

Virginia Woolf (* 1882, † 1941, Freitod): „Die Ausfahrt" (engl. Rom.)

Max Reinhardt leitet die Volksbühne am Bülowplatz, Berlin, bis 1918

† *Heinrich Brunner,* dt. Rechtshistoriker (* 1840)

J. Dewey: „Demokratie und Erziehung" (nordamerikan. Pädagogik)

Michael von Faulhaber (* 1869, † 1952): „Waffen des Lichtes" (kath. Kriegspredigten)

† *Hans Groß,* österr. Strafrechtslehrer; gründete in Graz erstes wissenschaftl. Kriminalmuseum (* 1847)

Felix Krueger (* 1874, † 1948): „Über Entwicklungspsychologie, ihre sachliche und geschichtl. Notwendigkeit"

Wlodimierz Halka von Ledochowski (* 1866, † 1942) General des Jesuitenordens

Hans Lietzmann: „Petrus und Paulus in Rom" (protest. Schrift)

Scheler: „Abhandlungen und Aufsätze" (phänomenologische Ethik, 2 Bände; 1919 unter dem Titel „Vom Umsturz der Werte") und „Der Genius des Krieges und der deutsche Krieg"

Schreibschrift von *Ludwig Sütterlin* in preuß. Schulen

† *Frederick Winslow Taylor,* nordamerikan. Begründer des Taylorismus (* 1856)

† *Wilhelm Windelband,* dt. Philosoph; Wert- und Kulturphilosophie (* 1848)

Zentralinstitut für Erziehung und Unterricht in Berlin

Internationale Frauenliga für Frieden und Freiheit in Genf

Zentralverband der katholischen Jungfrauenvereinigungen in Bochum (1923: 650000 Mitglieder)

Beckmann: „Selbstbildnis als Sanitäter" (Gemälde)

Chagall: „Der Geburtstag" (russ. express. Gemälde)

Arthur Kampf (* 1864, † 1950): „Fichte redet zur dt. Nation" (Wandgemälde in der Aula der Berliner Universität)

Krebs: „Chinesische Schattenspiele" (Darst. chin. Scherenschnittkunst)

Marc: „Kämpfende Kräfte" (abstraktes Gemälde)

† *Gabriel Max*, *Piloty*-Schüler, dt. Maler gespenstischer und grausiger Märtyrer-Bilder, (* 1840)

Schmidt-Rottluff entwickelt express. Stil

† *Anton von Werner*, dt. Historienmaler (* 1843)

Heinrich Wölfflin (* 1864, † 1945): „Kunstgeschichtliche Grundbegriffe" (dargelegt am Übergang Renaissance—Barock)

„Die Geburt einer Nation" (nordamerikan. Film über den amerik. Bürgerkrieg, mit besonders zusammengestellter Filmmusik; Regie: *D. W. Griffith;* gilt als Beginn des künstler. Films d. USA; Rekordeinnahme v. 48 Mill. Dollar)

„The Lamb" (nordamerikan. Film mit *Douglas Fairbanks*)

„Carmen" (nordam. Film v. *C. B. de Mille*)

„Das Feuer" (ital. Film von *Pastrone*)

Bartók: Sonatine für Klavier (ungar. Komposition)

Heinrich Berté (* 1857, † 1924): „Das Dreimäderlhaus" (Singspiel mit bedenkenloser Verwendung von *Schubert*-Musik)

de Falla: „Liebeszauber" (span. Ballett)

† *Karl Goldmark*, österr.-ungarischer Komponist; u. a. „Die Königin von Saba" (Oper, 1875) (* 1830)

Emmerich Kálmán (* 1882, † 1953): „Die Czardasfürstin" (ungar. Operette)

Reger: *Mozart*-Variationen (für Orchester)

* *Swjatoslaw Richter*, sowjetruss. Pianist dt. Abstammung

M. von Schillings: „MonaLisa" (Oper)

† *Alexander N. Skrjabin*, russischer Komponist; schrieb mystische Musik; schuf Farbenmusik m. Farblichtklavier (* 1872)

† *Emile Waldteufel*, frz. Walzerkomponist (* 1837)

~ Blüte d. klassischen New Orleans-Jazzstils; durch weiße Musiker wandelte er sich zum „Dixieland"

Nolde: „Blumengarten" (Gem.)

Physik-*Nobel*preis an *W. H. Bragg* (Großbrit.) u. sein. Sohn *W. L. Bragg* (Großbrit.) für Kristallstruktur-Analyse mit *Röntgen*strahlen

Chemie-*Nobel*preis an *R. Willstätter* (Dt.) für Arbeiten über Chlorophyll und andere Pflanzenfarbstoffe

Edgar Dacqué (* 1878, † 1945): „Grundlagen und Methoden der Paläogeographie"

† *Paul Ehrlich*, dt. Mediziner; mit *Behring* Begründer der Serumbehdlg. und Immunitätstheorie; fand Salvarsan; *Nobel*preis 1908 (* 1854)

Einstein beginnt Allgemeine Relativitätstheorie zu entwickeln: setzt die Gleichwertigkeit aller physikalischen Bezugssysteme voraus, fordert Raumkrümmung durch Massen; erklärt Lichtablenkung und Erniedrigung der Spektralfrequenzen in Gravitationsfeldern sowie Perihelbewegung des Merkur

Adolf Engler: „Die natürlichen Pflanzenfamilien" (internationales Gemeinschaftswerk seit 1888)

Ch. Fraipont: „Experimentelle Paläontologie" (Experimente mit leb. Tieren z. Deut. fossil. Lebensspuren)

K. v. Frisch: „Der Farbensinn und Formensinn der Biene" (Tierpsychologie nach der Dressurmeth.)

Wolfgang Gaede: Quecksilber-Diffusionspumpe; begründet damit die moderne Hochvakuum-Technik

Ganzmetallflugzeug von *Junkers*

Georg Klingenberg (* 1870, † 1925): Dampfkraftwerk Golpa-Zschornewitz (b. Bitterfeld) je 16000 kW

Erich Marcks (* 1861, † 1938): „Otto von Bismarck, ein Lebensbild" (histor. Biographie)

Wolfgang Ostwald: „Die Welt der vernachlässigten Dimensionen" (Einführung in die Kolloidchemie)

Dt. (*Rumpler*) und frz. (*Caudron*) zweimotorige Kampfflugzeuge

W. Schottky: Schirmgitter-Verstärkerröhre

A. Wegener: „Die Entstehung der Kontinente und Ozeane" (mit Kontinentalverschiebungstheorie)

„Handwörterbuch der Naturwissenschaften" (10 Bände seit 1912)

Kaiser-*Wilhelm*-Inst. f. Hirnforschg.

Fr. Naumann: „Mitteleuropa" (wirtschaftspolit. Vorschläge)

† *Emil Rathenau*, dt. Großindustrieller; gründete 1883 Dt. *Edison*ges. (daraus 1887 AEG) (* 1838)

Hedin: „Ein Volk i. Waffen" (deutschfreundl. schwed. Kriegsbericht)

Vergnügungssteuer in Großbritannien (1916 in Frankreich)

Schleppversuchsanstalt für Schiffsmodelle in Hamburg

Schlauchloser Taucheranzug

F. Hrozny (* 1879, † 1952) erkennt Hethitisch als indoeuropäische Sprache

1916	Schwere Kämpfe um Verdun (allein frz. Verluste Februar bis Juni 440000). *Henri Philippe Pétain* (* 1856, † 1951 in Haft) hält die Festung Die Somme-Schlacht mit Angriff von 104 frz. und brit. Divisionen, starker Artillerie- und Fliegerunterstützung bringt nur geringen Geländegewinn Anwendung des hochwirksamen Gelbkreuz-Gases (Senfgas, Lost) an den Fronten Der frz. Oberbefehlshaber *Joseph Joffre* tritt zurück, wird zum Marschall ernannt (gewann 1914 Marneschlacht) Dolomitengipfel Col di Lana nach Minensprengung von Italienern genommen (1917 von Österr. zurückerobert) Entente muß Gallipoli räumen Bildung dt. Flieger-Jagdstaffeln Bei der vermehrten Lufttätigkeit über der Westfront fallen u. a. die dt. Kampfflieger *Max Immelmann* (* 1891) und *Oswald Boelcke* (* 1890) Fliegerangriff auf Karlsruhe erfordert 257 Opfer Erfolgreiche russ. Offensive General *Brussilows* Der bisherige dt. Oberbefehlshaber im Osten *v. Hindenburg* wird an Stelle von *v. Falkenhayn* Chef des Generalstabes des Feldheeres. „Vaterländische Hilfsdienstpflicht", „Hindenburgprogramm" für die Industrie. *Ludendorff* wird Erster Generalquartiermeister Mittelmächte lassen die Proklamierung eines mit ihnen verbündeten Königsreichs Polen zu Rumänien tritt in den Krieg auf seiten der Entente ein (wird 1918 zum Frieden von Bukarest gezwungen) Mittelmächte besetzen Bukarest Deutschland erklärt Portugal den Krieg wegen Beschlagnahme dt. Schiffe Russ. u. brit. Truppen vereinigen sich in Persien gegen türk. und dt. Widerstand	Literatur-*Nobel*preis an *V. v. Heidenstam* (Schweden) *d'Annunzio:* „Notturno" (ital. Roman) *Barbusse:* „Das Feuer" („Le feu", Tagebuch einer Korporalschaft, frz. Anti-Kriegsroman) *W. Bonsels:* „Indienfahrt" *Max Brod* (* 1884, † 1968): „Tycho Brahes Weg zu Gott" (Roman) *Couperus:* „Heliogabal" (niederl. Roman) *Th. Däubler:* „Hymne an Italien" (express. Lyrik) *Dauthendey:* „Die geflügelte Erde, ein Lied der Liebe und der Wunder um sieben Meere" (Reisebeschreibung als Gedichtzyklus) *Alfred Döblin* (* 1878, † 1957): „Die drei Sprünge des Wang-lun" (Roman) † *Marie von Ebner-Eschenbach*, geb. Gräfin *Dubsky*, mähr.-österr. Dichterin (* 1830) † *José Echegaray*, span. Dramendichter und Physiker; mehrfach Minister; *Nobel*preis für Literatur 1904 (* 1832) *A. Ehrenstein:* „Der Mensch schreit" (express. Gedichte) *Otto Ernst:* „Asmus Semper" (Romantrilogie seit 1904) *Gundolf:* „Goethe" *Werner Jansen* (* 1890): „Das Buch Treue" (Nibelungenroman) *F. Kafka:* „Die Verwandlung" (österr. Nov.) *G. Kaiser:* „Von Morgens bis Mitternachts" (Schauspiel) *Klabund:* „Dumpfe Trommel und berauschtes Gong" (Nachdichtung chin. Lyrik)	*Martin Buber* (* 1878): „Vom Geist des Judentums" (z. Förderung ein. modern. Judentums) *Bernhard Duhm* (* 1847, †): „Israels Propheten" (maßgeb. protestant. Darstellung) *G. Kerschensteiner:* „Das einheitl. deutsche Schulsystem" (schulreform.) † *Ernst Mach*, österr. Physiker u. positivist. Erkenntnistheoret. (* 1838) *Richard Müller-Freienfels* (* 1882, † 1949): „Lebenspsycholog." (2 Bde.) *Wilh. Ostwald:* „Monistische Sonntagspredigten" (Vorträge seit 1911) *Max Picard* (* 1888, † 1965): „Das Ende des Impressionismus" (Schweiz. Kunstphilos.) † *Charles Taze Russell*, Begründer der pazifist. „Ernsten Bibelforscher" 1879, USA (* 1852) *Scheler:* „Der Formalismus in der Ethik und die materiale Wertethik" (2 Bände seit 1913) *Leopold von Schroeder* (* 1851, † 1920): „Arische Religion" (Indologie, 2 Bände seit 1914) *R. Steiner:* „Vom Menschenrätsel" (anthroposophisch) *W. Stern* führt Intelligenzquotienten (Intelligenzalter: Lebensalter) als Maß kindlicher Intelligenz ein *Alfred Vierkandt* (* 1867, † 1953): „Machtverhältnis und Machtmoral" (Soziologie) Studienanstalt für blinde Akademiker in Marburg Erster der kathol. Müttervereine in Paderborn Kaiserswerther Verband dt. Diakonissen-Mutterhäuser

Heckel: „Krüppel am Meer", „Irrer Soldat" (express. Lithographien)

Hodler: „Der Blick in die Unendlichkeit" (Schweiz. Wandmalerei i. Rathaus Zürich, s. 1915)

Kollwitz: „Mutter mit Kind auf dem Arm" (Radierung)

H. M. Kühne und *W. Lossow:* Hauptbahnhof Leipzig (Baubeginn 1905)

M. Liebermann: „Die Phantasie in der Malerei" (Kunstpsychologie)

Marc: Skizzenbuch aus dem Felde (das letzte v. 32 Skizzenbüchern)

† *Franz Marc* (gefallen), dt. Maler, bes. express. Tierbilder (* 1880)

Matisse: „Schwestern" (frz. Gemälde)

Ed. Munch: „Der Pflüger", „Erdarbeit" und „Arbeiter auf dem Heimweg" (norweg. express. Gemälde)

Pechstein: „Madonna" (Glasfenster)

F. L. Wright: Imperial-Hotel in Tokio (nordamerikan.)

In Zürich und Genf tritt die Richtung des „Dadaismus" auf (bis ~ 1922: ist an kindlichen Ausdrucksformen orientiert und will absolute Willkür in Kunst u. Literatur)

„Die Ehe der Luise Rohrbach" (Film mit *Henny Porten* u. *Emil Jannings*, * 1886, † 1950)

d'Albert: „Die toten Augen" (Oper)

Paul Bekker: „Das deutsche Musikleben" (gegen genießerische, für tätige Kunstauffassung)

Ralph Benatzky: „Liebe im Schnee" (Operette)

Julius Bittner (* 1874, † 1939): „Höllisch Gold" (Oper)

Busoni: Improvisation über *Bachs* Choral: „Wie wohl ist mir, o Freund der Seele" (für zwei Klaviere) u. „Entwurf einer neuen Ästhetik der Tonkunst"

Paul von Klenau (* 1883, † 1946): „Klein Idas Blumen" (dän.-dt. Tanzspiel)

Korngold: „Violanta" (Oper)

* *Yehudi Menuhin*, Violinvirtuose aus USA

† *Max Reger*, dt. Komponist (* 1873)

Weingartner: „Dame Kobold" (Oper)

Emil Abderhalden: „Die Grundlagen unserer Ernährung"

Karl Bosch und *Meißer:* Großerzeugung von Harnstoff mit Luftstickstoff (dient zur Düngung und Schlafmittelherstellung)

Ammoniakwerk Merseburg (Leuna) entsteht zur Verwertg. d. Luftstickstoffes im *Haber-Bosch*-Verfahren

Erich Brandenburg (* 1868, † 1946): „Die Reichsgründung" (dt. Gesch. des 19. Jahrh., 2 Bde.)

P. Debye und *P. Scherrer:* Röntgenstrahl-Interferenzen an Flüssigkeiten und Kristallen

† *Adolf Frank*, dt. Chemiker; Gründer der dt. Kaliindustrie; entdeckte mit *Caro* 1895 Herstellung von Kalkstickstoff aus Kalziumkarbid und Luftstickstoff (* 1834)

Archibald Vivian Hill (* 1886): „Die Beziehungen zwischen der Wärmebildung und den im Muskel stattfindenden chem. Prozessen"

Walter Kossel und *Lewis:* Verbindung der Atome zu Molekülen kommt durch die äußeren Elektronen der Atomhülle (Valenzelektronen) zustande

Theodor Lindner (* 1843, † 1919): „Weltgeschichte seit der Völkerwanderung" (9 Bände seit 1901)

† *Percival Lowell*, nordamerikan. Astronom; Planetenforscher (* 1855)

† *Ilja Metschnikow*, russ. Physiologe; *Nobel*preis 1908 gemeinsam mit *P. Ehrlich* (* 1845)

Adolf Miethe: „Photographie aus der Luft"

L. v. Post baut Pollenanalyse zur Erschließung der vorzeitlichen Pflanzenfolge entscheidend aus (begründet von *C. A. Weber* 1893)

† *William Ramsay*, engl. Chemiker; *Nobel*preis 1904 (* 1852)

Ferdinand Sauerbruch (* 1875, † 1951) konstruiert durch Gliedstumpfmuskeln bewegliche Prothesen

A. Stein grub auf drei Expeditionen in Zentralasien (seit 1913, 1906 bis 1908, 1900 bis 1901) die Ruinenfelder bei Choten/Ostturkestan aus (hellenistisch-buddhist. Mischkultur aus dem 3. bis 6. Jahrhdt.)

Lujo Brentano (* 1844, † 1931, ‚Kathedersozialist' und Freihandelsanhänger): „Die Anfänge d. modernen Kapitalismus"

Karl Diehl: „Theoretische Nationalökonomie" (4 Bände bis 1934)

Irving Fisher (* 1867, † 1947): „Die Illusion des Geldes" (nordamerikan. Währungstheorie)

Brit. Kodifizierung der Strafen für Eigentumsvergehen (Larceny Act)

Karl Bücher gründet das Institut für Zeitungskunde in Leipzig

Amurbahn fertiggestellt (Baubeginn 1908)

Fleischkarte in Deutschland (anfängl. noch 250 g wöchentlich)

Dt. Verband der Sozialbeamtinnen

„Sonntagsbund" zur Förderung der Sonntagsruhe

Gunther Plüschow (* 1886, † 1940): „Die Abenteuer d. Fliegers v. Tsingtau" (abenteuerl. Flucht 1914/15 v. Tsingtau nach Deutschland mit dem Flugzeug)

Otto Schmidt beg. mit d. Sieg i. Hamburg. Derby glanzvolle Jockei-Laufbahn

Expedition des dt. wissenschaftl. Vereins in Buenos Aires nach Patagonien

(1916)

Einführung der Gasmaske und des Stahlhelmes im dt. Heer

Seeschlacht vor dem Skagerrak: entscheidungslos nach schweren Verlusten auf brit. (115000 t) und auf dt. (60000 t) Seite

Erfolgreicher Handelskrieg des dt. Hilfskreuzers „Möwe" (seit 1915)

Friedensangebot Kaiser *Wilhelms II.* als völlig unzureichend vom Gegner abgelehnt

Karl Liebknecht aus der SPD ausgeschlossen und wegen seines Kampfes gegen den Krieg zu 2 Jahren Zuchthaus verurteilt

Spartakusbriefe beginnen zu erscheinen

R. Luxemburg: „Die Krise der Sozialdemokratie" („Junius-Broschüre", pseudonyme Kampfschrift gegen den Krieg, wird später zum Programm des Spartakusbundes)

Lenin: „Der Imperialismus als höchstes Stadium des Kapitalismus" (bolschewistisch)

† *Franz Joseph I.*, Kaiser von Österreich seit 1848 und König von Ungarn seit 1867 (* 1830)

Karl I., Großneffe von *Franz Joseph*, Kaiser von Österreich-Ungarn bis 1918 († 1922)

Friedrich Adler (* 1879, † 1960), Sohn von *Victor Adler*, österreich. Sozialdemokrat, erschießt Ministerpräsident *von Stürgkh*

Versuch, eine unabhängige irische Republik auszurufen, wird blutig unterdrückt (Osteraufstand)

Allgemeine Wehrpflicht in Großbritannien. *Lloyd George* brit. Ministerpräsident bis 1922, wird auch von den Konservativen unterstützt

Arthur J. Balfour (* 1848, † 1930) brit. Außenminister bis 1919

† *Herbert Kitchener*, brit. Kriegsminister seit 1914; sein Schiff auf dem Wege nach Rußland durch Mine versenkt (* 1850)

Thomas E. Lawrence (* 1888, † 1935) organisiert Araberkleinkrieg gegen Türkei (schreibt „Die sieben Säulen der Weisheit"; vgl. 1926)

Königreich Hedschas mit Hauptstadt Mekka (bisher zur Türkei)

† *Grigori Jefimowitsch Rasputin*, russ. Mönch mit starkem Einfluß am Zarenhof seit 1907 (von russ. Adligen getötet, * 1871)

USA geben Philippinen umfassende Selbstverwaltung

Hipolito Irigoyen (* 1850, † 1933) Staatspräsident von Argentinien bis 1922 (wieder 1928 bis 1930)

Zusammenschluß des hinduist. Indischen Nationalkongresses und der Moslem Liga. Gemeinsame Politik gegenüber Großbritannien

Jüan Schi-k'ai (†) muß als „Kaiser von China" abdanken

Anette Kolb: „Briefe einer Deutschfranzösin" (f. Völkerverständigung) *Heinrich Lersch* (Kesselschmied, * 1889, † 1936): „Herz, aufglühe dein Blut" (Kriegsgedichte); erhält *Kleist*preis, zusammen mit *A. Miegel* † *Jack London*, USA-Dichter (* 1876) *J. Masefield:* „Sonette und Gedichte" (engl. Dichtung) *Moeller van den Bruck:* „Der preußische Stil" *Molo:* „Schiller-Roman" (4 Teile seit 1912) *Alfons Petzold* (* 1882, † 1923): „Der stählerne Schrei" (Arbeiterdichtung) *R. Presber* u. *L. W. Stein:* „Die selige Exzellenz" (Lustspiel) *Karl Ludwig Schemann* (* 1852, † 1938): „Gobineau" (2 Bände seit 1913) † *Henryk Sienkiewicz*, poln. Dichter; *Nobel*preis 1905 (* 1846) † *Natsume Soseki*, japan. Romandichter; schrieb „Ich bin eine Katze", „Graskopfkissen" u. a. (* 1867) *Felix Timmermans* (* 1886, † 1947): „Pallieter" (fläm. Roman) *Unruh:* „Opfergang" (Fronterlebnisse), „Ein Geschlecht" (symbol. Drama) *Wildgans:* „Liebe" (Schauspiel) *Ernst Deutsch* (* 1890, † 1969) spielt in Dresden den „Sohn" von *Hasenclever* (gilt als Erschließg. der Bühne f. d. Expression.) *Agnes Straub* (* 1890, † 1941) kommt an das Dt. Theater, Berlin	*Harry Piel* beginnt durch seine Abenteuerfilme populär zu werden „Die Lieblingsfrau des Maharadscha" (Film mit dem norweg. Schauspieler *Gunnar Tolnaes*) „Intoleranz" (nordamerikan. Film; Regie: *D. W. Griffith;* gilt als sein Meisterwerk; zeigt mit 60000 Mitarbeitern in Überschneidung vier intolerante Interessenskämpfe aus den Zeiten Babylons bis zur Neuzeit) „Zivilisation" (nordamerikan. Film von *Thoma Ince*, * 1880, † 1924) „Auferstehung" (italien. Film von *M. Caserini)* „Homunculus" (Film von *Robert Neuß* u. *Otto Rippert)* Filmsatire auf „Carmen" von *Charlie Chaplin*  „Provincetown Players" (aus Mass./USA) fördern m. Hilfe *O'Neill's* künstl. Theater als I. Off-Broadway Theatre i. New York		

1917

Friedens*nobel*preis an das Internationale Komitee vom Roten Kreuz in Genf

Internationaler Gewerkschaftsbund fordert Friedensschluß

Hungersnot in Deutschland („Kohlrübenwinter" 1916/1917). Propaganda für Beendigung des Krieges. Die Reichstagsminderheit d. Rechtsparteien schließt sich unter Großadmiral *von Tirpitz* zur „Deutschen Vaterlandspartei" zusammen, die mit *Ludendorffs* Unterstützung den „Siegfrieden" propagiert

Dt. Truppen ziehen sich vor einem neuen Angriff des Gegners im Sommegebiet auf die befestigte Siegfriedstellung zurück

Briten erstreben in der heftigen Frühjahrsschlacht bei Arras Durchbruch durch die dt. Linien; erreichen nur lokale Erfolge

Meutereien im frz. Heer. *Pétain* wird Oberbefehlshaber

USA erklärt Deutschland den Krieg (mobilisiert 1,7 Mill. Soldaten für Europa)

In der sog. „Osterbotschaft" Kaiser *Wilhelms II.* wird das geheime und unmittelbare Wahlrecht für das preuß. Abgeordnetenhaus in Aussicht gestellt

Bildung der USPD (war 1916 in der SPD als „Sozialdemokratische Arbeitsgemeinschaft" als linker Flügel entstanden)

Linke Mehrheit des dt. Reichstages unter *Erzberger* beschließt Friedensresolution (Verständigungsfrieden ohne Annexionen und Kriegsentschädigungen) im Gegensatz zur Heeresleitung. Reichskanzler *von Bethmann-Hollweg* tritt zurück. *Michaelis* Reichskanzler, der diese Resolution bedingt zum Regierungsprogramm erklärt

Italiener müssen sich von der Isonzo-Front auf die Piave zurückziehen

Briten erreichen Durchbruch in der Tankschlacht bei Cambrai mit 300 Tanks

Briten erobern Bagdad. Türken räumen Jerusalem, das von den Briten besetzt wird

Literatur-*Nobel*preis an *K. Gjellerup* (Dänem.) und *H. Pontoppidan* (Dänem.)

Gottfried Benn (* 1886, † 1956): „Mann und Frau gehen durch die Krebsbaracke" (expr. Lyrik)

Alexander Block (* 1880, † 1921): „Die Zwölf" (russ. Revolutionsgedichte)

Conrad: „Die Schattenlinie. Ein Bekenntnis" (engl. Roman)

Dehmel: „Menschenfreunde" (Schauspiel)

T. S. Eliot: „Gedichte" (engl.)

Otto Flake (* 1880, † 1963): „Das Logbuch" (Rom.)

Flex: „Der Wanderer zwischen beiden Welten" (Ein Kriegserlebnis)

† *Walter Flex*, dt. Dichter (* 1887)

Aron Freimann (* 1871, † 1948): „Germania Judaica" (I. Band gemeinsam mit *Brann*, dt.-hebräische Bibliographie)

St. George: „Der Krieg" (Dichtung)

Reinhard Goering (* 1887, † 1936 Selbstmord) „Die Seeschlacht" (Drama)

Gorki: „Unter fremden Leuten" (russ. Autobiographie)

Fernand Gregh: (* 1873, † 1960): „Die Schmerzenskrone" (frz. Kriegsgedichte)

Hamsun: „Segen der Erde" (norweg. Roman)

Thea v. Harbou (* 1888, † 1954): „Das indische Grabmal" (Roman, 1937 verfilmt)

Papst *Benedikt XV* sendet eine Friedensnote an die kriegführenden Mächte (bleibt ohne Erfolg)

M. Dessoir: „Vom Jenseits der Seele" (über abnorme, parapsychol. Erscheinungen)

Hans Driesch: „Wirklichkeitslehre" (metaphysische Philosophie)

Michael von Faulhaber wird Erzbischof von München (1921 Kardinal)

Freud: „Vorlesungen zur Einführung in die Psychoanalyse" (allgemeinverständlich)

Walter Lionel George (* 1882, † 1926): „Die Intelligenz der Frau" (engl. Schrift über die Frauenfrage)

Haeckel: „Kristallseelen" (Monismus)

C. G. Jung: „Das Unbewußte im normalen und kranken Seelenleben" (Schweiz. Psychoanalyse)

J. Kaftan: „Philosophie des Protestantismus" (Positivismus)

L. Klages: „Handschrift und Charakter" (Graphologie)

R. Liefmann: „Grundsätze der Volkswirtschaftslehre" (theoret. System auf psycholog.-realistischer Grundlage, 3 Bände)

Hermann Lietz: „Deutsche Landerziehungsheime" (vom Gründer dieser Heime seit 1898)

Mathilde Ludendorff (* 1877, † 1966): „Das Weib und seine Bestimmung" (gegen moderne Frauenbewegung, nationalist. Tendenz)

Beckmann: „Selbstbildnis mit rotem Schal" (Gemälde)

Paul Bonatz und *F. E. Scholer:* StuttgarterHauptbahnhof (Baubeginn 1913)

Braque: „Die Mandolinenspielerin" (frz. kubist. Gem.)

Carlo Dalmazzo Carrà (* 1881, † 1966) u. *Giorgio de Chirico* (* 1888) gründen ital. „Metaphysische Malerei"

de Chirico: „Stillleben" (griech.-ital. surrealist. Gemälde)

Corinth: „Blumenstrauß" (impress. Gemälde)

† *Edgar Degas*, frz. impress. Maler; besonders Tänzerinnen in eigenwilligenBildausschnitten (* 1834)

Naum Gabo (*1890 in Rußland): „Kopf in einer Ecknische" (abstr. Plastik aus Holzplatten)

G. Grosz: „Das Gesicht der herrschenden Klasse" (gesellschaftskrit. Lithographien)

Childe Hassam (* 1859, † 1935): „Straßenbild aus der Fifth Avenue"(nordamerik. impress. Gemälde)

Heckel: „Selbstbildnis", „Kopf des Getöteten", „Jüngling" (express. Holzschnitte)

Rudolf Koch: Maximilian-Antiqua und Frühlingsfraktur (Drucktypen)

Kokoschka: „Selbstbildnis"

Lehmbruck: „Mutter und Kind" (Plastik)

Busoni: „Turandot" (Oper, Erneuerung der Comedia del arte)

Hans Huber (* 1852, † 1921): „Die schöne Bellinda" (Schweizer Oper)

Léon Jessel (* 1871, † 1942): „Das Schwarzwaldmädel" (Operette)

Walter Kollo: „Drei alte Schachteln" (Operette)

Ernst Kurth (* 1886, † 1946): „Die Grundlagen des linearen Kontrapunktes" (bahnbrechendes analytisches *Bach*-Werk)

Pfitzner: „Palestrina" (Oper) und „Futuristengefahr" (Kunstkritik)

Max Reinhardt, *Hugo v. Hofmannsthal* u. *Rich. Strauss* grd. Salzburger Musikfestspiele

Ottorino Respighi (* 1879, † 1936): „Le Fontane di Roma" („Röm. Fontänen", ital. symph. Dichtung)

Heinrich Schlusnus (* 1888) erster lyrischer Bariton der Staatsoper, Berlin

S. Wagner: „An allem ist Hütchen schuld" (Märchenoper)

Institut für Musikforschung in Bükkeburg

Jazz-Zentrum verlagert sich v. New Orleans nach Chikago; im Chikago-Stil tritt der Solist stärker hervor

„Tiger Rag" (Jazz)

Physik-*Nobel*preis an *Charles G. Barkla* (Großbrit., * 1877, † 1942) für Entdeckung der charakterist. *Röntgen*strahlen

† *Emil Behring*, dt. Mediziner; Begründer der Blutserumtherapie gegen Diphtherie und Tetanus; *Nobel*preis 1901 (* 1854)

Einstein und *de Sitter* diskutieren einen in sich gekrümmten bzw. einen gekrümmten, sich ausdehnenden Weltraum (vgl. 1921 u. 1928)

Einstein leitet die *Planck*sche Strahlungsformel aus statist. Betracht. ab

Franz Fischer (* 1877, † 1947): Urteer durch Kohlendestillation

d'Hérelle entdeckt die ultrafiltrierbaren Bakteriophagen

† *Theodor Kocher*, Schweizer Chirurg; bes. Kropfoper. und Schilddrüsenforschung; *Nobel*preis 1909 (* 1841)

W. Köhler: „Intelligenzprüfungen an Anthropoiden" (über den Werkzeuggebrauch von Menschenaffen)

Robert Andrews Millikan (* 1868, † 1953) bestimmt Elektronenladung nach der Methode der schwebenden Öltröpfchen (seit 1913)

Harry Philby durchquert als engl. Agent Arabien vom Persischen Golf zum Roten Meer (bis 1918; schreibt 1922 „Das geheimnisvolle Arabien")

Fritz Pregl (* 1869, † 1930): „Die quantitative organ. Mikroanalyse" (entwick. seit 1912; *Lieben*preis 1914)

Wagner von Jauregg: Behandlung der syphilitischen Paralyse durch Malariafieber (Heilfieber)

E. C. Wente: Kondensator-Mikrophon

Wilhelm Winternitz (* 1834, † 1917): „Wasserkur u. natürl. Immunität"

† *Ferdinand* Graf *von Zeppelin*, dt. Luftschiffkonstrukteur (* 1838)

Normenausschuß der Dt. Industrie

Schiffs*diesel* mit 12000 PS von MAN

Erster Röhrensender im dt. Heer

Bahnbogenbrücke über den East-River, New York (Baubeginn 1912, Stützweite 298 m)

Bahnbrücke über den St. Lorenz-Strom bei Quebec/Kanada (Baubeginn 1910; Stützweite 549 m)

† *Gustav Schmoller* dt. Volkswirtschaftler; förderte die Sozialgesetzgebung (* 1838)

Peter Klöckner (* 1863, † 1940) gründet *Klöckner*-Werke (Bergbau, Hütten, Stahl- und Eisenverarbeitg.)

DIN (Dt. Normenausschuß) gegrdt.

Schwed. *Kreuger*-Welt-Zündholz-Trust (70% der Welterzeugung)

Vereinigte Aluminium-Werke AG, Berlin

Gründung des ersten Instituts für Wirtschaftsforschung an der Harvard-Universität

Ca. 3 Mill. t Salpeterverbrauch jährl. (in den Kriegen ~ 1800 ca. 15000 t)

Mit der Amurbahn Ruchlowo-Chabarowsk Transsibirische Eisenbahn Tscheljabinsk-Wladiwostok vollendet (ca. 7400 km, Teilstrecken seit 1891)

Manfred von Richthofen (* 1892, † 1918 abgesch.): „Der rote Kampfflieger"

Dt. Luftschiff unternimmt Afrikafahrt (Bulgarien—Chartum und zurück)

Italien gibt erste Luftpostwertzeichen heraus

Türkei führt *gregorianischen* Kalender ein

Zahlr. Streiks i. Dtl. weg. Hunger und Entbehrgn.

(1917)

Erschießung der dt. Matrosen *Reichpietsch* und *Köbes* wegen Meuterei; Hunderte anderer zu Freiheitsstrafen verurteilt

R. Luxemburg und *F. Mehring* gründen „Die Internationale Zeitschrift für Praxis u. Theorie des Marxismus"

Uneingeschränkter dt. U-Bootkrieg (etwa 120 U-Boote versenken vom Februar bis November 8008000 BRT bei 49 Verlusten)

Dt. Fliegerangriffe gegen England, darunter London. Alliierte Luftüberlegenheit

Dt. Schutztruppe unter *Paul von Lettow-Vorbeck* in Dt.-Ostafrika weicht nach Portugies.-Ostafrika aus (Waffenstillstand 1918 in Brit. Rhodesien)

Geheime Friedensverhandlungen zwischen Österreich-Ungarn und der Entente durch *Sixtus von Bourbon-Parma*

Deklaration des brit. Außenministers *Balfour* verspricht Juden Nationale Heimstätte in Palästina (dagegen arabischer Widerstand)

Arabische Stammeskönige werden selbständig: *Hussein* König des Hedschas und von Jemen

Indien erhält gleichberechtigte Stimme in der Reichskriegskonferenz des brit. Weltreiches

Frankreich führt die lange von links geforderte, von rechts bekämpfte Einkommensteuer ein (schon 1914 beschlossen)

Georges Clémenceau frz. Ministerpräsident bis 1920; gilt als „Der Tiger" u. „Organisator des Sieges"

Erschießung der Tänzerin *Mata Hari (Margarete Zelle)* in Paris als dt. Spionin (* 1876)

Oberster Rat der alliierten kriegführenden Mächte gebildet (bis 1923)

Alliierte anerkennen verbündete tschechoslowak. Armee

Pilsudski geht auf die Seite der Entente über

Venizelos griech. Ministerpräsident; tritt auf die Seite der Entente. König *Konstantin I.* muß zugunsten *Alexanders* abdanken (1920 zurückgerufen)

Lenin und *Trotzki* kehren aus der Schweiz bzw. den USA nach Rußland zurück u. bereiten Revolution vor. *Lenin* wird Durchreise durch Deutschland gestattet

„Februar"-Revolution in Rußland stürzt Zarentum. Bildung einer republikanischen Regierung unter *Alexander Kerenski* (*1881, † 1970). „November"-Revolution in Rußland: *Lenin, Trotzki, Sinowjew* u. a. Bolschewisten errichten Sowjetrepublik. Enteignung der Betriebe, Verteilung von Grund und Boden, Schaffung einer „Roten Armee"

Finnland erklärt sich von Rußland unabhängig (wird 1918 nach dt. Intervention Republik)

Verfassungsänderung in den Niederlanden: Gleichstellung von Privat-(kirchlichem) und Staatsunterricht, allgemeines Wahlrecht für alle Parteien

Arthur Hoffmann (* 1857, † 1927), Bundespräsident der Schweiz seit 1914, muß wegen eigenmächtiger Friedensvermittlung zurücktreten

USA anerkennen das „besondere Interesse" Japans in China (bes. seit 1915 hat Japan durch weitgehende Verträge mit China die Vorherrschaft angestrebt)

Verkauf der dän.-westindischen Insel St. Thomas an die USA

Neue Verfassung in Mexiko: Trennung von Kirche und Staat, Enteignung des kirchlichen Grundbesitzes, Nationalisierung der Erdölquellen (Konzessionen für bisherige Eigentümer)

Südchin. Kuomintang-Regierung in Kanton bis 1926; *Sun Yat-sen* Generalissimus

Volksrat auf Java zur Mitwirkung der Eingeborenen an der Verwaltung

Gunnar Heiberg (* 1857, † 1920): „Gesammelte dramat. Werke" (norweg. Schauspiele, darunter „König Midas", 1890, gegen *Björnson*)

R. Herzog: „Die Stoltenkamps und ihre Frauen" (Roman)

Ric. Huch: „Der Fall Deruga" (Roman)

Norbert Jacques (* 1880): „Piraths Insel" (Roman)

Hanns Johst (* 1890): „Der Einsame" (*Grabbe*-Drama)

Kayssler: „Jan der Wunderbare" (Lustspiel)

H. Mann: „Die Armen" (sozialist. Roman)

L. Pirandello: „Die Wollust der Anständigkeit" (ital. Schauspiel)

J. Schaffner: „Der Dechant von Gottesbüren" (Roman)

Sinclair: „König Kohle" (nordamerikan. sozialist. Roman)

Sudermann: „Litauische Geschichten"

Sara Teasdale (* 1884): „Liebeslieder" (nordamerikan. Lyrik)

Hans Thoma: „Die zwischen Zeit und Ewigkeit unsicher flatterndeSeele"

Timmermans: „Das Jesuskind in Flandern" (fläm. Roman)

Tristan Tzara erklärt zufällig gezogene Worte zu einem Gedicht (Anfänge aleatorischer Kunst)

de Unamuno: „Abel Sanchez" (span. Roman)

R. Voss: „Das Haus der Grimani" (Roman)

Wasow: „Neue Klänge" (bulgar. Gedichte)

Wedekind: „Herakles" (Schauspiel mit autobiograph. Symbolik)

Leonard Nelson (* 1882, † 1927): „Vorlesungen über die Grundlagen d. Ethik" (3 Bände bis 1932; psychol. Vernunftkritik des Begründers der Neu-*Fries*schen Schule)

Rudolf Otto (* 1869, † 1937): „Das Heilige" (protestant. Religionsphilosophie: Religion als das Empfinden für das „Numinose" = göttliches Walten)

Rudolf Pannwitz: „Die Krisis der europäischen Kultur" (Fortsetzung 1926: „Kosmos Atheos", 2 Bände)

Walter Rauschenbusch (* 1861, † 1918): „Die religiösen Grundlagen der sozialen Botschaft" (kollektivist. und aktivist. Sozialtheologie)

† *Adolf Reinach*, dt. Begründer einer phänomenologischen Rechtsphilosophie (* 1883)

Ernst Roloff (* 1867): „Lexikon der Pädagogik" (5 Bände seit 1913, weitere 2 1930/31, kathol. Standpunkt)

† *Rudolf Sohm*, dt. Rechtsgelehrter, bes. für röm. Recht (* 1841)

R. Steiner: „Von Seelenrätseln" (anthroposophisch)

Th. Ziehen: „Die Geisteskrankheiten des Kindesalters" (2 Teile seit 1915)

Dt. Philosophische Gesellschaft

Verbot des Jesuitenordens in Deutschland von 1872 vollständig aufgehoben

AFL-Gewerksch. grdt. Schulen f. Arbeiterbildung

~ *Modigliani* malt die wichtigst. s. Bilder (vorzugsw. Frauenakte)

Oskar Moll (* 1875, † 1947): „Winter im Grunewald" (express. Gem.)

Piet Mondrian veröff. i. d. niederl. Ztschr. „De Stijl" Aufsatz „Die neue Gestaltung in der Malerei" (Übergang zur geometr.-abstr. Malerei)

Pechstein: „Der Götze" (express. Gemälde, von seiner Reise zu den Palau-Inseln 1914)

Neoklassizist. Periode im Kunstschaffen *Pablo Picassos*

† *Auguste Rodin*, frz. Bildhauer (* 1840)

K. Scheffler: „Vom Geist der Gotik" (Kunstgeschichte)

Schultze - Naumburg: Schloß Cäcilienhof in Potsdam (Baubeginn 1913); „Kulturarbeiten" (9 Bände seit 1902)

Slevogt: Illustrationen zu „Cortez' Eroberung von Mexiko"

Ottomar Starke (* 1886): „Schippeliana" (Ein bürgerliches Bilderbuch)

† *Wilhelm Trübner*, dt. Maler (* 1851)

Rodin-Museum in Paris

„Proletkult" (russische revolutionäre Kulturorganisation; seine radikalen künstlerischen Tendenzen weichen in der *Stalin*-Ära einem „sozialist. Realismus")

Universum-Film AG (Ufa; gewinnt im *Hugenberg*-Konzern starken Einfluß auf die öffentl. Meinung in Deutschland)

„Die kleine Amerikanerin", „Die arme kleine Reiche" (nordamer. Filme mit *M. Pickford*)

„Mater dolorosa" (frz. Film v. *Abel Gance*, * 1889)

Chaplins Jahresgage 1 Mill. Doll.

1918	USA-Präsident *Wilson* verkündet sein Friedensprogramm der „14 Punkte" mit Selbstbestimmungsrecht der Völker Friedensvertrag von Brest-Litowsk zwischen Deutschl. u. Rußl. (nach Sturz der dt. Monarchie annulliert). Deutschl. besetzt Baltik. u. Ukraine Rumänien schließt mit Mittelmächten den Frieden zu Bukarest (nach Kriegsende annulliert) *W. Rathenau* für eine letzte Volkserhebung geg. militär. Niederlage (Heeresleitung lehnt ab) Briten schlagen türk. und dt. Truppen in Palästina (seit 1517 türkisch). Araber auf brit. Seite Militär. Zusammenbruch der Türkei Frankreich besetzt Syrien Österreich-Ungarns militär. Kraft bricht zusammen Dt.-Österreich, Tschechoslowakei, Ungarn werden Republiken Dt. Munitionsarbeiterstreik (durch *Ebert* und *Scheidemann* gemäßigt) Nach dt. militärischen Erfolgen untern. frz. Marschall *Ferdinand Foch* (* 1851, † 1929) Gegenangriff bei Villers-Cotterêts; dadurch werden die dt. Truppen endgültig zurückgeschlagen. Oberste dt. Heeresleitung fordert sofortiges Friedensangebot November-Revolution in Deutschland. Meuterei der Matrosen in Kiel, Revolutionskämpfe in Berlin u. München. Prinz *Max* von Baden verkündet als Reichskanzler und Nachf. v. Graf *Hertling* eigenmächtig Abdank. d. Kaisers. *Wilhelm II.* u. d. Kronprinz gehen nach Holland (Haus Hohenzollern herrschte seit 1417 in Brandenburg-Preußen) Waffenstillstand von Compiègne. Linksrhein. Gebiet wird von dt. Truppen geräumt Mittelmächte befanden sich mit 26 Staaten im Krieg *Karl Liebknecht* ruft dt. Räterepublik aus, wird nach Kämpfen gestürzt *Philipp Scheidemann* (SPD, * 1865, † 1939) ruft dt. Republik aus Kongreß d. Arbeiter- u. Soldatenräte überträgt vollziehende Gewalt auf Volksbeauftragte unter *Friedr. Ebert*	*P. Altenberg:* „Vita ipsa" (Autobiographie) † *Max Dauthendey* (auf Java), dt. Dichter (* 1867) *Artur Dinter* (* 1876): „Die Sünde wider das Blut" (antisemit. Rom.) *Fleuron:* „Meister Lampe" (dän. Tierroman) *A. France:* „Der kleine Peter" (frz. Roman) *Hans Grimm* (* 1875, † 1959): „Der Ölsucher von Duala" (Roman) *G. Hauptmann:* „Der Ketzer von Soana" (Erzählung) *Hedin:* „Bagdad, Babylon, Ninive" (schwed. Reisebericht) *Kurt Heynicke* (* 1891): „Gottes Geigen" (express. Gedichte) *W. Jansen:* „Das Buch Liebe. Gudrun-Roman" *G. Kaiser:* „Die Koralle" (Bühnenstück) *E. A. Karlfeldt:* „Flora und Bellona" (schwed. Dichtung) *Hermann Kasack* (*1896, † 1966): „Der Mensch" (Ged.) *Alfred Kerr:* „Die Welt im Drama" (5 Bände Theaterkritik) † *Timm Kröger*, dt. Dichter (* 1844) *Lagerlöf:* „Das heilige Leben" (schwed. Rom.) *Majakowski:* „Groteskes Mysterium" (russ. revolutionäres Festspiel) *H. Mann:* „Der Untertan" (satir. Roman geg. d. preuß. Untertanengeist) *Th. Mann:* „Betrachtungen eines Unpolitischen" (monarchist.) *Chr. Morgenstern:* „Stufen. Aphorismen u. Tagebuchnotizen" (posthum)	*Alfred Adler:* „Praxis u. Theorie der Individualpsychologie" (österr., betont Bedeut. des Geltungstriebes u. „Minderwertigkeitskomplexes") *K. Bühler:* „Die geistige Entwicklung d. Kindes" *Konrad Burdach* (* 1859, † 1936): „Reformation, Renaissance, Humanismus" (german. Sprachgeschichte als Bildungs- und Geistesgeschichte) *H. St. Chamberlain:* „Rasse u. Nation" (engl. völk. Rassenideologie) *C. H. Cooley* (*1864, † 1929): „Sozialer Prozeß" (nordamerikan. sozial-psycholog. Soziologie mit Unterscheidung der primären und sekundären Gruppen) *Georges Duhamel* (* 1884, † 1966): „Zivilisation" (frz. Antikriegsschrift) *R. Eucken* grdt. „Luthergesellschaft" (gibt ab 1919 Vierteljahrsschrift „Luther" und „Lutherjahrbuch" heraus) *Salomo Friedländer* (*1871, † 1945): „Schöpferische Indifferenz" (philosophische Abhandlung) *Romano Guardini* (*1885): „Vom Geist d. Liturgie" (kath. Religionsphilos.) *Harald Höffding* (*1843, † 1931): „Humor als Lebensgefühl" (dän. Lebensphilosophie) *Ellen Key:* „Die Frauen im Weltkrieg" (schwed. Frauenbewegung) *Max Lenz* (* 1850, † 1932): „Geschichte der Universität zu Berlin" (4 Bände seit 1910) *Joséphin Péladan* („Le Sar", * 1859, † 1918): „Niedergang der lateinischen Rasse" (frz. kathol. mystisch-phantastische Romane seit 1886)

Corinth: „Korb mit Blumen“ (impress. Gemälde)

A. Endell, Direktor d. Kunst-Akademie Breslau (bis 1925)

Juan Gris (* 1887, † 1927): „Die Schottin“ (span. kubist. Gemälde)

† *Ferdinand Hodler,* Schweiz. Maler; bes. monumentale Wandmalerei (* 1853)

Klee: „Gartenplan“ (express.-kubist. Gemälde) und „Dogmatische Komposition“ (abstraktes Gemälde)

Kokoschka: „Freunde“, „Sächs. Landschaft“, „Die Heiden“ (express. Gemälde)

Lehmbruck: „Sitzender Jüngling“, „Der Denker“ u. „Betende“ (neogotische Plastiken)

Léger: „Maschinenräume“ (frz. kubist. Gemälde)

A. Modigliani: „Akt“ (ital.-frz. Gem.)

Ed. Munch: „Badender Mann“ (norweg. express. Gemälde)

Nash: „Wir bauen eine neue Welt“ (engl. Gemälde einer Kriegslandschaft)

Schmidt-Rottluff: „Christus-Mappe“ (9 express. Holzschnitte)

Ufa richtet Kultur- u. Lehrfilmabteilung ein

„Die Mumie Ma“ (Film mit *Pola Negri, E. Jannings, Harry Liedtke;* Regie: *Ernst Lubitsch* (* 1892, † 1947)

Busoni: „Arlecchino“ (Oper)

† *Claude Debussy,* frz. impress. Komponist; bes. symphon. Dichtungen (* 1862)

Pfitzner: Violinsonate in e-moll

Günther Ramin (* 1898) wird Organist an der Thomaskirche in Leipzig

Schreker: „Die Gezeichneten“ (erot.-symbol. Oper)

Karl Straube Thomaskantor in Leipzig bis 1929

Strawinsky: „Die Geschichte vom Soldaten“ (russ. Melodrama) und Ragtime f. 11 Instrumente

S. Wagner: „Schwarzschwanenreich“ und „Sonnenflammen“ (Opern)

Physik-*Nobel*preis an *M. Planck* (Dt.) für Entdeckung des Wirkungsquantums

Chemie-*Nobel*preis an *F. Haber* (Dt.) für Ammoniaksynthese bei hohem Druck

Beilsteins Handbuch der Organischen Chemie in 4. Auflage (bis 1949 59 Bände mit 4300 Seiten Generalregister)

† *Georg Cantor,* dt. Mathematiker; u. a. Mengenlehre (* 1845)

O. Hahn und *Lise Meitner* entdecken das radioaktive Element Protactinium

Beginn der Ausgrabungen des babylonischen Ur durch *Hall, Thompson, Woolley* und *Legrain*

Junkers meldet Tiefdecker-Flugzeug zum Patent an

Paul Langevin: Ultraschallsender und -empfänger mit Schwingquarz

Wilh. Ostwald: „Die Farbenlehre“ und „Der Farbatlas“ (Systematik und eindeutige Kennzeichnung von Farben)

Ludwig Prandtl: Tragflächentheorie (seit 1916)

Shapley entdeckt durch Untersuchung der kugelförmigen Sternenhaufen die wahre Ausdehnung der Milchstraße (etwa 100000 Lichtjahre/Durchmesser)

Expedition ins arktische Kanada unter *V. Stefansson* und *R. Anderson* (seit 1913; erforscht 3,5 Mill. qkm, erweist wirtschaftliche Nutzbarkeit der Tundren)

„Helvetica Chimica Acta“ (Schweiz. chemische Zeitschrift)

Funkstelle Nauen umspannt die Erde

Erster regelmäßiger Luftverkehr mit Flugzeugen zwischen New York und Washington (in Deutschland 1919 zwischen Berlin und Weimar)

Dt. Ferngeschütz mit 128 km Schußweite beschießt Paris

Mobilisierte Soldaten: Mittelmächte: 24,3 Mill. (Verluste 3,2 Mill., Verw. 7 Mill.); Entente: 43 Mill. (Verluste 5,5 Mill., Verw. 13,8 Mill.) (Zum Vergleich dt. Verluste 1870/71 43000)

18,7 Mill. BRT wurden seit 1914 durch dt. U-Boote und Minen versenkt; von 343 dt. U-Booten gingen 178 verloren

Seekriegsverluste der Entente (und der Mittelmächte) Schlachtschiffe 29 (8), Kreuzer 30 (29), Torpedoboote 113 (118), U-Boote 89 (199)

Während des Krieges gingen 52 dt. Luftschiffe verloren

Dt. Kriegskosten: 165 Milliarden M, frz.: 160 Milliard. Frs., engl.: 8,8 Milliarden Pfund, österr.: 65 Milliarden Kr. (Dekkung in Deutschland: 54,6% Anleihen, 39,4% schwebende Staatsschuld, 6% Steuern; in Engl.: 80% Anleihen, 20% Steuern)

Gesamte Kriegskosten: ca. 730 Milliarden Goldmark direkte und ca. 610 Mrd. indirekte

Gustav Cassel (* 1866, † 1945): „Theoretische Sozialökonomie“ (schwedische neuliberalist. Volkswirtschaftslehre)

(1918)

Gründung der „Kommunist. Partei Deutschlands" (Spartakusbund)

Allgem. dt. Frauenstimmrecht

Hugo Preuß (* 1860, † 1925) entwirft die Weimarer Verfassung

Trotz Revolution bleiben die Kommandohöhen in Dtl. in konservativen Händen (Militärs, Beamtenschaft, Justiz usw.)

Franz Seldte gründet monarchist. „Stahlhelm"-Bund (1933 der SA unterstellt)

F. Mehring: „Karl Marx"

Trotz konserv. Mehrh. bleibt *Lloyd George* brit. Ministerpräsid. bis 1922

Lord *William Beaverbrook* (* 1879, † 1964), brit. konservativer Zeitungsverleger (u. a. „Daily Express"), wird brit. Propagandaminister (1940—45 wieder Min. im Kabinett *Churchill*)

Wahlrechtsreform in Großbrit. gibt Frauen über 30 Jahre aktives und passives Wahlrecht

Nationalist. republikan. „Sinn Fein"-Partei erhält von 103 irischen Sitzen im brit. Parlament 75

Brit. Reformplan für Indien (führt zur Verfassung 1921)

Clémenceau läßt *Joseph Caillaux* verhaften, der im Kriege Verständigung mit Deutschland suchte

Regierung der rechten „Koalition" in den Niederlanden

Verhältniswahlrecht für Schweizer Nationalrat beseitigt absolute Mehrheit der Freisinnigen (bleiben bis 1935 stärkste Partei)

Island selbständiges Königreich in Personalunion mit Dänemark (seit 1380 bei Dänem.; 1920 Verfassung)

Zar *Ferdinand I.* von Bulgarien dankt ab zugunsten Kronprinz *Boris'*. Waffenstillstand mit Entente

Boris III. König von Bulgarien bis 1943 (†, * 1894)

„Königreich der Serben, Kroaten und Slowenen" (Jugoslawien) gegründet

Pilsudski 1. poln. Präsident bis 1922

Tomáš Masaryk 1. Staatspräsident d. Tschechoslowakei (1935 Rücktritt)

Benesch (linksbürgerl. Nationalsozialist. Partei) tschechoslowak. Außenminister bis 1935; Vertrag mit Frankreich

Ungar. Republik ausgerufen

† *Nikolaus II.* (mit seiner Familie von den Bolschewisten erschossen), russ. Zar von 1894 bis 1917 (* 1868)

RSFSR gegründet (Russisch-sozialist.-föderative Sowjetrepublik). Moskau wird Hauptstadt

7. Parteitag d. russ. Kommunisten (KPSU [B]) (bis 1925 jährl., dann 1927, 1930, 1934, 1939, 1952)

Leo Trotzki russ. Volkskommissar für Krieg und Marine bis 1925; baut die „Rote Armee" auf

Gründung der Republiken Litauen, Estland und Lettland

Bürgerkrieg in Rußland. Brit. u. frz. Truppen intervenieren in Nordrußl.

Japan dringt in Sibirien ein

Josef Ponten (* 1883, † 1940): „Der babylonische Turm" (Roman) *Reymont:* „Das Jahr 1794" (poln. Romantrilogie seit 1913) † *Peter Rosegger*, volkstüml. österr. Dichter (* 1843) *Albrecht Schaeffer* (* 1885, † 1950): „Gudula" (Roman) *Schnitzler:* „Casanovas Heimfahrt" (Novelle) *Ina Seidel:* „Weltinnigkeit" (Gedichte) *Stehr:* „Der Heiligenhof" (Roman) *Sinclair:* „Religion und Profit" (nordamerik. sozialistischer Roman) *Ed. Stucken:* „Die weißen Götter" (Roman um die Eroberung Mexikos, 3 Bände) *de Unamuno:* „Essais" (span., 7 Bände seit 1916) † *Frank Wedekind*, dt. gesellschaftskrit. Schauspieldichter (* 1864) *Wildgans:* „Dies irae" (Schauspiel) *Stefan Zeromski* (* 1864, † 1925): „Der Kampf mit dem Satan" (poln. Romantrilogie seit 1916) *St. Zweig:* „Jeremias" (bibl. Tragödie) *Friedrich Kayssler* Direktor der Berliner Volksbühne bis 1922 „Bühnenvolksbund" (christl.-national) Theaterzensur in Deutschland aufgehoben (bleibt für Film) *Richard Huelsenbeck* (* 1892, Mitbegr. d. „Dada" in Zürich 1916, bringt diese antibürgerliche Kunstrichtung n. Berlin (1919 kommt der Dadaismus nach Paris)	*B. Russell:* „Mystizismus und Logik" (engl. Rationalismus) *M. Schlick:* „Allgemeine Erkenntnislehre" (Neopositivismus, Grundlage des Wiener Kreises) *G. Simmel:* „Der Konflikt der modernen Kultur" *O. Spann:* „Fundament der Volkswirtschaftslehre" (an die ältere Romantik *A. Müllers* anknüpfende universalist. Volkswirtschaftslehre) *W. Stern:* „Person und Sache" (2. Band „Die menschliche Persönlichkeit") *Ulrich Stutz* (* 1868, † 1938): „Der Geist des Codex juris canonici" (Schwz. Kirchenrecht) Polen schafft Todesstrafe ab „Akad. f. d. Wissensch. des Judentums", Berlin Institut zur physiolog.-psycholog. Erforschung der Industrie, London Geistliche Schulaufsicht in Preußen aufgehoben Erneuerung des Kirchenrechts im Codex juris canonici Der protestant. „Fundamentalismus" in den USA bekämpft die biologische Entwicklungslehre im Schulunterricht Intelligenzuntersuchungen an 1,7 Mill. Heeresrekruten d. USA: Durchschnitts-Intelligenzalter ca. 14 Jahre. Ca. 50% „unterdurchschnittl. begabt" („Intelligenzalter" 12—13 Jahre), 13% „höher begabt", 4,5% „hochbegabt" (ähnliche Ergebnisse auch in anderen Ländern) Zweite Moskauer Staatsuniversität (erste 1755) Univers. Irkutsk/Sibir.	„Carmen" (Film von *E. Lubitsch* mit *P. Negri* u. *H. Liedtke*) „Veritas vincit" (Film von *Joe May*) „Ein Hundeleben", „Charlie als Soldat" (nordamerik. Filme von und mit *Charlie Chaplin*) „Die zehnte Symphonie" (franz. Film von *A. Gance*)	Frauenarbeit in Deutschl. erreichte im Kriege ca. 230% d. Friedensstandes Gesetzlicher Achtstunden-Arbeitstag in Deutschland Aufhebung d. Gesindeordnungen u. der landesrechtl. Ausnahmegesetze gegen Landarbeiter (enthielten Streik- und Koalitionsverbote) Weltweite Grippeepidemie: bis 1920 20000000 Tote (in Deutschland 196000) Berlin erhält erstmalig Fernstrom Mitteleuropäisch. Reisebüro (MER) Staatsmonopol für Branntwein in Deutschland *Aarne:* „Vergleichende Rätselforschungen"

1919

Friedens*nobel*preis an *W. Wilson* (USA)

Generalstreik und Aufstand des kommunist. Spartakusbundes in Berlin

Gustav Noske (Sozialdemokr., * 1868, † 1946) wird Oberbefehlshaber aller Truppen in Berlin und wirft Spartakus-Aufstand nieder; Reichswehrminister bis 1920

R. Luxemburg: „Briefe aus dem Gefängnis“

† *Rosa Luxemburg* (* 1870) und *Karl Liebknecht* (* 1871) als führende Linkssozialisten von rechtsradikalen Offizieren ermordet

Bayr. Ministerpräsident *Kurt Eisner* (USPD, * 1867) von Graf *Arco-Valley* erschossen. Münchener Räteregierung mit *Gustav Landauer* (ersch., * 1870), *Erich Mühsam, Ernst Toller, Ernst Niekisch*; wird durch Militär gestürzt. Kommunist. Regierung in München. Durch Reichswehr und SPD beseitigt

Regierung der Volksbeauftragten legt ihre Macht in die Hände der neugewählten dt. Nationalversammlung, die in Weimar zusammentritt. *Friedrich Ebert* (Sozialdemokr.) wird erster Reichspräsident bis 1925 (†)

Nationalversammlung in Weimar nimmt Verfassung des Deutschen Reiches an mit demokratisch-republikan. Regierungsform (Entwurf von *Hugo Preuß*, * 1860, † 1925)

Reichsflagge Schwarz-Rot-Gold (Handels- u. Kriegsflagge Schwarz-Weiß-Rot mit schwarzrotgoldener Gösch)

Philipp Scheidemann (Sozialdemokrat) dt. Reichsministerpräsident (tritt vor Unterzeichnung des Versailler Vertrages zurück; 1920 bis 1925 Oberbürgermeister von Kassel)

Unterzeichnung des Friedensvertrages von Versailles zw. Siegermächten und Deutschland: Elsaß-Lothringen an Frankreich; Posen u. Westpreußen („Korridor“) überwiegend an Polen; Danzig wird Freie Stadt; Memel erst selbst., dann (1923) an Litauen; Eupen-Malmedy (1920) an Belgien; Saargebiet erhält Völkerbundsverwaltung; Nord-

Literatur-*Nobel*preis an *C. Spitteler* (Schweiz)

R. G. Binding: „Keuschheitslegende“

Vicente Blasco-Ibanez (* 1867, † 1928): „Apokalyptische Reiter“ (span. Kriegsroman)

Claudel: „Der erniedrigte Vater“ (frz. Schauspiel)

Gabrielle Colette (* 1873, † 1954): „Mitsou“ (frz. Roman)

Conrad: „Der goldene Pfeil“ (engl. Roman)

Ernst Robert Curtius (* 1886): „Die literarischen Wegbereiter des neuen Frankreich“ (Romanistik)

Dehmel: „Zwischen Volk und Menschheit“ (Kriegstagebuch)

Roland Dorgelès (* 1886): „Die hölz. Kreuze“ (frz. Kriegsroman; verfilmt)

A. Ehrenstein: „Bericht aus einem Tollhaus“ (groteske Erzählung)

Mikkjel Foenhus (* 1894): „Die Wildnis braust“ (norweg. Roman)

Leonhard Frank: „Der Mensch ist gut“ (pazif. Novellen)

Th. Hardy: „Gesammelte Gedichte“ (engl. pessimist. Lyrik)

H. Hesse: „Demian“ (Jugendroman, unter Pseudonym *Emil Sinclair*)

Hofmannsthal: „Die Frau ohne Schatten“ (Schauspiel, vert. v. *R. Strauß*)

G. Kaiser: „Brand im Opernhaus“ u. „Hölle, Weg, Erde“ (Schausp.)

Klabund: „Dreiklang“ (Gedichte)

Oskar Kokoschka: „Orpheus u. Eurydike“ (express. Drama, vertont von *Ernst Křenek*, 1926)

K. Barth: „Der Römerbrief“ (grundlegend für seine Dialektische Theologie; stark umgearb. 1922)

K. Binding: „Die Normen u. ihre Übertretung. Eine Untersuchung über die rechtmäßige Handlung und über die Arten des Deliktes“ (seit 1872)

Ernst Bloch (* 1885): „Über das noch nicht bewußte Wissen“

Hans Blüher (* 1888): „Die Rolle der Erotik in der männlichen Gesellschaft“ (2 Bde. seit 1917, beeinfl. „Wandervogel“)

E. Cassirer: „Das Erkenntnisproblem in der Philosophie und Wissenschaft der neueren Zeit“ (seit 1906; neukantian. Marburger Schule) und „Kants Leben und Lehre“

Gustaf Dalman (* 1855, † 1941): „Orte und Wege Jesu“ (*D.* war 1902 bis 1917 Direktor des „Deutschen ev. Instituts für Altertumswissenschaft des Heiligen Landes“ in Jerusalem)

† *Ernst Haeckel*, dt. Naturforscher; verbreitete monistische Weltauffassung (* 1834)

Ricarda Huch: „Der Sinn der Heiligen Schrift“

Johan Huizinga (* 1872, † 1945): „Herbst des Mittelalters“ (niederl. Kulturgeschichte Burgunds im 15. Jahrhundert)

Jaspers: „Psychologie der Weltanschauungen“

Hermann von Keyserling: „Das Reisebuch eines Philosophen“ (2 Bände)

Th. Lessing: „Geschichte als Sinngebung des Sinnlosen“

Barlach: „Moses" (Holzplastik)

O. Bartning: „Vom neuen Kirchenbau" (über moderne protest. Architektur)

R. Belling: „Dreiklang" (abstrakte Plastik)

Corinth: „Walchenseelandschaft" (Gemälde)

P. Fechter: „Der Expressionismus" (Kunsthistorik)

F. Hodgkins: „Flüchtlingskinder" (engl. Gemälde)

W. Gropius, L. Feininger, J. Itten und *Gerhard Marcks* (* 1889) gründen das „Staatl. Bauhaus" in Weimar (wird zum Zentrum moderner Kunst; u. a. lehren an dieser Schule *Kandinsky* und *Klee*)

W. Gropius: Bauhaus Weimar (modernes Bauwerk)

K. Hofer: „Mädchen mit Blumenstrauß" (express. Gemälde)

Kandinsky: „Träumerische Improvisation" (abstraktes Gemälde) u. „Arabischer Friedhof" (express. Gemälde)

Klee: „Traumvögel" (express. Gemälde)

† *Carl Larsson*, schwedischer Maler (* 1853)

† *Wilhelm Lehmbruck* (Freitod), dt. express. Bildhauer (* 1881)

M. Liebermann: „Simson und Delila" (impress. Gemälde)

Hans Meid (* 1883): „20 Radierungen zur Bibel"

d'Albert: „Revolutionshochzeit" (Oper)

Adolf Busch (* 1891, † 1952) gründet Streichquartett

de Falla: „Der Dreispitz" (span. Ball.)

Fritz Jöde (* 1887, † 1970): „Musik und Erziehung" (Förder. d. Volks- u. Jugendmusik)

Kálmán: „Das Hollandweibchen" (Operette)

Hermann Kretzschmar: „Geschichte der Oper"

Eduard Künneke (* 1885, † 1953): „Das Dorf ohne Glocken" (Singspiel)

† *Ruggiero Leoncavallo*, ital. Opernkomponist (* 1858)

Sergej Rachmaninow, seit 1912 Kapellmeister in Petersburg, geht in die USA

Ture Rangström (* 1884, † 1947): „Die Kronbraut" (schwedische Oper nach *Strindberg*)

Hugo Riemann: „Analyse von Beethovens sämtlichen Klaviersonaten" (3 Bände seit 1905)

Othmar Schoeck (* 1886, † 1957): „Don Ranudo" (Schweiz. Oper nach *Holberg*)

O. Straus: „Der letzte Walzer" (Operette)

R. Strauss: „Die Frau ohne Schatten" (Oper)

Jazz kommt nach London

Physik-*Nobel*preis an *Joh. Stark* (Dt.) für Entdeckung der Aufspaltung von Spektrallinien im elektrischen Feld

Medizin-*Nobel*preis an *Jules Bordet* (Belg., * 1870) für serologische Diagnose durch Komplementbindungs-Reaktion

John Alcock und *Arthur Whitten-Brown* fliegen von Neufundland nach Irland (gewinnen „Daily-Mail"-Preis für ersten Ozeanflug)

F. W. Aston: Intensitätsstarker Massenspektrograph zur Bestimmung von Atommassen

Hans Bredow hält Experimentalvortrag in Berlin mit Übertragung von Sprache und Musik im Lautsprecher

Bruno H. Bürgel: „Vom Arbeiter zum Astronomen" (Autobiographie)

† *William Crookes*, engl. Physiker; entdeckte 1861 das Element Thallium; erfand 1874 Radiometer; untersuchte elektrische Entladungen in verdünnten Gasen (* 1832)

Adalbert Czerny (* 1863, † 1941) Professor für Kinderheilkunde in Berlin (schreibt: „Des Kindes Ernährung", „Der Arzt als Erzieher des Kindes")

Festsitzung d. Royal Society, London: Sonnenfinsternis-Expedition bestät. d. durch d. Allgem. Relativitätstheorie *Einsteins* vorhergesagte Lichtablenkung durch die Sonne

† *Emil Fischer*, dt. Chemiker; klärte Aufbau der Zucker und Eiweiße; fand Schlafmittel Veronal u. a.; *Nobel*preis 1902 (* 1852)

R. Hugershoff und *H. Cranz:* „Die Grundlagen der Photogrammetrie aus Luftfahrzeugen" (kennzeichnet die Anfänge einer extensiven Erdvermessung)

R. Heidecke (* 1881, † 1960): Rollei-Spiegelreflex-Stereokamera (1929: Rolleiflex-Kamera)

Huldschinsky entdeckt antirachit. D-Vitaminbildung durch Höhensonnenbestrahlung der Haut

H. Klemm: Leichtflugzeug

Motorroller von *Krupp*

Mellanby und *MacCollum* erzeugen im Tierversuch künstlich Rachitis durch Mangelernährung

John Maynard Keynes (* 1883, † 1946): „Die wirtschaftl. Folgen d. Friedensvertrages" (für gemäßigte Reparationen)

Gründung des Internationalen Arbeitsamtes (IAA) in Genf

Internat. Gewerkschaftsbund veröffentlicht in Bern neues Arbeiterschutzprogramm

Internationale Arbeitskonferenz in Washington beschließt: 48-Stundenwoche, internationale Erwerbslosenstatistik, öffentliche statt privater Stellenvermittlung, 12-Wochen-Arbeitsverbot f. werdende Mütter und Wöchnerinnen, Nachtarbeitsverbot für Frauen u. Jugendliche, Schutz vor Giftwirkungen, Mindestalter für arbeitende Jugendliche, Gewerbeaufsichtsämter

Weimarer Verfassung gewährleistet Koalitionsrecht

Allgemeiner Dt. Gewerkschaftsbund (ADGB) (1925: 40 Verbände mit 4,2 Mill. Mitgliedern; Einnahmen: 147,5 Mill. M; Ausgaben: 125,9 Mill.); Zusammenarb. m. christl. Gewerksch.

„Technische Nothilfe"

Landarbeitsordnung für Deutschland

(1919)	schleswig (1920) an Dänemark; Oberschlesien (1921) teilw. an Polen; Kolonien werden Völkerbundsmandate. Internationalisierung der großen Flüsse. (Abgetreten außer Kolonien rund 71000 qkm mit 6,5 Mill. Einwohnern.) Reparationszahlungen: 1921 erst auf 269, dann auf 132 Mrd. Goldmark festgesetzt; 1924 *Dawes*-, 1929 *Young*plan. Abrüstung 100000-Mann-Heer, Entmilitarisierung der Rheinufer. Umfangreiche Sachlieferungen *Gustav Bauer* (SPD) dt. Reichskanzler bis 1920 *Eugen Schiffer* (*1860, †1954) dt. Reichsfinanzminister und Vizekanzler (Reichsminister bis 1921) Danzig „Freie Stadt" mit Völkerbundskommissar (ab 1922 im poln. Zollgebiet) Selbstversenkung der dt. internierten Kriegsflotte bei Scapa Flow (Verstoß gegen Waffenstillstandsbedingungen) Sozialisierungsgesetz (Rahmengesetz) und Sozialisierungskommission in Deutschland (keine nennenswerten Ergebnisse) *R. Wissell* und *W. von Moellendorff*: „Wirtschaftliche Selbstverwaltung" (Denkschrift über demokrat. Planwirtschaft, wird von Nationalversammlung abgelehnt) Freie Arbeiterunion in Deutschland (syndikalistisch) „Deutsche Arbeiterpartei" (dann NSDAP) gegründet, *Hitler* wird 7. Mitglied *Otto Meißner* (* 1880): „Die Reichsverfassung" † *Friedrich Naumann*, dt. christl.-sozialer Politiker (* 1860) Sozialdemokrat. Partei stärkste Partei der österr. Nationalversammlung, stellt Bundeskanzler *Karl Renner* (* 1870, † 1951) und den Bundespräsidenten *Karl Seitz* (* 1869), beide bis 1920 Die Siegermächte schließen die Friedensverträge von St. Germain mit Österreich und von Neuilly mit Bulgarien Südtirol mit Bozen und Meran kommt an Italien	*Karl Kraus* (* 1874, † 1936): „Die letzten Tage der Menschheit" (satir. Drama) *H. Mann*: „Macht und Mensch" (demokrat. Betrachtungen) *Chr. Morgenstern*: „Der Gingganz" (Gedichte, posthum) *V. Muselli*: „Die Masken" (frz. „heroisch-komische" Sonette) *R. Presber*: „Mein Bruder Benjamin" (Roman) *A. Schaeffer*: „Elli oder die sieben Treppen" (Roman) *Schnitzler*: „Die Schwestern" (Schauspiel) *Bruno Schönlank* (* 1891): „Erlösung" (chorisches Weihespiel) *Sinclair*: „Jimmy Higgins" (nordamerik. sozialist. Roman) *E. Strauß*: „Der Spiegel" (Erzählung) *Hans Thoma*: „Im Winter des Lebens" (Erinnerungen) *Walpole*: „Jeremias" (engl. Knabenroman) *Jakob Wassermann*: „Christian Wahnschaffe" (Roman in 2 Bänden) *Leo Weismantel* (* 1888): „Die Reiter der Apokalypse" (symbol. Drama) *Werfel*: „Der Gerichtstag" (Drama) *Ernst von Wolzogen*: „Harte Worte" (gegen die Revolution) *Paul Zech* (* 1881, † 1946): „Golgatha", „Das Terzett der Sterne" (express. Gedichte) *Fritz Kortner* (*1892, + 1970) präsent. in der Urauff. der „Wandlung" von *E. Toller* expressionist. Darstellungsstil	*A. Liebert*: „Vom Geist der Revolutionen" und „Wie ist kritische Philosophie überhaupt möglich?" *Walter Lietzmann*: „Methodik des mathematischen Unterrichts" *Theodor Litt* (* 1880): „Individuum und Gemeinschaft" Dt. Kindergärten übernehmen *Montessori*-Methode *Paul Östreich* (* 1878) gründet „Bund entschiedener Schulreformer" mit Organ „Die neue Erziehung" *Vilfredo Pareto* (* 1848, † 1923): „Traktat über allgemeine Soziologie" (Schweiz. Soziologie; seit 1916) *Peter Petersen* (* 1884): „Gemeinschaft und freies Menschentum, die Zielforderungen der neuen Schule" (demokr. Pädagogik) *R. Steiner*: „Die Kernpunkte der sozialen Frage" (anthroposoph. Gesellschaftslehre mit Dreiteilung in Geistes-, Rechts- und Wirtschaftsleben) 1. Freie Waldorfschule, Stuttgart (anthroposophisch, Leiter: *Rudolf Steiner*) *Sigrid Undset*: „Ein Frauenstandpunkt" (norweg. Schrift gegen sexuelle Ungebundenh.) *W. R. Valentiner*: „Umgestaltung der Museen im Sinne der neuen Zeit" *J. B. Watson*: „Psychologie vom Standpunkt eines Behavioristen" (nordamerikan. „Verhaltens"-Psychologie) *Max Weber*: „Wissenschaft als Beruf" und „Politik als Beruf"

Frans Masereel (* 1889): „Mein Stundenbuch" (belg. pazifist. Holzschnittbuch)

Ed. Munch: „Der Mörder" (norweg. express. Gemälde)

Alfred Heinrich Pellegrini (* 1881): „Die neue Zeit" (Schweiz. Wandgemälde im Treppenh. d. Kunsthalle Basel)

H. Poelzig: Großes Schauspielhaus, Berlin (Baubeginn 1918)

Picasso: „Rast der Schnitter" u. „Pierrot" (span.-frz. neoklassizist. Gemälde); neoklassiz. Periode b. 1923

† *Pierre Auguste Renoir*, frz. Maler des Impressionismus (* 1841)

Schmidt-Rottluff: „Sommer am Meer" (express. Gemälde)

„Bund deutscher Gebrauchsgraphiker"

„Das Wunder des Schneeschuhs" (erster groß. Naturfilm von *Arnold Fanck*) (* 1889, † 1974)

„Die Passepartouts des Teufels" (nordam. Film von *Erich von Stroheim*, * 1885)

„Der geheimnisvolle Mann" (nordamerik. Film von *George Tucker*)

„Madame Dubarry" (Film v. *E. Lubitsch* mit *P. Negri*, *H. Liedtke*, *E. Jannings*)

„Die Austernprinzessin" (Film von *E. Lubitsch* mit *A. Nielsen*)

„Die Spinnen" (Film v. *Fritz Lang*, * 1890)

Vaclav Nischinskij, russ. Tänzer, weltberühmt seit 1909, wird geisteskrank († 1950)

Mary Wigman (*1886, † 1973) bgrdt. eigenen Stil des Ausdruckstanzes (trennte sich 1918 von ihrem Lehrer *Rudolf Laban Varalya* (*1879, † 1958, grdt. 1920 in Dresden eigene Schule, die bis 1940 besteht)

E. Nordenskiöld: „Südamerika" (völkerkundliche Forschungsberichte von eigenen Reisen seit 1899)

† *John William Rayleigh*, engl. Physiker; gab Theorie des blauen Himmelslichtes; entdeckte mit *W. Ramsay* Edelgas Argon; *Nobel*preis 1904 (* 1842)

Moritz Ritter: „Die Entwicklung der Geschichtswissenschaft an den führenden Werken betrachtet"

Rutherford gelingt mit radioaktiver Strahlung Umwandlung eines Stickstoff- in ein Sauerstoffatom als erste künstliche Elementumwandlung

Arnold Sommerfeld (* 1868, † 1951): „Atombau und Spektrallinien" (Standardwerk der theoret. Spektroskopie)

Céc. und *O. Vogt* (* 1870, † 1959): „Allgemeine Ergebnisse unserer Hirnforschung" (weisen lokalisierte Zentren nach)

† *Alfred Werner*, Schweiz. Chemiker; erforschte bes. Komplexverbindungen; *Nobel*preis 1913 (* 1866)

Beginn der dt. Luftpost auf der Strecke Berlin—Weimar

Erste Versuche mit Kurzwellen (unter 100 m)

Internat. Handelskammer (Deutschland tritt 1925 bei)

„Reichsverband der Dt. Industrie", enge Zusammenarbeit mit Unternehmerverbänden (1926: 1469 Einzel- und 977 korporative Mitgl.)

*Krupp*direktor *Kurt Oskar Sorge* (*1855, † 1928) Vorsitzender des „Reichsverbandes der Dt. Industrie" bis 1924

Mitteld. Braunkohlensyndikat GmbH

Glühlampenwerk „Osram"

Radio Corporation of America (mit Tochtergesellschaft National Broadcasting Co. größtes Rundfunkunternehmen der Erde)

Eugen Schmalenbach (* 1873): „Dynamische Bilanz" (Betriebswirtschaftslehre)

Erste dt. Verwaltungsakademie (in Berlin) (1930: 21 dt. V.A.)

Reichsarchiv in Potsdam

Dt. Heeresbücherei

Reichsamt f. Landesaufnahme (aus Königlich preuß. Landesaufnahme des Generalstabes, 1875 gegründet)

Selbsthilfebund d. Körperbehinderten von *Otto Perl* (* 1882) gegründet

† *Horace Fletcher*, nordamerikanisch. Ernährungsreformer (* 1886)

(1919)

Gabriele d'Annunzio besetzt mit einer Freischar Fiume für Italien

Benito Mussolini (bis zum Kriege Sozialdemokrat) gründet ersten faschistischen Kampfverband in Mailand

George Curzon brit. Außenminister bis 1924; ist gegen frz. Ruhrbesetzung (1923)

Bergarbeiterstreik in Großbritannien (bis 1921)

Revolutionäres irisches Parlament und Regierung (führt 1921 zum Irischen Freistaat mit Dominionstatus)

Jan Smuts Ministerpräsident der Südafrikan. Union bis 1924

Großbritannien anerkennt Unabhängigkeit Afghanistans

Indien erhält Verfassung (führt nicht zur Beruhigung der Unabhängigkeitsbestrebungen)

Schwere Unruhen in Bombay

Ind. antibrit. Demonstration bei Amritsar wird blutig unterdrückt (450 Tote, 1500 Verwundete)

Frauenstimmrecht und Achtstundentag in Schweden

Ignazy Paderewski poln. Staatspräsident bis 1921; dann Vertreter beim Völkerbund (warb während des Weltkrieges durch sein virtuoses Klavierspiel in den USA für ein selbständiges Polen)

Tusar (Sozialdemokrat), tschechoslow. Ministerpräsident bis 1920

Republik Finnland (seit 1917 von Rußland unabhängig, 1918 kurzzeitig Monarchie)

Dt. Truppen verteidigen Riga gegen Bolschewisten. Ihre Weigerung, nach Deutschland zurückzukehren, führt zu lettisch-dt. Spannung

Bolschewisten verlieren Baltikum

General *Denikin* Oberbefehlshaber der Weißen Armee in Südrußland, Admiral *Koltschak* in Sibirien. Brit. Interventionsarmee in Nordrußland

Kommunist. Internationale („Komintern") gegründet unter wachsender Vorherrschaft der KPSU, Leiter bis 1926 *Sinowjew* (löst sich 1943 auf)

Lenin: „Staat und Revolution" (bolschewist. Theorie der Revolution)

Vorübergehend ungar. Räterepublik unter *Béla Kun* (* 1886, † 1937, in der USSR liquidiert); wird von Admiral *Horthy* militär. beseitigt

Katalonien (Span.) verlangt Autonomie

Tagung der 2. Internationale in Bern (1920 in Genf)

† *Theodore Roosevelt* (Republik.), Präsident der USA von 1901 bis 1909; Friedens*nobel*preis 1906 (* 1858)

Japan erhält Kiautschou und Völkerbundsmandat über bisherigen dt. Kolonialbesitz auf den Südseeinseln (Karolinen, Marianen, Marshallinseln)

Aufstand auf Korea gegen Japan blutig unterworfen

Max Reinhardt eröffnet das umgebaute Gr. Schauspielhaus, Berlin, mit der „Orestie" von *Äschylos*

Aleksandr Tairow (* 1885): „Das entfesselte Theater" (russ. express. Theaterkunst)

Henry Louis Mencken (* 1880): „Die amerikanische Sprache" (nordamerik.)

„Amerikanischer Rat d. gelehrten Gesellschaften" zur Förderung d. Geisteswissenschaften gegrdt. (kennzeichnet wachsenden Vorrang d. Naturwissenschaften)

A. N. Whitehead: „Eine Untersuchung über die Prinzipien der Naturerkenntnis" (engl. Naturphilosophie)

Österreich schafft Todesstrafe ab

Stärkere weltanschauliche und politische Differenzierung der dt. Jugendbewegung

~ Ausbau des Volksbildungswesens in Deutschland (Abend- und Heimvolkshochschulen)

Universität Hamburg

Universität Köln (alte Universität bestand von 1389 bis 1798)

Universität Posen

Slowakische Universität Preßburg

Handelshochschule Prag

Dt. Studentenschaft (mit parlamentar. Aufbau)

Trennung von Staat und Kirche in Deutschland. Sicherung des Religionsunterrichts und der theolog. Fakultäten

„Arbeiterwohlfahrt" gegründet (sozialdemokratische Wohlfahrtspflege)

In den sächs. Volksschulen „Lebenskunde" statt Religionsunterricht; „Leipziger Thesen" für die weltl. Schule

„Die evang. Diaspora" (Organ des *Gustav-Adolf*-Vereins, gegründet 1832)

Gründung der „Bildstelle beim Zentralinstitut für Erziehung und Unterricht" (fördert Lehrfilm, bis 1940 42000 Schulfilmgeräte)

Zentralbildungsausschuß der kathol. Verbände Deutschlands

„Rose France" (frz. Film von *Marcel L'Herbier,* *1890), „J'accuse" (frz. Film von *A. Gance*)

„Hedda Gabler" (italien. Film von *Pastrone*)

schlug das „Fletschern" vor, d. h. jeden Bissen 5 Min. kauen (* 1849)

Alkoholverbot in den USA (Prohibition, bis 1933; führt zu verbrech. Schmugglerwesen)

Verband deutscher Faustkämpfer (Berufsboxer)

Aus Torball wird i. Dtl. das Handballspiel

O. Flint gew. geg. *Metz* erste offizielle dtsch. Schwergewichtsmeisterschaft i. Boxen

Dt. Reichsverband für Amateurboxen

Jack Dempsey wird Boxweltmeister gegen *Jess Willard*

Engl. Luftschiff dt. Bauart R 34 fliegt i. 108 Std. v. Schottland n. USA

John Alcock und *Arthur Whitten-Brown* flieg. Neufundl.–Schottl. i. 16 Std. 12 min.

Virus-Influenza (Grippe) verursacht 1918/19 erdweit etwa 20 Mill. Tote

~ Der 1. Weltkrieg förderte Kfz- und Flugtechnik

1920

Friedens*nobel*preis an *Léon Bourgeois* (Frankr., * 1851, † 1925)

Ständiger Internationaler Gerichtshof im Haag gegründet

Betriebsrätegesetz (bringt keine wesentliche Mitbestimmung der Arbeiter) KPD und USPD demonstrieren vor dem Reichstag gegen dieses Gesetz (42 Tote)

Reichswirtschaftsrat gegr. (einflußlos)

Nordschleswig kommt durch Abstimmung an Dänemark

Wolfgang Kapp (* 1858, † 1922 in Untersuchungshaft), ostpreuß. Landschaftsdirektor, putscht gegen Reichsregierung. Diese flieht nach Stuttgart. Gewerkschaften schlagen Putsch durch Generalstreik nieder

Kommunistische Unruhen im Ruhrgebiet werden durch Reichswehr in teilweise harten Kämpfen niedergeschlagen

Hans von Seeckt (* 1866, † 1936) Chef der dt. Heeresleitung bis 1926; organisiert das 100000-Mann-Heer der Reichswehr

Auslieferung von 895 der Brechung internationalen Rechts verdächtigten Personen an die Entente findet nicht statt

Preußen gibt sich Verfassung als Freistaat

Paul Löbe (SPD, * 1875) Präsident des Dt. Reichstages

Hermann Müller (SPD, * 1876, † 1931) dt. Reichskanzler; danach *Fehrenbach* (Zentr.) bis 1921

Otto Braun (SPD) in Preußen Ministerpräsident bis 1932

Carl Severing (SPD, * 1875, † 1952) preuß. Innenminister bis 1921 (wieder 1921 bis 1926, 1930 bis 1932)

Otto Meißner Leiter des Büros des Reichspräsidenten (bleibt in dieser Stellg., ab 1923 als Staatssekretär u. ab 1937 als Staatsminister, bis 1945)

Volksabstimmung in Südostpreußen ergibt starke Mehrheit für Deutschland

Eupen und Malmedy kommen an Belgien

Memelgebiet vorläufig unter frz. Verwaltung

Literatur-*Nobel*preis an *K. Hamsun* (Norwegen)

Sherwood Anderson (* 1876, † 1941): "Poor white" (nordamerikan. Roman)

Ernst Barlach: „Die echten Sedemunds" (Drama)

Max Barthel (* 1893): „Arbeiterseele" (Ged. eines Fabrikarbeiters)

Joh. R. Becher: „Ewig im Aufruhr" (Gedichte)

Franz Blei (* 1871, † 1942): „Das große Bestiarium der deutschen Literatur" (satir. Literaturkritik, unter dem Pseudonym *Peregrinus Steinhövel*)

Rudolf Borchardt (* 1877, † 1945): „Die halbgerettete Seele" (epische Dichtung)

Arnolt Bronnen (* 1895, † 1959): „Vatermord" (Schauspiel)

Colette: „Chéri" (franz. Roman, 1922 Komödie)

† *Richard Dehmel*, dt. Dichter (* 1863)

Duhamel: „Elegien" (frz. Lyrik)

Kasimir Edschmid (* 1890): „Die achatnen Kugeln" (Roman) und „Die doppelköpfige Nymphe" (Literaturkritik)

† *Ludwig Ganghofer*, dt. Schriftsteller; schrieb Unterhaltungsromane mit Themen aus Oberbayern; Gesamm. Werke in 40 Bänden (* 1855)

Curt Goetz (* 1888): „Menagerie" (Einakterzykl.)

Gundolf: „George" (Würdig. *Stefan Georges*)

Jakob Haringer (* 1898, † 1948): „Abendbergwerk" (Lyrik; *Hauptmann*preis 1925)

W. Jansen: „Das Buch Leidenschaft. Amelungen-Roman"

Samuel Alexander (* 1859, † 1938): „Raum, Zeit und Gottheit" (engl. metaphysischer Realismus)

K. Binding u. *A. Hoche:* „Die Freigabe der Vernichtung lebensunwerten Lebens" (fordert Straflosigkeit d. Euthanasie)

† *Karl Binding*, dt. Jurist und Führer der klassischen Strafrechtsschule (* 1841)

„Lassalle's Reden und Schriften" (12 Bände, herausgegeben von *E. Bernstein*, seit 1919)

A. Dopsch: „Die wirtschaftlichen und sozialen Grundlagen der europäischen Kulturentwicklung von Cäsar bis auf Karl den Großen" (2 Bände)

Benno Erdmann (* 1851, † 1921): „Reproduktionspsychologie"

Albert Hauck (* 1845, † 1918): „Kirchengeschichte Deutschlands" (bis ins 15. Jahrhundert, 5 Bände seit 1887, teilweise mehrere Auflagen, protest.)

Hermann von Keyserling: „Philosophie als Kunst"; gründet in Darmstadt „Schule der Weisheit" (prakt. Kulturgestaltung im Sinne einer Lebensphilosophie)

W. Köhler: „Die physischen Gestalten in Ruhe und im stationären Zustand" (mit Einfluß auf die Gestaltpsychologie)

Lukasiewicz erweitert die klass. zweiwertige Logik („wahr" — „falsch") zu einer mehrwertigen (z. B. dreiwertig: „wahr" — „wahrscheinlich" — „falsch")

Barlach: „Die Kupplerin" (Bronzeplast.)

Charles Burchfield (* 1893): „Tauwetter im Februar" (nordamerik. Gemälde)

Robert Delaunay (* 1885, † 1941): halb gegenständl. Bilder

Feininger: „Kirche" (kubist. Gemälde)

G. Grosz: „Kleine Groszmappe" (gesellschaftskrit. graphische Blätter)

C. Gurlitt: „Handbuch des Städtebaus"

Hannah Höch (*1889): „Der Schnitt mit dem Kuchenmesser" (dadaist. Photocollage)

† *Max Klinger*, dt. Maler, Bildhauer u. Graphiker (* 1857)

Kollwitz: „Nachdenkende Frau"

Léger: „Mann mit Stock" (frz. abstraktes Gemälde)

Max Liebermann Präsident d. Preuß. Akademie d. Künste bis 1932

Matisse: „Die Odaliske" (frz. Gemälde)

† *Amedeo Modigliani*, ital. Maler, seit 1907 in Paris (* 1884)

Johannes Molzahn (* 1892, † 1965): „Blühender Kelch"

P. Mondrian: „Komposition" (niederl. geom.-abstr. Gem.)

William Nicholson: „Sonnenblumen" (engl. nachimpress. Gemälde)

Kurt Schwitters (*1887, + 1948): „Das Sternbild" (Assemblage aus Altmaterial einschl. Makulatur)

In Frankreich bildet sich die „Groupe des Six": *Louis Durey* (*1888), *Darius Milhaud* (*1892), *Germaine Tailleferre* (*1892), *Arthur Honegger* (*1892, + 1955), *Georges Auric* (*1899) und *Francis Poulenc* (*1899, + 1963); erstrebt spezifisch frz. Stil ohne Romantik und Impressionismus; stark beeinflußt von *Eric Satie* (*1866, + 1925) u. *Jean Cocteau* (*1892, + 1963)

† *Max Bruch*, dt. Komponist (*1838)

Furtwängler dirigiert erstmalig in Berlin

Jean Gilbert: „Die Braut des Lucullus" (Operette)

Graener: „Schirin und Gertraude" (Oper)

Korngold: „Die tote Stadt" (Oper)

Francesco Malipiero (* 1882): „Pantea" und „L'Orfeide" (ital. Opern im atonalen Stil)

Puccini: „Der Mantel", „Gianni Schicchi" und „Schwester Angelika" (ital. Einakter-Opern)

Reznicek: „Ritter Blaubart" (Oper)

Strawinsky: „Pulcinella" (russ. Ballett nach *Pergolesi*). Beginn seiner klassizist. Schaffensepoche

Laban: „Die Welt des Tänzers"

Physik-*Nobel*preis an *Edouard Guillaume* (Schweiz, * 1861, † 1938) für Metallegierung „Invar" mit geringer Wärmeausdehnung

Chemie-*Nobel*preis an *W. Nernst* (Dt.) für dritten Hauptsatz der Thermodynamik (Unerreichbarkeit des absoluten Nullpunktes)

Medizin-*Nobel*preis an *August Krogh* (Dänem., * 1874) für Entdeckung der kapillar-motorischen Regulation im Blutkreislauf

W. Baade entdeckt bisher sonnenfernsten kleinen Planeten „Hidalgo" (erreicht 9,4fache Erdentfernung von der Sonne)

Hassane in Bey und *Rosita Forbes* dringen durch die Libysche Wüste zur Oase Kufra vor (Wiederaufnahme der Erforschung der Libyschen Wüste seit *G. Rohlfs* 1878)

Bilau: Windmotor mit Propeller-Flügeln

Arthur Stanley Eddington (* 1882, † 1944): „Raum, Zeit, Gravitation" (ihre Zusammenhänge in der Relativitätstheorie)

H. M. Evans (*1883, + 1971) erzielt Riesenwuchs bei Tieren durch Hypophysenextrakt (Wirkung eines Hypophysenhormons)

Heinrich v. Ficker (* 1881) erkennt die Bedeutung der Stratosphäre für Wettervorgänge (vgl. 1936)

A. Flettner: Schiffsruder, das über Hilfsruder vom Wasserstrom eingestellt wird

E. Frey: Muskelkontraktion als Stoffwechselvorgang

Gardthausen: „Handbuch der wissenschaftlichen Bibliothekskunde"

Junkers Metalleindecker F 13 (195-PS-Motor, 175 km/St., 4 Passagiere)

Ph. Lenard greift Relativitätstheorie *Einsteins* an (kann internationale wissenschaftliche Anerkennung nicht erschüttern)

Michelson und *Pease* messen interferometrisch den Durchmesser des Sterns Beteigeuze zu 300 Sonnendurchmessern („Roter Riese")

Eduard Norden: „Die germanische Urgeschichte in Tacitus' ‚Germania'"

Das Reich übernimmt deutsche Eisenbahnen

Dt. Einkommensteuergesetz

Arbeitslosenversicherung in Großbritannien u. Österreich

Zentralausschuß dt. Unternehmerverbände

Streikversicherung der dt. Unternehmerverbände

Hugo Stinnes gründet Elektromontan-Trust *Siemens*-Rhein-Elbe-*Schuckert*-Union (1925 wegen finanzieller Schwierigkeiten aufgelöst)

Reichsheimstättengesetz u. ständiger Beirat für Heimstättenwesen unter *Ad. Damaschke*

„Industrie- und Handelszeitung" (Berlin)

Groß-Berlin gebildet

Prager Mustermessen beginnen

Olympiade in Antwerpen (ohne Deutschland)

Erste Olympiasiege des finnischen Läufers *Paovo Nurmi* (* 1897) (Weitere Siege 1924 und 1928)

Segelflieger-Schule u. erster Segelflugwettbewerb auf der Rhön

Paddel- und Kanusport verbreit. sich

Hans Breitensträter dt. Boxmeister im Schwergewicht

(1920)	Dt. Kolonien werden Völkerbundsmandate *Otto Wels* (*1873, † 1939) Vorsitzender der SPD Zwei Drittel der USPD stimmen für Vereinigung mit KPD (1922 vereinigt sich der Rest mit SPD) *Artur Mahraun* gründet „Jungdeutschen Orden" (vereinigt sich 1930 vorübergehend mit der Demokrat. Partei zur Dt. Staatspartei; 1933 aufgelöst) *Hitler* verkündet sein 25-Punkte-Programm im Münchener Hofbräuhaus *A. Einstein* setzt sich für den Zionismus ein *G. Escherich* gründet „Orgesch" („Organisation Escherich", bayr. Selbstschutzverband, aufgelöst 1921) *L. Quidde*: „Völkerbund und Demokratie" und „Völkerbund und Friedensbewegung" Christlich-soziale Partei gewinnt politische Führung in Österreich. *Michael Hainisch* (parteilos) Bundespräsident bis 1928; *Michael Mayr* (christl.-sozial, * 1864, † 1922) Bundeskanzler und Außenminister bis 1921. Aufnahme i. d. Völkerbund Durch Volksabstimmung bleibt Kärnten bei Österreich Gründung der „2½. Internationale" unter Führung der österr. Sozialdemokratie (vereinigt sich 1923 in Hamburg mit der 2. Internationale) *Otto Bauer*: „Bolschewismus und Sozialdemokratie" (theoret. Grundlage der österr. Sozialdemokratie, „Austromarxismus") Malta erhält neue Verfassung mit örtl. Selbstverwaltung *Alexandre Millerand* (* 1859, † 1943) Präsident von Frankreich bis 1924 Parteitag der frz. Sozialisten bringt die Abspaltung der Kommunisten *Giuseppe Motta* (* 1871, † 1940) kathol.-konservativer Leiter des Schweiz. Polit. Departements (Auswärtiges) (Bundespräsident: 1915, 1920, 1927, 1932, 1937) Schweiz tritt in den Völkerbund ein	*F. Kafka*: „Ein Landarzt" (österr. Roman) *Ernst Jünger* (* 1895): „In Stahlgewittern" (Kriegsroman) *G. Kaiser*: „Gas" (soziales Drama, 2 Teile seit 1918) *Lewis*: „Die Hauptstraße" (nordamerikan. Roman) *Hugh Lofting*: „Dr. Dolittle und seine Tiere" (engl. Zyklus von Kindergeschichten in mehreren Bänden) *Emil Ludwig*: „Goethe, Geschichte eines Menschen" (Biographie) „Genie u. Charakter" Nachlaß von *Stephane Mallarmé* (* 1842, † 1898) beginnt zu erscheinen; aus der frz. literarischen Symbolistenschule mit einem „L'art pour l'art"-Standpunkt *Th. Mann*: „Herr und Hund" (Novelle) *Katharine Mansfield* (eig. *Cathleen Beauchamp*, * 1889, † 1923): „Bliss" (engl. Erzählungen) *Eugene Gladstone O'Neill* (* 1888, † 1953): „Hinter dem Horizont" (nordamerikan. Drama) *Pirandello*: „Sechs Personen suchen einen Autor" (ital. Schauspiel) *C. Sandburg*: „Rauch u. Stahl" (nordamerikan. Gedichte) *A. Schaeffer*: „Helianth" (Roman, 3 Bände) und „Der göttliche Dulder" (Odysseus-Epos) *Schmidtbonn*: „Der Geschlagene" (Schauspiel) *Sinclair*: „100%. Die Geschichte eines Patrioten" und „Der Sünde Lohn" (nordamerikan. sozialist. Romane)	*Natorp*: „Sozialidealismus" (Gesellschaftsphilosophie) *Eugenio Pacelli* Nuntius in Berlin bis 1929 *Rudolf Penzig* (* 1855, †): „Erziehungsbriefe an eine Sozialistin" (schrieb 1897 „Ernste Antworten auf Kinderfragen") *O. Pfister*: „Der Kampf um die Psychoanalyse" „Essays über kritischen Realismus" (nordamerikan. Sammelwerk von *Santayana*, *Drake* u. a.) *Söderblom*: „Einführung in die Religionsgeschichte" (schwed., evang.) *Sombart*: „Der moderne Kapitalismus" (2 Bände, kritisch) *Spengler*: „Preußentum und Sozialismus" *W. Stern*: „Methodensammlung zur Intelligenzprüfung" *K. Vorländer*: „Kant, Fichte, Hegel und der Sozialismus" † *Max Weber*, dt. Soziologe (* 1864) *H. G. Wells*: „Die Grundlinien der Weltgeschichte" (engl., kosmopolit. Standpunkt) *W. Wundt*: „Völkerpsychologie" (10 Bände seit 1900, z. T. 2. Aufl.) † *Wilhelm Wundt*, dt. Psychologe; Begründer der experimentellen Psychologie (* 1832) *Leopold Ziegler* (* 1881): „Gestaltwandel der Götter" (Religionsphilosophie, 2 Bände) Frankreich nimmt diplomatische Beziehungen zum Heiligen Stuhl wieder auf (wurden 1904 abgebrochen) Reichsschulkonferenz

Slevogt: „Die Prinzessin auf den Inseln Wak-Wak" (Lithographien)

Stanley Spencer (* 1892): „Christus trägt das Kreuz", „Abendmahl" (engl. Gemälde)

Walter Tiemann Direktor der Akademie für graphische Künste und Buchgewerbe in Leipzig

Georges Valmier (* 1885, † 1937): „Scherzo" (frz. abstraktes Gemälde)

† *Anders Zorn*, schwed. impression. Maler (* 1860)

Daniel-Henry Kahnweiler (*1884): „Der Weg zum Kubismus" (v. sein. frz. Förderer. Vgl. 1907)

~ „Neue Sachlichkeit" in der Malerei

Amundsen dreht auf der „Maud" ersten Expeditionsfilm

„Kabinett des Dr. Caligari" (express. Film mit *Lil Dagover*, *Conradt Veidt*, *W. Krauß*; Regie: *Robert Wiene*, * 1881, † 1938)

„Der Golem" (Film mit *P. Wegener*)

„Kohlhiesl's Töchter" (Film v. *E. Lubitsch* mit *H. Porten* in einerDoppelrolle)

„Das Grabmal des Hindu" (Film v. *J. May*); „Januskopf" (Film von *F. W. Murnau*, * 1889, † 1931, mit *C. Veidt*)

„Polyanna" (nordamerik. Film v. *Paul Powell* mit *M. Pickford*)

„Die Mutter" (russ. Film nach *Gorki* v. *Razoumny*)

Jazz kommt nach Deutschland (verbindet sich mehr und mehr mit der Tanzmusik)

~ Im Gegensatz zum Expressionismus entst. d. „Neue Sachlichkeit" als objektbetonte Malerei von *A. Kanoldt* („klassisch") bis *Grosz* u. *Dix* (sozialkrit. Veristen)

Siegfried Passarge (* 1867): „Die Grundlagen der Landschaftskunde" (3 Bände seit 1919)

† *Robert E. Peary*, nordamerikan. Nordpolarforscher (* 1856)

M. Planck: „Die Entstehung und bisherige Entwicklung der Quantentheorie"

F. Sauerbruch: „Die Chirurgie der Brustorgane"

G. Schlesinger: „Psychotechnik und Betriebswissenschaft"

Notgemeinschaft der dt. Wissenschaft von *Friedrich Schmidt-Ott* (* 1860, † 1956) gegründet

Weltrekord im Höhenflug von *Schröder* mit 10093 m

J. von Üxküll: „Theoretische Biologie"

O. H. Warburg: „Theorie der Kohlensäureassimilation"

Keimdrüsenüberpflanzungen an Säugetieren zur Verjüngung

Reizkörperbehandlung (Eiweiß-Spritzen zur Erhöhung der Widerstandskraft des Organismus)

Chemisch-technische Reichsanstalt

Lehrstuhl für Naturheilkunde in Berlin

„Zeitschrift für Physik"

„Zeitschrift für technische Physik"

„Berichte über die gesamte Physiologie und experimentelle Pharmakologie" (Kurzberichte über die erscheinenden wissenschaftl. Arbeiten)

Schwerkraftdavits sichern selbsttätiges Aussetzen von Rettungsbooten

William Tatum Tilden (* 1893, † 1953) „Big Till" siegt erstmals in Wimbledon, gelangt an die Spitze der Tennis-Weltrangliste (wird 1930 Berufsspieler)

„1. F. C. Nürnberg" erstmals dt. Fußballmeister (wieder 1921, 1924, 1925, 1927, 1936, 1948)

Bergwacht zum Schutz gegen Gefahren des Alpinismus

Erdbeben in China (Kansu) fordert 200000 Opfer

11,9 Mill. Tiere in Deutschland an Maul- und Klauenseuche erkrankt, davon 6 Mill. Rinder (Schaden etwa 100 RM pro Rind)

KLM (gegr. 1919) beginnt Passagierluftfahrt

Ellen Church fliegt als erste Stewardeß in USA

(1920)

Hjalmar Branting (Sozialdemokrat) schwed. Ministerpräsident (wieder 1922, 1924 bis 1925 [†, * 1860])

Spitzbergen wird Norwegen zugesprochen; wirtschaftlich allen Staaten geöffnet

Ital. Kabinett mit *Giolitti* und *Croce* mit politisch- und sozialfortschrittlichem Programm

Unruhen in Italien wegen Teuerung und Arbeitslosigkeit (1921 Wahlerfolge der Faschisten)

Nikolaus von Horthy Reichsverweser von Ungarn bis 1944; Friedensvertrag von Trianon verkleinert Ungarn auf ein Drittel

Rumänien erhält Buchenland, Siebenbürgen, östl. Banat, Bessarabien (letzteres 1940 wieder an die Sowjetunion)

Rumänische Regierung *Averescu* bis 1921; beschließt Bodenreform

Bosnien und Dalmatien kommen an Jugoslawien

Wahlniederlage für *Venizelos* in Griechenland; König *Konstantin* zurückgerufen (herrscht bis 1922)

Polen gewinnt im Handstreich Wilna von Litauen

Pilsudski schlägt die russ.-bolschewist. Truppen vor den Toren Warschaus („Das Wunder an der Weichsel")

† *Aleksandre Koltschak*, weißruss. Admiral, nach Vorstößen aus Sibirien über den Ural von den Bolschewisten besiegt und erschossen (* 1874)

Bolschewisten besiegen den weißruss. General *Denikin* in Kaukasien sowie ausländ. Intervention

Lenin entwickelt Elektrifizierungsplan für die Sowjetunion und schreibt: „Der Radikalismus, die Kinderkrankheit im Kommunismus" (politische Schrift gegen „linke" Fraktionsbildung)

Friedensvertrag von Sèvres (1923 revidiert) beschränkt Türkei auf Anatolien; Smyrna kommt an Griechenland

Palästina erhält Verfassung als brit. Mandat

Frauenwahlrecht in den USA

Kanadische Gesandtschaft in Washington errichtet

† *Venustiano Carranza* (ermordet), Präsident von Mexiko seit 1914 (* 1859). *Obregon* Präsident von Mexiko bis 1924; schließt Erdölabkommen mit den USA; Ende des Bürgerkrieges (seit 1911)

Präsident *Estrada Cabrera* von Guatemala (seit 1898) vom Kongreß wegen Willkürherrschaft abgesetzt

„Kommunist. Manifest" als 1. marxist. Schrift ins Chinesische übersetzt

Nach vergeblichem Versuch, Tibet zu erobern, schließt China mit ihm Frieden

Allindischer Kongreß gibt sich neue Verfassung und nimmt ein Programm *Gandhis* an

Mahatma Gandhi beginnt seinen gewaltlosen Kampf um ein unabhängiges Indien

Fr. Thieß: „Der Tod von Falern“ (Roman eines „expressiven Realismus“)

Tucholsky: „Träumereien an preußischen Kaminen“ (antinationalist. Satiren)

Fr. von Unruh und *R. Goering* erhalten *Schiller*-preis

Valéry: „Oden“ (frz. Lyrik)

Werfel: „Spiegelmensch, eine magische Trilogie“ (symbol. Bühnenstück)

E. Wharton: „Amerikanische Romanze“ („The age of innocence“, nordamerikan. Roman)

Wildgans: „Kain“ (Schauspiel)

St. Zweig: „Romain Rolland“ (Würdigung)

Jürgen Fehling (* 1885, † 1968) inszen. „Komödie der Irrungen“ a. d. Volksbühne Berlin (gilt als sein Durchbruch als Regisseur)

Weimarer *Goethe*-Ausgabe der Großherzogin *Sophie* (143 Bände seit 1887)

Wsewolod E. Meyerhold (* 1874, † 1940 in NKDW-Haft), russ. Regisseur, eröffnet eigenes Theater in Moskau

Theaterwissenschaft an dt. Universitäten

Verband der dt. Volksbühnenvereine (aus „Freie Volksbühne“ von 1890)

~ Höhepunkt des expressionistischen Theaters in Deutschland

Hermann Paul (* 1846, † 1921): „Deutsche Grammatik“ (5 Bände seit 1916)

Reichsgrundschulgesetz mit 4jähriger Grundschule (wird bald auf 3 Jahre herabgesetzt)

Arbeitsfreier Nachmittag für Schul-Spielturnen in Preußen

Verband dt. Hochschulen (45 Hochschulen), erster Hochschultag in Halle

Ernst Jaeckh grdt. Hochschule f. Politik in Berlin (*Theod. Heuss* Dozent b. 1933)

Universität Honolulu

Universität Rio de Janeiro (Brasilien)

Evang. Studentenseelsorge (Studentenpfarrer ab 1926)

Dt. evang. Volksbildungsausschuß

Zentralverband der Inneren Mission (evangelische Sozialhilfe)

Reichsverband der dt. *Windhorst*bünde (Vereinigung der Bünde zur Erziehung junger Zentrumsanhänger, seit 1895)

Katholischer Winfridbund (zur Rückgewinnung derer, die sich von der Kirche trennten)

Zentralverband katholischer Kinderhorte und Kleinkinderanstalten Deutschlands

Höhepunkt der dt. Kirchenaustrittsbewegung: 305245 (1913: 22000)

Kirchenaustrittsbeweg. durch dt. Gesetz geregelt

O. Starke u. *A. Flechtheim* gr. Zeitschrift „Querschnitt“

„Cesare Borgia“ (ital. Film von *Guazzoni*)

Der frz. u. ital. Film verliert die Vorherrschaft zugunsten des nordamerikanischen

Dt. Lichtspielgesetz mit Filmzensur

1921

Friedens*nobel*preis an *H. Branting* (Schwed.) und *Christian Louis Lange* (Norweg., * 1869)

Joseph Wirth (Zentr., * 1879) dt. Reichskanzler bis 1922; seine „Erfüllungspolitik" gegenüber dem Versailler Vertrag stößt auf den Widerstand nationalist. Kreise

Reichstag nimmt Londoner Reparationsultimatum an

Auf Grund des Londoner Ultimatums finden Prozesse wegen Kriegsverbrechen vor dem Reichsgericht in Leipzig statt: keine erheblichen Strafen

Sozialist.-kommunist. Märzkämpfe im Mansfelder Revier; werden militär. niedergeschlagen

† *Mathias Erzberger* (ermordet), dt. Reichsfinanzminister seit 1919 (Zentr.), trat nach einem Prozeß gegen *Helfferich* 1920 zurück; setzte sich im Krieg für seine friedliche Beendigung ein (* 1875)

Ermordung von *Gareis* (bayr. Unabhäng.)

Kämpfe zwischen dt. Freikorps und Polen in Oberschlesien

Abstimmung in Oberschlesien und Teilung zwischen Polen u. Deutschland

Demokrat. Verfassung für Hamburg

Der Kölner Oberbürgermeister *Konrad Adenauer* (Zentr., * 1876) wird Präsident des Preuß. Staatsrates

Dt. Friedenskartell (pazifist. Organisation)

„Kommunistische Arbeitsgemeinschaft" unter *Paul Levi* (1922 zur USPD und SPD)

Wirtschaftspartei des dt. Mittelstandes (1928: 23 Reichstagssitze)

Erstes Auftreten der nationalsozialist. Sturmabteilung (SA) zur Terrorisierung politischer Gegner

Schober (parteilos) österr. Bundeskanzler bis 1922 (wieder von 1929 bis 1930)

Nach zwei vergebl. Rückkehrversuchen *Karls IV.* von Ungarn werden *Habsburger* entthront bei grundsätzl. Aufrechterhaltung der

---

Literatur-*Nobel*preis an *A. France* (Frankr.)

Johan Bojer (*1872, † 1959): „Die Lofotfischer" (norweg. Roman)

J. Bosshart: „Ein Rufer in der Wüste" (Schweiz. Zeitroman)

Deledda: „Das Geheimnis" (ital. Roman)

Bernhard Diebold (*1886, † 1945): „Anarchie im Drama" (Theaterkritik)

John Rodrigo Dos Passos (*1896, † 1970): „Drei Soldaten"

Bruno Frank: „Das Weib auf dem Tiere" (Drama)

Frenssen: „Der Pastor von Poggsee" (Roman)

St. George: „Drei Gesänge" (An die Toten, Der Dichter in Zeiten der Wirren, Einem jungen Führer i. Weltkrieg)

Gide: „Uns nährt die Erde" (frz. Roman)

C. Goetz: „Ingeborg" (Komödie)

Gorki emigriert bis 1930 aus der Sowjetunion

Paul Gurk (* 1880, † 1953): „Thomas Münzer" (Drama, Kleistpreis)

Jaroslav Hašek (* 1882, † 1923): „Die Abenteuer des braven Soldaten Schwejk während des Weltkrieges" (tschech. antimilitarist. Roman)

† *Carl Hauptmann*, Bruder von *G. Hauptmann*, dt. Dichter (* 1858)

G. Hauptmann: „Anna" (epische Idylle)

Franz Herwig (* 1880, † 1931): „Sankt Sebastian vom Wedding" (kathol. Großstadtroman)

Andreas Heusler (* 1865, † 1940): „Nibelungensage und Nibelungenlied" (maßgebend für Nibelungenforschung)

Max Brod: „Heidentum, Christentum, Judentum" (Bekenntnisbuch)

Charlotte Bühler (Gattin von *Karl Bühler*): „Das Seelenleben der Jugendlichen"

H. Dingler: „Physik und Hypothese" (konventionalist. „Anti-Empirismus", Gegner des Relativitäts-Prinzips)

Carl August Emge (* 1884, † 1934): „Ideen zur Begründung der Rechtsphilosophie nach logisch entfaltender Methode" (logiszist. Rechtsphilosophie)

K. Girgensohn: „Der seelische Aufbau des religiösen Erlebens" (Religionpsychologie)

Nic. Hartmann: „Grundzüge einer Metaphysik der Erkenntnis" (ontologisch)

von Hartungen: „Psychologie der Reklame"

Karl Holl (*1866, † 1926) begr. m. s. theolog. Aufsätzen *Luther*-Renaissance (Buchausg. 1923)

Ricarda Huch: „Entpersönlichung" (Kulturphilosophie)

C. G. Jung: „Psychologische Typen" (Schweiz. Psychoanalyse mit den Typen des Intro- u. Extravertierten und dem Begriff des allgem.-gemeinsam. Unbewußten)

K. Kautsky: „Vorläufer d. Sozialismus" (4 Bände seit 1909)

Ernst Kretschmer (* 1888, † 1964): „Körperbau u. Charakter" (Beziehungen zw. Körpergestalt und Verhalten: leptosomer, pyknischer und athletischer Typ)

Braque: „Stilleben mit Guitarre“ (frz. express. Gemälde)

Carlo D. Carrà: „Pinie am Meer“ (Malerei d. ital. sachlichen „Verismus“)

I. J. Cobden-Sanderson (*1840, †1922): „Das ideale Buch“ (vom engl. Begründer der modern. Buchbinderkunst, dt. Ausgabe)

Corinth: „Herbstastern“ (impression. Gemälde)

† *Franz Defregger*, dt. Maler; 1878 bis 1910 Akademie-Professor in München (* 1835)

† *August Gaul*, dt. Bildhauer, bes. von Tierplastiken (*1869)

Kurt Hielscher (* 1881): „Das unbekannte Spanien“ (künstler. Photos)

A. v. Hildebrand: Vater - Rhein - Brunnen in Köln

† *Adolf von Hildebrand*, dt. Bildhauer (* 1847)

Kokoschka: „Die Musik“, „Dresdner Neustadt“ (express. Gemälde) und „Die Bachkantate“ (express. Lithographie)

Kollwitz: „Gefallen“ (Lithographie)

Herb. Kühn (* 1895): „Die Malerei d. Eiszeit“ (eine der frühesten Würdigung.)

Otto Kümmel (*1874, † 1952): „Die Kunst Ostasiens“

Masereel: „Passion eines Menschen“ u. „Die Sonne“ (fläm. Holzschnittfolgen)

Ed. Munch: „Der Kuß“ und „Die Wogen“ (norweg. express. Gemälde)

Benatzky: „Apachen“ (Operette)

† *Enrico Caruso*, ital. Operntenor; wirkte seit 1891 in 1665 Opernvorstellungen mit (* 1873)

Paul Hindemith (* 1895): „Mörder, Hoffnung der Frauen“ (Text von *Oskar Kokoschka*) und „Das Nusch-Nuschi“ (Einakter-Opern des Konzertmeisters der Oper Frankf./M.)

Honegger: „König David“ (schweizer.-frz. Psalm als Schauspielmusik)

† *Engelbert Humperdinck*, dt. Komponist (* 1854)

Kálmán: „Die Bajadere“ (Operette)

Künneke: „Der Vetter aus Dingsda“ (Operette)

Mascagni: „Der kleine Marat“ (italienische Oper)

Pfitzner: „Von dt. Seele“ (Chorwerk)

Sergej Prokowjew: „Die Liebe zu den drei Orangen“ (russ. Märchenoper)

† *Camille Saint-Saëns*, frz. Komponist (* 1835)

Arturo Toscanini Direktor und Dirigent (seit 1898) der Scala in Mailand bis 1929 (1907 bis 1954 Dirigent der Metropolitan-Opera, New York)

Mary Wigman: „Die 7 Tänze des Lebens“; grdt. in Dresden ihre Tanzschule

Physik-*Nobel*preis an *Albert Einstein* (Dt.) für Einführung der Lichtquanten u. seine Arbeiten auf dem Gebiete der theoret. Physik

Chemie-*Nobel*preis an *F. Soddy* (Großbrit.) für Erforschung der Radioaktivität

Armstrong: Überlagerungs-Rundfunk-Empfänger („Superhet“)

A. Banting (* 1891, † 1941) und *Best* († 1978) gewinnen das Hormon der Bauchspeicheldrüse Insulin als Heilmittel gegen die Zuckerkrankheit

Erwin Baur, Eugen Fischer und *Fritz Lenz:* „Menschliche Erblichkeitslehre und Rassenhygiene“ (2 Bände)

Fr. Bergius: Synthetisches Benzin aus Kohle („Kohleverflüssigung“)

Brönstedt und *von Hevesy:* Trennung von chemisch gleichen Atomen verschiedenen Gewichts (Isotope) durch Destillation

† *Emile Catrailhac*, Gründer der frz. Vorgeschichtsforschung; Spezialgebiet: Höhlenmalerei (* 1845)

Dacqué: „Vergleichende biologische Formenkunde der fossilen niederen Tiere“ (begründet die mehr biologische Forschungsrichtung der fossilen niederen Tiere)

F. Dahl: „Grundlagen einer ökologischen Tiergeographie“

Adolf Engler: „Die Pflanzenwelt Afrikas“ (5 Bände seit 1908)

D. Fimmen: „Zeit und Dauer der kretisch-mykenisch. Kultur“ (Frühgeschichte)

A. Hull: Magnetron-Elektronenröhre zur Erzeugung ultrakurzer Wellen

C. Kaßner: „Gerichtliche und Verwaltungs-Meteorologie“

M. v. Laue: „Das physikalische Weltbild“

O. Meyerhof: „Neue Versuche zur Thermodynamik der Muskelkontraktion“ (Kohlehydrat-Milchsäurezykl., s. 1913 entd.)

Th. H. Morgan: „Die stofflichen Grundlagen der Vererbung“ (Zusammenfassung der auf Chromosomenforschung beruhenden Genetik)

Karl Diehl: „Arbeitsintensität und Achtstundentag“

„Sozialwissenschaftliche Arbeitsgemeinschaft“ (fast aller Hochschullehrer für Sozialwissenschaft)

„Soziale Berufsarbeit“ (Zeitschrift der Arbeitsgemeinschaft der Berufsverbände d. Wohlfahrtspflegerinnen Deutschlands)

„Wirtschaft und Statistik“ (Halbmonatsschrift des Statistisch. Reichsamtes)

Deutscher Reichslandbund (konservativer landwirtschaftl. Interessenverband)

Mühlenbauindustrie AG (Miag), Frankfurt/M.

Wintershall AG (Kali- und Erdölkonzern)

Reichskuratorium für Wirtschaftlichkeit in Industrie und Handwerk

Fridtjof Nansen bringt den Hungergebieten Rußlands Hilfe

Kommunist. Gewerkschaftsinternationale i. Moskau

Internationale Arbeiterhilfe in Berlin gegründet (kommunist. Wohltätigkeitsvereinig. anläßlich der Hungersnot in der Sowjetunion)

„Der Deutsche“ (Tageszeitung der christlichen Gewerkschaften)

(1921)

monarchist. Staatsform. Graf *Bethlen* ungar. Ministerpräsident bis 1931; betreibt Restaurationspolitik

Freistaat Irland als brit. Dominion (Nordirland bleibt bei Großbritannien)

Lord *Reading* brit. Vizekönig in Indien bis 1926; regiert ohne Minister und Parlament; beruft gelegentlich ind. Fürstenrat (Fürstenregierungen in 563 Staaten)

Frz. Regierung *Briand* bis 1922; stützt sich auf Mehrheit des „Nationalen Blocks"

Belg.-luxemburg. Zollunion für 50 Jahre

Generalstreik in Norwegen

Kämpfe der Rifkabylen unter *Abd el Krim* gegen Frankreich und Spanien (bis 1926)

Frz.-poln. Bündnis und Handelsvertrag

Poln.-rumän. Bündnis

Polen gibt sich demokrat. Verfassung; erhält weißruss. und ukrainische Gebiete im Frieden von Riga mit der Sowjetunion

E. Benesch tschechoslow. Ministerpräsident bis 1922

„Kleine Entente" zwischen Tschechoslowakei, Jugoslawien (1920) und Rumänien

Alexander I. König von Jugoslawien bis 1934 (†, ermordet). Opposition der Bosnier (Mohammedaner), Montenegriner und Kroaten gegen serbisch-zentralist. Verfassung

Völkerbund spricht Finnland die Aalands-Inseln zu (dürfen nicht befestigt werden)

Unruhen gegen Sowjetregierung (u. a. Matrosenaufstand in Kronstadt)

X. Parteitag der russ. Kommunisten beschließt strenge ideologische „Einheit der Partei"

„Neue ökonomische Politik" (NEP) in Rußland mit Zulassung privatwirtschaftl. Betriebe

Nach Besiegung des weißruss. Generals *Wrangel* wird die Krim Sowjetrepublik

Hofmannsthal: „Der Schwierige" (Lustspiel)

N. Jacques: „Dr. Mabuse" (Roman)

Joh. V. Jensen: „Die lange Reise" (dän. Romanreihe seit 1909, schildert Entwicklungsgeschichte der „gotischen Rasse" seit der Eiszeit)

Klabund: „Das Blumenschiff" (Nachdichtung chin. Lyrik)

D. H. Lawrence: „Liebende Frauen" (engl. Roman)

Felix von Luckner (* 1881, † 1966): „Seeteufel, Abenteuer aus meinem Leben"

O'Neill: „Kaiser Jones" (nordamerikan. Bühnenstück)

Thass. v. Scheffer (* 1873, † 1951): „Die Schönheit Homers"

Carl Ludwig Schleich: „Besonnte Vergangenheit" (Autobiographie)

Shaw: „Zurück zu Methusalem" (engl. Schauspiel über den Entwicklungsgedanken)

Frank Thieß (* 1890): „Der Tod von Falern" (Roman)

† *Ludwig Thoma*, dt. Dichter u. Satiriker (* 1867)

Valéry: „Album alter Gedichte 1890 bis 1900" (frz. Lyrik)

† *Iwan Mintschow Wasow*, bulgar. Dichter (* 1850)

Jakob Wassermann: „Mein Weg als Deutscher und Jude" (Autobiographie)

Josef Winckler (* 1881, † 1966): „Der tolle Bomberg" (Schelmenroman)

„Der Querschnitt" (liter. Zeitschr. v. *A. Flechtheim* u. *O. Starke* gegrdt.)

J. Kretzschmar: „Das Ende der Philosophischen Pädagogik" (für Pädagogik als Realwissenschaft)

27. Auflage der „Massenpsychologie" von *G. LeBon* von 1895

John McTaggart (* 1866, † 1925): „Das Wesen der Existenz" (engl. Neuidealismus)

M. Maeterlinck: „Das große Rätsel" (belg. Philosophie)

Alex. Pfänder (* 1870): „Logik" (Übertragung der *Husserl*schen Phänomenologie)

Eugène N. Marais (* 1872, † 1936) veröffentlicht Artikel über das Leben der Termiten (in der Burensprache Afrikaans; vgl. 1937)

Herm. Rorschach (* 1884, † 1922): „Psychodiagnostik" (Schweiz. Test der Formdeutung von Klecksographien zur psychologischen Analyse der Persönlichkeit, 2 Bände)

E. Rubin: „Visuell wahrgenommene Figuren" (Gestaltpsych.)

B. Russell: „Analyse des Denkens" (engl. Rationalismus)

Scheler: „Vom Ewigen im Menschen" (kathol. phänomenolog. Religionsphilosophie) und „Religiöse Erneuerung"

Hermann Schneider (* 1874): „Metaphysik als exakte Wissenschaft" (Metaphysik als Lehre von der sich entwickelnden Bearbeitung der Erfahrung, 3 Bde. seit 1919)

Hermann Schwarz (* 1864): „Das Ungegebene" (mystische Religionsphilosophie)

Schweitzer: „Zwischen Wasser und Urwald"

Picasso: „Karneval" (span.-frz. abstrakt. Gemälde)

Oskar Schlemmer (* 1888, † 1943): „Triadisches Ballett" (kubist. Gem.)

† *Fried. von Thiersch,* deutscher Baumeister (* 1852)

Staatl. Bildstelle für Bau- und Kunstdenkmäler (aus der 1885 gegründeten Meßbildanstalt)

Urban Gad: „Der Film – seine Mittel – seine Ziele" (Stummfilm-Dramaturgie)

„Der müde Tod" (Film m. *L. Dagover;* Regie: *F. Lang;* stark architekton. betont)

„Die Abenteurerin von Monte Carlo" (Film, zu dem 11000 km Filmreisen notwendig waren)

„The Kid" (nordamerik. Film von u. mit *Ch. Chaplin* zusammen mit *Jackie Coogan*); „Traumstraße" (nordam. Film von *D. W. Griffith*)

„Anna Boleyn" (Film v. *E. Lubitsch*)

„Hunger! Hunger! Hunger!" (russ. Film)

R. Vaughan Williams: „Pastoral Symphony" (engl. Tondichtung unter starker Beeinflussung durch die Volksmusik)

Prätorius-Orgel in Freiburg/Br. und Wiederentdeckung der *Schnitger*-Orgel zu St. Jakobi in Hamburg fördern die Renaissance der Barock-Orgel

Erster Musiktag in Donaueschingen (zur Diskussion moderner Musik)

Ritchey: 2,58-m-Spiegel-Teleskop der Mt.-Wilson-Sternwarte (Brennweite 12,9 m, sichert der amerikan. Astronomie noch stärker ihre Vormachtstellung)

Rumpler: Tropfen-Auto in Stromlinienform

Mey Nad Saha: Physikalische Erklärung der Sternspektren (entscheidender Schritt zur Verschmelzung der Physik und Astronomie zur Astrophysik)

Hermann Stegemann (* 1870): „Geschichte des Krieges 1914—1918" (4 Bände seit 1918)

† *Nikolai Jegorowitsch Shukowskij,* russ. Begründer der Tragflächen-Wirbeltheorie (* 1847)

C. Wirtz entd. erste Anzeichen f. Spiralnebelflucht

Dt. Gesellschaft für Vererbungsforschung

„Zeitschrift für angewandte Mathematik und Mechanik"

Herstellung zellwollähnlicher Faser in Deutschland

Frz. Flugzeug mit 300-PS-Motor steigt 6000 m in 14 Min. (im 1. Weltkriege mit 160 PS 5000 m in 29 Min.)

Mißlungener brit. Versuch den Mt. Everest (8882 m) zu ersteigen (weitere erfolglose Versuche zunächst 1922 und 1924; Besteigung gelingt d. Neuseeländ. Imker *Hillary* u. d. Sherpa *Tensing* aus Nepal 1953)

Eröffnung der Avus-Autostraße Berlin—Wannsee

Mit dem Unterhaltungsrundfunk i. USA (vgl. V) beg. eine neue Ära der Kommunikation (1. dt. Sender 1923 in Berlin)

Venezuela beginnt Aufstieg als bedeutendes erdölförderndes Land m. Förderung von 220000 t (1929: 20,4 Mill. t, 1939: 30 Mill. t, 1948: 69,7 Mill. t, nach USA stärkste Förderung)

Unterhaltungsrundfunk in den USA (erster Sender Pittsburg)

Funkwirtschaftsdienst in Deutschland

39216 Ehescheidungen in Deutschland (1913: 17835)

M. O. Bircher-Benner (* 1867, † 1939): „Grundlagen unserer Ernährung" (tritt für Rohkost ein)

Bubikopf kommt auf

José Raoul Capablanca (Kuba) erringt von *Emanuel Lasker* (Deutschland) Schachweltmeistertitel (seit 1894 bei *Lasker*)

Russ. Versuch, das Schachspiel dreidimensional zu erweitern: „Raumschach"

Sehr gutes Weinjahr

(1921)

Bolschewisten schlagen zaristische Truppen in der Äußeren Mongolei und setzen Regierung ein

Span. Ministerpräsident *Dato e Jradier* in Madrid ermordet (* 1856); unterdrückte 1920 autonomist. Aufstand in Barcelona

Türk. Nationalversammlung unter *Kemal Pascha (Atatürk)* verkündet vorläufige Verfassung. Griechen werden bis 1922 aus Türk.-Westkleinasien vertrieben

Türkei anerkennt Sowjetunion

Frz. Truppen unterdrücken Unruhen in Syrien

Irak wird Königreich (1920 von Türkei abgetrennt; 1924 Verfassung); *Faisal* (* 1883, † 1933) wird König (unter engl. Einfluß, 1920 von den Franzosen als König von Syrien verdrängt); sein Bruder *Abdullah Ibn el Hussein* Emir von Transjordanien (ab 1949 König bis 1951 [†, ermordet, * 1882])

„Jungperser" bekämpfen mit sowjetruss. Hilfe brit. Einfluß in Persien

Pers. Kosakenoffizier *Risa Khan* (* 1878) erobert Teheran und übernimmt Regierung (wird 1925 Schah)

Harding (Republikan.) Präsident der USA bis 1923

Abrüstungskonferenz in Washington (bis 1922)

USA lehnen den Versailler Friedensvertrag ab und schließen mit Deutschland Sonderfrieden

Edward House (* 1858, † 1939): „Was wirklich in Paris geschah" (USA-Bericht von den Friedensverhandlungen)

Liberale Regierung in Kanada

Ablehnung des Frauenstimmrechts in Japan

Arbeiterunruhen in Japan infolge sinkenden Lebensstandards

Japan. Kronprinz und Regent *Hirohito* macht eine Weltreise nach Europa

Sun Yat-sen Präsident der „Regierung der Republik des Südens" in Kanton (unterliegt gegen General *Wu P'eifu*, der in Nordchina von Angloamerikanern unterstützt wird)

Grdg. d. Kommunistischen Partei Chinas

M. Reinhardt überträgt seine ,,Sommernachtstraum''-Inszenierung von 1905 i. d. Gr. Schauspielhaus Berlin

„BayrischeLandesbühne GmbH" (zur Pflege des Provinztheaters; 1922 „Preußische Landesbühne GmbH")

„Gesamtkatalog der Preuß. Bibliotheken" (2 Mill. Zettel seit 1903)

Rund 31000 selbständige Druckschriften (Bücher usw.) erscheinen in Deutschland; dazu rund 5050 Zeitschriften; über 13000 Buchhandlungen in Deutschland (USA etwa 8600, England etwa 11000, Japan etwa 13000 Bücher jährlich)

Anna Siemsen (* 1882, † 1951): „Erziehung im Gemeinschaftsgeist" (schulreformerisch)

E. Stern-Rubarth: „Die Propaganda als politisches Instrument"

Paul Tillich (* 1886, † 1965): „Ideen zu einer Theologie der Kultur"

Tischner: „Über Telepathie und Hellsehen" (Experimente zum Gedankenlesen)

Max Weber: „Gesammelte Aufsätze zur Religionssoziologie" (3 Bde. seit 1920; posthum)

Werner Weisbach: „Barock als Kunst d. Gegenreformation" (kennz. f. d. vom Expressionismus beeinfl. Blüte der Barockforschung)

Leopold v. Wiese (*1876): „Soziologie des Volksbildungswesens"

Joseph Weißenberg(*1855, † 1941) wirkt in Berlin als „Heilapostel", versucht in seiner Sekte Krankheiten durch Auflegen von weißem Käse zu heilen

„Akademie der Arbeit" in Frankfurt/M. (vermittelt in Zusammenarbeit mit der Univ. Volksbildung in der Sozialwissenschaft)

Internationaler Arbeitskreis für Erneuerung der Erziehung, Calais

National-Institut für industrielle Psychologie, London

Washingtoner Abkommen untersagt völkerrechtlich die Verwendung von Giftgas im Krieg

„Die Drei" (anthroposophische Monatsschrift)

Nordische Gesellschaft in Deutschland; pflegt kulturelle Verbindung mit Skandinavien

„Dt. Freidenkerbund" (gegr. 1881) und „Bund freireligiöser Gemeinden" (gegr. 1859) vereinigen sich z. „Volksbund f. Geistesfreiheit" (Mitglied der „Arbeitsgemeinschaft der freigeistigen Verbände der Dt. Republik)"

Heilsarmee (gegr. 1865) in 73 Ländern mit etwa 130000 Mitgliedern und Helfern; 83 Zeitschriften mit rd. 1,5 Mill. Aufl.; 1286 Sozialanstalten

Nur etwa 10% Nicht-Analphabeten in Indien; Religionen: 217 Mill. Hindu; 69 Mill. Mohammedaner; 12 Mill. Buddhisten; 5 Mill. Christen; 10 Mill. Heiden; 3 Mill. Sikh, 1 Mill. Dschaina; 0,1 Mill. Parsen

Schule im dt. Jugendstrafvollzug

1922

Friedens*nobel*pr. a. *F. Nansen*(Norw.)

Nansen-Paß für staatenl. Flüchtlinge

Deutschland anerkennt USSR

Weltwirtschaftskonferenz in Genua, führt z. dt.-russ. Vertrag v. Rapallo zwischen *Wirth*, *Rathenau* u. *Krassin*

† *Walther Rathenau* (von Nationalisten ermordet), dt. Reichsaußenminister seit 1922 (* 1867)

376 Polit. Morde in Dt. seit 1919

Republikschutzgesetz in Deutschland. Reichskonflikt mit Bayern

Wilhelm Cuno (* 1876, † 1933) dt. Reichskanzler bis 1923; stützt sich auf bürgerliche Wirtschaftskreise

Reichstag verlängert Amtszeit des Reichspräsidenten *Ebert* bis 1925

„Deutschlandlied" Nationalhymne durch Verordnung d. Reichspräs.

Reichsbank von der Regierung unabhängig

Walter Simons (* 1861, † 1937) Präsid. d. Reichsgerichts bis 1929

Vereinigung von USPD mit SPD

Prälat *Ignaz Seipel* (christl.-sozial, * 1876, † 1932) österr. Bundeskanzler bis 1924 (wieder 1926 bis 1929); fördert Heimwehrbewegung

Internat. Kredit an Österreich unter Verzicht auf Anschluß an Deutschl., Völkerbundskontrolle (bis 1926)

Friedrich Adler ruft eine Konferenz der drei Internationalen (Sozialist., Kommun., Unabhäng. Sozial.) nach Berlin ein. Ohne Erfolg

Aufhebung d. brit. Schutzherrschaft über Ägypten (jedoch militär. Vorrechte am Suezkanal; Konflikt 1951)

Fuad I. König von Ägypten (seit 1917 Sultan unter brit. Schutzherrschaft) bis 1936 (†, *1868)

Brit. Wahlen: Konservative: 347, Labour: 147, Liberale: 120

Herbert Samuel brit. Hoher Kommissar in Palästina

Gesondertes brit. Mandat üb. Transjordanien unter Emir *Abdullah*

Irische Nationalisten (Sinn Fein) trennen sich in radikale Partei unter *Eamonn de Valera* und gemäßigte unter *Cumann nan Gaedheal*. Verfassg. für Irischen Freistaat; Nordirland (Ulster) bleibt bei Großbritannien

Literatur-*Nobel*preis an *J. Benavente* (Span.)

Andersen-Nexö: „Stine Menschenkind" (dän. sozialer Roman, 5 Bände seit 1917)

Ernst Barlach: „Der Findling" (Schauspiel)

Bert Brecht (* 1898, † 1956): „Trommeln in der Nacht" (Schauspiel); erhält *Kleist*preis

A. Bronnen: „Die Exzesse" (Drama)

Carossa: „Eine Kindheit" (Erzählung)

Willa Cather: (* 1876, † 1947): „One of ours" (nordamerikan. Roman)

T. S. Eliot: „The waste Land" (engl. Lyrik)

Galsworthy: „Die Forsyte-Saga" (engl. Bürgerroman seit 1906; „Eine moderne Komödie" 1924 bis 1928 als Fortsetzung)

Joh. V. Jensen: „Zug der Cimbern" (dän. Roman)

G. Hauptmann: „Phantom" (Roman)

H. Hesse: „Siddhartha" (ind. beeinfl. Dichtung)

Hofmannsthal: „Das Salzburger große Welttheater" (Mysterienspiel)

J. Joyce: „Ulysses" (engl. Roman, oft verboten)

Ernst Jünger: „Der Kampf als inneres Erlebnis"

Isolde Kurz: „Die Nächte von Fondi" (Roman)

Lewis: „Babbitt" (nordamerikan. satir. Roman über den Spießbürger)

Th. Mann: „Goethe und Tolstoi" (Essay)

Katherine Mansfield: „Das Gartenfest und andere Erzählungen" (engl. Kurzgeschichten)

André Maurois: (* 1885): „Die Gespräche des Dr. O'Grady" (frz. Roman)

Bischoff: „Die Religion der Freimaurer, ein Weg zum deutschen Aufbau" (Sammelwerk über Freimaurerei)

Rudolf Carnap (*1891, † 1970): „Der Raum" (erkenntnistheoretisch)

J. Dewey: „Die menschliche Natur" (nordamerikan. pragmatische Philosophie)

v. Ehrenfels: „Über Gestaltqualitäten"

A. Görland: „Religionsphilosophie"

Hans Günther (* 1891): „Rassenkunde des deutschen Volkes" (nationalsozialistisch)

Gustav Herbig: „Religion und Kultus der Etrusker"

Herbert Hoover: „Der amerikanische Individualismus"

G. Kafka: „Handbuch der vergleichenden Psychologie" (3 Bände)

Hermann von Keyserling: „Schöpferische Erkenntnis" und „Politik, Wirtschaft, Weisheit"

Übersetzung von *Kierkegaards* „Gesammelten Werken" ins Deutsche von *Christoph Schrempf* (* 1860, † 1944) (12 Bd. seit 1909; beeinfl. Existentialphilosophie)

L. Klages: „Vom kosmogonischen Eros"

Ernst Krieck (* 1882): „Philosophie der Erziehung"

Fürst *Peter Alexejewitsch Kropotkin* (* 1842, † 1921): „Worte eines Rebellen", „Anarchistische Moral" (russ. Sozialphilosophie)

O. Külpe: „Vorlesungen über Psychologie" (bes. experiment. Psycholog.)

v. Pestalozza: „Der Streit um die Koedukation"

Willi Baumeister (* 1889, † 1955): „Apoll" (abstrakt. Gemälde)

Beckmann: „Vor dem Maskenball" (express. Gemälde)

Erich Buchholz (*1891, † 1972): „Roter Kreis im Goldkreis" (konstruktivist. Gem.)

Chagall geht v. Rußl. n. Paris (1941–47 i. USA)

F. Hodgkins: „Doppelporträt" (engl. Gemälde)

K. Hofer: „Seefahrers Heimkehr" (express. Gemälde)

Klee: „Die Zwitschermaschine" (surrealist. Gem.)

Rudolf Koch: Antiqua (Drucktypen)

O. Kokoschka: „Maler mit Puppe" (Selbstporträt mit lebensechter weibl. Modellpuppe)

John Marin (* 1870): „Sonnenuntergang" (nordam. express. Gemälde)

Le Corbusier (* 1887, † 1965): Idealplan einer „Stadt der Gegenwart"

Mies van der Rohe: Glaswolkenkratzer (Architekturentwurf)

Ed. Munch: 12 Wandgemälde in einer Schokoladenfabrik, Oslo (norweg., seit 1921)

Pechstein: „Das Ruderboot" (Gemälde)

Frederic Poulsen: „Etruskische Grabbilder" (engl. Darstellung dieser sinnenfrohen Kunst)

Hans Prinzhorn (* 1886, † 1933): „Bildnerei der Geisteskranken"

Fritz Busch (*1890, † 1951) Dirigent a. d. Staatsoper Dresden bis 1933 (später New York)

Wilhelm Furtwängler übernimmt als Dirigent Gewandhauskonzerte in Leipzig (bis 1928) und Philharmonische Konzerte in Berlin (bis 1945)

Jean Gilbert: „Katja die Tänzerin" (Operette)

Leo Fall: „Madame Pompadour" (Operette)

Graener: „Byzanz" (Oper)

Hindemith: „Sankta Susanna" (Einakter-Oper)

Lehár: „Frasquita" (Operette)

Malipiero: „Impressionen" (ital. symphon. Komposition in 3 Teilen seit 1911)

† *Arthur Nikisch*, dt. Dirigent ungar. Herkunft; leitete seit 1895 Gewandhauskonzerte in Leipzig (* 1855)

† *Filippe Pedrell*, span. Komponist (* 1841)

Ravel: Duosonate für Violine und Cello (frz. Komposition)

Respighi: „Concerto Gregoriano" (ital. Violinkonzert)

Schoeck: „Venus" (Schweiz. Oper nach *Merimée*)

~ *A. Schönberg* entw. Zwölftontechnik

Physik-*Nobel*preis an *N. Bohr* (Dänem.) für quantenphysikalisches Atommodell

Chemie-*Nobel*preis an *F. W. Aston* (Großbrit.) für Isotopenforschung mit Massenspektrographen

Medizin-*Nobel*preis an *A. V. Hill* (Großbrit.) und *O. Meyerhof* (Dt.) für physiologisch-chemische Muskeluntersuchungen

J. Bjerknes: Polarfront-Theorie der atmosphärischen Zirkulation (entscheidende Verbesserung der Wetterkunde)

Ludwig Borchardt: „Gegen die Zahlenmystik an der großen Pyramide bei Gizeh" (Widerlegung der zahlreichen Versuche, den Pyramidenerbauern unerklärliche Kenntnisse zuzuschreiben)

R. W. Boyle untersucht wissenschaftlich Ausbreitung und Eigenschaften des Ultraschalls

Howard Carter findet das Felsengrab des ägypt. Königs *Tut-ench-Amun* mit reichen Kunstschätzen (Ägyptologie wird dadurch populär)

Joe Engl, *Joseph Massolle*, *Hans Vogt:* Tonfilmtechnik „Triergon" (entwickelt seit 1919; setzt sich zunächst nicht durch, müssen Patente verkaufen)

Evans und *Burr* entdecken das Antisterilitätsvitamin E (seine Eigenschaften klären sich nur langsam)

H. Hahne: „22 Jahre Siedlungsarchäologie"

Hedin: „Südtibet" (Forschungsbericht, 9 Text- und 3 Atlas-Bände, seit 1917)

Element Hafnium mit Hilfe der *Röntgen*spektroskopie von *G. v. Hevesy* und *D. Coster* entdeckt

Heyrovsky: Elektrochemische Mikroanalyse (Polarographie)

Alfred Kühn (* 1885, † 1968): „Grundriß der allgemeinen Zoologie" (Standardwerk)

† *Charles Laveran*, frz. Arzt; *Nobel*preis 1907 (* 1845)

Julius Menadier (* 1854, † 1939): „Deutsche Münzen" (4 Bände seit 1891; Standardwerk der Münzkunde)

A. Hoffmann: „Die Konzentrationsbewegung in d. deutschen Industrie"

J. M. Keynes: „Revision d. Friedensvertrages" (engl.)

Alfred Möller (* 1860, † 1922): „Der Dauerwaldgedanke" (organ. Forsttheorie)

Salzdetfurth-Konzern (Kali, Steinsalz, Metalle, Braunkohle, Kapital etwa 150 Mill. RM)

Ernst-Heinkel-Flugzeugwerke in Warnemünde (*Heinkel* * 1880)

Rohrbach-Flugzeugbau, Berlin (entwickelt bes. Flugboote)

Durch Bankenfusion Darmstädter und Nationalbank gegründet (1931 von Dresdner Bank übernommen)

Preuß. Landespfandbriefanstalt (zur Vermittlung nichtlandwirtschaftl. Grundkredite für Wohnungsbau)

Reichsmietengesetz führt gesetzliche Miete ein

Lord *Rothermere* (*1868, † 1940) erbt von seinem Bruder Lord *Northcliffe* (*1865, †1922) die brit. konservative Tageszeitg. „Daily Mail" (gegründet 1896)

Segelflugrekorde auf der Rhön: *Martens* eine Stunde, *Hentzen* drei Stunden Flugdauer

(1922)

Nach Sturz *Briands* wird *Poincaré* frz. Ministerpräs. u. Außenmin. b. 1924

Syrien frz. Völkerbundsmandat

„Marsch auf Rom", faschist. Staatsstreich in Italien, König ernennt *Mussolini* zum Ministerpräsidenten. Im ital. Parlament stimmen 316 für *Mussolini*, 116 Sozialisten dagegen, 7 Enthaltungen (1924 erhalten Faschisten 65% d. Stimmen)

Schwehla (Republ. Partei) tschechoslow. Ministerpräsident bis 1929 (Koalitions-Regierung der 5 tschechischen Parteien)

Ungarn im Völkerbund

Polen erhält Wilna (bisher Litauen; seit 1920 von Polen besetzt)

„Baltische Entente": Polen, Lettland, Estland, Finnland gegen USSR

Griechenland muß nach verlorenem Krieg gegen die Türkei (seit 1921) Ostthrakien wieder abtreten, und König *Konstantin I.* muß abdanken; *Georg II.* König bis 1924 und 1935 bis 1947 (†, * 1890)

Sowjetstaaten bilden Union der Sozialistischen Sowjetrepubliken (USSR), Hauptstadt Moskau. GPU neue sowjetruss. politische Polizei (bisher Tscheka, ab 1934 NKWD). Ganz Sibirien zur USSR (11 Mill. qkm, 1939: 14 Mill. Einwohner)

Washingtoner Abrüstungskonferenz: Abkommen zw. USA, Großbrit., Japan, Frankreich, Italien über Flottenstärke 5 : 5 : 3 : 1,75 : 1,75

Viermächteabkommen USA, Großbritannien, Japan, Frankreich über Garantie d. Besitzstandes im Pazifik

Neunmächteabkommen über „Offene Tür" in China. Japan muß seine Truppen aus China abziehen

Millspaugh (USA) pers. Finanzberat.

Versuch, d. mittelamerikan. Staaten politisch zu vereinigen, scheitert

Alvear argent. Präsident bis 1928

Chitta Ranjan Das (* 1870, † 1925), Anhänger *Gandhis*, gründet Swaradsch-Partei, d. Unabhäng. Indiens auf parlamentar. Wege erstrebt

Gandhi: „Junges Indien" (polit. Aufsätze seit 1919); wird zu 6 Jahren Gefängnis verurteilt (1924 entlassen)

Gabriela Mistral (Lucila Godo y Alcayaga, * 1889): „Desolacion" (chilen. Gedichte)

Molo: „Ein Volk wacht auf" (Romantrilogie seit 1918)

† *Mori Ogai*, japan. Dichter und Faustübersetzer (* 1860)

O'Neill: „Anna Christie" (nordamerikan. Bühnenst.), „Der haarige Affe" (nordamerikan. Proletarierstück)

Pirandello: „Heinrich IV." (ital. Schauspiel)

Fr. Schnack: „Vogel Zeitvorbei" (Gedichte)

W. von Scholz: „Der Wettlauf mit dem Schatten" (Schauspiel)

Streuvels: „Prütske" (kinderpsycholog. Studie)

Sudermann: „Bilderbuch meiner Jugend" (Autobiographie)

Thieß: „Die Verdammten" (Roman)

E. Toller: „Die Maschinenstürmer" (Drama)

Undset: „Kristin Lavranstochter" (norweg. Roman, 3 Bde. seit 1920)

Walpole: „The cathedral" (engl. Roman)

Jakob Wassermann: „Wendekreis" (Roman in 2 Bänden seit 1920)

Maria Waser (* 1878, † 1939): „Wir Narren von gestern" (Schweiz. realist. Roman)

Wiechert: „Der Wald" (Roman)

Virginia Woolf: „Jacobs Zimmer" (engl. Roman)

Heinrich George (* 1893, † 1946) als Charakterspieler in Berlin

Mrs. *Dawson Scott* gründet i. London PEN-Club (erster Präs. *Galsworthy;* intern. Literaturkonfer.)

Pius XI. Papst bis 1939 (†, * 1857)

G. Radbruch: „Kulturlehre des Sozialismus"

Friedr. Rittelmeyer (* 1872, † 1938) grdt. „Die Christengemeinschaft" (deutet Christentum kosmisch)

Wilh. Schäfer: „Die dreizehn Bücher der deutschen Seele" (dt. Kulturentwicklung)

Spengler: „Der Untergang des Abendlandes. Umrisse einer Morphologie der Weltgeschichte" (2 Bände seit 1918; biologisierende Kulturgeschichte)

Spranger: „Der gegenwärt. Stand d. Geisteswissensch. u. d. Schule"

Eduard Stemplinger (* 1870): „Der antike Aberglaube in seinen mod. Ausstrahlungen"

Ferd. Tönniës: „Kritik der öffentl. Meinung"

E. Troeltsch: „Der Historismus und seine Probleme"

Vierkandt: „Gesellschaftslehre" (Soziolog.)

Max Weber: „Wissenschaftslehre" und „Wirtschaft und Gesellschaft" (beides posthum)

Ludwig Wittgenstein (* 1889, † 1951): „Tractatus logico-philosophicus" (Logistik der *Russell*-Schule)

Zentralisierung der heimatlichen kathol. Missionsvereine

Internationaler Verband für kulturelle Zusammenarbeit in Wien

Reichsjugendwohlfahrtsgesetz

Pädagogische Akademien zur Volksschullehrerausbild. in Preußen

Werkunterricht ab 5. Schuljahr in dt. Schulen

Slevogt: „Die Prinzessin auf den Inseln Wak-Wak" (Lithographien)

Russische Kunstausstellung i. d. Galerie *van Diemen* (macht russ.-revol. Kunst bekannt)

„Luise Millerin" (Film mit *W. Krauß* nach *Schillers* „Kabale und Liebe"; Regie: *Carl Froelich*)

„Lukrezia Borgia" (Film mit *Liane Haid* und *Albert Bassermann;* Regie: *Richard Oswald*)

„Dr. Mabuse, der Spieler" (Film von *F. Lang*)

„Das Weib des Pharao" (Film von *E. Lubitsch*)

,,Omas Junge'' (nordamerik. Film mit *Harold Loyd*, *1893, + 1971)

„Nosferatu", „Der brennende Acker" (Filme von *F. W. Murnau*, letzterer mit *Lya de Putti*)

„Zahltag" (nordamerik. Film von u. mit *Ch. Chaplin*); „Nanuk, d. Eskimo" (nordamerikan. Film v. *Robert J. Flaherty*, *1884, †1951); „Der Letzte d. Mohikan." (nordamerikan. Film v. *Maurice Tourneur*, * 1878, mit *Wallace Berry*)

„Das glorreiche Abenteuer" (engl. Farbfilm von *Stuart Blackton*, * 1875, † 1935)

Triergon-Tonfilm (vgl. Spalte W)

Leo Slezak: „Meine sämtlichen Werke" (humorist. Autobiographie, 1927: „Der Wortbruch", 1940: „Rückfall")

Strawinsky: „Mavra" (russ. Buffo-Oper)

R. V. Williams: „Pastorale" (engl. Sinfonie)

Zilcher: „Doktor Eisenbart" (Oper)

„Internat. Gesellschaft für Neue Musik" in Salzburg

Umfass. Ordnung des Berufsschulwesens in Berlin

,,Reichselternbund'', bekämpft weltliche und Gemeinschafts-Schulen

Ch. Bühler (* 1893, † 1974): ,,Das Seelenleben d. Jugendalters" (grundleg.)

L. F. Richardson: ,,Wettervorhersage durch numerischen Prozeß'' (engl. Grundleg. einer berechenbaren Prognose)

† *Heinrich Rubens*, dt. Physiker, bes. Ultrarotforscher (* 1865)

Bastian Schmid (*1870, †1944): „Die Sprache d. Tiere" (Tierpsychologie)

Georg Schweinfurth (*1836, † 1925): „Auf unbetretenen Wegen in Ägypten" (Berichte über Reisen seit 1863)

† *Ernest Henry Shakleton*, engl. Polarforscher, infolge Krankheit bei einem Versuch, die Antarktis zu umfahren (* 1874)

Otto Warburg (* 1859, †): „Die Pflanzenwelt" (3 Bände seit 1913)

„Ergebnisse der exakten Naturwissenschaften" (Jahrbuch)

Großherstellung von Methylalkohol (Holzgeist) aus Wassergas (Kohlenoxyd und Wasserstoff) unter 200 Atmosphären Druck mit Katalysator (Reaktionsbeschleuniger)

BerlinerFernsprech-Selbstanschlußamt

Mercedes-*Daimler*-Rennwagen mit Kompressor

Farman-Goliath fliegt 34½ Stunden (Doppeldecker, zwei 260-PS-Motoren, 160 km/Stunden, Eigengewicht und Nutzlast je 2250 kg)

Fokker Hocheindecker (360-PS-Motor; mit 10 Fluggästen 1800 km in 10 Stunden)

Hochdruck-Dampfturbine (für 110 Atmosphären Druck, in Berlin)

Großgasmotor für 4000 kW (2 Zylinder von 1,5 m Durchmesser, Prinzip von *Oechelhäuser* 1893)

Fernheizwerk für 24 Gebäude in Hamburg

Auslandsabteilung des Dt. Normenausschusses

Gesellschaft für Heilpädagogik in München

Vulkan Aniakshak an der Küste Alaskas entdeckt (einer der größten der Erde)

A. Friedman (* 1888, † 1925): Theorie eines expandierenden Universums (wird durch die 1929 entd. Nebelflucht gestützt)

Hannes Schneider (* 1890, † 1955) grdt. Skischule in St. Anton, Arlberg

„Klassischer" Stil in der Frauenmode (glatt fallende Gewänder)

Deutsche Gewerbeschau in München

Ballonreifen

Alfredo Codona gelingt dreifacher Salto von Trapez zu Trapez

„Raffke" als volkstüml. Bezeichnung für die Gestalt des Kriegsgewinnlers und Inflationsschiebers

1923	Ruhrbesetzung durch Frankreich Große Koalition SPD bis Volkspartei unt. Reichskanzler *Stresemann* Aufgabe des passiven Widerstandes gegen Ruhrbesetzung † *Albert Leo Schlageter*, wegen Spionage v. d. frz. Besatzungsmacht standrechtl. erschossen (* 1894) Versuch e. Separatisten-Regierung i. Rheinld. (scheitert 1924 endgültig) Konflikt zwischen der Reichsregierung und dem bayr. Generalstaatskommissar *von Kahr*, der sich weigert, das Organ der NSDAP „Völkischer Beobachter" zu verbieten (*v. Kahr* tritt 1924 zurück) Reichsregierung beseitigt sozialist. Reg. *Zeigner* in Sachsen durch militär. Gewalt. SPD verläßt Reichsreg. Kommunist. Aufstand in Hamburg Antidemokrat. *Hitler-Ludendorff*-Putsch in München. *Hitler* erhält Festungshaft (bis 1924) *Hjalmar Schacht* (*1877, † 1970) Reichsbankpräsident (tritt 1930 wegen *Young*plan zurück) Höhepunkt der Inflation in Deutschland. 1 Dollar = 4,2 Billionen M. Entschuldung der Sachwertbesitzer, Verarmung bes. des Mittelstandes. Währungsstabilisierung durch Einführung der Rentenmark *Wilhelm Marx* (Zentr., * 1863, † 1946) dt. Reichskanzler bis 1924 (wieder 1926 und 1927 bis 1928) *Stresemann* (Dt. Volkspartei) dt. Reichsaußenminister bis 1929 (†) *E. Marcks* u. *Karl Alex. v. Müller*: „Meister d. Politik" (Biogr. s. 1922) *Richard Nikolaus von Coudenhove-Kalergi* (österr.-ung./jap. Herkunft, * 1894) grdt. Pan-Europabewegung Dt. Liga für Menschenrechte (Vorläufer seit 1914; für Sozialismus und Völkerversöhnung) Fememorde d. illegal. „Schwarzen Reichswehr" auch nach ihrer Auflös. Kronprinz *Wilhelm* (* 1882, † 1951) kehrt nach Verzicht auf Thronrechte nach Deutschland zurück Brit. Empire-Konferenz gestattet Dominions eigene Außenpolitik; Kanada schließt selbständig Fischereivertrag mit den USA	Literatur-*Nobel*preis an *W. B. Yeats* (Großbrit.) *J.R.Becher*: „Maschinenrhythmen", „Verklärung" (express. Lyrik) *Willa Cather*: „Frau im Zwielicht" (nordamerikan. Roman) *Conrad*: „Der Freibeuter" (engl. Roman) *Th. Däubler*: „Sparta" (Prosa) *Olav Duun* (* 1876, † 1939): „Die Juwikinger" (norweg. kulturgeschichtl. Roman in 6 Bänden seit 1918) *Edschmid*: „Das Bücher-Dekameron. Eine Zehn-Nächte-Tour durch die europäische Gesellschaft und Literatur" (Literaturkritik) *Gide*: „Dostojewsky" (Literaturkritik, frz.) *Hamsun*: „Das letzte Kapitel" (norw. Rom.) *Hedin*: „Mount Everest" (schwed. Reisebericht) *Hofmannsthal*: „Der Unbestechliche" (Kom.) *Ric. Huch*: „Michael Bakunin" (Biographie) *G. Kaiser*: „Gilles und Jeanne" (Bühnenstück) *Rudolf Kayser* (* 1889): „Die Zeit ohne Mythos" (Essays) *Klabund*: „Das heiße Herz" (Gedichte) und „Pjotr" (Roman über *Peter den Großen*) *W. Mahrholz*: „Literargeschichte und Literarwissenschaft" (Probleme und Methoden der Literaturforschung) *H. Mann*: „Diktatur der Vernunft" (sozialist. Betrachtungen) *Th. Mann*: „Bekenntnisse des Hochstaplers Felix Krull" (Romanfragment), „Von deutscher Republik" (Rede)	*E. Barthel*: „Lebensphilosophie" (gründet 1924 „Gesellschaft für Lebensphilosophie") *Baudouin*: „Suggestion und Autosuggestion" (Darstellung der Methode von *Coué*) *M. Dessoir*: „Vom Diesseits der Seele" (Briefe an eine Freundin über Psychologie) *E. Drahn*: „Bibliographie des wissenschaftl. Sozialism. 1914—1922" *Freud*: „Das Ich und das Es" (Tiefenpsychologie) *Hans Freyer* (* 1887): „Prometheus, Ideen zur Philosophie der Kultur" (geisteswissenschaftl. Soziologie) *Fritz Graebner*: „Das Weltbild d. Primitiven" *E. R. Jaensch*: „Über den Aufbau der Wahrnehmungswelt und ihre Struktur im Jugendalter" (Forschungsergebnisse über Eidetik) *Georg Lukács* (*1885, † 1971): „Geschichte und Klassenbewußtsein" (ungar. marxist. Philosophie) *Manfred Kyber*: „Einführung in das Gesamtgebiet des Okkultismus" *Fritz Mauthner* (* 1849, † 1923): „Der Atheismus und seine Geschichte im Abendlande" (4 Bände seit 1920) *Eduard Meyer*: „Ursprung u. Anfänge des Christentums" (3 Bde. seit 1920) *Moeller van den Bruck*: „Das dritte Reich" *Heinrich Pesch* (* 1854, † 1926): „Lehrbuch der Nationalökonomie" (kathol. „Solidarismus", 5 Bände seit 1905) *Romain Rolland*: „Mahatma Gandhi"

Karl Albiker (*1878): „Weiblicher Torso" (Plastik)

Barlach: „Der Rächer" (expression. Bronzeplastik) und „Weinende Frau" (Holzplastik)

Beckmann: „Das Trapez" (express. Gemälde)

Chagall: „Liebesidylle" (russ. Gem.)

Corinth: „Baum am Walchensee" und „Früchteschalen" (impress. Gemälde)

R. Dufy: „An den Ufern der Marne" (frz. expr. Gem.)

Heckel: „Allgäu" (express. Gemälde)

† *Georg Hendrik Breitner*, niederländ. Maler; u. a. „Das weiße Pferd" (1884) (* 1857)

K. Hofer: „Lots Töchter" (express. Gemälde)

Fr. Höger: Chilehaus, Hamburg (Hochhaus, Baubeginn 1922)

Kandinsky: „Entstehende Verbindung", „Kreise im Kreis" (abstrakt. Gemälde)

G. Kolbe: „Adagio" und „Nacht" (Plastiken)

H. Kühn: „Die Kunst der Primitiven"

Fernand Léger: „Der große Schleppdampfer" (frz. kubist. Gem.)

G. Marcks: „Mann und Frau" (Plastik)

Nash: „Die Küste" (engl. express. Gem.)

† *Adolf Oberländer*, deutscher Karikaturist (* 1845)

Bartók: „Tanzsuite für Orchester" (ungar. Komposition anläßl. der 50-Jahrfeier der Vereinigung von Pest und Ofen zu Budapest)

de Falla: „Meister Pedros Puppenspiel" (span. Oper)

Jean Gilbert: „Das Weib im Purpur" (Operette)

Walther Hensel (Julius Janiczek, *1887) leitet „Singwoche" in Finkenstein bei Mährisch-Trübau

Erich Kleiber, Gen.-Musikdirektor d. Staatsoper Berlin

Paul von Klenau: „Die Weise von Liebe und Tod des Cornets Christoph Rilke" (dän.-dt. Chorwerk)

Zoltán Kodaly (* 1882, † 1967): „Psalmus hungaricus" (ungarische Komp. für Soli, Chor u. Orchester)

Křenek: „Der Sprung über den Schatten" (komische Jazzoper)

Hans Mersmann: (*1891, † 1971) „Musik d. Gegenwart"

Respighi: „La primavera" (ital. Chorwerk)

Reznicek: „Holofernes" (Oper)

Schoeck: „Elegie" (schweiz., 24 Lieder nach *Lenau* und *Eichendorff*)

Julius Weismann (* 1879): „Schwanenweiß" (Oper)

Egon Wellesz (* 1885): „Alkestis" (express. Oper)

Physik-*Nobel*preis an *R. A. Millikan* (USA) für Messung der Elektronenladung und des *Planck*schen Wirkungsquantums

Chemie-*Nobel*preis an *Fr. Pregl* (Österr.) für organische Mikroanalyse

Medizin-*Nobel*preis an *F. Banting* (Kanada) und *J. J. R. Macleod* (Kanada) für Entdeck. d. Insulins

J. L. Baird und *C. F. Jenkins:* Fernsehen mit Lochscheibe

Stereoplanigraph von *Bauersfeld* zur Luftbildvermessung

August Bier: „Regeneration beim Menschen" (klinische Abhandlung)

Hans Bredow ermöglicht erste Sendung des dt. Unterhaltungsrundfunks im Berliner Voxhaus (29. 10., 20 Uhr)

A. H. Compton weist nach, daß die Energiequanten der *Röntgen*strahlen wie korpuskulare Teilchen stoßend auf Elektronen wirken („Compton-Effekt")

P. Debye und *Hückel:* Theorie der starken Elektrolyte (vollendet die Ionentheorie von *Arrhenius* 1887)

H. v. Ficker verbessert Wettervorhersage und beginnt auf die wettersteuernde Bedeutung der Stratosphäre hinzuweisen

H. Ford: „Mein Leben und Werk"

A. Isaac: „Die Entwicklung der wissenschaftlichen Betriebswirtschaftslehre seit 1898" (25 Jahre Betriebswirtschaftslehre an der Handelshochschule Leipzig)

August Karolus (* 1893) konstruiert Zelle zur Umwandlung von elektr. Spannungsschwankungen in Lichtschwankungen (*Kerr-* oder *Karolus-*Zelle)

Wladimir Köppen (* 1846, † 1940): „Die Klimate der Erde"

A. Korn: Drahtlose Bildtelegraphie Italien—USA

Erf. d. Nitrierhärtung bei *Krupp*

„Handbuch der Zoologie" beginnt zu erscheinen (gegründet von *Willy Kükenthal*, * 1861, † 1927)

R. S. Lillie kann die Grunderscheinungen d. Nervenleitung m. einem

Dt. Kartellverordnung gegen Mißbrauch wirtschaftl. Macht: Kartellgericht beim Reichswirtschaftsgericht

Vereinigte Industrie - Unternehm. AG (VIAG) (Dachgesellsch. f. Reichsunternehmungen)

Preuß. Bergwerks- und Hütten - AG: Preußag (Zusammenfassung von Staatsbetrieben)

Messerschmitt-Flugzeugbau-Gesellschaft, Bamberg

Wirtschaftskrise in Polen

Zeitschrift für Betriebswirtschaft

J. M. Keynes: „Ein Traktat üb. Währungsref." (engl.)

Notgeldumlauf in Dt. ca. 500 Trill. Papiermark (= ½ Milliarde Goldm.)

Nach der Währungsreform entsteht i. Deutschld. im Winter 1923/24 Deflationskrise

Dt. überseeische Auswanderung: etwa 114000 (1913: etwa 20000; Hauptteil in die USA)

Internat. Mittelstandsbund i. Bern

Internat. Vereinigung v. Angestellten, Beamten und Lehrern in öffentl. Diensten in Wien

Invaliden- und Arbeitslosen-Versich. in Italien (1922: Unfallversicherung)

In Nevada u. Montana als erste Staaten d. USA Altersrenten (noch keine Sozialversich.)

(1923)			

Stanley Baldwin brit. Ministerpräsident bis 1924 (konservat. Mehrheit seit 1918). Neuwahlen bringen Sieg der Labour-Party

Wahlsieg der antibrit. Wafd-Partei in Ägypten

Chaim Weizmann (* 1874, † 1952), von 1903 bis 1918 Professor der Biochemie in Manchester, Präsident der Zionistischen Weltorganisation (b. 1931 u. 1935–46)

Der Brit.-Südafrikanischen Gesellschaft (gegründet 1889 von *Cecil Rhodes)* wird die Verwaltung Rhodesiens entzogen. Nordrhodesien Kronkolonie, Südrhodesien erhält parlamentar. Regierung

*Ross*meer und Süd-*Victoria*land bis zum Südpol brit. Besitz

Litauer besetzen Memelgebiet (1924 im Memelabk. anerkannt, Memelstatut sichert Selbstverwaltung zu)

Poln. Handelsverträge mit Türkei, Finnland u. Großbrit. (1924 mit Dänem., Lettl. u. den Niederlanden)

Völkerbundanleihe für Ungarn

Rumän. Verfassung beseitigt Dreiklassenwahlrecht

Militär stürzt in Bulgarien radikales Regiment der Bauernpartei. Regierung *Zankow* versucht Restaurationspolitik

Kemal Pascha (Atatürk) erster Präsident der türk. Republik bis 1938 (†). Friede von Lausanne bestätigt den Besitzstand der Türkei. Hauptstadt Ankara. Griechen fliehen aus der Türkei

Durch das Lausanner Abkommen werden die Dardanellen entmilitarisiert und unter internationale Kontrolle gestellt (bis 1936)

Kalinin, Vorsitzender des Präsidiums des Obersten Rates der Sowjetunion (Staatspräsident) bis 1946 (†)

Miguel Primo de Rivera errichtet durch Staatsstreich Diktatur in Spanien (1930 vom König entlassen)

Risa Khan pers. Ministerpräsident

Abessinien im Völkerbund

Calvin Coolidge (Republ.) Präsident der USA bis 1929

General *Carlos Ibanez* diktatorischer Präsident in Chile (dankt 1931 ab)

Sun Yat-sen reorg. chin. Kuomintang

Max Mell (* 1882): „Das Apostelspiel“, „Das Schutzengelspiel“ (österr. religiös. Schauspiele)

Münchhausen: „Meisterballaden“ (literarhistor. Beitrag zur Lehre von der Ballade)

Rilke: „Sonette an Orpheus“ und „Duineser Elegien“

Ringelnatz: „Kuddel Daddeldu“ (Gedichte) u. „Turngedichte“

Felix Salten (eig. *Salzmann*, * 1869, † 1945): „Bambi“ (Tierroman f. Kinder)

Ina Seidel: „Sterne der Heimkehr“ (Roman)

Italo Svevo (* 1861, † 1928): „Das Gewissen des Zeno“ (ital. selbstanalyt. Roman)

Timmermans: „Der Pfarrer vom blühenden Weinberg“ (fläm. Roman)

E. Toller: „Schwalbenbuch“ (Lyrik)

Valéry: „Gedichte“ (frz. Lyrik)

Werfel: „Verdi“ (Roman der Oper)

Josef Winckler: „Der tolle Bomberg“ (Schelmengeschichten)

St. Zweig: „Amok“ (Novellen)

„Die schöne Literatur“ (Zeitschrift, herausgegeben von *Will Vesper*; ab 1931 als „Die neue Literatur“)

„Deutsche Vierteljahrsschrift für Literaturwissenschaft u. Geistesgeschichte“

Theaterwissenschaftlich. Institut d. Univ. Berlin

„Das Puppentheater“ (Zeitschrift)

Wilh. Schäfer: „Der deutsche Gott“ („dt. christl.“ Ablehnung von Kirche und Altem Testament)

Heinrich Scharrelmann (* 1871): „Herzhafter Unterricht“ (2 Bände seit 1902)

Schweitzer: „Verfall und Wiederaufbau der Kultur“ (Kulturphilosophie)

Söderblom: „Einigung d. Christenheit“ (schwed. ev. Einigungsbestrebg.)

H. Sperber: „Einführg. in die Bedeutungslehre“ (Untersuchung d. Wort- u. Zeichenbedeutungen = Semasiologie)

† *Ernst Troeltsch*, dt. protestant. Theologe und Philosoph (* 1865)

S. Webb: „Niedergang der kapitalist. Zivilisation“ (engl. Fabian-Sozialismus)

Th. Ziehen: „Das Seelenleben der Jugendlichen“

Lutherischer Weltkonvent in Eisenach

Intern. Verband zur Verteidigung d. Protestantismus, Berlin

„Zeitschrift f. systemat. Theologie“ (evang.)

Reichsjugendgerichtsgesetz (besondere Jugendgerichte und milde, erzieherische Strafen)

Weltbund der Erziehervereinig. in San Francisco (1925 in Edinburg)

Sächs. Volksschullehrerbildungsgesetz; Pädag. Institut in Dresden (1924 in Leipzig)

Grundsätze einer Neuordnung der preuß. Universitätsverfassung

Ital. faschistische Unterrichtsreform durch *Giovanni Gentile* (Minister von 1922 bis 1925)

Einstein weiht Univ. Jerusalem ein

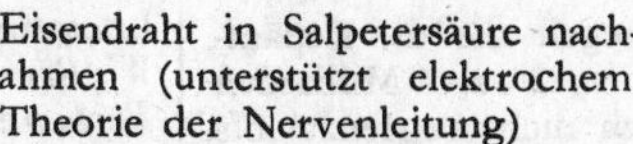

Picasso: „Dame mit blauem Schleier" (neoklassizistisch), „Frauen" (surrealistisch) und „Schwermut" (express. span.-franz. Gemälde)

Richard Scheibe (* 1897, † 1964): Gefallenendenkmal der Höchster Farbwerke

O. Schlemmer: „Die Tischgesellschaft" (kubist.-expressionist. Gemälde)

Utrillo: „Das Rathaus von Yvry" (frz. impr. Gemälde)

Maurice de Vlaminck (* 1876): „Nordfranzösisches Dorf" (frz. Gemälde)

*Ballin*haus in Hamburg

R. Piper-Verlag (gegründet 1904) gibt farbige Reproduktionen von Gemälden heraus

„Gebrauchsgraphik" (Monatsschrift zur Förderung künstlerischer Reklame, herausgegeben von *H. K. Frenzel*)

Ende d. Dada-Bewegung

„Die Straße" (Film mit *Eugen Klöpfer*, * 1886, † 1950)

„Fridericus Rex" (mehrteil. Film seit 1921, m. *Otto Gebühr*)

„Nora" (Film nach *Ibsen*)

„Das Leben auf dem Dorfe" (erste öffentliche Vorführung eines Triergon-Tonfilms)

„Sylvester" (Film v. *Lupu Pick*, * 1886, † 1931, mit *E. Klöpfer*); „Das alte Gesetz" (Film von *E.A.Dupont*, *1891, mit *H. Porten*, *E. Deutsch*); „INRI" (Film von *R. Wiene* mit *A. Nielsen*, *H. Porten*, *W. Krauß*)

„Robin Hood" (nordam. Film von *Allan Dwan* mit *D. Fairbanks*, *W. Berry*)

„Ausgerechnet Wolkenkratzer!" (nordamerik. Film m. *H. Lloyd*)

„Der Pilgrim", „Die öffentliche Meinung" (nordam. Filme von u. mit *Ch. Chaplin*)

„Don Juan u. Faust" (französ. Film von *L'Herbier*)

„Gösta Berling" (schwedischer Film von *Mauritz Stiller*, * 1883, † 1928, mit *G. Garbo*, *Lars Hanson*)

„Blätter für Menschenrecht" (Monatsschrift für straffreie Homosexualität; 2—4% Homosexuelle in Deutschl.)

Allg. Anthroposophische Gesellsch. gegr.

Eisendraht in Salpetersäure nachahmen (unterstützt elektrochem. Theorie der Nervenleitung)

Th. H. Morgan, *Sturtevant*, *C. B. Bridges* und *Hermann Joseph Muller* (* 1890, † 1967): „Der Mechanismus der Mendelschen Vererbung" (Chromosomen-Theorie der Vererbungslehre)

H. Oberth: „Die Rakete zu den Planetenräumen" (Anfänge einer wissenschaftlichen Theorie der Weltraumschiffahrt)

† *Wilhelm Röntgen*, dt. Physiker; entdeckte 1895 *Röntgen*strahlen (X-Strahlen); *Nobel*preis 1901 (* 1845)

Eduard Georg Seler (* 1849, † 1922): „Gesammelte Abhandlungen zur amerikanischen Sprach- und Altertumskunde" (erklärte die altmexikanischen Bilderhandschriften; 5 Bände seit 1902, Band 5 posthum)

Theodor Svedberg (*1884, † 1971) beginnt die Entwicklung der Ultrazentrifuge (erreicht bis 1942 mit 200 Umdrehungen pro Sekunde das Millionenfache der Erdschwere, wichtig f. d. Erforsch. v. Makromolekülen)

† *Johannes Diderik van der Waals*, niederl. Phys.; *Nobel*pr. 1910 (* 1837)

Gustav Wolf: „Quellenkunde der deutschen Reformationsgeschichte" (3 Bde. seit 1915)

Max Wolf: Absorption u. Entfernung kosmischer Dunkelwolken (wichtig f. wahre Gestalt d. Milchstraße)

Bekämpfung der Schlafkrankheit durch Germanin („Bayer 505")

Ross-Institut zur Erforschung tropischer Krankheiten, London

Erste Professur für Vorgeschichte, in Königsberg/Pr.

Erstes dt. Selbstwähler-Fernamt (Netzgruppe Weilheim)

1,25-m-Spiegelteleskop für Sternwarte in Berlin-Babelsberg

„Columbus" (dt. Kolben-Ozeandampfer mit 39000 t Wasserverdrängung; erhält 1930 Turbinen)

Erste Polarstation der USSR

Erster Versuch, i. d. Luft v. Flugzeug zu Flugzeug zu tanken, i. USA

Erste *Diesel*-LKW

Der Gedanke des „Muttertages" kommt von USA nach Deutschland

In Dt. sterben 2 Mensch. an Pocken (vor Einführung des Impfzwanges [1874] jährl. mehrere tausend Todesfälle; 1870/2 üb. 129000 Todesfälle i. Preußen; 1916/7 547 Todesf. i. Dt.)

„Der Impfgegner" (Zeitschrift des dt. Reichsverb. zur Bekämpfung der Impfung; 1927 rd. 1 Mill. Mitglieder)

Emily Post „Etikette" (nordamer. Anstandsbuch)

P. Nurmi läuft die Meile (1609,3 m) in 4 Min. 10,4 Sek. (1945 *G. Hägg* in 4 Min. 01,4 Sek.; 1954 *R. G. Bannister* in 3 Min. 59,4 Sek.: „Traummeile")

Valentich: „Der moderne Sport" (Handbuch d. Leibesübungen; nach dem 1. Weltkrieg wird der Sport zur Massenbewegung)

Sowjetunion geht vom *julian*ischen z. *gregor*ianischen Kalender über

Erdbeben bei Tokio fordert 100000 Todesopfer, zerst. 650000 Gebäude

Beg. d. Dammbaus z. Trockenlegung d. Zuidersees (erste Pachtbetriebe 1934)

Tempelhofer Feld i. Berlin wird Flugplatz

Rundfunk i. Dtl.

1924

*Dawes*plan regelt die dt. Reparationen: ab 1928 2,5 Milliarden jährl., zeitlich nicht begrenzt; bis dahin jährl. zwischen 1,2 und 1,75 Milliarden Mark ansteigend (vgl. 1929)

† *Karl Helfferich*, dt. Finanzmann und deutschnationaler Politiker; Gegner *Erzbergers* u. *Rathenaus* (* 1872)

K. Kenkel: „Die politischen Parteien der Staaten des Erdballs"

Richard Müller: „Vom Kaiserreich zur Republik. Ein Beitrag zur Geschichte der revolutionären Arbeiterbewegung während des Weltkrieges"

Hitler aus der Festung Landsberg vorzeitig entlassen; schrieb während der Haft „Mein Kampf" (Hauptschrift des Nationalsozialismus)

Fr. Otto Hörsing (* 1874, † 1937) gr. „Reichsbanner Schwarz-Rot-Gold"

„Zeitschrift für Geopolitik" (mit *Karl Haushofer* [* 1869, † 1946, Selbstmord], ab 1933 alleiniger Herausgeber)

Durch Attentat wird der österr. Bundeskanzler *Ignaz Seipel* schwer verwundet

J. R. MacDonald erster brit. Labour-Ministerpräsident (muß sich auf Koalition mit Liberalen stützen)

Wahlsieg der Konservativen, *Stanley Baldwin* brit. Ministerpräsident bis 1929

Austen Chamberlain brit. konservat. Außenminister im Kabinett *Baldwin*

Nach Übertritt zu den Konservativen wird *Winston Churchill* (vorher Liberaler) Finanzminister im Kabinett *Baldwin*

Konflikt Großbritannien-Ägypten wegen Ermordung des brit. Oberkommandierenden in Ägypten. Rücktritt des Ministerpräsidenten *Saghlul Pascha*, der mit großer Mehrheit wiedergewählt wird. Ägypt. König löst Parlament auf

General *James Hertzog* (* 1866, † 1942) englandfeindlicher südafrikan. Ministerpräsident bis 1939 (bis 1933 von *Smuts* bekämpft)

Literatur-*Nobel*preis an *W. Reymont* (Polen)

Barlach erhält *Kleist*preis

Bengt Berg (* 1885): „Mit den Zugvögeln nach Afrika" (schwed. Erz.)

Carossa: „Rumänisches Tagebuch"

† *Joseph Conrad (Korczeniowski)*, poln.-engl. Dichter; war bis 1894 Handelsschiffskapitän (* 1857)

Döblin: „Berge, Meere u. Giganten" (Zukunftsroman)

Fleuron: „Schnock" (dän. Tierroman)

Irene Forbes-Mosse (* 1864, † 1946): „Gabriele Alweyden" (Roman)

† *Anatole France*, frz. Dichter; *Nobel*preis 1921 (* 1844)

Galsworthy: „Der weiße Affe" (engl. Roman)

Gundolf: „Cäsar. Geschichte seines Ruhms"

G. Hauptmann: „Die Insel der großen Mutter" (Roman)

Hedin: „Von Peking nach Moskau" (schwed. Reisebericht)

Hemingway: „In unserer Zeit" (nordamerikan. Kurzgeschichten)

Arthur Holitscher (* 1869, † ~1939 im Exil): „Narrenbaedeker" (sozialist. Reiseschilderung, von *Masereel* illustriert)

James Johnson: „Anthologie d. Negerdichtung" (nordamerik.)

F. Kafka: „Ein Hungerkünstler" (österr. Erzählung)

† *Franz Kafka*, österr. Dichter (* 1883). Sein Werk wird von *Max Brod* herausgegeben

G. Kaiser: „Kolportage" (Tragikomödie)

Karl Adam (* 1876, † 1966): „Das Wesen d. Katholizismus" (aus katholischer Sicht)

K. Barth: „Die Auferstehung der Toten" (Auslegung des ersten Korintherbriefes) und „Das Wort Gottes und die Theologie" (Gesammelte Vorträge über Dialektische Theologie: Erkenntnis des jenseitigen Gottes im ewigen Widerspruch)

Emil Brunner (* 1889, † 1966): „Die Mystik und das Wort" (dialekt. Theologie; trennt sich *K. Barth*)

Georg Buschan (* 1863, † 1942): „Das Weib im Spiegel der Völkerkunde"

Dacqué: „Urwelt, Sage und Menschheit"

Freud: „Gesammelte Schriften" (bis zu seinem Tode 1939: 12 Bände)

Gandhi fastet 21 Tage in Delhi als moralische Demonstration gegen politisch-religiös. Zwist der Hindus und Moslems in Indien

Nic. Hartmann: „Diesseits von Idealismus und Realismus"

Kurt Hiller (* 1885): „Verwirklichung des Geistes im Staat" (gegen Machtpolitik)

Ellen Key: „Der Allsieger" (schwed., 4 Bände seit 1920)

Felix Krieger: „Der Strukturbegriff in der Psychologie" (Ganzheitspsychologie)

Hans Leisegang (* 1890, † 1951): „Die Gnosis" (Religionsgeschichte)

Fr. Meinecke: „Idee der Staatsräson in der neueren Geschichte"

Beckmann: „Vesuv" (express. Gemälde)

P. Behrens: Verwaltungsgebäude der Höchster Farbwerke

Henri Berlewi (* 1884, † 1967) begrdt. in Warschau u. Berlin konstruktivist. Malerei der „Mechanofaktur"

Bernhard Bleeker (* 1881): „Der tote Soldat" (Marmorbildwerk im Kriegerdenkmal München)

Paul Bonatz: Bürohaus Stumm Konzern, Düsseld. (beg. 1922)

C. Brancusi: „Weltenanfang" (rumän. „Skulptur f. Blinde")

Braque: „Zuckerdose" (frz. express. Gemälde)

Chagall: „Tochter Ida am Fenster" (frz.-russ. Gem.)

de Chirico: „Der große Metaphysiker" (ital. kubist. Plast.); kommt von Italien nach Paris und malt bis 1929 surrealist.

Corinth: „Walchenseelandschaft" (Gemälde)

Dehio: „Geschichte d. deutschen Kunst" (6 Bände seit 1919)

Expression. Künstlergruppe „Die Blauen Vier": *Feininger, v. Jawlensky, Kandinsky, Klee*

Heckel: Radierungen aus dem Artistenleben (express.)

Hielscher: „Deutschland" (künstlerisch. Photowerk)

† *Friedrich Kallmorgen*, dt. Maler; u. a. Hafenbilder (* 1856)

A. Kanoldt: „Bellegra" (Landschaftsbild i. Stil d. „Neuen Sachlichkeit")

Alban Berg: „Kammerkonzert" (zum 50. Geburtstag *A. Schönbergs*)

† *Ferruccio Busoni*, ital.-dt. Komponist und Klaviervirtuose; schrieb Werke für Orchester, Klavier, Opern, bearbeitete *Bach* (* 1866)

Gershwin: „Rhapsody in blue" (nordamerik. Jazzkomposition für Klavier und Orchester)

Walter Hensel gründet Finkensteiner Bund z. Pflege gemeins. Volksmusik

Honegger: „Pacific 231" (schweizer.-frz. Komposition; ahmt d. Geräusche einer Schnellzuglokomotive nach)

Kálmán: „Gräfin Mariza" (Operette)

Sergej Kussewitzky übern. Leitg. des Bostoner Symphonieorchesters (USA, gegr. 1880) bis 1949

Hans Joachim Moser (* 1889): „Geschichte der deutschen Musik" (3 Bände seit 1920)

Puccini: „Turandot" (ital. Oper)

† *Giacomo Puccini*, ital. Opernkomponist; Vertreter eines klangschönen Verismus (* 1858)

Respighi: „Die Pinien von Rom" (ital. symphon. Dichtung)

Schoeck: „Penthesilea" (Schweiz. Oper nach *Kleist*)

A. Schönberg: „Er-

„Dt. Glocke" für den Kölner Dom (mit 4500 kg die größte dt. Glocke)

Physik-*Nobel*preis an *Karl Manne Georg Siegbahn* (Schwed., * 1886, † 1978) für *Röntgen*spektroskopie

Medizin-*Nobel*preis an *W. Einthoven* (Niederl.) für Untersuchung der Herzaktionsströme

Bailey, *Morshead* und *Ward* lösen das Tsangpo-Brahmaputra-Problem (Tsangpo ist der Brahmaputra-Oberlauf in Tibet)

K. H. Bauer: Mutationstheorie der Krebsgeschwulst-Entstehung

Prince *Louis de Broglie:* Theorie der Materiewellen (Welle-Teilchen-Dualismus, 1927 experimentell bewiesen)

Callizo erreicht 12066 m Flughöhe

de la Cierva fliegt im Hubschrauber über 12 km (erste Flüge 1918 mit elektrischem Motor und Stromzuführung durch erdverbundenes Kabel in Österreich-Ungarn)

Dessauer, *Blau*, *Altenburger* (1922) und *Crowther* führen das „Trefferprinzip" in die Biophysik ein (wonach z. B. ein Bakterium durch ein einziges Lichtquant getötet werden kann)

Hugo Eckener (* 1868, † 1954) führt Luftschiff Z. R. III als dt. Reparationsleistung von Friedrichshafen nach New York (Lakehurst)

Eddington: Gesetzm. Bezieh. zw. Masse u. Leuchtkraft eines Sternes

Rotorschiff „Buckau" von *A. Flettner* (Atlantiküberfahrt 1926)

Max Hartmann (* 1876): „Allgemeine Biologie" (Standardlehrbuch)

R. Hesse: „Tiergeographie auf ökologischer Grundlage"

Magnus Hirschfeld: „Geschlechtskunde"

Holzknecht: „Röntgentherapie" (Pionierarbeit für die Heilbehandlung mit *Röntgen*strahlen)

Hubble: Andromedanebel ist rund 1 Mill. Lichtjahre entfernt, also eine „Weltinsel" außerhalb der Milchstraße

Erste dt. Funkausstellung und erste Automobilausstellung in Berlin

Dt. Institut für Zeitungskunde in Berlin (Leitung ab 1928 *Emil Dovifat*, * 1890)

Karl d'Ester (* 1881, † 1960) erster dt. Ordinarius für Zeitungswissenschaften, in München

Weltwirtschafts-Institut d. Handelshochschule Leipzig

Ein Höhepunkt der Kolonisierung und der Kohlegewinnung auf Spitzbergen

Notenumlauf der Reichsbank nicht begrenzt (Deckung normal 40%, davon mindestens 75% Gold)

Dt. Rohstahlgemeinschaft (Kartell der Stahlindustrie)

J. R. Commons: „Rechtl. Grundlegung des Kapitalismus" (nordamerikan. sozialrechtl. Richtung)

Deutsche Reichsbahngesellsch. gegrdt. (übernimmt 11 Milliarden Mark Reparations-Schuldverschreibungen zu 5%)

Umschlag im Binnenhafen Duisburg: 46000 Lastkähne führen 4 Mill. t Güter ein und 15,7 Mill. t aus

Imperial Airways (brit. Luftverkehrsgesellschaft)

(1924)

Wahlsieg des „Kartells“ der linkspolit. frz. Parteien. *Edouard Herriot* (Radikalsozialist, * 1872) frz. Ministerpräsident bis 1925 (noch einmal 1932)

Gaston Doumergue (Radikalsozialist, * 1863, † 1937) frz. Staatspräsident bis 1931

Neuer frz.-tschechoslowak. Freundschafts- und Bündnisvertrag

Internationale Vereinigung der demokrat. Parteien in Boulogne

Sozialdemokrat. Regierung in Dänemark; Ministerpräsident *Stauning* bis 1926 und 1929 bis 1940

† *Giacomo Mateotti*, ital. Sozialist, von Faschisten ermordet (* 1885). Rücktritt der meisten nichtfaschistischen Abgeordneten

Ministerpräsident *Venizelos* muß wegen monarchist. Politik Griechenland verlassen

Griechenland wird Republik (bis 1935); *Konduriotis* Staatspräsident bis 1929

Bolschewist. Putsch in Reval niedergeworfen

Finnland verhaftet kommunist. Parlamentarier

Großbrit., Frankreich, Italien anerkennen USSR

† *Wladimir Iljitsch Lenin* (*Uljanow*), russ. Staatsmann; Begründer des Bolschewismus und der Sowjetunion (* 1870); nach seinem Tode Kämpfe um die politische Führung, die *Stalin* gewinnt

Stalin verbündet sich mit *Sinowjew* und *Kamenew* gegen *Trotzki*

Volkskommissar für Heerwesen *Leo Trotzki* abgesetzt und in den Kaukasus verbannt

Alexei Iwanowitsch Rykow Vorsitzender des Rates der Volkskommissare der USSR

Aufstand in Georgien gegen Sowjetregierung niedergeschlagen

Autonomer Rätefreistaat der Wolgadeutschen errichtet (1941 aufgelöst, Bevölkerung in Strafgebiete verbracht)

Turkmenische SSR gegründet

Margaret Kennedy (* 1896): „Die treue Nymphe“ (engl. Roman)

Kisch: „Der rasende Reporter“ (gesammelte Feuilletons)

Klabund: „Der Kreidekreis“ (Drama nach dem Chinesischen)

Elisabeth Langgässer (* 1899, † 1950): „Wendekreis des Lammes“ (Gedichte)

Gertrud von Le Fort (* 1876): „Hymnen an die Kirche“ (kathol. Dichtung)

Rudolf Leonhard (* 1886): „Segel am Horizont“ (kommunist. Drama)

H. Mann: „Abrechnungen“ (Novellen)

Th. Mann: „Der Zauberberg“ (Rom. 2 Bde.)

E. F. T. Marinetti: „Futurismus und Faschismus“ (ital. Programmschrift, erklärt Futurismus zum faschist. Kunststil)

J. Masefield: „Sard Harker“ (engl. Tropenrom.)

Münchhausen: „Balladenbuch“, „Liederbuch“

Reinhold Conrad Muschler (* 1882): „Bianca Maria“ (Roman)

O'Neill: „Gier unter Ulmen“ (nordamerikan. Bühnenstück)

Paul Raynal (* 1885): „Das Grabmal d. unbekannten Soldaten“ (frz. Kriegsheimkehrerrom.)

Hans J. Rehfisch (* 1891): „Wer weint um Juckenack?“ (Tragikomödie)

Ringelnatz: „Geheimes Kinderspielbuch“ (Gedichte)

Schnitzler: „Fräulein Else“ (Novelle) und „Komödie der Verführung“ (Schauspiel)

---

† *Paul Natorp*, dt. Philosoph; Neukantianer (* 1854)

Peter Petersen: „Allgemeine Erziehungslehre“ (2 Bände; Grundlage von „Der Jenaplan einer freien allgemeinen Volksschule“)

Rickert: „Kant als Philosoph der modernen Kultur“

† *Alois Riehl*, dt. Philosoph; Neukantianer (* 1844)

Scheler: „Schriften zur Soziologie und Weltanschauungslehre“ (3 Bände seit 1923)

Schweitzer: „Kultur und Ethik“ (Kulturphilosophie II)

Sombart: „Die Ordnung des Wirtschaftslebens“ („verstehende Nationalökonomie“ auf histor.-soziologischer Grundlage) und „Der proletarische Sozialismus“ (Neubearbeitung von „Sozialismus und soziale Bewegung“ von 1897)

Spranger: „Psychologie des Jugendalters“

W. Stern: „Person und Sache“ (3. Bd. „Wertphilosophie“)

E. Troeltsch: „Der Historismus und seine Überwindung“ (Geschichtsverlauf unwiederholbar) (posthum)

Vaihinger: „Pessimismus und Optimismus vom Kantschen Standpunkt aus“

Max Weber: „Gesammelte Aufsätze zur Soziologie und Sozialpolitik“ und „Gesammelte Aufsätze zur Sozial- u. Wirtschaftsgeschichte“ (beides posthum)

Konkordat mit Bayern (weitere: 1922 mit Lettland, 1925 mit Polen, 1927 mit Litauen)

E. L. Kirchner: „Paar vor den Menschen" (express. Gemälde)

Kokoschka: „Die Börse v. Bordeaux" und „Venedig" (express. Städtebilder)

Kollwitz: „Selbstbildnis" und „Brot" (Lithographien)

W. Kreis (*1873, + 1955): *Wilhelm-Marx*-Haus in Düsseldorf (eines der ersten deutschen Hochhäuser, Baubeginn 1922)

Masereel: „Gier" (fläm. expression. Zeichnung)

J. Miró geht von gegenständl. Malerei zur abstrakt-surrealistischen über

László Moholy-Nagy (* 1895, † 1946): „Theater der Totalität" (Vereinigung von Kunst, Technik, Wissenschaft, entstand im Bauhaus, Weimar)

Ed. Munch: „Ballsaal" (norweg. impress. Gemälde)

Otto Nagel (* 1894, † 1967): „Straße am Wedding" (Gem.)

Nash: „Die Schöpfung" (engl., 12 Holzschnitte)

Abstrakte Periode in der Malerei *Pablo Picassos* („Die Natur existiert, aber meine Bilder auch")

Picasso: „Großer Harlekin" (span.-frz. express. Gemälde)

Schmidt-Rottluff: „Arbeiterkopf" (express. Holzschnitt)

† *Franz Schwechten*, dt. Architekt; erbaute bis 1895 Kaiser-*Wilhelm*-Gedächtniskirche in Berlin (* 1841)

wartung" (musik. Monodrama)

Sibelius: Symphonie in C-dur (finn.)

† *Charles Stanford*, irischer Komponist (* 1852)

Urauff. d. unvoll. 10. Sinfonie von *G. Mahler* († 1911)

R. Strauss: „Intermezzo" (Oper) und „Schlagobers" (Ballett)

Strawinsky: Oktett für Bläser (russ. Komposition)

Hermann Suter (* 1870, † 1926): „Le Laudi" (Schweiz. Chorwerk über den Sonnenhymnus d. heiligen *Franz von Assisi*)

S. Wagner: „Der Schmied von Marienburg" (Oper)

Anton v. Webern (* 1883, † 1945): „Drei geistliche Lieder" (12-Ton-Technik)

Modetanz Jimmy

≈ Rundfunk schafft ein neues Verhältnis zur Musik

„Ich hab' mein Herz in Heidelberg verloren" (Schlager)

Bruno Taut: „Die neue Wohnung" (über modernes Wohnungswesen)

† *Hans Thoma*, dt. Maler u. Graphiker (* 1839)

Lesser Ury: Rheinlandschaften

Junkers Metall-Eindecker G 24 (ein 195-PS- und zwei 100-PS-Motoren, rd. 2000 kg Nutzlast, ca. 170 km/h)

Lepeschkin: „Kolloidchemie des Protoplasmas"

Bei dem Versuch, den Mt. Everest zu ersteigen, werden *George Leigh-Mallory* und *Andrew Irvine* etwa 250 m unter dem Hauptgipfel aufsteigend das letzte Mal gesehen. Vorher hatte *E. F. Norton* im Alleingang 8573 m erreicht

K. Rasmussen erforscht auf der bisher längsten arktischen Schlittenreise das Leben der amerikanischen Eskimos (seit 1921, galt 15 Mon. als verschollen)

H. Riegger: Elektrodynamischer Lautsprecher (elektrodynamisches Telephon von *W. v. Siemens* 1878) und Kondensator-Mikrophon (verbessert Klangqualität)

Manne Siegbahn: „Spektroskopie der Röntgenstrahlen" (grundlegende Untersuchungen der Upsala-Schule)

H. W. Siemens: „Zwillingspathologie" (Bedeutung, Methoden, Ergebnisse)

Eduard Sievers (* 1850, † 1932): „Ziele und Wege der Schallanalyse" (Nachweis von charakteristischen sprachl. „Personalkurven", auch zur Textkritik verwendet)

Otto Stern (* 1888, † 1969) und *W. Gerlach* (* 1889) beweisen durch Ablenkung von Atomstrahlen im Magnetfeld die magnetischen Eigenschaften des Elektrons

Hans Stille (* 1876, † 1966): „Grundfragen der vergleichenden Tektonik" (mit „Regeln" der Gebirgsbildungsprozesse, Schrumpfung der Erde als treibende Kraft; umstritten)

O. H. Warburg: „Stoffwechsel der Tumoren" (Physiologie der Geschwülste)

O. H. Warburg gelingt es, die Wirkgruppen („Cofermente") einiger Enzyme (Fermente) chemisch aufzuklären oder rein darzustellen

A. Wegener und *W. Köppen:* „Die Klimate der geologischen Vorzeit" (Begründung d. Paläoklimatologie unter Zuhilfenahme d. Kontinentalverschiebungs-Theorie, vgl. 1915)

Flugplatz Berlin-Tempelhof eröffnet

Bahnhof Berlin-Friedrichstr. (Neubau)

Berliner Verkehrspolizei

Internationales Abkommen üb. Kraftfahrzeugverkehr

Teilweise Reform der dt. Gerichtsverfassung und Strafrechtspflege (u. a. allgemeine Berufungsmöglichkeiten)

Ludwig Ebermayer (* 1858, † 1933): „Arzt und Patient in der Rechtsprechung"

Jährlich etwa 200000 illegale Abtreibungen in Deutschland vermutet

Reichsknappsch.-Gesetz (Bergarbeiterversicherung)

„Die Wohnungsbauprobleme Europas nach dem Krieg" (vom Internationalen Arbeitsamt)

In Deutschl. gehen durch Krankheiten etwa 13,4 Mill. Arbeitstage verloren

178000 Geisteskranke in dt. Anstalten (Neuzugang 26000 pro Jahr)

Auguste Forel: „Warum soll man den Alkohol meiden?" (Abstinenzschrift eines Schweiz. Nervenarztes)

Deutsche Einheitskurzschrift (seit 1906 angestrebt; ab 1936 Deutsche Kurzschrift)

(1924)

In der Äußeren Mongolei bildet sich Mongolische Volksrepublik mit Sowjetverfassung. USSR anerkennt (formal) Zugehörigkeit zu China

Wahhabitenherrscher *Ibn Saud* erobert zu seinem Stammland Nedsch das Hedschas (mit Mekka) hinzu

Schah *Ahmed* wird gezwungen, Persien zu verlassen

† *Woodrow Wilson*, Präsident der USA von 1913 bis 1921; Friedens*nobel*preis 1919 (* 1856)

USA-Einwanderungsgesetz(schließt Chinesen nud Japaner aus)

Plutarco Elias Calles (* 1877) Präsident von Mexiko bis 1928 (kämpft auch nach dieser Zeit gegen kathol. Kirche)

Aufstand im brasilian. Kaffeestaat Sao Paulo und Rio Grande do Sul; wird unterdrückt, veranlaßt aber Reformen

Sun Yat-sen: „Drei Grundsätze der Volksherrschaft" (chin. demokrat. Lehre)

Die politische Richtung deutscher Zeitungen:

rechtsstehend	444
Zentrum	284
demokratisch	166
sozialdemokratisch	142
kommunistisch	20

W. von Scholz: „Die gläserne Frau" (Schauspiel)

A. Serajemowitsch(* 1863, † 1949): „Der eiserne Strom" (russ. Roman)

Shaw: „Die heilige Johanna" (engl. Schausp.)

Spitteler: „Prometheus der Dulder" (Schweiz. Versepos, Bearbeitung des Prosaepos von 1881)

† *Carl Spitteler*, Schweiz. Dichter; *Nobel*preis 1919 (* 1845)

Konstantin Stanislavsky: „Mein Leben i. d. Kunst"

Thieß: „Der Leibhaftige" (Roman)

Timmermans: „Das Licht in der Laterne" (fläm. Erzählungen)

Mark Twain: „Autobiographie" (2 Bände, posthum)

Valéry: „Eupalinos oder der Architekt" (franz. kunstphilos. Prosadial.)

Werfel: „Juarez u. Maximilian" (dram. Hist.)

Wiechert: „Der Totenwolf" (Roman)

† *Eleonora Duse*, ital. Schauspielerin (* 1859)

Max Reinhardt übernimmt die Leitung des Theaters in der Josefstadt, Wien, und der Sommerfestspiele in Salzburg („Jedermann"-Inszenierung); in Berlin: Dt. Theater, Kammerspiele und Komödie

G. Witkowski: „Textkritik u. Editionstechnik neuerer Schriftwerke"

Kurt Robitschek gründet Kabarett der Komiker, Berlin

„Who's who in Literature" (angelsächsisches Schriftstellerlexikon)

Rich. Hughes (* 1900): „Danger" (gilt als 1. Hörspiel)

Evang. Sozialpfarrer zur Pflege der sozialen Kirchenarbeit

Reichsarbeitsgemeinschaft der Kinderfreunde (sozial. Kinderfürsorge)

Arbeitsgemeinschaft dt. Bauern- und ländlicher Volkshochschulheime

Dän. Arbeiterbildungs-Vereinig.

Preuß. Richtlinien für die Kunsterziehung an höheren Schulen

Jahrbuch der Charakterologie

33557 Einäscherungen in Deutschland (∼1900 etwa 800 jährlich)

Aufhebung des türkischen Kalifats (Sultanat seit 1922 aufgehoben)

Rundfunk verändert geistige Kommunikation

Brit. Bericht über Entd. der Induskultur (bestand ≈ −2500 bis ≈ −1500)

„Die surrealistische Revolution" (frz. Zeitschr.)

Bildungsverband d. dt. Buchdrucker grd. „Büchergilde Gutenberg" (gewerkschaftl. orient., 1954: 250000 Mitgl.)

Erstes dt. Rundfunkhörspiel

Wilhelm Waetzold (* 1880): „Deutsche Kunsthistoriker" (2 Bände seit 1921)

Neuer oder Mariendom in Linz (Baubeginn 1862, 135 m hoher Turm)

„Der letzte Mann" (Film mit *E. Jannings*; Regie: *F. W. Murnau*)

„Nibelungen" (Film; Regie: *F. Lang*)

„Das Wachsfigurenkabinett" (Film von *Paul Leni*, * 1885, † 1929, mit *E. Jannings*, *C. Veidt*, *W. Krauß*)

„Berg d. Schicksals" (Film von *A. Fanck*, mit *Luis Trenker*, * 1892)

„Amerika" (nordamerikan. Film; Regie: *D. W. Griffith*; schildert in großen Schlachtszenen die amerikanische Revolution)

„Die zehn Gebote" (nordamerikan. Film von *C. B. de Mille*); „Der Dieb von Bagdad" (nordamerikan. Film v. *Raoul Walsh* mit *D. Fairbanks*); „Jazz" (nordamerik. Film v. *James Cruze*, * 1884, † 1942); „Der Steuermann" (nordamerikan. Film von *Donald Crisp* mit *Buster Keaton* [* 1895, † 1966])

„Zwischenakt" (frz. Film von *René Clair*)

„Mechanisches Ballett" (frz. Film von *Fernand Léger*)

G. L. Mallory verunglückt beim (seit 1921) 3. Versuch, den Mount Everest zu besteigen (nächste Exped. findet 1933 statt. Erstersteigung 1953)

Erste Funde des Australopithecus in Südafrika (später Funde 1936 u. 1959 auch in Ostafrika). Gilt mit einem Alter von 1–3 Mill. Jahren als früher Vorfahr des heutigen Menschen

Anfänge archäologischer Aufnahmen aus dem Flugzeug i. Gr.-Brit. (zeigen Schatten, Boden- u. Bewuchsmerkmale)

Erste Funde des Australopithecus africanus in Südafrika: schimpansoide Formen mit menschenähnlichem Gebiß, frühe Kulturanzeichen (Kannibalismus wahrscheinlich). (Weitere Funde 1936/38, 1947/48.) Lebte vor 0,5 bis 1 Mill. Jahren

Zeitschrift für Geophysik

Königsberger Gelehrte Gesellschaft

Messung der Temperaturen auf dem Mars: zwischen + 15° und — 100° C, Jahresmittel — 15° C (Erde + 14° C)

Katalog mit Spektren von über 225000 Sternen („Henry Draper Catalogue" des Harvard Observatoriums seit 1918)

Zeiß-Projektions-Planetarium in Jena (i. d. Folgezeit 27 weitere für Europa, Amerika und Ostasien)

Weltkraftkonferenz in London (behandelt internationale Energieerzeugung und -verteilung; 1930 in Berlin)

Rundfunkverständigung zwischen England und USA sowie England und Australien (letzteres auf Kurzwelle)

Stärkere Verbreitung von Radioliteratur (bes. Bastelbücher)

Reihen-Rotationsmaschine zum Druck beliebig großer Zeitungen (*Koenig & Bauer*)

Flugzeugmotoren 2,4 kg Gewicht/PS Leistung und 190 g Brennstoffverbrauch pro PS-Stunde Arbeit (1914: 2 kg/PS und 225 g/PS-Std.; 1900: 25 kg/PS und 400 g/PS-Std.; 1939: 0,6 kg/PS und 165 g/PS-Std.)

Eisenbahnausstellung in Seddin (bei Berlin); u. a. Turbolokomotive von *Krupp* (vgl. 1908)

25% aller Seeschiffe verwenden Ölfeuerung (1921 16%)

160 m Tauchtiefe erreicht (Walchensee)

Einführung der Melkmaschine in der dt. Landwirtschaft (in USA, Australien, Schweden bereits verbreitet)

Verbesserte Torfpresse

10000000. Fordauto

Klein-Kraftwagen mit Heckmotor von Hanomag

Im dt. Rundfunk entw. sich typische Sendeformen: erstmalig Konzert- u. Opernübertragung, Hörspiel, Werbesendung etc.

Olympiade in Paris

Erste Olympische Winterspiele, in Chamonix

R. Seyffert: „Allg. Werbelehre" (Standardwerk)

Carl Diem (1913 bis 1933 Generalsekretär des dt. Reichsausschusses für Leibesübungen): „Persönlichkeit und Körpererziehung"

Dt. und österr. Alpenverein hat etwa 250000 Mitglieder in 405 Sektionen (gegründet in Österreich 1862, in Deutschland 1869, vereinigt 1874)

Kandahar-Skiclub in Mürren zur Förderung des Abfahrtrennens

Volkssportschule in Wünsdorf

Weltschachbund im Haag

Chin. Mah-Jongg-Spiel wird ein dt. Modespiel

Bubikopf wird vorherrschende weibl. Frisur (gelangte ~ 1920 von USA nach Europa)

Massenmörder *Haarmann* verhaftet; beging in Hannover 26 Morde an jungen Männern

1925

Friedens*nobel*preis an *A. Chamberlain* (Großbrit.) und *Ch. G. Dawes* (USA)

Genfer Protokoll über das Verbot des chemischen und bakteriolog. Krieges

Hans Luther (parteilos, * 1879) dt. Reichskanzler bis 1926. Koalitionsregierung vom Zentrum bis zu den Deutschnationalen

† *Friedrich Ebert*, dt. Sozialdemokrat, Reichspräsident seit 1919 (* 1871)

Im 1. Wahlgang der Reichspräsidentenwahl erhält *Jarres* (vereinigte Rechtsparteien) relative Mehrheit. Im 2. Wahlgang wird *von Hindenburg* (14,656 Mill. Stimmen) gegen *Marx* (13,752 Mill.) u. *Thälmann* (1,951 Mill.) zum Reichspräsidenten gewählt (bis 1934 [†])

Theodor Lessing schreibt gegen *Hindenburg* (verliert deswegen 1926 das Recht, in Hannover Vorlesungen zu halten)

E. Schiffer Vorsitzender des Reichsrechtsausschusses der dt.-österr. Arbeitsgemeinschaft

Beginn der Räumung der in Deutschland besetzten Gebiete (beendet 1930)

Jacob Gould Schurman (* 1854, † 1942) USA-Botschafter in Deutschland bis 1930 (fördert Erweiterungsbau der Universität Heidelberg)

„Heidelberger Programm" der SPD

Hitler gründet die NSDAP neu. 27000 Mitglieder (1931: 806000)

Nationalsozialistische „Schutzstaffel" (SS) aus der SA gebildet

Adolf Hitler: „Mein Kampf" erscheint (wird zum Programm der NSDAP; 2. Band 1926)

Zypern wird brit. Kronkolonie (1914 annektiert)

Völkerbund spricht Erdölgebiet Mossul dem Königreich Irak zu (seit 1918 von Großbrit. besetzt). Brit. Irakmandat auf 25 Jahre verlängert

Großbritannien schlägt Italien Aufteilung Abessiniens in Interessensphären vor (1926 wird das Ge-

Literatur-*Nobel*preis an *G. B. Shaw* (Großbrit.)

Bunin: „Mitjas Liebe" (russ. Erzählungen)

Jo(hanna) van Ammers-Küller (* 1884, † 1966): „Die Frauen der Coornvelts" (niederl. Romanfolge mit Fortsetzung: 1930 „Frauenkreuzzug", 1932 „Der Apfel und Eva")

Joh. R. Becher: „Arbeiter, Bauern, Soldaten" (Drama)

Willa Cather: „Das Haus des Professors" (nordamerikanischer Roman)

Warwick Deeping (* 1877, † 1950): „Hauptmann Sorrell u. sein Sohn" (engl. Roman)

Dos Passos: „Manhattan Transfer" (nordamerik. Roman)

Th. Dreiser: „Amerikanische Tragödie" (nordamerikan. Roman)

F. H. Ehmcke: „Schrift, ihre Gestaltung und Entwicklung" (buchkünstlerisch)

John Erskine (*1879, † 1951): „Das Privatleben der schönen Helena" (nordamerikan. Roman)

Lion Feuchtwanger (*1884, † 1954): „Jud Süß" (Roman, 1917 als Drama)

F. Scott Fitzgerald: „The great Gatsby" (nordamerikan. Roman)

Wolfgang Goetz (* 1885, † 1955): „Neidhart v. Gneisenau" (Drama)

Gorki: „Das Werk der Artamonows" (russ.)

Hofmannsthal: „Der Turm" (Schauspiel)

Arno Holz: „Das Werk" (vorläufige Gesamtausgabe in 10 Bänden)

Aldous Huxley (*1894, † 1963): „Parallelen der Liebe" (engl. gesellschaftskrit. Roman)

F. Alverdes (* 1889, † 1952): „Tiersoziologie"

Walter Benjamin (*1892, † 1940 Freitod): „Ursprung des dt. Trauerspiels" (sozialist. Ästhetik, als Habilitationsschrift abgelehnt)

Buber: „Die Schrift" (Übersetzung d. Alten Test. [b. 1938], jüd. Religionswissenschaft)

Artur Buchenau: „Sozialpädagogik" (nach *Natorp-Pestalozzi*)

Dessoir: „Der Okkultismus in Urkunden" (ablehnende Kritik des Okkultismus; vgl. 1926)

Philipp Fauth (* 1867, † 1941): „Hörbigers Glazialkosmogonie" (Darstellung der Welteislehre)

Frobenius gründet Forschungsinstitut für Kulturmorphologie in Frankfurt/M.

Etienne Gilson (* 1884): „Saint Thomas Aquin" (frz. neuscholastische Philosophie)

R. v. Haas: Bilderatlas zur Religionsgeschichte

Max Hartmann: „Biologie und Philosophie" (kausalistische, antivitalistische Naturphilosophie)

Nic. Hartmann: „Ethik" (bejaht an sich bestehende ethische Werte)

Werner Jaeger (*1888, † 1961): „Antike und Humanismus"; gründet Zeitschrift „Die Antike"

E. R. Jaensch: „Die Eidetik und die typologische Forschungsmethode" (Typenpsychologie)

Erwin G. Kolbenheyer: „Die Bauhütte. Elemente einer Metaphysik der Gegenwart"

O. Bartning: Rotes-Kreuz-Verwaltungsgebäude, Berlin

André Breton: „Surrealistisches Manifest" („Traum und Wirklichkeit bilden zusammen eine Art absoluten Realismus, sozusagen einen Surrealismus")

Chagall: „Trinkendes grünes Schwein"

Corinth: „Ecce Homo" (Gemälde)

† *Lovis Corinth*, dt. Maler eines teils impress., teils express. Stils (* 1858)

A. Derain: „Cathérine Hessling" (frz. Bildnis)

O. Dix: „Tänzerin Anita Berber" (Gemälde)

Feininger: „Torturm" (express. Gemälde)

Grant: „Nymphe u. Satyr" (engl. Gem.)

Hoernes u. *Menghin:* „Urgeschichte d. bild. Kunst in Europa"

Marcel Gromaire (*1892, † 1971): „Der Krieg" (frz. pazifist. Gem.)

K. Hofer: „Paar am Fenster" (Gemälde)

Willy Jaeckel (*1888): „Liegender Frauenakt" (express. Gem.)

Klee: „Pädagogisches Skizzenbuch", „Der goldene Fisch" (Gem.)

Fritz Koch-Gotha (* 1877, † 1956): „Die Hasenschule"

Kokoschka: „Tower bridge in London" u. „Verkündigung" (express. Gemälde)

Kollwitz: „Gefangene hören Musik" (Lithographie)

Masereel: „Die Stadt" (fläm. Holzschnitte)

Georges Balanchine (*1904) Choreograph i. Paris beim „Ballets Russes" des *Sergej Diaghilew* (gegr. 1909)

Alban Berg: „Wozzek" (Uraufführg. in Berlin. Oper nach *Büchner* im Zwölftonstil)

Aaron Copland (* 1900): 1. Symphonie (nordamerikan. Komp.)

Alfred Einstein: „Neues Musik-Lexikon"

† *Leo Fall*, österreich. Operettenkomponist (* 1873)

E. Goossens: „Judith" (engl. Oper)

„Negro Spirituals" (Samml. rel. Lieder der Neger v. *James Johnson*)

A. László: „Die Farblichtmusik" (Unterstützung d. Musik durch Farben; konstr. auch Farblichtklavier)

Lehár: „Paganini" (Operette)

Nellie Melba (*1865, † 1931, australische Koloratursopranistin): „Melodien u. Erinnerungen" (Autobiographie)

Pfitzner: Violinkonzert in h-moll

Orgel im Passauer Dom von *Steinmeyer* (gilt als größte der Welt)

Kurt Thomas (* 1904): „Messe in a-moll" (A-cappella-Messe)

Bruno Walter Gen.-Musikdirektor an der Staatsoper Berlin

Physik-*Nobel*preis an *J. Franck* (Dt.) und *G. Hertz* (Dt.) für Erforschung von Quantensprüngen durch Elektronenstoß

Chemie-*Nobel*preis an *R. Zsigmondy* (Dt.) für grundlegende Arbeiten über Kolloidchemie

Edward V. Appleton (* 1892, † 1965) u. *M. A. F. Barnett* weisen durch Funkechos die *Heaviside*-Schicht nach (vgl. 1902; leitende Luftschichten in über 100 km Höhe: Ionosphäre)

Erstes Modell der „Leica" von *Oskar Barnack* fördert entscheidend die Kleinbildphotographie auf Normalfilm

A. Bethe, G. v. Bergmann, Embden, Ellinger: „Handbuch der normalen und pathologischen Physiologie" (erscheint in der Folgezeit in 17 Abteilungen mit je mehreren Bänden)

† *Ernst Bumm*, dt. Frauenarzt; wies bakterielle Erreger vieler Frauenkrankheiten nach (* 1858)

Couvé: „Die Psychotechnik im Dienst der deutschen Reichsbahn"

Danner: Ziehmaschine für Glasröhren

Dt. atlantische Expedition des Forschungsschiffes „Meteor" (bis 1927, erweitert entscheidend ozeanographisches Wissen; *Albert Defant* veröffentlicht die Ergebnisse ab 1932 in 16 Bänden)

Arthur Dix: „Geoökonomie, Einführung in die erdhaften Wirtschaftsbetrachtungen"; beginnt Monatsschrift „Weltpolitik und Weltwirtschaft" herauszugeben

Drouhin und *Landry* fliegen 4400 km in 45 Stunden 12 Min.

Karl Engler und *v. Höfer:* „Das Erdöl, seine Physik, Chemie, Geologie, Technologie und sein Wirtschaftsbetrieb" (6 Bände seit 1909, Standardwerk, kennzeichnet steigende Bedeutung des Erdöls)

Franz Fischer und *H. Tropsch* entwickeln die nach ihnen benannte Benzinerzeugung durch Kohleverflüssigung (kommt ohne hohe Drucke aus)

Esau erzeugt Kurzwellen im Wellenlängenbereich 3 bis 8 m

Dt. Volks-, Berufs- und Betriebszählung

7676 dt. Krankenkassen m. 18,3 Mill. Mitgl. und 1375 Mill. M Ausgaben

Rentenzahlungen in Deutschland: 1529097 Invalid.-, 597694 Waisen-, 233404 Witwen-, 89462 Alters-, 29481 Kranken-Renten

Ernst Wagemann (* 1884) gründet und leitet „Institut für Konjunkturforschung" (von 1923 bis 1933 Leiter des Statistischen Reichsamts; ab 1926 „Vierteljahrshefte zur Konjunkturforschg.")

K. Haushofer: „Geopolitik des Pazifisch. Ozeans"

Walter Jellinek (* 1885): „Verfassg. und Verwaltung des Reiches und der Länder" (Verwaltungsrecht)

Hugo Sinzheimer (* 1875, † 1945): „Grundzüge des Arbeitsrechts"

Friedrich-List-Gesellschaft

Haager Abkommen gewährt internationalen Schutz auf 15 Jahre für hinterlegte Muster und regelt internationales Konkursrecht

Weltrundfunkverein

Mittlerer Sonnentag von Greenwich als „Weltzeit" allgemein eingeführt (1883/4 festgesetzt)

(1925)	heimabkommen von Frankreich angegriffen und daraufhin teilweise dementiert) *Briand* frz. Außenminister bis 1932; bis 1926 Ministerpräsident Konferenz von Locarno zwischen *Luther*, *Stresemann*, *Briand*, *Chamberlain*, *Vandervelde* (Belg.), *Mussolini*, *Skrzynski* (Pol.), *Benesch* führt zu Abmachungen im Interesse der Friedenssicherung und Stabilisierung des Nachkriegseuropas Zollunion Frankreich—Saargebiet *Pétain* beginnt Neuordnung des frz. Heerwesens; führt die Kämpfe in Marokko Aufstand in Syrien (Franzosen beschießen 1926 Damaskus und werfen Aufstand nieder) Verschärfung der faschist. Diktatur in Italien Dopolavoro (ital. staatl.-faschist. „Freizeitgestaltung“) Hauptstadt Norwegens Kristiana (seit 1624) in Oslo umgenannt Republ. Partei (agrarisch) überflügelt die sozialdemokrat. in der Tschechoslowakei Albanien Freistaat unter *Achmed Zogu* (macht sich 1928 zum König *Zogu I.*) Bombenanschlag auf die Sophien-Kathedrale in Sofia: 200 Tote. Belagerungszustand in Bulgarien. Verbot der kommunist. Partei Der Führer der oppositionellen Kroaten *Stefan Radic* anerkennt jugoslaw. Verfassung und übernimmt Kultusministerium (tritt 1926 zurück) *Stalin* fordert „Sozialismus in einem Land“ entgegen *Trotzkis* bolschewistischer „Weltrevolution“ *Kliment J. Woroschilow* (* 1881) Kriegsminister der USSR Charkow Hauptstadt der Sowjet-Ukraine Nichtangriffspakt USSR — Türkei (1945 von der USSR gekündigt) Japan anerkennt USSR und gibt ihr Nordsachalin gegen Konzession zurück Sowjettruppen räumen die Äußere Mongolei	*F. Kafka*: „Der Prozeß“ (österr. Rom., posthum) *Kolbenheyer*: „Paracelsus“ (Romantrilogie seit 1907) *Isolde Kurz*: „Der Despot“ (Roman) *Lagerlöf*: „Charlotte Löwensköld“ (schwed. Roman) *Lewis*: „Dr. med. Arrowsmith“ (nordamerikan. Roman) *Emil Ludwig*: „Napoleon“ u. „Wilhelm II.“ (Biographien) *H. Mann*: „Der Kopf“ (sozialkrit. Roman, 3. Band der Trilogie „Das Kaiserreich“, 1. Bd. 1917 „Die Armen“ und 2. Bd. 1918 „Der Untertan“) *Maugham*: „Der bunte Schleier“ (engl. Roman) *Karin Michaelis*: „Das Mädchen mit den Scherben“ (dän.-dt. Frauenroman, 5 Bände) † *Arthur Moeller van den Bruck* (Selbstmord), dt. konservativer Schriftsteller (* 1876) *Alfred Neumann* (* 1895, † 1952): „Der Patriot“ (Roman; Drama 1926) *Marta Ostenso* (* 1900): „Der Ruf der Wildgänse“ (nordamerikan. Roman) † *Teuvo Pakkala*, finn. Dichter (* 1862) *Alfred Polgar*: „An den Rand geschrieben“ (gesammelte Feuilletons) *Ponten*: „Architektur, die nicht gebaut wurde“ (Versuch einer künstlerischen Geographie) *Charles Ferdinand Ramuz* (* 1878, † 1947): „Das große Grauen in den Bergen“ (Schweiz. Roman)	*Alain Locke*: „Der neue Neger“ (nordamerikan. Schrift für Gleichberechtigung) *H. de Man* (* 1885, † 1953): „Zur Psychologie d. Sozialismus“ *José Ortega y Gasset* (* 1883, † 1955): „Die Aufgabe unserer Zeit“ (span.) *J. Rehmke*: „Grundlegung der Ethik als Wissenschaft“ *Géza Róheim*: „Der australische Totemismus“ (engl. psychoanalyt. Deutung) *R. Seeberg*: „Christliche Dogmatik“ (evang. Theologie) Weltkirchenkonferenz i. Stockholm auf Veranlassung von *Söderblom* (zwischenkirchl. Einigungsbewegung) *Erich Stange* (* 1888): „Vom Weltprotestantismus der Gegenwart“ † *Rudolf Steiner*, Begründer der Anthroposophie (* 1861); *Albert Steffen* (* 1884) wird Leiter des „Goetheanums“ *E. Vatter*: „Der australische Totemismus“ *Joh. Volkelt*: „Phänomenologie und Metaphysik der Zeit“ *K. Vorländer*: „Von Machiavelli bis Lenin“ *Alfred Weber*: „Die Krise des modernen Staatsgedankens in Europa“ *M. Wertheimer*: „Über Gestalttheorie“ (Gestaltpsychologie) *Josef Wittig* (* 1879, † 1949): „Leben Jesu in Palästina, Schlesien und anderswo“ (führt zu seinem Ausschluß aus der kathol. Kirche)

Joan Miro (* 1893): „Der Katalane" (frz.-span. surreal. Gem.)

Pinder: „Der Naumburger Dom u. seine Bildwerke" (m. *Hege*)

H. Poelzig: Lichtspielhaus Capitol am Zoo, Berlin (Baubeginn 1924) u. Konzerthaus in Breslau

† *John Singer Sargent*, nordamerikan. Maler (* 1856)

Bruno Taut (* 1880, † 1938): Hufeisensiedlung Bln.-Britz

Henry van de Velde: „Der neue Stil in Frankreich" (belg. Architektur)

E. R. Weiß: „Renée Sintenis" (Bildnis seiner Gattin)

v. Zur Westen: „Reklamekunst aus zwei Jahrtausenden"

Staatl. Bauhaus in Weimar siedelt nach Dessau um

„Die Wohnung" (Zeitschrift für moderne Wohnkultur) Stahlrohrmöbel

Internation. Kunstgewerbeausstellung. in Paris und Monza („Europäisches Kunstgewerbe" in Leipzig 1927)

Westfalenhalle in Dortmund

„Jahrbuch für prähistorische und ethnographische Kunst" („Ipek", herausg. v. *H. Kühn*)

„Die Neue Sachlichkeit" (Ausst. i. Mannheim, vgl. 1920)

„Götz von Berlichingen" (Film mit *E. Klöpfer*)

Föppl: „Vorlesungen über technische Mechanik" (Standardwerk)

Fritz Giese: „Handbuch psychotechnischer Eignungsprüfungen" und „Theorie der Psychotechnik"

Max Hartmann: „Untersuchungen über relative Sexualität" (grundlegende experiment. Untersuchungen an Algen)

W. Heisenberg (* 1901, † 1976), *M. Born* und *P. Jordan* entwickeln die Quantenmechanik für Atome (Erweiterung der klassischen Mechanik durch Einbeziehung des *Planck*schen Wirkungsquantums)

† *Felix Klein*, dt. Mathematiker; u. a. mathem. Pädagogik und Geometrie (* 1849)

Weltrekord im Streckenflug von *Lemaitre* und *Arachart* mit 3166 km

Neubau des „Dt. Museums" in München durch *Oskar von Miller* eröffnet (vorbildliche anschauliche Darstellungen aus Technik und Naturwissenschaft; gesamter Materialwert von Gebäuden, Installationen und Sammlungen ca. 28 Mill. Mark)

Das chemische Element 75, Rhenium, durch sein *Röntgen*spektrum von *W. Noddack* und *J. Tacke-Noddack* entdeckt

Wolfgang Pauli (* 1900) erklärt das Periodische System der chemischen Elemente durch „Verbot" zustandsgleicher Elektronen

Erich Stern: „Die Psyche d. Lungenkranken" (psychosomatische Medizin)

Staudinger: Anf. ein. Chemie der synthetischen Fasern

W. Schmidt († 1924): Hochdrucklokomotive für 60 at

G. E. Uhlenbeck und *S. Goudsmit* führen die Vorstellung des kreiselnden Elektrons ein (Elektronen-Spin)

N. Vavilov: Genzentrentheorie (Kulturpflanzen stammen aus wenigen gemeinsamen Mannigfaltigkeitszentren)

Serge Voronoff (* 1866, † 1951): „Organüberpflanzung und ihre praktische Verwertung beim Haus-

Gründung des I. G. Farbenkonzerns (erster Zusammenschluß 1904; 1916 „Anilinkonzern"; Aktienkapital 1926: 1100 Mill. RM)

Carl Duisberg wird Vorsitzender des Aufsichtsrats, des Verwaltungsrats d. I. G. Farben und des „Reichsverbandes der Dt. Industrie"

Firma für landwirtschaftliche Maschinen *Heinrich Lanz* (* 1838, † 1905) wird AG (gegründet 1859)

Walter P. Chrysler (* 1875, † 1940), nordamerikanisch. Autokonstrukteur, gründet *Chrysler* Corporation (liegt 1927 mit 192 000 Verkäufen an 5. Stelle)

Deutsche *Ford*gesellschaft

Japan hat seine Maschinenerzeugung gegenüber 1913 auf 304 % gesteigert (Weltdurchschnitt 108 %

Max von Böhn: „Die Mode. Menschen und Moden vom Untergang der Alten Welt bis zum Beginn des 20. Jahrhunderts" (8 Bände seit 1923)

Taillenlose Frauenkleidung, kniefreie Röcke, Topfhüte, Bubikopf

Versuchsstelle für Hauswirtschaft des Dt. Frauenwerks (verl. Gütezeichen)

„Das Reformhaus. Monatsschrift für gesunde Lebensführung"

Dr. *Ritter* wandert mit seiner Lebensgefährtin nach den Galapagosinseln aus, um dort fern von der Zivilisation ein *Robinson*leben zu führen

Jagdgesetz in Sachsen (gilt als bes. sachgerecht)

Letzte wilde Wisentherde im Kaukasus ausgestorben

Anwachsende Verbreitung d. Kreuzworträtsels und anderer „Denksport"-Aufgaben

~ Sport- u. and. Reportagen im Rundfunk (bilden bis zum Fernsehen ein Gegengewicht zur Bevorzugung des Bildes)

Rhönrad von *Otto Feick*

Dt. Tischtennisbund

Skandal um die Brüder *Barmat* wegen Schädigung des Reiches durch Lebensmittellieferungen (seit 1919)

Internat. Rauschgiftkonvention

1. Motel (i. Kaliforn.)

Kleinbildphotographie mit Leica (vgl. 1913)

(1925)

Kadscharen-Dynastie in Persien durch das Parlament abgesetzt (seit 1786)

Risa Khan als erblicher pers. Schah *Risa* Schah *Pählewi* eingesetzt (regiert bis 1941). Moderne Entwicklung des Landes beginnt

Afghanistan wird Königreich. *Amanullah* König bis 1929 (abgesetzt; seit 1919 Emir); beginnt Modernisierung

† *Sun Yat-sen*, chin. Republikaner und Demokrat; seine Kuomintang stürzte 1911 chin. Kaisertum (* 1866); sein Nachfolger wird *Tschiang Kai-schek*, der bis 1928 ganz Nordchina erobert

Antibrit. Bewegung in China

Allgem. Wahlrecht für Männer zum japan. Parlament (1920 war Steuermindestleistung für das Wahlrecht von 10 auf 3 Yen ermäßigt worden)

Rama VII. Prajadhibok König von Siam (dankt 1935 ab)

Pachtvertrag Liberia — Firestone-Gummigesellschaft (USA) gegen Anleihe (Zinszahlungen ruinieren die Finanzen des Landes und werden 1932 eingestellt)

Surendranath Banerjee: „Eine Nation im Werden" (ind.-nationale Darstellung)

Louis Armstrong (*1900, † 1971), „King of Jazz", grdt. seine Combo „Hot Five"

Stark atonaler Jazzstil in Chicago

„Charleston"-Gesellschaftstanz

† *Wladyslaw Reymont*, poln. Dichter; *Nobel*preis 1924 (* 1868)

A. Soergel: „Dichtung und Dichter der Zeit" (2. Band „Im Bann des Expressionismus")

Gertrude Stein (* 1874 i. USA, † 1946): „The Making of Americans", Amer. Familienroman (*G. St.* ist s. 1902 Mittelp. eines kultur. Zirkels i. Paris)

Virginia Woolf: „Mrs. Dalloway" (engl. Rom.)

Hasse Zetterström (* 1877): „Schwedenpunsch" (schwed. Humoresken)

Carl Zuckmayer (* 1896): „Der fröhliche Weinberg" (Bühnenstück, *Kleist*preis)

St. Zweig: „Die Augen des ewigen Bruders" (Erzählung), „Der Kampf mit dem Dämon" (Essays über *Hölderlin*, *Kleist* und *Nietzsche*)

Teatro d'Arte unter *Pirandello* in Rom

„Die Schule am Meer" auf der Insel Juist (pflegt Jugend- und Laienspiel)

Karl Voßler: „Geist und Kultur in der Sprache" (Romanistik)

1. Band des Gesamtkatalogs der Wiegendrucke

„Die Verrufenen" (Film; Regie: *G. Lamprecht*)

„Wege zu Kraft und Schönheit" (Film mit Betonung naturnaher Körperkultur)

„Der Flug um d. Erdball" (Film mit Originalaufnahmen aus aller Welt)

„Ein Walzertraum" (Film)

„Die freudlose Gasse" (Film von *G. W. Pabst* [*1895, † 1967], mit *W. Krauß, A. Nielsen, G. Garbo*); „Varieté" (Film von *E. A. Dupont* mit *E. Jannings, L. de Putti*); „Tartüff" (Film von *F. W. Murnau* m. *W. Krauß, L. Dagover, E. Jannings*); „Die Elendsviertel von Berlin" (Film von *G. Lamprecht*)

„Das Gespenst von Moulin Rouge" (frz. Film von *R. Clair*)

„Die Abenteuer des braven Soldaten Schwejk" (tschechoslow. Film v. *Karel Lamac*)

„Goldrausch" (nordam. Film von u. mit *Ch. Chaplin*); „Lady Windermeres Fächer" (nordam. Film v. *E. Lubitsch*); „Der Sportstudent" (nordam. Film von *F. Newmayr* mit *H. Lloyd*); „Die große Parade" (nordam. Film von *King Vidor*, * 1894, mit *John Gilbert*)

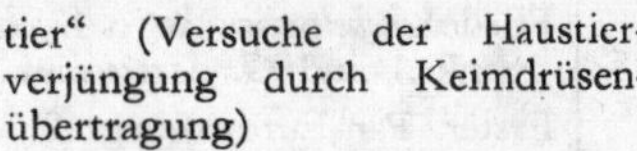

G. Wobbermin: „Systematische Theologie nach religionspsychologischer Methode" (3 Bde. seit 1913)

Lutherischer Weltkonvent in Oslo

Evang.-sozialer Kongreß (Präsident *Walter Simons*)

Verband evang. Theologinnen Deutschlands

Etwa 40000 Blinde in Deutschland, davon 4000 Kriegsblinde

Päpstl. Einsetzung des Festes des Königtums Christi und Ausdehnung des röm. Jubiläums auf den kathol. Erdkreis

Konflikt Tschechoslowakei—Vatikan wegen *Huß*feier

Kathol. Mission: 88000 (weiße) Missionsarbeiter auf 66400 Stationen (13 Mill. Getaufte). Evang. Mission: 30000 Missionsarbeiter auf 4596 Stationen und 46500 Schulen (2 Mill. Schüler)

Zahl der Jesuiten 18718 in 32 „Provinzen" zu 6 Assistenzen

Die Bibel kostete im 14. Jahrhundert (Handschrift): bis 20000 M; 1455 *(Gutenberg)*: 4000 M; 1462 *(Fust)*: 1600 M; 1483 *(Koberger)*: 400 M; 1522 *(Luthers* N. T.): 60 M; 17. Jhdt.: 65 M; 18. Jhdt.: 12 bis 25 M; 1925 (Bibelgesellsch.) 3 M

Bibelgesellschaft in London setzt 10,5 Mill. Bibeln in 566 Sprachen und Dialekten ab

Einweihung der hebräischen Universität in Jerusalem

Rund 15 Mill. Juden (ca. 9,5 Mill. in Europa, 4 Mill. in USA)

Internationales Institut für Geistige Zusammenarbeit (Organ des Völkerbundes, Sitz Paris)

Internationale Pädagogische Konferenz in Heidelberg

„Psychologie und Medizin" (Zeitschrift für psychosomat. Medizin)

„Arzt und Seelsorger" (Schriftenreihe)

H. Richert: Richtlinien f. d. höheren Schulen Preußens

Dt. Oberschule verbreitet sich als neuer Schultyp

„Zeitschrift für Völkerpsychologie und Soziologie" (ab 1932 „Sociologus")

„Zeitschrift für Menschenkunde"

„Deutsche Kultur im Leben der Völker" (Zeitschrift)

„Deutscher Gelehrtenkalender" (Abzweigung von *Kürschners* Literaturkalender, seit 1878)

1. Intern. Radiologenkongreß in London (Strahlenforschung)

tier" (Versuche der Haustierverjüngung durch Keimdrüsenübertragung)

R. Wagner untersucht biologische Regelung (frühe Anwendung des Regelung-Begriffs in der Biologie)

John B. Watson: „Der Behaviorismus" (Tierpsychologie im Sinne einer Analyse des äußeren „Verhaltens")

Mumie des ägypt. Pharao *Tut-ench-Amun* (≈ —1358) gefunden (vgl. 1922)

Fluggeschwindigkeitsrekord 486 km/St. von *Williams* (1922: 300 km/St., 1923: über 400 km/St., 1924: 450 km/St., 1939: 755 km/St.)

„Einsteinturm" der Sternwarte Potsdam (Turmteleskop für spektroskopische Sonnenforschung mit Objektiv von 600 mm Durchmesser und 14,4 m Brennweite)

Zeiß-Planetarium für „Dt. Museum" in München (1926 für Berlin; bis 1939 25 weitere, davon 15 für das Ausland)

Beginn der dt. Fernseh-Entwicklung mit *Nipkow*-Scheibe und *Karolus*- (*Kerr*-) Zelle (erste öffentliche Vorführung auf Ausstellungen in Deutschland ab 1928)

Niagara-Kraftwerke leisten etwa 700000 kW (erstes Kraftwerk dort 1896)

Walchensee-Kraftwerk (Baubeginn 1918; 122000 kW Leistung)

Reiß-Mikrophon von Telefunken

Ca. 600000 km Unterseekabel

Ca. 750000 Elektromotoren mit 2500000 kW Leistung und ca. 480000 Pferdegöpel in der dt. Landwirtschaft

15000-PS-Dieselmotor (MAN)

DIN-Passungen mit Toleranzen für Bohrungen und Wellen erleichtern Austauschbau (1939 werden internationale ISA-Passungen von DIN aufgenommen)

Reichsamt für Landesaufnahme beginnt Vermessungswerk der Topographischen Grundkarte 1 : 5000

Akademie zur wissenschaftlichen Erforschung und Pflege des Deutschtums, in München

1926

Friedens*nobel*preis an *A. Briand* (Frankr.) und *G. Stresemann* (Dt.)

Erster Pan-Europakongreß unter dem Ehrenvorsitz *A. Briands*

Strupp: „Wörterbuch des Völkerrechts" (3 Bände seit 1922)

Luther erneut dt. Reichskanzler mit Minderheitskabinett der Mitte; Rücktritt *Luthers* wegen Flaggenfrage. *Wilhelm Marx* (Zentr.) dt. Reichskanzler bis 1928

SPD wendet sich gg. Reichswehr

Rücktritt des Chefs der Heeresleitung *von Seeckt* w. Teilnahme eines *Hohenzollern*prinzen an Manövern. Nachfolger *Heye* (* 1869, † 1946) bis 1930

Volksentscheid auf entschädigungslose Enteignung der dt. Fürsten erhält nur 14,5 Mill. Stimmen (20 Mill. notwendig)

Deutschland mit ständigem Ratssitz im Völkerbund (tritt 1933 aus)

Freundschafts- und Neutralitätsvertrag Deutschland—USSR

Der bisherige Berliner Polizeipräsident *Grzesinski* ersetzt den preuß. Innenminister *Carl Severing*

Josef Goebbels wird nationalsozialistischer Gauleiter von Berlin (führt zur Radikalisierung des politischen Kampfes, 1932 ist KPD stärkste Berliner Partei)

*Hitler*jugend gegründet (wird 1933 „Staatsjugend")

Völkerbund beschließt, Finanzkontrolle in Österreich aufzuheben (seit 1922)

Seipel (christl.-sozial) österr. Bundeskanzler bis 1929

Ergebnislose Seeabrüstungskonferenz zwischen Großbrit., USA und Japan in Genf

Generalstreik in Großbrit., endet mit Niederlage der Arbeiter

12. Tagung der Interparlamentarischen Union in London (gegr. 1888 mit d. Ziel der Völkerverständig.)

Brit. Reichskonferenz erklärt Gleichberechtigung der Dominions in der freien Vereinigung des Britischen Empire; Südafrika lehnt Beteiligung ab und beansprucht volle Entscheidungsfreiheit

Literatur-*Nobel*preis an *G. Deledda* (Ital.)

Fritz von Unruh, *H. Burte* und *Franz Werfel* erhalten *Schiller*preis

Bengt Berg: „Abu Markúb" (schwed. Tierdarstellung)

E. Barlach: „Der blaue Boll" (Schauspiel)

Georges Bernanos (*1888, †1948): „Die Sonne Satans" (frz. Roman)

Louis Bromfield: „Früher Herbst" (nordamerikan. Roman)

†*Otto Ernst* (eig. *Schmidt*), dt. Dichter u. Volksschullehrer (* 1862)

Concha Espina de la Serna (* 1877, † 1955): „Altar mayor" (span. Roman)

Bruno Frank: „Trenck" (Roman)

Galsworthy: „Der silberne Löffel" (engl. Roman)

Fjodor Wasiljewitsch Gladkow (* 1883): „Zement" (russ. Roman)

Gide: „Die Falschmünzer" (frz. Roman)

C. Goetz: „Die tote Tante" (Einakter-Lustspiel)

Sigmund Graff (* 1898): „Die endlose Straße" (Schauspiel, gemeinsam mit *Carl Ernst Hintze*)

Hans Grimm: „Volk ohne Raum" (Roman im Geist des Imperialismus)

G. Hauptmann: „Dorothea Angermann" (Schauspiel)

Hemingway: „Fiesta" (nordamerik. Roman)

Ric. Huch: „Der wiederkehrende Christus" (Roman)

† *Siegfried Jacobsohn*, dt. politischer Journalist; Begründer der „Weltbühne" (* 1881)

F. Kafka: „Das Schloß" (österr. Rom., posthum)

Rudolf K. Bultmann (* 1889, † 1976): „Jesus" (ev. Theologie, mit d. These, J. habe sich nicht f. d. Messias gehalten)

M. Ernst: „Maria verhaut den Menschensohn" (hat in Paris schockierende Wirkung)

† *Rudolf Eucken*, dt. Philosoph einer idealist. Lebensphilosophie; *Nobel*preis für Literatur 1908 (* 1846)

F. Giese: „Reklame" (im Handwörterbuch d. Sexualwissenschaften)

F. Giovanoli: „Zur Soziologie des Parteiwesens" (Schweiz. politische Soziologie)

Hartmann Grisar (*1845, † 1932): „Martin Luthers Leben u. sein Werk, zusammenfassend dargestellt" (katholische *Luther*forschung)

Friedrich Heiler (* 1892, 1920 vom Kathol. zum Protest. übergetreten): „Evangelische Katholizität" (mit hochkirchlicher Tendenz)

Kurt R. Grossmann (*1897, + 1972): Generalsekr. der Dt. Liga f. Menschenrechte (bis 1933)

Kerschensteiner: „Theorie der Bildung" (im Sinne moderner Schulreform)

† *Ellen Key*, schwed. Pädagogin (* 1849)

Hermann von Keyserling: „Die neu entstehende Welt"

L. Klages: „Die psychologischen Errungenschaften Nietzsches"

König: „Reklamepsychologie"

† *Emil Kraepelin*, dt. Psychiater; unterschied den schizoiden und manisch-depressiven Formenkreis der Geisteskrankheiten (* 1856)

Barlach: „Die Begegnung von Christus u. Thomas“ (express. Holzplastik)

Beckmann: „Stilleben mit Zigarrenkiste“ (express. Gemälde)

Hubert Ermisch restauriert Dresdner Zwinger (bis 1936 u. von 1945—1951 [†])

W. Gropius: Bauhaus Dessau (modernes Bauwerk)

Hoetger baut für *Ludw. Roselius* (*1874, †1943, Gründer der ‚Kaffee-Hag‘-Firma) Böttcherstr. Bremen

K. Hofer: „Angelica“ (express. Gemälde)

Max Kaus (* 1891): „Amaryllis“ (Aq.)

„Blaue Vier“ (Künstlergruppe der abstrakten Malerei mit *Paul Klee*)

Kokoschka: „Terrasse in Richmond“ (expressionist. Landschaftsgemälde)

G. Kolbe: „Sitzende Frau“ (Bronzeplast.)

W. Kreis: Düsseldorfer Ausstellungsgebäude a. Rheinufer

Le Corbusier (eigtl. *Charles E. Janneret*, * 1887, † 1965): „Kommende Baukunst“ (frz.-schweizer.); vertritt konstr. Eisenbetonbau

W. Lübbert: „Rationeller Wohnungsbau“

†*Claude Monet*, frz. Maler d. Impressionismus (* 1840)

Georg Muche (*1895): „Schwarze Maske“ (Gem. aus dem Bauhaus; wechselt seit 1921 von der abstr. zur figurativen Malerei)

Alban Berg: „Lyrische Suite“ (mit abschließend. Tristan-Zitat; Kammermusik i. Zwölftonstil)

Hindemith: „Cardillac“ (Oper)

Honegger: „Judith“ (schweiz.-frz. Oper)

Křenek: „Orpheus und Eurydike“ (Oper, Text von *Oskar Kokoschka*)

Milhaud: „Der arme Matrose“ (frz. Oper)

H. J. Moser: „Die evang. Kirchenmusik“

Puccini: „Turandot“ (ital. Oper, Urauff. posthum in Mailand)

R. Strauss: „Briefwechsel mit Hugo v. Hofmannsthal“

Hermann Unger (* 1886): „Richmodis von Aducht“ (Oper)

S. Wagner: „Der Friedensengel“ (Oper)

P. Whiteman u. *M. M. McBride*: „Jazz“ (nordamerik.)

Laban: „Choreographie“, „Tanz und Gymnastik“, „Des Kindes Tanz und Gymnastik“

Ed. Munch „Das rote Haus“ (norweg. express. Gemälde)

E. Nolde kauft Sommersitz Seebüll

Orlik „Neue 95 Köpfe“ (Porträtzeichn. von Zeitgenossen)

Physik-*Nobel*pr. a. *J. Perrin* (Frankr.) f. Entdeckung des Sedimentationsgleichgewichtes von Kolloiden

Chemie-*Nobel*preis an *Th. Svedberg* (Schwed.) für Erforschung der Kolloide mit Ultrazentrifuge

Medizin-*Nobel*preis an *Johannes Fibiger* (Dänem., * 1867, † 1928) für Entd. des Spiroptera-Karzinoms

Abel: Reindarstellung kristallisierten Insulins (Bauchspeicheldrüsen-Hormon); teilw. Aufklärung des chemischen Baus

Amundsen und *Nobile*: Erfolgreicher Flug Spitzbergen—Nordpol—Alaska mit Luftschiff „Norge“

M. Born gibt statistische Deutung der atomaren Wellenmechanik

Breit und *Tuve*: Erste Echolotung der Ionosphäre (in üb. 100 km Höhe)

H. Busch (* 1884, † 1973): Magnetlinse f. Elektronenstrahlen (begr. Elektronenoptik)

Richard E. Byrd (* 1888, † 1957) fliegt mit Flugzeug von Spitzbergen z. Nordpol und zurück

A. C. Downing, *R. W. Gerard* und *A. V. Hill* stellen Wärmeerzeugung in erregten Nerven fest (Hinweis auf Stoffwechsel)

A. S. Eddington: „Der innere Aufbau der Sterne“ (wegweisendes astrophysikalisches Werk)

Fermi: Elektronenstatistik (bedingt z. B. hohe Energie der Elektronen i. einem Metall auch beim absoluten Nullpunkt der Temperatur)

W. Filchner: Expedition nach Tibet bes. für erdmagnetische Messungen (bis 1928; Fortsetzung 1934 bis 1938; schreibt 1929 „Om mani padme hum“ und 1940 „Bismillah“)

Otfried Förster: Reizphysiologische Karte des Gehirns (weist den Gehirnfunktionen bestimmte Gehirngebiete zu)

E. Germer (* 1901): Prinzip d. Leuchtstoff-, Hg-Lampe u. Höhensonne

Hale beweist Zusammenhang zwischen Sonnenprotuberanzen und Störungen des irdischen Magnetfeldes 26 Stunden später

Niederrhein.-westfäl. Inst. für Zeitungforschung, Dortmund

„Zeitungswissenschaft“ (Zeitschr.)

„Arbeitsschutz“ erscheint als Teil III des Reichsarbeitsblattes

„Der dt. Volkswirt“ (Zeitschrift)

J. M. Keynes: „Das Ende des Laissez-Faire“ (engl. antiliberalist. Volkswirtschaftslehre

Dt. Arbeitsgerichtsgesetz

Reichsknappschaftsgesetz

Starke technische Rationalisierung in Deutschland

Intern. Rohstahlgemeinschaft (Kartell mit Produktionsbegrenzung zw. Deutschland, Frankreich, Belgien, Luxemburg)

† *August Thyssen*, dt. Unternehmer (* 1842)

Verein. Stahlwerke AG, Düsseldorf, (Dachkonzern der *Stinnes*-, *Thyssen*-, Phönix-Gruppe u. der Rhein. Stahlwerke; 1930 800 Mill. RM Aktienkapital)

Hamburg-Amer.-Linie übernimmt *Stinnes*linie

Mitteldt. Stahlwerke AG

Imperial Chemical Industries (brit. chem. Industriekonzern als Gegengewicht zur I. G. Farben, 1936 Aktienkapital 95 Mill. £

(1926)	Lord *Halifax* (Lord *Irwin*, * 1881) brit. Vizekönig in Indien bis 1931 Singapur wird brit. Flottenstation erster Klasse *de Valera* gründet irische Partei „Fianna Fail" (für völlige irische Selbständigkeit) Großer Aufstand *Abd el Krims* und seiner Rifkabylen von den Franzosen und Spaniern in Marokko niedergeworfen (begann 1921) *Raymond Poincaré* frz. Ministerpräsident und Finanzminister bis 1929 (stabilisiert den Franken); stützt sich auf „Nationale Union" der bürgerl. Parteien; *Briand* bleibt Außenminister *Emile Vandervelde* (* 1866, † 1938; belg. sozialist. Außenmin. 1925 bis 1927): Rede über Belgiens Außenpolitik Belg. Finanzkrise. Abwertung und Stabilisierung Aufhebung des kollegialischen Kabinetts und der parlamentar. Verantwortlichkeit in Italien. Aufhebung der Wahlen in Provinzen und Gemeinden. Streikverbot. *Mussolini* „Duce del Fascismo". Freundschaftsvertrag Italien—Spanien Italien erlangt durch Militärkonvention von Tirana starken Einfluß in Albanien; Freundschaftsvertrag mit Rumänien (1927 Anerkennung Bessarabiens als rumän. Gebiet) Ein von der ital. Regierung eingesetzter Governatore verwaltet die Stadt Rom Staatsstreich *Josef Pilsudskis* in Polen; als Kriegsminister und zeitweiliger Ministerpräsident (1926 bis 1928, 1930 bis 1931) übt er diktatorische Herrschaft in Polen aus bis 1935 (†) *Ignaz Moscicki* (* 1867, † 1946) poln. Staatspräsident (geht 1939 ins Ausland) Austritt Spaniens aus dem Völkerbund (Wiedereintritt 1928) General *Carmona* erricht. Militärdikt. in Portugal (wird 1928 Präsident) Bis 1932 liberale und konservative Regierungen in Schweden Freundschaftspakt zwischen Litauen und der USSR. Nationalistische Diktatur in Litauen unter Staatspräsident *Smetona*	*G. Kaiser*: „Zweimal Oliver" (Bühnenstück) *Klabund*: „Cromwell" (Drama) *Th. E. Lawrence*: „Die sieben Säulen der Weisheit" (engl. Bericht vom Araberaufstand 1916/18) *Emil Ludwig*: „Bismarck" (Biographie) *Majakowski*: „Wie ich Amerika entdeckte" (russ. Erzählung) *Th. Mann*: „Unordnung u. frühes Leid" (Novelle), „Lübeck als geistige Lebensform" (Rede) *Miegel*: „Geschichten aus Altpreußen" *Henri de Montherlant* (* 1896): „Die Tiermenschen" (frz. Roman) *A. Neumann*: „Der Teufel" (historisch. Roman, *Kleist*preis) *Sean O'Casey* (* 1884, † 1964): „The plough and the stars" („Der Pflug und die Sterne", irisches Drama) *Pirandello*: „Einer, Keiner, Hunderttausend" (ital. Roman) *A. Polgar*: „Orchester von oben" (Skizzen) und „Ja und Nein" (Kritiken) † *Rainer Maria Rilke*, dt. Dichter (* 1875) *Schnitzler*: „Der Gang z. Weiher" (Schauspiel) *W. von Scholz*: „Perpetua" (Roman) *Lulu v. Strauß und Torney* (eig. *Luise Diederichs*, * 1873): Gesamtausgabe der Balladen und Lieder *Sudermann*: „Der tolle Professor" (Zeitroman) *Thieß*: „Das Tor zur Welt" (Erziehungsrom.) *B(ernhard) Traven* (eig. *Traven Torsvan*, * 1890, † 1969): „Das Totenschiff", Die Baumwollpflücker" (Romane)	*Felix Krueger*: „Über psychische Ganzheit" *Th. Litt*: „Möglichkeit und Grenzen der Pädagogik" *Marbe*: „Praktische Psychologie der Unfälle und Betriebsschäden" (behauptet die Existenz von zu Unfällen neigenden Personen) *Herman Menge*: Übersetz. des Alten Testam. (Neues Testament 1906) *Messer*: „Pädagogik der Gegenwart" (Zusammenfassung) Stigmatisierung von *Therese Neumann* in Konnersreuth (* 1898) (Ca. 322 Fälle von Stigmatisierung seit *Franz von Assisi* bekannt) *Pichl* und *Rosenstock*: „Im Kampf um die Erwachsenenbildung" *Erich Rothacker* (* 1888, † 1965): „Logik u. Systematik der Geisteswissenschaften" *Scheler*: „Die Wissensformen und die Gesellschaft" (phänomenologische Soziologie des Wissens) *M. Schlick*: „Erleben, Erkennen, Metaphysik" (Positivismus) *Wilhelm Schmidt*: „Die Sprachfamil. u. Sprachkreise der Erde" (kathol. Kulturkreislehre mit Atlas) *Walther Schücking* (* 1875, † 1935) wird Direktor des Instituts für internationales Recht in Kiel (fördert Völkerbundspolitik) *W. Stern*: „Jugendliche Zeugen in Sittlichkeitsprozessen" (Zeugenpsychologie) *Ferd. Tönniës*: „Fortschritt und soziale Entwicklung"

Pechstein: „Kornpuppen" (expressionist. Gemälde)

Fr. Schumacher: Finanzgebäude in Hamburg

St. Spencer: „Auferstehung" (engl. surrealist. Gemälde)

Lesser Ury: Bilder aus London

„Das ideale Heim" (Zeitschrift für Innenarchitektur)

---

† *Rudolf Valentino*, italienisch - nordam. Filmschauspieler; Hunderttausende bei s. Beisetzung (*1895)

Filmreg. *Ernst Lubitsch* geht nach USA

„Geheimnisse einer Seele" (psychoanalytisch. Film von *Pabst* mit *W. Krauß*)

„Metropolis" (utopischer Film, Buch von *Thea von Harbou*, mit *Brigitte Helm*, *Gustav Fröhlich*, *H. George*, *Alfred Abel*; Regie: *F. Lang*)

„Faust" (Film von *F. W. Murnau* mit *E. Jannings*, *Camilla Horn*, *Yvette Gilbert*)

„Die Unehelichen" (Film; Regie: *G. Lamprecht*)

„Panzerkreuzer Potemkin" (sowjetr. avantgard. Film; Regie: *Serge Michailowitsch Eisenstein*, * 1898, † 1948)

„Ein Sechstel der Erde" (Russ. Film von *Dziga Vertow*, * 1897); „Die Mutter" (russ. Film nach *Gorki* von *Wsewolod Pudowkin*, * 1893)

Entscheid. Verbess. d. Schallplattenqualität durch elektr. Aufnahme u. Wiedergabe

W. Homann: „Die Erreichbarkeit der Himmelskörper" (Technik der Raumschiffahrt)

E. P. Hubble (* 1889, † 1953) erkennt in den Spiralnebeln einzelne Sterne (erweisen sich dadurch als ferne milchstraßenähnliche Weltinseln)

Jaederholm: „Psychotechnik des Verkaufs"

Jansen und *Donath* gelingt die Reindarstellung kristallisierten Vitamins B_1 (Aneurin)

G. Jobst: Pentode (5-Pol-Verstärker-Röhre)

L. W. H. Keesom bringt das Edelgas Helium in den festen Aggregatzustand (bei —271° C)

Klingenberg-Kraftwerk in Berlin-Rummelsburg mit Dampfturbinen für 270000 kW Leistung

Paul de Kruif (* 1890): „Mikrobenjäger" (vorbildlich populäre Darstellung der Bakteriologie)

Hans Lassen (* 1897, † 1974): Theorie der Ionosphäre (Leitfähigkeit durch ultraviolettes Sonnenlicht)

Lorenzen: Gleichdruck-Gasturbine

Leberdiät gegen perniziöse Anämie von *George Richards Minot* (* 1885) und *William Perry Murphy* (* 1892)

P. Moede: „Lehrbuch der industriellen Psychotechnik" (2 Teile)

Myers: „Industrielle Psychologie in Großbritannien"

Hermann Oncken: „Die Rheinpolitik Napoleons III. 1863—70 und der Ursprung des Krieges 1870" (2 Bände)

Pawlow: „Die höchste Nerventätigkeit (das Verhalten) von Tieren" (Physiologie der „bedingten Reflexe")

Michail Rostovtzeff (* 1870, † 1952): „Die soziale und ökonomische Geschichte des Römischen Reiches"

E. Schrödinger entwickelt quantenphysikalische Wellenmechanik

Staeding: „Psychotechnik in der Landwirtschaft"

Carl Stumpf: „Die Sprachlaute" (physiologische Akustik)

James Batcheller Sumner (* 1887): Reindarstellung des Enzyms (Ferments) Urease in kristall. Form

Dt. Benzin- und Petroleum GmbH (Olex)

Dt. *Woolworth*-Ges. in Berlin (Einheitspreisgeschäfte)

Zeiß-Ikon AG, Dresden, gegr. (Zusammenschluß optischer Werke)

Zusammenschluß der deutschen Linoleum-Industrie

Deutsche Lufthansa gegründet (aus Aero Lloyd und *Junkers* Luftverkehr AG)

Dornier-Wal startet zum Südam.-Flug von Spanien aus

Handwerk in Deutschl. vertr. durch Reichsverband des dt. Handwerks (1919) m. 67 Handwerks- u. Gewerbekammern, 59 Innungs- und Fachverbänden, 6 Fachverbands-Kartellen u. a. Organisationen (Handwerk steht teilweise im harten Konkurrenzkampf zur Industrie)

Volkstrauertag in Deutschland eingeführt

Reichsmuseum für Gesellschafts- und Wirtschaftskunde in Düsseldorf (mit Material der Ausstellung für Gesundheitspflege, soziale Fürsorge und Leibesübungen, Gesolei)

In Deutschl. 1,35 l Trinkbranntwein pro Kopf (1905: 3,8 l pro Kopf)

(1926)

Augustinas Voldemaras (* 1883) litau. Ministerpräsid. u. Außenminister bis 1929 (gestürzt; nach Militärputsch 1934 zu Kerker verurteilt)

Litauen verhängt Belagerungszustand über das Memelgebiet

Dt. Minister in der tschechoslowakischen Regierung

Ungar. Oberhaus mit Vertretern des Großgrundbesitzes

Kroatenführer *Stefan Radic* (seit 1925 jugoslaw. Erziehungsminister) scheidet aus dem Kabinett aus. Vertrag mit Griechenland über jugoslaw. Freihafenzone in Saloniki. Freundschaftsvertrag Jugoslawien—Polen

† *Nicola Paschitsch*, jugoslaw. Ministerpräsident seit 1921 (* 1846)

Ljaptschew bulgar. Ministerpräsident (Mazedonier) bis 1931; schaltet Bauernpartei weiterhin aus

Bündnis- u. Freundschaftsvertr. Rumäniens m. Polen, Frankr. u. Italien

Vorübergehende Diktatur von General *Pangalos* in Griechenland

Türkei verzichtet auf Erdölgebiet von Mossul zugunsten Iraks

Türk. Zivilgesetzbuch (nach dem Schweizer von 1907)

Persisch-türkischer Freundschaftsvertrag

Liberaler Wahlsieg in Kanada über Konservative. Erster kanad. Gesandter in USA

Nationalisierung der Bodenschätze in Mexiko

Brasilien tritt a. d. Völkerbund aus

Kantonarmee unter *Tschiang Kaischek* beginnt Feldzug zur Einigung Chinas (1928 Einnahme Pekings)

Hirohito Kaiser von Japan (seit 1921 Prinzregent für seinen geisteskranken Vater *Yoshihito* [†])

Aufstand in Niederländ.-Java (1927 n. harten Kämpf. niedergeschlagen)

Unruh: „Bonaparte" (Drama)

Ramon del Valle-Inclán (* 1870, † 1936): „Tyrann Banderas" (span. Roman)

Edgar Wallace (* 1875, † 1932): „Der Hexer" (engl. Kriminalroman)

Wells: „Die Welt William Clissolds" (engl. gesellschaftskrit. Rom.)

Wiechert: „Der Knecht Gottes Andreas Nyland" (Roman)

Thornton Niven Wilder (* 1897): „Die Cabala" (nordamerikan. Roman)

Wildgans: „Wiener Gedichte"

E. Zahn: „Frau Sixta" (Schweiz. Roman)

St. Zweig: „Verwirrung der Gefühle" (Erzählgn.)

Kartell d. „Großen Vier" f. d. Erneuerung d. frz. Theaters: *Baty*, *Dullin*, *Jouvet*, *Pitoëff* (bekämpfen d. rein kommerzielle Theater)

Abteilung Dichtung der Preuß. Akademie gegr.

Adolf Erman u. *Hermann Grapow*: „Wörterbuch d. ägypt. Sprache" (1. Bd., 4 weitere b. 1952)

„Die physikalischen Phänomene der großen Medien" (den Okkultismus verteidigende Erwiderung auf Teil II des „Okkultismus in Urkunden" von 1925: „Siebenmännerbuch", da 7 Autoren)

Paul Valéry: „Vorschlag z. Vernunft" (frz.)

„Jahrbuch für Soziologie" erscheint

Der Papst verurteilt die nationalist. kathol. Action française i. Frankr.

Konkordat mit Polen

„Scholastik" (Zeitschr. für kathol. Philosophie)

Ring kathol. dt. Burschenschaften (farbentragend)

28 162 Freimaurerlogen mit 4,2 Mill. Mitgliedern (davon Nordamerika 3,3 Mill.)

In Deutschland (vergleichsweise 1899) 559 (212) Niederlassungen männlicher religiöser Orden mit 10458 (4250) Mitgliedern und 6619 (2661) Niederlassungen weiblicher Orden mit 73880 (32381) Mitgliedern

Erste preuß. Pädagogische Akademie für Volksschullehrer in Bonn (kath.) und Elbing (evang.)

Reichsausschuß für hygien. Volksbelehrung

Reichsausschuß der Jugendverbände umfaßt 3,5 Mill. Jugendliche

Gesetz zur Bewahrung der Jugend vor Schmutz- und Schundschriften

„Zeitschrift für psychoanalyt. Pädagogik"

Koloniale Frauenschule in Rendsburg gegründet

Türk. Schulwesen wird nach westl. Vorbild reformiert und verstaatlicht (seit 1924)

„Zeitschrift für Okkultismus und Grenzfragen des Seelenlebens"

Preußen entzieht Studentenschaften Anerkennung wegen antisemitischer Tendenzen

„Ben Hur" (nordam. Film von *Fred Niblo* mit *Ramon Novarro*); „Don Juan" (nordamerik. Film mit synchron. Musik von *Alan Crossland* mit *John Barrymore*)

„Nana" (frz. Film v. *Jean Renoir* * 1894) mit *W. Krauß*

„Die letzten Tage von Pompeji" (ital. Film)

Der Ufa-Filmkonzern leiht Geld von USA-Filmgesellschaften (Verleihanstalt „Parufamet")

Fr. v. Wettstein: Es gibt Erbfaktoren i. Plasma

„Ergebnisse d. Biologie" (Jahrbuch)

Archiv für Polarforschung in Kiel

Entwicklung d. überseeischen Kurzwellen-Verkehrs (bes. durch USA-Amateure seit 1924 vorbereitet, erster zusammenfassender Bericht *Rukop* 1925)

Erste Ansätze einer mathematisch. Wettervorhersage in Großbritan. (wird nach dem 2. Weltkrieg durch elektron. Rechenmaschinen entscheidend verbessert)

Einführung des Begriffs „Großwetterlage" zur Kennzeichnung der weiträumigen Druckverteilung

Elektrische Schallplattentechnik („Electrola")

16-mm-Schmalfilm von Kodak (begünstigt Amateurfilm; 1928 Agfa-Schmalfilm)

Zugspitz-Schwebebahn v. Ehrwald (Österr.)

Berliner Funkturm eröffnet (120 m hoch, Baubeginn 1925)

Zugfunk-Telefon auf der Strecke Hamburg–Berlin

Netzanoden für Rundfunkgeräte

Fernleit. f. Ströme bis 380000 Volt

Freiluft-Schaltanlage f. 100000 Volt Hochspannung (Böhlen bei Leipzig)

Diamanthartes Widia-Hartmetall *(Krupp)*; führt zu Höchstleistungsmaschinen für Metallbearbeitung (Schnittgeschwindigkeiten bei Aluminium bis 1000 m/Minute)

Zweckmäßige *Maier*-Form des Schiffsbugs wird verwendet (nach unten zurückweichend)

In Deutschland etwa 600 homöopath. Ärzte (Homöopathie sehr umstritten.)

Volkswirtschaftl. Schäden durch Geschlechtskrankheiten in Deutschland ca. 6—7 Mill. Mark

H. L. Mencken: „Demokratenspiegel" (nordam. Kritik am öffentlichen Leben)

33 Lynchmorde in USA (1950 nur noch vereinzelte Fälle; seit 1889 insgesamt 3592; Antilynchgesetz 1922 abgelehnt)

Völkerbundsabkommen über Abschaff. d. Sklaverei

Türk. Eherecht reformiert (Abschaffung der Polygamie; besteht weiter in den anderen mohammedanischen Staaten)

Türkei verbietet Fes (Türkenmütze)

Reichsverband für Körperkultur

Antonio Buzzacchino (* 1889, † 1958): Dauerwelle

C. J. Luther: „Schule d. Schneelaufs" (Arlbergschule, bewirkt stark. Aufschwung des Skilaufs)

Kegel unternimmt ersten Gewitterflug im Segelflugzeug

Erste dt. Kanaldurchschwimmg. von *Gertrud Ederle*

Gene Tunney schlägt *Jack Dempsey* nach Punkten und wird Boxweltmeister (Rekordeinnahme: 2,6 Mill. Dollar)

Internation. Tischtennisverband

Erste „Grüne Woche" in Berlin

Genfer Rundfunkwellenplan in Kraft

Einw. d. Berliner Funkturms

1927

Friedens*nobel*preis an *Ferdinand Buisson* (Frankr., * 1841, † 1932) und *L. Quidde* (Dt.)

Jahrbuch des Völkerbundes (frz.)

Deutschnationale in der Regierung *Marx* bis 1928; keine Unterstützung mehr durch SPD

Dt.-frz. Handelsvertrag

Deutschland tritt dem Internationalen Schiedsgerichtshof i. Haag bei

In Sachsen spaltet sich „Alte Sozialdemokratische Partei" unter *Heldt* als rechter Flügel ab

Nationaldenkmal Tannenberg eingeweiht

Albrecht Mendelssohn-Bartholdy und *Thimme:* „Die große Politik der europäischen Kabinette 1871 bis 1914" (40 Bände aus den Akten des dt. Auswärtigen Amtes seit 1922)

Gottfried Feder (* 1883): „Das Programm der NSDAP" (mit „Brechung der Zinsknechtschaft"; dieses Programm spielt nach 1933 keine wesentliche Rolle)

K. Haushofer: „Grenzen" (Geopolitik)

Erich Ludendorff: „Die überstaatlichen Mächte im letzten Jahre des Weltkrieges" und „Vernichtung der Freimaurerei durch Enthüllung ihrer Geheimnisse" (Kampfschriften gegen internationale Organisation.; „Dolchstoß"-Legende)

Arbeiterunruhen in Wien, Brand des Justizpalastes

Abbruch der diplomat. Beziehungen Großbrit. zur USSR

Brit. Gewerkschaftsgesetz schränkt Arbeiterbewegung ein

Brit. Vertrag mit Irak, erkennt ihn als unabhängigen Staat an. Brit. Mandat bleibt erhalten

Brit. Kommission zum Studium ind. Verfassungsfragen

Südafrikan. Union schafft eigenes Außenministerium und Frauenwahlrecht

Autonomiebewegung in Elsaß-Lothringen (1928 scharf bekämpft)

Freundschaftsvertrag Jugoslawien–Frankreich

Literatur-*Nobel*preis an *Henri Bergson* (Frankr.)

Benn: Gesammelte Gedichte

F. Blei: „Glanz u. Elend berühmter Frauen"

Bonsels: „Mario und die Tiere" (Erzählung)

† *Georg Brandes (Cohen)*, dän. Literaturkritiker u. Schriftsteller; Wegbereiter des Naturalismus (* 1842)

Brecht: „Hauspostille" (Gedichte)

Willa Cather: „Der Tod kommt zum Erzbischof" (nordamerik. Roman)

Jean Cocteau (* 1892, † 1963): „Ödipus rex" (frz. Schausp., vertont v. *Igor Strawinsky*) u. „Orpheus" (frz. Schauspiel)

Duun: „Olsoy-Burschen" (norweg. Rom.)

Erskine: „Adam und Eva" (nordam. Roman)

Alexander A. Fadjejew (*1901): „Vernichtung" (russ. Novelle)

Bruno Frank: „Zwölftausend" (Schauspiel)

Leonhard Frank: „Karl und Anna" (Erzählung)

Friedrich von Gagern (* 1882, † 1947): „Das Grenzerbuch" (Geschichte der nordamerikan. Indianergrenze)

Gide: „Tagebuch der Falschmünzer" (franz. Roman)

Jean Giraudoux (* 1882, † 1944): „Eglantine" (frz. Roman)

Oskar Maria Graf (* 1894, † 1967): „Wir sind Gefangene" (Autobiographie)

Friedrich Griese (* 1890): „Winter" (Roman)

† *Maximilian Harden*, dt. Schriftsteller; Herausgeber der „Zukunft"

Léon Brunschvicg (* 1869, † 1944): „Der Fortschritt des Wissens in d. abendl. Philosophie" (frz. Rationalismus)

† *Houston Stewart Chamberlain*, engl.-dt. Philosoph, Schwiegersohn *Richard Wagners*; gilt als Vorläufer der nationalsozialist. Rassenideologen (* 1855)

A. Deißmann: „Die Stockholmer Bewegung" (protest.)

Freud: „Die Zukunft einer Illusion" (Religionspsychologie)

Th. Haecker: „Christentum und Kultur" (kathol. Kulturphilosophie)

Harnack: „Die Entstehung der christlichen Theologie und des kirchlichen Dogmas" (protestant.)

Heidegger: „Sein und Zeit" (Begründung einer weltlichen Existential-Philosophie)

L. Klages: „Persönlichkeit"

E. Krieck: „Bildungssysteme d. Kulturvölker"

Lucien Lévy-Brühl (* 1857, † 1939): „Die geistige Welt d. Primitiven" (frz. Ethnologie)

M. Maeterlinck: „Das Leben der Termiten" (belg. philosoph. Naturbeschreibung)

Müller-Freienfels: „Geheimnisse der Seele"

F. Oppenheimer: „System der Soziologie" (3 Bände seit 1922)

Peter Petersen entwickelt auf der IV. internationalen Konferenz für Erneuerung der Erziehung in Locarno seinen „Jenaplan": Für Schule mit lebendigem Gruppenunterricht. Gegen „Lern- u. Lehrschulen"

Ernst Benkard (* 1884, † 1946): „Das ewige Antlitz" (Sammlung von Totenmasken)

Braque: „Glas und Früchte" (frz. express. Gemälde)

Edward Burra (* 1905): „Terrasse" (engl. express. Gemälde)

Chagall: Illustr. z. „Die Toten Seelen" v. *Gogol*, (s. 1923)

Le Corbusier: Haus der Weißenhofsiedlung, Stuttgart (Architektur d. Neuen Sachlichkeit)

Charles Demuth (* 1883, † 1935): „Ägyptische Impression" (nordam. kubist. Gemälde)

K. Hofer: „Jazzband", „Stilleben" und „Knabe mit Ball" (express. Gem.)

Edward Hopper (* 1882): „An der Manhattan-Brücke" (nordamerikan. Gemälde in neusachlichem Stil)

A. Kanoldt: „Stillleben" (sachlicher Stil)

Kokoschka: „Courmajeur 1927" (alpines Landschaftsbild)

Fritz Koelle: „Der Bergmann" (Bronzeplastik)

Kollwitz: „Arbeiterfrau mit schlafendem Jungen" (Lithogr.)

Mies van der Rohe: Wohnbauten Afrikan. Str., Berlin

G. A. Munzer: Marineehrenmal bei Laboe (bis 1936)

Pechstein: „Lupowmündung" (Gem.)

d'Albert: „Der Golem" (Oper)

Bachs „Kunst der Fuge" in der Einrichtung von *Wolfgang Gräser* (* 1906, † 1928, Selbstmord) unter Thomaskantor *Karl Straube* uraufgeführt

Graener: „Hanneles Himmelfahrt" (Oper)

Alois Hába (* 1893, Tschech.): „Neue Harmonielehre des diatonischen chromatischen Viertel-, Drittel-, Sechstel- und Zwölftelton-systems" (deutsche Übersetzung)

† *Friedrich Hegar*, Schweizer Komponist; u. a. Männerchöre (* 1841)

Hindemith: „Felix der Kater" (Filmmusik für mechanische Orgel)

Honegger: „Antigone" (schweiz.-frz. Oper, Text von *J. Cocteau*)

Křenek: „Jonny spielt auf" (Jazzoper), „Der Diktator" („tragische" Oper), „Das geheime Königreich" (Märchenoper) u. „Schwergewicht oder die Ehre der Nation" (burleske Operette)

Lehár: „Der Zarewitsch" (Operette)

Malipiero: „Philomela und ihr Narr" (ital. Oper)

Milhaud: „3 Opéras minutes" (frz. Oper)

Ravel: Violinsonate (frz. Komposition)

Physik-*Nobel*preis an *A. H. Compton* (USA) für Erforschung des Stoßes zwischen *Röntgen*quant und Elektron und an *C. T. Wilson* (Großbrit.) für Sichtbarmachung atomarer Teilchen in der Nebelkammer

Chemie-*Nobel*preis an *Hch. Wieland* (Dt.) für Konstitutionsaufklärung der Gallensäuren

Medizin-*Nobel*preis an *J. Wagner von Jauregg* (Österr.) für Malariatherapie der Paralyse (Heilfieber)

† *Svante Arrhenius*, schwed. Naturforscher; *Nobel*preis 1903 (* 1859)

Adolf Bach: „Die Siedlungsnamen des Taunusgebietes" (philologische Geschichtsforschung nach *Wilhelm Arnold)*

Bilau: „Die Windkraft in Theorie und Praxis"

Davidson Black: Ausgrabungen von Resten der altsteinzeitl. Peking-Affenmenschen („Sinanthropus", erste Funde 1920)

Theodor Brugsch (* 1878): „Spezielle Pathologie und Therapie innerer Erkrankungen" (2 Bände seit 1914)

C. J. Davisson und *L. H. Germer* sowie unabhängig *Georg Paget Thomson* (* 1892) weisen durch Interferenzversuche die Materiewellen der Elektronen und damit ihren Teilchen-Welle-Dualismus nach

Otto Diels (* 1876) und *Kurt Alder* (* 1902, † 1958) finden chemische Diën-Synthese zur Erzeugung wichtiger organischer Stoffe

W. Dörpfeld: „Alt-Ithaka" (Bericht über eigene Ausgrabungen, 2 Bände)

Artur Fürst (* 1880, † 1926): „Das Weltreich der Technik" (gemeinverständlich, 4 Bände seit 1923)

R. Geiger: „Das Klima der bodennahen Luftschichten" (Mikroklimatologie)

R. Goldschmidt: „Physiologische Theorie der Vererbung"

Sven Hedin beginnt seine schwedisch-dt.-chin. Innerasien-Expedition (bis 1935, errichtet u. a. ständige meteorologische Stationen)

Weltwirtschaftskonferenz in Genf, empfiehlt Liberalisierung der Weltwirtschaft

Weltbevölkerungskongreß in Genf

Welthilfsverband (Großkatastrophendienst des Völkerbundes)

Welt-Funkkonferenz z. Washington

Mit 5475 Schiffen (28 Mill. t) Jahresleistung erreicht der Panamakanal die Grenze seiner Leistungsfähigkeit (führt zur Erwägung eines Nikaraguakanals)

5422 Schiffe mit 337741 Passagieren passieren den Suezkanal

Bau von *Diesel*motorschiffen übertrifft mit 1,6 Mill. BRT erstmalig den von Dampfschiffen (1,5 Mill.).

Pflichtversicherung gegen Arbeitslosigkeit in Deutschland

Reichsarbeitsgericht beim Reichsgericht

Arbeits- u. Kündigungsschutzgesetz für werdende und stillende Mütter in Deutschland

Dt. Lebensmittelgesetz (1936 geändert)

Reichsgesetz zur Bekämpfung der Geschlechtskrankheiten

Preußische Elektrizitäts-AG (Zusammenfassung staatlicher Unternehmen)

(1927)	Faschist. Arbeitsrecht in Italien („Carta del lavoro") Zwangskorporationen als berufsständische Körperschaften in Italien Freundschaftsvertrag Ungarn—Italien Attentate auf *Mussolini* und den ital. König. Wiedereinführung der Todesstrafe Tschechoslowakische Verwaltungsreform schafft böhmische, slowakische und karpatoruss. Landesvertretungen (ab 1929) Auflösung des poln. Parlaments und Verhaftung zahlreicher oppositioneller Abgeordneter USA-Anleihe für Polen Poln. Grenzzonenverordnung erschwert die Lage der nationalen Minderheiten † *Ferdinand I.*, König von Rumänien seit 1914 (* 1865). *Michael* (unmündig) König von Rumänien bis 1930 (und ab 1940); sein Vater *Carol (II.)* mußte wegen Eheskandals mit Mme. *Lupescu* 1926 auf den Thron verzichten, regiert aber ab 1930 † *Jonel Bratianu*, liberaler rumän. Politiker; war seit 1909 5mal Ministerpräsident (* 1864). Ende des maßgebenden liberalen Einflusses *Codreanu* gründet rumän.-faschist. „Legion Erzengel Michael" (1931 „Eiserne Garde", 1933 verboten) *Sinowjew* und *Trotzki* als Oppositionsführer aus der kommunist. Partei ausgeschlossen (1926 war *Sinowjew* als Leiter der 3. Internationale abgesetzt worden); *Trotzki* wird nach Turkestan verbannt Erster Fünfjahresplan und Kollektivierung der Landwirtschaft in der USSR vom kommunist. Parteitag beschlossen *Kemal Atatürk:* „Die neue Türkei" (große programmat. Rede des Staatspräsidenten) Persien schließt Freundschaftsverträge mit Afghanistan und USSR und führt Gesetzbuch nach frz. Muster ein	von 1892 bis 1923; kämpfte gegen Hofkamarilla i. Berlin (* 1861) *W. Hasenclever:* „Ein besserer Herr" (satir. Komödie) *Hemingway:* „Männer ohne Frauen" (nordamerikan. Roman) *H. Hesse:* „Der Steppenwolf" (Roman) *Rudolf Huch:* „Spiel am Ufer" (Roman) † *Jerome K. Jerome*, engl. humorist. Dichter (* 1859) *F. Kafka:* „Amerika" (österr. Rom, posthum) *Hermann Kesten* (* 1900): „Josef sucht die Freiheit" (Roman) *Kisch:* „Zaren, Popen, Bolschewiken" (journal. Reisebericht aus Rußl.) *Kolbenheyer:* „Das Lächeln der Penaten" (Roman) *Th. E. Lawrence:* „Aufstand i. d. Wüste" (engl.) *Lewis:* „Elmer Gantry" (nordamerikan. Roman) *H. Mann:* „Mutter Maria" (Roman) *Francois Mauriac* (* 1885): „Thérèse Desqueyroux" (frz. Roman) *Miegel:* „Spiele" (dramatische Dichtungen) *Ralph Hale Mottram* (* 1883): „Der spanische Pachthof" (Romantrilogie seit 1924) *Rob. Neumann* (* 1897, † 1975): „Mit fremden Federn" (Parodien) *Ponten:* „Die Studenten von Lyon" (Roman) *Marcel Proust* (* 1871, † 1922): „Auf der Suche nach der verlorenen Zeit" (frz. Romanzyklus seit 1913) *Ringelnatz:* „Reisebriefe eines Artisten" (Gedichte)	*Ranade* u. *Belvalkar:* „Geschichte d. ind. Philosophie" (1. Band) *B. Russell:* „Analyse der Materie" (engl. empirist. Naturphilosophie) *R. Steiner:* „Eurhythmie als sichtbare Sprache. Eurhythmie als sichtbarer Gesang" (anthroposophische Ausdruckskunst; posthum) *Alfred Weber:* „Ideen der Staats- und Kultursoziologie" Konferenz für Glaube und Kirchenverfassung (kirchl. Einigungsbestrebung) Museum für Mission und Völkerkunde (Lateran, Rom) Siebenjähriger Seminarkursus für sächs. Volksschullehrer „Das Landschulheim" (Zeitschrift) „Handbuch der Arbeitswissenschaft" „Handwörterbuch des deutschen Aberglaubens" (herausgegeben von *Bächtold-Stäubli*)

Pinder: „Das Problem der Generation“ (betrachtet kunstgeschichtl. Ablauf nach Generationen)

Emil Preetorius, Professor an der Staatsschule für angewandte Kunst in München

Walter F. Schubert: „Die deutsche Werbegraphik“

Slevogt: Illustrationen zum „Faust“ (seit 1922)

Bruno Taut: „Ein Wohnhaus“ (Beschreibung eines modernen Einfamilienhauses mit direktem Sonnenlicht für jeden Raum und hausarbeitssparendem Zuschnitt)

Zille: „Das große Zille-Album“ Zeichnungen aus den Arbeitervierteln Berlins)

Geradlinige Möbel ohne Ornamente

—

„Der Jazzsänger“ (erster erfolgreicher USA-Tonfilm von *A. Crossland* mit *Al Jolson*, † 1950)

„Unterwelt“ (nordamer. Film von *Josef v. Sternberg*); „Liebe“ (nordamer. Film mit *G. Garbo* und *J. Gilbert* n. „Anna Karenina“); „Hochzeitsmarsch“ (nordamer. Film von *Stroheim*); „Das Fleisch und der Teufel“ (nordam. Film von *Clarence Brown* mit *G. Garbo, J. Gilbert*); „Der König der Könige“ (nordam. Christus-

Respighi: „Die versunkene Glocke“ (ital. Oper nach *Gerhart Hauptmann*)

Reznicek: „Satuala“ (Oper)

A. Schönberg: „Die glückliche Hand“ (Drama mit Musik in express. Stil)

Dimitri Schostakowitsch (* 1906, † 1975): 1. Symphonie (russische Komposition)

Strawinsky: „Ödipus rex“ (russ. szenisches Oratorium)

Kurt Thomas: „Markuspassion“ (Kirchenmusik)

Weill: „Der Protagonist“ und „Royal Palace“ (Jazzopern)

Jaromir Weinberger (* 1896, † 1967): „Schwanda d. Dudelsackpfeifer“ (tschech. Oper)

Wolf-Ferrari: „Sly“, „Das Himmelskleid“ (Opern)

Internationale Gesellschaft für Musikwissensch., Basel

Welt-Musik- und Sanges-Bund, Wien

Jörg Mager: Sphärophon (elektr. Musikinstrument)

Leo Theremin: Ätherwellenmusik (elektroakustisches Musikinstrument)

Erfolge der Negertänzerin *Josephine Baker* in Paris

„Showboat“ (US-Musical, gilt als 1. d. typ. Form) mit dem Song „Ol' man River“

W. Heitler u. *Fritz London* erklären chemische Bindungskräfte durch quantenphysikalische Wechselwirkung elektrisch geladener Teilchen und führen damit im Prinzip die Chemie auf die Physik zurück

Alfred Hettner (* 1859, † 1941): „Die Geographie, ihre Geschichte, ihr Wesen und ihre Methoden“ (vom Herausgeber der „Geographischen Zeitschrift“ seit 1895)

M. Hirmer: „Handbuch der Paläobotanik“ (Zusammenfassung der vorzeitlichen Pflanzenkunde)

H. J. Muller findet Erbänderungen der Taufliege durch *Röntgen*strahlen (Begründung der Strahlengenetik)

O. Naegeli: „Allgemeine Konstitutionslehre“ (moderner medizinischer Zentralbegriff)

Nikolai K. Koltzoff (* 1870, † 1940): „Die physikochemischen Grundlagen der Morphologie“ (Aufbau d. Zelle aus Molekülen u. Mizellen)

Oort: Rotation d. Milchstraße

Ramon entwickelt aktive Schutzimpfung gegen Wundstarrkrampf (1936 beim frz. Heer eingeführt, 1944 für frz. Kinder)

Ferdinand Sauerbruch Professor für Chirurgie in Berlin

v. Sengbusch: Auffindung der Süßlupine durch Schnellbestimmungsmethode der Bitterstoffe (führt zur systemat. Züchtung u. Anwendung)

Johannes Weigelt: „Rezente Wirbeltierleichen und ihre paläobiologische Bedeutung“ (sog. „Aktuopaläontologie“)

R. Wideröe u. *M. Steenbeck:* Prinzip d. Betatrons (Elektronenschleuder)

R. W. Wood und *A. L. Loomis* untersuchen physikalische und biologische Effekte des Ultraschalls

L. Woolley findet in Ur (Babylonien) „Königsgräber von Ur“ aus dem —4. Jtsd. mit Menschenopfern, „Mosaik-Standarte“, reichem Kopfschmuck

„Jahresberichte für deutsche Geschichte“

Gesellschaftstanz Slowfox

Vickers-Armstrong Ltd., London (britische Maschinen-, Schiffs- und Rüstungsindustrie)

W. Schmidt und *G. Heise:* „Welthandelsatlas“

W. Vershofen: „Die Grenzen der Rationalisierung“

E. Dovifat: „Der amerikan. Journalismus“ (Zeitungswissenschaft)

„Handwörterbuch des Kaufmanns“ (5 Bände seit 1925)

Deutsche Einzelhandelsumsätze 34 Mrd. RM = rd. 50% des Volkseinkommens

„Auslese“ (Monatsschrift mit Auszügen aus Zeitschriften vieler Länder)

Charles A. Lindbergh (* 1902, † 1974) überfliegt Nordatlantik in West-Ost-Richtung (etwa 6000 km in 33,5 Stunden), wird begeistert gefeiert und zum Nationalhelden der USA

Am Vorabend d. Lindberghfluges mißlingt ein frz. Versuch ein. Atlantikfluges

Walter Mittelholzer (* 1894, † 1937): „Afrikaflug“

Ferdinand Schulz: 4 Stunden Segelflug i. d. Rhön

Einführung des Motorschlepps für Segelflugzeuge in Deutschland

Eröffn. d. Nürburgring-Rennstrecke i. d. Eifel

(1927)	*Bötzke* (Dt.) Finanzberater der pers. Regierung *Nahas Pascha* übernimmt Führung der ägypt. Wafd-Partei USA unterstützen den konservativen Präsidenten *Diaz* von Nikaragua, Mexiko den liberalen Gegenpräsidenten. Protest der ABC-Staaten gegen Besetzung Nikaraguas durch USA-Truppen *Sacco* und *Vanzetti* in Mass./USA hinger. (1921 wegen angebl. Raubmordes verurteilt; starke Reaktion in der ganzen Welt auf diesen Justizskandal) Brit. Kapitalgruppen erwägen Konkurrenzbau zum Panamakanal. Kolumbien lehnt Konzession ab Diktatur des Generals *Ibanez* in Chile bis 1931 (wird durch soziale Unruhen während der Weltwirtschaftskrise beendet) Neue australische Hauptstadt Canberra eingeweiht (gegründet 1913) Nanking-Regierung unter *Tschiang Kai-schek*. Ausschluß der Kommunisten aus der Kuomintang. Sowjetische Berater verlassen China Kommunist. Regierungen in den chin. Provinzen Kiangsi und Fukien unter *Mao Tse-tung* und *Tschu-Te* (1934 von *Tschiang Kai-schek* beseitigt) Bankkrise und Depression in Japan. General *Tanaka* japan. Ministerpräsident bis 1929 († 1930); leitet expansive Mandschurei- und Mongolei-Politik ein Japan besetzt Shantung. Offener Konflikt mit China	*A. Schaeffer:* „Odyssee" (Nachdichtung) *Schnitzler:* „Spiel im Morgengrauen" (Novellen) *Sinclair:* ‚Petroleum" (nordamerikan. sozialist. Roman) *Thieß:* „Abschied vom Paradies", „Frauenraub" (Romane) *E. Toller:* „Hoppla, wir leben!" (Bühnenstück) *Br. Traven:* „Der Schatz der Sierra Madre" (Roman) *Undset:* „Olav Audunsson" (norweg. Roman, 4 Bände seit 1925) *E. Utitz:* „Überwindung des Expressionismus" (Progr. d. „Neuen Sachlichkeit" i. d. Literatur) *Georg von der Vring* (* 1889): „Soldat Suhren" (Roman) *Th. N. Wilder:* „Die Brücke von San Luis Rey" (nordamerikan. Erzählung) *Wildgans:* „Kirbisch" (Hexameter-Epos) *Friedrich Wolf* (* 1888): „Kolonne Hund" (gesellschaftskrit. Schauspiel) *Virginia Woolf:* „Die Fahrt zum Leuchtturm" (engl. Roman) *E. Zahn:* „Die Hochzeit des Gaudenz Orell" (Schweiz. Roman) *Zuckmayer:* „Schinderhannes" (Drama) *A. Zweig:* „Der Streit um den Sergeanten Grischa" (Weltkriegsromantrilogie) *St. Zweig:* „Volpone" (Komödie nach *Ben Jonson*) Frankfurt/M. stiftet *Goethe*preis von jährlich	10000 Mark (Preisträger: *Stefan George*, *Albert Schweitzer*, *Ricarda Huch*, *Gerhart Hauptmann*, *Hermann Stehr*, *Hans Pfitzner*, *Hermann Stegemann*, *Georg Kolbe*, *E. G. Kolbenheyer*, *Hans Carossa*, *Thomas Mann* u. a.) „The Cambridge History of English Literature" (engl. Literaturgeschichte, 15 Bände seit 1907) Der prozentuale Anteil der einzelnen bibliographischen Gebiete an der Gesamtbücherproduktion in dt. Sprache (zum Vergl. 1740): Allgemeines 1,95% (5,33), Theologie 8,27 (37,54), Rechts- und Staatswissenschaften 11,90 (14,22), Heilkunde 3,76 (6,65), Naturwissenschaft, Mathematik 3,87 (3,34), Philosophie 1,85 (3,59), Erziehung, Jugendschriften 19,21 (1,63), Sprach- und Literaturwissenschaft 2,84 (3,14), Geschichte 4,81 (9,55), Erdkunde 2,63 (1,89); Kriegswissenschaften 0,68, Handel, Verkehr, Gewerbe, Bau- und Ingenieurwissenschaften 9,20, Haus-, Land- und Forstwissenschaft 2,94, zus. 12,82 (1,09); Schöne Literatur 16,32 (7,84), Kunst 4,99 (0,96), Verschiedenes 4,78 (3,23)

film von *C. B. de Mille)*

„Berlin, Symphonie einer Großstadt" (Film von *Walter Ruttmann*, * 1888 † 1942)

Institut zur Erforschung und Bekämpfung der Maul- und Klauenseuche auf der Insel Riems vor Greifswald (Herstellung des *Löffler*-Serums)

Deutsche Gesellschaft für Rheumabekämpfung

Erster öffentlicher Bildtelegraph Berlin—Wien

Überseeische Funksprechverbindungen

Rundfunkgeräte mit vollem Netzanschluß

Mehrfachtelegraphie auf Einfachleitung durch hochfrequent abgestimmte Sender und Empfänger

Leunabenzin aus Braunkohle nach *Bergin*verfahren

Dt. Kohlenstaublokomotive und Hochdrucklokomotive (60 at)

*Diesel*motor für 10000 kW Leistung (MAN für *Blohm & Voss*)

Rotations-Schnellpresse druckt in einer Stunde 100000 12-seitige Zeitungen

*Hindenburg*damm zur Insel Sylt (11 km)

Expeditionen in China nur unter chinesischer Aufsicht gestattet

„Psychotechnische Zeitschrift"

T. H. Berlin eröffn. Studienweg d. „Wirtschaftingenieurs"

Dt. Forschungsschiff „Meteor" entd. mit Echolot d. mittelatlantische Schwelle (diese ozean. Schwellen erweisen sich als d. Ursprung der Meeresboden-Ausbreitung, ein Grundphänomen d. Plattentektonik. Vgl. 1954, 1970)

Johnny Weißmüller (USA) schwimmt Freistilweltrekord über 100 Yards in 51,0 Sekunden

Suzanne Lenglen: „Tennis"

E. Matthias: „Tennis" (Standardwerk)

Alexander Aljechin (Rußland, * 1892, † 1946) erringt Schachweltmeisterschaft gegen *Capablanca* (Weltmeister bis 1935 und ab 1937)

Ausstellung „Das Wochenende" in Berlin (belebt die dt. Wochenendbewegung)

„Werkstoffschau" in Berlin

Intern. Blumenversand „Fleurop" gegrdt.

Seit 1908 wurden i. d. USA 15 070 033 Ford-Autos Modell T gebaut (meistgebautes Auto d. Welt. 1972 überschreitet die Volkswagenproduktion diese Zahl)

~ 1927–29 werden 20 Ozeanflüge mit Flugzeug (7 über Nordatlantik) gezählt. Außerdem 5 Luftschiffflüge Dtl.–Amerika

1928	Der USA-Außenminister *Frank Kellogg* erreicht einen Kriegsächtungspakt: „Kellogg-Pakt“; unterschrieben von USA, Frankreich, Großbritannien, Deutschland, Belgien, Italien, Japan, Polen, Tschechoslowakei, brit. Dominions (b. Ende 1929 unterschr. 54 Staaten) Länderinteressen setzen sich in Deutschland gegen vereinheitlichende Reichsreform durch Nach Rücktritt von *O. Geßler* wird *Groener* dt. Reichswehrminister Große Regierungskoalition SPD bis Volkspartei bis 1930 *Hermann Müller* (SPD) dt. Reichskanzler bis 1930; nimmt Bau des Panzerkreuzers A in Angriff *Wilhelm Leuschner* (* 1890, † 1944, hingerichtet) hessischer Innenminister (seit 1926 Bezirksvorsitzender der Gewerkschaften) *Alfred Hugenberg* (* 1865, † 1951), Vorsitzender der Deutschnational. Volkspartei; bedeutet scharf nationalist. Oppositionspolitik (*H.* war von 1909 bis 1918 Vorsitzender des *Krupp*-Direktoriums, grdte. s. d. Krieg Nachrichten/Film-Konzern) *L. Kaas* (* 1881, † 1952) Zentrums-Vors. bis 1933 (nach *W. Marx*) *Hans von Seeckt:* „Gedanken eines Soldaten“ Reichs-Osthilfe für verschuldeten Landbesitz in Ostpreußen (führt zu heftigen polit. Auseinandersetzungen über d. Verw. der Gelder) *Wilhelm Miklas* (christl.-sozial) österr. Bundespräsident bis 1938 Völkerbund anerkennt bedingungslose Neutralität der Schweiz Wahlsieg der Regierung *R. Poincaré.* Abwertung und Stabilisierung des frz. Franken Frz. nationalist. Feuerkreuz-Verband (1936 aufgelöst) Wahlalter der Frauen in Großbritannien von 30 auf 21 Jahre herabgesetzt Agypten lehnt brit. Vertragsentwurf für den Status des Landes ab. Entsendung brit. Kriegsschiffe. Wafd-Führer *Nahas Pascha* wird Ministerpräsident und muß wieder	Literatur-*Nobel*preis an *S. Undset* (Norweg.) *Ernst Barlach:* „Ein selbsterzähltes Leben“ (Autobiographie) *Benn:* Gesammelte Prosa *R. G. Binding:* „Erlebtes Leben“ Autobiograph.) *Hans Friedrich Blunck* (* 1888): „Urvätersaga“ (Romantrilogie) *G. A. E. Bogeng:* „Geschichte der Buchdrukkerkunst“ (1. Band bis 1500; 2. Band 1941: ab 1500) *André Breton* (*1896, + 1966): ,,Nadja'' (frz. Erz. eines ,,klassischen'' Surrealismus) *Colette:* „Tagesanbruch“ (frz. Roman) *Antoon Coolen:* „Brabanter Volk“ (niederl. Rom.) *Th. Däubler:* „L'Africana“ (Roman) *Tilla Durieux* (Schauspielerin): „Eine Tür fällt ins Schloß“ (Schauspielerroman) *Paul Eipper* (* 1891): „Tiere sehen dich an“ *Paul Ernst:* „Das Kaiserbuch“ (Versepos seit 1923) *Galsworthy:* „Schwanengesang“ (engl. Roman) *Frederico Garcia Lorca* (* 1899, † 1936, von Faschisten ermordet): „Zigeunerromanzen“ (span. Lyrik, seit 1924) *Horst Wolfram Geißler:* „Gestaltungen des Faust, die bedeutendsten Werke der Faustdichtung seit 1587“ (3 Bände) *St. George:* „Das neue Reich“ (Gedichte) *Ernst Glaeser* (* 1902): „Jahrgang 1902“ (Rom.) *Alex. von Gleichen-Rußwurm:* „Weltgeschichte in Anekdoten“	*Ludwig Binswanger* (* 1881, † 1966): „Wandlungen i. d. Auffassung und der Deutung des Traumes von den Griechen bis zur Gegenwart“ *R. Carnap:* „Scheinprobleme in der Philosophie. Das Fremdpsychologische und der Realismusstreit“ (Neopositivismus im Sinne eines logischen Empirismus) und „Der logische Aufbau der Welt“ (angewandte Logistik) *Friedrich Gogarten* (* 1887): „Die Schuld der Kirche gegen die Welt“ (a. d. Schule der Dialektischen Theolog.) *Groethuysen:* „Philosoph. Anthropologie“ *Karl Joël* (*1864, + 1934): ,,Wandlungen der Weltanschauung'' (Philosoph. ein. organ. Weltauffassg.) *C. G. Jung:* „Die Beziehungen zw. dem Ich und dem Unbewußten“ (Schweiz. Psychoanal.) *Hermann von Keyserling:* „Das Spektrum Europas“ *Wilhelm Lange-Eichbaum:* „Genie, Irrsinn und Ruhm“ *Hans Leisegang:* „Denkformen“ (Darstellung verschiedener Logiken) *Lindsey:* „Die Kameradschaftsehe“ (für Auflockerung der Eheform) *E. Ludwig:* „Der Menschensohn“ (Jesusbiogr.) *Salvador de Madariaga* (* 1885): „Engländer, Franzosen, Spanier“ (span. Völkerpsychol.) *Richard v. Mises* (* 1883, † 1953): „Wahrscheinlichkeit, Statistik und Wahrheit“ (erkenntnistheoret. Schrift)

Barlach: „Der Geisteskämpfer" (oder „Sieg d. Wahrheit"), „Singender Mann" (Bronzeplastik)

Beckmann: „Blick aufs blaue Meer", „Schwarze Lilien", „Damen am Fenster" (express. Gemälde)

Braque: „Stilleben mit Krug" (frz. kubist. Gemälde)

Wilhelm Büning (* 1881): „Bauanatomie" (moderne Architektur)

Chagall: „Hochzeiterin"

Otto Dix (* 1891, † 1969): „Großstadt" (Triptychon)

Martin Elsaesser (* 1884): Großmarkthalle i. Frankf./M. (1927)

K. Hofer: „Selbstbildnis" (Gemälde)

† *Leopold von Kalckreuth*, dt. naturalist. Maler (* 1855)

Hugo Lederer: „Läufergruppe" (Bronzeplastik)

Ed. Munch: „Mädchen, auf dem Sofa sitzend" (norweg. express. Gemälde)

Georgia O'Keeffe (* 1887): „Nachtwoge" (nordamer. abstraktes Gemälde)

Pinder: „Deutsche Plastik vom Ausgange des Mittelalters bis zum Ende der Renaissance" (2 Bände seit 1914)

Schultze-Naumburg: „Kunst und Rasse"

† *Franz von Stuck*, dt. Maler und Gebrauchsgraphiker (* 1863)

d'Albert: „Die schwarze Orchidee" (Oper)

„Musikalisch. Opfer" von *J. S. Bach* von Thomaskantor *Straube* uraufgeführt

Gershwin: „Ein Amerikaner in Paris" (nordamerik. symph. Dichtung im Jazzstil)

Tatjana Gsovsky (*1901) leitet Ballett-Schule in Berlin

Honegger: „Rugby" (schweizer.-frz. symph. Dichtung)

Clemens Krauß (* 1893, † 1954), österr. Kapellmeister, wird Direktor der Staatsoper in Wien (1934 in Berlin, 1936 in München)

Josef Lechthaler (* 1891): „Stabat mater" (für Einzelstimmen, Chor, Orgel und Orchester; österr. kathol. Kirchenmusik)

Lehár: „Friederike" (Singspiel)

Ravel: „Boléro" (frz. Komposition)

Albert Roussel: Klavierkonzert (frz. Komposition)

Fedor I. Schaljapin (* 1873, † 1938, russischer Bassist): „Mein Werden" (Autobiographie)

R. Strauss: „Die ägyptische Helena" (Oper mit Text von *Hugo von Hofmannsthal*)

Physik-*Nobel*preis an *O. Richardson* (USA) für Gesetz für Elektronenaustritt aus erhitzten Metallen (Glühemission)

Chemie-*Nobel*preis an *Adolf Windaus* (Dt., * 1876); besonders Vitamin-D-Forschung

Medizin-*Nobel*preis an *Ch. Nicolle* (Frankr.) für Typhusforschung

† *Roald Amundsen*, norweg. Polarforscher, auf einem Rettungsflug für die Besatzung des verunglückten Luftschiffes „Italia", das auf einer Polfahrt unter *Nobile* verunglückte (* 1872)

E. Bäcklin aus dem Institut von *Siegbahn* macht Präzisionsmessungen von *Röntgen*wellenlängen (gestattet genaue Bestimmung atomarer Konstanten)

E. Baur und *Max Hartmann:* „Handbuch der Vererbungswissenschaft" beginnt zu erscheinen

Niels Bohr löst den Welle-Teilchen-Widerspruch der Quantenphysik durch Einführung des „Komplementaritäts"-Begriffes

K. H. Bauer (* 1890): Mutationstheorie d. Krebsentst. (gew. wachs. Bedtg.)

J. Braun-Blanquet: „Pflanzensoziologie"

Hans Delbrück: „Weltgeschichte" (5 Bände seit 1924)

Paul A. M. Dirac (* 1902) erweitert quantenphysikalische Wellenmechanik unter Berücksichtigung der Relativitätstheorie: erklärt Drehimpuls und magnetisches Moment des Elektrons

Hans Fischer (* 1881, † 1945): Aufklärung des chemischen Baus vom roten Blutfarbstoff (Hämoglobin)

Alexander Fleming (* 1881, † 1955) entdeckt das Bakteriengift Penicillin in einem Schimmelpilz

Gamow kann die statistischen Grundgesetze des radioaktiven Zerfalls aus der Quantentheorie ableiten

F. Griffith: Übertrag. v. Erbeigensch. zw. Bakterien (Transduktion)

Harington und *Barger:* Synthese d. Schilddrüsen-Hormons Thyroxin

K. Haushofer, *Obst*, *Lautensach*, *Maull:* „Bausteine zur Geopolitik"

Ernst Wagemann: „Konjunkturlehre"

Adolf Weber: „Allgemeine Volkswirtschaftslehre" (liberaler Standpunkt)

Köhl, *Fitzmaurice* und *von Hühnefeld* überqueren i. einem *Junkers*-Flugzeug erstmalig d. Atlantik von Ost nach West: 6750 km in 35,5 Stunden

Die ersten Funkzeichen der verunglückten „Italia"-Mannschaft werden von Kurzwellen-Amateuren aufgenommen; 16 Schiffe, 21 Flugzeuge und mehrere Schlittenabteilungen (insges. 1500 Mann) versuchen verunglückte „Italia"-Mannschaft in d. Arktis zu retten. Die Rettg. gelingt vor allem dem Eisbrecher „Krassin" und dem Flieger *Tschuchnowski*, nachdem *Nobile* sich als erster von d. Flieger *Lundborg* hatte retten lassen

Erster Fünfjahresplan in der USSR

„Großeinkaufsgesellschaft dt. Konsumvereine" 444 Mill. RM Umsatz (1913: 154 Mill.)

Bau-u. Wohnungsgenossenschaften haben seit ihrem Bestehen etwa 380000 Wohnungen gebaut

(1928)

entlassen werden. Auflösung des ägypt. Parlaments und Aufhebung der Presse- und Versammlungsfreiheit für 3 Jahre

Kanada ernennt eigene diplomat. Vertreter in Japan und Frankreich

Großbritannien anerkennt chin. Nankingregierung unter *Tschiang Kai-schek*

Undemokrat. Wahlgesetz in Italien; ital. Freundschaftsverträge mit Türkei, Griechenland und Abessinien

Tanger-Abkommen gibt Spanien verstärkten Einfluß

Aufstand span. Offiziere (und Studenten 1929) gegen Militärdiktatur wird unterdrückt

Carmona Präsident von Portugal bis 1951 (+). *Antonio de Oliveira Salazar* (*1889, + 1970) portug. Finanzminister; ordnet zerrüttete Finanzen (bildet 1932 diktatorische Regierung)

Achmed Zogu nimmt Königstitel an als *Zogu I.* von Albanien

† *Stefan Radic* (von serb. Radikalen ermordet), Kroatenführer (* 1871); Kroaten verlassen jugoslaw. Parlament und eröffnen separatist. Landtag in Agram

I. Maniu (Nationale Bauernpartei) stürzt liberale rumän. Regierung (mit Unterbrechung seit 1922), wird Ministerpräsident bis 1930

Venizelos wird nach Rückkehr griech. Ministerpräsident bis 1932

Erstmalig konservative Bauernbundregierung in Lettland

Syrische Nationalversammlung gebildet

Wirtschaftl. und kulturelle Reformen in Persien. Aufhebung der Ausländer-Vorrechte

König *Amanullah* von Afghanistan unternimmt Europareise (u. a. Berlin); während seiner Abwesenheit Aufstand der konservativen Fürsten und Geistlichen gegen seine Reformen

Alle ind. Parteien fordern auf einer Konferenz Dominion-Status

Nur etwa 2% der Inder haben Wahlrecht

Kristmann Gudmundsson (* 1902): „Der Morgen des Lebens" (isl.-norw. Roman)

Gundolf: „Shakespeare" (2 Bände)

Marguerite R. Hall: „Quell der Einsamkeit" (engl. Roman)

G. Hauptmann: „Till Eulenspiegel" (Epos) und „Der weiße Heiland" (Schauspiel)

Heinrich Hauser (* 1901): „Brackwasser" (Roman)

Manfred Hausmann (* 1898): „Lampioon küßt Mädchen und junge Birken" (Roman)

A. Huxley: „Kontrapunkt des Lebens" (engl. gesellschaftskrit. Rom.)

Josef Kallinikow (*1890): „Reliquien" unter dem dt. Titel: „Frauen und Mönche" (russ. Roman, 1. vollst. Ausgabe nach dem russ. Manuskript)

Erich Kästner (* 1899): „Herz auf Taille" (Ged.)

Klabund: „Borgia" (Roman)

† *Klabund* (* 1890, *Alfred Henschke*), dt. Dichter

Lagerlöf: „Anna das Mädchen aus Dalarne" (schwed. Roman)

D. H. Lawrence: „Lady Chatterley's Liebhaber" (engl. Roman)

G. von Le Fort: „Das Schweißtuch der Veronika" (kathol. Roman)

Antonio Machado (* 1875, † 1939): „Poesias completas" (span. Lyriksammlung)

Mauriac: „Schicksale" (frz. Roman)

Molnar: „Spiel i. Schloß" (Komöd.)

Joseph Nadler: „Literaturgeschichte der deutschen Stämme und Landschaften" (4 Bände seit 1912)

Müller-Freienfels: „Metaphysik des Irrationalen"

† *Emmeline Pankhurst*, Führerin der engl. Suffragettenbewegung von 1906 bis 1913; trat mehrmals in den Hungerstreik im Kampf um das Frauenwahlrecht (* 1856)

Ludwig Pastor von Campersfelden (*1854, †1928): „Geschichte der Päpste seit dem Ausgang des Mittelalters" (bis 1800; 16 Bände seit 1886)

Papst *Pius XI.* lehnt in der Enzyklika „Mortalium animos" die gesamt-christl. ökumenische Bewegung ab

Hans Reichenbach (*1891, † 1953): „Philosophie der Raum-Zeitlehre" (Philosophie der Relativitätstheorie im Sinne eines logischen Empirismus)

B. Russell: „Skeptische Essays" (engl. Rationalismus)

Scheler: „Die Stellung des Menschen im Kosmos" (philosoph. Anthropologie mit Stufen der Existenz des Lebendigen)

† *Max Scheler*, dt. Philosoph; verwandte phänomenologische Methode auf Religionsphilosophie, Wertphilosophie, Wissenssoziologie (* 1874)

Albert Schweitzer erhält *Goethe*preis der Stadt Frankfurt/M.

R. Seeberg: „Die Geschichte und Gott" (protestant.)

G. B. Shaw: „Wegweiser für die intelligente Frau zum Sozialismus und Kapitalismus" (engl. Fabian-Sozialismus)

Josef Thorak (*1889, † 1952): „Penthesilea" (Großplastik) und *Kleist*denkmal, Berlin

W. Tiemann: Kleist-Fraktur (Drucktyp.)

Hochhäuser in Berlin-Siemensstadt (u. a. Schaltwerk der *Siemens-Schuckert*-Werke)

Fr. Winter (* 1905): „Mädchen in Blumen" (Gem.)

Tagblatt-Turmbau, Stuttgart

Kugelhaus auf der Ausstellung „Die technische Stadt", Dresden

---

Walt Disney (* 1901, † 1966): Erste Micky-Mouse-Stummfilme (nordamerikan. Zeichentrickfilme)

„Der singende Narr" (USA-Tonfilm mit *Al Jolson*; damit hat sich der Tonfilm durchgesetzt)

„Zirkus" (nordam. Film von u. mit *Ch. Chaplin*); „Der Patriot" (nordamerik. Film von *E. Lubitsch* mit *E. Jannings*)

90% aller Filme stammen aus den USA (dieser starke amerikanische Einfluß wird durch den Tonfilm gemildert)

„Sturm über Asien" (russ. Film von *Pudowkin*); „Oktober" (russ. Film von *Eisenstein* u. *Alexandrow*); „Das elfte Jahr" (russ. Film v. *D. Vertow*)

„Die Frau im Mond" (Film von *F. Lang*)

Strawinsky: „Apollon musagète" (russisches Ballett) und „Capriccio für Orchester" (russ. Komposition)

Ernst Toch (*1887): „Egon u. Emilie" (Kurzoper nach *Chr. Morgenstern*)

Weill: „Dreigroschenoper" (Neugestaltung d. engl. „Bettleroper" im Jazzsongstil, Text von *Bert Brecht*) und „Der Zar läßt sich photographieren" (groteske Jazzoper nach *Georg Kaiser*)

Weingartner: „Ratschläge für Aufführungen klassischer Symphonien" (3 Bände seit 1906)

Harald Kreutzberg (* 1902, † 1968) tanzt in „Turandot" bei den Salzburger Festspielen und wird dadurch bekannt

Elektroakustischer Neo-*Bechstein*-Flügel von *Walther Nernst*

In vier Wochen werden 12 Mill. Schallplatten mit dem *Al-Jolson*-Tonfilmschlager „Sonny Boy" verkauft

Curt Oertel: „Die steinernen Wunder von Naumburg" (Kulturfilm)

Jährlich mehr als 12 *Harry-Liedtke*-Filme

Dt. Tonbild Syndikat AG (Tobis, Berlin)

Hedin: „Mein Leben als Entdecker" (autobiographisch)

Heisenberg stellt quantenphysikalische Unbestimmtheitsbeziehung auf, wonach sich z. B. Ort und Geschwindigkeit eines atomaren Teilchens nicht gleichzeitig beliebig genau bestimmen lassen (s. a. *Bohr*)

D. Hilbert und *W. Ackermann*: „Grundzüge der theoretischen Logik" (Logik in mathematischer Form)

Polizeibildfunk (nach *A. Korn*)

Gustav Kossinna (* 1858, † 1931): „Ursprung und Verbreitung der Germanen in vorgeschichtlicher Zeit" (Archäologie)

† *Hendrik Antoon Lorentz*, niederl. Physiker; *Nobel*preis 1902 (* 1853)

Th. H. Morgan: „Die Theorie des Gens" (nach den Ergebnissen seiner Schule an der Columbia-Universität, USA; siedelt an das Kalifornische Institut für Technologie um)

Th. H. Morgan und seine Schüler: Chromosomen-Karten der Taufliege (lineare Anordnung u. Lokalisierung d. Gene als Erbfaktoren, ein Höhepunkt der experimentellen Genetik; entw. seit 1919)

J. v. Neumann: Anfänge einer Spieltheorie (vgl. 1944)

Chandraschara Venkata Raman (*1888, † 1970) entdeckt die von *Smekal* vorhergesagte charakteristische Lichtstreuung an Molekülen (dieser „Raman-Effekt" wird wichtig zur Strukturbest. von Molekülen)

R. Richter: „Psychische Reaktionen fossiler Tiere" (Versuch einer physiologischen Paläopsychologie)

P. Schmidt: „Das überwundene Alter. Wege zu Verjüngung und Leistungssteigerung"

A. Sommerfeld: Quantenphysikalische Elektronentheorie d. Metalle

H. Sörgel: Atlantropa-Projekt (Senkung des Mittelmeerspiegels durch Gibraltar-Damm)

Thoms: „Handbuch der wissenschaftlichen und praktischen Pharmazie" (seit 1924)

Voronoff: „Die Eroberung des Lebens" (Verjüngung durch Drüsenübertragung)

In Deutschld. entstehen zahlreiche mod. u. hygien. Kleinwohnungsbauten (Reihensiedlungen, Wohnblocks)

In Deutschl. fehl. 550000 Wohnungen, 300000 sind abbruchreif

General Motors übernimmt *Opel*werke als AG

Intern. Föderation d. Nationalen Normen-Vereinigungen (ISA) gegrdt.

Stier-Somlo und *A. Elster*: „Handwörterbuch der Rechtswissenschaft" (6 Bände seit 1926)

„Handwörterbuch der Betriebswirtschaft" (5 Bände seit 1926)

„Die Ernährung", Ausstellung in Bln.

„Ila" in Berlin (internationale Luftfahrtausstellung)

Presseausstellung „Pressa" in Köln

Neue Arbeiten zur Trockenlegung d. Pontinisch. Sümpfe (Anfänge 1899)

Olympiade in Amsterdam

„die neue linie" (Modezeitschrift)

„Garçon"-Stil in der Frauenmode

„Denken u. Raten" (Rätsel- u. Denksport-Zeitschrift)

Neue dt. Skatordnung für den Einheitsskat

Sonja Henie (Norw.) Weltmeisterin im Eiskunstlauf (ununterbrochen bis 1936)

(1928)

Erster Fünfjahresplan i. USSR (führt zu rascher Industrialisierung)

Zwangskollektivierung d. Landwirtschaft i. USSR (bis 1932, verurs. zunächst Hungersnöte)

Pan-Amerikanischer Kongreß in Havana. Nichtangriffs-Resolution

Moncada, Gegner des von den USA unterstützten *Diaz*, Präsident von Nikaragua

Der Wunsch Boliviens nach einem Zugang zum Meer über den Paraguay-Fluß führt zum Chacokonflikt mit Paraguay (Chacokrieg von 1932 bis 1935)

Nichtabsetzbare Kaffeeproduktion führt zum wirtschaftl. Zusammenbruch Brasiliens

Tschiang Kai-schek einigt unter Kuomintang-Partei nach langem Bürgerkrieg China. Einzug in Peking. Nanking Hauptstadt

Japan entsendet Truppen nach Tsingtau (zieht sie 1929 zurück)

O'Casey: „The silver Tassie" (irisches pazifist. Schauspiel)

O'Neill: „Seltsames Zwischenspiel" (nordamerikan. Bühnenstück)

Eugen Ortner (* 1890, † 1947): „Meier Helmbrecht" (soziales Drama)

A. Polgar: „Ich bin Zeuge" (Essays)

Ludwig Renn (eig. *A. F. Vieht von Golssenau*, * 1889): „Krieg" (Weltkriegstagebuch)

Ringelnatz: „Allerdings" (Gedichte) und „Als Mariner im Krieg" (Kriegserinnerungen)

C. Sandburg: „Guten Morgen, Amerika" (nordamerik. Gedichte)

Friedr. Schnack (* 1888): „Das Leben der Schmetterlinge" (Naturdichtg.)

Anna Seghers (eig. *Netty Radvanyi*, * 1900): „Aufstand der Fischer von St. Barbara" (Erzählung, *Kleist*preis)

Wilhelm Speyer (* 1887, † 1952): „Der Kampf der Tertia" (Schülerroman)

Sinclair: „Boston" (nordamerikan. sozialist. Roman in 2 Bdn. gegen das Todesurteil für *Sacco* und *Vanzetti*)

† *Hermann Sudermann*, dt. Dichter (* 1857)

Tucholsky: „Mit fünf PS" (politische Satiren mit Selbstgesprächen des Spießers „Wendriner")

Jakob Wassermann: „Der Fall Mauritius" und „Der Moloch" (Romane)

Günther Weisenborn (* 1902, † 1969): „U-Boot S 4" (Drama)

Werfel: „Der Abiturientag" (Roman)

Wildgans: „Gedichte um Pan"

Virginia Woolf: „Orlando" (engl. Roman)

A. Zweig: „Pont und Anna" (Roman)

St. Zweig: „Sternstunden der Menschheit" (hist. Miniaturen)

W. v. Warburg: „Französisches etymologisches Wörterbuch" (seit 1922)

Russ.-jüd. Theater „Habima" siedelt von Moskau nach Tel Aviv um (wird 1948 Israel. Nationaltheater)

„The New English Dictionary" (10 Bände seit 1888)

Karl-May-Museum in Radebeul

1776 „Esperanto"-Sprachgruppen in der Welt

O. Spann: „Gesellschaftsphilosophie" („universalistische" Soziologie eines christl. Ständestaates)

Spranger: „Das deutsche Bildungsideal der Gegenwart in geschichtsphilosophischer Beleuchtung" (kulturphil. Pädagogik)

Theodoor Hendrik van de Velde: „Die vollkommene Ehe" (niederl.)

Joh. Volkelt: „Das Problem der Individualität"

Richard Wilhelm (* 1873, † 1930): „Geschichte der chinesischen Kultur"

Agnes von Zahn-Harnack: „Die Frauenbewegung"

Th. Ziehen: „Die Grundlagen der Religionspsychologie" (Gottheit als Summe der Gesetze der Natur und des Geistes; 8 Rundfunkvorträge)

„Encyclopaedia Judaica" beginnt zu erscheinen (soll „Jewish Encyclopedia", von 1901 bis 1906, ersetzen)

Abkommen Tschechoslowakei—Vatikan

Vorbereitende Konferenzen (auch 1929) für eine „Allgemein-religiöse Friedenskonferenz"

Internationaler Missionsrat tagt in Jerusalem

Weltbund für Sexualreform

Preuß. Prüfungsordnung für Volksschullehrer-Hochschulstudium

Engl. Arbeiterbildungs-Vereinigung (WEA) zählt 2896 Körperschaften, 400 Gewerkschaften und 23880 Einzelmitglieder

Erster dt. Volkshochschultag in Dresden

„Krise der Psychoanalyse" (Sammelwerk zur Kritik der Psychoanalyse)

Amtliche Einführung der Lateinschrift in der Türkei

Afghanische Akademie in Kabul. Afghanisch wird statt Persisch Schriftsprache

O. H. Warburg: „Katalytische Wirkungen der lebendigen Substanz"

F. von Wettstein: „Über plasmatische Vererbung und das Zusammenwirken von Genen und Plasma" (Problem der „mütterlichen Vererbung" auf Grund von Versuchen an Moosen seit 1924)

† *Wilhelm Wien*, dt. Physiker; *Nobel*preis 1911 (* 1864)

Transarktischer Flug von *H. Wilkins* (Alaska-Nordgrönland-Spitzbergen); im selben Jahr unternimmt er 1. Flug im Südpolargebiet

Kaiser-*Wilhelm*-Institut für Züchtungsforschung, Müncheberg

Historische Reichskommission zur Erforschung der Reichsgeschichte seit 1858

„Arbeitsphysiologie" (Zeitschrift)

„Hippokrates" (Zeitschrift für Naturheilkunde)

Coolidge-Talsperre in USA (Arizona) 76 m hoch, 1610 Mill. cbm Inhalt (Baubeginn 1927)

„Romar"-Flugboot der *Rohrbach*-Flugzeugbau (20 t Tragkraft, 3×720 PS)

Regelmäßige Funksprechverbindung Berlin—Buenos Aires

Leistungsendröhren f. Rundfunkgeräte

Erfindung des Fernschreibers (Übertragung von Schreibmaschinenschrift durch Draht)

Luftschiffhalle Friedrichshafen

Dampfmaschine erreicht eine größte Leistung von 230000 kW (1780: 40 kW, 1875: 1500 kW, 1900: ca. 75000 kW), Verbrauch 2250 Kalorien pro kWh = 26% Nutzeffekt (1800: 42000 Kalorien pro kWh, 1850: 18000 Kalorien pro kWh, 1900: 5000 Kalorien pro kWh)

Fritz v. Opel (*1899, † 1971) erprobt Raketenrennwagen mit 228 km/Stunde

Panzertaucher (bis 200 m Tiefe)

Fachausschuß Staubtechnik b. VDI

Vorführ. v. drahtlosem Fernsehen auf d. Berliner Funkausstellung durch *Denes von Mihály* (mit *Nipkow*scheibe)

Amerikaner entd. Bambusbär in China (1938/9 erste lebende B. in Europa)

Geiger-Müller-Zählrohr zum Nachweis energiereicher (etwa radioaktiver) Strahlen

Hannes Schneider grdt. Arlberg-Kandahar-Skirennen

Autopilot v. *Boykow* f. Flugz. (1934 i. Dtl. angew.)

1929	Friedens*nobel*pr. a. *F. Kellogg* (USA) Blutige Zusammenstöße zwischen Demonstranten und Polizei am 1. Mai in Berlin † *Gustav Stresemann*, dt. Außenminister seit 1923; verfolgte Politik d. Verständig. mit Frankr. (* 1878) *Dawes*plan wird durch den *Young*plan für dt. Reparationszahlungen ersetzt: bis 1988 sind von Deutschland 105 Mrd. Mark zu zahlen, davon bis 1966 jährl. 1,7 bis 2,1 Mrd. Mark. Gründung der Bank für Internationalen Zahlungsausgl. (BIZ, Basel) Volksentscheid d. Deutschnat. u. Nationalsoz. geg. *Young*plan erfolgl. Reichskassendefizit 1,7 Mrd. Mark. Rücktr. Reichsfinanzmin. *Hilferdings* *A. Stegerwald* Vorsitzender d. Zentrumsfraktion im Reichstag *Erwin Bumke* (* 1874, † 1945) Reichsgerichtspräsident *Heinrich Himmler* (*1900, †1945, Giftselbstmord) wird „Reichsführer" der SS Bauernunruhen i. Schleswig-Holst. Gdingen beginnt Danzig als Hafen Konkurrenz zu machen *Schober* (parteilos) österr. Bundeskanzler bis 1930 Österr. Heimwehren erreichen Verfassungsänderung zugunsten des Einflusses des Bundespräsidenten Brit. Labour-Party gewinnt 289 von 615 Unterhaussitzen *MacDonald* (Labour-Party) brit. Ministerpräsident bis 1935 *Arthur Henderson* brit. Außenminister bis 1931. Wiederaufnahme der diplomat. Beziehung. zur USSR Australien widerruft Wehrpflichtgesetz von 1909 *R. Poincaré* tritt zurück. Es folgen bis 1932 Regierungen unter *Briand* und *Tardieu* † *Georges Clémenceau* („Der Tiger"), frz. Staatsmann; Ministerpräsident von 1906 bis 1909 u. v. 1917 bis 1920; schrieb „Größe und Tragik eines Sieges" (* 1841) Nationaler Rat der Korporationen in Italien gebildet	Literatur-*Nobel*preis an *Th. Mann* (Dt.) *Paul Alverdes* (*1897): „Die Pfeiferstube" (Kriegserzählung) *Vicky Baum* (*1888, + 1960): „Menschen im Hotel" (Roman) *Werner Beumelburg* (*1899, + 1963): „Sperrfeuer um Deutschland" (Roman) *A. Bronnen:* „O. S." (Oberschlesien-Roman) *Ferd. Bruckner:* „Krankheit der Jugend" und „Die Verbrecher" (Dramen) *Claudel:* „Der seidene Schuh" (frz. Schauspiel) *Cocteau:* „Les enfants terribles" (frz. Drama) *Döblin:* „Berlin Alexanderplatz" (Roman) *Eipper:* „Tierkinder", „Menschenkinder" *Gide:* „Die Schule der Frauen" (mit Fortsetzung „Robert" 1930 und „Geneviève" 1936 frz. Romantrilogie) *Jean Giono* (*1895, + 1970) „Der Hügel" (frz. Roman) *Julien Green* (*1900): „Leviathan" (frz. Roman) *Carl Haensel* (*1889, + 1968): „Kampf ums Matterhorn" (Tatsachenroman) *G. Hauptmann:* „Das Buch der Leidenschaft" (Roman, 2 Bände) *Hedin:* „Auf großer Fahrt" (Reisebericht) *Alfred Hein* (*1894, + 1945): „Eine Kompanie Soldaten" (Verdun-Roman) *Hemingway:* „In einem and. Land" (Kriegsrom.) *W. Herzog* u. *H. J. Rehfisch:* „Affaire Dreyfus" (Drama) *Max René Hesse* (* 1885, † 1952): „Partenau" (Rom. a. d. Offiziersleb.)	*E. Cassirer:* „Philosophie der symbolischen Formen" (3 Bde. s. 1923, neukantian. Philosophie) *Heidegger:* „Was ist Metaphysik?", „Kant und das Problem der Metaphysik" *Theodor Heuss:* „Das Wesen der Demokratie" (*H.* ist seit 1920 Dozent an der Dt. Hochschule für Politik) *E. R. Jaensch:* „Grundformen des menschlichen Seins" (mit den Typen d. „Integrierten" u. „Desintegrierten") *E. R. Jaensch* und *Grünhut:* „Über Gestalt und Gestalttheorie" *Ernst Kretschmer:* „Geniale Menschen" *Osw. Kroh:* „Entwicklungspsychologie des Grundschulkindes" *Fritz Künkel* (*1889, + 1956): „Charakter, Krisis und Weltanschauung" (Individualpsych.) *A. Liebert:* „Geist und Welt der Dialektik" (Bd. 1, Neuheglianismus) *Karl Mannheim* (* 1894, † 1947): „Ideologie und Utopie" (Soziologie, betont Standortgebundenheit allen Denkens) *E. Pacelli* Kardin. i. Rom *Will Erich Peuckert* (*1895, + 1969): „Zwei Lichte in der Welt" (schles. myst. Erzählung) *Erich Przywara* (*1889): „Das Geheimnis Kierkegaards" (kathol.) *B. Russell:* „Ehe u. Moral" (engl.) *Schweitzer:* „Selbstdarstellung" *Erich Stange:* „Die Religionswissenschaft der Gegenwart in Selbstdarstellungen" (5 B. s. 1925) *R. Urbantschitsch:* „Die Probeehe" (Sexualref.)

† *Wilhelm von Bode*, dt. Kunsthistoriker und Museumsleiter (* 1845)	*G. Anschütz:* „Das Farbe-Ton-Problem" (veranstaltet von 1927 bis 1931 Kongresse über dieses Thema)	Physik-*Nobel*preis an *L. de Broglie* (Frankr.) für Wellentheorie der Materie	Vom 21. b. 29. Okt. 15 Mrd. Doll. nordamerikan. Börsen-Verluste
Burra: „Wahrsagerinnen" (engl. surrealist. Gemälde)	*Hindemith:* „Neues vom Tage" (heitere Oper, Text v. *Marcellus Schiffer*)	Chemie-*Nobel*preis an *A. Harden* (Großbrit.) und *H. v. Euler-Chelpin* (Dt.-Schwed.) für Enzym- und Fermentforschung	Eingemeindung Duisburg-Hamborn (verbreitete Eingemeindungsbestrebg. westdt. Großstädte)
Massimo Campigli (* 1895): „Entwurf für ein Fresko" (ital. surrealist. Gemälde)	*Hindemith-Weill:* „Lindbergh-Flug"	Medizin-*Nobel*preis an *Christiaan Eijkman* (Niederl., * 1858, † 1930) und *F. G. Hopkins* (Großbrit.) für Vitaminforschung	*Stier* und *Somlo:* „Handbuch des Völkerrechts" (6 Bände seit 1912)
Chagall: „Liebesidyll" (frz.-russ. Gemälde)	*Křenek:* „Reisebuch aus den österreichischen Alpen" (Zykl. v. 20 Lied.)	*H. Berger:* Das Elektrenkephalogramm d. Menschen (Forschungen seit 1924 über elektrische Spannungsschwankungen im Gehirn)	„Schiffssicherheitsvertrag" von London z. Schutz von Menschenleben
Otto Dix: „Spielende Kinder" (Gemälde)	*Lehár:* „Das Land des Lächelns" (Operette)	*R. Byrd* überfliegt Südpol	Internat. Luftprivatrechtsabkommen von Warschau
Feininger: „Segelboote" (kubist. Gemälde)	*Pfitzner:* „Werk u. Wiedergabe" (über Dirigierkunst)	*Hans Cloos* (* 1885): Künstliche Gebirge (Anfänge einer experimentellen Gebirgsforschung)	Weltpostkongreß in London
Fritz Höger, Hans und *Oskar Gerson:* Sprinkenhof in Hamburg	*Respighi:* „Römische Feste" (ital. symphon. Dichtung)	*M. Czerny* (* 1896): Langwellige Ultrarot-Photographie auf dünnen Ölschichten (Evaporographie)	Erster Postflug v. d. „Bremen" mit Schleuderstart
A. Kanoldt: „Clivia" (Gemälde in sachlichem Stil)	*Riemann-Einstein:* „Musiklexikon" (Standardwerk)	*Dam* entdeckt Vitamin K (wichtig für Blutgerinnung)	Washingtoner Radiowellenplan
Rudolf Koch: „Blumenbuch" (3 Bände, 1932 als Inselbändchen)	*Hermann Scherchen:* „Lehrbuch des Dirigierens"	† *Hans Delbrück*, dt. Geschichtsforscher und Politiker (* 1848)	Fusion Dt. Bank mit Disconto Ges.
G. Kolbe: „Große Sitzende", „Junge Frau", „Junges Mädchen" (Plastiken)	*A. Schönberg:* „Von Heute auf Morgen" (Opernkomödie im Zwölftonstil) und Variationen für Orchester (Zwölftontechnik)	*Doisy* und *Butenandt:* Reindarstellung des Follikel-Hormons (weibl. Sexualhormon)	Vereinigte Elektrizitäts- u. Bergwerke-AG, Berlin
Kollwitz: „Maria u. Elisabeth" (Holzschnitt)	Der Dirigent *Arturo Toscanini* geht, vom ital. Faschismus vertrieben, nach USA	*v. Economo:* „Großhirnrinde" (zusammenfassende Darstellung der Leistung der höheren Zentren)	Unilever-Konzern (Sunlicht-Seife, Margarine u. a.)
Otto Kümmel: „Die Kunst Chinas, Japans und Koreas" (Kunstgeschichte)	*Weill:* „Mahagonny" (Jazzoper)	*T. Edinger:* „Die fossilen Gehirne" (Anfänge einer Paläoneurologie)	*Burgdörfer:* „D. Geburtenrückgang u. s. Bekämpfung"
Le Corbusier: „Städtebau" (frz. Planung)	*Wassilij de Basil* (* 1888, † 1951) gründet in Monte Carlo russ. Emigranten-Ballett	*Einstein:* Allgemeine Feldtheorie (Versuch einer einheitlichen Behandlung der Gravitations- und elektrischen Felder)	„Wunderdoktor" *Valentin Zeileis* „behandelt" stündlich mehr. Hundert
László Moholy-Nagy (* 1895, † 1947): Dekorationen f. abstrakte Filme in Berlin (ungar.) angewandte Kunst im Bauhausstil	† *Sergej P. Diaghilew*, Begründer des modernen russ. Balletts (*1872)	*Esau* u. *E. Schliephake:* Diathermie (Hochfrequenzerwärmung f. Heilzwecke)	Abendkleider vorn kurz, hinten lang; Herrenschnitt
Hans Mühlestein: „Die Kunst der Etrusker"		*A. Fleming:* Erster Bericht über Penicillin-Forschung	*Wolfr. Hirth* siegt i. Sportflugzeugwettb. üb. 4000 km (Böblingen - Paris - Mailand - Rom - Böblingen)
Nash: „März" (engl. Gemälde)		*W. Forssmann* Erst. Herzkatheter	Massenmörder *Peter Kürten* beunruhigt Düsseldorf
		Frobenius: „Erlebte Erdteile" (7 Bde. st. 1925; Naturvölkerkunde)	
		Geiger und *Scheel:* „Handbuch der Physik" (24 Bände seit 1926)	
		Heisenberg kann den starken Magnetismus des Eisens (Ferromagnetismus) durch die Quantentheorie erklären	
		~ *Hubble:* Spiralnebel sind Sternsysteme ähnlich unserer Milchstraße. Die mit der Entfernung zunehmende Rotverschiebung ihrer	

(1929)

Tschechisch-dt. bürgerliche Koalition weicht einer agrar.-sozialen

Staatsstreich König *Alexanders* von Jugoslawien. Serbische Militärdiktatur unter General *Schiwkowitsch*. Staatsname „Jugoslawien". Kroatenführer *Matschek* verhaftet (1930 freigesprochen)

Zaïmis griech. Staatspräs. bis 1935

Voldemaras gestürzt; es folgt Regierung *Tubelis* in Litauen

Leo Trotzki aus der USSR nach der Türkei ausgewiesen

XV. Parteitag der KPSU verurteilt „Rechte Abweichung" von *Rykow* und *Bucharin* (werden ausgeschlossen). Aufruf zum „Sozialistischen Wettbewerb". Parteisekr. *Stalin* praktisch Alleinherrscher

Kollektivierung in der USSR stößt auf großen Widerstand der Bauern

Konflikt USSR—China um Mandschurei u. mandschur. Eisenbahn. Nach Einmarsch sowjet. Truppen Wiederherstellung des Status quo

Herbert Hoover (Republik.) Präsident der USA bis 1933

Kursstürze (29. 10. u. 13. 11.) an der New Yorker Börse lösen tiefe Weltwirtschaftskrise u. pol. Folgen aus (dauert bis etwa 1933)

Mißgl. Revolution in Mexiko. *Ortiz Rubio* Präsident bis 1932; vorübergehender Frieden zw. Staat und Kirche

Peru erhält Tacna von Chile zurück (ging mit anderen Salpeterprovinzen 1883 verloren)

Jewish Agency als Gesamtvertret. d. zionist. und nichtzionist. Juden

König *Amanullah* von Afghanistan wird nach seiner Europareise wegen Reformen gestürzt; *Nahir Chan* König von Afghanistan bis 1933 (†)

Blutige Zusammenstöße zw. Hindus u. Mohammedanern in Bombay. Ind. Nationalkongreß in Lahore fordert Trennung vom Brit. Reich

Zahl der eingeborenen Abgeordneten im Volksrat auf Niederl.-Java von 25% auf 50% erhöht

Nilwasser-Vertrag Ägypt.-Sudan

† *Hugo von Hofmannsthal*, österr. Dichter (* 1874)

† *Arno Holz*, dt. Dichter des Naturalismus (* 1863)

N. Jacques: „Die Limburger Flöte" (Roman)

Mirko Jelusich (*1886, † 1969): „Caesar" (österr. histor. Roman)

Ernst Jünger: „Das abenteuerliche Herz"

E. Kästner: „Emil und die Detektive" (Kinderroman)

H. Kesten: „Ein ausschweifender Mensch" (Roman)

Kolbenheyer: „Heroische Leidenschaften" u. „Die Brücke" (Schauspiele)

Peter Martin Lampel (* 1894, † 1965): „Revolte im Erziehungshaus" (sozialkrit. Bühnenstück)

Lewis: „Sam Dodsworth" (nordamerikan. Roman)

Charles Morgan (*1894, † 1954): „Das Bildnis" (engl. Roman)

Axel Munthe: „Das Buch von San Michele" (schwed. Lebenserinnerungen, wird in 41 Sprachen übersetzt)

Erwin Piscator (* 1893, † 1966): „Das politische Theater"

Theodor Plievier (* 1892, † 1955): „Des Kaisers Kulis" (Roman, später Drama)

A. Polgar: „Schwarz auf Weiß" (Essays)

John Cowper Powys (* 1872): „Wolf Solent" (engl. Roman)

Erich Maria Remarque (*1898, † 1970): „Im Westen nichts Neues" (pazifist. Kriegsroman)

Elmer Rice (* 1892, † 1967): „Street Scene" (nordamer. Schauspiel, musikal. Fassung 1947 mit *K. Weil*)

Wilh. Schäfer: „Gesammelte Anekdoten" (erste Sammlung 1908)

Shaw: „Der Kaiser von Amerika" (engl. Schauspiel)

Robert Cedric Sherriff (* 1896): „Die andere Seite" (engl. Kriegsschauspiel)

Friedrich Sieburg (* 1893, † 1964): „Gott in Frankreich?" (kulturgesch.)

Sinclair: „So macht man Dollars" (nordamerikan. sozialistischer Roman)

Stehr: „Nathanael Maechler" (Roman)

Tucholsky: „Deutschland, Deutschland über alles" (antinationalist. Satiren)

Undset: „Gymnadenia" (norweg. Roman vom kathol. Standpunkt aus)

Viebig: „Die mit den tausend Kindern" (Roman)

Werfel: „Barbara oder d. Frömmigkeit" (Roman)

Wiechert: „Die kleine Passion" (Roman)

Friedrich Wolf: „Cyankali" (gesellschaftskrit. Schausp. um den § 218)

Th. Wolfe: „Schau heimwärts, Engel" (nordamerikanischer Roman)

Zuckmayer: „Katharina Knie" (Drama)

St. Zweig: „Fouché" (Biographie)

„Katakombe" (Berliner Kabarett mit *Werner Finck*, *Hans Deppe* u. a. bis 1935)

Staatstheatermuseum in Berlin

A. N. Whitehead: „Geschehen u. Wirklichkeit. Ein kosmologischer Essay" (engl. Naturphilosophie)

L. v. Wiese: „Allgem. Soziologie" (2 Teile seit 1924)

Lateranverträge u. Konkordat des Vatikans mit dem ital.-faschist. Staat. Papst verzichtet auf Rom und Kirchenstaat. Verfassung d. Vatikanstadt: Papst oberste gesetzgebende, vollziehende und richterliche Gewalt

Konkordat mit Preußen

Lutherischer Weltkonvent in Kopenhagen

„Zeitschrift für Christentum und Sozialismus"

In Schottland schließt sich die United Free Church (seit 1900) mit der Staatskirche zur Church of Scotland zusammen

„Deutsche Christen" bilden sich in der evang. Kirche (treten für „artgemäßes" Christentum ein)

Genfer Konvention zwischen 47 Staaten über die menschliche Behandlung von Kriegsgefangenen

„Wiener Kreis" entsteht aus dem „Verein Ernst Mach" mit *R. Carnap, Ph. Frank, H. Hahn, O. Neurath, M. Schlick* u. a., vertritt eine antimetaphysische, wissenschaftliche Philosophie und Erkenntnislehre: „Logischer Empirismus"

„Universität und Volkshochschule" (Tagung in Heidelberg)

Es bestehen 60 dt. Volkshochschulheime

Paracelsus-Gesellschaft

Türkei verbietet Unterricht in arabischer Schrift

Georgia O'Keeffe (* 1887, USA): „Schwarze Stockrosen und blauer Rittersporn" (überdimensionales Blumenbild)

Pechstein: „Der Cellospieler" (express. Gemälde)

Sintenis: „Grasendes Fohlen", „Polospieler"

St. Spencer: „Landmädchen" (engl. Gemälde)

† *Heinrich Zille*, Zeichner d. Berliner Arbeiter-Milieus (* 1858)

Werkbundausstellung „Wohnung u. Werkraum" in Breslau

Westfalen-Hochhaus in Dortmund

Veitsdom in Prag vollendet (Baubeginn 1344, Abschlußarbeiten seit 1873)

Ausst. „Chinesische Kunst" in Berlin unter *O. Kümmel*

Museum of modern art, New York, gegründet. Eröffnet mit Ausstellung von *Cézanne, Gauguin, Seurat, van Gogh*

Folkwang-Museum, Essen gegr.

—

Der Tonfilm setzt sich allgemein durch

„Die Königsloge" (erster dt.-sprachiger Spieltonfilm, in USA gedreht mit *A. Moissi* u. *C. Horn*)

„Melodie des Herzens" (erster vollständiger dt. Tonfilm, mit *Willy Fritsch*)

„Dich hab' ich geliebt" (Spieltonfilm mit *Mady Christians* und *Walter Jankuhn*)

„Pamir, das Dach der Welt" (Expeditionsfilm)

„Silberkondor über Feuerland" (Naturfilm von *Gunther Plüschow*)

„Hallelujah!" (nordam. Negerfilm von *K. Vidor*); „Liebesparade" (nordam. Film von *E. Lubitsch* mit *Maurice Chevalier* und *Jeanette Mac Donald)*; „Das gottlose Mädchen" (nordamerik. Film v. *C. B. de Mille)*; „Brodway-Melodie" (nordam. Revuefilm)

Erster Micky-Maus-Tonfilm von *Walt Disney* (nordam. Zeichentrickfilm)

„Die Büchse der Pandora" (Film von *Pabst* mit *B. Helm)*;

„Die weiße Hölle v. Piz Palü" (Film von *A. Fanck*); „Menschen am Sonntag" (Film von *Robert Siodmak*)

„Das weiße Geheimnis" (russ. Film von d. Fahrt d. russ. Eisbrechers „Krassin" zur Rettung der *Nobile*-Expedition)

„Die Generallinie" (russischer Film von *Eisenstein*)

„Turksib", „Der blaue Express" (russ. Filme)

Elektrifizierung der Berliner Stadtbahn

Müllverbrennungsanlage in Zürich (300 t Müll in 24 Stunden)

Spektrallinien deutet auf eine sich ausdehnende Welt

Diesel-(Schweröl-)Flugzeugmotor von *Junkers*

B. Malinowski: „Das Sexualleben von Naturvölkern"

W. A. Marrison: Quarzuhr (in den folgenden Jahren von *Scheibe* und *Adelsberger* verbessert; tägl. Fehler $^1/_{1000}$ Sek.; gestattet, Erdumdrehung zu kontrollieren)

Hans Mühlestein: „Die Herkunft der Etrusker"

H. Oberth: „Wege zur Raumschiffahrt" (maßgeb. Raketentheorie)

Christoph Schröder (* 1871): „Handbuch der Entomologie" (Insektenlehre, 40 Lieferungen seit 1912)

Weltumfahrt des Luftschiffes „Graf Zeppelin" (49000 km) unter *Eckener*

Flugboot Do X für 169 Personen

„Bremen" (dt. Turbinen-Ozeandampfer mit 54000 t Wasserverdrängung, 125000 PS und 53 km/St.; gewinnt „Blaues Band")

„Meteor"-Expedition in der Arktis und im Nordatlantik (weitere Fahrten 1930, 1933, 1937, 1938)

„Forschungsinstitut für langfristige Witterungsvorhersage" in Bad Homburg v. d. H. (arbeitet nach statistischen Verfahren über die Großwetterlage)

Erste Gesellsch. f. Fließkunde (Rheologie) i. USA gegrdt.

„Künstl. Gebirge" exper. erzeugt i. Geolog. Inst. Bonn

Versuche mit jarovisiertem Saatgut in der USSR (erstes Stadium der Entwicklung außerhalb des Bodens)

16-mm-Umkehr-Farbenfilm „Kodakcolor" (1932 d. entspr. „Agfacolor")

Erste Fernsehsendung in Berlin

Beendigung des Cascade-Basis-Tunnels in Nordamerika (12500 m, Baubeginn 1926)

Straßenbrücke über die Ammer bei Eschelsbach (Stahlbetonbogenbrücke mit 130 m Stützweite)

Rhein-Straßenbrücke Köln-Mühlheim (315 m weit gespannte Hängebrücke)

1930

Friedens*nobel*preis an *N. Söderblom* (Schwed.)

Reichsbankpräsident *Schacht* tritt wegen *Young*plans zurück. Nachfolger *Luther*. Reichstag stürzt Regierung *Müller*. Ende der großen Koalition

Heinrich Brüning (Zentrum, * 1885, † 1970) dt. Reichskanzler bis 1932

Rheinlandräumung

Reichspräsident erläßt auf Grund Art. 48 Notverordnung zur Sicherung von Wirtschaft und Finanzen; Reichstag nach ihrer Aufhebung aufgelöst. Nationalsozialisten und Kommunisten gewinnen in den Reichstagswahlen. *Brüning* führt weiterhin, gestützt allein auf das Vertrauen des Reichspräsidenten, Minderheitenregierung. Notverordnung mit Kürzung von Beamtengehältern und Erhöhung der Arbeitslosenversicherung. 4,4 Mill. Arbeitslose

Umbenennung der Dt. Demokrat. Partei in Dt. Staatspartei (verliert weiter an Bedeutung)

Wilhelm Frick (* 1877, † 1946, hingerichtet) als Minister für Inneres und Volksbildung in Thüringen erster nationalsozialist. Minister

Hitler schwört im Reichswehrprozeß vor dem Reichsgericht in Leipzig, die Weimarer Verfassung einzuhalten

Freundschaftsvertrag Österreich-Italien. Österr. erlangt auf der Haager Konferenz fast völlige Aufhebung seiner Reparationsverpflichtungen

Schober (parteilos) österr. Vizekanzler und Außenminister der Regierung *Ender* bis 1932

Kathol.-faschist. Heimwehren in Österreich unter Fürst *Ernst Rüdiger von Starhemberg* (* 1899)

Londoner Seeabrüstungskonferenz: USA, Großbritannien und Japan vereinbaren Höchststärken und Einschränkung des U-Boot-Handelskrieges. Gleichberechtigung nur für USA und Großbrit.

Brit.-ägypt. Konferenz in London scheitert an der Sudanfrage. Autoritäre Regierung durch ägypt.

Literatur-*Nobel*preis an *S. Lewis* (USA)

Bengt Berg: „Die Liebesgeschichte einer Wildgans" (schwed. Tierschilderung)

Beumelburg: „Gruppe Bosemüller" (Kriegsroman)

Karl Friedrich Boree (*1886, † 1964): „Dor und der September" (Liebesroman)

Ferd. Bruckner: „Elisabeth von England" und „Die Kreatur" (Dramen)

Bunin: „Im Anbruch der Tage" (autobiographischer Roman aus der russ. Emigration)

† *Arthur Conan Doyle*, engl. Schriftsteller und Arzt; schrieb seit 1891 die Sherlock-Holmes-Detektiv-Rom. (* 1859)

Duhamel: „Spiegel der Zukunft" (frz. Amerikabuch)

T. S. Eliot: „Aschermittwoch" (engl. Gedicht aus wiedergewonnenem religiösem Glauben)

Arthur Eloesser (*1870, † 1938): „Literaturgeschichte" (vom Barock zur Gegenwart)

Paul Ernst: „Jugenderinnerungen"

Fallada: „Bauern, Bonzen, Bomben" (gesellschaftskrit. Roman)

Feuchtwanger: „Erfolg" (Roman)

O. Flake: „Romane um Ruland" (Romanreihe seit 1922)

Bruno Frank: „Sturm im Wasserglas" (Schauspiel)

Giono: „Die Geburt der Odyssee" (frz. Roman)

Giraudoux: „Amphitryon 38" (frz. Lustspiel)

Alfred Adler: „Technik der Individualpsychologie" (österr. Psychoanalyse: bei Störung des Geltungsbewußtseins entstehen „Minderwertigkeitskomplexe")

Max Adler: „Lehrbuch der materialistischen Geschichtsauffassung" (positivist. - empirischer Standpunkt im Gegensatz zu *Lenin*)

Freud: „Das Unbehagen in der Kultur" (psychoanalytische Kulturphilosophie; Konflikt zwischen Ich und Kultur-Über-Ich)

W. Frick führt nationalist. Gebete („Fricksche Gebete") in den Thüringer Schulen ein

I. Frischeisen-Köhler: „Untersuchungen an Schulzeugnissen von Zwillingen" (Untersuchung der erbbiologischen Grundlagen der Leistung)

† *Adolf von Harnack*, dt. protest. Kirchenhistoriker (* 1851)

Max Horkheimer (*1895, † 1973) begründet mit *Th. W. Adorno* an der Univ. Frankf./M. Soziologieschule der „Kritischen Theorie"

Ricarda Huch: „Alte und neue Götter" (kulturphilosophisch)

E. R. Jaensch: „Über den Aufbau des Bewußtseins"

Ch. S. Johnson: „Der Neger in der amerikanischen Zivilisation" (nordamerikan.)

William Kellogg (* 1860, † 1951) ruft „Kellogg-Stiftung" (ca. 47 Mill. Dollar) f. Kinder- und Jugendwohlfahrt ins Leben

Beckmann: „Der Löwenbändiger", „Selbstbildnis mit Saxophon", „Winterbild" (express. Gemälde)

O. Bartning: Rundkirche in Essen (protestant. Kirche in modernem Stil)

Robert Bednorz: Porträtkopf des Malers *Oskar Moll* (Plastik aus der Kunstakad. Breslau)

Wilh. Büning: „Weiße Stadt" (Siedlung in Berlin-Reinickendorf mit Fernheizung, Wäscherei usw.)

G. Grosz: „Kaltes Buffet" (gesellschaftskrit. karikaturist. Gemälde)

Heckel: „Tanzende Matrosen" u. „Zirkus" (farbige express. Holzschnitte)

K. Hofer. „Frauen mit Lautenspieler" (express. Gemälde)

G. Kolbe: „Große Pieta" (Frauenakt, Plastik)

Leo von König (*1871, † 1943): „Ernst Barlach" (impress. Bildnis)

W. Kreis: Dt. Hygiene - Museum, Dresden

† *Otto Müller,* express. Maler (*1874)

† *Ilja Repin,* russ. naturalist. Maler (* 1844)

L. Serlins: Etagen-Großgarage, Berlin (mit vollständiger Glasfront)

M. Taut u. *F. Hoffmann:* Reichsknappschaftshaus i. Berlin

George Antheil (* 1900): „Transatlantic" (nordamerikan. surrealist. Oper)

Bartók: „Cantata profana" (ungar. Komposition für 2 Männerstimmen, Chor, Orchester)

Ralph Benatzky: „Im weißen Rößl" (Operetten-Revue im Gr. Schauspielhaus, Berlin)

Hindemith: Konzert f. Solobratsche und größeres Kammerorchester

Honegger: „Abenteuer des Königs Pausole" (schweiz. frz. Operette) u. „Sinfonie" (schweiz.-franz. Kompos. im klass. Stil)

Křenek: „Das Leben des Orest" (Oper)

Milhaud: „Christoph Columbus" (frz. Oper)

Pfitzner: „Das dunkle Reich" (Chorw. m. Orch.)

Reznicek: „Spiel oder Ernst" (Oper)

Schoeck: „Vom Fischer und syner Fru" (Schweiz. Oper nach *Grimm*)

A. Schönberg: „Begleitmusik zu einer Lichtspielszene" (Filmmusik)

William Grant Still: „Afrika", „Afro-Amerikanische Symphonie" (nordamerikan. Musik eines Negerkomponisten)

Strawinsky: „Der Kuß der Fee" (russ. Ballett)

Physik-*Nobel*preis an *Ch. V. Raman* (Ind.) für Molekülspektroskopie

Chemie-*Nobel*preis an *Hans Fischer* (Dt.) für Blut- und Blattfarbstoff-Forschung

Medizin-*Nobel*preis an *K. Landsteiner* (Österr.) für Hauptgruppen des Blutes

Auf Vitö bei Spitzbergen werden die Reste der *Andrée*-Polar-Exdedition im Ballon von 1897 gefunden (Tagebücher, entwickelbare Photos)

J. L. Baird: Großbild-Fernsehen mit Viellampenschirm

Fr. Bergius: Chemisches Verfahren der Holzverzuckerung zur Futtermittelgewinnung

Dirac sagt auf Grund der von ihm erweiterten Quantentheorie das „Positron" (positives Elektron) voraus (entdeckt 1932)

Franz M. Feldhaus: Umfangreiches Arch. z. Geschichte d. Technik (etwa 134000 Karteikarten u. 8500 Bände)

Franz Kruckenberg (* 1882): „Schienenzeppelin" (Luftschraubenantrieb für Eisenbahntriebwagen, erreicht 1931 230 km/h)

E. H. Land: Polarisationsfilter aus Herapathit (gestatten verbreitete Anwendung polarisierten Lichtes)

B. Lange und *W. Schottky:* Sperrschicht-Photoelement (findet als Lichtmeßgerät weite Verbreitung)

Ernest Lawrence (*1901): Zyklotron (erstes Modell; magnetischer Resonanz-Beschleuniger zur Herstellung energiereicher atomarer Teilchen zur Atomkernumwandlung; ersetzt Spannungen bis z. vielen Mill. Volt)

B. Lyot: Koronograph (Fernrohr zur Sichtbarmachung der Sonnenkorona durch „künstliche Sonnenfinsternis" auf dem Pic du Midi)

J. H. Northrop: Reindarstellung der Enzyme (Fermente) Pepsin und Trypsin in kristallisierter Form

~ *Walter Reppe* beg. moderne Acetylenchemie zu entwickeln (führt zu vielen Kunststoffen)

Schmidt-Rohr (Verpuffungsstrahltriebwerk (im 2. Weltkrieg in der Fernwaffe V 1 verwendet)

B. Schmidt erf. astron. „Schmidt-Spiegel" (entsch. Fortschritt)

E. Kahn und *F. Naphtali:* „Wie liest man den Handelsteil einer Tageszeitung"

J. M. Keynes: „Vom Gelde" (brit. Währungstheorie, für manipulierte Währung)

Normung (DIN) erreicht wesentliche Kosten- und Preissenkungen

„Gesellschaft und Wirtschaft" (bildstatistisches Elementarwerk nach der Wiener Methode)

Verordg. üb. Devisenbewirtschaftg. in Deutschland

S. Wyatt: „Das Problem der Monotonie und Langeweile bei der Industriearbeit"

Etwa 2100 dt. Kartelle (1922 etwa 1000)

Hochofenanlage der Gutenhoffnungshütte (Oberhausen/Rheinland)

Dt. Gesellschaft für öffentliche Arbeiten (Öffa) (verwaltet Reichsdarlehen für Arbeitsbeschaffung)

Zusammenschluß der dt. landwirtschaftl. Genossenschaften zum *Raiffeisen*-Verband

Bau von Magnitogorsk (östl. Ural) entwickelt sich gemeinsam mit dem 2230 km entfernten Kusnezk zum Eisen-Kohle-Kombinat (1. Hochofen 1932)

(1930)

König (dauert unter inneren Unruhen bis 1935)

Brit. Weltkonferenz in London zur Stärkung des Empirehandels durch Vorzugszölle

Symbol. Meersalzgewinnung *Gandhis* gegen das brit. Salzmonopol. Unruhen. Verhaftung *Gandhis*

Erste Round-Table-Konferenz in London; ind. Nationalkongreß lehnt Teilnahme ab (weitere 1931 und 1932). Vizekönig empfängt *Gandhi*

Vertrag Großbritannien—Irak löst brit. Mandat ab (1932 Aufnahme Iraks in den Völkerbund)

Beaverbrook und *Rothermere* gründen brit. Weltreichspartei (antisowjet., konservative Kolonialpolitik)

Pan-Europa-Denkschrift von *Briand*

Frankreich baut militär. *Maginot*-Linie gegen einen etwaigen Angriff Deutschlands

Ital. Flottenbauprogramm; führt zu Spannungen mit Frankreich

Italien dehnt seine Macht von der Küste in das Innere Libyens gegen die Eingeborenen aus

† *Miguel Primo de Rivera*, nach Entlassung als diktatorischer span. Ministerpräsident (* 1870). Antimonarchist. Unruhen

Gründung der portugies. faschist. Partei „Nationale Union"

Unfreie Parlamentswahlen bringen Sieg *Pilsudskis*, der zugunsten von Oberst *Slavek* als poln. Ministerpräsident zurücktritt

Kundgebungen in Ungarn gegen Trianon-Vertrag von 1920/21

Zar *Boris III.* von Bulgarien vermählt sich mit Prinzessin *Giovanna* von Italien

Carol II. an Stelle seines unmündigen Sohnes *Michael* König von Rumänien bis 1940; Ministerpräsident *Maniu* tritt zurück

Freundschaftsvertrag Türkei—Griechenland

Kviesis (Bauernbund) lett. Staatspräsident bis 1936

Marsch der finn. antibolschewist. Lappobewegung auf Helsinki

Maxim Gorki kehrt in die USSR zurück; veröffentl. kein weiteres Werk (lebte seit 1921 in Sorrent)

Hans Grimm: „Der Richter in der Karu" (Roman)

H. Hesse: „Narziß und Goldmund" (Roman)

M. Hausmann: „Kleine Liebe zu Amerika" (Reisebericht)

Joseph Hergesheimer (*1880, + 1954): „Das Pariser Abendkleid" (nordamerik. Roman)

August Hinrichs (*1879, + 1956): „Swienskomödi" (als „Krach um Jolanthe" später verfilmt)

Kisch: „Paradies Amerika" (sozialist. Reisebericht aus den USA)

John Knittel (*1891, + 1970): „Abd-el-Kader" (Roman)

G. von Le Fort: „Der Papst aus dem Ghetto" (Novelle)

† (Selbstmord) *Wladimir Majakowski*, russ. Dichter; Werke in 6 Bdn. s. 1927 (* 1893)

Th. Mann: „Die Forderung des Tages" (Essays)

Robert Musil (* 1880, † 1942): „Der Mann ohne Eigenschaften" (österr. Romantrilogie, 3. Band 1943, posthum)

Ernst Penzoldt (*1892, + 1955): „Die Powenzbande" (heiterer Roman)

John Boynton Priestley (* 1894): „Engelgasse" (engl. Roman)

Renn: „Nach-Krieg" (sozialist. Roman)

Romains: „Die guten Willens sind" (frz. Romanfolge in 27 Bänden bis 1946)

† *Helene Lange*, Führerin der dt. Frauenbewegung (* 1848)

M. Maeterlinck: „Das Leben der Ameisen" (belg. philosophische Naturbeschreibung)

W. v. Moellendorff: „Konservativer Sozialismus"

Cesare Orsenigo (* 1873, + 1946) päpstl. Nuntius in Berlin

Ortega y Gasset: „Der Aufstand der Massen" (span. Philosophie eines Individualismus)

Eugenio Pacelli Kardinalstaatssekretär in Rom (ab 1939 Papst *Pius XII.*)

Marianne Raschig: „Hand und Persönlichkeit" (Handdeutungslehre)

Alfred Rosenberg (* 1893, † 1946, hingerichtet): „Der Mythos des 20. Jahrhunderts" (nationalsozial. Weltanschauung)

H. Rost: „Der Protestantismus als Prinzip des Individualismus" (kathol. Darstellung)

M. Schlick: „Fragen der Ethik" (Moralphilosophie aus dem positivist. Wiener Kreis)

Schweitzer: „Die Mystik des Apostels Paulus"

Sombart: „Die drei Nationalökonomien. Geschichte und System der Lehre von der Wirtschaft" (Methodenlehre einer „verstehenden" Nationalökonomie)

Carl Stange: „Das Ende aller Dinge" (evang. Theologie)

J. v. Üxküll: „Lebenslehre"

Adrian Wettach (Musik-Clown „Grock", *1880): „Ich lebe gern" (Selbstbiogr.; zieht sich 1954 zurück; erhält d. Dr. h. c. der Philosophie)

Edward Wadsworth (* 1889): „Komposition" (engl. kubist.-abstraktes Gemälde)

Th. Whittemore beginnt die byzantinischen Mosaike in der Hagia Sophia vom Mörtelbewurf zu befreien

Pergamon-Museum mit Pergamonaltar in Berlin neu eröffnet

Petri-Nikolai-Kirche in Dortmund (Eisenbetonbau)

Chrysler - Hochhaus in New York (65 Stockwerke, 306 m hoch, Baubeginn 1929)

—

„Der blaue Engel" (Tonfilm nach „Professor Unrat" von *Heinrich Mann*, mit *Marlene Dietrich* u. *E. Jannings*. Regie: *J. v. Sternberg* [* 1894, † 1969])

„Im Westen nichts Neues" (nordamer.-dt. Film; Regie: *Lewis Milestone*, nach *Remarque)*

„Die drei von der Tankstelle" (Tonfilmoperette mit *L. Harvey* [* 1907, † 1968], *W. Fritsch* [* 1901, † 1973], *Heinz Rühmann;* wird typisch f. d. Gattung)

„Westfront 1918" (Film v. *Pabst* mit *H. Porten*); „Melodie der Welt" (Film von *Ruttmann*); „Wochenende" („Tonfilm ohne Bilder" [Tonband] von *Ruttmann)*

† *Cosima Wagner*, Gattin *Rich. Wagners* seit 1870; leitete 1883 bis 1908 Bayreuther Festsp. (* 1837; Tochter *Franz Liszts*)

† *Siegfried Wagner*, Sohn *Richard Wagners*, dt. Opernkomponist; leitete seit 1908 Bayreuther Festspiele (* 1869); seine Frau *Winifred* geb. *Williams* übernimmt Festspielleitung (* 1897)

Weill: „Der Jasager" (Schuloper)

F. Trautwein baut elektroakustisches Trautonium

Symphonie-Orch. British-Broadcasting Co. (BBC) gegründet (spielt u.a. unt. *Toscanini*)

Jacques Thibaud (Violine), *Alfred Cortot* (Klavier) u. *Pablo Casals* (Cello) bilden ein Trio (bis 1935)

~ „Happy Days are here again" („Wochenend und Sonnenschein") (optimist. Kenn-Melodie d. US-Parteidemokraten)

Max Theiler (* 1899) gelingt Serum-Schutzimpfung gegen Gelbfiebervirus (*Nobel*preis 1951)

B. Thomas durchquert die Große Wüste Arabiens (bis 1931, dadurch wird Arabien im wesentl. erforscht)

Clyde Tombaugh entdeckt Planeten Pluto (von *Lowell* vorausberechnet aus Störungen des Planeten Neptun)

R. J. Trümpler weist lichtabsorbierende Materie zwischen den Sternen der Milchstraße nach (diese interstellare Materie kann astronomische Helligkeits- und Entfernungsmessungen verfälschen)

B. L. van der Waerden: „Moderne Algebra" (Zusammenfassung der axiomatischen Algebra)

† *Alfred Wegener*, dt. Geophysiker, auf dem Grönlandeis, nachdem er dort Forschungsstation „Eismitte" angelegt hat (* 1880)

Theodor Wiegand (* 1864, † 1936): „Pergamon" (Ausgrabungsbericht vom Schöpfer des Berliner Pergamon-Museums)

Dt. Hygiene-Museum in Dresden eröffnet (besonders bekannt wird der „Gläserne Mensch")

Schnelldampfer „Europa" d. Nord-dt. Lloyd gew. „Blaues Band"

Ost-West-Ozeanflug des *Dornier-Wal*

Beendigung des Appenin-Tunnels (18508 m, Baubeginn 1923)

Schiffshebewerk Niederfinow (Hub 36 m für 1000-t-Kähne; Baubeginn 1927)

Erste drahtlose Fernsehübertragung

Kurzwellen-Richtstrahl-Antenne in Zeesen

Elektrodynam. Lautsprecher. Lautsprecher werden in Empfangsgerät eingebaut

Öllose Hochspannungs-Schalter (sicherer als Ölschalter)

Größte Dampfturbine leistet 280000 PS oder 208000 kW (USA)

2 t Kohle liefern durchschnittlich 1 Kilowattjahr zu 2500 Arbeitsstunden (Nutzeffekt der Kohle 15% gegenüber 5% 1870)

1 PS Dampfmaschinenleistung kostet etwa nur noch 1/10 des

Eröffnung der Turkestanisch-sibirischen Eisenbahn (Turksib)

O. Heller: „Sibirien, ein anderes Amerika" (kennzeichnet rasche wirtschaftliche Erschließung)

Ledigensteuer in Deutschland

„Blondie"-Serie beginnt in den USA zu erscheinen (primitive, gezeichnete Bildergeschichte in Zeitungsfortsetz.)

~ *Hearst* (USA) bes. 33 Zeitungen mit rd. 11 Mill. Auflage

International. Skikongreß in Oslo, gibt Regeln für Abfahrts-u. Slalomkonkurrenzen

Max Schmeling (Dt.) durch Disqualifikation *Jack Sharkeys* Boxweltmeister (erster nichtamerikanisch. Boxweltmeister)

Bridgespiel auch in Deutschland sehr verbreitet

Dauerwellen in der Friseurtechnik

Modernisiertes Strandbad Berlin-Wannsee eröffnet (faßt mehr als 60000 Besucher)

Arbeitsleistg. eines Industriearbeiters pro Arbeitsstunde i. d. USA: 80 Cent (1900: 50 Cent, 1950: 130 Cent unter Berücksichtigung der Preisänderungen)

(1930)	*Leo Trotzki:* „Mein Leben" (Autobiographie) *Maksim Maksimowitsch Litwinow* (* 1876, † 1951) sowjetruss. Volkskommissar des Äußeren bis 1939; befürwortet kollektive Sicherheit im Rahmen des Völkerbundes *Wjatscheslaw Molotow* (* 1890) Vorsitzender des Rates der Volkskommissare der USSR bis 1941 Kanad. Zollerhöhungen gegen Einfuhr aus USA USA bricht wegen Sklaverei in Liberia seine Beziehungen zu diesem ab Durch Erdölexport kann Venezuela Staatsschuld tilgen (vgl. 1921) *Augusto B. Leguia,* Präsident von Peru seit 1924, gestürzt Wirtschaftskrise löst in Brasilien Unruhen aus; *Getulio Vargas* wird Präsident bis 1945 (wieder ab 1950); gibt dem Land 1934 und 1937 autoritäre Verfassung, unterdrückt nationalist. Integralismus 1938 Verstärkter Nationalismus in Japan. Jap. Ministerpräsident *Hamagutschi* durch Attentat schwer verwundet *Haile-Selassie* (* 1892, † 1975) Kaiser von Abessinien (1936 bis 1941 wegen ital. Besetzung des Landes im Ausland)	*Josef Roth* (* 1894, † 1939): „Hiob" (Rom.) *Ernst von Salomon* (*1902, + 1972): „Die Geächteten" (autobiograph. Roman über den Mord an *W. Rathenau*) *Wilh. Schäfer:* „Der Hauptmann von Köpenick" (sozialer Roman) *J. Schaffner:* „Die Jünglingszeit des Johannes Schattenhold" (Roman) *R. A. Schröder:* „Mitte des Lebens" (Dichtungen) *Ina Seidel:* „Das Wunschkind" (Roman) *Karl Heinrich Waggerl* (* 1897): „Brot" (Roman) *Jakob Wassermann:* „Hofmannsthal der Freund" (Nachruf) *Josef Magnus Wehner* (* 1891): „Sieben vor Verdun" (Roman) *Friedrich Wolf:* „Die Matrosen von Cattaro" (Schauspiel) *Petzet* und *Glauning:* „Deutsche Schrifttafeln des 9. bis 16. Jahrhunderts" (paläographische Sammlung, 5 Bände seit 1910) *Paula Wessely* (* 1908) am Theater in der Josefstadt, Wien, und bei den Salzburger Festspielen	*Th. Ziehen:* „Die Grundlagen der Charakterologie" Papst gestattet Geburtenregelung nur durch Beachtung d. empfängnisfreien Tage d. Frau i. d. Enzyklika „Casti connubii" Bistum Berlin gegründet; *Christian Schreiber* (* 1872, † 1933) erster Bischof Breslau und Paderborn werden Erzbistümer „Handwörterbuch der Soziologie" *Meyers* Lexikon (12 Bände seit 1924, danach 3 Nachtragsbände) Institute of advanced studies a. d. Univ. Princeton (USA) gegr. (später arbeiten hier *Einstein, Oppenheimer* u. and.)

„Das große Haus" (nordam. Film von *George Hill* mit *W. Berry)*; „Abraham Lincoln" (nordam. Film, letzter von *D. W. Griffith)*; „Anna Christie" (nordam. Film von *Clarence Brown* mit *G. Garbo, Mary Dreßler*, † 1934) „Min und Bill" (nordam. Film von *George Hill* mit *M. Dreßler, W. Berry)* „Unter den Dächern von Paris" (frz. Film von *R. Clair)* „Pariser Abkommen" der dt. und nordamerikan. Tonfilmgesellschaften: Abgrenzung der Interessensphären, Patentaustausch Wöchentlich 250 Mill. Kinobesucher in der Welt (davon 115 Mill. in den USA)		Preises von 1800. Dampfmaschinenanlagen kosten pro 1 PS 200 bis 500 Mark In USA entsteht die „Technokratie"-Bewegung zur Beseitigung von Wirtschaftskrisen durch planmäßigen Einsatz der Technik durch Techniker Beginn einer systematischen Lärmbekämpfung Kautschuk-Pflanze Tau-Ssagis in Westturkestan entdeckt „Der Vogelflug" (Zeitschrift) Hafenbrücke v. Sydney/Australien (Bogenbrücke mit 503 m Stützweite) Bayrische Zugspitzbahn u. Schneefernerhaus	In der USSR Industrieproduktion 53%, landwirtsch. Produktion 47% (damit wird die Sowjetunion Industriestaat) ~ Billige Agfa-Box mit Rollfilm popularisiert Fotografie

1931	Friedens*nobel*preis an *Jane Addams* (USA, * 1860, † 1935) und *Nicholas Murray Butler* (USA, * 1862, † 1947) „Wiener Protokoll" zwischen den Außenministern *Curtius* (Dt.) und *Schober* (Österr.) üb. eine dt.-österr. Zollunion (Frankreich protestiert) Haager Gerichtshof verkündet mit 8 zu 7 Stimmen Unzulässigkeit einer dt.-österr. Zollunion *Albert Einstein* unterstützt die Internationale der Kriegsdienstverweigerer (ist nach 1933 für Verteidigung der Demokratie) Nach einer Ansprache *Hitlers* vor dt. Industriellen beschließen diese, ihn zu unterstützen (Subventionen von Eisen Nordwest, Rhein.-Westf. Kohlensyndikat, *Kirdorf*, *Thyssen*, *Schröder*) Harzburger Front zwischen *Hitler* (NSDAP), *Hugenberg* (DNVP), *Seldte* (Stahlhelm). (Als Reichskanzler beseitigt *Hitler* ab 1933 den Einfluß der anderen Gruppen) Antifaschistische „Eiserne Front" zwischen SPD, „Reichsbanner Schwarz-Rot-Gold" und Gewerkschaftsbund *Goerdeler*, Oberbürgermeister von Leipzig, Reichskommissar für Preisüberwachung Osthilfegesetz (Siedlungsprogramm stößt auf Widerstand des Großgrundbesitzes) Heimwehrputsch in der Steiermark scheitert Frankreich vers. i. *Tardieu*plan Donauraum m. Österreich zu ordnen *Karl Renner* (Sozialdem.), Präsident des österr. Nationalrates bis 1933 *Julius Karolyi* ungar. Ministerpräsident bis 1932 Rücktritt der brit. Labour-Regierung unter *MacDonald*. *MacDonald* leitet Koalitionsregierungen einschl. der Konservativen, deshalb Konflikt mit Mehrheit der Labour-Party unter *Henderson* Großbritannien gibt Goldparität der Währung auf (viele Länder folgen) Liberale Partei Großbritanniens in drei kleine Gruppen gespalten	Literatur-*Nobel*preis an *Erik Axel Karlfeldt* (Schwed., †) *Andersen-Nexö:* „See-Novellen" (dän.) *Jacques Bainville:* „Napoleon" (frz. Biographie) *Hermann Broch* (* 1886, † 1951): „Die Schlafwandler" (Romantrilogie über die Zeit 1888 bis 1918, seit 1928) *P. S. Buck:* „Die gute Erde" (nordamerikan. Chinaroman) *Carossa:* „Der Arzt Gion" (Erzählung) *Edschmid:* „Glanz und Elend Südamerikas" (literar. Reisebericht) *William Faulkner* (* 1897) „Die Freistatt" (nordamerikan. Roman) *Werner Finck:* „Neue Herzlichkeit" (Gedichte) *Leonhard Frank:* „Von drei Millionen drei" (Arbeitslosenroman) *Giono:* „Die große Herde" (frz. Roman) *K. Gudmundsson:* „Die blaue Küste" (isl.-norweg. Roman) † *Friedrich Gundolf*, dt. Literarhistoriker (* 1880) † *Hsü Tschi Mo*, chin. Lyriker (* 1895) *Ernst Jünger:* „Die totale Mobilmachung" † *Erik Axel Karlfeldt*, schwed. Dichter; *Nobel*preis 1931 (* 1864) *E. Kästner:* „Fabian. Die Geschichte eines Moralisten" (Großstadt-Roman) *Herm. Kesten* (* 1900): „Glückliche Menschen" (Berlin-Roman) *Knickerbocker:* „Der rote Handel droht", „Der rote Handel lockt" (nordamerikan. Untersuchung der USSR)	*A. S. Eddington:* „Das Weltbild der Physik" (dt. Übersetzung des engl. naturphilosophischen Werkes) *Th. Haecker:* „Vergil, Vater des Abendlandes" (Kulturphilosophie) *Roman Ingarden* (* 1893): „Das literarische Kunstwerk" (poln. Literaturwiss.) *Hermann Glockner* (* 1896): „Hegel" (2. Bd. 1940) *Jaspers:* „Die geistige Situation der Zeit" (fragt, ob der Mensch frei sein kann; Band 1000 der Sammlung *Göschen*) *C. G. Jung:* „Seelenprobleme der Gegenwart" (Schweiz. Psychoanalyse) *W. Künneth:* „Das Wunder als apologetisch-theologisches Problem" (evang.) *Emile Meyerson:* „Der Weg des Denkens" (frz. philosoph. Geschichte der Naturwissenschaften) *Otto Neurath:* „Empirische Soziologie" (antimetaphysische Gesellschaftslehre aus dem Wiener Kreis) und „Soziologie im Physikalismus" (zur Begründung einer Einheitswissenschaft) Papst *Pius XI.* entwickelt in der Enzyklika „Quadragesimo anno" die kathol. Soziallehre *M. Planck:* „Positivismus und reale Außenwelt" (kritischer Realismus) *Ernst Rothe:* „Psychogymnastik" (2 Bände seit 1929) *Scheler:* „Die Idee des Friedens und der Pazifismus" (posthum) *Schweitzer:* „Aus meinem Leben und Denken"

Beckmann: „Stilleben mit Atelierfenster“ (express. Gemälde)
Chagall beg. Illustr. z. Bibel (bis 1955); „Inneres d. Synagoge Jerusalem“, „Die Kunstreiter“ (frz.-russ. Gemälde)
Otto Dix: „Junges Mädchen“ (naturalist. Gemälde aus d. Großstadtmilieu)
Feininger: „Marktkirche in Halle“ (Gem.)
E. Hopper: „Route 6, Eastham“ (nordamerikan. Gemälde im neusachl. Stil)
Klee: „Das Gespenst verschwindet“ (surrealist. Gemälde)
G. Marcks: „Tänzerin mit gekreuzten Beinen“ (Plastik)
Nash: „Kinetik“ (engl. abstrakt. Gem.)
H. Poelzig: Verwaltungsgebäude d. I.G.-Farben-Werke i. Frankfurt/M. (Baubeginn 1928)
Kurt Seligmann: „Einäugige Kreatur“ (symbolist. Gemäld.)
H. Tessenow: Umgestaltung von *Schinkels* Neuer Wache z. Gefallenenehrenmal
E. R. Weiß: Antiqua (Drucktyp., seit 1926)
Glaspalast in München brennt ab (für Kunstausstellungen 1854 erbaut)
Bauausstellung in Berlin (mit Bauform. aus Stahl, Eisenbeton und Glas)
Empire-State-Hochhaus in New York (381 m hoch, höchst. Bauwerk der Erde)
„Die Brüder Schellenberg“ (Film m. *C. Veidt*)
„Bunte Tierwelt“ (erster dt. Farbfilm)

Edwin Fischer (* 1886) leitet Klavier-Klasse an der Musikhochschule Berlin
Graener: „Friedemann Bach“ (Oper)
Hindemith: „Das Unaufhörliche“ (oratorisches Chorwerk, gilt als Abkehr vom rein Konstruktiven)
Leo Kestenberg: „Jahrbuch d. deutschen Musikorganisation“ (Musiksoziologie)
Malipiero: „Triumph der Liebe“ (ital. atonale Oper)
Pfitzner: „Das Herz“ (Oper)
Strawinsky: „Psalmensymphonie“ (russ. Chorwerk)
„Encyclopédie de la musique“ (frz., 11 Bände seit 1920)
† *Anna Pawlowa*, russ. Tänzerin; berühmt bes. durch den Tanz „Der sterbende Schwan“ (* 1885)
E. Varèse (*1885, †1965): „Ionisation“ (Komposition für 41 Schlaginstrumente)

H. Poelzig: Haus des Rundfunks, Berlin (Baubeginn 1929, ein Höhepunkt d. techn. und künstlerischen Entfaltung des Funks; Einweihung mit „Faust“ I u. II)

Chemie-*Nobel*preis an *K. Bosch* (Dt.) und *Fr. Bergius* (Dt.) für Kohleverflüssigung

Medizin-*Nobel*preis an *O. H. Warburg* (Dt.) für Erforschung des Atmungsfermentes

Beginn der Entwicklung des Elektronen-Übermikroskopes durch *B. v. Borries, Brüche, Knoll, Mahl, Ruska* u. a. (nach verschiedenen Prinzipien an verschiedenen Stellen; führt ~ 1940 zu technisch reifen Geräten)
P. W. Bridgman (* 1882): „Physik hoher Drucke“ (erreicht 1933 über 50000 at)
† *David Bruce*, engl. Tropenarzt; erforschte Schlafkrankheit (* 1855)
Butenandt: Reindarstellung des männlichen Sexualhormons Androsteron

„Quellenkunde zur deutschen Geschichte“ (9. Auflage des „Dahlmann-Waitz“, besorgt von 42 Fachgelehrten)

† *Thomas Alva Edison*, nordamerik. Erfinder: Mikrophon, Sprechmaschine, Glühlampe, Dampfdynamo, Elektrizitätswerk, Zementbau, Eisen-Nickel-Akkumulator u. a.
Karl Escherich: „Forstinsekten Mitteleuropas“ (3 Bände seit 1914)
Kurt Gödel (* 1906): Unvollständigkeitstheorem (vollständ. Beweis d. Widerspruchsfreiheit d. Mathematik ist nicht möglich)
R. Goldschmidt: „Die sexuellen Zwischenstufen“
Oskar (* 1871, † 1945) und *Magdalena Heinroth:* „Die Vögel Mitteleuropas“ (4 Bände seit 1924)
E. P. Hubble und *M. L. Humason* leiten aus d. beobachteten Spiralnebelflucht Expansionsalter der Welt zu ca. 2 Mrd. Jahren ab (heute auf ca. 13 Mrd. Jahre verbessert)

Präzisionsmessungen von *G. Joos* ergeben die von der Speziellen Relativitätstheorie behauptete Konstanz der Lichtgeschwindigkeit (kein „Ätherwind“, Wiederholung des *Michelson*-Versuches)

Paul Karrer, v. Euler-Chelpin und *Richard Kuhn:* Chemischer Aufbau des Wachstumvitamins A (stammt vom gelben Möhrenfarbstoff Carotin)

Zusammenbruch der Österr. Creditanstalt und der Darmstädter und Nationalbank in Deutschland. Zeitweilige Schließung der Banken
F. v. Gottl-Ottilienfeld (*1868): „Wirtschaft und Wissenschaft“ (engere Verbindung von Wirtschaft u. tägl. Leben)
W. Jellinek: „Grenzen d. Verfassungsgesetzgebung“
Jürgen Kuczynski (*1904): „Die Lage des deutschen Industriearbeiters“ (marxist. Darstellung)
Ernst Wagemann: „Struktur und Rhythmus der Weltwirtschaft“
Bata-Schuhwerke werden AG (*Thomas Bata* * 1876, † 1932; 1928: 12000 Personen produzierten tägl. 75000 Paar Schuhe)

Intern. Kolonialausstellung Paris

Rechtliche Regelung des Rundfunkwesens in Deutschland

Einführung eines Welttierschutztages
Wolfram Hirth überfliegt mit Segelflugzeug New York
Franz und *Toni Schmid* ersteigen erstmal. Nordwand d. Matterhorns

See- und Erdbebenkatastrophe an der Ostküste Neuseelands (Napier zerstört)

(1931)	Australische Arbeiterregierung tritt zurück *Pierre Laval* (* 1883, † 1945, erschossen) erstmalig frz. Ministerpräsident bis 1932 (wieder 1935 bis 1936; 1940 Vizepräsident der Regierung *Pétain*) *Paul Doumer* frz. Staatspräsident bis 1932 (ermordet, * 1857) *André François-Poncet* frz. Botschafter in Deutschland bis 1938 Durch Eroberung der Oase Kufra (Libyen) vernichten die Italiener die Macht der Senussi (mohammed. Orden) Wahlsieg der verbündeten span. Linksparteien. König *Alfons XIII.* (seit 1885) dankt ab. Spanien Republik. Ministerpräsident *Manuel Azana* bis 1933. Präsident *Alcala Zamora* bis 1936. In Barcelona Autonomie Kataloniens verkündet Niederl. faschist. Gruppe unter *Mussert* Norwegen besetzt Ostgrönland (1933 vom Völkerbund Dänemark zugesprochen) *Pehr Evind Svinhufvud* (* 1861, † 1944) finn. Staatspräsident bis 1937 Diktatur in Rumänien durch neue Verfassung formal aufgehoben Zar beruft bauernparteifreundliche Regierung in Bulgarien *Stalin* betont Industrialisierung sowie Rolle der Technik und der Techniker Kanada erhält durch Statut von Westminster volle Autonomie *Hoover*-Moratorium für internationale Zahlungen Lord *Willingdon* brit. Vizekönig in Indien bis 1936 *Gandhi* auf erfolgloser Londoner Konferenz (als Zwischendeckpassagier, Audienz im Lendenschurz beim König) Gegenregierung gegen *Tschiang Kai-schek* in Kanton. Japanische Eroberung der Mandschurei führt zur Einigung Nord- und Südchinas unter *Tschiang Kai-schek* als militärischem Führer Verfassung und Verwaltungsreform in Abessinien	*Kolbenheyer:* „Jagt ihn — ein Mensch" und „Das Gesetz in dir" (Schauspiele) *Isolde Kurz:* „Vanadis" (Roman) *G. von Le Fort:* „Die Letzte am Schafott" (Novelle) *Alexander Lernet-Holenia* (* 1897): „Die Abenteuer eines jungen Herrn i. Polen" (österr. Roman) *v. d. Leyen* und *Zaunert:* „Märchen der Weltliteratur" (35 Bde. seit 1912) *Molo:* „Ein Deutscher ohne Deutschland" (*Friedrich-List*-Roman) *Benito Mussolini* und *G. Forzano:* „100 Tage" („Camp di Maggio", ital. *Napoleon*spiel) *O'Neill:* „Trauer muß Elektra tragen" (nordamerikan. Schauspieltrilogie) *Alja Rachmanowa* (eig. *Galina von Hoyer*, * 1898): „Studenten, Liebe, Tscheka und Tod" (russ. Roman) *Erik Reger* (eig. *Hermann Dannenberger*, * 1893, † 1954): „Union der festen Hand" (Roman der westdt. Industrie; *Kleist*preis) *Remarque:* „Der Weg zurück" (Roman) *Josef Roth* (* 1894): „Radetzkymarsch" (Roman) *Saint-Exupéry:* „Nachtflug" (frz.) *René Schickele* (* 1883, † 1940): „Das Erbe am Rhein" (Romantrilogie über das Elsaß seit 1925)	† *Arthur Schnitzler*, österr. Dichter (* 1862) *R. A. Schroeder:* „Der Wanderer und die Heimat" (Gedichte) *Frans Eemil Sillanpää* (* 1888, † 1964): „Silja die Magd" (finn. Rom.) *Sinclair.* „Alkohol" (nordamerikan. Roman) *E. Strauß:* „Der Schleier" (Novellensammlung) *Thieß:* „Der Zentaur" (Roman seit 1926) *Tucholsky:* „Schloß Gripsholm" (iron. Liebesgeschichte) *Will Vesper:* „Das harte Geschlecht", „Sam in Schnabelweide" (Romane) *Jakob Wassermann:* „Etzel Andergast" (Roman) *Werfel:* „Die Geschwister von Neapel" (Roman) *Zuckmayer:* „Der Hauptmann von Köpenick" (Drama) *A. Zweig:* „Junge Frau von 1914" (Roman) *F. Garcia Lorca,* aus USA zurückgekehrt, leitet span. Studententheater „La Barraca" (spielt in vielen Provinzen Spaniens *Calderon*, *Cervantes*, *Lope de Vega*) Verein der *Raabe*-Stiftung in München „Deutsche Nationalbibliographie", herausgegeben vom Börsenverein d. dt. Buchhändler

† *Nathan Söderblom*, schwed. evang. Erzbischof von Upsala seit 1914; Friedens*nobel*preis 1930 (* 1866)

O. Spann: „Fluch und Segen der Wirtschaft"

Spengler: „Der Mensch und die Technik" (Kritik der Technik)

Spranger: „Der Kampf gegen den Idealismus"

Rich. Thurnwald (* 1869, † 1954): „Die menschliche Gesellschaft" (Soziologie)

Paul Valéry: „Betrachtungen über die gegenwärtige Welt" (frz. Gegenwartsphilosophie)

Vierkandt: „Handbuch der Soziologie"

J. Wach: „Einführung in die Religionssoziologie"

Kirchenfeindliche Aktionen in Spanien (Kirche hat bedeutenden Grundbesitz)

Carl-Schurz-Gebäude der Heidelberger Universität (USA-Stiftung, Baubeginn 1929)

Volkshochschultagung des Reichsausschusses für sozialistische Bildungsarbeit in Bad Grund/Harz

NS-Studentenbund erlangt Mehrheit in der Dt. Studentenschaft (bedeutet Abkehr vom parlamentar. Aufbau)

„Intern. Gesellsch. f. Ökonometrie" i. Chikago gegrdt. (verbindet Statistik mit Wirtschaftstheorie)

„Der Hauptmann v. Köpenick" (Film v. *R. Oswald* mit *Max Adalbert*)

„Die Dreigroschenoper" (Film v. *Pabst* mit *Rudolf Forster*); „Mädchen in Uniform" (Film v. *Léontine Sagan* u. *C. Froelich* mit *Dorothea Wieck*, *Hertha Thiele*); „Emil u. die Detektive" (Film von *G. Lamprecht*); „Berlin Alexanderplatz" (Film v. *Peter Jutzi*); „Der Kongreß tanzt" (Operettenfilm von *Eric Charell* mit *L. Harvey*, *W. Fritsch*)

„Wir schalten um auf Hollywood" (dt.-amerikan. Film mit großer Starparade)

„Blumen u. Bäume" (erster Farbentrickfilm v. *Walt Disney*)

„Lichter der Großstadt" (nordam. Film von u. mit *Ch. Chaplin*); „Tabu" (nordam. Südseefilm von *F. W. Murnau*); „Frankenstein" (nordam. Film von *James Whale* mit *Boris Karloff*)

Clark Gable (* 1901) beginnt seine Filmkarriere in Hollywood (verdient bis 1951 mit 46 Filmen 17,5 Mill. Dollar)

„Die Million" (frz. Film v. *R. Clair* mit *Annabella*, *P. Ollivier*)

Insgesamt 1000 Tonfilme von 2,5 Mill. m Länge (Dt.: 142 Tonfilme)

Keesom erreicht durch Verdampfen flüssigen Heliums 0,7° über dem absoluten Nullpunkt bei —273,2° C

† *Albert Michelson*, nordamerikan. Physiker; machte grundlegende Experimente üb. Lichtausbreitung; *Nobel*preis 1907 (* 1852)

E. Schüz und *H. Weigold:* „Atlas des Vogelflugs"

In USA und USSR findet man Bakterien im Erdöl (Befund wird von *W. Schwartz* und *A. Müller* in Deutschland sichergestellt u. beeinflußt Theorie der Erdölentstehung)

Johannes Weigelt: Ausgrabungen von Wirbeltieren aus der Braunkohle im Geiseltal b. Halle (Anwendung seiner Biostratonomie von 1927, d. h. Berücksichtigung der postmortalen Veränderungen am Fossil)

Hermann Weil: „Gruppentheorie und Quantenmechanik" (Anwendung mod. mathematischer Hilfsmittel auf die Atomphysik)

W. Wien und *Harms:* „Handbuch der Experimentalphysik" (25 Bände seit 1926)

H. Wilkins erreicht mit dem U-Boot „Nautilus" den Packeisrand bei 82° nördlicher Breite (Tauchfahrt zum Pol gelingt nicht, jedoch wichtige meereskundliche Ergebnisse)

J. L. Wilser: „Lichtreaktionen in der fossilen Tierwelt. Versuch einer Paläophotobiologie"

A. Windaus: Das antirachitische Vitamin D entsteht durch Ultraviolettbestrahlung von Ergosterin als „Provitamin"

Kreuzung von Weizen und Quekkengras (führt ~ 1936 in USA und USSR zur Züchtung mehrjährigen Weizens)

„Kunststofftechnik und Kunststoffanwendung" (Monatsschrift; kennzeichnet großen Aufschwung dieses Gebietes)

Arktisfahrt des Luftschiffes „Graf Zeppelin" (mit russ. Hilfe und Beteiligung)

Forschungsstation Jungfraujoch (3500 m) eröffnet

Gesamtleistung auf der Erde: Autos (36 Mill.) 1200 Mill. PS, Lokomotiven 170 Mill. PS, Elektrizitätswerke 135 Mill. PS

1932

Ergebnislose Abrüstungskonferenz in Genf: Deutschland verlangt allgemeine Abrüstung, Frankreich zuvor Sicherheiten

Verbot von SA und SS. Landtagswahl in Preußen mit Gewinnen der NSDAP erschüttert Stellung der Regierung *Braun-Severing*

Wiederwahl *Hindenburgs* im 2. Wahlgang zum dt. Reichspräsidenten gegen *Hitler* und *Thälmann* mit 53:37:10 %

Letzte dt. Verfassungsfeiern

Regierung *Brüning* tritt zurück, nachdem der Reichspräsident auf Betreiben des Reichswehrministers *von Schleicher* ihr seine Unterstützung entzog. *Franz von Papen* (rechtes Zentr., * 1879, † 1969) bildet „Kabinett der nationalen Konzentration". Reichstagsauflösung. SA- und SS-Verbot aufgehoben

von Papen setzt als Reichskommissar für Preußen die verfassungsmäßige preuß. sozialdemokrat. Regierung *Braun-Severing* ohne Widerstand ab

Bracht, Oberbürgermeister von Essen, Stellvertreter *von Papens* als Reichskommissar in Preußen

Johannes Popitz, preuß. Finanzminister bis 1944 (†, hingerichtet, * 1884)

Kürzung der Arbeitslosen-, Krisen- und Wohlfahrtsunterstützung in Deutschl. Über 6 Mill. Arbeitslose

Reparationskonferenz von Lausanne setzt *Young*plan außer Kraft: praktisches Ende der Reparationszahlungen; Deutschland beziffert seine gesamten Leistungen auf 53 Mrd. Mark, Gutschriften der Reparations-Kommission seit Kriegsende 21,4 Milliarden Goldmark (Forderungen 1920: 269 Milliarden)

Reichstagswahl: NSDAP erhält 37,8% Sitze. *Hitler* lehnt Vizekanzlerposten ab. Auflösung des Reichstages wegen Aufhebung einer Notverordnung. Reichstagswahl mit Rückgang der NSDAP und Gewinn der KPD. *Gregor Strasser* verläßt NSDAP. Regierung *Papen* tritt zurück. *v. Schleicher* dt. Reichskanzler; kommt als gewerkschaftsfreundlicher „sozialer General" in

Literatur-*Nobel*preis an *J. Galsworthy* (Großbrit.)

Internationale Feier des 100. Sterbetages *Goethes*

Stiftung der *Goethe*-Medaille für Wissenschaft und Kunst

Jean Anouilh (* 1910): „Hermelin" (frz. Drama)

R. G. Binding: „Moselfahrt aus Liebeskummer" (Novelle)

Bert Brecht: „Heilige Johanna der Schlachthöfe" (Drama)

Georg Britting (* 1891, † 1964): „Lebenslauf eines dicken Mannes, der Hamlet hieß" (surreal. Roman)

Duhamel: „Salavins Leben und Abenteuer" (franz. psychologische Romanreihe seit 1920)

Edwin Erich Dwinger (* 1898): „Deutsche Passion" (antibolschew. Romantrilogie: „Die Armee hinter Stacheldraht" [1929], „Zwischen Weiß und Rot" [1930], „Wir rufen Deutschland" [1932])

Edschmid: „Deutsches Schicksal" (Roman)

Fallada: „Kleiner Mann — was nun?" (Roman aus der Zeit der Arbeitslosigkeit; auch als Hörspiel und Film)

Faulkner: „Licht im August" (nordamerikan. Roman)

Giono: „Der Träumer" (frz. Roman)

C. Goetz: „Dr. med. Hiob Prätorius" (Komödie)

J. Green: „Treibgut" (frz. Roman)

G. Hauptmann: „Vor Sonnenuntergang" (Schauspiel); seine gesammelten dramatischen Werke (6 Bände) erscheinen

K. Barth: „Kirchliche Dogmatik" (1. Tl. prot. Dialektische Theologie)

R. Carnap: „Die physikalische Sprache als Universalsprache der Wissenschaft" (zur Begründung einer physikalist. Einheitswissenschaft auf raumzeitlicher Begriffsbasis)

Hans Driesch: „Parapsychologie" (abnorme Erscheinungen des Seelenlebens wie Gedankenübertragung u. ä.)

Philipp Frank: „Das Kausalgesetz und seine Grenzen" (naturphilosophische Untersuchung im Sinne eines logischen Empirismus)

Etienne Gilson: „Der Geist der mittelalterlichen Philosophie" (2 Bände, frz. Neuthomismus)

Wilhelm Hartnacke (* 1878, † 1952): „Bildungswahn—Volkstod" (geg. Berechtigungswesen auf Grund massenstatistischer Begabungsanalysen)

Günther Jacoby: Ontologie (seit 1925)

Jaspers: „Philosophie" (3 Bände, existentialist.)

† *Georg Kerschensteiner*, dt. Pädagoge; förderte Arbeits- und Berufsschule (* 1854)

Hermann von Keyserling: „Südamerikanische Meditationen"

L. Klages: „Der Geist als Widersacher der Seele" (antirationalist. Lebensphilosophie, 3 Bände seit 1929) und „Graphologie" (Handschrift als Ausdruck des Charakters)

v. Martin: „Die Soziologie der Renaissance"

Burra: „Das Café" (engl. express. Gemälde)

† *Georg Dehio,* dt. Kunstgelehrter; förderte Kunstdenkmalspflege (* 1850)

George Grosz siedelt in die USA über. (In Zukunft wendet sich seine Malerei von scharfer Sozialkritik in eine mehr romantische Richtung)

K. Hofer: „Maskentanz" (Gemälde)

Kollwitz: „Mutter" (Lithographie)

Gerhard Kreische (* 1905): „Große Sommerlandschaft" (Bleistiftzeichnung)

M. Liebermann: „Professor Sauerbruch" (Bildnis)

Mies van der Rohe: Haus Lemcke, Berlin-Wannsee

Ed. Munch: „Frau Thomas Olsen" (norweg. express. Bildnis)

W. Nicholson: „Schwarze Schwäne" (engl. Gemälde)

O. Schlemmer: „Bauhaustreppe" (Gem.)

Ben Shahn (* 1906 in Kowno, † 1969): „Sacco u. Vanzetti" (nordam. Gemälde)

Slevogt: „Kreuzigung" (Fresko in der Friedenskirche zu Ludwigshafen)

† *Max Slevogt,* dt. Maler und Graphiker (* 1868)

Bibliotheksbau des Dt. Museums in München (Baubeginn 1928)

Reichsbankneubau Frankfurt/M

Internationale Architekturausstellung im Museum of modern art, New York

—

† *Eugen d'Albert,* dt. Pianist und Komponist frz. Herkunft (* 1864)

Thomas Beecham gründet das Londoner Philharmonische Orchester

Wilhelm Kempff (* 1895): „König Midas" (Oper)

Milhaud: „Maximilian" (frz. Oper)

Pfitzner: Symphonie cis-moll

Prokowjew: 5. Klavierkonzert (russ.), spielt i. d. Berl. Urauff.

Ravel: Concerto in G-dur und Klavierkonzert G-dur (frz. Kompositionen; Nervenleiden beendet sein Schaffen)

Hermann Reutter (* 1900): „Der große Kalender" (Oratorium)

Der Tenor *Josef Schmidt* († 1942) erlebt den Höhepunkt seiner Popularität durch Rundfunk u. Schallplatte

A. Schönberg: „Moses und Aaron" (Oper im Zwölftonstil) (vgl. 1959)

Schreker: „Der Schmied von Gent" (erot.-symbol. Oper)

Strawinsky: „Violinkonzert" (russ. Komposition; Uraufführung im Berliner Rundfunk)

Einführung eines „Tages der Hausmusik" in Deutschland

Joos (*Laban*-Schüler): „Der grüne Tisch" (freier Tanz

Physik-*Nobel*preis an *W. Heisenberg* (Dt.) für Quantenmechanik

Chemie-*Nobel*preis an *I. Langmuir* (USA) für Katalysator-Forschung

Medizin-*Nobel*preis an *Charles Scott Sherrington* (Großbrit., * 1861, † 1952) und *Edgar D. Adrian* (Großbrit., * 1889) für Neuronenforschung

Aitken: Doppelstern-Katalog mit 17180 Paaren

F. Alverdes: „Die Tierpsychologie in ihren Beziehungen zur Psychologie des Menschen"

Carl David Anderson (* 1905) entdeckt das Positron (positiv geladenes Elektron)

Gustav v. Bergmann (* 1878): „Die funktionelle Pathologie" (Standardwerk dieser medizin. Denkrichtung)

Blegen verlegt das *homer*ische Troja nach neuen Grabungen in die Schicht ≈ —1200 (nach *Schliemann* ≈ —2200)

Bourdillon und *Windaus:* Reindarstellung des antirachitischen Vitamins D_2 in kristallisierter Form

Wernher v. Braun (*1912) beg. Flüssigkeitsrakete zu entwickeln (führt über d. V-2-Waffe zur Saturn-Rakete d. USA)

O. Bumke: „Handbuch der Geisteskrankheiten" (11 Bände seit 1928)

James Chadwick (* 1891) entdeckt das Neutron (physikal. Elementarteilchen)

J. D. Cockroft und *E. T. S. Walton* erreichen erstmals durch Beschießung mit künstlich beschleunigten Teilchen (Wasserstoffkerne mit 150000 Volt) Atomkernumwandlung (dafür *Nobel*preis 1951)

Gerhard Domagk entwickelt Sulfonamide als chemische Heilmittel (vgl. 1935)

Ebert: „Reallexikon der Vorgeschichte" (15 Bände seit 1924)

Roberto Galeazzi erreicht mit Tauchgerät 210 m Tiefe

Karl Hampe: „Das Hochmittelalter"

Heisenberg: Atomkern besteht aus positiv geladenen Protonen und neutralen Neutronen

Höhepunkt der Weltwirtschaftskrise; Weltarbeitslosigkeit etwa 30 Mill. (geht i. d. folg. Jahr. nicht zul. d. Staatseingriffe zurück)

E. Schneider: „Theor. monopolistischer Wirtschaftsformen"

Zusammenbruch des Zündholzkonzerns v. *Ivar Kreuger* (†, Selbstmord, * 1880, Schwede)

Beginn japanischer Exportvorstöße durch Preisunterbietung auf dem Weltmarkt

„Marktanalyse und Marktbeobachtung" (v. Institut für Wirtschaftsbeobachtung)

In Brasilien werden große Mengen Kaffee wegen Absatzschwierigkeiten vernichtet

In Deutschland seit 1919 57500 Siedlerstellen mit 602000 ha geschaffen

Von 77 in Deutschland gefällten Todesurteilen wird keines vollstreckt (1933: 75%)

Deut. Margarineverbrauch etwa 500000 t (1913 etwa 200000 t)

52% des dt. Fettbedarfs durch Einfuhr gedeckt

Südamerikadienst mit dt. Luftschiff

Weltflug von *Elly Beinhorn* (* 1907), seit 1931

(1932)

Gegensatz zu Großindustrie und Großgrundbesitz; wird 1933 entl.

Kommunist.-nationalsozialist. Verkehrsstreik in Berlin

Kommunistische Partei erhält 100 Sitze im Reichstag (1949 noch 15, 1953 keinen Sitz im Bundestag)

Emil Julius Gumbel (Statistiker, * 1891) als Professor in Heidelberg amtsenthoben (1933 ausgebürgert)

Hitler erhält durch Ernennung zum braunschweig. Regierungsrat dt. Staatsangehörigkeit

Krise in der NSDAP, Unruhen in der Berliner SA; Fememorde d. SA

K. Haushofer: „Wehr-Geopolitik“

Knickerbocker: „Deutschland so oder so?“ (nordamerikan. journal. Analyse Deutschlands zw. Nationalsozialism. u. Kommunism.)

Engelbert Dollfuß (christl.-sozial) österr. Bundeskanzler bis 1934 (†). Völkerbundsanleihe unter Verzicht des Anschlusses an Deutschland bis 1952

Karl Seitz (Sozialdemokrat) Oberbürgermeister von Wien bis 1934

Gyula Gömbös (rechtsradikal) ungar. Ministerpräsident bis 1936 (†, * 1886); verfolgt faschistische Politik

Brit. Weltreichs-Konferenz in Ottawa beschließt System von Vorzugszöllen. Von den Liberalen bleibt nur Außenminister *John Simon* in der brit. Regierung

Durch Wahlsieg der irisch-nationalist. „Sinn-Fein“-Partei wird *de Valera* irischer Ministerpräsident (erreicht 1937 Selbständigkeit Irlands). Zollkrieg mit England

Albert Lebrun (* 1871, † 1950) frz. Staatspräsident (wieder 1939 bis 1940)

Frz. Außenminister *Briand* tritt zurück

† *Aristide Briand*, frz. Staatsmann; seit 1909 sechsmal Ministerpräsident; wirkte für frz.-dt. Verständigung; schrieb: „Frankreich und Deutschland“; Friedens*nobel*preis 1926 (* 1862)

Radikalsoziale und Sozialisten siegen bei den frz. Kammerwahlen

M. Hausmann: „Abel mit der Mundharmonika“ (Roman)

Hedin: „Rätsel der Gobi“ und „Jehol, die Kaiserstadt“ (schwed. Reiseberichte)

Hemingway: „Tod am Nachmittag“ (nordamerikan. Roman)

Hofmannsthal: „Andreas oder die Vereinigten“ (Roman, posthum)

A. Huxley: „Wackere neue Welt“ (brit. satir. Utopie)

Ernst Jünger: „Der Arbeiter, Herrschaft und Gestalt“

Ferenc Körmendi: „Versuchung in Budapest“ (ungar. Roman)

E. Ludwig: „Gespräche m. Mussolini“

Rose Macauley (*1881, † 1958): „They were defeated“ (engl. histor. Roman)

Th. Mann: „Goethe als Repräsentant des bürgerlichen Zeitalters“ (Rede zum *Goethe*jahr)

Maugham: „Menschen der Südsee“ (engl. Erzählungen)

Mauriac: „Das Otterngezücht“ (frz. Roman)

Maurois: „Im Kreis der Familie“ (frz. Roman)

Max Mell: „Die Sieben gegen Theben“ (österr. Schauspiel)

Moissi: „Der Gefangene“ (*Napoleon*-Drama)

Charles Morgan: „Der Quell“ (engl. Roman)

Plievier: „Der Kaiser ging, die Generäle blieben“ (Roman)

A. Rachmanowa: „Ehen im roten Sturm“ (russ. antibolschewist. Roman)

Erik Reger: „Das wachsame Hähnchen“ (Roman)

Emmanuel Mounier gründet „Esprit“ (frz. Zeitschrift für kathol. Sozialismus)

Rudolf Olden (* 1885, † 1940, torpediert auf dem Weg nach USA): „Das Wunderbare oder die Verzauberten“ (über Sekten und „Wundertäter“)

K. R. Popper (* 1902): „Logik d. Forschung“ (neopositivist. Philosophie)

Anna Siemsen, Professor für Pädagogik in Jena seit 1923, wegen Eintretens für Prof. *Gumbel* amtsenthoben

Victor v. Weizsäcker (* 1886, † 1957): „Körpergeschehen und Neurose“ (Psychiatrie)

Universität Seoul (Korea)

Kunstakademie Breslau aufgrund d. finanziellen Notverordnung geschlossen

Rudolf Arnheim: „Film als Kunst" (kritische Ästhetik des Films)

Shirley Temple beginnt als „Wunderkind" mit 4 Jahren zu filmen

127 dt. Spielfilme (alles Tonfilme, 1929 waren es nur 8 von 183)

„Kuhle Wampe" („Wem gehört die Welt", Film von *S. Th. Dudow* mit *H. Thiele*, *Ernst Busch*, nach *Brecht* u. *Weill*, wird verboten)

„Der träumende Mund" (dt.-frz. Film mit *Elisabeth Bergner* u. *R. Forster;* Regie: *Paul Czinner*)

„M" (Film von *F. Lang*)

„Das blaue Licht" (Film von *A. Fanck* mit *Leni Riefenstahl)*

„Für uns die Freiheit" (frz. Film von *R. Clair);* „La Maternelle" (frz. Film von *Benoît-Lévy)*

„Reise ohne Wiederkehr" (nordam. Film von *Tay Garnett* mit *William Powell, Kay Francis);* „Menschen im Hotel" (nordam. Film nach *Vicky Baum* mit *Joan Crawford, W. Berry, Lionel Barrymore);* „Shanghai-Express" (nordam. Film von *J. von Sternberg* mit *M. Dietrich);* „Farewell to arms" (nordam. Film nach *Hemingways* gleichnam. Roman „In einem anderen Land" v. *Frank Borzage,* * 1893, mit *Gary Cooper, Adolphe Menjou);* „Das Zeichen des Kreuzes" gemischt mit klass. Ballett-Technik) u. „Großstadt" (Ballett), beide in Essen aufgeführt

K. G. Jansky (* 1905, † 1950) beobachtet Radiokurzwellenstrahlung aus der Milchstraße (führt ab 1939 zur „Radio-Astronomie")

Heinrich Kayser (* 1853, † 1940); „Handbuch der Spektroskopie" (8 Bände seit 1900)

F. Kögl isoliert das Wachstumshormon der Hefe Biotin oder Vitamin H (entdeckt 1901)

† *Wilhelm Ostwald,* dt. Chemiker und Philosoph; *Nobel*preis 1909 (* 1853)

Piccard: Ballonaufstieg in die Stratosphäre (s. 1931) bis 16940 m Höhe

† *Ronald Ross,* engl. Tropenarzt; *Nobel*preis 1902 (* 1857)

Unter *O. Schmidt* und *W. Wiese* gelingt dem Eisbrecher „Sibirjakow" die Fahrt von Archangelsk zum Stillen Ozean erstmalig ohne Überwinterung (1934 gelingt es dem Eisbrecher „Lütke" in umgekehrter Richtung)

Hermann Staudinger (* 1881, † 1965): „Die hochmolekularen organischen Verbindungen Kautschuk u. Zellulose" (Zusammenfassung über die für Kunststofftechnik und Biologie wichtigen Riesenmoleküle)

Albert v. Szent-Györgyi (* 1893): Antiskorbut-Vitamin C ist chemisch identisch mit der Ascorbinsäure

Harald C. Urey entdeckt den schweren Wasserstoff (daraus wird „schweres Wasser" gewonnen)

Hans Weinert (* 1887, † 1967): „Ursprung der Menschheit" (Ergebnisse der Abstammungsforschung; 1. Bd. einer „Trilogie" bis 1940)

Wildt entdeckt Ammoniak- und Methan-Spektrum der Atmosphäre der äußeren Planeten

A. H. Wilson u. and. beg. Theorie d. Halbleiter zu entwickeln (daraus entw. sich später techn. wichtige Anwendungen wie Transistoren)

F. Zernike: Prinzip d. Phasenkontrast-Mikroskops (gestattet u. a. das Studium lebender, ungefärbter Zellen); *Nobel*preis 1953)

1. Frau (*Amelia Earhart USA*) überfliegt Nordatlantik

Lufthansakapitän *Wende* erreicht 1 000 000 Flugkilometer

Autobahn Köln—Bonn

Weltnachrichtenvertrag (regelt u. a. internationalen Funkverkehr)

Olympiade in Los Angeles

Max Schmeling verliert Boxweltmeistertitel wieder an *Jack Sharkey*

Bracht verbietet „unmoralische" Badekleidung („Zwickel-Erlaß")

Untergang des dt. Segelschulschiffes „Niobe" mit 70 Mann

Lindbergh-Baby in USA von Erpressern geraubt; wird tot aufgefunden

W. v. Gronau (* 1893, † 1977) unternimmt Erdrundflug von 60 000 km Länge

(1932)

Regierung *Herriot* (radikalsozial, zugleich Außenminister) in Frankreich; muß zurücktreten, weil sie Schuldenrate an USA zahlen will

Belgien, Niederlande und Luxemburg beschließen schrittweisen Abbau der Zollschranken

P. A. Hansson (Sozialdemokrat) schwed. Ministerpräsident mit kurzen Unterbrechungen bis 1946(†)

Stadt Littoria in den pontinischen Sümpfen gegründet

Kommunistische Unruhen und Militärputsche in Spanien. Entschädigungslose Enteignung des span. Großgrundbesitzes

Salazar wird portug. Min.-Präsid. (im Amt b. 1968, seit 1928 Finanzminister); begründet faschist. korporativen Staat (Verf. 1933)

3jähriges Ermächtigungsgesetz für poln. Regierung

Beck poln. Außenminister (betreibt Annäherung an das nationalsozialist. Deutschland)

Titulescu rumän. Außenminister bis 1936; Anlehnung an Frankreich, Kl. Entente und USSR

Rücktritt des griech. Ministerpräsidenten *Venizelos*. *Tsaldaris*, Führer d. monarchist. Volkspartei, griech. Ministerpräsident bis 1936

Litwinow (USSR) vertritt im Völkerbund die Politik der kollektiven Sicherheit

USSR schließt Nichtangriffspakte mit Finnland, Polen, Lettland, Estland, Frankreich

Schwere Hungersnot in der USSR

Persien widerruft Ölkonzession an die Anglo-Persian Oil Co. (1933 Kompromiß über neue Konzession mit Großbritannien; neuer Konflikt 1951)

Ibn Saud benennt sein arabisches Herrschaftsgebiet (Nedsch und Hedschas) „Saudisch-arabisches Königreich" (1,5 Mill. qkm mit 5,3 Mill. Einwohnern)

Hoovers Abrüstungsbotschaft

Bürgermeister von New York *Jimmy Walker* tritt zurück, weil *F. D. Roosevelt* ihn der Mißwirtschaft überführte

General *Rodriguez* Präsident von Mexiko bis 1935

Brasilianisch-faschistische Integralisten-Bewegung („Grünhemden")

Militär unterdrückt sozialist. Revolution in Chile

Chacokrieg zwischen Bolivien und Paraguay (bis 1935)

Grenzkonflikt Kolumbien — Peru (1934 durch Völkerbund beigelegt)

Gandhi, seine Frau und andere führende Mitglieder des Allindischen Kongresses erneut vorübergehend verhaftet

Siam durch Militärputsch konstitutionelle Monarchie; Verwaltungsreform

Jap. Offiziere ermorden japan. Ministerpräsidenten *Inukai*

Nach Besetzung der Mandschurei (1931) bildet Japan den Staat Mandschukuo

Japan beschießt Chinesenstadt von Shanghai wegen chin. Boykotts jap. Waren

Der letzte Herrscher der *Mandschu*-Dynastie in China (1909—1912) *Kang Teh (Pu-i)* wird Präsident des japan. Protektorates Mandschukuo (1934 Kaiser)

Lytton-Bericht für den Völkerbund, wonach Japans Vorgehen in der Mandschurei unrechtmäßig ist. Schlägt Mandschurei als autonomes Gebiet Chinas unter japan. Kontrolle vor (wird 1933 vom Völkerbund angenommen)

Ruth Schaumann (* 1899); „Amei. Eine Kindheit"

Sillanpää: „Eines Mannes Weg" (finn. Roman)

Sinclair: „Auf Vorposten" (nordamerikan. sozialist. Roman)

Timmermans: „Franziskus" (fläm. Roman)

Undset: „Ida Elisabeth" (norweg. Roman)

H. Wahl und *A. Kippenberg:* „Goethe und seine Welt" (mit 580 Abb.)

Ernst Weiss: „Der Gefängnisarzt" (Roman)

Wiechert: „Jedermann" (Kriegsroman) und „Die Magd des Jürgen Doskocil" (Roman)

† *Anton Wildgans*, österr. Dichter (* 1881)

Heinz Hilpert (* 1890, † 1967) Direktor der Volksbühne Berlin

A. Walde und *J. Pokorny:* „Vergleichendes Wörterbuch der indogermanischen Sprachen" (3 Bände seit 1927)

S. Wininger: „Große jüdische National-Biographie" (6 Bände seit 1921)

Basic English (Grundenglisch mit nur 850 Wörtern) als Vorschlag einer Umgangsweltsprache für praktische Zwecke

(nordam. Film von *C. B. de Mille* mit *Claudette Colbert);* „Morning Glory" (nordam. Film mit *Katharine Hepburn)*

Bekannte Tierart. (i. Tsd., vgl. 1758)

1932	1025	1848	107
1925	720	1833	88
1911	525	1788	19
1886	276	1767	6
1859	130	1758	4

Münchener Zoo versucht durch Rückkreuzung Züchtung des ausgestorbenen Auerochsen

Zeitschrift für Vitaminforschung

Cordoba-Katalog für 613 993 Sterne des südl. Sternhimmels (seit 1892)

Brauchbare Gasentladungslampen (Natrium und Quecksilberhochdrucklampen mit hoher Lichtausbeute)

2. Internationales Polarjahr mit planmäßigen Beobachtungen auf 75 Stationen bis 1933 (1. Polarjahr 1882/83)

Saaletalsperre (Bleiloch) (65 m größte Höhe, 215 Mill. cbm Inhalt)

George-Washington-Brücke über den Hudson mit 1067 m Spannweite (Baubeginn 1929)

„Rex" (ital. Turbinen-Ozeandampfer mit 45 000 t Wasserverdrängung, 120000 PS und 53,5 km/st.; gew. 1933 „Blaues Band")

Groß-Kraftwerk am Dnjepr in der USSR (Baubeginn 1927)

Durch Umgehungsschleusen der Stromschnellen beim Dnjepr-Kraftwerk entsteht eine durchgehende Wasserstraße vom und zum Schwarzen Meer

8-mm-Schmalstfilm von Kodak. 16-mm-Agfacolor-Farbenfilm

Mit Entd. des Neutrons, Theorie des Kernbaus, künstlicher Kernumwandlung kann dieses Jahr als entscheidend für die weitere Entw. der Kernphysik betrachtet werden

1933

Friedens*nobel*preis an *Ralph Norman Angell (Lane)* (Großbrit., * 1874)

Gespräche zwischen *v. Papen, Hitler* u. Bankier *v. Schröder* in Köln leiten Ernenn. *Hitlers* z. Reichskanzler ein

Durch Einsatz aller Geld- u. Machtmittel erlangt NSDAP Wahlsieg im Lande Lippe (dient zur Begründung von *Hitlers* Reichskanzlerschaft)

Kommunisten: Erst *Hitler*, dann wir

Reichspräsident *von Hindenburg* beruft *Hitler* zum Reichskanzler; *von Papen* Vizekanzler und Reichskommissar in Preußen; *Hugenberg* Wirtschaftsminister; *Seldte* Arbeitsminister; *von Blomberg* Reichswehrminister; *von Neurath* Außenminister; *Schwerin von Krosigk* Finanzminister; *Gürtner* Justizminister; *von Eltz-Rübenach* Verkehrsminister; *Frick* Innenminister; *Göring* Min. o. Geschäftsbereich (bald für Luftfahrt u. preuß. Innenmin.)

Hindenburg erhält von der nationalsoz. preuß. Reg. Domäne Langenau und den Preußenwald als Geschenk

Brandstiftung im Reichstag leitet terrorist. Ausschaltung der polit. Gegner der NSDAP ein; sie erhält 44% der Reichstagssitze

Nationalsoz. Konzentrationslager errichtet (Zahl der Häftlinge bis 1945 wird auf mindestens 8—10 Mill. geschätzt, davon kommt mehr als die Hälfte um)

Wahlergebnisse zum Dt. Reichstag:

	1919[1]	1924[2]	1928	1932[3]	1933[4]
KPD[5]	22	45	54	100	81
SPD	165	131	153	121	120
Zentrum	71	69	61	70	73
BVP	18	19	17	19	19
DDP (DStP)	74	32	25	2	5
DVP	22	51	45	11	2
DNVP	42	111	78	54	53
NSDAP	—	14	12	196	288
andere	9	21	46	10	6

[1] Nationalversammlung; [2] Dezemberwahl; [3] Novemberwahl; [4] f. d. antifaschist. Parteien unter dem Terror nach dem Reichstagsbrand; [5] f. 1919 USPD

Wels (SPD) hält die letzte Oppositionsrede im Dt. Reichstag

Literatur-*Nobel*preis an *I. Bunin* (Rußl.)

Hervey Allen: „Antonio Adverso" (nordam. Rom.)

Bruno Brehm (* 1892): „Apis und Este" (1931), „Das war das Ende" (1932), „Weder Kaiser noch König" (1933) (Romantrilogie über Österreich-Ungarn)

H. Broch: „Die unbekannte Größe" (Roman)

Hermann Eris Busse (* 1891): „Bauernadel" (Schwarzwälder Romantrilogie)

Colette: „Die Katze"

Edschmid: „Das Südreich" (Roman über die Germanenzüge)

Frenssen: „Meino, der Prahler" (Roman)

Galsworthy: „Die Cherrellchronik" (engl. Roman seit 1931)

† *John Galsworthy*, engl. Dichter; schilderte in Romanen das engl. Bürgertum; *Nobel*preis 1932 (* 1867)

F. Garcia Lorca: „Die Bluthochzeit" (span. Schauspiel)

† *Stefan George*, dt. Dichter einer formstrengen Wortkunst (* 1868)

Trygve Gulbranssen (* 1894): „Und ewig singen die Wälder" (norweg. Roman, mit Fortsetzung „Das Erbe von Björndal" 1935)

Hamsun: „Nach Jahr und Tag" (norw. Rom., Schlußband der Romantrilogie mit „Landstreicher" 1927 u. „August Weltumsegler" 1930)

M. R. Hesse: „Morath schlägt sich durch", „Morath verwirklicht einen Traum" (Romane)

Ch. Bühler: „Der menschliche Lebenslauf als psycholog. Problem" (find. berufl. Höchstl. vorzugsw. i. mittl. u. höher. Alter)

W. Dubislaw: „Naturphilosophie" (log. Empirismus)

„Warum Krieg?" (Antwortbrief *Freuds* an *Albert Einstein*; „Alles, was die Kulturentwicklung fördert, arbeitet auch gegen den Krieg")

Kardinal *von Faulhaber:* „Judentum — Christentum — Germanentum" (kathol., antinationalsozialist. Standpunkt)

Frobenius: „Kulturgeschichte Afrikas. Prolegomena zu einer historischen Gestaltlehre"

R.Guardini: „Der Mensch und der Glaube" (kath. Religionsphilosophie)

Th. Haecker: „Was ist der Mensch?" (kathol. Kulturphilosophie)

Nic. Hartmann: „Das Problem d. geist. Seins"

O. Koehler: „Das Ganzheitsprobl. i. d. Biologie"

Erich und *Mathilde Ludendorff:* „Am heilig. Quell dt. Kraft" (Zeitschrift für antichristl. dt. Gotterkenntnis)

Ortega y Gasset: „Über die Liebe" und „Buch des Betrachters" (span. Philosophie, dt. Ausg.)

M. Planck: „Wege zu physikalischer Erkenntnis" (naturphilosophischer Realismus)

W. Reich: „Charakteranalyse" (Ausbau der Psychoanalyse *Freuds*)

G. Santayana: „Der letzte Puritaner" (span. Selbstbiogr.)

† *Hans Vaihinger*, dt. Philosoph (* 1852)

Barlach: „Lesende“ (Plastik)

Heckel: „Rummelplatz“ (expressionist. Aquarell)

Rudolf Koch: Claudius-Fraktur (Drucktypen, vollendet 1937)

Matisse: „Der Tanz“ (frz. express. Gem.)

Pinder: „Deutsche Barockplastik“

Völkerbundspalast in Genf (Baubeginn 1929)

Die bildende Kunst in Deutschland unterliegt einer zunehmenden „Ausrichtung“ durch den nationalsozialist. Staat (im Sinne eines oberflächlichen Realismus)

„Am Horst der wilden Adler“ (Kulturfilm v. *Walter Hege)*

„Das Testament des Dr. Mabuse“ (Film von *F. Lang,* in Dt. verboten)

„Brennendes Geheimnis“ (Film von *R. Siodmak* mit *Willy Forst,* * 1903, und *Hilde Wagner)*

„Reifende Jugend“ (Film v. *G. Froelich,* mit *H. George, H. Thiele)*

„S. O. S. Eisberg“ (Film von *A. Fanck)*

„Hitlerjunge Quex“ (Film); „Der Rebell“ (Film von und mit *L. Trenker)*

„Heinrich VIII.“ (engl. Film von *Alexander Korda* mit *Charles Laughton)*

„Freitagabend um 8“ (nordam. Film von

Der dt. Geiger *Adolf Busch* geht mit seinem Bruder, dem Dirigenten *Fritz Busch,* nach USA

Roy Harris (*1898): Symphonie (nordamerikan. Komposition)

Hindemith: „Plöner Musiktag“ (Musik zum Singen und Spielen)

Paul von Klenau: „Michael Kohlhaas“ (dän.-dt. Oper nach *Kleist)*

Křenek: „Karl V.“ (Bühnenspiel mit Musik)

† *Arnold Mendelssohn,* dt. Komponist und Förderer protestant. Kirchenmusik (*1855)

Prokowjew kehrt in die Sowjetunion zurück (hatte Rußland 1918 verlassen)

† *Max von Schillings,* dt. Komponist (* 1868)

R. Strauss: „Arabella“ (Oper, Text v. *Hofmannsthal)*

Strawinsky: „Persephone“ (russ. melodram. Oper)

Bruno Walter geht von Deutschland nach Wien

George Balanchine und *Lincoln Kirstein* gründen „School of American Ballett“

Physik-*Nobel*preis an *E. Schrödinger* (Österr.) und *P. A. M. Dirac* (Großbrit.) für Wellenmechanik und Anwendung auf das Elektron

Medizin-*Nobel*preis an *Th. H. Morgan* (USA) für Aufbau der modernen Genetik

Berckhemer findet und beschreibt den Schädel von Steinheim (Weiterentwicklung des Affenmenschen zu reineren menschlichen Formen)

Ludwig v. Bertalanffy: „Theoretische Biologie“ (Anwendung mathematisch-physikalischer Methoden auf Lebenserscheinungen; 2. Bd. 1942)

R. E. Byrds zweite Südpolar-Expedition (bis 1936): durch mehrere Flüge 500000 qkm Neuland aufgenommen und das Südpolargebiet als einheitliches Festland vermutet

† *Albert L. Ch. Calmette,* frz. Arzt, seit 1917 Abteilungsleiter im *Pasteur*-Institut; entwickelte BCG-Tuberkulose-Schutzimpfung (* 1863)

Auto-Geschwindigkeitsrekord mit 437,91 km/St. von *Malcolm Campbell* (* 1885, † 1949)

Irène Curie (* 1897, † 1956) und *Frédéric Joliot* (* 1900, † 1958): Materialisation von Energie durch Umwandlung radioaktiver Wellenstrahlung in ein Elektron-Positron-Paar (*Thibaud* u. *Joliot* entdecken 1934 Umkehrung dieses Prozesses: Materiezerstrahlung)

K. Daeves: „Praktische Großzahlforschung“ (statistische Untersuchungsmethoden in Industrie und Wirtschaft)

A. S. Eddington: „Dehnt sich das Weltall aus?“ (dt. Übersetzung; verbreitet das astronomische Weltbild einer in sich gekrümmten, expandierenden Welt)

Ph. Farnsworth und *Vladimir Zworykin:* Rein elektronisches Fernsehen ohne mechanisch bewegte Apparateteile

C. Filatow begründet „Gewebetherapie“ durch Entdeckung der stimulierenden Wirkung konservierter Transplantate

Höhepkt. d. Weltwirtschaftskrise wird überschritten (vgl. 1932)

Reichsbank erhält das Recht, gegen Wertpapiere Noten abzugeben (dient dem Geldbedarf d. einsetzenden Rüstungskonjunktur)

Gustav Cassel: „Die Krise im Weltgeldsystem“ (schwed. neuliberalist. Währungstheorie)

Ed. Chamberlin: „Theorie des monopolistischen Wettbewerbs“ (nordamerikan. nationalökonom. Monopoltheorie)

† *Carl Fürstenberg,* Berliner Bankier; Leiter der Berliner Handelsgesellsch. seit 1883 (* 1850)

Martin Wolff: „Internationales Privatrecht“ (geht 1938 nach Großbritannien)

Internat. Rohstahlexportgemeinsch. (Kartell der dt., belg., brit., frz., luxemburg. Stahlindustrie, Sitz Luxemburg)

Durch künstl. Dünger Ernteerträge der dt. Landwirtschaft gegenüber 1880 rund verdoppelt

Sowjetruss. Viehbestand seit Beginn der Kollektivierung 1928 auf etwa die Hälfte gesunken

(1933)	Alle Parteien im Dt. Reichstag außer der SPD stimmen dem Ermächtigungsgesetz für *Hitler*-Regierung zu (Kommunist. und Teile der SPD-Fraktion durch Verhaftungen und Terror am Erscheinen verhindert). Ende der Weimarer Republik (durch Schwäche d. liberalen Bürgertums u. d. Arbeiterbewegung) *Josef Goebbels* Reichsminister für Volksaufklärung und Propaganda „Tag von Potsdam" mit Festakt in der Garnisonkirche am Grabe *Friedrichs II.* Antijüd. Ausschreit. in Deutschland Der 1. Mai zum Staatsfeiertag in Deutschland erklärt. Sturm auf d. Gewerkschaftshäuser. Auflösung d. Gewerkschaften. Gesetz zur „Wiederherstellung des Berufsbeamtentums" schließt „Nichtarier" aus. Auflösung und Selbstauflösung aller dt. Parteien außer der NSDAP † *Clara Zetkin* (i. USSR) dt. Kommunistin, leitete 1891–1916 „Die Gleichheit" (sozialdemokr. Frauenzeitschr.) (* 1857) *Hermann Göring* preuß. Ministerpräsident. Beseitigung des Landtages. Reichsbankgesetz hebt Autonomie der Reichsbank auf (seit 1922). *Schacht* finanziert als Reichsbankpräsident (bis 1938) Arbeitsbeschaffung und Aufrüstung *Hugenberg* scheidet aus dem Kabinett aus, bleibt Reichstagsabgeordneter Reichsminister für Ernährung und Landwirtschaft *Darré* organisiert „Reichsnährstand" und erläßt Erbhofgesetz Deutschland verläßt Völkerbund und 2. Abrüstungskonf., die ihm 200000-Mann-Heer zugestehen will Kombinierte Volksabstimmung und „Reichstagswahl" ergibt 92% für Einheitsliste der NSDAP Dt. Gesellschaft für Wehrpolitik und Wehrwissenschaften, Berlin Nationalsozialist. Regierung unter Senatspräs. *Rauschning* in Danzig Bundeskanzler *Dollfuß* schaltet österr. Nationalrat aus; stützt sich	*H. Johst:* „Schlageter" (Drama) *Mascha Kaléko:* „LyrischesStenogrammheft" (Großstadt-Lyrik) *Lernet-Holenia:* „Ich war Jack Mortimer" (österr. Roman) *Lewis:* „Ann Vickers" (nordamerikan. Roman zur Frauenfrage) *André Malraux* (* 1901): „So lebt der Mensch" (frz. Roman aus dem chin. Bürgerkrieg) *Masefield:* „The Bird of Dawning" (engl. Roman) *Miegel:* „Die Fahrt der sieben Ordensbrüder" (Erzählung) *Muschler:* „Die Unbekannte" (Roman) *O'Neill:* „O Wildnis!" (nordamerikan. Bühnenstück) *A. Rachmanowa:* „Milchfrau in Ottakring" (russ. Roman) *Rolland:* „Verzauberte Seele" (frz. Romantetralogie seit 1922) *Ernst von Salomon:* „Die Kadetten" (autobiograph. Roman) *Ulrich Sander* (* 1892): „Pioniere" (Roman) *Margarete Schiestl-Bentlage (zur Bentlage,* * 1891): „Unter den Eichen" (Erzählungen) *Ina Seidel:* „Der Weg ohne Wahl" (Roman) *Shaw:* „Auf den Felsen" (engl. Schauspiel) *Silone:* „Fontamara" (ital. antifaschist. Roman) *Heinrich Spoerl* (* 1887, † 1955): „Die Feuerzangenbowle" (humor. Schülerroman; wird verfilmt) *Stehr:* „Die Nachkommen" (Roman)	*A.N. Whitehead:* „Abenteuer d. Denkens" (engl. Naturphilosophie) Konkordat m. Deutschl. Reichskulturkammergesetz in Deutschland Bekenntnisfront der dt. evang. Christen gegen „Dt.Christen" u. Reichskirchenreg., wählt *Friedr. v. Bodelschwingh* z. Reichsbischof; tritt zurück. Wehrkreispfarrer *Ludwig Müller* (* 1883) „Reichsbischof" der dt. evang. Kirche (hat ab 1935 keine Befugnisse mehr) † 13. Dalai Lama von Tibet (14. folgt 1940) Dt. Tierschutzgesetz (1945 anerkannt) Gesetzl. Schulpflicht i. Ägypt. (aus sozialen Gründen wenig effektiv) Das kulturelle Leben in Dtl. wird durch NS-Diktatur zerstört

George Cukor mit *Joan Harlow*, † 1937, *M. Dreßler, W. Berry)*; „Cavalcade“ (nordam. Film von *Frank Lloyd)*; „King-Kong“ (nordam. Film eines Riesenaffen); „Drei kleine Schweinchen“ (*Walt-Disney*-Farb-Zeichenfilm); „Königin Christine“ (nordam. Film mit *G. Garbo)*; „Fährboot-Annie“ (nordamerik. Film mit *M. Dreßler, W. Berry)*

„14. Juli“ (frz. Film v. *R. Clair* mit *Annabella)*

Zahl d. großen Spielfilme in USA 547, Dt. (1932) 127, Gr. Brit. 169, Frankr. 158, USSR 44, Italien 33

Siemens-Hell-Schreiber zur drahtlosen Übertragung von Schreibmaschinenschrift

~ Überlagerungsempfänger (Superheterodyn) setzt sich allgemein durch

R. Frisch untersucht „volkswirtschaftliche Regelkreise“ (frühe Anwendung des „Regelung“-Begriffes auf Wirtschaftsprobleme)

R. J. van der Graaff (* 1901, † 1967): Bandgenerator (Influenzmaschine zur Erzeugung hoher elektrischer Spannungen von mehr als 1 Mill. Volt für die Atomkernumwandlung)

Giauque u. *McDongall* err. durch magnetischen Effekt Temperatur von – 272,7° C (*de Haas* nähert s. 1935 auf 0,0044° C d. absol. Nullp.)

O. Haas erhält Versuchstiere durch künstl. Durchblutung des Gehirns bei Unterbrechung des übrigen Blutkreislaufes am Leben (wichtig für Herzoperationen)

E. Heitz, H. Bauer und *T. S. Painter* entdecken die Riesenchromosomen in den Speicheldrüsen von Zweiflüglern (fördert entscheidend Chromosomenforschung)

W. N. und *L. A. Kellog:* „Der Affe und das Kind“ (Vergleich des Verhaltens von Kindern und jungen Schimpansen)

F. Kögl und *F. A. F. C. Went* untersuchen Chemie und Wirkung des Pflanzenwuchsstoffes Auxin (Pflanzenhormon)

R. Kuhn, Szent-Györgyi und *Wagner von Jauregg:* Reindarstellung des kristallisierten Vitamins B_2 (Lactoflavin als Fermentvorstufe; wichtig für Stoffwechsel; chemischer Bau und Synthese von *P. Karrer* und *R. Kuhn* 1935)

Hermann Oncken: „Das Deutsche Reich und die Vorgeschichte des Weltkrieges“

Umfliegung der Erde in 121 Stunden durch *Willy Post* (1931: 142 St.)

Scheibe und *Adelsberger* konstruieren genaugehende Quarzuhr (gestattet, ungleichmäßige Drehung der Erde nachzuweisen; erste „Kristalluhr“ 1929 von *W. A. Marrison*)

Brit. Flieger überfliegen den Mt. Everest (8882 m)

Bau von Autobahnen besonders in Deutschland und den USA (bis 1939 in Deutschland über 3000 km fertiggestellt)

Aufhebung der Prohibition in USA (seit 1919)

Elly Beinhorn umfliegt Afrika (erster Afrikaflug 1931)

Starke Emigration aus Deutschland setzt ein (insges. bis 1939 etwa 60000, oft führende Künstler, Ingenieure, Wissenschaftler, Politiker)

„Gesetz zur Verhütung erbkranken Nachwuchses“ in Deutschland (führt zur Verletzung der Menschenrechte)

Eugen Hadamovsky (* 1904): „Propaganda und nationale Macht“ und „Der Rundfunk als politisches Führungsmittel“ (kennzeichnet Beginn der Politisierung des dt. Rundfunks)

Südatlantische Postbeförderung mit *Dornier-Wal* über schwimmenden Flugstützpunkt „Westfalen“

~ Mittlere Wintertemperatur auf Spitzbergen (1931 bis 1935) —8,6° C zeigt eine merkliche Erwärmg. d. Arktis (—17,6° C im Zeitraum 1900—1915; noch umstritten, ob Klimaschwankung oder Klimaänderung) Tierwelt breitet s. polwärts aus; Gletscherrückg. i. allen Erdteilen

(1933)

auf austrofaschist. Heimwehr. Verbot der Nationalsozialist. Partei Österreichs

Sir *Oswald Mosley* (* 1896) gründet brit. faschist. „Schwarzhemden“-Bewegung

Syrien lehnt frz. Vertragsentwurf ab, der weiterhin Mandatsstatus vorsieht

Südafrikan. Koalitionsreg. *Hertzog-Smuts* (bekämpften sich seit 1924)

Edouard Daladier (*1884, † 1970, Radikalsozialist) erstmals frz. Min.-Präs. (letztmals 1940)

Viererpakt Italien, Deutschland, Großbritannien und Frankreich

Nichtangriffspakt u. Freundschaftsvertrag Italien—USSR

Balbo ital. Statthalter in Libyen bis 1940

Anarchist. und syndikalist. Unruhen in Spanien. Nationalisierung des kirchlichen Großgrundbesitzes. Rechtsregierungen bis 1936 mit umfangr. polit. u. soz. Unruhen

José Antonio Primo de Rivera (* 1903, † 1936 im Bürgerkrieg) gründet span.-faschist. Falangisten-Beweg.

Erneuerung der Kl. Entente zwischen Tschechoslowakei, Jugoslawien und Rumänien

Der Verbandsturnwart *Konrad Henlein* (* 1898, † 1945, hingerichtet) gründet die später staatsfeindliche nationalsozialist. sudetendt. Partei in der Tschechoslowakei

Codreanu gründet in Rumänien „Eiserne Garde“; wird aufgelöst; Ermordung des altliberalen Ministerpräsidenten *Duca*

Nasjonal Samling (norweg. faschist. Partei) von *Vidkun Quisling* (* 1887, † 1945, hingerichtet)

Sozialdemokrat. Partei wird stärkste Partei in Finnland

Handelskonflikt Großbritannien—USSR wegen Verurteilung brit. Ingenieure (werden begnadigt)

F. D. Roosevelt (Demokrat) Präsident der USA bis 1945 (†) (Wiederwahl 1936, 1940, 1944); startet „New Deal“ (staatl. Wirtschaftsplanung), NIRA und TVA (Gesetze über neuen Industrieaufbau und Kraftwerke im Tennessee-Tal)

Cordell Hull (Demokrat, * 1871, † 1955) Außenminister der USA bis 1944

Sumner Welles (* 1892) USA-Unterstaatssekretär für Äußeres

USA-Truppen verlassen Nikaragua

Machado de Morales, Präsident von Kuba seit 1925, gestürzt. Oberst *Batista* Oberbefehlshaber und Machthaber

Ghasi I. König von Irak bis 1939

Mohammed Sahir Schah König von Afghanistan

Japan verläßt den Völkerbund. Behält die Mandate. Besetzt chin. Provinz Dschehol

† 13. Dalai Lama i. Tibet

Thieß: „Johanna und Esther" (Roman) *Walpole:* „Herries Chronicle" (engl. hist. Roman in 4 Bänden seit 1930) *Felix Weingartner:* „Terra, ein Symbol" (dramat. Dichtung) *Wells:* „Bulpington von Blup" (engl. gesellschaftskritischer Roman) *Werfel:* „Die vierzig Tage des Musa Dagh" (Roman in 2 Bänden) *Virginia Woolf:* „Flush" (engl. Roman) Öffentliche Verbrennung von Büchern unerwünschter Autoren in Berlin (bedeutet Ende eines freien dt. Schrifttums) Reichsschrifttumskammer i. Deutschland (führt zunehmend „Gleichschaltung" der dt. Literatur durch) Präsident *H. F. Blunck* (bis 1935)		Projektor für 16-mm-Tonfilm „Technokratie" (Zeitschrift) „Econometrica" (Zeitschr. für Ökonometrie, Leitartikel von *A. Schumpeter)* ~ Die Wissenschaft in Dtl. wird durch nationalsozialistischen Einfluß zunehmend behindert und entscheidend geschwächt	Ital. Geschwader-Ozeanflug unter *Balbo* *Emilio Comici* und 2 Seilgefährten bezwingen in 3 Tagen und 2 Nächten die Große Zinne/Dolomiten (1938 Winterbesteigung der Nordwand der Großen Zinne)

1934

Friedens*nobel*preis an *A. Henderson* (Großbrit.)

Deutsch - poln. Nichtangriffspakt zwischen *Hitler* und *Pilsudski*

Dt. Reich übernimmt Hoheitsrechte der Länder

Schacht Reichswirtschaftsminister bis 1937

Himmler Chef der Geheimen Staatspolizei (Gestapo) in Preußen

Hitler und *Mussolini* treffen sich in Venedig, Gegensätze um Österr.

Marburger Rede *von Papens* (verfaßt von *Edgar Jung*, stellt den nationalsozialist. Anschauungen mehr konservative gegenüber)

In SA-Kreisen fordert man eine „zweite", soziale Revolution

Wegen angebl. geplanter SA-Revolte werden ihr Stabschef *Ernst Röhm* und andere hohe SA-Führer auf Befehl *Hitlers* erschossen; außerdem weitere politische Gegner wie General *Schleicher* und Frau, *Gregor Strasser*, *Dr. Klausener* (Kathol. Aktion), *Edgar Jung* (Mitarbeiter *Papens*). Entmachtung der SA. *Hitler* stützt sich auf SS und Reichswehr

v. Papen dt. Gesandter in Wien

† *Paul von Beneckendorff und von Hindenburg*, dt. Generalfeldmarschall; Reichspräsident seit 1925 (* 1847). Nationalsozialisten fälschen sein Testament

Hitler macht sich zum Diktator. „Führer und Reichskanzler" (Volksabstimmung ergibt angebl. 90% Zustimmung)

„Heimtückegesetz" (Terrorgesetz zum Schutz der nationalsozial. Diktatur). Volksgerichtshof zur Durchführung gegründet

Gertrud Scholtz-Klink (* 1902) dt. Reichsfrauenführerin

Österr. Arbeiter im „Republikan. Schutzbund" unterliegen in blutigen Kämpfen dem klerikalen Austrofaschismus. Absetzung der sozialdemokr. Wiener Stadtverwaltung

Autoritäre klerikal-ständische Verfassung in Österr. Erbitterter Kampf zw. Austro- und großdt. Faschismus

Literatur-*Nobel*preis an *L. Pirandello* (Ital.)

Anouilh: „Die Wilde" (frz. Schauspiel)

Louis Aragon (* 1897): „Die Glocken von Basel" (frz. kommunist. Roman)

† *Hermann Bahr*, österr. Dichter (* 1863)

M. Böttcher (* 1872): „Krach im Hinterhaus" (volkstüml. Lustspiel)

P. S. Buck: „Die Mutter" (nordamerikan. Roman)

K. Čapek: „Daschenka oder das Leben eines jungen Hundes" (tschech.)

† *Theodor Däubler*, dt. express. Dichter (* 1876)

Fallada: „Wer einmal aus dem Blechnapf frißt" (Gefängnisroman)

Francis Scott Fitzgerald (* 1896, † 1940) „Zärtlich ist die Nacht" (nordam. Roman)

Helmut von Gerlach (* 1866, † 1935): „Von rechts nach links" (Autobiographie des dt. Pazifisten in der Emigration)

Giono: „Lied der Welt" (frz. Roman)

J. Green: „Der Geisterseher" (frz. Roman)

G. Hauptmann: „Hamlet in Wittenberg" (Schauspiel) und „Das Meerwunder" (Erzählung)

Ric. Huch: „Im alten Reich" (histor., 3 Bände seit 1927) und „Röm. Reich Dt. Nation"

Ernst Jünger: „Blätter und Steine" (Essays)

Mervyn Brian Kennicott: (eig. *Gertrud Hamer*): „Das Herz ist wach" (Roman)

Knittel: „Via mala" (Roman)

Kolbenheyer: „Gregor und Heinrich" (Dram.)

Der Prof. für protestant. Theologie in Bonn *Karl Barth* wird wegen Verweigerung des Beamteneides amtsenthoben (erhält 1935 Ruf nach Basel)

A. Baeumler: „Männerbund und Wissenschaft" (nationalsozialist. Erziehungslehre)

Ruth Benedict: „Patterns of Culture" („Kulturformen", gilt als Begründung einer Wissenschaft vom Nationalcharakter)

Evangeline Booth General der Heilsarmee bis 1939 (Tochter des Gründers)

Buber: „Erzählungen von Engeln, Geistern und Dämonen"

R. Carnap: „Logische Syntax der Sprache" („Überwindung der Metaphysik durch logische Analyse der Sprache")

Kardinal *von Faulhaber* in München hält und veröffentlicht stark beachtete Predigten gegen die nationalsozialistische Weltanschauung (vgl. 1933)

† *Pietro Gaspari*, vatikan. Staatsmann; von 1914 bis 1930 päpstl. Staatssekretär; beteiligte sich an der Neufassung des kanonischen Rechts „Codex juris canonici" (* 1852)

Laz. Goldschmidt: Dt. Übersetzung des babylonischen Talmud (12 Bände seit 1893)

† *Hedwig Heyl*, dt. Hauswirtschaftslehrerin und -förderin: schrieb „ABC der Küche" (* 1850)

Werner Jaeger (ab 1936 in Chicago): „Paideia, die Formung des griechischen Menschen"

O. Bartning: Gustav-Adolf-Kirche, Bln.

† *Hendrik Petrus Berlage*, niederl. Baumeister (* 1856)

Dali: „Wilh. Tell" (span. surrealistisch. Gemälde)

K. Hofer: „Die schwarzen Zimmer" (express. Gemälde)

Le Corbusier: Palast der Sowjets in Moskau (Baubeg. 1928; gilt als letzter moderner Bau der Stalinära)

G. Marcks: „Tanzende Schwestern" (Bronzeplast. s. 1933)

John Piper (* 1903): „Rye Harbour" (engl. Gemälde)

Alfred Roller (* 1864, † 1935): Bühnenbild zu „Parsifal" in Bayreuth

---

Kulturfilmpflicht f. dt. Lichtspielhäuser

„Die verlorene Patrouille" (nordamerikan. Film ohne Frauen; Regie: *John Ford)*

„Es geschah in einer Nacht. New York-Miami" (nordamer. Film v. *Frank Capra* mit *C. Colbert, C. Gable)*; „Die lustige Witwe" (nordamer. Operettenfilm von *E. Lubitsch* m. *J. Mac Donald* [* 1907, † 1965] und *M. Chevalier)*

„Das große Spiel" (frz. Film v. *J. Feyder*, * 1888); „Der letzte Millionär" (frz. Film v. *R. Clair)*

„Maskerade" (österreich. Film von *W. Forst* m. *P. Wessely)*

Alban Berg: „Requiem für Manon" (Violinkonzert im Zwölftonstil)

E. Bücken: „Handbuch der Musikwissenschaft" (13 Bände seit 1927)

† *Frederick Delius*, dt.-engl. Komponist (* 1863)

† *Edward Elgar*, engl. Komponist (* 1857)

Hindemith: „Mathis der Maler" (Symphonie als Vorarbeit zu einer Oper um *Matthias Grünewald)*

Frederick Jacobi (* 1891): Konzert (nordamerik., mit Jazz- und indianischen Motiven)

Lehár: „Giuditta" (Operette)

Eugen Jochum Generalmusikdirektor in Hamburg

Hans Mersmann: „Deutsche Musikgeschichte"

Ernst Pepping (* 1901): „Stilwende der Musik" (kirchenmusikal., Anknüpfung an Barockmusik)

Schostakowitsch: „Lady Macbeth in Minsk" (russ. Op.)

Musikfest der „Internationalen Gesellschaft für Neue Musik" in Florenz (u. a. wird *B. Britten* durch sein Quartett für Oboe und Streicher bekannt)

„Oxford History of Music" (engl. Musikgeschichte, 7 Bände seit 1929)

Chemie-*Nobel*preis an *H. C. Urey* (* 1893, USA) für Entdeckung des schweren Wasserstoffes

Medizin-*Nobel*preis an *G. R. Minot* (USA), *W. P. Murphy* (USA) und *G. Whipple* (USA) für Heilverfahren gegen perniziöse Anämie

W. Beebe (* 1877) erreicht mit Taucherkugel bei den Bermudainseln eine Meerestiefe v. 923 m u. fördert damit entscheidend die Tiefseeforschung (1953 *A.* u. *J. Piccard:* 3150 m)

Butenandt: Reindarstellung d. Gelbkörperhormons (2. weibl. Sexualhormon). Die anschl. an die Reindarstellungen (seit 1929) erfolgende Aufklärung des chemischen Baues der männl. u. weibl. Sexualhormone erweist ihre nahe chemische Verwandtschaft als Sterine

Das Ehepaar *I. Curie* und *F. Joliot* entdeckt künstliche Radioaktivität (entwickelt sich zu einem umfassenden Forschungsgebiet)

† *Marie Curie* (geb. *Sklodowska*), poln.-frz. Chemikerin und Physikerin; entdeckte u. a. das radioaktive Radium und Polonium; *Nobel*preise 1903 und 1911 (* 1867)

Enrico Fermi (* 1901, † 1954) führt in d. Atomkernphysik d. Neutrino-Teilchen ein, um d. Energieerhaltungssatz zu wahren; beg. Kernumwandlung durch Neutronenbeschuß

Bierens de Haan: „Die tierpsychologische Forschung"

† *Fritz Haber*, dt. Chemiker; Mitbegründer des *Haber-Bosch*-Verfahrens zur Ammoniaksynthese aus Luftstickstoff; *Nobel*preis 1918; 1911 bis 1933 Leiter des Kaiser-*Wilhelm*-Instituts für physikalische Chemie (* 1868)

J. Hämmerling (* 1901): Bestimmender Einfluß des Zellkerns auf die Formvererbung von Schirmalgen (der Einfl. d. Zellplasmas auf die Vererbung weiter umstritten)

G. Holst und *G. H. de Boer* erzielen erste brauchbare Bilder mit einem Bildwandler (verwandelt Ultrarot-Abbildung in sichtbare)

P. L. Kapiza verflüssigt Helium bei −271° C

W. Eucken: „Kapitaltheoretische Untersuchungen"

Sombart: „Deutsch. Sozialismus" (unterstützt nationalsozialist. Volkswirtschaftslehre)

Nationalsozialist. Arbeitsordnungsgesetz (beendet durch Einführung des „Führerprinzips" die Bestrebungen zur Gleichberechtigung der Sozialpartner)

„Dt. Arbeitsfront" unter *Robert Ley* (* 1890, † 1945, Selbstmord)

Durch Zusammenlegung von *Cunard* (1840) und White Star Line entsteht die brit. *Cunard* White Star Line

In den USA beginnt schärfster Kampf gegen das organisierte Gangsterunwesen. Das FBI unter *J. Edgar Hoover* bringt den „Staatsfeind Nr. 1" *John Dillinger* zur Strecke

Ein einziger Staubsturm verweht 300 Mill. t Ackererde in den USA (Versteppungsgefahr)

Blitzstreckenluftverkehr m. *Heinkel*-Flugzeug He 70

Kanadische Fünflinge der Familie *Dionne* geboren

Knöchellange Kleider in Deutschland

„Schalke 04" erstmals dt. Fußballmeister (wieder 1935, 1937, 1939, 1940, 1942)

(1934)

† *Engelbert Dollfuß* (von Nationalsozialisten ermordet), österr. christl.-sozialer Bundeskanzler seit 1932 (* 1892)

Kurt Schuschnigg (* 1897) österr. Bundeskanzler bis 1938; versucht, Nationalsozialismus durch „Vaterländische Front" und Legitimismus auszuschalten

Starhemberg österr. Vizekanzler und Leiter der „Vaterländischen Front" (geht 1938 ins Ausland)

Politischer Korruptionsskandal um *Stavisky* (†, Selbstmord, * 1886): nach blutigen Unruhen in Paris kommt es zur Bildung eines Ministeriums der „Nationalen Union" unter *Doumergue;* nach Rücktritt bildet sich „Regierung des Burgfriedens" *Pierre-Etienne Flandin* (* 1889, † 1958)

† *Alexander I.*, König von Jugoslawien seit 1921 (* 1888), und *Louis Barthou*, frz. Außenminister seit 1934 (* 1862), durch Attentat in Marseille während eines Staatsbesuches (verhind. „Ost-Locarno")

Prinz *Paul* Regent in Jugoslawien bis 1941 für unmündigen König *Peter II.*

Erste frz. Kolonialkonferenz

† *Raymond Poincaré*, frz. Staatsmann; Staatspräsident von 1913 bis 1920 (* 1860)

Leopold III. König der Belgier (muß 1951 auf seinen Thron verzichten)

Römische Wirtschaftsprotokolle zwischen Italien, Österreich und Ungarn gegen frz. Donaupolitik

Span. Bergarbeiter-Aufstand in Asturien niedergeschlagen. Versuch, Kataloniens Unabhängigkeit zu proklamieren, scheitert

Unterdrückung von Unruhen i. Portugal unter d. faschist. Verf. v. 1933 (besteht bis 1974)

Balkanbund zwischen Rumänien, Griechenland, Türkei und Jugoslawien zur Sicherung ihrer Balkangrenzen

Autoritäre Regierung des Bauernführers *Ulmanis* in Lettland (wird 1936 Staatspräsident)

Konstantin Paets (Landwirtepartei) schlägt in Estland durch Staatsstreich autoritäre „Freiheitskämpferbewegung" (wird 1937 Staatspräsident)

Finnland beteiligt sich am skandinavischen Ministertreffen. Neubefestigung der Aaland-Inseln

Veröffentlich. d. 2. Fünfjahrespl. i. d. USSR. GPU i. NKWD überführt.

USSR im Völkerbund (bis 1939)

Ermordung *Kirows* in Leningrad (Mord wird der *Stalin*opposition zugeschrieben)

Abwertung des USA-Dollars auf 59%

USA nimmt diplomat. Beziehungen zur USSR auf, wegen Japans Ostasienpolitik

USA geben Rechte auf Kuba (seit 1902) und Schutzherrschaft über Haiti (seit 1915) auf. Versprechen Philippinen in 10 Jahren volle Unabhängigkeit

Streik der Baumwollarbeiter in USA

Korporative Verfassung in Brasilien

In Uruguay wird liberal-demokrat. Verfassung von 1919 durch autoritäre ersetzt; Frauenstimmrecht

Lázaro Cardenas Präsident von Mexiko bis 1940; führt sozialist. Politik

Tschiang Kai-schek besiegt bis 1936 die kommunist. Heere in Südchina

Japan kündigt Flottenabkommen von Washington (1922), um seine Flotte zu verstärken

Lewis: „Das Kunstwerk" (US-Roman um das Hotelwesen)

A. Makarenko (* 1888, † 1939): „Der Weg ins Leben" (russ. pädagog. Poem, seit 1933)

Maurois: „Instinkt für das Glück" (frz. Roman)

H. Miller (* 1891): „Wendekreis des Krebses", „Schwarzer Frühling" (nordamer. sexuell betonte Romane)

† *Erich Mühsam* (im KZ), dt. sozialist. Dichter und Politiker (* 1878)

O'Neill: „Tage ohne Ende" (nordamerikan. Bühnenstück)

Jan Petersen (* 1906): „Unsere Straße" (illegaler antifaschistischer Roman)

Mazo de la Roche: „Die Leute auf Jalna" (nordamerikan. Roman)

J. B. Priestley: „Englische Reise"

† *Joachim Ringelnatz (Hans Bötticher)*, dt. Dichter und Kabarettist (* 1883)

William Saroyan (* 1908): „Der tollkühne Jüngling auf dem fliegenden Trapez" (nordamerikan. Kurzgeschichten)

W. v. Scholz: „Gedichte" und „Erzählungen" (Gesamtausgaben)

A. Soergel: „Dichtung und Dichter der Zeit" (III. „Dichter aus dt. Volkstum")

E. Strauß: „Das Riesenspielzeug" (Roman)

Alexej N. Tolstoi: (* 1883, † 1945): „Peter d. Große" (russ. hist. Roman seit 1930)

Ludwig Tugel: (*1889): „Sankt Blehk oder die große Veränderung" (Roman)

Oswald Kroh (* 1887) „Experimentelle Beiträge zur Typenkunde" (experim. Pädagogik, 3 Bände seit 1929)

Max Picard: „Die Flucht vor Gott" (Schweiz. christl. Philosophie)

B. Russell: „Freiheit und Organisation 1814 bis 1914" (engl. histor. Gesellschaftsphilosophie)

O. Spann: „Gesellschaftslehre und Philosophie" (Soziologie)

Spranger: „Die Urschichten des Wirklichkeitsbewußtseins"

B. u. S. Webb: „Der sowj. Kommunismus — eine neue Zivilisation" (engl. Reisebericht, ersch. 1936)

„Barmer Synode" der dt. „Bekennenden ev. Kirche" wendet sich gegen nationalsozialist. Kirchenpolitik

† *Jakob Wassermann*, dt. Dichter (* 1873)

Wiechert: „Die Majorin" (Roman)

Friedr. Wolf: „Professor Mamlock" (Drama)

Heinz Hilpert Direktor d. Dt. Theaters in Berlin

Louis Jouvet (* 1888, † 1952), frz. Schauspieler u. Regisseur übernimmt Théâtre de l'Athène in Paris

Festspiele auf dem Heidelberger Schloßhof

Franz Dornseiff: „Der deutsche Wortschatz nach Sachgruppen" (systemat. Wörterbuch)

Erster Sowjetischer Schriftstellerkongreß in Moskau unter *Gorki*

Hermann Knaus (*1892, + 1970): „Die Physiologie d. Zeugung des Menschen" (m. d. seit 1929 gewonn. Erkenntnis der empfängnisfreien Tage der Frau; zugl. m. d. Japaner *K. Ogino* (* 1882,)

F. Kögl: Chemischer Bau des Pflanzen-Zellstreckwachstum-Hormons Auxin

† *Oskar von Miller*, dt. Energie-Ingenieur; Gründer des Dt. Museums, München (* 1855)

Isidor Isaac Rabi (* 1898) und Mitarbeiter bestimmen Eigenschaften von Atomkernen mit der Atomstrahlmethode

Tadeus Reichstein (* 1897) stellt Vitamin C künstlich her

A. D. Speranskij: „Grundlagen der Theorie der Medizin" (betont auf Grund von Experimenten ausschlaggebende Rolle des Nervensystems für Krankheiten und ihre Heilung)

Thibaud und *Joliot:* Zerstrahlung von Materie (Beobachtung der Umwandlung eines Elektron-Positron-Paares in ultrakurze *Röntgen*-Strahlung)

Voronoff berichtet von 12jährigen Erfahrungen über die operative Verpflanzung von Keimdrüsen, wodurch er bemerkenswerte Verjüngungserscheinungen bei seinen Patienten erhielt

Erster Kongreß für die „Einheit der Wissenschaft" (maßgebend der Wiener Kreis; vgl. 1929; weitere Kongresse 1935, 1936, 1938, 1939 in USA)

Spezialkrankenhaus in Dresden zur Prüfung von Naturheilmethoden

Bei Ausgrabungen des Heiligtums des Fruchtbarkeitsgottes Abu auf dem Tell Asman werden 12 Alabasterstatuetten gefunden (sumerische „Beter" von ≈ —2600)

Erste dt. Nanga-Parbat-Expedition (weitere 1937 und 1938)

Erst. Diesel-PKW

Großglockner-Hochalpenstraße (Straßentunnel 2508 m ü. NN)

Beginn von Versuchen der unterirdischen Kohlevergasung in der USSR

Nordsee-Eismeer-Kanal i. d. USSR eröffnet

1935

Friedens*nobel*preis (1936 verliehen f. 1935) an *Carl von Ossietzky* (Dt., * 1889, † 1938 nach KZ-Haft); *Hitler* verbietet für Deutsche Annahme d. *Nobel*preises

Saarland durch Abstimmung zum Dt. Reich (91% dafür)

Arbeitsdienstpflicht in Deutschland

Allgem. Wehrpflicht in Deutschland

Hitler fordert zweiseitige Nichtangriffsverträge an Stelle von kollektiver Sicherheit

Dt.-brit. Seeabkommen gestattet Deutschland 35% der brit. Flottenstärke. Prot. Frankreichs

Sog. „Blutschutzgesetz" (antisemit. „Nürnberger Gesetze") in Deutschland

Hakenkreuzflagge wird zur alleinigen Reichsflagge erklärt

Erich Ludendorff: „Der totale Krieg" (fordert Einbeziehung der Zivilbevölkerung in den Krieg)

Sozialdemokraten stärkste Schweiz. Partei (im Bundesrat bleibt bürgerliche Mehrheit)

Stanley Baldwin brit. Ministerpräs. der „Nationalregierung" bis 1937

Brit. Parlament beschließt neue Verfass. für Indien (1937 in Kraft)

Anthony Eden (Konserv., * 1897, † 1977), brit. Außenminister bis 1938

† *Arthur Henderson*, brit. Politiker der Labour-Party; leitete wiederholt seit 1908 seine Fraktion im Unterhaus; war Innen- u. Außenmin.; Friedens*nobel*pr. 1934 (* 1863)

Pierre Laval, frz. Außenmin. 1934 bis 1936, verständigt sich m. Italien

Frz. Linksparteien bilden durch kommunist. Initiative „Volksfront"

Zeeland bildet Regierung der „Nationalen Konzentr." in Belgien

Léon Degrelle gründet belg.-faschist. Rex-Bewegung

Italien überfällt Abessinien. Unwirksame Völkerbunds-Sanktionen

Sozialdemokratische Arbeiterpartei bildet Regierung in Norwegen

Neue Verfassung in Polen festigt die seit 1926 diktator. Herrschaft

† *Josef Pilsudski*, poln. Marschall und Staatsmann; militär. Diktator seit 1926 (* 1867)

† *Henri Barbusse*, frz. Dichter und Pazifist (* 1873)

Henry Benrath (eig. *Albert H. Rausch*, * 1882, † 1950): „Die Kaiserin Konstanze" (hist. Rom.)

Werner Bergengruen (* 1892, † 1964): „Der Großtyrann und das Gericht" (Roman)

Bernanos: „Ein Verbrechen" (frz. Roman)

R. G. Binding: „Wir fordern Reims zur Übergabe auf" (Kriegsnov.)

† *Paul Bourget*, frz. katholisch-konservativ. Erzähler (* 1852)

P. S. Buck: „Das geteilte Haus" (nordam. Roman)

E. Canetti (* 1905): „Die Blendung" (Roman)

Archibald Joseph Cronin (* 1896): „Die Sterne blicken herab" (engl. sozialer Roman)

T. S. Eliot: „Mord im Dom" (engl. Versdrama)

Giraudoux: „Der trojanische Krieg findet nicht statt" (frz. iron. Schauspiel)

K. Gudmundsson: „Kinder der Erde" (isl.-norweg. Roman)

Sacha Guitry (*1885, + 1957): „Roman eines Schwindlers" (frz. satir. Rom.)

Hedin: „Die Flucht des groß. Pferdes" (schwed. Reisebericht)

Ödön von Horváth (* 1901, † 1938): „Hin und Her" (österr. politische Komödie)

Lewis: „Es kann nicht hier geschehen" (nordamerikan. polit. Roman)

Heinr. Mann: „Henri Quatre" (2 Bde.)

Th. Mann: „Leiden an Deutschland"

K. Barth: „Credo" (Dialektische Theologie mit Betonung der Bibelgläubigkeit)

Maurice Blondel (* 1861, † 1949): „Das Denken" (frz. relig. Philosophie d. „Modernismus")

Dacqué: „Organische Morphologie und Paläontologie" (antidarwinistische Entwicklungslehre)

Albert Ehrhard: „Urkirche und Frühkatholizismus" (vom kathol. Standpunkt aus)

Gandhi schweigt 14 Tage zum Protest gegen Tötung von 40 Moslems b. engl.-ind. Zusammenstößen in Karatschi

Max Hartmann: „Analyse, Synthese und Ganzheit in der Biologie" (Naturphilosophie)

Nic. Hartmann: „Zur Grundlegung der Ontologie" (lehrt Schichtenaufbau des Seienden)

Hans Heyse (* 1891): „Idee und Existenz" („Existenz als Wirklichkeit des Ganzen")

Emanuel Hirsch (* 1888): „Christlicher Glaube und politische Bindung" (vom Standpunkt der „Deutschen Christen")

Jaspers: „Vernunft und Existenz" (Existential-Philosophie)

Kerrl dt. Reichsminister für kirchliche Angelegenheiten (es gelingt ihm nicht, die evang. Kirche gleichzuschalten)

H. Maier: „Philosophie der Wirklichkeit" (3 Bände seit 1926)

K. Mannheim (seit 1933 an der London School of Economics): „Mensch und Gesellschaft im Zeitalter des Umbaus" (Soziologie)

† *Hans Baluschek*, dt. Maler (* 1870)

Beckmann: „Tulpenstilleben" (express. Gemälde)

H. B. Burardo (* 1901): „Dies- und Jenseits" (abstraktes Gemälde)

Chagall: „Verwundeter Vogel" (frz.-russ. Gemälde)

Hermann Gießler: (* 1898): Ordensburg Sonthofen/Allgäu (*G.* wird 1938 „Generalbaurat" für München)

F. Hodgkins: „Straße nach Barcelona" (engl. express. Gem.)

Heckel: „Erzgebirge" (express. Gem.)

K. Hofer: „In der Mansarde" (express. Gemälde)

G. Kolbe: „Zehnkampfmann", „Ruhender Athlet", „Sportsmann", „Aufsteigende Frau"

† *Max Liebermann*, deutscher impress. Maler (* 1847)

G. Marcks: „Mädchen mit Bademantel", „Der Philosoph" u. „Trauernder Eros" (Bronzeplastiken)

Ed. Munch: „Der moderne Faust" (norweg. express. Bildfolge seit 1934)

Nash: „Landschaft der Megalithe" (engl. surrealist. Gemälde)

W. Nicholson: „Mädchen im roten Ballkleid" (engl. Gemälde)

† *Paul Signac*, frz. Maler (* 1863)

St. Spencer: „Handwerker im Haus"

† *Alban Berg* (* 1885): Violinkonzert; hinterläßt „Lulu" (unvollendete atonale Oper n. *Wedekind*)

† *Paul Dukas*, französischer impressionistisch. Komponist (* 1865)

Egk: „Die Zaubergeige" (heitere Oper)

Gershwin: „Porgy und Bess" (volkstüml. nordamerikan. Oper)

Hindemith: Violin-Sonate in E-dur und „Der Schwanendreher" (Konzert nach alten Weisen für Bratsche und kl. Orchester)

Honegger: „Johanna auf dem Scheiterhaufen" (schweiz.-französ. Opern-Oratorium, Text von *Paul Claudel*)

† *Erich M. von Hornbostel*, österr. Musikgelehrter; schuf Archiv für exotische Musik und förderte entscheidend vergleichende Musikwissensch. (* 1877)

Walter Kollo: „Berlin, wie es weint und lacht" (Operette)

Olivier Messiaen: „Das Leben d. Herrn" (9 frz. Orgel-Meditationen)

Pfitzner: Cello-Konzert in G-dur

R. Strauss: „Die schweigsam. Frau" (Oper, Text von *Stefan Zweig*)

*Nobel*pr. f. Physik an *J. Chadwick* (* 1891, † 1974, GB) f. Entd. d. Neutrons

Chemie-*Nobel*preis an *F. Joliot* und *I. Curie* (Frankr.) für künstliche Radioaktivität

Medizin-*Nobel*preis an *H. Spemann* (Dt.) f. biolog. Entwickl.-Mechanik

Stratosphärenballon - Höhenrekord 22066 m Höhe von *Orvil Anderson* und *Albert Steven*

Otto H. F. Buchinger (* 1875, † 1966): „Das Heilfasten und seine Hilfsmethoden" (wendet das System in seinem Sanatorium in Pyrmont an)

de Burthe d'Annelet erforscht frz. Sahara- und Sudan-Gebiete (seit 1932; 1. Reise 1928 bis 1931)

Malcolm Campbell: Autogeschwindigkeitsrekord mit 485,175 km/St. (über 1 km mit fliegendem Start)

Domagk führt Prontosil als erstes Sulfonamid in die Therapie ein

W. Dörpfeld: „Alt-Olympia" (Altertumskunde)

L. Ellsworth überfliegt die Westantarktis v. *Weddell*- zum *Ross*meer

Georg Henning: Herstellung d. Adenylsäure (erweist sich als entscheidend für Muskelkontraktion)

E. C. Kendall u. *T. Reichstein* entd. unabh. voneinander Nebennierenrindenhormon (Corticosteron)

O. Koehler erweist d. Erlernen unbenannter Anzahlen (bis „6") b. Tauben

Laqueur: Reindarstellung des eigentlichen männlichen Sexualhormons Testosteron aus Stierhoden (aus 100 kg Hoden 10 mg Hormon)

F. London: Theorie d. Supraleitung (wird von *v. Laue* verbessert)

B. Lyot: Zeitrafferfilme von Sonnenprotuberanzen a. d. Pic du Midi

Egas Moniz und *Almeida Lima* begründen durch Lobotomie Psychochirurgie (Heilung von Geisteskrankheiten durch Durchschneidung bestimmter Hirnnerven)

† *Iwan Mitschurin*, russ. Pflanzenzüchter (* 1855)

Sakel: Insulinschock gegen Schizophrenie

Schliephake: Ultraschall-Therapie

S. Sokoloff wendet den Ultraschall zur zerstörungsfreien Werkstoffprüfung an (erste Versuche 1929)

5,5% der dt. Industriebetriebe vereinigen 76,1% des gesamten Jahresumsatzes auf sich; 3,4% der dt. Großhandelsfirm. 60,8% des Umsatzes

Ernst Wagemann: „Narrenspiegel der Statistik" (Fehler u. ihre Vermeidg.)

Rheinmetall übernimmt *Borsig* (Rheinmetall-*Borsig* AG, 50 Mill. RM Grundkapital, 1939 Kapitalmehrh. an die Reichswerke „Hermann Göring")

Wagner Act garantiert in USA volles Koalitionsrecht d. Arbeiter und verbiet. „unfaire Praktiken" der Arbeitgeber

Gründung der CIO-Gewerkschaft in den USA (bedeutet mit dem Prinzip der Organisierung aller Arbeiter eines Industriezweiges den Beginn einer nordamerikan. gewerkschaftlich. Massenbeweg. (vgl. 1946)

Verteilung d. USA Kraftwagenproduktion: General Motors: 38,4%; Ford: 30,2%; Chrysler: 22,9%

Gallup-Institut zur Erforschung der öffentlichen Meinung in den USA

Ackerbaugrenze in Sibirien bis z. 65. Breitengrad vorgeschoben (1916 am 60., 1950 am 75., bes. durch neue Pflanzenzüchtgn.)

(1935)	*Edward Rydz-Smigly* (* 1886) Generalinspekteur der poln. Armee mit entscheid. polit. Einfluß Die nationalsozialist. Sudetendt. Partei *Konrad Henleins* wird bei den tschechoslowak. Parlamentswahlen die stärkste Partei (gegründet 1933) *Hodscha* (slowak. Republ. Partei) tschechoslow. Ministerpräs. bis 1938 Nach Rücktritt *T. Masaryks* wird *Benesch* tschechoslow. Staatspräsident (geht 1938 nach USA) Profaschist. Kurs in Jugoslawien Vertrag über gegenseitige militärische Hilfe zwischen USSR und Frankreich sowie Tschechoslowakei Weltkongreß der Komintern in Moskau für Bündnis mit den bürgerl. Demokratien geg. Faschismus *Stachanow* fährt Kohlenschicht mit „1300%". Beginn der „Stachanow-Bewegung" mit Erhöhung der Arbeitsnormen in der USSR Beginn der gr. politischen Schauprozesse in Moskau (bedeuten prakt. Liquid. d. leninist.-bolschew. „Alten Garde" durch *Stalin)* USSR verkauft ostchin. Eisenbahn an Mandschukuo Monarchie in Griechenland, Rückrufung König *Georgs II.* Griechenland nimmt den amtlichen Namen „Hellas" an Der Oberste Gerichtshof der USA erklärt Industriebelebungsgesetz v. 1933 für verfassungswidrig US-Sozialversicherungsgesetz Neutralitätsgesetz und Waffenausfuhrverbot der USA, nehmen Bezieh. zu Liberia wieder auf Handelsvertrag USA—USSR *Mackenzie King* (Liberal.) zum drittenmal kanad. Ministerpräsident bis 1948 († 1950) Ende des Chacokrieges (seit 1932). Bolivien erhält Zugang zum Meer, Paraguay Chacogebiet Persien wählt amtl. Namen „Iran" *Rama VIII. Ananda Mahidon* König von Siam bis 1946 (†, ermordet) Japanische militärische Vorstöße in Nordchina. Kommunist. Ablösungsbestr. nordchin. Provinzen	*Pirandello:* „Man weiß nicht wie" (ital. Schausp.) *A. Rachmanowa:* „Die Fabrik des neuen Menschen" (russ. antibolschewist. Roman) *Erwin H. Rainalter* (* 1892): „Der Sandwirt" (österr. Roman) *Eugen Roth* (* 1895): „Ein Mensch" (heiter-besinnliche Gedichte) *Ruth Schaumann:* „Der Major" (Roman) *Schmidtbonn:* „Der dreieckige Marktplatz" (Roman) *B. Schönlank:* „Fiebernde Zeit" (Sprechchöre) *Ina Seidel:* „Meine Kindheit und Jugend" *Shaw:* „Die Insel der Überraschungen" (engl. Schauspiel) *Sinclair:* „Ende der Armut" (nordamer. Rom.) † *Kurt Tucholsky* (Selbstmord in der Emigration), dt. sozialistischer Schriftsteller mit den Pseudonymen *Peter Panter*, *Ignaz Wrobel*, *Kaspar Hauser*, *Theobald Tiger* (* 1890) *Th. N. Wilder:* „Dem Himmel bin ich auserkoren" (nordam. Roman) *Th. Wolfe:* „Von Zeit u. Strom" (nordam. Rom.) † *Alexander Moissi*, dt. Schauspieler (* 1880) *Gust. Ehrismann* (* 1855, † 1941): „Geschichte der dt. Literatur bis zum Ausgang des Mittelalters" (2 Teile seit 1918) Weltschriftstellerkongr. „Zur Verteidigung der Kultur" in Paris Dt. Sprachatlas beginnt zu erscheinen Dt. PEN-Club verboten *Hanns Johst* Präs. der Reichsschrifttumsk.	*Margaret Mead:* „Geschlecht und Temperament in drei primitiven Gesellschaften" (nordamerik. vergl. Sexualforschung auf Neuguinea s. 1931, erweist Relativität „männlicher" und „weiblicher" Charakterzüge) *Konrad von Preysing* kathol. Bischof von Berlin *H. Reichenbach:* „Wahrscheinlichkeitslehre" (logist. Wahrscheinlichkeitstheorie) † *M. Schlick* (ermord.) aus d. neopositivist. Wiener Kreis (* 1882) ***Wilhelm Schmidt*** **(* 1868, † 1954): „Der Ursprung der Gottesidee" (6 Bde seit 1912, kathol.)** † *Reinhold Seeberg*, evang. Theologe (* 1859) *W. Stern:* „Allgemeine Psychologie auf personalistischer Grundlage" Dt. Evangel. Wochen von *Reinhold Thadden-Trieglaff* (* 1891, v. d. Bekenn. Kirch.) begründet *A. Tarski:* „Wahrscheinlichkeitslehre und mehrwertige Logik" u. „Der Wahrheitsbegriff in den formalisiert. Sprachen" *Alfred Weber:* „Kulturgeschichte als Kultursoziologie" Heiligsprechung von *Thomas More* († 1535) „Encyclopaedia Britannica" (14. Auflage in 29 Bänden seit 1929) Enzyklika „Mit brennender Sorge" Erste iranische Universität (in Teheran) Auflösung der dt. Studentenverbindungen, dafür Kameradschaften des NSDStB und NS-Altherrenbundes

Walter Tiemann: Fichte-Fraktur (Drucktypen)

Museum of Modern Art, New York, bezieht Photographie und Film mit ein

„Ich war Jack Mortimer" (Film mit *E. Klöpfer)*

„Mazurka" (österr. Film mit *P. Negri*; Regie: *W. Forst*; Musik: *Peter Kreuder)*

„Pygmalion" (Film nach *G. B. Shaw* mit *Jenny Jugo, Gustaf Gründgens,* * 1899, † 1963; Regie: *Erich Engel,* * 1891, † 1966)

„Die ewige Maske" (österr. Film mit *Mathias Wieman* u. *Peter Petersen;* Regie: *Werner Hochbaum)*

„Anna Karenina" (nordam. Film v. *Cl. Brown* mit *G. Garbo)*; „Becky Sharp" (nordam. Farbfilm von *Rouben Mamoulian)*; „David Copperfield" (nordam. Film v. *David Selznick)*; „Meuterei auf d. Bounty" (nordam. Film v. *F. Lloyd* mit *Ch. Laughton, C. Gable)*; „Louis Pasteur" (nordam. Film von *William Dieterle)*

„Ein Sommernachtstraum" (Film v. *M. Reinhardt* i. USA)

„Toni" (frz. Film v *J. Renoir)*

„Die Bauern" (russ Film v. *Ermler)*

R. Vaughan Williams: 4. Symphonie F-dur (gilt als Beginn einer engl. symph. Schule)

Laban kommt nach England (macht dort während des Krieges Bewegungsstud. zwecks Erleichterung der industriellen Arbeit)

„Hammond-Orgel" mit rein elektrischer Tonerzeugung wird i. USA entwickelt

Modetanz Rumba

„Der Große Brockhaus, Handbuch des Wissens" (21 Bände seit 1928)

Olzscha kann etruskischen Text der Agramer Mumienbinde als Gebete deuten

1. Parkuhren i. Oklahoma (USA)

Spielzeugeisenbahn kleiner. Spur

Boulder-Talsperre (USA): 223 m hoch, 37850 cbm Inhalt

1935–38 scheitern Versuche, den Mt. Everest zu besteigen

Wendell Meredith Stanley (* 1904): Das rapid vermehrungsfähige Virus der Tabakmosaikkrankheit ist ein kristallisierbarer Molekülkomplex (die zunehmende Strukturanalyse solcher Viren liefert wesentliche Einsichten in die Lebensvorgänge)

M. Steenbeck: Elektronenschleuder (Betatron, von *D. W. Kerst* 1941 entscheidend verbessert)

F. Trendelenburg, E. Freystedt: Elektroakustisch. Klanganalyse (für Sprach- und Instrumentenforsch.)

† *Hugo de Vries*, niederl. Botaniker u. Genetiker (* 1848)

Williams und *Windaus:* Aufklärung des chem. Aufbaus von Vitamin B_1 (Aneurin; Synthese v. *Grewe* 1936)

H. Yukawa sagt das Meson (schweres Elektron) voraus (in der Höhenstrahlung 1937 gefunden)

~ Die Hypophyse (Hirnanhang) m. ihren zahlreichen Hormonen (bis 1944 28 beschrieben) wird immer mehr als ein steuerndes Zentrum der hormonalen Aktivität erkannt

Seit 1890 1,25 Mill. USA-Patente (USA-Patente doppelt so zahlreich wie in Großbrit. oder Frankr.; viermal so zahlreich wie i. Deutschland)

„Normandie" (frz. turboelektr. Ozeandampfer mit 67500 t Wasserverdrängung, 170000 PS, 55 km/st.)

Dampflokomotiven mit Stromlinienverkleidung erreichen 183 Stundenkilometer

Regelm. Fernsehprogr. in Berlin

Erste öffentl. Fernsehstelle in Berlin

Erste Ganzmetall-Rundfunkröhre in den USA (1936 auch in Deutschl.)

Magnetophonband-Verfahren zur Tonaufzeichnung (Prinzip 1900)

16-mm-Farbfilm „Kodachrom" (Handhabung wie gewöhnlicher Film ohne Umkehrverfahren)

Die Bedeutung der Stratosphäre für das Wetter wird stärker erkannt, führt zu regelmäßigen Höhenaufstiegen

Hamburger Seewarte veröffentlicht regelmäßig Höhenwetterkarten

~ Magnetische Aufzeichnung entwickelt sich zum universellen Verfahren der Informationsspeicherung (Ton, Bild, EDV; vgl. 1938)

Erste Linie der Moskauer U-Bahn (bes. repräsentativ gebaut)

Arbeitsdienstgesetz, Luftschutzgesetz, Naturschutzgesetz in Deutschland

Arbeitsbuch in Deutschland gesetzlich eingeführt

Plan staatl. Arbeitsbeschaff. in USA neues Sozialprogramm mit Einführung v. Altersrenten

Kanadische Sozialgesetzgebung (1936/37 v. Obersten Gerichtshof u. v. Londoner Kabinettsrat für ungesetzlich erklärt)

Hermann Göring „Reichsjägermeister"

Max Euwe (Niederlande) erringt von *Alexander Aljechin* Schachweltmeistertitel

Tazio Nuvolari (* 1893, † 1953) siegt auf d. Nürburgring vor *v. Brauchitsch, Caracciola* u. *Stuck*

Atlantikrennen (Hochseeregatta)

Internat. Bridgeregeln (fördern Verbreitung dieses Kartenspiels)

Längere Haare in der weibl. Haarmode („Rolle")

Erstes Skiflugspringen auf der Riesenschanze in Planica/Jugoslawien (Theorie von *Straumann* 1927)

1936

Friedens*nobel*preis an *C. Saavedra Lamas* (Argentinien)

Dt.-schweiz. Spannungen wegen Ermordung des Landesgruppenleiters der NSDAP, *Wilhelm Gustloff*, in der Schweiz

Einmarsch dt. Truppen in die entmilitarisierte Zone des Rheinlandes (nur schwache Proteste des Auslandes)

Abstimmung über Remilitarisierung des Rheinlandes ergibt angeblich 99% Ja-Stimmen

Zweijährige Dienstpflicht in Deutschland

Vierjahresplan unter *Göring* (dient der intensiven Aufrüstung)

Antikominternpakt zw. Deutschland und Japan (1937 auch mit Italien, 1939 Ungarn, Mandschukuo, Spanien)

Reichsbankpräsident *Schacht* besucht den Schah von Iran

Verein für Sozialpolitik aufgelöst (gegründet 1872, vertrat „Kathedersozialismus", veröffentlichte 187 Bände)

Korfes: „Grundsätze der Wehrwirtschaftslehre"

Allgemeine Wehrpflicht in Österreich

Stärkung des Nationalsozialismus in Österreich durch dt.-österr. Abkommen; Auflösung der Heimwehr

† *Marianne Hainisch*, führend in der österr. Frauenbewegung, Mutter d. ersten Bundespräsidenten (*1839)

† *Georg V.*, König von Großbritannien seit 1910 (* 1865)

Eduard VIII. (*1894, † 1972) König von Großbritannien; dankt ab und heiratet als Herzog *von Windsor* Mrs. *Simpson*

Georg VI. (Bruder *Eduards VIII.*) König v. Großbritannien b. 1952 (†)

Brit.-irischer Handelsvertrag beendet Zollkrieg (seit 1932)

Auf der Londoner Seeabrüstungskonferenz beschränken Großbritannien, Frankreich und USA ihre Seerüstungen (1938 aufgehoben). Japan verläßt die Konferenz wegen Verweigerung der Gleichberechtigung

Literatur-*Nobel*preis an *E. G. O'Neill* (USA)

Bernanos: „Tagebuch eines Landpfarrers" (frz. Roman)

Friedrich Bischoff (*1896): „Die goldenen Schlösser" (Roman)

Carossa: „Geheimnisse d. reifen Lebens" (Erz.)

† *Gilbert Chesterton*, engl. Dichter (*1874)

Benedetto Croce: „Die Poesie" (ital. Kritik u. Gesch. d. Literatur)

† *Grazia Deledda*, ital. Dichterin; *Nobel*preis 1926 (*1875)

Wilhelm Ehmer: „Um den Gipfel der Welt" (Roman der engl. Himalaja-Expedition)

Faulkner: „Absalom, Absalom!" (nordamerik. Roman)

Feuchtwanger: „Der falsche Nero" (Roman)

Cecil Scott Forester: „Der General" (engl. Roman)

F. Garcia Lorca: „Bernarda Albas Haus" (span. gesellschaftskritische Frauentragödie)

† *Federico Garcia Lorca* (v. d. Faschist. ersch.), span. Bühnendichter (* 1899)

Gide: „Geneviève" (Abschluß einer frz. Romantrilogie, vgl. 1929)

† *Maxim Gorki* (eigentlich *Peschkow*), russ. sozialist. Dichter (*1868)

Graham Greene (*1904): „Eine Waffe zu verkaufen" (engl. Roman)

Hamsun: „Der Ring schließt sich" (norweg. Roman)

G. Hauptmann: „Im Wirbel der Berufung" (Roman)

Hedin: „Die Seidenstraße" (schwed. Reisebericht)

Ödön von Horváth: „Jugend ohne Gott" (österr. Roman)

E. Stuart Bates: „Inside out" (engl., Probleme der Autobiographie)

E. Fromm: „Autorität und Familie" (tiefenpsycholog. Soziologie)

Jaspers: „Nietzsche"

C. G. Jung: „Wotan" (als „Archetyp" d. Nationalsozialism.; Schweiz. Psychoanalyse)

F. Kaufmann: „Methodenlehre der Sozialwissenschaft" (wissenschaftstheoret. Analyse)

Hermann von Keyserling: „Das Buch vom persönlichen Leben"

L. Klages: „Grundlegung der Wissenschaft vom Ausdruck" (Umarbeit. ein. Werk. v. 1913)

Mathilde Ludendorff: „Der Seele Wirken und Gestalten" (antihumanistische Glaubenslehre)

M. Maeterlinck: „Die Sanduhr" (belg. Philos.)

Fr. Meinecke: „Die Entstehung d. Historismus"

Müller-Freienfels: „Psychologie d. Wissensch."

† *Heinrich Rickert*, dt. Philosoph; Neukantianer (* 1863)

Sombart: „Soziologie"

† *Oswald Spengler*, dt. Kulturphilosoph (*1880)

† *Carl Stumpf*, dt. Philos. u. Psychol. (* 1848)

H. Teske: „Vormilitärische Schulerziehung"

† *Miguel de Unamuno*, span. Philosoph und Dichter (* 1864)

Vierkandt: „Familie, Volk, Staat" (Soziologie)

Päpstl. Enzyklika über die Lichtspiele

KPdSU (B) gegen „Reformpädagogik" (strebt auf Disziplin beruhende „Sowjetpädagogik" an)

Beckmann: „Waldweg im Schwarzwald", „Selbstbildnis mit Glaskugel" (express. Gemälde)

Edw. Bowden (* 1903): „Februar 2 Uhr nachmittags" (engl. Gemälde)

Burra: „Harlem", „Todeskampf i. Garten" (Gethsemane, engl. expression. Gemälde)

Lyonel Feininger kehrt aus Deutschland in seine Geburtsstadt New York zurück

Werner March: Olympia-Stadion Berlin (Baubeginn 1934)

G. Marcks: „Reiter" (Bronzeplastik)

Pechstein: „Welliges Land" (express. Gemälde)

J. Piper: „Abstrakte Malerei" (engl. Gemälde)

† *Hans Poelzig*, dt. Baumeister (* 1869)

P. L. Troost: „Haus der deutschen Kunst" in München (neoklassizistischer Stil)

E. R. Weiss: Gotische Schrift (Drucktypen)

F. L. Wright: Haus „Fallendes Wasser" (nordamerik. Wohnhaus in konstruktiv. Formen über einem Wasserfall) und Verwaltungsgebäude in Wisconsin (Ziegelwände mit horizontalen Glasröhren für Tages- und künstl. Licht, nordamerik. Bauwerk)

Hieronymus - Bosch - Ausstellung in Rotterdam (vereinigt erstmalig alle Hauptwerke)

Egk: „Olympische Festmusik"

Ottmar Gerster (* 1897): „Enoch Arden" (Oper)

Paul von Klenau: „Rembrandt van Rijn" (dänisch-deutsche Oper mit Text von *Klenau*)

Musikalisches Manifest der französ. Komponistengruppe „Jeune France": *Olivier Messiaen* (* 1908), *Yves Baudrier* (* 1906), *André Jolivet* (* 1905), *Daniel Lesur* (* 1908); richtet sich gegen Neoklassizismus

† *Ottorino Respighi*, ital. Komponist (* 1879)

H. Reutter: „Dr. Johannes Faust" (Oper)

A. Schönberg: Violinkonzert (Zwölftonstil)

Schostakowitsch: 4. Symphonie (russ. Komposition)

Norbert Schulze (* 1911): „Schwarzer Peter" (Oper)

Strawinsky: Autobiographie (russ.)

Wolf-Ferrari: „Il Campiello" (Oper)

„Die Volksmusik" (nationalsozialist. Musikzeitschrift)

M. Tobey (* 1890, † 1976): „Broadway" (US-Gem., das als Vorläufer f. *Pollock* gilt)

Physik-*Nobel*preis an *C. D. Anderson* (USA) für Entdeckung des Positrons und *V. F. Hess* (Österr.) für Erforschg. der Höhenstrahlung

Chemie-*Nobel*preis an *Petrus Debye* (Niederl., * 1884, † 1966) für Erforschung des Molekülaufbaues

Medizin-*Nobel*preis an *H. H. Dale* (Großbrit.) und *O. Loewi* (Dt.) für Chemismus der Nervenleitung

T. Casparsson: Mikroskopische Ultraviolettanalyse v. Zellen (weist Nukleinsäuren im Kern nach)

Philipp Fauth: „Unser Mond" (Ergebnisse umfassender und sorgfältiger Beobachtungen)

G. Gentzen beweist die Widerspruchsfreiheit der reinen Zahlentheorie

Heinroth und *Koch:* „Gefiederte Meistersänger, das tönende Lehr- und Hilfsbuch" (mit Schallplatten)

Karl G. Hohmann (*1880, † 1970): „Orthopädische Technik" (grundl. Werk)

Erich Marcks: „Der Aufstieg des Reiches. Deutsche Geschichte von 1807 bis 1871/78" (2 Bände)

Meduna: Cardiazol-Schock gegen manisch-depressives Irresein

† *Charles Nicolle*, frz. Mediziner; *Nobel*preis 1928 (* 1866)

† *Iwan Pawlow*, russ. Physiologe; *Nobel*preis 1904 (* 1849)

R. Rompe und *W. Thouret:* Quecksilber-Höchstdrucklampen (Lichtquellen höchster Leuchtdichte)

H. Spemann: „Experimentelle Beiträge zu einer Theorie der Entwicklung" (Zusammenfassung der Arbeiten seiner Schule durch Überpflanzung von Keimgewebe, um die Embryonalentwicklung zu verfolgen)

O. Voegeli: „Unsere Zähne in Gefahr" (Gefahren der verbreiteten Zahnkrankheiten)

E. Voigt: Lackfilmmethode zur Präparierung paläontologischer Funde

C. F. v. Weizsäcker: Energieerzeugung in den Sternen erfolgt durch Kernreaktionen bei hohen Temperaturen (Millionen Grad)

Konrad Zuse entwickelt Großrechenmaschine mit 2200 elektrischen Relais (bis 1941)

Gustav Cassel: „Der Zusammenbruch der Goldwährg." (schwed.)

J. M. Keynes: „Allgemeine Theorie d. Beschäftigung, des Zins. u. d. Geldes" (brit. Wirtschaftstheorie, fordert Staatseingriffe)

Alb. Vögler (* 1877) Vorsitzender des Vorstands d. Vereinigt. Stahlwerke AG bis 1935

Preisstopp in Dt.

Planmäßige Versuchsflüge der Dt. Lufthansa über dem Nordatlantik

Erste Flugzeugfabrik in Australien

Oberleitungs-Omnibus-Netz entsteht in Moskau

Gesetz gegen Schwangerschaftsunterbrechung in der USSR

Reichsführer SS *Himmler* gründet „Lebensborn" zur Aufzucht unehelicher SS-Kinder

Olymp. Spiele Berlin: Meiste Med. an Dtl. Zehnkampf-Weltrek. m. 7900 Punkten v. *Morris* (USA). Olympiarekord im Marathonlauf mit 2:29:19,2 v. *Son* (Japan). *Jesse Owens* 100-m-Weltrek. i. 10,2 Sek.

Bernd Rosemeyer († 1938 durch Unglücksfall) gewinnt 9. Großen Preis v. Deutschland auf dem Nürburgring

M. Schmeling schl. *Joe Louis* k.o.

(1936)

Londoner Protokoll über Regeln des U-Boot-Krieges

Bündnis Großbrit.-Ägypten, wodurch Ägypten weitgehend unabhängig wird

Faruk (* 1920, † 1965) König von Ägypten (1952 v. Gen. *Nagib* gestürzt; 1953 Äg. Republ.)

Beschränktes Wahlrecht für die Farbigen in Südafrika und beratender Eingeborenenrat

Lord *Linlithgow* (* 1887, † 1952) Vizekönig von Indien bis 1943

Australisch-japan. Handelsabkommen

KP Frankreichs kann ihre Sitze im Parlament von 10 auf 72 erhöhen

Léon Blum (Sozialist) frz. Ministerpräsident, Volksfront-Regierung, bildet Gesetze über 40-Stunden-Woche, Verstaatlichung der Bank von Frankreich und der Munitionsindustrie

Edouard Herriot frz. radikal-sozialer Kammerpräsident bis 1940

Frz.-syrischer Vertrag über Umwandlung d. Mandats in ein Bündnis

Frankreich tritt den Sandschak von Alexandrette (Syrien) a. d. Türkei ab

André Gide: „Zurück aus der USSR" (enttäuschter Reisebericht über die Sowjetunion)

Belgien kündigt Militärbündnis mit Frankreich

Mussolini verkündet ital. Imperium

Nach der Eroberung Abessiniens durch Italien nimmt König *Viktor Emanuel* den Titel „Kaiser von Äthiopien" an; Vizekönig Marschall *Rodolfo Graziani* (* 1882)

Dt.-ital. Vertrag; *Mussolini* spricht von der „Achse Berlin-Rom"

Galeazzo Ciano ital. Außenminister bis 1943

Volksfrontsieg in Spanien. *Manuel Azana* Präsident. Kataloniens Autonomie wiederhergestellt

Militärrevolte in Spanisch-Marokko unter General *Francisco Franco* (* 1892) leitet span. Bürgerkrieg ein. Italien und Deutschland unterstützen militär. faschistische Gegenregierung in Burgos, USSR Volksfront-Regierung in Madrid (später Valencia). Demokratische Staaten bleiben weitgehend neutral („Nichteinmischung"; 1939 Sieg *Francos*)

Tschechoslow.-österr. Annäherung

Daranyi ungar. Ministerpräsident bis 1938, treibt antinationalsozialistische Politik

Rumän. Außenminister *Titulescu* (seit 1932) entlassen; Nachfolger *Tatarescu*

Republikanischer Aufstand in Griechenland. Auflösung des Parlaments. Diktatorische Regierung unter General *Metaxas* bis 1941 (†)

† *Eleutherios Venizelos*, griech. Republik.; Ministerpräsident von 1910 bis 1915, 1917 bis 1920, 1928 bis 1932, 1933 (* 1864)

Vertrag von Montreux zw. Türkei und Großmächten gibt der Türkei Wehrhoheit im Dardanellengebiet (Durchfahrtsverbot f. Kriegsschiffe kriegführenderMächte; freieDurchfahrt für Handelsschiffe)

„Stalinsche Verfassung" tritt in der USSR in Kraft mit dem Anspruch, eine „Demokratie höheren Typs" zu begründen (praktisch bleibt die Diktatur einer Schicht führender Funktionäre erhalten)

Trotzki erhält Aufenthaltserlaubnis in Mexiko

Afghanistan schließt Nichtangriffsverträge mit USSR, Türkei, Iran und Irak

Roosevelts „Quarantänerede" gegen Japan

Trotz starken Widerstandes konservativer Kreise wird *Roosevelt* mit großer Mehrheit als US-Präsident wiedergewählt

Interamerikanische Friedenskonferenz in Buenos Aires

Guatemala verläßt den Völkerbund

Eguiguren (Sozialist) Präsid. v. Peru

Gefangennahme *Tschiang Kai-scheks* in Sian, um ihn zu einer stärkeren Politik gegen Japan zu zwingen. Annäherung der Nanking-Regierung an die kommunist. Regierung in Nordwestchina (Ye-nan)

Militärrevolte in Tokio. Ermordung mehrerer Minister; Versuch der Militärdiktatur mißglückt

Ernst Jünger: „Afrikanische Spiele“ (Roman)

† *Rudyard Kipling*, engl. Dichter; *Nobel*preis 1907 (* 1865)

Knittel: „El Hakim“ (Roman)

Th. Mann: „Leiden und Größe d. Meister“ (Aufsätze). *Th. M.* wird ausgebürgert; geht n. USA

Margaret Mitchell (* 1900, † 1949): „Vom Winde verweht“ (nordam. Rom.

Thyde Monnier (* 1887, † 1967): „Die kurze Straße“ (frz. Roman)

Muschler: „Nofretete“ (Roman)

Eckart von Naso (* 1888): „Moltke. Mensch und Feldherr“ (Roman)

† *Luigi Pirandello*, ital. Dichter; *Nobel*preis 1934 (* 1867)

C. Sandburg: „The people, yes“ (nordamerikanische Gedichte)

Karl Aloys Schenzinger (* 1886): „Anilin“ (technischer Roman über die chemische Industrie)

Anton Schnack (* 1892): „Die Flaschenpost“ (Gedichte), „Zugvögel der Liebe“ (Roman)

Silone: „Brot und Wein“ (ital. Roman)

Sinclair: „Co-op“ (nordamerik. sozialist. Rom.)

Stehr: „Das Stundenglas“ (Tagebuch)

Thieß: „Tsushima“ (Roman einer Seeschlacht)

Timmermans: „Bauernpsalm“ (fläm. Roman)

Wiechert: „Wälder und Menschen“ (Erinner.)

Th. Wolfe: „Vom Tod zum Morgen“ (nordamerikanischer Roman)

Waldbühne (*Dietrich-Eckart*-Bühne), Berlin

„Dt. Künstlerbund“ verboten (wird 1950 neu gegründet)

NS-Bildersturm verbannt modern. Kunst (vgl. 1937)

„Der Kaiser von Kalifornien“ *(Trenker*-Film)

„Das Schönheitsfleckchen“ (erster dt. Farbspielfilm, Schmalfilm)

„Traumulus“ (Film mit *E. Jannings, Harald Paulsen, Ernst Waldow;* Regie: *C. Froelich)*

„Allotria“, „Burgtheater“ (Filme von *W. Forst)*

„Broadway-Melody“ (USA - Revuefilm, wird Vorbild für diese Gattung)

„Moderne Zeiten“ (nordam. Film von u. mit *Ch. Chaplin*); „Der Roman d. Marguerite Gauthier“ (nordam. Film von *Cukor);* „Furie“ (nordam. Film von *F. Lang);* „San Francisco“ (nordamerik. Film von *W. S. van Dyke* mit *C. Gable, J. Mac Donald, Spencer Tracy,* * 1900, † 1967)

„Der Roman eines Schwindlers“ (frz. Film von und mit *Sacha Guitry)*

„Die Matrosen von Kronstadt“ (russ. Film von *Dzigan)*

„Gespenst zu verkaufen“ (engl. Film von *R. Clair);* „Sabotage“ (engl. Film von *Alfred Hitchcock,* * 1899)

„Intermezzo“ (schwed. Film von *Molander* mit *Ingrid Bergman*)

Weitere wichtige Schädelfunde bei Sterkfontein (Transvaal): Schimpansoide Formen, menschliches Gebiß (Australopithecus africanus)

Katalog der Hamburger Sternwarte mit Eigenbewegungen für etwa 95 000 Sterne

Ein Jahrgang der „Physikalischen Berichte“ referiert über etwa 12 500 Veröffentlichungen auf dem Gebiete der Physik und Grenzgebieten (Beispiel für den Umfang wissenschaftlicher Forschung)

Künstliche Darstellung des Anti-Beriberi-Vitamins B_1

„Queen Mary“ (brit. Turbinen-Ozeandampfer, mit 66 000 t Wasserverdräng., 180 000 PS, 53 km/st., 297 m lang, 36 m breit) gewinnt das „Blaue Band“ mit Ozeanüberquerung in 3 Tagen, 23 Stund., 57 Minuten

Junkers Flugzeug*diesel*motor Jumo 205 (600/750 PS, 1 kg/PS, Treibstoffverbrauch 165 g/PS-Stunde)

Dt. Akademie der Luftfahrtforschung (zur wissenschaftl. Förderung der dt. Luftrüstung)

BBC eröffnet offiziellen Fernsehdienst (Versuche seit 1932)

Vorführung plastisch-wirkender Probefilme unter Verwendung von Polarisationsbrillen in Dresden

Künstlicher Kautschuk der I. G. Farben („Buna“, Entwicklung seit 1925, teilweise Naturgummi überlegen)

Künstlicher Maschsee bei Hannover (80 ha)

Rheinbrücke bei Krefeld (860 m)

Institut zur Erforschung der Supernova-Sterne auf dem Palomar Mountain (USA)

Marcel Laporte (* 1889, † 1979 i. Frankr.): Elektronenblitzlicht

Fernsehübertragung von den Olympischen Spielen Berlin im Zwischenfilmverfahren

Karl Foerster (* 1874, † 1970): „Der Steingarten“

1937

Friedens*nobel*preis an *Cecil of Chelwood* (Großbrit.)

C. J. Burckhardt Völkerbundskommissar in Danzig (bis 1939)

Dt. Kriegsschiffe beschießen Almeria (Span.) n. Bombard. d. Flieger der Republik Spanien. Demokraten u. Kommunist. aller Länder kämpfen in der Internationalen Brigade geg. den span., ital. u. dt. Faschismus

Staatsbesuch *Mussolinis* in Deutschland (1938 von *Hitler* erwidert)

Lord *Halifax* besucht *Hitler* zur Aussprache über dt.-brit. Politik

Schacht als Reichswirtschaftsminister entlassen (bleibt zunächst Reichsbankpräsident); Nachfolger *Göring* (1938 *Walter Funk*, * 1890, 1946 zu Freiheitsstrafe verurteilt)

† *Erich Ludendorff*, dt. General und rechtsradikaler Politiker (* 1865)

Th. Heuß: „Friedrich Naumann"

Habsburger Restaurationsbestrebungen in Österreich. *Mussolini* lehnt *Schuschnigg* Hilfe gegen Nationalsozialismus ab

Brit.-ital. Abkommen über Status quo im Mittelmeer

Baldwin tritt zurück; *Neville Chamberlain* brit. Ministerpräsid. bis 1940

† *Austen Chamberlain*, brit. Staatsmann; Friedens*nobel*preis mit *Dawes* 1925 (* 1863)

† *James Ramsey MacDonald*, brit. Ministerpräsident 1924 und von 1929 bis 1935 (* 1866)

Verfassung für Irland (bisher Irischer Freistaat)

† *Tomáš Masaryk*, tschech. Philosoph u. Soziologe; tschechoslow. Staatspräsident von 1918 bis 1935 (* 1850)

Abschaffung der europäischen Kapitulationen in Ägypten. Ägypten Mitglied des Völkerbundes

Peel-Report (Teilung Palästinas zw. Juden und Arabern) wird abgelehnt

389000 Juden in Palästina (1919: 60000), Araber etwa 891000

Streiks und Widerstand in Indien gegen neue Verfassung, die Burma von Indien trennt

Australien ernennt Botschaftsrat in Washington als erste eigene diplomatische Vertretung

Chautemps (Radikalsozialist) bildet neue frz. Volksfrontregierung

Literatur-*Nobel*preis an *Roger Martin du Gard* (Frankr., * 1881)

Gertrud Bäumer: „Adelheid. Mutter d. Königreiche" (histor. Roman)

Benrath: „Die Kaiserin Galla Placidia" (histor. Roman)

Bengt Berg: „Verlorenes Paradies" (schwed. Tierschilderung)

A. J. Cronin: „Die Zitadelle" (engl. sozialer Roman)

Catherine Drinker Bowen: „Geliebte Freundin" (nordamerikan. *Tschaikowskij*-Biographie)

Ferd. Bruckner: „Napoleon" (Schauspiel)

Edschmid: „Italien" (literar. Reisebericht) und „Der Liebesengel" (Roman)

Fallada: „Wolf unter Wölfen" (realist. Roman)

Giraudoux: „Elektra" (frz. Schauspiel)

Olav Gullvaag (* 1885, † 1961): „Es begann in einer Mitsommernacht" (norweg. Roman)

G. Hauptmann: „Das Abenteuer meiner Jugend" (Autobiographie, 2 Bände); „Finsternisse" (Requiem f. s. jüd. Freund *Max Pinkus*, † 1934)

Hemingway: „Haben u. Nichthaben" (nordamerikanischer Roman)

Jochen Klepper (* 1903, † 1942 Freitod): „Der Vater." Der Roman des Soldatenkönigs

E. Ludwig: „Franklin D. Roosevelt" (Biogr.)

† *Alfred Adler*, österr. Arzt und Begründer der „Individualpsychologie" (* 1870)

E. Cassirer: „Determinismus und Indeterminismus in der Physik. Historische und systematische Studien zum Kausalproblem" (Neukantianismus)

† *Adolf Deißmann*, evang. Theologe; erforschte Urchristentum (* 1866)

A. Görland: „Ästhetik. Kritische Philosophie des Stils"

Max Hartmann: „Philosophie der Naturwissenschaften" (an *Kant* und Biologie orientiert, kritisch gegenüber „Ganzheit")

Max Hartmann und *W. Gerlach:* „Naturwissenschaftliche Erkenntnis und ihre Methoden" (naturphilosophische Erkenntnistheorie eines Biologen und eines Physikers)

K. Horney: „Die neurotische Persönlichkeit unserer Zeit" (nordamerikan. Psychoanalyse)

Ricarda Huch: „Zeitalter der Glaubensspaltung" (historisches Werk)

Jaspers: „Descartes und die Philosophie" (*J's* Werke werden in Deutschland verboten)

Samuel S. Leibowitz (* 1893) erreicht Niederschlagung der Notzuchtanklage gegen 5 der 9 jungen Neger in Alabama USA. (Die übrigen 4 werden nach und nach freigelassen. Alle waren seit 1931 wiederholt zum Tode verurteilt worden)

Beckmann: „Geburt", „Tod", „Hölle der Vögel" (express. Gemälde)

Burra: „Landschaft mit Rädern" (engl. express. Gemälde)

Raoul Dufy (* 1877, † 1953) „Gesch. der Elektrizität" (frz. monum. Wandbild)

Heckel: „Phlox" (express. Aquarell)

Klee: „Revolution d. Viaduktes" (surrealist. Gemälde)

Kollwitz: „Selbstbildnis" (Radierung)

G. Marcks: „Grasende Stute" (Bronzeplastik)

Joan Miro: „Stilleben mit altem Schuh" (span. Gemälde)

Nash: „Traumlandschaft" (engl. surrealist. Gemälde)

Victor Pasmore (* 1908): „Pariser Leben" (engl. Gem.)

Picasso: „Guernica" (span.-frz. Gemälde aus Anlaß der Bombardierung dieser span. Stadt durch die Faschisten)

O. Schlemmer: „Waldbilder" (abstrakte Bildserie)

David Alfaro Siqueiros: „Geburtsschrei einer neuen Zeit" (mexik. expr. Gem.)

Albert Speer (* 1905) Generalbauinspektor für Berlin

J. Thorak, Prof. an der Akademie für bildende Künste in München (repräsentativ-monumentaler Stil)

Josef Wackerle: Neptunsbrunnen (alter Botanischer Garten,

Benj. Britten (* 1913): Variationen f. Streichorchester üb. ein Thema v. *F. Bridge*

Alfredo Casella: „Il deserto tentato" (ital. Oper)

† *George Gershwin*, nordamerik. Komponist symphonischer Jazzmusik (* 1898)

Hindemith: „Unterweisung im Tonsatz" (Prinzipien einer erweiterten Tonalität)

Jos. Haas (* 1879): „Tobias Wunderlich" (Oper)

† *Errki Melartin*, finn. Komponist; schrieb 6 Symphonien und andere Werke (* 1875)

Gian-Carlo Menotti (* 1911): „Amelia geht zum Ball" (nordamerik. musikal. Lustspiel)

Carl Orff (* 1895): „Carmina Burana" (szenische Kantate nach mittelalterl. lat. Gedichten)

† *Maurice Ravel* (nach einer Hirnoperation), frz. impressionist. Komponist (* 1875)

† *Albert Roussel*, frz. Komponist; schrieb 4 Symphonien, Konzerte u.a. (* 1869)

Schoeck: „Massimilka Doni" (Schweiz. Oper n. *Balzac*)

Schostakowitsch: 5. Symphonie (russ. Komp.)

Swingstil im Modetanz

Physik-*Nobel*preis an *C. J. Davisson* (USA, *1881, + 1958) und *G. P. Thomson* (Gr.-Brit., *1892,) für experimentellen Nachweis der Elektronenwellen

Chemie-*Nobel*preis an *W. Haworth* (Gr.-Brit., *1883, + 1950) und *P. Karrer* (Schweiz, *1889, + 1971) f. Strukturaufklärung a. Vitaminen

Medizin-*Nobel*preis an *A. v. Szent-Györgyi* (Ungarn) für Ferment-Vitaminforschung

C. D. Anderson entdeckt das my-Meson („schweres Elektron") in d. Höhenstrahlung (1935 von *Yukawa* vorausgesagt)

A. Bernatzik erforscht das Mongoloid-Volk Phi tong luang im nördl. Siam, eines der primitivsten noch lebenden mit Horden-Bambus-Kultur; aussterbend

M. Blau und *H. Wambacher:* Einführ. d. photograph. Platte in die Erforsch. d. kosmisch. Höhenstrahlung

A. L. Hodgkin weist elektr. Grundvorgänge der Nervenleitung nach

Erich v. Holst: „Vom Wesen der Ordnung im Zentralnervensystem" (geordnete Bewegung von Fischflossen durch rhythmische, vom Nervenzentrum gesteuerte Impulse)

von Königswald findet auf Java früheiszeitlichen Affenmenschenschädel (Pithecanthropus) mit 800 ccm Schädelinhalt (weitere Funde bis 1941)

Walter Lorch: Nachweis von vorgeschichtlichen Siedlungen durch Bestimmung des Phosphatgehaltes im Boden

Konrad Lorenz (* 1905): „Über den Begriff der Instinkthandlung "(Verschärfung des Begriffes zum „erbkonstanten, auslösbaren, relativ fixierten Bewegungsablauf")

O. Loewi: „Die chemische Übertragung der Nervenwirkung" (Nerven reizen stofflich. Muskeln)

T. D. Lyssenko: Pflanzen lassen sich erblich in gewünschter Richtung beeinflussen. (Diese „Sowjetbiologie" wird unter scharfen Angriffen auf die Genetik in den USA mit politischen Mitteln in der USSR durchgesetzt)

Weltausstellung in Paris

† *John Davison Rockefeller*, nordamerikan. Unternehmer, „Petroleumkönig"; Höhepunkt seines Vermögens etwa 6 Mrd. Mark bei 300 Mill. Jahreseinkommen (* 1839)

Arbeitslosenversicherung (nicht allgemein) und Sozialversich. in USA

Dt. Beamtengesetz

Aktiengesetz in Deutschland

Ausstellung „700 Jahre Berlin"

Reichswerke „Hermann Göring" (Industriekonzern, bes. b. Salzgitter und Linz)

Schering AG (Chemie-Konzern)

Rüstungsbetriebe des frz. *Schneider-Creusot*-Konzerns verstaatlicht (gegr. 1836)

Dritter Fünfjahresplan in der USSR (durch den 2. Weltkrieg unterbrochen). Amtl. industrieller Produktionsindex:

1913 =	100,0
1920	13,8
1925	75,5
1927	123,7
1931	314,0
1934	468,0
1937	846,1
1940	1200,0
1950	2075,0

93% aller Bauernhöfe in Kollektivwirtschaften

(1937)

Prinz *Bernhard von Lippe-Biesterfeld* heiratet Kronprinzessin *Juliana* der Niederlande

Volksrat von Niederländisch-Ostindien verlangt Dominionstatus innerhalb von 10 Jahren

Austritt Italiens a. d. Völkerbund

Jugoslawien schließt Freundschaftsvertrag mit Bulgarien, Nichtangriffspakt mit Italien

Salazar betont die tradit. Freundschaft Portugals mit Großbritannien

Kallio (Agrarpartei) Präsident von Finnland bis 1940; sozialist.-agrarische Koalitionsregierung

Höhepunkt der *stalin*istischen Säuberung der KPSU: Ausschaltung und Liquidierung zahlreicher Kommunisten und Sozialisten

Hinrichtung des sowjetruss. Marschalls *Tuchatschewski* und anderer höchster Offiziere der USSR

† *Grigory Ordschonikidse* (Selbstmord?), seit 1930 Vorsitzender des Obersten Volkswirtschaftsrats der USSR (*1886)

Ostpakt zwischen Türkei, Iran, Irak und Afghanistan

Blutige Streikunruhen in USA

† *Frank Kellogg*, nordamer. Staatsm., Friedens*nobel*preis 1929 (* 1856)

Kommunist.-sozialist. Wahlsieg in Venezuela; radikale sozialist. Bewegung wird unterdrückt

Getulio Vargas erläßt neue brasilian. Verfassung auf korporativ-totalitärer Grundlage

Japan. Truppen aus Peking stoßen bei einer Nachtübung an der *Marco-Polo*-Brücke mit chin. Truppen zusammen. Beginn des japan.-chin. Krieges (mündet 1941 in den 2. Weltkrieg ein). Japaner erobern Peking, Tientsin, Shanghai, Nanking und dringen südlich bis Tsinan vor Japan. Blockade der chin. Küste

Innere Mongolei unter japan. Einfl.

Nichtangriffspakt zw. China u. USSR

Tschiang Kai-schek verlegt nationalchin. Regierungssitz von Nanking nach Tschunking

Fürst *Fumimaro Konoye* (* 1891) japan. Ministerpräsident bis 1939 (wieder ab 1940 bis 1945); treibt aggressive Kriegspolitik

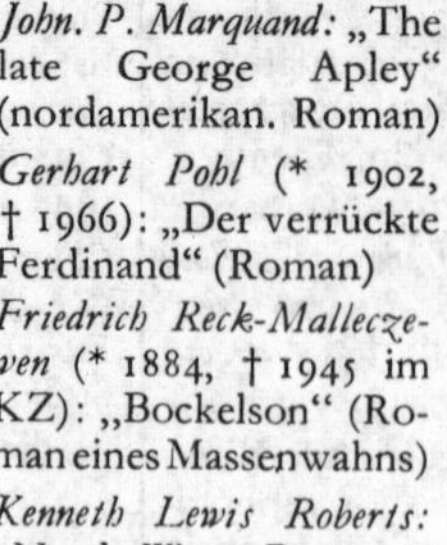

John. P. Marquand: „The late George Apley" (nordamerikan. Roman)

Gerhart Pohl (* 1902, † 1966): „Der verrückte Ferdinand" (Roman)

Friedrich Reck-Malleczewen (* 1884, † 1945 im KZ): „Bockelson" (Roman eines Massenwahns)

Kenneth Lewis Roberts: „Nord - West - Passage" (englischer Roman)

A. Schaeffer: „Ruhland" (Roman)

Anna Seghers: „Die Rettung" (Roman)

Sinclair: „Der Autokönig" (nordamerikan. sozialist. Roman) und „Drei Freiwillige" (nordamerikan. sozialist. Roman aus dem span. Bürgerkrieg)

John Steinbeck (* 1902, † 1968): „Von Mäusen und Menschen" (nordamer. Drama)

Hermann Hirt (* 1865, † 1936): „Indogermanische Grammatik" (7 Bände seit 1921)

G. Gründgens Generalintendant der Preuß. Staatstheater in Berlin

† ***Adele Sandrock*, dt. Schauspielerin (* 1864)**

„Peter d. Gr." (russ. Film von *Petrow*)

„Die gute Erde" (nordam. Film v. *Sidney Franklin* mit *Luise Rainer* nach *Pearl S. Buck*); „Das Leben Zolas" (nordam. Film v. *W. Dieterle* mit *Paul Muni*

„Serenade" (österr. Film v. *W. Forst*)

Mathilde Ludendorffs „Dt. Gotterkenntnis" als „religiöses Bekenntnis" amtlich anerkannt

Eugène N. Marais (Bure): „Die Seele der weißen Ameise" (1. Buchausgabe, engl.; Naturphilosophie über den Termitenstaat)

Otto Neurath: „Die Unterteilung der Einheitlichen Wissenschaft" (neopositivist. Wissenschaftssystematik)

Martin Niemöller (*1892), Pfarrer in Berlin-Dahlem, Mitglied des Bruderrats der Bekennenden Kirche, im KZ bis 1945 trotz gerichtlichen Freispruchs

Ortega y Gasset: „Stern und Unstern. Gedanken über Spaniens Landschaft und Geschichte" (span. Geschichtsphilosophie)

Institut und Zeitschrift für Parapsychologie in den USA (aus diesem Kreis *I. B. Rhine:* „Neuland der Seele", dt. 1938)

Spranger: „Probleme der Kulturphilosophie"

Leopold Ziegler: „Apollons letzte Epiphanie" (Religionsphilosophie)

„Revidierte Standard-Ausg. d. Bibel"; nordam. Übers. mit Textkritik v. 91 Gelehrten (1952 abgeschl.)

StGB der Schweiz sieht keine Todesstrafe vor

Angeblich 28 Mill. Schüler der Grund- und Mittelschulen u. 542000 Hochschul-Studenten in der USSR (1914: 8 Mill. bzw. 112000)

Neopositivist. „Wiener Kreis" wirkt i. USA fort (*Carnap, v. Mises, Reichenbach* u. and.)

München; 7 m hohe Monumentalplastik)

Großes Dessauer Theater (fertiggestellt 1949)

„Haus der Dt. Kunst", München (mit gleichgeschalteter Ausst.)

„Entartete Kunst" (nationalsozialist. Ausstellung z. Diffamierung der mod. Kunst; z. T. werden diese Bilder vom Staat im Ausland verkauft)

„Kampf um den Himalaja" (Expeditionsfilm)

„Der Tiger v. Eschnapur" und „Das indische Grabmal" werden in Indien gedreht (Filme mit *La Jana;* Regie: *Richard Eichberg*)

„Der Mann, d. Sherlock Holmes war" (Lustspielfilm mit *Hans Albers* u. *H. Rühmann;* Regie: *Karl Hartl*)

„Die Kreutzersonate" (Film nach *Tolstoi* mit *L. Dagover, P. Petersen;* Regie: *Veit Harlan*)

„Versprich mir nichts" (Film mit *Victor de Kowa, Luise Ullrich;* Regie: *Wolfgang Liebeneiner*)

„Der zerbrochene Krug" (Film n. *Kleist* mit *E. Jannings;* Regie: *Gustav Ucicky*)

„Elephanten-Boy" (engl. Film von *Flaherty u. Zoltan Korda*)

„Die Ballkarte" (frz. Film von *Julien Duvivier,* * 1896); „Die große Illusion" (frz. Film von *J. Renoir*)

† *Guglielmo Marconi,* ital. Physiker; erreichte erste drahtlose Verbindung über größere Entfernung; *Nobel*preis 1909 (* 1874)

G. Perrier und *E. Segré* entdecken Element 43, Technetium („künstliches" Element, da durch Eigen-Radioaktivität „ausgestorben")

† *Ernest Rutherford,* engl. Physiker; *Nobel*preis 1908 (* 1871)

Franz Schnabel (* 1887, † 1966): „Dt. Geschichte im 19. Jahrh." (4 Bd. seit 1929)

P. P. Schirschow (Hydrobiologe), *E. Fedorow* (Geophysiker), *E. Krenkel* (Funker) beginnen ihre 274tägige Drift auf einer Eisscholle vom Nordpol bis Ostküste Grönlands (2000 km Driftweg; 1938 v. Eisbrechern aufgenommen)

R. Schottenloher erforscht Südabessinien (bis 1938)

N. W. Timoféeff-Ressovsky: „Experimentelle Mutationsforschung in der Vererbungslehre" (Biophysik)

V. Tschkalow fliegt von Moskau über den Nordpol nach Portland (USA) mit einmotorigem Flugzeug (10000 km i. 63 Stunden 25 Minuten)

H. Wilkins sucht *S. Lewanewski,* der auf dem Fluge Moskau—Pol—San Francisco verscholl, erforscht dabei große Teile d. Polargebietes

Ralph Wyckoff bestimmt die Größe des Tabakmosaikvirus: Eiweißriesenmolekül, etwa 50millionenfaches Gewicht des Wasserstoffatoms

Fernsehsender mit regelmäßigem Studio-Programm in Berlin (441 Zeilen mit 260000 Bildpunkten)

Stahlröhren f. Rundfunkempfänger

Vereinigung wissenschaftlicher Arbeiter in Großbritannien gegründet zur Überwachung der gesellschaftlichen Konsequenzen wissenschaftl. Forschung (1938 folgen die USA)

Festkörper-Tagung, Zürich (kennzeichnet die noch offenen Probleme des festen Aggregatzustandes)

Heilung der Geschlechtskrankheit Gonorrhöe durch Sulfonamide (aber auch Züchtung widerstandsfähiger Bakterienstämme durch Auslese)

„Zeitschrift für Tierpsychologie"

Hamburger Univ.-Klinik verw. Insulinschock i. d. Psychotherapie

Deutscher Fremdenverkehr: 27,2 Mill. Fremde mit 104,5 Mill. Übernachtungen, davon 2,4 Mill. Ausländer mit 6,7 Mill. Übernachtungen

Luftpoststrecke Berlin—Kabul (Afghanistan)

~Flugzeit.: Berlin–London 4 Std. 40 Min., New York–San Francisco 20 Std., Paris–Dakar 1,5 Tage, London–Kapstadt 6 Tage, Bangkok–Sydney 10,5 Tage

18,8 Mill. Flugkilometer, 323101 Fluggäste, 8721 t Luftfracht in Deutschland

Moskau-Moskwa-Kanal eröffnet

Verzehnfachung d. dt. Treiböleinfuhr seit 1925 kennzeichnet wachs. Bedeut. des *Diesel*motors

*Diesel*motoren wiegen pro Leistungseinheit etwa 30 kg PS (1910 etwa 150 kg/PS)

Luftschiff LZ 129 bei der Landung in Lakehurst durch Feuer zerstört, unter d. Toten Flugkapitän *Lehmann* (bedeutet das Ende der regelmäßigen Luftschiff-Personenbeförderung seit 1932)

16,6% aller Todesfälle in Deutschld. durch Krebs (z. T. infolge höheren mittleren Lebensalters und verbesserter Diagnose)

„Normandie" (Frankreich) gewinnt das „Blaue Band" mit 3 Tagen 23 Stunden 2 Min.

Erster Internationaler Rhönsegelflug-Wettbewerb

Segelflugrekorde: 652,3 km von *Rastorgoneff;* 40 Stunden, 55 Minuten von *Jachtmann*

Aljechin (*1892, + 1946) Schachweltmeister durch Sieg über *Euwe* bis 1946

Rudolf Caracciola fährt auf dem Nürburgring im 10. Großen Preis von Deutschland über 502 km Bahnrekord mit einem Durchschnitt von 133,2 km/st. (28-km-Rundenrek.; 1939 *Hermann Lang* mit 138,3 km/st.)

Rekord an 149547 Zuschauern beim Fußballspiel England-Schottland (jährlich seit 1872)

Joe Louis wird durch K.o.-Sieg über *Braddock* Boxweltmeister (gibt den Titel 1948 ungeschlagen ab)

Focke-Hubschrauber FW 61 (fliegt 1938 Entfernungsrekord v. 230 km)

Goldene-Tor-Brükke, San Francisco (Hängebrücke, 1280 m Stützweite)

Hubschrauber FW 61 von *H. Fockel* (* 1890, † 1979) erobert alle Weltrekorde f. diese Gattung

1938	Friedens*nobel*preis an *Nansen*-Hilfskomitee (Schweiz) Feierlicher Besuch *Hitlers* in Rom *Hitler* gestaltet Staats- und Wehrmachtsführung für die nationalsozialistischen Ziele um: Kriegsminister *v. Blomberg* muß gehen; an Stelle *v. Fritschs* wird *v. Brauchitsch* Oberbefehlshaber d. Heeres b. 1941 *Wilhelm Keitel* (* 1882, † 1946, hingerichtet) Chef des Oberkommandos der Wehrmacht *Heinz Guderian* (* 1889, † 1954): „Die Panzertruppe" (2. Aufl.); *G.* wird kommandierender General der Panzertruppen (1944 Chef des Generalstabes) *Joachim von Ribbentrop* (* 1893, † 1946, hingerichtet) dt. Reichsaußenminister bis 1945 *Hitler* erklärt in einer Sportpalastrede die Abtretung des Sudetengeb. als letzte Revisionsforderung *Hitler* veranlaßt Besuch *Schuschniggs* in Berchtesgaden; erzwingt Berufung *Seyß-Inquarts* zum österr. Innenminister Unter dem Druck der nationalsozialist. Wehrmacht erfolgt der Anschluß Österreichs an Deutschland. Abstimmung ergibt starke Mehrheit für den Anschluß *Arthur Seyß-Inquart* (* 1892, † 1946, hingerichtet) österr. Bundeskanzler, dann Reichsstatthalter bis 1939 Nichtangriffspakt Deutschland-Estland (1939 Deutschland-Lettland) Generaloberst *Ludwig Beck* (* 1880, † 1944, Selbstmord) tritt als Chef des Generalstabes des Heeres zurück. Nachfolger General *Franz Halder* (* 1884) Der brit. Ministerpräsident *Chamberlain* versucht durch persönliche Verhandlungen mit *Hitler* in Berchtesgaden und Godesberg den Frieden zu bewahren USSR unterstützt tschechoslow. Politik gegen *Hitler*, ihr Eingreifen wird d. brit.-frz. Einlenken verh. Im Münchener Abkommen stimmen Großbritannien, Frankreich und Italien der Abtrennung der Sudetengebiete von der Tschechoslowakei und ihrer Angliederung an Deutschland zu Schwere Judenverfolgungen durch dt. NS-Regime („Kristallnacht")	Literatur-*Nobel*preis an *Pearl S. Buck* (USA) † *Gabriele d' Annunzio*, ital. Dichter und Politiker; Freund der *Duse* (* 1863) *Bernanos:* „Die großen Friedhöfe unter dem Mond" (franz. kathol. Dichtung) † *Rudolf G. Binding*, dt. Dichter (* 1867) *Bert Brecht:* „Furcht und Elend des Dritten Reiches" (Szenenfolge) *L. Bromfield:* „Der große Regen" (nordamerikan. Roman) † *Karel Čapek*, tschech. Journalist und Schriftsteller, bes. humoristische Feuilletons (* 1890) *Duun:* „Der Mensch u. die Mächte" (norweg. Roman) *Dos Passos:* „USA-Trilogie" (nordamerikan. Romanzyklus: „Der 42. Breitengrad" 1930, „Auf den Trümmern" 1932, „Das große Geschäft") *Werner Finck:* „Das Kautschbrevier" *G. Greene:* „Brighton Rock" (nordam. Rom.) *Sacha Guitry:* „Die Straße der Liebe" (franz. humorist. Geschichte d. Champs Elysées) *Konr Haemmerling* (* 1888, † 1957): „Der Mann, der Shakespeare hieß" (Roman) *Ric. Huch:* „Frühling in der Schweiz. Jugenderinnerungen" *G. Kaiser:* „Der Gärtner von Toulouse" (Schauspiel) *Kurt Kluge* (* 1886, † 1940): „Der Herr Kortüm" (Roman) *Kolbenheyer:* „Das gottgelobte Herz" (Roman aus der dt. Mystik)	*Hans Freyer:* „Machiavelli" (nationalistische Staatsphilosophie) † *Leo Frobenius*, dt. Ethnologe; begr. „Kulturkreis-Lehre" (* 1873) *Gundolf:* „Anfänge deutscher Geschichtsschreibung" (posthum) *Nic. Hartmann:* „Möglichkeit und Wirklichkeit" (Ontologie) † *Edmund Husserl*, dt. Philosoph; Begründer der Phänomenologischen Schule (* 1859) *E. R. Jaensch:* „Der Gegentypus" (stellt dem „integrierten I-Typus" den „desintegrierten S-Typus" gegenüber) *Jaspers:* „Existenzphilosophie" *Alwin Mittasch* (* 1869, † 1953): „Katalyse und Determinismus. Ein Beitrag zur Philosophie der Chemie" *H. Murray* (* 1893): „Themat. Aperzeptionstest" (nordamerik., charakterologisch) *Rothacker:* „Die Schichten der Persönlichkeit" *Schweitzer:* „Afrikanische Geschichten" *Hugo Sinzheimer:* „Jüd. Klassiker d. Dt. Rechtswissenschaft" (erscheint in Amsterdam) *Sombart:* „Vom Menschen" (Anthropologie) *L.L. Thurstone:* „Menschliche Fähigkeiten" (nordamerik. mathemat. Analyse d. intellig. Verhalt.) *J. v. Üxküll:* „Der unsterbliche Geist in der Natur" (Naturphilos.) „Lexikon für Theologie und Kirche" (10 Bde. seit 1929, kath. Einstellung) Nationalsoz. Schulreform; Dt. Oberschule als Hauptform, Gymnasium als Nebenform

† *Ernst Barlach*, dt. express. Holzschnitzer, Graphiker und Dichter (* 1870)

Dufy: „Regatta" (frz. Gemälde)

Grant: „Figur unter Glasglocke" (engl. Gemälde)

G. Grosz: „Ein Teil meiner Welt" (express. Gemälde)

K. Hofer: „Stehende mit Tuch" (express. Gemälde)

Kaus: „Liegende Frau am Meer" und „Pferde in der Schwemme" (express. Gemälde)

† *Ernst Ludwig Kirchner* (Freitod), dt. express. Maler (* 1880)

Klimsch: „Olympia" (Bronzeakt)

Oskar Kokoschka geht n. Großbritannien (erwirbt brit. Staatsangehörigkeit)

W. Nicholson: „Glaskrug und Früchte" (engl. express. Gem.)

Picasso: „Dame im Armstuhl" (kubist. Gemälde)

† *Christian Rohlfs*, dt. impress., später express. Maler, bes. Soester Kirchen (* 1849)

Ausstellung „Drei Jahrhunderte amerikanischer Kunst" in Paris

—

Dokumentarfilm von der Berliner Olympiade 1936

„Tanz auf dem Vulkan" (Film mit *G. Gründgens;* Regie: *Hans Steinhoff*)

„Pygmalion" (engl. Film von *A. Asquith* und *Leslie Howard*);

Die Negersängerin (Alt) *Marian Anderson* (USA, * 1908) wird Ehrendoktor der Harvard - Universität

Bartók: Violinkonzert (ungar. Komposition)

A. Copland: „Billy, the Kid" (nordamerikan. volkstüml. musikalische Schau)

Egk: „Peer Gynt" (Oper)

Hindemith: „Nobilissima Visione" (Ballettmusik); „Mathis der Maler" (Oper um d. Maler *Grünewald*)

Honegger: „Totentanz" (schweiz.-franz. szenisches Oratorium, Text von *Paul Claudel*)

† *Fedor Schaljapin*, russ. Sänger (Baß) in Moskau u. New York (* 1873)

R. Strauss: „Friedenstag" u. „Daphne" (Opern)

Modetanz Lambeth-Walk

~ Höhepunkt des Jazz-Swingstils unter *Benny Goodman*

NS-Regime zerstört Synagogen i. Dtl.

US-Kinderchirurg *R. E. Gross* gelingt wegweis. Herzfehleroperation

Physik-*Nobel*preis an *E. Fermi* (Ital.) für Atomkernreaktionen mit Neutronen

Chemie-*Nobel*preis an *R. Kuhn* (Österr.) für Vitaminforschung

Medizin-*Nobel*preis an *C. Heymanns* (Belg.) für Atmungsforschung

Cerletti und *Bini:* Elektroschock (elektrische Stoßbelastung des Gehirns zur Besserung gewisser Neurosen). Daneben entwickelt sich in Frankreich eine Beeinflussung neurotischer Zustände durch Narkotisierung während der Anfälle

K. Clusius und *G. Dickel:* Trennrohrverfahren für Isotopentrennung (erhält große Bedeutung für Atomphysik)

A. P. Dustin: Untersuchungen von Colchicin als Mitosegift (erzeugt Riesenzellen und -wachstum durch Zellteilungshemmung)

Einstein und *Leopold Infeld:* „Die Entwicklung der Physik"

R. Goldschmidt: „Physiologische Genetik"

O. Hahn und *Straßmann* entd. die Spaltbarkeit des Urankerns durch Neutronen (die darauf beruhende Kettenreaktion führt z. technischen Ausnutzung der Atomenergie)

W. R. Heß: „Das Zwischenhirn und die Regulation von Kreislauf und Atmung" (Zwischenhirn als lebenswichtiges Regulationszentrum)

H. I. Ives bestätigt durch Beobachtung der Spektrallinien bewegter Atome die von der Speziellen Relativitätstheorie vorausgesagte Gangverlangsamung bewegter „Uhren"

P. Jordan begründet Verstärkertheorie der Biophysik, wonach grundlegende Lebenserscheinungen auf Verstärkung ursprünglich quantenphysikalisch-molekularer Prozesse beruhen (bedeutet Vorstoß der Atomphysik in die Biologie)

P. Karrer synthetisiert das Antisterilitäts-Vitamin E

P. Kapitza entd. supraflüssiges Helium bei Temperatur nahe absolutem Nullpunkt

6094 dt. Aktiengesellschaften m. 18,7 Mrd. RM (1902: 5186 AGs mit 12 Mrd. RM)

Interessengemeinschaft *Humboldt-Deutz*motoren AG und *Klöckner*-Werke AG

Pflichtversicherung für Handwerker i. Deutschl.

Emil Lederer: „Technischer Fortschritt u. Arbeitslosigkeit" (Studien u. Berichte d. Internat. Arbeitsamtes

Deutsche Lebensversicherungen: Privat 25,5 Mill. Verträge über 20,4 Milliard. M; öffentlich 1,8 Mill. Versicherte über 3,6 Milliarden M

Dt. Kleinempfänger (35 RM) zur stärkeren politischen Beeinflussung der Bevölkerung geschaffen

„Ehrenkreuz der deutschen Mutter" (nationalsozialist. Auszeichnung zur Hebung der Geburtenfreudigkeit für Mütter mit mehr als 3 Kindern; für mehr als 7 Kinder „i. Gold")

Kennkartenpflicht in Deutschland

Gesetz zur Kontrolle der Geschlechtskrankheiten in den USA

40-Std.-Woche in USA

2. Erdgasfund i. Dtl. b. Bentheim (1. Fund 1910 b. Hamburg)

(1938)

Einmarsch dt. Truppen in das Sudetenland; *Konrad Henlein* Gauleiter

Tschechoslow. Staatspräsident *Benesch* tritt zurück (geht nach d. USA)

Durch *Hitlers* außenpolitische Erfolge wird eine Erhebung hoher dt. Offiziere vereitelt

Emil Hacha (* 1872, † 1945 im Gefängnis) tschechoslow. Staatspräsident bis 1939

Slowakei autonomer Staat unter Ministerpräsident *Josef Tiso* (* 1887, † 1945, erschossen)

Karpato-Ukraine autonomer Staat

Teschener Land von der Tschechoslowakei an Polen

Dt.-ital. 1. „Wiener Schiedsspruch" (u. a. erhält Ungarn Gebietsteile der Slowakei, 1939 das ganze Karpatenland)

Dt.-brit. und dt.-frz. Nichtangriffserklärungen

Staatlich organisiert. Judenpogrom in Deutschland („Kristallnacht"); Niederbrennung der Synagogen

Rücktritt *Edens*, dafür Lord *Halifax* brit. Außenminister bis 1940 (dann Botschafter in USA)

Brit.-ital. Abkommen; Großbritannien anerkennt Annexion Abessiniens

Nordirland schließt freundschaftlichen Vertrag mit Großbritannien

Douglas Hyde irischer Staatspräsident bis 1945; Wahlsieg der Regierung *de Valeras*

Australien erläßt gegen Japan gerichtete Ausfuhrsperre für Eisen- und Manganerze

Daladier Ministerpräsident (vor d. Münchener Abkommen) einer frz. bürgerlichen Regierung bis 1940. Bruch mit der Volksfront wegen des Münchener Abkommens mit *Hitler*

Der ital. Faschismus übernimmt vom Nationalsozialismus die vorher abgelehnte Rassenideologie

Ital. Deputiertenkammer durch Kammer der Fasci und Korporationen ersetzt

Ungar. Regierung unter *Bela Imredy* (tritt 1939 zurück); Reichsverweser *v. Horthy* macht Staatsbesuch in Deutschland

König *Carol II.* von Rumänien errichtet totalitäre Herrschaft; verfolgt faschistische „Eiserne Garde", ihr Führer *Codreanu* erschossen. Kabinett der „Konzentration" unter dem Patriarchen *Miron Christea* bis 1939

Polen erlangt durch Ultimatum von Litauen Anerkennung der Wilnagrenze

Japan.-sowjetruss. militärische Zwischenfälle

Hinrichtung von *Bucharin*, *Rykow*, *Jagoda* u. a. nach Schauprozessen in der USSR

L. P. Berija (* 1899) Volkskomm. d. NKWD (1953 erschossen)

„Geschichte der Kommunistischen Partei der Sowjetunion (Bolschewiki). Kurzer Lehrgang" (anonym, weitgehend von *Stalin* verfaßt; wird zum „Katechismus" der KP)

† *Kemal Atatürk*, türk. Staatspräsident seit 1923; Begründer der modernen Türkei (* 1881)

Ismet Inönü (* 1884) türk. Staatspräsident

Wahlsieg der liberalen Regierungspartei in Ägypten (Wafd durch Besserung der ägypt. Beziehungen zu Großbritannien politisch geschwächt)

10,4 Mill. Arbeitslose in den USA (Höhepunkt)

Nach dem Münchener Abkommen beginnt USA intensiv aufzurüsten

8. Pan-Amerikanische Konferenz in Lima: Amerikanische „Solidarität" erklärt

Mexiko enteignet brit. und nordamerikan. Erdölgesellschaften

Sieg der politischen Linken bei der Präsidentschaftswahl in Chile; soziale Reformgesetze

Japan. Mobilisierungsgesetz; gibt im Kriegsfall der Regierung weitgehende Vollmachten

Japaner besetzen in China Tsingtau, K'aifeng, Hankou; erreichen Hoangho. USA und Großbritannien protestieren gegen Verletzung des Neunmächteabkommens von 1922

Marschall *Phibul Songkhram* übernimmt Regierung in Siam (kämpft im 2. Weltkrieg auf japan. Seite)

Lewis: „Die verlorenen Eltern“ (nordamerik. Roman)

Georg Lukacs (*1885, † 1971): „Essays über Realismus“ (ungar. Essays für den „sozialist. Realismus“ in der Literatur)

A. Malraux: „Die Hoffnung“ (frz. Roman)

Th. Mann: „Achtung, Europa“ (Aufsätze), „Der kommende Sieg der Demokratie“, „Dieser Friede“ (Reden)

Mauriac: „Asmodée“ (frz. Schauspiel)

H. Miller: „Wendekreis des Steinbocks“ (nordamer. sexuell betonter Roman)

Molo: „Geschichte einer Seele“ (Roman)

Monnier: „Liebe — Brot der Armen“ (frz. Romanzyklus)

Jean Paul Sartre (* 1905): „Der Ekel“ (frz. Bühnenstück)

Margarete Schiestl-Bentlage: „Die Verlobten“ (westfäl. Heimatroman)

Michail A. Scholochow (* 1905): „Der stille Don“ (russ. Roman in 4 Bänden seit 1928)

Ina Seidel: „Lennacker“ (Roman)

Shaw: „Geneva“ (engl. Schauspiel)

„Schlaf schneller, Genosse“ (dt. Ausgabe russ. satir. Erzählungen von *Michael Sostschenko,* * 1895, *Valentin Katajew* u. a.)

Th. N. Wilder: „Unsere kleine Stadt“ (nordamerikan. Schauspiel)

Th. Wolfe: „Das Geweb aus Erde“ (nordamerikan. Roman)

† *Thomas Wolfe*, nordam. Dichter (* 1900)

„Bankfeiertag“ (engl. Film v. *Carol Reed,* * 1906); „Die Zitadelle“ (englisch. Film von *K. Vidor* nach *Cronin)*

„Das Tier im Menschen“ (franz. Film v. *J. Renoir* m. *Simone Simon); „Fahrendes* Volk“ (frz. Fim von *Feyder);* „Artisten“ (frz. Film von *Marc Allégret)*

„AlexanderNewski“ (russ. Film v. *Eisenstein);* „Gorkis Jugend“ (russ. Film v. *Donskoi);* „Professor Mamlock“ (russ. Film v. *Minkine* und *Rapoport);* „Sieg“ (russ. Film v. *Pudowkin)*

„Schneewittchen u. die sieben Zwerge“ (nordamerik. abendfüllender Zeichenfarbfilm von *Walt Disney)*

Superman als Comic-Figur

† *Konstantin Stanislavskij,* russ. Schauspieler und Regisseur; begründete das „Moskauer Künstlerische Theater“ (1898) u. pflegte realistischen Stil (* 1863)

† *Ludwig Wüllner,* dt. Schauspieler, Rezitator und Sänger (* 1858)

Willi Schaeffers (* 1884, † 1962) leitet Kabarett der Komiker in Berlin

Kellett, Gething, Gaine: Weltrekord im Streckenflug mit 11526 km

R. Kuhn: Chemischer Bau und Synthese von Vitamin B_6 (Adermin, heilt mit B_2 Hauterkrankungen der Ratte)

R. Kuhn und *Moewus:* Aufklärung des chemischen Baus der Befruchtungsstoffe von Algen (Beitrag zur Theorie der Sexualität)

W. Paulcke: „Praktische Schnee- und Lawinenkunde“

Mario Pezzi: Weltrekord im Höhenflug mit 17074 m

Nicolas Rashevsky: „Mathemat. Biophysik“ (nordamer. mathem. Behandlung von Zellwachstum und -teilung v. physikal. Standp. aus)

Bernhard de Rudder (* 1894): „Meteorobiologie des Menschen“

B. de Rudder, L. Weickmann u. a.: „Klima – Wetter – Mensch“

Nachweis eines unsichtbaren planetenartigen Begleiters von doppelter Jupitermasse beim nächsten Fixstern (Proxima Centauri)

Fernsehsendungen in New York mit 20000 Empfängern

Erfindung des Kunststoffes „Nylon“

Dt. Rundfunk führt Magnetband-Sendungen ein (1941 über 50% der Sendung, 1950 über 90%)

Flugboot-Langstreckenrekord mit 8500 km (*Dornier*)

Focke-Wulf FW 200 „Condor“: Berlin–New York–Berlin (vier 580/880-PS-Motoren mit 0,57 kg/PS); Berlin–New York in Rekordzeit von 24 Std. 56 Min.

W. Hohlweg und *H.-N. Inhoffen:* Ovulationshemmer-Synthese (Grundlage der „Antibaby-Pille“)

Fernflug Berlin—Tokio (13650 km in 46 Std. 37 Min.)

Fisch mit gestielten Flossen gefangen (Crossopterygier, „lebendes Fossil“)

Autobahnbrücke über das Teufelstal bei Jena (Stahlbetonbrücke mit 138 m Stützweite)

Transiranische Bahn Kaspisches Meer—Teheran—Persischer Meerbusen (1400 km, Baubeginn 1927)

Höchstleistungen für Zivilflugzeuge: Nutzlast: 6290 kg; Flugweite: 5300 km; Gipfelhöhe: 8500 m; Steigzeit: 1000 m in 2,2 Min.; Reisegeschwindigkeit: 390 km/st (Höchstgeschwindigk.: 430 km/st); einzelne Motorleistung: 600 PS (Spitzenleistung: 880 PS).

101,5 Mill. Fluggastkilometer und 2,4 Mill. Luftposttonnen-Kilometer d. Dt. Lufthansa

Segelflugweltrekorde: 390 km Zielstreckenflug. 305,6 km Zielflug mit Rückkehr. 50 St. 26 Min. Dauerflug. 6840 m Höhe über Start

Erstersteigung der Eigernordwand

Malcolm Campbell stellt Geschwindigkeitsrekord für Motorboot mit 210,7 km/st auf (1939: 228,11 km/st)

Weltmeister *Joe Louis* schlägt *Max Schmeling* in der ersten Runde k.o.

Orson Welles' (* 1915) Hörspielsendung einer utopischen Marsinvasion („Der Krieg der Welten“) ruft eine Massenpanik in den USA hervor

Arabische Sendungen des ital. und danach d. brit. Rundfunks (entscheid. Ausweitung des Ätherkrieges)

1939

Reichswirtschaftsminister *Walter Funk* wird an Stelle *Hjalmar Schachts* Reichsbankpräsident; Reichsbank völlig d. Reichsregierung unterstellt

Hitler zerstört die Souveränität der Tschechoslowakei durch Gründung des „Protektorates Böhmen und Mähren" und Bildung einer abhängigen Slowakei unter militär. Druck *von Neurath* Reichsprotektor von Böhmen-Mähren bis 1941

† *Otto Wels*, sozialdemokr. Politiker (* 1873)

Tiso Staatspräsident eines von Deutschland abhängigen slowakischen Staates bis 1944

Italien besetzt Albanien und vereinigt es mit der ital. Krone

Faschisten gewinnen mit dt. und ital. Hilfe span. Bürgerkrieg. *Franco* diktatorischer span. Staats- und Regierungschef. Spanien verläßt Völkerbund. Großbritannien und Frankr. anerkennen *Franco*-Regier.

Deutschland besetzt das Memelgebiet und gliedert es ein (seit 1924 unter litauischer Staatshoheit)

Brit.-frz. Garantieerklärungen für Polen, Rumänien und Griechenland

Nichtangriffspakt Deutschland-Dänemark; Schweden, Norwegen und Finnland lehnen Nichtangriffsvertrag mit Deutschland ab

Während seiner militärischen Aktionen verlangt Deutschland Danzig und Korridor nach Ostpreußen. Polen lehnt ab

Molotow löst als Volkskommissar des Äußeren der USSR *Litwinow* ab

Beistandspakte der Türkei mit Großbritannien und Frankreich, letzteres erhält Sandschak Alexandrette zurück

Militärbündnis Deutschland-Italien (Italien erweist sich beim Ausbruch des 2. Weltkrieges als noch nicht kriegsbereit und bleibt zunächst „nichtkriegführend")

Zwischen Großbritannien, Frankreich und USSR laufen stockende ergebnislose Verhandlungen über gegenseitige militärische Hilfe. Polen verweigert Durchmarschrecht

Hitler lehnt *Roosevelt*botschaft ab; kündigt dt.-brit. Flottenabkommen und dt.-poln. Nichtangriffspakt

Literatur-*Nobel*preis an *F. E. Sillanpää* (Finn.)

Stefan Andres (* 1906, † 1970) „Der Mann von Asteri" (Roman)

Bergengruen: „Tod von Reval" („Sammlung kurioser Geschichten um den Tod")

Eipper: „Das Haustierbuch"

T. S. Eliot: „Der Familientag" (engl. existentialist. Orest-Drama)

Fr. von Gagern: „Schwerter u. Spindeln" (Ahnen des Abendlandes)

Gide: „Das Tagebuch André Gides 1889 bis 1939" (frz.)

G. Greene: „Der Geheimagent" (engl. Rom.)

G. Hauptmann: „Die Tochter der Kathedrale" (Schauspiel) und „Ulrich von Lichtenstein" (Lustspiel)

N. Jacques: „Leidenschaft" (*Schiller*roman)

J. Joyce: „Finnegans Wake" (engl. psychologist. Roman)

Ernst Jünger: „Auf den Marmorklippen" (symbol. polit. Roman)

H. Kesten: „Die Kinder von Guernica" (Roman)

Isolde Kurz: „Das Haus des Atreus" (Gedichte)

Th. Mann: „Lotte in Weimar" (Rom. um *Goethe*)

Monnier: „Annonciata" (frz. Roman)

Ernst Moritz Mungenast (* 1898): „Der Zauberer Muzot" (Lothringer Roman)

Mussolini: „Cavour" (ital. Schauspiel)

Naso: „Preußische Legende" (Novelle)

Saint-Exupéry: „Wind, Sand und Sterne" (frz. Fliegererlebnisse)

Gertrud Bäumer: „Gestalt und Wandel. Frauenbildnisse"

August Bier: „Die Seele" (Gedank. e. Arzt.)

Frank Buchman (* 1878, USA) gründet Bewegung „Moralische Aufrüstung" f. christl.-ethische Erneuerung (findet sein Zentrum in Caux)

F. N. Freeman: „Intelligenztests, ihre Geschichte, Grundsätze u. Anwendungen." (engl.)

† *Siegmund Freud*, österr. Nervenarzt; Begr. der Psychoanalyse (* 1856)

Johannes Haller: „Das Papsttum" (3 Teil. s. 1934)

Willy Hellpach: „Mensch u. Volk d. Großstadt" (Sozialpsychologie)

Johan Huizinga: „Homo ludens" (niederl. Kulturphilosophie)

Hewlett Johnson (* 1874, † 1966; „roter Dekan" von Canterbury): „Ein Sechstel d. Erde" (engl., prosowjetisch)

B. Malinowski: „Die Gruppe u. d. Individuum i. funktionaler Analyse" (engl. Soziologie m. Berücksichtigung der biolog., psycholog. u. Umweltfaktoren mit ihren Wechselwirkungen)

Pius XII. (bisher *Eugenio Pacelli*) Papst; gilt als „polit." Papst

A. Sartorius von Waltershausen: „Gesellschaft u. Wirtschaft vor- u. frühgeschichtlicher Völker"

Arnold J. Toynbee (* 1889): „Studie zur Weltgesch." (engl. Geschichtsphilos. betont Bedeutung d. Religionsgesch.; 6 Bde. seit 1933; Bd. 7–10 1954)

M. W. Urban: „Sprache und Wirklichkeit" (nordamerikan. Philosophie)

Curth Georg Becker (* 1904): „Provenzalischer Kirchplatz" (express. Gemälde)

Arno Breker: „Bereitschaft" (Monumentalplastik)

Burra: „Der Aufstand" (engl. surrealist. Gemälde)

M. Chagall: „Brautpaar mit Eiffelturm" (russ.-frz. Gem.)

Feininger: „San Francisco" (Aquarell)

Heckel: „Lesende Frau" (expr. Aquarell)

Joseph Hirsch (* 1910): „Bildnis eines alten Mannes" (nordamer. realist. Gem.)

Kandinsky: „Nachbarschaft" (russ. abstraktes Gemälde)

† *Alexander Kanoldt*, dt. Maler; wechselte vom Expressionismus zur „Neuen Sachlichkeit" (*1881)

Kaus: „Frau mit Anthuriumblüte" (express. Aquarell)

Henry Moore (*1898): „Landschaft mit Figuren" (engl. express. Gemälde)

W. Nicholson: „Schnee im Bretton Park" (engl. Gem.)

Pasmore: „Das gestreifte Kleid" (engl. Gemälde)

J. Piper: „Hamsey Church" (engl. Gemälde, Kircheninn.)

Kurt Seligmann: „Sabbath Phantome" (Schweiz. surrealist. Gemälde)

Shahn: „Ballspieler" (nordam. Gemälde)

St. Spencer: „Christus in der Wildnis mit Füchsen", „Christus i.d. Wildnis mit Skorpionen" (engl. Gem.)

Albert Speer: Neue Reichskanzlei, Berlin

Bartók: 6. Streichquartett (ungar. Komposition)

Egk: „Joan von Zarissa" (dramatische Tanzdichtung)

Hindemith: Konzert für Violine, Violinsonate in C-dur und Bratschensonate

Orff: „Der Mond" („Das kleine Welttheater", Oper)

Schostakowitsch: 6. Symphonie (russ. Komp.)

Heinrich Sutermeister (* 1910): „Romeo und Julia" (Schweiz. Oper)

Rudolf Wagner-Régeny (* 1903, † 1969): „Die Bürger von Calais" (Oper um die Plastik von *Rodin*)

Julius Weismann: „Die pfiffige Magd" (Oper)

Im dt. Rundfunk beginnt ein zielbewußter Einsatz musikalisch. Mittel zur Hebung der Kriegsbegeisterg. (u. a. „Wir fahren gegen Engeland", „Frankreichlied", „Panzer rollen in Afrika vor", „Bomben auf Engeland", „Von Finnland bis zum Schwarzen Meer", Fanfaren aus „Les Préludes" v. *Liszt*; Wunschkonzerte)

Physik-*Nobel*preis an *E. Lawrence* (USA) für Zyklotron

Chemie-*Nobel*preis *A. F. Butenandt* (Dt.) f. Forsch. über Sexualhormone

Medizin-*Nobel*preis an *G. Domagk* (Dt.) für Sulfonamide und *L. Ruzicka* (Jugoslaw.-Schweiz) für Synthese von Polyterpenen

Beadle, Bonner, Tatum: Erforschung des Stoffwechsels vom roten Brotschimmel und seiner erblichen Änderungen (Methode d. biochem. Mutanten auf spez. Nährböden)

R. E. Byrds dritte Südpolar-Expedition (bis 1941)

H. Caspers: Einfluß der Mondphasenperiode a. d. Fortpflanzungsrhythmus einer Meeresmücke (exakte Tatsachenforschung, Kausalkette noch unbekannt)

R. Doerr und *C. Hallauer:* „Handbuch der Virusforschung" (2 Bände seit 1938, 2 Ergänzbde. bis 1950)

Archiv für die gesamte Virusforschung (Zeitschr. v. *Doerr*)

S. Flügge: „Kann der Energieinhalt der Atomkerne praktisch nutzbar gemacht werden?" (vorläuf. Bejahung)

Gibbons ersetzt Herz und Lunge von Katzen f. 20 Minuten d. Blutdurchströmungsapparat: „Künstliches Herz" (Tiere überleben)

E. Gildemeister und *E. Hagen:* „Handbuch der Viruskrankheiten"

Walter Grotrian (* 1890, † 1954) identifiziert Sonnenkoronalinien als die Spektrallinien hocherhitzter (ca. 1 000 000°) Eisenatome

Max Hartmann: „Geschlecht und Geschlechtsbestimmung im Tier- und Pflanzenreich" (Sexualtheorie auf biochemischer Grundlage)

Robert Henseling: „Umstrittenes Weltbild" (geg. Verzerrung des Weltbildes durch Astrologie, Welteislehre, Hohlwelttheorie u. a.)

R. Houwink: „Chemie und Technologie d. Kunststoffe" (kennzeichnet stürm. Entwicklung: mehr als 150 Kunststoffarten bekannt)

P. Karrer isoliert das Vitamin K (Blutgerinnung)

Lise Meitner (* 1878) und *O. R. Frisch* erklären die von *Hahn* und *Straßmann* gefundene Urankern-

Lebensmittel- u. Kleiderkarten zur Rationierung i. Dtl.

Ad. Weber: „Geld, Banken, Börse"

Fluglinie Berlin—Bangkok (10 500 km in 5 Tagen)

Regelmäßigkeit d. deutschen Luftverkehrs im Winter 1938/39: 91% (30/31: 69,5%); Sicherheit: 0,2 Notlandungen auf 1 Mill. km (1931: 8,8)

3065 km Autobahn in Deutschland (1849 km im Bau)

Erweit. des Kaiser-*Wilhelm*-Kanals

Leistung pro Arbeitsstunde in USA (Großbrit. = 100): Bergbau 425, Auto- und Radioindustrie 310, Maschinenbau 280, Eisen und Stahl 173, Textilindustrie 160, Baugewerbe 115, Gesamtindustrie 215

Massenherstellung von Metallgegenständen im Schnitt- u. Stanzenbau vermag Preise auf ca. 20% gegenüber 1900 zu senken

Lt. Gesetz erlöschen dt. Fideikommisse (in Preußen schon 1920)

Dt. Heilpraktikergesetz

Harbig (Dt.) läuft Weltrekord über 800 m mit 1:46,6

Etwa 2 Mill. Briefmarkensammler in Deutschland; ca. 20 Mill. in d. USA

Erdbeben in Anatolien, 45 000 Opfer

(1939)

Brit.-poln. Beistandspakt

Deutschland anerkennt baltische Staaten, Finnland, Ostpolen und Bessarabien als Interessengebiete der USSR

Hitler beginnt 2. Weltkrieg mit Überfall auf Polen. Vergeblicher Versuch *Mussolinis*, in letzter Minute zu vermitteln

Großbritannien und Frankreich erklären Deutschland den Krieg

Brit. Dominions einschl. Indien erklären Deutschland den Krieg

Schwere dt. Luftangriffe a. Warschau

Polen bleibt gegen dt. Angriff ohne effektive Hilfe und unterliegt militärisch vollständig

† *Werner von Fritsch* (fällt vor Warschau), dt. Generaloberst; 1938 durch Verleumdungen als Oberbefehlshaber des Heeres abgesetzt (* 1880)

Hitler versucht in einer Reichstagsrede vergeblich, Großbritannien und Frankreich zu einer Anerkennung der dt. Ostpolitik durch Friedensschluß zu bringen

Hans Frank (* 1900, † 1946, hingerichtet) Generalgouverneur im besetzten Polen

Ernst Udet (* 1896, † 1941, Selbstmord) dt. Generalluftzeugmeister

Brit. Passagierdampfer „Athenia" wird von dt. U-Boot versenkt. Brit. Kreuzer vernichten Panzerschiff „Admiral Graf Spee" in der La-Plata-Mündung

Günther Prien (* 1908, † 1941) versenkt mit seinem U-Boot das brit. Schlachtschiff „Royal Oak" bei Scapa Flow

Sicherheitsdienst der SS bildet Sicherheitshauptamt (Zentrale für die Verfolgung politischer Gegner)

Arbeitsdienstpflicht der weiblichen Jugend in Deutschland

Über 500000 Umsiedlungen Auslandsdeutscher aus Baltikum, Rußland und Balkan nach Deutschland (bis 1940)

Südtiroler werden nach Deutschland umgesiedelt

Mißglückt. Bombenattentat a. *Hitler* im Münchener Bürgerbräukeller

Dt.-sowjetruss. Nichtangriffspakt

K. Haushofer: „Deutsche Kulturpolitik im indopazifischen Raum" (Beispiel imperialistischer Ideologie)

Allgem. Wehrpflicht in Großbrit.

Brit. Kriegskabinett gebildet. Großbritannien verhängt Seeblockade gegen Deutschland

General *Gort* führt brit. Expeditionskorps nach Frankreich

Brit.-frz. Wirtschaftsrat gebildet

Winston Churchill zum zweitenmal brit. Marineminister

Großbritannien sperrt jüdische Einwanderung in Palästina

Jan Smuts südafrikan. Ministerpräsident bis 1948; erklärt Deutschland den Krieg

Graf *Téleki* ungar. Ministerpräsident bis 1939 (†, Selbstm.)

Allgemeine Wehrpflicht in Ungarn. Ungarn tritt Antikominternpakt bei, besetzt Karpato-Ukraine und tritt aus dem Völkerbund aus

Rücktritt der jugoslaw. Regierung *Stojadinowitsch*; Regierung *Zwetkowitsch* m. 5 kroat. Ministern bis 1941

„Eiserne Garde" ermordet rumän. Ministerpräsidenten *Calinescu*; danach Kabinett *Tatarescu*

USSR greift Finnland an und wird aus dem Völkerbund ausgeschlossen

Neutralität der skandinavischen Staaten im Finnlandkrieg

USSR lehnt RK-Konvention ab

Franz von Papen Botschafter in Ankara (Türkei)

Faisal II. (unmündig) König von Irak. Abbruch der diplomatischen Beziehungen zu Deutschland

USA liefert Waffen gegen Barzahlung und Transport auf Schiffen der Käufer (Cash and Carry)

Integralisten-Aufstand in Brasilien niedergeschlagen

Burmastraße von Lashio (Bahnanschluß nach Rangun) bis Tschunking (China) (3350 km, schwierigstes Terrain. Baubeginn 1937)

Erstarrung der Fronten im chin.-japan. Krieg; Partisanenkrieg

Mandschukuo tritt Antikominternpakt bei

Siam nennt sich nun Thailand

Saroyan: „Die Zeit deines Lebens" (nordamerikan. Erzählungen)

J. Schaffner: „Kampf und Reife" (Roman)

K. A. Schenzinger: „Metall" (techn. Roman)

R. Schickele: „Die Heimkehr" (elsäss. Roman)

Anna Seghers: „Das siebte Kreuz" (KZ-Roman)

Shaw: „Karl II." (engl. Schauspiel)

Sinclair: „Marie Antoinette" (nordamerikan. Drama)

J. Steinbeck: „Früchte des Zorns" (nordam. gesellschaftskrit. Roman)

† *Ernst Toller* (Freitod), dt. Dichter (* 1893)

Josef Weinheber (* 1892, †1945, Freitod): „Kammermusik" (österr. Gedichte)

Wiechert: „Das einfache Leben" (Roman)

† *William Butler Yeats*, irischer Dichter; Mitbegründer der irisch-keltischen Renaissance; *Nobel*preis 1923 (* 1865)

E. Zahn: „Die tausendjährg. Straße" (Schweiz. Roman)

Rund 350 Theater in Deutschland

Blegen findet 600 Täfelchen mit kretischer Schrift auf Burg Pylos (Peloponnes, thyrrhenisch-etruskisch, 1951 von *E.L.Bennet* entziff.)

18257 deutschsprachige Zeitschriften erscheinen

„Négritude" (afrokarib. Kampfbegriff geg. weiße Vorherrschaft)

(monumental. klassizist. Bau)

Versteigerung moderner Malerei aus dt.Museen in Luzern. (Dadurch gehen allein 15 Hauptwerke v. *Corinth* u. 7 v. *Barlach* für Dt. verloren)

„Ninotschka" (nordamer. antisowj. Film v. *E. Lubitsch* mit *G. Garbo* u. *F. Bressart*)

„Männer u. Mäuse" (nordam. Film nach *Steinbeck*); „Vom Winde verweht" (nordam. Film nach *Mitchell* von *Fleming* mit *Vivien Leigh*, *C. Gable*, Kosten 3,85 Mill. Dollar)

„Die Spielregel" (frz. Film von *J. Renoir*); „Tagesanfang" (frz. Film v. *Marcel Carné*, * 1900); „Der Tag endet" (frz. Film v. *Duvivier*)

„Robert Koch" (Film v. *H. Steinhoff* m. *E. Jannings*, *W. Krauß*); „Bel ami" Film von und mit *W. Forst*, mit *Ilse Werner*, *Olga Tschechowa*, *Lizzy Waldmüller*)

„Es war eine rauschende Ballnacht" (*Tschaikowskij*-Film mit *Zarah Leander*; Regie: *C. Froelich*); „Der Schritt vom Wege" (Film n. *Fontanes* „Effie Briest" mit *Marianne Hoppe*, *Karl Ludwig Diehl*, *Paul Hartmann*; Regie: *G. Gründgens*); „Opernball" (Film mit *Heli Finkenzeller*, *Hans Moser*, *Theo Lingen*; Regie: *Géza v. Bolvary*)

Jährl. ca. 650 Mill. m Filme (Weltprodkt.)

spaltung (*L. M.* mußte 1938 aus polit. Gründen Dtl. verlassen)

I. Mitschurin: „Die Anwendungen von Mentoren bei der Erzielung hybrider Sämlinge" (posthum)

Paul Müller (*1899, + 1965) synthetisiert und prüft das hochwirksame Kontakt-Insektengift DDT (ab 1942 Produktion in USA u. Deutschl.)

Reber empfängt Kurzwellen aus der Milchstraße. Beginn der Radio-Astronomie (Vorläufer *Jansky* 1932)

Heinrich Schade, *C. Häbler:* „Physiko-chemische Medizin"

Bastian Schmid: „Zur Psychologie unserer Haustiere"

Paul A. Smith: „Atlantische untermeerische Täler der USA" (über Echolotungen m. Höhenlinienkarte)

A. Thienemann: „Grundzüge einer allgemeinen Ökologie" (biolog. Umweltforschung)

Wendel erreicht mit Flugzeug Me 109 (*Messerschmitt*) 755 km/St.

Etwa 300 wissenschaftliche Sternwarten auf der Erde (davon 50, die modernsten, in USA)

Ausdehnung des größten bekannten Riesensterns (VV Cephei) mit 1220fach. Sonnendurchm. bestimmt

250 Mill. Dollar in USA für wissenschaftliche Untersuchungen jährlich aufgewendet, davon 10% für reine Forschung

1890 Seiten Formelregister im Chemischen Zentralblatt für die Zeit von 1935 bis 1939

Sichtbarmachung der ersten Riesenmoleküle (Pflanzen-Viren) im Elektronen-Übermikroskop

Rasche Entwicklung von Radar

8-mm-Farbenfilm

Nickelkombinat in der sibirischen Taiga mit Zentrum Norilsk (erreicht etwa 10000 t Nickel jährlich)

Entdeck. eines angelsächs. Schiffsgrabes b. Sutton Hoo (East Suffolk)

Erster Passagier-Atlantikflug der PAA (b. 1952 über 40000 Atl.-Fl.)

2500 Museen i. USA (1914: 600)

Nylonfaser i. USA (Dupont), Perlonfaser i. Dtl. (IG Farben) (Chemiefasern beg. Natur-Fasern zu verdrängen)

1940	Dt. Hilfsschiff „Altmark" mit brit. Gefangenen in norweg. Gewässern von brit. Kriegsschiffen angegriffen Deutschland besetzt durch militär. Überfall die neutralen Länder Dänemark und Norwegen (letzteres gegen brit.-norw. Widerstand); schwerer Kreuzer „Blücher" u. zwei leichte Kreuzer gehen verloren König *Haakon VII.* von Norwegen geht nach England *Josef Terboven* (* 1898 † 1945, Selbstmord) Reichskommissar in Norwegen, arbeitet mit *Quisling* zusammen USSR billigt dt. Angriff auf Norwegen Unter Verletzung der Neutralität Belgiens, Luxemburgs und der Niederlande (schwere Luftangriffe auf Rotterdam) schlägt Deutschland Frankreich militärisch und zwingt es zum Waffenstillstand Frankreich lehnt brit.-frz. Union ab Dt.-frz. Waffenstillstand in Compiègne, demonstrativ in demselben Salonwagen wie 1918 Belg., niederl. und luxemburg. Exilregierungen in London Eupen-Malmedy kommt wieder an Deutschland *Seyß-Inquart* Reichskommissar in den Niederlanden; *von Falkenhausen* Militärgouverneur in Belgien bis 1944 (dann von Dt. verhaftet); *O. von Stülpnagel* Militärgouverneur im besetzten Frankreich bis 1942 (* 1878, † 1948 Freitod) *Hermann Göring* wird „Reichsmarschall des Großdeutschen Reiches" (1939 von *Hitler* als sein Nachfolger bezeichnet; 1945 von *Hitler* wegen „Verrats" abgesetzt) 2. dt.-ital. „Wiener Schiedsspruch" (u. a. Nord- und Ostsiebenbürgen von Rumänien an Ungarn; 1941 Teile Jugoslawiens an Ungarn) Dreimächtepakt zwischen Deutschland, Italien und Japan (nachträgl. Beitritt von Ungarn, Rumänien und Slowakei); Beitritt für USSR wird offengehalten *Fritz Todt* (* 1891, † 1942) Reichsminister f. Bewaffnung u. Munition	*Benrath:* „Die Kaiserin Theophano" (Roman) *Bergengruen:* „Am Himmel wie auf Erden" (Roman um Kurfürst *Joachim I.* von Brandenburg) *Brecht:* „Das Verhör d. Lucullus" (lehrhaftes Hörspiel; 1951 Oper v. *Paul Dessau*) *G. Greene:* „Die Kraft und die Herrlichkeit" (engl. Roman; wird v. *John Ford* verfilmt) † *Walter Hasenclever*, dt. express. Dichter (Freitod) (* 1890) † *Verner v. Heidenstam*, schwed. Dichter; Vertreter des „Neuidealismus"; *Nobel*preis 1916; u. a. „Hans Alienus" (faustischer Entwicklungsrom., 1892) (* 1859) *Hemingway:* „Wem die Stunde schlägt" (Rom.) *Jelusich:* „Der Traum v. Reich" (österr. Roman) † *Selma Lagerlöf*, schwed. Dichterin (* 1858) *Th. Mann:* „Die vertauschten Köpfe" (Legende n. ind. Motiven) *R. Martin du Gard:* „Epilogue" (frz. Romanzyklus „Les Thibaults" in 8 Bänden seit 1922) *Saroyan:* „Höhepunkt des Lebens" (nordamerikan. Schauspiel) *Sinclair:* „Zwischen zwei Welten" u. „Weltende" (nordamer. Romane) † *Hermann Stehr*, dt. Dichter (* 1864) *Undset:* „Madame Dorothee" (norweg. Roman) *Th. Wolfe:* „Es führt kein Weg zurück" (nordamerikanischer Roman, posthum) *Karl Vossler:* „Poesie der Einsamkeit in Spanien" (Romanistik)	*James Burnham:* „Die Revolution der Manager" (Bedeutung des Systems der Wirtschafts-Direktoren für eine neue Gesellschaft) *M. Dessoir:* „Die Kunst der Rede" *Alfred Döblin* tritt als Emigrant in Frankreich zum Katholizismus über *Nic. Hartmann:* „Der Aufbau der realen Welt" (Schichtung des „Gesamtphänomens Welt" in 1. physische, 2. organische, 3. seelische, 4. geistige Schicht) † *Erich Rudolf Jaensch*, deutscher Psychologe; erforschte besonders Eidetik (* 1883) *Arthur Koestler* (* 1905): „Sonnenfinsternis" (Kritik a. d. bolschewist. Schauprozessen) *R. v. Mises:* „Kleines Lehrbuch des Positivismus. Einführung in die empiristische Wissenschaftsauffassung" *S. L. Rubinstein:* „Die Grundlagen einer allgemeinen Psychologie" (sowjetruss.) *Santayana:* „Das Reich des Seins" (nordamerikan.-span. Philosophie seit 1927); *S.* wird Hospitant in einem kathol. Konvent in Rom *H. Schultz-Henke:* „Der gehemmte Mensch" (Psychoanalyse) *J. v. Üxküll:* „Bedeutungslehre" (Philosophie der biologischen Erkenntnis mit Betonung finaler Erklärungsweis.) 5500 Soziologiekurse in 600 Colleges in den USA (von 1942 bis 1946 steigt die Mitgliederzahl der Amerikan. Soziologischen Gesellschaft von ca. 1000 auf 2250)

Beckmann: „Der Zirkuswagen" (Gem.)

† *Peter Behrens*, dt. Baumeister (* 1868)

Hyman Bloom (* 1913 i. Litauen): „Synagoge" (nordam. Gem.)

Brancusi: „Aufsteigender Vogel" (rumän.-frz. Plastik)

Chagall: „Das Martyrium"

Heckel: „Kresse", „Berge in Kärnten" (express. Aquarelle)

Kaus: „Frauen am Meer" (expr. Gem.)

† *Paul Klee*, schweiz.-dt. Maler und Graphiker, Lehrer am Bauhaus; seit 1933 i. Ausland (* 1879)

Yasuo Kuniyoshi (* 1893 i. Japan): „Der Milchzug" (nordam. realistisch. Gemälde)

† *Hugo Lederer*, dt. Bildhauer (* 1871)

P. Mondrian: „Broadway Boogie-Woogie" (Gem.)

H. Moore: „Die Braut" (engl. Plastik aus Blei und Kupferdrähten), „Zwei sitzende Frauen" (engl. express. Gem.)

W. Nicholson: „Lord und Lady Strafford" (engl. Bildnis)

Nolde: „Nachmittagswolken, Friesland" (expr. Gem.)

R. Scheibe: „Die Flehende" (Plastik)

Schmidt-Rottluff: „Rittersporn" (express. Gemälde)

St. Spencer: „Im Wollladen" (engl. surrealistisches Gemälde)

F. L. Wright: Southern College in. Lakeland-Florida (nordamerikan. konstruktivist. Bauwerk)

Marcel Cuvelier gründet „Jeunesse Musicales" (intern. Jugendorganisation zur Erneuer. d. Musiklebens)

Hindemith: Konzert für Violincello

† *Walter Kollo*, Berliner Operettenkomponist (* 1883)

Milhaud: „Médéa" (frz. Oper)

Pfitzner: „Über musikalische Inspiration"

Günther Ramin Thomaskantor in Leipzig

Schostakowitsch: Klavier-Quintett (russ. Komp.)

R. Strauss: „Liebe der Danae" (Oper)

Strawinsky: „Symphonie in C-dur"

Seit 1930 siedelten folgende europäische Komponisten in die USA um: *Igor Strawinskij, Arnold Schönberg, Béla Bartók, Paul Hindemith, Darius Milhaud, Bohuslav Martinu* (* 1890), *Ernst Křenek, Kurt Weill, Ernst Toch, Alexander Tansman* (* 1897)

„Rodeo" (nordamerikan. Ballett mit volkstüml. Wildwestromant., Choreographie v. *Agnes de Mille*)

O. Sala entwickelt Konzert-Trautonium (*H. Genzmer* schreibt Konzert m. Orchester für dies. elektroakust. Instrument)

Manfred von Ardenne: „Elektronen-Übermikroskopie. Physik. Technik" (kennzeich. erreichte techn. Reife)

Hermann Baumann, Richard Thurnwald, Diedrich Westermann: „Völkerkunde von Afrika. Mit besond. Berücksichtig. d. kolon. Aufgabe"

Ludwig von Bertalanffy: „Vom Molekül zur Organismenwelt" (biophysikalische Lebenslehre: Der lebende Organismus wird mehr und mehr als ein offenes System aufgefaßt, in dem durch Biokatalysatoren gesteuerte Stoffwechselvorgänge eine nur langsam veränderliche äußere Form im Quasi-Gleichgewicht aufrechterhalten)

† *Karl Bosch*, dt. Chemiker und Industrieller; *Nobel*pr. 1931 (* 1874)

A. E. Douglass: Baumjahresring-Chronologie von 150—1934 (als Hilfsmittel der Klimatologie und Frühgeschichtsforschung)

H. Fischer: Aufklärung des chemischen Baus des grünen Blattfarbstoffes Chlorophyll (begonnen v. *R. Willstätter* u. *A. Stoll* 1913, ist dem roten Blutfarbstoff ähnlich)

W. Goetsch: „Vergleichende Biologie der Insektenstaaten"

Bierens de Haan: „Die tierischen Instinkte und ihr Umbau durch Erfahrungen" (Tierpsychologie)

Erich von Holst: „Neue Anschauungen über die Tätigkeit des Zentralnervensystems" (relative Koordination von Bewegungsabläufen durch zentrale Rhythmen); baut Flugmodelle mit weitgehender Nachahmung des Tierfluges (Vogel, Libelle)

K. Landsteiner und *A. S. Wiegner:* Rhesus-Faktor des menschlichen Blutes (rh-negative Mutter kann ihre rh-positive Frucht schädigen)

Edwin M. McMillan u. *Abelson* weisen erstes transuran. Element nach (Element [93] Neptunium, v. *O. Hahn* seit 1936 vermutet; 1951 Chemie-*Nobel*preis für Transuranchemie an *McMillan* u. *Glenn Th. Seaborg*, USA)

M. Richter: „Grundriß der Farbenlehre der Gegenwart" (Zusammenfassung unter bes. Berücksichtigung der Farbmessung)

J. M. Keynes: „Wie finanziert man den Krieg?" (brit. Volkswirtschaftstheorie)

Der engl. Karikaturist *David Low* erzielt mit seinen politischen Bildern gegen *Hitler* große Wirkungen

Ernst Reuter: „Einführg. in die Kommunalwissensch." (erscheint in Ankara)

Ernst Wagemann: „Wo kommt das viele Geld her?"

„Winterhilfswerk" (seit 1933) bringt 916 Mill. RM (nimmt mehr und mehr den Charakter einer Sondersteuer an)

Vernichtung von Geisteskranken in Deutschland ohne Zustimmung oder Kenntnis ihrer Angehörigen

Die ersten Nylon-Strümpfe (Nylon entwickelt sich zu einem vielseitigen Werkstoff)

~Platzersparnis f. Bibliotheken, Karteien usw. durch Mikrophotographie beträgt etwa 95 bis 99%

Prozentualer Anteil verschiedener Lebensalter an der Gesamtbevölkerung (vergleichsweise vorausberechnet für 1970, ohne Kriegsfolgen): 0—29 Jahre: Engl. 44 (31), Dt. 46 (35), USA 52 (47), USSR 64 (54); 50—79 J.: Engl. 26 (37), Dt. 23 (33), USA 19 (26), USSR 12 (20)

(1940)

Baldur v. Schirach (* 1907, † 1974) Gauleiter u. Reichsstatthalter i. Wien; *Axmann* Reichsjugendführer

Starker dt. Luftangriff auf engl. Stadt Coventry

Beginn heftiger dt. Luftangriffe auf London und Malta

† *Michael Hainisch*, österr. Bundespräsident von 1920 b. 1928 (* 1858)

Island von den Alliierten besetzt (später wichtiger Stützpunkt der USA-Streitkräfte)

Winston Churchill (Konserv.) bildet brit. Koalitionsregierung (bis 1945); stellvertretender Ministerpräsident *Clemens Richard Attlee* (Labour; * 1883); Kriegsminister *Eden*. *Churchill* stellt „Blut, Mühsal, Tränen und Schweiß" in Aussicht

Stafford Cripps (* 1889, † 1952) brit. Botsch. in Moskau, bis 1942

Brit. Niederlage bei Dünkirchen; der brit. Expeditionsarmee gelingt Einschiffung n. Engl. unter Zurücklassung der schweren Ausrüstung

Brit. Luftwaffe und Luftverteidigungskräfte zerschlagen in der entscheidenden „Schlacht um England" dt. Luftoffensive; führt zur Aufgabe des dt. Invasionsplanes „Seelöwe"

† *Neville Chamberlain*, brit. Premier 1937–40 (* 1869)

Poln. Exilregierung i. London unter General *Sikorski*; General *Anders* befehligt nahöstl. poln. Armee

Großbritannien anerkennt provisor. tschechoslow. Exilregierung unter *Benesch*

Anthony Eden nach Lord *Halifax* brit. Außenminister bis 1945

Samuel Hoare (* 1880) brit. Botschafter in Madrid (ihm gelingt, Spanien außerh. d. Krieges zu halten)

Irland lehnt militär. Stützpunkt für Alliierte ab

Paul Reynaud (* 1878, † 1966) frz. Minister-Präs. bis zur militär. Niederlage (unter *Pétain* verhaftet)

Marschall *Pétain* frz. Staatschef des unbesetzten Frankreichs in Vichy bis 1944; arbeitet mit der dt. Besatzungsmacht zusammen; daneben Widerstandsbewegung („Résistance") umfaßt Kommunisten, Sozialisten und Bürgerliche

Das frz. provisorische Nationalkomitee unter *Charles de Gaulle* (* 1890) wird von Großbritannien anerkannt; es bekämpft *Pétain*-Regierung und erlangt Regierungsgewalt im frz. Kolonialgebiet

Briten vernichten frz. Flottengeschwader vor Oran, um es dt. Zugriff zu entziehen

Pétain setzt seinen Stellvertreter *Laval* ab und läßt ihn verhaften; wird von dt. Behörden befreit

Italien greift von Albanien aus Griechenland an; erfolgreicher Widerstand der Griechen

Kurz vor dem frz. militär. Zusammenbruch tritt Italien auf dt. Seite in den Krieg ein

Balbo wird als Generalgouverneur Libyens durch *Graziani* abgelöst

Italien erobert Brit.- und Frz.-Somaliland; ital. Vorstoß nach Ägypten löst siegreichen brit. Vormarsch in die Cyrenaika aus

† *Italo Balbo*, ital. Marschall, von eigenen Flugzeugen über Nordafrika abgeschossen (* 1896)

Bei einem brit. Luftangriff auf Tarent 3 ital. Schlachtschiffe und 2 Kreuzer schwer beschädigt

Spanien nennt sich „nicht kriegführend", lehnt Eingreifen in den Krieg ab und besetzt internat. Zone in Tanger (1945 wieder freigegeben)

Franco fordert Gibraltar für Spanien

Rumänien muß Bessarabien und nördl. Buchenland an Sowjetunion, nördl. und östl. Siebenbürgen an Ungarn, südl. Dobrudscha an Bulgarien abtreten

König *Carol II.* von Rumänien (seit 1930, * 1893) wird durch General *Antonescu* gezwungen, zugunsten seines Sohnes und Thronfolgers *Michael* abzudanken. *Antonescu* schaltet die faschist. „Eiserne Garde" nach einer blutigen Revolte endgültig aus

Wirtschaftsabkommen zwischen Deutschland und USSR

Finnland muß nach starkem Widerstand an die USSR Karelische Landenge, Teile von Ostkarelien abtreten und Hangö verpachten

Die Sektionen der kommunistischen Internationale unterstützen im Zeichen des dt.-sowjet. Paktes den Angriffskrieg *Hitlers* bis zu seinem Überfall auf die USSR

USSR liefert oppositionelle dt. Kommunisten an *Hitler* aus

Umbildung der Roten Armee durch Aufhebung von Neuerungen seit der Revolution (Wiedereinführung deutlicher Rangabzeichen, neue Disziplinarordnung, Abschaffung d. polit. Kommissare)

Andrej Wyschinski (* 1883, † 1954) stellvert. Außenkommissar d. USSR

USSR gliedert mit Duldung des Dt. Reiches baltische Staaten ein (1941 bis 1944 von dt. Truppen besetzt)

† *Leo Trotzki* (in Mexiko ermordet), russ. bolschewist. Politiker; Gründer der Roten Armee; Gegner *Stalins* (* 1879)

Staatsbesuch *Molotows* bei *Hitler* ergibt Gegensatz der Interessen

Achsenfreundliche Regierung in Syrien gestürzt. Brit. Truppen marschieren in Bagdad ein

USA kündigen Handelsvertrag mit Japan von 1911

USA-Marineprogramm für 150 Schiffe (2,5 Milliarden Dollar)

USA-Unterstaatssekretär *Sumner Welles* untersucht Friedensmöglichkeiten in Europa

Teilweise Wehrpflicht in den USA; 16,4 Mill. Mann werden gemustert

Grönland unter USA-Verwaltung

USA pachten von Großbritannien für 99 Jahre Neufundland, Bermudainseln, Bahamainseln, Jamaika, Antigua, Santa Lucia, Trinidad und Brit.-Guayana; liefern dafür 50 Zerstörer an brit. Marine

F. D. Roosevelt z. drittenmal Präs. der USA bis 1945 (†); „Nationaler Verteidigungsrat" gebildet

Autoritäre Regierung in Japan unter Fürst *Konoye*

Japaner setzen Regierung *Wang Tsching-wei* in Nanking ein. Trotz der japan. Bedrohung Konflikte zw. Kuomintang u. Kommunisten

Japan besetzt nördl. Teil von Frz.-Indochina

„Friedrich Schiller" (Film mit *Horst Caspar*, *E. Klöpfer* und *H. George*)

„Operette" (Film v. u. mit *W. Forst*)

„Der Postmeister" (Film nach *Puschkin* mit *H. George* und *Hilde Krahl*; Regie: *G. Ucicky*)

„Bismarck" (Film v. *W. Liebeneiner* mit *P. Hartmann*)

„Michelangelo" (Kulturfilm von *Curt Oertel* (* 1890, † 1959)

„Jud Süß" (Film v. *V. Harlan* mit *Ferd. Marian*, *W. Krauß*, *Kristina Söderbaum*)

„Die Früchte des Zorns" (nordamerikan. Film nach dem Roman *Steinbecks*; Regie: *J. Ford*; Solo-Akkordeon mit wiederkehrendem Volksliedthema als neuartige Filmmusik)

„Der Diktator" (nordam. *Hitler*persiflage von u. mit *Ch. Chaplin*); „Rebecca" (nordamerik. Film nach *du Maurier* von *A. Hitchcock*); „Fantasia" (nordam. farb. Zeichenfilm v. *Walt Disney* nach klassisch. Musik wie „Nußknackersuite", „Pastorale" u. a.); „Die lange Heimreise" (nordam. Film nach *O'Neill* von *J. Ford*)

„Ein Tag in der neuen Welt" (russ. Film von *Karmen*)

„Gaslicht" (engl. Film von *Thorold Dickinson*); „Das stolze Tal" (engl. Film v. *Pen Tennyson*)

Ruben: Klärung des Verbleibs der Kohlensäure im Assimilationsvorgang mit der Indikator-Methode (Verwend. radioakt. Isotope, deren Verbleib verfolgt werden kann)

Hermann Schmidt plant in Berlin Institut für Regelungstechnik (Anfänge der Kybernetik in Dtl., vgl. 1948)

H. Stille: „Einführung in den Bau Amerikas" (geologische Analyse der zeitlichen Entwicklung)

G. v. Studnitz weist drei Farbsubstanzen in den Zapfen der Netzhaut als stoffliche Grundlage des Farbensehens nach

Timoféeff-Ressovsky: „Eine biophysikalische Analyse des Mutationsvorganges" (Deutung der Erbänderungen durch Strahlen)

† *Julius Wagner von Jauregg*, österr. Nervenarzt; *Nobel*pr. 1927 (* 1857)

Waksman und *Woodruff* entd. das Antibioticum Actinomycin A

Hans Weinert: „Der geistige Aufstieg der Menschheit" (aus der Sicht d. Abstammungslehre; 3. Bd. der Trilogie seit 1932)

Bahnen von 1513 kleinen Planeten bekannt (seit 1910 über 700 ausgemessen; erster 1801 entdeckt). 4000 weitere wenigst. einmal beob.

Entdeckung der steinzeitl. Höhlenmalereien bei Lascaux (Südfrankr.)

Anwendung und Entwicklung der plastischen Chirurgie bei Gesichtsverletzungen im Kriege

In Kanada wird Fichtenblattwespe als Schädling durch künstlich hervorg. Seuche erfolgreich bekämpft

Technisch brauchbare Gasentladungs-Leuchtstofflampen mit hoher Lichtausbeute u. vielen Farbtönungen (diese „kalten" Lichtquellen konkurrieren mit den Glühfadenlampen geringerer Lichtausbeute)

USA ersetzt das 441- durch das 525-Zeilen-Fernsehbild

~ Ersatz v. Dampf- durch *Diesel*lokomotiven i. USA (1953 ca. 50%)

Starker Ausbau des Wasserstraßensystems in der USSR (Ostsee-Wolga-Kanal, Dnjepr-Bug-Kanal, Moskwa-Wolga-Kanal, Seekanal Schwarzes — Kaspisches Meer)

~ Radioaktiver Phosphor in der Medizin

1941

† *Ludwig Quidde*, dt. Historiker und Politiker; Friedens*nobel*preis 1927 (* 1858)

General *Rommel* schlägt mit dem dt. Afrikakorps die Briten in Nordafrika zurück. Tobruk wird eingeschlossen. Gegenstoß der Briten

Brit. Truppen besetzen Somaliland, Eritrea und Abessinien; Ende des ital. Imperiums

Rodolfo Graziani, Marschall von Italien, tritt von allen Ämtern zurück (Generalstabschef des Heeres, Generalgouverneur in Libyen, Oberbefehlshaber in Nordafrika)

Leih- und Pacht-Gesetz in den USA zur sofortigen und wirksamen Unterstützung der Gegner *Hitlers*

Der dt.-freundliche Prinzregent *Paul* von Jugoslawien muß nach dem Beitritt zum Dreimächtepakt für König *Peter II.* abdanken. Freundschaftspakt USSR — Jugoslawien. Deutschland greift Jugoslawien an. Schwere Luftangriffe auf Belgrad

Dt. Truppen marschieren von Bulgarien aus in Griechenland ein. Dt. und ital. Truppen besetzen ganz Griechenland. Brit. Truppen ziehen sich nach Kreta zurück. Ungarn, Bulgarien, Italien und Deutschland erhalten von Jugoslawien und Griechenland Gebietsteile

Dt. Fallschirmjägertruppen erobern Kreta

Ante Pavelitsch leitet in dt.-ital. Abhängigkeit den neugegründeten Staat Kroatien; stützt sich auf terrorist. „Ustascha"-Bewegung

Besuch des japan. Außenministers *Matsuoka* in Berlin, Rom und Moskau (in Moskau Abschluß eines Neutralitätspaktes)

Reichsminister *Rudolf Heß* springt mit Fallschirm über Großbritannien ab, um durch persönl. Verhandlungen die Front der Gegner zu schwächen. (Reichsregierung erklärt ihn für geisteskrank, brit. Regierung setzt ihn gefangen)

† *Wilhelm II.* (in Doorn), dt. Kaiser von 1888 bis 1918 (* 1859)

Josef Martin Bauer (* 1901): „Das Mädchen auf Stachet" (Roman)

Brecht: „Mutter Courage" (Urauff. i. Zürich mit *Th. Giehse*, * 1898, † 1975)

Camus grdt. „Le Combat" (frz. Zeitung des Widerstandes)

Carossa: „Das Jahr der schönen Täuschungen" (Roman, Fortsetzung v. „Verwandlungen einer Jugend" 1928)

A. J. Cronin: „Schlüssel zum Königreich" (engl. Roman)

Ilja Ehrenburg (*1891, + 1967): „Der Fall von Paris" (russ. Roman)

G. Hauptmann: „Iphigenie" (Schauspieltrilogie, letzt. Teil 1948 posthum)

Fritz Hochwälder (* 1911): „Das heilige Experiment" (österr.-schweiz. Schauspiel)

† *James Joyce*, engl. Dichter irischer Abkunft (* 1882)

† *Dimitrij Mereschkowskij*, russ. Dichter (* 1865)

Pablo Picasso: „Der Wunsch beim Schwanz ergriffen" (sein einziges Bühnenstück)

Charles Plisnier: „Meurtres" (frz. Romanzyklus in 5 Bänden seit 1939)

† *Johannes Schlaf*, dt. natural. Dichter (* 1862)

W. E. Süskind: „Vom ABC zum Sprachkunstwerk" (philolog. Essays)

† *Rabindranath Tagore*, ind. Dichter; *Nobel*preis 1913 (* 1861)

Thieß: „Das Reich der Dämonen" (Roman)

Alexej N. Tolstoi: „Der Leidensweg" (russ. Romantrilogie seit 1920)

F. Ahlers-Hestermann: „Stilwende" (entscheid. Würdigung d. Jugendstils um 1900)

† *Henri Bergson*, frz. Philosoph und Psychologe; *Nobel*preis für Literatur 1927 (* 1859)

Lucien Cuénot (* 1866): „Zweckgebundenheit u. Erfindung in der Biologie" (frz.)

E. B. Greene: „Die Messung menschlichen Verhaltens" (kennzeichnend für den hohen Stand des Intelligenzprüfwesens in den USA)

C. G. Jung: „Einführung in das Wesen der Mythologie" (Schweiz. psychoanalyt. Deutung)

Herbert Marcuse (* 1898): „Vernunft und Revolution" (dt.-amer. gesellschaftskrit. Philosophie)

† *Werner Sombart*, dt. Soziologe und Nationalökonom; urspr. Marxist, später Antimarxist (* 1863)

Spranger: „Weltfrömmigkeit"

Ralph Turner: „Die großen kulturellen Traditionen" (nordamerik. Soziologie)

V. v. Weizsäcker: „Arzt und Kranker"

58 dän. Volkshochschulen (alle auf dem Lande) (schon 1870 bestanden ca. 50 VHS)

Werfel: „Das Lied von Bernadette" (Roman um den Wallfahrtsort Lourdes, seit 1940)

Th. Wolfe: „Strom des Lebens" (nordam. Roman, posthum)

Beckmann: „Perseus" (express. Triptych.)

Bowden: „Kathol. Kirche in Addis Abeba" (engl. Gem.)

† *Robert Delaunay*, frz. Maler (* 1885)

Heckel: „Königskerze", „Wolken vor Bergen", „Winterlandschaft" (express. Aquarelle)

F. Hodgkins: „Mauern, Dächer und Blumen" (engl. express. Gemälde)

† *Alexej von Jawlensky*, express. Maler russ. Herkunft (* 1864)

J. Lipchitz flieht von Paris (dort seit 1909) nach den USA

Matisse: „Die beiden Freundinnen" (frz. Gemälde)

† *George Minne*, belg. Bildhauer (* 1866)

H. Moore: Schlafende Menschen in den Londoner U-Bahnschächten während der Luftangriffe (engl. Zeichn.)

Nash: „Bomber üb. Berlin" (engl. Gem.)

Pasmore: „Lampenlicht" (engl. Gem.)

Picasso: „Natura morte" (frz.-span. Stilleben im kubist.-abstrakten Stil)

St. Spencer: „Schiffsbau" (engl. Gem.)

Graham Sutherland (* 1903): „Verbranntes Papier" (engl. Gemälde)

Röm. Dionysos-Mosaik i. Köln entd.

—

Egk: „Columbus" (oratorische Oper)

Hindemith: „Danses Concertantes" („Konzertante Tänze") und „Sinfonie in Es-dur"

† *Wilhelm Kienzl*, dt. Opernkomponist (* 1857)

Křenek: „Tarquin" (Oper um den heiligen Aufstand gegen einen Diktator)

Gian-Carlo Menotti: „Die alte Jungfer und der Dieb" (nordamerikan. komische Oper; 1938 als Funkspiel)

† *Christian Sinding*, norweg. Komponist; schrieb drei Symphonien, Violinkonzerte, Lieder u. a. (* 1856)

Aufkommen populärer Soldatenlieder: Dt. Soldatensender i. Belgrad macht d. Platte „Lili Marleen", ges. v. *Lale Andersen* (*1912, † 1972), Text 1915 v. *Hans Leip*, bekannt; „Wir hängen unsere Wäsche an der Siegfriedlinie auf" (engl.) u. a.

† *F. G. Banting*, kanad. Insulinforscher, *Nobel*preis 1923 (* 1891)

Keine *Nobel*preise verliehen

G. H. Faget beginnt in Carville Lepra erfolgreich mit Promin und anderen Sulfonen zu behandeln

Hans Hass: „Unter Korallen und Haien" (neuartige Unterwasserforschung mit Schwimmflossen und Kamera)

A. Kühn: Analyse einer stofflichen Wirkkette vom Gen zum Merkmal am Augenpigment der Mehlmotte: Phänogenetik

Kuhn und *Rittmann* vermuten sonnenähnliche, wasserstoffreiche Materie im Erdkern (dagegen steht weiterhin Eisenhypothese)

L. D. Landau: Theorie des superflüssigen Heliums

Loos: Phasenkontrast-Mikroskop nach *Zernike* (vgl. 1932)

M. Milankovitch: „Kanon der Erdbestrahlung und seine Anwendung auf das Eiszeitenproblem" (Ableitung des Eiszeitenverlaufes aus den langfristigen Änderungen der Erdlage zur Sonne)

† *Walther Nernst*, dt. Physikochemiker; *Nobel*preis 1920 (* 1864)

† *Hans Spemann*, dt. Entwicklungsphysiologe; *Nobel*preis 1935 (* 1869)

Albert Vögler Vorsitzender der Kaiser-*Wilhelm*-Gesellschaft für Wissenschaften

Konrad Zuse (* 1910): 1. elektr.-mechan. Digital-Rechner (mit 2000 Relais)

„Vitamine und Hormone" (Zeitschrift für Wirkstofforschung)

Elektronen-Übermikroskop erlangt nach etwa 10 jähriger Entwicklung technische Reife für den praktischen Gebrauch (übertrifft die etwa 2000 fache Maximalvergrößerg. des Lichtmikroskopes um das 50 fache)

Sichtbarmachung von Viren (Krankheitserreger), Phagen (Bakterienfresser) und Riesenmolekülen

∼ Rasche Entwicklung der Dezimeterwellen-Technik (Grundl. der Radar-Ortung)

Etwa 1 Mill. Tierarten bekannt (dav. ca. 75% Insekten) u. 200000 Pflanzenarten (50 Mill. ausgestorb. Tierarten geschätzt)

S. Kuznet: „Nationaleinkommen u. ihre Zusammensetzung" (engl. Wirtschaftsstatist., kennzeichnend für wachsendes Interesse an dieser Fragestellung)

„Eisernes Sparen" (Spareinlagen steigen während des Krieges von 301 auf 940 RM/Kopf der Bevölkerung; Guthaben dienen der Kriegsfinanzierung und werden durch die Währungsreform 1948 auf 5% entwertet)

Auflösung der dt. Verbrauchergenossenschaften (seit 1933 zunehmend eingeschränkt)

Die brit. Presse übernimmt die Aktien der *Reuter*-Nachrichtenagentur

75% der *Ford*-Arbeiter stimmen für die CIO-Gewerkschaft (bedeutet das Ende des „Fordismus"; *Fords* Marktanteil war von 50% 1925 auf 20% 1940 zurückgegangen)

USSR verlagert in 3 Monaten 1360 Großbetriebe aus den kriegsbedrohten Gebieten nach Sibirien und baut weitere 2250 dort auf

Weltrekord im Hochsprung mit 2,11 m von *Steers* (USA)

(1941)

Botschafter *von Papen* schließt dt.-türkischen Freundschaftsvertrag auf 10 Jahre ab

Brit. und frei-frz. Truppen besetzen Syrien (frz. Einflußgebiet)

Verbot der kommunist. Partei in der Schweiz (1945 Parteiorgan wieder zugelassen)

Hitler greift die USSR an und hat große Anfangserfolge. Sowjetarmee bringt in der Winterschlacht vor Moskau die vordringende dt. Panzerarmee zum Stehen

Stalin (bisher formal nur Generalsekretär der KPSU) Vorsitzender des Rates der Volkskommissare (Rang eines Ministerpräsidenten)

Belagerungszustand in Moskau; Reorganisierung der sowjet. Verteidigungskraft unter den Generälen *G. K. Schukow* (* 1895), *Timoschenko*, *Woroschilow*, *Budjenny*

Auflösung der Wolgadeutschen Republik (galt als Mustergebiet), Verbannung der dt. Einwohner nach sibir. Strafgebieten

„Atlantic Charta" von *Roosevelt* und *Churchill* auf einem Schlachtschiff verkündet (wiederholt die 4 Freiheiten: Freiheit der Meinung und Religion, Freiheit von Not und Furcht)

Iran von brit. und sowjetruss. Truppen besetzt. Ausbau einer Nachschubstraße

Risa Pählewi, Schah von Iran seit 1925, zur Abdankung gezwungen; es folgt sein Sohn *Mohammed Risa Pählewi* (* 1919)

Hitler übernimmt an Stelle *von Brauchitschs* Oberbefehl über das Ostheer. Schwere Winterkrise des Ostheeres. Beginn heftiger Partisanenkämpfe

Alfred Rosenberg Reichsminister für die besetzten Ostgebiete; behandelt die slawische Bevölkerung nach der „Untermenschen"-Parole

Heydrich (SS) Reichsprotektor in Böhmen-Mähren; unterdrückt Unruhen

SS-Einsatzgruppe erschießt in der Babi-Jar-Schlucht bei Kiew 33 771 Juden (1968 werden 8 daran Beteiligte zu 4–15 Jahren Freiheitsstrafe verurteilt)

Großbritannien schränkt irische Ausfuhr durch Navycerts ein

Admiral *Darlan* frz. Regierungschef

Aktivität der frz. Widerstandsbewegung; *Hitler* läßt 50 Geiseln erschießen. „Nacht-und-Nebel-Erlaß" ordnet Verschleppung politischer Gegner ins Ungewisse an

Finnland beteiligt sich unter Oberbefehl Marschall *Mannerheims* am Krieg gegen die USSR; tritt Antikominternpakt bei

von Bardossy ungar. Ministerpräsident bis 1942 († 1945, hingerichtet); ungar. Truppen beteiligen sich am Einmarsch in Jugoslawien und in die USSR

Rumänien erobert unter *Antonescu* Bessarabien zurück, tritt Antikominternpakt bei

Poln. Exilregierung schließt mit der USSR Freundschafts- und Hilfspakt

† *Ignazy Paderewski*, poln. Ministerpräsident von 1919 bis 1921 und Klaviervirtuose (* 1860)

Franco-Spanien stellt „Blaue Division" gegen Sowjetunion

Fehlschlag von Verhandlungen Japan—USA. Regierung *Konoye* tritt zurück. Militärkabinett unter General *Tojo*

Regierungskonflikt mit den USA-Bergarbeitergewerkschaften unter *John L. Lewis*

Japan. Luftangriff auf USA-Flottenstützpunkt Pearl Harbour zieht die USA in den 2. Weltkrieg. Deutschland und Italien erklären den USA den Krieg

USA erhalten von Ekuador Stützpunkte auf den Galapagosinseln im Stillen Ozean

Erste Konferenz zwischen *Roosevelt* und *Churchill* in Washington

Thailand tritt auf japan. Seite in den Krieg und erwirbt an Frz.-Indochina abgetretene Gebiete zurück

Japaner erobern Hongkong

† *Virginia Woolf*, (Freitod), engl. Dichterin (* 1882): „Zwischen den Akten" (engl. Roman) *E. Piscator* übernimmt Studio-Theater d. Neuen Schule für soziale Forschungen in New York	„Reitet für Deutschland" (dt. Film v. *A. M. Rabenalt* mit *W. Birgel* (* 1891, † 1973) „Frauen sind doch bessere Diplomaten" (erster dt. Farbspielfilm im Normalformat, mit *Marika Rökk*, *W. Fritsch*) „Das andere Ich" (Film mit *H. Krahl* [Doppelrolle] und *Matthias Wiemann*, * 1902, † 1969; Regie: *W. Liebeneiner)* „Friedemann Bach" (Film mit *G. Gründgens*, *E. Klöpfer;* Regie: *Traugott Müller)* „Auf Wiedersehen Franziska" (Film mit *M. Hoppe* u. *Hans Söhnker;* Regie: *Helmut Käutner)* „Ohm Krüger" (Film v. *H. Steinhoff)* „Citizen Kane" (nordam. Film von *O. Welles);* „So grün war mein Tal" (nordamerik. Film nach *Richard Llewellyn* von *J. Ford);* „Verdacht" (nordamer. Film von *A. Hitchcock);* „Sergeant York" (nordamer. Film mit *G. Cooper*, *Joan Leslie)* „Maskerade" (russ. Film) „Kipps" (engl. Film von *C. Reed)* „Nous les Gosses" (frz. Film v. *Daquin)*	Gewebe aus Perlonseide (vgl. 1939) Entgiftungsmittel gegen Schwermetalle BAL (British Anti-Lewisit) Erstes britisches Düsenflugzeug Brit. Kampfflugzeug „Mosquito" (DH 98, schnell und vielseitig) Gasturbinenlokomotive (in der Schweiz) Im Zuge der Atombomben-Entwicklung werden i. USA die Uran-Isotope massenspektroskopisch getrennt (Calutron)	

1942			
1942	Militärbündnis Deutschland, Italien und Japan Panama, Luxemburg (Exilregierung), Mexiko, Brasilien und Abessinien geraten mit Deutschland in Kriegszustand *Hitler* entläßt Generalstabschef Generaloberst *Franz Halder* Dt. Truppen erreichen den Kaukasus und die Wolga bei Stalingrad; 6. Armee unter General *Paulus* bei Stalingrad eingeschlossen General *Wlassow* ruft aus der dt. Gefangenschaft die Völker der Sowjetunion zum Sturz des bolschewist. Systems auf; wird später entlassen, erhält aber bis 1944 keine militär. Befehlsgewalt *Albert Speer* Reichsminister für Bewaffnung und Munition, Generalinspektor für Straßen, Wasser und Energie (wird 1946 zu Gefängnis verurteilt) *Fritz Sauckel* Generalbevollmächtigter für Arbeitseinsatz; unter ihm werden Millionen von Arbeitern aus den besetzten Gebieten nach Deutschland gebracht Attentat auf den Reichsprotektor von Böhmen-Mähren *Reinhard Heydrich* (†): als Vergeltung wird das Dorf Lidice dem Erdboden gleichgemacht, seine Männer getötet, Frauen und Kinder verschleppt Beginn der Ermordung von Millionen Juden in den Gaskammern der Vernichtungslager Auschwitz, Maidanek u. a. Illegale Organisation „Die rote Kapelle" mit Verbindungen zur USSR in Deutschland aufgedeckt; Hunderte werden hingerichtet *Cripps* brit. Min. f. Flugzeugprod. *Molotow* unterzeichnet in London brit.-sowj. Vertrag über Zusammenarbeit für 20 Jahre *Heinrich v. Stülpnagel* Militärbefehlshaber von Frankreich bis 1944 (hingerichtet im Zusammenhang mit dem 20. Juli) Alliierte Probelandung bei Dieppe USA- und brit. Truppen unter *Eisenhower* landen in Marokko und Algerien. Schwacher Widerstand	*Anouilh:* „Colombe" (frz. Bühnenstück; aufgeführt 1950) *B. Brecht:* „Galileo Galilei" (Drama) *A. Camus:* „Der Fremdling" (frz. Roman) *Paul Eluard:* „Poesie und Wahrheit" (franz. Lyrik) *Ernst Jünger:* „Gärten u. Straßen" (Tagebuch v. Frankreichfeldzug) *Astrid Lindgren:* „Pippi Langstrumpf" (mod. schwed. Jungmädchenbuch) *Klaus Mann* (* 1906, † 1949, Selbstm.): „Der Wendepunkt" (Autobiogr.) *Monnier:* „Nans, der Hirt" (frz. Roman) *Ponten:* „Volk auf dem Wege" (Romanreihe über Auslandsdeutschtum in 6 Bd. seit 1933) *Katherine Anne Porter:* „Der schiefe Turm und andere Erzählungen" (nordamerikan. realistische Kurzgeschichten) *Saroyan:* „Menschliche Komödie" (nordamerik. Roman) *Sinclair:* „Drachenzähne" (nordamerikan. Roman) *Vercors (Jean Bouller,* * 1902): „Das Schweigen des Meeres" (frz. Novelle) *Th. N. Wilder:* „Wir sind noch einmal davongekommen" (nordamerikan. surrealist. Schauspiel) † *Stefan Zweig* (Freitod in Brasilien), dt. Dichter; hinterläßt unvollendete *Balzac*-Biographie (* 1881)	*R. Carnap:* „Einführung in die Semantik" (Erkenntnis als Abbildung der Welt durch Zeichen nach festgelegten Regeln) *H. Reichenbach:* „Philosophische Grundlagen der Quantenmechanik" (empirisch-logische Naturphilosophie; drückt die Anomalien d. Quantenphysik durch dreiwertige Logik aus) *Wilhelm Röpke* (* 1899, † 1966): „Gesellschaftskrise der Gegenwart" (neoliberal) Schweiz schafft Todesstrafe ab Widerstand der norweg. Geistlichkeit gegen *Quislings* Erziehungsprogramm; zahlreiche Verhaftungen  Bei ihrem 75jährigen Bestehen umfaßt *Reclams* Universalbibliothek 7500 Nummern (bis Kriegsende 275 Mill. Bände gedruckt)

† *Otto Arpke*, dt. Plakatkünstler (* 1886)

Beckmann: „Prometheus" (express. Gemälde)

† *German Bestelmeyer*, dt. Baumeister, bes. in München (* 1874)

Braque: „Toilettentisch am Fenster" und „Patience" (frz. kubist. Gemälde)

Burra: „Soldaten" (engl. surreal. Gem.)

Max Ernst (* 1891): „Antipapa" (dt.-frz. surrealist. Gemälde)

Grant: „Blumen" (engl. Gem.)

Kaus: „Mädchen am Ufer" (express. Aquarell)

G. Marcks: „Rafaello" (Bronzeplastik)

Matisse: „Die rumänische Bluse" (frz. express. Gemälde)

H. Moore: „Rote Felsen und liegende Figur" (engl. surreal. Gem.)

Ed. Munch: „Selbstbildnis" (norweg.)

Picasso: „Stilleben mit Stierschädel" (span.-frz. kubist. Gemälde)

J. Piper: „Windsor Castle", „Akt" (engl. Gem.)

Shahn: Wandbilder für Sozialversicherungs-Gebäude Washington (seit 1940)

Graham Sutherland: „Rote Landschaft" (engl. express. Gemälde)

—

B. Britten: 1. Streichquartett (engl. Komposition)

† *Hugo Distler* (Freitod), dt. Komponist u. Kantor in Lübeck; erneuert lutherische Kirchenmus. (* 1908)

H. Reutter: „Odysseus" (Oper)

Schostakowitsch: 7. Symphonie (russ. Komposition, verherrlicht den Widerstand des belagerten Leningrad; sofort. Aufführungen in Rußland, Großbritann. und USA)

R. Strauss: „Capriccio" (Oper)

Hch. Sutermeister: „Die Zauberinsel" (Schweiz. Oper nach *Shakespeares* „Sturm")

† *Felix Weingartner*, dt. Komponist u. Dirigent, bes. in Deutschland, Österreich und der Schweiz (* 1863)

„Musik bei der Arbeit" zur Hebung der Arbeitsfreude in engl. Fabriken (wird zum regelm. Rundfunkprogr.)

Kein *Nobel*preis verliehen

† *Franz Boas*, dt-nordamerik. Ethnologe u. Anthropologe; gründete erfolgreiche Schule für Kulturforschung (* 1858)

† *William Henry Bragg*, engl. Physiker; *Nobel*preis 1915 (* 1862)

E. Fermi gelingt erste fortlaufende Erzeugung von Atomenergie durch Kettenreaktion der Uranspaltung. Gilt als „Beginn des Atomzeitalters" am 2. 12. 1942, 15.30 Uhr Chicagoer Zeit. „Manhattan"-Projekt in den USA zur Entwicklung der Atombombe (führt mit 150000 Menschen, davon 14000 Wissenschaftler u. Ingenieure, und Kosten von etwa 2 Milliarden Dollar 1945 zum Erfolg)

Florey entwickelt das schon 1928 von *A. Fleming* entdeckte bakterientötende Penicillin zu einem wirksamen Heilmittel

F. Kögl klärt Aufbau des Hefehormons Biotin (Vitamin H)

G. P. Kuiper findet Anzeichen einer Atmosphäre beim Saturnmond Titan

Mauchly und *Eckert* entwickeln elektronische Großrechenmaschine ENIAC (18000 Röhren, 500000 Lötstellen, Raumbedarf 135 qm; 300 Multiplikationen in einer Sek.; eröffnet neue Epoche d. Rechenmöglichkeiten; Inbetr.nahme 1946)

Heinrich Mitteis (* 1889, † 1952): „Der Staat des hohen Mittelalters"

Oskar Pareth: „Die Pfahlbauten" (erweist sie am Bodensee als überflutete ursprüngl. Landsiedlungen)

† *August von Parseval*, dt. Erfinder des unstarren Luftschiffes und Fesselballons (* 1861)

N. Sinizyn: Überpflanzung eines zweiten Herzens in den Blutkreislauf von Kalt- und Warmblütlern

Der planetarische Krabben-Nebel wird als Folge des Supernova-Ausbruches vom Jahre 1054 erkannt

Die Temperatur der Sonnenkorona wird zu etwa eine Million Grad bestimmt (Sonnenoberfläche 6000°)

Brit. Radarstationen entdecken Kurzwellenstrahlung der Sonne (ab 1946 setzt intensive Radio-Sonnenforschung ein)

Feuersturm n. Fliegerangriff zerstört Lübeck

W. Beveridge, engl. liber. Nationalökonom (* 1879): Plan für engl. Sozialreform (beeinflußt d. brit. Sozialpolitik ab 1945)

Colin Clark: „Die Wirtsch. v. 1960" (engl. statist. Wirtschaftsprognose)

„Studien über mathematische Ökonomie u. Ökonometrie" (nordam. Sammelwerk)

Steueraufkommen in Deutschland: 42684 Mill. RM (1933: 6882 Mill. Reichsmark)

Mieterschutzgesetz in Deutschland

Produktions - Beratungsausschüsse zwischen Gewerkschaften und Fabrikleitungen in Großbritannien

Einheitl. schweizerisches Strafgesetzbuch tritt in Kraft (1938 gebilligt)

Bau der Alaskastraße (Kanada—Alaska, rund 2500 km)

Sportliche Kleidung mit kurzen Röcken

Hochgekämmte Frauenfrisuren („Entwarnungsfrisur")

Weltrekord im Stabhochsprung mit 4,77 m von *Warmerdam* (USA)

(1942)

von Vichy-Truppen. Dt. Truppen besetzen Tunis. Einmarsch dt. Truppen in den bisher unbesetzten Teil Frankreichs. Selbstversenkung der franz. Kriegsschiffe in Toulon

Rommels Panzerarmee geht auf die Grenze der Cyrenaika zurück

General *Giraud* (nach Flucht aus dt. Gefangenschaft) und Admiral *Darlan* gehen auf die alliierte Seite über. *Pétain* enthebt *Darlan* seiner Ämter. *Darlan* erklärt sich zum Staatschef in Nordafrika und wird ermordet

In Griechenland sind eine monarchist. und eine kommunist. Widerstandsbewegung aktiv, die sich untereinander und die Exilregierung bekämpfen

Aufhebung der Trennung zwischen militär. und politischer Kommandogewalt in der USSR (seit 1940)

Washington-Pakt zwischen 26 Staaten gegen Sonderfrieden

Pan-Amerikanische Konferenz in Rio de Janeiro zur Verteidigung der westl. Hemisphäre

Preiskontrollgesetz und „Sieben-Punkte-Programm" gegen Inflationsgefahr in den USA

Gandhi fordert Großbritannien auf, Indien zu verlassen: wird verhaftet, seine Frau folgt ihm ins Gefängnis. Großbrit. bietet Indien Dominionstatus an, der abgelehnt wird

Hitler unterstützt den antibrit. Inder *Subhas Chandra Bose*

Japan erobert Singapur und dringt in Burma ein; Burmastraße nach China wird abgeschnitten

Japan besetzt Philippinen, Celebes, Amboina, Timor, Java, Guam, Wake, *Bismarck*-Archipel, Salomonen, landet auf den Aleuten. Japan. Luftangriffe gegen Australien. Japaner beherrschen 450 Mill. Menschen, kontrollieren 95% der Weltgummiproduktion und 70% der Zinn- und Reisproduktion

MacArthur erhält Oberbefehl im Fernen Osten. Japan. Niederlage in der Seeschlacht bei den Midway-Inseln bedeutet Wendepunkt des Krieges im Fernen Osten

Japaner unterliegen in der Seeschlacht bei den Salomonen. Beginn der alliierten Großoffensive im Südpazifik

„Diesel" (Film mit *Willy Birgel;* Regie: *G. Lamprecht)* „Rembrandt" (Film mit *Ewald Balser;* Regie: *H. Steinhoff)* „Die goldene Stadt" (Farbfilm mit *K. Söderbaum;* Regie: *V. Harlan)* „Paracelsus" (dt. Film v. *Pabst)* „Mrs. Minniver" (nordam. Film von *William Wyler* mit *Greer Garson)*; „Warum wir kämpfen" (nordam. Film von *Capra);* „Sein oder Nichtsein" (nordam. Film von *E. Lubitsch);* „Meine Frau die Hexe" (nordam. Film von *R. Clair);* „Bambi" (nordam. Zeichenfarbfilm von *Walt Disney)* „Die phantastische Nacht" (frz. Film v. *L'Herbier);* „Liebesbriefe" (frz. Film von *Claude Autant Lara,* *1903); „Die abendlichen Besucher" (frz. Film v. *Carné)* „Die deutsche Niederlage vor Moskau" (russ. Film)		Dauernd besetzte brit. Forschungsstation im südpolaren *Ross*meer Weißgliedriger Satansaffe auf Fernando Poo entdeckt Internat. Entwicklungsstand der Flugabwehr: Verwendung automatisch rechnender Kommandogeräte und elektrischer Übertragung der Werte an die Geschütze, Verwendung von Funkmeßgeräten (Radar) zur Ortung, ausgedehnte Flugwarnnetze. Technische Entwicklung der Flugwaffe verurteilt diesen gewaltigen Aufwand zu relativ geringen Erfolgen. Große Bedeutung der Flakgeschütze für den direkten Panzerbeschuß *Junkers* und BMW entwickeln Turbinen-Strahltriebwerke (für Jagdflugzeuge); parallele Entwicklung besonders in Großbritannien Dt. Messerschmittjäger mit Strahlantrieb wird bis Kriegsende serienmäßig gebaut Durch fast 8 Mill. Impfdosen erkrankt kein USA-Soldat an Gelbfieber Feuergeschwindigkeit des Maschinengewehres wird auf etwa 1000 Schuß pro Minute gesteigert	

1943	Die unter General *Paulus* in Stalingrad eingeschlossene dt. 6. Armee vernichtet oder gefangen (ca. 146000 Gefallene und 90000 Gefangene; bedeutet Wendepunkt des Krieges) General *Paulus* und andere dt. Kriegsgefangene sowie kommunist. Emigranten bilden in Moskau das „Nationalkomitee Freies Deutschland“ zur antifaschist. Propaganda in der dt. Wehrmacht Casablanca-Konferenz zwischen *Roosevelt* und *Churchill:* Forderung der bedingungslosen Übergabe Deutschlands; wird vom Nationalsozialismus propagandistisch gegen die wachsende Kriegsmüdigkeit ausgenutzt Sowjet. Truppen öffnen Zugang zum seit 17 Monaten belagerten Leningrad. Charkow wechselt dreimal den Besitzer. Sowjets erobern Ukraine zurück und dringen bis Kiew vor *Hitler* befiehlt Politik d. „Verbrannten Erde“ beim Rückzug aus der USSR (sowj. Schätzung der gesamten Kriegsschäden: 679 Mrd. Rubel) Rücktritt der dän. Regierung. Dt. Militärbefehlshab. übernimmt vollziehende Gewalt. Ausnahmezustd. Die für die Erzeugung von Atomenergie wichtige Produktion schweren Wassers in Norwegen durch brit.-norweg. Sonderkommandos und Bombenangriffe lahmgelegt Irak, Bolivien, Iran, Italien (*Badoglio*-Regierung), Kolumbien geraten mit Deutschland in Kriegszustand Hamburger Außenbezirke d. brit. Luftangriffe weitgehend zerstört. Beginn fortgesetzter schwerer Luftangriffe auf Berlin Zunehmender Einsatz von Schulkindern, Frauen, Gefangenen bei der deutschen Heimatflak Die Geschwister *Sophie* (*1921) u. *Hans* (*1918) *Scholl* verbreiten in der Münchener Univ. antifaschist. Flugblätter „Weiße Rose“ (werden, wie Prof. *Kurt Huber* [* 1892], der einen Teil der Flugblätter verfaßte, hingerichtet)	*St. Andres:* „Wir sind Utopia“ (Novelle) *David Gascoyne* (*1916): „Poems 1937—1942“ (engl. Gedichtsammlung) *G. Greene:* „Das Ministerium des Schreckens“ (engl. Rom.; w. verfilmt) † *Rudolf Herzog*, dt. Romanschriftst. (* 1869) *H. Hesse:* „Das Glasperlenspiel“ (Roman einer pädagogischen Provinz) *Kasack:* „Dies ewige Dasein“ (Gedichtsammlung) *E. Lasker-Schüler:* „Mein blaues Klavier“ (letzte Ged., in Jerusalem) *H. Mann:* „Lidice“ (Roman) *Th. Mann:* „Josef und seine Brüder“ (Romantetralogie seit 1933) † *Hendrik von Pontoppidan*, dän. Dichter; *Nobel*preis 1917 (* 1857) *A. Polgar:* „Geschichten ohne Moral“ *J. B. Priestley:* „Die ferne Stadt“ (engl. Drama) *J. P. Sartre:* „Die Fliegen“ (existentialistisch. Schauspiel aus der frz. Résistance) *Werfel:* „Jacobowsky u. der Oberst“ (Drama) † *Max Reinhardt (Goldmann)*, dt. Regisseur; leitete von 1905 bis 1933 das Dt. Theater in Berlin (* 1873) Begr. d. v. Regisseur bestimmten Theaters	*Ludwig Binswanger:* „Grundformen und Erkenntnis menschlichen Daseins“ (schweizer. „Daseinsanalyse“) *R. Carnap:* „Formalisierung der Logik“ (Logistik) *H.C. Dent:* „Erziehung im Übergang. Eine soziologische Analyse des Kriegseinfl. auf die engl. Erziehung 1939-1943“ (engl.) *Walter Lippmann:* „Die Gesellschaft freier Menschen“ (angelsächs. demokrat. Gesellschaftsphilosophie) *B. Russell:* „Philosophie des Abendlandes. Ihr Zusammenhang mit der politischen und sozialen Entwicklung“ (engl. Philosophiegeschichte) *J. B. Sartre:* „L'Etre et le Néant“ („Sein und Nichts“, frz. Existentialphilosophie) *Sergius* zum Patriarchen von Moskau gewählt, bedeutet Änderung der sowjet. Kirchenpolitik zur Stärkung d. Heimatfront im „Großen vaterländischen Krieg“ Der engl. Erzbischof von York besucht Moskau 44 Nationen gründen in Washington d. UNRRA zur Hilfeleistung für die ehemals besetzten Gebiete (bis 1947) Luftkrieg desorganisiert zunehmend deutsches Erziehungswesen

Michael Ayrton (* 1921): „Fliegender Schläfer" (engl. surrealist. Gemälde)

Ludwig v. Baldass: „Hieronymos Bosch" (kunstgeschichtliche Biographie)

Beckmann: „Junge Männer am Meer", „Odysseus und Kalypso" (expr. Gem.)

Chagall: „Kreuzigung i. Gelb", „Zwischen Dunkelheit u. Licht", „Der Krieg" (russ.-frz. Gem.)

† *Otto Freundlich* (im KZ), dt. abstrakter Maler (* 1878)

Karl Otto Goetz (* 1914): „Komposition" (abstrakt. Gemälde)

Morris Graves (* 1910): „Vogelgeist" (nordam. Gemälde)

Heckel: „Herbsttag", „Landschaft im Herbst", „Mühle in der Landschaft" (express. Aquarelle)

K. Hofer: „Der Trinker", „Im grünen Kleid" u. „Früchtekorb" (expr. Gem.)

Kokoschka: „Wofür wir kämpfen", „Wildentenjagd", „Capriccio" (expr. Gemälde) u. „Iwan Maiski' (Bildnis des sowj. Botschafters in London)

G. Marcks: „Ver sacrum", „Ecce homo" u. „Große Maya" (Plastiken)

Mies van der Rohe: Metallforschungs-institut IIT, Chikago

Picasso: „Der Schaukelstuhl" (span.-frz. Gemälde)

Blacher: „Romeo und Julia" (Kammeroper nach *Shakespeare*)

Georg Henschel: Musik zum Farbfilm „Münchhausen"

Oscar Hammerstein (* 1905, † 1960): „Oklahoma" (nordamer. Musical)

Hindemith: Streichquartett Es-dur (in USA entstanden)

Milhaud: „Bolivar' (frz. Oper)

Orff: „Catulli Carmina" (szenisches Spiel nach Gedichten *Catulls*); „Die Kluge" (Oper)

† *Sergej Rachmaninow*, russ. Komponist u. Pianist; schrieb u. a. Klavierkonzerte und Symphonien (* 1873)

Hermann Scherchen: „Vom Wesen der Musik"

Schoeck: „Das Schloß Dürande" (Schweiz. Oper nach *Eichendorff*)

Schönberg: Variationen i. g-moll

R. Vaughan Williams: 5. Symphonie (engl. Musik mit ländlich. Charakter)

Physik-*Nobel*preis an *O. Stern* (Dt.) für Messung magnetischer Eigenschaften von Atomen

Chemie-*Nobel*preis an *G. v. Hevesy* (Ung., * 1885, † 1966) für Entwicklung der Methode radioaktiver Indikatoren

Medizin-*Nobel*preis an *H. Dam* (Dänem.) und *E. A. Doisy* (USA) für Entdeckung und Erforschung des K-Vitamins

O. Avery (* 1877, † 1955): DNS ist die Erbsubstanz (Grundl. d. molekular. Biologie)

W. Baade: Sichtbarmachung von Einzelsternen im Kern d. Andromeda-Spiralnebels unter letzter Ausnutzung des 2,5-m-Spiegels auf dem Mt. Wilson

Charlot: Chemische qualitative Schnellanalyse (1—2 statt 8 Stunden)

G. Erdtman: „Eine Einführung in die Pollenanalyse" (berücksichtigt rd. 1500 pollenanalyt. Arbeiten)

Ossip K. Flechtheim (* 1909) prägt für wiss. Behandlung v. Zukunftsfragen den Begriff der „Futurologie"

† *David Hilbert*, dt. Mathematiker; bes. Grundlagenforschung, theoret. Logik (* 1862)

Henry Kaiser baut „Liberty"-Schiffe in den USA nach dem Serienmontage-Prinzip (Rekord: ein Hochseeschiff in 4,5 Tagen)

Otto Köhler (* 1889, † 1974): Zählversuche m. Vögeln (Verhaltensforschung)

von Muralt ordnet Aktionssubstanzen der Nerven (ergänzen die elektr. Vorgänge bei der Nervenleitung)

G. N. Papanicolaou: Frühdiagnose des Gebärmutterkrebses durch Zellabstrichmethode (gestattet vorbeugende Reihenuntersuchungen)

Arne W. K. Tiselius (*1902, † 1971) macht im Elektronenmikroskop Virus der Kinderlähmung sichtbar

O. H. Warburg: Das vom Blattfarbstoff Chlorophyll absorbierte Licht spaltet Wasser in Wasserstoff und Sauerstoff. Der Wasserstoff baut mit der Kohlensäure der Luft Kohlenhydrate auf (vgl. 1940)

C. F. von Weizsäcker: Theorie der Entstehung des Planetensystems aus Wirbelringen in einer gasför-

E. Tangye Lean: „Stimmen in der Dunkelheit — Die Geschichte des europäischen Radiokrieges" (engl.)

Verstärkte Luftoffensive gegen Deutschland und seine Verbündet. (insgesamt wirft während d. Krieges die anglo-amerikanische Luftwaffe 2,7 Mill. t TNT Bomb. ab u. verliert dabei 40 000 Flugz. und 160 000 Mann; i. Deutschland selbst werden durch 1,3 Mill. t Bomben etwa 450 000 Menschen getötet u. 7,5 Mill. obdachlos)

Hungersnot i. Bengalen verursacht üb. 1 Million Tote (die im Frieden 5,5 Mill. t betragende Reisausfuhr aus Burma, Thailand, Indochina kommt im Krieg zum Erliegen)

Stapellauf v. insgesamt 14 Mill. BRT Schiffsraum (Höchstzahl; 1939: etwa 2,5 Mill. BRT)

Verbot d. „Frankfurter Zeitung" (gegr. 1856) als letzte, nicht streng gleichgeschaltete dt. Zeitung

Neuer Vulkan entsteht in Mexiko

(1943)

Höhepunkt des dt. U-Boot-Krieges mit Versenkung von 851000 BRT im März (1942: 6,3 Mill. BRT, 1943: 2,6 Mill. BRT, 1944: 0,8 Mill. BRT). 237 U-Boote gehen verloren (1942: 85, 1944: 241). Alliierte Radartechnik schaltet dt. U-Boote weitgehend aus. Im Verlauf des Krieges fallen von 39000 U-Boot-Leuten 33000

Von Tunis aus verlassen letzte dt. und ital. Soldaten Afrika

Landung der Alliierten auf Sizilien und in Italien. Zusammenbruch des ital. Faschismus. *Mussolini* wird verhaftet und von dt. Fallschirmjägern befreit; bildet einflußlose Gegenregierung. Italien kapituliert und erklärt Deutschland den Krieg

Der ital. König beauftragt Marschall *Badoglio* mit der Regierungsbildung. Dt. Wehrmacht entwaffnet die ital. Truppen in ihrem Machtbereich und nimmt sie gefangen

Poln. Exilregierung in London fordert Untersuchung der Massengräber von 4143 poln. Offizieren bei Katyn (nach d. 2. Weltkr. wird eine Schuld der USSR festgestellt). USSR stellt Lubliner Nationalrat auf und anerkennt ihn als provisorische poln. Regierung. *Mikolaiczyk* wird Nachfolger *Sikorskis* in der poln. Exilregierung in London. USSR bricht Beziehung zu letzterer ab.

Aufstand im Warschauer Ghetto gegen die Nationalsozialisten. Fast alle (etwa 40000) Einwohner werden getötet

Teheran - Konferenz zwischen *Roosevelt*, *Churchill* und *Stalin:* der USSR wird die *Curzon*-Linie von 1920 als Westgrenze zugestanden. (*Churchill* verspricht 1944, Polen durch dt. Gebiet zu entschädigen)

Besprechungen von *Cordell Hull* und *Anthony Eden* in Moskau führen u. a. zum Beschluß der Wiedererrichtung der Republik Österreich und ihrer Behandlung als „befreites Land"

Der Leiter der tschechosl. Exilregierung, *Benesch*, schließt Freundschafts- und Beistandspakt mit der USSR

Großbritannien läßt den monarchistischen Führer der jugoslaw. Partisanen, *Mihailowitsch*, fallen und unterstützt den Kommunisten *Tito*

Ryti zum finn. Staatspräsidenten gewählt

Stalin wird Marschall

Auflösung der Kommunistischen Internationale („Komintern", gegr. 1919 als 3. Internationale)

Litwinow stellvertr. Außenminister der USSR bis 1946

USA-Truppen landen auf Neuguinea, auf Bougainville, auf den *Gilbert*-Inseln

Totale wirtschaftl. Mobilmachung in Japan

Staatsbesuch Präsident *Roosevelts* in Mexiko. (Mexiko erklärt sich 1944 bereit, die 1938 enteigneten US-Ölgesellschaften mit 24 Mill. Dollar zu entschädigen)

Bergarbeiterstreik in USA; militär. Besetzung der Eisenbahnen gegen Streikgefahr. Antistreikgesetz. Amt für wirtschaftl. Kriegshilfe

† *Oskar Schlemmer*, dt. Maler, 1920—25 am Bauhaus (* 1888) *Shahn:* „Die Schweißer" (nordam. Gem.) „Kinder sehen dich an" (italien. Film; Regie: *Vittorio de Sica*, * 1902) „Unsere Träume" (ital. Film; Regie: *Vittorio Cottafavi)* „Münchhausen" (Farbfilm mit *H. Albers, F. Marian;* Regie: *Josef v. Baky)* „Romanze in Moll" (Film mit *M. Hoppe, Paul Dahlke, Siegfried Breuer;* Regie: *H. Käutner)* „Sieg in der Wüste" (engl. Film v. *Roy Boulting*); „Die Welt im Überfluß" (engl. *F. v. Rötha)* „Es ist alles Wahrheit" (nordam. Farbfilm von *O. Welles);* „Der Schatten eines Zweifels" (nordam. Film v. *A. Hitchcock); „*Die Kinder Hitlers" (nordam. Film v. *Dmytryk)* „Licht des Sommers" (frz. Film v. *Grémillon*, * 1902); „Der Rabe" (frz. Film von *H. G. Clouzot);* „Die ewige Wiederkehr" (frz. Film v. *Delannoy* und *Cocteau)* „Stalingrad" (russ. Film v. *Varlanow);* „Im Namen des Vaterlandes" (russ. Film)		migen Sonnenumgebung (steht neben mehreren weiteren Theorien der Planetenentstehung) *F. E. Zeuner* versucht eine „Paläontologie ohne Fossilien": Rekonstruktion der vorzeitlichen Tierwelt aus Körperbau und geographischer Verteilung der lebenden Tiere Ca. 10000 veränderliche Sterne bekannt (1930: 4581) Fabrikatorische Herstellung von Silikon-Kunstharzen (bes. vielseitige, temperaturunempfindliche Werkstoffe) Wirksame Entwicklung der Papierchromatographie zur Trennung organischer Substanzen in England (Prinzip 1881 entdeckt) *Messerschmitt* fertigt serienmäßig Düsenflugzeuge (Jäger)	

1944

Friedens*nobel*preis an Internationales Komitee vom Roten Kreuz (Schweiz)

Ungar. Reichsverweser *von Horthy* muß dt. Besetzung und Regierungsumbildung zustimmen

König *Michael* von Rumänien läßt *Antonescu* verhaften (erschossen 1946); Verfassung von 1923 wieder in Kraft; Waffenstillstand mit Sowjetunion, Kriegserklärung an Deutschland

Sowjettruppen besetzen Krim und dringen bis zur Weichsel und nach Warschau vor; besetzen Rumänien, Bulgarien und Ungarn; Budapest wird eingeschlossen. *Tito* besetzt Belgrad

In Italien stoßen die Alliierten über Monte Cassino, Rom (wird zur „Offenen Stadt" erklärt), Florenz, Ravenna in die Lombardei vor

Alliierte Luftlandung bei Arnheim und Nimwegen führt zur Eroberung Antwerpens. Aachen und Straßburg werden erobert. Überraschende dt. Ardennenoffensive bringt alliierte Truppen vorübergehend in schwierige Lagen, bis Wetterbesserung ihre Luftüberlegenheit zur Wirkung kommen läßt (bedeutet Schwächung der dt. Ostfront)

Mißglückter Versuch dt. Offiziere und Politiker, *Hitler* durch Attentat zu beseitigen und seine Diktatur zu stürzen („20. Juli", *v. Stauffenberg, Goerdeler, v. Witzleben, v. Helldorf, Leuschner, Erwin Planck* u. a. werden hingerichtet)

Himmler an Stelle *Fromms* (†), der am 20. Juli eine schwankende Haltung zeigt, zum Oberbefehlshaber des Ersatzheeres ernannt u. Reichsinnenminister

Im Zusammenhang mit dem 20. Juli finden über 5000 Menschen, darunter etwa 700 Offiziere den Tod

† *Erwin Rommel*, dt. Generalfeldmarschall (zum Selbstmord gezwungen, erhält Staatsbegräbnis) (* 1891); weitere Selbstmorde: Generalfeldmarschall *von Kluge*, Generaloberst *Beck*, die Generale *Wagner* und *von Treskow*

† *Rudolf Breitscheid* (SPD), (* 1874) u. *Ernst Thälmann* (KPD), (* 1886), im KZ Buchenwald ermordet

Literatur-*Nobel*preis an *J. V. Jensen* (Dänem.)

V. Baum: „Hotel in Berlin" (Roman)

Camus: „Caligula" (frz. Drama)

Giraudoux: „Die Irre von Chaillot" (franz. Schauspiel)

† *Jean Giraudoux*, frz. Dichter und Diplomat (* 1882)

† *Max Halbe*, dt. Dichter (* 1865)

Ernst Jünger: „Über den Frieden" (illegale politische Schrift)

† *Isolde Kurz*, dt. Dichterin (* 1853)

Pär Fabian Lagerkvist (* 1891): „Der Zwerg" (schwed. Roman)

Th. Mann: „Das Gesetz" (Erzählung zur Entstehung der 10 Gebote)

A. Neumann: „Es waren ihrer sechs" ("Six of them", Roman über die Münchener Studentenrevolte 1943)

† *Romain Rolland*, frz. Dichter (* 1866)

† *Antoine de Saint-Exupéry* (abgeschossen) franz. Flieger und Dichter (* 1900)

J. P. Sartre: „Hinter verschlossenen Türen" (frz. Schauspiel)

Sinclair: „Presidential agent" (nordamerikan. sozialist. Roman)

St. Zweig: „Die Welt von gestern" (Erinnerungen, posthum)

Theater, Literatur u. das übrige kulturelle Leben kommen in Dtl. vollkommen zum Erliegen (Neuanfänge schon kurz nach Kriegsende)

S. Glueck: „Kriegsverbrecher, ihre Verfolgung und Bestrafung" (nordamerikan. völkerrechtl. Untersuchung)

W. E. Hocking: „Wissenschaft und die Idee von Gott" (nordamerik. idealist. Philosophie)

C. G. Jung: „Psychologie und Alchimie", „Psychologie und Religion" (Schweiz. Psychoanalyse)

Harold Laski: „Religion, Vernunft und neuer Glauben" (engl. sozialist. Sozialphilosophie)

K. G. Myrdal: „Das amerikanische Dilemma" (Negerproblem u. modern. Demokratie) (schwed. Untersuchung)

Schweizer Aufruf zum Bau eines Kinderdorfes für Waisen (Baubeginn des *Pestalozzi*-Dorfes 1946)

Erziehungsgesetz (*Butler*-Act) in Großbritannien verbessert und demokratisiert brit. Schulwesen (wird ab 1945 schrittw. durchgeführt)

Beckmann: „Stilleben m. grünen Gläsern", „Felsen bei Cap Martin" (expression. Gemälde)

Bowden: „Kamelmarkt in Saudi-Arabien" (englisch. Gemälde)

Braque: „Ofen" (frz. Gemälde)

Feininger: „Flußdampfer auf dem Yakon" u. „Hafen" (Aquarelle)

K. Hofer: „Auf dem St.Gotthard", „Morgenstunde", „Frau i. Bademantel", „Der Redner", „Grammophon" u. „Aufziehendes Gewitter" (express. Gemälde)

† *Wassily Kandinsky*, russ. abstrakt. Maler, seit 1921 i. Ausland (* 1866)

G. Kolbe: „Die Flehende" (Plastik)

† *Aristide Maillol*, frz. Bildhauer und Graphiker (* 1861)

G. Marcks: „Mädchen im Hemd" und „Kämmende" (Plastiken)

Matisse: „Das weiße Kleid", „Der blaue Hut" (frz. Gem.)

† *Piet Mondrian*, ndl. abstrakt. Maler, zuletzt in USA (* 1872)

† *Edvard Munch*, norweg. frühexpression. Maler u. Graphiker (* 1863)

Pasmore: „Ein Wintermorgen", „Die Woge" (engl. Gem.)

Picasso: „Stilleben mit Kerze" (Gem.)

Josef Scharl (* 1896): „Albert Einstein" (express. Gemälde)

Leonard Bernstein (* 1918): „Fancy Free" („Drei Matrosen a. Urlaub", nordamerikanisch. Tanzrevue)

Luigi Dallapiccola: „Der Gefangene" (ital. Oper in 12-Ton-Technik. 1940: „Nachtflug", ital. Oper n. *Saint-Exupéry)*

† *Paul Graener*, dt. Komponist; schr. Opern, Orchester- u. Kammermusik, Lieder (z. B. nach *Morgenstern)* (* 1872)

Hindemith: „Herodiade" (für Bläser- u. Klavierquintett)

R. Strauss: „Danae" (Oper; Urauff. 1952)

Debüt von *Renata Tebaldi* (* 1922), lyr. Sopran

Physik-*Nobel*preis an *I. I. Rabi* (USA) für Atomkernforschung mit Atomstrahlen

Chemie-*Nobel*preis an *O. Hahn* (Dt.) für Uranspaltung durch Neutronen

Medizin-*Nobel*preis an *J. Erlanger* (USA) und *H. S. Gasser* (USA) für Arbeiten über Nervenleitung

Avery, MacLeod, McCarty: Übertragung von Erbfaktoren bei Bakterien vermittels Zellextrakten („Transformation" durch Nukleinsäure als Erbsubstanz)

W. Baade unterscheidet Sternpopulation II (Riesensterne im Nebelkern u. Kugelhaufen) und I („normale" Sterne in den Spiralarmen und Sonnenumgebung)

Erste Operation eines „blauen Babys" (Erstickungsgefahr) durch *Alfred Blalock* nach 80 Hundeversuchen

J. Brachet: „Chemische Embryologie" (biochemische Entwicklungslehre)

V. Bush beginnt systematisch die Entwicklung moderner Blindengeräte zu untersuchen (führt zu Mustern von Ultraschall- und elektrooptischen Lesegeräten)

P. Jordan entwickelt eine neue Stern- u. Weltentstehungshypothese: Das Weltall entstand vor etwa 2 Milliarden Jahren aus Atomkerndimensionen und dehnt sich seitdem unter ständiger Entstehung neuer Sterne (Supernovae) mit Lichtgeschwindigkeit aus

K. Michel: Zeitrafferfilm von einer Zellteilung mit dem Phasenkontrast-Mikroskop

John v. Neumann und *Oskar Morgenstern:* „Spieltheorie und wirtschaftliches Verhalten" (nordamer. Begründung der Spieltheorie; vgl. 1928)

Negovski wendet sein Verfahren der Wiederbelebung „klinisch Gestorbener" auf lebensgefährlich verletzte russ. Soldaten an

E. Schrödinger: „Was ist Leben?" (Erörterung der biologischen Grundprobleme vom physikalischen Standpunkt aus)

Verzár: Genaue Analyse der chemischen Wirkungsweise des Nebennierenrindenhormons im Reagenzglas

W. Beveridge: „Vollbeschäftigung in einer freien Gesellschaft" (engl. Wirtschaftsplan f. eine „Sozialisierung d. Nachfrage")

„Theorie der Vollbeschäftigung" (englisch. Gemeinschaftsarbeit aus Oxford)

Trygve Haavelmo: „Der Wahrscheinlichkeitsgedanke i. der Ökonometrie" (nordamerikan.)

A. P. Lerner: „Kontrollierte Wirtschaft" (nordam. System einer gemischt kapitalist.-sozialist. Wirtschaft)

85% der nordamerikan. Tarifverträge enthalten bezahlten Urlaub (1940 25%)

100 Jahre Konsumgenossenschaften (1844 Rochdale/England): USSR: 35 Mill. Mitglieder (nicht freiwillig); Großbritann.: 10 Mill. Mitglieder; USA: 5 Mill. Mitglieder; Schweden: 800000 Mitgl.; 37 Länder gehören z. International Cooperative Alliance (gegr. 1895)

„Plan für ein größeres London" (Verlagerung der Industrie in die Außenbezirke)

Infolge der Luftangriffe geht die kriegswichtige dt. Treibstoffproduktion stark zurück (bis auf 20% und weniger)

(1944)

Am 1. August 524277 In- und Ausländer in den nationalsozialist. KZ-Lagern (gegen Kriegsende entstehen dort besonders grauenhafte Verhältnisse, die vielen das Leben kosten)

Erfolgreiche Invasion der Anglo-Amerikaner und ihrer Verbündeten an der Küste der Normandie mit bisher einmaligem technischem Aufwand („Schwimmende Häfen", Unterwasser-Ölleitung, Spezialfahrzeuge). Befreiung Frankreichs. Einzug *de Gaulles* in das unzerstörte Paris

Einsatz der V 1- und V 2-Raketenwaffen gegen England ohne wesentlichen Erfolg

Griechenland und Finnland werden von dt. Truppen geräumt

Finnland schließt Waffenstillstand in Moskau

Antidt. Aufstand der poln. Untergrundbewegung in Warschau bleibt ohne Unterstützung der sowjet. Truppen am anderen Weichselufer und wird niedergeschlagen

Liberia, Rumänien, Bulgarien, San Marino, Ungarn geraten mit Deutschland in Kriegszustand

„Dt. Volkssturm" aufgerufen und mangelhaft bewaffnet unter *Himmler* und *Bormann* eingesetzt

de Gaulle bildet provisorische frz. Regierung mit *Bidault* als Außenminister

Antidt. Sabotageakte in Dänemark, Generalstreik in Kopenhagen, Entwaffnung der dän. Polizei

Proklamierung der Republik Island; *Sveinn Björnsson* Staatspräsident

Ital. „Komitee der nationalen Befreiung" gebildet (stark kommunist.). Ital. Koalitionsregierung unter Ministerpräsident *Bonomi* mit *Togliatti* (Kommunist) als Stellvertreter

Spanien stellt Wolframlieferungen nach Deutschland ein; erhält Treibstoff von den Alliierten

Ukraine und Weißrußland erhalten eigene Außenminister (somit später eigene Vertreter in der UN)

Syrien erlangt Unabhängigkeit (wurde schon 1941 erklärt)

Bretton-Woods-Konferenz empfiehlt nach Vorschlägen von *Keynes* und *Morgenthau* Internationale Bank für Wiederaufbau mit 10 Milliarden Dollar Fonds (1945 gegründet)

Roosevelt widerruft den „Morgenthau-Plan", Deutschland zu verkleinern und zu einem Agrarstaat zu machen

MacArthur beginnt Philippinen wiederzuerobern

CIO-Gewerksch. grdt. polit. Kommitee zur Wahlunterstützung *Roosevelts* (verläßt damit polit. Neutralität; AFL folgt 1952)

Roosevelt zum 4. Mal zum Präsidenten der USA gewählt; Vizepräsident *Harry S. Truman* (* 1884)

Präsident von Argentinien *Ramirez* gestürzt. General *Farrell* Präsident, Vizepräsident *Juan Perón*

Keine Einigung zwischen chin. Nationalregierung und kommunist. unter *Mao Tse-tung*; USA berufen General *Stillwell* aus Tschunking ab

In Japan tritt Regierung *Tojo* zurück

Erster Staatshaushalt i. Abessinien

Verschiedene Attentate auf Hitler (bes. von militärischer Seite) mißlingen

Graham Sutherland: „Sonnenuntergang“ (engl. Gemälde) *Mark Tobey* (* 1890): „Widerspruchsvolle Welt“ (nordamerik. abstraktes Temperagemälde) Ausstellung „Konkrete Kunst“ in Basel mit Werken von *Arp, Baumeister, Bill, Calder, Domela, Gabo, Kandinsky, Klee, Moholy-Nagy, Mondrian, H. Moore, Vantongerloo* u. a. („konkret“ i. Sinne von „nicht von der Natur abstrahiert“, d. h. völlig absolut) „Amerikanisches Bauen 1932—44“ im Museum of Modern Art, New York (Ausstellg. erweist starke Entwicklg. d. nordamerikanischen Architektur) — „Große Freiheit Nr. 7“ (Farbfilm mit *H. Albers, I. Werner*; Regie: *H. Käutner*) „Lifeboat“ (nordam. Film von *A. Hitchcock*); „Es geschah morgen“ (nordam. Film von *R. Clair*); „Murder my Sweet“ (nordam. Film von *Dmytryk*) „Zola“ (russ. Film v. *Arnstam*); „Das befreite Frankreich“ (russ. Film v. *Jutkewitsch*) „Heinrich V.“ (engl. Film v. *Laurence Olivier*) „Der Himmel gehört dir“ (frz. Film von *Grémillon*) „Das Himmelstor“ (ital. Film v. *de Sica*)		*Selman A. Waksman* (* 1888, *Nobel*pr. 1952) und *A. Schatz* entdecken Streptomycin als hochwirksames antibiotisches Heilmittel (ähnlich Penicillin) Modell-Uranbrenner in Berlin-Dahlem erreicht eine bescheidene Neutronenvervielfachung (weitere Erfolge der dt. Versuche, Atomenergie zu erzeugen, werden durch den Kriegsverlauf verhindert. Damit gewinnen die USA den Wettlauf um die Atomwaffe mit großem Vorsprung) Bildfunkübertragung von Zeitungsdruckplatten von New York nach San Francisco. Gleichzeitig Versuche (seit 1928) zur draht- und drucklosen Bildfunkübertragung v. Zeitungen Relais-Rechenmaschine Mark I in den USA (vgl. 1942) Kanad. Schiff durchfährt die Nordwestliche Durchfahrt (Atlantik-Eismeer-Pazifik) erstmalig in e i n e m Sommer (bisherige Gesamtdurchfahrten 1903 bis 1906, und 1940 bis 1942) Brit. Strahlantrieb-Flugzeug überschreitet 800 km/Stunde V 1 hat Verpuffungsstrahlrohr als Strahlantrieb (wird vom Turbostrahlantrieb übertroffen) Dt. V-2-Rakete erreicht 175 km Höhe „Panzerfaust“ und „Panzerschreck“ werden als tragbare, einfache Panzerabwehrwaffen im dt. Heer eingesetzt (können den Mangel an schweren panzerbrechenden Waffen nicht aufwiegen) Der bisher nur fossil bekannte Metasequoia-Nadelbaum in China lebend entdeckt	An der Westfront stehen 209 dt. Bomber u. 2473 dt. Jäger 2682 anglo-amerikan. Bombern u. 4573 anglo-amerikan. Jägern gegenüber Weltrekord im 10000-m-Lauf mit 29:35,4 von *Heino* (Finnland)

1945 Friedens*nobel*preis an *C. Hull* (USA)

Konferenz von Jalta zwischen *Roosevelt*, *Churchill* und *Stalin*; Aufteilung Deutschlands in Besatzungszonen

† *Roland Freisler* (durch Fliegerangriff), berüchtigt durch seine Terrorurteile im „Volksgerichtshof" (* 1893)

Türkei und Argentinien erklären Deutschland den Krieg. *Perón* muß vorübergehend zurücktreten

Zweifacher nächtlicher Luftangriff auf Dresden zerstört die Stadt und fordert große Opfer (Angriff dient der Unterstützung des sowjet. Vormarsches)

Würzburg, Paderborn, Hildesheim, Münster, Potsdam durch Luftangriffe zerstört

Die Eroberung der dt. Ostgebiete durch sowjet. Truppen löst eine — oft zu späte — Massenflucht aus. Viele Menschen, besond. Kinder, erfrieren. Die Eroberer begehen zahlreiche Greueltaten

Der russ. Marschall *Schukow* führt den siegreichen Vorstoß nach Berlin, nachdem er bei Moskau (1941/42), Stalingrad (1942), Leningrad (1943) erfolgreich eingegriffen hatte. Deutschland wird von Westen und Osten her vollständig besetzt; Amerikaner und Briten bleiben an der Elbe stehen

Die Verteidigung Berlins erfordert große Opfer unter Soldaten und Zivilbevölkerung

Truppen der USA und USSR treffen sich bei Torgau an der Elbe. Die nationalsozialist. Propaganda verbreitet Gerüchte über einen unmittelbar bevorstehenden Konflikt zwischen diesen beiden Großmächten

Himmler versucht Friedensverhandlungen mit den Westmächten

Hitler läßt *Göring* in Süddeutschland wegen „Verrats" verhaften

Hitler gibt den Befehl „Verbrannte Erde": Zerstörung aller lebenswichtigen Einrichtungen in Deutschland (wird nur teilweise befolgt, *Speer* stellt sich dagegen)

Sowjets erobern in heftigen Kämpfen Budapest und Wien

Zusammenbruch der oberital. Front; Waffenstillstand

Hamburg kampflos übergeben

† *Benito Mussolini* (von Italienern zusammen mit seiner Geliebten *Petacci* erschossen), ital. Faschistenführer; seit 1922 nach dem „Marsch auf Rom" Ministerpräsident und „Duce" (* 1883)

† *Adolf Hitler* (Selbstmord im Bunker der Reichskanzlei, Berlin, zusammen mit *Eva Braun* nach Eheschließung), Begründer des Nationalsozialismus; seit 1933 dt. Reichskanzler, seit 1934 auch Staatsoberhaupt; („Führer"); beseitigte Demokratie; begann 1939 2. Weltkrieg (* 1889)

† *Josef Goebbels*, dt. Reichspropagandaminister, begeht nach Tötung der 6 Kinder mit seiner Frau Selbstmord im Bunker der Reichskanzlei (* 1897). Weitere Selbstmorde *Heinrich Himmler* (* 1900), *Robert Ley* (* 1890)

Antidt. Aufstand in Prag wird von der *Wlassow*-Armee unterstützt. Sowjet. Truppen besetzen Tschechoslowakei

Am 9. 5. 00.01 Uhr tritt dt. Gesamtkapitulation in Kraft. *Dönitz*-Regierung wird in Schleswig-Holstein gefangengenommen

Von 9,6 Mill. europäischen Juden wurden ca. 5,7 Mill. von den Nationalsozialisten ausgerottet

Etwa 10 Mill. Menschen kamen seit 1933 in die nationalsozialist. Konzentrationslager (allein in Auschwitz etwa 4 Mill. Tote)

Neben einer dt. Staatsschuld von rd. 400 Milliarden RM steht ein geschätzter Verlust des Volksvermögens von etwa 300 Milliarden RM (etwa 50%). Demnach kostete der Krieg Deutschland pro Kopf der Bevölkerung ca. 10000 RM

Potsdamer Konferenz zwischen *Truman*, *Churchill* (später *Attlee*) u. *Stalin* beschließt die Politik in Deutschland nach der Kapitulation: Alliierter Kontrollrat, Reparationen, Demontagen; Polen erhält die Verwaltung von Ostdeutschland bis zur Oder-Neiße-Linie, USSR die von Königsberg (Kaliningrad) und benachbartes Ostpreußen. Einteilung Deutschlands in 4 Besatzungszonen und Berlins in 4 Sektoren

Alliierter Kontrollrat wird in Deutschland aufgestellt und erläßt „Aufhebung von Nazigesetzen", „Grundsätze für die Umgestaltung der Rechtspflege", „Kriegsverbrechergesetz", „Wohnungsgesetz"

Saargebiet wird frz. Protektorat

Gründung der UN (United Nations) in San Francisco, besteht aus Vollversammlung, Sicherheitsrat, Internationalem Gerichtshof, Rat für wirtschaftl. und soziale Angelegenheiten, Sekretariat, Rat für Treuhandschaft, Generalstabsausschuß. Sonderrechte der „Großen Fünf": USA, USSR, Großbritannien, Frankreich, China. 50 Nationen unterschreiben Gründungsurkunde

Nach Eroberung der Philippinen landen USA-Truppen in unmittelbarer Nähe der japan. Hauptinsel. Beginn schwerster Luftangriffe (Superfestungen). USA-Atombombe auf Hiroshima

USSR erklärt Japan den Krieg

USA-Atombombe auf Nagasaki. Japan kapituliert. Ende der Kampfhandlungen des 2. Weltkrieges. (Durch beide Atombomben insgesamt 110000 Tote und 110000 Verwundete auf 17 qkm zerstörter Fläche)

Menschenverluste im 2. Weltkrieg: Soldaten: 24,4 Mill. (USSR 13,6; Deutschl. 3,25; China 3,5; Japan 1,7; Gr.-Brit. 0,37; Ital. 0,33; Jugoslawien 0,3; Frankreich 0,25; USA 0,22; Österr. 0,23) Zivilpersonen: 25 Mill. (China 10,0; USSR 6,0; Deutschl. 3,64; Polen 2,5; Jugoslawien 1,3; Frankr. 0,27). Ermordete Juden: 5,98 Mill. (Polen 2,8; Rumänien 0,43; Tschechoslow. 0,26; Ungarn 0,2; Deutschl. 0,17). Insgesamt forderte der 2. Weltkrieg ca. 55,3 Mill. Tote

Im 2. Weltkrieg blieben neutral: Afghanistan, Irland, Portugal, Schweden, Schweiz und Spanien. Island war nicht im Kriegszustand

Durch den 2. Weltkrieg verschwinden als europäische Staaten: Danzig, Estland, Lettland, Litauen, Kroatien, Serbien, Montenegro, Karpato-Ukraine; wieder entstehen: Österreich, Polen, Jugoslawien, Tschechoslowakei; neu entstehen: Island, Triest

„Weltbund der Demokratischen Jugend" (kommunist. beeinflußt) und „Internationale Demokratische Frauenföderation"

Helgoland von der Bevölkerung geräumt (dient dann der brit. Luftwaffe als Zielübungsgelände; Wiederaufbau ab 1952)

Wilhelm Pieck (* 1876) kehrt aus Moskau, wo er im „Nationalkomitee Freies Deutschland" arbeitete, nach Deutschland zurück und reorganisiert KPD

Sowjet. Besatzungsmacht läßt Uranvorkommen im Erzgebirge (Aue) ausbeuten

Alliierter Kontrollrat in Österreich. Viermächtebesetzung in Wien (abwechselnd Kommandogewalt im Stadtzentrum). *Karl Renner* österr. Bundespräsident bis 1951 (†); Koalitionsregierung unter *Leopold Figl* (Volkspartei); im Parlament Volkspartei 85 Sitze, Sozialdemokr. 76, Kommunisten 4

Labour-Mehrheit in Großbritan.; *Attlee* (Sozialist) brit. Ministerpräsid., *Churchill* Führer d. Opposit.

Ernest Bevin (* 1881, † 1951) brit. Außenminister; Gewerkschaftler, ehemals Dockarbeiter

Außenhandels- u. Stahlerzeugungsplan in Großbritan.; Sozialisierungsprogramm: Bank von England, Zivilluftfahrt, Rundfunk (es folgen Transport, Elektrizität, Kohle, Eisen und Stahl)

Interims-Nationalregierung in Delhi mit *Pandit Nehru* als ind. Vizepräsidenten

Pétain und *Laval* von frz. Gerichten zum Tode verurteilt; *Flandin* freigesprochen (*de Gaulle* begnadigt *Pétain* zu lebenslängl. Festungshaft)

Aus den Wahlen zur verfassunggebenden Versammlung in Frankreich gehen die Kommunisten als stärkste Partei hervor, fast gleich stark: Sozialisten und MRP. *De Gaulle* zum Regierungschef gewählt (tritt 1946 zurück)

Reparationskonferenz in Paris;

(1945)

spricht der USSR außer Reparationen aus der eigenen dt. Zone 26% der aus den 3 Westzonen zu

Alcide de Gasperi (* 1881, † 1954; Christl. Demokr.) ital. Ministerpräsident bis 1953

Westl. Teil v. Triest v. westalliiert. Truppen besetzt, östl. von jugoslaw.

Franco verspricht Errichtung der Monarchie nach seinem Tode. Grundgesetz garantiert bürgerl. Rechte. Wiederherstellung der internationalen Verwaltung in Tanger

† *David Lloyd George*, brit. Ministerpräs. 1916 bis 1922; Finanzminister von 1908 bis 1915 (* 1863)

Sozialdemokr. Regierungen in Dänemark, Norwegen und Schweden (versuchen zunächst eine mehr neutrale Politik im entstehenden Ost-West-Konflikt)

Léon Jouhaux (* 1878, † 1954) wieder Generalsekretär der frz. CGT-Gewerkschaften (erhält 1951 Friedens*nobel*preis)

Wahlen in Finnland: Demokr. Volksfront (komm.) 49 Sitze, Sozialdemokraten 50, Bauernpartei 49, konservat. Sammlungspartei 28, schwed. Volkspartei 15,. Liberale Fortschrittspartei 9; Ministerpräsident *Juho Kusti Pasikivi* sucht Einvernehmen mit der USSR; Bodenreform löst Flüchtlingsfrage

Rückkehr der tschechoslow. Exilregierung unter *Benesch* nach Prag; Außenmin. *Jan Masaryk;* Anlehng. an USSR. *Henlein* beg. Selbstmord; *K. H. Frank*, *Tiso* u. a. hingerichtet. Beginn d. Austreibung d. Sudetendeutschen mit großen Verlusten an Menschenleben und Besitz. Weitgehende Verstaatlichung von Betrieben; Abtretung der Karpato-Ukraine an die USSR

Polen muß seine Ostgebiete an die USSR abtreten. Erlangt dafür Verwaltung der dt. Gebiete östl. der Oder-Neiße-Linie (vorbehaltl. endgültiger Regelung in einem Friedensvertrag), weist die dt. Bevölkerung nach Deutschland aus

Beistandspakt USSR-Polen auf 30 J. Poln. Regierung mit Mitgliedern der Londoner Exilregierung (Vizepräsident *Mikolaiczyk)*. Verstaatlichung der Grundindustrie

Literatur-*Nobel*preis an *G. Mistral* (Chile)

† *Theodore Dreiser*, nordamerikan. Romanschriftsteller (* 1871)

Al. Fadejew: „Die junge Garde“ (russ. Rom. aus d. 2. Weltkrieg)

† *Gustav Frenssen*, dt. Dichter und Pfarrer (* 1863)

Die von seiner profaschist. Haltung enttäuschten Leser *Knut Hamsuns* bringen seine Bücher zurück

Albrecht Haushofer: „Moabiter Sonette“ (80 Gedichte in politischer Haft. *H.* wird kurz vor dem Fall Berlins von der Gestapo ermordet)

† *Georg Kaiser*, dt. Dramatiker (* 1878)

† *Else Lasker-Schüler*, dt. Lyrikerin, zuletzt in Jerusalem (* 1876)

Carlo Levi: „Christus kam bis Eboli“ (ital. Roman)

Lewis: „Cass Timberlane“ (nordam. Roman)

Th. Mann: „Adel des Geistes“ (Essays), „Deutschland und die Deutschen“ (Rede) und „Deutsche Hörer“ (antifaschist. Radiosendungen seit 1940)

Maugham: „Auf des Messers Schneide“ (englischer Roman)

Sinclair: „Eine Welt ist zu gewinnen“ (nordamerikan. sozialist. Roman)

J. Steinbeck: „Die Straße der Ölsardinen“ (nordamerikanischer Roman)

† *Paul Valéry*, frz. Dichter (* 1871)

G. Weisenborn: „Die Illegalen“ (Schauspiel)

† *Franz Werfel*, österr. Dichter (* 1890)

Georgij A. Alexandrow: „Geschichte der westeuropäischen Philosophie“ (sowjetrussisch, später scharf kritisiert)

Hans Barth (* 1904, † 1965): „Wahrheit und Ideologie“

† *Ernst Cassirer*, dt. Philosoph aus der Marburger Schule, seit 1940 in den USA (* 1874)

Erich Fromm: „Die Furcht vor der Freiheit“ (über die Antriebe zur Aufgabe der Freiheit in totalitären Staaten)

A. Kardiner: „Die psychologischen Grenzen der Gesellschaft“ (nordamerikan. vergleichende psychoanalyt. Soziolog.)

Arthur Koestler: „Der Yogi und der Kommissar“ (Vergleich politischer Typen)

Ernst Kretschmer: „Medizinische Psychologie“

Max Picard: „Hitler in uns selbst“ (Schweiz. Philosophie)

Paul Tillich: „Die christliche Antwort“ (Religionsphilosophie)

H. G. Wells: „Geist am Ende seiner Möglichkeiten“ (engl.)

E. Wiechert: „Rede an die dtsch. Jugend 1945“

„Die Wandlung“ (kulturelle Zeitschrift)

„Die Gegenwart“ (dt. kulturellpol. Zeitschrift)

Die UN gründen die UNESCO (Organ der Vereinten Nationen für Erziehung, Wissensch. und Kultur)

Gründung des „Nansen-Bundes“ in Bern zur Erziehung der kriegsgeschädigten Jugend

Polen löst Konkordat

Wiederaufleben der freien Volksbildungsarbeit in Deutschland

Beckmann: „Selbstbildnis vor d. Staffelei" „Messingstadt" (express. Gemälde), „Blinde Kuh" (express. Triptychon)

H. Bloom: „Der verborgene Schatz" (nordamerikan. symbolist. Gemälde)

Stuart Davis (* 1894): „Nur für internen Gebrauch" (nordamerikan. abstraktes Gemälde)

Heckel: „Teichrosenblüte" (expression. Aquarell)

K. Hofer wird Direktor der Berliner Akademie; malt „Alarm", „Männer im Walde" u. „Blumenstilleben" (express. Gemälde)

Kaus: „Verdorrte Sonnenblumen" (2 express. Gemälde)

G. Kolbe: „Der Befreite" (Plastik)

† *Käthe Kollwitz*, dt. Graphikerin, bes. Bilder aus dem Arbeiterleben (* 1867)

Hans Kuhn (* 1905): „Stilleben" (express. Gemälde)

J. Lipchitz: „Mutter und Kind" II (lit.-nordamer. Plastik, seit 1941)

O. Nagel: „Berliner Ruinenstraße"

Nash: „Finsternis d. Sonnenblume" (englisch. surrealist. Gemälde)

Ernst Wilhelm Nay (* 1902): „Komposition" (abstraktes Gemälde)

Heinz Trökes (* 1913): Skizzenbuch (surrealistische Zeichnungen)

B. Britten: „Peter Grimes" (englisch. Oper)

Honegger: „Symphonie liturgique" (schweiz.-frz.-Komposition)

† *Pietro Mascagni*, ital. Opernkomponist (* 1863)

Prokowjew: „Ode auf d. Ende d. Krieges" (russ. Komposit.), „Aschenbrödel" (russisch. Ballett)

R. Strauss: „Metamorphosen. Studie f. 23 Solostreich." (Variationen, enden mit ein. Motiv aus dem Eroica-Trauermarsch)

Strawinsky: „Symphonie i. 3 Sätzen" (russ. Komposition)

† *Anton v. Webern*, österr. Komponist der Zwölftontechnik, Schüler *Schönbergs* (* 1883)

„Zwischenspiel" (nordamerikan. abstraktes Ballett, Choreographie v. *Jerome Robbins*)

~ „Be-bop"-Stil der Jazzmusik

Physik-*Nobel*preis an *W. Pauli* (Österr.) für Atomforschung

Chemie-*Nobel*preis an *Artturi Ilmari Virtanen* (Finnl., * 1895) für Vitamin- und Futtermittelforschung

Medizin-*Nobel*preis an *A. Fleming, F. Florey, E. B. Chain* (alle Großbrit.) für Penicillin-Forschung

† *Francis William Aston*, engl. Physiker; *Nobel*pr. 1919 (* 1877)

A. Carrel züchtet seit 33 Jahren embryonale Herzzellen eines Huhns (Kultur geht in diesem Jahr durch Unglücksfall zugrunde)

W. Goetsch entdeckt wachstumsförderndes Vitamin T (bedingt bei den Termiten die „Soldatenformen")

† *Arthur Korn*, dt. Physiker u. Erf. der Bildtelegraphie, zuletzt in den USA (* 1870)

E. M. McMillan und *V. Veksler:* Synchrotonprinzip zur Erzeugung höhenstrahlartiger Teilchen (bis 1951 in der USA 3 Milliarden Volt effekt. Beschleunigungsspannung)

† *Th. H. Morgan*, nordamer. Vererbungsforscher (* 1866)

Sonneborn stellt bei Pantoffeltierchen Übertragung von Merkmalen durch das Zellplasma fest („Plasmatische Vererbung")

J. Stebbins und *A. E. Whitford* weisen das optisch unsichtbare Zentrum der Milchstraße durch seine Ultrarotstrahlung nach

Etwa 300000 organische u. 30000 anorganische chemische Verbindungen bekannt

100 - Millionen - Volt - Elektronenschleuder in den USA (Betatron)

Mikro-(mm-)Wellen-Spektroskopie entsteht (besonders in den USA auf den Grundlagen der Radartechnik)

USA erforschen Nordpolargebiet mit Flugzeugen

Rasche Erforschung und Erschließung Alaskas und Nordkanadas (1941 im nördl. Drittel Kanadas nur 14000 Menschen)

24 - zylindrige Rotationspresse druckt 1200000 achtseitige Zeitungen in einer Stunde

Verluste i. 2. Weltkrieg etwa: je 25 Mill. getöteter Soldaten u. Zivilisten; direkte Kosten: 1 Bill. Dollar, indirekte Kosten: 2 Bill. Dollar

Dt. Verluste im 2. Weltkrieg: ca. 3 Mill. gefallene Soldaten und 3,6 Mill. getötete Zivilisten, 0,45 Mill. durch Luftangriff getötete Zivilpersonen, 2 Mill. Kriegsbeschädigte (6295 Kriegsblinde), 1 bis 2 Mill. in Flüchtlingstrecks Verstorbene oder nach dem Osten Verschleppte. Pro Tag des Krieges 2500 Deutsche getötet oder verwundet

Europ. Flüchtling. od. Heimatvertriebene: 1937—1945 nach Deutschland verbracht 1,3 Mill., vor den Russen nach Deutschland geflohen 4,3 Mill., aus den Ostgebiet. ausgewiesen 5,85 Mill., aus Polen nach Rußland umgesied. 4,25 Mill., aus d. Tschechoslowakei ausgewiesene Deutsche 2,6 Mill., aus der Slowakei nach Ungarn ausgewiesen 0,75 Mill., aus Ungarn in die Slowakei ausgewies. 0,15 Mill., aus Rumänien ausgewiesene Deutsche 0,15 Millionen, Exilspanier in Frankreich 0,35 Mill., Exilpolen in England 0,05 Mill.; insgesamt heimat-

(1945)

Bodenreform in Ungarn

Josip Broz-Tito Regierungschef in der „Föderativen Volksrepublik" Jugoslawien; wird von den Westmächten anerkannt; Bodenreform Regierung *Petru Groza* („Ackermannsfront") unter sowjet. Einfluß in Rumänien; Bodenreform „Vaterländ. Front" (kommunist.-sozialist.) mit *Georgii Dimitrow* (* 1882, † 1949) in Bulgarien; Bodenreform

Griech. Bürgerkrieg zwischen Monarchisten (von Großbrit. und den USA unterstützt) und Kommunisten (von der USSR unterstützt) bis 1949 (Niederlage d. Kommnist.)

Stalin zum Generalissimus ernannt

USSR kündigt Nichtangriffspakt mit der Türkei von 1925

Freundschaftspakt USSR-Nationalchina

USSR erlangt vorherrschenden Einfluß in der Mandschurei

Außenministerrat in Moskau sieht allgemeine Friedenskonferenz vor und empfiehlt UN-Kommission zur Atomenergiekontrolle

Türkei tritt der UN bei

Spannung zw. Iran u. USSR (USSR zieht erst 1946 Truppen zurück)

† *Franklin Delano Roosevelt* (12. 4.), Präsident der USA seit 1933 (* 1882)

Truman (Dem.) Präsident d. USA

Interamerikanische Konferenz in Mexiko City

Vargas, Diktator in Brasilien seit 1930, gestürzt (1950 wiedergewählt)

Ägypt. Ministerpräsident *Achmed Maher Pascha* von einem ägypt. Faschisten ermordet

Bildung der Arab. Liga in Kairo: Irak, Ägypten, Syrien, Libanon, Transjordanien, Saudi-Arab., Jemen

Ho Chi-minh (* 1890, † 1969) wird nach Abdankung des Kaisers *Bao Dai* Präsident der Republik Vietminh: Tonking, Annam, Kotchinchina mit Hanoi als Hauptstadt (unterstützt kommunist. Bewegung in diesem Teil Frz.-Indochinas)

Nach der Niederlage Japans setzt der Bürgerkrieg zwischen den Kuomintang-Truppen (von den USA unterstützt) und kommunist.

Boleslaw Barlog Intendt. u. Regisseur des Schloßparktheaters, Berlin (vgl. 1951)

Ida Ehre (* 1900) übernimmt Leitung der Hamburger Kammerspiele (hatte 1933–45 Auftrittsverbot)

† *Friedrich Kayssler* (von sowjet. Soldaten umgebracht), dt. Schauspieler und Dichter (* 1874)

In den USA seit 1943 über 1 Milliarde „Comic"-Hefte verkauft (primitive Bildergeschichten)

Seit der Erfindung der Buchdruckerkunst wurden ca. 30 Mill. Titel veröffentlicht (1970 erdweit 450 000. Vgl. 1501)

Das Zeitungswesen in Dtl. wird unter Einfluß der Besatzungsmächte erneuert (1946 gr. USA „Die Neue Zeitung", außerdem entstehen die Wochenschrift „Die Zeit" und „Die Welt". Die USSR gr. 1945 „Tägliche Rundschau")

Gegenwartskunde in dt. Schulen; Geschichtsunterricht zunächst untersagt

In Dtl. entstehen Institute zur Erfassung der öffentlichen Meinung

Staatsbürgerkunde als Schulfach in den frz. Schulen

Der Synod der russ.-orthodoxen Kirche wählt den Metropoliten von Leningrad zum Patriarchen von Moskau und Rußland (angebl. 20 000 Gemeinden mit 30 000 Priestern)

Papyrusfunde i. Ägypt. enthalten u. a. Thomas-Evangelium mit 114 Logien (Jesusworte), das ≈ 170 entstanden ist

Fast vollständige Vernichtung des hochentwickelten Berliner Museumswesens durch Krieg und Kriegsfolgen

Karl R. Popper (* 1902) „Die offene Gesellschaft und ihre Feinde" (engl. positivist. Philosophie a. d. „Wiener Kreis" betont d. Bedeutung d. Falsifikation f. d. Wissenschaftlichkeit v. Theorien

Intern. Forum Alpach/Tirol gegr.

Das Ende des 2. Weltkrieges bedeutet in vielen Bereichen eine Zäsur, die am Anfang einer neuen Phase rascher Entwicklung steht (Die nächsten 30 Jahre bringen grundlegende Veränderungen)

Max Weber (* 1881 i. Rußland): „Blasorchester" (nordamerikanisch. expression. Gemälde)

Erfolgreicher *Vermeer*-Fälscher *Han van Meegeren* (* 1888, † 1947) erhebt Selbstanklage

---

„Kolberg" (Film m. *H. George, K. Söderbaum;* Regie: *V. Harlan;* kurz vor Kriegsende mit „Durchhalte"-Tendenz)

„Rhapsody in blue" (nordam. Film von *Gershwin* mit *Al Jolson*); „Das verlorene Wochenende" (nordamerik. Film v. *Billy Wilder*); „Der Mann aus dem Süden" (nordam. Film von *J. Renoir*); „Die Geschichte des Soldaten Joe" (nordam. Film v. *Wellmann*); „Der wahre Ruhm" (nordamerik. Film von *Garson Kanin* und *C. Reed*)

„Die Kinder des Olymp" (frz. Film v. *Carné* mit *Jean-Louis Barrault*); „Falbalas" (frz. Film von *Jacques Becker*)

„Der Weg zu den Sternen" (engl. Film von *A. Asquith*); „Kurze Begegnung" (engl. Film v. *David Lean*)

„Rom offene Stadt" (ital. Film v. *Roberto Rossellini*, * 1906)

„Die letzte Chance" (Schweizer Film von *Lindtberg*)

„Maria Candelaria" (mexikan. Film von *Emilio Fernandez*)

„Der Sieg von Berlin" (russ. Film)

„Iwan der Schreckliche" (russ., letzter Film von *Eisenstein*)

Beginn der Bekämpfung der Malaria-Mücke durch DDT in Griechenland (führt in den nächsten Jahren zur weitgehenden Beseitigung des Malaria-Fiebers)

Langstreckenflugzeug Ju 390 mit 6 1800-PS-Motoren und 18 000 km Reichweite (wird in der NS-Führung als Fluchtmittel in Erwägung gezogen)

Truppen (von der USSR unterstützt) in China ein

Der 38. Breitengrad auf Korea wird zur Grenze zwischen nördl. sowjet. und südl. nordamerikan. Besatzungszone

Volksrepublik Korea (in Nordkorea) ausgerufen

entwurzelte Europäer 19,75 Mill.

Victor Gollancz gründet d. Wohltätigkeitsbewegung „Rettet Europa" unter Einschluß der Bevölkerung der bisher Großbritannien feindlichen Staaten

In Westdeutschland zerstört: 2,25 Mill. Wohnungen, 4752 Brücken, 4304 km Eisenbahnschienen, 2356 Stellwerke, 95% des Handelsschiffsraumes

Starke Demontagen, bes. in Ostdeutschland und Berlin: z.B. *Siemens* (Berlin) verliert v. 17000 Werkzeugmaschinen alle bis auf 138 minderwertige (Verlust insges. 450 Mill. Mark)

Neun Fernsehprogramme i. d. USA

Das Volksvermögen Großbrit. ist während d. Krieges um etwa 7,5 Milliarden Pfund (etwa 100 Milliarden DM) gesunken

Bank von Frankreich verstaatlicht

Erst. Weltgewerkschaftskongreß in London

USSR schuld. USA 11 Milliard. Dollar aus Pacht- u. Leihlieferungen

Hans Böckler (SPD, reorganisiert westdt. Gewerkschaftsbewegung

„Freier Dt. Gewerkschaftsb." (FDGB) i. Berlin gegrdt. (1948 Spaltung weg. kommunist. Tendenz)

~ Strenge Rationierungen in Dtschl. u. anderen Ländern. Trotz weitgehender ausländ. Hilfe schwerer Mangel an all. Bedarfsgütern. „Schwarze Märkte"; starkes Ansteigen d. Kriminalität u. Unmoral

„Süddeutsche Zeitung" in München übernimmt Tradition der „Münchner Neuesten Nachrichten"

„Der Tagesspiegel", Ztg. in Berlin (W)

1946	Friedens*nobel*preis an *J. Mott* (USA) u. *Emily Balch* (USA, * 1867, † 1961) Sitzung des Völkerbundes mit Auflösungsbeschluß (Funktionen gehen auf die UN über) *Adenauer* Vors. d. CDU *Kurt Schumacher* (* 1895, † 1952) Reorganisator d. SPD, wird ihr Vorsitzender *Franz Neumann* (* 1904, † 1974) Vors. d. SPD Berlin (bis 1958) Durch Zwangsvereinigung KPD-SPD „Sozialistische Einheitspartei Deutschlands" (SED) unter Einfluß der sowjet. Besatzungsmacht in Ostdeutschl. gegr. In West- und Ostberlin bleibt selbst. SPD Im Nürnberger Kriegsverbrecher-Prozeß werden zum Tode durch den Strang verurteilt: *Göring*, *Ribbentrop*, *Keitel*, *Kaltenbrunner*, *Rosenberg*, *H. Frank*, *Frick*, *Streicher*, *Sauckel*, *Jodel*, *Bormann* (in Abwesenheit), *Seyß-Inquart*; zu lebenslängl. Zuchthaus: *Heß*, *Funk*, *Raeder*; zu 20 Jahren: *Schirach*, *Speer*; zu 15 Jahren: *v. Neurath*; zu 10 Jahren: *Dönitz*; Freispruch für *Schacht*, *v. Papen*, *Fritzsche*. *Göring* begeht Selbstmord „Entnazifizierungs"-Gesetze in Deutschland. Jugendamnestie für die Jahrgänge 1919 und jünger *James F. Byrnes* (USA-Außenminister 1945—1947): Rede in Stuttgart; fordert dt. Bundesreg., anerkt. Frankreichs Saaransprüche Vorläufig letzte Stadtverordnetenwahl in ganz Berlin: SPD 48,7%, CDU 22,1, SED 19,8, FDP 9,4% Bildung nationalisierter „Volkseigener Betriebe" (VEB) in Ostdeutschl. (ohne demokrt. Kontrolle) FDJ gegr. *Dolf Sternberger* gründet Deutsche Wählergesellschaft zur Durchsetzung des Mehrheitswahlrechtes Pariser Friedenskonferenz: Verträge mit Finnland, Italien, Ungarn, Rumänien u. Bulgarien (mit Österr. weg. Uneinigkeit vertagt) 1. Vollversamml. d. UN	Literatur-*Nobel*preis an *H. Hesse* (Dt.) *Bergengruen*: „Dies irae" (antinationalsozialist. Gedichte) *Dietrich Bonhoeffer* (* 1906, † 1945, von Gestapo ermordet): „Auf dem Wege zur Freiheit. Gedichte aus Tegel" (posthum) *H. Broch*: „Tod des Vergil" (Roman) *C. Goetz*: „Hollywood" (Komödie) *O. M. Graf*: „Das Leben meiner Mutter" (Roman) *Rudolf Hagelstange* (* 1912): „Venezianisches Credo" (Sonette) *Hamsun*: „Auf überwachsenen Pfaden" (norweg. Tagebuchskizzen 1945—46, mit Versuch der Rechtfertigung seiner pro-faschist. Haltung) *G. Hauptmann*: „Neue Gedichte" † *Gerhart Hauptmann* (kurz vor seiner Ausweisung aus Schlesien), dt. Dichter; *Nobel*preis 1912 (* 1862); wird nach Hiddensee überführt *E. Kästner*: „Das fliegende Klassenzimmer" (Roman für Kinder) *H. Kesten*: „Die Zwillinge von Nürnberg" (Roman) *Kisch*: „Entdeckungen in Mexiko" (sozialist. Reisebericht) *Wolfgang Langhoff* (*1901, † 1966) Intendant des Dt. Theaters in Berlin (Ost) (wird 1963 wegen liberalistischen Spielplans abgesetzt) *Asta Nielsen* (*1885, † 1972): „Erinnerungen" (d. dän. Schauspielerin) *Theodor Plievier*: „Stalingrad" (Roman aus dem 2. Weltkrieg)	*F. Alexander*: „Irrationale Kräfte unserer Zeit" (Versuch einer „Dynamischen" Soziologie) *Arnold Bauer*: „Thomas Mann und die Krise der bürgerlichen Kultur" *E. Cassirer*: „Der Mythos vom Staat" (in engl. Sprache, posthum) *M. Dessoir*: „Buch der Erinnerungen" (Autobiographie) *Viktor Frankl*: „Ärztliche Seelsorger" (vom Begründer einer „Existenzanalyse", als wertbetonende Psychotherapie „vom Geistigen her") *Nic. Hartmann*: „Leibniz" (Philosophiegesch.) *Jessipow* und *Gontscharow*: „Pädagogik" (russ. Lehrbuch der „Sowjetpädagogik" in 3. Aufl.) *Friedrich Georg Jünger* (* 1898): „Die Perfektion der Technik" (Kritik der modernen techn. Entwicklung) † *Hermann* Graf *Keyserling*, dt. Philos.; grdte. „Schule der Weisheit" in Darmstadt (* 1880) *Eugen Kogon*: „Der SS-Staat. Das System der dt. Konzentrationslager" † *Arthur Liebert*, dt. Philosoph; wirkte in der *Kant*-Gesellsch. (* 1878) *A. Malraux*: „Conditio humana" (frz. Kulturkritik) *Rudolf Olden*: „Die Geschichte der Freiheit in Deutschland" (erscheint in London, posthum) *Santayana*: „The Idea of Christ in the Gospels or God in Man" (nordamerikan.-span. Philos.) *Paul Reiwald*: „Vom Geist d. Massen. Handb. der Massenpsychologie" (psychoanalyt.)

Ayrton: „Ebbe", „Die Versuchung d. heiligen Antonius" (engl. surreal. Gem.)

Alexander Camaro (* 1901): „Rosa Dame" (express. Gemälde)

Chagall: „Kuh mit Sonnenschirm" (Gemälde)

Edgar Ende (* 1901, † 1965): „Dädalos" (surrealist. Gemälde)

Feininger: „Verklärung" (Aquarell)

Werner Gilles (*1894): „Nächtlicher Hafen" (abstr. Gem.)

Karl Hartung (*1908): „Vegetative Form" (abstrakte Plastik)

F. Hodgkins: „Bauernhaus" (engl. express. Gemälde)

K. Hofer: „Wartende Frauen", „Liebende am Strand" und „Das Mahl des Matrosen" (Gem.)

L. Justi Generaldirektor d. staatl. Museen in Ostberlin

G. Kolbe: „Elegie" u. „Die Niedergebeugten" (Plastiken)

Hans Kuhn: „Tauben" (abstr. Gem.)

H. Moore „Familie" (engl. Bronze)

† *Paul Nash*, engl. Maler, besond. surrealistisch (* 1889)

(Mrs.) *J. Rice Pereira* (* 1907): „Schräge Illusion" (nordamer. kombinierte Öl- und Caseintechnik auf uneben. Glasplatten)

Picasso: „Flötenblasender Faun", „Kentaur mit Dreizack", „Pastorale" (Öl auf Zement)

Shahn: „Hunger" (express. Gemälde)

Charles Sheeler (* 1883); „Die Welt

Blacher: „Die Flut" (Rundfunkoper)

B. Britten: „Der Raub der Lukrezia" (engl. oratorische Kammeroper) u. 2. Streichquartett (englische Kammermusik)

Sergiu Celibidache (* 1912 in Rumänien) leitet d. Berliner Philharmon. Orchester

† *Manuel de Falla*, span. Komponist; vereinte Volksmusik und impress. Stil; schrieb Opern, Ballette, Orchestermusik u.a. (* 1876)

Charles Ives (*1874, †1953): 3. Sinfonie (nordam.; Uraufführung; komp. ~ 1914)

† *Heinrich Kaminski*, dt. Komponist; bes. Chorwerke u. Kammermusik im polyphonen Stil (*1886)

Křenek: „Symphonische Elegie für Streichorchester" (z. Andenken an d. Komponist. *Anton von Webern*, * 1883, † 1945), 5 Klavierstücke

† *Paul Lincke*, dt. Kompon.; schrieb „Berliner Luft", „Frau Luna" u.a. Operetten (* 1866)

Milhaud: 2. Symphonie (frz.)

O. Schoeck: „Das stille Leuchten" (Liederzyklus)

Schostakowitsch: 9 Symphonie (russ. Komposit.; trägt ihm den Vorwurf d. „unsozialistisch. Formalismus" ein)

Physik-*Nobel*preis an *P. W. Bridgman* (USA) für Physik sehr hoher Drucke

Chemie-*Nobel*preis an *J. B. Sumner, J. H. Northrop* und *W. M. Stanley* (*1904, + 1971) (alle USA) für Enzym- und Virusforschung

Medizin-*Nobel*preis an *J. H. Muller* (USA) für *Röntgen*strahl-Mutationen

H. W. Babcock weist auf einem Fixstern ein Magnetfeld nach

L. Bergmann entdeckt im Gebiet der oberen Indigirka (Jakutien/Nordostasien) Gebirge mit Erhebungen bis zu 3010 m

Felix Bloch (* 1905) u. *Edw. M. Purcell* (* 1912) messen hochfrequenzmäss. magnetische Eig. d. Atomkerne (*Nobel*pr. 1952)

Große Südpolar-Expedition unter *R. E. Byrd:* 12 Schiffe (darunter Flugzeugträger) und 4000 Mann. Aufnahme von 2,4 Mill. qkm auf 84 Flügen, Entdeckung eines neuen 5000 m hohen Gebirges, Südpolflug, Umschiffung der ganzen Antarktis (bis 1947)

H. H. Clayton: „Sonnenflecken- und Wetteränderungen" (Versuch statist. Verknüpfung des Wettergeschehens mit der Fleckenaktivität der Sonne)

M. Delbrück, Luria u. a.: Biophysikalische Untersuchung der virusartigen Bakteriophagen („Bakterienfresser")

Forbush: Ein Teil der energiereichen Höhenstrahlung kommt von der Sonne (d. h., normale Sterne sind Quelle dieser Strahlung)

J. I. Frenkel: „Die kinetische Theorie der Flüssigkeiten"

F. E. Zeuner: „Datierung der Vergangenheit. Eine Einführung in die Geochronologie" (geolog. Zeitrechnung bes. der Eiszeit)

In Zusammenhang mit der technischen Entwicklung der Atomenergie seit 1940 wurden in den USA 4 transuranische, radioaktive Elemente entdeckt: Neptunium (93, wägbare Mengen, seit 1936 von *O. Hahn* vermutet, entdeckt von *McMillan* 1940), Plutonium (94, explosible Mengen), Americium (95, wägbare Mengen), Curium (96,

RIAS (Rundfunk im amerikanischen Sektor Berlins)

Ital. Motorroller Vespa

Schwed. Reichstag beschließt Pflichtkrankenk. ab 1950

Serienproduktion d. „Volkswagens" wird aufgenomm.

„Die Welt", „Die Zeit" (Zeitungen in Hamburg)

Ca. 15 Mill. Gewerkschaftsmitgl. in den USA: AFL (nach Fachverbänden organisiert seit 1886) 6,5 Mill. Mitgl., CIO (Industrie-Gewerksch., seit 1935) 6,0 Mill. Mitgl., Unabhängige Gewerkschaft 1,5 Mill. Mitgl. (1935 etwa 4 Mill.)

Seit Kriegsende in den USA 42 große Streiks von über 500000 Arbeitern

Internationale Arbeitsorganisation der UN für Arbeiter- und Gewerkschaftsfragen

Umwandlung von etwa 130 ostdt. Großbetrieben in Sowjet-Akt.-Ges. (SAG); darunter Leuna, Mansfeld-Kupfer, Wintershall, Preußag, Agfa

Ländl. Maschinenausleih - Stationen (MAS) in Ostdeutschland

Hans de Meiss-Teuffen segelt allein von Spanien nach USA in 58 Tagen

Nach dem Tode *Alex. Aljechins* gilt *Michael Botwinnik* (USSR) als weltbest. Schachspieler

(1946)

Paul Henri Spaak (* 1899) belg. Ministerpräs. u. Präs. der UN

Trygve Lie (norweg. Völkerrechtler, * 1896) Generalsekretär der UN

Churchills Fultonrede (Missouri, USA): fordert militär. Zusammenarbeit Großbrit.-USA (Labour-Regierung distanziert sich)

In den Wahlen zur frz. Nationalversammlung führt MRP vor Kommunisten, Sozialisten und Radikalsozialisten. *George Bidault* frz. Ministerpräsident. 2. Verfassungsentwurf durch Volksabstimmung angenommen. Verstaatlichung von Versicherungswesen, Energiewirtschaft, Kohlenbergwerken

Frz. Parlamentswahlen (im Vergl. zu 1951 nach Wahlrechtsreform)

	1946		1951	
	Stimm.	Sitze	Stimm.	Sitze
KP	28,6%	182	26,5%	103
Soz.	17,9%	101	14,5%	104
MRP	26,4%	164	12,3%	85
Radik.	12,4%	69	11,5%	94
Unabh. u. Kons.	12,8%	101	13,1%	121
Gaull.	1,6%	24	21,7%	118

Sekretariat in Brüssel zur Vorbereitung der wirtschaftl. Verschmelzung von Belgien, Niederlande und Luxemburg: „Benelux" (1947 gemeinsamer Zolltarif)

König *Viktor Emanuel III.* von Italien dankt ab. Italien wird Republik. Wahlen zur Nationalversammlung: Christl. Demokr. 207 Sitze, Sozialisten 115, Kommunisten 104, Demokr.-Nationale 41, Uomo Qualungue 30, übrige 50. *de Nicola* ital. Staatspräsident. Spaltung der Sozialisten in „Nenni"- (linker Flügel) und „Saragat"- (rechter Flügel) - Sozialisten (bis 1967)

Triest wird unabhängiger Freistaat

UN empfiehlt Mitgliedern, Diplomaten aus Spanien zurückzuziehen (diese politische Isolierung wird von Portugal und Argentinien, 1951 von den USA zur Erlangung militär. Stützpunkte durchbrochen)

Erlander (Sozialdemokr.) schwed. Ministerpräsident

Verstaatlich. d. Bergbaus in Ungarn

Republik Ungarn proklamiert. Präsident *Zoltan Tildy* (Kleinlandwirte-Partei) (Rücktritt 1947)

Remarque: „Der Triumphbogen" (Roman)

J. Romains: „Die guten Willens sind" (frz. Romanfolge in 27 Bänden seit 1930)

St. Exupéry: „Der kleine Prinz" (frz. Erzählung, posthum)

Saroyan: „Die Abenteuer des Wesley Jackson" (nordamerikan. Roman)

Sartre: „Die ehrbare Dirne" (frz. Schausp.)

Konstantin Simonow (* 1915): „Tage und Nächte" (russ. Stalingradroman)

Dylan Thomas (* 1914): „Deaths and Entrances" (engl. Gedichtsammlg.)

Thieß: „Caruso" (Roman in 2 Bänden seit 1942)

† *Herbert George Wells*, engl. Dichter u. sozial. Schriftsteller (* 1866)

Werfel: „Stern der Ungeborenen" (Roman, posthum)

Zuckmayer: „Des Teufels General" (Drama um *Udet*)

Werner Finck: „Schmunzelkolleg" (kabarettist. Vorlesung über den Humor)

† *Heinrich George*, dt. Schauspieler (* 1893)

„De Profundis" (Anthologie bis 1945 verbotener Gedichte)

„RoRoRo" (Rotationsromane des *Ernst Rowohlt* Verlages [gegründet 1908], hochwertige Literatur in Zeitungsdrucktechnik; Auflagen etwa je 50—100000; ab 1950 in Form der amerikan. „Pocket Books")

„Die Neue Zeitung", Chefred. *H. Wallenberg* (* 1907, † 1977)

Paul Sering: „Jenseits des Kapitalismus" (antibolschew. Sozialismus)

Harry Wilde: „Sozialpsychologische Erfahrungen aus dem Lagerleben"

„Frankfurter Hefte" (Zeitschrift)

Erste allgemeine Sitzung der UNESCO in Paris

32 neue Kardinäle in Rom gewählt; darunter Erzbischof *Frings* von Köln, Bischof Graf *Preysing* von Berlin, Bischof Graf *Galen* von Münster, ferner je 4 für USA und Italien, je 3 für Frankreich und Spanien, 6 für Südamerika, je 1 für England, Kanada, Australien, Belgien, Polen, China, Niederlande, Ungarn und portugies. Kolonien

Tito und andere am Prozeß gegen Erzbischof *Alois Stepinatsch* (*1898) Beteiligte von der kathol. Kirche exkomm.

Die CARE-Gesellschaft (1945 in den USA gegründet) beginnt im Auftrag Privater die Versendung von Lebensmittel- und anderen Paketen in die unter den Kriegsfolgen leidenden Länder (1947 etwa 4 Mill. Pakete)

Gefängnisreform in Schweden

Der engl. Rundfunk führt das kulturell anspruchsvolle „Dritte Programm" ein

Pädagogische Fakultäten der Universitäten zur Ausbildung von Lehrern für die Einheitsschule in der sowjet. besetzten Zone Deutschlands

Die Zahl d. Analphabeten wird auf 60% der Weltbevölkerung geschätzt

Tschechoslowakische Nationalversammlung: *Benesch* Präsident bis 1948 (†); *Jan Masaryk* Außenminister (Selbstmord 1948), *Gottwald* (Kommunist) Ministerpräsident, *Nosek* (Kommunist) Innenminister. Zweijahresplan soll Erzeug. um 10% über 1937 steigern

USA und Großbrit. anerkennen Regierung von Rumänien. Eine Wahl bringt der Einheitsliste der Kommunisten, Sozialisten, *Groza*-Agrarpartei u. *Tatarescu*-Liberalen 70% d. Stimmen u. 91% d. Mandate

Georgii Dimitrow (Komm.) bildet Regier. in d. Volksrepubl. Bulgarien

Albanien Volksrepublik

König *Georg II.* kehrt nach Griechenland zurück († 1947)

Neuer Fünfjahresplan in der USSR; sieht 157 Mrd. Rubel Investit. vor. *Stalin* wieder Vorsitzender des Ministerrates und Minister der Streitkräfte; *Molotow* stellvertretender Ministerpräsident u. Außenminister. *Kalinin* tritt als Präs. der USSR zurück. Nachf. *Nikolai Schwernik. Jakob Malik* an Stelle *Litwinows* stellvertret. Außenmin.

† *Michail Iwanowitsch Kalinin,* Staatsoberhaupt der USSR s. 1919 (* 1875)

USA und USSR können sich nicht über Kontr. d. Atomenergie einigen

Sowjet. Atomspionage in Kanada aufgedeckt

Seit 1941 für 50,7 Milliarden Dollar Pacht- und Leihlieferungen (bes. an USSR). Gesamtkriegskosten für die USA etwa 317 Milliarden Dollar

Juan Perón Präs. v. Argentinien; verfolgt faschistenfreundl. Politik

General *Dutra* brasil. Präsident (bis 1950); neue Verfassung läßt wieder ausländ. Kapital zu

Geplante Verlegung der Hauptstadt Brasiliens in den Staat Goyaz (Mittelbrasilien)

Philippinen unabhängig. Terrorartige Widerstandsbew. d. ehemal. Volksarmee (Huks) gegen USA

Chin. Nationalversammlung nimmt neue Verfassung an. Widerstand der Kommunisten. USA geben Unterstützung Nationalchinas wegen Korruption auf

ist klein" (nordam. Gem. im photographisch beeinfl. Stil) Restaurierung der „Nachtwache"

O. Zadkine (* 1890, † 1967): „Die zerstörte Stadt" (russ.-frz. Plastik in Rotterdam)

Saul Steinberg (* 1914): „All in Line" (nordamerik. „Cartoons")

—

„Paisa" (ital. Film v. *R. Rosselini*); „Sciuscia" (ital. Film v. *de Sica*)

„Die Schöne u. die Bestie" (frz. Film v. *Cocteau* u. *Clément*); „Pastorale Symphonie" (frz. Film von *Delannoy*)

„Die besten Jahre unseres Lebens" (nordam. Film v. *W. Wyler*); „Gilda" (nordam. Film von *Charles Vidor*); „Notorious" (nordam. Film v. *A. Hitchcock* mit *I. Bergman*); „Träume, die man sich kaufen kann" (nordam. Film v. *Hans Richter*)

„Ich weiß, wohin ich gehe" (engl. Film von *Michael Powell,* * 1905, und *Emerich Preßburger*)

„Enamorada" (mexikanischer Film v. *E. Fernandez*)

„Die Mörder sind unter uns" (Film von *Wolfgang Staudte*)

„Irgendwo in Berlin" (Nachkriegsfilm von *G. Lamprecht*)

Erster dt. Film-Club Münster (1951 umfaßt d. „Verband der dt. Film-Clubs" 89 örtliche Clubs mit 200 000 Mitgliedern)

unwägbaren Mengen); außerdem die fehlenden Elemente des periodischen Systems: Technetium (43, wägbare Mengen, entdeckt 1937), Element 61 (noch kein Name, grundsätzlich wägbare Mengen möglich), Astatine (85, unwägbar), Francium (87, unwägbar, entdeckt 1939)

Bei der Entwicklung der Atomenergie fallen starke radioaktive Präparate für Heilzwecke und Forschung an

Behandlung der perniziösen Anämie mit den Chemikalien Thymin und Folsäure

Raketenaufstieg zur Erforschung hoher Atmosphärenschichten in den USA bis 88 km (u. a. Aufnahme des ultravioletten Sonnenspektrums; vgl. 1949)

3 jährige systematische Gewitterforschung (bis 1949) mit modernsten Hilfsmitteln in den USA (Blindflüge, Radar, Radiosonden)

Gründung des Arktis-Forschungsinstitutes der USA und Kanadas: Verstärkung der Nordpolarforschung bes. mit Flugzeugen

USA-Flugzeug mit 12 Mann von Alaska nach dem Nordpol und zurück in 9000 m Höhe in 23 Stunden

Das geopolitische Erdbild im Zeichen der Luftfahrt ist der Globus oder die Polkarte (gegenüber der *Mercator*-Karte im Zeitalter der Seefahrt)

Höhenrekord für Flugzeuge 17000 m

Funkecho am Mond mit Radargerät (Rückkehr nach 2,6 Sekunden)

Beobachtung von Meteoren und Meteoriten-Schwärmen mit Hilfe von Radargeräten (Funkecho-Methode, auch bei Tage möglich)

Nordsüdlicher Baumgürtel mit 22 Mill. Bäumen seit 1936 quer durch die USA angepflanzt (zum Schutz gegen Bodenerosion)

Entd. einer bewegl. ausgedehnten Tiefseeschicht durch Echolotung (wahrsch. biolog. Natur)

1. elektron. Digital-Rechner ENIAC (i. USA) mit 18 000 Röhren

1947

Friedens*nobel*preis an Gesellschaft der Freunde (Quäker) (USA)

Auflösung des preuß. Staates (seit 1701); gegen Widerst. der USSR

Internation. Reparationskonferenz setzt dt. Reparationen von 20 Mrd. Dollar an, davon 10 Mrd. für USSR

Doppelzonenabkommen zwischen amerikan. und brit. Zone i. Dt.

Treffen ost- und westdt. Ministerpräsidenten in München; ostdt. Vertreter verlassen Konferenz, weil Vorwegentscheidung über dt. Zentralregierung abgelehnt wird

Landtag Nordrhein-Westfalen beschließt Enteign. d. Kohlengruben

Bildung der „Dt. Wirtschaftskommission" für Ostdeutschland (leitet zentralistisch eine demokrat. nicht kontrollierte Planwirtschaft)

Demontage für Ostdeutschland als beendet erklärt; weiterhin starke Entnahmen aus der laufenden Produktion. Demontageliste für Westdeutschland mit 918 Werken, davon 25% für die USSR. (1949 werden 159 Werke von der Liste gestrichen)

„Dt. Volkskongreß" der SED in Ostberlin versucht Außenministerkonferenz in London im Sinne der USSR zu beeinflussen

Friedrich IX. Kg. v. Dänemark (* 1899)

Schweiz. Volksabstimmung gestattet Staatseingriffe z. Sicherg. d. Wirtsch.

Außenministerkonferenzen in Moskau und London: keine Einigung über das Deutschland-Problem zwischen USSR und Westmächten

Bündnis Großbrit.—Frankreich

Cripps brit. Schatzkanzler b. 1950

Graf *Sforza* (* 1872, † 1952) ital. Außenmin. b. 1951

Vincent Auriol frz. Staatspräs. (bis 1954). *de Gaulle* gründet in Straßburg „Sammelbewegung des frz. Volkes". Kommunisten scheiden aus dem frz. Kabinett aus

2 Militärputsche in Portug. unterdr.

Friedensvertrag verweist Ungarn in die Grenzen von 1938

Ungar. Dreijahresplan. Regierungskoalition: Kommunisten, Sozialisten, Kleinlandwirte, Nationale Bauernpartei (60,4%). Verhaft. v. Mitgliedern d. Oppositionsparteien

Literatur-*Nobel*preis an *A. Gide* (Frankr.)

St. Andres: „Die Hochzeit der Feinde" (Roman)

S. Babajewskij (* 1909): „Ritter des goldenen Stern" (russ. Roman)

Gertrud Bäumer: „Der Jüngling im Sternenmantel" (histor. Rom. über *Otto III.)*

Benn: „Statische Gedichte. Ein Buch der Arche" (express. Gedichte), „Der Ptolemäer" (Novelle)

Wolfgang Borchert (* 1921, † 1947): „Draußen vor der Tür" (Heimkehrer-Schauspiel)

Hermann Broch (* 1886, † 1951): „Der Tod des Vergil" (Roman)

Albert Camus: „Die Pest" (frz. existentialist. Roman, 1949 dramatisiert)

Th. Dreiser: „Der Stoiker" (nordamerikan. Roman, posthum)

Edschmid: „Das gute Recht" (Roman)

† *Hans Fallada (Rudolf Ditzen)*, dt. realist. Romanschriftsteller (* 1893)

C. Goetz: „Das Haus in Montevideo" (Komödie) und „Tatjana" (Novelle)

G. Greene: „19 Kurzgeschichten" (darunter „Das gefallene Idol", wird v. *C. Reed* verfilmt)

L. P. Hartley: „Eustace und Hilda" (engl. Romantrilogie seit 1944)

† *Ricarda Huch*, dt. Dichterin (* 1864)

Kasack: „Die Stadt hinter dem Strom" (Rom.)

Maria Luise Kaschnitz: Gedichte

Kisch: „Marktplatz der Sensationen" (journalist. Feuilletons)

Theodor W. Adorno (* 1903, † 1969) und *Max Horkheimer* (* 1895): „Dialektik der Aufklärung" (sozialkrit. Philosophie; später Grundlage des Studentenprotestes d. sechziger Jahre)

Otto Friedrich Bollnow: „Die Ehrfurcht"

M. Dessoir: „Das Ich. Der Traum. Der Tod" (bestreitet persönliches Überleben des Todes)

† *Max Dessoir*, dt. Philosoph und Psychologe (* 1867)

Durch sein 15. Fasten versöhnt *Gandhi* Hindus und Mohammedaner u. ermöglicht ind. Unabhängigkeitserklärung

H. Glockner: „Das Abenteuer des Geistes" (Ethik der philos. Persönlichkeit, 3. Aufl.)

Th. Haecker: „Tag- und Nachtbücher 1939 bis 1945" (christl.-antinationalsozialist. Tagebücher)

Th. Heuß: „Deutsche Gestalten"

Hrkal: „Der etruskische Gottesdienst" (nach der entzifferten Agramer Mumienbinde; nimmt Herkunft der Etrusker aus Innerasien an)

Jaspers: „Die Schuldfrage" (zur Diskussion über eine etwaige dt. „Kollektivschuld")

Jaspers: „Von der Wahrheit" (Band 1 d. „Philosophischen Logik")

Fr. Meinecke (* 1862, † 1954): „Die deutsche Katastrophe" (histor. Untersuchung)

M. Niemöller ev. Kirchenpräsident in Hessen-Nassau

M. Planck (†): „Scheinprobleme der Wissenschaft" (Probleme der „Willensfreiheit" als vom Beobachtungsstandpunkt abhängiges Scheinproblem)

William A. Baziotes (*1912): „Mondische Welt" (nordamerik. abstraktes Gem.)

† *Pierre Bonnard*, frz. expr. Maler (* 1867)

de Chirico: „Perseus und Andromeda" (griech.-ital. neoklass. Gemälde)

Feininger: „Verlassen" (Aquarell)

Heckel: „Selbstbildnis" (express.)

K. Hofer „Frauen am Meer", „In der Tür", „Im Neubau" und „Stehende Mädchen" (expr. Gem.)

Kaus: „Badende" (5 express. Bilder)

Kokoschka: „Dr. Reinh. Winterthur", „Wirbelsturm von Sion" (expr. Gem.)

G. Kolbe: Beethoven-Denkmal (Guß 1948)

† *Georg Kolbe*, dt. Bildhauer (* 1877)

Jack Levine (* 1915): „Apotheke" (nordamer. impress. Gem.)

† *Oskar Moll*, dt. Maler; Schüler von *Matisse;* seit 1925 Direktor d. Akad. in Breslau (* 1875)

Marino Marini (* 1901): „Reiter" (ital. Plastik)

H. Moore: „Familiengruppe" (engl. abstrakte Bronzeplast.)

Picasso: „Hahn und Messer" (Gem.)

Hans Purrmann (* 1880, † 1966): „Tessin im Frühling" (impress. Gemälde)

† *Max Roeder*, dt. Maler in Rom; bewahrte d. Tradition der „Deutschrömer" (* 1866)

Prokowjew: „Krieg u. Frieden" (Oper)

B. Britten: „Albert Herring" (engl. komische Oper)

Maria Meneghini-Callas (* 1923), nordam. Sängerin, beg. in Italien ihre glänzende Karriere als Opernsängerin

Der span. Cellist *Pablo Casals* (* 1876) weigert sich, weiterhin öffentl. zu spielen, solange *Franco* an d. Macht ist (spielt trotzdem 1950 im *Bach*jahr)

† *Alfredo Casella*, italien. Komponist; schuf Opern, Symphonien u. a. (* 1883)

Gottfried von Einem (* 1918): „Dantons Tod" (Oper)

Roberto Gerhard (*1896): „Duenna" (span.-engl. Buffo-Oper)

Walter Felsenstein (*1901) Intendant d. Komischen Op., Berlin (Ost)

Hindemith: „Jüngstes Gericht" (für Chor u. Orchester, nach Versen aus dem 7. Jhdt.) und Konzert für Klarinette in A-dur

† *Bronislaw Hubermann*, poln. Violinvirtuose (* 1882)

Orff: „Die Bernauerin" (Oper)

A. Schönberg: „Ein Überlebender aus Warschau" (Sprecher, Chor u. Orchester)

Tanzwettbewerb i. Kopenhagen (darunter existentialist. Balletts)

Physik-*Nobel*preis an *E. V. Appleton* (Großbrit.) für Ionosphärenforschung

Chemie-*Nobel*preis an *Robert Robinson* (Großbrit., * 1886, † 1975) für Alkaloidforschung

Medizin-*Nobel*preis an *C. F.* und *G. T. Cori* (Tschech.-USA) für Erforschung der Glykogen-Katalyse und *B. A. Houssay* (Argent.) für Hormonforschung

Arens und *van Dorp:* Künstliche Herstellung des Vitamins A

F. A. Beach: „Ein Überblick über die physiologischen und psychologischen Untersuchungen des sexuellen Verhaltens der Säugetiere" (erweist u. a. das regelmäßige Vorkommen „unnatürlicher" Verhaltensweisen bei den Menschenaffen)

Max Bürger (* 1885, † 1966): „Altern und Krankheit" (modern. Geriatrie)

Bykow: „Die Großhirnrinde und die inneren Organe" (Nervenphysiologie)

John Cobb: Absoluter Geschwindigkeitsrekord für Autos mit 630 km/Std.

Ehrlich: Chloromycetin (wirkt spezifisch gegen Typhus)

Geßler und *Grey:* Elektronenmikroskopische Aufnahmen von Krebszellen machen Ultra-Viren als Krankheitserreger wahrscheinlich

Thor Heyerdahl segelt in 101 Tagen mit einem Floß von Peru nach Polynesien, um Kulturverwandtschaft durch vorgeschichtliche Einwanderung zu beweisen

Johannes Humlum: „Kulturgeographischer Atlas"

† *Philipp Lenard*, dt. Physiker; *Nobel*preis 1905 (* 1862)

Mansfeld: Hormone der tierischen Wärmeregulation

† *Max Planck*, dt. Physiker; Begründer der Quantenphysik; *Nobel*preis 1918 (* 1858)

Cecil F. Powell, Lattes, Occhialini entdecken das Pion (kernkrafterzeugendes Meson)

Schwarzmarktpreise in Berlin: 20 amerikan. Zigaretten 150 RM, 1 kg Kaffee 1100 RM, 1 Ei 12 RM, 1 Schacht. Streichhölzer 5 RM

Deutschland darf Küstenschiffe mit 1500 BRT und 12 Knoten bauen (Beschränkung fällt 1951)

Dekartellisierungsgesetz in der amerikan. u. brit. Zone Deutschands

Dt. Stahlquote auf 11,1 Mill. t festgesetzt (Prod. 1935: 16,3)

Umfassende Sozialversicherung in Großbrit. mit dem Ziel d. vollständ. sozialen Sicherheit für jeden Staatsbürg. (Gesamt-Sozialaufwendungen in Großbrit. 1950: 23,5 Mrd. DM, d. h. 473,53 DM/Kopf, dav. Altersrent., Krankengeld 130,43 DM/K.; Kinderzuschläge 36,43 DM/K.; Gesundheitsdienst 108,10 DM/K.; Erziehung 84,60 DM/K.; Lebensm.-Subvent. 97,53 DM/K.; Wohnungszuschüsse 16,45 DM/K.)

Währungsreform in Österreich

Abwertung des ital. Lire

Österr. Gewerkschaften verlassen den Weltgewerkschaftsbund

Bodenreform in d. Tschech. enteignet Besitz über 50 ha

(1947)	*Boleslaw Bierut* Präsident der Republik Polen. Regierung des „Demokrat. Blocks". Vereinigung der sozialist. und kommunist. Partei. Dreijahresplan. *Mikolaiczyk* flieht nach Großbrit. und wird verbannt Rumän. Außenminister *Tatarescu* (Liberal.) tritt zugunsten von *Ana Pauker* (Komm.) zurück. König *Michael* dankt ab. Rumänien Volksrepublik; Bessarabien u. Bukowina an USSR, Süddobrudscha an Bulgarien, behält Nordsiebenbürgen *Paul I.* Kön. v. Griechenl. Gegenreg. d. kommunist. Aufständischen *Stalin* macht in einem Prawda-Interview Westmächte für internation. Spannungen verantwortlich Gründung des „Kominform" in Warschau (zentrales Informationsbüro der komm. Parteien; gilt als Neugr. d. 1943 aufgel. Komintern) Handelsvertrag USSR—Finnland; Finnland braucht nicht alle ehemals dt. Vermögenswerte abzutreten Teilung Palästinas durch die UN in einen jüdischen und einen arabischen Teil gegen den Widerstand der Araber und Juden USA-Europahilfe (ERP oder Plan v. *Marshall* (Friedens*nobel*pr. 1953) Polen lehnt Teilnahme am *Marshall*plan trotz anfänglicher Zusage ab *Truman*-Doktrin der USA: Hilfe für alle bedrohten freien Völker Forder. Panamas: Abzug der USA-Truppen außerhalb der Kanalzone. USA erwägen neues Kanalbauproj. Kanada erhält Verwaltung der Alaskastraße (USA-Alaska) In Indien entstehen die beiden autonomen Staaten Indien (vorwiegend Hindus) und Pakistan (vorwiegend Mohammedaner). *Pandit Nehru* (* 1889, † 1964), ind. Min.Präs. Burma unabhängige Republik Ceylon brit. Dominium Militärdiktatur in Thailand (führt 1949 zu neuer Verfassung einer autoritären Monarchie) Neuer Bürgerkrieg in China zw. Kommun. und Nationalregierung Japan erhält neue Verfassung (Kaiser nur noch repräsentativ)	*Elis. Langgässer:* „Das unauslöschliche Siegel" (Roman) und „Der Laubmann und die Rose" (Gedichte) *Lewis:* „Der königliche Kingsblood" (nordamerikan. Roman zur Negerfrage) *H. Mann:* „Ein Zeitalter wird besichtigt" *Th. Mann:* „Doktor Faustus. Das Leben des deutschen Tonsetzers Adrian Leverkühn erzählt v. einem Freunde" (Roman mit Motiven aus dem Leben *Nietzsches)* und „Nietzsche" (Vortrag) *F. Mauriac:* „Le cahier noir" (frz. kathol.) *Monnier:* „Wein und Blut" (frz. Roman) *J. B. Priestley:* „Ein Inspektor kommt" (engl. Schauspiel) *Renn:* „Adel im Untergang" (Roman) *Hans Werner Richter* (* 1908) grdt. literar. „Gruppe 47" mit *H. Böll, Ingeborg Bachmann, W. Jens, M. Walser, G. Grass, H. M. Enzensberger* u. a. *G. Weisenborn:* „Memorial" (Tagebuch 1933 bis 1945) *Denton Welch:* „Jungfernreise" (engl. Rom.) *Wiechert:* „Die Jerominskinder" (Roman) *Zuckmayer:* „Der Seelenbräu" *G. Gründgens* Generalintendant der Städt. Bühnen Düsseldorf Internationaler Schriftstellerkongreß in Berlin „Neolatino" eine Verbindung von Esperanto mit 4 anderen Kunstsprachen Seit 1917 wurden in der USSR 859000 Druckschriften in 11 Mrd. Exemplaren veröffentlicht	*N. Rashevsky:* „Mathematische Theorie menschlicher Beziehungen" (nordamerikan. mathem. Soziologie) *W. Röpke:* „Das Kulturideal d. Liberalismus" *A. A. Schdanow* verlangt in Philosophie, Literatur u. Musik konsequenten Dienst an den Zielen der kommunist. Partei, begründ. damit „Schdanow-Linie" im sowjetruss. Machtbereich *Spranger:* „Die Magie der Seele" (philosophische Psychologie) *A. J. Toynbee:* „Studie zur Weltgeschichte" (kurzer Abriß der 6 Bde., macht d. Werk bekannt) *E. J. Walter:* „Psychologische Grundlagen d. geschichtlichen und sozialen Entwicklung" (Verbindung von materialist. Geschichtsauffassung, Tiefenpsychologie und antimetaphysischer Erkenntnistheorie) † *Sidney Webb*, engl. Sozialist; gehörte zusammen mit seiner Frau *Beatrice Webb-Potter* zu den Gründern und Inspiratoren der Fabian-Gesellschaft (1883), Labour-Party (1901), London School of Economics (1895) (* 1859) † *Alfred North Whitehead*, engl. Mathematiker und Philosoph (* 1861) Neuauflage der „Encyclopaedia Americana" in 30 Bänden (1. Aufl. 1832) Abschaffung der Todesstrafe in der USSR (dafür 25 Jahre Arbeitserziehungslager) *G. Strehler* u. *P. Grassi* gr. „Piccolo Teatro", Mailand

Edwin Scharff (* 1887, † 1955): „Emil Nolde" Plast.

K. Scheffler: „Grundlinien einer Weltgeschichte der Kunst"

† *Fritz Schumacher*, dt. Baumeist. (*1869)

Malergruppe „Fronte nuove delle arti" in Italien

Gr. Kunstausstellg. im Art Institut in Chicago steht im Zeichen surrealist. und abstrakter Malerei

Nordamerik. Nachkriegsarchitektur erstrebt mit neuen Formen und Baustoffen Einpassung in die Landschaft

---

„Zwischen Gestern und Morgen" (Zeitfilm mit *V. de Kowa, W. Birgel* u. *Sybille Schmitz*; Regie: *Harald Braun*)

„Ehe im Schatten" (Film mit *Paul Klinger, Ilse Steppat*; Regie: *Kurt Maetzig*)

„Monsieur Verdoux" (nordamerikan. Film von u. mit *Ch. Chaplin* als Massenmörder)

„Schweigen ist Gold" (frz. Film v. *R. Clair*); „Antoin et Antoinette" (frz. Film v. *J. Becker*); ‚Teufel im Leib" (frz. Film v. *Autant Lara*); „Die Tore der Nacht" (franz. Film v. *Carné*)

„In Frieden leben" (ital. Film v. *Luigi Zampa*)

„Odd man out" (engl. Film von *C. Reed*); „Schwarzer Narzissus" (engl. Film v. *M. Powell*)

Eugene G. Rochow: „Eine Einführung in die Chemie der Silikone" (Entwicklung vielseitiger Kunststoffe in Öl-, Harz- und Gummiform; vgl. 1943)

Milton Rynold fliegt in 79 Stunden um die Erde (in fahrplanmäßigen Flugzeugen Erdumfliegung in 126 Stunden möglich)

H. Staudinger: „Makromolekulare Chemie und Biologie" (Kolloid-Biochemie) (*Nobel*pr. 1953)

J. Stebbins und *A. E. Whitford* weisen das für sichtbares Licht durch Absorption verdeckte Zentrum der Milchstraße durch seine Kurzwellenstrahlung nach (vgl. 1939)

Francis Steele rekonstruiert aus den Ausgrabungen von Nippur (1888 bis 1900) die Gesetzestafel des Königs *Lipit-Ischtar* von ≈ —2100 (Gesetz vor *Hammurapi*)

L. Woolley findet Grab des Hethiterkönigs *Yarim-Lim* (≈ —2000)

Charles Yeager erreicht mit Düsenflugzeug erstmalig Überschallgeschwindigkeit (etwa 1700 km/Std.)

Erdumfahrt der schwed. „Albatros"-Tiefsee-Expedition (wichtige Ergebnisse über Struktur der Ozeanböden)

Quantitative Bakteriophagenforschung durch *M. Delbrück* (vgl. *Nobel*pr. 1969)

Versuche, Krebs mit Antibiotica aus Schimmelpilzen zu bekämpfen

Die Bekämpfung von Geschwulsten mit zellteilungsstörenden Chemikalien (Mitosegifte) macht Fortschritte

„Dt. Institut für Geschichte der nationalsozialistischen Zeit" (gibt „Tischgespräche Hitlers" heraus und wird deshalb kritisiert)

Fund der bisher ältesten Bibelhandschriften am Toten Meer in Palästina: *Jesaja*-Rolle, *Habakuk*-Kommentar, Sektenbuch, Danklieder, *Henoch*-Buch, „Kampf der Kinder des Lichtes gegen die Kinder der Finsternis" (aus der Kuram-Sekte um Chr. Geb.)

Breitband-Antibiotikum Chloramphenicol entd.: senkt z. B. Typhus-Todesrate auf unter 3 %

Taft-Hartley-Gesetz in den USA schränkt besond. Streikrecht d. Gewerkschaften ein (Veto des Präsid.)

† *Henry Ford*, USA-Industrieller; „Automobilkönig" (*1863); hinterläßt ein Vermögen von 625 Mill. Dollar (größtes nordamerikan. Vermögen; außerdem gibt es noch sechs weitere über 100 Mill. Dollar)

9 Mill. kg Nylon in d. USA erzeugt (1948 üb. 20 Mill.)

Schwed. Reichstag garantiert d. Landwirtsch. festes Realeinkommen

Moskau hat 4,3 Mill. Einwohner (1917: 1,7 Mill.)

Von den etwa 350 Mill. Indern etwa 70% in der Landwirtsch., etwa 10% i. d. Großindustrie (besonders Baumwolltextilindustr.). Lebensstandard: 340 g Getreideerzeugnisse täglich pro Kopf und 9 m Baumwollstoff pro Kopf jährlich

1. Industriemesse in Hannover

Pakistan hat mehr als 80% d. Welt-Juteerzeugung

Ein modern. Nachrichtenbüro (*Reuter*) erhält täglich etwa 500000 Worte Meldungen

Erste Nachrichten über sog. „Fliegende Untertassen"

Nach sehr kaltem Winter folgt in Mitteleuropa sehr trockener u. heißer Sommer

25000 Astrologen und 80000 Wahrsager und Wahrsagerinnen in den USA registriert (in allen Ländern verbreitet sich der Aberglaube nach dem Krieg)

„New-Look"-Mode: Halblange, stoffreiche Kleider

In England kommt Cocktailkleid auf

Strand (Schweden) läuft Weltrekord über 1500 m in 3:43,0

1. Erdölbohrung i. Meer (Golf v. Mexiko)

„Varityper" (photomechan. Setzverfahren)

„Das sozialistische Jahrhundert" (sozialdemokr. Zeitschrift)

Christl. Weltmissionskonferenz in Kanada

Frauenstimmrecht in Japan

Blutige Unruhen zwischen Mohammedanern und Hindus i. Indien

1948	Friedens*nobel*preis nicht verliehen USA- und brit. Luftflotte brechen sowjetruss. Blockade Berlins; politisch feste Haltung der Berliner Bevölkerung Spaltung Berlins durch Einsetzung einer nicht gewählten Ostberl. Verwaltung unter *Friedrich Ebert.* Westberl. Wahlen: SPD 64,5%, CDU 19,4%, LDP 16,1% (SED stellt sich nicht zur Wahl). *Ernst Reuter* (SPD) zum Oberbürgermeister Berlins gewählt (wird 1951 Regierender Bürgermeister des Berliner Senats) USSR erklärt Entlassung dt. Kriegsgefangener für beendet (1,9 Mill. entlassen). Nach Informationen der westdt. Bundesregierung müßten sich noch viele Gefangene und Verschleppte in der USSR befinden (bes. 1953 finden weitere Entlassungen statt) Ruhrstatut verkündet: internationale Kontrollbehörde von 7 Nationen verteilt Kohle und Eisen mit weitgehenden Vollmachten (1949 Mitwirkung der Bundesrepublik; 1952 durch Montanunion beend.) Westdt. Bizonen-Wirtschaftsrat gegründet. Präsident *Erich Köhler* Westl. Besatzungsmächte lehnen Sozialisierungen in Deutschland auf Länderbasis ab Während der Bodenreform in Ostdeutschland (seit 1945) wurden 3,1 Mill. ha an 500000 Kleinstbauern verteilt. In Westdeutschland kommt die beabsichtigte Bodenreform über Ansätze nicht hinaus *Ruth Fischer:* „Stalin und der deutsche Kommunismus" (anti*stalin*istische Geschichte der KPD bis 1929) Westverteidigungsstab unter Marschall *Montgomery* (Großbrit.) *Winston Churchill:* „Memoiren" des 2. Weltkrieges *Dougl. Hyde,* Chefredakt. d. kommunist. „Daily Worker" (brit.) tritt z. kath. Kirche über *Harold Laski:* „Die amerikanische Demokratie" (engl. sozialist. Kritik der kapitalist. Demokratie)	Literatur-*Nobel*preis an *T. S. Eliot* (Großbrit.) *St. Andres:* „Sintflut" (1. Bd. „Das Tier aus der Tiefe", 2. Bd. „Die Arche", 1951) *W. Ashajew* (* 1915): „Fern von Moskau" (russ. Roman) *B. Brecht:* „Herr Puntila und sein Knecht" (Bühnenstück) *Lawrence Durrell* (*1914): „On Seeming to Presume" (engl. Gedichte) *Ilja Ehrenburg:* „Der Sturm" (russ. Zeitrom.) *Fallada:* „Jeder stirbt für sich allein" (Roman) *J. Fehling* insz. „Die Fliegen" von *J. P. Sartre* im Hebbel-Theater Berlin (erkrankt 1955) *A. Huxley* „Affe und Wesen" („Ape and Essence", englischer utopischer Roman über das Leben 2018 nach einem Atomkrieg) † *Alfred Kerr,* dt. Theaterkritiker m. eigenwilligem Stil, u. a. im „Berliner Tageblatt" vor 1933 (* 1867) *Kisch:* „Landung in Australien" (sozialist. Reisebericht) † *Egon Erwin Kisch,* tschech. sozialist. Journalist und Schriftsteller „Der rasende Reporter" (* 1885) *Hans Leip* (* 1893): „Die kleine Hafenorgel" † *Emil Ludwig (Cohn),* dt. hist. Schriftsteller; schrieb u. a. „Hindenburg" 1936, „Cleopatra' 1937, „Stalin" 1945 (* 1881) *Norman Mailer* (* 1923): „Die Nackten und die Toten" (realist. Kriegsroman der USA) *Th. Mann:* „Neue Studien" (Essays)	*K. Barth:* „Dogmatik im Grundriß" (Dialektische Theologie) † *Nikolai Berdjajew,* russ. christl. Sozialist; emigrierte 1923; schrieb „Wahrheit und Offenbarung", „Das Reich Cäsars und des Geistes" u. a. (* 1874) *Buber:* „Moses" (jüd. Religionswissenschaft) *Albert Einstein:* „Botschaft an die geistigen Arbeiter" (Aufruf zur Unterstützung einer Weltregierung) *M. Gandhi* (†): „Die Geschichte meiner Versuche mit der Wahrheit" (Autobiographie bis 1920) *R. Guardini:* „Freiheit, Gnade und Schicksal" (ital. kathol. Religionsphilosophie) *Max Horkheimer* (*1895, † 1973) u. *T. W. Adorno* (*1903, † 1969): „Dialektik der Aufklärung" (aus d. Frankf. Soziologenschule) *Roman Ingarden:* „Der Streit um die Existenz der Welt" (poln. Philosophie) *Jaspers:* „Von der Wahrheit" (Band 1 d. „Philosophischen Logik") *Alfred Ch. Kinsey:* „Das sexuelle Verhalten des Mannes" (nordamerik. Untersuchung „Kinsey-Report", liefert erstmalig Zahlen aus einem größeren Personenkreis: Von den Befragten kannten 80% vorehelichen Verkehr, 87% Masturbation, 90% „Petting") *Paul Matussek:* „Metaphysische Probleme der Medizin"

Beckmann-Ausstellg. in St. Louis, USA

Chagall: „Das fliegende Pferd" (Gem.)

Feininger: „Der See", „Hochhäuser i. Manhattan", „Thüringische Kirchen" (Aquarelle)

Renato Guttuso: „Nächtlicher Fischfang" (ital. express. Gemälde)

Heinrich Heuser (* 1887, † 1967): Wandgemälde i. d. Kammerspielen des Dt. Theaters, Berlin

Heckel: „Bildnis Otto Dix", „Mann mit Baskenmütze", „Wanderzirkus" (express. Lithograph.) und „Der Zeichner" (express. Holzschn.)

† *Thomas Theodor Heine*, dt. Maler u. Graphiker; gründete mit *A. Langen* 1896 den satir. „Simplizissimus" (* 1867)

Anton Hiller (* 1893): „Mädch. mit Blume" (Bronzeplastik)

Hofer: „Die Blinden" (Gem.)

Kaus: „Stilleben mit Maske u. Guitarre" (express. Aquarell) u. „Sinnendes Mädchen" (expr. Gem.)

Hermann Kirchberger: Bildschmuck im Nationaltheat., Weimar

Le Corbusier: Wohnblock in Marseille (17 Stock, Stahl- u. Glasbauweise, für 300 Famil.; Dachgarten m. Schwimm- und Sonnenbädern; Kindergarten und Schule, Parkumgebung; vollend. 1952)

G. Marcks: „Gefesselter Prometheus" (Plastik)

Georges Balanchine grdt. New-York-City-Ballett

Blacher: „Die Nachtschwalbe" (Oper)

B. Britten: „Bettleroper" (engl. Erneuerung d. Oper von 1728)

Egk: „Circe" (heitere Oper)

W. Furtwängler: „Gespräche über Musik"

Hindemith: Cellosonate

Otto Klemperer (* 1885) geht als Dirigent nach Budapest (war s. 1933 in Los Angeles)

Arnim Knab (* 1881, † 1951): „Das gesegnete Jahr" (Oratorium)

† *Georg Kulenkampff*, dt. Violin-Virtuose (* 1898)

† *Franz Lehár*, österr. - ungarisch. Operettenkompon. (* 1870)

Otto Leuning: „Evangeline" (Musikdrama nach ein. Idylle *Longfellows*)

Yehudi Menuhin (* 1916) konzert. auf d. UN-Versammlung z. Erkl. d. Menschenrechte

Jerome Moross: „Willy the Weeper" (nordamerik., gereimte Münchhausiade als Variationen i. Boogie-Woogie-Stil)

Pepping: „Die Tageszeiten" (3. Symphonie im neoklassizist. Stil)

Cole Porter (* 1893, † 1964): „Kiss me, Kate" (nordamer. Musical n. *Shake-*

Physik-*Nobel*preis an *Patrich Maynard Stuart Blackett* (Großbrit., * 1897) für Mesonenforschung

Chemie-*Nobel*preis a. *A. W. K. Tiselius* (Schwed.) für Kolloidtrennung

Medizin-*Nobel*preis an *Paul Müller* (Schweiz) für Insektengift DDT

W. Adrian: „Die Frage der norddeutschen Eolithen" (erweist die angebl. Werkzeuge aus dem Alttertiär als Naturprodukte)

Charlotte Auerbach: Auslösung von Mutationen durch Senfgas (Beginn einer „Chemogenetik")

J. Bardeen u. *W. H. Brattain:* Transistor (Germanium-Krist.-Verstärk., beruf., Elektronenröhr. zu ersetz.)

Otis Barton erreicht mit Tauchkugel 1372 m Tiefe

Russel C. Brock: Erste Valvulotomie (Sprengung verengter Herzklappen)

K. Daeves und *A. Beckel:* „Großzahlforschung und Häufigkeitsanalyse" (angewandte Statistik)

Dennis Gabor (*1900): „Holographie" (Abbildung durch Rekonstruktion der Wellenzüge. Wird ab 1960 mit Hilfe des Lasers zur Erzeugung plastisch wirkender Bilder entwickelt)

Gardner und *Lattes:* Künstliche Erzeugung des leichten und schweren Mesons im Zyklotron (kommen natürlich in der kosmischen Höhenstrahlung vor)

Philip S. Hench (* 1896) und *E. C. Kendall* heilen mit Cortison-Hormon rheumatische Krankheiten

P. Kirkpatrick und *A. V. Baez:* Beginn der Entwicklung eines *Röntgen*strahlmikroskops

5. Uranus-Mond von *G. P. Kuiper* entdeckt

Lyssenko säubert mit Hilfe der kommunist. Partei die russ. Vererbungswissenschaft von seinen Gegnern, welche auf der internationalen Linie *Mendel-Morgan* arbeiten

B. Rajewsky (* 1893, † 1974): „Biophysik" (grundl. für Erforsch. biolog. Strahlenwirkungen, mit *M. Schön*)

W. H. Ramsay nimmt für Kern und Mantel der Erde (und den erdähnl.

Am Rekordtag der Berlin. Luftbrücke bringen 896 Flugzeuge etwa 7000 t nach Berlin

J. Kuczynski: „Geschichte der Arbeiter unter dem Industriekapitalismus" (7 Bände seit 1946, kommunist.)

Währungsreform in West- und Ostdeutschland. Umtauschverhältnis 10 RM = 1 DM (1950: 1 DM West = etwa 5 DM Ost)

45,2 Mrd. RM dt. Sparguthab. durch Währungsreform auf 2,2 Mrd. DM abgewertet (51 % der westdt. Akt.-Gesellsch. stellen bis 1951 ihr Kapital 1 : 1 um)

Index der Weltindustrieproduktion 1948/49 (ohne USSR; 1937 = 100): 141; Elektrizitätserzeug. : 194

Eröffnung d. erst. Läden der staatl. Handels-Organisation (HO) in der sowjetisch besetzt. Zone u. Ost-Berlin (steigern bis 1950 ihren Anteil am Einzelhandel auf 29 %, Konsumgenoss. auf 19 %, Privathandel geht auf 52 % zurück)

Volkseinkommen in den USA 260 Milliarden Dollar (1860 Dollar/Kopf)

USA-Gewerkschaften erreichen „Indexlohn" für die Arbeiter der General Motors mit automatischer

(1948)

Dr. *Daniel Malan* (Nationalpartei) Ministerpräsident der Südafrikan. Union (tritt 1954 zurück); politische Entrechtung der nichtweißen Bevölkerung; Selbständigkeitsbestrebungen gegenüber Großbritannien

Brüsseler Vertrag zw. Frankreich, Gr.-Brit., Benelux über wirtschaftl. Zusammenarbeit und kollektiven Beistand bes. gegen Deutschl. (Die Londoner Akte von 1954 sieht Aufn. Italiens u. Deutschlands vor)

Frankreich hebt Zollgrenze zum Saargebiet auf und führt dort frz. Währung ein

Abwertung des frz. Franken. Frz. Militär besetzt die bestreikten, verstaatlichten Kohlengruben

Juliana, nach Thronverzicht ihrer Mutter *Wilhelmina* (Königin seit 1890), Königin der Niederlande

Wahlen zur italien. Abgeordnetenkammer: Christl.-Demokrat. 303 Sitze, „Demokratische Volksfront" (Kommunisten, Linkssozialisten, Gewerkschaften) 178, Rechtssozialisten 29. Attentat auf den ital. Kommunistenführer *Togliatti* löst Generalstreik aus

Skandinav. Länder nehmen am *Marshall*plan teil

Dänemark gewährt Grönland weitgehende Selbstverwaltung

Skandinav. Militärbündnis scheitert

Arpad Szakasits (Sozialist) ungar. Staatspräsident bis 1950 (Rücktritt)

Vereinigung der kommunist. und sozialist. Parteien in Ungarn

Kommunist. „Jugend-Weltfriedenskongreß" in Budapest

Vereinigung der tschechoslowak. Kommunist. u. Sozialisten. Staatsstreichartige Einführung einer neuen Verfassung, Staatspräsident *Benesch* tritt zurück. *Gottwald* zum Präsidenten gewählt; Regierung mit 50% kommunist. Ministern. Selbstmord von *Jan Masaryk* (* 1886)

† *Eduard Benesch*, tschechoslowak Staatsmann, Staatspräsident von 1935 bis 1938 und seit 1945 (*1884)

Verstaatlichung der Produktionsmittel in Rumänien

Norman Nicholson (* 1914): „Rock Face" (engl. Gedichtsammlg.)

Saint-Exupéry: „Die Stadt in der Wüste" (frz., posthum)

J. P. Sartre: „Die schmutzigen Hände" (frz. Schauspiel um das Problem der Parteilinie)

W. Speyer: „Das Glück der Andernachs" (Rom.)

Max Tau (* 1897): „Glaube an den Menschen" (autobiograph. Roman; erhält 1950 ersten Friedenspreis dt. Verleger)

Unruh: „Der nie verlor" (Roman)

Th. N. Wilder: „Die Iden des März" (nordamerik. Roman)

Jean-Louis Barrault pflegt in Paris ein pantomimisch-symbol. Theater: „Hamlet", *Kafkas* „Prozeß"

† *Paul Wegener*, dt. Schauspieler (* 1874) 1938–45 am Schillertheater, Berlin

Etwa 135 Mill. „Pocket Books" (Taschenbücher) von teilw. hochwertigen Autoren in den USA verkauft (1945: 66 Mill.)

M. Mead: „Mann und Frau" (tiefenpsychologische Studie über Verhältnis der Geschlechter bei den sieben Gesellschaftsformen der Südsee und im amerikan. Mittelstand)

Müller-Freienfels: „Der Mensch im Universum", „Das Lachen und das Lächeln"

Ernst Niekisch (* 1889, † 1967): „Zum Problem der Freiheit", „Deutsche Daseinsverfehlung" (marxist.)

Anna Siemsen: „Die gesellschaftlichen Grundlagen der Erziehung" (Erziehungssoziologie, geschrieben 1934/35)

Paul Tillich: „Das Zeitalter des Protestantismus" (engl.)

C. F. von Weizsäcker: „Die Geschichte der Natur" (Naturphilosophie der Physik, zeigt histor. Denkkategorien in den Naturwissenschaften)

Kirchen aus 40 Nationen gr. i. Amsterdam Ökumenischen Rat

Erklärung d. Menschenrechte durch die UN-Vollversammlung

„Menschliche Beziehungen" (engl. Zeitschrift für empirische Sozialpsychologie vom Tavistock-Institut, gegründet 1947)

„Vierteljahreszeitschrift für experimentelle Psychologie" (engl.)

„Freie Universität Berlin" aus student. Initiative gegrdt. (wegen Unterdrückung der polit. und wissenschaftl. Freiheit an der Ostberl. „Humboldt"-Univ.)

Landesuniversität Potsdam (für Land Brandenburg)

„Jeunesse" (belg. Holzschnitte, Einf. von *Th. Mann)*
Gabriele Münter (* 1877): „Wolken üb. Murnau", „Winter in den Bergen" (express. Gemälde)
Picasso: Keramiken (seit 1947)
Emy Roeder (* 1890): „Röm. Bergziegen" (Bronzeplastik)
Werner Scholz (* 1898): Bibelillustrationen (Pastellmalerei)
Hans Sedlmayr: „Verlust der Mitte" (Kunstkritik)
Herbert Spangenberg (* 1907): „Strand am Kattegatt" (Gemäld. im geometr. Stil)
Lewittown (New York), moderne Großsiedlg. in zeitsparender Bauweise

---

„Hamlet" (englisch. Farbfilm nach *Shakespeare* von *L. Olivier*; besond. Ausnutzung der Tiefenschärfe); „Rote Schuhe" (engl. Film v. *M. Powell);* „Oliver Twist" (engl. Film von *D. Lean)*; „Das gestürzte Idol" (engl. Film von *C. Reed)*
„Paris 1900" (frz. Film von *Nicole Védrès);* „Die schrecklichen Eltern" (frz. Film von *Cocteau)*
„Deutschland im Jahre Null" (italien. Film v. *R. Rosselini*); „Bitterer Reis" (ital. realist. Film; Regie: *Giuseppe de Santis*); „Die Fahrraddiebe" (ital. Film v. *de Sica*); „Die Erde bebt" (ital. Film v. *Luchini Visconti)*
† *David Wark Griffith*, nordam. Filmregisseur; drehte

speares „Der Widerspenstigen Zähmung")
Walter Piston (* 1894): 3. Symphonie und „Toccata" (nordamerikan. Orchesterkompositionen)

Pierre Schaeffer beg. i. Paris mit d. „Musique concrète"
Strawinsky: Messe (russische Komposition)
Hch. Sutermeister: „Raskolnikow" (Schweiz. Oper)
† *Richard Tauber*, dt. Tenor (*1892)
R. Vaughan Williams: 6. Symphonie (engl. Orchestermusik)
† *Ermanno Wolf-Ferrari*, dt.-italien. Opernkomponist (* 1876)

Moskauer Musikerkonferenz verurteilt die Werke der russ. Komponisten *Schostakowitsch, Prokowjew, Katschaturian, Miaskowskij* u. a. als „formalistisch" u. „volksfremd"
Langspielplatte (LP) hoher Klangqualität

Planeten) durchgehend gleichen stofflichen Aufbau an (daneben besteht die Eisenkernhypothese)
Rickes und *Smith* kristallisieren Vitamin B_{12} (wirksam gegen perniziöse Anämie)
Claude E. Shannon (* 1916) und *W. Weaver:* „Mathematische Theorie der Kommunikation" (gilt als exakte Begründung der Informationstheorie)
John W. Tuckey benennt die Informationseinheit „bit" (binary digit)
O. H. Warburg: „Wasserstoffübertragende Fermente" (physiologisch. Chemie); weitere Unters. d. Photosynthese
Norbert Wiener (* 1894, † 1964): „Kybernetik" (nordamer. Begründung d. Wissenschaft von Steuer- und Regelungsvorgängen in der belebten und unbelebten Natur)
Einweihung des 5-m-Teleskop-Spiegels auf dem Palomar-Mountain (USA)
Neuere Präzisionsmessungen ergeben kein ständiges allgem. Magnetfeld der Sonne
Brit. Düsenflugzeug err. 20 km Höhe (USA-Düsenfl. 1952 24 km)
Unbemannter Ballon mit Radiosonde erreicht in USA 42 km Höhe (relativ warme Ozonschicht)
Häufigere Durchführung schmerzarmer Entbindungen u. a. mit Trichloräthylen (z. B. bei der engl. Prinzessin)
Antibiotisches Heilmittel „Aureomyzin" isoliert
Verwendung von Streptomycin gegen Hirnhautentzündungen und Tuberkulose
Entwicklung „Künstlicher Herzen" in Schweden (s. 1947 v. *Clarence Crawford)* und den Niederlanden (zur Aufrechterhaltung des Blutkreislaufes bei Herzoperationen)
USSR unterhält in der Arktis 137 ständig besetzte meteorologische Stationen (1914: 5)
Erzeugung von 139 200 Mill. cbm Erdgas und 16 560 Mill. cbm Kunstgas in den USA; 350 000 km Ferngasleitung und 22,9 Mill. Verbraucher (Deutschland 6588 Mill. cbm Kunstgas)
~ Rasche Entwicklung des UKW-Rundfunks

Angleichung an das Preisniveau

USA-Europahilfe durch *Marshall*plan (ERP) beg.: 1. Jahr 4875 Mill. Dollar, 2. Jahr 3880 Mill., 3. Jahr 2720 Mill., 4. Jahr (voraussichtl.) 2000 Mill. Davon an Großbrit. 4450 Mill. Dollar, Frankreich 3100 Mill., Italien 1300 Mill., Westdeutschland 1000 Mill., Niederlande 785 Mill., 13 andere Länder 3540 Mill.

Gründg. d. angloamerikan. Produktivitätsrates zum Austausch industriell. Erfahrung. zwischen USA und Großbritannien

Umfassender nationaler Gesundheitsdienst i. Großbrit. (n. d. Ges. v. 1946)

Alters- und Invalidenversorgungsgesetz in Schweden mit erhöhten Leistungen

Erneute Sandstürme in den USA verwüsten 700 000 Morgen Ackerland in Texas und Neu-Mexiko

Uranförderung in Belgisch-Kongo jährlich etwa 5000 t (reicht nach dem derzeitigen Stand d. Atomkrafttechnik f. etwa 50 Milliard. kWh, d. sind rund 10% d. Welterzeugung). Elektrische Energie aus Atomkraftanlagen wäre

(1948)

Kominform verurteilt *Titos* Politik in Jugoslawien als Abweichung vom „Marxismus-Leninismus-Stalinismus“

Bündnisvertrag Finnland-USSR für 10 Jahre

Finn. Wahlen: Sozialdemokr. 56 Sitze, Agrarpartei 56, Volksdemokr. (Komm.) 38, Konservative 30, Schwed. Partei 14, Liberale 6; *Fagerholm* (Sozialdemokr.) bildet Regierung

Israel als jüd. Staat in Palästina gegründet; schlägt arabische Angriffe zurück; bei den Unruhen wird der schwed. UN-Vermittler Graf *Folke Bernadotte* (* 1896) getötet

Chaim Weizman, „Der Vater Israels“, erster Präsident Israels b. 1953 (†, * 1874) und *David Ben Gurion* (* 1886) erster Ministerpräsident (Rücktritt 1953)

USA-Finanzhilfe für Siebenjahresplan in Iran

In der Präsidentenwahl der USA siegt *Truman* (Demokr.) über *Th. E. Dewey* (Republ., *1902, + 1971) durch Unterstützung der Gewerkschaften entgegen Pressevorhersagen (1952 wird General *Eisenhower* [Republ.] gew.)

St. Laurent wird als kanad. Ministerpräsident Nachfolger von *Mackenzie King*

Manuel Odria stürzt Präsident *Bustamente* von Peru

† *Mahatma Gandhi* (durch Attentat eines Hindu-Brahmanen), Kämpfer für die ind. Unabhängigkeit, nach einem als vorbildlich geltenden Leben für Frieden und Gerechtigkeit (* 1869)

Tschiang Kai-schek zum Präsidenten von China gewählt. Kommunist. Volksarmee erobert Nordchina (vgl. 1949)

~ Rasche Entwicklung der Volkshochschulen i. Dtl. (1953 gibt es in der BRDt. u. Westberlin 1023 VHS, 2835 Nebenstellen, 22 Heimvolkshochschulen, 1389505 eingeschriebene Hörer u. 4025131 Besucher v Einzelveranstaltungen.

Soziale Gruppen: männl. 45,6%, weibl. 54,4%; Schüler u. Stud. 19,7%, Arbeiter 15,9%, Beamte 5,3%, Angestellte 34,9%, Freie Berufe 5,1%, Hausfr. 12,5%, selbst. Handw. 2,3%, ohne Beruf 4,4%)

Clausthaler Gespräche über „Naturwissenschaft, Religion, Weltanschauung“

„Lindsay - Vorschläge“ eines dt. - engl. Ausschusses zur Hochschulreform: Studium aller Volksschichten, engerer Kontakt mit der Bevölkerung (zeigt wenig Wirkung)

„Studium Generale“ (Zeitschrift für die Einheit der Wissenschaften im Zusammenhang ihrer Begriffsbildungen und Forschungsmethoden)

Neugrdg. d. Hochschule f. Politik, Berlin (Direktor wird *Otto Suhr*. (* 1894), Präsident des Berl. Abgeordnetenhauses)

„Arbeit und Leben“, Erwachsenenbildungswerk der westdeutschen Gewerkschaft u. Volkshochschulen (gegründet in Niedersachsen)

„Der Monat. Eine internationale Zeitschrift für Politik und geistiges Leben“ (Chefredakteur *Melvin J. Lasky*)

~ Unters. in Europa zeigen schnelleres körperliches, seelisches und geistiges Reifen der Jugendlichen

484 Filme; „Vater d. Filmkunst" (*1875)

„Lusiana Story" (nordam. Film von *Flaherty*); „Die Dame aus Shanghai" (nordam. Film von und mit *O. Welles, Rita Hayworth*); „Macbeth" (nordam. Film von *O. Welles*); „Die Staaten der Union" (nordamerik. Film von *Capra*)

„Die junge Garde" (russ. Film v. *Gerassimow*); „Der dritte Schlag" (russ. Film von *Sawtschenko*); „Mitschurin" (russ. Film v. *Dowschenko*)

„Irgendwo in Europa" (ungar. Film)

„Die letzte Etappe" (poln. Film)

„Die geteilte Welt" (schwed. Film)

„Affaire Blum" (Film mit *Gisela Trowe* u. *Christian Blech*; Regie: *E. Engel*)

„Berliner Ballade" (satir.-kabarettist. Film von *Robert A. Stemmle*, * 1903, und *Günter Neumann*)

„Film ohne Titel" (Film von *R. Jugert* mit *H. Söhnker, Hildegard Knef*)

Anstieg der Fernsehempfänger in den USA von 200000 auf 750000 (vgl. 1950)

In Schweden s. 1945 aus 151 künstl. Befruchtungen 23 Kinder geboren

Strahlung auf Kreisbahn umlaufender Elektronen (Synchrotronstrahlung) im Labor nachgewiesen (gewinnt meßtechnische und theoretische Bedeutung)

Brit. Expedition in Kenia macht zahlreiche Funde aus dem Dryopithecus-(Baumaffen-)Kreis, in dem vor ca. 13–20 Mill. Jahren die gemeinsamen Vorfahren von Mensch und Menschenaffen vermutet werden. Als Untergattung gehört „Proconsul" in diesen Kreis

etwa halb so teuer wie aus Kohle

F. Osborn: „Die ausgeplünderte Erde" (amer. Wachstumskritik)

1 t Uran kostet etwa 1600 Dollar

Beginn des Baues von Staudämmen für Damodarregulierung in Indien (insgesamt Kraftwerke für 240000 kW vorgesehen). Ind. Kraftwerke erzeugen etwa 1,4 Mill. kW

Erste Konferenz d. Weltgesundheitsorganisation d. UN

Jährl. Todesfälle an Weltseuchen: Syphilis etwa 20 Mill., Malaria etwa 3 Mill., Tuberkulose etwa 4,5 Mill.

Olympiade i. London (mehr als 5000 Sportler)

Fanny Blankers-Koen (Niederl.) gewinnt auf d. Olympiade in London 4 Goldmedaillen („Die fliegende Mutter")

Frauen-Weltrekord i. Kugelstoßen mit 14,39 m von *Adrejewa* (USSR) und Diskuswurf mit 53,25 m von *Dumbaase* (USSR)

Roy Bietila (USA) erreicht im Skispringen 83,5 m

Weltrekord im Diskuswurf mit 55,33 m von *Consolini* (Ital.)

Weltrekord im beidarmig Stoßen für Schwergewicht mit 177,5 kg von *John Davis* (USA) (nicht anerkannt 189,5 kg von *Zaferatos*, USA)

Weltrekord im Kugelstoßen mit 17,68 m von *Fonville* (USA)

Weltrekord im 100-m-Freistilschwimmen mit 55,4 Sek. von *Ford* (USA)

Joe Louis schlägt *Walcott* in der 11. Runde k. o. u. dankt ab, nachdem er seit 1937 25mal erfolgreich sein. Weltmeistertitel als „Brauner Bomber" verteidigt hatte (vgl. 1950)

Ferd. Porsche (* 1875, † 1951) konstruiert d. PKW „Porsche 356"

Heinrich Nordhoff (* 1899, † 1968) wird Generaldirektor des Volkswagenwerkes in Wolfsburg

Transandenbahn Argent.–Chile überquert Paß i. 3857 m Höhe

1949

Friedens*nobel*preis an *Boyd Orr* (Gr. Brit., *1880, + 1971) f. Bemühungen um d. Welternährung

Brit. Demontagen in Deutschland führen zu örtlichen Unruhen

Aufhebung der Blockade („Verkehrsbeschränkungen") geg. Westberlin. Wirtschaftskrise des von Westdeutschland abhängigen Westberlins (bis 300000 Arbeitslose)

Der „Dt. Volksrat" in Ostdeutschland (SBZ) ruft „Nationale Front" ins Leben, kommunist. beeinflußt

Es konstituieren sich BRD und DDR

Westdt. Bundesrepublik (11 Länder) mit vorläufiger Verfassung und Hauptstadt Bonn. Erster Bundespräsid. *Theodor Heuss* (FDP)

Wahl zum westdt. Bundestag: CDU 139 Sitze, SPD 131, FDP 52, Bayernpartei 17, DP 17, KPD 15, WAV 12, Zentrum 10, DRP 5, SSV 1, parteilos 3. Bundeskanzler *Konrad Adenauer* (CDU) bildet Regierung aus CDU, FDP, DP

Inoffizieller Führer der Opposition *Kurt Schumacher* (* 1895, † 1952), SPD

Wilhelm Pieck (Komm.) Präsident der ostdt. „Deutschen Demokratischen Republik"

Otto Grotewohl (SED, * 1894, † 1964) bildet ostdeutsche Regierung im Sinne der „Blockpolitik" aus genehmen Vertretern aller Parteien und Massenorganisationen

Besatzungsstatut für Westdeutschl.

Margarete Buber-Neumann: „Als Gefangene bei Stalin und Hitler" (als Frau eines dt. Kommunisten vor 1940 in russ., danach bis 1945 in dt. KZ's)

Neuwahlen in Österreich: Volkspartei 77 Sitze, Sozialdemokr. 67, Unabhängige 16, Linksblock 5; *Figl* bildet neue Regierung

Die Delegierten von Großbrit., USA, Norwegen, den Niederlanden verlassen (kommunist. beeinflußten) Weltgewerkschaftsbund (verliert etwa 35 Mill., d. h. ca. 50% seiner Mitglieder)

Irland löst alle Beziehungen zur brit. Krone (seit 1948 *John A. Costello* Ministerpräsident)

Literatur-*Nobel*preis an *W. Faulkner* (USA) (verliehen 1950)

Benn: „Trunkene Flut" (express. Lyrik), „Ausdruckswelt" (Essays u. Aphorismen)

Brecht: „Kalendergeschichten"

Camus: „Belagerungszustand" (frz. Schauspiel; Uraufführung im Théâtre Marigny von *Jean-Louis Barrault*)

Colette: „Le fanal bleu" (frz. Roman)

Döblin: „Novemb. 1918" (Romantrilog. seit 1939)

Th. S. Eliot: „Cocktail Party" (engl. Komödie)

Christopher Fry: „Die Dame ist nicht fürs Feuer" (engl. Bühnenstück)

G. Greene: „Der dritte Mann" (engl. Roman aus dem Nachkriegs-Wien, wird von *C. Reed* verfilmt)

Hans Egon Holthusen: „Hier in d. Zeit" (Ged.)

Ernst Jünger: „Strahlungen" (Tagebuch), „Heliopolis" (Zukunftsroman)

Lewis: „Der Gottsucher" (nordamerikan. histor. Roman)

Georg Lukacs: „Thomas Mann" (marxist.-kommunistisch)

Th. Mann: „Die Entstehung des Doktor Faustus. Roman eines Romans" (Tagebuch-Notizen), „Ansprache im Goethejahr 1949", „Goethe und die Demokratie" (Vorträge)

† *Maurice Maeterlinck*, belg. Dichter und Philosoph; *Nobel*preis 1911 (* 1862)

T. M. Abel und *F. L. K. Hsu:* „Einige Merkmale des chinesischen Charakters auf Grund des Rorschachtestes" (Assoziations-Test i. Anwendung auf Völkerpsychologie)

Theodor W. Adorno: „Philosophie der neuen Musik" (beeinflußt von der Zwölftonkunst *A. Schönbergs*)

C. W. Ceram (eig. *Kurt W. Marek*, *1915, + 1972): „Götter, Gräber und Gelehrte. Roman der Archäologie" (begrdt. neuen sehr erfolgr. Stil d. Sachbuchs)

Philipp Frank: „Einstein. Sein Leben und seine Zeit" („Einstein verstehen, heißt die Welt des 20. Jhdts. verstehen")

Paul Frölich: „Rosa Luxemburg" (demokr.-sozialist. Würdigung)

Josef Goldbrunner: „Individuation, die Tiefenpsychologie von Carl Gustav Jung" (Darstellung und Kritik vom kathol. Standpunkt aus)

Heidegger: „Holzwege" (philosoph. Abhandlg.)

Th. Heuß: „1848. Werk und Erbe"

Jaspers: „Vom Ursprung und Ziel der Geschichte" (Geschichtsphilosophie mit dem Begriff der kulturell entscheidend. „Achsenzeit" ≈—500)

Kardinal *Mindszenty* (seit 1945 Fürstprimas von Ungarn) wegen „Hochverrats" zu lebenslängl. Gefängnis verurteilt

H. Mitteis: „Deutsche Rechtsgeschichte"

G. P. Murdock: „Sozialstruktur" (nordamerik.

Eduard Bargheer (*1901): „Ruinen am Meer", „Neapel" (abstrakte Gemälde)

C. G. Becker: „Großer Pierrot" (expr. Gemälde)

Beckmann: „Der verlorene Sohn", „Stillleben mit Kerzen" (express. Gemälde)

Hub. Berke (* 1908): „Blaue Welt" (express. Gemälde)

Chagall: „Rote Sonne" (frz.-russ. Gem.)

† *James Ensor*, belg. Maler, erst im-, später expressionist. Richtung (* 1860)

H. A. P. Grieshaber (* 1909): „Ulmer Tuch" (expression. Komposition aus bemalten Teilstücken)

Günter Grote (*1911): „Spaziergang" (Gemälde)

K. Hofer: „Mädchen mit Orange", „Die Flut" (express. Gemälde)

Kaus: „Spannungen" u. „Muscheln und Götzen" (express. Aquarelle)

Kokoschka-Ausstellg. im Museum of modern art, New York

G. Marcks: „Sich Neigende" (Bronzeplastik)

J. Marin: „Bewegte See nach dem Hurrikan" (nordamerikan. express. Gemälde)

Rolf Nesch (*1893): „Dschingis-Khan" (expr. Metalldruck)

Pechstein: „Die Sonne kam wieder" (expr. Gemälde)

B. Britten: „Wir machen eine Oper" (engl. Kinderoper unter Mitwirkung des Publikums)

Egk: „Abraxas" (Faustballett) und „Französ. Suite nach Rameau"

Hindemith: Concertino für Horn und Orchester

Křenek Streichtrio

Orff: „Antigonae" (Oper nach *Sophokles* und *Hölderlin*)

† *Hans Pfitzner*, dt. Komp. (* 1869)

A. Schönberg (seit 1946): Violin- und Klavier-Konzert, „Ode an Napoleon", „Der Überlebende von Warschau" (Kantate)

† *Richard Strauss*, dt. Komponist (* 1864)

Hch. Sutermeister: „Die schwarze Spinne" (Schweiz. Oper nach *J. Gotthelf*)

Mary Wigman kommt nach Berlin (West)

Modetanz Samba

O. Sala entwickelt Mixtur-Trautonium (Anwendung dieses vielseitigen elektroakustischen Instrumentes für Theater-, Hörspiel- und Filmmusik)

Physik-*Nobel*preis an *H. Yukawa* (Jap.) für Vorhersage des Mesons

Chemie-*Nobel*preis an *W. F. Giauque* (Kanada) für Chemie tiefster Temperaturen

Medizin-*Nobel*preis an *W. R. Heß* (Schweiz, * 1881, † 1973) für Zwischenhirnforschung und *E. Moniz* (Portug.) für Hirnchirurgie

W. Baade entdeckt kleinen Planeten, dessen Sonnennähe noch innerhalb der Merkurbahn liegt (entdeckte 1924 den sonnenfernsten kleinen Planeten)

K. H. Bauer: „Das Krebsproblem" (grundl. vgl. 1928)

† *Friedrich Bergius*, dt. Chemiker und Industrieller; *Nobel*preis 1931 (* 1884)

B. v. Borries: „Die Übermikroskopie" (Zusammenfassung üb. die ersten 10 Jahre ihrer Anwendung)

Dussik: Ultraschall-Schattenbild d. Gehirns zur Diagnose von Gehirngeschwulsten (auf der ersten Ultraschalltagung in Erlangen)

W. Fischer u. *G. B. Gruber:* „Fünfzig Jahre Ontologie in Deutschland" (zur Gründung d. Dt. Pathologischen Gesellschaft 1897)

Geoffrey de Havilland: „Comet" (engl. Verkehrsflugzeug für 36 Passagiere mit 4 Düsenmotoren für 800 Stundenkilometer in 11 km Höhe; regelmäßige Flüge nach Australien ab 1953)

A. Kelner findet Wiederbelebung ultraviolett abgetöteter Bakterien durch Licht („Photoreaktivierung")

R. Kuhn: Biochemische Genetik (Nachweis v. Pilz-Mutationen durch chemische Nährbodenänderung zeigt, daß die Gene Katalysatoren für die Lebensprozesse liefern)

G. P. Kuiper entd. 2. Neptunmond

Williard F. Libby bestimmt als Gehalt an radioaktivem Kohlenstoffisotop das Alter prähistorischer Holzgegenstände (neue Methode zur Bestimmung unsicherer vor- und frühhistor. Daten)

Alexander I. Oparin: „Die Entstehung des Lebens auf der Erde" (Versuch einer chemischen Theorie)

Die Ernährungsfähigkeit der Erde wird verschieden abgeschätzt (von „mangelhaft" bis „ausreichend für 13,5 Milliarden Menschen")

Luftbrücke nach Berlin: in 13 Monaten 274718 Flüge, 160 Mill. Flugkm., 2 Mill. t Versorgungsgüter

Von 5556000 dt. Schulkindern sind 2865550 (52%) nicht bei beiden Elternteilen

Interzonen - Handelsabkomm. zwischen West- und Ostdeutschl. (1950 verlängert)

Abwertung des engl. Pfundes um 30% (verbessert in der Folgezeit brit. Außenhandelsbil.)

Nettoeinkommen in Großbritannien (1939): über 6000 Pfund 86 Pers. (6550), 1000 bis 1500 Pf. 400000 Person. (130000), 250—500 Pfund 9300000 Personen (1400000)

Kaufkraft d. Stundenlohns eines Industriearbeiters f. Nahrungsmittel: USA = 100, Norwegen 88, Dänemark 80, Großbrit. 71, Schweden 69, Schweiz 51, Irland 45, Frankreich 35, Deutschland 32, Italien 24, Österreich 23, USSR 18

USA Gewerkschaften stell. Pensions- u. Unterstützungs-

(1949)	Liberaler Wahlsieg in Australien. *Menzies* austral. Ministerpräsident Europarat in Straßburg (Versuch eines westeuropäischen Parlaments) Kommunist. „Weltfriedenskongreß" in Paris Unterzeichnung eines französ.-ital. Zollunionsvertrages Außenministerkonferenz der 4 dt. Besatzungsmächte in Paris, ohne wesentliche Erfolge hinsichtlich Deutschland Konsultativrat der europäischen ERP-Länder in Paris berät unter Präsident *van Zeeland* Liberalisierung des europ. Handels *Thorez* (Frankr.) und *Togliatti* (Ital.) erklären kommunist. Unterstützung der USSR im Kriegsfalle Niederlande anerkennen Indonesische Republik (Java, Sumatra, Madoera, Borneo). Neuguinea bleibt niederl. Kolonie Agrarkrise in Italien: Landarbeiterstreiks und gewaltsame Landbesetzung Freundschafts- und Handelsabkommen Spaniens mit Argentinien Staatsbesuch *Francos* in Portugal. Keine Einigung mit dem Infanten Don *Juan* Norwegen lehnt Nichtangriffspakt mit USSR ab *Rajk* (ungar. Außenminister) wegen „Titoismus" hingerichtet *Rokossowski*, Marschall der USSR, wird poln. Verteidigungsminister Bodenreform in Rumänien enteignet privaten Grundbesitz über 50 ha *Tito* sucht Wirtschaftsbeziehungen zur USA und zu anderen westl. Staaten. USSR erklärt Jugoslawien zum Feind Griech. königl. Regierung beendet siegreich den Bürgerkrieg; starke antidemokratische Tendenzen Osteurop. Wirtschaftsrat zwischen USSR, Tschechoslowakei, Polen, Rumänien, Ungarn, Bulgarien *Stalin* lehnt eine Einladung *Trumans* nach Washington ab und schlägt Treffen auf osteurop. Boden vor	† *Axel Munthe*, schwed. Arzt und Schriftsteller (* 1857) *George Orwell:* „1984" (engl. Roman eines totalitären Zukunftsstaates) *K. A. Ott:* „Der Mensch vor dem Standgericht" *A. Polgar:* „Anderseits" (Erzählungen) *Kathleen Raine* (* 1908): „The Phytoness" (engl. Gedichtsammlung) *Nelly Sachs* (1891, † 1970): „Sternverdunklung" (Lyrik) *A. Schaeffer:* „Janna Ducœur" (Roman) *Edzard Schaper:* „Der letzte Advent" (poln.-schweiz. Roman) *Edith Sitwell* (* 1887): „The Canticle of the Rose" (engl. Gedichtsammlung; u. a. Gedichte über die Atombombe) † *Sigrid Undset*, norweg. Dichterin; *Nobel*preis 1928 (* 1882) *Egon Vietta:* „Monte Cassino" (Schauspiel) *Zuckmayer:* „Barbara Blomberg (Drama) *Goethe* - Jahr: *Thomas Mann* erhält in Frankfurt a. M. und Weimar *Goethe*preise. Wiederaufbau des Frankfurter *Goethe*-Hauses; neue kleinere *Goethe*-Ausgbn. *Goethe*-Feier in Wetzlar mit einem „Europäisch. Gespräch" unt. Leitung von Prof. *Karl Geiler* (* 1878, † 1953) *Theodore Bestman:* „Eine Weltbibliographie der Bibliographien" (3 Bände seit 1947, 2. Ausgabe, registriert bis 1945 64000 Bände in mehr als 45 Sprachen)	Soziologie unter Verwendung von acht sozialen Grundbeziehungen) *Schweitzer:* „Spital im Urwald" (Friedens*nobel*preis 1953) *Upton Sinclair* wendet sich öffentlich vom Stalinismus ab *L. v. Wiese* beruft anthropologisch-soziologische Konferenz nach Mainz: „Mensch u. Kollektiv", „Die Folgen der großen Bevölkerungsvermehrg. im 19. Jahrhdt." *Leop. Ziegler:* „Menschwerdung" (Religionsphilosophie in 2 Bänd.) Das „Große Palindrom": „SATOR AREPO TENET OPERA ROTAS" aus frühchristl. Zeit entziffert (AREPO = Rex et Pater zwischen A und O = Gott) Aufhebung der Todesstrafe in der Dt. Bundesrepublik Arbeitsgemeinschaft der Landesverbände dt. Volkshochsch. (westdt.) Dt. Katholikentag in Bochum Rumänien löst kathol. Orden auf „Kulturverordnung" in Ostdeutschl. (stellt erhebliche Mittel für politisch genehme Zwecke zur Verfügung) *H. Gmeiner* (* 1919): 1. SOS-Kinderdorf i. Imst, Österr. (b. 1969 entst. 65 Kinderdörfer) Institut f. humanist. Studien in Aspen/Colorado (USA) i. Anwesenh. v. *Ortega y Gasset* (* 1881, † 1955) gegr. Frankfurter Allgemeine Zeitung (FAZ) gegr. (gewinnt führende Stellung)

Mark Rothko (*1903, + 1970): „Violett, Schwarz, Orange, Gelb auf Weiß und Rot" (russ.-nordam. abstr. Gem.)

Herbert Sandberg: „Eine Freundschaft" (graphische Folge über ein KZ-Lager)

Werner Scholz „König Saul", „Das böse Tier" (express. Gemälde)

Hermann Teuber (* 1894) „Jumbo" (Gemälde)

Grindel-Wohnhochhäuser in Hamburg-Harvestehude (bis 1954)

„Moderne Kunst in Deinem Leben" (Ausstellung im Museum of modern art, New York)

Allindischer Kunstrat i. Kalkutta (pflegt Tradition und Auslandsbeziehungen)

„Der dritte Mann" (engl.-österr. Film nach *Graham Greene* mit *O. Welles;* Regie: *C. Reed;* mit Zitherspiel als Begleitmusik: „Harry-Lime-Thema")

„Der Engel mit der Posaune" (österr. Film von *K. Hartl* mit *P. Wessely)*

„La Macchina Ammazzacaiva" (ital. Film v. *R. Rossellini)*

„Die Buntkarierten" (Film von *K. Maetzig* mit *Camilla Spira);* „Nachtwache" (Film von *H. Braun* mit *L. Ullrich, Hans Nielsen,* *1911, † 1965)

„Rendezvous i. Juli" (frz. Film von *J.*

Overholt u. *Langer:* „Technik der Lungenresektion" (für Behandlung des Lungenkrebses)

S. J. Rudenko findet im sibir. Pazyryk-Tal in einem skythischen Hügelgrab Knüpfteppich (185 × 200) mit Bildmotiven aus der Zeit ≈ — 500 (gilt als ältester s. Art)

M. Schwarzschild: Theorie der Magnetfelder der Sterne (elektromagnetisch-hydrodynamische Schwingungszustände; erklärt 11-jährigen Fleckenzyklus der Sonne)

R. W. G. Wyckoff: „Elektronenmikroskopie" (Zusammenfassung über die ersten 10 Jahre ihrer Anwendung)

5-m-Teleskop auf dem Mt. Palomar weist Spiralnebel erstmalig in etwa 1 Milliarde Lichtjahre Entfernung nach

Astronomische Radio - Teleskope zum Empfang der Kurzwellenstrahlung aus dem Weltraum in den USA

Aus biologischen Kenntnissen und astronomischen Theorien folgt, daß wahrscheinlich viele der etwa 100 Milliarden mal 100 Milliarden Sonnen Planeten mit Lebensmöglichkeiten als Begleiter haben

Dt. Astronomische Gesellschaft verurteilt Astrologie als unwissenschaftlich

Für die Arbeit mit radioaktiven Indikatoren stehen durch die Uranbrenner ca. 46 künstlich radioaktive Elemente zur Verfügung

Entdeckung neutraler Mesonen mit Zyklotron

Verwendung der Elektronenschleuder (Betatron) zur Krebsbehandlung (bes. Hautkrebse)

Die 55. Tagung der Dt. Gesellschaft für innere Medizin behandelt folgende aktuelle Hauptthemen: Psychosomatische Medizin (Leib-Seele-Einheit); Eiweiß-Stoffwechsel; Chemotherapie des Krebses, der Herzentzündung, der Tuberkulose

Der 27. Dt. Gynäkologenkongreß behandelt u. a. folgende Probleme der Frauenheilkunde: Hormontheorie der Milchbildung, gynäko-

fragen in den Vordergrund (1948 für 3 Mill., 1950 für 7,5 Mill. Arbeiter geregelt)

Gründung des „Internat. Bundes Freier Gewerkschaften" (IBFG)

1,5 % des italien. Volkseinkommens (100 Mrd. Lire), doppelt soviel wie 1939, für Unterhaltungen verwendet: Kino: 53 Mrd.; Sportwetten: 30; Geselligkt.: 6; Theater u. Oper: 5,5; Sportveranst.: 5,5

Astrolg. Katastrophen- u. Weltuntergangs-Psychosen i. Deutschland

Rekordvergleich f. Männer zw. 1900 und 1949; 100-m-Lauf: 10,8, 10,2 S.; 400-m-Lauf: 49,0, 45,9 S.; 800-m-Lauf: 2:01, 1:46,6; 3000-m-Lauf: 9:18,2, 7:58,8; 10000-m-Lauf: 34:28,8, 29:21,2; 110-m-Hürdenlauf: 15,4, 13,6 S.; Hochsprung: 1,96, 2,11 m; Weitsprg.: 7,50, 8,13 m; Stabhochsprung: 3,63, 4,81 m; Kugelst.: 14,69, 17,81 m; Speerwurf: 49,32, 78,70 m; Diskuswurf: 38,70, 56,79 m; Hammerwurf: 51,04, 59,57 m; Schwimmen: 100 m. Crawl 1:16,8, 55,4 S.; 100 m Brust: 1:24, 1:07; 100 m Rücken: 1:24,6, 1:03,6

Dt. Gewerkschaftsbund (DGB) i. München gegrdt.

(1949)	*Molotow* seines Postens als sowjetruss. Außenminister enthoben. *Wyschinski* Außenminister, *Gromykow* (bisher beim UN-Sicherheitsrat) stellvertr. Außenminister. *Malik* im Sicherheitsrat. Marschall *Sokolowski* erster stellvertr. Minister der Streitkräfte. Sein Nachfolger in Deutschland wird *Tschuikow* Amtliche Verlautbarung der USA-Regierung: Es liegen sichere Anzeichen dafür vor, daß die USSR über Atombomben verfügt Oberst *Husni Znaim* durch Staatsstreich syrischer Präsident, bei neuem Staatsstreich erschossen. Nach drittem Staatsstreich neue Regierung Nordatlantikpakt zwischen USA, Kanada und 10 westeurop. Staaten; Atlantikgeneralstab Indien und Pakistan erklären sich zu selbständigen Republiken, verbleiben im Commonwealth *Pandit Nehru* wird Ministerpräsident der neuen Republik Indien *Liaquat Ali Khan* Premierminister von Pakistan bis 1951 (†, ermordet, * 1895; studierte in Großbrit.) Union von Burma gegründet (1947 aus dem brit. Commonwealth entlassen) Kommunist. Volksarmee unter *Mao Tse-tung* erobert ganz China. Ausrufung der „Chinesischen Volksrepublik". Nationalregierung *Tschiang Kai-schecks* flieht nach Formosa. Indien anerkennt Regierung *Mao Tse-tung* (* 1893, † 1976) *Tschu En-lai* (* 1898, † 1976) chines. Min.-Präs. eines mittleren Kurses *Mao Tse-tung* in Moskau (die westl. Welt beobachtet das Verhältnis China-USSR sorgfältig auf etwaige Spannungen) Liberaldemokrat. Wahlsieg i. Japan unterstützt konservat. Politik des Ministerpräsidenten *Yoshida*	*Bertolt Brecht* grdt. mit seiner Frau *Helene Weigel* (*1900, † 1971) „Berliner Ensemble" für „episches Theater" in Berlin (Ost)	

Becker); „Manon" (frz. Film von *H. G. Clouzot)* „Das Treffen an der Elbe" (russ. Film v. *Alexandrow)* Erster international. Kulturfilmkongreß in Hamburg		logische Strahlentherapie (besond. Krebstherapie), Blutzerfall bei Neugeborenen (Rh-Faktor), Krampferscheinungen während der Geburt (Toxikosen) USA-Bomber umfliegt die Erde (37000 km) in 94 Stunden (mit viermaligem Lufttanken) Zweistufige USA-Rakete erreicht mit flüssigem Treibstoff 402 km Höhe (1951: Einstufige Rakete 216 km) „Künstliches Gehirn" erscheint möglich (im Sinne rechenmaschinenartiger Nachahmung von Denkvorgängen nach festen logischen Regeln durch elektronische Schaltgeräte) Maisbastardzüchtung erhöht in den USA Ertrag um 700 Mill. Dollar pro Jahr (Forschungs- und Züchtungskosten 10 Mill. Dollar) ~ *Ewan, Purcell* u. and. entd. 21-cm-Linie d. Wasserstoffs i. Radiospektrum (wichtig f. Radioastronomie, wird seit 1945 vermutet und um 1950 mehrfach bestätigt) Sichelzellenanämie wird als Erbkrankheit auf molekularer Basis erkannt (wichtiger Schritt der molekularen Genetik. Vgl. 1953) ~ *Soichiro Honda* konstruiert in Japan Motor und begr. damit großes Motorrad-Unternehmen	(1952: 6,05 Mill. Mitgl.) Vors. *Hans Böckler* (* 1875, † 1951), erreicht 1951 Mitbestimm. der Gewerkschaften in der Schwerindustrie) Der dt. Energieverbrauch hat die Tendenz, sich in 10 Jahren zu verdoppeln Seit 1900 sank bei Dampfkraftwerken der Energiebedarf pro Kilowattstunde von 8100 auf 2400 Kilokalorien „Frankfurter Allgemeine Zeitung" erscheint (setzt Tradition der „Frankfurter Zeitung" fort) Skiflugschanze Oberstdorf beg. (vgl. 1950, 1967)

1950

Friedens*nobel*preis an Prof. Dr. *Ralph Johnson Bunche* (* 1904), Enkel eines amerikan. Negersklaven, für Beilegung des Palästina-Konfliktes zwischen Juden und Arabern

Alliiertes Entmilitarisierungsgesetz für Deutschland

Hermann Ehlers (* 1904, † 1954; CDU) Präsident des Dt. Bundestages

Bundeswirtschaftsminister *Erhard* erstrebt eine weitgehend freie Marktwirtschaft für Westdeutschland

Wirtschaftl. Zusammenarbeit der Dt. Bundesrepublik mit USA (ECA-Abkommen)

Dt. Bundesrepublik tritt in den Europarat ein (SPD-Opposition fordert erst Lösung der Saarfrage)

Meinungsverschiedenheit im Straßburger Europarat über Schaffung einer „Europäischen Armee"

*Schuman*plan zur Vereinigung der dt., frz., ital. u. Benelux-Schwerind. (Bundestag ratifiziert gegen SPD 1951 Gesetz z. Bild. der „Montanunion"; tritt 1952 in Kraft)

600000 Berliner demonstrieren auf der Maikundgebung in Westberlin für die Freiheit

Die 3 westl. Besatzungsmächte stellen Revision des Besatzungsstatuts in Aussicht und erklären, in Berlin zu bleiben

Ostdt. Regierung lehnt gesamtdt. freie Wahlen ab (1951 macht *Grotewohl* Vorschlag für gesamtdt. Beratungen und Wahlen)

Gesetz zum „Schutze des Friedens" in Ostdeutschland (stellt politisch nicht genehme Meinungen unter Strafe, einschl. Todesstrafe)

„Wahl zur dt. Volkskammer" mit Einheitsliste d. „Nationalen Front" in Ostdeutschland; wird von Westdeutschland wegen undemokrat. Durchführung nicht anerkannt

Die ostdt. Dt. Demokratische Republik anerkennt die verwaltungsmäßige Oder-Neiße-Linie als „Friedensgrenze" gegen Polen

Angesichts der ost-westl. Spannungen erwägen die Westmächte

Literatur-*Nobel*preis an *Bertrand Russell* (Großbrit.) als „Apostel der Humanität und Gedankenfreiheit"

Erster Friedenspreis der dt. Verleger an *Max Tau* (1951 an *Alb. Schweitzer*, 1952 a. *R. Guardini*, 1953 a. *M. Buber*, 1954 a. *Carl Jacob Burckhardt*)

George Barken (* 1913): „News of the World" (engl. Versdichtung)

Benn: „Doppelleben" (Autobiographie)

H. Broch: „Die Schuldlosen" (Rom. in 11 Erz.)

† *Hedwig Courths-Mahler*, dt. Schriftstellerin; schrieb 192 Unterhaltungsromane mit Millionenauflagen (* 1867)

Christopher Fry: „Venus im Licht" (engl. Versdrama) und „Schlaf der Gefangenen" (engl. kirchliches Weihespiel)

Hemingway: „Über den Fluß und in die Wälder" (Kriegsroman)

John Hersey: „Der Wall" (nordamerikan. Roman um die Vernichtung des Warschauer Gettos 1943)

E. Ionesco (* 1912): „Die kahle Sängerin. Ein Antistück" (rumän.-frz. Schauspiel d. absurden Theaters)

† *Anton Kippenberg*, übernahm 1905 den Insel-Verlag, 1938 Präsident der dt. *Goethe*-Gesellschaft; schuf bedeutende *Goethe*-Sammlung (* 1874)

P. F. Lagerkvist: „Barabbas" (schwed. Roman; *Nobel*preis 1951)

† *Heinrich Mann*, dt. sozialist. Dichter (* 1871)

Th. Mann: „Meine Zeit" (Rede mit Verurteilung jeden Totalitarismus)

K. S. Bader: „Die Veränderung der Sexualordnung und die Konstanz der Sittlichkeitsdelikte" (Vortrag auf der 1. sexualwissenschaftl. Arbeitstagung in Frankfurt/M.)

Nigel Balchin: „Anatomie der Schurkerei" (engl. Biographien der Bösartigen von *Judas Ischariot* bis *Rasputin*)

Buber: „Pfade in Utopia" (jüd. Sozialismus)

Heinrich Eildermann: „Die Urgesellschaft. Ihre Verwandtschaftsorganisationen und ihre Religion" (geschichtsmaterialistisch)

N. Hartmann: „Philosophie d. Natur" (Ontologie)

† *Nicolai Hartmann*, dt. Philosoph; Begr. einer Ontologie m. Schichtenaufbau d. Welt (* 1882)

Jaspers: „Vernunft und Widervernunft in neuester Zeit" (geg. Psychoanalyse und Marxismus)

C. G. Jung: „Gestaltungen des Unbewußten" (u. a. „Psychologie u. Dichtung", Schweiz. Psychoanalyse)

† *Harold Laski*, engl. Politiker und Theoretiker des demokratischen Sozialismus (* 1893)

A. Malraux: „Psychologie der Kunst" (frz. Kunstphilosophie, 3 Bände seit 1947)

M. Mead: „Soziale Anthropologie und ihre Beziehung zur Psychiatrie" (nordamerik. psychoanalyt. Soziologie)

Armin Mohler: „Die konservative Revolution in Deutschland 1918—1932. Grundriß ihrer Weltanschauungen" (konserv. Standp.)

Max Ackermann (* 1887): „Bild 31" (abstraktes Gemälde)

Friedrich Ahlers-Hestermann (*1883): „Gelbes Zimmer" (express. Gemälde)

Hans Arp (* 1887, † 1966): „Evocation d'une forme humaine, lunaire, spectral" (frz. „organ.-abstrakte" Plastik)

Beckmann: „Hinter der Bühne", „Liegende", „Fallender Mann" (expr. Gem.)

† *Max Beckmann*, dt. Maler des Expressionismus (* 1884)

Braque: „Terrasse" (frz. Gemälde)

Camaro: „Die fromme Spanierin" (Gem.)

Karl Caspar (*1879): „Beweinung" (expr. Gemälde)

Chagall: „König David", „Tanz", „Zirkus" (russ.-frz. Gem.)

Otto Dix: „Verkündigung", „Saul und David", „Offenbarung" (expression. Gemälde)

August Wilh. Dreßler (* 1886): „Straße in Alt-Töplitz" (Gem. in Mischtechnik)

Philip Evergood (* 1901): „Der Invalide" (nordam. Gem.)

Arn. Fiedler (*1900): „Schiff und Brücke" (abstraktes Gemälde)

Ludwig Gies (* 1887, † 1966): „Schauender" (Gipsplastik)

Gilles: „Daniel in der Löwengrube", „Nach dem Bombenangriff" (expr. Gem.)

Guttuso: „Steinbrecher" (ital. express. Gemälde)

Internation. *Bach*-Jahr

Concerto grosso D-dur aus einer *Bach*-Kantate rekonstruiert

Joseph Ahrens: Passionsmusik (kath. Kirchenmusik)

Irving Berlin: „Call me Madam" (nordamerikan. musikal. Komödie, 250000 Dollar Inszenierungskosten)

Leonard Bernstein: „Das Zeitalter der Angst" (nordamerikan. symbol. Ballett, Choreograph. von *Jerome Robbins*)

B. Blacher: „Ornamente" (Studien über „variable Metren" f. Klavier; unterwirft wechselnden Rhythmus mathematischer Regelmäßigkeit)

Karl-Birger Blomdahl (* 1916): 3. Symphonie „Facetten" (schwed. Komposition)

Hindemith: „Harmonie d. Welt" (Sinfonie)

Honegger: 5. Sinfonie

Křenek: Doppelkonzert für Geige, Klavier und kleines Orchester in 7 Sätzen (Zwölftönemusik)

Gian-Carlo Menotti: „Der Konsul" (it.-nordamerikan. Zeitoper)

Olivier Messiaen: „Turangolila-Symphonie" (schildert Liebe der Geschlechter in express. Tonsprache, frz.)

Physik-*Nobel*preis an *Cecil F. Powell* (Großbrit., * 1903, † 1969) für Mesonenforschung

Chemie-*Nobel*preis an *O. Diels* (Dt.) und *K. Alder* (Dt.) für Dien-Synthese

Medizin-*Nobel*preis an *T. Reichstein* (Pol.-Schweiz), *E. C. Kendall* (USA) und *Ph. S. Hench* (USA) für Erforschung des ACTH- u. Cortison-Hormons

† *Emil Abderhalden*, dt. Physiologe (* 1877)

Birren: „Farbpsychologie und Farbtherapie" (Bericht aus dem „Spektrochrometrischen Institut", New Jersey)

Einstein veröffentlicht allgemein. Feldtheorie (neuer Versuch e. Erweiterung der Allgem. Relativitätstheorie durch Zusammenfassung der Gesetze des elektromagnetischen und Gravitations-Feldes)

Gösta Haeggqvist züchtet mit Kolchizin Haustiere von besonders großem Wuchs (Kaninchen, Schweine)

F. L. Hildebrandt erkennt den echten Schillerschädel durch Zahn- u. Kieferuntersuchung (vgl. 1911)

Erich von Holst und *Horst Mittelstaedt:* „Das Reafferenzprinzip. Wechselwirkungen zwischen Zentralnervensystem und Peripherie" (ersetzt klassische Reflexlehre durch ein Modell mit zentralen „Kommandos" und ihren Vergleich mit „Rückmeldungen" aus dem Ausführungsorgan)

W. E. Le Gros Clark: „Neue paläontologische Einsichten in die Evolution der Hominiden" (Deutung der neuesten Funde zur Abstammungslehre des Menschen)

Gerh. Küntscher (*1900, † 1972): „Die Marknagelung" (wegweisende Knochenbruchbehandl. seit 1940)

E. W. Müller: Sichtbarmachung einzelner Atome und Moleküle im Feldelektronenmikroskop (bedeutet fast 10millionenfache Vergrößerung)

William Vogt: „Die Erde rächt sich" (empf. Geburtenbeschränkung geg. Übervölkerung)

Weltzählung der Bevölkerung: etwa 2,33 Milliarden (Verdoppelg. zw. 1650 und 1850 und zw. 1850 u. 1950; maximal mögliche Zahl auf etwa 8 Milliarden gesch.)

Aufhebung der Lebensmittelrationierung in der Dt. Bundesrepublik

Allgemeines Steigen d. Weltmarktpreise. Lebenshaltungsindex d. USA steigt durch die Kämpfe in Korea von 166,9 (Jan.) auf 172,5 (Juli) (Durchschn. 1935 bis 1939: 100)

Kosten für Atombombensicherheit der New-Yorker Bevölkerung (9 Mill.) auf 500 Mill. Dollar geschätzt (Geschätzt. Atombombenbesitz Sept. 1951: USA ca. 1500; USSR ca. 50; Produktion: USA 1 in ca. 2 Tagen; USSR 1 in ca. 3 Tagen). USA entwickelt wirkungsvollere Wasserstoffbombe

Süd- u. Südostasien (etwa 570 Mill. Einwohner) ist mit etwa 2000 Kalorien täglich pro Kopf Notstandsgebiet. Säuglingssterblichkeit etwa 4mal höher, durchschnittl. Lebenserwartg. etwa halb so groß wie in Großbrit.

Colomboplan des Commonwealth z. Wirtschaftsentwicklung in Süd-

(1950)

Remilitarisierung Deutschlands (am stärksten die USA, größte Reserve in Frankreich; SPD fordert „gleiche Rechte, Risiken und Chancen"; 1953 ratifiz. Bundestag EVG-Vertrag, 1954 v. frz. Parlament verworfen)

Westberliner Wahlen: SPD 44,7%, CDU 24,6%, FDP 23,0% (1951 gemeinsamer Senat der 3 Parteien mit Regierendem Bürgermeister *Reuter* gebildet)

Neue Verfassung für Stadt und Land Berlin (Ostberlin bleibt de facto außerhalb der Verfassung; Westmächte verhindern, daß Berlin de jure 12. Land der Bundesrepubl. wird, jedoch weitgehende Rechtsangleichung)

Etwa 1,5 Mill. Deutsche werden noch vermißt

Otto Meißner: „Staatssekretär unter Ebert — Hindenburg — Hitler. Der Schicksalsweg des deutschen Volkes 1918 bis 1945, wie ich ihn erlebte" (Autobiographie)

Brit. Unterhauswahlen: Labour 315, Konservative 297, Liberale 9, Sonstige 3, Kommunisten 0. *Attlee* wieder britisch. Ministerpräsident (Neuw. 1951: Konservative: 321, Labour: 295, Liberale: 6, Sonst.: 4, Kommunisten: 0; *Churchill* bildet konservat. Regierung). Unterhaus beschließt Nationalisierung der Eisenindustrie (1951 aufgehoben)

Staatsbesuch des frz. Präsidenten *Auriol* (Sozialist) und seiner Gattin in England

Atlantikrat tagt in London (Außenminister von USA, Großbrit., Frankreich, Italien, Benelux, Norwegen, Dänemark, Island, Portugal, Kanada)

Brüsseler Konferenz des Atlantikrates beschließt gemeinsame westeurop. Streitmacht unter zentraler Kontrolle (*Eisenhower* Ob.-Bfh. in Eur.), einschl. westdt. Kontingente

Churchill verlangt vom Straßburger Europarat Europaarmee gegen Bolschewismus; führt zu keinem verbindlichen Beschluß

Der aus Deutschland emigrierte Atomphysiker *Fuchs* in Großbrit. wegen Spionage zugunsten der USSR verhaftet und verurteilt

Naso: „Die große Liebende" (Roman um *Ninon de Lenclos*)

K. A. Schenzinger: „Atom" (techn. Roman)

† *George Bernard Shaw*, irisch-engl. Dichter und Sozialist; *Nobel*preis 1925 (* 1856)

Peter Alexander Ustinov (* 1921): „Die Liebe d. vier Obersten" (engl. Komödie um das Nachkriegsberlin)

Evelyn Arthur St. John Waugh: „Helena" (engl. kathol.-histor. Roman)

Wiechert: „Missa sine nomine" (Roman)

† *Ernst Wiechert*, dt. Dichter (* 1887)

Zuckmayer: „Der Gesang im Feuerofen"

† *Emil Jannings*, dt. Schauspieler (* 1886)

† *Eugen Klöpfer*, dt. Schauspieler (* 1886)

Etwa 35 Mill. Titel gedruckter Bücher seit Erfind. d. Buchdrucks

Ca. 50 Mill. Bände in den 26 größten Bibliotheken

In der USA-Bundesbibliothek in Washington sind katalogisiert: 8 689 639 Büch., 128 055 Zeitungsjhrg., 11 320 000 Manuskripte, 1 928 574 Landkarten, 76 609 Mikrofilmrollen, 81 278 Spielfilmrollen, 1 919 609 Partituren und Kompositionen, 305 848 Schallplatten, 1 963 231 Photonegative, 579 298 Photoabzüge, 668 772 Verschiedenes, insgesamt 27 560 873 Stücke

In d. USA in diesem Jahr die dramatischen Werke von 5198 Autoren registriert

Welt-Esperantobund hat etwa 100 000 organisierte Mitglieder; etwa 4000 in Deutschland

Max Picard: „Die Welt des Schweigens" (Schweiz. Philosophie über die kulturelle Bedeutung des Schweigens)

Heiliges Jahr der kathol. Kirche

Papst *Pius XII.* veröffentlicht Enzyklika „Humani generis" geg. Existentialismus, naturwissenschaftl. „Hypothesen" (insbes. mehrwurzlige Abstammungslehre) u. a. „Irrlehren" u. verkündet die leibliche Himmelfahrt Mariä als kirchliches Dogma

† Kardinal *Konrad* Graf *von Preysing*, kathol. Bischof von Berlin seit 1935 (* 1880)

B. Russell: „Unpopuläre Essays" (engl. rationalist. Betrachtungen)

Santayana: „Die Spanne meines Lebens" (span.-nordam. Autobiogr.)

H. Schultz-Hencke: „Neopsychoanalyse" („Psycho-Physio-Pathologie")

„Ein Gott hat versagt" („The God that failed" antibolschewist. Kritik ehemaliger Bolschewisten: *Ignazio Silone*, *Arthur Koestler*, *André Gide*, *Louis Fischer*, *Stephan Spender*, *Richard Wright*)

Vercors: „Mehr oder weniger Mensch" (frz. Essay über die Rebellion des Menschen gegen das Tierische in ihm)

M. Wolfenstein und *N. Leites:* „Filme, eine psychologische Studie" (USA)

60 Nationen unterzeichnen neue Rote-Kreuz-Konventionen

Erster Weltkongreß für Soziologie (in Zürich)

Robert Gwathmey (* 1903): „Auf der Veranda“ (nordamerik. express. Gemälde)

Phil. Harth: (*1887): „Schwan“ (Bronzeplastik)

K. Hartung: „Großer Torso“ (Plastik)

Heckel: „Die Vögel“ (express. symbolist. Gemälde)

Bernhard Heiliger (*1915): „Mutter-Kind-Gruppe“ (Gipsplastik), „Karl Hofer“ (Bildn.)

Wern. Heldt (*1904, † 1954): „Eisheiligentag“ (expr. Gem.)

K. Hofer: „Frauenzimmer“ (express. Gemälde)

Karl Kluth (* 1898): „Ein Kriegsbild“ (express. Gemälde)

Karl Knaths (* 1891): „Korb mit Blumen“ (nordamerikan. Gemälde)

Kokoschka: „Louis Cronberg“ u. „Theodor Heuß“ (express. Bildnisse)

Ludwig Peter Kowalski (* 1891): „Familie“ (Gemälde)

La Farge: „Verwundetes Europa. Photographische Übersicht d. zerstörten Kunstdenkmäler“

Ewald Mataré (* 1887): Relief (Schiefer)

~ *Henri Matisse* läßt nach seinen Entwürfen Kapelle in Vence bei Nizza erbauen und malt sie aus (1951 geweiht)

Meid: „Toter Reiter i. Schnee“ (Zeichng.)

Bernh. Paumgartner (*1887, + 1971): ,,Joh. Seb. Bach'' (Biogr.; *P.* wird 1959 Präsid. d. Salzburger Festspiele)

H. Reutter: „Don Juan und Faust“ (Oper)

† *Karl Straube,* dt. Kirchenmusiker; Thomaskantor in Leipzig von 1902 bis 1922 (* 1873)

Weill: „In den Sternen verloren“ (musikal. Tragödie)

† *Kurt Weill,* dt. Komponist i. Jazzstil (* 1900)

Helmut Zacharias (* 1920): „Die Jazzvioline“

„Musikalische Jugend Deutschlands“ gegründet (für Erneuerung des Musiklebens)

Musikwochen in Donaueschingen erneuert (1921 gegr.)

Intern. Dokumentationszentrum f. Musik i. Paris (Partituren, Schallplatten)

~ „Cool-Jazz“ mäßigt den „Bebop“-Stil

~ Pop-Musik: Rhythm and Blues (z. B. *Ray Charles*)

Für abstrakte Maler der von *G. Mathieu* veranstalt. Ausstellung ,,L'imaginaire'' in Paris wird die Bezeichnung ,,Tachismus'' (,,Flecken''-Malerei) geprägt

Abraham Wald (* 1902, † 1950) veröffentl. statistische Entscheidungstheorie

Auflösungsgrenze des normalen Elektronenmikroskops bei 2 millionstel mm (1939: 10 millionstel mm)

Ca. 1 Mill. wissenschaftl. Originalarbeiten erscheinen jährlich

Vorbeugende Fluorbehandlung gegen Zahnfäule

Antibiotisches Heilmittel „Terramyzin“ isoliert

Sulfonamide, Penicillin, Streptomycin u. a. Antibiotica heilen mit gutem Erfolg: Scharlach, Keuchhusten, Hirnhautentzündung, Tuberkulose, Typhus, Ruhr, Gonorrhöe, Kindbettfieber, Lungenentzündung, Fleckfieber, Mumps, Gürtelrose, Herzentzündung u. a.

Erster internat. Kardiologenkongr. (in Paris; steht im Zeichen zunehmender Herzkrankheiten u. der sich entwickelnden Herzchirurgie)

Es existieren 10 Beschleunigungsanlagen zur Erzeugung schnellster atomarer Teilchen für 100 u. mehr Millionen Volt (bes. i. d. USA, 9 weitere bis 6 Milliarden Volt i. Bau)

Erzeugung der transuranischen und radioaktiven Elemente Berkelium (97) u. Californium (98) in den USA

Über 300 krankheitserregende Virusarten bekannt

Zeitschr. „Weltraumfahrt“ erscheint („Zeitschr. d. brit. interplanetarischen Gesellschaft“ seit 1934)

V. Internationaler Kongreß für Mikrobiologie in Rio de Janeiro

Erste Löschung einer Paratyphus-Epidemie durch Phenol-Öltröpfchen-Atmosphäre

Institut zur Erforschung von Insektenkrankheiten in Sault Ste. Marie/Kanada (modernstes Institut für biolog. Schädlingsbekämpfung)

Sterblichkeit bei Gehirntumor-Operationen auf 7% zurückgegangen (1902 ca. 90%)

Etwa 30000 Rosenarten bekannt (kennzeichnend für Erfolge der Pflanzenzüchtung)

USA-Bibliotheken photokopieren die großen Handschriftenbestände des Katharinen-Klosters (Sinai) und d. Griech.-Orthodoxen Bibliothek, Jerusalem

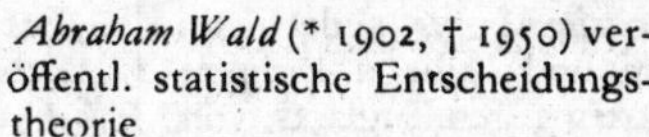

und Südostasien (1951—1957: 1,9 Milliarden Pfund für 3,5% mehr Anbaufläche, 17% mehr bewässertes Land, 10% mehr Brotgetreide, 67% mehr Kraftstrom)

UN-Bericht: Von 800 Mill. Kindern der Welt etwa 480 Mill. unterernährt

3870000 versorgungsbedürftige Opfer beider Weltkriege in Deutschland

In Westdeutschland 988000 Witwen und 1,3 Mill. Waisen; davon 1,25 Mill. vaterlos, 20000 mutterlos, 30000 Vollwaisen

In den 11 ursprünglichen Mitgliedstaaten des Europarates (ohne Deutschland) suchen 12 Mill. Familien Wohnraum

Der ordentliche Haushalt der DBR für 1951 mit 13,4 Mrd. DM enthält für soziale Kriegsfolgelasten 4,03 Mrd., Besatzungskosten und Verwandtes 4,60 Mrd., Berlinhilfe 0,61 Mrd., sozial. Wohnungsbau 0,40 Mrd., Arbeitslosenhilfe 0,99 Mrd., Zuschüsse zur Sozialversich. 0,86 Mrd., Verzins. und Tilgung der Schulden 0,36 Mrd. DM

Lebenshaltungskosten in West- u. Ostdeutschland für vierköpfige Familien: Lebens-

(1950)	† *Jan Christian Smuts*, südafrikan. Staatsmann und Militär; kämpfte im Burenkrieg gegen England; von 1919 bis 1924 und von 1939 bis 1948 englandfreundlicher Ministerpräsident der Südafrik. Union (* 1870) † *Léon Blum*, frz. Sozialist; Ministerpräsident 1936, 1938, 1946, während des Krieges im KZ (* 1872) *Fr. Joliot-Curie* (Komm.) als frz. Hochkommissar für Atomenergie abgesetzt König *Leopold III.* kehrt nach Belgien zurück (muß aber 1951 wegen Widerstandes bes. der Arbeiter auf den Thron zugunsten des Kronprinzen verzichten) Italien übernimmt Treuhänderschaft über Ital.-Somaliland für 10 Jahre Freundschaftsvertr. Italien–Türkei † *Gustav V.*, König von Schweden seit 1907 (* 1858) *Gustav VI. Adolf* (* 1882) König von Schweden *Sandor Onai* ungar. Staatspräsident Rücktritt des tschechoslow. Außenministers (seit 1948) *Clementis* (Komm.) (wird 1951 verhaftet) Truppenkonzentrationen der Kominformländer gegen Jugoslawien Rubel auf Goldbasis gestellt (4 Rubel = 1 Dollar) Generalsekretär der UN *Trygve Lie* versucht in Moskau Ost-West-Spannung zu vermindern Griechische Regierung tritt wegen alliierter Einmischung in Innenpolitik zurück *Celal Bayar* (Demokrat. Partei) zum Präsidenten der Türkei gewählt. Ende der Einparteienherrschaft der Republikan. Volkspartei (Demokrat. Partei wiederh. Wahlsieg 1954) *Trumans* „Punkt-Vier-Programm" zur wirtschaftl. Förderung unentwickelter Gebiete † *William Lyon Mackenzie King*, kanad. liberaler Staatsmann; Ministerpräsident von 1921 bis 1930 und von 1935 bis 1948 (* 1874) Argentinien hebt Beschränkungen für Deutschland und Japan auf	„Europ. Gespräch" üb. „Arbeiter u. Kultur" auf d. Ruhrfestspielen (v. DGB) (1951: „Das Problem d. Managers"; 1952: „Die Gewerksch. i. Staat") „Kongreß für kulturelle Freiheit" in Westberlin (antibolschewist.) Rund ¼ Mill. Hörer in den westdt. Volkshochschulen Verfolgung der Sekte der „Ernsten Bibelforscher" in Ostdeutschland (war auch 1933 bis 1945 verboten) Kirchl. Grundbesitz üb. 250 ha in Polen enteignet Abkommen zwischen poln. Staat und Kirche ordnet diese dem Staatsinteresse unter Lieblingsautoren dt. jg. Mädchen: *Spyri*, *Defoe*, *Ury*, *Gündel*, *Halden*, *Kloss*, *Courths-Mahler*, *Kästner*. Jungen: *May*, *Defoe*, *Löns*, *Twain*, *Kästner*, *Seton*, *Hedin*, *Wörrishöfer* Etwa 400 Mill. Kinderbücher in der USSR seit 1940 gedruckt (das Kinderbuch wird bes. aus politischen Gründen stark gefördert) In USA sind ca. 4 Mill. Kinder zwischen 6 u. 16 Jahren ohne Schulunterricht (Gründe: Bevölkerungswachstum, Lehrermangel) Indischer Rat für kulturelle Beziehungen mit dem Ausland Die 570 Mill. Einwohner Süd- und Südostasiens sind zu etwa 80% Analphabeten (in Pakistan etwa 6500 neue Schulen und 15 Lehrerseminare geplant) Weltbund für Tierschutz im Haag gegründet	*Georg Meistermann* (* 1911): „Hieroglyphentiere" (abstraktes Gemälde) *H. Moore:* Liegende Figur f. d. brit. Festivals 1951 (Bronzeplastik) *Munch*-Ausstellg. im Mus. of Mod. Art, New York *Thomas Niederreuther* (* 1909): „Nordmeer" (expr. Gem.) *Pechstein:* „Beim Taropflanzen, Palau" (express. Gemälde) *Picasso:* „Winterliche Landschaft" (Gem.) *Jackson Pollock* (* 1912): „Bild 9" (nordamerikan. abstraktes Gemälde) *Otto Ritschl* (* 1885): „Abstrakte Komposition" (Gemälde) *K. Scheffler:* „Kunst ohne Stoff" (über abstrakte Malerei) *Richard Scheibe* (* 1879): „Schreitender", „Das Echo" (Bronzeplastiken) *Schmidt-Rottluff:* „Selbstporträt", „Stilleben b. offenem Fenster" (express. Gemälde) *Ernst Schumacher* (* 1905): „Einsames Haus" (express. Gemälde) *Richard Seewald* (* 1889): „Hügel (Toscana)" (Gemld.) *Sintenis:* „Junge mit Rohrflöte" (Bronzeplastik) *Hans Thiemann* (* 1910): „Spielraum" (konstruktivist. Gemälde) *Max Unold* (* 1885): „Im Kinderzimmer" (Gemälde)

Ultraschallphotographie mit Hilfe der Löschung v. Leuchtphosphoren

„Photographische Konferenz" in Bristol bringt weitere Aufklärung über den noch nicht voll geklärten photographischen Elementarprozeß

Filmkamera für 10 Mill. Aufnahmen in der Sekunde

Einmotoriger Düsenjäger überquert den Atlantik im Nonstop-Flug (5280 km in 10 Stunden mit dreimaligem Nachtanken in der Luft)

Ballonflug Moskau - Zentralasien (3100 km in 83 Stunden 24 Min., Langstreckenrekord)

Erster Düsendampfer (Schottland)

Vorarbeiten zur Anlegung eines Stausees (etwa von der Größe Deutschlands) in dem Steppengebiet Westturkestans (USSR)

Bau des Tauern-Kraftwerkes Glockner-Kaprun (Fertigstellung bis 1954 mit 300000 kW geplant)

Entdeckung eines Meteoritenkraters auf Labrador von 5 km Durchmesser durch Luftaufnahmen (größter bisher bekannter)

Weltraumflug-Tagung in Paris (sagt Erreichung des Mondes noch im 20. Jahrhundert voraus)

USA: 1,5 Mill. Fernsehempfänger (1951: ca. 15 Mill.), England: ¼ Mill.

USA-Rennbootrekord 258 km/st. (1939: 228 km/st.)

Ausstellungshallen mit 18000 qm Grundfläche im Stahlskelettbau innerhalb 90 Tagen (für die Berliner Industrieausstellung)

UNESCO gründet Komitee für d. Dokumentation auf d. Geb. der Sozialwissenschaften

Erster Weltkongreß für Soziologie in Zürich

Köln-Mülheimer Hängebrücke im Bau (485 m lang, größte Europas; 1951 eröffnet)

Beispiele für höchste Maschinenproduktivitäten: Glühlampen-Kolbenblasmaschine 700000/Tag, Ziegelmaschine 400000/Tag, Zigarettenmaschine 150000/Stunde, Zeitungsrotationspresse 200000/Stunde

Waldanpflanzungsplan zur Klimaverbesserung im europ. Steppengebiet der USSR (Bepflanzung von 5709000 ha bis 1965)

Für USA 3—4 Mrd. Dollar Ernteschäden durch Schädlinge, 3 Mrd. Dollar durch Unkräuter geschätzt (1951 „Europäische Pflanzenschutzorganisation" gegründet)

Die *Nobel*preisträger 1901—50 nach Fachgebiet und Wohnland

	Physik	Chemie	Medizin	Frieden	Literatur	Insges.
Deutschland	12	21	8	3	5	49
Groß Britann.	13	7	9	6	5	40
USA	9	7	14	11	4	45
Frankreich	7	6	3	6	8	30
Schweden	2	5	1	3	3	14
Übrig. Europa	9	5	20	12	19	65
Übrige Welt	2	0	4	1	1	8
Insgesamt	54	51	59	42	45	251

≈ Die seit Ende des 18. Jh.s in Gang befindliche „Industrielle Revolution" tritt in eine neue entsch. Phase, gekennzeichnet durch Elektronik, Kernenergie, vom Staat geförderte technische Großprojekte (Weltraumflug) und Industrialisierung der gesamten Erde

Traditionelle politische und soziale Formen stehen oft in einem Spannungsverhältnis zu den rasch wachsenden technischen Möglichkeiten

Die Entw. der Wissenschaft profitiert von der Kriegstechnik (Kernenergie, Raketen, cm-Wellen, Elektronik u. and.)

(Vgl. Abschnitt „Leben in Zahlen")

notwendig West 149 DM (W), Ost 149 DM (O), elast. Kulturbedarf West 169 DM(W); Ost 501 DM (O)

Die Güterversorg. pro Kopf der Bevölk. beträgt in (1936 = 100) DBR 75, DDR 38

Westdt. Spareinlagen pro Kopf der Bevölk. 58 DM, pro Sparbuch 139 DM (1913 pro Kopf 314 M, pro Sparbuch 834 M)

Investitionen in Westdeutschland seit d. Währungsreform 1948 rund 57 Milliarden DM (etwa 1250 DM pro Kopf der Bevölkerung; vorwiegend Selbstfinanzierg.)

W. Röpke: Gutachten zu westdt. Wirtschaftspolitik (liberalist.)

SED beschließt für DDR Fünfjahresplan 1951—55 mit folgenden Zielen (1940=100): Industr. Produktion 190, Volkseinkommen 160, Energie 176, Arbeitslöhne 117, Preise 72

Etwa 5,3 Mill. Mitglieder des Deutschen Gewerkschaftsbd. (DGB) in Westdeutschld. und Westberlin. DGB verlangt weitgehende Mitbestimmung d. Arbeiter in den Betrieben

„Gesetz der Arbeit" in der ostdt. DDR (In Ostdeutschland sind

(1950)

Vargas wieder mit großer Mehrheit z. Präsidenten von Brasilien gewählt (* 1883, † 1954; Freitod)

Wafd-Sieg in Ägypten. *Nahas Pascha* erneut Ministerpräsident

Aufstand in Brit.-Malaya nimmt kriegsähnl. Formen an (wird vermutl. komm. unterstützt)

Schwere Kämpfe frz. Truppen und Fremdenlegionäre gegen aufständische Vietminh in Indochina (Aufständische werden anscheinend von Rot-China unterstützt)

Ausrufung der Republik Indonesien (Malaiischer Archipel) unter Staatspräsident *Sukarno* (*1901, + 1970) (nach langen Freiheitskämpfen gegen die Niederlande)

Huks (vgl. 1946) zerstören und plündern mehrere Städte bei Manila

Großbritannien anerkennt „Chinesische Volksrepublik"

Antrag der USSR auf Ausschluß Nationalchinas aus d. UN abgelehnt

Freundschafts- und Beistandspakt USSR—Chines. Volksrepublik für 30 Jahre

Einmarsch rotchin. Truppen in Tibet. Dalai Lama flieht vorüberg. n. Indien (bleibt trotz Appell an d. UN ohne Hilfe)

Kommunist. Unterschriftensammlung zur „Ächtung d. Atombombe"

Truppen des sowjetruss. beeinflußten Nordkorea überschreiten den 38. Breitengrad nach Südkorea. UN fordert Mitglieder zur Hilfe für Südkorea auf. Nach wechselvollen schweren Kämpfen gelingt es den UN-Streitkräften unter *MacArthur*, die Angreifer hinter den 38. Breitengrad zurückzudrängen. (USSR schlägt 1951 Waffenstillstandsverhandl. vor, die 1953 Erfolg haben)

Truman trifft sich mit *MacArthur* z. Besprechung d. Koreafrage (entsetzt *MacArthur* 1951 aller Posten)

Der ind. Ministerpräsident *Pandit Nehru* versucht im Koreakonflikt zu vermitteln

Während des Korea-Konfliktes heftige Debatten im Weltsicherheitsrat um Anerkennung und Aufnahme des Vertreters „Rot-Chinas"

Theodor Werner (* 1886, † 1969): „Komposition in Schwarz, Gelb und Blau" (abstr. Gem.)

Fr. L. Wright: Unitarierkirche b. Madison (USA)

~ „Wiener Schule" des phantast. Realismus der Schüler von *Albert Paris-Gütersloh* (*1887, + 1973): *Erich Brauer* (*1929), *Ernst Fuchs* (*1930), *Rudolf Hausner* (* 1914), *Wolfgang Hutter* (*1928), *Anton Lehmden* (*1929)

„Deutscher Künstlerbund 1950" (Neugründung, erste Ausstellung 1951 in Berlin)

Internationale Ausstellung kirchlicher Kunst in Rom anläßlich des Heiligen Jahres (Bilder kirchenamtlich vorzensiert)

Umgestaltung der Grotten der Peterskirche (Rom) zu einer Unterkirche (nach Ausgrabungen seit 1940)

UN-Sekretariat in New York (kubischer Wolkenkratzer mit 39 Stock)

Hochhäuser am Grindelberg/Hamburg (zwei 13 stökkige Wohn- und Geschäftshäuser)

Einweihung des fast originalgetreu wiederaufgebauten brit. Unterhauses (alter Bau durch Fliegerangriff zerstört)

*Goethe*schule in Kiel (Beispiel eines modernen ebenerdigen Schulbaues mit Möglichkeiten zum Freiluftunterricht)

Sowjets sprengen Berliner Stadtschloß (war im Kriege beschädigt worden)

Nordamerikan. Architekturinstitut verleiht Kunstmedaille erstmalig einem Photographen, *Edward Steichen* (* 1879)

„Orphée" (frz. Film von J. Cocteau); „Schwurgericht" (frz. Film von *A. Cayatte)*

„Reigen" (frz. Film nach den Dialogen von *A. Schnitzler*, mit *Adolf Wohlbrück)*

René Clair: „Nach reiflicher Überlegung" (frz. Aufzeichnungen zur Geschichte der Filmkunst 1920—1950) und „Die Schönheit des Teufels" (frz. Faust-Film)

„Staatsgeheimnis" (engl. Film über das Thema der politischen Diktatur)

„So beginnt ein Leben" (dän. Aufklärungsfilm in Spielform, zeigt Geburt)

„Das Schwarzwaldmädel" (erster dt. Nachkriegsfarbfilm mit *Sonja Ziemann;* Regie: *Hans Deppe)*

„Frauenarzt Dr. Prätorius" (Film von u. mit *C. Goetz* sowie *Valerie von Martens)*

„Herrliche Zeiten" (Filmsatire v. *Günter Neumann)*

„Semmelweis — Retter der Mütter" (Film v. *G. C. Claren* mit *Karl Paryla)*

die Betriebsräte weitgehend. entmachtet, die Gewerkschaften vom Staat abhängig)

1,5 Mill. Arbeitslose in Westdeutschland (1948: 600000). 300000 in Westberlin

Dt. Konsumgenossenschaften (seit 1850) 1,25 Mill. Mitglieder b. 6114 Verteilerstellen u. Fertigungsbetrieben; 5% des Einzelhandelsumsatz.

Von 100 dt. Erwerbstätigen sind 9 Beamte (1940: 10, 1920: 8, 1890: 6)

In USA üb. 100000 Kollektivverträge für insgesamt über 15 Mill. Arbeiter

Dt. Industrieausstellung in Westberlin (politisch-wirtschaftl. Demonstration der westl. Welt)

Industrieller Produktionsindex in Frankreich (1913 = 100): 1929 = 136, 1950 = 126. *Monnet*plan von 1946 nur zu etwa 75% erfüllt

Als Ergebnis des Fünfjahresplans 1946/50 i. d. USSR werden amtlich folgende Relativzahlen angegeben (1940 = 100): Gesamte Industrie 173, Kohlenförderung 157, Energieerzeugung 187, Eisen- und Stahlerzeugung 145, Maschinenbau 230, Chemische Industrie 180, Getreideanbaufläche 120, Nationaleinkommen 164. (Vgl. „Das Leben in Zahlen")

AFL schätzt i. d. USSR 175 Strafkolonien mit ca. 14 Mill. Insassen

Kopenhagener Wellenplan tritt in Kraft (benachteiligt stark dt. Sendestationen)

USA u. Kanada prod. 60 t Titan (1951: 700 t; 1952: 5000 t)

Selbstschutz-Organisation d. westeuropäisch. Kinobesitzer gegen Fernsehen

Chron. Alkoholiker etwa 945000 in den USA, 375000 in Frankreich, 150000 in Westdeutschland, 86000 in England

27 Mill. Briefmarkensammler in den USA (etwa 10 Millon. ernsthafte Sammler)

Aufwand für Kosmetik in den USA 2,5 Milliarden Dollar jährl. (rd. 1% des Volkseinkommens)

Betont „weiblicher" Stil in der Frauenmode; kleine Hüte, kurze gelockte Frisuren

Schwerstes Erdbeben i. Assam (Indien) Bergstürze: 1 Mill. Vermißte

Maurice Herzog u. *Louis Lachenal* besteigen ersten Berg über 8000 m (Annapurna / Himalaja 8078 m); erleiden schwere Erfrierungen an Füßen und Händen

Weltrekorde: Kugelstoßen 17,95 m (*J. Fuchs*, USA); 400-m-Lauf 45,8 Sek. (*G. Rhoden*, USA); 10000-m-Lauf 29 Min. 12 Sek. (*E. Zatopek*, Tschech.); Kanaldurchschwimmung 10 St. 53 Min. (*Hassan Abde Rehm*, Ägypt.)

John Davis (USA) stößt beidarmig 178,65 kg

Entwicklung der Skisprungweiten: 1879 *Torjust Hammestweit* (Norw.) 23 m, 1900 *Olaf Tandberg* (Norw.) 35,5 m, 1924 *Tullin Thams* (Norw.) 60 m, 1934 *Birger Ruud* (Norw.) 92 m, 1936 *Sepp Bradl* (Österr.) 101 m, 1950 *Dan Netzell* (Schwd.) (i. Oberstdorf) 135 m

Ezzard Charles schlägt d. Herausforderer *Joe Louis* nach Punkt. (mißglücktes Comeback)

Jersey Joe Walcott (USA-Negerboxer) schlägt *Hein ten Hoff* (Dt.) i. Mannheim nach Punkten (*ten Hoff* wird 1951 Europameister)

Das industrielle Kräfte-Parallelogramm

Das Verhältnis der Anteile Prod. : Bevölkerung ergibt eine relative Wohlstandszahl, die ein West-Ost-Gefälle aufweist:

	USA	W.-Eur.	DDR. u. O.-Eur.	USSR	China u. Ind.	Rest	
Industrieprod. . .	40 %	25 %	6 %	10 %	5 %	14 %	d. Weltprod.
Bevölkerung . . .	6 %	12 %	4 %	8 %	38 %	32 %	d. Weltbevölk.
rel. Wohlst. . . .	6,7 %	2,1 %	1,5 %	1,3 %	0,13 %	0,4 %	

(Die Zahlen sind abgerundet. Vgl. auch 1965 u. 1972 V und „Das Leben in Zahlen. Güterproduktion etc." im Anhang)

1951

Friedens*nobel*preis an *Léon Jouhaux*, frz. demokratischer Gewerksschaftsführer (* 1879, † 1954)

Berliner Koalitionsregierung SPD-CDU-FDP, Reg. Bürgerm. *Ernst Reuter* bis 1953

Kommunistische Weltjugendfestspiele in Ostberlin; werden von Westberlin zu zahlreichen politischen Kontakten ausgenutzt

Dt. Bundestag nimmt SPD-Antrag an, der freie Wahlen in Berlin als 1. Schritt zur Wiedervereinigung fordert

Ministerpräs. *Grotewohl* macht Vorschläge f. gesamtdt. Beratungen

Gesetz über die Mitbestimmung d. Arbeitnehmer in den Aufsichtsräten und Vorständen der Unternehmen des Bergbaus und der Eisen und Stahl erzeugenden Industrie i. d. BRDtl.

Lex *Kemritz*, Ges. gegen Menschenraub und polit. Denunziation i. d. BRDtl.

Bundeskanzler *Adenauer* übernimmt Außenministerium (gibt es 1955 an *Heinrich v. Brentano*)

Erste Reise des Bundeskanzlers *Adenauer* nach Paris

Erster Staatsbesuch *Adenauers* in Italien

Republik Indien beend. als 1. Land den Kriegszustand mit Deutschland

Die westl. Alliierten beenden den Kriegszustand mit der BRDtl.

Revision des Besatzungsstatuts in der BRDtl. (führt 1952 zur Unterzeichnung des „Deutschland-Vertrages")

Bundestag ratifiziert d. Gesetz zur Bildung d. westeurop. Montanunion geg. Stimmen d. SPD (1952 in Kraft)

BRDtl. gleichberechtigtes Mitgl. im Ministerausschuß d. Europarates in Straßburg

Grundsatzerklärung der Sozialistischen Internationale in Frankfurt am Main: „Ziele und Aufgaben des demokratischen Sozialismus"

*Nobel*preis f. Literatur: *Pär Lagerkvist* (Schweden, * 1891, † 1974)

Friedenspreis des dt. Buchhandels an *Albert Schweitzer*

Pulitzer-Preis für *Conrad Richter* „The Town"

Georg-Büchner-Preis für *Gottfried Benn*

Hansischer Goethe-Preis für *Martin Buber*

Fontane-Preis (Berlin) für *H. W. Richter*

Stefan Andres: „Die Arche" (2. Teil des Romans „Die Sintflut")

Wystan Hugh Auden (* 1907): „Das Zeitalter der Angst" (dt. Fassung d. engl. Schauspiels von 1947)

Gottfried Benn: „Fragmente" (Gedichte) „Probleme d. Lyrik" (Essay)

† *Walter Bloem*, dt. Romanschriftsteller (* 1868)

Bert Brecht: „Hauspostille" (Lyrik; erste Veröff. 1927)

† *Hermann Broch*, österreich. Dichter von Romanen und Schauspielen, zuletzt in USA (* 1886)

Louis Bromfield: „Mr. Smith" (nordamer. Roman)

Camus: „L'Homme revolté" (frz. Essay)

H. Carossa: „Ungleiche Welten"

Paul Claudel: Gesammelte Werke (1. Bd. von 20 Bänden)

Heimito von Doderer (* 1896, † 1966): „Die Strudlhofstiege" (Roman)

T. S. Eliot: „Gesammelte Gedichte" (engl. Lyrik), „Die Cocktail Party" (dt. Ausg. d. engl. Schauspiels von 1949)

Th. W. Adorno (* 1903): „Minima moralia" (kulturhist. Betrachtg.)

Simone de Beauvoir: „Das andere Geschlecht" (Geschlechtspsychologie d. Frau)

B. Breitner: „Das Problem der Bisexualität"

R. Carnap: „Logische Begründung der Wahrscheinlichkeit"

H. Dolch: „Theologie und Physik" (römisch-kathol. Wunderlehre)

Romano Guardini: „Die Macht" (ital. kath. Philosophie)

K. Horney: „Neue Wege der Psychoanalyse" (betont die Gemeinsamkeiten der verschiedenen Schulen)

Karl Jaspers: „Rechenschaft und Ausblick" (v. Standp. d. Existenzphilosophie)

C. G. Jung: „Aion, Untersuchungen zur Symbolgeschichte" (schweiz. Psychoanalyse)

† *Fritz Karsen*, dt. Schulreformer, zuletzt in den USA; vertrat „differenzierte Einheitsschule" (* 1885)

George Katona: „Psychological Analysis of Economic Behaviour" (nordamer. Analyse des ökonomischen Verhaltens)

Herbert Kühn: „Das Problem des Urmonotheismus" (faßt Monotheismus als ursprünglichste religiöse Denkform auf)

Hans Leisegang (* 1890, † 1951): „Einführung in d. Philosophie", „Meine Weltanschauung"

Karrel Appel (*1921): „Kind und Tier II" (niederl. Gem.)

Kenneth Armitage (*1916): „Familien-Spaziergang" (engl. Bronzeplastik)

Hermann Baur: Allerheiligenkirche, Basel

Max Bill (*1908): „Sechs Energiezentren" (schweiz. abstrakt. Gem.)

Dominikus Böhm: Kathol. Kirche in Geilenkirchen mit gläserner Chorwand

Georges Braque: „Mädchenkopf" (frz. Lithographie)

Alberto Burri (*1915): „Malerei" (ital. abstrakt. Gem.)

Reg Butler (*1913): „Mädchen und Knabe" (engl. geschmiedete und geschweißte Eisenplastik)

Massimo Campigli (*1895): „Turm und großes Rad" (ital. Gem.)

Salvador Dali: „Manifeste Mystique" (Grdl. d. span. Surrealismus)

O. Dix: „Bauernmädchen mit Kind" (express. Gem.), „Joseph Haubrich" (Porträtgem.)

L. Feininger: „Mondgewebe" (nordamer. abstrakt. Gem.)

Helen Frankenthaler (* 1928): „Abstrakte Landschaft" (nordamer. Ölgem. in neuer Einfärbetechnik)

Alois Giefer u. *Hermann Mäckler:* Maria-Hilf-Kirche, Frankfurt/Main

† *Wassilij de Basil,* emigrierter russ. Ballettmeister (*1888)

Conrad Beck (Schweizer Kompon., *1901), Violinkonzert, 6. Symphonie

Boris Blacher (*1903): „Dialog für Flöte, Violine, Klavier u. Streichorchester" (Concerto grosso mit Taktwechsel nach „mathemat. Gesichtspunkten"), Violinkonzert op. 29, „Lysistrata" (Ballett)

Cesar Bresgen (*1913): „Der Igel als Bräutigam" („Oper für große und kleine Leute", Text: *Bresgen* und *Andersen)*

Benjamin Britten: „Billy Budd" (engl. Oper)

† *Fritz Busch,* dt. Dirigent, seit 1933 in England, USA und Südamerika (*1890)

Luigi Dallapiccola (*1904): „Tartiniana" (ital. Kompos. für Violine und Orchester)

Paul Dessau (* 1894): „Die Verurteilung des Lukullus" (Oper; Text v. *B. Brecht. B.* mildert unter Druck der SED die ursprüngl. pazifist. Tendenz)

W. Egk: „Columbus" (Umarbeit. d. Oper von 1941)

Hans U. Engelmann (*1921): Fantasie f. Orchester op. 6 (gemäß. Zwölftonm.)

*Nobel*preis f. Physik: *John Douglas Cockcroft* (Großbrit., *1897) und *Ernest Thomas S. Walton* (Irland, *1903) für die 1932 durchgeführte Atomkernumwandlung mittels künstlich beschleunigter Protonen

*Nobel*preis f. Chemie: *Glenn T. Seaborg* (USA, *1912) und *Edwin M. McMillan* (USA, *1907) für Chemie der Transurane

*Nobel*preis f. Medizin an *Max Theiler* (USA) f. d. Entwickl. einer Anti-Gelbfieber-Vakzine

J. André-Thomas: Herz-Lungen-Maschine für Operationen am blutleeren Herzen

Charles F. Blair: Erster Alleinflug über den Nordpol

H. Bortels: „Beziehungen zwischen Witterungsablauf, physikalisch-chemischen Reaktionen, biologischem Geschehen u. Sonnenaktivität"

William Bridgeman erreicht mit raketenangetriebenem, vom fliegenden Bomber startenden „Skyrocket" 1,88fache Schallgeschwindigkeit und 24080 m Höhe

Fr. Cramer: „Die Papierchromatographie" (diese analytische Trennungsmethode gewinnt für organische Stoffe rasch wachsende Bedeutung)

E. D. DeLamater u. *M. E. Gallegly jr.* finden Zellkernteilung bei Teilung von Bakterienzellen

M. Deutsch: Entdeckung des „Positronium-Atoms", bei dem ein positiv und ein negativ geladenes Elektron kurzzeitig umeinander kreisen

† *Karl Escherich,* dt. Forstzoologe (*1871)

W. Filchner: „In der Fieberhölle Nepals" (Reisebericht)

Ernst Kraus: „Die Baugeschichte der Alpen", „Vergleichende Baugeschichte der Gebirge" (gibt Magmaströmungen in der Tiefe entscheidenden Anteil an der Gebirgsbildung)

† *Hans Böckler,* 1. Vorsitzender d. Deutschen Gewerkschaftsbundes (*1875)

† *William Randolph Hearst,* nordamer. Zeitungsunternehmer; erwarb 1887 die erste Zeitung, besaß schließlich 38 Zeitungen und Magazine (*1863)

Bundespräsident *Th. Heuss* stiftet Verdienstorden

Fritz Sternberg (* 1895, † 1963): „Kapitalismus und Sozialismus v. d. Weltgericht" (internationale politisch-ökonomische Analyse der letzten 100 Jahre)

„The International Labour Code" (intern. Arbeitsgesetzbuch mit 104 Übereinkommen u. 100 Empfehlungen der Intern. Arbeitsorg.)

Übereinkommen i. d. Internationalen Arbeitsorgan. (Genf) über Mindestlöhne in der Landwirtschaft (1952: über bezahlten Urlaub in der Landwirtschaft)

Arbeitszeit f. d. Erwerb von 1 kg Butter:

BRDtl.	240 min
Dänem.	95 min
Frankr.	375 min
Großbrit.	91 min
Schwed.	123 min
USA	68 min

Lockerung von Produktionsverboten i. d. BRDtl. durch die Alliiert.

(1951)	Brit. Außenminister *Morrison* besucht Bonn (1. Besuch ein. brit. Min. i. Dtl. seit 1939) Staatsbesuch *Adenauers* in London (1. offizieller Bes. ein. dt. Regierungschefs i. London seit 1925) Empfang durch König *Georg VI.* Delegationen aus West- u. Ost-Dtl. äußern sich vor dem politischen Ausschuß der UN-Vollversammlung in Paris zur Deutschlandfrage Volksabstimmung für die Schaffung des „Südweststaates“ Baden-Württemberg (1956 neuer Volksentsch.) Bundesverfassungsgericht i. Karlsruhe eröffnet Bundesregierung beantragt beim Bundesverfassungsgericht, d. Sozialistische Reichspartei und die Kommunistische Partei Deutschlands für verfassungswidrig zu erklären (SRP wird 1952, KPD 1956 verboten und aufgelöst) „Stahlhelm“ (Bund der Frontsoldaten) neu gegrdt. (1953 wird der ehem. Gen.-Feldmarschall *A. Kesselring* sein Leiter; K. war 1947 von einem brit. Kriegsgericht zum Tode verurteilt u. d. begnadigt worden) † *Alfred Hugenberg*, dt.-nationaler Politiker und Finanzmann; bekämpfte mit seinem Nachrichtenkonzern die Weimarer Republik u. verhalf *Hitler* zur Macht (* 1865) † *Wilhelm v. Preußen*, verzichtete auf Thronfolge (* 1882); sein Sohn *Louis Ferdinand* (* 1907) wird Chef des Hauses Hohenzollern † *Karl Renner*, österr. sozialdemokr. Staatsmann; seit 1945 Bundespräsident; sein Nachfolger wird der Sozialdemokr. u. ehem. General *Theodor Körner* (*Edler von Siegringen*, * 1873, † 1957) *A. Bevan* tritt als brit. Arbeitsmin. zurück aus Protest geg. Rüstungsprogramm *Bevin* tritt als Außenminister von Großbrit. zurück; sein Nachfolger wird *Herbert Stanley Morrison* (* 1888, † 1965) † *Ernest Bevin*, brit. sozialist. Politiker; grdte. d. Transportarbeiter-Gewerkschaft; 1940 Arbeitsmin., seit 1945 brit. Außenmin. (* 1881)	† *John Erskine*, nordamer. Literarhistoriker u. Schriftsteller (* 1879) *W. Faulkner*: „Requiem für eine Nonne“ (nordamer. Drama nach dem 1931 ersch. Roman „Sanctuary“ *Christopher Fry*: „Ein Schlaf Gefangener“ (engl. Drama) † *André Gide*, frz. Dichter einer kritischen Geisteshaltung; *Nobel*preis 1947 (* 1869) *Albrecht Goes* (* 1908): „Gedichte 1930—1950“ (Lyrik), „Unruhige Nacht“ (Erz.) *Helmut Gollwitzer* (* 1908): „Und führen, wohin du nicht willst“ (Bericht einer Gefangenschaft) *Graham Greene*: „Das Ende einer Affäre“ (engl. Roman) *Hugo Hartung* (* 1902, + 1972): „Der Himmel war unten“ (Roman über das Schicksal v. Breslau im 2. Weltkrieg) *Hermann Hesse*: „Späte Prosa“ *Ruth Hoffmann*: „Meine Freunde aus Davids Geschlecht“ (über jüd. Menschen) *James Jones* (* 1921, † 1977): „From Here to Eternity“ („Verdammt in alle Ewigkeit“, nordamer. Soldatenroman) † *Louis Jouvet*, frz. Schauspieler u. Theaterregisseur (* 1888) *Ernst Jünger*: „Der Waldgang“ (gegen Totalitarismus)	*Erich Lüth* (* 1902): „Friede mit Israel“ (dt. Aufruf zur Wiedergutmachung und Verständigung) *H. de Man*: „Vermassung und Kulturverfall“ (belg. Soziologie) *Ludwig v. Mises*: „Sozialismus. Eine ökonomische und soziologische Analyse“ (dt.-nordamer.) *E. Mittenecker* und *W. Toman*: „Der P(ersönlichkeit)-I(nteressen)-Test“ (enthält 214 Fragen) *Gerhard Nebel* (* 1903): „Weltangst und Götterzorn“ (christl.-theolog. Neudeutung d. griech. Tragödie) *Ernst Niekisch*: „Europäische Bilanz“ (für sowjetische Planwirtschaft in einem übervölkerten Europa) *Ortega y Gasset*: „Vom Menschen als utopischem Wesen“ (span. Philosophie, dt. Ausg.) *Hans Reichenbach*: „Der Aufstieg der wissenschaftl. Philosophie“ (dt.-nordamer.; vertr. d. Möglichkeit einer wissenschaftl., antimetaphysischen Philosophie im Sinne d. logischen Empirismus) † *Karl Scheffler*, dt. Kunstschriftsteller (* 1869) *H. Schultz-Hencke*: „Lehrbuch der analytischen Psychotherapie“ † *Anna Siemsen*, sozialist. Pädagogin u. Schulreformerin (* 1882) *Eduard Spranger*: „Pädagogische Perspektiven“ Handbuch der experimentellen Psychologie (engl., Herausg. *S. S. Stevens*)

Sidney Gordin (* 1918): „Promenade“ (russ.-nordamer. bemalte Stahlkonstruktion)

David Hare (* 1917): „Jongleur“ (nordamer. stilisierte Stahlplastik)

W. Robert Huth (* 1890): „Bonn“, „Goldenes Kalb“ (express. Gem.)

Herbert Katzmann (* 1923): „Die rote Kaffeekanne“ (nordamer. Gem.)

William Kienbusch (* 1914): „Dirigo Island“ (nordam. Gem.)

Oskar Kokoschka: „Bildnis des Bundespräsidenten Theodor Heuss“ (Gem.)

Curt Lahs: „Oberwelt und Unterwelt“ (abstr. Gem.)

Le Corbusier: Wohnblock Cité radieuse in Marseille. Planung d. Regierungsstadt Chandigarh im Ostpandschab (Ind.) (frz. Architektur)

F. Léger: „Die Bauarbeiter“ (frz. Gem.); „Großes Blau und roter Zweig“ (frz. abstrakt. Keramik-Plastik)

Seymour Lipton (* 1903): „Nachtblume“ (nordamer. Plastik aus Nickelsilber)

Alberto Magnelli (* 1888): „Gebändigte Kräfte Nr. 2“, „Mesures illimitées Nr. 1“ (ital.-frz. abstrakt. Gem.)

Alfred Manessier (* 1911): „Spiele im Schnee“ (frz. abstr. Gem.)

Wolfgang Fortner (* 1907): Konzert für Cello und Orchester (Komposition in Zwölftontechnik)
„Die weiße Rose“ (Ballett) Urauff.

Lukas Foss (* 1922): Klavierkonzert Nr. 2 (dt.-nordamer. Komposition)

Peter Racine Fricker (* 1920): Violinkonzert, 2. Sinfonie (engl. Komposition für Orchester)

Roy Harris (* 1898): Sinfonie Nr. 7 (nordamer. Kompos.)

Karl Amadeus Hartmann (* 1905): dt. Komponist, 5. Symphonie

Hans Werner Henze (* 1926): Klavierkonzert „Jack Pudding“ „Labyrinth“ (Choreograph. Variationen)

Karl Höller (* 1907): „Sweelinck-Variationen für Orchester“

Arthur Honegger (frz. Komponist, * 1892): 5. Symphonie, „Monopartita“, „Je suis Compositeur“ (Betrachtung. über Musik)

Norman Dello Joio (* 1913): „The triumph of St. Joan“ (nordamer. Sinfonie um *Jeanne d'Arc*)

W. Kuhn u. *B. Harbitay:* Systeme aus künstlichen Makromolekülen mit muskelähnlicher Arbeitsleistung durch Änderung der elektrischen Ladung des Gelgerüstes

G. Kuiper: „Die Atmosphären der Erde und der Planeten“ (Kohlensäure auf den kl. Planeten, Methan auf den großen nachgewiesen)

Laborit: Vegetative Blockade („Künstl. Winterschlaf“) ermöglicht Operationen ohne Narkose

† *Otto Meyerhof*, dt. Physiologe, seit 1940 in USA; untersuchte Reaktionsketten d. Energiestoffwechsels; *Nobel*preis 1922 (* 1884)

J. C. P. Miller u. *D. J. Wheeler* finden mit elektronischer Rechenmaschine die 81stellige Zahl $180 \cdot (2^{127}-1)^2+1$ als bisher größte Primzahl (es gibt keine endgültig größte)

Erwin Müller (* 1911): Feldionen-Mikroskop (Fortentw. des extrem vergrößernden Feldelektronen-Mikroskops, Vergr. ca. 10 Mill. mal)

Frank Roberts: Fernseh-Mikroskop

W. L. Russel u. Mitarb. (USA) stellen an insgesamt 86000 untersuchten Mäusen nach einmaliger starker Röntgenbestrahlung etwa 15mal häufigere Erbänderungen fest als bei der Taufliege (dieser fortgeführte Großversuch ist wichtig für die Beurteilung von Strahlenschäden beim Menschen)

F. Sanger u. *H. Tuppy* legen die Reihenfolge der Aminosäuren in der einen Hälfte des Insulin-Moleküls fest (großer Fortschritt in der Analyse der Eiweißmoleküle)

† *Ferdinand Sauerbruch*, dt. Arzt u. Chirurg; verbesserte vor allem Lungenchirurgie und Kunstglieder (* 1875)

E. Sittig: „Entzifferung der ältesten Silbenschrift Europas, der kretischen Linearschrift B“

† *Arnold Sommerfeld*, dt. theor. Physiker; klärte besonders d. Aufbau der Atomhüllen u. Entstehung d. Spektrallinien m. Hilfe d. Quantentheorie (* 1868)

Astronom. wichtige 21-cm-Spektrallinie des Wasserstoffs entd.

Schumanplan (Montanunion) in Paris unterzeichnet (tritt 1952 in Kraft)

Aufhebung des Ruhrstatuts

Kohlenvorräte der Erde: 5 Bill. t, davon etwa:

USA	2,0
USSR	1,5
Asien	0,7
Europa	0,8

Jährl. Weltenergieerzeugung entspr. 2 Mrd. t Kohle; davon entfallen:
70% auf Kohle
20% auf Erdöl
8% auf Wasserkr.
2% auf Erdgas

Produktivität i. d. USA (Prod. pro Arbeitsstunde):

1891–1900	100
1901–1910	122,8
1911–1920	146,0
1921–1930	196,4
1931–1940	233,5
1941–1950	281,3

Landwirtschaft in den USA (alle Zahlen in Millionen):

	1910	1950
Bev.	92	151
Ldbev.	32	25
Zahl d. Farmen	6,4	5,4
Pferde u. Mault.	24,2	7,8
Trakt.	0,1	5,8
Farmland (ha)	350	465

Farmproduktion (1935–39 = 100):

	1910	1953
Gesamt	79	144
pro Farmarb.	76	172

(1951)

Die beiden hohen brit. Beamten *Donald Duar MacLean* und *Guy Francis de Moncy Burgess* fliehen i. d. USSR (stehen im Verdacht, Staatsgeheimnisse verraten zu haben)

Pariser Konferenz: Die Außenmin. d. USA, Großbrit. u. Frankr. einigen sich mit Bundeskanzler *Adenauer* über den Entwurf eines Generalvertrages an Stelle d. Besatzungsstatuts u. Grdg. einer europäischen Armee (EVG: Europ. Verteidigungsgemeinschaft)

Vorkonferenz in Paris zu einer Viermächtekonferenz zw. West und Ost scheitert am Problem der Tagesordnung nach der 73. Sitzung

Ergebn. d. Wahlen zur frz. Nationalversammlung, nach einem Wahlsystem, das die Mittelparteien bevorzugt: 118 Gaullisten; 105 Sozialisten; 99 Kommunisten; 83 M.R.P.; 66 Radikalsozialist.; 43 Unabh. Republikan.; 34 Soziale Bauernbeweg.; 14 Demokrat. u. sozialist. Union; 64 Sonstige

Frz. Min.-Präs.: *René Pleven* (seit 1950), *Henri Queuille* (2 Tage), *Pleven* (bis 1952)

† *Henri-Philippe Pétain* (in Haft), frz. Marschall; verteidigte im 1. Weltkrieg Verdun; schloß im 2. Weltkrieg Waffenstillstand m. *Hitler* (* 1856)

Baudouin I. (* 1930) wird König der Belgier, nachdem sein Vater *Leopold III.* v. d. Sozialisten gezwungen wurde abzudanken

Mohamed Mossadegh (* 1880, † 1967), iranischer Min.-Präs.; verfolgt antibrit. Politik

Iran verstaatlicht Erdöl und enteignet die Anglo-Iranian Oil Company; Großbrit. schickt Kriegsschiffe und verhängt Ölblockade (führt 1953 zum Sturz d. Min.-Präs. *Mossadegh*)

Ägypten kündigt Vertrag v. 1936 über brit. Streitkräfte im Lande, bes. am Suezkanal (brit. Räumung der Kanalzone 1956; dann verstaatlicht *Nasser* den Kanal)

Niko(laos) Kazantzakis (* 1882, † 1957): „Griechische Passion" (dt. Übertr. d. griech.. Romans)

† *Bernhard Kellermann*, dt. Romanschriftsteller, bes. technisch-utopischer Romane (* 1879)

Martin Kessel (* 1901): „Gesammelte Gedichte"

Wolfgang Koeppen (* 1906): „Tauben im Gras" (Roman aus der Besatzungszeit)

Elisabeth Langgässer (* 1899, † 1950): „Geist in den Sinnen behaust" (Erz., postum)

† *Sinclair Lewis*, nordamer. Dichter; schrieb zahlr. realist. Romane; *Nobel*preis 1930 (* 1885)

S. Lewis: „Wie ist die Welt so weit" (nordamer. Roman, postum)

† *Amanda Lindner*, dt. Schauspielerin, u.a. in Meiningen und Berlin (* 1868)

Norman Mailer (* 1923): „Am Rande der Barbarei" (nordamer. Roman)

Th. Mann: „Der Erwählte" (legendärer Roman nach „Gregorius" von *Hartmann von Aue*)

John Phillips Marquand (* 1893): „Es gibt kein Zurück" (nordamer. Roman; Originalausgabe 1949)

François Mauriac: „Le Sagouin" (frz. Roman; dt. „Denn Du kannst weinen")

† *Maxence van der Meersch*, frz. Schriftsteller, schrieb (1943) „Leib und Seele" (* 1907)

Agnes Miegel: „Der Federball" (Erz.)

J. B. Priestley: „Das große Fest" (engl. Roman)

Frank Tannenbaum: „A philosophy of Labor" (nordamer. Philosophie d. Arbeiterbewegung)

Helmuth Thielicke (* 1908): „Theologische Ethik" Bd. I, Dogm., philos. u. kontrovers-theol. Grundlegung

Heinrich Vogel: „Gott in Christo. Ein Erkenntnisgang durch d. Grundprobleme der Dogmatik" (ev.)

V. v. Weizsäcker: „Der kranke Mensch" (psychosomatische Medizin)

† *Ludwig Wittgenstein*, neopositivistischer Philosoph und Logistiker (* 1889)

Festivals of Britain in London (mit gr. kulturellen und technischen Ausstellungen)

Langfristiges intern. Jugendprogramm d. UN

BRDtl. Mitglied der UNESCO

Dt.-frz. Vereinbarung über den Unterricht in strittigen Fragen europ. Geschichte, bes. über d. Kriege 1870/71 und 1914/18

Landtag in Bayern lehnt Abschaffung der Prügelstrafe i. d. Schulen ab

„Rahmenzeitplan für das 10-Monate-Studium" f. d. Hochschulen d. DDR

Evangelischer Kirchentag in Berlin

Der Papst anerkennt die Beachtung der unfruchtbaren Tage der Frau als einziges zulässiges Mittel d. Geburtenkontrolle

Intern. Übereinkommen über gleichen Frauenlohn bei gleicher Arbeit

Internat. Schulbuchinst. i. Braunschweig, Dir. *G. Eckert* (* 1912, † 1974)

Marcello Mascherini (*1906): „Hahn", „Narziß" (ital. express. Bronzen)

Marino Marini (*1901): „Reiter", „Klagendes Pferd" (ital. Bronzeplastik)

H. Matisse: Kapelle in Vence (vollend. u. geweiht, frz. Architektur u. Malerei)

Matthew: Festival Hall in London

Mies van der Rohe (* 1886, † 1969): Haus Farnsworth b. Chikago (seit 1945); Wohnhochhäuser „Lake Shore Drive Apartments", Chik.

Luciano Minguzzi (*1911): „Ziege", „Hund im Schilf" (ital. Bronzen)

Henry Moore: „Tierkopf" (engl. Bronze)

Ernst Wilhelm Nay (*1902): „Blüten" (abstrakt. Gem.)

E. Nolde: „Lichte Wolken überm Meer", „Junge blonde Mädchen" (express. Gem.)

Pieter Ouborg (*1893): „Ahnenbild" (niederl. abstr. Gem.)

Bernard Perlin (*1918): „Die Jacke" (nordamer. Gem.)

P. Picasso: „Massaker in Korea" (span.-frz. express. Gem.)

P. Picasso u. *Françoise Gilot*, seine Gefährtin seit 1946, trennen sich (1955 stirbt *Olga Chochlowa*, seine Frau seit 1918)

Richard Pousette-Dart (*1916): „Amorphes Blau" (nordamer. abstr. Gem.)

André Jolivet (frz. Komponist, *1905): Klavierkonzert

Giselher Klebe (*1925): „Deux Nocturnes op. 10", „Symphonie f. 42 Streicher, op. 12"

† *Armin Knab*, dt. Komponist, vor allem Vokalwerke (*1881)

Ernst Křenek: Konzert f. Harfe u. Kammerorch. 4. Klavierkonzert (*1900), z. Z. USA

† *Sergej Kussewitzky*, russ. Kontrabassist, Dirig. u. Musikverleger; seit 1924 Leiter des Bostoner Symphonieorchesters (*1874)

Frank Martin (*1890): Violinkonzert

† *Willem Mengelberg*, niederl. Dirigent; 1895—1945 d. Concertgebouw Orchesters, Amsterdam (*1871)

Gian Carlo Menotti (ital.-amer. Komponist, * 1911): „Das Medium" (Kurzoper), dt. Erstauff.

Marcel Mihalovici (rumän. Kompon. in Frankreich, *1898): Oper „Phädra" Urauff.

Darius Milhaud (franz. Komponist, *1892): 4. Klavierkonzert

Ildebrando Pizzetti (ital. Komponist, *1880): „Iphigenie"

Nikolas Tinbergen: „Instinktlehre" (engl.)

H. Walther-Büel: „Pharmakopsychiatrie" (über die Beeinflußbarkeit des menschlichen Seelenlebens mittels Medikamente, wie Narkotika u. Weckamine)

Aufwand f. wissenschaftliche Forschung:
USA
1,4% v. Volkseink. = 71 DM/Kopf
Großbritannien
1% v. Volkseink. = 25 DM/Kopf
BRDtl.
0,4% v. Volkseink. = 8 DM/Kopf

In den USA wurden 1949—54 ebensoviel für Forschung aufgewandt wie 1790—1949 insgesamt

US-Versuchs-Kernreaktor erzeugt Strom

Moderne Massenspektroskopie gestattet es, die Massen von Atomen auf 1/1 000 000 genau zu bestimmen

Radioaktives Kobalt 60 gewinnt zunehmende Bedeutung in der Krebstherapie

Mit Szintillationszähler gelingt die Messung von Zeiten kürzer als eine milliardstel Sekunde als Lebensdauer angeregter Atomkerne

Erste dt. Rheologentagung in Berlin (zeigt d. allg. Bedeutung der Fließkunde)

Produktion von Antibiotika in USA:

	Penicillin	Streptomycin
1945	12 000	6 000 kg
1948	62 000	37 000 kg
1951	195 000	160 000 kg

Diphtheriefälle in Europa: 69 000 (1947: 183 000); diese Krankheit befindet sich im raschen Rückgang

Internationales Arzneibuch d. Weltgesundheitsorganisation in Genf

Das brit. Schiff „Challenger" lotet im Pazifik mit Echo und Draht eine bisher größte Tiefe von 10 863 m

Neues Gebirge im Atlantik entdeckt (1500 m hoch, 8 km lang)

Unterwasser-Fernseh-Apparatur zur Absuchung des Grundes von Gewässern

Prozentsatz der in Industrie u. Handwerk tätigen Menschen:

Großbrit.	46,1%
Dtl.	41,5%
USA	30,5%
Italien	29,3%
Japan	20,0%
Indien	10,5%

Gesetz d. Alliierten Hochkommission über das dt. Auslandsvermögen erklärt alle dt. Ansprüche f. erloschen (das Vermögen wird 1945 mit rd. 40 Mrd. RM geschätzt)

Industrie Nordrh.-Westfalens verbraucht pro Jahr 22 Mrd. cbm Wasser (1570 cbm/Einwohner)

Weltluftverkehr (außer USSR)
Flugstrecken-km
1,6 Mrd. (1937 0,3)
Fluggäste
39 Mill. (1937 2,5)
Fluggast-km
34 Mrd. (1937 1,4)
Fracht-tkm
900 Mill. (1947 297)
Post-tkm
240 Mill. (1947 132)
Reisende/Flugzeug
21,9 (1937 5,3)

Nur 42% d. festen Erdoberfläche sind genauer als 1:260 000 kartiert, nur 2% im Maßstab 1:25 000

BRDtl. Mitgl. d. Weltgesundheits-Organisation

(1951)

Nach einem knappen konservativen Wahlsieg bildet *W. Churchill* die Regierung: Außenminister *A. Eden*, Schatzkanzler *R. A. Butler*. Sitze im Unterhaus:

Konservative u. Lib.-Kons. (48,1% Stimmen)	321
Liberale	6
Labour-Party (Arbeiter-P.) (48,8% Stimmen)	295
Sonstige	3
Insgesamt	625

Die brit. konservative Regierung hebt Beschluß auf, Eisenindustrie zu nationalisieren (setzt im wesentl. sozialpolitischen Kurs der Labour-Regierung fort)

de Gasperi bildet in Italien sein 8. Kabinett und übernimmt auch das Außenministerium

Der früh. tschechosl. Außenminister *Wladimir Clementis* wird verhaftet (wird 1952 mit 10 anderen Kommunisten gehängt)

† *Oscar Carmona*, seit 1928 Staatspräs. v. Portugal (* 1869); sein Nachfolger wird General *Francisco Craveiro Lopes* (* 1894)

† *Maksim Maksimowitsch Litwinow*, 1930–39 Volkskommissar d. Äußeren d. USSR; arbeitete mit Westmächten im Völkerbund zusammen (* 1876)

Präsident *Truman* (USA) fordert Politik der Stärke

UN verurteilt Volksrepublik China als Angreifer in Korea. Nordkorea erobert Seoul zum zweiten Male. UN-Truppen erobern in Korea die Hauptstadt Seoul zurück. Südkoreanische Truppen überschreiten erneut den 38. Breitengrad

Präsident *Truman* setzt den Oberbefehlshaber der UN-Streitkräfte im Koreakrieg *Douglas MacArthur* (* 1880) ab, weil er durch ihn eine Ausdehnung des Krieges auf China befürchtet; der Nachfolger wird *M. B. Ridgway* (* 1895)

Jakob A. Malik (* 1906), Vertr. d. USSR b. d. UN (1948–52), schlägt Waffenstillstandsverhandlungen für Korea vor, die bald darauf in Kaesong beginnen (erst 1953 erfolgreich)

J. P. Sartre: „Der Teufel und der liebe Gott" (frz. atheist. Schauspiel)

Edzard Schaper (* 1908): „Die Freiheit des Gefangenen" (poln.-schweiz. Schauspiel)

† *Thassilo v. Scheffer*, dt. Kulturhistoriker und Schriftsteller (* 1873)

Oscar Schuh (* 1904): „Salzburger Dramaturgie"

Anna Seghers: „Die Kinder" (Erz.)

Annemarie Selinko: „Desirée" (dän. Roman)

T. Williams: „Die tätowierte Rose" (nordamer. Drama)

Marguerite Yourcenar (* 1903): „Ich zähmte die Wölfin" (belg. Hadrian-Roman)

Schiller-Theater in Berlin unter *Boleslaw Barlog* (* 1906) neu eröffnet (leitet daneben seit 1945 das Schloßpark-Theater in Berlin-Steglitz, beides bis 1972)

Wolfgang Goetz: „Du und die Literatur" („Eine Einführung in die Kunst d. Lesens u. i. d. Weltliteratur")

„Dankspende d. dt. Volkes" gegrdt. (sendet zum Dank für Nachkriegshilfe Werke dt. Künstler ins Ausland)

„Europäisch. Gespräch" über „Das Problem des Managers" auf d. Ruhrfestspielen in Recklinghausen

Kriminalitätsziffer (Verurteilte auf 100 000 Personen der strafmündigen Zivilbevölkerung) in Dtl. bz. BRDtl.

	insges.	weibl.	jgdl.
1951	1056	302	977
1936	737	202	404
1928	1188	324	536
1923	1693	528	1082
1913	1169	359	662
1900	1164	357	745

Entziff. kretischer Schrift (vgl. *Blegen* 1939 D)

Briefe von *Bar Kochba* († 135) i. Israel gefunden, werden 1960 veröffentl.

Emy Roeder (*1890): „Hans Purrmann" (Bronze)

Hans Scharoun (*1893): Entwurf f. einen Schulbau in Darmstadt

William Scott (*1913): „Stilleben", „Tisch mit Stilleben" (engl. Gem.)

Honoré Sharrer (*1920): „Der amerikanischen Arbeiterschaft gewidmet" (nordamer. fünfteiliges realist. Gem.)

Toni Stadler (*1888): „Der Hund" (Bronze)

Graham Sutherland: „Dornenhaupt" (engl. Gem.)

† *Walter Tiemann*, dt. Maler, Graphiker, Schriftzeichner (*1876)

Hans Uhlmann (*1900): Stahlskulptur (abstr. Plastik)

Geer van Velde (*1898): „Paris" (niederl.abstr.Gem.)

Theodor Werner (*1886): „Verschollenes", „Taifun", „Schwarz, Grün, Rot" (abstr. Gem.)

Fritz Winter: „Erhebung" (abstr. Gem.)

Wols (eig. *Wolfgang Schulze*) (*1913, † 1951): „Das blaue Phantom" (abstr. Gem.)

—

† *Arthur Schnabel*, dt. Pianist und Komponist, vor allem *Beethoven*-Interpret (*1882)

† *Arnold Schönberg*, österr. Komponist, ab 1925 in Berlin, ab 1934 in Los Angeles; Schöpfer des atonalen Zwölftonsystems (*1874) „Der Tanz ums goldene Kalb" (aus der Oper Moses und Aaron") Urauff.

William Schuman (*1910): „Judith" (nordam. Ballett)

Igor Strawinsky: „Der Wüstling" („The Rake's Progress", russ.-frz. Oper, Text von *W. H. Auden* und *Ch. Kallman*)

Howard Swanson: „Short Symphony" (nordam. Orchestermusik)

„Musik in Geschichte und Gegenwart" (allg. Enzyklopädie der Musik), Herausg. *F. Blume* (*1893)

„Die Klangwelt der elektronischen Musik" (erste öff. Vorführung auf den Intern. Ferienkursen f. Neue Musik i. Darmstadt)

In der Jazzmusik geht der seit 1940 vorherrschende „Be-Bop"-Stil in den ruhigeren „Cool-Jazz" über

Populäre Schlager: How high the moon, Blueberry Hill, Ich hab' mich so an dich gewöhnt

Ausgrabungen in Nimrud/Kalach (seit 1949) konzentrierten sich auf den „Nordwestpalast" Assurnasirpals II. und auf den „verbrannten Südostpalast": Löwin-Kentaur, Sandsteinstele mit Baubericht, Elfenbeinarbeiten u.a.

Ausgrabung von Gordion, der Hauptstadt Phrygiens (bis 1953 werden 6 Kulturschichten vom 3. Jtsd. bis 2. Jhdt. v. Chr. entdeckt)

Forschungsreise d. *Frobenius*-Instituts d. Univ. Frankf./M. nach Abessinien zur Erforschung d. Wirtschaftslebens d. Schangama (seit 1950)

Ausgaben f. Meß- u. Regelgeräte i. d. USA 9mal größer als 1935; übrige Investitionen 3mal größer (zeigt die Fortschritte der Automatisation)

Hochautomatisierte Kolbenfabrik in der USSR

Erstes Farb-Fernsehen (in USA) Fernseh-Relais-Kette New York—San Franzisko

USA-Düsenflugzeug „Bell X 5" mit verstellbaren Pfeilflügeln

„Rucksackhubschrauber" i. d. USA

Gasturbinen-Lokomotive v. Brown und Boveri mit 1650 kW

Stapellauf des USA-Fahrgastschiffes „United States" (51 500 BRT)

„Dome of Discovery" („Haus der Erfindungen") der „British Festivals" in London (bisher größter Aluminium-Kuppelbau mit 110 m Durchmesser)

Das seltene Metall Rhenium (entd. 1925) beg. technische Anwendung zu finden (Preis etwa 13 DM/g)

Es gelingt in den USA, das Titanmetall wesentlich billiger zu erzeugen

Sonnenofen von 3 m Durchmesser zur Erzielung von Temperaturen von etwa 2000° C in den USA

Rheinbrücke Düsseldorf—Neuß mit 206 m Stützweite

Tunnelbaugeschwindigkeit etwa 740 m/Monat (1872: 21 m/Monat)

Europäische Pflanzenschutz-Organisation gegründet. (Jährlich verderben etwa 10% des lagernden Getreides, die Jahresnahrung von rd. 150 Mill. Menschen)

Zahl d. Rundfunk- und Fernsehempf.

	Mill.
Welt	218
USA	119
übriges Amerika	16
Europa	64
Asien	13
Afrika	2,5
Australien	3,5

Messung d. Hörermeinung durch Registrierung der Zahl d. An- u. Abschaltung v. Rundfunkempfängern i. Hamburg

Durchschnittliche Heiratsentfernung d. Einbecker Bevölkerung: etwa 140 km (1700—50: etwa 13 km, um 1850 etwa 25 km)

Heiratsrate in der BRDtl.: 10,2 pro 1000 Einw. (1886 bis 1895: 7,92)

Scheidungsrate in d. BRDtl. 1,16 pro 1000 Einw. (1911: 0,25)

Heiratsrate in den USA 10,4 pro 1000 Einw. (1890: 9,0)

Scheidungsrate in den USA 2,5 pro 1000 Einw. (1890: 0,5)

Bermuda - Sturmtaucher, seit 300 Jahren verschollen, wiederentdeckt

William Barnie (Schottl.) durchschwimmt erst-

(1951) Konferenz in Washington: Außenminister der USA, Großbrit. und Frankr. wünschen die Einbeziehung eines demokr. Dtls. auf der Grundlage d. Gleichberechtigung in eine europäische Gemeinschaft und eine Mitwirkung Westdtls. an der Verteidigung des Westens

Verbot der kommunistischen Ideologie in den USA

† *Charles Gates Dawes*, nordamer. Staatsmann, Rechtsanwalt und Bankier; Partei-Republikaner; Friedens*nobel*preis 1925 (* 1865)

Friedensvertrag v. San Franzisko zw. Japan und den USA sowie 47 anderen Staaten (ohne USSR): Japan erhält Souveränität und Gleichberechtigung; verzichtet auf Korea, Formosa, Südsachalin, Kurilen, Südsee-Mandate und Besitzungen in China; Sicherheitspakt gestattet USA, Streitkräfte in Japan zu stationieren

19 Japaner (darunter eine Frau) kapitulieren 6 Jahre nach Kriegsende auf d. einsamen Insel Anatahan vor den Amerikanern (noch 1972 findet man japan. Soldaten, die das Kriegsende nicht erfahren haben)

Vertrag Volksrepublik China–Tibet

Péron schlägt in Argentinien eine Militärrevolte nieder und wird wiedergewählt (1955 gestürzt)

† *Liaquat Ali Khan* (ermordet), Premier von Pakistan seit 1949 (* 1895), (1953 folgt *Mohammed Ali*)

† *Abdullah Ibn el Hussein* (ermordet), seit 1921 Emir v. Transjordanien, seit 1949 Kg. d. „Haschemitischen Königreichs des Jordan" (* 1882)

„Unter dem Himmel von Paris“ (frz. Film, Regie: *J. Duvivier* (* 1896))

„Wunder von Mailand“ (ital. Film, Regie: *V. de Sica*)

“A streetcar named desire” („Endstation Sehnsucht“, nordamer. Film mit *Vivien Leigh*, *Marlon Brando*, Regie: *Elia Kazan*)

„Ein Amerikaner in Paris“ (nordamerik. Ballett-Farbfilm, Regie: *Vincente Minelli*, Darst.: *Leslie Caron* (* 1932), *Gene Kelly* (* 1912), Mus.: *G. Gershwin*)

„Viva Zapata“ (nordamer. Film, n. *John Steinbeck*; Reg.: *Elia Kazan*, m. *Marlon Brando* (* 1926) u. a.)

„Das Haus in Montevideo“ (Film nach dem Theaterstück v. *C. Goetz*, Regie: *C. Goetz*, Darst.: *C. Goetz*, *Valerie v. Martens* u. a.)

„Der Untertan“ (Film n. d. Roman v. *H. Mann*; Regie: *Wolfgang Staudte*; Darsteller: *Werner Peters*, *Renate Fischer* u. a.)

„Grün ist die Heide“ (Farbfilm, Regie: *Hans Deppe*, Darst.: *Rudolf Prack*, *Sonja Ziemann*; typisch für eine ganze Serie erfolgr. „Heimatfilme“)

† *Robert J. Flaherty*, nordamer. Filmregisseur, vor allem Dokumentarfilme (* 1884)

„National Film Theatre“ in London als Pflegestätte des künstlerischen Films

Filmproduktion und Filmtheater

	Filme	Theater
USA	391	19048
Indien	221	2933
Japan	205	3100
Italien	110	8625
Frankr.	107	5385
Mexiko	106	2021
Ägypt.	79	250
Gr.-Brit.	64	4623
BRDtl.	60	4547
DDR	8	1500
Argent.	54	2190
Spanien	54	3950
Österr.	28	1069
Schwed.	28	2583
USSR	26	46000
Brasil.	21	1736
Finnl.	19	507
Dänem.	15	476

Auf d. Erde befinden sich etwa 91000 ortsfeste Filmtheater mit etwa 42 Mill. Sitzplätzen. Ein Spitzenfilm kostet 1 Mill. DM bis 8 Mill. $

1. Internat. Filmfestspiele i. Berlin

In den nächsten Jahrzehnten geht der Kinobesuch stark zurück (vgl. 1978)

Technisierung d. Landwirtschaft i. d. USA: Traktoren: 5,8 Mill. (1940: 2,6 Mill.; 1915: 25000). Energiequellen: 178 Mill. PS (1940: 85 Mill.). 90% d. Farmen haben elektr. Anschluß (1935: 10%)

4. Internationaler Kongreß für Große Talsperren in Neu Delhi (kennzeichnet die großen Anstrengungen Indiens auf diesem Gebiet)

≈ Ergebnisse der technischen Revolution 1800–1950: Die Erdbevölkerung wuchs von 840 auf 2500 Mill. auf das 3fache; die Energieversorgung mit etwa 1 t Steinkohlenäquivalent pro Kopf (1950) auf etwa das 40fache; die Energieversorgung insges. ca. 120fach (+ 3,2 %/Jahr)

malig Ärmelkanal in beiden Richtungen in einem Jahr

Wilhelm Herz fährt absoluten Weltrekord für Motorräder m. 290 km/st

1. FC Kaiserslautern Dt. Fußballmeister

Tauno Luiro (* 1932, Finnland) springt auf der Oberstdorfer Skiflugschanze mit 139 m Weltrekord

„Sandwich“-Bauweise von Metallskiern in den USA (verhilft z. raschen Verbreitung)

Erstes Skibobrennen in Kiefersfelden / Bayern (Skibob wurde ab 1948 systemat. entwickelt, findet ab Ende der sechziger Jahre stärkere Verwendung)

Ausbruch des Vulkans Mt. Lamington auf Neuguinea (mehr als 3000 Tote)

Lawinenkatastrophen in den Alpen fordern an einem Tag 320 Tote

Po - Überschwemmung tötet i. Oberital. mehr als 150 Menschen u. macht etwa 150000 obdachlos

Schlagwetter-Explosion im Bergbau Westfrancfort (Ill., USA) fordert 119 Tote

Brit. U-Boot „Affray“ im Kanal gesunken. 75 Tote (wird mit Unterwasser - Fernseh - Kamera gesucht)

1952	Friedens*nobel*preis: *Albert Schweitzer* (Frankr., * 1875; verwendet den erst 1953 verliehenen Preis für den Ausbau seines Urwaldhospitals) In je 4 Deutschlandnoten d. USSR und der Westmächte wird keine Einigung über die vom Westen vorgeschlagene Reihenfolge: Freie Wahlen, Regierungsbildung, Friedensvertrag erzielt. Weiterer Streitpunkt ist die internationale Kontrolle gesamtdeutscher Wahlen Delegation der Volkskammer der DDR unterbreitet Bundestagspräsident *Ehlers* Vorschläge zur Wiedervereinigung (werden in der BRDtl. als ungeeignet abgelehnt) DDR schafft Schußschneisen an der Zonengrenze Telefonverbindung zw. West- und Ostberlin v. d. Sowjetzonenpost unterbrochen Westberliner dürfen nur noch mit besond. Genehmigung der sowjetzon. Behörden in die DDR reisen (der Verkehr zw. West- und Ostberlin bleibt im wesentl. erhalten) Im August 16000 Flüchtlinge aus d. DDR nach Westberlin (Rekordhöhe) Sowjetische Jäger beschießen frz. Passagierflugzeug im Luftkorridor nach Berlin (keine Menschen verletzt) Sowjets verhindern brit. u. amer. Militärpatrouillen Berlin-Helmstedt Rechtsanwalt *Walter Linse* aus Westberlin entführt (Proteste bleiben erfolglos) Helgoland wieder unter dt. Verwaltung (vorher brit. Bomber-Übungsziel) Landtagswahlen an der Saar ohne dt. Parteien; werden von der BRDtl. nicht anerkannt Dt.-frz. Saarverhandlungen „Deutschlandvertrag" in Bonn unterzeichnet (sein wesentlicher Inhalt erlangt mit der Ratifizierung d. Pariser Verträge 1955 Geltung) Abkommen zw. BRDtl. und Israel über Wiedergutmachung des vom Naziregime an den Juden begangenen Unrechts, über 3,5 Mrd. DM (arab. Protest)	*Nobel*preis f. Literatur: *François Mauriac* (Frkr., *1885, + 1970) Friedenspr. d. dt. Buchhandels an *R. Guardini* (Ital., * 1885) *Pulitzer*-Preis für *Herman Wouk* „Caine Mutiny" *Hansischer Goethe*-Preis für *Eduard Spranger* *Fontane*-Preis (Berlin) für *Kurt Ihlenfeld* *Jean Anouilh*: „Der Walzer der Toreros" (frz. Schauspiel) *Peter Bamm* (* 1897): „Die unsichtbare Flagge" (Erinnerungen eines Frontchirurgen) † *Albert Bassermann*, dt. Schauspieler, in Meiningen u. Berlin, seit 1934 in USA (* 1867) *Samuel Beckett* (*1906): „Warten auf Godot" (irisch-frz. surrealist. Schauspiel) *Martin Beheim-Schwarzbach*: „Die Geschichten der Bibel" (Nacherzählung) † *Waldemar Bonsels*, dt. Dichter (* 1880) *Max Brod*: „Der Meister" (Christus-Roman) *Ferd. Bruckner*: „Pyrrhus und Andromache" (Schauspiel) † *Horst Caspar*, dt. Schauspieler (* 1913) *A. J. Cronin* (*1896): „Abenteuer in zwei Welten" (engl. Autobiographie) † *G. Norman Douglas*, engl. Schriftst. (* 1886) *Friedrich Dürrenmatt* (*1921): „Die Ehe des Herrn Mississippi" (schweiz. Drama) *Paul Eluard* (*1895, †1952): „Poèmes pour tous" u. a. (frz. Lyrik)	*H. Bardtke*: „Die Handschriftenfunde am Toten Meer" (ev. Kommentar zu den 1947 aufgefundenen Schriftrollen (vgl. 100 v. Chr.) *Leo Baeck* (* 1873, † 1956): „The faith of Paul" (f. d. Zusammenleben von Juden- und Christentum) *Ernst Bloch* (* 1885): „Avicenna und die Aristotelische Linke" (marxistische Philosophie) *Martin Buber*: „Gottesfinsternis", „Die chassidische Botschaft", „An der Wende, neue Reden über das Judentum" (jüd. Religionsphilosophie) *Carl Jacob Burckhardt*: „Reden und Aufzeichnungen" (schweiz.) † *Benedetto Croce*, ital. Philosoph eines an *Hegel* anknüpfenden Idealismus; führte 1943–47 die Liberale Partei (* 1866) † *John Dewey*, nordamer. pragmatisch. Philosoph und Pädagoge; betrachtete das Denken als „Instrumentalismus", förderte Arbeitsunterricht (* 1859) *Otto Dibelius* (* 1880, † 1967): „Predigten" (des ev. Bischofs von Berlin) † *Michael v. Faulhaber*, s. 1917 Erzbischof von München-Freising, seit 1921 Kardinal; Gegner d. Nationalsozialismus (* 1869) Kathol. Kirche setzt die Werke von *A. Gide* auf den Index † *Albert Görland*, dt. Philosoph, nahe d. Neukantianern (* 1869) *Romano Guardini* (*1885): „Die Macht" (ital. Moralphilosophie)

Afro (Afro Basaldella, *1912): „Stadt" (ital. abstr. Gem.)

Kenneth Armitage: „Stehende Gruppe II"; „Sitzende Gruppe Musik hörend" (engl. Bronze-Plastiken)

Hans Arp (*1888): „Cobra-Zentaur" (Plastik)

Francis Bacon (*1910): „Hund" (engl. Gem.)

E. u. *G. Balser:* Chemag-Haus in Frankfurt a. Main (Bürohaus)

Jean Bazaine (*1904): „Mittag, Bäume u. Felsen" (frz. abstrakt. Gem.)

André Beaudin (*1895): „L'évasion", „Pierres plantées" (frz. abstrakt. Gem.)

Roger Bissière (*1888): „Komposition" (frz. abstrakt. Gem.)

Georges Braque: „Vogel III" (frz. Farbradierung), „Cahiers" (französ. Tagebuch seit 1917)

Carlyle Brown (*1919): „Tisch mit Flaschen und Landschaft" (nordamerik. Gem.)

Reg Butler: Modell für ein Denkmal für den unbekannten politischen Gefangenen (Bronzekonstruktion auf Steinbasis; wird auf einer Ausstellung in London von einem Gegner dieser Kunstrichtung zerstört); „Orakel" (engl. geschmiedete symbol. Bronze)

Georges Auric (frz. Kompon., *1899): „Der Weg zum Licht" (Ballett)

Boris Blacher: „Preußisches Märchen" (Ballettoper um das Thema des „Hauptmanns von Köpenick"; Text v. *H. v. Cramer*)

† *Adolf Busch*, dt. Geigenvirtuose u. Streichquartettleiter; seit 1940 in den USA (* 1891)

Joh. N. David (dt.-österr. Kompon., *1895): „Deutsche Messe" opus 42

Werner Egk: „Allegria" (Godimento in quattro tempi für großes Orchester, Suite)

Gottfried von Einem (Schweiz, *1918): „Pas de coeur oder Tod u. Auferstehung einer Ballerina", „Das Rondo vom goldenen Kalb" (Ballette)

† *Alfred Einstein*, dt. Musikforscher u. -kritiker; seit 1933 USA (* 1880)

Wolfgang Fortner: „Die Witwe von Ephesus" (Pantomime), Urauff., „Isaaks Opferung" (Kantate)

Peter R. Fricker: Konzert für Bratsche und Orchester (engl. Kompos.)

Hans Werner Henze: „Der Landarzt" (Funkoper n. Kafka), „Boulevard Solitude" (Oper n. „Manon Lescaut" v. Prevost), „Der Idiot" (Ballett n. Dostojewski)

*Nobel*preis f. Physik: *Edward Mills Purcell* (USA, *1912) und *Felix Bloch* (USA, *1905) für die Präzisionsmessung magnetischer Atomkernmomente

*Nobel*preis f. Chemie: *Archer John Porter Martin* (Großbrit., *1910) und *Richard Laurence Millington Synge* (Großbrit., *1914) für die Entwicklung der Papierchromatographie zur Trennung chemischer Komponenten seit 1944

*Nobel*preis f. Medizin: *Selman Abraham Waksman* (USA, *1888) für Mitentdeckung des antibiotischen Heilmittels Streptomycin

† *Friedrich Alverdes*, dt. Zoologe; bes. Sinnesphysiologie, Tierpsychologie u. -soziologie (*1889)

Camas, Guire, Platt, Schulte (USA) weisen die Strahlung von Atomen nach, bei denen ein Elektron in der Atomhülle kurzzeitig durch ein Meson ersetzt ist

Crane und *Marks* erhalten Bastard aus Kreuzung zw. Birne u. Apfel

W. Cyran u. *Becker* weisen statistisch Zusammenhang zwischen Todeshäufigkeit und Wetterlage nach

Delay und *Deniker* behandeln psychische Störungen mit Chlorpromazin (gilt als Begründung der Psychopharmakologie)

D. A. Glaser: Blasenkammer zum Nachweis hochenergiereicher atomarer Teilchen

† *Sven Hedin*, schwed. Geograph u. Schriftsteller; erforschte besonders Zentralasien (*1865)

Ilda McVeigh u. *Charlie Joe Hobdy* gelingt Bakterien zu züchten, die gegen Streptomycin 250000fach widerstandfähiger sind als die Ausgangsform und die starke Veränderungen in Form und Stoffwechsel zeigen (Artumwandlung)

Wolfgang Kühnelt: LD-Prozeß zur Stahlerzeugung mit reinem Sauerstoff (1. LD-Werke in Österreich)

H. Metzner weist Ähnlichkeit der Chloroplasten im Zellplasma mit Genen nach

C. A. Muller, J. H. Oort u. *van de Hulst:* Messungen der Wasserstoff-Radiostrahlung von 21 cm (erweisen Spiralcharakter der Milchstraße)

Walter Freitag an Stelle von *Christian Fette* zum 1. Vorsitzenden des DGB gewählt

† *Philip Murray*, Präsident der CIO-Gewerkschaft in den USA seit 1940 (*1886 i. Schottl.)

Walther Reuther (*1907, † 1970) wird Präsid. des US-Gewerkschaftsverbandes CIO (seit 1946 Vors. d. Automobilarbeiter-Gewerkschaft)

Durch Streiks verlorene Arbeitstage i. d. USA 59,1 Mill. (1935: 15,5 Mill., 1946: 116 Mill.)

Dt. Bundestag verabschiedet Lastenausgleichsgesetz z. gleichmäßigeren Verteilung der Kriegs- u. Kriegsfolgeschäden (das abzuführende Vermögen wird auf rd. 35 Mrd. DM geschätzt)

Ende d. *Marshall*-Plan-Hilfe f. Europa (durch 13 Mrd. Dollar stieg die Produktion d. M.P.-Länder seit 1948 um 43%)

15 Staaten einschl. d. BRDtl. erklären sich zur Bildung einer „Agrar-Union" bereit (dieser Plan stagniert; die Kritik an solchen „supranationalen" Behörden wächst)

BRDtl. Mitglied d. Weltbank

BRDtl. im Internationalen Roten Kreuz

Handelsvertrag BRDtl.—Türkei

(1952)	Dt. Bundestag verabschiedet Gesetz über d. Europäische Montanunion Kundgebungswelle der Gewerkschaften gegen unzureichende Mitbestimmung; nach Aussprache *Adenauer—Fette* eingestellt Bundestag nimmt das Betriebsverfassungsgesetz an, einschl. Mitbestimmung i. d. Schwerindustrie CDU, FDP, DP nehmen im Bundestag Lastenausgleichsgesetz an; Opposition lehnt es als unzulänglich ab Opposition im Dt. Bundestag klagt vor d. Bundesverfassungsger. auf Unvereinbarkeit d. EVG m. Grundgesetz (abgewiesen). Der Bundespräsident fordert Rechtsgutachten an und verzichtet, als dieses d. weiteren Entscheidungen d. Bundesverfassungsgerichts zu binden droht (wird als Parteinahme f. d. Politik d. Bundesregierung v. d. Opposition kritisiert) Bundespräsident *Heuss* erhebt 3. Strophe des Deutschlandliedes zur Nationalhymne der BRDtl. *Adenauer* wieder Vors. d. CDU, *F. Blücher* (* 1896, † 1959) wieder Vors. d. FDP, neben ihm *Middelhauve*, Vertreter d. „Deutschen Programms" *Hellwege* wieder Vors. d. DP † *Kurt Schumacher*, Wiederbegr. u. Vors. d. SPD u. Führer d. Opposition im Bundestag (* 1895) *Erich Ollenhauer* (* 1901, † 1963) wird Vorsitzender der SPD (wiedergewählt 1954, 56 u. 58) Sozialistische Reichspartei (SRP) wird für undemokratisch und verfassungswidrig erklärt An Bundeskanzler *Adenauer* adressiertes Paket mit Höllenmaschine explodiert in München *G. Heinemann* (fr. CDU), *Helene Wessel* (fr. Zentrum), *Hans Bodensteiner* (fr. DSU) grd. „Gesamtdt. Volkspartei"; erstreben Wiedervereinigung Dtls. durch Neutralisierung (finden keinen Anhang, treten 1957 zur SPD über) † *Ludwig Kaas*, dt. kathol. Priester u. Politiker; 1928–33 Vors. d. Zentrumspartei (* 1881)	*Leonhard Frank*: „Links, wo das Herz ist" (Roman) *Curt Goetz* (* 1888): „Gesammelte Bühnenwerke" (neue Ausgabe) *Giovannino Guareschi* (* 1908, † 1968): „Don Camillo und seine Herde" (ital. humoristischer Roman; Fortsetzung v. „Don Camillo und Peppone" v. 1948) *Rudolf Hagelstange* (* 1913): „Ballade vom verschütteten Leben" (Lyrik) † *Knut Hamsun*, norweg. Dichter, 1920 *Nobel*preis (* 1859) *G. Hauptmann*: „Herbert Engelmann" (postum, vollendet von *Zuckmayer*; Urauff. am Wiener Burgtheater) *Sven Hedin* (†): „Große Männer, denen ich begegnete" (2 Bde. s. 1951) *Bernt v. Heiseler* (* 1907): „Versöhnung" (Erzählung) *E. Hemingway*: „Der alte Mann und das Meer" (nordamer. Roman) *Hermann Kasack*: „Das große Netz" (Roman) *Marie-Luise Kaschnitz (-Weinberg)* (* 1901): „Ewige Stadt" (christl. Lyrik) *Niko(laos) Kazantzakis*: „Die letzte Versuchung" (dt. Übertragung des griech. Christus-Romans; wird vom Papst auf den Index gesetzt)	† *Wilhelm Hartnacke*, dt. Schulmann; schrieb bes. über das Problem der Begabung (* 1878) *Albert Huth* stellt gegenüber der Vorkriegszeit an dt. Schulkindern einen durchschnittlichen Begabungsrückgang von 4–5% und eine Begabungsverschiebung vom sprachlich-theoretischen auf das organisatorisch-praktische Gebiet fest; vermutet für Sprachgefühl und Kombinationsgabe erblichen Substanzverlust *C. G. Jung*: „Antwort auf Hiob" (schweiz. Psychoanalyse) *Robert Jungk*: „Die Zukunft hat schon begonnen. Amerikas Allmacht und Ohnmacht" (krit. Philosophie d. Technik) *Oswald Kroh*: „Revision der Erziehung" (psycholog. Pädagogik) † *Maria Montessori*, ital. Erzieherin und Ärztin; schuf ein modernes, die Selbständigkeit förderndes Unterrichtsverfahren (* 1870) *Hubert Muschalek*: „Gottbekenntnisse moderner Naturforscher" (zum Problem der Vereinbarkeit von Wissenschaft und Religion) Ev. Kirchenpräsident *Niemöller* reist nach Moskau *Norman V. Peale*: „The power of positive thinking" (nordamer. Lebensphilosophie auf religiöser Grundlage) † *George Santayana*, nordamer. Philosoph, span. Herkunft (* 1863) *E. Stransky*: „Staatsführung und Psychopathie" (fordert „psychopathologische Prominentenexpertise")

Lynn Chadwick (* 1914): „Das Innere des Auges“, „Gerstenharke“ (engl. Eisenskulpt.)

Chagall: „Die grüne Nacht“, „Moses empfängt die Gesetzestafeln“ (russ.-frz. Gemälde)

Sonja Delaunay (eig. *S. Terk*, * 1885): „Komposition“ (russ.-frz. abstrakt. Gem.)

O. Dix: „Sitzendes Kind“ (expr. Gem.)

R. Dufy: „Mozart“, „Erinnerung an Claude Debussy“, „Die rosa Violine“, „Der schwarze Frachter“, „Die öffentlichen Anlagen in Hyeres“ (frz. Gem.)

Jimmy Ernst (* 1920): „Tropisch“ (dt.-nordam. abstr. Gem.)

Maurice Estève: „Rebecca“ (frz. abstrakt. Gem.)

Charlotte v. d. Gaag (* 1923): „Raubvogel“ (niederl. Terrakotta-Plastik)

Adolph Gottlieb (* 1903): „See und Gezeiten“ (nordam. abstr. Gem.)

Bernhard Heiliger (* 1915): „Porträt Anna Dammann“ (Zement-Plastik), „Karl Hofer“ (Plastik), „Große kniende Figur“ (Zementplastik)

Werner Heldt: „Sonntag Nachmittag“ (kubist. Gem.)

Barbara Hepworth (* 1903): „Standbild“ (engl. abstrakt. Steinplastik)

Paul Hindemith: „Cardillac“ (Neufassung der Oper von 1926), Septett

Giselher Klebe: „Römische Elegien“ (Text von Goethe) f. Sprecher, Klavier, Cembalo, Kontrabaß

Ernst Křenek: „Brasilianische Sinfonietta“

Franz Xaver Lehner (* 1904): „Die schlaue Susanne“ (komische Oper, Text von *Lope de Vega* u. *Schlegel*)

Rolf Liebermann (* 1910): „Leonore 40/45“ (schweiz. Opera semiseria, Text v. *Heinrich Strobel*)

Ricardo Malipiero (* 1914, Neffe *Gian Francesco M*'s.): Violinkonzert (ital. Konzert in 12-Tontechnik)

Bohuslav Martinu: Konzert f. 2 Klaviere u. Orchester

Luigi Nono, * 1924: Komposition für Orchester

Carl Orff: Musik zum „Sommernachtstraum“ von *Shakespeare* (Neufassung)

Francis Poulenc (* 1899, † 1963): „Stabat Mater“ (frz. Chormusik)

Sergej Prokowjew (* 1891): 7. Symphonie „Symphonie der Jugend“

Owings u. *Mervill:* 24stöckiges Lever-Haus in New York in Glas-Stahl-Bauweise; spezielle Fensterwaschmaschine

J. Papadimitriou entdeckt dicht außerhalb des Löwentores von Mykene ein zweites Gräberrund aus dem –17. Jh. mit Grabstelenreliefs, die als älteste europ. Kunst gelten

L. C. Pauling (* 1901): Helix-Modell d. Proteine

B. de Rudder: „Grundriß einer Meteorobiologie“ (Beziehungen zwischen Wetter und Gesundheit)

„Weltatlas d. Seuchenverbreitung und Seuchenbewegung“ (Teil I; herausgeg. von *Ernst Rodenwaldt*)

Alberto Ruz findet in der Pyramide des „Tempels der Inschriften“ in Palenque (Mexiko) ein Königsgrab mit einer Gesichtsmaske aus Jade (erste bekannte Grabstätte in einer Pyramide außerhalb Ägyptens)

† *Charles Scott Sherrington, brit.* Nervenforscher (* 1861)

H. A. Stuart: „Die Physik der Hochpolymeren“ (Physik d. Riesenmoleküle; 4 Bde. bis 1956)

W. H. Sweet u. *M. Javid* schlagen vor, Krebsgeschwülste im Gehirn durch Neutronenbestrahlung von in der Geschwulst angereichertem Bor zu heilen

N. D. Zinder u. *J. Lederberg* finden die Übertragung von Erbanlagen von einer Bakterienzelle zur anderen durch Bakteriophagen („Transduktion“)

1. Erprobung einer nicht-transportablen Wasserstoffbombe auf einer Pazifikinsel durch die USA am 31. 10. (entwickelt von *E. Teller* u.a.; Sowjetunion folgt ein Jahr später mit verbesserter Anordnung)

Erster brit. Atombombenversuch auf den Montebello-Inseln (nahe Australien)

Aufnahmen der Sonnenfinsternis bestätigen erneut die von der allgemeinen Relativitätstheorie geforderte Lichtablenkung im Schwerefeld der Sonne mit hoher Genauigkeit

Nach einer Sonneneruption steigt die Temperatur in der Ionosphäre (27 km Höhe) über Berlin innerhalb

Einkommen und Aktienbesitz in den USA:

Jahreseink.	Fam. i. Tsd.	davon m. Akt.-Besitz
— 2000 $	9910	220
2000— 3000	8560	310
3000— 4000	10990	510
4000— 5000	8210	610
5000—10000	10480	2080
über 10000	1850	1020
	50000	4750

Int. Wirtschaftskonferenz in Moskau

Weltverbrauch an Nichteisenmetallen 9,4 Mill. t, davon 2 Mill. t Aluminium, 3,3 Mill. t Kupfer (1900: 2 Mill. t, dav. 6000 t Al., 600000 t Kupfer)

Welt-Energieproduktion in Mrd. kWh:

Kohle	13300
Petroleum	7700
Erdgas	2700
vegetab. Brennst.	4600
Wasserkr.	400
animal. Energie	300
	29000
Verluste	18800
Nutzung	10200
davon als	
Wärme	8100
Elektr.	1000
anderes	1100
total	10200

(1952)

Ex-Reichskanzler *Wirth* (früher Zentrum) verhandelt in Ostberlin über Wiedervereinigung

DDR kündigt Aufstellung nationaler Streitkräfte an

DDR-Volkskammer ersetzt die 5 Länder Brandenburg, Mecklenburg, Sachsen, Sachsen-Anhalt und Thüringen durch 14 Bezirke

USA, Großbrit. u. Frankr. billigen auf der Londoner Außenministerkonferenz EVG; *Adenauer* wird hinzugezogen

USSR warnt vor Abschluß der EVG und fordert Deutschlandkonferenz

Vertrag über die Europ. Verteidigungsgemeinschaft (EVG) in Paris unterzeichnet (wird 1954 vom frz. Parlament abgelehnt)

† *Georg VI.* (*1895), Kg. v. Großbrit. seit 1936; seine Tochter *Elisabeth II.* (*1926) wird Königin v. Großbrit.

Churchill reist zu Präsident *Eisenhower*

† *Stafford Cripps*, brit. sozialist. Politiker; seit 1942 in verschied. brit. Regierungen; bes. einflußreich als Schatzkanzler 1947–50 (* 1889)

Großbrit. reprivatisiert Eisen- und Stahlindustrie

Linksradikale Gruppe um *Aneurin Bevan* in der brit. Labour-Party löst sich auf (*B.* übt auch weiterhin starken Einfluß aus)

Erster brit. Atombombenversuch bei Australien

† Lord *Linlithgow*, brit. Vizekönig von Indien 1936–43 (* 1887)

Politik der Rassentrennung in der Südafrikanischen Union (Apartheid)

Europäische Gemeinschaft f. Kohle u. Stahl (Montanunion) nimmt ihre Tätigkeit auf

Spaak Präsident des Montanparlamentes

Jean Monnet (Frankr., * 1888) Präsid. d. Oberbehörde d. Montanunion (bis 1955)

Montanparlament bekommt den Auftrag, eine europäische Verfassung auszuarbeiten (erzielt keine konkreten Ergebnisse)

K. Krolow: „Die Zeichen der Welt" (Lyrik)

Pär Lagerkvist: „Barabbas" (schwed. Roman)

Horst Lange (* 1904): „Ein Schwert zwischen uns" (Erzählung)

† *Franz Molnar*, ungar. Lustspieldichter (* 1878)

Alfred Neumann: „Das Kind v. Paris" (Roman)

† *Alfred Neumann*, dt. Erzähler, Dramatiker, Lyriker u. Übersetzer; meist i. Ausland (* 1895)

E. O'Neill: „Fast ein Poet", „Eines langen Tages Reise in die Nacht" (nordamerikan. Schauspiele)

Cesare Pavese (* 1908, † 1950): „Il mestiere di vivere" (ital. Tagebuch 1935–50, postum)

Theodor Plievier: „Moskau" (Roman aus dem 2. Weltkrieg)

Ezra Pound (*1885, † 1972): „Translations" (nordamer. Nachdichtungen u. a. aus d. Frühital., Chines. u. Japanischen)

† *Wilhelm Schäfer*, dt. Schriftsteller, pflegte bes. Novelle und Anekdote; Frankf. *Goethe*preis 1941 (* 1868)

Reinhold Schneider: „Innozenz und Franziskus" (Drama)

Ignazio Silone: „Eine Hand voll Brombeeren" (ital. Roman)

† *Wilhelm Speyer*, dt. Schriftsteller (* 1887)

Gabriel Scott (* 1874): „Fergemannen" (norw. Roman)

Vern Sneider: „Die Geishas des Captain Fisby" (dt. Ausg. des amer. Romans)

R. Thieberger: „Der Begriff der Zeit bei Thomas Mann"

Paul Tillich: „Der Mut zum Sein" (religiöse Lebensphilosophie)

F. Trojan: „Der Ausdruck der Sprechstimme" (unterscheidet 40 Merkmale [„Akueme"] des lautlichen Ausdrucks seelischer Zustände)

Joseph Wendel, bisher Bischof v. Speyer, wird Erzbischof v. München und Freising

Norbert Wiener: „Mensch und Menschmaschine (Philosophie der Kybernetik; vgl. 1948 W)

„Empirische Sozialforschung. Meinungs- und Marktforschung, Probleme und Methoden" (Bericht von einer Tagung 1951 unter dem Vorsitz von *Leopold v. Wiese*, mit Beiträgen von *Th. W. Adorno*, *E. P. Neumann*, *H. Kellerer*, *C. Kapferer* u.a.)

Seit 1880 hat die Durchschnittsgröße von dt. Schulkindern um 10,4 cm zugenommen

„Der Große Brockhaus" (Konversationslexikon 16. Aufl. in 12 Bden.; abgeschl. 1957)

„Der Große Herder" (Konversationslexikon vom kathol. Standpkt.; Zusammenschau in Bd. 10: „Der Mensch in seiner Welt"; abgeschl. 1957)

„Lexikon der Pädagogik" (4 Bde. bis 1955; vom kathol. Standpunkt)

Konferenz über Fragen der Hochschulreform i. Hinterzarten (1955 in Bad Honnef fortgesetzt)

Bayrischer Landtag entscheidet gegen eine 4. Landesuniversität

Karl Hofer: „Das Mahl des Matrosen" (express. Gem.)

Loren Mac Iver (* 1909): „Les Baux" (nordamer. Gem.)

Max Kaus: „Frau mit Handspiegel" (Gem.)

Fritz Klimsch: „Geformte Bilder eines Lebens und zweier Jahrhunderte. Erinnerungen und Gedanken eines Bildhauers"

Herbert Kühn: „Die Felsbilder Europas" (Zusammenfassung)

† *Otto Kümmel*, dt. Kunsthistoriker, speziell der Kunst Ostasiens; seit 1934 Generaldirektor d. staatl. Museen in Berlin (* 1874)

† *Max Läuger*, dt. Baukeramiker, Architekt, Bildhauer u. Maler (* 1864)

Le Corbusier: Unité d'Habitation in Nantes-Rézé (frz. Wohnblock, beruhend auf der der menschlich. Gestalt entnommenen „Modulor"-Maßeinheit)

Fernand Léger: „Kontraste auf rotem Grund" (frz. abstr. Gem.)

Raymond Legueult (* 1898): „Das blaue Kleid" (frz. Gem. zwischen Im- und Expressionismus)

Linde: Ludwigskirche Freiburg/Br. (Stahlbetonschalenbau)

Alfred Manessier (* 1911): „Für das Fest", „Christus der König" (frz. abstr. Gem.)

Hermann Reutter (* 1900): „Notturno Montmartre" (Ballett)

† *Heinrich Schlusnus*, Bariton, u. a Staatsoper Berlin (* 1888)

† *Elisabeth Schumann* (* 1888), berühmte Sopranistin in Oper und Konzertsaal

† *Georg Schumann*, dt. Komponist; wurde 1900 Leiter der Berliner Singakademie (* 1866)

Richard Strauss: „Die Liebe der Danaë" (Heitere Mythologie, Uraufführung der Oper in Salzburg postum; Text: *J. Gregor*)

Igor Strawinsky: „Babel" (Kantate), russ.-nordamerik. Komposition, „Cantata" (russ.-nordamer. Komposition)

Ernst Toch (* 1887): Sinfonie op. 73 (österr.-nordamer. Komposition, *Albert Schweitzer* gewidmet)

Wladimir Vogel (* 1896): „Spiegelungen" (russ.-schweiz. Komposition f. Orchester in 12-Tontechnik)

Gerhard Wimberger (* 1923): Kammerkonzert

Bernd A. Zimmermann (* 1918): Symphonie in einem Satz

von 24 Std. von –64° auf –17° C („Berliner Phänomen")

Neoteben und Rimifon zeigen in Erprobungen eine starke Heilwirkung bei Tuberkulose

Über das Antibiotikum Streptomycin gibt es bereits 5550 Veröffentlichungen

Jährliche Neubestimmung von biolog. Arten:
etwa 1000 Insektenarten
etwa 500 Molluskenarten
etwa 25 Säugetierarten
etwa 2 Vogelarten
etwa 2000 Pflanzensorten (entdeckt oder neu gezüchtet)

Filmaufnahmen von Tieren im Dunkeln mit Hilfe von Ultrarotlicht

Ozeanographische Galathea-Expedition abgeschlossen (seit 1950); bereicherte u. a. die Kenntnisse über das Tiefseeleben

Neue Ausgrabungen in Nippur (seit 1948) legten Tempel der Kriegs- und Liebesgöttin Inanna von Uruk frei (20 Kulturschichten reichen bis in das –23. Jh. zurück)

Expedition der Carnegie-Institution zur Freilegung von Mayabauten in Bonampak (Mexiko); es werden Inschriften aus der 2. Hälfte des 8. Jh. und sehr gut erhaltene Wandmalereien gefunden

Uranfunde in Nordkanada (Athabasca-See) führen zu einer raschen Erschließung, die zunächst nur durch Flugzeuge möglich ist

Rhônekraftwerk mit jährlich 2 Mrd. kWh als größtes westeurop. Wasserkraftwerk in Betrieb

„United States" (USA) gewinnt das Blaue Band mit der Atlantikpassage in 3 Tagen 10 Std. 40 Min. (1869 war die Rekordzeit 7 Tage 22 Std. 3 Min.)

Versuche mit Einschienen-Sattelbahn in Dtl. (werden als aussichtsreich beurteilt)

De Havilland Comet als erstes Düsenverkehrsflugzeug London–Rom–London in 4 St. 46 Min. (wiederholte Unfälle führen zum Rückzug dieses Typs)

Erster Nonstop-Transpazifik-Flug

Vertrag ü. Europäische Gemeinschaft f. Kohle u. Stahl in Kraft („Montanunion", urspr. „Schumanplan") Prod. der beteiligten Länder:

	Kohle	Rohstahl (Mill. t)
BRDtl.	123,3	15,8
Saarg.	16,2	2,8
Frankr.	55,4	10,9
Belg.	30,4	5,1
Ndle.	12,5	0,7
Lxbg.	—	3,0
Italien	1,1	3,5
Zus.	239	42

200 000 Ackerschlepper in der BRDtl. (1949: 75 000); 1,36 Mill. Pferde (1950: 1,57 Mill.)

Erstes dt. Nachkriegs-Fernsehprogramm d. NWDR

Stenographie-Schreibmaschine bürgert sich ein

Der frz. Modeschöpfer *Christian Dior* (* 1905, † 1957) bringt die „fließende Linie" mit der „wandernden Taille" in der Damenmode

Karierter Smoking und farbige Westen für Herren

Die amerikanische Mode der „blue jeans" (vermutlich benannt nach Genua, dem Herstellungsort des Stoffes; Leinenhosen mit aufgesetzten und angenieteten Taschen) beginnt sich in Europa rasch zu verbreiten

(1952)	Der frz. Außenminister *Schuman* wendet sich gegen Aufnahme der BRDtl. i. d. Atlantikpakt (NATO) Frz. Min.-Präs.: *René Pleven* (*1901, seit 1951), es folgten *Edgar Faure* (*1908, Radikalsoz.), *Antoine Pinay* (*1891, Unabh. Rep.) Der Bei von Tunis lehnt frz. Reformvorschläge ab; beugt sich später dem Ultimatum Sozialisten gewinnen Wahlen in den Niederlanden: Sozialist.-christl. Koalitionsregierung Zweiter Kongreß d. sozialistischen Internationale in Mailand † Graf *Carlo Sforza*, ital. Staatsmann; 1947–1951 ital. Außenmin. (*1872) *Eisenhower* verläßt Europa; NATO-Oberbefehlshaber wird *Ridgway* *Boleslaw Bierut* (*1892, †1956) kommunist. poln. Min.-Präs. bis 1954 (war seit 1947 poln. Staatspräs.) Polen erhält sog. volksdemokratische Verfassung Schauprozeß in Prag endet mit 11 Todesurteilen gegen führende KP-Funktionäre, die vollstreckt werden (*W. Clementis, R. Slansky* u. and., 1963 werden die Opfer rehabilitiert) *Matyas Rakosi* (*1892) ungar. Min.-Präs. bis 1953 (wieder 1955; tritt 1956 als Exponent der *Stalin*-Politik zurück) *Petrú Groza*, rumän. Min.-Präs. seit 1945, wird Staatspräs. bis 1958 (†, *1884) *Anna Pauker* als rumän. kommunist. Außenmin. (seit 1947) abgesetzt; Wahlen ergeben für die kommunistische Einheitsliste 98,84% Marschall *Alexandros Papagos* (*1883) griech. Min.-Präs., nachdem seine Sammlungsbewegung 4/5-Mehrheit erlangte Griechenland und die Türkei treten der NATO bei Konferenz einer UN-Kommission über Kriegsgefangene i. d. USSR; diese behauptet, keine mehr zurückzuhalten Ende der Reparationslieferungen Finnlands an die USSR *Puschkin* stellvertr. Außenmin. der USSR	*Bruno Snell* (*1896): „Der Aufbau der Sprache" *John Steinbeck*: „Die wilde Flamme" (dt. Ausgabe d. nordamer. Romans „Burning bright" v. 1950), „Jenseits von Eden" (Roman) *F. F. v. Unruh* (*1893): „Tresckow" (preußische Novelle) † *Louis Verneuil*, frz. Komödiendichter (*1893) † *Clara Viebig*, dt. Romanschriftstellerin (*1860) *Goethe*preis der Stadt Frankfurt/M. an *Carl Zuckmayer* *Arnold Zweig*: „Westlandsaga" (Roman) „Perspektiven" (Ztschr. für Kunst, Literatur, Wissenschaft der USA)	Darmstädter Gespräch über „Mensch u. Technik" „Europäisches Gespräch" über „Die Gewerkschaften im Staat" auf d. Ruhrfestspielen i. Recklinghausen Neufassung des Übereinkommens über Mutterschutz von 1919 der Intern. Arbeitsorganis. 91 Gelehrte in den USA schaffen „Revidierte Standard-Ausgabe der Bibel" (seit 1937; stößt in konservativen Kreisen auf Widerstand) Dt. ev. Kirchentag in Stuttgart unter dem Leitwort: „Wählt das Leben" (DDR verbietet Teilnahme) 2. Tagung d. Lutherischen Weltbundes in Hannover; Bischof *Hanns Lilje* (Hannover) wird Präsident 75. Dt. Katholikentag in Berlin mit dem Leitwort „Gott lebt" Wiener Stephansdom neueröffnet Jugoslawien bricht Beziehungen z. Vatikan ab Entzifferung der kretischen Schrift „Linear B" durch *M. Ventris* u. *J. Chadwick* als Ausdruck griechischer Sprache im –2. Jtsd.

Gerhard Marcks: „Theodor Heuss" (Bronze)

Henry Matisse: „Fische", „Kopf n. links gewandt" (frz. Aquatinten)

Miro: Figuren im Garten von Montroig, Spanien

Henry Moore: „Time/Life Screen" (engl. Bronze)

P. Picasso: „Ziegenschädel, Flasche und Kerze", „Frauenkopf", „Der Krieg", „Der Friede" (span.-frz. Gem.), „Paloma schlafend" (Porträtgem. seines Kindes), „Balzac" (Lithographie), „Der Strauß" (Bronze)

Fausto Pirandello (* 1899): „Mann in gestreiftem Pyjama" (ital. Gem.)

Jackson Pollock (* 1912, † 1956): „Blaue Maste", „Number 12" (nordam. abstr. Gemälde)

Germaine Richier (* 1904): „Das Wasser" (frz. symbol. Bronzeplastik)

Georges Rouault (* 1871, † 1958): „Ende des Herbstes II", „Ende des Herbstes V", „Flucht n. Ägypt.", „Passion", „Zwielicht", „Christnacht" (frz. express. Gem.)

Attilio Salemme (* 1911): „Inquisition" (nordamerik. kubist. Gem.)

Fr. Schröder Morgenstern (* 1892): „Meta [-Physik] mit dem Hahn" (Farbkreidezeichn. eines sexualsymbol. Stils)

W. Spengler und *H. H. Rust:* Vorschlag für eine elektronische Orgel mit beliebig vielen Klangfarben

Populäre Schlager: Blue Tango, Dreh dich noch einmal um, O mein Papa

Pierre Soulages (* 1919): „10. Oktober 1952" (frz. abstrakt. Gem.)

Alaska–Japan in 9 St. 50 Min. durch einen USA-Düsenbomber

Erster planmäßiger Verkehrsflug Los Angeles–Kopenhagen über die Arktis

Brit. Bristol-Hubschrauber 173 mit 2 Tragschrauben für 13 Personen

USA-B-26-Bomber tankt Düsenflugzeug in der Luft

Zwei Hubschrauber überqueren in fünf Stationen von USA nach Schottland erstmalig den Atlantik

Britischer Düsenbomber fliegt von Nordirland nach Neufundland und zurück in 7 St. 59 Min. Flugzeit (erster Transatlantik-Rundflug an einem Tag)

M. D. Gates u. *G. Tschudi:* Morphin-Synthese

Olympische Spiele in Helsinki. Goldmedaillen einschl. Winterspiele in Oslo: USA 43, USSR 22, Ungarn 17. Dtl. wieder zugelassen

Auf d. Olympiade in Helsinki gewinnt *E. Zatopek* (Tschechoslow.) d. Läufe über 5000 m, 10000 m und den Marathonlauf

Olympische Winterspiele in Oslo

Ria und *Paul Falk* erneut Weltmeister im Paarlauf

† *John R. Cobb,* nordamer. Motorsportler; erreichte 1947 im Rennwagen 403,135 Meilen/st. (649 km/st.) und im Motorboot unmittelbar vor seinem tödlichen Unfall 206,89 Meilen/st. (333 km/st.) u. war damit „der schnellste Mann zu Wasser und zu Lande"

Fausto Coppi (Ital.) gewinnt Tour de France

Rocky Marciano (* 1923) gewinnt Schwergewichts-Weltmeisterschaft im Boxen gegen *Joe Walcott* (M. tritt 1956 ungeschlagen zurück)

Heinz Neuhaus Europameister im Schwergewichtsboxen

VfB Stuttgart dt. Fußballmeister

(1952)

J. Stalin: „Probleme des Sozialismus" (stellt objektive Gesetzmäßigkeiten für die sozialistische Wirtschaft fest)

Parteitag d. KPSU (B) (letzter war 1939); *Malenkow* hält Hauptreferat. Parteitag d. KPSU beschließt Auflösung des Politbüros

Sicherheitspakt USA mit Japan, Philippinen, Australien, Neuseeland

Eisenhower fliegt nach Korea, um die Möglichkeiten, den Konflikt zu beenden, zu prüfen (dieser Punkt wird sein — wahrscheinlich wirksamstes — Wahlversprechen)

Truman beschlagnahmt amer. Stahlindustrie zur Vermeidung eines Streiks, Maßnahme wird als verfassungswidrig erklärt; 83 Tage Stahlstreik

Dwight D. Eisenhower (Republikaner, * 1890, † 1969) wird mit 33,8 Mill. Stimmen zum Präsidenten der USA gewählt; *Adlai E. Stevenson* (Demokrat, * 1900, † 1965) erhält 27,3 Mill. Stimmen

Die Gewerkschaften CIO und AFL unterstützten *Stevenson*

USA bringen ihre erste H-Bombe zur Explosion

Prozeß gegen Kommunisten in den USA

Truman: „Mr. President" (nordamer. Autobiographie des ehemal. Präsidenten)

† *Chaim Weizmann*, jüd. Politiker; seit 1948 Präsident d. neugegrdt. Staates Israel (* 1874); Nachfolger wird *Isaak Ben-Zwi*

Arabische Liga droht Wirtschaftsbeziehungen abzubrechen, wenn BRDtl. Wiedergutmachungsabkommen mit Israel ratifiziert

König *Talal* v. Jordanien wegen Geisteskrankheit abgesetzt, sein Sohn *Hussein* (* 1935) wird König

Schah von Iran gibt *Mossadegh* Ermächtigung

Iran bricht im Ölkonflikt Beziehungen zu Großbritannien ab

General *Nagib* stürzt Kg. *Faruk* v. Ägypten (seit 1936), der außer Landes geht

Mau-Mau-Aufstände in Brit.-Kenia (Ostafrika) mit scharfen brit. Gegenmaßnahmen gegen diese Geheimorganisation der Bantuneger

Freundschaftsvertrag zwischen der Sowjetunion und der chinesischen Volksrepublik

Nehru erlangt Mehrheit bei den Wahlen in Indien

Wahlsieg d. Liberalen Partei in Japan; *Yoschida* wieder japanischer Ministerpräsident

Syngman Rhee erneut zum Präsidenten Südkoreas gewählt

† *Evita Perón*, Frau d. argentin. Diktators seit 1945; hatte großen Einfluß auf die Sozialpolitik; wird nach ihrem Tod kultisch verehrt (* 1919)

Theodoros Stamos (* 1922): „Griechisches Gebet" (nordamer. abstr. Gem.)

Graham Sutherland: „Drei stehende Figuren im Garten" (engl. Gem.)

Max Taut: Reutersiedlung Bonn (seit 1950)

† *Josef Thorak*, dt. Bildhauer eines monumentalen Stils (* 1889)

Emilio Vedova (* 1919): „Invasion" (ital. abstr. Gem.)

Lorenzo Vespigniani (* 1924): „Boote am Strand" (ital. Tuschzeichn.)

Alberto Viani (* 1906): „Frauenakt" (ital. Plastik)

Theodor Werner: „Loslösung", „Prähistorisch", „Venedig" (abstr. Gem.)

Fritz Winter: „Nächtlich. Regen", „Spannungen" (abstr. Gem.)

1. juryfreie Kunstausstellung i. Berlin seit 22 Jahren

Jugendstil - Ausstellung in Zürich

Lever Brothers-Bürohaus i. New York (Glasarchitektur)

„Don Camillo und Peppone" (frz. Film n. d. Buch von *G. Guareschi*, Regie: *Julien Duvivier* (*1896), Darsteller: *Fernandel* (*1903, † 1971), *Gino Cervi u. a.*)

„Verbotene Spiele" (frz. Film, Regie: *René Clément*, Darstell.: *Brigitte Fossey, Georges Poujouly* u.a.)

„Le salaire de la peur" („Lohn der Angst", frz. Film, Regie: *H. G. Clouzot*)

„The Pickwick Papers" (engl. Film, Regie: *N. Langley*)

„Processo alla città" (ital. Film, Regie: *L. Zampa*)

„Moulin Rouge" (nordam. Farbfilm um *Toulouse-Lautrec*, Regie: *John Huston* (* 1906), Darsteller: *José Ferrer* (* 1912), *Colette Marchand* u.a.)

„Lilli" (nordamerik. Farbfilm, Regie: *Charles Walters*, Darst.: *Leslie Caron, Mel Ferrer* (* 1917) und andere)

„The Greatest Show on Earth" (nordam. Film, Regie: *Cecille B. deMille*)

„Rampenlicht" („Limelight", nordamer. Film, Regie: *Charles Chaplin*, Darst.: *Ch. Chaplin, Claire Bloom*)

Charlie Chaplin darf nicht von Großbrit. in die USA zurückkehren

„Der fröhliche Weinberg" (Film n. *Carl Zuckmayer*, Regie: *Erich Engel* (* 1891), Darsteller: *Gustav Knuth, Camilla Spira* u. a.)

„Alraune" (Film n. d. gleichn. Roman v. *Hanns Heinz Ewers*, Regie: *Arthur Maria Rabenalt;* Darsteller: *Hildegard Knef, Erich v. Stroheim*

Erste Vorführung d. Cinerama-Filmsyst. mit Rundhorizont u. 3 Projektions-App. (erf. v. *Fred Waller*, † 1954)

Dt. Fußballbund umfaßt 14000 Vereine mit 54000 Mannschaft. u. 1,5 Mill. Mitgliedern

Taifune töten in Indochina und auf den Philippinen mehr als 1000 Menschen

Explosion i. sächsischen Uranbergbau fordert vermutl. 162 Tote

Auf der Strecke Manchester–London stoßen 3 Expreßzüge zusammen: 112 Tote

In Elisabeth, N. J. (USA) ereigneten sich in 3 Monaten 3 schwere Flugzeugunglücke mit insges. 118 Toten

Bisher schwerstes Flugzeugunglück auf dem Militärflugplatz Larson (USA): 86 Tote

Ein KLM-Verkehrsflugzeug stürzt bei Frankfurt/Main ab: 45 Tote

Kapitän *Henrik K. Carlsen* harrt vergebl. 12 Tage auf d. sinkenden „Flying Enterprise" aus, um d. Frachter u. seine Ladung zu retten

In Frankreich mit Myxomatose infizierte Kaninchen verbreiten diese Seuche in Mitteleuropa

1953

Friedens*nobel*preis *George C. Marshall* (USA, * 1880, † 1959)

Dag Hammarskjöld (* 1905, Schweden) Generalsekretär d. UN nach dem Rücktritt von *Trygve Lie* (* 1896, Norweg.)

Rüstungsausgaben in Mrd. Dollar:

USA	50
USSR	26,2
Großbrit.	4,7
Frankreich	4,1
Kanada	2,0
Übrige NATO	6,5

(Bei der USSR werden verborgene Rüstungsausgaben vermutet)

Entwurf einer Verfassung für eine „Europäische Gemeinschaft" von der Montanunion und den 6 Außenministern gebilligt

Ivon Kirkpatrick, brit. Hoher Kommissar in der BRDtl., geht nach Großbrit. zurück; Nachfolger: *Frederick Hoyer Millar*

James B. Conant (* 1893), Hoher Kommissar der USA in der BRDtl. als Nachfolger *McCloys* bis 1955

BRDtl. unterzeichnet Schuldenabkommen in London: Gesamtschulden 14 Mrd. DM (7,2 Vorkriegs-, 6,8 Mrd. Nachkriegsschulden); jährl. Schuldendienst 600 Mill., ab 1958 750 Mill. DM

Am 2. März suchen 6000 Menschen aus der DDR um Asyl in Westberlin nach. Der Bundestag verabsch. d. Flüchtlings-Notleistungsgesetz

Europarat billigt „Europäisierung der Saar"

Bundestag stimmt dem Deutschland- und dem EVG-Vertrag zu (SPD dagegen). Bundesrat stimmt zu

Bundesverfassungsgericht erklärt Klage der Bonner Koalition für unzulässig, wonach die SPD dem Bundestag unrechtmäßig bestreite, die westalliierten Verträge mit einfacher Mehrheit zu verabschieden

Gemäßigter „Neuer Kurs" in der DDR angekündigt

Arbeiteraufstand in Ostberlin und in der DDR am 17. Juni nimmt für die Regierung gefährliche Formen an und wird durch Mobilisierung sowjet. Panzer niedergeschlagen

*Nobel*preis f. Literatur: *Winston Churchill* (Gr.-Brit., * 1874)

Friedenspr. d. dt. Buchhandels an *Martin Buber* (Israel, * 1878)

Pulitzer-Preis für *Ernest Hemingway* „Der alte Mann und das Meer"

Georg-Büchner-Preis für *Ernst Kreuder*

Hansischer Goethe-Preis für *Eivind Berggrav*

Fontane-Preis (Berlin) für *Edzard Schaper*

Arthur Adamov (*1908, † 1970): „Alle gegen Alle" (russ.-frz. surreal. Schauspiel)

Ludwig Berger (* 1892, † 1969): „Wir sind vom gleichen Stoff, aus dem die Träume sind. Summe eines Lebens" (bes. Regisseur und Shakespeare-Kenner)

Heinrich Böll: „Und sagte kein einziges Wort" (Nachkriegs-Eheroman)

† *Iwan A. Bunin*, russ. Dichter; emigrierte 1917; *Nobel*preis 1933 (* 1870)

Friedrich Dürrenmatt (* 1921): „Ein Engel kommt nach Babylon" (schweiz. Drama)

Th. S. Eliot: „Der Privatsekretär" (engl. Schauspiel), „The three voices of poetry" (engl. Betracht. zur Lyrik)

M. Frisch: „Don Juan oder die Liebe zur Geometrie" (schweiz. Schauspiel)

Julien Green: „Süden" (frz. Drama)

G. Gründgens: „Wirklichkeit des Theaters"

† *Paul Gurk*, dt. Erzähler u. Dramatiker, *Kleist*preis 1921 (* 1880)

R. Hagelstange: „Zwischen Stein und Staub" (Lyrik)

W. Banning (* 1888): „Der Kommunismus als politisch-soziale Weltreligion" (niederl.; 1. dt. Aufl.)

Allan Bullok: „Hitler". Eine Studie über Tyrannei (engl.)

Churchill (im Unterhaus): „Es mag sein, daß der Fortschritt der Vernichtungswaffen bis zu jenem Punkt, da jeder jeden töten kann, einen Zustand herbeiführt, in dem niemand mehr jemanden zu töten wünscht."

Charles Galton Darwin: „Die nächsten Millionen Jahre" (engl. Versuch einer Vorhersage der Menschheitsgeschichte, optimistischer Grundton)

H. J. Eysenck: „Die Struktur der menschl. Persönlichkeit" (engl.)

Friedrich Heer (* 1916): „Europäische Geistesgeschichte"

Arnold Hauser: „Sozialgeschichte der Kunst und Literatur"

M. Heidegger: „Einführung in die Metaphysik" (Existenzphilosophie)

Julian Huxley: „Entfaltung des Lebens" (engl. Naturgeschichte)

Karl Jaspers: „Lionardo als Philosoph"

A. Juda: „Höchstbegabung" (psycholog. Analyse von Anlage und Umwelt)

C. G. Jung: „Von den Wurzeln des Bewußtseins" (schweiz. Psychoanalyse)

W. Leontief (* 1906): Input-output-analysis (Begr. d. quantitativen Wirtschaftstheorie)

Afro (*Afro Basaldella*, * 1912): „Der Knabe mit dem Kreisel", „Ballett" (ital. abstrahier. Gem.)

Karrel Appel: „Mensch u. Tiere" (niederl. Gem.)

Hans Arp: „Weiblicher Torso" (abstr. Plastik), „Ptolemäus" (Bronze)

Francis Bacon: „Studie eines Pavians" (engl. Gem.)

Eduard Bargheer (* 1901): „Kopf am Strand" (express. Gem.)

Otto Bartning und *Otto Dörzbach*: Christus-Kirche, Bad Godesberg

Willi Baumeister (* 1889): „Großer Montaru" (abstr. Gem.)

Jean Bazaine: „Chikago" (frz. abstr. Gem.)

William Baziotes (* 1912): „Mondfantasie" (nordamerik. abstr. Gem.)

Hubert Berke (* 1908): „Komposition" (abstr. Gem.)

Manfred Bluth: „Atlantis" (express. Gem.)

Dominikus Böhm gewinnt Wettbewerb um das Modell f. d. Kathedrale in San Salvador (Mittelam.)

Georges Braque: „Äpfel", „Austern", „Gitarre" (frz. Lithographien); Deckendekoration im Louvre, Paris

Conrad Beck: „Der Tod von Basel" (Oratorium)

Joachim Ernst Berendt (* 1922): „das jazzbuch" (Entwicklung u. Bedeutung d. Jazzmusik)

Boris Blacher: „Abstrakte Oper Nr. 1". Text v. *W. Egk* in wortloser Lautmalerei

Ernest Bloch (* 1880): Concerto Grosso Nr. 2, Quartett Nr. 3 (nordamer. Instrumental-Musik)

Hans Brehme (* 1904): 2. Symphonie

B. Britten: „Gloriana" (engl. Krönungsoper)

Jacques Chailly: „Die Dame u. das Einhorn" (Ballettmusik z. d. Libretto von *Jean Cocteau*)

Johannes Driessler (* 1921): „Claudia amata" (Oper)

Carl Ebert (* 1887), Regiss. u. Intendant der Glyndbourne-Festspiele (Engl.), wird Intendant der Städt. Oper Berlin

Werner Egk: „Chanson et Romance" (M. nach frz. Prosatexten f. Sopran u. Orchest.) „Die chinesische Nachtigall" (Ballett n. Andersen)

*Nobel*preis f. Physik: *Fritz Zernike* (Niederl., * 1888, † 1966) für Entwicklung des Phasenkontrast-Mikroskops

*Nobel*preis für Chemie: *Hermann Staudinger* (Dtl., * 1881, † 1965) für Erforschung der Makromoleküle

*Nobel*preis f. Medizin: *Hans Adolf Krebs* (Großbrit., * 1900 i. Dtl.) u. *Fritz Albert Lipmann* (USA, * 1899 i. Dtl.) f. Enzymchemie der lebenden Zelle

Walter Baade und *R. Minkowski* identifizieren eine besonders intensive kosmische Radioquelle als zwei zusammenstoßende Milchstraßensysteme (später als irrig erkannt)

A. Buzatti-Traverso entdeckt erbliche Unterschiede der chemischen Zellkomponenten bei der Taufliege Drosophila mit Hilfe der Papierchromatographie

Frank K. Everest erreicht mit Düsenflugzeug 1215,298 km/st. (Überschallgeschwindigkeit)

D. Fraser u. *R. C. Williams* machen im Elektronenmikroskop die Nukleinsäure-Fäden der Bakterienfresser (Phagen) sichtbar (diese Fäden haben die Funktion der Erbsubstanz)

Höhenrekord mit Düsenflugzeug: *Walter F. Gibb* (Großbrit.) mit 19400 m

† *Edwin Powell Hubble*, nordamer. Astronom; erforschte besonders das Reich der milchstraßenartigen Spiralnebel einschl. ihrer Fluchtbewegung (* 1889)

K. Jolly u. *Singer* finden in der Kap-Provinz den „Saldanha"-Schädel eines Menschen aus der letzten Zwischeneiszeit (jüngere Altsteinzeit)

Alfred Kinsey (* 1894): „Sexual behaviour in the human female" („Die Sexualität der Frau"; dieser 2. „Kinsey-Report" beunruhigt mit seinen statistischen Daten noch stärker die Öffentlichkeit, da er die konventionellen Vorstellungen stark verletzt; Methodik und Ergebnisse werden vielfach kritisiert)

A. Krieg: Nachweis eines Bakterienzellkerns mit dem Fluoreszenzmikroskop

E. Wagemann: „Welt von morgen" (volkswirtschaftl. Prognose)

UNESCO-Bericht: Von 2,3 Mrd. Menschen (1951) tragen 700 Mill. Gürtel oder Lendenschurz, 310 leben nackt; 710 Mill. leben in Hütten, 310 ohne festes Obdach

UN-Projekt über die soziale Eingliederung der 6 Mill. Anden-Indianer in Südamerika

Volkseink. d. USA

	1929	1933	1944	1953
Mrd. jew. Doll.	104	56	214	367
Mrd. 1939 Doll.	86	62	157	178
pro Kopf (Kaufkr. 1939)	705	489	1134	1114

Realer Stundenlohn i. d. Industrie d. USA (1929 = 100) 204,6

Zahl d. Gewerkschaftsmitglieder i. USA

1900	868000
1913	2716000
1920	5048000
1929	3443000
1933	2973000
1937	6334000
1945	12725000
1953	17010000

Hohe Behörde d. Montanunion eröffnet gemeinsam. Markt f. Kohle, Eisen u. Stahl

Regelung d. Auslandsschulden d. BRDtl. im Londoner Abkommen: Verbindlichkeiten rd. 14 Mrd.

(1953)

Konflikt um den DGB-Wahlaufruf „Wählt einen besseren Bundestag“
Zahl der Sitze im neugewählten Dt. Bundestag:

CDU/CSU	244
SPD	151
FDP	48
DP	15
Ges. Dt. Bl. BHE	27
Zentrum	2
KPD	0
Zusammen	487

Stichproben ergeben: CDU u. SPD erhielten etwa gleichen Prozentsatz an Stimmen von Wählern unter 30 Jahren; CDU verdankt ihre absolute Mehrheit im Bundestag Frauenstimmen

Bundeskanzler *K. Adenauer* bildet Koalitionsregierung aller Parteien außer SPD:
Vizekanzler *Fr. Blücher* (FDP), Inneres: *G. Schröder* (CDU), Justiz: *Fr. Neumayer* (FDP, bis 1956), Finanzen: *Fr. Schäffer* (CSU), Wirtschaft: *L. Erhard* (CDU), Landw.: *H. Lübke* (CDU), Arbeit: *A. Storch* (CDU), Verkehr: *H. Seebohm* (DP), Post: *S. Balke* (CSU, 1956 Atommin.), Vertriebene: *Th. Oberländer* (BHE), Wohnung: *V.-E. Preusker* (FDP), Bundesrats.Ang.: *H. Hellwege* (DP; ab 1956 *J. Meerkatz*, auch als Justizmin.), Ges.dt. Fragen: *J. Kaiser* (CDU), Familie: *Fr.-J. Würmeling* (CDU), bes. Aufgaben: *R. Tillmanns* (CDU, † 1955), *W. Kraft* (BHE, bis 1956), *H. Schäfer* (FDP, bis 1956), *Fr.-J. Strauss* (CSU; erhält 1955 Atomenergiefragen; 1956 bis 62 Verteidigungsmin.). 1955–56 ist *Th. Blank* (CDU) Verteidigungsminister; Außenmin. ab 1955 *Heinrich von Brentano* (CDU)

† *Ernst Reuter*; sozialist. Politiker; 1948 Oberbürgermeister, 1951 Regierender Bürgerm. von (West-) Berlin (* 1889)

Berliner Abgeordnetenhaus wählt *Walther Schreiber* (CDU) zum Regierenden Bürgermeister (bis 1955, * 1884, † 1958). Bildet Koalitionsregierung aus CDU u. FDP

Fritz Hochwälder (* 1911): „Donadieu“ (österr.-schweiz. Schauspiel)

Claus Hubalek (* 1926): „Der Hauptmann und sein Held“ (satirisches Drama)

Ernst Jünger: „Der gordische Knoten“ (über die Widersprüchlichkeit der Weltgeschichte)

Erhart Kästner (* 1904): „Ölberge, Weinberge“. Ein Griechenlandbuch

Wolfgang Koeppen: „Das Treibhaus“ (krit. Roman um die vorläufige Bundeshauptstadt Bonn)

Karl Krolow (* 1915): „Von nahen und fernen Dingen“ (Naturlyrik)

Pär Lagerkvist: „Aftonland“ (schwed. Lyrik)

Wilhelm Lehmann (* 1882): „Ruhm des Daseins“ (Lyrik)

Mechtilde v. Lichnowsky: „Zum Schauen bestellt“ (Essays)

Th. Mann: „Die Betrogene“ (Erzähl.), „Altes und Neues. Kleine Prosa aus 5 Jahrzehnten“, „Gerhart Hauptmann“ (Essay)

F. Mauriac: „Das Ende der Nacht“ (dt. Ausg. d. frz. Romans v. 1935)

Arthur Miller: „Hexenjagd“ (nordamer. Drama; gegen polit. Verfolgungen gerichtet)

† *Eugene Gladstone O'Neill*, nordam. Dramatiker psycho-analytischer Richtung; *Nobel*preis 1936 (* 1888)

Saint-John Perse (*Alexis Léger* * 1887): „Oeuvre poétique“ (frz. Lyrik)

G. Pohl: „Bin ich noch in meinem Haus? Die letzten Tage G. Hauptmanns“

† *Hendrik de Man*, belg. sozialist. Politiker und Soziologe; emigrierte wegen Vorwurfs der Kollaboration in die Schweiz (* 1885)

Ludwig Marcuse (* 1894, † 1971): „Pessimismus. Ein Stadium der Reife“ (dt.-amer. Philosophie)

† *Richard v. Mises*, österr. Mathematiker u. neopositivist. Philosoph, entw. bes. Wahrscheinlichkeitslehre; zul. in USA (* 1883)

Reinhold Niebuhr (* 1892, † 1971): „Christl. Realismus u. polit. Probleme“ (nordamer. evangel. Theologie)

Ernst Niekisch: „Das Reich der niederen Dämonen“

Beg. der histor.-krit. Gesamtausgabe von *Nietzsches* Werken (korrigiert Verzerrungen des N.-Bildes durch *Elisabeth Förster-N.* (* 1846, † 1935))

Ortega y Gasset: „Meditationen über die Jagd“ (span. Philosophie, dt. Ausg.)

† *Hans Reichenbach*, dt. Philosoph eines logisch. Empirismus (Neopositivismus); zuletzt in USA (* 1891)

J. B. Rhine: „New world of the mind“ (nordamer. Parapsychologie; diese Wissenschaft okkulter Erscheinungen ist nach wie vor umstritten)

Helmut Schelsky (* 1912): „Wandlungen der dt. Familie der Gegenwart. Darstellung und Deutung einer empirisch-soziologischen Tatbestandsaufnahme“

Anna Seghers: „Frieden der Welt“ (Ansprachen und Aufsätze)

Friedr. Sieburg: „Kleine Geschichte Frankreichs“

James Brooks (* 1906): „E-1953" (nordamer. abstrakt. Gem.)

Alexander Calder: „Ein Gong als Mond" (nordamer. Mobile: hängende Gleichgewichtsfigur)

Alexander Camaro (* 1901): „Mädchen am Fenster", „Ein Sommertag" (abstr. Gem.)

Massimo Campigli (* 1895): „Auf dem Balkon" (ital. Gem. in einem naiven Stil)

Giuseppe Capogrossi (* 1900): „Section Nr. 4" (ital. abstr. Gem.)

Bruno Caruso (* 1927): „Phantasie zur Silhouette von New York" (ital. Gem.)

M. Chagall: „Concorde — Die Nacht", „Der Eiffelturm" (russ.-frz. surrealist. Gem.)

C. G. Corneille (* 1922): „Die weiße Stadt" (niederl. abstrakt. Gem.)

Antonio Corpora (* 1909): „Mittelmeerlandschaft" (ital. abstr. Gem.)

Otto Dix: „Wilhelm v. Scholz" (Gem.)

Jean Dubuffet: „Das geschäftige Leben" (frz. Gem.)

† *Raoul Dufy*, frz. Maler eines zeichnerisch betonten, farbenfrohen Stils zw. Im- u. Expressionismus (* 1877)

Egon Eiermann (*1904, † 1970): Matthäus-Kirche, Pforzheim

Gottfried v. Einem (* 1918): „Der Prozeß" (Oper, Text nach *Kafka* von *B. Blacher* u. *H. v. Cramer*)

Wolfgang Fortner: „Der Wald" (Zwischenspiel u. lyrische Szene nach *Federico Garcia Lorca*)

P. R. Fricker: Konzert für Klavier und Orchester, Bratschenkonzert

Harald Genzmer (* 1909): Konzert für Mixtur-Trautonium u. Orchester (Komposition für elektrisches Soloinstrument)

K. A. Hartmann: 6. Symphonie; Konzert f. Klavier, Bläser u. Schlagzeug

Hermann Heiß (* 1897): „Sinfonia atematica" (1950) Urauff.

Pierre Henry u. *Pierre Schaeffer:* „Orphée 53" (frz. Komp. der „Musique concrète")

Hans Werner Henze: „Ein Landarzt", „Das Ende einer Welt" (Funkopern)

Kurt Hessenberg (* 1908): Psalmen-Triptychon

P. Hindemith: „Gesang an die Hoffnung" (Chorwerk, Text von *P. Claudel*); „A Composer's World" (autobiographisch)

† *Charles Ives*, nordamer. Komponist (* 1874)

J. L. Kulp u. *H. L. Volchok* ermitteln mit Hilfe des radioaktiven Kohlenstoffes C 14, daß die kosmische Höhenstrahlung sich seit 35000 Jahren nicht wesentlich änderte

Mazet entdeckt die Höhle Cougnac bei Gourdon mit Malereien aus dem Aurignacien

P. Michaelis: Hohe Mutationsraten mit den radioaktiven Isotopen Phosphor 32 und Schwefel 35 bei Weidenröschen; Nachweis einer Plasmavererbung beim Weidenröschen

Stanley L. Miller (USA) erzeugt durch elektrische Funkenentladungen in einem Gemisch von Wasserstoff, Ammoniak und Methan Aminosäuren, die Bausteine der Eiweiße (wichtiger Beitrag zum Problem der „Urzeugung")

† *Robert Andrews Millikan*, nordamer. Physiker; bestimmte Ladung des Elektrons; *Nobel*preis 1923 (* 1868)

† *Alwin Mittasch*, dt. Katalyseforscher (* 1869)

Auguste Piccard taucht mit seinem Sohn *J. P.* im Tiefseeboot „Trieste" 3150 m im Thyrrhenischen Meer

† *Ludwig Prandtl*, dt. Physiker und Strömungsforscher; lieferte wichtige Beiträge zur Tragflächentheorie (* 1875)

S. I. Rudenko: „Die Kultur der Bevölkerung der Altaivorberge zu skythischer Zeit" (Ergebnisse von Grabungen 1947—51 an Hügelgräbern aus dem —5. bis —4. Jh.; u.a. große Filzwandteppiche mit figürlichen Applikationen)

F. Sanger (* 1918): Struktur d. Insulins n. 15jähriger bahnbr. Arbeit (vgl. 1951)

IV. Internationaler Astronautischer Kongreß in Zürich; *S. F. Singer* legt Pläne für unbemannte künstliche Erdsatelliten vor

Vincent du Vigneaud und Mitarbeiter analysieren und synthetisieren das Hypophysenhinterlappen-Hormon Oxytocin

J. D. Watson und *F. H. C. Crick:* Doppelspiraliges Strukturmodell d. Desoxyribonukleinsäure (DNS),

Bundestag verabschiedet kleine Steuerreform mit Steuersenkungen und Altsparergesetz

Hjalmar Schacht: „76 Jahre meines Lebens" (Autobiographie)

Produktionszahl.:

	USA	USSR	Gr. Br.	Frankr.	
Stahl	100	34	18	10	Mill. t
Kohle	435	288	225	60	Mill. t
Elektrizität	442	132	66	39	Mrd. kWh

Bei gegenüb. 1914 etwa verdoppelter Welttonnage stieg der Anteil der ölgefeuerten u. Motorschiffe auf 87% gegenüber 3,4%; Ölverschmutzung der Meere wird zu einem ernsten Problem

Hochseefährschiff „Deutschland" m. 4000 BRT für 10 D-Zugwagen f. d. Strecke Großenbrode—Gjedser

Vorarbeiten für eine Fernwasserleitung Bodensee—Stuttgart beginnen (für den Raum um Stuttgart wird bis 1980 ein zusätzlich. Wasserbedarf von mindestens 3000 l/sek. erwartet)

Chr. Dior bringt die „Tulpenlinie" i. d. Damenmode. Glockenröcke in d. Damenmode

1. FC Kaiserslautern dt. Fußballmeister

(1953)

Interzonenpässe zw. BRDtl. und DDR werden abgeschafft (hat eine Verstärkung des Reiseverkehrs zur Folge)

Abkommen USSR-DDR in Moskau verkündet: Auflockerung des Besatzungsstatus, Beendigung der Reparationen, Umwandl. sowj. AGs in „Volkseigene Betriebe" (VEB)

W. Semjonow (* 1902): Botschafter der USSR in der DDR bis 1954

Tschuikow als Oberbefehlshaber der sowjetischen Truppen in Dtl. abberufen

Franz Dahlem aus der SED-Parteiführung ausgeschlossen (1956 rehabilitiert)

Chemnitz in Karl-Marx-Stadt umbenannt

Nationalratswahlen in Österreich: ÖVP (christl sozial) 74 (77), SPÖ (Sozialdem.) 73 (67), Unabh. 14 (16), Volksopposition (Kommunist.) 4 (5) Sitze (Vgl. mit 1949). Koalitionsreg. ÖVP u. SPÖ unter Bundeskanzler *Julius Raab* (* 1891, ÖVP) (*R.* bildet auch eine solche Koalitionsreg. n. d. Wahlen 1956).

Frz. Min.-Präs.: *René Mayer* (* 1895, liberal. Radikalsoz.), *Joseph Laniel* (* 1889, PRL = Republ. Freiheitspartei; bis 1954)

Frankreich erkennt Laos (Indochina) als souverän und unabhängig an

René Coty (* 1882) frz. Staatspräs.

Hans Hedtoft (* 1903) bildet nach dem Rücktritt von *Erik Eriksen* in Dänemark sozialdemokr. Regierg. (war schon 1947–50 Min.-Präs.)

Ital. Min.-Präs. *de Gasperi* gestürzt (reg. seit 1945)

Wahlen in Italien: Die Democrazia Christiana erlangt nur 40% d. Stimmen; nach Regierungskrise bildet *Giuseppe Pella* (* 1902) neue Regierung (bis 1954)

Triest-Frage vor dem Sicherheitsrat der UN

† *Mary*, Kgin v. Großbrit. u. Irland; heiratete 1893 d. späteren König *Georg V.* (* 1867)

Marcel Proust (* 1871, † 1922): „Auf der Suche nach der verlorenen Zeit" (dt. Gesamtübertragung v. *E. Rechel-Mertens* beg. zu ersch.)

Wolfdietrich Schnurre (* 1920): „Sternstaub u. Sänfte. Aufzeichnungen des Pudels Ali" (Parodie auf d. Dichter im „Elfenbeinturm", mit Zeichnungen des Autors)

M. A. Scholochow (* 1905) gibt ideolog. veränderte Ausgabe seines Kosakenromans „Der stille Don" heraus (urspr. 1928–1940)

Lothar Schreyer (* 1886, † 1966): „Der Sieg über Tod und Teufel"

Oscar Fritz Schuh (* 1904) übernimmt künstler. Leitung d. Theaters am Kurfürstendamm der Volksbühne Berlin (ab 1958 Generalintendant der Städtisch. Bühnen Köln, ab 1963 General-Intendant in Hamburg)

Dylan Thomas: „Unter dem Milchwald" (Ein „Spiel für Stimmen"; brit. Lyrik, Urlesung in den USA)

† *Dylan Marlais Thomas*, walisischer Dichter; schrieb u.a. „25 Gedichte" (1936), „Death and Entrances" (1945) (* 1914)

W. Weyrauch: „Die Minute des Negers" (Lyrik)

Paul Willems: „Der Bärenhäuter" (fläm. romant.-poet. Schausp.)

Tennessee Williams: „Camino Real" („Die Straße des Lebens"; nordamer. Drama), „Mrs. Stone und ihr römischer Frühling" (dt. Ausg. d. nordamer. Romans)

B. F. Skinner: „Science and Human Behavior" (Wissenschaft und menschl. Verhalten)

K. S. Sodhi u. *R. Bergius*: „Nationale Vorurteile"

Jürgen Spanuth: „Das enträtselte Atlantis" (m. der bestrittenen Hypothese, das versunkene Atlantis liege bei Helgoland)

N. Tinbergen: „Soziales Verhalten bei Tieren" (engl.)

Th. v. Uexküll: „Der Mensch und die Natur. Grundlage einer Naturphilosophie"

† *Alfred Vierkandt*, dt. Soziologe (* 1867)

A. Weber: „Der Dritte oder der Vierte Mensch" (Kultursoziologie)

† *Hildegard Wegscheider*, dt. sozialdemokratische Pädagogin (* 1871)

Günther Weisenborn: „Der lautlose Aufstand" (Bericht über die antinationalsozialist. Widerstandsbewegung nach Material von *Ricarda Huch*)

Richard Wright (* 1908): „Der Außenseiter" (nordam. Negerschriftsteller, begrdt. Bruch mit Kommunismus)

Europäische Konvention d. Menschenrechte in Kraft

Internationale Empfehlung, Mindestalter für Untertagearbeit auf 16 Jahre festzusetzen

Die im Grundgesetz der BRDtl. vorgesehene Frist für die Herstellung der Gleichberechtigung der Frau läuft ergebnislos ab (Gesetz erst 1958)

Handwörterbuch der Sozialwissenschaften beg. zu erscheinen

Max Ernst (* 1891): „Heuschreckenlied an den Mond" (Gem.)

Herbert Ferber (* 1906): „Flache Wandskulptur" (nordamer. abstrakt. Plastik aus Kupfer und Blei)

Sue Fuller (* 1914): „Fadenkonstruktion, Nr. 55" (nordamer. abstrakt - ornament. Arbeit mit Kunststoff-Fäden)

† *Albert Gleizes*, frz. kubist. Maler (* 1881)

Stephen Greene (* 1918): „Die Aufführung" (nordamer. Gem.)

Marcel Gromaire (* 1892): „Zwei Badende" (frz. Gem.)

Renato Guttuso (* 1912): „Proletarischer Held" (ital. Gem. d. „Sozialistischen Realismus")

Etienne Hadju: „Soldaten" (frz., getriebenes Kupferblech)

Karl Hartung (* 1908): „Komposition" (abstr. Zement-Plastik)

Bernhard Heiliger: „Kopf Ganga" (Plastik)

Karl Hofer: „Erinnerungen eines Malers" (Selbstbiogr.); „Lunares" (express. Gem.); „Tänzerinnen" (express. Gem.)

Fritz Jöde (* 1887) wird Leiter des Intern. Instituts f. Jugend- u. Volksmus. (Trossingen)

† *Emmerich Kálmán*, ungar. Operettenkomp., zuletzt in Paris (* 1882)

Giselher Klebe: Sinfonie op. 16 (über ein Thema *Mozarts*, in 12-Tontechnik)

† *Eduard Künneke*, Operetten-Komponist, schrieb u. a.: „Der Vetter aus Dingsda" (* 1885)

Gian Francesco Malipiero (* 1882): Elegia-Capriccio für Orchester

Frank Martin (* 1890, Schweiz): Passacaille für Streichorchester

Bohuslav Martinu: „Komödie auf der Brücke" (Funkoper)

† *John Meier*, dt. Germanist u. Erforscher d. Volksliedes (* 1864)

Olivier Messiaen: „Livre d'orgue" (7 Orgelstücke), „Réveil des oiseaux" (Das Erwachen der Vögel, frz. klangmalende Komposition für Klavier und Orchester)

Darius Milhaud: „David" (Festoper zur 4000-Jahrfeier Jerusalems)

† *Walter Niemann* (* 1876): Komponist, Lehrer und Musikschriftsteller

dieses Modell der Erbsubstanz kann als Begründung der molekularen Genetik gelten (vgl. *Avery* 1943, *Nirenberg* 1965)

Charles E. Yeager erreicht mit Raketenflugzeug Bell X-IA eine Geschwindigkeit von etwa 2570 km/st.

Anton Zischka: „Befreite Energie. Der Menschheitskampf um die Nutzung der Naturkräfte"

Nachweis einer „Wasserstoffbomben"-Explosion (genauer: Kernverschmelzungsbombe auf Lithiumbasis) in der Sowjetunion

USA besitzen Atomgranate

Baubeginn des ersten größeren Atomkraftwerkes in Calder Hall (Großbrit.) (1956 in Betrieb genommen)

Mit dem „Cosmotron"-Protonenstrahl von 2200 Mill. Volt Energie gelingt es in USA, künstliche Mesonen zu erzeugen

12 westeurop. Staaten gründen die Atomkern-Forschungsgemeinsch. CERN (Plan einer Maschine für 25 Mrd. Volt-Protonenstrahl; 1960 in Betrieb)

Elektronische Rechenmaschine mit Trommel-Zahlenspeicher „Mark IV" in USA (solche Maschinen multiplizieren 13stellige Zahlen in 31 millionstel Sekunde)

Durch Einführung von Antibiotika sinkt die Sterblichkeit an tuberkulöser Hirnhautentzündung auf 15% (bis 1946 100%)

Ultraschall in d. Gehirnchirurgie

Korrektur d. astronomischen Entfernungsskala: Spiralnebel sind mindest. doppelt so weit entfernt wie bisher angenommen; damit kommen radioaktives u. Expansions-Alter d. Welt in Übereinstimmung (vgl. 1931, 68, 75)

Mit Hilfe des Mengenverhältnisses der Sauerstoff-Isotope im „Donnerkeil" eines fossilen Tintenfisches gelingt es, die Wassertemperatur des Jurameeres zu bestimmen

In USA gelingt es, ultrakurze Radiowellen von nur 1,37 mm Wellenlänge herzustellen (1951: 2,3 mm)

Die Reaktion von Mäusen und Affen in abgeschossenen Raketen

Luftrennen London—Neu Seeland (19700 km): Sieger *Roland Burton* in 23 St. 51 Min. im Düsenbomber (damit schrumpft die größte irdische Entfernung auf eine Tagesreise zusammen)

Erstbesteigung d. höchsten Berges d. Erde, Mt. Everest (8882 m) durch *E. P. Hillary* (Neuseeland) u. den Sherpa *Tensing* (Nepal) zu Ehren d. Krönung d. Kgin. *Elisabeth II.*

Dt.-österr. Willy-Merkl-Gedächtnisexpedition unter Ltg. v. *K. M. Herligkoffer* (BRDtl.): *H. Buhl* (Österr.) ersteigt den Nanga Parbat (8125 m) im Alleingang

Florence Chadwick (USA) erreicht mit 14 St. 42 Min. neuen Rekord für Durchschwimmung des Ärmelkanals von England nach Frankr. (kürzeste Zeit für andere Richtung 1950 v. *Abd el Rehim* (Ägypt.) mit 10 St. 49 Min.)

† *William Tatum Tilden* („Big Till"), nordamer. Tennisweltmeister; ab 1930 Berufsspieler (* 1893)

In den USA kommen auf 100 Mill. Personen/km mit
Auto 1,8 Tote
Autob. 0,08 Tote
Eisenb. 0,1 Tote
Flugz. 0,35 Tote

(1953)			
	Die Krönung d. Kgin. *Elisabeth II.* v. Großbrit. u. Nordirland wird glanzvoll gefeiert und findet, unterstützt durch moderne Nachrichtentechnik einschl. Fernsehen, weltweites Interesse *Churchill* schlägt „Locarno-Politik" (kollektive Sicherheit) zur internationalen Entspannung und Treffen der „Großen Vier" auf „höchster Ebene" vor (kommt 1955 in Genf zustande) *Churchill* Ritter des Hosenbandordens *W. Churchill:* „Der 2. Weltkrieg" (brit. Memoiren; 6 Bde, seit 1948) † *Klement Gottwald*, tschechischslowak. Kommunist; 1946–48 Min.-Präs., seit 1948 Staatspräs. (* 1896) *Antonin Zapotocky* (* 1884), tschechoslowak. Staatspräs. *Viliam Siroky*, tschechoslowak. Min.-Präs. *Imre Nagy* (* 1896) kommunist. ungar. Min.-Präs. (b. 1955); vertritt nach dem Rücktritt *Rakosis* den „Neuen Kurs" (dann aus der kommunist. Partei ausgeschlossen, 1956 rehabilitiert, 1958 zusammen mit *Maleter* hingerichtet: löst · Weltprotest aus) *Urho Kekkonen* (* 1900), finnischer Min.-Präs. seit 1950 tritt zurück; *Sakari S. Tuomioja* finn. Min.-Präs. bis 1954 Neun russische Ärzte verhaftet wegen Verdachts an *Schdanows* Tod schuldig zu sein; werden nach *Stalins* Tod freigelassen † *Josef Wissarionowitsch Stalin*, russ. Bolschewist; erreichte nach *Lenins* Tod durch blutige Verfolgungen die diktatorische Macht in der USSR (1923 Generalsekretär der Partei, später höchste Staatsämter); unter seiner Herrschaft wurde die USSR zur zweitstärksten Industriemacht und im „Kalten Krieg" zum mächtigen Gegenspieler der USA (* 1879). Nach seinem Tod beginnt ein „Neuer Kurs" in der Sowjetpolitik, dessen Ziel und Bedeutung umstritten bleibt; der Stalinkult wird erst langsam, dann auf und nach dem 20. Parteitag der KPdSU (1956) offen verurteilt	1. Intern. Kongreß der Freunde des Volkstheaters in Berlin 12050 Buchtitel in USA veröffentl. (dar. mehr als 463 Taschenbücher) Ges. üb. d. Verbreitung jugendgefährdender Schriften in der BRDtl. *G. v. Rezzori* (* 1914): „Maghrebinische Geschichten" (Erzählungen)	*Lomonossow*-Universität in Moskau eröffnet (240 m hoch, 45000 Räume) Oxforder Philosophie d. Umgangssprache Kulturabkommen USA–BRDtl. Papst ernennt 23 Kardinäle (dar. 9 Italiener, 2 Franzosen, 2 Spanier, 1 Nordamerik., 1 Brasilianer, 1 Ire, 1 Jugosl., 1 Deutscher, 1 Pole, 1 Kanadier, 1 Inder, 1 Kolumbianer, 1 Ecuadorianer). Dt. Kardinäle sind die Erzbischöfe von München *Joseph Wendel* und von Köln *Joseph Frings* Römisches Prätorium aus dem 4. Jh. bei Erdarbeiten in Köln entd.

Emanuel Jacob (* 1917): „Statische Komposition" (schweiz. abstr. Gem.)

Willem de Kooning (* 1904): „Frau und Fahrrad" (nordamer. Gem.)

Ibram Lassaw (* 1913): „Feuersäule" (nordamer. abstrakte Bronze)

Le Corbusier: Pilgerkapelle Notre-Dame du Haut in Ronchamp (im Zuge der „religiösen Erneuerung" f. d. Dominikaner-Orden; eingew. 1955)

F. Léger: „Die Landpartie" (frz. realist. Gem.)

Giacomo Manzù (* 1908): „Stehender Kardinal" (ital. Plastik)

Marcello Mascherini: „Kauernde", „Tänzerin" (ital. express. Bronzen)

† *Erich Mendelsohn*, dt. Architekt; seit 1941 in San Franzisko (* 1887)

Mies van der Rohe: Entwurf zum Mannheimer Theater (wird nicht ausgeführt)

Luciano Minguzzi: „Akrobatin am Trapez" (ital. Bronze)

Harry Mintz (* 1907): „Die brütende Stadt" (nordamer. Gem.)

Mirko (al. *Basaldella*, * 1910): „Stimmen" (ital. abstr. Bronze)

Luigi Nono (* 1924): „Epitaph auf Federico Garcia Lorca" (ital. Komposition in 3 Teilen für Solostimmen, Sprecherin, Sprechchor, Chor und Orchester)

Carl Orff: „Trionfi". Szenisches Triptychon aus „Carmina burana", „Catulli carmina" und „Trionfo di Afrodite" (letzteres szenisches Konzert in einem Bild, Liebesgedichte in der Ursprache von *Catull*, *Sappho*, *Euripides*), „Astutuli" (bayer. Komödie)

Mario Peragallo (* 1910): Violinkonzert (ital. Komposition in 12-Tontechnik)

Goffredo Petrassi (ital. K., * 1904): „Récréation concertante", 3. Konzert für Orchester

Ildebrando Pizzetti: „Cagliostro" (Oper)

† *Sergej Prokowjew*, russ. Komponist; 1948 wegen „dekadenten westlichen Formalismus" politisch verurteilt, 1951 *Stalin*preis; schrieb u. a. 7 Sinfonien, 5 Klavierkonzerte, Opern, Ballette (* 1891)

S. Prokowjews Oper „Krieg und Frieden" nach *Tolstoi* in Florenz uraufgeführt

werden in USA registriert und photographiert; der Zustand zeitweiser Schwerelosigkeit wird gut überstanden

Zeitdauer zwischen Isolierung und Strukturaufklärung chem. Stoffe:

Morphin	1805–1925
Chinin	1820–1907
Ajmalin	1932–1954
Reserpin	1952–1954

Großversuche mit Grünalgen als Lieferant von Nährstoffen (Erträge von 20 t Trockensubstanz pro ha geschätzt)

Diffusions-Vakuumpumpe mit 50000 l pro Sekunde Pumpleistung (USA)

BOA - Comet - Düsenverkehrsflugzeug London—Dakar—Rio de Janeiro 9650 km mit 4 Stops in einer Flugzeit von 12½ Stunden

Dt. Motorschiff „Santa Teresa", komb. Frachter u. Fahrgastschiff für 28 Passagiere mit 9000 BRT

Etwa 50% der Lokomotiven in USA sind Diesellokomotiven

In Dtl. verkehren Leichtbau-FT-Züge aus 3 Wageneinheiten und 800-PS-Dieselmotor mit 120 km/st. Höchstgeschwindigkeit

Erste Autokarosserien aus Kunststoff (Polyesterharz)

Messerschmidt-Kabinenroller

Unterirdische Großgarage f. 2000 Wagen in 3 Stockwerken in Los Angeles

125 m hoher Wolkenkratzer mit 30 Stockwerken mit Außenwänden und Stockwerk-Decken aus Aluminium in Pittsburgh (USA)

Aluminium-Flugzeughalle in Hatfield (Großbrit.) 100 × 66 m, 16,8 m Höhe.

Schwarzwaldhalle in Karlsruhe mit Hängedach (freie Spannweite 71 m)

Schweden baut erste Hochspannungs-Gleichstrom-Übertragungsanlage: Leistung von 10000 kW mit 100 kV über 100 km

Elektrizitätswerk, das Temperaturunterschiede des Meereswassers mit wachsender Tiefe ausnutzt, an d. frz. Elfenbeinküste (etwa 10000 kW)

Ein Sabena-Verkehrsflugzeug explodiert bei Frankfurt/Main: 44 Tote

BOA-Comet-Düsenverkehrsflugzeug stürzt im Sturm nahe Kalkutta ab; 43 Tote

Bei Tokio verunglückt ein „Globemaster"-Flugzeug: 129 USA-Soldaten getötet (bis dahin schwerstes Flugzeugunglück)

Auf Neuseeland stürzt Zug von einer Brücke: über 155 Tote und Vermißte

Engl. Fährboot „Princess Victoria" sinkt i. d. Irischen See (133 Tote)

Türkisches U-Boot sinkt nach Kollision mit schwed. Frachter (81 Tote)

Schwere Sturmflut an der Nordsee tötet in NW-Europa 1794 Menschen

Schwere Erdbeben suchen griech. Inseln heim

Tornado-Serie tötet 132 Menschen in Michigan und Ohio (USA)

Die 3köpfige engl. Familie *Drummond* in der Provence ermordet aufgefunden (*Gaston Dominici* wird zum Tode verurteilt; d. Strafe wegen seines Alters v. 80 Jahren nicht vollstreckt)

Erste Grüne Welle im Straßenverkehr (i. München)

(1953)

Georgi M. Malenkow (*1902) Min.-Präs. der Sowjetunion und kurzzeitig Generalsekretär d. Kommunist. Partei (tritt 1955 zurück); *Nikita N. Chruschtschow* (*1894, † 1971) Generalsekretär d. KPSU; *Molotow* Außenmin. u. stellvertr. Min.-Präs. (tritt 1956 kurz vor einem Besuch *Titos* in Moskau zurück)

Parteitag d. KPSU (B); stimmt der Nachfolge *Stalins* zu

† *Lawrentij Berija* (hingerichtet), seit 1938 Volkskommissar der NKWD i. d. USSR, seit 1945 Marschall, seit 1946 stellvertr. Min.-Präs. u. Mitgl. d. Politbüros (* 1899). (Es wird vermutet, daß er als einer d. mächtigsten Männer das kollektive Führungssystem der neuen Sowjetregierung gefährdete)

J. A. Malik Botschafter der USSR in London

Malenkow: USSR besitzt Wasserstoffbombe (1 Jahr später als USA; *Oppenheimer:* USA und USSR gleichen 2 giftigen Skorpionen in einer Flasche)

Wiederaufnahme diplomat. Beziehungen zw. USSR u. Jugoslawien

USSR verzichtet auf alle territorialen Forderungen gegenüber der Türkei (betrifft bes. Dardanellendurchfahrt)

D. D. Eisenhower bildet seine parteirepublikan. Regierung: Äußeres: *John Foster Dulles* (* 1888, † 1959), Finanzen: *G. M. Humphrey*, Verteidigung: *Ch. E. Wilson*, Generalstaatsanw.: *H. Brownell jr.*, Post: *A. E. Summerfield*, Inneres: *D. McKay*, Landwirtsch.: *E. T. Benson*, Handel: *S. Weeks*, Arbeit: *M. Durkin* (tritt 1954 zurück, weil Gewerkschaften mit Reg.-Politik unzufrieden)

Eisenhower schlägt vor der UN Bildung eines internationalen friedlichen Atom-Pools vor

Julius und *Ethel Rosenberg* wegen Atomspionage für die USSR in USA hingerichtet (verurteilt 1951; hatten sich geweigert, zur Rettung ihres Lebens Einzelheiten preiszugeben)

Waffenstillstand in Korea; das Land bleibt im wesentlichen längs des 38. Breitengrades geteilt in nordkor. Volksrepublik u. südkor. „Republik Korea" unter Präs. *Syngman Rhee*. Internationale Kommission überwacht Waffenstillstand (33417 Gefallene bei den UN-Streitkräften; die große Zahl getöteter Koreaner ist nicht genau festgestellt)

S. Rhee läßt nordkoreanische Kriegsgefangene frei, um Kriegsgefangenenabkommen von Pan Munjon zu vereiteln

Eisenhower, *Churchill* u. *Laniel* treffen sich auf Bermuda, um westl. Außenpolitik zu koordinieren; beschließen Annahme der sowj. Einladung zur Außenminsterkonferenz; halten an NATO und EVG fest

† *Robert Alphonso Taft*, nordamer. Senator (Republikaner); Gegner d. Macht d. Gewerkschaften (* 1889)

Earl Warren (* 1891) Chefrichter des Obersten Gerichtshofes d. USA

Theodore H. White: „Fire in the ashes. Europe in the mid-century" (nordamer. Analyse der europ. Situation)

Wahlen in Israel bestätigen Regierungskoalition zwischen gewerkschaftl.-sozialdemokrt. Mapai und Zionisten

Min.-Präs. *Ben Gurion* tritt zurück; Nachfolger wird d. bish. Außenmin. *Moshe Sharett*

UN-Sicherheitsrat tadelt Israel für Überfall auf Kibia (Jordanien)

Ägypten wird Republik; General *Nagib* wird Präsident und Premier (letzteres bis 1954)

Brit.-ägypt. Sudanabkommen: Wahlen und Entscheidungsfreiheit für den Sudan

Höhepunkt der Kämpfe mit dem Mau-Mau-Neger-Geheimbund in der brit. Kolonie Kenia

Joan Miró: „Der Blumenstengel stößt an den Mond", „Die rote Scheibe in der Verfolgung der Lerche" (span. surrealist. Gem.)

Henry Moore: „Mutter und Kind", „König und Königin", „Drei stehende Figuren", „Krieger" (engl. Plastiken)

Ennio Morlotti (* 1910): „Landschaft" (ital. abstr. Gem.)

Walter Murch (* 1907): „Nähmaschine" (nordamer. naturalist. Gem.)

Ben Nicholson (* 1894): „30. September 1953. Blauer Staub" (engl. abstrakt. Gem.)

Nowicki u. *Deitrick:* Messehalle in Raleigh (USA)

Max Pechstein: „Aufkommende Flut" (Gem.)

† *Francis Picabia,* frz. Maler; Dadaist, Surrealist u. abstrakter Maler (* 1879)

P. Picasso: „Kopf einer lesenden Frau", „Weibliches Brustbild", „Der Raucher" (span.-frz. Gem.); „Mann und nackte Frau" (Tuschzeichnung); „Ziegenschädel auf einem Tisch" (Radierung); „Vase mit Blumen" (span.-frz. Bronzeplastik); „Struppige Taube" (Keramik)

Picasso-Ausstellung in Rom u. Mailand

Edouard Pignon (* 1905): „Schwarzer Akt" (frz. Gem.)

Helge Roswaenge (* 1897): „Lache Bajazzo" (Lebenserinnerungen eines Tenors)

Matyas Seiber (* 1905): „Elegie für Bratsche und kleines Orchester" (ungar.-engl. Kompos. im Mischstil aus Tonalität und 12-Tontechnik)

Karlheinz Stockhausen (* 1928): „Elektronische Studie I" (Komposition für elektrisch erzeugte reine Töne [Sinusschwingungen])

Igor Strawinsky: „Septett" (für 3 Bläser, 3 Streicher und Klavier), „Cantata" (Sopran, Tenor, Frauenchor und kl. Ensemble)

Ralph Vaughan Williams: 7. Sinfonie („Südpolsinfonie", engl. Komposition f. gr. Orchester m. Glokken, Vibraphon, Windmaschine, Orgel, textlose Frauenstimmen)

Bernd Aloys Zimmermann (* 1918): Cello-Konzert (in 12-Tontechnik)

Populäre Schlager: Mäcki-Boogie, Bravo, beinah' wie Caruso, Bim-Bam-Baby

Entdeckung von gravierten Felsbildern in der Addaura-Höhle bei Palermo (Sizilien); u.a. Kulttanz-Darstellung aus dem späten Magdalénien

Frz. Ausgrabung der elamitischen Stadt Dur-Untashi mit einem bis zur 3. Terrasse erhaltenen Turmtempel (Ziggurat) aus dem −13. Jh.

Fund einer kegelförmigen Goldbekleidung einer Kultsäule bei Etzeldorf-Buch (Landkr. Nürnberg) aus der Zeit ≈ −1000, aus einem einzigen Blech getrieben, mit geometrischen Ornamenten

Erforschung d. einstigen Wikingerhafens Haithabu b. Schleswig aus der Zeit des 9. u. 10. Jh. n. Chr.

Die öffentliche Hand finanzierte die Wissenschaft pro Kopf der Bevölkerung in mit

USA	71,00 DM
Großbrit.	27,00 DM
Schweden	10,70 DM
BRDtl.	8,80 DM

Mit der Strukturaufklärung d. Erbsubstanz (DNS) (*Watson* u. *Crick*) u. d. Insulin-Moleküls (*Sanger*) erreicht die molekulare Biologie einen Höhepunkt

(1953)

Unruhen in Marokko führen zur Absetzung des Sultans *Sidi Mohammed V.* (seit 1927) durch Frankr. und zu seiner Ersetzung durch *Sidi Mohammed ben Mulai Arafa* (1955 kehrt der alte Sultan zurück)

M. Mossadegh löst in Iran das Parlament auf; der Schah flieht, kehrt zurück u. läßt *Mossadegh* verhaften (*M.* wird zu 3 Jahren Gefängnis verurteilt)

Zahedi iran. Min.-Präs. (bedeutet Einlenken gegenüber Großbrit. im Ölkonflikt)

Faisal II. (* 1935) wird volljährig und König vom Irak (1958 in der Revolution gestürzt und getötet)

† *Ibn Saud*, Kg. v. Saudi-Arabien seit 1926; entwickelte sein Land mit Hilfe d. 1933 gegr. Arabian American Oil Company (* 1880), Nachfolger wird sein Sohn *Saud* (* 1903)

Liberale bleiben stärkste Partei in Japan und bilden Regierung unter *Joschida*

Konferenz der sozialistischen Parteien Asiens in Rangoon (bilden von Europa unabhängige Organisation)

Mohammed Ali Min.-Präs. von Pakistan

Jackson Pollock: „Grayed Rainbow", „Die Tiefe" (nordamer. abstr. Gem.)

Erich F. Reuter (* 1911): „Prophet" (Plastik)

Germaine Richier: „Stierkampf" (frz. symbol. Bronzeplastik)

H. Schädel: St. Kilians - Kirche, Schweinfurt (repräsentativ f. d. modernen kathol. Kirchenbaustil)

Schelling: Schwarzwaldhalle, Karlsruhe (Stahlbeton-Hängedach)

Karl Schmidt-Rottluff: „Schwindender Schnee" (express. Gem.)

Paul Schneider: Oberirdische Großgarage für 500 Wagen in Düsseldorf

Ernst Schumacher: „Wattenmeer" (express. Gem.)

Gustave Singier (* 1909): „Paseo triste" (belg.-frz. abstrakt. Gem.)

Pierre Tal-Coat (* 1905): „Lumière affleurante" (frz. abstrakt. Gem.)

Bradley Walker Tomlin (* 1899, † 1953): „Nr. 10—1952/3" (nordamer. abstrakt. Gem.)

Victor de Vasarely (* 1908): „Zombor" (ungar.-frz. abstrakt. Gem.)

Emilio Vedova: „Im Kreise der Natur" (ital. abstrakt. Gem.)

Robert Vickrey (* 1926): „Allerheiligen-Maske" (nordamer. realist. Gem.)

Maria Helena Vieira da Silva (* 1908): „Eiserne Brücken" (portug. abstr. Gem.)

Jacques Villon (* 1875): „Normannischer Bauernhof", „Ländl. Rhythmus" (frz. abstrakt. Gem.)

F. Vordemberge-Gildewart (* 1899): „Komposition Nr. 198" (ndl. abstrakt. Gem.)

Fritz Winter (* 1905): „Große Komposition (Wandlung)", „Stilles Zeichen" (abstrakt. Gem.)

Wright: Entwurf f. *Guggenheim*-Museum in New York

„40000 Jahre moderne Kunst" (Ausstellung über prähistorische u. primitive Malerei i. Paris, 1955 in Köln)

Warschau restauriert (seit 1951) stilgetreu den alten Markt

Sowjetunion baut in Warschau „Kulturpalast" (im „Zukkerbäckerstil" der *Stalin*-Zeit)

---

† *Carl Froelich*, dt. Filmregisseur seit 1913 (* 1875)

„Weg ohne Umkehr" (Film mit *Ruth Niehaus* und *René Deltgen*, Regie: *Victor de Kowa*)

„Königliche Hoheit" (Farbfilm nach *Thomas Mann*, Regie: *Harald Braun* (* 1901), Darsteller: *Ruth Leuwerik*, *Matthias Wiemann*, *Dieter Borsche* u.a.)

„Nanga Parbat" (dt.-österr. Expeditionsfilm, Kamera: *Hans Ertl*)

„Der goldene Garten" (farbiger Dokumentarfilm von Kalifornien v. *Hans Domnick*)

„Die Bettler-Oper" (engl. Film, Regie: *Brook*)

„From Here to Eternity" („Verdammt in alle Ewigkeit", nordamer. Film, Regie: *Fred Zinnemann*, mit *Burt Lancaster*, *M. Clift* u. a.)

„Ein Herz und eine Krone" („Roman Holiday", nordamer. Film, Regie: *William Wyler* (* 1902), Darsteller: *Audrey Hepburn* (* 1929), *Gregory Peck* (* 1916) u. a.)

„Das Gewand" (nordamer. Film, erster abendfüllend. Spielfilm für Cinemascope-Breitwand, Regie: *Henry Koster*, Darst.: *Richard Burton*, *Jean Simmons* u. a.)

„Die Wüste lebt" (nordamer. farbiger Dokumentarfilm v. *Walt Disney*)

„This is Cinerama" (nordamer. Farbfilm auf Rundhorizont (3 Projektoren) mit Stereoton u. starken Raumeffekten)

„Rom – Station Termini" (ital. Film, Regie: *Vittorio de Sica* [* 1902], Darst.: *Jenifer Jones* [* 1919], *Montgomery Clift* [* 1920, † 1966])

„Schwurgericht" (frz. Film, Regie: *André Cayatte*)

Die ersten plastisch. Spielfilme erscheinen (beruhen meist auf Verwendung der Polarisationsbrille u. setzen sich nur langsam durch)

~ Besonders die nordamer. Filmind. beginnt unter Ausnutzung technischer Neuerungen in einen heftigen Konkurrenzkampf mit dem Fernsehen zu treten

Filmwissenschaftl. Gesellschaft und Dt. Institut f. Filmkunde gegrdt. (nach Vorbild. d. 1946 gegrdt. Institut de Filmologie in Paris)

435 Kulturfilme in Dtl. (diese Filmgattung hat noch nicht wieder ihre frühere Höhe erreicht)

1954

Friedens*nobel*pr. an Flüchtlingsorg. d. UN

Berliner Konferenz d. „Großen Vier", vertreten durch d. Außenmin. *Dulles*, *Eden*, *Mendès-France*, *Molotow*: Kein Ergebnis i. d. Dtl.-Frage; Verabredung über Indochina-Konferenz in Genf

Pariser Verträge sehen Wiederbewaffnung d. BRDtl. vor; Frankr. erlangt dabei Vorteile in seiner Position an der Saar

Dt. Bundestag billigt Wehrergänzung zum Grundgesetz

Theodor Heuss wird von der in Berlin tagenden Bundesversammlung mit großer Mehrheit zum 2. Male zum Bundespräsidenten gewählt

Streikwelle in der BRDtl. mit Höhepunkt im bayer. Metallarbeiterstreik

Landtagswahlen in Bayern ergeben folg. Mandate (zum Vgl. 1950): CSU 84 (64), SPD 61 (63), FDP 13 (12), Bayern-P. 27 (39), BHE 19 (26) (ab 1955 Koalitionsregierung aller Parteien gegen CSU)

Koalitionsregierung unter *K. Arnold* (CDU) in Nordrhein-Westf. (wird 1956 gestürzt und durch eine Koal.Reg. unter *F. Steinhoff* (SPD) ersetzt)

Wahl zum Abgeordnetenhaus in Westberlin (z. Vgl. 1950): SPD 64 (61) Sitze, CDU 44 (34) Sitze, FDP 19 (32) Sitze (ab 1955 SPD-CDU-Koalitionsregierung. Reg. Bürgerm. *Otto Suhr* (SPD, * 1894, † 1957); Präsident d. Abgeordnetenhauses *Willy Brandt* (SPD; * 1913)

Kuratorium „Unteilbares Deutschland" gegr.

„Volkswahl" mit Einheitsliste in der DDR (amtl. Ergebnis: fast 100 % Ja-Stimmen)

† *Hermann Ehlers*, dt. Politiker; seit 1950 Präsident d. Dt. Bundestages, seit 1952 2. Vors. d. CDU (* 1904); Präsident d. Dt. Bundestages wird *Eugen Gerstenmaier* (CDU, * 1906)

† *Hermann Höpker-Aschoff*, Präsident d. Bundesverfassungsgerichts (* 1883). Sein Nachfolger wird *Josef Wintrich* (* 1891)

*Nobel*preis f. Literatur: *Ernest Hemingway* (USA)

Friedenspr. d. dt. Buchhandels an *Carl Jacob Burckhardt* (Schweiz, * 1891)

Georg-Büchner-Preis für *Martin Kessel*

*Hansischer Goethe*preis f. *Thomas Stearns Eliot*

Fontane-Preis (Berlin) für *Albert Vigoleis Thelen*

Prix Goncourt für *Simone de Beauvoir* „Die Mandarins von Paris" (frz. Nachkriegsroman)

† *Jacinto Benavente*, span. Bühnendichter; *Nobel*preis 1922 (* 1866)

† *Colette* (eig. *Gabrielle de Jouvenel*), frz. Schriftstellerin; schrieb sinnenfrohe u. sinnliche Romane (* 1873)

Tilla Durieux: „Eine Tür steht offen" (Autobiographie)

Reinhard Federmann (* 1923): „Romeo und Julia in Wien" (Roman)

Chr. Fry: „Das Dunkel ist licht genug" (engl. Schauspiel)

† *Thea v. Harbou*, dt. Schriftstellerin (* 1888)

Hugo Hartung (* 1902): „Ich denke oft an Piroschka" (Roman)

Aldous Huxley: „The Doors of Perception" („Die Pforten der Wahrnehmung", schildert Erlebnisse unter d. Einfluß des Rauschgiftes Mescalin, empfiehlt es als „Erlösung von der Ichgebundenheit")

„Im Rasthaus. 32 Erzählungen aus dieser Zeit", ausgewählt von *Walther Karsch* (* 1906, † 1975), mit Beiträgen von *H. G. Adler* (* 1910), *Stefan Andres* (* 1906)

Th. W. Adorno: „Essays zur Kulturkritik und Gesellschaft"

A. Anastasi: „Psychologische Teste" (engl., schon 1946 gab es über 5000 Begabungstestverfahren)

† *Gertrud Bäumer*, dt. Frauenrechtlerin und Schriftstellerin (* 1873)

M. Bleuler: „Endokrinologische Psychiatrie" (hormonale Psycholog.)

Ritchie Calder: „Menschen gegen Dschungel" (nordamer. Schilderung der UN-Hilfe in Asien)

I. L. Child: „Socialization" (pädagogische Sozialpsychologie)

E. W. Dürr: „Wesen und Ziele des Ordo-Liberalismus" (im Sinne d. sozialliberalen Neoliberalismus von *W. Eucken* [* 1891, † 1950])

Egon v. Eickstedt (* 1892, † 1965): „Atom und Psyche" (Versuch einer atomaren Deutung psychischer Phänomene)

F. M. Feldhaus: „Die Maschine im Leben der Völker"

B. Fruchter: „Einführung in die Faktorenanalyse" (engl., statistische Psychologie)

S. J. Gerathewohl: „Die Psychologie des Menschen im Flugzeug"

H. Geyer: „Über die Dummheit" (essayistische Studie über das dumme Verhalten bei niedriger, normaler u. hoher Intelligenz)

Bernh. Grzimek (* 1909): „Kein Platz f. wilde Tiere" (f. d. Tierschutz i. Afrika)

Afro: „Zusammenstoß", „Knabe mit Truthahn" (ital. abstrakte Gemälde)

Josef Albers (*1888): Studien zu „Ehrung an das Viereck: Apodiktisch und Mittelwort" (dt.-nordamerik. abstr. Gem.)

Leo Amino (*1911): „Geschöpf aus der Tiefe" (nordamer. Plastik aus durchsichtigem Kunststoff)

Karel Appel: „Kopf und Fisch", „Wildes Pferd" (niederl. express. Gemälde)

Kenneth Armitage: „Quadratische Figur" (engl. abstrakt. Bronzerelief)

Eduard Bargheer (*1901): „Netzträger" (kubist. Gem.)

Willi Baumeister: „Wachstum 2" (Gem.)

P. Baumgarten: Konzertsaal der Hochschule für Musik in Berlin

Roger Bissière (*1888): „Komposition" (frz. abstrakt. Gem.)

Georges Braque: Farbradierungen zur „Theogonie" des *Hesiod* (erscheint mit weiteren 16 Radierungen von 1930/32 und griechischem Text)

James Brooks: „T-1954" (nordamer. abstrakt. Gem.)

Carlyle Brown: „Die rote Kammer" (nordamer. Gem.)

S. Dali: „Brennende Giraffe" (span. surrealist. Gem.)

Joseph Ahrens (*1904): Konzert für Orgel u. Bläser

† *Peter Anders* (*1908), dt. Tenor

Henk Badings (holl. Komponist, *1907): Scherzo fantastique (Orchestermusik)

Lennox Berkeley (engl. Komponist, *1903): „Nelson" (Oper)

Karl Böhm (*1894): Direktor d. Wiener Staatsoper

† *Walter Braunfels* (*1882), dt. Komp. bekannt durch s. Oper „Die Vögel"

Hans Brehme (*1904): Klavierkonzert Nr. 2, op. 58

Benjamin Britten: „The Turn of the Screw" (Oper)

Aaron Copland (USA, *1900): „The Tender Land" (Oper) Urauff.

Ernst v. Dohnányi: „Amerikanische Rhapsodie" (für Orchester)

Gottfried von Einem (*1918): „Meditationen, op. 18", „Glück, Tod und Traum" (Ballett)

Wolfgang Fortner: „Mouvements für Klavier und Orchester" (Komposition in Zwölftontechnik)

W. Furtwängler: „Ton und Wort" (Aufsätze und Vorträge)

*Nobel*preis für Physik: *Max Born* (Großbrit., *1882, † 1970) für statistische Deutung der Quantentheorie (1926) und *Walther Bothe* (Dtl., *1891) f. Zählung atomarer Teilchen mittels der Geigerzähler-Koinzidenzmethode (seit 1929)

*Nobel*preis f. Chemie: *Linus Carl Pauling* (USA, *1901) bes. f. d. Arbeiten über die Struktur von Eiweißmolekülen

*Nobel*preis f. Medizin: *John F. Enders* (USA, *1897), *Thomas H. Weller* (USA, *1915), *Frederick C. Robbins* (USA, *1916) f. d. Züchtung d. Viren der Kinderlähmung in Zellen außerhalb des Tierkörpers (erspart teure Versuche an Affen)

C. Arambourg findet bei Mascara (Ternifine) in Nordafrika zwei urmenschl. Unterkiefer, aus dem Chelléen-Acheuléen; haben große Ähnlichkeit mit dem Peking-Menschen; jener Mensch wird Atlanthropus benannt

Butenandt und *Karlson* stellen „Ecdyson" als erstes Insekten-Hormon kristallisiert dar; 1/100000 mg löst Häutung aus

† *Hugo Eckener*, dt. Luftschiffkapitän, erlebte Höhepunkt u. Niedergang d. Luftschiffahrt (*1868)

Edwin Fels: „Der wirtschaftende Mensch als Gestalter der Erde" (Wirtschaftsgeographie)

Elsa M. Felsko u. *H. Reimers:* „Blumen-Atlas" (300 erläuterte Aquarelle d. mitteleuropäischen Flora; seit 1950)

† *Enrico Fermi*, ital. Physiker, seit 1939 in den USA; erforschte besonders die Einwirkung von Neutronen auf Atomkerne; schuf ersten Atomreaktor; *Nobel*preis 1938 (*1901)

† *Walter Grotrian*, dt. Astrophysiker; untersuchte bes. Sonnenspektrum am Einsteinturm bei Potsdam (*1890)

E. C. Hammond und *D. Horn* finden erhöhte Sterblichkeit, Krebs- und Herzgefäßerkrankungs-Todesfälle bei Zigarettenrauchern

Hans Harmsen: Starke UKW-Strahlung verschiebt Geschlechtsverhältnis bei Ratten und Mäusen

Die USA haben
6% der Weltbevölkerung
60% aller Automobile
58% aller Telefone
45% aller Radios
34% aller Eisenbahnstrecken;
und verbrauchen:
56% aller Seide
53% allen Kaffees
51% allen Gummis;
sie produzieren:
62% allen Öls
53% allen Maises
50% aller Baumwolle
43% allen Eisens
34% aller Kohle
32% allen Kupfers
32% aller industriellen Güter

Rund 100 Mill. Kraftfahrzeuge a. d. Erde (ohne Motorroller u. Mopeds). Davon 62% Personenwagen, 20% Lastwagen, 18% Militärfahrz., Schlepper, Motorräder.
USA: 48,0 Mill. Pkw, 9,6 Mill. Lkw, Busse
BRDtl. 1,3 Mill. Pkw, 0,52 Mill. Lkw, Busse

General Motors produziert d. 50-millionsten Kraftwagen

Stagnierende Wirtschaftskonjunktur in den USA (wird 1955 durch neuen Aufschwung abgelöst; 1956/1958 neue Stagnation, „Recession")

(1954)

Konstantin v. Neurath (*1873, †1956), früher Reichsaußenmin. u. Reichsprotektor, vorzeitig aus der im Nürnberger Prozeß zuerkannten Gefängnishaft entlassen

Der Leiter des Verfassungsschutzamtes der BRDtl. *Otto John* (* 1909) geht am Abend d. 20. Juli in die DDR, um von dort gegen die „neonazistische Gefahr" zu kämpfen (flüchtet 1955 in die BRDtl zurück, wird wegen Verdachts des Landesverrats verhaftet u. verurteilt)

Der CDU-Bundestagsabgeordnete *Wittmack* flüchtet aus der BRDtl. in die DDR

Herbert Lüthy: „Frankreichs Uhren gehen anders" (Kritik an Frankreichs Politik)

Pierre Mendès-France (Radikalsozialist (* 1907), frz. Ministerpräsident und Außenminister (bis 1955); nimmt eine energische Außen- und Sozialpolitik in Angriff

Aufstand in Algerien (führt in den Folgejahren zu einem erbitterten Kleinkrieg zwischen Frankreich und der algerischen Bevölkerung, 1958 zu einer schweren Staatskrise und einer Regierung *de Gaulle*)

Schwere Unruhen in Frz.-Marokko

Frz. Min.-Präs. *Mendès-France* gibt bei einem Blitzbesuch in Tunis dem Bei Zusicherungen für innere Selbständigkeit Tunesiens

† *Léon Jouhaux*, frz. Gewerkschaftsführer; bekämpfte kommunist. Einfluß; Friedens*nobel*preis 1951 (* 1879)

Brüsseler Konferenz der Außenmin. v. Frankr., BRDtl., Belgien, Niederl., Luxemburg, Italien über den EVG-Vertrag scheitert

Frz. Parlament verwirft Vertrag f. d. Europäische Verteidigungsgemeinschaft (EVG), der 1953 vom Dt. Bundestag ratifiziert wurde (wird vielfach als schwerer Rückschlag f. d. europäische Integration gewertet)

Neue Verfassung in Ghana (Goldküste) (1957 wird Ghana souveränes Mitgl. d. brit. Commonwealth)

Weltreise der brit. Königin

Josef M. Bauer (* 1901), *Hans Bender* (* 1919), *Alfred Berndt* (* 1920), *Albert Bosper* (* 1913), *Hans G. Brenner* (* 1903), *Günter Eich* (* 1907), *Geno Hartlaub* (* 1915), *Hugo Hartung* (* 1902), *Wilhelm Jacobs* (* 1915), *Walter Jens* (* 1923), *Martin Kessel* (* 1901), *Ernst Kreuder* (* 1903), *Kurt Kusenberg* (* 1904), *Helene Lahr* (* 1894), *Siegfried Lenz* (* 1926), *Lorenz Mack* (* 1917), *Carl H. Möhle* (* 1926), *H. E. Nossack* (* 1901), *R. Pilchowski* (* 1909), *Julia Pons* (* 1923), *Egon Reim* (* 1895), *Ernst Schnabel* (* 1913), *Wolfd. Schnurre* (* 1920), *W. v. Scholz* (* 1874), *Hermann Stahl* (* 1908), *Gerhard Thimm* (* 1899), *Werner Tilger* (* 1924), *Georg v. d. Vring* (* 1889), *Annem. Weber* (* 1918), *Lotte Wege* (* 1904)

Hermann Kasack wird Präsident der Dt. Akademie für Sprache und Dichtung

Niko(laos) Kazantzakis: „Freiheit oder Tod" (dt. Übertragung d. griech. Romans)

Th. Mann: „Bekenntnisse des Hochstaplers Felix Krull" (Schelmenroman; unvoll. Ergänzg. d. Fragments von 1922)

William Somerset Maugham: „Ten novels and their authors" (behandelt die nach seiner Ansicht 10 bedeutendsten Romane d. Weltliteratur: *H. Fielding*: „Tom Jones", *J. Austen*: „Stolz u. Vorurteil", *E. Brontë*: „Sturmhöhe", *Ch. Dickens*: „David Copperfield", *H. de Balzac*: „Vater Goriot", *Stendhal*:

Billy Graham organisiert i. d. USA evangel. Massenversammlungen (besucht in den folg. Jahren London, Berlin, New York u. a. Plätze; erhält wegen seiner Sprechweise den Spitznamen „Maschinengewehr Gottes"); bekommt Preis der Heilsarmee

Musikclown *Grock* (Dr. h. c. *Adrian Wettach*) zieht sich v. d. Bühne zurück

R. G. Hinckley u. *L. M. Herrmann*: „Gruppenbehandlung i. d. Psychotherapie"

W. Hollmann: „Lungentuberkulose und psychische Situation" (psychosomatische Medizin)

K. Jaspers — *R. Bultmann*: „Die Frage der Entmythologisierung"

Friedr. Georg Jünger: „Die Sprache" (in „Die Künste im techn. Zeitalter")

Max Gustav Lange (* 1899): „Totalitäre Erziehung. Das Erziehungssystem der Sowjetzone Deutschlands" (kritische Darstellung)

Handbuch der Sozialpsychologie (engl., Herausgeber: *G. Lindzey*)

M. Mead: „Mann und Weib" (nordamer. Geschlechtspsychologie)

† *Friedrich Meinecke*, dt. liberaler Historiker; bes. Beiträge zur Ideengeschichte (* 1862)

J. L. Moreno: „Die Grundlagen der Soziometrie"

Hermann Muckermann: „Vom Sein und Sollen des Menschen" (Anthropologie v. katholischen Standpunkt)

Alberto Burri: „Rot und Sackleinen" (ital. Komposition von Sackleinen auf Baumwolle), „Alles Schwarz II" (ital. Komp. aus Baumwolle, Seide, Leim und Farbe auf Kunststoff)

Reg Butler: „Mädchen Hemd ausziehend", „Der Handwerker" (engl. Bronzen)

Massimo Campigli (* 1895): „Diabolospieler" (ital. kubist. Gem.)

Giuseppe Capogrossi: „Oberfläche Nr. 106" (ital. ovales abstrakt. Gem.)

Carlo Carra: „Frauen am Meer", „San Lorenzo al Mare" (ital. Gem. des „Archaischen Realismus")

Lynn Chadwick: „Zwei tanzende Figuren" (engl. Plastik)

Marc Chagall: „Die roten Dächer", „Sonntag" (russ.-frz. surrealist. Gem.)

William Congdon (* 1912): „St. Germain" (nordamer. Gem.)

Leonardo Cremonini (* 1925): „Mann ein Pferd fesselnd" (ital. express. Gem.)

Georg Creutz: „Auf dem Bahnsteig" (Holzschnitt)

Roberto Crippa (* 1921): „Erinnerung an Igorrotes" (ital. Gem.)

† *André Derain*, frz. Maler d. Expressionismus und Kubismus (* 1880)

† *Wilhelm Furtwängler*, dt. Dirigent und Komponist (* 1886)

Karl Amadeus Hartmann: Konzert f. Bratsche und Orchester

Hans Werner Henze: „Ode an den Westwind" (Kompos. f. Cello u. Orchester)

† *Clemens Krauss*, österr. Dirigent; leitete seit 1924 Frankfurter, 1928 Wiener, 1934 Berliner u. 1936–45 Münchner Oper (* 1893)

Ernst Křenek: 2. Violinkonzert, „Pallas Athene weint" (Oper)

Rolf Liebermann: „Penelope" (schweiz. Oper, Text von *Heinrich Strobel*), „Concerto for Jazzband and Symphony Orchestra" (Jump, Blues, Boogie Woogie und Mambo in strenger Zwölftontechnik)

Bruno Maderna (ital. Komponist, * 1921): Serenata

Frank Martin: Konzert für Cembalo u. Orchester, Urauff.

Bohuslav Martinu: „Die Heirat" (Oper n. Gogol), Urauff.

Gian-Carlo Menotti (* 1911): „Die Heilige v. d. Bleecker Street" (ital.-nordamer. Oper)

Georges Houot und *P. Willm* erreichen mit dem Tauchschiff („Bathyskaph") FNRS 3 im Atlantik eine Tauchtiefe von 4050 m

K. Kenyon und *Garrod* graben in Jericho, Palästina (Kohlenstoffalter von Tonwaren zeigt Übergang zum Ackerbau um ≈ −5000)

† *Fritz London*, dt. theoret. Physiker, zuletzt in USA; klärte u. a. mit *Heitler* die physikalische Natur der chemischen Bindungskräfte (* 1900)

Paul Niehans (*1882, + 1971): „Die Zellulartherapie" (Ergebnisse der Behandlung mit Frischzellen)

Charles Oberlin: „Der Krebs" (frz., betont Entstehung durch Virus-Infektion)

Hans Peter: „Mathematische Strukturlehre des Wirtschaftskreislaufes"

Gerh. Schramm (* 1910, † 1969): „Die Biochemie der Viren" (grundlegende Forschungsergebnisse am Tabakmosaik-Virus)

Gregory Pincus und *John Rock* (USA) entd. pharmazeutische Grundlage der „Antibaby-Pille" (Verkauf ab 1960 i. d. USA, ab 1962 i. d. BRD)

W. Schröck-Vietor u. *Streil* führen Siebbestrahlung in die dt. Röntgentherapie ein (seit 1950 in den USA; ermöglicht größere Röntgendosen)

1. Dreistufenbombe der USA am 1. März (hat mit etwa 20 Mill. t TNT-Wirkung mehr Sprengkraft als alle Sprengmittel der bisherigen Menschheitsgeschichte zusammen; dieser Typ der „schmutzigen Bombe" verursacht weltweite radioaktive Verseuchung)

In Hiroshima zeigte sich seit der Atombombenexplosion 1945 eine Erhöhung der angeborenen Mißbildungen von 1% auf 12% (in Dtl. stieg diese Zahl bis 1949 etwa auf 3 bis 4%)

Kernphysiker in den USA erzeugen und entdecken die Elemente 99 „Einsteinium" und „Fermium" 100 (zerfallen radioaktiv und waren daher „ausgestorben")

Zahl der bekannten chemischen Elemente:

Um Chr. Geb.	9	1869	63
1500	12	1900	84
1700	14	1954	100
1800	33		

J. Tinberger: „International economic integration" (nordamer. Theorie einer Weltwirtschaft)

Durchschnittliche Arbeitsz. p. Woch.

in BRDtl.	48,6
Großbrit.	46,3
Frankr.	44,5
USA	39,7

Streik d. öffentl. Betriebe in Hamburg

In Hamburg läuft größter Tanker mit 47000 t f. d. griech. Millionär *Onassis* v. Stapel

Großbrit. hebt die letzte Lebensmittelrationierung auf

Säuglingssterblichkeit in ‰ (z. Vgl. 1920)

Schweden	18,5 (61,4)
Niederl.	21,1 (74,4)
Großbrit.	26,4 (79,2)
USA	26,6 (76,7)
Schweiz	27,0 (70,3)
Frankreich	36,5 (97,1)
BRDtl.	42,9 (127,2)
Österreich	48,2 (141,6)
Italien	52,9 (128,8)
Portugal	86,0 (152,8)

Lebensstandard im Nahostgebiet als Sozialprodt./Kopf in Dollar:

Iran	77
Jordanien	108
Irak	126
Syrien	132
Ägypten	135
Libanon	274
Israel	595
USA (z. Vgl.)	2240

(1954)	Nach Ablehnung der EVG beschließt Londoner Neunmächtekonferenz Aufnahme der BRDtl. und Italiens in den Brüsseler Pakt von 1948 (ursprüngl. Defensivbündnis gegen etwaigen deutschen Angriff) *Ralf Toerngren* (schwed. Partei) finn. Min.-Präs. einer Koalitionsregierung † *Alcide De Gasperi*, ital. christl.-demokr. Staatsmann, 1945—1946 Außenmin., 1945—53 Min.-Präs. (*1881) *Mario Scelba* (Democrazia Christiana) bildet in Italien Regierung der Mittelparteien Lösung der Triester Frage: Hafen Triest zu Italien, Hinterland zu Jugoslawien Militärpakt zw. Jugoslawien, Griechenland u. d. Türkei: „Balkanpakt" Wahlsieg d. Demokrat. Partei d. Türkei Außenminister d. USSR *Molotow* besucht die DDR und schlägt den Abzug aller Besatzungstruppen vor; USSR fordert Viermächtekonferenz über Europa; Westmächte verlangen Verhandlungen über Deutschland und europäische Sicherheit † *Andrej Wyschinski*, sowj. Politiker; Außenminister seit 1949 (*1883) USA-Vizepräsident *Nixon* fordert Truppeneinsatz in Indochina (geschieht nicht) Frankreich verliert Dien Bien Phu im Indochina-Krieg Genfer Asienkonferenz unter Beteiligung der Volksrepublik China legt den Indochinakonflikt bei: Teilung in Nord- und Südindochina; spätere Wahlen vorgesehen Südostasien-Vertrag (SEATO) im Rahmen der UN zwischen USA, Großbrit., Frankr., Austral., Neuseeland, Pakistan, Thailand, Philippinen. Richtet sich gegen etwaige kommunist. Aggressionen *Mao Tse-tung* (*1893) wird nach Annahme der Verfassung endgültig zum Präsidenten der chines. Volksrepublik gewählt	„Rot und Schwarz", *G. Flaubert*: „Madame Bovary", *F. Dostojewski*: „Die Brüder Karamasow", *L. Tolstoi*: „Krieg und Frieden", *H. Melville*: „Moby Dick") *François Mauriac*: „L'agneau" (frz. Roman, dt. „Das Lamm") *Henri de Montherlant*: „Port-Royal" (frz. Schauspiel) *Gerhard Nebel*: „Phäakische Inseln" (Reisebuch) † *Nexö* (eig. *Martin Andersen*), dän. kommun. Dichter, zuletzt in der DDR (*1869) *Wolf v. Niebelschütz* (*1913): „Robert Gerling" (Roman) *Vera Panowa*: „Jahreszeiten" (russ. gesellschaftskrit. Roman; wird nach 2 Monaten des Erfolges als „kleinbürgerlich" verurteilt) *Theodor Plievier*: „Berlin" (Roman, 3. Tl. der Kriegstrilogie Moskau-Stalingrad-Berlin) *John Patrick*: „The Teahouse of the August Moon" („Das kleine Teehaus", nordamer. Lustspiel aus d. Besatzungszeit in Japan) *Ezra Pound*: „Fisch und Schatten" (Ausw. nordamer. Ged. mit Übers. v. *Eva Hesse*) *J. B. Priestley*: „The magicians" („Die Zauberer", engl. Roman), „Take the Fool away" („Nehmt den Narr hinweg", engl. Roman) *Terence Mervyn Rattigan* (*1911): „An Einzeltischen" (engl. Schauspiel)		Heiligsprechung von *Pius X.*, Papst 1903—14 *Luise Rinser* (*1911): „Die Wahrheit über Konnersreuth" (krit. Psychologie) *Hugh J. Schonfield*: „Authentisches Neues Testament" (Versuch einer textlichen Rekonstruktion durch Rückübersetzung aus dem Griechischen in das Althebräische) *Albert Schweitzer*: „Das Problem" (*Nobel*preis-Rede; betont die Notwendigkeit individueller moralischer Verantwortung) *O. Semmelroth*: „Maria oder Christus? Christus als Ziel der Marienverehrung" (kathol.) *E. Spranger*: „Der unbekannte Gott" *V. v. Weizsäcker*: „Natur und Geist" *Richard Wright*: „Schwarze Macht" (zur afrikan. Revolution von einem nordamer. Negerschriftst. u. Exkommunist) „Das große Bildungswerk. Ein Handbuch zum Selbststudium" (2 Bde. b. 1955; Hersg. *W. H. Westphal*) Weltkirchenkonferenz i. Evanston mit 163 nichtkathol. Kirchengemeinden aus 48 Nationen: Bezeichnet Christentum und Kommunismus als unvereinbar, aber nebeneinander existierbar; lehnt Atomwaffen und Rassentrennung ab Kathol. Kirchentag in Fulda (50000 Gäste aus der DDR) Vatikan unterbindet Tätigkeit der frz. „Arbeiterpriester" wegen politischer Radikalität (wirkten seit 1943)

O. Dix: „Mädchen mit Herbststrauß" (express. Gem.)

Jean Dubuffet (* 1901): „Der Vagabund" (frz. Gem.)

E. Eiermann: Matthäus-Kirche, Pforzheim (ev. mod. Kirchenbau)

Edgar Ende (* 1901): „Engel der Passion" (surrealist. Gem.)

Max Ernst: „Einsam" (abstr. Gem.)

Herbert Ferber: „Grüne Skulptur II", „Skulptur mit langem Dach" (nordamer. abstr. Plastiken aus Kupfer und Blei)

Werner Gilles (* 1894): „Landschaft" (kubist. Gem.), „Fischfang" (Aquarell)

Fritz Glarner (* 1899): „Relational Painting" (schweiz. abstr. Gem.)

Emilio Greco: „A. Bernhard" (ital. Porträtplastik)

Etienne Hadju (* 1907): „Die jungen Mädchen" (frz., getriebenes Aluminiumblech)

Adolf Hartmann: „Richard Scheibe" (Porträtgem.)

Hans Hartung (* 1904): „Komposition" (abstrakt. Gem.)

Bernhard Heiliger: „Figuren in Beziehung", „Ernst Reuter" 2. Fassung (Plastiken)

† *Werner Heldt*, dt. expressionist. Maler (* 1904)

Marcel Mihalovici: „Die Heimkehr" (Oper), Text n. *Maupassant* v. *K. H. Ruppel*

Darius Milhaud: „La Rivière Endormie" (franz. Komp. der „Musique concrète" mit Geräuschen)

Luigi Nono: „Der rote Mantel" (ital. Ballett, f. Berliner Festwochen)

Mario Peragallo (ital. Komponist, * 1910): „La gita in campagna" (D. Ausflug aufs Land), Oper, Urauff.

Günther Raphael (* 1903): 5. Symphonie

Hermann Reutter (* 1900): „Die Witwe v. Ephesus" (Kurz-Oper), „Die Brücke von San Luis Rey" (Oper n. *Th. Wilder*)

Henri Sauguet (* 1901): „Les Caprices de Marianne" (Oper)

Arnold Schönberg: „Moses u. Aaron" (unvoll. hinterlass. Oper), konzertante Urauff. NWDR Hamburg, 1. szen. Auff. 1957 i. Zürich

Dimitri Schostakowitsch (russ. Komponist, * 1906): 10. Symphonie

† *Oscar Straus*, österr. Operettenkomponist (* 1870)

USA-U-Boot „Nautilus" mit Kernenergieantrieb für etwa 40 Mill. Dollar erbaut (unterfährt 1958 die Eisdecke des Nordpols)

USSR betreibt erstes Atomkraftwerk mit 5000 kW elektrischer Leistung

Künstlich-radioaktive Strahlungsquelle aus Cobalt 60 mit 10 kg Radium-Äquivalenz

Bevatron in Berkeley (Kalifornien) liefert Protonenstrahlen von 5 Mrd. Volt

Die Wanderung radioaktiver Schwaden mit einem Strahlstrom in etwa 10 km Höhe über 8000 km in 12 Tagen wird nachgewiesen

Die Toleranzdosis für Dauerbestrahlung mit Röntgenstrahlen wird auf ein Fünftel erniedrigt (von 1,5 Röntgen pro Woche auf 0,3; für Keimzellen werden 0,03 für zulässig angesehen)

USA-Rakete erreicht 250 km Höhe

Die Firma *J. Lyons & Co.*, London, verwendet elektronische Rechenmaschine LEO für Büroarbeiten (rechnet und druckt u. a. 15000 Lohnzettel in 6 Stunden; leistet 280 Multiplikationen 10stelliger Faktoren in einer Sekunde)

Erster Versuch einer elektronischen Übersetzungsmaschine (russisch-englisch) in den USA

Vollautomatische Maschinenstraße für Zylinderblöcke in den Opel-Werken in Rüsselsheim versieht täglich 680 Blöcke mit über 100000 Bohrungen

Kürzeste elektrotechnisch erzeugte Ultrakurzwelle: 0,77 mm (1953: 1,37 mm). Erzeugung und Verwendung längster Ultrarotwellen bis 1,4 mm (damit ist die Lücke zwischen Ultrarot und Ultrakurzwellen überbrückt)

Intensive Erforschung des Planeten Mars bei seiner Erdnähe: neues blaugrünes Gebiet in einer früheren „Wüste" (wird als niederer Pflanzenwuchs gedeutet)

Totale Sonnenfinsternis, u. a. in Südskandinavien, gibt Anlaß zu zahlreichen Beobachtungen bes. d. Corona (ist vom Wetter nicht begünstigt)

Energieverbrauch in Europa (ohne USSR) in kWh pro Einwohner und Jahr:

	Insgesamt	dav. feste Brennst.
1954	4710	3600
1937	3910	3450
1925	3180	2950

(von 1925 bis 1954 erhöhte sich der Anteil der Petroleum-Produkte v. 3,5% auf 14,6%, d. Wasserkraft v. 2,8% auf 7,9%)

„Die Dt. Presse 1954" (i. d. BRDtl. u. Westberlin gibt es 1403 Zeitungen mit tägl. 16 Mill. Exemplaren, i. d. DDR 274 Ztgn. mit tägl. 2,3 Mill. Exemplaren)

In den USA gibt es 1786 Zeitungen m. tägl. 59 Mill. Exemplaren

In USA gibt es 440 Fernsehstationen und 31,7 Mill. Fernsehempf. (1946: 5 bzw. 8000; 1949: 100 bzw. 4 Mill.; 1951: 108 bzw. 15,8 Mill.), etwa 125 Mill. Radioempfänger in etwa 50 Mill. Heimen

Die Fernsehübertragung der Fußballweltmeisterschaft gibt dem Fernsehen in Dtl. einen starken Impuls

(1954)

Artillerie-Duelle zw. der Volksrepublik China u. Nationalchina

Internationales Konsortium schließt Ölvertrag mit Iran (Ende des Ölstreites seit 1951)

In Ägypten wird *Nagib* durch *Nasser* gestürzt; *Gamal Abd el Nasser* wird Minister- u. Staatspräsident (*1918, † 1970). Ägypt.-brit. Vertrag auf Basis der Räumung der Suezkanalzone.

Staatsbesuch des Kaisers v. Äthiopien *Haile Selassie* in Bonn

USA greifen in innenpolitische Auseinandersetzungen in Guatemala ein, wo der United Fruit-Konzern bedeutende Interessen hat

Präsident *Eisenhower* kündigt Initiative des Westens im Kalten Krieg an

Der Atomphysiker *J. Robert Oppenheimer* (* 1904, † 1967), der entscheidend an der Entwicklung der Atombombe mitarbeitete, wird in USA vom Dienst als Berater der Regierung ausgeschlossen, „weil er keinen Anspruch mehr auf das Vertrauen der Regierung ... hat, weil ihm grundsätzliche charakterliche Mängel nachzuweisen sind" (weltweite heftige Diskussionen; später rehabilitiert)

Fernsehsendungen der Untersuchungen des *McCarthy*-Ausschusses über „unamerikanische" Umtriebe (vermindern die Popularität *M.s.)*

Auf dem Hintergrund einer Wirtschafts-Stagnation erlangt die Demokratische Partei d. USA unter einer parteirepublikan. Regierung Mehrheit im Senat und Repräsentantenhaus (unterstützen mehrfach Präs. *Eisenhower* gegen rechten Flügel seiner Partei)

Nach den Kongreßwahlen in USA geht der Einfluß des parteirepublikan. Senators *McCarthy* (* 1909, † 1957), der mit umstrittenen Methoden wahre oder vermeintliche Kommunisten verfolgte, merklich zurück (seit 1947 Senator von Wisconsin)

Präs. *Eisenhower* schlägt vor der UN internationale Gemeinschaft zur friedlichen Nutzung der Atomenergie vor

---

† *Erik Reger* (eig. *Hermann Dannenberger*), dt. polit. Schriftsteller; Mitbegr. u. Chefredakt. d. Westberl. Ztg. „Der Tagesspiegel" seit 1945 (* 1893)

Hans J. Rehfisch (* 1891): „Der Kassenarzt" (Schauspiel)

Françoise Sagan (* 1935): „Bonjour tristesse" (frz. Roman)

Edzard Schaper (* 1908): „Der Gouverneur" (poln.-schweiz. Erz.)

Reinhold Schneider: „Die Sonette von Leben und Zeit, dem Glauben und der Geschichte" (relig. Lyrik; Sch. erhält 1956 den Friedenspreis des dt. Buchhandels)

Ina Seidel (* 1885): „Das unverwesliche Erbe" (Roman)

J. Steinbeck: „Wonniger Donnerstag" („Sweet Thursday"; nordamer. Roman, Forts. v. „Die Straße der Ölsardinen" v. 1945)

Hans Venatier (* 1903): „Der Major und die Stiere" (Roman der Besatzungszeit)

Thornton Wilder: „Die Heiratsvermittlerin" (amer. Lustspiel, nach „Einen Jux will er sich machen" von *Nestroy*, 1842)

Marguerite Yourcenar: „Electre ou La chute des Masques" (belg. Roman)

A. M. Julien grdt. „Pariser Festspiele" (ab 1956 als „Theater der Nationen") mit Gastspielen aus aller Welt

Vers. mit elektronischer Sprachübersetzung russisch-englisch (i. USA)

Dt. evangelischer Kirchentag in Leipzig (wird zu einer gesamtdt. Begegnung; rd. 500000 Teilnehmer)

Evangelisches Soziallexikon

Oberster Gerichtshof d. USA verfügt Aufhebung der Rassentrennung („Desegregation") i. d. öffentl. Schulen (führt zu ernsten Auseinandersetzungen in d. Südstaaten)

USSR führt *Todesstrafe* für Mord wieder ein (war 1947 abgeschafft, 1950 für Hochverrat, Spionage und Sabotage wiedereingeführt)

John Heliker (*1909): „East River" (nordamer. abstr. Gem.)

Heinrich Heuser: „Grüne Konsole" (Gem.)

Karl Hofer: „Harfenspielerin" (express. Gem.)

W. R. Huth: „Der Künstler u. s. Frau", „Rote Kreuzigung" (express. Gem.)

Franz Kline (*1910): „Malerei Nr. 2" (nordamer. abstrakt. Gem.)

Berto Lardera (*1911): „Nächtl. Begegnung" (ital.-frz. abstr. Plastik aus Metall)

Ibram Lassaw: „Die Planeten" (nordam. symbolist. Bronze)

† *Henri Laurens*, frz. kub. Bildh. (*1885)

Fernand Léger: „Akrobat u. Pferd" (frz. kubist. Gem.)

Dietmar Lemcke (*1930): „Stadt" (Gem.)

Jack Levine (*1915): „Wahlnacht" (nordamer. Gem.)

Seymour Lipton: „Sturmvogel" (nordamer. abstr. Plastik aus Nickelsilber)

G. Marcks: „Hokkender Kranich", „Almtanz" (Plast.)

Marcello Mascherini: „Erwachender Frühling", „Orfeo" (ital. express. Plastiken)

Georges Mathieu (*1921): „Die Kapetinger" (frz. abstr. Gem. i. ein. intuitiven Stil)

† *Henri Matisse*, frz. express. Maler; Begründ. d. „Fauvismus" (* 1869)

Igor Strawinsky: „In Memoriam Dylan Thomas" (Komposition für Tenor, Streichquartett und 4 Posaunen)

Heinr. Sutermeister (Schweiz, * 1910): Requiem, 2. Klavierkonzert, Urauff.

Arturo Toscanini, zuletzt in New York, legt den Dirigentenstab nieder

† *Herm. Freiherr v. Waltershausen* (dt. Komp., * 1882): bekannt d. s. Oper „Oberst Chabert"

Bernd A. Zimmermann (dt. Komp., * 1918): „Darkey's darkness" (Trompetenkonzert), Konzert f. Violoncello u. Orchester

Populäre Schlager: Drei Münzen im Brunnen, Boogie für Geigen, Vaya con Dios

~ Pop-Musik: Rock and Roll; bes. *Elvis Presley* (*1935 USA)

P. M. S. Blackett erkennt die Bedeutung der Magnetisierung der Mineralien für die Analyse der Erdgeschichte (Paläomagnetismus; wichtiger Schritt für die Entw. der Plattentektonik; vgl. 1970)

Der 8. gefangene Quastenflosser (Krossopterygier) kann 20 Stunden lebend beobachtet werden

Dän. Forschungsschiff „Galathea" findet in 3950 m Tiefe Weichtiere, die sich 1956 als mit der scheinbar vor 350 Mill. Jahren ausgestorbenen Monoplacophora-Gruppe identisch erweisen

Internationaler Gerontologischer Kongreß in London (untersucht Probleme des menschlichen Alterns)

Königsbett mit Elfenbeinskulpturen in Ugarit (Nordsyrien) gefunden (≈ −1200)

Vollständig erhaltene Sonnenschiffe in der Nachbarschaft der Cheops-Pyramide (Ägypt.) gefunden

Keltisches Fürstinnengrab bei Reinheim aus der Zeit um −400 entd.: offener Armreif mit Sphinx-Vorderkörpern erweist Kontakt der Kelten mit dem gräco-skythischen Kulturbereich

Ausgrabung eines frühchristlichen Kuppelgrabes bei Centcelles (Tarragona); großes Kuppelmosaik mit heidnischen und christl. Motiven (vermutl. ≈ 340)

Mithras-Tempel im Zentrum Londons ausgegraben

Eröffnung des Flugverkehrs auf der Strecke Kopenhagen—Los Angeles auf der kurzen Polarroute (27 St.)

Nordamer. Transkontinentalflug Los Angeles—Floyd Bennett Field, N. Y., in 4 St. 6 Min. 16 Sek. (960 km/St.)

Comet II-Düsenverkehrsflugzeug fliegt London—Khartum (Sudan), 4950 km, in 6 St. 22 Min., Nonstop-Flug

Düsenflugzeug TU 104 in d. USSR (wird auch als Verkehrsmaschine benutzt)

T 43-Panzer (USA): 54 t, 12-cm-Geschütz, 810-PS-Motor

T 54-Panzer (USSR): 40 t, 10-cm-Geschütz

Lichtsetzmaschine Linofilm in USA (Drucksatz entsteht optisch auf einem Film)

Verbesserte Abstrahlung des Klangspektrums in Rundfunkempfängern („Raum-" oder „3-D-Klang")

Teilstrecke Taischet—Ust Kut der Eisenbahnlinie n. Komsomolsk am Amur i. d. USSR eröffnet

Der frz. Modeschöpfer *Dior* proklamiert die knabenhafte „H-Linie" f. d. Frauenmode

Verregneter Sommer in Mitteleuropa

R. G. Bannister (Gr. Brit.) läuft die Meile (1609,3 m) in 3:59,4 („Traummeile", weil unter 4 Min.)

Heinz Fütterer läuft 100 m in Weltrekordzeit 10,2 Sek.

Emil Zatopek (Tschechoslowak.) hält alle Laufweltrekorde zw. 5000 und 30000 m

Fußballmannschaft der BRDtl. gewinnt in Bern Weltmeisterschaft über Ungarn

Hannover 96 dt. Fußballmeister

Fußball-Toto i. d. BRDtl. setzt 477 Mill. DM um (1949: 96,2 Mill. DM)

USSR erlangt Eishockey - Weltmeisterschaft gegen Kanada

Erstersteigung des K 2-Gipfels (8611 m) im Karakorum (vgl. 1979)

(1954)	1. Versuch mit einer atomaren 3-Stufen- oder Superbombe im Pazifik durch die USA: 23 jap. Fischer werden in 130 km Entfernung durch radioaktiven Staub verletzt (man berechnet, daß 70 solcher Bomben ganz Dtl., in den Grenzen von 1937, zerstören und gefährlich vergiften könnten) † *Getulio Vargas*, diktator. Präsident Brasiliens 1930–45, 1950–54, durch Selbstmord wegen Zwang zum Rücktritt durch das Offizierkorps (* 1883)	Der „Index Translationum" der UNESCO mit 21000 Autorennamen bzw. Buchtiteln zählt f. Dtl. 1804 Übersetzungen, Tschechoslowakei 1467, Frankr. 1452, Polen 1342, Ital. 1116, Israel 1071, Japan 1063, als Länder mit den meisten Übers. aus Fremdsprachen	100 Tote bei einem Zugzusammenstoß in Pakistan BOA-Comet-Düsenverkehrsflugzeuge stürzen über Elba (35 Tote) und bei Capri (21 Tote) ab (führt zur Zurückziehung dieses Typs und zu umfangreichen Untersuchungen, die Konstruktionsmängel aufdecken) Eine KLM-Super-Constellation stürzt auf Irland in d. Shannon-Fluß: 28 Tote trotz mutiger Rettungstätigkeit einer Stewardess Lawinen töten in den Alpen etwa 150 Menschen Schweres Erdbeben auf griech. Inseln Überschwemmungs-Katastrophe in Ostbayern und Thüringen Am Dachstein (Alpen) finden 11 dt. Schulkinder und 2 Lehrer bei einem Wettersturz den Tod durch Erfrieren Erstbesteigung des K 2 (Mount Godwin Austen) i. Karakorum-Gebirge, 8611 m (zweithöchster Berg der Erde), durch die Italiener *Achille Compagnoni* u. *Lino Lacedelli*

Luciano Minguzzi: „Männl.Torso" (ital. Bronze) „Seilspring. Frau" (ital. Bronze-Plastik)

Mirko: „Architekt. Element" (ital. abstr. Skulptur aus Messingblech)

H. Moore: „Krieger mit Schild" (engl. Plastik)

Giorgio Morandi (* 1890): „Stillleben" (ital. Gem.)

Mattia Moreni (*1920): „Das Geschrei der Sonne" (ital. expr. Gem.)

Robert Motherwell (*1915): „Fische m. rotem Streifen" (nordamer. Gem.)

Ernst Wilh. Nay (*1902): „Rhythmen i. Purpur u. Grau"; „Karos u. grüne Scheiben" (abstr. Gem.)

Rolf Nesch (*1880): „Hahn" (Gem.)

Bemard Perlin: „Colosseum" (n.-amer. Gem.)

M. Picard: „Die Atomisierung i. d. modernen Kunst" (schweiz. Kunstkritik)

Pablo Picasso: „Sylvette", „Madame Z." (span.-frz. kub. Porträtgem.); „Gauklerfamilie" (Litho); „Clown m. Spiegel u. nackte Frau" (Tuschzeichn.); „Zeichner u. Modell", „Frau u. alter Mann", „Affe als Maler" (Zeichngn.); „Vase m. Künstlern" (bemalte Keramik)

P. Picasso: „Wort u. Bekenntnis" (ges. Zeugnisse u. Dichtungen)

Alton Pickens (*1917): „Henry Hope mit Familie" (nordamer. natur. Gem.)

Edouard Pignon: „Jasmin-Pflücker" (frz. Gem.)

Ad Reinhardt (*1913): „Nr. 24 – 1954" (n.-amer. abstr. Gem.)

José de Rivera: „Schwarz u. Blau" (nordamer. Aluminiumplastik)

Helmut Rogge (*1924): „Oben u. unten" (Plastik)

Mark Rothko (*1903): „Ohne Titel" (nordamer. abstr. Gem.)

Alfred Russel (*1904): „Diana u. Kallisto" (n.-amer. Gem.)

† *Josef Scharl*, dt. Maler eines realist. gemäßigten Expressionismus (*1893)

Gérard Schneider (*1896): „Komposition" (frz. abstr. Gem.)

Ernst Schumacher: „Ischia" (expr. Gem.)

William Scott: „Sitzende Figur" (brit. abstrakt. Gem.)

Honoré Sharrer: „Rose Callahan u. Kind" (nordamer. Gem.)

Gustave Singier: „La blonde" (frz. abstrakt. Gem.)

Franz Heinr. Sobotka u. *Gustav Müller:* Hörsaalgeb. u. Biblioth. d. Fr. Univ. Berlin (seit 1952)

Pierre Soulages (*1919): „Komposition", „3. April 1954" (frz. abstr. Gem.)

Horst Strempel: „Frau mit Krug" (express. Gem.)

Graham Sutherland: „Hydrant II" (engl. Gem.)

Max Taut (*1884): Wohnblock IG Druck u. Papier

George Tooker (*1920): „Der rote Teppich" (n.-am. surrealist. Gem.)

Heinz Trökes (*1913): „Großer Gaukler" (abstr. G.)

Hans Uhlmann (*1900): „Vogel" (Plastik); „Geflügeltes Insekt", „Stahl Skulptur", „Musik" (Metallplastik f. Musikhochschule Berlin)

Maria-Helena Vieira da Silva: „Silvester", „Der Hof d. Schlosses", „Nächtl. Raum" (portug.-frz. abstr. Gem.)

Theodor Werner (*1886): „Nr. 10", Wandgem. f. Musikhochsch. Berlin (abstr. Gem.)

Fritz Winter: „Kommendes", „Gelb in Schwarz" (abstr. Gem.)

Mac Zimmermann: „Familienleben" (surrealist. Gem.)

---

† *Otto Gebühr*, dt. Schauspieler (*1877)

„Des Teufels General" (Film mit *Curd Jürgens*, *Viktor de Kowa*; Regie: *Helmut Käutner*)

„Feuerwerk" (Film mit *Lilli Palmer*, R.: *Kurt Hoffmann*)

„Ludwig II." (Farbfilm m. *Ruth Leuwerik*, *O. W. Fischer*; Regie: *Helmut Käutner*)

„Kinder, Mütter u. ein General" (Film m. *Ursula Herking*, *Ewald Balser*; Regie: *Laslo Benedek*)

„Die letzte Brükke" (dt.-jugoslaw. Film, Regie: *Helmut Käutner* [*1908], Darst.: *Maria Schell*, *Bernhard Wicki*, *Barbara Rütting*, *Tilla Durieux*, *Zvonko Zungul*, *Stevo Petrovic* u. a.)

„Canaris" (Film m. *O. E. Hasse*, Regie: *Alfred Weidenmann*)

„La Strada" (ital. Film, Regie: *Federico Fellini*, Darst.: *Giulietta Masina* u. a.)

„Herr im Haus" (brit. Film, Regie: *David Lean*, Darst.: *Charles Laughton* [* 1899], *John Mills*)

„Die Faust i. Nakken" („On the Waterfront"), (n.-am. Film, Regie: *Elia Kazan*, Darsteller: *Marlon Brando* u. a.)

„Die Caine war ihr Schicksal" (n.-am. Film n. d. Drama v. *Herman Wouk*, Regie: *Edward Dmytryk*, Darst.: *Humphrey Bogart*, *José Ferrer*)

„Wunder der Prärie" (nordamer. Farb-Dokumentarfilm von *Walt Disney*)

1955	Kein Friedens*nobel*preis Dt. Bundestag billigt Pariser Verträge (geg. Stimmen d. SPD): 1. Protokoll über Beendig. d. Besatzungsregimes; 2. Vertrag über Aufenth. ausländ. Streitkräfte i. d. BRDtl., 3. Beitr. d. BRDtl. z. Brüsseler Vertr., z. Westeurop. Union u. zur NATO; 4. Abk. üb. Saarstatut Warschauer Achtmächtepakt konstituiert Militärblock der Ostblockstaaten (einschl. d. DDR) unter dem Oberbefehl des sowjetruss. Marschalls *Iwan Konjew* („Ost-NATO") Bundeskanzler Adenauer reist nach Washington. Behörden d. DDR vervielfachen Autobahngebühren zw. Berlin u. BRDtl. (angebotene Verhandlungen sollen zur Anerkennung der DDR-Reg. führen) Dt. Bundestag tagt in Berlin: Debatte um Konjunkturpolitik NATO-Luftmanöver üb. d. BRDtl. „Carte blanche": „Atomkrieg kennt keinen Sieger" Dt. Bundestag verabschiedet Freiwilligengesetz (Opposition kritisiert diese Verabschiedung unmittelbar vor der Genfer Viermächtekonferenz) Genfer Konferenz „auf höchster Ebene" zwischen *Eisenhower* (Präs. d. USA), *Bulganin* (Min.-Präs. der USSR), *Eden* (brit. Min.-Präs.) u. *Faure* (frz. Min.-Präs.) einigt sich über Tagesordnung einer Konferenz d. Außenminister und führt zu einer gewissen internationalen Entspannung; Wiedervereinigung Deutschlands bleibt in der Schwebe Staatsbesuch *Adenauers* in Moskau unter Beteiligung von Politikern der Opposition: Aufnahme diplomatischer Beziehungen, Entl. weiterer Deutscher aus dem Gewahrsam d. USSR; *A.* verneint eine „Politik der Stärke" gegenüber der USSR *J. Conant* 1. USA-Botschafter in Bonn Moskau entsendet Botschafter *Sorin* nach Bonn, dieses Botschafter *Wilhelm Haas* nach Moskau (*Sorin* wird 1956 zurückgerufen und durch *Smirnow* ersetzt)	*Nobel*preis f. Literatur an *Halldor Laxness* (Island, * 1902; schrieb u. a. 1934/36 den Roman „Der Freisasse") *Hermann Hesse* erhält Friedenspreis des dt. Buchhandels *Pulitzer*-Preis f. *William Faulkner* „A Fable" *Georg-Büchner*-Preis für *Marie Luise Kaschnitz* (* 1901, † 1974) *Gabriel Marcel* (* 1889) *Leopold Ahlsen* (* 1927): „Philemon und Baucis" (Schauspiel um Partisanenkämpfe in Griechenland; erhält Gerhart-Hauptmann - Preis der Berliner Volksbühne) *Jean Anouilh*: „Ornifle de Saint Ognon" („Ornifle oder der erzürnte Himmel", frz. Tragikomödie um das Don-Juan-Thema) *Herbert Asmodi* (* 1923): „Jenseits vom Paradies" (Schauspiel; *Gerhart-Hauptmann*-Preis der Berliner Volksbühne) † *Julius Bab*, dt. Schriftsteller u. Dramaturg; s. 1933 i. d. USA (* 1881) *Martin Beheim-Schwarzbach*: „Die Insel Matupi" (autobiogr. Roman) *Kurt Benesch*: „Die Flucht vor dem Engel" (österr. Roman um Gut und Böse) *Rudolf Bernauer*: „Das Theater meines Lebens" (Schauspieler-Erinnerungen) *Max Brod*: „Armer Cicero" (Roman) *Hans Carossa*: „Der Tag des jungen Arztes" (letzter Bd. d. Jugendbiographie)	*F. H. Allport*: „Theorien der Wahrnehmung und der Auffassung von Strukturen" (engl. Zusammenfassg. d. Wahrnehmungstheorien) *Peter Bamm*: „Frühe Stätten der Christenheit" *Hermann Baumann* (* 1902): „Das doppelte Geschlecht. Ethnologische Studien zur Bisexualität in Ritus und Mythos" *Edmund Bergler*: „Revolte der Fünfzigjährigen" (österr. psychoanalytische Darstellung d. alternden Mannes) „Psychische Hygiene" (Herausg. *E. Brezina* u. *E. Stransky*) *I. W. Ellison* ordnet stilkritisch Bibeltexte mit Hilfe elektronischer Rechenmaschine *Alfred Frisch* (* 1913): „Une Réponse au Défi de l'Histoire; la Mission de la Technocratie" (dt.-frz. Soziologie) *Arnold Hildesheimer*: „Die Welt der ungewohnten Dimensionen. Versuch einer gemeinverständlichen Darstellung der modernen Physik und ihrer philosophischen Folgerungen" (Geleitwort von *W. Heisenberg*) *M. Irle*: „Berufs-Interessen-Test" (messende Psychologie) *Werner Keller*: „Und die Bibel hat doch recht" („Forscher beweisen d. historische Wahrheit") *W. Kemper*: „Der Traum und seine Be-Deutung" (Traumpsychologie) † *Oswald Kroh*, dt. Psychologe u. Pädagoge; begründete eine Phasenlehre der Jugendentwicklung (* 1887)

Guy Bardone: „Normandie" (frz. Gem.)

André Bauchant: „Kermesse tourangelle" (frz. Gem.)

Willi Baumeister: „Weißer Kaminzug mit Punkten" (abstr. Gem.)

† *Willi Baumeister*, dt. Maler eines abstrakten Stils; schrieb 1943 „Das Unbekannte in der Kunst" (veröff. 1947) (* 1889)

Max Bill (* 1908): „1 schwarz bis 8 weiß" (schweiz. abstrakt. Gem.)

Renato Birolli (* 1906): „Adrialandschaft" (ital. abstrahier. Gem.)

† *Dominikus Böhm*, kathol. Kirchenbaumeister; baute 1922 in Neu-Ulm erste unverschalte Eisenbetonkirche (* 1880)

Francisko Bores: „Intérieur" (frz. Gem.)

Georges Braque: „Wagen III" (frz. Farblithographie; „Wagen II" 1953, „Wagen I" oder „Phaeton" 1954)

Bernard Buffet (* 1928): „Zirkus" (fr. Gem.; B. gilt als einer der erfolgreichsten lebenden Maler)

Reg Butler: „Fetisch" (engl. Bronze)

Arturo Carmassi (* 1925): „Unterholz" (ital. abstr. Gem.)

Lynn Chadwick (* 1914): „Drei stehende Figuren", „Begegnung" (engl. abstr. Eisenplastiken)

Boris Blacher: „Der Mohr von Venedig" (Ballett); „Traum vom Tod und vom Leben" (Kantate, Text v. *Hans Arp*) Bratschenkonzert

Pierre Boulez (frz. Komponist, * 1925): „Livre pour Quatuor" (Streichquartett)

† *Willy Burkhard* (* 1900, Schweizer Kompon.), Oper: „Die schwarze Spinne", Oratorium: „Das Gesicht Jesaias"

Luigi Dallapiccola: „Canti di liberazione" (Musik für Chor u. Orchester), „An Mathilde" (ital. Kantate für Frauenchor und Kammerorchester n. *Heinrich Heine*)

Joh. Nepomuk David (Österr., * 1895): 6. Symphonie

Werner Egk: „Irische Legende" (mythisch-symbolische Oper nach *W. B. Yeats*; Uraufführung i. Salzburg)

Heimo Erbse (* 1924): Impression f. Orchester

Hermann Heiß (* 1897): „Der Manager" (Spiel f. d. Bühne m. Orchester)

† *Frieda Hempel*, Koloratursopranistin (* 1885)

Paul Hindemith: „Ite, angeli veloces" (Chorwerk zu Texten v. *Claudel*)

*Nobel*preis f. Physik an *Willis E. Lamb* (* 1913, USA) f. d. Ultrakurzwellen-Nachweis der „Zitterbewegung des Elektrons" im Spektrum des Wasserstoffatoms („*Lamb-Bethe*-Effekt") und an *Polykarp Kusch* (* 1911, Dt.-Amerik.) f. d. genaue Messung des magnetischen Moments d. Elektrons

*Nobel*preis f. Chemie an *Vincent du Vigneaud* (* 1900, † 1978) für Erforschung der Hormone der Hypophyse (Hirnanhangdrüse)

*Nobel*preis f. Medizin an *Hugo Theorell* (* 1903, Schweden) f. seine Forschungen über die Natur und Wirkung d. Oxydations-Enzyms

Erste Verleihung des „*Otto-Hahn*-Preises für Chemie und Physik" an *Heinrich Wieland* (Chemie) und *Lise Meitner* (Physik)

Thomas S. Barthel erklärt, die Schrift der Osterinsel entziffert zu haben

Emil Seb. Bücherl (* 1919): Herz-Lungen-Maschine für künstl. Kreislauf bei Operationen (ab 1957 angew.)

Bundy, *Hall*, *Strong* und *Wentorf* berichten über künstliche Erzeugung von Diamanten bei 2700° C u. 100000 Atmosphären Druck

B. F. Burke u. *K. L. Franklin*: Radiowellen-Emission von 13,3 m vom Jupiter (erweisen sich als häufige kurzzeitige Impulse aus einer Region mit weißem Fleck)

O. Chamberlain, *E. Segrè*, *Ch. Wiegand*, *Th. Ypsilantis* erzeugen und entdecken Proton mit negativer Ladung („Antiproton") mit Bevatron-Teilchenbeschleuniger in Berkley (USA)

L. Couffignal: „Denkmaschinen" (Entwicklungsstand elektronischer Rechen- u. Kombinationsmaschin.)

† *Albert Einstein*, überragender Physiker; Begrd. d. Relativitätstheorie, führte Begriff d. „Lichtquanten" ein; Förderer humanitärer Bestrebungen; s. 1933 i. d. USA, *Nobel*preis 1921 (* 1879)

† *Alexander Fleming*, brit. Bakteriologe; Entd. d. Penicillins; *Nobel*pr. 1945 (* 1881)

„Handbuch d. Physik. Encyclopedia of Physics" beg. zu erscheinen (54 Bde. mit Beitr. i. dt., engl. u. frz. Sprache; Hersg. *S. Flügge*)

Spielbanken vom Bayrischen Landtag zugelassen

Kapitalkonzentration i. d. dt. Aktiengesellschaften im Durchschnitt:

	Zahl	Kap. Mill. DM
1955	2542	8,7
1937	6094	3,1
1909	5222	2,8

Vereinigung der Gewerkschaftsverbände AFL u. CIO mit insges. etwa 16 Mill. Mitgliedern in den USA

Eisenbahnerstreik in Großbritannien

Streiks in d. eisenschaffenden Industrie Nordrhein-Westfalens führen zu Lohnerhöhungen (Zeitlöhne um 14 Dpf./St., Akkordlöhne um 11 Dpf./St.)

Größere wilde Streiks in Hamburg und Kassel

Proteststreik geg. gewerkschaftsfeindl. Äußerungen des Generaldirektors *H. Reusch* in Oberhausen

Verbraucherstreiks geg. höhere Milchpreise

Landwirtschaft Niedersachsens kündigt Käuferstreik für Januar 1956 an, wegen Ausbleibens d. versprochenen Soforthilfe

(1955)	Staatsbesuch d. iranischen Herrscherpaares in Bonn; bes. Kaiserin *Soraya* findet starkes Interesse i. d. Öffentlichkeit (wird 1958 geschieden) *Theodor Blank* (CDU, *1905) Verteidigungsminister d. BRDtl. (bis 1956) Personalgutachter-Ausschuß siebt die hohen Offiziersgrade der neuen Streitkräfte d. BRDtl.; über einige Urteile kommt es zu Konflikten mit dem Verteidigungsminsterium. Die ersten Soldaten d. BRDtl. erhalten ihre Ernennungsurkunden Schwere Krise im BHE: Vors. *Waldemar Kraft* und *Th. Oberländer* treten aus der Partei aus, bleiben jedoch Bundesminister Krise um die Außenpolitik d. Koalition in Bonn mit Briefwechsel *Adenauer–Th. Dehler* (FDP) (Koalitionstreue FDP-Minister gründen 1956 Freie Volkspartei [FVP]) „Hanstein-Doktrin : BRD droht diplom. Bezieh. abzubrechen, wenn Anerkennung der DDR erfolgt (wird später korrigiert) *Leonhard Schlüter* (FDP) kurzzeitig Kultusminister in Niedersachsen; Proteste der Univ. Göttingen und weiterer Kreise wegen neonazistischer Haltung zwingen ihn zum Rücktritt Saarbevölkerung lehnt nach heftigem Wahlkampf mit ⅔-Mehrheit das Saarstatut ab; Regierung *Johannes Hoffmann* tritt zurück Mandate aus den Landtagswahlen an der Saar (Vergleich 1952): CDU 14 — SPD 7 DPS 12 — SPS 2 (17) CVP 13 (29) — KP 2 (4) Dt. Parteien an der Saar verhandeln um eine gemeinsame Regierung (Anfang 1956 wird *Heinr. Schneider* [DPS] Landtagspräsident; *H. Ney* [CDU] Ministerpräsident) Sitze in der Bürgerschaft Bremen nach Neuwahl (z. Vgl. 1951): SPD 52 (43) — KPD 4 (6) CDU 18 (9) — BHE 0 (2) DP 18 (16) — And. 0 (12) FDP 8 (12) Koalitionsregierung SPD, CDU, FDP in Bremen unter Senatspräs. *Wilhelm Kaisen* (SPD, * 1887)	*Joyce Cary* (*1888): "Not Honour more" (engl. Roman; 3. Band einer Trilogie; 1. Bd. „Prisoner of Grace", 1952, 2. Bd. „Except the Lord", 1953) † *Paul Claudel*, frz. kath. Dichter; vertrat eine mystische Erkenntnislehre (so i. d. „L'art poétique" 1907) (*1868) *Franz Theodor Csokor* (*1885): „Der Schlüssel zum Abgrund" (österr. Wiedertäufer-Roman) *Ilja Ehrenburg*: „Tauwetter" (dt. Ausg.; für eine liberalere sowjet. Kulturpolitik) *Faulkner*: „Eine Legende" (nordamer. Roman; dt. Ausgabe) Taschenbuchausgabe v. „Tagebuch der *Anne Frank* (*1929, † 1945 i. KZ Bergen-Belsen), erreicht in wenigen Monaten 100000 (1958: 400000) *M. Frisch*: „Die chinesische Mauer" (schweiz. Schauspiel) † *Wolfgang Goetz*, dt. Dramatiker u. Erzähler (*1885) *Julien Green* (*1900): „Der Feind" (frz. Drama; dt. Erstaufführung) *G. Gründgens* übernimmt künstlerische Leitung d. Hamburger Bühnen (war seit 1947 Theaterleiter in Düsseldorf) *Hermann Hesse*: „Beschwörungen" *Hans Egon Holthusen* (*1913): „Der unbehauste Mensch. Motive u. Probleme d. modernen Literatur" *B. R. Iloy* (*1922): „Violons galantes" (13 frz. Gedichte u. 1 Romanze)	*Max Gustav Lange*: „Wissenschaft im totalitären Staat. Die Wissenschaft der sowjetischen Besatzungszone auf dem Weg zum ‚Stalinismus'" *Wolfgang Leonhard* (* 1922): „Die Revolution entläßt ihre Kinder" (kritische Autobiographie) *Walt. Lippmann* (*1889): „The public philosophy" (nordamer. Philosophie) *Herbert Marcuse*: „Eros und Zivilisation" (philosophische Wertung der Lehre *Freuds*) *Jules Moch*: „Abrüstung oder Untergang" (engl., mit einem Vorwort von *A. Einstein*) *A. Montagu*: „Die natürliche Überlegenheit der Frau" † *Ortega y Gasset*, span. Philosoph; vertrat einen humanistischen Individualismus (*1883) *Perón* wendet sich gegen die katholische Kirche in Argentinien und wird exkommuniziert *A. Pontvik*: „Heilen durch Musik" (Psychotherapie) *H. Schelsky*: „Soziologie der Sexualität" *C. A. Schleussner* stellt erhebliche Abweichungen unter versch. graphologisch. Gutachtern fest, die den praktischen Wert der Graphologie einschränken *Albert Schweitzer* erhält Ehrendoktor der Univers. Cambridge (Engl.) *E. Spranger*: „Der Eigengeist der Volksschule" *E. Stern*: „Der Mensch in der zweiten Lebenshälfte" (Entw.-Psych.)

Chagall „Der rote Akt“ (Gem.)

Giorgio de Chirico: „Italienischer Platz“ (ital. Gem.)

Le Corbusier: Chapelle de Notre Dame du Haut (frz. Wallfahrtskirche in Ronchamp; seit 1950) Wohnhaus in Nantes-Rézé

Antonio Corpora: „Gelbe Lagune“ (ital. abstr. Gem.)

Lucien Coutaud: „En souvenir d'un peintre“ (frz. surreal. Gem.)

Salvador Dali: „Das Sakrament d. Abendmahls“ (span. surrealist. Gem.)

O. Dix: „Disteln u. Schmetterlinge“, „Erich Schwinge als Rektor d. Univ. Marburg“ (express. Porträtgem.)

Miodrag Djuric (gen. *Dado,* * 1933): „Der Radfahrer“ (jugosl. Gem. surrealist. Prägung)

Charles Hubert Eyck (* 1897): „Negerin mit Kind“ (niederl. express. Gem.)

Josef Fassbender (* 1903): „Ban-Banca“, „Dialog“ (abstr. Gem.)

W. Gilles: „Heidegräber am Meer“ (Aquarell-Folge)

Jos. Glasco (* 1925): „Salome“ (nordam. Gem.)

Sidney Gordin: „Konstruktion“ (russ.-nordamer. abstrakte Messing-Plastik)

Camille Graeser (* 1892): „Dislozierte Elemente“ (schweiz. abstraktes Gem.)

† *Arthur Honegger,* schweiz. Komponist; seit 1913 in Paris (* 1892)

H. v. Karajan, Dirigent d. Philharm. Orch. Berlin

Wilhelm Killmayer: 5 Romanzen für Gesang, Klavier u. Schlagzeug nach Gedichten von *Garcia Lorca*

Giselher Klebe: „Moments musicaux“ (Komposition f. Orchester)

Eröffnung d. instand gesetzten Staatsoper Unter den Linden in (Ost-) Berlin; Dirigent *Franz Konwitschny,* nachdem Generalmusikdirektor *Erich Kleiber* demonstrativ abgelehnt hatte

Ernst Křenek: „Pallas Athene“ (Oper)

Rolf Liebermann: „Schule d. Frauen“ (Oper n. *Molière,* Text v. *H. Strobel*)

Bohuslav Martinu: „Wovon die Menschen leben“ (Oper n. *Tolstoi*)

Darius Milhaud: 6. Symphonie

Luigi Nono: „Canti per tredeci“ (für kl. Orchester)

Walter Piston (amer. Komponist, * 1894): 6. Symphonie

Sergej Prokowjew: „Der feurige Engel“ (Oper), Urauff. d. vollst. Fassung

D. Schostakowitsch: Violinkonzert (für *David Oistrach*)

Heinz L. Fränkel-Conrat u. *Robley Williams:* Synthese eines aktiven Tabakmosaik-Virus aus den aus seiner Zerlegung erzielten Teilstücken (gilt als ein wichtiger Schritt auf dem Wege zur Synthese biologischer Strukturen)

Albert Frey-Wyssling (* 1900): „Submikroskopische Struktur des Cytoplasmas“ (weist u.a. den Feinbau der Chlorophyll-Körper als makromolekulare Lamellenschichtung nach)

Richard Goldschmidt (* 1878, † 1958): „Theoretische Genetik“ (engl. verfaßte Vererbungslehre)

Otto Hahn: „Cobalt 60, Gefahr oder Segen für die Menschheit?“ (betont Sinnlosigkeit des Atomkrieges)

W. Heisenberg vertritt auf der 5. Tagung der Nobelpreisträger in Lindau den Bau eines Kernreaktor-Instituts für etwa 28 Mill. DM (als Ort wird Karlsruhe vorgesehen)

Eduard Justi (* 1904): Brennstoffelement zur „kalten Verbrennung“ von Kohle mit hohem Wirkungsgrad (große Bedeutung, trotz noch fehlender technischer Reife)

L. R. Klein u. *A. S. Goldberger:* „An economic model of the United States 1929—52“ (Eine mathem.-theoret. Wirtschafts-Darstellung der Ver. Staaten 1929—52)

G. P. Kuiper: „Die Entstehung der Planeten“ (engl. Ausbau d. Theorie *v. Weizsäckers,* vermutet bei 10% der Sterne Planetensysteme)

In d. USA wird bekanntgegeben, daß der Großversuch, mit der Vaccine nach *Jonas E. Salk* die Kinderlähmung zu bekämpfen, erfolgreich war (wird bald auch in anderen Ländern eingeführt)

T. D. Lyssenkos international abgelehnte sowjetische Vererbungslehre wird mehr und mehr auch in der USSR kritisiert (1956 tritt *Lyssenko* als Präsident der sowjet. Akad. f. landwirtsch. Forschung „auf eigenen Wunsch“ zurück)

† *Erich Regener,* dt. Physiker; erforschte bes. kosmische Höhenstrahlung (* 1882)

Salk-Impfung gegen Kinderlähmung i. USA (vgl. 1964)

Dt. Bundestag beschließt Parität für d. Landwirtschaft zur Vermeidung d. Preisschere Landwirtschaft — Industrie

Bergarbeiterlöhne in d. BRDtl. um 9,5% erhöht

Lohnerhöhung in d. baden-württemberg. Metallindustrie um 7,3%

Tiefster Stand der Arbeitslosigkeit seit dem Kriege in der BRDtl. (rd. 495 000) und West-Berlin (115 900, sinkt 1957 unter 100 000)

Durch Amnestie werden i. d. USSR viele Zwangsarbeiter in ihre Heimat entlassen (man schätzt etwa 2 Mill. Entlassungen)

Diskonterhöhungen in Großbrit., USA, Kanada, Belgien, BRDtl. zeigen Furcht vor Konjunktur-„Überhitzung“

Interzonen - Handelsvertrag über 1 Mrd. „Verrechnungseinheiten“ (DM [West] bzw. DM [Ost])

Dt. Bundesreg. billigt Wiederaufbauplan für Berlin mit 1,6 Mrd. DM bis 1959

Lohn-, Einkommen- und Körperschaftssteuer in (West-) Berlin um 20% gesenkt

(1955)

Betriebsratswahlen in der Westfalenhütte AG, Dortmund, ergeben kommunistische Mehrheit: 16 KPD, 7 SPD, 2 CDU, obwohl KPD nur 40,2% d. Stimmen, SPD 47,2%

Versuche der Neugründung christl. Gewerkschaften finden starken Widerstand des DGB, der an dem Gedanken der Einheitsgewerkschaft festhält

Paul Löbe (SPD) wird zu seinem 80. Geburtstag Ehrenbürger von Berlin und der Freien Univ. Berlin

† *Otto Braun*, sozialdemokr. preuß. Min.-Präs. 1920—32/33 (* 1872)

† *Robert Tillmanns*, dt. Bundesminister für Sonderaufgaben seit 1953, stellvertr. Bundesvorsitzender der CDU (* 1896)

*Stalin*friedenspreis an den früh. Reichskanzler *Joseph Wirth* (* 1879, † 1956)

E. Raeder, früher dt. Großadmiral, vorzeitig aus der im Nürnberger Prozeß zuerkannten Gefängnishaft entlassen

Österreichischer Staatsvertrag abgeschlossen und ratifiziert; die vier Besatzungsmächte räumen d. Land. Österreich erklärt seine ständige Neutralität

Gründung der Westeuropäischen Union (WEU)

Winston Churchill tritt zurück; wird geadelt (Sir Winston) und Ritter d. Hosenbandordens. *Anthony Eden* (* 1897, † 1977) brit. Premier

Ergebnis der brit. Unterhauswahl:

	Stimmen	Sitze
Konservative	13,3 Mill.	345
Labour-Partei	12,4 Mill.	277
Liberale	0,7 Mill.	6
Kommunisten	0,03 Mill.	0
Unabhängige	0,3 Mill.	2

Streit zw. Großbrit., Griechenland und Türkei um die Insel Zypern bricht offen aus (Mehrheit d. Bewohner dieser brit. Kolonie ist für den Anschluß an Griechenland)

Bagdad-Pakt zwischen Großbrit., Türkei, Irak, Iran, Pakistan (wird 1958 durch blutige Revolution im Irak empfindlich geschwächt)

Hans H. Kirst: „Null-acht-fünfzehn" (Roman um den dt. „Kommiß")

Annette Kolb erhält den *Goethe*-Preis der Stadt Frankfurt/Main

Arnold Krieger (* 1904, † 1965): „Geliebt, gejagt und unvergessen" (Roman)

Ray Lawler: „Der Sommer der 17. Puppe" (austral. Schauspiel)

T. E. Lawrence (* 1888, † 1935): „The Mint" (engl. Roman, postum)

H. Laxness: „Weltlicht" (isländ. Roman in 4 Teilen; dt. Ausgabe)

Alexander Lernet-Holenia: „Der Graf Luna" (österreichisch. Roman)

Thomas Mann: Rede z. *Schiller*-Jahr (gehalten in West- u. Ost-Dtl.); versöhnt sich mit s. Vaterstadt, „Lübecker Rede"

† *Thomas Mann*, dt. Dichter; emigr. 1934, seit 1939 in den USA, seit 1953 in d. Schweiz; *Nobel*preis 1929 (*1875)

Arthur Miller: „Ein Blick von der Brücke" (nordamer. Drama)

Vladimir Nabokov (* 1899): „Lolita" (russ.-nordamer. erot. Roman)

N. R. Nash (* 1916): „Der Regenmacher" (Schauspiel)

Sean O'Casey (* 1884): „The Bishops Bonfire" (irisch. Schauspiel)

Marcel Pagnol (* 1895): „Judas" (frz. Schauspiel)

† *Theodor Plievier*, dt. Schriftsteller; bes. zeitkritische Romane (* 1892)

Gerhart Pohl: „Fluchtburg" (Roman vom Untergange Schlesiens)

† *Alfred Polgar*, österr. Schriftst. u. Kritiker, seit 1938 i. d. USA (* 1875)

Fritz Sternberg: „Marx und die Gegenwart. Entwicklungstendenzen in der 2. Hälfte des 20. Jahrhunderts" (internationale politisch-ökonomische Analyse)

Frank Tannenbaum: „Die amerikanischen Traditionen in der Außenpolitik"

Pierre Teilhard de Chardin (*1881, † 1955): „Werke" (Jesuit, seine biolog. Abstammungslehre wird 1961 v. d. kathol. Kirche verurteilt)

Otto-Wilhelm von Vacano: „Die Etrusker" (Deutung ihrer Kultur m. d. Tiefenpsychol. v. C. G. Jung)

Thérèse u. *Guy Valot*: „Lourdes und die Illusion" (frz. medizinische Kritik an d. Heilungen)

Alfred Weber: „Einführung in die Soziologie" (Sammelwerk mit s. Schülern)

D. Wechsler: „Die Messung der Intelligenz Erwachsener" (Testpsychologie)

A. Wellek: „Ganzheitspsychologie u. Strukturtheorie"

Edmund Wilson: „The Scrolls from the Dead Sea" („Die Schriftrollen vom Toten Meer"; löst Diskussion aus, ob diese Funde aus dem Beginn der christl. Zeitrechnung das herkömmliche Jesusbild erschüttern)

Kant-Ausgabe der Dt. (Preuß.) Akademie der Wissenschaften zu Berlin mit Bd. 23 im wesentl. abgeschlossen (Beg. 1900)

Kundgebung von *Nobel*preisträgern auf der Insel Mainau gegen Atomkrieg

Ernst Graupner: „Tänzerin m. Clown" (express. Gem.)

George Grosz: „Ein kleines Ja und ein großes Nein" (Autobiographie)

David Hare: „Sonnenaufgang" (nordamer. stilisierende Plastik aus Bronze und Stahl)

Hans Hartung (*1904): „T 55-10" (dt.-frz. abstr. Gem.)

Bernhard Heiliger: „Boris Blacher" (Porträtkopf)

† *Karl Hofer* (sign. *C. H.*), dt. express. Maler; 1920—34 Lehrer a. d. Berliner Hochschule für bildende Künste, seit 1945 ihr Direktor (*1878), sein Nachfolger wird hier *Karl Otto* (*1904)

W. Robert Huth: „Stilleben" (express. Gem.)

O. Kokoschka: „Thermopylae. Ein Triptychon" (Texte von *O. Kokoschka* u. *W. Kern*); Bühnenbilder und Kostüme für Mozarts „Zauberflöte" in Salzburg

Hans Kuhn: „Rote Scheibe" (abstrakt. Gem.)

Gerard Lataster (*1920): „Icarus Atlanticus", „Der neue Weg" (ndl. Gem.)

† *Fernand Léger*, frz. Maler d. Kubismus; bevorzugte maschinentechnische Formen (*1881)

Kurt Lehmann (*1905): „Hirtenknabe" (Bronze)

Michael Tippett (*1905): „The Midsummer Marriage" (engl. Oper), Uraufführung

R. Vaughan Williams: Sinfonie d-Moll (engl. Komposition, dem Dirigenten *John Barbirolli* gewidmet; Urauff. 1956)

Yannis Xenakis: „Les Metastassis" (griech. Komposition in Reihentechnik f. Orchest.)

B. A. Zimmermann: Solosonate für Bratsche

Öffentliche Disputation auf dem Musiktag für zeitgenössische Tonkunst in Donaueschingen: „Wie soll das weitergehen?" (um das Problem der Publikumsentfremdung der radikalmodernen Musik)

Populäre Schlager: Rock around the clock, Ganz Paris träumt von der Liebe, This old house, Unchained melody

J. Schmidlin, G. Anner, J.-R. Billeter, A. Wettstein: Totalsynthese des Nebennierenrinden-Hormons Aldosteron

Schmidt-Spiegel-Fernrohr m. 120 cm Durchmesser u. 240 cm Brennweite auf der Sternwarte in Hamburg-Bergedorf

„Universitas Litterarum" (Hdb. d. Wissenschaftskunde; Hersg. *Werner Schuder*)

Karl Schütte: Index mathematischer Tafelwerke und Tabellen (ordnet über 1200 Tafeln und Tabellen)

Carlton E. Schwerdt u. *Frederik I. Schaffer:* Kristalline Darstellung des Virus d. Kinderlähmung (1. Kristallisierung ein. tier. Virus)

A. R. Todd: Konstitutionsaufklärung des Vitamins B 12

Townes: Maser (Mikrowellenverstärker)

Radioteleskop d. Univ. Manchester (Großbrit.) mit 76 m Durchmesser

Cambridge (Großbrit.) veröffentl. Katalog mit 1936 kosmischen Objekten als Quellen kurzwelliger Radiostrahlung als wichtige Grundlage f. d. Erforschung dieser Strahlung

Transistoren finden als raumsparende Schaltelemente Anwendung in Großrechenanlagen (Computer)

Analyse von im Laufe der Erdgeschichte magnetisierten Gesteinen lassen starke Polwanderung vermuten:

vor 600 Mill. Jahren	130° W, 0° N (Äquator)
vor 350 Mill. Jahren	140° O, 40° N (Japan)
vor 60 Mill. Jahren	133° O, 76° N (Neusib. Ins.)

(diese Deutung ist umstritten)

Bisher hatten Versuche, durch Ausstreuung von Trockeneis Wolken und künstlichen Niederschlag zu erzeugen, keine eindeutigen Erfolge

Südpolarexpeditionen von d. USA, USSR, Großbrit. Frankr., Australien, Norwegen beschleunigen Erschließung der Antarktis

Drift der sowjetrussischen Eisschollen-Stationen „Nordpol 3, 4, 5" in der Arktis (3 und 4 seit April 1954)

Gebäude m. Industrie- u. Handelskammer u. Börse in Berlin eingeweiht

Dt. Privatvermögen in den USA teilw. freigegeben; Vermögen über 10000 DM bleiben beschlagnahmt

Waldfläche d. Erde 3978 Mill. ha (22% der festen Fläche), davon 1200 Mill. ha bewirtschaftet

Tropenwald	48%
Laubwald	16%
Nadelwald	36%

Berechnungen ergeben, daß für die Ernährung der Menschheit 1960 folgende Produktionssteigerungen erforderlich sind: Getreide 21%, Wurzeln u. Knollen 27%, Zucker 12%, Fette u. Öle 34%, Hülsenfrüchte 80%, grünes Gemüse 103%, Fleisch 46%, Milch 100%

Erster Weltkongreß f. Unfallverhütung in Italien

In der BRDtl. werden pro Jahr etwa 12 Mrd. DM für Alkohol u. Nikotin ausgegeben; die Gefahren des zunehmenden Alkoholismus werden diskutiert

107 Mill. t Handelstonnage jährlich durch den Suezkanal (1948: 49 Mill. t, 1910: 22 Mill. t)

31 Mill. Schallplatten i. d. BRDtl. hergestellt

(1955)

A. Eden bildet brit. Regierung um: Lordsiegelbew. *Richard A. Butler* (statt bisher *Crookshank*), Schatzkanzler *Harold Macmillan* (statt *Butler*), Außenmin. *Selwyn Lloyd* (statt *Macmillan*) u.a. Veränderungen

Clement Attlee legt Partei- und Fraktionsvorsitz d. brit. Labour-Partei nieder; bekommt als *Earl Attlee* Sitz im Oberhaus. Sein Nachfolger wird *Hugh Tod Gaitskell* (* 1906)

Die Fraktion d. Labour-Partei im brit. Unterhaus schließt den linksradikalen *Aneurin Bevan* aus (*B.* wird 1956 auf dem Parteitag mit großer Mehrheit zum Schatzkanzler der Partei gewählt)

Prinzessin *Margaret* von Großbrit. verzichtet auf Heirat mit schuldlos geschiedenem *Peter Townsend* vor allem auf Druck d. Staatskirche (ruft heftige Diskussionen hervor)

Regierung *P. Mendès-France* in Frankr. gestürzt

Frankreich verläßt vorübergehend die UN-Vollversammlung, weil sie die algerische Frage auf die Tagesordnung setzte, die Frankreich als innerfrz. Angelegenheit betrachtet

Schwere Unruhen in Marokko

Sidi Mohammed V. (ben Yussef) kehrt unter dem Druck der einheimischen Marokkaner auf Frankr. als Sultan von Marokko zurück; sein Gegner *El Glaoui*, Pascha von Marrakesch, unterwirft sich ihm fußfällig

E. Faure (Radikalsozialist) frz. Min.-Präs.; wird am Ende d. Jahres v. *Mendès-France* (Radikalsozialist) gestürzt. (Neuwahlen 1956 ergeben Regierung *Guy Mollet* (* 1905, Sozialist))

G. M. Malenkow tritt als Min.-Präs. der Sowjetunion zurück; wird Min. f. Energieversorgung u. stellvertr. Min.-Präs.; Marschall *Nikolai A. Bulganin* (* 1895) Min.-Präs. der USSR bis 1957

In der USSR werden 5 hohe Politiker Georgiens, frühere Mitarbeiter von *Berija*, hingerichtet

J. B. Priestley: „Schafft den Narren fort" (engl. Drama gegen Totalitarismus)

Rehfisch: „Oberst Chabert" (Schauspiel, frei nach *Balzac*)

Jens Rehn: „Nichts in Sicht" (Erzählung)

Hans Werner Richter (* 1908): „Du sollst nicht töten" (Dichtung aus der „Gruppe 47")

Alain Robbe-Grillet (* 1922): „Le Voyeur" („Der Augenzeuge", frz. Roman, vgl. 1957)

J. P. Sartre: „Nekrassow" (frz. Drama)

Grand Prix für Literatur der Académie Française an *Jean Schlumberger* (* 1877) für sein Gesamtwerk

Hans Scholz (* 1911): „Am grünen Strand der Spree" (Berliner Erzählungs-Zyklus; 1956 Berliner Fontane-Preis)

† *Robert E. Sherwood*, nordamer. Schriftsteller (* 1896)

† *Heinrich Spoerl*, dt. humorist. Schriftsteller (* 1887)

Karl Heinz Stroux geht als Intendant nach Düsseldorf (* 1908)

Frank Thieß: „Geister werfen keine Schatten" (Roman, Forts. v. „Die Straßen des Labyrinths" v. 1951)

Evelyn Waugh (* 1903, † 1966): „Officers and gentlemen" (engl. Roman)

Thornton Wilder: „Ein Leben in der Sonne" (nordamer. Schauspiel, n. d. Alkestis-Legende).

T. Williams: „Die Katze auf dem heißen Blechdach" (nordamer. Schauspiel)

~ Weltweite Diskussion über die wirtschaftlichen, sozialen, kulturellen und politischen Aspekte der „Zweiten industriell. Revolution" gekennzeichnet durch Automatisierung der Produktion u. Nutzung der Atomenergie

Rektoren von 88 europäischen Universitäten treffen sich auf Einladung d. Westeuropäischen Union zu einer Konferenz in Cambridge (Engl.), u. a. über „Spezialisierung und Allgemeinbildung"

Hochschulkonferenz in Bad Honnef um Probleme der Studenten- u. Hochschulnachwuchs-Förderung

Ausbildung von Hochschulingenieuren

	1950	1955
USA	50000	22000
UdSSR	28000	60000

Die Ausbildung von Technikern wird als ein Schlüsselpunkt d. wirtschaftlichen und politischen Wettstreits angesehen (vgl. 1957)

Nach amtlichen Zahlen beträgt in der USSR die Zahl (in Tausend) der Spezialisten mit

	1941	1955
höherer Ausbildg.	908	2184
mittlerer Ausbildg.	1492	2949

Konflikt zw. Staat und Kirchen in der DDR, weil der Staat die allg. Jugendweihe (atheistisch) durchsetzen will

Der ökumenische Rat der Kirchen (Weltkirchenrat) betont d. christliche Verantwortung gegenüber wirtschaftl. und sozial zurückgebliebenen Gebieten

Richard Lippold (* 1915): „Meteor" (nordamer. Plastik aus Gold- u. farblosen Stahldrähten)

Richard P. Lohse (* 1902): „Dreißig systematische Farbtonreihen" (schweiz. abstr. Gem. seit 1950)

J. Lynch: „Mobile design" (nordamer. Entwürfe f. Mobiles [Hängeplastiken])

Alfred Manessier: „Die Nacht von St. Jean de Luz" (frz. abstrakt. Gem.)

G. Marcks: „Albertus Magnus" (Modell zum Denkmal v. d. Kölner Univ.)

Marcello Mascherini: „Rhythmen", „Ikarus" (ital. express. Bronzen)

Georg Meistermann (* 1911): „Gerüste" (abstrakt. Gem.)

Hans Mettel (* 1903, † 1966): „Großer Sitzender" (Bronze)

† *Carl Milles*, schwed. Bildhauer, monumentaler Stil (* 1875)

Mirko (*Basaldella*, * 1910): „Stele Nr. 1", Stele Nr. 2", „Heroisches Motiv" (ital. Plastiken)

Ennio Morlotti (* 1910): „Landschaft in der Brianza" (ital. Gem.)

Max von Mühlenen (* 1903): „Schwarze Form auf weißem Grund" (schweiz. abstrakt. Gem.)

Zoran Music (* 1909): „Dalmatinisches Motiv" (jugoslaw.-frz. abstr. Gem.)

Ernst Wilhelm Nay (* 1902): „Gruß an *Scharoun*" (abstr. Gem.)

Ben Nicholson: „März 1955 (Amethyst)" (engl. abstr. Gem.)

† *Max Pechstein*, dt. express. Maler, Mitglied d. „Brücke", Mitbgr. d. „Berliner neuen Sezession" (* 1881)

† *Auguste Perret*, frz. Architekt, u. a. Wiederaufbaupläne für Le Havre (* 1874)

Picasso: „Göttliche Besucher i. Atelier" (span.-frz. Radierg.); 15 Variationen nach *Delacroixs* „Frauen in Algier" (span.-frz. Gem.)

Picasso-Ausstellung in Paris, Hamburg u. München (in letzterer 126 Gemälde, 57 Graphiken, 25 Zeichnungen, 35 Plastiken, 13 Keramiken)

Hans Purrmann (* 1893): „Stilleben m. Früchten" (Gem.)

Attilio Salemme: „Madame X" (nordamer. kubist. Gem.)

Giuseppe Santomaso (* 1907): „Zaumzeuge" (ital. abstr. Gem.)

† *Edwin Scharff*, dt. Bildhauer (* 1887)

† *Rudolf Schlichter*, dt. Maler, d. „Neuen Sachlichkeit" (* 1890)

Jan Stekelenburg (* 1922): „Kathedrale von Reims" (ndl. express. Gem).

Rupert Stöckl: „K 25/7/55" (abstr. Gem.)

Ausgrabung eines ägypt. Sonnentempels Abusir (nahe Kairo) aus d. Zeit 2500 v. Chr. (gilt als ältestes ägypt. Sonnenheiligtum)

Entd. eines Höhlenkultraumes am Kyffhäuser: 60 zerstückelte Skelette verkrüppelter Jugendlicher (wahrscheinl. Menschenopfer aus d. Zeit 2000 v. Chr.)

Entd. eines Grabes eines Frankenfürsten aus d. Zeit um 600 n. Chr. an der Erft; Beigaben: schwedisch. Schild u. rhein. Goldgürtelspange

Nach 25jährigen Versuchen ermitteln engl. Tierspychologen folgende Reihenfolge der Intelligenz: 1. Schimpanse, 2. Kapuzineraffe, 3. Gorilla, 4. andere Affen, 5. Hund, 6. Katze, 7. Elefant, 8. Waschbär, 9. Schwein, 10. Pferd.

Erzeugung von 18000° C in Argongas durch Stoßwellen in d. USA

~ Eine physikalische Laboreinrichtung für grundlegende Untersuchungen kostete Anfang des 19. Jhs. *(Faraday)* etwa 100 DM, Ende d. 19. Jhs. *(Hertz)* etwa 10000 DM, um 1935 etwa 300000 DM, modernes physikal. Inst. etwa 5 Mill. DM, Materialprüfreaktor etwa 50 Mill. DM

Mit den großen Hochspannungsmaschinen in d. USA („Cosmotron", „Bevatron") gelingt, künstlich Elementarteilchen von rd. 1000 (K-Mesonen) und 2000 (Hyperonen) Elektronenmassen herzustellen

Erzeugung von Element 101, Mendelevium, durch Bestrahlung des Elementes 99, Einsteinium, mit Alpha-Strahlen i. d. USA; Element 101 zerfällt durch spontane Kernspaltung innerhalb einiger Stunden

Internationaler Kongreß über „Friedliche Verwendung der Atomenergie" in Genf (unerwartet freimütiger Austausch von Erfahrungen zwischen West und Ost; Ergebn. in 16 Bdn. in Engl., Frz., Russisch und Spanisch)

Fordstiftung setzt jährlich einen Preis von 315000 DM aus für friedliche Entwicklung der Atomenergie (1. Preisträger *Bohr*)

† *Jacques Fath*, Pariser Modeschöpfer (* 1912)

A-Linie in d. Damenmode: hängende Schultern, keine Hüften, breite Röcke

Nordeuropa verzeichnet den „schönsten Sommer seit 100 Jahren"

Bundes-Gartenschau in Kassel

Louis Bobet (Frankreich) gewinnt z. 3. Mal hintereinander Tour de France (Straßen-Radrennen)

Donald Campbell (Sohn von *Maccolm C.*) stellt mit 325,606 km/St. in seinem Düsenmotorboot „Blue Bird" neuen Weltrekord auf, den er bald auf 347,9 km/St. erhöht

Sandor Iharoz (Ungarn) läuft über 5000 m Weltrekord in der Zeit 13 : 40,6

Roger Moens (Belgien) läuft mit 1 : 45,7 neuen Weltrekord über 800 m

Gordon Pirie siegt in 29:19,0 Min. üb. 10000 m gegen *Zatopek*

„*Sugar*" *Ray Robinson* erlangt die Boxweltmeistersch. im Mittelgewicht zurück durch Sieg über *Carl Bobo Olson*

(1955)	USSR vermindert ihre Streitkräfte um 640000 Mann auf etwa 4,1 Mill. (damit beginnt eine internationale „Umrüstung", welche die Atomwaffen berücksichtigt) Staatsbesuch d. sowjetruss. Min.-Präs. *Bulganin* und d. Parteisekretärs *Chruschtschow* in Belgrad beendet die Verfemung des „Titoismus" im sowjet. Machtbereich (diese Politik führt im Ostblock zu nationalkommunistischen Bestrebungen, die sich 1956 besonders in Polen und Ungarn auswirken) Sowjetruss. Min.-Präs. *Bulganin* u. Parteisekretär *Chruschtschow* reisen nach Indien, Burma und Afghanistan; werden bes. i. Indien stürmisch begrüßt. USA antworten mit Beschlüssen, Ostasien wirtschaftlich verstärkt zu helfen USSR gibt Flottenstützpunkt Porkkala an Finnland zurück (wurde 1944 abgetreten) Sowjetunion verkauft Waffen an Ägypten (stärken Ä. gegen Israel) Ernster Zwischenfall zw. Truppen Israels und Jordaniens am See Genezareth (Spannung verschärft sich während der Suezkrise 1956) Asiatisch-afrikanische Konferenz in Bandung mit 29 Nationen einschl. d. Volksrepublik China (wird als Zeichen d. fortgeschrittenen Emanzipation der ehemaligen Kolonialvölker gewertet) Europareise *Nehrus*, um im kalten Krieg zwischen Ost und West zu vermitteln Internationale Krise um die Formosastraße; militärische Zwischenfälle zw. d. nationalchines. Regierung auf Formosa- und d. volksrepublikan. Reg. auf d. chines. Festland USA verkünden eine Politik der Stärke *Syngman Rhee* verlangt Ausweisung d. Internationalen Waffenstillstandskommission aus Südkorea; droht mit Angriff auf Nordkorea; setzt sich nicht durch	*Zuckmayer*: „Das kalte Licht" (Drama um Atomspionage) „Texte und Zeichen. Eine literarische Zeitschrift" (Hersg. *Alfred Andersch*) In der BRDtl. werden 1955 16240 Buchtitel verlegt *Bertelsmann* GmbH i. Gütersloh gegrdt. (zum Massenvertrieb v. Büchern u. Schallplatten) In den USA gibt es 8512 Buchverkaufsstellen u. 8420 öffentliche Bibliotheken; in der BRDtl. u. Westberlin [1950] 4444 Buchverkaufsstellen u. Bibliotheken Buchproduktion d. Erde rund 5 Mrd. Bände, davon etwa 50% Schulbücher Wiener Burgtheater mit „König Ottokars Glück und Ende" von *Grillparzer* neu eröffnet Internationale Tagung für Theaterwissenschaft in London Darmstädter Gespräche über das Theater 150. Auftritt der „Insulaner"; Berliner politisches Kabarett von *Günter Neumann*, mit *Bruno Fritz*, *Walter Gross*, *Tatjana Sais* u.a.	Durch eine „liebevolle Indiskretion" wird eine „Christusvision" des Papstes bekannt (ruft kritische Stellungnahmen nichtkatholisch. Kreise hervor) Enzyklika „Musicae sacrae" Starke Diskussion in Großbrit. über Rundfunkvorträge: „Moral ohne Religion" Brit. Unterhaus lehnt mit geringer Mehrheit ab, die Todesstrafe versuchsweise für 5 Jahre zu suspendieren (1956: Mehrheit gegen Todesstrafe) ~ Das Problem der Jugendverwahrlosung („Halbstarke") wird in Presse und Öffentlichkeit – oft wenig pädagogisch – diskutiert, teils wird Kriegs- und Nachkriegsschädigung, teils zu geringe Strenge der Erzieher verantwortlich gemacht Lynchmord im Staate Mississipi (USA) an einem 14jährigen Negerjungen, weil eine weiße Frau sich durch seinen Pfiff beleidigt fühlte; die Täter werden freigesprochen (bis dahin seit 1946 10 Lynchfälle in den USA, seit 1951 keiner) Multiple Faktoren-Analyse zur Unters. v. Vielfaktoren-Problemen d. Psychologie (entw. seit 1947 durch *L. L. Thurstone* [* 1887, † 1955] i. USA)

† *Yves Tanguy*, frz. surrealist. Maler, s. 1939 in USA (*1900)

Hans Trier (*1915): „Nestbau II" (abstr. Gem.)

Heinz Trökes: „Planetenwinter" (abstr. Gem.)

Hans Uhlmann: „Stahlplastik" (abstrakt)

† *Maurice Utrillo*, frz. Maler bes. von Stadtansichten in einem impressionist. Stil (*1883)

Robert Vickrey: „Konversation" (n.-amer. surreal. Gem.)

Fritz Winter: „Bewegung im Raum", „Geöffnet n. Weiß" (abstr. Gem.)

„documenta". Kunst des 20. Jhs. Internationale Ausstellg. im Museum Fridericianum in Kassel

„The Family of Man" („Die Menschenfamilie"; Photoausst. mit 503 Bildern aus 68 Ländern im Museum of Modern Art, New York (1956 auch in Dtl.)

„The New Decade" („Die letzten 10 Jahre"); Ausstellg. moderner Kunst im Museum of Modern Art in New York mit Werken der europäischen Künstler: *Afro, Appel, Armitage, Bacon, Bazaine, Burri, Butler, Capogrossi, Chadwick, Dubuffet, Hadju, Manessier, Minguzzi, Mirko, Pignon, Richier, Scott, Soulages, Uhlmann, Vieira da Silva, Werner, Winter*; u. d. amerikanischen Künstler: *Amino, Baziotes, Brooks, Brown, Congdon, de Kooning, Ernst, Ferber, Fuller, Glasco, Gordin, Gottlieb, Greene, Hare, Heliker, Katzmann, Kienbusch, Kline, Lassaw, Lippold, Lipton, Motherwell, Murch, Perlin, Pickens, Pollock, Pousette-Dart, Reinhardt, Russel, Salemme, Sharrer, Stamos, Tomlin, Tooker, Vickrey.*

Die moderne Malerei im Stil *Picassos* wird i. d. BRDtl. folgendermaßen bewertet:

(in Prozent)

	ja	nein	unentsch.	unihter.
allgem.	6	32	11	51
mit mittl. Schulbildg.	13	42	24	21
mit Abitur	16	45	26	13

Umfrage d. Inst. f. Demoskopie bei 1046 Frauen über Wohnraum - Geschmack: 7% bevorzug. ganz moderne Räume; 30% einfach. Werkstättenstil; 61% gängige Möbelkonfektion m. Hochpolitur; 2% den dunklen Wohnraum im Stil um 1900. Die gängige Konfektion ist besonders b. d. älteren Jahrgängen, insbes. b. Arbeitern, Beamten u. d. Landbevölkerung beliebt

Parteisekretär der KPDSU *Chruschtschow* verurteilt

Brit. Reg. stellt 51 Mill. Pfund (etwa 600 Mill. DM) für Atomkernforschung zur Verfügung; BRDtl. (1956) rd. 24 Mill. DM

Neutrino-Nachw. mit 400 000 l Flüssigkeitszähler i. 1600 m Tiefe i. USA (Anf. ein. Neutrino-Astronomie)

Großbrit. plant an Stromerzeugungskapazität und Anteil der Atomenergie:

für 1965 35—40 Mill. kW
davon 5% Atomenergie
für 1975 55—60 Mill. kW
davon 20—25% Atomenergie

Von etwa 1300 vorhandenen Elektronen-Mikroskopen stehen etwa 450 in den USA, etwa 57 in Deutschland

Internat. Konferenz über automatische Fabriken in Engl. (diese stark von der Elektronik beeinflußte „Automatisation" gilt als Beginn einer neuen industriellen Revolution)

„Volkswirtschaftliche Regelvorgänge im Vergleich zu Regelungsvorgängen der Technik" (ökonometrische Tagung)

Zur Erzeugung einer kWh in der BRDtl. wird 0,5 kg Steinkohle verbraucht (1948: 0,65 kg/kWh, 1900: 1,5 kg/kWh)

Titanproduktion in den USA rd. 10000 t (1953: 2250 t)

Synthetischer Diamant „Borazon" unter hohem Druck in d. USA hergestellt (hitzefest bis 1950° C)

Werkzeugmaterial auf keramischer Grundlage ermöglicht Schnittgeschwindigkeiten bei Metallbearbeitung bis 2500 m/min (bisher Hartmetallwerkzeuge max. 250 m/min)

Drehzahlbereich von Drehbänken
1955 20—3000/min, stufenl. regelb.
1938 15—1200/min
1914 15— 360/min
1900 10— 150/min
1870 12— 120/min
} in Stufen regelbar

Schaufelradbagger für 100000 cbm/Tag und 7380 kW elektr. Leistungsbedarf, Gesamtgewicht 5600 t im rheinischen Braunkohlengebiet

Perinatale Medizin fördert durch Fruchtwasseruntersuchung Früherkennung embryonaler Schäden

Gerhard Hecht d. Sieg über *Heinz Neuhaus* dt. Box-Schwergewichtsmeister

Hans Günter Winkler wird in Aachen zum 2. Mal Weltmeister d. Springreiter

Kanada erlangt Weltmeisterschaft i. Eishockey durch Sieg über die USSR

Fußballweltmeister Dtl. unterliegt in Moskau gegen die USSR 2:3 (erstmalig größerer Reiseverkehr von der BRDtl. in die Sowjetunion nach dem Kriege)

Rot-Weiß Essen schlägt in der dt. Fußballmeisterschaft 1. FC Kaiserslautern 4:3

Dtl. erlangt über d. Schweiz wieder Handball - Weltmeisterschaft

Lohmann (Dtl.) radelt hinter Motorschrittmacher 94,106 km in einer Stunde

Katastrophe beim Autorennen in Le Mans (Frankreich) mit 82 Toten; das Rennen wird weitergefahren; Mercedes zieht seine Wagen zurück

Antennenturm in Oklahoma (USA) mit 479 m höchstes Bauwerk der Erde

Opt. Kamera mit sofortentwickelten Bildern (Polaroid)

(1955)

Präsident *Eisenhower* ernennt *Harold Stassen* (* 1907) zum Minister f. Abrüstungsfragen (tritt 1958 zurück)

H-Bomben-Luftschutzübung in den USA; Regierung verläßt Washington (die fiktive Zahl der Toten durch 61 Bomben beträgt etwa 16 Millionen)

Präsident *Eisenhower* erleidet einen Herzanfall, was große politische und wirtschaftliche Unruhe in der westl. Welt auslöst

Parteirepubl. USA-Regierung veröffentlicht Dokument über die Jalta-Konferenz von 1945, um gegen die Demokrat. Partei einen Propagandaerfolg zu erzielen (wird bes. außerhalb d. USA kritisiert)

USA stellen neue H-Bomben-Explosion i. d. USSR fest (wird v. d. Sowjetunion als „bisher stärkste" bestätigt)

Erster H-Bomben-Abwurf vom Flugzeug in der USSR (USA folgen 1956)

Otto Hahn, der Entdecker der Spaltung d. Urankerns, warnt vor den vernichtenden radioaktiven Wirkungen der Atombombe mit Kobalt-Mantel

Die Menge spaltbaren Materials (Uran 235 u. Plutonium) in den USA wird ausreichend für etwa 35 000 Atombomben geschätzt, in der USSR für 15 000 A-Bomben

Diskussion in den USA, ob die USSR einen Vorsprung in der militärischen Luftfahrttechnik zu gewinnen drohen (wird auch als Ausdruck der Konkurrenz zw. Heer, Marine und Luftwaffe i. d. USA angesehen, in dem die Luftwaffe einen Vorsprung in der Mittelbewilligung erringt)

† *Cordell Hull*, parteidemokr. Außenminister d. USA 1933–44; Friedens*nobel*pr. 1945 (* 1871)

Militärputsch in Argentinien beseitigt die auf die Staatsgewerkschaften gestützte Diktatur *Juan Peróns* (seit 1946). Nach dem Sturz *Peróns* folgen sich rasch zwei Revolutionsregierungen

die reichverzierende sowjetische Architektur der *Stalin*zeit. Diese Kritik findet ihr Echo in der DDR und richtet sich auch gegen die *Stalin*allee in Berlin

---

„Marty" (nordamer. Film, Regie: *Daniel Mann*, Darst.: *Ernest Borgnine*, *Betsy Blair* u.a.)

„End of the Road" (nordamer. sozialkrit. Film, Regie: *Wolf Rilla*, Darst.: *Finlay Curry* u.a.)

„Jenseits von Eden" (nordamer. Farbfilm, Regie: *Elia Kazan*, Darst.: *James Dean*, *Julie Harris* [* 1925] u.a.)

„Die tätowierte Rose" (nordamer. Film, Regie: *Daniel Mann*, Darst.: *Anna Magnani* [*1908, + 1973], *Burt Lancaster* [*1913] u. a.; n. d. Bühnenstück)

„Fenster zum Hof" (nordamer. Farbfilm, Regie: *Alfred Hitchcock* [* 1899], Darsteller: *James Stewart* [* 1908], *Grace Kelly* [* 1930] u.a.)

„Blackboard Jungle" („Die Saat der Gewalt", nordamer. Film um das Problem der Jugendkriminalität)

„Das verflixte 7. Jahr" (nordamer. Film, Regie: *Billy Wilder*, Darst.: *Marilyn Monroe* [*1928] u.a.)

„Oklahoma" (nordamer. Breitleinwandfilm nach dem erfolgr. Musical von *Richard Rodgers*)

„Richard III." (engl. Shakespeare - Film; Produzent, Regisseur u. Hauptdarsteller *Laurence Olivier*)

„Ladykillers" (engl. Farbfilm, Regie: *Alexander Mackendrick*, Darst.: *Alec Guinness*, *Kathie Johnson* [† 1957] u.a.)

„Ciske — Ein Kind braucht Liebe" (niederl. Film, Regie: *Wolfgang Staudte*, Darst.: *Dick van der Velde*, *Heli Finkenzeller*, *Berta Drews* u.a.)

„Kinder, Mütter u. ein General" (Film, Regie: *Laslo Benedek*, Darst.: *Hilde Krahl*, *Therese Giehse*, *Ewald Balser* u.a.)

„Es geschah am 20. Juli" (Film, Regie: *G. W. Pabst*, Darst.: *Bernhard Wicki*, *Karl Ludwig Diehl* [*1896, † 1958] u.a.)

„Himmel ohne Sterne" (Film, Regie: *Helmut Käutner*, Darst.: *Eva Kotthaus*, *Erik Schuman* u.a.)

„Rififi" (frz. Film, Regie: *Jules Dassin*, Darst.: *Jean Servais*, *Jules Dassin*, *Marcel Lupovici* u.a.)

„Das Geheimnis des Marcelino" (span. Film, Regie: *Ladislao Vajda*)

~ Zahlreiche Wiederverfilmungen (Remakes) früherer erfolgreicher Filmstoffe; mehrfach Zusammenstellungen früherer Filmszenen mit bek. Schauspielern

„Lärmbekämpfung, Grundlagen und Übersicht" (kennzeichnend f. d. wachsende Bedeutung dies. Problems)

Okertalsperre (im Harz) wird gebaut

„Dt. Lufthansa" nimmt wied. Luftverkehr auf (dt. Verkehrsflugzeuge werden noch nicht gebaut)

80% aller Automobile werden in 20 Typen in d. USA gebaut; die restlichen 20% in 100 Typen

Volkswagenwerk produziert 330120 (1950: 91038), exportiert 177591 (29387) Wagen, insgesamt den millionsten Wagen

Erste schlauchlose Autoreifen in Dtl. (entwickelt in den USA)

Kabinenroller „Isetta" (f. 2 Personen, 4rädrig)

Ausgaben in der BRDtl. pro Kopf d. Bevölkerung f. alkohol. Getränke 131,00 DM, für Rauchwaren 87,00 DM, für Kinobesuch 13,00 DM, für Totowetten 7,70 DM

Schweden hebt Einschränkung. d. Alkoholismus auf

Tuberkulosesterblichkeit in Dtl.: 2 auf 10000 Einw. (1892: 26/10000)

Mit 5,4 Mill. BRT wird ein Höchststand des Weltschiffsbaus seit 1920 erreicht

Geschätzte Energiereserven der Erde in Mrd. Tonnen Kohlenäquivalent:

Kohle 3000
Öl, Gas 450

dazu jährlich aus Wasserkraft 2,5. Diese Vorräte reichen bis z. Jahre 2090, wenn pro Jahr Energieverbrauch um 3% wächst und ab 2050 konstant bleibt. Uran u. Thorium-Vorräte reichen f. Atomenergie für etwa 1700 Jahre, wenn Verbrauch ab 2000 konstant. Im Jahre 2000 wird d. Energiebedarf d. gegenüber 1950 verdoppelten Menschheit etwa 5mal höher geschätzt

In Äquatorial-Afrika werden Wasserkraftwerke mit 3,5 Mill. kW ausgebaut (die Reserven des unteren Kongolaufes betragen allein 100 Mill. kW; i. d. USA werden von 85 Mill. kW 20 Mill. genutzt)

Energieerzeugung pro Kopf u. Jahr in den USA 3200 kWh (1913: 160 kWh)

Anteile an den Lebenshaltungsausgaben in der BRDtl. (in %)

Nahrungsmitt.	41
Bekleidung	14
Wohnung	9
Bildg, Unterh.	8
Hausrat	8
Genußmittel	7
Heiz., Beleucht.	6
Hyg., Reinig.	4
Verkehr	3

Höchststand d. arbeitstägl. Produktionsindex i. der BRDtl. a. 1.11. 235 (geg. 204 am 1.11.54) und in Berlin a. 15.9. mit 111 (geg. 90 am 15.9.54) (1936 = 100)

Spareinlagen i. der BRDtl. in Mill. DM a. Jahresende:

1955	20668
1954	16717
1953	11241
1952	7404
1951	4984
1950	4066
1949	3061
1948	1599

Betriebsunfall i. US-Testreaktor kann ohne gesundheitliche Schäden kontrolliert werden

Triebfahrzeug-km d. Dt. Bundesbahn

	1955	1950
Dampflok-km	76,1%	88,2%
Dieseltrieb-km	12,9%	3,0%
Elektrotrieb-km....	11,0%	8,8%

Wirtschaftl. Indexzahlen f. BRDtl. (1950=100)

	1951	1955
Industr.-Prod. insges.	118	178
Grundstoff-Prod.	118	174
Invest. Güter-Prod.	131	233
Verbr.-Güter-Prod.	114	162
Lebenshaltungskosten	108	110
Industr. Produktivität	111	140
Brutto-wochenverdienst:	113 (=DM 68,52)	144 (=DM 86,85)

Wirtschaftsentwicklung in der DDR:

	1950 (Ist)	1955 (Ist)	1960 (Plan)
Industrie-Brutto-prod. (Mrd. DM)	23,0	44,4	68,8
Elektr. Mrd. kWh	18,9	28,8	44,0
Braunk. Mill. t	137	200	260
Rohstahl Mill. t	1,0	2,5	3,5
Zellst. 1000 t	80	106	118
Baumw. Mill. qm	261	264	395
Schuhe Mill. Paar	8,5	17	22
Kühlschr. 1000 St.	—	17	110
Fernseher 1000 St.	—	39	350
Butter 1000 t	—	126	163
Zucker 1000 t	—	655	950

Brutto-Sozialprodukt der USA und seine Verwendung (Mrd. Dollar):

Brutto-Sozialprod.	391
Verbrauchsausgaben	254
Verteidigung	41
andere Staatsausgaben	35
Wohnungsbau	17
Industriebau	16
Investitionen	24
Inventarbewegung	4
Auslandsbilanz	—1

Vom Weltsozialprodukt entfallen auf rd. je ein Drittel der Erdbevölkerung 85%, 10% und 5%

(1955)

Staatsstreich der Armee in Brasilien: geschäftsführender Präsident *Luz* tritt zurück

Folgende Staaten werden neu in die UN aufgenommen: Albanien, Bulgarien, Ceylon, Finnland, Irland, Italien, Jordanien, Kambodscha, Laos, Libyen, Nepal, Österreich, Portugal, Rumänien, Spanien, Ungarn (Nichtmitgl.: Dtld., Japan [tritt 1956 ein], Korea, Monaco, San Marino, Schweiz, Vatikan, Vietnam)

Fraktionen im Schweizer Nationalrat

	1955	1939
Sozialdemokraten	53	45
Freisinnige	50	51
Kathol. Konservative	47	43
Bürger-, Gewerbe-, Bauernpartei	22	22
Duttweiler	10	9
Liberaldemokraten	5	6
Demokraten	5	6
Sonstige	4	14
Insgesamt	196	196

1323 km/st Fluggeschwindigkeit über 18 km in 12 km Höhe (USA) (1956: 1822 km/st); Flughöhenweltrekord mit 20079 m (Großbrit.)

Probeflug um die Erde des brit. Düsenverkehrsflugzgs. „Comet III"

Brit. Düsenflugzeug „Canberra" fliegt die Strecke London–New York–London in 14 st 21 min

Langstrecken-Verkehrsflugzeug Douglas DC 8 mit 4 Turbinen-Luftstrahl-Triebwerken für 115 t. Startgewicht: über 100 Fluggäste mit 900 km/st über 5500 km

Douglas C-133 A, der größte Luftfrachter der Welt, mit 4 T-34-Propeller-Turbinen-Luftstrahl-Triebwerken zu je 5800 PS (Kolbentriebwerke treten vermutlich in Zukunft im Langstreckenflug zurück)

Brit. Diesel-Lok mit 2×3300 PS-Motoren für Schnellzüge bis 145 km/st

Die amtl. Statistik der USSR weist aus

	1940	1955	
Rundfunkgeräte	1,12	6,10	Mill.
Fernsehgeräte	–	0,82	Mill.
Filmtheater	15,5	33,3	Tausend
Veröffentl. Buchtitel	45,8	54,7	Tausend
Büchereien	277	392	Tausend
Bücher in Büchereien	527	1351	Mill.
Zeitungen (Zahl)	8,8	7,2	Tausend
Auflage d. Zeitungen	38	49	Mill.

Wirtschaftszahlen für Westeuropa, USA und USSR

	Westeur.		USA		USSR		(Plan)
	1950	1955	1950	1955	1950	1955	1960
Bev'k. (Mill.)	164	169	152	165	200	216	233
Kohlen (Mill. t)	517	560	501	448	260	390	593
Rohöl (Mill. t)	2,4	4	270	332	38	71	135
Strom (Mrd. kWh)	150	210	389	623	91	170	320
Stahl (Mill. t)	46	67	88	106	27	45	68

Produktion in der USSR nach amtlichen Angaben

	1940	1955	
Stahl	18,3	45,3	Mill. t
Kohle	165,9	391,0	Mill. t
Öl	31,1	70,8	Mill. t
Elektrizität	48,3	170,1	Mrd. kWh
Traktoren	31,6	153,4	Tausend
Kraftwagen	145,4	445,3	Tausend
Baumwolle- und Wolltuch	4074	6155	Mill. m
Lederschuhe	211	274,5	Tsd. P.
Butter	266	459	Tsd. t

Amtliche Statistik der USSR verzeichnet für 1950
Einwohner 200 Mill., davon 87 Mill. Städter
Städt. Beschäftigte 48,14 Mill., davon 45% weiblich und
17,4 Mill. in der Industrie

Die USSR weist pro 1000 der Bevölkerung aus

	1940	1955
Geburten	31,7	25,6
Todesfälle	18,3	8,4

Entwicklung der realen industriellen Produktion in Mrd. Dollar
(Kaufkraft 1929)

	1850	1900	1913	1929	1937	1950	1955
USA	1,9	19,4	37,6	68,0	69,9	129,8	160,7
USSR (Rußl.)	.	2,7	4,6	7,9	24,5	42,6	77,6
Dtl. (W. u. O.)	1,0	9,1	15,0	17,6	20,7	17,9	30,8
BRDtl.	.	.	.	.	.	13,1	23,5
Großbrit.	3,5	11,3	14,8	14,8	18,9	23,0	27,7
Frankreich	1,5	4,7	7,4	10,5	9,1	10,2	14,3
Kanada	.	0,9	2,4	3,9	4,2	8,1	10,2
Japan	.	0,5	1,3	4,2	7,1	4,4	9,4
	7,9	48,6	83,1	126,9	154,4	249,1	354,2

insges. nimmt die Produktion dieser Staaten 1850–1955 von 7,9 auf 354,2 44,8fach zu (+42,7 %/Jahr)

(1 US-Dollar v. 1929 = 2 US-Dollar v. 1955; die amtl. Ziffern der USSR lauten für 1950 80 und 1955 140 Mrd. Dollar v. 1929; vgl. 1688, 1822)

1956	Kein Friedens*nobel*preis ~ Sprengwirkung v. Atomwaffen 28-cm-Atomgr. 0,015 Mill. t TNT A-Bombe, takt. 0,015 Mill. t TNT A-Bombe, strat. 0,12 Mill. t TNT H-Bombe 1952 5 Mill. t TNT H-Bombe 1955 45 Mill. t TNT (die über Dtl. im 2. Weltkrieg abgeworfene Bombenmenge entsprach etwa 1 Mill. t TNT) Das Weltpotential an Atombomben wird auf 50000 geschätzt, davon etwa 35000 f. d. USA, 15000 f. d. USSR 1. Abwurf einer nordamer. Wasserstoffbombe vom Flugzeug (in der USSR: 1955) Londoner 5-Mächte-Verhandlungen üb. Abrüstung ohne Einigung USSR will Streitkräfte um 1,2 Mill. Mann erniedrigen (wird als Teil der „Umrüstung" i. Atomzeitalter gedeutet) Atlantikrat empfiehlt Erweiterung der NATO auf polit. u. wirtschaftl. Gebiet; Grdg. d. sog. „Rates der Drei Weisen" CDU-Regierung *K. Arnold* (* 1901, † 1958) in Rheinland-Westfalen v. einer Koalition zwischen SPD, FDP und Zentrum gestürzt, *F. Steinhoff* (SPD) Min.-Präs. FDP-Bundesvorstand kündigt Koalition mit d. CDU im Bundestag (1958: CDU-Regierung) Ministerflügel der FDP-Bundestagsfraktion, der die Politik d. Parteivorsitzenden *Dehler* bekämpft, grd. „Freie Volkspartei" (FVP) (1957 vereinigt sich FVP mit der Deutschen Partei [DP]) Landtagswahlen in Baden-Württemberg: CDU 42,6%, SPD 28,9%, FDP 16,6%: Reg. *Gebhard Müller* (* 1900, CDU) Bundestag verabschiedet mit $^2/_3$-Mehrheit Wehrergänzg z. Grundgesetz; 20 Abg. d. SPD stimmen dagegen. Bundesrat stimmt auf einer Sitzung in Berlin zu. Erste Einheiten der Bundeswehr Parteitag d. CDU in Stuttgart; *Adenauer* wieder Bundesvorsitzend. Staatsbesuch d. Bundespräs. *Heuss* in Griechenland	Literatur-*Nobel*preis an *Juan Ramon Jiménez* (* 1881, span. Lyriker) Friedenspreis des dt. Buchhandels an *Reinhold Schneider* *Prix Goncourt* für *Romain Gary* „Les racines du ciel" (russ.-frz. Roman, dt. Übertragung „Die Wurzeln des Himmels") *Georg-Büchner*-Preis für *Karl Krolow* *Hansischer Goethe*preis f. *Walter Gropius* *Fontane*-Preis (Berlin) für *Hans Scholz* *Jean Anouilh*: „Pauvre Bitoz" (frz. Tragikomödie) † *Gottfried Benn*, dt. Lyriker u. Arzt; pflegte expressionist. u. monologischen Stil (* 1886) *Mattias Braun* (* 1933): „Die Troerinnen des Euripides" (Nachdichtung d. pazifist. griech. Dramas) † *Bert(olt) Brecht*, dt. Dichter, zuletzt in der DDR; schrieb u.a. „Die Dreigroschenoper" mit *Weill* (1928) (* 1898) † *Louis Bromfield*, nordamer. Erzähler; schrieb 1938 „Der große Regen" (* 1896) *Heimito von Doderer*: „Die Dämonen" (Rom.) *Wladimir Dudinzew*: „Der Mensch lebt nicht vom Brot allein" (russ. Roman, gilt als Bruch mit dem „sozialist. Realismus") *Fr. Dürrenmatt*: „Der Besuch der alten Dame" (schweiz. Schauspiel) † *Alexander Fadejew* (Freitod), russ. Dichter in der USSR (* 1901)	† *Leo Baeck*, jüd. Theologe; schrieb 1905 „Das Wesen des Judentums"; förderte jüd.-christl. Verständigung (* 1873) *R. F. Benedict*: „Urformen der Kultur" (nordamer. Völkerpsychologie durch Studien an Primitiven) *E. Bloch*: „Das Prinzip Hoffnung" (3 Bände seit 1954) *W. de Boor*: „Pharmakologische Psychopathologie" (medikamentöse Behandlung v. Geisteskranken) *R. Dahrendorf*: „Industrie und Betriebssoziologie" *A. Gehlen*: „Urmensch und Spätkultur" (Kultur ist vom Menschen umgearbeitete Natur) *P. R. Hofstätter*: „Sozialpsychologie" *L. v. Holzschuher*: „Psychologische Grundlagen der Werbung" (Reklamepsychologie) *J. Huizinga*: „Homo ludens" („Der spielende Mensch", Psychologie der Phantasie) *I. Jakab*: „Zeichnungen und Gemälde der Geisteskranken" † *Alfred Kinsey*, nordamer. Biologe u. Sexualforscher (* 1894) † *Ludwig Klages*, dt. Philosoph u. Psychologe; schrieb u.a. „Der Geist als Widersacher der Seele" (1929–32) (* 1872) *Walter Krickeberg*: „Altmexikanische Kulturen" *W. Lange-Eichbaum* u. *W. Kurth*: „Genie, Irrsinn und Ruhm" (Psychologie d. Anomalen)

Adolf Abel u. *Rolf Gutbrod:* Liederhalle in Stuttgart (asymmetrisch, 2000 Sitze)

Carlo Baratelli (*1926): „Orange et brun" (schweiz. abstrakt. Gem.)

Renato Birolli (* 1906): „Die Nacht" (ital. Gemälde)

Wolf Bloem: „Paris, Notre Dame bei Nacht" (Gemälde)

Manfred Bluth: „Rudolf Springer" (Porträtgemälde)

Walter Bodmer (* 1903): „Komposition in 2 Teilen" (schweiz. Gemälde)

Enzo Brunori (* 1924): „Grüner Baum", „Anemonen" (ital. Gem.)

Bernard Buffet: „Der Schädel", „Kanal Saint Martin", „Selbstbildnis" (frz. Gem.)

Reg Butler: „Sinnendes Mädchen" (engl. Bronze)

Bruno Cassinari (*1912): „Herbst" (ital. abstr. Gem.)

Chagall: „Das grüne Pferd", „Huldigung an Gauguin" (russ.-frz. Gem.)

Fabrizio Clerici: „Complesso di tre templi dell' Uovo" (ital. surreal. Gem.)

Guy Dessauges (*1924): „Winter" (schweiz. Gem.)

Ernst Faesi (*1917): „Architektonisch-vegetativ" (schweiz. abstr. Gem.)

† *Lyonel Feininger,* kubist. Maler des Bauhaus-Kreises, zuletzt in USA (*1871)

† *Hermann Abendroth,* dt. Dirigent (*1883)

Benjamin Britten: „The Prince of the Pagodas" (Ballett)

† *Guido Cantelli* (Flugzeugabsturz), ital. Dirigent; Meisterschüler *Toscaninis* (*1920)

Joh. Nepomuk David: „Sinfonia breve"

Hans Ulrich Engelmann (*1921): „Die Mauer" (radiophonische Kantate)

Heimo Erbse: Sinfonietta giocosa

† *Walter Gieseking* (*1895), international bekannter deutscher Pianist

† *Alexander Gretschaninoff* (*1864), russ. Komponist, seit 1925 Paris und d. USA (Klaviermusik und Lieder)

Hermann Heiß: „Expression K", Liederzyklus n. *Kafka*

Hans Werner Henze: „Concerto per il Marigny" (Klavier u. 7 Soloinstrumente) „König Hirsch" (Oper, Text n. *Gozzi* v. *H. v. Cramer*), Urauff.

Herbert v. Karajan (*1908): dt.-österr. Dirigent, löst *Karl Böhm* an der Wiener Staatsoper ab

*Nobel*preis für Physik an *William Shockley, John Bardeen, Walter H. Brattain* (alle USA) für Entwicklung des Transistors (Kristallverstärker, vgl. 1948)

*Nobel*preis f. Chemie an *N. N. Semenow* (USSR) und *Cyril Norman Hinshelwood* (*1897, Großbrit.) für die Erforschung chemischer Kettenreaktion

*Nobel*preis f. Medizin an *Werner Forssmann* (* 1904, Dtl.), *André Cournand* (* 1894, USA) und *Dickinson W. Richards* (* 1894, USA) für erste Herzkatheterisierung (1929) bzw. ihre Entwicklung zu der Standardmethode (seit 1940)

Luis W. Alvarez und 11 andere Physiker entd. in den USA die Verschmelzung eines Protons mit einem Deuteron zu Helium 3 bei tiefer Temperatur mit katalytischer Hilfe eines kurzlebigen Mesons (erscheint grundsätzlich wichtig als energieliefernder Kernfusionsprozeß bei tiefer Temperatur)

T. C. Carter und Mitarbeiter (Großbrit.) berichten über Dauerbestrahlung von Mäusen mit energiereichen (Gamma-) Strahlen (erweist die großen Schwierigkeiten bei Säugetieren, Feststellungen über strahlungsausgelöste Erbänderungen zu machen)

Cork, Lambertson, Piccioni u. *Wenzel* entd. das Antineutron, das ein zum Neutron entgegengesetztes magnetisches Moment hat

H. Fraenkel-Conrat u. *B. Singer:* Viren lassen sich in Eiweiß- und Nukleinsäure-Komponente zerlegen und wieder zu aktiven Einheiten zusammensetzen. Nukleinsäure trägt Erbeigenschaften, Eiweiß serologisches Verhalten (1957 gelingt Nachweis, daß sich Eiweiß und Nukleinsäure verschiedener Stämme wirksam kombinieren lassen)

† *Christian Gerthsen,* dt. Physiker bes. Atomkernphysik (*1894)

L. Groß: Elektronenmikroskopischer Nachweis des Viruserregers

D. Hodgkin Strukturformel v. Vitamin B_{12}

Außenminister d. Montanunion-Staaten beschl. europ. Atomplan: „Euratom"

Frederick Pollock, Alfred Weber u.a.: „Revolution der Roboter" (Unters. über Probleme der Automatisierung)

Hermann Roloff: Gesamtbebauungsplan der neuen Stadt Kaster (Beispiel einer einheitlichen Stadtplanung für 10000 Einw.)

† *Ernst Wagemann,* dt. Volkswirtsch. und Statistiker; grdte. 1925 Inst. f. Konjunkturforschung; 1923–33 Präs. des Statist. Reichsamtes (*1884)

Bruttosozialprodt. d. BRDtl. u. seine Verwendung (Mrd. DM):

	1951	1956
in Preisen 1936	62,7	91,9
in jeweil. Preisen	113,6	180,2
Privatverbrauch	65,1	101,8
Staatl. Verbr.	18,4	25,8
Bruttoinvest.	28,1	47,0
Außenbeitrag	2,0	5,6

Verfügbares Einkommen d. Privathaushalte d. BRDtl. und Sparquote:

	Eink. (Mrd. DM)	Sp.Qu.
1951	67,8	4,0
1954	88,6	7,8
1956	108,4	6,1

(1956)

Adenauer und *Mollet* einigen sich üb. Rückgliederung d. Saargebietes, das polit. ab 1. 1. 57 (frz. wirtschaftl. Vorrechte b. 1959) zu Dtl. zurückkehrt, und Bau eines Moselkanals im bes. Interesse der lothringischen Industrie

Parteitag u. Konferenz der SPD in München bzw. Düsseldorf diskutieren Probl. d. „Zweiten Industriellen Revolution" unt. bes. Berücks. der Bildungsfragen. *Ollenhauer* wieder 1. Vorsitzender

Dt. Bundestag verabschiedet gegen die Stimmen der Opposition 12-monat. Wehrpflichtgesetz

Treffen *Nehru-Adenauer* in Bonn

Bundesverfassungsgericht verbietet Kommunistische Partei Deutschlands auf Klage der Bundesreg. hin

Hitler amtlich für tot erklärt

Bundesreg. läßt in Moskau Memorandum z. Wiedervereinigung Dtls. überreichen (wird abgelehnt)

Kg. *Paul I.* und K.gin *Friederike* v. Griechenland besuchen BRDtl.

Bundestag tagt in Berlin

Nach Rücktritt der 4 FVP-Minister scheiden aus der Bundesreg. aus: *Th. Blank* (Verteidigung), *Neumayer* (Justiz), *W. Kraft* u. *H. Schäfer* (ohne Ressort). *F. J. S. Strauß* wird Verteidig.-Min. (vorher Atom), *Balke* Atommin. (vorher Post), *v. Merkatz* auch Justizmin. (zugl. wirtsch. Zusammenarbeit); *Ernst Lemmer* (*1898, + 1970, CDU Berlin) Postminister

Kommunalwahlen in Nordrhein-Westfalen, Baden-Württemberg, Rheinland-Pfalz, Niedersachsen, Hessen (relativer Zuwachs der SPD)

E. Ollenhauer u. *Carlo Schmid* (SPD) unternehmen Asienreise und unterstreichen Bedeutung dieser Gebiete

Besprechung zwischen *Nehru* und *Adenauer* auf dem Flugplatz Düsseldorf

Anklage wegen Landesverrats geg. *Otto John*, ehem. Leiter d. Verfass.-schutzamtes; Urteil: 4 Jahre Zuchth. (1958 begnadigt)

Frances Goodrich und *Albert Hackett*: „Das Tagebuch der Anne Frank" (dt. Auff. des nordamer. Bühnenstücks nach dem Originaltagebuch d. *A. Fr.*)

† *Lucie Höflich*, dt. Schauspielerin u.a. am Dt. Theater *Max Reinhardts* (* 1883)

Eugène Ionesco (* 1912): „Die Stühle" (rumän.-frz. tragische Posse)

C. Malaparte: „Diese verfluchten Toskaner" (ital. Satire auf seine Heimat)

Félicien Marceau (*1913): „Das Ei" (belg. satir. Schauspiel)

John Osborne (* 1930): „Blick zurück im Zorn" (engl. Schauspiel)

Gore Vidal (* 1926): „Besuch auf einem kleinen Planeten" (nordamer. satir. Schauspiel)

G. Weisenborn: „Lofter" (Drama), „Der dritte Blick", „Auf Sand gebaut" (Romane)

Ingeborg Wendt: „Notopfer Berlin" (Fam.-Roman)

W. Weyrauch: „Gesang, um nicht zu sterben" (Lyrik)

Colin Wilson: „The Outsider" (engl. Roman)

Briefwechsel zw. *Hugo v. Hofmannsthal* u. *Carl J. Burckhardt* wird veröff.

„Die Großen Deutschen", Deutsche Biographie, herausg. von *H. Heimpel*, *Th. Heuss*, *B. Reifenberg*

Wladimir Lindenberg: „Die Menschheit betet." Praktiken der Meditation in der Welt" (Religionspsychologie)

D. Riesman: „Die einsame Masse" (Massenpsychologie)

R. Stagner: „Psychologie der industriellen Konflikte" (engl.)

H. Strehle: „Vom Geheimnis der Sprache" (i. Sinne einer natürlichen „Sprachphysiognomik")

W. H. Thorpe: „Lernen und Instinkte bei Tieren" (Lernpsychologie)

A. Toynbee: „An Historians Approach to Religion" („Eines Historikers Stellungnahme zur Religion", betont das Gemeinsame der Weltreligionen)

V. v. Weizsäcker: „Pathosophie" (psychologische Philosophie)

H. D. Wendland: „Die Kirche in der modernen Gesellschaft" (evangel.)

„Informationstheorie" (Herausg. *J. Wosnik*)

„Automation" (engl. Untersuchung über Probleme der Automatisierung)

~ In einem modernen Walzwerk sind etwa 75% Facharbeiter tätig (1913: 6%)

Für die BRDtl. wird ein jährlicher Ingenieurbedarf von mindestens 18500 berechnet, statt der vorhandenen 12500 Absolventen der Hoch- und Ingenieurschulen

Mao: „Laßt 1000 Blumen blühen" (führt zu keiner Liberalisierung d. chines. Kulturlebens) vgl. S. 312, Sp. P

Karl Gerstner (* 1930): „Das blaue Exzentrum" (schweiz. abstraktes Gem.)

Emilio Greco (* 1913): „Kauernde" (ital. Bronze)

Walter Gropius: „Architektur. Wege zu einer optischen Kultur"

B. Heiliger: „Nike" (Eternit-Plastik)

† *Fritz Koch-Gotha*, humorist. Maler u. Illustrator (* 1877)

Oskar Kokoschka: „Stadt Köln vom Messeturm" (expr. Gem.)

Kurt Lehmann (* 1905): „Badende" (Plastik)

Giacomo Manzu: „Testa di Donna" (ital. Bronze)

G. Marcks: „Konrad Adenauer", „Hererofrau" (Bronz.)

Marcello Mascherini: „Vestalin", „Liegender Faun" (ital. express. Kleinplastik)

Hansjörg Mattmüller (* 1923): „Geflecht" (schweiz. abstraktes Gem.)

H. Moore: „Sitzende vor gekrümmter Mauer" (engl. Plastik, vollend. 1957)

Giorgio Morandi (* 1890): „Karaffen und Flaschen" (ital. Stich der Schule „Valori Plastici")

Mattia Moreni (* 1920): „Ehrung für De Pisis" (ital. abstr. Gem.)

Ennio Morlotti: „Studie 1956" (ital. abstr. Gem.)

Giselher Klebe: „Raskolnikows Traum" (n. *Dostojewski*, f. Sopran, Klarinette und Orchester), „Fleuronville" (Ballett), Urauff.

† *Erich Kleiber* (* 1890), dt.-österr. Dirigent an der Berliner Staatsoper, in Buenos Aires, Havanna u. London

Hans-Martin Majewski (* 1911): „Thema in Moll" (Jazzbearbeitung eines Fugenthemas von *J. S. Bach*)

Jean Martinon (frz. Komp., * 1910): „Hecube" (Musikdrama, Text: *Serge Moreux*)

Luigi Nono: „Il canto sospeso" (Kantate für Soli, Chor u. Orchester)

Ernst Pepping (* 1901): „Tedeum" (f. Sopran, Bariton, Chor u. Orchester)

† *Günther Ramin* (* 1898), Thomaskantor in Leipzig, Organist u. Dirigent

Hermann Reutter: (* 1900): Concerto grosso „Aus dem Hohenlied Salomonis"

Igor Strawinsky: „Canticum sacrum ad honorem Sancti Marci nominis" f. Tenor, Bariton, Chor, Orchester u. Orgel

† *Irène Joliot-Curie*, frz. Kernphysikerin; entd. mit ihrem Mann 1934 die künstl. Radioaktivität; *Nobel*preis 1935 (* 1897)

Kürti, Robinson, Simon u. *Spohr* erreichen in Oxford durch „Kernkühlung" $^1/_{50000}$° über dem absoluten Nullpunkt

G. Löwenthal und *J. Hauser*: „Wir werden durch Atome leben" (optimist. Ausblick in das Atomzeitalter)

† *Alfred Eilhard Mitscherlich*, Gelehrter auf dem Gebiet der Bodenkunde und Pflanzenernährungslehre (* 1874)

„Regelungsvorgänge i. d. Biologie" (Herausg. *H. Mittelstädt*)

H. Nachtsheim: „Sterilisation aus eugenischer Indikation" (auf freiwilliger Grundlage, zur Bekämpfung von Erbkrankheiten)

Malcolm D. Ross u. *Morton L. Lewis* erreichen in d. USA mit Stratosphärenballon Rekordhöhe von 22,8 km

Friedrich Vogel (* 1925): „Über die Prüfung von Modellvorstellungen zur spontanen Mutabilität an menschlichem Material" (schließt auf die Entstehung von Erbänderungen vorwiegend bei der Keimzellteilung des Mannes)

Zahl der Chromosomenpaare des Menschen ergibt sich zu 23 (vorher 24 angenommen)

„Die biologischen Wirkungen ionisierender Strahlen" (USA), „Die Strahlengefährdung des Menschen" (Großbrit.); wiss. Berichte z. Strahlenbelastung des Menschen im Atomzeitalter; weisen besonders auf die Gefahren durch Erbschäden und auf die Belastung durch Röntgendiagnose hin

82 Staaten unterzeichnen Vertrag für die friedliche Nutzung der Atomenergie

In Betrieb befindliche Kernreaktoren: USA 53, Großbrit. 10, USSR 4, Kanada 2, Westeuropa 7 (Dtl. 0), Indien 1

Amerikanische Wissenschaftler halten eine Beeinflussung des Wetters durch bisherige Atombombenversuche für sehr unwahrscheinlich;

Die Einkommensschichtung in der BRDtl. (Bruttojahreseinkommen)

DM	%
unter 1 200	7,2
1 200– 2 400	12,4
2 400– 3 600	18,4
3 600– 4 800	21,8
4 800– 6 000	19,2
6 000– 7 200	10,7
7 200–12 000	8,7
12 000–24 000	1,5
über 24 000	0,1

Insges. bezogen 18,05 Mill. beschäftigte Arbeitnehmer ein Bruttoeinkommen von 81,5 Mrd. DM, im Durchschnitt rd. 377,— pro Monat

Haushalt der BRDtl. (Mrd.DM)

Einnahmen	34,8
dav. Steuern	27,9
Ausgaben	34,8
dav. Verteid.	9,7
Sozialleist.	11,3
Wohnungsb.	1,6
Schuldend.	1,4
Berlinhilfe	0,85

Gesamtsteuereinnahmen v. Bund u. Ländern 39,4 (1953: 29,7)

Bank von England erhöht Diskont v. 4½% auf 5½% (höchster Stand seit 1931)

Zentralbankrat d. Bank dt. Länder beschließt Diskonterhöhung von 3½% auf 4½%, dann auf 5½% (diese „Konjunkturbremse" wird auch kritisiert).

Brit. Kernkraftwerk Calder Hall in Betrieb (für 184 MW entworfen, vorzugsweise Plutonium-Erzg.)

(1956)

DDR im Oberkommando d. Warschauer Paktes

Volkskammer der DDR beschließt „nationale Volksarmee" (ohne Wehrpflicht) u. Verteidigungsministerium

† *Wilhelm Miklas*, österr. Politiker; 1928–38 Bundespräsident (*1872)

Österr. Parlamentswahlen: ÖVP 82 Sitze, SPÖ 75 von insges. 164: wieder ÖVP-SPÖ-Koalition unter Bundeskanzler *Julius Raab* (ÖVP)

Frz. Min.-Präs.: *E. Faure* (seit 1955), *Guy Mollet* (* 1905, Sozialist; 21. frz. Nachkriegskabinett)

Staatsbesuch *Tito*s in Frankreich

Frz. Min.-Präs. *Mollet* u. Außenmin. *Pineau* besuchen Moskau

Frankr. verhaftet in einem Handstreich in Algier fünf Führer der algerischen Aufstandsbewegung aus einem marokkanischen Flugzeug heraus

Schwedische Reichstagswahlen (% der Stimmen):

	1956	1958
Sozialdemokraten . .	44,6	46,9
Liberale	23,8	18
Konservative	17,1	18,7
Zentrum (Bauern) .	9,4	13
Kommunisten	5	3,4

Rainier, Fürst von Monaco, heiratet USA-Filmstar *Grace Kelly* (Geburt einer Thronfolgerin 1957 sichert Unabh. Monacos v. Frankreich)

Eisenhower und *Eden* können sich über Nahost-Politik nicht einigen

Briten deportieren den Führer der progriechischen Bewegung auf Zypern, Erzbischof *Makarios*

Jordanische Regierung muß zurücktreten, weil sie dem Bagdadpakt beitreten will. König *Hussein* entläßt engl. Kommand. *Glubb Pascha* (*H.* ruft 1958 brit. Truppen gegen Rebellen)

UN-Generalsekretär *Hammarskjöld* auf Friedensmission im Nah. Osten: Israel u. Ägypten verspr. Waffenstillstand zu halten

Ägypten, Saudi-Arabien und der Jemen schließen 5jährigen Beistandspakt

USSR-Außenmin. *Schepilow* besucht Ägypten, das d. Räumung d. Suezkanalzone durch Großbrit. feiert

Kardinal *Wyszynski* wieder Primas von Polen (war seit 1953 in Haft) Abkommen über das Verhältnis von Kirche und Staat in Polen (poln. kathol. Kirche unterstützt 1957 *Gomulka* bei den Wahlen zum Sejm)

Rat der ev. Kirche in Dtl. billigt revidierten *Luther*-Text des Neuen Testaments (hergestellt nach einem Beschluß der Dt. ev. Bibelgesellschaften 1921)

Intern. Rotes Kreuz: „Entwurf von Regeln betr. den Schutz der Zivilbevölkerung gegen die Gefahren des unterschiedslos geführten Krieges"

Die Durchführung des Urteils des Obersten Bundesgerichtes d. USA, daß die Rassentrennung in den Schulen verfassungswidrig sei, stößt in einigen südl. Staaten mit großer Negerbevölkerung auf starken Widerstand und führt zu erheblichen Unruhen u. Terrorakten; in anderen Staaten macht jedoch die „Desegregation" gute Fortschritte

Universität Alabama (USA) schließt die Negerin *Autherine Lucy* unter dem Druck der Gegner der „Desegregation" aus.

In der Präsidentenwahl i. d. USA stimmten weniger als 50% der wahlberechtigten Neger, der Anteil der Negerstimmen nimmt jedoch stetig zu

In d. USA werden jährlich etwa eine Mrd. Beruhigungs- (Tranquilizer-) Tabletten auf der Basis der Meprobamate verkauft

Entd. d. altperuan. Vicuskultur

Schulausgaben in DM/Jahr pro Einwohner und Schüler

Land	pro Einw.	pro Schüler
Hamburg	145	893
Bremen	132	660
Schleswig-Holstein .	122	571
Nordrhein-Westf. . .	105	590
Niedersachsen	104	522
Baden-Württemberg	104	572
Hessen	100	557
Rheinland-Pfalz	100	500
Bayern	95	510

Berlin gibt für 236121 Schüler der allgemeinbildenden und 78421 Schüler der Berufsschulen 182 Mill. DM aus (= 580 DM pro Schüler)

Antonio Music (* 1909): „Fischernetze bei Chioggia“ (ital. Gem.)

Johannes Niemeyer: „Tessiner Wintersonne“ (express. Gem.)

† *Emil Nolde (*eig. *Hansen)*, dt. express. Maler, bes. auch religiöse Bilder i. einem nordisch-schwerblütigen Stil (* 1867)

† *Filippo De Pisis*, impress. ital. Maler (* 1896)

† *J. Pollock*, US-Maler d. Action Painting (* 1912)

Jean Paul Riopelle (* 1923): „Rencontre“ (frz. Gem.)

Charles Rollier (* 1912): „La bouche des sources“ (schweiz. abstraktes Gem.)

Hans Scharoun: „Romeo“-Wohnhochhaus in Stuttgart mit 18 Stockw. (nach d. Grunds. d. sozialen Wohnungsbaus); Entw. f. d. Philharmonie Berlin i. Form des Amphitheaters

Ernst Schumacher: „Finestrat“ (Gem.)

Mario Sironi (* 1885): „Eisenbahner“ (ital. Gem.)

Pierre Soulages: „Komposition 1956“ (frz. abstr. Gem.)

Horst Strempel: „Meine Mutter“ (Gem.)

Pierre Terbois (* 1932): „Chantier“ (schweiz. abstraktes Gem.)

† *Arturo Tosi*, von *Cézanne* beeinfl. ital. Maler (* 1871)

Heinz Tietjen (* 1881) Intendant der Hamburger Staatsoper (war 1930—44 General-int. d. Preuß. Staatstheaters, 1948—54 Intend. d. Städt. Oper Berlin)

Henri Tomasi (frz. Komp., * 1901): „Don Juan de Manara“ (Oper), Urauff.

„Candide“ (nordamer. Musical n. *Voltaire)*

Populäre Schlager: „A rivederci Roma“, „Love me tender“, „Whatever will be“

W. Grünhagen beg. Ausgrab. d. Terrassenheiligt. Munigua b. Sevilla

Neutrino-Nachweis aus ein. Reaktor i. USA (vgl. 1955)

Isaacs u. *Lindeman* entd. Interferon als virushemmendes Agens (später wird Krebshemmung erkannt)

empfehlen weitere sorgfältige Beobachtungen

Operationsrisiko sinkt: z.B. Entfernung der Gallenblase bei Patienten über 60 Jahre 5,7% Sterblichkeit (1942: 16,6%), bei Patienten unter 60 Jahre 1,1% (1942: 4%)

Sulfonyl - Harnstoff - Tabletten erweisen sich geeignet für die Behandlung von Zuckerkranken

4 neue Antibiotica in d. USA in Erprobung (1955: 12 neue Antibiotica)

~ Durch die verbreitete Verwendung der Antibiotica (wie Penicillin) werden immer mehr arzneifeste Stämme der Krankheitserreger gezüchtet

Durch Automation: Produktion von 13000 Zylinderköpfen pro Monat durch 2 Mann in 2 Schichten (1950: 10000 St. monatl. durch 40 Mann in 2 Schichten)

In d. USA blasen Raketen Stickoxydgas in über 100 km Höhe in die Atmosphäre; reagiert unter Aufleuchten mit atomarem Sauerstoff und gestattet Aussagen über die Zusammensetzung der oberen Atmosphäre (Ionosphäre)

Brit. Düsenflugzeug fliegt mit 1822 km/St. Geschwindigkeitsweltrekord

USA-Raketenversuchsflugzeug Bell X-2 erreicht 3000 km/St. außerhalb Weltrekordbedingungen

USA-Flugzeugträger „Forrestal“ in Dienst gestellt (60000 Tonnen, 80 Flugzeuge, 55 km/St. Geschw., etwa 200 Mill. Dollar Kosten; neue Entw. für 80000-t-Typ mit Atomantrieb wird begonnen)

Erstes Telefonkabel Europa—USA (macht Telefonverkehr v. Kurzwellenstörungen unabhängig)

Fernsehturm Stuttgart (Betonsäule mit Höhengaststätte für 161 Personen, maximale Höhe 211 m)

Herstellung künstlicher Diamanten in d. USA und Schweden bei 3000° C und Drucken von 70000 bis 100000 Atü

5-PS-Elektromotor wiegt etwa 40 kg (1930: 65 kg; 1890: 155 kg)

Ausgrabung des Palastes des *Diokletian* in Split (Solona, vgl. 300)

USA erhöht Diskont um ½% auf 2¾—3%

Hohe Behörde der Montanunion beschl. Kohlepreis i. Ruhrrevier freizugeben

Willi Richter Bundesvors. d. DGB

Löhne westdt. Arbeiter i. Industriedurchschn. i. DM:

	Männer	Frauen
Bruttostunde	2,17	1,37
Bruttowoche	107	63

Groß. Metallarbeiterstreik i. Schleswig-Holstein

45 - Stund. - Woche mit Lohnausgleich in der Metallindustrie der BRDtl.

Textil- u. Bekleidungsindustrie der BRDtl. vereinbaren ab 1. 4. 1957 45 - Stund. - Woche mit vollem Lohnausgleich

4wöch. Stahlstreik erreicht Lohnerhöhung in den USA

Pro Industrie-Arbeiter sind in der BRDtl. mit 4,26 kW elektr. Leistung etwa 60 „technische Sklaven“ tätig; in den USA etwa 150

Sozialkabinett der Bundesreg. beschl. Rentenreform mit „dynamischer Leistungsrente“ (Gesetz 1957 v. Bundestag beschloss.)

Von rd. 800 Mill. Erwerbstät'gen d. Erde sind rd. 500 Mill. in d. Landwirtschaft tätig

(1956) Dreierkonferenz *Nehru-Tito-Nasser* auf Brioni (Jugoslaw.)

Ägypt. Min.-Präs. *Nasser* enteignet Suezkanalgesellsch., um die Einnahmen für d. Bau d. Assuan-Staudammes zu erhalten (USA hatten zuvor Hilfe für diesen Bau abgelehnt)

Londoner Suezkonferenz zwischen 22 Staaten scheitert. *Nasser* lehnt Plan für Internationalisierung ab Grdg. einer Vereinigung der Benutzer des Suezkanals in London; scharfe Ablehnung in Ägypten

Israel erwidert Angriffshandlungen Transjordaniens (die arab. Staaten üben einen zunehmenden Druck auf Israels Grenzen aus)

Valerian Sorin 1. Botschafter der USSR i. d. BRDtl.; wird noch im selben Jahr durch Botschafter *Smirnow* ersetzt. *Wilhelm Haas* Botsch. d. BRDtl. in Moskau

† *Juho Kusti Paasikivi*, finn. Staatspräs. seit 1946 (* 1870); Nachfolger: *Urho Kekkonen* (* 1900)

Bulgarische KP rehabilitiert d. 1949 hingerichteten stellv. Min.-Präs. *Traitscho Kostoff*

Auflösung der Kominform (gegrdt. 1947 als Nachfolger d. Komintern)

XX. Parteitag der Kommunistischen Partei d. USSR. *Chruschtschow* kritisiert scharf den Persönlichkeitskult d. Stalinära u. schlägt Politik der „aktiven Koexistenz" vor (diesem Höhepunkt d. „Entstalinisierung" folgt um die Jahreswende 1956/57 unter dem Eindruck d. Ereignisse in Polen u. Ungarn eine Abschwächung dieser Tendenz)

Sowj. Energiemin. *Malenkow* besucht Großbrit.; anschließend besuchen Min.-Präs. *Bulganin* u. Parteisekr. *Chruschtschow* Großbrit. Brit. Froschmann *Crabb* kommt b. Unterwasserspionage gegen sowjet. Kriegsschiff um

Dimitri T. Schepilow löst *Molotow* als sowjet. Außenminister ab

Chruschtschow und *Tito* unterzeichnen Erklärung, wonach es in versch. Ländern versch. Wege zum Sozialismus gibt

Gomulka, der 1949 in Polen als „Titoist" verurteilt worden war, wird freigelassen u. rehabilitiert

Arbeiteraufstand in Posen v. Militär niedergeschlagen (anschließende Prozesse führen zu relativ milden Urteilen und kommunist. Selbstkritik)

Tito und *Chruschtschow* treffen sich auf der Krim, um die im Ostblock anwachsende Krise zu besprechen

Trotz sowjet. Druckes wird *W. Gomulka* kommunist. Parteisekr. in Polen; verkündet Unabhängigkeit und Demokratisierung

Ungarische KP rehabilitiert d. 1949 als Titoisten hingerichteten *Laszlo Rajk* (* 1909) und setzt ihn in einem feierlichen Staatsbegräbnis in Gegenwart v. Frau u. Sohn erneut bei

Erno Gerö löst den Stalinisten *Matyas Rakosi* als 1. Sekretär der ungarischen KP ab

Ungar. KP-Delegation unter *Gerö* und *Hegedüs* bei Tito

Am 23. Oktober beginnt in Budapest mit antistalinistischen Demonstrationen von Studenten und Arbeitern eine starke revolutionäre Bewegung. *Imre Nagy* wird ungar. Ministerpräs.; *Kadar* löst *Gerö* als Parteisekr. ab; Kardinal *Mindszenty* befreit; Westungarn in der Hand d. Aufständischen; sowj. Truppen ziehen sich aus Budapest zurück. Ungarn kündigt Warschauer Pakt und fordert sowj. Truppen auf, das Land zu räumen. Sowjets täuschen Ungarn über ihre wahren Absichten und schlagen dann Aufstand blutig nieder. Min.-Präs. *Nagy* wird verschleppt (1958 wird seine Hinrichtung bekanntgegeben); sein Nachfolger *Kadar* kann sich mit Hilfe der SU-Truppen halten. UN-Vollversammlung verurteilt Eingreifen der USSR in Ungarn. Ungarn lehnt die Einreise einer UN-Kommission ab. 190000 Flüchtlinge aus Ungarn (30000 n. USA, 51000 bleiben zunächst in Österreich)

Israel besetzt die Halbinsel Sinai u. marschiert zum Suezkanal

Raoul Ubac (* 1910): „Die Lampe" (frz. Gem.)

Sergio Vacchi (* 1925): „Notiz über den Naturalismus" (ital. Gem.)

Neue *Staatsoper* in Hamburg von *Gerhard Weber*

Fritz Winter: „Sonnenwende", „Fehlendes Schwarz" (abstr. Gem.)

F. Wotruba (* 1907, † 1975): „Stehende Figur" (österr. blockartige Steinplastik)

Beginn d. Verwendg. v. Kunstharzlacken zur Malerei. Großes Lackbild (3×18 m) im Foyer d. neuen Oper Wuppertal-Barmen

~ Anfänge d. Pop-Art i. New York u. London

L. Alloway, brit. Kritiker, prägt den Begriff POP-Art nach den Buchstabenzeichen auf einem Gem. von *R. Kitaj* (ab ~ 1961 als „populäre" Kunst gedeutet)

„Krieg u. Frieden" (nordamer. Farbfilm n. *L. Tolstoi*, Regie: *King Vidor* [* 1894], Darsteller: *Audrey Hepburn*, *Henry Fonda* [* 1905] u. a.)

„Carmen-Jones" (nordamer. Farbfilm, Negeroper n. *Bizet*, Regie: *Otto Preminger*, Darstell.: *Dorothy Dandridge* [* 1922, † 1965], *Harry Belafonte* u. a.)

„Der König und Ich" (nordamer. Farbfilm, Regie: *Walter Lang*, Darst.: *Deborah Kerr* [* 1921], *Yul Brynner* [* 1915] u. a.)

„Baby Doll" (nordamer. Film nach *T. Williams*, Regie: *Elia Kazan*, Darst.: *Carol Baker* u. a.)

„Der Mohr von Venedig" (russ. Film, Regie: *Sergej Jutkewitsch*, Darst.: *Sergej Bondarschuk*, *Irina Skobetsewa*, *A. Popow* u. a.)

„Romeo und Julia" (russ. Ballettfilm des Moskauer Bolschoi-Theaters, Regie: *L. Arnstam*, Tänzer: *Galina Ulanowa*, *J. Shdanow*, Musik: *S. Prokowjew*)

„Wie herrlich, jung zu sein" (brit. Film, Regie: *Victor Skutezky*, Darst.: *John Mills*, *Cecil Parker* u. a.)

„Der rote Ballon" (frz. Farbkurzfilm, Regie: *Albert Lamorisse*, Darst.: *Pascal Lamorisse*)

„Der Hauptmann v. Köpenick" (Farbfilm n. *Zuckmayer*, Regie: *Helmut Käutner*, Darst.: *Heinz Rühmann*, *Hannelore Schroth*, *Martin Held* u. a.)

„Ich denke oft an Piroschka" (Farbfilm nach *H. Hartungs* Roman. Regie: *Kurt Hoffmann*, Darsteller: *Liselotte Pulver* [* 1929], *Gunnar Möller* u. a.)

„Eine Welt voller Rätsel" (farbiger Naturfilm v. *Walt Disney*)

„Schweigende Welt" (frz. Unterwasser-Farbfilm v. *Jacques-Yves Cousteau*)

„Kein Platz f. wilde Tiere" (Farbfilm ü. die Gefährdung der Tierwelt in Afrika von *Bernhard Grzimek*, dem Dir. des Frkf. Zoos [* 1909])

† *Alexander Korda*, ungar.-brit. Filmregisseur u. Produzent (* 1893)

6483 Filmtheater m. 2,7 Mill. Sitzplätzen in der BRDtl. Unter 495 vorgeführt. Filmen befinden sich 118 Breitwandfilme (1955: 66)

D. landwirtschaftliche Überschuß d. USA erreicht 8,2 Mrd. Dollar (dav. Baumwolle 21,5%, Mais 25%, Weizen 22%)

Das techn. Hilfsprogramm der UN für wirtsch. unterentwickelte Länder hat 30 Mill. $ zur Verfügung (bes. f. Experten)

Bericht des California Inst. of Technology sagt für d. Jahr 2050 6,7 Mrd. Erdbewohner mit einem Energieverbrauch v. 70 Mrd. t. Kohleäquivalent voraus, davon etwa 50% Atomenergie

Kanada verlegt d. Stadt Aklavik, die erste mod. Stadt in der Arktis

Eisenhower legt Veto gegen das Erdgas-Gesetz ein, weg. „höchst fragwürdiger" Einwirkung von Interessentenkreisen auf den Kongreß

J. Donat u. *F. v. Tischendorf*: „Lärmprobleme der Gegenwart" (betonen Bedeutg. d. Lärmbekämpfung)

Gesetz zur Einf. d. metrisch. Maßsystems in Indien (stufenw. b. 1967)

Brit. Prinzgemahl *Philip* eröffnet die XVI. Olympisch. Sommerspiele in Melbourne (Australien): USSR u. USA erringen die meisten Medaillen (Schweiz u.a. neh-

(1956)

Großbrit. und Frankr. greifen Ägypten an; scharfer Widerstand d. Labour Party im Unterhaus u. auf d. Straße. UN beschließt Polizeitruppe nach Ägypten zu senden; USSR droht mit Eingreifen i. Ägypten. Israel, Großbrit. und Frankr. stellen Angriffshandlungen ein u. befolgen damit d. UN-Beschlüsse

Veto Großbrit. und Frankr. im Weltsicherheitsrat gegen Antrag d. USA und USSR über sofortige Abziehg. d. Truppen Israels aus Ägypten

USA warnt USSR vor Aktionen gegen Österreich, Westberlin oder Türkei; Alarmbereitsch d. US-Flotte

Atombomber der USSR und USA in unmittelbarer Vergeltungsbereitschaft

Schweiz schlägt am 6. 11. zur Bannung der drohenden Gefahr eines Krieges sofortige internationale Konferenz vor

Rokossowski tritt als poln. Verteidigungsmin. zurück (bedeutet Minderung des sowjet. Einflusses)

USSR schlägt 5-Mächte-Konferenz vor, erklärt sich mit begrenzter gegenseitiger Luftinspektion einverstanden

Brit. Premier *Eden* nimmt Krankheitsurlaub auf Jamaika (tritt 1957 zurück)

UN-Polizeitruppe übernimmt nach Abzug der brit. und frz. Truppen d. Kontrolle am Suezkanal

Ägypter sprengen das Denkmal *Lesseps'*, des Erbauers des Suezkanals, in Port Said

Kadar bekämpft Streik in Ungarn durch Auflösung des Zentralen Arbeiterrates u. Verhängung des Standrechtes

In verschiedenen nationalen Sektionen der KP kommt es wegen des blutigen Eingreifens der Sowjetunion in Ungarn zu scharfer Kritik und Austrittserklärungen, bes. unt. den Intellektuellen. In zahlr. Städten stürmen erregte Menschen kommunistische Zentralen

USSR gesteht Polen Kontrolle üb. sowjetische Truppen im Lande zu (*Gomulka* anerkennt Anfang 1957 d. Recht d. USSR, Truppen in Polen zu haben)

Nach den militärischen Ereignissen in Ungarn und am Suezkanal sehen manche die militärischen Bündnissysteme in Ost und West, Warschauer Pakt bzw. NATO, als erschüttert an

Paul Henry Spaak Generalsekretär der NATO

Zentralkomitee der KPSU beschließt Umbildung der obersten Wirtschaftsbehörde: an Stelle *Saburow* wird *Perwuchin* Planungsminister

Präs. *Eisenhower* legt 66-Mrd.-Dollar-Haushalt mit 42 Mrd. Verteidigungsausgaben vor

USA-Außenmin. *Dulles* besucht indischen Min.-Präs. *Nehru* in Neu-Delhi

Präs. *Eisenhower* muß sich Darmoperation unterziehen (läßt eine Zeitlang seine neue Kandidatur zweifelhaft erscheinen)

Adenauer besucht die USA und hat Besprechungen mit *Dulles* u. *Eisenhower*

Auf d. Höhepunkt d. internat. Krise (6. 11.) kandidiert *D. D. Eisenhower* erneut für die Republikaner in der Präsidentenwahl und gewinnt mit 35 Mill. von 60 Mill. Stimmen gegen *Adlai Stevenson* (Demokrat). Demokraten verstärken ihre Mehrheit in beiden Häusern des Kongresses

Nixon bleibt Vizepräsident d. USA

Indischer Min.-Präs. *Nehru* besucht *Eisenhower* in den USA

Sowjetunion und Japan unterzeichnen Beendigung d. Kriegszustandes

Ischibaschi wird japan. Min.-Präs. Tritt für stärkeren Handel mit der chines. Volksrepublik ein

Japan Mitglied der UN (nur noch 7 Staaten Nichtmitgl.)

USSR und China schließen einen Vertrag über gemeinsame Vermessung und Erschließung des Amurbeckens

Sudan wird unabhängige Republik

Revolution in Sumatra

men wegen der weltpolitisch. Krise nicht teil; West- u. Ostdtl. stellen gemeins. Mannschaft)

Olympische Spiele in Melbourne

Winterspiele in Cortina

Anquetil (Frankr.) radelt 46,159 km in einer Std. ohne Schrittmacher

Borussia Dortmund dt. Fußballmeister

Verkehrsmin. *Seebohm:* 10-Jahres-Plan für Straßenbau in d. BRDtl. in Höhe von 35 Mrd. DM

In der BRDtl. ereignen sich 625 400 Straßenverkehrsunfälle mit 361 000 Verletzt. u. 12 800 Toten. Sach- und Personenschaden etwa 2 Mrd. DM

Donald Campbell (* 1921, † 1967) fährt mit Düsenauto „Blue Bird" (4500 PS) Geschwindigkeitsrekord 648,7 km/h

Verkehrsopfer in der BRDtl.

	Tote	Verletzte
1956	12645	361134
1950	6422	150415
1950-56	70972	1909420

Todesrate je Fahrzeug 4mal höher als in den USA

2 Verkehrsflugzeuge stoßen über d. Grand Canyon (Arizona, USA) zusammen: 128 Tote

Ozeandampfer „Stockholm" (schwed.) u. „Andrea Doria" (ital.) stoßen vor der nordamerik. Küste zusammen; „Andrea Doria" sinkt, nur wenige Tote

Grubenunglück a. der Zeche Marcinelle in Belgien; 260 Tote, überwiegend Italiener

≈ In den Alpen dauert der Gletscherschwund der vergangenen Jahrzehnte an

	Energieverbrauch pro Kopf in t Steinkohleeinheiten (vgl. 1951)		Stahlverbrauch/Kopf	
	1937	1956	1937	1956
Welt	0,94	1,35	72	100 kg
USA	5,89	8,58	318	600
Großbritannien	4,24	5,03	227	380
BRD (Dtschl.)	(2,9)	3,60	(263)	417
USSR	0,87	2,45	103	235
Indien	0,09	0,12	3,8	9,3

6,4-Mill.-kW-Wasserkraftwerk am Jennissej i. USSR

1957

Friedens*nobel*preis an *Lester Pearson* (* 1897) (ehem. kanad. Außenmin., liberal)

Dag Hammarskjöld (Schweden) weitere 5 Jahre Generalsekr. der UN

Verträge üb. d. Gemeinsamen Markt der Montanunionländer u. über Kernenergie-Gemeinschaft („Euratom") treten in Kraft

Abrüstungsverhandlung. zwischen West und Ost in London; enden mit dem Vorschlag d. USSR, sie in größerem Rahmen der UN-Mitglieder fortzusetzen

Verschiedene Pläne üb. Luftinspektions-Zonen werden diskutiert

Saarland 10. Bundesland

Der sowjet. Min.-Präs. *Bulganin* schlägt in einem Brief an *Adenauer* Handelsvertrag und bessere Beziehungen vor

Erste Wehrpflicht-Soldaten in der BRDtl.

„Göttinger Appell" von 18 führenden Atomforschern gegen Ausrüstung der Bundeswehr mit Atomwaffen. *Albert Schweitzer* warnt vor Atomgefahren. (1958 beschließt Bundestag atomare Bewaffnung gegen scharfen Protest von SPD und FDP)

Dt. Bundeskanzler zu Besuch in den USA

Soldaten der Bundeswehr ertrinken bei einer Übung i. d. Iller (eine Diskussion entflammt, ob Aufbau d. Bundeswehr überstürzt)

Paul Sethe (* 1902, † 1967): „Zwischen Bonn und Moskau" (das Problem der Wiedervereinigung Dtlds.)

Regierung der DDR schlägt dt. Staatenbund als Vorstufe z. Wiedervereinigung vor; BRDtl. lehnt ab

Chruschtschow unterstützt i. Ostberlin Politik der DDR

Wolfgang Harich, Prof. f. Gesellsch.-Wissensch. u. SED-Mitgl., wird in Ostberlin wegen eines antistalinistischen Programms verurteilt; es folgen Urteile geg. weitere Intellektuelle

Literatur-*Nobel*preis an *Albert Camus* (Frankr.)

Friedenspreis des dt. Buchhandels für *Thornton Wilder*

Georg-Büchner-Preis für *Erich Kästner*

Fontane-Preis (Berlin) für *Ernst Schnabel*

„Das Tagebuch d. Anne Frank" 1954mal an 61 dt.-sprachigen Bühnen in einer Spielzeit aufgef.

† *Schalom Asch*, jüdischer Dichter, zul. in d. USA; letzte Romane: „Der Nazarener", „Der Apostel" (* 1880)

Beckett: „Endspiel" (dt. Erstauff. d. irisch-frz. surrealist. Schauspiels)

Günter Blöcker: „Die neuen Wirklichkeiten. Linien und Profile der modernen Literatur"

† *Alfred Döblin*, dt. Schriftsteller, ausgehd. von einem realist. Stil (* 1878)

† *Käthe Dorsch*, dt. Schauspielerin, vorwiegend in Berlin u. Wien (* 1889)

Max Frisch: „Homo Faber" (schweizer. Roman des industriellen Zeitalters)

Jonathan Griffin: „The hidden King" („Der verborgene König"; engl. Versdrama)

Hugo Hartung: „Wir Wunderkinder" (Roman, Droste-Hülshoff-Preis)

Roger Ikor: „Die Söhne Abrahams" (dt. Übertr.)

Hans Henny Jahnn (* 1894): „Thomas Chatterton" (Schauspiel)

Erich Kuby: „Das ist des Deutschen Vaterland" (politische Gegenwartsanalyse)

Leo Brandt (*1908, + 1971): „Die zweite industrielle Revolution"

A. Noam Chomsky (* 1928): „Syntaktische Strukturen" (nordamer. theoretische Linguistik)

Georg Claus: „Jesuiten, Gott, Materie" (antikathol. Streitschrift)

Milovan Djilas (* 1911): „Die neue Klasse" (jugoslaw. Analyse d. kommunist. Systems. Der früher führende titoist. Theoretiker wird weg. dieser Veröff. zu 7 Jahr. Gefängnis verurteilt)

Hermann Levin Goldschmidt: „Das Vermächtnis des dt. Judentums"

P. Heintz: „Soziale Vorurteile" (Sozialpsychologie)

Walther Hofer: „Der Nationalsozialismus. Dokumente 1933-1945"

R.R.Hofstätter: „Gruppendynamik" (Psychologie der Gruppe)

Karl Jaspers: „Die großen Philosophen" (Bd. I einer Philosophiegesch.)

Ernest Jones: „Sigmund Freud. Leben u. Werk" (engl. Biogr. in 3 Bdn.)

C. G. Jung: „Ein moderner Mythos" (deutet die sog. „Fliegenden Untertassen" als Archetypus)

H. Lückert: „Stanford-Intelligenz-Test" (Revision des Binet-Tests zur Ermittlung des Intelligenz-Quotienten)

P. Ringger: „Parapsychologie" (Psychologie der außersinnl. Wahrnehmung)

H. Roth: „Pädagogische Psychologie des Lehrens und Lernens"

† *Aga Sultan Mahomed Schah* (* 1875), als *Aga Khan* der Imam der mohammed. Ismaeliten (schiitische Sekte; Nach-

René Acht (*1920): „Toter Stern I" (schwz. abstr. Gem.)

Giuseppe Ajmone (*1923): „Winterregen" (ital. abstr. Gem.)

E. M. And (*1925): „Liebe" (express. Gem.)

Jean Baier (*1923): „Komposition" (schwz. abstr. Gem.)

Wolf Barth (*1926): „Äsender Skytim" (schwz. abstr. Gem.)

Renato Birolli (*1906): „Meereswellen" (ital. abstr. Gem.)

André Bloc: Abstr. Plastik aus Polyester (frz. Plastik, Interbau Berlin)

† *Constantin Brancusi*, rumän. Bildhauer, seit 1904 in Paris (*1876)

Buffet: „Ruhender Mann" (frz. Gem.)

Elsa Burckhardt-Blum (*1900): „Melancholie" (schweiz. abstr. Gem.)

Domenico Cantatore: „Odaliske" (ital. Gem.)

Chagall: „Selbstbildnis", „Die Liebenden von Vence", „Seiltänzer in der Nacht" (Gem.)

Alfredo Chighine (*1914): „Sonnenuntergang" (ital. abstr. Gem.)

Antonio Corpora (*1909): „Komposition Nr. 2 1957" (ital. abstr. Gem.)

O. Dix: „Bauer mit Sense" (Gem.)

Gianni Dova (*1925): „Die Spiegel" (ital. abstr. Gem.)

Franz Fedier (*1922): „Geht spazieren" (schwz. abstr. Gem.)

Gilbert Amy: Garcia-Lorca-Kantate (frz. Komp.)

† *Ralph Benatzky*, österr. Operettenkomponist, u. a. „Im Weißen Rößl" (*1887)

Pierre Boulez (frz. Komp., *1926): „Le visage nuptial" (Das bräutliche Antlitz), Kammerkantate

Elliot Carter: „Variationen für Orchester" (nordam. Kompos.)

Werner Egk: „Der Revisor" (Oper n. Gogol), Urauff.

Wolfgang Fortner: „Bluthochzeit" (Oper nach *Fed. G. Lorcas* Tragödie), Uraufführg.; „Impromptus für Orchester" (Kompos. in Zwölftontechnik)

Jean Françaix (frz. Komp., *1912): „König Midas" (Ballett), Urauff.

† *Benjamino Gigli* (*1890), ital. Tenor, als Nachfolger *Carusos* gefeiert

Joseph Haas (*1879): „Die Seligen", Oratorium n. d. Bergpredigt

Hermann Heiß: „Interieurs", Liederzyklus zu Texten v. *Gottfried Benn*

Hans Wern. Henze: „Maratona di danza" (Ballett), Urauff.; „Nachtstücke und Arien" (zu Texten von *Ingeborg Bachmann*)

Hindemith: „Die Harmonie der Welt" (*Kepler*-Op.)

Physik-*Nobel*preis f. *Tsung Dao Lee* (*1926 i. China) und *Chen Ning Yang* (*1930 i. China) in d. USA f. d. Vermutung, daß das Paritätsprinzip (Natur unterscheidet nicht „rechts" und „links") ungültig ist. Ihre vorgeschlagenen Versuche mit radioaktivem Zerfall bestätigen diese Vermutung kurz darauf

Chemie-*Nobel*preis an *A. R. Todd* (*1907 i. Schottld.) für Analyse der Nukleoproteide (bedeutungsvoll als Virus- und Erbsubstanz) u. Erforschung des Vitamins B 12

*Nobel*preis f. Medizin an *Daniel Boret* in Rom (*1907 Schweiz); erforschte vor allem das Pfeilgift Curare als Narkotikum und Heilmittel

*Nobel*preisträger nach Preisart und Wohnland 1901–57 (vgl. 1975)

	Fried.	Lit.	Phys.	Chem.	Med.	Zus.
USA	12	5	18	11	22	68
Deutschland	4	6	15	21	9	55
Großbrit.	6	6	16	11	10	49
Frankreich	7	9	7	6	4	33
Schweden	3	4	2	4	2	15
Schweiz	4	1	1	3	4	13
Niederlande	1	—	5	—	2	8
Italien	1	3	1	—	2	7
Rußl. (SU)	—	1	—	1	1	3
übr. Europa	6	15	2	3	12	38
übr. Erde	2	2	1	—	3	8
Intern. Org.	7	—	—	—	—	7
Zusammen	53	52	68	60	71	304

Bardeen, Cooper u. *Schrieffen* finden in USA Theorie der Supraleitung (betrachten Elektronenpaarwechselwirkung mit Schallquanten des Kristallgitters. Vgl. 1911)

† *Walther Bothe*, dt. Atomkernphysiker, *Nobel*preis 1954 (*1891)

Wernher v. Braun: „Die Erforschung des Mars" (Astronautik)

† *Anton v. Braunmühl*, dt. Nervenarzt; begrdte. Insulinschocktherapie der Schizophrenie (*1902)

† *Richard E. Byrd*, nordamer. Polarforscher; überflog 1926 den Nordpol und 1929 den Südpol (*1888)

W. Dement u. *A. Kleitmann:* „Die Beziehung der Augenbewegungen während des Schlafens zur Traumaktivität. Eine objektive Methode für das Studium des Träumens"

Einw. d. Weltstädte i. Mill. (vgl. 1503 u. 1815)

1800

1. Jeddo (Tokio) 1,2
2. London 0,95
3. Paris 0,55
4. Neapel 0,50
5. Istanbul 0,50
6. Lissabon 0,40
7. Petersbg. 0,27
8. Wien 0,23
9. Amsterd. 0,21
10. Moskau 0,20
11. Berlin 0,17

1957 tats. (amtl.)

1. New York 13,0 (8,1)
2. London 9,4 (8,4)
3. Tokio 8,5 (8,5)
4. Moskau 8,1 (6,1)
5. Schanghai 7,3 (7,3)
6. Chicago 5,8 (3,8)
7. Los Angel. 5,7 (2,2)
8. Kalkutta 5,6 (3,6)
9. Paris 5,2 (3,0)
10. Buenos Aires 4,3 (3,6)
11. Berlin (O u. W) (3,3)

Zahl der Millionenstädte:

1800: 1–(2)
1900: 11,
1914: 16,
1937: 37,
1950: 75,
1957: 89,
1970: 150,
1974: 171

Es wachsen immer mehr benachbarte Städte zu Stadtschaften (Metropolitan Areas) zusammen, was neue kommunalpolit. Aufgaben stellt

(1957)

Bundestagsmehrheit verhindert Gesetz für friedliche Nutzung d. Atomenergie

SPD behauptet: Dt. Industrie- und Wirtschaftskreise unterstütz. Wahlkampf der CDU mit 100 Mill. DM; CDU bestreitet diese Höhe

Wahl zum 3. Bundestag i. d. BRDtl.

	Mill. 2. Stimm.	Sitze	%	Sitze 1953
CDU/CSU	15,0	270	54,3	244
SPD	9,5	169	34,0	151
FDP	2,3	41	8,3	48
BHE	1,4	0	—	27
DP/FVP	1,0	17	3,4	15
BP+Zentr.	0,25	0	—	2

Weitere Parteien bleiben unter 5% und ohne Sitz

Das Berliner Abgeordnetenhaus entsendet 12 SPD, 7 CDU, 2 FDP und 1 FDV nicht stimmberechtigte Mitglieder des Bundestages

Der Bundestag wählt in Berlin *Gerstenmaier* wieder zum Präsidenten

Neue dt. Bundesregierung: *K. Adenauer* (Bundeskanzler, CDU), *L. Erhard* (Vizekanzl., Wirtschaft, CDU), *Franz Etzel* (Finanz., CDU), *H. v. Brentano* (Äußeres, CDU), *G. Schröder* (Inneres, CDU), *Fr. J. Strauß* (Verteidigung, CSU), *Fr. Schäffer* (Justiz, CSU), *H. Lübke* (Ernährung, CDU), *Th. Blank* (Arbeit, CDU), *H. Chr. Seebohm* (Verkehr, DP), *Richard Stücklen* (Post, CSU), *Heinr. Lindrath* (Bundesvermögen, CDU), *Paul Lücke* (Wohnung, CDU), *Th. Oberländer* (Vertriebene, CDU), *E. Lemmer* (Gesamtdt. Fragen, CDU), *H. J. v. Merkatz* (Bundesrat, DP), *S. Balke* (Atom, Wasserwirtschaft, CSU), *Fr. J. Wuermeling* (Familie, CDU)

Konflikt zwischen Bundesreg. u. Ruhrbergbau wegen Preiserhöhungen nach d. Bundestagswahl. Preiserhöhungen auch auf anderen Wirtschaftssektoren

Bürgerschaftswahl in Hamburg: SPD erreicht 53,9% der Stimmen, CDU 32,2%, FDP 8,6%, DP 4,1%, übrige 1,2%. *Max Brauer* bildet Koalitionsregierung mit der FDP

† *Valéry Larbaud*, frz. Dichter (* 1881)

† *Curzio Malaparte* (eig. *Kurt Erich Suckert*), ital. kritischer Schriftsteller; konvertierte kurz vor seinem Tode zum Katholizismus (* 1898)

Henri de Montherlant (* 1896): „Erbarmen m. den Frauen" (dt. Ausg. d. frz. Tetralogie von 1936 bis 1939)

J. Osborne: „The Entertainer" (engl. Schauspiel)

† *Erich Ponto*, dt. Schauspieler (* 1885)

E. M. Remarque: „Der schwarze Obelisk" (Roman)

Alain Robbe-Grillet: „D. Augenzeuge" (dt. Ausg. d. frz. Romans der „experimentierenden Literatur")

† *Erich von Stroheim*, österr. Schauspieler u. Regisseur (* 1885)

Lit.-Professor *A. Kantorowicz* (* 1899, † 1979) flieht aus der DDR nach Westberlin

Seit 1950 64,7 Mill. Taschenbücher in der BRD hergestellt (2,4% der Bücherproduktion, 888 belletrist. Titel)

Hans Peters (* 1896, † 1966): „Handbuch der kommunalen Wissenschaft und Praxis" (2 Bde. seit 1956)

H. Schelsky (* 1912): „Die skeptische Generation" (Jugendsoziologie)

folg. Enkel Prinz *Karim* (* 1938)

K. Schmitz: „Heilung durch Hypnose"

† *Viktor v. Weizsäcker*, dt. Neurologe u. Tiefenpsychologe, vertrat die Psychosomatik (* 1886)

M. Wertheimer: „Produktives Denken" (Psychologie des Denkens)

Erich Zehren: „Das Testament der Sterne" (Bedeut. d. Sterne f. d. kult. u. relig. Entwicklung d. Menschen)

Etwa 50% d. dt. Haushalte besitzen außer Schulbüchern kein Buch, 10% 1–10 Bücher, üb. 10 nur 40%

Sechs der verbreitetsten dt. Comic-Streifen erreichen eine tägliche Gesamtauflage v. 7 Mill.; 3 der verbreitetsten dt. Comic-Hefte für die Jugend haben eine Gesamtauflage von etwa 3 Millionen

Die technischen Erfolge der Sowjetunion beunruhigen die westl. Welt und lösen besond. Diskussionen über Verbesserung und Erweiterung des Bildungswesens aus

Schulversuche mit 5-Tages- und Ganztagsschule in der BRDtl. Verstärkte Forderung nach Ausbau d. „Zweiten Bildungsweges" zur Hochschulreife

Weltkongreß d. Lehrer und Erzieher in Frankfurt/M. Stellt u. a. internationalen Lehrermangel wegen Unterbezahlung fest

Pädagogen schätzen, daß in der BRDtl. etwa 40000 Schulräume (würden etwa 4 Mrd. DM kosten) und gleichviel Lehrer fehlen

Josef Hegenbarth: „Illustrationen zu 5 Shakespeare-Dramen"

B. Heiliger: „Mensch und Fortschritt" (Plastik für dt. Pavillon auf der Weltausstellung in Brüssel 1958)

Rolf Iseli (*1934): „Rot III" (schweiz. abstr. Gem.)

Lenz Klotz (*1925): „Studie zur wüsten Begebenheit" (schweiz. abstraktes Gem.)

Fritz Koenig: „Camargue IV" (Bronze)

Walter Kohlhoff: „Gedächtniskirche Berlin" (expression. Gem.)

Ludwig Peter Kowalski: „Kreuzwegstationen" (Wandmalerei i. d. kath. St.-Ansgar-Kirche Berlin); „R. N. 5701 Lea" (express. Aquarell)

Hans Kuhn: „Schwarze Tafel" (abstr. Gem.)

Hans Laabs: „Schwebend. Blau" (abstr. Gem.)

Le Corbusier: Kunstmuseum in Tokio (im Bau); Hauptquartier d. UNESCO in Paris (ab 1958 benutzt); baute seit 1950 für die Hauptstadt vom Pandschab (Ind.) Chandigarh: Gerichtshof, Ministerien, Gouverneurspalast, Parlament im Rahmen seiner Gesamtplang.

Leo Leuppi (*1893): „Familial" (schweiz. abstr. Gem.)

Wilhelm Killmayer: „Due Canti" (Komp. f. Orch.)

Giselher Klebe (*1925): „Die Räuber" (Oper in Zwölftontechnik)

† *Erich Wolfgang Korngold* (*1897): dt.-österr. Komp., Oper „Die tote Stadt", 1938 nach Hollywood, Filmmusik u. Revuen

Rolf Liebermann: „Schule d. Frauen" (Salzburg. Urauff. der Neufassung)

Nono: „Varianti" (f. Violine, Streicher u. Holzbläs.), „Epitaph auf Federico Garcia Lorca" Urauff. d. vollst. Werkes

† *Robert Oboussier,* schweiz. Komponist; schrieb u. a. die Oper „Amphitryon" (*1900)

Carl Orff: „Comoedia de Christi Resurrectione" (Oster-Oratorium)

Francis Poulenc (frz. Komp., *1899): „Dialogue des Carmélites" (Oper n. *Bernanos'* „Die begnadete Angst")

Pierre Schaeffer u. *Pierre Henry:* „Symphonie pour un Homme Seul" (Stil d. „musique concrète", als Ballett aufgeführt)

† *Othmar Schoeck* (*1886), Schweizer Komponist

D. Schostakowitsch: 11. Symphonie

† *Jan Sibelius,* finn. Komponist; schuf 7 Sinfonien, 7 sin-

Domagk: Es gibt kein chemotherapeutisches Krebsheilmittel, nur eine zusätzliche Chemotherapie

† *Wilhelm Filchner,* dt. Asienforscher (*1877)

W. Heisenberg u. *W. Pauli* erarbeiten einen Vorschlag für eine universelle Formel für die Elementarteilchen der Materie und ihre Wechselwirkungen unter Benutzung des Begriffes der „kleinsten Länge" und bestimmter Symmetriebeziehungen (als sog. „Weltformel" diskutiert)

Südpolexpedition zu Land des Mount-Everest-Bezwingers *Hillary* (erreicht vor einer brit. Expedition im Januar 1958 den Pol)

Arthur Kornberg und Mitarbeiter isolieren ein Enzym, das die Erbsubstanz, die *D*esoxyribo*n*ukleinsäure (DNS), nach einem natürlichen Muster (Matrize) synthetisiert

† *Irving Langmuir,* nordamer. Physiker und Elektrotechniker, erfand u. a. gasgefüllte Glühlampe, *Nobel*preis 1932 (* 1881)

H. Nachtsheim: „Atomenergie und Erbgut" (betont die Gefahren aus den Strahlenquellen und die Lücken in den Kenntnissen)

J. C. Sheehan (USA) gelingt Synthese des Penicillins V

† *Kiyoschi Shiga,* jap. Bakteriologe, Entd. des Ruhrbazillus, Mitarbeiter *Paul Ehrlichs* (*1871)

Ballonaufstieg auf 30,5 km Höhe für eine Zeit von 32 Stunden durch *David Simons* (USA)

† *Johannes Stark,* dt. Physiker, *Nobel*preis 1919 (war Vertreter der „Deutschen Physik" [* 1874])

A. N. Tupolev: Sowjetisches Vierstrahlwerk-Flugzeug TU-110; max. Geschw. 1000 km/st, Reichweite 3500 km. Reguläre Passagierflüge mit Düsenflugzeug TU-104 von Moskau nach Peking, Kabul, Prag

A. Unsöld: „Energieerzeugung u. Entwicklung der Sterne" (spiegelt den Erkenntnisgewinn mit Hilfe der Atomkernphysik)

† *Paul Walden,* Chemiker, bes. Elektro- u. Stereochemie (* 1863 in Livland)

Felix Wankel (*1902): Drehkolbenmotor (wird ab 1964 als Serienmotor für PKWs gefertigt)

Einwohner von Berlin
1600: 9000
1709: 57000
1800: 172000
1852: 511000
1900: 2,7 Mill.
1939: 4,3 Mill.
1957: 3,36 Mill.
(West 2,22; Ost 1,14 Mill.)

Sozialeinkommen aus Versicherung. u. ä. i. d. BRDtl.

	1957	1950 (Mrd.DM)
Einkommen	26,2	11,4
% v. Nettosozialprod.	13,7	13,1
% v. Ausg. d. öff. Hand	34,4	35,1

Sozialprodukt der BRDtl. (i. Mrd. DM)
Brutto-Soz.-Pr. 207,0
Volkseinkommen 158,0
Ges. Investition. 45,7

Außenhandel der BRDtl. i. Mrd.DM (vgl. 1950)
Einfuhr 31,6 (11,4)
Ausfuhr 36,0 (8,4)

Kartell- u. Bundesbankgesetz (ursprüngl. beabsichtigtes strenges Kartellverbot nicht realisiert)

Gesetz über Rentenreform in der BRDtl. (sieht bei Preiserhöhungen nicht-automatische Rentenangl. vor)

Bundesbesoldung für Beamte um durchschnittl. 6% höher

(1957)

Verhandlungen d. Bundesreg. mit d. Reg. d. Sowjetunion üb. Handels-, Konsular- und Repatriierungsfragen (werden 1958 erfolgreich abgeschlossen)

Konferenz der Regierungschefs d. NATO-Staaten in Paris: zeigt Reserve gegenüb. d. amer. Plänen d. Raketen- u. Atombewaffnung Europas u. beschließt nochmaligen Versuch, Abrüstungsgespräche mit Moskau zu führen

Anerkennung d. DDR durch Jugoslawien veranlaßt Abbruch dipl. Bezieh. seitens BRDtl. (entgeg. d. Empfehlungen d. bundesdt. Botschafters *Pfleiderer*)

DDR-Volkskammer verabschiedet neues Paßgesetz (behindert innerdt. Verkehr)

Reinhold Maier (* 1889), löst *Thomas Dehler* (* 1897) als 1. Vors. d. FDP ab

† *Louise Schroeder*, sozialdem. Politikerin; 1920—33 Mitgl. d. Reichst., 1946—49 Bgm. und stellvertr. OBgm. v. Berlin, seit 1949 i. Bundestag (* 1887)

† *Otto Suhr*, Reg. Bgm. v. Berlin (SPD) seit 1955; vorh. Präs. d. Abg.-Hauses v. Berlin u. Direktor der Hochschule f. Politik (* 1894). Sein Nachf. wird *Willy Brandt*, bisher Präs. d. Abg.-Hauses

† *Karl Georg Pfleiderer*, dt. Politiker (FDP); seit 1955 Botschafter in Belgrad. Hinterläßt krit. Bemerk. z. Ostpolitik d. Bundesreg. (* 1899)

† *Otto Nuschke*, Vors. d. Ost-CDU, stellv. Min.-Präs. d. DDR seit 1949 (* 1883)

Bundesgericht spricht den sozialdemokr. Wirtschaftswissenschaftler u. Gewerkschaftstheoretiker *Viktor Agartz* (* 1897, † 1964) von der Anklage landesverräterischer Beziehungen zur DDR frei

† *Theodor Körner*, österr. sozialdem. Bundespräsident seit 1951 (* 1873); Nachfolger: *Adolf Schärf* (* 1890, † 1965, SPÖ)

Südtiroler protestieren in Wien geg. italienische Volkstumspolitik

Vorlesungsstreik von 30000 Ingenieurstudenten in der BRDtl. wegen ungenügender Studienförderung

Verbesserte Studentenförderung in d. BRDtl. nach dem „Honnefer Modell"

Bundesverfassungsgericht sieht im Gegens. zur Bundesregierung keine Anwendbarkeit d. Reichskonkordats von 1933 auf Schulpolitik der Länder

Bundesverfassungsgericht stellt fest, daß § 175 StrGB nicht geg. die Gleichberechtigung der Geschlechter verstößt

Dt. Bundestag verabschiedet Gesetz über Gleichberechtigung von Mann und Frau. Mann behält Entscheidungsrecht in Erziehungsfragen (Stichentscheid)

SED-Kulturkonferenz in Ostberlin verurteilt ideologische Abweichungen (Reaktion auf „Tauwetter"-Stimmung in der Intelligenz).

Kirchenkampf in der DDR: obligatorische Jugendweihe; Verurteilung des Leipziger Studentenpfarrers *Schmutzler*

Geplanter Dt. ev. Kirchentag in Thüringen scheitert

Außerordentliche Generalkongregation des Jesuitenordens in Rom

Papst nimmt geg. Auswüchse der Mode Stellung

USA-Kongreß verabschiedet Gesetz z. Sicherung des Wahlrechtes der Neger

USA - Bundespolizei besetzt Schule i. Little Rock (Arkansas), um Negerschülern die Teilnahme am Unterricht zu ermöglichen (in anderen Teilen der USA macht die Desegregation der Rassen leichtere Fortschritte)

Seit Ende d. 2. Weltkrieges rd. 200000 Selbstmorde in Dtl.

„Sputnik-Schock": Weltraumerfolg d. USSR regt Bildungsreform in westl. Ländern an

B. Grzimek (* 1909): „Kein Platz für wilde Tiere" (tritt f. Naturschutz ein)

Absolventen von Technischen Hochschulen

	1957	1950
USSR	83 000	28 000
USA	31 000	50 000

Verteilung der Ausgaben und Schüler 1957 in der BRD

Schulart	Ausgaben Mill. DM	%	Schüler %
Volksschulen ...	2942	56,6	58,8
Mittelschulen ...	302	5,8	3,9
Höhere Schulen .	1054	20,3	9,6
Berufsschulen ..	604	11,6	24,2
Fachschulen	294	5,7	3,5
Alle Schulen ...	5196	100	100

Carlo Levi: „Anna Magnani“ (ital. express. Porträtgem.)

Jean-François Liegme (*1922): „Végétal rouge“ (schweiz. abstraktes Gem.)

G. Marcks: „Drei Grazien“ (Bronze)

Marcello Mascherini: „Cantico dei Cantici“, „Lebensfreude“, „Bacchantin“ (ital. express. Plast.)

Georg Meistermann: Fenster f. d. Kaiser-Friedr.-Ged.-Kirche im Berl. Hansaviert.

H. Moore: „Fallend. Krieger“ (engl. Plastik)

Wilfried Moser (*1914): „Kolchis“ (schwz. abstr. Gem.)

Charles-François Philippe (*1919): Elément vertical, fond bleu“ (schweiz. abstraktes Gem.)

Otto Ritschl: „Komposition 57/15“ (abstraktes Gem.)

† *Diego Rivera*, realist. - monumentaler mexikanisch. Maler (*1886)

Ludw. Gabriel Schrieber: Leben d. Hlg. Ansgar (getriebenes Kupferblech f. d. St.-Ansgar-Kirche, Hansaviertel, Berlin)

Charl. Sheeler: „Continuity“ (nordamer. Gem.)

R. Sintenis: „Junger Bär“ (Plastik)

Toni Stadler: „Kopf einer jungen Französin“ (Bronzeplastik)

fon. Dichtungen, 1 Violinkonzert, kleinere Orchesterwerke, Kammermusik, Chor- und Gesangswerke (*1865)

Mischa Spoliansky (*1898): „Katharina Knie“ (Musical n. *Carl Zuckmayer*)

Strawinsky: „Agon. Ballett für 12 Tänzer“ (russ.-frz. Ballett in Anlehnung an Tanzformen des 17. Jhs. Erstauff. unter dem Komp. bei den Donaueschinger Musiktagen)

† *Arturo Toscanini*, ital. Dirigent, 1907 bis 1921 Metropolitan-Oper i. New York, 1921–31 Mailänder Scala, 1929–36 New Yorker Philharmoniker, seit 1937 Orchester d. NBC (*1867)

William Walton (engl. Komponist, *1902): Konzert für Violoncello u. Orchester

Gerhard Wimberger (österr. Kompon., *1923): „Figuren und Phantasien“ (Orch.-Komp.)

„Modern Jazz Quartett“ unter *John Lewis* auf den Donaueschinger Musiktagen

Populäre Schlager: Just walkin' in the rain; Banana-Boat-Song; Yes tonight; Josephine

C. F. v. Weizsäcker: „Die Verantwortung der Wissenschaft im Atomzeitalter“

Robert H. Wentorf: Borazon aus Bornitrid als z. Z. „härtester Stoff der Welt“ (hitzebeständig bis 1900° C)

F. Whipple u. *L. Jacchia:* Meteore gehören zumindest 99% (vielleicht 100%) zum Sonnensystem, 90% sind aus Kometen hervorgegangen

Sowjetunion erprobt interkontinentale ballistische Rakete

Intern. Geophysikalisches Jahr (1.7.57–31.12.58) mit umfassendem Beobachtungsprogramm einschließlich künstl. Erdsatelliten

90% aller Wissenschaftler, die je lebten, leben heute

Am 4.10. und 3.11. werden in der USSR die ersten beiden künstlichen Erdsatelliten gestartet: Sputnik I (84 kg) + 3. Raketenstufe mit 575 km mittl. Höhe und 96,2 min anfängl. Umlaufzeit (Absturz Anfang Januar 1958); Sputnik II (508 kg, mit Polarhündin *Laika*, die etwa eine Woche lebt) mit mittl. Höhe 930 km und 103,7 min Umlaufzeit (Absturz April 1958)

Satellitenstart mit Vanguard-Rakete in d. USA mißglückt (am 1.2.58 starten d. USA m. Jupiter-Rakete erfolgr. künstl. Satelliten Explorer I mit 13 kg. Weitere Starts: Explorer II [USA, 17.3.58, 1,5 kg]; Explorer III [USA, 26.3.58, 14 kg], Sputnik III [USSR, 15.5.58, 1327 kg], Explorer IV [USA, 26.7.58, 17 kg])

USA-Raketen:	Geschw.	Reichweite
Nike	3000 km/st.	30 km (Höhe)
Corporal	4000 km/st.	150 km
Matador	1000 km/st.	1000 km
Jupiter	6000 km/st.	2400 km
Atlas	25000 km/st.	8000 km

USA schießt erste Luftabwehr-Rakete mit Atomwaffenkopf, der am Ziel zur Explosion gebracht wird

Erfolge der USSR veranlassen USA-Präs. *Eisenhower*, einen Sonderbeauftragten für Raketenfragen zu ernennen

Bund und Länder beschließen Bildung eines Wissenschaftsrates zur Förderung und Koordinierung der Forschung (wird 1958 konstituiert)

Bundestag beschl. Besserstellung der Arbeiter i. Krankheitsfall (noch keine volle Gleichber. m. d. Angestellten)

Bundesverfassgs.-gericht erklärt gemeinsame Einkommensteuer-Veranlagung von Eheleuten als grundgesetzwidrig

Bundesreg. plant Reprivatisierg. des Volkswag.-Werkes m. „Volksaktien“

Begrenzte Senkg. der Zolltarife (alle Agrarprodukte ausgenommen)

Geldnotenumtausch i. d. DDR (dieser Geldschnitt trifft bes. d. wirtschaftlich noch Selbstständigen)

Metallarb.-Streik i. Schleswig - Holst. nach 114 Tagen beendet

Einf. d. Fünftagewoche in versch. dt. Gewerbezweigen mit Verkürzung d. Arbeitszeit auf 45 Stunden wöchentlich

Die Preise f. Kohle und Stahl i. d. BRDtl. erhöht, wodurch das gesamte Preisgefüge beeinflußt wird

Dt. Industrieausstellung in Kairo

Wirtschaftsentw. i. d. BRDtl.:

	1957	1950
Privatverbr. (DM/Einw.)	2372	1301
(Mrd. DM)		
Spareinl.	31	4,1
Ausfuhr	36	8,4
Einfuhr	31,6	11,4

(1957)

† *Nikolaus Horthy*, Admiral, 1920 bis 1944 antibolschewist. ungar. Reichsverweser, zul. i. Portugal (* 1868)

† *Haakon VII.*, König v. Norweg. seit d. Trennung v. Schweden 1905; 1940–45 i. brit. Exil (* 1872). Sein Nachf. wird sein Sohn *Olav V.*, der auch als Sportsmann bekannt ist (* 1903)

Brit. Premier *A. Eden* tritt als Folge d. Suezkrise zurück. *Harold Macmillan* (* 1894) wird sein Nachf. (bisher Verteid.-Min.)

Kgin. *Elisabeth* macht Staatsbesuch in Paris

Erzbischof *Makarios* v. Zypern kehrt aus d. polit. Verbannung nach Athen zurück

Großbrit. erprobt seine erste Wasserstoffbombe und wird damit 3. Atommacht

Großbrit. schlägt Aufst. geg. den Sultan von Oman am Pers. Golf nieder (in diesem Gebiet haben Großbrit. u. d. USA Ölinteressen)

Großbrit. u. d. USA liefern Waffen an Tunesien; Protest Frankreichs

Frz. Nationalvers. billigt Verlänger. d. Vollmachten z. Meisterung der Lage in Algerien

Gaillard frz. Min.-Präs. (1958 folgt *Pierre Pflimlin* [* 1907, MRP], der unter d. Druck d. Militärs d. Regier. 1958 an *de Gaulle* abtreten muß)

Mendès-France tritt als Vors. d. frz. Radikalsozialistischen Partei zurück

† *Edouard Herriot*, linksbürgerl. frz. Politiker u. Staatsmann (Radikalsozial.); 1947–54 Präs. d. Nationalversammlg. (* 1872)

Streiks in Lodz (Polen)

Polens Außenminister von 1956–68 *Adam Rapacki* (*1909, † 1970) schlägt vor der UN-Vollversammlg. Verzicht auf Herst. u. Lagerung v. Atomwaffen in Mitteleuropa vor

Die ersten stellv. Min.-Präs. d. USSR *Molotow* u. *Kaganowitsch* sowie der stellv. Min.-Präs. *Malenkow*, außerd. d. Parteisekr. *Schepilow* aus d. ZK d. KPdSU ausgeschl. u. ihrer Ämter enthoben, Verteid.-Min. *Schukow* in das ZK aufgenommen

Sowj. Parteisekr. *Chruschtschow* fordert Abzug aller ausländ. Truppen aus Mitteleuropa

Sowjetunion schlägt Einstellg. aller Atomversuche vor; USA will sie zunächst auf 2 Jahre befristen. (1958 kündigt USSR die befristet einseit. Einstellung ihrer Versuche an)

Sowjetunion berichtet über erfolgreiche Erprobung einer interkontinentalen Fernrakete

UN-Vollversammlung verurteilt z. 3. Mal USSR wegen Ungarn-Intervention 1956

Verteidigungsminister d. USSR, Marschall *Schukow*, „Held der Sowjetunion", gestürzt (wird als Machtkonzentration bei *Chruschtschow* gewertet; 1958 übernimmt *Ch.* auch das Amt d. Min.-Präs.)

Der sowj. Min.-Präs. *Bulganin* schreibt Briefe an die Regierungschefs d. Westmächte, *Nehru* und *Adenauer*

NATO-Konferenz in Paris beschl. Mittelstreckenraketen f. Mitteleur., Außenmin.-Konferenz m. Moskau; Entscheidung üb. atomare Bewaffnung verschoben

Chruschtschow fordert Ost-West-Konferenz d. Reg.-Chefs oder Verhandlungen USSR-USA

US-Staatssekretär f. Verteidigung *Wilson* wird durch *McElroy* und US-Staatssekretär f. Finanzen *G. Humphrey* (* 1890) durch *Anderson* abgelöst (gilt als Zeichen, daß die führenden Leute aus Industrie und Finanz vor den wachsenden Staatsausgaben resignieren)

Mit der „Eisenhower-Doktrin" versuchen die USA den brit. Machtverlust im Nahen Osten mit Blick auf d. Sowjetunion z. kompensieren

Magenleiden Präs. *Eisenhowers* beunruhigt Weltöffentlichkeit; Börsensturz

USA schlagen Herabsetzung der Streitkräfte d. USA u. USSR auf 2,5 Mill. vor

Beunruhigung in den USA nach einigen mißglückten Versuchen mit Fernraketen

Heinz Trökes: Farbiges Altarfenster in der Kaiser-Friedrich-Gedächtnis-Kirche i. Berlin. Hansaviertel (abstr. Komp.)

Ferenc Varga (*1908): „Composition en long" (ungar.-frz. abstr. Gem.)

† *Henry van de Velde*: belg. Architekt, begründete Jugendstil u. Werkbund (*1863)

F. Winter: „Zeichen mit rotem Punkt", „In Grau" (abstr. Gem.)

F. L. Wright: „Ein Testament"

Interbau Berlin 1957: Intern. Bauaustellg. vorwiegend im neugestalteten Hansaviertel. Kirchenbauten v. *Ludwig Lemmer* (ev.) u. *Willy Kreuer* (kath.); Grd.-schule v. *Bruno Grimmek*; Kongreßhalle v. *Hugh A. Stubbins* (USA); Hochhäuser (16–17 St.) v. *Luciano Baldessari* (Ital.), *J. H. van den Broek* u. *J. B. Bakema* (Niederl.), *Gustav Hassenpflug*, *Raymond Lopez* u. *Eugene Beaudouin* (Frankr.), *Klaus Müller-Rehm* u. *Gerhard Siegmann*, *Hans Schwippert*; 8-b. 10geschossig. freistehende Wohnzeilen v. *Alvar Aalto* (Finnl.), *Walter Gropius* (USA), *Fritz Jaenecke* u. *Sten Samuelson* (Schwed.), *Oscar Niemeyer Filho* (Brasil.), *Pierre Vago* (Frankr.). *Le Corbusier* (frz. Schweiz): Unité d'Habitation „Typ Berlin" (17 Geschosse). Außerdem 1- bis 5geschossige Mehr- u. Einfamilienhäuser von *F. H. Sobotka*, *H. Scharoun*, *M. Taut* u. a.

Neubau des Wallraf-Richartz-Museums in Köln eröffnet (1855 gegrdt., 1861 erstmalig eröffnet)

Neueröffnung der Alten u. der Neuen Pinakothek in München

Rhein-Main-Kongreß- und Ausstellungshalle in Wiesbaden

---

† *Sascha Guitry*, frz. Filmautor u. -darsteller (*1885)

Sir *Laurence Olivier* (*1907) erhält von der Univ. Oxford Ehrendoktor f. s. *Shakespeare*-Verfilmungen

† *Max Ophüls*, Filmregisseur, u. a. „Der Reigen" (1952), „Maison Tellier" (1954) (*1902)

† *Charles Pathé*, frz. Filmpionier; grdte. mit seinem Bruder 1897 erste frz. Filmgesellschaft (*1864)

„In 80 Tagen um die Welt" (nordam. Farbfilm nach dem Todd-AO-Verfahren (*Mike Todd* † 1958), Regie: *Michael Anderson*, Darstell.: *David Niven*, *Cantinflas*, *Shirley MacLaine* u. a.

„Ariane" (nordam. Film, Regie: *Billy Wilder*, Darst.: *Audrey Hepburn*, *Gary Cooper* [*1901], *Maurice Chevalier* [*1889] u. a.)

Weltatombehörde in Wien gegrdt.

8 Forschungs-Kernreaktoren in der BRDtl. im Bau (Inbetriebnahme zwischen 1957 und 1960)

Erster dt. Kernreaktor in der TH München in Betrieb (Typ „Swimming-Pool"); als zweiter folgt Forschungsreaktor bei Dresden (die Entwicklung von Leistungsreaktoren stößt in der BRDtl. auf den Widerstand konkurrierender Energieerzeuger)

In mehreren Ländern laufen Vorversuche zur Verschmelzung leichter Kerne durch kontrollierte Kernfusion (Anfang 1958 gibt Großbrit. seine Anfangserfolge mit dem Zeta-Gerät in Harwell bekannt)

Beschleuniger f. 10 Mrd. Volt i. Atomzentr. Dubna b. Moskau

Elektronenrechner in der USSR berechnet in 40 Min. mit 20 Mill. Operationen Luftdruckverteilung über Europa für 24 Stunden voraus (Resultat wird als befriedigend angesehen)

Ausgrabung des „Fort Salmanassar" in Nimrud-Kalasch (aus der Zeit —840); Elfenbeinschnitzereien um den Ischtar-Tammuz-Kult

Neue Ausgrab. b. Pergamon

Dänische Archäologen graben in Schemschara in Südkurdistan (früh. Schuscharra) Palast mit Briefen auf Schrifttafeln aus (wahrscheinl. aus der Zeit ≈ —1730)

Ausgrabungen der Pipinsburg bei Osterode (Harz) seit 1953 ergeben, daß sie seit dem —5. Jhdt. ein nördlicher Eckpfeiler des keltischen Einflußgebietes ist

Als Seewaffe der Zukunft gilt Atom-U-Boot mit Fernraketen

USA-Düsenflugzeuge vollbringen ersten Nonstopflug um die Erde

USA-Düsenjäger fliegt Los Angeles–New York in 3 Std., 23 Min., 8,4 Sek.

1 Karat künstl. Industriediamant 4,25 Dollar gegenüber 2,85 Dollar f. natürl. Diamanten (Rentabilität künstl. Diam. in Kürze erwartet)

Bisher größte erbohrte Tiefe in Dtl.: 3918 m bei Sterup (Kr. Schleswig)

Handel der BRDtl. m. d. Sowjetunion:

Mill. DM	Einf.	Ausf.
1957	409	250
1956	224	289
1955	151	112
1953	66	7

Sowjetunion gibt 700 Mill. Rubel Wirtschaftshilfe an Ägypten

USA geraten in eine Wirtschaftskrise mit erheblich. Produktionsrückgang u. Anstieg d. Arbeitslosigkeit („Recession")

Seeschiffsbau:

	Mill. BRT
Großbrit.	2,08
Japan	1,43
BRDtl.	0,86
Welt	8,38

Dt. Handelsflotte 2501 Schiffe mit 3,56 Mill. BRT (90% von 1939)

Weltproduktion v. Kunststoffen 3,5 Mill. t (1937: 0,25 Mill. t)

Weltprod. v. Aluminium 3 Mill. t (1937: 0,5 Mill. t)

Schätzung d. chinesischen Reserven an Eisen 6,8 Mrd. t, Steinkohlen 445 Mrd. t, Erdöl 1,7 Mrd. t, Wasserkräften 300 Mill. kW

Weltjugendfestspiele in Moskau

Borussia Dortmund dt. Fußballmeister (1958 wieder Schalke 04, Gelsenkirchen)

Dt. Segelschulschiff „Pamir" sinkt im Atlantik, 80 Seeleute finden den Tod

(1957)

Eisenhower u. *Macmillan* beschließen engere Zusammenarb. zwischen den USA u. Großbrit.

Eisenhower erleidet leichten Schlaganfall

George F. Kennan (* 1904): „Rußld., der Westen und die Atomwaffe" (der ehemalige USA-Botschafter in Moskau fordert im brit. Rundfunk Beendigung d. Wettrüstens durch Verhandlungen)

„Solidaritätskonferenz" der afroasiatischen Nationen in Kairo

Syrienkrise: Syrien beschuldigt die USA des Umsturzversuches (1958 bilden Ägypten und Syrien „Vereinigte Arab. Republik")

Wirtschaftshilfe d. USSR an Syrien

Mao Tse-tung hält Widersprüche zwischen Volk u. polit. Führung auch in einem kommunist. Staat für möglich. Fordert kulturellen Reichtum: „1000 Blumen sollen blühen"

Attentat auf indonesischen Staatschef *Achmed Sukarno* (* 1901). Indonesien geht gegen Niederländer vor

Das im Indochinakrieg 1954 geteilte Laos wiedervereinigt

Malaya u. Westind. Bund selbst. Mitglieder des Commonwealth

„Die Brücke am Kwai" (nordamer. Film, Regie: *David Lean*, Darst.: *Alec Guinness*, *William Holden* u.a.)

„Heiße Erde" (nordamer. Farbfilm, Regie: *Robert Rossen*, Darst.: *James Mason*, *Harry Belafonte*, *Dorothy Dandridge* u.a.)

„Junggesellen-Party" (nordamer. Film, Regie: *Daniel Mann*, Darst.: *Don Murray*, *E. G. Marshall*, *Jack Warden* u.a.)

„Die 12 Geschworenen" (nordamer. Film mit konsequenter Einheit von Ort, Zeit und Handlung, Regie: *Sidney Lumet*, Darst.: *Henry Fonda*, *Lee J. Cobb* u.a.)

„Der König und die Tänzerin" (brit.-nordamer. Farbfilm, Regie: *Laurence Olivier*, Darst.: *Marilyn Monroe*, *L. Olivier* u.a.)

„Till Eulenspiegel, der lachende Rebell" (dt. - frz. Farbfilm, Regie: *Gérard Philipe*, Darst.: *G. Philipe*, *Nicole Berger* u.a.)

„Lissy" (Film nach *F. C. Weiskopf*, Regie: *Konrad Wolf*, Darst.: *Sonja Sutter*, *Hans Peter Minetti* u.a.)

„Der letzte Schuß" (russ. Film, Regie: *G. Tschuchrai*, Darsteller: *Isolda Iswitzkaja*, *Oleg Strischenow* u.a.)

„Asken Chitai" (jap. sozialkrit. Film, Regie: *Kenji Mizoguchi*, Darst.: *Machiko Kyo*, *Aiko Mimasu* u.a.)

87% des Filmpublikums i. d. BRDtl. sind an der Wochenschau interessiert

Potential der kommunistischen Welt

	Bevölkerung in Mill.	Stahlprod. in Mill. t	Elektr. Prod. in Mrd. kWh
USSR	200,2	51	209,5
China	627,8	5,2	19
Übrige	116,9	17,3	98
	944,9	73,5	326,5

Entspricht etwa $ 0,35 BSP-Dollar/Kopf u. Jahr

Neue Schätzung der Entwicklung der Erdbevölkerung (in Mill.)

	1950	2000
Europa (ohne USSR)	393	569
USSR	202	379
Asien (ohne Mittleren Osten)	1300	3600
Mittlerer Osten	82	279
USA und Kanada	168	312
Mittel- und Südamerika	162	593
Afrika	178	443
Ozeanien	13	29
Insgesamt	2498	6204

Geburtenkontrolle wird vielfach diskutiert und gefordert.

Fr. Baade sieht das Ernährungsproblem für das Jahr 2000 durch Verbesserung der Bodenbearbeitung, Düngung und Bewässerung als lösbar an

Sacklinie in der Damenmode

† *Christian Dior*, Pariser Modegestalter (* 1905)

Jährl. etwa 150 Mill. künstliche Zähne, davon in Dt. etwa 30 Mill.

Weltgesundheitsorganisation warnt v. Gefahren radioaktiver Stoffe aus der Kernspaltung (bes. wird d. Einlagerung radioaktiven Strontiums in die Knochen diskutiert)

Veranlaßt durch häufige Verkehrsunfälle (1956 in der BRDtl. 12500 Tote), wird die Kfz - Geschwindigkeit in geschlossenen Ortschaften auf 50 km/st. begrenzt

Lord *Altrincham* kritisiert brit. Königin u. ihren Hof, was lebhafte Diskussionen hervorruft

† *Hermann Buhl*, österr. Alpinist; abgestürzt auf dem Rückweg von der Chogolisa im Karakorum; erstieg 1953 den Nanga Parbat, 1957 den Broad Peak(*1924)

Mißglückter Versuch zweier Italiener und zweier Deutscher, d. Eigernordwand zu ersteigen, kostet 3 Tote. (Damit erhöht sich die Zahl der Todesopfer in der Wand auf 21)

Robert (Bobby) J. Fischer (*1943) gewinnt US-Schachmeisterschaft (wird 1958 intern. Großmeister, 1972 Weltmeister)

Derek Ibbotson (Großbrit.) läuft neuen Weltrekord über die Meile in 3,57,2 (3 weitere Läufer bleiben in diesem Rennen unter 4 Min.)

Gültige leichtathletische Weltrekorde

	Männer	Frauen
100-m-Lauf	10,1 Sek	11,2 Sek.
800-m-Lauf	1:45,7	2:05,8
10000-m-Lauf	28:30,4	—
42,2 km (Marathon-Lauf)	2 St. 23:3,2	—
Hochsprung	2,15 m	1,76 m
Weitsprung	8,13 m	6,35 m
Kugelstoßen	19,25 m (7,25 kg)	16,76 m (4 kg)
Diskuswurf	59,28 m (2 kg)	57,04 m (1 kg)
Speerwurf	85,71 m (800 g)	55,48 m (500 g)
Zehnkampf	7985 Punkte	—
Fünfkampf	—	4767 Punkte

Kernreaktorunfall i. Windscale (England) führt zur zeitweisen Stillegung (Bis 1979 werden 10 Reaktorunfälle registriert. 1961 gibt es in USA bei einem militärischen Reaktor durch Fahrlässigkeit 3 Todesfälle; vgl. Unfall b. Harrisburg 1979)

Nach Schätzungen in den USA:	Bevölker. in Mill.	Brutto-Soz.-Prod.	davon Priv. u. Soz. Konsum	Investitionen	Militärische Ausgaben
			Milliarden Dollar		
Erde	2700	1160	820	223	117
			Dollar/Kopf		
Nichtkommunistische Industrieländer	620	1200	870	235	95
Nichtkommunistische Entwicklungsländer	1110	121	102	15,4	3,6
Kommunistische Industrieländer	350	650	360	155	135
Kommunistische Entwicklungsländer	620	92	71	9,7	11,3

1958	Friedens*nobel*preis an d. Dominikaner *Dominique Georges Pire* (* 1910, Frankr.) für seine umfassende karitative Tätigkeit Verträge über Europäische Wirtschafts- und Atomgemeinschaft in Kraft (beteiligt: Frankr., BRD, Italien, Benelux-Staaten) Im Rahmen der EWG wird Europäisches Parlament in Straßburg gegrdt. (142 Mitgl. werden aus den nationalen Parlamenten delegiert) SPD unterstützt die Aktion „Kampf dem Atomtod" Gegen SPD und FDP stimmt der Bundestag einer evtl. Ausrüstung der dt. Bundeswehr mit taktischen Atomwaffen zu. SPD fordert Volksbefragung Luftschutzgesetz in der BRD. Grdg. der Organis. freiwill. Luftschutz-Helfer in der DDR Wirtschafts-, Konsular- und Repatriierungsabkommen zwischen der USSR und BRD Staatsbesuche von Bundespräsident *Heuss* in Kanada und Gr.Brit. Erstes Jagdbombergeschwader der dt. Bundeswehr Bundesverfassungsgericht entscheidet: Volksbefragungen in den Ländern über Atombewaffnung sind verfassungswidrig Gesetzentwurf der SPD über eine Volksbefragung im ganzen Bund über Atombewaffnung vom Bundestag abgelehnt Bundestag und Bundesregierung fordern 4-Mächte-Gremium der früheren Besatzungsmächte für Behandlung d. dt. Wiedervereinigung. USSR will demgegenüber Vorbereitung eines Friedensvertrages *Adenauer* trifft in Frankreich *de Gaulle*, später im Jahr besucht *de Gaulle Adenauer* (der Anfang einer engen Zusammenarbeit bis zum Rücktritt *Adenauers* 1963) *Dulles* (USA) erneuert Berlin-Garantie. *Chruschtschow* fordert Aufhebung d. Potsdamer Abkommens (1945) und d. Viermächtekontrolle in Berlin *Chruschtschow* verlangt am 27. 11. ultimativ die Umwandlung des Status von Berlin in den einer „Freien Stadt" unter Aufhebung der Viermächteverantwortung	*Nobel*preis f. Literatur an *Boris Pasternak* (USSR); wird von kommunist. Seite gezwungen abzulehnen Friedenspreis des Dt. Buchhandels an d. Philosophen *Karl Jaspers* *Margarita Josifowna Aliger* (* 1915): „Gedichte" (russ.; war 1957 von *Chruschtschow* gerügt worden) *Louis Aragon* (* 1897): „Die Karwoche" (frz. histor. Roman) *Simone de Beauvoir*: „Memoiren einer Tochter aus gutem Hause" (frz. Autobiographie) *J. R. Becher*: „Schritt der Jahrhundertmitte" (Gedichte) † *Johannes R. Becher*, dt. Dichter, unterstützte Kulturpolitik der DDR (* 1891) *Mose Ya'aqob Ben-Gavriêl* (* 1891): „Das Haus in der Karpfengasse" (israel. Zeitroman aus dem besetzten Prag) *H. F. Blunck*: „Elbsagen" („Donausagen" 1959, „Nordseesagen" 1960, „Alpensagen" 1961) *Andrzej Braun* (* 1923): „Die gepflasterte Hölle" (dt. Ausgabe des poln. antistalinist. Romans v. 1957) † *Ferdinand Bruckner*, dt. Dichter (* 1891) *Truman Capote* (* 1924): „Frühstück bei Tiffany" (nordamer. Roman) *Jean Cayrol* (* 1911): „Les corps étrangers" (frz. Roman) *Blaise Cendrars* (* 1887, † 1961): „A l'aventure" (frz. Dichtung) *Carlo Coccioli* (* 1920): „Manuel der Mexikaner" (dt. Ausgabe des ital. Romans von 1956) *Cyril Connolly* (* 1903)	*F. Arlt*: „Der zweite Bildungsweg" (Wege z. Hochschulreife außerhalb des Gymnasiums) *K. Barth*: „Brief an einen Pfarrer in der DDR" *Thomas Barthel* (* 1923): „Grundlagen zur Entzifferung der Osterinsel-Schrift" *George Bell* (* 1883, † 1958): „Dokumente christlicher Einheit 1920 bis 1957" (anglikanisch; 4 Bde. seit 1924) *N. Bohr*: „Atomphysik und menschliche Erkenntnis" (7 Aufsätze) *E. O. F. Bollnow*: „Wesen und Wandel der Tugenden" *Ruth Fischer* (* 1895, † 1961): „Die Umformung der Sowjetgesellschaft" *Heinrich Fries* (* 1911): „Kirche als Ereignis" (kathol. Theologie) *Kenneth Galbraith* (* 1908): „The Affluent Society" („Die Überflußgesellschaft") *E. Hiller*: „Automation und Menschen" *M. Hochrein*: „Der alte Mensch in unserer Zeit" *Josef Hromadka* (* 1889, tschech. ref. Theologe): „Evangelium für Atheisten" † *Ernest Jones*, engl. Psychoanalytiker, früher *Freud*-Schüler (* 1879) *Johannes* (Pater) *Leppich* (* 1915): „Gott zwischen Götzen und Genossen" (kathol.-jesuit. Bemühungen um Arbeiterseelsorge) *Golo Mann*: „Deutsche Geschichte im 19. und 20. Jahrhundert" *Klaus Mehnert* (* 1906, in Moskau): „Der Sowjetmensch" *Tom Mutters* grdt. „Lebenshilfe für das geistig behinderte Kind" (in

Afro (Basaldella): „Composizione" (ital. abstrakt. Gem.)
Karel Appel (* 1921): „Sorcellerie" (niederl. abstr. Gem.)
O. Bartning: „Vom Raum der Kirche" (Theorie d. mod. evangel. Kirchenbaus)
Eugen Batz (* 1905): „Schwarzer Grat" (abstrakt. Gem.)
Jean Bazaine: „Le Buisson" (frz. abstrakt. Gem.); Wandbilder im Unesco-Gebäude, Paris
Ludwig Bemelmans (* 1898, † 1962): „Mein Leben als Maler" (Autobiographie d. nordam. humorist. Schriftstellers u. Malers)
Renato Birolli (* 1906, † 1959): „Canto d'Inverno" (ital. abstrakt. Gem.)
Roger Bissière (* 1888): „Gris" (frz. abstrakt. Gem.)
Walter Bodmer (* 1903): „Rotes Metallrelief auf Weiß" (schweiz. Metallkomposition)
Victor Brauner (* 1903): „La Clef est blanche" (rumän.-frz. surrealist. Gem.)
James Brooks (* 1906): „Acanda" (nordamer. abstrakt. Gem.)
Carl Buchheister (* 1890): „Komposition BET" (Ölrelief)
Alberto Burri (* 1915): „Ferro" (ital. Eisenkomposition)
Jan Burssens (* 1925): „Femme" (belg. Gem.)
Alexander Calder: Mobile für Flugha-

Conrad Beck: „Aeneas Silvius" (Sinfonie), Urauff.
Boris Blacher: „Gesänge des Seeräubers u. seiner Geliebten"
Pierre Boulez: „Le Visage Nuptial" („Das bräutl. Antlitz"), Kantate, Uraufführung
Benjamin Britten: „Noah's Flood" (engl. Kurzoper)
J. Cage: „Klavierkonzert" (nordam. Komposition der „experiment. Musik", die nur die „Aktion des Spielers", nicht aber d. Klangbild festlegt)
Aram Chatschaturian (* 1903): „Gajaneh" (russ. Ballett)
Werner Egk: „Das Zauberbett" (Komödie), schrieb auch die Bühnenmusik
Gottfried v. Einem: „Sinfonische Szenen", Urauff.
Georg Enescu (* 1881): „Oedipus" (rumän. Op.), Uraufführung
† *Karl Erb*, dt. Tenor, bes. bek. als Evangelist d. Matthäus-Pass. (* 1877)
Kirsten Flagstad (* 1895, † 1962), norweg. Sopranistin, Leiterin d. Norsk Opera
Wolfg. Fortner: Impromptus f. Orchester, „Ballet blanc" (dt. konzertante Uraufführung)
Hans Werner Henze: „Undine" (dt. Ballett), Urauff.

*Nobel*preis für Physik an *Ilja M. Frank* (*1908), *Ilgor E. Tamm* (*1895, + 1971) und *Pawel A. Tscherenkow* (*1904) (alle USSR) für Hochenergie-Physik
*Nobel*preis für Chemie an *Frederick Sanger* (* 1918, Gr. Brit.) für Analyse der Struktur des Insulin-Moleküls seit 1943
*Nobel*preis für Medizin und Physiologie an *Edward L. Tatum* (* 1909, USA), *George Beadle* (* 1903, USA) und *Joshua Lederberg* (* 1925, USA) für bahnbrechende Arbeiten auf d. Gebiet der Mikrobengenetik
Van Allen entd. Strahlungsgürtel der Erde in Höhen über 600 km
Alvarez und Mitarbeiter finden Wasserstoffkernfusion zum Heliumkern mit Mesonenkatalyse
A. Butenandt und *H. Rembold*: Nachweis des Biopterins als charakteristischen Bestandteil d. Weiselfuttersaftes der Bienen
Gierer und *Schramm*: Beweis, daß reine Virusnucleinsäure (ohne Eiweiß) infektiös ist
† *Richard Goldschmidt*, dt. Genetiker, zuletzt in USA (* 1878)
L. M. Gould: „Die Polarregion in ihren Beziehungen zu menschlichen Angelegenheiten" (nordamer. Darstellung der wachsenden Bedeutung dieses Gebietes)
Edmund Hillary erreicht mit neuseeländ. Expedition Südpol; kurz darauf brit. Exp. unter *Vivian Fuchs*
Georges Mathé (Curie-Hospital, Paris) behandelt strahlengeschädigte jugoslawische Techniker erfolgreich mit fremden menschlichen Knochenmarkzellen
Rud. Mössbauer (* 1929): Rückstoßfreie Kernresonanzabsorption von Gammastrahlen in Kristallen (gestattet Energiemessungen auf ein Billionstel genau)
† *Friedrich A. Paneth*, Erforscher d. Radioaktivität (* 1887)
† *Wolfgang Pauli*, schwz. Physiker, *Nobel*preis 1945 (* 1900)
M. Schwarzschild: „Aufbau und Entwicklung der Sterne" (nordamer. Astrophysik, gekennzeichnet durch Erkenntnisse der Atomkernphysik)
3-m-Spiegelteleskop für das Lick-Observatorium auf Mt. Hamilton
W. M. Sinton: Ultrarot-Spektrum

Anteil d. Investitionen am Sozialprodukt (Mittel 1955–60)

Schweiz	24,2%
Österreich	22,9%
BRD	22,8%
Italien	20,9%
Frankreich	18,0%
USA	16,9%
Gr.Brit.	15,6%

Über 8 Mill. t Kohle liegen in d. BRD auf Halde. Gegenmaßnahmen der Bundesreg. Absatzschwierigkeiten der Ruhrkohle führen zu Schachtschließgn.
20793 neuerbaute Wohnungen in West-Berlin (230000 seit 1949), 9452 in Ost-Berlin
Elb-Pumpspeicherwerk Geesthacht bei Hambg. eingeweiht. Leistung: 105000 kW, Speicherkapazität 580000 kWh
Neckarhafen Stuttgart in Betrieb
DDR schafft Lebensmittelkarten ab (Lebensmittelrationierung bes. 1961 wieder verstärkt)
Frankreich wertet den Franc ab. Zehn europ. Staaten (einschl. Frankreich) verkünden freie Konvertierbarkeit ihrer Währungen
Brüsseler Weltausstellung. Zentrale Themen Kerntechnik u. Raumfahrt. Bautechnik ermöglicht kühne Ausstellungsbauten. Wahrzeichen „Atomium" (42 Mill. Besucher)
3. Fünfjahresplan

(1958)	NATO-Mächte bekräftigen Berlin-Garantie CDU stärkste Partei in Schleswig-Holstein. *Kai-Uwe von Hassel* bildet CDU-FDP-Regierung CSU erlangt im bayr. Landtag 101 von 204 Mandaten. Regierung unter *Hanns Seidel* (CSU) SPD erlangt in Hessen 48 der 96 Mandate. Regierung unter *Georg August Zinn* (SPD) CDU erlangt in Nordrhein-Westf. mit 50,5% der Stimmen absolute Mehrheit. *Franz Meyers* bildet CDU-Regierung Wahl zum Abgeordnetenhaus von Berlin (West): SPD 78 Sitze, CDU 55 Sitze. Alle anderen Parteien bleiben unter 5%-Grenze (SED: 1,9%) und ohne Sitz. Wahlbeteiligung 92,9%. † *Walter Freitag*, dt. Gewerkschaftler, Vors. d. DGB 1952–56 (* 1889) † *Karl Arnold*, ehem. nordrhein-westf. Min.Präs. (CDU), Gewerkschaftler (* 1901) SED-Zentralkomitee maßregelt *Karl Schirdewan* (* 1907) u. a. wegen Fraktionstätigkeit (*Sch.* widerruft seine Abweichungen 1959) *Michail Perwuchin* (* 1904) Botschafter der USSR in der DDR DDR erhebt Wasserstraßen-Benutzungsgebühr, werden von d. Bundesreg. d. Schiffahrt erstattet V. Parteitag der SED: „Aufbau des Sozialismus in der DDR" (bis 1961 soll Pro-Kopf-Verbrauch der Bundesrepublik erreicht sein) Wahlen zur Volkskammer in der DDR. Die Bevölkerg. hat nur die Möglichkeit, die Einheitsliste der „Nationalen Front" zu „wählen", die von der SED beherrscht wird Strafergänzungsgesetz zur Bestrafung von Staatsverbrechen, wie „Abwerbung", „Republikflucht" u. ä. in der DDR Schwerer Konflikt zw. Frankreich und Tunesien. Frz. Luftangriff auf tunes. Dorf Franz. Reg. unter *Gaillard* stürzt über Algerienfrage. Ausnahmezustand in Frankreich. Reg. *Pflimlin* tritt zurück Autoritäre Regierung *de Gaulle* beendet die 4. Republik in Frankreich. Frankr. erhält neue Verfassung,	beend. Herausgabe der engl. literar. Zeitschrift „Horizon" (seit 1939) *James Gould Cozzens:* „Von Liebe beherrscht" (nordamer. Roman) *Shelagh Delaney* (* 1939): „A taste of honey" (engl. Schauspiel) *Mazo De La Roche* (* 1885, † 1961): „Hundert Jahre Jalna" (kanad. Roman; „Die Leute auf Jalna" 12 Bde. 1927 bis 1952) *John R. Dos Passos:* „Die großen Tage" (nordam. Roman) *Lawrence G. Durrell* (* 1912): „Balthasar" (engl. Roman) *Stanislaw Dygat* (* 1914): „Verwehte Träume" (poln. Roman) *Günther Eich* (* 1907): „Stimmen. 7 Hörspiele" *T. S. Eliot:* „Dichter und Dichtung" (dt. Ausgabe der engl. Essaysammlung von 1957) *Gerd Gaiser* (* 1908): „Schlußball" (Roman) *David Gascoyne* (* 1916): „Night Thoughts" (engl. „Radiogedicht") *Rumer Godden* (* 1907): „Gefährliche Freundschaft" (engl. Roman) *Nadine Gordimer* (* 1923): „Fremdling unter Fremden" (engl. Rom.) † *Geerten Gossaert*, niederl. Dichter, schrieb 1911 „Experimenten" (Gedichte) (* 1884) *Peter Hacks* (* 1928): „Der Müller von Sanssouci" (Komödie) *Hermann Hiltbrunner* (* 1893, † 1961): „Alles Gelingen ist Gnade" (schweiz. Tagebücher) *František Hrubín* (* 1910): „Die Verwandlung (tschech. Lyrik), „Ein Sonntag im August" (tschech. Schauspiel)	der BRD werden jährlich ca. 30000 solcher Kinder geboren) *Cyril N. Parkinson* (* 1909) veröff. seine teilw. satirische Darstellung d. Wachstums der Bürokratie † *Pius XII.*, Papst seit 1939 (* 1876) *Johannes XXIII.* Papst bis 1963 (†, * 1881), vorher *Angelo Giuseppe Roncalli*, Erzbischof von Venedig *K. Popper:* „Falsche Propheten" (neopositivist. Philosophie) *Helmut Schelsky* (* 1912): „Die skeptische Generation" *Erhard Schlesier* (* 1926): „Die melanesischen Geheimkulte" *Hans Sedlmayr:* „Kunst und Wahrheit" † *Leopold Ziegler*, Philosoph (* 1881) 1. Christliche Friedenskonferenz in Prag (weitere 1959, 60; vorwiegend östl. Kirchen) Erklärungen der kathol. und der evangel. Kirche zur Mischehe (seit 1914 ist der Prozentsatz in Dtl. von 10 auf 25% gestiegen) Lübeck, Anhalt, Pfalz geben Frauen Gleichberechtigung im evangel. Pfarramt Freie Universität Berlin feiert im Beisein des Bundespräsidenten 10-jähriges Bestehen (Studentenzahl wächst bis 1963 auf 15000) Versuche mit d. 5-Tage-Schulwoche in Hambg. Schulgesetz führt in Dänemark 7jährige ungeteilte Grundschule ein Polytechnischer Unterricht zur Erhöhung der Arbeitsproduktivität in den Schulen der DDR eingeführt (Unterrichts-

fen Idlewild, New York
Giuseppe Capogrossi (* 1900): „Oberfläche 290", („Superficie 290" ital. Gem. mit schriftartigen Zeichen)
Bruno Cassinari (* 1912): „Composizione" (ital. abstrakt. Gem.)
Chagall: „Die Erschaffung des Menschen", „Das Hohe Lied II" (russ.-frz. Gem.)
Corneille (* 1922): „Paysage d'Amérique" (belg.-frz. abstrakt. Gem.)
Bernard Dufour (* 1922): „Imaginäre Pflanze" (frz. Gem.)
E. Eiermann u. *S. Ruf:* Dt. Pavillon auf der Weltausstellung Brüssel
Max Ernst (* 1891): „What kind of a bird are you?" (dt.-frz. surrealist. Gem.)
Jean Fautrier (* 1898): „L'ilôt mauve" (frz. abstrakt. Gem.)
† *Max Friedländer,* Kunsthistoriker, 1908–33 Direktor Berliner Sammlungen (* 1867)
Werner Gilles: „Fluglandschaft" (Gem.)
Philip Guston (* 1912): „Ohne Titel" (kanad.-nordamer. abstrakt. Gem.)
† *H. Häring,* dt. Architekt „organhaften Bauens" (* 1882)
Auguste Herbin (* 1882): „Naissance" (frz. abstrakt, Gem.)
Asger Jorn (* 1914): „Im Niemandsland" (dän. abstr. Gem.)
Zoltan Kemény (*

Hindemith: Oktett
Erland v. Koch (* 1910): „Tanzrhapsodie" (schwed.), Urauff.
Ernst Křenek: „Sestina" (musik. Werk für Sopran u. Kammerorchester), Uraufführg.
† *Rudolf v. Laban* (* 1879), österr. Tanzpäd., schuf neue Ausdrucksformen d. Tanzes
† *Artur Malawski* (* 1904), poln. Komp. (Ballettpantomime „Wierchy", Sinfonien, Streichquartette)
Frank Martin: Musik zu „The Burrow" („Der Kaninchenbau"), (Ballett v. Kenneth Macmillan), Uraufführung
Gian-Carlo Menotti: „Maria Golovin" (ital. Oper), Uraufführung
Marcel Mihalovici: Iwan-Goll-Lieder, Uraufführung
Gian Francesco Malipiero: „Vergilii Aeneis" (ital. Op.), Uraufführung
Nicolai Nabokov (* 1903): „The holy Devil" (russ.-nordamer. Oper)
I. Pizzetti: „Mord im Dom" (ital. Oper n. *T. S. Eliot*)
Swjatoslaw Richter (*1914), sowjetruss. Pianist, wird in Westeuropa bek.
Armin Schibler (* 1920): „Media in vita" (schweiz. Oratorium)
Igor Strawinsky: „Threni – id est Lamentationes Jeremiae Prophetae"

des Mars weist auf die Anwesenheit von C-H-Bindungen organischer Substanzen hin
56 Nationen mit 2000 Stationen beteiligen sich am Internationalen Geophysikalischen Jahr, zur Zeit hoher Sonnenaktivität
2. Intern. Atomkonferenz in Bonn
Fund eines fast vollständigen Oreopithecus-Skeletts in der Braunkohle in Toskana (steht zwischen Hominiden und Pongiden)
Ausgrabung der (1957 entd.) Stadt Pella, nordw. von Saloniki, aus dem 4. Jhdt. v. Chr.
Ausgrabung des „Tempels d. roten Stele" (Teil der Ausgrabungen der Maya-Stadt Tikal seit 1956)
Fund eines Schädels des Liukiang-Menschen aus dem Pleistozän in Südchina; Homo sapiens mit frühmongoloiden Zügen
Veröffentlichung der amerik. Grabungen in Troja (seit 1950)
~ Magnetisierung vorgeschichtlicher Gefäße und Öfen aus eisenhaltigem Ton gestattet aus der Variation des erdmagnetischen Feldes neue objektive Altersbestimmungen (Archäomagnetismus)
Erster USA-Satellit „Explorer I" gestartet (unbemannt, weitere folgen im gleichen Jahr)
SCORE-Satellit (USA) als erster Nachrichtensatellit
„Atlas"-Rakete (USA) mit 10000 km Reichweite (Strecke Pol–Äquator)
USA-U-Boot „Nautilus" mit Kernkraftantrieb erreicht unter dem Eis den Nordpol
Eisbrecher „Lenin" (USSR) mit Atomkernantrieb wird nach 3jähriger Bauzeit in Dienst gestellt
USA-Düsenflugzeug „Boeing 707" auf Europarouten
Beginn der Verkehrsluftfahrt mit Düsenantrieb mit erhebl. verkürzten Reisezeiten (bald kommen Meinungen auf, daß die Sicherheit mit der Geschwindigkeit nicht voll Schritt halte)
Bisher tiefste Bohrung mit 7724 m in West-Texas (USA)
Schallplatten-Stereophonie
~ Epoxyharze als Gieß-, Lack- und Klebe-Werkstoffe
Von 239 beobachteten Alpengletschern sind 227 im Rückgang

Polens (1956–60) wird in einen Siebenjahresplan umgewandelt. Planziele (gegen 1937)
Steinkohle 112 Mill. t (36,2)
Roheisen 6,6 Mill. t (0,8)
Werkzeugmasch. 27000 (4300)
Rundfunkgeräte 1,24 Mill. (0,16)
Baumwollwaren 822 Mill. m (325)
USSR verkündet Siebenjahresplan 1959–65 und will bis 1970 USA wirtschaftl. überholen
Zentralsibirische Bahn zur Verbindung Ural–Westsibirien beg. (insges. 1500 km)
Kraftwerk am Hirakud-Damm (Indien) mit 123000 Kilowatt
Planzahlen der Volksrepublik China wesentlich unterschritten (1960–62 Versorgungskrise) (trotzdem muß mit einer relativ raschen Industrialisierung gerechnet werden)
Volksrep. China hat 34 Städte mit mehr als 500000 Einw., 14 Städte mit mehr als einer Million
24stündiger Warnstreik in den kommunalen Verkehrsbetrieben der BRD
Ca. 35 Mill. durch Streiks und Aussperrungen verlorene Arbeitstage jährlich in d. USA (Mittel 1950–60) (in den anderen Industrieländern

(1958)	welche die Rechte der Parteien und des Parlamentes einschränkt Volksentscheid in Frankr. billigt Verfassung, welche die Rechte des Parlaments erheblich einschränkt: „Fünfte Republik" Gaullistische Union stärkste Partei in der frz. Nationalversammlung. Niederlage der Kommunisten. *De Gaulle* wird zum frz. Staatspräsidenten gewählt Oppositioneller Präsidentschaftskandidat erringt in Portugal ca. 25% der Stimmen. *A. Tomás* wird Präsident, *Salazar* bleibt Min.Präs. Portug. Regierung hindert den Bischof von Porto an der Verwaltung seines Bistums (wegen der Sozialpolitik bestehen Spannungen zwischen Staat und Kirche) Wahlerfolg der Kommunisten in Finnland führt zur Regierungskrise (1959 beendet) *Nikita Chruschtschow* (* 1894) wird Min.Präs. d. USSR an Stelle von *Bulganin* *Chruschtschow* besucht *Mao Tse-tung* in Peking *Bulganin* wird aus dem Parteipräsidium der KPSU ausgeschlossen Im Spätherbst stellen die Atommächte ihre Kernwaffenversuche ein (1960 beg. Frankr., 1961 USSR, 1962 USA mit neuen Versuchen) Konferenz in Genf über Kernwaffen-Versuchsstop (erst 1963 erzielen USA und USSR ein Teilergebnis) Demokraten siegen bei der Kongreßwahl in USA *N. A. Rockefeller*, Parteirepubl. (* 1908) zum neuen Gouverneur von New York gewählt *Dulles* will Vertreter der DDR als Beauftragte der USSR an den Kontrollpunkten nach Berlin anerkennen („Agententheorie") Alaska 49. Staat der USA *George Kennan:* „Rußland, der Westen und die Atomwaffe" (dt. Ausgabe der nordamer. kritischen Analyse) Konservative erhalten unter *J. G. Diefenbaker* im kanad. Parlament absol. Mehrheit (verlieren sie 1962) *Arturo Frondizi* (* 1908) Staatspräsident von Argentinien (1962 gestürzt)	*Denis Johnston* (* 1901): „The scythe and the sunset" (irisches Schausp.) *James Jones:* „Some came running" (nordamer. naturalist. Roman) *Franz Kafka:* „Briefe 1902–24" (herausg. von *M. Brod*) *Jack Kerouac* (* 1922): „Gammler, Zen und hohe Berge" (nordamer. Roman der „Beat-Generation") *Hans Kirk* (* 1898, † 1962): „Novellen" (des dän. Fischer- und Arbeiterdichters) *Werner Krauss:* „Das Schauspiel meines Lebens" (Autobiographie) *Günter Kunert* (* 1929): „Echos" (Lyrik) *Carmen Laforet* (* 1921): „Die Wandlung der Paulina Goya" (dt. Ausgabe des span. Romans von 1955) *Walter Ljungquist* (* 1900): „Ossian" (schwedischer Roman) *Arnošt Lustig:* „Nacht und Hoffnung" (tschech. Roman aus dem KZ Theresienstadt) *Archibald MacLeish* (* 1892): „Spiel um Job" (nordamer. Versdrama) *Félicien Marceau* (* 1913): „Der Nerz" (frz.-belg. Schauspiel) *Richard Mason* (* 1919): „Suzie Wong" (dt. Ausgabe d. engl. Romans von 1957) † *Walter v. Molo*, dt. Schriftsteller (* 1880) *Henri de Montherlant:* „Don Juan" (frz. Schauspiel) *Slawomir Mrożek* (* 1930): „Die Polizei" (poln. satir. Komödie) *O'Neill:* „Hughie" (nordamer. Einakter, posthum in Stockholm uraufgef.)	tag in der Produktion ab 7. Klasse) USSR beginnt Reform des Bildungswesens Neues Strafgesetzbuch in der USSR  *V. A. Ambarzumian* weist auf den zeitweise explosiven Kern der Galaxien als Motor ihrer Entw. hin

1907): „Banlieu des anges“ (ungar.-schweiz. Komposition aus Kupfer)
Willem de Kooning (* 1904): „Suburb in Havanna“ (niederl.-nordamer. abstrakt. Gem.)
Drei Bronze-Portale des Salzburger Domes: *Toni Schneider-Manzell:* „Tor des Glaubens“ (österr.), *Giacomo Manzù:* „Tor der Liebe“ (ital.), *Ewald Mataré:* „Tor der Hoffnung“ (dt.)
André Masson (* 1896): „Nacht“ (frz. Gemälde)
K. Mayekawa: Wohnhochhaus Harumi, Tokio (s. 1957)
Georg Meistermann (* 1911): „Fahles Rot“ (abstr. Gem.)
Mies van der Rohe u. *Ph. Johnson:* Seagram Building, New York (Baubeg. 1956)
H. Moore: „Große sitzende Frauenfigur auf Stufen“ (engl. Plastik)
Giorgio Morandi (* 1890): „Natura morta“ (ital. Gem.)
Klaus Müller-Rabe (* 1910): „Dame in Grün“ (Gem.)
Edo Murtič (* 1921): „Remembrance on Blue“ (jugoslaw. abstrakt. Gem.)
Serge Poliakoff (* 1906): „Komposition in Blau-Gelb-Rot-Braun“ (russ.-frz. abstrakt. Gem.)
Gérard Schneider (* 1896): „Ohne Titel“ (schweiz.-frz. abstr. Gem.)
Amar Nath Seghal (* 1922): „Geschrei ohne Echo“ (ind. Plastik)
K. R. H. Sonderborg (* 1923): „Flying Thought. 12. II. - 58. 16.53–23.09“ (dän.-frz. abstrakt. Gem.)
Theodoros Stamos (* 1922): „Taygetos“ (nordamer. abstr. Gem.)
Ch. Sterling: „Die frz. Malerei in der Eremitage. Von Poussin bis zu Picasso“
J. Stirling u. *J. Gowan:* Wohngebäude in Ham Common, London (engl. „brutalistische“ Architektur)
Kenzo Tange: Rathaus in Tokio (Baubeg. 1952)
Heinz Trökes (* 1913): „Bildtafel“ (abstrakt. Gem.)
Emilio Vedova (* 1919): „Scontro di Situazioni 1958, V“ (ital. abstr. Gem.)
† *Maurice de Vlaminck*, frz. Maler des „Fauvismus“ (* 1876)
Fritz Winter: „Gläserner Garten“ (abstrakt. Gem.)
Karl Anton Wolf (* 1908): „Babylonischer Turm“ (österr. Gem.)
Bryan Wynter (* 1915): „Under Mars“ (engl. abstr. Gem.)
Mac Zimmermann (* 1912): „Kopf I“ (Lackmalerei auf Papier)
Die Weltausstellung in Brüssel zeigt „50 Jahre moderne Kunst“. USA und USSR zeigen in ihren Pavillons die bei ihnen vorherrschenden Kunstrichtgn.
† O. Gulbransson (* 1873)

(für Soli, Chor u. Orchester)
Hans Heinz Stukkenschmidt (* 1901): „Schöpfer d. Neuen Musik“
H. Sutermeister: „Titus Feuerfuchs“ (schweiz. Oper)
† *Florent Schmitt* (* 1870), franz. Komponist (wichtigste Werke: XLVII. Psalm u. „La Tragédie de Salomé“, Ballett)
Josef Tal: „Der Auszug aus Ägypten“ (erste israelische elektron. Komposition)
Ralph Vaughan Williams: 9. Sinfonie, Urauff. († 1958)
Yannis Xenakis (* 1922): „Achorripsis“ (griech. Komposit. f. 21 Instrumente)
„Darmstädt. Beiträge zur Neuen Musik“ erscheinen (zur N. M. werden gerechn.: serielle M. (z. B. Zwölftontechnik), elektronische Musik, konkrete Musik, experimentelle M.)
ChaChaCha, kubanischer Tanz, verbreitet sich in Europa
Populäre Schlager: „True Love“ (Cole Porter), „Cindy, oh Cindy“ (Barron/Long), „Tipitipitipso“ (Gietz)

liegt diese Zahl unter 5 Mill. Tage)
Bundeskartellamt in Berlin beginnt seine Tätigk. geg. Kartellmißbrauch
Novelle d. Lebensmittelgesetzes in der BRD bringt Verbote bzw. Kennzeichnungspflicht von Zusatzstoffen
~ Es verbreitet sich die Anwendung empfängnisverhütender Pillen
Im Nordatlantikverkehr überflügelt der Luft- den Schiffsverkehr
Botwinnik Schachweltmeister
Dieter Hasse und 3 Seilgefährten bezwingen „Diretissima“ in der Nordwand der Großen Zinne/Dolomiten (löst auch Kritik aus und Zweifel an der Sportlichkeit des modernen Alpinismus. Winter-Diretissima d. Gr. Zinne folgt 1961)
† *Bess Mensendieck*, niederl.-nordam. Gymnastiklehrerin (* 1864)
Schalke 04 Fußballmeister der BRD
Beim Flugzeug-Absturz in München kommen 23 Menschen, darunter 11 Spieler des brit. Fußballmeisters ums Leben
Hilton-Hotel in Berlin eröffnet

(1958)	*Perez Jimenez*, Staatspräsident von Venezuela, wird gestürzt. *Romulo Betancourt* wird zu seinem Nachfolger gewählt † *Imre Nagy* (hinger.), unterst. 1956 als ungar. Min.Präs. d. Revolution (* 1896) Schah von Persien trennt sich von Kaiserin *Soraya* (*S.* wird damit zum Mittelpunkt einer indiskreten Berichterstattung in Massenblättern) „Vereinigte Arabische Republik" (VAR) zwischen Ägypten und Syrien (besteht bis 1961, neue Konföderation 1963) „Arabische Föderation" zw. Irak und Jordanien Revolution im Irak stürzt die Monarchie. König *Feisal II.* (* 1938), Kronprinz und Min.Präs. *Nuri es-Said* (* 1888) getötet. General *Kassem* wird Regierungschef (1963 gestürzt und erschossen). Irak verläßt Föderation mit Jordanien Bürgerkrieg in Libanon. Kurzzeitige Intervention der USA. Oppositionsführer *Raschid Karame* wird Min.Präs. (bis 1960 und ab 1961) Ägypt. Staatspräs. *Nasser* besucht USSR Durch Staatsstreich im Sudan wird General *Ibrahim Abbud* Reg.Chef u. Staatsoberhaupt. Parlamentar. Regierungsform wird beseitigt *Hendrik Verwoerd* (* 1901), Min.-Präs. d. südafrikan. Union, betreibt Politik der Rassentrennung („Apartheid") Guinea gewinnt Unabhängigkeit Erste Volkskommunen in der Volksrepublik China. 2. chinesisch. 5-Jahres-Plan 1958–62 China beschießt die zu Nationalchina gehörenden Quemoy-Inseln USSR kritisiert die chinesischen „Volkskommunen" Standrecht, Aufhebung der Verfassung und Verbot der polit. Parteien in Pakistan	*Hans Erich Nossack* (* 1901): „Der jüngere Bruder" (Roman) *Sean O'Casey:* „The drums of Father Ned" (irisch.-engl. Schausp.) *J. Osborne* u. *A. Creighton:* „Epitaph for George Dillon" (Urauff. d. engl. Schauspiels) *Marcel Pagnol* (* 1895): „Le château de ma mère" (2. Teil d. frz. Autobiographie) *Vera F. Panowa:* „Ein sentimentaler Roman" (russ. Roman) *B. Pasternak:* „Dr. Schiwago" (russ. Roman, dt. Ausgabe nach der ital. 1957. Starke Kritik der offiziellen Stellen in der USSR) *Octavio Paz* (* 1914): „Piedra de sol" (mexikan. Lyrik) *Nikolaj F. Pogodin* (* 1900, † 1962): „Die dritte Pathetique" (3. Teil einer Dramen-Trilogie um *Lenin*, seit 1939) *S. Quasimodo:* „La terra impareggiabile" („Das unvergleichliche Land", ital. Lyrik) *Ezra Pound* wird aus d. Heilanstalt entlassen, schreibt „Pavannes and divagations" (Essays) *Christiane Rochefort* (* 1917): „Das Ruhekissen" (frz. erot. Roman) *Karl Shapiro* (* 1913): „Gedichte eines Juden" (nordamer. Lyrik) *Nevil Shute* (* 1899, † 1960): „Die Rose und der Regenbogen" (nordamer. Roman) *Alan Sillitoe* (* 1928): „Samstag nacht und Sonntag morgen" (engl. Roman) *Josef Škvorecky* (* 1924): „Die Feiglinge" (tschechische Dichtung) † *Albert Soergel*, dt. Literarhistoriker (* 1880) *J. E. Steinbeck:* „Once there was a war" (nordamer.) 90bändige Gesamtausgabe von *L. N. Tolstoi* (seit 1928) in der USSR abgeschlossen *Giuseppe Tomasi von Lampedusa* (* 1896, † 1957): „Der Leopard" (ital. Roman aus der Garibaldizeit; posthum) *Leon Uris:* „Exodus" (nordamer. Roman um das Schicksal der Juden) *Angus Wilson* (* 1913): „The middle age of Mrs. Eliot" (engl. Rom.) Frz. literar. Zeitschrift „Esprit" veröff. Sondernummer über den „Roman Nouveau" Poln. Schriftstellerverband protestiert gegen staatl. Maßnahmen gegen realist. Schilderung des poln. Alltags in der „Schwarzen Literatur" (1959 kann die kommunist. Partei sich teilweise durchsetzen) ~ Reform der chin. Schrift in der Volksrep. China (seit 1956; Ziel die Einführung lat. Buchstaben)

Museum f. moderne Kunst und Architektur auf Seeland (Dänemark)
Stadthalle in Wien (Mehrzweckhalle)
Kunstgewerbe-Sammlung aus dem Dresdner „Grünen Gewölbe" kehrt aus der USSR zurück
Europarat-Ausstellung „Zeitalter des Rokoko" in München

Kurt Hoffmann (* 1910): „Wir Wunderkinder" (zeitkrit. Film mit *Johanna v. Koczian* (* 1933))
„Helden" (Film mit *O.W. Fischer* (* 1915)
„Das Mädchen Rosemarie" (dt. Film um das käufliche Mädchen *Rosemarie Nitribitt*, mit *Gert Fröbe* (* 1913) und *Nadja Tiller* (* 1929)
„Jakobowsky und der Oberst" (Film mit *Danny Kaye* (* 1913) u. *Curd Jürgens* (* 1915))
„Ist Mama nicht fabelhaft?" (Film mit *Luise Ullrich* (* 1911))
„Es geschah am hellichten Tag" (Film mit *Michel Simon* (* 1895))
Jacques Becker (* 1906, † 1960): „Montparnasse 19" (frz. Film)
Claude Chabrol (* 1930): „Die Enttäuschten" (frz. Film, gilt als Beginn der „Neuen Welle")
Georges Franju: „Ein Schrei gegen die Mauer" (frz. Film d. „Neuen Welle")
Louis Malle (* 1932): „Die Liebenden" (frz. Film)
Jacques Tati (* 1908): „Mein Onkel" (frz. Filmkomödie mit *J. T.* in der Hauptrolle)
Claude Goretta und *Alain Tanner:* „Zeitvertreib" (engl. Film)
„Tiger Bay" (engl. Film mit *Horst Buchholz* (* 1933))
„Der Weg nach oben" (nordamer. Film mit *Simone Signoret* (* 1921))
„Die Katze auf dem heißen Blechdach" (nordamer. Film nach *T. Williams* m. *Elizabeth Taylor* (* 1932))
„Die Brüder Karamasow" (nordamer. Film mit *Yul Brynner* (* 1920))
„Getrennt von Tisch und Bett" (nordam. Film mit *Rita Hayworth* (* 1919))
„Majorie Morningstar" (nordam. Film mit *Gene Kelly* (* 1912))
† *Mike Todd*, nordamer. Filmproduz., Erfinder des Todd-AO-Breitwandverfahrens (* 1907)
Andrzej Wajda: „Asche und Diamant" (poln. Film)
„Wenn die Kraniche ziehen" (sowjetruss. Film)
Sergej Gerassimow: „Der stille Don" (russ. Film)
∼ Der sowjetrussische Film überwindet mehr und mehr die Enge der stalinist. Ideologie
Auf der Weltausstellung Brüssel werden als die 12 bisher besten Filme bezeichnet:
Eisenstein: „Panzerkreuzer Potemkin" (1925)
Chaplin: „Goldrausch" (1925)
de Sica: „Fahrraddiebe" (1948)
Dreyer: „La passion de Jeanne d'Arc" (1928)
Renoir: „La grande Illusion" (1937)
v. Stroheim: „Greed" (1916)
Griffith: „Intolerance" (1916)
Pudowkin: „Mutter" (1926)
Welles: „Citizen Kane" (1941)
Dosjenko: „Erde" (1930)
Murnau: „Der letzte Mann" (1924)
Wiene: „Das Kabinett des Dr. Caligari" (1919)
Spielfilmproduktion in der BRD: 115 (1962: 63) Filme

1959

Friedens*nobel*preis an den brit. Labour-Politiker *P. Noel-Baker* als Befürw. d. Abrüstung (* 1889)

USSR veröffentlicht Friedensvertragsentwurf für Deutschland, der an der Existenz zweier dt. Staaten und einer „freien Stadt" West-Berlin festhält. BRD erklärt ihn für unannehmbar, ford. Friedensvertrag mit ganz D. auf der Grundlage der Selbstbestimmung

Karlspreis der Stadt Aachen an *George Marshall*

Willy Brandt (SPD) bildet als Reg. Bürgerm. v. Berlin SPD-CDU-Regierung. Abgeordnetenhaus ohne Oppositionspartei.

Weltreise *W. Brandts*, um Verständnis für Berlin zu verstärken

Schloß Bellevue in Berlin wird zweiter Wohn- und Amtssitz des Bundespräsidenten

Das v. *Chruschtschow* 1958 verkündete Berlin-Ultimatum verstreicht ohne sichtbare Konsequenzen

USSR will Luftkorridore nach Berlin auf 3000 m Höhe begrenzen

Bundeskanzler *Adenauer* kandidiert vorübergehend für das Amt des Bundespräsidenten. Bundesversammlung wählt in Berlin (West) *Heinrich Lübke* (* 1894, † 1972), vorher Bundesmin. f. Ernährung (CDU)

Kulturabkommen BRD–USSR

Bundeskanzler *Adenauer* besucht London

Gespräche des Bundeskanzlers *Adenauer* mit Staatspräs. *de Gaulle* und Min.Präs. *Debré* in Paris

SPD beschließt Godesberger Grundsatzprogramm (bejaht Landesverteidigung, Überführung von Betrieben in Gemeineigentum nur soweit Notwendigkeit nachgewiesen) (letztes gültiges Grundsatzprogramm war das Heidelberger 1925)

F. J. Röder (* 1909), Min.-Präs. im Saarland (vgl. 1979)

Landtagswahlen in Niedersachsen (SPD 65, CDU 51, DP 20, BHE 13, FDP 8 Sitze) Min.-Präs. *H. Kopf* (SPD)

Rheinland-Pfalz (CDU 52, SPD 37, FDP 10, DRP 1 Sitze) Min.Präs. *P. Altmeier* (CDU)

Bürgerschaftswahl i. Bremen: SPD 61, CDU 16, DP 16, FDP 7

W. Kaisen bildet SPD/FDP-Senat

*Nobel*pr. f. Literatur an den ital. Lyriker *Salvatore Quasimodo* (* 1901)

Friedenspreis des Dt. Buchhandels an den Alt-Bundespräsid. *Theodor Heuss*

K. Abell: „Kameliadamen" (dän. Schausp.)

† *Manuel Altolaguirre*, span. Lyriker (* 1906)

Stefan Andres: „Der graue Regenbogen" (3. Bd. des Romanzyklus „Die Sintflut")

J. Anouilh: „Der General Quijote" (frz. Schauspiel)

Jean Louis Barrault wird Leiter des Théâtre de France, Paris

Samuel Beckett (* 1906): „Das letzte Band" (irisch.-frz. Schauspiel)

Brendan Behan (* 1923, † 1964): „Die Geisel" (irisch.-engl. satir. Schauspiel)

Saul Bellow (* 1915): „Der Regenkönig" (nordamer. Roman)

H. Böll: „Billard um halb zehn" (Roman)

Jorge Luis Borges (* 1899): „Labyrinthe" (dt. Ausgabe der argentin.-span. Erzählungen von 1956)

John Gerard Braine (* 1922): „Vodi" (dt. 1960, „Denn die einen sind im Dunkeln", engl. Rom.)

Gwen Bristow (* 1903): „Celia Garth" (nordamer. Roman)

† *Arnolt Bronnen*, dt. Schriftsteller wechselnder polit. Richtung (* 1895) (1960 erscheint: „Tage mit Brecht. Die Geschichte einer unvollendeten Freundschaft")

Paul Celan (* 1920): „Sprachgitter" (dt. Lyr.)

Chruschtschow fordert auf dem Schriftstellerkongreß der USSR erneut Führungsanspruch der Partei

Hannah Arendt erhält Lessingpreis der Stadt Hamburg

Karl Barth: „Kirchliche Dogmatik IV, 3"; „Die Lehre von der Versöhnung" (evangel. dial. Theologie)

H. Belser: „Zweiter Bildungsweg" (wichtig für eine offene und mobile Gesellschaft)

Adolf Bolte (* 1901) Bischof von Fulda

R. R. Bush und *W. K. Estes:* „Studien zur mathematischen Lerntheorie" (nordamer.)

Erich Fromm (* 1900): „Sigmund Freuds Sendung" (dt.-nordamer. Psychoanalyse)

† *Grock* (eig. *Adrian Wettach*), schweiz. Artist u. Musikal-Clown (Dr. h. c.) (* 1880)

Hans v. Hentig: „Der Gangster" (Soziologie des Bandenunwesens)

† *Ernst Jäckh*, polit. Schriftsteller (* 1875)

† *Rudolf Kassner*, philos. Essayist (* 1873)

G. Kath: „Das soziale Bild der Studentenschaft in Westdtl. und Berlin" (krit. Betrachtungen zur Studienförderung)

René König (* 1906): „Praktische Sozialforschung. III. Testen und Messen" (I. „Das Interview" 1952; II. „Beobachtung und Experiment" 1956)

P. Koessler: „Christentum und Technik"

K. Mollenhauer: „Der Ursprung der Sozialpädagogik in der industriellen Gesellschaft"

Alfred Müller-Armack (* 1901): „Religion und Wirtschaft"

† *Paul Oestreich*, dt. Reform-Pädagoge (* 1878)

K. Revermann: „Die stufenweise Durchbre-

René Acht (* 1920): „Graue Scheibe" (schweiz. abstrakt. Gem.)

Francis Bacon: „Two Figures in a Room" (irisch.-engl. Plastik)

† *Otto Bartning*, dt. Baumeister, besond. protestant. Kirchen (* 1883)

Paul R. Baumgarten: Kirche am Lietzensee, Berlin (evang.)

William Baziotes (* 1912): „Morning" (nordamer. abstr. Gem.)

André Beaudin (* 1895): „La Lune de Mai" (frz. abstrakt. Gem.)

Julius Bissier (* 1893): „18.II.59 M" (abstr. Farbkomposition)

Norman Bluhm (* 1920): „Chicago" (nordamer. abstr. Gem.)

Alexander Camaro (* 1901): „Gezeiten" (Gem.)

M. Chagall: „Le Champ de Mars" (russ.-frz. Gem.)

† *Jacob Epstein*, russ.-engl. Bildhauer (* 1880)

Aldo van Eyck: Kinderheim in Amsterdam

Joseph Faßbender (* 1903): „Conjectura" (abstrakt. Gem.)

Luis Feito (* 1929): „No. 113" (span. abstrakt. Gem.)

Lucio Fontana (* 1899): „Concetto spaziale N. 2001" (ital. abstr. Gem.; *L. F.* verfaßte Manifest des „Spazialismo" 1946)

Helen Frankenthaler (* 1928): „Nude" (nordamer. Gem.)

Winfried Gaul (*

Th. W. Adorno: „Klangfiguren" – (Theorie d. mod. Musik)

† *Eduard van Beinum* (* 1901), Dirigent d. Concertgebouw-Orchesters, Amsterdam (Nachf. v. Willem Mengelberg)

Lennox Berkeley: 2. Sinfonie, Uraufführung

† *Ernest Bloch*, schweiz. Komponist, seit 1906 in den USA (* 1880)

Karl-Birger Blomdahl (* 1916): „Aniara" (schwedisch. „Weltraum-Oper" nach d. Epos von *Harry Martinson* (* 1904) von 1956)

J. Cage: „Zur Geschichte d. experimentellen Musik in USA" (Anfänge dieser das Klangbild nicht festleg. Musik 1950)

Harald Genzmer: „Sinfonischer Prolog" (Orchesterwerk), Urauff.

Hans Werner Henze: „Des Kaisers Nachtigall" (Ballett), „Ballett - Variationen", szenische Uraufführungen

A. M. Jones: „Studies in African Music" (2 Bde.)

Giselher Klebe: „Die tödlich. Wünsche" (Oper, Text vom Komponisten), „Die Ermordung Cäsars" (einaktige Oper), Urauff.

† *Mario Lanza*, nordamer. Tenor, bes. bekannt Film „Der große Caruso" (1951) (* 1921)

Fortsetzung v. S. 326

*Nobel*preis für Physik an *Owen Chamberlain* (* 1920, USA) und *Emilio Segrè* (* 1905, Ital.) für Entdeckung des Antiprotons (1955)

*Nobel*preis f. Chemie an *Jaroslav Heyrovsky* (Prag, * 1890, † 1967) f. Erfindung d. Polarographie (1922)

*Nobel*preis für Medizin und Physiologie an *Arthur Kornberg* (* 1918, USA) und *Severo Ochoa* (* 1905, Spanien) für zellfreie Synthese der für d. Vererbung wichtigen Nucleinsäuren

F. T. Bacon: Hochdruck-Knallgas-Batterie (Element für „kalte Verbrennung") mit 5 kW Leistung

O. H. F. Buchinger: „Biologie und Metabiologie des Fastens" (Ernährungstherapie, angew. in seinem Kurhaus in Pyrmont)

E. Burger: „Einführung in die Theorie der Spiele" (wichtig für spielanaloge gesellschaftliche Situationen, z. B. Marktvorgänge)

A. Butenandt, R. Bekmann, D. Stamm, E. Hecker ermitteln erstmalig Konstitution eines Schmetterling-Sexualduftstoffes mit d. Bruttoformel $C_{16}H_{30}O$, von dem bereits wenige Moleküle wirksam sind

A. R. Dart findet in Zentraltransvaal Schädel des Australopithecus (weitere Funde 1960/61). Dieser Frühmensch kannte Stein-, Geröll- u. Knochengeräte (vgl. Vorgeschichte u. 1924)

Vladimir P. Demiklov gelingt es, einem Hund chirurgisch einen zweiten Kopf zu übertragen

† *Grantly Dick-Read*, engl. Geburtshelfer, entw. ein System der natürlichen, schmerzarmen Geburt (* 1890)

V. R. Eshleman, R. C. Barthle und *P. B. Gallagher:* Erste Radarechos an der Sonne (benötigen für Hin- u. Rückweg 1000 Sekunden)

G. Friedmann: „Grenzen der Arbeitsteilung" (frz. Soziologie)

H. Friedrich-Freksa (* 1906, † 1973): „Virusarten u. Urzeugung" (z. Probl. d. einfachsten Lebewesen)

H. Fritz-Niggli: „Strahlenbiologie" (wichtige Zusammenfassung)

H. Goja: Zeichenversuche mit Menschenaffen (ein Schimpanse zeichnete und malte etwa nach Art eines Kleinkindes)

Gemeinsamer Markt zw. Frankr., BRD, Ital., Benelux-Staaten i. Kraft

Gr.Brit., Dänemark, Norwegen, Schweden, Österr., Schweiz, Portugal grden. als Schutz vor Auswirkungen der EWG Europäische Freihandelszone (EFTA) (Liechtenstein schließt sich später an, Finnland 1961 assoziiert)

Europ. Wirtschaftsrat (OEEC) nimmt Spanien auf

Saargebiet wird in das Währungsgebiet der BRD eingegliedert (vorher frz. Währung)

In der BRD gibt es weniger Arbeitslose als offene Stellen: Vollbeschäftigung

5-Tage-Woche im Ruhrbergbau (Lohnausgleich bis 1961)

Kindergeld in der BRD vom dritten Kind an erhöht

5. DGB-Kongreß wählt in Stuttgart *Willi Richter* wieder als Vorsitzend.

ÖTV kündigt alle öffentl. Gehalts- u. Lohntarife

Christlicher Gewerkschaftsbund Deutschlands gegründet

Kohle-Öl-Kartell in der BRD aufgelöst (war auf Grund d. Kohlenkrise gebildet worden)

Durchschnittl. Dividende der AGs in der BRD 12,4% (1954: 6,7%)

(1959)

Rechtsradikale schänden Synagoge in Köln (vereinzelte derartige Aktionen schädigen dt. Ansehen)

Wehrbeauftragter des Bundestages bestellt

Der frühere NS-Gauleiter von Ostpreußen *Erich Koch* (* 1896) in Warschau zum Tode verurteilt

DDR fügt in die schwarz-rot-goldene Flagge Hammer und Zirkel ein (bis dahin gleiche Flaggen in beiden Teilen Dtls.) Berlin(West) geht gegen diese Flagge auf Westberliner S-Bahnhöfen vor

West-Ost-Außenministerkonferenz in Genf mit west- und ostdeutscher Delegation als Berater (bleibt ohne Ergebnis)

Zehnmächte-Abrüstungsausschuß innerhalb der UN mit paritätischer Besetzung von Ost und West beschlossen

Eisenhower, *Macmillan*, *de Gaulle* und *Adenauer* treffen sich in Paris: Westl. Gipfelkonferenz, schlagen USSR Serie von Ost-West-Konferenzen vor

Nationalratswahlen in Österreich (Ergebn. vgl. 1962). *Julius Raab* (ÖVP) bildet als Bundeskanzler seine 3. Koalitionsreg. mit der SPÖ: Vizekanzler bleibt *Bruno Pittermann* (SPÖ), Außenmin. wird *Bruno Kreisky* (SPÖ, * 1911)

Michel Debré (* 1912) frz. Min.-Präs. bis 1962

de Gaulle räumt Algerien das Recht der Selbstbestimmung ein (Wende der frz. Algerien-Politik)

Pierre Mendès-France aus der frz. Radikalsozialist. Partei ausgeschlossen

Brit. Min.Präs. *Macmillan* besucht *Chruschtschow*, keine Einigung in der Deutschland-Frage

Parlamentswahlen in Gr.Brit.:

Konservative	365 Sitze
Labour	258 Sitze
Liberale	6 Sitze
Unabhängige	1 Sitz

Macmillan bildet neue Regierung

Staatsbesuch des finn. Staatspräsidenten *Kekkonen* in der USSR zur Verbesserung der Beziehungen (1961 wiederholt)

Alexej Iwanowitsch Adschubej (* 1924), Schwiegersohn *Chruschtschows*, wird Chefredakteur der „Iswestija"

Edward Estlin Cummings (* 1894, † 1962): „Hundred selected Poems" (nordamer. Lyrik)

Eduardo De Filippo (* 1900): „Cantata dei giorni pari" (des ital. Volksdramatikers)

Miguel Delibes (* 1920): „Wie der Herr befehlen" (span. Roman)

Heimito von Doderer: „Grundlagen und Funktion des Romans"

Allen Drury (* 1918): „Macht und Recht" (nordamer. Roman)

† *Luc Durtain*, frz. Schriftsteller (* 1881)

T. S. Eliot: „Ein verdienter Staatsmann" (engl. Schauspiel)

Willem Elsschot (* 1882, † 1960): „Gesammelte Werke" (fläm. Romanschriftsteller)

W. Faulkner: „The mansion", dt. 1960 „Das Haus" (letzter Band einer nordamer. Romantrilogie seit 1940)

Th. Friedrich u. *L. J. Scheithauer*: „Kommentar zu Goethes Faust" (mit Wörterbuch und Bibliographie)

Jean Genet (* 1910): „Der Balkon" (dt. Fassung des frz. Schausp. von 1957; *G.* wurde aus lebensl. Haft begnadigt)

Paul Goodman: „The empire city" (nordamer. Roman)

Luis Goytisolo (* 1935): „Auf Wegen ohne Ziel" (span. Roman)

Günter Grass (* 1927): „Die Blechtrommel" (Roman)

Graham Greene: „Der verbindliche Liebhaber" (engl. Schauspiel)

Gustav Gründgens gastiert mit Dt. Schauspielhaus, Hamburg, in der USSR

Olav Gullvaag (* 1885, † 1961): „Die Sigurd

chung des Verfassungssystems der Weimarer Republik 1930–33"

W. Rudolph: „Die amerikan. ‚Cultural anthropology' und das Wertproblem" („Wert" als ganzheitl. Begriff)

Charles Percy Snow (* 1905): „Zwei Bildungsarten und die wissenschaftliche Revolution" (engl. Bildungsphilosophie)

D. G. Pire, frz. Dominikaner. grdt. „Die Welt des offenen Herzens" zur Linderung menschl. Not

Frank Thieß: „Die griechischen Kaiser", „Die Geburt Europas"

W. Wieser: „Organismen, Strukturen, Maschinen" (Kybernetik)

An der Stelle einer von den Nationalsozialisten eingeäscherten Synagoge entsteht in Berlin (West) jüdisches Gemeindehaus und Kulturzentrum

„Handreichung über das Evangelium und das christl. Leben in der DDR" der Evangel. Kirche der Union (früher „Altpreuß. Union")

Evangel. Kirchen veranstalten erstmalig die Sammlung „Brot für die Welt"

Enzyklika „Princeps Pastorum" über Mission; fordert stärkste Heranziehung einheimischer Kräfte zum Aufbau der Kirche

Bundesverfassungsgericht hebt Vorrechte des Vaters gegenüber der Mutter auf, die im BGB enthalten waren

Hessen-Kolleg als Institut für den 2. Bildungsweg in Wiesbaden

„Rahmenplan zur Umgestaltung und Vereinheitlichung des dt. Schulwesens" vom Dt.

1928): „Couleur et signification“ (abstrakt. Gem.)
Rupprecht Geiger (* 1908): „Schwarzer Keil vor zweimal Rot“ (abstr. Gem.)
Roger Edgar Gillet (* 1924): „Peinture“ (frz. abstr. Gem.)
† *George Grosz*, (in Berlin), dt. sozialkritischer Maler und Graphiker, 1932–59 in d. USA, wo er zu einem nichtaggressiven realistischen Stil fand (* 1893)
Grace Hartigan (* 1922): „Sweden“ (nordamer. abstr. Gem.)
H. Heuser: „Willi Schaeffers (Porträtgem.)
Yûichi Inoue (* 1916): „Fisch“ (japan. abstrakt. Gen.)
† *Olav Iversen*, dt. Zeichner u. Karikaturist, Herausg. des „Simplicissimus“ (* 1902)
Kokoschka: „Bundesminister Ludwig Erhard“ (Porträtgem.)
† *Alfred Kubin*, österr. Graphiker, bes. Illustrator (* 1877)
Ger Lataster (*1920): „La Chute“ (niederld.-frz. Gem.)
D. Lasdun: Cluster Block, Bethnal Green, London (engl. Architektur)
Jan Lebensztejn (* 1930): „Figur auf der Achse“ (poln. abstrakt. Gem.)
Carl Linfert: „Hieronymus Bosch“
Gesamtausstellung von *Alfred Manessier* (* 1911) in Den Haag

H. Moore: „Drapierte Liegende“ (engl. Plastik)
Robert Motherwell (* 1915): "Ohne Titel“ (abstr. nordam. Gem.)
Ernst Wilhelm Nay (* 1902): „Gelb und Purpur“ (abstrakt. Gem.)
Ben Nicholson (* 1894): „February 1959. Half Moon“ (engl. abstrakt. Gem.)
Dieter Oesterlen: Christuskirche in Bochum (evangel.)
K. Otto: „Die Stadt von morgen“ (Städtebauplanung)
Hans Platschek (* 1923): „Insekten über Klondyke“ (abstrakt. Gem.)
M. Ragon: „Jean Dubuffet“ (kennzeichnet die gr. Beachtg. d. frz. Malers)
Robert Rauschenberg (* 1925): „Kickback“ (nordamer. Komposition in Mischtechnik)
Otto Ritschl (* 1885): „Komposition 59/9“ (abstrakt. Gem.)
Giuseppe Santomaso (* 1907): „Barbacane“ (ital. abstrakt. Gem.)
H. Scharoun: Wohnhochhäuser „Romeo und Julia“, Stuttgart (Baubeg. 1954)
Emil Schumacher (* 1912): „Hephatos“ (abstrakt. Gem.)
Charles Sheeler (* 1883): „Sonne, Fels und Bäume Nr. 2“ (nordamer. Gem.)
Pierre Soulages (* 1919): „22. März 1959“ (frz. abstrakt. Gem.)

H. Heydén (Schweden): Versuch einer chem. Deutung des Gedächtnisses durch „molekulare Aufzeichnung“ mittels Nukleinsäure
Holm entd. in der südafrikanischen Kalahari Felsbilder mit Eiszeittieren (gilt als Hinweis, daß prähistorische Malerei von Süden nach Norden wanderte)
T. Keller: „Probleme der Automation“
A. D. Kuzmin und *A. E. Salomonovich* (USSR): Messung der Temperatur des Planeten Venus mit Radioteleskop ergibt ca. 40° C
Lejeune, *Gautier*, *Turpin* entdecken, daß ein doppeltes (statt einfaches) Chromosom im Ei der Mutter zum mongoloiden Kind führt (im Anschluß daran werden weitere krankhafte Chromosomen-Aberrationen beim Menschen gefunden)
K. Mayer: „Die Ursachen der Insektizidresistenz“ (Probleme der Schädlingsbekämpfung)
H. B. Reichow: „Die autogerechte Stadt“ (Stadtplanung und Verkehr)
H. Rohracher untersucht psychologische Regelprobleme
Erwin Schrödinger: „Geist und Materie“ (Erkenntnistheorie)
Leonid I. Sedow (* 1907, USSR) Präsident der Internat. Astronautischen Gesellschaft
† *Oskar Vogt*, dt. Neurologe und Gehirnforscher (* 1870)
Atombombenexplosion in 400 km Höhe erzeugt künstl. Strahlungsgürtel
USA: Radarechos an der Venus
Gasausbrüche aus Mondkrater beobachtet
USSR startet Rakete, die auf dem Mond aufschlägt
Mit Radioteleskopen wird ein Himmelsobjekt entdeckt, das nach seiner starken Rotverschiebung ca. 6 Milliarden Lichtjahre entfernt ist (vermutl. zwei kollidierende Milchstraßen)
Entgiftetes Stadtgas in Basel
75-m-Radioteleskop in Jodrell Bank (England) registriert Aufschlag v. Lunik II auf dem Mond
Raumschiff der USSR überträgt Bilder von der Rückseite des Mondes, die stets erdabgewandt ist

Diskontsatz in der BRD von 3 auf 4% erhöht (gilt als Konjunkt.bremse)
Ausgab. pro Kopf und Jahr in der BRD: (DM)
für Werbung 76,–
Alkohol 180,–
Tabak 121,–
Auslandsreisen 30,–
Kosmetik 30,–
Private Förderung d. Wissensch. 0,92
Edmund Rehwinkel (* 1899) wird Präsident des Dt. Bauernverbandes
Weltbestand an Pferden 70,3 Mill. (1939: 92 Mill.)
DDR verkündet Siebenjahresplan 1959–65. Planziel: Produktionsmittel auf 195%, Konsumgüter auf 177% in der Produktion zu steigern
Frankreich beg., in der Sahara nach Öl zu bohren
In USA tritt eine halbe Mill. Stahlarbeiter in den Streik. Oberstes Ger. setzt Streik zwecks Schlichtungsverhandlungen für 80 Tage aus
Wiederaufbau Stettins unter poln. Verwaltung beg.
USSR beginnt Siebenjahresplan (1959–67); soll Butterversorgung um 80% erhöhen
Indisches Stahlwerk Rourkela in Betrieb, erbaut v. dt. und österr. Firmen für 1 bis 2 Mill. t jährlich (1964 wird die Produktion durch religiöse Streitig-

(1959)	XXI. Parteitag der KPdSU: „Entfalteter Aufbau d. Kommunismus" US-Ausstellung in Moskau findet starke Beachtung Im Gegensatz zur KP Chinas verkündet *Chruschtschow* die Möglichkeit der Koexistenz mit dem Kapitalismus ohne Kriege Zypern wird d. brit.-griech.-türk. Einigung unabh. Republik mit Erzbischof *Makarios* (III.) (* 1913, † 1977) als Präsident. Gr.Brit. behält zwei Militärstützpunkte (1964 wird diese Vereinbarung gekündigt, vgl. 1960 u. 74) USA-Vizepräsident *Nixon* besucht USSR, anläßl. amerikan. Ausstellung in Moskau. Streitgespräch mit *Chruschtschow* USA-Präsident *Eisenhower* besucht Europa (Bonn, Paris) *Chruschtschow* besucht USA-Präsidenten *Eisenhower*. Gespräch in Camp David gilt eine Zeitlang als Zeichen der Ost-West-Entspannung („Geist von Camp David") *Chruschtschow* fordert vor der UN-Versammlung in New York vollständ. Abrüst. innerh. v. 4 Jahren *Christian Herter* löst den kranken *J.F. Dulles* als Außenmin. d. USA ab † *John Foster Dulles*, 1953–59 Außenmin. d. USA (gilt als der Vertreter einer harten Politik gegenüber d. USSR, „am Rande des Krieges"; zuletzt stärker zu Kompromissen geneigt) (* 1888) USA-Präsident *Eisenhower* reist nach Europa, Asien und Afrika, besucht 11 Länder *Nelson Aldrich Rockefeller* (* 1908) Gouverneur des Staates New York Hawaii wird 50. Staat der USA Antarktis wird durch 12-Staaten-Vertrag in Washington neutralisiert † *George Marshall*, nordamer. General und Staatsmann, mehrfach Minister d. USA, 1953 Friedens*nobel*pr. (* 1880) Revolution in Kuba unter *Fidel Castro* siegreich (nähert sich in den folgd. Jahren dem Kommunismus) Neue kuban. Regierung. *Batista* flieht ins Ausland. *Fidel Castro* (* 1927) wird Min.Präs. Ausnahmezustand im Irak nach Attentat auf Min-Präs. *Kassem*, der verletzt wird	Saga" (dt. Ausg. d. norweg. Romane von 1945 und 1947) *Gustav Hedenvind-Eriksson* (* 1880): „Gismus Jägares saga" (schwed. Roman) *Hans Henning Holm*: „De nakte Adam" (niederdt. Komödie) † *Laurence Housman*, engl. Dichter (* 1865) *Eugène Ionesco* (* 1912): „Die Nashörner" (rumän.-frz. Schauspiel des „absurden Theaters". Die Uraufführung in Düsseldorf wird als entscheidend. Durchbruch für *I.* angesehen) *Jaroslaw Iwaszkiewicz* (* 1894), poln. Lyriker u. Prosaist, 1. Vors. des polnischen Schriftstellerverbandes (1958: 10 Bde. ges. Werke) † *Hans Henny Jahnn*, dt. Schriftsteller, Orgelbauer, Baumeister und Biologe (* 1894) † *Rudolf Jašík*, slowak. Schriftsteller (* 1919); u. a. „Die Toten singen nicht" (1961 posthum) *Uwe Johnson* (* 1934): „Mutmaßungen über Jakob" (Roman; siedelt in diesem Jahr aus der DDR in die BRD über) *Ernst Jünger*: „An der Zeitmauer" *Fritz Kortner*: „Aller Tage Abend" (Autobiographie) † *Werner Krauss*, dt. Schauspieler (* 1884). Von *Werner Krauss* geht der *Iffland*-Ring testamentarisch an *Josef Meinrad* (* 1913, österr. Schauspieler, bes. in *Nestroy*-Stücken) *Mary Lavater-Sloman* (* 1891): „Der strahlende Schatten" (Biographie *Eckermanns*) *Siegfried Lenz* (* 1926:) „Brot u. Spiele" (Roman)	Ausschuß f. d. Erziehungs- und Bildungswesen; 4jährige Grundschule, 2jährige Förderstufe, dann Hauptschule, Realschule oder Gymnasium; außerd. 9jährige Studienschule „Gesetz über die sozialist. Entwicklung des Schulwesens" in der DDR (bis 1964 Schaffung der zehnklassigen allgemeinbildenden polytechnischen Schule f. alle Kinder) In Moskau erscheinen: „Geschichte der KPdSU", „Politische Ökonomie", „Grundlagen des Marxismus-Leninismus" (korrigieren entsprechende Lehrbücher der Stalinzeit) Naturkunde-Museum in Peking 20% Analphabeten in Portugal  *Fortsetzung v. S. 323* † *Bohuslav Martinu*: (tschech. Komponist, * 1890) „Fantasia Concertante", „Parabel", Uraufführungen *Nicolai Nabokov* (* 1903): „Der Tod des Grigori Rasputin" (russ.-amerikan. Oper), Uraufführung *Carl Orff*: „Oedipus, der Tyrann" (musik. Drama) † *S. Revueltas*, brasilian. Komponist (* 1887) † *Artur Rodzinski* (* 1894 i. d. USA), poln.-amer. Dirig. *Fortsetzung Seite 329*

Werner Speiser (* 1908, † 1965): „Chinesische und japanische Malerei"
† *Stanley Spencer*, engl. Maler (* 1891)
Helmut Striffler: Trinitatis-Kirche, Mannheim (evang.)
Gabrijel Stupica (* 1913): „Selbstbildnis" (jugoslaw. surrealist. Gem.)
Graham Sutherland: „Hanging Form" (engl. Plastik)
Arpad Szenès (* 1900): „Paysage" (ungar.-frz. abstr. Gem.)
Rufino Tamayo (* 1899): „Femmes" (mexik. Gem.)
Yûkei Tejima (* 1901): „Lotus" (japan. abstr. Tuschzeichnung)
Hans Trier (* 1915): „Taubenschlag II" (abstrakt. Gem.)
† *Josef Wackerle*, dt. Bildhauer (* 1880)
Theodor Werner (* 1886): „Nr. I,59" (abstrakt. Gem.)
Frank Lloyd Wright: Guggenheim-Museum, New York (Gemäldegalerie mit spiralförmiger Anordnung)
† *Frank Lloyd Wright*, führender Architekt der USA (* 1869)
Minoru Yamasaki: Reynolds Metals Building, Detroit
Taiho Yamazaki (* 1908): „By a hair's breadth" (japan. Tuschzeichnung)
„Documenta II" in Kassel (umfassende internat. Ausstellung moderner Malerei, Skulptur und Druckgraphik)

„Phantastische Realisten" (Wiener Ausst.)
Gebäude d. Austral. Akademie d. Wissenschaften in Canberra (als Betonkugelsegment mit halbrunden Stützbögen)
Mehrere Kunstdiebstähle in dt. Museen

———

Wolfgang Staudte (* 1906): „Rosen für den Staatsanwalt" (dt. zeitkrit. Film mit *Walter Giller* (* 1927) und *Martin Held* (* 1908))
Bernhard Wicki (* 1919): „Die Brücke" (Film des schweiz. Reg. über die letzten Kriegstage)
Marcel Camus (* 1912): „Orfeu negro" (frz. Film über den Karneval in Rio)
C. Chabrol: „Les Cousins" (frz. Film, dt.: „Schrei, wenn du kannst")
René Clément (* 1913): „Zazie" (frz. Film)
Jules Dassin (* 1912): „Sonntags nie" (frz. Film)
Jean-Luc Godard (* 1930): „Außer Atem" (frz. Film d. „Neuen Welle" mit *Jean-Paul Belmondo* (* 1933))
Alain Resnais (* 1922): „Hiroshima mon amour" (frz.-japan. Film mit *Emmanuele Riva* u. *Eiji Okada* nach dem Drehbuch v. *Marguerite Duras* (* 1914))
Roger Vadim (* 1928): „Gefährliche Liebschaften" (frz. Film mit *Annette Stroyberg* und *Gérard Philipe*)

USA senden zwei Affen mit Rakete in 480 km Höhe, Tiere kehren heil zurück
USA starten Satelliten „Explorer VI"
Neue Funde vom Sinanthropus in China
Grabungen bei Jericho ergeben das Bild einer präkeramischen Stadtkultur um ca. — 8000
Fürstengrab aus der frühen Latènezeit (≈ — 400) auf dem Dürnberg bei Hallstein gefunden
Dorf aus der Bronzezeit (ca. 1000 v. Chr.) in Berlin-Lichterfelde ausgegraben (seit 1957)
Erstes Atomkraft-Handelsschiff (USA)
1. USA-Kreuzer mit Atomantrieb
Dt. Elektron-Synchroton (Desy) f. Energien von 6 Mrd. Elektronenvolt für 1964 geplant
Elektronische Geräte höchst. Packungsdichte in den USA (Mikro-Modul-Systeme mit ca. 11 Bauelementen pro cm^3)
Hahn-Meitner-Institut f. Kernforschung in Berlin-Wannsee seiner Bestimmung übergeben (50-kW-Reaktor)
Weltgesundheitsorganisation (WHO) bekämpfte Malaria und befreite ca. 20% der bedrohten Menschen von dieser Gefahr (weiterer rascher Rückgang wird erwartet)
„Neuropsychopharmakologie" (Tagungsbericht aus Amsterdam, kennzeichnet Bedeutung der Arzneimittelbehandlung v. Nervenkrankheiten)
Penicillin-Synthese (seit 1957) eröffnet Ausblicke auf neue, synthetische Therapeutika
Grundstein für Universitäts-Klinikum in Berlin-Steglitz (nach amerikanischem Vorbild, soll Kooperation der verschiedenen medizinischen Fachrichtungen in der Forschung und am Krankenbett ermöglichen)
Meeresbiologische Anstalt auf Helgoland neu eröffnet (gegrdt. 1892)
Die mittlere Sichttiefe im Bodensee hat in den letzten 30 Jahren von 9,50 auf 7,50 m abgenommen (kennzeichnet starke Vermehrung

keiten gestört)
Panchet-Hill-Damm mit Kraftwerk am Damodar/Indien (vermindert Hochwassergef.)
Revidierte Planzahl für Rohstahlerzeugung in der Volksrepublik China 12 Mill. t (1952: 1,35 Mill t)
„Gesetz über die friedl. Verwendg. von Kernenergie und den Schutz gegen ihre Gefahren" in der BRD
Infolge des Kernwaffen-Versuchsstops nimmt weltweite Verseuchung v. Luft u. Wasser mit radioaktiven Stoffen ab
„Manchester Guardian" (liberale Zeitung) ändert seinen Namen in „Guardian"
Brenner Autobahn begonnen (1963 Teilstück mit Europabrücke eröff.)
Ca. 11 Mill. dt. Reisende i. Ausland
1. Eurotel in Meran (Eigentumswohnungen in Hotelform)
Autostraße USA nach Veracruz/Mexiko eröffnet (1958–61 in Mexiko 7000 km neue Straßen)
St. Lorenz Seeweg für d. Schiffahrt freigegeben
Lotto-Toto-Einnahmen in d. BRD 220 Mill. DM (dav. werden 20% f. kultur. u. soz. Zwecke verwendet)
† *Rudolf Caracciola*, dt. Auto-Rennfahrer (* 1901)

(1959) CENTO (vorher Nahost-Pakt) Bindeglied zw. SEATO u. NATO, neubenannt und Sekretariat nach Ankara verlegt

Grenzstreit zwischen Iran und Irak

Schah von Persien (Iran) heiratet *Farah Diba* (* 1938)

Achmed Sukarno wird Min.Präs. Indonesiens; löst verfassungsgeb. Versammlung auf (regiert mehr u. mehr nichtparlamentarisch)

Kämpfe zw. Regierungstruppen u. kommunist. Partisanen in Nordost-Laos. Ausnahmezustand in ganz Laos. UN-Laos-Kommission erstattet Bericht. (1961 Laos-Konferenz in Genf)

Kommunistische Regierung in Kerala wird vom indisch. Staatspräs. abgesetzt

Liu Schao-tschi (* 1898) Staatsoberhaupt der VR China

Volksrepublik China wirft Aufstand in Tibet nieder. Der Dalai Lama flieht nach Indien

Truppen der Volksrepublik China besetzen indischen Grenzstreifen (bedeutet Nichtanerkennung der Mc Mahon-Grenzlinie)

Robert Lowell: „Life studies" (nordamer. Dichtung)

Artur Lundkvist (*1906): „Komedi i Hägerskog" (schwed. Roman)

Alexander Márai (*1900): „Geist im Exil, Tagebücher 1945–57" (ung.)

Hans Mayer (*1907): „Von Lessing bis Thomas Mann. Wandlungen der bürgerl. Literatur in Deutschland"

Siegfried Melchinger: „Keine Maßstäbe? Kritik der Kritik"

Artur Müller (*1909): „Die Sonne, die nicht aufging. Schuld u. Schicksal Leo Trotzkis" (Prosawerk)

Vladimir Nabokov (* 1899): „Lolita" (dt. Ausgabe des russ.-nordam. erotischen Romans von 1955)

Marie Noël (* 1883): „Notes intimes" (frz. dichter. Tagebuch, dt. „Erfahrungen mit Gott", 1961)

Tadeusz Nowakowski (* 1920): „Picknick der Freiheit" (poln. Roman über dt. Kriegsverbrechen, dt. 1962)

JohnOsborne(*1929):„Die Welt des Paul Slickey" (engl. Schauspiel)

Pier Paolo Pasolini (* 1922): „Una vita violenta" (ital. Roman marxist. Tendenz)

Harold Pinter (* 1930): „Der Hausmeister" (engl. Schauspiel)

W. Pintzka: „Die Schauspielerin Helene Weigel" (*H. W.* [* 1900] war mit *Bert Brecht* verheiratet)

Raymond Queneau (* 1903): „Zazie in der Métro" (frz. Roman)

Hans José Rehfisch: „Lysistratas Hochzeit" (Roman)

† *Alfonso Reyes*, mexikan. Schriftsteller und Gelehrter, bes. Essayist (* 1889)

Klaus Rifbjerg (* 1931) und *Villy Søvensen* (* 1929) geben dän. literarische Zeitschrift „Vindrosen" heraus

Robert Chester Ruark (* 1915, † 1965): „Nie mehr arm" (nordamer. Roman)

Adolf Rudnicki (* 1912): „Die Kuh" (polnischer Roman)

Françoise Sagan: „Lieben Sie Brahms..." (frz. Roman)

Hans Sahl (* 1902): „Die Wenigen und die Vielen" (Roman)

Saint-John Perse: „Seemarken" (1957 frz. „Amers", Lyrik)

Delmore Schwartz (* 1913): „Summer Knowledge" (US-Gedichte)

Konstantin Simonow (* 1915): „Die Lebenden und die Toten" (russ. Roman)

N. F. Simpson (* 1920): „One way pendulum" (engl. Bühnenstück)

Gerhard Storz (* 1898), Kultusmin. v. Baden-Württembg. (bis 1964): „Der Dichter F. Schiller"

† *Peter Suhrkamp*, dt. Verleger (* 1891)

Jules Supervielle: „Le corps tragique" (frz. Gedichte)

Bonaventura Tecchi (* 1896): „Die Egoisten" (ital. Roman)

Johannes Urzidil (* 1896): „Das große Hallelujah" (tschech.-nordamerik. Roman)

Robert Penn Warren (* 1905): „The cave" (nordamer. Roman, dt. 1961 „Die Höhle von Johntown")

Vernon Phillips Watkins (* 1906): „Cypress and acacia" (engl. Lyrik)

J. Willett: „The Theatre of Bert Brecht" (engl. Darstellung)

Štefan Žáry: „Das nüchterne Wunderschiff" (slowak. Lyrik)

Dt. Bibliothek in Frankfurt/Main

Schriftstellerkongreß d. SED in Bitterfeld will „die Bewegung des lesenden Arbeiters durch den schreibenden Arbeiter ergänzen"

Rügenfestspiele auf der Freilichtbühne Ralswiek

Ungar. Schriftstellerverband reorganisiert (war nach demAufstand 1956 verboten worden; Liberalis. setzt sich fort)

† *Gérard Philipe*, frz. Filmschauspieler (* 1922)

„Babette geht in den Krieg“ (frz. Film mit *Brigitte Bardot* (* 1934))

† *Henri Vidal*, frz. Filmschauspieler (* 1919)

Federico Fellini (* 1920): „La dolce vita“ („Das süße Leben“, ital. sozialkrit. Film mit *Marcello Mastroianni* (* 1924))

Anthony Asquith (* 1902): „Die Nacht ist mein Feind“ (brit. Film)

Marlon Brando (* 1924): „Der Besessene“ (nordamer. Film)

† *Cecil B. De Mille*, nordamer. Filmregisseur (* 1881)

Edward Dmytryk (* 1908): „Der blaue Engel“ (nordamer. Film)

J. L. Mankiewicz: „Plötzlich im letzten Sommer“ (nordam. Film mit *Elizabeth Taylor* und *Katherine Hepburn* (* 1909))

Otto Preminger: „Porgy and Bess“ (nordam. Filmoper)

King Vidor: „Salomon und die Königin v. Saba“ (nordamer. Film mit *Gina Lollobrigida* (* 1928))

William Wyler (* 1902): „Ben Hur“ (nordamer. Monumentalfilm m. *Charlton Heston* (* 1924))

Fred Zinnemann (* 1907): „Geschichte einer Nonne“ (nordamer. Film)

„Spartacus“ (nordamer. Film m. *Charles Laughton)*

„Das letzte Ufer“ (nordamer. Film m. *Gregory Peck* (*1916))

Jerzy Kawalerowicz: „Nachtzug“ (poln. Film)

Andrzej Munk (* 1921, † 1961): „Ein Spaziergang durch die Altstadt“ (poln. Film)

Michail Kalatosow: „Ein Brief, der nie ankam“ (russ. Film)

Grigorij Tschuchrai: „Ballade vom Soldaten“ (russ. Film)

Kon Ichikawa: „Kagi“ und „Nobi“ (japan. Filme)

des Planktongehaltes, vorwiegend durch industrielle Abwässer)

22,91 Mill. m³ Abwasser jährlich in der BRD, davon erreichen die Gewässer:

38% ohne jede Reinigung,
39% partiell gereinigt,
23% hinreichend gereinigt.

Erster Internat. Ozeanographischer Kongreß, New York

„Turm von Madrid“ (142 m hohes Hochhaus)

Severins-Brücke in Köln

Moderne Müllverbrennungsanlage in Bern (Müllbeseitigung wird ein immer größeres Problem der Zivilisation)

Vierspurverfahren für Tonbandgeräte

Entgiftetes Stadtgas in Basel

Brit. Luftkissenfahrzeug („Hovercraft SRN 1“) überquert mit 50 km/h Ärmelkanal (1962: SRN 2 mit 113 km/h)

1. Prozeßrechner (f. Ölverarbeitung) i. USA

Schelfgebiet d. Nordsee beg. sich als gr. Erdgas- u. Öl-Reservoir zu erweisen (bis zu 6 Mrd. t Erdöl werden vermut. Es beg. starke Bohrtätigk.)

Weltenergieverbrauch nach Anteil der Energieträger (vgl. 1978)

Jahr	Kohle	Mineralöl	Erdgas	Wasserkraft
1970	34,6	43,9	18,8	2,7 %
1959	51,2	30,4	12,3	6,1 %
1929	76,3	15,3	3,8	4,6 %
1900	93,0	3,7	1,3	2,0 %

† *Wolfram Hirth* (durch Absturz), dt. Sportflieger (* 1900)

1. Universiade der östl. und westl. student. Sportvereinigungen in Turin (1961 in Sofia)

„Eintracht Frankfurt“ Fußballmeister der BRD

Chruschtschow ist über Can-Can-Tänze im USA-Filmzentr. Hollywood schockiert

Bruch des südfrz. Staudammes Malpasset ford. mehr als 400 Tote

Ingmar Johannsson (Schweden) gewinnt Boxweltmeisterschaft im Schwergewicht gegen *Floyd Patterson* (USA)

~ Kugelschreiber setzt sich durch

Fortsetzung v. S. 326

Armin Schibler (* 1920): „Der Gefangene“ (Kammerballett), Urauff.

Schönberg: „Moses und Aron“ Auff. in der Städtischen Oper Berlin (West), Regie *G. Sellner* (komp. 1932)

Dimitri Schostakowitsch: Violoncellokonzert op. 107, Urauff.

D. Schulz-Koehn u. *W. Gieseler;* „Jazz i. d. Schule“ (Musikpädagogik)

Heinz Tietjen scheidet als Intendant d. Hambg. Staatsoper aus (war es seit 1956)

Rudolf Wagner-Régeny (*1903): „Prometheus“ (Oper)

~ Verbreitung v. Stereoschallplatten

† *Heitor Villa-Lobos* (* 1881), brasil. Komponist

Julien-François Zbinden (* 1917): „Rhapsodie f. Violine u. Orchester“ „2. Sinfonie“ (schweiz.), Urauff.

Bernd Aloys Zimmermann: „Die Soldaten“ (dt. Oper), Uraufführung

Populäre Schlager: „Bambina“ („Volare“) *(Modugno)*, „Sail along silvery moon“ („Eine Reise ins Glück“) *(Wenrich)*, „Buona sera“ *(de Rose)*

1960	Friedensnobelpreis an *Albert Luthuli* (* 1899, Südafr. Union) f. sein Eintreten gegen Rassentrennung (verliehen 1961) Sprengkraft des nuklearen Potentials von USA und USSR wird auf ca. 3–4 t TNT pro Kopf der Erdbevölkerung geschätzt. Dazu kommt die Wirkung der radioaktiven Verseuchung. Dieser Überfluß an Vernichtungskraft („Overkill") bedingt das atomare Patt 10-Mächte-Abrüstungskonferenz in Genf beginnt Ost- und Westmächte lehnen in Genf gegenseitig ihre Abrüstungsvorschläge ab Bundeskanzler *Adenauer* besucht USA *Thomas Dehler* (* 1897, † 1967) FDP; wird Bundestags-Vizepräsident Dt. Bundesreg. kündigt Interzonenhandelsabkommen wegen polit. Übergriffe der DDR und setzt es gegen Jahresende wieder in Kraft Handelsabkommen zwischen der BRD und der USSR, nach Kompromiß über die Einbeziehung von Berlin (West) Bundesvertriebenenminister *Oberländer* tritt wegen Vorwürfen gegen seine polit. Vergangenheit zurück SPD fordert im Bundestag Reg.-Parteien zur gemeinsamen Außenpolitik auf Die Bundesminister *Seebohm* und *Merkatz* treten von der Deutschen Partei (DP) zur CDU über Bundeskanzler *Adenauer* besucht Staatspräs. *de Gaulle* zu Gesprächen über EWG- und NATO-Politik Führungsstab der Bundeswehr fordert Atombewaffnung für die Bundeswehr (Bundesverteidigungsmin. *Strauß* als Initiator vermutet, teilw. heftige Kritik) Zwischenfall bei Eröffnung der Afrikawoche in Bonn zw. Bundesmin. *Erhard* und Botschafter der USSR *Smirnow* (*S.* unterbricht eine Rede *E.s*, als dieser vom kommunistischen Imperialismus spricht) Bundeskanzler unterzeichnet Vertrag über „Deutschland-Fernsehen GmbH" (dieses von der Bundesreg. geplante 2. Programm wird 1961 als verfassungswidrig erklärt)	Literatur*nobel*preis an *Saint-John Perse* (* 1887, Frankr.) Friedenspreis des Dt. Buchhandels an den englischen Verleger *Victor Gollancz* (* 1893, † 1967) *Marcel Achard* (* 1899): „L'idiote" (frz. Schauspiel, dt. „Die aufrichtige Lügnerin") *Piet van Aken* (* 1920): „De Nikkers" (fläm. Roman um Belgisch-Kongo) *Rafael Alberti* (* 1903): „Zu Lande, zu Wasser" (span. Gedichte) *Alfred Andersch* (* 1914): „Die Rote" (Roman, Kritik an der Wohlstandsgesellschaft) *Jean Anouilh:* „Becket oder die Ehre Gottes", „Majestäten" (franz. Schauspiele) *Marcel Arland* (* 1899): „A perdre haleine" (frz. Roman) *Marcel Aymé:* „Die Schubladen des Unbekannten" (französischer Roman) † *Vicki Baum*, dt. Schriftstellerin, mehrere ihrer Romane wurden verfilmt (* 1888) *S. de Beauvoir:* „La force de l'âge" (frz. Autobiographie) *John Betjeman* (* 1906): „Summoned by bells" (engl. Autobiographie in Versen) † *Ernst Beutler*, dt. *Goethe*-Forscher, seit 1925 Direktor d. Goethemuseums in Frankfurt/Main (* 1885) *Vratislav Blažek* (* 1925): „Ein allzu reichlicher Weihnachtsabend" (tschech. satir. Komödie) *Karen Blixen-Finecke* (* 1885, † 1962): „Schatten wandern übers Gras" (dän. Roman)	† *John L. Austin*, Vertreter der Oxforder Schule der philosophischen linguistischen Analyse (* 1911) *C. J. Burckhardt:* „Meine Danziger Mission 1937—39" *Kay Cicellis* (* 1926): „Way to Colonos, a Greek triptych" (nordamer. psychoanalytisch. Deutung altgriechischer Mythen) Die Schrift des evang. Bischofs von Berlin *Dibelius* über die Obrigkeit in totalitären Staaten wird stark diskutiert u. kritisiert *Hans Jürgen Eysenck* (* 1916): „Behaviour therapy and the neuroses" (dt.-engl. Psychologie) *Karl Jaspers'* Äußerungen zur dt. Wiedervereinigung („in der Selbstbesinnung irreal") führen zu starker Diskussion Papst *Johannes XXIII.* empfängt den Erzbischof von Canterbury (erste Begegnung seit der engl. Reformation 1534) *H. March* (Herausg.): „Verfolgung und Angst in ihren leib-seelischen Auswirkungen" *W. van Orman Quine:* „Wort und Objekt" (nordamer. Semantik) *A. Rapoport:* „Fights, games, and debates" (Beitrag zur mathematischen Sozialtheorie) *H. Ristow* u. *K. Matthiae* (Herausg.): „Der historische Jesus und der kerygmatische Christus" (Kerygma = apostolische Überlieferung) (Probleme der Leben-Jesu-Forschung) *S. I. Rudenko:* „Die Kultur der Bevölkerung des Zentral-Altais in skythischer Zeit" (russ. Be-

David Aronson (* 1923): „Garten Eden" (nordamer. Gemälde)
van den Broek und *Bakema:* Reformiert. Kirche in Nagele (Niederlande)
Gordon Bunshaft: Chase Manhattan Bank, New York (Baubeg. 1957)
Ernst Buschor (* 1886, † 1961): „Das Porträt, Bildniswege und Bildnisstufen in fünf Jahrtausenden" (Archäologie der Kunst)
M. Chagall und *O. Kokoschka* erhalten niederl. Erasmus-Preis (gestift. 1958)
Le Corbusier: Kloster La Tourette, Eveux bei Lyon
Die neue Bundeshauptstadt Brasiliens (Brasilia) wurde nach einem Entwurf des Architekten *Lúcio Costa* erbaut
Mario Cravo jr. (* 1923): „Mondreflekt" (brasil. Eisenplast.)
Werner Düttmann (*1921): Akademie d. Künste, Berlin (W)
Jean Effel, eigentl. *François Lejeune* (* 1908): „Die Erschaffung Evas" (dt. Ausg. d. frz. Zeichnungen)
Adolph Gottlieb (*1903): „Drei Scheiben" (nordam. Gem.)
H. Hentrich u. *H. Petschnigg:* Thyssen-Hochhaus, Düsseld.
A. Jacobsen: Hotel Air Terminal, Kopenhagen (dän. Architektur)
L. Kahn: Gebäude des Medizin. For-

† *Paul Abraham*, dt. Operettenkomponist, „Viktoria und ihr Husar" (1930), „Die Blume von Hawaii" (1931), „Ball im Savoy" (1931) (* 1892)
† *Hugo Alfvén* (* 1872), schwed. Komponist
Boris Blacher: „Rosamunde Floris" (Oper, Uraufführung während der 10. Berliner Festwochen)
Pierre Boulez (*1925): „Pli selon pli, Portrait de Mallarmé" (franz. Solo-Kantate, serielle Musik)
† *Ernst v. Dohnányi*, Komponist ungar. Herkunft (*1877)
† *Edwin Fischer*, dt. Pianist (*1886)
† *Joseph Haas*, dt. Kompon., Schüler v. *Reger* (* 1879)
† *Clara Haskil*, Pianistin rumän. Herkunft, bedeut. Mozart-Interpretin (* 1895)
H. W. Henze: „Prinz von Homburg" (Op.), „Antifone" (Orchesterwerk)
Gian Francesco Malipiero: „L'Asino d'oro" („Der goldene Esel") f. Bariton u. Orch., Uraufführung
Marcel Mihalovici: „Variation" (rum.-frz. Komposition), szen. Urauff.
† *W. Meyer-Eppler*, schrieb 1949 „Elektronische Klangerzeugung", Grundlage der elektron. Musik (*1913)

*Nobel*preis für Physik an *Donald A. Glaser* (* 1926, USA), der seit 1952 die Blasenkammer zur Beobachtung von Elementarteilchen entwickelte
*Nobel*preis f. Chemie an *Willard F. Libby* (* 1908, USA), der radioaktiven Kohlenstoff zur Altersbestimmung von Natur- und Kulturprodukten benutzte (Radiokarbonmethode)
*Nobel*preis für Medizin und Physiologie an *Frank MacFarlane Burnet* (* 1899, Australien) und *Peter Bryan Medawar* (* 1915, Brasilien), welche beide die Abwehrreaktionen bei der Überpflanzung körperfremden Gewebes untersuchten
Fritz Baade: „Der Wettlauf zum Jahre 2000" (die Aufgaben der Menschheit in der neuen Phase der industriellen Revolution)
† *Walter Baade*, nordamer. Astronom dt. Herkunft am Mt.-Wilson- u. Mt.-Palomar-Observat. (* 1893)
E. G. Bowen: „Radar" (Zusammenfassung der vielseitigen Methode der Abstandsmessung durch Echo elektrischer Wellen)
H. Brezowsky: „Wetterphase und Organismus" (danach haben besonders Wetterumschlagssituationen biologisch ungünstige Auswirkungen: Bestimmte Krankheiten steigen von 10–30%, Todesfälle um 10%)
† *Maurice de Broglie*, frz. Experimentalphysiker auf dem Gebiet der Röntgen- und Gammastrahlen (* 1875)
Adolf Butenandt wird Präsident der Max-Planck-Gesellschaft
E. und *K. Delavenay:* Bibliographie der mechanischen Übersetzung (automatisches Übersetzen von Fremdsprachen mit elektronischen Maschinen)
Hans Freudenthal: „LINCOS" (niederl. Entwurf einer Sprache für einen kosmischen Nachrichtenverkehr auf der Grundlage morseartiger Verständigung über mathem. Grundtatsachen)
Toni Hagen: „Nepal" (erforscht 1950–62 Tektonik des Himalaja)
R. F. Heizer und *S. F. Cook:* „Die Anwendung quantitativer Methoden in der Archäologie" (kenn-

Weltzensus soll gleichzeitige statistische Unterlagen aller Länder liefern
Produktionskräfte der Erde; Anteil an der Weltbevölkerung bzw. am Weltsozialprod.
Westl. Industrieländer 20% 70%
Ostblockstaaten 33% 20%
Nichtkommunist. Entwicklungsländer 47% 10%
Kapazität d. Kraftwerke (in Mill. kW) in:

USA	185,3
USSR	66,7
Gr.Brit.	34,6
BRD	25,8
Frankreich	20,1
DDR	7,8

Energieerzeugung Afrikas 58 Mill. t Steinkohleneinheiten, weniger als 1% der Weltenergieerzeugung
Seit 1950 im Rahmen von Wirtschaftsplänen in Afrika (außer Ägypten und Südafrika) 35 Mrd. DM Investitionen
Baubeginn des Assuan-Staudammes in Ägypten (100 m Höhe, 5 km Länge, Stausee 650 km lang, 135 Mrd. cbm Stauraum, Kosten ca. 5 Mrd. DM)
Vom Welt-Bruttosozialprodukt in Höhe von 1438 Mrd. Dollar entfallen auf:

USA, Kanada	37,5%
USSR	15,8%
Westeuropa	21,4%
dav. BRD	4,9%

(1960)

Landtagswahlen in Baden-Württemberg: CDU 51, SPD 44, FDP 18, GB/BHE 7 Sitze. _K.-G. Kiesinger_ (CDU) bleibt Min.Präs.

Landtagswahl im Saarland: CDU 19, SPD 16, Dem. Part. d. Saar 7, Saarl. Volkspart. 6, Dt. Dem. Union 2 Sitze, Min.Präs. _F. J. Röder_ bildet (1961) CDU-DPS-Regierung

Willy Brandt – L. Lania: „Mein Weg nach Berlin"

Erich Mende FDP-Vorsitzender

Renate Riemek, Viktor Agartz, Gleisberg u. a. grden. „Deutsche Friedensunion": „Für Entspannung und Frieden – gegen Rüstung und Krieg", für eine Neutralisierung Dtlds. (erhält in den Bundestagswahlen 1961 1,9% der Stimmen)

Alfred Frenzel (SPD, MdB) wegen Spionage für die ČSSR verhaftet (1961 15 Jahre Zuchthaus)

† _Erich Raeder_, ehem. Großadmiral (* 1876)

Ehemaliger SS-Obersturmbannführer _Adolf Eichmann_ von Agenten Israels in Argentinien festgenommen und nach Israel verbracht. Argentinien protestiert. (_Eichmann_ wird 1961 wegen Mitschuld an der Ermordung von Millionen von Juden in Jerusalem zum Tode verurteilt und 1962 durch den Strang hingerichtet)

Letzter Kommandant des Konzentrationslagers Auschwitz, _Baer_, als Waldarbeiter verhaftet

DDR kollektiviert Landwirtschaft (führt zu landwirtschaftlicher Produktionskrise und zur Bauernflucht)

† _Wilhelm Pieck_, dt. Kommunist, seit 1934 mit _Ulbricht_ in der USSR, seit 1949 Präsident der DDR (* 1876). Das Amt des Präsidenten wird durch einen Staatsrat ersetzt, dessen Vorsitzender _W. Ulbricht_ wird. Dieser Staatsrat erhält gesetzgebende und exekutive Befugnisse

In der DDR wird mit _W. Ulbricht_ als Vorsitzendem Nationaler Verteidigungsrat gebildet, der der Volkskammer untersteht

Karl-Heinz Hoffmann (* 1910), Verteidigungsminister der DDR

DDR führt für Besucher Ostberlins aus Westdtl. Passierscheine ein (Westberliner weiterhin auf Personalausweis). Paß der Bundes-

Günter Blöcker (* 1913): „Heinrich v. Kleist oder Das absolute Ich" (Biographie)

Kay Boyle (* 1903): „Generation without farewell" (nordamer. Roman)

Tadeusz Breza (* 1905): „Das eherne Tor" (poln. Roman über die Diplomatie des Vatikans)

Max Brod: „Streitbares Leben" (Autobiograph.)

† _Rudolf Brunngraber_, österr. Schriftsteller sozialist. Gesinnung (* 1901)

Miodrag Bulatović (* 1930): „Der rote Hahn fliegt himmelwärts" (jugoslaw. Roman)

† _Hermann Burte_ (eigentl. _Strübe_), dt. Schriftsteller (* 1879)

Michel Butor (* 1926): „Repertoire" (Essays des frz. Theoretikers d. Neuen Romans"), „Degrés" (frz. „absurder" Roman)

† _Albert Camus_, franz. Dichter, Existenz-Philosoph u. Widerstandskämpfer d. 2. Weltkriegs (* 1913)

Carlo Cassola (* 1917): „Mara" (ital. Roman)

Louis-Ferdinand Céline: „Nord" (frz. Roman)

Hilda Doolittle (* 1886, † 1961): „Bid me to live" (nordamer. Lyrik)

Wladimir D. Dudinzew: „Ein Neujahrsmärchen" (russ. Prosa)

Lawrence Durrell (* 1912): „Alexandria Quartet" (engl. Romantetralogie seit 1957)

Friedrich Dürrenmatt: „Der Doppelgänger" (schweiz. Schauspiel)

Astrid Ehrencron-Kidde (* 1871, † 1960): „Hvem Kalder" (dän. Autobiographie)

Hans Magnus Enzens-

schreibg. seiner Funde)

J. Rudin: „Psychotherapie und Religion"

J.-P. Sartre: „Critique de la raison dialectique" I (frz. Philosophie)

Wolfgang Schadewaldt (* 1900): „Natur–Technik–Kunst"

Günther Schmölders (* 1903): „Das Irrationale in der öffentlichen Finanzwirtschaft"

W. L. Shirer: „Aufstieg und Fall des Dritten Reiches" (nordamerik. Zeitgeschichte)

Kardinal _J. Wendel_ eröffnet 37. Eucharistischen Weltkongreß in München; anwesend: 27 Kardinäle, 400 Bischöfe, 100000 Besucher)

† _Joseph Wendel_, Kardinal, Erzbischof von München und Freising seit 1952 (* 1901) (sein Nachfolger wird 1961 Kardinal _Julius Döpfner_, Bischof von Berlin seit 1957 (* 1913)

† _Heinrich Weinstock_, dt. Pädagoge und Philosoph (* 1889)

Bibelübersetzungen in 221 Sprachen vorhanden (der Bibeltext ist durch weitere Handschriftenfunde erneut kritischer Forschung unterworfen)

Gesamtdt. Synode der evang. Kirche in Berlin

Nordamer. Care-Nachkriegshilfe für Westdtl. abgeschlossen (USA-Bevölkerung spendete seit 1945 346 Mill. DM)

Pro 1000 d. Bevölkerung

	Ehen	Scheidg.
BRD	9,5	0,8
Österr.	8,5	1,0
Schweiz	8,0	0,9
USA	9,0	2,1

Einehe, Verbot der Kinderehe und Gleichberechtigung der Geschlechter in Nord-Vietnam

schungszentrums in Philadelphia

† *Fritz Klimsch*, dt. Bildhauer (* 1870)

G. Mardersteig: „Dante" (engl. Schrifttype)

K. Mayekawa: Konzerthalle, Tokio (seit 1959)

Rolf Nesch (*1893): „Graphik, Materialbilder, Plastik" (norweg. Beschreibung neuartiger Kunstformen)

Oscar Niemeyer: Parlament, Gouverneurspalast, Justizgebäude in Brasilia (seit 1959)

G. Ponti u. a.: Verwaltungsgebäude Pirelli, Mailand (Baubeg. 1957)

A. Portmann u. *R. Arioli:* „Gärten, Menschen, Spiele" (zur Gartengestaltung)

Piotr Potworowski (* 1898): „Wasserfall in Niedzica" (poln. abstrakt. Gemälde)

Sir Herbert Edw. Read (* 1893): „Formen des Unbekannten" (engl. ästhetische Essays)

Otto Ritschl (*1885): „Komposition" (abstrakt. Gemälde)

Eero Saarinen (* 1910, † 1961): USA-Botschaftsgebäud. in London (finn.-nordamer. Architektur)

Jacques Schader: Kantonschule in Zürich (Baubeg. 1956)

R. Schwarz: „Kirchenbau" (als mod. Architektur)

Renée Sintenis: „Otto Suhr" (Bronzekopf)

Reuben Tam (* 1916): „Die Küsten des Lichtes"

† *Dimitri Mitropoulos*, nordamer. Dirig. griech. Herkunft (*1896)

A. Moles: „Die experiment. Musik" (frz.)

Luigi Nono (*1924): „Intolleranza" (ital. Oper)

F. K. Prieberg: „Musica ex machina" (üb. elektronische Musik)

Serg. Prokowjew: „Der wahre Mensch" (1947/48), letzte Oper (russ.), posthum

Armin Schibler: „Concerto 1959" Uraufführung

† *Clemens Schmalstich*, dt. Komp. u. Dirigent (*1880)

† *Mátyás Seiber* (* 1905), ungar. Komponist

K. Stockhausen: „Kontakte" f. elektronische Klänge, Klavier, Schlagzeug

I. Strawinsky: „Movements" (f. Klavier und Orchester), Doppelkanon (f. Streichquartett)

Heinr. Sutermeister: „Seraphine od. Die stumme Apothekerin" (schweiz. Oper)

Neues Opernhaus in Leipzig eingeweiht

Populäre Schlager: „Marina" *(Granata)*, „Tschau Tschau Bambina" („Piove") *(Modugno)*, „Petite fleur" *(Bechet)*

O. Coleman (* 1930) begründ. „Free Jazz" i. USA

zeichnet das Vordringen naturwiss. Methoden, bes. Altersbestimmung)

H. Hofer: „Stammesgeschichte der Säugetiere" (4 unabhängige Stämme, die von den Kriechtieren abstammen)

K. Hofmann, Li und *R. Schwyzer:* Synthese des Hypophysenhormons Corticotropin (Eiweißmolekül mit einer Kette von 39 Aminosäuren)

E. v. Holst und *U. v. Saint Paul:* „Vom Wirkungsgefüge der Triebe" (über den hierarchischen Aufbau der Instinkte)

F. Hoyle schätzt das Alter d. Milchstraße aus d. Annahme, daß bestimmte Atomkerne bei Supernovaexplosionen entstehen, auf 12 bis 20 Mrd. Jahre

M. Jacobson: Synthese eines künstlichen Sexuallockstoffes für den Schwammspinner (wichtig f. Schädlingsbekämpfung)

† *Abraham Fedorovich Joffe*, russ. Physiker, Schüler Röntgens, bes. Kristallphysik (*1880)

G. H. R. v. Koenigswald: „Die Geschichte des Menschen". (moderne Abstammungslehre)

† *Max von Laue*, dt. theoret. Physiker, *Nobel*preis 1914 (*1879)

Jacques Piccard und *Don Walsh* erreichen mit Tiefseetauchboot (Bathyskaph) 10970 m Meerestiefe 11034 m Meerestiefe im Marianengraben gemessen

R. V. Pound und *G. A. Rebka* weisen das *Einstein*sche Uhren-Paradoxon mit Hilfe des *Mössbauer*-Effektes nach

R. Reiter: „Meteorobiologie und Elektrizität der Atmosphäre" (elektrisch. Wellen von 1–25 Hz erweisen sich als biologisch wirksam)

Lewis Fry Richardson (*1881): „Bewaffnung u. Unsicherheit", „Statistik tödlicher Streitigkeiten" (engl. mathematische Theorie der Außenpolitik und Kriege)

≈ Meeresbodenausbreitung erkannt (vgl. 1970)

A. Rittmann: Entstehung v. Faltengebirgen durch subkrustale Massenverlagerung infolge von Temperaturunterschieden unter dem Ozean und unter dem Kontinent

In den USA wird der Laser (*Light*

Osteuropa	5,1%
Asien	12,8%
dav. komm. Länd.	3,9%
Süd-, Mittel-Amerika	4,2%
Australien	1,1%
Afrika	2,2%

Jährlicher privater Verbrauch je Person: (DM)

USA	4850,–
Gr.Brit.	3190,–
BRD	2570,–
Frankreich	2490,–
Italien	1395,–

Nahrungsmittelverbrauch in kcal/Tag:

Gr.Brit.	3290
Australien	3260
USA	3120
BRD	2955
Italien	2740
Brasilien	2640
Japan	2210
Indien	1980

Stickstoffdüngerverbrauch in der EWG: (kg/ha)

Niederlande	92
Belgien	53
BRD	44
Italien	17
Frankreich	15

Fleischverbrauch (kg pro Einwohn. und Jahr):

Australien	114
Argentinien	109
USA	95
BRD	57
Italien	27
Ägypten	13
Indien	2

In der BRD werd. für ca. 100 Mill. DM schmerzstill. Mittel jährl. konsumiert, in der Schweiz pro Kopf und Jahr ca. 90 Tabletten

Volkseinkommen pro Kopf blieb in Indien im letzten Jahrzehnt im wesentlichen unver-

(1960)

republik bei Westberlinern nicht mehr anerkannt
Die Zwangskollektivierung der Landwirtschaft in der DDR wird für abgeschlossen erklärt, Kollektivierung des Handwerks wird vorläufig aufgeschoben

199 188 registr. Flüchtlinge (darunter 48,8% unter 25 Jahre) verlassen die DDR (1959: 144 000, 1958: 204 000)
Hermann J. Flade, als Schüler 1950 wegen Verbreitung v. Flugblättern i. d. DDR zum Tode verurteilt, wird aus der Haft in die BRD entlassen
Wahlen zum dän. Folketing: Sozialdem. 76, Liberale 38, Konservative 32, Radikale 11, Sozialist. Volkspartei 11, Unabh. 6, Schleswigpartei 1 Sitze
Einer der beiden grönländ. Abgeordneten ist von diesem Jahr an dän. Minister für Grönland
Wahl zur 2. Kammer in Schweden: Sozialdemokraten 114, Liberale 40, Konservative 39, Bauernpartei 34, Kommunisten 5 Sitze
Unruhen der weißen Siedler in Algerien (die Spannungen zu *de Gaulle* vertiefen sich)
De Gaulle fordert und erhält Sondervollmachten für ein Jahr; beruft General *J. Massu* aus Algerien ab
Jacques Soustelle scheidet aus der frz. Regierung aus
Frankreich zündet in der Sahara seine erste Atombombe (2 weitere Versuche folgen in diesem Jahr; Frankr. betreibt in der Folgezeit die Politik einer selbständigen Atommacht: „Force de frappe")
Staatsbesuch von *de Gaulle* in Gr.-Britannien
Frankr. beginnt Verhandlungen mit algerischer Exilregierung über Waffenstillstand (Abschluß 1962)
De Gaulle kündigt „Algerisches Algerien" an, scharfe Reaktion der Algerienfranzosen
De Gaulle in Algerien, wo er gegen starken Widerstand für eine unabh. Republik Algerien eintritt. Blutige Zusammenstöße zwischen Algerienfranzosen und Moslems
Dt. Truppen zu Übungszwecken in Frankreich
Frz. Nationalversammlung billigt eigene frz. Atommacht (wider-

berger (* 1929): „Landessprache" (satirische Gedichte)
Leslie Fiedler: „Liebe und Tod im amerikanischen Roman" (nordamer. Literaturkritik)
† *Frank Stuart Flint*, engl. Schriftsteller der „Imagisten" (* 1885)
† *Paul Fort*, frz. Dichter (* 1872)
Jack Gelber: „The connection" (nordamer. Schauspiel)
J. Genet: „Wände überall" (frz. Schauspiel)
C. Goetz: „Die Memoiren des Peterhans von Binningen" (Autobiographie)
† *Curt Goetz*, dt. Schriftsteller und Schauspieler, schrieb vorwieg. Lustspiele (* 1888)
Günter Grass: „Gleisdreieck, Gedichte und Graphiken"
J. Green: „Chaque homme dans sa nuit" (frz. Roman)
Hans Habe (* 1911): „Ilona" (Roman)
Lillian Hellman: „Toys in the attic" (nordamer. Schauspiel)
† *Wilhelm Herzog*, dt. sozialist. Dramatiker u. Lyriker (* 1884)
Randall Jarrell (* 1914): „The woman at Washington Zoo" (nordamer. Dichtung)
Elizabeth Joan Jennings (* 1926): „Let's have some poetry" (engl. Lyrik für die Jugend)
Walentin Petrowitsch Katajew (* 1897): „Winterwind" (russ. Roman)
† *Wolfgang Kayser*, dt. Literarhistoriker; u. a. „Entstehung und Krise des modernen Romans" 1954 (* 1906)
Arthur L. Kopit (* 1937): „O Vater, armer Vater, Mutter hing dich in den

Internationaler „Kongreß f. Kulturelle Freiheit" in Berlin mit dem Thema „Fortschritt im Zeichen der Freiheit"
Wissenschaftsrat in der BRD veröffentl. Denkschrift, in der 3 neue Universitäten und 1200 zusätzliche Lehrstühle gefordert werden, Ausbau des sog. Mittelbaus
Politische Geographie ist wieder Lehrfach an Universitäten der BRD
Denkschrift über den Aufbau und d. Zukunft der dt. Ingenieurschule
Saarbrückener Rahmenvereinbarung der Kultusministerkonferenz: ordnet die gymnasiale Oberstufe (Stufenabitur, Wahlpflichtfach)
Lehrerverbände beschließen Neugestaltung des Schulwesens („Bremer Plan")
Universität für Völkerfreundschaft in Moskau
In Afrika gehen durchschnittlich 16% der Kinder im Schulpflichtalter zur Schule (reale Zahlen schwanken zwischen 2 und 60%)
Papst err. Sekretariat f. d. Einigung d. Christen unter Kardinal *Bea* (* 1881, † 1968)
Zeitschrift „Grundlagenstudien aus Kybernetik u. Geisteswissenschaften" begründet
„Abteilung zur Erforschung der Telepathie" a. d. Univ. Leningrad (parapsychologische Phänomene bleiben umstritten)
Erzbischof von Lille erklärt die Sünden aller Menschen und nicht die Juden als verantwortlich für den Kreuzestod Christi

G. Trump: Trump-Mediaeval (Schrifttype)
Gert Tuckermann (* 1915): „Berliner Destille" (Tuschzeichnung)
Minoru Yamasaki: Pavillon d. Wissenschaften in Seattle (USA)
„Laokoon" (vgl. 1905)

† *Hans Albers,* dt. Schauspieler bes. im Film (* 1892)
HaraldBraun (*1901, † 1960): „Die Botschafterin" (dt. Film)
Gustaf Gründgens: „Das Glas Wasser" (Film m. *Hilde Krahl* (*1917) und *G. G.*)
Kurt Hoffmann: „Das Spukschloß im Spessart" (Film m. *Liselotte Pulver)*
Wolfgang Neuss (* 1923): „Wir Kellerkinder" (Filmsatire)
† *Curt Oertel,* dt. Filmregisseur, bes. Kulturfilme (* 1890)
† *Henny Porten,* dt. Filmschauspl., bes. d. Stummfilmzeit (* 1890)
Ingmar Bergman (* 1918): „Wie in einem Spiegel" (schwed. Film)
Henri-Georges Clouzot (*1907): „Die Wahrheit" (frz. Film mit *Brigitte Bardot)*
Albert Lamorisse (* 1922): „Die Reise im Ballon" (frz. Film vorwieg. aus der Vogelperspektive)
Jean Rouch: „Chronik eines Sommers" (frz. Film mit *E. Morin)*
Michelangelo Antonioni (*1912): „Die mit der Liebe spielen" (ital. Film)
Alessandro Blasetti (*1900): „Ich liebe, Du liebst" (ital. Film)
Luigi Comencini (* 1916): „Der Weg zurück" (ital. Film)
Juan Antonio Bardem (*1922): „Brot und Blut" (span. Film)
Alfred Hitchcock (* 1899): „Psycho" (engl. Film)
Karel Reisz: „Samstag nacht bis Sonntag morgen" (engl. Film der „Free Cinema"-Gruppe)
John Huston (*1906): „Nicht gesellschaftsfähig" (nordamer. Film mit *Marilyn Monroe)*
† *Clark Gable,* nordamer. Filmschausp., z. B. in „Vom Winde verweht" 1939 (* 1901)
„Frühstück bei Tiffany" (nordam. Film mit *Audrey Hepburn* (*1929)
„Lieb. Sie Brahms?" (Film nach *F. Sagan* mit *Ingrid Bergman* und *A. Perkins)*
„Die Welt der Suzie Wong" (nordamer. Film mit *William Holden* (*1918)
Aleksander Ford (* 1907): „Kreuzritter" (poln. Film)
J. Kawalerowicz: „Mutter Johanna v. d. Engeln" (poln. Film)
Andrzej Munk: „Das verfängliche Glück" (poln. Film)
Grigorij Tschuchrai: „Klarer Himmel" (russ. Film)
Alain Resnais: „Letztes Jahr in Marienbad" (frz. Film, Drehb. *A. Robbe-Grillet)*
Masaki Kobayashi: „Barfuß durch die Hölle" (japan. Film)

*A*mplification by *S*timulated *E*mission of *R*adiation = Lichtverstärkung durch angeregte Aussendung von Strahlung) als Lichtverstärker höchster Intensität erfunden
USA-Rakete nimmt mit Lochkamera in 200 km Höhe Röntgenbild der Sonne auf
H. Vogt: „Außergalaktische Sternsysteme und Struktur der Welt im Großen"
CERN-Protonensynchrotron für 25 Mrd. Elektronenvolt Energie in Genf in Betrieb. Entwicklung der Beschleunigungsspannungen:

1930	0,2 Mill. El. Volt mit Kaskadengenerator
1932	1,0 Mill. El. Volt[1]
1936	10 Mill. El. Volt[1]
1945	100 Mill. El. Volt mit Betatron
1952	1 000 Mill. El. Volt[2]
1954	6 000 Mill. El. Volt[2]
1957	10 000 Mill. El. Volt[2]
1960	25 000 Mill. El. Volt[2]
1976	400 000 Mill. El. Volt[2]

[1] mit Zyklotron [2] mit Protonsynchrotron

Gestatten Erforschung und Entdeckung von Elementarteilchen
Durchmesserbestimmung eines Fixsterns mittels Beobachtung des Helligkeitsabfalls durch Mondbedekkung
Satellit der USSR kehrt nach 17 Erdumkreisungen mit Tieren und Pflanzen unversehrt zurück
USA starten ersten Wettersatelliten „Tiros I", der auch das Auftreten von Wirbelstürmen frühzeitig erkennbar macht; übermittelt in drei Monaten ca. 23000 Fernsehbilder von Wolkenformationen, die der Wettervorhersage dienen
„Echo I" (USA) als Ballon-Nachrichtensatellit (Reflektor) (ist mit bloßem Auge nachts sichtbar)
Fernrakete der USSR legt im Stillen Ozean über 12000 km zurück
Unterwasser-Erdumfahrt des USA-Atom-U-Bootes „Triton" mit insgesamt 57600 km
Getauchtes nordamerikanisches U-Boot schießt erstmalig Polaris-Rakete ab (kann Kernwaffenträger sein)
15-kW-Elektro-Traktor mit 1008 „kalten" Brennstoffelementen der Fa. Allis-Chalmers

ändert (ca. 7% des Pro-Kopf-Eink. in der BRD)
20%ige Zollsenkung innerhalb d. EWG und EFTA
Finnlands wichtigste Außenhandelspartner (E = Einfuhr, A = Ausfuhr): BRD (E 19,4, A 11,6%), Gr.Brit. (E 15,8, A 24,5%), USSR (E 14,7%, A 14,2%)
USA, Kanada und 18 westeurop. Staaten gründen „Organisation für wirtschaftl. Zusammenarbeit und Entwicklungshilfe" (OECD)
Höhepunkt der Zahlungsbilanzkrise der USA: starker Goldabfluß
Molotow wird Vertreter der USSR bei der internat. Atomenergiebehörde in Wien
† *John D. Rockefeller* (Jun.), nordamer. Wirtschaftsmagnat, Sohn des Erdölmillionärs (* 1874)
Der russ. Rubel wird im Verhältnis 1 : 10 zusammengelegt. Amtlicher Wechselkurs: 1 Dollar = 0,9 Rubel (bish. = 4 Rubel)
USSR zahlt an d. USA 1,1 Mrd. Dollar f. Schiffstransporte im 2. Weltkrieg
Lateinamerikan. Freihandelszone zw. Argentinien, Brasilien, Chile, Uruguay, Paraguay, Peru und Mexiko

(1960)

spricht NATO-Absichten)

Kg. *Baudouin* v. Belgien heiratet die span. Aristokratin *Fabiola* (* 1928)

Schwere Streikwelle gegen Regierungs-Sparprogramm in Belgien

* *Andrew v. Windsor*, Prinz v. Gr.-Brit., 3. Kind der Kgin. *Elisabeth II.*

Prinzessin *Margaret Rose* von Gr.-Brit. heiratet den Photographen *Antony Armstrong-Jones* (* 1930, wird 1961 *Viscount Linley* und *Earl of Snowdon*)

Lord *Home* wird brit. Außenminister (1963 Min.Präs.)

Labour-Parteitag fordert atomare Abrüstung Gr.-Britanniens

† *Aneurin Bevan*, brit. Labour-Politiker, 1945–51 Gesundheitsminister, Schöpfer d. staatl. Gesundheitsdienstes (* 1897)

† *Hans Christian Hansen*, dän. Min.-Präs. seit 1955 (Sozialdemokrat) (* 1906)

Nach Rücktritt der Reg. *A. Segni* (* 1891) bildet *Tambroni* ital. Regierung, die bald wegen neofaschist. Tendenzen zurücktreten muß. Es folgt Regierung *A. Fanfani* (* 1908) mit einer „Öffnung nach links" (*Fanfani* Min.Präs. bis 1963)

Antiösterreichische Demonstrationen in Italien. UN fordert Österreich und Italien zu Verhandlungen über Südtirol auf

In Spanien werden Lohnstreiks zur militärischen Rebellion erklärt. Todesstrafe für Attentate und Bandenunwesen

Spannungen zwischen Jugoslawien einerseits und China/Albanien andererseits verschärfen sich

Neue Verfassung der ČSSR erklärt sie zur „Sozialistischen Republik" Tschechoslowakei ändert abgekürzte Bezeichnung ČSR in ČSSR

† *Anna Pauker*, war 1947 Außenminister Rumäniens (* 1897)

KPSU verkündet die „Vermeidbarkeit von Kriegen" gegenüber der KP Chinas, welche die revolutionären Kräfte in den ehemaligen Kolonialvölkern zu wecken sucht

USSR kündigt Truppenreduzierung um 1,2 Mill. auf 2,4 Mill. Mann und Umrüstung auf Raketenwaffen an

Schrank, und ich bin ganz krank" (nordamer. „Tragifarce")

† *Hermine Körner*, dt. Schauspielerin (* 1882)

† *Artur Kutscher*, dt. Theaterwissenschaftl. u. Literarhistor. (* 1878)

„Lady Chatterley's lover" in Gr.Brit. freigegeben (engl. erot. Roman von *D. H. Lawrence* aus dem Jahr 1928)

Clive Staples Lewis (* 1898): „Der Welt letzte Nacht" (engl. Essays)

Henry Miller: „Nexus" (nordamer. Roman-Trilogie; „Sexus" 1949, „Plexus" 1952)

Alberto Moravia (* 1907): „La Noia" (ital. Rom.)

H. Montherlant: „Le Cardinal d'Espagne" (frz. Schauspiel)

Ladislav Mňačko (* 1919): „Der Tod heißt Engelchen" (slowak. Roman)

Pablo Neruda (* 1904, Lyriker): „Aufenthalt auf Erden" (dt. Ausgabe d. chilen. Werkes von 1925 bis 1931)

Jurij Karlowitsch Olescha (* 1899, † 1960): „Neid" (dt. Ausg. der russ. ausgew. Erzählungen)

W. Pabst: „Literatur zur Theorie des Romans"

† *Feodor I. Panferow*, russ. Dichter, gilt als Vorläufer des „Tauwetters" (* 1896)

† *Boris Pasternak*, russ. Dichter, Autor des Romans „Dr. Schiwago", mußte Nobelpreis ablehnen (* 1890)

John Cowper Powys (* 1872, † 1963): „All or nothing" (engl. Roman)

Vasco Pratolini (* 1913): „Lo scialo" (2. Bd. des ital. Romanzykl. „Una storia italiana")

Erwin Herbert Rainalter (* 1892, † 1960): „Kaisermanöver" (österr. Roman)

Robert von Ranke-Graves: "Food for Centaurs" (engl. Ged. u. Erzählungen)

† *Hans J. Rehfisch*, dt. Dramatiker u. Schriftsteller (* 1891)

Harold Rosenberg: „The tradition of the new" („Die Tradition des Neuen", nordamer. Literaturkritik)

† *Ernst Rowohlt*, dt. Verleger, machte bes. nordamer. Autoren in Dtl. bekannt, förderte Taschenbuch (vgl. 1946) (* 1887)

Françoise Sagan: „Ein Schloß in Schweden" (frz. Schauspiel)

Armand Salacrou (* 1899): „Boulevard Durand" (frz. Schauspiel)

Nathalie Sarraute (* 1902): „Das Planetarium" (frz. Roman)

J.-P. Sartre: „Die Eingeschlossenen" (frz. Schauspiel)

Michail A. Scholochow: „Neuland unterm Pflug" (russ. Roman)

Claude Simon (* 1913): „Die Straße in Flandern" (frz. Roman eines Vertr. des „Neuen Romans")

Charles Percy Snow (* 1905): „The affair" (8. Bd. des engl. Romanzyklus, 1. Bd. „Strangers and brothers" 1940)

Muriel Spark (* 1918): „Junggesellen" (engl. Roman)

† *Emil Strauß*, dt. Schriftsteller (* 1866)

William Styron (* 1925): „Und legte Feuer an dies Haus" (nordamer. Roman)

† *Jules Supervielle*, frz. Dichter (* 1884)

† *Jakob Tiedtke*, dt. Schauspieler (* 1875)

53% der Gesamtkohle der BRD voll- und teilmechanisiert gewonnen (1957: 36%)
Hydraulischer Strebausbau im westdt. Steinkohlenbergbau (mit ca. 2800 hydraulischen Ausbaurahmen)
~ Automatisierung des Warenflusses in dt. Versandhäusern (z.B. mittels Lochkarten, Abruf vom Lager bis zur Heranführung an die Verladerampe)
Max-Planck-Institut für Dokumentationswesen in Frankfurt/Main (dieses Gebiet erhält für Wissenschaft und Technik höchste Bedeutung)
Kälteminimum mit —88,3° C in der Antarktis
Die jährliche Produktion organischer Substanz im Meer wird auf ca. 35 Mrd. t geschätzt (d. h. ca. 100 g/m², in Feldkulturen ca. 650 g/m²)
Zeitschrift „Kybernetik" gegrdt. (kennzeichnet d. rasch wachsende Bedeutung dieser zentralen Wissenschaft der Steuerungs- und Informationsvorgänge)
Kongreß der International Federation of Automatic Control in Moskau (Vereinigung f. Regelungstechnik, gegrdt. 1957)
~ Theorie und Praxis der „Lernenden Automaten" wird ausgebaut
Alter geolog. Formationen nach neuer Forschung:

Erdalter	4600 Mill. Jahre
Kambrium	600 Mill. Jahre
Ordovicium	500 Mill. Jahre
Gotlandium	440 Mill. Jahre
Devon	400 Mill. Jahre
Karbon	350 Mill. Jahre
Perm	270 Mill. Jahre
Trias	225 Mill. Jahre
Jura	180 Mill. Jahre
Kreide	135 Mill. Jahre
Tertiär	70 Mill. Jahre

Verkehrsflugzeuge mit

	1960	1952
200–325 km/St.	37,2%	67,4%
325–480 „	37,0%	32,3%
480–560 „	12,1%	0,3%
560–650 „	6,6%	0,0%
725–975 „	7,1%	0,0%

Ca. 100000 elektronische Einzelteile in US-Militärflugzeugen (1942 waren es ca. 2000)
Luftkissenfahrzeuge kommen auf

Index der Konsumentenpreise in Argentinien 1156 (1950 = 100). Argentinische Wirtschaft stagniert seit 1950
1 Neuer französischer Franc entspricht 100 alten Francs
COMECON („Rat für gegenseitige Wirtschaftshilfe" im Ostblock) setzt seine Statuten von 1959 in Kraft. Das reale Sozialprodukt der COMECON-Länder wächst seit 1950 um jährlich 7,2% (USA: 3,3%); Sozialprodukt pro Kopf ca. 1000 Dollar (USA: 2800 Dollar)
8234 Mill. Dollar internat. Entwicklungshilfe, davon 5140 Mill. aus öffentl. Mitteln (USA 3781, BRD 616, Ostblock 183)
Die bisherige Wirksamkeit der Entwicklungshilfe wird vielfach als gering angesehen
Entwicklungshilfe für asiat. Staaten seit 1954 insges. 12 Mrd. Dollar
Geburtenhäufigkeit in Asien jährlich 30–40 pro 1000 Einw. Sterbeziffern um teilweise 9 pro Tsd. (BRD 11,4)
Kindersterblichkeit halbierte sich seit 1950 auf westeuropäisches Niveau
Volkseinkommen je Einwohner in asiatischen Staaten (Dollar) i. 3 Staaten mehr als 300
in 4 St. 200–300
in 12 St. 100–200
in 1 Staat weniger als 100
(zum Vergleich BRD 968)
Am Ende des Jahres hat die BRD 55785000 Einw. (einschl. West-Berlin) (1956: 53319000)
Gesamtzahl der Vertriebenen in d. BRD (ohne Berlin und Saarland) 9,7 Mill.
Durch vorzeitige Tilgung betragen die Auslandsschulden d. BRD 6,9 Mrd. DM
Bundesbaugesetz schafft einheitliche städtebauliche Rechtsordnung
Gesetz über „Abbau d. Wohnungszwangswirtschaft" (diese Liberalisierung ist stark umstritten)
Regier.entwurf f. ein neues Aktiengesetz in d. BRD
Durchschnittl. Aktienkurs-Index in der BRD im August: 822 (Ende 1959: 516, April 1963: 476, am 31. 12. 1953 = 100)
Mitte des Jahres erreichen Auto-Aktien an den dt. Börsen Kurse bis zu 4000 (2 Jahre später erreichen Aktienkurse einen Tiefpunkt)
Fritz-Thyssen-Stiftung zur Förderung d. Wissenschaft mit 100 Mill. DM Grundkapital gegrdt.

Werbungsausgabe je Kopf/% des Nationaleink.:

USA	65 Doll. = 2,9%
Schweiz	27 Doll. = 2,2%
Gr.Brit.	24 Doll. = 2,2%
BRD	13 Doll. = 1,5%
Italien	3 Doll. = 0,6%

Oswald v. Nell-Breuning (* 1890): „Kapitalismus u. gerechter Lohn" (Sozialwissenschaft eines Jesuiten)
Tarifpartner der eisenschaffend. Industrie in der BRD einigen sich auf stufenweise Einführung der 40-Stunden-Woche b. 1965
Gesetz zum Schutz d. arbeitenden Jugend in der BRD (u.a. 40 Wochenstunden Arbeitszeit f. Jugendliche unter 16 Jahre)
Bundestag beschl. Privatisierung des Volkswagenwerks
Rentenerhöhung um 5,94% in der BRD
Verkaufszeiten am 3. u. 4. Advent in der BRD abgeschafft
9638 Konsumläd. in BRD mit 3,2 Mrd. DM Umsatz
Einzelhandels-Umsätze in der DDR:

HO	37,2%
and. staatl. Unternehmen	7,1%
Konsumgenoss.	32,4%
privater Handel	22,8%

(1960)

Chruschtschow betont die Fähigkeit der USSR, angreifende Länder „auszulöschen"

Chruschtschow besucht Indien, Burma, Indonesien, Afghanistan und Frankreich

Marschall *Sacharow* löst Marschall *Sokolowski* als Generalstabschef der USSR ab

Leonid Breschnew (* 1906) wird als Vors. d. Präsidiums d. Obersten Sowjets Staatsoberhaupt der USSR

Staatsbesuch *Chruschtschows* in Österreich

Chruschtschow trommelt in der UN protestierend mit seinem Schuh auf dem Tisch. Verlangt die Aufnahme der Volksrep. China

Jekaterina Furzewa (* 1910, † 1974) wird Kultusminister der USSR

81 kommunist. Parteien, einschl. d. chinesischen, feiern in Moskau Oktoberrevolution. Anschließend Ostblockkonferenz (der Gegensatz zwischen der KPSU und der KP Chinas lockert diesen Block in der Folgezeit erheblich auf)

Anzeichen eines Konflikts zwischen den kommunist. Parteien der USSR und der Volksrepublik China (China betont stärker die revolutionäre Aktion bes. in Entwicklungsländern, USSR stärker den Wettbewerb der Systeme in der „Koexistenz")

Neuer Sicherheitsvertrag zwischen USA und Japan mit Recht auf amerikan. Stützpunkte für 10 Jahre (gegen starke Opposition in Japan)

USA-Fernaufklärer vom Typ U 2 mit dem Piloten *Francis Gary Powers* über der USSR abgeschossen. Pilot wird von einem sowjetischen Gericht wegen Spionage verurteilt, später vorzeitig freigelassen

Pariser Gipfelkonferenz scheitert an dem Konflikt USSR–USA über den U 2-Fernaufklärer-Zwischenfall. *Chruschtschow* verlangt vom Präsidenten *Eisenhower* offizielle Entschuldigung. USA erklären, Aufklärungsflüge einzustellen

Fernost-Reise des USA-Präsidenten *Eisenhower*, sein Besuch in Japan wegen antiamerikan. Unruhen abgesagt

Abschuß eines USA-Flugzeuges durch die USSR üb. der Barents-See

John F. Kennedy (* 1917), Parteidemokrat, mit knapper Mehrheit gegen bisher. Vizepräs. *R. Nixon* zum Präsidenten der USA gewählt: 49,7% gegen 49,6%

Wahl zum Repräsentantenhaus: 259 Demokraten, 178 Republ.; Senat: 64 Demokraten, 36 Republikaner

Vizepräsident wird *Lyndon B. Johnson*, Außenmin. *Dean Rusk*

Robert S. McNamara (* 1916) Verteidigungsminister der USA

USA wollen 284000 von 461000 Soldaten im Ausland zurückbeordern

A. Mikojan, stellvertr. Min.Präs. d. USSR, besucht Kuba

Kuba enteignet und verstaatlicht nordamerikanischen Besitz, kündigt Beistandspakt mit USA von 1952

Brasilia, unter modernen Gesichtspunkten erbaut, wird Hauptstadt Brasiliens (es entstehen Schwierigkeiten bei der Besiedlung dieser Stadt im Landesinneren)

Aufrührerische brasilianische Bauern eignen sich gewaltsam Boden an (ausbleibende oder verspätete Bodenreform erweist sich in allen Teilen der Welt als Schrittmacher des polit. Radikalismus)

Castro-Anhänger rebellieren ohne Erfolg in Nicaragua, Guatemala und Costa Rica (gilt als Anzeichen sozialer Labilität in Lateinamerika)

Nach schweren kommunist. Aufständen Ausnahmezustand in Venezuela

Türkische Armee stürzt Regierung *A. Menderes* (*M.* wird 1961 wegen Verfassungsbruch hingerichtet)

General *Cemal Gürsel* (* 1895, † 1966) übernimmt die politische Macht in der Türkei (1961—66 Staatspräsident)

35 Griechen und 15 Türken sind im Parlament der unabhängigen Republik Zypern vertreten (griechischer Präsident · Erzbischof *Makarios*, türkischer Vizepräsident *Fazil Kütschük*, vgl. 1974)

Min.Präs. *Madschali* von Jordanien durch Bombenanschlag ermordet (Monarchie bleibt unerschüttert)

Kamerun wird unabhängig

Blutige Zusammenstöße zw. farbigen Eingeborenen und Polizei in

Péter Veres (* 1897): „Die Geschichte der Familie Balogh" (ungar. Roman)

† *Wilhelm Vershofen*, dt. Schriftsteller u. Volkswirtschaftler (* 1878)

Gore Vidal (* 1925): „Der beste Mann" (nordamer. politisch-satirisch. Schauspiel)

Martin Walser (* 1927): „Halbzeit" (zeitkrit. Roman)

Peter Weiss (* 1916): „Der Schatten des Körpers des Kutschers" (Erzählung m. Collagen d. Autors)

† *Richard Wright*, nordamer. Neger-Dichter (* 1908)

Ausstellung in Marbach: „Expressionismus. Literat. u. Kunst 1910–1923"

Dt. Taschenbuchverlag (dtv) von 12 Verlagen gegründet

(1962 erreichen Luftkissenschiffe f. einige Dutzend Personen bis zu 90 km pro Stunde)

Anteil der Staaten an wissenschaftlichen Arbeiten, die von einer Referatenzeitschrift („Biological Abstracts") veröffentlicht wurden:

USA	26,75%	Frankr.	4,10%
USSR	11,40%	Italien	3,15%
Japan	5,85%	Brasilien	2,64%
Gr.Brit.	5,83%	Indien	2,60%
Dtl.	4,22%	Kanada	2,13%

Argentinien, Australien, Belgien, Dänemark, Finnland, Niederlande, Polen, Spanien, Schweden, Schweiz, Südafrikan. Union, ČSSR je 1–2%.

Therapie-Kongreß in Karlsruhe erörtert Zellular- (z. B. Frischzellen-) Therapie (begrdt. 1931 von *Niehans*)

Weltärzte-Kongreß in Westberlin

Internat. Organ. f. Medizin. Physik

Sterblichkeit an Tuberkulose in der BRD 16,2 je 100000 Einw. (1951 37,1 je 100000)

Zahnärztliche Bohrer mit bis zu 40000 Umdrehungen pro Minute verbreiten sich in Deutschland

Meeresbodenausbreitung (Seafloor-spreading) als Motor der Plattentektonik erkannt

Norw. 3 G, 3 S, 0 B
Schwed. 3 G, 2 S, 2 B
Finnl. 2 G, 3 S, 3 B

Olymp. Spiele in Rom (Medaillen f. d. ersten Drei):
USSR 43 G, 29 S, 31 B
USA 34 G, 21 S, 16 B
Ges.-Dtl. 12 G, 19 S, 11 B
(G = Gold, S = Silb., B = Bronze)

Zielstrecken-Segelflug erreicht 714 km (USSR)

Dhaulagiri (8222 m) in Nepal als 13. Achttausender erstmals bestiegen

Hamburger SV Fußballm. d. BRD

Schweres Erdbeben zerstört Agadir / Marokko, 12000 Tote. Weitere Erdbeben in Iran und in Chile

Erdbeben und Springflut im Stillen Ozean fordern u.a. 1400 Tote in Chile, 800 Tote in Japan

Bei 3,41 Unfällen auf 1 Mill. Zugkilometer der Dt. Bundesbahn werden 454 Personen getötet

Zwei Verkehrsflugzeuge stoßen kurz vor der Landung über New York zusammen: 136 Tote

Absturz eines Militärflugzeuges auf eine Straßenbahn i. München: 50 Tote

USA-Flugzeugträger „Constellation" (60000 t) gerät auf der Werft in Brand: 46 Tote

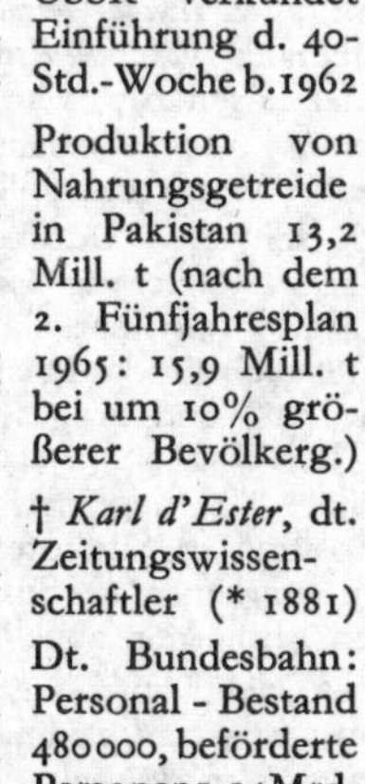

Wert der jährl. staatlichen Sozialleistung. in Schweden ca. 6 Mrd. DM, das sind ca. 960 DM je Einwohner (1947: ca. 1,2 Mrd. DM). Das reale Sozialprodukt pro Kopf stieg seit 1950 um ca. 30%

Bodenreform in Südital. schuf seit 1950 auf 700000 ha 120000 Bauernbetriebe (ital. Wirtschaft leidet weiterhin unter dem starken sozial. Gefälle Nord–Süd)

USA-Gewerkschaft. (AFL-CIO) haben 15,1 Mill. Mitglieder

USSR verkündet Einführung d. 40-Std.-Woche b. 1962

Produktion von Nahrungsgetreide in Pakistan 13,2 Mill. t (nach dem 2. Fünfjahresplan 1965: 15,9 Mill. t bei um 10% größerer Bevölkerg.)

† *Karl d'Ester*, dt. Zeitungswissenschaftler (* 1881)

Dt. Bundesbahn: Personal - Bestand 480000, beförderte Personen 1,54 Mrd.

Deutschlandfunk für Europadienst gegrdt.

Ausbau der Mittelweser zwisch. Minden und Bremen für 1000 t-Schiffe; Bau elektr. Kraftwerke

Tegel wird 2. Zivilflugplatz für Berlin (West) (wird für Düsenmaschinen ausgebaut)

PanamericanHighway: Straßensyst. Alaska – Feuerland v. 30000 km Länge bis auf etwa 2,7% fertiggestellt

Transasiat. Eisenbahn überschreitet die Grenze USSR–VR China

Schweiz erläßt Landverkaufsgesetz mit Genehmigungspflicht für Grundstücksverkäufe an Ausländer (bes. dt. Käufe im Tessin erregen Unruhe)

Umsatz der Spielbanken in d. BRD ca. 1 Mrd. DM

Mich. Tal (* 1936 in Riga) Schachweltmeister

Carl Diem: „Weltgesch. des Sports u. der Leibeserziehung"

Bikila (Abessinien) läuft die Marathonstrecke (42,2 km) in 2 : 15 : 16,2 Std.

Hary (Dtl.) läuft 100 m in 10,0 Sek.

Olymp. Winterspiele in Squaw Valley (Medaillen f. d. ersten Sechs):
USSR 7 G, 5 S, 9 B
USA 4 G, 6 S, 4 B
Ges.-Dtl. 4 G, 3 S 1 B

(1960)

der Südafrikan. Union. (Die Politik d. Rassentrennung [„Apartheid"] führt zu immer größeren Spannungen und Protesten)

Attentat eines weißen Farmers auf südafrikan. Min.Präs. *H. Verwoerd* (wird verletzt)

Südafrika wird nach Austritt aus dem Commonwealth Republik

Marokko verb. Kommunist. Partei

Ehemalige Kolonie Togo wird selbständig

Patrice Lumumba gewinnt Wahlen in (Belgisch-)Kongo und bildet Koalitionsreg. Staatspräsident *Kasawubu* (* 1916, † 1969) stürzt *Lumumba* und liefert ihn (1961) an die Bergbau-Provinz Katanga (unter Präs. *Moise K. Tschombé*, * 1919, † 1969) aus, wo er ermordet wird

UN-Truppen versuchen im Kongo Ordnung aufrechtzuerhalten

Tschombé proklamiert Unabhängigkeit der Kongo-Provinz Katanga (wegen ihres Uran-Bergbaus steht diese im Mittelpunkt intern. Interesses)

Armeeoberbefehlshaber *Mobutu* in Kongo weist diplomat. Vertretungen der USSR und ČSSR aus

Sondersitzung der UN-Vollversammlung über die Kongo-Frage

Mali-Republik (ehem. frz. Sudan und Senegal) unabhängig

Madagaskar wird unabhängig unter dem Staatsoberhaupt und Reg.Chef *Philibert Tsiranana* (* 1912)

Britisch- u. Ital.-Somaliland schließen sich zur unabhängigen Republik Somalien zusammen

Ghana wird Republik, Staatspräs. *Kwame Nkrumah* (* 1909) mit großen Vollmachten, will „westafrikan. Sozialismus"

Dahomey, Niger und Obervolta (ehem. frz. Westafrika) unabhäng.

Elfenbeinküste unabhängig

Republik Tschad, Zentralafrikan. Republik und Gabun (alle ehem. französisch Äquatorialafrika) unabhängig

Republik Mittel-Kongo (Brazzaville, ehem. frz.) unabhängig

Nigeria unabh. (ehem. britisch)

15. Vollversammlung der UN in New York nimmt 13 neue afrikanische Staaten auf

Dieses Jahr markiert besonders deutlich das Ende der Kolonialherrschaft in Afrika: 17 Staaten werden unabhängig

Putschvers. i. Abessinien von Teilen der Armee und Intelligenz scheitert

Kg. *Saud* von Saudiarabien übernimmt selbst die Regierung, nachdem sein Bruder *Feisal* als Min.-Präs. zurücktrat (1962 wird *F.* wieder Min.Präs.)

Persischer Thronfolger geboren

† *Amanullah*, bis 1929 Kg. von Afghanistan, in Zürich (* 1892)

Nehru und *Tschu En-lai* konferieren in Neu-Delhi ergebnislos über chin.-ind. Grenzverlauf

Regierung in Laos durch Staatsstreich einer Armee gestürzt (Bürgerkrieg führt zur Genfer Laos-Konf. 1961/2)

Sirimawo Bandaranaike (* 1916) Min.-Präsidentin von Ceylon; Wahlerfolg ihrer linksgerichteten Partei

Nord-Vietnam erhält Verfassung einer Volksdemokratie

Kg. *Mahendra* v. Nepal schaltet Regierung und Parlament aus und übernimmt selbst Regierung (verbietet 1961 alle Parteien)

Dem japan. Kronprinzenpaar wird ein Thronfolger geboren

In Japan löst der liberaldemokr. Min.Präs. *Hayato Ikeda* (* 1899) d. Liberalen *Nobosuke Kischi* (* 1896) ab, der es seit 1957 war

Asanuma, jap. Sozialistenführer, auf einer Wahlversamml. erstochen

Nach schweren Unruhen tritt in Südkorea Regierung *Syngman Rhee* (* 1875, † 1965) zurück. *S. R.* verzichtet auch auf das Präsidentenamt (seit 1948) und ordnet Wiederholung der Wahl an

Großer Wahlsieg der demokrat. Opposition in Südkorea führt zu einem parlamentar. System (1961 durch Militärreg. abgelöst)

Chinas Heer wird auf 2,2 Mill. Mann geschätzt (maximal 5 Mill.)

Tschiang Kai-schek als Staatspräsident Nationalchinas (Formosa od. Taiwan) auf 6 Jahre wiedergewählt (Formosa hat 1961 11 Mill. Einw. = 1,6% der Volksrep. China)

Erdölexportländer gr. OPEC (vgl. 1973 P, 1974 u. 75 V)

Nach 120 Siegen i. Springreiten, bes. u. *H. G. Winkler* (* 1926), wird d. „Wunderstute Halla“ (* 1945, † 1979) d. Zucht zugeführt

Die Gebiete östl. der Oder-Neiße-Linie unter poln. Verwaltung haben 7 Mill. westpoln. Einwohner (1939: 9,6 Mill.)

Caryl Chessman in USA wegen Mordes hingerichtet (Gaskammer) nach 12jähriger Haft, in der die Exekution immer wieder aufgeschoben wurde

Pro 1000 Einw. gibt es:

	Zeitungen	Rundfunkger.
Ges. Erde	100	126
Europa	252	216

	Fernsehger.	Kinositze
Ges. Erde	33	22
Europa	61	55

U-Bahn i. Lissabon

Entwicklungstendenzen

Industrieproduktion (1938 = 100)

USSR	687
USA	350
Italien	295
Japan	272
BRD	236
Frankr.	224
Gr.Brit.	166
Erde	273

Industriekonzentration in d. BRD: 50 größte Firmen erhöhten ihren Umsatz seit 1954 von 18% auf 29% des gesamten industriellen Umsatzes

Sozialprodukt wächst (seit 1950) jährlich um in:

USSR	7,0%
West-Europa	4,6%
USA	3,3%

Welt-Energieverbrauch in Mill. t Steinkohleneinheiten:

	1951	1960
Kohle	1626	2213
Erdöl	705	1318
Erdgas	318	618
Wasserkraft	47	86
Zus.	2696	4235

Elektrizitätserzeugung in Ägypten 2639 Mill. kWh (1950: 881)

Erdölgewinnung insges. 1060 Mill. t (1950: 523 Mill. t)

Erdgasgewinnung (Mrd. cbm)

	1960	1950
USA	362	177
USSR	45	5,8
Kanada	14	1,9
Rumän.	10	3,2

Lebenserwartung Neugeborener in der BRD:
männl. 66,7 Jahre
weibl. 71,9 „

Erdbevölkerung: 3 Mrd. (1950: 2,4)

Bevölkerung Asiens stieg seit 1950 um 300 Mill. auf 1,7 Mrd. (das sind 57% der Erdbevölkerung)

Ind. Geburtenrate 32,8‰, Sterberate 11,1‰. Bei 430 Mill. Einwohnern bedeutet das eine Zunahme von rd. 10 Mill. pro Jahr

Bevölkerung Chinas ca. 680 Mill. m. einem Zuwachs von 20 Mill. jährlich (1980 1 Mrd. Einw. vermutet)

Geburtenüberschuß je 1000 Einwohner in Japan: 9,6 (1950: 17,3)

60% der japan. Einwohner wohnen in Städten (1920: 18,1%)

Reales Volkseinkommen pro Kopf in Japan (zu Preisen 1950): 82864 Yen = ca. 1400 DM/Kopf (1950: 40796 Yen)

Anteil der Angestellten in d. BRD 22,2% (1950: 16,0 Proz.).

Anteil der Arbeiter in der BRD 50,1% (1950: 50,9%)

Auf einen Angestellten entfallen 2,3 Arbeiter

Welt-Uranförderung (ohne Ostblock): 38400 t (1956: 13125 t). USA 17184 t, Kanada 11534 t, Südafrika 5814 t, Frankr. 1451 t

Rohstahlproduktion der Welt 350 Mill. t (1950: 189 Mill. t); Anteil der USA 28,3% (1950: 43,9%).

Japans Produktion verfünffachte sich seit 1950

Chemische Industrie der Erde erzeugt für 344 Mrd. DM (ca. 250% von 1950)

1 Mill. t Salpeter in Chile (mit staatl. Unterstützung) erzeugt (1913 üb. 3 Mill. t).

Eisenerzbergbau in Chile wächst bedeutend 2,99 Mill. t (1950: 1,77 Mill. t)

Kunststoffherstellung in: (Mill. t)

	1953	1960
USA	1,32	3,07
BRD	0,24	1,07
Japan	0,08	0,63
Gr.Brit.	0,21	0,56
USSR (1957: 0,24)		0,60

Benzin-Erzeugung der Welt (ohne USSR u. Volksrep. China): 249,5 Mill. t (1950: 160 Mill. t)

Weltproduktion von Pkws 12,7 Mill., dav. 52,7% USA (1950: 8,2 Mill., 81,7% USA)

Zahl der Kraftfahrzeuge in Finnland 362000 (1950: 72000)

Ca. 5,5 Mill. Menschen in der Weltbekleidungsindustrie beschäftigt (80% Frauen).

Weltproduktion stieg von 1950 bis 1960 um ca. 50%

Weltmargarineherstellg. 3,4 Mill. t (1950: 2,2 Mill. t)

Nettoeinkommen der Farmer in USA sank seit 1950 um ca. 25%

11% der poln. Landwirtschaft ist kollektiviert (1956: 23,4%)

Traktorenbestand in Afrika 218000 Einheiten (1939: 17000)

Fischereiertrag d. Erde: 38 Mill. t (1938: 21 Mill. t); Durchschnitt 1900 bis 1910: 4 Mill. t

Der gesamte Handel der Erde hat sich seit 1900 vervierfacht

Einzelhandelsumsatz in der BRD 93 Mrd. DM (1950: 32 Mrd. DM). Konzentrationsbewegung zu Betrieben mit größerem Umsatz

302000 ausländ. Touristen in Griechenland (1952: 76200)

Die amerik. Zeitschrift „Fortune“ sagt für 1970 voraus: Kontrollierte Erbänderungen; entscheidende medizin. Fortschritte bei Herz-, Geistes- und Geschwulstkrankheiten; elektron. Sicherung d. Straßenverkehrs; direkte Umwandlung von Kernenergie in elektrische; weltweites Nachrichtennetz durch Satelliten

1961	Friedens*nobel*preis an *Dag Hammarskjöld* (Schwed.) nach seinem Tode in Afrika † *Dag Hammarskjöld*, schwed. Generalsekretär der UN seit 1953, stürzt auf dem Flug zu einer Besprechung mit Katanga-Präsident *Tschombé* tödlich ab (* 1905) *U Thant* (* 1909, † 1974, Burma) einstimmig zum Generalsekretär der UN gewählt (amt. b. 1971) USSR stellt Truppenreduzierung ein, erhöht Verteidigungsausgaben USA antwortet mit entsprechenden Verstärkungen der Verteidigung USSR beginnt neue Serie von Kernwaffenversuchen, die sich bis zu Explosionen von 50 Megatonnen TNT-Äquivalent steigern (abgesehen von frz. Versuchen entscheidende Durchbrechung des Teststops seit Spätherbst 1958). Die radioaktive Verseuchung von Luft und Wasser beginnt wieder zu steigen Auf Grund der USSR-Versuche ordnet Präs. *Kennedy* Wiederaufnahme unterirdischer Kernwaffenversuche an (vermeiden Verseuchung der Biosphäre) Zwölf-Mächte-Antarktis-Vertrag in Kraft (vgl. 1959) Bundeskanzler *Adenauer* besucht Staatspräsident *de Gaulle* in Paris Reg.Bgm. v. Berlin *Willy Brandt* erhält von *Kennedy* in Washington Erneuerung der Berlin-Garantie Abgeordnetengruppe der Dt. Partei im dt. Bundestag mit 3 Abgeordneten löst sich auf Bundespräs. *Lübke* als erstes dt. Staatsoberhaupt zum Staatsbesuch in Paris Im Juli verlassen 30444 Einw. fluchtartig die DDR (in einer Woche kommen 8000 nach West-Berlin, an einem Tag 2000) Bis September verlassen 1961 195828 registr. Flüchtlinge die DDR (darunter 49,1% unter 25 Jahre) DDR errichtet am 13. August mit Billigung der Staaten des Warschauer Paktes eine stark befestigte Mauer zwischen Ost- und West-Berlin, welche den bis dahin funktionierenden Verkehr zwischen beiden Teilen der Stadt fast völlig zum	Nobelpreis f. Literatur an *Ivo Andrić* (* 1892, in Serbien); schrieb 1945 „Die Brücke über die Drina", „Das Fräulein" (Romane) Friedenspreis des Dt. Buchhandels an den indischen Philosophen u. Politiker *Sarwapalli Radhakrischnan* † *Kjeld Abell*, dän. Dramatiker (* 1901) *Anna A. Achmatowa* (* 1889, † 1966): „Gedichte" (russ.; 1946—50 Publikationsverbot) *Gerrit Achterberg* (* 1905, † 1962): „Cryptogamen IV" (niederl. Lyrik, Teil I–III 1946–54) *J. Anouilh:* „La grotte" (frz. Schauspiel) *Alexej N. Arbusow* (* 1908): „Der verlorene Sohn" (russ. Schausp.) *Jacques Séraphin Audiberti* (* 1899, † 1965): „Die Ameysz im Fleische" (frz. Schauspiel) *Marcel Aymé* (* 1902): „Die Mondvögel" (dt. Auff. des frz. Schauspiels von 1956) *Ingeborg Bachmann* (* 1926): „Das dreißigste Jahr" (Erzählung) *Beckett:* „Glückl. Tage" *G. Blöcker:* „Die neuen Wirklichkeiten" (Analyse der mod. Literatur) † *Hans Friedr. Blunck*, dt. Schriftsteller (*1888) *Joh. Bobrowski* (* 1917, † 1965): „Sarmatische Zeit" (Lyrik) *H. Böll:* „Ein Schluck Erde" (Schauspiel) † *Louis-Ferdinand Céline*, frz. Schriftstell., schrieb u. a. „Reise ans Ende der Nacht" 1932 (*1894) *Austin Clarke* (*1896): „Later Poems" (irisch-engl. Gedichte) *Giovanni Comisso* (*1895): „Le mie stagioni" (ital. Autobiographie)	*Alexius Aleksej* (*1877), seit 1945 Patriarch von Rußland, führt die russ.-orthodox. Kirche in den ökumenischen Rat *Gordon W. Allport* (* 1897): „Pattern and growth in personality" nordamer. Psychologie) *Hannah Arendt* (* 1906): „Rahel Varnhagen" *A. Armstrong:* „Unconditional Surrender" („Bedingungslose Übergabe" im 2. Weltkrieg) *R. Behlke:* „Der Neoliberalismus und die Gestaltung der Wirtschaftsverfassung in der BRD" *P. Benenson* gründet Amnesty International (ai) † *Michael Buchberger*, Bischof v. Regensburg seit 1925, seit 1950 Titular-Erzbischof (* 1874) † *Frank N. D. Buchman*, nordamer. Gründer der „Moralischen Aufrüstung" (* 1878) *R. K. Bultmann:* „Das Verhältn. d. urchristl. Christusbotsch. z. histor. Jesus" (ev. Theologie, Entmythologisierung des NT) *Albert K. Cohen* (*1918): „Kriminelle Jugend. Zur Soziologie jugendlichen Bandenwesens" (dt. Übers. d. nordamer. Werkes) *W. Czajka:* „Die Wissenschaftlichkeit d. Politischen Geographie" *Ralf Dahrendorf* (*1929): „Freiheit und Gesellschaft" (Soziologie) *H. P. David* und *J. C. Brengelmann:* „Perspektiven der Persönlichkeitsforschung" † *Giovanni Dellepiane*, Erzbischof, seit 1952 Nuntius in Wien (*1889) *Otto Dibelius:* „Reden an eine gespaltene Stadt";

A. Aalto: Wohnhochhaus i. d. Neuen Vahr, Bremen

† *Karl Albiker*, dt. Bildhauer, bes. Akte u. Bildnisse (*1878)

Fritz Bornemann: Deutsche Oper Berlin (West)

Carl Buchheister (* 1890, †1964): „Komposition Nemalos" (abstr. Gem.)

M. Chagall: Entwürfe für die Glasfenster der Synagoge d. Hadassah-Klinik/Jerusalem (seit 1960)

Egon Eiermann (* 1904): Neue Kaiser-Wilh.-Gedächtnis-kirche, Berlin (West) (alte Turmruine aus d. 2. Weltkrieg bleibt erhalten, Lösung stark umstritten)

† *Werner Gilles*, dt. Maler u. Graphiker, Schüler *Feiningers*, häufig auf Ischia (* 1894)

Ernst Gisel: Reformierte Kirche in Effretikon (schweiz. Architektur)

Robert Goodnough (* 1917): „Entführung XI" (nordam. Gem.)

Karl Otto Götz (* 1914): Gouache (abstrakt. Bild)

† *Richard Hamann*, dt. Kunsthist., bes. bekannt „Geschichte d. Kunst" 1932 u. ö. (* 1879)

Karl Hartung: „Turm" (Bronze)

Fritz Hundertwasser (* 1928): „Sonne u. Spiraloide über dem Roten Meer" (österr. phantast.-abstraktes Gemälde)

† *Augustus Edwin John*, engl. Maler, u. a. Bildnisse (* 1878)

Henri Barraud (* 1900): „Lavinia" (franz. Buffo-Op.), Uraufführung

† *Sir Thomas Beecham*, brit. Dirigent (* 1879)

Benjamin Britten (* 1913): „Ein Sommernachtstraum" (dt. Erstaufführg. d. engl. Oper)

† *Marquis de Cuevas*, frz. Ballett-Direktor (*1885)

P. Dessau: „Puntila" (Oper nach *Brecht*)

† *Walter W. Goetze*, Berliner Operett.-komp. (25 musik. Bühnenw.) (*1883)

H. W. Henze: „Elegie für junge Liebende" (Oper)

G. Klebe: „Alkmene" (Oper in Zwölftontechn. n. *Kleists* „Amphitryon")

Frederick Loewe: „My Fair Lady" (nordam. Musical nach *G. B. Shaws* „Pygmalion", uraufg. 1956) in Berlin (West) in dt. Sprache erstaufgeführt (wird zu einem großen Erfolg dieser Gattung in Dtl.)

E. Mauersberger, Kantor d. Thomanerchors.

Darius Milhaud: Liturg. Werk für Bariton u. Orgel (Text: Sprüche Salomons), Urauff.

Renzo Rosselini (* 1908): „Uno Sguardo dal Ponte" (ital. Oper nach d. Drama „Blick von der Brücke" v. *Arthur Miller*), Urauff.

*Nobel*preis für Physik an *Rudolf Mössbauer* (* 1929, Dtl.) für die Entd. der rückstoßfreien Gammastrahlenemission in Kristallen (*M.*-Effekt, 1957) und an *Rob. Hofstadter* (* 1915, USA) für Analyse der Ladungsverteilung beim Proton und Neutron

*Nobel*preis für Chemie an *Melvin Calvin* (* 1911, USA) für Analyse der Photosynthese in d. Pflanzen

*Nobel*preis für Medizin u. Physiologie an *Georg v. Békésy* (* 1899, Ungarn) für Beiträge zur Physiologie des Hörens (erarbeitet in den USA)

S. Balke: „Die imperfekte Perfektion der Technik"

J. Becker und *G. Schubert:* „Die Supervolttherapie" (Geschwulstbekämpfung mit Röntgen- und Gamma-Strahlung mit mehr als einer Million Elektronenvolt)

† *Jules Bordet*, belg. Bakteriologe, entdeckte 1906 Keuchhusten-Bakterium, *Nobel*preis 1919 (* 1870)

† *Henri Breuil*, frz. Vorgeschichtsforsch., bes. Steinzeitchronologie u. vorgeschichtliche Kunst (* 1877)

† *Percy W. Bridgman* (Freitod), nordamerikanischer Physiker, untersuchte Materie bei höchsten Drukken, *Nobel*preis 1946 (* 1882)

† *Paul ten Bruggencate*, Astrophysiker in Dtl. (* 1901)

De Carli: „Erzeugung von Diamanten durch explosive Druckwellen" (bei 400000 Atmosphären und rel. niedrigen Temperaturen)

Clark und *Kraushaar:* Gammastrahl-Teleskop f. Satellit Explorer XI (Beginn e. Gammastrahlen-Astronomie)

Allert Defant: „Physikalische Ozeanographie" (in englischer Sprache, 2 Bde.)

P. Eisler: „Gedruckte Schaltungen" (kennzeichn. f. neue Produktionsmethoden d. elektron. Industrie)

† *Anton Flettner*, dt. Ingenieur, zuletzt in USA (* 1885)

† *Lee de Forest*, nordamer. Radiotechniker (* 1873)

Juri Gagarin (* 1934, † 1968, USSR) umkreist im Raumschiff „Wostok I" am 12. 4. als erster Raumpilot einmal die Erde und landet sicher

Virgil Grissom (USA) unternimmt

Welterzeugung v. Gütern u. Dienstleistungen (Bruttosozialprodukt) ca. 1400 Mrd. Dollar (davon erzeugen 67% der Weltbevölkerung in den Entwicklungsländern nur etwa 20%)

USA-Präsident schlägt neue Entwicklungshilfe für Lateinamerika vor: „Allianz für den Fortschritt", die von wirtschaftlichen u. sozialen Reformen begleitet sein soll: Agrar-, Steuer-Reform, Wirtschaftspläne (stößt auf Widerstand der traditionellen Kräfte)

USA-Präs. *Kennedy* gründet Friedenskorps für Entwicklungsländer

Elektrizitätserzeugung in Mrd. kWh:

USA	871,3
USSR	327,0
Japan	128,3
Gr.Brit.	127,6
BRD	124,6
Kanada	113,1
Frankreich	76,6
Italien	59,4
DDR	42,5
Erde	2424,4

Anteil der Investitionen am Sozialprodukt (z. Vgl. BRD 24%):

Indonesien	6 %
Pakistan	10 %
Südkorea	14 %
Indien	17,5%
Burma	19 %

(kennzeichnet langsame wirtsch. Entwicklung in Ostasien)

(1961)

Erliegen bringt. Angebl. Zweck: Schutz der Staatsgrenze gegen westl. Aggression; offensichtl., um der starken Flüchtlingsbewegung Einhalt zu gebieten

Westmächte protestieren. Vizepräs. *Johnson* und eine Kampfgruppe aus den USA in West-Berlin jubelnd begrüßt

Willy Brandt bittet USA-Präsidenten *Kennedy* schriftlich um politische Maßnahmen

Bundeskanzl. *Adenauer* unterstreicht in einem Gespräch mit dem Botschafter der USSR korrekte Beziehungen, kommt 9 Tage nach dem Mauerbau nach Berlin

West-Berlin boykottiert die von Behörden in Ost-Berlin betriebene S-Bahn, die der DDR Einnahmen in DM(West) bringt

In West-Berlin werden die Büros der SED geschlossen (die SED bleibt weiterhin eine in West-Berlin zugelassene Partei)

Die SPD löst ihre Organisationen in Ost-Berlin auf, um ihre Mitglieder dort vor Pressionen zu schützen

Lucius Clay wird Sonderbeauftragter des USA-Präsid. in Berlin (bis 1962)

Im Schatten der Mauer geht das Leben in West-Berlin ungebrochen weiter: Funkausstellung, Industrieausstellung, Festwochen usw. (anfängliche Unsicherheit der Einw. weicht bald neuer Zuversicht)

Erklärung aller Fraktionen im Dt. Bundestag fordert Friedensvertrag für Gesamtdeutschland

Die politischen Parteien bedienen sich bes. im Wahlkampf stark der Meinungsforschung

Wahl zum 4.Bundestag: CDU/CSU 242, SPD 190, FDP 67 Sitze (der Verlust der absoluten Mehrheit für die CDU/CSU wird vorwiegend als Mißtrauen gegen *Adenauer* gewertet)

Eugen Gerstenmaier (CDU) wird erneut Präsident des Bundestages (Vizepräs.: *Carlo Schmid* (SPD), *Thomas Dehler* (FDP), *Richard Jaeger* (CSU), *Erwin Schöttle* (SPD))

Konrad Adenauer wird zum 4. Mal vom Dt. Bundestag zum Bundeskanzler gewählt (tritt 1963 zugun-

Heinz Cramer (* 1924): „Die Konzessionen des Himmels" (Roman)

Shelagh Delaney (* 1939): „Der verliebte Löwe" (engl. Schauspiel)

Giuseppe Dessi (* 1909): „Das Lösegeld" (ital. Roman)

Will. Dieterle (* 1893), Intendant der Hersfelder Festspiele

Maria Dombrowska (* 1889): „Der dritte Herbst" (dt. Ausg. des poln. Romans von 1955, der den Stalinismus in der Literatur überwinden half)

Petru Dumitriu (* 1924): „Treffpunkt Jüngstes Gericht" (rumän. Rom.)

F. Dürrenmatt: „Gesammelte Hörspiele" (schweiz.), „Die Ehe des Herrn Mississippi" (Filmdrehbuch)

Ilja G. Ehrenburg: „Menschen, Jahre, Leben" (russ. Autobiographie, wird in der USSR von staatl. Seite kritisiert)

W. Falk: „Leid und Verwandlung" (über *Georg Trakl)*

Ennio Flaiano (* 1910): „Un marziano a Roma" (ital. Schauspiel)

† *Walter Franck*, dt. Schausp., vorwiegend in Berlin (* 1896)

† *Leonh. Frank*, dt. pazifistischer Schriftsteller, Fontane- u. Kleistpreis (1914 u. 20), 1933–50 in USA (* 1882)

E. Franzen: „Formen des modernen Dramas. Von der Illusionsbühne zum Antitheater"

Max Frisch: „Andorra" (schweiz. zeitkrit. Schauspiel)

Chr. Fry: „Curtmantle" (engl. histor. Drama)

Roy Fuller (* 1912): „The father's comedy" (engl. Roman)

legt Vorsitz des Rats der Evangel. Kirche in Dtl. nieder

† *Bruno Doehring*, ehem. Hof- und Domprediger (* 1879)

William J. Durant (* 1885): „Das Zeitalter der Vernunft" (als 7. Bd. von „Die Kulturgesch. der Menschheit" seit 1935)

E. Feldmann: „Theorie d. Massenmedien Presse – Film – Funk – Fernsehen"

Geoffrey Fisher (* 1887), Erzbischof der Anglikan. Kirche seit 1945, tritt in den Ruhestand

Otto Flake: „Der letzte Gott" (atheist. Tend.)

W. A. Flitner: „Europäische Gesittung"

W. Frauendienst: „Zur Problematik des Erkennens und d. Verstehens der jüngsten deutschen Vergangenheit"

Georges Friedmann (* 1902): „Abhandlung üb. Arbeitssoziologie" (frz.)

Froese, Haas, Anweiler: „Bildungswettlauf zwischen West und Ost"

† *Paul Geheeb*, Pädagoge, Grder. d. „Odenwaldschule" (1910) und der „Ecole d'Humanité" (Schweiz) (* 1870)

† *Arnold Gesell*, nordam. Kinderpsychologe (* 1880)

J. Hromadka: „Theologie und Kirche zwisch. gestern und morgen" (tritt als tschech. Theologe für christl.-kommunist. Verständ. ein)

Johannes Itten (* 1888): „Kunst der Farbe, subjektives Erleben und objektives Erkennen als Wege zur Kunst" (schweiz. Kunsterziehung)

Phil. Johnson: Amon Carter Museum, Fort Worth

Harry Kramer (* 1925) und *Wolfgang Rambott:* „Automobile Skulpturen, Mechanisches Theater, Experimentelle Filme" (Ausstellung in Köln)

Alfr. Lenica (*1899): „Zwischenräume in der Landschaft" (poln. Gem., seit 1957)

H. Linde: Landtagsgebäude in Stuttgart (Baubeg. 1958)

René Magritte (* 1898): Wandbilder im Palais de Congrès, Brüssel

André Masson (* 1896): „Eine Kunst des Wesentlichen" (frz. Essay eines vorwiegend surrealist. Malers), „Bestiarium der Wälder" (frz. Gemälde)

† *Anna Mary Robertson-Moses* (genannt *Grandma Moses*), nordam. Amateurmalerin seit etwa ihrem 75. Lebensjahr (* 1860)

Jerzy Nowosielski (* 1923): „Synthetische Landschaft" (poln. abstrakt. Gem.)

Raimond Peynet (* 1908): „Verliebte Welt" (frz. Zeichn.)

† *Eero Saarinen*, finnisch-nordam. Architekt (* 1910)

Greta Sauer (*1909): „Peinture Huile" (österr.-frz. abstr. Gemälde)

Hans Schädel und *Friedrich Ebert:* St. Margareta-Pfarrkirche in Bürgstadt/Main (kathol.)

Dimitri Schostakowitsch: „Bilder aus d. Vergangenheit" (Zyklus von fünf Romanzen), „12. Sinfonie", Urauff.

Gustav Rudolf Sellner (*1905), Intendant der Dt. Oper Berlin (war seit 1945 Intendant in Darmstadt)

Deutsche Oper Berlin eingeweiht

Karlheinz Stockhausen (*1928): „Carrée" (für 4 Chöre u. Orchester)

I. Strawinsky: „Gespräche" (autobiographisch)

Yannis Xenakis (* 1922): „Grundlagen einer stochastischen Musik" (griech. Musiktheorie unter Einbezieh. d. Wahrscheinlichkeitsrechnung)

Dt. Musik-Phonothek in Berlin (West) gegrdt.

42000 DM für die Partitur eines *Beethoven*-Streichquintetts

Schallplatten-Umsatz in USA 245 Mill. Dollar

Twist kommt als Gesellschaftstanz v. USA n. Europa

Populäre Schlager: „Ein Schiff wird kommen" („Les enfants du Pirée") *(Hadjidakis)*, „Seemann, deine Heimat ist das Meer" *(Scharfenberger)*, „Kalkutta liegt am Ganges" *(Gaze)*

Parabelflug in Raumkapsel (Höhe 190 km)

M. Gell-Mann u. *J. Ne'eman:* Achtfach-Weg-Modell der Elementarteilchen (faßt die Vielfalt der E. als gequantelte Energiezustände auf)

W. Haack: „Automation des Flugsicherungsdienstes mittels digitaler Rechenautomaten" (elektronische Flugsicherung)

P. Jordan: „Zum Problem der Erdexpansion" (auf Grund einer abnehmenden Gravitation)

† *Hanns Klemm*, dt. Flugzeugkonstrukteur (* 1885)

H. W. Knipping u. *H. Kenter:* „Heilkunst u. Kunstwerk" (Kunst als therapeutisches Mittel)

Hans Kretz: „Vollständige Modelldarstellung des bedingten Reflexes" (mit Hilfe einer mechanischen auf Licht u. Ton reagierenden „Schildkröte")

† *Otto Loewi*, dt.-nordamer. Physiologe und Pharmakologe, besond. Nervenphysiologie, *Nobel*preis 1936 (* 1873)

Josef Naas und *Hermann Ludwig Schmid* (Hrsg.): „Mathematisches Wörterbuch"

Ezat O. Neghaban, Archäologe der Univ. Teheran, gräbt in Marlik am Kaspischen Meer Königsfriedhof von ≈ —1000 aus; u. a. zahlreiche Bronzen von Jagdtieren und Menschenfigurinen

J. Heinrich Nirenberg und *Marshall W. Matthaei* gelingt erste zellfreie Eiweißsynthese mit künstlicher Boten-(transfer-) RNS und erweisen damit diese Ribonukleinsäure als Kopie der Erbsubstanz DNS

C. Overzier: „Die Intersexualität" (beruht teilweise auf Anomalien des Chromosomenbestandes)

† *Erwin Schrödinger*, österr. Physik., *Nobel*preis 1933, begründete die Wellenmechanik der Atome, 1940 bis 1955 in Dublin (* 1887)

M. Schwarzbach: „Das Klima der Vorzeit" (Zusammenfassung der Ergebnisse neuer, bes. physikalischer Methoden)

Alan Shepard (* 1923, USA) vollführt in Raumkapsel Parabelflug mit 175 km Höhe

German Titow (* 1935, USSR) umkreist als zweiter Raumpilot der

Industrieproduktionsindex in der BRD 262 (1950: 100), für die Elektroindustrie 469

Braunkohleförderung in d. DDR 236,9 Mill. t, in d. BRD 97,2 Mill. t

Weltbauxitförderung: 28,3 Mill. t (seit 1950 mehr als verdreifacht)

Weltgewinnung v. Naturkautschuk 1,9 Mill. t (davon Malaiischer Bund 0,75 Mill. t, Indonesien 0,58 Mill. t); Synth. Kautschuk: USA (1960) 1,34 Mill. t, USSR (1959) 0,6 Mill. t

Faserstoffproduktion d. Erde (Millionen t):

Wolle	1,400
Baumwolle	10,120
Naturseide	0,032
Zellulose	4,429
Synthet. Fasern	1,006

Heizölerzeugung in der BRD 17,8 Mill. t (1955: 2,4 Mill. t)

Weltpapiererzeugung 51,8 Mill. t (pro Kopf ca. 17 kg)

Welt-Kartoffelernte: 284,7 Mill. t auf 25,3 Mill. ha (BRD: 24,5 Mill. t auf 1,04 Mill. ha)

41,2 Mill. t Fischfang, davon

	(Mill. t)
Japan	6,7
VR China	5,3
Peru	5,2
USSR	3,3
Norwegen	1,5
Spanien	1,0
BRD	0,6

Landwirtschaft d. USA beschäftigt 10% der Erwerbstätigen, die der

(1961)	sten *Ludwig Erhards* zurück). Bildet CDU/CSU-FDP-Regierung: Vizekanzler u. Wirtschaft: *L. Erhard*, Äußeres: *G. Schröder*, Inneres: *H. Höcherl*, Verteidigung: *F. J. Strauß*, Gesamtdt. Fragen: *E. Lemmer* Karlspreis der Stadt Aachen an *Walter Hallstein* (* 1901) Vizeadmiral *Hellmuth Heye* (CDU, * 1895) wird neuer Wehrbeauftragter des Bundestages *Paul Nevermann* (* 1902, SPD): Erster Bürgermeister und Präsident des Senats von Hamburg als Nachfolger *M. Brauers* *F. J. Strauß*, Vorsitzender der CSU (1963 wiedergewählt) Dt. Partei vereinigt sich mit dem Gesamtdt. Block/BHE zur Gesamtdt. Partei (GDP) (kennzeichnend für den Existenzkampf der kleinen Parteien) Ausgleichsvertrag zw. BRD und Österreich: Bundesrep. verpflichtet sich in 4 Jahren 321 Mill. DM zu zahlen In einem Personenzug brechen 25 Einwohner der DDR nach West-Berlin durch Regierung der BRD beschließt Verlängerung des Wehrdienstes von 12 auf 18 Monate Wahl zur Hamburger Bürgerschaft: SPD 69, CDU 41, FDP 10 Sitze: SPD-FDP-Senat † *Ruth Fischer*, dt. polit. Publizistin, ursprüngl. Kommunistin, seit 1941 in USA (* 1895) † *Willy Henneberg* (SPD), Präsident des Abgeordnetenhauses von Berlin, während einer Ansprache zur Wahl der Berliner Bundestagsabgeordneten (* 1898); sein Nachfolger als Präsident wird *Otto Bach* (SPD, * 1899) † *Paul Hertz* (SPD), Wirtschaftssenator in Berlin seit 1951 (* 1888) † *Jakob Kaiser*, christdemokr. Politiker, Gewerkschaftler, Mitbegründer der CDU, 1949–57 Min. für Gesamtdeutsche Fragen (* 1888) † *Hinrich Wilhelm Kopf*, niedersächs. Ministerpräsident (SPD, „Der rote Welfe") 1946–55 und seit 1959 (* 1893)	*Peter Gan* (* 1894): „Die Neige" (Gedichte) *J. Genet:* „Tagebuch eines Diebes" (dt. Ausg. des frz. Romans von 1948) *Allen Ginsberg* (*1926): „Kaddish" (nordamer. Gedicht eines grausam. Naturalismus) *José Maria Gironella* (* 1917): „Un millón de muertos" (span. histor. Roman der Jahre 1936 bis 39) *Anne Golon:* „Angélique et son amour" (frz. Roman) *Robert Graves* (v. Ranke-Gr.) (* 1895): „More Poems" (engl. Ged.) *Grah. Greene:* „A burnt-out case" (engl. Roman, dt. „Ein ausgebrannter Fall") Dt. Schauspielhaus Hamburg unter *Gründgens* mit „Faust I" in New York (erstes dt. Gastspiel seit dem Krieg) † *Hj. Gullberg*, schwed. Lyriker (* 1898) † *Olav Gullvaag*, norweg. Schriftsteller (* 1885) † *Lasse Heikkilä*, finn. Lyriker (* 1925) † *Ernest Hemingway* (beim Reinigen s. Gewehrs), nordamer. Dichter eines knappen, lebensvollen Stils (* 1898) *Hermann Hesse:* „Stufen. Alte und neue Gedichte in Auswahl" *Th. Heuss:* „Vor der Bücherwand" *Wolfg. Hildesheimer* (* 1916): „Die Verspätung" (Schauspiel) *Kurt Hirschfeld* (* 1902), Leiter des Schauspielhauses Zürich (ab 1933 dort Dramaturg und Regisseur) *Walter Höllerer* (* 1922) gibt Zeitschrift „Sprache im technischen Zeitalter" heraus	„Aeterna Dei", Enzyklika Papst *Johannes' XXIII.*, betont Primat des Papstes † *Carl Gustav Jung*, schweiz. Tiefenpsychologe, wandelte d. Lehre *S. Freuds* stark ab (* 1875) † *Michael Keller*, Bischof von Münster seit 1947 (* 1896) *Jürgen v. Kempski Rakoszyn* (* 1910): „Grundlegung zu einer Strukturtheorie des Rechts" (mathem. Sozialtheorie) *E. Krause:* „Grundlagen einer Industriepädagog." *Walter Krickeberg* (*1885, † 1962): „Die Religionen des alten Amerika" *E. Kunze:* „Bericht über die Ausgrabungen in Olympia VII" (die er seit 1952 leitet) *G. Menges:* „Ökonometrie" (quantitative Erfassung der Wirtschaftsvorgänge) *H. Mittelstaedt:* „Die Regeltheorie als methodisches Werkzeug der Verhaltensanalyse" *L. J. Pongratz:* „Psychologie menschl. Konfl." *Sarwapalli Radhakrischnan* (* 1888): „Religionen in Ost u. West", „Meine Suche nach Wahrheit" (erscheinen in dt. Übersetzung) *Marcel Reding* (* 1914): „Über Arbeitskampf u. Arbeitsfrieden" (kathol. Moraltheologie) *E. H. Roloff:* „Bürgertum u. Nationalsozialismus" (soziolog. orientierte Zeitgeschichte) *M. Sader:* „Möglichkeiten u. Grenzen psychologischer Testverfahren" *Helmut Schelsky:* „Die Bedeutung d. Klassen-

H. Scharoun: Siedlung Charlottenburg-Nord, Berlin (Baubeg. 1956)
† *Rudolf Schwarz*, dt. Architekt u. Kirchenbauer, bes. in Köln (* 1897)
† *Mario Sironi*, ital. Maler, u.a. Wandgem. in Rom und Mailand (* 1885)
H. Skrobucha: „Von Geist und Gestalt der Ikone" (über Ikonenmalerei)
Henryk Stazewski (* 1894): „Komposition" (poln. abstr.-geom. Gemälde)
Saul Steinberg (* 1914): „Das Labyrinth" (Sammlung v. Zeichnungen des rumän.-nordam. Karikaturisten)
† *James Thurber*, nordamer. satir. Zeichner und Schriftsteller (* 1894)
Emilio Vedova: „Spanien heute" (span. Lithographien zu zeitgenöss. span. Gedichten)
Yack Youngerman (* 1926): „26. Juli" (nordamer. Gem.)
Karl Zerbe (* 1903): „Tanzender Kommissar" (nordamer. Gemälde)
Kongreßhalle im Kreml, Moskau
Für *Rembrandts* „Aristoteles betrachtet d. Büste Homers" werden 2,3 Mill. Dollar (Gemälde-Höchstpreis) bezahlt

---

Kurt Hoffmann: „Die Ehe des Herrn Mississippi" (Film nach *Dürrenmatt* mit *Martin Held* und *Johanna v. Koczian)*
Herbert Vesely: „Das Brot der früh. Jahre" (Film. n. *H. Böll* aus der Oberhausener Gruppe von Kurzfilmregisseuren)
B. Wicki: „Das Wunder des Malachias" (zeitkrit. schweiz. Film)
Georges Franju (* 1912): „Mitternachtsmörder" (frz. Film)
M. Antonioni: „Liebe 1962" (ital. Film)
Anselmo Duarte: „Fünfzig Stufen zur Gerechtigkeit" (ital. Film)
F. Fellini: „Boccaccio 70" (ital. Film mit *Romy Schneider*)
Elio Petri: „Trauen

begriffs für die Analyse unserer Gesellschaft" Lehrerbildung, der Sozialpädagogik und Didaktik (* 1894)
K.-H. Wewetzer: „Der Prozeß der Begabung" (relativiert Tests)
Erich Schneider (* 1900), Direktor des Inst. f. Weltwirtschaft, Kiel
B. Spiegel: „Die Struktur der Meinungsverteilung im sozialen Feld. — Das psychol. Marktmodell"
E. Stange: „Telefonseelsorge" (seit 1956 in der BRD)
† *Erich Weniger*, dt. Pädagoge auf d. Gebiet d. Sozialpädagog. (* 1894)

USSR die Erde 17mal in 25 Stunden 18 Minuten
W. S. Troizkij analysiert Radiostrahlung d. Mondes (erlaubt Rückschlüsse auf seine Oberflächenbeschaffenheit)
F. Vogel: „Lehrbuch der allgem. Humangenetik" (Darstellung neuer Fortschritte)
Zahl der elektronischen Rechenanlagen in USA 5304, Europa 1517, BRD 717
Es wird über 21500 wissenschaftliche Arbeiten pro Jahr im Umkreis der Physik berichtet, d.h. es erscheinen pro Tag mindestens 60 solcher Arbeiten (kennzeichnend für die Schwierigkeiten einer übersichtl. Dokument. auf fast allen Gebieten)
„Mathematische Theorie" (auch der Volkswirtschaft, im Handwörterbuch der Sozialwissenschaft)
Künstl. Herstellung des Elementes Lawrencium in USA (radioaktives Transuran d. Ordnungszahl 103, zerfällt zur Hälfte in ca. 8 Sek.)
Neue Einheit des Atomgewichts internat. beschlossen: Kohlenstoffisotop ^{12}C erhält durch Definition das Atomgewicht 12,00000
Halbwertszeit d. radioaktiven Kohlenstoffs C-14 erneut bestimmt zu 5770 ± 60 Jahre (wichtig zur Anwendung der Radiokarbonmethode in der Archäologie)
Kunststoffe erreichen Temperaturbeständigkeit bis ca. 200° C
Wetterdienst der BRD beginnt, Gehalt der Luft an radioaktiven Stoffen anzugeben
Atlas der Mondrückseite (nach Aufnahmen von Lunik III 1959)
Schimpanse umkreist in USA-Raumkapsel zweimal die Erde und landet unverletzt
Mit Raketen erhaltene Röntgenbilder der Sonne (seit 1960) erweisen Kondensationen der inneren Korona mit ca. 2000000° C als Quelle der Strahlung
Aus Radarmessung der Venusentfernung wird die Sonnenentfernung zu 149599500 ± 3500 km bestimmt
Flaschenblasmaschinen erreichen 70 Stück pro Minute
Erste interkontinentale Festtreibstoff-Rakete der USA erfolgreich erprobt

USSR ca. 40%, d.h. 8mal mehr Arbeitskräfte; erreicht damit etwa 50% d. Erzeugung der USA (Produktivität also ca. 1/16)
20-Jahres-Plan (Generalperspektive) d. USSR projektiert Erreichg. des „echten Kommunismus"
Stalinstadt und Fürstenberg/Oder vereinigt und in Eisenhüttenstadt umbenannt (33000 Einwohn., Jahreskapazität 1,2 Mill. t Roheisen)
3. Fünfjahresplan 1961–65 in Indien (die Planziele halten mit der raschen Bevölkerungszun. kaum Schritt)
Stadtkern v. Neu-Delhi hat 200000 Einwohner, ca. 50000 pro qkm (vgl. West-Berlin 4569 pro qkm)
Jährliches Einkommen pro Kopf in DM (West):

USA	11354
Schweden	7671
Schweiz	6775
BRD	5746
Gr.Brit.	5675
Frankreich	5450
Niederlande	4215
Österreich	3527
USSR	2967
Italien	2618
Japan	1992
Spanien	1186
Ägypten	1111
Türkei	845
Brasilien	454
VR China	297
Indien	272
Äthiopien	151

(läßt nur indirekte Schlüsse auf den Lebensstandard zu) vgl. 1972

(1961)

Arbeitsgesetzbuch d. DDR schränkt Rechte der Arbeiter entscheidend ein (kein Streik- und Koalitionsrecht)

Willy Stoph wird 1. stellvertr. Min.-Präs. d. DDR

Alex. Abusch (* 1902), seit 1958 Min. f. Kultur in der DDR, wird stellvertr. Vors. d. Min.Rats für Kultur und Erziehung

P.-H. Spaak legt Amt als NATO-Generalsekretär nieder, wird belg. Außenminister. Sein Nachfolger wird d. Niederl. *Dirk Stikker*

Terroristische Anschläge in Südtirol (wiederholen sich in den folgenden Jahren und führen zu Prozessen)

Italien und Österr. verhandeln in Zürich vergeblich über die Südtiroler Probleme

Julius Raab gibt sein (seit 1953 bekleidetes) Amt als österr. Bundeskanzler aus Gesundheitsgründen an *Alfons Gorbach* (* 1898, ÖVP) ab

Hohe Strafen im Pariser „Barrikaden"-Prozeß gegen die Putschisten von Algier

Nigeria bricht (wegen Kernwaffenversuchen i. d. Sahara) diplom. Beziehungen zu Frankreich ab

4. frz. Atomversuch in der Sahara (USA, USSR und Gr.Brit. halten Teststop ein)

Rebellion frz. Generäle in Algerien gegen *de Gaulle* bricht zusammen. Frz. Militärgericht verkündet 8 Todesurteile

Jussef Ben Khedda (* 1920), Min.-Präs. d. algerischen Exilregierung (bis 1962)

Konferenz zwischen Frankr. und algerischer Exilregierung in Evian (Frankr.) beginnt

Brit. Unterhaus stimmt Beitritt zur EWG zu, Labour-Fraktion enthält sich der Stimme (Beitritt scheitert 1963 an der frz. Haltung)

Wahl zum norweg. Parlament: Arbeiterpartei 74 (vorher 78), Konservative 29 (29), Bauernpartei 17 (15), Christl. Volkspartei 15 (12), Liberale 13 (15), Sozialist. Volkspartei 2 (–), Kommunisten 0 (1) Sitze

† *Luigi Einaudi*, ital. Staatspräsident 1948–55, Finanzwissenschaftler (* 1874)

Miroslav Holub (* 1923): „Das ABC-Buch" (tschech. Lyrik)

Gyula Illyés (* 1902): „Neue Gedichte" (ung.; schrieb 1956 das Ged. „Ein Wort über die Tyrannei")

Hans Henny Jahnn (* 1894, † 1959): „Trümmer des Gewissens", „Der staubige Regenbogen" (Schausp., posthum)

† *Franz Kuhn*, Sinologe, Übers. chin. Werke ins Deutsche (* 1889)

Olof Lagercrantz (* 1911): „Schwedische Lyriker" (schwed. literar. Porträts)

Hans von Lehndorff (* 1910): „Ostpreußisches Tagebuch" (Erinnerungen eines Arztes an das Kriegsende 1945)

Stanislaw Lem (* 1921): „Die Sterntagebücher d. Weltraumfahrers Ijon Tichy" (dt. Ausg. d. poln. wissenschaftl. Utopie v. 1957)

Siegfried Lenz: „Zeit der Schuldlosen" (Schausp. um das Problem der polit. Schuld)

E. Lohner: „Passion und Intellekt. Die Lyrik Gottfried Benns"

Carson McCullers (* 1917): „Uhr ohne Zeiger" (nordamer. Prosa)

Bernard Malamud: „A new life" (nordamer. Roman)

Th. Mann: „Briefe 1889 bis 1936" (hrsg. v. *Erika Mann*, * 1905, † 1969)

Josef Marschall (* 1905): „Flöte im Lärm" (österr. Gedichte)

François Mauriac (* 1885): „Le Nouveau Bloc-notes" (frz. Zeitbetrachtungen, „Bloc-notes I" 1958)

Hans Mayer: „Bertolt Brecht u. d. Tradition"

W. Wickler: „Ökologie und Stammesgeschichte von Verhaltensweisen"

P. Winter: „Über den Prozeß Jesu" (histor. Leben-Jesu-Forschg.)

H. Wölker: „Die Bedeutung der empirischen Verhaltensforschung für die ökonom. Theorie"

Vollversammlung der UN erklärt Massenvernichtungswaffen als völkerrechtswidrig

10. Dt. Evang. Kirchentag in Berlin (in Ost-Berlin verboten)

Ökum. Rat d. evangel. Kirchen tagt in Neu Delhi

„Mater et Magistra", päpstl. Enzyklika über kirchl. Soziallehre (ergänzt Enzykliken von 1891 und 1931)

Richtlinien der Erzdiözese Paderborn gegen gewisse Züge im modernen Kirchenbau wie Kapelle in Ronchamp

Österreich anerkennt d. evangel. Kirchen als gleichberechtigt (Mitgliedz. 1955–60 von 23000 auf 415000 gest.)

Gesetz über Jugendwohlfahrt in der BRD enthält Vorrang der freien (nichtstaatl.) Maßnahmen

Gesetz über die Verbreitung jugendgefährdender Schriften in der BRD

Baubeg. d. Ruhrunivers. Bochum

Bundesinstitut zur Erforschung des Marxismus-Leninismus in Köln

Umfass. Schulgesetzgebung in Hessen (u. a. 9. Schuljahr, schulpsycholog. Dienst, Mittelpunktsschulen)

„Arzneimittel und menschliches Verhalten" (engl. Sammelwerk üb. die psychischen Wirkungen von Drogen: „Psychopharmaca")

Versuchsatomkernkraftwerk mit 15000 kW in Kahl am Main. Insges. sind auf der Erde 17 Atomkraftwerke mit 1,1 Mill. kW in Betrieb, 34 mit 6,8 Mill. kW im Bau

Tagung d. Internationalen Atom-Energie-Organisation in Salzburg über Plasmaphysik und thermonukleare Fusion: Trotz kurzzeitiger Plasmen mit Ionentemperaturen bis 40 Mill. °C kann eine technisch kontrollierte Kernverschmelzung noch nicht erreicht werden

2. Internationales Symposium für Chemotherapie in Neapel zeigt Ansätze für chemische Behandlung von Viruskrankheiten

Internationales Kolloquium über wissenschaftliche Photographie in Zürich behandelt insbesondere neue Verfahren der Elektrophotographie

Erneuerung d. Kontinentaldrift-Theorie

Mohole-Projekt in USA: Tiefbohrung am Ozeanboden

Volkswagenstiftung zur Förderung der Wissenschaft und Technik

Neue Medizin. Klinik in Tübingen

Autoparkhochhaus in Birmingham (England) nach der Lift-Slab-Methode (Zwischendecken auf der Kellerdecke betoniert und dann gehoben, seit 1947 in USA)

Stereosystem im USA-Rundfunk

Nähtransferstraße zur Fertigung von Herrenhemden-Vorderteilen (weiter ist die wachsende Produktivität der Bekleidungsindustrie durch Schnittmaschinen gekennzeichnet, die bis zu 300 Stofflagen bewältigen)

Ausgrabungen von Catal Hüyük/Anatolien beginnen

Sie Alfredo einen Mord zu?" (it. Film)

Luis Buñuel (* 1900): „Viridiana" (span. Film, von span. Reg. u. Kirche verurteilt)

John Cassavetes: „Too late blues" (nordam. Film)

† *Gary Cooper*, nordamer. Filmschausp. (* 1901)

Stanley Kramer (* 1913): „Das Urteil v. Nürnberg" (nordamer. Film m. *Maximilian Schell* (*1930), *Marl. Dietrich*, *Spencer Tracy* (*1900) u. *Burt Lancaster* (* 1913))

Jerome Robbins: „West Side Story" (nordamer. Film nach d. Musical v. *Leonard Bernstein* (*1918))

„Eines langen Tages Reise in die Nacht" (nordamer. Film n. *E. O'Neill* m. *K. Hepburn*)

„Lolita" (nordamer. Film nach *V. Nabokov* mit *James Mason* (*1909))

„Sodom und Gomorrha" (nordam. Monumentalfilm m. *St. Granger* [*1913])

„Stadt ohne Mitleid" (nordam. Film mit *Kirk Douglas* (* 1916))

† *Anna May Wong*, chin.-nordam. Filmschauspielerin

A. Wajda: „Samson" (poln. Film)

Mich. Romm: „Neun Tage eines Jahres" (russ. Film)

60% des Grundkapitals i. priv. Hand

In der BRD (einschl. Berlin (W)) 2532 Aktienges. mit 35,5 Mrd. DM Grundkapital

369 wirtschaftliche Interessengruppen in Bonn vertreten (kennzeichnet den Lobbyismus am Sitz d. Parlaments)

In den Ballungsgebieten der BRD entfallen 43% der Bevölkerung auf 14% der Fläche.

Sachverständigenausschuß macht Vorschläge zur Raumordnung

In der Industrie der BRD ist die 45-Std.-Woche praktisch erreicht, die 40-Std.-Woche wird – bes. von d. Gewerkschaften – angestrebt. In den USA ist die 40-Std.-Woche err.

„Gesetz zur Vermögensbildung der Arbeitnehmer" in der BRD

„Der Angestellte zwischen Arbeiterschaft und Management" (Herausg. *H. Bayer*)

Bundesbeamtenrechtsrahmengesetz gleicht Rechtsverhältnisse in den Ländern an

Borgward-Auto-Werke gehen trotz anerkannter Konstruktionsleistung in Konkurs

Pkw auf 1000 Einwohner:

USA	344
Kanada	234
Neuseeland	231
Australien	200
Schweden	173
Frankreich	148
Gr.Brit.	114
BRD	112
DDR	9

85% d. industriellen Bruttoproduktion der DDR entfallen auf die „volkseigenen Betriebe" (VEB)

Zahl der LPGs (Landwirtschaftl. Produkt. Genossensch.) in d. DDR 18850 mit 5,4 Mill. ha = 84% der ges. landwirtsch. Nutzfläche

Nach der Kollektivierung der Landwirtschaft in der DDR 1960 gehen die Ernteerträge um ca. 30% zur.

Dänische Altersversorgung umfaßt die gesamte Bevölkerung (Volkspension)

Anteil der frz. Industrie in Paris: 77% Optische, 67% Kraftfahrzeug-, 55% Elektro-, 44% Chemische Industrie

~ Nach 1958 ruft die EWG-Politik starke Konzentrationsbewegungen in der Industrie Frankreichs hervor

Trade Unions Congress (Gewerkschafts-Dachorganisation in Groß-Brit.) umfaßt 183 Trade Unions mit 8,3 Mill. Mitgl.

Zweite Bodenreform in Ägypten (erste 1952)

Anteil der Verkehrsmittel im öff. Personenverkehr in der BRD:

Dt. Bundeshaushalt beträgt rund 48 Mrd. DM

Volkswagenwerke im Zuge der Privatisierung in eine AG umgewandelt.

Genossenschaften in der BRD

	Zahl	Mitgl. (Mill.)
Ländliche	22531	4,2
Gewerbliche	2317	2,2
Konsum	258	2,5
Bau	1632	1,1
Zusammen	26738	10,0

(1961)	Gegner *Salazars* kapern portug. Passagierdampfer im Karib. Meer Belgrader Konferenz von 25 blockfreien Staaten beschließt Friedensappell Albanien entfernt sich politisch von der USSR und nähert sich der Volksrepublik China † *Zogu I.*, Kg. v. Albanien 1928–39, im Pariser Exil (* 1895) *János Kádár* (* 1912) wieder ungar. Min.Präs. (vorher 1956–58) Türk. Militärregierung tritt zurück. Neue türk. Regierung unter General *Gürsel* Neue Verfassung der Türkei mit 6,3 gegen 3,9 Mill. Stimmen angenommen Wahlen zum türk. Parlament: *Inönüs* Volkspartei 173, Gerechtigkeitspartei (Opposition) 158, Partei „Neue Türkei" 65, Nationale Bauernpartei 54 Sitze Türk. Koalitionsreg. ohne Gerechtigkeitspartei In der Türkei werden Strafen gegen Anhänger des *Menderes*-Regimes verhängt: 15 Todesurteile, 39 Urteile auf lebensl. Haft, 418 Freiheitsstrafen, 123 Freisprüche Nach blutigen Unruhen in Teheran wird pers. Regierung gestürzt und *Ali Amini* Min.Präs. (bis 1962, bekämpft Korruption, fördert Bodenreform) Militärrevolte in Syrien führt zum Ausscheiden aus der Vereinigten Arab. Republik. *Nasim Qudsi* wird Staats- u. Min.Präs. (1963 durch Militärputsch abgesetzt) BRD erkennt Syrien als selbst. Staat an Türk. Parlament wählt General *Gürsel* zum Staatsprädisenten (für 7 Jahre) XXII. Parteitag der KPSU setzt Entstalinisierung weithin sichtbar fort. *Stalins* Leichnam wird aus dem Mausoleum auf dem Roten Platz entfernt Zahlreiche Umbenennungen von Orten in der USSR, die nach *Stalin* hießen; u. a. wird Stalingrad in Wolgograd umbenannt *Molotow*, *Malenkow* u. *Kaganowitsch* werden aus der KPSU ausgeschlossen (gilt als weiterer Schritt der Entstalinisierung)	*Karel Michal:* „Schreckgespenster für den Alltag" (tschech. satirische Dichtung) *A. Miller:* „Nicht gesellschaftsfähig" (nordamer. Roman und Drehbuch) *H. de Montherlant:* „Tagebücher 1930–44" (dt. Ausgabe) *Walter Muschg* (* 1898, † 1965): „Von Trakl zu Brecht. Dichter des Expressionismus" (schwz. Literaturgeschichte) Georg-Büchner-Preis d. Dt. Akad. f. Sprache u. Dichtung an *Hans Erich Nossack* (* 1901) *Sean O'Casey:* „Behind the green curtains" (drei irisch-engl. Schauspiele) *K. Otten* (* 1889, † 1963): „Herbstgesang" (Ged.) † *Rudolf Pechel*, deutsch. Schriftsteller u. Publizist (* 1882) *Harold Pinter:* „Die Geburtstagsfeier" (dt. Aufführg. des engl. Schauspiels von 1957) *A. Denti di Pirajno* (* 1886): „Ippolita" (ital. Roman) *Helmut Qualtinger* (* 1928): „Der Herr Karl" (österr. Satire auf den Spießbürger, zus. m. *C. Merz*) † *Henry Morton Robinson*, nordamer. Schriftstell., u. a. „Der Kardinal" (Roman, 1950), Chefredakteur von „Reader's Digest" (* 1898) † *Mihail Sadoveanu*, rumänisch. Schriftstell. (* 1880) † *Albin Skoda*, österr. Schauspieler, seit 1946 am Wiener Burgtheater (* 1909) *E. Sylvanus* (* 1917): „Der rote Buddha" (Schauspiel) *Junichiro Tanizaki* (* 1886, † 1965): „Der Schlüssel"	Vollakadem. Lehrerbildung in Hessen durch Anschluß der Hochschulen f. Erziehung an Universitäten Ca. 16000 Studenten an den Hochschulen Breslaus (Breslau [Wroclaw] hatte 1960 428000 Einwohner, dav. ca. 1200 dt.) USSR bildete seit 1955 mehr Ingenieure und Techniker aus als die westlichen Länder zus. Afrikan. Konferenz beschließt, bis 1966 Schülerzahlen von 11 auf 16 Mill. (d. h. Allg. Schulpflicht) zu erhöhen. Die Bildungskosten erhöhen sich von 584 (1961) auf 2593 Mill. Dollar (1981) City University of New York (Hochschul-Dachorganisat.) gegrdt. (hat über 82000 Studenten) Im 3. Fünfjahresplan (1961–65) setzt die indische Regierung 200 Mill. DM für Geburtenbeschränkung ein (z. B. 20 DM Prämie für Sterilisierung) Man zählt d. 107. Todesurteil aus polit. Gründen in der DDR seit ihrer Gründung (in der BRD keine Todesstrafe) Neues Strafgesetzbuch Ungarns schränkt die Todesstrafe ein und schafft sie für Jugendliche unter 20 Jahren ab Todesstrafe für Wirtschaftsverbrechen in der USSR Museum zur Chines. Revolution in Peking Etwa 50% aller Kinder der Erde erhalten keine Elementarschulausbildung. Ca. 44% aller Erwachsenen sind Analphabeten 23132 Buchtitel (Neuerscheinung.) in der BRD

Eisenbahnverkehr 45,3%
Straßenverkehr 52,7%
Luftverkehr 2,0%
Insges. 87,6 Mrd. Personenkilometer (1950: 56,2 Mrd.)
In der BRD ca. 150 Mrd. kmt Güterverkehr: Eisenbahn 44%, Binnenschiffahrt 27%, Kraftwagen 27%, Ölfernleitungen 2% (seit 1951 rd. 60% Steigerung)
Motorisierung in der BRD (Pkw auf 1000 Einw.)

Frankfurt/M	151
München	140
Köln	124
Hamburg	111
Essen	89
Berlin (West)	80

Dt. Funkausstellung, erstmals n. dem Kriege in Berlin (Eröffng. durch Vizekanzler *Erhard*)
4 DM (West) = 1 Dollar (vorher 4.20 DM). Aufwertung des niederl. Gulden folgt
Dt. Bundesregierung bietet USA einmaligeDevisenhilfe von 982 Millionen Dollar an
Griechenland zur EWG assoziiert
Der Außenhandel Algeriens ist zu rund 83% mit Frankreich verbunden
Benutzungsgebühren für Panamakanal 54 Mill. Doll. (1956: 36 Mill.). Panama erhält jährlich 1,9 Mill. Dollar Kanalpacht
Dt. Bundesreg. stellt für Berlin außerhalb d. Bundeszuschusses 500 Mill. DM zur Verfügung (wird zu einem großen Teil zur Urlaubshilfe verwendet)
Umsatz von Kosmetika in d. BRD gegenüber 1954 um 74% erhöht
200000 Neubauwohnungen in Berlin seit 1949
Stalinallee in Ost-Berlin in Karl-Marx-Allee umbzw. in Frankfurter Allee zurückbenannt
Gesetz über die Entschädigung für Impfschäden in der BRD
Dt. Bundesländer unterzeichnen Staatsvertrag für ein Zweites Fernsehprogramm (wird ab 1963 ausgestrahlt)
Fernsprechstellen pro 1000 Einw.:

USA	408
Gr.Brit.	157
BRD	108
Frankreich	95
Italien	78
Polen	30
USSR	20
Erde	47

Transsibirische Bahn Moskau–Irkutsk elektrifiziert (bis Wladiwostok voraussichtlich 1965)
M. Botwinnik wird wieder Schachweltmeister (war es 1951–58, bleibt es bis 1963)
H. G. Prescher: „Sport – Fluch oder Segen unserer Epoche?“
Fritz Thiedemann, erfolgreicher Reiter, scheidet freiwillig aus dem aktiven Sport; schreibt „Meine Pferde, mein Leben“
Segelflug-Höhenrekord: 14102 m (USA)
1. FC Nürnberg wird zum 8. Mal Fußballmeister d. BRD
Rennfahrer *Wolfg. Berghe von Trips* verunglückt tödlich bei einem Autorennen in Monza
14209 Personen im Straßenverkehr der BRD getötet
Eisenbahnunglück in Italien fordert 71 Todesopfer

Entwicklungstendenz

Sterbefälle pro 1000 Einw.:

	1961	1881/90
BRD (Dtl.)	10,9	(25,1)
Frankr.	10,9	29,5
Italien	9,4	27,1
Indien	12,2	–
USA	9,3	–
USSR (Rußl.)	7,1	(33,9)

Kindersterblichkeit in Indien 98‰ (1901: 232‰).
Mittlere Lebenserwartung eines Neugeborenen 42 Jahre (1931: 23 Jahre)
Die BRD (einschl. Berlin-West) hat 56,2 Mill. Einw. (1950: 50,8 Mill.)
Die DDR hat 16,02 Mill. Einw. (1950: 17,20 Mill.)
Bruttoinlandprodukt der BRD (in Preisen von 1954)
1961 253 Mrd. DM
1955 175 Mrd. DM
Produktivität und Reallöhne in der BRD (1950 = 100)

	Prod.	Reall.
1950	100	100
1955	151	137
1961	174	180

Index d. mittleren Lebenshaltung in der BRD

1961	123,5
1950 =	100,0
1940	66,4
1932	61,6
1924	66,9

Geschätzte Weltreserven an Erdöl ca. 50 Mrd. cbm (1938: 4,9; 1950: 15,1 Mrd. cbm)
Welt-Aluminium-Erzeug. 4,6 Mill. t, davon die USA 1,7 Mill. t (seit 1950 Welterzeugung verdreifacht)
Spareinlagen in d. BRD 47,7 Mrd. DM (1950: 12,9 Mrd. DM)
In der BRD sind 7,1 Mill. Frauen erwerbstätig (1951: 4,5 Mill.)
23000 Lebensmittel-Selbstbedienungsläden in der BRD mit 30% des Gesamtumsatzes des Einzelhandels (1954: 300 Läden)
Brotverbrauch in der BRD 77,3 kg je Einw. (1936 in Dtl. 108 kg je Einwohner)
56 Mill. Liter Schaumwein in d. BRD verbraucht (1950: 5 Mill. l)
Zigarettenverbr. pro Einw. über 15 Jahre in der BRD 1780 Stück (1957: 1336 Stück)
Industrieerzeugg. der gesamten Erde seit 1938 etwa verdreifacht
Landwirtschaftl. Erzeugung der Erde wuchs seit 1950 um 20%
Durchschnittl. jährl. Zuwachsrate der industriellen Prod. seit 1954:

Italien	9,0%
BRD	7,9%
Frankreich	7,1%
Norwegen	5,5%
Schweiz	5,2%
Gr.Brit.	2,6%

Weltsteinkohleförderg.: 2 Mrd. t, davon (Mill. t)

VR China	430
USSR	377
USA	376
Gr.Brit.	194
BRD	143

(1950: 1,45 Mrd. t)

(1961)

Sozialdemokrat. Mapai-Partei Israels erhält 42 (linkssozialist. Mapam-Partei 9) von 120 Sitzen im Parlament und 11 von 16 Ministern in d. Regierung

Schwere Unruhen in Portugiesisch-Angola

Min.Präs. Katangas gibt den Tod (Ermordung) von *Lumumba* bekannt (Min.Präs. von Kongo seit 1960, * 1925)

Präs. d. Bergbauprovinz Katanga Kongos vorübergehend verhaftet

Cyrille Adoula (* 1921) wird Min.-Präs. von Kongo

In Kongo brechen zwischen UN-Truppen und denen der separatist. Katanga-Provinz offene Feindseligkeiten aus (nach einem Monat tritt Waffenstillstand ein)

Kongo-Soldaten ermorden 13 ital. UN-Flieger

Min.Präs. von Togo (seit 1958) *Sylvanus Olympio* wird zum Staatspräs. gewählt (*1902, ermordet 1963)

Sierra Leone gewinnt seine Unabhängigkeit

Südafrikan. Union verläßt Commonwealth, weil dessen Mitglieder Politik d. Rassentrennung („Apartheid") ablehnen

USA brechen diplomatische Beziehungen zu Kuba ab

Dean Rusk (* 1909) Außenminister der USA

George Kennan: „Außenpolitik unter Lenin und Stalin" (dt. Ausgabe der nordamer. Analyse)

Walt Whitman Rostow, nordamer. Nationalökonom, wird Berater *Kennedys*

† *Emily Green Balch*, nordamer. Volkswirtschaftlerin und Frauenrechtlerin; erhielt 1946 Friedens*nobel*preis (* 1867)

Präsid. *J. F. Kennedy* schlägt Zehnjahresplan für die wirtschaftliche Entwicklung Lateinamerikas auf der Basis eines 500-Mill.-Dollar-Kredites vor

Exilkubaner landen von USA aus in der Schweinbucht Kubas. USA verweigern Unterstützung, Unternehmen scheitert

Kennedy trifft *Chruschtschow* in Wien (*Chr.* versucht – nach seinen späteren Worten – „dem jungen Mann das Fürchten beizubringen")

USA-Präs. *Kennedy* hat ein Gespräch mit dem Schwiegersohn *Chruschtschows*, dem Chefredakteur der „Iswestija", *Alexej I. Adschubej*

Panama bemüht sich um eine Revision des Vertrages mit USA über Kanalzone von 1903 (1963 kommt es zu Unruhen)

† *Rafael Trujillo* (ermordet), Diktator der Dominikanischen Republik. Sein Sohn wird Nachfolger

Janio Quadros Präsident v. Brasilien (tritt noch im selben Jahr nach drast. Sparmaßnahmen zurück)

João Goulart (* 1918), Arbeiterpartei, wird brasilian. Staatspräsident mit eingeschränkten Vollmachten

Bürgerkrieg in Laos. USA versorgen Regierungstruppen gegen Kommunisten. Genfer Konferenz sucht das Land zu neutralisieren

Waffenstillstand in Laos

Indien marschiert in die bisher. portug. Kolonie Goa ein und macht es zum Bestandteil d. Ind. Republik

Militärputsch in Südkorea: Verfassung wird aufgehoben

Anteil an der Industrieproduktion der Erde (vgl. 1955, 1977)

	1860	1913	1961
Gr.-Brit.	24	14	6,5
Frankr.	16	6,4	3,5
Dtl./BRD	13	15,7	6,6
USA	16	35,8	31,0
Rußl./SU	6	5,5	19,4
zus.	75	77,4	67,0

(um 1970 erreicht Japan 3. Rang)

(dt. Ausgabe des japan. erotisch. Romans von 1956)

Wladimir F. Tendrjakow (*1923): „Das außerordentliche Ereignis" (russ. Roman)

Giovanni Testori (*1923): „Stadtrand" (ital. Rom.)

† *Dorothy Thompson*, nordamer. Schriftstellerin und Journalistin (* 1894)

† *Regina Ullmann*, schweiz. Schriftstellerin (* 1884)

† *Helene Voigt-Diederichs*, dt. Schriftstellerin aus Schlesw.-Holst. (*1875)

K. Wagner: „Begegnung der Völker im Märchen. I. Frankreich–Deutschland"

Martin Walser (*1927): „Der Abstecher" (Schauspiel)

† *Oskar Wälterlin*, schweiz. Direktor des Schauspielhauses Zürich seit 1938 (*1895)

† *Hedwig Wangel*, dt. Schauspielerin (* 1875)

† *Aribert Wäscher*, dt. Schauspieler (* 1895)

Peter Weiss (* 1916): „Abschied von den Eltern" (Erzählung)

John Whiting (* 1917, † 1963): „Die Teufel" (engl. Schauspiel)

† *Eduard v. Winterstein*, dt. Schauspieler österr. Herkunft, 22 Jahre unter *Max Reinhardt* (* 1871)

Carl Zuckmayer: „Die Uhr schlägt eins" (Schauspiel über die Judenverfolgung in Dtl.)

† *Paul v. Zsolnay*, dt. Verleger, grdte. 1923 *Z.*-Verlag in Berlin–Wien (* 1895)

Akademien in Göttingen und Berlin (Ost) geben Abschluß des Deutschen Wörterbuches bekannt, von den Gebrüdern *Grimm* 1852 begonnen

Dt. Bibliothek in Frankfurt/Main hat 482000 Bde. u. 16000 lfde. Zeitschriften.

Deutsche Bücherei in Leipzig hat ca. 3 Mill. Bde. und 21000 lfde. Zeitschriften

Entwicklungstendenzen (Fortsetzung)

Textilproduktion der Welt (1948 = 100) 152 (1938: 85)

Verteilung d. Goldbestände in Mrd. Dollar:

	1961	1928
USA	16,9	6,5
Übrige (ohne USSR)	24,2	10,8

Spareinlagen in d. BRD: 60,4 Mrd. DM (1952: 7,1 Mrd. DM)

Steuereinnahmen je Einw. in der BRD 1366 DM (1950: 429 DM)

Öffentl. Sozialleistungen in der BRD 47,7 Mrd. DM (1950: 12,9 Mrd. DM)

Filmtheaterplätze i. d. BRD; Zahl: 2,76 Mill., je Theater: 405, pro 1000 Einwohn.: 50, Gesamteinnahm.: 778 Mill. (1958: 1013 Mill.)

Interzonenhandel

Mill. DM Verrechnungseinheit

	Lieferungen	Bezüge der BRD
1951	177,9	186,2
1956	699,2	653,4
1959	1078,0	
Maxima		1960 1122,5
1961	872,9	940,9

Struktur des Bauhauptgewerbes in der BRD

mit Beschäftigten	Betriebe	Beschäftigte
1–19	73,0%	19,6%
20–99	22,2%	37,8%
100 u. mehr	4,8%	42,6%
absolut 100%	= 59941	1,47 Mill.

Produktionsentwicklung und Planziel der USSR

	1913	1961	(USA 1961)	Plan 1965
Kohle (Mill. t)	30	510	(376)	600
Rohstahl (Mill. t)	4,5	71	(89)	88,5
Elektr. Energie (Mrd. kWh)	2	327	(871)	510

1962	Kein Friedens*nobel*preis verliehen Außenminist.-Konferenz zw. USA, USSR und Gr.Brit. über Abrüstung und Berlin in Genf 18-Mächte-Abrüstungskonferenz in Genf (ohne Frankreich) USA-General *Lyman Lemnitzer* (* 1899) löst General *Lauris Norstad* (* 1907) als Oberbefehlshaber der NATO-Truppen in Europa ab NATO-Konferenz empfiehlt Bildung einer umfassenden Atlantischen Gemeinschaft Gemeinsame Agrarpolitik der EWG tritt in Kraft (Durchführung stößt auf große Schwierigkeiten, bes. in der BRD) UN-Vollversammlung nimmt Ruanda, Burundi, Trinidad-Tobago und Jamaika als neue Mitgl. auf (es entsteht eine immer stärkere Gruppe blockungebundener Staaten) *U Thant* (* 1909) einstimmig als Generalsekretär der UN bestätigt Bundespräs. *Lübke* besucht afrikanische Staaten (Liberia, Guinea, Senegal) Bundespräs. *Lübke* u. Sonderbevollmächtigter des USA-Präsidenten *Lucius D. Clay* erhalten Ehrenbürgerwürde von Berlin (West). *Clay* beendet seine Mission Allgemeine Wehrpflicht v. 18 Monaten in der DDR BRD verlängert Wehrpflicht auf 18 Monate (seit 1956 12 Monate) Nationale Volksarmee der DDR hat ca. 19 0000 aktive Soldaten (240 000 Reservisten) Staatspräs. *de Gaulle* und Bundeskanzler *Adenauer* einigen sich in Baden-Baden auf eine beschleunigte Bildung einer politischen europäischen Union Westalliierte ziehen in Berlin ihre Panzerfahrzeuge von der Mauer zurück In den 12 Monaten nach Errichtg. der Mauer gelangten 12316 Menschen meist unter Lebensgefahr aus der DDR in die BRD Sperrung des US-Sektors i. Berlin für den sowjet. Stadtkommandanten; Sperrung Ost-Berlins für den USA-Stadtkommandanten Dt. Bundestag verabschiedet Berlinhilfe-Gesetz (enthält u. a. Steuerpräferenzen)	Nobelpreis f. Literatur an *John Ernst Steinbeck* (USA) Friedenspreis des dt. Buchhandels in Frankfurt/M. an den Theologen *Paul Tillich* *Ivo Andrić*: „Das Fräulein" (jugosl. Roman in dt. Ausg., in Originalsprache 1945) *Jerzy Andrzejewsky* (* 1909): „Finsternis bedeckt die Erde" (dt. Ausg. d. poln. Romans von 1957) *Peter Bamm* (* 1897, eigentl. *Curt Emmerich*): „Anarchie mit Liebe" *S. Beckett*: „Glückliche Tage" (irisch-frz. Schauspiel) *W. Bergengruen*: „Der dritte Kranz" (Roman) *Henry Bordeaux* (* 1870, † 1963): „Geschichte eines Lebens" (frz. Autobiographie, 8 Bde. seit 1946) *Joseph Breitbach* (*1903): „Bericht über Bruno" (Roman; *B.* wirkt in Frankreich für dt.-frz. Verständigung) *Bernard von Brentano*: „Schöne Literatur und öffentliche Meinung" *Władysław Broniewski* (* 1897, † 1962): Gesammelte Gedichte (poln. sozialist. Lyrik) *William Burroughs*: „The naked lunch" (nordamer. Lit. der „Beatgeneration") *A. Camus*: „Carnets 1935 bis 1942" (posthume Veröff. autobiograph. Aufzeichnungen) *René Char* (* 1907): „La parole en archipel" (frz. Dichtung) *Tibor Déry* (* 1894): „Der unvollendete Satz" (dt. Ausgabe des ungar. Romans von 1954) *H. v. Doderer*: „Die Merowinger oder die	*Fr. Alexander* (*1891): „The scope of psychoanalysis 1921–61" (nordamer. medizin. orientierte Tiefenpsycholog.) *Karl Barth* scheidet aus seinem akad. Lehramt in Basel (vertrat dialekt. Theologie u. bekämpfte Antikommunismus als christl. Ideologie) *Augustinus Bea*: „Die christliche Union" (ital.) *Hellmut Becker* (*1913): „Quantität und Qualität. Grundfragen der Bildungspolitik" *Alfred Bengsch*, seit 1959 Weihbischof von Berlin, erhält persönl. Titel eines Erzbischofs *K. Bleicher*: „Unternehmungsspiele" (Ausbildung an betriebswirtschaftlichen Modellen) *H. Bobek*: „Kann die Sozialgeographie in der Wirtschaftsgeogr. aufgehen?" *F. Edding*: „Ziele für die Erziehung in Europa bis 1970" (in engl. Sprache) *J. Ehrlich*: „Wilhelm Busch der Pessimist. Sein Verhältnis zu A. Schopenhauer" *Erich Eichele* (* 1904) wird evang. Landesbischof v. Württemberg *Jean Fourastié* (* 1907): „La grande métamorphose du XXe siècle" (Soziologie) *H. Frank*: „Kybernetische Grundlagen der Pädagogik" *E. Gellner*: „La philosophie analytique" (formale und sprachliche Analyse philosophischer Probleme) *W. Haacke*: „Publizistik. Elemente u. Probleme" Papst *Johannes XXIII.* eröffnet im Petersdom II. Vatikanisches Konzil, das bes. a. d. Vereinig. d.

Alvar Aalto: Kulturzentrum Wolfsburg (seit 1958) Grundsteinlegung d. von *Gropius* entworfenen Siedlung in Berlin (West) („Gropius-Stadt" in Britz-Buckow-Rudow m. 15500 Wohnungen)
Otto Herbert Hajek (* 1927): „Große Plastik 1962"
Phil. Johnson: Entwurf für d. New York State Theater im Lincoln Center
W. Kallmorgen: Ernst-Barlach-Mus., Hamburg
Max Kaus (* 1891): „Veneziana III" (abstrakt. Gem.)
Konrad Klapheck (* 1935): „Der Supermann" (surrealist. Gemälde)
† *Yves Klein*, frz. Maler, Vertreter der einfarb. abstrakten Malerei (Monochromismus) (* 1928)
† *Franz Kline*, nordamer. Maler d. „Action Painting" (* 1910)
Kokoschka: „Flut in Hamburg" (Gem.)
Ferdinand Lammeyer (* 1899): „Turm" (abstrakt. Tempera-Bild)
† *Hans Leistikow*, dt. Künstler, besonders Gebrauchsgraph. (* 1892)
Jack Levine (* 1915): „Der Kunstliebhaber" (nordamer. Gemälde)
Rich. Lytle (* 1935): „Die Höhle" (nordamer. Gem.)

Th. W. Adorno (* 1903): „Einleitg. in die Musiksoziologie"
Georges Auric (* 1899) wird Gen.-Dir. d. frz. nationalen Musiktheat.
Benjamin Britten: „War-Requiem"
Jan Cikker (* 1911): „Auferstehung" (tschech. Oper), Uraufführung
† *Alfred Cortot*, franz. Pianist (* 1877)
† *Marcel Delannoy* (* 1898) schrieb Opern, Ballette, Musik f. Bühnenstücke, sinfonisch. Werke u. Kammermusik
Norman Dello Jocio: „Blood Moon" (nordam. Oper), Uraufführung
† *Hanns Eisler*, dt. Komp. (* 1898)
Manuel de Falla: „Atlantida", dt.-sprach. Uraufführung d. nachgelass. Oper in Berlin (W)
Wolfg. Fortner: „In sein. Garten liebt Don Perlimplin Belisa" (dt. Oper), Uraufführung
Harald Genzmer: „Christ ist erstanden", Missa, Uraufführung
Karl Amad. Hartmann: 8. Sinfonie
Paul Hindemith: „Das lange Weihnachtsmahl" (dt. Kammeroper), Uraufführung
† *Jacques Ibert* (* 1890), frz. Komponist, schrieb u. a. die Opern „Angélique" und „Der König v. Yvetot"

*Nobel*preis für Physik an *Lew D. Landau* (* 1908, USSR) für Erforschung des superfluiden Heliumzustandes bei Tiefsttemperaturen
*Nobel*preis für Chemie an *Max Perutz* (* 1914, Österr.) u. *John C. Kendrew* (* 1917, Engl.) für gemeinsame Strukturanalyse d. Hämoglobins
*Nobel*preis für Physiologie und Medizin an *Francis H. Crick* (* 1916, Gr.Brit.), *James D. Watson* (* 1928, USA) und *Maurice H. F. Wilkins* (* 1916, Neuseeland) für Aufklärung der Molekularstruktur d. Nucleinsäure als Erbsubstanz
J. Allen: „Molekulare Kontrolle des Zellgeschehens" (nordamer. „molekulare Biologie")
† *William Beebe*, nordam. Zoologe, Tiefseetaucher (* 1877)
† *Wilhelm Blaschke*, dt. Mathematik., bes. Geometrie (* 1885)
† *Niels Bohr*, dänischer Physiker, *Nobel*preisträger, gab mit seinem Atommodell 1913 entscheidenden Beitrag zur Quantenphysik der Atome (* 1885)
USA-Astronaut *Malcolm Scott Carpenter* (* 1925) umkreist dreimal die Erde
† *Arthur Holly Compton*, nordam. Physiker, *Nobel*preis 1927 (* 1892)
H. J. Dombrowski beschreibt fossile Bakterien aus dem Unterkambrium und dem Mitteldevon
E. Fry: „Lehrmaschinen und programmiertes Lernen" (nordamer. Lernpsychologie)
Erster USA-Astronaut *John Herschel Glenn* (* 1921) umkreist in einer Raumkapsel dreimal die Erde
H. Grapow: „Grundriß der Medizin der alten Ägypter" (7 Bde. seit 1954)
† *Max Hartmann*, dt. Zoologe (* 1876)
G. Heberer: „Die Oldoway-Schlucht als Fundort fossiler Hominiden" (Australopithecus (seit 1959) und Archanthropus-Funde)
† *Erich v. Holst*, Physiologe des Zentralnervensystems (* 1908) *Justi* und *Winsel:* „Kalte Verbrennung" (Fortschritte des Brennstoffelementes bis zu theoret. 100% Nutzeffekt)
Ph. Morrison: „Neutrino-Astronomie" (nordamer. Aufsatz über die

Ca. 4700 Mrd. t förderbare Steinkohle werden als Weltvorrat vermutet (davon 40% in Nordamerika, 33,6% in USSR, 10% VR China, 6% BRD, 3,6% Gr.Brit.)
Produktion an Atomkernsprengstoffen in USA über 30000 t (1955: ca. 2000 t)
Weltgetreideernte 865 Mill. t, ca. 2,6 Mrd. Jahresnahrungen (1960: 920 Mill. t)
Weltreisernte 242 Mill. t (1950: 161 Mill. t)
Weltkaffee-Ernte 4,3 Mill. t (1950: 2,1 Mill. t)
Bundeswirtschaftsmin. *Erhard* appelliert an die Sozialpartner zum „Maßhalten"
Ludwig Erhard: „Dt. Wirtschaftspolitik"
H. D. Ortlieb: „Das Ende des Wirtschaftswunders"
Kurssturz an internationalen und dt. Börsen: Aktienindex fällt auf 475 gegenüber Höchststand 783 im Jahr 1960 (1953 = 100)
† *Gottlieb Duttweiler*, schweiz. Großunternehmer und Politiker (* 1888)
4. frz. Wirtschaftsplan 1962–65 (1. begann 1949); mehr als die Hälfte aller Investitionen unterliegt staatl. Einfluß

(1962)

Volkspolizisten der DDR erschießen an der Mauer den 18jährigen Ostberliner Bauarbeiter *Peter Fechter*, der in den Grenzbefestigungen ohne Hilfeleistung verblutet. Dieser Vorfall löst in der Berliner Bevölkerung heftigste Erregung aus und führt zu einer politisch äußerst kritischen Situation

USSR löst ihre Kommandantur in Berlin(Ost) auf

Regierung der DDR ernennt Generalmajor *Helmut Poppe* zum Stadtkommandanten (damit wird der international vereinbarte Viermächtestatus von Berlin einseitig u. entscheidend verletzt)

14 Ostberliner kommen trotz Beschusses durch Grenzposten der DDR mit einem Ausflugsdampfer nach West-Berlin; 12 andere erreichen West-Berlin durch einen selbstgegrabenen Tunnel

29 Einw. Ost-Berlins gelangen durch einen geheimen Tunnel nach West-Berlin

8 Einwohner der DDR durchbrechen mit gepanzertem Omnibus Grenze nach West-Berlin

In der DDR seit 1949 166 Todesurteile, dav. 108 wegen polit. Delikte

Frz. Staatspräs. *de Gaulle* unternimmt Staatsbesuch in die BRD unter starker Beteiligung der Bevölkerung

Heinz Brandt, Gewerkschaftsredakteur aus der BRD, in der DDR wegen angebl. Spionage zu 13 Jahren Zuchthaus verurteilt (zahlr. Proteste in der westl. Welt; 1964 begnadigt und entlassen)

143 Richter und Staatsanwälte in der BRD lassen sich auf Grund eines Gesetzes wegen ihrer Tätigkeit in der NS-Justiz vorzeitig pensionieren

Dt. Bundespräsident versetzt den Generalbundesanwalt in den Ruhestand, weil diesem Beteiligung an der NS-Justiz vorgeworfen wird

Staatsbesuch von Bundeskanzler *Adenauer* in Frankreich unterstreicht eindrucksvoll die engen Beziehungen zwischen d. BRD u. Frankreich zu dieser Zeit. Wird mit einer dt.-frz. Truppenparade abgeschlossen

Das in der BRD erscheinende Nachrichten-Magazin „Der Spiegel" ver-

totale Familie" (humorist. Roman)

Friedr. Dürrenmatt: „Die Physiker" (schweiz. zeitkrit. Schauspiel)

H. M. Enzensberger: „Einzelheiten" (zeitkrit. Betrachtungen)

Martin Esslin: „Das absurde Theater" (engl. Analyse dieser bes. von *Adamov*, *Beckett* und *Ionesco* begründeten Gattung)

W. Faulkner: „Die Spitzbuben" (nordamerikanischer Roman)

† *William Faulkner*, nordamer. Dichter, *Nobelpreis* 1950 (*1897)

William Gaddis: „The recognitions" (nordam. Roman)

Albert Paris Gütersloh (* 1887): „Sonne und Mond" (Roman)

Willy Haas (* 1891): „Gestalten" (Essays)

Hella S. Haasse (*1918): „De Meermin" (niederländischer Roman)

† *Daniel Halévy*, frz. Schriftsteller, bes. Kultur- u. Sozialgeschichte (* 1872)

Joseph Heller: „Der Iks-Haken" (nordamer. antimilitarist. Roman)

† *Herm. Hesse*, dt. Dichter, seit 1923 Schweizer Bürger, Nobelpr. 1946 (* 1877)

Karl-August Horst (* 1913): „Kritischer Führer durch d. dt. Literatur der Gegenwart"

Peter Huchel (* 1903), Lyriker, muß die Chefredaktion der ostdt. literar. Zeitschrift „Sinn und Form" aufgeben (leitete sie seit 1948)

Aldous Huxley: „Island" (engl. optimist. Utopie)

Eugène Ionesco: „Fußgänger der Luft" (rumän.-frz. Schauspiel des „absurden Theaters", Ur-

christl. Kirchen hinwirken soll

Papst *Johannes XXIII.* schafft Sekretariat für die Vereinigung der Christen, Leiter: Kardinal *Aug. Bea* (* 1881)

USA-Präsident erzwingt durch Entsendung von Bundestruppen Aufnahme eines Negerstudenten an d. Universität Mississippi

H. Klein: „Polytechnische Bildung und Erziehung in der DDR"

H. Kohn: „Wege und Irrwege. Vom Geist des deutschen Bürgertums"

D. Langer: „Informationstheorie und Psychologie"

A. Lauterbach: „Psychologie des Wirtschaftslebens"

† *Theodor Litt*, dt. Philos. und Pädagoge (* 1880)

L. Marcuse: „Obszön" (krit. Unters.)

Klaus Mehnert: „Moskau und Peking" (zeitgeschichtliche Analyse)

S. J. Mushkin: „Die Ökonomie der höheren Erziehung" (nordamer. Bildungsplanung)

W. J. Revers: „Ideologische Horizonte der Psychologie"

J. B. Rhine u. *J. G. Pratt:* „Parapsychologie" (veröffentl. statist. Versuchsergebn. bereits 1957)

P. E. Schramm (*1894, + 1970): „Hitler als militärischer Führer"

H. Schwerte: „Faust und das Faustische. Ein Kapitel deutscher Ideologie"

Paul Sethe: „Geschichte der Deutschen"

F. Steinwachs: „Körperlich-seelische Wechselbeziehungen in der Reifezeit" (Jugendpsychologie)

Georges Mathieu (* 1921): „Au delà du Tachisme" (franz. Kunsttheorie der „informell. Kunst")
† *Gabriele Münter*, dt. Malerin, Schülerin *Kandinskys* (* 1877)
† *Caspar Neher*, dt. Bühnenbildner (* 1897)
J. Paulhan: „L'art informel" (über regellose abstrakte Kunst)
Pablo Picasso: „Stiere u. Toreros", „Linolschnitte", „Aquarelle und Gouachen" (Veröff. von Reprodukt. seiner Werke)
H. Platschek: „Bilder als Fragezeich." (über mod. Kunst)
Jean Renoir: „Mein Vater Auguste Renoir"
Erich F. Reuter (* 1911): „Gegenständl. Strukturen" (Reliefwand Techn. Universität Berlin, Bronze)
Eero Saarinen (*1910, † 1961): Empfangsgebäude des Flughafens Idlewild, New York
Stefan Samborski (* 1898): „Stilleben – Blumen u. Blätter" (poln. Gem.)
Mitchell Siporin (* 1910): „Der Tod und das Mädchen" (nordamer. Gem.)
Basil Spence: Kathedrale in Coventry/England
† *Ottomar Starke*, dt. Künstler, Graphik. u. Bühnenbildner
G. Sutherland (* 1915, † 1974): Bildteppich f. d. Hochaltar i. Coventry
Horst Strempel (*

† *Massolis Kalomiris* (*1883 Smyrna): letzte Oper „Konstantinos Palaeologos" uraufgef.
† *Fritz Kreisler*, österr. Geiger u. Komp., meist in den USA (* 1875)
Ernst Křenek: „Dunkle Wasser" und „Vertrauenssache" (Opern-Einakter), Uraufführungen
Mark Lothar (* 1902): „D. Glücksfischer" (Opera piccola), Uraufführung
Felix Mendelssohn-Bartholdy: „Soldatenliebe" (Jugendwerk) uraufgef.
Krysztof Penderecki (* 1933): „Fluorescences" (Orchest.-werk), Uraufführ.
G. Perle: „Serial Composition and Atonality" (nordam. Musiktheorie)
Nikolai Rimski-Korssakow: „Das Märchen vom Zar Saltan" (russ. Op.) dt. Erstaufführg.
Armin Schibler (* 1920): „Media in Vita" (sinfon. Oratorium), Uraufführung
Dimitri Schostakowitsch beendet 12. Sinfonie, schreibt Musik z. Spielfilm „Die Eingeschlossenen"
Roger Sessions (* 1896): „Montezuma" (nordam. Op. um den Aztekenfürst., Urauff. 1964 in der Dt. Oper Berlin)
Heinrich Sutermeister: 3. Klavierkonzert

Neutrinos für den Energiehaushalt des Kosmos)
† *Hermann Muckermann*, dt. Anthropologe und Eugeniker mit kathol. Grundhaltung (* 1877)
† *Friedrich Münzinger*, dt. Ingenieur (* 1884)
USSR starten 2 Raumkapseln, die sich auf Sichtweite begegnen, mit den Astronauten *Nikolajew* (64 Erdumkreisungen) und *Popowitsch* (48 Erdumkreisungen) (jede Erdumkreisung dauert ca. 2 Stunden)
† *Aug. Piccard*, schweiz. Stratosphären- u. Tiefseeforscher (* 1884)
Erich v. Tschermak, Botaniker und Genetiker (* 1871)
J. A. Wheeler: „Geometrodynamics, topics of modern physics" (Versuch, auch die elektrischen Kräfte zu geometrisieren)
In Dtl. werden 521 Fach-Dokumentationsstellen gezählt (BRD: 360, DDR: 161)
12000 - kW - Forschungs-Kernreaktor (FR 2), Karlsruhe, auf voller Leistung; hoher Neutronenfluß
Dt. Rechenzentrum in Darmstadt gegrdt. (kennzeichnet wachsende Bedeutung elektronischer Rechenmaschinen)
Durch 85 000 Aufnahmen von der Blasenkammer des Protonen-Synchrotrons in Genf (CERN) und Brookhaven (USA) wird das Anti-Chi-Hyperon entdeckt
Radiotelcskop v. Green Bank (USA) mit 92 m Durchmesser in Betrieb
USA-Astronaut *Schirra* umkreist sechsmal die Erde
USA starten Rakete „Ranger III", welche den Mond verfehlt
USA-Mondrakete schlägt auf dem Mond auf, spezielle Geräte versagen jedoch
USA starten unbemanntes Raumschiff zur Venus, das am 14. Dezember den Planeten in 40000 km Entfernung passiert und Meßdaten über Strahlung, Magnetfeld u. a. zurückfunkt
Fernseh- und Nachrichten-Satellit „Telstar" der USA; ermöglicht Fernsehübertragung USA–Europa
Wettersatellit „Tiros VI" von den USA gestartet (übermittelt besonders Fernsehbilder von Wolken-

Jugoslawien verfünffachte seine Industrieprod. seit 1940
Industrieprod. in Ungarn 347, landwirtsch. Prod. 113 (1949 = 100)
66,4% der ungar. Landwirtsch. sind kollektiviert
Bruttosozialprodukt von 2700 DM/Kopf in Israel (zum Vergl. BRD ca. 6000 DM/Kopf)
2. wirtschaftlicher Fünfjahresplan in Afghanistan (1. Plan steigerte Pro-Kopf-Einkommen um 30%)
In der BRD leben 30,9% in Groß- u. 45,8% in Kleinstädten
Gesamtsumme d. (Kriegs-) Lastenausgleichs d. BRD erreicht 46,9 Mrd. DM (endgültige Summe auf 90 Mrd. DM geschätzt)
Zahl der (familienfremden) Landarbeiter in d. BRD 314000 (in 1949: 1012000)
Für den „Grünen Plan" zur Verbesserung der Agrarstruktur und zur Förderung d. Einkommensverhält-nisse in d. Landwirtschaft stellt die dt. Bundesregierung 2060 Mill. DM z. Verfügung
Internat. Arbeitskonf. empfiehlt d. 40-Std.-Woche als Grundnorm
In der BRD sind Angestellte organisiert in
der DAG 470200

(1962)	öffentlicht scharfe Angriffe gegen Bundesverteidigungsminister *F. J. Strauß* und einen kritischen Aufsatz „Bedingt abwehrbereit" über die Schlagkraft der Bundeswehr Bundesanwaltschaft geht in einer Nachtaktion gegen das Nachrichten-Magazin „Der Spiegel" vor. Scharfe Durchsuchung der Redaktionsräume. Verleger *Rudolf Augstein*, Verlagsdirektor *H.D. Becker* u. drei Redakteure werden wegen Verdachts des Landesverrats verhaftet. Bundesverteidig.Min. *Strauß* läßt telefon. Redakteur *Ahlers* in Spanien verhaften, was ihm den Vorwurf der „Freiheitsberaubung im Amte" einbringt (die Spiegel-Affäre wächst sich zu einer schweren Regierungskrise aus, wird von der Bevölkerung heftig diskutiert) Bundeskanzler *Adenauer* spricht in der Bundestagsdebatte um die Spiegel-Affäre von einem der „schwersten Landesverratsfälle" BRD baut U-Boote Bundesregierung tritt zurück, um Kabinettsumbildg. zu ermöglichen Nach längeren Verhandlungen auch mit der SPD bildet *Adenauer* neue CDU-FDP-Regierung ohne den bisherigen Verteidigungsminister *F. J. Strauß* (CSU). An seine Stelle tritt *Kai-Uwe von Hassel* (CDU) DGB-Kongreß lehnt jede Notstandsgesetzgebung in der BRD ab, wählt *Ludwig Rosenberg* (* 1903) zum 1. Vorsitzenden Dt. Bundesreg. verabschiedet Notstandsgesetzgebung (sieht verfassungsändernde Einschränkung der Grundrechte im Notstand vor und bedarf daher der Zweidrittelmehrh. des Bundestages, also auch der Zustimmung der SPD als Opposition) Unter dem Druck der politischen Situation gibt Bundeskanzler *Adenauer* seinen Rücktritt in Jahresfrist bekannt Bundeskanzler *Adenauer* bildet nach der „Spiegel"-Krise sein 5. Kabinett. CDU/CSU-FDP-Koalition bleibt mit personellen Änderungen bestehen: Verteidigung: *K.-U. v. Hassel* (CDU), Finanzen: *R. Dahlgrün* (FDP), Gesamtdt. Fragen: *R. Barzel* (CDU), Wissensch. u. Forschung: *H. Lenz* (FDP)	aufführung in Düsseldorf) *Uwe Johnson:* „Das dritte Buch über Achim" (Roman) *James Jones:* „The thin red line" (nordamer. Kriegsroman) *Klaus Kammer* (* 1929, † 1964), Schauspieler in Berlin (West), spricht in der Rolle eines Affen *Kafkas* „Bericht für eine Akademie" *Walther Karsch:* „Wort und Spiel. Aus der Chronik eines Theaterkritikers 1945–62" † *Erwin Guido Kolbenheyer*, dt. Schriftsteller (* 1878) *C. Krijgelmans:* „Messiah-Fragment" (fläm. Roman) † *Charles Laughton*, engl. Schauspieler (* 1899) *Väinö Linna:* „Hier unter dem Nordstern" (dt. Ausg. d. finn. Romantrilogie seit 1959) *Friedrich Luft* (* 1911): „Berliner Theater" (Theaterkritiken 1945–61, bes. bekannt durch seine ‚Stimme der Kritik', im Sender RIAS Berlin) *Hans Mayer:* „Heinr. v. Kleist. Der geschichtliche Augenblick" *Siegfried Melchinger* und *H. Rischbieter:* „Welttheater" (Gesamtüberblick über das zeitgenössische Theater) *Ogden Nash* (* 1902): „Die neue Nußknacker-Suite u. andere nutzlose Verse" (nordamer. burleske Verse) *Viktor P. Nekrassow* (* 1911): „Kira Georgijewna" (russ. Roman) *Robert Neumann:* „Die Parodien" (Ges.ausg.) *Konstantin G. Paustowskij* (* 1892): „Erzählung vom Leben" (russ. Autobiographie, 1946–60)	*Paul Tillich:* „Die protestantische Verkündigung und der Mensch der Gegenwart" (betont Gefahr für Protestantismus zwischen Katholizismus und Glaubenslosigkeit) *Hermann Volk*, Bischof von Mainz (schrieb 1961: „Die Einheit der Kirche und die Spaltung der Christenheit") † *Heinrich Weitz*, 1952 bis 1960 Präsident d. Dt. Roten Kreuzes (* 1890) Provinzialsynode der Evang. Kirche von Berlin-Brandenburg muß erstm. getrennt in West- und Ost-Berlin tagen Denkschrift der evangel. Kirche Deutschlands: „Eigentum in sozialer Verantwortung" 79. Dt. Katholikentag in Hannover. Leitwort: „Glauben, Danken, Dienen." DDR erlaubt keine Teilnahme Neues Haus der „Deutschen Kulturgemeinschaft Urania Berlin" eingeweiht (dient vorzugsw. d. Erwachsenenbildung) Von den 1,6 Mrd. Erwachsenen der Erdbevölkerung sind ca. 44% Analphabeten. Über 50% aller Kinder der Erde können nicht einmal eine Grundschule besuchen UNESCO beschließt Internat. Institut für Bildungsplanung EURATOM beschließt 2. Fünfjahresprogramm für Forschung und Ausbildung „Anregungen des Wissenschaftsrates zur Gestalt. neuer Hochschulen" (empfiehlt z. B. Auflockerung der Fakultäten)

Fortsetzung Seite 363

1904): „Die Mauer" (Radierungen)
Waclaw Taranczewski (*1903): „Stilleben II" (poln. abstrakt. Gemälde)
Landtagsgebäude v. Niedersachsen in Hannover
Festspielhaus Recklinghausen
Museum d. 20. Jahrhunderts in Wien
Neues Festspielhaus in Salzburg
31. intern. Kunstbiennale in Venedig unter Beteiligung v. 33 Nationen
ART:USA:NOW (private nordamer. Kunstausst. (*Johnson*-Collection) mit Bildern (entstand. seit 1959) der Richtungen „romant. Realismus", „exakter Realismus", „phantast. Surrealismus", abstrakt. „New Image"-Richtung, „Expressionismus" u. a.)
Dt. Kunstausstell. in Dresden (steht noch vorwieg. unter dem Vorzeichen des staatlich geförderten „Sozialistisch. Realismus")
Ausstellung „Entartete Kunst" in München (als nachträgliche Kritik an der nationalsozialist. Kunstauffassung)

Wolfg. Staudte: „Dreigroschenoper" (Film mit *Hildegard Knef*, *Curd Jürgens*)
„Axel Munthe, der Arzt v. San Michele" (Film mit *O. W. Fischer*)
„Les séquestrés d'Altona" (dt.: „Die Eingeschlossenen", (Film n. *J.-P. Sartre*

Michael Tippett (* 1905): „King Priam" (engl. Oper) Uraufführung
† *Bruno Walter*, dt. Dirigent, seit 1940 in USA (* 1876)
Isang Yun (* 1917, Südkorea): „Bara" (dodekaphon. Orchesterstück), Uraufführung
25jährig. Bestehen der Israel. Philharmonie (Tel-Aviv), begrdt. v. d. Violinvirtuosen *Bronislaw Hubermann*
Populäre Schlager: „Morgen" (*Loesser*), „Die Zuckerpuppe aus der Bauchtanzgruppe" (*Gietz*), „Zwei kleine Italiener" (*Brühne*)

Hanse-Kogge (Großschiffstyp a. d. 13./14. Jh.) i. d. Weser bei Bremen gefunden
Ausgrabung einer frühneolitischen Stadt (≈ —7000) auf dem Doppelhügel Catal Hüyük in Anatolien: Akkerbau (Weizen, Gerste, Linsen, Apfel), Tierzucht (Schaf), daneben Jagd. Keramik, Flechten, Weben, Teppichknüpfen. Halb- und Rundplastiken, mehrfarbig gemalte Jagdbilder. Verehrung der „Großen Mutter", Stierkult
∼ Dieselmotoren mit 2,5 kg/PS

bildungen über den Kontinenten) Bisher 133 erfolgreiche Starts unbemannt. Erdsatelliten in USA und USSR (davon 102 in den USA)
USA starten einen Satelliten mit Sonnenobservatorium für größeres Meßprogramm
Weltausstellung „Century 21" in Seattle (USA) steht besonders i. Zeichen künftiger Weltraumschiffahrt
Gründungsversammlung der Pugwash-Konferenz in Kanada: 22 Wissenschaftler aus Ost und West beraten über die Gefahren eines Atomkrieges im Geiste des *Einstein-Russell*-Appells 1955
III. Internationales Symposium der Neurobiologen in Kiel mit den Hauptthemen: chemische Spezifität der Nervenzellen, das „Riechhirn", das Zwischenhirn
„Der Mensch und seine Zukunft" (intern. Symposium mit eugenischer Tendenz in London)
∼ Es stellt sich seit 1960 mehr und mehr heraus, daß das Schlafmittel Contergan (Thalidomid) in den ersten drei Monaten der Schwangerschaft zu Mißbildungen der Neugeborenen führt (eine größere Zahl geschädigter Kinder in mehreren Ländern führt zu besonderen Maßnahmen und einem Prozeß)
J. McConnel i. USA: „Kannibalismus-Experiment" (Übertragung von Dressurleistungen durch Verfütterung dressierter Würmer an Artgenossen; Hinweis auf Gedächtnisstoffe)
Verkehrsflugzeuge mit 4 Strahltriebwerken befördern je 189 Fluggäste mit 970 km/Std. Reisegeschwindigkeit über 7250 km
Narrows-Hänge-Brücke bei New York (mit 2 Fahrbahnen u. 12 Fahrspuren)
Hochbrücke über Panama-Kanal
508 m hoher Stahlbetonb. in Moskau
Beim Bau des Assuan-Staudammes in Ägypten wird bei Tûskha ein Umschlagplatz für Diorit und Amethyst aus dem Mittleren Reich (≈ —1800) entdeckt
Brücke über den Maracaibo-See in Venezuela (mit 8679 m Länge die bisher größte Spannbetonbrücke der Erde)

dem DGB 724200
dem DHV 58100
Tarifvertrag für d. Baugewerbe in der BRD begünstigt erstmals Gewerkschaftsmitglieder
Gewerkschaftsmitgl. in der BRD:

DGB	6,4	Mill.
DAG	0,47	„
DBB	0,67	„
DHV	0,06	„
sonst.	0,07	„

Bundessozialhilfegesetz in Kraft
Altrenten werden vom Dt. Bundestag um 6,6% erhöht
„Die Rehabilitation" (dt. Zeitschrift für Herstellung d. beruflichen Leistungsfähigkeit)
Gesamtkreditvolumen d. Banken der BRD 168 Mrd. DM, davon Großbanken 18,3 Mrd. DM
Teilzahlungs-Kreditvolumen in der BRD 5,4 Mrd. DM
Ca. 632 Tageszeitungen in d. BRD mit rd. 18 Mill. Auflage
Prozentual. Anteil der in der BRD m. Fertigteilen gebauten Wohnungen: 1,5% (1961: 0,8%)
Subvent. der Landwirtschaft in USA erfordert 10 Mrd. Doll. (1953: 3 Mrd.)
Reform der Landwirtschaftspolitik in der USSR (Revision des Stalinismus)
Bodenbesitz in Indien:

bis zu 1 ha	38,7%
1—4 ha	40,0%
4—20 ha	19,9%
über 20 ha	1,4%

(1962)

Das Ausscheiden früherer Minister, wie z. B. von *Ernst Lemmer*, vollzieht sich teilw. unter Bedingungen, die als unwürdig angesehen werden

Landtagswahlen in Nordrhein-Westfalen (vgl. 1958): CDU 96 (104), SPD 90 (81), FDP 14 (15) Sitze. CDU-FDP-Reg. unter Min.-Präs. *F. Meyers*

Landtagswahlen in Schleswig-Holstein (vgl. 1958): CDU 34 (33), SPD 29 (26), FDP 5 (3), SSW 1 (2), BHE 0 (5) Sitze. CDU-FDP-Regierung unter Min.Präs. *Kai-Uwe von Hassel* (CDU, wird 1963 Bundesverteidigungsmin.)

Landtagswahlen in Hessen (vgl. 1958): SPD 51 (48), CDU 28 (32), FDP 11 (9), Ges.Dt.P. 6 (7) Sitze

Landtagswahl in Bayern (vgl. 1958): CSU 108 (101), SPD 79 (64), FDP 9 (8), BP 8 (14), Ges.Dt.Block/BHE 0 (17) Sitze. Min.Präs. *Alfons Goppel* (CSU, * 1905) bildet CSU-BP-Reg. CSU gew. im bayr. Landtag wieder die absolute Mehrheit mit 108 Sitzen (vorher 101)

Jos. Hermann Dufhues (* 1908) wird Geschäftsführender Vorsitzender der CDU, um die Partei zu reformieren (1964 wird *Adenauer* wieder 1. Vorsitzender)

Felix von Eckardt (* 1903), seit 1952 Bundespressechef, wird Bundesbevollmächtigter in Berlin

Karl-Günther v. Hase (* 1917) wird Bundespressechef

† *Helene Weber*, dt. kathol. Politikerin (CDU) (* 1881)

† *Rudolph Wissell*, dt. Politiker (SPD) (* 1869)

Marschall *Konjew* als Oberstkommandierender der Streitkräfte der USSR in der DDR von *Jakubowski* abgelöst

Nationalratswahlen in Österreich (vgl. 1959): ÖVP 81 (79), SPÖ 76 (78), FPÖ 8 (8), KPÖ 0 (0) Sitze

Jens Otto Krag (* 1914), Sozialdem., wird dänischer Min.Präsident

Wahlen zur französ. Nationalversammlung ergaben Sitze für: UNR 233, Unabh. Rep. 32, Kommunisten 41, extreme Linke 5, Sozialisten 66, Radikalsoz. 26, linkes Zentrum 19, Christl. Demokraten 40, Konservative 17

In Frankreich folgt auf die Regierung *Debré* eine unter Min.-Präs. *Georges Pompidou* (* 1911). Außenmin. bleibt *Maurice Couve de Murville*

Frankreich kündigt den Vertrag von 1918 mit Monaco

Frankreich unternimmt unterird. Kernwaffenversuch in der Sahara (gegen die frz. Versuche erheben sich zahlreiche Proteste afrikan. Nationen)

Nach wechselvollen Vorverhandlungen beginnen offizielle frz.-algerische Verhandlungen in Evian: führen zum Waffenstillstand und einem unabh. Algerien (der sog. „schmutzige Krieg" begann 1954 und schwächte Frankreich sehr kritisch. Die Beendigung des Algerienkrieges wird als besondere staatsmännische Leistung *de Gaulles* gewertet)

99,97% der algerischen Wähler stimmen für ein unabh. Algerien. Frankreich erkennt Unabhängigkeit an

Machtkämpfe in Algerien zw. Min.-Präs. *Ben Khedda* und seinem Stellvertr. *Ben Bella* (* 1916)

Erste allgem. Wahlen in Algerien: Einheitsliste der Nationalen Befreiungsfront (FLN) *Ben Bella* mit großer Mehrheit gewählt

Frz. Parlament stürzt Reg. *Pompidou*. *De Gaulle* schreibt Neuwahlen aus: Regierungspartei UNR u. Verbündete erhalten absolute Mehrheit, *Pompidou* wieder Min.Präsident

61,67% frz. Wähler stimmen dem Vorschlag *de Gaulles* zu, daß der Staatspräsident künftig in direkter allgem. Wahl gewählt wird

Brit. Premier *Macmillan* besucht Staatspräs. *de Gaulle* in Paris

Umbildung der brit. konservativen Regierung führt zur Verjüngung des Kabinetts

Bedenken der Commonwealth-Staaten gegen einen Beitritt Groß-Brit. zur EWG

Umbildung der span. Regierung (in Richtung auf eine Monarchie)

Prinz *Don Juan Carlos* v. Spanien vermählt sich mit Prinzessin *Sophie* v. Griechenland

Vatikan unterstützt die polnische Kirche auch in den polnisch verwalteten Gebieten

Milovan Djilas: „Gespräche mit

Roger Pierre Peyrefitte (* 1907): „Die Söhne des Lichts" (frz. Rom.)
Harold Pinter: „The Collection" (engl. Fernseh- (1961) u. Theaterstück)
Erwin Piscator wird Intendant des Theaters d. Freien Volksbühne in Berlin (West) (setzt sich für das engagierte Theater ein). Inszeniert zu d. Berliner Festwochen *G. Hauptmanns* „Atriden-Tetralogie" mit zeitgeschichtl. Unterstreich.
Katherine Anne Porter (* 1894): „Ship of Fools" („Narrenschiff", nordamer. Roman)
John Priestley: „The shapes of sleep" (engl. Roman)
Paavo Rintala: „Meine Großmutter und Mannerheim" (dt. Ausgabe der finn. Romantrilogie seit 1960)
A. Robbe-Grillet: „Le nouveau roman" (frz. Essay)
K. H. Ruppel: „Großes Berliner Theater. Gründgens, Fehling, Hilpert, Engel"
† *George Saiko*, österr. Schriftsteller, schrieb 1955 u. a. Roman „Der Mann im Schilf" (*1892)
Jerome David Salinger (* 1919): „Der Fänger im Roggen" (dt. Ausg. des nordamer. Romans von 1954)
† *Willi Schaeffers*, dt. Kabarettist und Theatermann (* 1884)
† *Alois Schenzinger*, dt. Schriftsteller wissenschaftl. und technischer Romane (* 1886)
Hans Scholz (* 1911): „An Havel, Spree und Oder"
G. Schöne: „Tausend Jahre Deutsches Theater. 914–1914"
† *Rudolf Alexander Schröder*, dt. Dichter humanist.-protestantischer Prägung, Mitbegr. des Inselverlages (1902) u. der „Bremer Presse" (1911) (* 1878)
† *Paul Schurek*, dt. Schriftsteller, bes. in plattdt. Dialekt (* 1890)
G. R. Sellner und *W. Wien:* „Theatralische Landschaft"
A. Soergel – C. Hohoff: „Dichtung und Dichter der Zeit" (Neubearbeitung, 2 Bde.)
Aleksander Solschenizyn: „Ein Tag im Leben des Iwan Denissowitsch" (russ. Roman über ein Straflager *Stalins*)
Leopold Tyrmand (* 1920): „Ein Hotel in Darlowo" (poln. Rom.)
Peter Alexander Ustinov (* 1921): „Endspurt" (engl. Schauspiel)
Hendrik de Vries: „Auswahl aus früheren Versen" (niederl. Gedichte)
Martin Walser: „Eiche und Angora" (Schausp.)
Otto F. Walter (* 1928): „Herr Tourel" (Rom.)
Peter Weiss (* 1916): „Fluchtpunkt" (Rom.)
Gerhard Zwerenz (* 1925): „Wider die deutschen Tabus" (kam aus der DDR in die BRD)
Gutenberg-Museum in Mainz nach Kriegszerstörung wiedereröffnet
Neubau des Kleinen Hauses der Württemb. Staatstheater i. Stuttgart

mit *Frederic March* (*1897) und *Maximilian Schell* (* 1930); Regie: *Vittorio de Sica* (*1902))
„Lulu" (Film mit *O. E. Hasse* (*1903) und *Hildegard Knef* (* 1925))
„Das schwarz-weiß-rote Himmelbett" (Film mit *Martin Held, Margot Hielscher* (*1919) und *Thomas Fritsch)*
J.-P. Belmondo: „Ein Affe im Winter" (frz. Film)
Rob. Bresson (*1907): „Der Prozeß der Jeanne d'Arc" (franz. Film)
M. Camus: „Der Paradiesvogel" (frz. Film)
J.-L. Godard: „Vivre sa vie" (frz. Film)
François Truffaut (* 1932): „Liebe mit zwanzig Jahren" (frz. Film)
Alberto Lattuada (* 1914): „La steppa" (ital. neorealistisch. Film)
Luchino Visconti (* 1906): „Der Leopard" (ital. Film mit *Burt Lancaster)*
David Lean (*1908): „Lawrence of Arabia" (engl. Film mit *Sir Alec Guinness* (* 1914))
John Huston (*1906): „Freud" (nordamer. Film um den Begrd. der Psychoanalyse mit *Montgomery Clift* (*1920))
† *Marilyn Monroe* (* 1926) (Freitod), nordam. Filmschausp., zeitw. Gattin *Arthur Millers* (ihr Tod löst kritische Betrachtungen über den nordamer. Filmbetrieb aus)
Mark Robson: „Neun Stunden zur Ewigkeit" (Film um *Gandhi* mit *H. Buchholz)*
Robert Siodmak (* 1900): „Tunnel 28" (nordamer. Film üb. die Flucht durch die Berliner Mauer)
Orson Welles: „Der Prozeß" (nordamer. Film nach *Kafka* mit *Anthony Perkins* (* 1932) und *Romy Schneider* (* 1938))
„Botschafter der Angst" (nordamer. Film mit *Frank Sinatra* (* 1915))
„Spiel zu zweit" (nordamer. Film m. *Shirley MacLaine* (* 1934))
„Cleopatra" (nordamer. Film mit *Elizabeth (Liz) Taylor* (*1932) und *Richard Burton)*

Prozentanteil am Weltverbrauch von Textilfasern

Jahr	Baumwolle	Wolle	Chemiefasern
1909–13	85,1	14,6	0,3
1938	77	12	11
1950	71	12	17
1962–63	63	11	26

(1962)

Stalin" (jugoslaw., *D.* erhält 5 Jahre Freiheitsstrafe, weil er das Buch auch im Ausland veröffentl. ließ)

Wahlen zum finn. Reichstag: Bauernpartei 53, Kommunisten 47, Sozialdemokraten 38, Konservative 32, Schwed. Volkspartei 14, Finn. Volkspartei 13, Sozialdem. Opposition 2 Sitze, Freisinnige 1 Sitz

A. Karjalainen (* 1923) bildet finn. Regierung aller Parteien außer Kommunist. u. Sozialdemokr.

Kekkonen wieder zum Staatspräsident Finnlands gewählt

Adolf Eichmann wegen Beihilfe bei der Ermordung der Juden im NS-Reich in Israel hingerichtet

In der USSR verurteilter Pilot *Powers* des abgeschossenen Fernaufklärers U 2 wird gegen den in den USA verurteilten Sowjetspion *Abel* ausgetauscht

Sondierungsgespräche über Berlin zwischen USA und USSR

Spannung zwischen USA und BRD

USA und USSR nehmen Kernwaffenversuche in der Atmosphäre wieder auf (USSR ging 1961 voraus)

USSR setzt ihre Versuche mit interkontinentalen Raketen im Pazifik fort

USA-Justizminister *Robert Kennedy* (* 1925) besucht BRD einschließlich Berlin, das ihm einen begeisterten Empfang bereitet. Garantie der USA für Berlin wird erneuert

Kennedy und *Macmillan* beschließen auf der Bahama-Konferenz multilaterale Atomstreitmacht der NATO

Zwischenwahlen in den USA ergeben parteidemokratische Mehrheit im Kongreß

† *Eleanor Roosevelt*, nordamer. parteidemokrat. Politikerin (* 1884)

Exil-Kubaner unternehmen kleineren Feuerüberfall auf Havanna

USSR erklärt sich zu Waffenlieferungen an Kuba bereit

Senat und Repräsentantenhaus beschließen, amerikafeindliche Aktionen von Kuba aus mit Waffengewalt zu verhindern

USA blockieren Kuba, um den Aufbau sowjetischer Raketenstützpunkte zu verhindern. Nach 4 Tagen höchster weltpolitischer Spannung, in denen *Kennedy* und *Chruschtschow* mehrere Briefe wechseln, lenkt die USSR ein und baut Raketenstützpunkte ab. (Die Beilegung dieser Krise wird von vielen als eine Wende der Weltpolitik angesehen)

Mikojan, stellvertr. Min.Präs. der USSR, besucht Kuba während des Abbaus der sowjet. Raketen-Stützpunkte

Staatsstreich der Armee in Jemen: *Abdullah Sallal* ruft Republik aus. Neue Verfassung konstituiert Rechtsgleichheit aller Bürger. Zunächst ergeben sich bürgerkriegsähnliche Zustände

UNO-Truppen besetzen die Katanga-Provinz des Kongostaates, die unter *Tschombé* die Separation suchte. USA unterstützen diese UNO-Politik, während Belgien u. Gr.Brit. dieses Vorgehen kritisieren. (Die Katanga-Provinz ist Mittelpunkt des Uranbergbaus)

Drei laotische Prinzen unterzeichnen Vertrag über Dreiparteienregierung in Laos

Genfer Laos-Konferenz endet mit einer Vereinbarung der Neutralität des Landes

Wahlen zum indischen Parlament: Kongreßpartei 353, Kommunisten 22, andere 131 Sitze

Indischer Staats-Präsident *Radschendya Prasad* (* 1884, † 1963) tritt zurück; Nachfolger: *Sarwapalli Radhakrischnan* (* 1888)

Die Niederlande und Indonesien unterzeichnen Abkommen über West-Neuguinea, wonach es 1963 an Indonesien fällt

Die Behörden Hongkongs weisen zahlreiche Flüchtlinge aus der Volksrepublik China zurück

Präsident *Ayub Khan* erläßt neue präsidiale, eingeschränkt demokratische Verfassung für Pakistan

Volksrepublik China und Pakistan vereinbaren Verhandlungen über Kaschmirgrenze, Indien protestiert

Kampfhandlungen an der indisch-chinesischen Grenze

Streitkräfte der Volksrep. China stellen Feuer und Vormarsch in Indien einseitig ein

Kunstdüngerverbrauch in Indien 2 kg/ha (zum Vergleich Japan 215,6 kg/ha). Verbrennung von Kuhmist deckt 75% des ind. Energiebed.
Einzelhandelspreisindex in Brasilien bei 1350 (1950 = 100) (Zwischen 1950 u. 1960 ging d. Volkseinkommen pro Kopf um ca. 6% zurück)
Von den rd. 10 Mill. Einwohnern Algeriens sind ca. 200000 Europäer (meist Franzosen)
Starke Arbeitslosigkeit in Algerien (Folgen betreffen ca. 50% der Bevölkerung)
63 Spielfilme in der BRD produziert (1958: 115, kennzeichnet ernste Krise im dt. Film)
Ufa stellt eigene Filmprodukt. ein
Intern. Industrie-Messe in Hannov. gilt als größte dieser Art (5433 Aussteller aus 26 Ländern)
H.P.Bauer: „Automation im Bankwesen" (das Guthaben wird zu einem abstrakten Zeichen z. B. auf einem Magnetbd.)
Statistisches Bundesamt nimmt elektronische Großrechenanlage in Betrieb
Erste Zollkonzessionen zwischen EWG und USA als Vorstufe einer Atlantischen Wirtschaftsgemeinschaft
EWG beschließt Übergang zur 2. Phase des Gemeinsamen Marktes (besond. Schwierigkeiten liegen im Agrarmarkt)
Der Ausfuhrwert der USA beträgt ca. 4% des Bruttosozialprodukts
DDR wünscht im Rahmen des Interzonenhandels Kredite von der BRD in Höhe von 2,4 Mrd. DM
Autobahn Hamburg–Basel vollendet („Hafraba")
Baubeg. d. Felber-Tauern-Straße als wintersich. Straße über die Hohen Tauern
11,6 km lg. Montblanc-Autobahntunnel durchstoß. (verkürzt Strecke Paris–Rom um 300 km; Fertigstellung 1964)
Autobahnring um Moskau beendet (gleichzeitig Stadtgrenze)
Größte Reisegeschwindigkeit der Dt. Bundesbahn 108 km/D. (max. Fahrgeschwindigkeit 160 km/Std.)
Ca. 60000 Motels in den USA, 138 in Europa
Seilbahn Eibsee-Zugspitze
Erste Winterbesteig. d. Matterhorn-Nordwand
Von den 200 Bergen Asiens mit über 7000 m Höhe sind bisher 72 bestiegen
† *Carl Diem*, dt. Sportorganisator, u. a. Olymp. Spiel. 1936 in Berlin (* 1882)
Cläsges (Dtl.) fährt mit dem Rad in 1 Std. 54,013 km (ohne Schrittmacher)
Brumel (USSR) springt 2,27 m hoch
Long (USA) erreicht beim Kugelstoßen 20,08 m
Meiffret erreicht a. d. Rad hinter Schrittmacher Geschwindigkeit von 204,77 km pro Std.
Snell (Australien) läuft 1 Meile in 3 : 54,4 min
Wlassow (USSR) erreicht im Gewichtheben 550 kg
Brasilien erlangt in Chile im Endspiel gegen die ČSSR Fußball-Weltmeisterschaft (bleibt bis 1974 WM)
1. FC Köln Fußballmeist. d. BRD
Halbschwergew.-Boxweltmstr. *Harold Johnson* verteidigt im Olympia-Stadion, Berlin (West), seinen Titel erfolgreich geg. *Gustav („Bubi") Scholz*, BRD
Schlagwetterexplosion tötet in Völklingen 299 Bergleute
Schwere Sturmflut an d. Nordsee mit Schadensschwerpunkt i. Hamburg: 336 Tote, 20 000 Obdachlose (Senator H. Schmidt leitet Katastropheneins.)
Überschwemmung bei Barcelona fordert etwa 700 Tote
Bergsturz in Peru fordert 3500 Tote
Erdbeben in Persien fordert 12000 Tote
Seit 1900 ca. 450 Todesfälle im Boxring, seit 1945 ca. 250
Rezeptpflichtige Antibaby-Pille w. i. d. BRD verkauft. Trägt zur Veränderung des Sexualverhaltens bei, das im Rahmen einer „Sex-Welle" viele gesetzliche u. moralische Normen sprengt

Fortsetzung von Seite 358

1,64 Mill. Belegungen von Volkshochschulkursen in der BRD
Änderung des Westberliner Schulges. zug. des „2. Bildungsweges"
Entwurf zu einem neuen Strafgesetzbuch der BRD (Kritiker vermissen eine grundlegende Umgestaltung)
≈ Arzneimittel-Mißbrauch kennzeichnet seelische Belastung in der modernen Gesellschaft
Gesetzl. Neuordnung des Schulwesens in Österreich (allg. Schulpflicht 9 Jahre)
Stiftung Preuß. Kulturbes. i. Berlin (W) (Präsident: *H. G. Wormit*, Generaldirektoren *St. Wätzoldt* u. *E. Vesper*). Träger zunächst Bund u. 4, ab 1975 alle Länder

1963

Kennedy und *U Thant* rufen zum „Befreiungskampf gegen den Hunger" auf (schätzungsweise hungert wenigstens ein Drittel der Menschheit)

UN hat 111 Mitglieder (außerhalb stehen u. a. Volksrep. China, Dtl., Schweiz, Vatikanstaat)

Es wird geschätzt, daß die USA ca. 475 einsatzfähige Interkontinentalraketen besitzt, die USSR ca. 100

Kernwaffenvorrat der Atommächte dürfte ausreichen, um 200 Großstädte der Erde 1200mal zu vernichten („Overkilling")

Pierre Pflimlin, ehemal. frz. Min.-Präs., zum Präsidenten des Europarates in Straßburg gewählt

Carlo Schmid zum Präsidenten des Parlamentes der Westeuropäischen Union gewählt

Direkte Leitung zwischen USA u. USSR zum schnellen und sicheren Nachrichtenaustausch in krisenhaften Situationen („Heißer Draht")

USA, USSR, Gr.Brit. unterzeichnen in Moskau Vertrag über die Einstellung von Kernwaffenversuchen in der Atmosphäre, unter Wasser und im Weltraum. Frankreich und Volksrep. China lehnen diesen Vertrag ab; DDR und BRD unterzeichnen ihn neben den meisten Staaten der Erde. Unterirdische Versuche bleiben außerhalb dieses Vertrages

Zwischen 16. 7. 1945 und 31. 7. 63 wurden 416 Kernwaffenversuche festgestellt: USA 260, USSR 126, Gr.Brit. 23, Frankr. 7. Sprengkraft der Waffen: USSR über 300 Mill. t, USA ca. 150 Mill.t, insges. ca. 500 Mill. t TNT-Äquivalent

Seit 1961 verletzten 95mal sowjet. Flugzeuge NATO-Luftraum und 77mal westl. Flugzeuge den östl. Luftraum

Dt. Bundeswehr hat 398000 Soldaten, davon Heer 253000, Luftwaffe 90000, Marine 28000, sonstige 27000

BRD bricht diplomatische Beziehungen zu Kuba ab, weil dieses die DDR anerkannte

Chruschtschow schlägt auf einem SED-Parteitag in Ost-Berlin ideologischen Burgfrieden zwischen Moskau und Peking vor

*Nobel*preis für Literatur an *Giorgos Seferis* (* 1900, + 1971, Griechenland)

Friedenspreis des Dt. Buchhandels an den Physiker und Naturphilosophen *C. F. v. Weizsäcker*

S. Beckett: „Spiel" (engl. Schauspiel)

† *Werner Beumelburg*, dt. Schriftsteller nationalist. Gesinnung (* 1899)

H. Böll: „Ansichten eines Clowns" (zeitkrit. Roman aus kathol. Gesinnung)

Casanovas Memoiren im Orig.manuskript veröff. (in Frankr. und BRD seit 1960)

† *Jean Cocteau*, frz. Dichter, Filmregisseur und Zeichner (* 1892)

Heimito v. Doderer: „Roman No 7"

F. Dürrenmatt: „Herkules und der Stall des Augias" (schweiz. Komödie)

Richard Friedenthal: „Goethe" (Biographie)

† *Robert Lee Frost*, nordamer. Lyriker, mehrfacher Pulitzer-Preisträger (schrieb 1962: „In the clearing") (* 1875)

† *Ernst Glaeser*, dt. Schriftsteller (* 1902)

† *Ramon Gómez de la Serna*, span. Schriftsteller (* 1891)

G. Grass: „Hundejahre" (Roman)

Max von der Grün (* 1925): „Irrlicht und Feuer" (zeitkrit. Roman eines westdt. Bergarb.)

† *Gustaf Gründgens* (auf einer Weltreise in Manila), dt. Schauspieler, Regisseur und Theaterintendant (* 1899)

† *Walter Henn*, dt. Regisseur, vorwiegend in Berlin (West) (* 1931)

Kardinal *Döpfner* weiht Gedenkkirche „Maria Regina Martyrum" in Berlin-Plötzensee ein

F. Edding: „Bildungsplanung"

Professor *Robert H. G. Havemann* (* 1910), Kommunist seit 1932, Nationalpreisträger der DDR, hält an der Humboldt-Universität in Ost-Berlin die Vorlesung „Naturwissenschaftliche Aspekte philosophischer Probleme", welche die Ideologie in der DDR kritisiert (wird 1964 gemaßregelt)

Th. Heuss: „Erinnerungen"

K. H. Janssen: „Macht und Verblendung. Kriegszielpolitik der dt. Bundesstaaten" (über den 1. Weltkrieg)

Papst *Johannes XXIII.* tritt mit seiner Enzyklika „Pacem in terris" für den Weltfrieden ein (wird in West und Ost stark beachtet)

† *Johannes XXIII.*, Papst seit 1958, für die Einheit der Christenheit (* 1881)

Kardinal *Montini* (* 1897) wird zum Papst gewählt, nennt sich *Paul VI.* Setzt das Konzil fort, unternimmt Pilgerfahrt nach Palästina

Ernst Nolte: „Der Faschismus in seiner Epoche" (betrachtet den F. als „transpolitisches Phänomen")

† *Alexander Rüstow*, dt. Nationalök. (* 1885)

Neugebildete regionale Kirchenleitung Ost beruft d. Generalsuperintendenten *Günter Jacob* zum Verwalter d. evang. Bischofsamtes in Brandenburg bis zur Rückkehr des aus der DDR ausgewiesenen Präses *Kurt Scharf* (* 1902)

Horst Antes (*1936): „Figur mit blauem Arm“ (surrealist. Gem., vollend. 1964)

Georg Baselitz: „Nackter Mann“, „Große Nacht im Eimer“ (Gemälde, wegen vermut. Unzüchtigk.beschlagn.)

Frédéric Benrath (* 1930): „Ohne Titel“ (frz. surrealist.Gem.)

Fritz Bornemann: Theater der Freien Volksbühne Berlin (West) (Baubeginn 1960); Intendant: *Erwin Piscator*

† *Georges Braque*, frz. Maler, entwickelte gleichz. m. *Picasso* d. Kubismus (*1881)

Ruth Francken (* 1924): „Stierkampf“ (tsch.-frz. Gouache-Serie)

Marvin Goldstein (* 1931): „Landsch. 2“ (nordamer. abstrakt. Gemälde in Collage-Technik)

Otto Herbert Hajek: „Raumknoten“ (Bronze)

Karl Hartung: „Relief Figuration“ (Gips)

Gerhard Hoehme (* 1920): „beiderlei geschlechts“ (Kunstharz-Bild)

H. Jaenisch (*1907): „TB 48“ (abstrakt. Tuschbild)

Fritz Koenig (*1924): „Portal“(2. Fassg., Bronze)

† *David Low*, brit. polit. Karikaturist. neuseeländ. Herk., wurde bes. im 2. Weltkrieg internat. bekannt (*1891)

Gerhard Marcks: „Der Befreite“ (dt. Skulptur)

André Masson: „Ge-

Béla Bartók: „Herzog Blaubarts Burg“ (B.s einzige Oper) Uraufführg.

Batsheva Dance Company Tel Aviv gegrdt. (israel. Ballett, künstl. Leiter: *Martha Graham*)

Pablo Casals (* 1876): „Die Krippe“ (Oratorium)

Helmut Eder (* 1916): „Concerto semiserio“, Uraufführung in Wien

Werner Egk: „Die Verlobung in San Domingo“ (Kleist-Oper), Uraufführg.

Jan F. Fischer (* 1921): „Romeo, Julia u. die Finsternis“ (zweiteil. Oper), dt. Erstaufführung

Wolfgang Fortner: „Tristan“ (Ballett)

† *Ferenc Fricsay*, Dirigent ungar. Herkunft, zuletzt in Berlin u. München (* 1914)

† *Karl Amad. Hartmann*, dt. Komp., gründete 1945 in München die „Musica viva“ - Konzerte (* 1905)

Joseph Haydn: Cellokonzert in C-Dur, dt. Erstaufführung (wurde 1961 in einer Partiturensamml. des Prager National-Museums entd., rd. 200 Jahre alt)

Hans Werner Henze: 4. und 5. Sinfonie (dt.), „Il Re Cervo“ (Oper, Neufass. v. „König Hirsch“)

† *Paul Hindemith*, dt. Komp. (*1895)

Rudolf Kelterborn (* 1931): „Scènes

*Nobel*preis für Physik an *Maria Goeppert-Mayer* (* 1906, Dtl.) und *J. H. D. Jensen* (* 1907, Dtl.) für das Schalenmodell des Atomkerns und an *Eugene Wigner* (* 1902, Ungarn) für gruppentheoret. Quantenphysik

*Nobel*preis für Chemie an *Karl Ziegler* (* 1898, Dtl.) und *Giulio Natta* (* 1903, Ital.) für Entwicklung der Kunststoffchemie

*Nobel*preis für Medizin und Physiologie an *Alan L. Hodgkin* (* 1914), *Andrew F. Huxley* (* 1917) und *John C. Eccles* (* 1903) für Ionenmechanismus der Nervenerregung

Valerie Bykowski, USSR-Astronaut, umkreist in 5 Tagen mit Raumschiff „Wostok V“ 82mal die Erde; ihm folgt mit „Wostok VI“ 2 Tage später die erste Astronautin *Valentina Tereschkowa* mit 49 Erdumkreisungen. Beide landen am gleichen Tage (beide heiraten einige Monate später)

USA-Astronaut *Gordon Cooper* umkreist in einer Raumkapsel 22mal die Erde

† *Friedrich Dessauer*, dt. Biophysiker, grundlegende Arbeiten über biologische Wirkungen v. Strahlen (* 1881)

Rul Gunzenhäuser: „Informationstheorie und ästhetik. Aspekte einer kybernetischen Theorie ästhetischer Prozesse“

† *Theodore Kármán*, ungar. Aerodynamik., 1930–49 in USA (*1881)

† *Hans Kopfermann*, dt. Physiker (* 1895)

Edwin H. Land u. Mitarbeiter: Polaroid-Kamera f. Farbphotos in 50 Sekunden (analoges Schwarzweiß-Verfahren seit 1959)

J. Robert Oppenheimer erhält Enrico-Fermi-Medaille (höchste Auszeichnung für Atomwissenschaftler in den USA)

† *Otto Struve*, Astronom, seit 1921 in den USA (* 1897)

Elektronen-Rechenmaschine ermittelt in 85 Min. 2917stellige Zahl als Primzahl (im Kopf wären dafür ca. 80000 Rechnerjahre nötig)

In der USSR ergibt Altersbestimmung präkambrischer Gesteine 5 Mrd. Jahre (bisher 3,5 Mrd. Jahre als höchstes Alter). Danach wäre

70% der Erdbevölkerung gelten als unterernährt (95% aller Asiaten u. Afrikaner)

Weltweizenernte 259,6 Mill. t (dav. USSR 66,3, USA 29,8, Kanada 15,2, Frankr. 13,5, Indien 11,8 Mill. t)

Weltvorräte an verhüttbar. Eisen auf 130 Mrd. t geschätzt (Hauptvorräte in Afrika)

Schätzung d. Erdölvorräte ca. 45 Mrd. t (davon rd. 50% um den Persischen Golf)

Von 225 Stahlwerken der EWG produzieren 18 mit je jährlich mehr als 1 Mill. t nahezu 50%

COMECON-Staaten d. Ostblocks haben 75% der industriell. Produktion der USA, Produktion pro Arbeiter 25% der USA

Industrieprod. in Ungarn gegenüb. 1938 etwa verfünffacht

Generalbevollmächtigter der Fa. *Krupp*, *Beitz*, bei *Chruschtschow*

Ludw. Albert Hahn (* 1889): „50 Jahre zwisch. Inflation u. Deflation“ (zeitkrit. Nationalökonomie)

Conrad Hilton (* 1888) eröffnet 12 neue internationale Hotels (die Hilton-Hotels besitzen insges. 80000 Betten)

Haushalt der BRD umfaßt 57,75 Mrd.

(1963)	*Chruschtschow* besichtigt die Berliner Mauer Der Reg. Bgm. von Berlin *W. Brandt* wird im letzten Moment durch eine ultimative Drohung der Berliner CDU als Koalitionspartner daran gehindert, den Min.Präs. der USSR, *Chruschtschow*, in Ost-Berlin zu sprechen Die folgende schwere Wahlniederlage der CDU wird auch auf diesen Vorgang zurückgeführt Wahl zum Abgeordnetenhaus von Berlin(West) (vgl. 1958): SPD 89 (78), CDU 41 (55), FDP 10 (0) Sitze. SED 1,3% (1,9%) ohne Sitz. Wahlbeteiligung 89,9% (92,9%). SPD errang sämtliche 80 Direktmandate Präsident des Abg.Hauses *Otto Bach*. *Willy Brandt* bildet als Regierender Bürgermeister SPD-FDP-Regierung *Adenauer* besucht *de Gaulle* in Paris Unterzeichnung des dt.-frz. Freundschaftsvertrages, der umfangreiche Konsultationen und Kooperationen vorsieht (die Politik der dt. Bundesreg. wird durch den Gegensatz USA–Frankr. sehr erschwert) Keine Änderung der frz. Haltung gegenüber Gr.Britanniens Aufnahme in die EWG USSR protestiert gegen dt.-frz. Vertrag Dt. Bundespräsident *Lübke* setzt seine regelmäßigen Besuche in Berlin fort (diese werden von den Behörden der DDR als „illegal" u. „provokativ" bezeichnet) Im Bundestag kommt es bei der ersten Lesung über das sog. „Sozialpaket" (Gesetze über Lohnfortzahlung im Krankheitsfall, Krankenversicherung mit Kostenbeteiligung, Kindergelderhöhung) zu heftigen Debatten *Helmut Lemke* (* 1907, CDU) bildet als Nachfolger von *v. Hassel* in Schleswig-Holstein CDU-FDP-Regierung Bundesreg. veröffentlicht Bericht über das Vorgehen gegen das Nachrichtenmagazin „Der Spiegel" wegen des Verdachts des Landesverrats (enthält schwerwiegende Widersprüche)	*W. Hildesheimer*: „Nachtstück" (Schauspiel) *Rolf Hochhuth* (* 1931): „Der Stellvertreter" (Schauspiel, kritisiert Papst *Pius XII.* wegen seiner Haltung zur nationalsozialist. Judenverfolgung. Urauff. im Theater d. Volksbühne Berlin unter *E. Piscator*. Heftige Diskussionen u. an manchen Orten Störungen der Aufführgn.) *Walter Höllerer* grdt. „Literar. Colloquium" in Berlin (W) (beschäftigt sich kritisch mit zeitgen. literar. Strömungen) *L. Hughes*: „Poems from Black Africa" (Sammlg. von Negergedichten) *J. Jahn*: „Afrika erzählt" (Sammlung von Negerprosa) *Jewgenij Jewtuschenko* (* 1933): „Mit mir ist folgendes geschehen" (russ. Dichtung). *J.* wird nach einem Besuch in der BRD in der USSR von der Partei kritisiert *Siegfried Lenz*: „Stadtgespräch" (Roman) *Erik Lindegren* (* 1910): „Gedichte" (dt.-schwed. Ausgabe) *Hans Mayer*, Prof. für Literatur in Leipzig, bleibt auf einer Reise in der BRD *Henry Miller*: „Just Wild About Harry" (nordamer. Schauspiel, sein erstes) † *Josef Nadler*, österr. Literarhistoriker (* 1884) † *Paul Reboux*, frz. Schriftsteller (* 1877) † *Hans Rehberg*, dt. Schriftsteller (* 1901) *A. Robbe-Grillet* (* 1922): „Pour un roman nouveau" *H. Schwitzke*: „Das Hörspiel, Dramaturgie und	*H. Schelsky*: „Einsamkeit und Freiheit. Zur Idee und Gestalt der dt. Universitäten und ihrer Reformen" *Josyf Slipyj* (* 1892), seit 1944 uniert-ruthen. Metropolit von Lemberg, wird freigelassen (war seit 1945 in sowjet. Haft) † *Eduard Spranger*, dt. Philosoph, Psychologe und Pädagoge (* 1882) „Club Voltaire" I (Sammelwerk mit gegenüber traditionellem Denken krit. Beiträgen; Herausg. *Gerhard Szczesny*) † *Paul Tkotsch*, Weihbischof in Berlin (Ost) (* 1896) † *Adolf Weber*, dt. Volkswirtschaftler (* 1876) *G. Wurzbacher*, *Th. Scharmann* u. a.: „Der Mensch als soziales und personales Wesen" 4. Weltkonferenz für Glauben und Kirchenverfassung des Weltkirchenrates in Montreal; zeigt starke Einigungsbestrebungen der nichtkatholischen christlichen Kirchen Synode der Evangel. Kirche muß getrennt in West- u. Ost-Berlin tagen, weil DDR-Behörden den Westsynodalen den Übergang verwehren. Beide Teilsynoden fordern Recht auf Gesamtsynode Konferenz d. evang. Kirchenleitungen in der DDR veröff. „Über Freiheit und Dienst der Kirche" zur Abgrenzung geg. kommunist. Ideologie 11. Dt. Evangel. Kirchentag in Dortmund: „Mit Konflikten leben" 2. Sitzungsperiode des II. Vatikanischen Konzils. Verkündung einer Liturgie-Reform und

spräch mit dem Adler" (französisches Gemälde)

Jac. Joh. Pieter Oud (* 1890, † 1963): Kongreßgeb. f. Den Haag (Baubeg., Entwurf 1958)

H. Purrmann: „Garten mit Mauern und Bänken" (Gem. im gegenständl. Stil)

Paul Reich (*1925): „Xcs/63" (abstrakt. Plastik aus Stein, Metall u. Glas)

Eduardo Affonso Reidy: Museum f. mod. Kunst, Rio de Jan.

Berliner Philharmonie: Architekt *Hans Scharoun* ordnete Zuhörerplätze amphitheaterartig an (Grundstein 1960)

Eva Schwimmer: „Trümmerfrauen" (Tuschzeichnung)

Amar Nath Seghal: „Nukleare Köpfe" (ind. Plastik)

Gruppe SPUR *(H. Prem, H. Sturm, H.-P. Zimmer, L. Fischer)*: „Spurbau" (Architekturmod. als Gemeinschaftsarb.)

Toni Stadler (*1888): Studie z. Marshall-Denkmal

Fred Thieler (*1916): „Triptychon 63" (abstrakt. Gemälde)

Heinz Trökes: „Vertrocknete Insel" (abstrakt. Gemälde)

Franz Willi Wendt (*1909): „Peinture Huile" (dt.-frz. abstrakt. Gemälde)

Bayer - Bürohochh., Leverkusen (120,6 m hoch)

„Polnische Malerei vom Ausgang des 19. Jahrhunderts bis z. Gegenwart" (Aus-

fugitives", „Die Errettung Thebens" (erste Oper des Komponist.), Uraufführungen

Giselher Klebe: „Figaro läßt sich scheiden" (dt. Oper i. Zwölftonstil), Uraufführg.

Gian Francesco Malipiero: „Per Antigenida" (Sinfon.), „Il Capitan Spavento" (dreiteilige mascherata eroic.), Uraufführung

Ricardo Malipiero: „Battono alla porta", szenische Uraufführung

Marcel Mihalovici: „Die Zwillinge" (komisch. Oper), Uraufführung

Darius Milhaud: „Orestie" (frz. Op. seit 1912, erste vollst. Aufführg. i. d. Dt. Oper Berlin)

Nicolai Nabokov (* 1903, Minsk), russisch-amerik. Komp., europ. Uraufführg. v. „Studies in solitude"

† *Edith Piaf*, frz. Chanson-Sängerin („Spatz v. Paris") (*1916)

† *Francis Poulenc*, frz. Komp. (*1899) „Die menschliche Stimme" (lyr. Tragöd.), dt. Erstaufführung

Renzo Rosselini (* 1908): „Die Sprache der Blumen" (ital. Oper)

Karlheinz Stockhausen (* 1928): X. Klavierstück („Vitalità furiosa"), Uraufführung

I. Strawinsky: „Die Sintflut" (Op., Ur-

Alter der Erde auf ca. 6 Mrd. Jahre anzusetzen

Wissenschaftl. i. USA (MIT) entd. Mikrowellen des OH-Moleküls von einem sog. Radio-Stern (zeigt größere Häufigkeit atomarer Verbindungen. Vgl. 1968, 69)

In USA gelingt Radar-Kontakt mit dem sonnennächsten Planeten Merkur

US-Radioastronomen weisen das OH-Molekül im interstellaren Raum nach (bis 1978 werden ca. 40 interstellare Moleküle radioastronomisch entd.)

US-Astronomen beobachten veränderliche rötliche Farbflecke in der Nähe eines Mondkraters (seit 1945 werden Gasausbrüche vermutet)

USA geben 3,7 Mrd. Dollar für Raumfahrt aus (für militärische Zwecke); über 600000 Beschäftigte in der nordamerikanischen Raumfahrtindustrie (Kosten der ersten Mondexpedition werden bis zu 40 Mrd. Dollar geschätzt)

„Telstar II" (USA) als Nachrichtensatellit

USA-Interkontinentalrakete „Titan II" erreicht eine Reichweite von 10400 km

10 Forschungs-Atomkernreaktoren in der BRD, 2 im Bau; 1 Versuchs-Atomkraftwerk (15000 kW)

Kongreß der Weltorganisation für Meteorologie in Genf diskutiert weltweites Beobachtungsnetz einschließl. Raketen, Satelliten, automatischer Stationen

Techn. Erzeugung von Drähten mit weniger als $^{1}/_{1000}$ mm Durchmesser

Farbfernsehen, in den USA schon teilweise eingeführt, ist in Europa noch im Versuchsstadium

Medway-Brücke mit 150 m Stützweite (größte Spannbetonbrücke Europas)

91000-t-Tanker „Esso Deutschland" erbaut

Rockefeller-Stiftung stellt 37 Mill. Dollar für Forschungszwecke zur Verfügung, davon 604000 Dollar für Europa

2620 Lokomotiven mit autom. Beeinfl. bei der Dt. Bundesbahn

DM (1964: 60,3 Mrd. DM)

Bund fordert höheren Anteil an der Einkommen- u. Körperschaftssteuer. Führt zu Konflikt mit den Ländern über den Finanzausgleich

GATT - Ministerkonf. beschließt Zollkonferenz zur Senkung d. Zölle zwischen USA u. EWG *(Kennedy-Runde)*

UN-Entwicklungskonferenz in Genf unter Teilnahme v. Fachleuten aus 87 Staaten

Erhöhung d. Expreßguttarife auf der Dt. Bundesbahn um 12%

Erhöhung d. meisten Postgebühren d. Dt. Bundespost um 8,5%

Milchpreiserhöhungen in der BRD

Vors. d. Industr.-Gewerksch. Bau, Steine, Erden, *Leber*, gibt Lohnerhöhung v. 4,9% bekannt

Streik u. Aussperrungen i. d. badenwürttemberg. Metallindustrie. Einigung d. Tarifpartner nach längeren Verhandlungen

Beamtenbesoldung in der BRD um 6% erhöht

Bei den Gerichten in der Bundesrepublik Deutschland wurden 3132 Insolvenzen angemeldet. Die Zahl der Konkurse mit Schulden über eine Million DM stieg

(1963)

Berliner Senat lehnt Vorschlag *Ulbrichts*, völkerrechtlich gültigen Vertrag mit der DDR zu schließen, ab (Berlin ist nach dt. Recht ein Teil der Bundesrepublik)

Bundesrichter *Ludwig Martin* (* 1909) wird Generalbundesanwalt

Sprengstoffanschlag auf das Intourist-Reisebüro der USSR in West-Berlin

Dt. Bundesreg. untersagt Ausfuhr von Rohren mit großem Querschnitt nach der USSR und anderen Ostblockstaaten, da diese zum Bau strategisch wichtiger Kraftstoffleitungen dienen könnten (die Zweckmäßigkeit und Wirksamkeit dieses Verbotes ist sehr umstritten)

Einwohner der DDR durchbrechen mit Kraftwagen die Mauer, um nach West-Berlin zu gelangen

In den 2 Jahren seit Errichtung der Mauer flohen 16 456 Menschen aus der DDR. Wenigstens 65 wurden dabei erschossen

Auschwitz-Prozeß in der BRD geg. 22 SS-Leute und einen Kapo dieses Konzentrationslagers, in dem mehrere Millionen Menschen an Mißhandlungen starben oder vergast wurden (dauert bis 1965)

Sozialdemokrat. Partei Deutschlands feiert ihr hundertjähriges Bestehen

Im Abgeordnetenhaus von Berlin ergeben sich wiederholt Debatten üb. Berlin- und die Deutschlandfrage zw. d. CDU als Opposition und SPD-FDP als Regierungsparteien; letztere befürworten größere Beweglichkeit im Sinne *Kennedys*

Fernsehbericht vom Wiederaufbau Breslaus unter poln. Verwaltung ruft heftigen Widerspruch besond. in Kreisen der vertriebenen Schlesier hervor

Leiter der kritischen Fernsehsendungen „Panorama", *Gert von Paczensky*, wird entlassen

BRD schließt Militärhilfeabkommen mit Entwicklungsländern

Regierung der BRD fürchtet Aufwertung der DDR durch Unterzeichnung des Atomteststop-Vertrages. USA und Gr.Brit. teilen diese Befürchtung nicht

Bundeskanzler *Adenauer* zeigt sich wiederholt kritisch gegenüber

Geschichte" (diese Kunstform ist rund 40 Jahre alt)

Léopold Sédar Senghor (* 1906): „Botschaft und Anruf" (Gedichte des Präs. d. Republik Senegal in dt. und frz. Fassung)

Erwin Strittmatter (* 1912): „Ole Bienkopp" (Roman im Stil des „sozialist. Realismus")

Erwin Sylvanus: „Am Rande der Wüste" (Schauspiel)

† *Tristan Tzara*, Schriftsteller rumän. Herkunft, Mitbegrd. d. Dadaismus (* 1896)

Christa Wolf (* 1929): „Der geteilte Himmel" (krit. Roman über Menschenschicksale im geteilten Dtld., Heinrich-Mann-Preis der DDR)

„Deutsche Buchhändlerschule" als Neubau in Frankfurt/Main

Brit. Nationaltheater mit „Hamlet" eröffnet (Regie: *Sir Laurence Olivier*)

F. Edding (* 1909): „Ökonomie d. Bildungswesens" (grundl. Untersuchung)

eines Dekrets über die publizistischen Mittel der Kirche

St. Hedwigs-Kathedrale in Berlin (Ost) nach Wiederaufbau eingeweiht

Selbstverbrennung buddhistischer Mönche in Südvietnam als Protest gegen Verfolgung der Buddhisten durch die kathol. Staatsführung

Literaturzeitschrift der ČSSR „Kulturní Život" („Kulturleben") fordert Überwindung des stalinist. Dogmatismus (gilt als Übergreifen des „Tauwetters" von Polen und Ungarn; DDR erscheint zunehmend geistig isoliert)

Hochschullehrerges. für Berlin (West) (bezieht sich auch auf künstler. Hochschulen, stärkt den sog. Mittelbau)

Universität Salzburg gegründet

Hochschule für Sozial- u. Wirtschaftswissenschaften in Linz gegrdt.

Neue Kathedrale i. Coventry geweiht

Im fränkischen Gräberfeld Krefeld-Gellep über 2000 Gräber entd. u. untersucht (vgl. 5. Jh.)

Der dt.-frz. Freundschaftsvertrag sieht einen umfangreichen Kulturaustausch vor

Mittel für den Bundesjugendplan betragen jährlich 81 Mill. DM

Gesamtschule i. Schweden

Knapp 20% der erwachsenen Bevölkerung in Pakistan kann lesen und schreiben

Ausschreitungen im Rassenkonflikt in USA

Saudi-Arabien proklamiert Abschaffung der Sklaverei

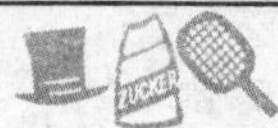

stellg. des Nationalmuseums Warschau in der BRD, erweist den Anschluß der poln. Malerei an die internat. Entwicklung. Demgegenüb. ist die offiziell geduldete Malerei in der DDR isoliert)
Progressive Künstler in der USSR werden als „bürgerliche Formalisten" verurteilt

---

† *Harry Piel*, dt. Filmschausp., bes. in sensat.-artist. Filmen d. Stummfilmzeit (* 1892)
Alain Robbe-Grillet: „L'Immortelle" (frz. Film)
Ingmar Bergman: „Das Schweigen" (schwed. Film, erregt d. seine real.erot. Szenen vielf. Anstoß)
A. Hitchcock: „Die Vögel" (engl. Film)
„Der Kardinal" (nordamer. Film mit *Romy Schneider* (* 1938))
Verteilung der „Oscars": *Sidney Poitier:* bester Schauspieler; *Patricia Neal:* beste Schauspielerin; „Tom Jones" (England): bester Film; „Achteinhalb" (Regie *Federico Fellini*, Italien): bester ausländischer Film
„Africa Addio" (ital. Dokumentarfilm, Regie: *Gualtiero Jacopetti* u. *Franco Prosperi;* stößt auf starke Proteste)
Renaissance der Stummfilmkomiker der zwanziger Jahre: *Charly Chaplin, Buster Keaton, Harold Lloyd*

aufführung)
Alexander Tscherepnin (* 1899): 2. Sinfonie, europ. Uraufführung
Wieland Wagner (* 1917) inszeniert u.a. *Richard Wagner* „Meistersinger" im Rahmen d. Bayreuther Festspiele im 150. Geburts-u. 80. Todesjahr *Rich. Wagners*
† *Gerhart von Westermann* (* 1884), Kritiker, Musikschriftsteller, Pianist u. Komponist. 1939–1945 Intendant d. Berliner Philharmon. Orchesters, nach 1952 wieder Geschäftsführer der Philharmoniker
† *Winfried Zillig* (* 1905), Komp. u. Kapellmeister, schrieb u.a. die Opern „Rosse" u. „Das Verlöbnis"
Musikakademie in Graz gegrdt.
Grand Théâtre, Genf (aus dem 19. Jhdt. stammend, 1951 durch Brand zerstört), mit modernsten Errungenschaften der Technik wiedererstanden
Populäre Schlager: „Junge komm bald wieder" *(Olias)*, „Tanze mit mir in den Morgen" *(Götze)*, „Heißer Sand" *(Scharfenberger)*

von 66 (1962) auf 105 Fälle
Ehemalige Kriegsgefangene demonstrieren in Bonn für bessere Entschädigung
Mittleres Familieneinkommen in USA 6600 Doll. (1935: 3700 Doll., in gleicher Kaufkraft)
30–40 Mill. Menschen in USA gelten als (relativ) „arm" (Familieneinkommen unter 3000 Dollar jährlich, entsprechend einer Kaufkraft v. etwa 6000 DM)
4,5 Mill. Arbeitslose in USA bei 70 Mill. Beschäftigten
114tägiger Zeitungsstreik in New York
34tägiger Bergarbeiterstreik in Frankreich
Verwaltungsreform i. d. USSR
Internat. Konvention über den Staatseintritt für Atomschäden
Ca. 134 Millionen Fluggäste in der Weltluftfahrt (ohne USSR und VR China). 26 Abstürze u. schwere Unfälle mit insges. 1069 Toten (1962: 1318 Tote)
Vorübergehende Flugverbindung zwischen Wien u. Ost-Berlin. DDR öffnet für den Weg zum Flugplatz Schönefeld einen besonderen Durchlaß durch die Mauer

Neues Projekt eines Tunnels zw. Frankreich u. Gr.-Brit. (Kosten ca. 16 Mrd. DM)
„Vogelfluglinie" Deutschland–Dänemark mit Brücke über den Fehmarnsund und Fähre über den Belt eröffnet (ersetzt die alte Fährverbindg. nach Gedser)
20% der Westberlin. Stadtautobahn im Betrieb (gepl. Gesamtlänge ca. 100 km)
41. Internationale Automobil-Ausstellung in Frankfurt/Main mit ca. 800000 Besuchern
Zweites Deutsches Fernsehen (ZDF) in Mainz beginnt sein Programm (ist als „Kontrastprogramm" zu dem der ARD geplant)
„Shopping-Centre" und „Super-Market" (Einkauf-Zentren) in der BRD (nach USA-Muster)
Warentests finden wachsendes Interesse. Bundesreg. plant Test-Institut
Internat. Gartenbau-Ausst. (IGA) in Hamburg
Dt. Presserat fordert Zeugnisverweigerungsrecht für Journalisten
Petrusjan Schachweltmeister
Internat. Olympisches Komitee entscheidet, daß bei den Olympischen Spielen 1964 in Innsbruck u. Tokio eine gesamtdt. Mannschaft antritt

(1963)

Bundeswirtsch.Min. *Erhard*, der als sein Nachfolger nominiert wird

Wochenzeitschrift „Die Zeit" beschuldigt Verfassungsschutz der BRD illegaler Telefonüberwachg.; führt zu heftigen Bundestagsdebatten u. parlamentar. Untersuchungs-Ausschuß

Konrad Adenauer verabschiedet sich als Bundeskanzler von Berlin und wird zum Ehrenbürger ernannt

Dt. Bundestag wählt mit 279 von 484 Stimmen *Ludwig Erhard* als Nachfolger des zurückgetretenen *Konrad Adenauer* zum Bundeskanzler

Erich Mende (* 1916, Vors. d. FDP) wird Vizekanzler und Min. f. gesamtdt. Fragen; *Kurt Schmücker* (CDU) Wirtschaftsmin.; *Hans Krüger* (CDU) Vertriebenenmin. (muß 1964 zurücktreten, Nachfolger *Ernst Lemmer*)

Vertrag über Errichtung von Handelsvertretungen zw. BRD und Rumänien

Vertrag über Errichtung von Handelsmissionen zw. BRD und Ungarn

Südflügel des Reichstagsgebäudes in Berlin wird dem Dt. Bundestag übergeben

Grundsatzprogramm des Deutschen Gewerkschaftsbundes in Düsseldorf verabschiedet (betont Bedeutung gemeinwirtschaftlicher Unternehmen zur Kontrolle monopolistisch beherrschter Märkte)

Senat von Berlin(West) und Regierung der DDR unterzeichnen unter Wahrung ihrer unterschiedlichen politischen Standpunkte ein Verwaltungsabkommen über Passierscheine, das um Weihnachten und Neujahr Millionen Deutsche aus Ost und West in Ostberlin zusammenführt (eine Wiederholung kommt vorerst nicht zustande)

Während der Passierschein-Aktion in Berlin wird ein 18jähriger Flüchtling von Grenzorganen der DDR an der Mauer erschossen

Im Zuge der Familienzusammenführung dürfen insbesondere ältere Personen aus der DDR in die BRD umsiedeln (ca. 25 000 pro Jahr)

Landtagswahlen in Rheinland-Pfalz (vgl. 1959): CDU 46 (52), SPD 43 (37), FDP 11 (10), DRP 0 (1) Sitze. *Peter Altmeier* (CDU) bildet CDU-FDP-Regierung

Landtagswahl in Niedersachsen: SPD 73, CDU 62, FDP 14, DP u. BHE keine Sitze. *G. Diederichs* (SPD) bildet als Min.Präs. SPD-FDP-Regierung

Bürgerschaftswahl in Bremen: SPD behält absolute Mehrheit. SPD-FDP-Regierung unter Senatspräsident Bgm. *W. Kaisen*

† *Wolfgang Döring*, Fraktionsvorsitzend. d. FDP i. Bundestag (* 1919)

† *Theodor Heuss*, dt. liberaler Politiker und Schriftsteller, 1949–59 1. Präsident der Bundesrepublik Deutschland (* 1884)

† *Erich Ollenhauer*, dt. sozialdemokrat. Politiker, seit 1952 Vorsitzender der SPD (*1901) (1964 wird sein Nachfolger als Parteivorsitzender *Willy Brandt*, als Fraktionsvors. *Fritz Erler*)

VI. Parteitag der SED in Ost-Berlin. *Chruschtschow* als Gast. Ideolog. Auseinandersetzung mit der Volksrepublik China

Anhaltende Versorgungskrise in der DDR

Karl Mewis (* 1907), Vors. d. staatl. Plankommission der DDR, aus allen Funktionen abberufen. Sein Nachfolger wird *Erich Apel* (* 1917)

„Gesetz über den Ministerrat" in der DDR schwächt die Regierungsgewalt zugunsten des Staatsrates

Arbeiter- und Bauerninspektion als Kontroll- und Überwachungsorgan in der DDR

Volkskammer der DDR wählt *Walter Ulbricht* erneut zum Staatsratsvorsitzenden und *Otto Grotewohl* zum Regierungschef (die Volkskammer ging 1958 nicht aus freien Wahlen, sondern aus einer Einheitsliste d. „Nationalen Front" hervor)

Adolf Schärf (SPÖ) wird z. Bundespräs. v. Österreich wiedergewählt

A. Gorbach bildet weitgehend unveränderte österr. ÖVP-SPÖ-Regierung

Willy Spühler (* 1902, Sozialdem.) Bundespräsident der Schweiz

Schweiz tritt dem Europarat bei

Wahl zur 2. Kammer in den Niederlanden (vgl. 1959): Kathol. Volkspartei 50 (49), Sozialist. Partei 43 (48), Liberale Partei 16 (14), Antirevolut. Partei 13 (14), Christl.-Historische Union 13 (12), Kommunist. Partei 4 (3), Pazifist.-Sozialist. Partei 4 (2), Orthod. Calvinisten 3 (3), Bauernpartei 3 (0), Politisch-Reformierte Partei 1 (0) Sitze

Frankreich entläßt letzte wegen Kriegsverbrechen verurteilte Deutsche

Attentat auf *de Gaulle* vereitelt

Frz. Geheimdienst entführt widerrechtlich den Chef der frz. Geheimorganisation OAS, *Argoud*, von München nach Frankr.

de Gaulle fordert eine eigene, unabhängige Atomstreitmacht Frankreichs („Force de frappe") im Gegensatz zur multilateralen Atommacht, welche die USA vorschlagen

Staatsbesuch *de Gaulles* in Griechenland

Frankreich entzieht seine Nordatlantik-Flotte d. Oberkommando der NATO

Letzte frz. Truppen verlassen Tunesien

† *Robert Schuman*, frz. Politiker, „Vater der Montan-Union", 1958 bis 1960 Präsident d. Europ. Parlaments (* 1886)

de Gaulle wendet sich gegen eine Vollmitgliedschaft von Gr.Brit. in der EWG, schlägt Assoziierung vor. Die anderen EWG-Staaten wünschen weitere Verhandlungen. In Gr.Brit. sind die Meinungen geteilt

USA wünschen Vollmitgliedschaft von Gr.Brit. in der EWG. Die Aufnahme scheitert bei den Verhandlungen in Brüssel am Widerstand *de Gaulles* (wird als eine ernste Gefährdung d. europäischen und atlantischen Gemeinschaft angesehen)

Gr.Brit. unterstellt seine Atombomber-Streitmacht der NATO

Bei den brit. Kommunalwahlen gewinnt die Labour-Party wesentlich an Stimmen (wird vielfach als Vorentscheidung f. künftige Parlamentswahl gedeutet)

Edward Heath (* 1916), brit. Politiker, erhält Karlspreis der Stadt Aachen

Brit. Heeresminister *Profumo* tritt wegen einer Callgirl-Affäre zurück

Harold Macmillan, seit 1957 brit. Premiermin., tritt zurück. Nachfolger wird Außenmin. Lord *Alexander Home* (* 1903), der darauf seinen Adelstitel ablegt

† *William Henry Beveridge*, „Vater" der Sozialversicherung in Gr.Brit. (* 1879)

† *Hugh Gaitskell*, Vorsitzender d. brit. Labour-Party u. Oppositionsführer seit 1955 (* 1906). Sein Nachfolger wird *Harold Wilson* (* 1916)

Vorübergehend nicht-sozialistische Regierung inNorwegen unter Min.-Präs. *Lying*

In Italien wird die Zahl der Senatoren von 243 auf 315, die Zahl der Abgeordneten von 596 auf 630 erhöht

Parlamentswahlen in Italien (Zahl d. Sitze): Democrazia Cristiana 260, Kommunisten 166, Nenni-Sozialisten 87, Liberale 39, Sozialdemokraten 33, Neofaschisten 27, Monarchisten 8, Republikaner 6, Südtiroler Volkspartei 3, Union Valdotaine 1. Min.Präs. *Fanfani* tritt zurück. Es folgt Reg. unter *Giovanni Leone* (Dem. Crist.)

10 Carabinieri in Bozen freigesprochen, die wegen Mißhandlung von Südtirolern angeklagt waren

Hinrichtung des Sekretärs der illegalen kommunist. Partei Spaniens, *Grimau*, in Madrid

† *Abd el-Krim*, Führer des Freiheitskampfes der Rifkabylen geg. Spanien 1920–26, zuletzt in Kairo (* ~ 1880)

Griech. Staatsbesuch in Gr.Brit. führt zur Regierungskrise in Griechenland. Regierung *Karamanlis* tritt zurück. *Panayotis Pipinelis* wird Min.Präs. und Außenminister

Neue Verfassung in Jugoslawien (*Tito* bleibt lebenslängl. Staatspräs.)

Rumänien läßt einen politischen Kurs zwischen USSR und Volksrepublik China erkennen

Inönü tritt zurück (war seit 1961 türkischer Min.Präs.)

Finn. Staatspräsident *Kekkonen* tritt

In den Dolomiten überflutet der Vaiont-Stausee durch Bergrutsch das anschließende Tal, über 2000 Todesopfer. Eine Untersuchung auf Fahrlässigkeit schließt sich an

Gruben- u. Eisenbahnunglück in Japan fordern an einem Tag über 600 Tote

USA-Atom-U-Boot „Tresher" sinkt mit gesamter Besatzung

128 Todesopfer beim Brand und Untergang des griechischen Passagierdampfers „Lakonia"

Flugzeugabsturz in der Schweiz fordert 82 Todesopfer

Grubenunglück in der Erzgrube Lengede durch Wassereinbruch: 29 Tote, unt. dramatischen Umständen werden durch aufwendige u. langwierige Rettungsaktionen je eine Gruppe von 3 u. 11 Bergleuten gerettet. Durch Fernsehen nehmen Millionen Anteil

14000 Tote und 400000 Verletzte durch Verkehrsunfälle in d. BRD

Brian Sternberg (USA) überspringt i. Stabhochsprung die 5-m-Marke

Nikula (Finnland) erreicht im Stabhochsprung 5,10 m

Marika Kilius und *Hans Jürgen Bäumler* (BRD) gewinnen in Cortina

(1963)

für atomwaffenfreie Zone in Skandinavien ein

USSR bietet Atom-Inspektionen an

Reform der KP-Parteiorganisation in der USSR

USA und USSR unterstützen gemeinsam das Genfer Abkommen über die Neutralität von Laos

Höflichkeitsbesuch des USSR-Generals *Jakubowski* beim brit. Oberkommandierenden Gen. *J. Cassels* in der BRD

Die Mitgliederzahl der kommunist. Parteien aller Länder wird auf ca. 40 Millionen geschätzt

USA fördern Plan für eine multilaterale Atommacht (mit Mitentscheidung der übrigen NATO-Mächte)

USA-Präsident *Kennedy* unternimmt Europa-Reise mit Besuchen in der BRD, Irland, Gr.Brit., Ital. u. Vatikan. Ein Höhepunkt ist die Kundgebung auf dem Platz vor dem Schöneberger Rathaus in West-Berlin, wo er ausruft: „Ich bin ein Berliner". Der Präs. wird Ehrenbürger der Stadt Berlin

Chruschtschow kommt nach Ost-Berlin: „Die Mauer gefällt mir"

Hunderttausende von Negern demonstrieren in Washington gegen Rassendiskriminierung; Präsident *Kennedy* empfängt die Führer der disziplinierten Demonstration

USA-Präs. *Kennedy* legt d. Kongreß d. Civil-Rights-Programm vor, das die Rassenintegration fördern soll

USA - Lufttransportunternehmen „Big Lift" fliegt in 64 Stunden 14500 Soldaten von USA zu einem Manöver nach Europa

Am 22. 11. wird USA-Präsident *J. F. Kennedy* auf einer Fahrt durch Dallas in Texas durch Schüsse ermordet (* 1917). Sein Tod erschüttert die Welt. Besonders in Berlin finden spontane und gewaltige Trauerkundgebungen statt. Der vermutliche Attentäter *Lee Oswald* wird durch d. Nachtbarbesitzer *Jack Ruby* trotz Polizeibewachung erschossen

Vizepräsident *Lyndon B. Johnson* (* 1908) wird wenige Stunden später als 36. Präsident der USA vereidigt. Er kündigt an, die Politik *Kennedys* fortzusetzen

Durch das Aufhalten von militärischen US-Konvois auf der Autobahn nach Berlin durch sowjetische Kräfte kommt es mehrmals zu dramatischen Situationen, die sich durch Hartnäckigkeit der Amerikaner friedlich auflösen

Kanad. Parlament stürzt Regierung *John G. Diefenbaker* (Konserv.), d. USA-Kernwaffen ablehnte. Neuwahlen: Liber. 130, Konserv. 94, Sozialkreditpartei 24, Demokr. 17 Sitze. Neue kanad. Regierung bildet *Lester B. Pearson* (* 1897, Lib.)

Kubanischer Min.Präs. *Fidel Castro* besucht USSR für 4 Wochen

Guatemala erklärt Kriegszustand mit Deutschland für beendet

Militärputsch in Guatemala stürzt Castro-feindlichen Präsidenten *Miguel Y. Fuentes*

Putschversuch der Marine in Argentinien scheitert

Nach kurzer parlamentar. Regierungsform wird in Brasilien wieder das Präsidialsystem eingeführt. *João Goulart* (* 1918) bildet Koalitionsregierung mit Arbeiterpartei und Sozialdem. (wird 1964 gestürzt)

UN-Generalsekretär *U Thant* fordert ultimativ von *Tschombé* Wiedervereinigung d. Provinz Katanga mit dem übrigen Kongo

Waffenruhe im Kongo. *Tschombé* beugt sich der Streitmacht der UN und beendet Separation

† *Sylvanus Olympio*, seit 1958 Min.-Präs., seit 1961 Staatspräs. in Togo (* 1902). Regierung übernimmt ein Revolutionsausschuß aus Militärs

Kämpfe an der algerisch-marokkanischen Grenze

In Marokko wird Partei des Königs der starke politische Rechte hat, stärkste Partei (nach der Verfassung von 1962 ist Marokko konstitutionelle, demokratische und soziale Monarchie)

Kongo (Léopoldville) weist sämtl. Angehörigen der Botschaft der USSR aus

J. Kenyatta, 1953 als Mau-Mau-Führer zu 7 Jahren Zuchthaus verurteilt, bildet nach dem Wahlsieg seiner KANU-Partei erste Regierung in Kenia

Tagung der Arab. Liga in Kairo; alle 13 Mitgliedsstaaten vertreten (Beitritt von Tunesien und Marokko 1958, Kuwait 1961, Algerien 1962)

Bundeskanzler *Erhard* besucht USA-Präsident *L. B. Johnson* i. Texas

Israel protestiert gegen die Tätigkeit dt. Wissenschaftler in Ägypten, da es Mitarbeit an d. Entwicklung von Vernichtungswaffen vermutet

Israelisch. Min.-Präs. *Ben Gurion* (seit 1948) tritt zurück. Nachfolger wird Finanzmin. *Levi Eschkol* (* 1895, † 1969)

† *Isaak Ben-Zwi*, israelischer sozialdemokr. Politiker, 1931–48 Präsident d. Nationalrates, seit 1952 Staatspräs. von Israel (* 1884). Sein Nachfolg. wird *Zalman Shneor Shasar*

Militärputsch im Irak: † *Abdel-Kerim Kassem* (erschossen), seit 1958 autokrat. Min.Präs. (* 1914). Staatspräs. wird *Abdel Salam Mohammed Aref* (* 1920)

Militärputsch in Syrien bringt die Nasser-freundliche Baath-Partei mit Min.Präs. *Salah Bitar* an die Macht

Volksabstimmung über eine Sozialreform in Iran. Frauen erstmals stimmberechtigt. Unruhen i. Teheran

Schwere Kämpfe in Südvietnam

USSR liefert MIG-Jäger nach Indien, das sich im Grenzkonflikt mit der Volksrep. China befindet

Bisher. Niederländ.-Westneuguinea nach UN-Verwaltung Indonesien eingegliedert

Bei einem Militärputsch wird in Südvietnam Min.Präs. *Ngo Dinh Diem* getötet (* 1901, Kath.). Nachfolger wird *Ngoc Tho*, der Buddhistenverfolgung einstellt.

Föderation Malaysia gegr.

† *Mohammed Ali*, islam.-indischer Politiker, 1953–55 Premier, 1962 Außenminist. v. Pakistan (* 1909)

Föderation von Malaysia gegrdt., zu der auch Singapur gehört

Neue Kampfhandlungen in Laos (nachdem 1962 Genfer Laos-Konferenz einen Kompromiß erzielt hatte)

Militär. Ausgaben (in Mrd. Dollar):

USA	45,6	ČSSR	1,2
USSR	40,0	Italien	1,0
Gr.Brit.	4,2	Jugoslaw.	0,7
Polen	3,8	Rumän.	0,6
Frankr.	3,4	Indien	0,6
BRD	2,6	Schweden	0,5
VR China	2,4	Insges.	
Kanada	1,7	Welt	115,6

d'Ampezzo die Weltmeisterschaft im Eiskunst-Paarlauf (gewinnen auf den Olymp. Winterspielen 1964 in Innsbruck Silbermedaille)

Rainer Kauschke, *Peter Siegert* und *Gerd Uhnert* bezwingen „Superdiretissima" i. d. Nordwand der Gr. Zinne unter den Augen der Presse in 16 Tagen bei Temperaturen zw. —30⁰ und —40⁰C (löst neben Bewunderung auch Kritik aus)

Borussia Dortmund Fußballmeister der BRD (ab 1964 wird die Meisterschaft in d. Bundesliga ausgetragen)

Fußball-Bundesliga beginnt ihre Spielserie (die Aufnahme in die Bundesliga führt zu starken Auseinandersetzungen)

Wirbelsturm in Pakistan tötet über 15000 Menschen und macht etwa 2 Millionen obdachlos

Taifun fordert auf Kuba und Haiti etwa 6500 Menschenleben

Vulkanausbruch auf Bali tötet etwa 1900 Menschen u. macht etwa 180000 obdachlos

Erdbeben in Libyen fordert über 500 Tote

Erdbeben in Skopje (Jugosl.), 1070 Menschen getötet, Sachschaden 1,9 Milliarden DM

Internationale Zivilluftfahrt befördert 134 Millionen Flugpassagiere

Telephon. Kabelverbindung Vancouver (Kanada)–Sydney (Australien)

Bundesbahn beförderte 305 Millionen Tonnen im Güterverkehr

In der BRD steigen Löhne um 6,8%, Lebenshaltungskosten um 3,2%. Es werden (einschl. Westberlin) für 8,3 Milliarden DM Tabakerzeugnisse abgesetzt, 1,5% mehr als 1962

Eine Fakultät für Journalismus in d. USA nennt als 10 beste Zeitungen n. intern. Spannweite, Stil, Unabhängigkeit: Asahi Shimbun (Tokio), Dagens Nyheter (Stockholm), Frankf. Allg. Ztg. (Frankf./Main), La Prensa (Buenos Aires), Le Monde (Paris), Neue Zürcher Ztg. (Zürich), The Christian Science Monitor (Boston), The Guardian (Manchester), The New York Times (New York), The Times (London)

Bhakrastaudamm in Indien f. 1 Mill. kW elektr. Leistung eingeweiht (ist mit 226 m höchster Staudamm der Erde)

Jährliches Familien-Einkommen in USA

unter 2000	Dollar	6,0 Mill. Familien
2000– 4000	„	8,0 „ „
4000– 6000	„	11,0 „ „
6000– 8000	„	9,0 „ „
8000–10000	„	5,0 „ „
10000–15000	„	5,0 „ „
15000–25000	„	1,5 „ „
über 25000	„	0,5 „ „

Bruttosozialprodukt der BRD

	nominal	in Preisen 1954
1950	97,2	113,1
1955	178,3	174,4
1960	282,4	239,4
1962	336,8	262,9
1977	1193,3	580,2

(real 1950–77 + 6,2 %/Jahr)

1964

Friedensnobelpreis an den US-Negerführer und Geistlichen *Martin Luther King* (* 1929, ermordet 1968)

Finanzkrise der UNO, vor allem wegen Weigerung der USSR, rückständige Beiträge zu zahlen

Bundesversammlung in Berlin wählt *Heinrich Lübke* (CDU) zum zweitenmal zum Bundespräsidenten (die SPD stellt keinen eigenen Kandidaten auf, weil *L.* als Verfechter einer großen Koalition CDU/CSU-SPD gilt)

Landtagswahl in Baden-Württemberg (vgl. 1960): CDU 59 (51) Mandate, SPD 47 (44), FDP 14 (18), BHE/GDP 0 (7)

Willy Brandt wird als Nachfolger *E. Ollenhauers* 1. Vorsitzender der SPD

Fritz Erler (* 1913, † 1967) wird Fraktionsvorsitzender der SPD im Deutschen Bundestag

Rechtsextreme Nationaldemokratische Partei Deutschlands (NDP) in der BRD gegründet (gewinnt in den nächsten Jahren Sitze in Landtagen)

Münchner Schwurgericht verurteilt den ehemaligen Chefadjutanten *Himmlers Wolff* wegen Beihilfe zum Mord an 300.000 polnischen Juden zu 15 Jahren Zuchthaus

Willi Stoph (* 1914) Ministerpräsident der DDR

Freundschaftsvertrag zwischen USSR und DDR (wird von der SED als ein „separater Friedensvertrag" gewertet)

DDR gestattet ihren Rentnern jährlich eine Reise in die BRD (einschließlich Berlin [West])

† *Otto Grotewohl,* dt. Politiker, fördert als Sozialdemokrat 1946 die SPD-KPD-Vereinigung zur SED in der sowjetischen Besatzungszone; Min.-Präs. der DDR seit 1949 (* 1894)

Österr. Bundeskanzler *Alfons Gorbach* (* 1898, ÖVP) tritt zurück

† *Julius Raab,* österr. Bundeskanzler (ÖVP) 1953 bis 1961 (* 1891)

Neues brit. Kabinett (Labour): Premier: *Harold Wilson* (* 1916), Außenmin.: *Patrick Gordon-Walker* (bis 1965; dann *Michael Stewart*), Wirtschaftsmin.: *George A. Brown*

J. P. Sartre (Frankr.) lehnt Nobelpreis f. Literatur als „bürgerlichen Preis" ab

Friedenspreis des Dt. Buchhandels an *Gabriel Marcel* (* 1889), franz. Vertreter eines christlichen Existenzialismus

Leopold Ahlsen (* 1928): „Sie werden sterben, Sire", „Der arme Mann Luther" (Schauspiele)

Edward Albee: „Tiny Alice" (nordamerikan. Schauspiel)

L. Aragon (* 1897): „La mise à mort" (frz. Lit.)

Fernando Arrabal (* 1932): „Die Krönung" (frz. Schauspiel)

Hans Carl Artmann (* 1921): „Das suchen nach dem gestrigen tag oder schnee auf einem heißen brotwecken" (österr. Erz.)

Herbert Asmodi (* 1923): „Mohrenwäsche" (Schauspiel)

Georg-Büchner-Preis d. Dt. Akad. f. Sprache u. Dichtung an *Ingeborg Bachmann* (* 1926)

Jürgen Bartsch (* 1921): „Krähenfang" (Roman)

† *Werner Bergengruen,* dt. Schriftsteller (* 1892)

Thomas Bernhard (* 1931): „Amras" (österr. Erz.)

François Billetdoux (* 1927): „Il faut passer par les nuages" (frz. absurdes Schauspiel)

H. Böll: „Entfernung von der Truppe" (Erzählung)

† *Willi Bredel,* dt. Schriftsteller, zuletzt in Berlin (Ost), seit 1952 Chefredakteur der Zeitschr. „Neue deutsche Literatur" (* 1901)

† *Brendan Behan,* irischer Schriftsteller (* 1923)

Prix Goncourt an *Georges*

Th. W. Adorno: „Moments musicaux" (soziologische Musiktheorie)

137 Predigten von *Albertus Magnus* (* 1193, † 1280) in Leipzig entdeckt

† *Oskar Becker,* dt. Philosoph der Logik u. Mathematik (* 1889)

Ernst Bloch: „Verfremdungen" (werden durch revolutionäre Schübe aufgehoben; 2 Bde. seit 1962), „Tübinger Einleitung in die Philosophie" (2 Bde. seit 1963)

Hans Magnus Enzensberger: „Politik und Verbrechen" (betont das Böse in der Politik)

H. G. Frank: „Lehrmaschinen — ein zukunftsreicher Aufgabenkreis der kybernetischen Technik"

L. v. Friedeburg u. andere ermitteln folgendes „politisches Potential" der Studenten der Freien Universität Berlin (West)

	%	%
demokratisch		26
definitiv	13	
tendenziell	13	
unprofiliert		62
eher demokr.	13	
ganz unprofil.	19	
disparat	10	
eher autoritär	20	
autoritär		12
tendenziell	6	
definitiv	6	
	100	100

(diese Verteilung wird in den Konflikten der kommenden Jahre immer wieder deutlich)

T. J. Gordon und *Olar Helmer* veröffentlichen Prognose über die Welt im Jahre 1984: Weltbevölkerung 4,3 Mrd., mit 80 bis 95% Wahrscheinlichkeit bis dahin kein Weltkrieg, sinkende Geburtenrate, Organ-

Fr. Ahlers-Hestermann: „Intervalle" (Gem.)
Woody van Amen (* 1936): „Woody's Wunder" (niederl. popartiges Holz-Assemblage)
† *Alexander Archipenko,* russ. Bildhauer, zuletzt in den USA (* 1887)
Gillian Ayres (* 1930): „Kabul" (engl. abstr. Gem.)
Kurt Bartel (* 1928): „FigürlicheBallung" (abstr. Gem.)
Georg Baselitz (* 1938): „Landschaft" (Gem.)
Eva Böddinghaus (* 1911): „Stilleben" (express. Gem.)
Erich Brauer (* 1929): „Vogelschlinge" (Gem. d. Wiener „Phantast. Realismus")
Peter Brüning (* 1929): „10/64" bis „16/64" (abstr. Gem., „légendes")
Marc Chagall: Deckengemälde im Auditorium der Pariser Oper; „Pan" (Gem.)
† *Stuart Davis,* nordamer. Maler des Kubismus u. d. „Standard-Still-Life" (* 1894)
Eugène Dodeigne (* 1923): „Große Studie in Bronze" (belg.-frz. Plastik)
Jean Dubuffet: „Ohne Titel" (frz. abstr. Gem.)
Egon Eiermann (* 1904): Botschaftsgebäude der BRD in Washington (USA) (seit 1962)
Ernst Fuchs (* 1930): „Der Behälter des Weltalls" (Gem. des

Georges Auric (* 1899): Musik zu *Molières* „Monsieur de Pourceaugnac" (Komp. des [seit 1962] Generalintend. d. Pariser Oper)
Tadeusz Baird (* 1928): „4 Dialoge f. Oboe und Kammerorchester" (poln. Kompos. aus der „Gruppe 49"
Max Baumann (* 1917): „Passion op. 36" (Orgelkonz. mit Streichern und Pauken)
Conrad Beck (* 1901): „Concertino f. Oboe und Orch." (schweiz. Kompos.)
Richard Rodney Bennett (* 1936): „Am Abgrund" (engl. Kammeroper)
Niels Viggo Bentzon (* 1919): „Faust 3 opus 144" (dän. Oper, Urauff. in Kiel)
Luciano Berio (* 1925): „Sincronie" (ital. Komp. f. Streichquartett)
Boris Blacher: „Demeter" (Ballettmusik)
Pierre Boulez (* 1925): „Figures, Doubles, Prismes" (frz. Kompos. für Orchester)
Benjamin Britten: „Curlew Riwer" (brit. Kompos. f. vier Männer-, vier Knabenstimmen, acht Chorsänger u. Orch., nach dem japan. Nô-Spiel) und Symphonie f. Cello u. Orch., op. 68 (Kompos. f. den sowjet. Cellisten

Nobelpreis für Physik an *Nikolai G. Bassow* (* 1922, USSR), *Alexander M. Prochorow* (* 1916, USSR), *Charles H. Townes* (* 1915, USA) für unabhängige Entdeckung des Maser-Prinzips um 1954/55
Nobelpreis für Chemie an *Dorothy Hodgkin* (* 1910, Gr.-Brit.) für Röntgenstrukturanalyse von Makromolekülen
Nobelpreis für Medizin an *Konrad E. Bloch* (* 1912, USA, dt. Herkunft) und *Feodor Lynen* (* 1912, Dtl.) für Arbeiten über Fettstoffwechsel
Flerow u. and. (USSR) entdecken durch Teilchenbeschuß schwerer Elemente das transuranische Element 104
P. K. Brown u. *G. Wald:* Messung der Absorption der Sehfarbstoffe in den Zapfen des menschlichen Auges ergab blau-, grün- und rotempfindlichen Stoff (unterstützt Drei-Komponenten-Theorie von *Young-Helmholtz;* vgl. 1866)
† *Gerhard Domagk,* dt. Chemiker und Nobelpreisträger, entdeckte Sulfonamide (* 1895)
† *Hans v. Euler-Chelpin,* deutsch-schwed. Chemiker, Nobelpreisträger (* 1873)
† *James Franck,* deutsch-amerik. Physiker und Nobelpreisträger (* 1882)
M. Gell-Mann u. *G. Zweig:* Theorie der Zusammensetzung der Elementarteilchen aus 3 fundamentalen „Quark"- und 3 entsprechenden „Anti-Quark"-Teilchen
T. J. Gordon u. *Olav Helmer* veröff. Report mit Prognosen über wiss.-techn. Entwicklung. Danach wahrscheinlich:

Ernährung der Erdbevölkerung	Bev. (Mill.)	Kal./Tag u. Kopf	Eiweiß g	davon tierisches g
Europa	661	3040	88	36
Afrika	254	2360	61	11
Nordamerika	208	3110	91	62
Lateinamer.	229	2575	66	22
Naher Osten	143	2470	76	14
Fern. Osten	1704	2060	56	8
Austr., Ozean.	16	3210	94	63
insges.	3216	2410	67	19

Siegfried Balke (* 1902), Präsident der Bundesvereinigung dt. Arbeitgeber
Ludwig Rosenberg (* 1903), Bundesvors. des DGB, wird Präs. d. Int. Bundes Freier Gewerkschaften
In den USA beginnen Atomkraftwerke wirtschaftlich konkurrenzfähig mit konventionellen Kraftwerken zu werden
Steinkohlenförderung d. Erde (ohne China) 2000 Mill. Tonnen. Davon

	Mill. t
USA	455
USSR	411
Gr.-Brit.	197
BRD	142
Polen	117
Indien	64
Japan	64
Frankreich	53
Südafrika	45
CSSR	28

Kraftwagenproduktion (i. Mill. Stück)

	Pkw	Lkw
USA	7,8	1,5
BRD	2,7	0,25
Gr.-Brit.	1,9	0,47
Frankr.	1,3	0,26
Italien	1,0	0,06
Japan	0,7	1,12
USSR	0,19	0,42

(1964)	(* 1914, 1966—68 Außenmin.), Schatzkanzler: *Jim Callaghan* *de Gaulle* fordert polit. Union der 6 EWG-Staaten im Rahmen eines „europäischen Europas" (gegen Einfluß der USA gerichtet) In der EWG kommt es zu Spannungen zwischen Frankreich und den übrigen 5 Mitgliedsstaaten Frankreich u. Volksrepublik China geben die Aufnahme diplomatischer Beziehungen bekannt Nationalchina (Taiwan) protestiert gegen die Anerkennung der Volksrepublik China durch Frankreich und bricht diplomatische Beziehungen ab † *Maurice Thorez*, Generalsekretär der franz. kommunistischen Partei seit 1930, 1945—47 Mitglied der Regierung (* 1900) *Giuseppe Saragat* (* 1898) Staatspräsident von Italien Kerkerurteile im Mailänder Sprengstoffprozeß gegen Terroristen in Südtirol (Alto Adige) † *Palmiro Togliatti*, 1919 Mitbegründer und seit 1944 Generalsekr. der ital. KP, hinterließ antistalinistisches Testament (* 1893) *Luigi Longo* Vorsitzender der KP Italiens Sozialdemokratische Mehrheit bei dän. Reichstagswahlen; Konservative gewinnen Stimmen. *Krag* bleibt Ministerpräsident Sozialdemokraten verlieren ihre absolute Mehrheit im schwed. Reichstag Hochzeit des span. Prinzen *Carlos Hugo von Bourbon-Parma* mit Prinzessin *Irene* der Niederlande (* 1939) in Rom † *Paul I.*, Kg. von Griechenland seit 1947 (* 1901) *Konstantin II.* (* 1940) wird Kg. von Griechenland (verläßt 1967 sein Land) *Josef Klaus* (* 1910), österr. Bundeskanzler 1964—70 (ÖVP) Zypernkonflikt zwischen Griechenland und der Türkei. USSR unterstützt türkische Minderheit. Internationale Vermittlungsversuche. UNO-Friedenstruppe auf Zypern eingesetzt (ab 1967 Abzug d. griech. Truppen)	*Conchon* (* 1925) für frz. Roman „L'état sauvage" *Nigel Dennis* (* 1912): „Jonathan Swift" (südafrik.-engl. Schauspiel) *H. v. Doderer:* „Tangenten. Tagebuch eines Schriftstellers, 1940 bis 1950" *Dürrenmatt:* „Der Meteor" (schweiz. satir. Lustspiel) † *Ludwig Finckh*, dt. Schriftsteller (* 1876) *Brian Friel* (* 1929): „Philadelphia, here I come" (irisches Schauspiel) *Max Frisch:* „Mein Name sei Gantenbein" (schweiz. Roman) *Peter Hacks:* „Polly" (Bühnenstück als Fortsetzung der „Bettleroper") *Peter Härtling:* (*1933): „Niembsch" (Roman) *Helmut Heissenbüttel* (* 1921): „Textbuch 4" (abstr. Lyrik) † *Kurt Hirschfeld*, schweiz. Theaterleiter u. Regisseur, leitete Züricher Schauspielhaus 1933/34 und seit 1938 u. rettete dort das deutschsprachige Theater über die NS-Zeit (* 1902) *Eugène Ionesco:* „Hunger und Durst" (frz. Schauspiel) *A. Jellicoe*: „The sport of my mad mother" (engl. Lit.) *Elizabeth Jennings* (* 1926): „Recoveries" (engl. Lyrik) *Heinar Kipphardt:* „In der Sache J. Robert Oppenheimer" (dokum. Schauspiel um den amerikan. Atomphysiker, Urauff. Volksbühne Berlin, Regie *Erwin Piscator)* † *Agnes Miegel*, dt. Schriftstellerin (* 1879)	verpflanzung, Verbreitung persönlichkeitssteuernder Drogen, automatisierte Bibliotheken, Übersetzungsmaschinen, Führungsentscheidungen durch Computer, bemannte Mondbasis (vgl. Spalte W) *Robert Havemann* (*1910): „Naturwissenschaftliche Aspekte philosophischer Probleme" (diese ideologiekritische Vorlesungsreihe kostet ihm sein Lehramt in der DDR und seine Mitgliedschaft in der SED) *Joachim Gustav Leithäuser* (* 1910, † 1965): „Das neue Buch vom Aberglauben" (allgemeinverständliche rationalistische Lebensbetrachtung) *Herbert Marcuse* (*1918): „Der eindimensionale Mensch" (Kritik an der modernen Industriegesellschaft) *Johann Baptist Metz:* „Freiheit als philosophisch-theologisches Grenzproblem" (aus kathol. Sicht) *R. Mössbauer* führt als Physiker an der TH München für seinen Bereich das Department-System ein, das er in den USA kennenlernte Abkommen zwischen Vatikan und Ungarn. Papst ernennt 5 neue ungar. Bischöfe 3. Sitzungsperiode des II. Vatikanischen Konzils verabschiedet unter anderem Schema über den Ökumenismus. Maria wird als „Mutter der Kirche" proklamiert Papst *Paul VI.* betont in der Enzyklika „Ecclesiam suam" Bereitschaft zum Dialog mit der nichtkatholischen Welt Papst *Paul VI.* hebt Ver-

Wiener „Phantast. Realismus")

An Futura (* 1915): „Saiten" (jap. Gem.)

Willi Geiger (* 1879): „Großer Blumenstrauß" (Gem.)

Adolf Hartmann (* 1900): „Ich male Hofer" (Gem.)

Rudolf Hausner (* 1914): „Kleiner Laokoon" (Gem. d. Wr. „Phant. Realismus")

Heinrich Heuser (* 1887, † 1967): „Gärtnerei" (Gem.)

Willy Robert Huth (* 1890): „Die Sandbank" (Gem.)

Wolfgang Hutter (* 1928): „Erotisierte Pflanzen" (Gem. d. Wiener „Phantast. Realismus")

Allen Jones (* 1937): „Green Girl" (engl. popartig. Gem.)

Carl-Heinz Kliemann (* 1924): „Olevano I, II, III" (abstrakte Tuschzeichnungen)

Anton Lehmden (* 1929): „Landschaft mit Spiegelungen" (Gem. d. Wiener „Phantast. Realismus")

Heinrich Graf Luckner (*1889): „Badende Leute" (Gem.)

G. Marcks: „Indianerin mit Kind" (Bronze)

Mies van der Rohe: US-Courthouse and Federal Office Building, Chikago (seit 1959)

H. Moore: „Moonhead" („Mondkopf", brit. Bronzeplastik)

Jaap Mooy (* 1915): „Die phantastische Blume" (niederl.-norweg. surrealist. Collage-Montage)

Mstislaw Rostropowitsch [*1927])

Earle Brown (* 1926): „Corroborree f. 3 Klaviere" (brit. Kompos.)

Sylvano Bussotti (* 1931): „Tableaux vivants avant la Passion selon Sade" (ital. Komp. f. 2 Klaviere zu 4 Händen)

Luigi Dallapiccola: „Parole di San Paola" (ital. Musik f. Mezzosopran u. 9 Instrumente)

Hans Werner Henze: „Being Beauteous" (Komposition n. *Rimbaud* für Sopran, Harfe und 4 Cellis)

Milko Kelemen (* 1924): „Der neue Mieter" (dt.-jugoslaw. Oper n. *Ionesco*)

Thomas Kessler (* 1937): „4 Stücke f. Streichquartett" (schweiz. Komp.)

Giselher Klebe: „Miserere nobis" (Missa für 18 Bläser, opus 45)

Ernst Křenek: „Der goldene Bock" (Oper in serieller Technik)

Rafael Kubelik (* 1914): „Libera nos" (tschechoslowak.-dt. Requiem)

Rainer Kunad: „Sinfonie 1964"

Rolf Liebermann (* 1910): „Sinfonie für 156 Büromaschinen" (schweiz. Komp. f. Exportausstellung)

Gustav Mahler: „10. Sinfonie" (Vervollständigung

1970: Landung auf dem Mond
1974: Verbreitung einfacher Lehrautomaten
1975: Mondbasis für 1 Monat mit 2 Mann
1978: Korrekte automatische Sprachübersetzung
1979: Automatisierte höhere Planung
1982: Mondbasis zeitlich nicht begrenzt
1985: Elektrische Prothesen. Landung auf dem Mars
1989: Primitive Formen künstl. Lebens
1990: Industrielle Eiweißproduktion
2000: Automatisierte Volksabstimmungen. Universalsprache
(vgl. Spalte Ph)

† *Viktor Franz Hess,* österr.-nordamerik. Physiker, Nobelpreisträger (* 1883)

Khorana (Ind.) gelingt in USA chem. Synthese kleinerer Einheiten der Erbsubstanz Desoxyribonukleinsäure

„Woschod I", russ. Raumschiff mit den 3 Kosmonauten *W. Komarow, K. Feokstitow, B. Jegorow* vollführt 17 Erdumkreisungen

A. Moortgat: „Tell Chuéra in Nordost-Syrien" (Grabungen seit 1955 erweisen T. Ch. als Zentrum sumerisch-akkadischer Kultur um ≈ —2600)

Charles D. Ray entwickelt hochempfindliche Hirnsonde zur Potentialmessung an Einzelzellen

P. O. Vandervoort ermittelt Alter des Orionnebels zu 23000 ± 10000 Jahren (als überraschend niedrig)

† *Norbert Wiener*, Mathematiker der USA, Begründer der Kybernetik (* 1894)

A. T. Wilson macht Vereisung der Antarktis zum Ausgangspunkt einer Eiszeittheorie (danach leben wir in einer Eiszeit)

K. A. J. Wise (USA) entdeckte 500 km vom Südpol entfernt bisher unbekanntes spinnenartiges Insekt

Mount-Palomar-Spiegelteleskop ermittelt bisher fernste Milchstraße mit 8 Mrd. Lichtjahren (durch Raum-

Entwickl. Hilfe d. BRD 3023 Mill. DM, davon staatlich 57% (1961: 3315 Mill. DM, 75% staatlich)

Dt. Institut f. Entwicklungspolitik Berlin (West) gegründet

Welthandelskonferenz der UNO beschließt, eine internationale Handels- und Entwicklungsbehörde der UNO zu gründen (Kompromiß im Streit zwischen West und Ost sowie zwischen West u. Entwicklungsländern)

Dt. Bundespost eröffnet Boden-Funkstelle für Verkehr über Fernmeldesatelliten

Autotunnel unter dem St. Bernhard: 5855 m Länge in ca. 1900 m Höhe (schafft neue Nord-Süd-Verbindung durch die Alpen)

Stahlflachstraßen zur Umgehung v. Autobahnbaustellen in der BRD

Fußgänger-Zebrastreifen i. BRD

Main-Taunus-Einkaufszentrum

Großschiffahrtsstraße Mosel mit 13 Staustufen auf 271 km Länge durch die Staatsoberhäupter der beteiligten Nationen eröffnet

Mesoscaphe, erstes Touristen-U-Boot für 40 Personen, im Genfer See

Dt. Lufthansa stellt

(1964)	*Kádár,* ungar. Reg.-Chef, verkündet, daß friedliche Koexistenz mit dem Westen vereinbar mit sozialistischer Politik ZK der KP Rumäniens fordert volle wirtschaftliche Souveränität Rumäniens (gilt als Emanzipation von Moskau) *Leonid Iljitsch Breschnew* (* 1906), seit 1960 Staatsoberhaupt der USSR, wird als Nachfolger *Chruschtschows* 1. Sekretär des ZK der KPdSU *Alexei Kossygin* (* 1904), seit 1948 Minister, wird als Nachfolger *Chruschtschows* Min.-Präs. der USSR USSR beantwortet in Genf ein 5-Punkte-Abrüstungsprogramm der USA v. 1963 — beginnend mit Gewaltverzicht, Einfrieren der atomaren Rüstung — mit einem 9-Punkte-Programm, beginnend mit Abzug aller Truppen von fremden Territorien, Verminderung der bewaffneten Streitkräfte. Verhandlungen laufen sich fest USSR greift auf der Genfer Abrüstungskonferenz die beabsichtigte Aufstellung einer multilateralen NATO-Atomstreitmacht (MLF) einschließlich der BRD an Gespräche zwischen den kommunistischen Parteien der USSR und Volksrep. China ergebnislos abgebrochen. Auf seiten Chinas stehen nur 8 kommunist. Organisationen (China, Japan, Nordkorea, Nord-Vietnam, Australien, Neuseeland, Indonesien, Albanien), 8 weitere sind geteilter Meinung, 72 auf seiten Moskaus Der ehemalige israel. Min.-Präs. *Ben Gurion* tritt von seinem Sitz im ZK der Mapai-Partei zurück *Arafat* übernimmt Führung der *„Fatah"* (arab. Bewegung zur Vertreibung der Israelis aus Palästina. Diese Guerilla-Organisation gerät insbes. nach 1967 in Gegensatz zu arab. Regierungen) *Ibn Faisal Saud* (* 1902), seit 1953 Kg. von Saudi-Arabien, wird entthront. Nachfolger wird sein Bruder *Ibn Saud Faisal* (* 1904), der Reformprogramme aufstellt *Jomo Kenyatta* (* ~ 1893) erster Präsident der afrikan. Republik Kenia	*Arthur Miller:* „After the Fall" („Nach dem Sündenfall", nordamer. Schauspiel um *M*'s Ehe mit *Marilyn Monroe*) und „Zwischenfall in Vichy" (Schauspiel um das Vichy-Frankr. des 2. Weltkrieges) † *Lothar Müthel,* dt. Schauspieler und Regisseur (* 1895) † *Sean O'Casey,* irischer Dramatiker (* 1884) *John Osborne:* „A Patriot for Me" (engl. Schauspiel um den österr. Spion *A. Redl)* *Harold Pinter:* „Homecoming" („Die Heimkehr", engl. Schauspiel) Goethepreis der Stadt Frankfurt/M. an *Benno Reifenberg* (* 1892), Mitherausgeber der Frankf. Allg. Ztg. Internationaler Literaturpreis an *Nathalie Sarraute* (* 1902) für den Roman „Les fruits d'or" (gilt als Vorläufer des frz. „nouveau roman") *Jean Paul Sartre:* „Les mots" („Die Wörter", frz. Kindheitserinnerungen) *James Saunders* (* 1925): „A Scant of Flowers" („Ein Duft von Blumen", engl. Schauspiel) *Günter Seuren* (* 1932): „Das Gatter" (neureal. Roman, 1966 verfilmt als „Schonzeit für Füchse") *Peter Shaffer* (* 1926): „The Royal Hunt of the Sun" (engl. hist. Schauspiel mit relig. Sinngebung) † *Frans Eemil Sillanpää,* finn. Schriftsteller und Nobelpreisträg. (* 1888) *Dolf Sternberger* Präs. des dt. PEN-Zentrums *Martin Walser:* „Der schwarze Schwan" (Schauspiel)	bot der Feuerbestattung auf (war 1866 verkündet worden) Delegation der SPD vom Papst empfangen Papst *Paul VI.* spricht mit dem orthodoxen Patriarchen *Athenagoras I. Spyridon* (* 1886, seit 1948 Patriarch von Konstantinopel) in Rom. (Diese Begegnung führt 1965 zur Aufhebung der gegenseitigen Bannung von 1054) Papst *Paul VI.* besucht Eucharistischen Weltkongreß in Bombay Papst legt seine Tiara nieder (wird verkauft) *Ernst Richert:* „Das zweite Deutschland" (Bericht über die DDR) *Paul Schütz:* „Freiheit — Hoffnung — Prophetie" (Bd. 3 seines evangelisch-theologischen Werkes existenzialist. Richtung) Karlspreis der Stadt Aachen an ital. Staatspräs. *Ant. Segni* (*1891) *K. Thomas:* „Handbuch der Selbstmordverhütung" (einschl. Erfahrungen der Telephonseelsorge) *Richard Freiherr v. Weizsäcker* zum Kirchentagspräs. der EKD gewählt Konferenz europäischer Kirchen (nichtkathol., Ost und West) tagt auf dem Schiff „Bornholm" in der Ostsee Salzburger Universität mit Kath.-Theol. und Philosoph. Fakultät neu gegründet (war 1810 geschlossen worden) Europäische Rektorenkonferenz in Göttingen erklärt sich zur ständigen Einrichtung Studentenunruhen an der Universität Berkeley, Kalifornien, mit Go-ins,

† *Giorgio Morandi*, ital. Maler, zeitw. d. Kubismus und der Pittura metafisica (* 1890)

E. W. Nay: „Rhythmen und Kürzel", „Kosmogon" (abstraktes Gem.)

E. R. Nele: „Flügelskulptur" (Bronze)

Rolf Nesch: „He" (dt.-norweg. Metalldruck)

Richard Oelze: „Empfängl. Landschaft" (Gem. eines mag. Realismus)

Toshinobu Onosato (* 1912): „Ohne Titel" (japan. geometr. abstr. Gem.)

Pablo Picasso: „Liegende Frau mit einer Katze spielend", „Der Maler und sein Modell" (span.-frz. Gem.)

Pia Pizzo (* 1937): „Regula del 4" (ital. geom.-abstr. Gem.)

Robert Rauschenberg (* 1925): „Press", „Tracer" (nordam. Gem. mit photographischen Elementen)

Bridget Riley (* 1931): „Metamorphose" (engl. geom.-abstr. Gem.)

Hans Scharoun: Zum Bau angenommener Entwurf für Staatsbibliothek Preußischer Kulturbesitz in Berlin (West) (als Pendant zur benachbarten Philharmonie *Scharouns* am Kemperplatz. Baubeginn 1967)

† *Richard Scheibe*, dt. Bildhauer (* 1879)

Konrad Schnitzler (* 1937): „Signale von toten Dingen" (Stahlplastik)

der hinterlassenen Bruchstücke durch *Deryck Cooke* in London aufgeführt)

Gian Francesco Malipiero: „Don Giovanni" (ital. Oper)

Gian Carlo Menotti (* 1911): „Martins Lüge" (ital. Kirchenoper)

Darius Milhaud: „Pacem in terris" (Vertonung päpstlicher Verkündung)

Hans Otte (* 1926): „Defilé-Entracte-Révérance" (Komposition für eine Sängerin und Klavier)

Dimitrij Schostakowitsch: „Die Hinrichtung des Stepan Rasin" (russ. Kantate auf Verse von *Jewtuschenko*)

Humphrey Searle (* 1915): „Das Photo des Colonel" (engl. Zwölfton-Oper nach *Ionescos* „Mörder ohne Bezahlung")

Roger Session: (* 1896) „Montezuma" (Berliner Urauff. d. nordamer. Oper um die Eroberung Amerikas)

Karlheinz Stockhausen: „Plus/Minus" (Kompos. f. Klavier, 2 Harmonien, 2 Radios)

Igor Strawinski: „Abraham und Isaac" (Kantate in hebräischer Sprache)

Sandor Szokolay „Bluthochzeit" (ungar. Oper nach *Lorca*)

krümmung bedingte „antipodische" kosmische Objekte erscheinen wahrscheinlich)

Eine Umdrehung des Planeten Venus mit USA-Radioteleskop zu 253 Tagen bestimmt. USA-Ballonteleskop weist Wasserdampf in der Venus-Atmosphäre nach

Radiostrahlung vom Jupiter zeigt Elektronengürtel um den Planeten

US-Rakete entdeckt unbekannte kosmische Objekte mit Röntgenstrahlung (Sonnenröntgenstrahlung mit Raketen seit 1960 beobachtet)

USA-Satellit „Ranger 7" gibt 4316 Fernsehbilder in den letzten 16,7 Minuten vor dem Aufschlag auf dem Mond

US-Erdsatellit „Nimbus I" nimmt Wolkenbilder und Infrarotbilder der Nachtseite der Erde auf

USA-Satellit „Relay 2" als aktives Nachrichtenrelais für interkontinentalen Funkverkehr

Gr.-Brit. startet seinen 2. Satelliten (für Strahlungsmessungen)

Gesteinsuntersuchungen ergeben, daß Magnetfeld der Erde in den letzten 4 Mio. Jahren siebenmal seine Richtung wechselte

Struktur des Elementarteilchens Proton in USA mit Hilfe höchstbeschleunigter Teilchen (ca. 6 Mrd. Elektronenvolt Energie) als durchdringbare Ladungs-„Wolke" festgestellt

Kern des Anti-Schwerwasserstoffs (Antiproton + Antineutron) in USA durch höchstbeschleunigte Teilchen für kurze Zeit künstlich geschaffen

Physikal. Arbeitsgruppe in Kalifornien findet ein neues Meson von ca. 1870 Elektronenmassen

USA-Forscher stellen Kohlenwasserstoffverbindung Cuban (C_8H_8) her

Zellulose-Synthese in USA geglückt

An der TH Aachen gelingt synthetische Herstellung des Insulins

Lebensspuren in 2,7 Mrd. Jahre altem Gestein gefunden (bisher älteste Lebensspuren ca. 1,9 Mrd. Jahre)

Neuer Tierstamm der Pogonophoren entdeckt: Tiere ohne Mund

f. d. Mittelstreckenverkehr d. dreistrahlige Boeing 727 ein

520 km lange Normalspur-Eisenbahnlinie Bagdad—Basra ersetzt Schmalspurbahn

Einschienen(Alweg-)bahn i. Tokio in Betrieb

Zunehmende Ölverschmutzung d. Wassers führt zur Einführung von Ölwehren (z. B. in München)

„Die Verunreinigung der Luft" (dt. Übersetzung der Monographie der Weltgesundheitsorganis., WHO)

Mediziner in USA geben für Raucher 1,68mal größere Sterblichkeitsziffer an als für Nichtraucher

Bei Arzneiverschreibungen in der BRD stehen schmerzstillende Mittel (18,4%) u. Kreislaufmittel (17,2%) an erster Stelle

Erkrankungen an Kinderlähmung in der BRD 54 (1952: 9700)

Familienferiendorf Grafenau d. „Hilfswerks Berlin" eingeweiht: Gemeinschaftshaus u. 125 Familienwohnhäuser

Olympische Spiele in Tokio. Die meisten Medaillen (Gold, Silber, Bronze) fallen an: USA (36, 26, 28), USSR (30, 31, 35), Japan (16, 5, 8),

(1964)

Republik Südafrika tritt aus der Internationalen Arbeitsorganisation (ILO) und aus der Weltgesundheitsorganisation (WHO) aus

Ian Douglas Smith (* 1919) Premierminister von Südrhodesien (seine Politik führt zum Konflikt mit Großbritannien)

Buddhistische Opposition i. Vietnam gegen Min.-Präs. General *Nguyen Khanh,* der von den USA unterstützt wird. Nach seinem Rücktritt wird der Zivilist *Tran Van Huong* Min.-Präs. Vietcong-Angriffe und -Erfolge werden stärker

USA-Justizminister *Robert Kennedy* unternimmt Europareise. Wird auch in Polen von der Bevölkerung begeistert empfangen

Rassenunruhen in mehreren Städten der USA

Programm Präs. *Johnsons* „Feldzug gegen die Armut" mit 948 Mill. Dollar Ausgaben für Notstandsgebiete

Antiamerikanische Demonstrationen in Panama mit der Forderung nach Verstaatlichung des Kanals

„*Warren*-Bericht" über das Attentat auf den Präsidenten *Kennedy* schließt eine Verschwörung aus (wird in den kommenden Jahren mehrfach angezweifelt)

Lyndon B. Johnson mit 61,4% der Stimmen zum Präsidenten der USA gewählt (Vizepräsident *Hubert H. Humphrey,* * 1911)

† *Herbert Hoover,* parteirepublikanischer Politiker der USA, Präsident 1929—33 (* 1874)

Gustavo Diaz Ordaz (* 1911), Präsident von Mexiko

Aufgrund der Sanktionsbeschlüsse der OAS (Organis. amerikan. Staaten) brechen Chile, Bolivien u. Uruguay Beziehungen zu Kuba ab

† *Jawaharlal (Pandit) Nehru,* ind. Min.-Präs. seit 1947 (* 1889)

Blutige Unruhen in Kalkutta, weil in Ostpakistan wegen Diebstahls einer Reliquie mit einem Haar Mohammeds Hindus umgebracht worden sein sollen

Hungerdemonstrationen in Indien

In Ceylon löst *Dudley Senanayake* (Vereinigte Nationalpartei) als

Peter Weiss (* 1916): „Die Verfolgung und Ermordung Jean Paul Marats, dargestellt durch die Schauspielgruppe d. Hospizes zu Charenton unter Anleitung des Herrn de Sade" (Schauspiel, Urauff. Schiller-Theater, Berlin, Regie: *Konrad Swinarski,* mit *Ernst Schröder, Peter Mosbacher)*

Gerhart - Hauptmann - Preis der Freien Volksbühne Berlin an *Tankred Dorst* (* 1925) u. *Heinar Kipphardt* (* 1922)

† *Hans Moser,* österr. Schauspieler (* 1880)

† *Siegfried Nestriepke,* seit 1919 Förderer und nach 1945 Neubegründer der Freien Volksbühne Berlin (* 1885)

Institut für deutsche Sprache in Mannheim gegründet

Veröffentl. Buchtitel in d. BRD:	1963	1964
insges.	26228	25673
davon Erstaufl.	20940	20553
Schöne Literatur	5865	5242

Bestsellerliste für die BRD: 1. *McCarthy:* „Die Clique". 2. *Frisch:* „Mein Name sei Gantenbein". 3. *Hochhuth:* „Der Stellvertreter". 4. *Böll:* „Ansichten eines Clowns". 5. *Carleton:* „Wenn die Mondwinden blühen". 6. *Grass:* „Hundejahre". 7. *Bachmann:* „Gedichte, Erzählungen, Hörspiele, Essays". 8. *Philipe:* „Nur einen Seufzer lang". 9. *Golon:* „Angélique und ihre Liebe". 10. *P. Weiss:* „Die Ermordung Jean Paul Marats".

Sit-ins und Streiks (erlangen in den Folgejahren weltweite Auswirkungen)

3. Fernsehprogramm in Bayern (Schulfunk) und in Hessen (Erwachsenenbildung)

Union Académique Internationale erhält Erasmus-Preis f. Verdienste um die europ. Kultur

Brit. Unterhaus stimmt für Abschaffung der Todesstrafe

Bürgerrechtsvorlage in den USA angenommen. Sieht für Neger gleiches Wahlrecht und Aufhebung der Rassentrennung vor

Dt. Archäologen identifizieren in einem Grab ≈ —2040 Kopf des ägypt. Feldherrn *Antef* (gefunden 1963)

Rettung des Abu-Simbel-Tempels vor gestauten Nilfluten durch internat. Aktion d. Höherlegung (Dauer 4 Jahre)

Isang Yun (*1917): „Om mani padme hum" (südkorean. Komp. für Sopran, Bariton, Chor und Orchester

Jacques Wildberger (* 1922): „Epitaph für Evariste Galois" (schweiz. Komp. für Sprech- und Gesangssolisten, Sprechchor, Orchester, Tonband um das Leben des frz. Mathematikers *G.*s)

~ Brit. Sänger- u. Instrumentalquartett für Tanzmusik „Beatles" aus Liverpool verändern musikal. und modischen Geschmack der Jugend (* 1940—43)

Pop-Musik: Beat

Friedrich Schröder-Sonnenstern (* 1892): „Herzen im Schnee“ (Farbstiftzeichnung eines sexualsymbol. Stils)

Bernhard Schultze (* 1915): „Migof Hierarchie“ (Bronze)

Emil Schumacher (* 1912): „Seram“ (abstraktes Gem.)

Curt Stenvert (* 1920): „Menschliche Situation: Manipuliert werden“ (österr. Collage)

Walter Stöhrer (* 1937): „Bild Nr. 3“ (abstr. Gem.)

Max Walter Svanberg (* 1912): „Die Keuschheit und die Versuchung, in zehn Phasen“ (schwed. surrealist. Collagen)

Hann Trier: „Primavera“ (abstr. Gem.)

Heinz Trökes: „Signal“ (abstr. Gem.)

H. Uhlmann: Modell zum Rom-Relief (Stahl)

† *Max Unold,* dt. Maler einer „Neuen Sachlichkeit“ (* 1885)

URSULA: „Spree-Athens schwimmender Garten“ (Gem. eines phantast. Realismus)

Andy Warhol (* 1930): „Jackie Kennedy“, „Marilyn Monroe“ (nordam. Siebdrucke der Pop-Art). („Pop-Art“ geht auf eine Collage v. *Richard Hamilton,* 1956, zurück und wird im Sinne von „populär“ gedeutet)

„Documenta III“ in Kassel zeigt etwa 800 moderne Werke der Malerei und Plastik sowie ca. 400 Handzeichnungen

Lincoln Center als neues Kulturzentrum in New York

~ Acrylfarben verdrängen i. d. Malerei Ölfarben

—

„Das Haus in der Karpfengasse“ (dt. Film mit *Edith Schultze-Westrum, Frantisek Filipovsky;* Regie: *Kurt Hoffmann*)

„Der geteilte Himmel“ (dt. Film [Defa] mit *Renate Blume, Eberhard Esche;* Regie: *Konrad Wolf*)

„Wälsungenblut“ (dt. Film n. d. Novelle v. *Th. Mann* mit *Rudolf Forster, Margot Hielscher;* Regie: *Rolf Thiele*)

„Die Zeit der Schuldlosen“ (dt. Film mit *Eric Schumann, Peter Pasetti;* Regie: *Thomas Fantl*)

„Ein Haufen toller Hunde“ („The hill“, brit. Film mit *Sean Connery, Harry Andrews;* Regie: *Sidney Lumet*)

„Schüsse in Batasi“ (brit. Film mit *Richard Attenorough, Mia Farrow;* Regie: *John Guillermin*)

„Yeah! Yeah! Yeah!“ (brit. Film um die und mit der Musikantengruppe der Beatles)

„Das Schweigen“ (schwed. Film, gerät wegen seiner sexuellen Offenheit in die Diskussion)

und After, in Röhren am Tiefseeboden lebend, mit Krone dünner Fangarme

Biologen der USSR finden Eidechsenart, die sich anscheinend rein parthogenetisch (ohne Männchen) vermehrt

Brit. Ornithologe stellt landschaftl. gebundene „Dialekte“ im Gesang der Vögel mittels Klanganalyse fest

Grad der Ähnlichkeit in der Struktur der Erbsubstanz DNS bei verschiedenen Tierarten wird als Hinweis auf Nähe der stammesgeschichtlichen Verwandtschaft verwendet

„Der Mensch und seine Zukunft“ (Ergebnis des nordamerik. Ciba-Symposiums). „Die Kontrolle menschlicher Vererbung und Entwicklung“ (Ergebnisse eines nordamerik. Symposiums 1963 über Beeinflußbarkeit der Vererbung): Als Ideen zur Beeinflussung der menschlichen Entwicklung gibt es in USA die v. *H. J. Muller* vertretene „Eugenik“ als Auswahl und Beeinflussung der Erbsubstanz und die von *J. Lederberg* vertretene „Euphenik“ als physiologische und embryologische Beeinflussung der Keimentwicklung

Mikroelektronische Halbleiterschaltungen durch Erzeugung von Schichten von $^1/_{1000}$ mm Dicke auf Grundfläche von wenigen mm^2 ermöglichen Fertigungskapazitäten von ca. 1 Mio. Schaltkreisen pro Jahr mit kleinster Abmessung

Bisher größte elektronisch errechnete Primzahl $2^{11213}-1$ (eine Zahl mit etwa 3365 Stellen; es gibt keine endgültig größte Primzahl)

Computer ermittelt in USA aus EKG-Daten mit mehr als 90% die richtige Diagnose für Herzkrankheiten

Fünf Institute des Dt. Krebsforschungszentrums in Heidelberg eröffnet

Von den jährl. ca. 12 Mio. Patienten der BRD bedürfen wenigstens 2,5 Mio. einer psychischen Therapie

Dt. Forschungsgemeinschaft fördert Forschung in der BRD mit 146 Mill. DM.

Dt. Elektronen-Synchroton (Elek-

BRD u. DDR gemeins. (10, 22, 18) Italien (10, 10, 7), Ungarn (10, 7, 5), Polen (7, 6, 10), Austr. (6, 2, 10), Gr.-Brit. (4, 12, 2)

Donald Campbell erreicht mit dem Kraftwagen „Bluebird II“ (4500-PS-Turbine) Automobilgeschwindigkeitsweltrekord 648,72 km/h

Weltrekord im 200-m-Lauf mit 20,2 Sek. von *Henry Carr* (* 1942, USA, Neger)

Cassius Clay (USA) Schwergewichtsweltmeister im Boxen gegen *Sonny Liston* (USA)

Jukio Endo (* 1937, Japan) Olympiasieger im turnerischen Zwölfkampf

Joseph (Sepp) Herberger (* 1897, † 1977), Fußballtrainer der dt. Nationalmannschaft seit 1936, tritt in den Ruhestand

Ingrid Krämer (DDR, * 1943) erringt olymp. Goldmedaille im Kunstspringen, die silb. im Turmspringen)

Willi Kuhweide (BRD, * 1943) erringt olymp. Goldmedaille im Segeln der Finn-Dinghi-Klasse

Geraldine Mock (USA) fliegt als erste Frau im Alleinflug in 28 Tagen um die Erde

Gustav (Bubi) Scholz (BRD) gewinnt Europamei-

(1964)

„Sieg in Frankreich" (frz. Dokumentarfilm, Regie: *Jean Murel*)

„Le bonheur" (frz. Film mit *Jean-Claude Drouot, Claire Drouot;* Regie: *Agnès Varda*)

„Das ausgeliehene Mädchen" (ital.-frz. Film mit *Annie Girardot, Rossano Brazzi;* Regie: *Alfredo Gianetti*)

„Das Matthäus-Evangelium" (ital. Film mit *Enrique Irazoqui, Margherita Caruso;* Regie: *Pier Paolo Pasolini*)

„Zu lieben" (poln. Film mit *Zbigniew Cybulski* [* 1927, † 1967])

„Alexis Sorbas" (griech. Film mit *Anthony Quinn, Alan Bates, Irene Papas;* Regie: *Michael Cacoyannis*)

„Sallah — oder tausche Tochter gegen Wohnung" (israel. Film,Regie:*Ephraim Kishon*)

„Sie nannten ihn King" (nordamer. Film mit *George Segal, Tom Courtenay;* Regie: *Bryan Forbes*)

„Der Pfandleiher" (nordamer. Film mit *Rod Steiger* u. *Geraldine Fitzgerald;* Regie: *Sidney Lumet*)

„Mary Poppins" (nordamerik. Film, Regie: *Robert Stevenson*)

Sidney Poitier erhält „Oscar"-Filmpreis für Rolle in „Lilien auf dem Felde"

„Tokio 1964" (jap. Dokumentarfilm v. den Olympischen Spielen, Regie: *Kon Ichikawa*)

Auf dem Kurzfilm-Festival in Oberhausen werden polnischer Trickfilm „Rot und Schwarz" und der tschechoslowakische Realfilm „Josef Kilian" ausgezeichnet

Auf der Mannheimer Filmwoche werden durch Umfrage die anerkanntesten Dokumentarfilme d. Filmgeschichte ermittelt:

Robert Flaherty: „Nanook of the North" (1920)

Harry Watt u. *Basil Wright:* „Night Mail" (1963)

Viktor Turin: „Turksib" (1929)

Walter Ruttmann: „Berlin — Symphonie einer Großstadt" (1927)

Dziga Wertow: „The man with the movie-camera" (1928/29)

Robert Flaherty: „Louisiana-story" (1946—48)

Georges Rouquier: „Farrebique" (1945/46)

Alain Resnais: „Nacht und Nebel" (1955)

Serge Eisenstein: „Die Generallinie" (1926—29)

John Grierson: „Drifters" (1929)

Min.-Präs. Frau *Sirimawo Bandaranaike* ab (im Amt seit 1960, sozialist. Freiheitspartei)

Erste Atombombe der Volksrep. China zur Explosion gebracht (1965 der zweite Test)

Konferenz der blockfreien Staaten in Kairo fordert sofortige Beendigung des Kolonialismus

Afro-asiatische Gipfelkonferenz gegen den Wunsch der Volksrep. China verschoben

tronenbeschleuniger „DESY" für ca. 7 GeV) bei Hamburg in Betrieb genommen (wird vom Bund und allen Bundesländern finanziert)

Prototyp des USA-Bombers B-70 mit dreifacher Schallgeschwindigkeit und 9600 km Reichweite

Sowjetisches Düsenflugzeug TU 134 für 64 Passagiere und 900 km Stundengeschwindigkeit

Erkrankungen an Kinderlähmung in der Schweiz

Vor Schutzimpfung		Seit Einführung der Schutzimpfung		
1952	579	1957	333	n. *Salk*
1953	964	1958	126	
1954	1628	1959	272	
1955	919	1960	139	n. *Sabin*
1956	973	1961	152	
		1962	13	
		1963	12	
		1964	5	

Vollautomatische, elektronische Zugfolgeregelung bei einer dt. Industriebahn (ohne Zugführer)

Turbinen-PKW in USA entwickelt

Verrazano-Narrows-Hängebrücke über die Hafeneinfahrt von New York (Stützweite 1278 m, Gesamtlänge 2007 m)

„Meteor", Forschungsschiff (2500 BRT) der BRD getauft und in Dienst gestellt (erstes der Nachkriegszeit)

Kaiserpfalz in Paderborn neben dem Dom entdeckt

Fund einer Vollplastik eines keltischen Kriegers in Hirschlanden bei Stuttgart (größer als 1,5 m, aus der Zeit v. Chr., gilt als älteste groß-

figurige Vollplastik nördlich der Alpen)

In Rom wird Sarkophag mit Mumie eines achtjährigen Mädchens aus dem 2. Jh. n. Chr. gefunden, das eine Goldkette mit Saphiren trägt

Archäologische Funde lassen Anfänge Roms schon um —1300 vermuten (legendäres Gründungsjahr —753)

Im Komitat Komarom (Ungarn) werden Feuerstellen von ≈ —400000 gefunden (älteste bisher bekannte)

„Aphrodite von Taman" aus dem 2. bis 3. Jh. v. Chr. am Schwarzen Meer in der USSR gefunden (1963) und datiert

Bei Kato Zakro (Ost-Kreta) minoischer Palast (≈ —1500) entdeckt, mit Goldgegenständen und geschliffenen Kultgefäßen

Ausgrabungen in Bankao, Thailand, (seit 1960) unter Leitung von *Eigil Nielsen* ergeben jungsteinzeitliche Kultur seit ca. —1800 (vermutlich aus Zentralchina, um den Huang Ho stammend)

In China und Vietnam werden mehrere eiszeitliche Menschenreste (Alter zwischen 200000—800000 Jahren) gefunden. Folgerung: In der Eiszeit gingen vom südostasiatischen Kontinentalraum Wanderungsschübe nach Nord und Süd

Chinesischer Archäologe entdeckt in der Nähe des Tien-Sees (südwestchines. Provinz Yünnan) eine bronzezeitliche Kultur aus der Zeit —3. bis —1. Jh., die sog. Tien-Kultur

Im Bergland Perus vermutlich die sagenhafte Stadt Vilcabamba gefunden, Zuflucht des letzten Inkaherrschers im 16. Jh.

Ausgabe für Forschung und Entwicklung in

	Mill. Dollar	% d. Br.-Soz.-Prod.	Dollar pro Kopf
USA	21075	3,7	110,5
Schweiz	323	2,5	54,3
Gr.-Brit.	2160	2,3	39,8
Frankreich	1299	1,9	27,1
BRD	1436	1,6	24,6
Japan	892	1,5	9,3
Italien	291	0,7	5,7

Dt. Bundespost schafft interkontinent. Satelliten-Telefonverb.

sterschaft im Halbschwergewicht gegen *Giulio Rinaldi* (Ital.), der disqualifiziert wird

Peter Shell (*1938, Neuseeland) gewinnt b. d. Olympischen Spielen in Tokio Goldmedaillen im 800-m-Lauf (1:45,1) und 1500-m-Lauf (3:38,1)

Internationale Gartenschau in Wien

Pulitzer-Preis für Pressefotos an *R. H. Jackson* für Bild von der Ermordung *Lee Oswalds* durch *Jack Ruby*

Die vier größten Illustrierten der BRD, „Stern", „Quick", „Bunte Illustrierte", „Neue Illustrierte" haben Auflagen zwischen 0,95 und 1,3 Millionen

Damenmode: enge Röcke, Länge bis über das Knie, Taille tief, Modefarbe Blau

Vereinzelt oberteillose Damenbadeanzüge („Oben ohne" nimmt bes. in bildlichen Darstellungen zu)

Schweres Erdbeben verwüstet Südalaska: 170 Tote, ca. 3 Mrd. DM Sachschaden

Heftiger Ausbruch des Ätna (Sizilien)

Olympische Spiele in Tokio, Winterspiele in Innsbruck

Olympische Spiele seit 1896 und in der Regel alle 4 Jahre

Bei Skifilmaufnahmen in der Schweiz kommen Olympiasiegerin *Barbara Henneberger* und *Budd Werner* ums Leben

Bekanntgewordene Straftaten in der BRD in Auswahl:

Diebstahl	994714
Betrug, Untreue	184043
Sittlichkeitsdelikte	63800
schwere Körperverl.	29858
Urkundenfälschung	16686
Begünst., Hehlerei	13058
fahrlässige Brandstift.	12425
Raub	7218
vorsätzl. Brandstfg.	2909
Abtreibung	2388
fahrlässige Tötung	982
versuchter Mord	977
Mord und Totschlag	471

Bei 149 Bankberaubungen in der BRD 5 Menschen getötet, 19 verletzt, 2,3 Mill. DM geraubt

Die Kriminalität i. d. größten Städten der BRD liegt zwischen 40 und 50 Straftaten pro 1000 Einwohner und Jahr. Im Durchschnitt in allen Gebieten (1963) bei 29 (Aufklärungsquote betrug 1963: 55,5%, 1962: 64,6%)

In Wiesbaden wird der siebenjährige *Timo Rinnelt* entführt und (nach 2 Jahren) in einem Keller tot aufgefunden

In USA 1300 Verbrechen pro 100000 Einwohner (1954: 780). Darunter Fälle von

Mord und Totschlag	9249
Raubüberfall	1110458
Autodiebstahl	462971
Körperverletzung	184908
Einbruch	111753

Bei Tumulten und einer Panik kommt es in Lima, Peru, währ. eines Fußballspiels zu 285 Toten

1965	Friedens-Nobelpreis an internationale Kinderhilfsorganisation UNICEF Karlspreis der Stadt Aachen für Verdienste um Europa nicht vergeben Dritte Passierscheinaktion in Berlin für Besuche von West-Berlinern in Ost-Berlin *K. Adenauer* kritisiert einseitiges Südostasien-Engagement der USA; SPD weist diese Kritik zurück Bundestag beschließt, daß Verjährung von NS-Mordtaten erst Ende 1969 eintritt Dt. Bundestag in Berlin (nach $6^1/_2$ Jahren), wird durch sowjetische Tiefflieger ostentativ gestört SPD verhindert im Dt. Bundestag die von Innenmin. *Höcherl* eingebrachte Notstandsverfassung. Bundestag verabschiedet die nichtverfassungsändernden („einfachen") Notstandsgesetze Dt. Bundestag führt als parlamentarische Diskussionsform die „aktuelle Stunde" ein Aufnahme diplomatischer Beziehungen zwischen BRD und Israel (führt zum Abbruch diplomat. Beziehungen arabischer Staaten mit der BRD). *Rolf Pauls* (* 1915), dt. Botschafter in Jerusalem (bis 1968), *Asher Ben-Natan* (* 1921), israel. Botschafter in Bonn bis 1969 Syrische Regierung schließt das Goethe-Institut der BRD Landtagswahl im Saarland: CDU 42,7% (vorher 36,6%), SPD 40,7% (30%), FDP 8,3% (13,8%), SVP/CVP 5,2% (14,6%) *Wilhelm Kaisen* (* 1887, SPD), Senatspräsident in Bremen seit 1945, tritt zurück. Nachfolger *Willy Dehnkamp* (* 1903, SPD), seit 1951 Senator für Bildungswesen (bis 1967) 1. Bürgermeister von Hamburg, *Paul Nevermann* (SPD), tritt aus persönl. Gründen zurück. Nachfolger *Herbert Weichmann* (* 1896, SPD), bisher Finanzsenator Koalition SPD—CDU in Niedersachsen unter Min.-Präs. *G. Diederichs* (SPD) (bis 1970)	Nobelpreis für Literatur an *Michail Alexandrowitsch Scholochow* (USSR, * 1905) Friedenspreis des dt. Buchhandels an *Nelly Sachs* (* 1891 Dtl., seit dem 2. Weltkrieg im schwed. Exil, † 1970) *Samuel Josef Agnon* (* 1888, + 1970, eig. *J. S. Czackes*): „Der Treueschwur" (dt. Übersetz. israel. Erzählung) *Ilse Aichinger* (* 1921): „Eliza, Eliza" (Erzählungen) *John Arden* (* 1930): „Armstrong's last good night" (engl. Schauspiel) † *Jacques Audiberti*, frz. Dichter, Gedichte, Romane, Bühnenwerke surrealist. Richtung (* 1899) *Saul Bellow* (* 1915): „Herzog" (dt. Übers. d. nordamer. Romans) † *Moscheh Y. Ben-Gavriêl* (* 1891, früher *Eugen Hoeflich*). 1965: „Kamele trinken auch aus trüben Brunnen" (israelisch) (1958: „Das Haus in der Karpfengasse", Roman) *Wolf Biermann* (* 1936): „Die Drahtharfe" (Texte seiner zeitkrit. Lieder aus der DDR) † *Johannes Bobrowski* (* 1917). 1965: „Das Mäusefest" (Erzählungen), „Levins Mühle" (Roman) Prix Goncourt an *Jacques Borel* (* 1927) *Nicolas Born*: „Der zweite Tag" (Roman) *Peter O. Chotjewitz*: „Hommage à Frantek. Nachrichten für seine Freunde" (Roman) *Herbert Eisenreich* (* 1925): „Sozusagen Liebesgeschichten" (österr. Erz.)	*Th. W. Adorno*: „Noten zur Literatur I—III" (seit 1958) Versuche mit der integrierten Oberschule (Gesamtschule) in Berlin (West) und anderen Bundesländern mit dem Ziel, die Dreiteilung der Oberstufe (Hauptschule, Realschule, Gymnasium) durch Integration zu überwinden, wobei statt Jahrgangsklassen Leistungsgruppen gebildet werden *Jürgen Becker* und *Wolf Vostell*: „Happening, Fluxus, Pop-Art, Nouveau Réalisme" (Dokumentation neuester Formen der Kunst) *Arnold Bergsträsser* (* 1896, † 1964), Kulturhistoriker und Soziologe: „Weltpolitik als Wissenschaft, geschichtliches Bewußtsein u. politische Entscheidung" (postum) *Otto Friedrich Bollnow* (* 1903): „Die anthropologische Betrachtungsweise in der Pädagogik", „Französischer Existenzialismus" *Max Born*: „Von der Verantwortung des Naturwissenschaftlers" (weist auf ihre Bedeutung im Atomzeitalter hin) † *Martin Buber*, dt.-israel. Religionsphilosoph, vertrat den Chassidismus (* 1878) Erasmus-Preis an *Charlie Chaplin* und *Ingmar Bergman* *Ralf Dahrendorf* (* 1929): „Gesellschaft und Demokratie in Deutschland" (kritisch-analytische Betrachtung), „Bildung ist Bürgerrecht"

David Annesley (* 1936): „Großer Ring“ (engl. abstr.-geometr. farb. Aluminium-Plastik)

Horst Antes (* 1936): „Dreiäugige Figur m. schwarzer Weste“ (Gem.)

Hans Bellmer (* 1902): „Die Puppe“ (poln.-frz. Aluminium-Plastik)

Rosemarie Bremer: „Die Blumen des Guten im Garten d. Bösen“ (Montage)

Gernot Bubenik (* 1942): „Die Genitalien der Venus (Schema), Schautafel Nr. 2“ (Gem.)

Alex Calder: „Têtes et Queue“ (nordam. Stahlstabile)

Marc Chagall: „Blumenbukett mit Liebespaar“ (russ.-frz. Gem.)

Ch. Csuri als Künstler und *J. Shaffer* als Programmierer gewinnen „Computer Art Contest“

Edgar Ende (* 1901): „Aurora“ (surrealist. Gem.)

Winfred Gaul (* 1928): „Signalraum“ (4 Objekte in einem ausgemalten Raum)

Rupprecht Geiger (* 1908): „2mal Rot“ (abstr. Gem.)

K. O. Götz (* 1914): „Gouache/Karton“ (abstr. Gem.)

Otto Herbert Hajek (* 1927): „Farbwege“ (Raumgestaltung m. malerischen u. plast. Mitteln)

Ernst Hermanns (* 1914): „65/1“ bis

Helmut Barbe (* 1927): „Der 90. Psalm“ (Komp. f. A-cappella-Chor)

Conrad Beck (* 1901): Streichquartett Nr. 5 (schweiz. Komp.)

Niels Viggo Bentzon (* 1919): 11. Sinfonie (dän. Komp.)

Leonard Bernstein: „Chichester Psalms“ (nordam. Oratorium auf hebräischen Text)

Antonio Bibalo (* 1922): „Lächeln a. Fuße der Leiter“ (ital. Oper zus. mit *Henry Miller*; Urauff. Hamburg)

Boris Blacher: „Tristan und Isolde“ (Ballett), Konzert für Cello

B. Blacher und *H. v. Cramer*: „Zwischenfälle bei einer Notlandung“ (elektron. Oper, Uraufführung in Hamburg)

Karl-Birger Blomdahl (* 1916): „Der Herr v. Hancken“ (schwed. Oper)

Carlos Chávez (* 1899): „Tabuco“ (mexikan. Orchesterkomp.)

† *Nat „King“ Cole*, Negersänger und Musiker der USA (* 1919)

Joh. Nepomuk David: 8. Sinfonie

Paul Dessau: „Requiem f. Lumumba“ (Oratorium)

Helmut Eder (* 1916): „Der Kardinal“ (österr. Fernsehoper um d. Schicksal eines Geistlichen im

Nobelpreis für Physik an *Richard P. Feynman* (* 1918, USA), *Julian S. Schwinger* (* 1918, USA) und *Sin-Itiro Tomonaga* (* 1906, Japan) für Entwicklung der Quanten-Elektrodynamik

Nobelpreis für Chemie an *Robert B. Woodward* (* 1917, USA) für Totalsynthese von Naturstoffen, darunter Chlorophyll (1960)

Nobelpreis für Medizin an *François Jacob* (* 1920, Frankreich), *André Lwoff* (* 1902) und *Jacques Monod* (* 1910, Frankreich) für Arbeiten zur Enzym- und Virussynthese

† *Edward Appleton*, brit. Ionosphärenphysiker und Nobelpreisträger (* 1892)

Manfred von Ardenne veröffentlicht „Mehrschritt-Krebstherapie“: Chemotherapie nach vorheriger Überwärmung des Körpers bis 44° C

Pawel Beljajew (* 1925) u. *Alexei Leonow* (* 1934) starten mit USSR-Erdsatelliten „Woschod 2“. *A. L.* verläßt als erster Mensch für ca. eine Viertelstunde Raumschiff im Weltraum

USA-Astronauten *Frank Borman* u. *James Lovell* vollführen bisher längsten, zweiwöchigen Raumflug mit Rendezvousmanöver mit zweitem Raumschiff mit den Piloten *Walter Schirra* und *Thomas Stafford*

Unterwasserstation „Sealab 2“ in 62 m Tiefe vor der kaliforn. Küste verankert. Astronaut *Carpenter* bleibt 29 Tage unter Wasser

G. Cooper (* 1927) und *Charles Conrad* (* 1930) führen vom 21. bis 28. August in Gemini 5 bisher längsten Weltraumflug um die Erde aus

R. Dearnley schätzt Erdradius vor 2,75 Mrd. Jahren auf 4400 km (heute 6367 km; Hinweis auf Expansion der Erde)

Paul Dirac entwickelt aus der Quantenmechanik *Heisenbergs* eine Quantenfeldtheorie

G. Eder schließt auf eine Zunahme des Erdradius um 0,07 cm pro Jahr, d. h. in den 3,4 Mrd. Jahren seit der Oberflächenerstarrung nahm danach die Erdoberfläche von 213 auf 510 Mill. km² zu

%-Anteile an der Weltindustrieproduktion von etwa insges. 2700 Mrd. DM (zum Vgl. 1951):

	1951	1965
USA	40,9	30,3
USSR	11,8	19,8
Dtld.	7,0	8,6
BRD	5,5	6,6
DDR	1,5	2,0
Gr.-Brit.	8,5	5,5
VR China	—	4,5
Japan	1,6	3,9
Italien	2,0	2,4
Polen	1,2	2,0
CSSR	1,2	1,6

BRD steht mit der pro-Kopf-Prod. n. d. USA an 2. Stelle, DDR an 3. Stelle

Durchschnittlicher Stundenlohn eines Arbeiters (umgerechnet in DM):

USA	10,56
Schweden	6,04
Gr.-Brit.	4,80
Australien	4,40
BRD	4,16
Frankreich	2,92
Italien	2,84
Israel	2,52
USSR	2,40
Argentinien	2,32
Mexiko	2,24
Polen	1,80
Griechenld.	1,68
Japan	1,60
Kolumbien	0,80
Ghana	0,60
Südkorea	0,32

Sichere Erdölreserven betragen ca. 50 Mrd. t (Weltölreserven insges. werden auf ca. 600—2500 Mrd. t geschätzt). Erdöljahresproduktion 1,5 Mrd. t

Leistungskapazität von Kernenergie i. Mill. Watt (MW): Großbrit. 7006,

(1965)

Ergebnis der Wahlen zum Dt. Bundestag (Vgl. 1961):

	% Wähler	Sitze
CDU/ CSU	47,6 (45,3)	196/49 (192/50)
SPD	39,3 (36,2)	202 (190)
FDP	9,5 (12,8)	49 (67)
NPD	2,0	
DFU	1,3	
übrige	0,3	

Koalitionsregierung: Bundeskanzler: *L. Erhard* (CDU), Vizekanzler: *E. Mende* (FDP), Außenminister: *G. Schröder* (CDU), Innenminister: *P. Lücke* (CDU), Finanzen: *R. Dahlgrün* (FDP) (tritt Ende 1966 zurück)

Konflikt Bundeskanzler *Erhards* mit Gewerkschaften, weil er in der Regierungserklärung zur Sparsamkeit oder Mehrarbeit aufrief

Denkschrift der evangelischen Kirche Deutschlands (EKD) über „Die Lage der Vertriebenen und das Verhältnis des deutschen Volkes zu seinen östlichen Nachbarn" (wird insbes. von Vertriebenenverbänden heftig kritisiert)

Rechtsgerichtete Deutsche Reichspartei (DRP) beschließt Auflösung. Mitglieder schließen sich meist der Nationaldemokratischen Partei (NPD) an

Prozeß in Frankfurt/Main gegen Angehörige des KZ Auschwitz führt zu 6 lebenslänglichen Zuchthausstrafen, 11 zeitlich begrenzten Freiheitsstrafen und 3 Freisprüchen

USA ziehen die nach dem Mauerbau 1961 vorgenommenen Verstärkungen aus Berlin zurück

Über 1,8 Mill. Rentnerbesuche aus der DDR in der BRD im ersten Jahr dieser Möglichkeit

Passierscheinausgabe in Berlin für Besuche von Westberlinern in Ostberlin für Weihnachten/Neujahr. (Über 980000 Besuche wurden genehmigt)

2600 politische Häftlinge aus der DDR durch Warenlieferungen aus der BRD ausgelöst

26 Starfighter der Bundeswehr stürzten im Laufe des Jahres ab (führt zu einer Diskussion, ob Wiederbewaffnung der Bundeswehr übereilt geschah)

Otto Winzer (* 1902), Außenmin. der DDR

† *Thomas Stearns Eliot*, brit. Dichter, Nobelpreisträger (* 1888)

Hubert Fichte (* 1935): „Das Waisenhaus" (Roman einer verlorenen Generation)

Georg-Büchner-Preis an *Günter Grass*

Günter Grass: „Dich singe ich, Demokratie" (Wahlreden für die SPD)

Jorge Guillén (* 1893): „Mein Freund F. G. Lorca. Ein Briefwechsel" (dt. Übers. aus d. Spanischen)

Peter Hacks (* 1928): „Moritz Tassow" (Bühnenstück über Konflikte zwischen pragmatischen und utopischem Sozialismus)

† *Benvenuto Hauptmann*, dt. Schriftsteller, Sohn *Gerhart H.*s (* 1902)

Stefan Heym (* 1913): „Lenz oder die Freiheit"

Wolfgang Hildesheimer (* 1916): „Tynset" (Roman)

Walter Höllerer: „Theorie der modernen Lyrik"

Uwe Johnson: „Zwei Ansichten" (Roman)

Hermann Kant (* 1926): „Die Aula" (Roman)

Marie Luise Kaschnitz: „Ein Wort weiter" (Gedichte)

Armand Lanoux (*1913): „Wenn das Meer zurückweicht" (dt. Übers. d. frz. Romans)

Gerhard Ludwig: „Tausendjahrfeier" (satir. Roman)

Norman Mailer: „Der Alptraum" (nordamer. Roman)

Mao Tse-tung: 37 Gedichte (dt. Übers. aus d. Chinesischen)

Wilhelm Emrich (* 1909): „Geist und Widergeist" (literaturhistor. Essays)

Theodor Eschenburg (* 1904): „Über Autorität"

Ossip K. Flechtheim: „Weltkommunismus im Wandel"

Peter Glotz und *Wolfgang R. Langenbucher:* „Versäumte Lektionen, Entwurf eines Lesebuchs" (mit bisher vernachlässigten Lesestükken)

H. Gollwitzer u. *W. Weischedel:* „Denken und Glauben"

„Freiheitsmarsch" weißer und schwarzer Bürgerrechtler der USA nach Montgomery unter der Leitung von *Martin Luther King*

René König: „Soziologische Orientierungen"

† *Carl E. Lund-Quist*, evang. Theologe, wurde 1952 Generalsekretär d. Luther. Weltbundes (* 1908)

Herbert Marcuse: „Kultur und Gesellschaft" (dt.- amer. gesellschaftskrit. Philosophie)

Erich Müller-Gangloff (* 1907): „Mit der Teilung leben. Eine gemeindeutsche Aufgabe" (mit der These: „Die Wiedervereinigung ist verspielt")

G. H. Mostar (*1901, + 1973): „Liebe, Klatsch und Weltgeschichte (Satire)

Papst *Paul VI.* zieht aus kirchenpolitischen Gründen die schon vom Konzil angenommene Erklärung über die Juden zurück, die auf die traditionelle Anklage wegen „Gottesmordes" verzichtet hatte

Papst benennt „Heiliges Offizium" (gegr. 1542)

„65/5" (geometr. Leichtmetallplastiken)

Rolf Heym (* 1930): „Stilleben mit Rose" (neorealist. Gem.)

David Hockney (* 1937): „California" (engl. pop-artiges Gem.)

Horst Hödicke (* 1938): „Passage 19" (pop-artig. Objekt, Lack/Papier/Leinwand)

Gerhard Hoehme (* 1920): „Randstörungen" (abstr. Gemälde)

Horst Egon Kalinowski (* 1924): „Osiris - Schrein" (Leder auf Holz)

R. B. Kitaj (* 1932): „Der kulturelle Wert von Angst, Mißtrauen und Hypochondrie" (amerik.-engl. pop-art. Siebdruck)

Konrad Klapheck (* 1935): „Vergessene Helden" (Gem.)

Ferdinand Kriwet (* 1942): „PUBLIT, poem painting 12" (Gem.)

† (ertrunken) *Le Corbusier*, frz.-schwz. Architekt (* 1887)

Wolfgang Ludwig (* 1923): „Kinematische Scheibe" (geometrisch-konstruktivistisches Gem.)

Konrad Lueg (* 1939): „Waschlappen" (pop-art. Gem.)

Josaku Maeda (* 1926): „Mystagogie d'Espace" (jap. abstr. Gem.)

René Magritte (* 1898, † 1967): „Im Freien" (belg.-frz. surrealist. Gem.)

Ostblock, Mischung aus freier Tonqualität und Zwölftontechnik); „Die Irrfahrten d. Odysseus" (Ballett)

Hans-Ulrich Engelmann: „Manifest vom Menschen" (Oratorium, im Auftrag des DGB)

Jean Françaix (* 1912): „La Princesse de Clève" (frz. Oper nach *Voltaire*)

Heinz F. Hartig (* 1907, † 1969): „Studie I" (Musik für konzertante Gruppen)

Hans Werner Henze: „Der junge Lord" (satir. Oper, Libretto v. *Ingeborg Bachmann*)

Gerald Humel (* 1931): Kammerkonzert f. Horn, Klavier, Streicher (nordam. Komp.)

Milko Kelemen: „Hommage à Heinrich Schütz" (jugosl.-dt. Oratorium zum *Schütz*-Fest in Berlin)

Giselher Klebe: „Jacobowsky und der Oberst" (Oper)

† *Hans Knappertsbusch*, dt. Dirigent bes. in München, Wien, Bayreuth (* 1888)

Rafael Kubelik: Streichquartett Nr. 2 (tschechosl.-dt. Komp.)

Rolf Liebermann: „Capriccio" (schweiz. Ballett)

György Ligeti: „Requiem" (ung. Komp.)

K. Flemming u. *M. Langendorff*: Es gibt Strahlenschutzsubstanzen wie Histamin, welche Strahlenwirkung etwa um die Hälfte herabsetzen

S. W. Fox: „Die Entstehung präbiologischer Systeme" (nordamerikanische Zusammenfassung der chemischen und biologischen Evolution auf der Erde)

Klaus-Dieter Gattner: „Über die Problematik der Simulation konstruktiver Tätigkeiten" (zum Problem der automatischen Konstruktion)

Rudolf Geiger (* 1894): 12 Karten zur Atmosphäre der Erde, darunter jährliche Sonnenstrahlung, Wärmetransport durch Meeresströmungen, jährliche Verdunstung

Erster Weltraum-Gruppenflug der USA: Gemini G T 3 mit *Virgil I. Grissom* (* 1926, † 1967) u. *John W. Young* (* 1930)

Hardy (USA) transplantiert Schimpansenherz auf herzkranken Patienten (funktioniert $1^1/_2$ Stunden). Daneben Versuche von *Kollf* (USA) und *Emil S. Bücherl* (BRD), Kunststoffherz zu konstruieren und zunächst in Tierversuchen zu erproben

Robert W. Holley (* 1912) und Mitarbeitern gelingt Strukturaufklärung (Basensequenz) der Alanintransfer-RNS (wichtig für Analyse der Protein-Biosynthese)

F. Hoyle vermutet, daß die beobachtete Expansion des Weltalls nur zeitlich vorübergehend oder sogar nur ein begrenzter Zustand in unserer kosmischen „Umgebung" ist

Herman Kahn (* 1922): „On Escalation" („Über Eskalation"; der führende US-Futurologe unterscheidet 44 Stufen der Krisensteigerung)

H. Kusch: Elektronisches Gerät zur automatischen Erkennung gesprochener Zahlen (mit einer Sicherheit von 87% pro Zahl. Problem allgemein noch nicht ausreichend gelöst)

L. B. Leakey datiert aufgrund neuer Funde in Ostafrika Alter des Menschen auf 1,75 Mill. Jahre

Konrad Lorenz (* 1903): „Über tierisches und menschliches Ver-

USA 5382, Frankr. 1580, USSR 877, Ital. 620, Indien 580, BRD 324, Kanada 220, Belg. 200, Spanien 153, Japan 150, CSSR 150, Schweden 148, DDR 70 (Erde insgesamt 17537)

Voltastaudamm in Ghana (Afrika) m. 588000 kW elektrischer Leistung

Rohstahlerzeugung d. Erde 458 (1950: 161) Mill. t, davon

USA	122
USSR	91
Japan	41
BRD	37
Gr.-Brit.	27
Frankreich	20
Italien	13
VR China	12
Belgien	9,2
Kanada	9,1
Polen	9,0
CSSR	8,6
Indien	6,3
DDR	3,9

Erzeugung von Papier und Pappe: Erde ca. 96 Mill. t, davon (in Mill. t)

USA	37,6
Kanada	9,4
Japan	7,3
USSR	4,7
Gr.-Brit.	4,4
BRD	4,2
Frankreich	3,2
Finnland	3,2
Schweden	3,1
Italien	2,2
Niederlande	1,0
Norwegen	1,0
DDR	0,9

Von 18,2 Mill. t Bekleidungsfaser-Produktion der Erde sind 30% Chemiefaser (davon 2 Mill. t = 11% synthet. Faser), 62% Baumwolle, 8% Wolle

(1965)	† (Freitod) *Erich Apel,* stellvertr. Min.-Präs. der DDR und Vors. d. staatl. Planungskommiss. (* 1917) Volkswirtschaftsrat der DDR zugunsten von sieben Industrieministerien aufgelöst Jugoslawischer Staatspräsident *Tito* kommt zum ersten Staatsbesuch in die DDR † *Leopold Figl,* österr. Bundeskanzler von 1945 bis 1953 (* 1902) Krise im EWG-Ministerrat zwischen Frankreich und den anderen Mitgliedern über Agrarsubventionen Frankreich bleibt SEATO-Konferenz fern wegen unterschiedlicher Haltung zum Vietnamkrieg. Auch sonst starke Spannungen im Bündnis Abkommen über kulturelle, wirtschaftliche und technische Zusammenarbeit zwischen Frankreich und Volksrep. China Staatspräsident *de Gaulle* verkündet eine unabhängige franz. Politik, um einer Vorherrschaft der USA oder der USSR zu begegnen, und kündigt an, daß Frankreich 1969 aus der NATO ausscheiden wird *de Gaulle* wird im zweiten Wahlgang mit 55% der abgegebenen Stimmen für sieben Jahre zum franz. Staatspräsidenten gewählt (*François Mitterand,* Linkspolitiker, erhielt im ersten Wahlgang 32% der Stimmen) † *Winston Churchill,* brit. konservativer Staatsmann. Im Unterhaus seit 1900; wiederholt Regierungsämter seit 1906. Premierminister 1940—45, 1951—55. Rettete sein Land im 2. Weltkrieg (* 1874) *Elizabeth II.,* brit. Königin, besucht BRD, einschließlich Berlin *Edward Heath* (* 1916), wird nach dem Rücktritt von *A. F. Douglas Home* (* 1903) Führer der brit. Konservativen Kommunalwahlen in England bringen Konservativen große Gewinne, Labour entsprechende Verluste Regierung *Ian D. Smith* ruft Unabhängigkeit Rhodesiens aus. Gr.-Brit. verlängert wirtschaftl. Sanktionen, um politische Gleichberechtigung der Neger in der bisherigen Kolonie durchzusetzen	† *William Somerset Maugham,* brit. Schriftsteller (* 1874) *François Mauriac:* „Nouveaux mémoires intérieurs" (frz. Lit.) *Hans Günter Michelsen:* „Helm" (Schauspiel) *Arthur Miller* (USA) Präsident des PEN — Schriftstellervereinigng. *Henri de Montherlant:* „La guerre civile" („Der Bürgerkrieg", frz. Schauspiel) *Percy H. Newby* (* 1918): „One of the founders" (engl. Lit.) *Robert Pinget:* „Inquisitorium" (dt. Übers. d. schweiz-frz. Romans) *Kathleen Raine* (* 1908): „The hollow hill" (engl. Lit.) *Nelly Sachs:* „Späte Gedichte" National Book Award an *Arthur Schlesinger* (f. histor.-biogr. Schriften) und *Katherine Anne Porter* (für Romane) *Henri Troyat* (* 1911): „Tolstoi" (russ.-frz. Biographie) *Franz Tumler* (* 1912): „Aufschreibung aus Trient" (österr. Prosa) *Peter Weiss:* „Die Ermittlung" (Schauspiel um den Frankfurter Auschwitzprozeß) „Kursbuch" (polit.-lit. Zeitschr., Hg. *Hans Magnus Enzensberger*) Folgende Bühnendichter erlebten seit 1955 an dt.-sprachigen Bühnen an Aufführungen: *Shakespeare* 24902, *Schiller* 17860, *Shaw* 11200, *Goethe* 11080, *Lessing* 10317, *Brecht* 9956, *Molière* 9806, *G. Hauptmann* 9793, *Anouilh* 8509, *C. Goetz* 7075, *Goldoni* 6004, *Dürrenmatt*	in „Kongregation für die Glaubenslehre" um Papst *Paul VI.* richtet in New York Friedensappell an die UNO Papst *Paul VI.* empfängt den stellvertr. (linkssozialist.) Min.-Präs. *Nenni* in Privataudienz † *Erich Rothacker,* dt. Philosoph, schuf eine anthropolog. Schichtenlehre (* 1888) † *Albert Schweitzer,* evangel. Theologe, Mediziner („Urwalddoktor"), Organist, Friedensnobelpreisträger (* 1875) *Bruno Snell:* „Dichtung und Gesellschaft" (Studien zum Einfluß der Dichter auf das soziale Denken im alten Griechenland) *v. Stackelberg:* „Alle Kreter lügen" (Soziologie der nationalen Vorurteile) *Wolfgang Sucker* (* 1905) Kirchenpräsident der Evangel. Kirche von Hessen-Nassau † *Paul Tillich,* evangel. Theologe u. Philosoph dt. Herkunft, seit 1933 in USA, Mitbegrd. d. Berliner Kreises der Religiösen Sozialisten (um 1925 wirksam) (* 1886) Zweites Vatikanisches Konzil verabschiedet u. a. Erklärung über die Religionsfreiheit u. über missionarische Tätigkeit der Kirche Mischehendekret der kathol. Kirche hebt Exkommunikation für nichtkathol. Eheschließung auf Abschluß des 21. ökumenischen (2. vatikan.) Konzils in Rom (seit 1962). Brachte grund-

G. Marcks: „Stehende mit Locken" (Bronze)

Roberto Matta (* 1911): „Erimau – Stunde d. Wahrheit (monumental. chil. surrealist. Wandbild um die Hinrichtung des span. Kommunisten *Erimau*)

Frieder Nake: Computer — Grafik („Klee")

E. W. Nay: „Menschenlicht", „Der Morgen", „Terrestral" (abstr. Gem.)

Rolf Nesch: „Heringsfang" (dt.-norweg., seit 1939, 3 m mal 11 m, 11 Kupferplatten belegt mit Schiefer, Holz, Glas, für Exporthaus in Oslo)

Richard Oelze (* 1900): „Ohne andere Gesellschaft" (surrealist. Gem.)

Georg Karl Pfahler (* 1926): „Farbskulptur" (dreiteil. Holzplastik als „spirit of reality")

Pablo Picasso: „Weiblicher Akt", „Selbstporträt", „Guitarrist" (span.-frz. Gemälde)

Otto Piene (* 1928): „Große Feuerblume 65" (Produkt eines Niederschlages aus Feuer und Rauch auf Leinwand)

Louis Pons (* 1927): „Sie agitieren" (frz. Federzeichnung)

Gerhard Richter (* 1932): „2 Fiat" (popart. Gem.)

Hans Scharoun: 1. Preis für Entwurf zum Stadttheater Wolfsburg

Nikolai Nabokow (* 1903): „Don Quichote" (russ.-nordamer. Ballett)

Hans Otte: „Alpha-Omega II" (Kirchenmusik f. Männerstimmen, Orgel und Schlagzeug)

Aribert Reimann (* 1936): „Ein Traumspiel" (Oper nach *Strindberg*), „Drei Hölderlin-Fragmente"

Hermann Reutter (* 1900): „Der Tod des Empedokles" (Oper n. *Hölderlin*)

† *Walter Riezler*, dt. Musikhistoriker, u. a. Beethovenbiographie 1936 (* 1878)

Wilhelm Dieter Siebert (* 1931): „Variationen einer Elegie" (f. Klarinette, Violine, Cello und Harfe)

Karlheinz Stockhausen: „Microphonie I", „Momente 1965"

Michael Tippett: „Vision des hl. Augustin" (engl. Oratorium)

Neuinszenierung des Opernzyklus „Ring der Nibelungen" durch *Wieland Wagner* in Bayreuth

Isang Yun: „Der Traum des Liu-Tung" (südkorean. Oper, komp. in Berlin W.)

Bernd Alois Zimmermann (*1918, + 1970): „Die Soldaten" (Urauff. d. Oper nach dem Schauspiel von *Lenz*); „Antipho-

halten" (2 Bde., österr. Verhaltensforschung)

J. A. McDivitt u. *Edward H. White* (* 1930) unternehmen zweiten USA-Gruppenflug mit Raumfahrzeug „Gemini G T 4". *White* ist 22 Min. frei im Raum, Landung nach 62 Umläufen in 97 Stunden

M. Nirenberg u. a. geben Übersetzungsregel („Code") zwischen Basenfolge in der Erbsubstanz (Nukleinsäure) und Aminosäurenfolge im zugeordneten Eiweißmolekül (das etwa als Enzym wirkt)

Penzias u. *Wilson* (USA) entdecken kosmische Hintergrundstrahlung im elektromagnetischen Mikrowellengebiet (wird als Relikt eines sehr frühen, heißen Entwicklungsstadiums der Welt gedeutet, das sich inzwischen auf etwa 3° über den absoluten Nullpunkt [–273,2°C] abgekühlt hat. Ein solcher früher Zustand [„Urknall"] wurde schon 1946 von *Gamow* postuliert)

N. U. Prabhu: „Warteschlangen-Theorie" (engl.; schon 1961 gab es über dieses Thema ca. 1000 einschlägige Arbeiten)

M. G. Rutten: Erdgeschichtliche Entwicklung des Sauerstoffes in der Atmosphäre, gemessen am heutigen Gehalt von $^1/_5$ atm. = 100: vor 500 Mill. Jahren = 10, vor 1000 Mill. Jahren = 1 (Beginn der Lebensentwicklung im Meer), vor 2200 Mill. Jahren = 0,1 (Übergang von anorganischen zu organischen Formen, Lebensentstehung), vor 3000 Mill. Jahren 0,01

† *Hermann Staudinger*, dt. Chemiker und Nobelpreisträger, entwickelt speziell Erforschung der Makromoleküle (* 1881)

Horst T. Witt gibt Schema der Photosynthese aufgrund periodischer Blitzlichtbestrahlung mit acht Lichtquanten pro erzeugtem Sauerstoffmolekül

US-Forscherteam weist mit höchstbeschleunigten (30 Mrd. e-Volt) Protonen erzeugte Anti-Deuteronen (Anti-Proton + Anti-Neutron) nach

Das theoretisch vorhergesagte Omega-Elementarteilchen wird auf 2 von 1 Mill. Blasenkammer-

Anteile an Chemiefaserproduktion d. Erde: USA 27,9%, Japan 16,4%, BRD 8,7%, Gr.-Brit. 7,4%, Italien 7,2%, Frankreich 4,2%

Installierte Computer (Vgl. 1960)

USA	25 000	(6000)
BRD	2 000	(200)

Fernsehempfänger (in Mill. Stück):

USA	67,0
Japan	17,7
Gr.-Brit.	14,6
USSR	11,8
BRD	10,6
Frankreich	5,6
DDR	3,0

Farbfernsehkonferenz führt zu einer techn. Trennung zwischen Frankreich (und Ostblock) u. dem größeren Teil von Westeuropa und USA (Umwandlersysteme mildern diese Trennung)

Erträge der Weizenernte (als Kennzeichen der Intensität der Landwirtschaft): dz/ha

Frankreich	31,9
Italien	22,8
Argentinien	18,6
USA	18,1
Kanada	16,1
Australien	12,0
USSR	10,9
Indien	9,0

Welternte an Weizen ca. 280 Mill. t, an Roggen ca. 36 Mill. t

Reisernte der Erde ca. 255 Mill. t, darunter:

VR China	85
Indien	58
Pakistan	18
Japan	16
Indonesien	12
Thailand	10

(1965)

Parlamentswahlen in Kanada ergeben knappen Wahlsieg der Liberalen. Min.-Präs. *Lester B. Pearson* (* 1897)

Wahlen zur portug. Nationalversammlung gestatten nur Stimmabgabe zur Einheitsliste der Regierung

Freundschaftspakt USSR—Polen garantiert Nachkriegsgrenzen Polens. Bei den Parlamentswahlen in Polen ist erstmalig Streichung von Kandidaten in der einzigen Liste zulässig

Anastas Iwanowitsch Mikojan (* 1895) tritt als Staatsoberhaupt der USSR zurück

Nikolai V. Podgorny (* 1903) wird Staatsoberhaupt der USSR

Gromyko, Außenminister der USSR, vereinbart in Paris Beilegung des Vietnam-Konfliktes auf der Grundlage der Genfer Verträge von 1954

Parteichef *Breschnew* wird in das Präsidium des Obersten Sowjets der USSR gewählt

Min.-Präs. der USSR *Kossygin* besucht Peking. Besprech. mit *Tschu-En-lai* (führt zu keiner Entspannung). Besucht anschließend Hanoi zur Besprechung der Situation in Vietnam

János Kádár tritt als ungar. Min.-Präs. (seit 1956) zurück; bleibt erster Sekretär der KP. Nachfolger: *Gyula Kállai* (* 1910)

† *Gheorghe Gheorghiu-Dej,* rumän. Staats- und KP-Chef seit 1961 (* 1901); *Nicolae Ceausescu* (* 1918) Vors. der rumänischen KP; *Chiru Stoica* (* 1908) wird Staatsratsvorsitzender und Staatsoberhaupt

Kg. *Konstantin* von Griechenland setzt nach Rücktritt von *Papandreou,* der die Rolle der Armee kritisierte, *Athanasiadis-Novas* als Min.-Präs. ein

Straßenschlacht zwischen Anhängern des entlassenen griech. Min.-Präs. *Papandreou* und der Polizei in Athen (ein Student getötet, mehrere hundert Verletzte)

Anhaltende Regierungskrise in Griechenld., gekennzeichnet durch Opposition des Parlaments gegen Politik des Königs und seiner Ratgeber

4506, *Ibsen* 4209, *Frisch* 4007, *Sartre* 3955, *Calderon* 3820, *Giraudoux* 3800, *Tschechow* 3508, *Ionesco* 3359, *Sternheim* 2716, *Wilde* 2667, *Strindberg* 1907, *Aristophanes* 455, *Äschylos* 238

Außerdem: *Goodrich:* „Tagebuch der Anne Frank“ 4010, *Lessing:* „Minna von Barnhelm“ 3669 (an erster Stelle der klassischen Dramen)

Georg Picht (* 1913): krit. d. dt. „Bildungskatastrophe“

Dt. Bildungsrat gegr. (berät bes. Schulentw.)

legende Besinnung der Kirche auf ihre Stellung in der modernen Welt, Verständigungsbereitschaft mit anderen Glaubensrichtungen. Reform der Kirchenverfassung und des Kults

Kathol. Bischöfe Polens richten Versöhnungsappell an dt. Amtsbrüder und laden sie nach Tschenstochau ein

Ökumenischer Rat der Kirchen benennt acht Theologen, die in einem „Gemeinsamen Arbeitsausschuß“ mit 6 kathol. Theologen die Zusammenarbeit beider Kirchen beraten sollen

Dt. evang. Kirchentag in Köln „In der Freiheit bestehen“

Konkordat des Landes Niedersachsen mit dem Vatikan (führt zu starken Kontroversen und Bruch der Koalition SPD-FDP in der Landesregierung)

211488 Studierende an den Univ. d. BRD, davon 58605 weibl.

52337 Studierende an techn. Hochschulen, davon 2670 weibl.

4358 Studierende an sonst. wiss. Hochschulen, davon 572 weibl. (man rechnet bis 1975 etwa mit einer Verdoppelung der Studentenzahl)

In der „Aktion 1. Juli“ demonstrieren Studenten aller Hochschulen der BRD gegen Bildungsnotstand

Ruhr-Universität in Bochum eröffnet

Medizinische Hochschule in Hannover

Beschluß der Kultusmin.-Konf. d. BRD, das Schuljahr von 1967 in allen Bundesländern am

Tim Scott (* 1937): „Yenidje“ (engl. abstr. Plastik aus Acrylplatten und Stahlgestänge)

Herbert Schneider (* 1924): „I bin I“ (Gem. mit ironischer Anspielung auf alte Bilderhandschriften)

Elisabeth von der Schulenburg („Tisa“, * 1903): „Zug der KZ-Häftlinge“ (Bronze-Relief)

Bernhard Schultze (* 1915): „temt-Migof“ (abstr. Wandrelief)

Emil Schumacher (* 1912): „Saraph“ (abstr. Gem.)

Yoshio Sekine (* 1922): „Ohne Titel“ (japan. ornamental-abstr. Gem.)

† *Renée Sintenis,* dt. Bildhauerin, besonders Tierplastiken (* 1888)

Richard Smith (* 1931): „Blue moon“ (engl. geometr.-abstr. Gem.)

Saul Steinberg (* 1914): „Der Künstler und die erdachte Landschaft“ (nordamer. Federzeichn.)

Dorothea Tanning: „Vollkommene Intimität“ (nordamer. Gem.)

Fred Thieler (* 1916): „Situationsbericht 65“ (dreiteil. abstr. Gem. 2,5 m x 6 m)

H. Trier: „Chinoiserie“ (abstr. Gem.)

Fritz Winter: „Roter vertikaler Klang“ (abstr. Gem.)

Isaac Witkin (* 1936): „Vermont I“ (engl. geometr. farbige Stahlplastik)

nen für Viola und Kleines Orchester“

Musikfestspiele in Darmstadt m. zeitgen. Kompositionen von *Jacques Calonne* (Belgien), *Milko Kelemen* (Jugoslaw.), *Marek Kopelent* (CSSR), *György Ligeti* (Ungarn), *Francis Miroglio* (Frankreich), *Luis de Pablo* (Spanien) u. a.

Musiktage in Donaueschingen mit zeitgen. Kompositionen von *Luciano Berio* (Ital.), *Earle Brown* (USA), *Witold Lutoslawski* (Polen), *Enrique Raxach* (Spanien), *Karlheinz Stockhausen* (BRD), *Roman Vlad* (Italien) u. a.

Folgende Opernkomponisten erlebten seit 1955 an deutschsprachigen Bühnen an Aufführungen: *Verdi* 20631, *Mozart* 18064, *Johann Strauß* 15555, *Puccini* 12794, *Lortzing* 8719, *Richard Wagner* 7763, *Donizetti* 4118, *Rossini* 4082, *C. M. v. Weber* 3064; ferner wurden in diesem Zeitraum aufgeführt: *Johann Strauß:* „Die Fledermaus“ 4764, *W. A. Mozart:* „Die Zauberflöte“ 4263, *C. M. v. Weber:* „Der Freischütz“ 3016, *Leoncavallo:* „Bajazzo“ 1943, *Mascagni:* „Cavalleria rusticana“ 1670

aufnahmen entdeckt (Lebensdauer etwa eine zehnmilliardstel Sekunde) Mit Elektronensynchrotron bei Hamburg (DESY) über hochenergiereiche Gammaquanten Anti-Protonen erzeugt

Institut für Plasmaphysik der Max-Planck-Ges. in Garching erreicht durch kondensierte elektrische Entladung kurzzeitig Temperaturen bis 60 Mill. Grad

USA-Mondsonden Ranger 8 und 9 senden vor ihrem Aufschlag detailreiche Bilder von der Mondoberfläche zur Erde: Krater bis herab zu einem halben Meter Durchmesser

US-Marssonde photographiert Marsoberfläche mit Kraterlandschaft. Temperaturbestimmung ergibt —93° C

USA-Satellit „Early Bird“ gestattet ständige Funkverbindung zwischen USA und Europa, da seine Umlaufzeit von 24 Stunden konstante Position zwischen den Kontinenten sichert

USSR startet die drei Satelliten „Kosmos 54, 55, 56“ zusammen mit einer Rakete

US-Amateurfunk-Satellit Oscar III für 2-m-Band in Kreisbahn mit 935 km Höhe

5-m-Reflektor auf dem Mt. Palomar (USA) ermittelt für eine quasistellare Radioquelle („Quasar“) stärkste bekannte Rotverschiebung im Spektrum und damit eine Entfernung von ca. 10 Mrd. Lichtjahren

In USA wird in 700 m Erdtiefe ein Tetrachloräthylen-Detektor zum Nachweis von Neutrinos von der Sonne errichtet

Radioteleskop in Green Bank (West Virginia, USA) mit 43 m Durchmesser. Damit gelingt bald die Entdeckung einer Linie der Wasserstoffstrahlung mit 6 cm Wellenlänge

Die Belichtungszeit astronomischer Farbaufnahmen ist seit ihren Anfängen (Mt. Palomar 1959) von ca. 2 Stunden auf ca. 1 Minute gefallen

Sonnenfinsternis wird im Pazifik von US-Flugzeug in 12000 m Höhe wissenschaftlich beobachtet

Fischmehl-Welterzeugung hat sich seit 1950 etwa verachtfacht (übrige Fischereierzeugnisse etwa verdoppelt). Frischfischverbrauch ca. 18 Mill. t (1950 ca. 10 Mill. t)

Es fehlen zur Ernährung der Erdbevölkerung ca. 100 Mill. t Getreideerzeugnisse und 33 Mill. t Tierprodukte.

Von d. ca. 50 Mill. jährlichen Todesfällen auf der Erde sind 35 Mill. auf Hunger u. Hungerkrankheiten zurückzuführen

Stärke der Handelsflotten (in Mill. BRT):

Gr.-Brit.	21,5
USA	21,5
Liberia	17,5
Norwegen	15,6
Japan	12,0
USSR	8,3
Griechenland	7,1
Italien	5,7
BRD	5,3
Frankreich	5,2
Niederlande	4,9
Panama	4,5
Erde	160
	(1955: 105)

Von den 50 größten Unternehmen gehören 40 zu den USA, 2 zu Niederlande/Gr.-Brit., 3 zur BRD, 2 zu Gr.-Brit., 1 zu den Niederl., 1 zur Schweiz, 1 zu Ital.

† *Bernard Baruch* Bankier der USA, Wirtschaftsberater im 1. und 2. Weltkrieg, schlug int. Kontrolle der Atomenergie vor (* 1870)

(1965)	Regierung *Stefan Stefanopoulos* erhält Vertrauen des griech. Parlaments Türk. Parlament stürzt *M. I. Inönü,* Min.-Präs. seit 1961; Nachfolger: *Suat Haryi Ürgüplü* (* 1903) Schah *Mohammed Pahlewi* von Iran macht Staatsbesuch in Moskau Ehemal. israel. Min.-Präs. *David Ben Gurion* aus der (sozialdemokr.) Partei Mapai ausgeschlossen Blutige Grenzzwischenfälle zwischen Israel und Jordanien Tunes. Min.-Präs. *Burgiba* fordert Verhandlungen der arab. Staaten mit Israel mit dem Ziel der „friedlichen Koexistenz" (heftige Ablehnung in der arab. Welt). Tunesien verzichtet auf Mitarbeit in der Arabischen Liga Syrische Reg. verhängt Kriegsrecht; Reg. verstaatlicht Industrie- und Handelsunternehmen *Nasser* lädt *Ulbricht* nach Ägypten ein. BRD bezeichnet dies als einen feindlichen Akt und stellt nach dem Besuch Wirtschaftshilfe für Ägypten ein Revolutionsrat unter Oberst *Boumedienne* (* 1925) stürzt algerischen Staatspräsidenten *Ben Bella* (seit 1963; * 1916) Dritte Gipfelkonferenz der Arab. Liga (ohne Tunesien). Erweist ägyptische Vorherrschaft König *Saud* von Saudi-Arabien verzichtet auf seinen Thron und verläßt das Land Gambia (Westafrika) unabhängig (bisher brit. Kolonie) Tansania (Ostafrika) läßt DDR-Konsulat in Dar-es-Salaam zu. BRD stellt Militärhilfe ein General *Joseph D. Mobutu* (* 1930) stürzt im Kongo Staatspräsident *Joseph Kasavubu* (seit 1960; * 1910, † 1969) Singapur löst sich von Malaysia und wird unabhängig Kämpfe zwischen Indien und Pakistan im Kaschmirgebiet. Waffenstillstand auf Forderung des Weltsicherheitsrates Indonesien verläßt die UNO Kommunisten Indonesiens versuchen mit Offizieren aus der Um-		1. August beginnen zu lassen (führt zu größeren Umstellungsschwierigkeiten) Studenten fordern in Madrid freie Studentenvertretung. Es kommt zu Unruhen und Schließungen Reform des Urheberrechts in der BRD: Verlängerte Schutzfrist, Beteiligung bildender Künstler an Wertsteigerung bei Besitzwechsel In Gr.-Brit. wird Todesstrafe für viele Verbrechen abgeschafft Dt. Bundestag verändert Verjährungsdatum für NS-Morde vom 8. 5. 65 auf 31. 12. 1969 ~ Im Mittelpunkt öffentlicher Aufmerksamkeit und Diskussion steht das Bildungswesen, insbes. d. Notwendigkeit seiner Reform

Paul Wunderlich (* 1927): „Leda 65" (Farblitho)

„Die Wiener Schule des phantastischen Realismus" (Kunstausstellung d. Kestner-Ges. in Hannover u. Berlin [West] mit Werken von *E. Brauer, E. Fuchs, R. Hausner, W. Hutter, A. Lehmden,* vgl. 1964/65, Schule bildete sich zwischen 1949 und 1959)

„The responsive Eye" (Ausst. im Mus. of modern Art, New York von *W. C. Seitz* im Bereich der Op-Art)

„Signale, Manifeste, Proteste im 20. Jahrhundert" (Ausstell. engagierter Kunst d. Ruhrfestspiele Recklinghausen)

Galerien beginnen Computer-Grafik auszustellen

~ Bezeichnung „Op-Art" (optische Kunst) für kinetische Kunstformen kommt auf

Europarat-Ausstellung „Karl d. Gr." in Aachen

„Schonzeit für Füchse" (Film von *Peter Schamoni* nach dem Roman „Das Gatter" v. *Seuren,* vgl. 1964 D, mit *Helmut Förnbacher, Christian Doermer, Andrea Jonasson, W. Birgel*)

„Es" (dt. Film mit *Sabine Sinjen, Bruno Dietrich, Tilla Durieux;* Kamera: *Gerard Vandenberg;* Regie: *Ulrich Schamoni*)

„Der junge Törless" (dt. Film nach *Musil* mit *Matthieu Carrière, Bernd Tischer;* Regie: *V. Schlöndorff*)

„Julia und die Geister" (dt.-ital.-frz. Film mit *Giulietta Masina, Sandra Milo, Valesca Gert;* Regie: *Federico Fellini*)

Radiosondenballon des Meteorologischen Instituts der Freien Universität Berlin erreicht Rekordhöhe von 46836 m

Berliner Sferic-Kathodenstrahlpeiler weist auf 30-km-Wellenlänge Gewitter über Nordamerika nach

Mittels Atomuhren wird seit 1955 Rotationsgeschwindigkeit der Erde gemessen. Insgesamt ergibt sich eine Verlängerung der Tageslänge seit 1963 um ca. $^1/_{10000}$ Sekunden in hundert Tagen

Beginn der Intern. Hydrologischen Dekade als Grundlage einer erdweiten Wasserplanung

Am Beginn der Intern. Hydrologischen Dekade ist die Eis- und Schneebilanz der Erde sehr unsicher (80% des Süßwassers sind in dieser festen Form vorhanden)

Intern. Symposium in Davos über wissenschaftl. Aspekte von Schnee- und Eislawinen (jährlich kommen in den Alpen 40 bis 80 Menschen durch Lawinen ums Leben)

Dt. Forschungsschiff „Meteor" entdeckt im mittleren Atlantik Grabensystem bis 7028 m Tiefe

US-Tauchboot „Trieste II" für 6000 m Tauchtiefe

INTERDATA, New York (2. Int. Kongr. für Informationsverarbeitung) mit dem Kennwort „Künstliche Intelligenz"; läßt zukünftige Bedeutung des Computers mit fernbedientem Vielfachzugriff (time sharing) erkennen

Es existieren Prototypen von Fahrzeugen, die mit Brennstoffelementen und Elektromotor angetrieben werden

Es mehren sich die Hinweise, daß RNS aus dem Gehirn dressierter Tiere Dressureffekte auf undressierte Tiere übertragen kann

Registrierung der Augenbewegung bei Schlafenden führt zu dem Schluß, daß der Mensch etwa alle 90 Min. eine Traumepisode hat.

~ Es verbreitet sich automatische Überwachung von Blutdruck, Pulsfrequenz, Atemfrequenz u. Temperatur bei Schwerkranken in Kliniken

Werbeaufwand d. Industrie in den USA mehr als 15 Mrd. Dollar, davon ca. 4,5 Mrd. Zeitungsinserate

Teilprivatisierung der VEBA in der BRD unter Ausgabe kleingestückelter „Volksaktien" (die sozialpolit. Bedeutung dieser Eigentumsstreuung ist umstritten)

Aktienindex in der BRD (Industrieaktien) 1953 = 100

1962	445
1964	518
1965	438

Technische Ausstellung der BRD in Bukarest

Groß-London gebildet (32 Bezirke mit 8 Mill. Einw. und selbst. City)

24 Flugunfälle in der intern. Linienluftfahrt mit 680 Todesopfern: 0,34 pro 100 Mill. Passagierkilometer

Weltausstellung d. Verkehrs in München

Zug München—Augsburg erreicht mehr als 200 km Stundengeschw.

Mont-Blanc-Tunnel zwischen Chamonix und Courmayeur eröffnet, mit 11,96 km längster Straßentunnel der Welt

Forth Road Bridge, Straßenbrücke in Schottland, eröffnet

5 km lange Oosterschelde-Brücke (Niederl.) eingeweiht

(1965)

gebung *Sukarnos* Macht zu gewinnen. Armee schlägt sie zurück

Bei der Kommunistenverfolgung in Indonesien kommen schätzungsweise 100000 Menschen ums Leben

Volksrep. China verschärft Politik gegen die „imperialistischen" USA und die „revisionistische" USSR

Spannungen zwischen Armee und kommunist. Partei Chinas. „Kulturrevolution" mit Säuberungswelle als Antwort *Maos* auf antikommunist. Strömungen

Tibet wird „autonomes Gebiet" der Volksrep. China

Volksrep. China zündet seine zweite Atombombe

2. Bandung-Konferenz verschoben, weil Volksrep. China gegen Teilnahme der USSR

Buddhistischer Widerstand (mit Selbstverbrennungen) gegen Reg. *Huong* in Südvietnam. Neuer Min.-Präs. von Südvietnam wird *Phan Huy Quat*

Schwere innere Unruhen und schwere Kämpfe mit dem Vietkong in Südvietnam. Min.-Präs. wird *Nguyen Cao Ky* (* 1930), verkündet Kriegszustand. Amerikaner verstärken ihre Truppen in Südvietnam

Lyndon B. Johnson tritt als 36. Präsident der USA sein Amt an

Beginn der Luftangriffe der USA auf Nordvietnam (erklärt als Vergeltung für Angriffe auf Kriegsschiffe der USA. Nehmen an Häufigkeit und Intensität rasch zu, ohne kriegsentscheidend zu wirken; 1968 eingestellt, 1972 wiederaufgenommen. 1971 veröffentl. die New York Times eine Geheimstudie, wonach diese Begründung ein unwahrer Vorwand ist)

Demonstrationen gegen die Bombardierung Nordvietnams durch die USA in Ost und West

Negerunruhen in Los Angeles werden von Nationalgarde unterdrückt: 34 Tote, mehr als 800 Verletzte

† *Malcolm Little* (ermordet), nordamerik. Negerführer (* 1925)

Kanadische Wissenschaftler entw. neues vielseitig wirksames Antibioticum Myxin

Auffindung einer Weltkarte um 1440 aus Basel in den USA mit den Entdeckungen von *Leif Eriksson* um das Jahr 1000

Zypressen in der Sahara mit mehr als 4700 Jahren als vermutlich älteste Bäume der Erde erkannt

Erstes vollständiges Grab eines minoischen Herrschers (Priesterkönigin) auf Kreta gefunden (≈ —1375)

Steinzeitliches Dorf bei Damaskus entdeckt (≈ —6500) mit Anbau von Weizen, Gerste, Linsen und anderen Feldfrüchten

Bauerndorf bei NeaNikomedeia (Makedonien) ausgegraben. Nachweis von Weizen, Gerste, Schafen, Ziegen (≈ —6250)

Bei Pataz, Ostanden (Peru) Steinruinen einer Stadt mit Terrassentempel gefunden

In der südwestchines. Provinz Yünnan werden stilisierte, silhouettenartige Felsbilder unbekannter Herkunft entdeckt (Alter mindestens 500 Jahre)

Volksrepublik China gibt mit ca. 2,2 Mrd. DM 1,1% seines Bruttosozialproduktes für Forschung und Entwicklung aus

Elso S. Barghoorn (USA) entd. fossile Mikroorganismen (schätzt ihr Alter auf 3,1 Mrd. Jahre)

Die Entziff d. genetischen Codes durch *Nirenberg* u. and. stellt eine Vollend. d. Grundlagen d. molekularen Biologie dar (vgl. 1943 *Avery*, 1953 *Sanger, Watson* u. *Crick*, 1961 *Nirenberg*)

Computerrechnungen ermöglichen Theorie der Sternentwicklung durch Kernverschmelzungsphasen

Fossilfunde 1910, 34 und später in Indien werden zur Art Ramapithecus zusammengefaßt, ein Vorfahr des Menschen, der vor etwa 14 Mill. Jahren lebte

„Wenn Katelbach kommt..." („Cul-De-Sac", brit. Film mit *Donald Pleasence, Françoise Dorléac;* Regie: *R. Polanski*)

„Othello" (brit. Film mit *Laurence Olivier, Frank Finlay, Maggie Smith;* Regie: *Stuart Burger* nach der Bühnenregie von *John Dexter*)

„Mademoiselle" (brit.-frz. Film mit *Jeanne Moreau, Ettore Manni;* Regie: *Tony Richardson*)

„Zum Beispiel Balthasar" (frz.-schwed. Film mit *Anne Wiazemsky* u. *Françoise Lafarge;* Regie: *Robert Bresson*)

„Der Krieg ist vorbei" (frz.-schwed. Film mit *Yves Montand* u. *Ingrid Thulin;* Regie: *Alain Resnais*)

„Masculin — Feminin" (frz.-schwed. Film mit *Jean-Pierre Léaud* u. *Chantal Goya;* Regie: *Jean-Luc Godard* [* 1930])

„Lemmy Caution gegen Alpha 60" (frz.-ital. Film, Regie: *Jean-Luc Godard*)

„Made in Italy" (ital. Film mit *Lando Buzzanca* u. *Yolanda Modio;* Regie: *Nanni Loy*)

„Die Liebe einer Blondine" (tschech. Film mit *Hana Brechova, Vladimir Pucholt;* Regie: *Miloš Forman*)

„Der Wald der Gehenkten" (rumän. Film, Regie: *Liviu Ciulei*)

„Wer hat Angst vor Virginia Woolf?" (nordam. Film von *Mike Nichol* mit *Elizabeth Taylor* und *Richard Burton* nach dem Schauspiel von *Edward Albee,* 1962)

„Doktor Schiwago" (nordam. Film nach dem Roman von *Boris Pasternak* mit *Omar Sharif, Julie Christie;* Regie: *David Lean*)

„Krieg und Frieden I" (russ. Film, Regie: *Sergej Bondartschuk*)

„Onibaba — Die Töterinnen" (japan. Film mit *Nobuku Otowa, Jitsuko Yoshimura;* Regie: *Kaneto Shindo*)

„The Knack" („Der gewisse Kniff"), brit. Film, erlangt „Goldene Palme" in Cannes

„Goldener Löwe v. San Marco" der 26. Intern. Filmfestspiele in Venedig für „Sterne im Großen Bär", ital. Film von *Visconti,* f. beste Schauspielerin *Annie Giardot* in „Drei Zimmer in Manhattan", f. besten Schauspieler *Toshiro Mifune* (Japan) in „Rotbart"

„Goldener Bär" der 15. Intern. Filmfestspiele Berlin für „Lemmy Caution gegen Alpha 60" (frz.); „Silberner Bär" für beste Regie an *Satyajit Ray* (Ind.) für den Film „Die einsame Frau"

14. Intern. Filmwoche in Mannheim vergibt großen Preis für besten Erstlingsfilm für „Niemand wird lachen" (CSSR)

Größte Drehbrücke der Erde (317 m Länge, Mittelöffnung 167 m) am Suezkanal

Klassifizierte Straßen km
in der BRD 154882
in der DDR 45544
davon Autobahn
BRD 3204
DDR 1391

Erster in Europa eingesetzter Verkehrsrechner in Berlin-Wilmersdorf zur Automatisierung der Verkehrsregelung

Tiflis erhält Untergrundbahn

† *Helena Rubinstein,* nordam. Kosmetikerin (* 1870)

Sommermode aus Paris zeigt weibliche Note: schmale Taille, schwingender Rock, spielerische Details

Bob Summers erzielt mit radgetriebenen Kraftwagen in USA Geschwindigkeitsrekord v. 658,667 km/h

Craig Breedlove erreicht mit düsengetriebenen Kraftwagen „Spirit of America" absoluten Weltrekord für Landfahrzeuge v. 966,570 km/h

Rik van Steenbergen (* 1925, Belg.) gewinnt sein 40. Sechstagerennen

Ernie Terell (USA) gewinnt Schwergewichts-Boxweltmeisterschaft gegen *Eddie Machen* (*Cassius Clay* wurde Titel aberkannt)

Dt. Sportbund beschließt in Köln Wiederaufnahme d. gesamtdt. Sportverkehrs

Zwei dt. Olympiamannschaften für 1968 zugelassen: „Deutschland" (BRD) und „Ost-Deutschland" (DDR)

Werder-Bremen wird Fußballmeister in der BRD

Herta BSC (Berl.) wegen Verstößen gegen das Statut aus der Fußball-Bundesliga ausgeschlossen (kommt 1968 wieder in die Bundesliga)

Weltgesundheitsorganisation (WHO) schätzt pro Jahr ca. 25 Millionen Abtreibungen auf der Erde (in der BRD sterben jährlich ca. 250 Frauen an illegalen Eingriffen)

Schätzung der täglichen Kriminalität in der BRD:
4 Morde und Totschläge oder Versuche
17 Notzuchtsdelikte an Frauen
46 Urkundenfälschungen
125 Autodiebstähle
113 Automatenplünderungen
60% der Kriminalität entfallen auf einfachen u. schweren Diebstahl

Zahl d. rechtskräftigen Verurteilungen wegen Mordes in der BRD geringer als um 1900 im Dt. Reich (obwohl damals Todesstrafe bestand)

52 Mill. ernstliche Unfälle in USA:

(1965)

† *Adlai Stevenson,* parteidemokratischer Politiker der USA, mehrfacher Präsidentschaftskandidat, zuletzt Chefdelegierter bei der UNO (* 1900)

Ausnahmezustand über Kolumbien wegen schwerer Zusammenstöße zwischen Polizei und Studenten

Blutig unterdrückte Unruhen in den bolivian. Zinngruben gegen Militärregierung

Umsturzversuch in der Dominikanischen Republik; USA greift dagegen ein

Übergangsregierung in der Dominikanischen Republik auf Grundlage eines Friedensplanes der Organisation Amerikanischer Staaten

Castelo Branco, Präs. von Brasilien, löst alle politischen Parteien auf und schränkt bürgerliche Rechte ein

Normalisierungsvertrag zwischen Japan und Südkorea. Führt zu Unruhen in Südkorea

David Singer, US-Politologe, erhält im Rahmen s. Friedensforschung f. d. Zeitraum 1816—1965 folgende Ergebnisse:

Es fanden 93 Kriege mit mehr als 1000 Gefallenen statt, davon 43 Kolonialkriege.

144 Länder kämpften in 4500 „Nationen-Monaten" mit 29 Millionen Gefallenen auf d. Schlachtfeld. Im 2. Weltkrieg gab es pro Nationen-Monat 17 084 Gefallene.

Es führten in diesem Zeitraum Kriege: Frankr. 19, Gr. Brit. 19, Türkei 17, Rußl. 15, Italien 11, Deutschl. 6, USA 6 (ohne Vietnam-Krieg) (vgl. 1967 P)

107000 Tote, 400000 zeitlebens u. 10 Mill. zeitlich begrenzt Körperbeschädigte

Seit 1950 Rückgang d. Säuglingssterblichkeit in USA unterbrochen (läßt in diesem Zeitraum der Atomwaffenversuche (ca. 375.000 Opfer durch radioaktive Verseuchung vermuten)

Überschwemmungskatastr. in Österreich und Nordital. fordert mehr als 60 Tote

Gletscherabbruch im Saastal (Schwz.) begräbt Baustelle mit 88 Arbeitern

Lawinenunglück am Schneefernerhaus auf der Zugspitze fordert zehn Tote

Explosion in einem Raketensilo i. USA tötet 53 Menschen

In Südafrika verunglückt Personenzug mit Negerarbeitern: 83 Tote

„Yarmouth Castle" gerät in der Floridastraße in Brand und sinkt: 81 Tote

2 Flugzeugunfälle bei Tokio fordern 133 bzw. 124 Tote

117 Tote beim Absturz einer Air-India-Maschine auf dem Flug Bombay —New York

46 Tote beim Absturz einer Lufthansa-Maschine b. Bremen

Staudammbruch i. Bulgarien fordert 96 Todesopfer

Wirbelsturm i. den südl. USA fordert über 250 Tote und macht mehr als 200000 Menschen obdachlos

Schweres Erdbeben in Mittelchile zerstört Staudamm (ca. 600 Tote)

Wirbelsturm und Flutwelle fordert über 12000 Todesopfer in Ostpakistan

Schlagwetterexplosion in einer japan. Kohlengrube fordert 236 Todesopfer

Mehr als 150 Tote durch Taifun-Verwüstungen in Jap.

Vulkanausbruch auf den Philippinen fordert mehrere hundert Tote

Winterbesteigung der Matterhorn-Nordwand im Alleingang durch *Bonnati*

Die häufigsten Sprachen

Chinesisch	660 Mill.	Bengali	80 Mill.
Englisch	280 „	Malaiisch	80 „
Hindi	175 „	Portugiesisch	78 „
Spanisch	170 „	Arabisch	75 „
Russisch	120 „	Französisch	69 „
Japanisch	98 „	Italienisch	58 „
Deutsch	96 „		2039 Mill. = 67%

W. Fucks: „Formeln zur Macht." Gibt folgende Prognose für Entwickl. d. „Macht" = Stahlproduktion plus Energieproduktion mal Kubikwurzel aus der Bevölkerungszahl (USA 1960 = 100):

Jahr	1960	1980	2000
USA	100	160	180
USSR	55	110	170
China	20	160	700
BRD	17	24	28
Gr.-Brit.	13	19	22
Japan	10	39	50
Frankreich	7	11	12

Volkseinkommen in der BRD

	Mrd. DM	DM/ Einw.	DM/ Erwerbstät.
1950	75,2	1602	3759
1955	139,5	2834	6109
1960	229,8	4146	8755
1965	345,4	5854	12733
1967	361,6	6064	13755

Weltenergieerzeugung und ihre Entwicklung (in Mrd. t Steinkohleneinheiten):

Jahr	1955	1965	1975 geschätzt	2000 geschätzt
Erdöl	1,0	2,0	4,0	6,0
Erdgas	0,3	0,8	1,5	4,5
Wasserkr.	0,1	0,3	0,5	1,0
Kohle	2,1	2,6	3,0	5,5
Kernenergie	—	—	0,5	7,0
Gesamt	3,5	5,7	9,5	24,0

Die größten Industrieunternehmen der Erde

	Umsatz Mrd. DM	Beschäftigte in 1000
Gen. Motors	82,9	735
Ford	46,2	364
Standard Oil	45,7	148
ATT (Nachrichtentechn.)	44,3	795
Royal Dutch/ Shell	28,8	186

Bruttoinlandsozialprodukt insges. (in Mill. US-Dollar) und pro Einwohner (in US-Dollar)

	1958 insges.	1965 insges.	1958 pro Einw.	1965 pro Einw.
USA	414425	624582	2370	3210
BRD	50556	97488	931	1651
Gr.-Brit.	56277	85241	1086	1561
Frankr.	49843	78946	1113	1614
Italien	25917	50102	528	971
Indien	28224	44997	68	92
Nigeria	2423	3882	48	68

Zigaretten-Produktion der Erde

2322 Mrd. Stück

Davon	1965	1955	1938
USA	556	414	172
USSR	304	215	100
Japan	179	100	46
BRD	102	45	47 (BRD und DDR)
DDR	18	—	

Luftverkehr der Erde (ohne USSR, VR China, DDR) (in Mill. km)

	1965	1961
geflog. km	4100	3120
Passag.-km	198000	117000
Fracht-t-km	4960	2480
Post-t-km	1100	720

Die größten Industrieunternehmen Europas

	Umsatz Mrd. DM	Beschäftigte in 1000
Royal Dutch/ Shell	28,8	186
Unilever	20,4	294
Brit. Petrol.	9,6	60
Volkswagenwerk	9,3	125
ICI (Chemie, Gr.-Brit.)	9,2	170
Philips	8,4	252
Siemens	7,2	257
Thyssen	6,9	94
Nestle	6,3	85
Fiat	6,1	123

1966

Friedensnobelpreis nicht verliehen Karlspreis der Stadt Aachen an dän. Min.-Präs. *Jens Otto Krag* (* 1914)

U Thant (* 1909, Burma) wird nach anfänglichem Zögern zum UNO-Generalsekretär wiedergewählt

Der 90. Geburtstag des Altbundeskanzlers *K. Adenauer* (am 5. 1.) wird glanzvoll gefeiert

† *Marie-Elisabeth Lüders*, dt. liberale Politikerin, zuletzt FDP (* 1878)

Ludwig Erhard wird Bundesvors. der CDU (als Nachfolger *Adenauers*)

Führungskrise in der Bundeswehr. Generalinspekteur (seit 1964) *Heinz Trettner* (* 1907) tritt zurück. Nachfolger General *Ulrich de Maizière* (* 1912)

Polemischer Briefwechsel zwischen SPD und SED über Behandlung der Deutschlandfrage wird in beiden Teilen Deutschlands veröffentlicht. Redneraustausch in Karl-Marx-Stadt (Chemnitz) und Hannover kommt nicht zustande

Gesetz über „Freies Geleit" für Politiker der DDR in der BRD. Wird von der DDR als Diffamierung empfunden und als Begründung zur Absage des Redneraustausches mit der SPD benutzt

Auf dem SPD-Parteitag in Dortmund fordert *Willy Brandt* ein „geordnetes Nebeneinander" der beiden Teile Deutschlands. *Brandt* wird fast einstimmig zum 1. Vorsitzenden der SPD wiedergewählt (Stellvertreter *Fritz Erler, Herbert Wehner*)

Semjon Zarapkin (* 1906) wird als Nachfolger von *Andrej Smirnow* Botschafter der USSR in der BRD

Regierender Bürgermeister von Berlin *W. Brandt* besucht Botschafter *P. Abrassimow* in Ost-Berlin (baldiger Gegenbesuch)

Regierungskrise in der CDU/CSU-FDP-Koalition in Bonn wegen Haushalt 1967. Bundeskanzler *Ludwig Erhard* tritt zurück. *Georg Kiesinger* (* 1904), Min.-Präs. von Baden-Württemberg seit 1958, wird Bundeskanzler einer CDU/CSU-SPD-Koalition. Vizekanzler und Außenminister: *Willy Brandt*

Nobelpreis für Literatur an *Nelly Sachs* (Schweden, früher Deutschld.) und *Samuel Josef Agnon* (Israel, früher Polen)

† *Anna A. Achmatowa*, russ. Lyrikerin, 1946 polit. verurteilt, später rehabilitiert (* 1889)

Edward Albee: „Winzige Alice" (nordam. Schauspiel von 1964, dt. Urauff. in Hamburg)

Wystan Hugh Auden (* 1907): „About the house" (engl. Dichtung)

Samuel Beckett: „Kommen und Gehen", „Alle, die da fallen" (engl. Schauspiele, Urauff. Werkstatt-Theater, Berlin [West])

Simone de Beauvoir: „Les belles mages" (frz. Erz.)

H. Böll: „Ende einer Dienstfahrt" (zeitkrit. Erzählung)

† *André Breton*, frz. Schriftsteller, bis 1922 Dadaist, gründete 1924 literar. Surrealismus marxist. Richtung (* 1896)

† *Otto Burrmeister*, Grd. u. Leiter der Ruhrfestspiele für Arbeiter in Recklinghausen seit 1948 (* 1899)

Jean Cayrol (* 1911): „Midi minuit" (frz. Roman)

Prix Goncourt an *Edmonde Charles-Roux* (* 1920) für ihren Roman „Oublier Palerme"

Nigel Dennis (* 1912): „A house in order" (südafrik.-engl. Roman)

Dürrenmatt: „Herkules und der Stall des Augias" (schweizer. Schauspiel, Urauff. in Dortmund)

† *Kasimir Edschmid*, dt. Schriftsteller (* 1890)

Günter Eich (* 1907):

Lothar von Balluseck: „Selbstmord — Tatsachen, Probleme, Tabus, Praktiken" (bei der Erforschung dieses Bereichs Computer-Anwendung)

† *Ludwig Binswanger*, schweizer. Psychiater, schuf „Daseinsanalyse" als psychotherapeut. Behandlung („Drei Formen mißglückten Daseins", 1956) (* 1881)

Der Neger *Eugene C. Blake* (* 1906, USA) wird Gen.-Sekr. des Ökumen. Rates

Heinrich Böll: „Möglichkeit einer gegenwärtigen Ästhetik des Humanen" (4 Frankfurter Vorlesungen)

O. F. Bollnow: „Sprache und Erziehung", „Krise und neuer Anfang"

† *Emil Brunner*, schwz. evangel. Theologe, neben *K. Barth* Begrd. d. Dialektischen Theologie (* 1889)

Otto Dibelius (* 1880, † 1967), Bischof von Berlin-Brandenburg seit 1945, tritt von seinem Amt zurück. Nachfolger: *Kurt Scharf* (* 1902), 1961—67 Präses der Evangel. Kirche Dtlds. Wird an der Ausübung des Amtes in der DDR gehindert

H. G. Franck: „Kybernetik und Philosophie" (Betrachtungen über zwei Disziplinen, welche Wissen verknüpfen)

Betty Frielan: „Der Weiblichkeitswahn" (gegen das konventionelle Wunschbild v. d. Frau)

Hans Giese (*1920, † 1970): „Das obszöne Buch" (Sexualforschg.)

Hermann Glockner (* 1896): „Gegenständlichkeit und Freiheit"

Valerio Adami (* 1935): „Pornographisches Thema in Rosa" (ital. Gem.)

Fr. Ahlers-Hestermann: „Papiervogel und Feder" (Gem.)

Otmar Alt (* 1940): „Pinguin mit Spielzeug" (ornam. Gem.)

† *Hans Arp*, dt. Dichter, Maler und Bildhauer (* 1887)

Gruppe Geflecht (*Hans Bachmayer, Reinhold Heller, Florian Köhler, Heino Naujoks, Helmut Rieger, Helmut Sturm, Hans-Peter Zimmer*): „Anti-Objekt" (Polichrome Eisenmontage)

Rudolf Belling: „Capriccio" (Bronze)

Michael Bolus (* 1934): „Sculpture" (engl. geometr. farbige Aluminium-Plastik)

Jan Bontjes van Beek (* 1899, † 1969): „H H 82. Grau — Grün — Überlauf" (Steinzeug — Vase)

Erich Buchholz (* 1891): „Dreiprismenobjekt" (konstruktivist. Glasplastik)

Giuseppe Capogrossi (* 1900): „Superficie 570" (ital. abstr.-ornamentales Gem.)

† *Carlo Carrà*, ital. Maler d. Futurismus und der „peintura metafisica" (* 1881)

Marc Chagall: „Der Winter", „König Davids Traum" (russ.-frz. Gem.); Wandgemälde für d. neue Metropolitan-Oper, New York

Marc Chagall (mit

Cathy Berberian (* 1928): „Stripsody" (armenisch-nordamer. Kompos. für Singstimme der avant gard. Sängerin)

Boris Blacher, Paul Dessau, Karl Amadeus Hartmann, Hans Werner Henze und *Rudolf Wagner-Régeny:* „Jüdische Chronik" (Gemeinschaftskomp. einer fünfteiligen Kantate)

Benjamin Britten: „The Burning Fiery Furnace" (engl. Oper vom „Gesang im Feuerofen")

Erhard Großkopf (* 1934): „Sonata concertante 1" (Komp. f. Kleines Orchester)

Roman Haubenstock-Ramati (* 1919): „Amerika" (poln.-österr. Oper n. *Kafka*, Urauff. in Berlin [West])

Hans Werner Henze: „Tancredi" (Ballett, Urauff. in Wien)

† *Jan Kiepura*, poln.-nordamer. Tenor (* 1904)

Ernst Křenek: 6 Lieder von *Emil Barth*

Hamburger Bachpreis an *Ernst Křenek*

Darius Milhaud: „La mère coupable" (frz. Oper n. *Beaumarchais*), „Musik für Prag" (Komp. f. Festspiele „Prager Frühling")

Krysztof Penderecki (* 1933): Lukas-

Nobelpreis für Physik an *Alfred Kastler* (* 1902, Elsaß) für Untersuchungen über das „optische Pumpen" zur Klärung des energetischen Aufbaus der Atome

Nobelpreis für Chemie an *Robert S. Mulliken* (* 1886, USA) für Erforschung von Elektronenbahnen in Molekülen (Quantenchemie)

Nobelpreis für Medizin an *Francis Peyton Rous* (* 1879, † 1970, USA) u. *Charles B. Huggins* (* 1901, USA) für Krebsforschung, insbesondere Hormonbehandlung

Baarghorn u. *Schopf* finden Bakterium in 3,1 Mrd. Jahre alten Mineralien aus Osttransvaal

Eugene Cernan (* 1934) verläßt als Kopilot des USA-Raumschiffes Gemini 9 für ca. 2 Stunden die um die Erde kreisende Kapsel

US-Weltraumgruppenflug von *C. Conrad* und *R. F. Gordon* mit Gemini G T 11 und von *J. A. Lovell* und *E. E. Aldrin* mit Gemini G T 12. *Gordon* verbringt 40 Min., *Aldrin* 330 Min. im Raum

Michael De Bakey (* 1908, USA) ersetzt linke Herzkammer durch künstliches Herz außerhalb des Körpers (1969 Einpflanzung eines von außen angetriebenen künstlichen Herzens für drei Tage in den USA, vor der Transplantation eines Spenderherzens)

† *Peter Debye*, niederländ. Physiker in der Schweiz, Deutschland und USA, Nobelpreis für Chemie 1936 (* 1884)

R. H. Dicke findet Hinweise für seine neue Gravitationstheorie (seit 1961) in der Abplattung der Sonne (Theorie stellt eine Korrektur der von *A. Einstein* dar)

Otto Hahn, Lise Meitner, Fritz Strassmann erhalten für Entdeckung der Urankernspaltung 1938/39 den Enrico-Fermi-Preis

Robert Havemann (* 1910), dt. Chemiker in der DDR, wegen oppositioneller Ansichten aus der Akademie der Wissenschaften entlassen

S. Heyden (Inst. f. Sozial- und Präventivmedizin Zürich) macht vorwiegend fettreiche Nahrung sowie

Erdbevölkerung 3406 Mill., davon in Asien 56,7%, Europa (m. USSR) 20%, Afrika 9,3%, Lateinamer. 7,2%, Nordamer. 6,3%, Australien u. Ozeanien 0,5%

Einkommen j. Ew. in US-Dollar

	1960	1966
Industrieländer	1800	2250
Entwickl.-Länder	170	195

Otto Ernst Fischnich (* 1912): „Versorgung der Welt mit Nahrung bis zum Jahr 2000" (fordert weitreichende Änderungen in der Landwirtschaftspolitik der Nationen)

Fischfang (i. Mill. t): Erde 56,8 (1954: 27,0); Afrika 3,1; Nordamerika 4,4; Lateinamerika 11,1; Asien 21,2; Europa (außer USSR) 11,5; USSR 5,5; An der Spitze: Peru 8,8; Japan 7,1; VR China 5,8

Steinkohlenförderung der Erde (o. China) 2,05 Mrd. t (davon USA 25%, USSR 22%, Gr.-Brit. 8,5%, Polen 6%, BRD 6,3%, DDR 1%)

Weltumsatz d. chemischen Industrie ca. 520 Mrd. frz. Francs (= 415 Mrd. DM). Davon entfielen auf die USA 200, USSR 90, BRD 45, Gr.-Brit. 32, Japan 30, Frankr. 29, Ital. 23, DDR 20 Mrd. Fr.

(1966)

(* 1913), Wirtschaftsminister: *Karl Schiller* (* 1911)

CDU/CSU-SPD-Bundesreg. kündigt Sparmaßnahmen, Finanzreform, aktive Ostpolitik und Einführung d. Mehrheitswahlrechts an

Unruhe in der SPD-Mitgliedschaft wegen Bildung der Großen Koalition; besonders auch wegen Tolerierung von *Franz Josef Strauß* (CSU-Vorsitzender) als Finanzmin.

Bundesverfassungsgericht erklärt nur die Erstattung von Wahlkampfkosten als Parteienfinanzierung zulässig

NS-Politiker *Speer* und *Schirach* nach 20 Jahren Haft aus dem Spandauer Kriegsverbrechergefängnis entlassen. *Heß* verbleibt als letzter Häftling (von mehreren Seiten wird Begnadigung empfohlen)

CDU-SPD-Koalition in Baden-Württemberg unter Min.-Präs. *Hans Karl Filbinger* (* 1913, CDU)

Landtagwahlen in Bayern: CSU 110 Sitze (vorher 108), SPD 79 (79), NPD 15 (0), FDP 0 (9), BP 0 (8) (letztere scheitern an 10%-Hürde)

Bürgerschaftswahl in Hamburg: SPD 74 Mandate (1961: 72), CDU 38 (36), FDP 8 (12), NPD und übrige Parteien unter 5%, daher kein Mandat. SPD-Senat unter 1. Bürgermeister *Herbert Weichmann*

Landtagwahlen in Hessen: SPD 52 Sitze (vorher 51), CDU 26 (28), FDP 10 (11), NPD 8 (0), GDP/BHE 0 (6) (die Erfolge der rechtsradikalen NPD in den Landtagen der BRD löst im In- und Ausland Unruhe aus)

Landtagwahlen in Nordrhein-Westfalen: SPD 99 Sitze (bisher 90), CDU 86 (90), FDP 15 (14). Die daraufhin gebildete Regierung *Franz Meyers* (* 1908, CDU) wird bald durch SPD-FDP-Koalition unter Min.-Präs. *Heinz Kühn* (* 1912, SPD) abgelöst

Studenten und linksgerichtete Jugendorganisationen demonstrieren in Berlin (West) gegen Vietnamkrieg der USA

Passierscheinaktion in Berlin (Weihnachten 1965, Neujahr 1966) ermöglicht 824000 Besuche von Westberlinern in Ostberlin

„Anlässe und Steingärten" (Gedichte)

Endre Fejes: „Schrottplatz" (dt. Übers. d. ungar. Romans)

Oskar Maria Graf: „Gelächter von außen. Aus meinem Leben 1918 bis 1933"

Günter Grass: „Die Plebejer proben den Aufstand. Ein deutsches Trauerspiel" (Drama um *Bert Brecht* und den 17. 6. 53. Urauff. Schiller Theater, Berlin)

Peter Handke: „Die Hornissen" (Roman)

Wolfgang Hildesheimer (* 1916) erhält Bremer Literaturpreis und Georg-Büchner-Preis d. Akad. Darmstadt

Peter Hirche erhält Hörspielpreis der Kriegsblinden

Daniel Juri (* 1926), Schriftsteller der USSR, veröff. unter d. Namen *Nikolai Arschak* im Ausl. ein antisowj. Buch u. wird zu 5 Jahren Freiheitsentzug verurteilt

† *Wolfgang Langhoff,* dt. Schauspieler und Regisseur, 1946—63 Leiter des Deutschen Theaters, Berlin (Ost), (* 1901)

J. M. LeClezio (* 1940): „*Le Deluge*" („Die Sintflut", frz. Roman)

Lotar: „Tod des Präsidenten" (Schauspiel, Urauff. in Göttingen und Karlsruhe)

James A. Michener: „Die Quelle" (dt. Übers. d. nordamer. Romans)

Slawomir Mrożek (* 1930): „Tango" (poln. Schauspiel, Urauff. in Düsseldorf)

Joe Orton (* 1933, † 1967, ermordet): „Seid nett zu Mister Sloane" (dt. Erstauff. d. engl. Schauspiels)

(2. Bd., 1. Bd. 1963); „Die ästhetische Sphäre" (Philos. aus dem Bereich der *Hegel*-Forschung)

Karl Jaspers: „Wohin treibt die Bundesrepublik? Tatsachen, Gefahren, Chancen" (kritisiert bisherige Politik der BRD)

Helmut Kreuzer und *Rul Gunzenhäuser* (Hrsg.): „Mathematik und Dichtung — Versuche zur Frage einer exakten Literaturwissenschaft" (Beiträge von 19 Autoren)

Herbert Marcuse: „Die Kritik der reinen Toleranz" (philos. Kritik der bürgerl.-liberalen Gesellschaft und ihrer „repressiven Toleranz")

Jacques Maritain (* 1882): „Der Bauer von der Garonne" (frz. kathol. Philosophie gegen das „neo-modernistische Fieber" der Kirche)

Alfredo Ottaviani (* 1890), Vors. der päpstl. Studienkommission für Geburtenkontrolle

Erster Besuch des Erzbischofs von Canterbury (*Arthur Michael Ramsey,* * 1904) beim Papst

E. Rothacker: „Genealogie des menschlichen Bewußtseins" (geisteswiss. Psychologie; postum)

Wilhelm Wolfgang Schütz (* 1911): „Reform der Deutschlandpolitik" (Kritisches zur bisherigen Politik vom Vors. d. Kuratoriums unteilbares Dtld.)

E. M. Stack: „Das Sprachlabor im Unterricht" (kennzeichnend für neue elektronische Methoden des Fremdsprachenunterrichts)

Charles Marq): „Jakobs Traum" (Glasfenster, entstanden i. Zusammenhang mit den Fenstern der Kathedrale in Metz)

Fabrizio Clerici (* 1913): „Labyrinth" (ital. surreal. Gem.)

Bernard Cohen (* 1933): „Winziger Punkt" (engl. abstr. Gem.)

Paul Delvaux (* 1897): „L'Acropole" (belg. Gem. d. phantast. Realismus)

Robyn Denny (* 1930): „Go-between" („Vermittler", engl. geometr.-abstr. Gem.)

Jean Dubuffet (* 1901): „Pendule IV (Flamboiement de l'heure)" (frz. geom.-abstr. Gem.)

Lucio Fontana (* 1899, † 1968): „Concetto Spaciale" (argent.-ital. Gem.)

Roy Grayson (* 1936): „Why not Cabinet Gift Wrapped Dr. Cagliari I" (engl. abstr. Gem.)

Rüdiger Hartwig: Computer-Grafik

Werner Hilsing (* 1938): „Allegorie: Time has changed" (Gem. eines phant. Stils)

Rudolf Hoflehner (* 1916): „Liebespaar" (abstr. Stahlplastik)

Hundertwasser: „Le Recontre dans la Piscine de Deligny-Sonne-Tränen-Blut" (Gem.)

Jean Ipousteguy (* 1920): „Frau im Bade" (frz. Plastik)

Tess Jaray (* 1937):

Passion (polnische Komp., Urauff. in Münster), „De natura sonoris" (Orchesterwerk)

Renzo Rosselini (* 1908): „La Legenda del Ritorno" (ital. Oper n. dem „Großinquisitor")

† *Hermann Scherchen,* dt. Dirigent, Vorkämpfer moderner Musik (* 1891)

Dieter Schnebel: „Deuteronomium" (avantgardist. Kirchenmusik für 15 Solostimmen)

Günther Schuller (* 1925): „Visitation" (nordamer. Oper, Urauff. in Hamburg)

Edward Staempfli (* 1908): „Großes Mosaik" (2 Klaviere, 11 Instrumente), „Weg des Wanderers" (Kantate n. Texten v. *Hölderlin* für Sopran mit 12 Instrumenten)

† *Wieland Wagner,* Enkel *Rich. Wagners* leitete und erneuerte die Bayreuther Festspiele im Sinne eines symbolisierenden Bühnenbildes (* 1917)

Karl Heinz Wahren (* 1933): „Wechselspiele I f. Kammerorchester"

Jürg Wyttenbach: „Divisions" (schweiz. Komp. f. Klavier und Streichorchester)

Yannis Xenakis (* 1922): „Nomos"

Nikotin- u. Alkoholmißbrauch für Herzinfarkt verantwortlich

Pascual Jordan: „Die Expansion der Erde" (Folgerungen aus der *Dirac*schen Gravitationshypothese)

W. Wolff (USA) kann Kälber bis zu 50 Stunden mit künstlichen, von außen durch Motor angetriebenen Herzen am Leben halten

† *Georges Lemaitre,* belg. Theologe und Astronom, untersuchte astronomische Konsequenzen der Relativitätstheorie (* 1894)

W. H. Masters u. *E. V. Johnson* (Gynäkologen, USA) untern. wiss. Kohabitations-Forschung

P. Michaelis: „Plasmatische Vererbung beim Weidenröschen" (weist Erbkomponenten auch im Zellplasma nach, die bei Zellteilung der Entmischung unterliegen)

Payton Rous erhält Paul-Ehrlich-Preis für Nachweis der Krebsübertragung durch Viren (bei Hühnern)

K. E. Seiffert u. *R. Geißendörfer:* „Transplantation von Organen und Geweben" (Intern. Symp. in Bad Homburg. Am erfolgreichsten ist die Transplantation von Nieren)

Smith u. *Bellware* zeigen, daß zu einem künstlichen Protein polymerisierte Aminosäuren ein „präbiologisches System" mit koazervatähnlichem Verhalten ergeben (Modell der Lebensentstehung)

I. Suda, K. Kito u. *C. Adachi* weisen elektrische Aktivitäten im Katzenhirn nach, das bis zu 203 Tagen bei —20° C eingefroren war

H. Frank: „Lehrmaschinen in kybernetischer und pädag. Sicht"

Donald Wilkes: Rolamite (extrem reibungsarmer Rollmechanismus aus freibeweglichen Rollen zwischen s-förmig gewundenem Stahlband)

R. H. Wright führt spezifische Gerüche auf niederfrequente Schwingungen der Geruchssubstanzen zurück (faßt Theorien von *Beets* und *Amoore* zusammen, wonach es auf „funktionelle Gruppen" und „spezifische Silhouette" der Substanz ankommt)

Ygaël Yadin: Ausgrab. d. Festung Massada a. Toten Meer (seit 1963.

Weltkraftkonferenz in Tokio (im Zeichen der Konkurrenz der verschiedenen Energieträger; vgl. Statistik 1965 V)

In 116 Städten mit mehr als 1 Mill. Einwohner wohnen 285 Mill. Menschen = 8,5% der Erdbevölkerung

Erstes Atomkraftwerk der DDR (b. Rheinsberg) mit 70000 kW Leistung (ca. 100000 PS)

† *Wilhelm Röpke,* dt. neoliberalist. Volkswirtschaftler (* 1899)

DGB-Kongreß in Berlin spricht sich gegen jede Notstandsgesetzgebg. aus; fordert Ausweitung der qualifizierten Mitbestimmung. *Ludwig Rosenberg* (* 1903) als 1. Vorsitzender wiedergewählt

Wohnungszwangswirtschaft nur n. in 31 „schwarzen" Kreisen von 565 Stadt- und Landkreisen der BRD. (Diese Liberalisierung führt vorerst zu zahlreichen sozialen Härten)

Brit. Zeitung „The Times" ändert ihr Äußeres durch Nachrichten statt Anzeigen auf der Titelseite

Schwed. Zeitung „Stockholm Tidningen" stellt Erscheinen ein

Japanischer Tanker „Idemitsu

(1966)

In Berlin wird Passierscheinvereinbarung für Ostern und Pfingsten unterzeichnet. (Ermöglicht 978 000 Besuche von Westberlinern in Ostberlin)

Keine Weihnachtspassierscheine in Berlin (diese gab es seit 1963). Härtestelle bleibt nach neuen Verhandlungen geöffnet

Heinrich Albertz (* 1915, SPD) als Nachfolger *Willy Brandts* Regierender Bürgermeister von Westberlin (tritt 1967 zurück)

Westberliner SED hält Parteitag in Berlin-Spandau ab und gibt sich neues Statut in formaler Übereinstimmung m. Westberl. Verf.

Klaus Gysi (* 1912) löst *Hans Bentzien* (* 1926) als Kulturminister der DDR ab; verurteilt pazifistische und „Weltangst"-Tendenzen in der Kunst der DDR

Parlamentswahlen in Österreich: ÖVP 85 Sitze (bisher 81), SPÖ 74 (76), FPÖ 6 (8), KPÖ 0 (0). ÖVP-Regierung unter *Klaus* beendet die Zeit der Großen Koalition seit Kriegsende

Otto von Habsburg erhält österr. Reisepaß (beendet 47jähriges Exil, Protest der SPÖ)

Dän. Sozialdemokraten erleiden Wahlniederlage *Jens Otto Krag* (* 1914) bildet sozialdemokratische Minderheitsregierung

Hochzeit der niederl. Thronfolgerin Prinzessin *Beatrix* (* 1938) mit dt. Diplomat *Claus von Amsberg* (* 1926)

Schwere Unruhen im Kohlenrevier Belgiens. Christsoziale-sozialistische Regierung *Harmel* zerbricht am Krankenversicherungsproblem. Neue Regierung unter Min.-Präs. *Paul Vanden Boeynants* (* 1920, Christsoz.) mit Liberalen

General *de Gaulle* tritt zweite siebenjährige Amtszeit als franz. Staatspräsident an

Franz. Regierung *Georges Pompidou* (* 1911) umgebildet

De Gaulle kündigt Herauslösung Frankreichs aus der NATO an macht der USSR zwölftägigen Staatsbesuch

Frankreich setzt im Pazifik Atomwaffenversuche fort

Jean Paulhan: „Berühmte Fälle" (dt. Übers. frz. Prosastücke)

† *Erwin Piscator*, dt. Theatermann des politisch engagierten Theaters, ging 1934—53 in die USA; zuletzt Intendant des Theaters der Freien Volksbühne Berlin (* 1893)

Françoise Sagan: „Le cheval évanoui" (frz. Erz.)

† *Lothar Schreyer*, dt. Dichter und Maler, 1916 Schriftleiter an der express. Zeitschr. „Der Sturm" (* 1886)

Waleri Jakowlewitsch Tarsis (* 1906), Schriftsteller in der USSR („Das Schöne und sein Schatten", seit 1939), wird vom Präsidium des Obersten Sowjet ausgebürgert

Peter Ustinov (* 1921): „Halbwegs auf dem Baum" (engl. satir. Schauspiel um die moderne Jugend)

Tarjei Vesaas (* 1897): „Die Nachtwache" (dt. Übers. d. norw. Romans)

Martin Walser: „Das Einhorn" (Roman)

Dieter Wellershoff (* 1925): „Ein schöner Tag" (neureal. Roman)

Arnold Wesker (* 1932): „The four seasons" (engl. Schauspiel)

Ruhrfestspielhaus in Recklinghausen eröffnet

Würzburger Stadttheater eröffnet

Luchterhands Loseblatt-Lyrik (neue Form der Lyrik-Edition)

Literarische „Gruppe 47" besucht USA und tagt in Princeton

Herstellung der Deutschen Bibliographie (Frankfurt/M.) mit Hil-

Karl Steinbuch (* 1917): „Die informierte Gesellschaft. Geschichte und Zukunft der Nachrichtentechnik" (politische u. soziale Auswirkungen)

„Der Mensch und seine Zukunft" (dt. Übers. d. CIBA-Symposiums in London 1962); diskutiert auch die biolog.-genetischen Einflußmöglichkeiten auf die Menschheitsentwicklung

Gründung eines Bildungsrates in der BRD zur langfristigen Bildungsplanung (arbeitet im Bildungsbereich parallel zum Wissenschaftsrat)

Universität Düsseldorf eröffnet

Medizinische Fakultät an der Techn. Hochschule Aachen

Min. *Ernst Schütte* (* 1904) initiiert neues Hochschulgesetz in Hessen mit Wahl zwischen Rektor- und Präsidial-Verfassung, Berufungen werden ausgeschrieben (Vorläufer einer Reihe neuer Univ.-Ges. in der BRD)

1500 Studenten besetzen nach dem Tod eines Studenten die Universität Rom und erzwingen Rücktritt des Rektors

Universität Barcelona wegen Studentenunruhen geschlossen

An den Hochschulen der BRD kommt es zunehmend zu Konflikten zwischen Professoren u. Studenten. Reformvorschläge von Studentenverbänden (SDS 1961, VDS 1962) fanden bisher auch bei Studenten wenig Beachtung

Psychologische Beratungsstellen an dt. Uni-

„Garden of Anna" (engl. geometr.-abstraktes Gem.)

Phillip King (* 1934): „Punkt X" (engl. abstr. Plastik aus Fiberglas und Polyester)

Oskar Kokoschka: Berlin v. Springer-Hochhaus in Kreuzberg (Gem.)

Bela Kondor (* 1931): „Die Kränze Petöffis. Lorbeerkranz für einen Dichter" (ungar. Lithografie), *B. K.* gilt als einer der Väter der zeitgen. ungar. Grafik

Nicholas Krushenik (* 1929): „Ohne Titel" (nordamer. ornam.-abstr. Gem.)

Roy Lichtenstein (* 1923): „Yellow and Green Brushstroke" (nordamer. Gem. der Pop-Art)

G. Marcks: „Läufer im Ziel" (Bronze)

Joan Miró: Vase — Grüner Grund (Keramik)

H. Moore: „Upright Form Knife Edge" (brit. Marmorplastik)

(Madm.) *Morgan-Snell:* „Interférences" (frz. Gem.)

E. W. Nay: „Gelb mit schwarzen Tropfen", „Nachtblau mit weißer Kette" (abstr. Gem.)

Pablo Picasso: „Drei stehende Männer" (span.-frz. Zeichng.)

Hans Purrmann: „Mädchenbildnis Dodo" (Gem.)

† *Hans Purrmann,* dt. Maler gegenständl. Richtung * 1880)

(griech. Komp. f. Solo-Cello)

Erweiterungsbau der Komischen Oper in Ostberlin eröffnet (Intendant *Felsenstein*)

Metropolit. Opera New York erhält neues Haus im Lincoln Center

„Stranger in the night" (US-Spitzenschlager)

~ Pop-Musik: Soul (z. B. *Aretha Franklin*)

1966 erfolgr. Satelliten u. Raumsonden: USA 17, USSR 7, Frankr. 1

Instrumentenkapsel Luna 9 der USSR landet weich auf dem Mond und sendet Fernsehbilder; 5 Monate später weiche Mondlandung von Surveyor 1 der USA. Luna 10 der USSR bringt Satelliten auf Bahn um den Mond. USA folgen mit Lunar Orbiter 1

20 Mrd. Elektronenvolt Linearbeschleuniger in Stanford, USA (3000 m Länge)

In Stanford (USA) supraleitender 6-MeV-Elektronenlinear-Beschleuniger in Betrieb

Intern. Cold Spring Harbor-Symposium (USA) ergibt: Grundlagen des genetischen Codes geklärt (eindeutige Zuordnung zwischen DNS-Basensequenz und Protein-Aminosäure-Sequenz). Solche Ergebnisse werden in intern. Zusammenarbeit und Konkurrenz mehrerer wissenschaftlicher Teams erzielt

Abfolge der 188 Aminosäure-Einheiten u. damit Struktur d. Wachstum-Hormons in USA aufgeklärt

Aus der Unterschiedlichkeit der Proteine bei verschiedenen Tierarten läßt sich die Zeitdauer abschätzen, die seit der Verzweigung der Arten im Lebens-Stammbaum vergangen ist: Säugetiere — Einzeller 1200 Mill. Jahre, Warmblütler — Fisch 500 Mill. Jahre, Säugetiere — Vögel 280 Mill. Jahre

Myoelektrische Steuerung (d. h. durch Muskelstromimpulse) einer künstlichen Hand (in England)

Durch Satellitenbeobachtungen kann der äquatoriale Erddurchmesser mit 12756338 m auf ca. 8 m genau angegeben werden

US-Wettersatellit „Nimbus II" nimmt mit Infrarotstrahlung um 4 μm Wolkenbilder bei Nacht auf

In Berlin läßt sich während 4 Erdumrundungen des US-Wettersatelliten ESSA 2 ein gesamteuropäisches Wetterbild abrufen und wird als Beilage zur Berliner Wetterkarte veröffentlicht

Wetterballon umfliegt von Neuseeland aus in 10 Tagen die Erde

USSR gibt Atlas der Antarktis heraus (Forschungsergebnisse des letz-

Maru" in Dienst gestellt (209000 t, 18 m Tiefgang, 342 m Länge, 50 m Breite)

177 m hoher Postturm als bisher höchstes Gebäude in London

Jungfernfahrt des dt. Passagierschiffes „Europa" nach New York (21164 BRT)

„Naturpark Vorderer Bayerischer Wald" mit 450 km² eröffnet

Neuer zentraler Westberliner Autobusbahnhof am Funkturm

† *Elizabeth Arden,* nordam. Kosmetikerin (* 1885)

Der Minirock verbreitet sich vor allem von England aus als Teil einer Popmode in Dtl.

5 m langer, weißer Belugawal dringt im Rhein bis Duisburg vor und erreicht trotz vieler Fangversuche wieder d. offene Meer

Cassius Clay (USA, * 1942) verteidigt Schwergewichts-Weltmeistertitel i. Boxen durch K.o.-Sieg über *Karl Mildenberger,* BRD (Titel wird 1967 aberkannt)

Georg Thoma (Olympiasieger 1960) wird Weltmeister in der Nordischen Kombination; zieht sich vom aktiven Sport zurück

Gr.-Brit. erringt mit 4:2-Sieg über BRD Fußball-Weltmeisterschaft

(1966)	† *Vincent Auriol,* 1947—54 erster Staatspräsident der 4. franz. Republik (* 1884) Regierung zwischen Christl. Demokraten, Sozialdemokraten, Sozialisten u. Republikanern unter Min.-Präs. *Aldo Moro* (* 1916) in Italien Vatikan und Jugoslawien vereinbaren Wiederaufnahme diplomatischer Beziehungen Neuwahlen in Gr.-Brit. bringen der Labour-Party klaren Wahlsieg: 47,9% Stimmen, 363 Sitze (1964: 44,1% und 317 Sitze); Konservative: 41,9%, 253 Sitze (43,4%, 304 Sitze); Liberale: 8,5%, 12 Sitze (11,2%, 9 Sitze) Brit. Reg. erklärt Lohn- und Preisstop zur Währungsstabilisierung Gr.-Brit. fordert vollen Devisenausgleich für brit. Rheinarmee in Höhe von ca. 1 Mrd. DM Nach dem Rücktritt von *Menzies* (* 1908, liberal) wird *Harold E. Holt* (liberal) austral. Min.-Präs. (* 1908, † 1967 ertrunken) † *Hendrik Verwoerd,* südafrikan. Min.-Präs. seit 1958, wegen seiner Rassenpolitik von einem (weißen) Parlamentsdiener ermordet (* 1901). *Balthazar Johannes Vorster* (* 1915) wird südafrikan. Min.-Präs. Rumän. KP-Chef *Ceausescu* betont nationale Unabhängigkeit d. Völker Polen nimmt die seit 1961 unterbrochenen diplomat. Beziehungen zu Albanien wieder auf *Leonid Iljitsch Breschnew* (* 1906), bisher Erster Sekretär, wird Generalsekretär des ZK der KPSU Freundschafts- und Beistandspakt zwischen USSR und Mongolischer Volksrepublik (Laufzeit 20 Jahre) Kongolesischer Staatspräsident *Mobutu* (* 1930) entmachtet das Parlament in Leopoldville Kongolesische Regierung läßt ehemaligen Min.-Präs. *Kimba* und drei frühere Minister wegen Hochverrats öffentlich hinrichten Truppenstärke der USA in Vietnam erreicht 235000 Mann (auch aus der BRD werden US-Spezialisten abgezogen) Nordvietnamesische Hauptstadt Hanoi wird von den USA in den Luftkrieg mit einbezogen	versitäten weisen neurotische Fehlhaltungen besonders bei Studenten in der Philosophischen Fakultät nach Stiftung der Pädagogik für die Naturwissenschaften in Kiel gegrdt. Technische Hochschule Manchester erprobt programmierte Fremdsprachenkurse für Naturwissenschaftler „Bericht der dt. Bundesregierung über die Situation der Frau in Beruf, Familie und Gesellschaft“ (erweist relativ schwachen öffentlichen Einfluß der Frau) Evang. Synoden (EKD) tagen räumlich getrennt, aber im „Geiste vereinigt“ in West- und Ostberlin Papst hebt Index auf (vgl. 1557) Weltkonferenz für Kirche und Gesellschaft in Genf Nach Neuaufnahme von 4 Kirchen besteht der Ökumenische Rat der Kirchen aus 218 Mitgliedskirchen mit je mindestens 10000 Mitgliedern Jahrtausendfeier der Christianisierung Polens in Tschenstochau Im Fuldaer Dom werden Gebeine gefunden, die *Bonifatius* zugeschrieben werden „Leigh-Report“ (über sexuelles Gruppenverhalten in den USA. Dt. Übers.) Kannibalismus noch bei den Bosavi-Leuten im Papua-Territorium, Neu Guinea, festgestellt Jahrestag d. Germanistenverb. i. München: „Nationalismus i. Dichtung u. Wissenschaft“ (fordert radikale Reform d. Germanistik)	fe einer Datenverarbeitungsanlage In der USSR werden die Schriftsteller *A. Sinjawski* und *J. Daniel* wegen antisowjetischer Propaganda zu 7 bzw. 5 Jahren Arbeitslager verurteilt; scharfe Reaktionen in der westlichen Welt Der jugoslaw. Schriftsteller *Mihajlov* zu 12 Monaten Gefängnis verurteilt. Proteste aus der nichtkommunist. Welt *Christian Roeckenschuss* (* 1933): „Engramm XXVI/66“ (konstruktivist. Relief; Hartfaserstoff u. Novopanplatte) *Dieter Ruckhaberle* (* 1938): „Stilleben III“ (abstr. Gem.) *Anton Sailer* (* 1903): „Am Gries in München“ (Gem.) *Hans Scharoun:* Institute der Fakultät für Architektur der Techn. Univ. Berlin *Emil Scheibe* (* 1914): „Winkelkorrelationsmeßgerät“ (Gem. mit Ironis. modern. Technik) *Bernard Schultze* (* 1915): „Das große Migof-Labyrinth“ (Assemblage, Holzkästen mit farbigen skulpturalen und kinetischen Elementen für die Ausstellung „Labyrinthe“ in der Akadem. d. Künste Berlin [West]) *Kumi Sugai* (* 1919): „Mer soleil“ (japan.-frz. ornamental-abstraktes Gem.)

Shinkichi Tajiri (* 1923): „No 2" (amer.-frz. Messing- und Aluminium-Plastik a. Metallresten)

Hann Trier: „Raumfahrt I", „Am Mond vorbei" (abstraktes Gem.)

Heinz Trökes (* 1913): „An Zinnen und Palisaden" (Gem. m. folklorist.-exot. Elementen), „Gewitter" (geometrisches Gem.)

H. Uhlmann: Plastik für Montreal (dreifarbige Chrom-Nikkel-Stahl-Plastik)

Vladimir Velickovic (* 1935): „Der Rächer" (jugosl. Gem.)

Gerhard Wendland (* 1910): Modell II von „Labyrinth, begehbares Bild" (für die Ausst. „Labyrinthe" in der Akad. d. Künste in Berlin [West])

Theodor Werner: „G I/1966" (abstr. Gem.)

Ausstellung „10" v. Minimal-Art in der *Virginia-Dwan*-Galerie, New York (M.-Art arbeitet mit einfachsten Formen in häufig riesigen Dimensionen), darunter: *Carl Andre* (* 1935), *Dan Flavin* (* 1933), *Donald Judd* (* 1928), *Sol Le Witt* (* 1928), *Robert Morris* (* 1931), *Robert Smithson* (* 1938), *Michael Steiner* (* 1942), alle USA

„Signale", Kunstausstellung in Basel

„Kunst — Licht — Kunst" (Ausstellung in Eindhoven/Niederlande).

Monet-Bilder gefunden († 1926)

Rathaus i. Toronto

—

„Abschied von gestern" (dt. Film von *Alexander Kluge* mit *Alexandra Kluge*)

„Mahlzeiten" (dt. Film mit *Heidi Stroh* und *Georg Hauke;* Regie: *Edgar Reitz*)

„Kopfstand Madame" (dt. Film mit *Heinz Bennent* und *Miriam Spoerri;* Regie: *Christian W. Rischert*)

„Ganovenehre" (Film von *Wolfgang Staudte*)

„Grieche sucht Griechin" (dt. Film mit *Heinz Rühmann, Irena Demick;* Regie: *Rolf Thiele*)

„Ursula — oder das unwerte Leben" (schweiz. Film über die pädagog. Beeinflussung geistig behinderter Kinder; Regie: *Walter Marti*)

„Persona" (schwed. Film mit *Bibi An-*

ten Jahrzehnts in ca. 500 Karten, Graphiken und Profilen)

Neues Rechenzentrum der TH Darmstadt

„Wissenschaftliche Kommunikation", Symposium in London (bis zu 20% der Mittel für Forschung und Entwicklung gehen in das Dokumentationswesen)

Physik-Kolloquium in China behandelt die Arbeit „Untersuchungen über die Theorie der Elementarteilchen, durchgeführt unter der Erleuchtung durch *Mao Tse-tungs* Gedanken"

Period. Umkehr d. Erdmagnetfeldes gefunden

USSR durch Sieg über CSSR zum 4. Mal Eishockey-Weltmeister

München 1860 Fußballmeister der BRD

München wird zur Stätte der Olympischen Spiele 1972 gewählt

† *Hermann Geiger* (abgestürzt), schweizer. Gletscherpilot; rettete über 600 Menschen (* 1914)

Düsenjäger der USSR stürzt in Westberlin in den Stößensee. Reg. Bürgerm. *Brandt* dankt dem Piloten für Selbstaufopfer.

USA-Flugzeug mit 4 Kernsprengsätzen stürzt über Spanien ab. Vierte Bombe wird erst nach langem Suchen gefunden

Absturz eines Verkehrsflugzeuges in Bremen (46 Tote)

Postflugzeug der PAA Frankfurt/Main—Berlin stürzt kurz vor Berlin ab

U-Boot „Hai" der dt. Bundesmarine sinkt. Von den 20 Besatzungsmitgliedern wird nicht eines gerettet

Unwetterkatastrophe im Alpenraum und Italien. Hochwasser zerstört in Florenz zahlreiche Kunstwerke (durch internationale Hilfe wurden viele ger.

144 Tote, darunter 116 Kinder, beim Abrutsch einer Abraumhalde i. Aberfan (Wales)

Erdbeben in der Osttürkei fordern mehr als 2000 Todesopfer

Wolkenbrüche in Rio de Janeiro verursachen mehr als 400 Tote in den Slums

Vereinbarung ü. gemeins. Agrarmarkt d. EWG (wird d. nationalen Protektionismus ausgehöhlt)

Direttissima der Eiger-Nordwand

2277 m lange Hängebrücke über Tejo bei Lissabon

Rohstahl- bzw. Roheisenprod. d. Erde in Mill. t (zur Verdeutlichung d. Wachstums interpoliert und abgerundet):

Jahr	Stahl	Eisen	Jahr	Stahl	Eisen
1977	677	537	1891	15	
1966	480	340	1885	8	24
1954	240		1880	4	
1950	161	113	1874	2	
1941	120		1871	1	12
1927	100		1854		6
1910	60		1837		3
1902	30	48	1818		1,5

Entw. d. Golderz. (in t)

Jahr	Erde	Südafrika
1900	359,2	10,8
1966	1278,4	960,1

(1966)

Robert Clifton Weaver (* 1907) als Minister für Wohnungsbau und Städteplanung erster Neger mit Kabinettsrang in den USA

Blutige Zusammenstöße zwischen Anhängern der Gleichberechtigung der Neger und der Polizei in Alabama, USA

Blutige Rassenunruhen im Negerviertel von Chikago

General *Juan Carlos Ongania* (* 1914) übernimmt in einem unblutigen Staatsstreich die Macht in Argentinien: Parlament und politische Parteien werden aufgelöst

Staatspräsident *Frei* von Chile kündigt „Politik der harten Faust" gegen Unruhen im Bergarbeitergebiet an

Friedenskonferenz in Taschkent ergibt unter Vermittlung der USSR friedliche Vereinbarung zwischen Indien und Pakistan über Grenzregelung

† *Lal Bahadur Shastri,* ind. Min.-Präs. seit 1964 (* 1904)

Indira Gandhi (* 1917, Tochter *Nehrus*) wird ind. Ministerpräsident

Armeechef General *Suharto* (* 1921) entmachtet Min.-Präs. *Sukarno* in Indonesien

Indonesien und Malaysia beenden Kriegszustand

Volksrep. China zündet seine fünfte Atombombe

In der sog. „Kulturrevolution" mobilisiert *Mao* in der Volksrep. China die Jugend u.a. gegen eine unbewegliche Organisation der kommunistischen Partei (führt zu zeitweise chaotischen Zuständen und zum Machtzuwachs der Armee)

USSR bezeichnet chinesische „Kulturrevolution" als Entehrung des Marxismus-Leninismus

Verteidigungsminister *Lin Piao* wird nach *Mao* zweiter Mann im Staat (1969 als Nachfolger vom Parteitag bestätigt)

---

dersson und *Liv Ullmann;* Regie: *Ingmar Bergman*)

„Hier hast Du Dein Leben" (schwed. Film mit *Eddie Axberg* u. *Gudrun Brost;* Regie: *Jan Troell*)

„Blow up" (brit. Film, Regie: *Michelangelo Antonioni*)

„Die Verfolgung u. Ermordung Jean Paul Marats..." (brit. Film nach dem Schauspiel von *Peter Weiss* mit *Cillord Rose* u. *Brenda Kemner;* Regie: *Peter Brook*)

„Darling" (brit. Film von *John Schlesinger* mit *Julie Christie*)

„Flüsternde Wände" (brit. Film, Regie: *Bryan Forbes*)

„Georgy Girl" (brit. Film, Regie: *Silvio Narizzano*)

„Protest" (brit. Film mit *David Warner* u. *Robert Stephens;* Regie: *Karel Reisz*)

„Fahrenheit 451" (brit. Film mit *Oskar Werner* und *Julie Christie;* Regie: *François Truffaut*)

„Privileg" (brit. Film mit *Paul Jones* und *Jean Shrimpton;* Regie: *Peter Watkins*)

„Der alte Mann und das Kind" (frz. Film mit *Michel Simon;* Regie: *Claude Bervi*)

„Verheiratete Frau" (frz. Film von *Jean-Luc Godard*)

„Der Dieb v. Paris" (frz. Film mit *Jean-Paul Belmondo* und *Geneviève Bujold;* Regie: *Louis Malle*)

„Africa Addio", Film von *Jacopetti* und *Prosperi,* führt in Berlin (West) zu heftigen Tumulten und Absetzung

„Mamma Roma" (ital. Film von *Pier Paolo Pasolini* mit *Anna Magnani*)

„Zwei Särge auf Bestellung" (ital. Film mit *Gian Maria Volonte* u. *Irene Papas;* Regie: *Elio Petri*)

„Mut für den Alltag" (tschechoslow. Film von *Evald Schorm*)

„In der Hitze der Nacht" (nordamer. Film mit *Sidney Poitier,* Regie: *Norman Jewison*)

„Das Mädchen aus der Cherry-Bar" („Gambit", nordam. Film mit *Shirley MacLaine, Michael Caine;* Regie: *Ronald Neame*)

„Der Widerspenstigen Zähmung" (nordam.-ital. Film mit *Elizabeth Taylor* u. *Richard Burton;* Regie: *Franco Zefirelli*)

„Würgeengel" (mex. Film v. *Luis Buñuel*)

„Frau in den Dünen" (japan. Film von *Hiroshi Teshigahara*)

Dt. Film- und Fernsehakademie in Berlin gegründet (1967: Hochschule für Film und Fernsehen in München gegrdt.)

51 lange westdt. Filme, davon 24 Koproduktionen (1965: 72 mit 47 Koprod.) 1965/66 bringt einen internation. Durchbruch des jungen dt. Films

Erste Kurzfilmtage in Oberhausen „Oscar"-Verleihung in Hollywood an beste Schauspieler *Julie Christie* in „Darling" und *Lee Marvin* in „Cat Ballou". Für besten Film und beste Regie „Meine Lieder — meine Träume" von *Robert Wise*. Bester ausländ. Film „Der Laden in der Hauptstraße" (CSSR). Weitere „Oscars" an „Dr. Schiwago" (nordamer. Film n. dem Roman von *Boris Pasternak*) und „Das Narrenschiff" „Goldene Palme" d. 20. Filmfestspiele v. Cannes an „Damen und Herren" (Ital.) und „Ein Mann und eine Frau" (Frankr.). Als bester Erstlingsfilm „Winter in Flammen" (Rumän.) ausgezeichnet; bester Schauspieler: *Per Oscarsson* (Schwed.) in „Hunger" Gold. Bär d. Internat. Filmfestspiele Berlin f. „Cul-De-Sac" (Gr. Brit.) von *R. Polanski*
† *Eric Pommer*, dt. Filmproduzent, 1934 bis 1946 in den USA, prod. u. a. „Der Blaue Engel", „Der Kongreß tanzt" (* 1889)
„Der zweite Atem" (frz. Film von *Jean-Pierre Melville* mit *Lino Ventura, Paul Meurisse*)

Produktionen i. d. BRD und DDR:

	BRD	DDR
Einwohner (Mill.)	59,5	17,0
Erwerbstätige (Mill.)	27,1	8,0
elektr. Energie (Mrd. kWh)	175,0	57,0
Rohstahlprod. (Mill. t)	35,3	4,1
Steinkohlenprod. (Mill. t)	126,0	2,0
Braunkohlenprd. (Mill. t)	98,1	249,6
Kunststoffprod. (Mill. t)	2,3	0,3
PKW-Produktion (Mill. Stück)	2,8	0,1

Vergleich verschiedener Gebiete der Erde, davon

	Erde	OECD %	EWG %	BRD %
Fläche (1000 km²)	135 697	17,4	0,86	0,18
Einwohn. (Mill.)	3 356 000	19,8	5,45	1,80
Produktion von				
Getreide (1000 t)	1 018 519	35,0	6,0	1,37
Kartoffeln (1000 t)	292 956	28,0	13,2	6,40
Rinder (1000 Stk. Bestand)	1 087 100	20,5	4,7	1,30
Steinkohle (1000 t)	2 052 000	46,5	9,9	6,1
Strom (Mrd. kWh)	3 562	68,0	11,8	5,0
Eisenerz (1000 t)	336 000	37,0	6,5	0,77

(OECD = EG [9] und 15 andere westliche Industriestaaten)

Prozentuale Verteilung der Bruttomonatsverdienste männl. Arbeitnehmer in der BRD

DM	Arbeiter	Angest.
über 2000	—	8%
1500—2000	4%	16%
1250—1500	10%	18%
1000—1250	32%	25%
800—1000	38%	18%
600— 800	14%	10%
unter 600	2%	5%

Fünfjahresplan der USSR 1966—70 hat folgende Ziele:

	Ist 65	Plan 70
Stahl (Mill. t)	91	129
Kohle (Mill. t)	578	675
Erdöl (Mill. t)	243	355
Strom (Mrd. kWh)	507	850
Getreide (Mill. t)	121	167
Fleisch (Mill. t)	4,8	6,2
Butter (1000 t)	1066	1160
PKW (1000 Stk.)	201	800
Schuhe (Mill. P.)	484	630

Relativer Anteil an der Energieerzeugung:

	1966	1980	2000
Kohle	40 %	27 %	23 %
Öl	37 %	42 %	37 %
Erdgas	17 %	18 %	13 %
Wasserkraft	6 %	5 %	2 %
Kernenergie	–	8 %	25 %

Bei einer jährlichen Steigerungsrate d. Gesamterzeugung von 3 bis 4 %: 1966 = 100, 1980 = 162, 2000 = 320)

1967

Friedensnobelpreis nicht vergeben

Politische Konflikte nach Zahl und Art:

	Kriege zw. Staaten	Aufstände	Bürgerkriege	gewaltsame Staatsstreiche
1918—27	5	5	1	0
1928—37	5	5	2	0
1938—47	5	6	1	0
1948—57	9	18	1	0
1958—67	15	13	8	9

Davon in	1918—27	1928—37	1938—47	1948—57	1958—67
Europa	2	1	3	3	0
Mittelost	4	0	2	5	10
Asien	2	6	6	10	12
Afrika	3	2	1	5	18
N-u. S-Amer.	0	3	0	5	5

Ausgewiesene Rüstungsausgaben (in Mrd. US-Dollars): NATO 95 (davon USA 71), Warschauer Pakt 43 (davon USSR 15), Entwicklungsländer 12; insgesamt 165, das ist nahezu das Vierfache der Ausgaben für das Gesundheitswesen

NATO-Oberkommando verläßt Roquencourt (bei Paris) und zieht nach Casteau (Belgien)

NATO-Verteidigungsminister konzipieren flexible Abwehr statt sofortiger nuklearer Vergeltung

Dt. Bundespräsident *Lübke* unternimmt Asienreise

BRD und Rumänien nehmen diplomatische Beziehungen auf (gilt als Anfang einer neuen aktiven Ostpolitik der Großen Koalition in Bonn)

Bundeswirtschaftsminister *Karl Schiller* beginnt Gespräche mit den Sozialpartnern zur Einleitung der „Konzertierten Aktion" im Sinne einer volkswirtschaftlichen Gesamtrechnung und Planung

† *Konrad Adenauer,* dt. christdemokratischer Staatsmann, Bundeskanzler 1949—65 (* 1876), prägte politische Entw. der BRD, bewirkte Aussöhnung mit Frankreich

Kiesinger wird anstelle *Erhards* Vorsitzender der CDU

Arbeitspapier der FDP *(Schollwer-Studie)* schlägt Anerkennung der DDR und der Oder-Neiße-Grenze vor

Erich Mende, FDP-Vorsitzender, verzichtet auf Parteivorsitz und

Nobelpreisträger für Literatur an *Miguel Angel Asturias* (* 1899, Guatemala)

L. Aragon: „Blanche et l'oubli" (frz.)

Fernando Arrabal (* 1932): „Théâtre panique" (span.-frz. Beitrag zum absurden Theater)

Samuel Beckett: „Têtes mortes" („Tote Köpfe")

„*Wolf Biermann* (Ost) zu Gast bei *Wolfgang Neuss* (West)" (zeitkrit. gesamtdeutsches Kabarett, Schallplatte)

Paul Celar (eig. *Antschel*; * 1920, † 1970 Freitod): „Atemwende" (Lyrik)

Heimito v. Doderer: „Der Grenzwald" (Roman, postum)

Marguerite Duras (* 1914): „L'amante anglaise" („Die englische Geliebte", frz. Roman im Sinne des nouveau roman)

† *Ilja G. Ehrenburg,* russ. Schriftst. (* 1891)

Brian Friel: „Verliebte. I Gewinner. II Verlierer" (irische Einakter)

Max Frisch: „Biografie. Ein Spiel" (schweiz. Bühnenstück)

† *Oskar Maria Graf,* dt. Schriftsteller, ging 1933 in die USA (* 1894)

Peter Handke: „Kaspar" (Schauspiel um Kaspar Hauser, uraufgeführt 1968)

Norbert Herholz (* 1932): „Die schwarzen Hunde" (Roman)

† *Heinz Hilpert,* dt. Regisseur und Schauspieler in Berlin, Wien, Zürich, Konstanz, zuletzt in Göttingen (* 1890)

Rolf Hochhuth: „Soldaten" (Schauspiel um *Churchill* und den Luftkrieg)

Dänemark hebt das Verbot unzüchtiger Schriften auf (1968 auch das unzüchtiger Bilder. Pornographie verbreitet sich rasch von dort in andere Länder, einschl. BRD)

Alfred Bengsch (* 1921), kathol. Bischof von Berlin seit 1959, seit 1962 Titel eines Erzbischofs, wird Kardinal (darf nur 3 Tage im Monat nach Westberlin)

† *Otto Dibelius,* evang. Theologe, seit 1933 in der Bekennenden Kirche, Bischof von Berlin-Brandenburg 1945—66, Präses des Rates der evangel. Kirche 1949 bis 1961, Präsident des Ökumen. Rates 1954 bis 1961 (* 1880)

Richard Friedenthal (* 1896): „Luther — Sein Leben und seine Zeit" (Biographie) (1963: „Goethe — Sein Leben und seine Zeit")

† *Victor Gollancz,* brit. Verleger und Schriftsteller, förderte Versöhnung mit den Deutschen nach 1945 (* 1893)

† *Friedrich Heiler,* protestant. Theologe, ursprüngl. katholisch, um eine „evangel. Katholizität" bemüht (* 1892)

A. van Kaam: „Existential foundations of psychology" (Existenzpsychologie)

† *Wolfgang Köhler,* dt. Psychologe, einer der Begründer der Gestalt-Psychologie (* 1887)

Peter Nettl: „Rosa Luxemburg" (Biographie)

† *Ernst Niekisch,* dt. politischer Publizist nationalbolschewist. Richtung (* 1889)

Bernhard Pauleikhoff: „Psychopathologie im

Alexis Akithakis (* 1939): „Anti-Landschaft" (griech. ornamentales Gem.)

Horst Antes (* 1936): „Mauerbild VIII — Maskierte Rohrfigur" (phantastisches Gem.)

Francis Bacon (* 1909): „Porträt d. Isabel Rawthorne in einer Straße von Soho" (irisches Gemälde)

Georg Baselitz (* 1938): „B für Larry" (Gem.)

† *Henryk Berlewi*, poln.-dt. Maler, begründete 1924 abstrakte Malerei der konstruktivistischen „Mechanofaktur" (* 1884)

Oliver Bevan (* 1941): „Dropping Zone" (engl. ornamentales Gem.)

Jochen Harro Bierzunski (* 1936): „Ohne Titel" (abstrakt-ornamentales Gem.)

Detlef Birgfeld (* 1937): „Komposition" (abstr. Stahlplastik)

Kees van Bohemen (* 1929): „American Football" (niederl. Gem.)

Gernot Bubenik (* 1942): „Seriegraphie" (pop-artiges Gem.)

Alexander Camaro (* 1901): „Orchestrion" (Gem.)

Jorge Castillo (* 1933): „Composition (Diptychon)" (span. phantast. Gemälde)

Patrick Caulfield (* 1936): „Der Brunnen" (engl. neonaturalist. Gem.)

Cornelius Cardew: „Treatise" (200 Seiten graphischer Elemente zur musikalischen Übersetzung)

Wolfgang Fortner: „Triplum"

Alexander Goehr (* 1932): „Arden muß sterben" (Oper)

Hans Werner Henze: „Los Caprichos" (Orchesterfantasie nach Bildern von *Goya*)

André Jolivet (* 1905): „Konzert für Cello" (frz. Komp.)

Herbert von Karajan veranstaltet erste Osterfestspiele in Salzburg, dirigiert u. inszeniert „Die Walküre" von *R. Wagner*

Rudolf Kelterborn (* 1931): „Kaiser Jovian" (schweiz. Oper)

Giselher Klebe: 3. Sinfonie (für großes Orchester)

Ernst Krenek: „Glauben u. Wissen" (Komp. für Chor)

Gerhard Lampersberg (* 1928, Komponist) u. *H. C. Artmann* (* 1920, Dichter): „Strip" (Comic Opera in 7 Bildern)

Hans Ulrich Lehmann (* 1937): „Rondo für eine Stimme und Orchester" (schweiz. Vertonung eines Textes v. *Helmut Heissenbüttel*)

Gian Francesco Malipiero: 10. Sin-

Nobelpreis für Physik an *Hans A. Bethe* (USA, * 1906 in Dtl.) für Aufklärung der Energieproduktion der Sonne durch Atomkernverschmelzung

Nobelpreis für Chemie an *Manfred Eigen* (* 1927, BRD), *Ronald G. W. Norrish* (* 1897, Gr.-Brit.), *George Porter* (* 1920, Gr.-Brit.) für Untersuchung schnell ablaufender chem. Reaktionen

Nobelpreis für Medizin an *George Wald* (* 1906 USA), *Jaldan K. Hartline* (* 1903, USA), *Ragnar Granit* (* 1900, Schweden) für Erforschung der Sehvorgänge

Christiaan N. Barnard (* 1923) gelingt erste Herztransplantation in Kapstadt; um 5.52 Uhr am 3. 12. 67 beginnt ein fremdes Herz in *Louis Washkansky* (* 1914) zu schlagen (Patient stirbt nach einigen Tagen. Es folgen rasch gleiche Operationen auch in USA und anderen Ländern, z. T. mit besseren Erfolgen)

F. H. Bushby u. *M. S. Timpson* (brit. Wetteramt) veröff. erste erfolgr. 24-Stunden-Prognose über Niederschläge mittels Computer

Sidney Cobb: In gestörten Ehen (in USA) haben Frauen mit Rheumatismus mit erhöhter Wahrscheinlichkeit Männer mit Magengeschwüren

John H. Crook: „Gesellschaftsstruktur bei Primaten" (engl. Ethologie der Menschenaffen)

H. W. Franke: „Phänomen Kunst. Die naturwissenschaftlichen Grundlagen der Ästhetik" (Kybernetische Informationsästhetik)

Allan Gardner und *Beatrice Gardner* (USA) erreichen durch intensive Bemühungen, daß Schimpansin „Washoe" Zeichensprache mit mehreren Dutzend Zeichen und satzartige Kombinationen von 2 bis 3 Zeichen beherrscht

† *Robert J. van de Graaff*, nordamerikanischer Physiker, Pionier der (Millionen Volt-) Hochspannungs-Physik (* 1901)

Die USA-Astronauten *V. I. Grissom*, *E. White* und *R. Chaffee* kommen bei einer Startprobe durch Kapselbrand ums Leben

Trotz internation. Goldspekulationen halten die USA am Dollarwert fest

Gr.-Brit. wertet d. Pfund Sterling um 14,3% ab, um Außenhandelsbil. zu verbessern

Bemühungen Gr.-Brit. um Eintritt in die EWG am Widerstand Frankreichs vorerst gescheitert (es beginnen Bemühungen um Zwischenlös.)

Rohstahlprod. der Erde 498 Mill. t, davon USA 24%, USSR 21%, Japan 12%, BRD 7,3%, Gr.-Brit. 5%, Frankr. 4%, VR China 2,8%, Indien 1,3%, DDR 1%)

Kunststoffprod. d. Erde ca. 18 Mill. t, davon BRD ca. 2,6 Mill. t (bis zum Jahr 2000 dürfte sich die Produktion etwa verhundertfachen)

Erd-Weizenernte 296 Mill. t. Davon USSR 33%, USA 14%, Kanada 5,3%, Frankreich 4,8%, ferner BRD 1,9%, DDR 0,5% (Ertrag 8,1—36,6, durchschnittlich 13,1 dz/ha)

Israel.-arab. Krieg hat vorübergehend Sperrung von Öllieferungen an israelfreundliche europäische Staaten zur Folge

Rüstungsausgaben in US-Dollar pro Einwohner:

USA	327,25
Polen	139,71

(1967)	nimmt leitende Stellung in einer USA-Investment-Firma an (Nachfolger wird 1968 *Walter Scheel,* * 1919) Staatsbesuch des Schah von Persien in der BRD. Führt insbesondere in Berlin (West) zu Gegendemonstrationen, bei denen der Student *Benno Ohnesorg* durch einen Polizeibeamten erschossen wird. Dieser Tag wird zum Ausgangspunkt starker studentischer Unruhe und Solidarisierung in der BRD Im Zuge dieser Ereignisse tritt d. Reg. Bürgermeister v. Berlin *Heinrich Albertz* (*1915, SPD) zurück, sein Nachfolger wird *Klaus Schütz* (*1926, SPD) 17 Südkoreaner werden vom Geheimdienst ihres Landes aus der BRD entführt. Werden als angebl. Parteigänger des Kommunismus zu hohen Strafen verurteilt. BRD protestiert. (In den nächsten Jahren kehren einige in die BRD zurück) BRD schließt mit CSSR Vertrag über Errichtung von Handelsmissionen Bundesaußenminister *Brandt* macht Staatsbesuch in Rumänien Staatsbesuch des dt. Bundeskanzlers *Kiesinger* und Außenministers *Brandt* in USA wegen des Atomsperrvertrages und dt. militärischer Einsparungen Bundeskanzler *Kiesinger* vereinbart in Pakistan regelmäßige Konsultation USSR warnt in Noten die BRD, USA, Gr.-Brit., Frankreich vor angeblichem Militarismus, Revanchismus, Neonazismus in der BRD † *Fritz Erler,* dt. sozialdemokratischer Politiker, zuletzt Vors. der SPD-Bundestagsfraktion (* 1913); erhält Staatsbegräbnis † *Paul Löbe,* SPD-Politiker, Reichstagspräsident 1920—32 (Unterbr. 1924) (* 1873). Staatsakt in Berlin (wird von Studenten gestört) *Adolf von Thadden* (* 1921), Vorsitzender der rechtsradikalen NPD VII. Parteitag der SED in Berlin (Ost) in Anwesenheit des KPSU-Chefs *Breschnew* DDR-Staatssekretariat für gesamtdeutsche Fragen erhält veränderte	† *James Langston Hughes,* nordam. Neger-Schriftsteller, u. a. „Ich werfe meine Netze aus" (1940) (* 1902) *Jean-Claude van Italie:* „Amerika Hurra" (dt. Erstauff. d. nordamer. Schauspiels) *Wilhelm Lehmann* (* 1882, † 1968): „Sichtbare Zeit" (Gedichte 1962—66) *André Malraux:* „Antimémoires" (frz.) † *John Masefield,* engl. Dichter (* 1875) *Arthur Miller:* „The Price" (nordamer. Bühnenstück) *Henri de Montherlant:* „La ville dont le prince est un enfant" (frz. Roman) *Peter Nichols:* „Ein Tag im Tode von Joe Egg" (irisches Schauspiel um ein spasmisches Kind) † *José Martinez Ruiz* (Pseudonym *Azorin*), Schriftsteller des spanischen Modernismus, geprägt bes. von Kastilien (* 1874) *Karin Storch:* „Erziehung zum Ungehorsam" (linksliberale Abiturientenrede, ausgezeichnet mit dem *Theodor-Heuss-*Preis) *Peter Terson* (* 1932): „Zicke-Zacke" (brit. satir. Bühnenstück um den Fußballkult der Jugend) † *Heinz Tietjen,* dt. Intendant, Regisseur, Dirigent, 1930—44, 1948—54 in Berlin (* 1881) *Martin Walser:* „Zimmerschlacht" (Bühnenstück) *Charles Wood:* „Dingo" (engl. antimilitarist. Bühnenstück) *Jochen Ziem* (* 1932): „Die Einladung" (tra-	Umbruch" (behauptet einen Umbruch seit 1950, nach dem Biologie und Biographie gleichwertig nebeneinander stehen) † *Ernesto Ruffini,* ital. Kardinal, Erzbischof v. Palermo seit 1945 (* 1888) *Bertrand Russell:* „Mein Leben" (engl. Autobiographie, bekennt sich zu Liebe, wiss. Erkenntnis und Mitleid als den Leidenschaften seines Lebens) Goethe-Preis der Stadt Frankfurt (Main) an *Carlo Schmid* *Karin Storch:* ,,Erziehung zum Ungehorsam'' (Abiturientenrede, Th.-Heuss-Preis) † *Joachim Tiburtius,* Nationalökonom und Politiker (CDU), 1951—63 Senator f. Volksbildung in Berlin (West) (* 1889) *Wilhelm Weischedel* (* 1905): „Philosophische Grenzgänge" „Die nahe Zukunft der Menschheit — Friede und Entwicklung 1970 bis 2000". Kongreß in Oslo des „International Peace Research Institute Oslo" und des „Institut für Zukunftsfragen in Wien" mit folgenden Ergebnissen: Im Jahre 1990 ca. 5 Mrd. Erdbewohner; 1995 Wasser- und Luftverunreinigung auf dem Stand von 1940; 2005 technische Kernverschmelzungsenergie; 1995 Verdoppelung des Welt-Bruttosozialproduktes pro Kopf (1967: ca. 135 Dollar pro Jahr); 2000 Senkung des hungernden Teils der Erdbevölkerung auf 6% (1967: 12%)

Marc Chagall: „Das blaue Dorf", „Die Vögel in der Nacht" (russ.-frz. Gem.)

F. Clerici: „Der Tod des Minotaurus" (ital. surreal. Gem.)

Carl Crodel (* 1894): „Venedig I" (Gem.)

Dado (Miodrag Djuric) (* 1933): „Kopf ohne Gedächtnis" (jugoslaw.-frz. phantast. Gem.)

Rolf Gunter Dienst (* 1942): „Momentetagebuch 7. 3. 67" (abstr. Gem.)

Otto Dix: „GüntherGrzimek", „Max Frisch" (Porträt-Gem.)

Paul Uwe Dreyer (* 1939): „Labyrinthisches Interieur" (abstr.-ornamentales Gem.)

Werner Düttmann (* 1921): Brücke-Museum, Berlin-Grunewald (Museum beruht auf einer Stiftung von *Schmidt-Rottluff* u. a. Künstlern der „Brücke"-Gruppe)

Max Ernst: „Die Geburt einer Konstellation" (dt.-frz. Gem.)

Max Ernst: „Die Rückkehr der schönen Gärtnerin" (surrealist. Gem. nach dem unter dem NS-Regime verschollenen Bild „Schöne Gärtnerin" v. 1923)

Conrad Felixmüller (* 1897): „Selbstbildnis" (Aquarell)

Frei Otto (* 1925) schafft dt. Ausstellungspavillon in Zeltform für Weltausstellung in Montreal, Kanada

fonie (ital. Komp., Urauff.)

Frank Martin (* 1890): Konzert für Cello und Orchester (niederl. Komp.)

Ernst Pepping: „Deines Lichtes Glanz" (Motette)

Zoltán Peskó: „Tensions" (Streichquartett)

Aribert Reimann (* 1936): „Verrà la morte" (Chorkantate)

Karlheinz Stockhausen: „Ensemble" (vierstündiges, pausenloses Studiokonzert. Gemeinschaftsarbeit von zwölf jungen Komponisten)

Heinr. Sutermeister: „Madame Bovary" (schweiz. Oper)

„Puppet on a string" (US-Spitzenschlager)

~ Pop-Musik: Balladenfolklore, Blues-Renaissance (z. B. *Alexis Korner*)

Eröffnung des Brücke-Museums in Berlin unter Direktion von *Leopold Reidemeister* (* 1900)

Bernhard Grzimek (* 1909): „Grzimeks Tierleben" (umfassende allgemeinverständl. Darstellung)

Otto Hahn: „Uran — Schlüssel zum Nachweis des Kleinsten und zur Entfesselung des Größten"

W. Heisenberg: „Einführung in die einheitliche Feldtheorie der Elementarteilchen" (während bis 1932 nur Proton und Elektron bekannt waren, sind es inzwischen ca. 200 solcher, meist sehr kurzlebiger Teilchen, deren Theorie noch sehr in der Entwicklung ist)

A. Hewish u. Mitarb. entd. 1. Pulsar m. Radioteleskop

E. R. John: „Mechanismen des Gedächtnisses" (nordamerikan. Zusammenfassung. Es gibt stoffliche Übertragung von Gedächtnisleistung von einem Individuum zum anderen)

Herman Kahn und *Anthony J. Wiener:* „The Year 2000" („Das Jahr 2000", nordamerikan. wiss. Zukunftsforschung)

† *Wladimir Komarow,* Astronaut der USSR, bei einem Weltraumflug abgestürzt (* 1926)

† *Hermann J. Muller,* nordamerikan. Genetiker, Nobelpreis 1946 (* 1890)

† *Robert Oppenheimer,* nordamer. Physiker, „Vater der Atombombe", später gegen Entwicklung der Wasserstoffbombe (* 1904)

H. Strasser, G. Sievert u. *K. Munk:* „Kinder mit Fehlbildungen der Gliedmaßen in Deutschland, ihre Lebensbedingungen und ihre Entwicklung, ein Untersuchungsbericht"

Hans-Georg Wunderlich: „Gebirgsbildung der Gegenwart im Mittelmeerraum" (Appenin entwickelt sich danach weiter)

US-Erdsatelliten kosten je Gerät (einschl. Entwicklung) 80 bis 310 Mill. Dollar und pro Einsatz 10 bis 62 Mill. Dollar

US-Mondlandung mit unbemannten Raumfahrzeugen Surveyor 5 und 6; chemische Bodenanalyse. Technischer Testflug des dreiteiligen Apollo-Mondlandefahrzeuges auf zwei Erdumrundungen (Saturn-Apollo 4)

Frankreich 86,48
Gr.-Brit. 75,60
USSR 62,0
(ohne verdeckte Ausg.)
Brasilien 2,68

Stapellauf von 15,8 Mill. BRT Schiffsraum (o. USSR); davon ca. 50% in Japan, es folgen Schweden, Gr.-Brit., BRD mit ca. je 8%)

Im letzten Jahrzehnt hat die Wirtschaftskraft Japans stark zugenommen. Beispielsweise ist sein Rangplatz unter den Nationen (Vergleich 1954) im Schiffbau 1. (5.), in der Kraftwagenerzeugung 2. (7.), in der Rohstahlerzeugung 3. (6.)

Bruttosozialprod. der BRD

Jahr	Mrd. DM	in Preisen 1954
1950	97,9	=100
1955	180,4	157
1960	296,8	226
1965	452,7	288
1967	483,6	295

Haushalt d. BRD: 73,9 Mrd. DM, davon i. Mrd. DM
Verteidigung 19,6
Arbeit u. Soz. 14,5
Landwirtsch. 4,6
Forschung 1,7;
ein Eventualhaushalt von 2,5 Mrd. DM soll aktive Konjunkturpolitik ermöglichen

Gesamtleistung d. in der BRD in Bau oder in Betrieb befindlichen Kernkraftwerke ca. 915 MW (Schätzung: 1980: ca. 25 000 MW, 2000: ca. 200 000 MW in-

(1967)

Zuständigkeit für westdeutsche Fragen

Neuwahl zum Schweizer Nationalrat ergibt folgende Sitzverteilung (zum Vergl. bisherige Zahl):

Freisinnig-demokr. Partei	49 (51)
Konserv. christl.-soz. Partei	45 (48)
Bauern- u. Bürgerpartei	21 (22)
Sozialdemokratische Partei	51 (53)
Liberal-Konservative Partei	6 (6)
Unabhängige Partei	16 (10)
Demokratische Partei	3 (4)
Evangelische Volkspartei	3 (2)
Partei der Arbeit	5 (4)
Liste gegen Überfremdung	1 (0)

Prinz *Wilhelm* als Sohn von Kronprinzessin *Beatrix* und Prinz *Klaus* der Niederlande geboren (erster männlicher Thronfolger in den Niederlanden seit 116 Jahren)

Wahlen zur franz. Nationalversammlung: Gaullisten erringen wieder absolute Mehrheit, Erfolge der Kommunisten und der Föderation der Linksparteien

Franz. Staatspräsident *de Gaulle* erhebt Einwendungen gegen die Aufnahme Gr.-Brit. in die EWG

De Gaulle ruft bei Besuch in Kanada Skandal hervor, indem er in Quebec für Selbständigkeit der Frankokanadier eintritt

De Gaulle stattet Polen Staatsbesuch ab (verärgert BRD durch betonte Anerkennung der Oder-Neiße-Grenze)

Gr.-Brit. kündigt Aufgabe der militärischen Stützpunkte östlich von Suez bis 1975 an (gilt als Aufgabe letzter Weltmachtpositionen)

Bevölkerung Britisch-Gibraltars stimmt gegen Anschluß an Spanien

Gr.-Brit. gibt der Südarab. Föderation die Unabhängigkeit. NLF geht aus blutigen Kämpfen als beherrschende Kraft in der neuen Volksrepublik Südjemen hervor

Neue Regierungskrise in Griechenl. n. Rücktr. d. Reg. *Paraskevopoulos*

Griech. Armee übernimmt durch Staatsstreich wegen angebl. kommunistischer Gefahr die Macht im Lande. *Konstantin Kollias* wird Min.-Präs. Politische Gegner werden verhaftet. (Scharfe aber wirkungslose Proteste in vielen Teilen der Welt)

Blutige Kämpfe auf Zypern führen

gikomisches Schauspiel über west-östl. Privatbeziehungen in Dtld.)

„Ein Gedicht und sein Autor. Lyrik und Essay" (21 Autoren über ihre Lyrik, Hg. *Walter Höllerer* als Leiter des Literarischen Colloquiums, Berlin)

„Die Gruppe 47. Bericht, Kritik, Polemik" (Hg. *R. Lettau*)

Schriftstellerkongreß in Prag wird zum geistigen Ausgangspunkt der Kritik am konservativen Kommunismus in der CSSR (führt zur starken Reformbewegung im ersten Halbjahr 1968)

165 Staats-, Landes- und Stadt-Theater der BRD erhalten 340 Mill. DM Subventionen. In Gr.-Brit. ca. 16 Mill. DM Theatersubventionen

Es gibt 240 fremdsprachige Übersetzungen d. Bibel als Ganzes und 1040 weitere Übersetzungen von Teilen von ihr.

Chines. kommunist. „Mao-Bibel" wurde in 400 Mill. Auflage in 26 Sprachen übersetzt und in 180 Länder verteilt

F. de Saussure (* 1857, † 1913): „Grundfragen d. allg. Sprachwissenschaften" (dt. Übers. d. grundl. Werkes d. Linguistik)

„Street Art" Hauswandmalereien i. USA (beg. 1930–33 unt. mexikan. Einfl.)

„Der Mensch und seine Zukunft" (9. Darmstädter Gespräch mit biologischen, soziologischen u. human-philosophischen Aspekten)

Hundertjähriges Bestehen der Bodelschwinghschen Anstalten bei Bielefeld

Reform-Universität Konstanz beginnt zu arbeiten

Universität Regensburg eröffnet

Bayrisches Fernsehen führt als 1. dt. Bundesland Tele-Kolleg zur Erlangung der Fachschulreife ein

~ Ausgehend von den Hochschulen, wird mehr und mehr eine weltweite Radikalisierung d. Jugend deutlich, welche viele tradierte Werte u. Einrichtungen in Frage stellt. Orientiert sich an revolutionärem Partisanentum und Räteverfassungen. Erzwingt vielfach Reformwilligkeit, aber auch Bekämpfung ihrer anarchistischen Praktiken

Gesellsch. z. Förderung der Verhaltenstherapie i. München gegrdt. (diese Therapie nimmt das Symptom als die Krankheit)

Dahrendorf (* 1929): Hochschulgesamtplan f. Baden Württemberg (m. d. Begriff d. Gesamthochschule)

S. B. Robinsohn (* 1916, † 1972): „Bildungsreform als Revision d. Curriculum" (Begr. Curr.-Forsch.)

Schwere Rassenunruhen in Detroit und and. Städten d. USA 1966–68

Friedrich Gerlach (* 1903): „Die Phantasie" (Gem.)

Bruno Goller (* 1901): „Das große Ohr" (Gem.)

Roel d'Haese (* 1921): „Der Flieger" (frz. Bronze)

Otto Herbert Hajek (* 1927): „Farbwege 67/9" (farbige Aluminium-Plastik)

David Hall (* 1937): „Vier II" (engl. geometrisch-abstrakte Plastik)

Hans Hanko (* 1923): „Die Mauern" (österr. Gem. eines phantast. Stils)

† *Karl Hartung,* dt. Bildhauer (* 1908)

Friedrich Heubner (* 1886): „Frühling auf Montisola" (Tempera-Gem.)

Hannah Höch: „Industrielandschaft" (Collage)

Paul van Hoeydonck (* 1925): „Kleiner Astronaut" (belg. phantast. Assemblage)

Wolf Hoffmann (* 1898): „Der Haremsgarten" (ornamental-geometr. Gemälde)

John Hoyland (* 1934): „9. 1. 67" (engl. abstr. Gem.)

Fritz Friedrich Hundertwasser (* 1928): „Die falschen Augenwimpern" (Farblitho)

Nahoki Inukai (* 1937): „Four and Six No. 5" (japan. geometr.-abstraktes Gem.)

Günter Isleib (* 1936): „In" (pop-artige Gouache)

Horst Janssen (* 1929): „Der Daumen" (Zeichnung)

Bernd Koberling (* 1938): „Bergspiegelung I" (geometr.-abstr. Gem.)

Oskar Kokoschka: „Iris und Glockenblumen" und andere Blumenaquarelle

Fritz Koenig (* 1924): „Augenvotiv II" (Bronze)

Alfred Kothe (* 1925): Kruzifix im Altarraum der Lutherkirche, Berlin-Schöneberg

Hans Krenn (* 1932): „Eine Monderuption" (österr. phantastisches Gem.)

Roger Loewig (* 1930): „Ausgebluteter Strom" (Buntstift-Zeichnung)

Christiane Maether (* 1941): „Apfelfall" (surrealist. Gem.)

Gerhard Marcks: „Stehende i. Kleid", „Liegender Tiger" (Bronzen)

Meier—Denninghoff (* 1923): „67/9" (Stahlplastik)

Mies van der Rohe: Mansion House Square Project, London

Joan Miró: „Gold im Azur", „Flug des Vogels im Mondschein" (span.-frz. Gem.)

Jeremy Moon (* 1934): „Ohne Titel" (engl. geometr.-abstraktes Gem.)

H. Moore: „Skulptur mit Loch", „Carving Divided Oval Butterfly" (brit. Plastik)

Pit Morell (* 1939):

Elementenhäufigkeit auf dem Mond nach Analyse durch US-Satelliten Surveyor 5 und 6:

Kohlenstoff	weniger als 2%
Sauerstoff	(57±5)%
Natrium	weniger als 2%
Magnesium	(3±3)%
Aluminium	(6,5±2)%
Silizium	(20±4)%
Atome mit Masse 30—46	(6±2)%
Atome mit Masse 47—65	(5±2)%

(Ähnlichkeit mit Oberfläche der Erde)

USSR-Raumsonde „Venus 4" landet auf dem Planet Venus

USA-Mondrakete „Saturn 5" (126 t) wird in eine Umlaufbahn um die Erde gebracht

Provisorische Karte von der Rückseite des Mondes 1:10 Mill. aufgrund von Aufnahmen aus unbemannten Raumkapseln (das Auflösungsvermögen verbessert sich bis zur Erkennbarkeit von Objekten von 2,4 m Durchmesser gegenüber Erdbeobachtungen von 300 m Durchmesser)

Erstes Fernseh-Farbbild von der ganzen Erde vom US-ATS 3-Satellit aus 35 800 km Höhe

USSR nimmt größten Protonenbeschleuniger der Erde bei Serpuchow in Betrieb (78 Mrd. Elektronenvolt Energie, Radius des Hochvakuum-Beschleunigerkreises 236 m. Bei Chikago Beschleuniger für ca. 300 Mrd. e-Volt in Bau)

Universität v. Kalifornien errichtet computergesteuertes Informationsspeichersystem. (6 Filmstreifen der Größe 35 x 70 mm² bieten Platz für die Werke *Shakespeares*)

Cold Spring Harbor Symposium der quantitativen Biologie beschäftigt sich mit dem wichtigen Problem der Antikörperbildung (Allergien, Krebs, Organtransplantation, Immunisierung)

Neues Gelbfiebervirus im Hamburger Bernhard-Nocht-Institut entdeckt. (7 Menschen starben daran in der BRD)

In der TU-Hannover beginnt spezifische Züchtung spezifisch pathogenfreier Versuchstiere („SPF-Tiere") in sterilen Isolatoren zur Standardisierung der Bedingungen bei medizinischen Tierversuchen

stalliert). In den USA 31 500 MW in Betrieb, Bau od. Planung

Umsatz der zehn größten Unternehmen der BRD:

	Mrd. DM
Volkswagenw.	9,3
Siemens	7,9
Farbw. Hoechst	6,6
August-Thyssen-Hütte	6,5
Klöckner-Gr.	6,4
Farbenfabriken Bayer	6,3
Veba	6,2
Daimler-Benz	5,8
AEG-Telefunken	5,2
BASF	5,0

(vgl. auch 1965 V)

Umwandlung der Firma *Friedrich Krupp,* Essen, in eine Kapitalgesellschaft zur Erlangung einer Bürgschaft der Bundesregierung

† *Alfried Krupp von Bohlen und Halbach,* dt. Industrieller, (* 1907)

Änderung des Patentgesetzes in der BRD (vermindert Prüfungszwang f. das Patentamt)

Flughafen Amsterdam-Schiphol eröffnet (gilt als modernster Europas)

Weltausstellung in Montreal (Kanada) wird von ca. 50 Mill. Menschen besucht (inoffizielle Wertungen geben den Pavillons der CSSR und von Gr.-Brit. Vorzug)

Reformplan der Verkehrsstruktur durch den dt. Bundesverkehrsminister *Georg Leber*

(1967) zu Spannungen zwischen Griechenland und der Türkei

Kg. *Konstantin* von Griechenland scheitert bei dem Versuch, Militär-Junta zu stürzen; flüchtet nach Rom

Georgios Papadopoulos (* 1919) wird griech. Min.-Präs. (Militärdiktatur verschärft sich)

Mosche Dajan (* 1915) wird Verteidigungsminister Israels, vertritt entschlossene Politik gegen die arab. Nachbarstaaten

UNO-Friedensstreitmacht an der Grenze Israels auf Forderung Ägyptens zurückgezogen

Ägyptisch-jordanisches Abkommen schließt arabische Front gegen Israel. Irak tritt dem Bündnis bei Sperrung des Golfs von Akaba für Israel durch Ägypten

Israel schlägt in einem 6-Tage-Krieg seine arabischen Nachbarn entscheidend, die seit Bestehen Israels ihm völlige Vernichtung angedroht haben. Israel besetzt Sinaihalbinsel bis zum Suezkanal, Jordanien bis zum Jordan und Alt-Jerusalem

Ägypt. Präsident *Nasser* kündigt nach der militärischen Niederlage gegen Israel seinen Rücktritt an, bleibt jedoch im Amt

Podgorny, Staatsoberhaupt der USSR, besucht Ägypten und sichert Ersatz des gegen Israel verlorenen Kriegsmaterials zu

Israel. Minister-Präs. *Levi Eschkol* (*1895, † 1969) macht Rückzug der israel. Truppen aus den besetzten Gebieten von Friedensverträgen mit den einzelnen arab. Staaten abhängig

† (Selbstmord) *Muhammad Abd Al Hakim Amir,* der wegen Verschwörung verhaftet wurde, 1953—67 Oberbefehlshaber der ägypt. Streitkräfte (* 1919)

UNO-Vollversammlung verweist Nahost-Konflikt an Weltsicherheitsrat zurück

Ägypt. Kriegsschiff mit Raketen der USSR versenkt israelischen Zerstörer „Elath". Israelis schießen zur Vergeltung ägyptisches Öllager am Suezkanal in Brand

Manescu, rumänischer Außenmin., wird Präsident der 22. Sitzungsperiode der UNO-Vollversamml.

Podgorny, Staatsoberhaupt d. USSR,

„Wolken ziehen sich zusammen" (Farbkreide)

Pablo Picasso: „Weiblicher Akt und Flötist", „Mangeurs de pastèque" (span.-frz. Gem.)

Emy Roeder (*1890): „Sinnende" (Bronze)

Bernard Schultze (* 1915): „Großes Dreikopfbild II" („unterwegs zu Arcimboldi") (Gem. eines phantast. Stils)

Peter Sorge (*1937): „Für L. W. D." (neorealist. Gem.)

Klaus-Michel Steiner (* 1940): „Ohne Titel" (abstr. Gem.)

Ian Stephenson (* 1934): „Diorama SS 2" (engl. abstr. Gem.)

Rolf Szymanski (* 1928): „Minitaura" (Bronze)

Antoni Tapies (* 1923): „Peinture aux bois de lit" (span. abstr. Gem.)

† *Max Taut,* dt. Architekt, bes. in Berlin (* 1884)

H. Trier: „Aus dem Gesicht verlieren" (I und II), „Leo" (abstr. Gem.)

William Tucker (* 1935): „Memphis" (engl. geometr. Kunststoffplastik)

Hans Uhlmann: „Kopf-Fetisch" (dreifarbige Chrom-Nickel-Stahl-Plast.)

Charmion von Wiegand: „The secret Mandala" (nordamer. abstr. Gem.)

Günter Wirth (* 1932): „P 11" (op-artiges geometr. Gem.)

† *O. Zadkine,* frz. Bildhauer russ. Herkunft (* 1890)

Ch. Csuri als Künstler und *J. Shaffer* als Programmierer gewinnen „Computer Art Contest"

W. E. Simmat: „Kunst aus dem Computer" (in der Reihe „Exakte Ästhetik")

„Der Mensch und seine Welt" (Querschnitt der bildenden Kunst aus allen Zeiten auf der Weltausstellung in Montreal)

„Pop. Graphik und Objekte" (Ausstell. in Darmstadt)

„Science fiction" (Ausstell. in Bern v. Zukunftsbildern des Neuen Realismus u. der Pop Art)

„Kinetika. Museum des 20. Jahrhunderts" (Ausstellung kinetischer Kunst in Wien)

„Licht, Bewegung, Farbe" (Kunstausstell. in Nürnberg)

„Lumière et Mouvement" (Ausstellung kinetischer Kunst in Paris)

„Avantgarde Osteuropa 1910—1930" (Ausstellung in Berlin [West]; zeigt revolutionäre Kunstbeiträge, die später durch den „sozialistischen Realismus" verschüttet wurden)

„Rheinsberg" (dt. Film nach *Tucholsky* mit *Cornelia Froboess;* Regie: *Kurt Hoffmann*)

„48 Stunden bis

Acapulco" (Film v. *Klaus Lemke*)

„Kuckucksjahre" (dt. Film aus dem Literar. Colloquium Berlin [West] mit *Francesca Oehme* und *Rolf Zacher;* Regie: *George Moorse*)

† *Georg Wilhelm Pabst*, dt. Filmregisseur böhm. Herkunft, nach 1933 in Frankreich und USA, drehte „Die freudlose Gasse", „Die Dreigroschenoper", „Die weiße Hölle vom Piz Palü" u. a. (* 1885)

„Katz und Maus" (Film von *Hansjürgen Pohland*)

„Protest" (Film von *Karel Reisz*)

„Tätowierung" (dt. Film mit *Helga Anders* u. *Christof Wakkernagel;* Regie: *Johannes Schaaf*)

„Alle Jahre wieder" (dt. Film mit *Hans-Dieter Schwarze* und *Ulla Jacobsson;* Regie: *Ulrich Schamoni*)

„Die letzten Paradiese" (dt. Dokumentarfilm seit 1959, Regie: *Eugen Schuhmacher*)

„Zur Sache, Schätzchen" (dt. Film mit *Uschi Glas;* Regie: *May Spils*)

„Der Lügner und die Nonne" (dt. Film v. *Rolf Thiele*)

„Die Gräfin von Hongkong" (engl. Film von *Charlie Chaplin*)

„Weekend" (frz. Film von *Jean-Luc Godard* [* 1930])

„Siebenmal lockt d. Weib" (ital. Film von *Vittorio de Sica*)

† *Jayne Mansfield* (Autounfall), nordam. Filmschauspielerin, Typ der „Sexbombe" (* 1932)

„Bonnie und Clyde" (nordamer. Film um ein jugendliches Verbrecherpaar mit *Warren Beatty* und *Faye Dunaway;* Regie: *Arthur Penn*)

„Ein Mann zu jeder Jahreszeit" (nordamer. Film, Regie: *Fred Zinnemann.* Darsteller: *Paul Scofield;* beide erhalten Oscars)

Filmförderungsgesetz der BRD tritt in Kraft (fördert den erfolgreichen Film)

„Paarungen" (Film von *Michael Verhoeven* mit *Lili Palmer, Karl Michael Vogler*)

„Romeo und Julia" (ital.-brit. Film von *Franco Zeffirelli* mit *Leonard Whiting, Olivia Hussey*)

„Die Stunde der Komödianten" (nordam. Film von *Peter Glenville* mit *Richard Burton, Elizabeth Taylor*)

„Rosemaries Baby" (nordam. Film von *Roman Polanski* mit *Mia Farrow, John Cassavetes*)

„Die Braut trug Schwarz" (frz.-ital. Film von *François Truffaut* mit *Jeanne Moreau, Jean-Claude Brialy, Michel Bouquet*)

„Die Chinesin" (frz. Film von *Jean-Luc Godard* mit *Anne Wiazemsky, Jean-Pierre Léaud*)

„Herbst der Gammler" (Film von *Peter Fleischmann*)

„Incident" (nordam. Film von *Larry Peerce* mit *Tony Musante, Martin Sheen*)

„Ich traf sogar glückliche Zigeuner" (jugosl. Film von *Aleksander Petrovic*)

„Kaltblütig" (nordam. Film von *Richard Brooks* mit *Scott Wilson, Robert Blake*)

„Lebenszeichen" (Film von *Werner Herzog* mit *Peter Brogle, Wolfgang Reichmann*)

„Ein Liebesfall" (jugosl. Film von *Dusan Makavejew*)

„Mozart in Prag — Don Giovanni 67" Film von Wolf Esterer von einer Schallplattenaufnahme unter *Karl Böhm*)

„Anna Karenina" (russ. Film von *Alexander Zarkhi*)

13. Generalkonferenz für Maß und Gewicht gibt neue Definition der Sekunde als das 9192631770fache der Periodendauer der Strahlung, welche den beiden Hyperfeinstrukturniveaus des Cäsium-Atoms 133 entspricht (diese Atomuhr geht mit der Erduhr nicht völlig synchron)

Gesellschaft für Zukunftsfragen in Duisburg gegründet. Vorstand: *Karl Steinbuch, Bruno Fritsch, Helmut Klages, Ossip K. Flechtheim, Rüdiger Proske*

„Information, Computer u. künstliche Intelligenz" (nordamerikan. Aufsätze, Hrsg. *K. Steinbuch*)

Rundgespräche über Psychosomatik auf dem Kongreß der Dt. Gesellschaft für innere Medizin (Vermutung, daß in der BRD jährlich 3 Mill. Menschen falsch, weil nicht psychotherapeutisch behandelt werden)

Intern. Generalkatalog der Fachzeitschriften für Technik u. Wirtschaft (6. Aufl., umfaßt ca. 30000 Zeitschr. aus mehr als 100 Ländern)

Dornier entwickelt Senkrechtstarter-Flugzeug (DO 31)

Fernmeldetransatlantikverbindung für 6000 Zeichen/Min. zwischen Weltwetterzentrale Washington u. Zentrale der BRD in Offenbach (ersetzt bisherige Fernschreibverbindung)

Vertikalstarter Dornier 31

(versucht schwere Verkehrsgüter von Straße auf Bahn zu verlegen; Plan wird je nach Interessenlage sehr verschieden beurteilt)

Saale-Autobahnbrücke schließt Teilstück d. Autobahn Berlin-München zwischen DDR (Hirschberg) und BRD (Rudolfstein). (Kosten trug die BRD)

Autostraßentunnel durch d. St. Bernhard (Schweiz) mit 6,6 km Länge eröffnet

Schweden stellt Straßenverkehr v. Links- auf Rechtsverkehr um

Neuer Rekord auf der Skiflugschanze Oberstdorf/Allgäu mit 150 m v. *Lars Grini,* Norwegen (vgl. 1950)

Ca. 40 Mill. Menschen sind Skiläufer, geben ca. 40 Mrd. DM jährlich dafür aus

Weltmeisterschaft im Eispaarlaufen in Wien gewinnen *Belousowa-Protopopow* (USSR) vor *Glockshuber-Danne* (BRD)

† *D. Campbell,* brit. Motorsportler, i. Rennboot (* 1921; vgl. 1955, 1964)

Francis Chichester (* 1901) vollendet als einhändiger brit. Segler Weltumseglung

Schwergewichts-Boxweltmeister *Cassius Clay* (USA)

(1967) wird bei einem Staatsbesuch in Italien auch vom Papst empfangen

† *Rodion Malinowski,* Marschall und Verteidigungsminister (seit 1957) der USSR (* 1898)

Andrej Gretschko (* 1903) wird Verteidigungsmin. der USSR

Große Feier zum 50. Jahrestag der Oktoberrevolution in der USSR

Stalins Tochter *Swetlana* flieht über Indien in die USA und veröffentlicht ihre Memoiren (heiratet 1970)

Krönung des persischen Kaiserpaares in Teheran mit gr. Pomp

Biafra, die Ostregion Nigerias, erklärt sich unter Militärgouverneur *Ojukwu* als unabhängige Republik; Beginn eines Bürgerkrieges in Nigeria (dauert b. 1970)

Tschombe, ehem. kongol. Min-Präs., wird aus Spanien nach Algerien entführt

Treffen von US-Präsident *Johnson* und USSR Min.-Präs. *Kossygin* in Glassborn (USA). Keine Annäherung im Vietnam- und Nahostproblem

Gleichlautende Atomsperrverträge von USA und USSR der Genfer Abrüstungskonferenz vorgelegt. Kontrollartikel noch ausgespart (stößt auf Widerstand der nichtatomaren Mächte, in der BRD bes. bei der CSU)

Schwere Rassenunruhen in Detroit (USA)

Mehrtägige blutige Rassenunruhen in Newark/New Jersey (USA)

Weltbank wählt US-Verteidigungsminister (seit 1960) *McNamara* (* 1916) zum neuen Präsidenten (tritt im Schatten eines Höhepunktes des Vietnamkrieges Anfang 1968 dieses Amt an)

† *„Che" Ernesto Guevara,* kubanischer sozialistischer Revolutionsführer, vermutlich getötet von bolivianisch. Regierungstruppen (wird zum Idol revolutionärer Jugend in aller Welt) (* 1928)

Indonesischer Volkskongreß setzt Präsident *Sukarno* ab und vereidigt General *Suharto* als amt. Präs.

In Südvietnam wird der bisherige Staatspräsident *Nguyen Cao Ky* zum neuen Präsidenten gewählt (es gibt Wahlanfechtungen)

Kommunistische „Rote Garden" stürmen im Zuge der „Kulturrevolution" Rathaus in Peking

Brit. Gesandtschaft in Peking von Demonstranten gestürmt

Demonstrationen vor der Botschaft der USSR in Peking

Rotchinesische Armee greift zugunsten von *Mao* in innerpolitische Auseinandersetzungen in China ein.

Mao fordert in einem Edikt die Wiedereröffnung der im Laufe der „Kulturrevolution" funktionsunfähig gewordenen Schulen und Hochschulen in der Volksrep. China

Volksrep. China zündet ihre erste Wasserstoffbombe (nach fünf Kernspaltungsbomben)

wird wegen Wehrdienstverweigerung zu 5 Jahren Gefängnis verurteilt. Verliert Weltmeisterschaft

Walsh (USA) stellt Weltrekord im 100-m-Kraul-Schwimmen (Männer) auf: 52,6 Sek.

Burton (USA) stellt Weltrekord im 1500-m-Kraul-Schwimmen (Männer) auf: 16,34,1

Bayern München gewinnt geg. Glasgow Rangers Europapokal der Pokalsieger im Fußb.

Eintracht Braunschweig wird geg. den 1. FC Nürnberg dt. Fußballmeister

Kinobesucher (in Mill.):

	1967	1956
Italien	632	730
BRD	280	750
Frankr.	258	371

† *Jacques Heim,* frz. Modeschöpfer (* 1899)

Schwere Überschwemmungen i. Gebiet von Lissabon mit über 470 Toten

Ölpest aus einem vor England gestrandeten Tanker gefährdet brit. u. frz. Küste

Auf d. Funkausstellung in Berlin (W) wird offiziell das Farbfernsehen f. d. BRD eröffnet (arbeitet n. d. dt. PAL-Verfahren, das mit d. frz. SECAM-Verf. d. Ostblockländer inkompatibel ist. F. d. Programmaustausch sind daher Bildwandler nötig)

Nullwachstum d. BSP der BRD bedeutet Ende des „Wirtschaftswunders" seit 1949

Bevölkerungsbewegung im Zeitraum 1960—67, bezogen auf 1000 Einwohner:

	Geburten	Sterbe-fälle	Zuwachs-rate
Afrika	46	22	24
Lateinamer.	40	12	28
Asien	38	18	20
Ozeanien	26	11	15
USSR	21	7	14
Nordamer.	21	9	12
Europa	19	10	9
Erde	34	15	19

Welthandel

	Mrd. Dollar Einfuhr	Ausfuhr
Insgesamt	201,9	189,6
Industrieländer	159,5	149,5
Entwicklungsl.	42,4	40,1

Gesamte laufende Ersparnisse in der BRD (%)

	Insges. Mrd.DM	Privat %	Unter-nehmg. %	öff. Haush. %
1950	11,7	17,3	45,7	37,0
1956	36,9	16,8	43,9	39,3
1960	56,7	25,7	42,0	32,3
1965	74,4	44,2	34,1	21,7
1967	60,6	50,3	35,4	14,3

Fluggäste im Jahr

	1951 Mill.	1967 Mill.
Weltluftverkehr	42	236
BRD-Flughäfen	11	20

Lebenshaltungskosten-Index i. d. BRD (4-Personen-Arbeitnehmerhaushalt):

1967:	114,4
1962:	100,0
1957:	90,7
1952:	86,7
1950:	78,8

(Kaufkraft d. DM sank in den letzten 10 Jahren auf 0,77)

Landwirtschaftl. Betriebe in der BRD nach Größenklassen

Größe (ha)	Zahl 1967	1949
0,5— 1,0	195 232	292 090
1 — 2	186 992	305 897
2 — 5	300 554	553 490
5 — 7,5	153 080	250 304
7,5— 10	118 688	153 538
10 — 15	177 470	171 838
15 — 20	111 132	84 446
20 — 50	141 010	112 410
50 —100	14 598	12 620
über 100	2 784	2 971
insgesamt	1 401 540	1 939 604
Gesamtfläche (in 1000 ha)	12 911	13 487

Produktionsentw. in der USSR

	1928	1958	1967	geplant 1970
Elektroenergie (Mrd. kWh)	5,0	235,0	589,0	830—850
Erdöl (Mill. t)	11,6	113,0	288,0	345—355
Kohle (Mill. t)	35,5	493,0	595,0	665—675
Stahl (Mill. t)	4,3	54,4	102,2	124—129

Arbeitszeitaufwand eines Industriearbeiters in der BRD für

	1960	1967
1 kg Butter	2 h 19 m	1 h 39 m
1 kg Kaffee	6 h 15 m	3 h 31 m
1 Herrenhemd	5 h 14 m	4 h 07 m
Volkswagen	1395 h 01 m	908 h 54 m

(als Maß für den Stundenreallohn)

1968	Friedensnobelpreis an *René Cassin* (* 1887, Frankr.), Präs. des Europ. Gerichts f. Menschenrechte Der Kernwaffenbestand der USA und USSR entspricht etwa einer Sprengkraft von über 3 t TNT pro Kopf der Erdbevölk. (ca. 10fache Overkill-Situation) Viele Staaten, darunter die DDR, unterzeichnen den von USA und USSR formulierten Atomwaffen-Sperrvertrag in Washington, Moskau und London (BRD zögert nicht zuletzt wegen unterschiedl. Auffassungen zwischen CDU/CSU und SPD) Schwere Studentenunruhen u. a. in Paris, Rom, Kopenhagen, Tokio; auch in der BRD *Henry Cabot Lodge* (* 1902), Parteirepublikaner, US-Botschafter in der BRD (1953—64 UN-Delegierter, danach Botschafter in Südvietnam) Wiederaufnahme d. diplomatischen Beziehungen zwischen der BRD und Jugoslawien (abgebr. 1957) Anti-Vietnam-Krieg- und Gegendemonstration in Berlin (West) Bundeskanzler *Kiesinger* erklärt sich bereit zu Gesprächen mit DDR-Min.-Präs. *Stoph*. DDR beharrt auf Anerkennung und vertraglichen Beziehungen zwischen „beiden deutschen Staaten" Bundesparteitag der SPD in Nürnberg (steht im Zeichen der umstrittenen großen Koalition). Wahlrechtsreform wird vertagt. Innenminister *Paul Lücke* tritt deshalb zurück, sein Nachfolger wird *Ernst Benda* (* 1925, CDU) Attentat auf den linksradikalen Studentenführer u. Ideologen *Rudi Dutschke* in Berlin. Heftige Studentenunruhen in der BRD, die sich besonders gegen den Zeitungskonzern *Springer* richten: 2 Tote, mehr als 100 Verletzte Trotz heftiger Demonstrationen vor allem Jugendlicher verabschiedet dt. Bundestag mit verfassungsändernder Mehrheit Notstandsverfassung zum Schutz der Demokratie in Notzeiten Studenten mit asozialen „Rockern" greifen polizeigeschütztes Land-	Literatur-Nobelpreis an *Yasunari Kawabata* (* 1899, Japan) Friedenspreis des Dt. Buchhandels an *Leopold Sedar Senghor* (* 1906), Staats- und Reg.-Chef von Senegal. Bei der Verleihung in der Paulskirche kommt es zu heftigen Demonstrationen vor allem Jugendlicher *Edward Albee:* „Box — Mao — Box" (nordam. Schauspiel), „Empfindliches Gleichgewicht" (dt. Erstauff.) *Donald Barthelme:* „Schneewittchen" (dt. Übers. d. nordamer. erotisch-satirischen Romans) *Wolfgang Bauer* (* 1941): „Magic Afternoon" (österr. Schauspiel) *John Bowen:* „Nach der Flut" (engl. Schauspiel, Erstauff. in Frankfurt/M.) *Cathérine Breillat:* „Der leichte Mann" (frz. erotischer Roman einer 16jährigen) † *Max Brod*, dt. Schriftsteller, Prager jüd. Herkunft, Freund *F. Kafkas* (* 1884) „Prix Goncourt" für *Bernard Clavel* für seinen Roman „Les fruits de l'hiver" („Früchte des Winters") *Hilde Domin* (* 1912): „Wozu Lyrik heute? Dichtung und Leser in der gesteuerten Gesellschaft" (fordert Mut zum Sagen, zum Bekennen, zum Anrufen) *Tankred Dorst* (* 1925): „Toller" (Schauspiel um bayr. Räterepublik) *Erica Maria Dürrenberger* (* 1908): „Der Sizilische Garten" (schweiz. Sonetten-Zyklus)	Nobelpr. f. Wirtschaftswissensch. gestiftet Angriffe radikaler Studenten gegen *Th. W. Adorno,* unter dessen Leitung seit 1950 das Frankfurter Institut für Sozialforschung zum Zentrum einer radikalen Kulturkritik wurde † *Karl Barth,* schweiz. Begründer der dialektischen Theologie (* 1886) † *Augustinus Bea,* Kurienkardinal am Vatikan, dt. Abstammung; seit 1960 Sekretär des Päpst. Sekr. f. d. Einigung des Christentums (* 1881) *Richard Behrendt:* „Über die Gestaltbarkeit der Zukunft" (futurologische Soziologie, fordert für die dynamische Kulturphase den gesellschaftlich mündigen Menschen) *Bergmann, Dutschke, Lefèvre, Rabehl:* „Rebellion der Studenten oder Die neue Opposition" *Ernst Bloch:* „Atheismus im Christentum" *L. v. Friedeburg, Jürgen Hörlemann, Peter Hübner, Ulf Kadritzke, Jürgen Ritsert, Wilhelm Schumm:* „Freie Universität (Berlin) und politisches Potential der Studenten" (soziologische Studie, Ergebnis vgl. 1964 Ph) *Wilhelm Fucks*: „Nach allen Regeln der Kunst" (quantitative Diagnosen über Literatur, Musik, bildende Kunst — die Werke, ihre Autoren und Schöpfer. Zeigt u. a., daß Streuung der Tonhöhen in Kompositionen um 1600 von 3,7 auf 10,8 in der 12-Ton-Technik steigt)

Fr. Ahlers-Hestermann: „Sirene" (Gem.)

Otmar Alt (* 1940): „Der Stiefelspecht" (pop-artiges Gem.)

Horst Antes: „Figur im Kasten" (Gem.)

Fernandez Armand (* 1928, Frankr.): Durch Nummern gekennzeichnete Plexiglasplatten, in die gleichartige flache technische Konstruktionselemente in mehr oder weniger zufälliger Anordnung eingeschlossen sind

Heinrich Brummack (* 1930): Spielplastik aus Kunststoff für eine Kindertagesstätte, Gropiusstadt, Berlin; „Blume" (pop-artige Polyesterplastik) „Astronautenstuhl" (Polyesterplastik)

Wassenaar Bonies (* 1937): „Rot-Weiß-Blau 68" (niederl. abstr. Gem.)

Felix Candela, Antonio Peyri, Enrique Castañeda Tamborrel: Sportpalast in Mexiko City (gilt als Höhepunkt d. olympischen Bauten)

Marc Chagall: „Der Regenbogenhahn" (russ.-frz. Gem.)

Christo: „Verpackte Luft" (70 m lange, 9 m breite, luftgefüllte Plastikhülle eines bulgar.-amer. Künstlers) als Wahrzeichen der „documenta IV" in Kassel

F. Clerici: „Die 25. Stunde" (ital. surrealist. Gem.)

Curtis & Arthur Q.

Gilbert Amy „Chant pour grand orchestre" (frz. Komp.)

Luigi Dallapiccola: „Odysseus" (ital. Oper in Zwölftontechnik; Urauff. in Dt. Oper Berlin [West])

Vinko Globokar (* 1934): „Etude pour Folklore II" (jugosl.-dt. Komp. für Orch. u. Chor)

Erhard Grosskopf und *Bernd Damke:* „Nexus" (akustische und optische Kompos. f. Flöte, Schlagzeug, Tonband und optische Elemente)

Hans Werner Henze: „Das Floß der Medusa" (Oratorium, Text: *Ernst Schnabel,* Uraufführung in Hamburg. Konzert u. Rundfunkübertragung werden wegen Störungen abgebrochen)

Gerald Humel (* 1931): „Flashes" (nordamer. Komp. für Kammerensemble)

† *Joseph Keilberth* (am Pult während einer „Tristan"-Auff. i. München), dt. Dirigent (* 1908)

Thomas Kessler (* 1937): „Revolutionsmusik für Ensemble und Tonbänder" (mit unterlegten Reportagen von Studentenunruhen 1967/1968)

Berliner Musikpreis „Junge Generation" an *Thomas Kessler*

Nobelpreis für Physik an *Luis W. Alvarez* (* 1911, USA) für die Auswertung der Spuren von Elementarteilchen (Blasenkammer, Nachweis seltener Ereignisse)

Nobelpreis für Chemie an *Lars Onsager* (* 1903, Norw.) für Entwicklung einer „irreversiblen Thermodynamik" (bes. wichtig für chemische Abläufe in Organismen)

Nobelpreis für Medizin an *Robert W. Holley* (* 1922, USA), *H. Gobind Khorana* (* 1922, USA), *Marshall W. Nirenberg* (* 1927, USA) für die Entschlüsselung der chemischen Information der Erbsubstanz und ihrer Funktion bei der Eiweißsynthese

R. L. Armstrong und andere stellen eine Eiszeit in der Antarktis vor ca. 2,7 Mill. Jahren fest

Christiaan N. Barnard (* 1923) pflanzt in Kapstadt dem 58jährigen *Philip Blaiberg* (* 1910, † 1969, 595 Tage nach der Herzverpflanzung) ein fremdes Herz ein (bis zum Ende des Jahres gibt es 104 Herztransplantationen, davon 41 in den USA. Bei hoher Sterblichkeit überleben einige der Patienten zumindest die ersten Monate)

US-Astronauten *Frank Borman* (*1928), *James Lovell* (* 1928), *William Anders* (* 1933) umkreisen am 25.12. im Raumschiff „Apollo 8" in 110 km Entfernung als erste Menschen zehnmal den Erdmond. Jede wichtige Phase dieses 147-Stunden-Fluges wird durch öffentliches (auch Farb-) Fernsehen weltweit sichtbar gemacht

Heinz Brücher bezweifelt die Gen-Zentren-Theorie von *N. J. Wawilow,* wonach unsere Kulturpflanzen aus 8 geographischen Mannigfaltigkeitszentren stammen; vielmehr stamme Mannigfaltigkeit aus menschlichen Züchtungen

E. K. Fedorov (USSR) hält künstliche Klimaänderung nicht vor 20 bis 30 Jahren möglich; fordert aber schon weltweite Zusammenarbeit in dieser Frage

O. K. Flechtheim gibt Zeitschrift „Futurum" für Zukunftsfragen heraus

† *Otto Hahn,* dt. Chemiker, erforschte und entdeckte vorzugs-

Als Protestdemonstration „Marsch der Armut" nach Washington (vor allem Neger)

Japan ist im Begriff die BRD als drittgrößte Industrienation (hinter USA und USSR) zu überholen

Spaltung d. Goldmarktes: USA und 6 europ. Mitgl. d. Goldpools (dar. BRD) anerkennen freie private Preise neben dem offiziellen Kurs von einer Unze Feingold pro 35 Dollar

Beistandkredit v. 12 Ländern an Gr.-Brit. von 2 Mrd DM

Währungskrise: Intern. Druck auf die BRD, die DM aufzuwerten. BRD weigert sich und nimmt statt dessen steuerliche Belastung des Exports und Entlastung d. Imports vor.

Frankreich erhält 8 Mrd. DM zur Stützung des Franc, weigert sich aber, Franc abzuwerten

Die von Bundeswirtschaftsminister *Karl Schiller* eingeleitete „konzertierte Aktion" der Wirtschafts- und Sozialpartner führt zur erwünschten Konjunkturbelebung in der BRD (niedr. Arbeitslosenquote 0,9%)

Energieverbrauch in der BRD (in

(1968)	gericht in Berlin (West) gewaltsam an Bundesaußenminister *W. Brandt* schlägt auf der Genfer Konferenz der nichtnuklearen Mächte weltweiten Gewaltverzicht vor. Konferenz billigt entspr. Resolution der BRD Bundespräsident *Heinrich Lübke* kündigt für 1969 vorzeitigen Rücktritt an Bundestagspräsident ruft Bundesversammlung zum 5. 3. 69 zur Wahl des Bundespräsidenten nach Berlin ein Bundesparteitag der CDU in Berlin (West). Proteste der USSR und DDR *Walter Scheel* (* 1919) wird Vorsitzender der FDP (gilt als liberaler als sein Vorgänger *Erich Mende)* Bundesverfassungsgericht: Auch Splitterparteien ab nur 0,5% Stimmenanteil erhalten pauschalierte Wahlkampfkosten erstattet Landtagswahlen in Baden-Württemberg ergeben folg. Mandatsverteilung (Vgl. 1964): CDU 60 (59), SPD 37 (47), FDP/DVP 18 (14), NPD 12 (0). Koalition CDU/SPD wird unter Min.-Präs. *Filbinger* (CDU) fortgesetzt „Deutsche Kommunistische Partei“ (DKP) in der BRD gegründet unter Zusammenfassung mehrerer linksradikaler Gruppen Linksradikale Partei „Aktion demokratischer Fortschritt“ in der BRD gegründet Selbstmorde hoher Beamter der BRD lösen Spionageverdacht aus Freispruch in der BRD für einen Beisitzer am ehem. NS-Volksgerichtshof; findet heftige Kritik. Todesurteil in der DDR für ehem. Gestapoaufseher Neue Verfassung der DDR tritt in Kraft („Volksentscheid“ ergab 94,5% Ja-Stimmen) DDR beschließt Paß- und Visumpflicht zwischen beiden Teilen Deutschlands und bei Durchreise nach Berlin (West) durch die DDR DDR sperrt ihr Gebiet für Berlinreisen leitender Politiker der BRD (so dem Reg. Bürgerm. v. Berlin als Bundesratsvorsitzenden)	*Charles Dyer:* „Unter der Treppe“ (dt. Erstauff. d. brit. Bühnenstücks) *Günter Eich:* „Maulwürfe“ (Prosastücke) † *Jürgen Fehling,* dt. Regisseur, vorzugsweise in Berlin, seit 1955 schwer erkrankt (* 1885) *Günter Bruno Fuchs* (* 1928): „Bericht eines Bremer Stadtmusikanten“ (Roman) Marzotto-Preis für *Natalia Ginzburg* (* 1916) für Schauspiel „L'Inserzione“ („Das Inserat“) Fontane-Preis d. Landes Berlin an *Günter Grass* *Max von der Grün* (* 1926): „Zwei Briefe an Pospischiel“ (gesellschaftskrit. Roman) *Michael Hatry:* „Notstandsübung“ (linksradikal. agitator. Bühnenstück) *Václav Havel* (* 1936): „Erschwerte Möglichkeit d. Konzentration“ (tschechoslowak. satir. Bühnenstück) *John Hopkins*: „Diese Geschichte von Ihnen“ (engl. Bühnenstück) *Urs Jaeggi* (* 1931): „Ein Mann geht vorbei“ (schweiz. Roman) *Jewgenij Jewtuschenko* (* 1933): „Gedichte u. Poeme“ (russ. Dichtung ein. Antistalinisten) *Siegfried Lenz* (* 1926): „Deutschstunde“ (Roman um den Maler *E. Nolde*) Berliner Kunstpreis für darstellende Kunst an *Hans Lietzau* *Norman Mailer:* „Marsch auf das Pentagon“ (nordamer. Darstellung einer Anti-Vietnam-Demonstration, bei der der Autor verhaftet wurde. Pulitzer-Preis)	Liga f. Menschenrechte, Berlin, verleiht Carl v. Ossietzky-Medaille an *Günter Grass* und *Kai Hermann* *Heinrich Grüber* (* 1891): „Erinnerungen aus sieben Jahrzehnten“ (Autobiogr. d. evangel. Theologen und NS-Widerstandskämpfers) † *Romano Guardini,* kathol. Philosoph, führend in der Kathol. Jugendbewegung und in der dt. Liturgischen Bewegung (* 1885) *Jürgen Habermas* (* 1929): „Technik und Wissenschaft als ‚Ideologie‘“ (aus dem Frankfurter Institut f. Soziologie) *Hans von Hentig:* „Der jugendliche Vandalismus“ (führt Zerstörungswut auf die „Auflösung der Familie“ u. „Zerstörung des Vaterbildes“ zurück) *Arthur R. Jensen* (USA) behauptet bei Negern einen erheblich geringeren Intelligenzquotienten (IQ) festgestellt zu haben als bei Weißen. (Dagegen wenden sich Forscher, die der Umwelt größeren Einfluß a. d. Intell. einräumen) † *Helen Keller,* nordam. blinde und taubstumme Philanthropin, absolvierte Universitätsausbildung, Inspektorin für Taubstummen- u. Blindenanstalten in den USA (* 1880) *Waldemar Knoeringen:* „Geplante Zukunft? Aufgabe von Politik u. Wissenschaft“ (Referate aus der Sicht der SPD) Kardinal *König* (Wien) kündigt auf der 18. Nobelpreisträgertagung in Lindau Überprüfung d. *Galilei*-Prozesses an

Davis u. *Franz Mokken:* Univ.-Klinikum i. Berlin-Steglitz (für 1426 Betten; 300 Mill. DM Baukosten; 25 Kliniken u. Institute; im Bau seit 1959)

Paul Uwe Dreyer (* 1939): „Seitenwand, aufklappbar, frontal" (Gem.)

Max Ernst: „Humanae Vitae I" (Collage, phototechn. auf Leinw. übertr.

Helen Frankenthaler: „Klangformen" (nordamer. Acrylgemälde)

Günter Fruhtrunk (* 1923): „Rote Vibration" (abstr. Gemälde)

Ausstellung d. Werke von *Xaver Fuhr* (* 1898) in Berlin (West) (seine Bilder sind undatiert)

Vic Gentils (* 1919): „Brasil" (engl.-belg. Gem. mit Holzreliefs)

Manfred Gräf (* 1928): „Mandala 2" (Konstruktivist. Tuschmalerei)

HAP Grieshaber (* 1909), Graphiker, erhält Kulturpreis d. DGB

† *Will Grohmann,* dt. Kunsthistoriker u. -kritiker, schrieb Monographien über *Klee, Schmidt-Rottluff, Kirchner, Kandinsky, Baumeister* (* 1887)

† *John Heartfield,* „Vater der künstlerischen Fotomontage", zuletzt in der DDR (* 1891)

Bernhard Heiliger: „Montana" (abstr. Bronze)

Rudolf Komorous (* 1931): „Düstere Anmut" (tschechoslowak. Komp. f. Kammerensemble)

Marek Kopelent (* 1931): „Stilleben" (tschechoslowak. Kompos. f. Solobratsche u. Kammerensemble)

† *Harald Kreutzberg,* dt. Ausdruckstänzer (* 1902)

Ladislav Kupkovič (* 1936): „Vor-Mit-Nach f. Streicher, Holzbläser u. ein Tasteninstrument" (tschechoslowak. pop-art. Komposition)

György Ligeti: „Continuum" (ung. Komp. für Cembalo)

Nikos Mamangakis (* 1929): „Tetraktys" (griech. mathem.-abstr. Komposition f. Streichquartett)

Gian-Carlo Menotti: „Wer hat Angst vor Globolinks" (nordamer.-ital. Kinderoper, Uraufführung in Hamburg)

† *Elly Ney,* dt. Pianistin, interpretierte insbes. *Beethoven* (* 1882)

Carl Orff: „Prometheus" (Vertonung d. *Aschylos*-Dramas in griech. Originalsprache; mit europ., asiatischen und afrikanischen Instrum.

Hans Otte (* 1926): „Buch für Orchester" (Kompos. f. Orchester und Klavier)

weise radioaktive Elemente, eröffnete 1938 mit der Entdeckung der Urankernspaltung technische Auswertung der Kernenergie, Nobelpreis 1945, 1948—60 Präsident der Max-Planck-Gesellschaft (* 1879)

Gerhard Heberer gibt aufgrund neuerer Funde für die Abstammung des Menschen folgende Daten: Verzweigung Mensch-Affenzweig vor ca. 25 Mill., Tier-Mensch-Übergangsfeld vor ca. 10—2 Mill., humane Phase seit ca. 2 Mill. Jahren

W. Heine: „Gnotobiologie" (Zucht und Haltung keimfreier Versuchstiere für die praktische Medizin)

Horst Jatzkewitz (* 1912): „Biochemische Aspekte in der Psychiatrie" (körperliche, insbes. genetische Ursachen von Geisteskrankheiten werden deutlicher)

Shinsuke Kawasaki: Fernsehen mittels Neutronen (kann Wasserströmung in Metallrohren sichtbar machen)

Massenprod. von Asparaginase mit E. coli-Zellen in der BRD gestattet Großversuche zur Leukämiebekämpfung (diese Wirkung wurde 1963 von *J. G. Kidd* entd.)

† *Lew Landau,* russ. Physiker, erforschte besonders Supraleitung, Nobelpreis 1962 (* 1908)

Benjamin Masar (Hebräische Univ.) entdeckt Fundamente des im Jahr 70 zerstörten Tempels von König *Herodes*

US-Tiefbohrforschungsschiff „Glomar Challenger" unter wiss. Leitung von *A. E. Maxwell* und *R. P. von Heezen* findet Auseinanderdrift des Atlantikbodens um ca. 4 cm im Jahr (bestätigt Kontinentalverschiebung)

† *Lise Meitner,* österr. Atomphysikerin, 1908—38 Mitarbeiterin *Otto Hahns,* zuletzt i. Cambridge (* 1879)

Helmut Metzner: Gewinnung von Sauerstoff und Wasserstoff aus Wasser, Chlorophyll und Sonnenstrahlen (Lichtquantenenergie)

Hans Muxfeldt (* 1927) berichtet in den USA über Synthese des Antibiotikums Terramycin (1949 entd., 1950 isoliert, 1952 chemischer Aufbau geklärt)

Mill. t Steinkohleneinheiten):

Steinkohle	98,2
Braunkohle	28,3
Heizöl	76,1
sonstiges Öl	65,4
Naturgas	9,3
Wasserkraft	7,4
Kernkraft	0,8
Holz, Torf u. ä.	1,4
insgesamt	286,9

Abnahmetendenz bei Kohle, Zunahmetendenz bei Öl und Kernkraft

Zahlreiche Zechen der BRD finden sich in der Ruhrkohlen-AG zusammen, um Krise des Kohlenbergbaus zu überwinden

In Angleichung an d. weiteren EWG-Bereich führt BRD die Mehrwertsteuer (11%) statt der Umsatzsteuer ein

Durchschnittliche Baulandpreise in der BRD pro m² in Orten

Einw.	DM
unter 2000	13,40
2—5000	20,50
5—20000	31,90
20—50000	37,10
50—200000	48,90
200—500000	53,90
über 500000	87,60

Im Gesamtdurchschnitt DM 30,10 (1961: DM 13,60)

Zunehmende Diskussion über ein sozial vertretbares Bodenrecht

Interzonenhandel wird ausgeweitet (betrug 1957 1752, 1967 2745 Mill. Verrechnungseinh.)

(1968)

DDR verbietet NPD-Mitgliedern Durchreise nach und von Berlin

Volkskammer der DDR verabschiedet neues Strafrecht

Schweizer Regierung bekennt sich in den „Richtlinien für die Regierungspolitik 1968—71“ unverändert zur Neutralität (kann als 1. Reg.-Programm in der Schweizer Geschichte gelten)

Brit. Regierung verkündet erneut machtpolitischen Rückzug aus den Gebieten „östlich von Suez“ bis 1971 und ein weiteres Sparprogramm

Brit. Außenmin. *George A. Brown* (* 1914) tritt zurück. Nachfolger: *Michael Stewart* (* 1906)

Gr.-Brit. beschränkt Einwanderung von Farbigen

Niederlage der brit. Labour Party bei den Kommunalwahlen

Schwere Unruhen in Paris, ausgehend von Studentenaktionen. Solidarisierung mit der Arbeiterschaft gelingt nur eingeschränkt. Franz. Wirtschaft erleidet starke Einbußen durch Streikbewegung

Polizei räumt die seit einem Monat von Studenten besetzte Pariser Universität

Staatsbesuch des franz. Staatspräsidenten *de Gaulle* in Rumänien: fordert Entspannung auf der Grundlage der Souveränität aller Staaten

Franz. Staatspräsident *de Gaulle* begibt sich während der Maiunruhen fluchtartig für einen Tag von Paris nach Baden-Baden, wo er mit General *Massu* spricht

Franz. Staatspräsident *de Gaulle* schreibt Parlamentsneuwahlen aus: Gaullisten erzielen absolute Mehrheit in der Nationalversammlung. Anstelle v. *Pompidou* wird *M. Couve de Murville* (* 1907) franz. Min.-Präs.

Streikwelle in ganz Italien

Parlamentswahlen in Italien bringen Gewinne für Christliche Demokraten und Kommunisten, Verluste für Sozialisten

Regierung der „linken Mitte“ unter *Mariano Rumor* (* 1915) in Italien

† *Trygve Lie*, bis Kriegsende norwegischer Exilminister, 1946—53 erster Generalsekretär der UNO (* 1896)

Büchner-Preis der Dt. Akad. Darmstadt an *Golo Mann*

Gabriel Marcel erhält gr. Literaturpreis v. Paris

Egon Monk, Intendant des Hamburger Schauspielhauses (seine avantgardistischen, scharf kritisierten Inszenierungen, u. a. *Schillers* „Räuber“, führen zur vorzeitigen Lösung seines Vertrages)

Helga Novak (* 1935) erhält Bremer Literaturpreis

Arthur Maria Rabenalt: „Theatron eroticon“ mit erotisch und sexuell betonten Aufführungen in München

Christa Reinig: „Aquarium“; erh. Kriegsblinden-Hörspielpreis

Gerlind Reinshagen (* 1926): „Doppelkopf“ (satir. Bühnenstück um einen Betriebsausflug)

Felix Rexhausen: „Die Sache. 21 Variationen“ (erotische Darstellungen)

Hubert Selby: „Letzte Ausfahrt Brooklyn“ (nordamer. Roman)

† *Upton Sinclair*, nordamer. Schriftsteller vorwiegend sozialkrit. Romane (* 1878)

Alexander Solschenizyn (* 1918): „Der erste Kreis der Hölle“, „Krebsstation“ (russ. Romane in dt. Übers.)

† *John E. Steinbeck*, nordamer. Schriftsteller, Nobelpreis 1962 (* 1902)

Fritz Usinger (* 1895): „Gedichte“

Peter Weiss: „Vietnam-Diskurs“ (polit. agitatorisches Bühnenstück gegen USA-Politik)

Peter Zadek: „Maß für Maß“ — Phantasie (freie popartige Interpret. d. *Shakespeare*-Stückes)

G. Konopka: „Soziale Gruppenarbeit, ein helfender Prozeß“ (Eingliederungshilfe für gefährdete Jugendliche)

Herbert Marcuse: „Psychoanalyse und Politik“ (dt.-amer. Philosophie unter Berücksichtigung der Lehren von *Marx* und *Freud*)

Desmond Morris: „Der nackte Affe“ (der Mensch im Lichte der Abstammung von den übrigen Primaten, Übersetzung aus dem Engl.)

Papst *Paul VI.* untersagt in seiner Enzyklika „Humanae Vitae“ jede künstliche Geburtenkontrolle für Katholiken (ruft starke Kritik auch in kathol. Kreisen hervor)

Papst *Paul VI.* anerkennt Knochenfunde aus dem Marmorgrab G unter dem Petersdom als echte Petrus-Reliquie (seit 1953 von der Frühhistorikerin *Margherita Guarducci* (* 1900) untersucht)

Reimut Reiche: „Sexualität und Klassenkampf“ (monogame „Zwangsehe“ wird als Anpassung an kapitalist. Herrschaft gewertet)

Lutz Röhrich: „Adam und Eva“ (volkskundliche und kunsthistorische Monographie)

Erwin K. Scheuch (u. a.): „Die Wiedertäufer der Wohlstandsgesellschaft. Eine kritische Untersuchung der ‚Neuen Linken‘ und ihrer Dogmen“

Günther Schiwy: „Der französische Strukturalismus — Mode, Methode, Ideologie“ (krit. Darstellung einer auf Zerlegung und Aus-

Otto Hellmeier (* 1908): „Winter am Weißensee" (natural. Gem.)

Hannah Höch (* 1889): „Die Sonne" (Gem.)

Gerhard Hoehme (* 1920): „Himmelfahrt" (Leinen, Holz, Wachstuch, Eisen gespritzt u. gemalt)

Wolf Hoffmann: „Wetterfahne" (ornamental-geometr. Radierung)

Hans Jaenisch (* 1907): „29 — 6 — 68" (Gem.)

Wolf Kahlen (* 1940): „Vermont Heights" (2 geometr. Raumsegmente)

Horst Egon Kalinowski (* 1924): „La carillon muet" (Caisson, Leder auf Holz)

Heinrich Kirchner (* 1902): „Moses" (Bronze)

Oskar Kokoschka: „Die Frau des Matrosen" (Gem.)

Rainer Küchenmeister (* 1926): „Nov/Dez. 66 / März/April 68" (Gem.)

Arnold Leißler: „Frau im Lehnstuhl" (geometr. stilisierendes Gem.)

Helmut Lortz (* 1920): 6 Fotowände im Univ.-Klinikum, Berlin-Steglitz

Heinrich Graf von Luckner: „Drei Vögel" (Gem.)

Heinz Mack (* 1931): „Lichtraum für Berlin" (aus teilweise kinetischen Objekten, Scheinwerfern, Elektromotoren

G. Marcks: „Wan-

Krzysztof Penderecki: „Capriccio per Siegfried Palm" (poln. Kompos. f. Solo-Cello)

Zoltán Peskó: „Bildnis einer Heiligen" (für Sopran, Kinderstimmen u. Kammerensemble)

Tona Scherchen (* 1938): „WAI" (Kompos. f. Stimme, Streichquartett u. Schlagzeug. WAI [chines.] = anderswohin)

Vladimir Sramek (* 1923): „Kaleidoskop" (tschechoslowak. Komp. für Streichtrio, durch die Spieler selbständig angeordnete „Klangsplitter")

Edward Staempfli (* 1908): „Wenn der Tag leer wird..." (schwz. Oratorium f. Soloquartett, gemischten Chor und Orchester nach Gedichten von *Nelly Sachs*)

Joseph Stein u. *Jerry Bock:* „Anatevka" (dt. Erstauff. des nordam. Musicals „Fiddler on the Roof")

Karlheinz Stockhausen: „Stimmung" (Komp. f. 6 Solostimmen mit eingebauten Geschichten, Uraufführung im Pariser Funkhaus)

Werner Thärichen (* 1921): 139. Psalm f. Orchester, Alt-Solo, Chor u. Elektronik

Zbynek Vostřák (* 1920): „Pendel

Rainer Otto und Mitarbeiter (Züricher Univ.-Klin.) zeigen, daß Radio-Indium sich bevorzugt in Krebszellen ablagert (wichtig für Krebsdiagnose)

Asko H. S. Parpola und Mitarbeitern gelingt in Kopenhagen mit Computerhilfe Entzifferung der Schrift der Induskultur anhand der Steinsiegel von Harappa (Blütezeit —2. Jtsd.)

Franz Schötz: „Vererbung außerhalb des Zellkerns" (Zusammenfassung, welche Wahrscheinlichkeit der Plastidenvererbung betont)

Ithiel de Sola Prol (MTT, USA): „Der Computer in der sozialwissenschaftlichen Forschung" (betont die zu verarbeitende große Datenmenge in diesem Bereich)

C. H. Townes u. *A. C. Cheung* entd. i. USA i. d. Milchstraße Dunkelwolken, welche die Mikrowellen des Ammoniak-Moleküls (1,3 cm) ausstrahlen

J. Weber (USA) versucht Gravitationswellen durch kleinste Deformation nachzuweisen (Erfolg noch zweifelhaft)

Georges Ungar (USA): Hinweise, daß Ratten durch Hirnextrakt von dressierten Artgenossen die Dressurleistung deutlich übernehmen

Joseph Weber (USA) weist durch an verschiedenen Orten extrem störungsfrei aufgehängten tonnenschweren Zylindern gleichzeitige Schwingungen nach, die er auf kosmische Gravitationswellen zurückführt (werden von der Relativitätstheorie gefordert)

Etwa 200 subatomare Elementarteilchen und Antiteilchen sind bekannt, meist sehr kurzlebig. Bei fortschreitender Systematik steht die Theorie noch in den Anfängen

Die besten Bestimmungen der Entfernungen kosmischer Objekte und ihrer durch spektrale Rotverschiebung gekennzeichneten Fluchtgeschwindigkeiten ergeben eine Hubble-Konstante, die einem Weltalter von 13 Mrd. Jahren zugeordnet ist (dieser Wert ist widerspruchsfrei gegenüber anderen Altersbestimmungen, z. B. der Erde und der Sonne. Vgl. 1931)

Verbrauch v. Tiefkühlprodukten in der BRD bei über 0,5 Mill. t, USA ca. 6 Mill. t (Temperaturen um minus 20° C notwendig)

Assuan-Staudamm in Ägypten vollendet (600 km langer Stausee mit 135 Mrd. m³ Wasser)

„Photokina" (Int. Photo- und Kinoausstell.) in Köln

Auf der Erde gibt es ca. 450 Mill. Hörfunkteilnehmer, 200 Mill. Fernsehteilnehmer, 210 Mill. Fernsprechteilnehmer, davon jeweils die Mehrzahl in den USA

Leipziger Universitätskirche wird trotz Protestes abgebrochen (Anf. aus dem 13. Jh., um 1500 umgeb.)

US-Präsidentenwitwe *Jacqueline Kennedy* (* 1929) heir. griechischen Großunternehmer *Aristoteles Onassis* (* 1906, † 1975)

Fahrpreiserhöhungen in Bremen führen zu heftigen Demonstrationen vor allem Jugendlicher

Schwere Rassenunruhen i. Detroit

Bummelstreik von Beamten der BRD zur Erlangung höheren Weihnachtsgeldes

(1968)

Spanien schließt Landweg nach Gibraltar außer für die dort beschäftigten span. Arbeitnehmer

Nach schwerer Erkrankung von *A. O. Salazar*, portug. Reg.-Chef seit 1932, wird *M. Caetano* (* 1906) port. Min.-Präs. (reg. bis 1974)

† *Georgios Papandreou*, griech. liberaler Politiker (seine Beisetzung wird eine Demonstration gegen die herrschende Militärdiktatur; * 1888)

Neue griech. Verfassung hebt wichtige Grundrechte auf

Zusammenstöße zwischen Studenten und Polizei in Belgrad. Staatspräsident *Tito* setzt sich für Hochschulreform ein

Im Zuge des liberalen Reformkurses in der CSSR löst *Alexander Dubcek* (* 1921) *Antonin Novotny* als Generalsekretär der KP ab. Letzterer tritt auch als Staatspräsident (seit 1957) zurück.

Ludvik Svoboda (* 1895) wird Staatspräsident der CSSR

Ostblock-Gipfelkonferenz in Dresden ohne Rumänien

Neue Regierung der CSSR unter Min.-Präs. *Oldrich Cernik* (* 1921) *Josef Smrkovsky* (* 1911) wird Parlamentspräsident der CSSR

Warschauer Pakt unternimmt Manöver in der CSSR, die sich später als Vorphase der Besetzung erweisen

Warschau-Konferenz der Ostblockstaaten fordert KP der CSSR auf, der „Konterrevolution“ entgegenzutreten. Antwort der CSSR bekräftigt Reformkurs, BRD verlegt geplantes Manöver von der Grenze der CSSR in den SW-Raum der BRD

Verhandlungen in Cierna (Schwarzau an der Theiß) zwischen USSR sowie später weiteren Ostblockstaaten und CSSR um deren Reformkurs (CSSR sieht sich zu Zugeständnissen genötigt)

Jugoslaw. Präsident *Tito* besucht CSSR, um Sympathie mit Reformkurs zu bezeugen (wird begeistert empfangen). SED-Chef *Ulbricht* verhandelt in Karlsbad mit CSSR (kühler Empfang)

† *Arnold Zweig*, dt. sozialkrit. Schriftsteller, ging 1933 nach Palästina, 1948 nach Berlin (Ost), 1950—53 Präs. d. Akad. d. Künste in der DDR (* 1887)

„Tintenfisch 1“ (Jahrbuch für Literatur. Hgg. von *Michael Krüger* und *Klaus Wagenbach*)

In der BRD werden ca. 450000 Buchtitel angeboten, davon ca. 150000 ausländische. 19 Mill. Einwohner der BRD sind Buchleser

Auf dem Höhepunkt der Mai-Unruhen besetzen Studenten in Paris das Odéon-Theater. Sein Direktor *Jean-Louis Barrault* beugt sich der Besetzung und wird von der Reg. diszipliniert

Eine starke Politisierung des Theaters in der BRD ist von abnehmenden Besucherzahlen begleitet

Auf einigen Bühnen der BRD werden v. Schauspielern und Studenten Proteste gegen die Verabschiedung der Notstandsgesetze verlesen

Abschaffung der Theaterzensur in Gr.-Brit. (bestand seit 1737 in gesetzl. Form)

„Literarni Listy“, lit. Wochenzeitung, neues Verbandsorgan der tschechoslowakischen Schriftsteller (mit liberalisierender Tendenz)

Eduard Goldstücker, Vorsitzender des CSSR-Schriftstellerverbandes (geht nach der Besetzung durch die USSR ins westl. Ausland)

Moskauer Literaten *Juri Galanskow, Alexander Ginsburg, Alexej Dobrowolski* erhalten 2 bis 7

tauschbarkeit beruhenden Ästhetik von *Claude Lévi-Strauß*)

Karl Steinbuch: „Falsch programmiert. Über das Versagen unserer Gesellschaft in der Gegenwart und vor der Zukunft und was eigentlich geschehen müßte.“ (Fordert eine Umstellung d. geistigen Haltung der Deutschen im Sinne stärkerer Rationalität)

Carl F. v. Weizsäcker: „Über die Kunst der Prognose“ (naturwiss.-philosoph. Betrachtung; betont Probleme der Kernenergie, Computertechnik, Welternährung, Auswirkungen der Biologie, Waffenentwicklung, Einheit Europas u. des Weltfriedens)

4. Vollversammlung des Ökumenischen Rates d. Kirchen in Uppsala, Schweden, unter dem Motto „Siehe, ich mache alles neu“ (bekennt sich zu weltweiter Verantwortung)

70 Persönlichkeiten der CSSR, bes. aus dem kulturellen Bereich, veröffentl. „Aufruf der 2000 Worte“, der für die Liberalisierung eintritt

Philosophenkongreß in Wien

≈ In der Philosophie gibt es die Hauptströmungen Phänomenologie, Existenzphilosophie, Neopositivismus, Marxismus

„Futurum“ (Zeitschr. f. Zukunftsforschung, Hg. *Ossip K. Flechtheim*)

„Ausblick auf die Zukunft“ (Aufsätze von *M. Born, W. Heisenberg, O. Hahn* u. a.)

derer, Hut in der Hand" (Bronze)

Marino Marini: „Porträt Mies van der Rohe" (Bronze)

Brigitte Meier-Denninghoff (* 1923): „Brasa III" (Messing-Zinn-Plastik)

Mies van der Rohe: Neue Nationalgalerie, Berlin (West) (seit 1963); Toronto Dominion Centre, Kanada (zwei Stahlskeletthochhäuser m. 56 bzw. 46 Stockwerken, seit 1963)

Joan Miró: „Der mühsame Gang hinter dem Flammenvogel der Wüste" (frz. Gem., 2 m mal 4 m)

Henry Moore: „Interlocking" (engl. Zweiteileskulptur Nr. 10)

Otto Nagel (* 1844, † 1967): „Heinrich Zille" (Biographie aus verwandtem Künstlertum)

E. W. Nay: „Weiß-Schwarz-Gelb" (sein letztes Gem.)

† *Ernst Wilhelm Nay,* dt. abstrakter Maler (* 1902)

Rolf Nesch (* 1893): „Bernadette" (Metalldruck)

Richard Oelze (* 1900): „Ornithologisches Bildnis" (Gem.)

Georg-Karl Pfahler (* 1926): „B/RB II" (abstr. Gem.)

Paul Pfarr (* 1938): „Skulptur" (Bronze)

Peter Phillips (* 1939): „Pneumatik" (engl. popartige farbige Lithographie)

der Zeit" (tschechoslowak. Komp. f. Solo-Cello, vier Spielergruppen u. elektron. Orgel)

Robert Wittinger (* 1945): „Irreversibilitazione" (Op. 10 f. Cello u. Orchester)

Isang Yun (* 1917): „Träume" (südkoreanische Oper, vollendet in polit. Gefangenschaft, Urauff. 1969 in Nürnberg)

Donaueschinger Musiktage stehen im Zeichen mod. Musik aus d. CSSR (erweisen auch, daß Virtuosentum zum Impuls der Komposition geworden ist)

„Internationale Woche f. experimentelle Musik" von der Akad. d. Künste u. d. Techn. Univ. Berlin (West) über Raum Musik, Visuelle Musik, Medien Musik, Wort Musik, Elektronik Musik, Computer Musik

Mailänder Scala eröffnet Saison unter starkem Polizeischutz

„Hair", Hippie-Musical mit Aktszenen in München

„Delilah" (engl. Spitzenschlager)

~ Pop-Musik: Psychedelic-Underground (Elektro-Pop mit harten Klang- und Lichteffekten)

Radioastronomen entdecken kosmisches Objekt mit rasch pulsierender Radiostrahlung: „Pulsar" (bald erweist sich Zentralstern im Krebsnebel, Supernova vom Jahr 1054, ein mit ca. 1000 Umdrehungen pro Sekunde rotierender Neutronenstern, ebenfalls als Pulsar)

US-Ballonteleskop „Stratoscope II" (8 Stunden in 24000 m Höhe, Aufnahmen von 3 astronomischen Nebeln)

Erfolgreich gestartete Raumflugzeuge (bis 22. 10. 68):

	USA	USSR	Zus.
für Erdumlauf	529	272	801
Mond getroffen	12	6	18
Mondumlauf	6	5	11
Venus getroffen	—	2	2
Sonnenumlauf	11	8	19
Insges.	558	293	851
Sonstige Staaten			14
			865

Bemannte Raumflüge (12. 4. 61 bis 22. 10. 68)

	USA	USSR	Zus.
Flüge	15	9	24
Erdumkreis.	840	310	1150
Piloten	27	12	39
Pilotenstunden im Raum	2773	533	3306

(China startet 1. Erdsatell. 1970

„Apollo 6" unternimmt Testflug eines kompletten (unbemannten) Mondlandefahrzeuges

USSR startet unbemanntes Raumfahrzeug „Luna 14", das Mondumlaufbahn erreicht

Koppelung zweier „Kosmos"-Erdsatelliten der USSR in einer Erdumlaufbahn

Unbemannte „Sonde 5" der USSR umrundet Mond und kehrt zur Erde zurück

Auswertung von Registrierungen der USSR-Venussonde ergibt für die Venus-Atmosphäre die Zusammensetzung: Kohlendioxyd ca. 90%, Sauerstoff ca. 1%, Stickstoff ca. 2%, Wasser ca. 5 mg pro Liter (diese Zusammens. ergibt aufheizenden „Treibhauseffekt")

UN-Konferenz über die Erforschung und friedliche Nutzung des Weltraums (erörtert auch Nachwuchsprobleme)

In Wien wird (nach US-Vorbild) Polizeicomputer zur Auswertung einer Verbrecherkartei errichtet (1. Ausbaustufe bis 1969)

Toni Hiebeler (* 1930) bezwingt in 3 Tagen und 2 Nächten mit einer dt.-ital. Viererseilschaft erstmals die Nordost-Route d. Eigernordwand

Olympische Winterspiele in Grenoble: Norwegen mit 6 Goldmed. bes. erfolgreich; BRD erringt 2 Gold-, 2 Silber-, 3 Bronzemed. Spiele werden durch Farbfernsehen wirkungsvoll weltweit verbreitet

Schwere Studentenunruhen vor d. Olympischen Spielen in Mexiko

Weltweite Farbfernsehübertragung mit Hilfe v. Nachrichten-Satelliten zeigt d. Kommunikationskraft dieses Mediums

1. FC Nürnberg zum 9. Mal dt. Fußballmeister

61 Sporttauchklubs mit ca. 3000 Mitgliedern in der BRD (daneben zahlreiche nichtorganisierte Amateure). In den USA sind einige Millionen Sporttauchgeräte im Gebrauch

Von den Frauen schützen sich vor der Empfängnis mit spezifischem Mittel („Pille") in Austral. ca. 23%,

(1968)

Rumäniens Staats- und Parteichef *Ceausescu* unterzeichnet in der CSSR Freundschafts- und Beistandspakt

Truppen der USSR, Polens, Bulgariens und der DDR besetzen die CSSR, um Reformkurs zu beenden. Verhaftung maßgeblicher Politiker der CSSR. Heftige Demonstrationen der Bevölkerung. Proteste in aller Welt. Starker Rückschlag für die westliche Verständigungspolitik mit dem Osten.

Versuch der USSR, orthodox-kommunistische Regierung einzusetzen, mißlingt zunächst

Verhandlungen zwischen USSR u. CSSR in Moskau: CSSR verpflichtet sich, Interessen des Sozialismus zu wahren, USSR sagt Abzug ihrer Truppen nach „Normalisierung" zu

Zahlreiche kommunistische Parteien (z. B. in Frankreich, Italien, China) verurteilen die Intervention der USSR in der CSSR

Einschränkung der Presse- und Koalitionsfreiheit in der CSSR. Die Reformpolitiker haben weiterhin das Vertrauen der Bevölkerung

Albanien verläßt den Warschauer Pakt

KP-Weltkonferenz kommt wegen CSSR-Besetzung nicht zustande

CSSR stimmt einer Stationierung von Truppen d. Warschauer Paktes auf ihrem Gebiet zu, bis eine „Normalisierung" stattgefunden habe

USSR behält sich jedes Interventionsrecht vor, wenn die Lebensinteressen des Sozialismus verletzt und Übergriffe auf die Unantastbarkeit der Grenzen der sozialist. Gemeinschaft vorgenommen werden (diese „*Breschnew*-Doktrin" wird auch in kommunist. Kreisen stark kritisiert)

NATO verstärkt Kampfkraft in Europa gegenüber militär. Expansion der USSR in der CSSR und im Mittelmeer

Nationalversammlung der CSSR verabschiedet Föderalisierungs- u. Nationalitätengesetz (ab 1. 1. 69 wird CSSR eine Föderation aus Tschechei und Slowakei)

Im Zuge der Umwandlung in einen

Jahre verschärftes Arbeitslager, *Vera Laschkowa* 1 Jahr Freiheitsentzug; Intern. PEN-Club protestiert

Walter Lingenberg: „Computereinsatz in Bibliotheken der Bundesrepublik Deutschland"

„Anti-Theater" in München (bringt Schauspiele in verfremdeter, provozierender Form)

Radioastronomen entdecken Molekül Ammonik (NH_3) i. interstellaren Raum (vgl. 1970)

Kultusmin.-Konf. und Wissenschaftsrat empfehlen weitgehende Hochschulreform: Präsidentenverfassung, Fachbereiche statt Fakultäten, Berufung durch Ausschreibung, Erleichterung der Habilitation, stärkere Mitwirkung v. Mittelbau u. Studenten. Radikale Studenten fordern „herrschaftsfreie Räume" durch Lehr- u. Forschungsveranstaltungen in alleiniger Verantwortung der Studenten und Assistenten

Godesberger Erklärung der Westdt. Rektorenkonferenz zur Hochschulreform: Freiheit f. Forschung und Lehre, Hochschulautonomie, Differenzierung der Hochschulfunktionen, korporative Selbstkontrolle, Neuordnung der Mitverantwortung aller Mitglieder

Senat u. Abgeordnetenhaus von Westberlin ermöglichen gesetzlich Institutsreformen an den Universitäten ohne Zustimmung des akademischen Senats und erlassen neue Hausordnung gegen Störer des Universitätsbetriebes

Universität Würzburg wegen student. Störungen zeitw. geschlossen

Die Erwartung, daß in den nächsten 10 Jahren die Zahl der Abiturienten sich mindestens verdoppeln wird, führt zu Überlegungen u. Maßnahmen, den tertiären Bildungsbereich zu Gesamthochschulbereichen zu koordinieren und integrieren (*Dahrendorf*-Plan [FDP], *Evers*-Plan [SPD], *Martin*-Plan [CDU])

Lil Picard: Verbrannte Vinylkrawatte (Collage, Produkt der „Destruction Art" in USA)

Pablo Picasso: 347 Gravüren (Radierungen, Aquatinta, Kupferstich) datierte Folge mit dem erotisch betonten Hauptthema d. Frau

Erich F. Reuter (* 1911): Wandrelief für Europa-Haus, Berlin-Kreuzberg

Frantisek Ronovsky (* 1929): „Der Tod des Professors" (tschechosl. Gem. eines zeitkrit. Realismus)

Heinz Rose (* 1902): „Weiße Reiter II" (Gem.)

Nicolas Schöffer (* 1912): „Prisma mit 7 Effekten" (ungar.-frz. Objekt aus Spiegelglas, verschiedenen Materialien und elektr. Licht)

Michael Schoenholtz: „Torso" (Plastik)

Rudolf Schoofs (* 1932): „Mädchen" (Bleistift u. Aquarell)

Emil Schumacher (* 1921): „Alpha 1—4" (Acryl auf Papier u. Leinwand)

Hein Sinken (* 1914): Aerokinetische Plastik für das Hauptgebäude der Techn. Univ. Berlin-Charlottenburg

Peter Sorge (* 1937): „Does sex cause cancer?" (Zeichn.)

Toni Stadler (* 1888): „Knabentorso", „Mädchenfigur" (Bronzen)

Laszlo Szabo (* 1917): „Die Unzertrennlichen" (ungarisch-frz. Bronze abstrakt-organischer Form)

Rolf Szymanski (* 1928): „Die öffentliche Rose" (Metallplastik)

Dorothea Tanning (Frau von *Max Ernst*): „Sturz in die Straße" (nordamer.-frz. Gem.)

Göta Tellesch (* 1932): „Bewegliches Objekt" (popartige farbige Plastik)

Heinz Trökes: „Tarnkappe" (Gem.)

Hans Uhlmann: „Säule" (dreifarbige Stahlplastik)

Elyane Varian zeigt „Destruction Show" im Finch College Museum, New York, mit Kunstprodukten aus zerstörten Materialien

Stella Waitzkin: Skulptur aus zerstörtem Glas (Produkt der „Destruction Art" in USA)

Woty Werner (* 1903): „Von Anbeginn" (Webbild aus Wolle u. Baumwolle)

Wilhelm Wessel (* 1904): „n-Tor" (abstr. Gem.)

Hans Wimmer (* 1907): „Großes gesatteltes Pferd" (Bronze)

Fritz Winter: „Schwarz-Weiß vor Blau" (Gem.)

Derrick Woodham (* 1940): „5 Zylinder mit geteilter dreieckiger Basis" (engl.

Der 1960 gestartete US-Ballonsatellit „Echo 1", der nachts mit bloßem Auge sichtbar war, stürzt ab und verglüht

12097 seit 1947 in den USA registrierte nichtidentifizierte fliegende Objekte (Ufos) haben sich schließlich zu 90% als irdische Objekte erwiesen. Für den Rest ergab sich kein überzeugender Nachweis außerirdischer Herkunft

In der USSR wird Element 105 durch Beschießen von Element Americium mit Neon-Ionen künstlich erzeugt

Max-Planck-Institut für Plasmaphysik gibt auf internationaler Tagung bekannt, daß es langlebige Modellplasmen aus Alkalien und Erdalkalien erzielte (wichtige Voraussetzung f. Kernverschmelzungsreaktoren)

Versuchsreaktor mit Uran 233 als Brennstoff in Oak Ridge Lab., USA

Drei Leistungsreaktoren in der BRD: Grundremmingen (240 MW), Obrigheim (300 MW), Lingen (240 MW); Baubeginn weiterer Reaktoren in Würgassen (612 MW) und Stade (660 MW) (1 MW = 1000 kW)

Konferenz über Computer in der Klinischen Medizin in New York unter *E. R. Gabrieli*

Anfang einer Neutrino-Astronomie i. USA (vgl. 1975)

Intern. Kybernetik-Kongreß in München mit 700 Teilnehmern

Europäische Physikalische Gesellschaft in Genf gegründet

Ribonuklease A mit 124 Aminosäuren in USA als erstes Enzym vollständig synthetisiert

Verzweigungspunkte des Stammbaums der Evolution aufgrund der Ähnlichkeit von Enzymen und ihre Veränderung durch Mutationen im Laufe der Lebensentwicklung.

Gemeinsame Vorfahren von	lebten vor Mill. Jahren
Mensch—Affe	30
Mensch—Huhn	280
Mensch—Fische	490
Mensch—Insekten	750

i. d. USA ca. 20%, Schweden 19%, BRD ca. 13%; (BRD 1964: ca. 2%; Mittel seit 1962 in dt. Apotheken auf Rezept erhältlich)

Der Hosenanzug verbreitet sich in der dt. Frauenmode, auch als Abendkleidung

Mini-Rock läßt sich durch Versuch einer Maxi-Mode nicht verdrängen

Damenkleidung mit durchsichtigen Oberteilen als extravagante sexbetonende Mode

Vorzugsweise von Skandinavien her finden pornographische Schriften in der BRD Verbreitung

Für die BRD werden ca. 1,5 Mill. private Aktfotos geschätzt

In den USA haben ca. 20 Mill. Einwohner alle Zähne verloren, bei weiteren 91 Mill. findet man durchschnittlich 18 faule, fehlende od. plombierte Zähne. Fluor ist als bestes Mittel erkannt, Karies einzudämmen.

Ca. 400 Mill. Menschen sind ständig mit Wurmkrankheiten infiziert

Prozeß gegen die Hersteller des Schlafmittels Contergan, das im Verdacht steht, durch Anwendung bei Schwangeren Mißgeburten hervor-

(1968)

Bundesstaat tritt Regierung der CSSR zurück. Staatspräsident *Smrkovsky* betraut bisherigen Min.-Präs. *Cernik* mit Bildung der Bundesregierung

Studenten demonstrieren in Warschau und anderen poln. Städten gegen Unterdrückung geistiger Freiheit. Polizei geht hart dagegen vor. Amtsenthebung von Hochschullehrern. Kathol. Klerus unterstützt Studenten

Poln. Staatsoberhaupt (seit 1964) *Edward Ochab* (* 1906) tritt zurück. Nachfolger: *Marian Spychalski* (* 1906)

Poln. Außenminister *Rapacki* wird durch *Jedrychowski* abgelöst

USSR beansprucht unter Berufung auf „Feindstaaten"-Artikel der UNO-Charta Interventionsrecht gegenüber der BRD

Clark Clifford (* 1906) neuer Verteidigungsminister der USA (sein Vorgänger *McNamara* wurde Weltbankpräsident)

US-Aufklärungsschiff „Pueblo" v. Nordkorea aufgebracht und der Spionage beschuldigt. Besatzung wird nach 11 Monaten freigelassen

Vietkong besetzen nach Großoffensive in Südvietnam zeitweise Teile Saigons und Hué

USA erhöhen ihre Truppenstärke in Vietnam um 10500 auf 510500. In diesem Jahr fallen ca. 14500 US-Soldaten in Vietnam (seit 1962 ca. 30000)

US-Präsident *Johnson* gibt Bombardierungsstop in Vietnam nördlich des 20. Breitengrades und Verzicht auf eine erneute Kandidatur für sein Amt bekannt (gilt als Wende). Friedensvorgespräche zwischen USA und Nordvietnam stoßen auf starke Schwierigkeiten und kommen zunächst nicht voran

† *Robert Kennedy* (durch Attentat), Senator der USA, aussichtsreicher demokratischer Bewerber um die Präsidentenschaft (* 1926)

† *Martin Luther King* (ermordet), US-Negerführer (* 1929) Geistlicher u. Friedensnobelpreisträger (Attentäter 1969 zu 99 Jahren Freiheitsstrafe verurteilt)

Volksentscheid in Bay. ergibt Mehrheit für christl. Gemeinschaftsschule (gegenüber der bisherigen Konfessionsschule)

Internationale Lehrmittelschau in Hannover (steht im Zeichen audiovisueller Hilfsmittel und von Lernmaschinen)

47. Dt. Juristentag in Nürnberg fordert Liberalisierung des Sexualstrafrechts (Anfänge 1969 durch Novellierung im Bundestag)

Auswertung von 10000 Krankenbogen durch d. Ärztliche Lebensmüdenbetreuung, Berlin: 52% depressiv, 23% neurotisch, 2,8% körperlich krank. Ehe-, Liebes- u. Sexualkonflikte machen 53% der psychologischen Motive der Selbstmordgefährdung aus

Keine Hinrichtung in den USA (1967: 1, 1966: 6. Tendenz: Todesstrafen in lebenslängliches Zuchthaus umzuwandeln)

In USA wird durchschnittlich alle 3 Tage ein Museum gegründet (im Gegensatz zur kritischen Diskussion über die Bedeutung dieser Institution)

Amerikanische Gesellschaft zur Erforschung des Selbstmordes gegründet (in über 100 Städten der USA bestehen Selbstmord-Verhütungszentren)

Ehescheidungen auf 100000 Bürger:
USA 290, USSR 280, Ägypten 184, DDR 170, Österr. 120, BRD 108, Frankr. 75, Gr.-Brit. 72, Norwegen 71, Holland 55 (Deutschland 1905: 18,5)

geometr. Plastik aus farbigem Kunststoff und Fiberglas)

Mac Zimmermann (* 1912:) „Familie des Schmetterlingssammlers" (surrealist. Gem.)

Guy Brett: „Kinetic Art: the language of movement" (Betracht. zur kinet. Kunst)

„Reiche des Phantastischen" (Kunstausstellung von *Thomas Grochowiak* für die Ruhrfestspiele Recklinghausen)

Eröffnung d. Neuen Nationalgalerie der Stiftung Preuß. Kulturbesitz in Berlin (West) (Direktor: *Werner Haftmann*) (* 1912)

† *René d'Harnoncourt*, seit 1944 Direktor des Museum of modern art, New York (* 1901)

Gemäldegalerie des Louvre, Paris, wird unter der Leitung eines neuen, eigenen Direktors, *André Parrot*, neu gestaltet (zunächst die Sammlung frz. Kunst)

12 „Environments" (pop-artige Kunstform, die einen Raum mit Licht, Klang, Farbe füllt) in der Kunsthalle Bern (Dir.: *Harald Szeemann*)

Zille-Stiftung Hannover-Berlin (gegründet 1966) vergibt erstmals Preise für kritische Graphik an *Rudolf Schoofs* (* 1932), *Friedel Deventer* (* 1947), *Peter Neugebauer*

(* 1929), *Kurt Halbritter* (* 1924), *W. P. Eberhard Eggers* (* 1939), *Arwed Gorella* (* 1937), *Joachim Palm* (* 1937)

Baseler Kunstmuseum kauft Picasso-Bilder für 8 Mill. Franken (Volksabstimmung billigt diesen Kauf)

„documenta IV" in Kassel zeigt zeitgen. Kunstwerke von 148 Künstlern aus 17 Ländern (bevorzugt USA)

„Erotische Kunst" (schwed. Ausstellung mit Überblick über die klassischen Werke aller Zeiten und Völker)

„Cybernetic Serendipity" (Ausstellung kybernet. Kunst in London)

„Kunst aus dem Computer", (Ausstellung anläßlich d. Kongresses „Der Computer in der Universität" in der Techn. Univ. Berlin)

Eröffnung der Mailänder Triennale (Kunstausstell.) verzögert sich infolge Besetzung durch links-oppositionelle Kräfte

34. Biennale Venedigs der bildenden Kunst kurzzeitig wegen Störungen geschlossen

1. Plakatmuseum, i. Warschau

Die provokative „Antikunst" dringt auch in öffentliche Museen ein (z. B. Bern, Amsterdam) u. wird im Katalog registriert

„Lebenszeichen" (Film von *Werner Herzog*)

„Goldener Löwe v. St. Markus" der Filmfestspiele von Venedig an „Artisten in der Zirkuskuppel: ratlos" von *Alexander Kluge*

„Liebe und so weiter" (Film von *George Moorse*)

„Quartett im Bett" (satir. Film um Berlin von *Ulrich Schamoni*)

„Chronik der Anna Magdalena Bach" Film v. *Jean-Marie Straub*)

„La Chinoise" (frz. (Film von *Jean-Luc Godard*)

„Die Braut trug Schwarz" (frz. Film von *François Truffaut*)

„Raus mit Dir" (schwed. Film von *Jan Troll*)

„Biotaxia" (span. Film von *José Maria Nunes*)

„Rosemarys Baby" (poln.-nordam. Film von *Roman Polanski*)

„Oscar" an „In der Hitze der Nacht" als bestem Film

Großer Preis der Kurzfilmtage in Oberhausen a. CSSR und Jugoslawien

Filmfestspiele i. Cannes fallen den inneren Unruhen in Frankr. zum Opfer und werden abgebrochen (finden 1969 wieder statt)

„Liebe und so weiter" (Film von *Gorge Moorse* mit *Vera Tschechowa, Vadim Glowna*)

„Die Liebe eines Sommers" (nordam. Film von *Paul Newman* mit *Joanne Woodward, James Olson*)

„Adam" (Zeichentrickfilm, Regie: *Jan Lenica*)

USSR entwickelt als erstes Land Überschall-Verkehrsflugzeug TU-144 (2500 kmh, 6500 km Reichweite, Flughöhe 20000 m. 1. Probeflug 1. 1. 69)

US-Tiefseebohrschiff „Glomar Challenger" beg. seine aufschlußreichen Tiefseebohrungen

Britische Luftkissen-Kanalfähre SRN IV für 800 Personen und 120 km/h

Züricher Univ.-Klinik gibt wirkungsvollere Krebsbestrahlung in Sauerstoff-Überdruckkammer bekannt

Universitäts-Klinikum in Berlin-Steglitz wird als modernstes Univ.-Krankenhaus Europas der Freien Universität Berlin übergeben (Baukosten ca. 300 Mill. DM)

4 psychiatrische Tageskliniken in der BRD (erste 1934 in der USSR, 1945 erste westliche in Montreal)

Antarktischer Eisschild in Dicke von 2164 m durchbohrt

Orientierung der Zugvögel gilt noch immer als ungeklärt

Funde endeiszeitlicher Reliefzeichnungen auf Schieferplatten bei Neuwied am Rhein. Darstellungen von Wildpferd, Wisent, Auerochs, Bär, Mammut (Alter ca. 15000 Jahre)

Auf dem Hügel Tell Kamid el Loz (Libanon) wurden seit 1963 45 Bauschichten aus der Zeit —1600 bis —1300 ausgegraben (vermutlich Hauptstadt der ägypt. Provinz Upe in Vorderasien)

Täglich erscheinen ca. 7000 neue wiss. Abhandlungen, jährlich ca. 2,5 Mill. (die Zahl nimmt pro Jahr um etwa 6% zu)

gerufen zu haben (macht die Problematik pharmazeutischer Entwicklung deutlich)

In den USA jährlich 22000 Selbstmorde (11 pro 10000 Einwohner), in der BRD 12000 (20 pro 10000 Einwohner)

Verkehrstote auf 1 Mill. Einwohner:

Australien	283
Österreich	280
BRD	279
USA	271
Kanada	270
Frankreich	249

Dt. Kernkraftschiff „Otto Hahn"

US-Atom-U-Boot „Scorpion" mit 99 Mann gesunken (wird erst nach längeren Suchaktionen gefunden)

Israel. U-Boot „Dakar" und frz. U-Boot „Minerve" gehen verloren (69 bzw. 52 Tote)

US-Bomber stürzt mit 4 Atombomben über Grönland ab

Erdbeben auf Sizilien fordert etwa 500 Tote

Erdbeben im Iran fordert 15000 Todesopfer

68 Tote bei einer Panik im Fußballstadion in Buenos Aires

Rheinisches Freilichtmuseum in Kommern/Eifel als Landesmuseum für Volkskunde

(1968)

Nach der Ermordung *M. L. Kings* schwere Unruhen in den USA mit 46 Toten

US-Präsident *Johnson* verkündet Einstellung aller Luftangriffe gegen Nordvietnam und Teilnahme von Südvietnam und des Vietkong an Pariser Friedensgesprächen

Zwei US-Zerstörer fahren trotz Protest der USSR in das Schwarze Meer

Richard M. Nixon (* 1913, Parteirepublikaner) mit knapper Mehrheit vor *Hubert H. Humphrey* (* 1911, Parteidemokrat) zum Präsidenten der USA gewählt. *George C. Wallace* (* 1920, rechtsextrem) gewinnt 13% der Stimmen (Amtsantritt von *Nixon* 20. 1. 69)

Lester Bowles Pearson, seit 1963 Premier von Kanada, tritt zurück. Nachfolger *Pierre Elliot Trudeau* (* 1921), beide Liberale Partei

Blutige Studentenunruhen in Mexiko-City unmittelbar vor den Olympischen Spielen. Universität wird militär. besetzt

Araber entführen israelisches Verkehrsflugzeug nach Algerien

Arabische Terrorakte u. israelische Vergeltungsmaßnahmen gipfeln im Angriff auf eine israelische Verkehrsmaschine in Athen u. Vernichtung von 13 arabischen Verkehrsflugzeugen in Beirut. Weltsicherheitsrat verurteilt Israel

Arabischer Bombenanschlag in Jerusalem: 12 Tote, 52 Verletzte

Im Irak wird durch Staatsstreich Präsident *Aref* gestürzt. Nachfolger *Al Bakr* (rechter Flügel d. Baath-Partei)

Rhodesien richtet 3 Neger hin trotz Gnadenerweises der brit. Königin

Schwere Hungersnot in Biafra, der abgefallenen Ostregion Nigerias, bringt Massensterben vor allem der Kinder. Internationale Hilfsaktionen werden von den Politikern und Militärs beider Bürgerkriegsparteien behindert

Studentendemonstrationen in Pakistan (Beginn einer innenpolitischen Krise, die im Frühjahr 1969 zum Rücktritt des Präsidenten *Ayub Khan* und zur Machtübernahme der Armee unter General *Yahya Khan* führt

Aus der BRD entführte Südkoreaner erhalten hohe Strafen wegen Spionage (ein Todesurteil, 10 Jahre Zuchthaus für Komponisten *Isang Yun,* der 1969 in die BRD zurückkehren kann)

Liu Schao-tschi, chines. Staatsoberhaupt, wird nach langer Zeit der Polemik aus der KP ausgeschlossen und aus den Ämtern entfernt

Volksrep. China macht am Jahresende 8. Atombombentest

In Japan bildet sich „Rote Armee" u. beginnt Terrorakte

Bevölkerung und Sozialprodukt in politischen Bereichen:

	Bevölkerung		Brutto-Sozialprod.	
westl. Industriel.	631 Mill.	18%	1683 Mrd. $	65%
kommun. Länder	1115 Mill.	32%	560 Mrd. $	22%
Entwicklungsl.	1734 Mill.	50%	350 Mrd. $	13%
insgesamt	3480 Mill.	100%	2593 Mrd. $	100%

G. Myrdal: „Das asiatische Drama" (Unters. ü. d. Armut d. Völker)

Sozialprodukt der BRD und seine Verwendung in jeweiligen Preisen (in Mrd. DM):

			%
Priv. Verbrauch		298,0	56,1
staatl. Verbrauch		82,9	15,7
Investitionen		122,4	23,1
dav. Bauten	63,9		
Ausrüstung	58,5		
Vorräte +		8,2	1,6
Außenbeitrag +		18,5	3,5
aus Ausfuhr	125,9		
und Einfuhr	107,4		
Brutto-Sozialprod.		530,0	100,0

Medaillenspiegel der Olympischen Spiele in Mexiko und Punktewert. (G = 3, S = 2, B = 1 Punkt):

	G	S	B	P	
1. USA	45	28	34	225	1,12
2. USSR	29	32	30	181	0,76
3. Ungarn	10	10	12	62	6,1
4. Japan	11	7	7	54	0,53
5. DDR	9	8	7	50	3.15
6. BRD	5	11	10	47	0,78
7. Frankreich	7	3	5	32	0,64
8. CSSR	7	2	4	29	2,0

(letzte Spalte: Pkt. pro Mill. Einw.)

Brutto-Sozialprod. der BRD (in Mrd. DM):

Land- und Forstwirtsch.	20,5
Energie, Bergbau	21,0
Industrie	195,5
Handwerk	18,2
Baugewerbe	36,2
Einzelhandel	31,4
Großhandel	38,0
Verkehr, Nachrichten	31,1
Kreditinst., Versich.-Ges.	19,7
Wohnungsvermietung	23,4
Staat	48,8
Sonstige Dienste	46,4
Einkommen v. Ausland	—0,2
Brutto-Sozialprod. (1967: 485,1)	530,0

Jährlicher privater Verbrauch (in DM umgerechnet):

BRD	4700
CSSR	2800
Ungarn	2420
Bulgarien	2110
Polen	1815
USSR	1700
Rumänien	1560

Zuwachsrate (%) des realen Brutto-Sozialproduktes in der BRD zeigt 4- bis 5jährigen Zyklus mit abflachender Tendenz

	Max.	Min.
1950	12,8	
1954		7,2
1955	12,0	
1958		3,3
1960	8,8	
1963		3,5
1964	6,6	
1967		0,0
1968	6,2	

Brutto-Sozialprodukt (BSP) in Mrd. US-Dollar u. sein reales Wachstum i. Zeitraum 1958 bis 1968 in %:

	BSP	%
USA	883	58
Japan	134	179
BRD	132	64
Frankr.	118	63
Gr.-Brit.	103	40
Italien	72	71
Kanada	62	57

Bei Berücksichtigung d. Ostblockstaaten wäre die USSR hinter den USA an 2., die DDR hinter Gr.-Brit. an 7. Stelle einzufügen

Jährl. Pro-Kopf-Einkommen (nach dem Brutto-Sozialprodukt) in US-Dollar:

USA	3520
Schweiz	2250
Frankreich	1730
BRD	1700
Gr.-Brit.	1620
DDR	1220
Italien	1030
CSSR	1010
USSR	890
Ungarn	800
Polen	730
Rumänien	650
Jugoslawien	510
VR China	ca. 100

Beg. weltweiter Inflation (vgl. 1974/75)

1969

Friedensnobelpreis an Intern. Arbeitsorganisation (ILO), Genf

Jährlicher Rüstungsaufwand der Erde wird auf 650 Mrd. DM geschätzt

Eugen Gerstenmaier tritt als Präsident des Dt. Bundestages wegen öffentlicher Kritik zurück

Kai Uwe von Hassel (* 1913, CDU) wird Bundestagspräsident

Brit. Premier *Wilson* besucht BRD einschließlich Berlin (West)

USSR und DDR versuchen mit Drohungen Wahl des Bundespräsidenten durch die Bundesversammlung in Berlin zu verhindern. Diese findet ordnungsgemäß statt.

Bundesversammlung in Berlin (West) wählt mit Stimmen der SPD und FDP *Gustav Heinemann* (* 1899, † 1976) (SPD) zum Bundespräsidenten. Der Gegenkandidat *Gerhard Schröder* (CDU) unterliegt mit den Stimmen von CDU/CSU und NPD knapp

FDP schlägt im Bundestag Staatsvertrag mit der DDR vor (wird von der großen Koalition abgelehnt)

In der BRD bildet sich Dt. Kommunistische Partei (DKP) (1956 war die KPD verboten worden)

Bundesregierung übergibt Botschafter der USSR in Bonn ein Papier zum Thema Gewaltverzicht

Gegen Ende ihrer Amtszeit wird die große Koalition CDU/CSU—SPD in der BRD zunehmend durch innere Konflikte belastet. Besonderer Streitpunkt Aufwertung der D-Mark, die von *Schiller* befürwortet und von *Strauß* und *Kiesinger* abgelehnt wird

Ergebnis der Wahl zum Dt. Bundestag:

	Zweitstimmen 1969 %	Zweitstimmen 1965 %	Sitze (+Berlin) 1969	Sitze (+Berlin) 1965
CDU CSU	46,1	47,6	242+8	245+6
SPD	42,7	39,3	224+13	202+15
FDP	5,8	9,5	30+1	49+1
NPD	4,3	2,0	0	0
sonst.	1,1	1,6	0	0

Bundestag wählt mit knapper Mehrheit *Willy Brandt* (SPD) zum Bundeskanzler. SPD-FDP-Koalition m. *Walter Scheel* (FDP) als Vizekanzler

Nobelpreis f. Literatur an *Samuel Beckett* (* 1906 in Dublin, lebt in Paris)

Friedenspreis des Dt. Buchhandels an den Mediziner und Psychologen *Alexander Mitscherlich* (* 1908)

Wolfgang Bauer (*1942): „Magic Afternoon", „Change", „Party for six" (3 Bühnenstücke)

Ulrich Becher (* 1910): „Murmeljagd" (Roman)

Manfred Bieler: „Maria Morzek oder Das Kaninchen bin ich" (Roman)

Bremer Literaturpreis an *Horst Bienek* (* 1930)

Manfred von Conta (* 1931): „Der Totmacher" (Roman)

† *Ernst Deutsch,* dt. Schauspieler, bis 1933 bes. in Berlin, dann in USA; trat nach seiner Rückkehr bes. in der Rolle des „Nathan" hervor (* 1890)

Dürrenmatt: „Play Strindberg" („Komödie über die bürgerlichen Ehetragödien" nach dem „Totentanz" v. *Strindberg,* Urauff. Basel)

Christian Enzensberger: „Größerer Versuch über den Schmutz" (sozialkritische Betrachtungen)

Ota Filip (* 1930): „Ein Narr für jede Stadt" (tschechischer Roman, dt. Übers. *F.* wird 1970 in der CSSR inhaftiert)

Wolfgang Georg Fischer: „Wohnungen" (Roman)

Günter Grass: „Davor", „Örtlich betäubt" (Bühnenstück und Roman um den Protest der Jugend)

Max von der Grün: „Notstand oder Das Straßen-

† *Theodor W. Adorno,* dt. Soziologe, dt. Philosoph, Musiktheoretiker und Komponist. Begründete die an Hegel, Marx und Freud orientierte Frankfurter Schule mit Kritik an der modernen Industriegesellschaft (* 1903)

Wolf Graf Baudissin: „Soldat für den Frieden. Entwürfe für eine zeitgemäße Bundeswehr" (Vom Urheber des Begriffes des Soldaten als „Bürger in Uniform")

Hellmut Becker (* 1913): „Bildungsforschung, Bildungsplanung, Bildungspolitik" (weist auf die Notwendigkeit langfristiger Reformprozesse im Bildungswesen hin)

Hedwig und Max Born: „Der Luxus des Gewissens" (Erlebnisse und Einsichten im Atomzeitalter)

Ernst Fischer (* 1899, † 1972): „Erinnerungen und Reflexionen" (selbstkrit. Memoiren des österr. aus der KPÖ ausgeschlossenen Kommunisten)

Peter Gorsen: „Das Prinzip Obszön" (Kunst, Pornographie, Gesellschaft)

Jürgen Habermas: (* 1929): „Protestbewegung und Hochschulreform" (tritt für Demokratisierung der Hochschule ein)

Martin Heidegger: „Zur Sache des Denkens"

† *Karl Jaspers,* dt. Philosoph, bes. Existenzphil., setzte sich insbes. mit aktuellen polit. Fragen auseinander (* 1883)

Mit *Rolf Kreibich* (* 1938) wird erstamlig ein Assistent i. d. BRD Univ.-Präsident (an d. FU Bln.)

Gerhard Altenbourg (* 1926): „Hier lebte, starb und litt Herr Blumentritt" (Aquarell u. chin. Tusche)

Dorothee Bachem (* 1945): „Ohne Titel II" (Pulverfarben)

Bernhard Boes (* 1931): „Zweiteiliges Eckbild" (Gem.)

Alexander Camaro: „Tauros" (Gem.)

Jean Dewasne (* 1921): „Essai pour la longue marche" (frz., Email auf Platte)

† *Otto Dix,* dt. Maler der Neuen Sachlichkeit, sozialkrit. (* 1891)

Karl Gerstner (* 1930): „janus relief" (schweiz. mixed media)

Camille Graeser (* 1892): „translokation" (schweiz., Acryl auf Leinwand)

Gerhard von Graevenitz (* 1934): „Kinetischer Raum" (Motor, Holz, Eisen, Lampen)

† *Walter Gropius,* dt. Architekt, begründete das „Bauhaus", lebte zuletzt in USA (* 1883)

Werner Hilsig (* 1938): „Lucie in the Sky with Diamonds" (Gem.)

Ronald B. Kitaj (* 1932): „In unserer Zeit" (nordamer.-engl. popartige Siebdruckfolge)

Jan Kubiček (* 1927): „Vertikalsysteme" (CSSR, Acryl auf Leinwand)

Henning Kürschner (*1941): „Barrikade" (Kunstharz-Bild)

Luciano Berio (* 1925): „Traces" (ital. Komp.)

Boris Blacher: „Collage" (Komp. für großes Orchester, Urauff. in Wien), „200000 Taler" (Oper um das Leben des zarist. Judentums, Urauff. in der Dt. Oper Berlin)

Benjamin Britten: „Kinderkreuzzug" (engl. Ballade für Kinderstimmen u. Orchester, Urauff. in der St. Paul's Cathedral in London anläßlich des 50. Jahrestages des Kinderhilfs-Fonds)

Jan Cikker (*1911): „Das Spiel von Liebe und Tod" (tschechoslowak. Oper, Urauff. in München)

Paul Dessau: „Lanzelot" (Oper, Urauff. an der Dt. Staatsoper in Berlin [Ost])

Werner Egk: „Zweite Sonate f. Orchester" (Urauff. in Ludwigshafen), „Casanova in London" (Urauff. in der Staatsoper München)

Wolfgang Fortner: „Triplum" (Komposition f. Orchester, Ballett. Urauff. in München)

Lukas Foss (*1922): „Untitled" (dt.-amer. Komp. für einen Prinzipaldirigenten, vier Subdirigenten u. großes Orchester, Urauff. in Hamburg)

Cristóbal Halffter (* 1930): „Yes

Nobelpreis für Physik an *Murray Gell-Mann* (* 1929, USA) für grundlegende Theorie der Elementarteilchen („Achtfach-Weg-Modell" 1961, das als eine Art Urteilchen das „Quark" mit ²/₃ Elementarladung voraussetzt)

Nobelpreis für Chemie an *Odd Hassel* (* 1897, Norw.) und *Derek H. R. Barton* (* 1918, Gr.-Brit.) für Konformationsanalyse organischer Moleküle

Nobelpreis für Medizin an *Max Delbrück* (* 1906, Dtl., lebt in USA), *Alfred D. Hershey* (* 1908, USA), *Salvador E. Luria* (* 1912, Ital., lebt in USA) für Erforschung der Bakteriophagen mit grundl. Einsichten in die molekularbiolog. Lebensprozesse

D. Buhl u. Mitarb. entd. mit Radioteleskop Green Bank (USA) Mikrowellenstrahlung des Molekülkomplexes Formaldehyd aus d. Milchstraße (vgl. 1963, 68).

M. Calvin: „Molekulare Paläontologie" (Nachw. v. Molekülen aus ältesten Lebensprozessen)

US-Raketenflug „Apollo 11" gelingt in 195 Stunden, 18 Min. und 22 Sekunden planmäßig Mondlande-Unternehmen:

Am 21. Juli, 3 Uhr 56 MEZ, betritt *Neil Armstrong* (* 1931) als erster Mensch den Mond mit den Worten: „Das ist ein kleiner Schritt für einen Menschen — aber ein großer für die Menschheit". Ihm folgt *Edwin Aldrin* (* 1930), während *Michael Collins* (* 1931) im Mutterschiff um den Mond kreist und auf die Rückkehr der Landefähre wartet. Alle Phasen des Unternehmens werden durch Fernsehen weltweit übertragen.

Im „Apollo 12"-Unternehmen landen die US-Astronauten *Charles Conrad* und *Alan Bean* auf dem Mond, errichten Beobachtungsinstrumentarium, bergen Teile einer 1967 gelandeten US-Sonde und kehren zum Mutterschiff, gesteuert von *Richard Gordon,* zurück (diese zweite Mondlandung findet schon nicht mehr das starke öffentliche Interesse wie die erste im gleichen Jahr)

Max-Planck-Institut für Astrono-

Heinz-Oskar Vetter (* 1917) aus der IG Bergbau wird als Nachfolger von *Ludwig Rosenberg* Vors. des DGB

Bundeshaushalt f. 1969 beläuft sich auf 83,3 Mrd. DM (+5,4% gegenüber 1968)

Aktienindex in der BRD am Jahresanfang 132,7 (1966 = 100) 1970 starke Kursrückgänge

Im Außenhandel sind die wichtigsten Handelspartner der BRD: Frankreich, USA, Niederlande, Italien, Belgien-Luxemburg, Gr.-Brit. (bzw. Schweiz f. d. Ausfuhr) mit insgesamt 55% des Volumens

Verhandlungen m. der USSR über Erdgaslieferungen in die BRD (ab 1973) und dt. Röhrenlieferungen z. Leitungsbau

Ruhrkohle AG als Einheitsgesellschaft des Ruhrbergbaus gegrdt., um durch Staatsbürgschaft Zechen zu sanieren

Zentralbankrat d. BRD erhöht Diskontsatz zur Konjunkturdämpfung von 3 auf 4,5 und 6% (1970 auf 7,5%). In Frankreich steigt der Diskontsatz von 6 auf 8%

Lohnfortzahlung für Arbeiter im Krankheitsfall in Analogie zum Angestelltenrecht in der BRD

(1969)

und Außenmin., *Hans-Dietrich Genscher* (FDP) als Innenmin., *Helmut Schmidt* (SPD) als Verteidigungsmin., *Alexander Möller* (SPD) als Finanzmin., *Hans Leussink* (parteilos) als Min. f. Bildung und Wissenschaft, *Horst Ehmke* (SPD) Min. f. d. Kanzleramt

Bundeskanzler *Brandt* kündigt in seiner Regierungserklärung innere Reformen mit „mehr Demokratie" und eine Außenpolitik der Verständigung mit West und Ost an. Spricht von zwei deutschen Staaten, die füreinander aber nicht Ausland sind. Als Opposition greift die CDU/CSU die beabsichtigte Deutschland- und Ostpolitik heftig an.

Bundesregierung wertet DM um 8,5% auf: 1 US-Dollar = 3,66 DM

Bundespräsident *Heinemann* macht Staatsbesuch in den Niederlanden (verbessert das politische Klima)

BRD und VR Polen einigen sich über die Aufnahme von politischen Gesprächen zur Verbesserung der Beziehungen

Der Vorsitzende des Staatsrates der DDR *Ulbricht* schlägt in einem Brief an Bundespräsident *Heinemann* Beziehungen zwischen beiden deutschen Staaten einschließlich diplomatischer vor. *Heinemann* beantwortet mit Hinweis auf Zuständigkeit der Bundesregierung und unterstreicht Einheit der Nation. (1970 kommt es zu ersten Gesprächen zwischen Bundeskanzler *Brandt* u. Min.-Präs. *Stoph* in Erfurt und Kassel)

BRD und USSR beginnen in Moskau Gespräche über Gewaltverzichtserklärungen

Westmächte schlagen USSR Gespräche über Berlin vor (beginnen 1970)

NATO-Ministerrat unterstützt die auf Entspannung zielende Ostpolitik der neuen Bundesregierung Reg. Bürgermeister von Berlin, *Klaus Schütz*, besucht Polen als ein Zeichen guten Willens

Berlins Reg. Bürgermeister *Klaus Schütz* tritt für eine Politik der Anerkennung der „Realitäten" im West-Ost-Verhältnis ein (führt zur

theater kommt" (Bühnenstück)

Hans Habe (* 1911): „Das Netz" (Roman)

Peter Hacks (* 1928): „Margarete von Aix" (Bühnenstück, Urauff. in Basel; veröff. 1967)

Peter Handke: „Quodlibet" (Bühnenstück; Urauff. Basel 1970)

Peter Härtling (* 1933): „Das Familienfest" (Roman)

Willi Heinrich (* 1920): „Schmetterlinge weinen nicht" (Roman)

Günter Herburger: „Die Messe" (Roman)

Hörspielpreis d. Kriegsblinden an *Ernst Jandl* u. *Friederike Mayröcker* für „Fünf Mann Menschen"

Nina Keller: „Der Schritt" (Roman)

† *Hilde Körber*, dt. Schauspielerin u. Schauspiellehrerin (* 1906)

Schriftsteller *Anatoli Kusnezow* (USSR) erhält Asyl in Gr.-Brit.

Reinhard Lettau: „Feinde" (Erz.)

Pulitzerpreis an *Norman Mailer* für „Armies of the night" (Bericht über Protest gegen Vietnamkrieg)

Angelika Mechtel (* 1943): „Die feinen Totengräber" (13 Erzählungen)

Anna Seghers: „Das Vertrauen" (DDR-konformistischer Roman)

Alexander Solschenizyn (* 1918) wird wegen zensurfeindlicher Haltung aus dem sowjetischen Schriftstellerverband ausgeschlossen (führt zu weltweitem Protest)

Dominik Steiger (* 1940): „Wunderpost für Co-

(Widerstand d. Professoren)

Rudolf Walter Leonhardt: „Wer wirft den ersten Stein?" (über „Minoritäten in einer züchtigen Gesellschaft")

Siegfried Maser: „Numerische Ästhetik — Neue mathematische Verfahren zur Beschreibung und Bewertung ästhetischer Zustände"

Herbert Marcuse: „Versuch über die Befreiung" (gesellschaftskrit. Philosophie)

G. Meineke: „Psychohygiene des Daseinsgenusses" (Beitrag zur angewandten Hygiene)

Alex. Mitscherlich: „Die Idee des Friedens und die menschliche Aggressivität"

Georg Picht: „Mut zur Utopie. Die großen Zukunftsaufgaben" (zwölf Vorträge)

Helmut Schmidt: „Strategie des Gleichgewichts. Deutsche Friedenspolitik und die Weltmächte" (Wehr- als Friedenspolitik)

Dieter Wellershoff: „Literatur u. Veränderung" (Versuche zu einer Metakritik der Literatur)

† *Leopold v. Wiese*, dt. Soziologe und Volkswirtschaftler, entwickelt Soziolog. als Lehre von den zwischenmenschl. Beziehungen (* 1876)

Karlspreis der Stadt Aachen an die Kommission der Europäischen Gemeinschaften

Einweihung des Bibliothekgebäudes des Israel-Museums, Jerusalem (gespendet von d. *Axel-Springer*-Stiftung)

Papst *Paul VI.* ernennt 35 Kardinäle

Papst besucht Welt-

† *Ludwig Mies van der Rohe,* dt. Architekt aus dem „Bauhaus"-Kreis, seit 1934 in Chikago (* 1886)

Roberto Matta (* 1911): „Erimau – Stunde d. Wahrheit" (monumental. chil. surrealist. Wandbild um die Hinrichtung des span. Kommunisten *Erimau*)

Leonardo Mosso (* 1926): Modelle für eine programmierte Stadt (ital. Architekturentwurf)

Willy Müller-Brittnau (* 1938): „no. 1/69" (schweiz. Ölbild)

Bernhard Pfau (* 1902) Schauspielhaus in Düsseldorf (1970 eröffnet)

George Rickey (* 1907): „Zwei Rechtecke vertikal rotierend" (nordam. bewegl. Skulptur)

Joachim Schmettau (* 1937): „Weibl. Figur sich den Strumpf anziehend" (Plastik)

K. Schmidt-Rottluff: „Wintermelancholie" (Tusche und Aquarell)

Wolfgang Schmidt (* 1929): „Serie 25" (audiovisuelles Spektakel, Dias u. Tonband)

Nicolas Schöffer (* 1912 Ungarn, lebt in Paris) entwirft kybernetische Stadt der Zukunft mit über 300 m hohem Lichtturm, der Informationen über das Leben in Paris in Lichtsignale umsetzt, 450 m hohe turmartige Arbeits-

Speak Out Yes" (span. Kantate im Auftrag der UNO, Urauff. in New York), „Don Quichote" (span. Oper, Urauff. an der Dt. Oper am Rhein)

Werner Heider (* 1930): Musik zu Versen *Picasso's* (Klavier, Klarinette, Geige, Singstimme)

Hans Werner Henze: „Being Beauteous" (Balletturauff. i. Köln), „6. Sinfonie" (Urauff. in Havanna)

Milko Kelemen (* 1924): „Belagerungszustand" (finn. Oper nach *Camus* mit starken elektroakust. Elementen. Uraufführung 1970 in Hamburg)

Rudolf Kelterborn (* 1931): „Tres Cantiones sacrae" (schweiz. Komp. für siebenstimmigen gemischten Chor, Urauff. in Kassel), „Fünf Madrigale f. großes Orchester und zwei Solostimmen" (Urauff. in Luzern)

Giselher Klebe: „Concerto f. Beat-Band u. Sinfonie-Orchester" (Urauff. in Gelsenkirchen), „Märchen von der schönen Lilie" (Urauff. der Dt. Oper am Rhein)

Joseph Kosma (* 1905, † 1969): „Die Husaren"

mie in Heidelberg nimmt unter *Hans Elsässer* seine Arbeit auf

Forti und Mitarbeiter entd. Ruinen von Sybaris in Unteritalien (diese griech. Stadt der sprichwörtlichen Lebensfreude wurde —510 durch Krieg zerstört, später verlegt)

Thor Heyerdahl versucht mit Papyrus-Floß altägypt. Bauweise den Atlantik zu überqueren, muß es aber mit der Mannschaft in stürmischer See verlassen (neuer Versuch 1970)

R. Huber, O. Epp, H. Fomanek: „Aufklärung der Molekülstruktur des Insektenhämoglobins" (Röntgenstrukturanalyse eines Eiweißmoleküls mit dem Molekulargewicht 16000 aus einigen tausend Atomen)

Hans Kleinwächter und Mitarbeiter konstruieren „Synchron-Telemanipulator" zur Fernübertragung der Bewegungen eines Menschen auf einen Roboter

Charles McCusker und *I. Cairns* veröffentlichen Nebelkammeraufnahmen von Höhenstrahlung, auf denen sie Spuren von „Quark"-Teilchen mit $^2/_3$ Elementarladung vermuten (dieses soll nach *Gell-Mann* Urbaustein der Materie sein)

Minsky u. Mitarbeiter (Mass. Inst. of Technology, Boston, USA) untersuchen Probleme der Hand-Auge-Koordination für einen Roboter (Fernsehkamera = Auge, mechan. Manipulator = Hand)

M. H. Rassem (* 1922): „Seelische Störungen" (mit kultursoziologischen Aspekten des Abnormalen; kennzeichnet ideologischen Konformismus als pathologisch)

A. Visser: „Werkstoffbearbeitung mit Photonenstrahlen" (kennzeichnend für den Fortschritt der Technik mit Laserstrahlen, z. B. Mikroschweißung)

Vorbereitung zur Mondlandung: Im „Apollo 9"-Unternehmen wird Mondlandefähre in einer Erdumlaufbahn erprobt

„Apollo 10"-Unternehmen übt wichtige Manöver einer Mondlandung, so Ab- und An-Koppelung der Mondlandefähre in einer Mondumlaufbahn

Wirtsch.-*Nobel*pr. vgl. 1970

Mansholt-Plan f. EG-Landwirtsch.

Zwei Bürger der DDR zwingen polnisches Verkehrsflugzeug in Berlin (W) zu landen, um aus der DDR zu fliehen (von einem frz. Gericht verurteilt, da Frankr. f. d. Flughafen Tegel zustdg.)

Lebensstandard in der DDR wird auf ca. $^2/_3$ des der BRD geschätzt

Neun Bewohner der DDR flüchten mit einer Werkslokomotive in die BRD

Arbeitsmarkt der BRD erreicht Rekord mit 861000 offenen Stellen, über 1,5 Mill. Gastarbeitern u. 0,5% Arbeitslosigkeit

Starke Konjunktur ruft Befürchtung einer „Überhitzung" hervor

Preis- und Lohnwelle in der BRD (wird auf verspätete Aufwertung und übersteigerte Konjunktur zurückgeführt. Setzt sich Anfang 1970 fort)

Wilde Streiks in der BRD führen zu Lohnerhöhungen in Industrie u. im öffentl. Dienst

Kurzzeitige Schließung der Devisenbörsen in der BRD vor der Bundestagswahl, um Spekulationen mit der erwarteten DM-Aufwertung zu un-

(1969)

Kritik insbes. der CDU-Opposition)

Demonstrationen Jugendlicher in Berlin (West) gegen Ausfliegung von Bundeswehrdeserteuren nach Westdeutschland

Nach Rücktritt von *Georg August Zinn* (* 1901, SPD) wird *Albert Osswald* (SPD) Min.-Präs. von Hessen

Helmut Kohl (* 1930, CDU) wird als Nachfolger von *Peter Altmeier* (* 1899, CDU) Min.-Präs. von Rheinland-Pfalz

Italien. Behörden ermitteln gegen Münchner Weihbischof und früheren Hauptmann *Defregger* wegen vermuteter Verantwortlichkeit für Geiselerschießungen während des 2. Weltkrieges; Kardinal *Döpfner* deckt ihn

Der Nürnberger Photokaufmann *Hannsheinz Porst* wird wegen landesverräterischer Beziehungen zur DDR zu 33 Monaten Gefängnis und 10000 DM Geldstrafe verurteilt

BRD und Jugoslawien schließen Wirtschaftsabkommen

Kenneth Rush (* 1910, US-Industrieller) wird Botschafter in der BRD

Rolf Pauls Botschafter der BRD in USA (vorher in Israel)

BRD unterzeichnet in Washington, London und Moskau den Atomsperrvertrag

Gerald Götting (* 1923), Ost-CDU, wird Präsident der Volkskammer der DDR

Die DDR wird von folgenden arabischen Staaten nacheinander anerkannt: Irak, Sudan, Syrien, Südjemen, Ägypten

Kambodscha anerkennt die DDR

BRD beschließt Beziehungen zu Kambodscha „einzufrieren". Darauf bricht Kambodscha die Beziehungen ab

SED fordert BRD solle Pariser Verträge mit NATO-Zugehörigkeit kündigen (wird von den Bundestagsparteien einmütig abgelehnt)

Im Gegensatz zur BRD feiert die DDR mit militärischer Parade und vielen Feierlichkeiten ihren 20. Jahrestag

Piloten" (Erzählungen im Stil des sprachspielerischen „Nonsense")

John Updike (* 1932): „Ehepaare" (dt. Übers. d. nordamer. Romans von 1968 um den Partnertausch)

„Lesebuch. Deutsche Literatur der sechziger Jahre" (Herausg. *Klaus Wagenbach*, bringt folgende Autoren: *Ilse Aichinger* (* 1921, Wien), *H. C. Artmann* (* 1921, Österr.), *Ingeborg Bachmann* (* 1926, Klagenfurt), *Konrad Bayer* (* 1932, Wien), *Jürgen Bekker* (* 1932, Köln), *Peter Bichsel* (* 1935, Luzern), *Manfred Bieler* (* 1934, Zerbst), *Wolf Biermann* (1936, Hamburg), *Johannes Bubrowski* (* 1917, Tilsit), *Heinrich Böll* (* 1917, Köln), *Nicolas Born* (* 1937, Duisburg), *Paul Celan* (* 1920, Czernowitz), *P. C. Delius* (* 1943, Rom), *Friedrich Dürrenmatt* (* 1921, bei Bern), *Günter Eich* (* 1907, Lebus/Oder), *Hans Magnus Enzensberger* (* 1929, Kaufbeuren), *Hubert Fichte* (* 1935, Perleberg), *Erich Fried* (* 1921, Wien), *Max Frisch* (* 1911, Zürich), *Günter Bruno Fuchs* (* 1928, Berlin), *Franz Fühmann* (* 1922, Rochlitz/Riesengeb.), *Günter Grass* (* 1927, Danzig), *Peter Handke* (* 1942, Kärnten), *Rolf Haufs* (* 1935, Düsseldorf), *Helmut Heissenbüttel* (* 1921, Wilhelmshaven), *Stephan Hermlin* (* 1915, Chemnitz), *Wolfgang Hildesheimer* (* 1916, Hamburg), *Walter Höllerer* (* 1922, Sulzbach-Rosenberg), *Peter Huchel* (* 1903, Berlin), *Ernst*

kirchenrat in Genf und afrikan. Staat Uganda. Es gelingt ihm nicht, im Konflikt um Biafra zu vermitteln

Wegen ernster Gefährdung stellt das Intern. Rote Kreuz Hilfsflüge nach Biafra ein

Jean-Marie Villot (* 1905), seit 1965 Erzbischof von Lyon, wird Staatssekr. des Vatikans

Kardinal *Joseph Frings*, seit 1942 Erzbischof von Köln, legt sein Amt aus Altersgründen nieder. Sein Nachfolger wird *Joseph Höffner* (* 1906), 1962—68 Bischof von Münster

Hans Otto Wölber (* 1913), Bischof der Landeskirche Hamburg, wird Leitender Bischof der Vereinigten Ev.-Luther. Kirche Deutschlands, nachdem *Hanns Lilje* zurücktrat

Thüringische Landeskirche kündigt Mitarbeit in der Evangelischen Kirche Deutschlands (DDR-Regierung drängt immer mehr auf Teilung der Kirche in beiden Teilen Deutschl.)

In der BRD wird stärkeres Anwachsen der Austritte aus den Kirchen verzeichnet

„Theologiestudenten 1969" (Dokumente einer revolutionären Generation auch in der Kirche)

Durch Grundgesetzänderung erhält die dt. Bundesreg. Zuständigkeit für Bildungsplanung und Hochschulbau zusammen mit den Bundesländern (ab 1970 gemeinsame Planungsausschüsse)

Hamburg und Berlin verabschieden Universitätsgesetze, die auf Ko-

stadt und Freizeitzentrum mit erotisch sensibilisierenden Farb- und Duftprogrammen

Jan J. Schoonhoven (* 1914): „R 69, 1—19" (niederl., Papier auf Paneel)

Hans-Peter Sprinz (* 1941): „Kirchspiel" (Holz, Farbe, Blattgold, Kunstst.)

Henryk Stazewski (* 1894): „Blaues Relief" (poln., bemaltes Holz)

George Sugarman (* 1912): „Rote und gelbe Spirale" (nordamer. polychrome Holzskulptur)

Slavko Tihec (* 1928): „Aquamobil" (jugoslaw., Polyester)

Peter Umlauf (* 1938): „Fisch und Schwein" (dreifarb. Radierung)

„Konstruktive Kunst: Elemente und Prinzipien" (intern. Ausstellung in Nürnberg)

„Konzeption" (Ausstellung der „Conceptual Art", die Werke mehr gedanklich konzipiert als materiell realisiert)

—

„Liebe — kälter als der Tod" (Film von *Rainer Werner Faßbinder*

„Jagdszenen aus Niederbayern" (Film von *Peter Fleischmann* mit *Michael Strixner*)

„Die Artisten in der Zirkuskuppel: Ratlos" (Film von *Alexander Kluge*)

(frz. Oper, Urauff. in Lyon)

Ernst Krenek: „Deutsche Messe" (Urauff. in Luzern)

Helmut Lachenmann: „tem A" (Kompos. f. Mezzosopran, Flöte, Cello)

György Ligeti (* 1920): „Zehn Stücke für Bläserquintett" (Urauff. in Stockholm), „Etude Nr. 2" (ungar.-österr. Komp. für Orgel, Urauff. in Graz)

Gian Francesco Malipiero: „Die Helden des Bonaventura" (ital. Oper, Urauff. in Mailand)

Frank Martin (* 1890): „Maria-Tryptichon" (schweiz. Komp. f. Sopran, Violine und Orchester, Urauff. i. Rotterdam)

Olivier Messiaen: „La Transfiguration" (frz. Komp., Urauff. beim XIII. Gulbenkian Musikfestival in Lissabon)

Diether de la Motte: „Der Aufsichtsrat" (Oper, Text: *Rolf Schneider,* Urauff. Hannover 1970)

Luigi Nono: „Suite da Concerto" aus „Intolleranza 1960" (ital. Komp. für Sopran, Chor [Tonband] und Orch. Urauff. in Edinburgh)

Luis de Pablo: Versionen über „Ein Wort" von *Gottfr. Benn* (Kompos. f. Sopran und Ensemble)

US-Mars-Sonden „Mariner" 6 und 7 passieren nach ca. fünfmonatigem Flug den Planeten, senden Fernsehbilder und Meßdaten

USSR startet Venussonden „Venus" 5 und 6, die nach ca. 4 Monaten Flug und weicher Landung Meßdaten vom Planeten senden

USSR startet kurz nacheinander bemannte Raumschiffe „Sojus" 4 und 5; Koppelungsmanöver und Umstieg zweier Astronauten

USSR startet kurz hintereinander drei Raumschiffe („Sojus" 6, 7, 8) mit insgesamt 7 Astronauten, die u. a. Schweißtechniken unter Weltraumbedingungen erproben (die erwartete Koppelung zu einer Raumstation bleibt aus)

Raumfahrtstatistik:

	USA	USSR
Anzahl bemannter Flüge	22	15
Astronauten	44	24
Astronauten a. d. Mond	4	0
i. Raum verbr. Stunden	6834	1699
Ausstiege aus dem Raumschiff	14	3
Koppelungsmanöver	10	4
Sonden zu Nachbarplaneten	7	18

Am Lick-Observatorium (USA) wird der Zentralstern des Crabnebels als ein Pulsar erkannt (P.e als kurzzeitig pulsierende Radioquellen 1968 entdeckt)

Ablenkung kosmischer Radiowellen durch d. Schwerkraft d. Sonne in guter Übereinst. mit allgem. Relativitätstheorie (USA-Messungen)

Ca. 700 infrarote Sterne seit 1966 entdeckt (mit Temperaturen bis herab zu —200° C, möglicherweise Frühstadien einer Sternentwicklung). Nachweis mit Strahlenempfängern, die bis nahe dem absoluten Nullpunkt gekühlt werden

Frei schwenkbares Spiegelteleskop mit 100 m Durchmesser für kosmische Radiostrahlung bis herab zu 2 cm Wellenlänge in Effelsberg bei Bonn (Kosten: 28 Mill. DM, Inbetriebnahme 1970)

Europäische Sternwarte für den südlichen Himmel in den chilenischen Anden eröffnet

Erste Mondgloben im dt. Handel

Zur Vermeidung von Luftverun-

terbinden (nach d. Wahl wird der Kurs freigegeben)

Frankreich wertet den Franc um 21,5% ab

US-Tanker „SS Manhattan" erschließt mit der Nordwest-Passage durch das nördliche Eismeer einen neuen Seeweg nach Alaska. Alaska gewinnt durch Erdölfunde seit 1968 zunehmend wirtschaftliche Bedeutung

Durch Verwaltungsreform in Nordrhein-Westfalen entstehen neue Großgemeinden

Bonn wird mit Bad Godesberg, Beuel und anderen Gemeinden z. Gr.-Bonn vereinigt

„Teenage Fair 69" in Düsseldorf wendet sich mit popartiger Werbung an eine Jugend, die in der BRD pro Jahr eine Kaufkraft von 20 Mrd. DM repräsentiert (davon 3,0 Mrd. f. Kleidung, 0,75 f. Kosmetik, 0,3 für Süßwaren, 0,25 f. Lektüre, 0,26 für Freizeit, 0,9 f. Tabak, 0,44 f. Alkohol, 2,0 für Auto, 2,6 für Sport und Reise)

Überlange Maxi-Mäntel mit Stiefeln kontrastieren zum Mini-Rock in d. Mode der weibl. Jugend

Die Tendenz zu längeren Röcken

(1969)

Wahlen in Wien ergeben für den Landtag:

SPÖ 63 Sitze (1964: 60), ÖVP 30 (35), FPÖ 4 (3), Demokrat. Fortschrittl. Partei (*Franz Olah,* früher SPÖ) 3 (0), KPÖ 0 (2) (in der Bundeswahl zum Nationalrat 1970 wird SPÖ stärkste Partei)

Regelung der Südtirolfrage auf der Grundlage stärkerer Autonomie findet die mehrheitliche Zustimmung der Südtiroler, im ital. Parlament sowie Österreichs

Österr. Altkommunist *Ernst Fischer* aus der KPÖ ausgeschlossen wegen Kritik an Besetzung d. CSSR durch Ostblockstaaten

11. Kongreß der Sozialistischen Internationale in Eastbourne (Gr.-Brit.) mit 134 Delegierten und Gästen aus 40 Ländern. Präsidium: *Bruno Pittermann* (Österr.), *Willy Brandt* (BRD), *Tage Erlander* (Schweden), *Harold Wilson* (Gr.-Brit.)

Regierungschefs der EWG-Staaten einigen sich auf Vorbereitungen für Beitrittsgespräche mit Gr.-Brit. (dieses maßgebl. von Bundeskanzler *Brandt* erzielte Ergebnis gilt als Wendepunkt der frz. Haltung)

Gr.-Brit. erklärt Abbruch diplomatischer Beziehungen zu Rhodesien

Bürgerkriegsartige Kämpfe zwischen der unterprivilegierten katholischen Minderheit und Protestanten in Nordirland. Engl. Reg. entsendet Truppen

Schweden anerkennt als erster westlicher Staat Regierung in Nordvietnam

Tage Erlander, Sozialdemokr. Min.-Präs. Schwedens seit 1946, tritt zurück. Nachfolger wird der bisherige Kultusmin. *Sven Olof Palme* (* 1927)

Frankreich stoppt Rüstungslieferungen an Israel

Studentenunruhen in Paris

Generalstreik in Frankreich

Charles de Gaulle tritt als frz. Staatspräsident (seit 1958) zurück, weil ein von ihm vertretenes Referendum über Regierungs- und Ver-

Jandl (* 1925, Wien), *Bernd Jentzsch* (* 1940, Plauen), *Uwe Johnson* (* 1934, Cammin), *Yaak Karsunke* (* 1934, Berlin), *Marie Luise Kaschnitz* (* 1901, Karlsruhe), *Alexander Kluge* (* 1932, Halberstadt), *Wolfgang Koeppen* (* 1906, Greifswald), *Karl Krolow* (* 1915, Hannover), *Günter Kunert* (* 1929, Berlin), *Siegfried Lenz* (* 1926, Masuren), *Reinhard Lettau* (* 1929, Erfurt), *Kakov Lind* (*1927, Wien), *Christoph Meckel* (* 1935, Berlin), *Karl Mickel* (* 1935, Dresden), *Franz Mon* (* 1926, Frankfurt/M.), *Helga M. Novak* (* 1935, Berlin), *Christa Reinig* (* 1926, Berlin), *Hans Werner Richter* (* 1908, Bansin), *Peter Rühmkorf* (* 1929, Dortmund), *Arno Schmidt* (* 1914, Hamburg), *Robert Wolfgang Schnell* (* 1916, Barmen), *Wolfdietrich Schnurre* (* 1920, Frankfurt/M.), *Anna Seghers* (* 1900, Mainz), *Vagelis Tsakiridis* (* 1936, Athen), *Volker von Törne* (* 1934, Quedlinburg), *H. Günter Wallraff* (* 1942, Köln), *Martin Walser* (* 1927, Wasserburg/Bodensee), *Peter Weiss* (* 1916, Nowawes/Berlin)

Dieter Wellershoff (* 1925): „Die Schattengrenze" (Roman)

Intern. Buchmesse in Frankfurt/M. wird von einem Messerat einschließlich der linken „Literaturproduzenten" geleitet. Stand der Südafrikanischen Union wird gestürmt, Hauptversammlung des Börsenvereins gesprengt

operation von Hochschullehrern, Assistenten, Studenten und Arbeitnehmern beruhen. Auflösung der Fakultäten zugunsten kleinerer Fachbereiche. In beiden Ländern wird von den Wahlgremien ein Assistent zum Univ.-Präsidenten gewählt

Der nur aus Mitgliedern des linksradikalen SDS bestehende Vorstand des VDS tritt zurück (bedeutet ernste Krise des student. Dachverbandes; SDS löst sich 1970 auf)

Studentenunruhen a. d. Universität Frankfurt

Jugendkongreß d. SPD in Bad Godesberg mit lebhaften Auseinandersetzungen

Volksbegehren in Österreich fordert Nichteinführung des 9. Schuljahres. Unterrichtsmin. *Theodor Piffl-Perčevic* (* 1911, ÖVP) tritt zur.

Abschaffung der Todesstrafe in Gr.-Brit.

Dt. Bundestag hebt Verjährung von Völkermord auf und verlängert sie für Mord von 20 auf 30 Jahre

Strafrechtsreform in der BRD: Homosexualität und Ehebruch nicht mehr strafbar (ab 1970 keine Zuchthausstrafen)

Die Stellung des unehelichen Kindes wird in der BRD durch Gesetz verbessert

Italien schafft Strafe für Ehebruch ab (die sich praktisch nur auf die Frau auswirkte). Um die staatliche Ehescheidung gibt es starke Auseinandersetzungen zwischen konservativen u. progressiven Kräften

„Michael Kohlhaas" (Film von *Volker Schlöndorff*)

„Ich bin ein Elefant, Madame" (Film von *Peter Zadek* mit *Wolfgang Schneider, Günther Lüders, Heinz Baumann, Margot Trooger*)

„Three into two won't go" („2 durch 3 geht nicht", brit. Film von *Rod Steiger* mit *Claire Bloom*)

„If" (brit. Film)

Luis Buñuel (* 1900): „La Voie lactée" (frz. Film)

„Le Gai Savoir" („Die fröhliche Wissenschaft", frz. gesellschaftskrit. Film von *Jean-Luc Godard*)

„Made in Sweden" (schwedischer gesellschaftskrit. Film von *Johan Bergenstrahle* mit *Lena Granhagen, Per Myrberg*)

„Rani Radovi" („Frühe Werke", jugoslaw. Film von *Zelimir Zilnik*). Erhält Goldenen Bären der Intern. Filmfestspiele Berlin (West)

Oscar-Verleihung an *Barbra Streisand* in „Funny Girl", an *Katherine Hepburn* in „The Lion in Winter", an *Cliff Robertson* in „Charley", an *Carol Reed* als Regisseur von „Oliver", für den fremdsprachigen Film „Krieg u. Frieden" (USSR)

„Greetings" (nordamer. Film v. *Brian de Palma*)

„Brasilien Anno 2000" (brasil. Film von *Walter Lima*, jr.)

Krzysztof Penderecki (* 1933): „Die Teufel von Loudun" (poln. Oper, Urauff. in Hamburg), „Lukaspassion" (szenische Urauff. in Düsseldorf)

Goffredo Petrassi (* 1904): „Der Wahnsinn des Orlando" (Urauff. d. ital. Tanzspiels in Nürnberg)

Aribert Reimann (* 1936): „Loqui" (Komp. f. großes Orchester)

Dieter Schnebel: „MO-NO. Musik zum Lesen" („Versuch neuer Denkanstrengungen zw. den Künsten")

Dimitri Schostakowitsch: „14. Sinfonie" (russische Komp., Urauff. in Moskau)

Wilhelm Dieter Siebert (* 1931): „James-Bond-Oratorium. Akustisch-optische Meditation über die Lust und die Herrlichkeit zu töten" (pazifist. Komp.)

Stockhausen: „Kurzwellen mit Beethoven" (elektron. Musik mit Einblendung *B.*'scher Musik)

Michael Tippett (* 1905): „Knot Garden" (engl. Oper, Urauff. an der Covent Garden Opera in London)

Alexander Tscherepnin (* 1899): „Klavierkonzert Nr. 5" (russ.-frz. Komp.)

reinigungen wird in den USA neben dem Elektromotor der Dampfmotor für Kraftwagen diskutiert

Wissenschaftler der USSR geben die Entdeckung des Elements 108 bekannt (ist ein Alpha-Strahler mit 400 Mill. Jahren Halbwertszeit, also relativ stabil)

US-Forscherteam an der Havard Medical School in Boston gelingt die Isolierung eines einzelnen Gens (Erbfaktor) und seine elektronenoptische Sichtbarmachung (gilt als Schlüsselexperiment)

Systematische Forschung in China ergibt Rekonstruktion eines Riesenaffen (Gigantopithecus) von 3 m Höhe und 300 kg Gewicht, der vor ca. 500000 bis 750000 Jahren lebte (kein Menschenvorfahre, erste Funde seiner Riesenzähne in chines. Apotheken von *G. v. Königswald* seit 1935)

In USA erste kombinierte Herz-Lungen-Transplantation (Patient stirbt nach einigen Tagen)

In USA wird erstmalig ein künstliches Herz aus Plastik einem Menschen eingepflanzt (Patient stirbt nach 3 Tagen)

Atlantische Expedition der Forschungsschiffe „Meteor" (BRD), „Planet" (BRD), „Discoverer" (USA), „Hydra" (Gr.-Brit.) insbes. zur Erforschung der Passatwinde

Ungewöhnlich hoher Luftdruck von 1083,8 mb (normal 1013 mb) in Sibirien beobachtet

Entwicklung des Boeing 747 (Jumbo-Jet) Langstreckenflugzeuges für 362 Passagiere abgeschlossen (nimmt 1970 Linienflüge zwischen USA und Europa auf)

Erfolgreicher Probeflug des frz.-brit. Überschall-Verkehrsflugzeuges „Concorde" (diese Entwicklung des Luftverkehrs stößt wegen der Lärm- und Sicherheitsprobleme auf Kritik)

Passagierluftfahrt nähert sich der Allwetterlandung (Blindlandung); nächste Stufe: Bodensicht aus 30 m Höhe und 400 m Landebahnsicht

Verdoppelung des Wissens wurde erreicht zwischen den Jahren: 1800 und 1900, 1900 und 1950, 1950 und 1960, 1960 und 1969.

setzt sich nur zögernd durch

Jugendliche demonstr. in Hannover erfolgreich gegen Fahrpreiserhöhungen d. Nahverkehrsmittel (organisieren „Rote-Punkt-Aktion" d. Beförderung durch sympathisierende Privatfahrer)

Ca. eine halbe Million Beat-Fans feiert California-Rock-Festival bei San Franzisko

Bühnenstück „Oh, Calcutta" in New York bringt Höhepunkt an Sex-Darstellung (wird in anderen Ländern verboten)

Rauschgiftmißbrauch unter der Jugend breitet sich in vielen Ländern aus

Geburt von Sechslingen in London

Robin Knox-Johnston erreicht nach 312 Tagen alleinigen Segelns um die Erde wieder England

† *Rocky Marciano* (Flugzeugunglück), Boxweltmeister im Schwergewicht (* 1924)

Brasilianischer Fußballspieler *Pelé* schießt sein 1000. Tor als Nationalspieler

Liesel Westermann (BRD) verbessert Diskusweltrekord für Frauen auf 63,96 m

Manfred Wolf (DDR) stellt auf der Skiflugschanze von Planica (Ju-

(1969)	waltungsreform mit 52,4% gegen 47,6% negativ entschieden wurde. Sein Nachfolger wird *Georges Pompidou* (* 1911), 1962—68 Min.-Präs. Frz. Parlamentswahlen ergeben Erfolg der Gaullisten Neue frz. Reg.: Min.-Präs.: *Jacques Chaban-Delmas* (* 1915), Äußeres: *Maurice Schumann* (* 1911) In Italien Streikwelle, erneute Spaltung der Sozialistischen Partei, Rücktritt der Regierung der Mitte-Links-Koalition, bisheriger Min.-Präs. *Rumor* bildet Minderheitsreg. der Christdemokraten (1970 wieder Reg. einer Mitte-Links-Koalition) Generalstreik u. schwere Unruhen in der ital. Provinz Caserta wegen sozialer Not Bombenanschläge in Mailand und Rom kosten 15 Menschen das Leben Streikwelle gegen neofaschist. Terror i. Ital. Wegen politischer Unruhen Pressezensur und dreimonatiger Ausnahmezustand in Spanien. Schließung der Universitäten Madrid und Barcelona Span. Staatschef *Franco* benennt Prinz *Juan Carlos von Bourbon* als seinen Nachfolger und künftigen König von Spanien *Michael Stassinopoulos* wird als Präsident des griech. Staatsrates mit unwahrer Begründung entlassen. 10 weitere Mitglieder des Staatsrates treten zurück Griechenland kommt mit einem Austritt aus dem Europarat seinem Ausschluß wegen undemokratischer Zustände zuvor Verfassungsänderung in der Türkei gibt früheren Ministern und Abgeordneten der ehemaligen Demokratischen Partei ihre politischen Rechte zurück Jugoslaw. Staatspräsident *Tito* lehnt *Breschnew*-Doktrin von der begrenzten Souveränität der Warschauer-Pakt-Staaten ab und verurteilt Intervention in der CSSR „Budapester Konferenz" der Warschauer-Pakt-Staaten fordert gesamteuropäische Sicherheitskonferenz	1. nackte Darsteller auf Bühnen d. BRD „Josefine Mutzenbacher" (Wiener Dirnenerzählung, angebl. von *Felix Salten,* * 1869, † 1945), gilt als Porno-Bestseller  „Gotteslästerung" hört in BRD auf, strafbarer Tatbestand zu sein Erste Papstbesuche in Afrika u. Israel 44 % d. Erdbevölkerung über 15 Jahre sind Analphabeten (d. h. mehr als 1 Mrd. Menschen); davon in Afrika 80 bis 85 %, in Asien 60 bis 65 %, in Lateinamerika 41–43 %, in Ozeanien 10–11 %, in Europa 7–9 %, in Nordamerika 3–4 % (das letzte Jahrzehnt brachte trotz aller Bemühungen keine wesentliche Besserung) *Joseph Lortz* (* 1887, † 1975): „Kleine Reformationsgeschichte" (schrieb 39/40 maßg. Darstellung d. Reformation aus kathol. Sicht) Kultusmin. d. BRD vereinb. Schulversuche mit d. Gesamtschule (wird i. einig. Ländern Regelschule, löst das traditionelle 3zweigige Schulsystem ab) *A. R. Jensen* (USA): Intelligenz ist zu 80 % erblich fixiert (führt zu heftigen Kontroversen mit Anhängern d. „kompensatorischen Erziehung")	*Isang Yun* (* 1917): „Träume" (koreanische Oper, Urauff. mit dem 2. Teil „Die Witwe d. Schmetterlings" in Nürnberg) *Bernd Alois Zimmermann* (* 1918): „Photoptosis" (Prelude f. großes Orchester; Urauff. in Gelsenkirchen) 1. Internationaler Dirigentenwettbewerb der *Herbert-von-Karajan*-Stiftung in Berlin (W), 1. Preis *Okko Kamu,* Finnland) „Sechs Tage Musik" der Gruppe Neue Musik in Berlin (West) 1. Treffen von Jugend-Orchestern aus aller Welt in St. Moritz „Sugar, sugar" (nordam. Spitzenschlager) ~ Pop-Musik: Rock-Renaissance (vgl. 1954) Musikal. Pop-Festival b. Woodstock (USA) mit 400 000 Teilnehmern, die mehrere Tage im Freien verbringen (gekennzeichn. durch unkonventionelle Lebensformen der Jugend, z. B. Rauschgiftgebrauch) 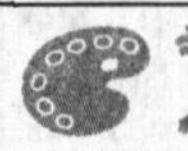  ~ Videokunst mit Magnetbildband entw. sich

goslaw.) mit 165 m Weite einen Weltrekord auf

Offizielle Grundsteinlegung für die Bauten der XX. Olympischen Spiele 1972 auf dem Münchner Oberwiesenfeld (vermutete Baukosten 1,15 Mrd. DM)

Bayern München Fußballmeister der BRD

Brutalität v. Spielern und Publikum nimmt im Berufsfußball weltweit zu

Fußballspiel löst bewaffneten Konflikt zw. Honduras und El Salvador aus: über 1000 Tote

Boris W. Spasski (USSR, * 1937) wird Schachweltmeister (bis 1972)

Es werden jährlich ca. 5 Mill. Selbstmordversuche auf der Erde geschätzt, von denen 10% erfolgreich sind (in der BRD gibt es etwa soviel Selbstmorde wie Verkehrstote). Erforschung der Gründe und Vorbeugungsmaßnahmen nehmen zu

Starke Grippewelle breitet sich von Süd- nach Nordeuropa aus, verursacht zahlreiche Todesfälle u. lähmt empfindlich das öffentliche Leben

Ostpakistanische Hauptstadt Dacca von Wirbelsturm betroffen: 518 Tote, ca. 100000 Obdachlose

Durch Überschwemmungen kommen in Tunesien ca. 500 Menschen ums Leben

Hurrikan „Camille" kostet mehr als 300 Menschen an d. amerikanischen Golfküste das Leben

Bisher schwerstes Flugzeugunglück m. 150 Toten beim Absturz über Maracaibo/Venezuela; über 100 Menschen werden i. d. Stadt schwer verletzt

145 Bergleute kommen durch Explosion in Neu-Mexiko um

Luftwaffe der BRD verliert den 100. Starfighter (bei diesen Verlusten wurden 53 Piloten getötet; die Luftwaffe will die Hauptschwierigk. überwunden haben)

Beim SEATO-Flottenmanöver durchschneidet austral. Flugzeugträger US-Kriegsschiff: 77 Tote

Bei einer Explosion auf dem US-Flugzeugträger „Enterprise" kommen 25 Besatzungsmitglieder ums Leben

Bei Explosion eines Munitionsgüterwagens bei Hannover kommen 12 Menschen ums Leben

350000 t großer Tanker japan. Herkunft zerbricht u. sinkt

Edward Kennedy, Präsidentschaftskandidat der US-Demokraten, verursacht nach einer Party Autounfall, bei dem seine Begleiterin ertrinkt (erhält wegen Fahrerflucht 2 Monate Freiheitsstrafe mit Bewährungsfrist u. verliert an politischer Geltung)

Sharon Tate, Gattin des Filmregisseurs *Roman Polanski*, wird i. ihrem Haus bei Los Angeles mit 4 Gästen von ein. „Hippie-Kommune" ermordet. Diese Gruppe wird bald darauf verhaftet. Sie steht unter dem Einfluß eines jungen Mannes („Satan"), der durch rituelle Morde die Reichen „strafen" und die Gesellschaft „reinigen" will

Der Jordanier *Sirhan Bishara* wegen Mordes an *Robert Kennedy* in USA zum Tode verurteilt

James Earl Ray wegen Mordes an *Martin Luther King* zu 99 Jahren Zuchthaus verurteilt

Sprengstoff-Attentat arabischer Terroristen in einem Jerusalemer Supermarkt fordert 2 Tote und 10 Verletzte

Desertierter US-Marinesoldat entführt ein Verkehrsflugzeug von Los Angeles nach Rom trotz Zwischenlandungen in USA u. Wechsel der Besatzung

Wiederholt werden Verkehrsflugzeuge durch Gewaltandrohung zur Kursänderung gezwungen

Fernsehturm in Ost-Berlin (am Alexanderpl.) beherrscht mit 365 m Gesamthöhe das Stadtbild

Europas Anteil am Welthandel geht auf 50,1 % zurück (1900: 66 %). Volumenmäßig stieg d. Welthandel v. 1900–1969 um das Siebenfache

Schätzungen der Bevölkerung in Mill. u. d. Bruttosozialproduktes pro Kopf in US-Dollar (Wert von 1965):

	1965		1975		2000	
	Bev.	BSP/K	Bev.	BSP/K	Bev.	BSP/K
Afrika	311	141	398	174	779	277
Asien	1889	152	2343	214	3701	577
Europa u. USSR	675	1369	732	1976	886	5055
Ozeanien	14	2000	16	2510	25	4310
Nordamerika	294	2632	354	3403	578	6225
Lateinamerika	166	375	221	413	420	695
Erde	3349	632	4064	825	6389	1700

(vgl. 1977)

(1969) Kommunistische Weltkonferenz in Moskau von 73 Delegationen mit scharfen Angriffen gegen VR China (nicht anwesend u. a. China, Jugoslawien, Albanien, Nordkorea, Nordvietnam, Japan, Niederlande) Warschauer-Pakt-Staaten sprechen sich in Moskau für bessere Beziehungen zur BRD aus, erwarten Anerkennung der Oder-Neiße-Grenze und der DDR

CSSR wird Bundesstaat (tschechischer und slowakischer Teil)

Auf dem Prager Wenzelsplatz verbrennt sich der Student *Jan Palach* aus Protest gegen politische Entwicklung nach dem Einmarsch der Truppen der Staaten d. Warschauer Paktes (Todesstelle und Grab werden Orte von Demonstrationen aus gleicher Gesinnung)

Antisowjetische Demonstrationen nach dem Eishockeysieg der CSSR über die USSR rufen schwierige Situation hervor

In der CSSR wird KP-Parteichef *Dubček* durch *Gustav Husak* (*1913) abgelöst, der den Reformkurs fortzusetzen verspricht. *Dubček* wird Präsident der Bundesversammlung

Dubček wird aus dem KP-Präsidium der CSSR ausgeschlossen, 27 weitere Reformpolitiker verlieren Mitgliedschaft im ZK

Umfassende „Säuberungen" in der CSSR kosten den Reformkommunisten *Dubček* und *Smrkovsky* ihre Ämter als Präsidenten der Bundesversammlung bzw. der Volkskammer

Josef Smrkovsky legt mit anderen Abgeordneten sein Mandat im Parlament der CSSR nieder

A. Dubček wird Botschafter der CSSR in der Türkei (1970 wird ein Parteiausschlußverfahren angestrengt)

Ca. 50.000 Bürger der CSSR kehren in diesem Jahr von Auslandsreisen nicht in ihr Land zurück

Finnische KP spaltet sich in einen stalinistischen und einen revisionistischen Flügel (erleidet 1970 Wahlniederlage)

Peru nimmt diplomatische Beziehungen zur USSR auf

Blutige Grenzzwischenfälle zwischen VR China und USSR am vereisten Ussuri-Fluß (später folgen Verhandlungen)

Demonstrationen gegen USSR in Peking

Vergleich zwischen den Streitkräften der USSR und der VR China:

	USSR	VR China
Soldaten (Mill.)	3,3	3,6
Raketen:		
Langstrecken	1150	—
Mittelstrecken	700	200
Panzer	45000	3500
Flugzeuge	10500	2800
Kreuzer	29	—
Zerstörer	99	4
Schnellboote	525	466
U-Boote	364	33

9. Parteitag der chines. KP verabschiedet neues Parteistatut, das die Lehre Maos festigt. Verteidigungsminister *Lin Piao* (* 1908) wird offiziell zum Nachfolger des Parteivorsitzenden *Mao Tse-tung* proklamiert

An d. Waffenstillstandslinien Israels zu den arabischen Nachbarstaaten kommt es häufig zu Kampfhandlungen

Araber unternehmen Anschlag auf israelische Verkehrsmaschine in Zürich (Täter erhalten langjährige Gefängnisstrafen)

Israel antwortet mit Gegenmaßnahmen in den arabischen Nachbarstaaten

Ölleitung bei Haifa von arabischen Guerillas gesprengt

Brandstiftung in der Al-Aksa-Moschee in Jerusalem führt zu heftiger anti-israelischer Kampagne in den arabischen Staaten. Der Australier *Michael Rohan* wird nach einem Prozeß in eine Heilanstalt überführt

Arabische Terroristen verübten Anschläge auf israelische Auslandsvertretungen. Israel greift arabische Truppen am Golf von Suez an

Israel entführt fünf in Frankreich bestellte Schnellboote, die wegen des Waffenembargos nicht ausgeliefert werden sollten

In New York bemühen sich USA, USSR, Gr.-Brit. und Frankreich um eine Lösung des Nahost-Konfliktes

Golda Meir (* 1898) Ministerpräsidentin von Israel

König *Idris* (* 1890) von Libyen durch linksrevolutionäre Offiziere abgesetzt (im Amt 1950/51)

Verteidigungsrat der Arabischen Liga hält politische Lösung des Konfliktes mit Israel nicht für möglich und fordert Weg der Gewalt

Arabische Gipfelkonferenz in Rabat endet in Uneinigkeit über das Vorgehen gegen Israel

Univ. in Ägypten wieder geöffnet (waren wegen schwerer Unruhen mit 19 Toten geschlossen worden)

Im Irak werden 14 Spione öffentlich erhängt (weitere öffentliche Hinrichtungen folgen)

Von der Armee gestützter Revolutionsrat übernimmt nach Staatsstreich die Macht im Sudan. Reg.-Chef wird *Abu Bakr Awadallah,* der „sozialistisch-demokratischen" Kurs ankündigt

Bürgerkrieg Nigeria—Biafra setzt sich unter schrecklichen Umständen wie Ausrottungen, Hungersnot fort (wird 1970 durch Niederlage Biafras beendet)

Staatschef von Ghana *Joseph Ankrah* (* 1916) gestürzt (im Amt seit 1966)

Die regierende Kongreßpartei in Indien spaltet sich in einen linken Flügel unter der Ministerpräsidentin *Indira Gandhi* und einen rechten unter Parteichef *Nijalingappa*

Vietcong gibt Bildung einer „Provisorischen Regierung der Republik Vietnam" bekannt

† *Ho Tschi Minh,* Präsident von Nordvietnam seit 1954, gründete 1930 Kommunist. Partei Indochinas, besiegte 1954 frz. Kolonialmacht. Wurde zum Symbol einer revolutionären 3. Welt, sein Name wurde zum Schlachtruf einer kritischen Jugend auch in USA und Europa (* ~ 1890). Sein Nachfolger wird *Ton Duc Than*

Unruhen in Pakistan gegen Präsidenten *Ayub Khan,* seit 1958 im Amt, der darauf zurücktritt

Soka Gakkai, japan. buddhistische Laienbewegung, kann durch ihre politische Organisation Komeito ihre Sitze im Parlament von 25 auf 47 vermehren (vertritt Trennung von Politik und Religion)

Parlamentswahlen in Japan, Wahlbeteiligung 69%

Liberaldemokraten	288
Sozialisten	90
Komeito	47
Kommunisten	14
Unabhängige	16

Starker Verlust der Sozialisten

Richard Nixon (* 1913, Parteirepublikaner) tritt sein Amt als Präsident der USA an; Vizepräsident: *Spiro Th. Agnew* (* 1918), Außenminister: *William P. Rogers* (* 1913), Verteidigungsminister: *Melvin R. Laird* (* 1922)

Nach langem Streit um die Prozedur (z. B. Tischform) beginnen in Paris Vietnam-Verhandlungen zwischen USA und Südvietnam einerseits, Nordvietnam und Vietcong andererseits (erzielen in diesem Jahr keine Ergebnisse)

Europareise von Präsident *Nixon,* besucht BRD einschließlich Berlin (West)

US-Präsident *Nixon* trifft sich mit südvietnames. Staatschef *Thieu* auf Midway, um amerikanischen Truppenabzug zu besprechen

US-Präsident *Nixon* und der südvietnamesische Staatschef *Thieu* geben Abzug von 25000 US-Soldaten aus Südvietnam bekannt (bis Jahresende folgen noch einmal 35000, insgesamt ca. 10% des Bestandes)

Für die Tötung eines Gegners wurden aufgewendet:
In den Kriegen Cäsars 0,75 Dollar, Napoleons 3000 Dollar, im 1. Weltkrieg 21000 Dollar, im 2. Weltkrieg 50000 Dollar und im Vietnamkrieg 100000—300000 Dollar

US-Präsident *Nixon* besucht auf einer Weltreise 5 asiatische Länder, England und Rumänien (der Besuch in einem Ostblockland findet besondere Beachtung)

Seit 1961 fielen in Vietnam 40800 US-Soldaten und wurden über 200000 verwundet

In USA demonstrieren mehrere Millionen Menschen gegen den Vietnam-Krieg

(1969)

Rassen- und Studentenunruhen beunruhigen die USA

USA beginnen ein Massaker zu untersuchen, bei dem 1968 US-Soldaten i. d. südvietnamesischen Dorf My Lay über 100 Zivilisten getötet haben sollen

USA und USSR beginnen in Helsinki Vorbesprechungen über eine Begrenzung des Raketen-Wettrüstens, insbesondere zur Vermeidung kostspieliger Anti-Raketensysteme, die das atomare Patt gefährlich aufheben würden. Einigen sich auf weitere Gespräche in Wien 1970

USA und USSR ratifizieren Atomsperrvertrag (gilt als wesentlicher Schritt zur Entspannung zwischen den beiden Weltmächten)

† *Dwight D. Eisenhower,* Militär und Politiker der USA, leitete 1944/45 alliierte Invasion gegen NS-Streitkräfte, war 1953—1961 Präsident der USA (* 1890)

Artur da Costa e Silva, Präsident von Brasilien, erleidet Schlaganfall. Regierungsgewalt wird militärputschartig von den Oberbefehlshabern der Streitkräfte übernommen

US-Botschafter in Rio entführt und nach Entlassung 15 politischer Häftlinge durch die brasilianische Regierung wieder freigelassen

reales Bruttosozialprodukt/Kopf i. USA in $ (1958)

1869	ca. 650
1969	3580 + 1,8 %/Jahr

Atomwaffenpotential (1975 geschätzt):

	USA		USSR	
Sprengköpfe f. Träger:	**1969**	**1975**	**1969**	**1975**
Langstreckenbomber	**2144**	**2144**	**600**	**600**
Globalraketen	**1054**	**3000**	**1350**	**4050**
U-Boote	**656**	**5120**	**205**	**1645**
Insgesamt	**3854**	**10264**	**2155**	**6295**

Militärausgaben (in Mrd. Dollar):

USA	79,8
USSR	42,1
NATO	105,1
Warsch. P.	49,2
Erde	180,1 (außer VR China)

Ausgaben stiegen von 1966–68 um ca. 30 %

1970

Friedens*nobel*preis an *Norman E. Borlaug* (* 1914, USA) für die Züchtung von „Wunderweizen" mit über 3fachem Ertrag

Atomwaffensperrvertrag tritt nach Ratifizierung durch 43 Staaten in Kraft

10. Kernwaffenversuch (i. d. Atmosphäre) der VR China

USA und USSR setzen in Wien Gespräch über die Begrenzung strategischer Raketenwaffen (SALT = strategic arms limitation talk) fort

3. Runde der SALT-Gespräche zw. USA u. USSR in Helsinki

† *Heinrich Brüning*, dt. Reichskanzler in der Krisenzeit 1930–32 (* 1885)

Reg. d. BRD beg. eine eig. konsequente Entspannungspolitik gegenüb. d. Ostblockstaaten i. Rahmen des atlant. Bündnisses

Bundespräsident *Heinemann* stattet Staatsbesuche in Dänemark, Schweden und Norwegen ab

Niedersächsischer Landtag beschließt Selbstauflösung, da SPD/CDU-Regierung keine sichere Mehrheit hat

Landtagswahlen (% Wähler)

	SPD	CDU/CSU	FDP
Bad. Württ.**	37,6	52,9	8,9
Bayern	40,8	47,8	4,4
Berlin*	50,4	38,2	8,5
Bremen*	55,3	31,6	7,1
Hamburg	55,3	32,8	7,1
Hessen	45,9	39,7	10,1
Nieders.	46,3	45,7	4,4
NR.-W.	46,1	46,3	5,5
Saarl.	40,8	47,8	4,4
Schl.-Holst.*	41,0	51,9	3,8
Rheinl.-Pf.*	40,5	50,0	5,9

* Wahl 1971 ** Wahl 1972

Wahlen erg. nur gering. Verschieb.: FDP tritt i. Hessen u. Hamburg i. d. Landreg. ein, scheidet i. Berlin u. Bremen aus, bleibt in NR.-W. CDU scheidet i. Nieders. aus, SPD i. Bad. W.
Im Bundesrat behalten CDU/CSU-Länder d. Mehrheit, weil Berliner Stimmen nicht mitzählen
(Vgl. Min.-Präs. u. Regier.-Part. 1973 P)

Min.-Präsid. *Alfons Goppel* (* 1905, CSU), bildet erneut CSU-Reg. in Bayern

Im Bericht zur Lage der Nation spricht d. dt. Bundeskanzler *Brandt* von 2 Staaten auf dt. Boden und schlägt der DDR Gewaltverzichtserklärungen vor

Erstes innerdeutsches Gipfelgespräch zwischen Bundeskanzler *Willi Brandt* und Min.-Präs. *W. Stoph* (DDR) in Erfurt (es kommt zu starken Sympathiebekundungen der Bevölkerung f. *W. B.*)

Literatur*nobel*pr. an *Alex. Solschenizyn* (* 1918, USSR), der zur Entgegennahme nicht nach Stockholm reisen kann

† *Arthur Adamov* (Freitod), frz.-russ. Dramatiker (* 1908)

† *Jossef Agnon*, israel. Schriftsteller, *Nobel*preis 1966 (* 1888)

† *Stefan Andres* dt. Schriftsteller (* 1906)

Jürgen Becker (* 1932): „Umgebungen" (Verschmelz. v. Lyrik u. Prosa)

Josef Breitbach (* 1903): „Genosse Veygond" (Schauspiel)

† *Tadeusz Breza*, poln. Schriftsteller (* 1905)

† *John Dos Passos*, nordam. Schriftsteller (* 1896)

Tilla Durrieux wird zu ihrem 90. Geb. in der BRD und der DDR geehrt

Dürrenmatt: „Der Mitmacher" (schweizer. Bühnenstück, Urauff. i. Zürich)

† *Edward M. Forster*, engl. Schriftsteller, bahnbr. f. Roman u. Erz. (* 1879)

Lars Gustafsson (* 1936): „Nächtliche Huldigung" (schwed. Schauspiel v. 1966. Uraufführung in Zürich)

„Bund Freiheit d. Wissenschaft" gegrdt. (wendet sich gegen die Tendenz neuer Ges. zur Univ.-Reform)

Klaus Allersbeck: „Soziale Bedingungen f. student. Radikalismus" (gibt vorw. polit. Gründe an)

Simone de Beauvoir: „Das Alter" (frz. autobiogr. Betrachtg.)

Osw. Nell-Breuning (* 1911): „Aktuelle Fragen d. Gesellschaftspolitik" (Teilsammlung, aus kath. Sicht)

John Dollard u. and.: „Frustration u. Aggression« („A. ist immer die Folge einer F.")

Der Berliner Senator für das Schulwesen, *Carl-Heinz Evers*, tritt wegen s. E. unzureichender mittelfrist. Finanzplanung zurück

Ossip K. Flechtheim (* 1909): „Futurologie" (Der Kampf um die Zukunft)

Gershon Legman: „Der unanständige Witz" (Übers. aus d. Engl.)

Frankf. Goethepreis an *György Lukács* (ungar. marxist. Literaturwiss., * 1885)

H. Nachtsheim: „Geburtenkontrolle! Eine wichtige Entwicklungs-

Von den Altmeistern der modern. Malerei wirken:
Marc Chagall (* 1889)
Giorgio de Chirico (* 1888, † 1978)
Salvador Dalí (* 1904)
F. Ahlers Hestermann (* 1883, † 1973)
Oskar Kokoschka (* 1886, † 1980)
Marino Marini (* 1901, † 1980)
Joan Miró (* 1893)
Pablo Picasso (* 1881, † 1973)
Karl Schmidt-Rottluff (* 1884, † 1976)

Luichi Armbruster (* 1940); „Und die Kuppel war ein plumpes fremdartiges Ding" (Acryl)

Joseph Beuys (* 1921): „Ofen" (realist. Objekt)

M. Chagall: Glasfenster i. Frauenmünster Zürich

Giorgio de Chirico: „Piazza d'Italia" (ital. Litho)

Peter Collien (* 1938): „Akt April 1970" (Gem.)

Catharina Cosin (* 1940): „Mannequin" (Gem.)

Bernhard Dörries (* 1898): „Gedeckter Tisch" (realist. Gem.)

† *Egon Eiermann*, dt. Architekt (Neue Kaiser-Wilh.-Ged.-Kirche, Berlin) (* 1904)

Naum Gabo (* 1890, Rußl.): „Lineare Konstruktion Nr. 4" (russ.-nordamer. Plastik aus Aluminium und Stahl)

Fritz Gerkinger (* 1934): „Der Bomber mit dem großen

Beethoven wird anl. seines 200. Geburtstages weltweit gefeiert

† *John Barbirolli* (* 1899), engl. Dirigent ital. Abst.

Sylvano Bussoti: „Ultima rara" (ital. Komp.)

Friedrich Cerha: „Catalogue des objets trouvés"

Hans Chemin-Petit: „Die Komödianten" (Oper, Urauff. in Coburg)

Jan Cikker: „Hommage à Beethoven" (slowak. Kompos.)

Dietr. Fischer-Dieskau (* 1923), Bariton und berühmter Liedersänger, wird Ehrenmitgl. d. Royal Acad. of Music, London

Wolfgang Fortner: „Terzinen" (f. Männerstimme u. Klavier)

Wolfg. Fortner: „Zyklus" (Komp. f. Cello, Bläser, Harfe u. Schlagzeug)

Harald Genzmer: „Konzert f. Trompete u. Streicher"

† *Jimi Hendrix*, brit. exzentrischer Pop-Music-Star (* 1946)

K. H. Füssl (* 1924): „Dybuk" (österr. Oper)

Hans Werner Henze: „L'Usignolo" (Komp. f. 3 Schlagzeugspieler, Klavier, Celesta u. Flöte)

*Nobel*preis f. Physik an *Hannes Alfvén* (* 1908, Schweden) f. Beiträge zur Plasmaphysik, insbes. Magnetohydrodynamik

*Nobel*pr. f. Physik an *Louis Néel* (* 1904, Frankr.) f. Erforsch. d. Antiferromagnetismus

*Nobel*pr. f. Chemie an *Luis Leloir* (* 1906, Argent.) f. Erforschg. v. Enzymen d. Biosynthese

Medizin-*Nobel*pr. an *Ulf Swante Euler Chelpin* (* 1905, Schweden) u. *B. Katz* (* 1911, Dtl.) u. *Jul. Axelrod* (* 1912, USA) f. Erforsch. d. Nerven-Muskelübertragung

David Baltimore, Howard Temin, Satoshi Mizitani entd. in USA Enzym Revertase, das in Umkehrung des Informationsflusses eine RNS-Struktur auf ein DNS-Molekül (Gen) überträgt (erklärt z. B. Zellinfektionen durch RNS-Viren)

Thomas Barthel beginnt Inka-Schrift zu entziffern, indem er ca. 400 rechteckigen farbigen ornamentalen Zeichen Wort-(Silben-)Zeichen zuordnet.

† *Max Born*, dt. Physiker, entw. in Göttingen maßgeblich Quantenphysik; Nobelpreis 1954 (* 1882)

Robert Dietz u. *John Holden* (USA) entwerfen mit Compu-

Wirtschafts*nobel*pr. an *P. A. Samuelson* (* 1915, USA), schrieb 1948 ein maßgebl. Lehrb. d. mathemat. Volkswirtschaftslehre (dt. ab 1952), und an *S. S. Kuznets* (* 1901, Rußl., lebt i. USA). Dieser *Nobel*pr. wurde erstmal. 1969 an *Jan Tinbergen* (* 1903, Niederl.) f. Ökonometr. Modell d. Wirtschaft u. an *Ragnar Frisch* (* 1895, Norw.) als einer d. Begr. d. Ökonometrie verg.

† (Flugzeugabsturz) *Walter Reuther*, Führer der US-Automobilarbeiter-Gewerkschaft (* 1907)

Bruttoprodukt der USA in Preisen von 1970 in Mrd. Dollar:

1960	642,	1962	671,
1964	784,	1966	888,
1968	954,	1970	977;

(1971 1010) geschätzt

Prognose d. real. Bruttosozialprod. i. Dollar/Einw. im J. 1980 (Preise 1970):
Welt 1360, USA 6700, OECD-Länd. 3800, europ. Comecon-Länd. 3200, Entw.-Länd.: a) nicht kommun. 350, b) kommunist. 200

Bruttosozialprodukt in Mrd. Dollar:
USA 1010, Japan 196, BRD 186, Frankr. 145, Gr.-Brit. 118, China 75, Ital. 93, Niederl. 31, Schweiz 30, Belg./Lux. 26, Österr. 14 (in Japan geschätzt)

Preisanstieg in %: Japan 7,8, Schweden 6,9, Gr.-Brit. 6,4, USA 5,9, Frankr. 5,3, Ital. 4,9, Niederl. 4,4, Belg. 3,9, BRD 3,8

47000 brit. Hafenarbeiter legen durch 15tägigen Streik alle Häfen des Landes lahm

DGB-Delegation unter *Heinz Vetter* in Warschau

Wilde Streiks um Lohnerhöhungen in der BRD

Die Maikundgebungen in der BRD werden kämpferischer in ihren gesellschaftspolitischen Forderungen um Mitbestimmung, Vermögensbildung etc.

In der BRD empfiehlt eine Expertenkommission erweiterte, aber nicht paritätische Mitbestimmung der Arbeitnehmer (Mitbestimmung bleibt i. d. n. Jahren Streit-

(1970)

2. Treffen (i. Kassel) zw. *W. Brandt* (* 1913) u. *W. Stoph* (* 1914). *Brandt* schlägt 20 Punkte f. d. Regelung gleichberecht. Bezieh. zw. BRD u. DDR vor (Treffen wird d. Demonstrationen gestört, führt zu einer »Denkpause« im gesamtdt. Dialog)

D. Frankf. Kaufhausbrandstifter *Baader* wird mit Schußwaffengebr. in Berlin aus d. Haft befreit. Nach monatelanger Fahndung werden er u. and. Mitgl. d. *Baader-Meinhof*-Gruppe verhaftet u. wegen vieler strafb. Handlungen v. Gericht gestellt

In Berlin beg. Prozeß gegen linksradikalen Rechtsanw. *Horst Mahler* (unter starken Sicherheitsvorkehrungen folgen weitere Prozesse geg. Mitgl. d. *Baader-Meinhof*-Gruppe)

Schwere Zusammenstöße zwischen Demonstranten und Polizei in Berlin (West)

SPD-FDP-Koalition i. d. BRD beschließt Amnestie f. Demonstrationstäter u. liberale Reform d. Demonstrationsrechts

Sowj. Soldat am sowj. Ehrenmal i. Berlin (W) angeschossen

Die DDR stört mehrfach Zufahrtswege nach Berlin (West) mit der Begründung unzulässiger Präsenz der BRD in Berlin

Beginn der Berlin-Gespräche zwischen den 4 Botschaften der 4 Siegermächte (USSR wird durch ihren Botschafter in Ost-Berlin vertreten); führt zum Berlin-Abkommen 1972

Gespräche zw. d. Staatssekretären *E. Bahr* (BRD) u. *M. Kohl* (DDR) üb. einen Grundvertrag zw. beiden dt. Staaten (wird 1973 ratifiziert)

81,9 % stimmen für Verbleib Badens im Bundesland Baden-Württemberg (seit 1946 vereinigt)

Nach Vorverhandlungen durch Staatssekr. *Egon Bahr* (* 1922) und Außenmin. *Scheel* unterzeichnen Bundeskanzler *Brandt* und Min.-Präs. *Kossygin* Gewaltverzichtsvertrag zwischen BRD und USSR (BRD macht Ratifizierung von Fortschritten in der Berlinfrage abhängig)

Scharfe Polarisierung zwischen Koalition und Opposition in der BRD hinsichtl. Innen- und Außenpolitik, bes. Deutschland- u. Berlinfrage

Mehrere Bundestagsmitgl. d. FDP gehen zur CDU/CSU. FDP wird i. d. Koalition mit der SPD stärker zu einer »linken« Partei (vorher eher konserv. »Unternehmer«-Partei)

Von der FDP sondert sich die ,,National-liberale Aktion" als rechter Flügel ab (vermag keinen entscheidenden Einfluß zu gewinnen)

3 FDP-Bundest.-Abgeordn. treten z. CDU/

Heinrich Henkel ,,Eisenwichser" (Schauspiel)

Rolf Hochhut: ,,Guerillas" (polit. Schauspiel)

Hildegard Knef: (* 1925) ,,Der geschenkte Gaul" (Schausp.-Autobiographie)

† *John (Hermann) Knittel*, schweizer. Schriftsteller (* 1891)

† *Fritz Kortner*, dt. Regisseur und Schauspieler (* 1892)

† *François Mauriac*, frz. Schriftsteller (* 1885)

David Mercer (* 1928): ,,Flint" (engl. satir. Schauspiel)

Yukio Mishima (* 1925, † 1970): ,,Der Seemann, der die See verriet" (dt. Übers. d. japan. Romans v. 1963; begeht Harakiri, um f. d. nationale Idee zu demonstrieren)

,,Vom Winde verweht", Roman v. *M. Mitchell* (1936) erzielte in 26 Sprachen eine Auflage von mehr als 15 Mill. Film von 1939 mehr als 300 Mill. Zuschauer (vgl. M.)

† *John O'Hara*, nordam. Schriftsteller (* 1905)

† *Erich-Maria Remarque*, dt. Schriftsteller (* 1898)

Curt Riess: ,,Theaterdämmerung oder das Klo auf

hilfe" (a. d. Sicht d. Genetikers)

J. Monod: ,,Zufall u. Notwendigkeit" (frz. Philos. d. mod. Biologie)

Papst *Paul VI.* reist nach Asien und Australien (Attentatsvers. in Manila)

† *Bertrand Russel*, brit. Wissenschaftler, Philosoph, militanter Pazifist u. Sozialist, erklärte Lebensziele: Erkennen, Helfen, Lieben *Nobelpr.* f. Lit. 1950 (* 1872)

*Nobel*pr. f. Wirtschaft an *P. A. Samuelson* (* 1915, USA) f. wirtschaftswiss. Theorie

U. Weinreich: ,,Erkundungen zur Theorie der Semantik" (a. d. Amer.)

UN-Vollversammlung erklärt 1970 z. Erziehungsjahr

Univ. Augsburg eröffn.

Bundesinst. f. Sportwissenschaft i. Köln gegr.

Max-Planck-Inst. zur Erforschg. d. Lebensbedingungen d. wissenschaftl.-technischen Welt in Starnberg gegr. (Dir. C. F. v. Weizsäcker, * 1912)

Neue Approbationsordnung i. d. BRD bedingt Neuordnung d. Medizinstudiums (z. B. stärkere Ausb. am Krankenbett)

Schuh" (iron. Fußballerplastik)

HAP Grieshaber: „Selbstporträt (Litho)

† *Erich Heckel*, dt. express. Maler aus der „Brücke"-Gruppe (* 1883)

Rolf Iselli (* 1934): „Einfaches Stockhorn" (schweiz. farb. Druckgraphik)

Albrecht Joachim (* 1913): „Alu-Relief"

O. Kokoschka: Kinderbildnis (Sohn v. S. Loren u. C. Ponti)

O. Kokoschka: Radierungen zu „Penthesilea" v. H. Kleist

Joseph Lonas (* 1925): „Gedenkstätte f. Kurt Schumacher" (1. Vors. d. SPD n. d. Kriege) in Berlin-Reinickendorf

Adolf Luther: „Spiegelobjekt 1970"

Giacomo Manzu (* 1908): „Umarmung (ital. Radierg.)

Frans Masereel (* 1889, †1972): „Visage du Port" (belg. Holzschnitt)

† *Ernst May*, Stadtplaner in vielen dt. Städten (* 1886)

Peter Nagel (* 1941) „Junge mit gestreiftem Tuch" (farb. Druckgraphik)

P. Picasso (* 1881, † 1973): „Femme au Fauteuil" (span.-franz. Gem.)

Das Werk von *Pablo Picasso* (* 1881, † 1973) 1969/70 (Ausst. i. Avignon)

Christian Rickert (* 1940): „Gärtner Trio"

Jugendorchestertreffen der H.-v.-Karajan-Stiftung in Berlin (West)

Milko Kelemen: „Der Belagerungszustand" (jugosl. Oper nach *Camus*, Urauff. i. Hamburg)

Ernst Krenek: „Das kommt davon" (Oper)

Ernst Krenek: „Doppelt beflügeltes Band" (Komp. f. 2 Klaviere u. Tonband)

Ernst Krenek: „Verschränkung" (Komp.)

György Ligeti (* 1923, Siebenbürgen): Kammerkonzert f. 13 Spieler

Yehudi Menuhin erhält ind. Musikpreis f. intern. Verständigung

Manfred Niehaus: „Maldoror" (Oper)

Krzysztof Penderecki: (* 1933): „Zweites Streichkonzert" (poln. Komp.)

Penderecki: „Kosmogonia" (Komp. f. Chor u. Orchester)

Aribert Reimann: „Die Vogelscheuchen" (Ballett m. Text v. G. Grass)

Hermann Reutter: „Phyllis u. Philander" (Vertonung v. 6 Gedichten)

„Vom Winde verweht" als Musical in Japan aufgeführt (Musik von *Rome* [* 1908],

ter-Hilfe Drift der Kontinente über 225 Mill. Jahre

Das nordamerikan.-finnische Forscherteam *A. Ghiorso, J. Harris, Matti Nurmin, Kari A. Y. Eskola u. Pirkko Eskola* erzeugt transuranisches Element 105 („Hahnium") mit Atomgewicht 260 und 1,6 Sek. mittlerer Zerfallszeit

Thor Heyerdahl überquert mit Papyrusboot „Ra 2" Atlantik (will damit Seetüchtigkeit der altägypt. Boote beweisen)

Gobiad Khorana synthetisiert in den USA erstmals ein Gen (Erbfaktor) der Hefe

Lucie Jane King (USA) faßt die bisherige Chemotherapie der Depressionen zusammen

Spyridon Marinátos, griech. Archäologe, findet bei Grabungen (seit 1967) auf der Insel Santorin eine um −1500 durch Naturkatastrophe zerstörte minoische Stadt mit hochstehender Wandmalerei: Boxende Knaben, Antilopen, Lilien und Schwalben

Alexander Marshack (USA) weist in Ritzzeichnungen auf Knochen Mondkalender des Cro-Magnon-Menschen vor ca. 30000 Jahren nach

† *Otto H. Warburg*, dt. Physiologe. *Nobel*preis 1931 (* 1883)

punkt in u. unter d. polit. Parteien)

Die 10 größten Unternehmen in der BRD

	Umsatz Mio. DM	Beschäft. in Tsd.
VW-Werk	15791	190,3
Siemens	11763	301,1
Farbw. Hoechst	11591	139,5
Farbw. Bayer	11129	135,8
Daimler Benz	11054	144,4
Thyssen Hütte	10881	97,5
BASF	10520	106,8
AEG-Telef.	8543	178,0
Klöckner-Gr.	8300	178,0
Veba	8060	53,7
Dt. Bundespost	14470	484,1
Dt. Bundesb.	11729	401,3
Lufthansa	2019	–

In Frankfurt/M. demonstrieren 4500 Polizeibeamte für bessere Berufsbedingungen

8 % Lohn- und Gehaltserhöhungen im öffentlichen Dienst der BRD, 7,5 % Erhöhung im Bauhauptgewerbe, 12,5 % i. d. Bekleidungsindustrie. Immer mehr Ausg. d. öff. Hand fließen in den Personalsektor

Lohnerhöhung in der Eisenindustrie der BRD um 10–13,5 % (allg. steigen d. Löhne schneller als die Preise)

Haushalt der BRD mit 91 Mrd. DM verabschiedet

Verbesserung der gesetzlichen Krankenversicherung und d. Kindergeldes i. d. BRD

Zur Konjunkturdämpfung erhöht Zentralbankrat der BRD Diskontsatz auf 7,5 % (wird später im Jahr auf 6 % gesenkt)

Krise des Investmentfonds IOS

Eine Neugliederung des Bundesgebietes wird gefordert und diskutiert (etwa Verringerung der Zahl der Länder von 11 auf 7; wird vielfach f. kaum durchführbar gehalten)

Welthandelsflotte 227,5 Mill. BRT (1939: 68,5 Mill., 1951: 87,2 Mill. BRT)

Entwicklungshilfe der westl. Industrieländer (DAC): 14,8 Mrd.

(1970)	CSU-Fraktion über, Mehrheit d. SPD-FDP-Koalition vermind. sich auf 6 Stimmen (Hintergr. d. Übertritte werd. polemisch diskutiert) In Würzburg grdt. sich die rechtsgerichtete „Aktion Widerstand" unter heftigen Gegendemonstrationen DDR wird von zahlr. Staaten anerk. EWG beg. Beitrittsverhandlungen mit Gr.-Brit., Irland, Dänemark u. Norwegen (spaltet d. Öffentlichkeit dieser Länder) EWG steuert eine Endphase an, in der bis 1980 volle polit. u. währungspolit. Gemeinsch. erreicht werden soll Europarat verurteilt griech. Militärregierung wegen Verletzung der Menschenrechtskonvention † *Charles de Gaulle*, frz. Staatspräsid. s. 1958, Politiker eines autoritär. Reg.-Stils, sicherte Frankr. i. 2. Weltkr. d. Pl. a. d. Seite d. Siegermächte, beend. d. Algerienkrieg, förd. d. Aussöhn. m. Dtl., erstrebte Einigung Westeuropas u. ein „Europa d. Vaterländer", trat 1969 zurück (* 1890) An der Totenfeier für *de Gaulle* in Notre Dame nehmen ca. 80 Staats- und Regierungschefs teil † *Edouard Daladier*, frz. Politiker, Radikalsozialist, zw. 1933–40 mehrf. Min.-Präsid., unterzeichn. Münchner Abkommen (* 1884) Frz. Staatspräsident (s. 1969) *G. Pompidou* (* 1911) macht Staatsbesuch in der USSR Überraschender Wahlsieg der Konservativen in Gr.-Brit. führt zur Reg. unter Premiermin. *Edward Heath* (* 1916) (Konserv. 330 Sitze, Labour 287, Liberale und andere 12 Sitze) (bis 1974) Bürgerkriegsartige Zusammenstöße zwischen Protestanten und unterprivilegierten Katholiken in Nordirland dauern Jahre an Rhodesien erklärt sich zur Republik und löst sich damit endgültig von Gr.-Brit. Parlamentswahlen führen in Österreich zu einer Minderheitsregierung der SPÖ unter Bundeskanzler *Bruno Kreisky* (* 1911) (ÖVP u. FPÖ in der Opposition) Sozialdemokraten erhalten in Schweden knappe Mehrheit: *Olof Palme* (* 1927) bleibt Min.-Präs., s. Minderheitsreg. ist auf kommunistische Unterst. angewiesen † *Halvard Lange*, sozialdemokrat. norw. Außenmin. von 1946 bis 1965 (* 1902) Reichstagswahlen in Finnland ergeben Stärkung der Konservativen. Sozialdemokraten bleiben trotz Verlusten stärkste Partei. Koalitionsreg. unter *Ahti Karjalainen* (* 1923)	der Bühne" (krit. Pamphlet) *Luise Rinser* (* 1911): „Eine Art Tagebuch 1967–70 † *Nelly Sachs*, jüd. Dichterin dt. Herkunft, seit 1940 in Stockholm, Nobelpreis 1966 (* 1891) *Arno Schmidt* (* 1914): „Zettels Traum" (überdimensionale romanhafte Darstellung in eigenwilliger Schreibweise als faksimiliertes Typoskript) † *Viktor Otto Stomps*, dt. Verleger junger Autoren (in Berlin-W.), grdte. Verlag Neue Rabenpresse s. 1967 (* 1897) In der BRD bieten ca. 170 öff. finanzierte Theater pro Jahr ca. 30 Mill. Plätze an, von denen ca. 17,6 Mill. benützt werden. Subventionen ca. 450 Mill. DM, Kasseneinnahmen ca. 148 Mill. DM Besucherzahl von Theatern i. d. BRD zeigt Rückgang: 1951 15402000 (ohne Saarl. u. Berlin), 1960 19878000, 1970 17655000 (vgl. 1973) „Living Theatre" aus New York löst sich nach Mißerfolgen in Berlin (West) auf Neue Büchertitel in der BRD: 1950 14094, 1960 22524, 1970 47096	Sozialist. Student.-Verein (SDS) löst sich auf BRD und USSR vereinbaren Austausch v. Wissenschaftlern CDU/CSU lehnt i. Bundesrat wichtige Teile der Sexualstrafrechtsreform ab (z.B. Freigabe d. Pornographie) Mehrere Verurteilungen i. d. USSR wegen „Verleumdungen" d. Staates (wachsende Verfolgung d. „Dissidenten" ruft intern. Proteste hervor) In der BRD wird das aktive Wahlalter von 21 auf 18 Jahre herabgesetzt 8320 männl. Selbstmorde u. Selbstbeschädigungen i. d. BRD (4816 weibl.) Seit 1950 wurden in Frankr., Spanien, Portugal, Italien, USSR 27 Höhlen mit eiszeitlichen Malereien entd. (insges. sind 131 Höhlen bekannt) Neuere Funde seit 1950 erg. folg. Entw. d. Eiszeitmalerei: Aurignacien (≈ −25000) linear. Stil d. einfachen Umrißzeichnung; Solutréen (≈ −15000) Übergangsstil; mittl. Magdalénien (≈ −12000) malerischer Stil (Altamira); spät. Magdal. (≈ −9000) entw. linearen Stil

Anselm Riedl: „George Rickey – Kinetische Objekte"

Diter Rot (* 1930): „Gewürzfenster" (abstr. Kompos. aus organ. Materialien)

† *Mark Rothko* (Freitod), nordamer. abstr. Maler (* 1903)

Matthias Schäfer (* 1944): „Watte-Objekt"

Eva Scankmajerova: „Besuch des frühen Picasso bei van Gogh in Arles" (tschech. Gem. mit parodist. Kombination zweier Bilder der beiden Maler)

Jean Tinguely, Luginbühl u. *N. de Saint Phalle* beg. Bau einer begehbaren Riesenplastik „Monstre" b. Paris

Stefan Wewerka (* 1928): „Der rote Stuhl" (neodadaist. Objektkunst in Form eines zerbrochenen Stuhles)

Plakatmus. in Essen

„The end of the road" (amer. Film v. *Aram Avakian*)

„The touch" (amerik. Film v. *Ingmar Bergman*, * 1918)

„Die Feuerzangenbowle" (dt. Film v. *Helmut Käutner*)

„Ryans Tochter" (amer. Film v. *David Lean*, * 1908, Engl.)

„König Lear" (russ. Film v. *Grigori Michailowitsch Kosinzew*, * 1905)

„Gesellschaft mit beschr. Haftung" (ind. Film v. *Satyajit Ray*, * 1921)

Text *Horton Foote* n. d. Roman v. *M. Mitchell*; europ. Erstauff. in London 1972) (vgl. D)

† *George Szell*, nordam. Dirigent österr.-ung. Abst. (* 1897)

Bernd Alois Zimmermann: „Ich wandte mich und sah an alles Unrecht, das geschah unter der Sonne" (Kantate f. 2 Sprecher, Baß-Solo und Orchester)

† *Bernd Alois Zimmermann*, dt. Komponist (* 1918)

Häufigste Aufführungen der deutschsprachigen Opernbühnen 1969/70: „Zauberflöte" 282 ×; „Hochzeit des Figaro" 281 ×; „Die Entführung aus dem Serail" 259 ×; „Hoffmanns Erzählungen" 236 ×; „Zar und Zimmermann" 213 ×; „Carmen" 201 ×; „Der Rosenkavalier" 191 ×; „Cosi fan tutte" 179 ×; „Rigoletto" 178 ×; „La Traviata" 171 ×

Arbeitstage f. Musik i. Berlin (West) (Ensemble-Improvisationen u. musikal. Werkbegriffe)

Herb. v. Karajan: Plattenaufn. d. Tripelkonz. v. Beethoven i. Berlin (W) m. d. Berl. Philharmonikern (russ. Solisten:

US-Raumschiff „Apollo 13" auf dem Mondflug durch Explosion zum Verzicht auf Mondlandung gezwungen. Mondlandefähre wird zum „Rettungsboot" und bringt Astronauten *Lovell, Swigert, Haise* gesund zurück

Unbemannte sowj. Sonde „Luna 16" landet auf dem Mond, sammelt Bodenproben und kehrt zur Erde zurück

USSR läßt die unbemannte Mondsonde „Luna 17" das erste Mondfahrzeug „Lunachod 1" absetzen, das wochenlang von der Erde gesteuert wird und Daten von der Mondoberfläche vermittelt

USSR startet die Raumsonde „Venus 7"

USSR-Raumschiff „Sojus 9" mit den Kosmonauten *Nikolajew* u. *Sewiastianow* stellt mit 17 Tagen u. 17 Stunden Erdumkreisung neuen Zeitrekord auf (wird 1973 von USA mit Skylab mit 59 und 1973/74 mit 85 Tagen übertroffen)

Am Serpukow-Protonen-Synchroton (USSR) werden schwere Wasserstoffkerne der Antimaterie erzeugt (Anti-Deuterium-Kerne)

VR China startet ersten Weltraum-Satelliten „Tung Fang Hung"

Dollar, davon 6,8 Mrd. Dollar aus d. öff. Hand (entspr. 0,74 bzw. 0,34 % d. Bruttosozialprodukts)

Entwickl. d. Weltexports (ohne Ostblock und VR China) in Mrd. Doll.: 1960 113, 1964 152, 1968 212, 1970 279

Anteil 1970 (i. %)

USA	15,5	Ital.	4,7
BRD	12,3	Niederl.	4,2
Gr.-Brit.	6,9	Belg.	4,2
Japan	6,9	Schwed.	2,4
Frankr.	6,4	Schweiz	1,8
Kanada	5,8	Austr.	1,7
		Österr.	1,0

EWG-Beschlüsse in Brüssel zur Vollendung des Gemeinsamen Marktes (pol. Einheit soll b. 1980 err. werden)

BRD und Frankr. einigen sich, Verhandlungen mit Gr.-Brit. über Eintritt in die EWG zu ermöglichen

EWG nimmt Beitrittsverhandlungen mit Gr.-Brit., Irland, Dänemark u. Norwegen auf

BRD und USSR unterzeichnen Verträge über Lieferung russischen Erdgases (wird ab 1973 geliefert) und dt. Großröhren

Konjunkturdämpfungsprogramm in der BRD mit Steuervorauszahlungen

Entw. des Anteils d. Energiequellen d. Welt (in %):

	Kern	Nat.-gas	Öl	feste St.	Sonst.
1960	–	13	35	46	6
1970	–	17	45	21	17
1985	8	16	47	24	13

(geschätzt)

(bedeut. wachsende Macht d. Ölstaaten)

Wirtschaftswachstum in % 1960–70:

	real. Soz.-Prod.	Industrieprod.
Japan	185	269
Frankr.	76	76
Ital.	73	97
BRD	59	74
USA	52	55
Gr.-Brit.	30	32

(zeigt Spitzenstellung Japans, das drittgrößte Industriemacht wird)

(1970)

Emilio Colombo (* 1920) (Christdemokrat) bildet neue ital. Mitte-Links-Regierung (Ital. bleibt ein Land starker sozialer Spannungen)

Schwere Unruhen im ital. Reggio di Calabria um die Wahl der Regionalhauptstadt

†*Antonio O. Salazar*, portug. Staatspräsid. u. Diktator seit 1932 (* 1889)

Putsch in Guinea scheitert. Portugal wird der Beteiligung bezichtigt

Schwere Unruhen in Spanien, Baskenprozeß mit Todesstrafen, die in Freiheitsstrafen umgew. werden

Warschauer-Pakt-Staaten begrüßen Gewaltverzichtsvertrag zw. USSR u. BRD u. setzen sich f. eine gesamteurop. Sicherheitskonferenz ein

NATO-Ministerrat in Rom ist mit der Vorbereitung einer gesamteuropäischen Sicherheitskonferenz einverstanden

†*Adam Rapacki*, poln. Außenmin. (1956–68) (* 1909) für ost-westl. Verständigung

Lebenslange Freiheitsstrafe für den ehemaligen Kommandanten des Vernichtungslagers Treblinka (b. Warschau), wo wenigstens 400000 Juden umgebracht wurden

Loubomir Strougal löst als Min.-Präs. der ČSSR *Cernik*, einen letzten Reformpolitiker, ab.

Im neuen Freundschafts- und Beistandspakt zwischen USSR und ČSSR wird die Verteidigung des Sozialismus als eine gemeinsame internationale Pflicht der sozialistischen Länder erklärt (diese „*Breschnew*-Doktrin" rechtfertigt die militärische Intervention der USSR von 1968)

Nach kurzer Zeit als Botschafter der ČSSR in der Türkei verliert *Dubcek* alle übrigen Funktionen in Partei und Staat

Nach Vorverhandlungen durch Staatssekr. *Duckwitz* und Außenmin. *W. Scheel* unterzeichnen Bundeskanzler *Brandt* und Min.-Präs. *Cyrankiewicz* den dt.-poln. Vertrag, der die faktische Anerkennung der Oder-Neiße-Grenze bedeutet

Wirtschaftl. bedingt. Arbeiteraufstand an d. Ostseeküste Polens erzwingt Wechsel i. d. polit. Führung. Parteichef *Gomulka* wird durch *Gierek*, Min.-Präs. *Cyrankiewicz* durch *Jaroszewicz*, Präs. d. Staatsrats *Spychalski* durch *Cyrankiewicz* ersetzt

†*Alexander Kerenski* (* 1881) i. d. USA, russ. Politiker, 1917 Min.-Präs. vor der bolschew. Revolution

†*Semjon K. Timoschenko*, maßgebl. sowj. Marschall i. 2. Weltkrieg (* 1895)

Alkoholmißbrauch i. BRD greift auf Schüler über

R. Kottje u. *B. Moeller:* „Ökumenische Kirchengeschichte (2 Bde. eines ev. u. eines kathol. Autors)

D. Wyss: „Die tiefenpsychologischen Schulen v. d. Anfängen (um 1893) bis zur Gegenwart (Zusammenfassung i. d. Zeit ihrer Verschmelzung)

Hans Frhr. v. Kress (* 1902): „Klinische Aspekte d. Sterbens" (Üb. d. Funktion d. Arztes am Sterbelager)

Dt. Gesellsch. f. Friedens- u. Konfliktforschung unter d. Protektorat d. Bundespräsid. gegr.

Klaus Weltner: „Informationstheorie und Erziehungswissensch."

Durch Hochschulbauförderungsgesetz beteiligt sich Bund zu 50% am Hochschulbau d. Bundesländer i. gemeins. Planung

Das Bild vom „Raumschiff Erde" kommt auf (verdeutl. die Erschöpfbarkeit aller Reserven)

„Abgeschnittene Köpfe" (brasil. Film v. *Glauber Rocha*, * 1938)

„Erste Liebe" (Film v. *Maximilian Schell*, * 1930)

„Hund u. Menschen" (tschech. Film v. *Evald Schorm*, * 1931, Prag)

„Liebesfilm" (ungar. Film v. *István Szabó*, * 1938)

„D. Privatleben v. Sherlock Holmes" (engl. Film v. *Billy Wilder*, * 1906)

N. W. Tomski: Lenin-Denkmal i. Ost-Berlin (russ. Skulptur z. Leninjahr)

Straßenkunst-Aktion i. Hannover

Malergruppe „KWARZ" i. Berlin (W) gegr. (gehör. z. d. Berliner Realisten)

David Oistrach (Violine, * 1908, † 1974), *Svjatoslav Richter* (Piano, * 1915) und *Mstislaw Rostropowitsch* (Cello, 1927). (Es kommt aus pol. Gründen zu keiner öff. Konzertveranstalt.)

Schlager: „A Banda"

Japan startet erstmals einen Satelliten durch eigene Trägerrakete

Mit dem 5atomigen Molekül Cyanoacethylen sind 20 anorg. u. organ. Moleküle i. Weltraum nachgewiesen (vgl. 1963, 68, 78)

Tiefseebohr-Forschungsschiff „Glomar-Challenger" erforscht Nordatlantik

In der BRD sind ca. 6000 größere elektronische Rechenanlagen vorhanden (entspricht ca. 400 Mill. menschlichen Rechnern). Seit 1950 wurden elektr. Rechner per Rechenleistung etwa 500mal billiger

Ein schallplattenartiger Träger für Fernsehaufzeichnungen wird in Berlin (West) v. Telefunken vorgeführt (aus dünner Kunststoffolie bestehend, gestattet dieser Träger billige, rasche und vielfache Reproduktion)

Gesetz von 1969 über Einheiten im Meßwesen tritt in Kraft: die wissenschaftlich, vorzugsweise atomphysikalisch, neu definierten Grundeinheiten Meter, Kilogramm, Sekunde, Grad Kelvin, Ampère, Candela werden allgemeinverbindlich (unterscheiden sich prakt. nicht von den bisherigen Definitionen)

Die Kurzzeitmessung i. d. Physik erreicht die billionstel Sekunde

Weltausstellung „Expo 70" in Osaka/Japan

Hausmüllanfall i. d. BRD (Mill. cbm): 1948 20, 1960 45, 1970 80 (vgl. Aufglied. d. Abfälle), 1975 105 (Müllbeseitigung: Verbrennung, Ablagerung, Kompostierung wird ein dringl. Problem)

Hausmüll u. and. Abfälle i. d. BRD (i. Mill. cbm): Hausmüll 80, Sondermüll (gift., explos.) 2,0, Bauschutt 2,5, Abf. a. Bergb. u. Stahlerz. 10,0, Autowracks 12,0, sonst. Gewerbe 16,0, insges. rd. 125

Die Erkenntnis der hohen Bedeutung eines wirksamen Umweltschutzes breitet sich nach langer Vernachlässigung rasch aus

Sofortprogramm in der BRD zur Reinhaltung von Luft und Wasser sowie zur Lärmbekämpfung (wirkt sich nur langsam aus)

Zahl der Computer in

	BRD	USA
1960	200	3000
1970	5000	200000

Fernsehgenehmigungen in der BRD:

1960	4637000
1970	16669000

251000 Kinos auf der Erde (140000 i. d. USSR; 3500 i.d. BRD, 85 i. d. DDR)

Zahl d. Zeitungen i. d. BRD vermindert sich von 1065 auf 998 (davon 686 selbst.)

· ≈ Die rasche Zunahme des Individualverkehrs (Pkw) und dessen Probleme regt die Entwicklung neuer Nahverkehrsmittel an (von der U-Bahn bis zum Transportverbund)

Erster dt. Nationalpark im bayr. Wald eröffn.

Verstärkung der Telefon- und Fernschreibverbindungen zwischen BRD und DDR (innerhalb Berlins werden zunächst nur die Fernschreibverbindungen vermehrt)

Weltfremdenverkehr (ohne China): 1950 25 Mill., 1960 70 Mill., 1970 167 Mill. Auslandsreisen (davon entf. ca. 80% auf OECD-Länder)

Erster Nordatlantik-Passagierflug der Boeing 747 („Jumbo Jet")

Erster Tunnel durch d. Pyrenäen (3 km lang)

19123 Verkehrstote i. d. BRD (+15% gegenüb. Vorjahr)

In den USA wird geschätzt die Wahrscheinlichkeit innerhalb eines Jahres einen Schaden zu erleiden durch

alle Krankheiten	zu 1 : 100
Automobile	zu 1 : 100
Zigaretten	zu 1 : 2000
Luftverschmutzung	zu 1 : 10000
Schußwaffen	zu 1 : 50000
elektr. Strom	zu 1 : 50000
Wärmekraftwerke	zu 1 : 250000
Naturkatastrophen	zu 1 : 1500000
Strahlung von 1 m rem	zu 1 : 10000000 (ca. 1/15000 der Toleranzdosis)

Lawinenkatastrophe in St. Gervais i.d.frz. Alpen fordert 71 Todesopfer

Hochwasserkatastrophe in Rumänien fordert ca. 200 Tote

Wirbelstürme u. Flutwellen fordern in Ostpakistan 150000–300000 Tote u. ca. 1 Mill. Obdachlose (eine d. schwersten Naturkatastrophen)

Flutkatastrophe a. d. Ostküste Brasiliens macht ca. 200000 Menschen obdachlos

2 Taifune fordern auf d. Philippinen insges. mehr als 1000 Todesopfer

Erdbeben in Nord-Peru fordert etwa 50000 Todesopfer

Erdbeben in Gediz (Türkei) fordert 1100 Todesopfer

Zahlreiche Flugzeugentführungen aus polit. Gründen führen zu Sicherheitsmaßnahmen und Erschwerungen des Flugverkehrs

Schweizer Flugzeug nach Tel Aviv stürzt durch Sprengstoffattentat ab (47 Tote); weitere Anschläge

(1970) Außenmin. d. USSR *Gromyko* besucht Vatikanstaat

Neuer Freundschaftsvertrag zwischen USSR und Rumänien

Wegen versuchter Flugzeugentführung werden in Leningrad u. a. zwei jüdische Sowjetbürger zum Tode verurteilt. Weltweiter Protest auch in KP-Kreisen. Moskauer Berufungsgericht wandelt die Todesstrafe in 15 Jahre Arbeitslager um

US-Präs. *R. Nixon* kündigt weitere Verringerung d. US-Truppen in Vietnam an

Politische Erpressungen durch Bedrohung Unschuldiger mittels Geiselnahme. Verschleppungen oder (vorzugsw. Flugzeug-)Entführungen nehmen zu (wiederholt führt das z. Befreiung polit. Gefangener od. Erlangung hohen Lösegeldes) (vgl. 1973 P)

Arab. Terroristen entführen 4 Verkehrsflugzeuge, 409 Passagiere werden üb. 1 Woche i. d. jordan. Wüste festgehalten, die Flugz. schließl. gesprengt

Kämpfe der jordanischen Armee gegen palästinensische Guerillas enden mit deren Niederlage und der Festigung der Position Kg. *Husseins*, der mit Guerilla-Chef *Arafat* Waffenstillstand schließt

† *Graf v. Spreti*, Botschafter der BRD in Guatemala, von seinen Entführern als Geisel ermordet

Botschafter der BRD in Brasilien, *Ehrenfried v. Holleben*, von linken Guerillas entführt und gegen 40 politische Häftlinge freigelassen

Schweiz. Botsch. *Bucher* in Rio entführt (wird gegen 70 polit. Häftlinge freigelassen)

In Uruguay werden d. brasilian. Generalkonsul und ein US-Sicherheitsbeamter entführt; letzterer wird ermordet aufgefunden

Extremisten der frz. Minderheit in Kanada entführen brit. Handelsattaché *Cross* und kanad. Min. *Laporte*; letzterer wurde ermordet, *Cross* gegen freies Geleit für die Entführer freigelassen

USSR hilft Ägypten beim Ausbau von Raketenstellungen gegen Israel (kommt im Krieg 1973 zu starker Wirkung)

Dreimonatige Waffenruhe am Suezkanal, um Friedensgespräche mit dem UN-Beauftragten *Jarring* zu ermöglichen. Israel beschuldigt Ägypten der Verletzung des Waffenstillstandes und verweigert Teilnahme an Gesprächen

Waffenruhe am Suezkanal um 3 Monate verlängert (wird schl. 1973 d. ägypt. Angriff beendet)

Ägypt. Staatspräs. *Nasser* verhandelt in Moskau über Nahost-Konflikt und wird zu einer polit. Lösung bestimmt

† *Gamal Abd el Nasser*, ägypt. Staatspräs. (s. 1954) herausrag. Führer d. arab. Bewegung (* 1918). Seine Beisetzung wird zu einer einmal. Massendemonstration

Anwar as Sadat (* 1918) Kampfgef. *Nassers*, wird Staatspräs. v. Ägypten

Palästinensische Guerillas bekämpfen zunehmend Israel, das Gegenschläge führt

Sudanes. Reg. verstaatlicht alle ausländ. Unternehmen

Libyen zwingt durch Beschlagnahmung 21000 Italiener zur Rückwanderung

Im Irak werden 44 Menschen, vorwiegend Offiziere, wegen Verschwörung gegen die Regierung hingerichtet

Blutiger Bürgerkrieg in Nigeria durch bedingungslose Kapitulation der Region Biafra beendet

In der UN-Vollversammlung ergibt sich eine knappe Mehrheit für die Aufnahme der VR China (jedoch nicht die erforderliche $^2/_3$-Mehrheit) (wird 1973 aufgenommen)

Diplomatische Beziehungen zwischen VR China und Kanada sowie Italien

US-Präs. *Nixon* verzichtet auf Giftstoffe als offensive Kriegswaffen

US-Präs. *Nixon* unternimmt Europareise (Mittelmeerflotte, Italien, Jugoslawien, Spanien, Gr.-Brit., Irland)

Kongreß- und Gouverneurswahlen in USA lassen *Nixon* ohne republikanische Mehrheit und bringen den Demokraten mehrere Gouverneursämter

Einsatz von US-Truppen i. Kambodscha, um Basen d. Vietkong zu vernichten (führt zu weltweiten Protesten)

Salvador Allende (* 1908) wird in Chile zum Staatspräsid. gewählt. Vers. geg. bürgerl. Widerstand parlamentar.-demokratischen Sozialismus zu realisieren (stirbt 1973 bei einem Militärputsch)

Prinz *N. Sihanouk* (* 1922) von Kambodscha abgesetzt (betrieb eine antiamerikanische Politik); nimmt Asyl i. Peking

Wahlsieg der linken „Freiheitspartei" auf Ceylon; Frau *Bandaranaike* (* 1916) bildet neue Regierung unter Einschluß der Kommunisten

Oberbefehlshaber der Streitkräfte setzen in Argentinien Staatspräs. *Ongania* ab; General *Roberto M. Levingston* wird sein Nachfolger

† *Sukarno*, indones. Politiker, leitete 1945–67 d. Politik d. unabh. Rep. Indonesien (* 1901)

Neugew. japan. Parlament bestätigt. Min.-Präs. *Eisaku Sato* (* 1901), seit 1964 i. Amt (tritt 1972 zurück)

Patrick Moore u. a.: „Atlas of the universe" („Weltraum-Atlas", kennz. f. d. zunehmende Erforsch. d. Weltraums mit Teleskopen u. Raumsonden)

US-Satellit entd. 160 kosmische Röntgenquellen (100 i. unserer Milchstraße) als Ursache versch. Neutronensterne: oder „Schwarze Löcher" vermutet

4. Saturnring entd.

Erste opt. Sichtung eines Quasars (Radiostern)

2 Röntgenpulsare entd. (waren urspr. als Radiosterne gef. worden)

Für CERN, Genf, wird ein 400-Mrd.-e-Volt-Beschleuniger beschlossen

Transuran. Element 106 erz., erh. d. Namen „Bohrium"

Video-Cassettenrekorder Bild-Ton-Platte (ab 1973 auch farbig)

Mit Förderung von Manganknollen vom Meeresboden beg. ein Tiefseebergbau

Nachrichtenübermittlg. mit Laserstrahlen durch Glasfaseroptik

Theorie d. Plattentektonik i. d. Geologie vermittelt ein neues Bild d. Erde (vgl. 1927)

Aufbau des Fieberstoffes (Endotoxin) wird geklärt (*O. Westphal* u. and.)

Meeresbodenforschung, Paläomagnetismus, Pflanzen- u. Tier-Geographie und andere Beobachtungen führen zur Plattentektonik als neue umfassende Theorie des Geschehens a. d. Erdoberfläche (Kontinentalverschiebung, Gebirgsbildung, Erdbeben, Vulkanismus, Meeresbodenausbreitung u. and.)

und verstärkte Sicherheitsmaßnahmen im Flugverkehr

Absturz eines brit. Urlauberflugzeuges bei Barcelona fordert 122 Tote

1 Toter und 11 Verletzte durch Anschlag palästinensischer Guerillas auf dem Flughafen München

20 Pockenkranke durch Einschleppung der Erreger aus Pakistan in die BRD (4 Todesfälle)

Cholera-Epidemie dringt von Südostasien in den Nahen Osten vor

Nach 2½jähriger Dauer wird Prozeß gegen die Hersteller von Contergan, das Mißbildungen erzeugte, eingestellt (Fa. hatte 114 Mill. DM zur Entschädigung bereitgestellt)

DDR gewinnt in Stockholm vor USSR und BRD Europapokal der Leichtathleten

† *Jochen Rindt* beim Training zum „Gr. Automobil-Preis von Italien" (* 1942) (wird nach seinem Tode zum Weltmeister erklärt)

† *Otto Peltzer*, dt. Rekordläufer über Mittelstrecken (* 1900)

Borussia Mönchengladbach Fußballmeister der BRD

Brasilien zum 3. Male Fußballweltmeister (vor Italien u. BRD)

Cassius Clay erreicht sein Comeback durch Sieg über *Jerry Quarry* durch technischen k. o.

Krokodile durch extensive Jagd vom Aussterben bedroht

Japan. Schwarzschnabelstorch als natürliche Population erloschen

Rohstahlprod. d. Erde 592 Mill. t, davon (i. 1000 t): USA 131175, USSR 110315, Japan 82166, BRD 45316, DDR 5180, Gr.-Brit. 26846, Frankr. 22510, Ital. 16428

Weltenergieverbr. d. Erde (in Mrd. t SKE; 1 kg SKE entspr. ca. 8 kWh):

Jahr	1960	1970	1980	2000
Kohle	2,1	2,6	3,2	4,0
Erdöl	1,5	3,0	4,8	10,0
Erdgas	0,6	1,3	2,0	3,6
Kern	0,3	0,4	2,0	4,5
Sonst.	0,3	0,4	0,6	0,9
	4,8	7,7	12,6	23,0

(Zahlen berücksichtigen noch nicht d. Ölkrise ab 1973)

Energieverbrauch d. Menschheit bis 2000 wahrsch. größer als insges. seit Beg. d. Zeitrechn.

Elektr. Energieerz. i. d. öff. E-Werken d. BRD (in Mrd. kWh) mit Wasser 1,26 = 1,5 %, Steink. 39,9 = 54,5 %, Braunk. 4,5 = 6,0 %, Öl 15,3 = 20,0 %, Gas 12,3 = 16,0 %, Sonst. 1,4 = 2,0 %, insges. 74,5

Erdölförd. d. Erde 2,5 Mrd. t, davon (i. %): Naher Osten 30,5; Nordamer. 26; Ostblock 16,8; Afrika 11,7; Lateinamer. 11,4; Ferner Osten 3,0; Westeuropa 0,7

Das Wachstum der Erdbevölkerung erreicht mit +2,1 % Jahr (= +76 Mill./Jahr) einen Höhepunkt (1977 liegt das Wachstum bei +1,9 % Jahr = +78 Mill./Jahr)

Textilfaserproduktion der Welt (in Mill. t bzw. %):

	Baumwolle		Wolle		Chemiefaser	
1900	3,2	81 %	0,7	19 %	–	0 %
1950	6,6	71 %	1,1	11 %	1,7	18 %
1970	11,6	54 %	1,6	7 %	8,4	39 %
1980*	12,0	39 %	1,6	5 %	17,1	56 %

* geschätzt

1971

Friedens*nobel*preis an *W. Brandt* (* 1913) f. seine Friedens- und Entspannungspolitik insbes. gegenüb. d. Ostblockstaaten (vgl. 1972)

Streitkräfte der NATO		des Warschauer Paktes
	in Tsd.	in Tsd.
Heer	3183	2762
Marine	986	530
Luftwaffe	1342	721
Spezialwaff.	502	878
insges.	6013	4891

Erstes US-U-Boot mit Poseidon-(Kernwaffen-)Raketen

USA, USSR u. Gr.-Brit. unterzeichn. Vertrag über Verbot von Kernwaffen auf dem Meeresgrund

USA u. USSR unternehmen unterirdische Kernwaffenversuche

Frankr. untern. Kernwaffenversuche im Pazifik (darunter auch eine Wasserstoffbombe; Proteste bes. v. Japan)

Frankr. stellt 3 Atom-U-Boote i. Dienst

Ernst Benda (* 1925) wird Präs. d. Bundesverfassungsgerichts i. Karlsruhe

† *Wald. v. Knoeringen*, dt. Politiker, insbes. Bildungspol. (SPD) (* 1906)

Bundesfinanzmin. *Alex Möller* tritt zurück (Nachf. wird *K. Schiller*, d. 1972 zurücktritt)

Karl Schiller (* 1911) wird Bundesmin. f. Wirtschaft u. Finanzen (tritt 1972 zurück u. aus d. SPD aus)

In Bremen löst n. Wahlsieg d. SPD SPD-Senat unt. Sen.-Präs. *Koschnick* (* 1929, SPD) SPD/FDP-Koalition ab

Peter Schulz (* 1930, SPD) wird Bürgerm. v. Hamburg; bild. SPD/FDP-Senat

Gerh. Stoltenberg (* 1928, CDU) wird Min.-Präsid. einer CDU-Reg. i. Schleswig-Holstein

Bombenanschläge d. linksradikal. *Baader-Meinhof*-Gruppe i. d. BRD

In der BRD werden vom Verfassungsschutz 555 Terror- und Gewaltakte registriert

SPD grenzt sich gegen Linke ab (insbes. geg. Aktionen mit Kommunisten u. d. Programm d. Jungsozialisten)

Die 4 Siegermächte schließen Berlin-Abkommen, das d. dt. Verh. üb. Transitverkehr u. Reisen i. d. DDR ergänzt

Literatur-*Nobel*preis a. *Pablo Neruda* (* 1904, Chile, † 1973), schrieb 1950 „El canto general" (sozialist. Dichtung über die Entw. Chiles)

Friedenspr. d. dt. Buchhand. an *Marion Gräfin Dönhoff* (* 1909, Ostpr.)

Louis Aragon (* 1897): „Henri Matisse" (frz. biogr. Roman)

H. C. Artmann (* 1921, Österr.): „How much, Schatzi?" (10. Erz.)

Ing. Bachmann: „Malina" (österr. Roman)

Heinr. Böll: „Gruppenbild mit Dame" (Roman a. d. 2. Weltkrieg)

Jos. Breitbach (* 1903): „Requiem f. d. Kirche" (Komödie, Urauff. i. Augsb.)

Hans Magnus Enzensberger: „Gedichte 1955–70"

Rainer Werner Fassbinder: „Bremer Freiheit, ein bürgerl. Trauerspiel" (um eine 1831 hinger. Giftmischerin)

J. Fernau (* 1909): „Cäsar läßt grüßen" (histor. Betrachtung)

Dieter Forte (* 1935): „Martin Luther & Thomas Münzer oder Die Einführung der Buchhaltung" (dt. Erstauff., Urauff. 1970 in Basel) (Bühnenstück, das M. L. als Marionette Fuggers darstellt)

Paul Goma (* 1935), „Ostinato" (russ. Roman, erscheint i. d. BRD)

Graham Greene (* 1904) „A sort of Life" (engl. Autobiographie)

Peter Handke (* 1942, Österr.): „Der Ritt über d. Bodensee" (Schauspiel mit Sprachspielen)

W. Hildesheimer (* 1916): „Mary Stuart" (Schauspiel)

Th. W. Adorno (* 1903, † 1969): „Ästhetische Theorie" (postum)

Carl Andersen (* 1904): „Die Kirchen der alten Christenheit" (dän. Kirchengeschichte)

J. Apresjan: „Ideen u. Methoden d. modernen strukturellen Linguistik" (Sprachwissenschaft aus d. Russ.)

Karl-Barth-Stiftung in Basel gegr. zur Pflege seines theolog. Werkes

Marion Gräfin Dönhoff (* 1909, Ostpr.) erhält Friedenspreis des dt. Buchhandels

Carl-Heinz Evers (* 1922) u. and.: „Versäumen unsere Schulen d. Zukunft (krit. Analyse eines d. Väter d. Gesamtschule)

Basel gibt d. Herderpreis an *Jiři Kolař* (* 1914), Schriftst. i. d. ČSSR

R. Lettau (* 1929): „Der tägl. Faschismus" (Kritik a. d. US-Presse)

E. Künzel: „Jugendkriminalität u. Verwahrlosung"

Golo Mann (* 1909) „Wallenstein" (histor. Roman)

† *Ludwig Marcuse*, dt. Philosoph (* 1894)

Ehemal. ung. Kardinal *Mindszenty* (* 1892), seit 1956

Alvar Aalto (* 1898): „Finlandia" (Konzerthaus i. Helsinki)

Bele Bachem: „Magischer Stillstand"

Rosemarie Blank (* 1931): „Fußbank" (Polyester)

Manfred Bluth (* 1926): „Bäreninsel mit schiffbrüchigem Weib"

M. Chagall „Zirkus mit Jongleuren", „Erinnerung an das Dorf" (russ.-frz. Gouachen)

Ingrid Dahn (* 1939): „Von innen nach außen IV" (Plexiglasplastik)

Jonas Dangschat (* 1931): „Emanzipation II" (Gem.)

Roland Dörfler (* 1926): „Karton II" (Gem.)

Gr. Dürerausst. in Nürnberg

„Dürers Glanz u. Gloria" (Ausst. i. Berlin [West], ironisiert im Dürerjahr den Nachruhm als typisch „deutscher" Künstler bes. i. 19. Jh.)

Uwe Hässler (* 1938): „Stehende" (3-Farben-Radierg.)

Hrdlicka: „The Rakes Progress" (österr. Radierzyklus)

HAP Grieshaber (* 1909): „Hommage à Dürer" (Holzschnitt)

B. Heiliger: „Flugmotiv" (Alu-Plastik)

Albert Hermann (* 1937): „Spiegel Nr. 5"

Utz Kampmann (* 1935): „Maschinenplastiken" (aus Acrylglas, Formica, Holz)

† *Frans Masereel*, belg. Graphiker, Holzschnittmeister, führend im Holzschnitt (* 1889)

Peter Nagel (* 1941): „Nägel im Kies"

Oscar Niemeyer: Partei-

† *Louis Armstrong* (Uncle Satchmo), US-Neger, weltbekannter Jazzmusiker u. Trompeter (* 1900)

L. Bernstein (* 1918): „Messe" (Kompos. f. d. Einweihung d. John F. Kennedy-Kulturzentrums i. Washington, vgl. Spalte K)

Cesar Bresgens: „Der Wolkensteiner" (österr. Oper)

John Cranko: „Carmen" (Ballett mit Musik von *W. Fortner* i. Stuttgart)

G. v. Einem (* 1918): „Besuch der alten Dame" (Oper n. *Dürrenmatt*)

H. W. Henze (* 1926): „Der langwierige Weg in die Wohnung der Natascha Ungeheuer" (Komp. f. klass. Quintett, Jazz-Kombo, Blechbläser, Schlagzeug, menschl. Stimme. Gegen sozialist. Utopien einer bürgerlichen Linken) Text v. *Salvatore*

Mauricio Kagel (* 1931): „Staatstheater" (parod. Oper ohne Orchester, Urauff. i. Hamburg)

György Ligeti: „Lontano" (Ballett)

H. v. Karajan grdt. Orchester-Akad. in Berlin (West)

*Nobel*pr. f. Physik an *Dennis Gabor* (* 1900, Ungarn) f. Erf. d. Holographie (opt. Abbildungsverf., bei dem die Objekte vollst. aus den Wellenfeldern rekonstruiert werden)

*Nobel*preis f. Chemie an *Gerhard Herzberg* (Kanada, * 1904 i. Dtl.) f. spektrosk. Erforschung des Molekülbaus

Medizin-*Nobel*pr. an *Earl Wilbur Sutherland* (* 1915, † 1974), USA, f. d. Entd., daß Adenosinmonophosphat durch die Zellwand hindurch d. Neubildung von Glukose enzymatisch katalysiert (veröff. 1957); bed. neues Prinzip einer Hormonwirkung

† *W. L. Bragg*, brit. Physiker, Bahnbrecher d. Röntgenanalyse v. Kristallen, *Nobel*preis 1915 (* 1890)

Darleane Hoffmann u. and. (USA) entd. transuran. Plutonium 244 mit 80 Mill. Jahren Halbwertszeit in ird. Mineral (Nachweis d. 1. Transurans i. d. Natur)

† *B. A. Houssay*, argent. Physiologe u. *Nobel*preisträger 1947 (* 1887)

† *A. W. K. Tiselius*, schwed. Biophysiker, *Nobel*preisträger 1948 (* 1902)

Angebl. 10. Planet zw. Sonne u. Merkur während einer Sonnenfinsternis entd.

Max-Planck-Ges. nimmt Radioteleskop (100 m Durchm.) i. d. Eifel i. Betr.

Bei d. Explosion eines

Gewerkschaftsgesetz gegen „unfaire" Handlungen in Gr.-Brit. (wird v. d. Gewerksch. bekämpft)

Rolls-Royce, brit. Auto- u. Flugzeug-Fabrik, erklärt Konkurs (gegr. 1906)

930 000 (0,9 %) Arbeitslose in Gr.-Brit.

4,6 Mill. Arbeitslose in USA (6 %)

Weltwährungskrise durch Dollarschwäche (verstärkt sich in den nächsten Jahren)

Elektr. Energ. i. d. BRD stammt aus (in Mrd. kWh):

	1971	1980 (gesch.)
Steink.	108,0	62,0
Braunk.	61,6	108,0
Öl	36,8	63,3
Erdg.	19,2	65,0
Wasser	14,0	19,0
Kern	5,8	144,0
Sonst.	14,2	23,0
insges.	162,4	484,3

EWG muß 62,8 % der Energie einführen (1960 30 %) (macht sich in der Ölkrise 1973 stark bemerkbar)

Mit 12 Turbinen größtes Wasserkraftwerk der Erde mit 6 000 000 kW Leistung bei Krasnojarsk/Jenissei in USSR fertiggestellt

Kunststofferzeugung (i. 1000 t):
USA 8186, Japan 5100, BRD 4824, USSR 1860, Frankr. 1765, DDR 420

Ausfuhr der BRD 135 992 Mill. DM, davon Frankr. 12,5 %, Niederl. 10,7 %, USA 9,7 %, Belg., Lux. 8,5 %, Ital. 8,4 %, Schweiz 5,9 %, Österr. 4,7 %, Gr.-Brit. 4,0 %. EWG 40,1 %, EFTA 22,4 %, westl. Industrieländer 83,5 %, Entwickl.-L. 12,0 %, Staatshandelsl. 4,3 %

(1971)	wird (danach ist Berlin [W] kein konstitutiver Teil d. BRD, aber s. Bindungen sollen erhalten u. entwickelt werden; tritt 1972 n. Ratifizierung d. Ostverträge i. Kraft) *Walter Ulbricht* (* 1893, † 1973) tritt als 1. Sekr. d. ZK d. SED (seit 1950) zurück (bed. Ende s. polit. Einfl.) Nachfolger 1973 *E. Honecker* (* 1912) (vgl. 1973) DDR betont die Notwendigkeit, sich von d. BRD „abzugrenzen" Störungen des Verkehrs BRD–Berlin (W) durch d. DDR Frankr. beschließt 6. Modernisierungs- und Ausrüstungsplan (1971–75) mit Leitlinien f. d. Wirtschaft *Walentin Falin*, Botsch. d. USSR i. d. BRD † *Lin Piao*, Politiker u. Armeechef der VR China, desig. Nachfolger *Maos*, durch Absturz auf einem Flug i. d. USSR, nachdem, wie erst 1972 verlautet, er einen Putsch u. einen Mordanschlag gegen Mao versucht haben soll (* 1907) Das chin. orientierte Albanien verurteilt Gewaltverzichtsvertrag BRD–USSR Wahlen in Indien bringen der reg. Kongreßpartei u. *Indira Gandhi* im Unterhaus 2/3-Mehrheit (gefolgt v. d. Kommunistischen Parteien) Die asiat. Staaten liegen im ideol. Spannungsfeld zw. Moskau u. Peking Freundschaftsvertrag zwischen USSR und Ägypten (verschleiert Meinungsverschiedenheiten über Lösung der Nahostfrage) Ägypten, Libyen und Syrien grd. „Union Arabischer Republiken" (im übrigen bleibt das arab. Lager zerstritten) 99,98 % Stimmen f. neue ägypt. Verfassung Diplomat. Beziehungen zw. Äthiopien und VR China Aufn. diplomat. Bez. zwischen Iran u. VR China (trotz Verfolg. d. iran. Mao-Anhänger) † *Dean Acheson*, Politiker d. USA (* 1893, 1949–53 Außenmin.) In USA gibt es heftige Auseinandersetzungen über Vietnam-Krieg Stimmengewinne der Sozialdemokr. in Dänemark	*U. Johnson:* „Jahrestage, Aus d. Leben der Gesine Cresspahl" (2. Bd. einer Romantrilogie) Georg-Büchner-Preis an *Uwe Johnson* (* 1934) *Walter Kempowski* (* 1929, Rostock): „Tadellöser & Wolff". Ein bürgerlicher Roman (Roman um Krieg u. Nachkrieg i. Rostock in einem faktenregistrierenden Stil. Forts. mit „Uns geht's ja noch gold" 1972) *Werner Koch:* „Seelenleben I" (Roman) *Franz Xaver Kroetz* (* 1946): „Stallerhof" (Schauspiel) u. „Männersache" (gesellschaftskrit. bayr.-mundartliches Schauspiel) *Dieter Kühn:* „Ausflüge im Fesselballon" (Roman) *Siegfr. Melchinger:* „Geschichte d. polit. Theaters" *Harold Pinter* (* 1930): „Alte Zeiten" (engl. Schauspiel) *J. M. Simmel* (* 1924): „Der Stoff, aus dem die Träume sind" (österr. Rom.) „Phonetische Poesie" (Schallpl. mit Entw. d. Lautgeschichte im 20. Jh.) Schaubühne am Halleschen Ufer i. Berlin (W) beg. unter dem Regisseur *Peter Stein* Erfolgsserie, die sie mit „Peer Gynt" u. and. Inszen. i. d. nächsten Jahren an die Spitze des deutschsprachigen Theaters führt (vgl. 1973)	in der Botsch. d. USA in Budapest, erhält Ausreiseerlaubnis nach Rom (wird 1974 v. Papst abgesetzt) *Jacques Monod* (* 1910): „Zufall u. Notwendigkeit" (philos. Fragen d. modernen Biologie) *A. Pointner:* „Schule zwischen Repression und Revolution" (kennzeichnet die von der Hochschule auf die Schulen übergreifende Unruhe) *Joach. Ritter:* (* 1903, † 1974) „Histor. Wörterb. d. Philosophie" (1. v. 8 Bänden) *Karl Steinbuch:* „Mensch, Technik, Zukunft" (Probleme von Morgen, hält sie für rational lösbar) *K. E. Zimen* kommt zu dem Schluß, daß sich zwischen 2000 und 2100 eine gleichbleibende Bevölkerungszahl mit gleichbleibender Energieversorgung und Wohlstand einstellt 2. Allg. Bischofssynode mit den Themen „Der priesterl. Dienst" u. „Gerechtigkeit i. d. Welt" „9 Thesen gegen Mißbrauch der Demokratie" des ZK der dt. Katholiken (fordern „Partizipation" statt „Demokratisierung")

haus für die KP Frankreichs in Paris (mit geschwungener Glasfassade, betont unorthodoxer Baustil)

Silvia Quandt: „Allegorie des Abschieds" (Gem.)

George Rickey (* 1907): „Drei rotierende Quadrate" (amer. kinet. Skulptur f. d. Univ. Heidelb.)

Wolfgang Rohloff (* 1939): „Topfblumen II" (Stoffmontage)

Ludwig Scharl (* 1929): „Fun for Men" (Gem.)

K. Schmidt-Rottluff: (* 1884) „Das schwarze Haus" (Gem.)

Emil Schumacher (* 1912): „B-99/1971" (Gouache)

Toni Stadler: „Torso" (Bronzepl.)

Edward D. Stone: John F. Kennedy-Kulturzentrum in Washington (DC) mit Konzertsaal, Oper, Theater u. Versammlungssaal (beg. 1966) (vgl. Sp. M)

Hann Trier: „Lauschen II" (Acryl-Gem.)

Heinz Trökes: „Vogelparadies" (Gem.)

Paul Wunderlich: „Daniela verhüllt" (Gem.)

Ausgrabungen eines Palastes mit Fresken in Kiew (gilt als erstes Denkmal russ. Steinbaukunst, vermutl. a. d. 10. Jh.)

Kunstausst. i. Berlin (W) unterteilt sich in Gruppen, die in eigener Verantw. ausstellen (bewährt sich als Organisationsform f. d. pluralistische Kunstgeschehen)

Heinz Zander (* 1939): „Der gr. Dt. Bauernkrieg" (Gem. i. DDR)

Peter Campus (* 1937, USA): „Dynamische Felder" (Videoband)

Frank Martin (* 1891): „Trois Danses" (schweiz. Komp. f. Orchester, Oboe, Harfe u. Streichquintett)

Darius Milhaud (* 1892) erhält frz. Nationalpreis f. Musik

Aribert Reimann (* 1936): „Melusine" (Oper)

Peter Sandloff: „Traum unter dem Galgen" (Oper über François Villon)

Dimitrij Schostakowitsch (* 1906): Sinfonie Nr. 15, A-Dur (russ. Orchestermus.)

Stockhausen (* 1928): „Sternklang" (Freiluftmusik auf 5 Podesten im Tiergarten Berlin aufgef. „Musik für die Vorbereitung auf Wesen von anderen Sternen und ihre Ankunft")

† *Igor Strawinsky*, russ.-amer. Komponist, maßgebl. Schöpfer der modernen rhythmisch betonten Musik (* 1882)

Michael Tippett: „The Knot Garden" (engl. Oper psychoanalyt. Prägung)

Isang Yun (* 1917): „Geisterliebe" (korean. Auftrags-Oper f. „Kinder-Woche")

„Song of joy" (Schlußchor a. d. Freude aus d. 9. Sinf. v. Beethoven als Pop-Schlager)

Quasars (Radiostern) werden mit Radioteleskopen anschein. Überlichtgeschwindigkeiten beobachtet

Mikrowellen-Radiostrahlung von Molekülen (OH) auch außerhalb d. Milchstraße nachgewiesen (vgl. 1963)

L. E. Snyder u. *D. Buhl* (USA) finden mit Radioteleskop von Kitt Peak Strahlung des siebenatomigen Moleküls CH_3C_2H in der Milchstraße

Es gelingt, aus künstl. Marsatmosphäre Formaldehyd (HCHO) zu erz. (spricht f. d. Möglichk. einer molekularbiolog. Entw.)

US-Astronomen entd. 2 Sternensysteme i. d. Nähe d. Milchstr.: Maffei 1 u. 2, die durch Staubwolk. opt. Beob. entzogen sind

3. US-Mondlandung mit Apollo 14

Apollo-15-Untern. gelingt 4. Mondlandung der USA mit *D. R. Scott, A. M. Worden* u. *J. B. Irwin*. Lunare Meßstation mit 24 Experimenten und erstm. Ausflüge mit bemanntem Mondauto

Sojus II nimmt SU-Raumstation Salut I i. Betr.

VR China startet 2. Satelliten.

Start der Europa-II-Rakete mißlingt

Größter kommerz. Nachrichtensatellit „Intelsat IV" gestartet (f. gleichz. 6000 Ferngespr. od. 4 Fernsehprogr.)

Nachrichtenübertr.

Bruttosozialprod. i. d. BRD 756,1 Mrd. DM

Müllanfall in der BRD 350 Mill. cbm. Davon (i. Mill. cbm): Landw. Abfälle 191, Hausmüll 114, Autowracks 18, Bauschutt 2,5, Autoreifen 1,0, Sonstiges 23,5

Ca. 1,1 Mill. Schrottautos in BRD (in USA ca. 7 Mill.)

DDT-Anw. i. d. BRD verboten

Ges. zur Vermind. d. Bleigeh. im Benzin

Ges. üb. künstl. Besamung b. Tieren i. d. BRD

US-Kongreß verweigert Mittel für Überschallflugzeug aus Gründen des Umweltschutzes (wirft diese Entw. auch in Europa stark zurück)

63 Tote b. einem Flugzeugabsturz auf der Strekke London–Salzburg

Notlandung eines Flugzeuges der Pan-International auf der Autobahn Hamburg–Kiel fordert zahlreiche Menschenopfer (führt zu einer Krise der Fluggesellschaft)

Dt. Bundesbahn eröffnet Intercity-Verkehr zwischen 33 dt. Großstädten

Abriß der Pariser Markthallen von 1864 (waren frühmorgendl. Treffpunkt der Nachtbummler)

Ausbruchsperiode des Ätna

Erdbeben in Südkalifornien: 52 Tote

Wirbelsturm an der Ostküste Indiens tötet mehr als 10000 Menschen

Ca. 100 Tote bei Überschwemmung in Westbengalen

88 Tote bei Wirbelsturm in Südvietnam

(1971)	Europarat schließt Griechenland aus (das vorher s. Austritt erklärt) Comecon verabsch. ein 20-Jahres-Programm f. stärkere Integration Die „Organisation f. d. Einheit Afrikas" kommt zu keinen entscheidenden Ergebnissen f. d. polit. zersplitterten Kontinent Aufstand d. linksrad. Volksbefreiungsfront in Ceylon niedergeschlagen (USA, USSR u. VR China unterst. d. Reg.) Kuba verbietet das Ausfliegen v. Emigranten n. USA (s. 1965 246000 ausgefl.) In Argentinien setzen militär. Oberbefehlshaber Präs. General *R. M. Levingston* (seit 1970) ab. *Alejandro Agustin Lanusse* (* 1918) wird von der Junta als Staatspräs. eingesetzt Schwere wirtschaftl. Krise in Bolivien führt zu blutigen Auseinanders. zw. Links u. Rechts Chile verstaatlicht Bergbau einschl. US-Kupferminen VR China Mitgl. d. UN ≈ Die Situation in Lateinamerika ist gekennzeichnet d. d. Konfrontation sozialreform. Kräfte (Arbeiter, Gewerksch., Intellektuelle) gegen konservat. Kräfte (Kapital, Militär, Kirche) auf d. Hintergrund gr. Armut Ein Vertreter der Urbevölkerung wird Mitgl. d. austral. Parlaments Konvention zur Verhinderung verbrech. Terrorakte d. Org. Amer. Staaten (N- u. S-Am.)		Bundesausbildungsförderungsges. i. d. BRD (verbessertes Stipendienwesen) Institut f. Begabungs- und Testforschung i. d. BRD Kultusmin. d. BRD geb. Empfehlungen f. d. Unterricht v. Gastarbeiterkindern Graduiertenförderungsgesetz f. d. wiss. Nachwuchs i. d. BRD Reformuniv. Bremen eröffnet (wird von den SPD-Bundesländern finanziert) Aktion „Brot für die Welt" der dt. Ev. Kirche zum 13. Mal eröffnet 34,2 % Analphabeten auf d. Erde (Afrika 73,7 %, i. Südamerika 23,6 %), über 50 % aller Kinder können keine Elementarschule besuchen

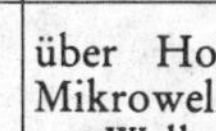

„Die Rolle meiner Familie in der Weltrevolution" (jugosl. Film von *Bata Cengič*) auf der 32. Biennale in Venedig

Oscar an „French Connection" (amer. Film v. *William Friedkin*). Sonder-Oscar an *Charlie Chaplin* (* 1889, n. 20 Jahren wieder in USA)

„Die bitteren Tränen d. Petra v. Kant" (Film v. *R. W. Fassbinder*, * 1946)

„Warum läuft Herr R. Amok?" (Film v. *R. W. Fassbinder*)

„Roma" (ital. Film v. *Federico Fellini*, * 1920)

„Mio" (japan.-frz. Film v. *Susumo Hani*, * 1928)

„Frenzy" (engl. Film v. *Alfred Hitchcock*, * 1899)

„Fat City" (engl.-amer. Film v. *John Huston*, * 1906)

„Die Besucher" (amer. Film v. *Elia Kazan*, * 1909, Türkei)

„Der große Verhau" (Film v. *Alex. Kluge*, * 1932)

Intern. Filmfestspiele i. Cannes: Goldene Palme f. „The Go between", brit. Film v. *Joseph Losey*

„Liebe", ung. Film v. *Károly Makk*, erhält kathol. Filmpreis

„Uhrwerk Orange" (engl. Film v. *Stanley Kubrick*, * 1928, USA)

„Decamerone" (ital. Film v. *Pier Paolo Pasolini*, * 1922)

„Tolldreiste Geschichten" (ital.-frz.-dt. Film v. *Pier Paolo Pasolini*)

„W(ilhelm) R(eich)-Mysterien des Organismus" (jugosl. Film von *Dusan Makavejew*)

„Der Fall Mattei" (ital. Film v. *Francesco Rosi*, * 1922)

Radioastronomen finden Anzeichen für einen starken explosionsartigen Vorgang im Zentrum der Milchstraße vor 10 Mill. Jahren, bei dem 10. Mill. Sonnenmassen ausgeschleudert wurden

Jane Goodall berichtet über Freilandbeobachtungen an Schimpansen in Tansania (Verhaltensforschung an Primaten gewinnt an Bedeutung)

über Hohlleiter mit Mikrowellen (mm od. cm Wellenlänge)

Überschallflugzeug „Concorde" (frz.-brit.) u. TU 144 (USSR) auf d. Pariser Flugzeugausst.

US-Senat sagt Bau eines Überschall-Verkehrsflugz. ab (schwerer Rückschlag f. diese umstrittene Entw.)

Transuranelement 112 möglicherw. entd.

In d. Kernforsch.-Anlage Jülich gelingt es i. einem Plasma f. eine Millionstel Sek. eine Temperatur von ca. 100 Mill. Grad zu erzeugen (wichtig f. Energieerz. aus Kernverschmelzung; im Innern d. Sonne herrschen ca. 20 Mill. Grad)

Protonenbeschleuniger bis zu 1000 Mrd. elektr. Volt für CERN beschlossen (bes. wichtig f. Physik der Elementarteilchen)

„Gargamelle", größte Blasenkammer d. Welt (Nachweis v. Elementarteilchen) i. Betr.

Elektronenmikrosk. Nachweis d. Virus Doppelhelix (diese Doppelspiralstruktur kennz. d. Nukleinsäure-Erbsubstanz)

Es gelingt, d. Entw. von unbefrucht. Mäuseeizellen außerhalb d. Organismus bis zur Herzfunktionstüchtigkeit zu züchten

Es gelingt, immer mehr Lebenserscheinungen auf molekulare Strukturen zurückzuführen („Molekulare Biologie") (vgl. 1953 *Watson* u. *Crick* u. ff. Daten)

Schlagwetterexplosion auf Formosa (Taiwan) tötet 35 Bergleute

Grubenunglück b. Recklinghausen fordert 7 Menschenopfer

Haldenrutsch in Rumänien tötet 51 Menschen

Hotelbrand in Seoul (Südkorea) fordert mehr als 160 Menschenopfer

Zwei Bergsteiger aus der ČSSR besteigen Nanga Parbat (8125 m) im westl. Himalaja

Ilona Gusenbauer (Österr., * 1948): Hochsprungweltrekord f. Damen mit 1,92 m (*Yolanda Balas* sprang 1960 1,91 m)

Korruptions-Skandal i. d. dt. Fußball-Bundesliga (abstieggefährdete Vereine kaufen sich Spielgewinne)

Borussia Mönchengladb. Fußballmeister d. BRD

Volkszählung erg. f. Indien ca. 547 Mill. Einw. (stieg im letzten Jahrzehnt um 24,6 %) (Nach VR China mit ca. 800720000 der zweitgrößte Staat)

Sehr gutes Weinjahr

2–8 Mill. ostpakist. Flüchtl. i. Indien

Wirtschaftskrise auf Kuba (schlechte Zuckerrohrernte u. sinkende Arbeitsmoral)

Geburt von Neunlingen i. Australien: 2 tot, 7 lebensschwach

Prozeß i. USA geg. US-Soldat wegen eines Massakers von *My Lai* (Vietnam)

K. Buchwald schätzt Kosten für Umweltschutz i. d. BRD in der Zeit 1971–80 auf ca. 84,5 Mrd. DM (davon Kläranlagen u. Kanalisation 40, lfde. Sanierung von Luft u. Wasser 30, Forschung 10) (Bildungsausgaben bis 1985 ca. 90 Mrd. DM)

(1971)

„Patton" (amer. Film v. *Franklin J. Schaffner*, erhält Oscar als bester Film)

„Die Gärten d. Finzi Contini" (Film v. *Vitt. de Sica*, * 1902)

„Herzbube" (dt.-amer. Film v. *Jerzy Skolimoski*, * 1938, Polen)

„Großalarm f. d. Davidswache" (Film v. *Wolfgang Staudte*, * 1906)

„Trafic" (frz. Film von u. mit *Jacques Tati*, * 1908)

„Goya" (dt.-russ. Film v. *Konrad Wolf*, * 1925, Dtl.)

„Der Weg zum Tode des alten Reales" (argent. Film v. *Gerardo Vallejo*) auf d. 20. Intern. Filmwoche Mannheim

„Der Tod in Venedig" (ital. Film v. *Luchino Visconti*, * 1906)

VR China zeigt in Venedig auf der 32. Biennale den Film „Die rote Frauenkompagnie"

Internationale Filmfestspiele Berlin werden zweigeteilt in „A-Festival" (n. Regeln der FIAPF) u. „Intern. Forum des jungen Films" (vorw. sozialkrit.)

Int. Filmfestsp. Berlin (West): Goldener Bär f. „Die Gärten der Finzi Contini", ital. Film von *de Sica*. Silb. Bär f. „Decamerone", ital. Film v. *Pier Paolo Pasolini*

† *Harold Lloyd*, US-Filmkomiker (* 1893)

W. W. Dergatschew: „Mechanismen des Gedächtnisses" (russ. Darstellung d. 1966 aufg. Theorie, wonach ein molekularer Mechanismus [DNS-Molek.] d. G. zugrunde liegt)

W. Rotzach u. and.: „Molekularbiologie d. Alterns (einschl. einer mathem. Theorie, kennz. f. eine sich entw. biolog. medizin. Theorie d. Alterns, das als ein multiformer Prozeß d. Veränderung v. enzymat. wirkenden Makromolekülen begriff. wird)

Max-Planck-Inst. f. molekulare Genetik in Berlin (West)-Dahlem eingeweiht

William Schopf, Dorothy Z. Oehler, Keith A. Kvenvolden entd. in 3,3 Mrd. alten Gesteinen Kohlenstoff, den sie auf pflanzl. Photosynthese zurückführen

Assuan-Staudamm z. Nilregulierung eingew. (staut 5,5 Mrd. m³, späteres Kraftwerk vorges.)

Es gelingt Kunststofferz. mit Molekülgerüst auf Stickstoffbasis

1. Elektrospeicherbus i. Linienverk.

Internationale Funkausstellung Berlin (bringt den Start verschiedener Audiovisions-Verfahren [Bildplatten, Kassettenfernsehen etc.] (vgl. 1973), Quadrophonie

Auf der Zugspitze wird ein markanter Einbruch stratosphärischer Luft zur Erdoberfläche registriert

Driftende sowjet. Nordpolexped. passiert als erste driftende Station 85° n. Br. (Polentfernung rd. 555 km)

Bisher größter Mammut-Kadaver im Dauerfrostboden der sibir. Taiga gefunden (vgl. 1799)

Hans Georg Wunderlich: „Das Geheimnis der minoischen Paläste Alt-Kretas" (deutet sie als Stätten der Totenbestattung und Totenverehrung)

Farbige weibl. Steinfigur (1,5 m hoch) in Baza/Granada entd. („Dame von Baza" aus altphöniz. Kulturepoche ≈ −2500)

Bronzefunde in NO-Thailand erweisen Exist. v. Bronzeguß schon ≈ −5000

Becher u. *Röseler:* Röntgenunters. peruanischer Mumien (Paläontomedizin)

Ausgrabung d. Stadt Thera auf Santorin (mit gr. Fresken)

Wirtschaft d. BRD wendet 8,7 Mrd. DM f. wiss. Forschung auf (d. öff. Hand 13,6 Mrd. DM)

Quarz-Armbanduhren höchster Ganggenauigkeit

G. Goldhaber find. unter 500 000 Blasenkammeraufnahmen eine Spur d. s. 1969 vorhergesagten posit. gelad. Omega-Teilchens (negat. O.-T. wurde 1969 gef.)

Charles Manson wird wegen Mordes a. d. Schauspielerin *Sharon Tate* verurteilt

Sozialprodukt der BRD (Mrd. DM jeweilige Preise):

	1960	1971	
Bruttosozialprod.	302,3	752,0	
Volkseinkommen	235,7	579,9	
je Einw.	4252 DM	9332 DM	
Verwendung:			
Priv. Verbrauch	172,4	410,2	54,0 %
Staatsverbrauch	41,4	128,8	17,0 %
Investitionen	72,7	202,2	26,8 %
Außenbeitrag	7,4	10,4	1,4 %
		752	100 %

Öffent. Ausgaben (Mill. DM):

	1950*	1961	1971
Bund	15 438	51 645	104 627
Länder	10 843	37 720	85 084
Gemeinden	7 485	24 627	68 151

* ohne Saargeb. u. Berlin

Verkehrsdaten der BRD:

Beförderte Personen	1960	1971
Eisenbahn	1399 Mill.	1 067 Mill.
Nahverkehr	6418 Mill.	6 354 Mill.
Luftverkehr	4885 Tsd.	24 808 Tsd.
Straßenverkehrsunfälle		
Tote	14 406	18 727
Verletzte	454 960	517 953

Das Bruttosozialprodukt pro Kopf als Kennzahl für den Lebensstandard entwickelt sich i. USA, dem stärksten Industriestaat im 20. Jh., wie folgt (Angaben in Dollarkaufkraft 1958; real):

1900	836
1910	1299
1920	1315
1930	1490
1940	1720
1950	2342
1960	2699
1970	3555
1975	2825

1972

Kein Friedens*nobel*pr. verliehen. *W. Brandt* nimmt ihn f. 1971 entgegen. Sondermin. *Egon Bahr* (* 1922) begl. ihn n. Stockholm, der mit sein. Rede vor d. Akad. in Tutzing „Wandlung durch Annäherung“ 1963 d. neue Ostpolitik einleitete

Bundeskanzler *Willy Brandt* wird Ehrenbürger seiner Geburtsstadt Lübeck und von Berlin, wo er 1957–66 Reg. Bgm. war

Kurt Waldheim (* 1918, Österr.) Generalsekretär der UN

Sicco Mansholt (* 1908), wird Präsident der Europäischen Kommission in Brüssel (hatte 1968 den umstrittenen *M*-Plan zur Agrarreform i. d. EWG vorgelegt)

UN nimmt VR China auf, wird anstelle Taiwans Mitgl. d. Weltsicherheitsrates

USA, Gr.-Brit., USSR u. 75 andere Staaten unterzeichnen Konvention über Verbot bakteriologischer Waffen

USA und USSR unterzeichnen SALT-Abkommen zur Begrenzung strategischer Waffen

Intern. Meeresbodenvertrag verbietet Lagerung nuklearer und anderer Massenvernichtungswaffen auf dem Grund der Ozeane

Gr.-Brit., Irland und Dänemark werden neue Mitglieder der Europ. Wirtschaftsgemeinschaft (EWG od. EG) (der beabsichtigte Beitritt Norwegens wird durch Volksabstimmung verhindert). Gemeinschaft umfaßt nun 9 Mitgliedsstaaten mit rd. 250 Mill. Einw. und stellt nach den USA das stärkste Wirtschaftsgebiet dar

Karlspreis der Stadt Aachen an *Roy Harris Jenkins* (* 1920), der als führendes Mitgl. d. Labour-Party für EWG-Beitritt Gr.-Brit.s eintrat

Dt. Bundesregierung veröff. Materalien zur „Lage der Nation“ mit Vergleichen der Verhältnisse in der DDR und BRD (von der Opposition als „unkritisch“ abgelehnt)

Westberliner können nach längerer Zeit zu Ostern und Pfingsten Ostberlin und DDR besuchen

Bundeskanzler u. Min.-Präs. d. Bundesländer erklären, daß Angehörige des öffentl. Dienstes auf dem Boden der freiheitl.-demokratischen Grundordnung stehen müssen (wird als „Radikalenbeschluß“ teilw. heftig kritisiert)

Der Kern der *Baader-Meinhof*-Gruppe, welche die Gesellschaftsordnung auch mit Gewalt ändern will, wird verhaftet und

Literatur-*Nobel*preis an *Heinrich Böll* (* 1917, Dtl.)

Thomas Bernhard (* 1931): „Der Ignorant u. d. Wahnsinnige“ (Schauspiel um die inhumane Funktion v. Wissenschaft und Kunst. Urauff. in Salzb.) Regie *Claus Peymann* (* 1937)

Ingeb. Bachmann (* 1926, † 1973): „Simultan“ (österr. Erzählung)

Jean-Louis Barrault (* 1910) wird Direktor d. Théâtre des Nations, Paris

S. Beckett (* 1906): „Mercier u. Camier“ (dt. Übers. d. frz. Romans, geschr. 1946, veröff. 1970)

Wolf Biermann (* 1936): „Für meine Genossen“ (Hetzlieder, Balladen, Gedichte a. d. DDR)

Jossif Brodskij (* 1940), i. d. USSR verfolgter Dichter, emigriert

Wladimir Bukowski, Schriftsteller i. d. USSR, wegen „antisowjetischer Tätigkeit“ zu 12 Jahren Haft und Verbannung verurteilt

H. M. Enzensberger (* 1929): „Der kurze Sommer d. Anarchie“

Frederick Forsyth: „Der Schakal“ (Roman)

Max Frisch (* 1911): „Tagebuch 1966 bis 71“

Walter Helmut Fritz (* 1929): „Aus der Nähe“ (Ged.) (arb.

Rudolf Augstein (* 1923): „Jesus Menschensohn“ (wird v. Theolog. kritisiert, umstrittene Darstellung eines theolog. Laien mit der Frage, mit welchem Recht sich Kirchen auf einen Jesus berufen, der nie gelebt hat)

J. Beuys wird aus d. Kunst-Akad. Düsseldorf wegen unges. Verhaltens entlassen (Klage wird gerichtl. abgewiesen)

H. E. Brekle: „Semantik“ (Zeichentheorie als Sprachwissenschaft)

C. W. Ceram: „Der erste Amerikaner“ (Ur- und Entdekkungsgeschichte der amerikan. Einwohner)

Amleto Giovanni Ciorgnani wird Dekan d. Kardinals-Kollegiums der kathol. Kirche als Nachfolger d. Kardinals *Eugéne Tisserant*

Klaus v. Dohnanyi (* 1928) wird Bundesm. f. Bildung u. Wiss. (vgl. P)

Vladimir I. Georgiew (* 1908, Bulgar.) erkennt Etruskisch als Spätform eines west-hethitischen Dialekts, also als indogerm. Sprache, und vermutet in den Etruskern die Nachfolger der Trojaner, die im –9. Jh. von Kleinasien nach Italien einwanderten

Roy H. Jenkins (* 1920), brit. Labour-Abgeordn., erhält Karlspreis der Stadt

„documenta 5", Kunstausstellung i. Kassel unter d. Titel „Befragung der Realität-Bildwelten heute" unter Leitung v. *Harald Szeemann* (* 1933) vers. eine Theorie d. heutigen Bildwelten einschl. Werbung, Propaganda, Zeitschriften, Kitsch aller Art, Bildnerei d. Geisteskranken u. a., bes. treten figürl. panoptikumartige Darstellungen u. Szenen hervor mit Hilfe sehr realist. bemalter Polyesterharz-Plastiken (USSR u. VR China beteil. sich nicht, so daß d. sozialist. Realismus fehlt). Löst neben Anerkennung Kritik und Proteste aus

† *Rudolf Belling*, dt. Bildhauer, um 1919 Vork. f. abstr. Plastik (* 1886)

Christo: Gr. Talvorhang in Colorado, USA (extremes Beispiel der Land Art)

Gene Davis (USA) produziert das „größte Gemälde", indem er den 2900 m² großen Parkplatz des Museums in Philadelphia mit farbigen Streifen bemalt

Hans Haacke (* 1936) „Kreislauf 1972" (verzweigtes Leitungsnetz)

Dane Hanson: „Bowery" (panoptikumsart. Sze-

Rudolf Bing (* 1902) scheidet als Gen.-Dir. der Metropolitan Opera, New York, aus (war es seit 1950), Nachf. *Göran Gentele* u. *Sch. Chapin*

Boris Blacher: „Yvonne, Prinzessin von Burgund" (Oper nach *W. Gombrowicz*); „Blues und Rumba philharmonica" (Kompos. f. 12 Celli soli)

Boris Blacher: Konzert f. Klarinette u. Kammerorchester

Luigi Dallapiccola: „Tempus destruendi"

Mc Dermont: „Die zwei Herren aus Verona" (Musical)

Luc Ferrari (* 1929): „Hier spricht die Erde" (frz. Orchesterkomp. mit Projektion von 2500 Dias aus 40 Bildwerfern)

Wolfgang Fortner: „Elisabeth Tudor" (Oper, Buch von *Matthias Braun*. Urauff. i. d. Dt. Oper Berlin [West])

Heinz Geese/Walter Schmidt Binge: „Kollisionen für Jazz u. Beatgruppe, Elektronik u. Orchester"

Klaus Jungk (* 1916): „Musik im technischen Zeitalter" (von der Edison-Walze zur Bildplatte; über die Wechselwirkung Technik-Kunst)

*Nobel*pr. f. Physik an *John Bardeen* (* 1908, USA), *Leon L. Cooper* (* 1930, USA) u. *J. R. Schrieffer* (* 1931, USA) f. quantenmechan. (sog. BCS-) Theorie d. Supra-Leitung

*Nobel*pr. f. Chemie an die in USA arb. Biochemiker: *Christian B. Anfinsen* (* 1916, USA), *Stanford Moore* u. *William H. Stein* f. Erf. von Bau u. Wirkungsweise d. Enzyms Ribonuklease (insbes. d. exakten Abfolge d. 124 Aminosäuren i. d. Proteinkette) (vorhergeg. war um 1950 die Herstellung von 1 kg reinen Enzyms)

*Nobel*pr. f. Medizin an *Rodney R. Porter* (* 1917, Engl.) u. *Gerald M. Edelman* (* 1929, USA) f. Erforsch. d. Struktur der Antikörper, insbes. die die Spezifizität bedingende Abfolge d. Aminosäuren

Die Biochemie hat in den letzten Jahrzehnten die Eigenschaften der Proteine weitgeh. auf ihren Aufbau aus Aminosäuren zurückgeführt (einem Gen-Code der Vererbung steht ein Proteincode der Lebensfunktionen gegenüber). Damit ist eine gewisse Erfüllung des Pro-

Wirtschafts-*Nobel*pr. an *John Richard Hicks* (* 1904, Gr.-Brit.) f. Beitr. z. Konjunktur- u. Wachstumstheorie u. an *K. J. Arrow* (* 1923, USA), bek. durch „Social Choice and individual values" (1951)

US-Investitionen i. Kanada stiegen seit 1965 v. 1,3 auf 25,8 Mrd. US-Dollar

Intern. Gerichtshof untersagt Island 50-Meilen-Zone gegen fremden Fischfang (Versuch, sie durchzusetzen führt zu Zwischenfällen)

Eugen Loderer (* 1920) Vors. der IG-Metall (führ. Gewerkschaft i. d. BRD)

Neues Betriebsverf.-Ges. d. BRD, berücks. nicht d. Mitbestimmungswünsche d. Gewerkschaften

Verwaltungsreform i. d. Flächenstaaten d. BRD verringert die Zahl d. Gebietskörpersch. (z. B. i. Bayern 71 statt 143 Landkreise)

Bergarbeiterstreik in Gr.-Brit. führt zu 20%iger Lohnerhöhung (1974: 30%)

In der BRD erreicht Diskontsatz im Februar mit 3 % tiefsten Stand, steigt bis Jahresende auf 4,5 %

Anstieg der Verbraucherpreise inf. weltweiter Inflation. Preisanstieg gegenüber Vorjahr: Niederl. + 7,9, Gr.-Brit. + 7,1, Frankr. + 5,9, BRD + 5,8, Kanada + 4,8, USA + 3,3, Schweiz + 6,7 %

In der BRD werden die Kriegsopferrenten um 9,5 % erhöht

Tagelange Demonstrationen in Hannover gegen Fahrpreiserhöhungen im Nahverkehr (häufig wird für den Nahverkehr der „Nulltarif" gefordert)

UN-Umweltschutzkonferenz in Stockholm (aus d. Ostblock nur Rumänien)

Bundesreg. erhält zentrale Kompetenz f. d. Umweltschutz

Umweltfreundliches Abfallbeseitigungsges. i. d. BRD

Gesetz zur Verminderung des Bleigehaltes im Benzin f. d. BRD in Kraft

Konrad Lorenz: „Ökologisches Manifest" (für funktionsfähige Landschaften, gegen unbegrenzt wirtschaftl. Wachstum)

Neues Tierschutzges. i. d. BRD

(1972)

kommt vor Gericht (bei der Fahndung gibt es Tote auf seiten der Polizei u. d. Gruppe)

Zahlreiche Bombenanschläge in der BRD (u. a. US-Hauptquartier Heidelberg, Springer-Hochhaus Hamburg) (vgl. Baader-Meinhof-Gr.)

Präsident des Bundesamtes für Verfassungsschutz muß sein Amt wegen Kritik an seiner NS-Vergangenheit aufgeben

Offizieller Besuch Bundeskanzlers *Willy Brandt* im Iran (wird von Gegnern der Politik des Schahs kritisiert)

Iran feiert 2500-Jahres-Feier des pers. Kaiserreiches i. Persepolis (Iran) unter Teiln. zahlr. Staatsoberhäupter (der Prunk findet vielfach Kritik)

Schah von Persien schließt in Moskau Vertrag über wirtsch. u. techn. Zusammenarbeit

USSR unterrichtet Obersten Sowjet über den „Brief zur deutschen Einheit" der Bundesregierung, worin diese feststellt, daß der Moskauer Gewaltverzichtsvertrag nicht im Widerspruch zu einer Wiedervereinigung unter Anwendung des Selbstbestimmungsrechtes steht. USSR nimmt ohne Widerspruch Kenntnis

Gewaltverzichtsverträge mit USSR und Polen (1970 unterzeichnet) sind im dt. Bundestag heftig umstritten, wurden schließlich mit den Stimmen der SPD und FDP bei Stimmenthaltung und einigen Gegenstimmen der CDU/CSU ratifiziert. Einer Resolution zu den Verträgen wird fast einstimmig zugestimmt

Wehrdienstzeit in der BRD von 18 auf 15 Monate verkürzt

USA, USSR, Gr.-Brit. u. Frankr. unterzeichnen in Berlin (West) Viermächteabkommen über Berlin. Sichert die gewachsenen Bindungen Westberlins an die BRD, ermöglicht den Einwohnern Reisen in die DDR und erleichtert den Transitverkehr Berlin–BRD (diese Unterzeichnung war mit der Ratifizierung der Ostverträge gekoppelt)

Durch Übertritt einiger SPD- und FDP-Bundestagsabgeordneter zur CDU/CSU verliert die SPD-FDP-Koalition ihre Mehrheit im Bundestag (Motive u. Form der Übertritte werden heftig diskutiert)

Nach Rücktritt von Minister *Hans Leussink* wird *Klaus von Dohnanyi* (* 1928), Bundesmin. f. Bildung u. Wissenschaft

Bundeswirtschafts- und -finanzminister

---

a. d. Roman „Ohne Nachricht")

BBC-Fernsehfassung der Forsyte-Saga v. *J. Galsworthy* wird ein weltweiter Erfolg

G. Grass (* 1927): „D. Tagebuch einer Schnecke" (autobiogr. Rückblick a. d. Bundestagswahlkampf d. SPD)

Julien Green (* 1900): „Der Andere" (dt. Übers. d. frz. Romans)

Literaturpreis d. dt. Kritiker an DDR-Dramatiker *Peter Hacks* (* 1928)

Peter Handke (* 1942): „Der kurze Brief zum langen Abschied" (Roman)

Peter Handke: „Wunschloses Unglück" (Erz.)

Rolf Hochhuth: „Die Hebamme" (satir. Komödie)

Peter Huchel (* 1903): „Gezählte Tage" (Lyrik a. d. DDR) (ging 1971 n. Italien)

† *Kurt Ihlenfeld*, Literaturkritiker u. Schriftsteller (* 1901)

E. Ionesco: „Macbeth" (frz. Bühnenstück)

Hermann Kant (* 1946): „Das Impressum" (Roman aus d. DDR)

W. Kempowski: „Uns geht's ja noch gold" (Roman einer Rostocker Familie 1945–48) (vgl. 1971)

H. D. Kroppach: „Sportberichterstattung d. Presse." Un-

Aachen (ist im Gegensatz zur Mehrheit s. Partei f. d. EWG-Beitritt Gr.-Brit.s) (vgl. P)

Dennis Meadows u. and. Mitarb. d. MIT, Boston: „Die Grenzen des Wachstums" (Bericht d. „Club of Rome" zur Lage d. Menschheit; warnt vor unkontrolliertem Wachstum) (vgl. 1973)

Alfred Müller Armack (* 1901) (zus. mit *Rolf Hasse*, *Volker Merx* u. *Joachim Starbatty*): „Stabilität in Europa. Strategien u. Institutionen f. eine europ. Stabilitätsgemeinschaft"

Oswald von Nell-Breuning (* 1890) erhält *Guardini*-Preis der kath. Akademie in Bayern

Andrej Sacharow (* 1921), hochdekorierter Physiker d. USSR, fordert Annäherung des Sozialismus und Kapitalismus

Hans Sachsse: „Technik u. Verantwortung" (Problem d. Ethik i. techn. Zeitalter)

Herbert Selg u. a.: „Zur Aggression verdammt? Ansätze einer Friedensforschung" (mit Kritik an der Annahme eines naturgegebenen Aggressionstriebes)

Carola Stern erhält in Berlin (West) *Carl v. Ossietzky*-Medaille v. d. Liga f. Menschenrechte für ihre Verdienste um Amnesty International (vgl. 1961 Ph)

ne a. d. New Yorker Elendsmilieu)

Edward Kienholz (* 1927): „Five Car Stud" (amerikan. panoptikumsartig-realist. Szene einer Negerkastration)

Waldemar Otto (* 1929): „Mann aus der Enge heraustretend" (Bronze-Plastik)

William Pareira: Pyramidenförmiges Hochhaus in San Francisco (48 Stock, 260 m Höhe)

† *Hans B. Scharoun*, dt. Architekt, baute Neue Berl. Philharmonie (vgl. 1963) (* 1893)

Bauhaus-Archiv von Darmstadt (dort 1960 gegr.) nach Berlin (West) verlegt

„Constructivist Tendencies" (amer. Ausst. konstruktivist. Kunst)

Michelangelos „Pieta" im Petersdom von einem religiös Wahnsinnigen mit Hammerschlägen schwer beschädigt

Schongauers „Maria i. Rosenhag" aus d. Stiftskirche Colmar gestohlen (1973 wiedergef.) (solche Kirchendiebst. mehren sich)

„Der letzte Tango in Paris" (frz.-ital. Film v. *Bernardo Bertolucci*, * 1941)

H. W. Henze: „Heliogabalus" (Allegoria per Musica)

H. v. Karajan-Stiftung veranst. Treffen d. Jugendorch. in Berlin (W)

Dieter Kaufmann: „Concertomobil" (Komp. f. Violine u. Orchester)

Milko Kelemen (* 1924): „Passionato für Flöte u. Chor" (kroat. Kompos.)

R. Kelterborn: „Miroirs" (Ballett)

Ernst Křenek: „Kitharaulos" (f. Harfe, Oboe u. Kammerorchester)

André Laporte: „La vita non è sogno" (ital. Oratorium)

Ivo Maler: „Les Collectioneurs" (Ballett, Choreograph. v. *J. Charrat*)

Robert Moran: „Der Wendepunkt" (Ballett)

N. Nabokov: „Loves Labours Lost" (amer. Oper, Text v. *W. H. Auden*, Urauff. i. Brüssel i. Anw. *W. Brandts*)

Maurice Ohana: „Etudes choreographiques" (Ballett) Choreogr. v. *Michel Descombey* (* 1930, Frankr.)

K. Penderecki (* 1933): „Canticum canticorum Salomonis" (f. 16stimmigen Kammerchor)

gramms der Molekularbiologie erreicht (vgl. 1971)

D. B. Burkitt (* 1911, Engl.) u. *J. Waldenström* erh. Paul Ehrlich-Preis f. Erforsch. menschl. Viren u. Krebserkrankungen

US-Forscherteam synthetisierte in USA mit RNS, dem Enzym Revertase und entsprechenden Priern (Kristallisationskernen) einen Molekülstrang des menschlichen Gens für roten Blutfarbstoff (vgl. 1970)

Es verdoppeln sich: alle 10 Jahre die Chemieliteratur, alle 20 Jahre die Zahl der wichtigsten Entd., alle 5 Jahre das Wissen über Molekularbiologie, alle 5 Wochen Kapaz. d. EDV-Anlagen

E. Bahke: „Transportsysteme heute und morgen" (behandelt Auswege aus der bestehenden und anwachsenden Krise der Verkehrsmittel, z.B. Fahr- statt Gehsteige, Rohrtransport-Systeme etc.)

6. US-Mondlandung

Wernher v. Braun (* 1912, † 1977), amer. Raketening. aus Dtl., geht v. der NASA i. die Industrie (1973 beenden die USA zunächst d.

Ind.-Prod., Energieverbrauch, Lebensstandard in Ost u. West

Primärenergieverbrauch der Erde pro Einwohner (in t Steinkohleneinheiten – 1 t StKE ~ 8000 kWh) 1961: 1,5; 1972: 2,0; 1985 (gesch.): 3,2

Anteil an d. Weltstahlerz. (rd. 625 Mill. t): EG (9) 22 %, USSR 20 %, USA 19 %, Jap. 16 %, Übrige 23 %, VR China ca. 3,5 %

Wirtschaftsentw. Industrieprod. (1963 = 100): Nordamer. 155, EWG (6) 173, EFTA 147, Europ. Comecon 240, Industrieländer (ohne Comecon) 171

Bruttosozialprodukt (i. Dollar pro Einwohner):

EG		Comecon	
Irland	1850	Bulgarien	840
Italien	2170	Rumänien	1130
England	2870	Polen	1550
Niederl.	3350	Ungarn	1800
Luxemburg	3530	USSR	1930
Frankreich	3810	ČSSR	2440
Dänemark	4050	DDR	2730
BRD	4170		

Bruttomonatslohn-Kaufkraft in DM: USA 1760, Dän. 1540, Schweden 1520, BRD 1165, Ndl. 1100, Gr.-Brit. 1060, Belg. 1000, Frankr. 870, Österr. 760, DDR 692, Ital. 690, Japan 640, ČSSR 560, Jugosl. 515, USSR 460, Polen 450, Ungarn 405, Spanien 400, Bulgarien 330, Rumän. 260, Portugal 260

Primärenergieverbrauch der Erde: 1960 4,6 Mrd. t StKE; 1972 8,1 Mrd. t StKE; 1975 9,5 Mrd. t StKE (geschätzt); 1985 15,9 Mrd. t StKE (geschätzt)

Wasserkraftwerk Eisernes Tor (11,4 Mrd. kWh/Jahr) als jugosl.-rumän. Gemeinschaftsarbeit eröffnet

Größtes kanad. Wasserkraftwerk an den Churchill Falls eröffnet (wird mit 7 Mill. PS das sechstgrößte der Erde)

Elektrische Energieerz. (in Mrd. kWh):
USA 1853,4; USSR 858; BRD 274,8; DDR 72,8; Japan 414,3; Gr.-Brit. 260; VR China 80–85

Weltweite Vorräte an fossilen Brennstoffen auf 4070 Mrd. t StKE geschätzt (davon 2890 Kohle, 360 Öl u. Erdgas;

(1972)

Karl Schiller tritt zurück (verläßt später die SPD, tritt 1974 i. d. CDU ein). Sein Nachfolger wird *Helmut Schmidt*, *Georg Leber* wird Verteidigungsminister

Hans Joachim Vogel (* 1926), seit 12 Jahren Ob.-Bgm. v. München, legt das Amt nach Auseinandersetzung mit d. Jusos nieder; wird Vors. d. bayr. SPD u. n. d. Bundestagswahl Bundesminister f. Städtebau u. Raumordnung. *Georg Kronawitter* (SPD) wird Ob.-Bgm. v. München

Landtagswahlen in Baden-Württemberg (vgl. 1968): CDU 53,0 % (44,2), SPD 37,5 (29,0), FDP 8,9 (14,4) *Hans Filbinger* bleibt Min.-Präs., löst die Koalition mit der SPD und bildet reine CDU-Landesregierung. (Dadurch verschlechtert sich die Situation der SPD/FDP-Bundesreg. im Bundesrat, wo CDU-Länder nun eindeutige Mehrheit, wegen der Sonderbehandlung der Berliner Stimmen, besitzen)

Haushalt des Bundeskanzleramtes im Bundestag mit 247 zu 247 Stimmen abgelehnt (kennzeichnet Patt-Situation nach Fraktionswechsel von SPD/FDP-Abgeordneten). Der Bundeshaushalt für 1972 wird erst n. Neuwahlen am Jahresende verabschiedet

Konstruktives Mißtrauensvotum der CDU/CSU im Bundestag gegen Bundeskanzler *Brandt* scheitert: *Barzel* erreicht nicht die erforderliche Mehrheit (vgl. *Steiner*affäre 1973)

Bundeskanzler *Brandt* stellt Vertrauensfrage im Bundestag. Durch Stimmenthaltung der Kabinettsmitglieder kommt es zur kalkulierten Niederlage. Bundespräsident löst Bundestag auf und schreibt Neuwahlen aus

† *Karl Theodor Freih. v. u. z. Guttenberg*, CDU-Politiker, 1967–69 Staatssekr. Kritiker der Ostpolitik d. SPD/FDP (* 1921)

Nach Aufl. d. Bundestages erg. Neuwahlen (vgl. 1969): SPD 45,8 % (42,7), CDU/CSU 44,9 % (46,1), FDP 8,4 % (5,8)
Willy Brandt bildet neue SPD/FDP-Regierung. Vizekanzler u. Außenminister *W. Scheel* (FDP), Innenmin. *H. D. Genscher* (FDP), Finanzmin. *Helmut Schmidt* (SPD), Verteid. *G. Leber* (SPD), Wirtschaft *H. Friderichs* (FDP), Städtebau *H. J. Vogel* (SPD), Sondermin. *E. Bahr* (SPD)

Grundvertrag zw. BRD u. DDR (ermöglicht Reisen in einem Gebietsstreifen beiderseits d. Grenze u. Reisen v. DDR-Bürgern in dringenden Angelegenheiten. Es werden auch gegenseitige ständige Vertretungen vereinbart)

ters. zum Wortschatz u. zur Syntax
† *J. Kawabata*, japan. Lit.-Nobelpreisträger 1968 (* 1899)

Robert Lucas (* 1904): „Frieda v. Richthofen" (ihr Leben mit D. H. Lawrence)

Kulturpreis des DGB an *Hans Werner Richter* (* 1908)

Gerhard Roth: „Die Autobiographie des Albert Einstein" (österr. Roman)

Arno Schmidt (* 1914): „Die Schule der Atheisten" (als Typoskript)

Ernst Herhaus Schröder: „Siegfried" (Autobiogr. eines Porno-Verlegers)

A. I. Solschenizyn (* 1918): „August 1914" (zwei dt. Übers. d. russ. Romans führten zum Streit über Urheberrechte)

H. Wouk (* 1915): „Der Feuersturm" (dt. Übers. d. amer. Romans a. d. 2. Weltkrieg)

Gerhard Zwerenz (* 1925): „Bericht a. d. Landesinneren"

Vielfacher Intendantenwechsel in der BRD: Berliner Staatsth. *Hans Lietzau* statt *Boleslav Barlog* (s. 1945); Dt. Oper Berlin *E. Seefehlner* statt *G. R. Sellner* (s. 1961); Stuttg. Staatsth. *Hans Peter Doll* statt *Walter Erich Schäfer* (s. 1949); Bochumer Schauspielhaus *Peter*

Leopold Szondi (* 1893, Ung.): „Lehrb. d. exper. Triebdiagnostik"

Nikolaas Tinbergen (* 1907, Ndl.): „Functional Ethology and the human sciences" (Darst. ein. Zoologen; *Nobel*pr. 1973)

US-Gericht spricht die marxistische Negerin *Angela Davis* von der Anklage frei, Terroristen Tatwaffen besorgt zu haben (weltweite Proteste gegen eine Verurteilung gingen voraus)

Vatikan ernennt polnische Bischöfe f. d. ehemals dt. Gebiete und bestätigt damit die Oder-Neiße-Grenze

Verhand. Vatikan–Ungarn führt zur Weihe 4 neuer ungar. Bischöfe

Kathol. Kirche gibt bekannt, daß 1964–70 13 440 Priester ihr Amt niederlegten. Diskussion um Zölibat d. Priester

Ev. Bischofsamt in Berlin-Brandenburg wird durch Beschlüsse beider Teilsynoden geteilt: Bischof *Scharf* zuständig f. Berlin (West), Bischof *A. Schönherr* (* 1911) f. d. östl. Teil (unveränderte Zusammengehörigkeit wird unterstrichen)

Hochschulrahmengesetz d. Bundes scheitert an kontroversen Auffassungen zw. SPD/FDP – CDU/CSU (neuer Entwurf 1973)

„La vieille Fille" (frz. Film v. *Pierre Blanc*)

„Der diskrete Charme der Bourgeoisie" (frz. Film v. *Luis Buñuel*, * 1900)

„Husbands" (amer. Film v. *John Cassavetes*, * 1929)

† *Maurice Chevalier*, frz. Chansonnier u. Filmschauspieler, galt als Typ des Charmeurs (* 1888)

„Alles geht gut" (frz.-ital. Film v. *Jean Luc Godard*, * 1930)

„Die Eigenart d. Lebens" (frz. Film v. *Louis Malle*, * 1932)

„Cabaret" (amer. Film v. *Bob Fosse* mit *Liza Minelli*) erhält 8 Oscars

„Was?" (ital.-frz.-dt. Film v. *Roman Polanski*, * 1933, Frankr.)

„Wer ist Beta?" (brasil. Film v. *Nelson Pereira dos Santos*, * 1928)

26. Filmfestspiele in Cannes geben „Goldene Palme" an „Affaire Mattei" (ital. Film v. *Francesco Rosi*) u. „Die Arbeiterklasse geht ins Paradies" (ital. Film v. *Elio Petri*)

„Trotta" (Film v. *Joh. Schaaf*)

„Geschichtsunterricht" (Film v. *Jean Marie Straub*, * 1933, Frankr.)

Alfred Peschek: „Dimensionen zwischen Pop u. Klassik" (schweiz. Komp. f. Kammerorch. u. Popgruppe)

Ca. 100 Mill. Schallplatten i. d. BRD verk. mit etwa 1 Mrd. DM Umsatz (überholt allm. Buchumsatz)

Dieter Schnebel: „Maulwerke" (Komp. f. mehrere elektr. Reproduktionsgeräte)

D. Schostakowitsch (* 1906): 15. Symphonie (russ. Komp. Erstauff. in urspr. Besetzung in Berlin [West])

S. Prokowjef: „Dyade" (Ballett, Choreogr. v. *Janine Charrat* [* 1924])

Gerhard Wimberger: „Lebensregeln" (Katechismus mit Musik)

Intern. Sommerakad. d. Tanzes i. Köln mit üb. 500 Tanzpädagogen

Schlager: „How Do You Do", „Mamy Blue", „Popcorn"

Schlager: „Pour un flirt avec toi"

bemannte Raumfahrt)

† *Richard Courant*, dt. Mathematiker, seit 1934 i. USA, schrieb klassische Lehrbücher d. Differential- u. Integralrechnung, u. a. „Was ist Mathematik?" 1941 (dt. 1962) (* 1888)

† *Maria Goeppert-Mayer*, dt.-amer. Physikerin, *Nobel*preisträgerin von 1969, entw. Schalenmodell d. Atomkerns (* 1906 i. Kattowitz)

† *E. C. Kendall*, amerik. Biochemiker, *Nobel*preisträger 1950 (* 1886)

Edwin H. Land (* 1909) demonstriert neue elektron.-automatische Photokamera für farbige Sofortbilder

Großbeschleuniger f. Protonen in Batavia b. Chikago (USA, Ill.) für 200 Milliarden Elektronenvolt i. Betrieb genommen (die erzeugte Protonenenergie ist einer Massenerzeugung von 100 Protonen äquivalent)

Versuche, überschwere Transurane herzustellen (z. B. Element 112), stoßen auf gr. Schwierigkeiten (man vermutet überschwere quasistabile Elemente)

Amerikanische u. japanische Astronomen analysieren ringförmige Materiewolke im Zen-

dagegen Vorräte an Kernbrennstoffen ca. 133000 Mrd. t StKE) (1 kg StKE = 8 kWh)

Ölreserve d. Erde auf 90,3 Mrd. t geschätzt (ca. 60 % in Vorderasien) (jährl. Verbrauch 2,5 Mrd. t)

Vergl. d. Hauptgegner im Nahost-Konflikt:

	Einw. (Mill.)	Soz.-Prod. (Doll./Kopf)
Israel	3,1	2200
Ägypten	34,8	230

Vgl. asiat. Staaten–BRD:

	Ind.	Pak.	Bangl. D.	BRD
a)	570	65	75	61
b)	139	142	259	24
c)	110	130	70	4170
d)	9759	1361	681	38490

a) Bev. (Mill.)
b) Säuglingssterbl. (pro 1000 Geb.)
c) Soz.-Prod. (Doll./Kopf)
d) Haushalt (Mill. Doll.)

Welthandel i. d. letzten 10 Jahren verdreif. (realer Zuwachs + 120 %)

Es gibt 108 Seefahrt-Nationen (von Liberia mit 2151 Seeschiffen, 41,5 Mill. BRT, bis Bangla Desh mit 1 Frachtschiff, 9150 BRT)

3. Welthandelskonferenz d. UN findet in Santiago/Chile statt (Bangla Desh 142. Mitgl.)

EWG unterzeichnet mit den restlichen EFTA-Ländern Freihandelsabkommen

Entg. d. klassischen Volkswirtschaftslehre tritt Erscheinung u. Begriff d. „Stagflation" auf (d. h. Inflation trotz stagnier. Wirtschaft, z. B. i. Gr.-Brit.)

Sieben afrikan. Länder unterzeichnen Gründungsurkunde der „Westafrikanischen Wirtschaftsgemeinschaft" (CEAO)

UNO-Konferenz für Welthandel und Entwicklung in Lima (den rd. 25 Mrd. Dollar Entwicklungshilfe der westl. Industriestaaten werden ihre Ausgaben von 200 Mrd. Dollar für Rüstung, 35 Mrd. für alkohol. Getränke, 15 Mrd. f. Nikotin gegenübergestellt)

Handelsabkommen BRD–USSR (Röhren gegen Erdgas)

198 Mill. Grenzüberschr. v. Reisenden (Welt-Tourismus steigt gegenüb.

(1972)	Dt. Bundestag stimmt Verkehrsvertrag zw. BRD u. DDR zu (erleichtert Reiseverkehr u. Transporte). DDR-Flüchtlinge werden ausgebürgert u. bleiben straffrei Staatsrat der DDR beschließt Amnestie u. erlaubt Freigelassenen Ausreise i. d. BRD *Gerhard Schröder* (CDU) besucht als Vors. d. Auswärtigen Ausschusses des Bundestages die VR China; regt Aufn. diplomatischer Bez. an Besuch des Bundesaußenmin. *W. Scheel* in der VR China führt zur Aufn. diplomat. Beziehungen *Henryk Jablonsky* (* 1909) wird als Staatsratsvors. neues Staatsoberhaupt der VR Polen (löst *Josef Cyrankiewicz*, * 1911, ab) Handelsvert. BRD–VR China (mit Berlinklausel) BRD nimmt mit der VR Polen diplomatische Beziehungen auf DDR, Polen, ČSSR schaffen gegenseitige Visapflicht ab (der einsetzende starke Reiseverkehr in d. DDR führt zu Schwierigkeiten und Zahlungsmittelbegrenzung) *Giulio Andreotti* (* 1919), Christdemokrat, bildet neue ital. Regierung einer linken Mitte (1974 neue Mitte-Links-Reg. unter *Rumor*) Indien und zahlr. andere Staaten anerkennen die DDR (insbes. n. Unterzeichn. d. Grundvertrages) *Anker Jørgensen* (* 1922) Min. ein. dän. sozialdem. Regierung (1973 Neuwahlen, wegen Fraktionszersplitt.) † *Frederik IX.*, Kg. v. Dänemark seit 1947 (* 1899); seine Tochter wird als Margarete II. Nachfolgerin (* 1940) *Pierre Messmer* (* 1916) frz. Min.-Präsid. † *Paul Henri Spaak*, belg. sozialist. Politiker, Mitbegr. d. EWG (* 1899) US-Präsident *Nixon* macht Staatsbesuch in der VR China und trifft *Mao Tse-tung* (gilt als Herstellung einer neuen weltpolitischen Situation im Dreieck USA-USSR-VR China) *R. Nixon* besucht als 1. US-Präsident USSR; Abschluß mehrerer zweiseitiger Abkommen. Anschließend Besuch in der VR Polen USA beschl. 1973 Wehrpflicht abzuschaffen † *J. F. Byrnes*, USA-Politiker, 1945–48 Außenminister (* 1879) Der Berater des US-Präsidenten *Nixon*, *Henry A. Kissinger* (* 1923), führt umfang-	*Zadek* statt *Hans Schalla* (s. 1949); Düsseldorf: *Ulricht Brecht* statt *Karl Heinz Stroux* (s. 1955); Münchner Kammerspiele *R. Müller* statt *Aug. Everding*; Hamburger Oper *Aug. Everding* statt *Rolf Liebermann* (s. 1959, geht n. Paris), Hbg. Theater *Ivan Nagel* statt *H. Lietzau*, Residenztheater München *Kurt Meisel* statt *H. Henrichs* „Peer Gynt"-Auff. d. Berl. Schaubühne a. Hall. Ufer (Arenabühne, Regie *Peter Stein* (* 1937), findet weithin Beachtung und Anerkennung 1972 wird von der UNESCO zum internat. Jahr des Buches erklärt *Christa Wolf* (* 1929) lebt i. d. DDR, lehnt Wilh.-Raabe-Preis d. Stadt Braunschweig ab	Verteidigungsmin. beschließt eigene Bundeswehrhochschulen zu errichten (findet Kritik) Krise um die Reformuniv. Konstanz. Rektor *Hess* tritt zurück (Kultusmin. beanst. Reformsatzung) DDR Mitglied der UNESCO (BRD seit 1951) Heftige Diskussion um die Aufhebung d. § 218 (Abtreibungsverbot; Fristenlösung gegen erweiterte Indikation) DDR-Volkskammer beschließt Fristenlösung f. Schwangerschaftsunterbrechung, wonach diese in den ersten 3 Monaten generell zulässig Ev. und kath. Kirche in der BRD sind gegen „Fristenlösung" f. d. Schwangerschaftsunterbrechg. US-Bundesgericht erklärt Todesstrafe für verfassungswidrig US-Magazin „Life" stellt Erscheinen ein (gegr. 1926) Neuer Soka-Gakkai-Tempel Sho-Hondo am Berg Fudschi in Japan eingeweiht (einer militanten nationalistischen Sekte, gegr. 1946) Ägypt. Tempelinsel Philae wird auf Kosten d. UNESCO versetzt

„Anna u. d. Wölfe" (span. Film v. *Carlos Saura*, * 1932)

„Ludwig II." (dt.-ital. Film v. *Luchino Visconti*, * 1906)

„Die Hochzeit" (poln. Film v. *Andrzej Wajda*, * 1926)

„Der Schakal" (frz.-engl. Film v. *Fred Zinnemann*, * 1907, Österr.)

Jugoslawien erlangt auf d. 18. Kurzfilmtagen in Oberhausen die meisten (20) Auszeichnungen

~ Mit „Schulmädchen-, Hausfrauen-, Schwestern- etc. Report" findet die Sex- und Pornowelle im Film eine pseudowiss. Form

trum der Milchstraße mit ca. 1000 Lichtjahren Durchmesser, die sich mit etwa 40 km/Sek. ausdehnt und aus einer gewaltigen Explosion vor wenigen Millionen Jahren zu stammen scheint

Brit.-nordamer. Astronomen entd. Radiostrahlung eines kosmischen Objektes in ca. 10 Mrd. Lichtjahren Entfernung (bisher größte analys. kosmische Entfernung)

Raumschiff „Apollo 16" mit Mondfähre „Orion" startet zum Mond; *J. W. Young, T. K. Mattingly, C. M. Duke* führen 5. Mondlandung der USA einschl. Rundfahrten mit einem Mondauto erfolgreich durch. Rückkehr nach 11 Tagen

USA-Satellit ERTS-1 umkreist Erde in 890 km Entferng. u. sendet wöchentl. ca. 9000 Funkbilder. Bevorzugung bestimmter Spektralbereiche gestattet Analysen f. d. Umweltschutz u. and. (vgl. 1973)

Raumsonde „Venus 8" der USSR setzt weich auf dem Planet Venus auf. Das Wissen üb. Planeten u. and. Himmelskörper nimmt durch

Vorjahr um +9 %). Ausgaben i. Reiseverk. ca. 25 Mrd. DM

In den ersten 11 Monaten kamen ca. 1 Mill. Bürger der DDR i. d. BRD, umgekehrt 5,8 Mill. Besuche (davon 2,8 aus Berlin (West)

Selbstwähl-Fernsprechverkehr zw. Berlin (West) u. DDR eröffnet

VW-Produktion überschreitet mit über 15 Mill. die seinerzeitige des Ford-Modell T (vgl. 1927 u. 74)

In der BRD Geschwindigkeitsbegrenzung von 100 km auf allen einfachen Bundes- u. Landstraßen

Mehrere Charterfluggesellschaften in der BRD beenden ihre Tätigkeit (kennzeichnet starke Konkurrenz i. d. neuen Form des Massentourismus)

Lufthansa nimmt Linienverkehr Frankfurt/Main–Moskau auf (nach 30jähriger Unterbrechung)

Neues Flughafengebäude des Rhein-Main-Flughafen in Frankfurt/Main eröffnet (Baukosten 1,1 Mrd. DM), für 7,30 Mill. Passagiere jährl.

Flugzeugentführungen (meist mit Geiselnahme in erpresserischer Absicht:)

	erfolgreich	vereitelt
1968	33	5
1969	70	12
1970	46	26
1971	21	30
1972 (1. Halbj.)	20	15

Bis Mitte d. J. 32 Tote (7 Flugpersonal, 4 Passagiere, 19 Luftpiraten, 2 Sonstige)

Eintägig. Intern. Streik von 40000 Piloten gegen Luftpiraterie

Drei japan. Terroristen töten im arab. Auftrag auf dem israel. Flughafen Tel Aviv 26 Menschen und verletzen über 70

Drei brit. Techniker und neun Terroristen, die sie als Geiseln entführten, kommen in der Türkei bei dem Versuch der Geiselbefreiung um

Arabische Terroristen entführen Jumbo-Jet d. Lufthansa nach Aden. Geben ihn für 16 Mill. DM frei

Bei Flucht von elf Bürgern der ČSSR nach Bayern erschießt ein Entführer

(1972) reiche Verhandlungen um einen Waffenstillstand in Vietnam. Nach der Wiederwahl *Nixons* läßt sich das Verhandlungsergebnis nicht realisieren. Unter weltweitem Protest folgen schwerste Luftangriffe der USA auf Nordvietnam, die Anfang 1973 durch eine neue Verhandlungsrunde abgelöst werden

Nordvietnam und Vietkong beantworten den Abzug der US-Truppen mit einer militärischen Großoffensive gegen Südvietnam, die erheblich Boden gewinnt, aber keine Entscheidung herbeiführt.

USA antworten mit starken Bombenangriffen auf Nordvietnam (Waffenstillst. 1973)

USA verminen alle Häfen Nord-Vietnams

Bombenabwürfe der USA: 2. Weltkrieg 2 Mill. t, Koreakrieg 1 Mill. t, Vietnamkrieg (b. Mitte 72) 6,9 Mill. t (am Jahresende noch bes. schwere Angriffe)

Republikaner greifen in USA in illegaler Weise i. d. Wahlkampf der Demokraten ein (daraus entw. sich die „Watergate-Affäre", vgl. 1973)

R. Nixon (Republ. Partei) wird mit großer Mehrheit zum 2. Mal zum Präsidenten der USA gewählt. Auch *Sp. Agnew* bleibt Vizepräsid. (tritt 1973 zurück). Der Parteidemokrat *George McGovern*, Gegner d. Vietnampolitik, unterliegt

Streik gegen sozialist. Politik i. Chile. Präsid. *S. Allende* verh. Ausnahmezustand u. bildet neue Regierung (wird 1973 gestürzt)

Bei Bombenanschlägen und anderen Gewalttaten in Nordirland gibt es zahlreiche Tote und Verletzte

Bei bürgerkriegsähnl. Unruhen werden in Londonderry/Nordirland an einem „Blutsonntag" (30. 1.) 13 Menschen getötet

Brit. Reg. übernimmt direkte u. volle Regierungsgewalt in Nordirland. *William Whitelaw* sucht im neugeschaffenen Amt eines Staatssekretärs f. Nordirland nach einer politischen Lösung im erbitterten Bürgerkrieg zwischen protestantischer und katholischer Partei

Malta erzwingt verbessertes Stützpunktabkommen mit Gr.-Brit.

Bundespräs. *G. Heinemann* stattet Gr.-Brit. Staatsbesuch ab

Gr.-Brit. und VR China beschließen Austausch v. Botschaftern

Nord- und Südkorea schließen Gewaltverzichtsabkommen und beabs. Beziehungen zu entwickeln

Scheich *Muhibur Rahman* (* 1919) wird Min.-Präs. des neuen Staates Bangla Desh (ca. 62 Mill. Einw., vorher Ost-Pakistan)

Pakistan tritt aus dem Commonwealth aus

Pakistan tritt aus der SEATO aus u. anerkennt die DDR; wird Mitgl. d. UN

Tschiang Kai-schek für weitere 6 Jahre Staatspräsident von Nationalchina (Taiwan)

Annäherung USA–VR China führt zum Rücktritt d. japan. Min.-Präsid. *Eisaku Sato*; *Kakuei Tanaka* (* 1918), Liberaldemokrat, wird japan. Min.-Präsid. mit dem Ziel, die Beziehungen zur VR China zu normalisieren

VR China und Japan nehmen diplomat. Beziehungen auf (beend. Kriegszustand seit 1937). Taiwan (Nat.-China) bricht sie ab

Georgios Papadopoulos (* 1919) nach d. Gegenputsch d. Königs Min.-Präs. v. Griechenland u. Staatsoberh. (1973 gestürzt)

5. Afroasiat. Konferenz i. Kairo verurteilt Nahostpolitik d. USA, das Israel unterstützt

Wiederaufnahme diplomat. Beziehungen zwischen BRD und Libanon

Wiederaufnahme diplomat. Beziehungen zwischen BRD und Ägypten

Arab. Terroristen brechen olymp. Frieden u. bringen in München 11 Mitgl. d. Mannschaft Israels trotz allen Gegenmaßnahmen um. Israel bombardiert nach dem Terrorakt von München Lager paläst. Freischärler i. Libanon und Syrien (vgl. V)

Verfass. d. Verein. arab. Republik (VAR) (Ägypt., Libyen, Syrien) i. Kraft (vorerst geringe Realisierung d. Union)

Nach Attentatsversuch auf Kg. *Hassan II.* von Marokko begeht sein Verteidigungsmin. Selbstmord

Stammes-Bürgerkrieg in Burundi/Ostafrika fordert etwa 50000 Tote

Erfolgr. Militärputsch in Ghana

Ägypten verlangt den Abzug aller sowjet. Militärberater (wegen zu geringer Hilfe gegen Israel)

Studentenunruhen in Ägypten (es wird eine stärkere Politik gegen Israel gefordert)

Anti-israelische arabische Vereinigungen Al Fatah u. „Schwarzer September" schicken Sprengstoff-Pakete und -Briefe an Juden in- und außerhalb Israels

Satell.-Forschung sprunghaft zu

USSR landet mit „Luna 20" zweites, erdgesteuertes Mondauto (Lunochod 2, „L 1" 1970)

8 Mill. Grad heißes Plasma für 5 Hundertstelsek. (in Moskau)

100 km langes Förderband in Spanisch-Sahara

Vers.-Anst. f. Wasser- u. Schiffsbau in Berlin (W) erh. größte Umlaufkanalanlage

Erste unbemannte Meeresraupenfahrzeuge (bis 100 m Tiefe)

Laserstrahlen gestatten genaueste Entf.-Best. (etwa auf 25 mm bei 2 km)

Physikal.-Techn. Bundesanstalt der BRD realisiert hydraulisches Kraftnormal von ca. 1 500 000 kp = 1500 Tonnen Gewicht

Europ. längste Brücke (6070 m, Schweden–Öland)

Japan baut weltgrößtes Schiff mit 477 000 BRT

Quastenflosser lebend geborgen (gilt als „lebendes Fossil" aus d. Devon)

Bisher 20 sowjet. Eisschollenstationen z. Erf. der Arktis (vgl. 1971)

Mit 28 Ex. gilt das Java-Nashorn als seltenstes Säugetier

den Piloten (wird von einem dt. Gericht abgeurteilt)

Weltluftverkehr verzeichnet 20 Totalschäden mit ca. 1500 Toten

Flugzeugabsturz auf der Strecke Valencia–Ibiza fordert 104 Menschenopfer

Flugzeugabsturz bei Ost-Berlin fordert 156 Tote

Flugzeugabsturz b. Moskau: 176 Tote

Flugzeugabsturz auf der Strecke Ceylon–Kopenhagen fordert 112 Menschenopfer

Auf der Strecke Singapur–Hongkong kommen 82 Menschen bei einer Flugzeugexplosion ums Leben

107 Tote bei einem Eisenbahnzusammenstoß in Tunnel b. Paris

Eisenbahnungl. mit üb. 200 Toten u. 1000 Verl. in Mexiko

Schlagwetter-Katastrophe in Rhodesien fordert mehr als 400 Tote (meist Neger)

Orkanartiger Novembersturm über Mitteleuropa (30 Tote i. d. BRD, 18 i. d. DDR)

Erdbeben im Iran (Prov. Fars) zerstört 58 Dörfer u. tötet mit ca. 5000 Menschen ein Viertel der Bevölkerung

Flutkatastrophe in Rapid City, USA, fordert ca. 280 Tote

Mißernte in der USSR (Notkäufe verteuern Futtergetreide und Fleisch)

119 Tote bei einem Kaufhausbrand in Osaka, Japan

„Queen Elisabeth", größtes Passagierschiff d. Welt, brennt im Hafen von Hongkong aus (sollte als Hochschule ausgeb. werden)

Schwere Pockenepidemie in Südserbien (Jugoslawien), Pockenalarm in Hannover

Intern. Betäubungsmittel-Konvention geg. Rauschgiftmißbrauch zur Abänderung der internat. Bestimmungen von 1961

Erhöhung der Kriminalität i. d. BRD geg. Vorjahr um 5,4 %

Olymp. Jahr 1972 (XX. Spiele)

Olympische Winterspiele in Sapporo (Japan). Der österr. Skiläufer *Karl Schranz* wird wegen Verletzung der Amateurregeln ausgeschlossen (wird vielfach als willkürlich kritisiert) USSR mit 16 Medaillen erfolgreichster Teilnehmer

Oberwiesenfeld in München unter der Bauleitung von *Merz* durch Bauten neuartiger Konstruktion (zeltartige Dächer aus Acrylfolie) zum Zentrum der Olympischen Spiele 1972 ausgebaut (insges. kosten die Vorbereit. d. Spiele ca. 2 Mrd. DM)

Einweihung des Olympiastadions in München, BRD schlägt USSR im Fußball 4:1

München erhält mit Fußgängerzone i. d. City sowie mit U- und S-Bahn-Nahverkehr wesentlich neue Züge als rasch wachsende Millionenstadt

Rhodesische Olympiamannschaft wird wegen ang. Rassendiskr. in Rhod. auf Drängen der 3. Welt von den Spielen ausgeschlossen

Bundespräs. *Heinemann* eröffnet in München die XX. Olympischen Spiele

Arab. Terroristen überfallen israel. Quartier im Olympischen Dorf und nehmen Geiseln. Beim Versuch, ihren erzwungenen Flug ins Ausland zu verhindern, kommen 11 Israelis, 5 Terroristen u. 1 Polizeibeamter ums Leben. 3 Terroristen werden verhaftet (später unter Druck neuer Geiselnahme freigelassen). Die Spiele werden nach einer Trauerfeier fortgesetzt

Arab. Luftpiraten befreien durch Entführung einer Lufthansamaschine mit Geiseln die überlebenden Terroristen, die in München 11 Israelis töteten

Lord *Killanin* (* 1914, Irland) wird als IOC-Präsident des Intern. Olymp. Komitees Nachfolger von *Avery Brundage* (* 1887, USA, war Präsid. seit 1952)

Olympische Spiele in München – Medaillenspiegel:

	Gold	Silber	Bronze
USSR	50	27	22
USA	33	31	30
DDR	20	23	23
BRD	13	11	16
Japan	13	8	16
Australien	8	7	2
Polen	7	5	9
Ungarn	6	13	16
Bulgarien	6	10	5
Italien	5	3	10

(1972)

Drei südl. Provinzen Sudans erhalten Autonomie-Status (beendigt 17jährigen Bürgerkrieg)

Uganda (Afrika) weist Asiaten mit brit. Pässen aus

Stimmengewinn linker Parteien i. Japan. Liberaldemokrat *Tanaka* (* 1918) Min.-Präs.; nimmt diplomat. Bez. z. USSR auf, tritt 1974 zurück

~ Dieses Jahr ist durch erdweiten polit. Terror gekennzeichnet: Palästinens. PLO, japan. „Rote Armee", ir. IRA, ital. Neofaschismus, dt. „Rote Armee-Fraktion" (RAF) u. and.

„Sport in unserer Welt – Chancen und Probleme" (wiss. Kongreß anl. der Olymp. Spiele i. München)

Intern. Stockholmer Konf. f. Umweltschutz (vgl. V)

USA verbieten DDT-Anwendung (wegen Umweltgefahr)

Herzinfarktdiagnose d. Myoglobinnachweis

Hochwirksamer Krebshemmstoff Maytansin

Vollsynthese d. ACTH-Hormons

Totalsynthese von Vitamin B12

Erste hochsterile Operationskabine i. d. BRD

Glasfaseroptik gestattet vollst. Magen-Darm-Besichtigung

Fund eines mittelsteinzeitlichen Grabes mit einem 17jähr. weibl. Skelett, im Arm ein dreijähriges Kind, bei Altessing im Altmühltal entd. (stammt aus dem 5. Jtsd. v. Chr. und widerlegt die These, der Mensch der Jungsteinzeit nach –4000 sei n. Europa eingewandert)

Am 4. 8. besonders starke Radio-, Ultraviolett- und Röntgenstrahlung durch eine Sonnenfleckengruppe: 1/200stel d. Sonnenfläche strahlt für Minuten 50mal stärker als die ganze Sonne (bisher stärkster bekannter Ausbruch)

Die hohe Ganggenauigkeit mod. Uhren macht in unregelm. Abständen „Schaltsekunden" zur Angl. a. d. astronom. Zeit notwendig

Hohe Beschl.-Energien gestatten es, Atomkerne zu verschmelzen u. sog. „Kernmoleküle" kurzzeit. zu bilden

2 Forschergruppen i. USA u. Schweiz gelingt i. 12 Jahren Synthese d. Vitamins B12 (Struktur s. 1956 bek.)

Land: Elektron. Kamera SX70 f. Sofortbilder

Es gelingt Industrieforschern i. BRD d. beiden Aminosäureketten d. Insulins d. Schwefelbrücken zu verbinden (wichtiger Schritt z. techn. Synthese) (vgl. 1973)

R. W. Kaplan: „Der Ursprung d. Lebens" (Theorie der chemischen Evolution, d. keine übernatürl. Faktoren anerk.)

Bezieht man die Medaillen auf d. Einw.-Zahl d. Landes, so ergibt sich ein sehr verschiedenes Bild (so müßte man die Med. d. BRD durch 3,5 dividieren, um sie mit der DDR zu vergleichen [vgl. 1968])

H. Lenk: „Leistungssport, Ideologie oder Mythos?"

Mark Spitz (* 1950, USA) gew. im Schwimmen 7 olymp. Goldmedaillen, schwamm insges. 34 Weltrekorde

Ruotsalainen (Finnl.) erreicht im Skiflug auf d. Schanze bei Planica (Jugoslawien) 162 m. 1936 spr. *Sepp Bradl* (Österr.) erst runde 100 m

Im Fußball-Länderspiel schlägt BRD Gr.-Brit. in London 3:1 (1. dt. Sieg auf engl. Boden)

BRD gewinnt mit 3:1 geg. USSR Europameisterschaft im Fußball

ČSSR wird Eishockey-Weltmeister durch Sieg über den 11fachen Weltmeister USSR (der Jubel gewinnt polit. Bedeutung)

Bayern München bundesdt. Fußballmeister mit 5:1 gegen Schalke 04

Eddy Merckx, Belgien, gewinnt zum 3. Mal nacheinander Tour de France (Radfernfahrt)

Weltmeisterschaft in Golf (in Melbourne/Australien): 1. Taiwan, 2. Japan, 3. Südafrika, 4. USA (6. Gr.-Brit., 17. BRD)

Tischtennismannschaft der VR China besucht USA (erster Sportaustausch seit 25 Jahren)

Donald Cameron (* 1939, Schottland) und *Mark Barry* (* 1940, USA) überqueren mit Heißluftballon die Alpen über das Monte-Rosa-Massiv (ca. 5000 m)

Bobby Fischer (* 1943, USA) wird geg. *Boris Spasskij* (* 1937, USSR) Schachweltmeister (*Sp.* war WM s. 1969). Dieser Kampf macht Schach populär

~ Es verbreiten sich gr. Einkaufszentren a. d. Peripherie gr. Städte (erstes i. BRD 1964)

Berlin (West) tauscht mit d. DDR gegen 31 Mill. DM ein 8,5 ha gr. Gelände am Potsdamer Platz wegen seiner Bedeutung für die Stadtplanung

† *Emilio Schuberth*, ital. Modeschöpfer (* 1905) (Konkurrent gegen die Extravaganz d. Pariser Häuser)

Computergesteuerte Schnellbahn i. San Franzisko (BART)

Mißernte i. USSR gefährdet durch Getreidekäufe Welternährung

Schwerer Novembersturm a. 13.11. über Mitteleuropa (verurs. Tote u. schwere Forstschäden

globale Sozialstruktur (vgl. 1950 und 1977)
globale Zahlen: Bevölkerung 3800 Mill. Einw.
Brutto-Sozialprodukt 4680 Mrd. $
BSP/Einw. 1231 $

%-Anteil	Amerika N	Europa W	Europa O	Sowjetunion	Asien China VR	Asien Japan
Ew.	6,0	9,5	2,8	6,5	21,0	2,7
BSP	30,7	25,2	5,5	14,5	3,5	7,3
BSP/Ew.	511,0	265,0	223,0	223,0	16,0	270,0

	Amerika Lat.	Afrika	Asien Vord.	Asien SO
Ew.	8,0	9,6	3,9	29,6
BSP	5,0	2,0	1,5	3,5
BSP/Ew.	62,5	21,0	38,0	12,0

BSP ist ein Maß für wirtschaftliche (und politische) Macht.
BSP/Ew. ein Maß für (möglichen) Wohlstand.
Das N-S- und W-O-Gefälle treten deutlich hervor.

1973	Friedens*nobel*preis an *H. A. Kissinger*, USA (* 1923, geb. i. Dtl.), und *Le Duc Tho* (* 1912, Nord-Vietnam) f. ihre Verhandlungen zur Beend. d. Vietnamkrieges (wird polit. kritisiert) *Le Duc Tho* lehnt Friedens*nobel*preis ab Generalkonsulat der USSR in Berlin (W) gemäß Berlin-Vereinbarung Dt. Konsul in Nordirland v. d. IRA entführt Der Transitverkehr n. u. v. Berlin durch d. DDR verläuft weitgehend reibungslos. Allerd. führt Fluchthelfertätigkeit zu Prozessen i. d. DDR mit hohen Freiheitsstrafen DDR verdoppelt Zwangsumtausch b. Aufenth. i. d. DDR (verstößt n. westl. Ansicht gegen d. Berlin-Abkommen. Besuchszahl geht etwa auf 50 % zurück) Parlamentswahlen in Israel (während d. Friedenskonf. in Genf) bringen der sozialdemokr. Arbeiterpartei *Golda Meirs* Verluste (bleibt aber stärkste Partei) Neuer griech. Präs. Generalleutnt. *Gisikis* *W. Scheel* bes. Ägypten, Jordanien u. Libanon DDR hat im innerdt. Handel Rekorddefizit v. 1,8 Mrd. „Verrechnungseinheiten“ Ehemal. Reichsleiter der NSDAP *Martin Bormann* f. tot erklärt (* 1900, 1945 Selbstmord) US-Präs. lehnt einseitige Truppenverminderung in Europa ab Diplom. Bez. zw. Finnland u. BRD sowie DDR Ägypt. Überraschungsangr. am höchsten jüd. Feiertag (Jom Kippur) verwick. Israel in Zweifrontenkrieg am Suezkanal u. b. d. Golanhöhen (geg. Syrien). Nach wechselvollen Kämpfen u. hohen Verlusten wird d. 3. ägypt. Armee b. Suez eingeschl. USSR u. USA setzen i. d. UNO Waffenstillstand u. Friedenskonf. durch. Araber verl. d. Räumung aller v. Israel s. 1967 besetzten Geb., Israel ford. sichere Grenzen u. Anerk. s. staatl. Existenz u. d. Lösung d. Problems d. seit 1948 geflücht. 820 000 Palästinenser Androhung ein. arab. Raketenangriffs auf Flugplätze i. d. BRD führt z. höchsten Alarm- u. Sicherungsmaßn. USA erklären sich enttäuscht üb. d. Beziehungen Westeuropa–USA	Literatur*nobel*pr. an *Patrick White* (* 1912, Austral.) Friedenspreis d. dt. Buchhandels an *Dennis Meadows* Für d. Veröff. d. Club of Rome: „Die Grenzen des Wachstums.“ Zur Lage d. Menschheit (weist auf die Gefahr d. raschen Erschöpfung d. Lebensmöglichkeiten hin) *Edward Bond* (* 1934): „Die See“ (engl. Schauspiel, dt. Erstauff. i. Hamb.) † *W. H. Auden*, amer. Schriftsteller (* 1907) † *Ingeborg Bachmann* (Unfall), österr. Lyrikerin, Mitgl. d. Gruppe 47 (* 1926) Internat. *Beckett*-Colloquium in Berlin (W) † *Willi Birgel*, dt. Schauspieler (* 1891) *H. Böll* verz. auf Vorsitz i. Intern. PEN-Club *H. Ch. Buch:* Literaturmagazin 1 (f. eine neue Lit. geg. spätbürg. „Literaturbetrieb“) *Lothar Günter Buchheim* (* 1918) „Das Boot“ (U-Boot-Roman d. 2. Weltkrieges eines Kriegsber., Künstlers und Kunstsammlers) *Michail Djemin:* „Die Tätowierten“ (üb. d. russ. Unterwelt, dt. Übers.) *Tankred Dorst* (* 1925): „Die Eiszeit“ (Schauspiel) *Dürrenmatt:* „Der Mitmacher“ (schweizer. Bühnenstück, Urauff. i. Zürich) *Gisela Elsner:* „Herr	*Hans Bender* (* 1907): „Verborgene Wirklichkeiten“ (Traumtheorie aus parapsycholog. Sicht) *Winfr. Böll* u. and. (dar. Mitgl. d. Bundesreg.): „Die Zukunft d. Wachstums“ (krit. Antworten zum Bericht des „Club of Rome“, vgl. 1972) *Vincent Cronin:* „Napoleon“ (engl. Biogr. mit Betonung d. Privatlebens) (man schätzt d. Zahl der N.-Biogr. auf ca. 24 000) *Joach. C. Fest:* „Hitler“ (Biogr.) *Bernt Engelmann* (* 1921): „Wir Untertanen“ (ein dt. Anti-Geschichtsbuch) *Ed. Fuchs:* „Sozialgeschichte der Frau“ (sozialkrit. Fassung d. Sittengeschichte d. Autors) Geheimes Tagebuch *J. Göbbels* kommt von der DDR i. d. BRD *J. Habermas* (* 1929): „Legitimationsprobleme i. Spätkapitalismus“ (a. d. Frankf. Soziologenschule) Im Schatten d. Ölkrise mahnt am Jahresende Bundespräsid. *G. Heinemann*, von der Verschwendungswirtsch. zur Bewährungswirtsch. zu gelangen *Werner Heisenberg* erhält *Guardini*-Preis der Katholischen Akademie in Bayern *Arthur Janov:* „Der Urschrei“, ein neuer Weg der Psychotherapie (dt. Übers. der amer. Ausg. 1970) *Rob. Jungk:* „Der

F. Ahlers-Hestermann: „Avallon" (Gem.)

† *Friedr. Ahlers-Hestermann*, dt. Maler, seit 1955 i. Berlin (* 1883)

Max Ackermann (* 1887): „Ohne Titel" (abstr. Gem.)

Paul Berger-Bergner (* 1904): „Kind im Raum" (Gem.)

Christa (* 1940) u. *Karlheinz* (* 1934) *Biederbick:* panoptikumsartige lebensgr. Plastiken n. Gipsabg. aus Polyesteter (s. 1969)

Fritz Bornemann, Berlin, erhält Auftrag, Oper in Kairo zu bauen

Chagall-Ausstellung in Moskau (*Ch.* kehrt kurzzeitig von Paris i. d. USSR zurück)

Joachim Dunkel (* 1925): „Pferd" (Bronze)

Herbert W. Franke (* 1927): „Apparative Kunst", „Vom Kaleidoskop zum Computer"

Gunter Freyse (* 1937): „Einzelheiten unbekannt" (Acrylgem.)

† *Xaver Fuhr*, dt. Maler d. „Neuen Sachlichkeit" (* 1898)

Karl Gauting (* 1897): „Blessierter Flügelstier" (Linolschnitt)

Hans Geisberger (* 1906): „Karambolage"

Rudolf W. Groeschel (* 1891): „Spätherbst am See"

Wilh. Höck (* 1928): „Kunst als Suche nach Freiheit" (Entwürfe einer ästhetischen Gesellschaft von der Romantik bis zur Modernen)

Fritz Hundertwasser (* 1928): „Regentage"

Wolfg. Inanger (* 1936): „Der Puppenmörder" (Temp.-Gem.)

L. Bernstein: „Dybouk" (amerik. Ballett)

Joachim E. Behrendt (* 1922): „Das Jazzbuch – Von Rag bis Rock" (4. Bd. seit 1953)

R. Bing (* 1902): „5000 Abende i. d. Oper" (Geschichte d. Metr. Opera New York a. d. Feder ihrer Intendanten, 1950–72)

B. Blacher (* 1903): „Yvonne" (Oper nach *W. Gombrowicz*)

B. Britten (* 1913): „Der Tod in Venedig" (engl. Oper n. Th. Mann)

† *Pablo Casals*, span. Cellist, verl. 1937 Spanien, zuletzt in Südfrankr. (* 1876)

John Cage, Merce Cunningham, Jos. Johns: „Un jour ou deux" (Ballett, Urauff. i. Paris)

† *John Cranko*, brit. Ballettmeister u. Choreograph, gab seit 1960 dem Stuttgarter Ballett eine intern. Spitzenposition (* 1927)

H. W. Henze: „Streik bei Mannesmann" (sozialkritische Oper zu den XX. Weltjugendfestspielen in Berlin [Ost])

Klaus Huber (* 1924): „Kontrafaktur nach Perotin" (schweiz. Komp.)

M. Kagel (* 1931): „Variationen ohne

*Nobel*pr. f. Physik an *Ivar Glaever* (* 1929, Norw.), *Leo Asaki* (* 1925, Jap.) u. *Brian Josephson* (* 1940, Gr.-Brit.) f. Erforschg. d. Tunneleffektes bei d. elektr. Supra-Leitung (gew. prakt. Bed.)

*Nobel*pr. f. Chemie an *Ernst Fischer* (* 1918, Dtl.) u. *G. Wilkinson* (* 1921, Gr.-Br.)

Medizin-*Nobel*pr. an d. Verhaltensforscher *Karl v. Frisch* (* 1886, Österr.), *Konrad Lorenz* (* 1903, Österr.) u. d. *Ethologen Nikolaas Tinbergen* (* 1907, Niederl.)

Manfred v. Ardenne (* 1907): „Ein glückliches Leben f. Technik u. Forschung" (v. d. Rundfunktechnik zur Krebstherapie. Autobiogr.)

Erich Bahke: „Stadtverkehr d. Zukunft", schildert mod. öff. Verkehrsmittel unter d. Aspekt, daß im Jahr 2000 80 % d. Weltbev. in Städten wohnt

594 Tage n. Herztransplantation stirbt *Barnard*-Patient *Philip Blaiberg*

Brandenburg u. *Zahn* (TH Aachen) gelingt Insulinsynthese i. klinisch brauchbarer Menge

Erhard Hornbogen (* 1930): „Werkstoffe nach Maß" (wird d. elektronenmikrosk. Analyse ermöglicht)

Dieter Janz: „Denkschrift Epilepsie" (5 % der Bev. d. BRD leiden daran)

Walter Klingmüller: „Therapie mit Genen"

Nach Schätzung d. Weltbank leben rd. 800 Mill. Menschen (ca. 25 % d. Menschheit) unter elenden Lebensverhältnissen)

Dürrekatastrophe und Hungersnot am Südrand d. Sahara (Sahelzone)

Dollarkurs sinkt auf 2,832 DM

Gruppenfloating gegenüb. US-Dollar senkt seinen Kurs (verh. Aufwertung d. DM)

Hochofen i. Duisburg f. 3,5 Mill. t Roheisen/Jahr (bish. größter d. Welt)

Durch d. Ölkrise erh. der Bau v. Kernkraftwerken wachsend. Bedtg. (d. beste Weg techn. Erschl. ist noch umstritten)

DDR nimmt 2. Kernkraftwerk i. Betr. (b. Rostock, 1. b. Rheinsberg; s. 1966)

Frankr. nimmt Schnellbrüterreaktor (auf Plutoniumbasis) als Kernkraftwerk f. 250000 kW i. Betr. (USSR ging i. d. Hinsicht voraus)

Rückschläge i. d. Bauwirtschaft d. BRD

Konkurse in der BRD: 1950: 4235, 1960: 2689, 1965: 2928, 1970: 3943, 1973: 5277

Jubiläumsfunkausstellung in Berlin (1923–1973) mit tragbaren Farbfernsehgeräten, audiovisueller Farbbildplatte, Quadrophonie, Video-Cassetten-Recorder etc.

Benzin- u. Heizölknappheit inf. arab. Ölboykotts beeinfl. d. tägl. Leben i. d. BRD u. Westeuropa

Japan. Reg. ruft Notstand wegen Ölkrise aus

Niederl. geb. mit Sonntagsfahrverbot infolge arab. Ölboykott (and. Länder, einschl. BRD, folgen)

(1973)	Erweiterung der EWG um Gr.-Brit., Irland u. Dänemark in Kraft Europ. Konf. über Sicherheit u. Zusammenarbeit in Helsinki unter Teiln. west- u. osteurop. Staaten einschl. BRD u. DDR *W. Brandt* unterz. in Prag Normalisierungsvertrag mit d. ČSSR, der das Münchner Abk. v. 1938 für nichtig erklärt. BRD err. diplomat. Bez. mit Ungarn u. Bulgarien Israel-Reise d. Bundeskanzlers *Willy Brandt* unterstreicht wohlwollende Neutralität der BRD im Nahostkonflikt Ölboykott d. OPEC führt zu einem Energiesicherungsges. i. d. BRD (Reg. erhält Verordnungsvollm.; zeitw. Pkw-Fahrverb. i. westeurop. Ländern UN-Gen.-Sekr. *K. Waldheim* eröffn. die v. USA u. USSR geford. Nahost-Friedenskonf. m. Israel u. arab. Nachbarstaaten in Genf Außenminister d. BRD, *W. Scheel*, u. d. DDR, *O. Winzer*, sprechen vor d. UNO nach d. Aufn. beider dt. Staaten. *Scheel* unterstreicht das Recht auf Wiedervereinigung Bundeskanzler *W. Brandt* spricht vor d. UNO über d. Politik d. BRD BRD vertr. d. Interessen W.-Berlins i. d. UNO Bundespräsid. *G. Heinemann* lehnt 2. Amtsperiode ab. *W. Scheel* (FDP) entw. s. zum Favorit als Nachfolger Bund.-Verf.-Ger. erklärt d. Grundvertrag mit d. DDR als verfassungskonform (betont Beachtung d. Wiedervereinigungsgebotes des Grundvertr.) Chef d. KPdSU, *Breschnew*, besucht BRD (ist sich m. *W. Brandt* üb. d. Bedeut. d. Erfüllung d. Berlin-Abkommens einig) Auch n. d. Berlin-Abkommen wehren sich d. Ostblockstaaten geg. d. Einbeziehung v. Berlin (W) in Abmachungen mit d. BRD (führt zu erneuten Spannungen u. Diskussionen über den Wert der Ostpolitik) Reichstagswahlen in Schweden ergeben gleiche Stärke der Sozialisten-Kommunisten u. d. bürgerl. Parteien. *Palme* (Sozialdemokrat) bleibt Min.-Präs. Trotz SPD/FDP-Mehrheit im Bundestag haben die CDU/CSU-Länder im Bundesrat eine Mehrheit, da wegen alliierten Vorbehalts d. Stimmen Berlins	Leiselheimer u. weiterer Versuch, die Wirkl. zu bewältigen" (Rom.) *Werner Finck* (* 1902): „Alter Narr, was nun?" (Autobiogr. d. Kabarettisten) *Manfred Franke*: „Mordverläufe 9./10. 11. 1938" (Roman der Judenverfolgung in d. „Kristallnacht") *Hans Frick* (* 1930): „Tagebuch einer Entziehung" (Memoiren ein. Trinkers) † *Henry Greene*, engl. Romanschriftsteller (* 1904) *Wolfgang Hildesheimer* (* 1916): „Masante" (autobiogr. Erz.) *Walter Höllerer* (* 1922): „Die Elephantenuhr" (Roman) *Kurt Hübner* (* 1916) wird Intendant des Theaters der Freien Volksbühne Berlin (W) (war 1962–72 Intendant der Bremer Bühnen) *Rainer Kunze* (* 1933): „Zimmerlautstärke" (Ged. aus d. DDR, *R. K.* wurde zeitw. i. d. DDR nicht gedr.) *Dieter Lattmann* (* 1926) u. and.: „Die Literatur d. BRD s. 1945" (Prosa, Lyrik, Dramatik) *S. Lenz*: „Das Vorbild" (Roman) *Jakov Lind* (* 1927): „Der Ofen" (eine Erz. u. 7 Legenden) (dt. Übers. a. d. Engl.) *Norman Mailer*: „Marilyn Monroe" (amer. Biogr. d. US-Filmstars, * 1926, † 1962) *Christoph Meckel* (*	Jahrtausendmensch" (mit optimist. Zukunftsperspektive) *Werner Keller* (* 1909): „Was gestern noch als Wunder galt. Die Entd. geheimnisvoller Kräfte des Menschen" (Kennz. f. einen sich ausbreitenden Okkultismus) *Marie E. P. König*: „Am Anfang d. Kultur. Zeichensprache d. frühen Menschen" (weist Kalendersystem d. Eiszeitmenschen [vor ≈–10 000] nach) *Claude Lévi-Strauss* (* 1908, Belg.) erh. Erasmuspreis f. „strukturale Anthropologie" *Konrad Lorenz*: „Ökologisches Manifest" (f. d. Erhaltung u. Wiederherst. gesunder, funktionsfäh. Landschaften) *Konr. Lorenz*: „Die Rückseite d. Spiegels" (erstrebt eine auf biolog. Kenntnis d. Menschen beruhend. Kulturtherapie) *Paul Moor*: „Die Freiheit zum Tode". Ein Plädoyer für das Recht auf menschenwürdiges Sterben (Thema erg. s. aus sinnloser Lebensverlängerung d. ärztlichen Kunst) *Adriaan v. Müller* (* 1928): „Berlins Urgeschichte" u. „Berlin vor 800 Jahren" (Berichte d. Bodendenkmalpfleger aufgrund vermehrter Grabungstätigkeit i. Berlin) *Heinz Ohff*: „Antikunst" (ein gr. Teil d. gegenw. Kunst ist Antikunst) Papst *Paul VI.* empfängt israel. Min.-Präs. *G. Meir*

Arne Jacobsen (* 1902, Dän., † 1971), Rathaus i. Mainz (streng funktionalistisch)

Privatmuseum *F. Léger* vom franz. Staat übernommen

Gerh. Marcks (* 1884): „Sitzender alter Mann" (Bronze)

Marino Marini (* 1901) schenkt Mailand 150 seiner Werke (die in einer Ausst. gezeigt werden)

Max Pfaller (* 1937): „Bauerwartungsland" (Gem.)

† *Pablo Picasso* (span.-frz. Maler span. Herkunft, gilt als der führende Maler d. 20. Jh., * 1881)

Graphik-Ausst. i. d. Nationalgalerie Berlin (W)., „Hommage á Picasso", bietet repräsentativ. Querschnitt d. d. zeitgen. künstl. Schaffen mit Werken von *Shusaku Arakawa* (* 1936, Jap.), *Enrico Baj* (* 1925, Ital.), *Joseph Beuys* (* 1921, Dtl.), *Max Bill* (* 1908, Schweiz), *Pol Bury* (* 1922, Belg.), *Jorge Castillo* (* 1933, Span.), *Lynn Chadwick* (* 1914, Engl.), *Eduardo Chillida* (* 1924, Span.), *Christo* (* 1935, Bulgar.), *Corneille* (* 1922, Bulg.), *Alan Davie* (* 1920, Schottl.), *HAP Grieshaber* (* 1909, Dtl.), *Richard Hamilton* (* 1922, Engl.), *Alfred Hrdlicka* (* 1928, Österr.), *R. B. Kitaj* (* 1932, USA), *Jirì Kolař* (* 1914, ČSSR), *Nicholas Krushenick* (* 1929, USA), *Wilfredo Lam* (* 1902, Kuba), *Roy Lichtenstein* (* 1923, USA), *Jacques Lipchitz* (* 1891, Lit.), *Heinz Mack* (* 1931, Dtl.), *Giscomo ManZù* (* 1908, Ital.), *André Masson* (* 1896, Frankr.), *Roberto Matta* (* 1911, Chile),

Fuge" (argent. sinfon. Komp.)

Herb. v. Karajan wird Ehrenbürger v. Berlin (W), dessen Philharmon. Orch. er s. 1955 leitet

Rudolf Kelterborn (* 1931): „Dies unus" (schweiz. Komp.)

† *Otto Klemperer*, dt. Dirigent, seit 1933 i. Ausland (* 1885)

E. Křenek: „Statisch und ekstatisch" (Komp. f. Kammerorchester)

Frank Martin: „Requiem" (schweiz. Komp.)

Pariser Oper unter *Liebermann* (vorher in Hamburg) neu eröffnet

R. Liebermann beg. seine Pariser Intendantentätigk. mit einer Gala-Auff. d. „Figaro" in Versailles

† *Bruno Maderna*, ital. Komp., bes. elektron. Musik (* 1920)

C. Orff: „De temporum fine comoedia" (Oper, Urauff. i. Salzburg unter *H. v. Karajan*)

Artur Rubinstein (* 1886): „Erinnerungen" (Autobiogr. d. poln. Pianisten)

Walter Steffens: „Unter dem Milchwald" (Oper n. *D. Thomas*)

Karl Thieme (* 1909): „Hoffnung" (Kantate

(insbes. Heilung von Erbkrankheiten d. Gentherapie)

Lubos Kohoutek entd. frühz. Kometen, der ab 1974 auf d. Erde sichtbar werden soll

Zweite Skylab-Besatzung bleibt trotz anfängl. Schwierigkeiten, die ein Rettungsmanöv. nahelegen, die geplanten 59 Tage i. Weltraum, photogr. u. a. gr. Sonnenprotuberanzen. Dritte Skylab-Besatzung startet zu einem 85-Tage-Flug (gilt als vorl. Abschluß der bemannten US-Raumfahrt)

In Skylab 2 bauen Spinnen auch schwerefrei normale Netze; im Weltraum geb. Fische schwimmen normal

„Raum-Krankheit" als Spezialthema d. 21. Intern. Kongresses f. Luft- u. Raumfahrtmedizin i. München

USA starten zwei Jupiter-Sonden, Pionier 10 u. 11 (erf. u. a. Magnetfeld). USSR startet in einem Monat 4 Marssonden

USSR landen Mondauto Lunochod auf dem Mond

USSR startet „Sojus 13" mit 2 Kosmonauten in eine Erdbahn, gleich danach mit einer Trägerrakete 8 Satelliten d. Kosmos-Serie

Radioastronom. Aufnahme der Venusoberfläche in USA ergibt viele Krater von 10–100 km Durchmesser

Marsgloben (1,2 bis 1,8 m Durchm.) aufgr. von 7300 Aufn. d. US-Sonde Mariner 9

BRD stoppt wegen Energiekrise Vermittlung ausl. Gastarbeiter (z. Zt. sind ca. 2,6 Mill. i. d. BRD tätig, davon ca. 0,5 Mill. Türken)

Am Jahresende liegt das Preisniveau 7,4 % über dem des Vorjahres (Gew. fordern Lohnerhöhungen um mehr als 10 %)

SPD-Aktion „gelber Punkt" gegen Preistreiberei (wird v. Handel kritisiert)

Mit 100 Tochterges. im Ausland erzielt Siemens dort mit 6 Mrd. DM ca. 40 % d. Umsätze (kennz. f. intern. Verflechtung d. Konzerne)

In Brüssel wird Europ. Gewerksch.-Bund gegr.

Zahlreiche Streiks richten sich gegen die Arbeitsbedingungen am Fließband

Generalstreik i. Italien

Schwed. Gewerksch. erstreben bis 1984 d. 30stündige Arbeitswoche

Arab. Terroristen setzen in Rom mit Sprengkörpern PanAm-Maschine in Brand (31 Passagiere verbrennen). Mehrere Geiseln überl. anschl. Entf. einer Lufthansamaschine (Entf. täuschen ihre Ermordung vor)

Arab. Terrorakt in Khartum/Sudan

Überschwemmungen in Südspanien fordern ca. 300 Todesopfer

Vulkanausbruch auf Island gefährdet Fischereihafen

Bewaffnete Bankräuber erbeuten in Frankf./M. 2 Mill. DM

Hans Werner Hamacher: „Tatort Deutschland" (sagt von 1970–80 Verdoppelung bis Verdreifachung der Kriminalität voraus)

(1973)

nicht mitgezählt werden (führt zu parteipolit. Spannungen b. d. Gesetzgebung)

Parlament. Untersuchungsausschuß soll klären, ob d. ehemal. CDU-Abg. *Steiner* 1972 beim konstrukt. Mißtrauensvotum *Barzel* geg. *Brandt* durch Bestechung von *Wienand* (SPD) zugunsten *Brandts* stimmte (erg. keine Klärung)

Barzel tritt als Parteivors. d. CDU u. Fraktionsvors. d. CDU/CSU zurück

Helmut Kohl (* 1930), Min.-Präs. v. Rheinl.-Pfalz, wird Bund.-Vors. d. CDU

K. Carstens (* 1914) wird Vors. d. CDU/CSU-Fraktion im Bundestag

† *Walter Ulbricht*, dt. kommunist. Politiker, grdt. mit der DDR kommunist. Staat auf dt. Boden; zuletzt Staatsratsvorsitzender, i. d. Spaltung Dtlds. der Gegenspieler Adenauers (* 1893)

Nach d. Tode von *W. Ulbricht* wird *Honecker* Gen.-Sekr. des ZK d. SED, *Stoph* Vors. d. Staatsrats, *Sindermann* Vors. d. Min.-Rats

Dän. Parlam.-Wahlen bringen den tradit. Parteien (einschl. Sozialdemokr.) Verluste

† Kg. *Gustav VI. Adolf* von Schweden (seit 1950, sein Nachfolger Carl Gustav muß auf politische Macht verzichten) (* 1892)

Engl. Prinzessin *Anne* heiratet in London *Mark Philips* (500 Mill. sehen üb. Fernsehen d. Zeremonie)

Reg. aus Protest. u. Katholiken in Nordirland löst ab 1974 engl. Staatskommiss. ab

Min.-Präsid. u. Reg.-Parteien i. d. Ländern d. BRD:

Bad.-Württ.	*Filbinger*	(* 1913)	CDU
Bayern	*Goppel*	(* 1905)	CSU
Berlin	*Schütz*	(* 1926)	SPD
Bremen	*Koschnick*	(* 1929)	SPD
Hamburg	*Schulz*	(* 1930)	SPD/FDP
Hessen	*Osswald*	(* 1919)	SPD
Nieders.	*Kubel*	(* 1909)	SPD
NRW	*Kühn*	(* 1912)	SPD/FDP
Rh.-Pfalz	*Kohl*	(* 1930)	CDU
Saarland	*Röder*	(* 1909)	CDU
Schlesw.-Holst.	*Stoltenberg*	(* 1928)	CDU

(vgl. 1979)

1935): „Bockshorn" (Roman über jugendl. Herumtreiber)

Bernard Malamud (* 1914): „Die Mieter" (dt. Übers. d. amer. Romans über das Verh. v. Weißen und Schwarzen)

Henry de Montherlant: „Ein Mörder ist mein Herr u. Meister"

† *Pablo Neruda*, chil. Dichter, Sozialist, Freund *S. Allendes* (1950: „Canto general") (* 1904)

Ulrich Plenzdorf (* 1934): „Die neuen Leiden des jungen W." (Theatererfolg i. d. DDR u. BRD)

Gottfried Reinhardt: „Der Liebhaber" (Biogr. üb. *Max Reinhardt* v. s. Sohn)

Gerhard Roth (* 1942): „Lichtenberg" (österr. Schauspiel)

Arno Schmidt (* 1914): „Nachrichten von Büchern u. Menschen" (Zur Lit. d. 18. u. 19. Jh.s)

Goethepreis d. Stadt Frankfurt/M. an *Arno Schmidt*

Anna Seghers: „Sonderbare Begegnungen" (Erz.)

J. M. Simmel (* 1924): „Die Antwort kennt nur der Wind" (Rom.)

E. v. Salomon (* 1902, † 1972) „Der tote Preuße" (postum)

Helmut Schelsky: „Systemüberwindung, Demokratisierung u. Gewaltenteilung" (soziolog. Analyse)

Dragoslav Srejovič: „Lepenski Vir" (Entd. einer Steinzeitkommune a. d. Donau [Eisern. Tor] m. monumentalen Sandsteinskulpturen v. ≈–5000)

Steinbuch: „Kurskorrektur" (warnt vor Linksradikalismus)

Leopold Szondi: „Moses, Antwort auf Kain" (Deutung s. Persönl. aus schuldbewußter Gewalttätigkeit)

Karl Erik Zimen (* 1912): „Strukturen d. Natur" (Das atomare Weltbild a. d. Sicht ein. Kernchemikers)

Bundesreg. legt den v. Bund u. Ländern aufg. Bildungsgesamtplan bis 1985 vor (mit insges. 91,1 Mrd. DM Kosten)

Min.-Präs. d. BRD-Länder beschließen gemeinsame Finanz. d. Stiftung Preußischer Kulturbesitz

Bundesverfassungsgericht erkennt den Professoren maßgebl. Einfluß auf Forschung, Lehre und Berufungen zu u. korrigiert damit teilw. Hochschulreformges.

BRD u. Gr.-Brit. grden. dt.-brit. Stiftung zum Studium d. Industriegesellsch.

Inst. f. Bevölk.-Forschung i. Wiesb. gegr.

In der BRD wird eine Reform d. Lehrerbil-

Joan Miró (* 1893, Span.), *Robert Motherwell* (* 1915, USA), *Eduardo Paolozzi* (* 1924, Schottl.), *Edouard Pignon* (* 1905, Frankr.), *Robert Rauschenberg* (* 1925, USA), *Niki de Saint Phalle* (* 1930, Frankr.), *Antoni Tâpies* (* 1923, Span.), *Hervé Télémaque* (* 1937, Haiti), *Joe Tilson* (* 1928, Engl.), *Walasse Ting* (* 1929, China), *Jean Tinguely* (* 1925, Schweiz), *Cy Twombly* (* 1929, USA), *Jan Voss* (* 1936, Dtl.), *Stefan Wewerka* (* 1928, Dtl.) *Fritz Wotruba* (* 1907, Österr.) Weitere Zusagen zu dies. Ausst. von *Jim Dine* (* 1935, USA), *Willem de Kooning* (* 1904, Niederl.), *Marino Marini* (* 1901, Ital.), *Henry Moore* (* 1898, Engl.), *Andy Warhol* (* 1930, USA)

G. Rickey (* 1907): „Vier schräge Rechtecke" (amer. konstruktivist. Plastik)

H. Scharoun: Theater i. Wolfsburg (Eröffn.)

Richtfest f. d. Staatsbibliothek Preuß. Kulturbesitz in Berlin (W) von *Hans Scharoun* († 1972) als größte Bibl. d. BRD (Fertigst. 1977 gepl.)

Horst Schmidt-Brümmer (* 1940): „Die bemalte Stadt" (Initiativen zur Veränd. d. Straßen i. USA; dokumentiert anwachs. Fassadenmalerei u. Bemalung i. d. gr. US-Städten, hat teilw. d. Charakter polit. Protestes)

Werner Scholz (* 1888): „Rote Haare" (Gem.)

Peter Schubert (* 1929): „Alte Mechanik" (Gem.)

Sears-Tower i. Chikago mit 443 m Höhe höchstes Geb. d. Erde

nach Texten von *Nelly Sachs*)

Michael Tippett (* 1905): „Mitsommernachtshochzeit" (dt. Erstauff. d. engl. Oper v. 1955)

† *Mary Wigman*, Gründerin einer wegweisenden Ballettschule des Ausdruckstanzes (* 1886)

Grdg. einer Musikhochschule in Würzburg

Grdg. einer Richard Wagner-Stiftung mit Festspielhaus u. Archiv in Bayreuth

3. Intern. Dirigentenwettbewerb d. *H. v. Karajan*-Stiftung in Berlin (W) mit 65 Teiln.; die beiden Sieger kommen aus USSR u. Japan

10. Jazz-Tage in Berlin (W) erweisen Erneuerung d. Jazz u. maßgebl. Rolle d. Stadt

Schlager: „Jetzt geht die Party richtig los"

Schlager: „Ein Festival d. Liebe"

Mit 25 Mill. Langspielplatten ist *James Last* erfolgreichster Unterhaltungsmusiker (z. B. „Non Stop Dancing" od. „Ännchen v. Tharau bittet zum Tanz")

32. Fahrt d. dt. Forschungsschiffes „Meteor" üb. d. Atlantik (spez. Messung v. Spurenstoffen)

Magn. Vermessung d. Ind. Ozeans erweist Entst. d. Ozeans und Indiens vor 75 Mill. Jahren durch Zerbr. d. Gondwana-Kontinents d. Südhalbkugel

Je ca. 100 Pulsare (rasch rotierende Radiosterne, entd. seit 1967) u. Quasare (qusi punktförmige Radioobjekte, entd. 1965) bekannt

Frz.-amer. Tauchboot „Archiméde" holt Gestein aus d. 3000 m tiefen Bruchstelle zw. europ.-afr. u. amer. Kontinentalblock

Holger Heuseler: „Deutschland aus dem All", mehrfarbige Multispektral-Aufn. d. Satelliten ERTS-1 (solche Aufn. erl. zun. auch wirtsch. Bedeutung) (Satelliten-Erderkdg. beg. 1960)

US-Wettersatellit Nimbus 5 (gestart. 1972) analys. m. sog. „Falschfarbaufn." Klimafaktoren d. Antarktis

Abk. üb. europ. Zentrum f. mittelfrist. Wettervorhers. i. Brüssel unterz.

Die in d. Vorjahren angebl. nachgewiesenen Gravitationswellen werden d. weitere Versuche in Frage gestellt

In der BRD wird ein Bundesmin. f. Forschung u. Technologie begr. Min. *Horst Ehmke* (* 1927)

Mehr als 0,8 ‰ Alkohol-geh. (i. Blut) am Steuer wird i. BRD bestraft

Anzeichen f. eine Abn. d. Mißbrauchs v. Rauschgiften (insbes. v. Heroin i. USA)

58 Staaten beschließen auf einer UNO-Konferenz in London Konvention zur Reinhaltung der Meere

Internat. Tierschutzvertrag f. 375 Tierarten

Umweltskandal i. Hessen führt z. Rücktr. d. verantw. Min. (unkontroll. Ablagerung von ca. 15 000 Tonnen Giftmüll)

Cholerafälle bei Neapel (verbreiten sich durch mangelhafte Hygiene; über 20 Tote)

† *Paavo Nurmi*, finn. Langstreckenläufer mit 9 olymp. Goldmedaillen u. 29 Weltrekorden (* 1897)

Bayern München Fußballm. d. BRD

USSR erringt i. d. Eiskunstlauf-Weltmeistersch. f. Paare 1. u. 2. Platz

Allwetterzoo in Münster m. gedecktem Rundgang

Nationalpark Mt. Everest i. Nepal gegr.

E-Lok der E 103 der dt. Bundesbahn fährt 250 km/h im Probebetrieb

Bau eines Eisenbahntunnels Frankr.–Engl. bis 1980 gepl.

3 km lange Brücke üb. d. Bosporus zum 50. Jahrestag d. Grdg. d. mod. Türkei (verb. Europa mit Asien)

Aquaplaning (Schleudergefahr auf nassen Straßen) als Gefahr f. Kfz erkannt

12 Männer überqueren mit d. Floß in 175 Tagen den Pazifik u. landen i. Australien

(1973)

Gegen Jahresende fordern zahlreiche Sprengstoffanschläge der IRA in London zahlr. Verletzte

Nordirl. entsch. sich in einer Volksabst. f. d. Verbleib bei Gr.-Brit. Es kommt zur Bildg. eines Gesamtirischen Rates

Wahl der Nationalvers. in Frankr.:

Fraktion der Union der Demokraten	183 Sitze
Fraktion der unabhängigen Republikaner	55 Sitze
Fraktion der zentristischen Union	30 Sitze
Fraktion der sozialdemokr. Reformatoren	34 Sitze
Fraktion der Sozialisten u. Linksradikalen	102 Sitze
Fraktion der Kommunisten	73 Sitze
Fraktions- u. Parteilose	10 Sitze
insges.	477 Sitze

254 Abg. wählen *Pierre Messmer* zum Min.-Präs.

† *Carero Blanco*, span. Admiral, 1972 v. *Franco* zum Min.-Präs. ernannt (durch Sprengstoffattentat am Vorabend eines polit. Prozesses geg. einen Priester) (* 1903)

Mitte-Links-Reg. in Ital. unter Min.-Präs. *M. Rumor* (* 1915, Christdemokrat), 1974 erneuert

Schwere Studentenunruhen lösen in Griechenland die Ausrufung d. Kriegsrechts aus

Erste Zivilreg. i. Griechenland n. d. Militärputsch 1967

Neuer Militärputsch in Griechenland setzt Zivilreg. wieder ab u. verspricht Normalisierung

† *Ismet Inönü:* 1923 1. Min.-Präs. d. Neuen Türkei, förd. Reformen i. Staat u. Gesellsch., mehrmals Staatspräs. (* 1884)

Linksliberal. Wahlsieg i. d. Türkei. Min.-Präs. *Demirel* (Gerechtigkeitspart.) tritt zurück

US-Präsid. *Nixon* beg. s. 2. Amtsperiode (vgl. 1972)

Mit Präs.-Berater *Henry Kissinger* (* 1923 in Fürth) wird ein geb. Dt. Außenminister d. USA. Mit häufigen erdumspannenden Reisen, die vorwiegend der Friedenssicherung dienen, spielt er eine dominierende Rolle i. d. Weltpolitik

Watergate-Skandal um unsaubere Wahlkampfpraktiken belastet Präs. *Ni-*

Solschenizyn (USSR) gibt sein Buch „Archipel GULAG" üb. sowj. Terror zur Veröff. i. Westen frei. Wird 1974 ausgebürgert

E. Strittmatter (* 1912): „Der Wundertäter" (Roman, Bestseller i. d. DDR 2. Bd. 1974)

John Updike (* 1932): „Unter dem Astronautenmond" (dt. Übers. d. amer. Romans)

Martin Walser: „Der Sturz" (Roman)

Dieter Wellershoff: „Literatur und Lustprinzip" (Essays)

G. Zwerenz: „Die Erde ist unbewohnbar wie der Mond" (Roman)

„Theater heute" (Zeitschr., Red. *H. Rischbieter*) diagnostiziert Ende d. Krise durch steig. Besucherzahlen, räumt d. Schaubühne a. Halleschen Ufer i. Berlin (W) unt. *Peter Stein* (dort seit 1970) absolute Spitzenstellung i. deutschspr. Theater ein

Erstes audiovisuelles Buch (z. B. mit Bildplatten oder Video-Kassetten)

Reiner Kunze (* 1933, DDR) erhält Literaturpreis der Bayerischen Akademie der Schönen Künste

dung u. -besoldung i. Sinne d. Ausb. von Stufenlehrern in Angr. genommen (Einzelh. bleiben zw. SPD- u. CDU-Ländern kontrovers)

Gesamtschule als Regelschule in Berlin (W) und Hessen (wird v. d. CDU abgel.)

Generelle Kleinschreibung wird als Rechtschreibereform in der BRD kontrovers diskutiert

„Kunst unter Mikroskop u. Sonde", Ausst. i. Berlin (W) kennzeichnet verbreitete Anw. d. Naturwissensch. zur Prüfung von Alter u. Echtheit b. Kunstwerken

Neue Funde zeigen, daß Spandau b. Berlin schon i. 9. Jh. bestand

89 *Nobel*preistr. protestieren geg. „Dissidentenverfolgung" i. d. USSR

Weltweiter Protest gegen die Verfolgung politischer Dissidenten in der USSR (z. B. gegen den Physiker *Sacharow* und Schriftsteller *Solschenizyn*) (vgl. D)

Das politische u. soziale Klima ist weithin durch rücksichtsloses Durchsetzen von Interessen u. Meinungen gekennzeichnet unter Anwend. v. Gewalt u. anderer illegaler Mittel

F. Th. Schütt: „Drei Puppen“ (Gem.)

William Tarr: Denkmal f. *Martin Luther King* i. New York (Metallkubus mit Aussprüchen d. ermord. Friedensnobelpreisträgers)

Hann Trier (* 1915) malt das Deckengemälde im weißen Saal des Schlosses Berlin-Charlottenburg (anstelle der verlorenen Gem. v. *Pesne*)

Jörn Utzon (* 1918, Dänem.): Oper in Sidney eröffn. (eigenwill. Konzeption a. d. J. 1957)

Victor de Vasarely (* 1908): „Farbwelt“

Rudolf Wachter (* 1923): „Reliquie eines Waldes“ (Plastik aus Aluminium-Zylindern)

Kölner Dombaumeister *Wolff* weist auf Gefahren der Zerstörung des Domes (bes. durch Industrieabgase) hin. (Derzeitige Ausgaben für Restaurierung reichen nicht aus)

Ausstellung „Der Kubismus“ i. Paris (i. Rückbl. auf s. Entwickl. 1908–23)

„Realität, Realismus, Realität“, Kunstausst. in d. BRD (mit *Dauchamp, Warhol, Beuys*, reflektiert den modernen Realismus in der bild. Kunst)

Gr. Kunstausstellung in München zeigt in einer Abteilung „Das neue Bild der Landschaft“ (zwischen Photo-Realismus u. Sozialkritik)

Dieses Jahr gilt mit Rekordpreisen als die erfolgreichste Kunsthandelssaison s. 1945

Staatl. Museum *Marc Chagall* in Nizza eröffnet

† *J. Lipchitz*, Bildhauer litauischer Herkunft in Frankr. u. USA (* 1891)

Weltgrößte biomedizin. Datenbank i. d. BRD

Es gelingen Nervenzellenkulturen in vitro

Einw. d. Neubaus d. Instituts f. Biochemie d. Max-Planck-Ges. i. München

Vertrag über ein europäisches Labor f. molekulare Biologie (wahrsch. i. Heidelberg)

Es gelingt im Labor, aus Formaldehyd Zukker zu bilden (gilt als erster Evolutionsschritt präbiologischer „Bioide“)

Strukturaufklärung d. Proteine macht rasche Fortschritte (beg. 1953 m. *Sanger*)

Weltgrößter gepulster Supraleitermagnet in Karlsruhe

Überreste eines 200 Mill. Jahre alten Säugetieres gef.

Audiovisuelle Unterhaltungselektronik zeigt auf d. Funkausstellung i. Berlin (W) gr. Fortschritte (vgl. Spalte V)

Versuchszug d. dt. Bundesbahn err. über 250 km/h (1972 ein frz. Zug 318 km/h. Höhere Geschwind. sollen Flugzeugkonkurrenz mindern)

4. Atomprogramm d. BRD 1973–76 f. 6,1 Mrd. DM (gew. durch Ölkrise wachs. Bedeutung)

Die Häufigkeit v. Riesenmeteoren (üb. 10 Mrd. t) wird berechnet: Erde wird durchschnittl. 1mal in 1 Mill. Jahren getroffen (vgl. 1908) (f. d. Mond gelten analoge Werte). Krater (Ries) b. Nördlingen entst. v. ca. 25 Mill. Jahren

~ Die Ölkrise lenkt die wissenschaftliche Forschung der Folgezeit stark auf die Probleme neuer Energieformen (Sonne, Wind, Erdwärme, Kohleverflüssigung etc.). Die Kernenergie gewinnt trotz manchem Widerstand an Bedeutung

261 000-t-Tanker „Golar Patricia“ sinkt (größter bekannter Schiffsverlust)

Taucherexped. sucht vergebl. n. Ungeheuer von Loch Ness

Im Zuge der „Trimm-Dich-Bewegung“ entw. sich Wandern zum Volkssport

Kothurnartige Schuhe i. d. Damenmode; weiche, feminine Welle i. d. Damenmode

In d. BRD werden erstmals pro Jahr mehr Damenhosen als Röcke verkauft

Flugzeugabsturz b. Tanger fordert zu Weihnachten über 100 Tote

Alle 109 Passagiere überl. Bruchlandung einer LH-Maschine b. Delhi

Flugzeugungl. in Nord-Nigeria fordert 180 Todesopfer

Schwerer Vulkanausbruch b. Island

Kältewelle in Indien (bis –15° C) ford. mehr als 300 Tote

1973/74 wärmster Winter i. d. Schweiz seit 58 Jahren

Gr.-Brit. führt weg. Wirtschafts- u. Energiekrise 3-Tage-Arbeitswoche ein (1974 aufgeh.)

Letzte Gaslaterne in Nürnberg erlischt. 1847 dort eingef.

B. Grzimek (* 1909), tritt als Beauftr. d. Bundesreg. f. Naturschutz zurück

SPD u. FDP suchen gemeinsame Haltung i. d. Mitbestimmungsfrage (Diff. üb. Beteiligung d. leitenden Angest.). CDU-Parteitag verabsch. geg. Stimmen d. Sozial-Ausschüsse u. Jung. Union Mitbestimmungsmodell ohne echte Parität

(1973) *xon* u. seine Mitarbeiter schwer (*Nixon* weigert sich, zurückzutreten). Vizepräs. *Agnew* tritt wegen anderer Beschuldigungen zurück. Nachfolger *Gerald Ford*

Nixon u. *Breschnew* schließen Abk. über Vermeidung von Atomkriegen (VR China verkündet danach Zündung einer H-Bombe)

Spannung zw. W-Europa u. USA weg. mangelhafter Unterst. d. amer. Nahostpolitik (verschärft sich 1974)

In Paris wird Waffenstillstand f. Vietnam zw. d. Beteiligten abgeschlossen

USA stellt Kampfhandl. geg. Nordvietnam ein

US-Soldaten verlassen Südvietnam (Kämpfe zw. N.- u. S.-Vietnam schwelen weiter)

USA u. N.-Vietnam beschuld. sich gegens. d. Waffenstillstandsverletzung

Trotz Waffenstillstands fordern Kampfhandlungen i. d. J. noch ca. 50000 Tote in Vietnam

Vietkong läßt 2 dt. Malteserhelfer nach läng. Gefangenschaft frei

Libyen verlangt durch einen Marsch auf Kairo d. staatliche Vereinig. mit Ägypten (Entsch. wird vertagt)

† *David Ben Gurion* (* 1886, Polen): 1948–53 u. 55–63 1. Min.-Präs. des neu gegründeten Staates Israel

Nach ägypt. Überraschungs-Angriff auf Israel ergibt sich ein schwerer Nahostkrieg. Nach wechselvollen Kämpfen setzen USA und USSR Waffenstillstand u. Friedenskonf. durch

Im Nahostkrieg erweisen sich Panzer und Flugzeuge hochentw. Raketen unterlegen (führt zu großen Verlusten beider Seiten – gilt als Wende milit. Überl. auch in der NATO)

Wahl in Israel bringt Reg. *Golda Meir* i. Minderheit (s. 1969) (1974 folgt *Y. Rabin* ohne Verteid.-Min. *M. Dajan*)

Araber erzw. d. Geiselnahme Schließung des jüd. Auswandererlagers b. Wien

Arab. Staaten erk. *Arafats* (* 1929) paläst. Befreiungsorg. (PLO, gegr. 1963) als alleinige Vertretung der Palästinenser an (beabsichtigt Exilregierung)

Araber kündigen Bau von Atombomben an (weil Israel dazu i. d. Lage ist)

Notstand in Japan wegen Energiekrise ausgerufen

Die Bahamas werden v. Gr.-Brit. unabh. u. damit 134. unabh. Staat d. Erde

Bei 22 Geiselentf. in Lateinamerika seit 1969 wurden 16 Geiseln freigelassen, 2 befreit, 3 getötet

Mit 61 % Wählerstimmen wird *Peron* (* 1895) in Argentinien zum Staatspräsid. gew. (seine Frau wird Vizepräsidentin)

Das Jahr endet für W-Europa u. USA mit einer schweren Öl- und Treibstoffkrise, weil die Lieferländer (OPEC) einen Lieferstopp einführen als polit. Waffe im Nahostkonflikt

† *Salvador Allende* bei Militärputsch, demokrat. Sozialist i. Chile, s. 1970 Präsid. (* 1908). Die Verfolg. s. Anhänger w. weltweit verurteilt

Kommunisten dringen am Jahresende kämpfend auf Saigon (Südvietnam) vor

Kloster Chorin (DDR) zur 700-Jahr-Feier restauriert

Brucknerhaus als Kulturzentrum i. Linz eröffn.

---

† *Willy Birgel*, dt. Schauspieler (z. B. „Reitet f. Dtl.", Film 1941 (* 1891)

† *Willy Fritsch*, dt. Filmschauspieler, Partner v. *Lilian Harvey* (* 1901)

† *Victor de Kowa*, dt. Schauspieler (bes. Film) (* 1904)

„Der Erbe" (frz. Film v. *Philippe Labro*)

„Die rote Hochzeitsnacht" (frz. Film v. *Claude Chabrol*, * 1930)

„Plus-minus ein Tag" (ungar. Film v. *Zoltán Fábri*, * 1917)

„Roma" (ital. Film v. *F. Fellini*)

„Canterbury Tales" (ital.-brit. Film v. *P. Pasolini*)

„Das große Fressen" (ital.-frz. Film v. *Marco Ferreri*)

„Traumstadt" (Film v. *Joh. Schaaf*) n. d. Roman v. *Alfr. Kubin* „Die andere Seite" (1909)

„Der Fußgänger" (Film v. *Max. Schell*)

„Der Reigen" (Film v. *Otto Schenk* n. *A. Schnitzler*)

G. Schlemmer: „Avantguard. Film 1951–71." Theorie

„Ich liebe Dich, ich hasse Dich" (frz.-ital. Film v. *François Truffaut*, * 1932)

Schüler der Berliner Film- u. Fernsehakademie dominieren mit sozialkrit. Filmen auf d. 22. Intern. Mannheimer Filmwoche

Mike Harker (* 1947, USA) fliegt mit Drachengleiter v. d. Zugspitze n. Ehrwald (Drachengleitersport breitet sich schnell aus)

Ca. 6 Monate dauert „Dienst nach Vorschrift" d. Fluglotsen i. d. BRD (lähmt den Flugverkehr und verursacht hohen Schaden von ca. 477 Mill. DM)

Es entwickelt s. ein rechtl. Datenschutz geg. Mißbrauch v. EDV-Anlagen

Mehr als 100 000 schwere Verbrechen i. Detroit (USA) dar. 751 Morde

In Texas (USA) wird Massenmord an 37 jung. Männern entd.

Kaufhausbrand in Japan fordert 100 Tote

Weihnachtsfeier d. Skylab-Besatzung wird v. Fernsehen übertragen

Arab. Erdöl-Lieferanten verdoppeln Ölpreis (beeinfl. empfindl. Energie- u. and. Kosten i. d. Industrieländern)

Erpresser verl. v. Bischof v. Münster 1,5 Mill. DM (andernfalls er ein beliebig. Kind zu töten droht)

Am Jahresende brennen die Bürger der BRD für 100 Mill. DM Feuerwerk ab

I. BRD 0,8 ‰ Blutalkoholgrenze f. Kfz-Führer

13. Monatsgehalt i. öff. Dienst

Wilde Streiks erzwingen vielfach Teuerungszulagen

Reiseausgaben:
a) Ausl. i. d. BRD
b) BDt. i. Ausl.
(in Mrd. DM)

	a)	b)
1969	3,6	7,5
1970	4,9	10,2
1971	5,3	12,3
1972	6,0	14,5
1973	5,8	17,3

D. Weltwährungssystem v. Bretton Woods (1944 mit festen Wechselkursen begr.) wird d. weltweites Floaten (freie Kursgestaltung) abgelöst (weltweite Inflation seit 1968)

Volksvermögen d. BRD auf 3700 Mrd. DM geschätzt (etwa 60 000 DM/Kopf) (59 % privat, 37 % öff. Hand)

Durch Zusammenlegung verringert s. d. Zahl d. Gemeinden i. BRD von 24 182 (1968) auf 14 928 (1973)

Es kommt dabei zum Streit um Änderung v. Autokennzeichen

1974	Friedens*nobel*pr. an *S. Mac Bride* (* 1904, Ire) (Gr.-Br.) 1961–74 Präsident v. Amnesty International u. *E. Sato* (* 1901, Japan) 1964–72 jap. Min.-Präs. Nach 25 Jahren NATO neue atlant. Deklaration v. Ottawa (v. USA u. EG i. Brüssel feierl. unterz.) Das Jahr ist gekennz. d. polit. Führungswechsel i. USA, Gr.-Brit., Frankr., BRD, Kriege auf Zypern u. i. Nah-Ost. Umsturz i. Portugal, Griechenland, Äthiopien. Reg.-Krise i. Ital. Bürgerkrieg i. Vietnam. Weltweite Inflation, Ölkrise, Hungersnöte. Terrorakte u. a. i. Irland u. Palästina Intens. Friedens- u. Entspannungsbemühungen Krise d. EG durch eigene Währungspol. Frankreichs, neue Forderungen Gr.-Brit. u. ital. Einfuhrbeschränkungen *Walter Scheel* (FDP *1919) v. d. Bundesversammlung i. Bonn zum Bundespräsidenten gewählt (erstmals find. die Wahl des Bu.-Präs. nicht in Berlin (W) statt) *H. D. Genscher* wird Bundesvors. d. FDP BRD ratifiziert Atomsperrvertrag Normalisierungs-Vertrag BRD–CSSR i. Kraft (Münchner Abk. v. 1938 damit endg. nichtig) Veröff. ein. Dokumentat. über Vertreibung v. Deutschen s. 1945 v. Bund.-Reg. abgelehnt BRD verlängert zinslosen (Swing-)Kredit f. d. DDR z. Ausgl. d. Handelsbilanz. DDR bietet Verh. über Verbess. hins. Berlin (W) an BRD u. DDR begehen ihr 25jähriges Bestehen (BRD schlicht, DDR volksfestartig) Seit 1961 verl. 155 000 Bürger d. DDR. 34 000 flüchteten unt. Lebensgefahr DDR tilgt d. Begriff „deutsche Nation" aus ihrer Verfassung BRD u. DDR tauschen „ständige Vertreter" unterh. d. Botschafterstatus aus (*G. Gaus* in Berlin (O), *M. Kohl* i. Bonn) BRD u. DDR legen genauen Grenzverlauf i. d. Lübecker Bucht fest Ost-West-Streit wegen Err. d. Umweltbundesamtes i. Berlin (W). DDR	*Nobel*pr. f. Lit. an *Eyvind Johnson* (* 1900, Schweden) u. *Harry Martinson* (* 1904), Schweden) † *M. A. Asturia*, Schriftst. aus Guatemala. *Nobel*pr. 1967 (* 1897) Friedenspreis d. dt. Buchhandels an Prior *Roger Schutz* (Ökumen. Bruderschaft Burgund). Demonstranten stören Verleihung *Peter Bamm:* „Am Rande der Schöpfung" *Simone de Beauvoir* (* 1908): „Alles in allem" (frz. Memoiren) *Thomas Bernhard* (* 1931): „Die Jagdgesellschaft" (Schausp.) *Thomas Bernhard:* „Die Macht der Gewohnheit" (Komödie, Urauff. i. Salzburg) *H. Böll:* „Katharina Blum" (krit. Schlüsselroman geg. Rufmord d. Sensationspresse) *Tibor Déry* (* 1894): „Erfundener Bericht" (ungar. Roman) *Tankred Dorst* (* 1925): „Eiszeit" (Schauspiel um Hamsun) † *Marieluise Fleisser*, dt. Schriftstellerin (* 1901) *Frederick Forsyth:* „Die Hunde d. Krieges" (Roman) *Simon Gray* (* 1936): „Butley" (dt. Erstauff., engl. Urauff. 1971) *Peter Härtling* (* 1933): „Eine Frau" (dt. Zeitroman) *R. Hochhuth:* „Lysi-	† *Adolf Arndt*, Verfassungsjurist u. Kulturpolitiker, trat als geistvoller Redner hervor (* 1904) † *Charlotte Bühler*, Psychologin maßg. Mitgl. d. Wiener Schule d. Jugendpsychologie (* 1893) † *Carl Jacob Burckhardt*, schweiz. Historiker, Schriftsteller u. Diplomat (* 1891) *S. Dali:* „Unabhängigkeitserklärung d. Phantasie u. Erklärung d. Rechte d. Menschen auf s. Verrücktheit (ges. Schriften d. span. surrealist. Malers) *Rudi Dutschke* (* 1940): „Versuch, Lenin auf die Beine zu stellen" (geg. L's Revolution „von oben") *Ernst Fraenkel* (* 1898, † 1975): „Der Doppelstaat" (Faschismusforschung, dt. Übers. d. amerikan. Ausg. v. 1938) *Erich Fromm* (* 1900): „Anatomie menschlicher Destruktivität" (Aggressions-Theorie) † *Jekatarina Furzewa*, Kultusmin. d. USSR seit 1960 (* 1910) *A. W. Gouldner:* „Die westliche Soziologie in der Krise" (dt. Übers. d. amerikan. Ausg. 1970) *M. Heidegger:* Ges.-Ausg. beg. zu erscheinen (auf 70 Bde. veranschl.) † *A. Hundhammer*, bayr. Politiker konserv. Prägung. 1946–50 bayr. Kultusminister (* 1900) † *Lewi Pethrus*, schwed. Grd. d. „Pfingstbewegung",

Bele Bachem (* 1916): „Nachtgesang d. Mütter" (Federzeichn.)

S. Dali (vgl. Ph)

H. Fehling u. *Gogel: Max-Planck*-Inst. f. Bildungsforschung i. Berlin (W) (funktionalist. Bau a. d. *Scharoun*-Schule)

Dane Hanson (* 1925 i. USA): „Drogenbenutzer" (Kunst eines panoptikumsartigen radikalen Realismus)

B. Heiliger: „Großes Pendel" (Bronzeplastik)

Jubiläums-Ausstellung f. *C. D. Friedrich* (* 1774) i. Hamburg u. Dresden hat gr. Zulauf (i. Hbg. 220 000 Besucher)

Ernst Fuchs (* 1928): „Der Tanz" (Radierung)

M. v. Gerkan (* 1935 u. *Volkwin Marg* (* 1936): Großflughafen Berlin-Tegel (Flugh. d. „kurzen Wege" f. 5 Mill. Pass. jährl.)

Werner Glich (* 1927): „Dolomitenlandschaft" (Gem.)

G. Graßmann (* 1900): „Café am See" (Mischtechn.)

Egon Jux (* 1927): Köhlbrandbrücke über Hamburger Hafen (formschöne Hängebrücke mit 172 m Spannweite)

Max Kaminski (* 1938): „Blick auf Meer" (Kohle, Kreide, Pastell)

O. Kokoschka: „Bückendes Mädchen" (Tuschzeichn.)

Anton Lamprecht: „Voralpenlandschaft" (Zeichn.)

Max Pfaller (* 1937): „Die Noblesse der Einsamkeit" (Acryl)

N. Sagrekow (* 1897): „Berlinerin 1974"

Jubiläums-Ausst. f. *Karl Schmidt-Rottluff* (* 1884)

B. Blacher (* 1903, † 1975): „Pentagramm" (f. 16 Streicher)

P. Dessau (* 1894): „Einstein" (Oper, Urauff. i. Berlin (Ost)

Werner Egk (* 1901): „Cinque incontri" (f. 5 Bläser)

† *Duke Ellington*, US-Jazz-Musiker (* 1899)

Carlisle Floyd (* 1925): „Von Mäusen u. Menschen" (amer. Oper n. *Steinbeck*)

H. W. Henze: „Stimmen" (Lieder f. 2 Sänger u. 15 Spieler)

Mauricio Kagel: „Mirum f. Tuba" (Kompos.)

G. Klebe: „Ein wahrer Held" (Oper)

György Ligeti (* 1923): San Francisco Polyphony (f. Orch.)

† *Frank Martin*, Schweizer Komponist, von *A. Schönberg* beeinfl. (* 1890)

† *Darius Milhaud*, frz. Komp. Mitgl. d. Groupe des six (vgl. 1920) (* 1892)

† *David Oistrach*, führ. russ. Geigenvirtuose (* 1908)

D. Schostakowitsch: 14. Sinfonie i. 11 Sätzen f. Orch., Sopran u. Baß (russ. Komp.)

Karlheinz Stockhausen (* 1928): „Herbstmusik"

*Nobel*pr. f. Physik an *Martin Ryle* (* 1918, Gr.-Br.) f. Verbess. d. Radioteleskope, u. *Antony Hewish* (* 1924, Gr.-Brit.) f. Entd. d. Pulsare (senden Radioimpulse)

*Nobel*pr. f. Chemie an *Paul L. Flory* (* 1910, USA) f. Chemie d. Makromoleküle)

*Nobel*pr. f. Medizin an *Albert Claudeo* (* 1899, Lux.), *G. E. Palade* (* 1912, Rumän.) u. *Christian René de Duve* (* 1917, Gr.-Brit.) f. Zellforschung, Anw. v. Elektronenmikroskop u. Ultra-(Gradienten-) Zentrifuge

Barnard gelingt Implantation eines 2. Herzens u. d. Verbindung mit d. ursprünglichen

E. S. Bücherl, K. Affeld u. and.: „Der Totalersatz d. Herzens mit künstl. Blutpumpen (Zus. d. Vers. i. Berlin (W), die 1973 z. Überleben eines Kalbes um 123 Stunden führten) (vgl. 1966)

† *James Chadwick* (* 1891), engl. Physiker, entd. 1932 d. Neutron, *Nobel*pr. 1935

Annie Chang u. *S. N. Cohen* gelingt übertrag. v. Erbfaktoren (Genen) auf Coli-Bakterien (Promin. Forscher warnen v. solchen biotechn. Experimenten wegen unabs. Folgen)

J. D. Watson u. 11 andere namh. US-Wissenschaftler warnen vor modern. Biotechnik (z. B. Erbmanipulation)

*Nobel*preis f. Wirtschaft an *Gunnar Myrdal* (* 1898, Schwed.)

Weltbevölk.-Konf. i. Bukarest verabsch. Programm, d. b. 1985 eine Senkung d. Zuwachsrate von 2 auf 1,7 % vorsieht (keine Einigkeit üb. d. Problem d. Übervölkerung)

Man schätzt, daß i. d. Entw.-Ländern jährl. 15 Mill. Kinder verhungern

Es entst. d. wirtschaftspol. Begriff d. „4. Welt" f. d. Länder, die weder Industrie noch Rohstoffe haben

2. Club-of-Rome-Bericht, 3-Stufen-Energieprogramm: a) Öl, b) Kohle, c) Sonne (statt Kernenergie)

F. d. Zukunft wird Rohstoffknappheit (bes. NE-Metalle) kritischer eingeschätzt als Energieknappheit

Zustand d. EG durch negative Zahlungsbilanzen u. Preisanstiege gekennz. (posit. H.-Bilanz i. BRD u. Niederl.)

Importbeschränk. i. Italien stört Wirtschaftspol. d. EG

Regionalfonds d. EG f. notl. Mitgl. (insbes. Ital. u. Gr.-Brit.)

EG-Rat beschl. Programm f. Wissenschafts- u. Technologie-Politik

Bauernunruhen i. Frankr. u. and. EG-Ländern um höhere Einkünfte

EG stoppt Rindfleischeinf., um hohe Vorräte abzubauen

Vertrag über Erdgasliefer. von Iran üb. USSR i. BRD

Verstromungsgesetz d. BRD fördert Kohle als Energiequelle

(1974)	beh. Transitverkehr. 3 Westmächte protestieren i. Moskau. Amt wird erricht. DDR nimmt erhöhten Zwangsumtausch f. Einreisende weitgeh. zurück DDR meld. i. kurz. Zeit demonstrat. 31 strenge Urteile geg. „Fluchthelfer" (sog. „staatsfeindl. Menschenhandel") Pers. Referent d. Bundeskanzlers *W. Brandt* wird als Spion f. d. DDR entlarvt. *W. B.* tritt zurück *Helmut Schmidt* bild. eine neue SPD-FDP-Koalitionsreg. FDP: *Genscher* (Äußeres u. stellvertr. Kanzler) *Maihofer* (Inneres) *Friderichs* (Wirtschaft) *J. Ertl* (Ernährung) SPD d. anderen Ressorts dar. *H. Apel* (Finanz.) *O. Leber* (Verteidigung) *Katharina Focke* (Fam., Gesundh., Sport) *H. J. Vogel* (Justiz) *H. Rohde* (Bildung u. Wissensch.) Entw.-Min. *Eppler* (SPD) tritt zurück, Nachf. wird *Egon Bahr* Bund.-Kanzler *Schmidt* u. Außenmin. *Genscher* verhandeln in Moskau üb. konsequente Anwendung u. strikte Einhaltung d. Viermächte-Abk. bzgl. Berlin. Seine Einbez. i. ein Abk. üb. Atomstrom wird vereinbart Straßenschlachten in Frankfurt/M. wegen poliz. Räumung besetzter Häuser i. Westend Landtagswahlen i. Hamburg, Hessen u. Bayern bringen d. SPD Verluste (Unionsparteien gew. Mehrheit i. München u. Frankfurt) SPD-FDP-Reg. i. Hamburg unt. *P. Schulz*, nach dessen Rücktritt wegen Finanzschwierigkeiten, *H. U. Klose* *Rommel* (Sohn d. Feldmarschalls) wird als Kand. d. CDU Oberbgm. v. Stuttgart CSU-Reg. i. Bayern unt. *A. Goppel*, SPD-FDP-Landesreg. i. Hessen unt. *A. Osswald* u. Niedersachsen unt. *A. Kubel* Terroristen erschießen i. Berlin (W) Kammergerichtspräs. *v. Drenkmann* (*1910). Löst Maßn. z. Bekämpfung linker Anarchisten aus Hungerstreik inhaftierter Mitgl. d. kriminellen Baader-Meinhof-Gruppe. Ein Häftling stirbt (wird 1975 abgebrochen) Verschärfung d. Prozeßordnung gegen Mißbrauch durch Rechtsanwälte *U. Meinhof* u. *RA H. Mahler* wegen Be-	strata oder die NATO" (Zeitkrit. Schauspiel) *Huchel* (DDR) erh. *Andreas-Gryphius*-Preis d. BRD † *Marie Luise Kaschnitz*, dt. Schriftstellerin bes. Lyrik (* 1901) † *Erich Kästner*, dt. Schriftst. (* 1899) *Katja Mann:* „Meine ungeschriebenen Memoiren" (v. d. Frau v. *Th. Mann*) *Erh. Riemann:* „Preussisches Wörterbuch" (4 Bde. über ost- u. westpreußische Mundarten s. 1952) Schaubühne a. Hall. Ufer, Berlin (W): „Sommergäste" v. *Gorkij* (stark beacht. Insz. v. *P. Stein*) *Solschenizyn* wird aus d. USSR ausgewiesen, geht i. d. BRD u. Schweiz, veröff. 2 Bd. v. „Archipel Gulag" *Solschenizyn* erneuert Zweifel an *Scholochows* Autorenschaft am „Stillen Don" *Erwin Strittmatter* (* 1912): „Der Wundertäter" (2. Bd. Bestseller i. d. DDR) *G. Zwerenz:* „Der Widerspruch" (autobiogr. Betrachtung ein. Linken) Erfolgreichste Theaterstücke 1973/4: 1. *Bethencourt*: „Der Tag, an dem der Papst gekidnappt wurde" 2. *Rayburn*: „Früher oder später" 3. *Plenzdorf*: „Die neuen Leiden des jungen W." 8. „Was ihr wollt"	einer freikirchl. Erweckungsbeweg. (* 1884) *H. W. Richter* (* 1908): „Briefe an einen jungen Sozialisten" (m. Kritik am Linksradikalismus) *C. F. v. Weizsäcker:* „Die Einheit der Natur" (Studien z. Weltbild d. Physik) *Swyadoschch:* „Sexuelle Probleme d. Frau" (erscheint i. USSR u. find. starke Beachtg.) BRD senkt Volljährigk. v. 21 auf 18 Jahre (mit d. 1. 1. 1975 werden 2,5 Mill. Bürger volljährig) Kriegsdienstverweigerer i. BRD 1968: 11 952 1973: 35 192 Bund.-Reg. erwägt fr. Wahl d. Zivil-Ersatzdienstes Club of Rome-Tagung i. Berlin (W): „Menschheit am Wendepunkt" (Abkehr v. radikaler Wachstumskritik. Ford. organischen Wachstums) Im polit. u. geistigen Leben d. BRD wird eine konservative „Tendenzwende" festgestellt Wirtschaftl. u. finanzielle Schwierigkeiten verurs. Reformmüdigkeit (z. B. i. d. Bildungspolitik) Erzbischof v. Canterbury (s. 1961) *A. M. Ramsey* (* 1904) tritt zurück; trat f. d. ökumenische Bewegung ein, reiste zuletzt i. d. DDR) FDP fordert in einem umstrittenen „Kirchenpapier" stärkere

u. a. in Berlin (W) und *Karl-Marx*-Stadt, deren Ehrenbürger er ist.

Heikki Siren (Finne): Brucknerhaus i. Linz

Jürgen Tenz (* 1942): „Negativer Aufruhr d. Maschinen" (Federzeichn.)

Neubauten d. Univ. Paris (spiegeln Dezentralisierungsges. v. 1968)

„Hommage à *Schönberg*" (Der Blaue Reiter u. d. Musikalische i. d. Malerei) (damit verabsch. s. *W. Haftmann* v. d. Nationalgal. Berlin (W)

Auf d. Gr. Kunstausstellung i. München ist d. realist. u. naturalist. Darstellung stark vertreten

„Landschaft – Gegenpol oder Fluchtraum?" Ausst. i. Leverkusen u. Berlin (W), unterstreicht neue Bedeutung d. Landschaftsmalerei

Gr. Ausst. d. Abtei Gladbach, die 974–1802 bestand

Wieland Schmied (* 1929): „malerei nach 1945" (in Deutschland, Österreich, Schweiz)

UN-City in Wien gegr. als modern. Kongreß-Zentrum (Bauzeitplanung 1974–78)

Die Kinowochenschau i. BRD fast gänzlich d. Fernsehen verdrängt

—

„Szenen einer Ehe" (schwed. Film v. *I. Bergman*)

„Unmoralische Geschichten" (frz. Film v. *Walerian Borowczyk*)

„Das Gespenst der Freiheit" (span.-frz. Film v. L. *Buñuel*, * 1900)

„Der Nachtportier" (ital. Film v. *Liliana Carani* über Waffen-SS)

James Whitman: „The Dance of Shiva" (elektron. Kompos.)

Fr. Zehm: „Schwierigkeiten & Unfälle mit 1 Choral"

Hans Zender (* 1936): „Zeitströme" (f. Orch.)

Beliebteste Musiktheaterstücke 73/4: „Fledermaus", „Zauberflöte", „Zigeunerbaron"

Erneute Finanzkrise d. Metropolitan Opera, New York

Schönberg-Jahr wird weltweit begangen

H. H. Stuckenschmidt (* 1901): „*Schönberg*. Leben, Umwelt, Werk" (Biogr.)

H. H. Stuckenschmidt: „Schöpfer d. neuen Musik", nennt: *Debussy* (* 1862, † 1918), *Busoni* (* 1866, † 1924), *Schönberg* (* 1874, † 1951), *Ravel* (* 1875, † 1937), *de Falla* (* 1876, † 1946), *Bartók* (* 1881, † 1945), *Strawinsky* (* 1882, † 1971), *v. Webern* (* 1883, † 1945), *Berg* (* 1885, † 1935), *Prokofieff* (* 1891, † 1953), *Milhaud* (* 1892, † 1974), *Hindemith* (* 1895, † 1963), *Dallapiccola* (* 1904, † 1975), *Schostakowitsch* (* 1906, † 1975), *Messiaens* (* 1908,

Dt.-frz. Nachrichtensatellit „Symphonie" mit US-Trägerrakete gestartet

3. Skylab-Besatzung landet n. 84 Tagen

2 Sowj. Kosmonauten besetzen 15 Tage Raumstation Saljut 3 (f. 1975 ist gemeins. Kopplungsmanöver USA-USSR geplant)

Größter Forschungsreaktor d. Ostblocks i. Polen i. Betr.

Doppelringspeicher DORIS d. Elektronensynchrotrons DESY b. Hamburg eingeweiht (gestattet energiereiche Elektronen-Kollisionen)

SU-Forscher finden instabiles Transuran v. d. Ordnungs-(Ladungs-)Zahl 106 als 14. Transuran. Es werden relativ stabile Transurane mit d. Ordn.-Zahl 114 u. 164 vermutet u. z. erzeugen versucht

Um die Entd. d. transuran. Elementes 106 entst. Prioritätsstreit zw. USA u. USSR

6-m-Spiegelteleskop i. USSR (Kaukasus) i. Bau

USA planen 3-m-Weltraum-Spiegelteleskop f. astron. Beobachtungen außerhalb d. Atmosphäre (wegen d. Kosten v. 200–300 Mill. Dollar umstritten)

US-Raumsonde Mariner 10 funkt 2000 Aufn. v. Merkur (kraterübersäte Oberfläche, Magnetfeld u. dünne Atmosphäre

US-Raumsonde erkund. Jupiter

Steinkohlenabs. a) u. Haldenbestände b)

	Mill. t	Mrd. t
1974	a) 109,5	b) 1,5
1973	99,4	14,8
1972	95,5	16,2
1971	101,6	9,5
1970	113,3	1,3

Weltweite Inflation. Preisanstieg geg. Vorjahr

Japan	24,2 %
Italien	15,5 %
Großbritannien	14,4 %
Dänemark	14,3 %
Frankreich	12,4 %
USA	10,3 %
Belgien	10,0 %
Schweiz	9,9 %
Schweden	9,3 %
Österreich	9,2 %
Niederlande	9,1 %
BRD	7,2 %

Prognose f. d. reale Wirtschaftswachstum nach d. Ölkrise

BRD	+2,5 %
USA	+0,5 %
Schweden	+4,0 %
Kanada	+5,0 %
Großbrit.	−1,0 %

Industrieprod. Japans geht um 2 % zurück

BRD senkt Diskontsatz

Konjunktur-Sonderprogramm üb. 950 Mill. DM i. BRD

318 Firmenfusionen in BRD (Max. seit 1966)

Im 1. Halbj. steigen i. d. BRD d. Tariflöhne f. 15 Mill. Arbeitn. um ca. 12 %

Mit 2,5 % Arbeitslosen i. d. BRD wird s. 14 Jahren Höchststand erreicht. I. Winter 74/75 werden bis 5 % = 1 Mill. Arbeitslose erreicht (in USA 6 % Arbeitslose)

Schwerpunktstreiks d. ÖTV i. d. BRD um Besoldungserh. i. öffentlichen Dienst (diese Aktion schwächt d. Stellung d. Bundesreg.)

(1974)	freiung d. Brandstifters Baader zu hohen Freiheitsstrafen verurteilt † *Franz Jonas* (SPÖ) österr. Bundespräs. s. 1965 (* 1899) *R. Kirchschläger* (* 1915, parteilos) wird österr. Bundespräs. In österr. Regionalwahlen siegt ÖVP üb. SPÖ † *Georges Pompidou*, frz. Staatspräs. s. 1969 (* 1911). Nachf. *Giscard d'Estaing* (* 1926) *Giscard d'Estaing* (* 1926) z. frz. Staatspräs. gewählt (erhält gegenüb. d. Kandidaten d. Linken *Mitterand* mit 50,9 % knappe Mehrheit Annäher. Frank.–USA i. d. Energiefrage Schwere innenpol. Krise i. Italien, Mitte-Links-Reg. *Rumor* tritt zurück. *A. Moro* (* 1916) bild. neue Koal.-Reg. (38. Nachkriegsreg.) 2 Unterhauswahlen i. Gr.-Brit.: i. d. 1. wird Labour stärkste Partei, i. d. 2. gew. s. abs. Mehrheit Reg. unter *H. Wilson* Reg. *Wilson* legt i. Gr.-Brit. Konflikt mit Gewerkschaften d. starke Lohnerhöhungen bei Bombenterror d. IRA i. Irland u. England ford. zahlr. Tote u. Verletzte. Engl. Reg. verschärft Gesetze. Einf. d. Todesstrafe wird gefordert IRA-Bombenattentat in Birmingham fordert 19 Tote u. 220 Verletzte IRA wird in Gr.-Brit. verboten Terroranschläge (Autobomben) töten an einem Tag in Dublin (Irland) 28 Menschen u. verl. 150 † *Georgios Grivas*, griech. General auf Zypern (* 1898) Griech. Offiziere stürzen auf Zypern Präsid. Erzbischof *Makarios*, der d. Insel zeitweise verläßt Im Zuge d. Zypernkrise tritt griech. Militärjunta zurück. Es wird eine Zivilreg. gebildet, Min.-Präs. *K. Karamanlis* (* 1907). Verk. Amnestie u. läßt pol. Häftlinge frei (war 1963 weg. Diff. m. d. Kg. als Min.-Präsid. zurückgetreten) Griech. Volksabst. entsch. geg. Monarchie *Kissinger* err. israel.-arab. Abk. über Truppentrennung am Suezkanal u. auf d. Golanhöhen, UN-Truppen überwachen d. Trennung. Suezkanal wird wieder schiffbar gemacht	Volksabst. üb. Subventionierung d. neuerb. Stadt-Theaters i. Basel (halbiert d. vorges. Haushalt)  Neubau des Römisch-Germanischen Museums über dem Dionysos-Mosaik in Köln eröffnet (zeichnet sich durch moderne Museumstechnik aus)	Trennung v. Kirche u. Staat Volksabst. i. Ital. erg. Mehrheit (59 %) f. Ehescheidungsmöglichkeit (Niederl. f. Christdemokraten u. Kirche) Dt. Bildungsrat empfiehlt Versuche m. d. Gesamtschule (christdemokr. Bundesländer stellen Existenz d. Rates in Frage) Pädagog. Ausstellung „Didacta" i. Brüssel Berlin (W) novelliert das Univ.-Reformges. v. 1969 (stärkerer Staatseinfl.) Hochschulentwicklungsplan i. Berlin (W) sieht 1975–78 10 000 neue Studienpl. vor Bewerber pro Studienplatz i. d. BRD: Chemie 1, Biologie 4, Zahnmedizin 6, Medizin 6, Pharmazie 6, Psychologie 7. Die Zulassung z. Studium erschwert sich. Es droht ein allg. Numerus clausus (Zulassungsstopp) Argentinien säubert seine Universitäten von linken Revolutionären (ERP = „Volksheer") Bundestag beschl. Fristenlösung (3 Monate) f. legale Abtreibung. Christdemokr. rufen Verfassungsger. an, das diese Lösung verwirft Frz. Parlament beschl. Fristenlösung (10 Wochen) f. leg. Schwangerschaftsabbruch Papst enth. Kardinal *Mindszenty* (* 1892) s. Amtes als Primas v. Ungarn (war es s. 1945)

„Der Hochzeitstag“ (frz. Film v. *Claude Carrière*)

„Une Partie de Plaisir“ (frz. Ehefilm v. *Claude Chabrol*)

Chaplin-Renaissance i. Film

„Le Train“ (frz.-ital. Film v. *Pierre Grania Deferre*)

„Effi Briest“ n. „Angst essen Seele auf“ (dt. Filme v. *R. W. Fassbinder*)

„Der Exorzist“ (US-Film v. *William Friedkin*; teilw. heftige Reaktionen d. Publikums)

„*Jesus Christ* Superstar“ (US-Film v. *Norman Jewison*)

„Besitzbürgerin Jahrgang 1908“ (dt. Film v. *Alexander Kluge*)

„Ein ganzes Leben“ (frz. Film v. *C. Lelouch*)

„Lacombe Lucien“ (frz. Film v. *Louis Malle*, * 1932)

„Chinatown“ (US-Film v. *R. Polanski*)

„Stoppt die Todesfahrt der U-Bahn 123“ (US-Film v. *Joseph Sargent*)

„Chapeau Claque“ (dt. Film v. *U. Schamoni*)

„Der Fußgänger“ (Film v. *Maximilian Schell*) erh. Bundesfilmpr.

„Gewalt und Leidenschaft“ (ital. Film v. *L. Visconti*)

„Ein Mann sieht rot“ (US-Film v. *M. Winner*)

„Fußballschlachten d. Jahrhunderts“ (Dokumentarfilm)

Am dt. Spielfilm hat Pornographie starken Anteil. Kinokette f. „harte“ Pornofilme nützt Gesetzeslücke i. BRD

Bes. beliebte Filme vgl. 1975

„Jakob der Lügner“ (DDR-Film von *Frank Beyer* um KZ-Schicksale)

), *Britten* (* 1913,), *Henze* (* 1926).

Ergänzend ist zu nennen *Stockhausen* (* 1926)

In USA wird ältest. Lied d. Erde rekonstr. (babylon. Liebeslied f. Sänger u. Lyra v. ca. –1800)

Krysztof Penderecki (* 1933): „Le Song de Jakob“ (f. Orch.)

Schlager: „Waterloo“, „Theo, wir fahren nach Lodz!“ „Wir zwei fahren irgendwo hin“

Mt.-Palomar-Teleskop ent. 13. Jupitermond

USA u. BRD starten Spezialraumsonde Helios A zur Erkundung d. Sonnenumgebung

Möglichkeit u. Grenzen einer Astronomie m. d. schwer beobachtbaren Gravitationswellen werden diskutiert (vgl. 1970)

In USA wird i. 503 Tagen eine Rekordtiefe v. 9600 m erbohrt

Ca. 1500 erbl. bedingte Krankheiten bekannt (beansp. 26 % d. Krankenhausbetten)

Biomedizin. Datenbank i. BRD (wertete ab 1969 jährl. 4000 Zeitschr. aus. Datenschatz ca. 2 Mill. Wörter)

Herzzentrum f. schwierige Operationen i. München gegr.

Raster-Elektronenmikroskopie entw. s. mit bis zu 40 000facher Vergrößerung z. verbreiteten Forschungsinstrument

Schwimmende Forschungsplatten „Nordsee“ für 14 Wissenschaftl. wird v. Helgoland stationiert

Intern. Geologenkongr. i. Zürich stellt allg. Erdkrustenbewegung fest: Europa–N.-Amerika nähern sich mit 12 cm/Jahr, Alpen heben sich ca. 10 mm/Jahr. Genaueste Messungen durch Mond-Laser-Reflektoren

Messung. ergeben Senkung d. Rheingrabens um 1/2 mm pro Jahr

130 km/h Richtgeschwindigkeit f. Autobahnen i. d. BRD (Teilerprobungsstrecken mit 130 km/h Höchstgeschwindigkeit)

VW-Werk i. Wolfsburg stellt Prod. d. „Käfers“ ein (wird i. Ausl., auch Übersee, fortges.)

Produkt. v. Elektroautos (City cars) i. d. BRD: 100 km Reichw. 60 km/h Geschw. Vorläufer umweltfrdl. PKWs

Island besteht weiter auf einer Fischereizone v. 50 Meilen (führt zu Konflikten)

Wirtsch. Hintergrund d. portug. Staatskrise: Hohe Militärausg., niedrig. Lebensstandard, Inflation, Handelsdefizit

Portugal verw. mehr als 50 % s. Staatshaushaltes f. d. Überseeprovinzen

Iran beteiligt sich mit 25 % bei Krupp, Essen, Kuwait b. Mercedes (Ölländer suchen rentable Anlagen ihrer Mehreinnahmen)

Massenstreik i. Japan (ca. 6 Mill. Streikende) lähmt öffentl. Leben

Indisches Sozialprod. steigt langsamer als Bevölkerg.

Indien wird d. d. unterird. Erprobung einer Atombombe nach USA, USSR, Gr.-Brit., Frkr. u. VR China 6. Atommacht (dies. polit. Ehrgeiz w. heftig kritis.)

Autofirma Volvo (Schwed.) ersetzt Fließband durch weniger monotone Gruppenarbeit

I. d. BRD steigt Beamtenbesoldung um 11 % u. schwächt Position d. Bundesreg. unter *W. Brandt*

40-Stunden-Woche i. Öff. Dienst d. BRD

Sozialwahlen i. BRD brin-

(1974)	Die Lage i. Nah-Ost spitzt sich zu Palästinenser stürmen in Maalot israel. Schule, israel. Gegenstoß: 30 Tote, 89 Verletzte *Golda Meir,* israel. Min.-Präs. s. 1969 (* 1898) tritt zurück, Nachf. *Yitzhak Rabin* (* 1922, Arb. Partei) Arab. Staaten gestehen d. terroristischen PLO *Arafats* Alleinvertretung d. Palästinenser zu. *Arafat* spricht vor der UN Kolonialkrieg Portugals belastet Wirtschaft u. Sozialpol. General *A. Spinola* (* 1910) stürzt Min.-Präs. *Caetano* i. Portugal (beend. d. faschist. Diktatur n. 40 Jahren [vgl. 1934], Übersee-Prov. erhalten Selbständigkeit) Die eingeleitete Unabh. d. portug. Überseeprovinzen bed. Ende d. 500jährigen europ. Kolonialpolitik (vgl. 1446 W, 1462 W, 1458 P) Portug. Staatspräs. *Spinola* ernennt nach Reg.-Krise neue Reg. aus Militärs u. linken Parteien Portugal anerk. d. Unabh. v. Guinea-Bissau. Aufstand d. weißen Siedler i. portug. Moçambique bricht zusammen I. Spanien überg. d. erkrankte *Franco* Reg. kurzz. an Prinz *Carlos Juan* Demokrat. Wahlen i. Griechenl. bringen d. Partei v. *Karamanlis* (* 1907) absol. Mehrheit *Bülent Ecevit* (* 1925) bild. türk. Koalitionsregierung d. linken Mitte In Jugoslawien werden stalinist. Moskau-Anhänger verhaftet u. verurteilt US-Präsid. *Nixon* bes. Nahostländer, Brüssel (EG) u. USSR (wird vielf. als Flucht vor inneren Schwierigkeiten ged.) 4 Mitarbeiter *Nixons* wegen Watergate-Affäre verurteilt US-Präs. *R. Nixon* entg. Amtsenthebungsverfahren (Impeachment) weg. Watergate-Skandal d. Rücktritt *Gerald Rudolph Ford* (* 1913, Parteirepublikan.) wird Nachfolger v. Präs. *Nixon,* d. er von Strafverfolgung freistellt Vize-Präs. *N. A. Rockefeller* (* 1908) N. d. Watergate-Skandal erl. US-Republikaner b. d. Zwischenwahlen gr. Verluste. US-Präsid. verl. Sperrminorität i. Kongreß	Kritik a. Vatikan weg. opportunist. Politik gegenüb. Kommunismus Tagung d. Zentralausschusses d. Ökumenischen Rates d. evangel. Kirche i. Berlin (W) (Anti-Rassismus-Programm weg. antiwestl. Tendenzen umstritten). Richtungsstreit i. d. ev. Kirche Berlins um d. Politik v. Bischof *Scharf* Bibel i. 6 Comic-Heften i. England Weltkongr. d. Blinden i. Berlin (W) behand. Ausbildungsfragen Computergesteuerte Analyse d. Entst. d. Frühneuhochdeutschen i. Mittel-Dtl. zw. 1350–1700 (Höhepunkt i. d. *Luther*zeit) Stiftung Preuß. Kulturbesitz i. Berlin (W) wird vom Bund u. allen Bundesländern finanz. (bisher nur v. Bund u. 4 Bundesl.) Ausgrab. d. 1. askan. Burg b. d. Spandauer Zitadelle (erb. ca. 1200) Wertvolle Funde aus der Han-Zeit i. d. VR China (Manuskripte versch. Art)	Erforschung d. Meeresbodens mit ferngesteuert. Unterwasserfahrzeug (TV-Kontrolle) Univ. Gießen entw. Ionentriebwerk f. Raumfahrzeuge (geringes Treibstoffgewicht) Isotopenhäufigkeit in einem 1500 m langen, auf Grönland erbohrten Eiskern erg. regelm. Klimaschwankungen i. 63-Jahre-Zyklus Parallel zur Sonnenfleckenaktivität In Kalifornien wird ein ca. 50 000 Jahre alter Indianerschädel gefunden Menschl. Werkzeuge i. südafrikan. Höhlen erweisen sich als 2,5–3 Mill. Jahre alt 6000 Jahre alte Zypresse als ältester Baum auf Taiwan entd.

gen Niederlage f. d. Gewerkschaften

Konkursverluste i. BRD ca. 3mal höher als i. Vorjahr

Rücktrittsrecht f. Abzahlungskäufer i. BRD

Bankhaus *Herstatt* i. Köln wird insolvent (geh. z. *Gerling*-Konzern)

Hamburg eröffn. Köhlbrandbrücke i. Freihafen (mit 520 m Länge zweitgrößte Brücke i. Europa nach d. Europa-Brücke [800 m] b. Innsbruck)

3 km Autobahn-Elbtunnel i. Hamburg nach 6jährig. Bauzeit für 500 Mill. DM fertiggest. Wird Anfang 1975 d. Verkehr übergeben

1. elektron. Fernsprechvermittlungsstelle i. BRD

Durch Eingemeindungen (Porz, Wesseling) wird Köln 4. Millionenstadt d. BRD (n. Berlin, Hamburg u. München)

I. d. BRD stehen ca. 250 000 Wohnungen i. Werte von 50 Mrd. DM leer

Straßenunr. i. Frankfurt/Main weg. Tariferh. i. Nahverkehr

Nahverkehrssysteme erfordern hohe Zuschüsse, z. B. Berlin. Verkehrsbetriebe (Autobus u. U-Bahn) 244 Mill. DM

Schuldenstand d. Bundespost
1974 44,0 Mrd. DM
1972 30,1 Mrd. DM
1970 20,1 Mrd. DM
1966 12,9 Mrd. DM

Erhöhung d. Postgebühren i. BRD

Bombenanschlag im Tower, London, tötet mehrere Touristen (vermutl. IRA)

Terroristen nehmen i. Nicaragua 17 Geiseln. Nach Erfüllung ihrer Forderungen (Gefangenenbefreiung) können sie im freien Geleit n. Kuba fliegen

In Ital. s. 1960 332 Menschen entführt, dabei 19 Mrd. Lire erpreßt (8 ermordet, 2 verschollen, 322 unversehrt freigel.)

Papierpreis steigt geg. Vorjahr um 80 %

Pressekonzentration i. BRD: selbst. Zeitungsredaktionen 124 (1969: 149); Anteil d. Gebiete mit nur einer Zeitung stieg um 6,5 %

Kabelfernsehversuche i. 7 frz. Städten, i. Nürnberg u. Hamburg
(Die Verkabelung d. BRD wird auf ca. 20 Mrd. DM geschätzt)

Munitionsräumer fanden s. 1945 i. NRW 140 000 Bomben u. 10 Mill. Granaten, 97 verungl. tödl. Bei Kosten v. 40 Mill. DM jährl. rechnet man mit weiteren 50 Jahren Räumungsarbeit

Bundes-Umweltamt i. Berlin (W) errichtet (SU u. DDR protestieren)

Der 1973 v. d. DDR willkürlich erhöhte Zwangsumtausch f. Einreisende wird weitgeh. wieder herabges.

† *Charles Lindbergh*, überquerte 1927 erstmals i. Alleinflug d. Atlantik v. W. n. O. i. 33,5 St.

US-Düsenflugzeug SR 71 fliegt USA–Gr.-Brit. i. 1 : 56 (Brit. Flugz. flog 1969 i. 4 : 46 üb. d. Atlantik)

Pariser Großflughafen „*Charles de Gaulle*" (f. jährl. 10 Mill. Passagiere)
In Berlin löst d. Flughafen Tegel den Flugh. Tempelhof ab (best. s. 1922)

VR China untern. Versuchspassagierflüge i. d. USA

Mittelstreckenflugz. Airbus A 300 B 2 im Dienst (erb. v. BRD, Frankr., Gr.-Brit. u. Niederl.)

Bau einer neuen Strecke d. transsibir. Eisenbahn (3200 km Länge). I. Afrika wird die Uhuru-Bahn v. Daressalam i. d. Kupferzentrum Sambia gebaut (1850 km)

Zugunglück i. Zagreb: 147 Tote

1. Absturz eines Großraum-Flugzeuges (DC 10 b. Paris): alle 346 Insassen tot

1. Absturz eines Jumbo Jet (b. Nairobi): 59 Tote, 98 überleben

Flugzeugabsturz b. Leningrad fordert 118 Tote

Zivilluftfahrt hat mit 20 Unfällen und mehr als 1500 Toten bisher verlustreichstes Jahr ihrer Geschichte

Mit etwa 0,24 Todesfällen auf 100 Mill. Passagier-km besteht ein hoher Sicherheitsstandard im Luftverkehr

I. BRD wird mehrf. Giftmüllablagerung gefunden (z. B. radioakt. Abfälle)

Beim 1. japan. Atomkraftschiff „Mutsu" wird Reaktor undicht (lief trotz Proteste aus)

Hochhausbrand i. Sao Paulo ford. üb. 200 Tote (Hochhäuser erw. s. oft als Sicherheitsproblem)

Explosion einer chem. Fabrik in Flixborough/Engl. fordert 28 Tote

Grubenunglück i. Polen fordert 32 Tote

Unwetterkatastrophe i. Oberbayern (schwere Sach- u. Viehverluste)

Wirbelsturm fordert i. Honduras 7000–10 000 Tote

(1974) US-Präs. *Ford* besucht Japan (heftige Protestdemonstrationen)

Kakuei Tanaka, japan. Min.-Präs. seit 72 tritt unter Korruptionsverdacht zurück

US-Präs. *Ford* u. KPSU-Sekr. *Breschnew* vereinb. i. Wladiwostok konstruktive Forts. d. SALT-Gespräche (jede Seite soll 2500 atomare Sprengköpfe haben)

P. E. Trudeau (Liberale Partei, * 1919) gew. i. Kanada n. Scheitern s. Minderheitsreg. absolute Mehrheit

† *Juan Peron,* argent. Staatspräs. 1946–55 u. 73–74 vers. Ausgleich zw. Militär u. Gewerkschaften (* 1895)

Neu gewählter Oberster Sowjet bestätigt Führungs-Spitze d. SU: *L. Breschnew* (Gen.-Sekr. d. KPSU s. 1964), *Podgorny* (Staatsoberh. s. 1965) u. *Kossygin* (Reg.-Chef s. 1964)

† *G. Schukow,* sowj. Marschall (D. „Sieger v. Berlin" 1945) (* 1896)

Grabdenkmal f. *N. Chruschtschow* am 3. Jahrestag s. Todes

Reformfreudige Militärs entmachten i. Äthiopien Kaiser *Haile Selassie.* 60 führ. Persönlichkeiten werden erschossen, d. Kaiser inhaftiert (reg. s. 1930)

Staatsstreich in Niger: Armee stürzt Präs. *Hamani Diori* (s. 1960) (25. Staatsstr. seit 1963 i. Afrika)

Somalia wird 20. Mitgl. d. Arab. Liga

Mit unterird. Atomtest wird Indien nach USA, USSR, Gr.-Brit., Frankr. u. VR China 6. Atommacht (will sich auf friedl. Nutzung beschränken)

Indien annektiert Kgr. Sikkim (seit 1950 Protektorat m. ca. 200 000 Einw.)

Pakistan anerk. Bangla Desch (vorher Ost-Pakistan)

Auch n. d. Waffenstillstand 1973 dringen d. Kommunisten i. S.-Vietnam kämpfend auf Saigon vor

Ernesto Geisel (* 1908), Staatspräsident in Brasilien, schlägt liberalen Kurs ein

Tornado i. USA u. Kanada: 237 Tote u. mehr als 2000 Schwerverletzte

Überschwemmungskatastrophe i. Brasilien: 2000–5000 Tote, ca. 200 000 Obdachlose

Überschwemmungskatastrophen i. Indien und Bangla Desch (Millionen Obdachlose)

Hungerkatastrophe in Bangla Desch (mehr als 200 000 Opfer)

Schwere Tornados i. USA fordern 350 Tote, mehrere tausend Verletzte u. verurs. 1,5 Mrd. Doll. Schaden

Wirbelsturm zerstört Darwin i. N-Austral. völlig. 20 000 Obdachlose u. 80 Tote

Erdbeben i. China (Szetschuan) fordert mehr als 20 000 Tote

Erdbeben i. Pakistan fordert ca. 5000 Tote

3-kg-Steinmeteor durchschlägt Schuldach i. Iran (niemand verletzt)

Die Bundesärztekammer sieht 15 % d. Verkehrsunfälle d. Arzneimittel verursacht

Opposition jüngerer Krankenhausärzte geg. d. ärztliche Standesvertrtg. auf d. Ärztetag i. Berlin (W)

I. BRD erkranken jährl. ca. 500 000 am Herzinfarkt (ca. 50 % tödlich)

In USA stirbt ein Herzempfänger 6¼ Jahre n. d. Transplantation, in denen er fast normal lebte

Ca. 400 Typhus-Fälle i. BRD

Pockenepidemie i. ind. Staat Bihar fordert 25 000 Tote

Elektron. Datenerf. d. Bürger erf. Datenschutzgesetze geg. Mißbrauch

Fußball-WM 74 i. d. BRD: 1. BRD, 2. Niederl., 3. Polen, 4. Brasilien (bisher WM) erbr. 75 Mill. DM Einnahmen

Weltweite Teiln. d. Fernsehen: Ca. 1 Mrd. Zuschauer

Im Rahmen d. WM 74 spielen BRD geg. DDR 0 : 1 i. Hamburg

Sportabkommen zw. BRD u. DDR

Cassius Clay (Muhammad Ali, * 1942) gew. Box-Schwergewichts-WM geg. *George Foreman* (Titel war ihm 1967 aberk. worden)

Hochsprungweltrekord f. Frauen mit 1,95 m v. *Rosemarie Witschas* (DDR)

In d. Damenmode wadenlange schwingende Röcke u. hohe Stiefel

In der Herrenmode verdrängt das bunte das s. 1955 dominierende weiße Oberhemd

† *Jacques Esterel,* frz. Modeschöpfer (* 1917)

Letzte europ. Zylinderhutfabrik schließt

Fernsehturm (550 m hoch) i. Toronto (Kanada) i. Bau

Japan. Soldat d. 2. Weltkriegs ergibt sich nach 29 Jahren Verborgenheit

Winter 73/74 i. d. Schweiz d. mildeste seit 58 Jahren

Niederschlagreichster Oktober s. 1875 i. Mitteleuropa (in Berlin 136 l/m² statt normal 44 l/m²)

Frühlingshaftes Weihnachtswetter

Wirtschaftlicher Aufstieg in Japan flacht ab: Bruttosozialprod. nimmt um 2 % ab

I. d. BRD überwiegt b. d. Frauen erstmals d. Lungenkrebs d. Gebärmutterkrebs (Folge d. seit d. Kriege verstärkten Nikotingenusses)

23,9 Mill. Bürger d. BRD verreisen:

mit Auto	58,4 %
mit Bahn	20,0 %
mit Flugzeug	12,3 %
mit Bus od. Schiff	9,3 %

Ölförderung d. OPEC-Länder (gegr. 1960 = Org. d. Öl(Petrol)export. Länder) in Mill. t

Saudi-Arabien	412
Iran	301
Venezuela	156
Kuwait	112
Nigeria	112
Irak	95
Libyen	77
Abu Dhabi	68
Indonesien	72
Algerien	49
Katar	25
Gabun	10
Ecuador	10

646 m hoher Funkmast i. Polen (höchstes Bauwerk d. Erde)

Arab. Staat Kuwait beteiligt sich finanz. b. Mercedes

1975	Friedens*nobel*preis an den russ. Physiker u. Systemkritiker *A. D. Sacharow* (* 1921) (Protest d. USSR) Wettrüsten zw. Warschauer Pakt, NATO, VR China hält an (Die militär. Ausgaben sind von gleicher Größenordnung wie die Kosten f. d. Ernährung d. Menschheit, etwa 200 Mrd. Dollar, ca. 5,5 % des BSP der Erde) Zahl d. UN-Mitgl. steigt um 3 auf 141 (Schweiz bisher kein Mitgl.) UN-Seerechtskonferenz i. Genf Sondervollversamml. d. UN zur Lösung des Konfliktes zw. Industrie- u. Entwicklungs-Ländern („Nord-Süd-Konflikt") Nord-Süd-Dialog i. Paris. Konferenz zw. 27 Ländern zur Regelung d. Beziehungen zw. Industrie- u. Entw.-Ländern (Ausschüsse f. Energie, Rohstoffe, Entw.-Hilfe u. Finanzfragen) Gipfeltreffen zur Weltwirtschaftslage in Rambouillet (USA, Gr.-Brit., BRD, Japan, Frankr., Ital.) Es tagen gleichz. (i. Juli) KSZE, OAU (Org. f. afrikan. Einheit) u. OAS (Org. d. amer. Staaten) USSR bestreitet Rechte d. Westmächte i. Berlin (O) Im Widerspruch z. USSR bekräftigen Außenmin. v. USA, GB, Frankr. u. BRD Viermächtestatus f. ganz Berlin Vertrag BRD–Polen, wonach für 2,3 Mrd. DM Kredit Polen 120 000 Deutsche ausreisen lassen will Es wird bekannt, daß n. d. 2. Weltkrieg ca. 600 000 Deutsche durch Vertreibung und Verfolgung umkamen Der CDU-Vors. *Peter Lorenz* wird in Berlin entführt und gegen Freilassung v. 5 rechtskräftig verurteilten Anarchisten freigekauft B. d. Wahlen z. Berliner Abgeordnetenhaus verliert SPD absolute Mehrheit Reg. Bgm. *K. Schütz* (SPD) bildet sozialliberale Senatskoalition *H. Kohl* (* 1930, CDU) gewinnt Wahl in Rheinland-Pfalz und bildet neue Landesreg; wird Kanzlerkandidat d. CDU/CSU f. 1976 Berlin (W) sagt nach Brüskierung durch die Sowjetunion „Sibirische Wochen" ab *F. J. Strauß* (CSU) besucht VR China u. wird betont freundl. empfangen	*Nobel*pr. f. Lit. an *Eugenio Montale,* ital. Lyriker, schrieb 1925 „Ossi di seppia" (Tintenfischknochen) (* 1896) Friedenspr. d. dt. Buchhandels an *A. Grosser* (* 1928, lebt in Paris) † *Peter Bamm* (Al. *Curt Emmerich*) dt. Schriftsteller u. Arzt (* 1897) *S. Beckett* inszen. mit „Warten auf Godot" sein 4. Schauspiel in Berlin (W) *Th. Bernhard:* „Der Präsident" (Schauspiel) *Lodewijk de Boer* (* 1937): „The Family" (dt. Erstauff. d. niederl. Schauspiels in 4 Teilen, Urauff. i. Amsterdam 1972) *H. Böll,* vgl. K (Film) *Edward Bond* (* 1934): „The Fool" (engl. Schauspiel, Urauff. i. London) *R. W. Faßbinder* verläßt das Theater am Turm (TAT) i. Frankfurt/M. † *Therese Giehse,* dt. Schauspielerin, nach 1933 i. Zürich die erste „Mutter Courage" (* 1898) *P. Handke:* „Die Stunde der wahren Empfindung" (Prosadichtung) *Heinr. Henkel* „Die Betriebsschließung" (sozialkrit. Schauspiel, Urauff. i. Basel) *E. Ionesco:* „L'homme aux valises" (frz. Schauspiel) *W. Kempowski:* „Ein Kapitel für sich" (3. Roman einer dt. Fami-	UN erklärt 1975 zum „Jahr d. Frau" Im „Jahr der Frau" werden Mängel d. err. Emanzipation kritisiert *Nobel*preisträger fordern neue Wirtschaftsordnung f. d. westl. Welt (Kritik am Profitstreben) Europ. Denkmalschutzjahr. Modellstädte i. BRD Berlin (W), Trier, Rothenburg o. d. T. Weltkirchenrat tagt in Nairobi (Kenia) † *Hannah Arendt,* dt. Philosophin u. Soziologin, ab 1940 i. USA (* 1906) † *Josephine Baker,* amer.-frz. Varieté-Künstlerin („Die schwarze Venus") half Kindern aus aller Welt (* 1906) *Hellmut Becker* (* 1913): „Weiterbildung" (Beiträge zu ein. zentralen Thema d. Bildungspolitik) † *M. Boveri,* dt. Journalistin (* 1900), schrieb „Der Verrat im 20. Jahrhundert" (4 Bände 1956–60) *R. Dutschke* u. *M. Wilke:* „Die Sowjetunion, Solschenizyn u. d. westl. Linke" (polit. Studie) *Bernt Engelmann* (* 1921): „Einig gegen Recht und Freiheit" (krit. Zeitgeschichte n. 1918) † *Heinrich Grüber,* Propst i. Berlin, evang. Philanthrop (* 1891) † *Julian Huxley,* brit. Zoologe, 1946–48 Generalsekr. d. UNESCO (* 1887)

Eva Böddinghaus (* 1911): „Stillebenrequisiten" (Gem.)

Reinhard Buddeweg (* 1924): „Alter Mann" (Gem.)

Grünewald-Altar v. 1520 i. Stockholm wiederentd. (war 1631 v. d. Schweden in Mainz erbeutet)

Joh. Grützke (* 1937): „Der Dichter" (Gem.)

B. Heiliger (* 1915): „Berg und Kugel" (Bronze)

Reinh. Hoffmann (* 1943): „Kwarzorama II" (Gem. aus der Berliner Kwarz-Gruppe)

E. Kienholz (* 1927, USA): Zufall-Schießmaschine (gefährdet angebl. Betrachter durch einen Schuß zu zufallsbedingter Zeit)

Kollektiv Kreuzberg: „Jugendarbeitslosigkeit" (Environment v. 10 Autoren)

G. Manzu (* 1908): „Große Falten i. Wind" (ital. Kunststoff-Plastik)

H. Moore: „Gefallener Krieger" (Engl. Bronze)

Curt Mühlenhaupt (* 1921): „Ich male Schnee f. m. Kinder" (Gem.)

Klaus Müller-Rabe (* 1910): „In Gedanken"

† *Rolf Nesch*, dt. Maler d. Expressionismus, kompon. auch Materialbilder (* 1893)

† *Karl Otto*, dt. Architekt, baute Martin-Luther-King-Kirche in Berlin-Buckow, wurde 1955 Direkt. d. Staatl. Kunsthochschule (* 1905)

Friedr. Schröder-Sonnenstern (* 1892):

† *Boris Blacher*, dt. Komponist, Direktor d. Staatl. Musikhochschule i. Berlin (W) 1953–70, schrieb u. a. „Preußisches Märchen" (Ballett, 1950), „Yvonne, Prinzessin v. Burgund" (Oper, 1972), (* 1903)

B. Blacher: „Das Geheimnis d. entwendeten Briefes" (Kl. Oper z. Eröffn. d. Theatersaales d. Musikhochschule)

B. Blacher: „Pentagramm f. 16 Streicher z. Ehren *Scharouns* (postum i. d. v. *Sch.* erb. Philharmonie Berlin)

† *Luigi Dallapiccola*, ital. Komp., wandte sich 1936 d. Zwölftontechnik zu, schrieb Oper „Odysseus" (1968), (* 1904)

† *W. Felsenstein*, Intendant, leitet (ab 47) Komische Oper in Berlin (O), erneuerte die Oper aus der Partitur, z. B. „Carmen", „Orpheus i. d. Unterwelt", „Figaros Hochzeit", (* 1901)

Brian Ferneyhough (* 1943): „Time and motion study III" (Kompos. f. Sänger, Verstärker, Transformer u. Schlagzeuge)

Wolfg. Fortner: „Prismen" (Kompos., Urauff. i. Basel)

H. W. Henze:

Physik-*Nobel*pr. an *Aage Bohr* (* 1922 als Sohn v. *N. Bohr*), *Benjamin Mottelsen* (* 1926, USA) u. *James Rainwater* (* 1917, USA) f. Berechnung d. Energiezustände von Atomkernen

Chemie-*Nobel*pr. an *Warcup Cornforth* (* 1917 i. Austral.) u. *Vladimir Prelog* (* 1906, Jugoslaw.) f. Stereochemie d. Enzyme

Medizin-*Nobel*pr. f. Krebs-Virus-Forschung an *David Baltimore* (* 1938, USA), *Howard Temin* (* 1935, USA) u. *Renato Dulbecco* (* 1914 i. Ital., forscht i. USA)

M. S. Brown u. *J. L. Goldstein* entd. i. USA den Bluteiweißkörper, der Arteriosklerose und Herzinfarkt verursacht

C. Creutz u. *N. Sutin* (USA) spalten mit Ruthenium-Pyridin u. Licht Wasser in Wasser- und Sauerstoff (Energie- und Brennstoff-Erzeugung)

† *T. Dobzhansky*, russ.-amer. Genetiker („Darwin des 20. Jh.") (* 1900)

† *Gustav Hertz*, dt. Physiker, zuletzt i. d. DDR, *Nobel*pr. 1925 (* 1887)

Arbeitsgruppe um *H. Koester* (BRD) gelingt Synthese eines Gens, das Hormonproduktion steuert

P. B. Price (* 1933, USA) will magnetische Ladung (Monopol) entd. haben (ist umstritten)

Entd. neuer Elementarteilchen (Psi) mit

*Nobel*pr. f. Wirtschaftswissenschaft an *Leonid Kantorowitsch* (* 1912, USSR) u. *Tjalling Koopmans* (* 1910 i. Niederl., lebt i. USA)

UN-Konferenz i. Lima über industrielle Entw. (UNIDO)

EG (9) schließt mit 46 Entw.-Ländern umfass. Handelsabkommen („Vertrag von Lomé") m. ein. Finanz.-Fond v. 10 Mrd. DM

Pressefoto aus afrikan. Hungergebiet „Leidet, kleine Kinder" preisgekrönt

Weltenergiekonferenz wird vorbereitet

Der Energiebedarf d. Menschheit liegt b. 8 Mrd. t Steinkohleneinheiten = 65 000 Mrd. kWh = 16 000 kWh/Kopf (das entspricht etwa dem 80fachen menschlicher Arbeitskraft)

Von der Erdölförderung 74/75 v. 2900 Mill. t liefern (i. Mill. t)

Saudi Arab.	412	(14,2 %)
Iran	301	(10,4 %)
Venezuela	156	(5,4 %)
Nigeria	112	(3,9 %)
Andere	450	(15,5 %)
	1431	(49,3 %)
verbrauchen		
USA	818	(28,2 %)
Japan	244	(8,4 %)
BRD	150	(5,2 %)
Gr.-Brit.	114	(4,0 %)
Ital.	108	(3,7 %)
	1434	(49,4 %)

Importe d. ölexport. Staaten (OPEC) steigen von 73 zu 74 v. 13,4 auf 23,9 Mrd. Dollar

Brit. Nordseeöl-Pipeline eröffnet

Kernkraftwerke liefern i. BRD 4 %, in USA 8 % d. elektr. Energie (Entw. durch Ölkrise gefördert)

BRD plant bis 1980 28 %, bis 1985 45 % d. elektr. Energie aus Kernenergie zu erz.

2 Todesopfer bei konventioneller Reparatur i. ein. Kernkraftwerk d. BRD

(1975)	SPD-Parteitag i. Mannheim verabschiedet i. gr. Geschlossenheit „Orientierungsrahmen 85", der an d. Godesberger Progr. anschließt (wählt *Brandt, Schmidt* u. *Koschnik* als Vors.) Prozeß gegen Kern d. kriminellen *Baader-Meinhof*-Gruppe beg. i. Stuttgart (extreme Sicherheitsmaßn., Verteidigung nutzt alle Mittel d. Verzögerung) Bundestag d. BRD verabsch. Ges. gegen Extremisten im öffentl. Dienst gegen Opposition d. Unionsparteien, denen das Ges. nicht weit genug geht Von 109 i. BRD strafrechtl. gesuchten Anarchisten befinden sich 85 in Haft In der BRD werden ca. 100 entschlossene polit. Gewalttäter vermutet Die Zahl d. polit. Gefangenen i. DDR wird auf 6500 geschätzt Neues Zivilges.-Buch i. DDR (s. 1958 i. Arbeit, beend. dt. Rechtseinheit) † *Otto Winzer*, 1965–75 Außenmin. d. DDR (* 1902) DDR veranstaltet als einziges Ostblockland z. 1. Mai Militärparade in Berlin (O) DDR begeht ihren Verfassungstag (7. 10.) als Nationalfeiertag Verkehrsvereinbarung BRD–DDR über Autobahnbau und erhöhte Transitpauschale zugunsten d. Berlinverkehrs. Wahlsieg d. SPÖ, *B. Kreisky* (* 1911) bleibt österr. Bundeskanzler Parlamentswahlen in der Schweiz bestätigen Regierungskoalition Sozialdemokraten, Freisinnige, Christdemokraten u. Volkspartei (Bauern-, Gewerbe-, Bürgerpartei) Wahlbeteiligung bei 50 % Anarchisten besetzen Botschaft d. BRD in Stockholm, töten 2 Geiseln u. sprengen Gebäude, Bund.-Reg. lehnt Freilassung inhaftierter Anarchisten ab Ital. u. frz. KP betonen Recht auf autonome Politik Niederl. Fabrikdirektor *Herrema* überlebt 36 Tage Geiselhaft i. Irland *Margaret Thatcher* (* 1926) wird Vorsitzende d. brit. Konservativen † *Eamon De Valera* („Vater d. irischen Republik"), ir. Min.-Präs. 32–48, 51–54 u. 57–59, Staatspräs. 59–73 (* 1882) In den nordir. Unruhen kamen seit 1970 ca. 1170 Menschen um	lienchronik aus Rostock) *H. Knef* (* 1925: „Das Urteil" (autobiogr. Bericht einer Krebskranken) *O. Kokoschka:* „Comenius" (Schauspiel, 1935 geschrieb., Urauff. i. ZDF) *Xaver Kroetz:* „Das Nest" (Schauspiel) *Hartmut Lange:* „Jenseits v. Gut und Böse oder Die letzten Stunden der Reichskanzlei" (Schauspiel um *Hitler*) *S. Lenz:* „Der Geist der Miralbelle" („Geschichten aus Bollerup") † *Luigi Malipiero,* ital. Theater-Künstler (* 1901) *Thom.-Mann*-Gedenkjahr (* 1875) Tagebücher v. *Th. Mann* (* 1875, † 1955) werden geöffnet P. de Mendelssohn: „Der Zauberer" (Thom.-Mann-Biographie) *Otto Mühl* (* 1923): „Siebenschläfer" (Roman) † *Saint John Perse,* frz. Dichter, *Nobel*pr. 1960 (* 1887) † *Konrad Swinarski,* poln. Regisseur, insz. 1964 i. Berlin (W) „Tod d. Marat" v. *P. Weiß* (* 1929) † *Elsa Wagner,* Berliner Staatsschauspielerin, seit 1921 i. Berlin (* 1880) *M. Walser:* „Sauspiel" (Schauspiel um Wiedertäufer in Nürnberg) *Peter Weiß:* „Der Prozeß" (Schauspiel n. *Kafka*)	US-Futurologe *Herman Kahn* (* 1922) veröff. Studie, die entgegen dem vorherrschenden Pessimismus für d. nächsten 50 Jahre positive Entwickl. vorhersagt *N. Nabokov:* „2 rechte Schuhe im Gepäck" (Erinnerungen eines russischen Weltbürgers; Kulturberater i. Berlin [W]) *H. Schelsky:* „Die Arbeit tun die anderen. Klassenkampf und Priesterherrschaft d. Intellektuellen" (zeitkrit. Betrachtung) *K. Steinbuch:* „Ja zur Wirklichkeit" („Buch zur Tendenzwende") † *Arnold J. Toynbee,* brit. Historiker und Philosoph (* 1889) † *Wilhelm Weischedel,* Philosoph im „Schatten des Nihilismus"; schrieb zuletzt „Skeptische Ethik" (* 1905) *Peter Weiß:* „Ästhetik d. Widerstandes" Fristenlösung f. Schwangerschaftsabbruch vom Bund.-Verf.-Ger. verworfen. Sozialliberale Koalition legt umfassende Indikationslösung vor BRD ändert Ehenamenrecht i. Sinne d. Gleichberechtigung (DDR hat analoge Regelung) „Das neue Bild der alten Welt" (umfass. archäolog. Ausstellung i. Köln über Funde nach 1945) Ausgrabung v. Segobriga i. Spanien (gegr. ca. –179) Fund 30 000 Jahre alter Höhlenmalerei i. SW-Afrika

„Spuckecirkelinchen oder die monmoraloische Eva" (aus d. Kreis d. Berliner Malerpoeten)

Eva Schwimmer (* 1901): „Berliner Gastarbeiter" (Zeichnung)

Peter Sorge: „Kinder" (Zeichnung)

Hans Trier (* 1915): „Lettern" (Druck)

Heinz Trökes (* 1913): „Ferne Erinnerung" (Gem.)

† *Hans Uhlmann*, dt. Bildhauer, vorzugsweise abstrakte Metallskulpturen (* 1900)

† *Fritz Wotruba*, österr. Bildhauer eines blockhaften Stils (* 1907)

Folgende „Rangliste" lebender Maler wird angegeben: 1. *R. Rauschenberg* (* 1925, USA), 2. *C. Oldenburg* (* 1929, Schweden), 3. *J. Johns* (* 1930, USA), 4. *J. Tinguely* (* 1925, Schweiz), 5. *J. Beuys* (* 1921, Dtl.), 6. *A. Warhol* (* 1930, USA), 7. *J. Klein* (* 1924, Dtl.), 8. *R. Lichtenstein* (* 1923, USA), 9. *F. Stella* (* 1936, USA), 10. *Arman* (* 1928, Frankr.), 11. *Christo* (* 1935, Bulgar.), 12. *J. Dine* (* 1935, USA)

Zur Pop-Art rechnen 1, 2, 3, 6, 8, 12

Verwaltungsgebäude Bahlsen, Hannover

Grundstein f. neue Pinakothek i. München

Neue Funde v. Mosaik-Gemälden i. Paestum (1968 Fund eines Gem. v. –430; inzw. ca. 500 Grabfresken)

„The River" (Oper, Urauff. i. London)

† *Leonid Jakobson*, Choreograph am Moskauer Bolschoi- u. Leningrader Kirow-Theater (* 1904)

M. Kagel: „Mare Nostrum" (Mittelmeer als Kulturmittelp., Auftragskomp. d. Berliner Festwochen)

Volker David Kirchner (* 1942): „Die Trauung" (Oper n. *Gombrowicz*, Urauff. i. Wiesbaden)

Luigie Nono (* 1924): „Al gran sole" (ital. Oper sozialist. Gesinnung, Urauff. i. Mailänder Scala)

† *D. D. Schostakowitsch*, russ. Komponist, schrieb 15 Sinfonien u. 13 Streichquartette. Wurde 1936 westl. Dekadenz beschuldigt (* 1906)

Kurt Schwertsik: „Der Lange Weg zur Großen Mauer" (österr. Oper, Urauff. i. Ulm)

† *Robert Stolz*, 1905–38 u. ab 1950 in Wien, österr. Operettenkomponist, schrieb 60 Operetten u. Singspiele (* 1880)

Viktor Ullmann: „Der Kaiser von Atlantis" Kammeroper, die 1944 im KZ Theresienstadt entstand; Text v. *Peter Kien*,

3,1–3,7 Protonenmasse. Ihnen wird eine neue Eigenschaft, „Charm" genannt, zugeschrieben

Internat. Forscherteam entd. i. USSR das h-Meson, Elementarteilchen mit doppelter Protonenmasse

2 SU-Kosmonauten umkreisen 60 Tage d. Erde

Russ. Rakete bringt 1. ind. wissensch. Satelliten in Erdumlauf

USA u. USSR koppeln zwei bemannte Raumschiffe (Apollo und Sojus). Besatzungen machen gemeinsame Experimente

USA unterbrechen die bemannte Raumfahrt b. 1980

USA stellen Laser-Blendung ihrer Frühwarnung-Aufklärungs-Satelliten durch d. Sowjetunion fest

USA starten 2 Mars-Sonden Typ Viking, die 1976 dort weich landen

2 Venus-Sonden d. USSR senden Bilder einer nicht vermuteten Gebirgslandschaft

US-Forscher entd. radioastronom. Äthylalkohol i. Weltraum (als 33. Molekülart i. Raum)

US-Radio-Astronomen können allg. Relativitätstheorie durch Messung d. Ablenkung d. Strahlen im Gravitationsfeld d. Sonne bestätigen

US-Radio-Astronomen entd. Schwingungen des Sonnenballs

Neutrinofluß der Sonne mit nur 10 % d. theoret. Sollwerte

Demonstranten besetzen Kernkraftwerk-Bauplatz Wyhl (Oberrhein)

Kernkraftgetriebener US-Flugzeugträger „Nimitz" mit 91 000 t Verdrängung und 6100 Mann Besatzung (größtes Kriegsschiff d. Erde) besucht Europa

Versuchssprengungen mit Kernenergie i. USSR beim Bau eines Kanals zum Kaspischen Meer

Kaufkraftverlust 1969–74 (i. %)

BRD	24
USA	26
Österr.	27
Schweiz	29
Frankr.	30
Niederl.	30
Schweden	30
Ital.	34
Gr.-Brit.	37
Japan	40

4,27fache Preiserhöhung s. d. Vorjahr i. Chile

Reg. d. BRD hat 94 Mrd. DM Schulden (höchster Stand s. 1949)

I. d. BRD wird 15 % d. Einkommens gespart

Diskont i. BRD sinkt auf 5 %

Steuerreform d. BRD ruft trotz 14 Mrd. DM Steuerverzicht zunächst Enttäuschung u. Kritik hervor

Reallohn i. BRD gegenüb. 1969 um 22 % gestiegen

Reg. d. BRD berichtet über 50 Mrd. DM Subventionen

Wegen Finanzkrise erwägt Bundesbahn Strecken-Netz von 29 000 auf 10–15 000 km zu reduzieren

Autoindustrie d. BRD überwindet Krise

Elektroind. setzt Geräte um, die zu 50 % jünger als 5 Jahre sind

Spielbank i. Berlin (W)

BRD-Industrie-Ausstellung in Moskau

In USSR 5. Mißernte i. 13 Jahren

(1975)	*Franco* läßt 5 militärgerichtlich verhängte Todesurteile vollstrecken † *F. Franco,* span. General u. faschist. Diktator, errichtete durch Bürgerkrieg 1936–39 mit Hilfe *Hitlers* und *Mussolinis* faschist. Diktatur i. Spanien (32 Ärzte verlängern Agonie auf 35 Tage) (* 1892) Prinz *Juan Carlos* (* 1938), von *Franco* 1969 vorbestimmter Nachfolger als Kg. *Juan Carlos I.* gekrönt (Spanien war bis 1931 Monarchie) Wahlen in Portugal erg. klare Mehrheit d. nichtkommunist. Parteien (nur 12,7 % f. Kommunisten). Die Beweg. d. Streitkräfte begünstigt Kommunisten Putsch rechter Militärs i. Portugal, *Spinola* muß das Land verlassen. Mehrheitsparteien wehren sich gegen kommunist. Einfluß Moçambique wird n. 477 Jahren portugies. Kolonialherrschaft selbständig (wurde 1498 v. *Vasco da Gama* erreicht) Schwere Kämpfe d. rivalisierenden Freiheitsbewegungen i. Portug. Angola kurz vor der zugesagten Unabh. Unruhen auf Korsika geg. frz. Zentral-Reg. Regionalwahlen i. Ital. schwächen Christdemokr. u. stärken Kommunisten (einige Industriestädte erh. kommunist. Verwaltung) Parteivors. d. DC i. Ital. *A. Fanfani* (* 1908) tritt zurück Marokko beansprucht Spanisch-Sahara (mit wicht. Phosphatlagern) Griech.-türk. Zypernkrise bewirkt Militärhilfekonflikt USA–Türkei, der bald beigelegt wird Innerhalb weniger Tage werden d. türkischen Botschafter i. Wien u. Paris ermordet (man vermutet d. Täter i. griech., armenischen oder kurdischen Kreisen) Bombe d. PLO i. Jerusalem tötet 14 Menschen u. verletzt 60 PLO-Terroristen sprengen n. Geiselnahme Hotel i. Tel Aviv: 9 Zivilisten, 7 Terroristen u. 3 israel. Soldaten werden getötet Suezkanal wird n. 8 Jahren Schließung geöffn. (erfaßte 1966 14 % d. seegehend. Welthandels) Libyen strebt n. Atommacht US-Min. *Kissinger* deutet Möglichkeit	*Morris L. West* (* 1916): „Der Harlekin" (austral. Roman um die Macht der Computer) † *Thornton Wilder,* US-Schriftsteller (* 1897) *T. Williams:* „The red Devil Battery Sign" (nordamer. Schauspiel, dt. Urauff. i. Wien). *T. Williams* (* 1911): „Erinnerungen" (Autobiogr.) *C. Zuckmayer* (* 1896): „Der Rattenfänger" (Schausp., Urauff. i. Zürich) Staatstheat. i. Karlsruhe eingew. Theaterbesuch i. BRD hat seit 73/74 steigende Tendenz Buchmesse Frankfurt/M. zeigt 250 000 Titel  Südmolukker nehmen Geiseln in den Niederlanden. Deren Befreiung kostet 8 Tote	Etwa 6 % der Schulkinder i. BRD sind sonderschulbedürftig 79 % d. Abiturienten d. BRD wollen studieren (1971/72 90 %) Vergebl. Warnstreik d. Professoren i. Österr. geg. beabs. Universitätsgesetz 8 jugoslaw. Professoren aus d. „Praxis"-Kreis (jugoslaw. Zeitschr. f. demokratischen Sozialismus) erhalten Lehrverbot Bundesreg. erstattet Bericht über die Lage d. Künstler i. BRD Einheitsgesangbuch f. deutschsprachige Katholiken 26 Bischofsgräber aus d. 9.–14. Jh. u. alte Fundamente i. Bremer Dom entd. Gebeine d. Sachsenherzogs *Widukind* b. Herford vermutl. gefunden und erneut beigesetzt BRD hebt Pornographieverbot auf (verboten bleibt „harte" P.) In USA wird ein angeblich realer Lustmord im Film gezeigt (vermutl. i. Argentin. gedreht) Man schätzt i. USSR doppelt so hohen Verbrauch harten Alkohols wie in USA u. W-Europa

Schloß i. Bruchsal u. Kirche i. Neresheim (beide v. *B. Neumann*) restauriert

---

Bes. beliebte Filme 74/75: „Der Clou", „Der Exorzist", „Zwei wie Pech und Schwefel", „Robin Hood", „Ein Mann sieht rot", „Zwei Missionare"

Oscar-Verleihung: 6 Oscars an „Der Pate II" (amer. Film von *Francis Ford Coppola*) (* 1939), weitere an „Armarcord" (ital. Film v. *F. Fellini*) (* 1920)

† *P. P. Pasolini* (ermordet), ital. Schriftsteller und ab 1961 Filmregisseur (* 1922)

Pasolinis letzter Film i. Ital. wegen „perverser Szenen" verboten

„Die Unschuldigen mit den schmutzigen Händen" (frz. Film v. *Claude Chabrol* [* 1910] läuft i. BRD)

„Faustrecht der Freiheit" (Film v. *R. W. Faßbinder*)

„Lotte in Weimar" (DDR-Film n. *Th. Mann* v. *Egon Günther*)

„John Glückstadt" (dt. Film n. *Storm* v. *Ulf Miehe*)

„Die verlorene Ehre der Katharina Blum" (dt. Film v. *V. Schlöndorff* n. d. zeitkrit. Roman von *H. Böll*)

„Falsche Bewegung" (Film v. *Wim Wenders* n. *P. Handke*)

„L'Histoire d'O" (frz. erot. Film, umstritten u. teilw. beschlagnahmt)

Urauff. i. Amsterdam)

Udo Zimmermann „Levins Mühle" (Oper, Premiere i. BRD, Urauff. 1973 i. Dresden)

In BRD werden mehr Band-Kassetten als Schallplatten verkauft

Schlager: „Paloma blanca"

W. Kandinsky: „Gelber Klang" (abstraktes Gesamtkunstwerk von 1909). Urauff. mit der Musik von *A. Schnittke* in Frankreich

nachgewiesen (wird als Abnahme der Solaren Energieprod. gedeutet, die sich erst in Mill. Jahren a. d. Oberfläche bemerkbar macht)

14. Jupitermond entd. (1974 d. 13.)

100-m-Radioteleskop i. d. Eifel entd. das Molekül d. Ameisensäure i. zentralen Regionen d. Milchstraße

Messung kosmischer Mikrowellen mit einer Ballonsonde (i. 39 km Höhe) bestätigt d. allseitige Hintergrund-Strahlung, die als Folge eines „Urknalls" vor 17 Mrd. Jahren angesehen wird

In USA werden 30 kW Gleichstrom durch Mikrowellen drahtlos übertragen (wichtiger Schritt für Satelliten-Solarkraftwerk)

Sorgfältige Auswertung d. Spiralnebelflucht führt zu einem Weltalter (seit dem „Urknall") von ca. 17 Mrd. Jahren ± 15 % (8mal größer als vgl. 1931)

Weitere Menschenfunde i. d. südafrikan. Oldoway-Schlucht erweisen sich als 3,75 Mill. Jahre alt (bisher älteste Funde)

Kultur d. Jungsteinzeit i. Merzbachtal (rhein. Braunkohlengeb.) freigelegt

5000 Jahre alte Stadtkultur i. Ekuador b. Real Aalto entd. (hatte ca. 1000 Einw.)

Sahara als Ursprungsgebiet d. Landpflanzen vermutet (nach Funden aus der Zeit vor –350 Mill. Jahren)

In Texas werden Rie-

New York droht mit 28 Mrd. Dollar Schulden finanzieller Bankrott

Alle 30 Sekunden geschieht in New York ein schweres Verbrechen (ca. 1 Mill. pro Jahr)

† *Aristoteles Onassis*, griech. Großunternehmer, führte zuerst Supertanker ein (* 1906)

Massenstreik in Japan lähmt öff. Leben

Reg. d. BRD beschl. Ges. geg. anwachs. Wirtschaftskriminalität

Abtlg. T (Terror) i. Bundeskriminalamt

I. d. BRD ereignen sich in 6 Monaten 6 Unfälle im Bereich d. Eisenbahn mit insges. 79 Toten

Im Sommer 200 Bergtote i. d. Alpen

Man schätzt erdweit über 250 000 Verkehrstote

Passagierschiff brennt b. Köln aus: 16 Tote

Bundeswehrmaschine stürzt über Kreta ab: 40 Tote

5 Kinder verbrennen a. 23. 12. i. einem Kinderladen i. Berlin (W)

16 Jugendl. verbrennen zu Silvester i. einer südbelg. Bar

Über 372 Bergleute in Indien verschüttet (genaue Zahl nicht veröffentlicht). Selbstverbrennung einer Witwe

Heißer Sommer führt zu gr. Waldbränden i. Niedersachsen, fordert 5 Tote u. schweren Sachschaden

Erdbeben i. Türkei (b. Lice) fordert mehr als 2000 Tote (seit 1939 6 gr. türk. Beben mit ca. 45 000 Toten)

Starkes Erdbeben i. Griechenland

Flugzeugabsturz b. Agadir fordert 188 Tote

US-Flugzeug mit Kriegswaisen aus S-Vietnam stürzt bei Saigon ab: 150 Kinder tot

USA heben verunglücktes Atom-U-Boot d. USSR aus

(1975)	militär. Intervention geg. arab. Ölländer an USSR kündigt Handelsabk. mit USA, weil diese auf freie Auswanderung d. Juden drängen US-Min. *Kissinger* trifft *Gromyko* i. Wien, besucht BRD und Berlin (W), dessen Schutz er bekräftigt † *N. A. Bulganin*, 1955–58 Min.-Präs. d. USSR (* 1895) Schwere Bürgerkriegsartige Kämpfe zw. Moslems u. Christen i. Libanon Militärputsch im Sudan mißlingt Eritrea kämpft geg. Äthiopien um s. Unabh. (verlor 1962 s. Autonomie) † *Haile Selassie*, Kaiser v. Äthiopien, s. 1930, in der Haft s. innenpolit. Gegner (* 1892) In Äthiopien endet 3000 Jahre alte Monarchie. Mit Volksrepublik in Laos endet 622 Jahre alte Monarchie † *Feisal* (ermord.) Kg. v. Saudi-Arabien s. 1964, verfolgte antikommunist. Politik (* 1905) Grenzvertrag Iran–Irak. Iran stellt Unterst. d. Kurden ein *Indira Ghandi* läßt ihre Gegner verhaften u. schränkt Rechtsstaatlichkeit Indiens ein, nachdem ein regionales Gericht sie wegen Korruption verurteilte Kommunisten überrennen trotz Waffenstillstand 50 % v. Südvietnam. 2 Mill. Flüchtlinge verursachen Chaos Kommunisten nehmen Saigon i. S-Vietnam ein und geben ihr den Namen Ho-Tschi-Minh-Stadt Pnom Penh, Hauptstadt Kambodschas (700 000 Ew.) kapituliert vor d. kommunist. Khmer Staatspräsident *Lon Nol* (* 1913) verl. Kambodscha und geht i. d. USA USA erobern v. Kambodscha Handelsschiff zurück Die Kämpfe in Vietnam währen s. 30 Jahren. Verluste d. USA: 56 000 Gefallene und 150 Mrd. Dollar Kriegskosten USA verläßt ILO (internat. Arbeitsamt) aus polit. Gründen Nach Ende d. Vietnamkrieges löst sich d. Südostasien-Pakt (SEATO) auf Veto d. USA gegen Aufn. beider Vietnam-Staaten i. d. UN		Paris veranstaltet erstmalig Filmfestspiele Gesetzeslücke ermöglicht Auff. „harter“ Pornofilme (teure Getränke mit „Gratisfilm“) Filme d. BRD finden im Ausland Anerkennung (*Faßbinder, Herzog, Kluge, Schlöndorff, Wenders*)

senflugsaurier mit 11–21 m Spannweite gefunden

50 000 Jahre alter Menschenschädel i. Kalifornien gefunden (bisher ältester Menschenfund i. Amerika)

Es gelingt antike röm. Siedlungen mit Magnet-Sonde nachzuweisen

1. europ. Kongreß f. Neurowissenschaften (i. München)

„Grenzen der Medizin" (Ärztekongreß i. Davos)

Schwerpunktprogramm Alternsforschung d. DFG auf molekularer u. Zellbiolog. Grundlage

In einem Bakterium werden 1100 verschiedene Eiweißstoffe analysiert

US-Verhaltensforscher analysieren „Sprache" der Grisly-Bären

Bundesbank entw. ein ökonometrisches Modell mit 96 Gleichungen zur Wirtschafts-Prognose

Kernkraftwerk i. Biblis b. Darmstadt mit 1,2 Mill. kW (bisher größtes d. Erde, weitere Stufen geplant)

USA entw. Pacer Projekt: durch unterird. Wasserstoff-(Kernverschmelzungs-)Bomben-Explosion Wasserdampf f. Kraftwerk zu erzeugen (wird bald aufgegeben)

USSR erbohrt 7263 m Tiefe

Sprengungen zur Seismometrischen Erkundung d. Alpen-Untergrundes

Verbundwerkstoff Siliziumkarbid mit Sil. als Füllstoff (bis 1400° C temperaturfest)

Kamera mit automatischer Scharfeinstellung entwickelt (USA)

USA bereiten Übern. d. metrischen Systems vor

Computer-Tomographie verbreitet sich v. England aus (liefert durch Umrechnung zahlreicher Röntgenintensitäten scharfe Querschnittsbilder d. menschlichen Körpers und seiner Organe u. begründet eine neue Epoche der Röntgendiagnose)

*Nobel*preise 1945–75

	Ph	Ch	M	W	L	F	
USA	24	17	37	4	3	10	95
Gr.Br.	7	12	10	1	2	4	36
Frankr.	2	0	3	0	4	1	10
Dtl.	4	5	3	0	3**	(2)*	17
SU	5	1	0	1	3	1	11
andere	14	11	16	4	16	12	73
zus.	56	46	69	10	31	30	242

Preis f. F. nicht vergeben: 48, 55, 56, 66, 67, 72.
* einschl. *Albert Schweitzer* ** einschl. *N. Sachs*
(Ph = Physik, Ch = Chemie, M = Medizin, W = Wirtschaft, L = Literatur, F = Frieden)

5000 m Tiefe mit 70 Toten (1963–72 sanken 3 US- u. 3 USSR-Atom-U-Boote)

Reste einer US-Weltraumrakete stürzen auf die Erde, ohne daß Schaden entst. (es gibt zahlr. solcher vagabundierender Teile)

Bus stürzt b. Grenoble i. d. Fluß: 27 Tote

U-Bahn-Unglück in London: 45 Tote

U-Bahn-Unglück i. Mexiko-City: 29 Tote

Tokio glaubt Vorzeichen eines schweren Erdbebens zu erkennen

Invasion v. Feuerameisen vom Amazonas i. d. USA

Mildester Januar seit 1794 i. Mitteleuropa

Japanerin *Junko Tabei* (* 1940) besteigt als 1. Frau d. Mt. Everest (seit d. Erstbest. 1953 best. ihn 35 Männer)

Extrem kaltes und schneereiches Osterfest i. Mitteleuropa

Später Winter fordert i. d. Alpen 40 Lawinentote i. April

Wachstum d. Alpengletscher nachweisbar

Wohnhaus mit Energieversorgung aus Sonnenstrahlung (Versuch i. BRD)

Märkisches Viertel, Satellitenstadt i. Berlin-Reinickendorf, mit 16 943 Wohnungen, 46 922 Einw., 307 Schulklassen, 15 Kindertagesstätten, 227 Kinderspielplätze, Sportplatz erbaut s. 1963

W-Berliner Zivil-Luftfahrt zieht von Tempelhof n. Tegel um

Bonn erhält U-Bahn

Schwere Unruhen wegen Fahrpreiserhöhungen i. Heidelberg

Kanaltunnelprojekt zw. Gr.-Brit. u. Frankr. zunächst aufgegeben

Genfer Konferenz beschließt neuen Rundfunkwellenplan

Elektron. Digital-Quarz-Armbanduhren

(1975)

UN-Vollversammlung verurteilt bei zahlr. Enthaltungen den „Zionismus" als „Rassismus" (ruft zahlr. Proteste und eine Krise d. UN hervor)

UN-Sicherheitsrat verlängert Mandat d. UN-Friedenstruppe auf den Golanhöhen (plant Nahost-Sondersitzung)

Bangladesh ersetzt parlamentar. Demokratie durch Einheitspartei. Diktator *Muhibur Rahman* wird in einem Putsch mit antikommunist. Tendenz erschossen (* 1920). Nachfolger wird *Ahmed*

† *E. Sato,* japan. Politiker eines konsequenten pro USA-Kurses 1964–72 Min.-Präs. (* 1901)

Neuer Militärputsch in Bangladesh scheitert (wird als ind. Gegenputsch gedeutet)

† *Tschiang Kai-schek,* nationalchines. Politiker, unterst. chines. Revolution von 1911. Herrscht als Gegner *Maos* ab 1949 auf Taiwan (* 1887)

Peking entl. d. „Kriegsverbrecher" d. 1949 beend. Bürgerkrieges u. stellt Ausreise nach Taiwan frei

Argent. Reg. bekämpft Revolutionäre Volksarmee (ERP) i. Dschungelgebieten d. Landes

Konflikt d. argentin. Gewerkschaften mit Staatspräsidentin *Peron*

Verdoppl. d. Zivilisten in der Reg. Chiles in schwerer Wirtschaftskrise

Portug. Angola wird unabh. Kampf d. von Moskau bzw. v. Westen abhängigen Freiheitsbewegungen.

Durch Staatsstreich wird Gen. *F. M. Bermudez* Staatspräs. v. Peru

Putsch i. Ecuador

Surinam (Niederl. Guyana) wird unabh. (144. Mitgl. d. UN)

10 000 polit. Häftlinge i. USSR vermutet

Nord-Süd-Konferenz in Paris endet mit dem Kompromiß, sie 1976 fortzusetzen (Das Nord-Süd-Gefälle bleibt in der Folgezeit Dauerthema internationaler Konferenzen wie UNCTAD und anderer)

In USA beg. Veranstaltungen zum 200jähr. Bestehen 1976

Kommunist. Machtstreben (b. 12 % Wählerstimmen) führt i. Portugal zur Dauerkrise. Linksradikaler Militärputsch scheitert

Bombenattentate auf vorn. Restaurants i. London fordern Todesopfer

Politik d. Härte in Moskau, der westliche KPs reserviert gegenüberstehen

Terroristen aus d. Südmolukken nehmen über lange Zeit 50 Geiseln i. d. Niederlanden (erschießen 3 in einem Zug, der 12 Tage besetzt wurde)

Terroristen („Arm d. arab. Revolution") überfallen in Wien OPEC-Konferenz, töten 3 Menschen, nehmen 11 Minister als Geiseln, erhalten freien Abflug n. Algerien

Bombenanschlag auf Flughafen La Guardia, New York: 11 Tote, über 100 Verletzte

Militärputsch gegen Präsidentin *Peron* i. Argentinien scheitert. Anschließend Straßenkämpfe mit über 150 Toten

VR China läßt 3 Hubschrauberpiloten d. Sowjetunion nach 20 Monaten Haft frei

VR China warnt westliche Welt vor der Politik d. Sowjetunion

BRD unterstützt Griechenland beim Bestreben, Vollmitglied d. EG zu werden

Diplomat. Bez. zw. BRD und Kuba (ruhten 12 Jahre)

Staatschef v. Madagaskar ermordet

NATO bietet f. Europa Abzug von Kernwaffen gegen Abzug sowjetischer Panzer an

Drastisches staatl. Sparprogramm i. BRD

Israel. Min.-Präs. *Rabin* besucht BRD und Berlin (West)

Wahlniederlagen f. Labour i. Neuseeland u. Australien

32 europäische Staaten, USA u. Kanada unterzeichnen KSZE-Schlußakte in Helsinki (gilt als Anerkennung der im 2. Weltkrieg entstandenen Grenzen)

Frauenmode: gr. weite Formen („Schlabberlook"), Overdress, Zweiteiler, Zeltmäntel

T-Silhouette i. d. Damenmode

Der Wunsch d. Nichtraucher (i. Sitzungen etc.) wird stärker respektiert

Bundesgartenschau i. Mannheim

Muhammad Ali (Cassius Clay) vert. erfolgr. i. hartem 14-Runden-Kampf Box-WM-Titel gegen *Frazier*, der durch techn. K.o. verliert

Michel Dujan verunglückt tödlich bei Test-Skiabfahrt i. Val d'Isère (* 1956)

Bobby Fischer (USA) verliert s. Schachweltmeisterschaft geg. *Karpow* (USSR), da er Herausford. ablehnt

Die Tiroler *R. Messner* u. *P. Habeler* besteigen NW-Wand des Hidden Peak (8068 m) i. Zweierseilschaft ohne Träger-Expedition (gilt als ein Markstein d. Alpinismus)

† *Graham Hill* (Flugzeugunfall), brit. Automobilweltmeister (* 1929)

J. Montgomery (USA) krault 100 m in 50,59 Sek.

John van Reenen erz. m. 68,48 m Weltrekord i. Diskuswurf

Karl Hans Riehm (BRD) Weltrekord i. Hammerwurf mit 78,50 m

Dave Roberts (* 1952, USA) erz. mit 5,65 m Weltrekord im Stabhochsprung

Drachenflug-Weltmeistersch. i. Österr. (Weltrekord 8 Stunden 20 Min.)

Tödlicher Absturz eines Drachenfliegers i. Allgäu

Motorrad-Rekord mit 481,9 km/h

Langfristige Entwicklung des realen Pro-Kopf-Einkommens (USA 1973 = 100).

	1870	1973
USA	12	100
Gr.-Brit.	11	50
Dtl. (BRD)	10	BRD: 70
Japan	1,7	45
Rußl. (SU)	(1890:) 3,5	35
Indien	(1950:) 1,3	1,8

Für Dtl. bed. das eine Steigerung von rd. 20 % pro Jahrzehnt

Globaler Energieverbrauch:
Einheit 1 Q = 300 000 Mrd. kWh
Die globale Elektrizitätserzeugung war 1972 1,7 % v. Q
Der gesamte glob. Energieverbrauch betrug 1975 17 % v. Q
Man schätzt den globalen Energieverbrauch

bis 1860	auf 6–9 Q
1860–1950	auf 4 Q
1970–2030	auf 90 Q

Die Sonne strahlt jährlich der Erde 5000 Q zu, wovon ca. 50 % die Erdoberfläche erreichen

Pro Kopf der Erdbevölkerung entfallen pro Jahr rund dreißigtausendmal mehr zugestrahlte Sonnenenergie als der technisch-wirtschaftliche Verbrauch von 2 t Steinkohleneinheiten

Globale Energieproduktion in Mrd. t Steinkohlenäquivalent

1870	0,6
1900	1,2
1940	2,4
1955	3,1
1960	4,2
1965	5,2
1970	6,8
1975	8,2
1870–1975	+2,5 %/Jahr

Iran erwirbt Anteile der Fa. *Krupp*

Erdweite Rezession

1976	Kein Friedens*nobel*preis verliehen, obwohl 50 Vorschläge eingingen Frauenfriedensbewegung gegen Terror in Nordirland USA und USSR vereinbaren Begrenzung unterirdischer Kernexplosionen für friedliche Zwecke auf 150 kt TNT mit örtlichen Inspektionen 21. Kernwaffenversuch in VR China liegt im Mill.-t-TNT-Bereich Polnischer KP-Chef *Gierek* besucht BRD zu Wirtschaftsverhandlungen Bundestag und Bundesrat stimmen Vertrag BRD–Polen zu, wonach gegen finanzielle Leistungen der BRD 125 000 deutschstämmige Polen ausr. dürfen Gesetz zur Abwehr von Verfassungsfeinden scheitert im Bundesrat an Differenzen SPD/FDP–CDU/CSU Anti-Terrorismus-Gesetz in BRD gegen Bedenken der CDU/CSU, die es verschärfen wollen Anarchistischer Bombenanschlag auf US-Hauptquartier in Frankfurt/M. fordert 16 Verletzte † *Ulrike Meinhof* (Selbstmord) während des Prozesses gegen terroristische *Bader-Meinhof*-Gruppe (* 1934) Nach Flucht von 4 Anarchistinnen aus Berliner Gefängnis tritt Justizsenator *Oxfort* (FDP) zurück Bundestagswahlen bringen trotz Stimmenverlust SPD-FDP-Koalition knappe Mehrheit *H. Schmidt* erneut Kanzler, *H. D. Genscher* Außenminister, Gesundheitsminister *K. Focke* und Sozialminister *W. Arendt* scheiden aus. Rentensanierung erweist sich als dringend und schwierig CSU kündigt 27jährige Fraktionsgemeinschaft mit der CDU (Kreuther Konferenz). Wird nach Verhandlungen wiederhergestellt. *H. Kohl* übernimmt Vorsitz *K. Carstens* (* 1914, CDU) löst *A. Renger* (SPD) als Bundestags-Präsident ab CDU erreicht 600 000 Mitglieder CDU erhält in Landtagswahlen Baden-Württemberg stärkere absolute Mehrheit In Niedersachsen tritt Min.-Präs. *A. Kubel* (SPD) zurück. Landtag wählt trotz SPD-FDP-Mehrheit *E. Albrecht* (CDU) zum Min.-Präs., der später mit FDP Koalition bildet	Literatur*nobel*preis an *Saul Bellow* (* 1915, USA) schrieb u. a. 1964 „Herzog" (Roman einer jüdischen Lebenskrise) Friedenspreis des deutschen Buchhandels an *M. Frisch* (* 1911, Schweiz) *Wolfgang Bächler* (* 1925): „Gedichte aus 30 Jahren" (von einem Mitbegründer der Gruppe 47, die ab 67 ihren Zusammenhang verlor) *Th. Bernhard:* „Die Berühmten" und „Minetti" (österr. Schauspiele) † *Agatha Christie,* engl. Autorin von Kriminalromanen u. Bühnenstücken (* 1891) *A. Hailey:* „Die Bankiers" (dt. Übersetzung des US-Romans) † *Eywind Johnson,* schwedischer Schriftsteller, *Nobel*preis 1974 (* 1900) *Erica Jong* (* 1942): „Angst vorm Fliegen" (dt. Übersetzung des US-Romans „Fear of Flying") † *Alexander Lernet-Holenia,* österr. Dichter (* 1897) † *André Malraux,* frz. Dichter, 1958–69 frz. Staatsminister für kulturelle Angelegenheiten (* 1901) *Heiner Müller* (* 1929): „Die Bauern" (kritisches Schauspiel um die Kollektivierung der Landwirtschaft in der DDR, verzögerte Uraufführung in Berlin [O]) *U. Plenzdorf* (* 1934): „Buridans Esel" (Schauspiel)	DDR bürgert kritischen „Liedermacher" *W. Biermann* (* 1936) aus, der in die BRD geht Selbstverbrennung des Pfarrers *O. Brüsewitz* in Zeitz (DDR) wegen staatlicher Behinderung der Arbeit der Kirche † *Hans Bürger-Prinz,* maßgeblicher Psychiater und Sexualforscher, seit 1937 in Hamburg (* 1897) † Kardinal *Döpfner* 1957–61 Erzbischof von Berlin, dann von München, Leiter der Bischofskonferenz (* 1913) † *Arnold Gehlen,* dt. Philosoph und Soziologe. Seine Anthropologie begreift den Menschen als „Mängelwesen", das institutioneller Hilfe bedarf *H. Gruhl* (CDU-MdB): „Ein Planet wird geplündert" (die Schreckensbilanz unserer Politik als kritische Futurologie) † *Hans Rothfels,* dt. Historiker, insbesondere Zeitgeschichte. Schrieb 1949 „Die dt. Opposition gegen Hitler" (* 1891) † *Martin Heidegger* dt. Philosoph, führender Vertreter der Existenzphilosophie „als Fundamentalontologie" (* 1889) † *Max Tau,* Pazifist und Philanthrop jüd.-dt. Herkunft, ging 1938 nach Norwegen, schrieb 1948 „Glaube an den Menschen" (* 1897) † *R. v. Thadden-Trieglaff,* Kirchenpoli-

† *A. Aalto,* finnischer Architekt, baute 1962–71 Konzert- und Kongreßhaus in Helsinki (* 1898)

† *Josef Albers,* Maler und Farbtheoretiker, 1922–33 am Bauhaus später in USA. Begründer einer „Logik des Sehens" (* 1888)

Hermann Albert (* 1937): „Bauer hinter Bäumen" (kritisch realist. Gem.)

Jan Balet (* 1913): „Hommage à Godard" (Gem.)

A. Brandt (* 1935): „Gelb-Gelb" (abstr. Gem. senkrechter Streifen)

Bodo Buhl (* 1951): „Rolltreppe I" (realist. Gem.)

† *Alexander Calder,* US-Künstler, Schöpfer der Mobiles und Stabiles (* 1898)

Christo: „Running Fence", 40 km langer Zaun aus Nylon-Tüchern in Kalifornien, der nach 14 Tagen demontiert wird

Ernst Fuchs (* 1930): „Daphne in Eva Mystica" (Farbradierung)

J. Grützke (* 1937): „Bach von seinen Kindern gestört" (Gem.)

R. Hausner (* 1914): „Adam maßstäblich" (Gem. des phantastischen Realismus)

R. W. Huth: „Doppelporträt" (Selbstbildnis mit Gattin)

O. Kokoschka (* 1886) porträtiert Bundeskanzler *H. Schmidt*

Dieter Kraemer (* 1937): „Altenburgerstr. 169" (realistisches Gem. mit VW-Motiv)

† *B. Britten,* brit. Komponist (* 1913)

Götz Friedrich (* 1930) Leitender Regisseur an der Covent Opera London

H. W. Henze: „We come to the river" („Wir kommen zum Fluß" Oper, Uraufführung in London)

G. Klebe: „Das Mädchen aus Domrémy" (Oper um Jean d'Arc)

† *Lotte Lehmann,* dt. Opernsängerin, zuletzt in USA (* 1888)

Mayuzumi: „Der Tempelbrand" (japan. Oper, Uraufführung in Berlin [W])

Detlev Müller-Siemens (* 1957): „Nocturne für Violine und Klavier" (auf den 28. internationalen Ferienkursen in Darmstadt)

Siegfried Palm (* 1927), bekannt als Violincellist wird Generalintendant der Deutschen Oper Berlin (W). Sein Vorgänger *E. Seefehlner* wird Direktor der Wiener Oper

Josef Tal (* 1910): „Die Versuchung" (israel. Oper)

Alle verliehenen *Nobel*preise gehen in die USA (vgl. 1975)

Physik*nobel*preis an *Samuel C. C. Ting* (* 1936) und *Burton Richter* (* 1931) in USA für die Entdekkung neuer Elementarteilchen (Psi-Teilchen) mit der neuen Qualität „Charm"

Chemie*nobel*preis an *W. N. Lipscomb* (* 1919) in USA für Erforschung der Borane

*Nobel*preis für Medizin und Physiologie an *Baruch S. Blumberg* (* 1925) und *Charleton Gajdusek* (* 1923) in USA für Virusforschung (Erreger der Hepatitis bzw. Kuru-Krankheit)

E. S. Bücherl und Mitarbeiter setzen Entwicklung eines künstlichen Herzens fort. Ein Kalb lebt mit dieser gewebeverträglichen Kunststoffpumpe 4 Monate

Juri Chorosow entziffert Maya Hieroglyphen

† *W. Heisenberg,* dt. Physiker, Begründer der Quantenmechanik mit Unbestimmtheitsrelation. *Nobel*preis 1932 (* 1901)

† *T. Lyssenko,* sowjetischer Biologe, dessen ideologische Erblehre von *Stalin* gefördert wurde und dann scheiterte (* 1898)

† *Jaques Monod,* frz. Mikrobiologe und Naturphilosoph. *Nobel*preis 1965 (* 1910)

† *Lars Onsager,* US-Chemiker norwegischer Herkunft. *Nobel*preis 1968 (* 1903)

*Nobel*preis für Wirtschaftswissenschaft an *Milton Friedmann* (* 1912, USA). Schrieb „Kapitalismus und Freiheit" (1962), „Die optimale Geldmenge" (1970). Vertreter des Monetarismus

Das Bruttosozialprodukt der Erde liegt bei 5800 Mrd. $ (+5 % jährlich) bei einer Erdbevölkerung von 4,1 Mrd. (+2 % jährlich). Pro Kopf entfallen durchschnittlich 1420 $ (+3 %jährlich)

Die erdweite Elektrizitätserzeugung (ohne VR China) liegt bei 6500 Mrd. kWh (1975: 6250). Die Produktion der VR China liegt bei 250 Mrd. kWh

Das Risiko der Nutzung der Kernenergie wird Gegenstand heftiger Diskussionen und Auseinandersetzungen. Der Bau von Kernkraftwerken in Whyl und Brokdorf wird von Bürgerinitiativen und linksradikalen Kräften behindert

Erdweite Erdölförderung 2844 Mill. t (2,5fache Steigerung seit 1961, d.h. +6 % jährlich). Davon in %:

Sowjetunion 18,3, Saudi-Arabien 15,1, USA 14,2, Iran 10,3, Venezuela 4,1, Kuwait 3,8, Irak 3,7, Nigeria 3,6, VR China 3,0, andere 23,9

Preispolitik der OPEC-Staaten spaltet sich: Saudi-Arabien und VAE erhöhen um 5 % (andere um 10–15 %)

414 m langer Supertanker für 677 000 t Öl

Frankreich verläßt westeuropäischen Währungsverbund („Währungsschlange")

Pfund Sterling sinkt zeitweise unter 4 DM

Großbritannien erhält umfangreiche Kredite

Pfundschwäche löst ausländische Käuferinvasion in London aus

Gesetz über paritätische Mitbestimmung in Großbetrieben in BRD

(1976)

In Hessen löst *Börner* (SPD) *A. Osswald* (SPD) als Min.-Präs. ab

† *August Zinn*, SPD-Politiker, 1950–69 Min.-Präs. von Hessen

Im Saarland verhandeln CDU und FDP über Koalition

Bürgerblockmehrheit beendet in Schweden 44 Jahre sozialdemokratische Regierung. *T. Fälldin* (* 1926, Zentrum) löst *Palme* als Min.-Präs. ab

EG beschließt allgemeine Wahl zum europäischen Parlament 1978 (410 Sitze)

W. Brandt wird Vorsitzender der sozialdemokratischen Internationale als Nachfolger von *Kreisky*

KP-Gipfeltreffen in Ost-Berlin anerkennt verschiedene Wege auch des „Euro-Kommunismus" (KPI, KPF)

SED-Chef *Honecker* stärkt seine Position

25. Parteitag der KPdSU bestätigt *Breschnew* als KP-Chef. Dieser wird Feldmarschall

Polnische Regierung nimmt Preissteigerungen nach Widerstand der Bevölkerung zurück

DDR weist Korrespondenten der ARD aus

Französischer Min.-Präs. *Chirac* (Gaullist) tritt zurück. Präsident *Giscard D'Estaing* beruft *R. Barre* (parteilos)

Britischer Min.-Präs. *H. Wilson* tritt zurück, Nachfolger wird *J. Callaghan* (* 1912)

Gr.-Brit. gibt nach 157 Jahren Stützpunkt Singapur auf. 86 Seyschellen-Inseln im Indischen Ozean mit 482 qkm und 58 000 Einw. erlangen nach 182 Jahren britischer Herrschaft Unabhängigkeit

† *Montgomery*, britischer Feldmarschall, schlug 1942 Deutsches Afrika-Korps unter *Rommel*

In Italien tritt Regierung *Moro* (DC) zurück. Wahlen führen zur Minderheitsregierung *Andreotti* (DC), welche Duldung der KPI benötigt

Wahlen in Portugal: Sozialistische Partei erreicht 35 %, KP 14,6 %, keine Partei die absolute Mehrheit. Staatspräsident wird *R. Eanes* (* 1934), der den Sozialisten *Mario Soares* (* 1924) zum Reg.-Chef ernennt

Spanischer König entläßt Reg.-Chef

† *Eugen Roth*, humorvoller Schriftsteller, Verfasser der „Ein Mensch . . ."-Gedichte (* 1895)

† *Fritz Schreyvogel*, österr. Schriftsteller, 1954–59 Vizedirektor des Burgtheaters (* 1899)

Über 100 deutsche Dichter und Schriftsteller durch Literaturpreise und anders ausgezeichnet

Über 100 Buchverlage in BRD haben einen Umsatz größer als 8 Mill. DM.

Seit 1951 erschienen in BRD ca. 1 Mill. Titel, davon 80 % Erstauflagen, 20 % Neuauflagen

Anteil der Taschenbücher 1965/74 in %: Schöne Literatur 15,7/28,8, Philosophie, Psychologie 6,4/19,5, Jugendschriften 4,6/15,0. Die größten Taschenbuchverlage haben 30 Mill. DM und mehr Umsatz

Bd. 1 des Großen Wörterbuchs der deutschen Sprache erscheint

tiker, ab 1934 führende Position im Kirchenkampf gegen NS-Regime. Ab 1949 Präsident und Ehrenpräsident des Dt. evang. Kirchentages, den er begründete (* 1891)

Neues Eherecht in BRD (gültig ab 77). Ehescheidung basiert auf Zerrüttungs- statt auf Schuld-Prinzip

Papst bekräftigt strenge katholische Sexualethik (erhöht Spannung zur sozialen Realität)

Grabungsfund in Athen wird als Gefängniszelle des *Sokrates* gedeutet, der –399 dort durch Gift hingerichtet wurde

Grundriß des Sonnentempels von *Echnaton* bei Theben in Ägypten gefunden (Dieser Pharao führte um –1350 den Sonnenkult als monotheistische Religion ein)

Echnaton-Ausstellung in München, Berlin und Hildesheim (allein in München 322 000 Besucher)

Ausstellung *Ramses II.* in Paris. Seine Mumie wird mit militärischen Ehren empfangen und fachmännisch konserviert

Ursyrisches mächtiges Königreich Ebla um –2300 aus 15 000 Schrifttafeln in Rom erschlossen

Institut für wirtschaftliche Zukunftsforschung in Tübingen gegründet

Mitte-Links-Gruppierung des Konzils wählt Prof. *Lämmert* als

Marwan (* 1934 in Damaskus): „Kopf Nr. 177“ (Gem. mit expressiver Gesichtslandschaft)

W. *Mühlenhaupt:* „Eisenbahn“ (Collage aus der Gruppe der Berliner „Malerpoeten“)

Max Pfaller (* 1937): „Unrentable (Bahn-) Strecke“ (realistisches Gem.)

† *Man Ray,* Maler und Photograph in USA und Frankreich (* 1890)

† *Karl Schmidt-Rottluff,* dt. expressionistischer Maler, Gründungsmitglied der „Brücke“ 1905, Ehrenbürger von Berlin (W) und Karl-Marx-Stadt (* 1884)

Ruth Speidel (* 1916): „Slalom“ (Bronze)

F. Schröder - Sonnenstern: „Die Waage des Weltgerichts“ (Zeichnung)

† *Mark Tobey,* US-Maler. Seine ostasiatisch beeinflußte Malweise um 1936 gilt als Vorläufer von *Pollock*

Hann Trier: „Phoenix“ (abstr. Gem.)

Hans Vogelsang (* 1945): „Ohne Titel“ (in einer Reihe Arbeits-Aspekte des künstlerischen Prozesses)

W. Vostell (* 1932): Straßenhappening in Berlin (W)

† *Fritz Winter,* abstrakter Maler, 1927–30 am Bauhaus (* 1905)

6. Freie Berliner Kunstausstellung mit rd. 1300 Künstlern in 61 Gruppen

Cosima Wagner (* 1837, † 1930): Tagebücher 1869–77

Robert Wilson (* 1943): „Einstein on the Beach“ (US-Oper)

100 Jahre *Wagner*-Festspielhaus Bayreuth: Stark umstrittene „Ring“-Inszenierung von *Patrice Chéreau* (* 1945), unter Stabführung von *P. Boulez* (* 1925). *Peter Stein* inszeniert „Rheingold“

17. Chorfest des Dt. Sängerbundes in Berlin (W)

Popmusic-Festival auf Fehmarn

Schlager: „Ein Bett im Kornfeld“, „Girls, Girls, Girls“, „Fernando“, „Silver Bird“, „Schmidtchen Schleicher“

K. Appel und *W. Haken* beweisen in USA mit 1200 Computerstunden Rechenzeit den Vierfarbensatz der Landkartentheorie (1852 aufgestellt)

† *R. W. Pohl,* dt. Physiker (Kristallphysik). Begründete moderne Vorlesungstechnik der Experimentalphysik. (* 1884)

† *Walter Schottky,* Physiker schweizerischer Herkunft, Pionier der Rundfunkröhrentechnik (* 1886)

Schwer-Ionenbeschleuniger in Darmstadt liefert Uran-Ionen mit 1,57 Mrd. Elektronenvolt Energie

Super-Protonen-Synchrotron b. CERN, Genf erreicht 400 Mrd. Elektronenvolt (400 GeV)

Weitere Experimente sichern Existenz einer neuen Quantenzahl „Charm“, die ein 4. Quarkteilchen mit dieser Qualität erfordert. Damit erreicht die Theorie der Elementarteilchen eine als entscheidend angesehene Erweiterung von ähnlicher Tragweite wie die Entdeckung der „Fremdheit“ (Strangeness) um 1950

US-Forscher finden neues Elementarteilchen (Energieresonanz) mit 6 Protonenmassen als bisher schwerstes

Wissenschaftler der Sowjetunion geben Entdeckung des Transurans 107 bekannt, das 2/1000 Sekunden Lebensdauer hat. Im Bereich der Entdeckung neuer Transurane gibt es eine Prioritätskonkurrenz zwischen USA und Sowjetunion

Der angebliche Nach-

Die größten Chemie-Konzerne sind

	Umsatz (Mrd. DM)
1. Hoechst, BRD	8520
2. BASF, BRD	8208
3. Bayer, BRD	7273
4. Du Pont, USA	7222

Bemühungen der Bundesregierung um Rentenstabilisierung und Kostendämpfung im Gesundheitswesen führten zu politischer Unruhe (1977 kommt es zu „Streiks“ von Ärzten)

Druckerstreik in BRD lähmt zeitweise Zeitungsherstellung und -vertrieb

Elbeseitenkanal eröffnet, der den Schiffsweg Hamburg–Ruhr um 250 km verkürzt. Ein Dammbruch legt ihn schon im 1. Jahr zeitweise still

EG errichtet 200-Meilen-Zone für Fischfang

Deutsche Antarktis-Expedition stellt ca. 200 Mt jährlich Zuwachs an Krill (Krebsart) fest. Diese Eiweißquelle ist mit dem erdweiten Fischfang zu vergleichen, der 1970 70 Mt erbrachte

Eisenbahnlinie Belgrad–Bar mit 237 Brücken

Baikal-Amur-Magistrale (BAM) als zusätzliche transsibirische Bahn im Bau (hält größeren Abstand von chinesischer Grenze)

UHURU-Bahnlinie Tansania–Sambia eröffnet (1850 km, von VR China erbaut)

Bundesbahn legt letzte Dampflokomotiven still

12 500 t schwere Rheinbrücke in Düsseldorf wird um 50 m verschoben

In der Internationalen Zivilluftfahrt-Organisation liegt die Verkehrsleistung bei 630 Mrd. Passagier-km (1975: 569) bei der durchschnittlichen Unfallrate von einem Toten pro 400 Mill. Passagier-km sind etwa 1580 Todesopfer zu erwarten

Fluglotsenfehler verursacht Zusammenstoß zweier Verkehrsflugzeuge über Zagreb, wobei alle 176 Insassen getötet werden

(1976)	*A. Navarro*, der als Anhänger der *Franco*-Politik gilt, ernennt *A. Suarez Gonzales* (* 1932), der Demokratisierung beginnt Spanische Ständekammer Cortes löst sich auf, um Parlamentswahlen zu ermöglichen. Nach Aufhebung des Waffenembargos schließt Türkei neues Stützpunkt- und Hilfs-Abkommen mit USA Bestechungsskandal der US-Flugzeugfirma Lockheed belastet führende Politiker in US-Bündnis Präsidentenwahl in USA: *J. E. Carter* (* 1924, Demokrat) siegt knapp mit 48 % über *G. F. Ford* (* 1913, Republikaner) Amtszeit ab 1977. Vizepräsident *W. F. Mondale* (* 1928), Außenminister *Vance* (* 1917) Präsidentin *I. Peron* in Argentinien nach 21 Monaten Reg. durch Staatsstreich abgesetzt und inhaftiert. Generalstabschef *J. R. Videla* (* 1925) Staatspräsident † *J. Kubitschek*, brasilianischer Staatspräsident 1956–61 (* 1902) Militärputsch in Uruguay Ägyptischer Staatschef *Sadat* kritisiert libyschen Staatschef *Gaddafi*, der als Vertreter des linken Extremismus gilt Israelisches Kommando befreit im Handstreich auf dem Flugplatz Entebbe/Uganda über 100 israelische Geiseln, mit denen die Freilassung von 53 Anarchisten auch von der BRD erpreßt werden sollte OAU-Konferenz in Addis Abeba findet keine Lösung für denBürgerkrieg in Angola, in dem die Kommunisten (MPLA) 1975 die Macht gewannen *H. Kissinger* vermittelt im Rhodesienkonflikt im Sinne einer Mehrheitsregierung der Neger. Rhodesienkonferenz unter britischer Leitung in Genf scheitert 1977 Schwere Rassenunruhen in Südafrika fordern viele Opfer *E. Sarkis* (* 1922, Bankfachmann) Staatspräsident des Libanon Nach 14 Monaten blutigen Bürgerkriegs im Libanon trennen syrische Truppen die kämpfenden Parteien. Das Land droht in je einen Staat der Moslems und Christen zu zerfallen		Nachfolger von *R. Kreibich* zum Präsidenten der FU, Berlin Studentenunruhen in Frankreich wegen staatlicher Studienreform, die Praxisnähe anstrebt New York City-University (270 000 Studenten, 12 000 Professoren und Dozenten) zeitweise zahlungsunfähig Futurologische Betrachtungen werden im Gegensatz zu früheren Untersuchungsprophezeiungen optimistischer (z. B. *H. Kahn* [* 1922, USA], der erdweite Verbesserung der Lebensbedingungen vorhersagt. Vgl. 1975) Im Bundesrat d. BRD wird ein Kompromiß für das Hochschulrahmengesetz gefunden, das nun in Kraft treten kann (es realisiert die Gruppen-Universität, in der die Hochschullehrer Vorrang haben)

Internationaler Kunstmarkt in Düsseldorf mit 170 Galerien und rd. 500 Künstlern (*Baumeister, Beuys, Christo, Dali, Trökes, Vostell, Wols, Wunderlich* u. a.)

Umfassende Ausstellung des Werkes von *W. Kandinsky* (* 1866, † 1944) in München

Kunstausstellung von 12 Nonkonformisten in Moskau erweist die Ausbreitung inoffizieller Kunst in der Sowjetunion (1977 wird inoffizielle sowjetische Kunst in London gezeigt)

„Euro-Bau 76", Ausstellung von mehr als 110 Musterhäusern in Hamburg

Akropolis Athen durch Umweltschäden bedroht

—

André Bazin († 1958): „Was ist Kino?" (dt. Übersetzung der frz. Ausgabe 1958–62)

† *Jean Gabin*, frz. Filmschauspieler (z. B. 1959: „Im Kittchen ist kein Zimmer frei") (* 1904)

† *Fritz Lang*, dt. Filmregisseur („Die Nibelungen" u. a.), schuf expressionistischen Filmstil, nach 1933 in USA (* 1890)

† *Carol Reed* brit. Filmregisseur (z. B. 1949 „Der Dritte Mann") (* 1906)

† *L. Visconti* (ermordet), ital. Filmregisseur (z. B. 1970: „Der Tod in Venedig") (* 1906)

F. Wotruba und *G. Mayr:* Kirche Zur Heiligen Dreifaltigkeit bei Wien (Kirche aus 152 Betonklötzen, „Skulptur als Gebäude")

weis superschwerer Elemente (über 110) erweist sich als Irrtum

Optisches 6-m-Spiegelteleskop der Sowjetunion im Kaukasus (Zelenchuckskaja), ist bisher größtes Instrument dieser Art

Radioteleskop aus 900 Einzelspiegeln auf Kreis von 600 m Durchmessern der Sowjetunion im Nordkaukasus

US-Radarteleskop entdeckt Hochfläche („Maxwell") auf der Venus

Max Planck-Institut für Astronomie in Heidelberg. Arbeiter mit 1,2-, 2,2- und 3,5-m-Spiegelteleskopen auf dem Calar Alto in Spanien. Mit Infrarot-Bildwandler-Teleskop gelingen Aufnahmen junger Sterne, die sonst durch Staubwolken verdeckt sind

Infrarot-Bildwandler-Teleskop auf dem Calar Alto entdeckt Nachbargalaxie der Milchstraße

3,6-m-Spiegel-Teleskop für europäische Südsternwarte in Chile im Bau

US-Marssonden Viking 1 und 2 liefern zahlreiche Bilder und Informationen: Wassereis an den Polen, von Wasser geformte Oberfläche, keine Spuren von Leben

Ein Signal der Marssonde Viking 1 eröffnet US-Raumfahrtmuseum

Erfolgreiche intravenöse Impfung gegen Geflügeltumor als

Flugzeugabsturz in Türkei mit 154 Toten, bei Bombay mit 95 Toten

Absturz eines US-Transporters auf Santa Cruz (Bolivien) verursacht ca. 130 Tote, darunter zahlreiche Kinder

Frz. Flugzeug mit 257 Insassen entführt. Es wird die Freilassung von 53 Terroristen auch von BRD gefordert. Die nach Entebbe, Uganda, entführten Israelis werden durch ein israelisches Kommando in einer unwahrscheinlich kühnen Aktion handstreichartig befreit

Absturz einer Seilbahngondel bei Cavalese (Trient) fordert 42 Tote

Von einer Schweizer Fabrik in Seveso (N-Italien) verbreiten sich Giftstoffe, wodurch Sperre und Evakuierung notwendig werden

45 Tote bei der Explosion in einer finnischen Munitionsfabrik

16 Tote und 60 Verletzte bei Explosion auf einer Hamburger Werft

Reichsbrücke in Wien stürzt ein

„Jahr der Erdbeben": 45 bedeutende Beben (davon 11 schwere und 3 sehr schwere) fordern in NO-Italien, Türkei, bei Peking, auf den Philippinen, in Guatemala an die 150 000 Tote. Zahl der Toten in China weitgehend unbekannt

Dammbruch in USA (Idaho) verursacht 35 000 Obdachlose

Mit 10 Vulkanausbrüchen auf der Erde (1975: 25) handelt es sich um ein „ruhiges" Vulkanjahr

Orkan und Nordseesturmflut fordern 40 Tote

Grippewelle in DDR

Extrem heißer und trockener Sommer in Mittel- und W-Europa (wie noch nie seit 100 Jahren). Wasserrationierung in England

Wirbelsturm zerstört in Mexiko La Paz: über 1000 Tote und 40 000 Obdachlose

(1976)	Arabische Liga beschließt Aufstellung einer Friedenstruppe Friedensbereitschaft der Gegner im Nahostkonflikt wächst † *Tschu En-lai,* chinesischer Min.-Präs. seit 1949, vertrat gemäßigten Kurs (* 1898) Nachfolger wird *Hua Kuo feng* (* 1921), der bald Nachfolger von *Mao* wird Politische (Wandzeitungs-)Kampagne gegen *Teng Hsiao ping,* der *Tschu En-lai* vertrat spiegelt Machtkampf kurz vor *Maos* Tod in China In Peking kommt es zu Demonstrationen für *Tschu En lai* † *Mao Tse tung,* Begründer der VR China und des „Maoismus" (* 1893) Nachfolger wird *Hua Kou feng* (* 1921) Linke Viererergruppe mit *Mao*-Witwe *Tschiang Tsching* (* 1912) wird scharf bekämpft USA räumen letzte Militärbasen in Thailand USA-freundliche, konservative Mehrheit bei Wahl in Thailand Regierung in Kambodscha gibt 1 Million Tote durch Krieg und Bürgerkrieg an (bei ca. 8 Millionen Einw.) Kommunistisch beherrschte Nationalversammlung beschließt Vereinigung von N- und S-Vietnam zu einem sozialistischen Staat (45 Mill. Einw.) Japan schließt mit insgesamt 1,51 Mrd. $ Reparationen für Kriegsschäden ab Sowjetisches Kampfflugzeug MIG 25 flüchtet nach Japan. Pilot erhält in USA Asyl UNCTAD-Konferenz i. Nairobi zeigt Gegensätze im Nord-Süd-Konflikt 5. Seerechtskonferenz (i. New York) bleibt ohne Einigung	Fortschritt intensiver Krebsforschung In USA gelingt Embryo-Transplantation beim Pavian Versuche in Israel Erdöl aus Algen in besonnten Teichen zu gewinnen 1 Mrd. Jahre alte Tierspuren als bisher älteste entdeckt (älteste Mikroorganismen über 3 Mrd. Jahre) Auf Spitzbergen Fund bisher ältesten Wirbeltiers (500 Mill. Jahre altes Ur-Neunauge) Alter eines Pekingmenschen-Fundes in Afrika wird zu 1,5 Mill. Jahre bestimmt. Lebte zusammen mit Australopithecinen (ursprünglich bestimmte man das Alter des Pekingmenschen zu 0,5 Mill. Jahre) 5500 Jahre alte Bronzefunde in Thailand erweisen sehr frühen Gebrauch dieses Metalls (etwa 1000 Jahre älter als bisher angenommen)	US-Elektronenmikrospektroskopie identifiziert Mumie als Pharaonin *Teje* an Haarproben (Vergleich mit Haaren einer Grabbeigabe, deren Herkunft erkennbar war) Sowjetunion erprobt Kfz. mit Wasserstoffverbrennungsantrieb *Max Planck*-Institut für Festkörperphysik in Stuttgart eröffnet Computer löst Vierfarbenhypothese der Landkartentheorie (4 Farben reichen aus, um Grenzen zu vermeiden, an denen gleiche Farben zusammentreffen) Von den 1901–76 verliehenen 309 *Nobel*preisen für Physik, Chemie und Physiologie entfielen in %: USA 35, Großbritannien 19, Deutschland 17, Frankreich 7, Schweden 3, Schweiz 3, Rußland (SU) 3, Dänemark 2, Niederlande 2, Österreich 2, 16 andere 7 (vgl. 1975) Im Flugzeug bewegte Atomuhren zeigen die von der Relativitätstheorie geforderte Gangverlangsamung (Versuche in USA)

† *A. Zukor,* Pionier der US-Filmindustrie, Gründer der Paramount 1917, deren Präsident bis 1933 (* 1873)

„Casanova" (ital. Film von *F. Fellini*)

„Einer flog übers Kuckucksnest" (US-Film von *Milos Forman* [* 1932] erhält zahlreiche Oscars)

„Numéro deux" (frz. Film von *J.-L. Godard* [* 1930])

„Die Unbestechlichen" (US-Film um die Watergate-Affäre von *Alan Jack Pakula*)

„Der Fangschuß" (dt. Film von *V. Schlöndorff* [* 1939])

„Jeder stirbt für sich allein" (dt. Film nach *H. Fallada* von *A. Vohren*)

„Sommergäste" (Film von *Peter Stein* seiner *Gorki*-Inszenierung in der Schaubühne Berlin)

Olympische Spiele in Montreal. Medaillenspiegel (G/S/B)

USSR	47/43/35
DDR	40/25/25
USA	34/35/25
Japan	9/ 6/10
BRD	10/12/17
Polen	8/ 6/11

12. Olympische Winterspiele in Innsbruck.

Medaillen	G/S/B
Sowjetunion	13/6/8
DDR	7/5/7
USA	3/3/4
BRD	2/5/3
Österreich	2/2/2

An 1380 Sportlern aus 37 Ländern werden 111 Medaillen vergeben

Populäre Skiabfahrtssieger sind *Rosi Mittermayer* (* 1950, BRD) und *Franz Klammer* (* 1953, Österreich)

Rosi Mittermayer gewinnt Ski-Weltpokal nach 2 Olympischen Goldmedaillen

Toni Innauer (* 1958, Österreich) springt auf der Skiflugschanze Oberstdorf mit 176 m Weltrekord

Polen schlägt Sowjetunion 6:4 bei der Eishockey-Weltmeisterschaft

Rangfolge in der Europa-Fußballmeisterschaft: ČSSR, BRD, Niederlande, Jugoslawien

† *Gottfried v. Cramm,* dt. Tennismeister (* 1909)

Weltrekord im Stabhochsprung von *Dave Roberts* (USA) mit 5,70 m

3 Drachenflieger aus der BRD fliegen vom Kilimandscharo in 50 Min. 5500 m tief in die Ebene

Transatlantik-Segelregatta nach USA aus Anlaß ihrer 200-Jahr-Feier

Karl Thomas (USA) scheitert beim Versuch, Atlantik im Ballon zu überfliegen (19 andere Versuche scheitern zuvor)

Hamburger SV gewinnt Pokal der DFB Fußballmeisterschaft

Boxweltmeister *Muhamad Ali (Cassius Clay)* tritt ungeschlagen vom Titel zurück, den er 1964 erstmals gewann (vgl. 1978)

Hunt wird im Formel-I-Autorennen in Fuji (Japan) Weltmeister gegen *N. Lauda*, der wenige Wochen nach einem schweren Unfall wegen schlechter Rennstrecke aufgibt

Hochhausneubauten verändern einschneidend die Skyline von Frankfurt/Main (Manhattanisierung ähnlich wie in Paris)

Photokina in Köln im Zeichen der Pockett- und Sofortbildkamera

Sohn eines Industriellen in BRD entführt und für 21 Mill. DM freigekauft

Ein Mann gesteht den Mord an 8 Frauen im Ruhrgebiet

Energieverbrauch in BRD
Anteil der Prämienenergie in %

	1966	1976
Erdöl	46	53
Erdgas	1,5	14
Steinkohle	38	19
Braunkohle	11	10
Kernenergie	0,04	2
Wasser u. a.	3,5	2
Mill. t SKE ges.	266,7	370,7
t SKE/Kopf	4,6	6,0

Die Erdbevölkerung verdoppelte sich seit 1941 auf 4 Mrd., ihr Bruttosozialprodukt in 14 Jahren auf 6820 Dollar = 1700 Dollar/Kopf (davon 35 % Industrie, 9 % Landwirtschaft). Das durchschnittliche . BSP/Kopf liegt 17mal höher als in Indien

1977	Friedensnobelpreis an Amnesty International (1961 gegr. Organisation, die sich für politische Gefangene einsetzt). Für 1976 wird der Preis nachträglich an die Friedensbewegung nordirischer Frauen (*Petty Williams* und *Mairead Corrigan*) verliehen Als die Friedenstat des Jahres gilt weithin die Reise des ägypt. Präsidenten *Sadat* nach Israel, um Frieden anzubieten Mit der Aufnahme von Vietnam und Djibuti umfaßt UN 149 Mitglieder (zwischen 149 Staaten bestehen 22 052 Beziehungen [Botschafter]) KSZE-Folgekonferenz in Belgrad führt zu einer West-Ost-Debatte über Menschenrechte *J. Carter* (* 1924, Parteidemokrat) als 39. Präsident der USA im Amt. Tritt für Bürgerrechte in der Sowjetunion ein US-Präsident *Carter* kämpft um Energiesparprogramm gegen Ölindustrie und ihre Lobby *C. R. Vance* (* 1917) Außenmin. d. USA als Nachfolger von H. Kissinger (* 1923) Die Bemühungen der USA um Wiedereinberufung der Genfer Nahostkonferenz kreisen um die Beteiligung der PLO *Edward Koch* (* 1925, Parteidemokrat) wird ObBgm. von New York Schah-Besuch in USA führt zu schweren Tumulten vor dem Weißen Haus *Carter* unternimmt am Jahresende Weltreise in 6 Länder (Polen, Indien, Saudi-Arabien, Iran etc.) Bundesverfassungsgericht rügt werbende Regierungsinformationen in Wahlzeiten Bundesverfassungsgericht suspendiert auf Antrag d. CDU/CSU Wehrpflichtnovelle, welche Gewissensprüfung aufhob Das politische Klima der Bundesrepublik Deutschland wird von schweren terroristischen Verbrechen beeinflußt (Morde an *S. Buback*, *J. Ponto*, *H.-M. Schleyer* u. a.) Im *Baader-Meinhof*-Prozeß werden *Baader*, *Ensslin* u. *Raspe* wegen 4 Morden und 23 Mordversuchen zu lebenslänglicher Freiheitsstrafe verurteilt (begehen noch in diesem Jahr Selbstmord) (Prozeßkosten ca. 18 Mill. DM) Telefonabhör-Affären b. d. Terroristenbekämpfung gefährden Position des Innenmin. Maihofer (FDP). Justizmin. *Bender* (CDU) i. Baden-Württemberg tritt wegen Selbstmord dreier Terroristen im Gefängnis Stammheim zurück. Nachfolger wird *Palm* (CDU) Bundestag beschließt im Eilverfahren fallweises Kontaktverbot für Terroristen Generalbundesanwalt *S. Buback* u. 2 Begleiter von Terroristen i. Karlsruhe ermordet (* 1920)	Literaturnobelpreis an den spanischen Lyriker *Vicent Alexandre* (* 1898) Friedenspreis d. dt. Buchhandels an den polnischen Philosophen *Leszek Kolakowski* (* 1927), der den Marxismus kritisch betrachtet und 1966 aus der polnischen Arbeiterpartei ausgeschlossen wurde *Friedrich Beissner* (* 1905, † 1977): *Hölderlin*-Ausgabe (8 Bde. in neuer Editionstechnik seit 1943) *W. Biermann* (* 1936), *R. Kunze* (* 1933) und 7 andere zur Opposition neigende Künstler wechseln aus der DDR in die Bundesrepublik *Didier Decoin* (* 1945, Frankr.) erhält Prix Goncourt für den Roman „John L'Enfer" † *Tibor Déry*, ungar. Schriftsteller, der nach dem Aufstand 1956 fünf Jahre im Gefängnis saß (* 1894) *F. Dürrenmatt*: „Die Frist" (schweiz. Schauspiel) † *K. A. Fedin*, russ. Schriftsteller (* 1892). Wurde 1959	*B. Bettelheim*: „Kinder brauchen Märchen" (dt. Übersetzung der US-Fassung) † *Ernst Bloch*, dt. Philosoph eines dialektischen Materialismus, der zu einer „Philosophie der Hoffnung" gelangt. Kommt 1957 aus der DDR in die Bundesrepublik (* 1885) *Carsten Bresch* (* 1921): „Zwischenstufe Leben, Evolution ohne Ziel?" (vertritt eine dreiteilige Evolution der Materie, des Lebendigen u. des Geistigen) *J. Goebbels* Tagebücher werden veröffentlicht (erweisen ihn als politisch wenig urteilsfähig) *Robert Jungk*: „Der Atomstaat" (Warnung vor Entw. der Kernenergie) *M. Kruse* (* 1929) wird in Berlin (W) als ev. Bischof Nachfolger von *K. Scharf* (* 1902) † *Joh. Lilje*, seit 1947 ev. Landesbischof von Niedersachsen, gr. 1952 Ev. Akademie in Loccum (* 1899) *Golo Mann*: Terrorismus schafft bürger-

Joseph Beuys (* 1921): „Honigpumpe am Arbeitsplatz" (weitläufiger Kreislauf einer Fettmasse auf der documenta 6)

† *Arnold Bode*, Schöpfer der Kunstausstellung documanta i. Kassel (* 1900)

Christo plant die „Verpackung" des Reichtstagsgebäudes in Berlin. Bundestagspräsident lehnt ab. Skizzen auf der documenta 6

Jean Dubuffet: „La ronde des images" (frz. Gem.)

Klaus Fussmann (* 1938): „Grunewald" (Farbradierung)

† *Naum Gabo*, Bildhauer russ. Herkunft. Arbeitete in Dtl., England, USA (* 1890)

Jochen Gerz (* 1940): „Der Transsibirien-Prospekt" (Fußabdrücke als Spuren einer 16-Tage-Reise durch Sibirien mit abgedeckten Fenstern auf der documenta 6)

HAP Grieshaber (* 1909): Mahnbilder für Freiheit u. Menschenrechte. Ausstellung von Holzschnitten i. Athen

Horst Hirsig (* 1929): „Kämpfende Doppelfigur" (Zeichnung)

† *Willy Robert Huth*, dt. expressionist. Maler (* 1890)

L. Bernstein: „Songfest" (Vertonungszyklus von 13 Gedichten)

Musik-Institut von *P. Boulez* (* 1925) i. Pariser Kulturzentrum *G. Pompidou*

† *Maria Callas*, griech. Sopranistin mit Weltruhm! Ihr eigenwilliges Auftreten förderte ihre Popularität (* 1923)

† *Johann Nepomuk David*, dt.-österr. Komponist von Kirchenmusik (* 1895)

† *Georges Derveaux*, frz. Musiker, schrieb zahlreiche Filmmusiken (* 1901)

Paul Dessau: Vier 8stimmige Chöre auf Brieftexte *van Goghs*

W. Fortner: „That Time" (Oper nach *S. Beckett*)

† *Errol Garner*, US-Neger-Jazz-Pianist (* 1921)

H. W. Henze: „Wir kommen zum Fluß" (Oper). Henze legt musikalische Leitung der *Mozart*oper „Zauberflöte" nieder

W. Hildesheimer (* 1916): „Mozart" (Biographie)

Physik-Nobelpreise f. Entwicklung der Festkörperphysik an *P. W. Anderson* (* 1923, USA), *N. F. Mott* (* 1905, USA) und *H. van Vleck* (* 1899, USA);

Chemie-Nobelpreis an *I. Prigogine* (* 1917, Sowjetunion) f. d. Theorie irreversibler Prozesse, die auch biologisch bedeutsam sind;

Medizin-Nobelpreis an *Rosalyn Yalow* (* 1921, USA), *Roger Guillemin* (* 1924, USA) und *Andrew Schally* (* 1926, USA) für Peptid-Hormonforschung und Radioimmuntest

† *Franz Baur*, dt. Meteorologe, gilt als Begr. d. langfristigen Wetterprognose (* 1887)

M. Bookman vom MIT, USA, zeigt durch Versuche, daß Vögel ein magnetisches Feld erkennen

Herbert Boyer gelingt in USA, durch Gen-Übertragung vom Säugetier auf Bakterium das Wachstum regulierende Hormon Somatostatin, Bakterienkulturen zu erzeugen (gilt als ein Durchbruch der Gen-Chirurgie)

† *Wernher von Braun*, dt. Raketenforscher, leitet nach 1945 maßgeblich das Raumfahrtprogramm d. USA (* 1912)

*Nobel*preis f. Volkswirtschaftslehre an *B. Ohlin* (* 1899, † 1979, Schweden) u. *J. Meade* (Großbrit.) für Theorie des internationalen Handels

Nord-Süd-Dialog in Paris endet mit unvollständigen Ergebnissen für den sozialen Ausgleich zwischen Industrie- und Entwicklungsländern. Rohstoffonds zur Stabilisierung der Rohstoffpreise prinzipiell vereinbart. Erdölfrage bleibt offen. *W. Brandt* wird Vorsitzender einer Kommission für diesen Dialog

UN-Wasserkonferenz in Mar del Plata (Argentinien). Für eine Verbesserung der Wasserversorgung werden in den nächsten 20 Jahren ca. 220 Mrd. $ (Dollar) benötigt. (Nur 25–28 % der Bevölkerung der Entwicklungsländer waren 1970 mit Wasser und Abwässerung versorgt.)

USA verlassen UN-Organisation ILO, weil antiamerikanische Mehrheit das Internationale Arbeitsamt beherrscht. Führt zu scharfen Sparmaßnahmen

Wirtschaftsgipfel in London mit den Regierungschefs von USA, Kanada, BRD, Großbritannien, Frankreich, Japan, Italien u. EG-Vertretung

Preissteigerungen gegen Vorjahr i. BRD + 3,9 % (1975: + 6,0 %, 1974: + 7,0 %)

Dollarschwäche. Kurs sinkt bis auf 2,10 DM

RGW-Verschuldung an OECD liegt zwischen 30–50 Mrd. Dollar

Zeitweiser Uran-Lieferstopp v. USA und Kanada erschwert Kernenergie-Politik in BRD. SPD und FDP finden auf ihren Parteitagen eine flexible Einstellung zur notwendigen Kernenergie

Kernkraftgegner besetzen das Baugelände bei Whyl in Baden-Württemberg. Demonstrationen gegen das geplante Kernkraftwerk bei Brockdorf führen zu schweren Zusammenstößen mit der Polizei

Bürgerinitiativen und einige Gerichtsurteile behindern die Entwicklung der Kernkraftenergie. Parteitage von SPD und FDP respektieren ihre Notwendigkeit durch Beschlüsse mit Kompromißcharakter

(1977)	Terroristen ermorden in seinem Haus den Sprecher der Dresdner Bank *J. Ponto*, wahrscheinlich bei mißglückter Geiselnahme Arbeitgeberpräsident *Hanns-Martin Schleyer* wird als Geisel verschleppt, nachdem sein Fahrer und 3 Bewacher ermordet wurden. Als nach 6 Wochen Verhandlungen die Bundesregierung die Forderung auf Freilassung von 11 inhaftierten Terroristen nicht erfüllt hat und auch die 86 Geiseln einer Flugzeugentführung durch ein Grenzschutzkommando in Somalia befreit werden, wird Präsident *Schleyer* ermordet aufgefunden (* 1915). Ein weiteres Todesopfer des Terrorismus ist der Pilot der Lufthansamaschine *Schumann*. 3 Terroristen in Stammheim begehen Selbstmord. Heftige, oft kontroverse Diskussion über Ursachen und Bekämpfung des Terrorismus Sondertrupp (GSG 9) befreit in Mogadischu (Somalia) aus gekaperter Lufthansamaschine 86 Geiseln (3 der 4 Entführer finden den Tod) 4 verurteilte Terroristen verüben i. Gefängnissen d. BRD Selbstmord (hat Kampagne linker Kreise gegen den Staat zur Folge) Rechtsanwalt *Croissant* mit starken Beziehungen zur Terroristenszene flieht nach Frankreich, das ihn an die BRD ausliefert Bundeskanzler *H. Schmidt* reist nach Polen, Italien u. Ägypten Schwerer Spionagefall für DDR i. Bundesverteidigungsministerium (Agentin *Lutze*) Terroristen erpressen mit 2 Geiselentführungen von Wiener Industriekreisen über 6 Mill. DM. Dazu kommen 2 Mill. DM aus Banküberfällen i. Berlin (W) Dt. Terrorist in den Niederlanden nach kurzem Prozeß zur höchsten Freiheitsstrafe von 20 Jahren verurteilt 2 dt. Terroristen nach Schußwechsel i. d. Schweiz verhaftet † *Ludwig Erhard*, Wirtschaftspolitiker und -minister d. CDU 1949–63. „Vater der Marktwirtschaft" und des „Wirtschaftswunders". Bundeskanzler 1963–66 (* 1897) Nach Rücktritt von Bundeswirtschaftsmin. *H. Friderichs* (* 1931, FDP), der in den Vorstand der Dresdner Bank geht, wird *O. Lambsdorff* (* 1926, FDP) sein Nachfolger Kieler Parteitag der FDP bekennt sich zur Marktwirtschaft und stimmt gegen Baustopp von Kernkraftwerken Parteitag d. SPD i. Hamburg *W. Brandt* übernimmt im Auftrag der Weltbank Vorsitz i. d. Nord-Süd-Kommission für den Dialog zwischen Industrie- und Entwicklungsländern (vgl. Spalte V Ende)	1. Sekretär des sowjetischen Schriftstellerverbandes † *René Goscinny* (* 1926, Frankr.), Autor der weitverbreiteten Asterix-Comics *G. Grass:* „Der Butt" (Roman um die Frauenemanzipation) *Alex Haley* (* 1921): „Roots" („Wurzeln", US-Roman um Geschichte der Neger) Schaubühne am Halleschen Ufer spielt *Hölderlins* „Hyperion" im Olympiastadion, Berlin (Regie *M. Grüber*) † *Hans Habe*, dt. Journalist und Schriftsteller (* 1911) Ausstellung über *H. Hesse* (* 1877) in Marbach *R. Hochmuth:* „Der Tod des Jägers" (Schauspiel um den Freitod *Hemingways*, Urauff. in Salzburg) *W. Höllerer* grdt. Archiv f. dt. Nachkriegsliteratur in Sulzbach-Rosenberg (Oberpfalz) † *H. Ihering*, dt. Theaterkritiker, schrieb ab 1919 in der „Schaubühne" (später „Weltbühne"), (* 1888)	kriegsartige Zustände und erfordert harte Sofortmaßnahmen (Teil einer umfangreichen Terrorismus-Debatte) † *Jan Patocka*, Philosoph in ČSSR (Phänomenologie), schrieb Kommentar zur „Charta 77" f. d. Menschenrechte (* 1907) *J. Ratzinger* (* 1927), Theologie-Professor, wird als Nachfolger von Döpfner Erzbischof von München *Sacharow*-Hearing in Rom enthüllt Verletzung der Menschenrechte in der Sowjetunion Regimekritiker veröffentlichen „Charta 77", die für Bürgerrechte eintritt und sich auf KSZE beruft i. Prag. Führt zu ihrer Verfolgung Studentische Unruhe (mit Vorlesungsboykott) um die Anpassung der Landesgesetze an das Hochschulrahmengesetz des Bundes, das Einfluß der Hochschullehrer verstärkt VR Polen ratifiziert Menschenrechtskonvention der UN von 1966

Bukichi Inoue (* 1930, Japan): „Kartons, Kartons, Kartons" Skulptur aus Verpackungsmaterial als Werk seiner „Box-Art"

Max Kaminski (* 1938): „Großes Grabmal" (Gem.)

E. Kienholz: „The Art Show" (Environment des US-Künstlers mit 19 puppenhaft nachgebildeten Persönlichkeiten der internationalen Kunstszene, die Tonbänder über Kunst hören lassen)

Matthias Koeppel (* 1937): „Grenzgebiet" (Berliner Stadtlandschaft aus der Realisten-Schule der „Neuen Prächtigkeit")

Siegfried Kühl (* 1929): „Bestürzte Stadt" (Gem.)

Walter De Maria (* 1935, USA): „Der vertikale Erdkilometer" (1000 m tiefes Bohrloch mit Röhre auf der documanta 6 i. Kassel)

Klaus Müller-Klug (* 1938): „Große Liebe" (Eichenskulptur)

Peter Schubert (* 1929): Deckengem. i. d. Orangerie im Schloß Berlin-Charlottenburg

Ausstellung d. engl. Bildhauers *Tim Scott* (* 1937) i. Hamburg

Kenneth Snelson (* 1927, USA): „Neue Dimensionen" (monumentale

M. Kagel: „Kantrimusik" (Ein-Mann-Oper)

H. v. Karajan dirigiert wieder i. d. Wiener Oper, die er als Direktor 1964 verließ

R. Kelterborn (* 1931): „Ein Engel kommt nach Babylon" (schweizer. Oper)

† *Elvis Presley*, weltberühmter US-Rock 'n' Roll-Musiker (* 1935)

W. Rihm: „Faust und Yorik" (Kammeroper)

Luise Rinser: „Der verwundete Drache – Dialog über Leben und Werk des (Komponisten) Isang Yun" (der koreanische Komponist I. Y. (* 1917) lebt in Berlin (W)

† *Leopold Stokowski*, brit. Dirigent polnischer Herkunft, berühmt vor allem als Leiter des Philadelphia Symphonie-Orchesters 1912–34 i. USA (* 1882)

Michael Tippett (* 1905): „Der Eisgang" (engl. Oper)

14. Musik-Festival von Royan (Südfrankr.) mit Kompositionen von *Dittrich*,

† *G. I. Budker*, Physiker der Sowjetunion, förderte Entw. der Teilchenbeschleuniger (* 1918)

† *Pehr Edman*, schwed. Chemiker, entwickelte 1950 automatische Sequenzanalyse der Aminosäuren in Eiweißmolekülen (* 1916)

Objekt *Kowal* als eine Art Miniplanet zwischen Saturn- und Uranusbahn i. USA entd. (erhält Namen „Chiron")

F. Sanger und Mitarbeiter bestimmen die Folge von 5375 DNS-Bausteinen (Nukleotiden) in der ringförmigen Erbsubstanz eines „kleinen Bakteriophagen" u. finden dabei neues, raumsparendes Prinzip der Erbinformation

Sowjetunion startet (seit 1957) 1000 Erdsatelliten (USA seither 680 Erdsatelliten und Raumsonden)

Sowjetunion startet zum 20. Jahrestag des Sputnikstarts Raumflugkörper mit 2 Kosmonauten, der nach mißglücktem Kopplungsmanöver abgebrochen wird.

USA starten Satellit als Observatorium f. d. Röntgenstrahlung kosmischer Objekte. Es gelingt die Röntgenstrahlung eines Neutronensternes zu analysieren: Die Strahlung kommt von ei-

US-Präsident *Carter* kritisiert Kernenergiepolitik des schnellen Brüters und der Wiederaufbereitungsanlagen wegen Verbreitung von Kernwaffentechnologie

Energieprogramm der Bundesregierung gibt Steinkohle Vorrang vor Kernenergie, ohne auf diese zu verzichten

14 Kernkraftwerke mit 7400 MW liefern i. BRD 10 % der elektr. Energie

Geologen entdecken große Uranlager im türkischen Teil des Schwarzen Meeres

DDR stellt wegen Erschöpfung der Lager Steinkohlenförderung ein

Ruhrkohlehalden (mit 33 Mt ca. 35 % der jährl. Kapazität) erfordern staatl. Subvention

Auslaufender Fischereivertrag mit Island führt zur Fischverknappung i. BRD

Alaska-Pipeline für ca. 60 Mill. t Erdöl jährlich in Betrieb. Bau seit 1975 (Länge 1277 km, Kosten über 18 Mrd. DM = 14 Mill. DM pro km)

Großer Erdölausbruch beim norwegischen Ölfeld Ekofisk verursacht ca. 500 km² großen Ölteppich, der sich ohne größere Schäden auflöst

OPEC kann sich in Caracas auf Ölpreiserhöhung nicht einigen

† *L. Rosenberg*, Vorsitzender des DGB 1962–69 (* 1903)

Arbeitskonflikt im Druckgewerbe wegen Einführung elektronischer Satzverfahren, wodurch Arbeitsplätze bedroht werden

Krise der Textilindustrie durch Konkurrenz der Entw.-Länder, wodurch Produktion seit 1973/74 weniger rasch wächst

EG verhängt Schutzzölle gegen billigen Stahl

Krise der saarländischen Stahlindustrie

Sanierung der Rentenversicherung i. BRD durch heftig kritisierte Maßnahmen (wird bald als unzureichend angesehen)

Ärzte i. BRD bekämpfen das Sparprogramm der Bundesregierung im Gesundheitswesen. Es kommt zu „Streik"-Aktionen

(1977)	SPD-Parteitag in Hamburg beschließt Kompromiß in der Frage der Kernenergie: Vorrang der Kohle, Kernenergie soweit notwendig. *W. Brandt, H. Schmidt* u. *H. Koschnick* erneut zu Vorsitzenden gewählt Jungsozialisten i. BRD wählen marxistischen Stamokap-Anhänger zum Vorsitzenden, der später aus der SPD ausgeschlossen wird CDU schlägt SPD in hessischen Kommunalwahlen. *H. Börner* ersetzt *A. Osswald* als Min.-Präs. d. SPD *R. Arndt* tritt nach Wahlniederlagen d. SPD als ObBgm. v. Frankfurt/Main zurück. Nachfolger *W. Wallmann* (CDU) SPD verliert durch Austritte Mehrheit im Stadtparlament Münchens *Klaus Schütz* (* 1926, SPD) tritt als Reg. Bürgermeister von Berlin (seit 1967) zurück. Nachfolger wird *D. Stobbe* (* 1938, SPD). *K. Schütz* wird Botschafter in Israel Unruhen Jugendlicher am Alexanderplatz i. Berlin (O), (DDR dementiert Todesopfer) Am Jahresende wird die anonyme Schrift eines ,,Bundes demokratischer Kommunisten Deutschlands" i. DDR bekannt, die echte Demokratie und Wiedervereinigung fordert (ihre reale Bedeutung bleibt vorerst unklar) Frz. Sozialisten unter *Mitterand* und Kommunisten unter *Marchais* gewinnen in den Gemeindewahlen Mehrheit in den größeren Städten. Ihr politisches Bündnis wird durch Uneinigkeit über ein Wahlprogramm f. d. Parlamentswahlen 1978 belastet und gefährdet Erster seit 1871 gewählter Bürgermeister von Paris wird *J. R. Chirac* (Gaullist), (vorher setzte Reg. Bgm. ein) Insgesamt 549 Sprengstoffanschläge i. Frankr. (zahlr. i. Paris) Konferenz der 43 Staaten des Commonwealth zum 25. Kronjubiläum v. Königin Elisabeth II. † *Anthony Eden,* brit. Politiker der konservativen Partei. 1935–38, 40–45, 51–57 Außenmin., 55–57 Premiermin. (* 1897) † *A. Crosland,* brit. Außenminister (Labour) (* 1918). Nachfolger *D. Owen* (* 1938) Durch Bündnis mit Liberalen wendet brit. Labour-Regierung Sturz durch Mißtrauen ab (,,Lib-Lab-Koalition") Durch Ablehnung der Verhältniswahl verzögert brit. Parlament die 1. Wahl i. d. EG Wahlsieg der Christdemokraten in Belgien. *L. Tindemanns* (* 1922) bleibt Min.-Präs. Niederländ. Fünfparteienreg. unter d. Sozialdemokraten *den Uyl* zerbricht an der Frage der Bo-	† *James Jones,* US-Schriftsteller (* 1921), schrieb 1951 ,,From here to eternity" (,,Verdammt in alle Ewigkeit") *Hermann Kant:* ,,Der Aufenthalt" (Roman) *Franz Xaver Kroetz:* (* 1946) ,,Agnes Bernauer" (Schauspiel, Urauff. in Leipzig) *Thomas Mann* († 1955): Tagebücher (ab 1933) beginnen zu erscheinen. Herausgeber *Peter de Mendelssohn* (* 1908) *Colleen McCullough:* ,,Dornenvögel" (dt. Übersetzung d. US-Familienromans) † *Vladimir Nabokov,* US-Schriftsteller russischer Herkunft (* 1899), schrieb ,,Lolita" 1955 † *Hans Erich Nossack,* dt. Schriftsteller (* 1901) † *Terence Rattigan,* engl. Bühnenschriftsteller (u. a. ,,Tiefe blaue See" 1952), (* 1911) *Hans Werner Richter* leitet letztes offizielles Treffen der ,,Gruppe 47" i. Saulgau *Wolfdietrich Schnurre* (* 1920): ,,Er-	USA treten auf der KSZE-Nachfolgekonferenz in Belgrad für Beachtung der Menschenrechte in der Sowjetunion und anderen Ländern ein. Ruft kommunistische Proteste hervor Diskussion in BRD, ob Anarchisten im Hungerstreik zwangsernährt werden sollen (Mehrheit ist dagegen) CDU-Kongreß zur wissenschaftlichen Analyse des Terrorismus Bundesverfassungsgericht erklärt lebenslange Haftstrafe für Mord als verfassungsgemäß, fordert aber gesetzliche Regelung der Gnadenpraxis Brasilien führt trotz kirchlichen Widerstandes die Eheschließung ein Schweizer lehnen im Referendum Fristenlösung f. legale Schwangerschaftsunterbrechung ab 110 Staaten unterzeichnen Neufassung der Genfer Konvention von 1949 zum Schutz der Zivilbevölkerung bei Kampfhandlungen;

Raumkompositionen aus Metallrohren und Drähten als Gleichgewichtsfiguren)

15. Europarats-Ausstellung „Tendenzen der 20er Jahre“ findet in Berlin (W) lebhaften Besuch

documenta 6 in Kassel über das Thema „Kunst und Medien“ mit den Abteilungen Malerei, Skulptur, Environment, Handzeichnungen, Video, Film, utopisches Design. Eine neue Konzeption ist die „Spurensicherung“. Insgesamt 350 000 Besucher

Auf der documenta 6 sind erstmalig DDR-Künstler vertreten: Bildhauer *Fritz Cremer* (* 1906), Berlin, Maler *Willi Sitte* (* 1921), Halle, *Werner Tuebke* (* 1929), Leipzig, Graphiker *B. Heisig* (* 1925), Leipzig, Maler *W. Mattheuer* (* 1927), Leipzig

„Kunstübermittlungsformen“. Ausstellung i. Berlin (W). Vom Tafelbild bis zum Happening. Die Medien der bildenden Kunst (Tafelbild, Plastik, Grafik, Ready made u. Objet trouvé, Collage und Fotomontage, Kinetik und Lichtkunst, Fotografie, Film, Video, Environment, Happening, Konzeptkunst, Land

Huber, *Lenot*, *Rihm* u. a.

„Musik der Zeit“, Zyklus im westdt. Rundfunk um die Trends „Neue Einfachheit“ und „Neoromantische Expressivität“ mit Minimal-Art-Kompositionen von *J. Cage* u. a.

2000 Tanzvorführungen i. New York erweisen diese Stadt als Metropole des Balletts

„100 Jahre Tonträger“. Veranstaltung zur Erinnerung an den Phonographen von *Edison* 1877 (1976 wurden i. BRD 136 Mill. Schallplatten und Kassetten verkauft)

nem heißen Fleck mit 100 Mill. Grad. Der Stern hat ein Magnetfeld 10 000 Mrd.mal stärker als das der Erde

USA starten europäischen Wettersatellit „Meteosat“, der zu einem erdweiten Beobachtungssystem der WOM gehört (beteiligt sind USA, Europa, Sowjetunion, Japan)

USA starten Raumsonden Voyager 1 und 2 zur Erforschung der Planeten Jupiter und Saturn, die sie 1979 u. 1981 erreichen sollen. Danach verlassen sie das Sonnensystem. An Bord befindet sich eine bilderschriftartige Information über die Menschheit („kosmische Flaschenpost“)

Erfolgreiche Probelandungen des US-Space-Shuttle-Raumtransporters

Japan startet seinen ersten geostationären Satelliten

US-Astronomen entd. einen ca. 1000 Jahre alten „Scheibenstern“, den sie als entstehendes Planetensystem deuten

Langfristige Schwankungen der Sonnenaktivität gelten als gesichert (möglicherweise ist die „Kleine Eiszeit“ 1645–1715 auf solche an den Sonnenflecken ablesbaren Schwankungen zurückzuführen)

Extreme Kältewelle in USA am Jahresanfang fordert Todesopfer

Kühlfeuchter Sommer in Mitteleuropa

Orkan bei Temperaturen bis + 16° C am 24. 12. über dem nördlichen Mitteleuropa

Neue Sahel-Dürre (wie 1972–74) droht

Nach einem Wirbelsturm im östlichen Indien werden bis zu 50 000 Tote und ein Mehrfaches an Obdachlosen und Verwundeten befürchtet

Erdbeben verursacht schwere Zerstörungen in und um Bukarest mit über 1500 Toten. (Schwerstes Beben in Europa seit dem von Basel 1356.)

Erdbeben höchster Stärke bei Bali registriert

Erdbeben in Argentinien: 70 Tote

Schweres Beben in Zentral-Iran: 545 Tote

Auf Hawaii bricht der Vulkan Kilauea aus

Der Welttourismus zeigt 1960–76 eine Steigerung von im Mittel + 7,6 % jährlich, d. h. mehr als eine Verdreifachung

Bundesbahn rangiert die letzten Dampflokomotiven aus (damit geht eine Epoche von 145 Jahren zu Ende)

Überschall-Linienflüge Paris– u. London–New York mit der „Concorde“ eröffnet (Flugdauer 3 1/2 Stunden, etwa 10mal schneller als vor 50 Jahren)

Sowjetunion nimmt Überschallflugverkehr mit TU-144 auf

Von unbekannten Tätern entführtes Verkehrsflugzeug explodiert bei Singapur in der Luft: 100 Tote

Mißglückte Landung einer Verkehrsmaschine auf Madeira fordert 130 Tote

Auf Teneriffa stoßen zwei Großraumflugzeuge beim Start zusammen. Mit 575 Toten ergibt sich die bisher größte Flugzeugkatastrophe

54 Tote beim Absturz eines israelischen militärischen Hubschraubers

66 Tote beim Absturz einer sowjetischen Verkehrsmaschine über Kuba

(1977)	denreform. Trotz Wahlerfolg hat *den Uyl* große Schwierigkeiten eine neue Regierung zu bilden. Nach Fehlschlägen bei der Reg.-Bildung kommt es zur Koalition Christdemokraten-Rechtsliberale mit Min.-Präs. *Dries van Agt* (* 1931) Prinzgemahl *Bernhard* wird in die Bestechungsaffäre der US-Flugzeugfirma Lockheed verwickelt Bei militär. Geiselbefreiung i. d. Niederlanden kommen 2 Geiseln und 6 Terroristen ums Leben Wahlsieg der niederländ. Regierung *den Uyl* (Sozialdemokrat) im Schatten des Geiseldramas Regierung Christdemokraten-Liberale unter Min.-Präs. *van Agt* i. d. Niederlanden Knapper Wahlsieg der sozialdemokratischen Arbeiterpartei Norwegens unter *Nordli* (* 1928) Unruhen in Polen gegen Preispolitik der Regierung An der Spitze des Eurokommunismus, der ein Mehrparteiensystem bejaht, stehen: KPF unter *G. Marchais* (* 1920), KPI unter *E. Berlinguer* (* 1922) u. span. KP unter *Carillo Solares* (* 1915) Neue finnische Regierung aus 5 Parteien einschl. KP unter Min.-Präs. *K. Sorsa* (Sozialdemokrat) (* 1930) In der neuen Verfassung der Sowjetunion bleibt trotz Übergang zum „Volksstaat" die Vormacht der KP erhalten Bei den Feiern des 60. Jahrestages der Oktoberrevolution i. USSR werden Spannungen im kommunist. Lager deutlich *Tito* besucht Peking und Moskau (*Mao* verurteilte Titoismus) Terror erschwert in Spanien die vom König erstrebte Demokratisierung Freie Wahlen nach Francos Tod führen in Spanien zur Festigung der Demokratie. 31 % Demokratisches Zentrum (*Suarez*), 28,6 % Sozialist. Arbeiterpartei (*Gonzales*), 9,4 % Kommunisten und Katalanen, 8,5 % Alianza Popular (Francisten), *Suarez* bleibt Min.-Präs., Diplomat. Beziehungen zur USSR Kommunisten u. bürgerl. Parteien stürzen Regierung des Sozialisten *Soares* i. Portugal, der neue Reg. bildet Ital. Minderheitsregierung unter *G. Andreotti* (* 1919, Christdemokrat) benötigt Tolerierung durch KPI Die Befreiung des schwerkranken dt. Kriegsverbrechers *Kappler* durch seine Frau aus ital. Haft führt zu heftigen antideutschen Reaktionen Schwere Studentenunruhen in Italien Wahlen in Griechenland bestätigen trotz Verluste Mehrheit der Konservativen unter *Karamanlis*. Die Linkssozialisten unter *Papandreou* verzeichnen stärkere Gewinne	zählungen 1945–65" *Neil Simon* (* 1937): „Chapter Two" (amerikan. autobiograph. Bühnenstück, Urauff. in New York) *Botho Strauß* (* 1944): „Trilogie des Wiedersehens" (Schauspiel, Urauff. in Hamburg) † *Frank Thieß*, dt. Schriftsteller (* 1890) † *Carl Zuckmayer*, dt.-österr. Schriftsteller und Theaterdichter (* 1896) Krise in BRD-Sektion des PEN-Clubs wegen Aufnahme des Trotzkisten *Mandel* (führt zu Austritten)	17. Evangel. Kirchentag in Berlin (W) mit über 50 000 Gästen (Motto: Jeder trage des anderen Last) „Der Mensch um 1500" (Kunstausstellung z. Kirchentag in Berlin) Neubau des Museums für ostasiatische Kunst in Köln eröffnet 15. Didacta in Hannover zeigt eine gewisse Korrektur gegenüber der starken Betonung des Programmierten Unterrichts 1968 Unversehrtes Grab von *Philipp II.*, König von Mazedonien, Vater *Alexander d. Gr.*, i. Griechenland entd., der –336 ermordet wurde Frauenhaus in Berlin (W) für Frauen in Bedrängnis wird stark frequentiert Chinesischer Atlas in phonetischer Schrift (lateinisches Alphabet) Amnesty International: zunehmende Menschenrechtsverletzungen in mehr als 100 Staaten

Art, Körpersprache)

„D-Realismus" (Realistische Kunst in der Bundesrepublik Deutschland). Ausstellung in Kassel mit Werken von *M. Bluth* (* 1926), *H. J. Diehl* (* 1940), *H. Duwe* (* 1926), *J. Goertz* (* 1939), *J. Grützke* (* 1937), *D. Kraemer* (* 1937), *P. Nagel* (* 1941), *W. Petrick* (* 1939), *P. Sorge* (* 1937), *J. P. Tripp* (* 1945), *K. Vogelsang* (* 1945), *J. Waller* (* 1939). Diese gesellschaftskritische Richtung entwickelt sich vorwiegend in Berlin (W)

„Malerei und Photographie im Dialog", Ausstellung in Zürich

„Die Zeit der Staufer" (umfassende Ausstellung der Zeit 1138–1254 i. Stuttgart)

Kulturzentrum *Georges Pompidou* i. Paris eröffnet (Museum f. moderne Kunst und Musik-Institut)

Ausstellung „inoffizieller" sowjetischer Künstler i. London zeigt 241 Bilder von 40 Künstlern

Kunstglas-Ausstellung der Veste Coburg

Mao-Mausoleum i. Peking i. antiken Säulenstil

—

US-Mars-Sonde registr. starke Stürme

Nahaufnahme des Marsmondes „Deimos" aus 23 km von US-Sonde zeigt sandartiges Oberflächenmaterial

Sowjet-Astronomen vermuten sonnenartige Energieproduktion beim Planeten Jupiter

US-Astronomen entdecken bei einer Sternbedeckung saturnartige Ringe beim Uranus

100-m-Radioteleskop i. d. Eifel entd. Wasser in einer Materiewolke in 2,2 Mill. Lichtjahren Entfernung (erstmaliger Nachweis extragalaktischen Wassers)

Sowjetforscher entd. in 2,5 Mrd. Jahren alten Gesteinen Moleküle organischen Ursprungs (Aminosäuren) (bestätigt Alter irdischen Lebens von ca. 3 Mrd. Jahren)

Methan erzeugende Bakterien werden als sehr früher Zweig des Lebens analysiert, der vor ca. 3,5 Mrd. Jahren entstand

Untersuchung eines Säugetierskeletts aus dem Jura Portugals (ca. 150 Mill. Jahre alt) erweist es als ein baumlebendes, insektenfressendes Beuteltier mit noch teilweise reptilienartigen Merkmalen

Alter eines Fischfossils in Australien

Man zählt i. d. Zivilluftfahrt 8 Unfälle mit 1136 Toten (das sind 1 Toter auf 625 Mill. Passagier-km)

Eisenbahnunglück i. DDR fordert 29 Tote

24 Tote bei Hotelbrand in Moskau

Brand in einem Nachtclub in Kentucky/USA mit Platz für 4000 Personen fordert 200 Tote

Absturz einer Seilbahngondel mit Skifahrern b. Cavalese nahe Trient: 42 Tote

Die Zahl der Toten durch Heroin-Mißbrauch in der Bundesrepublik nimmt stark zu. Allein in Berlin (W) alle 5 Tage ein Toter. In der Bundesrepublik werden 5000 Rauschgiftabhängige vermutet

Stromausfall in New York stürzt die Stadt in Chaos, über 3300 Plünderer werden verhaftet

Rosemarie Ackermann (* 1953, DDR) überspringt als erste Frau 2 m (1960 stand der Rekord auf 1,85 m)

† *W. v. Gronau*, dt. Flugpionier, unternahm 1932 60 000 km Weltrundflug

† *Josef (Sepp) Herberger*, 1936–64 dt. Fußballtrainer (* 1897)

Plazierung in der Tour de France: 1. *B. Thevenet* (Frankreich), 2. *D. Thurau* (* 1955, BRD), 3. *E. Merckx* (* 1945, Belgien)

Dt. Alpenverein veröffentlicht Alpenschutzprogramm gegen Auswüchse des Tourismus

Doping im Leistungssport hält an und wird inoffiziell zunehmend toleriert

FC Liverpool gewinnt gegen Mönchengladbach Fußball-Europa-Pokal

1. FC Köln gewinnt dt. Fußballpokal gegen Hertha BSC Berlin

In der Eishockey-WM schlägt Sowjetunion Kanada 11 : 1

3 dt. Drachenflieger fliegen vom Kilimandscharo in Afrika (5050 m) i. d. Ebene

Amerikaner ersteigt die 412 m hohe Fassade des World Trade Centers in New York

Bankraub in Nizza durch unterirdischen Tunnel bringt 27 Mill. DM Beute

Drachenflug vom Matterhorn

(1977) Wahlsieg der sozialdemokratischen Volkspartei unter *Ecevit* i. d. Türkei. Die parlamentarische Mehrheit erlangt eine Koalition unter *Demirel*. Cypernkonflikt bleibt ohne Lösung

Opposition unter *Ecevit* (* 1925, Republ. Volkspartei) stürzt türkische Regierung *Demirel* (* 1924, Gerechtigkeitspartei)

† *Makarios III.*, Staatspräs. von Zypern seit 1959 (* 1913)

Nach der Wahlniederlage der sozialdemokratischen Arbeiterpartei wird *M. Begin* (* 1913, konservativ) Min.-Präs. von Israel, dessen Politik einen Ausgleich mit den arabischen Staaten, aber auch mit USA erschwert. Sein Außenmin. wird *M. Dayan*, der früher die Arbeiterpartei unterstützte

Ägypten und Israel (*Sadat* und *Begin*) bieten sich öffentlich Friedensgespräche an

Begin unterbreitet US-Präsident *Carter* u. ägypt. Präs. *Sadat* Friedensplan. Trotz Uneinigkeit in der Palästinenserfrage werden für 1978 weitere Verhandlungen vorgesehen, um den Nahostkonflikt beizulegen

Unruhen in Kairo mit 65 Toten werden Kommunisten zugeschoben

Blutiger Putsch mit „Hinrichtungen" begleitet Wechsel der militär. Machthaber im Revolutionsrat Äthiopiens. Neues Staatsoberhaupt wird *Mengistu Haile Mariam*

Ägypt. Staatspräsident *Sadat* besucht Knesseth in Jerusalem. Verzichtet mit *Begin* auf kriegerische Mittel im Nahostkonflikt. Die meisten arab. Staaten verurteilen diese Reise

Ägypten löst diplomat. Beziehungen zur Sowjetunion, zu Algerien, Irak, Südjemen und Syrien, die auf einer Konferenz in Tripolis die Friedenspolitik *Sadats* verurteilten

Ägypten weist Konsulate und Kultureinrichtungen der Sowjetunion und anderer RGW-Staaten aus

Ägypten, Israel, USA und UN halten Nahostkonferenz in Kairo ab. Andere arab. Staaten bleiben fern. *Begin* kündigt Besuche in Ägypten an.

† (ermordet) *Kamal Dschumblat*, libanesischer Drusenführer (* 1917)

Djibuti mit 20 000 Ew. wird unabhängiger Staat (49. in Afrika)

Äthiopien schließt Einrichtungen d. USA und weist US-Bürger aus

Frankreich, Marokko, Ägypten, Südafrika u. VR China unterstützen Zaire gegen Angriff des kommunist. beherrschten Angola auf die Kupferprovinz Katanga

Dem Regime von *Idi Amin* in Uganda (Afrika), seit 1970, werden ca. 100 000 Tote durch Ausrottungskampagnen angelastet

≈ Es werden auf der Erde 2500–3000 Sprachen gesprochen. Als Muttersprache von mehr als 50 Mill. nur etwa 16. Darunter

Chinesisch	800 Mill.
Englisch	350–370 Mill.
Spanisch	220–225 Mill.
Hindi	200–220 Mill.
Russisch	150–160 Mill.
arab. Dialekte	130–140 Mill.
Portugiesisch	125–135 Mill.
Japanisch	115 Mill.
Deutsch	100–120 Mill.
Französisch	80– 90 Mill.
Italienisch	60– 65 Mill.

† *Charlie Chaplin* (eig. *Charles Spencer*), weltberühmter Filmschauspieler und -regisseur brit. Herkunft. Filmt seit 1914 i. USA, die ihm 1952–62 Einreise verweigern. 1975 geadelt (* 1889)

† *Bing Crosby*, amerikan. Filmschauspieler u. Sänger (* 1904)

Oscar f. d. besten Film „Rocky" von *John Avildsen*. Mehrere Oscars an „Network" (Film von *Sidney Lumet*)

„Das Schlangenei" (Film von *I. Bergman*)

„Cet obscur objet du désir" (frz. Film von *L. Buñuel*)

„Hitler, Eine Karriere" (Film des Hitler-Biographen *J. C. F. Fest*), (* 1926)

„Heinrich" (dt. Film um *Heinrich v. Kleist* von *Helma Sanders*)

„Padre Padrone" (ital. Film von *P. u. V. Taviani* erhält goldene Palme von Cannes)

† *Roberto Rosselini*, ital. Filmregisseur, Mitbegr. d. Neorealismus (* 1906)

„L'Innocente" (ital. Film von *L. Visconti*) (* 1906, † 1976)

Der US-Fernsehfilm „Roots" n. *A. Haley* (vgl. D) bringt Rekord an Zuschauern

† Joan Crawford, US-Filmschauspielerin (* 1908)

wird auf 480 Mill. Jahre datiert

Schädelfund von Petralona/Griechenland erweist sich mit rd. 700 000 Jahren als bisher „ältester Europäer", der wahrscheinlich Werkzeug- und Feuergebrauch kannte

2. Urpferdfund i. d. Ölschiefergrube Messel, deren Verwendung als Mülldeponie stark umstritten ist (insgesamt werden in d. J. 15 300 Fossilien gefunden)

Berichte über erfolgreiche „Kopftransplantation" bei Affen durch *R. J. White* (USA). (Es handelt sich um Verbindung eines abgetrennten Affenkopfes mit dem Blutkreislauf eines anderen Körpers, ohne daß ein Gesamtorganismus entsteht.)

Operation eines Blutgerinsels i. USA mit einer Ganzkörperunterkühlung auf 14° C

Keramik-Metall-Hüftprothese aus gesintertem Aluminiumoxyd

In Japan wird Armprothese entwikkelt, die von einem Mikrocomputer gesteuert wird

USA und Schweden bereiten Verbot von Spraydosen vor, um die Ozonschicht der Erde nicht zu gefährden

Mord an der Familie eines Bankdirektors bei Braunschweig nach Erpressung von 165 000 DM gilt als größtes Kapitalverbrechen in der Geschichte der Bundesrepublik. Täter wird gefaßt

Hinrichtung in USA nach 10 Jahren Aussetzung (1976) waren in USA 65 % für, 28 % gegen Todesstrafe. Unter dem Eindruck des Terrorismus nehmen in der BRD Anhänger der Todesstrafe zu

Die Berechtigung des Todesurteils gegen Sacco und Vanzetti 1927 wird in USA bezweifelt. Die Verurteilten und Hingerichteten erscheinen weitgehend rehabilitiert

Schwere Zusammenstöße Jugendlicher mit Polizei um neuen Flughafen in Tokio

Jean Loret (* 1918, Frankreich) behauptet, ein unehelicher Sohn *Adolf Hitlers* aus seiner Soldatenzeit im 1. Weltkrieg zu sein. Erbgutachter bezweifeln dies

Sowjetunion schreibt einem ihrer Bürger ein Alter von 142 Jahren zu. (Die angebliche Existenz vieler über Hundertjähriger in der Sowjetunion erweckt Zweifel.)

Motorisierung in der Bundesrepublik. Pkw auf 1000 Einw. Mrd. l Benzinverbr.

1957	53	4,6
1977	326	29,0

Bei 20,2 Mill. Pkw sind das 1977 1435 l/Pkw oder bei 10 l/100 km ca. 14 350 km Jahr = 40 km/Tag

VW-Werk schließt Lieferungsvertrag mit DDR über Lieferung von 10 000 Wagen Typ Golf, die 30 000 DM (O) kosten sollen

Die Bundesrepublik hat 21,1 Mill. Fernsprechstellen mit ca. 440 Gesprächen je Hauptanschluß monatl. (Auf der Erde gibt es ca. 400 Mill. Fernsprecher.)

Internat. Funkausstellung in Berlin. Die dort gezeigte „Bildschirmzeitung" löst Diskussion aus, ob sie Zeitung oder Rundfunk ist

Bundesgartenschau in Stuttgart

Drehorgelfabrik, die seit 1875 in Berlin arbeitete, schließt

Sektverbrauch in BRD vervierfacht sich seit 1957 auf mehr als 3,5 l/Kopf

(1977)	*Bokassa* krönt sich mit unzeitgemäßem Pomp zum Kaiser der früheren (bis 1976) Zentralafrikanischen Republik In Südafrika wird der Neger-Studentenführer *Biko* von der Polizei getötet, wie nachträglich ein Gericht feststellt Wähler der weißen Minderheit (18 % d. Bev.) in Südafrika verhelfen der Nationalpartei des Min.-Präs. *Vorster* zu 81 % der Parlamentssitze. Bedeutet Fortsetzung der Apartheid-Politik † *F. A. Ahmed,* ind. Staatspräsident seit 1974 (* 1905) Wahlniederlage der Kongreßpartei beendet ihre 30jährige Regierung in Indien. *Indira Gandhi,* Min.-Präs. seit 1966, folgt *M. Desai* (* 1896, Janata-Partei) als Reg.-Chef Neue Regierung in Indien verzichtet auf Kernwaffen *Indira Gandhi* wird wegen Korruption verhaftet, aber bald freigelassen Wahlerfolg der Opposition auf Sri Lanka (Ceylon) gegen *S. Bandaranaike,* Reg.-Chef seit 1970. Neuer Min.-Präs. *Jagewardene* (* 1906, Vereinigte Nationalpartei) Militärputsch stürzt Regierung *Bhutto* in Pakistan, der Wahlfälschung vorgeworfen wird Militärputsch in Thailand Linksorientierte ,,Viererbande" um Maos Witwe ausgeschaltet, der von ihr verurteilte *Teng* rehabilitiert Radikale Autonomisten aus den Süd-Molukken (Amboneser) nehmen zahlreiche Geiseln in einem Zug und einer Schule der Niederlande, die schließlich durch Militäreinsatz befreit werden Konservative Koalition schlägt Labour bei Parlamentswahlen in Australien Militärjunta in Chile uneins über eine von Staatschef *A. Pinochet* (* 1915) angeordnete Volksabstimmung Die militärischen Ausgaben aller Staaten liegen bei 5,5 % ihres Sozialprodukts (BSP). Der Betrag von rund 330 Mrd. Dollar reicht zur Ernährung der Erdbevölkerung. Das Vernichtungspotential dieser Rüstung beträgt 15 t TNT/Kopf d. Erdbev.	Erreger der Legionärskrankheit als bisher unbekanntes Bakterium identifiziert Künstliches Herz außerhalb d. Körpers (Pumpe aus Kunststoff) nach Herzoperation erstmals erfolgreich (i. Zürich) angewandt Erste Erfolge einer Kernfusion durch Laserstrahlen i. USA JET-Anlage für Kernfusion der EG kommt nach Großbritannien und erhält Physiker aus BRD als Leiter USA kündigen Bau einer Neutronenbombe an, die bei relativ geringem Sachschaden vor allem durch Strahlen tödlich wirkt (Proteste der Sowjetunion u. a.) Versuche in USA zeigen, daß aus Reaktoren gewonnenes Plutonium ein wirksamer Kernsprengstoff ist (erhöht die Furcht vor Mißbrauch des anfallenden Plutoniums) Am DESY-Beschleuniger b. Hamburg wird Elementarteilchen (,,F-Meson") gefunden, das gleichzeitig die Eigenschaften ,,Charme" und ,,Fremdheit" (,,Strangeness") aufweist. (Stützt die 4-Quark-Theorie der Elementarteilchen.)

Es mehren sich Hinweise auf die Existenz eines superschweren Elektrons (ca. 3800 Elektronenmassen), dessen theoretische Einordnung offen ist

In Heidelberg werden unerwartet stabile Zustände benachbarter Antimaterie entdeckt

In CERN, Genf, wird die Uhrenverlangsamung nahe der Lichtgeschwindigkeit gemäß der Relativitätstheorie am Zerfall von Elementarteilchen mit einer Genauigkeit von 0,1 % nachgewiesen

US-Wissenschaftler zweifeln i. einer Studie an der Notwendigkeit, den schnellen Brüter zu entwickeln

Frankreich demonstriert neues Verfahren zur Anreicherung spaltbaren Urans für Reaktoren, das für Kernwaffen nicht geeignet ist

„Y-Teilchen" mit 10facher Protonenmasse i. USA gefunden (wirft die Frage nach weiteren noch unbekannten Eigenschaften der Elementarteilchen auf)

Mikroanalyse von Spurenelementen i. Keramik ergibt Hinweise auf Überseehandel i. Mittelmeerraum im –6. Jtsd.

Internationaler Kongreß f. Nutzung der Sonnenenergie in Hamburg (Sonne liefert jährlich 30000mal die von der Menschheit verbrauchte Energie) (vgl. 1975 V)

Finnische Physiker erreichen Temperatur von 4/10000° über dem absoluten Nullpunkt (bei –273,2° C) als neuen Kälterekord

Antarktisforscher d. USA durchbohren mit flammenwerferartigem Bohrgerät 420 m dickes Eis des Roßmeeres

Sowjetischer Eisbrecher „Arktika" erreicht mit Kernkraftantrieb den Nordpol als erstes Überwasserschiff

Superplastische Verformung des Titan bei 925° C i. USA erschließt technische Anwendung des spröden Metalls, das bei 1668° C schmilzt und korrosionsfest ist

Vorführung eines Sofortentwicklungsfilms für Schmalfilmkameras

Paul Maccready konstruiert in USA pedalgetriebenes Muskelkraftflugzeug, das 1978 Ärmelkanal überfliegt

Pfennigabsatz kehrt in die Damenschuhmode zurück (trat zuerst 1970 auf)

WHO proklamiert „Jahr der Rheumakrankheiten", an denen 33 % der Bev. der westl. Welt leiden

%-Anteil an der globalen Industrieproduktion von ca. 2500 Mrd. Dollar:

USA	34,7
USSR	28,2
Japan	9,0
BRD	8,4
Frankr.	5,9
Gr.-Brit.	3,9
Italien	3,2
Kanada	2,5
Indien	1,1

(vgl. 1688, 1955)

Neben der Ost-West-Spannung beherrscht der soziale Nord-Süd-Gegensatz die Weltpolitik. Ein globales Bruttosozialprodukt von rd. 6030 Mrd. $ verteilt sich wie folgt auf eine Erdbevölkerung von 4125 Mill.:

	% Einw.	% BSP	$ BSP/Einw.
a) Industriestaaten			
westl. (OECD)	19,7	66,1	4907
östl. (RGW)	9,2	15,5	2463
b) Entw.-Länder	71,1	18,4	378
dav. VR China	21,0	4,4	306
Erde	100	100	1462

Zur Erreichung des globalen Mittelwertes von BSP/Ew (Gleichverteilung) fehlen den Entw.-Ländern 53 % des globalen BSP = 3200 Mrd. $. In der Nähe des globalen Mittels liegen Portugal und Jugoslawien (vgl. 1972 V).

1978

Friedens*nobel*preis an *Anwar as Sadat* (* 1918), Staatspräsident von Ägypten, für sein Friedensangebot an Israel (1977), und *M. Begin* (* 1913), Reg.-Chef von Israel, für sein grundsätzliches Einverständnis. *Sadat* bleibt der Verleihung fern

13tägige schwierige Verhandlungen zwischen *Carter, Begin* und *Sadat* in Camp David, USA, führen zur Vereinbarung, in 3 Monaten Frieden zu schließen. Dabei soll das Palästinenserproblem berücksichtigt werden (1979 kommt es zum Friedensvertrag)

Sondervollversammlung der UN über Abrüstung bleibt ohne wesentliche Ergebnisse (die erdweiten militärischen Ausgaben liegen bei 450 Mrd. Dollar)

Friedensbewegung der irischen Frauen zerfällt

Wechsel i. d. dt. Bundesregierung
im Bereich der SPD:

Verteidigung:	*H. Apel* folgt *G. Leber*, der zurücktritt
Bildung:	*J. Schmude* folgt *H. Rohde*
Entw.-Hilfe:	*R. Offergeld* folgt *M. Schlei*
Finanzen:	*H. Matthöfer* folgt *H. Apel*
Forschung:	*H. Hauff* folgt *H. Matthöfer*
Wohnung:	*D. Haack* folgt *K. Ravens*

im Bereich der FDP:

Inneres:	*G. Baum* folgt *W. Maihofer*, der zurücktritt

Dt. Bundestag verabschiedet mit einer Stimme Mehrheit Gesetze zur Bekämpfung des Terrorismus, die der CDU/CSU nicht weit genug gehen

CDU verabschiedet in Ludwigshafen (ihr erstes) Grundsatzprogramm

Bei den Wahlen in Niedersachsen und Hamburg bleibt FDP unter 5 % und ohne Mandat. In Hamburg bildet *H.-U. Klose* Alleinregierung der SPD, in Niedersachsen *E. Albrecht* eine der CDU. „Grüne Listen“ der Umweltschützer erzielen beachtete Erfolge unter 5 %

Wahl zum Bayrischen Landtag:

	%Stimmen	(1974)
CSU	59,1	(62,1)
SPD	31,4	(30,2)
FDP	6,2	(5,2)

Andere Parteien bleiben unter 5 %.
Alleinregierung der CSU. *F. J. Strauß* löst *A. Goppel* ab, der seit 1962 Min.-Präs. ist

Landtagswahl in Hessen:

	%Stimmen	(1974)	Sitze
CDU	46,0	(47,3)	53
SPD	44,3	(43,2)	50
FDP	6,6	(7,4)	7

H. Börner (*1931, SPD) setzt sozialliberale Koalition fort

H. Filbinger (* 1913, CDU) tritt wegen d. Vorwürfe gegen seine Tätigkeit als Kriegsmarinerichter vor und nach Kriegsende als Min.-Präs. von Ba-

Literatur*nobel*preis an den jiddischen Dichter *Bashevis Singer* (* 1904) in Polen), der in USA lebt

Friedenspreis d. Dt. Buchhandels an die schwedische Kinderbuchautorin *Astrid Lindgren* (* 1907)

E. Albee: „Zuhören“ (US-Schauspiel, dt. Urauff. i. Trier)

† (Freitod) *Jean Amery*, Schriftsteller österr. Herkunft (* 1912)

Jackson Bate: „Samuel Johnson“ (US-Biographie, die Pulitzer-Preis gewinnt)

Th. Bernhard: „Immanuel Kant“ (satirische Komödie um eine Seereise des Philosophen mit seiner Frau nach USA)

† *Alfred Braun*, dt. Rundfunkpionier, „Vater der aktuellen Reportage“ (* 1888)

Hans Magnus Enzensberger (* 1929): „Der Untergang der Titanic“ (Kritik an der Neuen Linken von einem ihrer Vertreter)

† *Werner Finck*, dt. Kabarettist, Schauspieler und Humorist. In-

Rudolf Bahro (* 1935), Systemkritiker i. DDR, Autor von „Die Alternative“, 1977 zu 8 Jahren Freiheitsstrafe verurteilt, erhält *Carl-von-Ossietzky*-Medaille der Liga für Menschenrechte in Berlin (W)

R. Borger: Handbuch der Keilschriftliteratur (gilt als Abschluß der Entzifferung der altmesopotamischen Keilschrift, die 1802 begann)

† *James B. Conant*, Chemiker, Hochschul- und Schulpolitiker u. Diplomat in USA. 1955–57 US-Botschafter i. BRD (* 1893)

H. Diwald: „Geschichte der Deutschen“ (Darstellung im „gegenchronologischen“ Verfahren von der Gegenwart aus)

† *Joseph Frings*, 1942–69 Erzbischof von Köln, seit 1946 Kardinal, 1945–65 Vorsitzender der Fuldaer Bischofskonferenz (* 1887)

W. Fucks: „Mächte von Morgen“ (untersucht künftige Macht der Staaten anhand ihrer Bevölkerung und wirtschaftlicher Produktion (Energie, Stahl). Vermutet in China die Weltmacht des kommenden Jahrhunderts und einen weiteren Rückgang der Macht Europas

Sebastian Haffner (* 1907): „Anmer-

Mordecai Ardon (* 1896), dt.-israelischer Maler aus der Bauhausschule: „Der letzte Gruß der Paletten" (Gem.). Sein Werk wird in Berlin (W) ausgestellt

George Baker (* 1931 USA): Kinetische Aluminium-Skulptur (i. d. Dt. Oper Berlin)

† *G. de Chirico,* ital. Maler der surrealistischen „pittura metafisica" (* 1888)

P. U. Dreyer (* 1939): „Architekturlinie II" (geometrisches Gemälde)

† *Duncan J. C. Grant,* schottischer Maler, von *Cézanne* beeinflußt (* 1885)

Ausstellung von Polyester-Plastiken des Neuen Realismus (Hyper-Realismus) von *Duane Hanson* (* 1925, USA)

† *Hannah Höch,* dt. Malerin, Mitbegründerin von Dada-Berlin (* 1890)

D. Honisch u. andere: „Adolf Luther. Licht und Materie". Darstellung des lichtopt. orientierten Werkes des Künstlers (* 1912)

R. Hübler (* 1928): „Wo die Wege enden" (Gem.)

John Cage: „Variations VIII" (Urauff. i. Köln)

† *Aram Chatchaturjan,* Komponist i. USSR (* 1903 in Tiflis)

J. L. Collier: „The Making of Jazz" (US-Jazzgeschichte)

† *W. Domgraf Faßbaender,* dt. Sänger (* 1897)

G. v. Einem: Streichquartett g-Moll

Valeska Gert, dt. Tänzerin u. Kabarettistin (* 1892 od. 1902)

Walter Haupt (* 1935): Klangwolke über Münchens Innenstadt. Orchesterkonzert auf dem Marienplatz wird durch Lautsprecher von Türmen und von einem Ballon auf die Stadt zurückgestrahlt

† *Peter Igelhoff,* österr.-dt. Komponist der U-Musik (* 1904)

H. v. Karajan gastiert mit den Berliner Philharmonikern in Dresden

G. Ligeti: „Le grand Macabre" (Oper, Urauff. i. Stockholm)

Zubin Mehta (* 1936 in Bombay) löst *P. Boulez* (* 1925) als Chefdirigent der New Yorker Philharmoniker ab

† *K. Moon,* brit.

*Nobel*preis für Physik an *A. Penzias* (* 1933 USA) und *R. W. Wilson* (* 1936 USA) für Entdeckung der Hintergrundstrahlung 1965, die sich als Rest des „Urknalls" erweist, u. an *P. Kapitza* (* 1894) in USSR für Tieftemperaturphysik des Heliums

*Nobel*preis für Chemie an *Peter Mitchell* (* 1920, Gr.-Brit.) für Analyse der ATP-Bildung im Energie- und Stoffwechsel der Zelle

*Nobel*preis für Medizin und Physiologie an *D. Nathans* (* 1928 USA), *H. O. Smith* (* 1931 USA) und *Werner Arber* (* 1929 Schweiz) für Forschungen in der molekularen Genetik, einschl. Genchirurgie

† *K. H. Bauer,* Chirurg u. maßgeblicher Krebsforscher, der die Mutationstheorie des Krebses aufstellte (* 1890)

† *Kurt Gödel,* österr. Mathematiker und Logiker, der zuletzt in den USA fundamentale Theoreme fand (* 1906)

† *S. A. Goudsmit,* US-Physiker, der den Spin (Drehimpuls) des Elektrons fand (* 1902)

† *Ch. Best,* US-Physiologe, Insulinforscher (vgl. 1921) (* 1899)

R. Bosio (* 1933 Ital.): Kunstherz außerhalb d. Körpers, in Zürich erfolgreich erprobt

M. Eigen: Hyperzyklus als Bindeglied zwischen chemischer und biologischer Evolution, das sich selbst reproduzieren und mutieren kann

*Nobel*preis für Wirtschaftswissenschaft an *H. A. Simon* (* 1916, USA) für Forschung über Entscheidungsprozesse in Wirtschaftsorganisationen

Energieversorgung vgl. Spalte W

%-Anteil der Primärenergieformen am gesamten Energieverbrauch (vgl. 1959 V)

	%
Kohle	19
Erdöl	50
Erdgas	19
Wasserkraft	7
Kernenergie	5

Die erdweite Erdölförderung erreicht 3050 Mt (sie stieg seit 1956 + 6,1 %/Jahr)

OPEC-Staaten beschließen Ölpreiserhöhung um 15 % in 4 Teilschritten 1979

Weltbank klassifiziert in ihrem „World Development Report 1978" 20 % der Erdbevölkerung (800 Mill.) als in „absoluter Armut" lebend

Brüsseler Gipfelkonferenz der EG einigt sich auf ein europäisches Währungssystem, um Wirtschaft und Handel zu stabilisieren. Es tritt 1979 in Kraft

Weltwirtschaftsgipfel der 7 stärksten westlichen Industrienationen (USA, Japan, BRD, Frankreich, Großbritannien, Italien, Kanada), die zus. 54 % des BSP u. 75 % der industriellen Produktion der Erde erzeugen

11 Industrieländer erlassen 30 besonders armen Entwicklungsländern rd. 6 Mrd. Dollar Schulden (BRD verzichtet auf 2,3 Mrd.)

Von 58,2 Mrd. DM Kapitalanlagen der BRD im Ausland entfallen auf

alle Ind.-Länder	41,2
alle Entw.-Länder	17,0
speziell auf Nordamerika	12,6

VR China tätigt mit BRD Kreditgeschäft über 8 Mrd. DM zum Bezug von Kohletechnologie

Haushalt der Bundesregierung der BRD beträgt 189,1 Mrd. DM (er stieg in den letzten 5 Jahren durchschnittlich um + 9,1 %/Jahr)

Nach 50 Jahren ohne Streik kommt es zum Streik der Stahlwerker im Ruhrgebiet

Hafenarbeiterstreik i. BRD

(1978)	den-Württemberg zurück. Sein Nachfolger wird *L. Späth* (* 1937, CDU) CDU stellt *R. v. Weizsäcker* als Spitzenkandidat in Berlin (W) 1979 auf *Johannes Rau* (* 1931, SPD) wird als Nachfolger von *H. Kühn* Min.-Präs. von Nordrhein-Westfalen Landesbank-Affäre führt in Nordrhein-Westfalen zum Min.-Rücktritt Justizsenator *J. Baumann* (FDP) tritt in Berlin (W) wegen gewaltsamer Befreiung eines Terroristen zurück. Sein Nachfolger wird *G. M. Meyer* (FDP) US-Präsident *J. Carter* besucht BRD und Berlin (W) u. erneuert Sicherheitsgarantie für diese Stadt Königin *Elisabeth II.* von Großbritannien besucht BRD und Berlin (W) *L. Breschnew* besucht BRD. Beidseitiges Bekenntnis zur Entspannungs- und Friedenspolitik. Langfristiges Wirtschaftsabkommen Russell-Tribunal gegen „Berufsverbote“ i. d. BRD in Frankfurt/Main (liefert keine überzeugenden Ergebnisse) Demonstrationen gegen die Politik des Schah in Frankfurt/Main führen zu Zusammenstößen, viele Verletzte DDR verurteilt Regimekritiker *Bahro* zu 8 Jahren Haft Verkehrsabkommen BRD–DDR umfaßt neue Autobahn Berlin–Hamburg und weitere Verbesserungen Volksabstimmung in Österreich entscheidet mit knapper Mehrheit gegen Kernkraftwerk in Zwentendorf Neuer (26.) Kanton Jura i. d. Schweiz durch Volksabstimmung gebilligt † *J. O. Krag*, dänischer sozialdemokratischer Politiker. 1962–72 Min.-Präs. (* 1914) Schwedische Regierung *Fälldin* tritt im Kernkraftstreit zurück. Es folgt die Minderheitsregierung *Ola Ullsten* (Liberale Partei) Niederländische Marine-Infanterie befreit 72 Geiseln aus der Gewalt von Südmolukkern Führender liberaler Politiker *J. Thorpe* (* 1929) in Großbritannien angeklagt wegen Verdachts der Mordanstiftung gegen einen Erpresser. Er muß 1979 trotz Freispruch politisch abtreten 14 Tote bei Bombenanschlag der IRA auf Restaurant in Belfast Belgische Regierung *Tindemans* (* 1922, Christdemokrat) scheitert an der Sprachenfrage. Sein Nachfolger wird *P. V. Boeynants* † *A. François-Poncet*, frz. Politiker und Diplomat. 1931–38 Botschafter in Dtl., 1953–55 i. BRD (* 1887)	spirierte 1933 die „Katakombe“ gegen die NS-Zeit (* 1902) † *O. E. Hasse*, dt. Schauspieler, besonders in München und Berlin (* 1903) *Käthe Kamossa* (* 1911): „Es“ (Lyrik) *Alexander Kluge* (* 1932): „Unheimlichkeit der Zeit“ (kurze dokumentarische Erzählungen) *Jerzy Kosinski* (* 1933): „Cockpit“ (dt. Übersetzung des US-Romans eines Polen, der seit 1973 Präsident des PEN i. USA ist) *S. Lenz:* „Heimatmuseum“ (Ostpreußen-Roman) † *Theo Lingen*, dt. Schauspieler und Humorist (* 1903) *H. Pinter:* „Betrogen“ (engl. Schauspiel) † *Willi Rose*, Volksschauspieler in Berlin (* 1912) † *Hans Rothe*, dt. Shakespeare-Übersetzer (* 1894); „Der elisabethanische Shakespeare“ erscheint 1961 † *Ignazio Silone*, ital. Schriftstell. sozialist. Richtung (* 1900) *John Updike:* „The Coup“	kungen zu Hitler“ (zeitgeschichtliche kritische Analyse) † *Arnold Hauser*, Kunstsoziologe und -historiker ungar. Herkunft, wirkte besonders in USA und Großbritannien (* 1892) *Kurt Hübner* (* 1916): „Kritik der wissenschaftlichen Vernunft“ (betont Einheit von Natur- und Geisteswissenschaft) *Hans Küng* (* 1928): „Existiert Gott?“ (katholisch-theologische Glaubenskritik im Gegensatz zur Bischofskonferenz, die Gegenschrift veröffentlicht) † *Salvador de Madariaga y Rojo*, spanischer Kulturphilosoph u. Diplomat (*1886). Veröff. 1951 „Porträt Europas“ † *Margaret Mead*, US-Anthropologin, die mit vorbildlicher Feldforschung über Sitten und Gebräuche in der Südsee hervortrat (* 1901) † *Nikodim*, Metropolit von Leningrad seit 1963, einer der 6 Präsidenten des Ökumenischen Rats seit 1961. Er stirbt bei einem Besuch bei Papst *Johannes Paul I.* (* 1929) † Papst *Paul VI.* (*G. B. Montini*; * 1897). Seine Amtszeit seit 1963 steht spannungsreich zwischen Tradition und Neuerung. Erdweite Rei-

J. R. Ipoustéguy: „Ekbatana". Bearbeitung der Plastik von 1965, bezogen auf eine Episode im Leben *Alexanders d. Gr.*, für das Internationale Kongreßzentrum (ICC) Berlin, das 1979 eingeweiht wird

† *Richard Lindner,* US-Maler dt. Herkunft, Vorläufer der Pop-Art (* 1901)

Katja Meirowsky (* 1920): „Nike" (Gem.)

E. Lucie-Smith, S. Hunter, A. M. Vogt u. a.: „Kunst der Gegenwart". *G. C. Argan,* Rom, schreibt einleitend: (ästhetischer) „Wert ist die Antithese des Konsums"

Das Künstler-Register läßt den Schluß zu, daß nur ein sehr kleiner Kreis maßgeblich die Kunst der Zeit prägt. Erdweit findet man unter 2,5 Mill. Menschen einen solchen Künstler; in Europa und Nordamerika mag ihre Häufigkeit 4–5mal größer sein

J. Miró (* 1893): Entwürfe für Keramikwand (55 × 10 m) für das Wilhelm-Hack-Museum in Ludwigshafen

Schlagzeuger der Rockmusik (wahrscheinlich an Drogenüberdosis) (* 1947)

† *Nicolas Nabokov,* US-Komponist russischer Herkunft, ab 1963 Kulturberater in Berlin (W) (* 1903)

N. Nabokov: „Opus Strawinsky" (postum aufgeführte Komposition zu Ehren seines Freundes)

Seiji Otawa (* 1935 in Mandschurei), studierte in Japan, Dirigent des Boston Symphony Orchestra, dirigiert als erster Ausländer Zentrales Philharmonisches Orchester in Peking

K. Penderecki: „Paradise Lost" (poln. Oper nach *Milton,* Urauff. in Chikago)

† *Günther Rennert,* dt. Regisseur und Theaterleiter. Opernintendant 1946 bis 55 i. Hamburg, 1967–76 i. München (*1911)

† *Frank Rosolino,* US-Jazzmusiker ital. Herkunft

M. Rostropowitsch, Meister-Cellist (* 1927 i. Baku) wird von USSR ausgebürgert

Musik aus US-Filmen mit *John*

D. Habs und *V. Metag* erforschen Form der Atomkerne und entdecken längliche Formen

† *M. Keldysch,* sowjetischer Mathematiker und Physiker, Pionier der Raumfahrt, 1961 bis 1975 Präsident der Akademie der Wissenschaften in der USSR (* 1911)

Sowjetische Kosmonauten *Kowaljonok* u. *Iwantschenkow* kehren nach 140 Tagen Raumflug und Kopplungsmanövern mit bemannten Zubringern gesund zur Erde zurück. Ihr Rekord wird 1979 durch andere Kosmonauten gebrochen

† *Karl Küpfmüller,* dt. maßgeblicher Elektrotechniker (* 1897)

Richard Leackey (* 1944 i. Kenia), Eltern aus USA, vertritt die Ansicht, daß vor etwa 3 Millionen Jahren in Afrika Homo habilis, Australopithecus africanus und Australopithecus boisei lebten, von denen Homo habilis zum Vorfahr der heutigen Menschen wurde

† *W. Messerschmitt,* dt. Flugzeugkonstrukteur, der Düsenjäger, Senkrechtstarter u. a. entwickelte (* 1898)

† *Rudolf Nebel,* dt. Raketenpionier, der ab 1930 mit Flüssigkeitsraketen experimentierte (* 1894)

† *R. Norrish,* brit. Chemiker, der 1967 *Nobel*preis für Erforschung sehr schneller chemischer Reaktionen erhielt (* 1897)

1964–76 gingen durchschnittlich durch Streik Arbeitstage pro 1000 Arbeitnehmer verloren in

Italien	1754
USA	508
Großbritannien	353
Japan	245
Frankreich	243
Schweden	40
BRD	25
Schweiz	3
Österreich	2

Streiks und Aussperrungen in der Metallindustrie der BRD (enden mit 5 % Lohnsteigerung und Arbeitszeitvergünstigungen)

Streiks und Aussperrungen verhindern zeitweise das Erscheinen von Zeitungen

Bei 13 Mrd. Dollar Ausgaben und 13,5 Mrd. Dollar Verschuldung befindet sich New York in einer finanziellen Dauerkrise, in der es auf staatliche Hilfe angewiesen ist

Dollarkurs sinkt im Oktober auf Tiefststand von 1,7285 DM (beruht im wesentlichen auf Dollarschwemme durch hohe Ölimporte)

Von 2,5 Mill. Vermißtenanzeigen nach dem Krieg gelten 80 % als (meist negativ) geklärt. Rd. 565 000 werden noch vermißt

Statistische Überlegungen ergeben: Ein Unglück mit über 1000 Toten ereignet sich in USA

durch Technik	alle 20 Jahre
durch Naturereignisse	alle 10 Jahre
zusammen	alle 6,7 Jahre

Bisher schwerste Flutkatastrophe in Indien verursacht 2 Mill. Obdachlose und ca. 100 Mill. Dollar Sachschäden. Hochwasser in Pakistan fordert über 100 Tote

Über 157 Tote, 600 000 Obdachlose und 200 Mill. DM Gesamtschäden durch Taifun auf den Philippinen

Schweres Erdbeben zerstört im Iran Oasenstadt Tabas (etwa 15 000 Tote)

Starkes Erdbeben in Mitteljapan fordert 22 Tote und viele Verletzte

Erdbeben in Saloniki fordert 22 Tote

Schäden durch Erdbeben in der Schwäbischen Alb (auch Burg Hohenzollern betroffen)

(1978)

Parlamentswahlen in Frankreich:

	Sitze
RPR (Gaullisten; *Chirac*)	148
UDF (*Giscard*)	137
andere Regierungsfreundliche	6
Regierungslager zus.	291
Opposition	
Sozialisten (*Mitterand*)	103
Kommunisten (*Marchais*)	86
Linksliberale	10
Linksradikale	1
Opposition zus.	200

R. Barre (* 1924, parteilos) bleibt frz. Min.-Präs.

Italien zählt über 2000 politische Attentate in einem Jahr

Mit dem Rücktritt von *G. Andreotti* (DC) endet Italiens 39. Nachkriegsregierung. Andreotti bildet neue Minderheitsregierung, die auf Unterstützung der KP angewiesen ist

Der mehrfache ital. Min.-Präs. *A. Moro* (* 1916, DC) wird von Roten Brigaden entführt und ermordet, als ihre Freipressungsversuche scheitern. Bei seiner Entführung erschossen sie 5 seiner Begleiter. Prozeß gegen Rote Brigaden wegen früherer politischer Gewalttaten endet mit Freiheitsstrafen bis 15 Jahren gegen den Rädelsführer und 28 Komplizen

Rücktritt des ital. Staatspräsidenten *G. Leone* (* 1908, DC), im Amt seit 1971, nach Vorwürfen der Steuerhinterziehung. Nachfolger wird *A. Pertini* (* 1897, Sozialist)

Spanien entscheidet sich mit großer Mehrheit für die Verfassung einer parlamentarisch-demokratischen Monarchie (Volksabstimmung ergibt 87 %)

KP Spaniens unter *S. Carillo* (* 1915) nennt sich nicht länger „leninistisch", was ihre eurokommunistische Haltung unterstreicht

Regierungskrise in Portugal wegen sozialistischer Landwirtschaftspolitik. Präsident *Eanes* entläßt *Soares* (Sozialist) und beruft *Nobre da Costa,* dessen Regierung der Fachleute im Parlament unterliegt. Ihm folgt Universitätsprofessor *Mota Pinto* (* 1936, Sozialdemokrat)

Generalstreik mit blutigen Unruhen in Tunesien

† *H. Boumedienne,* algerischer Staatspräsident seit 1965 (* 1925)

† *J. Kenyatta,* afrikanischer Politiker, der Kenia 1963 zur Unabhängigkeit führte und 1964 sein Staatspräsident wurde (* 1894 oder 91)

Min.-Präs. *Ian Smith* in Rhodesien vereinbart mit gemäßigten Negerführern „Interne Lösung", die die schwarze Mehrheit in Jahresfrist an die Regierung bringt. Die radikalen Negerführer proklamieren dagegen weiteren Kampf gegen weiße Minderheit

(US-Roman um einen afrikanischen Diktator)

M. Walser: „Ein fliehendes Pferd" (Erzählung)

S. Yizhar: „Yemel Ziklag" (israel. Roman)

8. Schriftstellerkongreß der DDR in Berlin (O). *Anna Seghers* (* 1900) wird zum Ehrenpräsident gewählt.

H. Kant hält Hauptreferat mit Kritik an den DDR-Schriftstellern, die in der BRD leben

L. Tolstois gesammelte Werke erscheinen zu seinem 150. Geburtstag in großer Auflage in der Sowjetunion

Shakespeares Werke erscheinen in VR China

Die Zahl der erdweit erscheinenden Buchtitel wird nach Angaben der UN auf etwa 770 000 geschätzt. Die Zahl wächst um ca. 6 %/Jahr

sen stehen neben Enzykliken konservativer Prägung. Einführung von Ehescheidung und legaler Abtreibung in Italien widersprechen seiner Lehre. 1967 gründet er die Bischofssynode als weisen Ratgeber

Kardinal *Albino Luciani* von Venedig (* 1912) wird als *Johannes Paul I.* neuer Papst. Er stirbt nach 33 Tagen Amtszeit. Als „Papst, der lachen konnte", gewann er in kurzer Zeit viel Sympathie. Ihm folgt der Erzbischof von Krakau, Kardinal *Wojtyla* (* 1920), als Papst *Johannes Paul II.* Er ist der erste nichtitalienische Papst seit 4 1/2 Jahrhunderten und der erste slawische Papst überhaupt

In Frankreich wird *Monique Pelletier* (* 1926) Minister für Frauenfragen

Helge Pross (* 1927): „Die Männer" (soziologische Untersuchung mit dem Ergebnis, daß es keine Gleichberechtigung gibt und die Mehrzahl d. Frauen sie nicht will)

† *W. S. Schlamm,* Publizist österr. Herkunft, wandelte sich vom Kommunisten zum Antikommunisten (* 1904)

K. Steinbuch: „Maßlos informiert. Die Enteignung unseres Denkens" (Kritik an der Qualität der stark zu-

I. M. Pei (* 1917 i. China): Erweiterung der National Gallery, Washington, in einem wuchtigen geometrischen Stil

H. Scharoun († 1972): Staatsbibliothek Preußischer Kulturbesitz Berlin (mit 11jähriger Bauzeit)

Walter Stöhrer: „Tagträume, die durch TagTräume sehen“ (Gem.)

Ausstellung Paris–Berlin im Centre Pompidou Paris macht Frankreich mit bisher unbekannten Entwicklungen der Kunst in Dtl. dort bekannt

In USA wird ein Porträt des Anatomen *Vesalius* von *Tintoretto* entdeckt (die Echtheit bedarf der Prüfung)

Woody Allen (* 1935): „Anni Hall“ („Der Stadtneurotiker“). US-Film erhält Oscar für den besten Film

† *Charles Boyer*, US-Filmschauspieler frz. Herkunft (* 1899)

J. Badham: „Saturday Night Fever“ (US-Film mit *J. Travolta* [* 1954] als Diskothektänzer)

Travolta (vgl. Spalte K) wird populär

† *Lenny Tristano*, US-Jazzpianist aus ital. Familie, seit 1928 blind, begründete um 1950 den Cool Jazz (* 1919)

† *Joe Venuti*, US-Jazzgeiger ital. Herkunft (* 1904)

Armenische Musikfestspiele in London

53. *Bach*fest der Neuen *Bach*gesellschaft i. Marburg mit 140 Werken von *J. S. Bach*

Die Hamburger Staatsoper feiert mit zahlreichen Gastaufführungen als älteste Oper in Dtl. ihr 300jähriges Jubiläum

3. Metamusik-Festival in Berlin (W). *W. Bachauer* legt Leitung nieder

Als führende Jazzmusiker gelten i. d. USA *Dizzy Gillespie*, Trompete (* 1917), *Oscar Peterson*, Piano (* 1925), und *Stan Getz*, Saxophon (* 1927)

Das schwedische Gesangsquartett ABBA ist in der Popmusik besonders erfolgreich („Waterloo“, „Fernando“ u. a.)

Die Kosmonauten der USSR *Romanenko* und *Gretschko* brechen mit 97 Tagen Erdumkreisung in Raumstation Saljut 6 US-Rekord in Skylab 1973

† *K. M. G. Siegbahn*, schwedischer *Röntgen*physiker, der durch exakte Messung der *Röntgen*wellenlängen Bestimmung grundlegender Naturkonstanten verbessert. *Nobel*preis 1924 (* 1886)

† *Vincent du Vigneaud*, US-Biochemiker, *Nobel*preis 1955 (* 1901)

† *Wilhelm Westphal*, dt. Physiker, Autor maßgeblicher Lehrbücher (* 1882)

Das Welt-(Nebelflucht-)Alter wird auf 20–25 Mrd. Jahre bestimmt

US-Astronomen vermuten in einer Galaxie (M 87) ein „Schwarzes Loch“ von 5 Mrd. Sonnenmassen

Die Entdeckung zweier Galaxien erweitert die „lokale Gruppe“ um die Milchstraße auf 25 Objekte

US-Radioastronomen entdecken i. Weltraum Molekül HC_9N (mit 123 Wasserstoffmassen). 1968–78 wurden 46 interstellare Moleküle entdeckt

Das transuranische Element Americium erweist sich unter −274° C als supraleitend

US-Wissenschaftler melden Realisierung einer Temperatur von 60 Mill. Grad bei Kernfusionsversuch (gilt als ein wesentlicher Fortschritt)

Schneestürme lähmen New York und andere Städte an der Ostküste der USA

Paris verzeichnet kältesten Junitag seit 105 Jahren bei 800 m Schneefallgrenze i. d. frz. Alpen

Indisches Großraumflugzeug stürzt ab: 213 Tote

Absturz eines Flugzeugs mit Pilgern bei Sri Lanka verursacht 183 Tote

Absturz eines US-Verkehrsflugzeugs auf eine Ortschaft nach Kollision mit Privatflugzeug: 150 Tote

Bummelstreik frz. Fluglotsen deorganisiert Sommerferienverkehr

Im Weihnachtsverkehr für Gastarbeiter stürzt ein Flugzeug bei Palermo ab: 108 Tote

Flugzeugabsturz in Bulgarien fordert 73 Tote

Militärsatellit der Sowjetunion stürzt über Kanada ab. Trotz radioaktiver Teile richtet er keinen erheblichen Schaden an

Havarierter Tanker verliert vor Frankreich 230 000 l Öl (führt zur bisher größten Ölpest mit einem Schaden von über 200 Mill. DM)

Bei Explosion eines Tankwagens auf einem Campingplatz in Spanien werden 200 Menschen getötet und etwa 100 schwer verletzt

Zugunglück in Argentinien fordert 50 Tote

Erdrutsch verursacht Eisenbahnunglück bei Bologna mit 45 Toten und über 120 Verletzten

Seilbahnunglück in Squaw Valley (USA) mit 4 Toten und 30 Verletzten

Ölpest durch havarierten Supertanker (250 000 t) vor der bretonischen Küste (Schaden wird auf 250 Mill. DM geschätzt)

Frachtschiff „München“ mit 28 Mann Besatzung verschollen

6000 Grippetote zu Jahresbeginn in USA

Neue Erkrankungswelle der neuentdeckten Legionärskrankheit in New York

900 Selbstmorde in einer religiös-sozialistischen Sekte (vgl. Spalte Ph)

2 Anhänger einer indischen Sekte verbrennen sich öffentl. i. Berlin (W)

(1978)	Vermutlich aus Angola gesteuerte Rebellion in der Kupferprovinz Shaba (früher Katanga) von Zaire. Die Bedrohung der Weißen (über 300 Tote und Vermißte) führt zu frz.-belgischer Luftbrücke Hererоführer in Namibia (Südwestafrika) *Kapuuo* wird in Stammesfehden ermordet (* 1923) † *N. Diederichs,* Staatspräsident von Südafrika seit 1975 (* 1903) *B. J. Vorster,* Min.-Präs. von Südafrika seit 1966, tritt zurück und wird Staatspräsident Konferenz der blockfreien Staaten in Belgrad ist durch Streit um die prosowjetische Politik Kubas gekennzeichnet. Havanna als nächster Tagungsort ist umstritten Jugoslawien entläßt 4 verhaftete Terroristen, deren Auslieferung die BRD verlangt. Umgekehrt sieht sich BRD aus rechtlichen Gründen gehindert, jugoslawische Gewalttäter auszuliefern *Hua Kuo-feng* besucht Rumänien, wo er betont freundlich begrüßt wird. *Ceaucescu* lehnt für Rumänien die vom Warschauer Pakt geforderte Erhöhung der Militärausgaben ab *B. Ecevit* (* 1925, Sozialdemokr. Rep. Volkspartei) bildet neue türkische Regierung. Das Land wurde 1977 durch politische Gewalttaten erschüttert. Die jährliche Inflationsrate liegt bei 57 % Blutige Unruhen in der Türkei führen zum Kriegsrecht am Jahresende † *A. Mikojan,* Staatsoberhaupt der Sowjetunion 1964/65 (* 1895) † *Fjodor Kulakow,* führender KP-Funktionär im ZK der KPdSU. Galt als aussichtsreicher Bewerber um die Nachfolge *Breschnews* (* 1918) † *Golda Meir,* Min.-Präs. i. Israel 1969–74. Mitglied der Arbeiterpartei (* 1898) Israelisches Parlament billigt die Vereinbarung *Begins* in Camp David über einen Friedensvertrag mit Ägypten, einschließlich Räumung der Siedlungen auf Sinai Terrororganisation der PLO El Fatah tötet bei Anschlag auf israel. Bus 37 Menschen u. verletzt 82 Israel beantwortet PLO-Terror mit Einmarsch im Südlibanon. Weltsicherheitsrat entsendet Friedenstruppe (Blauhelme) und fordert Israel zum Rückzug auf Blutige Kämpfe zwischen Syrern und christlichen Milizen im Libanon Palästinenser erschießen auf Zypern einen Freund *Sadats* und nehmen Geiseln. Als ein ägyptisches Kommando die Maschine mit den Geiseln stürmen will, töten Soldaten Zyperns 15 ägyptische Soldaten. Geiselnehmer werden verhaftet und verurteilt Auseinandersetzung zwischen PLO (*Arafat*) und Irak. Es kommt zu blutigen Attentaten auf iraki-	Schlager: „Die Legende von Babylon", „Von Hollywood träumen", „Follow me", „Lied der Schlümpfe", „Kreuzberger Nächte", „Wann wird's mal wieder richtig Sommer?"	nehmenden Information mit dem Slogan: Wir erfahren mehr und wissen weniger) *F. Vester:* „Unsere Welt ein vernetztes System" (Wanderausstellung i. BRD aus der Studiengruppe für Biol. u. Umwelt, München) *Esther Vilar:* „Die 5-Stunden-Gesellschaft" (Argumente für eine Utopie der Arbeitszeitverkürzung) Das Bundesverfassungsgericht verwirft Wehrdienstverweigerung ohne Gewissensprüfung Katholikentag in Freiburg i. Br. Polnischer Kardinal *Wyszynski* besucht Bischöfe der BRD Neuauflage des internationalen „Who is Who?" enthält 15 000 Namen Man kann schätzen, daß auf der Erde rd. 25 000 Menschen leben, die es zu einer weithin beachteten Leistung gebracht haben (in Kunst, Wissenschaft, Politik, Sport etc.). Das sind erdweit 6 von einer Million Die Zahl der Studenten auf der Erde liegt bei 50 Mill., d. h. 1,2 % aller Menschen befinden sich im tertiären Bildungsbereich. 1950–73 wuchs die Studentenzahl im Mittel um +7 %/Jahr, was eine Verdoppelung in 10 Jahren bedeutet

Richard Donner: „Superman" (US-Film mit *Christopher Reeve,* der 35 Mill. Dollar kostet). Die Comics-Figur Superman entstand 1938

R. W. Faßbinder: „Eine Reise ins Licht" (dt. Film nach *V. Nabokov*)

R. W. Faßbinder und *V. Schlöndorff:* „Deutschland im Herbst" (dt. Film über das Terrorjahr 1977)

Geissendörfer: „Die gläserne Zelle" (dt. Film)

† *Oscar Homolka,* Filmschauspieler österr. Herkunft, in USA (* 1901)

Randal Kleisen: „Grease" (US-Film mit *J. Travolta,* * 1954)

† *Theo Lingen* (eig. *Schmitz*), dt. Bühnen- und Filmschauspieler und Humorist (* 1903)

Der US-Science-fiction-Film „Krieg der Sterne" von *George Lucas* erhält vor allem für seine Technik 7 Oscars (Urauff. 1977)

Ermanno Olmi (* 1931): „Der Holzschuhbaum" (italienischer Film). Erhält in Cannes Goldene Palme

Paul Mazursky: „Eine entheiratete Frau" (US-Film um das Problem der geschiedenen Frau)

Wolfgang Petersen: „Weiß und Schwarz wie Tag und Nacht" (dt. Film um einen Schachspieler)

Maximilian Schell (* 1930): „Der Richter und sein Henker" (dt. Film nach *Dürrenmatt*)

† *Jack Warner,* US-Filmproduzent, der 1927 mit seinem Bruder (Warner Brothers) den ersten Tonfilm „Jazzsinger" herausbrachte (* 1892)

Jährliche Kinobesuche pro Einwohner

	1965	1978
USA	11,6	4,8
SU	18,6	16,5
BRD (1956: 15,4)	5,4	2,1
DDR	7,0	4,7
Indien	3,9	3,8
Höchstwerte	24,6 (Hongkong)	18,7 (Singapur)

2,3 km langer Speicherring „Petra" für 19 Mrd. e-Volt-Elektronen beim Elektronensynchrotron Desy b. Hamburg in Betrieb (Kosten 98 Mill. DM)

VR China baut Protonenbeschleuniger für 30–50 Mrd. e-Volt

Beschleuniger f. hochenergetische Teilchen sind wichtige Instrumente der Elementarteilchen-Physik

Es werden 2 weitere Quarkteilchen als Bausteine der Elementarteilchen vermutet (ihre Zahl 6 würde dann der Zahl der bekannten leichten Elementarteilchen [Leptonen] entsprechen)

Hahn-Meitner-Institut in Berlin (W) erhält Schwerionenbeschleuniger für Kernforschung (200–400 Mill. e-Volt)

Planung eines dt.-frz. astronomischen Instituts mit 30-m-Teleskop für 1,3-mm-Mikrowellen i. Grenoble zur Erforschung junger Sterne in Staubwolken

Radioteleskop aus 900 Einzelreflektoren im 579-m-Kreis der USSR i. Nordkaukasus („Ratan 600")

Mit HC_9N wurden seit 1963 46 interstellare Moleküle radioastronomisch entdeckt (davon 33 „organische" Kohlenstoffverb.)

Mond des sonnenfernsten Planeten Pluto in USA von der Erde aus entdeckt

NASA plant den Start von 25 Raumsonden in diesem Jahr, davon 15 für andere Organisa-

Saudi-arabische Prinzessin wird vor den Augen ihres bürgerlichen Liebhabers erschossen, dieser anschließend enthauptet

In USA wird ein Mann des Mordes an 32 jungen Männern verdächtigt, deren Leichen gefunden wurden

Bombenanschlag bretonischer Separatisten zerstört wertvolle Teile des Versailler Schlosses

Zahlreiche Bombenanschläge der Separatisten auf Korsika

Karakorum-Straße zwischen China und Pakistan. 800 km bis 4800 m Höhe. 400 Tote beim Bau

Nach 6 Jahren heftiger Demonstrationen kann Tokio seinen neuen Flughafen Nanita eröffnen

VW-Werk beginnt in USA sein Modell „Golf" zu bauen

Neckartalbrücke bei Horb schließt Autobahn Dänemark–Schweiz

14 km langer Autotunnel durch den Arlberg eröffnet

1. Teilstück der Wiener U-Bahn eröffnet

U-Bahn in Nürnberg

Elektrozüge m. 250 km/h i. Gr.-Brit.

Jahresende bringt starke Verkehrsbehinderungen durch extremes Winterwetter

Mindestens 10 % der Erdbevölkerung sind mit den 420 Mill. vorhandenen Fernsehgeräten erreichbar. Je nach Nutzung können es 20–30 % und mehr sein (vgl. Spalte K). Dazu kommen rd. 1 Mrd. Hörfunkgeräte, so daß die Erde rundfunktechnisch weitestgehend erschlossen ist

Neuer Wellenplan für 1248 (vorher 4400) Rundfunksender im Mittel- und Langwellenbereich tritt in Kraft (1975 in Genf beschlossen)

Schleswig-Holstein kündigt Staatsvertrag über NDR mit Hamburg und Niedersachsen (führt zu schwierigen, wechselvollen Verhandlungen mit unterschiedlicher Einstellung zum privaten Rundfunk)

Kinobesuche vgl. Spalte K

Photokina in Köln zeigt Sofortbildkamera mit automatischer Entfernungseinstellung mit Ultraschall (Fledermausprinzip)

(1978)	sche Diplomaten in London, Paris und anderen Hauptstädten Regierung *Sharif Imami* tritt nach schweren Unruhen im Iran zurück. Schah setzt Militärregierung unter General *Azhari* ein Blutiger Staatsstreich in der Demokratischen Volksrepublik Jemen (Südjemen) führt zu einem Regime, das als abhängig von der Sowjetunion gilt Militärputsch in Afghanistan stürzt Staatspräs. *M. Daud,* der getötet wird. Die neue Regierung unter *N. M. Taraki* wird von der Sowjetunion unterstützt In Pakistan wird der frühere Regierungschef *Bhutto* wegen Mordes an politischen Gegnern zum Tode verurteilt (Urteil wird 1979 vollstreckt) *Indira Gandhi* spaltet Kongreß-Partei. Sie wird wegen Verfehlungen vom Parlament ausgeschlossen, später zeitweise verhaftet Ca. 90 000 Chinesen fliehen aus Vietnam, wodurch es zu Spannungen mit der VR China kommt Friedens- und Freundschaftsvertrag zwischen VR China und Japan beendet Kriegszustand seit 1937. Sowjetunion tadelt den Vertrag *M. Ohira* (* 1910) wird Vorsitzender der Liberaldemokraten in Japan und Regierungschef *Hua Kuo-feng,* Chef der KP Chinas, besucht Rumänien, Jugoslawien und Iran Militärischer Grenzkonflikt zwischen Vietnam, das von der Sowjetunion, und Kambodscha, das von der VR China unterstützt wird. Man spricht von einem „Stellvertreterkrieg“ *Tsching-Kuo,* Sohn *Tschiang Kai-scheks,* wird Präs. der Republik China (Taiwan). War seit 1972 Reg.-Chef NATO-Gipfel in Washington verurteilt militärisches Eingreifen der Sowjetunion in Afrika USA und VR China vereinbaren ab 1979 die Entwicklung der gegenseitigen Beziehungen bei Abbau der Beziehungen USA–Taiwan USA sagen Rückgabe der Panamakanalzone an Panama bis zum Jahr 2000 vertraglich zu USA liefern moderne Kampfflugzeuge an Israel, Ägypten und Saudi-Arabien, wodurch sich Israel brüskiert fühlt † *R. D. Murphy,* US-Politiker, Parteidemokrat, 1944–49 Berater für Deutschland i. USA (* 1894) † *Lucius D. Clay,* General und Politiker der USA, „Vater der Luftbrücke für Berlin 1948/49“. 1947–49 US-Militärgouverneur i. Deutschland, 1961 Sonderbeauftragter für Berlinfragen nach dem Bau der Mauer (* 1897) † *H. H. Humphrey,* US-Politiker, Parteidemokrat, 1949–64 Senator, 1965–69 Vizepräsident der USA (* 1911)	Der teilweise sehr starke Rückgang des Kinobesuchs ist vor allem auf das Fernsehen zurückzuführen, das immer stärkere Anstrengungen unternimmt, Einschaltrekorde zu erreichen. (Vgl. Spalten Ph und V) US-Fernsehgesellschaft erwirbt Rechte für „Vom Winde verweht“ für 35 Mill. Dollar (erzielt Zuschauerrekord) „Holocaust“, US-Fernsehfilmserie von *G. Green* (* 1922) über Judenvernichtung des dt. NS-Regimes (wird von 120 Mill. i. USA gesehen, 1979 i. dt. Fernsehen) Das dt. Fernsehen übernimmt US-Fernsehfilmserie „Roots“ nach dem Roman von *A. Haley* über die Geschichte der Neger in USA, die in USA 80 Mill. Zuschauer fand Fernsehdaten (vgl. auch Spalten Ph und V)	Konzil der TU Berlin wählt Univ.-Präsidenten ab Serie von Prozessen gegen Systemkritiker und Bürgerrechtler i. Ostblock (RGW-Bereich). Sowjetunion verurteilt mit *Y. Orlow* den 164. Bürgerrechtler seit Abschluß der KSZE. *Alexander Ginsburg* wird zu 8 Jahren schweren Arbeitslagers verurteilt „Die Parler und der Schöne Stil 1350 bis 1400“, Ausstellung in Köln über die Zeit von Kaiser *Karl IV.* (1347 bis 1378 vorwiegend in Prag). Vereinigt Exponate aus West- u. Osteuropa Wissenschaftliche Weltkongresse für Genetik in Moskau, Gerontologie in Hamburg, Mikrobiologie in München, Philosophie in Düsseldorf, biologische Psychiatrie in Barcelona, Soziologie in Uppsala erweisen und fördern erdweite Verbindung der Wissenschaftler *Jim Jones* (* 1931), Gründer und „Messias“ der kalifornischen Sekte „Volkstempel“, zwingt 913 Bewohner der Kommune Jonestown in Guyana zum gemeinsamen Selbstmord durch Gift, nachdem 4 Mitglieder einer nachforschenden Besuchsgruppe getötet worden waren

tionen (1977 waren es 16 bzw. 12)

USSR startet seit 1962 1000. Satelliten der Kosmos-Serie

USA starten 2 Raumsonden zur Erforschung der Venus (1961–75 startete USSR 10 Venussonden, wobei 1975 weiche Landung mit Datenübermittlung gelingt)

US-Venussonden messen hohe Argonhäufigkeit u. höhere Temp. am Pol als am Äquator

USA veröffentlichen Atlas vom Planeten Merkur mit 400 von 2000 Fotos, die 1974–76 empfangen wurden

Raumstation der USSR Saljut 6 stellt Rekorde für bemannten Raumflug auf, wobei mehrfach Kopplung mit bemannten Sojus-Fahrzeugen (Sojus 26–31) erfolgt. Dabei wirkt auch ein Kosmonaut aus der Tschechoslowakei mit

Es wird die 4milliardste chemische Verbindung registriert. Dabei sind 96 % organische (Kohlenstoff-)Verbindungen (1860 kannte man etwa 3600 organische Verbindungen)

Es gelingt die gezielte Synthese eines Antibioticums

In BRD (MPI München) gelingt es, den Aufbau eines Viroids („Nackter Virus") als Folge von 359 Nukleinsäurebasen aufzuklären

Durch Embryonenverschmelzung werden Mäusechimären erzeugt, die das Erbgut von 3 Elternpaaren (6 Individuen) besitzen

Erstes Baby, das im Reagenzglas gezeugt wurde, kommt in Großbritannien zur Welt

Es werden Hefepilz-Mikrofossilien mit einem Alter von 3,8 Mrd. Jahren entdeckt

3 Herztransplantationen an einem Patienten in USA (dieser überlebt 1. Transplantation 1976, 2. u. 3. 1978 innerhalb von 3 Tagen)

Im Iran wird 185 Millionen Jahre alte Blütenpflanze gefunden

Oberschenkel eines fliegenden Wirbeltieres i. USA entdeckt (dieses 130 Mill. Jahre alte Fossil wird als „Neuer Urvogel" diskutiert)

US-Tiefseebohrschiff „Glomar Challenger" entdeckt im Nordatlantik eine vor 40 Mill. Jahren versunkene Landbrücke

Fast lückenlose Folge frühmenschlicher Fossilien aus 14 Mill. Jahren führt zur Theorie der Herkunft des Menschen aus diesem Erdteil (vgl. *R. Leackey*). Dem steht die Theorie asiatischer Herkunft gegenüber

Grabfeldfunde bei Varna in Jugoslawien erweisen Goldgebrauch vor 7000 Jahren (1000 Jahre führer als in Mesopotamien)

40 km Glasfaser-Telefonleitung in Kanada. Man erwartet für die nächsten Jahre Ersatz der Telefonkabel durch Glasfaserleitung. In USA erwartet man 1978–83 50fache Ausdehnung der Glasfasertechnik

Autofunk für privaten Sprechverkehr verbreitet sich (CB-Funk)

Wegen Streit mit den Gewerkschaften stellt die seit 1788 erscheinende Londoner Zeitung „The Times" bis auf weiteres ihr Erscheinen ein

Erbin *Tina* des griech. Tankerkönigs *Onassis* heiratet in Moskau Sowjetbürger

Chaplin- und New-Orleans-Look in der Pariser Sommermode

† *U. Nobile*, ital. Flieger, überlebte 1928 den Polarflug des Luftschiffes „Italia" (* 1885)

† *Ronnie Peterson* (* 1944, Schweden), 73. Todesopfer im Formel-1-Autorennen in Monza

† Springreiter *H. Steenken* nach Autounfall und langer Bewußtlosigkeit (* 1941)

† *Hans Stuck*, dt. Autorennfahrer („Bergkönig"), gewann 1922–62 512 Rennen (* 1900)

† *Gene Tunney*, 1926–28 Boxweltmeister (* 1897, USA)

3 US-Bürger *(M. Anderson, B. Abruzzo, L. Newman)* im Alter zwischen 31 u. 44 Jahren fliegen im Ballon 5000 km Amerika–Paris in 5 Tagen. Damit wird Strecken- und Dauerflugrekord erzielt (seit 1873 waren 17 Ballonflüge gescheitert)

Muhammad Ali (Cassius Clay) (* 1942, USA) wird durch Punktesieg über *Leon Spinks* (* 1953) zum 3. Mal Boxweltmeister. Vorher 1964 gegen *S. Liston*, 1974 gegen *G. Foreman*

Björn Borg (* 1956, Schweden) gewinnt zum 3. Mal Tennismeisterschaft in Wimbledon (1979 zum 4. Mal)

Sigmund Jähn (* 1927) lebt in DDR, ist 1. deutscher Kosmonaut in einem Raumschiff der USSR (vorher flogen ein Bürger der CSSR und ein Pole)

W. Jaschtschenko (* 1959, Ukraine) erreicht mit neuer Sprungtechnik Hochsprungrekord von 2,35 m

Britin *Naomi James* (* 1949) beendet allein Erdumseglung in 9 Monaten

R. Messner (Südtirol, Ital.) bezwingt 1200 m hohe steile Eiswand „ Breach Wall" am Kilimandscharo

R. Messner u. *P. Habeler* ersteigen Mt. Everest ohne Sauerstoffgerät

(1978)	Nach Annullierung unregelmäßiger Wahlen in Bolivien wird durch Militärputsch *Pereda* (* 1931) Staatspräsident. Noch im gleichen Jahr bringt ein unblutiger Putsch General *Arancibia* an die Macht. Man zählt den 187. Militärputsch in der Geschichte des Landes Das Problem des Zugangs zum Meer führt zum Abbruch der diplomatischen Beziehungen mit Chile In Brasilien wird ein ehemaliger KZ-Kommandant entdeckt, dem der Tod von über 200 000 Juden angelastet wird. Die Auslieferung wird verweigert. Später wird er wegen Verjährung in Brasilien freigesprochen Militärjunta in Chile veranstaltet Volksabstimmung, die 75 % für die Junta ergibt. Danach werden für 10 Jahre freie Wahlen ausgeschlossen Christdemokraten schlagen Sozialdemokraten in Venezuela bei der Präsidentenwahl Salomon-Inseln werden 151. Mitglied der UN Internationaler Terrorismus vgl. Spalte Ph		und er das Ende seiner „Mission" fürchten mußte. Dieses in seiner Schrecklichkeit einmalige Geschehen beleuchtet den Grad der Verworrenheit eines Teils der Jugend, der in solchen Sekten Lebensinhalt und Geborgenheit sucht Zahlen zum internationalen Terror: Zahl der Anschläge 1968 50 1972 200 1978 250 1977 gibt es 32 Versuche einer Flugzeugentführung. 50 % Bombenanschläge. Regionale Häufigkeit 1978 W-Europa ü. 30 % O-Europa 0 % L.-Amerika ü. 25 % N-Amerika 10 % Nahost- u. andere Regionen 31 % Einschaltrekorde des Fernsehens („Vom Winde verweht", „Roots", „Holocaust") sind geeignet, die Gedankenwelt einer ganzen Nation nachhaltig zu beeinflussen. Gelegentlich ist ein Großteil der Menschheit gleichzeitig durch gleiche Erlebnisse verbunden wie früher ein Dorf durch eine Schauspieltruppe (vgl. Spalte V)

Schallplatte mit Laserstrahl-Abtastung wird in BRD vorgeführt. Sie läßt eine neue Phase der hochwertigen Klangreproduktion erwarten

Bisher größte Primzahl zu $2^{21701}-1$ in 3 Jahren und 18 Tagen Computerrechnung i. USA. (Die Zahl hat 6510 Stellen.) Es gibt keine größte Primzahl

Centre-Point-Tower i. Sydney (305 m hoher Stahlturm)

Planung eines Energie-Museums in Hamm

Gesellschaft für Energietechnik i. BRD stiftet *Robert-Mayer*-Preis für allgemeinverständliche Darstellung von Energieproblemen

Die Energieversorgung der Erde erreicht mit 8820 Mrd. t Steinkohleneinheiten (SKE) 2,1 t SKE/Einwohner. Das entspricht einer Wärmeenergie von 17 100 kWh/Einw. = 85,5mal der jährlichen Arbeitsfähigkeit eines Menschen von 0,1 kW mal 2000 Stunden

Die elektrische Energieversorgung der Erde erreicht mit 7371 Mrd. kWh 1760 kWh/Einw. Daran ist die Kernenergie erdweit mit 643 Mrd. kWh (+29 %/Jahr) zu 8,5 % beteiligt

Seit 1953 erreichten 61 Bergsteiger den Gipfel des Mt. Everest

R. Messner ersteigt Nanga Parbat im Alleingang

Nordpol wird im Alleingang mit Hundeschlitten erreicht

D. Schmitt fliegt mit einmotoriger Maschine Alaska–München über den Nordpol (8200 km in 32 Std. 38 Min.)

Japaner *Naomi Uemura* (* 1941) erreicht allein mit Hundeschlitten den Nordpol (Unterstützung durch Flugzeuge und Radio)

Mit Ersteigung des Mt. Everest ohne Sauerstoffgerät, des Nanga Parbat im Alleingang, der Ballonüberquerung des Atlantik, der Erreichung des Nordpols im Alleingang, ist 1978 ein Jahr geglückter extremer Unternehmungen

US-Expedition ersteigt erstmals den 8611 m hohen „K2" -Gipfel im Himalaja (zweithöchster Berg der Erde)

Seilschaft von 4 Frauen scheitert in der Nordwand des Matterhorns und wird mit Hubschrauber gerettet

A. Scharkow (* 1951), Meister der Sowjetunion, verteidigt seinen Schachweltmeistertitel, den er 1975 von *Fischer* (USA) kampflos gewann, gegen SU-Emigranten *V. Korchnoi* (* 1931) mit 6:5 Siegen in 32 Partien

Hochwertige Schachcomputer im Einzelhandel der BRD

Sara Simeoni (* 1953, Italien) stellt mit 2,01 m Frauenweltrekord im Hochsprung auf

Durch Sieg über Sowjetunion wird BRD Weltmeister im Hallenhandball

Fußball-WM in Argentinien: 1. Argentinien, 2. Niederlande, 3. Brasilien, 4. Italien

Fußball-WM fördert Verbreitung der Fernsehaufzeichnung durch Videorecorder (ähnlich wie die WM 1954 das Fernsehen populär machte)

Schwimmweltmeisterschaften in Berlin (W) ergibt Medaillenspiegel G/S/B:

USA 23/14/7	BRD 1/2/4
SU 6/4/6	Ital. 1/0/1
Kanada 3/1/5	Ungarn 0/2/2
Austral. 2/0/0	Japan 0/2/1
DDR 1/10/4	

In Norwegen werden Skateboards als zu gefährlich verboten

Kommunistisch gelenkte Weltjugendfestspiele in Havanna mit dem Motto „Jugend klagt den Imperialismus an"

1979	Friedens*nobel*preis an die katholische Ordensschwester „Mutter *Teresa*", albanisch-jugoslawischer Herkunft (* 1910), die seit 1948 in den Slums von Kalkutta aufopfernd karitativ wirkt Der ägyptische Staatspräsident *Sadat* und der Min.-Präs. von Israel, *Begin,* unterzeichnen in Washington den von US-Präsident *Carter* vermittelten Friedensvertrag Die militärischen Ausgaben aller Staaten werden auf 450 Mrd. Dollar geschätzt, die mit 108 Dollar/Kopf die Menschheit ernähren könnten. Das Overkill-Potential der Supermächte liegt bei 3,5 t TNT-Äquivalenz pro Kopf der Erdbevölkerung Bundesversammlung in Bonn wählt *K. Carstens* (* 1914, CDU) zum Bundespräsidenten. *Annemarie Renger* unterliegt als SPD-Gegenkandidat Bundeskanzler *H. Schmidt* besucht Brasilien, Peru und Polen SPD-Parteitag in Berlin stimmt Nachrüstung der NATO und begrenzter Nutzung der Kernenergie zu und stützt damit sozialliberale Regierung Bundeskanzler *H. Schmidt* kündigt Treffen mit SED-Chef *Honnecker* im 1. Quartal 1980 an Spannungen zwischen CDU und CSU um Kanzlerkandidatur für 1980 CDU-CSU-Fraktion nominiert *F. J. Strauß* zum Kanzlerkandidaten für 1980. *Kohl*s Kandidat *Albrecht* unterliegt Bundesregierung korrigiert durch Verzicht auf Regelanfrage beim Verfassungsschutz Extremistenbeschluß („Radikalenerlaß") von 1972, der weiterhin parteipolitisch umstritten ist † *Rudi Dutschke* an den Spätfolgen des Attentats auf ihn 1968 als Anführer radikaler Studenten in Berlin (* 1940) † *R. Gehlen,* bis 1945 Abteilungschef „Fremde Heere Ost" im Generalstab, 1956–68 Leiter des BND (* 1902) † *Wilhelm Kaisen,* SPD-Politiker, 1945–65 Regierungschef (Senatspräsident) in Bremen (* 1887) † *Carlo Schmid,* Literat und SPD-Politiker, maßgebl. Mitgl. d. Parlamentarischen Rates (* 1896) Bürgerschaftswahl in Bremen bestätigt absolute Mehrheit der SPD. „Grüne Listen" erhalten 4 Mandate *F. J. Strauß* (* 1915) löst *A. Goppel* (* 1905) als Min.-Präs. von Bayern ab Landtagswahlen in Rheinland-Pfalz bestätigen bei abnehmender Stimmenzahl Regierung unter *Bernhard Vogel* (CDU) Wahlen in Berlin erhalten sozialliberale Mehrheit mit dem Reg. Bürgermeister *D. Stobbe* (SPD). CDU bleibt stärkste Partei Giftmüllskandal auf dem Gelände einer Chemie-	Literatur*nobel*preis an den griech. Schriftsteller *Odysseas Elytis* (* 1911 auf Kreta). Schrieb 1959 „Gepriesen" (Lyrik) Friedenspreis des dt. Buchhandels an den Geiger *Yehudi Menuhin* (* 1916), „weil er Musik als Chance begreift, Frieden zu stiften" Frankfurter *Goethe*preis an *Raymond Aron* (* 1905, Frankr.) für frz.-dt. Verständigung † *Bruno Apitz,* Schriftsteller in DDR, schrieb 1958 „Nacht unter Wölfen" (KZ-Roman) (* 1900) *Thomas Bernhard:* „Vor dem Ruhestand" (Schauspiel um einen früheren SS-Mann) *H. Böll:* „Fürsorgliche Belagerung" (Roman um eine Familie, die von der Polizei zum Schutz gegen Terror bewacht wird) † *Johan Borgen,* norweg. Schriftsteller (* 1902). Schrieb Romantrilogie „Lillelord" (1955–57) † *Nicolas Born,* dt. Lyriker und Epiker des „Kölner Realismus" (* 1937) † *Richard Friedenthal,* dt.	† *Alfred Bengsch,* kathol. Bischof von Berlin und Kardinal seit 1961 (* 1921) † *Sefton Delmer,* brit. Journalist, ab 1941 in der psychologischen Kriegführung (* 1904) *A. B. Hasler* (* 1937): „Wie der Papst unfehlbar wurde. Macht und Ohnmacht eines Dogmas" (Kritik am Konzil 1870) † *J. Jeremias,* dt. neutestamentlicher Theologe (* 1900) *Johannes Paul II:* „Redemptor hominis". 1. Enzyklika des neuen Papstes, betont Menschenrechte in allen Gesellschaftssystemen Vatikan entzieht *Hans Küng* (* 1928 in der Schweiz) kirchliche Lehrbefugnis (vor allem wegen Zweifel am Unfehlbarkeitsdogma) † *Herbert Marcuse,* Soziologe der Frankfurter Schule und Philosoph der Neuen Linken, lebt seit 1934 in USA, schrieb 1969 „Ideen zu einer kritischen Theorie der Gesellschaft" (* 1898) † *Wolfgang Metzger,* Gestaltpsychologe

† *E. Bargheer,* dt. Maler, lebte auf Ischia (* 1901)

Joseph-Beuys-Ausstellung im Guggenheim-Museum, New York

† *Sonia Delaunay Terk,* Malerin des Orphismus, Gattin von *R. Delaunay* (* 1885)

Gerson Fehrenbach (* 1932): „Schachfiguren" (polierte Bronze)

Bauhaus-Archiv nach den Plänen von *W. Gropius* (* 1883, † 1969) in Berlin (W) erbaut

Waldemar Grzimek (* 1918): „Liebendes Paar" (Bronze)

Dieter Honisch (* 1932): „Nationalgalerie Berlin". Geschichte der Sammlung vom Direktor in Berlin (W)

Peter Hübel (* 1938): „Im Dunst des Morgens" (Ölbild)

Umfassende Ausstellung der Skulpturen, Bilder, Graphiken von *Jean R. Ipousteguy* (* 1920, Frankr.) in Berlin (W)

† *H. Kahnweiler,* einflußreicher frz. Kunsthändler dt. Herkunft, der ab 1907 entscheidend den Kubismus *(Picasso, Braque, Gris)* förderte (* 1885)

Ausstellungen mit Werken von *Ernst Ludwig Kirchner* (* 1880, † 1938) in Berlin (W) und Basel

Ausstellung mit dem Spätwerk von

Aufführung der ergänzten Fassung der Oper „Lulu" von *Alban Berg* (* 1885, † 1935) in Paris

† *Paul Dessau,* Komponist (DDR) schrieb Opern nach Texten von *B. Brecht* (* 1881)

† *Antonio Ghiringhelli,* ital. Generalintendant d. Mailänder Scala 1945 bis 72 (* 1903)

H. W. Henze: „Orpheus" (Ballett, Urauff. i. Stuttgart)

Warren Casey und *Jim Jacobs:* „Grease" („Schmiere") (Das Musical erlebt i. New York mit 3243 Aufführungen in 8 Jahren einen Rekord, der den von „Fiedler auf dem Dach" übertrifft.)

† *Kurt Jooss,* Tänzer und Choreograph, gewann 1932 mit dem Ballett „Der grüne Tisch" internationale Anerkennung (* 1901)

*Nobel*preis für Physik an *H. L. Glashow* (* 1932), USA, *Steven Weinberg* (* 1933), USA, *Abdus Salam* (* 1926) aus Pakistan, der in London lebt, für Vereinheitlichung der Theorie der Elementarteilchen (Zusammenfassung von elektromagnetischer Kraft und schwacher Wechselwirkung des radioaktiven Zerfalls)

*Nobel*preis für Chemie an *Georg Wittig* (* 1897), Dtl., und *Herbert C. Brown* (* 1912) für Fortschritte in der Synthese organischer Naturstoffe (z. B. Vitamin A)

*Nobel*preis für Medizin an *Allan McLeod Cormack* (* 1924), USA, und *Godfred Newbold* (* 1919), Gr.-Brit., für Röntgendiagnose mit Computer-Tomographie, die seit etwa 1973 angewandt wird

† *E. B. Chain,* brit. Biochemiker dt. Herkunft, *Nobel*preis 1945 (* 1906)

M. Eigen: „Zeugen der Genesis" (Versuch der Rekonstruktion der Urformen des Lebens aus ihren in den Biomolekülen seit Milliarden Jahren hinterlassenen Spuren) (zusammenfassender Vortrag, der den Stand der Ausführung dieses Programms erläutert)

Der 100. Geburtstag der Naturwissenschaftler *Albert*

*Nobel*preis für Wirtschaftswissenschaft an *Theodor Schultz* (* 1902, USA) und *Arthur Lewis* (* 1915, USA) für Forschungen über Entwicklungsländer

† *B. Ohlin,* schwed. Wirtschaftswissenschaftler, *Nobel*preis 1977 (* 1899)

Die Bevölkerung von VR China wird mit 1 Mrd. angegeben.

1970–79 nahm die Bevölkerung der Erde um 800 Millionen auf 4400 Millionen zu

Erdbevölkerung hat folgende Altersgliederung: 0–14 36,7 %, 14–60 54,3 %, über 60 9 %

Rd. 1 Mrd. Menschen leiden an Unterernährung, davon sind 33 % Kinder unter 10 Jahren

Energieversorgung bleibt erdweites Zentralproblem

Die globale Elektrizitätserzeugung erreicht 8500 Mrd. kWh (davon 12 % aus Kernenergie)

Seit 1965 stieg der globale Energieverbrauch pro Kopf um 2,3 %/Jahr, der Verbrauch an elektrischer Energie um 4,7 %/Jahr

Erdweite Proteste gegen Kernkraftwerke, z. B. in Washington DC und Bonn (Vgl. Sp. P u. W)

OPEC-Konferenz in Genf erhöht Ölpreise um etwa 16 %

Einnahmen aus Ölexport der OPEC-Staaten

	Mrd. $	$/Einw.
Saudi-Arabien	62,3	8900
Kuwait	21,0	19090
Irak	20,6	1716
Iran	20,5	586
Nigeria	16,7	209
Venezuela	14,7	1131
V. Arab. Emir.	13,6	16000
Libyen	13,1	5038
Indonesien	12,0	84
Algerien	10,5	583
Katar	3,6	18000
Ecuador	2,4	316
Gabun	1,7	1888
zus.	212,7	686

Heizöl in BRD verdoppelt Preis gegenüber Vorjahr

Ölpreis für 159 Liter (Barrel):

	Dollar		Dollar
1973	2,70	1977	12,40
1974	9,76	1978	12,70
1975	10,72	Mitte	
1976	11,51	1979	18–23,50

Spannungen im RGW, weil Rumänien

(1979)

firma in Hamburg führt in Hamburg zur politischen Krise mit Rücktritt eines Senators

Nach Wahlsieg der CDU bleibt *Stoltenberg* Min.-Präs. von Schleswig-Holstein

† *Franz Josef Röder*, Min. des Saarlandes seit 1959 (* 1909, CDU). Nachf. *W. Zeyer* (* 1929, CDU)

Neue Ministerpräsidenten der Bundesländer seit 1973 (vgl. 1973)

Bayern	*A. Goppel–F. J. Strauß* (* 1915, CSU)
Berlin (W)	*K. Schütz–D. Stobbe* (* 1938, SPD)
Hamburg	*P. Schulz–H.-U. Klose* (* 1937, SPD)
Nordrh.-Westf.	*H. Kühn–J. Rau* (* 1931, SPD)
Rheinl.-Pfalz	*H. Kohl–B. Vogel* (* 1932, CDU)
Saarland	*F. J. Röder–W. Zeyer* (* 1929, CDU)
N.-Sachsen	*A. Kubel–E. Albrecht* (* 1939, CDU)
Baden-Württemberg	*L. Späth* (* 1937, CDU)
Hessen	*A. Osswald–H. Börner* (* 1931, SPD)

† *Josef Müller* („Ochsensepp"), bayrischer Politiker, Mitbegründer der CSU (* 1898)

DDR erläßt zum 30. Jahrestag umfassende Amnestie, die auch Regimekritiker *Rudolf Bahro* (* 1936) und Wehrdienstverweigerer *Niko Hübner* (* 1956) nach einem Jahr Haft gewährt wird

Nach Wahlsieg der SPÖ bleibt *B. Kreisky* österr. Bundeskanzler

B. Kreisky und *W. Brandt* treffen sich in Wien mit PLO-Führer *Arafat*, was Israel scharf verurteilt

Griechenland wird als EG-Mitglied aufgenommen (ab 1981, ab 1986 Vollmitglied)

EG schließt mit 57 AKP-Staaten Lomé-2-Abkommen über 14 Mrd. DM Hilfe

1. Direktwahl des Europa-Parlaments in EG (9) mit 65 % Wahlbeteiligung

Simone Veil (* 1927) wird erster Präsident des neu (direkt) gewählten europäischen Parlaments (früher frz. Gesundheitsminister liberaler Richtung)

Sitze im ersten direkt gewählten Europa-Parlament in Straßburg:

Sozialisten	112	Liberale	40
Christdemokraten	106	Progress. Demokr.	21
Konservative	63	Sonstige	24
Kommunisten	44	zusammen	410

† *Jean Monnet*, frz. Wirtschaftspolitiker der Westeuropäischen Vereinigung (* 1888)

Nach hohem Wahlsieg der Konservativen in Großbritannien wird *Margaret Thatcher* (* 1925) erster weiblicher Regierungschef in Europa

Die letzten Briten verlassen Malta (aufgrund des Abkommens von 1972)

Volksabstimmungen über Autonomie i. Schottland und Wales erreichen nicht erforderliche Mehrheit

Terror der IRA tötet in 2 Tagen 23 Menschen

† *L. Mountbatton* (Terroranschlag in Irland), brit. Admiral, letzter Vizekönig Indiens (* 1900)

Schriftsteller, seit 1938 in London. Verfasser mehrerer Biographien (*Luther, Händel, Goethe* u. a.) (* 1896)

G. Grass: „Das Treffen in Telgte" (Erzählung um ein Dichtertreffen 1647)

R. Hochhuth: „Juristen" (Schauspiel um das Leben von *H. K. Filbinger* als Marine-Richter in der NS-Zeit)

Elfriede Jelinek (* 1946): „Was geschah, nachdem Nora ihren Mann verlassen hatte?" (Schauspiel in Anlehnung an *Ibsen.* Urauff. i. Graz)

† *Marcel Jouhandeau*, franz. Schriftsteller (* 1888)

Krit. Gesamtausgabe der Werke v. *F. Kafka* ab 1980 angekündigt

† *Alfred Kantorowicz*, dt. Schriftsteller, der 1957 aus der DDR in die BRD ging, gab Werke *Heinrich Manns* heraus (* 1899)

Arthur Kopit (* 1937): „Wings" (US-Schauspiel)

† *Anatolij Kusnezow*, sowjetischer Schriftsteller, schrieb „Babij Jar" (über das deutsche Judenmassaker bei

der „Berliner Schule" (* 1899)

K. Popper: „Schöpferische Selbstkritik in Wissenschaft und Kunst" (Eröffnungsrede in Salzburg mit kulturoptimistischer Tendenz)

† *G. A. Rein*, dt. Historiker, gründete 1950 *Ranke*-Gesellschaft (* 1885)

Horst Stern (* 1923): „Rettet den Wald" (Veröffentlichung, die zum Naturschutz aufruft)

Papst *Johannes Paul II.* verurteilt auf einer Reise in Mexiko die „Theologie der Befreiung" in S-Amerika

Auf einer weiteren Reise besucht der Papst Irland, wo er „auf den Knien" um Gewaltverzicht bittet, und tritt vor der UN-Vollversammlung für die Menschenrechte ein

Papst *Johannes Paul II.* unternimmt umjubelte Reise in sein Heimatland Polen

„Novum Testamentum Graece" entsteht in ökumenischer Zusammenarbeit aus 5300 bekannten griechischen Handschriften

Paul Klee (* 1879, † 1940) in seiner Geburtsstadt Bern

Henning Kürschner (* 1941): „Skizzenblatt mit schwarzer Kreuzfigur" (Aquarell)

† *B. Leach*, brit. Keramiker (* 1887)

„*Max Liebermann* in seiner Zeit" (Ausstellg. Berlin [W])

B. Luginbühl (* 1929): „Kardinal" (Schweizer Plastik aus Abfallmaterial)

Marino-Marini-Museum entsteht in seiner Geburtsstadt Pistoia (* 1901, † 1980)

Henry Moore: „Two large forms" (Leihgabe der Plastik 1966–68 für das Bundeskanzleramt in Bonn)

Kunito Nagaoka (* 1940, Japan): „Erdkreislauf" (Aquarell und Tusche)

Wolfgang Petrick (* 1939): „Blinde" (Environment mit 6 Figuren aus verschiedenen Materialien nach *Bruegel*)

Nachlaß von *P. Picasso* wird als künftiges Museum in Paris ausgestellt

Ausstellung des Werkes von *Man Ray* (* 1890, † 1978) in Basel

(Ehepaar) *R. Schüler* und *U. Schüler-Witte* Internationales Congreß-Center (ICC) Berlin mit 800 000 m³ umbauten Raums (Einweihung mit 7000

† *Stan Kenton*, US-Jazz-Musiker, erneuerte 1946–50 den Jazz (* 1912)

† *Richard Rodgers*, US-Komponist erfolgreicher Musicals (* 1902)

Dieter Schnebel (* 1930): „Thanatos–Eros" (zwei sinfonische Improvisationen)

Dieter Sicker (* 1932): „Der Untergang der Titanic" (Mitspieloper Urauff. i. Berlin [W])

† *Natascha Trofimowa*, russ. Primaballerina, Schülerin v. *T. Gsovsky* (* 1923)

„Klangmeile" (ein Teil des Kurfürstendamms in Berlin wird zu Beginn der Sommerfestwochen von einer Vielzahl von Musikgruppen „beschallt")

„Ars Electronica". Musikfest in Linz. Zum *Bruckner*jahr wird seine 8. Sinfonie als elektron.

Einstein (* 1879, † 1955), *Otto Hahn* (* *1879*, † 1968), *M. v. Laue* (* 1879, † 1960) und *Lise Meitner* (* *1878*, † 1968) und ihr Lebenswerk werden erdweit gewürdigt

Zum 100. Geburtstag *Einsteins* kann auf eine genaue Bestätigung seiner Relativitätstheorie durch neue Meßverfahren seit seinem Tode (*Mößbauer*-Effekt, Atomuhren, Radioastronomie) verwiesen werden. Auch die Existenz von Gravitationswellen erscheint nachweisbar

† *H. Focke*, dt. Flugzeugkonstrukteur, baute 1936 ersten Hubschrauber, der 1937 alle Weltrekorde eroberte (* 1890)

† *Werner Forßmann*, der 1929 Herzkatheter im Selbstversuch erstmals erprobte, *No*belpreis 1956 (* 1904)

† *Otto Robert Frisch*, Physiker österr. Herkunft (Neffe von *L. Meitner*), deutete mit *L. Meitner* 1939 die von *O. Hahn* gefundene Urankernspaltung (* 1904)

† *Dennis Gabor*, brit. Physiker ungar. Herkunft, der 1948 das Holographie-Verfahren zur Erzeugung plast. Bilder fand (* 1900)

Die sowjetischen Kosmonauten *W. Ljachow und*

von allen Reisenden für Benzin harte (westliche) Währungen fordert

USA stoppen Erdöleinfuhr aus Iran, die etwa 10 % ihrer Ölimporte ausmacht (2–3 % ihres Verbrauchs)

Export der Industriestaaten in % Bruttoinlandsprodukt

	1958–62	1968–72	1973–78
Gr.-Brit.	20,9	22,7	28,4
BRD	18,5	21,1	25,0
Ital.	14,0	19,5	24,7
Frankr.	13,8	15,8	19,9
Japan	10,5	11,0	12,7
USA	4,9	5,5	8,1

(USSR 1977 ca. 6,2 % BSP)

UNCTAD-Konferenz in Manila endet mit Programm, die Hilfe für die ärmsten Länder zu verstärken (die geplanten 0,7 % BSP für Entwicklungshilfe leisten nur wenige Staaten. Auch die BRD bleibt darunter)

In Israel wird eine Inflationsrate von 100 % befürchtet

12 % Diskont in USA festigt Dollarkurs bei 1,77 DM

Der Goldpreis steigt im Jahr von 223 auf 511 $/31,3 g (Unze) um 229 %

Durchschnittliches Monatseinkommen in BRD 1680 DM (1970: 890 DM), durchschnittliche Rente 1050 DM (1970: 490 DM. Der Kostenindex stieg 1970–79 von 100 auf 154)

Abzüge vom Durchschnittseinkommen i. BRD

Lohnsteuer	15,6 %
Sozialabgaben	13,5 %
Verbrauchsteuern	9,8 %
zus.	38,9 %

Verbesserung von Saatgut, Bewässerung und Düngung läßt in Indien die Getreideernte 1966–78 um 4,7 %/Jahr auf 125 Mt steigen, während die Bevölkerung um 2,3 %/Jahr zunahm. Früher befürchtete katastrophale Hungersnot i. Indien gilt als zunächst abgewendet

Wirtschaftsgipfel der 7 stärksten westlichen Industrienationen in Tokio beschließt Erdölimporte bis 1985 nicht zu erhöhen, sondern Erdöl durch Kohle und Kernkraft zu ersetzen

† *Rudolf Blohm*, dt. Unternehmer der Schiffsbauindustrie (* 1885)

† *Adolph Kummernus*, dt. Gewerkschafter (* 1895)

Wirtschaftskrise in Frankreich mit hoher

(1979)

Reichstagswahlen in Schweden führen zur Mehrheit von einem Mandat der bürgerlichen Parteien gegenüber Sozialdemokraten und Kommunisten. *Th. Fälldin* (* 1926, Zentrum) bildet Regierung

Volksabstimmung i. Grönland ergibt klare Mehrheit für Selbstverwaltung des dänischen Gebiets

† *Pietro Nenni*, ital. Linkssozialist, mehrfach Minister nach 1945 (* 1890)

Andreotti (DC) bildet in Italien 41. Nachkriegsregierung (Minderheitsreg.) Nach seinem Rücktritt bringen Wahlen den Kommunisten merkliche Verluste. DC bleibt stärkste Partei

Nach monatelanger Verhandlung bildet in Italien *F. Cossiga* (* 1928) christdemokrat. Minderheitsregierung. KPI bleibt in Opposition

Parlamentswahlen in Spanien ergeben: Zentrumsunion 34 %, Sozialisten 29 %, Kommunisten 10 %, andere 27 %

A. Suarez Gonzales (* 1932, Union Demokrat. Zentrum) bildet nach der Wahl in Spanien Reg.

Terrororganisation ETA der Basken in Spanien tötet zahlreiche Menschen

Blutige Demonstrationen in Madrid gegen neues Hochschulrecht, bei denen 2 Studenten umkommen

In Portugal folgt *Carlos Mota Pinto* auf *Alfredo Nobre da Costa* als Reg.-Chef

Nach Rücktritt von *Mota Pinto* (* 1936) folgt *Maria L. Pintassilgo*, die ebenfalls bald zurücktritt

Parlamentswahlen in Portugal bringen nichtsozialistischer Demokratischer Allianz unter *F. Sa Carneiro* (* 1934) Erfolg

In der Türkei gewinnt *Demirel* (Gerechtigkeitspartei) Mehrheit gegen *Ecevit* (Sozialdemokrat) u. wird Reg.-Chef

Radikale Palästinenser stürmen ägyptische Botschaft in Ankara u. töten 3 Menschen. Später ergeben sie sich und lassen Geiseln frei

L. Breschnew kündigt in Berlin (O) zum 30. Jahrestag der DDR Verringerung sowjetischer Truppen und Verhandlungsbereitschaft über Mittelstreckenraketen an

NATO beschließt bei Vorbehalten von Belgien und der Niederlande Nachrüstung der Mittelstreckenraketen in Europa und Verhandlungen über Abrüstung mit dem Warschauer Pakt, der diese Nachrüstung heftig verurteilt

Außenminister der USSR, *Gromyko*, besucht Spanien und BRD

Internationale Krise durch militärische Intervention der USSR in Afghanistan

Regimekritiker in Polen beschuldigen Sowjetunion des Völkermordes an Polen 1939–41 (einschl. Katyn)

Kiew 1941) (* 1930)

Hartmut Lange (* 1937): „Pfarrer Koldehoff" (Schauspiel, Urauff. Berlin [W])

Else Lasker-Schüler (* 1869, † 1945 i. Israel): „IchundIch" (Schauspiel gegen NS-Regime, das 1945 in Israel entstand und jetzt i. BRD uraufgeführt wird)

N. Mailer: „Des Henkers Lied" (US-Roman um den hingerichteten Mörder *G. Gilmore*)

† *Ludwig Renn* (eig. *A. Veith v. Golßenau*) in der DDR, deutscher Schriftsteller, schrieb 1928 „Krieg" (* 1889)

† *Arno Schmidt*, dt. Schriftsteller, schrieb 1970 „Zettels Traum" (* 1914)

Stefan Schütz (* 1917, lebt i. DDR): „Majakowski" (Tragikomödie, Urauff. i. London)

S. Shepard: „Buried Child" (US-Schauspiel)

† *Konstantin, Simonow*, Schriftsteller in USSR, schrieb 1944 „Tage und Nächte" (Stalingradroman) (* 1915)

† *Angelos Tersakis*, griechischer Schriftsteller und Chefdramaturg

Die erdweiten Ausgaben im Bildungswesen liegen bei 6 % des globalen Bruttosozialprodukts von etwa 7500 Mrd. Dollar (sie entsprechen damit etwa den militärischen Ausgaben)

Parteipolitischer Streit um die Gesamtschule als Regelschule

Niedersächsischer Kulturminister *Remmers* (CDU) tritt als stellvertretender Vors. der Bildungskommission von Bund und Ländern zurück

UN proklamiert das „Jahr des Kindes" (der Anteil der 0–14 Jahre alten Jugend an der Erdbevölkerung beträgt rd. 33 %)

World Atlas of the Child (sozialstatistische Veröffentlichung der Weltbank zum „Jahr des Kindes")

In Brasilien gelten 28 % der Jugendlichen unter 18 Jahren als verwahrlost. In Sao Paulo werden etwa 1200 kriminelle Kinderbanden geschätzt

Amnesty International veröffentlicht Berichte über Mißhandlung von

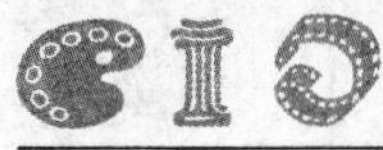

Gästen). Baukosten bei 900 Mill. DM

J. Tinguely (* 1925): „Meta-Harmonie Nr. 2" (schweiz. Raumkunstwerk aus bewegten Maschinenteilen)

Richard Serra (* 1939, USA), Bildhauer: „Berlin-Block" (Stahlwürfelplastik)

Ausstellungen und Veröffentlichungen zum 50. Todestag von *Heinrich Zille* (* 1858, † 1929) (seit 1945 erschienen etwa 20 Bücher in BRD über ihn)

Ausstellung über Holographie, die räumliche Bilder ermöglicht, als künstlerisches Medium in Berlin (W)

„Die Entfremdung der Stadt" (Kunstausstellung i. Berlin [W]) von *Lucie Schauer* (* 1926)

Schallplattenhüllen (Ausstellung dieser Gattung angewandter Kunst in Berlin [W])

„Horizonte 79", Festspiele in Berlin (W) mit Kunst und Künstlern aus Afrika und Haiti

Ausstellung in Böblingen mit 1300 Bildern von Sonntagsmalern

„30 Jahre Kunst in der Bundesrepublik Deutschland" (Ausstellung in Bonn)

Museum mit der *Sprengel*-Kollektion in Hannover eröffnet

„Photographie als Kunst 1879–1979, Kunst als Photo-

„Klangwolke" realisiert, mit der die Stadt beschallt wird

„New Music, New York" (Festival für experimentelle Musik in New York)

Peking-Oper gastiert erfolgreich in BRD

Die Berliner Philharmoniker gastieren in Tokio und Peking

Britische Rock-Musikgruppe „The Who" hält seit 1965 eine Spitzenstellung

Schlagerfestival Grand Prix Eurovision ergibt die Rangfolge: 1. Israel, 2. Spanien, 3. Frankreich, 4. BRD

Schlager: „YMCA", „Sing me, sing me", „Dschingis Khan", „You're the one that I want" („Die Wanne ist voll"), „One way ticket", „Sing mir, sing mir ein Chanson", „Music Box Dancer", „Hallelujah"

W. Rjumin brechen mit 175 Tagen Raumflug bisherigen Rekord (139 Tage) und landen unversehrt

† *Feodor Lynen*, dt. Biochemiker, der den Fettstoffwechsel erforschte, *Nobel*preis 1964 (* 1911)

Zhores Medwedjew: „Bericht und Analyse der bisher geheimgehaltenen Atomkatastrophe i. d. USSR" (schildert eine Kernexplosion durch Atommüll bei Tscheljabinsk 1957, die bisher amtlich nicht bestätigt wurde)

† *Hans Nachtsheim*, dt. Zoologe und Humangenetiker, speziell Erbpathologe (* 1890)

Jerry Nims und *Allen Lo:* Amateurkamera für dreidimensionale Fotos analog zur 3-D-Postkarte

A. E. Ringwood: „Origin of the Earth and Moon" (astronomische Theorie über Entstehung von Erde und Mond unter Auswertung der Mondlandungen)

† *R. B. Woodward*, US-Chemiker, *Nobel*preis 1965 (* 1917)

Europa-Rakete „Ariane", Gemeinschaftsunternehmen europäischer Länder, gelingt nach mehrfachen Versuchen der Start

2,2-m-Spiegelteleskop im dt.-span.

Arbeitslosigkeit und Inflationsrate mobilisiert Volksfrontpolitik

Arbeitslosenzahl i. BRD sinkt erheblich unter 1 Mill. (Quote unter 5 %)

DAG fordert 35-Stunden-Woche

Nach 44 Tagen Streik in der Stahlindustrie der BRD um 35-Stunden-Woche kommt es zum Kompromiß mit mehr Freischichten und Urlaub

Österreichische Gewerkschaften (ÖGB) fordern 35-Stunden-Woche

Gewerkschaften i. BRD fordern Verbot der Aussperrung, wird 1980 gerichtlich abgelehnt

Lehrergewerkschaft GEW proklamiert 2stündigen Proteststreik in 4 Bundesländern für Arbeitszeitverkürzung

Bundesverfassungsgericht erklärt Mitbestimmungsgesetz, das dicht unter der vollen Parität liegt, für verfassungskonform

NRW-Landesregierung präsentiert 5-Mrd.-DM-Hilfsprogramm für das Ruhrgebiet

Die jährliche Preissteigerungsrate in der BRD beträgt am Jahresende 5,4 % (liegt im Vergleich zu anderen Staaten relativ niedrig)

Bundestag beschließt Bundeshaushalt für 1980 mit 214,5 Mrd. DM Ausgaben und 24,5 Mrd. DM Neuverschuldung (Gesamtschuld liegt bei 220 Mrd. DM)

Bundesbank erhöht Diskontsatz

An der Kautschuk-Produktion von 13 Mt ist der synthetische mit 68 % beteiligt (1935: 1 %)

Textilfaserproduktion der Erde liegt bei 28 Mt (davon 45 % Chemiefasern, speziell 33 % synthetische Fasern) (vgl. 1970 V)

Londoner Zeitung „The Times" kann nach Vereinbarungen mit den Gewerkschaften nach einem Jahr Pause wieder erscheinen

Bryan Allen überfliegt mit Muskelkraftflugzug Ärmelkanal

Stan Barrett (* 1943) erreicht in USA mit Raketenauto Überschallgewindigkeit 1190 km/h

Björn Borg (* 1956, Schweden) gewinnt zum 4. Mal in Wimbledon Meisterschaft im Herren-Einzel gegen *Tanner* (USA)

R. Messner besteigt im Alleingang K-2-Gipfel (8611 m) i. Karakorum; zweithöchster Berg der Erde, der alpi-

(1979)	Demonstrationen in Warschau zum Gedenken an 45 Tote bei Arbeiterunruhen 1970 in Danzig. Es kommt zu etwa 100 Festnahmen In Prag werden *V. Havel* und 5 andere Regimekritiker der Charta 77 zu Freiheitsstrafen von 2 bis 5 Jahren verurteilt. Zu den zahlreichen Kritikern des Verfahrens gehört auch KPF † *L. Svoboda*, Staatspräsident der ČSSR 1968–75 (* 1896) *J. Carter* und *L. Breschnew* unterzeichnen in Wien nach 6½ Jahren Verhandlung das Abkommen zur Begrenzung strategischer Waffen SALT 2, das in den USA beim Ratifizierungsverfahren kontrovers diskutiert wird (Salt 3 wird angestrebt) Spannung zwischen USA und Sowjetunion wegen Anwesenheit militärischen Personals der USSR auf Kuba. USA verstärken ihre militärische Präsenz in diesem Raum *Fidel Castro* spricht als Vorsitzender der Blockfreien vor der UN-Vollversammlung in New York Junta stürzt in unblutigem Putsch *Humberto Romero* (* 1929), der seit 1977 als Diktator in El Salvador herrscht Dem Machtwechsel in El Salvador folgen bürgerkriegsartige Unruhen *A. Somoza*, Diktator in Nicaragua seit 1947, tritt nach blutigen Kämpfen gegen Befreiungsfront zurück. Damit endet die Herrschaft seiner Familie seit 1937 US-Präsident entscheidet Bau der MX-Interkontinentalrakete mit mobiler Abschußstellung US-Präsident *Carter* verkündet Programm umfassender Energieeinsparung US-Regierung bietet wegen Schwierigkeiten in der Energiepolitik Präsident *Carter* geschlossen den Rücktritt an, der darauf einige Positionen umbesetzt 200 000 Kernkraftgegner protestieren in Washington (DC), etwa 110 000 Kernkraftgegner protestieren in Bonn USA unterbrechen Erdöleinfuhr aus Iran, die etwa 10 % der Erdölimporte ausmacht Untersuchungen in den USA ergeben im Gegensatz zu bisherigen Ansichten Hinweise auf Verschwörungen bei der Ermordung von *J. F. Kennedy* und *Martin Luther King* *Joe Clark* (* 1939, konservativ) löst *P. E. Trudeau* (* 1921, liberal) als Min.-Präs. von Kanada ab Mißtrauensvotum stürzt Regierung *J. Clark* (* 1939) in Kanada Militärputsch in Bolivien unterbricht Demokratisierungsprozeß (nach umstrittener Zählung 191. Staatsstreich während der 154 Jahre Unabhängigkeit)	des Athener Nationaltheaters (* 1907) *J. R. R. Tolkien* (* 1892): „Der Herr der Ringe" (dt. Übers. der engl. Trilogie seit 1954) † *Friedrich Torberg*, dt. Schriftsteller, Übersetzer von *E. Kishon* (* 1908) *F. F. v. Unruh* (* 1893): „Das Liebespaar" (Novellen) † *Mika Waltari*, finn. Schriftsteller (* 1908). Schrieb 1954 „Sinuhe d. Ägypter" (dt. 1960) *Per Waestberg* (* 1933, Schweden) wird Präsident des internationalen PEN-Clubs *T. Williams* (* 1911): „A lovely Sunday for Creve Cœur" (US-Schauspiel) 9 Autoren in der DDR (darunter *Stefan Heym* [* 1913] u. *Rolf Schneider* [* 1932] werden unter dem Vorsitz von *H. Kant* (* 1926) aus dem Schriftstellerverband ausgeschlossen CSSR bürgert den Schriftsteller und Regimekritiker *Pavel Kohout* (* 1928) aus *Schiller*gesellschaft i. Marbach veröffentlicht Briefwechsel von	Kindern aus politischen Gründen (z. B. Erpressung der Eltern) Nach einer Untersuchung werden erdweit jährlich 40–55 Mill. legale und illegale Abtreibungen vorgenommen (etwa bei 25,5 % aller Schwangerschaften) Club of Rome tagt in Berlin (W) und stellt als Hauptproblem die ausreichende Versorgung der rasch wachsenden Menschheit fest 6 Monate Mutterschaftsurlaub i. BRD, der für Berufstätige bezahlt wird Gesetzliches Sorgerecht der Eltern i. BRD neu geregelt Bundesverfassungsgericht prüft das seit 1977 gültige Scheidungsrecht, das die Gleichberechtigung der Frau zu realisieren versucht DDR knebelt durch neue Gesetze, die oppositionelle Tätigkeit unter Strafe stellen, die Meinungsfreiheit USA tauschen 2 sowjetische Spione gegen 5 inhaftierte Regimekritiker a. d. Sowjetunion aus

graphie 1949–79" (Ausstellung i. Innsbruck)

Wilhelm-Hack-Museum in Ludwigshafen eröffnet

Kunstausstellung Paris–Moskau 1900–1930 im Centre Pompidou, Paris (im Anschluß an „Paris–New York" und „Paris–Berlin")

„Europa 79" (Kunstausstellung in Stuttgart)

Fresken im Kloster Klosterneustift bei Brixen aus der (Pest-)Zeit um 1350 restauriert

---

„Manhattan" (tragikomischer US-Film von und mit *Woody Allen*)

„Unmoralische Engel" (erotischer Film um Raffaels Geliebte von *Walerian Borowczyk*)

„Elvis – the King" (US-Film von *Joe Carpenter* [* 1948])

„Coming Home" (US-Film über Vietnam von *M. Cimino*) erhält 5 Oscars

† *John Cromwell*, US-Filmregisseur (* 1888)

„La Luna" (ital. Film von *Bernardo Bertolucci* [* 1941])

„Die dritte Generation" (Film um Terrorismus von *R. W. Faßbinder*)

„Die Ehe der Maria Braun" (Film von *R. W. Faßbinder* n. d. Roman von *Zwerenz*)

„Alien" (US-Scien-

Calar-Alto-Observatorium in Betrieb (3,5-m-Spiegel für 1982/83 geplant)

Durch Berechnung des Strahlenspektrums einer „Urgalaxie", die vor etwa 17 Mrd. Jahren entstand, wird ihre ab 1985 mit Satellitenteleskop wahrscheinlich mögliche Beobachtung theoretisch vorbereitet (einige bekannte Quasare könnten im Zustand einer „Urgalaxie" sein)

Die 1974 gestartete US-Raumsonde Pioneer 11 entdeckt 7. Ring des Saturn und (möglicherweise) 12. Mond (erreicht bisher größte Entfernung eines menschlichen Objekts)

1974 gestartete Raumsonde erreicht Uranusbahn in 2900 Mill. km Entfernung von der Erde

US-Raumsonden vermitteln neue Bilder und Informationen von Jupiter und seinen Monden

Zeitpunkt und Ort des Absturzes von Skylab (77,5 t) wird von der NASA nur sehr ungenau vorhergesagt. Der Absturz über Australien verursacht nur geringe Sachschäden

Schwerer Störfall mit der Gefahr der Reaktorkernschmelze in Harrisburg (USA) verläuft zwar ohne unmittelbare Gesundheitsschäden, bedeutet aber einen

nistisch besonders schwierig ist (Erstersteigung 1954)

† *Hanna Reitsch*, Testpilotin und erster weiblicher Flugkapitän i. Dtl. (* 1912)

† *Hans Stuck*, dt. Autorennfahrer (* 1901)

A. Scharkow (* 1951, USSR) verteidigt Titel des Schachweltmeisters gegen USSR-Emigranten v. Korchnoi (* 1931) mit 6 gewonnenen Partien von 32

Spartakiade in Moskau (internationales kommunistisches Sportfest, erstmalig 1928) in Vorbereitung der Olympischen Spiele 1980

75. 6-Tage-Rennen in Berlin (W) (vgl. 1909)

6 DDR-Bürger fliehen mit selbstgebautem Heißluftballon in die BRD

Frz. Großexpedition scheitert am K-2-Gipfel

Turner der USSR schlagen bei der WM i. USA die Japaner, die 2 Jahrzehnte führten

Hamburger Sportverein (HSV) zum 4. Mal dt. Fußballmeister

24 Verletzte, davon mehrere lebensgefährlich, bei Tumulten im Hamburger Fußballstadion

Die Zahl der Indochina-Flüchtlinge, die unter ärmlichsten Verhältnissen leben, erreicht rd. 400 000. Nach Genfer Konferenz finden sie zunehmend Aufnahme in Gastländern (vor allem in USA)

Zahlreiche Vietnamflüchtlinge kommen um, weil ihre Schiffe von den Zielländern ihrer Flucht zurückgewiesen werden

VR China gibt 242 000 Tote bei den Erdbeben 1976 bekannt

20 000 Flüchtlinge aus Vietnam sind nach australischer Schätzung ertrunken

Internationale Hilfsaktion für Kambodscha, wo 2 Mill. Menschen der Hungertod droht

Hurrikan verwüstet karibische Staaten (1400 Tote, vgl. 1980)

1100 Tote bei einem Dammbruch in Indien werden befürchtet

Erdbeben im Iran fordert 1000 Tote

300 Tote bei Erdbeben in NO-Iran

275 Tote beim Absturz eines Großraumflugzeuges bei Chikago, das beim Start Motor verliert (führt zum Startverbot für den Typ DC 10)

257 Tote beim Absturz eines Touristen-

(1979)	Siedlungspolitik Israels in besetzten Gebieten stößt auf Bedenken der USA und ihrer Verbündeten Oberstes Gericht in Israel verurteilt eine israelische Siedlung nach arabischer Enteignung als illegal *M. Dayan* tritt als Außenminister Israels zurück, weil er Palästinenserpolitik *Begins* ablehnt Gemäß Friedensvertrag gibt Israel die 1967 besetzte Sinai-Stadt Al Arich an Ägypten zurück und beginnt Verhandlungen über Autonomie für die Palästinenser PLO-Terroranschläge in Israel halten an Im Südlibanon halten die Kämpfe zwischen christlichen Milizen und Arabern an Volksabstimmung in Ägypten billigt mit großer Mehrheit Friedensvertrag mit Israel Ägypten stellt Mitarbeit in Arabischer Liga ein, die den Friedensvertrag mit Israel bekämpft Arabische Liga verlegt Sitz von Kairo nach Tunis, um sich von ägyptischer Politik zu distanzieren OPEC-Konferenz in Caracas mißlingt Einigung auf Ölpreis. Die Forderungen liegen zwischen 24 und 30 Dollar pro 159 Liter (= Barrel) Wahlen in Simbabwe-Rhodesien mit 64 % Beteiligung führen zum Sieg des gemäßigten Negerführers Bischof *Muzorewa* (* 1925). In der gemischten Regierung behalten weiße Minister Schlüsselpositionen. Die patriotische Front unter *Nkomo* (* 1917) und *Mugabe* (* 1927) kämpft weiter für Alleinherrschaft der Schwarzen Commonwealth-Konferenz in Lusaka (Sambia) einigt sich auf Konferenz über Simbabwe-Rhodesien in London mit dem Ziel, die Verfassung zugunsten der schwarzen Mehrheit zu ändern Allparteienkonferenz in London beendet nach 15 Wochen Beratung Bürgerkrieg in Simbabwe-Rhodesien durch Waffenstillstandsabkommen und Einsetzung eines britischen Gouverneurs als Übergangslösung zu einer Regierung der Einheimischen Staatspräs. *Forster* von Südafrika tritt wegen Verwicklung in Finanzskandal zurück Südafrika bestreitet Vermutung der USA, es habe Kernsprengsatz gezündet Diplomatische Beziehungen zw. BRD u. Angola † *T. A. Neto,* Präsident von Angola seit 1975 (* 1922) *Idi Amin* (* 1925), Staatschef von Uganda seit 1971, wird nach einer Schreckensherrschaft durch Einmarsch von Tansania gestürzt und flieht ins Ausland („Kaiser") *Bokassa* (* 1921), Staatschef von Zentralafrika seit 1966, wird mit frz. Hilfe von seinem Vetter *Dacko* gestürzt und flieht ins Ausland (Elfenbeinküste). † *M. Nguema* (hingerichtet), Staatschef von Äqua-	*Goethe* mit seinem Verleger *Cotta* Jährlich werden ca. 560 000 Buchtitel veröffentlicht (davon 40 % in den westl. Industrieländern). Bei gleichbleibender Steigerung würde um 1985 1 Million Titel herauskommen	Mit der Holocaust-Serie erweist das Fernsehen seine Fähigkeit, einen großen Teil der Bevölkerung mit einem ernsten und schwierigen Thema zu beschäftigen Bundestag hebt Verjährung von Mordtaten generell auf, damit NS-Verbrechen auch nach 1979 verfolgt werden können Nach der Aufhebung des staatlichen Rundfunkmonopols in Italien 1976 entstanden über 600 Sender (in Rom 30 private). Die Programme werden von Werbung und Porno-Darstellungen beherrscht. In der BRD wird über die öffentlich-rechtliche Form des Rundfunks kontrovers diskutiert Landesarbeitsgericht verbietet geplanten Rundfunkstreik gegen Auflösung des Senderverbundes NDR als unzulässigen politischen Streik. Die Erhaltung der 3-Länder-Anstalt ist nach der Kündigung durch Schleswig-Holstein gefährdet Bei Genf entsteht ein internationales Natur-

ce-fiction-Film von *H. R. Giger*)

„Pfingstausflug" (Film von *Michael Günther* [* 1935] mit *Elisabeth Bergner* [* 1897] und *Martin Held* [* 1908])

„Die Patriotin" (Film von *Alexander Kluge*)

„Tess" (Film von *R. Polanski* mit *Nastassia Kinski*)

† *Jean Renoir*, frz. Filmregisseur, 1941–47 in USA („Die große Illusion", 1937, „Der Strom", 1951) (* 1894)

Filmfestspiele in Cannes vergeben „Goldene Palme" an die Filme „Die Blechtrommel" (Film von *V. Schlöndorff* nach *G. Grass*) und „Apocalypse Now" von *F. F. Coppola*, USA

† *Darryl F. Zanuck*, US-Filmproduzent i. Hollywood 1927 bis 71, produzierte 1927 Tonfilm „Der Jazzsinger" (* 1902)

Ostblockländer verlassen Filmfestspiele in Berlin (W) aus Protest gegen einen Vietnamfilm aus USA

Das Fernsehen i. BRD (ARD) übernimmt aus USA die Fernsehfilmserie „Holocaust", welche die Judenverfolgung der NS-Zeit mit starker Wirkung verdeutlicht

„Hair" (US-Musical-Film von *Milos Forman*)

ernsten Rückschlag für die Anwendung der Kernenergie (vgl. Spalte V)

Die Diskussion um die friedliche Nutzung der Kernenergie leidet unter der Schwierigkeit, objektive Maßstäbe für Notwendigkeit und Risiken dieser Energieform zu gewinnen und zur Geltung zu bringen. Auch unter Fachleuten gibt es widerstreitende Meinungen. Radikale Kräfte versuchen, die Angst der Bürger zu mißbrauchen

Eine kritische Nachprüfung der Rasmussen-Studie über Sicherheit von Kernkraftwerken bestätigt das geringe Risiko: Ein Unfall mit über 1000 Toten ist bei 100 Kraftwerken statistisch „alle 200 000 Jahre zu erwarten". Die industrielle Technik in ihrer Gesamtheit verursacht i. USA im Mittel alle 30 Jahre solch einen Unfall

Die Kernfusion bei hoher Plasmatemperatur (über 20 Mill. Grad) macht in versch. Forschungsinstituten der Erde Fortschritte

Häufigkeit der Kohlenstoffisotope in präkambrischen Sedimentgesteinen auf Grönland zeigt, daß es schon vor 3,8 Mrd. Jahren Leben gab

In USA wird Schulterblatt eines Ultra-

flugzeuges in der Antarktis, das von Neuseeland aus startete

150 Tote bei Erdbeben in Kolumbien

Flugzeugzusammenstoß über der Ukraine fordert 150 Tote

Vulkanausbruch auf Java fordert 137 Tote. Unerwarteter Ausbruch tötet Besucher am Ätna-Krater

Erdbeben in Jugoslawien (Montenegro) und Albanien fordert über 100 Tote

100 Tote bei Kinobrand in Indien

83 Tote bei Hotelbrand in Saragossa

74 Tote bei Flugzeugunglück in Mexiko

Mehr als 50 Tote b. Eisenbahnunglück i. Jugoslaw. (1971–76 mehr als 700 Tote bei Eisenbahnunfällen in Jugoslaw.)

Kaufhausbrand in Bukarest fordert zahlreiche Tote. Autobus in Spanien verunglückt mit Lehrern und Schülern (50 Tote)

42 Tote bei Bergwerksunglück in Südkorea

25 Tote und 13 Schwerverletzte bei Hotelbrand in Wien

Waldbrand in Spanien (wahrscheinlich Brandstiftung) tötet 21 Urlauber

Einsturz eines Krankenhauses in Parma fordert 17 Tote

12 Tote bei Staubexplosion im Bremer Hafen (50 Mill. DM Sachschaden)

Panik beim Einlaß zu einem Rock-Konzert in USA (Cincinnati) fordert 11 Tote

In der südirischen See kentern im Orkan 30 Hochseeyachten (4 Tote, 100 werden aus Seenot gerettet)

Dammbruch am Rhein-Main-Donau-Kanal bei Nürnberg

Erdbeben zerstört Tabas im Iran und fordert 129 Tote

Brand in der Nationalbank, Wien

BRD verzeichnet in 9 Monaten 400 Herointote (1970: 22)

10 Tote bei Hochwasser in SW-England

Störfall im Kernkraftwerk bei Harrisburg (USA) führt zum Katastrophenalarm. Erkennbare gesundheitliche Schäden treten nicht auf (vgl. Spalte W)

Gefährdung durch giftige Gase nach einem Eisenbahnunglück in Kanada (etwa 200 000 Menschen verlassen das Gebiet)

Ölbohrkatastrophe vor Mexiko führt zur bisher größten Ölverschmutzung eines Teils der Weltmeere

(1979)

torial-Guinea seit 1968, der nach Schreckensherrschaft gestürzt wurde (* 1924)

Autokratische Herrscher verlieren in diesem Jahr ihre Macht i. Iran, Uganda, Äquatorial-Guinea, Zentralafrika, Nicaragua, El Salvador, Afghanistan (nicht überall verbessert der Sturz die Situation)

Nach schweren Unruhen verläßt der Schah mit seiner Familie fluchtartig den Iran. Er findet zunächst Zuflucht in Ägypten, Mexiko, USA und Panama († 1980)

Der Schiitenführer (Ayatollah) *Khomeini* (* 1902) kehrt aus dem Pariser Exil zurück und übt im Iran die höchste Gewalt aus. Er gründet islamische Republik

Der vom Schah eingesetzte Reg.-Chef *Baktiar* kann nach Paris fliehen. *Khomeini* ernennt neuen Reg.-Chef *Bazargan* (* 1906), der nach Besetzung der US-Botschaft durch revolutionäre Studenten zurücktritt

Revolutionsgerichte im Iran lassen zahlreiche Anhänger des geflüchteten Schahs exekutieren. Darunter *A. A. Hoveida*, Reg.-Chef 1964–77 (* 1921)

Im Iran werden von Februar bis August 519 Hinrichtungen durch Revolutionsgerichte vollzogen (es werden 60 000 Tote der Revolution gegen den Schah angegeben)

Über 90 Geiselnahmen durch Besetzung der US-Botschaft in Teheran, um Auslieferung des Schahs zu erpressen, der in einem New Yorker Krankenhaus liegt. *Bazargan* und seine Reg. treten zurück

Nach Geiselnahme in der US-Botschaft in Teheran verläßt der Schah Krankenhaus in New York und nimmt Asyl in Panama

Iran verstaatlicht Schlüsselindustrien

Im Iran werden 20 Kurdenführer hingerichtet, die sich gegen Herrschaft *Khomeinis* auflehnen

Bei Stimmenthaltung der Sowjetunion droht der Weltsicherheitsrat dem Iran Wirtschaftssanktionen an, falls nicht die Geiseln in der US-Botschaft in Teheran freigelassen werden. UN-Generalsekretär *Waldheim* reist zur Vermittlung nach Teheran

Wegen Verschwörung gegen die Regierung werden im Irak 21 Menschen hingerichtet

H. Amin (* 1925) wird Staatschef von Afghanistan. Sein Vorgänger *Tarakis* (* 1913) ist seit dem Machtwechsel verschollen (sein Tod wird vermutet)

Durch militärische Intervention der USSR in Afghanistan löst *Karmal H. Amin* als Regierungschef ab. *Amin* wird hingerichtet. Diese Intervention löst eine internationale Krise aus. NATO erwägt Sanktionen

† *Z. A. Bhutto* (hingerichtet) wurde 1972 Staatspräs. von Pakistan, 1977 gestürzt und wegen Anstiftung eines Mordversuchs verurteilt (* 1928)

schutzzentrum, das den World Wildlife Fund (WWF), die Internationale Union zur Erhaltung der Natur (IUCN), das Sekretariat des Artenschutz-Abkommens (CITES) und den Internationalen Rat für Vogelschutz umfaßt

UNO erklärt im Mondvertrag diesen Himmelskörper zum gemeinsamen Erben der Menschheit

Das Deutsche Archäologische Institut stellt zum 150. Jubiläum in Berlin (W) fest, daß sich sein Forschungsgebiet von der klassischen Archäologie zur Welt-Archäologie erweitert hat

Radikale Moslems erstürmen die Moschee von Mekka u. nehmen Geiseln, die von saudiarabischen Truppen befreit werden. Dieser Vorgang ist von Übergriffen gegen Einrichtungen der USA in Pakistan begleitet

„Die Buddenbrooks“ (elfteiliger Fernsehfilm von *F. P. Wirth*) nach *Th. Mann*

saurus gefunden, der mit 25 m Gesamtlänge und 80 t Gewicht das bisher größte bekannte Lebewesen gewesen sein dürfte

In USA gelingt erste Hoden-Transplantation

Eine erfolgreiche Kreuzung zweier verschiedener Menschenaffenarten 1976 in USA wird bekannt

In USA gelingt Synthese des Wachstumshormons Somatotropin

Kloning (genetisch identische Vermehrung) gelingt beim Säugetier (Maus) i. Genf (wird beim Menschen für möglich gehalten)

Sensationelle Berichte über das Klonen (genetisch identische Vermehrung) menschlicher Zellen werden bisher als nicht gesichert betrachtet

MPI für Biochemie in München mißt chemische Reaktion der Nervenerregung mit 2 Milliardstel Sek. Genauigkeit

Physiker in Finnland erreichen eine Temperatur von 30 Milliardstel Grad über dem absoluten Nullpunkt (bei −273° C)

Hahn-Meitner-Insitut in Berlin (W) weiht Schwerionenbeschleuniger ein (bis zu 400 Mill. e-Volt, 40 Mill. DM Kosten)

Der Haushalt der

Mittlere Wartezeit in Jahren auf ein Unfallereignis in USA

Ereignis mit über	100	1000
	Toten	
alle Technik	1,4	24
alle Naturereignisse	2,5	10
alle Ereignisse	0,9	7
Flugzeugabsturz	5	–
Stürme	5	25
Feuer, Explosion	9	110
Erdbeben	20	50
Dammbruch	25	90
100 Kernreaktoren	11 000	200 000
Meteoritenfall	0,1 Mill.	1 Mill.

Internationale Funkausstellung Berlin informiert über neue Nachrichtenmedien

Zivilluftfahrt ohne USSR erreicht 890 Mrd. Passagier-km (mit USSR ca. 1020 Mrd.). Wachstum 8,5 %/Jahr

Dt. Bundesbahn verstärkt Intercity-Zugverkehr: „Jede Stunde, jede Klasse“

Internationale Verkehrsausstellung (IVA) in Hamburg

Kfz-Bestand der Erde

	Mill. Bestand	Wachstum 1965–76
PkW	325	+ 6,1 %/Jahr
LkW	82	+ 5,7 %/Jahr

Über 80 % der PkW in N-Amerika und Europa

U-Bahn in Hongkong eröffnet

Recycling-Kongreß in Berlin (W)

† *Peter Frankenfeld*, dt. Showmaster (* 1913)

† *Conrad Hilton*, US-Unternehmer, gründete Hotelkette mit mehr als 125 Häusern (* 1887)

Bundesgartenschau in Bonn

Kalifornische Weine übertreffen bei einem internationalen Test frz. Produkte

Brasilien plant den Schutz von 1,5 Mill. km² Urwald, nachdem vorher jährlich 0,1 Mill. km² gerodet wurden

† *Barbara Hutton*, Woolworth-Erbin i. USA, schloß 7 Ehen (* 1913)

Damenmode geht vom „Schlabber-Look“ zur engeren Kleidung über

Bundesregierung beschließt Sommerzeit ab 1980 (gleichzeitig mit DDR)

Unterschiedliche Geburtsraten i. West und Ost lassen den Anteil der Russen i. USSR unter 50 % sinken

(1979) In Indien treten kurz nacheinander die Min.-Präs. *M. Desai* (* 1896) und *C. Singh* (* 1902), beide Janata-Partei, zurück. *Indira Gandhi* (* 1917) gewinnt an Einfluß

Vietnam greift Kambodscha an. Dieser Krieg zwischen zwei kommunistischen Staaten gilt als „Stellvertreterkrieg" Sowjetunion (Vietnam) – VR China (Kambodscha)

Durch Krieg und Hunger kommen 1975–79 in Kambodscha vermutlich 4 Mill. Menschen um (1968 betrug die Bev. ca. 7 Mill.)

Nach grausamer Herrschaft mit vielen Todesopfern wird *Pol Pot* (* 1927) als Regierungschef v. Kambodscha abgelöst

† *Park Chung Hee,* seit 1962 Staatspräs. von Südkorea, durch Attentat des Chefs der Staatssicherheitsdienste (* 1917)

In Japan löst *Ohara* († 1980) *Fukuda* (beide Liberaldemokraten) als Reg.-Chef ab und erleidet in der Wahl dieses Jahres eine Niederlage

Nach Grenzkonflikten marschiert VR China auf breiter Front in Vietnam ein, um „eine Lektion zu erteilen". Aktion wird nach 4 Wochen beendet. Im Sicherheitsrat der UN blockieren sich Sowjetunion und VR China

Nach dem Tode *Maos* werden die Todesopfer der chinesischen Kulturrevolution 1966–69 auf ca. 400 000 geschätzt

VR China kündigt vorzeitig Freundschaftsvertrag mit Sowjetunion. Beide Staaten nehmen Verhandlungen über ihre Beziehungen auf

Hua Kuo-feng, Partei- und Regierungschef der VR China, besucht Frankreich, BRD, Großbritannien und Italien

Teng Hsiao-ping (Deng Xiaoping), stellvertr. Min.-Präs. der VR China, besucht USA

Santa Lucia i. d. Karibik wird 152. Mitglied der UN

Am Jahresende überschatten mehrere Krisenherde die politische Szene: Wettrüsten, Energiekrise, Nord-Süd-Konflikt; Nordirland, spanisches Baskenland, Naher Osten, Iran, Afghanistan

Max-Planck-Gesellschaft beträgt 597,9 Mill. DM bei 2092 Stellen für Wissenschaftler (= 286 000 DM pro Wissenschaftler)

Krebs-Atlas der Bundesrepublik Deutschland zeigt regionale Unterschiede der Todesfälle durch Krebs.

Magnetschwebefahrzeug „Transrapid 05" für 68 Passagiere geht in BRD in Erprobung (1981 sollen Geschwindigkeiten v. 400 km/h erreicht werden)

In USA wird ein elektrisches Auto entwickelt mit 160 km Reichweite und einer Höchstgeschwindigkeit von 100 km/h

Teletext (über Telefon) und Videotext (über Fernsehkanal) liefern abrufbare Schrifttafeln mit Informationen für das Fernsehgerät (Versuchsbetrieb i. BRD 1980)

Erster Telefonanschluß mit Glasfaserkabel i. BRD und Europa

In Mazedonien werden Steinwerkzeuge mit einem Alter von 2,9–3 Mill. Jahren in der Nähe einer Jagdbeute gefunden

Fund eines 40 Mill. Jahre alten rhesusaffenartigen Primaten in Burma, der gemeinsamer Vorfahr von Menschenaffen und Mensch sein könnte (wird in die Diskussion über die Herkunft des Menschen einbezogen, die bisher Afrika vor Asien bevorzugte)

1980

Friedens*nobel*preis an den Argentinier *Adolfo Perez Esquivel* (* 1931), der an der Spitze einer Organisation für Frieden und Menschenrechte in Südamerika eintritt

Globale Militärausgaben 515 Mrd. Dollar (1978: 480 +3,6 %/Jahr)

Das Jahr ist gekennzeichnet durch politische Spannungen (Iran, Afghanistan, Naher Osten)

H. Schmidt und *H.-D. Genscher* bringen durch Besuch in Moskau den abgebrochenen Dialog über Abrüstung zwischen West und Ost wieder in Gang. Besonders betrifft das die Mittelstreckenraketen-Rüstung

Die kernkraftfeindlichen „Grünen" bilden i. BRD eigene Partei, wobei sich die Abgrenzung nach links als problematisch erweist. Erfolge wechseln mit Krisen. Ein Mandat im Bundestag erlangen sie 1980 nicht

% Zweitstimmen i. Bundestagswahl (vgl. 1969 u. 76)

	1969	1976	1980
CDU/CSU	46,1	48,6	44,5
SPD	42,7	42,6	42,9
FDP	5,8	7,9	10,6
andere	5,4	0,9	2,0

% Stimmen bei Landtagswahlen in Baden-Württemberg (vgl. 1976)

CDU	53,4	(56,7)
SPD	32,5	(33,5)
FDP	7,8	(8,3)
„Grüne"	5,3	(–)

Bundestagswahl: Bund und Länder der BRD beabsichtigen neue Kompetenz- und Finanzverteilung

Nach dem Wahlsieg bildet *J. Rau* (SPD) in NRW Alleinregierung der SPD (vorher bestand SPD-FDP-Koalition). CDU bleibt stärkste Partei

Bundestagswahl: Es bleibt bei der sozialliberalen Koalition *H. Schmidt* (SPD) – *H.-D. Genscher* (FDP), die *Brandt* (SPD) – *Scheel* (FDP) 1969 begründeten

Die neue Regierung der BRD bleibt personell weitgehend unverändert

† *Conrad Ahlers*, „Spiegel"-Redakteur, seit 1972 MdB (* 1922)

† *Wilhelm Kaisen*, dt. Politiker (SPD), Sen.-Präs. (Min.-Präs.) von Bremen 1945–65 (* 1887)

P. Glotz wird als Nachfolger von *E. Bahr* Geschäftsführer der SPD. Sein bisheriges Amt als Senator für Wissenschaft und Forschung in Berlin übernimmt *G. Gaus* (* 1929, SPD), bisher ständiger Vertreter der BRD i. DDR

† *Herzogin Viktoria Luise*, einzige Tochter *Wilhelms II.* von Preußen (* 1892)

*Nobel*preis für Literatur an den Exilpolen *Czeslaw Milosz* (* 1911 in Litauen, lebt in USA)

Friedenspreis des dt. Buchhandels an *Ernesto Cardenal* (* 1925) aus Nicaragua

† *Alfred Andersch*, dt. Schriftsteller (* 1914)

E. Albee: „The Lady from Dubuque"

† *R. Barthes*, frz. Sprachforscher (* 1916)

Thomas Bernhard: „Der Weltverbesserer" (Bühnenstück, Urauff. in Bochum mit *Minetti*)

† *Alejo Carpentier*, kubanischer Schriftsteller frz.-russ. Herkunft (* 1904)

† *Lil Dagover*, dt. Schauspielerin (* 1897 i. Java)

† *Louis Guilloux*, frz. Schriftsteller (* 1899)

Peter Hacks: „Die Lehre der Sainte Victoire" (poetisches Manifest)

Peter Hacks: „Senecas Tod" (Bühnenstück, Urauff. in Berlin/O)

Rolf Hochhuth (* 1931): „Ärztinnen" (Bühnenstück mit

† *Erich Fromm*, Psychoanalytiker i. d. USA, dt. Herkunft (* 1900)

† *Jean Piaget*, Schweizer Kinderpsychologe, seit 1929 Direktor des Internationalen Erziehungsbüros (* 1890)

Der Papst spricht dem kritischen Theologen *Hans Küng* (* 1928) wegen Zweifel an der kirchlichen Lehre, insbes. am Unfehlbarkeitsdogma, die kirchliche Lehrbefugnis ab

† Bischof *Romeiro* von Salvador (ermordet), der auf seiten der sozial Schwachen stand (* 1917)

Der russ. Nobelpreisträger und Regimekritiker *A. Sacharow* (* 1921) wird von Moskau nach Gorki verbannt

† *Jean-Paul Sartre*, frz. Philosoph der Existentialphilosophie und einer entsprechend ungebundenen Lebensweise, die nach dem Krieg in Pariser Kreisen modisch wird (* 1905)

Papst unternimmt ausgedehnte Afrikareise

A. von Branca: Neue Pinakothek in München

Hans Jürgen Diehl: „Der Anspruch" (Gem.)

Otto Dressler (* 1930): „Tradition Europa" (Mahnmal gegen den Krieg)

Salvador-Dali (* 1904) Retrospektive mit 342 Werken im Centre Pompidou, Paris

Ausstellung des naturalistischen Malers *Edward Hopper* (* 1882 i. USA) in New York

Ausstellung mit Werken von *Anke Holfeld,* Malerin (* 1934), *Axel Sander,* Maler (* 1951), *Herbert Schackwitz,* Bildhauer (* 1911) in Darmstadt

† *Nina Kandinsky* (ermordet), Ehefrau von *Wassily Kandinsky* (* 1866, † 1944) seit 1917 (* 1896)

† *Harald Isenstein,* dt. Bildhauer, der seit 1933 in Dänemark lebte (* 1899)

† *Oskar Kokoschka,* expressionist. Maler österr. Herkunft (* 1886)

† *Marino Marini,* ital. Bildhauer, in dessen Werk die Motive von Pferd und

Der frz. Musiker *Pierre Boulez* (* 1925) erhält Deutschen Schallplattenpreis

Mayhard Solomon will in seiner Biographie *Beethovens* in dessen „Unsterblicher Geliebten" Frau *v. Brentano* geb. *v. Birkenstock* erkennen

Michael Bennett: „A Chorus Line" (US-Tanz-Musical) auf Gastspiel in Europa

† *Ernst A. Busch,* kommunist. Kampfsänger und Schauspieler (* 1900)

S. Celibidache (* 1912) wird Leiter der Münchner Philharmoniker

Erstaufführung der von *F. Cerha* (* 1926) vervollständigten Fassung der Oper „Lulu" von *Alban Berg* (* 1885, † 1935) unter Leitung von *P. Boulez* in Paris

F. Cerha (* 1926): „Baal", (Oper nach Brecht), Urauff. in Salzburg

† *Carl Ebert,* Opernintendant i. Berlin 1931–33 und 1954–62. Werkte nach 1933 in Amerika (* 1887)

G. v. Einem: „Jesu Hochzeit"

Physik-*Nobel*preis an *James W. Cronin* (* 1931, USA) und *Val L. Fitch* (* 1923, USA) für Nachweis der Symmetrieverletzung (CPT-Invarianz) bei Elementarteilchen

*Nobel*preis für Chemie an *Paul Berg* (* 1926), *Walter Gilbert* (* 1932) u. *Frederik Sanger* (* 1918), alle USA, für DNS-Forschung

Medizin-*Nobel*preis an *B. Benacerraf* (* 1920, Venezuela und USA), *Jean Dausset* (* 1916, Frankr.) und *G. D. Snell* (* 1903, USA) für Erforschung der Transplantations-Immunologie

† *W. Gentner,* dt. Kernphysiker, der an der Analyse des Mondgesteins beteiligt war (* 1906)

Robert Gries in USA entd. eine mathematisch fundamentale Gruppe mit 1054 Mitgliedern (das „Monster") † *Pascual Jordan,* dt. Physiker mit Interessen in vielen Bereichen (Biophysik, Kosmologie), Mitbegründer der Quantenphysik (* 1902)

Die sowjetischen Kosmonauten *W. Kowaljonik* und *A. Iwanschenkow* übertra-

*Nobel*preis für Wirtschaftswissenschaften an *Robert Klein* (* 1920, USA) für Konjunkturanalyse

† *George Meany,* führender Gewerkschaftler in USA, der 1955 AFL und CIO vereinigte (* 1894)

Bericht der Nord-Süd-Kommission zur Hilfe für die dritte Welt unter *Willy Brandt* veröffentlicht

Ölpreis Dollar/159 l (Barrel)	
Ende 1978	12,90
Ende 1979	26,20
Ende 1980	32–41

OPEC-Konferenz auf Bali beschließt Ölpreiserhöhung um 10 %

Index der globalen Industrieproduktion (1970 = 100) 150 (ohne VR China) + 5,7 %/Jahr. Die Ind.-Prod. umfaßt ca. 50 % BSP

Index globaler Nahrungsmittelproduktion: 130 (1970 : 100, pro Kopf : 120). Der Anteil der landwirtschaftlichen Produktion zum BSP liegt bei 11 %

Gipfelkonferenz der 6 größten westlichen Industriestaaten in Venedig

UN-Konferenz für industrielle Entwicklung »UNIDO III« scheitert an der Forderung der dritten Welt nach einem Rohstoff-Fonds, der es ihr ermöglicht, bis zum Jahr 2000 25 % der Weltindustrieproduktion zu erzeugen

In BRD werden 1970–80 120 Mrd. DM für Umweltschutz aufgewendet (rd. 2000 DM/Ew.)

Mrd. DM Schulden (BRD)

	1974	1976	1978	1980
Bund	79	135	182	231
Länder	47	82	102	131
Gemeinden	66	80	87	95
zus.	192	297	371	457

Dollarkurs: 21. 6. 3,33 DM; 10. 12. 1,999993 DM

Unerwünschte Auswirkungen des Assuanstaudammes in Ägypten werden deutlich

7 Anrainerstaaten des Mittelmeers schließen Vertrag über seine Reinerhaltung

Seit einer Explosion an einem Bohrloch im Golf von Mexiko flossen in 8 Monaten rd. 800 Mill. Liter Öl ins Meer

An der globalen Elektrizitätserzeugung von 7633 Mrd. kWh ist die Kernenergie

(1980)

† *Karl Dönitz*, Großadmiral, nach *Hitlers* Selbstmord bis zur Verhaftung Reichspräsident (wird in Nürnberg zu 10 Jahren Haft verurteilt, die er verbüßt; * 1891)

In Berlin (W) löst *Heinrich Lummer* (* 1932) *Peter Lorenz* (* 1922) als Parlamentspräsident ab (beide CDU). *Lorenz* wird MdB

Straßenschlacht mit zahlreichen Verletzten bei öffentlicher Rekrutenvereidigung in Bremen. CDU/CSU vermutet volksfrontartiges Bündnis SPD–Kommunisten

† *Wilhelm Hoegner*, dt. Politiker (SPD), 1945–46 und 54–57 Min.-Präs. von Bayern, 1956–62 Vors. der SPD-Fraktion (* 1887)

† *Schlabrendorff*, Jurist, als Gegner *Hitlers* 1944 zum Tode verurteilt (* 1907)

Landtagswahl im Saarland: CDU behält mit FDP absolute Mehrheit, SPD wird stärkste Partei, „Grüne" bleiben unter 5 %. Es bleibt CDU-FDP-Koalition

DDR vertieft Abgrenzung, indem sie die Reisemodalitäten mit Polen und BRD, z. B. durch Erhöhung des Zwangsumtausches, verschlechtert

R. Kirchschläger (* 1915, parteilos) wird mit großer Mehrheit für 6 weitere Jahre zum österr. Bundespräsidenten gewählt

H. Androsch (* 1938, SPÖ), Finanzmin. und Vizekanzler v. Österreich, tritt zurück

Dt.-frz. Gipfeltreffen in Paris zeigt Einigkeit in der Beurteilung der weltpolitischen Situation zwischen Staatspräs. *V. Giscard d'Estaing* und Bundeskanzler *Helmut Schmidt*, die als die führenden Staatsmänner Westeuropas gelten

Mitglieder der IRA geben ihren Hungerstreik auf. Er dauerte teilweise 53 Tage und sollte ihnen einen politischen Status erzwingen

Frankreich verkündet Entwicklung, Erprobung und etwaigen Einsatz von Neutronenbomben

Frz. Staatspräs. *V. Giscard d'Estaing* besucht BRD und fordert stärkeren politischen Einfluß Europas i. d. Weltpolitik

Sprengstoffanschlag gegen jüdische Synagoge in Paris fordert 3 Tote (in Frankreich mehren sich antijüdische Aktionen)

Staatsreform in Belgien führt zum Bundesstaat aus Flandern und Wallonien mit Teilautonomie

Juliana (* 1909), Kgin. der Niederlande seit 1948, verzichtet auf den Thron zugunsten ihrer Tochter *Beatrix* (* 1938). Straßentumulte begleiten den Wechsel

Kritik an Medizin und Pharmazie)

Rolf Hochhuth: „Juristen" (Schauspiel)

† *Helmut Käutner*, dt. Regisseur und Schauspieler (* 1908)

† *Werner Keller*, Sachbuchautor in Dtl. und i. d. Schweiz (* 1909). Schrieb 1955 „Und die Bibel hat doch recht"

† *Franziska Kinz*, Schauspielerin österr. Herkunft (* 1897)

Norman Mailer (* 1923) erhält zum zweiten Mal den *Pulitzer*-Preis für „Das Lied des Henkers"

† *Katia Mann*, geb. *Pringsheim*, Ehefrau v. *Thomas Mann* seit 1905. Schrieb 1974 „Meine unveröffentlichten Memoiren" (* 1883)

† *Henry Miller*, US-Schriftsteller (* 1898)

† *Robert Minder*, dt. Literaturhistoriker elsässischer Herkunft, wirkte seit 1934 in Frankreich (* 1902)

Meredith (* 1828, † 1900): „Vessel" (epische Oper an 3 Schauplätzen in Berlin; Aufführ-

Der Papst fordert auf einer Reise in Brasilien mehr soziale Gerechtigkeit

Beim Besuch des Papstes in BRD führt er Gespräche mit Protestanten und Vertretern anderer Konfessionen

Im Vatikan wird ein Theaterstück aufgeführt, das der jetzige Papst 1960 über Eheprobleme geschrieben hatte

Weltfrauenkonferenz in Stockholm endet in politischer Zwietracht (z. B. über die Nahostprobleme)

30. Pugwash-Konferenz, die in Breukelen/Ndl. tagt und das Wettrüsten behandelt

Russell-Tribunal verurteilt in Rotterdam Indianerbehandlung in Nord- u. Lateinamerika

Internationaler Historiker-Kongreß in Bukarest

Auch der neuen Fassung der Oberammergauer Passionsfestspiele werden von einigen Seiten Reste antisemitischer Tendenz vorgeworfen

Tutanchamun-Ausstellung in Berlin (W) eröffnet Ausstellungsserie i. d. BRD

Reiter vorherrschen (* 1901)

Arnulf Rainer (* 1929): Ausstellung des österr. Malers in Berlin (W)

†*Andreas Paul Weber*, dt. satirischer Graphiker (* 1893)

Das Museum of Modern Art in New York zeigt zum 50jährigen Bestehen Ausstellung von *P. Picasso* mit 1000 Werken

†*G. Sutherland*, brit. Maler (* 1903)

Medici-Ausstellung in Florenz

Monet (* 1840, † 1926) – Ausstellung in Paris

Wanderausstellungen der Gruppe „Zebra" (1965 gegr.) mit Werken von *Dieter Asmus* (* 1939), *Christa Biederbick* (* 1940), *Harro Jacob* (* 1939), *Peter Nagel* (* 1941), *Dietmar Ullrich* (* 1940) in Bremen, Rom, Leverkusen, Hamburg, Berlin (W), Darmstadt (seit 1980)

Museum für Gegenwartskunst i. Basel eröffnet

Ausstellung dt. Expressionisten im Guggenheim-Museum, New York

„Bilder vom Menschen", Ausstellung in

(Oper um die Vereinigung von Liebe und Tod)

†*Franco Evangelisti*, ital.-dt. Komponist elektronischer Musik (* 1926)

D. Fischer-Dieskau (* 1925) erhält Schallplattenpreis

Götz Friedrich (* 1930) wird als Nachfolger von *S. Palm* als Generalintendant an die Dt. Oper Berlin berufen. Früher war er Spielleiter an der Komischen Oper Berlin (O)

Mauricio Kagel (* 1931): „Die Erschöpfung der Welt" (multimediale Szenenfolge für Orchester, Chöre, Solisten), Urauff. in Stuttgart

Claudio Abbado (* 1933, Ital.) wird Dirigent des Londoner Symphonieorchesters

Steirischer Herbst in Graz feiert *Ernst Krenek* (* 1900)

L. Maazel (* 1930) wird Direktor der Wiener Staatsoper

Hermann Reutter (* 1900): „Hamlet" (Oper), Urauff. i. Stuttgart

Tilo Modek: Konzert in c für Violine und Orchester

fen Dauerflugzeit im Raumflug mit 96 Tagen und 10 Stunden

†*Villard F. Libby*, US-Kernforscher, der die Datierungsmethode des Radiokarbonalters fand. *Nobelpreis 1960 (* 1908)*

†*Hans Nachtsheim*, dt. Genetiker (* 1899)

†*I. Oparin*, russ. Biologe, der sich besonders mit der Lebensentstehung beschäftigte (* 1894)

†*Friedrich Pauwels*, dt. Mediziner, der erfolgreiche Hüftgelenkoperation einführte (* 1868)

†*William Stein*, US-Biochemiker, *Nobelpreis* 1972 (* 1911)

†*F. W. Straßmann*, dt. Chemiker, Mitarbeiter von *O. Hahn* und *L. Meitner*, die zusammen 1939 die Urankernspaltung fanden (* 1902)

58 % der Schweden stimmen für Nutzung der Kernenergie im begrenzten Umfang

Konrad Zuse (* 1910), dt. Erfinder, erhält Technikpreis für den ersten elektronischen Rechner

„Exotisches" Wasserstoffatom in der Schweiz von *G. Pulitz* u. *V. W. Hughes* entdeckt. Es besteht aus Heliumkern, My-

mit 240 Kernkraftwerken zu 8 % beteiligt

Goldpreis erreicht im Januar mit 850 Dollar pro Feinunze (31,1 g) Rekordhöhe

+ % Lebenshaltungskosten gegenüber Vorjahr

BRD	4,1
Schweiz	3,6
Österr.	3,7
USA	11,3
Japan	3,6
Frankr.	10,8
Gr.-Brit.	11,3
Italien	14,8
Kanada	9,1
Schweden	7,3
Portugal	23,6
Türkei	63,5

Baukosten für 1 m³ umbauten Raumes für Einfamilienhaus: 417 DM (Schweiz), 400 DM (BRD), 206 DM (USA), 198 DM (Italien)

Arbeitslose i. EG-Ländern:

	Mill.
1973	2,6
1974	3,1
1975	4,6
1976	5,2
1977	5,7
1978	6,0
1979	6,1
1980	7,0

% Erwerbstätige (Quote)

BRD	3,2
Frankr.	6,8
Gr.-Brit.	7,8
Ital.	7,9
Belg.	10,5

Arbeitskampf in Schweden mit ca. 1 Mill. Streikenden und Ausgesperrten endet mit Lohnerhöhungen von 7–8 %

Stahlarbeiterstreik in Gr.-Brit. um 7,5 % Lohnerhöhung (letzter großer brit. Stahlstreik war 1926)

BRD hat Anfang Dezember 967 500 Arbeitslose (1981 wird Anstieg über 1 Mill. erwartet)

Verkehrsstreik in New York verursacht ca. 1 Mrd. Dollar Kosten

Poststreik i. d. BRD zur Vorweihnachtszeit, um Ausgleich für Schichtarbeit durchzusetzen. Angebot der öffentlichen Arbeitgeber wird akzeptiert

Stahlkrise in der EG drängt zum Staats-

(1980)	Sprengstoffanschlag auf Bahnhof von Bologna (46 Tote und 160 Verletzte). Als Urheber werden Rechtsextremisten vermutet *F. Cossiga* (* 1928, DC) bildet in Italien Mitte-Links-Regierung ohne Kommunisten (es ist die 41. Reg. der Republik) Ital. Spezialtruppe schlägt Aufstand von 70 Terroristen der Roten Brigaden im Gefängnis blitzartig nieder (20 Verletzte) Aus Rache ermorden Rote Brigaden (?) den Carabinieri-General *E. Calvaligi* (* 1920) Terroristen ermorden den Chef der Regionalregierung Siziliens *S. Matarella* (* 1935, DC) † *Pietro Nenni,* ital. Politiker (Sozialist), der sich 1976/77 von den Kommunisten entfernte (* 1891) Nach Sturz der Regierung *Pinto* in Portugal ergeben Wahlen eine Regierung der Demokratischen Allianz unter *F. Sà Carneiro* (* 1934) † *Francisco Sà Carneiro* (bei Flugzeugabsturz), portugies. Min.-Präs. seit 1980 (* 1934) *M. Soares* (* 1924) bildet in Portugal nichtmarxistische Regierung Das Parlament in Jerusalem erklärt gegen scharfen arabischen Protest und verbreitete Bedenken die ganze Stadt zur „ewigen, unteilbaren" Hauptstadt Israels Israel-Erklärung der EG stößt auf israelische und arabische Kritik Militärputsch in Liberia stürzt *R. W. Tolbert* (* 1913), seit 1971 Staatspräsident Kaiser *Bokassa* von Zentralafrika wird in Abwesenheit zum Tode verurteilt (appelliert an die UN) *M. O. Obote* (* 1925), Staatschef von Uganda. Durch Militärputsch ging die Macht auf *Idi Amin* über, dessen Schreckensregime 1979 endete *R. G. Mugabe* (* 1924 od. 25) wird nach freien Wahlen Min.-Präs. von Simbabwe-Rhodesien Bürgerkriegsartige Stammeskämpfe im Tschad Schwere Rassenunruhen in Südafrika Senegalesischer Staatspräsident *L. S. Senghor* (seit 1960, * 1906) kündigt seinen Rücktritt an Nach der Flucht des Schahs leitet *Khomeini* (* 1901) im Iran eine Revolution zu einer Islamischen Republik ein, die das Land in chaotische Zustände stürzt. Iranische Studenten nehmen völkerrechtswidrig etwa 50 Botschaftsangehörige als Geiseln, um Auslieferung des Schahs und seines Vermögens zu erpressen US-Kommandounternehmen, 52 in Teheran völkerrechtswidrig festgehaltene Geiseln aus der US-Botschaft zu befreien, scheitert unter Verlust von 8 Kommandoangehörigen. Die Gefangenschaft der Geiseln dauert über ein Jahr	rung der Schaubühne) † *Eva Müthel,* dt. Schriftstellerin, die 1954 von Ost- nach West-Berlin ging. Schrieb 1957 „Für Dich blüht kein Baum" (* 1926) † *Rosalie Albach-Retty,* seit 1912 Hofschauspielerin in Wien (* 1875) † *Alf Sjöberg,* schwed. Regisseur (* 1903) † *Ch. P. Snow,* brit. Schriftsteller, der naturwissenschaftliche und humanistische Bildung unterscheidet, die verbindungslos nebeneinanderstehen (* 1905) † *Adrienne Thomas,* Schriftstellerin, schrieb 1934 „Die Kathrin wird Soldat" (* 1897) † *Thaddäus Troll* (eigtl. *Hans Bayer*), dt. Schriftsteller (* 1914) † *Olga Tschechowa,* dt. Schauspielerin russ. Herkunft, Ehefrau des Neffen von *A. Tschechow* seit 1914 (* 1897) *Gabriele Wohmann* (* 1932): „Wanda Lord" (Bühnenstück, Urauff. i. Darmstadt) Dt. Akademie für Sprache und Dichtung in	Ägyptologen regen ein Weltzentrum für Mumienforschung an, das die Daten der Untersuchungen von Tausenden von Mumien sammelt und auswertet Neuere Untersuchungen ergeben Besiedlung Polynesiens zwischen −1500 und −1000 von Asien aus. Daneben zeigen sich peruanische Einflüsse, auf die *Th. Heyerdahl* seine Kontiki-Theorie aufbaute 86. Dt. Katholikentag in Berlin (W) mit ca. 100 000 Teilnehmern unter dem Motto „Christi Liebe ist stärker" Enzyklika des Papstes: Dives in misericordia Bistum Dresden-Meißen gegr. Baptistischer Weltkongreß in Toronto. 20 000 Teilnehmer vertreten 30 Mill. Mitglieder in 85 Ländern Habilitationen i. BRD haben sich mit 1100 gegenüber 1960 mehr als verdoppelt (1977 sind 3,3 % Frauen und 4 % Ausländer habilitiert) Jugendkrawalle in Amsterdam,

Berlin (W) zum 150. Gründungstag der Staatlichen Museen

Reiterstandbild *Friedrichs II. v. Preußen* von *Ch. D. Rauch* a. d. J. 1851 wird an seinem alten Platz Unter den Linden in Berlin erneut aufgestellt

Restaurierung der großen Granitschale im früheren Berliner Lustgarten, die *Christian Gottlieb Cantian* schuf

Das *K.-F.-Schinkel*-Jahr (* 1781, † 1841) wird in BRD und DDR, besonders in Berlin, durch Ausstellungen etc. vorbereitet

Bernard Schultze (* 1915): „Circe" (Gem.)

„Mit den Händen" (Plastik-Ausstellung für Blinde in Marburg)

Auf New Yorker Auktion erzielt *Van-Gogh-Gemälde* 5,2 Mill. Dollar (= 9,4 Mill. DM)

Am Einsturz der Berliner Kongreßhalle im Tiergarten erweist sich, daß einige Spannbetonkonstruktionen nach dem Kriege volle Sicherheit vermissen lassen

† *A. P. Mantovani*, Unterhaltungsmusiker der „verzauberten Geigen" (* 1904)

† *John Lennon* (von einem Geisteskranken erschossen), maßgeblicher Musiker der Beatles (1955–70 in Liverpool) (* 1940)

L. Nono: „Fragmente – Stille – An Diotima" (Beethoven gewidmetes Streichquartett)

Harry Partch (* 1903 i. Kalif.): „The bevitched" (Komposition als Auftakt der „Berliner Musiktage")

Wolfgang Rihm: „La musique creuse le ciel" (Konzert für 2 Violinen)

Dieter Schnebel (* 1930): „KiNo", musikalische Graphiken auf der Ausstellung „Für Augen und Ohren" in Berlin (W)

Wilhelm Dieter Siebert (* 1931): „Untergang der Titanic" (Oper um den Schiffsuntergang, die das Publikum in den Spielvorgang einbezieht)

† *Friedrich Smend*, dt. Theologe und *Bach*forscher (* 1893)

on und Elektron. Seine Strahlung beträgt 6,7 statt 21 cm

Die Raumfahrttechnik der USSR erlaubt es, durch Kopplungsmanöver Kosmonautenmannschaften mehrfach zusammenzuführen und auszuwechseln. Es werden dabei Flugzeiten von 175 Tagen (1979) und mehr erreicht

USSR zieht Angehörige anderer Nationen als Kosmonauten heran (wie 1978 *Sigmund Jaehn* a. d. DDR)

Um Venus kreisende Raumsonde vermaß seit 1978 mit Radar das Höhenprofil der Planetenoberfläche, die i. allg. durch Wolken irdischen Blicken entzogen ist. Es werden markante Höhenunterschiede festgestellt

US-Raumsonde Voyager I zeigt bisher unbekannte Details der Saturnringe

Auf Telebildern der US-Raumsonde „Voyager 1" sind mehrere hundert Saturnringe und 10 seiner Monde zu unterscheiden

USA bringen Raumfähre zum Starplatz Cape Canaveral, die nach flugzeugartiger Landung bis

dirigismus, den die Regierung der BRD ablehnt

Das Bundesarbeitsgericht in Kassel entscheidet, daß Aussperrung im Rahmen der Verhältnismäßigkeit rechtmäßig ist (Urteil wird von den Gewerkschaften kritisiert)

65 % aller Arbeitnehmer der BRD haben mindestens 5 Wochen Urlaubsanspruch (1974: 25 %)

Internationale Asylantenschwemme (ca. 6,5 Mill.) belastet BRD als Staat mit gefestigter Sozialordnung und hoher sozialer Sicherheit

52 000 Menschen kommen aus Osteuropa in die BRD

Die Zahlungsbilanz der BRD wird ab August defizitär. Für 1980 wird insges. mit 25–30 Mill. DM Defizit gerechnet

Staatsverschuldung der BRD
Neuverschuldung: 24,4 Mrd. DM
Gesamtverschuldung: 414,5 Mrd. DM (= 29,7 % BSP)
(z. Vgl.: USA 52 %, Ital. 65 %, Japan 33 % BSP)

Gesamtverschuldung in DM/Kopf

Belg.	11100
USA	9400
Gr.-Brit.	6600
BRD	5900
Frankr.	2600

Die Schulden des Ostblocks (RGW) bei den westl. Industrieländern (OECD) betragen 57 Mrd. Dollar

Berliner Landgericht kennzeichnet das vollstreckte Todesurteil gegen den vermeintlichen Reichstagsbrandstifter *Van der Lubbe* als klare Rechtsbeugung

Absturz eines Flugzeugs mit US-Boxern b. Warschau

Nach bruchfreier Notlandung verbrennen alle 265 Insassen eines Verkehrsflugzeuges in Saudi-Arabien, weil die Ausgänge sich nicht öffnen lassen

12 Tote bei Busunglück im Rheinland

Zugunglück in Polen mit mehr als 40 Toten erschüttert zusätzlich die Gemüter der Menschen in den Streiktagen

222 Tote bei einem Tribüneneinsturz in einer Stierkampfarena Kolumbiens

128 Tote beim Absturz eines Pilgerflugzeugs im Iran

Caravelle in Kolumbien in der Luft explodiert; alle 69 Insassen tot

(1980)	US-Außenmin. *C. Vance* (* 1917) tritt zurück. Nachfolger wird *E. S. Muskie* (* 1914) Die USA erklären das Ölgebiet am Persischen Golf als ihre unmittelbare Interessenssphäre US-Präs. *Carter* schlägt dem Kongreß vor, die Ratifizierung von SALT 2 auf „unbestimmte Zeit" zu vertagen *Khomeini* (* 1901) beklagt öffentlich ein Chaos durch die islamische Revolution im Iran Iraner besetzen iranische Botschaft in London, um mit den Geiseln Gesinnungsgenossen im Iran freizupressen Iranisches Parlament wählt den Khomeini-Anhänger *A. Bani-Sadre* (* 1933) zum Staatspräsidenten des Iran Der Schah von Persien gelangt über mehrere Asylorte nach Ägypten, wo er nach Operation stirbt † *Mohammed Resa Pahlewi* im ägypt. Exil nach schwerer Krankheit, Schah von Persien seit 1941; krönte sich und seine Frau 1967 zum Kaiserpaar. Wird 1979 gestürzt und vertrieben (* 1919) Mit Erlangung der Volljährigkeit ernennt sich der Sohn (* 1960) des verstorbenen Schahs in Ägypten als Nachfolger des Schahs von Persien Der Iran verlangt von den USA 23 Mrd. Dollar Lösegeld für die widerrechtlich gefangenen Geiseln. Er gestattet diesen keine eigene Weihnachtsfeier Militärische Spannungen zwischen Syrien und Jordanien, das den Irak im Kampf gegen den Iran unterstützt. Der Iran ist mit USSR verbündet Der bisherige Präsident der USA *J. Carter* (* 1924, Parteidemokrat) verliert bei der Wahl sein Amt an *R. Reagan* (* 1911, Parteirepublikaner). Einfluß der Republikaner nimmt zu, Demokraten behalten Mehrheit US-Präs. *Reagan* bestimmt General *A. Haig* zum neuen Außenminister (Secretary of State) Griechenland kehrt in den Kreis der NATO-Mitglieder zurück, aus dem es wegen des Zypernkonfliktes mit der Türkei 1974 ausgeschieden war. Dadurch wird die Südflanke der NATO gestärkt In der Türkei errichtet General *Evren* (* 1918) Militärregierung gegen Terror und Bürgerkriegsgefahr. Reg.-Chef *Demirel* und sein Gegner *Eccevit* werden zeitweise inhaftiert Nach langer kontroverser Diskussion über die Tagesordnung beginnt in Madrid die 2. Folgekonferenz der KSZE Streikwelle in Polen wegen Steigerung der Lebensmittelpreise gewinnt politische Dimensionen und führt zur Bildung unabhängiger Gewerkschaften Die Krise in Polen, in der die Arbeiter die Bildung unabhängiger Gewerkschaften durchsetzen, ver-	Darmstadt verleiht den *Büchner*-Preis an *Christa Wolf* (* 1929), die i. d. DDR lebt † *Wolfgang Weyrauch*, dt. Lyriker (* 1907) *Tennessee Williams* (* 1911): „Will Mr. Merrywether return from Memphis?" (US-Schauspiel) *Dietrich Wieland* (* 1924): „Danach" (dt. Schauspiel, Urauff. in Polen/Danzig) *Christiane F.*: „Wir Kinder vom Bahnhof Zoo" (Reportage von der Berliner Rauschgiftszene) Auf der Frankfurter Buchmesse sind 95 Länder mit 5045 Verlagen vertreten (1352 Verlage aus BRD). Schwerpunktthema: Schwarzafrika Die Sprache wandelt sich ständig durch Aufnahme neuer und Aussonderung überlebter Begriffe. Beispiele: Holocaust (Judenverfolgung der NS-Zeit); Boatpeople (SO-asiatische Bootsflüchtlinge); alternativ (abweichend von der Norm); Nachrüsten (Aufholen im	Berlin (W), Bremen, Freiburg, Zürich, Hannover, Hamburg u. a. erweisen Fortdauer des Generationskonfliktes, der um 1967 begann Im Zuge politischer Veränderungen fordern Warschauer Studenten mit Sitzdemonstrationen unabhängigen Studentenverband, der zugestanden wird Indische Polizei foltert und blendet Häftling Besonders durch die Revolution im Iran verstärkt sich der weltpolitische Einfluß des Islam. Spezielle Macht gibt ihm das Erdöl

„Being There" („Willkommen Mr. Chance") (US-Film von *Hal Ashby* mit *Peter Sellers* ** 1925,* † 1980)

† *Lil Dagover,* dt. Schauspielerin, trat seit 1919 besonders im Film hervor (* 1897 in Java)

† *Willi Forst,* dt. Filmkünstler (* 1903)

„All that Jazz" („Hinter dem Rampenlicht") (US-Film von *Bob Foss*)

„Berlin, Alexanderplatz" (Fernsehfilm nach *A. Döblin* von *R. W. Faßbinder* mit *Günter Lamprecht*)

† *Alfred Hitchcock,* brit. Filmregisseur (* 1899)

† *Steve Mc Queen,* US-Filmschauspieler (* 1930)

† *Helmut Käutner,* dt. Filmregisseur (* 1908)

„Der Preis fürs Überleben" (russ. Film von *Hans Noever,* * 1928)

„Das Boot" (dt. U-Boot-Film von *Wolfgang Petersen* nach dem Buch von *Lothar Günter Buchheim*)

† *Walther Rilla,* dt. Schauspieler (* 1894)

Karlheinz Stockhausen (* 1928): „Michaels Jugend" (Komposition mit autobiographischen Zügen)

† *Edith Türkheim,* Tänzerin (* 1910)

† *Winifred Wagner,* Witwe *Siegfried Wagners,* leitete 1930–44 als Verehrerin *Hitlers* die Bayreuther Festspiele (* 1897)

Y. Xenakis (* 1922): „Dikthas" (für Violine und Klavier)

Festival moderner Musik „Warschauer Herbst" findet zum 25. Mal statt und bietet 120 Musikstücke

USSR plant für 1981 erstmalig ein internationales Festival moderner Musik (in dieses Jahr fallen der 100. Geb. von *Bartók,* der 100. von *Prokofjew,* der 91. von *N. Miaskowski*)

„Luzifer" (Multimediaspiel mit klassischer Musik und Lasereffekten)

Lehrstuhl für Diskologie in Hamburg

Abnutzungsfreie „digitale" Schallplattentechnik verbreitet sich

Richard-Wagner-Museum in Altgraupa bei Dresden

zu 100mal starten kann

In verschiedenen Ländern werden „Biofirmen" gegründet, welche die moderne Gentechnik kommerziell nutzen wollen (z. B. Enzymherstellung)

2 US-Firmen produzieren Interferon durch genetische Manipulation an Bakterien

Hinter der Ausweitung der Interferonforschung steht die Hoffnung auf wirksame Krebsbekämpfung

Die genchirurgische Manipulation eröffnet Hoffnungen und nicht weniger Befürchtungen wegen der Gefahren eines neuen wissenschaftlichen Zeitalters

Die lange Agonie *Titos* zeigt ähnlich wie beim Tode *Francos* die Möglichkeiten der modernen Intensivmedizin, ihre menschlich problematische Anwendung und ggf. ihre politische Bedeutung

Somatostatin als neues hormonales Heilmittel gegen Magen- u. Darmblutungen

Neues Antibiotikum Claforan mit breitem Wirkungsspektrum in Dtl. entdeckt

Das verbreitete Formaldehyd erweist sich überra-

Flugzeugabsturz auf Teneriffa fordert 146 Tote

4 Flugzeugabstürze i. d. USA an einem Tage: 91 Tote

Bruchlandung einer rumänischen Verkehrsmaschine mit 160 Insassen im Meer (1 Toter)

Ca. 20000 Tote durch Erdbeben, das El-Asnam zu 80% zerstört. Dieser Ort in Algerien war schon 1954 durch Beben verwüstet und wiederaufgebaut worden

25 Tote bei Erdbeben im Iran

Über 3000 Tote und 200000 Obdachlose durch schweres Erdbeben in Süditalien. Die Behörden versagen trotz internationaler Hilfe in der Katastrophenbekämpfung

Im Sturm kentert die Versorgungs- und Wohninsel im norwegischen Erdölbohrgebiet Ekofisk in der Nordsee: 124 Tote und Vermißte

49 Tote bei Grubenunglück in Rumänien

37 Tote bei Brand in 2 Londoner Nachtlokalen

Gasexplosion bei Festvorbereitung (Verlobung) tötet 97 Frauen und Kinder in einem türkischen Dorf

Explosionsunglück im Iran fordert zahlreiche Tote

Hurrikan »Allen« fordert in der Karibik ca. 300 Tote

Mehrere Erdbeben begrenzter Stärke in Kalifornien, wo Erdbebenforscher größere Beben erwarten. Die jährliche Erdbebenenergie beträgt im Mittel 35000 Mrd. kWh

Hitzewelle in Texas fordert 338 Tote

Vulkanausbruch des Mount St. Helen in Washington/USA nach 123 Jahren Inaktivität (Aschewolken sind auch in Garmisch-Partenkirchen nachweisbar)

Die Kongreßhalle im Berliner Tiergarten in Spannbetonbauweise stürzt ein: 1 Toter

13 Tote bei Rassenunruhen in Miami/USA

Nach Straßenbrückeneinsturz durch Schiffskollision in Schweden werden 10 Menschen und ihre Fahrzeuge vermißt

Explosionsunglück in einer Schule bei Bilbao tötet 48 Kinder und 3 Erwachsene

Über 39 Tote beim Brand im MGM-Hotel in Las Vegas, das mit 2100 Zimmern eines der größten i. d. USA ist

(1980)	hindert das vorbereitete Treffen zwischen *E. Gierek* und *H. Schmidt* *Lech Walesa* (* 1943) ergreift Führung bei der Bildung der parteiunabhängigen Gewerkschaft „Solidarität", die das politische Bild Polens grundlegend verändert Einweihung des Mahnmals auf der Leninwerft in Danzig, das an die 28 Toten erinnert, die dort 1970 bei einer Arbeiterdemonstration gegen die Regierung ihr Leben lassen mußten. Der Staat wird bei dieser Feier durch Präsident *Jablonski* vertreten Poln. Min.-Präs. *Jaroszewicz* (* 1909) wird von *Babiuch* (* 1927) abgelöst Wegen der Situation in Polen und drohender Intervention der USSR senden USA Fernaufklärer Awacs i. BRD (zuvor schon nach Saudi-Arabien) † *A. Kossygin,* Reg.-Chef der USSR seit 1964 (* 1904) Grenzkrieg zwischen Irak und Iran spaltet das arabische Lager und vernichtet etwa 10 % der globalen Erdölförderung *Bani-Sadre* (* 1933, gilt als Marxist) mit großer Mehrheit in Volkswahl zum Präsidenten des Iran gewählt Kriegsmanöver des Warschauer Paktes an den polnischen Grenzen lassen eine Intervention der USSR in Polen befürchten, was als Katastrophe betrachtet würde Wahlen in Kanada bringen Sieg von *P. E. Trudeau* (* 1919, liberal) über *J. Clark* (* 1939, konservativ) Volksabstimmung über die Autonomie von Quebec entscheidet mit großer Mehrheit für den Verbleib bei Kanada † *Josip (Broz) Tito,* Partisan des 2. Weltkrieges, Begr. des Neuen Jugoslawien mit führender Bedeutung für die Bewegung der Blockfreien (* 1892). Nach Beinamputation dauert die Agonie über 100 Tage Anläßlich der Beisetzung *Titos* kommt es zu weltpolitisch bedeutungsvollen Begegnungen *A. Kossygin,* Min.-Präs. der USSR seit 1964 (* 1904), wird von *Tichonow* (* 1905) abgelöst † *J. A. Malik,* Außenpolitiker der USSR (* 1906) Der Systemkritiker der USSR *Sacharow* (* 1921) wird nach Gorki verbannt 3 Kinder von Erholungsreisenden werden in Italien entführt und nach Zahlung einer hohen Lösegeldsumme nach 68 Tagen unversehrt freigelassen † *Ludvik Svoboda,* Politiker der ČSSR (* 1895) Infolge des russischen Einmarschs in Afghanistan rechnet man mit ca. 1 Mill. Flüchtlingen in Pakistan aus Afghanistan Konferenz islamischer Staaten in Islamabad/Pakistan verurteilt russischen Einmarsch in Afghanistan	Rüstungswettlauf); Ölschock (Erschütterung einer Ölkrise); Jogging (Dauerlauftraining); Disco (Schallplattentanzmusik und ihr Sound) usw.	„Die Blechtrommel" (Film nach *G. Grass* von *V. Schlöndorff,* * 1939), erhält „Oscar" als bester ausländischer Film † *Sam Levene,* US-Filmschauspieler russ. Herkunft (* 1905) „Der Kandidat" (kritischer Film über *F. J. Strauß* von *Kluge, Aust, Schlöndorff*) „Atlantic City" (US-Film von *Louis Malle,* * 1932, Frankr.) mit *Burt Lancaster* (* 1913, USA) † *Mae West,* US-Filmschauspielerin, zu ihrer Zeit Sex-Idol (* 1893)

GEMA erzielt Erträge von 433,5 Mill. DM aus musikalischen Urheberrechten

Schlager: „Sing', mei' Sachse, sing'" (beliebt in BRD u. DDR), „Sun of Jamaica", „Abschied ist ein bißchen wie sterben"

Der Discosound steht einer Schlagerpopularität oft entgegen

Es wird eine Krise in der Discomusik-Industrie registriert, wozu private Tonbandaufnahmen beitragen

Wegen Streik der Musiker sagt die Metropolitan Opera New York zunächst sämtliche Aufführungen der Winterspielzeit 1980–81 ab

schend als krebserzeugend

Ärztekongreß in Innsbruck stellt entgegen früheren Ansichten positive Wirkungen des Hochgebirgsklimas auf Kreislaufkranke fest

In BRD liefern regionale Testprogramme zusätzliche Informationen für den Fernsehschirm als Bildschirmtext (über Telefon) oder Videotext (über Fernsehkanal). Dabei können Schrifttafeln nach Wahl sichtbar gemacht werden

Euronet als Verbund von 90 europäischen Datenbanken eröffnet

In USA wird räumliches (Stereo-)Fernsehen vorbereitet

Ca. 2000 Jahre alter Einbaum in Köln entdeckt

450 000 Jahre alte menschliche Gebeine in einer Höhle in Frankreich entdeckt

Mikroanalysen erweisen Waldvernichtung in Sibirien 1908 durch Riesenmeteoriten, der bei 30–40 m Durchmesser auf 4000 t geschätzt wird

Eine kosmische Katastrophe wird zunehmend erkennbar (evtl. Kometenzusammenstoß), der vor 65 Mill. Jahren auch die Dinosau-

45 Tote bei einem Hotelbrand in Japan (Kawaji)

Zugunglück in Italien: 120 Tote, über 100 Verletzte

Sprengstoffanschlag auf Bundesanstalt für Arbeit in Nürnberg verursacht ca. 1 Mill. DM Schaden

Sprengstoffanschlag auf den Hauptbahnhof Bologna: 82 Tote (Täter vermutlich Rechtsextremisten)

Ein schweres Sprengstoffattentat auf dem Münchner Oktoberfest wird Rechtsextremisten zugeschrieben: 12 Tote, über 140 teilweise schwer Verletzte. Ein Attentäter wird getötet

11jähriges Mädchen nach Entführung in Karlsruhe ermordet aufgefunden, obwohl die Eltern bereit waren, hohes Lösegeld zu zahlen. 2 Tage später wird ein dringend der Tat verdächtiger Diplom-Volkswirt verhaftet

In USA tragen ca. 400 Motorradbanden erheblich zur Kriminalität bei

Gefängnismeuterei i. Santa Fé erfordert 75 Tote. Häftlinge bringen sich gegenseitig um

Ein Massenmörder, der „Jack the Ripper" aus dem Jahr 1888 nachahmt, beunruhigt mit 12 Frauenmorden das Gebiet um Leeds (Gr.-Brit.)

Jugendkrawalle in mehreren Städten (vgl. Ph)

Vom Mont-Blanc-Tunnel (1965) bis zum Arlberg- und St.-Gotthart-Tunnel (1980) werden die Alpen dem Kfz-Verkehr weiter erschlossen

Nach 9 Jahren Bauzeit wird der St.-Gotthart-Straßentunnel eröffnet und schafft mit 16,5 km Länge schnelle und sichere Verbindung durch das Alpengebiet

BRD verschifft Baumaterial für Antarktisstation

Inbetriebnahme Europas höchster Seilbahn auf das „Kleine Matterhorn" (3820 m). Die intensive Seilbahnerschließung der Berge wird kontrovers diskutiert

Neue Planung für einen Kanaltunnel Frankreich–England auf privater Grundlage

Verkehrsverbund Rhein-Ruhr (VRR) mit 12 000 km Netz eröffnet

Stapellauf des Kreuzfahrtschiffes „Europa" durch *Simone Veil* in Bremen

(1980)

und erklärt dort eingesetzte Regierung unter *Babrak Karmal* (* 1929) für illegal

USSR zieht kleine Truppenkontingente aus der DDR ab. Dieser Geste folgt der Einmarsch in Afghanistan

Nach einem Veto der USSR im Sicherheitsrat verurteilt die UN-Vollversammlung mit der großen Mehrheit von 104 Stimmen den sowjetischen Einmarsch in Afghanistan

Im Spannungsfeld von USSR und VR China und ihren Verbündeten bleibt SO-Asien von Kriegswirren und Flüchtlingselend überschattet

Die politische und militärische Intervention der USSR in Afghanistan ruft eine internationale Krise hervor, die die Entspannungspolitik des letzten Jahrzehnts in Frage stellt

Es kommt zur 2. Verurteilung der USSR-Invasion in Afghanistan durch die UN-Vollversammlung

Nach dem Scheitern der Janata-Partei gewinnt *Indira Gandhi* (* 1917) nach 33 Monaten durch Wahlsieg der Kongreßpartei als Min.-Präs. Indiens die politische Macht zurück

Militärputsch in Bolivien – als etwa 200. Staatsstreich seit Staatsgründung (1836) – begründet Militärdiktatur

Durch plebiszitäre Verfassungsänderung verlängert General *U. Pinochet* (* 1915) seine Amtszeit als Staatschef von Chile von 1979 bis 1981

29 Tote bei der Erstürmung der spanischen Botschaft durch die Polizei in Guatemala

Geiseldrama in der dominikanischen Botschaft in Bogotá/Kolumbien endet ohne Blutvergießen und Freipressung

40 Tote bei Zusammenstößen mit 150 000 linken Demonstranten in San Salvador

Erzbischof von San Salvador *Romero* wird ermordet. Tumulte bei seiner Beisetzung fordern 40 Tote

Zentralregierung Indiens unter *I. Gandhi* setzt 9 Landesregierungen ab, um Neuwahlen herbeizuführen

† *Sanjai Gandhi* (durch Flugzeugunglück), Sohn von *Indira G.* (* 1947)

† *M. Ohira*, japan. Min.-Präs., nach politischer Niederlage (* 1933), ihm folgt *S. Suzuki* (* 1911)

Hua Kuo-feng tritt als Min.-Präs. der VR China zurück, bleibt aber KP-Vorsitzender

In China beginnt der Prozeß gegen die „Viererbande" um die Witwe *Maos*, der Verbrechen in der Kulturrevolution zur Last gelegt werden

Südkoreanische Militärregierung unterdrückt blutig Volksaufstand in Kwangju

In Südkorea folgt Militärdiktatur auf Studentenunruhen

(35 000 BRT, 2 × 14 460 PS Antrieb), 600 Passagiere

2 US-Autofahrer fahren in 75 Tagen auf den Landstrecken um die Erde (46 670 km)

Von rd. 111 000 Münzfernsprechern i. BRD wurden 1979 54 % mutwillig zerstört

Der Doppelwolkenkratzer World Trade Center in New York (erbaut 1976) erweist sich als unrentabel und steht zum Verkauf

Schachweltmeisterschaftskandidaten *Rudolf Hübner* (* 1948, BRD) und *Viktor Kortschnoi* (* 1940, Exilrusse) kämpfen um Entscheidungsrunde mit Weltmeister (seit 1975 *Karpow*, * 1951, USSR)

US-Studie erwartet im Jahr 2000 ca. 6,35 Mrd. Menschen, davon ca. 4 Mrd. unzureichend ernährt

Die Statistik der UN gibt die Zahl der Einwohner der VR China mit 833 Mill. an (die bestehende Wachstumsrate läßt bis zum Jahr 2000 1 Mrd. Einwohner erwarten)

23 Banküberfälle in 11 Monaten in Berlin (W)

US-Pentagon gibt für die letzten 30 Jahre 32 „gefährliche" Unfälle mit Atomsprengstoff bekannt

Fachleute erwarten in den nächsten Jahrzehnten durch Recycling keine Verknappung von Nichteisenmetallen

Der Geburtenzuwachs i. DDR steigt gegenüber 1979 um 4 %. Auch i. BRD steigt Geburtenzahl an

Weltluftverkehr verzeichnet nur 2–3 % realen Zuwachs

Japan baut mehr PKW als USA

300 000 Videorecorder für Fernsehaufnahmen i. BRD. Bis 1985 werden etwa 3 Mill. Aufnahmegeräte erwartet

Mit 12,7 Liter Alkohol pro Kopf erreicht die BRD einen Höhepunkt des Konsums (1,5 Mill. Menschen gelten als alkoholabhängig)

In USA verursachen 13 % der Patienten in Krankenhäusern mit Leiden durch Alkohol, Nikotin und Übergewicht dieselben Kosten wie die anderen 87 %

2 Familien aus der DDR fliehen im selbstgebauten Heißluftballon unversehrt in die BRD (andere Fluchtwege führen über die Ostsee)

rier zum Opfer fielen

Die 1970 gegr. Arbeitsgemeinschaft der Großforschungseinrichtungen i. BRD (AGF) hat 16 000 Mitarbeiter (davon 4000 Wissenschaftler) und 1,6 Mrd. DM Jahresausgaben

Die *Max-Planck*-Ges., 1911 als *Kaiser-Wilhelm*-Ges. gegr., hat über 10 000 Mitarbeiter (davon 4000 Wissenschaftler) und einen Jahreshaushalt von 844 Mill. DM

Supercomputer „Cray" in Garching b. München für 80 Mill. Rechenoperationen in der Sekunde mit einer Leistungsdichte v. 50 kW/m³

Die Abnahme der Umlaufzeit von Doppelsternen um 1/100 000 Sekunde im Jahr erweist die Abstrahlung der von *Einstein* erwarteten Gravitationswellen

Die größte bekannte Primzahl mit 13 395 Stellen wird von einem Computer in 20 Minuten berechnet

BRD beteiligt sich zunehmend an Erforschung und Erschließung der Antarktis. Dauerhafte Station ist geplant und im Bau

Zweiter Fehlstart der Europarakete „Ariane"

Indien gelingt erfolgreicher Start einer Langstreckenrakete. Bisherige Starts eigener Raketen:
Dtl. 1942 (V 2)
USSR 1957
USA 1958
Frankr. 1965
Japan u. VR China 1970
Indien 1980
Europa (BRD u. Frankr.) –

Eine Woche nach dem Ausbruch des Vulkans Mount St. Helen in USA werden Staubpartikel in Garmisch-Partenkirchen nachgewiesen

Die kontroverse Debatte um die friedliche Nutzung der Kernenergie verzögert erheblich Planung und Realisierung wichtiger Projekte

Bundesinnenminister *G. Baum* genehmigt den Bau des Kernkraftwerks Brockdorf, was zu neuen Protestdemonstrationen führt

1969–79 werden 421 unterirdische Kernexplosionstests registriert: USSR 191, USA 154, Frankr. 55, VR China 15, Gr.-Brit. 5 und Indien 1

„The clock universe" („Die Welt als Uhr") (Ausstellung von Uhrmacherkunst aus Leipzig in Washington)

Wissenschaftliche Forschung und technische Entwicklung erfordern jährlich ca. 300 Mrd. DM (2,4 % globales BSP)

(1980)

Die Min.-Präsidenten von N- und S-Korea konferieren über Wiedervereinigung

Im 155. Wahlgang wählt UN-Vollversammlung Mexiko in den Sicherheitsrat, nachdem Kuba und Kolumbien verzichtet hatten

Saint Lucia mit 4,4 Mill. Einw. wird 152. Mitgl. der UN

Die Regierung von El Salvador läßt 6 Mitglieder der Opposition grausam ermorden

Staatsanwalt beantragt in China Todesstrafe gegen die Witwe von *Mao, Chiang Chin* (* 1914), die in der Kulturrevolution auf Weisung ihres Gatten gehandelt haben will

Zahl der politischen Flüchtlinge wird auf rd. 16 Mill. geschätzt
Asien: 7,3
Afrika: 4,0
Naher Osten: 4,3
Lateinamerika: 1,0
Osteuropa: 0,23

Kühl-feuchter Sommer gefährdet Ernte in Mitteleuropa, Überschwemmung in Polen

Olympische Winterspiele in Lake Placid/USA

Medaillenspiegel G:S:B (Auswahl)

USSR	10:6:6
DDR	9:7:2
USA	3:2:2
Österr.	3:2:2
BRD (12. Platz)	0:2:2

Olympische Sommerspiele in Moskau: von 145 teilnahmeberechtigten Ländern nehmen 81 teil, 64 bleiben fern, um gegen den Einmarsch der USSR in Afghanistan zu protestieren, darunter USA, BRD und Japan

Medaillenspiegel G:S:B (Auswahl)

1. USSR	80:69:46
2. DDR	47:37:17
3. Bulg.	8:16:17
4. Kuba	8: 7: 5
5. Ital.	8: 3: 4
8. Frkr.	6: 5: 3
usw.	

Bei den Olympischen Sommerspielen in Moskau werden 55 neue Weltrekorde erzielt.

Ca. 10 Mill. Rheumaleidende in BRD. Der Wert des Arbeitsausfalls liegt bei 11 Mrd. DM

Bei einem Tagesbedarf von 70 g Eiweiß/Mensch besteht ein Jahresdefizit von 22 Mill. t für die Menschheit

Hitzewelle in Texas und feuchtkalter Frühsommer in Mitteleuropa

1. Smog-Alarm in Berlin (W)

Anderson u. *Anderson* (Vater und Sohn) überqueren in Kanada erstmalig im Ballon Nordamerika von Ost nach West

Björn Borg (* 1956 i. Schweden) gewinnt zum 5. Mal hintereinander Herren-Tennis-Einzel in Wimbledon

Eisschnelläufer *Eric Heiden* (* 1960, USA) gewinnt 5 olympische Goldmedaillen (500 m, 1000 m, 1500 m, 5000 m, 10 000 m)

Der polnische Einhandsegler *Henryk Jaskula* (* 1923) segelt in 344 Tagen um die Erde

† *Jesse Owens*, schwarzer Leichtathlet der USA, der 1936 in Berlin 4 olympische Goldmedaillen gewann (100 m, 200 m, 4 × 100 m, Weitsprung) (* 1913)

† *Hanna Reitsch,* dt. Fliegerin, wurde 1937 1. dt. Luftkapitän, hielt bis in die letzten Kriegstage Flugverbindung zum eingeschlossenen Berlin. Unternahm Hubschrauberflug in geschlossener Halle (* 1912)

Nachfolger des IOC-Präsidenten *Lord Killanin* (* 1914) wird der Spanier *Samaranch* (* 1920)

Irina Rodnina (* 1949, USSR gewinnt mit Alexander Saitsew Goldmedaille im Eispaarlauf und gilt damit als „erfolgreichste Läuferin aller Zeiten" (3x olymp. Gold, 10x WM-Gold, 11x EM-Gold)

D. Thurau gibt die Tour de France auf, die er 1977 auf dem 2. Platz abschloß

Gerd Wessig (* 1959, DDR) erreicht im Hochsprung bei den Olympischen Spielen in Moskau neuen Weltrekord mit 2,36 m

Sportlerin der USSR wirft den Speer über 70 m

Schnelle Verbreitung des Rollschuhlaufens (Kölner Domplatz wird beliebter Laufplatz)

Nottingham gewinnt gegen HSV Europa-Fußballpokal (UEFA-Cup)

Außerhalb Chinas sind nur 12 lebende Pandabären (meist in Tiergärten) bekannt

Pandabär nach natürlicher Zeugung im Zoo Mexiko-Stadt geboren (2. Geburt in einem Zoo). Es leben insges. noch etwa 80 Tiere

Neugeborener Pandabär im Zoo von Mexiko vom Muttertier .erdrückt

VR China schenkt dem Westberliner Zoo 2 Bambusbären

1981	Friedens*nobel*preis an die UN-Flüchtlingskommission unter Hochkommissar *Poul Hartling* (* 1914) Es bildet sich eine internat. Friedensbewegung. In DDR wird die kirchliche Parole „Schwerter zu Pflugscharen“ unterdrückt USA und UdSSR kommen überein, Verhandlungen über Mittelstreckenraketen in Europa aufzunehmen. Mit Unterstützung der BRD schlägt USA die „Nullösung“ vor, bei der beide Seiten auf diese Raketen verzichten Veto der VR China verhindert erneute Wahl von *Kurt Waldheim* (* 1918 in Österreich). Sein Nachfolger wird *Perez de Cuéllar* (* 1920 in Peru) NATO-Doppelbeschluß führt auch zu starken Spannungen in der SPD. BK *H. Schmidt* kündigt Rücktritt an, wenn SPD-Parteitag gegen den Doppelbeschluß votiert NATO beschließt, Span. als 16. Mitglied aufzunehmen *Gaston Thorn* (* 1928, Liberaler aus Luxemburg) wird Präs. der EG Bundeshaushalt für 1981 mit 231 Mrd. DM Umfang und 34 Mrd. DM Neuverschuldung verabschiedet (Für 1982 wird ein strenger Sparkurs angekündigt) Bund und Länder einigen sich über Hochschulbau-Finanzierung † *Albert Speer*, Architekt und Rüstungsbeauftragter *Hitlers*. Verbüßte nach Urteil im Nürnberger Prozeß Freiheitsstrafe in Spandau (*1905) Terroristen verüben in der BRD mehr als 400 Brand- und Sprengstoffanschläge (davon mehr als 50 gegen Einrichtungen der USA) Es gibt in der BRD ca. 20000 Rechtsradikale in 75 Vereinigungen. Ihr Gewaltpotential nimmt zu Starker Widerstand von Bürgerinitiativen gegen neue Startbahn auf dem Frankfurter Flughafen führt zu großen Polizei-Einsätzen Kommunalwahlen bringen „Grünen“ und örtlichen Bürgerinitiativen in der BRD ortsweise größere Erfolge † *Wilhelmine Lübke*, Frau des früheren Bundespräs. (* 1885) † *Margot Kalinke*, 6 Legislaturperioden CDU Abgeordnete im Bundestag und Sozialexpertin (* 1909)	Literatur-*Nobel*preis an den deutsch-sprachigen Schriftsteller *Elias Canetti*, bulgarischer Herkunft (* 1905). Schrieb „Die Blendung“ 1935 Friedenspreis des Deutschen Buchhandels an *Lew Kopelew* (* 1912), einen sowjetischen Dissidenten UdSSR bürgert Schriftsteller *Lew Kopelew* aus † *Mariama Bâ*, senegalesische Schriftstellerin, schrieb „Ein so langer Brief“ (* 1929) † *Adolf Beck*, Herausgeber der *Hölderlin*-Ausg. 1943 ff (* 1908) *Ingmar Bergman* (* 1918 in Schweden) beendet seine Arbeit am Residenztheater in München *Thomas Bernhard:* „Vor dem Ruhestand“ und *Nelly Sachs* „Eli“ (Bühnenstücke) erstmalig in USA aufgeführt *Lucien Bodard* (Frankreich) erhält Prix Goncourt † *Rolf Bongs*, deutscher Lyriker, Germanist und Kunsthistoriker, lebte und wirkte zeitweise in USA (* 1907) *Howard Brenton* (* 1942): „The Thirteenth Night“ (engl. Bühnenstück, Urauff. in London) *Archibald Joseph Cronin*, schottischer	Amnesty internat. beklagt Verletzung der Menschenrechte in 117 Ländern, bes. in El Salvador und Guatemala Internationale Vereinigung nennt als Rangfolge der Genies: 1. *Leonardo da Vinci*, 2. *Albert Einstein*, 3. *Isaac Newton*, 4. *T. A. Edison* UN erklärt dieses Jahr zum „Jahr der Behinderten“ Menschenrechtskonferenz in Genf stellt fest, daß 11 000 bis 13 000 Menschen spurlos verschwunden sind (allein in Argent. ca. 7000) „Berliner Begegnung“ unter Leitung von *St. Hermlin* (* 1915, aus DDR) mit Teilnehmern aus BRD und DDR diskutiert offen die Probleme von Rüstung und Frieden Frankreich schafft die Todesstrafe ab In Bayern wird die Prügelstrafe in der Schule abgeschafft *Giorgio Colli:* „Die Geburt der Philosophie“ (ital.) † *Will Durant*, US-Philosoph und Kulturhistoriker. Schrieb 1935–67 eine Kulturgeschichte in 10 Bänden (dt. ab 1946) (* 1885) Cottbusser Generalsuperintendent *Gottfried Forck* wird zum neuen ev. Bischof in der Region DDR-Brandenburg gewählt

Neubau der bayrischen Hypobank in München (Architekten: Das Ehepaar *Walther* und *Bea Betz*)

Ausstellung von Werken des koreanischen Videokünstlers *N. Paik* (* 1932) und des deutschen Objektkünstlers *J. Beuys* (* 1921) in New York

Ausstellung von Werken von *A. Breker* (* 1900) in Berlin (W) stößt wegen dessen NS-Vergangenheit auf starken Protest

† *Marcel Breuer* (in USA), Architekt und Bauhausschüler ungarischer Herkunft (* 1902)

Karl. H. Bröhan (* 1921) schenkt seine Kunstsammlung (Sezession, Jugendstil, Art Deco) dem Land Berlin

M. Chagall: Glasfenster für das Straßburger Münster

Ausstellung von Werken von *G. de Chirico* († 1978) in Rom

Bert Geresheim: Heinrich Heine (Denkmal zum 125. Todestag in Düsseldorf)

Grab *Giottos* im Florenzer Dom entdeckt

Hermann Glöckner (* 1889 in Dresden): „Auf und Ab" Bild in geometrischen Formen aus Dresden)

Louis Andriessen (* 1940): „Die Zeit" (niederl. Minimal-Musik)

† *Hendrik Andriessen*, niederl. Kompon. (* 1892)

Gedenkjahr für *Bela Bartók* (* 1881 i. Ungarn, † 1945 i. USA)

Das Manuskript v. *Beethoven* „Exaudi deus" wird i. Breslau entdeckt

† *Robert Russell Bennett*, US-Komponist, Arrangeur und Dirigent von Musicals (* 1894)

† *Karl Böhm*, Dirigent österr. Herkunft, weltweit berühmt als Mozartinterpret und Bewahrer der Werktreue (* 1894)

Friedrich Cerha (* 1926): „Baal" (österr. Oper nach *Brecht*, Urauff. in Salzburg)

Marius Constant (* 1907): (rumän. Kompon. aus Paris) „Nana-Sinfonie"

† *H. Chemin Petit*, Kompon. und Chorleiter in Berlin (W) (* 1902)

*Nobel*preis für Physik an *K. M. Siegbahn* (* 1918 Schweden) für hochauflösende Elektronenspektroskopie und *Nikolaas Bloembergen* (* 1920 Niederlande); weiter an *L. Schawlow* (* 1921 USA. Letztere, die in USA arbeiten, für Laserspektroskopie)

*Nobel*preis für Chemie an *Kenichi Fukui* (* 1918 Japan) und *Roald Hoffmann* (* 1937 in Polen) für Erforschung von Reaktionskinetik (Hoffmann arbeitet in USA)

*Nobel*preis für Medizin und Physiologie an *R. W. Sperry* (* 1913 in den USA) und *David H. Hubel* (* 1926 in den USA) sowie an *Torsten N. Wiese* (* 1924 in Schweden) für Hirnforschung (alle 3 arbeiten in USA)

Atkin und *Rickert* berechnen den bisher größten Primzahlzwilling: $23424^{\pm 1}$

Harald Fritzsch (* 1934): „Quarks", verbreitet die Theorie der Elementarteilchen, die *Gell-Mann* (* 1929 in den USA) 1964 begründete, in nichtmathematischer Form, die ihre Bewährung für einen größeren Kreis erkennen läßt

Elektrisch neutrales Elementarteilchen mit etwa doppelter Elektronenmasse in der Schweiz entdeckt

*Nobel*preis für Wirtschaftswissenschaften an *J. Tobin* (* 1918 in den USA) für seine Beiträge zur Investitionstheorie

A. W. Clausen (* 1923 in den USA) wird Präs. der Weltbank

Anstieg der Arbeitslosigkeit 1974 bis 80 (%)

Belg.	252,7
GB	206,3
Austr.	181,1
Frankr.	36,6
Kanada	68,7
Japan	56,2
Ital.	52,6
BRD	52,6
USA	46,7
Schweden	7,5

Anfang Dezember zählt BRD 1,49 Mill. Arbeitslose (Quote 7,5 %, in der EG 8,8 %)

An Arbeitstieren gibt es auf der Erde 61,6 Mill. Pferde, 1200 Mill. Rinder und 150 Mill. andere

30 % der Menschen in der EG leben in Armut (ca. 78 Mill. Menschen)

Banken in der BRD stellen Geldautomaten auf

Der Preis pro Computereinheit fällt jährlich um 15 %

Erdweite Kapazität der Container-Flotte steigt 1979–81 jährlich um 8,5 % und beträgt 1981 1,24 Mrd. 20-Fußeinheiten mit je 20 t Bruttogewicht

US-$ steigt im August nach 5 Jahren auf einen Kurs von 2,50 DM

Die Entwicklungshilfe der OECD erreichte 1980 mit 61,4 Mrd. DM 0,44 % des BSP (angestrebt werden 0,7 % des BSP)

10. Parteitag der SED in Berlin (O) verabschiedet 5-Jahresplan mit Steigerung des Nationaleinkommens von 32 % bis 1985

EG-Gerichtshof erklärt Seefahrten zum Einkauf billiger Butter etc. für unzulässig

Heringsfang nach 3jähriger Schonzeit in der EG freigegeben

Das Wirtschaftswachstum in den OECD-Ländern sinkt fast auf Null

(1981)

BK *H. Schmidt* trifft Staatsratsvors. *E. Honecker* am Werbellinsee, um die Bez. beider dt. Staaten auch in Krisenzeiten zu pflegen

† *Franz Amrehn*, CDU-Politiker, 1955–63 Bürgermeister von Berlin, seit 1976 MdB (* 1912)

† *Otto Bach*, SPD-Politiker „der ersten Stunde“, seit 1946 im Berliner Stadtparlament, 1961–67 Präs. des Abgeordnetenhauses von Berlin (W) (* 1900)

† *Horst Korber*, SPD-Politiker in Berlin (Passierscheinunterhändler 1963–66, später Senator und Präs. des Landessportbundes Berlin) (* 1927)

Kreditbürgschaftsskandal um *Garski* in Berlin

Rücktritt des Bürgermeisters und Wirtschaftssenators *Lüder* (FDP) und schließlich des Reg. Bürgermeisters *Stobbe* (SPD) und des ganzen Senats. *Hans Jochen Vogel* (SPD) bildet neuen sozialliberalen Senat. Neuwahlen nach Selbstauflösung des Abgeordnetenhauses

Wahlen in Berlin (W)

Spitzenkandidaten	% Stimmen	% 1979
CDU (*v. Weizsäcker*)	47,3	(44,4)
SPD (*H.-J. Vogel*)	38,8	(42,7)
FDP (*Kunze-Vetter*)	8,1	(5,6)
AL = Alternative Liste	7,4	(3,7)

v. Weizsäcker bildet Minderheitssenat, der von einem Teil der FDP ohne Koalition toleriert wird

Seit Kriegsende ist die SPD erstmalig nicht in der Stadt- bzw. Landesreg. Berlins vertreten

Senat von Berlin läßt 8 besetzte Häuser polizeilich räumen. Ein Demonstrant wird durch Verkehrsunfall getötet

† *Herbert Karry*, hessischer Minister für Wirtschaft und Technik und stellvertretener Min.-Präs. (* 1920, FDP) durch Attentat ermordet (Täter bisher unbekannt)

1. Bürgermeister von Hamburg *Klose* (* 1937, SPD) tritt zurück, nachdem die SPD das KKW Brockdorf ablehnte. Nachfolger wird *Klaus von Dohnanyi* (* 1928)

† *Michael Kohl*, DDR-Politiker, Verhandlungspartner von *H. Korber*, 1974 1. ständiger Vertreter der DDR in der BRD

Bei Volkskammerwahlen in der DDR erhält die Einheitsliste der Nationalen Front über 99% der Stimmen

Schriftsteller, gestorben („Die Zitadelle“ 1937) (*1896)

Tankred Dorst (* 1925): „Merlin oder das wüste Land“ (Bühnenstück, Urauff. in Düsseldorf)

Es kann genau geklärt werden, wann und wo der französiche Dichter *Saint Exupery* 1944 von einem deutschen Jagdflugzeug abgeschossen wurde

H. Fallada (* 1893): „Jeder stirbt für sich allein“ (Auff. des Romans als Bühnenstück unter der Regie von *Zadek* in Berlin (W))

† *Erich Fiedler*, deutscher Schauspieler (* 1901)

† *Hans Flesch-Brunningen*, österreichischer Schriftsteller (* 1985)

† *Lew Ginsburg*, Schriftsteller und Übersetzer in UdSSR (* 1922)

Hauptversammlung der *Goethe*-Gesellschaft in Weimar mit 1300 Teilnehmern aus aller Welt

† *Paolo Grassi*, ital. Kulturschaffender gründete mit *G. Strehler* (* 1921) in Mailand das „Piccolo Teatro“ (*1919)

Peter Handke (* 1942 in Österreich): „Über die Dörfer“ (dramatisches Gedicht, Urauff. in Salzburg)

V. Havel (ČSSR) erhält für sein Theaterstück „Petition“ französischen Theaterpreis

Walter Jens (* 1923) erhält *Heine*-Preis

† *J. Lacan*, frz. Psychoanalytiker (* 1901)

Luthers Werke erscheinen in japanischer Sprache

CSU schließt Friedensforscher *Mechtersheimer* (* 1939) wegen parteiwidrigen Verhaltens aus

Sandra O'Connor (*1930) wird als erste Frau in das höchste Gericht (Supreme Court) der USA berufen

† *Roy Wilkins*, führender US-Bürgerrechtler (* 1901)

Die Jugend in der BRD von 18–22 Jahren würde als Freizeitsport am liebsten Surfen, Tauchen oder Tennis spielen. Die Erfüllung dieser Wünsche würde etwa 4 Mrd. DM kosten

Wissenschafts-Kolleg als Institute for advanced studies in Berlin (W) begründet

Länder der BRD klagen vor dem Bundesverfassungsgericht gegen Bund wegen Kürzung der Mittel zum Hochschulausbau

Polnische Studenten lehnen Pflichtstudium des Marxismus ab

Bildungsgesamtplan von Bund und Ländern in

† *HAP Grieshaber*, deutscher Farb-Holzschnittkünstler (* 1909) Ausstellung des Bildhauers *Otto Herbert Hajek* (* 1927) auf der Engelsburg in Rom Architekt *Thomas Herzog* erhält den erstmals verliehenen *Mies-van-der-Rohe*-Preis *M. Hirmer* deutscher Fotograf und Verleger (* 1893) Ausstellung von Werken des US-Malers *E. Hopper* (* 1882, † 1967), dessen Realismus als eine der Wurzeln der modernen US-Malerei gilt *Leonardos* Fresko „Abendmahl" in Mailand veränderte sein Aussehen durch Restaurierung erheblich *Loxun* (* 1881, † 1936) chinesischer Maler, seine Werke werden in Bremen ausgestellt † *Gerhard Marcks*, deutscher Bildhauer Grafiker und Bauhausschüler (* 1889) *Henry Moore* – Retrospektive in Madrid mit 230 Skulpturen im Retiro-Park Madrid † *Robert Moses*, Architekt in USA, der New York städtebaulich maßgeblich gestaltete (* 1889) *Kurt Mühlenhaupt* (* 1921): Ausstel-	† *Bill Coleman*, Jazztrompeter franz. Abstammung, Vertreter des Swingstils (* 1904) † *Nico Dostal*, österr. Operettenkomponist (* 1895) *Bob Dylan* (* 1941), US-Pop-Musiker auf Deutschland-Tournee † *Werner Eisbrenner*, dt. Filmmusikkomponist (* 1908) *Götz Friedrich* (* 1930), Schüler von *W. Felsenstein*, wird Generalintendant d. Dt. Oper Berlin (W) *Philip Glas* (* 1937): „Satyagrahan" (US-Oper über *Gandhi* von 1980. Dt. Erstauff. i. Stuttgart) † *Bill Haley*, US-Rockmusiker (* 1925) *Peter Michael Hamel* (* 1911): „Ein Menschheitstraum" (dt. Oper, Urauff. in Kassel) *H. W. Henze*: „Pollicino" (Märchen für Musik, Urauff. b. d. Schwetzinger Festspielen) *Heinz Holliger* (* 1939): „Not I" (nicht Ich) Komp. für	(dieses „Axion" ergänzt die Theorie der Vereinigung der Wechselwirkungen) Im Gegensatz zu bisherigen Vorstellungen wird vermutet, daß Neutrinos Masse besitzen, die zu Oszillationen führt (könnte ein Defizit der Sonnenneutrinos erklären) Suche nach vermuteten superschweren Teilchen (etwa 1000fache Protonenmasse) als Folge des Urknalls Hamburger Synchrotron-Strahlungslabor „Hasylab" in Betrieb (Kosten: 14,4 Mill. DM) Am Schwerionenbeschleuniger in Darmstadt wird transuranisches Element 107 nachgewiesen Bei den Isotopen Lutetium 151 und Thulium 174 wird Protonenradioaktivität als neue radioaktive Zerfallsart entdeckt † *Karl Bechert*, dt. Physiker und Politiker (MdB) (* 1901) † *Harold Clayton Urey*, US-Chemiker, der das „schwere Wasser" entdeckt; *Nobel*preis 1934 (* 1893) † *Ulrich Dehlinger*, Begründer der modernen Metallphysik (* 1901) † *Max Delbrück*, US-Viren- und Bakteriophagenforscher. *Nobel*preis 1969 (* 1906)	1,06 Mrd. $ Verlust bei Ford Detroit *Carl Hahn* (* 1926) neuer VW-Vorstandsvors. als Nachfolger von *Toni Schmücker* (* 1921), der es seit 1975 war Frankr. verstaatlicht Konzerne und Banken Ein deutsches Gericht bewertet die Arbeit einer Hausfrau in einer 5köpfigen Familie mit 4067 DM monatlich DDR kauft in Japan 10000 Autos Kartoffelanbau geht in BRD 1953-81 von 24,5 Mill. t auf 7,6 Mill. t zurück (d. h. –2,5 % /Jahr) Unterhalts- und Betriebskosten für KFZ in der BRD seit 1970 verdoppelt Die Zahl der Industrie-Roboter (Bewegungsautomaten) nimmt rasch zu (in der BRD 1350 = + 25 %/Jahr) Japan liegt an der Spitze Krise in der Schweizer Uhrenindustrie wegen jap. Konkurrenz Zu den Währungskorrekturen in Europa gehört die Aufwertung der DM SO_2 als Verbrennungsprodukt von Kohle und Öl ist Ursache des sauren Regens Fischer blockieren quecksilberverseuchte Elbe Giftmüllskandal in den Niederl.: Firma leitet 70000 t giftige Abwässer in die Rheinmündung Von ca. 10 Mill. km^2 Tropenwald gehen jährlich ca. 0,25 Mill. km^2 verloren (Fläche der BRD) UN-Energiekonferenz in Nairobi/Kenia Vertrag über umfangreiches Erdgasgeschäft UdSSR-BRD über Lieferung von Erdgas durch eine Pipeline von Sibirien über 5000 km. Jährlich sind ab 1968 12 Mrd. m^3 vorgesehen. Dieser Vertrag stößt auf nachdrückliche Bedenken und energischen Widerstand der US-Reg. Die BRD hält daran fest NRW nimmt Kohlehydrierungsanlage in Betrieb, die täglich 200 t Kohle in Öl oder Gas umwandelt USA zahlen 25 Mill. $ Schadenersatz für KKW-Unfall Harrisburg

(1981)

DDR-Volkskammer bestätigt einmütig Staatsrats Vors. *E. Honecker* (* 1930), Ministerrats-Vors. *W. Stoph* (* 1914) und Volkskammerpräs. *Horst Sindermann* (* 1915), alle SED, in ihren Ämtern

Christdemokratisch-sozialist. Reg. in Belg. unter *W. Martens* (* 1910, flämischer Christdemokrat), die seit 1980 regiert, tritt wegen Inflationsproblemen zurück. Ihm folgt vorübergehend *Mark Eyskens* (* 1933, flämischer Christdemokrat), der die 28. Reg. seit 1946 leitet

Dänischer Min.-Präs. *Jörgensen* (* 1922, Sozialdemokrat) tritt nach Wahlniederlage zurück. Wird erneut Reg.-Chef einer Minderheits-Reg.

François Mitterrand (* 1916, Sozialist) gewinnt die Wahl zum Staatspräs. von Frankr. gegen *Giscard d'Estaing* (* 1926, unabhängiger Republikaner) (war seit 1974 im Amt)

Sozialisten unter *Mitterrand* erreichen bei den Wahlen zur Nationalversammlung starke Mehrheit

Mitterrand ernennt *P. Maurois* (* 1928, Sozialist) zum frz. Min.-Präs.

Min.-Präs. *Maurois* nimmt in das Kabinett 4 Kommunisten auf

Finnischer Staatspräs. *Kekkonen* (* 1900, Bauernpartei), im Amt seit 1956, tritt wegen Krankheit zurück

Griechenl. 10. Mitglied der EG (es gelten Übergangsregelungen)

A. Papandreou (* 1919, Sozialist) wird Min.-Präs.

4 Angehörige der Labour-Party in GB (darunter *R. Jenkins*, (* 1920)) gründen sozialdemokratische Partei (SDP)

Innerhalb eines Vierteljahres sterben 10 verurteilte IRA-Terroristen am Hungerstreik, mit dem sie ihre Haftbedingungen verbessern wollten. Die brit. Reg. lehnt dies ab. Der zu 14 Jahren Haft verurteilte IRA-Terrorist *Bobby Sands* wird ins brit. Unterhaus gewählt. Sein Tod durch Hungerstreik löst heftige Unruhen aus

Der brit. Thronfolger Prinz *Charles* (* 1948) heiratet in der St. Pauls-Cathedral Lady *Diana Spencer* (* 1961)

G. Fitzgerald (* 1927, „Fine Gael"-Partei) löst *Ch. Haughey* (* 1925) als Irischen Reg.-Chef ab

† *Ferruccio Pari*, ital. Politiker, 1945 Min.-Präs., Mitglied der unabhängigen Linken (* 1890)

Wolfgang Hildesheimer (* 1916): „Marbot" (fiktive Biographie)

† *Martin Hirthe*, deutscher Schauspieler und Charakterdarsteller in Berlin (W) (* 1921)

† *Paul Hörbiger*, österreichischer Schauspieler ungarischer Herkunft (* 1894)

† *Adrian Hoven*, deutscher Schauspieler (* 1923)

† *Peter Huchel*, deutscher Lyriker in der DDR (* 1903)

Den 1977 von Klagenfurt begründeten *Ingeborg Bachmann*-Preis erhält der deutsch-schweizer Soziologe u. Schriftsteller *Urs Jaeggi* (* 1931)

Ernst Jünger (* 1895): „Siebzig verweht II"

Walter Kempowski (* 1929): „Schöne Aussicht" (Roman, Abschluß der Nachkriegsgeschichte einer Familie in Rostock)

† *M. Krleža*, kroatischer Schriftsteller, schrieb „Der Kroatische Mars" (Anti-Kriegsbuch, dt. 1964) (* 1893)

Franz Xaver Kroetz: „Nicht Fisch, nicht Fleisch" (Bühnenstück um Arbeiterprobleme. Auff. in Düsseldorf und Berliner Schaubühne)

† *Edvard Kubcek*, slowenischer Schriftsteller linkskatholischer Einstellung. Bekleidete bis 1952 wiederholt polit. Ämter in Jugosl. (* 1904)

der BRD, der bis 1985 jährlich 94 Mrd. DM erfordert, scheitert am Einspruch der Finanzminister

Italiener entscheiden sich im Volksentscheid gegen Abschaffung der Abtreibung (Fristenregelung)

Volksabst. in der Schweiz ergibt schwache Mehrheit für die Gleichberechtigung der Frau

Schweizer stimmen für gleichberechtigte Entlohnung der Frauen

Ehescheidungsgesetz in Span. gültig (beruht auf dem Zerrüttungsprinzip)

Iran sieht Steinigung als Strafe für Ehebruch vor

Evangelischer Kirchentag in Hamburg mit etwa 120000 Teilnehmern. Motto: „Fürchte Dich nicht"

Am Rande des Kirchentages in Hamburg demonstrieren etwa 60000 gegen Auf- und Nach-Rüstung

Treffen von Überlebenden des Holocaust der NS-Zeit in Jerusalem mit etwa 5000 Teilnehmern

Papst und 2 Pilger werden auf dem Petersplatz in Rom durch Schüsse eines Attentäters verletzt

Papst-Attentäter zu

lung des Berliner Malerpoeten

J. Oroczo (* 1883, † 1949): Ausstellung monumentaler Fresken des mexikanischen Malers in Berlin (W)

Picasso-Ausstellung in Madrid und Barcelona

P. Picassos Antikriegsbild „Guernica" von 1937 wird von New York nach Spanien gebracht

† *Peter Poelzig*, deutscher Architekt (* 1906)

† *Lotte Reiniger*, Scherenschnittkünstlerin (* 1899)

Rembrandt-Bild „Die Blendung Simsons" von 1636 aus dem Städel in Frankfurt/M. restauriert

Ausstellung von Werken *Tilmann Riemenschneiders* († 1531) in Würzburg

Ausstellung des US-Pop-Malers *Larry Rivers* (* 1923) in Hannover

Ausstellung über *Karl Friedrich Schinkel* (* 1781, † 1841) in Berlin (W) und (O)

Zum *Schinkel*jahr gibt der Senat von Berlin die Skulpturen der Schloßbrücke an die DDR zurück gegen Archivmaterial der Porzellanmanufaktur

Emil Schumacher (* 1912): „Markanah" (Öl auf Holz)

Sopran und Tonband

Klaus Huber (* 1924): „Erniedrigt-geknechtet-verlassen" (Schweizer gesellschaftskritische Komp. für 16 Streicher, Chor und Orchester)

† *K. P. Kondraschin*, Dirigent i. d. UdSSR (* 1914)

Frankfurter Musikpreis an den Violinspieler aus UdSSR *Gidon Kremer* (* 1947 i. Riga) der seit 1978 im Westen lebt

E. Krenek (* 1900): 8. Streichquartett opus 233 (Urauff. i. New York) (1. Quartett 1921)

† *Peter Kreuder*, dt. Schlagerkomponist (z. B. „Man müßte Klavierspielen können") (* 1907), schrieb ca. 200 Filmmusiken

† *Lotte Lenya* i. USA, trat als Sängerin von Brechtliedern hervor. Ehefrau von *K. Weill* (* 1898)

† *Walther Ludwig*, lyrischer Tenor, erwarb um 1971 mit der Dissertation

H. J. Eysenk (* 1916): „Struktur und Messung der Intelligenz" (Messung durch EEG-Potentiale)

K. Ilmensee und *C. C. Hoppe* berichten in Genf über die ersten geklonten genetisch identischen Säugetiere (Mäuse)

Rudolf Pichlmayr, in Hannover, entwickelt die Lebertransplantation zu einer Routine-Operation

P. Rentrop, in Göttingen, behandelt erfolgreich Herzinfarkt mit Streptokinase

† *H. Göttrup*, dt. Raketenforscher (* 1916)

D. I. Groves, S. R. Dunlop und *R. Buick* finden in NW-Austr. Gesteine mit Lebensspuren, denen sie ein Alter von 3,6 Mrd. Jahren zuschreiben

† *Hideki Yukawa*, jap. Physiker, der mittelschwere Teilchen (Mesonen) vorhersagte, die später gefunden wurden (* 1907). *Nobel*preis 1949

Die „Rote Liste '81" enthält 8000 Arzneimittel

Operationen am offenen Herzen pro Mill. Einwohner

USA	520,
BRD	260,
Ital.	100

In USA lebt ein Kalb 256 Std. mit künstlichem Herz (Herzpumpe)

%-Anteil der Kernenergie an der Stromerzeugung

Schweiz	24,7
Frankr.	23,5
Belg.	23,5
Schweden	21,8
GB	12,1
Japan	11,9
BRD	11,6
USA	11,0
Niederl.	6,4
DDR	5,4
UdSSR	4,4
Ital.	1,2
Erde ca.	8,8

Ca. 80000 Demonstranten veranstalten eine im wesentlichen friedliche Demonstration gegen das Kernkraftwerk Brokdorf bei Hamburg

Hamburg will Bau des Kernkraftwerkes Brokdorf um 3 Jahre verschieben

In Frankr. wurden 1980 6300 MW Kernenergie in Betrieb genommen

Ital. plant 8 weitere Kernkraftwerke mit 35000 MW (4 davon bis 1990)

Das letzte Maultier der Gebirgsjäger, „Renate", wird für das bay. Armeemuseum bestimmt. In Zukunft werden Hubschrauber verwendet

Indien muß nach einer Pause von 5 Jahren wegen schlechter Ernte wieder Getreide einführen

Cadmium und Asbest erweisen sich als gefährliche Umweltgifte, deren Handhabung Sicherung erfordert

In BRD verursacht Rost jährlich 30 Mrd. DM-Schaden

EG-Plan gegen Stahlkrise

Björn Borg (* 1956 in Schweden) beendet im Tennis seine 5jährige Siegesserie mit einer Niederlage gegen *John McEnroe* (* 1959, USA)

† *Max Euwe*, niederl. Schachweltmeister 1935-37 (* 1901)

Kombinatorischer Farbwürfel von *Ernö Rubik* (Ungarn) mit 3 x 3 x 3 Würfeln, die sich in 43×10^{18} Stellungen drehen lassen, verbreitet sich. Das Prinzip des Würfels wurde auch in Japan gefunden

† *Joe Louis*, Berufsboxer der USA,

(1981)	Gewinne der Sozialisten bei Kommunalwahlen in Italien Wegen Aufdeckung eines polit. Geheimbundes, an dem hohe Politiker beiteiligt sind, tritt ital. Reg. zurück *G. Spadolini* (* 1925, Republikanische Partei) bildet als 40. ital. Nachkriegsreg. Koalitionsreg. aus 5 Parteien (ohne KPI) Der Luxemburger *G. Thorn* (* 1928, Liberaler) löst *Roy Jenkins* (* 1920, GB Labour Party) als EG-Kommissar ab † *Mehmed Shehu* (Freitod), alban. Min.-Präs. seit 1954 (* 1913) Niederl. Min.-Präs. *Dries van Agt* (* 1931, Christdemokrat) tritt zurück und bildet seine Links-Mitte-Koalition zu einer Mitte-Rechts-Koalition um Min.-Präs. von Norw. *Nordli* (* 1927) tritt zurück, seit 1976 im Amt (Sozialdemokrat) *Gro Harlem Brundtland* (* 1941, Sozialdemokratin) Nachfolgerin von *Nordli* als Min.-Präs.in von Norwegen In Polen werden der frühere Parteichef *Gierek* und der frühere Min.-Präs. *Babiuch* aus der Partei ausgeschlossen *W. Jaruzelski* (* 1923) nach *Jaroszewicz*, *Babiuch* und *Pinkowski* 4. poln. Min.-Präs. in einem Jahr Der Parteitag der poln. PVAP wählt *St. Kania* (* 1927), einen Anhänger des Reformkurses gegen *K. Barcikowski* in geheimer Wahl zum ParteiVors. General *W. Jaruzelski* (* 1923) errichtet in Polen unter dem Druck der UdSSR und des Warschauer Paktes eine Militärdiktatur, die die Gewerkschaft „Solidarität" und and. Regimekritiker verfolgt. *L. Walesa* und Tausende and. werden inhaftiert Nach 7 Monaten Amtszeit tritt der portug. Min.-Präs. *Pinto* einer Mitte-Rechts-Reg. als 9. Reg.-Chef seit 1974 zurück 300000 Spanier demonstrieren am 6. Todestag des früheren faschistischen Diktators *Franco* Span. Parlament stimmt Beitritt zur NATO mit deutlicher Mehrheit zu *S. Carillo* (* 1915) wird zum Parteichef der span. KP wiedergewählt *Leopoldo Calvo Sotelo* (* 1928, Demokratisches Zentrum) wird Min.-Präs. Spaniens. Er folgt *Adolfo Suarez Gonzales* (* 1932, der seit 1976 amtierte)	*Reiner Kunze* (* 1933): „auf eigene hoffnung" (Gedichte) *Siegfried Lenz*: „Der Verlust" (Roman) *Monika Maron* „Flugasche" (Roman) *Gabriel García Márquez* (* 1928): „Chronik eines angekündigten Todes" (deutsche Übers. eines spanischen Romans) † *Walter Mehring*, deutscher Schriftsteller, zuletzt in der Schweiz (* 1896) † *Ilse Molzahn*, deutsche Schriftstellerin und Lyrikerin (* 1895) † *Eugenio Montale*, italienischer Lyriker, Nobelpreis 1975 (* 1896) † *Sergej Naratschatow*, (* 1919) russischer Lyriker und seit 1974 Leiter der Literaturzeitschrift „Nowy Mir" (* 1930) *Harold Pinter*: „Das Treibhaus" (Deutsche Erstauff. in Berlin (W)) † *Josep Pla*, katalanischer Schriftsteller (* 1897) † *Katherine Anne Porter*, US-Schriftstellerin (* 1894) † *Ulrich Pretzel*, Germanist. Herausgeber des mittelhochdt. Wörterbuchs 1956–64 in 6 Bänden (* 1898) *Ingrid Puganigg* (* 1947): „Fasnacht" (österreichischer Roman) † *Kurt Raeck*, Theaterleiter in Berlin und	lebenslänglicher Haft verurteilt † *Stefan* Kardinal *Wyszynski*, Primas von Polen, Kardinal seit 1953 (* 1901). Suchte Ausgleich zw. Staat und Kirche Der Papst beruft *Jozéf Glemp* (*1929), Bischof von Ermland (Allenstein) zum Erzbischof von Gnesen und Warschau und damit zum Primas von Polen Kircheneinweihung auf dem dt. Zugspitzplatt in 2690 m Höhe Das Zentrum des Gurus *Bhagwan* in Poona/Indien, wo viele „Aussteiger" sich versammelten, wird aufgelöst, nachdem der Guru seine Jünger unter zweifelhaften Umständen verlassen hatte Zeitungsverleger der BRD planen mit Radio Lux. Satellitenfernsehprogramm Beweisnot der NS-Verfahren durch Zeitabstand führt zu Urteilen, die als skandalös empfunden werden Notartag in Berlin kritisiert unverständliche juristische Sprache, die das Recht dem Bürger entfremdet Computer-Analyse der Genesis der Bibel läßt den Schluß zu, daß der Text

Der Graphiker linker polit. Satiren *Klaus Staeck* (* 1938) erhält einen Ruf an die Gesamthochschule Essen

Friedrichstadtpalast wird abgerissen. Wurde 1919 von *Max Poelzig* für *Max Reinhardt* als Großes Schauspielhaus in Berlin erbaut

Kunstschätze aus China, Ausstellung in Zürich, Berlin (W), Hildesheim, Köln von Grabungsfunden nach 1949 aus der Zeit –5000 bis 900 aus der VR China

„Schwarz" (Kunstausstellung in Düsseldorf um „Schwarzes Quadrat" von *Kasimir Malewitsch* (* 1878, † 1935) von 1913

„Westkunst" (Ausstellung mit 1000 Werken der Avantgarde seit 1921 in Köln)

Neue Pinakothek in München eröffnet (Architekt *A. von Branca*) (* 1919)

Deutsche Kunst des 19. Jh. (Ausstellung im Metropolitan-Museum New York (war bisher in USA unterbewertet))

Kunstausstellung „Paris/Paris" (1937 bis 1957) im Centre Pompidou, Paris

1. Kunstausstellung der DDR in Paris

2 männliche Bronzefiguren, die 1972

„Musik und Medizin" Dr. med.

† *Bob Marley*, Vertreter einer Musik, die Rock und westindische Musik verbindet (* 1945)

Sinfonie in F-Dur von *W. A. Mozart* (bisher verschollen) in Privatbesitz entdeckt

John Neumeier (* 1942 i. USA): „Matthäuspassion" (Ballettversion, Urauff. i. Hamburg)

Luigi Nono: „Io frammento dal Prometeo" (Ich, Splitter des Prometheus. Komp. für 2 Soprane, kleinen Chor, Soloinstrumente und Live Electronic)

† *Helge Peters Pawlinin*, russ. Tänzer und Choreograph (* 1903)

Krysztof Penderecki: „Tedeum" (poln. Komp.), Urauff. i. Berliner Rundfunk (SFB)

† *Ernst Pepping*, evangel. Kirchenmusiker (* 1901)

S. Prokofjew († 1953): „Maddasena" (russ. Oper, Urauff. i. Graz)

Brit. Forscher synthetisieren mit Interferon das bisher längste künstliche Gen mit über 1000 Nukleotiden

Elektronenmikroskopische Bilder zeigen die Zerstörung einer Krebszelle durch Abwehrzellen

In Austr. gelingt es, durch Befruchtung im Laborgefäß und nachträgliche Implantation in Gebärmutter, Zwillinge (Retortenbabies) heranzuziehen

1. Retortenkalb geboren (in USA)

Übertragung von Bakteriengenen zur Stickstoffixierung auf pflanzliche Zellen, die in USA gelingt, eröffnet den Ausblick auf Einsparung von Stickstoffdünger

In den Niederl. werden die Folgen des Herzinfarktes erfolgreich mit dem Betablocker Timolol bekämpft

Internat. Expertengremium diskutiert wechselnde Erfolge der Krebstherapie mit Interferon

In USA werden erbidentische Zierfische (Bärblinge) geklont

In den USA gelingt die Übertragung von Kaninchen-Genen auf Mäuse

In USA erhält ein Mikroorganismus rechtsgültig ein Patent, der durch Ölzersetzung zur Ölpestbekämpfung geeignet ist

verliert 1937-49 von 71 Kämpfen 3 (1 gegen *Max Schmeling*). War fast 12 Jahre Weltmeister (* 1914)

Josef Neckermann (* 1912), erfolgreicher dt. Dressurreiter, zieht sich vom aktiven Reitsport zurück

Sportler und Sportlerinnen der DDR und UdSSR siegen im Leichtathletik-Cup in Zagreb
Frauen: 1. DDR 109 P., 2. UdSSR 93,7 P., 3. GB 74,5 P., 4. BRD 74 P., 5. Bulgarien, 6. Polen, 7. Ungarn, 8. Jugosl.
Männer: 1. DDR 123 P., 2. UdSSR 117,5 P., 3. GB 106,5 P., 4. BRD 97,5 P., 5 Ital., 6. Polen, 7. Ungarn, 8. Jugosl.

Erd-Umrundung zweier US-Bürger im Ballon scheitert am Himalaya

Die US-Piloten *Calvin* und *Pitts* umrunden in einmotorigem Flugzeug mit allen Formalitäten in 9 Wochen die Erde (1931 benötigten 2 Piloten nur 8½ Tage)

Dynamo Tiflis gewinnt gegen Jena (DDR) Europa-Fußballpokal in Düsseldorf

11 Todesopfer am Matterhorn in der Bergsteigersaison

22 Bergsteiger verunglücken tödlich im Himalayagebiet

Es gibt etwa 250000 Windsurfer in Europa

20 Alpenorte rüsten sich mit „Schneekanonen" für künstlichen Schnee aus (in USA und Kanada sind es 700 Orte)

Alpenländer stellen Rückgang der Zahl der Skiläufer fest. Die Zahl der Ski-Langläufer nimmt weiter zu

Skifahrer-Aufstiegshilfe mit Hubschraubern in Nordamerika und Europa

Solarzellenangetriebenes Flugzeug „Solar Challenger" fliegt von Paris nach England (265 km)

In BRD ersticken jährlich etwa 500 Säuglinge

In den tropischen Entwicklungsländern rechnet man mit rd. 500 Mill. Durchfallerkrankungen bei Kindern, an denen 5 Mill. sterben

(1981)

Nach Ausscheiden der Konservativen wird *Th. Fälldin* (* 1926, Zentrum) mit einer Stimme Mehrheit erneut schwed. Min.-Präs.

Hedi Lang (* 1931, Sozialdemokratin) wird Vors. der Schweizer Bundesversammlung

Terror in der Türkei führt zu MilitärReg., sie löst Parteien auf und sieht neue Verfassung vor.

Demirel in Haft

Der frühere sozialdemokratische türk. Min.-Präs. *Ecevit* (* 1925) wird wegen polit. Kritik am Militärregime zu 4 Monaten Gefängnis verurteilt

26. Parteitag der KPdSU wählt *L. Breschnew* (* 1906) erneut einstimmig zum Vors. (Generalsekr. seit 1966)

US-Präs. *R. Reagan* (* 1913, Parteirepublikaner) übernimmt sein Amt. Gründet seine Politik auf militär. Stärke. *Bush* (* 1924) Vizepräs. *Haig* (* 1924) Außenmin. (bis 1982)

US-Präs. *R. Reagan* setzt sein Wirtschaftsprogramm mit 25% Steuersenkung im Senat und Kongreß durch

US-Präs. *R. Reagan* ordnet ohne Konsultation der Verbündeten Bau der Neutronenbombe an, die zunächst in USA gelagert werden soll

In Honduras/Mittelamerika erreicht liberale Partei Wahlsieg

Wachsende Unruhe in Kolumbien

USA warnen Nicaragua mit militär. Intervention, um ein „2. Kuba" zu vermeiden

Staatspräs. *Videla* von Argent. (* 1925) verschiebt demokratische Wahlen auf 1984

Argent. erhält mit Armee-General *Galtieri* als Nachfolger von *R. E. Viola* in diesem Jahr den 5. Staatspräs.

Belize in Mittel-Amerika mit 151000 Einwohnern (früher brit. Kolonie) wird als selbständiger Staat 156. Mitglied der UN

Putsch in Bolivien endet mit Rücktritt von Präs. General *Garcia* (* 1930)

† *M. Dajan*, israel. Politiker, Sieger im „Krieg" 1967 (* 1915)

Kriegsartige Zustände zw. Israel und Libanon. Syrien, Palästinenser und Waffen der UdSSR stehen Israel gegenüber (USA vermitteln zeitweise Waffenruhe)

Israel zerstört Kernforschungsanlage im Irak, um Bau von Kernwaffen zu verhindern

---

Hamburg und Theaterwissenschaftler (* 1904)

Luise Rinser (* 1911): „Den Wolf umarmen" (Autobiographie)

Wolfdietrich Schnurre (* 1920): „Ein Unglücksfall" (Berlinroman)

† *Tatjana Sais*, deutsche Kabarettistin (* 1910)

† *William Saroyan*, US-Schriftsteller (* 1908)

„Theater der Welt" in Köln beginnt mit Straßenrevue von *Jerome Savary*

A. Schnitzlers (*1862, † 1931) „Reigen" (erotisches Bühnenstück von 1900) von den Erben für die Bühne wieder freigegeben. Auff. in München

Ina Seidel (* 1885, † 1974): Aus den schwarzen Wachstuchheften (unveröffentlichte Texte)

Georges Simenon (* 1903): „Memoires intimes" (belgisch-schweizer Roman)

Isaac B. Singer (* 1904 in Polen): „Das Erbe" (deutsche Übers. des US-Romans)

Peter Steins Schaubühne (bisher am Halleschen Ufer) bezieht den restaurierten Bau von *E. Mendelsohn* von 1926-28 am Kurfürstendamm

Erwin Strittmatter: „Der Wundertäter" (Roman aus der DDR, 3. Teil)

Friedrich Torberg (* 1908, † 1979):

von einem einzigen Autor stammt

Kirche in DDR diskutiert Ersatzdienst als Alternative zum Wehrdienst

„Preußen-Versuch einer Bilanz" (historisch-kritische Ausstellung über den 1947 aufgelösten Staat) im *Gropius*-Museumsbau an der Berliner Mauer in Berlin (W) mit zahlreichen Sonderausstellungen und einschlägiger Literatur

Limes-Museum in Aalen eröffnet

1960–80 steigen die Museumsbesuche in BRD um 4,7%/Jahr auf 25,7 Mill.

In der Hamburger Innenstadt Funde aus der Hammaburg aus der Zeit um +600

Wanderausstellung der Grabbeigaben für *Mutanchamun* findet 3,6 Mill. Besucher in aller Welt

In Griechenl. wird ein Tempel aus der Zeit um ~ –700 auf der Insel Euböa als bisher ältester bekannter mit einer Fläche von 40 qm ausgegraben

US-Archäologen entdecken in Syrien Hauptstadt Schubat Enlil des assyrischen Herrschers *Schamsi Adad* (~ –1749)

vor der Küste bei Riace gefunden wurden (etwa aus dem –5. Jh.) werden in Rom bei großem Andrang ausgestellt

Äneas in Latium (Ausstellung auf dem Kapitol in Rom)

In Italien verschwanden in den letzten 5 Jahren ca. 57000 Kunstwerke (meist durch Diebstahl aus Kirchen, Museen und anderen Gebäuden)

† *René Clair*, französischer Filmregisseur (* 1898)

† *Melvyn Douglas*, US-Filmschauspieler in Rollen des eleganten Charmeurs (* 1901)

„Wir Kinder vom Bahnhof Zoo" (Film von *Uli Edel* nach dem Buch von *Christiane F.* über Berliner Rauschgiftszene)

† *J. Eustache*, französischer Filmregisseur (* 1938)

„Lola" (deutscher gesellschaftskritischer Film über die 50er Jahre von *R. W. Faßbinder*)

„Lili Marleen" (deutscher Film um das Soldatenlied von *R. W. Faßbinder* mit *Hanna Schygulla* (* 1943)

„Das Ende des Regenbogens" (Fernsehfilm von *V. Friessner* aus dem Leben eines Trebegängers)

Tom Rice: „Evita" (Musical, Urauff. i. Wien)

2 Mill. US-Bürger hören in 3 Monaten die „Rolling Stones", größter Erfolg in ihrer 19jährigen Karriere

† *Walther Erich Schäfer*, Generalintendant der Stuttgarter Oper 1949 bis 72, auch Dramatiker (* 1901)

Maxim (* 1938) und *Dimitri Schostakowitsch*, Sohn und Enkel des russischen Komponisten *D. Sch.* (* 1906) ersuchen bei einer Konzertreise um polit. Asyl i. BRD

Stefan Schütz (*1944): „Odysseus' Heimkehr" (verfremdete Oper, geschrieben 1972 i. DDR, Urauff. in Wuppertal)

D. Müller-Siemens (* 1957): Sinfonie (Urauff. in Frankfurt/M.)

Karlheinz Stockhausen: „Donnerstag aus Licht" (Oper, Urauff. i. Mailand, bei der der Chor im 3. Akt streikt)

† *Mary Lou Williams*, US-

Der erdweite Primärenergieverbrauch stieg 1950-79 von 2,5 auf 9,3 Mrd. Mt SKE, d.h. um + 4,6 %/Jahr

1. Europ. Solarkraftwerk auf Sizilien in Betrieb

Trotz finanzieller und juristischer Schwierigkeiten wird der Bau des schnellen Brüters in Kalkar fortgesetzt (Kosten ca. 5 Mrd. DM)

Erdweit werden etwa 2 Mrd. DM/Jahr für die Erforschung und Realisierung der Kernverschmelzung ausgegeben

Die US-Raumfähre (Space-Shuttle) „Columbia" unternimmt 2 erfolgreiche Probeflüge

Langzeitrekord von Kosmonauten der UdSSR mit 75 Tagen Raumflug

Es werden erfolgreiche Satellitenkillerversuche der UdSSR gemeldet

Wettersatellit „Meteosat 2" in Betrieb („Meteosat 1" seit 1977)

US-Raumsonde „Pionier 10", gestartet 1972, sendet noch auswertbare Signale aus 25facher Sonnenentfernung

Raisting am Ammersee wird mit 5 Parabolantennen zur größten Erdfunkstelle mit 2250 Kanälen für 47 Länder ausgebaut

Gelbfieber u.a. von Insekten übertragene Viruskrankheiten nehmen wieder zu

Alle 2 Sek. stirbt in der Dritten Welt ein Kind

Etwa 6000 Tote durch Erdbeben in Nord-Algerien

Über 3000 Tote und 1000 Verletzte bei Erdbeben in iranischer Provinz Kerman. Stadt Golbaf völlig zerstört

Mehr als 300 Tote beim Erdrutsch an einem Vulkan auf Java

680 Tote bei Erdbeben in Kolumbien

Überschwemmung durch höchste Flutwelle des Jangtsekiangs seit 1905 mit über 3000 Toten und etwa 400000 Obdachlosen

200 Tote bei Fährunglück in Bangladesh

500 Tote bei Untergang eines Fährschiffes in Indonesien

235 Tote durch Absturz eines Zuges von einer Brücke in Indien

Mehrere hundert Tote bei Einsturz einer indischen Seidenspinnerei

Waldvernichtung in Nepal verstärkt Gangesüberschwemmungen

In Europa jährlich 177 Tote/1 Mill. Einw. bei Verkehrsunfällen

Speziell:

Norw.	87
Frankr.	250
Portugal	311

Anfang 1953 bis Ende 1980 in der BRD über 419 000 Tote im Straßenverkehr (ca. 12,5 Mill. Verletzte)

Die Zahl der Verkehrstoten in BRD geht gegenüber 1980 um 9,3 % zurück

In der BRD gibt es jährlich (1980) in 28 000 Fällen Fahrerflucht bei schweren Verkehrsunfällen (mit Verwundeten)

In Span. sterben seit Mai über 227 Personen an gepantschtem Olivenöl. Andere siechen dahin

317 Tote durch Methyl-Alkohol-Vergiftung in Indien

174 Tote bei Touristenflug Jugoslawien–Korsika

(1981)

Israel annektiert die 1967 eroberten Golanhöhen

40 Tote bei Bombenanschlag auf ein PLO-Büro in Beirut

Israel. Min.-Präs. *M. Begin* verliert parlamentarische Mehrheit und setzt Neuwahlen an

Vorgezogene Wahlen in Israel (Sitzverteilung)

Arbeiterpartei (*Peres*)	49
Likudblock (*Begin*)	49
Kommunisten	4
religiöse und andere	18
insgesamt	120

M. Begin bildet aus seinem Likudblock und 3 religiösen Gruppen israel. Reg. mit einer Stimme Mehrheit gegenüber der Arbeiterpartei im Parlament

A. Chomeini (* 1900) zum höchsten und autarken Staatsorgan der iran. islam. Rep. gewählt

Chomeini setzt Staatspräs. *Bani Sadr* (* 1934) ab, nachdem ihn das Parlament für unfähig erklärt hatte

Der bisherige iran. Min.-Präs. *Ali Radschai* wird Nachfolger

Nach 14 Monaten illegaler Haft läßt der Iran 52 Mitglieder der US-Botschaft in Teheran frei. Die USA zahlen aus iran. Guthaben 9 Mrd. Dollar

In der VR China löst *Hu Yaobang* (* 1915) *Hua Kuo feng* als Vors. der KPC ab

Als starker Mann in China gilt *Deng Xiao ping* (Deng Xiaoping) (* 1904)

Urteile im Prozeß gegen die „Viererbande" in China wegen konterrevolutionärer Umtriebe während der Kulturrevolution: Todesurteil gegen die Witwe *Maos*, die in Freiheitsstrafe umgewandelt wird. Sonst Freiheitsstrafen zw. 16 Jahren und lebenslänglich

Philippinen heben Ausnahmezustand auf, der vor 10 Jahren verhängt worden war, weil man kommunistischen Umsturz fürchtete

Blutige Grenzzwischenfälle zw. VR China und Vietnam

Präs. von Südkorea *Choi* wandelt Todesurteil gegen Studentenführer und Regimekritiker *Kim Dae Jung* (* 1925) in lebenslange Haftstrafe um

† *A. Sadat* (* 1918), ägypt. Staatspräs. seit 1970, Friedens*nobel*preis 1978 für Friedensschluß mit Israel (durch Attentat bei einer Militärparade)

„Apropos – Nachgelassenes, Kritisches, Bleibendes"

† *Volker von Törne*, deutscher Lyriker, schrieb „Wolfspelz" und „Kopf über Hals" (* 1934)

John Updike (* 1932): „Der Coup" (deutsche Übers. des US-Romans über den Phantasiestaat Kusch)

† *Jurij Trifonow*, kritischer sowjetischer Schriftsteller der Stalinzeit (* 1925)

Peter Turrini (* 1944): „Ein paar Schritt zurück" (Lyrik des Steirischen Herbstes)

† *Andreas B. Wachsmut*, Goetheforscher, 1951–71 Präs. der Goethe-Gesellschaft (* 1890)

Peter Weiss: „Die Ästhetik des Widerstands" (3. Band, 1. 1975)

† *Ewald Wenck*, Schauspieler und Kabarettist in Berlin (* 1892)

Marguerite Yourcenar, französische Schrifstellerin belgischer Herkunft, als 1. Frau in der Académie française (* 1903)

† *Zoltan Zelk*, ungarischer Lyriker, der 1956 verurteilt wurde (* 1906)

Frankfurter Buchmesse zeigt 285000 Buchtitel aus 5452 Verlagen

Zeitweise Besetzung führt zu Krise und Entlassungen am Frankfurter Schauspielhaus

(älteste Schichten ~ –7000)

Als wichtigste Ereignisse des Jahres werden von der Presse notiert:

1. Ermordung *Sadats*
2. Polenkrise
3. Attentat auf *Reagan*
4. Attentat auf Papst
5. Wahl von *Mitterrand* in Frankreich
6. Ost-West-Konflikt um Mittelstreckenraketen

† *Abel Gance*, französischer Filmregisseur, benutzte 1926 Breitwandverfahren (* 1889)

„Der Mond ist nur a nackerte Kugel" (Film von *Jörg Graser* erhält „Goldenen Bären" der Berliner Filmfestspiele)

† *Alec Guinness*, britischer Filmschauspieler (* 1914)

Alice Guy (*1863, † 1968): „Autobiografie einer Filmpionierin, und einer französischen Filmproduzentin"

† *Paul Hörbiger*, dt.-österr. Schauspieler in mehr als 230 Filmen (* 1895 in Budapest)

„Der unvergessene Krieg", Fernsehfilmproduktion in 15 Folgen (Coproduktion, Regie *Isaac Kleinermann* (USA), und *Karmen* (UdSSR). Wurde 1978 in USA und UdSSR, 1979 in DDR gesendet, 1981 in BRD)

„Kagemusha" (japanischer Film von *A. Kurusowa* (* 1910) wird in Cannes preisgekrönt)

† *Zarah Leander*, schwedische Filmschauspielerin und Sängerin (* 1907)

† *Mont Montgomery*, US Filmschauspieler und -Regisseur (* 1904)

† *Glauber Rocha* brasilianischer Filmregisseur (*1938)

Jazz-Pianistin (* 1910)

† *Harry Warren*, US-Kompon. von Filmmusik (u. a. Chatanooga ChouChou) erhielt 3 x Oscar für Filmmusik (* 1894)

„Venezia Danza Europa 81" (internat. Ballettfestival in Venedig)

Ballett-Olympiade mit 103 Teilnehmern in Moskau (alle 4 Jahre). Sonderpreis an *Irek Muchamedow* (UdSSR)

Wittener Tage für neue Kammermusik (seit 1936)

In München streikt der Opernchor, indem er den Chor-Text der Meistersinger leise flüstert

Renovierung der im Krieg zerstörten Oper in Frankfurt/M. als Oper, Konzert- u. Kongreßgebäude abgeschlossen

Neues Leipziger Gewandhaus mit der 9. Sinf. von *Beethoven* eröffnet

H. von Karajan und Berliner Philharmoniker als Gäste

ZDF in der BRD führt Stereoton ein

Auswertung von Aufnahmen eines Forschungs-Satelliten zeigt, daß 1979 ein Komet in die Sonne stürzte

Die Langbasis (VLBI-Radioastronomie) erlangt ein Auflösungsvermögen von 0,003 Bogensekunden (100mal genauer als große Lichtteleskope)

Milchstraße ist sandwichartig von kühlem Gas umgeben und hat einen heißen Halo als Hülle

Astronomen in Bochum entdecken Stern mit etwa 1000 Sonnenmassen

Supraleitendes Galliumarsenid erlaubt Computerschaltzeiten von 10^{-12} Sek. (= 1000 Mrd. Schaltungen pro Sek.)

Gleichungen mit 100 000 Unbekannten mit neuartiger Mehrgittermethode lösbar

Israel plant einen Kanal zw. Mittelmeer und Totem Meer im Gazastreifen

BRD beginnt aktive Antarktisforschung mit eigener Station

Säuregehalt des Grönlandeises läßt die Vulkanausbrüche seit 553 ablesen

Die Archäomagnetische Methode ergibt für die Zerstörung der myken. Hauptburg Tiryns das Datum (–1190

Pro Jahr (1980) werden bei 23 Flugunfällen 745 Tote registriert (dem entspricht 0,1 Toter auf 100 Mill. Passagier-km)

301 Passagiere verbrennen bei Notlandung einer saudiarab. Verkehrsmaschine

Die Kosten der gesundheitl. Schäden des Rauchens werden in der BRD auf 30 Mrd. DM jährlich geschätzt

In Großstädten greifen Hausbesetzungen, als Protest gegen leerstehende Häuser als Spekulationsobjekte, um sich

10000 Menschen in Berlin (W) demonstrieren gegen Wohnungsnot

Hausbesetzer-Prozeß verursacht Straßenkrawalle in Berlin (W)

Generalbundesanwalt *K. R. Rebmann* (* 1924) schätzt etwa 2000 DDR-Agenten in der BRD

FBI berichtet mit 9 % stärksten Anstieg schwerer Verbrechen in USA

In New York werden 21 Taxifahrer ermordet und 63 beraubt

Vierfacher Mörder wird in USA mit seinem Einverständnis auf dem elektrischen Stuhl hingerichtet (4. Hinrichtung in USA seit 1977). Es gibt in USA 732 zum Tode Verurteilte. 73 % der Bürger sind für den Vollzug der Todesstrafe

Der Prozeß um Entführung und Tod des *Lindbergh*-Babys 1932, der zur Hinrichtung *Bruno Hauptmanns* (* 1900) 1936 führte, wird neu aufgerollt

In Rio werden jährlich etwa 2800 Menschen durch „Todesschwadronen" umgebracht

Jährlich etwa 60000 Kindesmißhandlungen in BRD

Rundfunkjournalist *M. Walden* wird zu Schmerzensgeld an den Schriftsteller *H. Böll* verurteilt, weil er ihm Ermutigung zum Terrorismus vorwarf

17 % der Kündigungen in BRD erfolgen wegen Alkoholmißbrauches

53,3 Mrd. DM Ausgaben für alkoholische Getränke in der BRD

(1981)	Mit 99 % der abgegebenen Stimmen wird der bisherige Vizepräs. *M. Mubarak* (* 1929) als Nachfolger *Sadats* zum Staatspräs. gewählt Exleutnant *Jerry Rawlings* (* 1947) stürzt in Ghana zivilen Präs. *Hilla Liman* (* 1934) Nachdem Libyen seinen Einfluß im nördlichen Tschad stärkte und mit ihm eine einheitliche VR anstrebt, kommt Frankr. der regulären Reg. im südlichen Tschad zu Hilfe Bei den ersten Wahlen nach der Unabhängigkeit in Tunesien erhält die Reg.-Partei alle Sitze Angola ordnet Mobilmachung an, nachdem südafrik. Truppen bei der Bekämpfung der Swapo ca. 300 km tief eingedrungen sind Im Rahmen der Apartheidspolitik wird das reservatartige Homeland Ciskei in Südafrika mit 538000 Einwohnern als unabhängig anerkannt Nach Rücktritt von *L. Senghor* (* 1906) im Senegal wird der bisherige Reg.-Chef *Abdou Diouf* (* 1935) Staatspräs. † *Ziaur Rahman* (* 1936), Staatspräs. von Bangladesch seit 1975 (bei einem Militärputsch getötet). *Abdur Saffar* (* 1907) wird amtierender Präs. Unter der von Vietnam eingesetzten Reg. *Heng Samrin* (* 1934) erholt sich Kambodscha vom vernichtenden Terror der Roten Khmer 1975–79 Südkoreas Staatspräs. General *Chun Doo Hwan* (* 1932) wird für 7 Jahre im Amt bestätigt	Organisationsmodell des Frankfurter Theaters, das die Mitbestimmung einschloß, wird vielfach als gescheitert betrachtet (wurde seit 1972 praktiziert) Das Nibelungenlied – Zeit und Bedtg. (Ausstellung in Worms) Etwa 20 Angriffe von Rechtsradikalen mit Zerstörungen auf Buchhandlungen in Paris seit 1976	„Die Fälschung" (deutscher Film von *Volker Schlöndorff* um den Krieg in Beirut) † *Hans Söhnker*, deutscher Schauspieler (* 1903) „Mephisto" (ungarischer Film von *Istvan Szabo* (* 1940) nach dem Buch von *Klaus Mann* über *G. Gründgens* „Le dernier Métro" (frz. Film von *François Truffaut* (* 1932)) † *Fritz Umgelter*, deutscher Filmregisseur (* 1923) † *Raoul Walsh*, US-Filmregisseur (* 1892) „Ohne Betäubung" (polnischer Film gegen Stalinismus von *Andrzej Wajda*) US-Film „Eine ganz normale Familie" von *Robert Redford* erhält Oscar als bester Film „Goldene Palme" der Filmfestspiele in Cannes an „Der Mann aus Eisen" (polnischer Film von *Andrzej Wajda*) † *Natalie Wood*, US-Filmschauspielerin und Sängerin, mehrmals mit Oscars ausgezeichnet (West Side Story) (* 1938) † *William Wyler*, US-Filmregisseur (* 1902) (z. B. 1959 „Ben Hur", 1968 „Funny Girl" mit *Barbara Streisand* (* 1942) BRD zeichnet keinen Spielfilm mit einem Filmband in Gold aus

im neuen Leipziger Gewandhaus

San Francisco-Sinfonieorchester (gegr. 1911) erhält neue Konzerthalle (Architektenentwurf von *Skillmore* und *Belluschi*)

The New Grove Dictionary of Music and Musicians (erscheint in 20 Bänden in London)

„Weltgeschichte der Musik" (Auftrag der UNESCO an das Internat. Institut für vergl. Musikstudien und Dokumentation in Berlin (W)

Digitalschallplatten mit abnutzungsfreier Laserabtastung auf der Funkausstellung in Berlin leiten eine neue Phase der Musikreproduktion ein

Schlagerwettbewerb „Grand Prix d'Eurovision" i. Dublin:
1.) GB „Making your mindup"
2.) BRD „Jonny blue"
3.) Schweiz „Io senza te"

15. Internat. Jazzfestival in Montreux

Schlager: „Über sieben Brücken mußt du gehen"

±10 (bisher ~ –1150 vermutet)

US-Archäologen stoßen auf die Hauptstadt des syr. Herrschers *Schamsi Adad* (–1900)

Isotopengehalt Kohlenstoff 13 erweist, daß in der mittleren Steinzeit vor (–4000) Jahren der Mensch in Dänem. von der Ernährung von Fischen zur Ernährung von Landtieren überging

In SO-Afrika werden Spuren von durch Menschen entfachtem Feuer gefunden, etwa 1,5 Mill. Jahre alt

Computer-Tomographie von Mumien erweitert die Methoden der Archäologie

Bei Bonn findet man die Reste eines Hundes, der vor 14000 Jahren als ältestes bekanntes Haustier lebte

ca. 80 Mill. Jahre alte steinbrechartige Blüten aus der Kreidezeit in Schweden gefunden

325 Mill. Jahre altes Ur-Insekt (Springschwanz) entdeckt

Die Forschungskosten in der BRD steigen 1975–81 von 26,8 auf 41,5 Mrd. DM (+7,6 %/Jahr)

Forschungsgemeinschaft in der BRD gab 1980 815 Mill. DM für 10000 Projekte

Ausgaben des Stifterverbandes für die dt. Wissenschaft: 1981 21,2 Mill. DM, 1980 22,2 Mill. DM

DDR gibt Teilstück der Autobahn Berlin (W)–Hamburg frei (Anschlußstrecke in Berlin (W) noch umstritten)

DDR gibt Teltowkanal für den Frachtverkehr BRD–Berlin (W) frei

Touristen aus der BRD geben (1980) im Ausland mit 37,3 Mrd. DM erstmals mehr als 30 Mrd. DM aus

Scheidungsquote auf 1000 Ehen

USA	5,7
Ukraine	3,86
BRD	1,66

32 % der Frauen im fortpflanzungsfähigen Alter in BRD nehmen empfängnisverhütende „Pille"

In BRD gab es 1980 87 700 Schwangerschaftsabbrüche (+5,9 % gegenüber 1979)

Es gibt auf der Erde 25 städtische Ballungsgebiete mit mindestens 5 Mill. Einwohnern

Die Hälfte der Menschheit lebt in den 8 Staaten: VR China, Indien, Indonesien, Brasilien, Bangladesh, Nigeria, Pakistan und Mexiko

Ca. 800 Mill. Menschen (= 17,8 % der Menschheit) entbehren einwandfreies Wasser

Die Londoner „Times" findet nach zeitweiliger Einstellung wegen gewerkschaftlicher Auseinandersetzungen in dem Australier *Murdoch* einen neuen Käufer

Erdweit 482 Mill. Telefonapparate (+6,8 %/Jahr) (Wert des Netzes ca. 2000 Mrd. DM)

Ital.isches Fernsehen überträgt Todeskampf eines 6jährigen Jungen, der 35 m tief in ein ungesichertes Brunnenloch fiel. Die vergeblichen Rettungsversuche erschüttern die Menschen

Große Planeten-Konjunktion Jupiter-Saturn ähnlich wie im Jahr –7

In der UdSSR wird das Wildpferd Tarpan durch Kreuzung rückgezüchtet und in einer 30köpfigen Herde in einem Reservat gehalten

Der Elefant ist zunehmend vom Aussterben bedroht

Patentanmeldungen pro Mill. Einwohner

BRD	794
Japan	1379

1982	Die globale Situation der Erde ist durch dramatisches Wettrüsten gekennzeichnet, dem eine anwachsende Friedensbewegung vor allem der Jugend gegenübersteht Friedens*nobel*preis an *Alva Myrdal* (* 1900 in Schweden) und *Alfonso Garcia Robles* (* 1911 in Mexiko) für ihre Beiträge zur UN-Abrüstungskonferenz *McNamara* und *McGeorge Bundy* erhalten Einstein-Friedenspreis für Forderung nach Änderung der NATO-Abschreckungstheorie *Perez de Cuéllar* (* 1921 in Peru) folgt auf *Waldheim* als Generalsekr. der UN Die Zahl der Mitglieder der UN erreicht 157 Militär. Ausgaben auf der Erde liegen bei etwa 500 Mrd. (ca. 5% des BSP der Erde) Die USA halten etwa 9500 nukleare Sprengköpfe bereit, die UdSSR etwa 6500 mit je Kopf 40–9000 kt TNT. USA schlagen UdSSR Verminderung der atomaren Sprengköpfe auf beiderseits 5000 vor Während der NATO-Gipfelkonferenz in Bonn demonstrieren etwa 300 000 für Abrüstung in West und Ost Die beiden Supermächte geben für Weltraumrüstung jährlich etwa 30 Mrd. DM aus USA veröffentlichen einen Plan eines 6monatigen siegreichen Kernwaffenkrieges gegen die UdSSR Die meisten Staaten anerkennen die neue Seerechtskonvention, über die seit 1958 verhandelt wird. (Streitpunkt ist die Regelung der Nutzung der Meeresrohstoffe wie Manganknollen) BRD verschiebt die Entscheidung Von 5772 Demonstrationen in BRD und Berlin (W) verlaufen 6,2 % unfriedlich *W. Wallmann* als Nachfolger von *Dregger* Vors. der CDU in Hessen † *Walter Hallstein*, Mitarbeiter Adenauers, Urheber der Alleinvertretung beanspruchenden »*Hallstein*-Doktrin«, 1958–67 Präs. der EWG (* 1901) † *H.-J. Merkatz*, dt. Politiker (FDP) (* 1905) *Andreas Urschlechter* (* 1919, SPD), viele Jahre Mitglied der Partei und OB von Nürnberg tritt aus der SPD aus Auf einer CDU-Kundgebung in Bonn demonstrieren etwa 10000 für den Frieden und für *Reagan*-Besuch in BRD SPD-Bundesparteitag in München wählt als Vors. *W. Brandt* (* 1913), als stellvertretenden	Literatur*nobel*preis an *G. García Márquez* (* 1928 in Kolumbien) Friedenspreis des Deutschen Buchhandels an *G. F. Kennan*, Gegner der Kernbewaffnung (* 1904) grdt. 1976 Institut für Sowjetologie in Washington D.C. Laudatio hält *C. F. von Weizsäcker* (* 1912) *Ilse Aichinger* (* 1921 in Wien) erhält *Petrarca*-Preis *Jürg Aman* (* 1947 in der Schweiz) erhält *Ingeborg Bachmann*-Preis für erzählende Prosa *Sascha Anderson* (* 1953, lebt in der DDR): „Jeder Satellit hat seinen Killersatelliten" (Gedichte) † *Louis Aragon*, französischer Schriftsteller (* 1897), schrieb 1958 „Die Karwoche" (Roman) *Mariama Bâ:* „Der Scharlachrote Gesang" (afrik. Roman, dt. aus dem Französischen) *Wolfgang Bauer* (* 1941 in Österreich): „Gespenster" (Bühnenstück, Urauff. in Bonn) *John Berger* (* 1926): „Sau-Erde" (Geschichten vom Lande, Übers. aus dem Englischen) *Thomas Bernhard:* „Über allen Gipfeln ist Ruh'" (österreichisches Schauspiel um den modernen Literaturbetrieb, Urauff. in Berlin (W)) *Thomas Bernhard:* „Wittgensteins Neffe	Papst empfängt trotz starken Protestes Israels den PLO-Führer *Arafat* *William Borm*, FDP-Politiker (* 1905), erhält die *Carl von Ossietzky*-Medaille † *Richard Butler*, brit. konservativer Politiker, der 1944 das bahnbrechende brit. Erziehungsgesetz („Butler Act") durchsetzte und 1963–64 Außenmin. war (* 1902) † *Fritz Eberhard*, Mitverfasser des Grundgesetzes und Wissenschaftler der Publizistik, zeitweise Rundfunkintendant (* 1896) Span. Kg. *Juan Carlos* (* 1938) erhält von der Stadt Aachen Karlspreis für Verdienste um Europa † *Anna Freud* (* 1895) Tiefenpsychologin, Tochter und Schülerin von *S. Freud* (1856 bis 1939) † *Robert Havemann*, dt. Wissenschaftler in der DDR, Gegner und Verfolgter des NS- und DDR-Regimes, unterstützte bis zuletzt Friedensbewegung in Ost und West (* 1910) Evangelischer Bischof *Johannes Hempel* (* 1929) wird Vors. des DDR-Kirchenbundes

J. Beuys (* 1921) läßt 7000 Basaltblöcke im Gelände der "documenta" formlos aufschütten, wobei für jeden Block ein Baum als „Stadtverwaldung" gepflanzt werden soll

Uffizien in Florenz zeigen restauriertes Gemälde „La Primavera" von *Botticelli* (1445–1510) von ~1500

Werner Büttner (* 1928): „Vogelhäuschen und Stahlhelme" (Radierung)

S. Dali klagt gegen Fälschungen seiner Werke, die in letzter Zeit unter Ausnutzung seiner Sorglosigkeit zunehmen

† *Jean Effel*, französischer Karikaturist (* 1908)

† *Günter Fruhtrunk*, deutscher Maler, 1954–67 in Paris (* 1923)

Sighard Gille (* 1942) Wandgemälde im Neuen Gewandhaus Leipzig (700 m², angeregt von *Mahlers* „Das Lied von der Erde")

Hans Hollein (* 1934 in Wien): Neues Museum am Abteiberg in Mönchengladbach im Sinne „des Baus als Kunstwerk"

Helmut Jahn (* 1940 bei Nürnberg): Modell für Illinois Center in Chicago (Diese Glasarchitektur gilt als 3. Wolken-

Kalevi Aho (* 1949 i. Finnl.): „Der Geburtstag" (Oper, Urauff. i. Hamburg)

Giorgio Bastelli (* 1953 i. Rom): „Stahloper" (Fabrikgeräusche als Klangkulisse einer Oper im Rahmen der ars electronica in Linz)

Pina Bausch (* 1940): „Walzer" (Choreographie, Urauff. beim Holland Festival)

L. Bernstein: „Tahiti Two" (US-Oper)

D. Brand (* 1934): „Kalahari" (Jazzoper gegen Apartheid)

Luciano Berio (* 1925): „La vera Storia" (ital. Oper i. 2 Teilen, Urauff. i. Mailand)

† *Bully Buhlan* (* 1922) dt. Schlagersänger der Nachkriegszeit, anfangs mit *Rita Paul* (* 1922)

„Busch singt" (DDR-Film von *Konrad Wolf* (* 1927, † 1982) über Fritz Busch (1900 bis 1980), den Sänger proletarischer Kampflieder)

† *Clifford Cur-*

Physik-*Nobel*preis an: *Kenneth G. Wilson* (* 1936 USA) für Studium der Phasenumwandlung

Chemie-*Nobel*preis an: *Aaron Klug* (* 1926 Südafrika) für Strukturbestimmung nukleinsäurehaltiger Zellkomplexe

Medizin-*Nobel*preis an: *Sune Bergström* (* 1916 Schwed.)

Bengt Samuelson (* 1934 Schwed.) und *John Vane* (* 1927 i GB) für Erforschung der Prostaglandine

US-Gericht anerkennt *Gould* im Streit mit *Townes* und *Schawlow* als Laser-Erfinder. *Townes* erhielt 1964 den *Nobel*preis

† *W. H. Heitler*, der 1927 mit *F. London* den quantenphysikalischen Charakter der chemischen Bindung klärte (* 1904 in Karlsruhe)

Mößbauer und Mitarbeiter finden in der Schweiz stabile Neutrinos im Gegensatz zu Beobachtungen in USA 1980, als man Oszillationen fand

Am Schwerionenbeschleuniger in Darmstadt wird durch Beschuß von Eisen mit Wismut das transuranische Element 109 entdeckt (mit einer Halbwertzeit von 1-2/1000 Sek.)

50 Jahre nach den 1. Elektronenmikroskopen werden mit heliumgekühlten Linsen Moleküldimensionen sichtbar

*Nobel*preis für Wirtschaftswissenschaften an *George Stigler* (* 1911 in den USA) für Erforschung des Einflusses der Gesetzgebung auf den Markt

Die Erdbev. beträgt 4500 Mill. Menschen, die in 178 staatl. Regionen leben. Ihr BSP liegt bei 10 000 Mrd. $ (= 2222 $/Kopf)

Der Index der wirtschaftl. Prod. (1970 = 100) stieg bis 1980 global in der Landwirtschaft auf 125 (+ 2,3 %/Jahr), in der Industrie (ohne China) auf 152 (+ 4,3 %/Jahr)

Stahlverbrauch der EG sinkt unter 100 Mt (1980: 128 Mt)

Inflation und Arbeitslosigkeit sind erdweit verbreitete Krisenerscheinungen, wobei die BRD eine gute Position hält

Das BSP der BRD stieg 1970–81 in Preisen von 700 (real von 679) auf 900 Mrd. DM (+ 2,6 %/Jahr)

Lebenshaltungskostenindex stieg in BRD 1976–81 auf 124 (1976 = 100) (+ 1,4 %/Jahr)

DGB-Kongreß in Berlin, der vom Skandal seines Baukonzerns „Neue Heimat" überschattet wird, wählt den Vors. der Postgewerkschaft *Ernst Breit* (* 1924) zum neuen DGB-Vors. Sein Vorgänger *Heinz Oskar Vetter* (* 1917) amtierte seit 1969

Monika Wulf-Mathies (* 1942) wird Vors. der ÖTV als Nachfolgerin *H. Kluncker*s (* 1925), der aus Gesundheitsgründen nicht mehr kandidiert

Die Erde erwartet eine reiche Ernte mit 1,23 Mrd. t Getreide

Der globale Export liegt bei 20 % des BSP der Erde

Schwere Krise im Baugewerbe der BRD durch hohe Zinsen verstärkt

Kosten der Arbeitsstunde:

Schwed.	27,45 DM
Belg.	26,29 DM
Norw.	25,37 DM
BRD	25,03 DM
Span.	13,40 DM
Irland	13,26 DM
Griechenl.	7,92 DM

(1982)

Vors. *H. Schmidt* (* 1918) und, im Austausch mit *H.-J. Wischnewski* (* 1922), *Johannes Rau* (* 1931). Entscheidung über NATO-Doppelbeschluß wird auf 1983 verschoben, Moratorium für Kernkraftwerke abgelehnt

BRD-Staatsmin. *Wischnewski* (* 1922, SPD) besucht DDR und eröffnet Architekturausstellung

Bundestag verabschiedet neues Mietrecht

% Stimmen bei Landtagswahlen in Bayern (1978)

CSU	53,8 (59,1)
SPD	31,9 (31,4)
FDP	3,2 (6,2)
Grüne	4,6 (1,8)
NPD	0,5 (0,4)
BP	0,5 (0,4)
DKP	0,2 (0,3)

Landtagswahl in Niedersachsen: % Stimmen (1978)

CDU	50,7 (48,7)
SPD	36,5 (42,2)
FDP	5,9 (4,2)
Grüne	6,5 (3,9)
DKP	0,3 (0,3)
NPD	– (0,4)

Nach der ersten Landtagswahl in Hamburg ergibt die Sitzverteilung eine Mehrheit SPD + Grüne Alternative, was »Unregierbarkeit durch Hamburger Verhältnisse« genannt wird

Stimmenanteile bei den Landtagswahlen in Hessen in %

	1982	(1978)
CDU	45,6	46,0
SPD	42,8	44,3
GAL	8,0	2,0
FDP	3,1	6,6

Eine Zeitlang regieren MinderheitsReg. in Bund, Berlin, Hamburg, Niedersachsen, Saarland (signalisiert Schwächung der Stabilität der BRD), in NRW hält sich SPD-Landesreg. unter *Joh. Rau*

Mitte des Jahres sind »Grüne« und »Alternative« in 4 Landtagen der BRD vertreten (nicht im Bundestag). Sie beginnen die FDP zu überrunden

Sozialliberale Koalition lehnt Verschärfung des Demonstrationsrechtes in der BRD ab

Im Zuge der Haushaltsberatungen treten die 4 FDP-Mitglieder der Bundesreg. zurück und verabreden mit CDU/CSU konstruktives Mißtrauensvotum gegen Kanzler *H. Schmidt* (SPD)

– Eine Freundschaft" (Erzählung)

Heinrich Böll: „Das Vermächtnis" (Nachkriegsroman)

H. Böll, deutscher Schriftsteller und *Nobel*preisträger wird Ehrenbürger von Köln

Edward Bond (* 1934): „Summer" (engl. Schauspiel Urauff. in London)

† *Dieter Borsche*, deutscher Schauspieler (* 1910)

Kuba entläßt die Schriftsteller *Cuadra* und *Valladares* aus polit. Haft

Pulitzer-Preis an *John Darton* für Bericht über Polenkrise

Martin Gregor Dellin (* 1926) als Nachfolger von *Walter Jens* (* 1923) Neuer Präs. des PEN der BRD

Umberto Eco (* 1923): „Der Name der Rose" (ital. Roman)

† *Kurt Enoch*, Verleger, Wegbereiter des Taschenbuches als Mitbegründer der britischen Albatrosbücherei (* 1896)

Joachim Fest erhält *Thomas-Mann*-Preis

Erich Fried (* 1921 in Wien, lebt in London) erhält Bremer Literaturpreis

Max Frisch: „Blaubart – Eine Erzählung" (um einen Mord aus Eifersucht)

Franz Fühmann (* 1922 in der Tschecheslowakei) erhält den Geschwister *Scholl*-Preis

† *Hans Herzfeld*, 1958–78 Leiter der Historischen Kommission in Berlin (W) (* 1892)

† *Arthur Jores*, Psychosomatiker und Endokrinologe, der biologische Rhythmen erforschte (* 1901)

Katholische Kirche spricht den poln. Priester *Maximilian Kolbe* (* 1894) heilig, der 1941 im KZ Auschwitz sich für einen anderen NS-Häftling opferte

Französischer Erzbischof *Lefebvre* (* 1905), Führer der frz. Traditionalisten, tritt zurück, nachdem ihn der Papst suspendiert hatte

Jim E. Lovelock: „Unsere Erde wird überleben. Eine optimistische Ökologie"

Luthers gesammelte Werke erscheinen in 100 Lexikonbänden in der DDR

Golo Mann (* 1909) erhält den Aschendorfer Geschichtspreis

† *A. L. Meyer Pfannholz*, Kulturhistoriker (* 1892)

† *Alexander Mitscherlich*, dt. Arzt und Psychologe mit gesellschaftskritischer Haltung (* 1908)

Sektenführer *Moon* traut in New York 2075 Paare

kratzer-Generation in Chicago)

Melina Mercouri (* 1925) fordert von GB Rückgabe der Parthenon-Skulpturen

Das Bild von *Newman* (* 1905, † 1970 in den USA) „Wer hat Angst vor Rot, Gelb, Blau“, das die Berliner Nationalgalerie für 3,7 Mill. DM kaufte, wird aus Protest von einem Attentäter ernsthaft beschädigt

Meret Oppenheim (* 1913 in Berlin) Malerin und Objektgestalterin in Paris, erhält Kunstpreis in Berlin (W)

Großer Preis des Architektenbundes an *Frei Otto* (* 1925), bekannt durch Leichtbau und Hängedach-Konstruktionen

Giulio Paolini (* 1940 in Italien): „De Bello intelligibile“ (Die geistige Schönheit) (Austellung in Berlin, Bielefeld und Wuppertal mit dem Prinzip der Reihung konzeptueller Bilder)

Ausstellung in Berlin (W) erinnert an *Bruno Paul* (1874 bis 1968), der den Werkbund 1907 in München gründete

Der Maler *Sigmar Polke* (* 1940 in Schlesien) erhält den *Will Grohmann*-Preis

44 Werke, angeblich aus *Rembrandts*

zon, brit. Pianist (* 1907)

† *Kurt Edelhagen*, Tanz- und Jazz-Orchesterleiter (* 1920)

Ernst-v.-Siemens-Musikpreis an den Geiger *Gidon Kremer* (* 1947 in Riga)

† *Fatty George* (eig. *Franz Georg Pressler*) österr. Jazz-Klarinettist, (* 1910)

† *Glenn Gould*, kanadischer Pianist (* 1932)

† *Franz Grothe*, dt. Kompon. von Film- und U-Musik (* 1908)

Peter Michael Hamel (* 1947): „Gestalt für Orchester“ (Urauff. in Berlin [W])

4 Originalpartituren von *Joseph Haydn* in Melbourne/Austr. für 4 Streichquartette aus d. J. 1787 entdeckt

Theater an der Wien stiftet *Johannes Heesters*-Ring (*J. H.* [* 1902 i. d. NL] tritt dort in der 500. Auff. der „Lustigen Witwe“ auf)

H. W. Henze (* 1926): „Orpheus“ (Urauff. dramatischer Szenen in Frankfurt/M.)

† *W. F. Giauque*, US-Chemiker, *Nobel*preis 1949 (* 1895 in Kanada)

† *Standford Moore*, US-Enzymchemiker, *Nobel*preis 1972 (* 1913)

† *Hugo Theorell*, schwed. Enzymforscher, Nobelpreis 1955 (* 1903)

† *Pei Weng Chung*, chin. Paläoanthropologe, der 1929 Sinanthropus pekinensis fand

S. Ohno in Duarte, *J. Collins* in Braunschweig und *Ch. Weissmann* in Zürich gelingt unabhängig durch Genmanipulation die Erzeugung von Mäusezellen, die menschliches Interferon produzieren

† *Karl von Frisch*, österr. Zoologe und Verhaltensforscher, der den Schwänzeltanz der Bienen als informationsvermittelnde „Sprache“ deutete. *Nobel*preis 1937 (* 1886)

Das 1932 entdeckte Peptid P wird als Botenstoff der Schmerzempfindung erkannt

R. Leacky findet in Nordkenia Oberkiefer mit 5 Zähnen eines Hominiden, etwa 8 Mill. Jahre alt (wird als Zwischenglied zw. Ramapithecus und Australopithecus gedeutet)

Es leben noch 388 Przewalski-Urpferde in Gefangenschaft (das P.-Pferd existiert etwa 60 Mill. Jahre)

Erstes Retortenbaby in BRD (Erlangen)

In USA wird ein 2. Samenbank-Kind geboren

%-Belastung der Bruttolöhne in BRD durch

	Sozialabgaben	Steuern
1960	9,6	6,7
1965	9,4	8,4
1970	10,9	12,0
1975	10,9	12,0
1980	13,6	17,0
1982	14,3	17,6

Britische Bergleute stimmen gegen von Gewerkschaften gewollten Streik

Wirtschaftszahlen (%)

	a)	b)
Japan	4,3	2,1
Schweiz	4,7	0,3
BRD	5,2	7,6
Österr.	6,0	4,1
USA	7,6	8,8
Niederl.	7,6	9,5
Schwed.	9,5	3,1
GB	11,0	12,5
Frankr.	13,9	8,8
Ital.	16,9	10,3

a) = Inflationsrate
b) = Arbeitslosenquote

Für 1981 wird erstmals nach dem Kriege in der BRD ein Rückgang des Realeinkommens des 4-Personen-Arbeitnehmerhaushalts berechnet (Nominal + 4,5 %, Inflationsrate + 5,9 %, real –1,4 %)

Frz. Reg. beschließt 39-Stunden-Woche ab 1.2., ab 1985 35-Stunden-Woche

Ein Erdgasfeld in Sibirien wird auf 3,5 Trillionen m^3 geschätzt, d. h. auf 18 Jahresförderungen der UdSSR 1970

Nach 7 Jahren Auseinandersetzungen entscheidet Oberverwaltungsgericht, daß das Kernkraftwerk Wyhl (Baden-Württ.) gebaut werden darf

In Brasilien werden bis 40 t Holz/ha Wald und Jahr erzielt (in Europa 4–5 m^3 = 1,6–2 t/ha und Jahr, 1 t Holz liefert etwa 500 kg SKE)

Hohe Auslandsverschuldung führen Mexiko, Polen, Ruman., Venezuela, Argent. u.a. Staaten an die Grenze der Zahlungsfähigkeit, die Umschuldung erfordert

(1982)	zugunsten *H. Kohl* (CDU). Damit enden 13 Jahre sozialliberale Koalition Nach konstruktivem Mißtrauensvotum gegen BK *H. Schmidt* (* 1918, SPD) bildet *H. Kohl* (* 1930, CDU) Koalitionsreg. aus CDU, CSU und FDP Außenmin. *Genscher* und Wirtschaftsmin. *Lambsdorff*, beide FDP, behalten ihre Minister-Ämter in der neuen Koalition. Weitere Minister in der neuen Reg. der BRD: Innenmin. *Zimmermann* (* 1925, CSU), Finanzmin. *G. Stoltenberg* (* 1928, CDU), Verteidigungsmin. *M. Wörner* (* 1934, CDU), Berlin-Beauftragter *P. Lorenz* (* 1922, CDU) Krisen in den Landesverbänden der FDP wegen Koalitionswechsel in Bonn Sozialliberale gründen neue Partei »Liberale Demokraten«. Linke Sozialdemokraten um *M. Coppik* (* 1943) und *K.-H. Hansen* (* 1927) gründen Partei »Demokratische Sozialisten« Jungdemokraten trennen sich nach Koalitionswechsel von der FDP *William Borm* (* 1898) tritt nach 37jähriger Parteizugehörigkeit wegen des Koalitionswechsels der FDP von SPD zur CDU/CSU aus der FDP aus. Weitere Parteiaustritte und Abspaltungen sozialliberaler Gruppen folgen *H. J. Vogel* (* 1926) wird Kanzlerkandidat der SPD (nach Wahlniederlage 1983 Fraktionsvors. im Bundestag) *Herbert Wehner* (* 1906, SPD) verzichtet auf neue Kandidatur zum Bundestag, dem er seit 1949 angehörte Neuer ständiger Vertreter der BRD in DDR *Hans Otto Bräutigam* (* 1931) Staatsanwaltschaft leitet gegen Parteien und prominente Abgeordnete im Bundestag Verfahren wegen Steuerhinterziehung bei Spenden für die Parteien ein. Bundespräs. beruft Kommission zur Klärung der Sachfrage. Parteispendenaffäre, an der der Flick-Konzern beteiligt ist, wird zum öffentlichen Skandal Mit Festnahme von *Christian Klar* (* 1952), *Brigitte Mohnhaupt* und *Adelheid Schulz* und Aufdeckung der Waffen- und Archiv-Depots wird der seit 1977 verfolgte Kern der RAF innerhalb einer Woche ausgeschaltet In BRD erhalten 4 Rechtsextremisten wegen Mord und Mordversuch an Ausländern lange Freiheitsstrafen (2mal lebenslänglich) DDR verabschiedet einstimmig neues Wehr-	† *Hela Gerber*, deutsche Schauspielerin und Theaterleiterin in Berlin (1958–73) (* 1907) *Günter Grass* erhält den internationalen *Antonio Feltrinelli*-Preis *Peter Handke*: „Über die Dörfer" (Schauspiel, Urauff. in Salzburg) *Georg Hensel* (* 1923) erhält *Julius Bab*-Preis für Theaterkritik *Stefan Heym* (* 1913): „Ahasver" (Roman) *Alfred-Döblin*-Preis an *Gert Hofmann* (* 1933) *Wolfgang Hildesheimer* (* 1916) erhält Literaturpreis der Bayerischen Akademie der Schönen Künste *W. Höllerer* (* 1922): „Gedichte 1942–82" † *Roman Jakobson*, US-Sprachforscher russischer Herkunft (* 1896) *Elfriede Jelinek* (* 1946): „Clara S." (Schauspiel um *Clara Schumann*, Urauff. in Bonn) *Juan Ramón Jiménez* (* 1881, † 1958): „Stein und Himmel" (span. Gedichte, postum) *Terry Johnson*: „Insignificance" (Schauspiel um *A. Einstein* und *Marilyn Monroe*, Urauff. in London) *Ernst Jünger* (* 1895) erhält unter Protesten wegen seiner politischen Vergangenheit den Goethepreis der Stadt Frankfurt	† *Georg Picht*, dt. Pädagoge, schrieb 1965 „Die dt. Bildungskatastrophe" (* 1913) † *Hellmuth Plessner*, dt. Soziologe und Philosoph, seit 1951 in Göttingen (* 1892) *Karl Popper* (* 1902) und *John Eccles* (* 1903): „Das Ich und sein Gehirn" (erkenntnistheoretische Konzeption der „3 Welten") † *Alain de Rothschild* in New York, frz. Bankier und seit 1974 Leiter des frz. Judentums (* 1910) † *Gershom Scholem*, Judaist, speziell Mystik der Kabbala (* 1897 in Berlin) † *Theo Stillger*, Direktor des Deutschen Museums in München seit 1970 (* 1921) Archäologen der UdSSR finden etwa 25 000–35 000 Jahre alte Bärenfiguren aus Rhinozeroshorn „Die Camuni – an den Wurzeln der europäischen Kultur" (Ausstellung in Mailand über eine Kultur mit Felszeichnungen im Val Camonica ~ –3200) Deutsche Archäologen entdecken Mumien zweier Königinnen (von ~ –1900) in einer

Hand, sind nach Meinung von Experten von Schülern und Fälschern

† *Sepp Ruf*, dt. Architekt des Funktionalismus, baute 1964 den Bungalow des Bundeskanzlers in Bonn und war am Wiederaufbau seiner Vaterstadt München stark beteiligt (* 1908)

Salomè: (* 1954) „Junger Reigen" (für die „Zeitgeistausstellung", Berlin)

In Weimar wird ein verschollenes Gemälde des Bauhauskünstlers *Oskar Schlemmer* (1888 bis 1943) entdeckt

Emil Schumacher (* 1912) erhält den *Rubens*-Preis der Stadt Siegen

† *Friedrich Schröder Sonnenstern*, eigenwilliger skuriler Maler in Berlin (* 1892)

3 nach dem Krieg verschollene *Spitzweg*-Gemälde werden in München entdeckt

Ostberliner Akademie der Künste wählt den Intendanten des Berliner Ensembles *Manfred Wekwerth* (* 1929) zum Präsidenten (gilt als parteilinientreu)

Die Diskussion über die moderne Kunst wird in diesem Jahr bes. durch die stark beachteten Ausstellungen „documenta 7" in Kassel und

Hans Werner Henze: „Die englische Katze" (dt. Oper, Urauff. in Schwetzingen)

Reinhild Hoffmann (* 1943): „Könige und Königinnen" (Tanzstück, Urauff. i. Bonn)

† *Maria Jeritza*, Sopran, Opernsängerin in Europa und USA (* 1887 in Brünn)

M. Kagel. „Prinz Igor" (Totenmesse für I. Strawinsky [1882 bis 1971]), Urauff. i. Venedig

Berliner Philharmoniker feiern unter ihrem Chefdirigenten (seit 1955) *Herbert von Karajan* (* 1908) mit Festkonzert ihr 100jähriges Bestehen

† *Kara Karajew*, russ. Kompon. aus Baku (* 1918)

„Dream Girls" (US-Musical, mit Musik von *Henry Krieger*)

† *Ludwig Kusche*, Kompon. und Musikhistoriker (* 1901)

Bernhard Leitner (* 1938 in Österreich, lebt seit 1968 i. New York): „sound square" (Tonraum-Installation mit 16 Lautsprechern

Cadmium erhöht nachweislich die Gefahr von Herzerkrankung und Krebs

Erste Bilder der Kernspintomographie, die ohne Strahlenbelastung z. B. Tumore im Körper erkennen lassen, werden veröffentlicht

Erstes (von außen angetriebenes) künstliches Herz wird in USA eingepflanzt

Nach neueren Forschungsergebnissen besteht das Erdinnere aus einem etwa 3000 km starken wachsenden Eisenkern, über dem flüssiges Eisen und der Erdmantel mit den Kontinenten durch Wärmeproduktion bewegt werden und zur Plattentektonik führen

Himalaya hebt sich bis zu einem Zentimeter pro Jahr

In Austr. und in anderen Erdteilen wird vor dem Kambrium das Ediacarium entdeckt, in dem vor 550–670 Mill. Jahren der Übergang von Einzellern zu skelettlosen Mehrzellern stattfand. (Es folgen mehrere Eiszeiten, die sich insg. über etwa 700 Mill. Jahre erstrekken) ~ –200 Mill. beginnt Kontinentaldrift, als der ursprüngl. Kontinent „Pangäa" in bewegliche Platten zerfällt

In Austr. wird ein Quasar mit einer Rotverschiebung entdeckt, die auf 18 Mrd. Lichtjahre Entfernung hinweist

Weiße Zwerge mit Heliumhülle als neue Klasse

Lebenshaltungskostenindex in der BRD. (1976 = 100) sinkt gegen Vorjahr um 5,9 %

DDR fordert von BRD 430 statt bisher 85 Mill. DM Postpauschale

3. Welt ist mit 625 Mrd. $ verschuldet (der Schuldendienst verschuldet weiter)

Verschuldung des Ostblocks (RGW) verzehnfachte sich seit 1972 auf 81,4 Mrd. $, wovon 25 Mrd. kurzfristig fällig werden

Bankrott der Mailänder Bank Ambrosiano, in den die Vatikanbank verwickelt ist

Erstmals in der Geschichte überschreitet unter Präs. *Reagan* Haushaltsdefizit der USA 100 Mrd. Dollarbetrag

Das Wachstum der Erdbev. sinkt von + 1,9 %/Jahr (1965–78) auf 1,5 % Anfang 1982

In USA werden von den Weißen 9,4 % zu den Armen gezählt, von den Schwarzen 30,2 %

Neue Hungersnot in der Sahelzone bedroht 800000 Menschen und 3 Mill. Tiere, nachdem 1968 bis 1973 ca. 150000 Menschen verhungert sind

Zahl der Verbrechen in der BRD stieg 1980/81 um + 6,7 % auf über 4 Mill. Straftaten. Überfälle auf Geldinstitute um + 53 % auf 632. Landfriedensbruch verdreifacht sich (Aufklärungsquote liegt bei 45 %)

Staatshaftungsgesetz in BRD verbessert, Schadenersatz für Bürger bei Unruhen

Jährlich sterben bis zu 1000 Kinder in der BRD durch Mißhandlung

Berlin (W) liegt mit 123 besetzten Häusern an der Spitze der Bundesländer (Bayern und Saarland verzeichnen keine Besetzungen)

† *Vittorio Bolognese*, Führer der „Roten Brigaden" von Neapel (* 1950)

70000 Menschen demonstrieren auf Sizilien gegen Mafia und ihre Verbrechen

(1982)

und Grenzgesetz, das auch den Schußwaffengebrauch regelt

DDR lehnt Senkung des Zwangsumtausches von 1980 ab, dessen Erhöhung die Besuche in der DDR halbierte. Trotzdem gewährt BRD weiterhin zinslosen Überziehungskredit (»Swing«) im innerdt. Handel

† *Max Graf Podewils*, Botschafter der BRD in Österr. seit 1977 (* 1920)

Österreichs Bundespräs. *Kirchschläger* (* 1915) besucht BRD (ohne nach Berlin (W) zu kommen)

Besuch *Gaddafis* in Wien bringt BK *Kreisky* Kritik ein

† *Roger Bonvin*, Schweizer Christdemokrat, 1962–73 Minister, 1966 und 1972 Bundespräs. (* 1907)

Die Stadt Zürich erhält seit 1928 erstmals eine bürgerlich-konservative Mehrheit

US-Präs. *Reagan* besucht Europa (Paris, Rom, London, Bonn und Berlin [W]). Spricht vor dem brit. Parlament und im dt. Bundestag

Straßenkampfähnliche Zusammenstöße beim Besuch des US-Präs. *Reagan* in Berlin (W)

Ca. 800000 demonstrieren in New York für Abrüstung und Frieden

USA und UdSSR beginnen in Genf Verhandlungen über Abbau oder Nachrüstung von Mittelstreckenraketen in Europa, von denen die UdSSR 300 in Stellung hat. USA strebt »Nullösung« an, UdSSR Rüstungsmoratorium

US-Präs. *Reagan* besucht Brasilien, Kolumbien, Salvador, Guatemala und Honduras

Bei den Zwischenwahlen zum Kongreß verliert US-Präs. *Reagan* merklich an parlamentarischem Einfluß und Durchsetzungsvermögen für seine Politik

US-Vizepräs. *Bush* besucht VR China, mit der Spannungen wegen Waffenlieferungen an die Rep. China auf Taiwan bestehen. USA und VR China finden die Kompromißformel: Es gibt nur ein China, Taiwan ist ein Teil davon

Nach 2 Fehlstarts gelingt den USA dritter Pershing-Raketentest

EG-Präs. *G. Thorn* aus Lux. besucht Berlin (W), dessen Zugehörigkeit zur EG vom RGW-Bereich bestritten wird

Piet Dankert (* 1935, niederl. Sozialdemokrat) wird Präs. des Europa-Parlaments in Straßburg

GB, Frankr. und and. EG-Staaten durchbre-

† *Curd Jürgens*, deutscher Schauspieler (in „Des Teufels General" u. a.) (* 1915)

† *Irmgard Keun*, Schriftstellerin aus Berlin, schrieb 1932 „Das kunstseidene Mädchen" (* 1910)

† *Heinar Kipphardt*, deutscher Dramatiker („In der Sache Oppenheimer" 1964) (* 1922)

Sarah Kirsch (* 1935): „Erdreich" (Gedichte)

Friederike Mayröcker (* 1924 in Wien) erhält den *Gandersheimer Roswitha*-Preis

Hildegard Knef: „So nicht" (Autobiographisches)

† *J. H. Koch*, Herausgeber der Zeitschrift „Exil" (für Literatur 1933–45)

† *Clara Malraux*, französische Schriftstellerin (* 1897)

† *Peter de Mendelssohn*, Schriftsteller und Biograph von *Thomas Mann*, Präs. der deutschen Akademie für Sprache und Dichtung seit 1975 (* 1908 in München)

Heiner Müller (* 1929, lebt in der DDR): „Quartett"; erotisches Bühnenstück nach *Choderlos Laclos* (1741 bis 1803). Urauff. in Bochum)

Paul Nizon (* 1933): „Das Jahr der Liebe" (autobiographischer Roman eines Schweizers)

Joyce Carol Oates (* 1938 in USA):

der 5 Pyramiden von Dahur

Mykenisches Grabmal von 15 m Durchmesser aus dem –16. Jh. auf dem Peloponnes freigelegt

Grabung in Masat Höyük (310 km östlich von Ankara) findet Keilschriftarchiv aus der Zeit ~ –1400

Analphabetentum Afrikas ist rückläufig

In der EG wird die Zahl der Analphabeten auf 10 Mill. (mehr als 4 %) geschätzt

45 % der Eltern in der BRD erstreben für ihre Kinder Abitur (1938: 38 %), ein Studium 22 %

1. private Hochschule der BRD in Herdecke (NRW)

In Österr. entscheidet sich SPÖ mit LPÖ gegen Gesamtschule

New Yorker „Time"-Magazin wählt den Computer zum „Mann des Jahres"

Erste Frau Mitglied der Berliner Philharmoniker (Geigerin *Madeleine Caruzzo*)

An 5 Stimmen im US-Senat scheitert die Aufnahme der Gleichberechtigung der Frau in die Verfassung der USA

Deutsches Literatur-Archiv in Marbach erwirbt die

„Zeitgeist“ in Berlin (W) geprägt

Von den 1830 dokumentierten Bodendenkmälern sind nur noch 5 % vorhanden. In BRD wird „Archäologische Wüste“ befürchtet

Knochenritzzeichnungen im Bezirk Halle werden mit 350 000 Jahren für die ältesten von Menschenhand gehalten

Das Radiokarbonalter der Felsmalereien in der Höhle von Lascaux wird mit ~ –15000 ermittelt

Das *Frobenius*-Institut in Frankfurt/M. wertet nordafrik. Felsbilder seit ~ – 10000 mit Computer zur kulturellen Klassifizierung aus

Der Apoll von Belvedere wird als eine römische Marmorkopie aus der Zeit 130—150 erkannt (griechische Originalbronze – 330)

~ 1977–95: Parthenon auf der Athener Akropolis wird wegen Umweltschäden restauriert

„Attitüden, Konzept Bilder“ (Ausstellung im Stedelijk-Museum/Amsterdam als Rückblick auf die Zeit seit 1960)

Auf der Basler Kunstmesse treten die „Neuen Wilden“

im Rahmen der ars electronica in Linz)

G. Ligeti (* 1923): Trio für Violine, Horn u. Klavier

† *Marta Linz*, Geigerin, Komponistin, Dirigentin. Dirigierte als 1. Frau Berliner Philharmoniker und Gürzenich-Orch. (* 1898 i. Budapest)

Franz Liszt (1811–1886): „Franziskus-Legenden“, Orchesterwerk, Urauff. postum in Berlin [W])

Mahlers 5. Sinfonie cis-Moll als Linzer „Klangwolke“ mit 40000 Watt über 8 Lautsprecher unter *L. Maazeel* (* 1930 i. Frankreich)

Festwochen in Berlin (W) sind dem Musiker *G. Mahler* (1860 bis 1911) gewidmet

Hans van Manen (* 1932 i. Niederl.): „Pose“ (Ballett)

† *Erhard Mauersberger*, Thomaskantor 1961–72 (* 1903)

Yehudi Menuhin (* 1916 i. USA) erhält Kulturpreis der dt. Freimaurer

† *Philipp Moh-*

pulsierender Sterne in USA entdeckt

Auswertung der Quasardaten ergibt, daß vor 15 Mrd. Jahren die Quasare räumlich 1000mal dichter waren als heute

Carl Zeiss, Oberkochen, übergibt der *Max-Planck*-Gesellschaft 3,5 m-Spiegelteleskop für Observatorium Calar Alto in Spanien

Kosmonauten der UdSSR landen nach Rekordaufenthalt im Weltraum von 211 Tagen

UdSSR startet erstmalig in der Geschichte der Raumfahrt Erdsatellit von Raumstation „Saljut 7“ aus

10 Jahre nach dem Start ist die US-Raumsonde „Pionier 10“ in über 4,6 Mrd. km Entfernung noch funktionsfähig

Wiener Konferenz über Nutzung des Weltraums wendet sich gegen Rüstungswettlauf im Weltraum

~ In der Fototechnik beginnt Magnetaufzeichnung mit dem Film zu konkurrieren (auch für Standbilder)

In Mittelschweden läuft die schnellste Papierherstellungsmaschine der Erde mit 1000 m/min holzfreiem Papier (= 90000 t Papier/Jahr)

Für die Reaktoren „Schneller Brüter“ bei Kalkar und Hochtemperatur-Reaktor bei Hamm-Schmehausen besteht eine Finanzierungslücke von 4 Mrd. DM (dennoch wird ihre

Massengrab aus dem algerischen Unabhängigkeitskrieg 1954–62 mit 936 Toten wird entdeckt

In Argent. werden Massengräber entdeckt, in denen wahrscheinl. 400 Vermißte aus der Zeit 1976–79 beigesetzt sind

In Kanada wird Deutscher festgenommen, der im Verdacht steht, in der NS-Zeit an der Tötung von 10 000 Menschen in Litauen beteiligt gewesen zu sein

Bombenanschlag auf das Haus von *Simon Wiesenthal* (* 1908) in Wien, der erfolgreich NS-Verbrechen aufklärte

Erdweit 56 „bedeutende“ Erdbeben mit 3338 Toten

In den letzten 10 Jahren gab es 4 schwere Flugunfälle mit der Großraummaschine DC 10 mit etwa bis 400 Insassen

Antarktis-Forschungsschiff „Gotland“ der BRD wird durch Packeis zerstört und sinkt (ohne Mannschaftsverluste)

VR China öffnet 26 Städte dem Tourismus

R. Fiennes (* 1944) und *Ch. Burton* (* 1942) aus GB, die seit 1979 in einer Transglobe-Tour die Kontinente der Erde (einschl. Polargebiete) durchwandern, erreichen Ostern Nordpol, von wo sie unter schwierigen Verhältnissen Spitzbergen zu erreichen suchen

Moskau unterbricht zeitweise Telefonverbindungen ins westliche Ausland

Bei Essen entsteht am Baldeneysee ein Wanderweg, der durch einen in der Kohlezeit vor 300 Mill. Jahren entstandenen versteinerten Wald führt

Furka-Bahntunnel (15,38 km) eröffnet (Baubeginn 1973)

1970–80 stiegen die öffentl. Zuwendungen für den öffentl. Nahverkehr in der BRD von 4,06 auf 11,2 Mrd. DM (+ 10,7%/Jahr)

Personenverkehr in der BRD 586 Mrd.-Personen-Km..:

(1982)	chen das Embargo der USA gegen Pipelinebau der UdSSR nach Europa *Poul Schlüter* (* 1929, Konservativer) bildet Koalitionsreg. aus 4 bürgerlichen Parteien in Dänem. (letzter konservativer Min.-Präs. in Dänem. 1901) *Mauno Koivisto* (* 1923, Sozialdemokrat) neuer finnischer Staatspräs. (seit 1979 Reg.-Chef) † *A. Béthouart*, frz. General, trat 1951 für die EVG ein (* 1889) Wahlniederlage der frz. Reg. unter *Mitterrand* bei Regionalwahlen Frankr. baut 5. Atom-U-Boot 19.7.–10.8. 112 Terroranschläge in Paris mit 8 Toten und 50 Verletzten. Dabei 6 Tote bei Überfall auf jüd. Restaurant † *Lord Noel Baker*, brit. Minister (Labour-Party Friedens*nobel*preis 1959), olymp. Silbermedaille im 1500 m-Lauf 1920 (* 1889) Brit. Flotte besetzt Süd-Georgia, nachdem die argentinische Flotte die 1300 km entfernten Falklandinseln besetzten. Briten blockieren Falklandinseln Nach wiederholten Versuchen, die Falklandkrise friedlich beizulegen, landen Briten auf den von Argent. besetzten Inseln. Argent. kapituliert Der Falklandkrieg kostet GB ohne Schiffsverluste 3 Mrd. DM Konservative unter *M. Thatcher* erringen in Kommunalwahlen während der Falklandkrise großen Erfolg Brit Außenmin. *Lord Carrington* (* 1919) tritt wegen des Konfliktes um die Falklandinseln zurück. *F. L. Pym* (* 1923, Konservativer), 1979–81 Verteidigungsmin., wird Nachfolger Meinungsverschiedenheiten zw. DC und Sozialisten (PSI) führen zur Regierungskrise in Italien, die durch Bildung derselben Reg. unter *Spadolini* (Republikaner) gelöst wird *iriaco De Mita* (* 1928, linker Flügel DC) wird in Ital. als Nachfolger von *Forlani* (* 1925) neuer Vors. der DC. (Christdemokraten) Der Bau der ersten Cruise-missile-Rampen der USA in Ital. wird von Demonstranten verhindert Vorgezogene Wahlen in den Niederl. bringt Sozialisten unter *van Uyl* (* 1919) die meisten Stimmen, denen aber eine Mehrheit der Christdemokraten unter *van Agt* und der Volkspartei (*Nijpels*) gegenübersteht	„Belle fleur" (US-Roman) † *Georges Perec*, französischer Schriftsteller (* 1936) *Luis Rosales* (* 1936 in Spanien) erhält den *Cervantes*-Preis *Ledig-Rowohlt* tritt als Verleger zurück (* 1918) † *W. Schalamow* (* 1907), russischer Schriftsteller, beschrieb in „Kolyma" über 22 Jahre in stalinistischem Internierungslager *Wolfdietrich Schnurre* (* 1920) erhält Kölner Literaturpreis † *Karl H. Silex*, deutscher Journalist, 1955 bis 1963 Chefredakteur der Ztg. „Der Tagesspiegel" in Berlin Hörspielpreis der Kriegsblinden an *Peter Steinbach* (* 1941) für „Hell genug und trotzdem stockfinster" (um das Kriegsende im Westen) *Rudi Strahl* (* 1931): „Vor aller Augen"; kritisches Schauspiel über das Leben in der DDR, Urauff. in Berlin (O) *Botho Strauß* (* 1944): „Kaldewey Farce" (Schauspiel Urauff. in Hamburg) *George Tabori* (* 1914 in Budapest): „Das Jubiläum" (Bühnenstück, Urauff. in Bochum) † *Hermann Thimig*, deutscher Regisseur und Schauspieler (* 1890), 33 Jahre am Burgtheater in Wien	Nachschrift von *Hegels* Vorlesung „Naturrecht und Staatswissenschaft" von 1817/18 Amnesty International (AI) stellt erdweit Verdreifachung polit. Morde in Jahresfrist fest. Moskauer Helsinkigruppe für Menschenrechte mit der Frau des verbannten *A. Sacharow* löst sich unter dem Druck der Verfolgung auf In Israel werden Überreste von Gefallenen des Bar-Kochba-Aufstandes gegen die Römer in den Jahren 132–35 mit militärischen Ehren beigesetzt 87. Deutscher Katholikentag in Düsseldorf unter dem Motto: Kehrt um und glaubt – erneuert die Welt Auf dem Deutschen Katholikentag tritt die „Kirche von unten" als Opposition gegen die Amtskirche auf Der Papst besucht Staaten Afrikas, in „seelsorgerischer Absicht" die Kriegsgegner GB und Argent. und unternimmt 10täg. Reise nach Span. und Portugal Katholische Kirche verurteilt Befruchtung des menschlichen Eies in der Retorte, tauft aber das erste Retor-

Expressionisten-sammlung von *L. G. Buchheim* (* 1918) wird in der Akademie der Künste in Berlin (W) ausgestellt

„Stadtpark-Parkstadt" Architekturausstellung der BRD in Berlin (O) und anderen DDR-Städten

Pergamonmuseum in Berlin (O) nach 80 Jahren vollendet

Neubau des Leipziger Gewandhauses (Konzerthalle) eröffnet

9. DDR-Kunstausstellung in Dresden. Es überwiegen skeptische und bedrohliche Bilder

Museum in Israel sammelt und zeigt als einziges der Erde Kunst aus NS-Konzentrationslagern

„New York now" (Ausstellung in Hannover mit Werken von *Jonathan Borofsky* (* 1942), *Julian Schnabel* u. a.)

„Zeitgeist", Kunstausstellung im *Martin Gropius*-Bau, Berlin. *Christos M. Joachimides* arrangiert 237 Werke von 45 Künstlern aus der heute wirkenden Generation

Für 33 Mill. DM-Kunstdiebstähle werden verübt (gilt nach Rauschgifthandel als einträglichstes Verbrechen)

Kino- und Fernsehfilm trennt keine

ler, Kompon. und Direktor der Frankfurter Musikhochschule 1958–75 (* 1908)

† *Mario del Monaco,* ital. Operntenor (* 1915)

† *Thelonius Monk,* US-Jazzpianist (* 1920)

Zu den Vertretern der „Neuen Einfachheit" in der Musik rechnet man u. a.: *W. Rihm* (* 1952), *H. Chr. Dadelsen* (* 1948), *P. M. Hamel* (* 1947), *D. Müller-Siemens* (* 1957)

John Neumeier (* 1942 i. USA): „Artus-Sage" (Ballett, Urauff. i. Hamburg)

Nicole Hohloch (* 1965) aus BRD gewinnt „Grand Prix Eurovision" mit „Ein bißchen Frieden"

Auf den Musiktagen in Donaueschingen treten Werke von *L. Nono* (* 1924) und *M. Kagel* (* 1931) hervor

R. Nurejew (* 1938 bei Irkutsk) russ. Tänzer internat. Geltung und Aktivität, der 1961 UdSSR verließ, erhält

Fertigstellung angestrebt)

Uranreserven von 5 Mt sichern Bedarfsdeckung über das Jahr 2015 hinaus

VR China baut eigene Kernkraftwerke

Der 1960–71 von UdSSR erbaute Assuan-Staudamm in Ägypten wird von einem ägypt. Forscher als Fehlplanung bezeichnet, dessen Abriß erwogen werden sollte

Brasilien und Paraguay weihen größtes Wasserkraftwerk der Erde ein (25 Mrd. kWh)

Schädelfund „Dame von Kelsterbach" (am Main) erweist sich als 4000–6000 Jahre älter als typischer Neandertaler

2350 Jahre alte Holzbrücke in Schweden entdeckt

Forschungsausgaben der BRD sehen für 1983 7,1 Mrd. DM (+7,3 %) vor

Das 1. Kernkraftwerk der USA (Shipping/Ohio) wird nach 25 Jahren, in denen es 7,1 Mrd. kWh lieferte, abgerissen

Davon

Private PKW	68,4%
Öffentl. Nahverkehr	12,9%
Eisenbahn	6,9%
Flugzeug	1,8%

Güterverkehr in BRD 245 Mrd. tkm.

Davon

LKW-Fernverkehr	32,9%
Eisenbahn	25,6%
Binnenschiffahrt	14,9%
LKW-Nahverkehr	17,5%
Pipelines	4,6%

Energieverbrauch der Menschheit erreicht rd. 2,15 t SKE/K = 9857 Mrd. t SKE insg.

Globale Erzeugung elektr. Energie (Mrd. kWh)

1970	4954	100
1975	6495	130
1980	7927	160

(1970–80 + 4,8%/Jahr)

Mt SKE Energieverbrauch in BRD

1979	408
1980	390
1981	374
1982	363

(-4,0%/Jahr)

Satellitenfotos zeigen in der Sahara verwehte Flußläufe (frühere Besiedlung vermutet)

UNO-Umweltorganisation UNEP in Nairobi besteht 10 Jahre. Zeitigt kaum Erfolge

Jährlich werden 11,4 Mill. ha tropischer Regenwald gerodet (21,2 ha/Min.)

World Wildlife Fund erklärt Orang Utan durch Vernichtung tropischer Regenwälder für bedroht

Etwa 8% des Waldbestandes der BRD erscheinen durch „Sauren Regen" durch SO_2-Abgase gefährdet

In Städten der BRD sind etwa 50% der Bäume erheblich geschädigt (100 bis 150 Tausend gehen jährlich ein)

Experten ermitteln, daß Österreichs Trinkwasser weithin mit Perchloräthylen verseucht ist

Wilddiebe erlegen in Sambia 50000 Elefanten und 6000 Nashörner

(1982)

Niederl. Reg. *van Agt* (* 1931, kath. Volkspartei Mitte-Links) tritt wegen wirtschaftspolitischem Meinungsstreit zurück

In den Niederl. bildet Christdemokrat *R. Lubbers* (* 1939) Mitte-Rechts-KoalitionsReg.

Portugals Min.-Präs. *Pinto Balsameo* (* 1938 Sozialdemokrat) tritt nach Niederlage in Kommunalwahlen zum 2. Mai zurück

% Stimmen bei Wahlen in Schweden (1976)

Sozialdemokraten	45,9 (42,7)
Kommunisten	5,6 (5,6)
Konservative	23,6 (20,3)
Liberale	5,9 (10,6)

Olof Palme (* 1927, Sozialdemokrat) bildet nach Wahlsieg sozialdemokratische Reg., nachdem 1972–1982 bürgerliche Reg. unter *Th. Fälldin* (* 1926, Zentrum) amtierte

Span. wird 16. Mitglied der NATO

Wahlen in Spanien: Sitze (Vgl. 1979)

Sozialisten	201 (121)
Volksallianz	106 (9)
UCD	12 (168)
KP	5 (23)

† *Cedvet Sunay*, 1966–73 Staatspräs. der Türkei (* 1900)

Armenischer Anschlag auf Flughafen in Ankara fordert 10 Tote und etwa 67 Verletzte

Türk. Bev. stimmt neuer begrenzt demokratischer Verfassung zu und wählt mit über 90% *K. Evren* (* 1918) zum Staatspräs., der 1980 den Militärputsch leitete

Breschnew schlägt USA das »Einfrieren« strategischer Waffen vor

† *Gubin*, hoher Militär der UdSSR, Befehlshaber der Streitkräfte in der DDR (* 1922)

† *A. Smirnow*, Politiker der UdSSR, 1957–66 Botschafter in der BRD (* 1909)

† *M. Suslow*, Politiker der UdSSR, seit der Stalinzeit in hohen Positionen, galt zuletzt als einflußreicher »Chefideologe« (* 1902)

† *W. I. Tschuikow*, Marschall der UdSSR, Sieger von Stalingrad 1943 (* 1900)

Zu Lenins 112. Geburtstag spricht im Moskauer Kreml KGB-Chef Jurij Andropow (* 1914). Wird als Zeichen seines hohen polit. Ranges gedeutet

† *Leonid Breschnew*, KP-Parteichef und Staatsoberhaupt der UdSSR seit 1946 bzw. 1977 (* 1906), erklärte 1968 die B-Doktrin

Jurij Andropow (* 1914) wird als Nachfolger von L. Beschnew Vors. der KPdSU, nicht aber Staatspräs.

† *Fritz Usinger*, 1946 erster *Büchner*-Preisträger, Lyriker und Übersetzer französischer Lyrik (* 1895)

Martin Walser: „Briefe an Lord Liszt" (Roman)

Peter Weiss erhält den *Georg-Büchner*-Preis

† *Peter Weiss*, Schriftsteller deutscher Herkunft, seit 1939 in Schweden (* 1916)

Peter Paul Zahl (*1944): „Johann Elser" (Bühnenstück um den Bombenleger von 1939 gegen Hitler, Urauff. in Bochum)

47260 neue Büchertitel erscheinen in der BRD

„Interlit" (Internationaler Schriftstellerkongreß in Köln)

„Pestspiel" in Oberammergau als Auftakt zum 350. Jahrestag 1983 der Passionsspiele

Kürzung öffentlicher Mittel bedroht Bibliotheksbestände in der BRD

Thema der Frankfurter Buchmesse: „Religion"

15 % aller in BRD erschienenen Bücher sind Taschenbücher

66 % aller Übers. ins Deutsche kommen aus dem Englischen

44 % in der BRD lesen täglich in einem Buch

tenbaby in der BRD

Schweden, Norw. und Dänem. nehmen die 1517 unterbrochenen Bez. zum Vatikan wieder auf

DDR verfolgt die von der Kirche unterstützte Friedensbewegung „Schwerter zu Pflugscharen"

Weltfrieden-Kirchenkonferenz in Moskau zeigt deutlich antiwestliche Tendenz

UN-Konferenz über Kulturpolitik mit 20 Staaten in Mexico City

Frankr. greift auf der UN-Kulturkonferenz den Kulturimperialismus" der USA an

DDR stellt das Lutherjahr unter das Motto: „Die Bedtg. *Luthers* für den gesellschaftlichen Umwälzungsprozeß am Anfang des 16. Jh."

805 Museen in der BRD erreichen über 35 Mill. Besucher pro Jahr

Über 100 000 Polen pilgern aus ganz Polen nach Tschenstochau zur 600-Jahrfeier der „Schwarzen Madonna"

In BRD werden etwa 200 „Psychosekten" registriert

36. Ruhrfestspiele in Recklinghausen unter dem Motto „Frieden, Abrü-

scharfe Grenze; ersterer nutzt die in großen Räumen mögliche Technik, letzterer ermöglicht Serien mit 10 und mehr Std. Gesamtspielzeit

Oscar-Auszeichnung für die Filme: „Chariots of Fire" (USA–Großbritannien) („Die Stunde des Siegers" von *Hugh Hudson*) ferner „Mephisto" (BRD), „Der Mann aus Eisen" von *A. Wajda* (* 1926 in Polen)

Bundesfilmpreise an „Das Boot" von *Wolfgang Petersen* nach *L. G. Buchheim* und an „Der Zauberberg" von *Hans W. Geissendörfer* nach *Th. Mann*

„Fünf letzte Tage" (Film von *Percy Adlon* um die von den Nazis hingerichtete *Sophie Scholl* wird in Venedig preisgekrönt)

„Ghandi" (brit. Film von *R. Attenborough* (* 1923) über den indischen Politiker. Erhält 8 Oscars)

† *Ingrid Bergman*, schwedische Filmschauspielerin

† *Ludwig Cremer*, deutscher Filmregisseur (* 1909)

† *Marcel Camus*, französischer Filmregisseur

† *Rainer Werner Faßbinder*, deutscher Filmregisseur, der 41 Filme drehte (* 1946)

österr. Staatsangehörigkeit

† *Carl Orff* dt. Kompon. (* 1895) (1935 bis 1936 „Carmina burana")

† *Eleanor Powell*, US-Filmschauspielerin und Steptänzerin (* 1912) (1936 „The Broadway-Melody")

† *Marie Rambert* (eig. *Myriam Ramberg*), Tänzerin und Choreographin poln. Herkunft, vorwiegend in Paris und London (* 1888 in Warschau)

„Tutuguri" (Ballett mit Musik von *Wolfgang Rihm* * 1952), Choreographie von *Moses Pendleton*, Auff. Berlin (W)

Im Central-Park i. New York hören 500 000 die Rolling Stones

† *Artur Rubinstein*, weltberühmter Klaviervirtuose, Schüler von Paderevski (* 1886 in d. Ukraine, seit 1946 in USA)

Wolfgang Sawallisch (* 1923) löst Intendant *A. Everding* (* 1928) an der Bayerischen Staatsoper ab

Die Zahl der Tiger in Indien nimmt wieder zu (auf ca. 3000). Bisher vom Aussterben bedroht

33% der möglichen Welternten gehen durch Schädlinge verloren

Pflanzenschutzmittel Lindan (CHC) erweist sich als Ersatz für DDT als nicht unbedenklich

Jährlich 1500 t Hundekot in Düsseldorf

Internat. Walfangkommission beschließt gegen Einspruch der Japaner ab 1985 Fangverbot für 3 Jahre

Ungewöhnlich heißer und trockener Sommer in Mitteleuropa

Seit 1882 stieg der Meeresspiegel um 12 cm an

Die Dürre, die in der Sahelzone seit 14 Jahren herrscht, ist die längste registrierte Dürreperiode

Die Studie „Global 2000" sagt bis 2000 ein Wachstum der Erdbev. von 1,8%/Jahr auf 6,35 Mrd. voraus, davon 79,2% in Entw.-Ländern

UN rechnet im Jahr 2000 mit 6,1 Mrd. Erdbev. und Rückgang des Wachstums von 1,72% auf 1,5%

Krankheitskosten in BRD:
1970 70,3 Mrd. DM
1980 200,5 Mrd. DM (+ 11% /Jahr)
davon 1980 (Krankenhaus + 21%, Kuren 3,3%, Ärzte 10%, Zahnersatz 5,3%, Lohnfortzahlung 13,6%, Rehabilitierung 2,3%, Renten 9,0%, Vorbeugung 6,0%)

Klinikum der TU Aachen eröffnet (1585 Betten, Baukosten 1,7–2 Mrd. DM, Folgekosten jährlich 600–700 Mill. DM)

China und Indien stellen Pflichtimpfung gegen Pocken ein

Jährlich sterben erdweit ca. 17 Mill. Kinder an Unterernährung

Mit 9,5/1000 hat die BRD die niedrigste Geburtenrate der Erde

Durch neues Verfahren kann Schwangerschaft schon 1–3 Tage nach Ausbleiben der Regelblutung festgestellt werden

Fast 20000 Spanier erkranken (teilw. lebensgefährlich) an durch Zusätze verdorbenem Speiseöl

In der Schweiz verursachen 2,5 % der Bev. als Alkoholiker 1,5 Mrd. Franken Kosten im Jahr

In München werden in fast 17stündiger Operation 2 ½ Jahre alte siamesische Zwillinge getrennt, deren Eltern Deutsche sind

In BRD gibt es jährlich 40 Operationen am offenen Herzen/Mill. Einw. (in westlichen Industrieländern werden 400 Operationen/Mill. Einw. für notwendig gehalten)

Franz Beckenbauer („Kaiser Franz") scheidet nach 103 Länderspielen aus dem aktiven Fußballsport aus (* 1945)

U. Bühler besteigt als Erster den Südgipfel des Nanga Parbat (8042 m)

Erika Hess (* 1963 in der Schweiz) wird 3fache Ski-Weltmeisterin (Riesenslalom, Slalom, Kombination)

Ulrike Meyfahrth (* 1956, BRD) erreicht mit 2,02 m Weltrekord im Hochsprung (sprang bei den olymp. Spielen 1972 1,92 m)

(1982)

† *W. Gomulka*, poln. Politiker, 1956–60 1. Sekr. des ZK der vereinigten Arbeiterpartei (* 1905)

Zahlreiche Gegner des Militärregimes werden in Polen interniert

Der Primas von Polen Erzbischof *Glemp* fordert von Militärreg. die Freilassung von *Lech Walesa*

Massendemonstrationen in Polen am 1. Mai für verbotene Gewerkschaft »Solidarität« und ihren internierten Anführer *Lech Walesa*

Das poln. Parlament (Sejm) löst die unabhängige Gewerkschaft »Solidarität« von 1980 auf

Der poln. Arbeiterführer *Lech Walesa* kehrt nach 11 Monaten Haft zu seiner Familie zurück

Ceausescu stellt die Zahlungsunfähigkeit Rumäniens fest

Nach dem Mord an seinem Botschafter in London marschiert Israel im Libanon ein (»Frieden für Galiläa«) und kann die PLO mit Führung in West-Beirut einschließen. Diese entgeht ihrer Vernichtung durch den Abzugsplan von *Habib*, durch den die USA vermittelt. Die Stützpunkte der PLO im Südlibanon werden zerstört

† *Nahum Goldmann*, führender Zionist, begründete 1936 World Jewish Congress und vereinbarte mit *Adenauer* dt.-jüd. Versöhnung (* 1895 in Polen)

Blutiges Massaker christl. Milizen in palästinensischen Flüchtlingslagern in Beirut unter den Augen der Israelis mit wahrscheinl. über 1000 Toten

Bombenanschlag auf das Haus der Falangepartei tötet den Staatschef des Libanon *Dschemirel* (* 1947) und weitere 20 zw. Wahl und Amtsantritt. Nachfolger wird sein Bruder *Amin* (* 1942)

Gaddafi (* 1942), Staatspräs. von Libyen, besucht Österr.

12. Parteitag der KP Chinas verurteilt Personenkult und bestätigt Öffnung Chinas nach außen

Zail Singh, (* 1916), der polit. *Indira Gandhi* nahesteht, wird Staatspräs. von Indien

Menschenrechtsorganisationen fordern Aufklärung über den Verbleib von über 90 000 Vermißten in Latein-Amerika

General *L. F. Galtieri* (* 1926), argentinischer Staatspräs. seit 1981, tritt nach verlorenem Falklandkrieg zurück. Nachfolger wird General *R. Bignone* (* 1928)

Bolivian. Parlament wählt *Hernan Siles* (* 1913, Sozialist) zum Staatspräs.

† *Eduardo Frei*, chilenischer Staatspräs. 1964–70 (* 1911, Christdemokrat)

Die Wahlen in El Salvador/Mittelamerika werden durch blutige Zwischenfälle durch linke Radikale gestört (etwa 60 Tote), Rechtsextreme gewinnen Mehrheit über Christdemokraten *Duarte* (* 1926)

Militärputsch in Guatemala stürzt Präs. *Romeo Lucas Garcia* (* 1923)

Rios Montt, Juntachef in Guatemala (* 1925), übernimmt polit. Macht

Blisario Betancur (* 1923, konservativ) wird Staatspräs. von Kolumbien

Miguel de la Madrid (* 1935, PRI) folgt *Jos Lopez Portillo* (* 1920, PRI) als Staatspräs. von Mexiko (PRI gemäßigt sozialistisch)

In Simbabwe schaltet Min.-Präs. *R. G. Mugabe* (* 1935) seinen radikaleren Konkurrenten *Nkomo* (* 1917) aus

Präs. *P. W. Botha* (* 1916) von Südafrika schlägt Verfassungsreform mit Lockerung der Apartheidspolitik vor

stung, Entspannung"

Schweizer stimmen im Referendum für Strafrechtsverschärfung und gegen liberales Ausländergesetz

BRD stellt finanzielle Förderung der Studenten auf später rückzahlbare Darlehen (bisher BaföG) um

Weltkongreß der Schulpsychologen fürchtet, daß durch TV und Videorekorder eine Generation brutaler Analphabeten heranwächst

† *Henry Fonda*, US-Filmschauspieler (1957: „Die 12 Geschworenen") (* 1905)

† *Jean Girault*, franz. Filmregisseur (* 1924)

† *Hugh Harman*, Zeichentrickfilmer, Schöpfer der Figuren Tom und Jerry, Mitarbeiter von *Walt Disney* (* 1903 in den USA)

† *Ulla Jacobsen*, schwedische Filmschauspielerin

† *Grace Kelly* (Autounfall), seit 1956 als *Gracia Patricia* durch Heirat Fürstin von Monaco. Vorher US-Filmschauspielerin (* 1929)

† *Henry King*, US-Filmregisseur

† *Elio Petri*, gesellschaftskritischer italienischer Filmregisseur (* 1929)

† *Romy Schneider*, dt. Filmschauspielerin, wurde 1956 als „Sissi" allg. bekannt (* 1938)

BRD ist in Cannes mit dem Film „Parsifal" von *Hans Jürgen Syberberg* (* 1935) vertreten

† *Jacques Tati* frz. Filmregisseur und -Schauspieler (* 1908) (bekannt als Figur des Ms. Hulot)

† *King Vidor*, US-Filmregisseur (* 1896)

† *Konrad Wolf*, Filmregisseur in der DDR (* 1925)

Im 1. Quartal in Frankreich 15 % mehr Kinobesucher gegenüber Vorjahr

„Dallas", Fernsehfilmserie über das Leben in USA im Fernsehen der BRD

50 Jahre Film-Biennale in Venedig, erstmals mit DDR

„Goldener Bär" der Filmfestspiele Berlin an die „Sehnsucht der Veronika Voss" von *R. W. Faßbinder*

† *Vera Strawinsky* (* 1889), Schauspielerin, Malerin und Ehefrau von *I. Strawinsky* (* 1889)

† *Lyane Synek*, österr. dramatische Sopranistin (* 1923)

Manfred Trojahn (* 1950): „La Folia" (Komp. für 2 Flügel, Urauff. bei den Festwochen Berlin [W])

Brigitta Trommler: „Riesen raus" (Ballett, Urauff. in München, Gastspiel in Mailand)

† *André Tschaikowsky*, Pianist internat. Bedtg. (* 1935 in Warschau)

† *Leonid Ujtossow*, sowjetischer Musiker (* 1895), gilt als Begr. des Jazz i. UdSSR

Andrew Lloyd Webber (* 1948): „Cats" (US-Musical, Urauff. in New York)

Israelischer Rundfunk spielt *R. Wagner*, *R. Strauss* bleibt ausgeschlossen

Udo Zimmermann (* 1918, † 1970): „Die wundersame Schusterfrau" (Oper nach G. Lorca, Urauff. i. Schwetzingen)

Johann-Sebastian-Bach-Preis an *Heinz Werner Zimmermann* für Sankt Thomas-Kantate

„Neue Deutsche Welle" in der Pop-Musik

„Warschauer Herbst" (internat. Festival für zeitgenössische Musik) fällt unter dem Kriegsrecht erstmals seit 1956 aus

Reinhold Meßner besteigt im Himalaya 3 Berge über 8000 m (höchster 8598 m) ohne Sauerstoffgerät

† *Wladimir Smirnow* (* 1954), Florettfechter der UdSSR durch Unglücksfall im WM-Kampf mit *Matthias Behr* (BRD)

Fußballsport leidet zunehmend unter dem Rowdytum der Zuschauer

Barcelona gewinnt durch Sieg über Lüttich Fußball-Europa-Pokal

Fußball-WM in Spanien:
1. Ital.
2. BRD
3. Polen
4. Frankr.

Handball-WM: 1. UdSSR, 2. Jugosl., 7. BRD (vorher Weltmeister)

Eishockey-WM in Helsinki:

1. UdSSR	5. Finnl.
2. ČSSR	6. BRD
3. Kanada	7. Ital.
4. Schweden	8. USA

Medaillenspiegel (G/S/B) für EM der Leichtathleten in Athen:

DDR	13:8:7
BRD	8:1:4
UdSSR	3:5:1
GB	3:5:1
ČSSR	1:4:4
Span.	1:2:2
Polen	1:2:1
Rumän.	1:2:1
Ital.	1:0:2
Ungarn	0:1:1

Jährlich etwa 90 000 Verletzte beim Skilauf im nördl. Alpengebiet (20 000 in der BRD)

Damenmode für den Abend: kurz, schwarz, Samt

† *Hans Ulrich Rudel*, hochdekorierter Kampfflieger des 2. Weltkrieges, der auch danach NS-Gesinnung zeigte (einige erweisen bei der Beisetzung demonstrativ *Hitler*-Gruß (* 1916))

In der BRD gibt es etwa 1,5 Mill. Fachwerkhäuser (älteste aus dem 14. Jh.)

5500–5600 Jahre altes Brot in der Schweiz gefunden

Simbabwe (Rhodesien) benennt seine Hauptstadt Salisbury in „Harare" um. Weitere 30 Städte erhalten afrik. Namen

1983

Friedensnobelpreis an den poln. Arbeiterführer und Dissidenten *L. Walesa* (* 1943)

Die polit. Situation der Erde wird vom Wettrüsten mit Kernwaffenraketen zw. USA und UdSSR beherrscht (viele Menschen befürchten eine Katastrophe)

Das Jahr steht im Zeichen einer wachsenden Friedensbewegung gegen Kernwaffen und Wettrüsten.

Institut für strategische Studien in London beziffert militär. Ausgaben 1983 auf 800 Mrd. (etwa 8 % des globalen BSP)

Bundespräs. *Carstens* löst nach fiktivem Mißtrauen gegen Reg. *Kohl-Genscher*, welches das Bundesverfassungsgericht für wirksam erklärt, den Bundestag auf und setzt für den 6.3.83 Neuwahlen an

† *Maria Schlei* SPD-Mitglied und Politikerin, seit 1969 MdB, 1974–78 Bundesmin. (* 1919)

Ab März ist die FDP nur noch in 5 von 11 Länderparlamenten der BRD vertreten

In der SPD bildet sich eine Mehrheit gegen die Nachrüstung des NATO-Doppelbeschlusses

Vorgezogene Bundestagswahlen ergeben Wahlsieg der CDU/CSU

% Zweitstimmen (vgl. 1980)	
CDU/CSU	48,8 (44,3)
SPD	38,2 (42,9)
FDP	6,9 (10,6)
Grüne	5,6 (1,5)
DKP	0,2 (0,2)

Neue Christliberale Bundesreg. aus CDU, CSU und FDP:

BK *Helmut Kohl* (* 1930, CDU)

Außenmin. und Vizekanzler *H.-D. Genscher* (* 1927, FDP)

R. Barzel (* 1924, CDU) wird BundestagsPräs.

F. J. Strauß verzichtet nach einigem Zögern auf Ministeramt in der Regierung H. Kohl

Banken der BRD unter Führung von bayr. Reg. geben 1 Mrd. DM Kredit an DDR, ohne daß eine Gegenleistung bekannt wird, F. J. Strauß übernimmt Verantwortung

CSU-Parteitag mindert bei der Wahl des Vors. deutlich das Vertrauen zu *F. J. Strauß*, nachdem dieser den Milliardenkredit an die DDR vermittelte

Auf dem SPD-Parteitag in Köln stimmen von 400 Delegierten nur 14 für die Raketen-Nachrüstung (darunter früherer BK *H. Schmidt* und *H. Apel*)

---

*Nobel*preis für Literatur an *William Golding* (* 1911 in England)

Friedenspreis des Deutschen Buchhandels an *Manès Sperber* (* 1905 in Galizien, lebt in Frankreich, † 1984), Schüler und Mitarbeiter *A. Adlers*, schrieb 1949–50 Trilogie gegen den Totalitarismus

4 Lateinamerik. Literaten sterben durch Flugzeugabsturz bei Madrid: *Manuel Scorza* (* 1928 in Peru), *Jorge Ibarguengoyta*, *Angel Rama* und seine Frau *Marta Traba* aus Uruguay

† *Jerzy Andrzejewski* (* 1909), polnischer Schriftsteller gegen deutsche Besatzung und Kommunismus

Kurt Bartsch (* 1937), wechselte 1979 von DDR nach Berlin (W): „Die Hölderlinie, deutsch-deutsche Parodien"

Hermann Burger (* 1942 in der Schweiz) erhält als Erster *Hölderlin*preis von Homburg v. d. H.

John le Carre (* 1931 in England): „The little drummer" (dt. Übers. „Die Libelle")

Herausgabe sämtlicher Werke von *Paul Celan*, Dichter rumänischer Herkunft und deutscher Sprache (* 1920 in Rumänien, † 1979 (Freitod) in Paris)

Julio Cortázar (* 1914 in Brüssel): „Himmel

Günter Anders, Schriftsteller und Philosoph in Wien (* 1902) erhält *Theodor-W.-Adorno*-Preis

† *Raymond Aron* frz. Soziologe und Schriftsteller (* 1905)

Walter Dirks (* 1901) erhält Geschwister-*Scholl*-Preis für sein Buch „War ich ein linker Spinner?"

Richterin *Dorothy Donaldson* (* 1920) wird OB von London

Renate Feyl (* 1944 in Prag): „Der lautlose Aufbruch. Frauen in der Wissenschaft"

Derek Freeman: „Liebe ohne Aggression", Kritik an der Forschung von *Margaret Mead* (1901–78) ab 1904 auf Samoa

Kongreß im Vatikan „Galilei und seine Wissenschaft heute"

Günter Grass (* 1927) wird Nachfolger von *Werner Düttmann* als Präs. der Akademie der Künste in Berlin (W)

Bischof *Johannes Hempel* (* 1929) aus Sachsen (DDR) wird Präs. des Ökumenischen Rats der Kirchen

Thor Heyerdahl entdeckt auf den Malediven im Indischen Ozean Ruinen ähnlich denen im Industal

Museum für das Werk von *Josef Albers* (1888–1976) in seiner Geburtsstadt Bottrop/ Westfalen

J. Beuys -Ausstellung in England

† *Bill Brandt*, britischer Fotograf, speziell Porträtist (* 1904)

Bröhan -Sammlung von Kunst u. Kunstgewerbe um 1900 wird als Stiftung Museum in Berlin (W)

„Verpackungskünstler“ *Christo* schlägt mit Plastikmaterial „Umkränzte Inseln“ in Miami vor

S. Dali gefährdet durch Blanko-Signierungen sein Werk

Gustave Doré (* 1832–86): Gesamtwerk (Ausstellung in Straßburg)

Wolfdieter Dube (* 1934) Nachfolger von *Stephan Waetzoldt* (* 1920) als Generaldirektor der Sammlungen Preußischer Kulturbesitz in Berlin (W)

† *Herbert von Einem*, dt. Kunsthistoriker mit Arbeiten über *Michelangelo* und Romantik (* 1905)

† *Werner Düttmann*, deutscher Architekt, baute vorwiegend in Berlin, seit 1971 Präs. der Akademie der Künste in Berlin (W) (* 1921)

Stadttheater in Heilbronn (Entwurf *Gerhard Graubner* (* 1899 in Dorpat))

† *Georges Auric*, frz. Kompon. und Direktor d. Pariser Oper seit 1962 (* 1899)

† *George Balanchine*, US-Choreograph, seit 1925 i. Paris, gründete 1948 das New York City-Ballett (* 1904 i. Russl.)

Beatles-Museum in Liverpool geplant (eröffnet 84)

Leonard Bernstein (* 1918): „A quiet place“ (US-Oper, Urauff. in Houston)

Leonard Bernstein: „Candide“ (US-Oper nach *Voltaire*, urspr. Musical)

† *Eubie Blake*, US-Ragtime-Pianist (* 1883)

Hans-Jürgen Bose (* 1953) Sappho-Gesänge (Urauff. in Donaueschingen)

† *Lucienne Boyer*, frz. Chanson-Sängerin, die das Lied „Parlez moi d'amour“ berühmt machte (* 1901)

Pianist *Alfred Brendel* (* 1931 in CS) erhält Frankfurter Musikpreis

Merce Cunningham (* 1919):

*Nobel*preis für Physik an *Subrahmanyan Chandrasekhar* (* 1910 in Lahore, lebt seit 1933 als US-Bürger) und an *William A. Fowler* (* 1911 in USA, arbeitet in Kalifornien) für Theorie der Sternentwicklung

Chemie-*Nobel*preis an *Henry Taube* (* 1915, forscht in Kanada) für Erforschung von Elektronenübertragung bei anorganischen Reaktionen (bedeutsam für Wasserstofferzeugung)

*Nobel*preis für Medizin an *Barbara McClintock* (* 1902, USA) für Entd. und Untersuchung beweglicher Elemente der Erbsubstanz DNS um 1945 beim Mais

† *Felix Bloch*, Erforscher des Kernmagnetismus, *Nobel*preis 1952 (* 1905 in Zürich)

Blas Carbrera entdeckt an der Stanford-Universität/USA magnetisches Monopol, das 1931 von *P. A. M. Dirac* postuliert wurde

R. Leacky (* 1944) findet in der Region Bulula von Kenia 17 Mill. Jahre alten fossilen Menschenaffen

Martin Lindauer (* 1918), Schüler von K. von Frisch beweist den Einfluß des erdmagnetischen Feldes auf den Schwänzeltanz der Bienen

Es gelingt, ein „Perio-

*Nobel*preis für Wirtschaft an *Gerard Debreu* (* 1921 in Frankr., lebt in USA) für seine Forschungen über marktwirtschaftliches Gleichgewicht

Veröffentl. der Weltbank über durchschnittl. jährliche Änderung des Bruttoinlandproduktes (BIP) (+%/Jahr)

1960–73	73–80	80–82
5,1	2,5	0,4
Industrieländer		
6,0	4,7	1,9
Entw.-Länder		
5,4	3,2	0,9
global		

Wirtschaftswachstum (W %) und Arbeitslosenquote (A %) im OECD-Bereich

	W	A
1980	+1,2	5,8
1981	+1,2	6,7
1982	-0,5	7,6
1983 (gesch.)	+0,5	

Wirtschaftswachstum im OECD-Bereich in % gegenüber Vorjahr

1977	+5,3
1978	+3,7
1979	+3,9
1980	+3,4
1981	+1,0
1982	±0,0
1977-82	+ 18,5 % (+ 3,4 %/Jahr)

BRD erreicht ein Aktivsaldo in der Leistungsbilanz von + 14 Mrd. DM (1981: –14,7, 1982: + 8,6)

Vergleichsverfahren für AEG-Telefunken auf der Basis 40:60 in Frankfurt/M. eröffnet

Stahlfirmenfusion Krupp-Thyssen scheitert an der Forderung von 12 Mrd. DM vom Staat, der dies ablehnt

Die erdweite Prod. von Aminosäuren für die Nahrungs- und Futtermittel-Industrie übersteigt 450 000 t

Die EG suspendiert aus Finanzknappheit die Agrarzuschüsse, die den Hauptteil der Finanzen ausmachen

Aktienindex (der FAZ) erreicht nach der Bundestagswahl Höchststand seit 1950

Vorläufiger Zahlungsstopp der EG bei Exportprämien weist auf die finanzielle Notlage der Gemeinschaft hin

(1983) Nach 2tägiger heftiger Debatte und Unruhen vor der Bannmeile stimmen im Bundestag 286 Abgeordnete (CDU/CSU und FDP) für, 226 (SPD und Grüne) gegen die Nachrüstung mit US-Raketen gemäß NATO-Doppelbeschluß von 1979. 21 SPD-Abgeordnete modifizieren ihr Ja zur Nachrüstung durch persönliche Erklärungen (*H. Schmidt* enthält sich der Stimme)

Staatsanwaltschaft beantragt Aufhebung der Immunität des FDP-Abgeordneten und Bundeswirtschaftsmin. *O. W. F. (Graf) Lambsdorff* (* 1926), um Anklage wegen Bestechlichkeit zugunsten des *Flick*-Konzerns zu erheben

Der Abdruck gefälschter *Hitler*-Tagebücher in einer verbreiteten Illustrierten wird Presse-Skandal

Der »Henker von Lyon« *Barbie*, alias *Altmann*, (ehemaliger Gestapochef) nach dem Krieg vom Geheimdienst der USA geschützt und nach Bolivien geschleust, wird nach Frankr. ausgeliefert

CDU und FDP bilden in Berlin Koalition, nachdem bis dahin ein Teil der FDP-Fraktion den CDU-Minderheitssenat tolerierte.

R. von Weizsäcker (CDU) Reg. Bürgermeister von Berlin (W) besucht SED-Chef *Honecker* in Berlin (O)

H. Kohl schlägt den Reg. Bürgermeister von Berlin (seit 1981) *R. von Weizsäcker* für die Wahl 1984 zum Bundespräs. vor

% Stimmen bei der Bürgerschaftswahl in Bremen

SPD	51,4	FDP	4,95
CDU	33,3	Grüne	5,43

Trotz Werftenkrise bleibt *Koschnik* (* 1929 SPD) SenatsPräs.

† *Herbert Weichmann*, 1965–71 1. Bürgermeister von Hamburg (SPD) (* 1896 jüd. Herkunft)

Hessischer Landtag löst sich gegen die Stimmen der Grünen auf, weil die letzten Wahlen keine regierungsfähige Mehrheit ergaben

% Stimmen bei der Landtagswahl in Hessen

SPD (*Börner*)	46,2
CDU (*Wallmann*)	39,4
FDP	7,6
Grüne	5,9
andere	0,9

Landtag bleibt ohne regierungsfähige Mehrheit

Min.-Präs. von Hessen, *H. Börner* (SPD), erhält vom Parteitag Auftrag, mit den Grünen über gemeinsame Reg. zu verhandeln

und Hölle" (argentinischer Roman)

Fr. Dürrenmatt erhält Österr. Staatspreis f. europ. Literatur

Bernt Engelmann (* 1921) tritt mit dem Vorstand des Verbandes deutscher Schriftsteller (VS) nach heftiger Kritik und zahlreichen Austritten zurück

Jean Genet (* 1910) erhält frz. Nationalpreis für Literatur

Rainald Goetz (* 1954): „Irre" (Roman über einen Psychiater)

† *Kurt Guggenheim*, Schweizer Schriftsteller, z. B. „Die Entfesselung" 1935 (* 1896 in Zürich)

Hans Jürgen Heise (* 1930 in Deutschland): „Der Phantasie Segel setzen" (Gesammelte Gedichte)

† *Georg von Holtzbrinck* deutscher Großverleger in Stuttgart (* 1909)

† *Gyula Illyés*, ungarischer Dichter aus der Gruppe der „Volkstümler" (* 1902)

Uwe Johnson (* 1934 in Pommern): „Jahrestage"

Uwe Johnson erhält den Kölner Literaturpreis für sein Gesamtwerk

Ernst Jünger (* 1895): „Aladins Probleme" (Erzählung)

† *Irmgard Keun-Rexroth*, deutsche Schriftstellerin und Journalistin (* 1907)

Heinar Kipphardt

Robert Jungk (* 1913): „Menschenbeben. Der Aufstand gegen das Unerträgliche" (über die modernen Protestbewegungen gegen Gefahren der Technik)

† *Herman Kahn*, US-Futurologe (* 1922)

Hans Peter Kolvenbach (* 1929 in den Niederlanden) neuer Jesuitengeneral

† *Jiri Lederer* (* 1924), Bürgerrechtler in der ČSSR, kam 1968 in die BRD

Frz. Bischof *M. Lefebvre* tritt von dem Vorsitz der traditionsbewußten Priesterbruderschaft zurück

Konrad Lorenz (* 1903): „Der Abbau des Menschlichen" (Kulturkritik des Verhaltensforschers)

Der 500. Geburtstag *Martin Luthers* wird in der DDR und BRD gefeiert

Katholischer Hirtenbrief verurteilt Präs. *Marcos* der Philippinen

Jagdish Mehru (* 1902 in Indien, lebt in den USA): „Über die Entwicklung der Quantentheorie"

† *Kurt Müller*, *Leibniz*-Forscher, maßgeblicher Mitarbeiter an der Ausg. sämtlicher Schriften und Briefe in 40 Bänden (* 1916)

100 Eisenskulpturen von *Julio Gonzaléz* (* 1876 in Spanien, † 1982 in Frankreich) (Ausstellung in Berlin (W))

† *Waldemar Grzimek*, deutscher Maler und Bildhauer aus Ostpreußen (* 1918)

Zum 100. Geburtstag von *W. Gropius* Bauhaus-Ausstellungen in Berlin (W) und Dessau (DDR)

Hans Hollein (* 1934 in Wien) erhält Deutschen Architekturpreis für Mönchengladbacher Museum am Abteiberg

Hayden Herera: „Frida Kahlo. Malerin der Schmerzen" (Über die mexik. Künstlerin (1907–54))

Ein Bild von *P. Klee* wird in London für 1 385 000 DM versteigert

Richtfest für das Museum moderner Kunst von *Peter Ludwig* (* 1925) in Köln

René Magritte (* 1898 in Belgien), Ausstellung seiner Werke im Lousiana-Museum, Kopenhagen

E. Manet (1832–1888) Ausstellung in Paris

Lenbachhaus in München kauft das Bild „Vögel" von *Franz Marc* (1880 bis 1916 (gefallen)) aus Göteborg

„Roarotorio" (Tanzstück nach *John Cage* (* 1912 i. USA))

Johann Nepomuk David (* 1895, † 1977): „Pollio" (Chorwerk Urauff. postum)

† *Werner Egk*, dt. Kompon. (z. B. „Abraxas" 1947) (* 1901)

† *Alberto Ginastera*, argent. Komponist, seit 1967 i. Köln (* 1916)

Chorleiter *Walter Hagen-Groll* (1927) wechselt von der Dt. Oper Berlin zur Wiener Staatsoper

Peter Hall (* 1930 i. GB) inszeniert in Bayreuth den „Ring"

H. W. Henze: „Die englische Katze" (Geschichte für Sänger und Musiker nach *E. Bond* (* 1934))

Reinhard Febel „Euridice" (Oper)

† *Fania Fénelon*, frz. Kabarettsängerin, überlebte als Widerstandskämpferin im Kriege im „Mädchen-Orchester" in Auschwitz (* 1908)

† *Earl Hines*, US-Jazzpianist,

disches System" der Elementar-Teilchen (6 Quarks u. 6 Leptonen) aufzustellen. Das 6. Quark wird bei hohen Energien noch gesucht

Transuranisches Element 109 wird in Darmstadt durch Kernfusion hergestellt u. nachgewiesen

Es gelingt in USA durch „Abstreifen" aller 92 Elektronen „nackte" Uranatome zu erzeugen

Hamburger Speicherring „Petra" erreicht Rekordenergie von 45 Mrd. e-Volt, die das gesuchte 6. Quarkteilchen nachweisen könnte

Neue Definition des Meters durch Laufzeit des Lichtes ersetzt die Definition von 1960 mit Hilfe der Wellenlänge einer bestimmten Spektrallinie

US-Forscher konstruieren Super-Elektronenmikroskop, das den Zwischenraum von Atomen sichtbar macht (mit etwa 10millionenfacher Vergrößerung)

In Austr. wird 3,6 Mrd. Jahre altes Gestein gefunden (Erdalter 4,2 Mrd. Jahre)

Neptun erweist sich als einziger großer Planet ohne Materiering entgegen wohl irriger Messungen von 1982

Es gelingt 2 Klassen Röntgensterne zu unterscheiden

UdSSR ist vorbereitet, 1984 5 Mrd. m^3 Erdgas von Urengoi in Sibirien an die BRD zu liefern

Handelskrise zw. EG und USA

Stand der Exporte in die RGW-Länder in Mrd. $ (1981)

EG	19,1
USA	4,3
Japan	4,0

Verschuldung der 3. Welt in Mrd. $

1980	406	1982	530
1981	465	1983	626

Entwicklungs- und Staatshandelsländer schulden Banken der Industriestaaten (Ende 1982) insg. 311,5 Mrd. $. Davon sind sie mit 213,0 Mrd. in Verzug

EG legt Fischereikonflikt bei

Mit 4,6 % ist die Teuerungsrate in GB die niedrigste seit 15 Jahren

Die realen militär. Ausgaben der Erde stiegen 1970–79 real um 22 % auf 519 Mrd. $ 1981 in Preisen 1979 (+2,2 %/J)

OPEC senkt erstmalig den Erdölpreis

130 Staaten stimmen der neuen Seerechtskonvention zu. USA, Israel, Türkei, Venezuela stimmen dagegen, 17 Enthaltungen, darunter BRD

Getreideabkommen zw. USA und UdSSR sieht für 5 Jahre jährlich mindestens 9 Mill. t Käufe von der UdSSR vor. Einfluß der US-Farmerlobby

Hohe Haushaltsdefizite in USA belasten die europ. Wirtschaft

Etwa 50 % der Bundesbürger halten einen 3. Weltkrieg nicht für unwahrscheinlich

Chicago wählt schwarzen Bürgermeister *Washington* (* 1921) (in etwa 200 Städten der USA gibt es Schwarze als Bürgermeister)

Die Sozialhilfeausgaben der Gemeinden in der BRD haben sich seit 1968 fast verzehnfacht

Belegschaft der Bremer Werft AG Weser besetzt eine Woche die Werft, um Schließung und Entlassungen zu verhindern

(1983)	† *Georg Diederichs* (* 1902, SPD), 1961–70 Min.-Präs. von Niedersachsen Landtagswahlen in Rheinland-Pfalz ergeben für CDU 57 Sitze, für SPD 43, keinen für FDP und Grüne (weil unter 5 %) *Bernhard Vogel* (CDU) wird als Min.-Präs. von Rheinland-Pfalz wiedergewählt Landtagswahlen in Schlesw.-Holst. (in %) CDU 49 SSW 1,3 SPD 43,7 Grüne 3,6 FDP 3,6 Min.-Präs. bleibt *Uwe Barschel* (* 1944, CDU) Bundesratswahlen in Österr. kosten die SPÖ die absolute Mehrheit. Kanzler *Kreisky* (* 1911, SPÖ) verzichtet auf Bundeskanzleramt. *F. Sinowatz* (* 1929, SPÖ) wird Nachfolger und bildet SPÖ-FPÖ Koalition † *Bruno Pittermann* (* 1905, SPÖ) 1957–66 österr. Vizekanzler † *Willi Ritschard* (* 1918, SPS), Schweizer Bundesrat und Finanzmin. USA verstärken ihre militär. Präsenz in Mittelamerika Gespräch zw. den Präs. von USA (*Reagan*) u. Mexiko (*de la Madrid*) zeigt starke Gegensätze zur US-Politik in Mittelamerika Kongreß der USA verabschiedet Kernwaffenstopp-Resolution USA schicken 2 Fernaufklärer Awacs in den Tschad zur Unterstützung gegen Libyen US-Streitkräfte greifen aktiv in die Kämpfe gegen die Drusen im Libanon ein Kandidatur für eine 2. Amtszeit des US-Präs. *R. Reagan* (* 1911, Republikaner) USA und 6 karibische Staaten landen auf Grenada, wo kurz zuvor ein kommunistischer Militärputsch stattfand. Weltsicherheitsrat wird einberufen und verurteilt Invasion US-Kongreß bewilligt Militärhaushalt von 250 Mrd. Dollar, lehnt aber Nervengaswaffen ab NATO wählt in Brüssel *Lord Carrington* (* 1919 in GB) zum Generalsekr. als Nachfolger von *Joseph Luns* (* 1910 in den Niederl.), der seit 1971 amtierte EG steht vor ernsten finanziellen Schwierigkeiten Finanzmin. der EG einigen sich über Haushalt mit 34,88 ECU (= 56 Mrd. DM). Der Sparkurs der BRD wird abgelehnt Europa-Parlament in Straßburg stimmt Ra-	(1922 bis 82) „Bruder Eichmann" (Bühnenstück um NS-Judenmord, Urauff. i. München) *Rainer Kirsch* (* 1934 in Döbeln bei Halle) erhält *Weiskopf*-Preis der DDR-Akademie der Künste *Wolfgang Koeppen* (* 1906) erhält *Arno-Schmidt*-Preis † (Freitod) *Arthur Koestler* mit seiner Fau *Cynthia* (* 1905 in Budapest) † *Kurt Kusenberg*, deutscher Schriftsteller schwedischer Herkunft (* 1904 in Göteborg) † *Hans Leip*, deutscher Dichter, berühmt durch den Text zum Soldatenlied „Lilly Marleen" (* 1893) † *Wolfgang Lukschy*, deutscher Schauspieler (* 1905) † *Bernhard Martin*, führender deutscher Mundartforscher, Mitarbeiter am „Deutschen Sprachatlas" *E. Y. Meyer* (* 1946 in der Schweiz) und *Friederike Roth* (* 1948 in BRD) erhalten *Gerhart Hauptmann*-Preis von der Freien Volksbühne Berlin (W) *Irmtraud Morgner* (* 1933 in Chemnitz): „Amanda" (ein Hexenroman) *Heiner Müller* (* 1929) „Verkommenes Ufer" (Schauspiel, Urauff. in Bochum)	Papst *Johannes Paul II.* unterzeichnet neues liberales Kirchenrecht, welches das von 1917 ablöst Bei seiner Reise in 6 Staaten von Mittelamerika stößt der Papst auf Proteste der revolutionären Volkskirche Papst ernennt 18 neue Kardinäle, darunter den Primas von Polen *Glemp* (* 1928) und den Bischof von Berlin (O) *Meissner* (* 1933 in Breslau) Papst besucht als Pilger Lourdes Mit der Durchschreitung der „Heiligen Pforte" eröffnet der Papst das „Heilige Jahr", das des 1950. Todestages Jesu mit Sündenablaß gedenkt Papst holt seine 2. Polenreise, die er 1982 wegen des bestehenden Kriegsrechts verschob, nach Papst spricht den Maler *Fra Angelico* (1401–55) selig Papst besucht erstmals seit der Reformation eine ev. Gemeinde in Rom † *Charlie Rivel*, weltberühmter Clown („Akrobat schöööön") (* 1896 in Spanien) † *Heinrich Roth*, dt. Psychologe und Pädagoge (* 1906) † *Erna Scheffer*, 1951–63 erste Frau

Ausstellung der Bildhauerwerke von *Gerhard Marcks* (1889–1981) in Berlin (W)

† *Joan Miró*, spanischer surreal. Maler (* 1893)

Henry Moore (* 1898) Ausstellung im Metropolitan-Museum New York

Harald Nägeli (* 1940), der „Sprüher von Zürich" wird nach einer Haftstrafe in Puttgarden festgenommen, erhält gegen Kaution Haftverschonung

† *Gert von der Osten*, Kunsthistoriker, 1960–75 Generaldirektor der Museen in Köln

Karl Pawlek (* 1906 in Wien) erhält Kulturpreis der Deutschen Gesellschaft für Photographie

Etwa 150000 Besucher der Ausstellung von Picasso-Skulpturen in Berlin (W)

Picasso-Ausstellung in Peking wird von *Mitterrand* eröffnet

† *Franz Radziwill*, deutscher Maler, der bis 1971 malte (* 1895)

David Salle (* 1953): „Für mich und Fremde" (Gemälde) (Ausstellung seiner Werke in Hamburg und München)

Willi Sitte (* 1921) erneut Präs. des Ver-

der auch mit *Louis Armstrong* spielte (* 1905)

† *Anthony van Hoboken* (i. Zürich), Musikwissenschaftler niederl. Herkunft, der das Werk *J. Haydns* sammelte und im Werkverzeichnis ordnete (* 1887 i. Rotterdam, seit 1938 i. d. Schweiz)

„Callas" (Tanzstück von *Reinhild Hoffmann* (* 1943) Urauff. i. Bremen)

† *Harry James*, US-Trompeter des Swing-Jazz (* 1916)

Mauricio Kagel: „La trahison orale" (Szenisches Oratorium, Urauff. i. Paris)

Mauricio Kagel (* 1931 in Buenos Aires) erhält Frankfurter *Mozart*-Medaille

Konflikt mit *H. von Karajan* um Probejahr der Klarinettistin *Sabine Meyer*

Giselher Klebe (* 1925): „Fastnachtsbeichte" (Oper, Urauff. i. Darmstadt)

György Ligeti (* 1923), österr. Kompon. un-

Die Häufigkeit der schweren Elemente weist auf ein höheres Alter der Milchstraße hin, als bisher mit etwa 10 Mrd. Jahren angenommen

Mit Röntgenstrahlen wird im Hunsrück eine fossile Rippenqualle gefunden als Vertreter des letzten großen Tierstammes, von dem Fossilien aus der Zeit um –400 Mill. Jahren bisher fehlten

Menschenfund in Span. mit einem Alter von über 0,9 Mill. Jahren gilt als ältester Menschenfund in Eurasien

Altern wird zunehmend als molekularbiologischer Prozeß analysiert und verstanden

In Kanada wird mit radioaktivem Fluor 18 die Verteilung des Neurotransmitters Dopamin im lebenden Hirn sichtbar gemacht

1. Kunstherzpatient stirbt in USA, 62 Jahre alt, 112 Tage nach der Implantation des von außen angetriebenen Herzens nach 7 schweren Rückfällen und Eingriffen

16jähriger Südafrikaner erhält als erster Mensch 2. Spenderherz

Herzoperationen mit Herz-Lungen-Maschine in BRD

1970	1975
1975	5520
1980	10680
1982	13686
+11,8 %/Jahr	

Monatseinkommen je Arbeitnehmer in DM (BRD)

	1973	1983	+%/Jahr
brutto	1559	2806	6,1
netto	1152	1927	5,3
real in Preisen 73			
	1152	1225	0,6

15% der US-Bürger gelten als „arm" (jährlich weniger als 9862 $ für 4köpfige Familie)

Std. Normalarbeitszeit abzüglich Urlaub und Feiertage

Japan	2101
USA	1904
BRD	1773
Belg.	1756

Kosten einer Arbeitsstunde in der verarbeitenden Industrie (1982 in DM)

USA	28,48
BRD	26,08
Schwed.	25,40
Österr.	19,04
Japan	16,27

Niederl. kürzen Beamtenbezüge um 3,5%

In Bonn demonstrieren 100000 Stahl- und Werftarbeiter gegen Schließungen und Entlassungen

Massenentlassungen von Werftarbeitern in Hamburg und Kiel

Niedrigste Zahl von Freitoden in Berlin seit 70 Jahren (1982: 412 in Berlin (W)) (=20,6/100000)

Chemie-Industrie in BRD vereinbart für Arbeiter ab 58 Jahren 38-Stunden-Woche ohne Lohnkürzung

Eugen Loderer (* 1920), seit 1970 Vors. der Gewerkschaft IG Metall tritt zurück. Nachfolger *Hans Mayr* und als Stellvertr. *F. Steinkühler* (* 1937)

Mit 2,3 Mill. Arbeitslosen (10,9%) erreicht die BRD Ende Januar höchsten Stand seit 1948

GB	13,8%
Belg.	11,9%

Arbeitslosenquote in der EG (in %)

1972	2,9	1978	6,0
1974	3,1	1980	6,8
1976	5,2	1982	10,9

Präs. der Bundesanstalt für Arbeit *Josef Stingl* (* 1919, CDU) erklärt im November bei 2,2 Mill. Arbeitslosen den Höhepunkt für überschritten

(1983)

keten-Nachrüstung der USA in Europa zu (auch das sozialist. regierte Frankreich)

† *Leopold III.*, Kg. von Belg. 1934–51, »Der unglücklichste Kg. Europas« (* 1902)

Dän. »Steuerrebell« *M. Glistrup* (* 1926) in letzter Instanz wegen Steuerhinterziehung verurteilt

Mitte-Rechts-Minderheitsreg. in Dänem. unter *Poul Schlüter* (* 1929, konservative Volkspartei) scheitert am Sparhaushalt

K. Sorsa (* 1930, Sozialdem.) bildet als finnischer Min.-Präs. bürgerliche Koalitionsreg. ohne Kommunisten und Sozialisten

† *Georges Bidault*, 1946–50 frz. Min.-Präs., Gegner der Algerien-Politik *de Gaulles* (* 1899)

Bei Kommunalwahlen in Frankr. verlieren Reg.-Parteien (Sozialisten und Kommunisten) 30 von 224 größeren Städten an die bürgerliche Opposition. Chirac gewinnt Paris und Lyon. KPF verliert stark

Frankr. entsendet Fallschirmjäger in den Tschad

† *Umberto von Savoyen* (in Genf), letzter ital. Kg. (* 1904)

Griechenl. schließt mit USA neues Stützpunktabkommen, das ihre Nutzung bis 1990 begrenzt und die Rechte der USA stark einschränkt

Wahlen zum brit. Unterhaus bringen Reg. *M. Thatcher* großen Gewinn:

	%	Mandate
Konservative	42,4	397
Labour	27,7	209
SDP	25,3	6
Liberale	5,0	17
Sonstige	5,0	21
Summe	100	650

Soziallliberale (SDP) verfehlen durch brit. Wahlsystem den erhofften Erfolg

Roy Jenkins (* 1920) tritt als Vors. der brit. SDP zurück. Nachfolger wird *A. Owen* (* 1938)

Neil Kinnock (* 1942) wird Vors. der brit. Labour-Party als Nachfolger von *Michael Foot* (* 1913), der seit 1980 im Amt war (bedeutet Rechtsruck)

F. Cossiga (* 1929, DC) als Nachfolger von *E. Colombo* zum ital. Senatspräs. gewählt

Gründer der »Roten Brigaden« *Curcio* erklärt ihren Terror in Ital. für gescheitert

Ital. Koalitionsreg. unter *A. Fanfani* tritt zurück

In Ital. werden 32 Haftstrafen auf Lebenszeit gegen die Terroristen verhängt, die *A. Moro* 1978 entführten und ermordeten

Helga M. Novak (* 1935 in Berlin, bis 1966 in der DDR): „Grünheide, Grünheide" (Gedichte 1955–80)

† *Erik Ode*, deutscher Schauspieler, bekannt als „Der Kommissar" in 98 Fernsehfilmen (* 1910)

Ulrich Plenzdorf (* 1934): „Legende vom Glück ohne Ende" (Schauspiel, Urauff. in Schwedt in der DDR)

† *Samson Raphaelson*, Bühnenschriftsteller und Drehbuchautor (z. B. 1927 „The Jazz-singer")

Friederike Roth (* 1948) erhält *Ingeborg-Bachmann*-Preis und Volksbühnen-Preis

Tadeusz Rozewicz (* 1921 in Polen) erhält den Österreichischen Staatspreis für Literatur

Heribert Sasse (* 1925) wird Nachfolger von *Boy Gobert* (* 1925) als Generalintendant der staatlichen Bühnen in Berlin (W)

† *Hans Schalla*, Regisseur, 1949–72 Intendant des Schauspielhauses Bochum (* 1904)

Einar Schleef: „Berlin, ein Meer des Friedens" (Bühnenstück um eine Ehe, Urauff. in Heidelberg)

Wolfdietrich Schnurre erhält den *Georg Büchner*-Preis

† *Anna Seghers*, deutsche Schriftstellerin, lebte in DDR, schrieb 1937 „Das siebte Kreuz", seit

im Bundesverfassungsgericht (* 1893)

† *Karl Gerhard Steck*, ev. Theologe, Schüler von *K. Barth* (1886 bis 1968) (* 1908)

Shepard Stone (* 1909 in den USA) seit 1974 Direktor des Aspen-Instituts Berlin wird Berliner Ehrenbürger

† *Gerhard Storz*, Literaturhistoriker, 1958–64 Kultusmin. in Baden Württemberg (* 1898)

Frau *Walesa* nimmt in Stockholm den Friedens*nobel*preis für ihren Mann *Lech* entgegen

C. F. von Weizsäcker: (* 1912) „Wahrnehmung der Neuzeit" (Über Denker und Denken)

Wolfgang Zeidler (* 1924, SPD) folgt *Ernst Benda* (* 1925, CDU) als Präs. des Bundesverfassungsgerichtes

11 000 Jahre alte Kleidungsreste in Höhlen am Toten Meer gefunden

Israelische Archäologen stoßen auf die Grundmauer der von Kg. *David* ~ –1000 eroberten kanaanäischen Zitadelle und weitere Spuren in 25 Schichten

In den Anden Kolumbiens werden Säulen mit hebräischen und dorischen Inschriften gefun-

bandes Bildender Künstler der DDR

James Stirling (* 1926 in GB) baut in Stuttgart Neue Staatsgalerie

Roman Vishniac (* 1897): „Verschwundene Welt" (Fotografien vom Ostjudentum)

Jost Vobeck (* 1938 in Berlin): „Mein Bild vom Krieg" (Triptychon, Papier auf Leinwand)

† *Josef Wittlich*, deutscher naiver Maler (* 1903)

Um dem Verkauf eines Bildes von *Watteau* („Liebesinsel") aus dem Schloß Charlottenburg für 15 Mill. DM zu verhindern, werden ein Notopferfond begrdt. und Benefizveranstaltungen durchgeführt

Das Evangeliar *Heinrich des Löwen* aus dem 12. Jh., das 50 Jahre verschollen war, wird in London für 32,5 Mill. DM für Sammlungen in der BRD ersteigert

Festwochen in Berlin (W) zeigen Futurismus in Rußland im Zeitraum 1917 bis 1927

Berlin (W) gibt Fassadenteile des *Ephraim*-Palais von 1767 für seine Rekonstruktion an Berlin (O)

Französische Kirche am Gendarmenmarkt in Berlin (O) wiederhergestellt

gar. Herkunft erhält Pariser *Maurice-Ravel*-Preis

Dirigent *James Levine* (* 1943 i. USA) wird neuer künstlerischer Leiter der „Met" (Oper in New York)

† *Igor Markewitsch*, Dirigent und Kompon. vorwiegend in Paris (* 1912 in Kiew)

Kenneth MacMillan (* 1929 i. Schottl.): „Valey of Shadows" (brit. Ballett, Urauff. i. London)

Siegfried Matthus (* 1933): Konzert für Trompete, Pauken und Orch. (Komp. aus der DDR, Urauff. in Berlin (W))

Olivier Messiaen (* 1908): „Franz von Assisi" (frz. Oper, Urauff. i. Paris)

Geigerin *Viktoria Mullowa* aus UdSSR kehrt von Gastspielreise nach Finnland nicht in die UdSSR zurück

L. Nono: „Wehe den eiskalten Ungeheuern" (ital. Oper mit Bühnenbildern von *E. Vedova*, Urauff. i. Köln)

Klinische Erprobung eines Lepraimpfstoffes in mehreren Ländern

Forscher der MPG stellen fest, daß Brieftauben durch Geruchssinn ihren Heimatschlag finden (Die Funktionsweise bleibt zunächst ungeklärt)

Pflanzenschädlinge werden zunehmend mit schützenden Signalstoffen der Pflanze (Allomane) statt mit umweltschädlichen Giften bekämpft

Die 1972 gestartete US-Planetensonde „Pionier 10" verläßt bei rd. 4,5 Mrd. km Sonnenentfernung das Sonnensystem als erster vom Menschen gefertigter Gegenstand

US-Satellit wird mit Schwerkraft des Mondes zur Begegnung mit einem Kometen gebracht

US-Raumfähre „Columbia" startet mit 6 Mann Besatzung (darunter BRD-Physiker *Ulf Merbold* (* 1942)) zum Flug von 10 Tagen mit 121 Erdumkreisungen, wobei das in der BRD gebaute Spacelab bei 72 Experimenten wertvolle Erkenntnisse sammelte

Die 1976 mit „Viking I" auf dem Mars abgesetzte Meßsonde verstummt

USA erproben erstmalig Laserwaffe gegen Raketen

Ausgaben (in DM) eines 4-Personen-Arbeitnehmer-Haushalts in der BRD für Freizeit und Urlaub:

1970	1613	1979	4443
1973	2515	1982	5142
1976	3888		

(+10,1%/Jahr)

Entwicklungshilfe der BRD für 1984 wird um 6% gekürzt, obwohl sie unter der internat. Zielplanung von 0,7% des BSP liegt

Bundesgericht läßt aufgeschobene Volkszählung mit Auflagen für die Verwendung der Daten zu

16,7% der Bürger in BRD leidet an Krankheit (vorwiegend Atmungsorgane und Kreislauf)

Aus USA wird seit 1979 eine neue Krankheit bekannt, die in der Regel lebensgefährlich ist (AIDS = Acquired Immune Defiency Syndrom, erworbener Immundefekt)

Für Europa meldet WHO 153 AIDS-Fälle mit 45 Toten

Etwa 2 Mill. Einw. der BRD vom Alkoholismus betroffen

WHO-Studie über Atomkrieg rechnet mit über 1,1 Mrd. Toten (25% der Menschheit)

Die meisten Ärzte erklären Hilflosigkeit der Medizin im Falle eines Atomkrieges

In Berlin (W) mit etwa 80 über doppelt soviele Herointote gegenüber Vorjahr (1974: 84)

Nach UNICEF sterben täglich etwa 40000 Kinder vor allem an Durchfallkrankheiten

Es entsteht der Verdacht, daß Dioxin Krebs erregt

Von 91100 Schwangerschaftsabbrüchen in der BRD waren (1982) 77% wegen sozialer Indikation

Seit 1960 legte die Bundesbahn in BRD etwa 2100 km Bahnlinien still

Reg. der BRD beschließt kostensparenden Rationalisierungsplan für die Bundesbahn

Die meisten NATO-Staaten und die Schweiz boykottieren 14 Tage Flugverkehr mit UdSSR wegen des Ab-

(1983)

%-Ergebnisse der Wahlen zum ital. Parlament (1979)

Christdemokraten	32,9	(38,7)
Kommunisten	29,9	(30,4)
Sozialisten	11,4	(9,8)
Neofaschisten	6,8	(5,3)
Republikaner	5,1	(3,0)
Radikale Partei	2,2	(3,4)

Bettino Craxi (* 1934, Sozialist) bildet ital. Koalitionsreg. aus PSI, DC, Sozialdemokraten, Republikaner und Liberalen

Ital. Parlament stimmt US-Nachrüstung mit Raketen in Ital. zu

Tanaka (* 1918), 1972–74 jap. Min.-Präs., wegen Korruption verurteilt und gegen Kaution freigelassen

Jap. Liberaldemokraten verlieren in der Wahl unter *Nakasone* wegen Bestechungsaffäre des früheren Reg.-Chefs *Tanaka* absolute Mehrheit

Irene, Prinzessin der Niederl., spricht auf einer Großkundgebung in Den Haag (350 000 Teilnehmer) gegen Atomwaffen

Konservativer Min.-Präs. von Norw. *K. Willoch* (* 1928) bildet Reg. Mitte-Rechts mit knapper Mehrheit

Sozialisten gewinnen unter *Mario Soares* (* 1924) Wahlen in Portugal

Nach dem Wahlsieg in Portugal bildet *M. Soares* Koalitionsreg. mit liberalen Sozialdemokraten

In Span. regieren in 35 von 52 Provinzhauptstädten Sozialisten

35 Todesurteile in der Türkei gegen kurdische Separatisten

Wahlen in der Türkei bringen Militärreg. (seit 1980) trotz Begrenzung der Wahlfreiheit keinen Erfolg. Mutterlandspartei unter Turgut Özal (* 1950) 45%. Sozialdemokratische Volkspartei 30,4%. (MD)-Nationalsozialisten vom Militär favorisiert 23,2%

Özal (* 1950) bildet neue türk. Reg.

† *N. W. Podgorny* 1965–77 Staatsoberhaupt der UdSSR (* 1903)

P. A. Abrassimow (* 1912), 1962–70 und ab 1975 UdSSR-Botschafter in der DDR, mitverantwortlich für das Viermächteabkommen über Berlin von 1970 wird abberufen und polit. degradiert

Mit der Wahl zum Staatspräs. der UdSSR verfügt *Andropow* über den Machtumfang von *Breschnew*

1950 Präs. und Ehrenpräsidentin des DDR-Schriftstellerverbandes (* 1900)

Léopold Senghor, ehemaliger Staatspräs. von Senegal, erhält als Schriftsteller *Lucas*-Preis der Theologischen Fakultät von Tübingen

Erwin Strittmatter (* 1921): „Der Laden" (Roman aus der DDR)

† *Willy Trenk Trebitsch*, deutscher Schauspieler und Regisseur (* 1899 in Wien)

Frederick Tristan erhält Prix *Goncourt* (wird zum 80. Mal vergeben) für „Les égarés" (Die Verirrten)

† *Louise Weiss*, französische Schriftstellerin und Frauenrechtlerin (* 1882)

† *Rebecca West*, brit. Schriftstellerin (* 1892)

† *Tennessee Williams*, US-Dramatiker („Endstation Sehnsucht", „Die Katze auf dem heißen Blechdach" u. a.) (* 1911)

Christa Wolf (* 1929 in Landsberg/Warthe): „Kassandra" (Erzählung)

Christa Wolf erhält den *Schiller*-Preis des Landes Baden-Württemberg

Bremer Literaturpreis an *Paul Wühr* (* 1927) für Roman „Das falsche Wort"

6000 belegbare Anglizismen in der deutschen Sprache

„Thesaurus Librorum – 425 Jahre Bayerische Staatsbibliothek"

den, deren Entstehung rätselhaft ist

Pekings ursprünglicher Standort aus der Zeit um ~ –1000 wird 40 km vom heutigen entfernt entdeckt

In Trier werden Holzbrücken aus dem Jahr ~ –16 gefunden, so daß die Stadt 1984 mit Köln auf 2000 Jahre Geschichte zurückblicken kann

Archäologen entdecken in Augsburg Grab eines christlichen Märtyrers aus dem 4. Jh. (Heilige *Afra*?)

Unter der Hammaburg wird in Hamburg eine Festungsanlage aus dem 5./6. Jh. gefunden

Bei Schwerin wird 800 Jahre alter slawischer Tempel entdeckt

Bildungsausgaben in BRD steigen auf 84 Mrd. DM

Bibelausgabe in USA tilgt jeden Hinweis auf Gott als „männliches" Wesen

In VR China wird zur Durchsetzung der 1-Kind-Familie durch ein Familienplanungsgesetz staatlicher Zwang ausgeübt

Wahl einer Frau (*L. Uchtenhagen*) in die Schweizer Reg. scheitert

„Ostermärsche" in der BRD für Ab-

In einer Höhle bei Blaubeuren wird eine über 33000 Jahre alte Elfenbeinplastik eines Pferdes gefunden

Unter 20000 gestohlenen Gemälden befinden sich vor allem Werke von *Picasso*, *Renoir*, *Rembrandt*, *Goya* und *Gauguin*

„Künstler für den Frieden" (Veranstaltung in Hamburg)

Kunst aus Alt-Nigeria (Ausstellung in Hildesheim mit Beninkunst von – –500 bis 200)

Kaiserstadt Hue in Vietnam wird restauriert

Museum für islamische Kunst in Kuwait

Kubismus-Museum bei Lille eröffnet

„The Essential Cubism" (Ausstellung in der Tate Gallery in London über die Entwicklung des Kubismus 1907–20)

Das Londoner Kunstauktionshaus *Sotheby's*, gegr. 1744, wird in die USA verkauft

Bauzeichnungen auf den Wänden des jüngeren *Apoll*-Tempels in Didyma bei Milet aus dem –4. Jh. entdeckt

500 Jahre alte St. Michael-Kirche in Bad Orb brennt ab (10 Mill. DM Schaden)

Terrassen von Schloß Sanssouci in

„Ricardo W." (Ballett um Wagners Leben. Idee von *Götz Friedrich*, Choreographie von *Valery Panow*, Urauff. Dt. Oper Berlin (W))

K. Penderecki (* 1933): Cellokonzert (Urauff. i. Berlin (W))

Wolfgang Rihm (* 1952): „Jakob Lenz" (Oper, Urauff. in Berlin (W))

Wolfgang Rihm (* 1952): Bratschenkonzert, „Monodram". Konzert für Violincello, und 4 Streichquartette

Sydney Romes Langspielplatte „Aerobic fitness-dancing" wird 400 000 mal verkauft

Senat von Berlin beschließt Bau eines Kammermusiksaales nach Plänen von *H. B. Scharoun* als Ergänzung der von ihm erbauten Philharmonie

† *Tino Rossi*, frz. Chansonsänger aus Korsika (* 1907)

A. Schönberg (1874–1951): „Die Jacobsleiter" (Orato-

Start von „Kosmos 1514" als Gemeinschaftsprojekt von UdSSR, USA und Frankreich

1970-80 steigt der Energieverbrauch pro Kopf der Erdbev. um + 1 %/Jahr auf 1936 SKE, der globale Gesamtverbrauch um + 2,8 %/Jahr auf 8,9 Mrd. SKE

In der EG stieg 1982 der Anteil der Kernenergie an der Elektrizitätserzeugung von 16,7 auf 18,8 % an

Natriumbrüter „Phénix" in Frankr. produzierte in 10 Jahren 11 Mrd. kWh und erbrütete seinen derzeitigen Brennstoff selbst

Neue Fusionsanlage in Princeton/USA erreicht für 1/20 Sek. ein Plasma von 50 Mill. °C

Solarzellen mit Kosten von 2 DM pro W Leistung eröffnen eine rasch anwachsende Anwendung in der 3. Welt

Windkraftwerk „Growian" an der dt. Nordseeküste (für 3 MW und 12 Mill. kWh/Jahr)

Internationale Funkausstellung in Berlin (W) steht im Zeichen der Digital-Technik

In Japan wird Mikrochip für 1 Mrd. bit/cm² (= Bibelinhalt) entwickelt

Erdweite Zahl der Industrie-Computer:

1980	13700
1981	22000
1982	31000

schusses einer südkorean. Verkehrsmaschine mit 294 Insassen

Larg Neilson aus den USA ohne Sauerstoffgerät auf dem Mt. Everest

439. Todesopfer im Boxsport der USA seit 1918

Zuschauerschwund bei der Bundesliga im Fußball

Fußballmeister in BRD-Bundesliga: HSV, Hertha BSC, Berlin steigt ab

Am gleichen Tag Stadtmarathonläufe in Berlin, Peking und Montreal (schnellste Zeit 2:10:0,3)

BRD gewinnt Admiralscup des Hochseesegelns (1. Sieg der BRD 1973)

Björn Borg (* 1956 in Schweden), mehrfacher Meister, tritt vom Tennissport zurück

† *Rolf Stomelen*, Rennfahrer, verunglückt in Kalifornien, 4facher Sieger im Daytona-Beach-Rennen (* 1944)

Sportler des Jahres: zum 3. Mal *Ulrike Meyfarth* (* 1956) (Hochsprung) und *Michael Groß* (* 1964) als Schwimmer

6 Ausländer sterben in Auslieferungshaft in Berlin (W) durch Brand

2 Milionen DM Schaden bei Brand der Beethovenhalle in Bonn

Millionenschaden durch Brand im Kloster Einsiedeln (Kanton Schwyz)

Sommerhitze in Europa verursacht zahlreiche Waldbrände

Im Nebel fahren bei Kassel 100 Autos ineinander (9 Verletzte)

CSU-Generalsekr. *O. Wiesheu* (* 1944) tritt nach Autounfall unter Alkoholeinfluß zurück, bei dem er einen Todesfall verschuldete

DLRG rettete in 70 Jahren rd. 250 000 Menschen vor dem Ertrinken

Hochwasser im April löst für die Mosel Katastrophenalarm aus. Auch Köln und Bonn sind überschwemmt (höchster Pegelstand seit 1948)

Die USA geben den Untergang eines U-Bootes der UdSSR mit 70 Mann Besatzung bekannt

In Ital. beginnt Prozeß um die Giftkatastrophe von Seveso 1976, nach deren verschwundenem Giftmüll Di-

(1983)	269 Tote beim Abschuß einer südkorean. Zivilmaschine durch die UdSSR, welche erklärt, einen Spionageflug vermutet zu haben *A. Gromyko* (* 1909) wird zum stellvertretenden Min.-Präs. der UdSSR ernannt. Seit 1939 ist er in diplomat. Diensten, seit 1957 Außenminister Nach Stationierung der ersten US-Raketen in Europa unterbricht die UdSSR die START-Verhandlungen ohne Termin einer Fortsetzung. USA erklären sich weiter verhandlungsbereit EG hebt Handelssanktionen gegen UdSSR wegen Kriegsrechts in Polen auf DDR stellt den Zwangsumtausch für Kinder ein, regelt gesetzlich Familienzusammenführung und beginnt Selbstschuß-Automaten an der innerdt. Grenze abzubauen Friedensdemonstrationen zu Ostern in Jena (werden später mit Ausweisungen aus der DDR geahndet) *Milka Spiljak* (* 1916) Staatspräs.in von Jugoslawien »Solidarität« in Polen ruft zu Demonstrationen am 1. Mai auf. Zahlreiche Mitglieder werden verhaftet ZK der rumän. KP erklärt Erreichung der Planziele für gescheitert, da Nationaleinkommen im 5-Jahresplan nur um 2,6 % statt um 6,1 % stieg Rumän. unterstützt auf der KSZE-Konferenz in Madrid die Position des Westens *M. Arens* (* 1925) wird israel. Verteidigungsmin. † *Jitzhak Navon*, Staatspräs. von Israel seit 1978 (* 1921 in Jerusalem, Arbeiterpartei) *Chaim Herzog* (* 1918 in Belfast, sozialdemokratische Arbeiterpartei) wird gegen Likudblock zum Staatspräs. von Israel gewählt † *Simcha Ehrlich*, stellvertretender Min.-Präs. von Israel seit 1979 (* 1906) *M. Begin* (* 1913, Likudblock) tritt überraschend als Min.-Präs. von Israel (seit 1977) zurück. Sein Nachfolger wird der bisherige Außenmin. *M. Schamir* (* 1915, Likud) Mehr als 280 Tote, als in Beirut Selbstmordtäter das US- und frz. Hauptquartier der Friedenstruppe vor einer geplanten »Versöhnungskonferenz« der Bürgerkriegsparteien sprengen Frz. Luftangriffe auf proiran. Milizen im Libanon als Vergeltung für Anschlag auf frz. Friedenstruppe	Auf der 2. „Berliner Begegnung" diskutieren Schriftsteller aus Ost und West über Abrüstung Die Amerika-Gedenkbibliothek (1954 in Berlin (W) gegründet) leiht das 25 Millionste Buch aus Moskauer Buchmesse zeigt Werke *Maos* und and. chinesische Werke ~ Schrift der Harappakultur im Industal (~ 2300) wird zunehmend entziffert und als eine Frühform im drawidischen Sprachgebiet erkannt Polnische Reg. verbietet nach Aufhebung des Kriegsrechts Schriftstellerverband wegen Staatsfeindlichkeit Kammertheater in Stuttgart mit „Die Perser" von *Aischylos* eröffnet Eröffnung der renovierten Kammerspiele in Berlin (O) Nach Renovierung wird Old-Vic-Theatre in London wiedereröffnet (gegr. 1818) In Pariser Theaterszene dominieren als Regisseure: *Peter Brook* (* 1925 in London) *Ariane Mnouchkine* (* 1933 in Frankreich) *Patrice Chéreau* (* 1944 in Frankreich)	rüstung und Frieden verlaufen ohne ernste Zwischenfälle (Teilnehmer 750 000 laut Veranstaltern, 250 000 laut Polizei) „Anthologie des Friedens" in der DDR (5 von 10 Autoren „vorbeugend" festgenommen) Sicherheitsorgane der DDR verhindern gemeinsame Friedensdemonstration von Anhängern der Friedensbewegung mit „Grünen" aus BRD Friedensdemonstration bildet 108 km lange Menschenkette zw. Stuttgart und Neu-Ulm 14 Frauen, die US-Stützpunkt in GB als Gegner von Kernwaffen blokkierten, werden festgenommen Ökumenischer Rat der (ev.) Kirchen verurteilt Kernwaffen (ihm wird antiwestliche Haltung vorgeworfen) Katholische Bischöfe in USA beschließen gegen Willen der Reg. Hirtenbrief gegen nukleare Bewaffnung und „Erstschlag" UNESCO-Friedenspreis an Pax Christi Erste Frau wird Mitglied der Berliner Philharmoniker

Potsdam restauriert

*Luther*haus in Wittenberg wiederhergestellt

3. Filmpreisvergabe der BRD in Berlin verläuft unter protestartigen Demonstrationen, weil der Film von *H. Achternbusch* (* 1938) „Das Gespenst" übergangen wird

† *Robert Aldrich*, US-Filmregisseur (* 1918)

„Die flambierte Frau" (Film von *Robert von Ackeren* mit *Gudrun Landgrebe*)

8 *Oscars* an „Gandhi", britischer Film von *Attenborough*, 4 an „Der Außerirdische" („ET"), von *Spielberg* (* 1947 in den USA); deutscher Film „Das Boot" von *Petersen* geht gegen viele Erwartungen leer aus

Ingmar Bergman: „Fanny und Alexander" (schwedischer Film)

40. Filmbiennale in Venedig gedenkt *Ingrid Bergmans* († 1982)

„Das Geld" (Film um die Zerstörung eines Menschen, von *Robert Bresson* (* 1907 in Frankreich))

† *Luis Buñuel* spanischer Filmregisseur, Vertreter des surreal. Films. Seine antiklerikale Haltung führte zu Verboten (* 1900)

rium, Urauff. in Hamburg)

D. Schostakowitsch (1906 bis 1975): „Der Spieler" (russ. Oper ergänzt vom Polen *Krzystof Meyer*)

Kurt Schwertsick (* 1935): „Fanterlieschen und Schönefüßchen" (Märchenoper nach *Brentano*, Urauff. i. Stuttgart)

† *Carl Seemann*, dt. Pianist, 1964–74 Hochschuldirektor in Freiburg (* 1910)

Rudolf Serkin (* 1903 in Österreich, seit 1939 in USA) spielt die Klavierkonzerte *Mozarts* auf Schallplatten

† *Germaine Tailleferre*, frz. Komponistin, Mitglied der „Six"-Schule von 1920, seit 1942 i. USA (* 1892 bei Paris)

Broadway Musical „Chorus-Line" von *Joseph Tapp* erreicht mit der 3389. Auff. seit 1975 Rekordzahl der Aufführungen eines Musicals

Klaus Tennstedt (* 1927) wird Chef des London Phil-

Mit einem Laser werden Impulse von 30 x 10^{-15} Sek. (Femtosekunden) erreicht

Waffen-Rakete „Pershing II" in USA erstmals erfolgreich erprobt

Als Schlüsseltechnologien der 80er Jahre werden genannt: 1) Robotertechnik, 2) Verbundwerkstoffe, 3) Oberflächentechnik, 4) Recyclingverfahren, 5) Gentechnologien, 6) Biomassetechnologien, 7) Telekommunikation, 8) Energiespeicherung, 9) Mikroprozessoren

oxin intensiv, aber zunächst vergeblich gefahndet wird

In BRD jährlich etwa 70 Tote durch Blitzschlag

Bei 34°C im Juli 10 Hitzetote in Frankfurt/M.

130 Hitzetote in USA

Hungersnot in Afrika, bes. in Moçambique und Sambia

7 Jahre nach der Schließung des Bankhauses Herstatt werden die letzten beiden Angeklagten wegen Beihilfe zum Bankrott verurteilt

Amnesty International (ai) klagt Reg. von 20 Staaten wegen illegaler polit. Ermordungen an (Afghanistan, Argentinien, Bolivien, Chile, Kolumbien, El Salvador, Äthiopien, Guatemala, Iran, Syrien, Uganda, Philippinen, Guinea)

Innenmin. der BRD verbietet Rocker-Motorradclub „Hells Angels", von denen 13 Mitglieder in Untersuchungshaft sitzen, als kriminelle Vereinigung

Raubüberfälle und Mordtaten nehmen in der BRD stark zu: Überfälle auf Geldinstitute + 18,8 % /Jahr, Morde + 9,2 %/Jahr

Der Berliner Architekt *D. Garski*, dessen Geschäfte 1981 den Berliner Senat stürzten, wird in der Karibik festgenommen

Freiheitsstrafen für 5 von 8 Angeklagten wegen Todes eines Fußballfans in Hamburg

Firma *Flick* klagt gegen Forderung, 0,5 Mrd. DM Steuern nachzuzahlen, die ihr zunächst erlassen worden waren

DDR-Grenzsoldat *Höhne* (* 1956), der auf der Flucht in die BRD einen Kameraden erschoß, erhält in Göttingen 6 Jahre Haft mit Bewährung

Marianne Bachmeier, die in Lübeck den mutmaßl. Mörder ihrer Tochter erschoß, wird zu 6 Jahren Freiheitsstrafe verurteilt

Bewaffnete Gangster erbeuten in einem Londoner Juweliergeschäft in 6 Min. 24 Mill. DM

(1983) Im Golfkrieg seit 1980 1,5 Mill. Tote und Verletzte und 3 Mill. Obdachlose

Iran verbietet die kommunistische Tudeh-Partei

R. Denktasch (* 1924) erklärt türkisch besetzten Teil im Norden Zyperns zum unabhängigen Staat, der von der Türkei umgehend anerkannt wird (Protest Griechenlands, erdweite Kritik) (Zypern war 1571–1878 türkisch)

Argentinische Reg. läßt etwa 3000 1974–79 Verschollene für »tot« erklären

Bei den ersten Wahlen in Argent. seit der Militärdiktatur siegt *Raúl Alfonsín* (* 1927, sozialdemokratische Bürgerunion) mit 52 % der Stimmen über *Italo Luder* (* 1917, Peronist)

150 Militärs werden in Argent. wegen grausamer Exzesse an polit. Gegnern gemaßregelt

Reg. von Bolivien tritt nach Generalstreik zurück

Reg. *Pinochet* in Chile verhaftet Führer der polit. Opposition in den Gewerkschaften

500 000 Demonstranten in Santiago de Chile fordern Rücktritt *Pinochets*

Den rechtsradikalen Todesschwadronen in El Salvador werden 30 000 Morde seit 4 Jahren zugeschrieben

In Guatemala wird Reg. *Rios Montt* (* 1925) von General *Mejia Victores* gestürzt

† *Miguel Aleman Valdés*, 1946–52 Staatspräs. Mexikos (* 1902)

Nicaragua schickt Berater aus Kuba zurück, um Gegnerschaft mit USA zu entschärfen

Peru verlängert wegen Guerilla-Aktivitäten Ausnahmezustand um 2 Monate

50 000 protestieren in Montevideo am 2. Jahrestag der Militärdiktatur in Uruguay

Jaime Lusinchi (* 1924, Sozialdemokrat) wird mit klarer Mehrheit neuer Staatspräs. von Venezuela als Nachfolger des Christdemokraten *Campins*

Bombenanschlag in Rangun/Birma auf südkorean. Regierungsdelegation: 20 Tote (darunter 4 Min.) und zahlreiche Verletzte

Li Hsien-nien (* 1909, seit 29 Jahren im Politbüro) zum Staatsoberhaupt der VR China gewählt, die 15 Jahre ohne Oberhaupt war

Todesurteil gegen Maos Witwe *Chiang Ching* (* 1914) wird in lebenslange Freiheitsstrafe umgewandelt

Alle indischen Minister treten zurück, um *In-*

Bundesverfassungsgericht spricht im Urteil über die geplante Volkszählung von „informationeller Selbstbestimmung" (als einer Art Grundrecht)

Radikale Israelis begehen Bombenanschläge auf Moscheen im besetzten Jordanland

Mehr als 1500 Frauen sind in Erlangen für ein „Retortenbaby" vorgemerkt

Der Islam wird Staatsreligion in Bangladesh

Mannschaftsplazierung bei der Internationalen Mathematik-Olympiade:
1. BRD,
2. USA,
3. Ungarn,
4. UdSSR,
5. Rumänien
Bester ist ein Berliner

US-Nachrichtenmagazin „Time" wählt *Reagan* und *Andropow* zu „Männern des Jahres"

UN-Menschenrechtskommission: In den letzten 15 Jahren 2 Mill. Menschen ohne ordentliches Gerichtsverfahren hingerichtet

Amnesty International (ai): 1982 in mehr als 30 Ländern die Menschenrechte durch Ausnahmezustand eingeschränkt

DDR entläßt 83 Gefangene in die BRD (vermutl. freigekauft)

Berlin (W) eröffnet Museum für Verkehr und Technik

33. *Nobel*preisträgertagung auf der Bodenseeinsel Lindau beschäftigt sich mit der Erbsubstanz

In GB wird über Beibehaltung der Prügelstrafe in der Schule debattiert

Wissenschaftsrat fordert Förderung der Psychologie in der BRD. Psychiater stellen Krise ihrer Wissenschaft fest

Etwa 35 Mill. US-Bürger (15,7 %) sind in psychotherapeutischer Behandlung

Ev. Kirche in Berlin (W) richtet Telefon für die Beratung Sektengeschädigter ein

Immer mehr Videofilme mit Gewalt- und Pornoszenen werden erhältlich und ausgeliehen. Der Jugendschutz ist unzulänglich

Evangelischer Kirchentag in Dresden unter dem Motto „Vertrauen wagen, damit wir leben können"

Evangelischer Kirchentag in Hannover unter dem Motto „Umkehr zum Leben"

† *Lotte Eisner*, Filmhistorikerin (* 1896)

„Und das Schiff fährt" (ital. Film von *Federico Fellini*)

† *Louis de Funès*, frz. Filmkomiker (* 1914)

„Ediths Tagebuch" (Film von *Hans Werner Geissendörfer* (* 1941))

„Goldener Löwe" von Venedig für den Film „Prénom Carmen" von Godard (* 1930)

Kinobesuch in BRD ging 1982 um 11,8 % zurück

Nikkis List (* 1957 in Österreich) erhält *Max-Ophüls*-Preis für den Film „Malaria"

Poln. Regisseur *Janusz Majewski* (* 1933) als Nachfolger von *A. Wajda* (* 1926) Vors. des polnischen Filmverbandes

† *David Niven*, US-Filmschauspieler britischer Herkunft (* 1910 in Schottland)

„Mein Onkel aus Amerika" (französischer Film von *Alain Resnais*)

Großer Preis der Mannheimer Filmwochen an *Usmann Saparow* (UdSSR) für „Männererziehung"

„Carmen" (spanischer Film von *Carlos Saura* (* 1932)

† *Gloria Swanson*, US-Filmschauspielerin seit 1916 (z. B. 1949 in „Sunset Boulevard") (* 1899)

„Die bleierne Zeit" (deutscher Film von *Margarete von Trotta*
(* 1942) erhält auf den Filmfestspielen Venedig „Goldenen Löwen" als 1. Preis

„Danton" polnisch-französischer Film von *Andrzej Wajda*

harmonic Orchestras

Zum 100. Todesjahr *Wagners* bringt Bayreuth Neuinszenierung des „Ring" unter *Georg Solti* (* 1912 i. Budapest)

† *Erich Walter*, dt. Choreograph (* 1928)

Twyla Tharp (* 1942): „Nine Sinatra Songs" (Tanzstück, Urauff. in New York)

† *William Walton*, brit. Kompon. (* 1902)

† *Muddy Waters*, US-Gittarist des Blues der südlichen Staaten (* 1915)

Frühwerke von *Kurt Weill* (1900–1950) in New York entdeckt

Weltmusikfest in Aarhus/Dänem. (ursprünglich in Madrid geplant)

Die „Met" (Metropolitan Opera New York) begeht ihr 100jähriges Bestehen

Streik an der City Oper in New York

Die größte Orgel der Erde steht in Sydney mit 5 Manualen, 10500

Hongkong entwickelt sich zu einer erdweit wirkenden Verbrecherzentrale

UN berichtet, daß in den letzten 15 Jahren in 40 Staaten etwa 2 Mill. Menschen ohne faires Verfahren hingerichtet wurden

In Japan wird ein zum Tode Verurteilter nach 34 Jahren wegen erwiesener Unschuld freigesprochen

Im größten Terroristenprozeß in Ital. werden 32 von 64 angeklagten Mitgliedern der „Roten Brigaden" zu lebenslanger Freiheitsstrafe verurteilt

In Palermo (Sizilien) werden 59 Mafia-Angehörige zu Freiheitsstrafen von 6 Monaten bis zu 20 Jahren verurteilt

In Neapel werden 500 Mitglieder der mafiaartigen Camorra verhaftet

Lebenslängliche Haftstrafe für ehemaligen SS-Offizier *Barth* in Berlin (O) wegen Teilnahme an Erschießungen in Lidice (1942) und Oradour (1944)

Stuttgarter Militaria-Händler *Konrad Kujau* (* 1939) gesteht Fälschung der von der Zeitschrift „Stern" für 10 Mill. DM erworbenen „Hitler-Tagebücher"

Der NS-„Henker von Lyon" *Barbie Altmann* (* 1913), der in Frankr. zum Tode verurteilt wurde, wird in Bolivien verhaftet und nach Frankr. ausgeliefert

Globaler Primärenergieverbrauch stieg 1970–81 um + 30,6 % (= um + 2,5 %/Jahr) auf 8,70 Mrd. t SKE, (2 t SKE/Kopf)

UdSSR hat erdweit größte Förderung von Erdgas (1982: 488 Mrd. m^3). Erdweiter Verbrauch mit 1450 Mrd. m^3 = 20 % Primärenergie

Indisches Kernkraftwerk von 470 MW in Betrieb genommen (2 KKW sind schon vorhanden)

VR China 112. Mitglied der Internat. Atombehörde in Wien

Senat von Berlin und Dt. Reichsbahn (DDR) vereinbaren Übernahme der S-Bahn in Berlin (W) durch die Westberliner BVG ab 9.1.1984 (löst Diskussionen über das Streckennetz aus, das betrieben werden soll)

Bundespostmin. schätzt die Kosten der Breitbandverkabelung der BRD auf 20–25 Mrd. DM

Bremen erhält Europas größten Containerhafen

Automobilfirma Opel baut seit 1898 20millionstes KFZ unter den 5 Söhnen des Gründers *Adam Opel* (* 1837, + 1895)

Aralsee in UdSSR ist durch seine Nutzung zur Bewässerung vom Austrocknen bedroht

Man rechnet mit dem täglichen Verlust von 1–10 Arten der insg. 310 Mill. Arten der Lebewesen

Die 41 Fässer mit hochwirksamem Dioxin-Gift aus der Seveso-Katastrophe 1976 in Ital. werden nach 3mona-

(1983) *dira Gandhi* (* 1917) Neubildung der Reg. zu ermöglichen

Vietnamesen erobern das Hautquartier der Reg. von Kambodscha des Prinzen *N. Sihanouk* (* 1922)

Der philippinische Oppositionsführer *Benigno Aquino* wird beim Verlassen des Flugzeuges in Manila, mit dem er aus dem Exil zurückkehrt, ermordet. Schwere Unruhen in Manila nach der Beisetzung Aquinos

Unblutiger Militärputsch in Nigeria wegen Mißwirtschaft stürzt *Shehu* (* 1925), der seit 1979 herrscht

Linker Putsch in Obervolta unter Führung von *T. Sankara* (* 1950), eines Freundes von *Gaddafi*

† *B. J. Vorster*, 1966–78 Präs. Südafrikas und Vors. der Nationalpartei, Verfechter der Apartheid (* 1915)

UN-Vollversammlung erklärt die Swapo-Bewegung als alleinige Vertreterin der Einheimischen in Namibia

Bei Wahlen in Austr. schlägt *Bob Hawke* (* 1929), (Arbeiterpartei) *Malcolm Frazer* (* 1930, liberal), seit 1975 Koalition mit Landpartei

Kath. Dom in Stockholm eingeweiht (gleichzeitig werden die diplomatische Bez. zum Vatikan wieder aufgenommen)

Öffentliche Ausgaben für Kunst- und Kulturpflege in BRD stiegen 1976–81 um 73,6 % († 11,6 %/Jahr). Anteil der Gemeinden 1981 56 %

Frankfurt/M. hat von den Gemeinden in der BRD mit 437 DM die höchsten Kulturausgaben pro Kopf der Bevölkerung

0,6 % der öffentlichen Gesamtausgaben in der BRD entfallen (1980) auf den Kulturbereich

37. Ruhrfestspiele in Recklinghausen mit Kulturvolksfest

In Straßburg unterzeichnen 21 Mitgliedstaaten des Europarates Achtung der Todesstrafe

Ablehnung der Wiedereinführung der Todesstrafe im brit. Unterhaus

Griechenl. kündigt Abschaffung der Todesstrafe an

Iran richtet 16 Frauen aus religiösen Gründen hin

USA kündigen UNESCO-Mitgliedschaft zum Ende 1984 wegen antiwestlicher ideologischer Politik ihrer Mehrheit aus Entwicklungsländern

Verfassungsgericht in NRW erklärt integrierte Gemeinschaftsschule für verfassungskonform

Jugendkommission des Bundestages bewertet in „Jugendprotest im demokratischen Staat" 200 000 arbeitslose Jugendliche für ein staatsgefährliches Potential der Unruhe

Wahlen an den Hochschulen in der BRD erweisen CDU-nahen RCDS als einflußreichsten Studentenverband

Privatuniversität für Mediziner in Witten/Ruhrgebiet eröffnet

Starke Studentendemonstrationen in Frankr. gegen Änderung der Hochschulgesetze von 1968

Gegner von Tierversuchen geben für die BRD jährlich 10 Mill. Tierversuche an

Massenansturm auf eine „Wunderquelle" in Ransbach

„The day after" (US-Fernsehfilm zeigt Zerstörung einer US-Stadt in Kansas in einem Atomkrieg	Pfeifen in 205 Registern	tiger Suche auf einem stillgelegten Schlachthof in Frankr. gefunden
	Zentrum für Computermusik in Salzburg	Bayern unterzeichnet mit der DDR Vereinbarung über Gewässerschutz
	25. „Warschauer Herbst" Internat. Festival zeitgen. Musik fiel 1982 aus	Küstenländer der Nordsee planen Nationalpark Wattenmeer Weißstörche im Gebiet der BRD 1907: 7000–8000 Paare 1980: 930 Paare (-2,9 %/Jahr)
	25. Jazzfestival in Warschau (gegr. 1958)	Asiatischer Grauwal, der als ausgestorben galt, vor Sachalin gesichtet
	Schlager: „Wir steigern das Bruttosozialprodukt", „Da-da-da" (dt. Welle), „Besuchen Sie Europa, solange es noch steht", „Freu' Dich nur nicht zu früh", „Ist das der Sonderzug nach Pankow?" (Persiflage auf die DDR nach *Glenn Miller*-Melodie von *Udo Lindenberg*)	Bundesreg. erklärt, daß 35 % des Waldes in BRD geschädigt sind Kältewelle in Grönland gestattet Fußmarsch nach Kanada † *Lady Docker*, brit. Tanzmädchen und Lebedame, 3mal mit Millionären verheiratet (* 1906) *Jane Fonda* (* 1937 in USA) begrdt. in Kalifornien Studio für Aerobic Fitness (musikalisch-rhythmisches Körpertraining) Damenmode für Herbst und Winter 83/84: Schlanke Silhouette, betonte Taille, breite Schultern, knielanges Jackett, geschlitzter Rock zeigt Knie und Bein. Modefarben: Schwarz, Weiß, Grau Exkaiserin *Zita* (* 1892) erhält Einreiseerlaubnis nach Österreich. Sie bestreitet Selbstmord des Kronprinzen Rudolf 1899 und spricht von Mord In BRD wird zu Silvester etwa für 100 Mill. DM Feuerwerk abgebrannt, ausreichend für die Ernährung von ca. 1 Mill. Menschen (die Gegenparole „Brot statt Böller" bleibt wirkungslos) Technische Anleitung zur Reinerhaltung der Luft (TA Luft) in der BRD soll der waldbedrohenden SO_2-Verbreitung in der Luft vorbeugen

1984	Friedens*nobel*preis an den Bischof *Desmond Tutu* (* 1931) von Johannesburg/Südafrika für friedlichen Kampf gegen Apartheidpolitik Für 1983 werden erdweit ca. 800 Mrd.$ militär. Ausgaben ermittelt *Richard von Weizsäcker*, Reg.Bürgermeister von Berlin (CDU) erhält in Stuttgart Theodor-Heuss-Preis für liberale Politik † *Siegfried Balke* 1957–64 Bundesmin. für Kernenergie (CSU) (* 1902) † *Hans Reif*, FDP, einer der »Väter des Grundgesetzes« (* 1899) Bundestagspräs. *Rainer Candidus Barzel* (* 1924, CDU) tritt im Zuge der Untersuchung der *Flick*-Affäre zurück (Nachfolger wird *Philipp Jenninger* (* 1932, CDU) FDP erreicht Rückzug des christlich-liberalen Gesetzentwurfes einer Amnestie für Steuerhinterzieher bei Parteispenden † *Ernst Schellenberg*, maßgeblicher Sozialpolitiker der SPD, MDB 1972–76 (* 1907) Nachweislich haben alle etablierten Parteien in der BRD (außer den Grünen) größere Summen vom *Flick*-Konzern erhalten BRD-4-Sterne-General und stellvertretender NATO Oberbefehlshaber *G. Kießling* (* 1925) wird in den Ruhestand versetzt, weil Ermittlungen des MAD über sein Privatleben auf ein vermeintliches Risiko hinweisen (*K.* wird rehabilitiert, MAD belastet) BK *H. Kohl* lehnt Rücktrittsangebot von Verteidigungsmin. *Wörner* wegen Entlassung von General Kießling ab Besuch des BK *Kohl* in Israel ist von Waffenlieferungen der BRD an Saudi-Arabien und Treffen ehemaliger SS-Angehöriger in der BRD überschattet *H. Kohl* (* 1930) und *F. Mitterrand* (* 1916) bekräftigen Hand in Hand auf dem Schlachtfeld von Verdun von 1916 die Aussöhnung zw. BRD und Frankreich *Willy Brandt* (* 1913) erneut Vors. der SPD (amtiert seit 1964) Stellvertreter: *H. J. Vogel* und *Joh. Rau* Bundesversammlung wählt in Bonn Bundespräs.: (Zahl der Stimmen) *Richard von Weizsäcker* (CDU) 832, *Luise Rinser* (Grüne) 68, Enthaltungen 117 *Ulf Skirke* (* 1948) wird als Vertreter des linken Flügels Vors. der Jungsozialisten *Otto Graf von Lambsdorff* (* 1926, FDP) tritt	*Nobel*preis für Literatur an *Jaroslav Seifert* (* 1901), tschechischer Lyriker, Mitunterzeichner der oppositionellen „Charta 77" Friedenspreis des Deutschen Buchhandels an den mexikanischen Lyriker *Octavio Paz* (* 1914) † *Vicente Aleixandre*, spanischer Dichter aus dem Lyrikerkreis von 1927, *Nobel*preis 1977 (* 1898) † *Walter A. Berendsohn*, skandinavischer Literaturwissenschaftler, der deutsche Exilliteratur erforschte (* 1884 in Hamburg) *Hans Peter Bleuel* wird Vors. des Verbandes deutscher Schriftsteller (VS) *Howard Brenton* (* 1942 in GB): „Genius" (Schauspiel um Albert Einstein u. seine soziale Verantwortung, deutsche Erstauff. in Mannheim) † *Roger Blin*, frz. Theaterregisseur (* 1907) † *Richard Burton*, brit. Bühnen- und Film-Schauspieler (* 1925) † *Truman Capote* (* 1924 in New Orleans), US-Schriftsteller † *Branko Copić* (* 1915), jugoslawischer Schriftsteller, im 2. Weltkrieg Partisan † *Julio Cortázar*, argentinischer Schriftsteller belgischer Herkunft (* 1914 in Brüssel)	† *Philippe Ariès* (* 1914), frz. Historiker, schrieb „Die Geschichte der Kindheit" und „Die Geschichte des Todes" † *Lord Astor* (* 1918), war bis 1967 Verleger der (London) „Times", die sein Vater 1922 erworben hatte „Dritte Welt-Preis" des Commonwealth an *Willy Brandt* als Vors. der Nord-Süd-Kommission seit 1977 *Rüdiger Bubner* gibt „Geschichte der Philosophie in Text und Darstellung" in 8 Bänden heraus Papst übergibt Kardinal *A. Casaroli* (* 1914) die Verwaltung des Vatikans *Emilio Castro* (* 1927 in Uruguay) wird einmütig zum Generalsekr. des Ökumenischen Rates gewählt Französischer Außenmin. *Claude Cheysson* eröffnet frz. Kulturzentrum in Berlin (O) † *Michael Foucault*, frz. Soziologe und Begründer des „Strukturalismus" (* 1926) † *George H. Gallup*, US-Meinungsforscher grdt. 1935 Gallup-Institut (* 1901) In BRD ermittelt Staatsanwalt gegen den Chirurgen *Julius Hackethal*

Ausstellung von Werken von *J. Beuys* (* 1921 in Kleve, † 1986) in Japan

Jean Charles Blais (* 1956) tritt in Paris als Maler der „Nouvelle Figuration" hervor

Salvador Dali (* 1904) begrdt. Stiftung mit 621 seiner Werke

Ausstellung der Bilder von *Edgar Degas* (1834–1917) in Tübingen und Berlin (W)

Das *Getty*-Museum in USA kauft für 20 Mill. $ Fotosammlungen

Jürgen Goertz (* 1935): Kopfstehende Figur vor der Karlsruher Europahalle

† *Waldemar Grzimek* (* 1918), Bildhauer der Berliner Schule

B. Heiliger (* 1915): „Das Auge der Nemesis"

André Heller (* 1947 in Wien) veranstaltet am Reichstag in Berlin vor etwa 200 000 Zuschauern „Feuertheater" als Großfeuerwerk für West und Ost

† *Marcel Janco* (* 1895 in Rumänien) Maler in Israel, der in Zürich Dada-Kunst um 1916 mitbegründete

W. Kandinsky – Retrospektive in Paris

Privates Museum für das Werk von *Käthe Kollwitz* (1867

Riccardo Muti wird als Nachfolger von *Claudio Abbado* (* 1933), der seit 1977 amtierte, Chef der Scala in Mailand

† *William („Count") Basie* (* 1909), US-Jazzpianist und Orchesterleiter, der mit *Duke Ellington* (* 1899, † 1974) und *Benny Goodman* (* 1904) spielte

33 bisher unbekannte Orgelchoräle von *J. S. Bach* († 1750) werden in der US-Yale-Univers. gefunden

Museum für das Wirken der Rockmusikgruppe der Beatles in ihrer Heimatstadt Liverpool eröffnet

Sergiu Celibidache (* 1912 i. Rumän.) kündigt seinen Rücktritt als GMD in München an, der er seit 1979 war, (bleibt jedoch bis auf weiteres)

Bob Dylan (eig. *Zimmermann*, * 1941 i. USA), führender Rock- und Protest-Sänger auf Welt-Tournee, die auch nach Hamburg führt

*Nobel*preis für Physik an *Carlo Rubbia* (* 1934 Ital.) und *Simon van der Meer* (* 1925 Niederl.) für Entd. der von der Quarktheorie geforderten Vektorbosonen bei CERN

*Nobel*preis für Chemie an *Robert Bruce Merrifield* (* 1921 USA) für seit 1959 entwickelte Methode der Eiweißsynthese

*Nobel*preis für Medizin an: *Kai Jerne* (1911 in London), *G. J. F. Köhler* (* 1946 in München) und *Cesar Milstein* (* 1927 Argent.) für Forschungsarbeiten über menschliche Immunität (in Basel)

Neue Bestimmung des Expansionsalters des Kosmos ergibt Zeit des Urknalls vor 19,5 Mrd. Jahren

Neue Durchrechnungen des kosmologischen Modells des Urknalls ergeben ein Energieäquivalent der Neutrinomasse von 5-10 e-Volt, das „fast" ausreicht, die Expansion des Kosmos zu bremsen und umzukehren

In 13 Mrd. Lichtjahren Entfernung wird von brit. Astronomen bisher strahlungsstärkster Quasar entdeckt

3,5 m-Spiegelteleskop der BRD auf dem 2400 m hohen Calar Alto in Span. als größtes Teleskop West-Europas in Betrieb

*Nobel*preis für Wirtschaftswissenschaften an *Richard Stone* (* 1913, Mitarbeiter von *J. M. Keynes* für Entwicklung volkswirtschaftl. Gesamtrechnung)

%-Belastung der Arbeitnehmereinkommen in BRD:

Jahr/Lohnsteuer/Sozialabgaben/Summe
1960/6,7/9,4/16,1
1972/13,8/11,0/24,8
1984/18,4/14,6/33,0

Mit 2,85 DM am 9.7. höchster Dollarkurs seit 10 Jahren durch Hochzinspolitik der USA, deren Defizit im Staatshaushalt 1985 212 Mrd. $ erreicht

Die Exporte der BRD steigen 1970 bis 83 von 125,3 auf 432,3 Mrd. DM (+ 11 %/Jahr)

OPEC-Einkünfte in Mrd. $: 1980 279; 1983 160; ~ –17 %/Jahr

Konkursverwalter schließt Fa. Hanomag, die 1871 gegr. wurde

Einzelhandelsumsätze in der BRD 1983 449 Mrd. DM. 1970–1983 + 7 %/Jahr

FAZ-Aktienindex erreicht am 2.1. mit 357,28 Punkten einen Höchststand (+ 41 % gegenüber Vorjahr)

Kommunistische Massenversammlung in Rom gegen Aufhebung der inflationären gleitenden Lohnskala (scala mobile)

Schweizer Volksabst. lehnt eine Lokkerung des Bankgeheimnisses ab

Die Handelsmarine der UdSSR stieg der Tonnage nach seit 1960 vom 24. auf den 6. Platz (sie exportierte 1983 5,2 % des Weltexports)

VR China wird Mitglied der Internat. Atomenergie-Organisation (IAOE) in Wien

Inflationsrate sinkt in BRD auf + 1,5 %

Inflationsrate in Israel erreicht 200 %

EG schließt mit AKP-Staaten 3. Lomé-Abkommen (1. 1975, 2. 1979)

USA melden mit 3,7 Mrd. $ für 1983 Rekordeinnahmen der Kinokassen

Die globale Getreideernte erreicht Rekordhöhe von 1797 Mt, ausrei-

(1984)	wegen Anklage in der *Flick*-Affäre zurück. *M. Bangemann* (* 1934, FDP) wird sein Nachfolger *Egon Bahr* (* 1922), *Erhard Eppler* (* 1926) und *Hans Apel* (* 1932) werden u. a. ins Präsidium der SPD gewählt Veranstalter der Ostermärsche für den Frieden in der BRD geben Teilnehmerzahl mit 600 000 an Kommunal- und Europawahlen stärken die »Grünen« in der BRD Die Bundestagsfraktion der »Grünen« wählt nur Frauen als ihre Sprecher General a. D. *Bastian* (* 1923) tritt aus der Bundestagsfraktion der »Grünen« aus (bleibt MdB) Innenministerium der BRD zählt 106 000 organisierte Linksradikale und 20 000 Rechtsradikale Nach erreichter absoluter Mehrheit in Landtagswahl bildet *Lothar Späth* (* 1937, CDU) in Baden-Württ. LandesReg. Stimmengewinn der SPD bei Kommunalwahlen in Bayern in München und anderen Städten, CSU behält die meisten Bürgermeister und Landräte *E. Diepgen* (* 1941, CDU) wird als Nachfolger von *R. von Weizsäcker* (CDU) ohne weitere Senatsumbildung zum Reg. Bürgermeister von Berlin gewählt Die »Grünen« in Hessen beschließen Zusammenarbeit mit der SPD im Landtag (führt 1985 zur Koalition) Kommunalwahlen in Nordrhein-Westfalen: SPD stärkste Partei, Grüne starke Gewinne, FDP unter 5% DDR baut letzte von 60 000 Selbstschußanlagen ab Nach der Absage von *E. Honecker* (DDR) sagt auch der bulgarische Staatschef *T. Schiwkow* (* 1911) seinen Besuch in der BRD ab Mitglieder der SPD des Bundestages besuchen Volkskammer der DDR in Berlin (O) DDR läßt im März überraschend 10 778 Bürger in die BRD übersiedeln † *Sir Arthur Harris*, brit. Luftmarschall, der im 2. Weltkrieg die Bombardierung dt. Städte verantwortete (* 1892) † *Sean Mac Entee*, einer der Anführer des irischen Osteraufstandes 1917, der nach Todesurteil begnadigt wurde (* 1890)	† *Paul Dahlke* deutscher Schauspieler (* 1904) † *Kurt Desch*, deutscher Verleger (* 1903) „Die Physiker“ von *Dürrenmatt* ist das meistgespielte Theaterstück in der BRD Zeitkritischer Schriftsteller *Bernt Engelmann* (* 1921 in Berlin) erhält den Heine-Preis in Berlin (O) † *Eduardo De Filippo* ital. Dramatiker, Schauspieler und Regisseur in Neapel (* 1900) † *Franz Fühmann* (in Ostberlin) deutscher Schriftsteller (* 1922 im Riesengebirge) *Boy Gobert* (* 1925, † 1986) wird als Generalintendant in Berlin (W) nicht verlängert und geht nach Wien † *Jorge Guilén*, spanischer Lyriker, der 1937–77 in USA lebte (* 1893 in Valladolid) † *Rudolf Hagelstange*, deutscher Schriftsteller (* 1912) *Manfred Peter Hein* (* 1931 in Ostpreußen) erhält *Peter Huchel*-Preis, der erstmalig verliehen wird † *Lilian Hellmann*, US-Dramatikerin (* 1905) *Rolf Hochhuth* (* 1931): „Judith“ (Schauspiel, Urauff. in Glasgow) *Ernst Jandl* (* 1925 in Wien) erhält *Georg Büchner*-Preis † *Uwe Johnson* (in London), deutscher	(* 1921) wegen „Sterbehilfe“ † *Ernst Heinrich*, dt. Archäologe, der Uruk ausgrub und rekonstruierte † *Michael Landmann* (in Haifa) (* 1913 in Basel) Philosoph und Anthropologe, ab 1957 in Berlin (W) Zusammen mit Teilen der Auslandspresse bezeichnet *Golo Mann* die Flick-Parteispendenaffäre als größte innenpolit. Krise der BRD † *Martin Niemöller*, im 1. Weltkrieg U-Bootkapitän, ab 1924 ev. Pfarrer, als Mitglied der „Bekennenden Kirche“ verfolgter Gegner des NS-Regimes (* 1892) † *Konrad Mellerowicz*, lehrte Betriebswirtschaft in Berlin (W) (* 1891 bei Posen) † *Aurelio Peccei* (* 1908), ital. Initiator und Präs. des „Club of Rome“ In Polen wird der regimekritische und populäre Priester *Jerzy Popieluszko* von Angehörigen des Staatssicherheitsdienstes ermordet (* 1947) *Karl Raimund Popper* (* 1902 in Wien, lebt in Großbritannien): „Auf der Suche nach einer besseren Welt“ † *Helge Pross*, dt.

bis 1947) in Berlin (W)

Willem de Kooning (* 1904 in Rotterdam) Gedenkausstellung in Berlin (W)

† *Norbert Kricke* (* 1922), deutscher Maler und Bildhauer

Hans Kuhn (* 1905): „Meer-Dreieck" (Gemälde)

† *Carlos Merida* (* 1891), Wegbereiter mexikanischer Wandmalerei

Restaurierung der Sixtinischen Kapelle im Vatikan von *Michelangelo* aus der Zeit 1508-12

Livorno veranstaltet als Geburtsstadt Ausstellung für *Amadeo Modigliani* (1884–1920)

Harald Nägeli (* 1939 in Zürich) wird als Sprayer von Graffiti auf Mauerwänden gerichtlich verfolgt und verurteilt, ohne daß ihm die „Freiheit der Kunst" zugebilligt wird

Claes Oldenburg (* 1929 in Stockholm) „Balancing Tools" (Monumentalplastik bei Weil am Rhein)

† *Roland Penrose* (* 1900), britischer Maler und Kritiker, Freund von *Picasso*

† *Fritz Schmalenbach* (* 1909 in Köln), Kunsthistoriker und Museumsdirektor

Großes Schauspiel-

US-Soulsänger *Marvin Gaye* wird in Los Angeles erschossen (* 1939)

Philip Glass (* 1937 i. USA): „Echnaton" (Oper, Urauff. i. Stuttgart) (schrieb auch Opern über Einstein und Gandhi)

† *Tito Gobbi* (* 1913), ital. Opernsänger (Bariton) bes. in *Verdi*-Opern

Rückblick auf 30 Jahre Rock-Musik (1954 sang *Bill Haley* (* 1927, † 1981) „Rock around the clock")

Walter Haupt (* 1935 i. München): „Marat" (Oper nach *Peter Weiss* (* 1916, † 1982), Urauff. i. Kassel)

Hans Werner Henze (* 1926): 7. Sinfonie (Urauff. in Berlin (W))

† Jazzpianist *Dill Jones* in New York (* 1924 i. Wales)

† *Ralph Kirkpatrick* (* 1911), US-Cembalist und Musikologe

Rudolf Kelterborn (* 1931 i. der Schweiz): „Ophelia" (Hamletoper,

US-Astronomen erhalten klares Bild von den Ringen des Planeten Uranus, die 1977 durch Verdunkelungswirkungen entdeckt worden waren

Aus der VR China wird ein Kometenatlas aus einem Grab des –4. oder –3. Jahrhunderts mit 29 Kometenzeichnungen bekannt

Eisbohrkerne aus Schweizer Gletschern liefern für etwa 1000 Jahre Hinweise zur Klima- und Umwelt-Geschichte Mitteleuropas

† *Paul Dirac* (* 1902 in Bristol), Physiker, der 1931 das Neutrino postulierte und 1928 Relativitäts- und Quanten-Theorie verband. Erhielt 1933 *Nobel*preis

† *Pjotr Kapiza* (* 1894 in Kronstadt, 1921-35 in GB), russ. Physiker, entdeckt 1938 in Moskau „Supraflüssigkeit" nahe -270 Grad, später in der Kernwaffenentwicklung tätig

† *Alfred Kastler*, frz. Physiker, *Nobel*preis 1966 (* 1902 im Elsaß)

Es gelingt *R. P. Feynmann* (* 1918 in den USA) u. a. das Verhalten von Quarks und ihren Feldteilchen (Gluonen) mathematisch zu simulieren

Bei CERN in Genf

chend für 5,4 Mrd. Menschen (1972 waren es 1275 Mt = + 2,9 %/Jahr)

Mehr als 33 % der Welternte geht durch Schädlinge und Pflanzenkrankheiten verloren

UdSSR beginnt Erdgaslieferung aus Sibirien über Pipeline nach Frankr.

Ölförderung der OPEC sank 1983 um 9 % auf 946 Mt

Tankerflotte der Erde 329 Mtdw (1982: 372 Mt, also –6,3 %/Jahr)

Mrd. kWh Stromerzeugung in BRD; 1973 299; 1983 373; 1973–83: + 2,2 %/Jahr

In Europa (mit UdSSR) arbeiten 161 Kernkraftwerke (8 Länder haben keines, darunter Österr.)

Gericht verfügt Baustop für Kernkraftwerk Isar II

Mehrheit der Schweizer stimmt für weiteren Ausbau der Kernenergie

BRD, Frankr. und and. EG-Länder schließen Abkommen zur Kooperation beim „Schnellen Brüter"

VR China schließt mit USA und BRD Abkommen über die Errichtung von Kernkraftwerken

Zwischenlager Gorleben für radioaktive Abfälle nimmt Betrieb auf

Gesamtwirtschaftl. Wert des Recycling in BRD liegt über 4 Mrd. DM

Dem Irak wird im Golfkrieg Giftgaseinsatz vorgeworfen

Schweizer Volksabst. lehnt zivilen Wehrersatzdienst ab

35 Mill. Arbeitslose im OECD-Bereich mit 814 Mill. Einwohnern

7wöchiger Metallarbeiterstreik in der BRD um die 35-Stunden-Woche bei vollem Lohnausgleich endet mit der Schlichtung von *Georg Leber* (SPD), die die 38,5-Stunden-Woche mit 3,9 % Lohnausgleich vorsieht

2. Weltbevölkerungskonferenz der UN in Mexico City (auf dem Hintergrund eines jährl. Wachstums um 85 Mill.)

Weltbank sieht in der geburtenbeschränkenden Familienplanung die „einzige Chance für die Menschheit"

(1984)	Die Europawahl ergibt in der BRD bei geringer Beteiligung Verluste für die etablierten Parteien (FDP unter 5%) und Erfolge der Grünen Im Europa-Parlament bilden die Sozialisten und Sozialdemokraten mit 30,2% die stärkste Fraktion (KP: 9,7%) Bombenanschlag der IRA auf das Hotel in Brighton, das Regierungsmitgliedern als Domizil für den Parteitag der brit. Konservativen dient (4 Tote und 3 Verletzte, *M. Thatcher* und die meisten anderen blieben unverletzt) Nach schlechten Ergebnissen in der Europawahl und starken Protesten gegen staatliche Kontrolle kath. Privatschulen tritt frz. Reg. *P. Mauroy* zurück. *Laurent Fabius* (* 1947) löst *P. Mauroy* (* 1928) ab Belg. stationiert US-Raketen Nach Parlamentswahlen in Dänem. bildet *Poul Schlüter* (* 1929, konservativ) erneut bürgerliche Koalitionsreg. Stahlkrise in Lothringen entzweit sozialistisch-kommunistische Koalitionsreg. unter *F. Mitterrand* in Frankreich KP Frankreichs löst Koalition und Zusammenarbeit mit den Sozialisten beim Amtsantritt von Min.-Präs. *L. Fabius* auf Verhandlungen zw. GB und Argent. über Falkland-Inseln werden abgebrochen † *Enrico Berlinguer*, seit 1972 Generalsekr. der KP Italiens, der einen Eurokommunismus vertrat (* 1922) *Alessandro Natta* (* 1918) wird als KPI-Generalsekr. Nachfolger von *E. Berlinguer* NATO-Generalsekr. *J. Luns* (* 1911 in den Niederl.), der seit 1971 amtierte, übergibt sein Amt an *P. A. Carrington* (* 1919 in London) UN-Generalsekr. *P. de Cuéllar* (* 1920 in Peru) verhandelt in Wien über das zw. Türken und Griechen geteilte Zypern Malta unter *D. Mintoff* (* 1916) lehnt NATO-Stützpunkt ab Nachdem UdSSR seine Mittelstreckenraketen vermehrt hat, stationieren die Niederl. US-Raketen gemäß NATO-Beschluß Grüne erhalten auf Anhieb im Schweizer Kanton Thurgau mit 6 Sitzen Fraktionsstärke, während Sozialdemokraten 6 Sitze verlieren Parteitag der Sozialisten in Span. stimmt auf Vorschlag von *F. González* für Verbleib in der NATO	Schriftsteller, der 1959 die DDR verließ (* 1934 in Pommern) *Sarah Kirsch* (* 1935): „Katzenleben" (Gedichte) † *Angel Maria de Lera*, spanische Schriftstellerin (* 1912) † *Leopold Lindtberg*, Schauspieler und Regisseur, seit 1933 Schauspielhaus Zürich, 1965–68 dort Direktor (* 1902 in Wien) *Norman Mailer*: „Harte Männer tanzen nicht" (US-Roman erscheint in deutscher Übersetzung) *Erica Pedretto* (* 1930 in Mähren, lebt in der Schweiz) erhält den *Ingeborg Bachmann*-Preis *Claus Peymann* (* 1937) nimmt Intendanz des Wiener Burgtheaters ab 1986 an (seit 1979 in Bochum) † *Rudolf Platte* deutscher Volkschauspieler, vorwiegend in Berlin (* 1904 in Dortmund) † *J. B. Priestley*, britischer Schriftsteller und Dramatiker (* 1894) † *Heinrich Reclam* (* 1910), Urenkel des Verlegers *Philipp Reclam*, der 1867 das erste Reclam-Bändchen verlegte *Friederike Roth* (* 1948): „Krötenbrunnen" (Schauspiel, Urauff. in Köln) *Friederike Roth* wird Stadtschreiberin von Bergen	sozialliberale Soziologin (* 1927) † *Helmut Schelsky* dt. Soziologe (1957: „Die skeptische Generation") (* 1912 in Chemnitz) † *Theodor Schieder* (* 1908), dt. Historiker des 18.-20. Jh.s, Herausgeber der „Historischen Zeitschrift" Die Tochter von Stalin, *Swetlana A.*, die 1967 die UdSSR verlassen hatte, kehrt dorthin zurück † *Matthias Walden*, dt. Journalist mit rechtsgerichteter Grundhaltung (* 1927 in Dresden) *C. F.v. Weizsäcker* (* 1912), Physiker und Sozialwissenschaftler, warnt vor einem möglichen Weltkrieg † *Walter Winkler* (* 1914), dt. Psychiater, der die Schizophrenie in die Therapie der Psychoanalyse einbezog † *Yigael Yadin* (* 1917 in Jerusalem), israelischer Politiker und Archäologe, der die antike Festung Massada ausgrub und erforschte Internationaler Historiker-Kongreß tagt erstmals in BRD (Stuttgart) Pollenfunde auf der Osterinsel weisen auf frühere Wald-

haus am Gendarmenmarkt in Berlin (O) von *F. Schinkel* 1821 wird als Konzertsaal restauriert eröffnet

„Brücke"-Museum in Berlin (W) unter Leitung von *L. Reidemeister* (* 1900) gedenkt mit mehreren Ausstellungen seines Gründers *Karl Schmidt-Rottluff* (* 1884 in Chemnitz, † 1976 in Berlin (W))

† *Hans Sedlmayr* (* 1896 in Österreich), Kunsthistoriker

Willi Sitte (* 1921) erneut Präs. des Verbandes bildender Künstler der DDR

Neues ZDF-Gebäude bei Mainz als Rundbau der Planungsgruppe *Stieldorf*

Eröffnung der Neuen Staatsgalerie in Stuttgart vom Architekt *James Stirling* (* 1926 in Schottland)

Ausstellung von Werken von *William Turner* (1755-1851) in Paris

Starker Andrang zur *van Gogh* (1853 bis 1990) Ausstellung in New York

Retrospektive des Werkes von *J. A. Watteau* (1684 bis 1721) in Paris mit über 70 Gemälden und 100 Zeichnungen

BRD und das Land Berlin kaufen für 15 Mill. DM vom Haus

Urauff. i. Schwetzingen)

Ernst Krenek (* 1900 i. Wien): „Karl V." Auff. der Oper, die 1938 i. Prag uraufgef. wurde

Johann Kresnik (* 1939 i. Österr.): „Ausverkauf" (Tanztheater, Urauff. i. Heidelberg)

Rolf Liebermann (* 1910 i. Zürich), Kompon. und Opernintendant, 1972-80 Intendant i. Paris, kehrt nach Hamburg zurück

Rolf Liebermann: „Liaison" (Oper, Urauff. i. Stuttgart)

DDR untersagt eingeplantes Auftreten des Rocksängers *Udo Lindenberg* (* 1946)

† *Shelly Manne* (* 1920), US-Jazzmusiker, Kompon. und Schlagzeuger

Nach Vertragslösung durch *L. Maazel* (* 1930 i. Frankreich) übernimmt *Egon Seefehlner* (* 1912 i. Wien) als Interimschef die Wiener Oper

Olivier Messiaen (* 1908 i.

gelingt Nachweis eines 6. Quarks (Topquark), dessen Masse sich als 30-50 Protonenmassen erweist

Am „Desy"-Beschleuniger in Hamburg wird ein neues, schwer deutbares Teilchen „Zeta" mit etwa 9 Protonenmassen nachgewiesen

Forscher in USA und Darmstadt entdecken die Erzeugung „spontaner" Positronen beim energiereichen Stoß zweier Urankerne

† *Hermann Hartmann*, dt. Physikochemiker, der bes. Quantenphysik der chem. Bindung untersuchte (* 1914)

Ernst Mayr (* 1904 in Kempten) erhält 1956 gestifteten Balzan-Preis für Fortentwicklung der biologischen Evolutionstheorie

2. Patent für ein Produkt der Gentechnologie an Stanford-Universität/USA (ein eiweißproduzierendes Bakterium)

In USA gelingt die Analyse von Bio-Makromolekülen (Sequenzanalyse bei Proteinen und Genen) in 1-2 Tagen

Internat. Forschergruppe gelingt Synthese eines Gens für einen Blutgerinnungsfaktor aus 2351 Aminosäuren

Die 1. Hominiden (echte Menschenvorfahren) werden auf

8 Staaten der Sahelzone mit 30 Mill. Einwohnern, die durch Hunger infolge Dürre bedroht sind, bitten um internat. Hilfe

200 Tote bei Unruhen wegen Teuerung in Santo Domingo als Auswirkung der Bedingungen für einen Weltbankkredit

Regimekritiker *A. D. Sacharow* (* 1920) tritt in der UdSSR in den Hungerstreik, um die Ausreise seiner kranken Frau *Jelena Bonner* in die USA zu erzwingen, was 1985/86 erreicht wird

Die Zahl der Flüchtlinge in Pakistan aus Afghanistan übersteigt 3 Mill.

Polen verläßt Internat. Arbeitsorganisation (ILO) in Genf

World Wildlife Fund (gegr. 1961) sieht etwa 2000 Tierarten vom Aussterben bedroht (darunter Elefant und Nashorn)

Durch Verbrennung fossiler Energieträger nimmt der Kohlendioxydgehalt der Atmosphäre laufend zu

Kontroverse Diskussion um Tempolimit der KFZ gegen das Waldsterben in BRD, die als einziges EG-Land keines kennt

BRD ermäßigt die KFZ-Steuer für abgasarme Autos mit Katalysatoren

Schwere Unruhen wegen des Baus eines Wasserkraftwerkes bei Hainburg in Österr.

Umweltbundesamt meldet im Winter 83/84 den Tod von 320 000 Seevögeln durch Ölverschmutzung der Nordsee

ca. 1,3 Mrd. Menschen können ihren Bedarf an Brennholz nur mühsam decken, was zur Gefährdung der Waldbestände führt

Der Brennholzeinschlag liegt bei 1,65 Mrd. m^3 (mit 0,8 Mrd. t SKE sind das etwa 8 % der global verbrauchten Energie, steigende Ölpreise erhöhen Brennholzbedarf)

Ca. 20 Mill. Leprakranke auf der Erde

Die Zahl der Alkoholsüchtigen in BRD liegt im Bereich 1,5-2 Mill. (ca. 3 %)

(1984)

KP Spaniens spaltet sich in Euro- und Moskau-Richtung

In der Türkei erzielt die konservative Vaterlandspartei des Min.-Präs. *Turgut Özal* (* 1927) Wahl-Erfolge

Die militär. Ausgaben der USA stiegen 1975–84 real in Preisen von 90,9 auf 238,6 Mrd. $ (+ 11,3 %/Jahr)

US-Präs. *Reagan* will eine weltraumgestützte Abwehr feindlicher Raketen errichten (Strategic Defence Initiative (SDI) oder „Krieg der Sterne" genannt)

Resolution des Weltsicherheitsrates gegen Verminung der Häfen Nicaraguas durch USA scheitert an deren Veto

US-Senat verurteilt mit großer Mehrheit die Verminung der Häfen Nicaraguas durch CIA-Geheimdienst

US-Präs. *R. Reagan* besucht VR China

USA senden Aufklärungsflugzeuge in den Sudan gegen Libyen

USA fordern erdweites Verbot chemischer Waffen. 1985 bewilligt der Kongreß Mittel für solche

USA verlassen UNESCO wegen Mißmanagement und kulturpolit. Differenzen mit der Mehrheit aus Ostblock und Dritter Welt

Großer Wahlerfolg von *R. Reagan* für seine 2. Amtszeit als Präs. der USA

Pierre Trudeau tritt zurück; war seit 1968 Min.-Präs. von Kanada

Der progressiv-konservative *Brian Mulroney* (* 1930) wird durch Sieg über die Liberalen Reg.-Chef von Kanada

† *Juri Andropow*, seit 1981 Vors. der KPdSU, seit 1982 Staatschef der UdSSR (* 1914)

K. U. Tschernenko (* 1911) wird als Generalsekr. der KPdSU Nachfolger von *Juri Andropow*

Oberster Sowjet der UdSSR wählt *Tschernenko* einstimmig zum Vors., der damit die gleichen höchsten Ämter vereinigt wie seine Vorgänger *Andropow* und *Breschnew*

† *Sergej Tulpanow*, maßgebliches Mitglied der sowjet. Militäradministration 1945-49 in Berlin (* 1901)

RGW-Außenmin. erklären sich in Budapest zu Verhandlungen über Friedenssicherung bereit

Die schweren Kämpfe in Afghanistan seit Einmarsch der UdSSR 1979 forderten ca. 130 000 Tote

Gerhard Rühm (* 1930 in Wien): „Ein deutsches Requiem" (erhält Hörspielpreis der Kriegsblinden)

† *Edzard Schaper* (in der Schweiz), Schriftsteller polnischer Herkunft (* 1908 in Posen), wurde vom NS-Regime u. von UdSSR zum Tode verurteilt

† *Michail Scholochow*, Schriftsteller der UdSSR 1932–61: „Am stillen Don" (* 1905 in Rußland) *Nobel*preis 1965

† *Manès Sperber*, Schriftsteller, der in Frankr. lebte (* 1905 in der Ukraine)

† *Oscar Fritz Schuh* (* 1904), Regisseur an mehreren Theatern: 1953–60 in Berlin (W), 1963–68 in Hamburg

Peter Stein (* 1937 in Berlin) kündigt an, die künstlerische Leitung der „Schaubühne" in Berlin (W) niederzulegen, die er seit 1970 hatte

John Stoppard (* 1937 i. der Tschecheslowakei): „Rough Crossing" (britisches Schauspiel um eine stürmische Schiffsreise)

Botho Strauß (* 1944): „Der Park" (Schauspiel, *Peter Stein* gewidmet, Urauff. in Freiburg i. Br.)

Leon Uris (* 1924 i. USA): „Hadasch" (Roman einer arabischen Familie in Palästina, deutsche Übersetzung)

Paul Wühr (* 1927) erhält Bremer Literaturpreis (wurde durch Hörspiele bekannt)

bäume hin, mit deren Hilfe ~ 1550 die bis zu 20 m hohen Felsbilder transportiert und aufgestellt werden konnten

Tamerlan-Turm als mongolisches Mausoleum aus dem 14. Jh. im Ural entdeckt

Archäologen finden in Israel Gebetsstätte mit Altar aus dem -13. bis -12. Jh.

In Köln wird das Hauptquartier der römischen Flotte ausgegraben, das ca. 25–30 angelegt wurde

Reste einer persischen Armee gefunden, die ~ -500 in der Sahara verschwunden war

Erstes Wörterbuch der Keilschrift beginnt in USA zu erscheinen (22 Bde. mit 16 000 Stichworten geplant)

In VR China wird ca. 3700 Jahre alte Hauptstadt der Jangschau-Kultur ausgegraben

Nach Kritik an der Fassung von 1975 wegen „Modernität" erscheint revidierter Text des Neuen Testaments als „Luthers Testament 1984"

Der Versuch, die 8 ev. Landeskirchen der DDR zu vereinigen scheitert auf der Potsdamer Synode nach langen Verhandlungen

Hohenzollern das Bild von *Watteau* „Einschiffung zur Liebesinsel“, das dadurch in Berlin verbleibt

† *Hans Maria Wingler*, seit 1960 Leiter des Bauhaus-Archives, das 1971 nach Berlin (W) kam (* 1920)

„La Grande Parade“ (Ausstellung im Stedelijk-Museum, Amsterdam), die *Edy de Wilde* am Ende seines 20jährigen Direktorats mit Höhepunkten der Malerei seit 1940 veranstaltet

„Kunstlandschaft Bundesrepublik“ (Ausstellung von 396 Künstlern durch 48 Kunstvereine aus 10 Kunstregionen)

980 Faksimile-Exemplare hoher Orginaltreue (zu je 19000 DM) des „Stundenbuches“ des Herzogs von *Berry* von ~ 1420 erscheinen in Paris

~ Die Malerei der „Jungen Wilden“ wird in der BRD von *Georg Baselitz* (* 1938) und *Markus Lüpertz* (* 1941 in Böhmen) abgeleitet. Man rechnet dazu: *Rainer Fetting* (* 1949), *Helmut Middendorf* (* 1953), *Salomé* (eigentlich *Wolfgang Cilarz* (* 1954)) u.a.

Isenheimer Altar in Colmar durch 2 wieder aufgefun-

Avignon) erhält als Kompon. Großen Kunstpreis in Berlin (W)

Detlev Müller-Siemens (* 1957 i. Hamburg): Konzert für Viola und Orch. (Urauff. i. Berlin (W))

Luigi Nono (* 1924 i. Venedig): „Prometeo“ (Musiktragödie, Urauff. i. Venedig)

† *Jan Peerce* (* 1904 i. New York), der als Operntenor vor allem unter *A. Toscanini* sang

Staatsoper, Burgtheater und Volksoper i. Wien stehen vor Intendantenwechsel: *Claus Helmut Drese* (* 1922 i. Aachen, ab 86), *Claus Peymann* (* 1937 i. Bremen, ab 86) und *Eduard Waechter* (* 1929 i. Wien, ab 87)

† *Michael Raucheisen* (* 1889) als Pianist Begleiter berühmter Sängerinnen und Sänger

Steve Reich (* 1936 i. New York): „The Desert Music“ (Minimalmusik für gr. Orch. und Chor mit Texten des US-

–3,75 bis –4,0 Mill. Jahre datiert

US-Forscher finden in Kenia Skelett eines etwa 12jährigen Jungen, der vor etwa 1,6 Mill. Jahren lebte (Gewicht: 65 kg, Größe: 1,62 m), das sie dem Homo erectus zuordnen

Baumjahresring-Chronologie weist auf –1624 hin, als die myken. Kultur erschüttert wurde (vgl. –1500)

In der MPG klärt *D. Schulte Frohlinde* die Chemie des Strahlentodes einer Zelle als Doppelstrangbruch in der DNS-Erbsubstanz auf

† *F. Cori*, US-Mediziner und *Nobel*preisträger 1957 (* 1896)

† *Rudolf Zenker*, Herzchirurg, der 1969 in München die 1. Herztransplantation in der BRD ausführte (* 1903)

In Pittsburg/USA wird einem 6 Jahre alten Mädchen in 15stündiger Operation gleichzeitig Herz und Leber transplantiert

Antikörpertest verbessert AIDS-Diagnose

Erdweit sind etwa 4500 AIDS-Fälle bekannt (davon in den USA 4000, in Europa 335, in der BRD 64)

Prionen, 100mal kleiner als Viren, können sich als Krankheitserreger ohne ge-

In BRD werden jährlich ca. 7 Mill. Versuchstiere verwendet

Retorten-Vierlinge werden in Melbourne/Austr. geboren

Berthold Beitz (* 1913 in Dtl.) wird zum neuen Präs. des Internat. Olymp. Komitees (IOC) gewählt

Bei den Olymp. Winterspielen in Sarajewo/Jugosl. kämpfen 1500 Sportler aus 49 Staaten in 39 Disziplinen um 117 Medaillen

Medaillenspiegel G/S/B der Olymp. Winterspiele in Sarajewo/ Jugosl.: DDR 9/9/6; UdSSR 6/10/9; USA 4/4/0; Finnl. 4/3/6; Schwed. 4/2/2; Norw. 3/2/4; CH 2/2/1; BRD 2/2/1; Ital. 2/0/0; GB 1/0/0; {\BC}SSR 0/2/4; Frankr. 0/1/2; Japan 0/1/0; Jugosl. 0/1/0; Liechtenstein 0/0/2; Österr. 0/0/1

6708 Sportler aus 141 Ländern beteiligen sich an den Olymp. Sommerspielen in Los Angeles (RGW-Staaten außer Rumän. boykottieren sie)

Medaillenspiegel G/S/B für die Olymp. Sommerspiele in Los Angeles: USA 83/61/30; Rumän. 20/16/17; BRD 17/19/23; VR China 15/8/9;

† *Johnny Weißmueller* Olympiasieger im Schwimmen 1924 und 28, seit 1932 Tarzandarsteller im Film (* 1904 in den USA)

Carl Lewis (* 1961 in den USA) gewinnt in Los Angeles 4 olymp. Goldmedaillen (100 m, 4 x 100 m-Staffel, 200 m und Weitsprung, wie *Jesse Owens* 1936 in Berlin)

Rekord mit 30 Remis-Partien bei der Schach-WM in Moskau zw. *A. Karpow* und *G. Kasparow*

Im Wimbledon-Tennisturnier siegen *John McEnroe* (* 1959 in Wiesbaden) zum 3. Mal in Serie und *Martina Navratilova* (* 1956 in Prag, lebt in USA) zum 5. Mal in Serie (beide sind US-Bürger)

38 Tote bei blutigen Auseinandersetzungen beim Europacupfinale in Brüssel zw. Anhängern von Liverpool und Turin (löst wachsende Sicherheitsmaßnahmen aus)

VfB Stuttgart Sieger in der Fußballbundesliga

(1984)	UdSSR beantwortet Stationierung von US-Raketen in Europa mit neuen Stationierungen in der DDR und ČSSR Bericht der USA erwähnt 320 SS 20-Raketen mit je 3 atomaren Sprengköpfen der UdSSR Wiederaufnahme der MBFR-Verhandlungen in Wien, die 1973 begannen und 1983 von der UdSSR unterbrochen wurden Comecon-(RGW-)Jahresversammlung in Kuba (erstmals nicht in Europa) Albanien begeht den 40. Jahrestag seiner Unabhängigkeit in außenpolit. Isolation In Polen finden am 1. Mai Demonstrationen für die Verbotene Gewerkschaft »Solidarität« statt In Polen bildet sich ein »Bürgerkomitee gegen die Gewalt«, das der verbotenen »Solidarität« nahesteht Der rumän. Staats- und Parteichef N. *Ceausescu*, der seit 1965 amtiert, wird zum 5. Mal gewählt Irakische Angriffe auf Öltanker im persischen Golf führen zur internat. Krise Israel und Syrien tauschen Gefangene aus Bei den Wahlen in Israel schlägt *Shimon Peres* (* 1923, Arbeiterpartei) *Yitzak Shamir* (* 1914, Likudblock), die eine Koalition mit alternierender Führung bilden Im Libanon ernennt *A. Gemayel* (* 1942 Christ) *R. Karame* (* 1921, Sunnit) zum Min.-Präs. Frankr. und Libyen vereinbaren Abzug ihrer Truppen aus dem Tschad Krise der Koalitionsreg. in Israel um Bez. zu Jordanien wird beigelegt Kg. *Hussein* von Jordanien beruft 1967 gewähltes Parlament ein, das 1974 suspendiert worden war Multinationale Friedenstruppe aus USA, Frankreich, GB und Ital. im Libanon kann ihre Aufgabe nicht erfüllen und wird nach und nach abgezogen 2. Libanesische Versöhnungskonferenz der Bürgerkriegsparteien vereinbart Waffenstillstand Libanesische Reg. tritt wegen heftiger Kämpfe zw. Christen und Moslems in Beirut zurück Über 100 Tote durch israel. Luftangriffe auf Baalbek Syrische Reg. unter *Assad* (* 1928) nötigt Libanon, Waffenstillstand mit Israel zu kündigen	Ztg. des Vatikans übersetzt Mickey-Mouse-Comics in lateinische Sprache † Film-, Funk- und Fernsehautor *Heinz Oskar Wuttig* (z. B. „Forellenhof", „MS Franziska") (offiziell: * 1907) † *Irving Shaw*, US-Schriftsteller, der 1948 den Antikriegsroman „Junge Löwen" schrieb (* 1913) *George Tabori* (* 1914 in Budapest): „Peepshow" (literarischer Rückblick als Schauspiel, Urauff. in Bochum) † *Ivo Veit* deutscher Schauspieler und Hörspielregisseur (* 1910) Veränderung der deutschsprachigen Theaterszene durch Rückzug von *Peter Stein* (* 1937) von der Berliner Schaubühne und den Ruf von *Claus Peymann* (* 1937) an das Wiener Burgtheater Frankfurter Buchmesse mit 6192 Verlagen, 312 000 Titeln und 92 000 Neuerscheinungen unter dem Motto „Orwell 2000" Verlag in BRD gibt als größte Bibliographie der Erde „The Main Catalogue of the Library of Congress (USA)" mit 25 Mill. Eintragungen heraus (1968 W) Restauriertes „Großes Haus" des Staatstheaters in Stuttgart eröffnet Als 10 bedeutendste europäische Schrift-	88. Deutscher Katholikentag in München USA und Vatikan nehmen diplomatische Bez. auf, die 1867 unterbrochen wurden Es werden noch rd. 362 000 Vermißte des 2. Weltkrieges gesucht Lutherischer Weltbund mit 97 Mitgliedsländern und 55 Mill. Gläubigen tagt in Budapest Kath. Hirtenbrief in USA weist auf 35 Mill. Menschen (15 % der Bevölkerung) hin, die dort unterhalb der Armutsgrenze leben Die Zahl der Moslems nähert sich der Zahl der Christen Erstmals eine Frau in der Schweizer Reg. als Polizei- und Justizminister Ministerium für Frauenfragen in Indien Philosophie-Kongreß in Bonn unter dem Thema „Tradition und Innovation" Meinungsforscher ermitteln in der BRD unter den 16–25jährigen 6 % Rechts- und über 12 % Linksradikale US-Organisation konstatiert, daß 41 % der Erdbev. in polit. Unfreiheit lebt 50 Jahre nach der Errichtung des „Volksgerichtsho-

dene Holzfiguren ergänzt

„Von hier aus", umfassende Ausstellung moderner Kunst in Düsseldorf

In BRD gibt es 53, in der DDR über 100 Artotheken, die Kunstwerke ausleihen (1970 waren es 3 in Berlin und München)

12 romanische Kirchen in Köln wurden seit 1945 restauriert

Die Zahl der Besuche in 1586 kunst- und kulturgeschichtlichen Sammlungen der BRD steigt gegenüber 1983 um 10%

Niedersachsen anerkennt, daß der Welfenschatz zum Preußischen Kulturbesitz in Berlin (W) gehört (wird auch in Hannover gezeigt)

Mittelalterliche Baudenkmäler wie der Kölner Dom oder Straßburger Münster erfordern hohe Summen zu ihrer Erhaltung, die durch Umweltschäden gefährdet ist

Die Kathedrale von York in GB durch Blitzschlag schwer beschädigt

† *Jackie Coogan*, der als Kinderfilmstar 1920 mit *Charly Chaplin* in „The Kid" spielte (* 1914)

† *Janet Gaynor*, US-Filmschauspielerin (* 1906)

Lyrikers *Carlos Williams* (* 1883, † 1963), Urauff. im WDR, Köln

† *Rostislaw Sacharow* (* 1907), Choreograph der UdSSR, Stalinpreise 1942 und 1945

Joshua Sobol (* 1939): „Ghetto", (Musical um das gewagte Thema von Juden in einem NS-KZ) erfolgreich von *Peter Zadek* (* 1926 i. Berlin) in Berlin und Bremen inszeniert (Urauff. i. Haifa)

Musikfest für den russ. Komponisten *D. Schostakowitsch* (1906–75) in Duisburg

Nach 2 1/2 Jahren Pause erringt die Tanzgruppe von *Twyla Tharp* (* 1942) in New York neue Erfolge

~ Etwa jede 3. Ballett-Urauff. findet in New York statt

† *Georges Thill* (* 1897), frz. Operntenor („der frz. Caruso")

† *Wladimir Vogel* (* 1896 i. Moskau), Schweizer Kompon. russ. Eltern, der ab 1937 12-Ton-

netische Substanz (DNS oder RNS) vermehren

Operationen am offenen Herzen in der BRD 1982 13700; 1984 17700 (+ 14%/Jahr)

Etwa 7000-Herz-Bypass-Operationen jährlich in der BRD

Erste Lungenoperation an einem ungeborenen Kind in Europa

Positronen-Emissions-Tomographie (PET) gestattet Hirnfunktions-Diagnostik

3 Kosmonauten der UdSSR erreichen mit 237 Tagen Dauerrekord im Raumfahrzeug

UdSSR-Kosmonautin *Swetlana Sawizkaja* bewegt sich als erste Frau außerhalb des Raumschiffes im Raum

4 US-Astronauten und 3 Kosmonauten der UdSSR umkreisen gleichzeitig die Erde

Bisher größte Raumflugbesatzung (5 Mann und 2 Frauen) in US-Raumfähre „Challenger". Erste US-Frau verläßt zeitweilig US-Raumfähre

Im Rahmen der SDI-Versuche gelingt in USA das Abfangen einer anfliegenden Attrappe durch eine Rakete

Europäische ESA-Rakete „Ariane" bringt 2 Nachrich-

Giftgaskatastrophe durch eine chemische Fabrik aus USA in Indien (Bhopal) verursacht 2500-3000 Tote und 100 000-200 000 Erkrankte

Nach Feststellung der Reg. ist der Wald in BRD zu 50 % geschädigt (im Vorjahr zu 34 %)

Kosten der Umweltschutzmaßnahmen in BRD (in Kaufkraft 1980): 1970 130 Mrd. DM; 1984 198 Mrd. DM; (+ 3,1 %/Jahr)

Die Zahl der Verkehrstoten in der BRD sinkt auf ca. 10 000 (niedrigste Zahl seit 1953)

Flugmanöver der UdSSR stören Verkehr in Berliner Luftkorridoren

Erdweit 550 Mill. Telefone, davon pro 100 Einwohner: Schweden 86; USA 79; BRD 51; Ind. 0,5; Erde 12

Gewaltsame Demonstrationen am Tage der Eröffnung der Startbahn West des Frankfurter Flughafens

Verlustreiches Jahr der Zivilluftfahrt mit 988 Toten (1983: 553)

Erdbebenserie in Ital. macht über 27 000 Menschen obdachlos

Nach 6469 Verurteilungen sind noch über 1500 Verfahren wegen NS-Straftaten anhängig

Schaden durch Wirtschaftskriminalität in BRD liegt mit 150 Mrd. bei 10 % des BSP

Die Reiseausgaben der BRD im Ausland stiegen 1973–83 von 17,4 auf 34,8 Mrd. DM (+ 7 %/Jahr, vor allem in Österr., Ital., Schweiz, Span. und Frankr.) erdweiter Tourismus +5 % gegen 1983

Verkehrschaos durch 7tägige LKW-Blockade im Alpenbereich, um bessere Grenzabfertigung zu erreichen

Donau-Schwarzmeer-Kanal in Rumän. eröffnet

Prag erhält U-Bahn

~ Kalkutta erhält als erste indische Stadt eine U-Bahn

† *Robert Volz*, letzter privater Verleger der 1875 gegründeten „ Königsberger Allgemeinen Zeitung" (* 1897)

Staatsvertrag der Bundesländer der BRD über die Zulassung privater

(1984)

GB und VR China vereinbaren nach Ablauf des Pachtvertrages über Hongkong 1997 50 weitere Jahre marktwirtschaftliche Ordnung bei chinesischer Oberhoheit

KP-Organ der VR China distanziert sich von den Lehren von *Marx* und *Lenin*

Tschao Tsi jang besucht als erster Min.-Präs. der VR China die USA und führt dort Wirtschaftsgespräche

ZK der KP der VR China beschließt unter *Deng Xiao ping* (* 1904) Wirtschaftsreform, die kapitalistische Elemente nicht ausschließt

VR China dringt in Vietnam ein, das von der UdSSR unterstützt wird

Zentralreg. in Indien setzt 2 LandesReg. ab, was Unruhen erzeugt

Indira Gandhi läßt „Goldenen Tempel" als Hauptheiligtum der Sikhs im Punjap von der Armee stürmen (unter den ca. 350 Toten sind führende Sikhs)

† *Indira Gandhi*, indische Reg.-Chefin seit 1966, von Sikhs ihrer Leibwache ermordet (* 1917)

In Indien töten nach der Ermordung von *Indira Gandhi* Hindus aus Rache ca. 4000 Sikhs

Rahjiv Gandhi (* 1940 als Sohn der ermordeten *Indira Gandhi*) wird neuer Min.-Präs. von Indien

Indische Kongreßpartei unter *Rahjiv Gandhi* erreicht bei den Neuwahlen 2/3-Mehrheit

General *Suharto* in Indonesien unterdrückt blutig Unabhängigkeitsbestrebungen in Ost-Timor

Nakasone (* 1918, liberaldemokratische Partei) für 2 weitere Jahre zum jap. Reg.-Chef gewählt

Nordkorea bietet Südkorea Verhandlungen über Wiedervereinigung an

Volksabst. in Pakistan bestätigt mit hoher Mehrheit Staatschef *Zia ul Haq* (* 1924), der seit 1978 Staatschef ist und Islamisierung betreibt

Auf den Philippinen wächst die Unruhe der Bev. nach der Ermordung des Oppositionellen *Benigno Aguino* und schwächt die Stellung des von den USA gestützten Diktators *G. Marcos* (* 1917), der seit 1965 ein korruptes Regime führt

Labour-Wahlsieg in Australien. *Robert J. L. Hawke* (* 1929) bleibt Reg.-Chef

Massendemonstrationen in Brasilien für Direktwahl des Staatspräs. 1984

steller werden genannt: *1. Shakespeare, 2. Goethe, 3. Cervantes, 4. Dante, 5. Kafka, 6. Proust, 7. Th. Mann, 8. Molière, 9. Joyce, 10. Dickens*

Norbert Stief entwikkelt in Bonn Gerät für Hieroglyphenschrift mit Schreibmaschinentastatur

Michael A. H. Ende (* 1929): „Die unendliche Geschichte" (erscheint auch als Film)

fes", der zahlreiche NS-Terror-Urteile fällte, steht die Anklage gegen 47 seiner Mitglieder bevor

70 Mrd. DM wurden bisher in BRD als Wiedergutmachung für Schäden aus dem NS-Regime gezahlt

Kultusmin. der EG erklären Athen zur „Europäischen Kulturstadt 1985"

Nach den USA verkündet GB seinen Austritt aus der UNESCO

Soziale und erzieherische Ausgaben in % BSP 1960/1981: Belg. 17,0/38,0; Niederl. 16,3/36,1; Schweden 14,5/33,5; BRD 20,5/31,5; Ital. 16,5/29,1; Dänem. 19,2/29,0; Österr. 17,9/27,2; Großbritatanien. 13,9/24,9; Frankr. 13,4/23,9; USA 10,9/21,0

Anzahl erwachsener Analphabeten in den USA ca. 10 Mill.; Frankr. ca. 5 Mill.

Architekturmuseum in Frankfurt/M. eröffnet

Die Liste des „Weltkulturerbes" der UNESCO von Bauten u. ä. enthält 52 Objekte in der BRD

Prominente Persönlichkeiten beteiligen sich an der 3tägigen Blockade des US-Militärde-

† *Yilmaz Güney*, in seiner Heimat als Kurde verfolgter türkischer Filmregisseur (* 1937, drehte 1980 „Der Weg" (Yol))

† *Joseph Losey*, US-Filmregisseur (* 1909)

† *James Mason*, britischer Filmschauspieler (* 1909)

† *Wolfgang Staudte*, deutscher Filmregisseur (z. B. 1951 „Der Untertan") (* 1906)

† *Herta Thiele*, deutsche Filmschauspielerin (* 1908) (1931 und später, „Mädchen in Uniform")

† *François Truffaut*, französischer Filmregisseur (* 1932)

† *Luise Ullrich*, deutsche Filmschauspielerin (* 1911 in Wien)

† *Ivo Veit* , deutscher Schauspieler und Regisseur (* 1910)

† *Johnny Weissmüller* (US-Schwimmsportler und Filmschauspieler (z. B. „Tarzan") (* 1904)

Der „Fall Bachmeier", in dem eine Frau den vermutlichen Mörder ihrer Tochter vor dem Urteil im Gerichtssaal erschießt, wird durch 2 Filme in der BRD „vermarktet"

„Rambo II" (US-Film, der mit Erinnerungen an den

Technik verwendete

Rundfunk in Israel spielt bisher wegen Verdacht der NS-Ideologie geächtete Musik von *Richard Wagner* und *Richard Strauss* nicht

† *Collin Wallcott* (* 1945), US-Spieler des Sitar (Langhalslaute) im Jazz (durch Unglücksfall)

Andrew L. Webber: „Cats" (brit. aufwendiges Musical, 1982 Urauff. in New York) kommt in dt. Fassung nach Wien

Isang Yun (* 1917 i. Korea, lebt in Berlin (W)): 1. und 2. Sinfonie (Urauff. i. Berlin (W))

† *Carlo Zecchi*, ital. Dirigent und Pianist (* 1903 i. Ital.)

† *Fritz Zweig*, Dirigent der Krolloper in Berlin bis 1931, ab 1934 i. Ausland, zuletzt in USA (* 1893)

Filmmusik zu „Flashdance" erhält Oscar

Stiftung Preußischer Kulturbesitz eröffnet in Berlin

ten-Satelliten in Erdumlauf

Brasilien, VR China, Ital. und Japan beginnen sich an der Raumfahrt zu beteiligen

~ Der Gürtel für geostationäre Satelliten in 36 km Höhe wird zunehmend zu eng besetzt

Bund und Länder der BRD betreiben 13 Großforschungseinrichtungen mit 20 000 Mitarbeitern und über 20 Mrd. DM Haushaltsmitteln

Ende 1984 gibt es erdweit 322 Kernkraftwerke mit 230 Mill. kW (ca. 12 % der Erde) elektrische Leistung

Die Beseitigung der Radioaktivität des durch Unfall zerstörten US-Atomreaktors bei Harrisburg benötigt in über 5 Jahren 1 Mrd. $

Britische Kg. weiht in Culham Kernfusionsanlage der EG „JET" ein

Japan beginnt seine Kernfusionsmaschine „JT 60" zu erproben

Transsibirische Bahn BAM (Baikal-Amur-Magistrale, Baubeginn vor 1938) in Betrieb

Größtes Wasserkraftwerk der Erde mit 12600 MW (und 18 Mrd. $ Kosten) wird von Brasilien und Paraguay am Grenzort Itaipu eingeweiht

Rundfunk- und Fernsehprogramme scheitert

Rundfunk in Schweiz, Österr. und BRD starten 1. Satellitenfernsehen in Europa, das durch Kabelnetze verbreitet wird

In BRD fusionieren Lexikon-Verlage Brockhaus und Meyer

In USA stirbt die Frau, die sich als Zarentochter *Anastasia* ausgab, die 1917 der Exekution entging (* 1901, seit 1961 in USA verheiratet, ohne daß ihre Identität geklärt werden konnte)

2 Tote der Nordpolarexpedition des Briten *John Franklin* im Jahr 1845 werden gefunden (vgl. 1847)

Für den Luftdruck im Wetterbericht wird die Einheit Hektopascal hPa statt Millibar mb (Normaler Luftdruck 760 mm Hg = 1013 hPa = 1013 mb) verwendet

1. Maifeier in Chile seit 1973

(1984) Chilenische Diktatur setzt Gewerkschaftsführer *Seguel* ab

Wirtschaftskrise in Bolivien. Ein Putsch scheitert

Christl. Demokraten unter *Napoléon Duarte* (* 1926) gewinnen mit 46 % die Wahlen in El Salvador. Die Linksparteien boykottieren die Wahlen

Gemeinsame Manöver USA-Honduras, die gegen Nicaragua gerichtet sind

Kuba zieht einen Teil seiner Streitkräfte aus Äthiopien ab

Nach Wahlsieg der Sandinisten in Nicaragua wird *Daniel Ortega* (* 1946) Staatspräs.

Sozialdemokratischer Wahlsieg in Peru

Gemäßigte Colorado-Partei gewinnt erste freie Parlamentswahlen seit 1973 in Uruguay

Die nationaldemokratische Partei von *Mubarak*, Staatspräs. von Ägypten, gewinnt Wahlen mit 73 % der Stimmen

Wiederaufnahme diplomatischer Bez. Jordanien-Ägypten, die seit 1977 unterbrochen waren

† *Sékou Touré* (* 1922), Staatspräs. der westafrikan. Rep. Guinea, die er seit 1960 mit kommunistischer Tendenz regierte (auf einer Reise in die USA). Es folgt zunächst ein unblutiger Militärputsch

Über 100 Tote bei Unruhen in Marokko wegen Preiserhöhungen

Libyen und Marokko unterzeichnen Vertrag einer Staatengemeinschaft

H. M. Mengistu, Staatsoberhaupt Äthiopiens (1937) grdt. marxistisch-leninistische Partei

Frankr. einigt sich mit Libyen auf Rückzug aus dem Bürgerkrieg im Tschad (Libyen bricht das Abkommen)

Über 100 Tote bei Attentat der Unita in Angola auf sowjetisch-kubanisches Hauptquartier

Die Europareise des südafrikan. Präs. *Pieter Botha* (* 1916) ist von starken Protesten gegen die Apartheidpolitik seines Landes begleitet

Bei der gesonderten Wahl der Rassenmischlinge in Südafrika gewinnt die Arbeiterpartei 71 von 80 Sitzen

Rep. Südafrika zieht sich aus Angola zurück und verhandelt über Einstellung der Feindseligkeiten

Rep. Südafrika und Moçambique unterzeichnen Nichtangriffspakt

Sudan verhängt Ausnahmezustand wegen Rebellenaktionen und Korruption

In Tunesien führen Unruhen wegen Brotpreiserhöhungen zum Ausnahmezustand

Tunesischer Staatspräs. *Bourguiba* (* 1903) macht nach Unruhen mit 60 Toten und vielen Verletzten Brotpreiserhöhungen rückgängig

R. G. Mugabe (* 1925) strebt durch Verfassungsänderung für Simbabwe einen marxisitischen Einparteienstaat an

In Neuseeland schlägt Labour-Partei die Konservativen. Die Reg. unter *David Lange* (* 1942) weist Schiffe mit Kernwaffen, auch Verbündeter, ab

pots Mutlangen in der Schwäbischen Alb

Die olymp. Sommerspiele mit dem Boykott der RGW-Staaten gelten als Höhepunkt ihrer Krise durch Politisierung, die spätestens 1936 begann

Lutherischer Weltbund suspendiert die Mitgliedschaft zweier „Weißen Kirchen", die i. Südafrika Apartheid üben

Die Zahl der Morde ohne erkennbares Motiv stieg in USA 1966–82 von 644 auf 4118

Ca. 60 % der Menschen in der BRD sterben im Krankenhaus (um 1900 in Dtl. ca. 10 %)

Amnesty international (ai) meldet 1699 Hinrichtungen in 39 Staaten (in China 700)

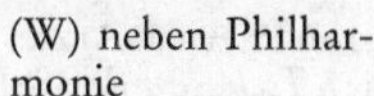

Vietnamkrieg Gewalt und Krieg patriotisch verherrlicht)

„Fanny und Alexander“ (Film von *Ingmar Bergman* (* 1918 in Schweden)) wird mit 4 Oscars ausgezeichnet

„Zeit der Zärtlichkeit“ (US-Film von *James L. Brooks*) erhält 5 Oscars

"Goldener Bär" der Berliner Filmfestspiele an den US-Film „Love Streames“ von *John Cassavetes* 1929 in New York)

„Amadeus“ (Mozartfilm von *Milos Forman* (* 1932 in der Tschecheslowakei, lebt in den USA)) erhält 8 Oscars

„E la nava va“, „Schiff der Träume“ (italienischer Film von *Federico Fellini*)

Italienischer Filmpreis an *Federico Fellini* (* 1920 in Rimini)

„Prénom Carmen“ (Film von *Jean Luc Godard* (* 1930 in Paris))

„Unter dem Vulkan“ (Film von *John Huston* (* 1906 in den USA) nach dem Roman von *Malcolm Lowry* (* 1909, † 1957) von 1947)

US-Filmschauspielerin *Shirley Mc Laine* (* 1934) mit Oscar ausgezeichnet

„Heimat“ (Fernsehfilmserie um das Schicksal schlichter Menschen im Hunsrück 1933–50) von *Edgar Reitz* hat internationalen Erfolg

„Marlene“ Film von *Maximilian Schell* (* 1930) über *Marlene Dietrich* (* 1901)

„Carmen“ (Opernfilm von *Francesco Rosi* (* 1922 in Italien))

„Nostalgia“ (russisch-italienischer Film von *Andrej Tarkowski* (* 1932, † 1986))

„Paris, Texas“ Film von *Wim Wenders* (* 1945 in Deutschland) erhält in Cannes „Goldene Palme“

Das Kino zählt in BRD 112 Mill. Besuche (Theater 17 Mill., Museen 57 Mill. Im Fernsehen sahen ca. 2 Mrd. etwa 2000 Spielfilme)

Frankfurt/M. eröffnet Filmmuseum

Bundesinnenmin. *Zimmermann* übergibt in Berlin (W) wegen erwarteter Proteste unter Ausschluß der Öffentlichkeit die Bundesfilmpreise

(W) neben Philharmonie

Bau für das Musikinstrumenten-Museum nach Plänen von *Hans Scharoun*

Wiedereröffnung der Oper in Zürich

Break-Dance mit akrobatischen Körperverrenkungen wird in BRD bekannt (stammt aus New Yorker Slums)

Schlager: „Ich düse im Sauseschritt“
Schlager: „Jenseits von Eden“

Zahl der Industrie-Roboter am Jahresende (82/83):

USA	6250/8000
Japan	13000/16500
BRD	3500/4800

führend ist die Autoindustrie

Anzahl der Speicherplätze auf einem Siliziumchip der Größe 10,5 x 7,7 mm wuchs seit einem Jahrzehnt von 4000 auf 1 Mill. (+74%/Jahr)

Moderne Textverarbeitung gestattet Schreibmaschinenkonstruktion für Hieroglyphenschrift

Es gelingt Computerkonstruktion für Sprachumwandlung in geschriebenen Text für 5000 Worte

Aerodynamisch gestaltete Muskelkraftfahrzeuge erreichen Geschwindigkeiten von 100 km/h und mehr

Benedict Gross (* 1950) und *Don Zagier* in Bonn lösen das „Klassenproblem“ der Primzahlzerlegung, das *Carl Friedrich Gauß* vor 150 Jahren formulierte

1985	Friedens*nobel*preis an internat. Ärztevereinigung unter den Präs *J. Tschasow* (UdSSR) (* 1929 in Gorki) und *Bernard Lown* (USA) gegen Atomkrieg Die erdweiten militär. Ausgaben werden auf rd. 1000 Mrd. $ jährlich geschätzt (ca. 200 $/K der Erdbev.). Sie stiegen 1950–85 um + 5,6 %/Jahr UN-Präs. *P. de Cuéllar* (* 1920 in Lima) nennt die Krisenherde Afghanistan, Angola, Äthiopien, Kampuchea und Nicaragua, um die sich UdSSR und USA kümmern sollten USA und UdSSR werden von ihren europ. Verbündeten zu Verhandlungen über Rüstungskontrolle gedrängt Bundespräs. *R. von Weizsäcker* hält eine weithin beachtete und anerkannte Rede zum 40. Jahrestag des Kriegsendes Zum 40. Jahrestag des Kriegsendes besucht *H. Kohl* mit *R. Reagan* NS-KZ Bergen-Belsen und gegen starken Protest Soldatenfriedhof bei Bitburg, wo auch SS-Leute begraben liegen † *Alex Möller* (* 1903, SPD, leitender Versicherungskaufmann), 1969–71 Bundesfinanzmin., der wegen hoher Ausgabenforderungen zurücktrat Gipfeltreffen der 7 stärksten westlichen Industrieländer in Bonn verläuft ergebnisarm Leiter der Spionageabwehr der DDR in der BRD *Hans Joachim Tiedge* setzt sich in die DDR ab Der Kommunistische Bund Westdeutschlands (KBW) beschließt seine Selbstauflösung Die »Grünen« im BRD-Bundestag beginnen mit dem Prinzip der »Rotation«, d. h. sie überlassen ihr Parlamentsmandat vorzeitig einem Nachfolger (beschließen 1986 Abschaffung) % Stimmen für das Abgeordnetenhaus Berlin (W): (1985/81) CDU (46,4/48,0), SPD (32,4/38,3), FDP (8,5/5,6) AL (10,6/7,4) *Eberhard Diepgen* (* 1941 i. Berlin) bildet erneut CDU-FDP-Koalition Kommunalwahlen in Hessen Stimmen-% (85/77) SPD (43,7/39,4), CDU (41,1/47,4), FDP (5,3/6,0) Grüne (7,1/4,3) in Frankfurt/M. siegt CDU *Holger Börner* (1931, SPD) bietet den Grünen entgegen früheren Absichten Koalition mit einem Minister und 2 Staatssekretären an, was diese akzeptieren In Hessen wird der erste Landesmin. der »Grünen« *Josef Fischer* (* 1948) als Umwelt-	*Nobel*preis für Literatur an *Claude Simon* (* 1913 in Frankr. auf Madagaskar), ein Vertreter des „nouveau roman“ *Teddy Kollek* (* 1911 bei Budapest, Bürgermeister von Jerusalem seit 1965) erhält den Friedenspreis des Deutschen Buchhandels für sein Bemühen um israelisch-arabische Aussöhnung *Herbert Achternbusch* (* 1938 in München): „Weg“ (Bühnenstück, Urauff. in München) *Herbert Achternbusch* „Mein Herbert“ (autobiographisches Schauspiel, Urauff. in München) *Herbert Achternbusch* „Gust“ (Schauspiel um eine sterbende Frau, Urauff. in München) „Theater heute“ wählt *Herbert Achternbusch* zum besten Theaterautor † *Beheim-Schwarzbach* (* 1900 in London), deutscher Schriftsteller, schrieb 1930 „Die Michaelskinder“ *Thomas Bernhard:* „Der Theatermacher“ (Schauspiel, Urauff. in Salzburg) † *Heinrich Böll* (* 1917 in Köln), gesellschaftskritischer Schriftsteller, *Nobel*preis 1972. „Und sprach kein einziges Wort“ (1953), „Die verlorene Ehre der Katharina Blum“ (1974, wird auch verfilmt)	† *Wolfgang Abendroth* (* 1906 in Wuppertal-Elberfeld), dt. Politologe Nach Unterschlagung und Flucht seiner vertrauten Mitarbeiterin verkündet *Bhagwan* (* 1931 in Indien) das Ende seiner „Religion“, die zu einer Jugendsekte führte *Willy Brandt* (* 1913): „Der organisierte Wahnsinn“ (über Wettrüsten und Welthunger) *Ernesto Cardenal* (* 1925 in Nicaragua, Sandinist) wird vom Vatikan als Priester abgelöst, weil er am Amt des Kultusministers in Nicaragua festhält (erhielt 1980 Friedenspreis des Deutschen Buchhandels) † *Kurt Fritz*, dt. Graecologe (* 1900 in Metz) Papst *Johannes Paul II* (* 1920 in Polen) ernennt 28 neue Kardinäle Die 25. Auslandsreise des Papstes führt ihn zum 6. Mal nach Südamerika, wo er in Venezuela, Ecuador und Peru gegen die „Theologie der Befreiung“ Stellung nimmt, die auf Seiten der Armen und Entrechteten steht Papst besucht Länder Schwarzafrikas Papstenzyklika für

Werner Lichtner Aix (* 1939 in Berlin): „Sinai-Bilder"

Ausstellung von Werken von *Georg Baselitz* (* 1938), der als „Vater" der „Neuen Wilden" gilt in Berlin (W)

† *Marc Chagall* (* 1889 in Witebsk/Russland) expressionistisch-surreal. Maler und Glasfenstergestalter, der 1914 und 1923 nach Frankr. ging

J. Christo (* 1935 in Bulgarien) verpackt die Brücke „Pont du Neuf" in Paris (Die Diskussion um die Verpackung des Reichstagsgebäudes in Berlin (W) hält an)

† *Jean Dubuffet* (* 1901 in Le Havre) französischer Maler, der sich für primitive Kunst interessierte

Rainer Fetting (* 1949 in Wilhelmshaven): „Bianca" (Gemälde aus dem Künstlerkreis der „Neuen Wilden")

Ernst Fuchs (* 1930 in Wien): „Bouquet der Träume" (Farblithographie)

Siegfried Gohr (* 1944) wird Direktor des Ludwig-Museums für moderne Kunst in Köln

Naoko Goto (* 1959 in Japan) wird in Köln ausgestellt

Waldemar Grzimek (* 1918 in Ostpreußen): „Die Lebens-

„Europäisches Jahr der Musik" im Gedenkjahr für *J. S. Bach*, *G. F. Händel*, *D. Scarlatti*, *H. Schütz* u. a.

Massenmedien unterstützen „Das Jahr der Musik", Fernsehen widmet sich ausführlich dem Leben und Werk von *Joh. Seb. Bach* (1685 bis 1750)

† *Kenny Clarke* (* 1914), US-Jazz-Musiker (Schlagzeuger) spielte zuletzt in Paris

Urauff. eines wiederentd. Klaviertrios von *C. Debussy* († 1920) von 1880 i. Paris

† *Emil Gilels* Pianist i. d. UdSSR (* 1916 i. Odessa)

Alexander Goehr (* 1932 i. Berlin, lebt i. GB): „Die Wiedertäufer" (Oper, Urauff. i. Duisburg)

† *Serge Jaroff* (* 1896 i. Russl.) leitete seit 1920 Donkosaken-Chor

† *Anton Karas* (* 1906, i. Wien) Zitherspieler und Kompon. der Filmmusik „Harry Lime Theme" für „Der dritte Mann" (1949)

*Nobel*preis für Physik an *Klaus von Klitzing* (* 1943 bei Posen) für Entd. des quantisierten Hall-Effektes, der ein Naturmaß für den elektrischen Widerstand schafft

*Nobel*preis für Chemie an *Herbert A. Hauptmann* (* 1917 in New York) und *Jerome Karle* (* 1918 in New York) für verbesserte Methode der Strukturanalyse mit Röntgenstrahlen

*Nobel*preis für Medizin an *Michael S. Brown* (* 1941 in New York) und *Joseph L. Goldstein* (* 1940 USA) für Erforschung des für Gefäßkrankheiten relevanten Cholesterinstoffwechsels auf molekulargenetischer Grundlage

Es gelingt der theoretischen Astronomie durch Computersimulation der Supernovaexplosion die beobachtete Elementenhäufigkeit im Kosmos zu berechnen

US-Astronomen entdecken kosmisches Objekt (Quasar?) in bisher größter Entfernung von 14,5 Mrd. Lichtjahren

Radarbilder der Venusoberfläche von US-Satelliten seit 1978 lassen 2 Berggebiete erkennen

Beim Planeten Uranus wird durch Sternbedeckung eine Ringstruktur gefunden

*Nobel*preis für Wirtschaftswissenschaft an *Franco Modigliani* (* 1918 in Rom, arbeitet an MIT/USA) für Spartheorie privater Haushalte

Globale Zahlen: Erdbev. 4842 Mill. + 1,7 %/Jahr; BSP 12360 Mrd. $ + 2-4 %/Jahr; BSP/K = 2553 $ + 0,3-1,3 %/Jahr; Energie vgl. Technik

Globale Getreideernte 1,843 Mrd. t, etwa 5,5 Mrd. Jahresnahrungen

11. Weltwirtschaftsgipfel der 7 größten Industrienationen der OECD (USA, Japan, BRD, Frankr., GB, Ital. und Kanada) die 56 % des globalen BSP erzeugen (zum 2. Mal in Bonn)

Die Supermächte besitzen ein Kernwaffenarsenal mit ca. 12 Mrd. t TNT Vernichtungskraft = 2,4 t/K der Erdbev. (etwa 12fachen Overkill)

Die globalen Exporte zeigen steigende Tendenz (+ 4 % real)

Steigerung der Erdölförderung 1984: erdweit + 2,2 %; Europa + 9,1 %

Berlin (W) wird an Erdgasleitung aus UdSSR angeschlossen

Nach 20,6 Mill. VW „Käfer" wird Prod. beendet

KPdSU verzichtet im neuen Programm auf „Überholung" der USA

Mit + 6,8 % zeigt das BSP der USA größte Steigerung seit 1951

In USA stagniert Markt für Computerchips

EG versucht mit „Eureka"-Programm technologisch erdweit zu konkurrieren

Der Haushalt der BRD für 1986 mit 263,5 Mrd. DM beschlossen (davon in %: Arbeit und Soziales 22,2/Verteidigung 18,9/Zinsen 13,0)

Krise des DGB-Baukonzerns „Neue Heimat" (führt 1986 zum Notverkauf und Rückkauf)

Rekordhöhe des FAZ-Aktienindex mit 502,62 (31.12.58 = 100) am 6.7.

Friedrich Karl Flick (* 1927) verkauft seinen Konzern für 5 Mrd. DM an die Deutsche Bank

Bei einer rüstungsbedingten Inflationsrate von 450 % reformiert Israel seine Währung: 1000 alte Schekel = 1 neuer

(1985)

min. einer »rot-grünen« Koalition gewählt und vereidigt

Landtagswahl in NRW % Stimmen (85/80) SPD (52,1/48,4), CDU (36,5/43,2), FDP (6,0/4,98) Grüne (4,6/3,0)

Min.-Präs. in NRW bleibt *Joh. Rau* (* 1931 SPD) im Amt seit 1978

Joh. Rau wird Kanzlerkandidat der SPD für die Wahl 1987

† *Werner Scherer* (* 1928, CDU) mehrmals Minister im Saarland

Landtagsmandate nach der Wahl im Saarland (85/80 SPD (26/24), CDU (20/23), FDP (5/4)

Oskar Lafontaine (* 1943, linke SPD) wird Min.-Präs. des Saarlandes

RAF ermordet in Gauting *Ernst Zimmermann* (* 1929, Industrieller)

Seit ihrer Entstehung ~ 1970 ermordete die RAF 31 Menschen und unternahm 110 Mordversuche (eigene Verluste 24 Tote und 30 zu Freiheitsstrafen Verurteilte)

Es mehren sich Anzeichen einer internat. Zusammenarbeit terroristischer Gruppen in der BRD, Italien, Frankr. und Belgien

† *Heinz Hoffmann*, Verteidigungsmin. der DDR seit 1960 (* 1910)

Soldat der UdSSR erschießt als Angehöriger der Besatzungsmacht US-Major der US-Militärmission in Potsdam

Erich Honecker besucht ital. Reg. und wird vom Papst empfangen

Regierungskrise in Belg. wegen Fußballskandal in Brüssel (vgl. V), Neuwahlen stärken Reg. aus Christdemokraten und Liberalen unter Min.-Präs. *Wilfried Martens* (* 1936)

Antijüd. Terrorakte in Paris

Eingriff in die Tarifautonomie Dänemarks durch bürgerliche Reg. *Poul Schlüter* wird mit Streiks beantwortet

~ EG wird zum stärksten Wirtschaftsraum der Erde

Die KP Finnlands spaltet sich in eine moskaufreundliche und -kritische Richtung

Jaques Delors (* 1925 in Frankreich) löst *G. Thorn* (* 1928 in Luxemb.) als Präs. der EG-Kommission ab

EG ändert in Lux. die Römischen Verträge von 1957, um erhöhte polit. Entscheidungsfreiheit zu gewinnen

EG-Staaten einigen sich 8 Jahre nach der An-

Heinrich Böll: „Frauen vor Flußlandschaft" (Roman, postum)

Tankred Dorst (* 1925 in Thüringen): „Heinrich oder die Schmerzen der Phantasie" (Schauspiel um eine Jugend in der NS-Zeit)

Ingeborg Drewitz (* 1923 in Berlin): „Gestern war heute" (Schauspiel, Urauff. in Frankfurt/M.)

Theaterleiterin *Ida Ehre* (* 1900 in Österreich), in Hamburg seit 1945, wird Ehrenbürgerin dieser Stadt

Jüdische Gemeinde verhindert die Urauff. von „Der Müll, die Stadt und der Tod" von *R. W. Faßbinder* (* 1946, † 1982) in Frankfurt/M. wegen antisemitischer Tendenz

† *Rudolf Fernau* (* 1901), deutscher Schauspieler

Ausstellung in Marbach über den wegweisenden Verlag von *Samuel Fischer* (* 1859 in Böhmen, † 1934 in Berlin) gegr. 1886 in Berlin

Ulla Hahn (* 1946 im Sauerland) erhält *Hölderlin*-Preis der Stadt Homburg v. d. H.

Ulla Hahn: „Freudenfeuer" (Gedichte)

† *Werner Helwig* (* 1905), deutscher Schriftsteller, der nach 1933 emigrierte

Texte von *Ernest Hemingway* (1899–1961) aus dem Jahr 1920 werden gefunden

---

die Glaubensfreiheit der slawischen Völker

† *Heinz Kindermann* (* 1894 in Wien), Theaterwissenschaftler, schrieb ab 1956 „Theatergeschichte Europas" in 8 Bänden

Ev. Bischof von Berlin und Brandenburg *Martin Kruse* (* 1929 in Lauenburg) wird Ratsvors. der EKD

† *Helmut Külz* (* 1903 in Sachsen), liberaler Jurist, Mitbegründer der LDP in der Sowjetisch besetzten Zone 1945

† *Helmuth Plessner* (* 1892 bei Zürich), dt. Philosoph und Soziologe vorwiegend in Göttingen

„Gespräche mit Hitler" des ehemaligen Danziger Senatspräs. *Hermann Rauschning* (* 1887, † 1982) erweisen sich als Fälschung

† *Carl Schmitt* (* 1888), wegen seiner Haltung in der NS-Zeit umstrittener Staatsrechtlehrer

† *Eric Voegelin* (* 1901 in Köln, lebte auch in USA), schrieb über Rassismus

C. F. von Weizsäcker (* 1912): „Aufbau der Physik" (Philosophie der Quantenphysik als Theorie der Einheit der Natur)

alter" (Brunnenfiguren in Berlin (W)

Preußischer Kulturbesitz in Berlin (W) eröffnet Neubau für das Kunstgewerbemuseum nahe Philharmonie, das von *Rolf Gutbrod* (* 1910 in Stuttgart) erbaut wurde. Danach ändert die Stiftung Bauplanung für vier weitere Museen in diesem Bereich

† *Alfred Hentzen* (* 1903), deutscher Kunsthistoriker, 1955–65 Leiter der Hamburger Kunsthalle

Hans Hollein (* 1934 in Österreich) erhält als erfolgreicher Architekt *Pritzker*-Preis aus USA

† *André Kertész* (* 1894 in Budapest) Fotograf in USA

Heinrich Klotz: „Die Neuen Wilden in Berlin" (über die Künstlergruppe mit *Rainer Fetting* (* 1949), *Dieter Hacker* (* 1942 in Augsburg), *K. H. Hödicke*, (* 1938 in Nürnberg), *Markus Lüpertz*, (* 1941 in Böhmen) *Helmut Middendorf* (* 1953 in Dinklage), *Salomé* (* 1954 in Karlsruhe), *Bernd Zimmer*

Kunstgewerbemuseum in Frankfurt/M. eröffnet, erbaut von *Richard Meier* (* 1934 in den USA)

Gedenkjahr für den Dirigenten *Otto Klemperer* (* 1885 i. Deutschland, † 1973 i. d. Schweiz)

† *Mark Lothar* (* 1902 i. Berlin) Kompon. von Opern, Schauspiel- und Film-Musik

† *Lovro von Matasik* (* 1899, Serbokroate) jugoslaw. Operndirigent, auch i. W.-Europa

Siegfried Matthus (* 1934 i. Ostpreußen): „Judith" (Oper, Urauff. i. Berlin (O))

† *Marcel Mihalovici* (* 1898 i. Bukarest, ab 1919 i. Paris), vielseitiger Komponist

W. A. Mozart (1756–1791) wird durch Bühne, Film und Fernsehen für die meisten in einem neuen fremdartigen Licht dargestellt („Amadeus")

Luigi Nono (* 1924 i. Venedig): „Prometeo" (Oper, Urauff. i. Mailänder Scala)

† *Eugene Ormandy* (* 1899 i. Budapest, seit 1921 i. USA, seit 1952 Lehrer a. d. Univ.

Planet Pluto und sein 1978 entdeckter Mond Charon werden als Doppelplanet erkannt

ESA startet Rakete mit Raumsonde „Giotto", die 1986 den Halleyschen Kometen aus nächster Nähe beobachten soll

Keilschrifttexte im Brit. Museum verzeichnen Halleyschen Kometen für das Jahr –164

„IRAS"-Satellit von USA, GB und den Niederl. registrierte Infrarotstrahlung von 240 000 kosmischen Objekten, darunter 130 000 Sterne

Das von BRD und Frankr. betriebene 30 m-Teleskop für mm-Wellen auf dem Pico del Veleta in Span. beginnt Probebetrieb

† *Ernst Brüche* (* 1900 in Hamburg), Physiker und Pionier der Elektronenoptik

† *Marianus Czerny* (* 1896 in Breslau) Infrarotphysiker in Berlin und Frankfurt/M.

Streuversuche mit energiereicher Strahlung (280 Mrd. e-Volt) gestatten Gruppierung der Quarks im Atomkern zu untersuchen

Fermilabor in Chicago erreicht Energie von 1600 Mrd. e-Volt, das ist ein Massenäquivalent von rd. 1600 Protonenmassen

Auslandsschulden der Entw.-Länder in Mrd. $: 1980 610; 1985 970 (= + 11 %/Jahr)

Mexiko ist mit 96 Mrd. $ größter Auslandsschuldner

Trotz allg. günstiger wirtschaftlicher Lage in Österr. muß der Vorstand der Eisen- und Stahlwerke VOEST wegen großer Verluste zurücktreten

Im hochverschuldeten Polen werden Lebensmittelpreise stark erhöht

Defizit im Staatshaushalt der USA beträgt 212 Mrd. $

US-Bürger zahlen 210 Mrd. $ mit Kreditkarten

In BRD gab es 1983 13100 Freitode, etwa 2000 mehr Tote als im Straßenverkehr

Bundesärztekammer schätzt jährlich in der BRD 230 000 Abtreibungen

Leihmütter, die einen fremden Embryo austragen, schließen sich in Frankr. zusammen

WHO rechnet erdweit mit rd. 150 Mill. Kindern, die mit Schwerstarbeit belastet sind (in Ind. ca. 44 Millionen)

In VR China verbreiten sich bes. bei der Jugend westliche Lebensformen

Wochenarbeitszeit in BRD fiel seit 1850 um 52 % auf 39,8 Stunden

In BRD erbringt „Ein Tag für Afrika" ca. 100 Mill. DM Spenden gegen die Hungerkatastrophe in diesem Kontinent (1,16 DM/ Kopf)

Kilogramm Fleischverbrauch pro Kopf in der BRD: 1960 65,0; 1985 100,5

Heftiger Streit zw. Reg. der BRD und DGB um Novellierung des Arbeitsförderungsgesetzes, welche nach Ansicht des DGB die Streikfähigkeit einschränkt (§116)

Ende Februar gibt es mit 2,6 Mill. Arbeitslosen in der BRD (Quote 10,6 %) eine Höchstzahl seit 1948

Neues (3.) Lomé-Abkommen zw. EG und AKP-Staaten

Schwere Unruhen Farbiger in Birmingham/GB und anderen brit. Städten

Erbitterter Streik britischer Bergleute unter *Arthur Scargill* (* 1938) gegen

(1985)

tragstellung auf die Aufnahme Spaniens und Portugals, welche die Struktur der Gemeinschaft sehr verändert und der Ratifizierung der 12 Staaten bedarf

Anteil der EG an W-Europa (58/86): Mitgliedstaaten (6/12); % Bev. (51/80); % BSP (56/85)

Sozialisten und Kommunisten erleiden in frz. Kantonalwahlen starke Verluste an die bürgerlichen Parteien

Ein Jahr vor neuen Wahlen in Frankr. ersetzt Präs. *F. Mitterrand* Mehrheits- durch Verhältnis-Wahlrecht

Nach Wahlsieg der sozialistischen Partei Pasok bleibt *Andreas Papandreou* (* 1919) Min.-Präs. von Griechenland

Griechenl. lehnt wegen seiner Gegensätze zur Türkei Beteiligung an NATO-Manövern ab

Christos Sarzetakis (* 1929, Sozialist) wird mit der Mindestzahl der Stimmen zum Staatspräs. Griechenlands gewählt (er folgt *K. Karamanlis* (* 1907) nach seinem Rücktritt)

Franzesco Cossiga (* 1928, DC) wird als ital. Staatspräs. Nachfolger von *Alessandro Pertini* (* 1896, antikommunistischer Sozialist)

1 Toter und 180 Verletzte bei Bombenanschlag auf ital. Schnellzug Bologna

In Ital. tritt Min.-Präs. *Bettino Craxi* (* 1934, Sozialist) zurück, weil er palästinensische Terroristen an Jugosl. auslieferte. *C.* bildet bald neue 5-Parteienreg. ohne KP

In Rom und Turin werden kommunistische Bürgermeister abgewählt

In Wien findet im 12. Jahr der MBFR-Abrüstungskonferenz die 386. Plenarsitzung ohne Aussicht auf Ergebnisse statt

Österr. beachtet wenig seine NS-Vergangenheit

In Portugal unterliegen bei Wahlen die Reg. Sozialisten unter *M. Soares* (* 1924) den gemäßigteren Sozialdemokraten, die den Min.-Präs. einer Minderheitsreg. mit *Anibal Cavaco Silva* (* 1939) stellen

† *Tage Erlander* (* 1901 in Schweden, Sozialdemokrat), formte 1946–69 als Min.-Präs. Schweden zum »Wohlfahrtsstaat«

In Schweden bleibt *O. Palme* (* 1927, ermordet 1986) Min.-Präs. nach Wahlen mit Mehrheit der Sozialdemokraten und Kommunisten

Schwere Unruhen farbiger Einwanderer in Birmingham/GB

IRA-Anschlag tötet 9 Polizisten in Nordirland

Judith Herzberg (* 1934 in den Niederlanden) erhält literarischen *Vondel*-Preis

William M. Hoffmann: „Wie Du“ (US-Schauspiel um AIDS, deutsche Erstauff. in Stuttgart)

John Hopkins: „Verlorene Zeit“ (Deutsche Erstauff. in Berlin (W) unter Regie von *Peter Zadek* (* 1926 in Berlin)

Doris Junge (* 1943 in Mecklenburg): „Jagdzeit“ (Gedichte)

Alexander Kluge (* 1932 in Halberstadt), der 1968 den Film „Artisten in der Zirkuskuppel: ratlos“ schrieb, erhält *Kleist*-Preis

Franz Xaver Kroetz (* 1946 in München): „Bauern sterben“ (Schauspiel, Urauff. in München)

Dieter Lattmann (* 1926 in Potsdam): „Die Brüder“ (Roman um eine Familie in den Spannungen der NS-Zeit)

Siegfried Lenz (* 1926 in Ostpreußen): „Exerzierplatz“ (Roman)

† *Józef Mackiewicz* (* 1901 in Polen), schrieb 1949 „Katyn, ungesühntes Verbrechen“

Golo Mann (* 1909 in München) erhält den *Goethe*preis der Stadt Frankfurt

Hans Wysling gibt Briefwechsel der Brüder *Thomas* (1875 bis 1955) und *Heinrich*

Archäologische Funde aus Chinas 1. Dynastie der Xia-Periode (–21. bis –16. Jh.) erweisen einen erblichen Herrscher

Tübinger Archäologe findet Griechengräber vor Troja

40 % der Bürger der BRD glaubt, daß es weitere denkfähige Wesen im Kosmos gibt

„Gentechnik und Verantwortung“ (Symposium der Max-Planck-Gesellschaft)

In Straßburg bildet sich Leihmütter-Vereinigung „Die Störche“

Internationale Frauenkonferenz in Nairobi/Kenia beendet „Die Dekade der Frau“ – seit 1975 – mit der Feststellung, daß reale Gleichberechtigung nicht erreicht wurde

BRD novelliert das Scheidungsrecht von 1977 im Sinne der Einzelfallgerechtigkeit, was indirekt das „Schuldprinzip“ erneuert

Die Furcht vor AIDS, die gegen Ansteckung Präservative fordert, hebt die Wirkungen der antikonzeptionellen „Pille“ weitgehend auf (eine Art Ende der „sexuellen Revolution“ seit ~ 1965)

30 % der Erdbev.

Irène Mathias (* 1907 in Brüssel): „Kontrapunkt" (Collage)

Restaurierung der Fresken von *Michelangelo* (1475–1564) in der Sixtinischen Kapelle der Peterskirche teilw. abgeschlossen

Max Neumann (* 1949 in Saarbrükken): „Den Schlaf überlisten" (Gemälde)

„Der Holzstock als Kunstwerk" (Ausstellung von Holzstöcken von *Karl Schmidt-Rottluff* aus der Zeit 1905–1930 im Brücke-Museum Berlin (W) unter Leitung *L. Reidemeister*

Claes Oldenburg: „Il corso del coltello" (Pop-Performance in Venedig mit einem überdimensionalen Schweizer Armeemesser)

Picasso-Museum in Paris eröffnet

† *Wilhelm Reinking* (* 1896), deutscher Bühnenbildner, zuletzt in Berlin (W)

Große Retrospektive des Werkes von *Hann Trier* (* 1915 in Düsseldorf) im Saarlandmuseum Saarbrücken

Werner Tübke (* 1929): Monumentales Rundbild der Bauernschlacht bei Frankenhausen 1525

† *Raoul Ubac* (* 1910 in Malmédy) belgischer Ma-

von Michigan)

Arno Peters (* 1916): „Die maßstäbliche Darstellung der Tonhöhe als Grundlage oktavanaloger Farbnotation" (Vorschlag einer neuen Notenschrift)

Der populäre US-Popsänger *Elvis Presley* wird an seinem 50. Geburtstag († 1977) erdweit gefeiert

Leontyne Price (* 1927 i. USA, Sopranistin) gibt nach 24 Jahren ihre Abschiedsvorstellung in der Metropolitan Opera New York

† *Hermann Reutter* (* 1900 i. Stuttgart), Komponist, bes. von Opern

† *Josef Rufer* (* 1893 i. Wien), Musiktheoretiker der 12-Ton-Technik, Schüler von *A. Schönberg* (1874–1951)

† *Roger Sessions* (* 1896 i. USA), Komponist, der 1964 i. Berlin (W) die Oper „Montezuma" schrieb

Karlheinz Stockhausen (* 1928 i. Deutschland): „Donnerstag aus Licht"

Kurzzeitmessungen mit intensiven Lichtimpulsen von einigen 10^{-13} Sek. Dauer

Neutronenanalyse eines Bildes von Rembrandt (vgl. K)

† *Paul, J. Flory* (* 1910 in USA), Biochemiker, *Nobel*preis 1974

† *Rodney R. Porter* (* 1917 in Ashton), Biochemiker und Immunforscher, *Nobel*preis 1972

Sekundärionen-Massenspektroskopie (SIMS) gestattet Bio-Makromoleküle zu analysieren

Methan wird als risikoreiche Luftverunreinigung erkannt, die Luftreiniger inaktiviert

Produkte der Biotechnologie haben einen erdweiten Markt von 40 Mrd. DM, + 8 %/Jahr

Forschergruppe in Heidelberg gelingt biochemische „Abschaltung" einer spezifischen Erbinformation, wodurch die Genwirkung analysiert werden kann

US-Forschergruppe findet ein gefäßerzeugendes Gen als erste organbildende Substanz

Baumringkalender (Dendrochronologie) für Westeuropa auf –5289 ausgedehnt

US-amerik.-burmesische Forschergruppe ordnet 40-44 Mill. Jahre alte Primatenfossilien einem Vor-

staatliche Zechenschließungen bricht zusammen und führt zur Spaltung

Zwischen Nord- und Süd-Korea finden seit 1953 erste Familienbesuche statt

Nach Feststellung von US-Ärzten sind 20 Mill. der US-Bürger mangelhaft ernährt (ca. 8,3 %)

Streik des öffentl. Dienstes in Schweden lähmt Alltagsleben

1982 betrugen die Ausgaben der gesetzlichen Krankenversicherung in der BRD 97,2 Mrd. DM = 5,8 % des BSP

Groß-Klinikum in Aachen mit 1500 Betten nach 15jähriger Bauzeit eingeweiht (Baukosten 2,7 Mrd. DM)

Die Immunkrankheit AIDS verursacht in Europa bei 940 Krankheits-468 Todesfälle und beschränkt die sexuelle Freizügigkeit, die sich seit ~ 1965 verbreitete

Der vermutl. älteste Mensch wird in Japan 120 Jahre

In USA besteht ein jährlicher Bedarf von etwa 50 000 Spenderherzen für Transplantationen

UNICEF meldet, 1984 mit billigster Kochsalz-Zucker-Lösung 1 Mill. Kinder vor tödlichem Durchfall gerettet zu haben

2 von 1000 Neugeborenen sterben in Industrieländern den „plötzlichen Kindestod"

Erste kommerzielle „Leihmutter" in Europa (GB)

Die Zahl der Leprakranken wird erdweit auf rd. 60 Mill. geschätzt

Etwa 4000 Tote durch verseuchtes Trinkwasser in Indien

WHO: rd. 48 Mill. sind erdweit rauschgiftsüchtig (rund 1 %)

Brit. Polizei bezeichnet Drogensucht als gefährlichste Bedrohung der Gesellschaft

Jährlich erdweit mehr als 250 000 Tote durch Straßenverkehrs-Unfälle

Reg. der UdSSR bekämpft verbreitete Trunksucht

Über 30 000 Tote und 275 000 Obdachlose durch Überschwemmung in Bangladesh

(1985)	Die von *Franco* 1970 geschlossene Grenze Spanien/Gibraltar wird wieder geöffnet Spannungen in der KP Spaniens zw. Radikalen und Gemäßigten, die Boden gewinnen Span. unterzeichnet Beitritt zur EG ab 1986 † *Enver Hodscha*, kommunistischer Herrscher seit 1943 in Albanien, der 1960 mit UdSSR, 1978 mit VR China brach und viele seiner Gegner hinrichten ließ (* 1908) ČSSR vermag Auslandsverschuldung abzubauen Poln. Gericht in Thorn verurteilt 4 Angehörige des Staatssicherheitsdienstes, die den oppositionellen Priester *J. Popieluszko* 1984 ermordet hatten, zu Freiheitsstrafen bis zu 25 Jahren, die bald gemildert werden In Warschau wird kommunistischer Militärpakt von 1955 um 20 Jahre verlängert *Willy Brandt* besucht in Polen *Jaruzelski* und Kardinal *Glemp*, ohne Regimekritiker *L. Walesa* zu treffen Bei »Wahlen« in Polen erhält die kommunistische Vereinigte Arbeiterpartei 53,8 % Rumän. erläßt rigides Energienotstandsprogramm mit schweren Entbehrungen für die Bevölkerung KP-Parteichef Ungarns *János Kádár* (* 1912) tritt weiter für liberale Wirtschaftspolitik ein 6 Jahre nach dem Einmarsch der UdSSR in Afghanistan wird keine Entscheidung des Kampfes gegen den Widerstand der einheimischen Moslems erkennbar † *Konstantin U. Tschernenko* Staats- und Parteichef der UdSSR seit 1984 (* 1911) *Michail Gorbatschow* (* 1931) wird Generalsekr. der KPdSU *A. Gromyko* (* 1909, seit 1957 Außenmin. der SU) wird als Präs. des Obersten Sowjets Staatsoberhaupt; *E. A. Schewardnadse* (* 1928) neuer Außenminister *N. A. Tichonow*, seit 1980 Vors. des Ministerrats der UdSSR (* 1905) tritt zurück *M. Gorbatschow* verjüngt die Parteikader in UdSSR und versucht Arbeitsmoral bes. durch Alkoholverzicht zu heben *M. Gorbatschow* bildet das Politbüro der KPdSU mit Politikern seines Vertrauens um Moskau sucht seine Bez. zur VR China zu verbessern Im Vorjahr wurden 19 UdSSR-Diplomaten	*Mann* (1871–1950) der Jahre 1900–1949 heraus *Heiner Müller* (* 1929 in Sachsen), Schriftsteller der DDR, erhält *Georg Büchner*-Preis von Darmstadt für seine „sprachgewaltigen, bildkräftigen Theaterstücke" *Heiner Müller:* „Anatomie Titus, Fall of Rome" (Schauspiel, Urauff. in Berlin) † *Robert T. Odemann* (* 1914), deutscher Kabarettist † *Herbert Paris*, deutscher Theaterintendant (* 1909) † *M. Redgrave* (* 1908), brit. Schauspieler am Old Vic-Theatre in London *Luise Rinser* (* 1911 in Bayern): „Im Dunkeln singen" (Tagebuch aus Nordkorea) *Friederike Roth* erhält den Hörspielpreis der Kriegsblinden für „Nachtschatten" *Friederike Roth:* „Die einzige Geschichte" (Schauspiel, Urauff. in Bremen) *Jean Paul Sartre* (1905 bis 80) Briefwechsel: Briefe an seine Lebensgefährtin *Simone de Beauvoir* (1908–86) *René Schickele* (* 1883, † 1940, dt.-frz. Herkunft): „Am Glockenturm", Urauff. in Basel *Peter Schneider* (* 1940): „Totoloque" (Schauspiel um einen Aztekenkaiser, Urauff. in München)	sind Jugendliche von 15–24 Jahren Neues Jugendschutzgesetz in der BRD bezieht Videopornos ein UNO-Vollversammlung verurteilt erdweiten Terrorismus Die Länder der BRD steigerten ihre Kulturausgaben seit 1980 um 17,7 % (+3,2 %/Jahr) Berlin wird „EG-Kulturstadt 1988" Nach Prag und Wien älteste dt. Universität, feiert Heidelberg 600jähriges Jubiläum Tibet eröffnet seine erste Univ. in Lhasa USA verlassen als Hauptbeitragszahler die UNESCO wegen einseitiger Politik und aufwendiger Finanzwirtschaft Die ev. Kirche in BRD und DDR fordert zum 40. Jahrestag d. Kriegsendes die Beendigung des Wettrüstens In BRD demonstrieren ca. 400 000 auf „Ostermärschen" gegen Kriegsrüstung Konkordat zw. Ital. und Vatikan schafft Katholizismus als Staatsreligion ab (löst das von 1929 ab) Die kath. Bischöfe in USA wenden

ler eines abstrakten Expressionismus

Oswald Mathias Unger (* 1910, Vertreter der „Rationalen Architektur") erbaut Messe-Hochhaus in Frankfurt/M.

Victor Vasarely (* 1908 in Ungarn, lebt in Frankreich): „Pentarouge" (Farbserigraphie)

Tatsuhiko Yokoo (* 1928 in Japan): „Emporstreben" (abstraktes Gemälde)

~ ca. 1000 namhafte Künstler gestalten jährlich in der bildenden Kunst unübersehbar viele persönlich geprägte Kunstwerke, deren Wirkung auf and. Menschen erprobt wird. Gesellschaftliche Bezüge haben heute oft zentrale Bedeutung

Ein Lexikon der bildenden Kunst nach 1945 nennt rd. 750 Künstler und etwa 168 Stilrichtungen oder Konzeptionen

„Kunst zw. 1945 und 1985" (Ausstellung in der Nationalgalerie in Berlin (W))

„Weltschätze der Kunst" (Ausstellung von vor dem Krieg geretteter Bilder in Berlin)

Ausstellung von Werken von Künstlern aus der DDR in Berlin (W): *Hanns Brockhage* (* 1925): Holzschnitzplasti-

(elektron. Oper, Auff. i. London, Urauff. 1981 i. Mailand)

Richard Strauss (1864–1949): „Malven" (Urauff. eines Liedes a. d. Jahr 1948 i. New York)

Medaillen-Auszeichnung für Musik-Wissenschaftler *Hans Heinz Stuckenschmidt* (* 1901 i. Straßburg)

Heinrich Sutermeister (* 1910 i. d. Schweiz): „Le Roi Bérenger" (Oper nach *Ionesco* „Le Roi se meurt")

† *Charles („Cootie") Williams* (* 1908 i. Alabama/USA), Jazztrompeter, auch bei *Duke Ellington* (1899–1974)

Isang Yun (* 1917 i. Korea, lebt nach Haft in Südkorea i. Berlin (W): 3. Sinfonie (Urauff. i. Berlin (W))

† *Efrem Zimbalist* US-Kompon. und-Violinist russ. Herkunft (* 1889 i. Russl., ab 1911 i. USA)

Jan Brauer: „Von der Äolsharfe bis zur

fahr aller Menschenaffen und Menschen zu

Jane Goodall (aus USA) beobachtet in Afrika Gruppenkrieg unter Menschenaffen um territoriale Macht

In Ostafrika wird das Skelett eines etwa 12jährigen Homo erectus aus der Zeit vor 1,6 Mill. Jahren gefunden

† *Frank Mac Farlane Burnet* (* 1899 in Australien), Immunologieforscher, *Nobel*preis 1960

† *John Franklin Enders* (* 1897 in den USA), der als Virologe die Natur der Kinderlähmung klärte, *Nobel*preis 1954

† *Alfred Gütgemann* (* 1907 in Mehlem) dt. Chirurg, der 1967 die 1. Lebertransplantation in der BRD durchführte

† *Mildred Scheel* (an Krebs, * 1932), Ärztin, die bes. als Gattin des Bundespräs. die Deutsche Krebshilfe unterstützte

Der AIDS-Erreger wird von verschiedenen Forschergruppen als eine Sequenz von über 9000 Basenpaaren genetisch entschlüsselt

Die schonende Hirnuntersuchung durch Positronen-Emissions-Tomographie (PET) macht Fortschritte

US-Geologen erkennen mit Hilfe der radioaktiven Xenon-

Etwa 25 000 Tote durch Vulkanausbruch und Schlammflut in Kolumbien

Erdbeben in Mexiko, Japan und Kanada

Mehr als 5000 Tote durch Erdbeben, das Mexico City verwüstet

Stärkstes Erdbeben in Tokio seit 1929

Katastrophenjahr für Zivilluftfahrt: Bei 8 schweren Unfällen gibt es 1359 Tote

Erstmals stürzt ein Flugzeug im zivilen Transatlantikverkehr ab (vermutl. durch Attentat)

517 Tote und 4 Überlebende (2 Frauen und 2 Kinder) bei einem jap. Inlandflug

Ca. 450 Tote, als in Äthiopien ein Eisenbahnzug in eine Schlucht stürzt

83 Tote bei 4 Eisenbahnunfällen im Sommer in Frankr.

100 Tote bei Eisenbahnunglück in Portugal

79 Tote und 247 Verletzte durch Brand einer Nervenklinik in Buenos Aires

160 Tote durch Staudammbruch bei Trient in Nord-Ital.

~ Über 12 000 Tote bei 6 Staudammbrüchen seit 1960

Hohe Menschenverluste durch Autobomben in Beirut

Unfall mit US-Pershing-Rakete in BRD mit 3 Toten

Januarkältewelle in Europa

Nach einer Dürreperiode seit ~ 1968 fällt in der Sahelzone südlich der Sahara wieder Regen

Es erweist sich, daß der seit 1945 gesuchte KZ-Arzt *J. Mengele* 1977 in Brasilien ertrank

Auf Betreiben der Angehörigen beginnt in der BRD Prozeß um die Ermordung des KPD-Führers *Ernst Thälmann* durch die SS im KZ Buchenwald 1945 (* 1886 in Altona)

2 Mitglieder der RAF erhalten für terroristische Mordtaten 1977 lebenslange Freiheitsstrafen

Sicherheitsbehörden stellen wach-

(1985)

wegen Verdachts der Spionage aus anderen Staaten ausgewiesen

Nach hohem Wahlsieg beginnt 2. Amtszeit von US-Präs. *R. Reagan*, die weiter im Zeichen militär. Stärke steht

USA fordern NATO zur Beteiligung am SDI-Programm auf (BRD und UK folgen)

Das Antiraketenprogramm der USA (SDI) stößt auch bei ihren Verbündeten als Beschleunigung des Wettrüstens auf Kritik

Treffen *Reagan-Gorbatschow* in Genf als 9. derartiger Nachkriegsgipfel USA-UdSSR

Weithin erhofftes Gipfeltreffen *Reagan-Gorbatschow* in Genf beendet das Schweigen der Supermächte und erweckt Hoffnungen auf Rüstungskontrolle

Bürger und Einrichtungen der USA sind erdweit Ziele von Terroristen

In großen Teilen Südamerikas endet die Militärdiktatur (Argentinien, Brasilien, Uruguay). In Chile kann sich *Pinochet Ugarte* (* 1915, seit 1975 Präs.) trotz wachsender Opposition an der Macht halten

Raúl Alfonsín (* 1927) wird Staatspräs. von Argent. nach Wahlsieg über die Peronisten

In Argent. werden 9 Generäle der früher herrschenden Junta verurteilt (*Videla* und *Masera* lebenslänglich, 3 begrenzte Freiheitsstrafen und 4 Freisprüche)

In Brasilien enden 21 Jahre Militärherrschaft

Nach dem plötzlichen Tod von *Tancredo Neves* (* 1910) wird in Brasilien Vizepräs. *José Sarney* (* 1930) Präs. in dem Land mit 100 Mrd. $ Auslandsschulden und 240 % Inflationsrate sowie 15 % Arbeitslosenquote

Demokratisierung der Verfassung von Brasilien, darunter plebiszitäre Wahl des Staatspräs.

In Kolumbien, wo seit 35 Jahren Bürgerkrieg herrscht, stürmen Regierungstruppen den Justizpalast in Bogota, wo linke Guerillas 300 Geiseln festhalten, wobei 115 Menschen getötet werden

Nach schwieriger Wahl im Bürgerkrieg bildet in El Salvador *J. N. Duarte* (* 1926, Christdemokrat) Reg., welche Agrarreform fortzusetzen sucht

Staats- und Reg.-Chef *Daniel Ortega* (* 1946, Sandinist) reagiert in Nicaragua auf den Druck der USA und der von ihnen unterstützten »Contras« mit Ausrufung des Notstandes

Peter Shaffer (* 1926 in London): „Yonadat“ (Schauspiel, Urauff. in London)

† *Miguel Otero Silva* (* 1909), Schriftsteller aus den Reihen aufständischer Studenten 1928 in Venezuela

† *Karl Heinz Stroux* (* 1908) Schauspieler, Regisseur und Intendant am Schauspielhaus Düsseldorf

† *Gábor Vaszary* (* 1897 in Budapest, seit 1948 in West-Europa)

† *Aleixandre Vicente* (* 1898 in Sevilla), spanischer Schriftsteller, *Nobel*preis 1977

Martin Walser (* 1927): „Die Brandung“ (Roman)

Christa Wolf (* 1929, lebt in der DDR) erhält als Schriftstellerin österreichischen Staatspreis

Albin Zollinger (1895 bis 1941 in der Schweiz) auf der Bestenliste des Südwest-Funks

Düsseldorf feiert eine 400jährige Theatertradition, da dort 1585 anläßlich einer Prinzenhochzeit ein Singspiel aufgeführt wurde

Verlage der BRD produzieren 57623 neue Titel (erdweit würden bei gleichem Wachstum seit 1960 842 000 Titel erreicht mit + 3,9 %/Jahr)

sich gegen interkontinentale MX-Raketen

In Südafrika ruft Friedens*nobel*preisträger Bischof *D. Tutu* zum Boykott gegen sein Land wegen Apartheidspolitik auf

Südafrika hebt Verbot der Mischehen auf

Internationaler Psychoanalytikerverband tagt in Hamburg

In München wird das Max-Planck-Institut für psych. Forschung eröffnet

20 Staaten unterzeichnen in New York Konvention gegen die Folter

Nach 6 Wochen Beratungen geht das Expertentreffen für Menschenrechte in Ottawa wegen Ost-West-Streit ergebnislos zu Ende

Nach einem Prozeß von 5½ Jahren, der 2,5 Mill. DM kostete, wird ein NS-Verbrecher in der BRD wegen Beihilfe zum Mord an 15 000 Menschen zu 3 Jahren Freiheitsstrafe verurteilt

CDU/CSU-FDP-Koalition in der BRD finden Kompromiß für ein Gesetz gegen die „Auschwitzlüge“, die die Judenermordung der NS-Zeit bagatellisiert oder gar abstreitet

ken; *Gregor Torstein Kozig* (* 1948): Großzeichnungen mit Kohle; *Michael Morgner* (* 1942): Druckgrafik und Zeichnungen; *Thomas Ranff* (* 1949): Radierungen und Farb-Radierungen; *Kurt Teubner* (* 1903): Materialbilder Ausstellung in Dresden zur Zerstörung der Stadt vor 40 Jahren (ein Hiroshima mit konventionellen Waffen) Gebäude der Deutschen Bank in Frankfurt/M. mit 2 verglasten Hochhaustürmen fertiggestellt (Architekten: *Hanig, Scheidt* und *Schmidt*) Köln feiert das Jahr der seit dem Krieg restaurierten romanischen Kirchen (vgl. 1984) In München wird das Kulturzentrum am Gasteig eröffnet (mit Konzertsaal; Bücherei, VHS u. a.) Trump-Tower-Hochhaus in New York Neue Museumsbauten in der BRD: für Kunstgewerbe in Berlin (W) von *Rolf Gutbrod* (* 1910 in Stuttgart), für Kunstgewerbe in Frankfurt von *R. Meier* (* 1934 in den USA), Museum Ludwig in Köln, Staatsgalerie	Digitalplatte" (2000 Jahre mechanische Musik, 100 Jahre Schallplatte) ~ Digitale Schallplatte setzt sich mit hoher Klangqualität durch In New York werden 134 Edison-Phonographenwalzen aus der Metropolitan Opera von 1901-13 veröffentlicht Wiederaufgebaute *Semper*-Oper in Dresden (erbaut 1870-78) mit „Freischütz" wiedereröffnet Kairo plant für 1988 ein Opernhaus Popmusik-Konzerte in London und Philadelphia, die vor etwa 200000 Zuschauern und im Fernsehen 16 Std. dauern, erbringen rd. 150 Mill. DM. Hilfe für das hungernde Afrika Schlager: „Life is live", „An der Nordseeküste"	Uhr, daß die Erde vor etwa 4,6 Mrd. Jahren in 2 Schüben entstand: zunachst der Kern und ca. 14 Mill. Jahre später der Mantel, der Wasser- und Lufthülle bildete Eiszeitforschung (z. B. Analyse von Gletscherbohrkernen) ergibt für die letzten 800000 Jahre 18 ausgeprägte Warmzeiten, die durch Eiszeiten getrennt sind, die letzte Eiszeit endete ca. vor 20000 Jahren Neues Tiefseebohrschiff „Joides Resolution" läuft als Nachfolger der „Glomar Challenger" in Florida aus Nach den US-Raumtransportern vom Typ „Columbia" und „Challenger" folgt mit 18. Start „Discovery". Insgesamt werden 1985 4 Satelliten ausgesetzt, einige im Raum repariert und SDI-Experimente durchgeführt US-Astronaut bewegt sich beim „Challenger"-Flug mit Düsenrucksack ohne Verbindung frei im Raum Erster Start des US-Raumtransporters „Atlantis" in vertraulicher Mission USA starten bisher größten elektronischen Aufklärungs-Satelliten Kosmonauten der UdSSR gelingt es,	sende internat. Zusammenarbeit von Terroristen-Organisationen fest Hungerstreik von RAF-Mitgliedern ist von Terrorakten begleitet Terroristischer Bombenanschlag auf Kaufhaus in Düsseldorf mit 8 Verletzten Terroristenfahndung in der BRD neu ausgeschrieben Palästinenser entführen ital. Kreuzfahrtschiff „Achille Lauro" mit über 500 Passagieren, um Gefangene freizupressen. Sie töten einen US-Bürger. Die USA zwingen ihren Anführer auf Sizilien zu landen, die ital. Reg. läßt ihn jedoch ausreisen (vgl. Politik) Raubüberfall auf Geldtransport in New York bringt 50 Mill. $ Beute In USA wird seit 1976 die 40. Hinrichtung vollstreckt (mit Giftspritze) Der Guru *Bhagwan* wird in den USA festgenommen, als er das Land fluchtartig zu verlassen sucht UdSSR richtet 4 Flugzeugentführer hin Zweifacher Weinskandal, da bekannt wird, daß in Österr. mit Glykol und in Ital. mit Methylalkohol gepanscht wurde „Glykol", das als illegaler Weinzusatz in österr. Weinen ins Gerede kam, wird zum „Wort des Jahres" erklärt Prozeß in Neapel gegen 640 Mitglieder der Camorra-Mafia In Berlin (W) entwickelt sich um Stadtrat *Antes* (CDU) ein großer Bauskandal, der 1986 zum Rücktritt dreier Senatoren und Verurteilung von *Antes* führt Demonstrationen und illegaler Widerstand gegen Errichtung der Wiederaufarbeitungsanlage für Kernbrennstoffe in Wackersdorf/Bayern *Boris Becker* (* 1968) steigt von Januar 1985 bis April 1986 von Platz 66 auf Platz 3 der Tennis-Weltrangliste (erreicht 1986 Platz 2) Mit 6 m Weltrekord im Stabhochsprung von *Sergej Bubka* (* 1964 UdSSR)

(1985)

Julio Murio Sanguinetti (* 1936) wird zum Staatspräs. von Uruguay gewählt und beendet 12 Jahre Militärdiktatur

Vom schiitischen Terror bedrängt, beginnt Israel den Libanon zu räumen, ohne das Ziel von 1982 »Sicherheit für Galiläa« erreicht zu haben

Israel evakuiert mit Luftbrücke Juden aus Äthiopien

Um PLO polit. zu schwächen, unternimmt Israel einen kühnen Luftangriff auf das neue PLO-Hauptquartier bei Tunis in 2400 km Entfernung

Nach Abzug der israel. Truppen fliehen die Christen vor den Mohammedanern aus Südlibanon

Heftige Kämpfe zw. Schiiten-Miliz und Palästinensern in Beirut fordern 200 Tote

In Beirut geraten 37 US-Luftpassagiere in die Gewalt der Schiiten, die damit 766 von Israel gefangene Palästinenser freipressen wollen, was möglichst unauffällig geschieht

Nach einem Jahr Amtszeit tritt im Libanon die »Reg. der nationalen Einheit« unter *Raschkid Karame* (* 1921) wegen heftiger Kämpfe zurück

Im 10. Jahr des Bürgerkrieges im Libanon entsteht ein Friedensplan, der durch heftige Kämpfe zw. drusischen und schiitischen Milizen hinfällig wird. Eine Geisel aus der Botschaft der UdSSR wird ermordet. Syrien kündigt stärkere militär. Präsenz an

Syrien geht polit. gestärkt aus dem zunächst erfolgreichen Einmarsch Israels in den Libanon hervor

Nach Meldungen vom Golfkrieg soll der Iran bei Frühjahrsoffensive gegen den Irak 30 000–50 000 Mann verloren haben

Im Iran wird die Unterdrückung etwas gelockert. Ein designierter Nachfolger von *Chomeini* ernannt

Schwerer Beschuß irakischer und iran. Städte im Golfkrieg fordert zahlreiche Opfer

In Ägypten gewinnen islam. Fundamentalisten an Einfluß

Putschversuch in Guinea mit rd. 250 000 Einwohnern in Afrika scheitert

6. Putsch in Nigeria nach 1963 stürzt Staatschef *M. Buhari*, seit 1983 im Amt. Es folgt General *I. B. Babangida*

Nigeria befindet sich nach dem Ölpreisverfall in einer Wirtschaftskrise

Ausnahmezustand in Südafrika verschärft Rassenunruhen und Wirtschaftskrise

In Südafrika erschießt die Polizei 16 schwarze Demonstranten am Jahrestag als 1960 69 Schwarze getötet wurden

Unruhen in Südafrika forderten in Jahresfrist 780 Tote, bei deren Beisetzungen es zu neuen Unruhen kommt

Auf die schweren Unruhen in Südafrika antwortet Präs. *P. W. Botha* (* 1916) mit zurückhaltenden Vorschlägen für eine Milderung der Apartheid

Commonwealth-Staaten stellen ultimativ an Südafrika die Forderung, Apartheidpolitik aufzugeben

Präs. *Botha* von Südafrika hebt nach 9 Monaten Ausnahmezustand auf als »ersten Schritt zur Normalisierung«

Offiziere in Uganda stürzen den Nachfolger von *Idi Amin* (* 1925) seit 1980 *A. M Obote* (* 1925) wegen grausamer Herrschaft. Nachfolger wird *Tito Okello*

Nach Protest der jüdischen Gemeinde wird in Frankfurt/M. Urauff. des Schauspiels „Der Müll, die Stadt und der Tod“ von *R. W. Faßbinder* abgesetzt (vgl. D)

Japanischer Flugpassagier schreibt beim Absturz seines Flugzeuges Abschieds- und Dankbrief an seine Familie

In SO-Anatolien bei Cayonü wird jungsteinzeitliche Siedlung ausgegraben, die in der Zeit ~ –7250 bis –6750 besiedelt war und Kupfer kannte

In Eichstätt wird eine Handschrift von ~ 910 entdeckt, welche die Benediktiner-Ordensregel enthält, die ~ 529 entstand

Ausstellung des Inhaltes eines unversehrten keltischen Fürstengrabes (~ –500) in Stuttgart

„Jahr der Etrusker“ in Italien

Grabungen im etruskischen Cisra/Caere

Presse meldet Entd. 8000 Jahre alter Mumien in Chile

Stuttgart von *James Stirling* (* 1926 i, Glasgow/GB) (1982 Museum in Mönchengladbach von *H. Hollein* (* 1934 in Wien))

Kleinkunstwerke von der schwäbischen Alb mit einem Alter von etwa 30 000 Jahren werden publiziert

† *Yul Brynner* (* 1920? auf Sachalin/UdSSR) US-Schauspieler in ca. 40 Filmrollen, darunter „Der König und ich" 1956

† *Rock Hudson* (* 1925 in den USA) Filmschauspieler, stirbt an AIDS

† *Simone Signoret* (* 1921 in Wiesbaden), französische Schauspielerin in Film und Fernsehen

† *Luise Ullrich* (* 1911 in Wien), deutsche Schauspielerin u. a. in Berlin und München, Filmrolle 1961 in „Die Schatten werden länger"

† *Orson Welles* (* 1915 in den USA), Film und Rundfunkregisseur, der 1938 durch ein realist. Hörspiel über eine feindliche Invasion Panik erzeugte. 1949 drehte er „Der dritte Mann"

Filme im öffentlichen Verleih, die stark beachtet werden und/oder Preise erhalten haben:

„Purple Rose of Cairo" Film von *Woody Allen* (* 1935 in den USA)

„Einmal Ku'damm und zurück" (Film von *Herbert Ballmann* (* 1924 in Düsseldorf) über eine Liebe im geteilten Berlin erhielt Goldfilmband der BRD

„Zeit der Zärtlichkeit" (Film von *James L. Brooks* mit *Shirley Mc Laine* (* 1934 in den USA), die einen der 4 Oscars für den Film erhält)

„Amadeus" (Mozartfilm von *Milos Forman* (* 1932 in der Tschecheslowakei), der 8 Oscars erhält)

„Maria und Joseph" (Film von *Jean Luc Godard* (* 1930 in Paris), der in katholischen Kreisen auf Ablehnung stößt)

„Stammheim" (Film über RAF-Prozeß) von *R. Hauff* erhält Goldenen Bär von Berlin

„Ran" (japanischer Film von *Akira Kurosawa* (* 1910))

totalen Stromausfall in der Raumstation „Salut 7" in gefährlicher Expedition zu beheben

Raumsonden der UdSSR „Vega 1" und „Vega 2" zur Beobachtung der Venus und des Halleyschen Kometen sind mit Meßgeräten der USA ausgestattet

ESA-Rakete „Ariane" bringt 2 Nachrichten-Satelliten für Arabien und Brasilien in Umlauf, was eine Konkurrenz zur NASA bedeutet

Unfallbericht über Kernreaktor Harrisburg/USA 1979 stellt fest, daß 20 % des Reaktorkerns geschmolzen waren, aber der Stahlmantel Radioaktivität zurückhielt

In Frankr. geht der schnelle Brüter „Superphénix" in Betrieb

Transistoren mit 10^{-12} Sek. Schaltzeit werden konstruiert (gegenüber 10^{-3} Sek. bei Elektronenröhren vor 1948)

Univ. Stuttgart erhält Com-

Michael Groß (* 1964) schwimmt Weltrekord mit 3:47,80 über 400 m Freistil

Sportler des Jahres in der BRD: *Boris Becker* (* 1968) und *Cornelia Hanisch* (* 1952) als Fechtweltmeisterin

Turnier zw. Schachweltmeister (seit 1975) *A. J. Karpow* (* 1951 UdSSR) und *G. Kasparow* (* 1963 in der UdSSR) wird nach der 48. Partie bei 5:3 für *Karpow* abgebrochen

Carlo Lopes (* 1946 in Portugal) läuft in Rotterdam Marathonzeit 2:07:11

Boris Becker (* 1968 in Leimen/BRD) siegt als erster Deutscher im Herren-Einzel in Wimbledon, *M. Navratilova* (* 1956 in Prag, lebt in USA) zum 7. Mal im Damen-Einzel

Reinhold Messner (* 1944 in Südtirol) besteigt seinen 11. Gipfel (Annapurna) über 8000 m ohne Sauerstoffgerät (schafft bis 1986 alle 14 Gipfel über 8000)

Auf der Skiflugschanze von Planiza/Jugosl. gelingt *Matti Nykänen* (* 1963 in Finnl.) mit 191 m Rekordweite

Rudolf Powarnizin (* 1952 in der UdSSR) stellt mit 2,40 m Weltrekord im Hochsprung auf

Paul Schockemöhle (* 1945 in Vechta) wird zum 3. Mal auf dem Pferd „Deister" europ. Meister im Springreiten

Michael Spinks (* 1936 in den USA) wird im Boxkampf gegen *Larry Holms*, der als Favorit antritt, Weltmeister

Der Organisator der Olymp. Spiele von Los Angeles auf privat-finanzieller Basis *Peter Ueberroth* (* 1938) wird von der US-Zeitschrift „Time" zum Mann des Jahres erwählt

Mit *Manfred Winkelhock* (* 1953 in der BRD) verunglückt tödlich der 78. Formel-1-Rennfahrer seit 1961

Schweden gewinnt gegen BRD Daviscup im Tennis

Sieger in der Fußballbundesliga 1. FC Bayern München

32 Ital.er kommen in Brüssel um, als nach einem Fußballspiel gegen GB Ital. gewann und brit. Rowdys aggressiv werden

Reiseausgaben von BRD-Bürgern im Ausland: 1974 18,8 Mrd. DM; 1984 39,6 Mrd. DM (+7,7 %/Jahr)

(1985)	Indische Reg. unter *R. Gandhi* unterzeichnet Abkommen mit Sikhs zur Beilegung des Konfliktes im Punjab Wahlsieg der Sikhs im Punjab trägt zur Entspannung dort bei Neues Politbüro in VR China zeigt Verkleinerung und Verjüngung VR China fährt fort, seine kommunistische Planwirtschaft zu reformieren »Time« wählt Spitzenpolitiker der VR China *Deng Xiao ping* (* 1904) zum »Mann des Jahres« Krise des Anzus-Paktes von 1951 zw. Australien, Neuseeland und USA, weil Neuseeland atomar ausgerüstete US-Kriegsschiffe in seinen Häfen ablehnt In Neuseeland werden 2 frz. Agenten verurteilt, die das Greenpeaceschiff »Rainbow Warrior«, das frz. Atomversuche stören wollte, versenkt hatten Bisheriger Geheimdienstchef von Südkorea *Lho Shin Yong* (* 1930) wird Min.-Präs.. Bombenanschläge gegen Königspalast in Nepal, um Monarchie zu stürzen Truppen Vietnams dringen weiter durch Kambodscha bis Thailand vor, polit. von UdSSR unterstützt	„Papa ist auf Dienstreise" (Film um eine mohammedanische Familie in Jugoslawien, von *Emir Kusturica* (Jugoslawe), erhält "Goldene Palme" von Cannes) „Reise nach Indien" (Film von *David Lean* (* 1908 in Großbritannien)) „Die unendliche Geschichte" (Film von *W. Petersen* (* 1941 in Emden) nach dem Buch von *M. Ende*) „The day after" wird als US-Film über den Tag nach dem atomaren Holocaust im Ausland und sogar in Polen gezeigt „Das Boot" (Fernsehfilm über U-Bootkrieg von *W. Petersen* nach dem Buch von *L.-G. Buchheim* (* 1918 in Weimar) erhält höchste Einschaltquoten) „Oberst Redl" (Film um Spionage im 1. Weltkrieg von *István Szabó* (* 1938 in Budapest) erhält von BRD Filmband in Gold) „Die Nacht" (Film von *Hans-Jürgen Syberberg* (* 1935 in Pommern)) „Ein Sonntag auf dem Lande" (Film von *Bertrand Tavernier* erhielt französischen Filmpreis) „Rosa Luxemburg" (Film von *Margarethe von Trotta* (* 1942) mit *Barbara Sukowa*) erhält Filmband in Gold „Paris, Texas" (Film von *Wim Wenders* (* 1945)) „Nachdenken über Christa W." (Film von *Konrad Wolf* (* 1925 in Hechingen, lebt in der DDR) nach dem Roman von *Christa Wolf*)

puter mit bis 2 Mrd. Operationen/ Sek.

Die jährliche Prod. von Siliziumchips wird auf 1014 geschätzt (Das sind 20 000/ Kopf der Erdbev.)

Bisher schnellster Computer berechnet 2^{132049}-1 als Primzahl in 2 Std., 6 Min., 44 Sek.

3100 km lange transsibirische Eisenbahn BAM (= Baikal-Amur-Magistrale) in Betrieb

Greenwich-Observatorium verliert seine Funktion für die Festlegung der internat. Standardzeit, die seit 1884 durch den Nullmeridian festgelegt wurde

Die Alpen verlieren merklich an Attraktion für Urlauber

„150 Jahre Eisenbahn" (in Dtl.) (Ausstellung in Nürnberg)

Flughafen Frankfurt/M. erreicht erstmals 20 Mill. Passagiere

† *Axel Cäsar Springer*, einflußreicher Zeitungsverleger in der BRD („Bild", „Hör'zu", „Die Welt"), Freund Israels (* 1912)

Am 1.1.1985 besteht die (London) „Times" 200 Jahre

Großverleger der BRD starten Satelliten-Fernsehprogramm „Sat 1"

Verhandl. über Staatsvertrag in der BRD für neue Fernsehtechniken scheitert (Einigung gelingt 1986)

CO_2 Gehalt in der Atmosphäre erreicht 345 mg/kg (vor 1800 ca. 275 mg)

BRD bleibt trotz Waldschäden und erhöhter Unfallgefahr das einzige EG-Land ohne Tempolimit auf der Autobahn

Reg. der BRD berichtet, daß 50 % der Wälder geschädigt sind, die Ausbreitung sich aber verlangsamt

Fernsehfilm über Zerstörung des Urwaldes in Brasilien wird preisgekrönt

Indien plant großzügiges Bewaldungsprogramm

FAO versucht mit dem Motto „Das Jahr des Waldes" seiner erdweiten Gefährdung entgegenzutreten

Landtag von Schlesw.-Holst. beschließt „Naturpark Wattenmeer"

BRD erläßt für Reinhaltung der Luft von Schadstoffen „TA Luft"

Innerhalb zweier Tage gibt es im Autobahnnetz der BRD zweimal Giftgasalarm durch Chemikalientransport

Für die Sanierung Venedigs sind 3,6 Mrd. DM vorgesehen

Im Silicon Valley/USA werden Umweltschäden durch Fertigung der Halbleiterchips nachgewiesen

Riesenschildkröten werden bei Brand auf den Galapagosinseln mit Hubschraubern gerettet

In VR China werden ca. 4 Mrd. Ratten vermutet, deren radikale Vernichtung geplant ist

Kernwaffentestexplosionen seit 1945: USA 745; UdSSR 545; Frankr. 126; GB 38; VR China 29; Ind. 1

Augsburg feiert 2000jähriges Jubiläum

1986	Friedens*nobel*preis an *Elie Wiesel* (* 1928 im heutigen Rumänien, jüd. Abstammung, seit 1928 US-Bürger), der trotz NS-Verfolgung mit Ausrottung seiner Familie für Versöhnung und Brüderlichkeit als Schriftsteller eintrat US-Präs. *R. Reagan* und KPdSU-Chef *M. Gorbatschow* tauschen über Fernsehen friedliche Neujahrsansprachen für das and. Land aus Londoner Institut stellt ungefähres strategisches Gleichgewicht zw. USA und UdSSR fest Auf dem Gipfeltreffen in Reykjavik weist *R. Reagan* weitgehende Abrüstungspläne von *M. Gorbatschow* zugunsten seines SDI-Projektes zurück, was vielfach auf Kritik stößt Umfrage in Westeuropa ergibt 61 % Zustimmung zur Politik von *Gorbatschow*, 31 % zu der von *Reagan* Dt. Bundespräs. *R. von Weizsäcker* spricht vor beiden Häusern des brit. Parlaments über ein selbstbewußteres Europa *J. Kwizinski* löst SU-Botschafter *W. Semjonow* (* 1911) in der BRD ab BK *H. Kohl* vergleicht *M. Gorbatschow* mit *J. Goebbels*, was zu scharfen Reaktionen der UdSSR führt UdSSR lädt BRD-Minister *Riesenhuber* wegen Verstimmung Moskau-Bonn aus † *Gerold von Braunmühl* (* 1935), enger Mitarbeiter von *H.-D. Genscher* von RAF ermordet † *Eugen Gerstenmaier*, Bundestagspräs. (CDU) 1954–69 (* 1906) † *Elisabeth Schwarzhaupt* (* 1901) 1961–66 als erste Frau Ministerin der BRD (für Gesundheitswesen) † *Helga Wex* (* 1924), 1961–73 MdB der CDU BRD verlängert militär. Dienstpflicht ab 1989 auf 18 Monate und den Ersatzdienst entsprechend BRD schließt mit USA Geheimabkommen über Beteiligung von Firmen der BRD am SDI-Programm *Willy Brandt* (* 1913, SPD) wird erneut zum Vors. der Sozialistischen Internat. (SI) auf der Sitzung in Lima gewählt *W. Wallmann* (* 1932, CDU), vorher OB von Frankfurt/M., wird Bundesmin. für Umwelt und Reaktorsicherheit Nach dem GAU von Tschernobyl erklären in BRD die christlich-liberalen Regierungspar-	*Nobel*preis für Literatur an *Wole Soyinka* (* 1934 in Nigeria), der engl. schreibt Friedenspreis des Deutschen Buchhandels an *Wladyslaw Bartozewski* (* 1922 in Polen) *Günther Anders* (* 1902 in Breslau): „Lieben gestern" Der Nachlaß von *Gottfried Benn* (1886 bis 1956) kommt ins Deutsche Literaturarchiv in Marbach *Thomas Bernhard:* „Einfach kompliziert" (Bühnenstück, Urauff. in Berlin(W)) *Thomas Bernhard:* „Ritter, Dene, Voss" (Schauspiel um 3 Geschwister, Urauff. in Salzburg) † *Jorge Luis Borges*, argentinischer Schriftsteller und Polyhistor, der dem Surrealismus nahestand (* 1899) Verlage in BRD und DDR planen Gesamtausgabe der Werke von *Bert Brecht* (1898–1956) in 30 Bänden bis 1990 *Christine Brückner* (* 1921 in Waldeck): „Die Quints" (Roman) *Tankred Dorst* (* 1925 in Thüringen): „Ich, Feuerbach" (Schauspiel, Urauff. in München) *Ingeborg Drewitz* (* 1923, † 1986 in Berlin): „Eingeschlossen" (Roman) *Friedrich Dürrenmatt* (* 1921 bei Bern) erhält als Dramatiker	† *Simone de Beauvoir*, frz. Frauenrechtlerin und Lebensgefährtin von *J. P. Sartre* († 1980), schrieb 1949 „Das andere Geschlecht" (* 1908) † *Madame Buchela* (* 1899), die „Pythia von Bonn", die schon *K. Adenauer* 1953 den Wahlsieg prophezeit haben soll † *Mirca Eliade*, Religionshistoriker in den USA (* 1907 in Bukarest) Ausstellungen zum 200. Todestag von *Friedrich II. von Preußen* in Berlin (W) und Potsdam/DDR Der Vorsitzende der jüdischen Gemeinde zu Berlin *Heinz Galinski* (* 1912 in Marienburg/Westpreußen) kritisiert zunehmenden Antisemitismus in der BRD † *Hermann Gmeiner* (* 1919 im Vorarlberg), Philanthrop, der 1949 das Sozialwerk „SOS-Kinderdorf" gründete Prinz *Bernhard der Niederlande* überreicht *V. Havel* (* 1936 in Prag), Bürgerrechtler und Bühnenautor in der ČSSR den *Erasmus*-Preis 5. Enzyklika von *Papst Johannes Paul II.* „Das Gute und Böse beim Namen nennen"

„Die Gebrüder *Asam*“ (Ausstellung in Aldersbach/Niederbayern der Kirchenbaumeister *Cosmas Damian* (1686 bis 1737) und *Egid Quirin* (1692–1750))

Moris Louis Bernstein (* 1912 in Baltimore) zeigt Ausstellung in New York

† *Joseph Beuys* (* 1921 in Kleve), Avantgardist, sozialkritischer Künstler mit internationaler Anerkennung, Vertreter der „Happening“- und „Fluxus“-Szene, welche die „Antikunst“ propagiert

356 Aquarelle von *J. Beuys* in Düsseldorf ausgestellt

Skulpturen-Ausstellung von *Otto Bill* (* 1952 in Geldern) in Berlin (W)

Max Bill (* 1908 in Winterthur): „Kontinuität“ (Plastik vor der Deutschen Bank in Frankfurt/M.)

Eduardo Chileida (* 1924 in Spanien): Goethe-Denkmal in Frankfurt/M. (Architekturplastik in Kapellenform)

Michael Croissant (* 1928 in Landau): „Figur“ (Skulptur)

Raimund Giske (* 1930): „Ohne Titel“ (Gemälde)

† *Manfred Henninger* (* 1894 in Stuttgart), deutscher Maler, zeitweise im Tessin

Pina Bausch (* 1940 i. Solingen): „Viktor“ Tanzstück, Urauff. i. Wuppertal

„Otello“ Opernfilm von *F. Zeferelli* (* 1923 i. Florenz) mit *Placido Domingo* (* 1941 i. Madrid, Tenor)

Victor Fenigstein (* 1924 i. d. Schweiz): „Die heilige Johanna der Schlachthöfe“ (Oper nach *B. Brecht*, Urauff. in Augsburg)

† *Benny Goodman*, US-Jazz-Klarinettist, der 1935 den Swing-Jazz begr. (* 1909)

† *Elisabeth Grümmer* (* 1911 i. Deutschland), lyr. Opernsopran, vorwiegend in Berlin

H. W. Henze: „Fandango“ (sinfonische Musik, Urauff. i. Paris)

Vladimir Horowitz (* 1904 i. d. Ukraine, seit 1928 i. USA) tritt als Pianist in Leningrad auf

André Laporte (* 1931 i. Brabant): „Das Schloß“ (Oper nach *F. Kafka*, Urauff. i. Brüssel)

*Nobel*preis für Physik an *Ernst Ruska* für Bau des ersten Elektronenmikroskops 1933, (* 1906 in Heidelberg), *Gerd Binnig* (* 1947 in Frankfurt/M.) und *Heinrich Rohrer* (* 1933 in der Schweiz) für Entwicklung des Raster-Tunnel-Elektronenmikroskops

*Nobel*preis für Chemie an *Dudley Robert Herschbach*, (* 1932), *Yuan Tseh Lee* (* 1934) und *John Charles Polanyi* (* 1927) (an Univ. in USA und letzterer in Toronto) für Aufklärung schneller chemischer Reaktionen in Zeiträumen unter milliardstel Sek.n

*Nobel*preis für Medizin an *Rita Levi Montalcini* (* 1909 in Turin, arbeitet in Rom) und *Stanley Cohen* (* 1922 in New York, arbeitet in Tennessee) für Entd. proteinartiger Wachstumsfaktoren, welche die Nervenverbindung steuern

† *Ludwig Biermann* (* 1907), dt. Kometenforscher

Observatorium der MPG auf dem Calar Alto fotografiert 2 kollidierende Galaxien, die etwa in einer Mill. Jahren völlig verschmelzen werden

Das Doppelsternsystem „Cygnus X3“ wird als Quelle kosmischer Höhenstrahlung bis zu 1015 e-

*Nobel*preis für Wirtschaftswissenschaften an *James McGill Buchanan* (* 1919 USA) für ökonomische Theorie der Politik

Nach Mißernten 1981-85 in der UdSSR folgt eine normale

In USA wird die stärkste Landwirtschaftskrise seit 50 Jahren verzeichnet

Die hohe Verschuldung der USA erscheint mit 3,5 % des BSP relativ unproblematisch

BRD erzielt Jahresrekord im Export

1,91 ÖE (kg Öleinheit) ca= 1 $ BSP (BSP)

Weltbank gibt Energieverbrauch für 1984 in kg ÖE/K bekannt: USA 7302; UdSSR 4672; BRD 4238; DDR 5225; Ind. 187; VR China 485; Erde 1280

Erdweiter %-Anteil der Primärenergie 1970/85

Kohle 31,6/30,7; Öl 44,1/37,9; Gas 18,0/20,1; Wasser 5,9/6,7; Kernkraft 0,4/4,6

Nach Preisverfall am Ölmarkt einigt sich OPEC in London auf Kürzung der Förderung von 20 auf 16 Mill. Barrel

Kernkraftwerke decken 34 % des Strombedarfs der BRD

Kohle liefert im OECD-Bereich 42 % der elektrischen Energie

OECD erzeugt 80 % der Kernenergie der Erde

Der GAU von Tschernobyl führt zur internat. Konferenz über Reaktorsicherheit in Wien

Das seit 4 Jahren hart umkämpfte Kernkraftwerk Brokdorf geht ans Netz

Das frz. Kernkraftwerk Cattenom an der Grenze zur BRD und Lux. geht mit 1,3 Mill. kW gegen starken Widerstand ans Netz

Mrd. m^3 Erdgasförderung 1975/1985: UdSSR 289/640; USA 569/470

† *Heinz Nixdorf*, erfolgreicher dt. EDV-Unternehmer (* 1923)

Handelsstreit („Spaghettikrieg“) zw. erweiterter EG und USA wird beigelegt

(1986) teien Forts. der Kernenergiepolitik, die SPD fordert schrittweisen, die grüne Fraktion sofortigen Verzicht

Mehrheit des Bundestages ändert gegen entschiedenen Widerstand der Gewerkschaften § 116 des Arbeitsförderungsgesetzes von 1969, wodurch Streikfähigkeit erschwert wird

»Kronzeugenregelung«, die in der Terroristenbekämpfung auch Mördern Straffreiheit und Existenzerleichterung bringen würde, scheitert an Ablehnung der FDP

Der Skandal um den hochverschuldeten Baukonzern »Neue Heimat« des DGB führt zum Notverkauf und Rückkauf und schädigt den Ruf des DGB und seiner Gemeinwirtschaft

Grüne beschließen auf Parteitag in Hannover Wahlprogramm mit NATO-Austritt und sofortigen Verzicht auf Kernenergie

Wahlkampf zur Bundestagswahl Januar 1987, die die Koalition CDU/CSU-FDP mit BK *Helmut Kohl* und Außenmin. *H.-D. Genscher* bestätigt, bei Verlusten für die SPD und die Unionsparteien und Gewinnen für FDP und Grüne

% Stimmen bei Landtagswahlen in Bayern: (1982) CSU 55,8 (58,3); SPD 27,5 (31,9); Grüne 7,5 (4,6); FDP 3,8 (3,5); REP 3,0 (-)

Reg. Bürgermeister *E. Diepgen* erhält offizielle Einladung zum Staatsakt der 750-Jahr-Feier in Berlin (O)

Walter Momper (* 1945 in Sulingen) wird Vors. der Berliner SPD, wird dem linken Flügel zugerechnet

Einkesselungstaktik der Hamburger Polizei bei Demonstration wird gerichtlich für unzulässig erklärt

% Stimmen bei den Wahlen in Hamburg (1986/82)

CDU (41,9/38,6); SPD (41,8/51,3); FDP (4 8/2,6); GAL (10,4/6,8); DKP (0,2/0,4)

Klaus von Dohnayi (* 1928 in Hamburg) regiert vorläufig mit Minderheitssenat

Min.-Präs. *Albrecht* (* 1930, CDU) übernimmt die Verantwortung für einen Sprengstoffanschlag, mit dessen Hilfe ein V-Mann des Verfassungsschutzes in Niedersachsen in Terrorgruppe eingeschleust werden sollte

Bei den Wahlen in Niedersachsen erhält CDU-FDP-Koalition 1 Stimme Mehrheit im Parlament, SPD gewinnt 6 %, die Grünen bleiben gleichstark, CDU behält Mehrheit im Bundesrat

Georg Büchner- und *Schiller*-Preis

Umberto Eco (* 1932 in Italien): „Der Name der Rose" (durch gleichzeitige Verfilmung (vgl. K (F)) stark beachtet)

† *Herbert Eisenreich*, österreichischer Schriftsteller (* 1925 in Linz)

Der Schriftsteller *Erich Fried* (* 1921 in Wien), der während des Krieges bei der BBC arbeitete, erhält von der Liga für Menschenrechte in Berlin (W) *Carl von Ossietzky*-Medaille

† *Hans-Jürgen Fröhlich* (* 1932) deutscher Schriftsteller und Hörspielautor

Federico Garcia Lorca (1899–1936): „Das Publikum" (surreal. Schauspiel, Urauff. postum in Wuppertal)

† *Jean Jaques Gautier*, französischer Theaterkritiker und Schriftsteller (* 1908 in Frankreich)

† *Jean Genet*, französischer Schriftsteller, der seine Theaterstücke häufig im Gefängnis schrieb (* 1910)

† *Boy Gobert*, Schauspieler und Theaterleiter in Hamburg, Berlin und Wien (* 1925 in Hamburg)

Günter Grass (* 1927 in Danzig): „Die Rättin" (Roman um den Selbstmord der Menschheit)

Günter Grass schenkt das *Döblin*-Haus in

Erstmals besucht mit *Johannes Paul II.* ein Papst eine Synagoge (in Rom)

Papst versammelt in Assisi Vertreter christl. und nichtchristl. Religionsgemeinschaften zum Gebet um den Frieden und fordert für diesen Tag allerorts Waffenruhe

† *Heinrich Lutz*, dt. Historiker der neueren Geschichte (* 1922)

Hans Maier (* 1931, parteilos) seit 1970 in Bayern Staatsmin. für Unterricht und Kultus tritt zurück, weil Min.-Präs. *F. J. Strauß* das umfassende Ressort verkleinert

Dritte Welt-Preis an *Nelson Mandela* (* 1918) und seine Frau *Winnie*

† *Anatoli Martschenko* (im Straflager) als 6. Todesopfer der „Helsinkigruppe" in der UdSSR seit 1984 (* 1938)

Beim „Kulturgipfel" BRD-Frankr. in Frankfurt/M. wird frz. Staatspräs. *F. Mitterrand* Ehrenbürger

† *Alva Myrdal* (* 1901 in Schweden), Friedensforscherin, *Nobel*preis 1982

Regimekritiker *A. D. Sacharow* und seine Frau *Jelena Bonner* dürfen aus

Karl Horst Hödicke (* 1938 in Nürnberg), als Maler ein „Vater der neuen Wilden", stellt plastische Arbeiten in Berlin (W) aus

Werner Knaupp (* 1936): „Große Hüllen" (Eisenskulpturen in Körperform)

† *Georgia O'Keeffe* surreal. Malerin in USA (* 1887)

Ausstellung von Werken von *O. Kokoschka* (1886–1980) in der Tate Galery in London

† *Jacques-Henri Lartigue* (* 1894 in Frankreich), Fotograf

National Gallery in London zeigt Zeichnungen des britischen Karrikaturisten *David Low* (* 1891, † 1963), der das Zeitgeschehen der *Hitler*zeit kommentierte

In Frankreich werden 2 Bilder entdeckt, *die E. Manet* (1832–1883) zugeschrieben werden

Museum für das Werk von *Franz Marc* (1880–1916) in Kochel am See eröffnet

† *Fausto Melotti* , italienischer Plastiker und Keramiker (* 1901)

Albert Merz (* 1942 in der Schweiz): „o. T." (Acrylbild)

Retrospektive auf das Werk des spani-

G. Ligeti: Klavierkonzert (Urauff. b. steirischen Herbst in Graz)

Festkonzert in Bayreuth zum 100. Todestag von *Franz Liszt* (1811–86)

Tilo Medek (* 1940 i. Jena): „Rheinische Sinfonie" im klassizist. Stil (Urauff. i. Andernach)

† *Vicente Minelli* (* 1913 i. Chicago), Regisseur d. US-Filmmusicals („Broadway-Melody" 1950, „Ein Amerikaner in Paris" 1951)

† *Rick Nelson*, US-Rock'n' Roll-Musiker (* 1940)

Krysztof Penderecki (* 1933 i. Polen): „Die schwarze Maske" (Oper nach G. Hauptmann, Urauff. i. Salzburg)

Antikriegsoper von *Aribert Reimann* (* 1936 i. Berlin) „Troja" in München uraufgeführt

Wolfgang Rihm (* 1952 i. Karlsruhe) erhält *Liebermann*-Preis für seine Opernkompositionen

† *Rudolf Schock* (* 1915 i. Duis-

Volt Energie erkannt

5 Raumsonden (2 der UdSSR, 1 jap. und die ESA-Sonde „Giotto") erforschen Halleyschen Kometen aus unmittelbarer Nähe

Der Halleysche Komet zeigt eine unregelmäßige „Kartoffel"-Form mit 7-15 km Ausdehnung tiefer „Schwärze", seine Oberfläche zeigt eruptive Bereiche

Die NASA ist nach einer Serie von Unglücksfällen ohne Raumtransporter

Die NASA datiert den nächsten Raumfährenstart auf 1988

Bis Mitte des Jahres wurden seit 1957 fast 3500 Satelliten und Sonden gestartet, wovon 4475 Teilstücke die Erde umkreisen

Seit 1961 gab es insg. 201 Kosmo- und Astronauten

Bisherige Kosmo- bzw. Astronauten-Tage im Weltraum; UdSSR 4000; USA 1587 (= 40%)

2 Kosmonauten der UdSSR beenden regulär 125-Tage-Flug, bei dem sie die Raumstation wechselten

1977 gestartete US-Raumsonde „Voyager 2" sendet aus 3 Mrd. km Entfernung Bilder vom Planeten Uranus mit 10 Ringen und 15 Monden (bisher nur 7 Monde bekannt)

Marktanteile am erdweiten Schiffsbau (%):

Japan 52,3; BRD 3,1; S-Korea 14,4

100 Jahre nach dem ersten Automobil gibt es erdweit etwa 330 Mill. PKW und 100 Mill. kommerzielle KFZ

Die erdweite Kunststofferzeugung wird mit 75 Mt (für 1985) angegeben. Verbrauch in der BRD 107 kg/Kopf

Am technischen Kooperationsprogramm „Eureka" beteiligen sich 18 europ. Staaten

Werbeausgaben in BRD verdoppelten sich seit 1974 auf 16 Mrd. DM

Lebenshaltungskosten im Mai (gegen Vorjahr) in BRD: –0,2 % (erstmals seit 1949 Rückgang)

Etwa 800 Mill. Menschen oder 16 % der Erdbev. leben in tiefster Armut

Entwicklungshilfe der BRD erreicht mit 8,7 Mrd. DM (= 0,47 % des BSP) einen Höchststand

In Beirut wird Wasser teurer als Benzin

Willy Brandt legt für die SPD einen Vorentwurf für die Fortentwicklung des „Godesberger Programms" von 1959 vor

Bundesverfassungsgericht entscheidet, daß es keine bayr. Staatsangehörigkeit gibt

Mrd. DM Sozialleistungen in der BRD: 1976 374; 1980 476; 1986 604; (ca. 34% des BSP) 1974-86 + 4,9%/Jahr

% des BSP Steuern und Sozialabgaben in:

Schweden 52,1; BRD 39,9; Frankr. 46,6; USA 30,2; Schweiz 30,0; Japan 37,5

Franz Steinkühler (* 1937) wird Vors. von IG Metall, der zweitstärksten Gewerkschaft der BRD

DGB verkauft seinen Baukonzern „Neue Heimat" an einen Brotfabrikanten, der ihn sanieren will, und kauft auf Druck der Gläubigerbanken wieder zurück. Danach verkauft er seine „Bank für Gemeinwirtschaft" an eine Versicherungsgruppe

Dt. Bundestag verschärft Tierschutzgesetz von 1972

(1986)	XI. Parteitag der SED in Berlin (O) bestätigt StaatsratsVors. *E. Honecker* (* 1912) in seinen Ämtern DDR einigt sich mit Schweden auf Entschädigungen für Nachteile im 2. Weltkrieg DDR stoppt Asylantenstrom nach Berlin (W) durch strenge Beachtung der Visumsvorschrift DDR erteilt etwa dreimal mehr Reisegenehmigungen in die BRD als im Vorjahr Präs. der Volkskammer der DDR *Horst Sindermann* (* 1915 in Dresden) besucht BRD, ein häufig in Aussicht gestellter Besuch von *E. Honecker* wird weiter verschoben Die Reg. der BRD kaufte 1985 2500 polit. Häftlinge der DDR frei, etwa 2000 weitere werden dort noch vermutet *Kurt Waldheim* (* 1918) parteilos, 1972–81 Generalsekr. der UN, wird zum Bundespräs. von Österr. gewählt, worauf Israel wegen dessen ungeklärten Verhaltens in der NS-Zeit die diplomat. Bez. abbricht Nach der Wahl von *K. Waldheim* als ersten nichtsozialdemokratischen österr. Bundespräs. tritt *Fred Sinowatz* (* 1929, SPÖ-Vors.) als BK zurück, *Franz Vranitzky* (* 1937, SPÖ) wird Nachfolger und beendet Koalition mit FPÖ 39. Verhandlungsrunde über MBFR seit 1973 in Wien endet ergebnislos Schweizer lehnen mit 75,5% der Stimmen einen Beitritt zur UNO ab Durch Aufnahme von Span. und Portugal steigt die Zahl der EG-Mitglieder auf 12 Volksabst. in Dänem. billigt EG-Reform zur Umwandlung in eine Europ. Union † *Urho Kaleva Kekkonen* (* 1900, Bauernpartei), 1956–81 finnischer Staatspräs. † *Georges Besse* (* 1928), Chef der frz. Autofirma Renault, von Terroristen der »Action Directe« auf offener Straße erschossen † *Gaston Deferres* (* 1910), frz. sozialist. Politiker, seit 1953 Bürgermeister von Marseille Wahl zur frz. Nationalversammlung (Sitze): Sozialisten 205; Gaullisten (*Chirac*) 150; Giscardisten 127; Nationale Front 33; Kommunisten 35; Sozialisten unter *Mitterrand* verlieren Mehrheit, *Chirac* (* 1932) wird neuer Min.-Präs. Nach mehreren Niederlagen der KPF verzichtet ihr Vors. *G. Marchais* (* 1920) auf die Kandidatur zur Wahl des frz. Staatspräs.	Schlesw.-Holst. dem Land Berlin für die ungestörte Arbeit von Schriftstellern *Wladimir Gubarew* „Sarkophag“ (russisches Theaterstück um den GAU von Tschernobyl) Das Manuskript „Nach Jahr und Tag“ von *Knut Hamsun* (1859 bis 1952) in Hamburg gefunden *Gerhart Hauptmann* (1862-1946)-Museum in Erkner/Berlin (O) geplant Kölner Literaturpreis an den Lyriker *Helmut Heißenbüttel* (* 1921) † *Fritz Hochwälder* (* 1911 in Wien), österreichischer Dramatiker † *W. P. Katajew*, Schriftsteller der UdSSR, schrieb 1937 „Es blinkt ein einsam Segel“ (Roman) (* 1897) † *Christopher Isherwood* (* 1904 in Großbritannen) schrieb als Globetrotter 1939 „Goodbye to Berlin“, als „Cabaret“ 1972 verfilmt *Sarah Kirsch* (* 1934): „Irrstern“ (deutsches Prosagedicht) *F. X. Kroetz*: „Nusser“ (Schauspiel, Urauff. in München) und „Weihnachtstod“ (Schauspiel, Urauff. in München) *Reiner Kunze* (* 1933 im Erzgebirge): „Eines Jeden einziges Leben“ (Gedichte) *Wolfgang Koeppen*	der Verbannung in Gorki (seit 1980) nach Moskau zurück † *Bruno Snell* (* 1896 in Hildesheim) dt. Altphilologe in Hamburg *Mutter Teresa* (* 1910), Friedens*nobel*preisträgerin von 1979, überlebt Flugzeugabsturz † *Helmut Thielicke*, ev. Theologe, NS-Gegner (* 1908) † *Joseph Vogt* (* 1895), dt. Althistoriker UN-Frauenkonferenz in Montevideo/Uruguay Frauenwahlrecht in Liechtenstein als letztem westeuropäischen Staat In BRD werden Kinder auf die Rente der Frau nur angerechnet, wenn die Mütter vor 1921 geboren wurden Erstes Frauenhaus in Berlin (W) und BRD besteht 10 Jahre Bundesverfassungsgericht der BRD bemängelt Härteklausel des Scheidungsrechts Der Karlspreis der Stadt Aachen für Verdienste um Europa wird an das luxemburgische Volk verliehen KSZE-Folgetreffen der Außenmin. in Wien

schen Malers *Joan Miró* (1893–1983) in Zürich

† *Henry Moore* (* 1898 in GB), britischer Bildhauer internationaler Geltung

Ausstellung *Otto Nagel* (1894–1967), sozialkritischer Maler, in Berlin (W)

Sigmar Polke (* 1942 in Schlesien) stellt auf der Biennale in Venedig „Kunst und Wissenschaft" aus

„Der Mann mit dem Goldhelm" wird in Berlin nach einer Neutronenanalyse dem „Umkreis" von *Rembrandt* zugewiesen (galt vorher als eigenhändig)

George Rickey (* 1908 in den USA): „Two lines excentric joined with six angels" (für den Skulpturenboulevard Berlin 1987)

Shiro Sasaki (* 1931 in Osaka/Japan, lebt in Yokohama) zeigt Gemälde-Ausstellung in Berlin (W)

Neues Museumsgebäude in Düsseldorf für die Sammlung *Werner Schmalenbach* (* 1920 in Düsseldorf) von den Architekten *Dissing* und *Weiting*

Ausstellung von Skulpturen von *Michael Schoenholtz* (* 1937 in Duisburg) in Heidelberg

burg) Opernsänger (Tenor), vorw. i. Berlin und Wien

„Cats" (Musical von *Lloyd Webber* [* 1948 i. London] urauff. 1981 i. London) kommt über USA und Wien in der 7. Inszenierung nach Hamburg

Der 100. Geburtstag von *Mary Wigman* (1886–1973) weckt erneut das Interesse an ihrem „absoluten" Tanzstil

Musiktage für *Ruth Zechlin* (* 1926 i. Oschatz, lebt i. d. DDR) in Münster

Hans Zender (* 1936 i. Wiesbaden): „Stephen Climax" (Oper, Urauff. i. Frankfurt/M.)

Bernd Alois Zimmermann (* 1918 b. Köln): „Requiem" (Urauff. i. Köln)

Udo Zimmermann (* 1943 i. Dresden): „Die weiße Rose" (Kammeroper um den Widerstand gegen d. NS-Regime)

Europäisches Musikfestival in Warschau eröffnet, (wird in Bln (W) und Stuttgart fortgesetzt)

† *Eduard Justi* (* 1904 in Hongkong), dt. Physiker, der eine Solar-Wasserstoff-Energiewirtschaft erforschte und vertrat

Albert Einstein-Archiv in Bern gegründet

Es wird eine Korrektur für das Gravitationsgesetz von *I. Newton* (1643–1727) gefunden, die auf eine Abstoßungskraft mit 200 m Reichweite hinweist

US-Physiker berichten über Entd. einer 5. Elementarkraft „Supercharge"

Atomuhren für eine Genauigkeit von einer Sekunde in 30 Mill. Jahren werden konstruiert

Ein Druck von 5,5 Mbar wird in USA erreicht (im Erdzentrum herrschen ca. 3,5 Mbar)

Mit Kernfusionsversuchsanlagen in GB und USA werden kurzzeitig Temperaturen von 100. Mill. bzw. 200 Mill. Grad erreicht

Mit Teilchenbeschleunigung von 3200 Mrd. e-Volt versucht man dem Quark-Gluonen-Plasma des Urknalls nahe zu kommen

Superstringtheorie wird als Ergänzung der „Quark"-Theorie der Elementarteilchen entwickelt und diskutiert

Laser mit freien Elektronen, der 1976 in

Die DDR läßt eine zunehmend wachsende Anzahl von Ausreisen in die BRD in „dringenden Familienangelegenheiten" zu

Städtepartnerschaft zw. Saarlouis (BRD) und Eisenhüttenstadt (DDR) als erste dieser Art (andere folgen)

Bremen feiert 800 Jahre Stadtfreiheit, die *Friedrich I. Barbarossa* verlieh

Brit. Reg. löst die Verwaltung von Groß-London auf, die seit 1963 bestand

Im Jahr (85/86) finden in Argent. 465 Streiks statt, (84/85 222)

Erneute Protesttage in Chile mit Generalstreik gegen General *U. Pinochet*

23 Staaten des britischen Commonwealth boykottieren dessen Spiele in Edinburgh, weil Reg. *M. Thatcher* Sanktionen gegen Südafrika verweigert

Ca. 5 Mill. Afghanen flüchteten nach Pakistan

Argent. siegt im Fußball-WM-Finale in Mexiko 3: 2 über BRD, Frankr. wird 3. mit Sieg über Belg.

Torhüter der BRD-Fußball-Nationalmannschaft *Toni Schumacher* (* 1954 in Düren) zum „Fußballer des Jahres" gewählt

1. FC Bayern wird durch Sieg über Werder-Bremen Fußballmeister der BRD

Garry Kasparow (* 1963, armen. Herkunft) wird mit 5: 3-Sieg Schachweltmeister über *A. J. Karpow* (* 1951 UdSSR), der den Titel seit 1975 trug

Reinhold Messner (* 1944 in Südtirol/Ital.) vollendet die Ersteigung aller 14 Gipfel über 8000 m ohne Sauerstoffgerät

Boris Becker (* 1967 in der BRD) besiegt im 100. Wimbledon-Turnier *Ivan Lendl* (* 1960 in der ČSSR) und verteidigt seinen Wimbledontitel vom Vorjahr

Martina Navratilova (* 1956 in Prag, seit 1975 US-Bürgerin) siegt zum 7. Mal in Serie in Wimbledon im Damen-Einzel

(1986)

Frz. Reg. *Chirac* zieht nach schweren Schüler- und Studentenunruhen Gesetz zur Hochschulreform zurück

† *Harold Macmillan* (* 1894 in London), 1957–63 brit. konservativer Premierminister

GB bricht diplomatische Bez. zu Libyen ab, weil dieses Terror unterstützt (USA und Kanada folgen dem aus Solidarität)

GB erweitert Fischereizone um die Falklandinseln und kündigt militär. Überwachung an

Commonwealth-Konferenz in London kann sich nicht auf Maßnahmen gegen Apartheidspolitik in Südafrika einigen

GB schließt SDI-Vertrag mit USA

Nach- und Kommunalwahlen in GB zeigen Verluste der Konservativen unter *M. Thatcher* (* 1925, seit 1979 Reg.-Chefin)

Schwere Unruhen der Protestanten in Nordirland, die Stärkung der Katholiken durch britisch-irisches Abkommen von 1985 befürchten

Ital. Min.-Präs. *B. Craxi* (* 1934), der seit 1983 amtiert, tritt nach parlamentarischer Niederlage zurück

B. Craxi bildet erneut 5-Parteienreg. ohne KPI

Auf dem Parteitag der Südtiroler Volkspartei kommt es zu turbulenten Szenen bei der Forderung nach mehr Autonomie

Christdemokrat *R. Lubbers* (* 1939) gewinnt Wahlen in den Niederl. gegen Sozialdemokraten; Kommunisten gewinnen keinen Sitz

Gro Harlem Brundtland (* 1939, Sozialistin) bildet neue norwegische Reg. mit 8 weiblichen Ministern

Mario Soares (* 1924, Sozialist) wird erster ziviler Staatspräs. Portugals seit 1928

† *Olof Palme* (* 1927, Sozialdemokrat), wird auf der Straße nach einem Kinobesuch neben seiner Frau von Unbekannten erschossen; war 1969–76 und ab 1985 schwed. Min.-Präs..

Spaniens Min.-Präs. *M. González* (* 1942, Sozialist) erreicht Volksabst. mit Zustimmung zum NATO-Verbleib ohne völlige militär. Integration

Span. Sozialisten erringen bei Regionalwahlen Mehrheit im Baskenland

ETA ermordet im span. Baskenland den Militärgouverneur mit seiner Frau und Sohn

† *Erich Koch* in poln. Haft (* 1896), 1941-44 Reichskommissar für die Ukraine, 1959 von Polen zum Tode verurteilt

(* 1906 i. Greifswald) mit seinen Gesammelten Werken auf der Bestenliste

Lore und *Kay Lorentz* (* 1920 in Chemnitz) als Kabarettisten und *Walter Dirks* (* 1901 in Dortmund) als Publizist erhalten Staatspreis von Nordrhein-Westfalen

Harald Mueller (* 1934 in Memel): „Totenfloß“ (Schauspiel gegen Zerstörung der Erde, Urauff. in München)

Friederike Mayröker (* 1924 in Wien): „Winterglück“ (Gedichte 1981–85)

† *Valerie von Martens*, deutsche Schauspielerin, seit 1925 Ehefrau von *Curt Goetz* († 1960)

Russische Urfassung der „Lolita“ von *V. Nabokow* (1899–1977) wird gefunden und veröffentlicht

Hans Neuenfels (* 1941) beginnt als Regisseur seine Tätigkeit als Intendant der Freien Volksbühne in Berlin (W)

† *Lilly Palmer*, deutsche Schauspielerin und Schriftstellerin (* 1914 in Posen)

Oskar Pastor (* 1927 in Siebenbürgen) erhält literarischen *Ernst-Meister*-Preis

Verschollenes Gedicht von *Petrarca* (1304–74 in Italien) in Gotha entdeckt

Hans Werner Richter (* 1908): „Das Eta-

In Bern endet die KSZE-Folgekonferenz über menschliche Kontakte ohne Abschlußerklärung, weil die USA einen Kompromiß ablehnen

Nach Prag (gegr. 1348) und Wien (gegr. 1365) feiert Univ. Heidelberg ihr 600jähriges Bestehen

In BRD entsteht 3. Privatuniversität in Ingolstadt, nach denen in Witten und Koblenz

Schwarzafrika plant Akademie der Wissenschaften

Kulturabkommen BRD-DDR nach langen Verhandlungen um die Probleme Berlin und Stiftung „Preußischer Kulturbesitz“

Historikertag in Trier

20. dt. Kunsthistorikertag in Berlin (W)

Kulturausgaben der Länder der BRD stiegen seit 1980 auf knapp 3 Mrd. DM. (+3,2%/Jahr)

Treffen von 11 Weltreligionen zur Förderung von Frieden und Menschenrechten mit 100 Delegierten in Peking

Erstmals seit dem 16. Jh. erscheint gemeinsame Ausg. des Neuen Testaments in griechisch und dt. für kath. und ev. Kirche.

† *Eva Schwimmer* dt. Künstlerin expressiver Graphik (* 1909)

Rolf Szymanski (* 1928): „Große Frauenfigur" (Beitrag zum Skulpturenboulevard Berlin 1987)

Rubenspreis der Stadt Siegen an *Cy Twombly* (* 1928 in den USA, lebt in Rom) für seine Graphismen

„1960 – Les nouveaux Realistes" (Ausstellung in Paris mit *Christo*, *Tinguely* und *Yves Klein*)

Kunst-Ausstellung der BRD in der DDR versucht mit 11 Namen einen Querschnitt ihrer Nachkriegskunst zu zeigen:

Horst Antes * 1936), *Willy Baumeister* (1889–1955), *Raimund Girke* (* 1930), *Gotthard Graubner* (* 1930), *Anselm Kiefer* (* 1945), *Konrad Klapheck* (* 1935), *Ernst Wilhelm Nay* (1902–1968), *Sigmar Polke* (* 1942), *Gerhard Richter* (* 1932) *Emil Schumacher* (* 1912), *Guenter Uecker* (* 1930)

26. Internationaler Kongreß für Kunstgeschichte in Washington D.C. „Weltkunst, Einheit in der Verschiedenheit"

„Galerie der Romantik" der Nationalgalerie in Berlin

Minnesängerhandschrift mit Liedern des *von Kürenberg* (~ 1160) in Budapest gefunden

Los Angeles erhält eine Oper

Schlager: „Il Mexiko"; „An der Nordseeküste"; „J'aime la vie" (gewinnt 31. Grand Prix Eurovision)

Rockfestival mit mehreren tausend Teilnehmern als Protest gegen die nukleare WAA in Wackersdorf/Bayern

Die brit. Rockmusikgruppen „Rolling Stones" (gegr. 1962 i. London) und „Pink Floyd" (gegr. 1965) lösen sich auf

den USA erfunden wurde, erscheint als Waffe im SDI-Projekt geeignet

† *Fritz Lippmann* (* 1899 in Königsberg, seit 1939 in den USA), Biochemiker, *Nobel*preis 1953

† *Pierre Gabar* (* 1898 in Kiew, lebte nach 1917 in Frankreich), erfand 1953 Immunelektrophorese

Von den ca. 15 Mill. Tier- und Pflanzenarten sind etwa 10% beschrieben

85 Mill. Jahre altes Schnabeltierfossil als frühes Säugetier gefunden

Seit 1821 wird wieder eine neue Klasse Stachelhäuter im Meer entdeckt

Bei der intensiven Erforschung der Tierwelt der Antarktis fällt Riesenwuchs auf

In USA verteidigen *Nobel*preisträger die moderne Evolutionstheorie gegen die biblische Schöpfungsgeschichte

Jane Goodall (* 1934 in London) berichtet als Primatologin über Beobachtung wildlebender Schimpansen in Kenia seit 1960

Im Nordosten Brasiliens finden frz. Forscher Spuren menschlicher Wohnstätten mit 32 000 Jahren Kohlenstoffalter

Japanische Forscher ermitteln die Sequenz von 156 000 Basen-

Ausgaben für das Gesundheitswesen in der BRD verdreifachten sich seit 1970 (+7,1%/Jahr)

Ca. 1,5 Mill. behandlungsbedürftige Alkoholiker in BRD

Die ovulationshemmende „Pille" konnte seit 25 Jahren Wachstum der Erdbev. nicht wesentlich bremsen

Geburtenrate der BRD ist seit 16 Jahren die geringste der Erde mit 9,7 Geburten je 1000 Einwohner

Erstmals in der BRD wird ein Kind geboren, das das Stadium eines tiefgekühlten Embryos durchlief

In den Entw.-Ländern sind etwa 60% der Bewohner ohne sauberes Trinkwasser, woran 25 Mill. Kinder jährlich sterben

Trotz schwieriger Beweislage und Freispruchantrags der Staatsanwaltschaft 4 Jahre Haft für *Wolfgang Otto* (* 1912) wegen Beihilfe zur Ermordung des KP-Vorsitzenden *Ernst Thälmann* (* 1886) 1944 im KZ Buchenwald

In Moskau wird ehemaliger KZ-Bewacher, der den Deutschen diente, 78jährig zum Tode verurteilt

RAF ermordet Siemensvorstands-Mitglied *Karl-Heinz Beckhurts* (* 1930) und seinen Chauffeur *Erhard Groppler*

4 Tote und mehr als 200 Verletzte bei Bombenanschlag auf Diskothek „La Belle" in Berlin (W) mit vielen US-Besuchern

Über 100 Tote durch Bombardierung der libyschen Städte Bengasi und Tripolis als Vergeltung für Hilfe bei Terrorakten, die Libyen bestreitet

Kernkraftgegner sägen in der BRD Strommaste um

20 Tote in Pan Am Verkehrsflugzeug, das nach Karachi/Pakistan entführt wurde

Serie von Bombenanschlägen in Paris

Streik der brit. Gefängniswärter führt zu Meutereien in 18 Haftanstalten, aus denen 52 Gefangene entfliehen

Ca. 300 Tote bei Gefangenen-Meuterei in Peru, wo Militär gefangene Meuterer aus der Terrororganisation „Leuchtender Pfad" liquidiert

(1986)	Die neue poln. Gewerkschaft ist auf den Kommunismus festgelegt und hat kein Streikrecht Rumän. verkündet ein Energienotstands-Programm 30 Jahre nach dem Volksaufstand gegen den Kommunismus in Ungarn wird eine merkliche Liberalisierung unter *János Kadar* (,1912 i. Fiume) festgestellt, die im RGW-Bereich Modellcharakter gewann (»Gulaschkommunismus«) † *W. M. Molotow* (* 1890 in Rußland) maßgeblicher Politiker seit 1939 in der Stalinära UdSSR beginnt mit Truppenabzug aus Afghanistan Machtwechsel in Afghanistan durch Entmachtung von *B. Karmal* (* 1929), der seit 1979 Stütze der einmarschierten Sowjets war UdSSR läßt Regimekritiker *A. Schtaranski* frei (* 1948) *A. Sacharow* (* 1921) und seine Frau *Jelena Bonner* (* 1932) dürfen nach 7 Jahren Verbannung in Gorki nach Moskau zurück USA drohen EG mit Schutzzöllen, weil der Beitritt von Span. und Portugal ihre Handelsinteressen gefährdet USA nehmen Prod. chemischer Waffen wieder auf Kein Einspruch der Europa-NATO gegen beabsichtigte Kampfgasproduktion der USA USA und UdSSR tauschen vor dem Gipfeltreffen in Reykjavik zwei »Spione« aus Einseitiges Atomtestmoratorium der UdSSR wird von den USA mit weiteren, angeblich unverzichtbaren Versuchen beantwortet Seemanöver einer US-Flotte in der Großen Syrte vor Libyien führen zu Schußwechsel USA verhängen Handelssanktionen gegen Libyen USA und Südafrika weisen gegenseitig Militär-Atachés aus Vom Kongreß überstimmt, setzt US-Präs. *Reagan* Sanktionen gegen Südafrika in Kraft Nach den Zwischenwahlen verliert *Reagan* in beiden Kammern Mehrheit an Demokraten USA bombardieren entgegen dem Rat ihrer europ. Verbündeten Ziele in Libyen als Vergeltung für Terrorakte UN-Vollversammlung verurteilt US-Luftangriff auf Libyen Waffenlieferungen der US-Reg. an den Iran	blissement der Schmetterlinge" (literarische Porträts aus der „Gruppe 47") *Friederike Roth:* „Das Ganze ein Stück" (Schauspiel, Urauff. in Bremen) † *Juan Rulfo* (* 1917), mexikanischer Schriftsteller † *Ernst Schnabel* (* 1912), deutscher Schriftsteller und Dramaturg *Stefan Schütz* (* 1944 in Memel, lebt in der DDR): „Die Seidels Grosz & Groß" (Schauspiel, Urauff. in Osnabrück) *Botho Strauß:* „Die Fremdenführerin" (Schauspiel, Urauff. in Berlin (W)) *Peter Zadek* (* 1926 in Berlin) tritt als Intendant des Hamburger Schauspielhauses zurück Akademie in Berlin (W) erhält Nachlaß von *Peter Weiß* (1916-82) als Dauerleihgabe „Berliner Literaturhaus" in Berlin (W) eröffnet Frankfurter Buchmesse steht im Zeichen des Vielsprachenstaates Indien (Verfassung nennt 14 Hauptsprachen) Das neue Wörterbuch der Académie française enthält gegenüber 1935 mit 45000 10000 Wörter mehr (+ 2,5%/Jahr) Im Jahr rd. 10 Mill. Zuschauer in den 65 Theatern der DDR In VR China wird die	Deutscher Katholikentag in Aachen mit dem Motto „Dein Reich komme" Jeder 5. Verstorbene in der BRD wird eingeäschert In Israel gestatten Rabbiner Herztransplantation Sikhs töten Hindus im Punjab Rotes Kreuz schließt Rep. Südafrika aus USA schicken einen Schwarzen als Botschafter in die Rep. Südafrika Landgericht Berlin stellt Verfahren gegen Richter des NS-„Volksgerichtshofes" ein, der für über 5000 terroristische Todesurteile verantwortlich ist UN-Bericht spricht von „Völkermord in Afghanistan" Tierschutzgesetz wird in BRD novelliert Der unscharfe Begriff „Postmoderne" begleitet Wandel und Zerfall „moderner" Formen In Peru werden 22 Steinfiguren aus der Inkazeit (~ 15. Jh.) gefunden In Hildesheim wird Stadtmauer aus der Zeit von *Bischof Bernward* (993 bis 1022) entdeckt In Kenia werden Reste einer Moschee aus der Zeit ~

(W) mit *C. D. Friedrich*, *K. F. Schinkel*, *Blechen* u. a. im Schloß Charlottenburg eröffnet

„Expressionisten, Die Avantgarde in Deutschland 1905 bis 1920" (Ausstellung in Berlin (O))

„Barock in Dresden" (Ausstellung von Kunstwerken aus Dresden in der „Villa Hügel" in Essen)

Eröffnungskonzert im restaurierten Schauspielhaus am Gendarmenmarkt in Berlin (O) (erbaut 1818–21 von *F. Schinkel*)

Staatsoper Unter den Linden (Berlin (O)), 1743 von *G. W. von Knobelsdorff*, restauriert und wieder eröffnet

Restauriertes Stadttheater Coburg (von 1837) eröffnet

In Frankfurt/M. wird die Ausstellung zeitgenössischer Kunst „Prospect 86" von 92 Künstlern gezeigt

Köln eröffnet Doppelmuseum für die Sammlungen *Wallraf-Richartz* und der von *Peter Ludwig* (* 1925)

Design-Kongreß in Stuttgart

Die Sammlung der Malerei des französischen Impressionismus im Pariser „Jeu de Paume" zieht um

Britten Opera Theatre als neues Opernhaus in London-Kensington für Kammeroper von *Hugh Casson* und *David Ramsay*

Musée d'Orsay in einem umgebauten Pariser Bahnhof für die Kunst 1800–1914 eröffnet

Museum für Modekunst in Paris eröffnet

† *Alfred Bauer* (* 1911), Leiter der Berliner Filmfestspiele 1950–1975

† *Peter Beauvais* (* 1916 in Oberfranken), Fernsehfilm-

paaren in der DNS-Erbsubstanz von Pflanzenchloroplasten

In USA wird ein künstliches Gen (Erbfaktor) aus 1054 Basenpaaren synthetisiert

Die 3 Gene, die das Farbsehen ermöglichen, werden in USA analysiert. (Die 3-Farbentheorie des Sehens datiert 1855)

Die Bluterkrankheit wird molekulargenetisch analysiert

† *Carl Erich Alken* (* 1909), Nestor (1. Ordinarius) der dt. Urologie

† *Albert von Szent-György* (* 1893 in Budapest), Muskelphysiologe in den USA, *Nobel*preis 1937

Elektronenmikroskop macht AIDS-Virus sichtbar

~ Durch gefäßerweiternde Thrombolyse und Angioplastik mit Ballonkatheter wird Herzinfarktbehandlung grundlegend erleichtert und verbessert

Interferon erweist sich als vorbeugend gegen Erkältungskrankheiten

BRD unterstützt Krebsforschung mit mehr als 250 Mill. DM

Einer 36 Jahre alten Patientin wird in GB gleichzeitig Herz, Lunge und Leber eines 14jährigen Unfallopfers transplantiert

Erstmals Kunstherzimplantation in BRD durch *E. Bücherl* (* 1919) Patient verstirbt bald nach folgender Herztransplantation

Erstmals elektronische Kunstohren für gehörlose Kinder durch Ärzteteam in Australien

Institut für Lasertechnologien in der Medizin an der Univ. Ulm eröffnet

In Madrid werden 8 Polizisten durch Bombenanschlag getötet

Arab. Terroristen erschießen in Synagoge in Istanbul 20 Juden beim Gebet

12. Weltwirtschaftsgipfel in Tokio beschäftigt sich auch mit dem internat. Terrorismus

In Innsbruck werden 128 Punker festgenommen, welche diese Stadt zur „Chaotenstadt 1986" ausrufen wollen

In Paris jährlich für etwa 60 Mill. DM rowdyhafte Zerstörungen

BRD-Bundestag beschließt maschinenlesbaren, fälschungssicheren Personalausweis

Schäden durch Computerkriminalität in BRD auf 15 Mrd. DM geschätzt

In der Schweiz findet man Reste eines vor 400 Jahren auf einem Gletscher verunglückten Soldaten mit den Münzen dieser Zeit

Als bisher schwerstes Unglück der Raumfahrt explodiert ein US-Raumtransporter „Challenger" mit 7 Besatzungsmitgliedern (davon 2 Frauen) wegen Konstruktionsmängel im Bereich der Feststoffraketen. Die Opfer werden geborgen. Das zivile und militärische Raumfahrtprogramm der USA werden nachhaltig gestört. In der Raumfahrt gab es bisher 14 Tote

Der bisher schwerste Reaktorunfall bei Tschernobyl/Ukraine verursacht unmittelbar 2 Tote. Im weiteren Verlauf erhalten 30 Helfer tödliche Strahlendosen, ca. 100 000 werden evakuiert. Weite Teile Europas werden dauerhaft radioaktiv verseucht. Die weitere gesundheitliche Belastung ist schwer abzuschätzen

US-Arzt rechnet aus dem GAU von Tschernobyl mit Langzeitfolgen (Krebs u. ä.) für rd. 100 000 Einw. der UdSSR

1700 Tote durch Aufsteigen einer giftigen vulkanischen Gasblase in einem See in Kamerun

Etwa 900 Tote und Tausende Verletzte durch schweres Erdbeben in El Salvador

(1986)	und der Transfer des Erlöses an die Kontras in Nicaragua lösen einen polit. Skandal aus: *John Pointdexter* der vierte Sicherheitsberater von Präs. *Reagan* tritt zurück Internat. Gerichtshof in Den Haag verurteilt die USA wegen Verletzung des Völkerrechts gegenüber Nicaragua. USA ignorieren dieses Gericht in dieser Sache US-Kongreß bewilligt auf Drängen des Präs. *Reagan* 100 Mill. $ für die Contras gegen die Sandinisten in Nicaragua USA überschreitet ostentativ die im SALT 2 vereinbarte Höchstzahl atomarer Waffen, die sie bisher ohne Ratifizierung des Vertrages einhielt Der Diktator »auf Lebenszeit« (seit 1971) *Jean Claude Duvalier* (* 1951) flieht vor den Unruhen der Bev. von Haiti nach Frankreich In Argent. werden 3 Generäle der Junta (darunter *Galtieri*), die für den Falklandkrieg verantwortlich sind, verurteilt Nach Verurteilung der argentinischen Generäle amnestiert die Reg. gegen starken Protest die Schuldigen am Verschwinden Tausender während der Militärdiktatur 1976–83 *U. Pinochet* (* 1915) seit 1975 diktatorischer Präs. Chiles, entgeht einem Attentat, bei dem 6 Begleiter getötet werden Nach dem Attentat auf *Pinochet* wird in Chile der Ausnahmezustand erklärt Großer Wahlerfolg der Liberalen Partei in Japan unter *Jasuhiro Nakasone* (* 1918). Vors. der Sozialisten tritt zurück Wirtschaftsgipfel der sieben westlichen Industrie-Nationen in Tokio, der sich auch mit Terror und Kernkraft-Sicherheit befaßt Im Golfkrieg sind beiderseitig große Opfer, aber keine entscheidenden Erfolge zu erkennen Iran meldet 200 Ziviltote durch irakischen Raketenangriff Sparprogramm in Israel senkt die Inflationsrate auf etwa 4% Das Gespräch zw. Kg. *Hassan* von Marokko (* 1929, Vors. der arab. Liga) und *S. Peres* (* 1923, Min.-Präs. von Israel) über Frieden im Nahost bringt keine Einigung ca. 10 000 Tote und schwere Zerstörungen in Aden durch Kämpfe rivalisierender marxistischer Gruppen im Südjemen Kg. *Hussein* von Jordanien beendet erneut Zusammenarbeit mit PLO	Chance diskutiert, daß der *Nobel*preis für Literatur an VR China fällt, was bisher nicht geschah UdSSR eröffnet erstes jüdisches Theater (in Moskau) UdSSR gibt ihren Theatern eigene Spielplanentscheidungen In München werden einige unbekannte Strophen des Nibelungenliedes gefunden, das im 12. Jh. im Donauraum entstand PEN-Club verlautet, daß sich erdweit 349 Schriftsteller und Journalisten in Haft befinden „Tschernobyl" gilt als das meistgebrauchte Wort des Jahres	900 gefunden („erste Moschee"?) Unversehrter Grundriß der griech. Stadt Metapont in Unteritalien aus der Zeit ~ –4. Jh. für etwa 20 000 Einw. läßt Kulturbauten erkennen Archäologen finden bei Cerveteri den Hauptplatz der Etruskerstadt Caere aus dem –5. Jh. Israelischer Forscher entdeckt im See Genezareth 2000 Jahre alten Bootsrumpf 2 Silberamulette aus dem –7. Jh., die 1979 in Jerusalem gefunden worden waren, werden als bisher älteste Bibeltexte entziffert („Gott sei dir gnädig und gebe dir Frieden") Archäologen entdecken in Jerusalem ältestes Tor der Stadt (~ –1850) Goldkultur aus Varna in Bulg. aus der Zeit ~ –4000 in Freiburg/Br. ausgestellt Museum für Kunst der Kykladen in Athen In Haithabu/Schlesw.-Holst. wird Wikinger-Museum eröffnet Erdweite Zahl der Künstler (vgl. Sp. K)

regisseur vor allem nach Romanen von *S. Lenz*

† *Cary Grant* (* 1904 in Bristol), Filmschauspieler, der in mehr als 60 Filmen spielte

† *Otto Preminger* (* 1906 in Wien, emigrierte 1934 in die USA), Filmregisseur

† *Helmut Qualtinger* (* 1928 in Wien), Schauspieler, der den gemütvollen Wiener persiflierte

† *Geza von Radvanyi* (* 1908 in Ungarn), Filmregisseur

† *Andrej Tarkowskij* (* 1932 in der UdSSR), Filmregisseur, letzter Film „Opfer"

Besonders beachtete und/oder preisgekrönte Filme:

„Hannah und ihre Schwestern" (Film von *Woody Allen* (* 1935 in New York)) von Kritik zum „besten Film des Jahres" gewählt

„Männer" (Film von *Doris Dörrie* (* 1955 in Hannover), der die Männerwelt kritisiert

„Die Ehre der Prizzis" (Film von *John Huston* (* 1906 in den USA)

„Stammheim" (Film von *Reinhard Hauff* (* 1939 in Marburg) über Prozeß gegen Terroristen der RAF 1973)

„The Mission" (britischer Film von *Roland Joffé* (* 1945 in Großbritannien) erhält „Goldene Palme" von Cannes

„Jenseits von Afrika" (Film von *Sidney Pollack* (* 1934 in den USA)) erhält 7 Oscars

Barbara Sukowa (* 1950) erhält in Cannes Festspielpreis für die Darstellung von *Rosa Luxemburg* im Film von *M. von Trotta* (* 1942 in Berlin)

Steinheimer Becken erweist sich wie das Nördlinger Ries als Krater eines Riesenmeteoriten, die beide vor rd. 15 Mill. Jahren entstanden

Am 15.12. wird mit 910 Millibar ein „Jahrhunderttief" über der Nordsee registriert

Expeditionen von 1981 und 83 ergeben, daß die Vergletscherung der Eiszeiten wahrscheinl. in Tibet begann

In Austr. wird als bisher ältestes Fragment der Erdkruste ein 4,3 Mrd. Jahre alter Zirkonkristall entdeckt

Internat. Wasserstoffenergie-Konferenz in Wien

UdSSR plant Generator für 1,2 Mill. kW mittels Supraleitung

Kalifornien produziert 2% seiner elektrischen Energie (600 Mill. kWh) mit Wind

Als ideale Energiequelle der Zukunft zeichnet sich immer stärker die Verbrennung sonnenstrahlungserzeugten Wasserstoffs ab

Indien baut Sonnenkraftwerke

Die 4. „Eureka"-Tagung mit 19 Mitgliedstaaten (EG + 7 andere), erhöht die Zahl der gemeinsamen Projekte auf 19 mit 6 Mrd. DM Kosten

EG vereinbart 10,5 Mrd. DM Forschungsausgaben mit den Schwerpunkten Umwelt und Kernfusion

Glasfaserkabel konkurriert mit Fernmeldesatelliten

In USA sind 30 000 km Glasfaserkabel verlegt

Produktionstechnisches Zentrum in Berlin (W) unter Leitung von *G. Spur* von TU Berlin eingeweiht

Transistor erreicht in USA Schaltgeschwindigkeit von 5800 Mrd. Schaltungen/Sek.

Hochleistungskeramiken ent-

Ca. 200 Tote, als in Kolumbien ein Erdrutsch 14 Busse verschüttet

Schwerer Taifun verwüstet weite Gebiete auf den Philippinen und in VR China

Der Nordosten der USA verzeichnet verheerendste Dürre des Jahrhunderts

398 Tote, als ein russ. Passagierschiff im Schwarzen Meer von Frachter gerammt wird

45 Tote bei Absturz eines Großhubschraubers, der eine Bohrinselbesatzung über die Nordsee flog

71 Tote, darunter eine Schulklasse aus Schwerin, beim Absturz eines Verkehrsflugzeuges der UdSSR beim Anflug auf Berlin(O)-Schönefeld

400 Tote bei Fährunglück in Bangladesh

Nach der Umweltkatastrophe durch Brand eines Chemikalienlagers in Basel, die den Rhein nachhaltig vergiftete, häufen sich die Nachweise von Gifteinleitungen in Flüsse

177 Tote bei Goldminenunglück in Südafrika

„Großversuch" zur Ermittlung von Umweltschäden durch KFZ-Verkehr führt zu keinem Tempolimit in der BRD

† *Franz Burda*, Zeitschriftenverleger in BRD (* 1903)

4. Rundfunkurteil des Verfassungsgerichtes der BRD regelt Nebeneinander öffentl.-rechtl. und privater Sendungen

In BRD sind 1,8 Mill. Haushalte (7,5%) verkabelt

Glanzvolle Hochzeit des brit. Prinzen *Andrew* (* 1960) mit *Sarah Ferguson* (* 1960) in London wird ein erdweites Fernsehspektakel

GB und Frankr. vereinbaren Ärmelkanal-Tunnel für Eisenbahnverkehr

44 km Autobahn Kärnten-Ital. schaffen neue transalpine Verbindung

Fährverbindung Rügen (DDR)-Litauen (UdSSR) wird eingerichtet

Weltkongreß der Prostituierten in Brüssel

(1986) Afrikanische OAU verurteilt GB und and. Staaten, die nicht energisch genug Apartheidpolitik Südafrikas bekämpfen

† *Samora Machel* (* 1933), durch Flugzeugabsturz, in Südafrika seit 1966 Frelimoführer, seit 1975 Staatspräs. von VR Moçambique

Südafrika unternimmt militär. Kommandounternehmungen gegen ANC-Stützpunkte in Simbabwe, Sambia und Botswana

Vorsorglich verhängt Südafrika zum 10. Jahrestag der blutigen Unterdrückung der Unruhen in Soweto den Ausnahmezustand und verhaftet trotz Protestes der Weltöffentlichkeit mehr als 1000 Apartheidgegner

In Pakistan wird *Benazir Bhutto*, Tochter des 1979 hingerichteten früheren Staatspräs., mit anderen verhaftet

Blutige Unruhen in Pakistan um *Benazir Bhutto*, die den Rücktritt von *Zia ul Haq* (* 1924, seit 1977 an der Macht) fordert

Präs.in der Philippinen *Corazon Aquino* (* 1933) entläßt nach Putschgerüchten Verteidigungsmin. *J. P. Enrile*

VR China gibt Verkehrsflugzeug an Rep. China auf Taiwan zurück (1. offizieller Kontakt beider Staaten seit 1949)

Studentenunruhen in VR China mit Forderung nach Demokratisierung greifen von Shanghai nach Peking und auf and. Hochschulen über und nötigen Parteichef nach Selbstkritik Anfang 1987 zum Rücktritt

Straßenkämpfe und Studentendemonstrationen in Seoul gegen das diktatorische Regime in Südkorea

Nach schweren Unruhen auf den Philippinen, die sich nach der Ermordung von *B. Aquino* steigerten, muß der Diktator *F. E. Marcos* mit seiner Familie fliehen und die Witwe seines Gegners *Corazon Aquino* (* 1933) wird sein Nachfolger

Die neue Präs.in der Philippinen muß sich zw. Kommunisten und Anhängern des geflohenen *F. E. Marcos* behaupten und bereitet Volksabst. über neue Verfassung 1987 vor

Drei führende Mitglieder der KP Vietnams treten zurück, um Reformen zu ermöglichen

Beim Fernsehfilm bevorzugt das Publikum mehrteilige Serien mit anspruchsloser, gefälliger Unterhaltung (z. B. „Schwarzwaldklinik", Traumschiff") oder Kriminalfilme („Tatort" usw.)

wickeln sich zu wichtigen Werkstoffen, bes. in Japan

† *Alexander Ostrowski* in Lugano (* 1893 in Russl.), Mathematiker

ICM-Kongreß in Berkeley/USA mit 3500 Mathematikern aus 75 Ländern behandelt u. a. Chaostheorie, Stringtheorie, Computerbeweise

In einem Beweis auf 15 000 Seiten beantworten über 100 Mathematiker die Frage nach der Zahl der endlichen, einfachen mathematischen Gruppen

Eduardo Rego (Argent.) und *Colin Rourke* (GB) beweisen eine topologisch-mathematische Vermutung von Henri Poincaré (* 1854, † 1912 in Frankr.) von 1904

Lexikon der Mathematik in 80 Bänden geplant

Statt des bisher üblichen und noch dominierenden Papierinformationssystem der Bibliotheken fordern Wissenschaftler eine Computer Aided Informationslogistik (CAI), welche die Verarbeitung allen gespeicherten Wissens ermöglicht

Feiern zum 100. Jahrestag der Aufstellung der Freiheitsstatue im Hafen von New York, die Frankr. einst schenkte

Weltausstellung in Vancouver/Kanada „EXPO 86"

Albanien erhält über Jugosl. Anschluß an das Eisenbahnnetz Europas

Das Bundesumweltamt beziffert die Umweltschäden in der BRD auf 103 Mrd. DM/Jahr

1973–85 verfünffachte sich die Zahl der Umweltdelikte (+14,4%/Jahr)

Nordseebericht der BRD stellt katastrophale Schäden fest

SU verzichtet auf den Plan, große sibirische Flüsse zur Bewässerung nach Süden zu lenken

Schwerste Ausschreitungen am Bauplatz der Atomaufbereitungsanlage Wackersdorf mit über 100 Verletzten bei Polizei und Demonstranten

VR China unternahm bisher 32 Kernwaffentests

Pro Kopf der Menschheit werden rd. 2-3 t TNT Kernwaffensprengstoff geschätzt (= 10-15facher Overkill)

Die Niederl. nehmen Wasserdammsystem der Deltawerke in Betrieb, das seit 1957 für 10 Mrd. DM im Bau war

Im UV-Strahlen absorbierenden Ozonschild der hohen Atmosphäre sind in der Antarktis deutliche Lücken nachweisbar

1987	Friedens*nobel*preis an *Oscar Arias Sanchez* (* 1941), Staatspräs. von Costa Rica seit 1986, für Friedensplan für Mittelamerika Der Besuch des Bundespräs. *R. von Weizsäcker* in UdSSR bleibt von seiten der Gastgeber nicht ohne Kritik an der Politik der BRD Bundespräs. *R. von Weizsäcker* erhält türk. Atatürk-Friedenspreis Bundestagswahlen in der BRD bringen SPD (*J. Rau*) und Unionsparteien Verluste, FDP und Grünen Gewinne % Stimmen der Bundestagswahl (87/83): CDU/CSU (44,3/48,8), SPD (37,0/38,2), FDP (9,1/7,0), Grüne (8,3/5,5); Reg. *Kohl-Genscher* bleibt *Helmut Kohl* (* 1930, CDU) bildet fast unveränderte Koalitionsreg. CDU-CSU/FDP, wobei *F. J. Strauß* (CSU) 3 angebotene Ministerämter ablehnt. *H. D. Genscher* bleibt Außenminister BK *H. Kohl* besucht Afrika (Kamerun, Moçambique, Kenia) Reg. der BRD stimmt nach längerem Zögern der von UdSSR und USA angestrebten »Doppelten Nullösung« für Raketen mittlerer und kurzer Reichweite zu (unter Ausschluß der 1400 US-Pershing-Raketen in BRD) Differenzen zw. *H. Kohl* und *F. J. Strauß* (CSU) über den Verzicht auf die US-Pershing 1 A-Raketen, den die UdSSR verlangt In der Flickaffäre werden die früheren FDP-Wirtschaftsmin. *Hans Friderichs* und *O. Graf Lambsdorff* wegen Steuerhinterziehung zu hohen Geldstrafen und Flickmanager *E. von Brauchitsch* zu 2 Jahren Haft mit Bewährung verurteilt † *William Borm* (* 1895 in Hamburg) FDP-Politiker, der 1972 seine Partei verließ, weil diese die sozialliberale Koalition brach *Klaus Töpfer* (* 1938, CDU), bisher Umweltmin. in Rheinland-Pfalz, wird als Nachfolger von *W. Wallmann* neuer Umweltmin. der BRD Kriegsschiffe der BRD ersetzen im Mittelmeer NATO-Streitkräfte, die in den Persischen Golf verlegt wurden *F. J. Strauß* (CSU) warnt CDU vor Verlust ihrer Stammwähler durch Politik für linke Wähler † *Peter Lorenz* (* 1921 in Berlin), Berlin-Politiker und MdA der CDU. Wurde 1975 von Terroristen als Geisel verschleppt	Nobelpreis für Literatur an den Lyriker *Joseph Brodsky* (* 1940 in der UdSSR, lebt seit 1972 in den USA) Friedenspreis des Deutschen Buchhandels an *Hans Jonas* (* 1903 in Mönchengladbach, lebt in New York), Religionswissenschaftler *Herbert Achternbusch:* „An der Donau" (Schauspiel mit Musik von *Heiner Goebbels*) *Edward Albee* (* 1928 in den USA): „Marriage Play" (Schauspiel, Urauff. in Wien) † *Carlos Drummond de Andrade* (* 1902), brasilianischer Lyriker † *Jean Anouilh* (* 1910 in Bordeaux), frz. Dramatiker † *James Baldwin* (* 1924 in New York), US-Schriftsteller *Samuel Beckett:* „Warten auf Godot" (surreal. Schauspiel von 1953) wird in Dresden aufgeführt *Alfred Behrens* (* 1944 in Hamburg) erhält Frankfurter Hörspielpreis *Heinrich Böll*-Stiftung in Köln gegründet *Volker Braun* (* 1939 in Dresden): „Die Übergangsgesellschaft" (Urauff. in Bremen) † *Erskine Caldwell* (* 1903 in den USA), schrieb sozialkritische Romane über Süd-USA	Gemäß EG-Beschluß ist Amsterdam kulturelle Hauptstadt Europas 1987 † *Alexander Altmann* in den USA (* 1906 in Ungarn), Dr.h.c. von Trier, erforschte jüdische Mystik *Jelena Bonner* (* 1932, Ehefrau von *A. Sacharow*) und *Adam Zagajewski* (* 1945 in Polen) erhalten in Paris „Prix de liberté" vom frz. PEN † *Gilberto Freyre* (* 1900 in Recife), brasilianischer Anthropologe und Schriftsteller Kath. Kirche entzieht Frau *Ranke-Heinemann* (* 1918) akademischen Lehrauftrag wegen ihrer öffentlichen Zweifel an der jungfräulichen Geburt Mariä † *Joseph Kardinal Höffner* (* 1906), 1969-87 Erzbischof von Köln, seit 1976 Vors. der dt. Bischofskonferenz *Chaim Herzog* besucht in Worms Friedhof der Juden, dort seit 960 nachgewiesen Papst *Johannes Paul II.* besucht zum 2. Mal BRD und spricht *Edith Stein* (* 1891 als Jüdin in Breslau, 1922 kath. getauft, 1942 im KZ Auschwitz ermordet) so-

Schadenersatzprozeß um ein „Kunstwerk“ von *J. Beuys* aus 2,5 kg modellierter Butter, das vom Reinigungspersonal beseitigt worden war

8. documenta in Kassel unter Leitung von *Manfred Schneckenburger* steht im Zeichen des Gedenkens an *J. Beuys* († 1986)

Mit der 7000. Eiche vollendet die Witwe von *J. Beuys* die von ihm auf der documenta in Kassel begonnene „Stadtverwaldung“

Bauhaus-Archiv in Berlin (W) zeigt Erzeugnisse der Hochschule für Gestaltung in Ulm, die *Max Bill* (* 1908 in Winterthur) als Bauhauskünstler 1951 bis 1956 leitete

Gedenkjahr für *Marcel Duchamp* (1887–1968), einen der Väter der modernen Kunst

Eberhard Fiebig (* 1930): „Tor des irdischen Friedens“ (monumentale Plastik für die documenta in Kassel)

Große Ausstellung der Werke von *J. H. Fragonard* (1732 bis 1806) in Paris

Ausstellung in Berlin (W) von Skulpturen von *Alberto Giacometti* (* 1901 in der Schweiz, † 1966)

Sonnenblumenbild von *van Gogh* er-

George Antheil (1900–1959 i. USA): „Transatlantik“ (Jazzoper, 2. Auff. seit 1930)

† *Fred Astaire* (* 1900 i. USA), virtuoser Film- u. Bühnentänzer mit eleganter Note

Frz. Staatspreis i. d. Sparte Chanson an *Charles Aznavour* (* 1924 i. Paris)

S. Henk Badings i. Delft (* 1907 auf Java), viels. niederl. Komponist

Nikolai Badinski (* 1937 i. Sofia): „Schwebendes Berliner Märchen“ (Komp.)

Pina Bausch (* 1940): „Ahnen“ (Tanzstück, Urauff. i. Wuppertal)

Boris Blacher (1903–75): „Habemeaya“ (abstrakte Oper Nr. 1 von 1929, Urauff. postum i. Bln [W])

† *Siegfried Borris* (* 1906 i. Berlin), Schüler von *P. Hindemith*

Pierre Boulez (* 1925 i. Frankreich) und *Wolfgang Rihm* (* 1952 i. BRD) stehen im Mittelpunkt

Nobelpreis für Physik an *Joh. Georg Bednorz* (1950 in Neunkirchen) und *Karl Alex Müller* (* 1927 in Basel) für Entd. der Supraleitung bei 350 Kelvin ~ −238° C bei keramischen Stoffen

Nobelpreis für Chemie an *Charles J. Pedersen* (Norw., * 1904 Korea), *Jean-Marie Lehn* (* 1939 im Elsaß) und *Donald J. Cram* (* 1919 USA) für Entd. neuartiger, vielseitig verwendbarer Moleküle einer „Wirt-Gast-Chemie“

Nobelpreis für Medizin an *Susumu Tonegawa* (* 1939 in Japan, seit 1981 in USA) für Klärung der Molekularbiologie des Immunsystems

† *Louis de Broglie* (* 1892 bei Dieppe), frz. Physiker, der 1924 die Wellennatur der Teilchen erkannte, *Nobel*preis 1929

† *Bernhard Grzimek* (* 1909 in Neiße), Zoologe, Tierschützer und Schriftsteller, gestaltete 140 Fernsehfolgen von „Ein Platz für Tiere“

† *Werner Henle* (* 1910 in Dortmund), arbeitete als Virologe in USA

† *Peter Brian Medawar* (* 1915 in Rio), brit. Erforscher der Immunreaktion, *Nobel*preis 1960

Wirtschaftsnobelpreis an *Robert M. Solow* (* 1924 in New York) für Untersuchung des technischen Fortschritts als Faktor wirtschaftl. Wachstums

† *Henry Ford II.* (* 1917 in Detroit), leitete 1945-79 Ford Motor Company

Das BSP der Erde liegt bei 13313 Mrd. $ (= 2650 $/Kopf)

Globale Energieerzeugung rd. 9,8 Mrd. t SKE (= 2 t SKE/Kopf)

Schwed. Reg. erklärt, die 12 Kernkraftwerke des Landes 1988 abschalten zu wollen

Windenergiepark für 1000 kW mit 30 Aggregaten im westl. Schlesw.-Holst. in Betrieb

Kernkraftwerk Cattenom in Frankr. schaltet im Juni zum 6. Mal in diesem Jahr ab

Schneller Brüter in Frankr. „Superhélix“ verliert durch Leck Kühlmittel Natrium

Nach Pannen in frz. Kernkraftwerken ergeben Umfragen Mehrheit gegen Kernkraft, die 75% des Elektrizitätsbedarfs deckt

1000 Beschäftigte in Krisenindustriezweigen der BRD:

	Steinkohle	Eisen/Stahl
1957	604	294
1987	163	199
Veränderungen		
	-4,5%/Jahr	-1,3%/Jahr

Schließung der Zeche „Minister Stein“ beendet 700jährigen Kohlebergbau in Dortmund

Erdweit werden jährlich ca. 400 Mt Chemikalien produziert (etwa 80 kg/K der Erdbev.)

%-Anteil am Erd-BSP der 7 westlichen Gipfelstaaten:

USA	27,3
Japan	9,6
BRD	5,5
Frankr.	4,3
GB	3,7
Ital.	3,0
Kanada	2,7
Summe	56,1

(1987)

Heinz Galinski (* 1912 in Ostpreußen), Vors. der Jüd. Gemeinde zu Berlin seit 1949, wird Ehrenbürger der Stadt

Antikommunistische Jugendsekte der Moon-Bewegung tagt in Berlin (W)

Bei heftigen Ausschreitungen in Berlin-Kreuzberg am 1. Mai werden über 300 Polizeibeamte verletzt und Schäden in Millionen-DM-Höhe verursacht

Bürgerschaftswahlen in Bremen. SPD behauptet in Bremen absolute Mehrheit unter Senatspräs. *Klaus Wedemeier* (* 1944, SPD)

% Stimmen bei Wahl in Hamburg (87/86): SPD (45,0/41,7), CDU (40,5/41,9), FDP (6,5/4,8), GAL (7,0/10,4). Erster Bürgermeister *Klaus von Dohnanyi* (SPD) bildet Koalition mit FDP

H. Börner (* 1931, SPD) entläßt als hessischer Min.-Präs. den grünen Umweltmin. *J. Fischer* (* 1948) und beendet damit 14 Monate Koalition SPD/Grüne

% Stimmen bei Landtagswahlen in Hessen (87/83): CDU (42,1/39,4), SPD (40,2/46,2), Grüne (9,4/5,9), FDP (7,8/7,6), DKP (0,3/0,3). Damit endet SPD-Herrschaft seit 1947 in Hessen

In den Landtagswahlen in Hessen erhält das Bündnis CDU/FDP 2 Mandate mehr als das von SPD/Grünen. *Walter Wallmann* (* 1932), bisher Umweltmin. in Bonn, früher OB in Frankfurt/M., CDU, bildet erste hessische Reg. ohne SPD

% Stimmen b. Landtagswahlen in Rheinland-Pfalz (87/83): CDU (45,1/51,9), SPD (38,8/39,6), FDP (7,3/3,5), Grüne (5,9/4,5). Min.-Präs. *Bernhard Vogel* (* 1932, CDU) bildet mit FDP Koalitionsreg.

† *Jochen Steffen* (* 1922 in Kiel), linker SPD-Politiker in Schlesw.-Holst.

Min.-Präs. *Uwe Barschel* von Schlesw.-Holst. tritt nach Wahlverlusten und Gerüchten über Intrigen gegen seinen Wahlgegner *Engholm* (* 1939 in Lübeck; SPD) zurück

† *Uwe Barschel* (* 1944, stirbt unter ungeklärten Umständen in Genf, wahrscheinl. Freitod) Min.-Präs. von Schlesw.-Holst. seit 1982 (CDU). Sein Tod löst polit. Skandal aus

Uwe Barschel wird nach seinem Tod falscher ehrenwörtlicher Versicherungen überführt

G. Stoltenberg (* 1928, CDU) wird nach der Barschel-Affäre erneut Vors. der CDU in Schleswig -Holstein

Elias Canetti (* 1905 in Bulgarien): „Das Geheimherz der Uhr. Aufzeichnungen 1973-85"

Spanischer Literaturpreis an *Rosa Chacel* (* 1898 in Valladolid)

Hélène Cioux (* 1937 in Oran/Algerien) „Indias" (Schauspiel, Urauff. in Paris)

† *Berta Drews* (* 1901) Staatsschauspielerin in Berlin (W)

Hans Magnus Enzensberger (* 1929 in Kaufbeuren) erhält Großen Literaturpreis der Bayerischen Akademie f. sein essayistisch-kritisches Werk

R. W. Faßbinder (1946–82): „Der Müll, die Stadt und der Tod" (Schauspiel, dessen Auff. in Frankfurt/M. verhindert wurde, wird in New York ohne Proteste uraufgeführt)

Erich Fried (* 1921 in Wien, emigrierte 1938 nach London) erhält *Georg Büchner*-Preis

† *Gustav Fröhlich* (* 1902 in der Schweiz) deutscher Bühnen- und Film-Schauspieler

Die „Sophienausgabe" von *Goethes* Werken erscheint als Taschenbuchausgabe in 143 Bänden

Reinald Goetz (* 1954): „Krieg" (Schauspiel, Urauff. in Bonn)

Ludwig Harig (* 1927): „Drei Männer im Feld" (Hörspiel um das Schlacht-

wie Pater *Rupert Mayer* (* 1876 in Stuttgart, Jesuit und NS-Gegner, † 1945) selig

Papst *Johannes Paul II.* besucht seit 1979 zum 3. Mal sein Heimatland Polen

Schwere Krawalle während Papstmesse in Santiago/Chile

Papst macht apostolische Visite in Amerika

8. Besuch des Papstes *Johannes Paul II.* in Südamerika (Uruguay, Chile, Argentinien)

Papst macht apostolische Visite in Nordamerika

† *Zoltan Káldy* (* 1918), ungarischer ev. Bischof und Präs. des Lutherischen Weltbundes seit 1982

Henry Kissinger (* 1923 in Fürth/Bayern), 1973–77 US-Außenmin., erhält Karlspreis der Stadt Aachen

René König (* 1906 in Magdeburg): „Soziologie in Deutschland, Begründer, Verächter, Vertreter"

† *Eugen Kogon* (* 1903 in München), linkskath. Publizist, Mitbegründer der „Frankfurter Hefte" 1946

† *Gunnar Myrdal* (* 1898 in Schweden) Volkswirtschaftler und Poli-

zielt auf Auktion in London 72 Mill. DM

† *Renato Guttuso* (* 1912 in Italien) verband als Maler sozialistischen Realismus mit anderen Stilrichtungen

Werner Heldt (1904 bis 1954): „Ich und die Stadt" (Ausstellung seiner Werke in Berlin (W)

Bong Kyou Im (* 1947 in Korea) „Knoten" und Wandbehänge (Ausstellung in Berlin [W])

Donald Judd (* 1928 in den USA): „Objekt aus Sperrholz und Plexiglas" (auf einer Ausstellung des Miniartkünstlers in Düsseldorf)

Edward Kienholz (* 1927 in den USA) verzichtet mit den Veranstaltern auf provozierende Plastik auf dem Skulpturenboulevard zur 750-Jahr-Feier in Berlin (W)

M. Koeppel (* 1937), Vertreter d. Künstlergruppe „Neue Prächtigkeit" malt als Wandbild im Rathaus Berliner Senat vor dem Gropiusbau, was Kritik auslöst

Le Corbusier (1887 bis 1965)-Ausstellung im Centre Pompidou, Paris

Zeichnungen von *Roy Lichtenstein* (* 1923 in New York), (Popart-Aus-

der 15. Römerbad-Musiktage in Badenweiler

Elliot Carter (* 1908 i. New York): „Symphony für 3 Orchester"

Friedrich Cerha (* 1926 i. Wien) erhält Österr. Musikpreis

Friedrich Cerha „Der Rattenfänger", vertont (Oper nach Zuckmayer, Urauff. i. Graz)

Dietrich Fischer-Dieskau (* 1925 i. Berlin): „Nachklang, Ansichten und Erinnerungen" (Biographisches)

† *Wolfgang Fortner* (* 1907 i. Leipzig), Komponist, schrieb 3 Opern

In Schlesw.-Holst. gestaltet der Pianist *Justus Frantz* (* 1944 i. Hohensalza) Musikfestival

Gordon Getty: „Plump Jack" (US-Oper, Urauff. i. S. Francisco)

Erhard Großkopf: „Lichtknall" (Ballett in 3 Teilen für Berlin-Jubiläum)

† *Jascha Heifetz* (* 1903 in

† *N. N. Semjonow* (* 1896 in Rußl.) Chemiker und *Nobel*preisträger 1956

Supernovaexplosion in der Großen Magellanschen Wolke in 180 000 Lichtjahren Entfernung wird gründlich untersucht, da 100mal heller als vergleichbares Objekt im Andromedanebel

Ein Neutronenstern-Pulsar mit 885 Umdrehungen/Sek. wird entdeckt

Raster-Tunnel-Mikroskop erweist sich zum Nachweis kleinster Kräfte von Gravitationswellen geeignet

Massenspektroskopische Analyse des Staubs vom Kometen Halley erweist solare Elementenhäufigkeit und Anwesenheit fundamentaler Biomoleküle als Anzeichen der Herkunft aus solarem Urnebel

Die UdSSR verwirklicht ein Raumfahrtprogramm mit langdauernder und wechselnder Präsenz im Raum. Die USA verlieren an Vorsprung

Raumstation „MIR" der UdSSR mit vielen Kopplungsmöglichkeiten gilt als Grundbaustein einer ständig bemannten Orbitalstation

Kosmonauten der UdSSR erreichen neuen Dauerrekord in der Raumfahrt

13. Weltwirtschaftsgipfel der 7 führenden westlichen Industrie-Nationen in Venedig

US-Institut ermittelt Rangfolge der Lebensqualität: 1) Schweiz, 2) BRD, 3) USA, 15) DDR, 23) UdSSR, 57) VR China, 58) Brasilien, 62-95) afrik. Staaten

Brasilien gibt bekannt, daß es die Kernspaltungstechnik beherrscht

Die Auslandsverschuldung der 3. Welt beträgt 1035 Mrd. $, an der Spitze Brasilien und Mexiko

Brasilien stellt den Zinsendienst für seine Auslandsschulden ein

VR China ist erstmalig auf der Hannovermesse vertreten

VR China eröffnet in Peking erste Börse

Seit 1945 baut VW das 50millionste Auto (bis 1972 15 Mill. „Käfer")

Industrieroboter (in 1000) in der BRD: 1980 0,255; 1986 12400 (+ 19,6%/Jahr)

%-Anteil am Export elektronischer Produkte (1985):

Japan 33,3; USA 24,3; BRD 9,9; GB 8,1; Frankr. 5,4

% des BSP Verteidigungsausgaben in: USA 6,7; Frankr. 5,2; GB 5,2; BRD 2,5; UdSSR 12–17

Erdweite Erdölförderung stieg 1985/86 um +5,5% auf 2875 Mt

Prod. der EG 1985/86 in % über ihren Verbrauch: Zucker +36; Butter +26; Getreide +19; Überproduktion führt zur schweren Krise

Franz Steinkühler (* 1937 in Würzburg), Vors. der IG Metall im DGB, wird Vors. der Internat. Metallgewerkschaft

Globales BSP in $ je Einwohner:

unter 350	50,0%;
350–1500	15,9%;
1500–7000	11,7%;
7000–13000	11,0%;

Lohn- und Nebenkosten im Jahr 1986 in DM: USA 29,04; BRD 31,42; Griechenl. 8,71

Gesetzliche Volkszählung in der BRD gegen verbreiteten Widerstand

(1987)	Der waghalsige Flug des *M. Rust* aus Wedel nach Moskau, wo er auf dem Roten Platz landet, kostet in der SU 6 hohe Militärs das Amt. Rust erhält 6 Jahre Straflager, 1989 freigelassen Nach parteiinterner Kritik an seinem Führungsstil tritt *Willy Brandt* (* 1913) als Parteivors. (seit 1964) zurück. Nachfolger wird *Hans-Jochen Vogel* (* 1926), Stellvertreter *Johannes Rau* (* 1931) und *Oskar Lafontaine* (* 1943) SPD-Parteitag wählt erstmals mit *Willy Brandt* einen Ehrenvors. *Klaus Barbie* (* 1913), der 1942–44 NS-Gestapochef in Lyon war, wird dort von einem frz. Gericht wegen Verbrechen gegen die Menschen zu lebenslanger Haft verurteilt † *Rudolf Heß* (* 1894 in Alexandria/Ägypten), früher Mitarbeiter und »Stellvertreter« von *A. Hitler*, wurde 1946 als Kriegsverbrecher zu lebenslanger Haft in Spandau verurteilt. Das Gefängnis wird nun abgerissen *E. Diepgen* und *E. Honecker* laden sich gegenseitig zum 750jährigen Jubiläum Berlins ein Staatsratsvors. der DDR *E. Honecker* (* 1912 im Saargebiet) lehnt Einladung nach Berlin (W) zur 750-Jahrfeier ab DDR-Organe gehen hart gegen kirchliche und and. unabhängige Gruppen vor Beim Besuch von *E. Honecker* schließt BRD mit DDR drei Abkommen zum Schutz von Mensch und Natur 2 Bundeswehroffiziere nehmen als geladene Beobachter eines Manövers von Truppen der DDR und UdSSR im Raum Magdeburg teil USA und Kanada erklären *Kurt Waldheim* (* 1918, parteilos), 1971–81 UN-Generalsekretär, seit 1986 österr. Bundespräs., als Privatperson wegen seiner ungeklärten NS-Vergangenheit zur unerwünschten Person *Bruno Kreisky* bricht im Zuge der Waldheimaffäre mit seiner Partei (SPÖ) und legt ihren Ehrenvorsitz nieder Wahlniederlage der ÖVP in Wien Österreichs Bundespräs. *K. Waldheim* wird trotz jüd. Proteste vom Papst in Privataudienz empfangen Schweizer Volksabst. ergibt große Mehrheit für Verschärfung des Asylrechts Im Schweizer Kanton Appenzell erhalten die Frauen Stimmrecht	feld von Verdun, das den Preis der Kriegsblinden erhält) † *Peter Härtling* (* 1933 in Chemnitz) erhält von der Stadt Bad Homburg *Hölderlin*-Preis *Gerhard Hauptmann*-Museum in Erkner bei Berlin eröffnet *Christoph Hein* (* 1944) kritisiert auf dem X. Schriftstellerkongreß der DDR Zensurverfahren des Staates † *Attila Hörbiger* (* 1896 in Budapest), österreichischer Bühnen- und Filmschauspieler *Anne Jonas* (* 1944 in Essen) wird Bundesvors. des Schriftstellerverbandes VS Der Nachlaß der jüdischen Schriftstellerin *Mascha Kaléko* (1907–75) geht an das Deutsche Literaturarchiv in Marbach † *Gustav Knuth* (* 1901, seit 1949 in Zürich), Bühnen- und Filmschauspieler *Milan Kundera* (* 1929 in Brünn) erhält *Nelly Sachs*-Preis † *Ilse Langner* (* 1899 in Breslau) deutsche Schriftstellerin † *Primo Levi* (vermutl. Freitod, * 1920 in Turin) italienischer Schriftsteller jüdischer Abstammung, der KZ Auschwitz überlebte *Heiner Müller*: „Quartett" (Auff. beim „Theater der Welt" in Stuttgart)	tiker, der 1974 *Nobel*preis für Wirtschaft erhielt † *Jacob Taubes* (* 1923 in Wien), Religionssoziologe in Jerusalem und Berlin (W) Univ. Göttingen feiert 250. Jahrestag ihrer Gründung im Schatten von Studentenunruhen wegen Sparmaßnahmen des Landes CDU-FDP-Koalition in Hessen schafft gegen Widerstand der SPD und Grünen Pflichtförderstufe ab Bundesverfassungsgericht verpflichtet die Länder, Privatschulen gleichberechtigt und angemessen zu unterstützen Prügelstrafe wird im brit. Schulwesen abgeschafft Archäologische Funde aus Neuguinea erweisen etwa gleichzeitige Besiedlung mit Austr. um ~ –40000 Seit 1983 wurde nördlich von Frankfurt/M. die Krutzenkirche mit der Brunnenkapelle aus dem 12. Jh. ausgegraben (an der gleichen Stelle findet sich eine Holzpfostenkirche aus der Zeit ~ 800) In Frankfurt/M. wird das frühere Judenghetto mit

stellung in New York)

Alexander Melamid: „Jalta 1945", *Vitalij Komar:* „Winter in Moskau" (Bilder des sozialistischen Realismus zweier Künstler die seit 1977 in den USA leben, auf der documenta in Kassel)

Joan Miró (1893-1983), Skulpturenausstellung in Köln

Pariser Orsay-Museum erwirbt „Das Frühstück im Grünen" von *C. Monet* aus dem Jahr 1865/1866

† *Georg Muche* (* 1895 in Querfurt), Maler der deutschen Bauhausschule

† *Leopold Reidemeister* (* 1900 in Braunschweig), Kunsthistoriker und Museumsdirektor in Köln und Berlin (W), der 1967 in Berlin (W) das Museum der Künstlergruppe „Die Brücke" gründete

Clore Gallery von *J. Stirling* (* 1926 in Glasgow) nimmt als Anbau der Tate Gallery in London das Werk von *W. Turner* (1775 bis 1851) auf

Architekt *Kenzo Tange* (* 1913 in Japan) erhält von US-Stiftung Pritzker-Preis

Das Abendmahlfresko von *Leonardo da Vinci* (1452 bis 1519) in Mailand), Violinvirtuose, der mit 3 Jahren zu spielen begann

Wilna), Violinvirtuose, der mit 3 Jahren zu spielen begann

† *Heinz Holliger* (* 1939), Schweizer Oboist und Komponist

Franz Hummel (* 1921): „Luzifer" (Oper, Urauff. i. Ulm)

† *Eugen Jochum* (* 1902 i. Babenhausen), Dirigent vorw. i. München und Amsterdam, Bruckner-Interpret

Leon Kirchner (* 1919 i. USA): „Henderson the Rain King" (Oper, Urauff. i. New York)

Johann Kresnik (* 1939 i. Kärnten): „Mörder Woyzeck" (Ballettchoreographie, Urauff. i. Heidelberg)

Luigi Nono (* 1924 i. Ital.): „Camminantes.. Ayacucho" (Komp. für Orchester, Chor und Elektronik nach einem Text von *Giordano Bruno*, der 1600 als Ketzer verbrannt wurde

10. Todestag von *Elvis Presley* (* 1935) bringt ein Comeback seiner Pop-Musik

mit 237 Tagen, 22 Std. und 10 Min.

Die US-Raumsonden-Aufnahmen von Uranus werden bekannt, der mindestens 11 Ringe und 15 Monde hat (11 Monde werden 1986 beim Vorbeiflug entdeckt)

UdSSR startet bisher stärkste Rakete der Raumfahrt „Energija", die 100 t Nutzlast in eine Erdumlaufbahn bringen kann

In BRD werden Kunststoffstromleiter mit der Leitfähigkeit von Kupfer gefunden

Sauerstoffatome erweisen sich als Schlüsselstoffe zur Supraleitung

Elektrische Supraleitung von chin. Forschern bei –1750°C entdeckt

Die Temperaturskala ist internat. (provisorisch) bis –272,50°C festgelegt

Forschungsanstalt in Karlsruhe erreicht 400 000faches Magnetfeld der Erde

Für die Erdmond-Entstehung erweist sich die „Crash-Hypothese" des Zusammenstoßes der Erde mit einem marsähnlichen Himmelskörper als bes. wahrscheinlich

Ausgedehntes Flußsystem in der Sahara bis ~ 150 nachgewiesen

VR China zählt 23 Städte mit mehr als 1 Mill. Einwohner

Seit 1949 verlängerte sich in VR China die mittlere Lebenserwartung von 35 auf 69 Jahre

Schwere Ausschreitungen in Brasilien wegen 50%iger Erhöhung der Omnibustarife

In Ital. arbeiten ca. eine halbe Mill. Kinder unter 14 Jahren

Zahlreiche Demonstrationen gegen Kernkraftwerke am Jahrestag des GAU von Tschernobyl

ÖTV in BRD strebt 35-Stunden-Woche an

Eisenbahnerstreik mit Wagenzerstörungen in Südafrika führt zu 16 000 Entlassungen

In Japan erreicht die Selbstmordzahl mit ca. 25 000 eine Höchstzahl seit 1945

In BRD stieg die Verschuldung der Gebietskörperschaften (Staatsverschuldung) von 414 Mrd. DM (1979) auf 802 (1986) d.h. + 9,9%/Jahr

BRD verlängert Montanmitbestimmungsgesetz von 1956

Nach 6 Jahren Besetzung gelingt es dem 1. Bürgermeister von Hamburg, *K. von Dohnanyi*, nach schwierigen Verhandl. durch Pachtvertrag, die gespannte Situation in der Hafenstraße zu bereinigen

1970–85 nahm der Index für die Nahrungsmittel/K in Afrika südlich der Sahara von 95 auf 85 ab (~ –12%/J)

Ca. 5 Mill. Äthiopier vom Hunger und seinen Folgen bedroht

Ab 1. 5. läßt UdSSR private Kleinbetriebe zu

Am „Schwarzen Dienstag", d. 20. 10., dramatischer Kurssturz an den Börsen, der an den „Schwarzen Freitag" 1929 erinnert

2,3 Mill. DDR-Bürger besuchten im Rahmen gelockerter Bestimmungen im Jahr 1986 die BRD

Peter Schönlein (* 1939, SPD) wird zum Nachfolger von *Andreas Urschlechter* (* 1919, SPD), der seit 1957 amtierte, zum OB von Nürnberg gewählt

(1987)	Wahlen in Finnland ergeben bürgerliche Mehrheit bei Verlusten der Sozialdemokraten, die stärkste Fraktion bleiben Mitte-Links-Reg. unter *Kalevi Sorsa* (* 1930, Sozialdemokrat) tritt zurück *Harri Holkeri* (* 1936, konservative Partei) wird Min.-Präs. von Finnland Poln. *Parteichef W. Jaruzelski* besucht mit Ital. erstmals ein NATO-Land Staatspräs. *Todor Schiwkoff* (* 1911), seit 1971 bulg. Staatschef, besucht BRD *Lech Walesa* ruft in Polen verbotene unabhängige Gewerkschaft »Solidarität« zur eigenen 1. Mai-Feier auf. Es folgen Razzien gegen Oppositionelle In Ungarn wird *Karoly Grosz* (* 1930) Parteichef als Nachfolger von *J. Kádár* (* 1912), der seit 1956 amtierte Dänischer Reg.-Chef *Schlüter* tritt nach sozialdemokratischem Wahlerfolg zurück, um neue bürgerliche Reg. zu bilden *H. Kohl* und *F. Mitterrand* vereinbaren in Karlsruhe engere dt.-frz. Zusammenarbeit in Verteidigung und Wirtschaft Sitzverteilung im brit. Unterhaus (gegen 1983): Konservative 376(397), Labour 229 (209), Allianz 22(23), and. 23(28) *Marg. Thatcher* (* 1925, konservativ) erreicht zum 3. Mal Mehrheit für eine von ihr geführte Reg. (im Amt seit 1979) In Großbritannien vereinigen sich die Liberalen und SDP *Giovanni Goria* (* 1943, CD) bildet in Ital. neue Reg. einer 5-Parteien-Koalition ohne KPI Referendum in Ital. schränkt Bau von Kernkraftwerken ein Nach 16 Jahren endet Labour-Reg. auf Malta. Neuer Min.-Präs. *Fenech Adami* (* 1915, Christdemokraten), der Anti-NATO-Politik mildert Militärputsch gegen Gouverneur der brit. Krone auf den Fidschi-Inseln mit 697 000 Einwohnern Bombenanschlag am Volkstrauertag in Irland fordert 11 Tote und 62 Verletzte In Portugal tritt sozialdemokratische Minderheitsreg. seit 1986 unter *Mario Soares* (* 1924) nach Mißtrauen im Parlament zurück Rechts-liberale Sozialdemokraten in Portugal erreichen unter *Cavaco Silva* (* 1939) als einzige Partei seit 1947 absolute Mehrheit	„Dr. Schiwago" Roman von *Boris Pasternak* (1896-1960), der 1957 erschien und 1958 den Nobelpreis erhielt, wird erstmals in UdSSR veröffentlicht *Will Quadflieg* (* 1914) erhält Preis für die Pflege der deutschen Sprache *Hans Werner Richter* (* 1908) veranstaltet in Bad Münstereifel Rückblick auf 40 Jahre des Bestehens des Literaturkreises der „Gruppe 47" *Uwe Saeger* (* 1957 in der DDR) erhält Klagenfurter *Ingeborg Bachmann*-Preis † *Michel de Saint-Pierre* (* 1916 in Frankreich), französischer Schriftsteller † *Emil Staiger* (* 1908 in der Schweiz) 1943 bis 1976 Literaturwissenschaftler an der Univ. Zürich *Giorgio Strehler* (* 1921 in Triest) erhält in New York *Erwin Piscator*-Preis *G. Wallraff* beschuldigt, seine sozialkritischen Reportagen nicht selbst verfaßt zu haben † *Benno von Wiese* (* 1907), Germanist, schrieb 1959 „Friedrich Schiller" *Christa Wolf* (* 1929 in Landsberg an der Warthe): „Störfall" (Prosatext um den Tschernobyl-GAU, erscheint in DDR und BRD). Erhält Nationalpreis der DDR für Literatur	Ritualbad gefunden, dessen Konservierung zum Streitpunkt wird Evangelischer Kirchentag in Berlin (O) 22. Deutscher ev. Kirchentag in Frankfurt/M. unter dem Motto „Seht, welch ein Mensch!" Glaubenskongregation des Vatikan unter Kardinal *J. Ratzinger* (* 1927 bei Altötting) verurteilt Methoden der extrakorporalen Befruchtung des menschlichen Eies Das Haushaltsdefizit des Vatikans betrug 1986 112 Mill. DM. (Kardinäle werden wegen Bankrotts italienischer Bank gerichtlich gesucht) DDR-Katholikentreffen in Dresden unter dem Motto „Gottes Macht unsere Hoffnung" Jüdischer Weltkongreß tagt erstmals in einem RGW-Staat (Ungarn) In Griechenl. wird Kirchenland enteignet 250 Festnahmen im Goldenen Tempel von Amritsar, dem Hauptheiligtum der Sikhs in Indien Im islamischen Wallfahrtsort Mekka finden bei einer blutigen Metzelei zw. Sunniten und

land nach gründlicher Überprüfung seines Zustandes für begrenzte Besuchergruppen wieder zugänglich

† *Andy Warhol* (* 1928 in Pittsburg in polnischer Familie), maßgeblicher Maler der Pop-Art

„Momentaufnahme" (Kunstausstellung zur 750-Jahr-Feier Berlin in der Kunsthalle [W])

„Kunst in Berlin 1648–1987" (Ausstellung zur 750–Jahrfeier mit 1500 Kunstwerken in Berlin [O])

41 Kunstgalerien in Berlin (W) veranstalten kollektiv „Kunst konzentriert"

Berlin (W) eröffnet in Anwesenheit vieler Bürgermeister aus vielen nichtkommunistischen Staaten internat. Bau-Ausstellung, die der Stadterneuerung gewidmet ist

„Anfänge der Kunst vor 50 000 Jahren" (Ausstellung von Steinzeitkunst in Tübingen mit der „Venus von Willendorf" und Tierzeichnungen von Wildpferd-Jägern)

Die Restauration von 87 Baudenkmälern in der BRD erfordert vom Bundeshaushalt 8 Mill. DM

Trotz 5 Mill. DM jährlicher Erhaltungskosten

† *Gerhard Puchelt* (* 1913 i. Berlin), Klaviervirtuose

Aribert Reimann (* 1936 i. Berlin): „Apokalyptisches Fragment für Mezzosopran, Klavier und Orchester"; erhält den Hamburger Bachpreis

† *Buddy Rich* (* 1918 i. New York) Bandleader und Schlagzeuger besonderer Perfektion

Wolfgang Rihm (* 1952 in Karlsruhe): „Ödipus" (Oper, Urauff. in Bln [W]); „Hamletmaschine" (Oper nach *Heiner Müller*, Urauff. i. Mannheim)

Brit. Kg. adelt russ. Cellisten *M. Rostropowitsch* (* 1927 i. UdSSR, 1978 ausgebürgert, lebt in USA)

„Nibelungenring"-Inszenierung in München unter *Wolfgang Sawallisch* (* 1923 i. München) wird als „Neue Opernästhetik" gewertet

Dieter Schnebel (* 1930): „Dahlemer Messe"

Eisenschmelzversuche bei höchsten Drucken erweisen Erdkern aus reinem Eisen, der in 5100 km Tiefe bei 6900° C in einen Bereich übergeht, in dem and. Elemente beigemengt sind

Tiefbohrung in der Oberpfalz ergibt Temperaturzunahme pro 1000 m von 30° C statt 20° C, wie vermutet

An der Stanford-Univ. in den USA wird Linearbeschleuniger für 50 Mrd. e-Volt zur Untersuchung von kleinsten Teilchen (Quarks) errichtet

Doppelter Beta-Zerfall bei Selen 82 gefunden

Nachweis von Lichtbögen zw. kosmischen Objekten durch Gravitationslinsen

In CERN bei Genf wird mit Schwefelstoffkernen eine Energie von 6400 Mrd. e-Volt erreicht

Wissenschaftler der UdSSR beanspruchen, das Transuran 110 entdeckt zu haben

Gemeinsames Experiment von BRD und GB zur Neutrino-Erzeugung liefert erste Neutrinos

Experimente mit Atomkernen führen zu dem Schluß, daß außer den 3 bekannten Neutrino-Arten (e-, my-, tau-Neutrino) höch-

OB von Mainz *Jockel Fuchs* (* 1919, SPD) verläßt nach 22 Jahren sein Amt

Städtepartnerschaft Saarbrücken-Cottbus (DDR)

Tennis wird als olymp. Sportart zugelassen, obwohl Berufsspieler dominieren

Pat Cash (* 1965 in Austr.) siegt in Wimbledon im Herren-Einzel über *Ivan Lendl* (* 1960 in der {\BC}SSR)

Steffi Graf gelangt durch Sieg über *Chris Evert* auf Platz 1 der Weltrangliste im Damentennis

Martina Navratilova gewinnt zum 8. Mal das Damen-Einzel in Wimbledon, davon das 6. Mal in Serie (diesmal gegen *S. Graf*)

Bayern München gewinnt zum 10. Mal die Fußballmeisterschaft der BRD

27. Deutsches Turnfest in Berlin (W) mit 120 000 Teilnehmern (Erstes 1860 in Coburg)

FC Porto aus Portugal gewinnt in Wien 2:1 gegen FC Bayern Europapokal der Landesmeister

HSV gewinnt gegen Stuttgart („Kickers") DFB-Pokal

† *Willy Weyer* (* 1917) mehrmals FDP-Minister in NRW und leitender Sportfunktionär

† *Jacques Anquetil* (* 1934 in Frankr.), frz. Radprofi, der 5mal die Tour de France gewann

Kieler Segelwoche feiert Gründung vor 100 Jahren

Briten gelingt im Juli Atlantikflug mit sonnengeheiztem Heißluftballon

In der BRD werden 17 Fälle der Trisomie 21 (Mongolismus) bei Kindern bekannt, die während der stärksten Strahlenbelastung aus Tschernobyl gezeugt wurden (die meisten im sehr stark belasteten Bayern)

Geburt von Siebenlingen in Liverpool (6 sterben bald)

BRD schließt Gesundheitsabkommen mit UdSSR

Bundesgesundheitsamt untersagt befristet die umstrittene Frischzellentherapie

(1987)	Portugal vereinbart mit VR China Rückgabe seiner Kolonie Macao 1999, die es seit 1557 beherrschte Türkei stellt Antrag auf Vollmitgliedschaft in der EG, der mit kühler Zurückhaltung aufgenommen wird Die Partei des türk. Min.-Präs. *Turgut Özal* (* 1927), Mutterlandspartei, gewinnt absolute parlamentarische Mehrheit, gefolgt von Sozialdemokraten Die Außenmin. der NATO-Staaten einigen sich in Reykjavik auf die »Doppelte Nullösung für die Mittelstreckenraketen« USA sind skeptisch gegenüber neuem Friedensplan, mit dem die mittelamerik. Staaten die Bürgerkriegssituation in ihrem Bereich beenden wollen † *Arthur Burns* (* 1904 in österr. Galizien, später US-Bürger) 1981–85 Botschafter in der BRD Der »Iran-Contra-Bericht« des US-Kongresses über Transfer von Gewinnen aus Waffengeschäften mit dem Iran an die »Contras« in Mittelamerika gibt Präs. *Reagan* die entscheidende Verantwortung für diesen krisenhaften Skandal, woraus *Reagan* keine Konsequenzen zieht US-Verteidigungsmin. *Caspar W. Weinberger* (* 1917) tritt nach Vereinbarung über doppelte Nullösung mit der UdSSR zurück USA geben im persischen Golf Tankschiffen bewaffneten Geleitschutz gegen Angriffe des Iran, was zu kriegerischen Zwischenfällen und zur Gefahr der Eskalation führt US-Kongreß lehnt Engagement der USA im Golfkrieg ab Beim Besuch in Berlin (W) fordert US-Präs. *R. Reagan* vor dem Brandenburger Tor Abriß der Mauer und friedliche Berlinpolitik von *M. Gorbatschow* Argentinische Gerichte ziehen nach Amnestie Anklagen gegen 48 Offiziere wegen Unmenschlichkeit während der Militärdiktatur zurück In Argent. verliert *Alfonsín* (* 1927) Parlamentswahlen gegen Peronisten In Brasilien tritt Finanzmin. *Dilson Funaro* zurück, nachdem der Schulden-Sanierungsplan scheiterte (bei 108 Mrd. $ Schulden) 14 Jahre nach Machtantritt erklärt *U. Pinochet* (* 1915) in Chile freie Wahlen als »unverantwortlich«	† *Marguerite Yourcenar* (* 1903 in Brüssel) französische Schriftstellerin *Gisela Zoch-Westphal:* „Aus den 6 Leben der Mascha Kaléko" An der Spitze des Erfolgs beim Theaterpublikum der Spielzeit 1986/87 stehen „Dreigroschenoper" von *B. Brecht* und das Musical „Cats" Frankfurter Buchmesse zeigt 320 000 neue Bücher „Theater der Welt" in Stuttgart mit 40 Aufführungen aus 11 Staaten CD-Platten gestatten Bildschirmwiedergabe langer Texte (vgl. Ph) Für die Demokratisierung in der UdSSR bürgern sich die Begriffe „Glasnost" (Durchsichtigkeit) und „Perestroika" (Wandel) ein In USA verzeichnet ein Studienbuch für Literatur 5 deutsche Werke: „Faust", „Der Prozeß", „Zauberberg", „Der Steppenwolf" und „Im Westen nichts Neues" Als Wörter des Jahres werden „AIDS" und „Kondom" registriert	Schiiten fast 1000 Pilger den Tod Iran schließt das *Goethe*-Institut der BRD als Vergeltung für angebliche Beleidigung des *A. Chomeini* durch den dt. Kabarettisten *Dieter Hildebrandt* (* 1927) *Luthers* Bibeltext erscheint auf CD-Platte Koran des Islam - für Computerwiedergabe in arab., engl. und frz. Sprache erscheint auf CD Erster Abschnitt der Restaurierungsarbeiten am Angkortempel in Indien beendet Der im 14. und 15. Jh. erbaute Haupttempel der Azteken wird nach seiner Freilegung 1978-85 in Mexiko City zur Besichtigung freigegeben Ausgrabung des durch Rom –146 zerstörten Karthagos durch UNESCO-Initiative seit 1973 wird abgeschlossen In Jülich wird Gräberfeld mit 221 Gräbern aus der römisch-fränkischen Zeit entdeckt Bei Mainz wird ein Ehrenbogen des römischen Kaisers *Germanicus* (~ 10) ausgegraben Unterwasserfunde bei Rhodos werden als Reste des

schreitet der Zerfall des Kölner Domes bisher ständig fort

Neue Bauten in Paris („Großer Bogen“, Louvre-Umbau, Neue Oper) verändern das Stadtbild von Paris

„Radio Days“ (Film von *Woody Allen* [* 1935 in den USA])

„Der steinerne Garten“ (Vietnam-Film von *Francis Coppola* [* 1939 in den USA])

Federico Fellini (* 1920 in Italien) erhält in Moskau Preis für den besten Spielfilm

† *Lorne Greene* (* 1915 in den USA) spielte 1959–73 „Bonanza“ im US-Fernsehen

† *Rita Hayworth* an Alzheimer Krankheit (* 1918 in New York), US-Filmschauspielerin

„Cobra Verde“ Film von *Werner Herzog* (* 1942 in München) um schwarze Amazonen mit *Klaus Kinsky* (* 1926 in Zopott)

† *John Huston* (* 1906 in Missouri), US-Filmschauspieler und Regisseur, der seit 1938 eine „schwarze Serie“ und 1956 „Moby Dick“ drehte

† *Danny Kaye* (* 1913), US-Filmkomiker

„Abschied von Matjora“ (russischer

† *Andres Segovia* (* 1893 i. Andalusien) Gitarrist, der sein Spiel zum Konzertniveau hob

Wilhelm Dieter Siebert (* 1931): „Schlehmil“ (Berliner Musical, Urauff. i. Bln[W])

Guiseppe Sinopoli (* 1946 i. Venedig) unterzeichnet Vertrag als Chefdirigent der Dt. Oper Berlin ab 1990/91

Wolfgang Steffen: „Gertrud Kolmar“ (Kantate)

Stockhausen: „Luzifers Tanz“ (Berliner Auftragskomp.)

Geigen von *Antonio Stradivari* (1643–1737 i. Cremona) werden i. Cremona gezeigt

† *Rita Streich* (* 1926 i. Sibirien), dt. Koloratursopran. an vielen Opern

Der Nachlaß von A. Toscanini (1867 bis 1957) kommt nach New York, wo er seit 1908 dirigierte

Auff. der Oper „Aida“ von G. Verdi bei Luxor am Nil

stens eine weitere zu erwarten ist

Mit Massenspektroskopie wird eine Nachweisempfindlichkeit von 10^{-14} g erreicht

Physiker warnen erneut vor Klimakollaps durch Temperaturerhöhung (Treibhauseffekt)

1. Weltkongreß der Schmerzforscher in Hamburg

Wiener Forscher entdecken Insekten mit 2 Herzpumpen

1986 wurden erdweit mehr als 1500 Herztransplantationen durchgeführt

25 von erdweit 50 Patienten am künstl. Herz überstanden die folgende Herztransplantation

Gentechnisch hergestelltes Medikament gegen Herzinfarkt wird in BRD zugelassen

Gehirnlose Feten (Embryonen) werden als Organspender verwendet, was starke Kritik auslöst

Seit 1982 wurden erdweit 29 Kunstherzen (mit Außenantrieb) angewandt. Die Überlebenschance ist gering

C. Riley (USA) macht für die sinkende Sterblichkeit in Europa ab ~ 1740 Insektenbekämpfung verantwortlich

3-4 Mill. Jahre alte Zähne vom Menschen in China gefunden

In großen Teilen der 3. Welt sterben 50% der Kinder vor Vollendung ihres 5. Lebensjahres

WHO führt ein erweitertes Impfprogramm (EPI) ein, um bis 1990 alle Kinder der Erde zu erfassen, die vor allem von Masern, Diphterie, Keuchhusten, Starrkrampf und Tuberkulose bedroht sind

Erdweit werden ca. 100 000 AIDS-Kranke geschätzt

Zwangsmaßnahmen in Bayern wegen AIDS, die bis zum gerichtlich angeordneten Freiheitsentzug reichen sollen, vom Bund und den anderen Bundesländern als falscher Weg abgelehnt

Mac Lean (* 1942 in GB) durchrudert in 56 Tagen den Nordatlantik

Leistung der gesetzlichen Krankenversicherung in der BRD (Mrd. DM): 1970 23,8; 1986 113,8 (6,2% des BSP); 1970-86 +10,3%/Jahr

1984 betrugen in der BRD Ausgaben für Gesundheit 13,5% des BSP

Jährlich entstehen auf der Erde durch Verbrennung 6 Mrd. t CO_2, das ist mehr als das Gewicht aller Menschen

Die Malaria, die um 1963 weitgehend ausgerottet schien, bedroht mit 300 Mill. Erkrankungen jährlich fast die halbe Erdbevölkerung

Operierte Patienten über 70 Jahre: 1930: 2%; 1988: 37%

Greenpeace demonstriert in Dresden öffentlich gegen Verschmutzung der Elbe

Ozonkonferenz in Helsinki versucht die drohende Katastrophe der Ozonschichtzerstörung durch Verbot der zerstörenden Stoffe abzuwenden

Internat. Konferenz in Yokohama über Erhaltung tropischer Regenwälder

1619 Satelliten und 4457 sichtbare Trümmer begleiten als Produkte der Raumfahrt die Erde

Von rd. 100 000 industriell hergestellten Stoffen sind nur von 100 die Auswirkungen auf Mensch und Umwelt genauer bekannt

Braunkohlekraftwerk Buschhaus bei

Verschärfung der Wirtschaftskrise in Nicaragua

(1987) 72 Tote (darunter 1 US-Militärberater) durch Angriff der marxistischen FMLN in El Salvador

M. Gorbatschow spricht von der »unauslöschlichen Schuld Stalins«

M. Gorbatschow kritisiert vor dem ZK der KPdSU Mängel der Parteiarbeit und schlägt mehr Demokratisierung vor

Die Außenmin. *George Shultz* (* 1920, USA) und *A. Schewardnadse* (* 1928, UdSSR) einigen sich über IFN-Vertrag zur Abschaffung der Mittelstreckenraketen

M. Gorbatschow und *R. Reagan* unterzeichnen in Genf den Vertrag der doppelten Nullösung für Mittelstrecken-Raketen als erste reale Abrüstung seit 1945 (INF)

Kommunalwahlen in UdSSR mit (wenn auch eingeschränkter) Auswahl von Kandidaten

Seit Abbruch der Bez. 1967 besucht eine erste offizielle Delegation der UdSSR Israel

UdSSR einigt sich mit VR China über strittigen Grenzverlauf, der durch die »ungleichen Verträge« um 1858 entstand

UdSSR beendet ihr mehrmals verlängertes Kernwaffentest-Moratorium, nachdem die USA neue Testserie beginnen

Oberster Sowjet der UdSSR verabschiedet 3 Gesetze mit mehr demokratischen Rechten für die Bürger des Staates

US-Präs. *R. Reagan* und SU-Außenmin. *E. A. Schewardnadse* (* 1928) vereinbaren Gipfeltreffen mit *Gorbatschow* am 7. 12. des Jahres

Bedenken in der NATO gegen die von der UdSSR vorgeschlagene Nullösung für Raketen wegen ihrer Überlegenheit bei konventionellen Waffen, obwohl der NATO-Doppelbeschluß von 1979 diese Lösung anstrebte

M. Gorbatschow schlägt überraschend Nullösung für Mittelstreckenraketen ohne Bedingung für SDI der USA vor

Nach der arab. Gipfelkonferenz in Amman nehmen Marokko, Vereinigte Emirate und Kuwait die seit 1979 unterbrochenen diplomat. Bez. zu Ägypten wieder auf

Die National-Demokratische Partei des ägypt. Staats-Präs *Husni Mubarak* (* 1928) siegt in den Parlamentswahlen neben 3 anderen Parteien, Dar, Neowafd und islam. Sozialisten

Irak bombardiert iran. Kernkraftwerk, an dessen Bau die BRD beteiligt ist

Koalition der »Nationalen Einheit« in Israel zeigt krisenhafte Spaltung wegen Nahost-Friedenskonferenz

Mit *Chaim Herzog* (* 1918 in Belfast) besucht erstmalig der Staatspräs. von Israel BRD und Berlin (W)

7 Tote durch palästinensischen Terrorangriff aus der Luft in Nord-Israel

Syrien dringt im Libanon nach Süden zur Grenze Israels vor, was Kriegsgefahr erhöht

J. Arafat distanziert sich von frühesten Erklärungen der PLO, die ein Existenzrecht Israels verneinten

legendären Leuchtturms gedeutet

Tempel mit Säulen und anderen Teilen aus Marmor aus dem –7. Jh. wird als Hauptheiligtum des Dionysos auf der Insel Naxos entdeckt und freigelegt

In Sippar (Syrien) werden 800 Keilschrifttafeln von ~ –1800 entdeckt

Hieroglypheninschrift des Luxor-Obelisken in Paris aus dem –13. Jh. wird vollständig entziffert

Frühe Kupfergewinnung (um ~ –3100) wird in Jordanien nachgewiesen

Durch Notgrabungen dt. Archäologen wird in Jordanien die etwa 8000 Jahre alte Stadt Alt-Basra des präkeramischen Neolithikums freigelegt

Der Begriff „Postmoderne" stiftet mangels klarer Definition Verwirrung im Kulturbereich

Nach 130 Jahren stellen „Westermanns Monatshefte" ihr Erscheinen ein (gegr. 1856)

Kultusmin. der BRD (Kultusministerkonferenz) einigen sich nach langen Verhandlungen auf eine allseitig anerkannte Form des Abiturs

Film von *Elem Klimow*)

„Auf Wiedersehen, Kinder" (Film um ein jüdisches Kind in Frankr. von *Louis Malle* [* 1932 in Frankreich])

† *Lee Marvin* (* 1924 in New York), US-Filmschauspieler brutaler Rollen

† *Pola Negri* (* 1894 in Polen), Filmstar der Stummfilmzeit, „Vamp"-Typ

„Goldener Bär" der Filmfestspiele Berlin an „Das Thema" (Film der UdSSR von *Gleb Panfilow*)

„Sous le Soleil de Satan" (Film von *Maurice Pialat* [* 1926 in Frankreich]) erhält als bester Film „Goldene Palme" von Cannes

† *Hans Günter Rosenthal*, Quizmaster („Dalli, Dalli!")

„Die Chronik eines angekündigten Todes" (Film von *Francesco Rosi* [* 1922 in Neapel])

† *Roberto Santos* (* 1929 in Brasilien), einer der Urheber des „Cinema novo"

„Ein Aufstand alter Männer" (Film von *Volker Schlöndorff* [* 1939])

„Platoon" (US-Film von *Oliver Stone* [* 1946] erhält als bester Film des Jahres 4 Oscars)

Isang Yun (* 1917 i. S.Korea): 5. Sinfonie für Bariton und Orchester, *Nelly Sachs* gewidmet

100 Jahre nach Erfindung der Schallplatte durch *E. Berliner* steht die Einführung digitaler, überspielbarer Tonbänder in CD-Qualität aus Japan bevor

Noch während der Einführung der CD-Schallplatten (CD), bringt Japan das digitale Audioband (DAT) auf den Markt

Im dän. Roskilde feiern ca. 57 000 Jugendliche 3-tägiges Festival der Rockmusik

In Genua wird Grundstein für neue Oper gelegt, nachdem die alte im Krieg zerstört wurde

Schlager: „Keine Sterne in Athen"

Zum Jubiläumsjahr Berlins sind viele berühmte Musiker zu Gast in der Stadt, die auch als Musikstadt eine bemerkenswerte Geschichte hat

Leipzig feiert 775 Jahre Thomaskirche,

Erdweite molekularbiologische Untersuchungen menschl. Mitochondrien ergeben Hinweise auf eine „Urmutter", die vor 140 000 bis 280 000 Jahren in Afrika lebte

Erprobung von AIDS-Impfungen an Schimpansen als Vorstufe von Impfungen an freiwilligen Menschengruppen

Gentechniker versuchen durch Implantation Lysin erzeugender Gene, den Nährwert von Getreide zu erhöhen

Pharmazeutische Firma Hoechst in der BRD beantragt Insulinproduktion m. gentechnologisch erzeugten Bakterien

Patentamt der USA nimmt Patente auf genetisch veränderte Lebewesen an

Japanische Forscher erhöhen die Geschwindigkeit der Basensequenzanalyse in Genen von bisher etwa 1000 (in USA) auf rd. 1 Mill./Tag, was die Erbgutanalyse beim Menschen gestattet

Die Wellennatur der Elektronen erweist sich als Grenze für die Verkleinerung der Schaltelemente tragenden Chips

Molekularbiologie erweist die Rotalgen als ältesten evolutionären Bereich der Algen- und Pflanzenarten

Helmstedt nimmt Entschwefelungsanlage in Betrieb

Der CO_2-Gehalt der Luft stieg durch Industrieabgase von 280 ppm auf 350, was weiterhin Klimaänderung durch „Treibhauseffekt" erwarten läßt

Fernsehreportage über Wurmbefall bei Fischen löst ernste Krise im Fischereigewerbe aus

Von 495 Seen und Staubecken in Norditalien sind 88% ökologisch schwer belastet

Ca. 600–900 Tote durch Hitzewelle in Südost- und Süd-Europa

UdSSR verzichtet auf Wiederbesiedlung von 27 strahlenverseuchten Ortschaften im Umkreis des KKW Tschernobyl

3 x 10 Jahre Straflager und weitere Freiheitsstrafen für Verantwortliche der Tschernobyl-Katastrophe 1986 in der UdSSR in einem weitgehend nichtöffentlichen Prozeß

61 m hoher Betonmantel um Tschernobylreaktor, der im Vorjahr durch GAU weite Gebiete Europas radioaktiv verseuchte

Regisseur eines Dokumentarfilms über den Tschernobyl-GAU stirbt an den Folgen der Bestrahlung

Dillinger Stahlhütte verursacht durch Einleitung von Zyankali Fischsterben in der Saar

Ca. 2 000 Tote durch Erdbeben in Ecuador, das auch die Ölpipeline, die Existenzgrundlage des Landes, zerstört

Schwere Überschwemmungen und Erdrutsche in Ecuador

Das Hilfsschiff „Cap Anamur" bringt im Juni 900 im Südchin. Meer gerettete Flüchtlinge nach Europa

3wöchiger Waldbrand in NO-China verursacht 191 Tote, 221 Schwerverletzte, 56 000 Obdachlose, 650 000 ha Waldverlust auf einer Gesamtfläche von ca. 1 Mill. ha

Brit. Reederei übernimmt die Verantwortung für das Kentern der Kanalfähre mit rund 200 Toten, weil sie mit offenen Bugtoren die Überfahrt begann

(1987) Weltsicherheitsrat der UN verurteilt einmütig mit den Stimmen der USA und UdSSR den Golfkrieg zw. Irak und Iran, der seit 1980 unerbittlich wütet

† *R. Karame* (* 1921) durch Bombenattentat im Flugzeug, seit 1955 als schiitischer Sunnit 10mal Min.-Präs. des Libanon

In der Gewalt radikaler Schiiten im Libanon befinden sich 23 Ausländer, darunter 2 aus BRD und 9 aus USA

Ben Ali (* 1956) setzt Staatspräs. *Habib Bourguiba*, seit 1957 Präs. von Tunesien (* 1903), wegen Senilität ab

Seit 1985 2387 Tote bei Rassenunruhen in Südafrika

Staatspräs. *Pieter Willem Botha* (* 1916) verlängert den Ausnahmezustand in Südafrika um ein weiteres Jahr

Zentralafrik. Exkaiser *J. B. Bokassa* (* 1921) wird nach Rückkehr aus dem Exil wegen Mord und Kannibalismus zum Tode verurteilt

Führungsgruppe der Swapo wird in Namibia verhaftet

KP der VR China verjüngt ihre Führung, wobei *Teng Hsiao-ping* (* 1904) seine führende polit. Rolle trotz ZK-Austritt behält

Bei Wahlen in Indonesien gewinnt die Golkar-Partei des Präs. *Suharto* (* 1921), der seit 1967 amtiert und im Ruf bedenkenloser Familienbegünstigung steht, 73 % (im Parlament gibt es 2 and. Parteien)

† *Charan Singh* (* 1902), indischer Min.-Präs. 1979/80

Indien erhöht seine militär. Ausgaben um 43% auf etwa 17,9 Mrd. DM (ca. 34 DM/Kopf)

Indiens Staat Punjab, in dem die Sikhs rigoros nach Autonomie streben, wird der indischen Zentralreg. direkt unterstellt

Indien erwägt öffentlich den Bau von Kernwaffen

Japan vereinbart mit USA Beteiligung am SDI-Programm

Noburu Takeshita (* 1924) wird als Nachfolger von *Y. Nakasone* Min.-Präs. von Japan

Schwere Straßenunruhen in Seoul/Südkorea, die die mit dem Diktator *Chun* (* 1932) verbündeten USA mit der Mahnung zur Kompromißbereitschaft begleiten

Südkorea läßt nach 3-wöchigen Straßenschlachten 2335 polit. Häftlinge frei

Unruhen und ein Generalstreik auf den Philippinen erschüttern die Herrschaft *Aquino*, die von USA unterstützt wird

Philippinische Reg. von *Corazon Aquino* tritt zurück, um polit. Stabilisierung zu ermöglichen

Nach dem Wechsel in der Parteispitze wird in Vietnam auch die Reg. umgebildet

Nach blutigen Störungen werden die Wahlen auf Tahiti/frz. Polynesien abgebrochen

Andrej Tarkowski (* 1932 in der UdSSR, † 1987 in Paris): „Opfer"

„Der Himmel über Berlin" (Film von *Wim Wenders*, erhält den Regiepreis von Cannes)

In der UdSSR werden 30 bisher verbotene Filme freigegeben

Weniger Festivalpreise für Filme der BRD weisen auf künstlerische Krise hin

Nur 7 Filme der BRD zogen 1986 mehr als eine halbe Million Besucher in die Kinos, darunter „Der Name der Rose", „Momo", „Rosa Luxemburg", „Männer" u. a.

Israel plant für 1988 Filmfestspiele in Eilath

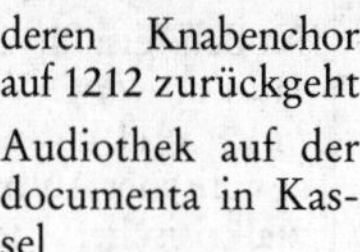

deren Knabenchor auf 1212 zurückgeht

Audiothek auf der documenta in Kassel

„Sternstunden" (musikal. Revue um Berlins Geschichte am Großen Stern im Tiergarten)

Internationales Musikfest in Warschau

Die löschbare optische Datenspeicherung auf CD steht vor der Marktreife

~ Mit der Theorie der Fraktale entsteht eine Wissenschaft unregelmäßiger Linien wie Metallrisse u. ä.

Ausgaben für Wissenschaft und Entwicklung in DM/Kopf: BRD 47,33; USA 175,65; Japan 91,75

Ausgaben für Forschung und Entwicklung in % des BSP: BRD 2,93; USA 2,99; Japan 3,00

Hochtemperaturreaktor für 300 MW mit theoretisch hoher Betriebssicherheit in Hamm übergeben

Die Erschießung zweier Polizisten an der Startbahn in Frankfurt/M. löst heftige Diskussionen um eine Verschärfung der Demonstrationsgesetze aus

Berlin (W) wird mit 200 km Glasfaserkabel mit der BRD verbunden

BRD führt „schnurloses" Telefon ein

1988	Friedens*nobel*preis an die UN-Friedenstruppe (»Blauhelme«), die bisher ca. 505 Mann bei Waffenstillstandskontrollen verlor Der INF-Vertrag USA-UdSSR und die Politik *Gorbatschows* schaffen global eine friedlichere Atmosphäre Institut für strategische Studien in Stockholm stellt wachsendes Übergewicht des Ostblocks bei konventionellen Waffen fest Die Friedenszeit von 1945–88 ist länger als die in Europa bisher längste von 1871–1914 Seit 1945 brachen vor allem in der 3. Welt etwa 300 kriegsähnliche Konflikte aus † *Kurt Georg Kiesinger* (* 1904, CDU), 1966 bis 1969 BK einer CDU-SPD-Reg. mit *W. Brandt* als Außenmin. (SPD) † *Johann Baptist Gradl* (* 1904, CDU), unter *K. Adenauer* mehrfach Bundesmin. *Martin Bangemann* (* 1934 bei Magdeburg, FDP), Bundeswirtschaftsmin. und FDP-Vors., entschließt sich, EG-Kommissar in Brüssel zu werden *Helmut Haussmann* (* 1942, FDP) Nachfolger von *M. Bangemann* als Wirtschaftsmin. der BRD Bundestagspräs. *Philipp Jenninger* (* 1932, CDU) tritt zurück, nachdem seine Gedenkrede auf die NS-Verfolgung der Juden 1938 stark kritisiert wurde *Rita Süssmuth* (* 1937 in Wuppertal), bisher Bundesmin. für Familie, Jugend und Frauen, wird mit großer Mehrheit Präs.in des Bundestages %Stimmen bei Wahlen in Baden-Württ. (88/84): CDU (49,1/51,9), SPD (32,0/32,4), Grüne (7,9/8,0), FDP (5,9/7,2). Min.-Präs. *Lothar Späth* (* 1937, CDU, im Amt seit 1978) behält bei Neuwahlen die absolute Mehrheit seiner Partei in Baden-Württ. In Kommunalwahlen in Bayern schwächt SPD Einfluß der CSU † *Franz Josef Strauß* (* 1915 in München, CSU), seit 1978 bayr. Min.-Präs., seit 1961 CSU-Vors., trat als eigenwilliger Politiker hervor *Max Streibl* (* 1932, CSU), bisher bayr. Finanzmin., wird neuer bayr. Min.-Präs. Der Vertrag mit den Bewohnern der Hamburger Hafenstraße schafft keinen Frieden und führt zum Rücktritt von *Klaus von Dohnanyi* (* 1928, SPD), der 1981 gewählt wurde	Nobelpreis für Literatur an *Nagib Mahfus* (* 1911 in Kairo), ägyptischer Autor sozialkritischer Literatur Friedenspreis des Deutschen Buchhandels an *Siegfried Lenz* (* 1926) *Herbert Achternbusch* (* 1938 in München): „Der Frosch" und „Sintflut" (Schauspiele, Urauff. in München) *Inge Aicher Scholl* (* 1917, Schwester des NS-Opfers *Scholl*) erhält den *Freda Wuesthoff*-Preis *Tschingis Aitmatow* (* 1928 als Kirgise): „Der Aufstieg auf den Fudjijama" (Schauspiel, deutsche Erstauff. in Bielefeld) † *Axel von Ambesser* (* 1910 in Hamburg), Schriftsteller, Schauspieler und Regisseur *Sascha Anderson* (* 1953 in Weimar): „brunnen, randvoll" (Gedichte aus DDR-Gefängnis) † *Rose Ausländer* (* 1907 in Czernowitz [damals Österreich], seit 1946 in den USA), vom Schicksal der verfolgten Jüdin geprägte Lyrikerin *Thomas Bernhard:* „Heldenplatz" (Schauspiel, Urauff. im Wiener Burgtheater) *Heinrich Böll* (1917 bis 1985): „Frauen vor Flußlandschaft" (Urauff. postum in München, Regie *Volker Schlöndorff*)	Etwas mehr als 25% der erwachsenen Erdbev. sind Analphabeten UNESCO schätzt 3 Mill. Analphabeten in der BRD Bibelübersetzung in tuvulanisch und die Sprache der Quecha (Indianersprachen) erhöhen Übersetzungen in 1884 verschiedene Sprachen (Gesamtausgaben in 303 Sprachen) Ausstellung über den dt. Arbeiterführer *August Bebel* (1840–1913) in Berlin (W) † *Erich Klausener* (* 1917 in Berlin), Berliner Domkapitular *Werner Höfer* (* 1913) beendet Fernsehsendung „Der Internationale Frühschoppen", die 1951 begann, wegen seiner umstrittenen NS-Vergangenheit Französischer Staatspräs. *F. Mitterrand* und BK *H. Kohl* erhalten von Aachen den Karlspreis für Verdienste um Europa † *Simon Moser* (* 1901 in Tirol), 1952–62 Philosophie-Prof. i. Karlsruhe, veröffentlichte 1958 „Metaphysik einst und jetzt" † *Ana Aslan* (* 1887) rumänische Gerontologin,

Biennale in Venedig

Alvar Aalto (* 1898 in Finnland, † 1976): Opernhaus in Essen, dessen Wettbewerb er 1958 gewonnen hatte

Ausstellung des graphischen Werkes von *Werner Lichtne Aix* in Berlin (W)

Werke von J. *Beuys* werden in Berlin (O) ausgestellt

Gottfried Böhm (* 1920 in Offenbach) erhält Auftrag für seinen Entwurf eines Völkerkundemuseums in Köln

Tony Cragg (* 1949 in Liverpool, lebt in Wuppertal) erhält als Bildhauer *von der Heydt*-Preis

† *Hans Fronius* (* 1903 in Sarajewo) expr. Graphiker und Illustrator

André Heller (* 1947 in Wien) plant Bühnenfest „Body & Soul"

Vorbereitung einer Ausstellung des japanischen Malers *Kai Higashiyama* (* 1908)

Rosemarie Krefeld (* 1942 in Berlin): „Ohne Titel" (Gemälde)

Denkmal für den abstrakten Künstler *Kasimir Malewitsch* (1878–1935) in Moskau eingeweiht

Kunstsonderpreis des Landes Nie-

† *Frederick Ashton* (* 1904 i. GB), brit. Choreograph

† *Chet Baker* (* 1929 i. USA), Jazztrompeter, durch Fenstersturz nach Heroinkonsum

Die sterblichen Überreste von *Béla Bartók* (1881 bis 1945) werden aus den USA nach Budapest überführt und dort beigesetzt

Leonard Bernstein erhält zum 70. Geburtstag als erster den Brahmspreis in Neumünster

† *Solomon Cutner* (* 1902 als Sohn eines jüd. Polen), Pianist

† *Antál Dorati* (* 1906 i. Budapest), Dirigent und Komponist

† *Gil Evans* (* 1912 i. Toronto), Jazzmusiker

Philip Glass (* 1937 i. Baltimore): „1000 Flugzeuge auf dem Dach" (Einpersonenoper, Urauff. auf dem Flugplatz in Wien); „Raumschiff Planet 8" (Oper, Urauff. i. Houston)

† *Hilde Güden* (* 1917 i. Wien), Opernsängerin

Nobelpreis für Physik an *Leon Max Lederman* (* 1922 in New York), *Melvin Schwartz* (* 1932 in New York) und *Jack Steinberger* (* 1921 in Bad Kissingen, seit 1934 in den USA) für Neutrinoforschung mit Entd. des Myon-Neutrinos

Nobelpreis für Chemie an *Robert Huber* (* 1937 in München), *Johann Deisenhofer* (* 1943 in Bayern) und *Hartmut Michel* (* 1948 in Ludwigsburg) für Proteinanalyse im Zentrum der Photosynthese

Nobelpreis für Medizin und Physiologie an *James W. Black* (* 1924 in Schottland), *Gertrude Elion* (* 1918 in New York) und *George Hitchings* (* 1905 USA) für neue Konzepte der Arzneimittelherstellung

UdSSR veröffentlicht Radarbilder der Venusoberfläche

† *Richard Feymann* (* 1919 in New York, *Nobel*preis 1965), Theoretiker der Elementarteilchen und ihrer Wechselwirkungen

Das Energieäquivalent der Neutrinomasse, das die Expansion des Raumes verlangsamen würde, beträgt 64 e-Volt (= 1,2/1000 Elektronenmassen)

Nobelpreis für Wirtschaft an *Maurice Allais* (* 1911 in Paris) für Markttheorie

Das BSP der Erde lag 1987 bei 13 000 Mrd. $ (das entspricht ca. 2600 $/K bei + 2,4%/Jahr)

BSP der BRD nimmt real um 3% zu

BRD steht mit 1206 Mrd. $ BSP an 4. Stelle der Nationen nach USA, UdSSR, Japan, als Exporteur an 2.

Energieverbrauch der Erde: 9379 Mill t SKE (+ 2,4% Jahr)

Weltreserven von 120 Mrd. t Erdöl und 111 Mrd. m³ Erdgas vorhanden

Stahlverbrauch der Erde 782 Mt (+ 4,5% gegen 1979 = 0,5% Jahr)

Beschäftigte in der eisenschaffenden Industrie (in 1000) 1988 182, 1970 374,5 (- 4,1% Jahr)

Globale Erdölförderung 2279 Mt (1987: 2864 Mt) + 4,0%/J

Ölpreis in $/Barrel (159 l): 1970 1,65; 1974 11,29; 1978 12,88; 1988 unter 12,0

OPEC einigt sich nach schwierigen Verhandl. auf Fördermengen. Ihr globaler Anteil sank seit 1973 etwa von 50 auf 30%

† *Christina Onassis* (* 1951 als Tochter des Millionärs *A. Onassis*), eine der reichsten Frauen der Erde

Exportüberschuß der BRD: 1986 112,6 Mrd. DM; 1987 117,5 Mrd. DM

3 Mrd. DM Kredite von BRD-Banken an die UdSSR

Fusion Daimler-Benz mit Messerschmitt-Bölkow-Blohm wird vom Bundeskartellamt in Berlin (W) zunächst untersagt, bis Ministererlaubnis vorliegt

Offizielle Bez. zw. EG und DDR

Polen erläßt Gesetze zugunsten der Marktwirtschaft

USA-Kongreß beschließt Handelsgesetz, dem die EG Protektionismus vorwirft

Freihandelsvertrag USA-Kanada mit Abbau der Zollgrenzen

Haushalt der EG tritt mit 90,7 Mrd. DM in Kraft (+ 21% gegen Vorjahr)

(1988)	*Henning Voscherau* (* 1942) wird als Nachfolger von *Dohnanyi* 1. Bürgermeister von Hamburg Nach Abwahl als LandesVors. der CDU tritt *Bernhard Vogel* (* 1932) als Min.-Präs. von Rheinland-Pfalz zurück, der er seit 1976 war Im Zuge der Affäre *Barschel-Pfeiffer* löst sich der Landtag von Schlesw.-Holst. zwecks Neuwahlen auf Landtagswahlen in Schlesw.-Holst. % Stimmen (z. Vgl. 1987): SPD: 54,8 (45,5); CDU: 33,3 (42,6); FDP: 4,4 (5,2); Grüne: 2,9 (3,9); *Björn Engholm* (* 1939 i. Lübeck, SPD) wird Min.-Präs.. Die SPD begeht als älteste dt. Partei ihr 125jähriges Jubiläum *Hans Joachim Vogel* (* 1926 in Göttingen) löst *W. Brandt* (* 1913) als Vors. der SPD ab, der seit 1964 amtiert und nun Ehrenvors. wird FDP wählt *Otto Graf Lambsdorff* (* 1926) gegen Frau *Adam-Schwaetzer* zum Vors. als Nachfolger von *M. Bangemann* (* 1934) Auf einem Parteitag der »Grünen« wählen die »Realos« den von den »Fundis« beherrschten Vorstand wegen finanzieller Unregelmäßigkeiten ab *Erich Honecker* besucht die EG- und NATO-Monarchie Span. und wird vom Kg. empfangen Demonstration bei offiziellem Gedenken an *Rosa Luxemburg* (1871–1919 in Berlin [O]) führten zu einer Verfolgungswelle mit Verhaftungen, Verurteilungen und Ausweisungen Führung der DDR lehnt den Reformkurs von *M. Gorbatschow* ab und behindert seine Diskussion durch Zensurmaßnahmen *Fred Sinowatz* (* 1929, SPÖ) tritt als Parteivors. zurück. Nachfolger wird BK *Franz Vranitzky* (* 1937, SPO) Österr. kündigt Aufnahmeantrag in die EG an Österr. ratifiziert den Südtirolvertrag mit Italien FPÖ gewinnt Landtagswahlen in Niederösterreich Rahmenvertrag EG-RGW mit Berlinklausel in Lux. unterschrieben † *Joop den Uyl* (* 1919, Sozialdemokrat), 1973–77 niederl. Reg.-Chef Wahlen in Dänem. bestätigen die Reg. *Paul Schlüter* (* 1929, konservativ, seit 1982 im Amt)	*Volker Braun* (* 1939 i. Dresden): „Lenins Tod“ (Schauspiel, Urauff. in Dresden) † *Harry Buckwitz* (* 1904 in München), Theaterleiter in Frankfurt/M. und Zürich † *Hilde Claassen* (* 1898), Verlegerin *Marion Gräfin Dönhoff* (* 1909 in Ostpreußen) erhält als Publizistin *Heinrich-Heine*-Preis *Tankred Dorst* (* 1925 in Thüringen): „Korbes“ (Schauspiel, Urauff. in Hamburg) † *Robert Duncan* (* 1911 in Californien / USA), Lyriker *Umberto Eco* „Il Pendolo di Foucault“ (ital. Roman) † *Paul Esser* (* 1914), Regisseur und Theaterleiter, seit 1963 Hansa-Theater Berlin † *Joachim Fernau* (* 1909 in Bromberg), Schriftsteller bes. historischer Themen („Rosen für Apoll“ 1961 u. a.) † *Erich Fried* (* 1921 in Wien, seit 1938 in GB), Lyriker und Übersetzer *Françoise Giroud* erhält für die Biographie „Alma Mahler oder die Kunst geliebt zu werden“ den großen Literaturpreis der Frau *Rainald Goetz* (* 1954 in München): „Schlachten“ (Schauspiel, Urauff. in Bonn). Erhält Mülheimer Dramatikerpreis für sein Schauspiel „Krieg“	führte die „A-Methode“ ein Weltweit wird *Nelson Mandela* (* 1918), der seit 25 Jahren als Apartheidgegner in Südafrika inhaftiert ist, geehrt und seine Freilassung gefordert Historikerstreit, ob NS-Verbrechen einmalige Ausnahmen oder in den Gang der Geschichte einordbar sind Jüdisches Museum in Frankfurt/M. gedenkt der NS-Judenverfolgung vor 50 Jahren in Deutschland Museum für Archäologie und Völkerkunde in Mannheim eröffnet (vgl. K) Demonstrationen und Vorlesungsboykotte der Studenten in der BRD führen zu Notprogrammen zur Verbess. der Studienbedingungen Vulkankrater der Eifel erweisen sich als Siedlungsorte der Mammutjäger (~ –8000) Städte in der BRD zw. 10 000 und 200 000 Einw. geben 4,3% der kommunalen Ausgaben (= 125 DM/Kopf) für kulturelle Zwecke aus † *Hans Urs von Balthasar* (* 1905 in Luzern), Schweizer kath. Theologe *Hans Blumenberg*

dersachsen an *Oswald Malura* (* 1906 in Oberschlesien)

† *Ita Maximowna* (* 1908 in St. Petersburg), Bühnenbildnerin in Berlin (W) nach 1945

Magdalena Moeller (* 1952) wird Direktorin des „Brücke"-Museums in Berlin (W)

Museum für Archäologie und Völkerkunde in Mannheim nach Plänen von *Carlfried Mutschler* und *Joachim Langner*

† *Louise Nevelson* (* 1900 in Kiew, lebte zuletzt in USA), Bildhauerin großer Holzplastiken

† *Isamu Noguchi* (* 1904 in Los Angeles) Bildhauer japanischer Abstammung, schuf 1958 Unesco-Steingarten

Picasso-Gemälde „Mutterschaft" von 1901 in New York für 24,75 Mill. $ versteigert (bisher höchster Preis für ein Bild des 20. Jahrhunderts)

In London wird das Gemälde „Rosa Harlekin" von *Pablo Picasso* (1881–1973), das 1905 entstand und in der NS-Zeit für 100 000 RM als „Entartete Kunst" verschleudert wurde, für 67 Mill. DM versteigert

Werke von *Sigmar Polke* (* 1942 in Niederschlesien)

(Koloratursopran)

† *Michael Jary* (* 1907 i. Oberschlesien), Kompon. von Schlagern und Filmmusik

Herbert von Karajan (* 1908 i. Österr.) tritt aus Gesundheitsgründen vom Kuratorium der Salzburger Festspiele zurück, die er maßgebl. gestaltete

Isabelle van Keulen (* 1967 i. Niederl.) wird als Geigerin „Young Musician of the Year"

Giselher Klebe (* 1925 i. Mannheim): „Der jüngste Tag" (Oper, Urauff. d. Rheinoper i. Mannheim)

† *Willi Kollo* (* 1904 i. Königsberg), Kompon. von Schlagern und U-Musik

Ernst Krenek (* 1900): „Symeon der Stylit" (Oratorium, Urauff. i. Salzburg)

Rolf Liebermann (* 1910 i. Zürich): „Cosmopolitan Greetings", Multimediashow als Abschied von der Hamburger Oper, deren Intendant

Wahrscheinlich sind 3 „Familien" von Elementarteilchen vorhanden mit je 2 Quarks, 2 Leptonen und ihren Antiteilchen. Das 6. (schwerste) „Top"-Quark ist noch nicht eindeutig nachgewiesen

Die weitere Klärung der Struktur der Materie und ihrer Theorie erfordert Teilchenbeschleuniger bis zu 1000 Mrd. e-Volt Energie, die sich in mehreren Ländern in der Entwicklung und im Bau befinden

~ Seit 1981 wurden am Schwerionen-Beschleuniger in Darmstadt die Transurane 107, 108 und 109 identifiziert

In Bremen wird bis 1989 ein 146 m hoher evakuierbarer „Fallturm" für erdschwerfreie Experimente gebaut

Radiostrahlung des Planeten „Pluto" nachgewiesen, die –234 °C entspricht

Neue Messungen der kosmischen Hintergrundsstrahlung zeigen Abweichungen von der Wärmestrahlung eines „Schwarzen Körpers", die eine Deutung erfordern

~ *Stephen Hawking* (* 1942 in GB) versucht, in der Theorie der „Schwarzen Löcher" Relativitäts- und Quanten-Theorie zu verbinden; „Eine kurze Geschichte der Zeit"

Daimler-Benz beteiligt sich mit 300 Mill. DM bei Dornier, dessen Erben ihr Mitspracherecht einschränken

Auseinandersetzungen um die Erbschaft des Zeitungsherrschers *Axel Cäsar Springer* († 1985)

Der obsolete Youngplan für dt. Reparationen für 1. Weltkrieg läuft formal aus

Kernkraftwerk Neckarwestheim II mit 1300 MW in Betrieb

1987 erzeugten 417 Kernkraftwerke etwa 17,5% der elektrischen Energie der Erde

%-Anteil der Kernenergie an der Stromerzeugung: Frankr. 77,2; BRD 29,4; UdSSR 10; USA 15,4; Erde 17,5

Für 1987 werden ca. 3000 Störfälle in US-Kernkraftwerken mit 430 Notabschaltungen bekannt

Erdweit werden Wasserstoffsysteme als Energiequellen entwickelt

Das Wachstum der Erdbev. läßt in 10 Jahren etwa 5,86 Mrd. Menschen erwarten (+ 1,8%/Jahr)

Erd-Index der Ernährung/K 1975: 97; 1980: 100; 1985: 104; 1975-85 + 0,7%/Jahr

Der Gipfel der 7 westlichen Industrienationen beschließt Schuldenerlaß für die ärmsten Länder Afrikas

In USA leben 32,5 Mill. Menschen (= 13,5%) unter der Armutsgrenze

In den USA werden 3-4 Mill. Obdachlose geschätzt

Verheerende Dürre und Steppenbrände gefährden Ernte in USA

Die Auslandsschulden der Entw.-Länder stiegen seit 1982 um 350 auf 1200 Mrd. $ und vertieften die wirtschaftlichen und sozialen Gegensätze

EG verhandelt über ein 4. Lomé-Abkommen (1. Abkommen 1976) über Hilfe für 76 Staaten in Afrika und der Karibik

Generalstreik wegen Preiserhöhungen im Sudan

Im Jahr 2000 werden 30% der Einw. der 3. Welt in Armut leben

Die Zahl der Asiaten auf der Erde erreicht 3 Mrd. (60% der Erdbev.)

(1988)

M. H. Koivisto (* 1923, Sozialdemokrat), seit 1982 finnischer Staats-Präs., wird für weitere 6 Jahre gewählt

† *Edgar Faure* (* 1908) als frz. Gaullist mehrfach Minister

Frz. Min.-Präs. *J. R. Chirac* (* 1932, Gaullist) tritt nach Wahlniederlage zurück

F. Mitterrand beendet »cohabitation« in Frankreich, indem er als Nachfolger von *J. R. Chirac* als Min.-Präs. *Michel Rocard* (* 1928, Sozialist) ernennt

Die Wahlen in Frankr. bringen weder den Sozialisten noch den Bürgerlichen eine Mehrheit. *Rocard*, Sozialist, bleibt Min.-Präs..

F. Mitterrand (* 1916, Sozialist) wird für weitere 7 Jahre zum frz. Staatspräs. gewählt

Zum 25. Jahrestag des dt.-frz. Freundschaftsvertrages wird eine dt.-frz. Brigade gegründet

In GB vereinigen sich Liberale und sozialdemokrische Labour-Party zur SDLP

Ital. Min.-Präs. *Giovanni Goria* (* 1944, DC) tritt zurück

Nach *G. Goria* (* 1944, DC) führt *de Mita* (* 1928, DC) Koalititionsreg. mit 5 Parteien (ohne KPI) fort

† *Guiseppe Saragat* (* 1898, antikommunistischer Sozialist) 1964–71 ital. Staatspräs.

Wahlen in Schweden bestätigen Mehrheit von Sozialdemokraten und Kommunisten unter Min.-Präs. *I. Carlsson* (* 1934)

In Schweden werden erstmals »Grüne« ins Parlament gewählt

Perez de Cuéllar gelingt es, in Genf Gespräche zw. Türkei und Griechenl. über die Teilung Zyperns in Gang zu bringen

Vassilo (* 1930 in Nikosia) wird zum Präs. von griechisch Zypern, wird mit kommunistischen Stimmen gewählt

US-Kongreß verweigert Präs. *Reagan* Mittel für die Gegner Nicaraguas (Contras)

Friedensgespräche der Sandinisten mit den »Contras«, ihren US-unterstützten Gegnern, scheitern

USA schießen versehentlich Airbus am Persischen Golf mit 290 Menschen ab, von denen keiner überlebt

In USA wird erstmals ein Gouverneur (von Texas) durch Impeachment des Parlaments abgesetzt

Reagan und *Schewardnadse* vereinbaren in

Günter Grass: (* 1927 in Danzig) „Gedichte 1955–86"; „Zunge zeigen" (Bericht über 1/2 Jahr in Kalkutta)

† *Martin Gregor-Dellin* (* 1926, seit 1982 Präs. des BRD-PEN-Clubs)

Ulla Hahn (* 1946 im Sauerland): „Unerhörte Nähe" (Gedichte)

Matthias C. Hermann (* 1958 in Bitterfeld, seit 1979 in der BRD): „Neue Gedichte"

Stefan Heym (* 1913 in Chemnitz): „Nachruf" (Memoiren)

Für 1,1 Mill. ersteigert BRD das Originalmanuskript des Romans „Der Prozeß" von *F. Kafka* (1883-1924)

† *Ursula von Kardorff* (* 1898), deutsche Journalistin

Walter Kempowski: „Hundstage" (Roman)

Karl Krolow (* 1915 in Hannover) erhält den *Hölderlin*preis

Hans Günter Michelsen (* 1920 in Hamburg): „Von der Maas bis an die Memel" (Schauspiel, Urauff. in Regensburg)

Henry Miller (1891-1980) „Opus pistorum" wird als jugendgefährdende Pornographie indiziert

Shakespeare-Preis an *Iris Murdoch* (* 1919 in Dublin)

Joseph Olphan (* 1956 in Jamaika): „Claras Herz" (Roman übersetzt aus dem Amerikanischen)

(* 1920 in Lübeck): „Die Matthäuspassion" (Religionsphilosophie)

DDR greift zensierend bis zum Gebetsverbot in Presse der ev. Kirche ein

Die Regime-Kritiker ihres Landes *Lech Walesa* (Polen) und *A. Sacharow* (UdSSR) werden von *F. Mitterrand* zum Tag der Menschenrechte nach Paris eingeladen

Benazir Bhutto (* 1953) wird in Pakistan erster weiblicher Min.-Präs. eines islamischen Landes

† *Werner Nachmann* (* 1925 in Karlsruhe), seit 1965 Vors. des Zentralrats der Juden in Dtl. Nachfolger wird *Heinz Galinski* (* 1912 in Marienburg/Westpreußen)

Der Vatikan lehnt die „Urknalltheorie" des Kosmos nicht grundsätzlich ab

Gegen den Widerstand des Betroffenen u. des Domkapitels von Köln beruft der Papst Bischof *Meissner* von Berlin (* 1933 in Breslau) zum Erzbischof von Köln

Der konservative frz. *Bischof Marcel Lefebvre* (* 1905) führt durch Bischofsweihe gegen

Ausstellung in Paris

Aldo Rossi (* 1931 in Mailand) gewinnt Architektenwettbewerb für das Deutsche Historische Museum in Berlin (W)

Erwin Schinzel (* 1919 im Sudetenland): „Mädchen mit Tuch“ (Wachsausschmelzplastik)

K. J. Schoen (* 1931 in Königsberg): Ausstellung geometrisch abstrakter Bilder in Berlin (W)

Späte Bilder von *Emil Schumann* (* 1912 in Hagen) in der Nationalgalerie Berlin (W)

Martin Schwarz (* 1946 in Winterthur): „Garten“ (Abstraktion nach *Van Gogh*)

Richard Serra (* 1939 in San Francisco) stellt druckgraphische Werke in Berlin (W) aus

Hans Steinbrenner (* 1928 in Frankfurt/M.) stellt quaderförmige Plastiken in Berlin (W) aus

Ausstellung von Bildern von *Frank Stella* (* 1936 in den USA) in Stuttgart

James Stirling (* 1926) und *Michael Wilford* bauen das Wissenschaftszentrum in Berlin (W)

Chicago-Architektur 1872–1922 (Ausstellung dieser maß-

er von 1959–72 war

György Ligeti (* 1923 i. Siebenbürgen/ Rumänien, studierte in Budapest) erörtert in Köln die Einflüsse ostasiatischer und afrik. Musik

† *Frederic Loewe* (* 1902 i. Wien), komponierte 1956 „My Fair Lady“ (Musical nach *Shaw*)

† *Joshua Logan* (* 1909 i. USA), erfolgr. Musical-Regisseur

Massenkonzert in einem Londoner Stadion zum 70. Geburtstag des südafrikan. Freiheitskämpfers *N. R. Mandela*, der seit 25 Jahren inhaftiert ist

Concertgebouw-Orch. in Amsterdam besteht 100 Jahre (1895-1945 war *Willem Mengelberg* (1871 bis 1951) Dirigent)

Seit dem Tod von *Elvis Presley* 1977 vermehrte sich der Wert seines hinterlassenen Vermögens von 5 auf 50 Mill. $

Dieter Schnebel (* 1930 i. Lahr): „Dahlemer Messe“

Auf Hawai wird ein astronomisches Teleskop gebaut, dessen 36 verstellbare Teilspiegel die Leistung eines 6 m-Spiegels haben

Kosmonauten der UdSSR *W. Titow* und *M. Mannavow* landen nach einer Rekordzeit im Raumschiff von 366 Tagen und 19 Stunden

USA korrigieren Flugbahn der Raumsonde „Voyager 2“ für eine nähere Begegnung mit dem Planeten Neptun

Die US-Raumsonde „Pionier 10", die am 3. 3. 72 unbemannt startete, sendet aus 6,7 Mrd. km Entfernung noch auswertbare Signale

„Intelsat VI“-Satellit für 40 000 Telefongespräche und 3 Fernsehkanäle

Der Mensch beherrscht nachrichtentechnisch die Dimensionen seines Planetensystems

Erfolgreicher Flug der NASA-Raumfähre „Discovery“ 32 Monate nach der „Challenger“-Katastrophe

Europarakete „Ariane 3“ befördert 2 Satelliten in den Weltraum, was als entscheidender Durchbruch für die europäische Raumfahrt der ESA gewertet wird

† *Nikolaas Tinbergen* (* 1907 in Den Haag), schrieb 1973

Der Anteil der Bev. der sogenannten 3. Welt dürfte sich bis zum Jahr 2000 von 65 auf 80% vergrößern

Die VR China zählt 52 Mill. Behinderte

Die Schlichtung von Bundesmin. a. D. *H. Höcherl* (CDU) mit Einstieg in die 35-Stunden-Woche verhindert Arbeitskampf im öffentlichen Dienst

Arbeitslosenquote im Ruhrgebiet stieg 1987 auf 15,2% (gegen Gesamt-BRD 8,9%)

DDR-Vertreter wird Präs. der Internat. Arbeitsorganisation (ILO, Sonderorganisation der UNO) in Genf

Für 1986 wird bekannt: % des BSP als Steuern und Sozialbeiträge USA 28,9; Japan 26,9; BRD 41,2; Frankr. 30,3

Freizeitausgaben einer 4köpfigen Familie in der BRD: 1972 2173 DM; 1982 5142 DM; 1987 6336 DM; + 7,4%/Jahr

„Goldfieber“ durch Funde in Brasilien

Austr. begeht 200. Jahr der Besiedlung durch Weiße

AIDS-Fälle nach WHO: USA 69 805; Uganda 4000; Frankr. 3628; BRD 2210; Erde 108 176; Zunahme gegen 1987+1,4%

UdSSR meldet offiziell 1. AIDS-Toten (in Leningrad)

Bundesgerichtshof in Karlsruhe verurteilt einen AIDS-Kranken wegen versuchter gefährlicher Körperverletzung

Fortschritte bei internat. AIDS-Bekämpfung werden trotz hohen Aufwandes als „gering“ bezeichnet

WHO korrigiert die Zahl der AIDS-Infizierten stark nach unten mit der Begründung, daß Aufklärung das Verhalten der Gefährdeten änderte

Jährlich werden in der BRD 120 Mrd. Zigaretten geraucht, deren Kosten denen aller Arzneimittel gleichkommt

In BRD sterben mehr Frauen als Männer an Raucherkrebs

Ca. 2 Mill. Tote durch Malaria tropica, nachdem ihr Erreger medikamentenresistent wurde

(1988)	Washington nächstes (4.) Gipfeltreffen vom 29.5.-2.6. in Moskau Gemäß des »Doppelbeschlusses der NATO« schließen USA und UdSSR »INF-Vertrag« über Abbau der Mittelstreckenraketen in Europa, in dem viele einen positiven polit. Wandel für die Erde sehen USA nehmen gegen den Protest Israels Gespräche mit der PLO auf Test einer Kernwaffe in USA in Gegenwart einer Delegation der UdSSR *George Bush* (* 1924, Republikaner), seit 1981 Vizepräs., wird zum Präs. der USA gewählt. Die Demokraten verstärken ihre Mehrheit im Senat und Repräsentantenhaus Wahlen in Kanada ergeben für Konservative unter *Brian Mulroney* (* 1939) Mehrheit, wodurch ein Freihandelsvertrag mit USA polit. ermöglicht wird Militärputsch in Argent. gegen militär. Befehlshaber mißlingt. Militär fordert weiterhin Straffreiheit für Delikte unter der Diktatur 1976-1983 Arbeiterpartei erzielt hohe Gewinne bei Kommunalwahlen in Brasilien Die verfassungsgebende Versammlung in Brasilien beschließt einen Präs. mit großer Machtfülle und 5 Jahren Amtszeit Ausnahmezustand in Chile nach 15 Jahren kurz vor einer Volksabst. aufgehoben *Pinochet* erhält bei Volksabst. 43 % der Stimmen. Reg. Chiles tritt zurück. *Pinochet* behält bis 1990 militär. Macht *Salina* (* 1948, PRI) gewinnt knapp Präsidentschafts-Wahl in Mexiko, wo die PRI seit 1928 regiert Konflikt USA-Panama um die polit. Führung des Landes USA drängen Militärmachthaber Panamas, *General Noriega* (* 1934), vergeblich zum Rücktritt *M. Gorbatschow* (* 1931) wird Staatsoberhaupt der UdSSR Auf einer USA-Reise kündigt *M. Gorbatschow* vorbehaltlose Abrüstung der UdSSR um 500 000 Mann an. Gespräche mit *R. Reagan* u. *G. Bush* In der UdSSR verlangen die Nationalitäten im Baltikum und Kaukasien mehr Unabhängigkeit von der Zentralgewalt *A. D. Sacharow* erhält auf einer US-Reise Al-	Interview des Intendanten *Claus Peymann* (* 1937) führt zum Skandal am Wiener Burgtheater *Hans Peter Renfranz:* „Der Saurier" (Schauspiel um den US-Physiker und H-Bomben-Konstrukteur *Edward Teller* [* 1908 in Budapest], Urauff. in Essen) † *Hans Scholz* (* 1911 in Berlin), Schriftsteller, der bes. die Mark Brandenburg (nach dem Krieg) beschrieb *Viktor Šklovskij* (* 1893 in St. Petersburg): „Die Dritte Fabrik" (Übers. aus dem Russischen) *Hilde Spiel* (* 1911 in Wien) erhält den Literaturpreis der Bayerischen Akademie der Schönen Künste *Peter Stein* (* 1937 in Berlin) erhält als erster Theaterregisseur den Goethepreis der Stadt Frankfurt/M. *Botho Strauß* (* 1944 in Naumburg/S): „Die Besucher" (Schauspiel, Urauff. in München); „Sieben Türen" (Schauspiel, Uraufführung) *Giorgio Strehler* (* 1921 in Triest) erhält Goethe-Medaille im Piccolo Teatro, Mailand *John Updike* (* 1932 Shillington/Pennsylvania) „Das Gottesprogramm" (Roman aus den USA) *Martin Walser* (* 1927): „Jagd" (Roman)	den Willen des Papstes schismaartigen Zustand der Kirche her *Papst Johannes Paul II.* ernennt 29 neue Kardinäle Päpstliche Enzyklika über das Wesen der Frau Radiokarbonmethode erweist, daß das „Turiner Grabtuch" mit dem vermeintlichen Abdruck des gekreuzigten Jesu aus der Zeit ~ 1300 stammt *Walter Burkert* „Homo necans" (Psychologie des Tötens in der Menschheitsgeschichte) † *Hans Jürgen Eggers* (* 1908 in Hamburg), Germanist und Frühhistoriker Zukunftsforscher *Robert Jungk* (* 1913 in Berlin) erhält Ehrenpreis des alternativen *Nobel*preises, der 1979 gestiftet wurde † *Eduard Pestel* (* 1914 in Hildesheim), Mitglied des „Club of Rome", der 1968 gegr. wurde Die Bezeichnung „Kulturgut der Menschheit" wurde von der UNESCO bisher 300mal vergeben † *Michael Ramsay* (* 1904), 1961–77 Erzbischof von Canterbury

geblichen Epoche in Frankfurt/M.)

Architektur d. Synagoge (Ausstellung in Frankfurt/M.)

„Stationen der modernen Kunst" (Ausstellung i. Berlin [W])

„Zeitlos" und „Positionen" (Kunstausstellungen in Berlin [W] als diesjährige „Kulturstadt Europas")

„Bilder von Frauen" (Ausstellung der Frau als Motiv in Essen)

Grundsteinlegung für ein Museum für moderne Kunst in Frankfurt/M.

Baubeginn am Messeturm in Frankfurt/M. von 254 m Höhe

In München werden 3 wertvolle Dürergemälde durch Säureanschlag eines nicht Zurechnungsfähigen schwer beschädigt

Glaspyramide wird als neuer Haupteingang des Louvre in Paris eingeweiht

Ausstellung in Lugano: Russische Avantgarde 1913 bis 1916, Kunst aus der UdSSR

In New York leben etwa 90 000 Künstler, die auf dem Kunstmarkt konkurrieren

Grabschrein *Karls d. Gr.* im Dom von Aachen von 1215 wurde restauriert

(Kirchenmusik, Urauff. i. d. früheren Kirche von Pastor *M. Niemöller* [† 1984])

A. Skrjabin (1872 bis 1915 Moskau): „Prometheus" (sinf. Dichtung mit Farbklavier, Urauff. i. Antwerpen)

Rockkonzert von *Bruce Springsteen* (* 1950) vor 160 000 Zuhörern in Berlin (O)

Rudolf Sterphan (* 1925 i. Bochum): „Die ersten Menschen" (Oper, Urauff. i. Bielefeld)

† *Hans Heinz Stuckenschmidt* (* 1901 i. Straßburg), Musikwissenschaftler und Kritiker, Wegbereiter der Neuen Musik, bes. von A. Schönberg (1874–1951)

† *Henryk Szeryng* (* 1918 i. Polen), Violinvirtuose in Mexiko

Steirischer Herbst begeht sein 20jähriges Bestehen. Von 1978–1987 bot er 475 musikal. Uraufführung

Schwere Krawalle und zahlr. Verletzte beim

„Das Tier in seiner Welt" (2 Bände), *Nobel*preis 1973

† *Patrick Steptoe* (* 1913 in GB) ermöglichte 1978 das erste „Retortenbaby"

Eine Herztransplantation wird durch Fernsehen live nach Tokio übertragen

Eine Dünndarm-Transplantation gelingt erstmalig (in Kiel)

In USA werden in 16stündiger Operation einem 3jährigen Mädchen gleichzeitig 5 Organe transplantiert

Zwei Patienten erhalten je eine geteilte Leber transplantiert

Forscher finden eine Substanz, die in 70% der Fälle die durch Herzinfarkt verschlossenen Gefäße öffnet

Forschung erkennt, daß spezielle Eiweißstoffe „Lektine" die Kommunikation der Zellen steuern

Die Molekularbiologie schließt aus den Unterschieden der Herpesviren beim Mensch und Affen auf ein Alter des Menschenkusses von ca. 8 Mill. Jahren

Wachsende Zahl von Zierpflanzen werden durch Gewebezüchtung (klonen) statt vegetativ fortgepflanzt

Heinz Ellenberg: „Atlas der Farn- und Blütenpflanzen in der BRD" mit 2500 Arten

Umfangreicher Hormonmißbrauch bei Kälberaufzucht führt zur Verunsicherung der Verbraucher und Erörterung von Präventivmaßnahmen

Behandlung ernährungsbedingter Krankheiten (insbes. durch Fett, Zukker und Alkohol) erforderte 1980 42 Mrd. DM (= 27% der Krankheitskosten in der BRD)

Die Ausgaben der gesetzlichen Krankenversicherung in der BRD (Mrd. DM): 1960 8,9; 1987 125,0; (+ 10,3%/Jahr)

Wort des Jahres in der BRD: „Gesundheitsreform"

In USA bringt eine Frau mit Spenderherz ein gesundes Kind zur Welt

Die Olymp. Winterspiele in Calgary/Kanada leiden unter Schneemangel

Medaillenspiegel der Olymp. Winterspiele in Calgary: (G/S/B) UdSSR 11/9/9; DDR 9/10/6; Schweiz 5/5/5; Finnl. 4/1/2; Schwed. 4/0/1; Österr. 3/5/2; BRD 31/36/27; USA 11/14/15; Ital. 2/1/2; Norw. 0/3/2; Kanada 0/2/3; Jugosl. 0/2/1; ČSSR 0/2/3; Japan 0/1/2

Olymp. Sommerspiele in Seoul/Südkorea: Medaillenspiegel (G/S/B) UdSSR 55/31/46; DDR 37/35/30; USA 36/31/27; Südkorea 12/10/11; BRD 11/14/15

Mehrere Dopingfälle entwerten sportliche Leistungen der Olymp. Spiele

8. Olymp. Spiele für Behinderte in Seoul/Südkorea mit 4300 Sportlern und Funktionären

† *Enzo Ferrari* (* 1898 in Modena), KFZ-Fabrikant, der erfolgreiche Rennwagen baute

Martina Navratilova (* 1956 in Prag, seit 1975 USA) gewinnt 50. Grand Slam Tennistitel

Stefan Edberg (* 1966 in Schweden) gewinnt Tennisturnier in Wimbledon gegen *B. Becker*

Steffi Graf (* 1969 i. Brühl) gewinnt im Tennis „Grand Slam" und olymp. Goldmedaille

Sportler des Jahres (in der BRD): *Steffi Graf* (Tennis, zum 3. Mal); *Michael Groß* (Schwimmen, zum 4.

(1988)

bert-Einstein-Friedenspreis; spricht sich gegen SDI aus

UdSSR beginnt Raketen aus DDR und ČSSR abzuziehen

Stabschef der UdSSR tritt zurück, als *Gorbatschow* vor der UN Abrüstung ankündigt

† *Georgij Malenkow* (* 1902) 1953–55 Vors. des Ministerrats der UdSSR

Vertrag zw. UdSSR, USA, Afghanistan und Pakistan leitet Abzug der UdSSR-Truppen aus Afghanistan ein, in das sie vor 10 Jahren einmarschierten

M. Gorbatschow und *R. Reagan* setzen in Moskau ersten nuklearen Abrüstungsvertrag über Mittelstreckenraketen (»INF«) in Kraft

Allunionskonferenz der KPdSU mit 5000 Delegierten in Moskau berät über die Reformen von *M. Gorbatschow*. *M. Gorbatschow* erklärt seine Absicht, die Rolle der KPdSU einzugrenzen

Widerstände gegen die Reformen von *M. Gorbatschow* in der UdSSR werden erkennbar

Die unter *Stalin* hingerichteten oder in Haft verstorbenen *Sinowjew*, *Kamenew*, *Bucharin*, *Rykow* und *Radek* werden vom obersten Gerichtshof der UdSSR rehabilitiert

UdSSR vernichtet erste 55-12-Raketen in Anwesenheit von US-Inspektoren gemäß INF-Vertrag

RGW anerkennt Einbeziehung Berlins in den EG-Vertrag

Nach der UdSSR künden auch DDR, ČSSR und Bulg. Abrüstungsschritte an

Schwere Unruhen der Nationalitäten im Vielvölkerstaat Jugoslawien

Umfrage ergibt, daß 22,5 % der Polen für die Neutralität ihres Landes sind

M. Rakowski (* 1926) wird als poln. Min.-Präs. Nachfolger von *Z. Messner* (* 1929), der seit 1985 im Amt ist

Die poln. Reg. schließt die Leninwerft in Danzig, wo die unabhängige Gewerkschaft »Solidarität« 1970 entstand und ein Denkmal errichtet wurde

In der ČSSR wird *Gustav Husak* (* 1913) als KP-Chef seit 1975 von *Milos Jakes* (* 1922) abgelöst, der eine umfassende Regierungsumbildung durchführt

Alexander Dubček (* 1921), 1968 KP-Chef im »Prager Frühling«, seitdem verfemt, erhält in Bologna Ehrendoktorwürde

Grete Weil (* 1906 in Rottach-Egern) wird für den Roman „Der Brautpreis" mit dem Geschwister-Scholl-Preis ausgezeichnet

Robert Wilson, *David Byrnen* und *Heiner Müller*: „The Forest" (Neufassung des Gilgamesch-Epos, Urauff. in Berlin [W])

Peter Zadek (* 1926 in Berlin) erhält in Hamburg *Kortner*-Preis für Regie

† *Herta Zerna* (* 1907 in Berlin), deutsche Schriftstellerin

Bisher erhielten den Darmstädter Lyrikpreis *Ludwig Fels* (* 1946), *Ulla Hahn* (* 1946), *Rolf Hauft* (* 1935) und *Hans Ulrich Treichel*

Zu den deutschsprachigen prominenten Schriftstellern zählen *Thomas Bernhard*, *Friedrich Dürrenmatt*, *Hans Magnus Enzensberger*, *Max Frisch*, *Günter Grass*, *Peter Handke*, *Günter Kunert*, *Siegfried Lenz*, *Peter Rühmkorf*, *Martin Walser*, *Christa Wolf*

Staatliche Bühnen in Berlin (W) sollen nach Generalintendant *H. Sasse* Dreierdirektorium mit Generaldirektor *Alfred Kirchner* (* 1937) erhalten

Theatertage der BRD in Moskau

In der BRD werden 1986 717,9 Mill. Theaterbesucher gezählt

Zentralthema der Buchmesse in Frank-

† *Wolfgang Zeidler* (Bergunfall, * 1924, SPD), 1983 bis 1987 Präs. des Bundesverfassungsgerichtes

Schopenhauer-Kongreß in Hamburg

DDR verbietet das Erscheinen der Zeitschrift „Sputnik" aus der UdSSR

DDR sagt Beteiligung an Festwochen in Berlin (W) ab, jedoch ab 1989 zu

C. F. von Weizsäcker (* 1912 in Kiel): „Bewußtseinswandel" (über den Weg der Menschheit mit der Forderung nach „Bereitschaft zur Erschütterung")

Entd. einer Slawensiedlung aus der Zeit um 600 in NO-Jugoslawien

Gedenkjahr für *Ulrich Ritter von Hutten* (1488–1523)

Die Leitung der russisch-orthodoxen Kirche besucht erstmalig die Staatsführung der UdSSR

Die russisch-orthodoxe Kirche feiert mit Anteilnahme des Staates ihr 1000jähriges Bestehen

Archäologen finden die Urzelle der Stadt Rom als „Roma quadrata" aus dem –8. Jh.

Hans J. Nissen veröffentlicht in

„Die Venusfalle“ (Film von *Robert van Ackeren* [* 1946])

„September“ (Film von *Woody Allen*) (* 1935 i. den USA)

„Cry Freedom“, Film von *R. Attenborough* (* 1923 in Cambridge)

„Pelle Eroberen“ (dänischer Film) von *Bille August* erhält die „Goldene Palme" von Cannes

„Der letzte Kaiser“, Film von *Bertolucci* (* 1941 in Parma), erhält 9 Oscars

† *John Carradine* (* 1906 i. den USA), Filmschauspieler

Vor 60 Jahren schuf *Walt Disney* (1901–66) die Figur der Mickey Mouse für Zeichentrickfilme

ČSSR zeigt alle bisherigen Filme von *Milos Forman* (* 1932 in der ČSSR, lebt in USA)

† *Gert Fröbe* (* 1913 im Kreis Zwickau), Filmschauspieler, bes. bekannt als „Otto Normalverbraucher“

„Die Katze“, Film von *Graf* mit *Götz George* (* 1938) und *Gudrun Landgrebe*

„Linie 1“ (satir. Berlinfilm von *Reinhard Hauff* [* 1939]) eröffnet die „Berlinale“

„Lachen über *Hitler*?“, fragwürdige

„Monster-Hardrockfestival“ in Schweinfurt

Archiv des internat. Arbeitskreises „Frau und Musik“ mit mehr als 3000 Kompositionen von Frauen aus 8 Jahrhunderten als Leihgabe in Kassel

Neues Opernhaus in Kairo (alte Oper brannte 1971 ab)

† *Erwin Henry Ackerknecht* (* 1906 in Berlin, seit 1957 in Zürich), Medizinhistoriker

† *Ferdinand Hoff* (* 1896 in Kiel) Internist mit zahlreichen Auszeichnungen, untersuchte Arzneimittelschäden

In USA gelingt es, die Entstehung der Rocky Mountains, die 75 Mill. Jahre dauerte, mit dem Computer zu simulieren

Seit 100 Jahren hat die mittlere Erdtemperatur um 0,6° zugenommen

Ozon-Symposium in Berlin (W) sieht den wirksamsten Schutz gegen das gefährliche „Ozonloch“ im Verzicht auf Treibgase und and. Substanzen auf Fluorchlorkohlenwasserstoffbasis (FCKW)

† *Ernst Ruska* (* 1906 in Heidelberg), erhielt 1986 *Nobel*preis für Erfindung des Elektronenmikroskops

Die Kreiszahl Pi wird in Japan mit Computer in ca. 6 Std. auf 200 Mill. Dezimalstellen berechnet

Installierte Industrie-Roboter auf je 100 000 Erwerbstätige: Japan 106, USA 98, BRD 98

Ital. stoppt Bau von Kernkraftwerken

Das integrierte Sprach- und Daten-

Mal); BRD-Olympia-Achter (Rudern)

Die Niederl. gewinnen in München EM im Fußball gegen UdSSR

FC Leverkusen gewinnt den Fußball-Uefa-Pokal

Werder-Bremen wird zum 2. Mal Fußballmeister der BRD

Konkurrenzkampf in der BRD mit hohen Millionenbeträgen um Übertragungsrechte von Fußball-Ligaspielen zw. privaten und öffentlich-rechtlichen Rundfunksendern, dessen Resultat die Privaten zunächst bevorzugt

Gerichte schränken Tennissport in Wohngebieten wegen Geräuschbelästigung ein

DDR baut „Wartburg“-PKW mit VW-Motor

In BRD entstehen im Jahr 50 000 neue Computer-Arbeitsplätze

Das 1909 erbaute Feuerschiff „Elbe 1“ beendet seinen Dienst und wird Schauobjekt

Seikan-Tunnel in Japan eröffnet (mit 63,9 km längster Unterwassertunnel der Erde)

50mal rief in diesem „Katastrophenjahr“ das „Rote Kreuz“ und der „Rote Halbmond“ zur Katastrophenhilfe auf (1987 zum Vergleich 13mal)

Erdbeben in Armenien führt zum größten Einsatz der Hilfsorganisationen der BRD in ihrer Geschichte mit vielen Mill. DM Spenden

US-Wissenschaftler schätzen Energie des bisher stärksten Wirbelsturms „Gilbert“ im Golf von Mexico auf ca. 1000 Wasserstoffbomben (jede einige Mt TNT Sprengkraft)

In BRD 38 Mrd. DM Folgekosten von Verkehrsunfällen

Dürre in USA vernichtet etwa 25% der Ernte

25% des Yellowstone-Nationalparks verbrennen in einer Dürrezeit

Die Altstadt von Lissabon wird durch Großfeuer zerstört

In Borken/Nordhessen werden nach Grubenexplosion von 57 verschüt-

(1988)

Demonstrationen in Prag gegen Einmarsch des Warschauer Paktes 1968 in die ČSSR wegen »Prager Frühlings«

Min.-Präs. *Lubomir Strougal* der ČSSR (* 1924, amtierte seit 1970) und Min.-Präs. der Slowakei *Coloka* treten zurück

Nach dem Rücktritt von *Lubomir Strougal* wird *L. Adamec* (* 1926) Min.-Präs. der ČSSR

Die Ablösung des ungar. KP-Führers *J. Kádár* (* 1912) nach 21 Jahren Amtszeit durch *Grósz* (* 1930) gilt als Stütze der Wirtschaftsreform

Streit Ungarns mit Rumänien, das Tausende dt. und ungar. Dörfer zugunsten von Agrarstationen vernichten will

In Ungarn werden Bestrebungen zu einem Mehrparteienstaat deutlich

Die Wirtschaftslage Rumäniens und die Versorgung seiner Bev. verschlechtern sich katastrophal

Iran beschuldigt Irak, durch Giftgas 5000 Kurden getötet und 4000 verletzt zu haben

Nach langwierigen Verhandlungen erreicht *Perez de Cuéllar* (* 1920 in Peru) als General-Sekr. der UN Waffenstillstand im Golfkrieg

Palästinenser-Konferenz in Algier ruft Palästinenser-Staat mit Hauptstadt Jerusalem aus

Mehr als 20 Reg., darunter die UdSSR und DDR, anerkennen umgehend den neu ausgerufenen Palästinenser-Staat

Syrische Truppen rücken in Südbeirut ein, um Milizkämpfe zu beenden, die Iran oder Irak unterstützen

Heftige Unruhen der Araber in den seit 1967 besetzten Gebieten Palästinas erschüttern den Staat Israel

Nach einem Jahr Palästinenseraufstand in Israel (»Antifada«) werden 400 Tote und etwa 20 000 Verletzte registriert. Das Vorgehen der Israelis wird als zu hart internat. kritisiert

Wahlen in Israel bringen weder der Arbeitspartei (unter *Peres*) noch dem Likudblock (unter *Schamir*) die absolute Mehrheit. Zünglein an der Waage sind kleine religiöse Parteien

Kg. *Hussein* von Jordanien (* 1935) überläßt der PLO das Jordanland

Nach Erschießung *Abu Dschihads* (* 1936), des Stellvertreters *Arafats*, kommt es zu bisher blutigsten Unruhen im von Israel besetzten Gebiet

furt/M. lautet „Italien"

Buchausstellung der BRD in Berlin (O)

Die Zahl der Neuerscheinungen auf der Frankfurter Buchmesse steigt seit Vorjahr von 92 000 auf 103 000

Berlin: „Zeichenliste archaischer Texte aus Uruk" (Schriftzeichen aus der Zeit ~ -3000, welche Schriftentwicklung dokumentieren)

Die Sphinx von Gizeh in Ägypten (errichtet ~ -3000) zeigt schwere Zerfallserscheinungen, deren Reparatur schwer möglich ist

„Ars Electronica" Computerkulturtage in Linz

In Chile wird ein Lagerplatz von Menschen gefunden mit einem Kohlenstoffalter von ca. 30 000 Jahren (bisher älteste bekannte Menschenspuren in Amerika ca. 20 000 Jahre)

James Gleick: „Chaos" (die Unordnung des Universums, aus dem Amerikanischen)

3700 alte Tontafeln mit politischen Texten werden von US-Forschern in Syrien gefunden

Parteitag der SPD in Münster beschließt einen Mindestanteil an Frauen in den Gremien

Soziologenkongreß in Zürich

Gericht der BRD verurteilt Sportfischerei als Tierquälerei

Berlin wird für dieses Jahr zur „Kulturstadt Europas" erklärt

Filmreihe im Programm des ZDF

† *Brigitte Horney* (* 1911 in Berlin), Filmschauspielerin

In Berlin (W) erstmalig der europäische Filmpreis verliehen (vergleichbar dem US-"Oscar") Bester Film: „Ein kurzer Film über das Töten" (von *Krzysztof Kieślowski* (* 1941 in Polen)

† *Wolfgang Liebeneiner* (* 1905 in Schlesien), Filmregisseur und -schauspieler

„Ödipussi", Film von *Loriot* , eigentlich *V. von Bülow* (* 1923 in Brandenburg), der am gleichen Abend in Berlin West und Ost erstaufgeführt wird

Europäischer Filmpreis für sein Lebenswerk als Schauspieler an *Marcello Mastroianni* (* 1924 in Frosinone/ Italien)

„Die letzte Versuchung Christi" (umstrittener Film von *Martin Scorsese* [* 1942 in den USA])

„Hanussen", Film von *István Szabo* (* 1938 in Ungarn) über den Hellseher der NS-Zeit mit *Klaus Maria Brandauer* (* 1944 in Aussee/ Österreich) in der Titelrolle

„Fürchten und Lieben", Film von *M. von Trotta* (* 1942 in Berlin)

„Himmel über Berlin" (Film von *Wim Wenders* [* 1945 in Düsseldorf]) erhält Filmband in Gold

„Rotes Kornfeld" (chinesischer Film v. *Zhang Yimou*) erhält auf der Berlinale den „Goldenen Bär"

Gegenüber Vorjahr nahmen die Kinobesuche in BRD um 3% zu

DDR nimmt 5 Filme der UdSSR aus den öffentlichen Programmen

Netz (ISDN) verbreitet über das Telefonnetz ein ganzes Spektrum von Kommunikationsdiensten

Benoit Mandelbrodt: „Die fraktale Geometrie der Natur" – (1. Veröffentl. seit 1977) (Beiträge zur Computergraphik)

~ Die Mathematik einer „Chaos-Theorie" von Naturvorgängen gewinnt an Bedeutung

Seto-Okasi-Brücke in Japan nach 10 Jahren Bauzeit eröffnet

† *Felix Wankel* (* 1902 in Baden) erfand 1957 den Wankel-Motor (Kreiskolbenmotor)

teten Bergleuten 7 nach 56 Std. gegen jede Hoffnung lebend geborgen

Über 290 Tote bei Bombenanschlag auf Flug Frankfurt/M.–USA, wobei Maschine auf schottische Ortschaft Lockerbie stürzt

Der Schadenersatz für die Katastrophe beim Flugtag der US-Basis Ramstein mit 70 Toten wird auf mindestens 200 Mill. DM beziffert. Dieses Unglück bringt solche Flugtage in Verruf

US-Militärflugzeug stürzt in Wohngebiet von Remscheid, was 6 Todesfälle und 50 Verletzte fordert und den Protest gegen Tiefflüge über Wohngebiete verstärkt

Fabrikneuer hochcomputerisierter Airbus 320 mit 130 Personen stürzt bei Schauflug 7 km vor Mülhausen ab und verbrennt, wobei nur 3 Tote zu beklagen sind

Der Industriemanager *Rudolf Cordes* wird nach 20 Monaten Geiselhaft im Libanon durch Iran-Sympathisanten freigelassen

† *Klaus Fuchs* (* 1912 in Dtl.), der 1950 in GB als „Atomspion" verurteilt wurde

Nach 15 Tagen grausamer Haft, während der sie 2 Geiseln töteten, entlassen pro-iranische Luftpiraten in Algerien die restlichen 31 Geiseln, mit denen sie 17 Gesinnungsgenossen in Kuwait freipressen wollten

Nach einem Banküberfall in Gladbeck kommen bei der Täterjagd, die durch Neugierige behindert wird, 2 Geiseln und ein Polizist ums Leben. Die Vorgänge werden kontrovers diskutiert

In Kolumbien ist ein Geständiger des Mordes an 72 Frauen und Mädchen angeklagt

SS-Mann, wegen Beihilfe zum vielfachen Judenmord angeklagt, wegen Beweisnot von Bonner Gericht freigesprochen

Unruhen und Polizei-Einsätze, die von der Opposition kritisiert werden, begleiten die Tagungen von Weltbank und internationalem Währungsfond in Berlin (W)

Etwa 50% des Robbenbestandes (mehr als 11 000 Stück) der Nord- und Ostsee wird durch Verschmutzung und durch hundestaupeartiges Virus vernichtet

Hochwasserkatastrophe an Rhein und Ruhr, Kölner Altstadt ist von Überschwemmung bedroht

Auffallend zahlreiche Wirbelstürme mit katastrophalen Wirkungen

(1988) Ägyptisches Parlament verlängert Ausnahmezustand, der seit 1981 wegen fundamentalistischer Umtriebe besteht, um 3 Jahre

Nach Unruhen in Algerien Umbildung der Reg.

Etwa 5000 Tote bei Stammeskämpfen in Burundi (Zentralafrika, ehemals Dt.-Ostafrika)

Verhandlungen zur Beilegung des Angola-Namibia-Konfliktes in Südafrika

Abkommen über Wahlen in Namibia in New York unterzeichnet

Truppen Kubas verlassen Angola

Der Staatspräs. von Simbabwe *Mugabe* ernennt seinen Gegner *Nkomo* zum Staatsminister

Erdweit wird *N. R. Mandela* (* 1918), der als Apartheidgegner seit 25 Jahren in Südafrika in Haft ist, zum 70. Geburtstag geehrt

Außenmin. von Afghanistan bezeichnet die Einführung des Kommunismus als einen polit. Fehler gegen den Willen des Volkes

U Ne win (* 1911) tritt nach 26 Jahren sozialist. Einparteienherrschaft in Burma zurück. Das verarmte Land befindet sich in schwerer Unruhe

Ca. 3000 Tote bei Unruhen in Burma

Volkskongreß in VR China verjüngt und verkleinert Reg. des Landes nach Vorschlag von *Li Peng* (* 1902)

Yang Shangkun (* 1907), ein polit. Weggefährte *Dengs* (* 1904), wird Staatspräs. der VR China

Indien stellt Raketen in Dienst, die auch nukleare Sprengköpfe tragen können

Nichtangriffspakt Indien-Pakistan von *R. Gandhi* und *B. Bhutto* unterzeichnet

Indien und VR China vereinbaren friedliche Regelung von Grenzkonflikten

Das von der UdSSR unterstützte Vietnam zieht seine Truppen aus dem von VR China unterstützten Kambodscha zurück

Diktator Südkoreas *Chun Doo Hwan* (* 1932) entschuldigt sich öffentlich für seine Untaten und zieht sich in ein Kloster zurück

† *Zia-ul Hag* durch Flugzeugattentat (* 1924), seit 1978 Staatspräs. von Pakistan. Mit ihm sterben US-Botschafter und hohe pakistanische Offiziere

Benazir Bhutto (* 1953) tritt das Amt als Min.-Präs. von Pakistan als einzige weibliche mohammedanische Reg.-Chefin an

Militärputsch auf Haiti stürzt General *Henry Namphy* (* 1932)

10 Europäische Film-Museen konferieren in Düsseldorf

Die USA erzielen Rekordeinnahmen von 4,2 Mrd. $ an den Kassen der 22000 Kinotheater

Proteste gegen positive Bewertung des US-Gewaltfilmes „Rambo 3" in der BRD

Der Aralsee in der UdSSR verkleinerte seine Oberfläche seit 1960 um 33%

Klimaänderungen werden bemerkbar, die als Folge der Verschmutzung der Atmosphäre durch Industrie und Autos gedeutet werden

Internationale Ozon-Konferenz in Göttingen

Etwa 12 Tier- und Pflanzenarten sterben täglich aus (um 2000 wird dieser Verlust wahrscheinl. stündlich eintreten)

Erdweit sind 1029 Vogelarten bedroht

Geschädigte Waldfläche in der BRD: 1986: 53,7%; 1987: 52,3%

1987 wurden in Brasilien 20000 km^2 Urwald vernichtet

Industrieländer verbringen jährlich 20 Mill. t (auch giftigen) Abfall in die 3. Welt

BRD verschärft Bedingungen für Transporte radioaktiven Materials

Gericht untersagt die Verwendung der Ölschiefergrube Messel als Müllkippe, die eine wertvolle Fundstätte für Säugerfossilien ist

Die UdSSR schätzt die Schäden des Reaktorunfalls in Tschernobyl auf 22 Mrd. DM

Bundesbahn (der BRD) verzeichnet 4 Mrd. DM Defizit

Schulden der Bundesbahn (in der BRD): 1970 17 Mrd. DM; 1988 43 Mrd. DM; 1970-1988: + 5,3%/Jahr

Der Luftverkehr in BRD wuchs 1987 um 13%

Über 50 Städtepartnerschaften zw. BRD und DDR, an denen auch Bezirke von Berlin (W) beteiligt sind

Ein Peruaner und ein Spanier versuchen auf einem Floß von Peru aus Neuseeland zu erreichen

Reg. der BRD erwägt Dreiteilung der Post in die Bereiche Brief und Paket, Fernmelde- und Geldwesen. Proteste werden laut

600. Jahrestag der volkstümlichen Figur des „Manneken Pis" in Brüssel

Der seit 968 betriebene Bergbau am Rammelsberg bei Goslar wird wegen Erschöpfung der Erzlager eingestellt

Meersburg (am Bodensee) feiert den 1000. Jahrestag seiner ersten urkundl. Erwähnung

59% der Bürger der BRD sehen 1989 mit Hoffnungen entgegen

1989	Friedens*nobel*preis an den *Dalai Lama* (* 1935 in Tibet, seit 1959 in Indien Exil), Oberhaupt der Tibeter, deren Befreiung von der chinesischen Okkupation seit 1950 er mit friedlichen Mitteln betreibt Im Januar werden erdweit 25 Kriege verzeichnet Schwed. Wissenschaftler berechnen von -3600 bis 1960 14513 kriegsartige Konflikte mit etwa 3,64 Mrd. Toten. Nur 292 der 5500 Jahre sind ohne Krieg Kompromiß auf der Wiener KSZE-Folgekonferenz eröffnet den Weg, über Abrüstung konventioneller Waffen zu verhandeln, was allseits begrüßt wird *Richard von Weizsäcker* (* 1920 in Stuttgart) wird von der Bundesversammlung in Bonn für eine 2. Amtsperiode von 5 Jahren mit 86,2% der Stimmen ohne Gegenkandidaten zum Bundespräs. gewählt Bundespräs. *v. Weizsäcker* besucht Marokko † *Lieselotte Berger* (* 1920 in Berlin, CDU) 1973–1987 Vors. des Petitionsausschusses des Bundestages BRD und DDR begehen 40. Jahr nach ihrer Gründung † *Hermann Höcherl* (* 1912 in Brennberg, CSU), seit 1953 MdB, 1961–65 Bundesinnenminister † *Gerhard Schröder* (* 1910, CDU) seit 1949 MdB, mehrfach Bundesmin. † *Heinrich Krone* (* 1895), Bundesmin. unter *Adenauer* *H. Kohl* erneut CDU-Vors. (in diesem Amt seit 1973) CSU-Vors. *Th. Waigel* löst mit der Ansicht, daß Dtl. in den Grenzen von 1937 fortbesteht, Unruhe und Diskussion aus BRD verlängert Grundwehrdienst von 15 auf 18 Monate Kommunalwahlen in Baden-Württ.: Verluste der CDU, Gewinne der Republikaner % Stimmen bei Berliner Wahl (89/85): CDU (37,8/46,4); SPD (37,3/32,4); FDP (3,9/8,5); AL-Grüne (11,8/10,6); Republik. (7,5/-); SEW (0,6/0,6); CDU-FDP-Koalition verliert Mehrheit; rechtskonservative Republikaner erstmals in einem Landesparlament *Walter Momper* (* 1945 in Sulingen, SPD) bildet und leitet als Reg. Bürgermeister von Berlin Senatskoalition SPD-AL (3 AL, 11 SPD, 8 Senatorinnen, 6 Senatoren)	Nobelpreis für Literatur an *Camilo José Cela* (* 1916 in Spanien), gilt als Bahnbrecher des neuen spanischen Romans: „Pascual Duartes Familie" (1942), „Der Bienenkorb" (1951) Friedenspreis des Deutschen Buchhandels an *Václav Havel* (* 1936, lebt in der ČSSR), ČSSR versagt ihm Ausreise Zum 50. Jahrestag des Kriegsbeginns fordern PEN der BRD und Polen friedliche Überwindung d. Teilung Europas Präs. d. DDR-Schriftstellerverbandes *H. Kant* fordert Selbstkritik und Reformen in der DDR. *Christa Wolf* äußert sich gleichsinnig *Anna Achmatowa* (1889-1966) wird als große russische Dichterin geehrt † *Samuel Beckett* (* 1906 in Dublin), Dramatiker des absurden Theaters, „Warten auf Godot" (1953), *Nobel*preis 1969 † *Thomas Bernhard* (* 1931 in den Niederlanden) *Karl-Heinz Brackmann* und *Renate Birkenhauer:* „NS-Deutsch" (Begriffe der NS-Zeit) † *Barago Diop* (* 1906), senegalesischer Schriftsteller und Tierarzt Das Werk *Friedrich Dürrenmatts* (* 1921 bei Bern) kommt in	Einschließlich UdSSR und VR China befindet sich die kommunistische Welt in einer schweren Krise Weltverband der Psychiatrie nimmt UdSSR wieder auf *Daniel Cohn-Bendit* (* 1945 in Frankreich), 1968 Führer revoltierender Studenten in Paris, wird ehrenamtlicher kultureller Berater beim „rot-grünen" Magistrat in Frankfurt/M. † *Alfred Ayer* (* 1901), brit. phil. Sprachanalytiker („Sprache, Wahrheit, Logik", 1936) *A. Chomeini* bedroht den Autor der „Satanischen Verse", S. Rushdie, mit Ermordung wegen Schändung des Islams † *Hoimar von Ditfurth* (* 1921 i. Berlin), Wissenschaftsjournalist, dessen Wirken mehrfach ausgezeichnet wurde Weltkirchenrat berechnet pro Jahr 15 Mill. Kinder, die Hungers sterben und fast 1000 Mrd. $ Rüstungsausgaben † *Friedrich Hacker* (* 1914 in Wien), Psychoanalytiker der Schule von S. Freud *Walter Jens* (* 1923 in Hamburg) wird Präs. der Akademie der Künste in Berlin (W)

Max Bill (* 1908) erhält Bildhauerpreis von Osnabrück

Bärbel Bohley (* 1945, Mitglied des „Neuen Forums", das sich am politischen Umsturz beteiligte) erhält *Karl-Hofer*-Preis der Kunsthochschule Berlin (W)

„Marienkrönung" von *Botticelli* in Florenz restauriert

V. Bugrow (* 1949 in Moskau): Neonlicht-Installation in Berlin (W)

† *Salvador Dali* (* 1904 in Spanien/Katalonien), exzentrischer Maler des Surrealismus. Er vermacht seinen gesamten Nachlaß d. spanischen Staat

Christoph M. Gais (* 1951 in Stuttgart, lebt und arbeitet in Berlin [W]): „Triptychono. T." (Öl auf Leinwand)

Frank Gehry: Design-Museum in Weil/Rhein in kubistisch-expressionistischem Stil

W. Grasskamp: „Die unbewältigte Moderne. Kunst und Öffentlichkeit"

Bilder aus der *Guggenheim*-Sammlung in New York und Venedig werden in Berlin (W) gezeigt

† *Hans Hartung* (* 1904 in Leipzig, seit 1935 in Paris), ein Wegbereiter der informellen Malerei im Anschluß an den Kubismus

Komponistinnen-Festival i. Bremen

Berliner Philharmoniker wählen *Claudio Abbado* (* 1933 i. Mailand) zum neuen Chefdirig.

Auff. einer teilw. Rekonstruktion einer „10. Sinfonie" von *L. von Beethoven* i. Hamburg

† *Irma Beilke* (* 1904 i. Berlin) Opernsopran, Kammersängerin

Maurice Béjart (* 1927 i. Marseille): „1789 et nous" (Revolutionsballett im Grand Palais/Paris)

† *Irving Berlin* (* 1888 in Sibirien, kommt 1893 nach New York), Kompon. populärer U-Musik, schrieb u. a. „Alexander's Ragtimeband" und „Puttin' on the Ritz"

L. Bernstein dirigiert zu Weihnachten in Berlin (O) die 9. Sinfonie von *L. von Beethoven*

Wolf Biermann (* 1936 i. Hamburg), Liedermacher, nach Auftrittsverboten 1976 aus d. DDR ausgebürgert, kehrt in DDR zurück, wo er in Berlin (O) und Leipzig bejubelt auftritt

† *Kurt Böhme* (* 1908 i. Dresden), Opernbassist und Kammersänger

Südkoreaner *Myung-Whun Chung* erhält A. *Toscanini*-Preis

† *Carl Dahlhaus*

*Nobel*preis für Physik an *Wolfgang Paul* (* 1913 in Lorenzkirch), an *Hans-Georg Dehmelt* (* 1922 in Görlitz) und an *Norman Foster Ramsey* (* 1915 in Washington D.C.) für Erfindung der Cäsium-Atomuhr

*Nobel*preis für Chemie an *Sidney Altman* (* 1939 Kanada) und *Thomas R. Cech* (* 1948 USA) für Nachweis von Enzymeigenschaften der RNS, was Biogenese berührt

*Nobel*preis für Medizin an *Michael J. Bishop* (* 1936 in den USA) und *Harold E. Varmus* (* 1940 USA) für Entd. des zellulären Ursprungs d. retroviralen Onko-(Krebs-) Gene

In USA wird ein Quasar in 14 Mrd. Lichtjahren Entfernung als bisher ältestes Objekt im Kosmos entdeckt

Die 1977 gestartete US-Sonde „Voyager 2" übermittelt aus rd. 4,5 Mrd. km Entfernung Bilder vom Neptun und zwei neu entdeckten Monden. Außerdem entdeckt die Sonde einen dauerhaften Wirbelsturm in der Neptunatmosphäre ähnlich wie bei Jupiter. Voyager verläßt als erste Raumsonde das Sonnensystem und sendet weiter Daten

US-Astronom beobachtet „chaotisches"

*Nobel*preis für Wirtschaftswissenschaften an *Trygve Magnus Haavelmo* (* 1911 in Norw.) für statististische Methoden in der Ökonometrie

† *Max Grundig* (* 1908), führender Unternehmer der Nachkriegszeit i. der Unterhaltungselektronik

Globales Wachstum 1900-2000 (geschätzt) + %Jahr/Verdopplung in Jahren: Bev. 1, 35/52; BSP und Energie 2,7/26; BSP/K 1,35/52

Die 7 Nationen USA, Japan, BRD, Frankr., GB, Ital. und Kanada erzeugen 55% des BSP der Erde

Handelskrieg zw. USA und EG, die kein hormonbehandeltes Fleisch aus USA einführt und mit Strafzöllen belegt wird

500. Airbus wird ausgeliefert

26% aller erdweiten Exporte entfallen auf die EG

Jap. Industrie erreicht 89% Kapazitätsauslastung

Kurssturz an der New Yorker Börse am Freitag, dem 13. 10., hat internat. Wirkungen

Rekordindex der Börsenkurse in Japan

In Madrid einigt sich der EG-Ministerrat auf ersten Schritt zur Währungsreform 1990 (*M. Thatcher* lehnt ab)

Durch umstrittene Fusion Daimler-MBB nach Erfüllung der Auflagen vom Wirtschaftsministerium entsteht einer der größten Konzerne der Welt

Bei einem Bev.-anteil von rd. 25% verbrauchen die Industrieländer ca. 80% des erdweiten BSP

17% der Menschheit leben in „absoluter Armut"

Der Anteil der Hausfrauen-Arbeit am BSP der BRD wird mit 25% angegeben

1020 Mrd. $ Schulden der Entw.-

(1989)

Starke Verluste der CDU bei Kommunalwahlen in Hessen, die Mehrheit in Frankfurt verliert. NPD und Grüne gewinnen Stimmen

Wahlen in Nordrhein-Westfalen: SPD bleibt stärkste Partei, CDU hat deutliche Verluste. *J. Rau* (* 1931) bleibt Min.-Präs.

CDU verliert in Rheinland-Pfalz fast 8% der Stimmen

Verluste der CDU bei Kommunalwahlen im Saarland und in Rheinland-Pfalz

Massenflucht von DDR-Bürgern über Botschaften der BRD in Budapest, Prag und Warschau, denen schließlich Reise in die BRD mit Zügen der DDR-»Reichsbahn« gestattet wird

DDR öffnet für ihre Bürger Berliner Mauer am 9.11. und beseitigt damit 28 Jahre nach ihrem Bau ihre Funktion

Der Tag der Grenzöffnung DDR/BRD (9.11.) wird weithin als Wende in der Geschichte Deutschlands empfunden und bezeichnet

Die 4 Siegermächte zeigen deutliche Zurückhaltung hinsichtlich dt. Vereinigung

EG anerkennt das Recht der Dt. auf Einheit

M. Gorbatschow besucht Berlin (O) zur militär. Jubiläumsparade, begrüßt *E. Honecker* mit Bruderkuß und führt mit ihm längeres Vieraugengespräch. Die Bev. ruft: »Gorbi hilf! Gorbi hilf!«

Willy Brandt (* 1913) wird für weitere 3 Jahre zum Vors. der Sozialistischen Internat. (SI) gewählt, der 100 Parteien angehören

SPD beschließt »Berliner Programm« als Nachfolger des »Godesberger Programms« von 1959

Bei den Europaratswahlen erhalten die nationalrechten »Republikaner« in Bayern 15%, in Baden-Württ. 10% der Stimmen (Bundesdurchschnitt 6,1%)

% Antworten +/- = für/gegen zur Frage der dt. Vereinigung: Frankr. und USA +66/-33; GB +40/-35; Polen +41/-44

† *Hilde Benjamin* (* 1902) 1953–67 radikal linientreue Justizministerin der DDR. Ihre stalinistische Politik war gefürchtet (»Die rote Hilde«)

† *Margarete Buber-Neumann* (* 1901 in Potsdam), ursprünglich Kommunistin, wurde 1940 von *Stalin* an *Hitler* ausgeliefert

Unter dem Druck der Fluchtwelle und Massendemonstrationen tritt der Staatsrats Vors. der DDR *E. Honecker* (* 1912 in Neunkirchen/

das Schweizer Literaturarchiv in Bern

† *Ida Ehre* (* 1900 in Mähren), Schauspielerin und Theaterleiterin in Hamburg

Max Frisch (* 1911) erhält *Heine*-Preis d. Stadt Düsseldorf

† *Walter Gross* (* 1904 in Eberswalde), Kabarettist und Komiker, Mitglied der „Insulaner" im RIAS

Peter Hacks (* 1928 in Breslau): „Fredegunde" (Schauspiel, Urauff. in Braunschweig)

Schriftsteller und Systemkritiker in der ČSSR *V. Havel* (* 1936 in Prag) wegen Teilnahme an Demonstration zu 9 Monaten strenger Haft verurteilt (internationaler Protest mindert die Strafe)

Václav Havel: „Sanierung" (Schauspiel, Urauff. in Zürich)

Stefan Heym und 8 and. Schriftsteller, die vor 10 Jahren aus dem DDR-Schriftstellerverband ausgeschlossen wurden, werden mit Entschuldigung rehabilitiert

Elfriede Jelinek (* 1946 in der Steiermark): „Lust" (Roman)

Hermann Kant (* 1926 in Hamburg), der SED-Kritiker bekämpfte, tritt als Vors. des DDR-Schriftstellerverbandes im Zuge der SED-Entmachtung zurück

† *Hans Peter Keller*

Eingang des neu gestalteten Louvre i. Paris unter Glaspyramide eingeweiht

† *A. D. Sacharow* (* 1921 in Moskau), Atomphysiker und Bürgerrechtler in der UdSSR, 1980–87 nach Gorki verbannt, 1975 *Friedensnobel*preis, zuletzt Mitglied d. Kongresses der Volksdeputierten

Roger Schutz (* 1915 in der Schweiz), ökumenisch aktiver Theologe (Taizé), erhält den Karlspreis Aachens

† *Alexander Schwan* (* 1931 in Berlin), polit. Philosoph und Direktor des Otto-Suhr-Instituts der Freien Univ. Berlin

† *Friedrich Solmsen* (* 1904 in Bonn), Altphilologe, speziell Aristoteles-Forscher

† *Dolf Sternberger* (* 1907 in Wien-Baden), Politologe und Philosoph

Gesetz in der BRD faßt Tiere nicht mehr als „Sachen" im juristischen Sinne auf

Über 70% der Bundesbürger glauben an „Gott", 13% bezeichnen sich als „atheistisch"

Ca. 150 000 Teilnehmer am Kirchentag in Berlin (W) unter dem

Ausstellung v. Gemälden von *Bernhard Heisig* (* 1925 in Breslau) in Berlin (W)

† *Gerhard Hoehme* (* 1920 bei Dessau, studierte in Halle und Düsseldorf), erfand in den 60er Jahren die Plexiglaskästen

Ausstellung v. Gemälden von *H. E. Hopper* (* 1882, † 1967 in den USA) in Marseille

Japanischer Kunstpreis „Prämium Imperiale" an 6 Künstler aus 6 Staaten (darunter *W. de Kooning*, * 1904 in den Niederlanden)

Große Eisenplastiken von *Bernhard Luginbühl* (* 1929) in Bern ausgestellt

Ausstellung der suprematistischen Bilder von *Kasimir Malewitsch* (1878 bis 1935, UdSSR) in Amsterdam

Gerhard Marcks (1889–1981): „Der Rufer" (nach Frieden) als Denkmal aufgestellt in Berlin (W) nahe Mauer am Brandenburger Tor

† *Lucia Moholy* (* 1894 in Zürich), Bauhaus-Fotografin

† *Eckard Muthesius* (* 1903), Architekt

Kurt-Schwitters-Preis an *Nam June Paik* (* 1932 in Seoul/Korea), den „Gründervater"

(* 1928 i. Hannover), Musikwissenschaftler, Herausg. der *R. Wagner*-Gesamtausgabe

Hans Werner Henze (1926): „Das verratene Meer" (Oper, Urauff. i. Bln (W) in Kooperation mit New York und Mailand)

Detlev Heusinger (* 1956 i. Bremen): „Der Turm" (Oper nach *Peter Weiß*, 1916–82)

† *Vladimir Horowitz* (* 1903 b. Kiew, seit 1950 US-Bürger), mit *Rubinstein* führender Pianist des Jahrh.

† *Antonio Janigro* (* 1918 i. Mailand), Cellist

Mauricio Kagel (* 1931 i. Buenos Aires) – Retrospektive der Frankfurter Feste

† *Herbert von Karajan* (* 1908 i. Salzburg), seit 1955 auf Lebenszeit Chefdirigent der Berliner Philharmoniker, mit denen er erdweit künstlerische und materielle Erfolge als Herrscher eines musikal. Imperiums erzielte; trennte sich im April in Unfrieden von ihnen

Giselher Klebe: „Weihnachtsoratorium" (Urauff. in Bonn)

† *Erika Köth* (* 1925 i. Darmstadt), Opernsopran.

Helmut Lachmann (* 1935 i. Stuttgart): 2. Streichquartet (Urauff. i. Genf)

Taumeln bei einem Saturnmond

Da Spiegel-Teleskope über 5 m Durchmesser an technische Grenzen stoßen, vereinigt man computergesteuerte Einzelspiegel zu einer spiegeläquivalenten Reflexionsfläche. Auf dem 4200 m hohen Mauna Kea/Hawaii entsteht nach diesen Bauprinzip das Keck-Spiegelteleskop mit 10 m Durchmesser

Aus Meteoritenfällen ergibt sich, daß der Halleysche Komet erst vor etwa 23 000 Jahren in seine jetzige Bahn gelangte

Astronomische Berechnungen ergeben, daß die Tageslänge seit 4000 Jahren um 7/100 Sek. zunahm

Gang-Steingrab in Irland von vor 5100 Jahren erweist genaue Kenntnis des Sonnenstandes zur Wintersonnenwende

Mit dem Teilchenbeschleuniger LEP bei CERN/Genf für 50 Mrd. e-Volt und d. Linear-Beschleuniger SLAC bei Stanford/USA für 60 Mrd. e-Volt und mehr erreichen die Teilchenbeschleuniger einen neuen Energiebereich, der bald 1000 Mrd. e-Volt (1000 Protonen-Äquivalenz) erwarten läßt. (Beschleuniger begannen um 1939 bei 1 Mill. e-Volt = +32%/Jahr)

Länder in Afrika und Südamerika

Äthiopien wird von neuer Hungersnot bedroht

Ab 1. 1. in der BRD Reform des Gesundheitswesens zur Kostensenkung und höhere Verbrauchssteuern

Einheitsgewerkschaft IG Druck und Papier, Publizistik und Kunst in der BRD gegründet

OECD ermittelt für BRD eine Arbeitslosenquote von 6%

Hyperinflation in Staaten Südamerikas (1000%-Rate in Brasilien)

Dreiteilung der Post in der BRD in Brief-/Paketdienst, Telefon und Bankdienst

Bayr. Banken finanzieren Kauf von Tornado-Kampfflugzeugen von Jordanien, das sich mit Israel im Kriegszustand befindet

Besondere Wirtschaftsgüter auf 100 Haushalte in (BRD/DDR): Telefon (93/16); Farbfernseher (87/52); Waschautomat (86/66); Gefriergerät (70/43); PKW (68/52)

In BRD jährlich fertiggestellte Wohnungen: 1973 714 000; 1988 208 000 (–8,6%/Jahr)

121.318 Ausländer beantragen Asyl in der BRD

Über 0,5 Mill. Obdachlose in der BRD

Gewaltsame Demonstrationen gegen Wohnungsnot in Zürich

Die UdSSR zählt bald 100 Mill. Moslems bei 284 Mill. Einwohnern

In Memmingen wird ein Arzt wegen 156 illegaler Schwangerschaftsunterbrechungen zu 2 1/2 Jahren Haft verurteilt, was bei Liberalen auf starken Protest stößt

Massengräber mit über 240 000 Stalinopfern werden bei Kiew gefunden

(1989)

Saar) nach 18jähriger Amtszeit »aus Gesundheitsgründen zurück«. Nachfolger wird *E. Krenz* (* 1937)

Starke, mit Gewalt unterdrückte antistaatliche Demonstrationen in der DDR zum 40. Jahrestag

Massendemonstrationen in Leipzig für Demokratisierung der DDR

Nach Rücktritt der Reg. unter *W. Stoph* (* 1914 in Berlin), seit 1964 Min.-Präs.., wählt Volkskammer *Hans Modrow* (* 1928 in Ueckermünde, SED) zum Min.-Präs. bis zur Wahl

Egon Krenz und das Politbüro treten zurück

E. Krenz (SED) tritt als Staatsratsvors. zurück

F. Mitterrand besucht die DDR nach der friedlichen Revolution

Amnestie für Flüchtlinge und Demonstranten in der DDR

Trotz Verpflichtung zur Neutralität stellt Österr. Antrag auf EG-Aufnahme

FPÖ erzielt Wahlerfolge in Kärnten, Salzburg und Tirol

Schweizer Justizministerin *Elisabeth Kopp* (* 1937, Freisinnig) tritt wegen Verletzung des Amtsgeheimnisses zurück

Türkei fällt gegen Linksradikale 7 Todesurteile, 38mal lebenslänglich, 512 Freiheitsstrafen zw. 2 und 20 Jahren

EG stellt Aufnahme der Türkei wegen undemokratischer Praktiken zurück

Wahlen zum Europ. Parlament, Sitze: 518 Orthodoxe Kommunisten 14; Euro-Kommunisten 28; SOZ 180; REG 13; Grüne 30; LIB 50; EVP-CD 121; ED 34; Sd ED 20; ER 17; Sonstige 11

Frankr. feiert unter Präs. *F. Mitterrand* den 200. Jahrestag seiner »Großen Revolution«

Griechischer Min.-Präs. *A. G. Papandreou* (* 1919) wird illegaler Finanzgeschäfte beschuldigt

Nach Wahlniederlage in Griechenl. tritt *A. Papandreou* (* 1919) als Min.-Präs. (seit 1981) zurück

2 Wahlen in Griechenl. mit Patt-Ergebnis

Meinungsverschiedenheiten um EG-Währungspolitik führen in GB zur 11. Kabinettsumbildung in 10jähriger Amtszeit von *M. Thatcher*

Brit. Konservative verlieren 17 ihrer 28 Sitze im Europaparlament in Straßburg

Nach sozialist. Kritik an seiner Amtsführung

(* 1915 bei Neuss), Lyriker

Walter Kempowski (* 1929 in Rostock): „Hundstage" (Roman)

Sarah Kirsch: „Schneewärme"; „Begegnung von Mensch und Natur" (Gedichte)

† *Hans Hellmut Kirst* († 1914 in Osterode), schrieb 1954 antimilitärischen Roman „08/15"

† *Rudolf Krämer-Badoni* (* 1913 in Rüdesheim), Journalist

Siegfried Lenz (* 1926 in Ostpreußen) erhält Preis der *Galinski*-Stiftung, der erstmals verliehen wird

† *Daphne du Maurier* (* 1907 in London), schrieb 1938 „Rebecca"

† *Mary Mc Carthy* (* 1912 in den USA), Schriftstellerin und Kritikerin

Heiner Müller: „Germania Tod in Berlin", Auff. in Berlin, Bochum und Moskau

Heiner Müller: „Quartett" (Schauspiel, Urauff. in Berlin [O])

† *Wolfgang Neuss* (* 1923 in Breslau), deutscher Schauspieler und Kabarettist („Der Mann mit der Pauke")

† *Laurence Olivier* (* 1907 in Dorking/GB), berühmter britischer *Shakespeare*-Interpret in Theater und Film

Nelly-Sachs-Preis an *A. Piorski* (* 1924 i. Warschau)

Motto „Unsere Zeit in Gottes Händen"

Nach der norw. Akademie gab es zw. –3600 und 1960 zahlreiche kriegerische Ereignisse mit ca. 3,64 Mrd. Toten und nur 292 Friedensjahren

Arabisch-islamische Konferenz in Riad/Saudi-Arabien

40. Tagung des Ökumenischen Rates der Kirchen, der etwa 400 Mill. Christen vertritt, in Moskau

M. Gorbatschow besucht als 1. kommunistischer Kremlchef den Papst (*Johannes Paul II.*) im Vatikan

In Moskau wird jüdisches Kulturzentrum eröffnet

5. Reise des Papstes nach Afrika, Südafrika bleibt ausgespart

Asienreise des Papstes

Papst besucht Ost-Timor

In der 3. Welt werden meist Söhne ungleich besser behandelt als Töchter

Jährlich kommen ca. 30 000 Frauen durch Frauenhandel in die BRD

Starke Studentendemonstrationen in Hochschulstädten der BRD gegen schlechte Studienbedingungen (Raum-, Personal-

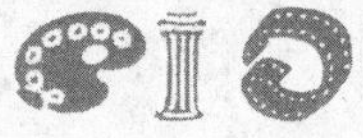

der Video-Skulptur

Dominique Perrault: Entwurf für die Nationalbibliothek in Paris (4 Hochhäuser in Glasbauweise)

Barbara Quandt (* 1947 in Berlin): „Tamtam“ (Ausstellung durch Afrika inspirierter Bilder in Berlin (W))

Bernhard Schultze (* 1915 in Schneidemühl): „Das rote Irgendwas“ (monumentales starkfarbiges Gemälde)

„Der große Bogen“ (Monumentalbau von *Otto von Spekkelsen* in Paris)

Antoni Tâpies (* 1923 in Barcelona), Ausstellung seiner Papierreliefs und anderer Werke in Düsseldorf

Jean Tinguely (* 1925 i. d. Schweiz) Ausstellung von Bildern, Skulpturen, Videos, Filmen, Installationen im Rahmen der Ausstellung „Maschinenmenschen“ in Berlin (W) und im Centre Pompidou, Paris

Monumentales Bauernkriegspanorama von *Werner Tübke* (* 1929 in Schönebeck/Elbe), das in 12 Jahren bei Frankenhausen/Thüringen entstand, wird zur Besichtigung freigegeben

Bilder von *Bram van de Velde* (* 1892, † 1981) (Ausstel-

Serge Lifar-Preis an *Wladimir Malachow* (* 1968 i. Moskau), mehrfach ausgezeichneter Solo-Tänzer des Moskauer Staatsballets

Giacomo Manzoni (* 1932 i. Ital.): „Dr. Faustus“ (Oper nach *Th. Mann* [† 1955]. Urauff. i. Mailand)

Der Geigenvirtuose *Yehudi Menuhin* (* 1916 i. New York) erhält *Buber-Rosenzweig*-Medaille

† *Zinka Milanov* (* 1906 i. Zagreb), Opernsopranistin

Der russ. Tänzer *Rudolf Nurejew* (* 1938 auf einer Bahnreise) feiert triumphalen Erfolg in UdSSR, die er 1961 verlassen hatte

Aribert Reimann (* 1936 i. Berlin): Konzert für Violine, Violoncello, und Orch. (Urauff. in Hannover)

Wolfgang Rihm (* 1952): „Geheimer Block“ (Oper, Urauff. Frankfurt/M.)

† *Ljubomir Romansky* (* 1912 i. Sofia), Musikwissenschaftler und Kapellm.

Der Cellist *Mstislav Rostropowitsch* (* 1927 i. Baku) beabsichtigt 1990 i.d. UdSSR zurückzukehren, aus der er 1974 ausgebürgert wurde

M. Rostropowitsch spielt, wenig beachtet, ein Cellosolo an der geöffneten Mauer

Nach LEP-Versuchen Begrenzung der Elementarteilchen auf 3 „Familien“, speziell auf 6 Quarks, 3 elektronenartige und 3 neutrinoartige plus ihre Antiteilchen

Eine neue Theorie der Elementarteilchen versucht alle Teilchen auf ein Quark-Lepton-Paar zurückzuführen

Stephen W. Hawking (* 1942 in Oxford), Physiker: „Eine kurze Geschichte der Zeit“ (Die Suche nach einer einheitlichen Theorie des Universums)

† *Luis Walter Alvarez* (* 1911 in San Francisco), *Nobel*preisträger Physik 1968, am Bau der Atombombe und des Radars beteiligt

† *Emilio Segrè* (* 1905 bei Rom, geht später in die USA), arbeitete an der Entwicklung der Atombombe mit, entdeckt 1955 das Antiproton. Erhält 1959 *Nobel*preis

† *William Shockley* (* 1910 in London) Physiker in USA, der 1947 den Transistor miterfand, der seit Ende der fünfziger Jahre Elektrotechnik revolutionierte. *Nobel*preis 1956

Ergebnis geologischer Forschung: vor rd. 2 Mrd. Jahren entstand Nordamerika plattentektonisch aus 7 Krustenplat-

1773 Morde in New York

Es wird bekannt, daß in einem Wiener Spital 49 Patienten vom Pflegepersonal getötet wurden

† *Alfred Herrhausen* (* 1930), von RAF durch Bombenanschlag ermordet, war Vorstandssprecher der Deutschen Bank

Seit 1974 werden 15 Mordopfer der RAF in der BRD gezählt

Häftlinge aus der RAF versuchen durch Hungerstreik Großgruppenhaft zu erzwingen, was der Staat verweigert

USA stellen weitere Verbreitung der Rauschgiftsucht fest

Mehr als 300 Tote bei Bombenanschlag auf Polizeistation in Bogotá/Kolumbien durch Drogenmafia

Umstrittener Freispruch eines Arztes aus der Friedensbewegung, der Soldaten als „potentielle Mörder“ bezeichnete

Spekulanten nutzen die Wirtschaftsunterschiede in BRD und DDR

Die westlichen Alliierten heben in Berlin die Todesstrafe qua Besatzungsrecht auf

Das niederl. Parlament entläßt 2 NS-Kriegsverbrecher nach 43 Jahren Haft in Breda nach Umwandlung der Todesurteile

Die Umweltdelikte in der BRD nahmen seit vorigem Jahr um 19% zu

† „*Sugar*“ *Ray Robinson* (* 1920 in den USA), der 202 Kämpfe ohne k. o. bestand

† *Johannes* („Hanne“) *Sobeck* (* 1900 in Mecklenburg), Fußballer und Sportlehrer

Fußballmeister in der BRD; Bundesligasieger: (zum 10. Mal) Bayern München; DFB-Pokal: Borussia Dortmund

Im Wimbledon-Tennis-Turnier gewinnen *Steffi Graf* gegen *M. Navratilova* und *B. Becker* gegen *S. Edberg* (1. dt. Doppelsieg in diesem Turnier)

(1989)	tritt der italienische Reg.-Chef einer 5-Parteien-Reg. *C. De Mita* (* 1928, DC) zurück und wird erneut beauftragt In Ital. bildet *G. Andreotti* (* 1919, DC) eine weitere 5-Parteien-Reg. (ohne Kommunisten) Jugosl. droht ein Bürgerkrieg durch Nationalitätenkonflikte mit der Hauptmacht der Serben Unruhe in Kosovo gegen serbische Vormacht † *Franz Joseph II. von Liechtenstein* (* 1906), seit 1938 Reg. Fürst *R. Lubbers* (* 1939, Christdemokrat) siegt in niederl. Wahlen und bildet erneut Koalitions-Reg. Pattsituation nach Wahlen in Norwegen: *Gro Harlem Brundtland* (* 1939 in Oslo, Sozialdemokratin) verliert, *Carl Hagen* (* 1944, Fortschrittspartei) gewinnt Stimmen Wahlen in Span. ergeben zum 3. Mal (in Folge) diesmal sehr knappe absolute Mehrheit der Sozialisten unter *F. González* (* 1942) † *»La Pasionaria«* (* 1896 im Baskenland, eigentlich *Dolores Ibárruri*), span. Kommunistin stalinistischer Prägung, die bes. im Bürgerkrieg 1936–39 hervortrat *T. Özal* (* 1927) wird im 3. Anlauf zum türk. Staatspräs. gewählt Nach der Wahlniederlage gegen die Sozialdemokraten bildet türk. Min.-Präs. *Turgut Özal* (* 1927) seine Reg. um Nach Rücktritt von *T. Schiwkoff* (* 1911) als bulgarischer Staatschef (seit 1971) fordert das Volk demokratische Reformen *Petar Mladenoff* (* 1936) wird bulgarischer Staatschef Nach Massendemonstrationen über mehrere Tage auf dem Prager Wenzelsplatz, bei denen auch *Dubček* spricht und gefeiert wird, tritt die Führung der KP der ČSSR unter *Milos Jakes* (* 1922) geschlossen zurück *Alexander Dubček* (* 1921), 1968 wegen seiner führenden Rolle im »Prager Frühling« entmachtet, wird Präs. des Parlaments der ČSSR *Václav Havel* (* 1936 in Prag), Bürgerrechtler und Bühnenautor (4 Jahre in Haft), wird vom Parlament einstimmig zum 1. nicht-kommunistischen (seit 1948) Staatspräs. der ČSSR gewählt	Osnabrück eröffnet Archiv für *Erich Maria Remarque* (* 1898 in Osnabrück, † 1970 in Locarno) *Michail Schatrow:* „Weiter, weiter, weiter“ (russisches Schauspiel zw. Leninismus und Stalinismus, Urauff. in Moskau) † *Wolfdietrich Schnurre* (z. B. „Sternstaub und Sänfte“, 1951), Mitglied der „Gruppe 47“ † *Carl Heinz Schroth* (* 1902 in Innsbruck), Schauspieler und Regisseur † *Hans Schwab-Felisch* (* 1918 in Dresden), Journalist † *Leonardo Sciascia* (* 1921 in Italien), schrieb „Der Tag der Eule“ (Roman 1961), Gegner des Mafiaunwesens † *Georges Simenon* (* 1903 in Lüttich) schrieb ca. 300 Romane über die Figur des Kommissars Maigret *Jan Skácel* (* 1922) erhält als tschechischer Lyriker Petrarca-Preis † *Irving Stone* (* 1903 in San Francisco), Autor biographischer Literatur *Georg-Büchner*-Preis an *Botho Strauß* (* 1944 i. Naumburg) *Thomas Strittmatter* (* 1912) erhält Kranichsteiner Literaturpreis *René Tavernier* (* 1915 i. Frankreich) wird Präs. des Internationalen PEN	und Wohnungsnot) Studentischer Vorlesungsboykott in der VR China † *Hu Yaobang* (* 1915), chin. Reformpolitiker. Umfangreiche Studentendemonstrationen nach seinem Tod Schwere Religions-Streitigkeiten in Indien Papst ernennt *Georg Stensky* (* 1936 im Kreis Heilsberg) zum Bischof von Berlin, der in beiden Teilen der Stadt amtiert Privathochschulen in der BRD: Witten-Herdecke, Koblenz, Schloß Reichhardtshausen „Europalia“ i. Belg. im Zeichen jap. Kultur „Occident und Orient“ (Horizonte-Festival in Berlin [W]) Finanzkrise der brit. Museen Gedenkjahr an die Französische Revolution 1789, die das Ende des Feudalismus einleitete „Europa 1789“ *Werner Hofmanns* (* 1928) letzte Ausstellung i. d. Hamburger Kunsthalle, deren Direktor er seit 1970 ist *Thomas S. Barthel* (vom Völkerkundemuseum in Tübingen) gelingt ein

lung im Centre Pompidou, Paris)

Thomas Virnich (* 1956 im Rheinland) Ausstellung seiner Abformungen von Fundstükken

Andy Warhol (1928 bis 1987)–Ausstellung in New York und Köln (Museum Ludwig)

Gedächtnisausstellung für *V. Van Gogh* (1853–1890) in Essen

„Bilderstreit" (Kunstausstellung in Köln über den verwirrenden Pluralismus der Kunst)

Kunstausstellung „Berlin-Istanbul" in Istanbul eröffnet

„1789–1989" (200 Jahre französische Revolution), Kunstausstellung in Berlin (W)

„150 Jahre Fotografie" (Ausstellung in Berlin [O])

In Berlin (W) und Bonn gibt es Pläne, NS-Kunst auszustellen

Ausstellung „Gold aus dem Kreml" in Bremen

„1500 Jahre Kunst der Osterinsel" (Ausstellung in Frankfurt/M.)

„Die Malerei der Etrusker" (Ausstellung München)

„Persepolis" (Ausstellung in Basel)

Die beiden Memnon-Kolosse in Ägypten aus dem

am Potsdamer Platz in Berlin

Pierre Schaeffer (* 1910 i. Frankreich) erhält *Mc Luhan*-Preis als Pionier der „musique concrète"

† *Willy Schneider* (* 1905) Volkssänger bekannter Wein- und Karnevals-Lieder

Othmar Schoeck (* 1886 i.d. Schweiz, † 1957): „Venus" (Oper, Urauff. i. Heidelberg)

† *Martti Talvela* (* 1935 i. Finnl.), Opern-Bassist

† *Virgil Thomson* (* 1896 in USA), Kompon. und Kritiker

Thomas van Valentyn: Beethovenhaus mit Kammermusiksaal in Bonn

Donaueschinger Musikfestspiele mit Urauff. und Werken von *Artur Schnebel* (* 1930 i. Lahr), *Luigi Nono* (* 1924 i. Venedig), *Wolfgang Rihm* (* 1952 i. Karlsruhe) u. a.

Mailänder Scala begrenzt die Zahl ihrer jährl. Opernauff. auf 74

Seit 130 Jahren wird in GB ein Opernhaus errichtet

Musical „42nd Street" am Broadway bringt es auf 3486 Vorstellungen

„Jack the ripper", (Musical um einen Sexualmörder, Urauff. i. Celler Schloßtheater)

ten als Teil eines Superkontinents

Mikroskopische Mineraluntersuchungen ergeben Alpenentstehung vor 120 Mill. Jahren durch Druck der adriatischen Platte von Südosten her

Mondentfernung v. rd. 300 000 km kann mit Laserimpulsen auf 3 cm genau gemessen werden

Ca. 100 m großer Felsbrocken, der etwa in Mondentfernung mit 70 000 km/h an der Erde vorbeifliegt, wird astronomisch entdeckt

Nachweisgrenze für Spurenstoffe liegt bei 10^{-12} g (tausendmilliardstel Gramm)

In Kanada wird bisher ältestes Gestein (3,9 Mrd. Jahre alt) gefunden

Schweizer Geologen stellen Urwaldflora am Südpol bis vor 40 Mill. Jahren fest

Der fossile Hominide „Proconsul" (gefunden seit 1931) wird zunehmend als Modell für den letzten gemeinsamen Vorfahren von Menschenaffen und Menschen angesehen

Anatomie eines 60 000 Jahre alten Neandertalers läßt Sprechfähigkeit des Homo sapiens vermuten

Ital. Forscher entdeckt, daß Spermien geeignet sind, neues Erbgut in die Keimbahn zu schleusen,

Für 1988 werden in der BRD 200 000 Abtreibungen geschätzt

In USA enden etwa 30% aller Schwangerschaften durch Abtreibung

Erdweit 182 403 gemeldete AIDS-Fälle

Gesundheitskosten in der BRD betragen 9,6% des BSP (im Mittel in OECD 7,3%)

Suchtkranke in der BRD: Alkohol 1,5-1,8 Mill.; Medikamente 450 000-800 000; Rauschgifte 60 000-80 000; dazu kommen Fett-, Mager- und Spielsucht

Mit 975 neue Höchstzahl an Drogentoten in der BRD

Erdweit jährlich etwa 500 Mill. Erkrankungen an Malaria, rd. 250 Mill. sterben

Die in einem Jh. verdoppelte Lebenserwartung erweist deutlich die Erfolge der Medizin und Hygiene im 20. Jh.

BRD plant bis 1993 22 Mill. DM Ausgaben für Verfahren zur biologischen Wasserstoffgewinnung als Primärenergie

428 Kernkraftwerke decken erdweit 16% der elektrischen Stromerzeugung (ca. 3,2 kWh/Kopf)

Seit dem Kernkraftwerkunfall in Harrisburg/USA 1973 wurde in USA kein neues KKW bestellt, dagegen der Bau von 67 eingestellt oder nicht in Betrieb genommen

Der Staat New York kauft ein Kernkraftwerk für einen Dollar, um es zu verschrotten

Einstellung des Baus der Wiederaufarbeitungsanlage Wackersdorf für atomare Brennstoffe zugunsten frz. Kapazität in La Hague

Dt. Bundesreg. grdt. Dt. Agentur für Raumfahrt „DARA"

Auto- und Taschen-Telefon vervollständigen die allg. fernmündliche Kommunikation

(1989)

»Solidarität« bricht das Monopol der poln. KP im Rundfunk

Poln. unabhängige Gewerkschaft »Solidarität« wird nach 7 Jahren Verbot im Anschluß an die Verhandlungen am Runden Tisch wieder zugelassen. Symbolischer Händedruck *Jaruzelski-Walesa*

Polen rehabilitiert Offiziere und Politiker, die 1946–49 gegen das kommunistische Polen standen

Polen wählt Staatsnamen und Wappen in nichtsozialist. Form

Blutige Unruhen in Rumän. gegen *Ceausescu*-Regime

N. Ceausescu flieht mit seiner Frau vor der Volkswut, wird vom Militär verhaftet und nach kurzem, nicht-öffentlichen Prozeß mit seiner Frau erschossen

Neue rumän. Führung: KP-Chef: *Ion Iliescu* (* 1930), Reg.-Chef: *Petre Roman* (* 1946)

Nach Entmachtung von *Károly Grósz* (* 1930) als ungar. KP-Chef (Nachfolger von *J. Kádár*) wird *Rezsö Nyers* (* 1923) sein Nachfolger

† *János Kádár* (* 1912), ungar. KP-Politiker, mitverantwortlich für Einmarsch sowjet. Truppen. Er stirbt an dem Tag, an dem sein Opfer *Imre Nágy*, Führer des Volksaufstands von 1956, rehabilitiert wird

Ungarn stellt Antrag auf Aufnahme in den Europarat

Mehrparteiensystem in Ungarn

Die Präs. von USA und UdSSR, *Bush* und *Gorbatschow*, verabreden für Dezember ein »Zwischentreffen« auf Kriegsschiffen im Mittelmeer

M. Gorbatschow bekräftigt zu Neujahr Unterstützung der polit. Wende im RGW

† *A. A. Gromyko* (* 1909), von 1957–85 Außenmin. der UdSSR, seit 1939 im diplomat. Dienst

Finnland erhält von UdSSR Neutralität zugesichert

M. Gorbatschow wird mit großer Mehrheit vom Volkskongreß zum Staatsoberhaupt gewählt

Die UdSSR gibt die Zahl der Opfer Stalins mit rd. 40 Mill. bekannt. Ca. 300 000 erschossene Stalinopfer bei Tscheljabinsk gefunden und beigesetzt

† *Albert Vigoleis Thelen* (* 1903 in Süchteln/Nord-Rhein), Autor von „Die Insel des zweiten Gesichts", 1953

† *Robert Penn Warren* (* 1905 in den USA), Lyriker und Kritiker

Christa Wolf tritt aus der SED aus

Die 1973 gefundenen Gebeine des „letzten Minnesängers" *Oswald von Wolkenstein* († 1445) werden bei Brixen beigesetzt

PEN-Zentrum in Moskau gegründet

Schiller-Museum im Wohn- und Sterbehaus des Dichters in Weimar

Wort des Jahres: „Reisefreiheit" Satz des Jahres: „Wir sind das Volk"

DDR-Bühnen beteiligen sich erstmalig am seit 1963 i. Berlin (W) stattfindenden „Theatertreffen" deutschsprachiger Bühnen

„Theater der Welt"-Festival in Hamburg, wo 24 Stücke in 100 Aufführungen gezeigt werden

Reste des Globe-Theatre *Shakespeares* in London gefunden

Wiedereröffnung des renovierten Prinzregenten-Theaters in München

Buchmesse in Frankfurt/M. zeigt über 300 000 Titel, darunter ca. 30% Neuerscheinungen

wichtiger Schritt bei der Entzifferung der Osterinselschrift

Brit. Schiffsgrab v. Sutton (von ~ 625, gefunden 1939) wird mit seiner reichen Ausstattung aus der frühchristlichen Zeit beschrieben

Brit. Forscher entdecken bei Petersborough eine „Heilige Straße" aus d. Zeit ~900

Ursprungstheorie der Bibel (bisher Quellen aus dem –10., –9. und –6. Jh.) ändert sich nach neueren Studien mit Computerhilfe

Gönnersdorf bei Neuwied entwickelt sich zu einem Zentrum mitteleurop. Altsteinzeitforschung um ~ –700000

Ca. 130 Gräber d. Bandkeramik-Kultur (~ –4000) bei Schwetzingen entdeckt

Summierung der Grabungsergebnisse ergibt für die Zeit um ~ –5000 eine bandkeramische Kultur zw. Schwarzem Meer und Ärmelkanal

Bei Krems in der Wachau wird eine etwa 30 000 Jahre alte Frauenfigur gefunden

Ägyptische und griech. archäologische Funde nehmen unabwendba-

–14. Jh. drohen zu stürzen

Picasso -Bild von 1901 für 47,9 Mill. $ versteigert

„Landschaft im Nebel“ (Film von *Theo Angelopoulos*) erhält in Paris europäischen Filmpreis

„Pelle der Eroberer“, Film des Dänen *Bille August* , erhält Oscar als bester ausländischer Film

† *André Cayatte* (* 1909 i. New York), Regisseur von französischen sozialkritischen Filmen über die Justiz

† *Géza von Cziffra* (* 1900 in Siebenbürgen), Filmregisseur und -autor u.a. in Wien und Berlin

† *Bette Davis* (* 1908 i. d. USA), Filmstar in ca. 100 Filmen; erhielt zweimal den Oscar

Federico Fellini (* 1920) erhält Europapreis für sein Lebenswerk als Filmregisseur

† *Joris Ivens* (* 1898 in Nimwegen), Dokumentarfilmer

† *Sergio Leone* (* 1929 in Rom), italienischer Filmregisseur: 1968 „Spiel mir das Lied vom Tod“ u.a.

„Rain Man“ (US-Film von *Barry Levinson* [* 1942]) erhält 6 Oscars und „Goldenen Bären“ der Berlinale

† *Silvana Mangano*

„Kamasutra“ (ind. Liebeskunst als Musical, Urauff. i. Krefeld)

„Zweites Internationales Rockfestival“ i. Frankfurt/M.

Hardrock-Festival in Moskau mit ca. 100 000 Besuchern (20 Jahre nach dem i. Woodstock/USA)

Absatz der CDs als Tonträger überholt den der LPs

CD-Absatz in Mill. Stück:

1984:	3
1986:	13,3
1988:	über 53

Schlager: Don't worry, be happy

um gentechnisch das Erbgut zu verändern

In der BRD arbeiten etwa 500 Genlabors

Es gelingt, gentechnisch Mäuse zu züchten, die sich als AIDS-empfindliche Versuchstiere eignen

In USA gelingt bei Mäusen mit genetisch veränderten Körperzellen Heilung von Hirnschäden

Vaterschaftsprozeß in der BRD durch „genetischen Fingerabdruck“ entschieden, bei dem durch Genomanalyse ein Mensch sicher erkennbar ist, weil jede Körperzelle im Genom die hochspezifische Erbinformation enthält

Züchtung „transgener Tiere“, die durch Gentechnik in ihrer Erbsubstanz geändert wurden

In USA werden in einer erfolgreichen Operation Herz, Lunge und Niere einer 36jährigen Amerikanerin transplantiert

Erste Herztransplantation i. der Schweiz

Ca. 200 verschiedene Schnupfenviren sind bekannt

Wirksames Enzym in 3000 Jahre alter Mumie entdeckt

Mit der Krankheit der Gefäßverengung verbreitet sich die computerunterstützte Röntgendiagnose

Unterwasserkabel für elektrischen Strom zw. Schweden und Finnland

„Tele-Shopping“ (Einkauf über Fernseher und Telefon) beginnt sich in der BRD zu entwickeln

In Moskau werden 2 McDonald-Schnellrestaurants im US-Stil eröffnet, die rasch populär werden

Magnetbahn in Berlin (W) ist erstes Nahverkehrsmittel dieses Typs auf der Erde

Der internat. Luftverkehr übersteigt 1000 Mill. (1 Mrd.) Passagier-Km (= 25 000 Erdumrundungen)

3012 km lange „BAM“ (Baikal-Amur-Magistrale) in Sibirien dem Verkehr übergeben

Erdweit ca. 400 Mill. PKW (d.h. 12,5 Einwohner/PKW)

Verfahren zur Entsäuerung älterer zerfallender Bücher werden entwickelt

Viele Bauten müssen saniert werden, da sich das vielfach verwendete Asbest als karzinogen erweist

UN-Konferenz in Basel mit 122 Teilnehmern beschließt einmütig schärfere Kontrollen bei Giftmülltransporten, die vorzugsweise in die 3. Welt gehen

Artenschutzkonferenz in Lausanne verhandelt über 300 bedrohte Arten, bes. den afrik. Elefanten

Wilderer gefährden Existenz des Pandabären in China

Tanker mit 1 Mill. Liter Öl sinkt vor der Küste der Antarktis

Umweltkatastrophe durch 190 Mill. Liter Öl eines havarierten Tankers im Prinz Wilhelm Sund nahe der Pipeline durch Alaska

Schweden registriert das wärmste und trockenste Jahr seit 1756

Wassernotstand in New York nach schneearmem Winter

(1989)

Wissenschaftler und Systemkritiker *A. Sacharow* (* 1921) wird in das neue Parlament der UdSSR gewählt

M. Gorbatschow verkündet »Beginn des Parlamentarismus« in UdSSR

Ca. 1,5 Mill. Menschen bilden Kette durch das Baltikum, um gegen Zugehörigkeit zur UdSSR zu protestieren

Estland erklärt seinen Anschluß an die UdSSR 1940 für erzwungen und damit nichtig

Außenmin. der UdSSR *Schewardnadse* besucht VR China, um nach einer Pause von 30 Jahren ein Gipfeltreffen vorzubereiten

M. Gorbatschow trifft in China *Deng Xiao ping*

UdSSR vernichtet ihre letzte SS 23-Kurzstrecken-Rakete

Ein Jahr nach dem Abschluß des INF-Vertrages sind 1269 Mittelstreckenraketen verschrottet

George Bush (* 1924 Republikaner) wird als 41. Präs. der USA vereidigt und verkündet, die Politik *Reagans* fortsetzen zu wollen

† *John McCloy* (* 1896 in USA), 1949–52 Hoher Kommissar in Deutschland, Ehrenbürger von Berlin (W)

In USA wird Oberstleutnant *North* (* 1943, Texas), die Schlüsselfigur in der Iran-Contra-Affäre unter *R. Reagan*, mit Bewährung bestraft

USA und GB bestehen auf Nachrüstung mit nuklearen Kurzstreckenraketen, während BRD und and. NATO-Staaten eine 3. Nullösung durch Verhandlungen mit UdSSR anstreben

In Kanada behauptet Fortschrittliche Konservative Partei des Min.-Präs. *Brian Mulroney* (* 1939 in Quebec) absolute Mehrheit und sichert damit Freihandelsvertrag mit USA

Der Peronist *Carlos Saúl Menem* (* 1932) löst als Präs. von Argent. *Raúl Alfonsín* (* 1927) ab, der seit 1983 im Amt war

1. freie Präs.wahlen in Brasilien seit 29 Jahren: Es gewinnt der konservative *Collor de Mello* (* 1949), sozialist. Bewerber *da Silva* unterliegt

Patricio Aylwin (* 1918), chilenischer Christdemokrat und Kandidat der Oppositon gegen *U. Pinochet*, Staatspräs. und Diktator seit 1975, gewinnt mit 55% der Stimmen

A. F. Cristiani (* 1948, rechtsradikale Arena-Partei) gewinnt Präsidentschaftswahl in El Salvador gegen *Ch. Mena* (Christdemokrat)

Militär. Intervention der USA in Panama, um des Diktators *M. A. Noriega* (* 1934) wegen Drogenhandels habhaft zu werden, der in der Botschaft des Vatikans Asyl sucht

In Paraguay stürzt General *Rodriguez* (* 1925) General *Alfredo Stroessner* (1912), der seit 35 Jahren eine Gewaltherrschaft führte, und kündigt demokratische Wahlen an

ren Schaden durch Farbzerfall („Kupferkrebs")

Zahnformuntersuchungen weisen auf eine Völkerwanderung um ~-18000, die von SO-Asien nach Ozeanien und Südamerika führte

Erdumfassendes Fernseh-Nachrichtennetz entsteht

Planetensonden erweisen nachrichtentechnische Beherrschung unseres Planetensystems

Aus den Niederlanden werden jährlich ca. 16000 Fälle von „Sterbehilfe" bekannt

Iranischer Parlamentspräs. ruft zum Mord an europäischen und US-Bürgern auf

(* 1930 in Rom), italienische Filmschauspielerin in „Bitterer Reis" (1949) und „Der Tod in Venedig" (1971)

† *Heinz Rathsack* (* 1924 in Kiel), Direktor der Film- und Fernsehakademie, Berlin

„I want to go Home" (Film von *Alain Resnais* [* 1922 in Frankreich])

„Black Rain", US-Action-Film von *Ridley Scott*

„Sex, lies and videotape" (*Steven Soderbergh* (* 1963 in den USA)) erhält „Goldene Palme" von Cannes

† *Charles Vanel* (* 1882), französischer Filmschaupieler

Filme aus der BRD auf der Berlinale: „Johanna d'Arc of Mongolia" (von *Ulrike Ottinger*), „Schweinegeld" (von *Norbert Kückelmann*), „Abschied vom falschen Paradies" (von *Tevfik Baer*)

Ungarischer Dokumentarfilm über Straflager erhält in Paris einen Europa-Filmpreis

DSA (Digitale subtraktive Angiographie)

Die quantitative Deuteriumanalyse mittels Kernresonanzspektroskopie gestattet Unterscheidung natürlicher und synthetischer Stoffe gleicher chemischer Zusammensetzung, etwa bei Nahrungsmitteln

Fernseh-Endoskopie mit Glasfaserkabel entwickelt sich zum wichtigen Verfahren der medizinischen Diagnose und Therapie

† *Katharina Heinroth* (* 1897 in Breslau), Ornithologin, Direktorin des Berliner Zoos 1945-56

† *Konrad Lorenz* (* 1903 in Wien), der bes. das Verhalten der Graugänse studierte, *Nobel*preis 1973

Der Kugelhaufen-Hochtemperatur-Reaktor in Hamm-Uentrop wird nach 4,5 Mrd. DM Investitionen stillgelegt

† *Hermann Oberth* (* 1894 in Siebenbürgen), Raumfahrtpionier, der 1923 „Die Rakete zu den Planetenräumen" veröffentlichte

USA starten „Titan IV" als bisher stärkste US-Rakete, um Frühwarnsystem im Raum zu positionieren

Bemannte US-Raumfähre „Atlantis" bringt Venussonde „Magellan" (mit 250 m Detailauflösung) auf 243 Flugtage langen Weg

ESA-Rakete „Ariane 4" bringt „Intelsat VI" in stationäre Umlaufbahn, den mit über 4 t bisher größten Nachrichtensatelliten

3 Fehlstarts der ESA-Rakete „Ariane 3" mit Rundfunksatellit „Olympos"

Fernsehen über „TV-SAT" in BRD möglich

Nach 200 Tagen Flug erreicht die Marssonde der SU „Pho-

Mehr als 600 Tote bei Zugunglück durch Pipeline-Explosion neben Bahnstrecke in Sibirien

Atomunfall mit etwa 100 Toten im Ural im Jahre 1957 wird erst jetzt offiziell bekannt

Autokatalysator zur Reinigung der Abgase setzt sich mit staatlicher Förderung durch

Bundesgartenschau in Frankfurt/M.

Frankr. eröffnet Freizeitpark mit den populären Comic-Figuren Asterix und Obelix aus der antiken Gallierzeit (diese Comicfiguren erscheinen seit 1959)

Die SPD-Wochenzeitung „Vorwärts", die 1876 in Leipzig gegr. wurde, wird wegen Unrentabilität eingestellt

WHO rechnet jährlich mit 200 000 Toten im Straßenverkehr

Fast 100 Tote bei Gedränge im überfüllten Fußballstadion von Sheffield (GB)

Seit 1964 13 schwere Sportplatzunfälle mit bis zu 350 Toten

1300 Tote (sogar Zahlen um 6000 vermutet) bei Wirbelsturm in Bangladesh nach Dürreperiode

Über 200 Verletzte, als in Sibirien Gasleitung neben 2 Personenzügen explodiert

Mehr als 100 Tote, als in Mexiko eine Eisenbahnbrücke mit einem Personenzug zusammenbricht

1300 Tote durch Regenfälle und Überschwemmungen in VR China

Schiefer Turm von Pisa vom Einsturz bedroht

Schweres Erdbeben bei San Francisco fordert über 270 Tote, vor allem auf Autobahnen

Erdbeben mit Schlammlawinen fordert in Tadschikistan/UdSSR ca. 1000 Tote

Schweres Erdbeben in Nord-China

(1989) In Uruguay stimmt die Bev. für Beibehaltung der Amnestie bei Straftaten gegen die Menschheit unter dem Militärregime

† *A. Chomeini* (* 1900) iran. Schiit, der 1979 den Schah stürzte und die »Islam. Rep. Iran« gründete

Der bisherige iran. Parlamentspräs. *A. H. Raftanjani* (* 1934) wird als Staatsoberhaupt Nachfolger von *A. Chomeini*

PLO wählt *J. Arafat* zum Präs. des 1988 proklamierten Palästinenserstaates

Israel gibt Verhandlungen mit PLO bekannt

Nach 17 Tagen Amtszeit wird libanesischer Präs. *Muawwad* ermordet, zum Nachfolger wird der christl. Politiker *Elias el Harawi* (* 1926) gewählt

Arab. Liga scheitert bei dem Versuch, den Libanonkonflikt, an dem 9 Parteien beteiligt sind, zu lösen

Arab. Liga nimmt Ägypten wieder auf, das seit 1979 ausgeschlossen war

Mit einem Treffen in Tobruk nehmen *Mubarak* und *Gaddafi* Bez. zw. Ägypten und Libyen wieder auf

US-Streitkräfte im Mittelmeer schießen 2 libysche MIG-Jäger ab

Nach Rücktritt von *Willem Botha* (* 1916) wird *F. Willem de Klerk* (* 1936) Staats-Präs. von Südafrika

Nach über 70 Jahren Herrschaft zieht sich Südafrika militärisch aus Namibia zurück

† *Hu Yaobang* (* 1915), 1982–87 reformfreudiger Sekr. der KP China. Sein Tod löst starke Demonstrationen für demokratische Reformen aus

Chinesische Führung veranstaltet Blutbad unter den Demonstranten für Demokratie auf dem »Platz des Himmlischen Friedens« in Peking

Indische Kongreß-Partei unter Rajiv Gandhi verliert mit 50% ihrer Sitze absolute Mehrheit. *R. Gandhi* tritt zurück

† *Hirohito* (* 1901), seit 1926 jap. Kaiser in einer imperialistischen historischen Phase, erzwang 1945 gegen Militär Kapitulation und verlor danach Gottkaisertum

Regierungskrise durch großen Bestechungsskandal in Japan (»Recruit-Skandal«). Nachfolger von Min.-Präs. *Nakasone*, der 1982–87 regierte, wird *Sosuke Uno* (* 1922, LDP) trotz belastender Umstände auch für seine Person

Jap. Min.-Präs. *Takeshita* (* 1924 liberale Partei) tritt wegen Verwicklung in Bestechungsaffäre zurück

Vietnam zieht seine Truppen aus Kambodscha zurück, die dort seit 1979 die »Roten Khmer« zurückdrängten

bos 2“ Marsnähe, dessen Mond Phobos sie im April in 40 m Höhe überfliegen soll

Japan entwickelt elektronische Kamera für Sofortbilder auf dem Fernsehschirm

Internationale Funkausstellung in Berlin (W) zeigt als Neuheiten hochauflösendes Fernsehen und digitalen Hörfunk

„Transrapid“ stellt mit 435 km/h neuen Rekord für Magnetschwebebahnen auf.

4 Motoren einer Verkehrsmaschine setzen im Vulkanascheregen eines Vulkans in Alaska aus; Landung gelingt

9 Menschen werden durch eine schadhafte Öffnung einer US-Maschine in die Tiefe gerissen. Der Pilot kann mit 300 Passagieren notlanden

Beim Absturz eines Linienflugzeuges in USA werden von 339 Insassen 178 lebend geborgen

170 Tote bei Absturz eines Flugzeugs durch Sprengstoffanschlag über Niger

Nach dem Absturz über Niger werden Spuren desselben Plastiksprengstoffes gefunden wie beim Absturz auf Schottland 1988

In BRD werden militärische Tiefflugübungen trotz Gefährdung der Bev. wieder aufgenommen

Die BRD ist mit rd. 70 000 Std. Tiefflug jährlich erdweit am stärksten belastet

In Verkehrsflugzeugen kamen 1988 1585 Menschen ums Leben, 418 mehr als 1987

1990	Friedens*nobel*preis an *Michail Gorbatschow* (* 1931 im Nordkaukasus), der ihn wegen der anhaltenden polit. Krise in der UdSSR nicht persönlich entgegennimmt Konferenz über gegenseitige Rüstungsbegrenzung, die seit 1973 in Wien tagt, einigt sich auf die Begrenzung konventioneller Waffen NATO ändert beim Treffen in London ihre Strategie zugunsten einer »Partnerschaft« mit dem Warschauer Pakt Gipfeltreffen der Präs. *Gorbatschow/Bush* führt zu einigen Abrüstungsvereinbarungen, läßt aber die Bündnisfrage eines vereinten Dtl. offen Ergebnis der Volkskammerwahlen in der DDR: CDU 40,9 %, SPD 21,8 %, PDS 16,3 %, DSU 6,3 %, Bund Freier Demokraten 5,3 % *Lothar de Maizière* (* 1940 in Nordhausen, DDR-CDU) erster frei gewählter Min.-Präs. der DDR bildet Koalitionsreg. mit SPD Ergebnis der ersten freien Kommunalwahlen in der DDR: CDU-Allianz 34,4 %, SPD 21,3 %, PDS 14,6 %, Liberale 6,7 % Ergebnis der ersten gesamtdt. Wahlen: CDU/CSU 43,8%, SPD 33,5%, FDP 11,0%, Grüne 4,2% Staatssekr. *G. Krause* (DDR) und Bundesinnenmin. *W. Schäuble* verhandeln den Einigungsvertrag, der Beitritt der DDR zur BRD vorsieht Parlamente der BRD und der DDR stimmen mit großer Mehrheit dem ausgehandelten Staatsvertrag zur Währungs-, Wirtschafts- und Sozialunion und einer Regs.-Erklärung zur Oder-Neiße-Grenze und damit dem Beitritt der DDR zur BRD gemäß Artikel 23 GG zu, wodurch die 1945 durch die Siegermächte vollzogene Teilung Deutschlands mit deren Einverständnis beendet wird Trotz Warnungen der Bundesbank wird die D-Mark Mitte des Jahres »über Nacht« als Zahlungsmittel in den neuen Bundesländern eingeführt, was zu großen wirtschaftlichen und sozialen Schwierigkeiten führt. Umrechnungskurs DM-West zu DM-Ost 1:1 Kanzler *H. Kohl* (BRD) und Min.-Präs. *H. Modrow* (DDR) erhalten von Moskau Zusagen über Duldung einer dt. Vereinigung BRD und Länder beschließen Fonds »Dt. Einheit« mit 115 Mrd. DM *Kurt Biedenkopf* (* 1930 in Ludwigshafen, CDU) gewinnt die Landtagswahlen in Sachsen mit 53,8 % der Stimmen	*Nobel*preis für Literatur an *Octavio Paz* (* 1914 in Mexiko), Diplomat und Lyriker einer „poesia concreta" Der Übersetzer und Leiter des Polen-Instituts in Darmstadt *Karl Dedecius* wird mit dem Friedenspreis des Deutschen Buchhandels ausgezeichnet † *Colette Audry* (* 1906), französische Schriftstellerin und Filmautorin † *Juliette Berto* (* 1947), französische Schauspielerin und Regisseurin † *Horst Bienek* (* 1930), deutscher Schriftsteller und Filmemacher † *Georg Blädel* (* 1906), deutscher Schauspieler † *Wilhelm Borchert* (* 1907 i. Berlin), deutscher Schauspieler † *Wolfgang Büttner* (* 1912), deutscher Schauspieler Die englische Schriftstellerin *Antonia S. Byatt* erhält den britischen Booker Prize † *Volker von Collande* (* 1913), deutscher Schauspieler und Regisseur † *Georges Conchon* (* 1925), französischer Schriftsteller und Drehbuchautor † *Roald Dahl* (* 1916), brit. Schriftsteller † *Peter Diederichs* (* 1904), deutscher Verleger *Tankred Dorst* (* 1925) erhält *Büchner*-Preis	*Alexij*, Metropolit von Moskau und Leningrad, wird Patriarch der russisch-orthodoxen Kirche † *Louis Althusser* (* 1918), frz. Philosoph *John D. Barrow* (* 1955 i. London): „Theorien für Alles" (Die philosophischen Ansätze der modernen Physik als Möglichkeiten und Grenzen einer „Weltformel") † *Max Bense* (* 1910), dt. Philosoph, Wissenschaftstheoretiker † *Bruno Bettelheim* (* 1903 in Wien), amerik. Psychoanalytiker, außerdem Kinder- und Sozialpsychologe † *Bhagwan Shree Rajneesh* (* 1931 in Indien), umstrittener Guru einer Sekte in Poona/Indien (zuvor lange in den USA) Bei der 8. Vollversammlung des Lutherischen Weltbundes in Curitiba (Brasilien) wird *Gottfried Brakemeier* zum neuen Präs. gewählt † *Walter Bruch* (* 1908), Pionier des dt. Fernsehens Synode der ev. Kirchen in der DDR tritt zusammen. Nach *Werner Leich* steht nun der Bischof von Magdeburg, *Christoph Demke*, an der Spit-

44. Kunst-Biennale in Venedig. Großer Preis für Malerei an den italienischen Maler *Giovanni Anselmo*

In Leipzig werden 97 von über 800 Bildern des expressionistischen Malers *Max Beckmann* (1884 bis 1950) ausgestellt

Das Werk von *Carl Blechen* wird in gleichzeitigen Ausstellungen der West- und Ostberliner Nationalgalerien gezeigt

Große Ausstellung von ca. 220 Werken *Marc Chagalls* im *Wilhelm-Hack*-Museum in Ludwigshafen

† *Otto Coester* (* 1902), deutscher Zeichner und Graphiker

† *Keith Haring* (* 1958), amerik. Künstler, der mit seiner Graffiti-Kunst berühmt wurde

Ausstellung der Werke von Stipendiaten der *Karl-Hofer*-Gesellschaft in Berlin (W): *Claudio Ambrosio* (* 1953 in Italien), *Katharina Bach* (* 1959 in Berlin), *Michael Dudowitsch* (* 1954 i. Mosbach), *Ina Lindemann* (* 1950 in Ems), *Sati Zech* (* 1958 in Karlsruhe)

Die tschechische Bildhauerin *Magdalena Jetelova* er-

† *Pearl Bailey* (* 1918), amerik. Jazzsängerin

Giorgio Battistelli: „Keplers Traum" (Oper; Urauff. bei der „ars electronica" in Linz)

Großer Kulturpreis der Sparkassen a. d. Choreographin *Pina Bausch* (* 1940 i. Solingen)

† *Siegfried Behrend* (* 1933), deutscher Dirigent, Kompon. und Gitarrist

Maurice Béjart: „Pyramide-Suite Orientale" (Ballett; Urauff. im Opernhaus von Kairo)

„Der Ring um den Ring" *Richard Wagners* „Ring der Nibelungen" von *Maurice Béjart* (* 1927 i. Marseille) a. d. Deutschen Oper Berlin als Ballett choreographiert

† *Erna Berger* (* 1901 in Dresden), Koloratursopran i. Dresden, Berlin und a. O.

† *Leonard Bernstein* (* 1908 i. USA), Dirigent und Komponist

† *Art Blakey* (* 1919), amerik. Schlagzeuger

† *Jorge Bolet* (* 1914), kubanischer Pianist

Eröffnung des Stammhauses d. Familie des Komponisten *Johannes Brahms* i. Heide

Alfredo Catalani „La Wally" (Oper; österreichische Erstauff. im Rahmen d. Bregenzer Festspiele)

*Nobel*preis für Physik an *Jerome Isaac Friedman* (1930 in Chicago), *Henry Way Kendall* (1926 in Boston) und *Richard Edward Taylor* (* 1929 in Medicine Hat/USA) für Nachweis der sogenannten Quarkteilchen im Atomkern durch energiereiche Strahlung

*Nobel*preis für Chemie an *Elias James Corey* (* 1928 in Methuen, Mass./USA) für Synthese komplexer organischer Moleküle

*Nobel*preis für Medizin an *Joseph E. Murray* (* 1919 in den USA) und *E. Donnall Thomas* (* 1919 in den USA) für Transplantationsmedizin, speziell Unterdrückung der immunbiologischen Abstoßung gewebsfremder Implantate

† *Robert Hofstadter* (* 1915 i. New York), Physiker, der für Erforschung der Molekülstruktur 1961 den *Nobel*preis erhielt

John Shepard (USA) entdeckt bei der Fruchtfliege ein durch Eiweißsynthese lebensverlängerndes Gen

Mikromaschinen in mm-Größe werden entwickelt

Molekulargenetische Studie kommt zu dem Schluß, daß erst 20 % aller Bakterien bekannt sind

Deutscher Bundes-

*Nobel*preis für Wirtschaftswissenschaft an *Harry M. Markowitz* (* 1927 in den USA), *Merton H. Miller* (* 1923 USA) und *William F. Shaipe* (* 1934 USA) für Preisbildungstheorie

Initiative für einen Umwelt-*Nobel*preis scheitert vorerst

Seit 1900 hat sich das Volumen der Wirtschaft auf der Erde verzwanzigfacht (+ 3 %/Jahr)

Weltwirtschaftskraft: 5,3 Mrd. Menschen erzeugen ein BSP von über 20000 Mrd. $ (= 3800/Kopf) in rd. 2 Billionen Arbeitsstunden mit etwa 1400 kg Öleinheiten/K Energieaufwand

Die Staaten mit größter Wirtschaftskraft (BSP) sind: 1) USA 2) Japan 3) BRD 4) Frankr. 5) Ital. 6) GB 7) SU 8) Kanada 9) Span. 10) VR China

USA überholen BRD im Exportwert

Stromerzeugung/Einw. in der BRD 6450 kWh, davon: Kernenergie 34,0 %; Steinkohle 29,9 %; Braunkohle 18,8 %; Erdgas 7,3 %; and. 9,8 %

In der BRD steigt das BSP um 5,5 %

Einkommensverteilung auf Privathaushalte der BRD: vom Gesamteinkommen erhält das ärmste Drittel 16 %, das mittlere 27 %, das reichste 57%

Unternehmenskonzentration in der BRD: Eisen/Stahl 75 %, EDV 89 %, Luft- und Raumfahrt 95 %, Schiffbau 80 %

Griechenl. droht der Staatsbankrott

UdSSR eröffnet im Sommer Frachtschiffahrt durch das Nordmeer, was die Verbindung nach Japan stark verkürzt

EG verklagt BRD wegen geplanter Erhebung von Autobahngebühren

Trotz Entspannung sinken Rüstungsausgaben nur um 2 %

ILO/Genf verlautbart: weltweit

(1990)

CDU-Parteitag wählt *H. Kohl* erneut zum Vors. der CDU und *L. de Maizière* von der früheren »Block«-CDU in der DDR zum alleinigen Stellvertreter

Kurz nacheinander besuchen die dt. Reg.-Chefs *H. Kohl* und *L. de Maizière* den US-Präs. *G. Bush*

Oskar Lafontaine (* 1943 in Saarlouis), seit 1985 Min.-Präs. des Saarlandes, Kanzlerkandidat der SPD, wird nach einer Wahlversammlung von einer Geistesgestörten durch Messerstiche lebensgefährlich verletzt

† *G. Müller* (* 1900, CDU), 1953–58 Min.-Präs. von Baden-Württ.

Bei Landtagswahlen in NRW erhält *Joh. Rau* (* 1931 in Wuppertal, SPD) das 3. Mal die absolute Mehrheit

Attentat eines Geisteskranken auf Innenmin. *Wolfgang Schäuble* (* 1942 i. Freiburg/Br., CDU), das zur Querschnittslähmung führt

Eberhard Diepgen (* 1941 in Berlin, CDU) bildet nach Wahlniederlage der SPD (Momper) CDU/SPD-Senat in Berlin

† *Helmut Lemke* (* 1907 in Kiel, CDU) 1963–71 Min.-Präs. von Schlesw.-Holst.

Erhard Krack (* 1930, SED) tritt wegen des Vorwurfs, 1989 Wahlergebnisse gefälscht zu haben (seit 1974 OB von Ost-Berlin), zurück

Bei Landtagswahlen in Bayern gewinnen CSU 54,9 %, SPD 26 % der Stimmen

Gerhard Schröder (* 1944, SPD) bildet rot-grüne Koalition, er löst *Ernst Albrecht* (* 1930 in Heidelberg, CDU) als Min.-Präs. in Niedersachsen ab

Björn Engholm (* 1939 in Lübeck) Min.-Präs. von Schlesw.-Holst.

† *Horst Sindermann* (* 1915 in Essen, KPD/SED), seit 1976 DDR-Volkskammer-Präs., 1989 SED-Ausschluß

L. de Maizière tritt wegen ungeklärter Stasi-Vergangenheit von seinen polit. Ämtern zurück

Beide Teile Berlins verleihen Bundespräs. *Richard von Weizsäcker* in der Nikolaikirche die Ehrenbürgerwürde

† *Herbert Wehner* (* 1906 in Dresden) maßgeblicher Politiker der SPD. Gilt als Wegbereiter des »Godesberger Programms« von 1959

Die erste Wahl zu einem gesamtdt. Bundestag gewinnt der bisherige Kanzler *H. Kohl* gegen den saarländischen Min.-Präs. *O. Lafontaine*, der vor den Schwierigkeiten der Vereinigung warnte

---

† *Friedrich Dürrenmatt* (* 1921 bei Bern), Schweizer Dramatiker

† *Lawrence George Durrell* (* 1912 in Indien), britischer Schriftsteller

† *Pierre Dux* (* 1908), französischer Schauspieler

† *Aldo Fabrizi* (* 1905), italienischer Regisseur und Schauspieler

† *Helga Feddersen* (* 1930), deutsche Schauspielerin

† *Malcolm S. Forbes* (* 1919), amerik. Verleger

† *Paulette Goddard* (* 1906), amerik. Filmschauspielerin

Peter Härtling erhält den *Gryphius*-Preis der Künstlergilde Esslingen

Peter Handke: „Das Spiel vom Fragen oder die Reise zum sonoren Land" (Bühnenstück; Urauff. am Wiener Burgtheater)

Bad Homburg verleiht *Hölderlin*-Preis an *Rolf Haufs* (* 1935) in Berlin

„Preis für d. polit. Buch 1990" an *Václav Havel* (* 1936) für autobiographisches Werk „Fernverhör"

† *Gerd Henninger* (* 1930), deutscher Lyriker und Essayist

† *Klaus Heydenreich* (* 1909), deutscher Schauspieler und Regisseur

Verleihung des *Elisabeth-Langgässer*-Preises an den Schriftsteller *Rolf Hochhuth*

ze des ev. Kirchenbundes

† *Norbert Elias* (* 1897 in Breslau), Soziologe und Kulturhistoriker, der in England 1939 „Über den Prozeß der Zivilisation" schrieb und 1977 als erster den *Adorno*-Preis der Stadt Frankfurt/M. erhielt

† *Karl Dietrich Erdmann* (* 1910 in Köln), Historiker mit dem berühmt gewordenen Ausspruch „Eine 2. Arche Noah gibt es nicht"

DDR-Philosoph *Wolfgang Harich* (* 1921 in Königsberg), 1957 verurteilt, wird rehabilitiert, seine Verurteilung aufgehoben

Aachen vergibt den Karlspreis für europ. Verdienste an den ungar. Außenmin. *Gyula Horn* (* 1935), auf dessen Veranlassung hin die Grenzen nach Österr. geöffnet wurden

Papst Johannes Paul II. empfängt PLO-Chef *J. Arafat*

Papst Johannes Paul II. sieht sich während einer Afrikareise (Tansania, Burundi, Elfenbeinküste, Ruanda) offener Kritik ausgesetzt

Papst Johannes Paul II. besucht Mexiko

Gegen den Protest der dortigen Ka-

hält den Kunstpreis der Stadt Darmstadt

Museum für Werke d. „Brücke"-Künstlers *Ernst Ludwig Kirchner* (1880 bis 1938) in Davos

† *Felix Klee* (* 1907), Kunsthistoriker und Theaterregisseur, Sohn des Malers *Paul Klee*

Gedenkausstellung für *O. Kokoschka* (1886–1980) in London

† *Sigrid Kressmann-Zschach-Losito* (* 1929), deutsche Architektin

HAP-Grieshaber-Preis an den Bildhauer reliefartiger Torsos, *Wilhelm Loth* (* 1920 in Darmstadt)

Die aus Kanada stammende Malerin *Agnes Martin* erhält den erstmalig ausgeschriebenen *Alexej-von-Jawlensky*-Preis

† *Georg Meistermann* (* 1911 in Solingen), nach 1945 Avantgardist moderner Kunst (auch kunstvolle Glasfenster)

Max-Beckmann-Preis der Stadt Frankfurt/M. wird dem amerikischen Künstler *Bruce Naumann* für sein künstlerisches Lebenswerk verliehen

Ausstellung der Bilder von *Felix Nussbaum* (* 1904 in Osnabrück, † 1944, in Auschwitz er-

† *Aaron Copland* (* 1900 i. New York), Kompon. und Musikschriftsteller

Die 3 Tenöre *Placido Domingo* (* 1941 i. Madrid), *José Carreras* (* 1946 i. Barcelona) und *Luciano Pavarotti* (* 1935 i. Modena) geben unter der Leitung des Dirigenten *Zubin Mehta* (* 1936 i. Bombay) ein Open-Air-Konzert i. Rom

† *Maurice Fleuret* (* 1932), französischer Musikkritiker und ehem. Musikdirektor d. französischen Kulturministeriums

† *Maurice Gendron* (* 1921 i. Frankreich), Cellist, Schüler und Partner von *Pablo Casals*

† Sir *Reginald Goodall* (* 1901), brit. Dirigent

† *Dexter Gordon* (* 1923), amerik. Jazz-Saxophonist

† *Arthur Grüber* (* 1910), ehem. Generalmusikdirektor des Badischen Staatstheaters Karlsruhe

Marcia Haydée (* 1939 i. Rio/Brasilien) wird für weitere 5 Jahre als Direktorin des Stuttgarter Staatsballetts im Amt bestätigt

† *Friedel Hensch* (* 1906), deutsche Schlagersängerin

Urauff. von *Werner Henzes* (* 1926 i. Gütersloh) Oper „Das verratene Meer"

tag verabschiedet umstrittenes Gentechnikgesetz, das Gefahren und Mißbrauch der Genforschung und -manipulation vorbeugen soll

Es werden Gene gefunden, die den Bauplan des Organismus steuern

Freilandversuch der MPG mit gentechnisch veränderten Petunien stößt auf Widerstand der Ökologen

Weltweit werden etwa 210 gentechnische Freilandversuche registriert

Programme zur Totalsequenzierung der menschl. Erbsubstanz (DNS) in USA, Japan und EG verlangen die Aufstellung der Reihenfolge einiger Mrd. Molekülbausteine (Nukleotide)

Neue astronomische Teleskope mit computergesteuertem Teilspiegel übertreffen alle bisher gebauten Instrumente

3,6 m-Hochleistungsteleskop NTT an der Südsternwarte in Chile durch Knopfdruck von BRD/Bayern aus in Betrieb gesetzt

In Oxford wird Himmelskarte mit 2 Mill. Galaxien veröffentlicht, die um leere „Blasen" angeordnet sind

Langbasis-Radioteleskop liefert detailliertes Bild des Milchstraßenzen-

hängen etwa 55 Mill. Arbeitsplätze von der militärischen Rüstung ab

Mit 76,3 Mrd. DM Umsatz ist die Daimler-Benz AG größtes Unternehmen der BRD

† *Heinz Oskar Vetter* (* 1918 in Bochum), DGB-Vors. 1969 bis 1982

GB tritt europ. Währungsverbund (EWS) bei

Nach Währungsunion mit BRD verschlechtert sich die Wirtschaftslage der DDR durch Betriebsschließungen ohne kompensierende Investitionen mit hoher Arbeitslosigkeit

DDR ist mit 18,5 Mrd. $ im Ausland verschuldet

DDR benötigt innerhalb von 10–20 Jahren Investitionen in Höhe von 700–800 Mrd. DM für Infrastruktur

Lufthansa verlegt Hauptsitz zurück nach Berlin, wo sie 1926 gegr. wurde

UdSSR beginnt Einführung einer „regulierten" Marktwirtschaft

Nothaushalt in USA verhindert Staatskrise

Schulden der USA erreichen eine Höhe von 5400 Mrd. Dollar

Handelsverbot mit Elfenbein führt zum Preissturz

Inflationsrate in Argent. übersteigt 14000 %

Versicherungen nennen 1989 „ein Jahr der Katastrophen" mit Milliarden-Schäden

Schwere Umweltschäden durch schadhafte Erdölleitung in Sibirien

Sogenannte Ozonkonferenz in London berät über Umweltschäden in der Atmosphäre und einigt sich auf Einstellung der FCKW-Prod. bis 2000 (Festsetzung eines früheren Termins scheitert am Veto von USA, UdSSR und Japan)

Internat. Umweltkonferenz in

(1990)

H. Kohl erreicht in Moskau von *M. Gorbatschow* Zusage für volle Souveränität eines geeinten Deutschlands einschl. Bündnisfrage

Gorbatschows Entscheidung ermöglicht problemlose »2+4«-Konferenz (2 dt. und 4 alliierte Staaten) über dt. Einheit

Unterzeichnung des »2+4«-Vertrages in Moskau sichert die dt. Einheit außenpolit. ab. Souveräne BRD verbleibt in der NATO, die oberste Gewalt der Siegermächte endet

Am 3. Oktober wird in einem Festakt vor dem Reichstag die schwarz-rot-goldene Flagge der BRD als Zeichen der in Frieden und Freiheit erlangten Einheit gehißt. Das Datum wird zum Staatsfeiertag erklärt

Die früheren Bezirke der DDR werden durch die historischen Ländernamen ersetzt

Haftbefehl gegen früheren Staats- und Parteichef *Erich Honecker* (* 1912 im Saargebiet)

Affäre um Lieferung von Bauunterlagen für U-Boote an Südafrika durch BRD-Werft weitet sich aus

FPÖ unter Vorsitz von *Jörg Haider* (* 1950 in Österreich) erhält bei Kommunalwahlen in Graz mit fremdenfeindlichen Parolen über 20 % der Stimmen

† *Bruno Kreisky* (* 1911, SPÖ), 1970–1983 BK von Österreich, vorher Außenminister

Wegen negativer Wirkung der »Poll Tax« beschließt die konservative Partei in GB die Ablösung *Margaret Thatchers* (* 1925), die seit 1979 rigoros die Reg. führte, durch ihren ehemaligen Minister *John Major* (* 1943)

GB und Argent. erneuern die im Falklandkrieg 1982 abgebrochenen diplomat. Beziehungen

Mary Robinson (* 1944 in Irland) aus der polit. Frauenbewegung wird Staatspräs.in von Irland, Fortdauern der strikten kath. Moralgesetze

I. Carlsson (seit 1974 im Amt) bildet in Schweden sozialdemokratische MinderheitsReg.

Starke Stimmenverluste der KPI bei ital. Kommunalwahlen

Mitte-Links-Reg. von Norw. und Niederl. treten zurück

USA und UdSSR einigen sich auf Truppenreduzierung in Europa auf 195 000 Mann

USA brechen die seit 1 ½ Jahren mit *Jassir Arafat* (PLO) geführten Gespräche ab

M. Gorbatschow (* 1931 im Nordkaukasus) wird am 1. Mai auf dem Roten Platz von der

† *Tadeusz Kantor* (* 1915), polnischer Theaterleiter, Maler, Autor und Regisseur

† *Arthur Kennedy* (* 1914), amerik. Schauspieler

† *Martin Kessel* (* 1901), deutscher Schriftsteller

Rainer Kirsch (* 1934 in Sachsen) wird Präs. der Schriftstellervereinigung der DDR

Verleihung des *Lessing-Preises* der Stadt Hamburg an den Schriftsteller und Filmemacher *Alexander Kluge*

Jörg-Michael Koerbl: „Die Kommunisten" (Bühnenstück; Urauff. am Deutschen Theater in Berlin)

Jacques Lassalle tritt die Nachfolge des verstorbenen *Antoine Vitez* als Leiter der Comédie française an

† *Michel Leiris* (* 1901), französischer Schriftsteller und Ethnologe

Siegfried Lenz: „Die Klangprobe" (Roman)

† *Felix Lützkendorf* (* 1906), deutscher Schriftsteller

† *Friedrich Luft* (* 1911 in Berlin), Theaterkritiker, „Stimme der Kritik" (RIAS Berlin) seit 1946

† *Giorgio Manganelli* (* 1921 in Mailand), italienischer Schriftsteller und Essayist

† *Alberto Moravia* (* 1907 in Rom), italienischer Schriftsteller mährischer Herkunft

tholiken beruft Papst *Johannes Paul II.* den als konservativ geltenden *Wolfgang Haas* zum Bischof v. Chur (Schweiz)

H. H. Lamb: „Klima und Kulturgeschichte" (Einfluß der Meteorologie auf d. Geschichte)

Gustav-Heinemann-Preis an Superintendent *Friedrich Magirius* in Leipzig, den Veranstalter der „Friedensgebete" in der Schlußphase des Bestehens der DDR

Heiner Müller (* 1929 in Sachsen, lebt in Berlin), wird Akademiepräs. der DDR

† *Pimen* (eigentlicher Name *Sergej Michailowitsch Iswekow*) (* 1910), Patriarch der russisch-orthodoxen Kirche

Verleihung des *Geschwister-Scholl-Preises* an die Journalistin *Lea Rosh* und den Historiker *Ernst Jäckel*

† *Kurt Scharf* (* 1902 in Landsberg a. d. W.), in der NS-Zeit Mitglied der „Bekennenden Kirche", ev. Theologe, 1966 bis 1976 ev. Bischof von Berlin-Brandenburg, der den Ostteil Berlins nicht betreten durfte

† *Milan Šimecka* (* 1930), tschechischer Philosoph

mordet) in Osnabrück

In Atlanta/USA entsteht seit 1953 durch den Architekten *J. Portman* (* 1924 i. den USA) durch riesige „utopische" Bauten mit gewaltigen Innenräumen eine Art „Stadt der Zukunft"

Pritzker -Preis für Architektur an *Aldo Rossi* (* 1931 in Mailand)

Große *Rubens*-Ausstellung in Padua (Italien)

Ausstellung der Werke von *Herbert Sonnenfeld* (* 1900 in Berlin, † 1938 in New York) unter dem Motto „Ein jüdischer Fotograf" in Berlin

Mark di Suvero (* 1933 in Shanghai): „Tendresse" (rote Stahlplastik an der Cote d'Azur)

Ausstellung der Werke von *Tizian* (1477–1576) in Venedig

Amsterdam zeigt zum 100. Todestag von *V. van Gogh* 130 seiner Bilder

Van-Gogh-Gemälde „Dr. Gachet", das sich z. Zt. des Dritten Reichs *H. Göring* angeeignet und ins Ausland verkauft hatte, wird für 136 Mill. DM versteigert

Werk von *Diego Velazquez* (* 1599 † 1660 in Spanien) fast vollständig in Madrid ausgestellt

(Oper mit japanischen Stilelementen) i. Berlin

York Höller erhält den *Rolf-Liebermann*-Preis für d. beste seit 1987 i. Europa uraufgeführte Oper

† *Tony Holiday* (* 1952), deutscher Schlagersänger

† *Oleg Kagan* (* 1946 i. Sachalin), Violinvirtuose d. UdSSR

† *Herbert Kegel* (* 1920), deutscher Dirigent

„Ulrike Meinhof" (Tanztheater um d. verstorbene Terroristin) von *Johann Kresnik* (* 1939 in Kärnten) erhält Theaterpreis Berlin

† *Ashley Lawrence* (* 1934), Dirigent d. Stuttgarter Staatsballetts

† *Mel Lewis* (* 1929), amerik. Jazz-Schlagzeuger

Gewandhauskapellmeister *Kurt Masur* dirigiert bei Salzburger Osterfestspielen

Kurt Masur vom Gewandhaus i. Leipzig (* 1927 i. Schlesien) wird Direktor des Philharmonischen Orchesters i. New York

† *Gerty Molzen* (* 1906), deutsche Chansonsängerin, Kabarettistin und Schauspielerin

Der Brüsseler Operndirektor und designierte Leiter d. Salzburger Festspiele *Gérard Mortier*

trums, wo ein sog. Schwarzes Loch vermutet wird

Bei periodischen Kometen werden unregelmäßige („chaotische") Störungen entdeckt

Auf dem Planeten Saturn wird großer weißer Fleck entdeckt

Ein weiterer Mond des Saturn wird entdeckt

Zahl der verschiedenen Arten von Neutrinos kann auf 3 begrenzt werden, womit sich zugleich aus Gründen der Symmetrie 3 Familien von Elementarteilchen ergeben

In New York vorgestellter 16-Megabit-Chip komprimiert 1600 Seiten Text auf Briefmarkenformat

Erstmals Aufnahmen mit hoher Auflösung von DNA-Molekülen im Raster-Tunnel-Mikroskop

In USA wird in der BRD gebauter Röntgen-Satellit „Rosat" gestartet, der Teleskop mit extrem glattem Spiegel (mit nur atomaren Abweichungen von der Idealform) trägt

Die 1977 gestartete US-Raumsonde „Voyager 1" erkundet Sonnensystem bis 6 Mrd. km Entfernung

18 Jahre nach dem Start erreicht US-Sonde „Pioneer" eine Entfernung von 75 Mrd. km jenseits aller Planetenbahnen

Genf fordert sofortige Verringerung der CO_2-Emission

Österr. verbietet gesetzlich die Verwendung von FCKW als Treibgas, da es die Ozonschicht zerstört

DGB-Kongreß trennt sich von der Wohnungsbauwirtschaft

Rund 200 000 Asylbewerber in der BRD (Anerkennung liegt in der Regel unter 10%)

Im sog. „Imhausenprozeß" erhält Industrieller in der BRD 5 Jahre Freiheitsstrafe für Errichtung einer Giftgasfabrik in Libyen sowie wegen hoher Steuerhinterziehung

Rundfunkfusion SWR-SDR scheitert

In den Ländern der ehemaligen DDR entstehen neue Rundfunksender

Über 40 Tote und Schäden in Mrd.-Höhe in NW-Europa durch Orkane

Kanaltunnel zw. Frankr. und GB durchbrochen

Gutachten fordert Abschaltung des Kernkraftwerkes Greifswald (DDR) wegen erheblicher technischer Mängel

Untersuchungen ergeben, daß US-Kernwaffenfabrik unmittelbare Umgebung radioaktiv verseucht und Krebsfälle ausgelöst hat

RWE (Rheinisch-Westfälisches Elektrizitätswerk) will mit 2 anderen Elektrizitäts-Konzernen in der BRD trotz kartellrechtlicher Bedenken die Elektrizitätsversorgung der DDR übernehmen

Saudi-Arabien entdeckt neue Erdölvorkommen, die sein Potential um ca. 20 % erhöhen

Türkei vollendet Atatürk-Staudamm im Grenzgebiet zum Irak

Bemannte Raumfahrt wird eingeschränkt

Indianer in Kanada, die lange und heftig gegen Anlage eines

(1990)	Bev. ausgepfiffen und verläßt ostentativ die Ehrentribüne am Lenin-Mausoleum UdSSR streicht Vormachtstellung der KPdSU in ihrer Verfassung Kongreß der Volksdeputierten in UdSSR ersetzt Machtmonopol der KPdSU durch Einrichtung des Amtes eines starken Präs. Auf dem 28. Parteitag der KPdSU unterliegt orthodoxer Reformgegner *Ligatschow* Präs. *Gorbatschow* ZK der KPdSU bestätigt nur *M. Gorbatschow* und *Wladimir Iwaschko* im Politbüro, es scheiden u. a. aus: Min.-Präs. *N. I. Ryschkow* (* 1920), Verteidigungsmin. *D. T. Jasow* (* 1923), Außenmin. *E. A. Schewardnadse* (* 1928) und KGB-Chef *Wladimir Krjutschkow* Durch Wahl zum Präs. der Rep. Rußl. erhält *Boris Jelzin* (* 1931 in Swerdlowsk) einen polit. Vorsprung gegenüber *M. Gorbatschow* (* 1931), den er vergrößert, bis *Gorbatschow* 1991 von seinen Ämtern zurücktritt Unter Präs. *Boris Jelzin* erklärt die RSFSR, Kernland der UdSSR, ihre Souveränität Außenmin. der SU *E. Schewardnadse* tritt mit nachdrücklicher Warnung vor einem drohenden Staatsstreich in der SU zurück. Damit verliert *M. Gorbatschow* seine stärkste Stütze Litauen, Lettland und Estland erneuern den »Baltischen Rat« zur Koordinierung ihrer Politik Rep. Litauen wählt Nichtkommunisten *Vytautas Landsbergis* (* 1932) zum Staatspräs. UdSSR schickt Panzer in die Hauptstadt Litauens, Vilnius (Wilna) UdSSR maßregelt Litauens Autonomiebestreben durch Wirtschaftsblockade UdSSR droht Lettland mit Vergeltung für die Wiedereinführung seiner Verfassung von 1922 vor der Annexion durch UdSSR Als 3. baltischer Staat, der 1940 aufgrund des Hitler-Stalin-Paktes zur UdSSR kam, fordert Estland seine Unabhängigkeit zurück BRD und Polen unterzeichnen Grenzvertrag unter Protest der Vertriebenenorganisationen *Lech Walesa* (* 1943 in Polen) wird im 2. Wahlgang zum Staatspräs. von Polen gewählt In ČSFR beruft Präs. *V. Havel* zum Min.-Präs. einer Koalitionsreg. mit kommunistischer Minderheit *Marián Calfa* (* 1946 in der Slowakei, Bürgerforum)	† *Irmtraud Morgner* (* 1933), deutsche Schriftstellerin in der ehemaligen DDR *Kleist*-Preis an *Heiner Müller* (* 1929 in Sachsen) † *Walker Perey* (* 1916 in Alabama/USA), US-Schriftsteller *Piscator*-Gesellschaft in Essen nach dem gleichnamigen sozialistischen Regisseur *Erwin Piscator* (1893-1966) gegründet † *Manuel Puig* (* 1932), argentinischer Schriftsteller † *Jannis Ritsos* (* 1909), griechischer Lyriker Verleihung des Prix *Goncourt* an den französischen Schriftsteller *Jean Rouaud* *Gaston Salvatore:* „Lektionen der Finsternis" (Schauspiel; Urauff. am Hessischen Staatstheater in Wiesbaden) † *György Sebestyén* (* 1930), ungarischer Schriftsteller und Präs. des österreichischen PEN-Clubs † *Delphine Seyrig* (* 1932), französische Schauspielerin † *Philippe Soupault* (* 1897), französischer Lyriker und Romanschriftsteller. Mitbegründer des Surrealismus † *Hilde Spiel* (* 1911 in Wien), Schriftstellerin und Journalistin † *Barbara Stanwyck* (* 1907), amerik. Filmschauspielerin	† *Hans Speier* (* 1905 in Dtl.), dt. Soziologe, der nach 1933 in New York „Univ. im Exil" gründete † *Shepard Stone* (* 1917 i. d. USA), Förderer und Ehrenbürger von Berlin (W), Leiter des Aspeninstituts Berlin als internat. Begegnungsstätte Während der Kurdenverfolgung schränkt Türkei die Pressefreiheit drastisch ein USA treten wieder in die UNESCO ein, die sie wegen US-kritischer Politik verlassen hatten UNO-Gipfel über wachsende Probleme von Kindern und Jugendlichen (Mißhandlung, Drogen, Kriminalität etc.) in New York Bei einem Treffen des Präs. des Jüdischen Weltkongresses, *Edgar Bronfman*, u. des poln. Min.-Präs. *Mazowiecki* wird die Auseinandersetzung über ein Karmeliterinnenkloster auf dem Gelände des ehemaligen KZ Auschwitz beigelegt. Ein Karmeliter-Gebetszentrum soll nun außerhalb des Lagergeländes entstehen Albanien hebt Religionsverbot auf In Berlin findet eine

Mies-van-der-Rohe-Preis wird dem deutschen Architekten *Friedrich Wagner* für den Entwurf einer Halle der Staatlichen Materialprüfungsanstalt in Stuttgart verliehen

In Leverkusen Ausstellung zum Thema „Tradition – Innovation" (Gemälde und Grafiken von etwa 50 DDR-Künstlern)

Neueröffnung des Museums Künstlerkolonie in dem restaurierten *Ernst-Ludwig*-Haus in Darmstadt

Ausstellung japanischer und deutscher Steinbildhauer (mit Werken von *Hashimoto Yoshimi*, *Kuetani Kazuto*, *Gerson Fehrenbach* und *Louis Niebuhr*) in Berlin

Verschwundener Domschatz von Quedlinburg taucht in Texas/USA auf

Verleihung des „Felix" für den europäischen Film des Jahres an den Regisseur *Gianni Amelio* für seinen Film „Offene Türen"

„Miss Daisy und ihr Chauffeur" (US-Film von *Bruce Beresford*) wird mit insg. 4 Oscars ausgezeichnet

Filmband in Gold der BRD an *Klaus Maria Brandauer* (* 1944 in Österreich) für die Titel-

(*1940) vermutet die Kunstform der Oper i. einer „Endphase", die weitere Höhepunkte nicht ausschließt

† *Rolf-Hans Müller* (* 1928), deutscher Kompon. und Orchesterleiter

† *Karl Münchinger* (* 1915), berühmter deutscher Orchesterleiter und Dirigent

„Medea" (Choreographie von *John Neumeier*) wird a. Stuttgarter Staatstheater mit *Marcia Haydée* i. d. Titelrolle uraufgeführt

Südafrikan. Musical „Township Fever" von *Mbongeni Ngema* i. Johannesburg uraufgeführt

† *Charly Niessen* (* 1925), deutscher Musiker (auch Kompon. und Texter)

† *Luigi Nono* (* 1924 i. Venedig), Kompon. serieller Musik

† *Rudolf von Oertzen* (* 1910), Kompon. und Pianist

† *Lotar Olias* (* 1913), deutscher Schlagerkomponist

Neuinszenierung von *Carl Orffs* „Trionfi", mit der die Münchner Opernfestspiele eröffnet werden, fällt beim Publikum durch

Zum *Van-Gogh*-Jahr (100. Todestag) Urauff. von zwei Opern über ihn: *Einojuhani Rautavaaras* (Finnland) „Vincent" und *Jan*

Die NASA in USA verfügt über 90 Mrd. Textseiten über Satelliten-Beobachtungsergebnisse in Form von Magnetbändern

Magellan-Sonde sendet Bilder von der Oberfläche der Venus, sie liefern Hinweise auf fehlende Plattentektonik der Oberfläche

VR China startet den in USA gebauten Satelliten „Asia SAT 1"

US-Repräsentantenhaus streicht die Mittel für bemannten Marsflug, den US-Präs. *Bush* bereits angekündigt hatte

Neues *Paul-Ehrlich*-Institut für Impfstofforschung in Frankfurt/M. eröffnet

AIDS-Forschung korrigiert bisherige Vorstellung über menschl. Immunsystem

Gentechnisch manipulierte Mäuse mit menschenähnlichem Immunsystem bewähren sich in der AIDS-Forschung

Medizinisches Institut in Frankreich findet Impfstoff gegen AIDS, der bei Affen wirksam ist

Wegen der großen Variabilität erweist es sich als schwierig, den Stammbaum der HIV-AIDS-Viren zu klären

Es entsteht eine sog. „adoptive" Krebs-

Golfplatzes auf ihrem Gebiet kämpften, kapitulieren

Irak richtet brit. Journalisten wegen angeblicher Spionage hin

100. Geburtstag von *Rose Kennedy*, der Mutter von *J. F. Kennedy* († 1963)

Gipfeltreffen der Präs. von USA, Bolivien und Peru zu Verh. über das zunehmende Rauschgiftproblem

BRD beschließt Drogenbekämpfungsplan angesichts wachsender Zahl Drogentoter

Bezüglich der Zahl der Rauschgifttoten liegt die BRD an der Spitze Europas

20 % mehr Drogentote als 1989 in der BRD

Frühester feststellbarer AIDS-Fall wird auf 1959 datiert

AIDS-Kongreß in San Francisco vermutet weltweit ca. 6-8 Mill. HIV-Infizierte

Schwangerschaftsabbrüche pro 1000 Lebendgeburten: Niederl. 107, BRD 146, Österr. 179, USA 347, Ital. 389, SU 2300

Experten erklären Aralsee (UdSSR) nach hohem Wasserverlust durch Ableitung für „biologisch tot"

Kälbermastskandal im Emsland wegen Verfütterung karzinogener Hormone

Erhaltung des vom Aussterben bedrohten Uhus zeigt in der BRD Erfolge

Tarifpartner der Metallindustrie in der BRD vereinbaren schrittweise Einführung der 35-Stunden-Woche bis 1995

Auflösung des Gewerkschaftsverbands der DDR (FDGB)

Heinz Werner Meyer (* 1932 in Hamburg, SPD-MdL) wird Vors. des DGB, der sich mit dem FDGB der früheren DDR vereinigt

Die internat. Arbeiterschaft begeht zum 100. Mal den 1. Mai

(1990)	Studentenproteste erzwingen in Albanien Zulassung unabhängiger Parteien Albanien öffnet seine Grenzen Wahlniederlage der sozialistischen PASOK unter *Andreas Papandreou* in Griechenl. (* 1919 auf Chios, PASOK) *Konstantin Mitsotakis* (* 1918 auf Kreta, »Neue Demokr.«) wird nach längerer Regierungskrise griechischer Min.-Präs.. 1. nichtkommunistische Reg. seit 1945 in Bulg. unter *Dimitar Popov* (* 1927) Präs. von Rumän. *I. Iliescu* läßt auf antikommunistische Demonstranten schießen und ruft Bergarbeiter zu Hilfe, die mit Gewalt gegen die Demonstranten vorgehen Rumän. Staatschef *Ion Iliescu* löst die berüchtigte Geheimpolizei Securitate auf *Petre Roman* wird Min.-Präs. von Rumänien Titos Jugosl. zeigt erste Auflösungserscheinungen *Slobodan Milosevic* (* 1941 in Jugoslawien) wird Präs. von Serbien. Er verantwortet die Zersplitterung des jugoslawischen Staates Jugoslawischer Teilstaat Slowenien erklärt sich für souverän Reformkommunist *Milan Kuöan* (* 1951) wird Präs. Sloweniens Wahlergebnis in Ungarn: Demokratisches Forum 24,7%, Bund Freier Demokraten 21,3 %, Kommunisten 3,7%, Sozialdemokraten 3,5 %. Sperrklausel 4% Mit der bürgerlichen Koalitionsreg. unter *Josef Antall* (* 1932 in Budapest, Demokratisches Forum) endet die KP-Reg. in Ungarn Georgien und Usbekistan (in der bisherigen RSFSR) erklären sich für souverän Armenien fordert von Aserbaidschan das Gebiet Berg-Karabach, in dem vorwiegend Armenier leben, obwohl es zum moslemischen Aserbaidschan gehört Nach Pogrom gegen Armenier wegen deren Berg-Karabach-Anspruchs wird über Teile Aserbaidschans der Ausnahmezustand verhängt Erste freie Wahlen in der Mongolischen Volksrepublik brechen kommunistische Alleinherrschaft Regierungskrise um Siedlungspolitik in Israel UN-Vollversammlung verurteilt Politik Israels in Palästina	Verleihung des Kulturpreises der deutschen Katholiken an *Andrzej Szczypiorski* *George Tabori* (* 1914 in Budapest, lebt später in den USA) erhält den Mülheimer Dramatikerpreis *Ingeborg-Bachmann*-Preis an *Birgit Vanderbeke* (* 1956 in Frankfurt/M.) für Erzählung „Das Muschelessen" *Mario Vargas Llosa*, peruanischer Romancier und Literaturkritiker, kandidiert als Führer des konservativen Wahlbündnisses FREDEMO für die peruanische Präsidentschaft, unterliegt aber dem unabhängigen *Alberto Fujimori* † *Antoine Vitez* (* 1930), französischer Schauspieler und Regisseur, Leiter der Comédie française † *Irving Wallace* (* 1916), amerik. Bestsellerautor † *Patrick White* (* 1912), australischer Schriftsteller; erhielt 1973 den Literatur*nobel*preis † *Hanne Wieder* (* 1929 bei München), Schauspielerin und Chansonsängerin Die deutsche Schriftstellerin *Christa Wolf* wird zum „Offizier" des „Ordre des Arts et des Lettres" ernannt † *Marianne Wünscher* (* 1930), deutsche Schauspielerin *Eva Zeller* (* 1923 i.	Tagung des Jüdischen Weltkongresses statt – zum erstenmal seit über 60 Jahren auf dt. Boden 90. Katholikentag in Berlin mit 120 000 Teilnehmern unter dem Motto: „Wie im Himmel, so auf Erden" Frauen in Oberammergau erhalten Gleichberechtigung hinsichtlich der Mitwirkung an den Passionsspielen Schändung eines jüdischen Friedhofs in Frankreich löst heftige Proteste und Verabschiedung eines Gesetzes gegen Antisemitismus und Rassismus aus Berlins Staatliche Museen wachsen zu einem der bedeutendsten Kulturkomplexe der Welt zusammen Weitläufige Begräbnisanlage aus der chinesischen Han-Dynastie vor ca. 2000 Jahren wird entdeckt In Südisrael wird eine Silberbronze in Form eines Kalbes gefunden und auf 1550 v. Chr. datiert Archäologen können Einsturz eines Hera-Tempels auf Samos 550 v. Chr. nachweisen In Trier wird alter Kirchenbau aus d. 3. Jh. gefunden

rolle in „Georg Elser – Einer aus Deutschland"

† *Beppo Brem* (* 1906 in München), seit 1922 Schauspieler in Film und Fernsehen

† *Capucine* (eigentlicher Name *Germaine Lefèbvre*) (* 1928), französische Filmschauspielerin

† *Sergio Corbucci* (* 1927), italienischer Filmregisseur

† *Sammy Davis Jr.* (* 1925 in New York), US-Entertainer und-Schauspieler, berühmt u. a. durch „Porgy and Bess" (Film von 1959)

† *Jacques Demy* (* 1931 in Pont Château/Frankreich), französischer Filmregisseur

„Stimme des Mondes", Film von *Federico Fellini* (* 1920 in Italien)

† *Greta Garbo* (* 1905 in Stockholm), bereits zu Lebzeiten legendäre US-Filmschauspielerin, auch „die Göttliche" genannt. Beendete 1941 ihre Filmarbeit

† *Ava Gardner* (* 1923 in den USA), US-Filmschauspielerin

Bei den 40. Internationalen Filmfestspielen in Berlin erhalten *Costa Gavras* für seinen

van Vlijmens (Holland) „Un malheureux vêtu de noir"

† *Johnnie Ray* (* 1927), amerik. Schlagersänger

Wolfgang Rihm (* 1952): „Mein Tod, Requiem in memoriam Jane S." (Requiem nach einem Text von *Wolf Wondratschek*; Urauff. i. Rahmen d. Salzburger Festspiele)

Cellist und Dirigent *Mstislaw Rostropowitsch* (* 1927 i. Baku) kehrt i. d. UdSSR, wo er 1974 ausgebürgert wurde, zurück

Anton Ruppert: „Und Pippa tanzt!" (Urauff. der Oper nach dem Märchenspiel von *Gerhart Hauptmann*)

† *Fritz Schulz-Reichel* (* 1912), deutscher Klavierspieler und Komponist, der als „schräger Otto" bekannt wurde

† *Gustav Sellner* (* 1905 i. Traunstein), Regisseur und Theaterleiter, 1961–72 Generalintendant d. Deutschen Oper Berlin

† *Paul Tortellier* (* 1914), französischer Cellist und Komponist

† *Joe Turner* (* 1907), amerik. Jazzpianist

† *Stevie Ray Vaughan* (* 1956), amerik. Rockgitarrist

D. deutsche Kompon. *Udo Zimmer-*

therapie mit genmanipulierten Immunzellen

Operationen mit Endoskopen ergänzen zunehmend herkömmliche Chirurgie (Sanfte Medizin)

Molekulargenetische Untersuchung der Leukämie ermöglicht individuelle Therapie

Münchener Klinik gelingt gleichzeitige Transplantation von Leber, Bauchspeicheldrüse und Zwölffingerdarm bei einer 43jährigen Patientin

2 US-Forscher erhalten *Paul-Ehrlich-*Preis für Analyse der Diphtherie-Erkrankung

Laserstrahlen gestatten mit Augen verfolgbare Verschmelzung von Pflanzenzellen zur Vereinigung ihrer Erbmasse

Geophysiker weisen ein langsames, unmerkliches Pulsieren des ganzen Erdkörpers nach Erdbeben nach, das auch „stille Beben" zu registrieren erlaubt

Die seit 11 020 Jahren ruhenden Vulkane der Eifel werden als noch aktiv erkannt

Schwund der Ozonschicht über dem Nordpol festgestellt

Ca. 16. Mill. Jahre alte Erbsubstanz in einer fossilen Pflanze gefunden

Es wird nachgewiesen, daß die Embryo-

Streik in Nicaragua wird durch 100 % Lohnerhöhung beendet

Bei Volkszählung in den USA können nur etwa 90 % der Bev. registriert werden

Der stark zunehmende Alpentransit führt zu einem „LKW-Krieg" der Alpenländer

Beteiligung der ehemaligen DDR am dt.-sprachigen 3-Sat-Programm

44,5 pro Mill. BRD-Bürger werden über 100 Jahre alt

Die Bürger von Heidelberg wählen *Beate Weber* (* 1943, SPD) zur OB

USA ziehen chemische Waffen (Giftgas) aus BRD ab

70 Verletzte bei Protesten gegen den Opernball in Wien

Krawalle bei der Premiere „Das Phantom der Oper" (Musical von *Andrew L. Webber* nach dem Text „Die Schöne und das Biest") in Hamburg

Drogenmafia tötet in Bolivien an einem Wochenende 44 Menschen

Hohes Mitglied der Mafia in Palermo als vermutl. 30facher Mörder verhaftet

Bei Neubrandenburg werden Massengräber mit Opfern des Stalinismus aus der Nachkriegs- und Besatzungszeit gefunden

Bei Kunstraub in Boston (USA) werden 11 Bilder im Wert von ca. 100 Mill. DM aus einem Museum gestohlen

Nach 40 Jahren Illegalität Großdemonstration der Opposition in Südafrika

ANC in Südafrika ruft zum Generalstreik auf

Auf Sri Lanka vertreiben die Kämpfe mit Tamilen rd. 0,5 Mill. Menschen aus ihrer Heimat

Nach Unruhen in Tirana/Albanien fliehen viele Bürger in Missionen der EG, etwa 5000 können Albanien verlassen

Ägypten wird Folterung polit.

(1990)	Generalstreik in von Israel besetzten arab. Gebieten Nach 3 Jahren lassen Schiiten im Libanon 3 Geiseln aus Frankr. und Belg. frei 2 US-Geiseln werden nach langer Haft durch Schiiten im Libanon ebenfalls auf freien Fuß gesetzt Blutige Kämpfe zw. pro-syrischen und pro-iran. Milizen im Libanon Im Libanon kapituliert der General der christl. Truppen, *Michel Aoun*, vor Syrien Bei Wahlen in Austr. erringt die Labour-Party unter *Robert James Lee Hawke* (* 1929) knappe Parlamentsmehrheit, der Reg.-Chef wird Erstmals seit dem Waffenstillstand im Golfkrieg 1988 treffen sich die Außenmin. von Iran und Irak Irak konzentriert Truppen an der Grenze zu Kuwait, das unter dem Schutz der USA steht Irak überfällt Kuwait, um es zu annektieren Weltsicherheitsrat verabschiedet US-Antrag auf Gewaltanwendung gegen den Irak nach Ablauf eines Ultimatums Irak nimmt westliche Ausländer als Geiseln, läßt aber Frauen und Kinder ausreisen *Willy Brandt* erreicht durch Verhandlungen in Bagdad von *S. Hussein* die Freilassung von 193 Geiseln, die dieser zum Schutz militär. Objekte mißbraucht hatte Arab. Liga zerbricht am Irak/Kuwait-Konflikt Islam. Fundamentalisten erringen Wahlsieg in Algerien, worauf sie verfolgt und unterdrückt werden UdSSR und Saudi-Arabien nehmen nach Jahren wieder diplomatische Bez. auf Studentendemonstrationen für Reformen in Äthiopien Nach Brand in der libyschen Chemiefabrik Rabta ruft Revolutionsführer *Gaddafi*, der Sabotage von seiten westlicher Geheimdienste vermutet, die islam. Staaten zum Abbruch der diplomat. Bez. zur BRD, zu GB und den USA auf Nord- und Südjemen schließen sich nach über 250 Jahren der Trennung zusammen Auch nach Abzug der UdSSR-Truppen 1989, die seit 1979 in Afghanistan gegen die Mudschahedin verlustreiche Kämpfe führten, geht der Bürgerkrieg im Land weiter *Benazir Bhutto* (* 1953) wird nach 20 Mona-	Eberswalde): „Gedichte" *Gerhart-Hauptmann*-Preis der Freien Volksbühne Berlin geht an *Michael Zochow* (* 1954 in Prag) für sein Schauspiel „Traiskirchen" *Marina Zwetajewa* (1892 bis 1941): „Phönix" (Bühnenstück; Urauff. in der Schaubühne Berlin mit *Bernhard Minetti*) Literarische „Gruppe 47" holt das 1968 ausgefallene Treffen beim „2. Prager Frühling" nach Frankfurter Buchmesse präsentiert 382 000 Bücher (größte Bibliotheken der Welt weisen etwa 10 Mill. Titel nach)	Erdgeschichtlich wichtige Fossilien gelangen durch Schenkung aus der UdSSR in die USA Minoische Sprache wird als semitischen Ursprungs erkannt Die Menschheit blickt auf rd. 5000 Jahre Überlieferung der Kulturgeschichte mittels – inzw. meist entzifferter – Schriftzeichen zurück Japan Art Association verleiht den „Praemium Imperiale" an *Antoni Täpies* (span. Maler), *James Stirling* (brit. Architekt), *Arnaldo Pomodor* (ital. Bildhauer), *Leonard Bernstein* (amerik. Dirigent und Komponist) und *Federico Fellini* (ital. Regisseur) 200 Kulturschaffende gründen in Prag einen Europäischen „Kulturklub" 20 % aller erwachsenen Männer und 33 % aller Frauen der Weltbev. sind Analphabeten

Film „Music Box" sowie *Jiri Menzel* für seinen Film „Lerchen am Faden" je einen „Goldenen Bären"

Andreas Gruber wird für seinen Film „Schalom, General" beim II. *Max-Ophüls* -Filmfestival in Saarbrücken mit dem Hauptpreis ausgezeichnet

† *Rex Harrison* (* 1908 in Großbritannien), u. a. bekannt als Mr. Higgins im Filmmusical „My Fair Lady"

† *Heidemarie Hatheyer* (* 1919 in Villach), dt.-österr. Bühnen- und Filmschauspielerin

† *Jim Henson* (* 1936), amerik. Fernseh- und Filmproduzent

Shohei Inamura: „Black Rain" (Film über Atombombenabwurf in Hiroshima)

Akira Kurosawa erhält Ehren-Oscar für sein Lebenswerk als Filmregisseur

† *Margaret Lockwood* (* 1916), britische Filmschauspielerin

„Wild at Heart", Film von *David Lynch*, erhält in Cannes „Goldene Palme"

„Eine Komödie im Mai", Film von *Louis Malle* (* 1932 in Frankreich)

mann wird neuer Intendant d. Leipziger Oper

Rock-Spektakel „The Wall" vor rd. 300 000 Gästen und 1. Mrd. Fernsehzuschauern auf d. Potsdamer Pl. i. Berlin aufgeführt. Dieses von *Roger Waters* inszenierte Konzert ist d. größte i. d. Geschichte d. Rockmusik

Neues Musik-Festival Mecklenburg-Vorpommern kooperiert mit Schleswig-Holstein-Musikfestival

Im Lübecker Dom findet zum Auftakt des 5. Schleswig-Holstein-Musikfestivals ein Festkonzert statt

In Paris wird d. neue Opernhaus „Opéra Bastille" eroffnet

Im Ostberliner Schauspielhaus wird d. einzige Klaviersonate *Clara Schumanns* (in g-moll) uraufgeführt

Urtext der Mozartoper „Così fan tutte" wird in Kiew gefunden

nalentwicklung der verschied. Tierarten (Würmer, Insekten, Wirbeltiere) durch gleichartige Gene gesteuert wird

35 Mill. Jahre alter Greifvogel in der Ölgrube Messel gefunden

Die Nahrung von vor 3 Mill. Jahren ausgestorbenen Hominiden kann elektronenmikroskopisch analysiert werden

Weltweite molekularbiologische Untersuchungen an Mitochondrien stützen die Hypothese, daß der Stammbaum der Menschheit auf Menschen zurückgeht, die vor etwa 200 000 Jahren in Afrika lebten (Fund, weiblich)

Funde des Homo habilis von 90000 v. Chr. in Israel (ältester in Südosteuropa 43000 v. Chr.)

Zungenbein eines 60 000 Jahre alten Neandertalerfossils aus Israel läßt auf Sprachfähigkeit dieser Menschenart schließen

Mit der seit etwa 1953 entwickelten physikalischen Lumineszenz-Methode gelingt die Datierung der Ablagerungen der Eiszeiten seit rd. 100 000-200 000 Jahren

Thermolumineszenz- und Radiokarbon-Messungen ergeben, daß Austr. vor ca. 60 000 Jahren von Neuguinea aus, also

Gefangener (meist islam. Fundamentalisten) vorgeworfen

Bürgerinitiative gegen Volkszählung in der Schweiz

Zusammenarbeit zw. DDR-Stasi und in der BRD wegen Mordes gesuchten RAF-Terroristen wird bekannt

Mehrere RAF-Mitglieder werden in der ehemaligen DDR verhaftet, wohin sie sich geflüchtet hatten

Der für die Ölpest 1989 bei Alaska verantwortliche Kapitän wird in wesentlichen Anklagepunkten freigesprochen

Schiiten im Libanon geben US-Geisel *Robert Polhill* nach 3 Jahren Gefangenschaft frei

Harte Strafen für Verstoß gegen islamische Kleidungsvorschriften im Iran

Vollstreckung von 2 Todesurteilen in USA durch Giftinjektion

Seit 1976 122 Hinrichtungen in US-Südstaaten

In Argent. werden einige Generäle amnestiert, die wegen Verstößen gegen Menschenrechte verurteilt worden waren

Daimler-Benz-Konzern kauft Grundstück am Potsdamer Platz/Berlin

Citroën stellt Bau des Kleinwagenmodells „2 CV Ente" ein

In Anwesenheit der 6 Außenmin. (USA, UdSSR, GB, Frankr., BRD und DDR) bauen USA „Checkpoint Charlie" als Übergang nach Ost-Berlin ab (hier standen 1961 Panzer von USA und UdSSR einander gegenüber)

In BRD wird Grundwehrdienst der Bundeswehr von 15 auf 12 Monate verkürzt

In BRD werden jährlich ca. 10 000 Kinder von Hunden angefallen

Durch Züchtung und unkontrollierte Verbreitung bes. bis-

(1990) ten Amtszeit als Min.-Präs. von Pakistan vom Staatspräs. mit dem Vorwurf der Korruption entlassen

Bei Wahlen in Pakistan gewinnt islam. Opposition (»Islam. Allianz«) unter Führung von *Nawaz Sharif*

Unter dem Druck blutiger Unruhen läßt Kg. *Birendra* von Nepal wieder Parteien zu

Demokraten in Birma (Myanmar) erreichen unter Führung von *Aung San Suu Kyi* Wahlsieg über Militärjunta

Min.-Präs. der VR China, *Li Peng*, besucht erstmals seit 1964 die SU und trifft dort *M. Gorbatschow*

In VR China gibt *Deng Xiao ping* (* 1904) sein letztes polit. Amt ab, behält jedoch polit. Einfluß

VR China erklärt, am Kommunismus festhalten zu wollen

Rep. China (Taiwan) anerkennt VR China

† *Le Duc Tho* (* 1912 in Vietnam), Friedens*nobel*preisträger von 1973

Jap. Liberaldemokraten erhalten trotz zahlreicher Skandale absolute parlamentarische Mehrheit, Sozialisten werden stärkste Opposition

Thronbesteigung des 125. *Tenno Akihito Tsuyu No Mija* (* 1933 in Tokio) in Japan, die von Unruhen begleitet wird

Militär unternimmt Putschversuche auf den Philippinen gegen Präs.in *C. Aquino*

17 Jahre nach seiner Ermordung 1973 wird *S. Allende* in Chile feierlich beigesetzt

Violetta Chamorro (* 1929 in Nicaragua) schlägt Sandinisten bei der Wahl zum Staatschef von Nicaragua. Es gelingt ihr, die von den USA unterstützten »Contras« zu entwaffnen und den seit 1981 herrschenden Bürgerkrieg zu beenden

† *José Napoléon Duarte* (* 1926 in San Salvador), 1980–1982 christdemokratischer Präs. von El Salvador

Alberto Fujimori (* 1939 in Chile) wird Sieger der Präsidentschaftswahl in Peru

† *Samuel Kanyon Doe* (* 1950), Staatspräs. Liberias, von polit. Gegnern ermordet, *Charles Taylor* (* 1948) wird Nachfolger

Nach ca. 15 Jahren von USA und UdSSR unterstütztem blutigen Bürgerkrieg in Moçambique schließen die Parteien Waffenstillstand

Swapo-Führer *Sam Nujoma* (* 1930) wird Staatspräs. des neuen, unabhängigen Staates Namibia (früher Dt.-Südwest-Afrika, später Protektorat Südafrika)

Heftige Kämpfe in Mogadischu vertreiben Reg. von Somalia, die seit 21 Jahren fast ausschließlich aus Mitgliedern eines Familienclans besteht

Apartheid-Gegner *Nelson Mandela* (* 1918 in Südafrika, seit 1938 Generalsekr. des ANC) wird nach 28 Jahren Haft entlassen

Reg. Südafrikas (*De Klerk*) spricht mit ANC über Beendigung der Apartheid-Politik

† *Sergej Paradschanow* (* 1924), sowjetischer Filmregisseur

† *Michael Powell* (* 1905), britischer Filmregisseur

Swetlana Proskurina , sowjetische Regisseurin, wird für ihren Film „Zufallswalzer“ mit dem „Goldenen Leoparden“ des 43. Filmfestivals von Locarno ausgezeichnet

Cynthia Scott erhält für ihren Film „The Company of Strangers“ den Großen Preis der Stadt Mannheim (im Rahmen der 39. Internationalen Filmwoche)

† *Walter Sedlmayr* (* 1926 in Bayern, † durch Raubmord), Volksschauspieler

Georg Seeßlen (* 1948): „Der pornographische Film“ (Zusammenfassung dieser Gattung, in der BRD bes. seit 1970)

Beim 47. Internationalen Filmfestival von Venedig erhält der Film „Rosencrantz and Guildenstern are Dead“ von *Tom Stoppard* den „Goldenen Löwen“

Bei den 36. Internationalen Westdeutschen Kurzfilmtagen erhält die „Sowjetische Elegie“ von *Alexander Sukorow* den Großen Preis der Stadt Oberhausen

† *Luis Trenker* (* 1892 in St. Ulrich), Darst. und Regisseur zahlreicher Bergsteigerfilme und Schriftsteller

Verleihung des Murnau-Preises an den Regisseur *Wim Wenders*

Abnehmende wirtschaftliche Bedtg. der Filmbranche der BRD

ca. 20 000 Jahre früher als bisher angenommen, besiedelt wurde

Dendrochronologisch (Baumringzählung) läßt sich das Ende der letzten Eiszeit auf 11 300 Jahre zurückdatieren

Bei Krems/N-Österr. wird ca. 30000 Jahre alte Frauenfigur („Venus vom Galgenberg" gefunden)

Kernphysikalische Blei-Isotopen-Analyse erkennt Sardinien als Heimat der ältesten Bronzen (–3. Jahrtausend)

Ein ca. 6000 Jahre altes „Industrierevier" mit Feuersteingruben wird in Niederbayern entdeckt. Die Verbreitung der Werkstücke kann europaweit nachgewiesen werden

Isotopenanalyse von Elfenbein gestattet Schlüsse auf die Heimat des Elefanten und ermöglicht so, illegale Im- und Exporte zu überprüfen

Wikinger-Handelsplatz Biörkö bei Stockholm aus dem 8.-9. Jh. entdeckt. Dabei ergeben sich Hinweise auf Menschenopfer

MPG grdt. Ökologie-Institut

Ausgaben für Forschung und Entwicklung in BRD (Mrd./% BSP): 1970 15 (2,2); 1980 37 (2,4); 1990 70 (2,9); (Wachstum: +8 %/Jahr)

siger „Kampfhunde" erhöht sich die Zahl der Verletzten und Toten durch Hunde

Insgesamt 1,3 Mrd. Menschen (26%) entbehren hygienisch einwandfreies Wasser

Karl-Marx-Stadt (seit 1953) nennt sich wieder Chemnitz; die ostdt. Stadt feiert 825. Jahrestag der Gründung

Birma hat seinen Namen in „Myanmar" geändert

Bev.-zahl in Mexico City stieg in 50 Jahren um das 10fache

Schließung der Peep-Shows auf der Reeperbahn in St. Pauli

Verkehrschaos, weil Innbrücke bei Kufstein wegen Einsturzgefahr gesperrt wird

Brennender norw. Tanker verursacht Ölpest im Golf von Mexiko

Notstand in Kalifornien wegen Hitze, Flächenbränden und Wassermangels

Japan erlegt trotz Fangverbot mehr als 300 Grönlandwale

Mittels Radarortung werden in der Antarktis 10fach größere Krillbestände entdeckt, als bisher bekannt

Wettbewerb für Solarmobile in den Schweizer Alpen

IOC hebt Amateurgebot für Olymp. Spiele auf

2 Norweger erreichen in 60 Tagen zu Fuß über das Nordpolar-Meereis den Nordpol

Reinhold Messner (* 1945 in Südtirol) und *Arved Fuchs* (* 1953) durchqueren ohne besondere Hilfsmittel in 3 Monaten die Antarktis

Fußball-WM in Ital. mit 52 Mannschaften. 1. BRD, 2. Argent., 3. Ital.

Martina Navratilova (* 1956 in Prag, lebt in den USA) stellt mit ihrem 9. Sieg in Wimbledon einen Rekord auf

† *Stefano Casiraghi* (* 1960 in der Lombardei, bei Motorrennbootunfall), seit 1983 Ehemann von *Caroline von Monaco*

Neuseeland gewinnt Segelrennen „Rund um die Erde" in 128 Tagen

Sportjournalisten wählen *Katrin Krabbe* und *Boris Becker* zu Sportlern des Jahres

Postzüge bei Wien und Köln überfallen (1,6 bzw. 6 Mill. DM Beute)

87 Tote nach Brandstiftung in einem New Yorker Tanzlokal

2 Verletzte im Carlton Club, London (durch IRA-Bombe), Haupttreffpunkt der Konservativen Partei

178 Tote bei Grubenunglück in Jugoslawien

320 Tote bei Wirbelsturm in Südindien

Taifun verwüstet Philippinen, zahllose Tote, Verletzte und Obdachlose

Ca. 200 Tote bei Überschwemmungskatastrophe in Süd-China

Erdbeben-Katastrophe in NW-Iran fordert über 50 000 Tote, 100 000 Verletzte und etwa ½ Mill. Obdachlose

Ca. 1400 Tote bei Erdbeben in Nordindien

Erneutes, schweres Erdbeben auf den Philippinen fordert etwa 1000 Tote

Ca. 1500 Tote bei Panik unter Mekkapilgern in einem Fußgängertunnel

† *Meir Kahane* (* 1932 in den USA), rechtsradikaler Israeli, von Palästinensern erschossen

1991	Friedens*nobel*preis an *Aung San Suu Kyi* (* 1945 in Yangon/Burma [Myanmar]) als friedliche Kämpferin für Demokratie. Der Preis wurde wegen des über sie verhängten Hausarrests von ihrem Sohn entgegengenommen Als erster Vertreter Afrikas wird der stellvertretende Min.-Präs. Ägyptens *Butros Ghali* (* 1922, koptischer Christ, mit Jüdin verheiratet) als Nachfolger von *Perez de Cuéllar* (* 1920 in Lima/Peru) Generalsekr. der Vereinten Nationen Die UN nehmen 7 Staaten als neue Mitglieder auf (u. a. 3 baltische, Nord- und Süd-Korea) UN zählt nun 166 Mitglieder (Schweiz und Vatikan fehlen) ČSFR, Polen und Ungarn unterzeichnen Assoziierungsverträge mit EG EG-Gipfel in Maastricht beschließt gegen brit. Widerstand künftige polit. und wirtschaftliche Entwicklung (ab 1999 einheitliche Währung »ECU« vorgesehen) Auflösung von Warschauer Pakt (gegr. 1955) und RGW (COMECON, gegr. 1959) *Helmut Kohl* (* 1930, CDU) wird als BK wiedergewählt. Er regiert mit einer CDU/CSU/FDP-Koalition, die im Bundesrat jedoch keine Mehrheit hat *Björn Engholm* (* 1939 in Lübeck), seit 1988 Min.-Präs. von Schlesw.-Holst., wird als Nachfolger von *H. J. Vogel* Vors. der SPD. *Joh. Rau* und *O. Lafontaine* bleiben Stellvertreter † *Detlev Karsten Rohwedder* (von RAF ermordet, * 1932 in Gotha), Präs. der »Treuhand«-Gesellschaft zur Privatisierung früherer DDR-Betriebe *Birgit Breuel* (* 1938 in Hamburg) wird neue Präs.in der »Treuhand« -Gesellschaft Bundestag entscheidet sich mit 338 : 320 Stimmen für Berlin als Sitz von Parlament und Reg. *Boris Jelzin* will *Erich Honecker* an BRD (die einen Haftbefehl gegen *Honecker* erlassen hat) ausliefern, *Michail Gorbatschow* widerspricht *Erich Honecker* flieht nach Androhung der Auslieferung an BRD in die chilenische Botschaft in Moskau Rücktritt von *Lothar Späth* (* 1937), CDU-Min.-Präs. von Baden-Württ. seit 1979. Ihm war Amtsmißbrauch vorgeworfen und nachgewiesen worden (»Reise-Affäre«) † *Alfons Goppel* (* 1905 in Regensburg, CSU), 1962–78 Min.-Präs. von Bayern	*Literaturnobel*preis an *Nadine Gordimer* (* 1923 bei Johannesburg, mehrsprachiges Elternhaus). Die südafrik. Schriftstellerin setzte sich stets gegen die Apartheid ein Friedenspreis des Deutschen Buchhandels an *György Konrad* (* 1933 in Ungarn), unterdrückter systemkritischer Schriftsteller im kommunistischen Ungarn † *Curt Bois* (* 1901 in Berlin), Kabarettist und Schauspieler, nach 1933 in Hollywood, nach 1945 an Berliner Bühnen „Freiheitstafel" v. *Sebastian Brant* (1457-1521) als erste sog. Freiheitsdichtung wiederentdeckt † *Miodrag Bulatovic* (* 1930), jugoslawischer Schriftsteller † *Gabriel Celaya* (* 1911), spanischer Lyriker † *Walter Dirks* (* 1901 in Dortmund), linkskatholischer Publizist, der 1945 die „Frankfurter Hefte" gründete † *Axel Eggebrecht* (* 1899 in Leipzig), deutscher Schriftsteller und Journalist Der schlesische Schriftsteller *Ota Filip* erhält den *Andreas-Gryphius*-Preis der Künstlergilde Esslingen † *Heli Finkenzeller* (* 1914), deutsche Schauspielerin † *Max Frisch* (* 1911	† *Pedro Arrupe* (* 1907 in Spanien), seit 1965 Generaloberst der Jesuiten 63 Predigten des Kirchenlehrers *Augustinus* in Mainz gefunden † *Hans Bender* (* 1907), Parapsychologe aus Freiburg † *Franz Böckle* (* 1921 in Glarus/Schweiz), kath. Moraltheologe † *Otto Friedrich Bollnow* (* 1903), dt. Philosoph und Pädagoge † *Edgar Bonjour* (* 1898), Schweizer Historiker † *Henri de Lubac* (* 1896), frz. Theologe und Kardinal † *Dimitrios I.* (* 1914 am Bosporus), seit 1972 Patriarch der griechisch-orthodoxen Kirche Kath. Kirche entzieht *Eugen Drewermann* (* 1940) Lehrerlaubnis (u. a. wegen dessen öffentlich geäußerten Zweifeln an der Jungfräulichkeit Mariä) *Klaus Engelhart* (* 1932), ev. Bischof in Baden, wird als Nachfolger von *M. Kruse* zum Vors. der EKD gewählt Die Sarkophage der Preußenkönige *Friedrich Wilhelm I.* und *Friedrich II.* werden von der

† *Berenice Abbot* (* 1898), amerik. Fotografin

† *Otl Aicher* (* 1922), Grafiker, Gründer und Leiter der Ulmer Hochschule f. Gestaltung, Begründer der sogenannten „Visuellen Kommunikation"

Verleihung des *August-Macke*-Preises der Stadt Meschede an den japanischen Maler *Fujio Akai*

Nachlaß von *Ernst Barlach* (1870 bis 1938) soll in Güstrow/Mecklenburg in einem Museum erhalten bleiben

† *Arno Breker* (* 1900), deutscher Bildhauer

Gedächtnis-(Wander-)Ausstellung f. *Otto Dix* (* 1891 bei Gera, † 1969) in Stuttgart, Berlin u. London

Eröffnung des Wohnhauses des Malers *Otto Dix* in Hemmenhofen als Gedenkstätte

Albrecht-Dürer-Ausstellung im Düsseldorfer Kunstmuseum mit ca. 50 Zeichnungen und Aquarellen des Künstlers

Große *Max-Ernst*-Ausstellung in der Londoner Tate Gallery zum 100. Geburtstag des Malers

Dan Freudenthal (* 1945 in Israel): „Ostentativ" (Gemälde); Gemälde-

John Adams (* 1947) „Der Tod des Klinghoffer" (Oper; problematisiert d. Phänomen des Terrorismus; Urauff. i. Brüssel)

† *Carlos Alexander* (* 1915), amerik. Sänger, Dirigent und Komponist

† *Gitta Alpar* (* 1903 i. Budapest), dt.-österr. Opern- und Operettensängerin

Amadeus-Preis d. Stadt Saarbrücken geht a. d. Performance-Künstler *Alvares* und das Jazz-Orch. „Vielharmonie"

† *Claudio Arrau* (* 1903 i. Chile), Pianist

Der israelische Dirigent *Mosche Atzmon* wird neuer Generalmusikdirektor der Dortmunder Oper

† *Charlie Barnet* (* 1913), amerik. Saxophonist

Maurice Béjart: „Tod in Wien - W. A. Mozart" (Ballett; Urauff. a. d. Wiener Oper)

Der 1976 aus der DDR ausgewiesene Liedermacher *Wolf Biermann* (* 1936 i. Hamburg) erhält *Georg-Büchner*-Preis

† *Roy Black* (* 1943 in Augsburg); als Schlagersänger erhielt er mehrere „Goldene Schallplatten"

† *James Cleveland* (* 1931), amerik.

Physik*nobel*preis an *Pierre-Gilles de Gennes* (* 1932 in Paris) für Polymerforschung an „flüssigen Kristallen"

Chemie*nobel*preis an *Richard Ernst* (* 1933 in Winterthur) für Entwicklung der Kernspinresonanz-Spektroskopie (NMRS)

Medizin*nobel*preis an *Bert Sakmann* (* 1942 in Stuttgart) und *Erwin Neher* (* 1944 in Landsberg/Lech) für Erforschung der Nervenleitung der Zellen durch Ionenkanäle (wesentliche Bedtg. für Erkenntnis einiger Krankheiten)

† *Carl Anderson* (* 1905), amerik. Physiker, erhielt 1936 *Nobel*preis

† *John Bardeen* (* 1908) amerik. Physiker und *Nobel*preisträger 1956 und 1972

† *James C. Fletcher* (* 1919), amerik. Physiker und ehemaliger Chef der amerik. Weltraumbehörde NASA

Für ihre Verdienste um die Krebsforschung erhalten die Ärzte Dr. *Wolfram Henn* und Dr. *Cornelius Welter* den Förderpreis der *Hedwig-Stalter*-Stiftung

† *Edwin H. Land* (* 1909 in den USA), Erfinder der Sofortbildfotografie

† *Salvador E. Luria* (* 1912 in Turin),

*Nobel*preis für Wirtschaftswissenschaften an *Ronald H. Coase* (* 1910 bei London) für seine Untersuchung über die Entwicklung der Sozialkosten

Die „G7"-Industrienationen erwirtschaften bei einem Weltbevölkerungsanteil von 23 % rd. 55 % des globalen Sozialproduktes

Die Weltbank beziffert den Energieverbrauch/K der Erdbev. für 1989 auf 1222 kg Erdöleinheiten

Für das 21. Jh. wird eine Zunahme der Erdbev. um 1 Mrd. pro Jahrzehnt erwartet

Ausgaben der gesetzlichen Krankenkassen in der BRD/Mitglied: 1986 3129 DM, 1991 4000 DM = + 5 %/Jahr

Der Ausbruch des Golfkrieges sorgt weltweit für einen sprunghaften Anstieg der Aktienkurse

Putschversuch kommunistischer Kräfte in UdSSR führt zu Panikverkäufen an den Börsen

Helmut Schlesinger (* 1924 in Bayern) wird als Nachfolger von *Karl Otto Pöhl* (* 1929 in Hannover) Präs. der Dt. Bundesbank

30 % „Quellensteuer" auf Zinserträge in der BRD

Steigende Lebenshaltungskosten i. BRD (bes. für neue Bundesländer). Die Inflationsrate steigt auf 4,5 %

BRD begrenzt nach den Erfahrungen des Irak-Krieges ihre Rüstungsexporte

BRD erwägt Kündigung des Jahrhundertvertrags über Steinkohleverstromung

Bedarf an Konsumgütern in den neuen Bundesländern bringt Konjunkturaufschwung in der BRD trotz weltweit nachlassender Konjunktur

Bundesverfassungsgericht bestätigt Enteignungen von 1945-1949 in der sowjet. Besatzungszone

(1991)	»Ampel-Koalition« in Bremen aus SPD, FDP und »Grünen« unter Senatspräs. *Klaus Wedemeier* (* 1944 in Hof/Saale, SPD) Rot-grüner Senat in Hamburg unter *Henning Voscherau* (* 1941 in Hamburg, SPD) Rot-grüne Koalition in Hessen mit Min.-Präs. *Hans Eichel* (* 1943, SPD) und *Joschka Fischer* als Umweltminister *Rudolf Scharping* (* 1948, SPD) wird Min.-Präs. einer SPD-FDP-Reg. in Rheinland-Pfalz *Werner Münch* (* 1940 in Westfalen, CDU) wird Min.-Präs. von Sachsen-Anhalt BRD schließt Grenzvertrag mit Polen Belgischer Min.-Präs. *Wilfried Martens* (* 1936, flämischer Christdemokrat), seit 1979 im Amt, tritt wegen flämisch-wallonischen Differenzen zurück GB schafft die 1990 von *Margaret Thatcher* eingeführte kopfsteuerartige Poll Tax ab Frz. Min.-Präs. *Michel Rocard* (* 1930) tritt zurück *Edith Cresson* (* 1934 Sozialistin) wird Reg.-Chefin in Frankreich Reg. in Finnland unter *Esko Aho* (* 1955), Zentrum ohne KP und Sozialdemokraten Island erkennt als erster europ. Staat die 1940 von der UdSSR annektierten 3 baltischen Staaten an *Giulio Andreotti* (* 1919, Democrazia Cristiana) bildet 50. ital. Reg. als 5-Parteien-Reg. ohne Kommunisten (PDS) Ital. 5-Parteien-Reg. *Andreotti* tritt zurück Kommunistische Partei Ital. (KPI) ändert ihren Namen in PDS und wählt *Achille Occhetto* (* 1936), ehemaligen Vors. der KPI, zum Vors. der PDS † *Kg. Olaf V.* von Norw. (* 1903 als dänischer Prinz in GB, seit 1957 König) SPÖ und ÖVP setzen *Jörg Haider* als Landeshauptmann von Kärnten ab Unter dem Populisten *Jörg Haider* (* 1950 in Österreich), der durch den Gebrauch rechtsradikaler Parolen auffällt, erzielt die FPÖ bei den Wahlen in Österr. große Wahlerfolge Knappe bürgerliche Mehrheit in Schweden beendet 59 Jahre sozialdemokratischer Vorherrschaft *Carl Bildt* (* 1949) bildet neue bürgerliche Reg. in Schweden *George Bush* und *Michail Gorbatschow* ver-	in Zürich), Schweizer Schriftsteller (z. B. „Homo Faber", „Andorra") † *Natalia Ginzburg* (* 1916 in Palermo), italienische Schriftstellerin *Heinrich-Böll*-Preis an *Reinhard Goetz* (* 1954) † *Graham Greene* (* 1904 in GB), Erzähler und Journalist *Nelly-Sachs*-Preis an *David Grossman* (* 1954), dessen Gesamtwerk der Aussöhnung mit Arabern dient Österreichischer *Grillparzer*-Preis an *Peter Handke* (* 1942 in Kärnten) für seinen „Beitrag zum Selbstverständnis der Epoche" † *Trude Herr* (* 1927 in Köln), deutsche Schauspielerin und Sängerin † *Wolfgang Hildesheimer* (* 1916 in Hamburg), Schriftsteller, Mitglied in der „Gruppe 47", erhält 1966 den *Georg-Büchner*-Preis, schrieb 1977 Mozart-Biographie Neueröffnung eines *Hoffmann-von-Fallersleben*-Museums in Wolfsburg † *Yusuf Idris* (* 1927), ägyptischer Schriftsteller † *Hitori Igarashi* (ermordet, 1947), japanischer Schriftsteller, der die „Satanischen Verse" von *S. Rushdie* übersetzte. Führer des Islam hatten	Hohenzollernburg bei Hechingen nach Potsdam zur letzten Ruhe überführt † *Felix Gilbert* (* 1906 i. Deutschland), Historiker, nach 1933 in den USA † *Ernesto Grassi* (* 1902 i. Mailand), italienischer Philosoph *Václav Havel* erhält den Karlspreis der Stadt Aachen † Kardinal *Franz Hengsbach* (* 1910 in Westfalen), als „Ruhrbischof" populär Enzyklika „Centesimus Annus" von Papst *Johannes Paul II.* 100 Jahre nach „Rerum novarum", der ersten Sozial-Enzyklika, die sich u. a. kritisch mit dem Konziliarismus auseinandersetzt Papst *Johannes Paul II.* besucht auf seiner 50. Auslandsreise Portugal Papst *Johannes Paul II.* besucht erstmalig das demokratische Polen sowie dessen Präsidenten *L. Walesa* † *Traugott König* (* 1936), *Sartre*-Übersetzer Verleihung des *Erich-Maria-Remarque*-Preises der Stadt Osnabrück an den sowjet. Germanisten *Lew Kopelew* † *Marcel Lefebvre*

ausstellung in Berlin

Bisher größte Retrospektive des französischen Malers *Théodore Géricault* im Pariser Grand Palais. Anlaß ist der 200. Geburtstag des Künstlers

In Paris findet eine große Ausstellung mit Werken des Schweizer Bildhauers *Alberto Giacometti* statt

Johannes Grützke (* 1937): „Zug der Volksvertreter" (Rundbild in der Paulskirche)

Ausstellung mit Werken von *John Heartfield* im Alten Museum in Berlin aus Anlaß des 100. Geburtstags des Künstlers

Alfred Hrdlicka (* 1928 in Wien, Wotruba-Schüler): „Tor der Gewalt" (Mahnmal gegen Krieg und Faschismus in Wien)

† *Hans Jürgen Kallmann* (* 1908), deutscher Porträtmaler

Für sein Lebenswerk spricht die Deutsche Gesellschaft für Fotografie dem Fotografen *Peter Keetman* den Kulturpreis 1991 zu

† *Giacomo Manzú* (* 1908), italienischer Bildhauer u. Zeichner

Verurteilung des umstrittenen österreichischen Künst-

Sänger und Komponist

† *Carmine Coppola* (* 1911), Komponist, bek. für seine Filmmusik

Verleihung des erstmals vergebenen Preises d. Musikalischen Jugend Deutschlands a. d. amerikanischen Dirigenten *Dennis Russell Davies* für seine Verdienste u. d. Förderung des musikalischen Nachwuchses

Europäische Erstauff. des Musicals „Grand Hotel" von *Luther Davis*, *Robert Wright*, *George Forrest* und *Maury Yeston* a. Berliner Theater des Westens

† *Miles Davis* (* 1926 i. USA) berühmter Jazzmusiker des Cool Jazz

Edison Dennissow: „Der Schaum der Tage" (Oper; Urauff. am Musiktheater i. Revier i. Gelsenkirchen)

† *John Field* (* 1921), britischer Tänzer

† *Margot Fonteyn* (* 1919 i. Großbritannien), weltberühmte Tänzerin und Primaballerina; mit ihrem Partner *R. Nurejew* (* 1938 i. Rußland) fand sie internat. Anerkennung

† *Zino Francescati* (* 1902), französischer Geiger

† *Lawrence „Bud" Freeman* (* 1907 i. USA), Jazzmusiker des Chicago-Style

Virusforscher i. USA, der sich auf die wissenschaftl. Erforschung von Bakteriophagen spezialisiert hatte (*Nobel*preis 1969)

† *Edwin M. McMillan* (* 1907), amerik. Physiker und Chemie-*Nobel*preisträger 1951

Computersimulation von Zusammenstößen von Galaxien mit 100 Mrd. von Sternen ermöglicht Einblicke in die Entwicklung von Sternen und Galaxien, die beobachtbar sind

Die Erforschung des bisher stärksten Quasars in etwa 3 Mrd. Lichtjahren Entfernung, der so stark wie 1000 Galaxien strahlt, ergibt als Energiequelle eine Gravitationsenergie im Umfeld eines „schwarzen Loches" aus etwa 2 Mrd. Sonnenmassen

USA schränken die Konstruktion neuer Raumfähren (Space Shuttle) ein

USA erproben Atomantrieb für Raketen

Röntgensatellit „Rosat" wird durch Sonnenstrahlung beschädigt

US-Raumfähre setzt Gammastrahlen-Observatorium GRO in Erdumlaufbahn aus

Dt. Forschungsanstalt für Luft- und Raumfahrt rechnet nicht mit globalen

In Eisenach wird die Prod. des „Wartburg"-PKW eingestellt

† *Karl Klasen* (* 1909), ehemaliger Präs. der Deutschen Bundesbank

Haushaltsdefizit in den USA steigt auf 268,7 Mrd. $ (= 4,8 % des BSP)

UdSSR wird assoziatives Mitglied des Internat. Währungsfonds (IWF)

Weltweit leichter Rückgang der Rüstungsausgaben um 5 %

In Indien leben 50 % der Einw. unter der Armutsgrenze

Golfkrieg gegen Irak behindert zivilen Luftverkehr, der damit erstmals seit 1983 keine Zuwachsraten mehr aufweist

Bis zum Jahr 2041 zeitlich befristeter Vertrag zum Schutz der noch weitgehend unberührten Natur der Antarktis

Alpenländer unterzeichnen in Salzburg Konvention zum Schutz der Alpen

Karawankentunnel zw. Österr. und Jugosl. eröffnet

Eskimos in Kanada erhalten Land und Entschädigung

FCKW-Verbot passiert den Bundesrat

Jährlich wird der tropische Regenwald durch menschliche Eingriffe um 1 % verringert

Erwärmung und Verschmutzung der Ozeane führt zum Absterben („Ausbleichen") der Korallenbänke

Zypressensterben im Mittelmeerraum, ausgelöst durch Pilz, der um 1950 aus USA nach Europa gelangte

Beschluß, die Kernkraftwerke der ehemaligen DDR wegen der unzulänglichen Sicherheitseinrichtungen abzureißen

5 Jahre nach Tschernobyl-GAU melden russ. Experten 10 000 Opfer

Reaktor-Ruine von Tscherno-

(1991)

künden in Moskau baldige Nahostfriedenskonferenz unter ihrer Schirmherrschaft

Volksdeputierte wählen *Michail Gorbatschow* in das neue Amt des Staatspräs. und streichen führende Rolle der KPdSU

Volksbefragung in der UdSSR ergibt 76 % für *Gorbatschows* Vorschlag, die SU als erneuerte Föderation zu erhalten

Der aus der KPdSU ausgetretene Radikalreformer *Boris Jelzin* (* 1931) wird mit 57,4 % der Stimmen zum Präs der RSFSR (= Russische Sozialistische Föderative Sowjetrepublik) gewählt

9 von 15 Republiken der SU einigen sich auf einen neuen Staatsvertrag (andernfalls hatte *Gorbatschow* mit seinem Rücktritt gedroht)

Michail Gorbatschow wird von einer Gruppe von »Altstalinisten« entmachtet. Vizepräs. *Gennadi Iwanowitsch Janajew* (* 1937 bei Gorki), den *Gorbatschow* in sein Amt eingesetzt hatte, übernimmt Präs.amt

Boris Jelzin versucht, die staatsstreichartige Entmachtung von *Gorbatschow* rückgängig zu machen. Mit breiter Zustimmung der Bev. und deren aktiver Hilfe gelingt Jelzin schließlich die weitgehend gewaltlose Niederschlagung des Putsches

Michail Gorbatschow tritt als Generalsekr. der KPdSU zurück und empfiehlt der Partei die Selbstauflösung. Er übergibt *Boris Jelzin* das Kommando über die Atomwaffen

Staatsrat der UdSSR erkennt Unabhängigkeit Litauens an

Nach einer Volksabst. trennt sich Armenien als 12. Rep. von der SU

Boris Jelzin verbietet für Rußl. die KPdSU

Volksabst. in der Ukraine fordert mit großer Mehrheit Unabhängigkeit des Staates

UdSSR wandelt sich nach Auflösung in eine »Gemeinschaft Unabhängiger Staaten« (GUS) um, die nach neuen Formen der Kooperation sucht. *Michail Gorbatschow* verliert seine Ämter

In Moskau wird am 31.12. auf dem Kreml die Flagge der aufgelösten SU endgültig eingeholt, des Staates, den *Lenin* (* 1870) mit der russ. Revolution von 1917 im Geiste des Marxismus begrdt. hatte

Freie Wahlen mit 4 Parteien in Albanien, welche die Kommunisten gewinnen

Als letzter (35.) europ. Staat wird Albanien in

---

für deren Verbreitung mit der Todesstrafe gedroht

† *Yasushi Inoue* (* 1907), japanischer Schriftsteller

† *John Jahr* (* 1900 in Hamburg), deutscher Verleger

† *André Kaminski* (* 1923 in Genf), Schriftsteller, auch Reporter in Afrika

† *Klaus Kinski* (* 1926 in Zoppot), Schauspieler polnischer Herkunft

Thomas Kling: „brennstahm" (Gedichte ohne Sprachregeln)

† *Karl Korn* (* 1905 in Wiesbaden), 1949 bis 1973 Gründungsherausgeber der Frankfurter Allgemeinen Zeitung

† *Werner Kraft* (* 1896), deutscher Schriftsteller und Literaturkritiker. Lebte in Israel

Verleihung des *Alfred-Döblin*-Preises an den deutschen Schriftsteller *Peter Kurzeck*

† *Hans Lietzau* (* 1913 in Berlin), Regisseur und Schauspieler vorzugsweise in Berlin (Generalintendant), München und Hamburg

† *Artur Lundkvist* (* 1906 in Schweden), schwedischer Lyriker

Norman Mailer (* 1923 in den USA): „Harlot's Ghost" (Roman um CIA), deutsch: „Gespenster"

† *Ursula von Manescul*

(* 1905 in Frankreich), streng konservativer, traditionsbewußter frz. Kardinal, der 1976 wegen unerlaubter Form der Priesterweihe vom Heiligen Stuhl suspendiert wurde

† *Richard Löwenthal* (* 1908 in Berlin, SPD), Politologe, Berater seiner Partei als Kenner der Sowjetunion. Ab 1947 brit. Staatsbürger

† *Oswald von Nell-Breuning* (* 1890 in Trier), kath. Sozialethiker

† *Hans Paeschke* (* 1911), dt. Journalist und Herausgeber der Zeitschrift „Merkur"

Es wird bekannt, daß der von *H. Schliemann* gefundene, seit Kriegsende vermißte legendäre Goldschatz des Priamos sich wahrscheinl. in Moskau befindet

C. F. von Weizsäcker: „Der Mensch in seiner Geschichte" (Naturphilosophie)

Richard von Weizsäcker erhält i. Düsseldorf den *Heinrich-Heine*-Preis

† *Gustav Wetter* (* 1911), österr. Jesuit und Prof. für russ. Philosophie in Rom

Otto-Hahn-Friedensmedaille an *Simon Wiesenthal*

lers *Otto Mühl* wegen sittlicher Gefährdung von Minderjährigen und Verstoßes gegen das Rauschgiftgesetz

„Five Decades" Retrospektive des Porträt-Fotografen *Arnold Newman* (* 1918 in den USA seit 1941 in New York) vorwiegend Künstler-Porträts

Kunstpreis der Stadt Stuttgart an den Maler *Georg Karl Pfahler* und *Camill Leberer*

Große Ausstellung in London dokumentiert Werk des Architekten und Malers *Karl-Friedrich Schinkel*

Deutscher Architekturpreis geht an die Architekten *Joachim* und *Margot Schürmann*

† *Ruftno Tamayo* (* 1900), mexikanischer Maler großflächiger Bilder

† *Jean Tinguely* (* 1925 in der Schweiz), schuf Montagen aus Schrotteilen. Aus seinem Nachlaß entsteht ein sog. „Antimuseum"

Stadt Berlin (O) läßt das monumentale *Lenin*denkmal des russischen Künstlers *Nikolai W. Tomski* abreißen

Der amerik. Architekt *Robert Venturi* erhält den *Pritzker*-Architekturpreis

Methoden der Medizintechnik (Com-

† *Serge Gainsbourg* (* 1928 i. Paris), französischer Chansonnier und Schauspieler

† *Stan Getz* (eigentlich Name: *Stanley Gayetzky*) (* 1927 i. Philadelphia/Pa.), amerik. Jazz-Tenorsaxophonist

† *Martha Graham* (* 1904 i. Allegheny/USA), Tänzerin und Choreographin des freien Kunsttanzes

York Höller: „Der Meister und Margarita" (Oper; dt. Erstauff. i. Köln)

Hugo von Hofmannsthal: „Der Schwierige" (Lustspiel i. d. Inszenierung von *Jürgen Flimm* aufgeführt im Rahmen der Salzburger Festspiele)

Der Brite *Peter Jonas* wird zum neuen Intendanten d. Bayerischen Staatsoper ernannt (ab 1993/94)

† *Wilhelm Kempff* (* 1895 i. Jüterbog), Pianist

† *Ernst Krenek* (* 1900 i. Wien), Komponist, z. B. „Jonny spielt auf" (Jazzoper; Urauff. 1927 i. Leipzig)

Daniela Kurz: „Was ist schon wieder" (Ballett; Urauff. am Stuttgarter Staatstheater)

Philippe Lizon: „Rossini Club" (Ballett; Urauff. am Stuttgarter Staatstheater)

Verleihung des *Hermann-Voss*-Preises

Klimaveränderungen als Folge der riesigen Ölbrände in Kuwait nach dem Krieg

Flugverkehr trägt vermutl. zum Abbau der Ozonschicht bei; dies wird auf der Vollversammlung d. Europäischen Geophysikalischen Gesellschaft geäußert

Der störungsfreie Betrieb des 1,5 Mrd. $ teuren „Hubble"-Weltraumteleskops wird durch die Fehlfunktion mehrerer Stabilisatoren in Frage gestellt

Entd. eines Quasars, der älter ist als alle bisher bekannten Himmelserscheinungen. Entfernung von der Erde: mehr als 12 Mrd. Lichtjahre

Es werden DNS-artige Substanzen spezifischer Sequenz gefunden, die das Erbmaterial seit etwa 400 Mill. Jahren (seit Entstehung der Fische) stabilisieren

Die Taufliege Drosophila erweist sich als bes. geeignet, die normale ontogenetische Embryonalentwicklung zu analysieren

Es gelingt, transgene Rinder mit verbesserten Eigenschaften zu züchten

Züchtung blauer Rosen durch Gentechnik

Forscher wenden in den USA zum erstenmal die umstrittene Gentherapie zur

byl stellt weiterhin Gefahr für die Umwelt dar

Bau des „Schnellen Brüters" bei Kalkar wird eingestellt, nachdem das Projekt 7 Mrd. DM Kosten verursacht hat

Seit dem GAU von Tschernobyl wurden erneut 27 KKW in Betrieb genommen (insg. 424)

Einsatz der ersten ICE-Züge der Dt. Bundesbahn

† *Hans Gerling* (* 1915 in Köln), Versicherungskaufmann und Chef des gleichnamigen Versicherungskonzerns

† *Ernst von Siemens* (* 1904), Konzernchef

Meinungsumfragen am 1. Jahrestag der dt. Einheit ergeben im Osten nur 21 %, im Westen nur 12 % Zustimmung zur Wiedervereinigung

Verteilung der Aufgaben auf Berlin und Bonn durch Bundesreg. relativiert Hauptstadtbeschluß des Bundestages

Hilfsprogramm für die neuen Bundesländer in der BRD transferiert 12 Mrd. DM

Ca. 4,8 Mrd. DM Schäden durch „Vereinigungskriminalität" in der BRD

Parteienstreit (SPD/CDU gegen FDP) um Alterspflegeversicherung in der BRD

Zahl der Heilkuren i. BRD hat sich seit 1970 verdoppelt

Der sprunghafte Anstieg der Motorisierung in den neuen Bundesländern führt zu teilw. chaotischen Verkehrsverhältnissen

Erstes ziviles Kernkraftwerk in VR China

In Alaska findet eine internat. Expedition das mutmaßliche Grab von *Vitus Bering* (1680 bis 1741)

Abnahme der Eisdecke der Arktis um 2 % im letzten Jahrzehnt

Seit der „grünen Revolution"

die KSZE aufgenommen, nachdem es sich vom Kommunismus getrennt hat

(1991)

EG und USA erkennen die 3 baltischen Staaten an, die die SU 1940 auf Grundlage des Hitler-Stalin-Paktes annektiert hatte

Litauen erklärt sich nach Volksabst. zur unabhängigen demokratischen Republik

Philp Dimitrow (* 1925, demokratische Union) wird Min.-Präs. von Bulg. und bildet mit Muslims MinderheitsReg.

Letzte Truppen der UdSSR verlassen Ungarn und ČSFR, wo sie seit 1955 bzw. 1968 stationiert waren

† *Gustav Husák* (* 1913 in Tschechoslowakei, KP), Politiker, 1975–1989 Präs. der ČSSR

Slowenien und Kroatien trennen sich von Jugoslawien, in dem die Serben zentrale Macht in Nachfolge *Titos* ausüben und behaupten wollen

Blutige, bürgerkriegsähnliche Kämpfe in Jugosl. zw. Kroaten und Serben, wobei letztere von der KP-beherrschten Bundesarmee unterstützt werden

EG beschließt Wirtschaftssanktionen gegen Jugoslawien, um Bürgerkrieg zu beenden

Alle mit der EG vereinbarten Waffenstillstandsabkommen im Bürgerkrieg Jugoslawiens werden gebrochen

UN lehnt Blauhelmeinsatz in Jugosl. zunächst ab

Jan Olszewski (* 1930) wird entgegen den Wünschen von *Lech Walesa* Min.-Präs. einer Koalition der rechten Mitte in Polen

Poln. Arbeiterführer der Gewerkschaft »Solidarität«, *Lech Walesa* (* 1943 bei Bromberg), wird zum poln. Staatspräs. gewählt

16 Jahre Bürgerkrieg im Libanon enden mit der Auflösung aller Milizen. Israel beansprucht weiterhin eine Sicherheitszone im Süd-Libanon

Im Irakkrieg steht Jordanien, gedrängt von seiner palästinensischen Bevölkerung, auf der Seite Iraks (zugleich sein Haupthandelspartner), bleibt aber passiv

Nach einem Monat pausenloser Luftangriffe planen die USA Übergang zur Landoffensive in Kuwait mit dem Risiko höherer Verluste

Im Rahmen von Beschlüssen, des UN-Sicherheitsrates befreien die USA und ihre Verbündeten das vom Irak besetzte Kuwait durch die Militäraktion »Wüstensturm«, nach der Irak die Bedingungen der UN akzeptieren muß

(* 1931), deutsche Schauspielerin

† *Fritz Martini* (* 1910), Germanist, als Literaturhistoriker Verfasser einer weitverbreiteten Literaturgeschichte

† *Robert Ian Maxwell* (eigentlich Name: *Jan Ludvik Hoch*, 1923 in Selo Slatina, Tschechoslowakei), britischer Verleger

Friederike Mayröcker: „Nada, NICHTS" (Bühnenstück; Urauff. am Wiener Schauspielhaus)

† *Hannes Messemer* (* 1924 in Dillingen), deutscher Schauspieler

† *Jiří Mucha* (* 1915), tschechoslowakischer Schriftsteller

† *Günther Neutze* (* 1921), deutscher Schauspieler

† *Sir Lawrence Olivier* († 1990, britischer Schauspieler) wird in der Westminster Abbey in London beigesetzt

Ingeborg-Bachmann-Preis an *Emine Segvin Ozdamar* (* 1946 in der Türkei)

† *Theo Pinkus* (* 1910), Schweizer Buchhändler und Verleger

Harold Pinter: „Party-Time" (Bühnenstück; Urauff. am Londoner Almeida-Theater)

Verleihung des Österreichischen Staatspreises f. Literatur an den Wiener Schriftsteller *Gerhard Rühm*

Der vom Iran mit dem Tode bedrohte *Salman*

(* 1908 in der Ukraine), österreichischer Publizist, Leiter des jüdischen Dokumentationszentrums in Wien

1,75 Mill. Studienanfänger in BRD

Nach einer Welle der Gewalt gegen Ausländer kommt es in vielen Städten der BRD zu Gegendemonstrationen

Weltweite Diskussion um die Frage, ob mit dem Zusammenbruch der kommunistischen Staaten die Idee d. Sozialismus keine Zukunft mehr habe

Japan und USA verweigern einander sowohl Wiedergutmachungen als auch offizielle Entschuldigungen f. grausame Kriegshandlungen (1941 Pearl Harbor, 1945 Hiroshima)

Präs. *De Klerk* kündigt das Ende der Apartheid in Südafrika an

Konferenz in Südafrika verhandelt über neue Verfassung ohne Apartheid

Ca. 1 Mill. Menschen fliehen aus Sri Lanka, wo seit 1983 ein blutiger Bürgerkrieg zw. hinduistischen Tamilen und buddhistischer Mehrheit tobt

Die ev. Kirchen (BRD/ehemalige DDR) vereinigen

puter- u. Kernspin-Tomographie) werden zur Entlarvung von Kunstfälschungen verwendet

Wiedereröffnung des Bremer *Gerhard-Marcks* -Museums nach Umbau

Ausstellung „Schätze aus dem Kreml – *Peter der Große* in Westeuropa" im Bremer Übersee-Museum

Wiedereröffnung d. Pariser Museums Jeu de Paume als Galerie für zeitgenössische Kunst. Die früher dort ausgestellten Werke d. Impressionisten hängen nun im Musée d'Orsay

Eröffnung des „Museum of Contemporary Art" im australischen Sidney

Der seit Kriegsende verschwundene und vor kurzem in der USA wiederentdeckte Quedlinburger Domschatz kehrt an seinen Heimatort zurück

† *Irwin Allen* (* 1916), amerik. Regisseur und Produzent

† *Jean Arthur* (* 1908), amerik. Filmschauspielerin

† *Peggy Ashcroft* (* 1907), britische Theater- und Filmschauspielerin

† *Lino Brocka* (* 1939), philippinischer Regisseur

der Deutschen Orchestervereinigung a. d. Dirigenten *Kurt Masur*

† *Freddie Mercury* (* 1946 i. Sansibar/Tansania), britischer Sänger iranischer Herkunft. Wurde bekannt mit seiner Gruppe „Queen"

Gesamtwerk von *W. A. Mozart* auf 180 CDs

Vollendung d. *Mozart*-Gesamtausgabe nach 36 Jahren zum 200. Todestag mit 105 Notenbänden

† *Gustav Neidlinger* (* 1910), deutscher Sänger

John Neumeier: „Fenster zu Mozart" (Ballett; Urauff. im Rahmen der Hamburger Balletttage)

Die rumänische Sopranistin *Adina-Cristina Nitescu* erhält i. Wiener Belvedere-Wettbewerb den 1. Preis

† *Alex North* (* 1910), amerik. Filmkomponist

† Sir *Andrzej Panufnik* (* 1914 i. Warschau, seit 1954 i. GB), schrieb 10 Sinfonien und ein Cellokonzert, u.a. „Epitaph für die Opfer von Katyn"

Einojuhani Rautavaara: „Vincent" (Oper; dt. Erstauff. am Kieler Opernhaus)

Krysztof Penderecki (* 1933 i. Polen): „Ubu Rex" (heitere Oper; Urauff. zum

Krebsbekämpfung an

Impfung gegen AIDS bei Menschenaffen erfolgreich

Weltweit beziffert die Weltgesundheitsorganisation die gemeldeten AIDS-Fälle mit 345 333

Schätzungen der Weltgesundheitsorganisation (WHO) gehen davon aus, daß es bis zum Jahr 2000 etwa 40 Mill. AIDS-Infizierte geben wird

Auf internat. Genetik-Kongreß in London wird die Zahl der bekannten Gene auf 2500 beziffert

Der amerik. Tierschutzbund bestreitet, daß sich aus Tierversuchen an Mäusen Rückschlüsse auf das Verhalten des menschl. Organismus ziehen lassen

Mehr als 12 000 Herzpatienten warten in der BRD auf eine Operation, verlautet auf der 20. Jahrestagung der Dt. Gesellschaft für Thorax-, Herz- und Gefäßchirurgie

Einer Untersuchung der Harvard-Univ. zufolge soll die regelmäßige Einnahme von Östrogen (= weibl. Geschlechtshormon) das Risiko von Herzkranzgefäß-Erkrankungen bei Frauen nach den Wechseljahren um etwa 50 % senken

Erhöhte Streßbelastung verdoppelt das

im Agrarbereich vor etwa 25 Jahren stiegen die ha-Erträge etwas schneller als die Erdbev.

UdSSR räumt 594 AIDS-Fälle ein (in der BRD sind es ca. 40 000)

EG vertagt Aufnahmeanträge von Österr., Schwed., Zypern, Malta und Türkei

Leningrad erhält wieder seinen früheren Namen St. Petersburg. Zu den Feierlichkeiten kommt auch der Neffe des letzten Zaren aus dem Hause Romanow

† *Soichiro Honda* (* 1906), jap. Industrieller

In Hoyerswerda u. a. Gemeinden der BRD finden verschiedene Ausschreitungen gegen Flüchtlingsheime statt. Teilweise sympathisiert die Bev. mit den Tätern

Schwere kriminelle Ausschreitungen in brit. Städten

Denkmal des Gründers der sowjet. polit. Geheimpolizei *F. Dserschinskij* (1877-1926) wird in Moskau von einer Menschenmenge demontiert

Ital. erwehrt sich zweier starker Flüchtlingswellen aus Albanien durch gewaltsame Repatriierung der Flüchtlinge

Gerichtsverfahren um den Fememord an *Ulrich Schmücker* von 1974 wird nach 16 Jahren ergebnislos eingestellt

Nach der Währungsunion steigen Wirtschaftskriminalität und Eigentumsdelikte in den neuen Bundesländern stark an

Amnesty International (ai) registriert Menschenrechtsverletzungen in 141 Staaten

† *Klaus Barbie* in Kriegsverbrecherhaft (* 1913 in Bad Godesberg), 1943/44 Gestapochef von Lyon

Winnie Mandela erhält wegen Mißhandlung Jugendlicher 6 Jahre Haft

Ermittlungen in der BRD ge-

(1991)	UN-Sicherheitsrat beschließt Friedensbedingungen für den Irak, gegen die der irakische Staat protestiert UdSSR und Israel nehmen die seit 1967 unterbrochenen diplomat. Bez. wieder auf Israel setzt seine Siedlungspolitik auf arab. besiedelten Gebieten intensiv fort und erschwert damit den US-Friedensplan »Land gegen Frieden« In Madrid wird die lange vorbereitete Nahostkonferenz eröffnet, zu der erstmals seit 1948 alle Konfliktparteien an einem Tisch versammelt sind (Delegationen aus Israel, Ägypten, Jordanien, Syrien, Libanon) UN widerruft auf Betreiben der USA mit großer Mehrheit die Resolution von 1975, in der Zionismus als Rassismus bezeichnet wurde *Saddam Hussein* einigt sich mit Kurdenführer *Dschalal-Talabani* über kurdische Autonomie Türkei bekämpft mit militär. Mitteln die Kurden im Osten des Landes und beansprucht darüber hinaus Puffer- und Sicherheitszone im Nordirak, wo ebenfalls Kurden ansässig sind. Es folgen türk. Angriffe auf die kurdische Bev. in diesem Gebiet Die Kurdenverfolgung des NATO-Mitgliedes Türkei stößt auf internat. Kritik In der Türkei bildet *Süleyman Demirel* (* 1924 in der Türkei, konservativ) mit *Erdal Inönü* (sozialdemokrtisch) KoalitionsReg. † *Shapur Bachtiar* (im Pariser Exil ermordet, * 1914), 1979 letzter Reg.-Chef im Iran unter dem Schah Diktaturen in Benin und Mali werden durch Demokratiebewegung entmachtet Nach 10 Jahren Exil kehrt der ehemalige Präs. *Ahmed Ben Bella* (* 1916) nach Algerien zurück Bürgerkriegsparteien in Angola schließen Friedensvertrag in einem sog. »Stellvertreter-Krieg« USA und UdSSR einigen sich auf Beendigung des Bürgerkrieges in Angola, der seit 1975 über 200 000 Tote forderte Das Regime des marxistischen Generals *Mengistu Haile Mariam* (* 1938) in Äthiopien wird von Rebellen gestürzt, die aus mehreren Landesteilen zusammengekommen sind. Es folgt eine Mehrparteienreg. in Adis Abbeba Nach einem Kampf um die Macht wird *Meles Zenawi* (* 1955) von der Volksdemokratischen Revolutionsfront Staatspräs. von Äthiopien	*Rushdie* tritt in New York öffentlich auf † *Max Walter Schulz* (* 1921) deutscher Schriftsteller. Früherer Kulturpolitiker in der ehemaligen DDR † *Isaac B. Singer* (* 1904 in Polen, lebte seit 1953 i. New York), jiddisch schreibender Schriftsteller, *Nobel*preis 1978 (*Stalin* hatte 1952 den Hauptvertreter jiddischer Kultur hinrichten lassen) † *Michel Soutter* (* 1932), Schweizer Regisseur *Thomas Strittmatter:* „Untertier" (Bühnenstück; Urauff. im Grazer Schauspielhaus) Frankfurter *Goethe*-Preis an *Wislawa Szymborska* (* 1923 in Polen) † *Hans Thimig* (* 1900), österreichischer Schauspieler u. Regisseur † *Gene Tierney* (* 1920), amerik. Schauspielerin † *Vercors* (eigentlicher Name *Jean Marcel Bruller*; * 1902), französischer Schriftsteller und Verleger † *Hans Weigel* (* 1908 in Wien), österreichischer Literat † *Sir Angus Wilson* (* 1914), britischer Schriftsteller *Robert Wilsons* „The Black Rider" wird zum Auftakt des 28. Berliner Theatertreffens aufgeführt Der Schriftsteller *Ror*	sich in Coburg wieder zur Evangelischen Kirche Deutschland Zusammenschluß beider Jüdischer Gemeinden in Berlin Aramäisch, die Sprache Christi, die im Antilibanon-Gebirge/Syrien vereinzelt noch gesprochen wird, droht auszusterben Zulassungssperre für iranische Verlage zur Frankfurter Buchmesse wird wieder aufgehoben Vor- und Frühgeschichte der Menschheit werden durch Nachweis biologisch analoger Stammbäume sowie Übereinstimmungen u. Ähnlichkeit der Sprachentwicklung und -verwandtschaft erhellt In Frankr. wird Höhle mit Tierbildern aus der Zeit vor ca. 10000 v. Chr. gefunden, deren Zugang heute 40 Meter unter der Meeresoberfläche liegt In der Osttürkei bei Nevali Cori Tempelfund aus der Zeit um -7000 mit ältester bekannter Steinplastik eines Gottes In Paris werden bei Ausgrabungen 3 ca. 6500 Jahre alte Einbäume entdeckt Im Tiroler Gletschereis (Ötztal)

† *Heidi Brühl* (* 1942), deutsche Filmschauspielerin von internationalem Rang

† *Frank Capra* (* 1897 in Palermo) sozialkritischer Filmregisseur

Skandal bei Vergabe der „Goldenen Palme" der französischen Filmfestspiele in Cannes um US-Film „Barton Fink" von *Joel* und *Ethan Coen* (wegen Horrorszenen)

Kevin Costners Film „Der mit dem Wolf tanzt" erhält 7 Oscars

Bei der Verleihung des „Golden Globe" in Hollywood wird *Kevin Costners* Film „Der mit dem Wolf tanzt" als bester Film mit dem besten Drehbuch und der besten Regie geehrt

† *Ken Curtis* (* 1916), amerik. Schauspieler

Beim 44. Internationalen Filmfestival von Locarno erhält d. Film „Johnny Suede" von *Tom Dicillo* den „Goldenen Leoparden"

† *Falk Harnack* (* 1913), deutscher Regisseur

Beim 40. Internationalen Film-Festival in Mannheim wird der sowjetische Film „Bruder" von *Bahtiyar Hudoinazarow* m. d. Preis für den besten Erstlingsfilm ausgezeichnet

Auftakt der Münchner Opernfestspiele)

† *Maria Reining* (* 1903 i. Wien), Opernsängerin

Herbert Rosendorfer /Helmut Eder: „Mozart in New York" (Oper; Urauff. b. d. Salzburger Festspielen)

† *Max Rostal* (* 1905 i. Teschen/Österr.), Geiger und Musikpädagoge

† *Ahmed Adnan Saygun* (* 1907), türkischer Komponist

Der Österreichische Staatspreis für europäische Komponisten geht an *Alfred Schnittke*

Salvatore Sciarrino: „Perseus und Andromeda" (Oper; Urauff. im Stuttgarter Staatstheater)

† *Rudolf Serkin* (* 1903 i. Eger, ab 1939 i. USA), Pianist

Verleihung des Sonning-Musikpreises für 1992 a. d. Dirigenten *Sir Georg Solti*

† *Teddy Stauffer* (* 1909 i. d. Schweiz), Bandleader a. d. Zt. des Swing i. Berlin

Manfred Trojahn (* 1949 b. Braunschweig): „Enrico" (Oper; Urauff. b. d. Münchener Opernfestspielen)

† *Emil Tschakarow* (* 1948), bulg. Dirigent

† *Hellmut Walcha* (* 1908 i. Leipzig), Organist, berühmt als Bach-Interpret

Risiko, an grippalen Infekten zu erkranken (Ergebnis einer Studie der Carnegie-Mellon-Univ. und des Medical Research Council)

Epidemieartige Ausbreitung der Cholera in fast allen Staaten Lateinamerikas (ca. 3500 Todesopfer). Weltweit sind nach Angaben der WHO in diesem Jahr eine halbe Mill. Menschen an der Seuche erkrankt

Struktur des Cholera-Gifts wird von amerik. Wissenschaftlern entschlüsselt

Mediziner an Bord der US-Raumfähre „Columbia" erforschen Einfluß der Schwerelosigkeit auf den menschl. Organismus

Aufbau eines zentralen Registers aller Knochenmarkspender in Ulm

Eröffnung der ersten dt. Forschungsstation des *Alfred-Wegener*-Instituts für Polar- und Meeresforschung (Bremerhaven) in der Antarktis

Laut einem warnenden Bericht der UN sind die Staaten Malediven und Bangladesh akut gefährdet durch den infolge der erwärmten Erdatmosphäre befürchteten Anstieg des Meeresspiegels

Unter höchster Abschirmung gegen Störstrahlung gelingt

gen *Alexander Schalck-Golodkowski* (* 1933), früherer „Devisenbeschaffer" der DDR, wegen zahlreicher Wirtschaftsvergehen. Dieser lebt unbehelligt in einer Villa am Tegernsee

Harry Tisch (* 1927), früher Vors. des FDGB in der DDR, erhält 18 Monate Haftstrafe ohne Bewährung wegen Veruntreuung bei Privatreisen

† *Karl-Heinz Köpcke* (* 1922 in Hamburg), dt. Nachrichtensprecher. 1959 bis 1987 verlas er die Meldungen der ARD-Sendung „Tagesschau"

Verordnungen schränken Haltung von Kampfhunden in Ländern der BRD ein

2026 Rauschgifttote in der BRD (1990: 1491)

Zahl der Mafiamorde in Ital. steigt gegenüber Vorjahr um 29 % auf 1916

19 tote Schülerinnen und zahlreiche Verletzte bei einem nächtlichen Überfall aus „Rache" von Jungen auf ein Mädcheninternat in Nairobi/Kenia

In Österr. werden 4 Krankenschwestern wegen Ermordung von 42 Patienten in Wien-Lainz angeklagt

In VR China werden weitere Mitglieder der Demokratiebewegung von 1989 hingerichtet

17facher Mörder in Milwaukee/USA geständig

In Polen werden Massengräber mit den sterblichen Überresten poln. Offiziere gefunden, die 1939 vom NKWD der UdSSR in Gefangenschaft ermordet wurden

Im Libanon werden 11 von 13 westlichen Geiseln aus der Gewalt radikaler Schiiten entlassen

Karneval in Mainz und Wiener Opernball werden wegen des Golfkrieges abgesagt

Während des Golfkrieges wird in Israel das US-Raketenab-

(1991)	Nach polit. Unruhen Regs.wechsel auf Madagaskar *Kenneth Kaunda* (* 1924), seit 1964 Staatspräs. und Alleinherrscher in Sambia, läßt freie Wahlen zu Nach Wahlen folgt friedlicher Machtwechsel: nach *Kenneth Kaunda* wird *Frederick Chiluba* (* 1943, Führer der Gewerkschaftsbewegung) Staatspräs. Militärputsch in Somalia stürzt Diktator *Siad Barre* (* 1919, herrschte seit 1970) US-Präs. *G. Bush* und EG heben seit 1986 bestehendes Handelsembargo gegen Südafrika auf ANC, der nach langer Zeit wieder in Südafrika tagen darf, wählt *Nelson Mandela* zum Präs. Nach Kämpfen (ca. 1000 Tote) zw. Anhängern des ANC und denen der Zulu-Bewegung Inkatha treffen sich die Führer beider Gruppen, *Nelson Mandela* und *Mangosuthu Buthelezi* (* 1923), um den Konflikt zu schlichten Es wird bekannt, daß die südafrik. Reg. die Zulu-Organisation Inkatha als Gegner des ANC mit großen Summen unterstützte. Heftige Proteste der Bevölkerung Als Konsequenz aus dem Skandal, daß die Inkatha aus Geheimfonds des südafrikan. Staates unterstützt wurde, bildet Präs. *Frederik Willem De Klerk* die Reg. Südafrikas um Militärputsch in Togo/Afrika In Austr. ersetzt Labour-Party den umstrittenen Min.-Präs. *Robert Hawks* (* 1929) durch *Paul Keating* (* 1945) † *Jiang Quing* (Selbstmord, * 1914, 3. Frau Maos) als Mitglied der »Viererbande« 1981 zum Tode verurteilt † *Rajiv Gandhi* (durch Bombenanschlag während Wahlkampf) (* 1944, Sohn von *Indira Gandhi*) Der umstrittene jap. Min.-Präs. *Toshiki Kaifu* (* 1931, Liberale Partei), seit 1989 im Amt, kündigt das Ende seiner Amtszeit an *Kiichi Miyazawa* (* 1919) neuer Min.-Präs. in Japan Nach 12 Jahren Bürgerkrieg in Kambodscha einigen sich die 4 beteiligten Parteien auf einen Waffenstillstand in einem sog. »Stellvertreterkrieg« zw. UdSSR und VR China Grundsatzabkommen zw. Nord- und Süd-Korea verbessert die bisher feindlichen Bez. seit 1950	*Wolf* erhält den Bremer Literaturpreis † *Gerhard Wolfram* (* 1922), deutscher Schauspieler, Regisseur und Theaterleiter † *Maria Zambrano* (* 1904), spanische Schriftstellerin Orthographisches Wörterbuch „Duden“ erscheint mit gesamtdeutscher Redaktion Erste Leipziger Buchmesse im vereinten Deutschland Enge Kooperation der Buchmessen in Leipzig und Frankfurt/M. mit dem Ziel der Erhaltung beider Messen Frankfurter Buchmesse stellt ca. 100 000 neue Titel vor Eröffnung des Schweizerischen Literaturarchivs in Bern. *Friedrich Dürrenmatt* hatte dem Haus vor seinem Tod eine große Schenkung vermacht PEN-Zentrum der ehemaligen DDR beschließt, unter der Bezeichnung Deutsches PEN-Zentrum (Ost) eigenständig zu bleiben	wird etwa 5300 Jahre alter Leichnam („Ötzi“) aus der Bronzezeit geborgen. Reste der Kleidung und Ausrüstung sind erhalten geblieben Die Zerstörung Pompejis wird jahreszeitlich von Herbst auf Winter 79 n. Chr. neu datiert Ort der sogenannten Hermannsschlacht (9 n. Chr. besiegte Cheruskerfürst Arminius ein römisches Heer) bei Bramsche am Wiehengebirge gefunden Im Sultanat Oman werden bei Beobachtungen aus der Luft 50 Grabtürme aus der Zeit –2500 entdeckt In der Türkei nimmt der Einfluß des islamischen Fundamentalismus zu Im Sudan verbreitet sich zunehmend die Glaubensrichtung des islamischen Fundamentalismus Untersuchungen haben ergeben, daß die Reichskrone des Heiligen Römischen Reiches zw. 1024 und 1039 geschaffen wurde 7. Vollversammlung des Ökumenischen Rats der Kirchen. Ca. 1000 Delegierte aus 311 Mitgliedskirchen nehmen teil. So-

† *Michael Landon* (* 1936), amerik. Filmschauspieler und Fernsehregisseur

† *Sir David Lean* (* 1908 in England), Regisseur; er erhielt für seine Filme insg. 28 Oscars. Zu seinen bekanntesten Filmen zählen „Lawrence von Arabien", „Reise nach Indien", „Die Brücke am Kwai" und „Doktor Schiwago"

† *Richard Maibaum* (* 1910), amerik. Drehbuch-Autor (*James-Bond*-Filme)

Erstes Filmfestival in Cottbus: Den Preis erhält der ungarische Film „Meteo" von *Andras Mesz Monory*

† *Yves Montand* (* 1921 in der Toskana), französischer Filmschauspieler und Chansonsänger

Goldener Löwe von Venedig an Filmregisseur *Nikita Michalkow* für „Urga"

† *Michael Pfleghar* (* 1933 in Stuttgart), deutscher Fernseh- und Filmregisseur

† *Tony Richardson* (* 1928), britischer Filmregisseur

† *Viviane Romance* (* 1912), französische Filmschauspielerin

„Homo faber" (Film von *Volker Schlöndorff* [* 1939] nach

Rony Weiß: „Anne und Hanna oder Der Krieg in den Gedanken der Kinder" (Sprechstück i. Noten; Urauff. i. Berlin)

Beim internationalen Violinwettbewerb i. Hannover gewinnt d. Geigerin *Antje Weithaas* den 1. Preis

Oberhausener Oper muß aus finanziellen Gründen schließen (Kulturkrise)

Eröffnung des neuen Opernhauses in Sevilla

Zum Auftakt der Salzburger Festspiele wird das Ballett „Requiem" von *John Neumeier* (nach d. Komp. von *Wolfgang Amadeus Mozart*) uraufgeführt

In Heidelberg findet das „Internationale Musikfestival-Komponistinnen heute" statt

Neueröffnung d. durch einen Brand zerstörten Frankfurter Oper mit einem Festakt

es einer Forschergruppe mit Mitgliedern aus der BRD und UdSSR, mit einem Einkristall aus Germanium-Isotop 76 von 2 kg die Äquivalentmasse des Elektron-Neutrinos auf weniger als 1,46 Elektronenvolt festzulegen

Zerfallshalbwertzeit des freien („ultrakalten") Neutrons wird mit 888 Sek. gemessen

Konstruktion eines elektrischen Schalters durch Umsetzen einzelner Atome mit dem Tunnel-Raster-Mikroskop

Fortentwicklung des Röntgen-Mikroskops mit stärkerer Auflösung als Licht-Mikroskope

Weltweit liefert die Kernenergie rd. 20 % der Stromversorgung

In Hessen werden Überreste eines 250 Mill. Jahre alten Lebewesens entdeckt, aus dem im Verlauf der Evolution die Säugetiere hervorgegangen sind

Rasch fortschreitende Entwicklung umweltfreundlicher Brennstoffzellen

Inbetriebnahme von Deutschlands modernstem Forschungsreaktor im *Hahn-Meitner*-Institut in Berlin

Weltweit erstmals gelingt Forschern des europäischen Kernfusionsprojekts in

wehrsystem „Patriot" erfolgreich gegen irak. Scud-Raketen aus sowjet. Prod. eingesetzt

Wegen der illegalen Rüstungsexporte in den Irak verschärft BRD Exportkontrolle

Die Kosten des Krieges gegen Irak werden auf ca. 60 Mrd. $ geschätzt

Irakische Armee sprengt auf dem Rückzug zahlreiche kuwaitische Ölquellen und richtet dadurch schwerste Umweltschäden an

Irak leitet während des Golfkriegs 1 Mrd. Liter Öl in den Persischen Golf und verursacht damit größte Ölpest der Geschichte

Nach 9 Monaten wird die letzte der ca. 500 vom Irak in Brand gesetzten kuwaitischen Ölquellen gelöscht

1-2 Mill. Kurden fliehen vor den irak. Truppen nach Norden und in die Türkei, wo sie trotz Hilfsaktionen Not und Elend erwarten

Nach Hunger und Seuchengefahr im Irak lockert der UN-Sicherheitsrat das wegen des Golfkriegs gegen diesen Staat verhängte Handelsembargo

Südafrika wird nach 32 Jahren wieder zu den Olymp. Spielen zugelassen

1. FC Kaiserslautern wird dt. Fußballmeister

Boris Becker erreicht Rang 1 der internat. Weltrangliste im Tennis

Mit *Boris Becker* und *Michael Stich* stehen erstmals zwei dt. Tennisspieler im Wimbledonfinale

Journalisten wählen zu „Sportlern des Jahres" Wimbledonsieger *Michael Stich* (* 1969) und *Katrin Krabbe* (* 1969 in Neubrandenburg), die im Kurzstreckenlauf erfolgreich war

7. Eheschließung von *Elizabeth Taylor* (* 1932)

(1991)	Knapper Sieg der (SPD-ähnlichen) Kongreßpartei über KP in freien Wahlen im Kgr. Nepal Mittelamerik. Konferenz in El Salvador nimmt Panama als neues Mitglied auf und berät über mittelamerik. Freihandelsraum *Fidel Castro* (* 1927) fordert auf einem KP-Parteitag auf Kuba »Sozialismus um jeden Preis« Ein Jahr nach der Rebellenentwaffnung erneut Kämpfe zw. Rebellen und Armee in Nicaragua Nach Militärdiktatur wird in Haiti der linke kath. Befreiungstheologe *Jean-Bertrand Aristide* (* 1953) Staatspräs. Nach 8 Monaten wird der erste frei gewählte Präs. von Haiti, *Jean-Bertrand Aristide*, der bes. die Interessen der Armen vertritt, vom Militär gestürzt und flieht ins Ausland	fortiger Waffenstillstand im Golfkrieg wird gefordert Die 100. Geburtstage von *R. Carnap*, *H. Reichenbach* und *E. Zilsel* erinnern an die Bedtg. des „Logischen Empirismus" des „Wiener Kreises" Bei der 21. Tagung der *Mommsen*-Gesellschaft vereinigen sich Altertumswissenschaftler aus der BRD und aus dem Gebiet der ehemaligen DDR nach 30jähriger Trennung	dem Buch von *Max Frisch* [† 1991]) Hohe Auszeichnungen für den Film „Malina" von *Werner Schroeter:* Goldenes Filmband, Gold für Regie, Goldenes Filmband für die beste darstellerische Leistung (an *Isabelle Huppert*) und für Schnitt (an *Juliane Lorenz*) Verleihung des „Großen Ehrenpreises" der Internationalen Graphik-Biennale von Ljubljana/Jugosl. an den Maler *Emil Schumacher* † *Klaus Schwarzkopf* (* 1922 in Neuruppin), deutscher Theater-, Fernseh- und Filmschauspieler † *Don Siegel* (* 1912 in Chicago), amerik. Filmregisseur „JFK – Tatort Dallas" (Film von *Oliver Stone* [* 1946 in London] über *Kennedy*-Mord) *Wim Wenders* (* 1945 in Düsseldorf): „Bis ans Ende der Welt" † *Luigi Zampa* (* 1905), italienischer Filmregisseur In der BRD erfolgreiche Filme (über 3,5 Mill. Zuschauer): „Rainman", „Ein Fisch namens Wanda", „Otto-der Außerfriesische"

Culham (GB) eine kontrollierte Kernfusion

250 Mill. Jahre altes Reptilienfossil in Südafrika gefunden

3 Mill. Jahre alter menschl. Unterkiefer in Malawi/Afrika gefunden; der Stand der Zahnentwicklung bei diesem Fund wurde zw. dem des Australopithecus afarensis und dem des Homo habilis eingeordnet

Bei Tiflis wird ein 1,8 Mill. Jahre alter menschl. Unterkiefer des Homo erectus gefunden und so die Vermutung gestützt, daß die Ausbreitung der Menschheit von SO-Afrika über Nahost nach Europa erfolgte

In der Wissenschaft festigt sich die Überzeugung, daß der Mensch seit über 1 Mill. Jahren in Europa siedelt

Thermolumineszenzuntersuchungen zeigen, daß Neandertaler länger als bisher angenommen gleichzeitig mit Cro-Magnon-Menschen lebten

Eine Expedition von Forschern bricht von Peru aus mit Flößen aus Schilf zu den Galapagos-Inseln auf, um zu beweisen, daß bereits die lateinamerik. Ureinwohner in der Lage waren, weite Seereisen zu unternehmen

Eröffnung der 1. Solartankstelle Österreichs für Elektrofahrzeuge

Verleihung des renommierten *Werner-von-Siemens*-Rings an Prof. *Arthur Fischer* für seine Erfindung des gleichnamigen Modellbausystems und des gleichnamigen Dübels

Kommunikation der Ameisen wird zunehmend entschlüsselt

Die Zahl der Arten von Lebewesen, die je auf der Erde lebten, wird auf 5–50 Mrd. geschätzt (nur {1/1000} davon existiert heute)

Durch Radiokarbonmethode läßt sich das Alter der Schriftrollen vom Toten Meer (Qumran-Rollen) auf etwa 2000 Jahre festsetzen

Naturkatastrophen fordern 1990 50 000 Todesopfer und verursachen Sachschäden von 80 Mrd. DM

Taifun fordert in Bangladesh 150 000 bis 500 000 Tote. Warn- und Schutzeinrichtungen erwiesen sich als völlig unzureichend

Überschwemmung im SO-Iran zerstört 88 Dörfer

VR China bittet wegen schwerer Überschwemmungskatastrophe mit mehr als 1500 Toten um internat. Hilfe

Mehrere Vulkanausbrüche in Fernost verursachen starke Verschmutzung der oberen Atmosphäre mit Staub und Gasen. Der „Treibhauseffekt" wird dadurch beschleunigt

Ausbruch des seit 400 Jahren ruhigen Vulkans Pinatubo/Philippinen hat verheerende Schlamm- und Aschelawinen zur Folge, die auch einen US-Flugstützpunkt zerstören

Choleraepidemie in Peru fordert mehr als 500 Tote

Flächenbrand in San Francisco verursacht Millionenschäden

Über 400 Tote beim Untergang einer Fähre im Roten Meer

265 Mekka-Pilger sterben bei Flugzeugabsturz in Saudi-Arabien

Tankerunglück bei Genua führt zu Ölpest und Ausrufung des Notstandes

† *George J. Stigler* (* 1911), amerik. Wirtschaftswissenschaftler und *Nobel*preisträger 1982

140 Tote bei Schiffskollision vor Livorno/Ital.

† *Sir Richard Stone* (* 1913), brit. Wirtschaftswissenschaftler

Über 100 Tote und Vermißte bei Staudammbruch in Rumän.

650 Passagiere werden von einem vor Südafrika sinkenden griech. Kreuzfahrtschiff gerettet

223 Tote bei Flugzeugabsturz über Thailand, Unglücksursache ist technischer Defekt

Erdbeben in Nordindien fordert über 100 Tote und 1000 Verletzte

Ca. 500 Tote bei Erdbeben in Afghanistan

Erdbeben in Mittelamerika fordert in Costa Rica rd. 100 Todesopfer

Immer mehr ältere Menschen nehmen sich das Leben (verlautet auf dem 16. Weltkongreß der Internat. Vereinigung für Selbstmordverhütung in Hamburg)

1992

Friedensnobelpreis an *Rigoberta Menchú Tum* (* 1959 in Guatemala, seit 1981 im Exil in Mexiko, Nachfahrin der Mayas) für ihren Einsatz für die Eingeborenenrechte

Nach 24jährigen Verhandlungen einigt sich Genfer Abrüstungskommission der UN auf den Wortlaut eines Abkommens für weltweite chemische Abrüstung, das der Vollversammlung vorgelegt werden soll

Mit ihrer Weigerung, auf dem UN-Gipfel in Rio de Janeiro die Klima- und Artenschutz-Konvention zu unterzeichnen, setzen sich die USA allgemeiner Kritik aus, da bzgl. der globalen Klimaveränderung, Umweltverschmutzung usw. als »Hauptverursacher« gelten

NATO beansprucht weiterhin das Recht auf Präventivschlag unter Einsatz von Atomwaffen zur Kriegsabwendung

EG-Staaten erkennen die bisherigen jugoslawischen Teilstaaten Slowenien und Kroatien an, die im Kampf mit Serbien liegen

Die wegweisenden EG-Beschlüsse zur Wirtschaftsunion von 1991 in Maastricht werden dort feierlich unterzeichnet

Schwere Krise im europ. Währungssystem (EWS) veranlassen GB und Ital. zum zumindest zeitweiligen Austritt

Radikale Bauernproteste in Straßburg gegen Handelskompromiß EG/USA

Pierre Mauroy (* 1928 in Frankreich) wird Nachfolger des schwer erkrankten *Willy Brandt* (* 1913 in Deutschland) als Vors. der Sozialistischen Internat. (SI)

Gipfeltreffen der blockfreien Staaten in Djakarta/Indonesien verurteilt Kämpfe in Jugosl. (Gründungsmitglied)

† *Gert Bastian* (* 1923 in München), General a. D., seit 1983 MdB der Grünen, und † *Petra Karin Kelly* (* 1947 in Günzburg), Gründungsmitglied der Grünen 1980, werden tot in ihrer gemeinsamen Wohnung aufgefunden. Erste Untersuchungsergebnisse lassen auf Selbstmord Bastians schließen, nachdem er Petra Kelly erschossen hatte

† *Willy Brandt* (* 1913 in Lübeck), dt. Politiker (SPD), der ab 1968 als Außenmin. Ostpolitik der Verständigung einleitete. Friedensnobelpreis 1971. 1949–1957 Reg. Bürgermeister von Berlin (W), 1969–1974 BK der BRD, zuletzt Ehrenvors. der SPD, 1976–1992 Vors. der Sozialistischen Internat. (SI). Nach einem Staatsakt, an dem auch *Michail Gorbatschow* teilnimmt, wird er in Berlin-Zehlendorf beigesetzt

Nobelpreis für Literatur an den Lyriker *Derek Walcott* (* 1930) von der Karibikinsel St. Lucia, Prof. für Literatur in Boston, der auch kreolisch schreibt

Friedenspreis des Deutschen Buchhandels an *Amos Oz* (* 1938 in Odessa), in Israel umstrittener Schriftsteller, der Versöhnung mit Palästinensern sucht (unterstützt Friedensbewegung „Peace now")

† *Isaac Asimov* (* 1920 bei Smolensk, seit 1923 in den USA), Wegbereiter des Science-Fiction-Romans und Biochemiker

Heinrich Böll (1917 bis 1985): „Der Engel schwieg", Roman (postum)

Das Land Berlin kauft den Nachlaß von *Bertolt Brecht* († 1956 in Berlin)

† *Martin Camaj* (* 1925), albanischer Dichter

Veza Canetti († 1964): „Der Oger" (Urauff. des 1934 verfaßten Bühnenwerks in Zürich in Anwesenheit von *Elias Canetti*)

† *Sven Delblanc* (* 1931), schwedischer Schriftsteller

Friedrich-Hölderlin-Preis an Lyrikerin *Hilde Domin* (* 1912 in Köln)

† *William Douglas-Home* (* 1912), britischer Bühnenautor

† *Gisela Elsner* (* 1937), deutsche Schriftstellerin

† *Günther Anders* (* 1902), Schriftsteller, Philosoph und Wortführer d. Anti-Kernwaffen-Bewegung

† *Giulio Carlo Arlan* (* 1918 in Mailand), marxistischer Kunsthistoriker und Politiker, 1973 bis 1978 KPI-Bürgermeister v. Rom

John D. Barrow: „Theorien für Alles" (über Möglichkeiten und Grenzen einer „Weltformel")

Ignaz Bubis (* 1927 in Breslau) wird Vors. des Zentralrats der Juden in Deutschland

† *Giovanni Colomba* (* 1902), italienischer Kardinal

Karlspreis der Stadt Aachen für Verdienste um Europa an Präs. der EG-Kommission *Jacques Delors* (* 1925 in Paris)

† *Karl W. Deutsch* (* 1912 in Prag), dt. Friedensforscher

Der Psychotherapeut und kath. Priester *Eugen Drewermann* erhält Predigtverbot, nachdem ihm vorher bereits die kirchliche Lehrerlaubnis entzogen worden war

† *Heinz Galinski* (* 1912 in Marienburg/Westpreußen), Überlebender der NS-Verfolgung, seit 1946 Vors. der Jüdischen

† *Francis Bacon* (* 1909 in Dublin), der Bilder des im „Raumkäfig gefangenen" und leidenden Menschen malte

Ausstellung der Werke des Malers *Jean Michel Basquiat* (* 1960, † 1988) in New York

Moskauer Puschkin-Museum zeigt Zeichnungen von *J. Beuys* († 1986), einem bis dahin dort unbekannten modernen Künstler

† *Alexander Camaro* (* 1901), deutscher Maler und Graphiker

† *Pierre Culliford* (* 1928), belgischer Zeichner, Erfinder d. "Schlümpfe"

Ulrich Eller (* 1953 in Leverkusen): „Klanginstallationen" (Ausstellung in Berlin)

Ausstellung mit bisher unbekannten Aquarellen und Zeichnungen des dt.-amerik. Künstlers *Lyonel Feininger* in Nürnberg

Kunsthalle Bremen zeigt Werke des Malers *Klaus Fußmann* (* 1938 in Velbert/NRW)

Klaus Hartmann (* 1955 in Schwäbisch Gmünd): „Transformation Relais" (Skulpturen)

Rudolf Heltzel (* 1907 in Böhmen, arbeitet seit 1930 in Berlin), „Aquarelle und Originale", Ausstellung in Berlin

John Adams: „Nixon in China" (Musiktheaterstück; deutsche Erstauff. a. d. Frankfurter Oper)

Der österr. Pianist *Paul Badura-Skoda* erhält den *Mozart*-Preis des Baseler *Goethe*-Stiftung

† *Dominique Bagouet* (* 1951), französischer Choreograph

Daniel Barenboim (* 1942 i. Buenos Aires, russ. Abst.) wird Generalmusikdirektor a. d. Deutschen Staatsoper Unter den Linden i. Berlin

Michel Berger/Luc Plamondon: „Starmania" (französische Rockoper; deutsche Erstauff. i. Essener Aalto-Theater)

† *Ed Blackwell* (* 1929), amerik. Jazz-Schlagzeuger

Augustyn Bloch: „Du sollst nicht töten" (Requiem; Urauff. i. Rahmen des Schleswig-Holstein-Musikfestivals)

† *Gerhard Bohner* (* 1936), deutscher Tänzer und Choreograph

Adorno-Preis d. Stadt Frankfurt/M. a. d. frz. Musiker, Musiktheoretiker und Dirigenten *Pierre Boulez* (* 1925 a. d. Loire)

7. Schleswig-Holstein-Musikfestival beginnt mit einer Auff. der 7. Sinfonie von *Anton Bruckner* im Lübecker Dom

† *John Cage* (* 1912 i. Los Angeles), Schü-

*Nobel*preis für Physik an *Georges Charpak* (* 1924 in Polen, lebt seit 1931 in Frankr.) für Arbeiten zum präzisen Nachweis von Ergebnissen in der Teilchenphysik, auf deren Grundlage weitere wichtige Forschungsarbeiten aufbauen konnten

*Nobel*preis für Chemie an *Rudolf A. Marcus* (* 1923 USA) für bahnbrechende Forschungsergebnisse u. a. hinsichtlich Elektronentransfer, die wertvolle Arbeitsgrundlagen für Experimentalchemiker bieten

*Nobel*preis für Medizin an *Edmond H. Fischer* (* 1920 in Shanghai) und *Edwin G. Krebs* (* 1918 in Lansing/USA) für ihre Forschungen über Enzyme in den Muskelzellen, mit denen in den 70er Jahren in USA begonnen wurde

† *Daniel Bovet* (* 1907 in Neuenburg/Schweiz), der 1957 für seine pharmakologische Forschung den *Nobel*preis erhielt

In Tokio erhält der Berliner Forscher *Gerhard Ertl* den Japan-Preis der Reg. für seine Untersuchungen über Katalysatoren

† *Gerd Meyer-Schwickerath* (* 1920 in Wuppertal), Augenarzt, der 1945 die Lichtchirurgie am Auge begründete

Nobelpreis für Wirtschaftswissenschaft an *Gary S. Becker* (* 1930 in den USA) für Anwendung ökonomischer Gesetze auf menschliches Verhalten in allen Bereichen

Weltweiter Aufruf von 43 *Nobel*preisträgern gegen Bürgerkrieg in Jugosl.

Ökonomischer Vergleich der Reichsten (20 %) und Ärmsten (20 %): (BSP 82,7 % : 1,4 %; Handel 81,2 % : 1,0 %; Inländische Investoren 80,5 % : 1,3 %) macht starkes Ungleichgewicht der Wirtschaftskraft deutlich

UN veröffentlicht das Einkommensverhältnis der Reichsten (20 %) gegenüber den Ärmsten (20 %) der Erde mit: 1960 30:1; 1970 32:1; 1980 45:1, 1990 60:1

Gemäß einer Aufstellung der UN stehen Kanada und Japan an der Spitze der Länder mit höchstem Lebensstandard; GB und BRD folgen auf den Rängen 10 und 12

Von der Obst- und Gemüseernte verderben rd. 25 % vor dem Verbrauch (das sind weltweit etwa 250 Mt)

EG setzt zum Jahreswechsel 1992/93 zollfreien Binnenmarkt in Kraft

Liechtenstein stimmt für europ. Wirtschaftsraum (EWR) aus EG und EFTA

USA, Kanada und Mexiko schließen Freihandelsabkommen, das mit einem finanzkräftigen Markt (360 Mill.) und einem BSP von 6000 Mrd. $ gewichtiger ist als die EG

ASEAN-Konferenz in Singapur beschließt Zollunion

GUS ist mit 1 Mrd. US-$ Zinszahlungen im Rückstand und bittet um weiteren Zahlungsaufschub

Kapitalflucht aus BRD wegen Kapitalzinsertragssteuer (= Quellensteuer)

(1992)	† *Karl Carstens* (* 1914 in Bremen, CDU), 1979 bis 1984 Bundespräs. der BRD *Hans-Dietrich Genscher* (* 1927 bei Halle, FDP) tritt von seinem Amt als Bundesaußenmin. zurück, das er 1974 angetreten hatte. Nachfolger wird *Klaus Kinkel* (* 1936 in Melzingen) *Erich Honecker* (* 1913 im Saarland) wird nach neunmonatigem Asyl in der chilenischen Botschaft in Moskau mit russ. Flugzeug nach Berlin gebracht, wo er u. a. wegen Mitschuld an den Todesschüssen an der ehemaligen dt.-dt. Grenze verantwortlich gemacht wird † *Heinz Kühn* (* 1912 in Köln, SPD), Vors. der SPD/FDP-Reg. in NRW 1966–1978 † *Harry Ristock* (* 1928 in Ostpreußen), SPD-Politiker in Berlin, Bausenator a. D. *Gerhard Stoltenberg* (* 1928 in Kiel, CDU), Bundesverteidigungsmin. seit 1989, tritt wegen Waffenlieferung an die Türkei, für die er die polit. Verantwortung übernimmt, zurück *Volker Rühe* (* 1942 in Hamburg, CDU) neuer Verteidigungsmin. der BRD Auf ihrem Staatsbesuch in der BRD besucht Kg. *Elizabeth II.* Berlin, Dresden, Leipzig und and. Städte und gedenkt der Toten des 2. Weltkriegs Nach heftigen kontroversen Debatten einigen sich Regierungskoalition und Opposition auf Verabschiedung eines neuen Asylrechts, das eine vorherige Änderung des GG notwendig macht Dt. Bundestag ratifiziert mit großer Mehrheit EG-Verträge von Maastricht (die dt. Bev. jedoch äußert sich skeptisch darüber und beklagt sich über unzureichende Informationen) BRD sendet Sanitätssoldaten mit einer UN-Blauhelmmission nach Kambodscha Stasi-Akten werden allg. zugänglich; weitere Bespitzelungen und ihre Einzelheiten werden öffentlich bekannt BRD und Frankr. verabreden gemeinsames Korps von Streitkräften in der NATO Brandenburger Landtag setzt Untersuchungsausschuß zur Klärung der Stasi-Kontakte des Min.-Präs. *Manfred Stolpe* (* 1935 in Stettin) ein CDU/FDP-Reg. von Mecklenburg-Vorpommern unter Min.-Präs. *Bernd Seite* gerät nach den schweren ausländerfeindlichen Unruhen in Rostock unter den Druck parlamentari-	*Ria Endres:* „Aus deutschem Dunkel" (Bühnenstück; Urauff. am Bremer Schauspielhaus) *Hans Magnus Enzensberger:* „Die Tochter der Luft" (Bühnenstück nach *Calderón*; Urauff. am Essener Schauspielhaus) *Peter Flannery:* „Singer" (Bühnenstück; deutschsprachige Erstauff. am Münchner Residenztheater) *Athol Fugard* (1933 in Südafrika): „Playland" (Einakter über Apartheid) Der spanische Schriftsteller *Alejandro Gándara* erhält den spanischen Literaturpreis Premio Nadal Durch den Rücktritt des umstrittenen Generalintendanten *Wolfgang Gönnenwein* wird die Stuttgarter Theaterkrise beigelegt Verleihung des Bremer Literaturpreises an *Georges-Arthur Goldschmidt* *Günter Grass* (* 1927 in Danzig): „Unkenrufe" (Roman, der die „Wende" 1989/90 einbezieht) *Peter Härtling* erhält den *Lion-Feuchtwanger*-Preis der Berliner Akademie der Künste † *Alex Haley* (* 1921), amerik. Journalist und Schriftsteller. Autor der erfolgreichen Familiensaga „Roots" *Petrarca*-Preis an den britischen Dichter *Michael Hamburger*	Gemeinde zu Berlin, seit 1988 Vors. des Zentralrats der Juden in Deutschland Der Schriftsteller *Günter Grass* erklärt seinen Austritt aus der SPD aus Protest gegen deren Asylpolitik *Theodor-Heuss*-Preis an *Václav Havel* in ČSFR † *Hans Wolfgang Heidland* (* 1912), ehemaliger ev. Landesbischof von Baden *Hans Jonas* (* 1903 in Mönchengladbach): „Philosophische Untersuchungen und metaphysische Vermutungen" Verleihung des alternativen *Büchner*-Preises an den österr. Zukunftsforscher *Robert Jungk* *Jerzy Kanal* (* 1921 in Polen, Überlebender des Warschauer Ghettos, seit 1953 in Berlin) wird zum Vorsitzenden der Jüdischen Gemeinde Berlin gewählt UNESCO-Preis an *Frederik Willem De Klerk* und *Nelson Mandela* für Überwindung der Rassentrennung in Südafrika † *René König* (* 1906 in Magdeburg), Soziologe dt.-frz. Herkunft † *Kurt A. Körber* (* 1909 in Berlin),

„*Edward Hopper* (* 1882, † 1967 in den USA) und die Fotografie“, Ausstellung in Essen

Stadt Köln zeigt Werke von *Jean Ipoustéguy* (* 1920 in Dun sur Meuse)

† *Kurt Kocherscheidt* (* 1943), österreichischer Maler

In Madrid werden Bilder von *Wilfredo Lam* gezeigt (* 1902 auf Kuba, † 1982 in Paris)

† *Manfred Lehmbruck* (* 1913), deutscher Architekt

† *César Manrique* (* 1920), spanischer Maler, Architekt und Bildhauer

Große Ausstellung des Renaissance-Malers *Andrea Mantegna* (* 1431–1506) in London

In Paris wird eine Vorstudie zum Bild „La danse“ von *Henri Matisse* (1869 bis 1959) aus der Zeit um 1930 gefunden

† *Jean Mitchell* (* 1926), amerik. Malerin

Große Ausstellung mit Werken des französischen Impressionisten *Claude Monet* in Balingen

Umfangreiche Ausstellung der Werke *Gabriele Münters* im Münchner *Lenbach*-Haus

Pablo Picasso (1881 bis 1973) steht im Mittelpunkt von

ler *Schönbergs* und experimentierender Komponist, auch als „Vater der Minimal Music“ bezeichnet

Veranstaltung „Pro musica nova“ i. Bremen ist dem Komponisten *John Cage* gewidmet

† *Georges Delerue* (* 1925), französischer Filmmusikkomponist

† *Willie Dixon* (* 1915), amerik. Blues-Sänger und -Komponist

† *Jorge Donn* (* 1947), argentinischer Balletttänzer

† *Jack Dupree* (* 1910), amerik. Sänger und Blues-Pianist

Der tschechische Kompon. *Petr Eben* wird mit dem *Johann-Wenzel-Stamitz*-Preis ausgezeichnet

† *Sir Geraint Evans* (* 1922), britischer Opernsänger

Der Spanier *Rafael Frühbeck de Burgos* wird neuer Generalmusikdirektor der Deutschen Oper Berlin

† *Severino Gazzelloni* (* 1919 i. Rosasecca/Italien), Flötist, Interpret vor allem zeitgenössischer Musik

Hans Gefors: „Der Park“ (Oper nach dem Stück von Botho Strauß; Urauff. i. Rahmen d. Internationalen Maifestspiele i. Wiesbaden)

Der dt. Forschungssatellit „Rosat“ registriert innerhalb von 6 Monaten 60 000 kosmische Röntgenquellen

Erstflug der US-Raumfähre „Endeavour“

Durch „Swing by“-Technik (Ausnützung des Gravitationsfeldes eines Himmelskörpers zur Kurskorrektur eines Raumfahrzeugs) gelingt es, die Raumsonde „Ulysses“ (Start 1990) aus der Ebene der Planetenbahnen abzulenken und auf einen Kurs zu bringen, auf dem sie 1994/95 die Pole der Sonne überfliegen soll

Nach vorangegangenem Mißerfolg kann Rakete der VR China einen austr. Fernmeldesatelliten in Umlauf bringen

US-Raumfähre „Columbia“ stellt auf dem 48. Flug einer US-Raumfähre mit 10 Tagen und 21 Std. einen Flugzeitrekord auf

Der dt. Astronaut *Klaus Dietrich Flade* (* 1953) startet an Bord d. russ. Raumschiffs TM 14 zu einem 9tägigen Flug ins All

Flug der US-Raumfähre „Discovery“ zur Untersuchung der Schwerelosigkeit und ihrer Auswirkungen auf den Menschen (an Bord 7 Astronauten, darun-

Hoher Bundesbankgewinn und geringere Neuverschuldung als erwartet entlasten Bundeshaushalt 1991

CDU/CSU, SPD und FDP beginnen Debatte um Kompromiß für das Gesundheitskostenreformgesetz, mit dessen Hilfe jährlich 11 Mrd. DM eingespart werden sollen

DGB wehrt sich gegen unsoziale Verteilung der Lasten der dt. Wiedervereinigung

ÖTV-Streik in der BRD lähmt weitgehend öffentliches Leben (Verkehr u.a.. öffentliche Dienste)

ÖTV-Kongreß in Nürnberg wählt *Monika Wulf-Mathies* (* 1943 in Wernigerode) trotz scharfer Kritik an ihrer Führung im Streik mit 68,5 % d. Stimmen erneut für 4 Jahre zur Vors.

Zur Jahresmitte steigt die Arbeitslosenquote in der BRD mit mehr als 3 Mill. Arbeitslosen auf 6,0 %

Schon durch Arbeiter-Urabstimmung gebilligter Stahlstreik in der BRD wird durch Tarifkompromiß in letzter Stunde abgewendet

In USA zeigt sich eine verbreitete Aversion gegen den Handelskonkurrenten Japan

US-Präs. *George Bush* bemüht sich auf seiner Asienreise um Verbess. der Handelsbeziehungen zu Japan

US-Fluggesellschaft TWA geht in Konkurs

USA weisen 4000 Mrd. US-$ Staatsschulden aus

US-Disneyland eröffnet „Eurodisney“ in Paris

Spaniens Kg. *Juan Carlos* eröffnet in Sevilla mit „Expo 92“ die bisher größte Weltausstellung, zugleich die letzte dieses Jahrtausends

Die in USA und Japan entwikkelte „Lean Production“, die

(1992)

scher Rücktrittsforderungen, die sie jedoch entschieden ablehnt

Bernhard Vogel (* 1932 in Göttingen, CDU), früher Min.-Präs. in Rheinland-Pfalz, wird Min.-Präs. im neue Bundesland Thüringen, wo er die Koalition mit FDP fortsetzt

Landtagswahlen in Baden-Württ., Stimmen in % (1988 z. Vgl.): CDU 39,6 (49,0), SPD 29,4 (32,0), FDP 5,9 (5,9), Grüne 9,5 (7,9), Republikaner 10,9 (1,0), Sonstige 4,7 (3,8); Wählerbeteiligung 70,2 %

Landtagswahlen in Schlesw.-Holst., Stimmen in % (1988 z. Vgl.): SPD 46,2 (54,8), CDU 33,8 (33,3), FDP 5,6 (4,4), Grüne 4,9 (2,9), SSW 1,9 (1,7), DVU 6,3 (-), Republikaner 1,2 (1,2)

Sonderparteitag der SPD stellt sich mit großer Mehrheit hinter die Erklärungen ihres Vors. *Björn Engholm*, mit denen dieser eine Wende der Parteipolitik hinsichtlich Asyl- und Blauhelm-Politik bewirken will (Petersberger Beschlüsse), stößt aber auf Widerstand in der Parteibasis

US-Republikaner billigen ein extrem konservatives Wahlprogramm, bevor sie *George Bush* erneut als Kandidaten für die Präs.wahl nominieren

US-Präs. *George Bush* und Präs. *Boris Jelzin* künden gleichzeitig weitgehende atomare Abrüstung an (USA wollen in 5 Jahren 50 Mrd. $ sparen)

Nach längerem Streit über Modalitäten beginnt in Washington weitere Runde der Nahostkonferenz (eine weitere ist in Moskau vorgesehen)

Demokratische Partei der USA wählt als Kandidat für die Präsidentschaft *Bill Clinton* (* 1946 in Hope/Arkansas), für die Vize-Präsidentschaft *Albert Gore* (* 1948 in Washington D. C.)

Rest-KPdSU schließt *Michail Gorbatschow* (seit 1985 Generalsekretär) aus

Präs. *Boris Jelzin* ringt mit dem noch von der KPdSU dominierten Volkskongreß in Moskau um sein Amt als Reg.-Chef und um Sondervollmachten

Nach spannendem Wahlkampf gewinnt der Demokrat *Bill Clinton* die Präsidentschaftswahlen in den USA und löst *George Bush* als Präs. der USA ab

Boris Jelzin ernennt sich zum Verteidigungsmin. von Rußland

Der NATO-Kooperationsrat nimmt die 11

Peter Handke: „Die Stunde, da wir nichts voneinander wußten" (Bühnenstück; Urauff. durch das Burgtheater in Wien)

Gert Heidenreich: „Der Wechsler" (Farce; Urauff. am Deutschen Theater in Göttingen)

† *Martin Held* (* 1908 in Berlin), Berliner Staatsschauspieler, Film- und Fernsehdarsteller

Rolf Hochhuth (* 1931): „Wessis in Weimar", satir. Schauspiel, dem Sympathie mit RAF-Terror angelastet wird

† *Garcia Hortelano* (* 1928 in Madrid), spanischer sozialkritischer Schriftsteller

Thomas Hürlimann (* 1950 i. d. Schweiz): „Satellitenstadt" (Geschichten)

Elfriede Jelinek (* 1946 i. Österreich): „Totenauberg", Schauspiel um den Philosophen *M. Heidegger* (Urauff. am Akademietheater Wien)

Nach Krisensitzungen wählt die Akademie der Künste in Berlin den Schriftsteller *Walter Jens* (* 1923 in Hamburg) mit großer Mehrheit zum Präsidenten

Verleihung d. *Roswitha*-Gedenkmedaille an die Schriftstellerin *Helga Königsdorf*

Thomas Langhoff inszeniert für Wiener Festwochen „Der Turm" von *Hofmannsthal* († 1929)

Unternehmer, Techniker und Philanthrop

Verleihung des *Karl-Barth*-Preises an den Tübinger Theologen *Hans Küng*, dem 1979 die kirchliche Lehrerlaubnis entzogen wurde

† *Johannes Leppich* (* 1915 in Ratibor), Jesuitenpater und Prediger

Gießener Philosoph *Odo Marquard* erhält den erstmalig vergebenen *Erwin-Stein*-Preis

† *Thomas Nipperdey* (* 1927), dt. Historiker

Verleihung des *Erich-Fried*-Preises an den Psychoanalytiker *Paul Parin*

Erkenntnistheoretiker *Karl Popper*, von dem das „Falsifikationspostulat" als Grundlage seines kritischen Rationalismus stammt, findet in Fachkreisen starke Beachtung

Der Philosoph *Karl Popper* (* 1902 in Wien) erhält *Goethe*-Medaille, die ihm in Weimar verliehen wird

Konrad Raiser (* 1938), Theologe aus Bochum, wird zum Generalsekr. des Ökonomischen Rates der Kirchen gewählt

Liga für Menschenrechte verleiht zum

Kunstausstellungen im Barcelona der Olympischen Spiele, wo Etappen seiner künstlerischen Entwicklung stattfanden

Ausstellung von Werken des informellen Malers *Emil Schumacher* (* 1912 in Hagen) in Berlin

Michael Sellmann (* 1950 in Unna): „Chiffren", Kunstausstellung in Frankfurt/M.

Ausstellung „Kunst im Zeitalter des Schreckens" im Bremer *Gerhard-Marcks*-Haus würdigt Werk des russischen Bildhauers *Vadim Sidur*

† *James Stirling* (* 1926 in Glasgow), der als Gegner „funktionsneutraler" Architektur (vor allem für Museen) ausdrucksstarke Bauten schuf

„documenta 9" in Kassel, gestaltet v. *Jan Hoet* (* 1936, Prof. der Kunstgeschichte in Belgien), zeigt moderne Kunst mit rd. 1000 Werken von 190 Künstlern (für etwa 16 Mill. DM) als immer stärker interpretationsbedürftig und -abhängig, wobei die Interpretation wenig eingeengt ist

Die in der USA zusammengestellte Ausstellung „Entartete Kunst" mit Werken, die im Dritten Reich un-

Joan Holender wird Direktor d. Wiener Staatsoper, nachdem sein Vorgänger *Eberhard Waechter* verstorben ist

† *Hanya Holm* (* 1893), deutsch-amerik. Tänzerin und Choreographin

† *Albert King* (* 1923), amerik. Blues-Musiker

† *Dorothy Kirsten* (* 1919), amerik. Opernsängerin

† *Gustav Kneis* (* 1906), deutscher Komponist

Der Frankfurter Musikpreis geht a. d. in Berlin tätigen Opernregisseur *Harry Kupfer*

† *Kenneth MacMillan* (* 1929 b. Edinburgh), führender Ballettmeister und Choreograph i. London, Stuttgart, Berlin usw.

† *Nikita Magaloff* (* 1912), russisch-schweizerischer Pianist

Siegfried Matthus: „Desdemona und ihre Schwestern" (Kammeroper nach einem Text von *Christine Brückner:* Urauff. b. d. Schwetzinger Festspielen)

† *Elfie Mayerhofer* (* 1923), österr. Opern- und Operettensängerin und Filmschauspielerin

† *Olivier Messiaen* (* 1908 i. Avignon), frz. Organist und Kompon. serieller Musik

ter *Ulf Merbold* (* 1941 in der BRD)

Bilder kosmischer Objekte des fehlerhaft arbeitenden Weltraum-Teleskops „Hubble" werden mit Hilfe von Computern korrigiert u. so in ihrer Qualität verbessert

US-Astronomen entdecken mit Hilfe des 3,6 m-Hochleistungs-Teleskops auf dem La Silla Kleinplaneten außerhalb der Plutobahn in einer Entfernung von 41 Erdbahnradien

In der Astronomie findet der Raum jenseits des sonnenfernsten Planeten Pluto zunehmende Beachtung

† *Barbara McClintock* (* 1902 in den USA), entdeckte an der Maispflanze sog. „springende Gene" (*Nobel*preis 1983)

Erste Gene für Geruchsrezeptoren werden isoliert und identifiziert

Erste erfolgreiche Sequenzierung (Nukleotid-Folgeanalyse) eines kompletten Hefe-Chromosoms; wird als Vorstufe umfassender Genomanalysen gewertet

Molekularbiologie analysiert gesamte Genstruktur (Genom) wichtiger Nutzpflanzen zu Züchtungszwecken (Reis, Mais, etc.)

Es gelingt, durch Si-

auf Minimierung der Lagerkosten durch Anlieferung benötigter Teile unmittelbar vor Verwendung abzielt, verbreitet sich bes. in der Autoindustrie

GB, BRD, Ital. und Span. kommen überein, den „Jäger 90" nicht zu bauen, sondern ihn durch ein weniger aufwendiges Kampfflugzeug zu ersetzen

Raumfahrt der GUS kämpft trotz technischer Vorsprünge um das Überleben

Privatisierung in Rußl. durch Ausg. von Anrechtsscheinen (Aktien) für Staatsbetriebe an die Bev.

KPdSU-Ztg. „Prawda" in Moskau stellt ihr Erscheinen ein

Versuchsweiser Aktienverkauf in der VR China muß wegen tumultartigen Käuferandrangs unterbrochen werden

EG begrenzt Wochenarbeitszeit auf 48 Stunden

Nach 164 Jahren muß der Zoo in London wegen starken Rückgangs der Besucherzahlen schließen

Im Zuge der sog. „grünen Revolution" seit 1970 kann die VR China etwa 22 % seiner Landesbev. mit den Erträgen seiner Ackerflächen ernähren (ca. 7 % weltweit)

Der Anteil der Kernenergie an der Stromerzeugung wird weltweit mit 18 % angegeben (1980 ca. 10 %)

Vor dem Computervirus „Michelangelo" wird weltweit gewarnt. Die befürchtete massenhafte Datenvernichtung bleibt jedoch aus

Rascher, nachhaltiger Wirtschaftsaufschwung in Südkorea führt das Land an die Schwelle des OECD-Niveaus

Rhein-Main-Donau-Kanal wird feierlich eröffnet (Baubeginn 1959, Kosten: 6 Mrd. DM)

Frankr. eröffnet Luftbrücke zur

(1992)

Mitgliedsstaaten der GUS auf. Das Gremium besteht nunmehr aus 35 Ländern

Ein wichtiger Streitpunkt in der GUS bleibt die Kontroverse zw. Rußl. und Ukraine um die Befehlsgewalt über die Schwarzmeerflotte

Wahlsieg der Demokraten in Albanien über »Sozialisten« (vorher Kommunisten) befreit das Land vom kommunistischen Regime, das seit 1954 unter *Enver Hodscha* bestand

Salih Berisha (* 1944 in Albanien, Demokratische Partei) wird Staatspräs. von Albanien

In GB behalten trotz erheblicher Verluste die Konservativen die absolute Mehrheit; *John Major* (* 1943) bleibt Reg.-Chef

Estnisches Parlament wählt mit *Lennart Merz* einen Kandidaten ohne KP-Vergangenheit zum Staatspräs.

Finnisches Parlament beschließt EG-Beitritt

Edith Cresson (* 1934), seit 1991 Min.-Präs.in von Frankreich, tritt nach Wahlniederlage der Sozialisten zurück. Ihr Nachfolger wird der bisherige Finanzmin. *Pierre Bérégovoy* (1925 in der Normandie, Sozialist)

Eduard Schewardnadse (* 1928 in Georgien), vorher Außenmin. der UdSSR, kehrt in seine Heimat Georgien zurück, um den Konflikt mit Rußl. zu lösen und wird dort mit großer Mehrheit zum Staatsoberhaupt gewählt

Parlament in Griechenl. stimmt den EG-Verträgen von Maastricht zu

Wahlen in Irland ergeben Wahlsieg der oppositionellen Labour-Party und eine Liberalisierung der streng kath. Abtreibungsgesetze

Bei unter 30 % Wahlbeteiligung erhält die christdemokratische Partei Ital. (DC) ihr schlechtestes Ergebnis nach dem Krieg. Die Fünfer-Koalition gegen den Kommunismus erhält knappe Mehrheit, während die neuformierte KP (PDS) starke Verluste verzeichnet

Giuliano Amato (* 1938 in Turin, Sozialist) bildet neue 4-Parteien-Koalition trotz Wahlniederlage dieser Gruppierung in Ital. ohne KPI (PDS)

Der ital. Richter und Mafiagegner *Giovanni Falcone* (* 1939 in Palermo) fällt zusammen mit seinen Leibwächtern einem Bombenattentat zum Opfer

Franjo Tudjman (* 1922) und seine Partei gewinnen erste Wahl der Nachkriegszeit in Kroatien, dessen Unabhängigkeit er 1991 ausgerufen hatte

† *Heinrich Maria Ledig-Rowohlt* (* 1908 in Leipzig), deutscher Verleger

Cesare Lievi: „Sommergeschwister" (Schauspiel; Urauff. an der Schaubühne Berlin)

Schwedische Kinderbuchautorin *Astrid Lindgren* gibt bekannt, daß sie keine Bücher mehr schreiben werde

† *Väinö Linna* (* 1920), finnischer Schriftsteller

Schiller-Preis an *Hugo Loetscher*

Verleihung des *Kleist*-Preises an die Schriftstellerin *Monika Maron*

† *Monika Mann* (* 1911 in München), Tochter von *Thomas Mann*

† *Gerhard Mensching* (* 1932), deutscher Schriftsteller und Germanist

† *Robert Morley* (* 1908), britischer Schauspieler

† *Kenji Nakagami* (* 1946 in Tokio), japanischer Schriftsteller

Michael Ondaatje u. *Barry Unsworth* erhalten den bedeutenden britischen Booker-Prize

Amos Oz: „Der dritte Zustand" (Roman)

Kultur- und Friedenspreis der Villa Ichon in Bremen geht an den Schauspieler *Will Quadflieg*

Der Schriftsteller *John Richardson* er-

Tag der Menschenrechte *Carl-von-Ossietzky*-Medaille an Berichterstatter der Fernsehserie „Kennzeichen D", *Wolfgang Richter*, für Lebensrettung bedrohter Vietnamesen

† *František Tomášek* (* 1899 in Mähren), seit 1977 Erzbischof von Prag, der zur Symbolfigur des kirchlichen Widerstandes gegen die KP-Herrschaft wurde

Deutsche Tierschützer fordern eine „Mitgeschöpflichkeit" der Tiere als Verfassungsrecht

Bundesverfassungsgericht setzt die von Bundestag u. Bundesrat beschlossene und v. Bundespräs. bestätigte Fristenlösung mit Beratungspflicht bei Schwangerschaftsabbruch aus

Ärzte einer Klinik in Erlangen wollen das Kind einer nach Unfall hirntoten Schwangeren trotz heftigen Streits um die moralische Zulässigkeit dieses Versuches zur Welt bringen

„Jüdische Lebenswelten" Ausstellung in Berlin mit 2500 Objekten

Kg. *Elizabeth II.* besucht Versöhnungsgottesdienst in der Kreuzkir-

ter diese Kategorie fielen, und die in der USA starke Beachtung fand, wird auch in Berlin gezeigt

Durch kritische Untersuchungen kann die Zahl der „echten" Rembrandt-Bilder seit 1990 mit etwa 300 statt 900 angegeben werden (die übrigen stammen von seinen Schülern)

Karl-Hofer-Gesellschaft stellt in Berlin Werke folgender Stipendiaten u. Meisterschüler aus: *Detlef Baltrock* (* 1954 in Stuttgart), *Heather Betts* (* 1962 in Sydney/Australien), *Ka Bomhardt* (* 1962 in Hamburg), *Michael Hischer* (* 1955 i. d. BRD), *Ute Hoffritz* (* 1961 in Würzburg), *Eva Niemann* (* 1958 in Hagen), *Nicola Schröder* (* 1959 in Berlin), *Ute Weiss-Leder* (* 1959 in Berlin)

Wiedereröffnung des Rokoko-Museums Schloß Belvedere in Weimar nach langjährigen Restaurierungsarbeiten

Eröffnung d. neuen Bonner Kunst- und Ausstellungshalle, die der österreichische Architekt *Gustav Peichl* erbaut hat

Ausstellung „Begegnung mit den Anderen", deren Thema die außereuro-

† *Roger Miller* (* 1936), amerik. Country-Sänger

† *Nathan Milstein* (* 1904 i. Odessa), Geigenvirtuose

Franz Martin Olbrisch: „Der gebrochene Spiegel" (Kammeroper; Urauff. i. Witten/Ruhr)

Der Leichnam von *Jan Paderewski* (* 1860 i. Polen, † 1941 i. New York), poln. Pianist und Politiker, 1919 Min.-Präs., wird zur Beisetzung i. seine Heimat nach Polen überführt

† *Astor Piazolla* (* 1921), argentinischer Jazzmusiker und Tangokomponist

† *Sammy Price* (* 1908), amerik. Jazzpianist

Aribert Reimann (* 1936 i. Berlin): „Das Schloß", (Oper nach einem Werk von *Franz Kafka*, Urauff. a. der Deutschen Oper Berlin)

Wolfgang Rihm (* 1952): „Die Eroberung von Mexiko" (Oper zum sogenannten Columbusjahr; Urauff. a. d. Hamburger Staatsoper)

Wolfgang Rihm: Streichquartette

Verleihung des *Ernst-von-Siemens*-Musikpreises an den amerikanischen Musikwissenschaftler *H. C. Robbins Landon*

Dieter Schnebel (* 1930 i. Lahr): Auff. d. „Sinfonie X" i. Donaueschingen

† *Schobert* (eigentlicher Name *Wolfgang Schulz* 1941), deutscher Liedermacher

Der Kompon. *Wolfgang von Schweinitz* wird

mulierung des Organmilieus organspezifische Zellkulturen zu erhalten, die es erlauben, Pharmaka oder and. stoffliche Einwirkungen ohne Tierversuche zu testen

Seit 1990 wurden insg. 10 gentherapeutische Methoden entwickelt, die eine neue Ära der Medizin einleiten könnten

Europ. Patentamt patentiert erstmals ein gentechnisch verändertes Tier, die sog. „Harvard-Krebsmaus"

Neue Forschungsergebnisse lassen Eindämmung der Bilharziose (tropische Wurmkrankheit) erwarten

Die molekuaren Grundlagen von Gemüts- und Geisteskrankheiten werden zunehmend aufgedeckt

US-Forscher entdecken das „Leukämie-Gen": Sie positionieren das Gen im menschlichen Genom, dessen Mutation Leukämie erzeugen kann

Bei Implantation embryonaler Hirnzellen ergeben sich Heilungseffekte für d. Parkinson-Krankheit

Medizinische Institute entwickeln Krebstherapie mit Hilfe gezielter Lasertechnik (Einführung mit Katheter)

Versorgung der unter den Wirren des Bürgerkriegs leidenden Bev. von Sarajewo. Das Unternehmen wird durch Einsatz von UN-Blauhelmtruppen geschützt. Auch die BRD schickt Versorgungshilfe

UN eröffnet Luftbrücke für Lebensmittelversorgung nach Somalia. Die Aktion wird durch räuberische Rebellen stark behindert

Bundesreg. beschließt Privatisierung der Bundesbahn und der Dt. Reichsbahn

Eröffnung des neuen Münchner Flughafens im Erdinger Moos

Zahl der Opfer in der Verkehrsluftfahrt wird für 1991 mit 1035 angegeben

Die Städte Freiburg i. Br., Bremen und Dresden gelten in der BRD als „Schrittmacher" der Gestaltung des öffentl. Nahverkehrs

Amsterdam sperrt Stadtmitte für Kraftfahrzeugverkehr

Brit.-frz. Grenze wird im Kanaltunnel markiert

Große Kürzungen im Raumfahrtprogramm der BRD

Pakistan erklärt, genügend Produktionsmittel zum Bau von Kernwaffen zu besitzen

Bundesreg. beschließt schärferes Gesetz gegen sich ausbreitende Kinderpornographie

BRD verzeichnet Zunahme rechtsextremer Gewalttaten

Hauptstadtvertrag BRD/Berlin regelt Entscheidungskompetenz

Es werden immer spätere Termine für den Umzug von Parlament und Reg. in die Hauptstadt Berlin genannt

Exkommunist *Milan Kučan* (* 1941) wird in

(1992) freier Wahl zum Staatspräs. von Kroatien gewählt

Milan Panič (* 1930 in Belgrad, seit 1963 US-Staatsbürger) wird Min.-Präs. von Rest-Jugoslawien

Versuch aller Bürgerkriegsparteien, die Kämpfe in Jugosl. zu beenden; Friedensplan der Vermittler *Cyrus Vance* (* 1917 in USA), ehemaliger US-Außenminister, und *David Owen* (* 1938 in GB), ehemaliger brit. Außenminister

Altkommunisten schlagen bei der Parlamentswahl in Litauen, wo auch zahlreiche Russen wahlberechtigt sind, wider Erwarten die Demokraten unter dem Vorsitz *Vytautas Landsbergis* (* 1932 in Kaunas/Litauen)

Algirdas Brazaukas (* 1932, Altkommunist) wird Min.-Präs. von Litauen

Als Nachfolger von *Kurt Waldheim* (* 1918) wird der von ÖVP nominierte *Thomas Klestil* (* 1933) österr. Bundespräs.

Österr. und Ital. erklären die »Südtirol-Frage« im Sinne des Pariser Abkommens von 1946 für gelöst

In der poln. Regierungskrise, die vorwiegend durch Zersplitterung der polit. Kräfte auf 29 Gruppen ausgelöst wurde, wird *Hanna Suchocka* (* 1946 in Posen, Demokratische Union) von *Lech Walesa* zur Min.-Präs..in einer Koalitionsreg. ernannt

BRD-Außenmin. *Hans-Dietrich Genscher* unterzeichnet in Bukarest dt.-rumän. Freundschaftsvertrag (letzter derartiger Vertrag im früheren RGW-Bereich)

Ion Iliescu (früher KP) besiegt in rumän. Präs.-wahl *Constantinescu*, der die demokratische Opposition leitet

Schweizer Bundesrat beschließt Antrag auf Beitritt zur EG

† *Alexander Dubček* (nach Unfall, * 1921 in ČSSR), kämpfte während des »Prager Frühlings« (1968) für einen »Sozialismus mit menschlichem Antlitz« in ČSSR, wurde 1989 Parlamentspräs. der ČSFR

Václav Havel (* 1936 in Prag, Schriftsteller und Politiker, Staatspräs. seit 1989), verfehlt aufgrund slowakischer Separatismusbestrebungen die Mehrheit bei der Neuwahl im ČSFR-Parlament. Dadurch wird eine Teilung des Staates unabwendbar, die *Havel* zu verhindern suchte

ČSFR-Parlament beschließt ab 1993 Tren-

hält für seine *Picasso*-Biographie „A Life of Picasso" den britischen *Whitbread-Preis*

† *Luis Rosales Camacho* (* 1936), span. Lyriker, *Cervantes*-Preis von 1982

Friederike Roth: „Erben und Sterben" (Bühnenstück; Urauff. im Wiener Messepalast)

Heinrich-Böll-Preis an *Hans Joachim Schädlich* (* 1935 in Reichenbach)

† *Immy Schell* (* 1934), Schweizer Schauspielerin, Schwester von *Maria Schell*

Der Freiburger Intendant *Friedrich Schirmer* wird Chef des Württembergischen Staatstheater Stuttgart

Isländische Schriftstellerin *Frida Sigurdardottir* erhält den Literaturpreis des Nordischen Rates

Der französische Schriftsteller *Philippe Sollers* erhält den Großen *Paul-Morand*-Preis der Académie française

Peter Stein (* 1937 in Berlin) leitet bei den Salzburger Festspielen die Sparte „Schauspiel" und inszeniert „Julius Caesar" von *W. Shakespeare* in der Felsenreitschule

Marlene Strerułwitz: „Waikiki Beach" (Bühnenstück; Urauff. in der „Schlosserei" des Kölner Schauspiels)

Büchner-Preis geht an *George Tabori*

che/Dresden zum Gedenken an die Toten des 2. Weltkrieges

Ca. 350000 Bürger demonstrieren im Berliner Lustgarten friedlich gegen Gewalt und Ausländerfeindlichkeit unter dem Motto „Die Würde des Menschen ist unantastbar"

Auf private Initiative wird in München eine Lichterkette (über 300000 Teilnehmer) gegen Gewalt und Ausländerfeindlichkeit gebildet. Zahlreiche dt. Städte folgen diesem Beispiel

Etwa 500 Tote bei Glaubenskämpfen zw. Hindus und Moslems in Indien

91. Katholikentag in Karlsruhe (Diskussionen um sinkende Mitgliedszahlen in der Kirche)

Nach Änderung der gesellschaftl. Stellung der Kirche in der BRD mehren sich die Kirchenaustritte

Papst *Johannes Paul II.* feiert auf einer lateinamerik. Bischofskonferenz 500 Jahre Christianisierung der Indianer

In Paris wird der neue offizielle Katechismus der Kath. Kirche der Weltöffentlichkeit vorgestellt

Blutige Verfolgung

päische Avantgarde-Kunst ist, findet in Kassel und Hannoversch-Münden statt

In Sevilla wird im Rahmen der Weltausstellung die bislang größte Ausstellung zeitgenössischer lateinamerik. Malerei eröffnet. 90 Künstler sind mit rd. 400 Bildern beteiligt

Die mit viel Aufwand restaurierte *Semper*-Galerie in Dresden ist wieder der Öffentlichkeit zugänglich

„Schatten und Nebel", Film von *Woody Allen* (* 1935 in New York)

† *Nestor Almendros* (* 1931), spanischer Kameramann und Regisseur

„The Player", Film von *Robert Altman* (* 1925 i. den USA)

† *Arletty* (* 1898 in Frankreich, erblindet 1966), Schauspielerin, die bes. durch ihre Rolle in dem Film „Kinder des Olymp" (1945) von *Marcel Camé* (* 1903) bekannt wurde

„Goldene Palme" der Festspiele Cannes für „Der gute Wille", Film von *Bille August* (* 1948 in Dänemark)

† *Karin Brandauer* (* 1943), österreichische Film- und Fernsehregisseurin

† *Richard Brooks*

mit dem *Hindemith*-Preis der *Rudolph*-und-*Erika-Koch*-Stiftung ausgezeichnet

Peter Tschaikowsky: „Jolanthe" (Oper; inszeniert wird d. Werk von *Peter Ustinov* i. Rahmen d. Dresdner Musikfestspiele)

† *Alfred Uhl* (* 1909), österreichischer Komponist

† *Eberhard Waechter* (* 1929), österreichischer Opernsänger und Intendant

Die 81. *Richard-Wagner*-Festspiele in Bayreuth beginnen mit der Auff. der Oper „Tannhäuser"

† *Margarethe Wallmann* (* 1904), österreichische Opernregisseurin

† *Mary Wells* (* 1943), amerik. Jazzsängerin

Anne Woolliams wird neue Leiterin d. Wiener Staatsopern-Balletts

Isan Yun (* 1917 i. Südkorea, Musikstudium i. Berlin), 6. Streichquartett

† *Atahualpa Yupanqui* (* 1908), weltberühmter argentinischer Sänger

Walter Zimmermann: „Hyperion" (Oper nach dem berühmten Briefroman von *Friedrich Hölderlin*; Urauff. a. d. Frankfurter Alten Oper)

Alexander von Zemlinsky (* 1871 i. Wien, poln. Abst., † 1942 i. USA): „König Kandaules" (Erstauff. von Teilen der Oper aus der Zeit um 1934 in Hamburg)

Große Pop-Musik-Messe „Pop Kom '92" i. Köln mit mehr als 200 Nachwuchs-Rockbands

Nachweis sog. „Biosignale" mittels Hochtemperatursupraleitern verbessern EEG und EKG

Kontrastmittel für Ultraschalluntersuchungen verbessern Diagnosemöglichkeiten dieser Methode

Farbsonographie entwickelt sich zur leistungsfähigen Methode der Diagnostik

Amerikanische Wissenschaftler entwikkeln einen Bluttest, der die Erkennung eines erhöhten Mongolismus-Risikos bei Schwangeren ermöglicht

Die Organisation „World Wildlife Fund for Nature" (WWF) stellt in einem Bericht fest, daß durch den Treibhauseffekt die Artenvielfalt auf der Erde bereits abgenommen hat

Ein im US-Bundesstaat Michigan entdeckter 100 t schwerer Pilz, der 150 000 m² Waldboden durchzieht, wird von Wissenschaftlern für das größte Lebewesen der Erde gehalten

Einem Bericht amerik. Wissenschaftler zufolge hat der Ausbruch des Vulkans Pinatubo auf d. Philippinen eine weltweite Abkühlung d. Temperaturen um 0,2 bis 0,3 Grad Celsius bedingt

Das Bergbau-Museum in Rammelsberg bei Goslar wird

Verabschiedung der Anti-Mafia-Gesetze in Ital.

Der frühere SS-Oberscharführer *Joseph Schwammberger* (* 1912 in Innsbruck, floh bei Kriegsende nach Argentinien) wird wegen zahlreicher Tötungsdelikte in NS-Zwangslager in Polen zu lebenslanger Freiheitsstrafe verurteilt (gilt als letzter NS-Prozeß). Neonazis demonstrieren gegen das Urteil

Anklage und Haftbefehl gegen *Erich Honecker* wegen Mitschuld an den Todesschüssen an der Grenze zur ehemaligen DDR

Freiheitsstrafe ohne Bewährung für Todesschützen beim ersten „Mauerschützenprozeß" wegen Tötung von DDR-Flüchtlingen (Landgericht Berlin)

Nach amtlicher Erklärung der brasil. Behörden ist der frühere KZ-Arzt *Josef Mengele* durch Badeunfall ums Leben gekommen (vgl. 1985 V)

Chef der Terror-Organisation „Leuchtender Pfad" in Peru, *A. Guzman* (* 1925), wird wegen Anstiftung zu 25 000fachem Mord (seit 1980) von einem Militärgericht zu lebenslanger Haft verurteilt

Erste Hinrichtung nach 25 Jahren in Kalifornien, wobei Giftgas verwendet wird

Sprachwissenschaftlich vorbereitete Stimmerkennung mit Hilfe von Computern wird zu einem Werkzeug der Verbrechensfahndung

† *Martin Hirsch* (* 1913 in Breslau), Richter am Bundesverfassungsgericht

(1992)	nung des tschechischen Landesteils vom slowakischen Der Abspaltung der Slowakei von der ČSFR begegnet *Václav Havel* mit Rücktritt vom Amt des Präs der ČSFR, das er seit 1989 bekleidete † *Chadli Benjedid* (ermordet, * 1929), Staatspräs. von Algerien (seit 1979) † *Mohammed Boudiaf* (ermordet, 1925), seit 1988 Vors. des Staatsrats von Algerien, wo er die islam. Fundamentalisten FIS bekämpfte In Algerien ergreift das Militär die Macht und unterdrückt den erstarkenden islam. Fundamentalismus (FIS) † *Menachem Begin* (* 1913 in Brest-Litowsk, Friedensnobelpreis 1978), Min.-Präs. von Israel 1977 bis 1983, als der er mit dem damaligen Präs. *Anwar el Sadat* (Ägypten) ein Friedensabkommen unterzeichnete Nach schwerer Wahlniederlage wird *Yitzhak Shamir* (* 1914 in Polen) vom rechten Likudblock, der seit 1977 regierte, von *Yitzhak Rabin* (* 1922 in Jerusalem) von der sozialdemokrat. Arbeiterpartei, dem Sieger des 6-Tage-Krieges 1967, abgelöst Israel sperrt den Gazastreifen militärisch von Israel ab, was für die Palästinenser eine erhebliche Verschlechterung ihrer Lebensumstände bedeutet Ausweisung von 418 Palästinensern aus Israel als Vergeltung für einen Mord hat starke Behinderung der Nahost-Friedensgespräche zur Folge Irak behindert weiterhin UN-Abgesandte bei Abrüstungskontrolle, was zu militär. Einsätzen der USA im Irak führt UN-Sicherheitsrat verlängert Embargo gegen Irak, weil dieser Waffenstillstandsbedingungen nicht erfüllt Bei den ersten Wahlen im Iran nach dem Tod des Revolutionsführers *Chomeini* 1989 gewinnen Anhänger einer gemäßigten Politik um Staatspräs. *Ali Akbar Raftandschani*	(* 1914 in Budapest, lebt später in GB, USA, BRD und Österreich) als Dramatiker und Regisseur † *Werner Veidt* (* 1903), deutscher Schauspieler und Schriftsteller *Kortner*-Preis an den Schauspieler *Gert Voss* vom Wiener Burgtheater *Ingeborg-Bachmann*-Preis der Stadt Klagenfurt an *Alissa Walser*, Tochter v. *Martin Walser* (* 1927) Regisseur *Peter Zadek* (* 1926 in Berlin) erhält Kunstpreis Berlin 1992 Mexikanische Literatur ist Schwerpunktthema der Buchmesse in Frankfurt/M. Theater der Freien Volksbühne im früheren West-Berlin wird geschlossen (Gründungsintendant *Erwin Piscator* [† 1966]) Die Jahrestagung des deutschen PEN-Zentrums in München steht unter dem Motto „Ausländer und Deutsche"	islamischer Fundamentalisten in Algerien Syrien gewährt Juden größere Freizügigkeit Nach langen Diskussionen läßt die Anglikanische Kirche Frauen im Bischofsamt zu Vernichtung eines Mahnmals für ermordete Juden im ehemaligen KZ Sachsenhausen durch Brandstiftung empört und erregt die Öffentlichkeit In BRD mehren sich Schändungen jüdischer Gedenk- und Ehrenmale Alter der Sprache als menschliches Kommunikationsmittel wird auf ungefähr 100000 Jahre geschätzt Überreste eines 6000 Jahre alten Reitpferdes bei Kiew gefunden Streit der Kunsthistoriker um Ursprung der Laokoon-Plastik im Vatikan dauert an Koptisches Grab von ~ 640 bei den ägypt. Pyramiden entdeckt Salier-Ausstellung im Dom zu Speyer Kath. Akademie in Bayern veranstaltet Konferenz über die Qumran-Schriftrollen aus der Zeit um ± 100, die 1947 am Toten Meer gefunden wurden und deren Bedtg. für das frühe Christentum noch umstritten ist Weltausstellung in Sevilla unter dem Motto „Das Zeitalter der Entdeckungen"

(* 1912 in Philadelphia), Filmregisseur

„Batmans Rückkehr“, US-Action-Film von *Tim Burton* , bemüht sich um ein Comeback der Figur des „Batman“

„Naked Lunch“, Film v. *David Cronenberg* (* 1942 in den USA)

† *Marlene Dietrich* (* 1901 in Berlin, nach 1933 US-Bürgerin), erlangte Weltruhm durch ihre Rolle in dem Film „Der blaue Engel“ (1929) von *Josef von Sternberg* (* 1894 in Wien) und zahlreiche weitere Filme

Marlene Dietrich wird auf eigenen Wunsch in Berlin-Friedenau beigesetzt

† *Eberhard Fechner* (* 1926 in Liegnitz), Fernseh- und Filmregisseur von Romanen *W. Kempowskis*

† *José Ferrer* (* 1912), amerik. Schauspieler, Regisseur und Produzent

„Goldener Bär“ der Berliner Filmfestspiele an *Lawrence Kasdan* f. Film „Grand Canyon“

† *Werner Kreindl* (* 1928 in Wels), Schauspieler, bekannt durch TV

Beim 45. Internationalen Filmfestival von Locarno wird der „Goldene Leopard“ d. Regisseurin *Clara Law* aus Hongkong für ihren Film „Herbstmond“ verliehen

† *Marisa Mell* (* 1939), österreichische Filmschauspielerin

Verleihung des *Peter-Weiss* -Preises der Stadt Bochum an den Filmautor und Regisseur *Marcel Ophuls*

von der UNESCO als Weltkulturerbe eingestuft

Alter des Homo habilis wird auf 2,4 Mill. Jahre festgesetzt (bisher 1,9)

Neue Funde von Vogelfossilien in China und in der Mongolei führen zur Einordnung des Archäopteryx als einem Seitenzweig der Vogelevolution (Archäopteryx galt bisher als „Urvogel“)

50 m langes Dinosaurierskelett wird in USA entdeckt. Dieser Saurier gilt nach derzeitigem Stand der Forschung als bisher größtes bekanntes Tier der Erde

Das Alter der 1991 in den Ötztaler Alpen gefundenen Gletscherleiche („Ötzi“) wird aufgrund von Untersuchungen mit 5300 Jahren angegeben (älter als ursprünglich angenommen)

In Namibia wird ein etwa 13 Mill. Jahre alter menschl. Unterkiefer gefunden

Anhand von Satellitenaufnahmen wird die vor 4000 Jahren untergegangene Stadt Ubar entdeckt

Durch Computerverbund werden Rechengeschwindigkeiten von 1 Mrd. Bit/Sek. erreicht

„Photokina“-Ausstellung in Köln zeigt auf CD digital gespeicherte Fotobilder

Glasfaserkabelverbindung BRD-USA fertiggestellt und in Erprobung. Planung von Glasfaser-Verbindung USA-Moskau

Konstruktion eines Schreibcomputers, der gesprochenen Text in Schriftzeichen umsetzen kann (mit beschränktem Wortschatz)

Berlin ernennt *Michail Gorbatschow, Helmut Kohl* und *Ronald Reagan* wegen ihrer Verdienste um die Vereinigung der geteilten Stadt zu Ehrenbürgern

2 Mill. Flüchtlinge aus dem ehemaligen Jugosl. drängen nach West-Europa

Die Feier zum 50. Jahrestag des ersten Raketenstarts in Peenemünde, der zur V2-Waffe führte, wird stark kritisiert

Bilder von *Lucas Cranach d. Ä.* im Wert von ca. 14 Mill. DM werden aus einer Sammlung in Weimar gestohlen

Terroranschläge von Separatisten auf Korsika fordern über 20 Tote

Auf Sizilien ermordet die Mafia 3 für sie gefährliche Verfolger und Justizbeamte

3 Tote durch Brandanschlag auf Wohnung einer seit Jahren dort lebenden türkischen Familie in Mölln

Massengräber mit Überresten von ca. 12500 Toten beim ehemaligen KZ der SU bei Oranienburg entdeckt

In USA starben 1991 24700 Menschen eines gewaltsamen Todes

In Kolumbien flieht Chef eines Kokain-Kartells, *Pablo Escobar* (* 1950), aus einem „Luxusgefängnis“, in dem er unter Arrest gehalten wurde, nachdem er sich freiwillig gestellt hatte

Ex-Diktator von Panama, *Manuel Antonio Noriega* (* 1934 in Panama-Stadt), den die USA 1990 mit Hilfe militär. Invasion absetzten, wird von einem US-Gericht zu 40 Jahren Freiheitsstrafe verurteilt

Schwere ausländerfeindliche, straßenschlachtartige Unruhen durch Rechtsradikale in Rostock

200 Tote bei Niederschlagung einer Gefängnismeuterei in Brasilien durch Militär

Schwere Straßenunruhen Jugendlicher in Bristol und anderen Städten in GB

Schwere Rassenunruhen in Los Angeles/USA nach Freispruch von 4 Polizisten, die einen Schwarzen mißhandelt hatten

Tausende von Anhängern einer Sekte warten in Südkorea vergeblich auf den Weltuntergang, der vom Sektenführer vorausgesagt worden war

CDU und FDP einigen sich nach langen Verhandlungen auf Einführung einer Pfle-

(1992)

(* 1934) aus dem Lager des gemäßigten Islam, seit 1989 Reg.-Chef, gegen islam. Fundamentalisten

Wahlen in Kuwait ergeben Mehrheit für oppositionelle Gruppe

BRD unterbricht Lieferung von Waffen an die Türkei, weil mit deren Hilfe auch Kurden bekämpft werden

In Afghanistan beenden militär. Erfolge der islam. Mudschahedin die Herrschaft des sozialistischen Staatspräs. *Mohammad Nadjibullah* (* 1947), der 1971 durch die damalige sowjetruss. Reg. in Moskau sein Amt erhielt

Deng Xiao ping (* 1904), seit 1989 ohne offizielle Parteiämter, fordert öffentlich Liberalisierung der Wirtschaft in China; diese wird später durch einen Parteitag beschlossen und damit China die Möglichkeiten der Marktwirtschaft eröffnet

Aufnahme diplomatischer Bez. zw. VR China und Israel. Anschließende Teilnahme Chinas an der Nahost-Friedenskonferenz

Südkorea und VR China nehmen diplomatische Bez. auf

In Pakistan wird frühere Reg.-Chefin *Benazir Bhutto* bei einer Demonstration gegen die Reg. von *Nawaz Sharif* verhaftet und des Landes verwiesen

Japan ermöglicht durch Verfassungsänderung Blauhelmeinsätze bei Friedensmissionen

In Japan gewinnt bei nur 50 % Wahlbeteiligung die seit 1955 regierende LDP Teilwahlen zum Oberhaus, obwohl vor der Wahl zahlreiche Korruptionsaffären bekannt geworden waren

Wahlen in Südkorea gewinnt die oppositionelle Neue Demokratische Union über die regierende Demokratisch-Liberale Partei

Mit der Wahl von *Kim Young Sam* (* 1927) wird in Südkorea seit langer Zeit ein Zivilist Staatspräs.

Reformkommunisten gewinnen Wahl in der Mongolei

Durch Räumung der Militärbasis Subic Bay auf den Philippinen beenden USA rd. 1 Jh. militär. Präsenz und geben größten auswärtigen Stützpunkt auf

Sieger bei den Volkswahlen zum Präs. auf den Philippinen ist *Fidel Ramos* (* 1948), der früher als Verteidigungsmin. seine Vorgängerin *Corazon Aquino* (* 1933) erfolgreich unterstützt hatte

Parlament von Brasilien enthebt wegen Vorwürfen der Korruption den Staatspräs. *Fernando Collor de Mello* (* 1949 in Rio) seines Amtes

In El Salvador wird der seit 1980 währende Bürgerkrieg beendet, der ca. 40 000 Menschenleben forderte

Staatspräs. von Peru, *Alberto Kenya Fujimori* (* 1938 in Lima), setzt mit Militärgewalt demokratische Staatsform außer Kraft

In Angola gewinnt der seit 1979 amtierende Präs. *José Eduardo dos Santos* (* 1942 in Angola) von der SU-unterstützten MPLA gegen *Jonas Savimbi* von der US-unterstützen UNITA-Bewegung

Waffenstillstand in Moçambique nach 16 Jahren Bürgerkrieg

Frederik Willem De Klerk (* 1936), Staatspräs. von Südafrika, erhält in einem Referendum zu seiner Politik gegen Apartheid 2/3-Mehrheit der weißen Bevölkerung

† *Anthony Perkins* (* 1932), weltberühmter amerik. Film- und Theaterschauspieler

† *Satyajit Ray* (* 1922 in Kalkutta), Begründer d. indischen Filmkunst (schuf 1955–1960 „Apu-Trilogie“)

† *Hal Roach* (* 1892), amerik. Filmproduzent

† *Otto Simánek* (* 1925), tschechischer Schauspieler. In Dtl. bekannt geworden als Darst. von „Pan Tau“

† *John Sturges* (* 1910 in Oak Park, Illinois), Western- und Actionfilm-Regisseur, u. a. „Die glorreichen Sieben“ 1960

5 Oscars für den Film „Das Schweigen der Lämmer“ von *Jonathan Demme*

Europäischer Filmpreis „Felix“ an Regisseur *Billy Wilder* (* 1906 in Krakau 1933 in die USA emigriert) für sein Gesamtwerk

Bei der 49. Biennale von Venedig wird der „Goldene Löwe“ an den chinesischen Regisseur *Zhang Yimon* für seinen Film „Die Geschichte von Qi Ju“ verliehen

1986–1990 halbierte sich der Verleih bundesdeutscher Filme zugunsten derer aus USA

109. Element im Periodensystem erhält zu Ehren der Kernphysikerin *Lise Meitner* (1878–1968) d. Namen „Meitnerium“ mit dem Symbol Mt

Es entwickelt sich eine „Nanotechnologie“ für Dimensionen von milliardstel Metern

Mit Hilfe der Reibungsmikroskopie, einer Fortentwicklung der Rastermikroskopie, gelingt Sichtbarmachung atomarer Strukturen

In Freiburg wird das erste energieautarke Solarhaus in BRD in Betrieb genommen

Erbium-Dotierung der Glasfasern ermöglicht fast millionenfach höhere Kapazität der Nachrichtenübermittlung gegenüber 1975 zu Beginn der Glasfasertechnik

geversicherung mit Finanzierung nach Art der Sozialversicherung, welche auch den Arbeitgeber zur Kasse bittet

Diskussion über Freigabe des „milden“ Rauschgiftes „Meskalin“ zur Verhinderung der Einnahme härterer Drogen

17 % mehr Rauschgifttote in der BRD als im Vorjahr

Zahl der weltweit HIV (AIDS)-Infizierten wird mit 10 Mill. angegeben (= 0,2 % der Weltbev.)

Großer Umwelt-Strafprozeß in der BRD wegen Verwendung von Dioxin bei der Herstellung von Holzschutzmitteln

Nach Bekanntwerden der gesundheitsschädigenden (da karzinogenen) Wirkung von Asbest werden Abriß und Entsorgung aller asbesthaltigen Bauteile u. ä., wie sie in der Phase des Wiederaufbaus nach 1945 in der BRD häufig verwendet wurden, notwendig

Kernkraftwerk in Tschernobyl/Ukraine wird abgeschaltet, bleibt jedoch weiterhin Gefahrenquelle wegen Reststrahlung. Vom gleichen Reaktortyp sind weitere Kraftwerke im Gebiet der ehemaligen SU in Betrieb

Aufgrund sinkender Kosten breitet sich die Nutzung der Sonnenenergie mittels Photovoltaik zunehmend aus

Frankr. sperrt seine Grenzen für Mülltransporte aus BRD, was vorübergehend zu einem „Abfallnotstand“ vieler Betriebe in der BRD führt

Türkei weiht am oberen Euphrat Atatürk-Staudammsystem für 118 Mill. kW ein

Der während der vergangenen Jahrzehnte im All zurückgelassene sog. „Raumfahrtmüll“ stellt wegen Kollisionsgefahr mit Raumfahrzeugen ein ernsthaftes Problem für künftige Projekte dar

Willy Daume (* 1913 in NRW) tritt als Präs. des Olymp. Komitees der BRD zurück; dieses Amt hatte er seit 1960 inne

† *Josef Neckermann* (* 1912 in Frankfurt/M.), erfolgreicher Dressurreiter, Förderer des Sports und Gründer der Neckermann Versand KG

In Albertville/Frankr. eröffnet *François Mitterrand* Olymp. Winterspiele, zu denen 2300 Athleten aus 64 Nationen im sportlichen Wettkampf um 171 Medaillen antreten

Medaillenspiegel der Olymp. Winterspiele Albertville/Frankr. (in der Reihenfolge G/S/B): 1) BRD 10/10/6, 2) GUS 9/6/8, 3) Norw. 9/6/5, 4) Österr. 6/7/8, 5) USA 5/4/2, 6) Ital. 4/6/4, 7) Frankr. 3/5/1, usw. bis 20) Nordkorea 0/0/1

Bei den Olymp. Sommerspielen in Barcelona treffen sich 172 Mannschaften mit 10517 Sportlern für 25 Sportarten, die in 260 Wettbewerben ausgetragen werden (700 Mill. US-$ für Fernsehrechte)

Medaillenspiegel der Olymp. Sommerspiele in Barcelona (in der Reihenfolge G/S/B): 1) GUS 45/38/28; 2) USA 34/37/37; 3) BRD 33/21/27; Kuba 14/6/11; 5) Span. 13/7/2; 6) Ungarn 11/12/7; 7) Südkorea 11/5/12; 8) Frankr. 8/5/16, usw. bis 25) Thailand 0/0/1

„Weltsportlerin des Jahres“ wird Hochspringerin *Heike Henkel* (* 1964) vom Klub Bayer Leverkusen; u. a. wird ihre klare Haltung gegen Doping gewürdigt

200 Tote und etwa 800 Verletzte bei einer Explosion (vermutl. im Abwassersystem) in Mexiko

2000–3000 Tote durch Seebeben vor Indonesien (bei Bali)

Schwerstes Erdbeben seit 1757 am Rheingraben

Bau des Plenarsaals des Bundestages wird nach über 20 Jahren Bauzeit und Kosten in Höhe von 256 Mill. DM fertiggestellt

1993

Friedensnobelpreis an *Nelson Mandela* (* 1918) und *Frederik Willem de Klerk* (*1936) für Stiftung eines neuen Südafrika. Mit neuer Verfassung und freien Wahlen soll Gleichberechtigung von Schwarzen und Weißen geschaffen werden

US-Präsident George Bush (* 1924) und Rußlands Präsident Boris Jelzin (* 1931) unterzeichnen Start-II-Vertrag, der die Verringerung der strategischen Kernwaffen auf beiden Seiten um zwei Drittel innerhalb der nächsten 10 Jahre vorschreibt

Auf Bali 4tägige Beratung von Vertretern aus 37 blockfreien Staaten, die einen Dialog zwischen Entw.-Ländern und Industriestaaten fordern

In Paris Gründung der OPCW, die sich zur Aufgabe stellt, das Verbot von Herstellung, Besitz, Lagerung, Erwerb und Einsatz chemischer Waffen zu kontrollieren

USA verzichten auf SDI und beendigen Programm zur Stationierung von Raketenabwehrwaffen im Weltraum

In Wien findet nach 25 Jahren wieder eine Weltkonferenz für Menschenrechte der UNO statt

† *Heinrich Albertz*, Mitglied der Bekennenden Kirche und von den Nationalsozialisten verfolgt, 1966–67 Reg. Bürgermeister von Berlin (* 1915)

† *Wolf Graf Baudissin*, Generalleutnant, 1929–45 bei Reichswehr und Wehrmacht, Mitbegr. der Bundeswehr und des Konzepts der Streitkräfte in der Demokratie, seit Gründung des „Instituts für Friedens- und Sicherheitspolitik an der Universität Hamburg" dessen Wissenschaftl. Direktor (* 1907)

† *Heinz Galinski*, Vorsitzender des Zentralrates der Juden in Deutschland (* 1912)

Erich Honecker (* 1913), früheres Staatsoberhaupt der DDR, bekennt sich zu polit. Verantwortung für Mauerbau, lehnt persönl. Schuld für die Todesopfer ab. Wegen seines schlechten Gesundheitszustandes Einstellung des Verfahrens gegen ihn. Ausreise nach Chile

Bundesverkehrsmin. *Günther Krause* (* 1953; CDU) wird wegen verschied. Bestechungsaffären aus Amt abgelöst. Nachfolger wird *Matthias Wissmann* (* 1949), bisher Wissenschaftsmin. An dessen Stelle im Forschungsministerium rückt *Paul Krüger* (CDU)

Als Reaktion auf Bestechungsvorwürfe tritt

Literaturnobelpreis an die amerik. Schriftstellerin *Toni Morrison* (* 1931), schrieb u.a. „Beloved" (1987, dt. „Menschenkind") und „Jazz" (1992, dt. 1993)

Friedenspreis des dt. Buchhandels an *Friedrich Schorlemmer*, dt. Pfarrer und Bürgerrechtler, Mitbegründer der Bürgerbewegung „Demokratischer Aufbruch"

† *Anthony Burgess* (* 1917), amerikanischer Schriftsteller, schrieb „Clockwork Orange" („Uhrwerk Orange")

Ingeborg-Bachmann-Preis an den Schriftsteller *Kurt Drawert* für „Haus ohne Menschen. Ein Zustand" (Erzählung)

† *André Frénaud*, frz. Lyriker (*1908)

† *William Golding*, brit. Schriftsteller, schrieb „Der Herr der Fliegen" (* 1911)

† *Joana Maria Gorvin*, dt. Schauspielerin, bekannt geworden vor allem in den Inszenierungen des Regisseurs *Jürgen Fehling* (* 1922)

Günter Grass (* 1927) erhält die Ehrendoktorwürde der Univ. seiner Heimatstadt Danzig sowie die Ehrenbürgerschaft der Stadt. In Danzig spielt sein bekanntester Roman „Die Blechtrommel"

Der span. Dramatiker *Ronald Harwood* wird auf dem 60.

Einweihung der Zentralen Gedenkstätte der BRD in der umgestalteten Neuen Wache in Berlin. Mit einer vergrößerten „Pietà" von *Käthe Kollwitz* soll der „Opfer von Krieg und Gewaltherrschaft" gedacht werden. An der Gleichsetzung der Erinnerung an Täter und Opfer entzünden sich heftige Auseinandersetzungen in der Öffentlichkeit

Eröffnung des „United States Holocaust Museum" in Washington in Gegenwart von Präs. *Bill Clinton*. Der New Yorker Architekt *James Ingo Freed*, selbst aus Nazidtl. geflohen, hat mit dem Bau eine Architektursprache entwickelt, die zugleich an die KZs erinnern und die Rationalität der Vernichtung kritisieren soll

In der BRD wird am Deutschen Eck eine Nachbildung der 1945 zerstörten Reiterstatue von Kaiser *Wilhelm I.* auf den Sockel gehoben

15. Philosophen-Kongreß in Berlin hört unter dem Titel „Neue Realitäten – Herausforderung an die Philosophie" 187 Referenten zu Themen wie Business-

Zum 200jährigen Bestehen des Pariser Louvre Eröffnung des *Richelieu*-Flügels als neuen Museumtrakts durch Staatspräs. *François Mitterrand*

Im Krieg im ehemal. Jugoslawien wird die Brücke von Mostar, ein Weltkulturdenkmal aus dem 16. Jh., durch kroatische Granaten zerstört

Eine Attrappe aus Plastikplanen wirbt in Berlin für den Wiederaufbau des Berliner Stadtschlosses

Ausstellung des grafischen Werkes von *Max Beckmann* (* 1884 †1950) in München. Die 190 ausgestellten Werke stammen alle aus Privatbesitz

Kunsthalle Weimar veranstaltet eine Ausstellung mit Werken von *Joseph Beuys* unter dem Titel „Die innere Mongolei"

Eine *Cézanne*-Ausstellung in Tübingen lockt 430 000 Besucher an

Berliner *Fred-Thieler*-Preis an den Kölner Maler und Bildhauer *Peter Bömmels*

Anläßlich des 100. Geburtstags von *George Grosz* eröffnet das *Josef-Albers*-Museum in Bottrop eine Ausstellung mit Aquarellen und Zeich-

† *Maurice Abravanel*, amerik. Dirigent portug. Herkunft (*1903)

Theodor W. Adornos Untersuchung „Beethoven" erstmals ediert

Pina Bausch (* 1940): „Tanzabend I" (Tanztheater, Urauff. in Wiesbaden)

† *Hans Beirer*, österr. Sänger (Tenor) (*1911)

Maurice Béjart (* 1927): „Nacht" (Tanzstück, Urauff. in Berlin, wo Béjart jetzt als ständiger Gast-Choreograph wirkt)

Ruth Berghaus inszeniert Puccinis „Tosca" an der Semper-Oper in Dresden

† *Paolo Bortoluzzi*, ital. Tänzer, tanzte Hauptrollen fast aller wichtigen Balette von Maurice Béjart (*1938)

† *John Campbell*, amerik. Bluessänger und Gitarrist (* 1952)

† *Jaques Chazot*, frz. Ballettänzer (*1928)

† *Agnes De Mille*, amerik. Choreographin (*1909)

† *Christoph Detz*, schweiz. Komponist und Pianist (*1950)

† *Léo Ferré*, frz. Chansonnier (*1916)

Jazz-Saxophonist *Jan Garbarek* nimmt zusammen mit dem Hilliard Ensemble das „Officium" auf: Mittelalterliche Ge-

Nobelpreis für Medizin an *Philip R. Sharp* (USA, * 1944) und *Richard J. Roberts* (GB, * 1943) für grundlegende Arbeiten in der Genforschung. Beide entdeckten 1977 unabhängig voneinander den diskontinuierlichen Aufbau d. Gene im Erbmaterial höherer Organismen: Auf der scheinbar gleichförmigen DNS liegen abwechselnd „Exon"- und „Intron"-Segmente. Die Erbinformation befindet sich nur in den „Exons"

Nobelpreis für Chemie an *Karen Banks Mullis* (USA, * 1944) für die Entwicklung der Polymerase-Kettenreaktion (PCR) zur Verdopplung kleiner Teile der DNS, eine Voraussetzung zur Erstellung des „genetischen Fingerabdrucks", und an *Michael Smith* (CAN, * 1932) für ein Verfahren zum Austauschen einzelner Nukleotide im DNS-Strang zur Veränderung der Erbinformation („ortsspezifische Mutation")

Nobelpreis für Physik an die beiden Amerikaner *Russell A. Hulse* (* 1950) und *Joseph H. Taylor* (* 1941) für die Entdeckung einer neuen Art kleiner Himmelskörper, des Doppelpulsars, einem Tandem aus

Nobelpreis für Wirtschaftswissenschaften an die Amerikaner *Robert W. Fogel* (* 1926) und *Douglas C. North* (* 1920) für Arbeiten im Bereich der Theorie der Wirtschaftsgeschichte

Nach einer Studie der ILO (Internationale Arbeitsorganisation) werden derzeit ca. 200 Mill. Kinder zu schwerer Arbeit mißbraucht und kommen so um Kindheit und Schulbildung

Ca. 1,4 Mrd. Menschen leben in totaler Armut, eine weitere Mrd. am Rande der Armut

Weltweit sind ca. 700 Mill. Menschen arbeitslos oder unterbeschäftigt. Wegen der versch. Migrationsbewegungen kommen jährlich ca. 38 Mill. hinzu

Mehr als 2½ Mill. Menschen in Europa sind obdachlos

In der BRD erreicht Arbeitslosigkeit mit 2,4 Mill. Arbeitslosen in den alten und 1,2 Mill. in den neuen Bundesländern im November eine Rekordhöhe

In Genf einigen sich nach 7 Jahren der Verhandlungen 117 Staaten auf neues Zoll- und Handelsabkommen GATT zum weltweiten Abbau von Zöllen und Importquoten. Erstmalig sind auch die Dienstleistungen von Banken, Versicherungen, Reedereien und geistiges Eigentum (Patente, Marken) einbezogen. Wegen des Widerstands von Frankreich sind Filme, Musik und Fernsehprod. nicht Bestandteil des Vertrags

Laut Statistik des GATT-Sekr. in Genf hat sich das Welthandelsvolumen 1993 gegenüber 1992 um 2,5 % erhöht. Überdurchschnittliches Wachstum der Exporte verzeichnen Nord- und Südamerika sowie Asien

Lockerung des Europäischen Währungssystems (EWS): Die verbundenen Währungen können gegenüber den festgesetz-

(1993)	Bundeswirtschaftsmin. und Vizekanzler *Jürgen Möllemann* (FDP) zurück. Neuer Wirtschaftsmin. wird *Günter Rexrodt* (FDP), neuer Vizekanzler Klaus Kinkel (FDP) Laut Statistischem Bundesamt leben Ende 1992 80 980 000 Menschen in Deutschland In Solingen Brandanschlag auf ein von Türken bewohntes Haus. 3 Kinder und 2 Frauen sterben Als Antwort auf Brandanschlag in Solingen und Änderung des Asylrechts bundesweit Protestveranstaltungen und Demonstrationen gegen Ausländerhaß und Fremdenfeindlichkeit Angeklagte wegen des Brandanschlags auf 2 von Ausländern bewohnte Häuser in Mölln erhalten Höchststrafen Festnahme der mutmaßl. RAF-Mitglieder *Wolfgang Grams* und *Birgit Hogefeld* in Bad Kleinen. Dabei werden *Wolfgang Grams* und ein Beamter der GSG9 bei Schußwechsel getötet. Unklarheiten über den genauen Ablauf der Ereignisse führen zum Rücktritt von Bundesinnenmin. *Rudolf Seiters* sowie Entlassung von Generalbundesanwalt *von Stahl*. Neuer Bundesinnenmin. wird *Manfred Kanther* (* 1939, CDU) Verdacht des Handels mit HIV-verseuchtem Blutplasma gegen Firma „UB-Plasma". Wegen Informationspannen im Bundesgesundheitsamt werden mehrere leitende Beamte entlassen Bei Anschlag der RAF auf Gefängnisneubau bei Darmstadt Sachschaden von 100 Mill. DM Bundestag beschließt Änderung des GG hinsichtlich des Asylrechts. Sie ermöglicht die Abweisung von Asylbewerbern, die über Länder einreisen, die als sicher vor Verfolgung gelten. Alle Nachbarstaaten der BRD gehören dazu Bundesinnenminister *Seiters* und der polnische Innenminister *Andrzej Milczanowski* (* 1939) unterzeichnen Abkommen zur Rücknahme von Asylbewerbern durch Polen, deren Antrag in Deutschland abgewiesen wurde Bundeskabinett beschließt gegen starke interne und öffentl. Kritik dt. Beteiligung an der von der UNO beschlossenen Überwachung des Flugverbots über Bosnien-Herzegowina Die ersten von insg. 1700 Blauhelm-Soldaten der Bundeswehr treffen in Somalia ein Bundesverfassungsgericht erklärt das im Juli 1992 vom Bundestag geänderte Abtreibungs-	Kongreß des Internat. PEN-Clubs in Santiago de Compostela zum neuen Präs. gewählt *Rolf Hochhuth* (* 1931): „Wessis in Weimar" (Schauspiel, Urauff. in Berlin) † *Masuji Ibuse*, jap. Schriftsteller, gilt als einer der bedeutenden Erzähler Japans (*1898) *Heiner Müller* (* 1929), ostdt. Dramatiker, bekennt, regelmäßige Kontakte zur Stasi gehabt zu haben *Klaus Pierwoß* (* 1942) wird Nachfolger von *Hansgünther Heyme* (* 1935) als Intendant des Bremer Theaters *Harold Pinter* (* 1930) „Moonlight" (Schauspiel, Urauff. in London) † *Hans Werner Richter*, dt. Schriftsteller, Initiator der „Gruppe 47" (* 1908) *Georg-Büchner*-Preis an *Peter Rühmkorf* (* 1929), Lyriker und Essayist † *Hans Sahl*, dt. Schriftsteller, Film- und Theaterkritiker, während der NS-Zeit in die USA emigriert (* 1902) *Peter Sichrovski:* „Unheilbar deutsch" (Schauspiel aus Interviews mit Kindern von Nazi-Eltern, Urauff. in Dortmund und Hamburg) † *Fritz Strassner*, dt. Volksschauspieler (* 1920)	ethik, Technikethik und Rechtsphilosophie Ausstellung in Berlin soll Bedeutung der Etrusker für Europa dokumentieren („Die Etrusker und Europa") Neukonstituierung der vereinigten Berlin-Brandenburgischen Akademie der Wissenschaften mit einem Festakt in der Berliner Staatsoper † *Dominique Bozo*, Präs. des Pariser Centre Pompidou (* 1935). Sein Nachfolger wird *François Barré* *Hannah Arendts* (*1906, † 1975) „Besuch in Deutschland" erscheint † *Hans Jonas*, dt. Philosoph und Religionswissenschaftler, Träger des Friedenspreises des dt. Buchhandels, einflußreich für die dt. Friedensbewegung (* 1903) † *Leo Löwenthal*, dt.-amerik. Soziologe, Mitbegründer der Kritischen Theorie (* 1900) † *Fritz Mey-Sarasani*, Zirkusdirektor † *Cyril Northcote Parkinson*, brit. Historiker, fand das nach ihm benannte Gesetz vom Wachstum der Bürokratie (* 1931)

nungen des Künstlers

Großer Preis des BDA an *Thomas Herzog* (baute u.a. an „Böcken" hängende Fabrikhalle für Firma Wilkhahn im Deister-Süntel-Tal)

Eine umfassende Werkschau d. Bildhauers und Zeichners *Alfred Hrdlicka* (* 1928) in Künzelsau

† *Fritz Cremer*, dt. Bildhauer, bekannt vor allem durch seine Denkmale in den KZ-Gedenkstätten von Buchenwald, Mauthausen, Ravensbrück und Auschwitz

Die Hamburger Kunsthalle erwirbt für 3,5 Mill. DM das Gemälde „Meeresufer bei Mondschein" von *Caspar David Friedrich* (* 1774 † 1840)

Max-Beckmann-Preis der Stadt Frankfurt/M. an den russ. Avantgarde-Künstler *Ilya Kabakov*

Anläßlich des 100. Geburtstages des Malers *Joan Miró* († 1983) widmet ihm seine Geburtsstadt Barcelona eine große Gedenkausstellung mit 500 Werken aus seinem letzten Lebensjahrzehnt

Im Palazzo Grassi in Venedig beginnt große Wanderausstellung mit 448 un-

sänge mit Saxophon als zusätzlicher Stimme

† *Hans Franzen*, dt. Sänger (Bass) (*1935)

† *Dizzy Gillespie*, amerik. Jazztrompeter und Begründer des Bebop (* 1917 als *John Birks*)

Philip Glass (* 1937): „Orphée" (Oper, Urauff. in Weikersheim)

† *Szymon Goldberg*, poln. Dirigent und Violonist, der bereits im Alter von 12 Jahren debütierte (* 1909)

† *Joseph Greindl*, dt. Sänger (Baß) (*1912)

† *Tatjana Gsovsky*, dt. Tanzpädagogin russ. Herkunft (*1901)

Wilfried Hiller (Musik) und *Michael Ende* (Text): „Der Rattenfänger – Ein Hamelner Totentanz" (Märchenoper. Urauff. i. Dortmund)

Hugo Kächs „Paracelsus" (Oper nach einer Dichtung von *Arthur Schnitzler*, Urauff. in Villach)

John Kander und *Fred Ebb*: „Kuß der Spinnenfrau" (Musical, dt.-sprachige Erstauff. in Wien)

Nikolai Karetnikow (* 1930): „Till Eulenspiegel" (Oper, Urauff. in Bielefeld)

Johann Kresnik: „Rosa Luxemburg – Rote Rosen für Dich" (Tanztheater nach einem Libretto

zwei Himmelskörpern, die sich i. Drehbewegung mit steigender Geschwindigkeit auf immer engerer Bahn befinden

Carol-Nachmann-Preis für Rheumatologie an den Zürcher Biochemiker *Antonio Baici* für seine Arbeiten über Gelenkentzündungen

† *Albert Sabin*, amerik. Arzt und Erfinder der Schluckimpfung gegen Kinderlähmung

Mit Hilfe der Raumsonden „Voyager 1" und „Voyager 2" meinen amerik. Wissenschaftler, den Rand des Sonnensystems entdeckt zu haben. Die Theorie basiert auf der Beobachtung, daß in einer Entfernung von ca. 13 bis 18 Mrd. km zur Sonne Partikel des Sonnenwindes auf solche des interstellaren Raumes treffen

Auf Hawaii meinen Astronomen, mit einem Teleskop Lichtstrahlen von der nach menschlichem Ermessen weitestentfernten Galaxis im Universum empfangen zu haben

Mit Hilfe einer Radarantenne erstellen amerik. Wissenschaftler die bisher genauesten Aufnahmen eines Asteroiden (4179 Toutatis), der sich der Erde auf 3,5 km Entfernung genähert hat

ten Leitkursen um 15% statt bisher 2,25% zu beiden Seiten schwanken

Die großen techn. Unternehmen in Deutschland kündigen jeweils Personalabbau um Zehntausende von Angestellten an

In BRD steigt die Mehrwertsteuer von 14 auf 15 %

Jose Ignacio López (* 1941), bisher Vizepräs. von General Motors, wird neues VW-Vorstandsmitglied. Die Firma Opel wirft ihm vor, Betriebsgeheimnisse verraten zu haben, was jedoch nicht bewiesen werden kann

Als Nachfolger von *Helmut Schlesinger* (* 1924) wird *Hans Tietmeyer* neuer Bundesbankpräsident

Der Vors. der IG Metall, *Franz Steinkühler* (* 1937), tritt zurück, als bekannt wird, daß er sein Wissen aus Beratungen im Aufsichtsrat der Daimler Benz AG für private Aktienspekulationen eingesetzt hat

Der chin. Volkskongreß ersetzt bisherige Planwirtschaft durch „sozialistische Marktwirtschaft"

Nach der Unterzeichnung der Maastrichter Verträge zur Gründung der EU protestieren Bauern auf dem ganzen Kontinent gegen Kürzung der Agrarsubventionen

Bananen werden in Europa teurer, weil der Import aus Süd- und Mittelamerika beschränkt wird

Kürzungen in allen Bereichen der sozialen Leistungen führen zu immer größerer Armut in BRD. Über 23 Mrd. DM werden bei Erziehungs- und Wohngeld, bei der Sozialhilfe, bei der Unterstützung für Asylbewerber und Arbeitslose eingespart

Die Ostdeutschen trinken wieder Rotkäppchen-Sekt und konsumieren verstärkt heimische Produkte

(1993)

recht mit der „Fristenregelung“ für verfassungswidrig

Verbot der kurdischen Arbeiterpartei PKK in der BRD

Bayerns Min.-Präs. *Max Streibl* (* 1932, CSU) tritt wegen „Amigo“-Bestechungsaffäre zurück. Nachfolger wird *Edmund Stoiber* (CSU)

Die westdt. Partei Die Grünen und das aus der ostdt. Bürgerrechtsbewegung hervorgegangene Bündnis 90 schließen sich in Leipzig zu einer neuen Partei Bündnis 90/Die Grünen zusammen

In Brandenburg finden erste Kommunalwahlen seit Vereinigung statt. Die Wahlbeteiligung liegt bei nur 59,7 %. Gesamtergebnis: SPD 34,5 %, PDS 21,2 %, CDU 20,5 %, FDP 7,1 % Bündnis 90/Die Grünen 4,2 %, Sonstige (Bauernverband und Wählervereinigungen) 12,5 %

Das Hamburger Verfassungsgericht entscheidet, daß die Bürgerschaftswahl von 1991 wegen schwerwiegender Verstöße der CDU bei der Kandidatenauswahl ungültig sei. Die Wahl wird wiederholt. Ergebnis mit Vergleichszahlen von 1991:

SPD 40,4 %, 58 Sitze (48 %, 61 Sitze); CDU 25,1 %, 36 Sitze (35,1 %, 44 Sitze); Grüne/GAL 13,5 %, 19 Sitze (7,2 %, 9 Sitze); STATT-Partei 5,6 %, 8 Sitze (–); FDP 4,2 %, kein Sitz (5,4 %, 7 Sitze)

Bei Kommunalwahlen in Hessen Verluste für SPD, starker Gewinn für Republikaner. Gesamtergebnis mit Vergleichszahlen von 1989: SPD 36,4 % (44,8 %), CDU 32,0 % (34,3 %), Die Grünen 11 % (9,1 %), Rep. 8,3 % (0,7 %), FDP 5,1 % (4,8 %). Die Wahlbeteiligung lag bei 71,3 %

Reg.-Koalition von Sachsen-Anhalt aus CDU und FDP tritt zurück, nachdem aufgedeckt wurde, daß Min.-Präs. *Werner Münch* (CDU) und einige seiner aus dem Westen kommenden Mitarbeiter stark überhöhte Diäten bezogen hatten

Der schlesw.-holst. Min.-Präs., SPD-Parteivors. und Kanzlerkandidat *Björn Engholm* (* 1939) tritt von allen seinen polit. Ämtern zurück, nachdem ihm vorgeworfen wird, er habe vor dem Barschel-Untersuchungsausschuß verschwiegen, daß er schon vor der Landtagswahl 1987 von Barschels Aktivitäten gegen ihn gewußt habe. Seine Nachfolgerin in Schlesw.-Holst. wird *Heide Simonis* (SPD)

Als erstes der neuen Bundesländer regelt Thü-

Botho Strauß (* 1944): „Das Gleichgewicht“ (Schauspiel, Urauff. bei Salzburger Festspielen)

Christa Wolf (* 1929), Schriftstellerin, bekennt als Bürgerin der DDR zeitweilige Tätigkeit als inoffizielle Mitarbeiterin der Stasi

Kulturzeitschrift „Die Weltbühne“, gegr. 1905, wichtiges Organ der Intellektuellen der Weimarer Republik, von den Nationalsozialisten verboten, seit 1946 in Berlin (O) neu herausgegeben, stellt Erscheinen ein

Frankfurter Verlag Roter Stern, bedeutend durch die krit. Ausgaben der Werke von *Hölderlin* und *Kleist*, meldet Konkurs an

In *Luc Bondys* gefeierter Inszenierung von *Henrik Ibsens* „John Gabriel Borkman“ (Auff. zuerst Lausanne, dann Paris und Brüssel) erobert der Filmschauspieler *Michel Piccoli* (* 1925) die Bühne

Auf dem Festival „Theater der Welt“ in München stellt *Peter Brook* (* 1925) sein Stück „L'homme qui“ in BRD vor

Berliner Volksbühne unter der Intendanz von *Frank Castorf* wird für ihre ästhetisch und polit. aufrüttelnden Inszenierungen gefeiert. Die Zeitschrift „Theater

---

† *Eduard Rhein*, langjähriger Chefredakteuer von „HörZu“ und Autor der „Mecki“-Kinderbücher (*1900)

Bonner *Ernst-Robert-Curtius*-Preis für Essayistik an den Philosophen *Peter Sloterdijk*

† *Ulrich Sonnemann*, Philosoph, Sozialwissenschaftler und Essayist (* 1912)

Botho Strauß' (* 1944) „Anschwellender Bocksgesang“ (Essay), Rechtfertigung konserv. bis rechtsextremen Gedankenguts aus d. Positon des Intellektuellen, löst Debatte über „Rechtsintellektualismus“ aus

† *Werner Stein*, dt. Politiker, Begründer des „Kulturfahrplans“ (* 1913)

† *Alfred Toepfer*, Hamburger Großkaufmann und Mäzen, Gründer zahlreicher Stiftungen (*1894)

Landtag von Thüringen beschließt ein Gesetz zur Gründung einer Universität in Erfurt

Als Reaktion auf die drastisch ansteigende Zahl von Kirchenaustritten beauftragt die Ev. Kirche in Köln eine Agentur mit einer Werbekam-

bekannten Zeichnungen von *Amedeo Modigliani* (* 1884, † 1920)

† *Charles Moore*, amerik. Architekt (* 1925)

Auf der Funkausstellung in Berlin zeigt Video-Künstler *Nam June Paik* (* 1932) das Kunstwerk „Turtle", 166 Monitore in eine wie ein Schildkrötenpanzer gewölbte Metallplatte versenkt. Die Schildkröte symbolisiere Zurückgezogenheit und Meditation

In Venedig findet unter dem Motto „Kardinalpunkte der Kunst" die 45. Biennale mit 715 Künstlern aus 53 Ländern statt

Herbert Achternbusch ist 1. Preisträger eines von München gestifteten Filmpreises

† *Stella Adler*, Schauspiellehrerin, die gemeinsam mit *Lee Strasberg* das „method acting" prägte (* 1901)

† *Hans-Christian Blech*, dt. Filmschauspieler („Affaire Blum") (* 1915)

„Beruf Neonazi", Dokumentarfilm von *Winfried Bonengel* über Rechtsradikale in der BRD, provoziert Diskussion über Grenzen dokumentarischen Arbeitens

† *Eddie Constan-*

von *George Tabori*, Urauff. an der Volksbühne in Berlin)

Johann Kresnik: „Francis Bacon" (Tanztheater. Urauff. in Hamburg)

† *Erich Leinsdorf*, amerik. Dirigent österr. Herkunft) (*1912)

Mit einem Festkonzert unter Leitung von *Kurt Masur* (* 1927) feiert das Leipziger Gewandhausorchester sein 250jähriges Bestehen

† *Friedrich Meyer*, dt. Komponist (*1915)

† *Gerd Nienstedt*, dt. Sänger (Bariton) (*1932)

† *Rudolf Nurejew*, Tänzer und Choreograph, gab mit seiner großen Virtuosität dem klassischen Ballett neue Impulse (* 1938)

† *Gret Palucca*, Tänzerin, Choreographin und Tanzpädagogin, die in ihrem Tanz wesentliche Prinzipien der Bauhaus-Bewegung umsetzte (* 1902)

Roland Petit (* 1924): „Dix" (Oper, Urauff. an Staatsoper Berlin)

† *Lucia Popp*, Sopranistin (* 1939)

Steve Reich/Beryl Korot: „The Cave" (Urauff. in Wien)

† *Wolfgang Steffen*, dt. Komponist (*1923)

Karl Heinz Stockhausen (* 1928):

Amerik. Weltraumfähre „Columbia" startet in Cape Canaveral zu ihrer Weltraummission D2. Die wissenschaftl. Leitung der Expedition liegt bei 2 dt. Forschern, *Hans Schlegel* und *Ulrich Walter*

Amerik. Raumfähre „Endeavour" mit 6 Astronauten schafft es, den europ. Forschungssatelliten „EURECA" zu bergen

Jap. Satellit macht eine Bruchlandung auf dem Mond. Die Wissenschaftler wollen mit dem Experiment Aufschluß über grundsätzl. Landebedingungen erhalten

In Dresden Eröffnung eines neugegr. Max-Planck-Instituts für die Physik komplexer Systeme

Physikern der Princeton-Universität (USA) gelingt die bislang weltweit größte Kernfusion, bei der für 4 Sek. eine 3 Mill. Grad heiße Sonnenglut entsteht .

Der Tübinger Chemiker *Hanspaul Hagenmaier* erhält den Preis der Stiftung Sicherheitstechnik und Umweltschutz des TÜV Pfalz für Arbeiten über Dioxinminderung bei Verbrennungsanlagen

Auf ihrem 9. Weltkongreß in Berlin beraten Protozoolo-

In BRD führen die Krankenkassen statt des Krankenscheins die Chip-Karten ein

† *Robert W. Kempner*, Jurist, stellvertr. Chefankläger der Amerikaner beim Nürnberger Kriegsverbrecherprozeß (* 1899)

Bundesverfassungsgericht urteilt: Homosexuelle Paare haben keinen Anspruch auf standesamtliche Trauung

Neues Namensrecht für Eheleute: Verheiratete sind nicht mehr verpflichtet, einen gemeinsamen Namen zu tragen. Gemeinsame Doppelnamen sind nicht mehr möglich

Ermordung eines 2jährigen Kindes durch zwei 10jährige in Liverpool. Gewalt von Kindern untereinander scheint allg. zuzunehmen. In der Öffentlichkeit wird über den Einfluß der Medien diskutiert

In Los Angeles werden im Berufungsprozeß die Angeklagten im *Rodney-King*-Prozeß für schuldig erklärt

† *James Hunt*, 1976 Formel-1-Weltmeister (* 1947)

Mit seinem 104. Einsatz im Fußball-Länderspiel gegen Brasilien löst *Lothar Matthäus Franz Beckenbauer* (103 Spiele) als dt. Rekord-Nationalspieler ab

In Hamburg Attentat eines 38jährigen Zuschauers auf die Tennisspielerin und derzeitige Weltranglistenerste Monica Seles (* 1973) mit einem Messer. Auf den Champion-Platz rückt Steffi Graf

Fußball-Nationalmannschaft von Sambia kommt bei einem Flugzeugabsturz in Libreville in Zentralafrika ums Leben

Zum 1. Mal fährt Personentestzug durch den 38 km langen Tunnel zwischen GB und Frankreich

† *William Randolph Hearst*,

(1993)

ringen die Beziehungen zur Jüdischen Gemeinde durch einen Staatsvertrag

Bundesparteitag der FDP wählt *Klaus Kinkel* zum neuen Parteivors.

Sonderparteitag der SPD wählt *Rudolf Scharping* (* 1948) zum neuen Parteivors.

Mit Vertrag von Maastricht Besiegelung der EU. Nach heftigen internen Auseinandersetzungen treten auch Dänemark und GB dem Abkommen bei

Bill Clinton (* 1946) neuer amerikanischer Präsident

† *Thurgood Marshall*, amerik. Jurist und Bürgerrechtler, kämpfte für die Gleichberechtigung der Schwarzen (* 1909)

In Kanada wählt die reg. Progressiv-Konservative Partei *Kim Campbell* (* 1947) zur neuen Parteivors.als Nachfolgerin von *Brian Mulroneys* (* 1939). Sie wird damit zugleich Ministerpräs.

Rußland, Weißrußland und die Ukraine beschließen Bildung einer Wirtschaftsunion, in der Übergang zur Marktwirtschaft koordiniert werden soll

In Rußland setzt sich der gewählte russ. Präs. *Boris Jelzin* in einem monatelangen Machtkampf gegen die altkommun. Kräfte im Obersten Sowjet und im Volksdeputiertenkongreß durch. In einer Volksabstimmung sprechen fast 59 % der Stimmen *Boris Jelzin* das Vertrauen aus und befürworten seinen Kurs marktwirtschaftl. Reform

Bei freien Wahlen in Rußl. Wahlbeteiligung von 55 %. Die neue von *Jelzin* eingebrachte Verfassung mit großen Vollmachten für den Staatspräs. wird im Referendum mit knapper Mehrheit angenommen. Die reformwilligen Parteien der Mitte erhalten jedoch weniger als ein Viertel der abgegebenen Stimmen. Überraschend gehen die großruss.-chauvinist. und reaktionäre Liberal-Demokratische Partei unter *Wladimir Schirinowskij* mit 24 % als stärkste und die Kommunistische Partei mit 13 % der Stimmen als drittstärkste Kraft aus den Wahlen hervor

Konflikte in Kaukasus-Republiken Georgien, Armenien und Aserbaidschan weiten sich aus

† *Nabijew* (* 1931), erster demokratisch gewählter Präsident von Tadschikistan

† *Baudouin*, König der Belgier (* 1930)

Belgien wird föderaler Staat. Die Regionen Flandern, Wallonien und Brüssel-Hauptstadt erhalten größere Autonomie

heute“ wählt sie zum Theater des Jahres

In Hamburg erregt das Schauspielhaus unter der neuen Intendanz von *Frank Baumbauer* (* 1945) mit der Urauff. des Stücks „Kritik in der Festung“ von *Rainald Goetz* (* 1954) Aufsehen

In Berlin wird trotz starker Proteste prominenter Persönlichkeiten aus Kostengründen das traditionsreiche Schillertheater geschlossen

Die amerik. Schriftstellerin und Regisseurin *Susan Sontag* (* 1933) inszeniert *Samuel Becketts* Stück „Warten auf Godot“ im belagerten Sarajevo

Der niederl. Schriftsteller *Harry Mulisch* hält Eröffnungsrede zur Frankfurter Buchmesse, deren Schwerpunkt den Niederlanden und Flandern gewidmet ist

Zum Wort des Jahres ernennt die Gesellschaft für deutsche Sprache den Begriff „Sozialabbau“

pagne, die knapp 3 Mill. DM kostet

Neuer Leitender Bischhof der Vereinigten Ev.-Luth. Kirche Deutschlands wird der hannnoversche Landesbischof *Horst Hirschler* (* 1933)

In der von Papst *Johannes Paul II.* veröffentl. Enzyklika „Veritatis splendor“ (Der Glanz der Wahrheit) wird Verbot künstl. Geburtenkontrolle festgeschrieben. Zweitehen sind nur ohne Sex erlaubt

Papst zelebriert Messe auf „Hügel der Kreuze“ bei Siaulai, einer der wichtigen nationalen Gedenkstätten Litauens zur Erinnerung an Opfer des Freiheitskampfes gegen das zaristische Rußland sowie der Nationalsozialisten und Stalinisten

In Chicago findet Konferenz der Weltreligionen statt, das erste derartige Treffen seit 1893. 6000 Vertreter von 125 Religionsgemeinschaften verurteilen Gewalt und Krieg und setzen sich für gegenseitige Achtung und Toleranz ein

In den USA steckt eine Gruppe von Adventisten unter der Leitung des

tine, frz. Filmschauspieler (* 1917)

Clint Eastwood, US-amerik. Schauspieler und Regisseur, erhält für „Erbarmungslos" den Oscar für den besten amerik. Spielfilm

† *Alfred Edel*, dt. Schauspieler besonders des Jungen deutschen Films (* 1932)

† *Audrey Hepburn*, US-amerik. Schauspielerin („Charade") (* 1929)

† *Inoshiro Honda*, jap. Regisseur von Monsterfilmen (* 1911)

Otar Iosellani, georgischer Regisseur („Die Günstlinge des Mondes") erhält Kunstpreis der Stadt Berlin

Harald Juhnke erhält für seine Darstellung in *Helmut Dietls* „Schtonk" den *Ernst-Lubitsch*-Preis

† *Elmar Klos*, tschech. Regisseur („Das Geschäft in der Hauptstraße") (* 1910)

Hildegard Knef erhält den *Helmut-Käutner*-Preis

„Malcolm X" von *Spike Lee* besonders erfolgreich bei den Schwarzen in den USA

† *Joseph L. Mankiewicz*, US-amerik. Regisseur („Alles über Eva") (* 1909)

„Dienstag aus Licht" (Oper, szenische Urauff. in Leipzig)

Gründung einer Dokumentationsstätte für Leben und Werk des Komponisten *Kurt Weill* (* 1900, † 1950) in seiner Geburtsstadt Dessau

† *Frank Zappa*, amerik. Rock-, Jazz-, Popmusiker sowie Komponist (* 1940)

Renato Zanella: „Mata Hari" (Ballett. Urauff. in Stuttgart)

† *Hans Zanotelli*, dt. Dirigent (*1928)

Einweihung der restaurierten 300 Jahre alten *Arp-Schnitger*-Orgel in der Hamburger St.-Jacobi-Kirche

300jähriges Jubiläum der Leipziger Oper

Bei den Festspielen in Bayreuth liefert *Heiner Müller* mit seiner Inszenierung von *Wagners* „Tristan und Isolde" den spektakulärsten Beitrag

Sechs Grammys („Goldene Grammophone", höchste Auszeichnung in der Musikindustrie) für den Sänger und Gitarristen *Eric Clapton*

gen über die bedrohliche Verbreitung von Parasiten und mögliche Strategien zu ihrer Bekämpfung

In Dresden „Bio 93", die erste Fachausstellung für Umweltschutz, Naturkost, ökologisches Bauen sowie Gesundheit und Hygiene

Göttinger Forscher legen in einem Experiment Bäume unter ein Glasdach und stellen so fest, daß die Bäume 100 Jahre bräuchten, um sich vom sauren Regen zu erholen

Das Skelett des bisher primitivsten Dinosauriers, der die Größe eines Hundes hatte und vor 225 Mill. Jahren gelebt haben soll, wird in Argentinien gefunden

Das Bundesgesundheitsamt genehmigt Freilandversuche mit gentechnisch veränderten Kartoffeln u. Zuckerrüben

Ende des aufsehenerregenden Versuchs „Biosphäre 2" in der Wüste von Arizona. Vier Männer und vier Frauen kommen nach zwei Jahren wieder aus dem 1,3 ha großen, von der Außenwelt hermetisch abgeschl. Raum mit modellierter Natur heraus, wo ausprobiert werden sollte, ob sich die Lebensbedingungen unserer Erde,

einflußreicher amerik. Zeitungsverleger (* 1907)

† *Joseph Pulitzer jr.*, bedeutender amerik. Zeitschriftenverleger und Journalist (* 1913)

In BRD werden fünfstellige Postleitzahlen eingeführt

Im Chemiewerk der Hoechst-AG bei Frankfurt/M. kommt es zu einer Serie von Störfällen, daraufhin giftiger Regen über Frankfurt

Über Ludwigshafen und Umgebung regnet es Ruß und Chemikalien nach Störfall in Chemiewerk BASF

Nach starken Regenfällen Überschwemmungskatastrophen an den Ufern von Rhein, Mosel, Donau und Saar. Sie lösen Diskussionen über Flußbegradigungen und Vernichtung von Auen aus

Der aufregendste Sturz der Saison geschieht auf einem Pariser Laufsteg: Supermodel *Naomi Campbell* (* 1970) verliert auf hohen Plateausohlen das Gleichgewicht und zeigt nun auch die Unterwäsche

In New York verüben Unbekannte einen Bombenanschlag auf das World Trade Center. 7 Menschen kommen ums Leben, 1000 werden verletzt

Riesige Buschfeuer verwüsten Täler vor Los Angeles und greifen auch auf die Stadt über

Bei Überschwemmungen des Mississippi werden 70 000 Menschen obdachlos

Die schwersten Winterstürme seit 100 Jahren mit Schneefällen, Orkanstürmen und Überschwemmungen kosten 200 Menschen in den USA, Kanada und der Karibik das Leben

Schweres Erdbeben im Süden und Westen von Indien kostet 10 000 Menschen das Leben

Nach einem Seebeben bei der jap. Insel Okushiri kommt es

In Bosnien Kämpfe zwischen Muslimen und Kroaten

(1993) Kriegsparteien einigen sich auf Teilung Sarajevos in einen muslim. und einen serb. Teil und die zeitweilige Verwaltung der geteilten Stadt durch die UN

Auf Initiative der USA Errichtung einer Luftbrücke von Frankfurt/M. aus nach Bosnien zur Versorgung der eingeschlossenen Städte Gorazde, Cerska, Zepa und Srebrenica

Nach Scheitern der Verh. zwischen den 3 Kriegsparteien erklärt sich die UN-Vollversammlung für Waffenlieferungen an die Muslime

† *Eugéné Bérégovoy*, früherer frz. Premiermin., nimmt sich, 4 Wochen nach seinem Rücktritt, das Leben (* 1925)

Bei Wahlen zur Nationalversammlung in Frankreich erringt Sozialistische. Partei des reg. Präs. *François Mitterrand* nur 18 % der Stimmen und 54 statt bisher 260 Mandate. Neuer Premier wird *Edouard Balladur* (* 1929)

Bei Parlamentswahlen in Griechenl.gewinnt Panhellenistische Sozialistische Bewegung mit 48,8 % der Stimmen. *Andreas Papandreou* (* 1919) wird mit Regierungsbildung beauftragt

In London „Rahmenvereinbarung" für Frieden in Nordirland zwischen dem brit. Premiermin. *John Major* (* 1943) und seinem irischen Amtskollegen *Albert* Reynolds (* 1935)

Bekanntwerden der engen Verknüpfungen von Politik und Wirtschaft mit der Mafia durch Aussagen inhaftierter Mafiosi in Ital. Mit den Ermittlungen gegen einflußreiche Traditionspolitiker wie dem ehemaligen Min.-Präs. und Führer der Sozialisten, *Bettino Craxi* (* 1934), dem Führer der Republikaner, *La Malfa*, sowie dem7maligen Min.-Präs. *Giulio Andreotti* (* 1919) geht eine Aufbruchstimmung einher, von der Neofaschisten und Neue Linke profitieren

Italiener stimmen in Referendum für Änderung des Wahlrechts in Mehrheitswahlrecht

Ital. Min.-Präs. *Giuliano Amato* (* 1938) tritt zurück, um Weg für Neuanfang freizumachen. Staatspräs. *Oscar Luigi Scalfaro* (* 1918) beauftragt den parteilosen Gouverneur der Notenbank, *Carlo Azeglio Ciampi* (* 1920), mit Bildung einer neuen Reg.

Bei vorgezogenen Wahlen in Jugosl. und den beiden Teilrepubliken Serbien und Montenegro siegt die sozialist. Partei von *Slobodan Milosevic* (* 1941) in Serbien. In Montenegro bleibt der Demokrat *Momir Bulatovic* (* 1928), der für die Gleichberechtigung Serbiens und Montenegros eintritt, Präsident

UN-Generalversammlung schließt Jugoslawien aus der UNO aus

In Lettland wird Vorkriegsverfassung wieder eingesetzt. Das lettische Parlament wählt *Guntis Ulmanis* (* 1939; Bauernunion) zum Staatspräsidenten

Markus Püschel (Fortschrittl. Bürgerpartei) wird als Nachfolger von *Hans Brunhart* (Vaterländische Union) zum neuen Premier von Liechtenstein gewählt

54 Jahre nach Besetzung Litauens durch die sowjet. Armee verlassen die letzten russ. Soldaten das Land

Bei Parlamentswahlen in Norwegen erhält Sozialdemokrati-

Sektenführers *Koresh* eine Festung, in der sie sich vor dem FBI verbarrikadiert haben, in Brand. 86 Menschen kommen ums Leben

In Casablanca Einweihung der nach König *Hassan II.* (* 1929) benannten Moschee als sein Geburtstagsgeschenk. Sie gilt als höchstes sakrales Bauwerk der Welt, für die Baukosten wurden Sondersteuern in einem Volumen erhoben, das der jährl. Entw.-Hilfe für Marokko entspricht

In Äypten wird in einem Wüstengebiet eine 20 000 Jahre alte Höhlenanlage mit Malereien aus dem Alltagsleben entdeckt

Im Süden von Belize in Mittelamerika werden Ruinen von vier Mayastädten entdeckt, in denen vermutlich 7000 Menschen lebten

Weibliche Soldaten, in Terrakotta modelliert, werden erstmals in VR China in der Nähe der alten Kaiserstadt Xian entdeckt. Die Figuren sind fast 2000 Jahre alt

Vor der Küste der dalmatischen Hafenstadt Split werden Überreste einer versunkenen Stadt entdeckt. Archäologen vermuten, daß es sich um die griech. Stadt Sircula handeln könnte

In Hamburg findet das erste Medienkunst-Festival („Mediale") statt

Die ersten beiden Bände der „Geschichte der Frauen", hrsg. von den frz. Historikern *Georges Duby* und *Michelle Perrot*, erscheinen

† *Christian Metz*, frz. Filmwissenschaftler (Filmsemiotik) (* 1931)

† *Arthur Maria Rabenalt*, dt. Regisseur („Reitet für Deutschland") (* 1905)

Edgar Reitz stellt 13teilige und 26 Stunden laufende Serie „Die Zweite Heimat" fertig

Goldene Bären der Berlinale ex aequo an *Xie Fei* (VR China) für „Die Frauen vom See der duftenden Seelen" und *Ang Lee* (Taiwan) für „Das Hochzeitsbankett"

Bundesdeutscher Filmpreis in Silber an *Detlev Bucks* „Wir können auch anders". Filmpreis in Gold nicht vergeben

Die Goldene Palme beim Filmfestival in Cannes ex aequo an *Jane Campion* (Austr.) für „Das Piano" und *Chan Kaige* (VR China) für „Leb' wohl, meine Konkubine"

Frz. Filmpreis César posthum an *Cyril Collard*, Regisseur und Schauspieler von „Wilde Nächte"

Goldene Löwen beim Filmfestival in Venedig ex aequo an *Robert Altman* (USA) für „Short Cuts" und *Kryzstof Kieslowski* (Frankr.) für „Drei Farben: Blau"

Filmmuseum in Düsseldorf eröffnet

Frankfurt/M. beabsichtigt, das Kommunale Kino zu schließen

Leipziger Kino „Casino", zweitältestes der Stadt und Spielstätte der Leipziger Dokumentarfilmwochen, schließt

Erstes Multiplex-Kino der Schweiz in Zürich

„Jurassic Park" vom Einspielergebnis (868 Mill.$) erfolgreichster Film in den USA

Erfolgreichster Film in Deutschland „Jurassic Park" mit 9,1 Mill. Zuschauern vor „Bodyguard" (6,2) und „Alladin" (4,6). Erfolgreichster dt. Film in Deutschland: „Das Geisterhaus" (3,0) vor „Stalingrad" (1,3) und „Abgeschminkt" (0,9)

z.B. für den Export auf andere Planeten, verkleinert nachbauen lassen. Die 8 Forscher haben allesamt ein Drittel ihres Körpergewichts verloren, weil unter der Glaskuppel nicht genügend Nahrungsmittel wuchsen

Zum 1. Mal in der Geschichte wird ein menschl. Embryo geklont. Die Amerikaner *Jerry Hall* und *Robert Stillman* erzeugen so in zwei Reagenzgläsern identisches menschl. Gewebe, das in der Nährlösung weiterwächst. Der Versuch ruft weltweit Entsetzen hervor

Bei der Hoechst AG in Frankfurt/M. wird Produktion von Insulin mit Hilfe von gentechnisch veränderten Bakterien gestartet

Zur Behandlung eines Kindes, das an tödlichem Immundefekt leidet, wird in GB erstmals die umstrittene Gen-Therapie eingesetzt

In Paris gründen der frz. Entdecker des AIDS-Virus, *Luc Montagnier*, und die UNESCO eine Weltstiftung für AIDS-Forschung und -Vorsorge

Die Weltgesundheitsorganisation (WHO) schätzt, daß weltweit 14 Mill.Menschen das AIDS-Virus haben

Mit 1,5 bis 2 Mill. $ jährlich könnte laut WHO die Zahl der HIV-Neuinfektionen in den Entw.-Ländern um die Hälfte gesenkt werden

Eine geheimnisvolle Augenkrankheit auf Kuba, an der bisher ca. 48 000 Menschen erkrankt sind, führen span. Mediziner auf Umwelteinflüsse zurück

In Sömmerda (Thüringen) nimmt die modernste Computerfabrik Europas die Arbeit auf. 300 000 PCs kön-

zu einer gewaltigen Flutwelle, die sich mit 800 km/h auf die Küste zubewegt und viele Menschenleben fordert

In Australien schwerste Buschfeuer seit einem halben Jh. Der Royal National Park, zweitgrößter Nationalpark der Welt, wird fast vollständig zerstört

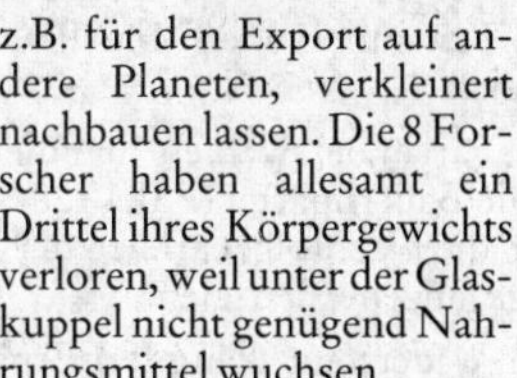

sche Arbeiterpartei der amtierenden Min.-Präs. *Gro Harlem Brundtland* (* 1939) mit 36,9 % die relative Mehrheit

(1993) Bei vorgezogenen Parlamentswahlen in Polen erhält das Bündnis Demokratische Linke (SLD) 173 Sitze, die Bauernpartei (PSL) 128 Sitze und die Demokratische Union (UD) 69 Sitze. Damit siegen die Nachfolgeparteien der Kommunisten über die aus der „Solidarität"-Bewegung hervorgegangenen Parteien

† *Brabo Pilar*, span. Widerstandskämpferin, später Abgeordnete, Polizeichefin und Generaldirektorin für Zivilschutz (* 1943)

In vorgezogenen Parlamentswahlen in Spanien siegt Sozialistische Arbeiterpartei (PSOE). Bildung einer Minderheitsreg. unter Min.-Präs. *Felipe González* (* 1942)

Die ČSSR wird 74 Jahre nach ihrer Gründung in die Tschechische und die Slowakische Republik geteilt. Die ersten Präs. sind *Michal Kovác* (* 1930) in Bratislava und *Václav Havel* (* 1936) in Prag

† *Turgut Özal*, türk. Staatspräsident (* 1927). Nachfolger wird *Süleyman Demirel*

In der Türkei wird *Tansu Çiller*, Vors. der Partei des Rechten Weges, mit Regierungsbildung beauftragt

Kämpfe der türk. Regierung gegen kurdische Bevölkerung und ihre polit. Organisationen nehmen zu

† *József Antall*, ungarischer Ministerpräsident (* 1932)

In Chile zieht Präsident *Patricio Aylwin Azócar* (* 1919) Entwurf für Amnestiegesetz für die Verbrechen unter der Militärdiktatur zurück

Aus Neuwahlen in Chile geht der Christdemokrat *Eduardo Frei Ruiz-Tagle* (* 1942) für das seit 1990 regierende Parteienbündnis Demokratie/CPPD als Sieger hervor

In Guatemala löst *Jorge Serrano Elias* (* 1945) das Parlament auf und setzt teilweise die Verfassung außer Kraft. Er wird vom Militär gestürzt. Das Parlament wählt *Ramiro de Leon Carpio* (* 1943) zum neuen Staatspräsidenten

Die letzten Soldaten der ehemaligen SU verlassen Kuba

Juan Carlos Wasmosy (* 1938) neuer Präsident von Paraguay

Ezer Waizmann (* 1924) wird in der Knesset als neuer Präsident Israels vereidigt

In Washington unterzeichnen israel. Außenmin. *Schimon Peres* und PLO-Vertreter *Mahmoud Abbas* Abkommen über Selbstverwaltung der Palästinenser und besiegeln gegenseitige Anerkennung Israels und der PLO. Der PLO-Vorsitzende *J. Arafat* und Israels Premier *Yitzhak Rabin* reichen sich die Hände

Israel und der Vatikan nehmen diplomatische Beziehungen auf

Neugewählter Präsident Burundis, Melchior Ndadaye (* 1953), bei Militärputsch getötet. Daraufhin erneut Bürgerkrieg

Bei Referendum in Eritrea stimmen 99,8 % der Wähler für Unabhängigkeit von Äthiopien

Nach erfolglosen Bemühungen um Waffenstillstand zwischen den Konfliktparteien in Somalia antwortet UNO mit Militärintervention. Über das Vorgehen der UNO kommt es zu internat. Kritik, woraufhin die USA und BRD den Abzug ihrer Truppen beschließen

In Nigeria nach fast 10jähriger Militärdiktatur freie Präsidentschaftswahlen. Militär setzt die zivile Regierung jedoch nach fünf Monaten wieder ab

† *Oliver Tambo*, südafrik. Widerstandskämpfer, Präsident des ANC (* 1918)

In Südafrika Bildung einer Übergangsregierung aus regierender Nationalpartei und ANC

UNO-Vollversammlung beschließt Aufhebung aller Wirtschaftssanktionen gegen Südafrika

In Indien kein Ende der blutigen Kämpfe zwischen Hindus und Muslimen. Sie führen auch zu Auseinandersetzungen auf Regierungsebene

† *Kakuei Tanaka*, jap. Politiker, Ministerpräsident 1972–74 (* 1918)

In Japan Mißtrauensantrag gegen Regierung von Min.-Präs. *Kiichi Miyazawa* (* 1919). In Parlamentswahlen Wahl von *Morihiri Hosokawa* (*1938) zum neuen Min.-Präs. Die Liberaldemokratische Partei (LDP) verliert erstmals seit 1955 ihre absolute Mehrheit

In Kambodscha seit über 20 Jahren erste freie Wahlen zu Verfassungsgebender Versammlung. Die Wahlbeteiligung beträgt ca. 90 %. Auf konstituierender Sitzung wählt die Versammlung Prinz *Sihanouk* (* 1922) formell zum amtierenden Staatsoberhaupt in einer Übergangsregierung

In Pakistan nach Kritik an der Reg. Rücktritt von Premiermin. *Nawaz Sharif* (* 1949) und Präs. *Ghulam Ishaq Khan* (* 1915). Bei Neuwahlen siegt Pakistanische Volkspartei, nach 17 Jahren kehrt *Benazir Bhutto* (* 1953) ins Amt der Reg.-Chefin zurück

Präsident *Ranasinghe Premadasa* von Sri Lanka wird während einer Demonstration durch Bombenanschlag getötet. Sein Nachfolger wird *Dingiri Banda Wijetunga* (* 1922), der ehemalige Ministerpräsident

In Australien schafft das Parlament den Eid auf Königin *Elizabeth II* für die Neubürger ab

nen hier jährlich produziert werden

Der 1. Roboter, der 1000 m unter der Wasseroberfläche arbeiten kann, ist vom GKSS-Forschungszentrum gemeinsam mit Siemens in Geesthacht entwickelt worden. Er soll bei der Erschließung von Erdgas- u. Ölvorkommen in Brasilien eingesetzt werden

In Indien wird das größte Staudamm-Projekt der Welt gebaut, um den Narmada-Fluß zur Bewässerung zu nutzen. Der Staudamm zieht aber auch die Umsiedlung von 100 000 Menschen und ökologische Katastrophen wie Überschwemmungen nach sich

1994 Friedensnobelpreis an Führer der Palästinensischen Befreiungsorganisation (PLO), *J. Arafat* (* 1929), Israels Premiermin. *Yitzhak Rabin* (* 1929) sowie den Außenmin. *Shimon Peres* (* 1923) für ihre Verdienste um den Nahost-Friedensprozeß

In Frankreich Feierlichkeiten zum 50. Jahrestag der Landung der Alliierten in der Normandie und zum Ende des 2. Weltkrieges. Als Ausdruck des Wunsches nach einem geeinten Europa nehmen dt. Panzer an der Festparade zum 14. Juli in Paris teil

Die Verteidigungsausgaben der NATO-Länder für 1994/95 betragen in Mill. Dollar (1985; 1992): Belg. (2428; 1866) 1397; Dänem. (1259; 1256) 1125; BRD (19.922; 19252) 14786; Frankr. (20780; 21.893) 17987; Griechenl. (2331; 1903) keine Angabe; GB (23791; 20726) 18319; Ital. (9733; 10690) 7456; Kanada (7566; 7790) 6926; Lux. (38; 57) 65; Niederl. (3884; 3818) 3837; Norwegen (1797; 2023); 1955; Portugal (654; 874) 402; Spanien (3969; 3735) keine Angabe; Türkei (1649; 3423) 6866; USA (258165; 242717) 202934

Die NATO beschließt Programm „Partnerschaft für den Frieden" zur Zusammenarbeit mit den Staaten Mittel- und Osteuropas in militärischen und sicherheitspolitischen Fragen

Trilaterales Abkommen zur Vernichtung aller 176 auf Gebiet der Ukraine stehenden, ehemals sowjet., Raketen mit insg. 1800 atomaren Sprengköpfen von Präs. der USA, Rußlands und der Ukraine, *Clinton, Jelzin* und *Krawtschuk*, unterzeichnet

USA und Rußland unterzeichnen Abkommen zur Schließung aller Nuklearwerke bis zum Jahr 2000. Waffenherstellung aus neu anfallendem Plutonium wird untersagt

Als erster UNO-Hochkommissar für Menschenrechte tritt der Equadorianer *José Ayala Lasso* sein Amt im Rang eines UNO-Generalsekr. an. Seine Aufgabe ist die Überwachung der Einhaltung der Freiheits- und Bürgerrechte der einzelnen sowie die Anmahnung der Verwirklichung der wirtschaftl. und sozialen Menschenrechte

† *Erich Honecker*, letzter Staatsratsvors. der DDR (1976–89). Der Prozeß gegen ihn wegen Totschlags, Untreue und Amtsmißbrauch war 1993 wegen seines schlechten Gesundheitszustandes abgebrochen worden, er stirbt in Santiago de Chile (* 1913)

† *Günter Mittag*, ehemaliger Stellvertr. Vors. des Staatsrates der DDR (1984–89) (* 1926)

Literaturnobelpreis an jap. Schriftsteller *Kenzaburô Ôe* (*1935), schrieb u. a. „Der Fang", „Tod eines politischen Jugendlichen" und die Trilogie „Der flammende grüne Baum"

Friedenspreis des dt. Buchhandels an den Spanier *Jorge Semprun* (* 1923), schrieb u.a. „Die große Reise", Verarbeitung seiner Erlebnisse im KZ Buchenwald

† *Jean-Louis Barrault*, frz. Schauspieler und Regisseur (* 1910)

† *Charles Bukowski*, amerik. Schriftsteller (* 1920)

† *Erich Wilhelm Burck*, dt. Philologe (* 1901)

† *Elias Canetti*, dt.-sprachiger Schriftsteller span. Herkunft brit. Staatsangehörigkeit, schrieb u.a. „Die Blendung", „Masse und Macht", „Die gerettete Zunge" und „Die Fackel im Ohr" (* 1905)

Tankred Dorst: „Herr Paul" (Schauspiel, Urauff. in Hamburg)

Adolf Endler: „Tarzan am Prenzlauer Berg. Sudelblätter 1981 bis 1983"

† *Bernt Engelmann*, dt. Schriftsteller, 1977 bis 1983 Vors. des Verbandes der dt. Schriftsteller (* 1921)

† *Agnes Fink*, dt. Schauspielerin (* 1919)

Jean Genet (* 1910 † 1986): „Splendid's", Schauspiel, Urauff. in der Regie von *K.-M.*

In Port Bou in Nord-Spanien Eröffnung einer Gedenkstätte für den Philosophen *Walter Benjamin* (* 1892, † 1940), der sich auf der Flucht vor der Gestapo dort das Leben nahm

Louis Begleys „Lügen in Zeiten des Krieges" (bewegender autobiogr. Bericht über Kindheit in Polen unter Verfolgung durch die Nationalsozialisten)

† *Paul Feyerabend*, Wissenschaftstheoretiker (* 1924)

Andreas Gruschkas „Bürgerliche Kälte und Pädagogik. Moral in Gesellschaft und Erziehung"

Raul Hilbergs „Unerbetene Erinnerung. Der Weg eines Holocaust-Forschers" (autobiogr. Darstellung zur Entstehung des grundlegenden Werkes über die Juden-Vernichtung)

Deutsche Öffentlichkeit erregt sich über Unflätigkeiten, die der österr. Bildhauer *Alfred Hrdlicka* und der dt. Dichter und Liedermacher *Wolf Biermann* austauschen. *Hrdlicka* wünscht letzterem die Nürnberger Rassegesetze an den Hals

† *Robert Jungk*, Futurologe (* 1913)

Umfassende Werkschau des Fotografen *Richard Avedon* im Kölner Museum Ludwig

† *Max Bill*, schweiz. Bauhaus-Schüler, Maler, Plastiker, Designer, Architekt (* 1908)

Das seit 1965 anvisierte Projekt des gebürtigen Bulg. *Christo* (*Christo Javatschev*) und seiner Frau *Jeanne-Claude* zur Verhüllung des Berliner Reichstages wird im Bundestag mit 292 gegen 223 Stimmen befürwortet

† *Heinz Graffunder*, dt. Architekt, baute den Palast der Republik und den Tierpark Friedrichsfelde in Berlin (* 1926)

Große Retrospektive des Werkes von *George Grosz*, dt. Maler und Zeichner, in der Neuen Nationalgalerie in Berlin

Umfassende Retrospektive des Dada-Künstlers *Raoul Hausmann* im *Martin-Gropius*-Bau in Berlin

Große Ausstellung des Werkes der dt. Installationskünstl. *Rebecca Horn* in der Neuen Nationalgalerie in Berlin

† *Donald Judd*, amerik. Bildhauer. Seine Metallplastiken aus sich wiederholenden Raumelementen

† *Aldo Baldin*, brasil. Tenor (* 1945)

Cab Calloway, amerikanischer Jazz-Sänger (* 1917)

† *Kurt Cobain*, amerikanischer Jazz-Gitarist, Leadsänger d. Gruppe „Nirwana" und Idol seiner Generation (* 1967)

† *William Chappel*, brit. Tänzer, Choreograph und Bühnenbildner (* 1908)

† *Georges (György) Cziffra*, frz. Pianist ungarischer Herkunft (* 1922)

Paul Dessau: „Hagadah" (Oratorium, Urauff. in Hamburg)

Der brit. Opernregisseur *John Dew* wird auf Beschluß des Dortmunder Kulturausschusses dort neuer Generalmusikdirektor

Violeta Dinescu: „Schachnovelle" (Oper nach einer Erzählung von S. Zweig. Urauff. im Rahmen der Schwetzinger Festspiele)

Paul Engel u. *Herbert Rosendorfer*: „Daniel" (Oper, Weltpremiere in München)

Frankfurter Musikpreis an den britischen Musiker *Brian Eno*

Justus Frantz tritt von der Intendanz des von ihm gegr. Schleswig-Holst.-Musikfestivals zurück, nachdem Aufsichtsrat Überschuldung des Festivals festgestellt hat

Nobelpreis für Physik an *Clifford Shull* (USA) und *Bertram Brockhouse* (Kan.) ein halbes Jh. nach ihren Entdeckungen in der Neutronenforschung

Nobelpreis für Chemie an *George Olah* (USA) für seine Leistungen auf Gebiet der Carbokation-Chemie

Nobelpreis für Medizin an *Alfred Gilman* und *Martin Rodbell* (beide USA) für Entdeckung der G-Proteine und deren Bedeutung in Zellen

Astronomen beobachten, wie Bruchstücke des Kometen „Shoemaker-Levy 9" mit ca. 200 000 km/h in die Atmosphäre des Jupiter stürzen

Dt.-kanad. Astronomenteam entdeckt Stern mit Leuchtkraft von über 1 Mill. Sonnen in 6500 Lichtjahren Entfernung von der Erde

Astronomische Messungen mit dem Weltraum-Teleskop Hubble ergeben, daß der Weltraum mit vermutlich nur 8 Mrd. Jahren nur halb so alt ist wie bisher angenommen

Für Untersuchungen über das Magnetfeld d. Sonne unterfliegt europäische Raumsonde „Ulysses" als erster künstlicher Himmelskörper den Südpol der Sonne

Nobelpreis für Wirtschaftswissenschaften an *John F. Nash* (USA), *John C. Harsanyi* (USA) und *Reinhard Selten* (BRD) für ihre Analyse des Gleichgewichts in nicht-kooperativer Spieltheorie

Mit dem NAFTA-Vertrag wird die Freihandelszone aus Kanada, den USA und Mexiko gültig. Mit 360 Mill. Verbrauchern ist sie die größte Freihandelszone der Welt

Nach erstem gesamtdt. Armutsbericht von DGB und Paritätischem Wohlfahrtsverband leben 7,25 Mill. Menschen in der BRD unter der Armutsgrenze, davon 2,6 Mill. im Osten

Zum 1. Mal seit dem 2. Weltkrieg fällt US-Dollar in Tokio unter 100-Yen-Marke

† *Heinz-Werner Meyer*, Vors. des DGB (* 1932). Sein Nachfolger wird *Dieter Schulte* (* 1940)

Treuhandanstalt hinterläßt bei Abschluß ihrer Arbeit ca. 275 Mrd. DM Schulden

Bundesverfassungsgericht urteilt: Kohlepfennig zur Unterstützung der dt. Bergbauindustrie ist verfassungswidrig

BMW eröffnet sein erstes Autowerk im Ausland in Spartanburg, USA

Aus Protest gegen ein mit Hilfe der Gentechnik erzeugtes Hormon-Präparat zur Steigerung der Kuhmilchproduktion kippen in den USA Bauern und Verbraucher kannenweise Milch auf die Straßen der Großstädte

Einführung der 28,8-Std.-Woche ohne vollen Lohnausgleich für die Beschäftigten von VW

Auflösung des Bundesgesundheitsamtes in Berlin

Der Mediziner *Manuel Patarroyo* (Kolumbien) schenkt WHO das Patent des von ihm entwickelten Malaria-Impfstoffs

(1994)

† *Karl Schiller*, ehemaliger Wirtschafts- (1966 bis 1972) und Finanzmin. (1971–72) der BRD (* 1911)

† *Manfred Wörner*, ehemaliger Verteidigungsmin. der BRD, bis 1994 NATO-Generalsekretär (* 1934)

Laut Feststellung der Soziologen sind in der BRD so viele Bürger polit. aktiv wie noch nie, die Ergebnisse der Wahlen im Superwahljahr werden jedoch als deutliche Kritik am bisherigen Parteiensystem bewertet: überall geringe Wahlbeteiligung; starke Verluste für traditionelle Volksparteien, dagegen Erstarken der Grünen. Republikaner, deren Erstarken bei Wahlen der letzten Jahre Besorgnis ausgelöst hatte, verlieren an Bedeutung. FDP scheitert fast überall an 5%-Hürde

Bei Wahlen zum Dt. Bundestag kandidieren der Amtsinhaber *Helmut Kohl* (* 1930, CDU) und der SPD-Vors. *Rudolf Scharping* (* 1948) für das Amt des Bundeskanzlers. Die reg. Koalition aus CDU/CSU und FDP erleidet Stimmenverluste, bleibt jedoch im Amt. Ergebnis mit Vergleichszahlen 1990: CDU/CSU 41,5 %, 294 Sitze (43,8 %, 304 Sitze); SPD 36,4 %, 252 Sitze (33,5 %, 239 Sitze); Bündnis 90/Die Grünen 7,3 %, 49 Sitze (5,1 %, 8 Sitze); FDP 6,9 %, 47 Sitze (11,0 %, 79 Sitze); PDS 4,4 % 30 Sitze (2,4% 17 Sitze); Sonstige 3,5 % (4,2 %); Wahlbeteiligung 79,1 % (1990: 77,%).

Eröffnungsrede zur Konstitution des neugewählten Bundestages im Berliner Reichstagsgebäude hält Schriftsteller *Stefan Heym* (* 1913, PDS) als Alterspräsident

Bundesversammlung in Bonn wählt im 3. Wahlgang *Roman Herzog* (* 1934, CDU) zum neuen Bundespräs. *J. Reich* (*1939, parteiloser Kandidat von Bündnis 90/Die Grünen) hatte nach dem 1., *H. Hamm-Brücher* (* 1921, FDP) nach dem 2. Wahlgang ihre Kandidatur zurückgezogen

Bei den dt. Wahlen für das Europaparlament sind CDU/CSU klare Sieger, SPD erleidet Verluste. Stimmen in Prozent mit Vergleichszahlen 1989: SPD 32,2 (37,3); CDU 32,0 (29,5); Die Grünen 10,1 (8,4); CSU 6,8 (8,2); Republikaner 3,9 (7,1); FDP 4,1 (5,6); PDS 4,7 (–). Die Wahlbeteiligung in der BRD beträgt 60 % (62,3)

Brandanschlag auf die Synagoge von Lübeck. Schwerer Sachschaden

Die 1. Frau im Generalsstand in der dt. Militärgeschichte, *V. von Weymarn*, tritt ihre neue

Grüber an der Berliner Schaubühne

Durs Grünbein: „Den teueren Toten" (Gedichte)

Ingeborg-Bachmann-Preis an schweiz. Schriftsteller *R. Hänny* (* 1947)

Konrad-Duden-Preis für bes. Verdienste um die dt. Sprache an Leipziger Germanisten *Gerhard Helbig*

† *Gert Hofmann*, dt. Schriftsteller (* 1931)

† *Eugène Ionesco*, frz. Schriftsteller rumän. Herkunft, Hauptvertreter des absurden Theaters (Dramen u.a. „Die kahle Sängerin", „Die Stühle", „Die Nashörner") (* 1909)

† *Walter Janka*, dt. Publizist, ehemaliger Chef des Ost-Berliner Aufbau Verlags (1952–57) (* 1914)

Elfriede Jelinek (*1946): „Raststätte oder Sie machens alle" (Schauspiel, Urauff. in Wien in der Regie von *C. Peymann*)

Bei Leipziger Buchmesse wird erstmals Leipziger Buchpreis zur europ. Verständigung vergeben. Preisträger ist der poln. Autor *R. Kapuscinski*

Kasseler Literatur-Preis für grotesken Humor geht an den Stuttgarter Literaturwissenschaftler *Volker Klotz*

Erstmalige Vergabe des *Else-Lasker*-Schüler-Preises. Preisträger ist Kölner Autor *Th. Kling*

† *Jeschajahu Leibowitz*, Philosoph (* 1902)

† *Golo Mann*, Historiker und Publizist (* 1909)

† *Karl Raimund Popper*, Philosoph, Hauptvertreter des Kritischen Rationalismus (* 1902)

† *Hans-Georg Rauch*, dt. Zeichner und Karikaturist (* 1939)

Im Dreiländereck Bayern, Sachsen und Böhmen findet das Festival „Mitte Europa" statt

Bundesministerien für Bildung und Forschung vereinigt als „Zukunftsministerium". Erster Zukunftsmin. wird *J. Rüttgers* (CDU)

Das nach bereits 12 Jahren vergebene „Ost-Abitur" der DDR bleibt bis zum Jahr 2000 bundesweit anerkannt

Schweiz und Deutschland beschließen gegenseitige Anerkennung von Studienzeiten und -abschlüssen

Als erstes Bundesland öffnet Sachsen zum Wintersemester 1994/95 seine Universitäten für Studienbewerber ohne Abitur

In Frankfurt/M. Eröffnung des neugegründeten Instituts für die Erfor-

leiteten 1965 neue Variante der Minimal Art ein (* 1928)

Aus der Ausstellung „Goethe und die Kunst“ in der Frankfurter Kunsthalle Schirn werden *Caspar David Friedrichs* Gemälde „Nebelschwaden“ aus der Hamburger Kunsthalle sowie zwei Gemälde von *William Turner*, „Schatten und Dunkelheit – Der Abend der Sintflut“ und „Licht und Farbe – Der Morgen nach der Sintflut“, aus der Londoner Tate Gallery, gestohlen

† *Balthasar Lobo*, spanischer Bildhauer (* 1910)

In Groningen (Niederl.) Einweihung des neuen Kunstmuseums durch Königin *Beatrix*. Auf einer künstli. Kanalinsel steht der rechteckig aufragende gelbe Turm des Mailänder Designers *Allessandro Mendini* (* 1930)

Michelangelos Fresken in der Sixtinischen Kapelle erstrahlen nach 14jährigen Renovierungsarbeiten in nie gesehenem Glanz

† *Dieter Oesterlen*, deutscher Architekt (* 1911)

Arbeiten des amerik. Pop-Artisten *Robert Rauschenberg* (* 1925) werden in Düsseldorf gezeigt

† *Gottlob Frick*, dt. Sänger (Baß) (*1906)

Berthold Goldschmidt: „Beatrice Cenci“ (Oper, Urauff. zur Eröffnung der Berliner Festwochen)

Ingomar Grünauer: „Winterreise“ (Oper über W. Benjamin auf der Flucht vor der Gestapo. Urauff. bei Musikfestwochen in Luzern)

Mit dem schwed. „Polar Musikpreis“ werden der österr. Dirigent *Nikolaus Harnancourt* und der US-amerik. Jazzmusiker *Quincy Jones* ausgezeichnet

† *Roman Haubenstock-Ramati*, österr. Komponist (*1919)

† *Lejaren Hiller*, amerik. Komponist (*1924)

† *Antonio Carlos Jobim*, brasil. Pianist, Erfinder des Bossa Nova (*1927)

Regisseur und Choreograph *Johann Kresnik* produziert in Bremen als letztes Stück vor seinem Wechsel an die Berliner Volksbühne das Tanzstück „Nietzsche“ (Urauff.)

Johann Kresnik: „Ernst Jünger“ (Tanzstück, das den Schriftsteller als Kriegsverherrlicher darstellt. Urauff. in Berlin)

† *Tiana Lemnitz*, dt. Sopranistin (*1897)

† *Witold Lutoslawski*, poln. Komponist, gilt neben Penderecki als füh-

7 neue Monde im Ring des Saturn entdeckt

Am Fermilab in Chicago Entdeckung des Top-Quarks mit einer Masse von 174 Gigaelektronenvolt

Am Darmstädter Schwerionen-Beschleuniger werden die bisher schwersten Elemente mit Ordnungszahlen 110 und 111 erzeugt

Eröffnung der europäischen Arbeitsstätte zur Konstruktion eines Thermonuklearen Reaktors in Garching

In Fusionsreaktor in Princeton (USA) werden 450 Mill. °C Rekordtemperatur erzeugt

Nach 4 Jahren Stopp der Kontinentalen Tiefbohrung in Windischeschenbach zur Erforschung des Erdmantels. Das Loch ist 9 km tief

Zum 1. Mal nimmt im US-Bundesstaat Alaska ein Roboter Bilder in einem aktiven Vulkan auf. Das Gerät soll helfen, Ausbrüche künftig präziser vorherzusagen

Nach Studie der Hamburger Universität ist die Unterelbe zwischen Hamburg und Cuxhaven einer der fischreichsten Flüsse Europas

In Äthiopien werden die mit 4,4 Mill. Jahren ältesten Urmenschenknochen entdeckt. Damit wird

Der seit 2 Jahrzehnten internat. gesuchte Terrorist „Carlos“, *Illich Ramírez Sánchez*, im Sudan festgenommen. In BRD wird er mit dem Massaker an israel. Sportlern bei den Olymp. Spielen 1972 in München sowie dem Anschlag auf das frz. Kulturzentrum in Berlin 1983 in Verbindung gebracht

Spektakulärster Prozeß in der Geschichte der USA gegen Football-Star *O. J. Simpson*. Er soll seine Ex-Frau und deren Freund ermordet haben

Auf Münchner Flughafen Sicherstellung von mehr als 300 g atomwaffentauglichen Plutoniums 239

Größter Immobilienskandal in der dt. Geschichte: *J. Schneider* (* 1934), Inhaber der größten dt. Immobiliengruppe, verschwindet und hinterläßt ca. 8 Mrd. DM Schulden. Deutsche Bank wird beschuldigt, leichtfertig Kredite gegeben zu haben

Kaufhaus-Erpresser „Dagobert“ gefaßt. 2 Jahre lang hatte der 44jährige *Arno Funke* mit Bombenanschlägen auf Karstadt-Häuser mehrere Mill. DM erpreßt. Seine phantasiereichen Methoden hatten Fanclubs entstehen lassen

Olymp. Winterspiele in Lillehammer erstmals mit bewußt ökolog. Orientierung. Ab jetzt finden die Olymp. Sommer- und Winterspiele nicht mehr im selben Jahr, sondern wechselweise im Abstand von 2 Jahren statt

Medaillenspiegel der Olymp. Winterspiele in Lillehammer: (G/S/B) Rußl. 11/8/4; Norw. 10/11/5; BRD 9/7/8; Ital. 7/5/8; USA 6/5/2; S-Korea 4/1/1; Kan. 3/6/4; Schweiz 3/4/2; Österr. 2/3/4; Schweden 2/1/0; Jap. 1/2/2; Austr. 0/0/1

Fußball-Länderspiel GB gegen BRD wird wegen Sicherheits-

(1994)	Dienststelle als Generalarzt der Luftwaffe in Lohmar-Heide bei Köln an 50 Jahre nach Einmarsch der Roten Armee Verabschiedung der russ. Truppen aus der BRD mit Festakt im Berliner Schauspielhaus sowie militär. Zeremoniell russ. und dt.Soldaten vor Ehrenmal in Berlin-Treptow zur Ehrung der im 2. Weltkrieg gefallenen sowjet. Soldaten In Berlin letzte Parade von amerik., brit. und frz. Truppen zur Erinnerung an Rolle der alliierten Schutzmächte nach dem 2. Weltkrieg Bundesverfassungsgericht legt Entscheidung über internat. Einsätze der Bundeswehr in die Hände der Politiker: es brauche keine GG-Änderung, sondern jeweils eine einfache Mehrheit im Bundestag Bundesverfassungsgericht urteilt: Das Leugnen der Massenmorde in nationalsozialist. KZs ist strafbar „Haschisch-Urteil" des Bundesverfassungsgerichts lockert Verbot des Drogenkonsums. „Probierer und Gelegenheitskonsumierer kleiner Mengen" werden nur noch ausnahmsweise verfolgt Bundesverfassungsgericht urteilt: „Soldaten sind Mörder" (Zitat von *Kurt Tucholsky*) ist freie Meinungsäußerung, keine Volksverhetzung oder Beleidigung der Bundeswehr Beschäftigungsförderungsgesetz erlaubt künftig private Arbeitsvermittler Abschaffung des §175 („Homosexuellen-Paragraph"). Zugleich Inkrafttreten einer Vorschrift, die Jugendliche unter 16 Jahren vor Mißbrauch schützen soll Landtagswahlen in Bayern. Ergebnis mit Vergleichszahlen von 1990: CSU 52,8 %, 120 Sitze (54,9 %); SPD 30,1 %, 70 Sitze (26,0 %); Bündnis 90/Die Grünen 6,1 %, 14 Sitze (6,4 %); FDP 2,8 %, kein Sitz (5,2 %) Wahlbeteiligung 67,9 %. Bei Kommunalwahlen in Baden-Württ. Stimmverluste für die tradit. Parteien CDU, SPD und FDP, Gewinne für Bündnis 90/Die Grünen und Freie Wählervereinigungen. Ergebnis mit Vergleichszahlen 1989: CDU 37,6 % (39,1 %); SPD 23,2 % (24,7 %); Freie Wählervereinigungen 20,3 % (16,4 %); FDP 3,6 % (5,3 %); Bündnis 90/Die Grünen 9,6 % (8,7 %). Wahlbeteiligung 67,4 % Bei Landtagswahlen in Brandenburg absolute Mehrheit für die SPD. Die Wahlbeteiligung	*Uwe Kolbe*: „Die Situation. Eine Geschichte des Prenzlauer Bergs" *Franz Xaver Kroetz*: „Der Drang" (Schauspiel, Urauff. in München) *Brigitte Kronauer*: „Das Taschentuch" (Roman. Studie über ganz alltägliche Menschen um Mitternacht) *Jakob Michael Reinhold Lenz'* (*1751 †1792) lange verschollene „Philosophische Vorlesungen für empfindsame Seelen" erscheinen *Reinhard Lettau*: „Flucht vor Gästen" † *Jürgen von Manger*, dt. Schauspieler und Kabarettist (* 1923) † *Kurt Meisel*, dt. Schauspieler (* 1912) *Adolf Muschg* erhält den *Georg-Büchner-*Preis Ärztin und Schriftstellerin *Taslima Nasrin* verläßt ihr Heimatland Bangladesh, weil sie dort wegen krit. Auslegungen des Korans v. islam. Fundamentalisten bedroht wird. Sie findet Aufnahme in Schweden *Lars Norens* „Herbst und Winter" (Schauspiel, Urauff. in Bremen) † *John Osborne*, brit. Dramatiker (* 1929) † *Sandra Paretti*, populäre dt. Schriftstellerin (* 1935) *Marcel Reich-Ranicki*, populärster Literaturkritiker der BRD, ge-	schung der frühen Neuzeit Deutscher Katholikentag in Dresden unter dem Motto „Unterwegs zur Einheit" Papst *Johannes Paul II.* bestätigt unverrückbares Nein zu Frauen als Priesterinnen Papst besucht Zagreb. Der Besuch im umkämpften Sarajevo scheitert an Sicherheitsbedenken „Leuenberger Kirchengemeinschaft", ein Zusammenschluß von 86 europ. protestantischen Kirchen, verabschiedet Dokument über „Die Kirche Jesu Christi" über das Wesen der Kirche, ihre gesellschaftl. und ihre ökumenischen Aufgaben In der Kirche von England werden erstmals Frauen ordiniert Bei „Love-Parade" auf dem Berliner Kurfürstendamm tanzen hunderttausend Menschen zu Techno-Musik auf der Straße

Berliner Kunstpreis an Schweizer Maler und Schriftsteller *Diether Roth*

Erste Preise bei Architekturwettbewerb für Kanzleramt in Berlin an Berliner Architekten *Axel Schultes* und das Berliner Büro *Krüger, Schubert* und *Vandreicke*. Das Haus soll fast die Höhe des Reichstags haben und eine steinerne Fassade mit transparenten Elementen bekommen

Die Baustelle für das neue Abgeordnetenhaus des Architekten *Schürmann* in Bonn wird stillgelegt, weil die Rheinüberschwemmung schwere Schäden verursacht hatte

Neuhängung der Bilder in der Neuen Nationalgalerie in Berlin löst Diskussionen aus: Direktor *Honisch* hängt Werke von *W. Sitte*, *W. Mattheuer* und *W. Tübke* (alle 3 DDR) neben die von *Klapheck*, *Vostell* und *Bacon*, statt sie, wie erwartet, aus der Galerie zu verbannen

Ausstellung der Werke von *Max Uhlig* im Düsseldorfer Kunstmuseum

Bundeskanzler *Helmut Kohl* eröffnet Bonner „Haus der Geschichte der Bundesrepublik Deutschland"

render Vertreter der Neuen Musik in Polen (* 1913)

† *Henry Mancini*, amerik. Filmmusiker (* 1924)

Eckehard Mayers „Sansibar" (Oper nach Roman von Alfred Andersch; Urauff. bei Schwetzinger Festspielen)

† *Milton „Shorty" Rogers*, amerik. Jazz-Trompeter (* 1923 oder 1924)

John Neumeiers „Trilogie M.R." (Ballett, Urauff. in Hamburg)

† *Harry Nilsson*, amerik. Sänger und Komponist (*1952)

† *Vittorio Rieti*, amerik. Komponist ital. Herkunft (*1898)

† *Jens Rohwer*, dt. Komponist und Musiktheoretiker

† *Victor Rona*, ungar. Tänzer und Choreograph (*1936)

† *Jean Sablon*, frz. Chansonnier und Komponist (*1906)

Der Dirigent *Wolfgang Sawallisch* erhält den *Robert-Schumann*-Preis der Stadt Zwickau

Opernregisseur *Johannes Schaaf* wird neuer Indendant u. künstl. Leiter an der Hamburgischen Staatsoper, *I. Metzmacher* neuer Generalmusikdirektor

† *Jule Styne*, amerik. Musicalkomponist (*1906)

† *Tatiana Troyanos*, Mezzosopranistin (* 1938)

auch die These widerlegt, die ersten Menschen hätten in Asien gelebt

Der älteste Europäer ist vermutlich 500 000 Jahre alt, schätzen Forscher nach Entdeckung eines Schienbeinknochens in Südengland

In den USA wird Verkauf gentechnisch veränderter Tomaten erlaubt

Laut Forschungsergebnis der Universität Wien wachsen Alpenpflanzen in immer höheren Gebirgsregionen, was als Indiz für Treibhauseffekt gewertet wird

Einer austral. Forscherin gelingt es, menschl. Eizellen in flüssigem Stickstoff bei minus 196°C einzufrieren

† *Erik Erikson*, amerik. Psychologe dt. Herkunft (* 1902)

Erste Operation in BRD mit Laserstrahl an Baby im Mutterleib erfolgreich

In den USA stecken sich bei Versuch mit Tieren zwei Menschen mit aidsähnlichem Virus an

Unabhängig voneinander entdecken zwei amerik. Forschungsteams ein Gen, das für etwa ein Drittel aller erblich bedingten Darmkrebsfälle verantwortlich sein soll

Glaszement zur Behandlung kleiner Karieslöcher wird auf

bedenken an „Hitlers Geburtstag" abgesagt

Kolumbianischer Fußballspieler *P. Escobar* wird in seiner Heimat von einem Fanatiker erschossen, weil er bei der WM in den USA ein Eigentor geschossen hat

20 Jahre nach seiner Niederlage gegen *Muhammad Ali* holt sich Schwergewichtsboxer *George Foreman* den Weltmeistertitel zurück

† *Jack Sharkey*, früherer Box-Weltmeister aller Klassen und 1930 Gegner von Max Schmeling (* 1903)

Eröffnung des ca. 50 km langen Eurotunnels unter dem Ärmelkanal, der 1. Verbindung zwischenGB und dem Kontinent seit der Eiszeit, durch den frz. Staatspräs. *F. Mitterrand* und die brit. Königin *Elisabeth II.* Es ist der zweitlängste Tunnel der Welt nach dem jap. Seikan-Tunnel, der seit 1985 die Inseln Honshu und Hokkaido verbindet

Bundes- und Reichsbahn werden von ihren Schulden in Höhe von 70 Mrd. DM befreit und in Aktiengesellschaft umgewandelt. Sie fahren jetzt als Deutsche Bahn AG

Einstige DDR-Nachrichtenagentur ADN (Allgemeiner Deutscher Nachrichtendienst) wird an Reuters-Geschäftsführer *W. Schneider* verkauft

Freiwillige Selbstkontrolle Fernsehen (FSF) für Kontrolle der Privatsender nimmt ihre Tätigkeit auf

Durch Staatsvertrag Zusammenschluß der bisherigen Hörfunksender RIAS Berlin, Deutschlandfunk und DS-Kultur zum Deutschlandradio

Der Sandmann des DDR-Fernsehens wird 35 Jahre alt

Klimakonvention von 1992 in Rio de Janeiro tritt in Kraft

(1994) liegt bei 59,7 %. Ergebnis mit Vergleichszahlen von 1990 (Wahlbeteiligung 67,1 %): SPD 33,5 %, 52 Sitze (38,2 %, 36 Sitze); PDS 18,7 %, 18 Sitze (13,4 %, 13 Sitze); CDU 18,7 %, 18 Sitze (29,4 %, 27 Sitze); Bündnis 90/Die Grünen 2,9 % (9,2 %, 6 Sitze), FDP 2,2 % (6,6 %, 6 Sitze). Ministerpräs. bleibt *M. Stolpe* (SPD)

Bei Kommunalwahlen in Meckl.-Vorpom. Verluste für CDU und FDP, Gewinne für SPD, PDS und Grüne. Ergebnis mit Vergleichszahlen 1990: CDU 30,6 % (34,1 %); SPD 25,6 % (20,6 %); PDS 24,3 % (19,0 %); FDP 5,4 % (6,4 %); Bündnis 90/Die Grünen 4,2 % (2,2 %). Wahlbeteiligung 65,5 %

Bei Landtagswahlen in Meckl.-Vorpom. bleibt CDU stärkste Partei. PDS erlebt starken Stimmenzuwachs. Ergebnis mit Vergleichszahlen von 1990: CDU 37,7 %, 30 Sitze (38,3 %, 30 Sitze); SPD 29,5 %, 23 Sitze (27 %, 20 Sitze); PDS 22,7 %, 18 Sitze (15,7 %, 12 Sitze); FDP 3,8 %, kein Sitz (5,5 %, 4 Sitze); Bündnis 90/Die Grünen 3,7 %, kein Sitz (-)

Bei Landtagswahlen in Niedersachsen erreicht SPD unter *Gerhard Schröder* absolute Mehrheit. Schlechtestes Ergebnis seit 35 Jahren für CDU. Die Gesamtzahl der Sitze wird wegen Überhangmandaten um sechs erhöht. Ergebnis mit Vergleichszahlen von 1990: SPD 44,3 %, 81 Sitze (71 Sitze); CDU 36,4 %, 67 Sitze (67 Sitze); Bündnis 90/Die Grünen 7,4 %, 13 Sitze (8 Sitze); FDP 4,4 %, kein Sitz (9 Sitze). Wahlbeteiligung 73,8 %

Bei Kommunalwahlen in Rheinl.-Pfalz Verluste für die SPD. Ergebnis mit Vergleichszahlen 1989: CDU 37,4 % (35,3 %); SPD 38,5 % (42,5 %); Bündnis 90/Die Grünen 8,1 % (7,4 %); FDP 4,3 % (5,8 %); Wählergruppen 8,0 % (5,7 %). Wahlbeteiligung 73,8 %

Kommunalwahlen im Saarland bei 73,7 % Wahlbeteiligung. Ergebnis mit Vergleichszahlen 1989: SPD 44,4 % (45,7 %); CDU 37,4 % (35,3 %); Bündnis 90/Die Grünen 7,4 % (5,5 %); FDP 3,1 % (4,9 %); Republikaner 3,4 % (4,4 %)

Bei Landtagswahlen im Saarland Verluste für SPD und FDP, Gewinne für CDU und Bündnis 90/Grüne. Ergebnis mit Vergleichszahlen 1990: SPD 49,4 %, 27 Sitze (54,4 %, 30 Sitze); CDU 38,6 %, 21 Sitze (33,4 %,

steht ehemalige Tätigkeit für den poln. Geheimdienst

† *Werner Schwab*, österr. Schriftsteller und Dramatiker (* 1958)

Joshua Sobol: „Schöner Toni" (Schauspiel, Urauff. in Düsseldorf begeistert gefeiert)

Der russ. Schriftsteller *A. Solschenizyn* (* 1918) kehrt nach 20 Jahren Exil in seine Heimat zurück

Kerstin Specht: „Mond auf dem Rücken" (Schauspiel, Urauff. in Kaiserslautern)

Marlene Steeruwitz: „Tolmezzo" (Schauspiel, Urauff. in Wien)

† *Erwin Strittmatter*, dt. Schriftsteller, mit realist.-humorvollen Romanen vor allem in der ehemaligen DDR erfolgreich (* 1912)

† *Helen Wolff*, US-Verlegerin europ. Literatur (* 1908)

Carl-von-Ossietzky-Medaille der Internationalen Liga für Menschenrechte an Berliner Grips-Theater und seinen Begründer *Volker Ludwig*

Zur Inszenierung des Jahres wählt die Zeitschrift „Theater heute" die Hamburger Produktion „Wolken. Heim" nach dem Stück von *Elfriede Jelinek*

Das Deutsche Schauspielhaus in Hamburg unter der Intendanz von *Frank Baumbauer* (* 1945) wird zum Theater des Jahres gewählt

In Wien beschlossene „sanfte Rechtschreibreform" empfiehlt z.B. vorsichtige Eindeutschung von Fremdwörtern und Fortfall von ß nach kurzen Vokalen

Die umfangreichste Enzyklopädie der Welt, die „Encyclopedia Britannica" erscheint nicht mehr als jährl. neu gedrucktes Werk von zuletzt 30 Bänden, 1,20 m lang, 120 Kg schwer, sondern auf einer CD mit 12 cm Durchmesser

Das Wort des Jahres dichtet der Vorstandssprecher der Deutschen Bank, *Hilmar Kopper*, der die ausstehenden Handwerkerrechnungen an den verschwundenen Bauunternehmer J. Schneider in Höhe von 50 Mill. DM als „Peanuts" bezeichnet

Brand zerstört Gran Teatro del Liceo, das historische Opernhaus von Barcelona

Aufnahme des 1147 gegr. Zisterzienserklosters Maulbronn als eines der besterhaltenen Klöster d. Mittelalters in die UNESCO-Liste der Weltkulturdenkmäler. Auch die Altstadt von Bamberg wird als einer der größten erhaltenen Stadtkerne in der BRD in die Liste aufgenommen

Avantgardekunst aus Osteuropa zeigt Ausstellung „Europa, Europa" in Bonner Bundeskunsthalle

Eröffnung des neuen Kunstmuseums in Wolfsburg, entworfen vom Hamburger Architekten *Peter Schweger*

Aussstellung „Impressionismus – Die Ursprünge 1859 bis 1869" im Grand Palais in Paris

† *Tengis Abuladse*, georg. Regisseur („Die Reue") (* 1924)

† *Lindsay Anderson*, brit. Regisseur („If")(* 1923)

† *Axel Corti*, Regisseur des dt. Films (* 1933)

† *Joseph Cotton*, amerik. Schauspieler (* 1905)

† *Alain Cuny*, frz. Filmschauspieler (* 1908)

Pepe Danquart, dt.

Richard Wagners Fragment gebliebene Oper „Wahnopfer" erlebt Urauff. im Schloßhof der Heidecksburg in Rudolfstadt

Frankfurter Musikpreis an die Bratschenspielerin *Tabea Zimmermann*

Robert Wilson inszeniert *Puccinis* „Madame Butterfly" in Paris (Musikalische Leitung *Myung-Whun Chung*)

Der traditionsreiche Musikverlag *Breitkopf & Härtel* begeht mit einem Festakt im Leipziger Gewandhaus sein 275jähriges Bestehen

Die Star-Tenöre *José Carreras, Placido Domingo* und *Luciano Pavarotti* holen mit ihrem Konzert am Vorabend des Fußball-WM-Finales in Los Angeles weltweit mehr als 1 Mrd. Menschen vor die Bildschirme

Pop-Hochzeit des Jahres: *Lisa Marie Presley* (einzige Tochter von *Elvis Presley*) heiratet in der Dominik.-Rep. den Popstar *Michael Jackson*

Megakonzert der Rock-Gruppe Pink Floyd auf dem Maifeld in Berlin

Nach 25 Jahren Woodstock-Revival-Festival in Saugerties im US-Bundesstaat New York

Die „Prinzen" sind erfolgreichste Rockgruppe der BRD

Weltgesundheitstag in Genf präsentiert

Nach Aussage des bundesdt. Umweltmin. *Klaus Töpfer* hat die gestiegene Zahl der Hautkrebsfälle in der BRD weniger mit der Abnahme der Ozonschicht als dem veränderten Urlaubsverhalten der Deutschen zu tun

Auf Gynäkologenkongreß in München legen Mediziner Untersuchungen vor, nach denen Streß, Depressionen und Trauer Krebswachstum beschleunigen können

In den USA beginnen klinische Versuche mit Abtreibungspräparat RU-486

Computermesse CeBIT in Hannover erzielt Rekordzahl von 675 000 Besuchern

NEC SX-3 Modell 14R, schnellster Großrechner in der BRD, geht bei der Dt. Forschungsanstalt für Luft- und Raumfahrt in Göttingen in Betrieb

Für seine Leistungen bei der Entwicklung eines Computers, der gesprochene Sprache simultan übersetzen und akustisch wiedergeben kann, erhält der Informatiker *A. Waibel* den Forschungspreis der Stuttgarter Alcate-SEL-Stiftung

Amerik. Forscher entwickeln einen lichtbrechenden

Aus finanz. Gründen und wegen Energieknappheit stellt Ukraine Atomkraftwerk von Tschernobyl nicht zum vereinbarten Zeitpunkt ab. Eindeutig infolge des Unfalls von 1986 sind bisher 8000 Menschen gestorben und 30 000 arbeitsunfähig geworden. Krebsfälle, Säuglingssterblichkeit, Mißbildungen und allg. Mortalität haben drastisch zugenommen. Das Schicksal von 600 000 Menschen, die 1986 als „freiwillige Helfer" nach Tschernobyl kamen, ist ungeklärt

Bundesgericht in Alaska verurteilt Ölkonzern Exxon zu Entschädigungszahlungen in Mrd.-Höhe an Fischer, die durch Tankerkatastrophe 1989 geschädigt worden waren

Weltweit 1. Ozonversuch in Heilbronn belegt: Verkehrsbeschränkungen und Produktionsdrosselung führen zu verringertem Lärmpegel und Rückgang der Schadstoffbelastung

Hitzerekord in BRD: Die Metereologen sprechen vom heißesten Juli seit Beginn der Wetteraufzeichnungen

Größter Jackpot der dt. Lottogeschichte: 42 Mill. DM

Bei Anschlag auf Jüd. Zentrum in Buenos Aires sterben mehr als 100 Menschen, 231 werden verletzt

In Indien kehrt der Schwarze Tod wieder: Hunderte erkranken an der Pest

Schwerstes Unglück in europ. Gewässern seit 2. Weltkrieg: Estnische Ostseefähre „Estonia" sinkt vor der Küste Finnlands, mehr als 900 Tote

Buschfeuer führen zur schwersten Brandkatastrophe in der Geschichte Australiens. Ursache ist z.T. Brandstiftung

Schwerstes Erdbeben seit 1971 in S-Kalifornien, insbesondere Los Angeles, 60 Tote

18 Sitze); Bündnis 90/Die Grünen 5,5 %, 3 Sitze (2,7 %, kein Sitz); FDP 2,1 %, kein Sitz (5,6 %, 3 Sitze)

(1994)

Bei Kommunalwahlen in Sachsen Gewinne für SPD, PDS und Bündnis 90/Grüne, Verluste für CDU und FDP. Ergebnis mit Vergleichszahlen 1990: CDU 38,1 % (44,6 %); SPD 21,6 % (14,7 %); PDS 16,3 % (11,6 %); Bündnis 90/Die Grünen 7,7 % (4,5 %); FDP 6,3 % (7,5 %); Republikaner 0,1 % (-). Wahlbeteiligung 72,2 %

Bei Landtagswahlen in Sachsen Wahlbeteiligung von 58,4 %. Weitere Stärkung der absoluten Mehrheit der CDU unter Ministerpräsident *Kurt Biedenkopf*: Gewinne für PDS auf Kosten von SPD und FDP. Ergebnisse mit Vergleichszahlen 1990: CDU 58,1 %, 77 Sitze (53,8 %); SPD 16,6 %, 17 Sitze (19,1 %); PDS 16,5 %, 16 Sitze (10,2 %); Bündnis 90/Die Grünen 4,1 %, kein Sitz (5,6 %); FDP 1,7 %, kein Sitz (5,3 %)

Bei Kommunalwahlen in Sachsen-Anhalt starke Gewinne für SPD und PDS. Ergebnis mit Vergleichszahlen 1990: CDU 31,2 % (35,8 %); SPD 29,7 % (22,8 %); PDS 18,2 % (12,7 %); Bündnis 90/Die Grünen 6,3 % (6,4 %). Wahlbeteiligung 66,6 %

Bei Landtagswahlen in Sachsen-Anhalt Wahlbeteiligung von 54,9 %. Große Verschiebungen vor allem durch Scheitern des vorh. Koalitionspartners der CDU, der FDP, an der 5%-Hürde. Ergebnis mit Vergleichszahlen von 1990: CDU 34,4 %, 37 Sitze (39 %, 48 Sitze); SPD 34,0 %, 36 Sitze (26 %; 27 Sitze); PDS 19,9 %, 21 Sitze (12,0 %, 12 Sitze); Bündnis 90/Die Grünen 5,1 %, 5 Sitze (5,3 %, 5 Sitze); FDP (3,6 %, kein Sitz (13,5 %; 14 Sitze). SPD und Bündnis 90/Die Grüne bilden bundesweit 1.rot-grüne Minderheitsreg.

Bei Kommunalwahlen in Schlesw.-Holst. Verluste für tradit. Parteien SPD, CDU und FDP, Gewinne für Bündnis 90/Die Grünen und versch. Wählergemeinschaften. Ergebnis mit Vergleichszahlen 1990: SPD 39,5 % (42,9 %); CDU 37,5 % (41,3 %); Bündnis 90/Die Grünen 10,3 % (6,0 %); FDP 4,4 % (6,1 %)

Kommunalwahlen in Thüringen bei Wahlbeteiligung von 72,5 %. Starke Gewinne für SPD und PDS, Verluste für CDU und FDP. CDU 37,1 % (41,9 %); SPD 26,1 % (19,6 %); PDS 15,7 % (10,5 %); Bündnis 90/Die Grünen 6,4 % (6,6 %); FDP 6,2 % (7,7 %)

Neues Grundsatzprogramm der CDU heißt „Freiheit in Verantwortung". Bisherige Leitlinie „Soziale Marktwirtschaft" wird um ökolog. Dimension erweitert. Wahlprogramm von Bündnis 90/Die Grünen lautet „Ökologische Offensive"

Hamburger STATT-Partei beschließt bundesweite Ausdehnung

Vierte Direktwahlen zum Europ. Parlament bei 207 Mill. Stimmberechtigten. Sitzverteilung der insg. 567 Sitze: Sozialisten: 200; Europ. Volkspartei: 148; Liberale und Demokraten: 44; Grüne: 22; Sammlungsbewegung der Europ. Demokraten (vor allem frz. Gaullisten): 24; Regenbogen-Fraktion: 8; Koalition der Linken: 12; Europ. Rechte: 13; Fraktionslose (u.a. Forza Italia, Energie radicale von *B. Tapie*, Anti-Maastricht-Partei von *Ph. de Villiers*): 96 Sitze

Der Deutsche *K. Hänisch* wird zum Präsidenten des Europaparlaments gewählt

Europ. Währungsinstitut als Vorläufer einer künftigen Europ. Zentralbank nimmt in Frankfurt/M. seine Arbeit auf

Ukrainischer Präsident *Krawtschuk* unterzeichnet in Luxemburg Partnerschafts- und Kooperationsabkommen mit EU

† *Richard Nixon*, ehemaliger Präsident der USA (1969–74) (* 1913)

USA beenden ihr seit 1964 bestehendes Handelsembargo gegen Vietnam

Bei amerik. Kongreß- und Gouverneurswahlen schwere Niederlage für *Bill Clintons* Demokratische Partei. Mehrheit für Republikaner in beiden Kongressen

In Rußland Amnestie für Putschisten von 1991 gegen *M. Gorbatschow* und 1993 gegen *B. Jelzin*

Abzug der letzten russ. Truppen aus den baltischen Staaten

Grundsatzerklärung über „konstruktive Partnerschaft" zwischen Rußl. und VR China: Atomraketen sollen zukünftig nicht mehr aufeinander, sondern aufs Meer gerichtet sein

Luftangriffe und Einmarsch russ. Truppen in Tschetschenien, um Abspaltung der Republik aus der Föderation zu verhindern

Regisseur, erhält für seinen Kurzfilm „Schwarzfahrer“ einen Oscar † *Blandine Ebinger*, dt. Schauspielerin, Sängerin (* 1899) † *Zoltan Fabri*, ungar. Regisseur („Zwanzig Stunden“) (* 1917) † *Dolly Haas*, brit. Schauspielerin (* 1910) *Jan-Christoper Horak* folgt *Enno Patalas* als Leiter des Münchner Filmmuseums nach † *Derek Jarman*, brit. Regisseur, zuletzt „Wittgenstein“ und „Blue“ (* 1942) † *Burt Lancaster*, amerik. Schauspieler („Der Leopard“) (* 1913) † *Myrna Loy*, US-amerik. Filmschauspielerin („Der dünne Mann“) (* 1905) † *Giulietta Masina*, ital. Schauspielerin („La Strada“) (* 1920) † *Fernando Rey*, span. Schauspieler („Der diskrete Charme der Bourgeoisie“ (* 1917) † *Telly Savalas*, amerik. Schauspieler („Kojak“) (* 1924) *Steven Spielbergs* „Schindlers Liste“ erhält Oscar für besten US-amerik. Spielfilm † *Terence Young*, brit. Regisseur (Bond-Filme) (* 1915) † *Mai Zetterling*, schwed. Schauspielerin und Regisseurin (* 1926) Der europ. Filmpreis Felix, zum 3. Mal nach 1990 und 1992, für den Italiener *Gianni Amelio* für seinen Film „Lamerica“ Goldener Bär der Filmfestspiele Berlin an den Iren *Jim Sheridan* für „Im Namen des Vaters“ Der bundesdeutsche Filmpreis geht an den Hauptdarsteller, *A. Eisermann*, den Regisseur, *P. Sehr*, und den Produzenten, *A. Meyer*, von „Kaspar Hauser“ Die Goldene Palme des Filmfestivals in Cannes geht an *Quentin Tarantino* (USA) für „Pulp Fiction“ mit *J. Travolta* in der Hauptrolle. Die Nationale Gesellschaft der Filmkritiker der USA wählt „Pulp Fiction“ zum besten Film des Jahres César des frz. Films für *Alain Resnais'* „Smoking/No Smoking“ Gründung der Filmboard GmbH Berlin-Brandenburg als erste dt. Zweiländer-Filmförderung Nach gut 40 Jahren stellt die Berliner Tageszeitung „Der Tagesspiegel“ ihre einmal wöchentlich erscheinende Filmseite ein Brit. Filmzensur verhindert Auslieferung des	Kunststoff, der das Material für Hochleistungscomputer werden könnte, die mit Licht statt mit Strom arbeiten	Flutkatastrophe in Nepal. Mehr als 1000 Menschen sterben Erdbeben in Kolumbien fordert 628 Menschenleben

Georgien tritt der Gemeinschaft Unabhängiger Staaten (GUS) bei

(1994) In Weißrußl. Einführung eines Präsidialsystems, in dem das Staatsoberhaupt zugleich Regierungspräsident ist

Weißrußland unterzeichnet Vertrag mit Rußland über Währungsunion und wird damit Teil der Rubelzone

Serben setzen ihre Angriffe auf bosnische Städte fort

NATO-Kampfflugzeuge greifen serb. Militärflugzeuge und Panzer an. Es ist der 1. Kampfeinsatz der NATO seit ihrer Gründung 1949

Muslime und Kroaten gründen die Föderation Bosnien-Herzegowina mit einer Föderationsreg. aus 10 Muslimen, 6 Kroaten und 1 Serben. Der bosnische Kroate *Kresimir Zubak* (* 1948) wird Präs. des neuen Staates

Bosnische Reg. legt Bilanz des Bürgerkrieges vor: 142.595 Opfer unter den Muslimen, über 162 000 Verwundete. Die Zahl der getöteten Kroaten wird auf 50 000 geschätzt

Bei 1. Direktwahlen des Staatsoberhauptes durch das Volk wird *Martti Ahtisaari* (* 1937) als neuer finnischer Präsident gewählt

Gesetz zum Schutz der frz. Sprache in Frankreich soll Gebrauch von Fremdwörtern in Medien und Behördenmitteilungen u.a. einschränken

Urteil für Nazi-Kollaborateur und ehemal. Miliz-Chef Lyons, *P. Touvier* (* 1915), wegen Erschießung von 7 jüdischen Geiseln 1944: lebenslange Haft

† *Melina Mercouri*, griech. Politikerin und Schauspielerin (* 1925)

IRA beschließt nach 25 Jahren Gewaltverzicht. Erste Friedensgespräche mit brit. Regierung. Auch protestant. Terrorgruppen in Nordirland kündigen Waffenstillstand an

In London wird Südafrika feierlich wieder ins Commonwealth aufgenommen

Ital. Min.-Präs. *Carlo Azeglio Ciampi* (* 1920) tritt zurück, um Neuwahlen zu ermöglichen

Der Mailänder Medienunternehmer *S. Berlusconi* (* 1936) erhält mit dem von ihm angeführten Rechtsbündnis aus Forza Italia, Lega Nord und der neofaschist. Nationalen Allianz die absolute Mehrheit und wird als Min.-Präs. der 53. Nachkriegsreg. Italiens vereidigt. U.a. als Reaktion auf Ermittlungsverfahren wegen Korruption gegen ihn tritt er nach 7Monaten zurück

Normalisierungsvertrag von Kroatien mit Rest-Jugoslawien zur Beendigung des Krieges

Bei 1. freien Parlamentswahlen in Moldawien überraschender Sieg der Demokratischen Agrarpartei (Ex-Kommunisten)

Moldawien tritt der Gemeinschaft Unabhängiger Staaten (GUS) bei

Neues Ausländergesetz in den Niederlanden bestimmt Zurückweisung aller Asylbewerber, die über als sicher geltende Drittländer einreisen

In den Niederlanden wird Friesisch als 2. Amtssprache zugelassen

Bei Wahlen zum niederl. Parlament Christdemokraten erstmals seit 1917 nicht mehr stärkste Partei. Neuer Reg.-Chef wird *Wim Kok* (* 1938; Partei der Arbeit)

† *J. Jørgen Holst*, norweg. Politiker, zuletzt Außenmin.. Mit seiner Frau *M. Heiberg* Vermittler der Geheimgespräche zwischen Israel und der PLO, die zum Gaza-Jericho-Abkommen führten (* 1937)

Parlamentswahlen in Österreich: Mit 34,9 bzw. 27,7 % für SPÖ und ÖVP schlechtestes Nachkriegsergebnis. 22,6 % für rechtsgerichtete FPÖ. SPÖ und ÖVP erneuern ihre Koalition

In Schweden gesetzl. Anerkennung homosexueller Partnerschaften und weitgehende Gleichstellung mit der Ehe

In der Ukraine wird bei 1. freien Parlamentswahlen nach neuem Mehrheitswahlrecht der Parteilose *Vital Massol* (* 1928) als Ministerpräs., bei den Präsidentschaftswahlen *Leonid D. Kutschma* (* 1938) als Staatsoberhaupt gewählt

Griffith-Klassikers „Geburt einer Nation“ als Videokassette, weil der Film den US-amerik. Bürgerkrieg aus rassistischer Perspektive darstelle

Dt. Filme haben in dt. Kinos einen Marktanteil von gerade 4%. US-amerik. verbuchen gut 85 % der Kasse für sich

Erfolgreichster Film in der BRD: Walt Disneys „Der König der Löwen“ (7,5 Mill. Zuschauer). „Schindlers Liste“ hinter „Flintstones“ auf Rang 3. In den USA rangiert „Forrest Gump“ ganz oben, „Schindlers Liste“ liegt auf Platz 13

(1994) Bei Parlamentswahlen in Ungarn siegt die Sozialist. Partei. *Gyula Horn* (* 1932) wird Ministerpräsident

In „Erklärung von Cartagena" verankern 19 lateinamerik. Staaten sowie Portugal und Spanien Integrationsbemühungen nach europ. Vorbild

In Argentinien wird Verfassungsgebende Versammlung zur Überarbeitung der Verfassung von 1853 gewählt

Unter dem Schutz amerik. Truppen im Auftrag der UNO kehrt Präs. *Jean-Bertrand Aristide* (* 1953) nach Haiti zurück und übernimmt die Reg., nachdem Militärjunta um General *R. Cédras* abgetreten ist. *Aristide* war nach Militärputsch 1991 ins Exil gegangen

Die Zahl der Flüchtlinge aus Kuba nach S-Florida nimmt stark zu. Die Menschen verlassen z.T. unter Lebensgefahr ihr Land. Die USA verbieten Zahlungen von Exilkubanern nach Kuba und beschränken die Einwanderung von kuban. Flüchtlingen

Aufstand der indian. Zapatistischen Nationalen Befreiungsarmee in Chiapas, dem ärmsten Bundesstaat Mexikos. Die Indios fordern Ende der Menschenrechtsverletzungen

In Panama erste demokrat. Parlaments- und Präsidentschaftswahlen seit 25 Jahren. Staatschef wird der Kandidat der oppositionellen Demokratisch-Revolutionären Partei, *Ernesto Pérez Balladares*

Beginn des Abzugs der amerik. Truppen aus Panama

In El Salvador finden nach Bürgerkrieg unter UN-Aufsicht 1. allg. Wahlen statt. Sieger wird rechte Arena-Partei, Sozialisten der FMLN (Nationale Befreiungsfront) erreichen 2. Platz. Bei gleichzeitigen Präsidentschaftswahlen siegt Arena-Kandidat *A. Calderón Sol* (* 1949)

Attentat eines israel. Siedlers auf eine Moschee in Hebron. 29 Palästinenser werden beim Gebet getötet, mehr als 300 verletzt. Bei Racheaktionen palästinen. Extremisten sterben Dutzende israel. Siedler

Israel.-palästinen. Grundsatzerklärung über Teilautonomie der Palästinenser im Gazastreifen und im Westjordanland

Abzug der israel. Truppen aus dem besetzten Gazastreifen. Erste palästinen. Polizisten übernehmen Kontrolle. Palästinenserführer *J. Arafat* kommt nach 27 Jahren im Exil wieder in seine Heimat

Aufnahme diplomatischer Beziehungen zwischen Vatikan und PLO

Als erster israel. Regierungschef besucht *Yitzhak Rabin* Moskau

Israel. Min.-Präs. *Rabin* und jordan. König *Hussein* unterzeichnen Erklärung über Ende der 46 Jahre währenden Feindschaft und des Kriegszustandes zwischen den beiden Ländern

4 Jahre nach Beginn der Golfkrise erkennt Irak das Emirat Kuwait in jetzigen Grenzen an und erfüllt damit eine der wichtigsten Bedingungen zur Aufhebung des UN-Embargos

Bürgerkrieg zwischen Nord- und Südjemen. Sozialist. Reg. von S-Jemen erklärt Unabhängigkeit von N-Jemen und gründet „Demokratische Republik Jemen". Nach Einnahme der Hafenstadt Aden durch N-Jemen geht Bürgerkrieg zu Ende

Änderung des Wahlrechts in Kuwait: Wählen dürfen nun auch gebürtige Kuwaiter, deren Vater erst nachträglich die kuwait. Staatsbürgerschaft angenommen hat. Frauen dürfen weiterhin nicht wählen

Die Präs. von Ruanda und Burundi, *J. Habyarimana* und *C. Ntaryamira* werden bei einem Attentat auf ihr Flugzeug getötet. Daraufhin flammt der Bürgerkrieg wieder auf

1. freie Wahlen in Malawi. Sieger wird die Vereinigte Demokratische Front unter *B. Muluzi* (* 1943)

Erste freie Wahlen in Mosambik

Vor der sich verschärfenden Situation in Ruanda fliehen an einem Tag mehr als 250 000 Menschen nach Tansania, eine der größten Fluchtbewegungen der Geschichte. Seit Ausbruch der Bürgerkriege sind nach Schätzungen von Hilfsorganisationen eine halbe Million Menschen umgekommen

UNO entsendet internat. Eingreiftruppe zum Schutz der Zivilbevölkerung unter frz. Führung zur „Operation Türkis“ nach Ruanda

Nach der Einnahme der Hauptstadt Kigali und anderer Städte erklären Rebellen der Patriotischen Front Ruandas den Krieg gegen Reg.-Truppen für beendet und setzen provisorische Regierung ein. Der darauffolgende Abzug der UN-Truppen löst erneute Fluchtbewegungen aus

Rückzug der amerik. und europ. Militärverbände, die im Rahmen des UNO-Einsatzes nach Somalia gekommen waren

In 1. demokrat. Wahlen in Südafrika wird der Schwarze *Nelson Mandela* (* 1918; ANC) zum Präsidenten gewählt. Der ANC erhält 62,7 %, die Nationale Partei des bisherigen Präs. *de Klerk* 20,4 %, die Zulu-Bewegung Inkatha 10,5 % der Stimmen

Neue südafrik. Verfassung tritt in Kraft. Sie verbietet Rassendiskriminierung, löst Homelands auf, ersetzt sie durch Provinzen und richtet Grundrechts-Charta sowie Verfassungsgericht ein

Vatikan und Südafrika beschließen Aufnahme diplomatischer Beziehungen

Wahl einer Verfassungsgebenden Versammlung in Uganda

Jap. Min.-Präs. *Hosokawa* (* 1938) tritt wegen Bestechungsvorwürfen nach 8monatiger Amtszeit zurück. Der neugewählte *T. Hata* bleibt nur 2 Monate im Amt. Erstmals seit 1948 wird ein Sozialdemokrat Min.-Präs., *T. Murayama* (*1924)

† *Kim Il Sung*, nordkoreanischer Staatschef (* 1912)

Nach 50 Jahren hebt Südkorea Handelsembargo gegen Nordkorea auf

Bei Parlamentswahlen in Sri Lanka nach 17 Jahren erstmals Sieg der linksgerichteten Volksallianz über Vereinigte Nationale Partei. *Ch. Kumaratunga* (* 1945) wird zunächst Min.-Präs., dann Staatspräsidentin

1995

Das Jahr steht im Zeichen der Gedenkfeiern an den Sieg über das nationalsozialistische Deutschland und an die Befreiung der KZ- und Vernichtungslager

UNESCO-Friedenspreis an den früheren US-amerik. Präs. *J. Carter* für seine Friedensmissionen in Korea, Haiti und Bosnien, sowie den span. König *J. Carlos* für seine Rolle beim Übergang von der Franco-Diktatur zur Demokratie in Spanien

Weltsozialgipfel in Kopenhagen mit Vertretern von 180 Staaten einigt sich auf eine „Erklärung" und ein „Aktionsprogramm", die beide eher symbol. Charakter haben. Verpflichtungen geht niemand ein

Mit 2 Mrd. $ werden die Entw.-Kosten für das neue Raktensystem MEADS beziffert, das die BRD gemeinsam mit den USA, Frankreich und Italien bauen will

Der dt. Bundesrechnungshof bemängelt, daß der Preis für das Jagdflugzeug „Eurofighter 2000" weiter steigt. Schätzungen gehen jetzt davon aus, daß der Geräte-Systempreis des Jagdflugzeuges 150,5 Mill. DM betragen wird und weitere 20 Mill. für die Flugkörperbewaffnung veranschlagt werden müssen

Die dt. Bundeswehr wird auf eine Zielgröße von 340 000 Mann verkleinert. 20 Standorte werden geschlossen

†*Egon Franke*, SPD-Politiker und früherer Bundesmin. für innerdt. Beziehungen (* 1913)

†*Günter Guillaume*, DDR-Spion, dessen Enttarnung 1974 zum Rücktritt von BK *W. Brandt* beigetragen hat (* 1929)

Bundesinnenmin. *Kanther* (CDU) verbietet Freiheitliche Deutsche Arbeiterpartei (FAP) als rechtsextreme Vereinigung und löst sie auf

Gesetzesentwürfe von SPD und PDS sehen vor, Vergewaltigung in der Ehe als Straftatbestand zu ahnden

Abschiebungen von Bürgern der Bundesrep. Jugoslawien (Serbien und Montenegro) werden, so läßt die Reg. in Belgrad wissen, nur möglich sein, wenn die BRD die Rückführung mit finanziellen Leistungen entgelte

Bundesverfassungsgericht entscheidet, daß Personen, die in der DDR gelebt und Spionage zu Lasten der BRD getrieben haben, seit der Vereinigung nicht mehr wegen Landesverrats oder geheimdienstl. Agententätigkeit verfolgt werden dürfen

Berliner Staatsanwaltschaft klagt *E. Krenz*, letzten Generalsekr. der SED, und 6 weitere

Der Friedenspreis d. Dt. Buchhandels geht an die Orientalistin *Annemarie Schimmel*. Die Entscheidung ist umstritten

Adonis, arab. Lyriker, wird zusammen mit dem palästinen. Publizisten *Hischam al Didschani* aus dem syr. Zweig des arab. Schriftstellerverbandes ausgeschlossen. Beide waren für eine kulturelle Normalisierung mit dem „zionistischen Wesen" (Israel) eingetreten

Das 1. in frz. Sprache geschriebene Theaterstück von *Samuel Beckett* (* 1906 †1989), „Eleutheria", das der Autor nicht veröffentl. sehen wollte, erscheint erstmals in Paris

Igancio Carrión und *Félix Bayón* erhalten für unveröffentl. Roman-Manuskripte den Premio Nadal, den angesehensten span. Literaturpreis

Inger Christensen, dän. Schriftstellerin („Das gemalte Zimmer"), erhält den Österr. Staatspreis für europ. Literatur

Inge Deutschkron (* 1922), Schriftstellerin und Publizistin, erhält gemeinsam mit *Heinz Knobloch* (* 1926), Autor, den Berliner *Moses-Mendelssohn*-Preis

†*Albert Drach*, österr. Schriftsteller („Das große Protokoll gegen Zwetschkenbaum") (* 1902)

Die Fremdsprachenfähigkeiten der Deutschen sind beschränkt: An den allg.-bildenden Schulen lernen 95% der Schüler Englisch, 26% Französisch, knapp 14% Latein, während der Anteil aller übrigen Sprachen zwischen 1 und 0,1% liegt

Die Mehrheit der Deutschen hält die Kirche für nicht mehr zeitgemäß. Der Anteil der von den Kirchen Enttäuschten beträgt bei Befragten im Alter zwischen 14 und 44 Jahren 65%, bei den über 60jährigen Befragten 43%

Das dt. Goethe-Institut ist mit einem eigenen Angebot im internationalen Computer-Netzwerk Internet präsent

Die Deutsche Bank gründet zur Feier ihres 125jährigen Gründungsjubiläums eine Kultur-Stiftung (Stiftungsvermögen 100 Mill. DM) mit Sitz in Berlin

†*Joseph Bochenski*, Dominikanerpater und Philosoph (* 1903)

†*Ernest Borneman*, Reich-Schüler und Sexualwissenschaftler (* 1915)

† *Margherita von Brentano*, dt. Philosophin, Vizepräs.

† *Hermann Bachmann*, Maler (* 1922)

Der Nachlaß des Bildhauers *E. Barlach* aus dem Besitz seiner Lebensgefährtin *M. Böhmer* bleibt der Stadt Güstrow erhalten

In Berlin-Mitte beginnt der Abriß des Min. für Auswärtige Angelegenheiten der DDR. Die Kosten für den Abriß: 12 Mill. DM

Holocaust-Denkmal im Berliner Bezirk Steglitz eingeweiht, gegen das CDU, FDP und die Rep. geltend gemacht hatten, daß die möglichen Reinigungskosten zu hoch sein könnten. Zur Einweihung sammeln die Rep. für die Reinigung der Spiegelwand. Niemand hinderte sie

Erster Gottesdienst in der von *M. Botta* entworfenen neuen Kathedrale von Evry, einem Vorort von Paris

Flughafen Lyons nach einem Entwurf von *Santiago Calatrava* als Bauplastik mit Anklängen bei *Tatlins* Flugapparat gestaltet

Christo (*Christo Javatschev*) verpackt den Berliner Reichstag für 2 Wochen, bevor der Umbau des Gebäudes nach Plänen des brit. Architekten *N. Foster*

† *Reza Abdoh*, aus dem Iran stammender Choreograph u. Regisseur (* 1964)

Pina Bauschs Brecht-Weill-Abend mit dem Obertitel „Die sieben Todsünden" (Tanztheater, uraufg. 1976) wird wieder ins Repertoire der Wuppertaler Compagnie aufgenommen

Hans Drewanz (* 1929), seit 1963 GMD am Landestheater Darmstadt, geht in den Ruhestand

Brigitte Fassbaender, Mezzosopranistin, Mitglied und Kammersängerin der Bayrischen Staatsoper, beendet ihre Sangestätigkeit

† *Julius Hemphill*, amerik. Saxophonist (* 1938)

Reinhild Hoffmann: „Folias" (Tanztheater, Urauff. am Schauspielhaus Bochum)

Johann Kresnik: „Gründgens" (Tanztheater, Urauff. in Hamburg)

Peter Maffay, dt. Rocksänger, erhält d. *Paul-Lincke*-Preis der Stadt Goslar

† *Arturo Benedetti Michelangeli*, ital. Pianist (* 1920)

† *Jess Stacy*, Pianist der Swing-Ära und Mitglied des *Benny-Goodman*-Orchesters (* 1905)

† *Heinrich Sutermeister*, schweiz. Komponist (* 1910)

† *Gerald Durrell*, brit. Tierbuchautor, Naturschützer und Tierfilmer (* 1925)

† *William A. Fowler*, amerik. Astrophysiker, erhielt 1983 zusammen mit *S. Chandrasekhar* den Nobelpreis für Physik (* 1911)

† *Georges Köhler*, dt. Immunologe, erhielt 1984 den Medizin-Nobelpreis (* 1946)

† *Widukind Lenz*, Humangenetiker, deckte Mitte der 60er Jahre den Contergan-Skandal auf (* 1911)

Forschungsergebnisse beweisen, daß vor mehreren Millionen Jahren eine gewaltige Explosion auf dem Mars Gesteinsbrocken in den Weltraum geschleudert hat, von denen einige sogar auf der Erde landeten

Der von einer dichten Atmosphäre verhüllte Saturnmond Titan ist nicht, wie bislang geglaubt, vollständig von einem Ozean bedeckt

Der rote Riesenstern CW Leonis produziert radioaktiven Kohlenstoff-14

Die Höhenunterschiede auf dem Mond sind bis zu 30% größer als bisher angenommen

Der russ. Kosmonaut *Waleri Poljakow* stellt mit einem Aufenthalt von 438 Tagen im Weltall ei-

Nach Berechnungen der Weltbank liegt die Schweiz mit 36 410 $/K der Bevölkerung auf Platz eins der weltweiten Einkommmensliste, gefolgt von Lux., Japan, Dänem., Norw., Schweden. Die BRD noch in ihren alten Grenzen nimmt mit 23 560 $ Platz 9 ein. Schlußlicht unter den 209 erfaßten Staaten ist Mosambik mit 80 $/K der Bev. In einer Einkommensrangliste auf der Grundlage der Kaufkraftparitäten liegt Lux. vor den USA, den VAE, Quatar, Hongkong und Japan. Westdt. liegt auf Platz 8

Der Abbau von Arbeitsplätzen in der dt. Automobilindustrie geht weiter bei steigenden Produktions- und Exportzahlen

Die Zahl der Insolvenzen in der BRD nimmt noch einmal deutlich zu

Die Deutsche Bank, größtes Bankunternehmen des Landes, besitzt Immobilien im Werte von 12 Mrd. DM

Herbert Mai Nachfolger von *Monika Wulf-Mathies* als Vorsitzender der ÖTV im DGB

† *Eugen Loderer*, von 1972 bis 1983 Vors. der IG Metall im DGB (* 1920)

Die Bauern in den neuen Bundesländern der BRD haben ihren Rückstand zum Westen deutlich verringert. Von den rd. 850 000 Arbeitsplätzen in der DDR-Landwirtschaft blieben nur 173 000 erhalten. Je 100 ha sind im Osten 2,5 Arbeitskräfte beschäftigt, im Westen sind es 5,1

Die Familie ist trotz des Trends zum Single-Dasein und sinkender Geburtenrate weiter häufigste Lebensform in der BRD. Die Zahl der nichtehel. Lebensgem. ist seit 1972 von damals geschätzten 137 000 in Westdt. auf 1,1 Mill. im Jahre 1992 gestiegen. Zugenommen hat auch die Zahl der alleinerziehenden Väter

(1995)

Mitglieder des SED-Politbüros wegen Totschlags im Zusammenhang mit den Gewalttaten an der innerdt. Grenze an

Die Bundesländer Berlin und Brandenburg beschließen die Fusion beider Länder. Potsdam wird Hauptstadt sein

Berlin führt das kommunale Wahlrecht für EU-Ausländer ein

Nach vorzeitigem Ende der Ampelkoalition aus SPD, FDP und Bündnis 90/Die Grünen bei den vorgezogenen Bürgerschaftswahlen in Bremen starke Verluste für die SPD, leichte Zugewinne für CDU und Bündnis 90/Die Grünen, starke Gewinne für die Gruppierung AfB. Die FDP scheitert. Bürgerm. *K. Wedemeier* (SPD) tritt zurück. Die Ergebnisse (mit Vergleichszahlen von 1991): SPD 33,4 % (38,8), 37 Sitze (41); CDU 32,6 % (30,7), 37 Sitze (32); Bündnis 90/Die Grünen 13,1 % (11,4), 14 Sitze (11); Arbeit für Bremen 10,7 % (-), 12 Sitze (-), FDP 3,4 % (9,5), -Sitze (10); DVU 2,6 % (6,2), – Sitze (6)

Bei den Landtagswahlen in Hessen leichte Verluste für SPD und CDU, Gewinne für Bündnis 90/Die Grünen. Die Ergebnisse (mit Vergleichzahlen von 1991): SPD 38,0 % (40,8), 44 Sitze (46); CDU 39,2 % (40,2), 45 Sitze (46); Bündnis 90/Die Grünen 11,2 % (8,8), 13 Sitze (10); FDP 7,5 % (7,4), 8 Sitze (8)

Die nieders.Umweltmin. *Monika Griefahn* (SPD) gerät kurzzeitg in den Verdacht, zum Vorteil ihres Mannes, des Chemikers und Unternehmensberaters *Braungart*, tätig geworden zu sein

Bei den Landtagswahlen in NRW Verlust der absoluten Mehrheit für die SPD, starke Gewinne für Bündnis 90/Die Grünen, Scheitern der FDP an 5%-Klausel. Die Ergebnisse (mit Vergleichszahlen von 1990): SPD 46,0 % (50,0), 108 Sitze (123); CDU 37,7 % (36,7), 89 Sitze (90); Bündnis 90/Die Grünen 10,0 % (5,0), 24 Sitze (12), FDP 4,0 % (5,8), – Sitze (14)

Neuerlicher Brandanschlag auf die Synagoge im schlesw.-holst. Lübeck

Der FDP-Vorsitzende *K. Kinkel* tritt nach 2 Jahren im Amt und 12 Wahlniederlagen zurück. Nachfolger wird der bisherige Stellvertr. W. Gerhardt

Durch eine Abstimmung der Mitglieder des SPD-Landesverbandes Berlin wird die Sozial- und Jugendsen. *I. Stahmer* als Spitzenkandidatin für die Abgeordnetenhauswahlen nominiert. Sie tritt gegen den Reg. Bürgerm. *E. Diepgen* (CDU) an

Adolf Endler, dt. Schriftsteller, erhält den Brandenburgischen Literaturpreis für sein Buch „Tarzan am Prenzlauer Berg“

Jürgen Fuchs, dt. Autor, wechselt wie der Lyriker *R. Kunze* aus dem westdt. PEN zu dem in London ansässigen Exil-PEN

† *Georg K. Glaser*, dt.-sprachiger Schriftsteller („Geheimnis und Gewalt“), seit 1934 in Paris (* 1910)

Durs Grünbein, dt. Lyriker, erhält den *Peter-Huchel*-Preis wie auch den *Georg-Büchner*-Preis

William Galvez erhält für einen dokument. Roman über *Che Guevara* den kuban. Literaturpreis „Casa de las Americas“

Rainald Goetz, dt. Suhrkamp-Autor, erhält eine einmal. Förderung v. 50 000 Mark als Preis der *Peter-Suhrkamp*-Stiftung

† *Oscar Heiler*, Schauspieler („Herr Häberle“) (* 1907)

Ernst Jandl, österr. Lyriker, erhält den *Friedrich-Hölderlin*-Preis der Stadt Bad Homburg

† *Roberto Juarroz*, argent. Dichter und Essayist („Vertikale Poesie“) (* 1925)

Der *Alfred-Kerr*-Preis f. Literaturkritik geht an die Redaktion der Wochenzeitung „Freitag“

† *Agnes Kraus*, Volks-

der FU Berlin (1970–72) (* 1922)

Ignatz Bubis als Vors. des Zentralrats der Juden in Deutschland für zwei weitere Jahre wiedergewählt

Der schweizer Filmemacher *Jean-Luc Godard* erhält den *Theodor-W.-Adorno*-Preis der Stadt Frankfurt/M.

† *Emilio Garcia Gomez*, span. Historiker (* 1905)

Jürgen Habermas, dt. Philosoph, erhält Ehrendoktorwürde der Universität Tel Aviv

† *Wolfgang Harich*, marx. Philosoph (* 1924)

Dieter Henrich, Philosoph, erhält den Tübinger *Hölderlin*-Preis

† *Alfred Heuss*, dt. Althistoriker (* 1910)

† *Wolfgang Loch*, Psychoanalytiker und langjähriger Mitarbeiter von A. Mitscherlich (* 1916)

† *Michael Meinecke*, Islamist und Direktor des Berliner Museums für Islamische Kunst (* 1942)

† *Peter Scheibert*, dt. Osteuropa-Historiker (* 1916)

† *Edward Sihls*, zusammen mit *T. Parsons* führender Vertreter der amerik. Sozialwissenschaft (* 1916)

in Angriff genommen wird

Die Eremitage in St. Peterburg stellt „Beutekunst“ aus dem 2. Weltkrieg unter d. Titel „Verborgene Schätze – enthüllt“ aus

K. Fritsch und *M. Honert* vertreten BRD auf der Kunstbiennale in Venedig, die erstmals 1895 stattfand. Der Franzose *Ch. Boltanski* verziert deshalb das Hauptgebäude mit den Namen der über 15 000 Künstler, die hier einmal ausstellen durften. Mit dem Goldenen Löwen ausgezeichnet die Amerikaner *R. B. Kitaj* (* 1932) und *G. Hill* (* 1951)

Zaha Hadid gewinnt Wettbewerb um d. neue Opernhaus von Cardiff, ohne daß sie auch den Bauauftrag erhält

† *Rudolf Hausner*, österr. Maler und Mitbegründer der „Schule des Phantastischen Realismus“ (* 1915)

† *Hermann Henselmann*, bedeutendster Architekt in der DDR (Stalinallee, Haus des Lehrers, Fernsehtum, alle in Berlin) (* 1905)

† *Bernhard Hermkes*, Architekt (Frauenwohnhäuser in Frankfurt, Grindelhäuser in Hamburg) (* 1903)

Josef Tal, aus Posen stammender und in Jerusalem lebender Komponist, erhält d. *Johann-Wenzel-Stamitz*-Preis der Künstlergilde in Mannheim

† *Eric Wright*, Rapper in der Gruppe „Niggaz with Attitude“ (* 1964)

Viktor Ullmanns († 1944 in Auschwitz) „Der Sturz des Antichrist“ (Oper, Urauff. in Bielefeld)

In Algerien werden mehrere Sänger des Rai, einer Mischung aus tradit. arab. Musik und Popmusik, auf offener Straße vermutlich von islam. Fundamentalisten ermordet. Unter den Toten *Rachid* und *Cheb Mami*

Die Zahl der gemischten Chöre nimmt zu: Immer mehr Frauen, Kinder und Jugendliche, immer weniger Männer und junge Erwachsene zwischen 18 und 25 singen in den 18 142 Chören des Dt. Sängerbundes

In Dresden werden in der Semper-Oper erstmals wieder seit mehr als 30 Jahren *Richard-Strauss*-Tage veranstaltet

nen neuen Raumflugrekord auf

Die amerik. Raumfähre „Endeavour“ bleibt mit 7 Astronauten an Bord 17 Tage im Weltraum

Der Astronaut *Norman Thagard* betritt als 1. Amerikaner die russ. Raumstation Mir, nachdem er zuvor auch als 1. Amerikaner mit einer russ. Sojus-Rakete in den Weltraum gestartet war

Finanzielle Schwierigkeiten machen d. für 1996 geplanten unbemannten Marsflug eines russ. Raumschiffs immer unwahrscheinlicher

Argentinien stellte eigenen Satelliten vor

Dt.-jap. Raumfahrprojekt nach Absturz des Forschungssatelliten „Express“ gescheitert

Amerik. Forschern gelingt es, Rubidium-Atome auf 200milliardstel Grad über dem absoluten Nullpunkt abzukühlen. Dies ist die tiefste bisher erreichte Temperatur

Ein optisch nichtlinearer Einkristall, der sichtbares Laserlicht in ultarviolette Strahlung mit der doppelten Frequenz umwandelt, ist von chin. Forschern entwickelt worden

Das dt. Forschungsschiff „Meteor“ läuft zu einer 2½ jährigen

Bei einer Umfrage in 16 europ. Ländern landet die BRD hinter der Schweiz als unfreundl. Land auf dem letzten Platz. Auch bei der Frage nach den beliebtesten Urlaubsländern bildet BRD das Schlußlicht. Bei den Ländern, in denen man am liebsten arbeiten möchte, führen die Schweiz und BRD mit Abstand

In Indien fordern 2000 kastrierte Männer auf einem Treffen in W-Bengalen, als Behinderte anerkannt zu werden. Die Zahl der in Indien lebenden Eunuchen wird auf 1 Mill. geschätzt

Staatsdiener und Beschäftigte bei Bahn, Post und Verkehrsbetrieben in BRD melden sich häufiger krank als Arbeitnehmer aus anderen Branchen

Der Verband der Automobilindustrie läßt verbreiten, daß Dieselruß nicht grundsätzlich krebserzeugend sei

Die Angst vor Verbrechen in der BRD nimmt weiter zu, obwohl die Zahl der schweren Verbrechen in den vergangenen Jahren in etwa gleich geblieben ist. Eine Untersuchung des Max-Planck-Instituts für ausländ. und internat. Strafrecht in Freiburg/Br. macht für diese überzogene und diffuse Angst die Berichterstattung mancher Medien verantwortlich

In den dt. Innenstädten bedroht der Ladendiebstahl die Existenz vieler Einzelhandelsgeschäfte. Der durch Ladendiebstähle entstehende Schaden wird auf 4 Mrd. DM geschätzt

Die alpine Ski-WM in der span. Sierra Nevada wird wegen anhaltender warmer Witterung abgesagt. Der Verlust für die Veranstalter beläuft sich auf 18 Mill. DM

Otto Rehhagel, fast 14 Jahre Fußballtrainer bei Werder Bremen, wechselt zum dt. Rekordmeister Bayern München

(1995)	In einer Abstimmung sprechen sich die SPD-Mitglieder Bremens mit knapper Mehrheit für eine große Koalition im Bundesland aus und mit deutl. Mehrheit für Bildungssen. *H.Scherf* (* 1938) als Nachfolger des zurückgetretenen Bürgerm. *K. Wedemeier* (* 1944) Der stellvertr. Vors. der CDU/CSU-Fraktion im Bundestag, *H. Geißler*, bezeichnet Die Grünen als die besseren Liberalen *B. Seebacher-Brandt*, Witwe des 1992 verstorbenen SPD-Vors. und früheren Bundeskanzlers *W. Brandt*, tritt aus der SPD aus Schengener Abkommen tritt in Kraft. Grenzkontrollen zwischen BRD, Frankr., Belgien, den Niederl., Luxemb., Portugal und Spanien entfallen Neuer EU-Kommissionspräs.: auf den Franzosen *J. Delors* folgt der Luxemburger *Santer* †*William Fulbright*, Senator des US-Bundesstaates Arkansas von 1944–74 (* 1905) †*Les Aspin*, amerik. Militäranalytiker und kurzzeitig US-Verteidigungsminister (* 1939) USA verhandeln mit Kuba über Kuba-Flüchtlinge Die Absicht republik. Kongreßabgeordneter, das SDI-Programm wiederzubeleben, scheitert in einer ersten Abstimmung im Repräsentantenhaus US-amerik. Golfkriegsveteranen verklagen mehrere dt. Unternehmen auf Schadenersatz, weil die Unternehmen als Zulieferer für irak. Fabriken tätig waren, in denen Giftgasstoffe hergestellt wurden 20 Jahre nach dem Ende des Vietnamkrieges gesteht der seinerzeitige Verteidigungsmin. *R. McNamara* ein, daß der Krieg in und gegen Vietnam ein Fehler war Rußland sieht sich durch die Konflikte in den ehemal. Republiken einem Flüchtlingsstrom ins Land kommender Russen ausgesetzt. Die Zahl der Flüchtlinge und Umsiedler wird auf etwa 3 Mill. geschätzt Bei Abstimmung in der Rep. Weißrußland votiert deutliche Mehrheit für eine engere Bindung an Rußland In Belgien wird bekannt, daß neben dem ital. Hubschrauberhersteller Agusta auch der frz. Flugzeugbauer Dassault Schmiergelder in Millionenhöhe für Rüstungsaufträge gezahlt hat. NATO-Generalsekr. *Claes*, vormals Wirtschaftsmin. in Belgien, ist in die Schmiergeld-Affäre verstrickt	schauspielerin und Star des DDR-Fernsehens (* 1911) *Katja Lange-Müller* erhält den von *Günter Grass* gestifteten *Alfred-Döblin*-Preis *Reinhard Lettau* erhält für seinen Roman „Flucht vor Gästen" den Bremer Literaturpreis † *Gustav Lübbe*, Verleger („Herr der Groschenromane") (* 1918) † *Jean-Patrick Manchette*, frz. Schriftsteller, gilt als Erneuerer des Kriminalromans (*1942) Die Autobiographie des südafrik. Präsidenten *Nelson Mandela* ist nach wenigen Tagen schon größter Verkaufserfolg des südafrik. Verlagswesens † Azeddin Medjoubi, Direktor des Algerischen Nationaltheaters in Algier, vermutlich durch islam. Fundamentalisten auf offener Straße ermordet † *Rachid Mimouni*, alger. Schriftsteller („Tombéza") (* 1945) † *Onoe Baiko VII*, Star des jap. Kabuki-Theaters (* 1916) Der Nachlaß der Schriftstellerin *Brigitte Reimann* (* 1933 †1973) von der Stadt Neubrandenburg angekauft Neuentdecktes Heft des Kriegstagebuchs von *Jean-Paul Sartre* (* 1905, †1980)	Die Graduate School for Social Research in Warschau erhält den erstmals verliehenen *Hannah-Arendt*-Preis für ihre „richtungsweisenden Ansätze zur Erneuerung d. institutionellen Grundlagen von Lehre und Forschung in den Reformstaaten Osteuropas" Nur jeder 10. Student an einer Univ. in Westdt. schließt sein Studium in der Regelstudienzeit von 9–10 Sem. ab. Von den angehenden Architekten sogar nur jeder 100. Der bildungs- und forschungspolit. Sprecher der SPD-Fraktion im dt. Bundestag, *P. Glotz*, plädiert für Studiengebühren Die SPD des dt. Bundeslandes Schlesw.-Holst. fordert „2. Bildungsreform in Deutschland", u.a. die flächendeckende Errichtung von Gesamtschulen Die Lehrerinnen und Lehrer in den alten Bundesländern werden immer älter: nur noch jeder 10. Pädagoge ist jünger als 35 Jahre Papst *Johannes Paul II.* unternimmt 10tägige Reise nach Asien

In Paris Bibliothèque Nationale, entworfen von *Dominique Perrault*, als letztes Großbauwerk der *Mitterrand*-Ära fertiggestellt. Sie bietet Platz für 12 Mill. Bücher

Der ital. Architekt *R. Piano*, der u. a. auch das Centre Pompidou in Paris entwarf, erhält den Erasmus-Preis, den höchsten staatl. Kulturpreis der Niederlande, sowie den Kunstpreis Berlin der Akademie der Künste

Große Retrospektive des Malers *Franz Radziwill* in Emden

Der Maler *G. Richter* verkauft seinen Bilderzyklus „18. Oktober 1977", der den dt. Herbst 1977 zum Thema hat, an das New Yorker Museum of Modern Art

Ausstellung über das Werk von *Kurt Schwitters* im Centre Pompidou in Paris

Erste Biennale Afrikas in Johannesburg mit 63 Ausstellungen von Südafrikanern und 267 ausländ. Künstlern aus 61 Ländern

Der Düsseldorfer Kunstverein zeigt *Mark Tanseys* Gemälde „Triumph der New York School"

Von *M. Ullmann*, israel. Bildhauer, stammt die unterirdische Installation auf dem jetzigen Bebelplatz in Berlin-Mitte, mit der an die Bücherverbrennungen am 10. Mai 1933 an dieser Stelle erinnert wird

Simon Ungers, Bildhauer aus Köln, gewinnt Wettbewerb um das „Denkmal für die ermordeten Juden Europas", das in Berlin unweit des Brandenburger Tores entstehen soll

Marc Allégrets Film „Zouzou" mit *J. Baker* i. d. Haupt-

Expedition im Indischen Ozean aus

Austr. Biologin entdeckt durch Zufall eine seit 125 Jahren ausgestorbene Känguruh-Art, das 1869 zuletzt gesehene Gilbert-Kaninchenkänguruh. Biologen haben das Männchen mit einem Sender versehen und wieder ausgesetzt

Eine Hühnerrasse („Lockenhühner"), die auch hohen Temperaturen in tropischen Ländern mühelos widerstehen soll, ist in einer Versuchsstation der Berliner Humboldt-Universität gezüchtet worden. Die daunenartigen Locken garantieren die Kühlung

Dem Pandabären im Berliner Zoo ist zum 2. Mal seit 15 Jahren eine Pandabärin zugeführt worden. Die Besucher des Zoos erwarten, daß vor ihnen eine erfolgreiche Kopulation stattfindet. Die Bären verweigern sich vorerst

WHO ist zuversichtlich, daß die Kinderlähmung bis zum Jahr 2000 ausgerottet sein wird

Weltweit sterben jährlich mehr als 1 Mill. Menschen an den Folgen des Verzehrs verseuchter Lebensmittel

Ein Bluttest auf Tuberkulose, mit dem die Fähigkeit weißer Blutkörperchen gemessen wird, nach einer Provokation mit Eiweißen des Tuberkulose-Erregers den Abwehrstoff Interferon-gamma auszuschütten, könnte die seit 100 Jahren angewandte Tuberkulinprobe ablösen

Neuerlicher Ausbruch des Ebola-Virus in Afrika in einem breiten Streifen entlang des Äquator

Deutlicher Rückgang der Geschlechtskrankheiten in Westeuropa

In Ital. Geburt eines Kindes 2 Jahre nach Tod der Mutter.

Das Landgericht München hebt eine 2jährige Wettkampfsperre gegen die frühere Sprint-Weltmeisterin *K. Krabbe* auf und fordert den dt. und internat. Leichtathletikverband auf, Schadenersatz zu leisten

Die 33jährige Britin *A. Hargreaves* ist die 1. Frau, die allein und ohne Sauerstoffgerät den 8882 m hohen Mount Everest besteigt

Elektronische Mautanlagen für den Autoverkehr versch. Anbieter und versch. Systeme – Mikrowellen oder Infrarot – gehen in BRD in die Versuchsphase

Microsoft, der größte Software-Hersteller der Welt, geht mit dem amerik. TV-Sender NBC für einen künftigen Online-Service eine sog. „strategische Allianz" ein

Dt. Telekom startet in Berlin erstes Pilotprojekt für interaktives Fernsehen

Die Dt. Telekom garantiert, nach vielen Reklamationen in der Vergangenheit, künftig für jeden Telefonkunden eine detaillierte Monatsabrechnung vorzulegen

Fritz Pleitgen wird als Nachfolger von *Friedrich Nowottny* zum neuen Intendanten des WDR gewählt

† *Albert Dickhut*, Springreit-Europameister von 1955 und Erfinder der Gymnastik-Stunden im ARD (* 1924)

† *A. Sommerauer*, Pfarrer und Fernsehpfarrer („Pfarrer Sommerauer antwortet") (* 1910)

† *Werner Veigel*, Sprecher der ARD-Tagesschau über fast 30 Jahre hinweg (* 1929)

Steffen Heitmann, sächs. Justizimin. und gescheiterter Bundespräsidentschaftsbewerber der CDU, ist in das Herausgebergremium der Wochenzeitung „Rheinischer Merkur" als Nachfolger von *R. Herzog*, Bundespräs., berufen worden

In der BRD verlieren Wirtschaftsmagazine, Programmzeitschriften und Wochenzeitungen Leser. Das Publikum wächst für Frauenzeitschriften und Spezialblätter. Gesunken ist die Popularität des Hörfunks, besonders der öffentl.-rechtl. Sender

(1995)	Neues Kabinett in Bulgarien unter der Führung des Sozialisten *Schan Widenow* Bei Reichstagswahlen in Finnland die bislang oppositionelle Sozialdemokratie stärkste Partei †*Christian Pineau*, ehemal. Außenminister Frankreichs (* 1905) Bei den Präsidentschaftswahlen in Frankreich siegt der Neogaullist *J. Chirac* im 2. Wahlgang knapp über den Sozialisten *L. Jospin*. Im 1. Wahlgang war überraschend der neogaullist. Mitbewerber *E. Balladur* deutlich unterlegen. *Chirac* tritt die Nachfolge von Staatspräs. *F. Mitterrand* an *Alain Juppé* neuer Premiermin. in Frankreich. Innenmin. *Ch. Pasqua* wird durch *Jean-Louis Debré* ersetzt *Konstantinos Stephanopoulos* Staatspräsident Griechenlands †*Harold Wilson*, ehemaliger Labour-Vors. und Premiermin. von GB (* 1916) Bei Regionalwahlen in Italien überraschende Gewinne für die Demokratische Partei der Linken, Nachfolgeorganisation der Kommunistischen Partei Der frühere ital. Ministerpräs. *Andreotti* wird angeklagt, Verbindungen zur Mafia gehabt zu haben †*Milovan Djilas*, jugoslaw. Regimekritiker (* 1911) *Jean-Claude Juncker* (Christlich Soziale Volkspartei) neuer Premiermin. in Luxemburg †*Karl Gruber*, ehemal. Außenmin. Österreichs und 1. Tiroler Landeshauptmann nach dem 2. Weltkrieg (* 1909) Der österr. Bundeskanzler *Vranitzky* erhält Karlspreis der Stadt Aachen Andauernde Regierungskrise in Polen Die schwed. Marine gesteht ein, daß es sich in den vergangenen Jahren bei den vermeintl. russ. U-Booten vor der Küste um Minke, eine Marderart, gehandelt habe Fischereistreit zwischen Spanien und Kanada über Fangrechte vor der kanad. Küste Klarer Sieg der Volkspartei bei Kommunalwahlen in Spanien. Verluste der Sozialisten weitaus geringer als erwartet Span. Polizei nimmt in Katalonien und im Baskenland 14 Mitglieder der separat. Organisation ETA fest Kriegerischer Einsatz der Türkei gegen die	† *Sabine Sinjen*, dt. Schauspielerin, auch des Jungen deutschen Films (* 1942) † *Steffi Spira*, dt. Schauspielerin in der DDR (* 1909) *Tom Stoppards* „Indian Ink" (Schauspiel) in London uraufgeführt *Wei Jingsheng*, in VR China inhaftierter Dissident und Schriftsteller, erhält in Abwesenheit in Stockholm den *Olof-Palme*-Preis Vier Notizbücher des amerik. Lyrikers *Walt Whitman*, die im 2. Weltkrieg der Library of Congress abhanden gekommen waren, tauchen im Auktionshaus Sotheby's auf *Peter-Paul Zahl* erhält für „Der schöne Mann" den nach dem Schriftsteller *F. Glauser* benannten Autorenpreis „Glauser" f. den besten Kriminalroman des Jahres Nachdem das dt. West-PEN beschlossen hatte, sich nicht mit dem dt. Ost-PEN zu vereinigen, weil ihm vor allem Ex-Dissidenten vorwarfen, den moral. Forderungen seiner Charta nicht genügt zu haben, unterlaufen 60 Mitglieder des West-Pen den Beschluß durch Doppelmitgliedschaft Die Lufthansa-Personalvertretung unterstützt in einem offenen Brief die Ent-	Papst spricht mit der Ordensgründerin *M. MacKillop* erstmals in der Geschichte der kath. Kirche eine Australierin selig. Auch der aus Bozen stammende Fürstbischof *Johann Nepomuk von Tschiderer* (* 1777 †1860) seliggesprochen Papst enthebt frz. Bischof *Gaillot* (* 1936) von seinem Amt als Oberhirte der Diözese Evreux und versetzt ihn nach Mauretanien. *Gaillot* hatte mit Stellungnahmen zu Themen wie Abtreibung, Homosexualität, Aids-Vorsorge und Zölibat den Unmut der Kirchenoberen erregt Evangelischer Kirchentag in Hamburg Errichtung des Erzbistums und der Kirchenprovinz Hamburg Größte Moschee in BRD in Mannheim eingeweiht Centrum Judaicum im wieder aufgebauten Teil der Neuen Synagoge i. der Berliner Oranienburger Straße eingeweiht Der Bischof von Rottenburg-Stuttgart, *Kasper*, befürwortet einen islam. Religionsunterricht

rolle kommt sechzig Jahre nach der Urauff. in Frankreich auch in die Kinos in der BRD

† *René Allio*, frz. Film- und Theaterregisseur („Die unwürdige Greisin", 1965) (* 1924)

Ch. Carrière, frz. Filmregisseurin, erhält für ihren Debütfilm „Rosine" den vom dt.-frz. Kulturkanal Arte geschaffenen *Cyrill-Collard-*Preis

Große Ausstellung über das Werk *Federico Fellinis* im Filmmuseum Potsdam

Juzo Itami, jap. Regisseur („Tampopo"), verfilmt Kurzgeschichten des Literaturnobelpreisträgers Kenzaburô Ôe über das Leben einer Tokioter Familie mit ihrem geistig behinderten Sohn

„Shoah", der 9stündige Holocaust-Film des Franzosen *C. Lanzmann* aus dem Jahre 1985, als dt.-sprachige Video-Kassette auf dem Markt

Das Museum Folkwang in Essen kauft gemeinsam mit dem Pariser Centre Pompidou für eine ungenannte Summe 226 Fotografien aus dem Nachlaß von *László Moholy-Nagy*

Die Stadt München erwirbt Gesamtwerk und Archiv d. Fotografen *Stefan Moses*

† *Donald Pleasence*, brit. Theater- und Filmschauspieler („Wenn Katelbach kommt") (* 1920)

† *Ginger Rogers*, Schauspielerin, Tänzerin und Partnerin von *F. Astaire* in zahlreichen Tanzfilmen (*1911)

Umfassende Werkschau des Fotografen *August Sander* (* 1876 †1964) im Kunstmuseum Bonn

† *Lionel Stander*, amerik. Filmschauspieler (* 1908)

Das Kind war vor dem Tod künstl. gezeugt und eingefroren worden. Die Schwester des leiblichen Vaters trug es aus

Universität Ulm entwickelt mit dem sogenannten „Ulmer Faß" eine Anlage, mit der das Gewicht eines Menschen und dessen Körperdichte exakt ermittelt werden kann

Nachrüstung d. Atomkraftwerke in Osteuropa hat Reaktorsicherheit nicht wesentlich erhöht

Das Atomkraftwerk Tschernobyl soll bis zum Jahr 2000 endgültig stillgelegt werden

Forschungsreaktor im frz. Grenoble nach seiner Abschaltung im Jahre 1991 wieder in Betrieb

Die „Oriana", ein 69 t Wasser verdrängendes und 7,30 m tiefgehendes Schiff von 260 m Gesamtlänge, wird von ihrer Werft in Papenburg 40 km auf der Ems bis nach Emden geschleppt

Auf der Ostseeinsel Rügen geht die erste europ. mit Windkraft betriebene Anlage zur Entsalzung von Meerwasser in Betrieb

Die frz. Medienkaufhauskette Fnac schließt ihre einzige dt. Niederlassung in Berlin. Das Warenhaus war 1991 eröffnet worden

Der Markt für Kaufvideos trotzt in der BRD der Programmflut im Fernsehen

Der brit. Filmregisseur *Peter Greenaway* erhält zusammen mit dem frz. Philosophen *Jean Baudrillard* den Siemens-Medienkunstpreis

„La Notte", eine der beiden letzten Abendzeitungen in Italien, stellt ihr Erscheinen ein

Das dt. Nachrichtenmagazin „Focus" veröffentl. ein weitgehend erfundenes Interview mit der bengal. Ärztin und Schriftstellerin *Taslima Nasrin*

Der sog. Treibhauseffekt, eine von Menschen verursachte Erwärmung des Klimas, hinterläßt noch keine eindeutig meßbaren Spuren. Mind. noch bis 2010 dürfte der erwartete Anstieg in den natürl. Temperaturschwankungen untergehen, ermitteln frz. und amerik. Wissenschaftler

Der weltweite Tourismus, besonders der Deutschen, gerät wegen der damit verbundenen Umweltbelastungen immer mehr in den Mittelpunkt der Kritik. Die Tourismusverbände sorgen sich darum, daß die Reisenden von heute die Ressourcen für einen Tourismus von morgen gefährden

Die seit 5 Jahren anhaltende Wasserknappheit in S-Spanien zwingt zu weiteren Rationierungen

In Hamburg wird nahe der Reeperbahn ein 89 m hohes Haus, Deutschlands höchste Asbestruine, gesprengt

In der BRD gelten von 470 als schutzwürdig klassifizierten Biotopen etwa 300 als gefährdet. Besonders betroffen sind Moore, Bäche, Flüsse und Seen

Internat. Modefestival in Schanghai wird mit Mode-Gala eröffnet, bei der die Kommun. Partei als Mitveranstalter auftritt

Bei einem Giftgasanschlag auf die U-Bahn im jap. Tokio sterben 12 Menschen und 5000 werden verletzt. Bei einem Giftgasanschlag auf öffentl. Verkehrsmittel in Yokohama werden 300 Menschen verletzt

An die 200 Tote bei Bombenanschlag auf ein US-amerik. Bundesgebäude in Oklahoma

(1995)	Kurden. Verfolgungsaktionen über die Landesgrenze hinaus Unruhen in Istanbul bei Zusammenstößen zwischen Mitgliedern der islam. Glaubengemeinschaft der Aleviten und der Polizei Wiederwahl von *Carlos Menem* als Staatspräsident Argentiniens Bei Wahlen in Peru klarer Sieg für den bisherigen Präs. *A. Fujimori* über seinen Konkurrenten, den ehemaligen Generalsekr. der UN, *Pérez de Cuéllar* † *Mehdi Bazargan*, früherer Ministerpräs. des Iran (* 1909) Blutbad bei Anschlag auf eine Bushaltestelle nördlich des israel. Tel Aviv Nach Massaker in einem Flüchtingslager in Ruanda fliehen Hunderttausende in die Provinzhauptstadt Butaré Abzug der letzten UN-Soldaten aus Somalia Südafrika schafft die Todesstrafe ab Erstmals schwarze Generäle in der Polizeiführung Südafrikas † *U Nu* 1. Reg.-Chef Burmas nach der Unabhängigkeit im Jahre 1948 (* 1908) † *Morarji Desai*, ehemaliger ind. Premierminister (* 1896) † *Prinz Souphanouvong*, der sog. „rote Prinz" und ehemal. Staatspräsident von Laos (* 1909) † *O Jin-u*, Verteidigungsmin. Nordkoreas und wichtigster Weggefährte des im Vorjahr verstorbenen Präs. *Kim Il-Sung* Die Tamilen-Tiger, wichtigste Befreiungsbewegung auf Sri Lanka, erklärt bei Friedensgesprächen mit der Reg. Verzicht auf eigenen Staat Vietnam Vollmitglied des ASEAN	scheidung des Management der Luftverkehrsgesellschaft, *S. Rushdie* nicht zu befördern. Ein Unterstützungskomitee für Rushdie hatte zuvor den Boykott der Luftlinie gefordert Die iran. Regierung signalisiert, daß sie den Romanautor *S. Rushdie* nicht weiter mit Mord bedrohen will Zum 1. Mal seit der Revolution Ausstellung von Büchern aus den USA in Kuba Der Münchner Literaturverlag Luchterhand übernimmt den Limes Verlag von den Buchverlagen Ullstein Langen Müller sowie den einstigen DDR-Verlag Volk und Welt An der Berliner Schaubühne inszeniert *Andrea Breth* (* 1952) „Orestes" von *Euripides* Die Freien Kammerspiele Magdeburg unter dem Intendanten *W. Bunge* zeigen 10 Stücke, davon 6 Urauff., von *Franz Jung* (* 1888 †1963) Die New Yorker Theaterkritker wählen *T.Stoppards* Komödie „Arcadia" zum besten Drama des Jahres, *T. McNallys* „Love! Valour! Compassion!" zum besten neuen amerik. Stück Die Deutsche Akademie für Sprache und Dichtung tagt in Straßburg zum 1. Mal auf frz. Boden

Die Ev. Kirche Deutschland fordert die Industrienationen auf, den ärmsten Ländern der Welt die Schulden zu erlassen

Die Ev. Kirche in Berlin-Brandenburg kündigt ihre Mitarbeit beim Schulversuch „Lebensgestaltung, Ethik, Religion"

Leiter des türk. Staatsamtes für Religionsangelegenheiten, *Yilmaz*, erklärt Schläge gegen Frauen als „bedingt rechtens, wenn dadurch der Fortbestand der Familie gewährleistet wird"

Ägypten fordert die Rückgabe seiner Kunstschätze, darunter auch die Büste der Königin *Nofretete*, die in den Berliner Museen aufbewahrt wird

Ein griech. Fischer zieht in der Nähe der Insel Kalymnos eine bronzene frühhellenist. Frauenstatue aus dem Meer. Der Fund ist nach Einschätzung griech. Archäologen der bedeutendste dieses Jh.

Unter dem früheren Schloßplatz in Berlin-Mitte orten Archäologen mit Radar Fundamente des kurfürstl. Stadtschlosses

Im Pariser Wissenschaftspark La Villette wird die Cité de la Musique eröffnet. Den Park besuchen im Jahr 8½ Mill. Menschen, das sind fast so viele Besucher wie im Euro Disney bei Paris

Steven Spielberg, amerik. Regisseur („Schindlers Liste") und Eigner des Unterhaltungskonzerns DreamWorks, gründet mit *Bill Gates*, Eigner des Software-Giganten Microsoft, gemeinsames Unternehmen zur Entwicklung interaktiver Film- und Fernsehprodukte

Robert Zemeckis, amerik. Filmregisseur von „Forrest Gump", erhält den Oscar für den besten Film des Jahres. Oscars für ihr Lebenswerk gehen an *M. Antonioni* und *C. Eastwood*

Goldener Bär der Filmfestspiele in Berlin für den frz. Film „Der Lockvogel" von *Bertrand Tavernier*

Die Goldene Palme beim Filmfestival in Cannes ex aequo an *Emir Kusterica* für „Underground" und *Theo Angelopoulos* für „Der Blick des Odysseus"

Dt. Filmpreis an *Sönke Wortmann* für „Der bewegte Mann". Ehrenpreis für herrausragende Verdienste um den dt. Film an den Stummfilmpianisten *Willy Sommerfeld* und den Produzenten *H. Wendlandt*

Der *Helmut-Käutner*-Preis der Stadt Düsseldorf geht zu gleichen Teilen an *E. Patalas*, langjähriger Leiter des Münchner Filmmuseums, an den Produzenten und Verleiher *H. Eckelkamp* und posthum an den Filmjournalisten *W. Donner*

PERSONEN- UND SACHREGISTER

Die Ziffern hinter den Einträgen verweisen auf die Jahreszahl im Buch (00 = 1900, 01 = 1901 … 95 = 1995), die Buchstaben hinter den Zahlen verweisen auf die entsprechende Rubrik:

P =  D =   Ph = 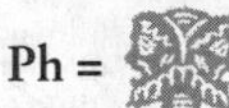  K =  

M =  W = 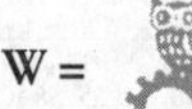 V =

Wird ein Begriff mit einem Bindestrich erweitert, so steht er meist am Ende der Liste der Einzelschreibungen (Beispiel: „Berlin-Abkommen" steht nach „Berlinverkehr")

B

C

E

F

G

H

I

J

K

L

M

O

P

Q

R

S

T

U

V

W

X

Y

Z

Die wichtigsten Daten der Weltgeschichte

Jahr für Jahr, übersichtlich angeordnet, die weltbewegenden Ereignisse aus Politik, Literatur, Musik, Religion und Philosophie, Wissenschaft und Wirtschaft in chronologischer Gegenüberstellung, Entwicklung und Stand des heutigen Wissens über unsere Welt und das Universum in Stichworten.